“十三五”国家重点图书出版规划项目

# 中华通历

## 秦汉

主编：王双怀

编者：王双怀　陈佳荣　方　骏

董海鹏　张锦华　樊英峰

陕西师范大学出版总社

图书代号：SK18N0274

**图书在版编目（CIP）数据**

中华通历. 秦汉 / 王双怀编著. — 西安 : 陕西师范大学出版总社有限公司, 2018.4

ISBN 978-7-5613-9897-5

Ⅰ. ①中… Ⅱ. ①王… Ⅲ. ①中国历史—秦汉时代 Ⅳ. ① K20

中国版本图书馆 CIP 数据核字（2018）第 054244 号

**中华通历 · 秦汉**

ZHONGHUA TONGLI · QIN- HAN

王双怀 编著

出 版 人 / 刘东风
责任编辑 / 王 森 付玉肖
责任校对 / 侯坤奇
装帧设计 / 安 梁
出版发行 / 陕西师范大学出版总社
（西安市长安南路 199 号 邮政编码 710062）
网 址 / http：//www.snupg.com
印 刷 / 陕西金德佳印务有限公司
开 本 / 787mm × 1092mm 1/16
印 张 / 29.5
字 数 / 749 千
插 页 / 4
版 次 / 2018 年 4 月第 1 版
印 次 / 2018 年 4 月第 1 次印刷
书 号 / ISBN 978-7-5613-9897-5
定 价 / 290.00 元



电话：（029）85307864 85303629 传真：（029）85303879

# 目録

CONTENTS

# 前言

秦漢時期是我國帝制確立和發展的重要時期，也是中國古代曆法轉型的重要階段。秦代使用《瑞頊曆》，漢承秦制，頗有變革。漢武帝時，鄧平、司馬遷等創編《太初曆》，是當時最爲先進的曆法，在中國曆法史上寫下了光輝的一頁。東漢李梵等人編制的《四分曆》、劉洪編制的《乾象曆》在曆法史上也占有重要地位。由於秦漢王朝重視曆法的修訂和推廣，因而在其文獻中留下了不少曆法資料，考古工作者也出土了一些與曆法有關的文物，爲我們瞭解這一時期的曆法提供了科學的依據。

據我所知，清人鄒漢勳著有《顓頊曆考》(《續修四庫全書》第1036册)，成蓉鏡著有《漢太初曆考》(《續修四庫全書》第1036册)。近百年來，亦有學者從事這方面的工作。最先在這個領域取得突破的是日本學者藪内清，他在《中國的天文曆法》一書中，采取數理研究方式，揭示了中國曆法編制的基本原理。其後，王萍在《西方曆算學之輸入》(臺灣"中央研究院"近代史研究所，1966)中，論述了西方曆算東漸對中國曆法的影響。饒宗頤、曾憲通的《雲夢秦簡日書研究》(香港中文大學出版社，1982)對日書進行了深入研究。曾次亮的《四千年氣朔交食速演算法》(中華書局，1998)系統介紹了檢算公元前後四千年氣朔交食的速演算法。劉洪濤的《古代曆法計算法》(南開大學出版社，2003)運用現代天文和數學知識，把《史記·曆書》等文獻中有關演算法的文字按自然段順序進行編號，用現代數學公式表達原文所述的計算法，并對演算法依據的道理逐條進行解釋説明。曲安京的《中國曆法與數學》(科學出版社出版，2005)從"上元積年"入手，分析了中國傳統曆法的構造機理，討論了"大衍術""與""演紀術"同上元推算的關係，給出這兩種演算法在用於上元推算時的等價性證明，并從早期的《東漢四分曆》《乾象曆》的演變展現了演紀上元的形成發展過程。李忠林的《秦至漢初曆法研究》(中華書局，2016)是秦漢曆法研究的最新成果。與秦漢時代相關的曆表則有薛仲三、歐陽頤的《兩千年中西曆對照表》、陳垣的《二十史朔閏表》和《中西回史日曆》等。這些成果對人們認識秦漢時代的曆法和歷史都曾産生過積極的作用。

從大量資料來看，秦漢時期所頒行的曆法都是陰陽合曆。這種曆法年有平閏，月有大小，符合中國國情，對農業生産和人們的日常生活具有重要的指導意義，是我們瞭解歷史時期中國曆法的重要依據，也是我們認識歷史問題的重要依據。但我們現在用慣了公曆，面對這些干支很難立即弄清其中的含義。如果不借助工具書，便無法形成正確的時間概念。爲解決這些問題，我們編寫了這部《秦漢日曆》。本書由《秦日曆》《西漢日曆》和《東漢日曆》組成，包含了公元前221年至公元220年的全部日曆。每編以朝代和帝王年號爲綱，分別列出每一年的日曆。遇到王朝并立、曆法不同的情況，則按史家通例，分別列出各朝日曆。日曆的格式采用表格，每年一表，有年代、月序、日序、中西曆日對照、節氣與天象等欄目。年代包括帝王年號、年序、年干支、公曆年份、屬相等内容。月序與日序構成座標體系。中西曆日對照列出全年中每日的干支、公曆日期和星期。節氣與天象欄則給出二十四節氣和日食發生的日期。如遇帝王改元或頒行新曆，則注於當頁之下。書後還附有一些實用的曆法資料和年代資料。讀者可以通過帝王年號及年月日干支，直接查出其相應的公曆時間，也可以用公曆日期迅速地查出其相對應的中曆日期。

由於本書是在復原中國古代曆法的基礎上用電腦編成的，在整個編寫過程中吸收了同類著作的優點，還用史書上所記載的朔閏進行了檢驗。所以本書資料更豐富，編排更科學，使用更方便。我們編寫本書的目的一方面是爲了展現中國獨有的曆法體系，另一方面是爲了幫助廣大文史工作者正確理解文獻中的干支所代表的時間。在本書的編寫過程中，我們參考了以往學者的研究成果。本書的出版，得到陝西師範大學出版總社領導的大力支持。編輯侯海英、付玉肖、曹聯養等付出了大量心血。在此，謹表謝忱!

由於我們學識有限，加之時間倉促，書中錯誤缺點在所難免，敬請大家批評指正。

王雙懷

2017年7月27日

# 凡例

一、本書是爲解決秦漢時間問題而編纂的日曆，按照歷史順序和史家慣例，採用中西曆對照的形式，逐年逐月逐日列出具體時間，從公元前 221 年開始，到公元 220 年結束。

二、爲了方便讀者使用，本書融年表、月表、日表、節氣表爲一爐。每年一頁，首列年代、次爲日曆，若有王朝更替、帝王改元或頒布新曆等情況，則注之於當頁之下。年代包含帝王紀年、干支紀年和公曆紀年等要素，日曆則以中曆月序和中曆日序爲綱，表列干支及相應的公曆日期，同時附列節氣與天象（日食）方面的信息。讀者無須換算，可直接通過干支快速查出中、西曆日期和星期，也可以通過中曆日期或公曆日期快速查出相應的干支。

三、關於秦漢時期的曆法，文獻中多有記載，亦有考古資料出土，但治曆者的認識略有不同。本書依據現存曆法資料及中外學者的研究成果，復原秦漢時期頒行的曆書，本着科學與實用的原則，擇其要者，與公曆對照，逐日列出干支、中曆、公曆時間，供廣大讀者查用。讀古代文獻或考古資料，若遇到時間問題，可借助本書解決；若想瞭解陰曆、陽曆及干支的對應情況，打開本書一查即得，無需進行繁瑣的換算。

四、中曆一年，公曆往往經過兩年甚至三年。爲作區分，表題中，中曆所包含主要公曆年份加粗，次要年份不加粗。

五、日曆表中，爲行文方便和排版美觀，公曆每月 1 日以圓括號加月份表示，如“（1）”，即指 1 月 1 日。

六、本書自漢平帝元始元年（公元 1~2 年）起，日曆表中加入星期。

# 秦日曆

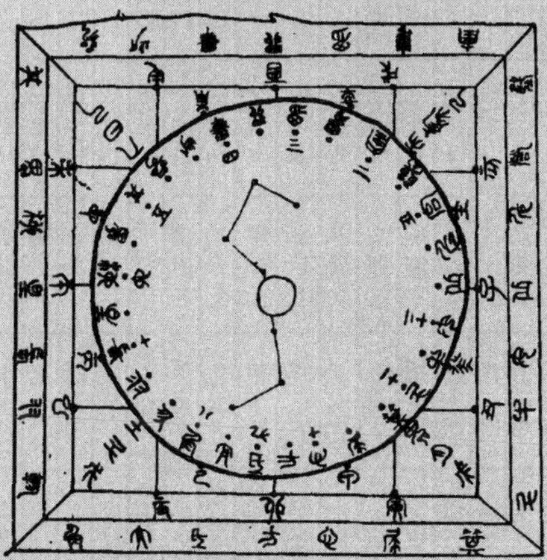

# 秦日曆

## 秦始皇二十六年(庚辰 龍年) 公元前222 ~ 前221年

| 夏曆月序 | | 中西曆日對照 | 初一 | 初二 | 初三 | 初四 | 初五 | 初六 | 初七 | 初八 | 初九 | 初十 | 十一 | 十二 | 十三 | 十四 | 十五 | 十六 | 十七 | 十八 | 十九 | 二十 | 二一 | 二二 | 二三 | 二四 | 二五 | 二六 | 二七 | 二八 | 二九 | 三十 | 節氣與天象 |
|---|---|---|---|---|---|---|---|---|---|---|---|---|---|---|---|---|---|---|---|---|---|---|---|---|---|---|---|---|---|---|---|---|---|
| 十月小 | 乙亥 | 天干地支西曆 | 甲寅31 | 乙卯(11) | 丙辰2 | 丁巳3 | 戊午4 | 己未5 | 庚申6 | 辛酉7 | 壬戌8 | 癸亥9 | 甲子10 | 乙丑11 | 丙寅12 | 丁卯13 | 戊辰14 | 己巳15 | 庚午16 | 辛未17 | 壬申18 | 癸酉19 | 甲戌20 | 乙亥21 | 丙子22 | 丁丑23 | 戊寅24 | 己卯25 | 庚辰26 | 辛巳27 | 壬午28 | | 癸亥立冬 |
| 十一月大 | 丙子 | 天干地支西曆 | 癸未29 | 甲申30 | 乙酉(12) | 丙戌2 | 丁亥3 | 戊子4 | 己丑5 | 庚寅6 | 辛卯7 | 壬辰8 | 癸巳9 | 甲午10 | 乙未11 | 丙申12 | 丁酉13 | 戊戌14 | 己亥15 | 庚子16 | 辛丑17 | 壬寅18 | 癸卯19 | 甲辰20 | 乙巳21 | 丙午22 | 丁未23 | 戊申24 | 己酉25 | 庚戌26 | 辛亥27 | 壬子28 | 己酉冬至 |
| 十二月小 | 丁丑 | 天干地支西曆 | 癸丑29 | 甲寅30 | 乙卯31 | 丙辰(1) | 丁巳2 | 戊午3 | 己未4 | 庚申5 | 辛酉6 | 壬戌7 | 癸亥8 | 甲子9 | 乙丑10 | 丙寅11 | 丁卯12 | 戊辰13 | 己巳14 | 庚午15 | 辛未16 | 壬申17 | 癸酉18 | 甲戌19 | 乙亥20 | 丙子21 | 丁丑22 | 戊寅23 | 己卯24 | 庚辰25 | 辛巳26 | | |
| 正月大 | 戊寅 | 天干地支西曆 | 壬午27 | 癸未28 | 甲申29 | 乙酉30 | 丙戌31 | 丁亥(2) | 戊子2 | 己丑3 | 庚寅4 | 辛卯5 | 壬辰6 | 癸巳7 | 甲午8 | 乙未9 | 丙申10 | 丁酉11 | 戊戌12 | 己亥13 | 庚子14 | 辛丑15 | 壬寅16 | 癸卯17 | 甲辰18 | 乙巳19 | 丙午20 | 丁未21 | 戊申22 | 己酉23 | 庚戌24 | 辛亥25 | 乙未立春 |
| 二月小 | 己卯 | 天干地支西曆 | 壬子26 | 癸丑27 | 甲寅28 | 乙卯29 | 丙辰(3) | 丁巳2 | 戊午3 | 己未4 | 庚申5 | 辛酉6 | 壬戌7 | 癸亥8 | 甲子9 | 乙丑10 | 丙寅11 | 丁卯12 | 戊辰13 | 己巳14 | 庚午15 | 辛未16 | 壬申17 | 癸酉18 | 甲戌19 | 乙亥20 | 丙子21 | 丁丑22 | 戊寅23 | 己卯24 | 庚辰25 | | 庚辰春分 |
| 三月大 | 庚辰 | 天干地支西曆 | 辛巳26 | 壬午27 | 癸未28 | 甲申29 | 乙酉30 | 丙戌31 | 丁亥(4) | 戊子2 | 己丑3 | 庚寅4 | 辛卯5 | 壬辰6 | 癸巳7 | 甲午8 | 乙未9 | 丙申10 | 丁酉11 | 戊戌12 | 己亥13 | 庚子14 | 辛丑15 | 壬寅16 | 癸卯17 | 甲辰18 | 乙巳19 | 丙午20 | 丁未21 | 戊申22 | 己酉23 | 庚戌24 | |
| 四月小 | 辛巳 | 天干地支西曆 | 辛亥25 | 壬子26 | 癸丑27 | 甲寅28 | 乙卯29 | 丙辰30 | 丁巳(5) | 戊午2 | 己未3 | 庚申4 | 辛酉5 | 壬戌6 | 癸亥7 | 甲子8 | 乙丑9 | 丙寅10 | 丁卯11 | 戊辰12 | 己巳13 | 庚午14 | 辛未15 | 壬申16 | 癸酉17 | 甲戌18 | 乙亥19 | 丙子20 | 丁丑21 | 戊寅22 | 己卯23 | | 丙寅立夏<br>辛亥日食 |
| 五月大 | 壬午 | 天干地支西曆 | 庚辰24 | 辛巳25 | 壬午26 | 癸未27 | 甲申28 | 乙酉29 | 丙戌30 | 丁亥31 | 戊子(6) | 己丑2 | 庚寅3 | 辛卯4 | 壬辰5 | 癸巳6 | 甲午7 | 乙未8 | 丙申9 | 丁酉10 | 戊戌11 | 己亥12 | 庚子13 | 辛丑14 | 壬寅15 | 癸卯16 | 甲辰17 | 乙巳18 | 丙午19 | 丁未20 | 戊申21 | 己酉22 | |
| 六月大 | 癸未 | 天干地支西曆 | 庚戌23 | 辛亥24 | 壬子25 | 癸丑26 | 甲寅27 | 乙卯28 | 丙辰29 | 丁巳30 | 戊午(7) | 己未2 | 庚申3 | 辛酉4 | 壬戌5 | 癸亥6 | 甲子7 | 乙丑8 | 丙寅9 | 丁卯10 | 戊辰11 | 己巳12 | 庚午13 | 辛未14 | 壬申15 | 癸酉16 | 甲戌17 | 乙亥18 | 丙子19 | 丁丑20 | 戊寅21 | 己卯22 | 壬子夏至 |
| 七月小 | 甲申 | 天干地支西曆 | 庚辰23 | 辛巳24 | 壬午25 | 癸未26 | 甲申27 | 乙酉28 | 丙戌29 | 丁亥30 | 戊子31 | 己丑(8) | 庚寅2 | 辛卯3 | 壬辰4 | 癸巳5 | 甲午6 | 乙未7 | 丙申8 | 丁酉9 | 戊戌10 | 己亥11 | 庚子12 | 辛丑13 | 壬寅14 | 癸卯15 | 甲辰16 | 乙巳17 | 丙午18 | 丁未19 | 戊申20 | | 丁酉立秋 |
| 八月大 | 乙酉 | 天干地支西曆 | 己酉21 | 庚戌22 | 辛亥23 | 壬子24 | 癸丑25 | 甲寅26 | 乙卯27 | 丙辰28 | 丁巳29 | 戊午30 | 己未31 | 庚申(9) | 辛酉2 | 壬戌3 | 癸亥4 | 甲子5 | 乙丑6 | 丙寅7 | 丁卯8 | 戊辰9 | 己巳10 | 庚午11 | 辛未12 | 壬申13 | 癸酉14 | 甲戌15 | 乙亥16 | 丙子17 | 丁丑18 | 戊寅19 | |
| 九月小 | 丙戌 | 天干地支西曆 | 己卯20 | 庚辰21 | 辛巳22 | 壬午23 | 癸未24 | 甲申25 | 乙酉26 | 丙戌27 | 丁亥28 | 戊子29 | 己丑30 | 庚寅(10) | 辛卯2 | 壬辰3 | 癸巳4 | 甲午5 | 乙未6 | 丙申7 | 丁酉8 | 戊戌9 | 己亥10 | 庚子11 | 辛丑12 | 壬寅13 | 癸卯14 | 甲辰15 | 乙巳16 | 丙午17 | 丁未18 | | 癸未秋分 |
| 後九月大 | 丙戌 | 天干地支西曆 | 戊申19 | 己酉20 | 庚戌21 | 辛亥22 | 壬子23 | 癸丑24 | 甲寅25 | 乙卯26 | 丙辰27 | 丁巳28 | 戊午29 | 己未30 | 庚申31 | 辛酉(11) | 壬戌2 | 癸亥3 | 甲子4 | 乙丑5 | 丙寅6 | 丁卯7 | 戊辰8 | 己巳9 | 庚午10 | 辛未11 | 壬申12 | 癸酉13 | 甲戌14 | 乙亥15 | 丙子16 | 丁丑17 | 己巳立冬 |

* 本年秦統一全國，仍以十月为岁首，秦王嬴政稱帝，是爲秦始皇。

# 秦始皇二十七年(辛巳 蛇年) 公元前221～前220年

| 夏曆月序 | | 中西曆日對照 | 初一 | 初二 | 初三 | 初四 | 初五 | 初六 | 初七 | 初八 | 初九 | 初十 | 十一 | 十二 | 十三 | 十四 | 十五 | 十六 | 十七 | 十八 | 十九 | 二十 | 二一 | 二二 | 二三 | 二四 | 二五 | 二六 | 二七 | 二八 | 二九 | 三十 | 節氣與天象 |
|---|---|---|---|---|---|---|---|---|---|---|---|---|---|---|---|---|---|---|---|---|---|---|---|---|---|---|---|---|---|---|---|---|---|
| 十月小 | 丁亥 | 天干地支西曆 | 戊寅18 | 己卯19 | 庚辰20 | 辛巳21 | 壬午22 | 癸未23 | 甲申24 | 乙酉25 | 丙戌26 | 丁亥27 | 戊子28 | 己丑29 | 庚寅30 | 辛卯(12) | 壬辰2 | 癸巳3 | 甲午4 | 乙未5 | 丙申6 | 丁酉7 | 戊戌8 | 己亥9 | 庚子10 | 辛丑11 | 壬寅12 | 癸卯13 | 甲辰14 | 乙巳15 | 丙午16 | | |
| 十一月大 | 戊子 | 天干地支西曆 | 丁未17 | 戊申18 | 己酉19 | 庚戌20 | 辛亥21 | 壬子22 | 癸丑23 | 甲寅24 | 乙卯25 | 丙辰26 | 丁巳27 | 戊午28 | 己未29 | 庚申30 | 辛酉31 | 壬戌(1) | 癸亥2 | 甲子3 | 乙丑4 | 丙寅5 | 丁卯6 | 戊辰7 | 己巳8 | 庚午9 | 辛未10 | 壬申11 | 癸酉12 | 甲戌13 | 乙亥14 | 丙子15 | 甲寅冬至 |
| 十二月小 | 己丑 | 天干地支西曆 | 丁丑16 | 戊寅17 | 己卯18 | 庚辰19 | 辛巳20 | 壬午21 | 癸未22 | 甲申23 | 乙酉24 | 丙戌25 | 丁亥26 | 戊子27 | 己丑28 | 庚寅29 | 辛卯30 | 壬辰31 | 癸巳(2) | 甲午2 | 乙未3 | 丙申4 | 丁酉5 | 戊戌6 | 己亥7 | 庚子8 | 辛丑9 | 壬寅10 | 癸卯11 | 甲辰12 | 乙巳13 | | 庚子立春 |
| 正月大 | 庚寅 | 天干地支西曆 | 丙午14 | 丁未15 | 戊申16 | 己酉17 | 庚戌18 | 辛亥19 | 壬子20 | 癸丑21 | 甲寅22 | 乙卯23 | 丙辰24 | 丁巳25 | 戊午26 | 己未27 | 庚申28 | 辛酉(3) | 壬戌2 | 癸亥3 | 甲子4 | 乙丑5 | 丙寅6 | 丁卯7 | 戊辰8 | 己巳9 | 庚午10 | 辛未11 | 壬申12 | 癸酉13 | 甲戌14 | 乙亥15 | |
| 二月小 | 辛卯 | 天干地支西曆 | 丙子16 | 丁丑17 | 戊寅18 | 己卯19 | 庚辰20 | 辛巳21 | 壬午22 | 癸未23 | 甲申24 | 乙酉25 | 丙戌26 | 丁亥27 | 戊子28 | 己丑29 | 庚寅30 | 辛卯31 | 壬辰(4) | 癸巳2 | 甲午3 | 乙未4 | 丙申5 | 丁酉6 | 戊戌7 | 己亥8 | 庚子9 | 辛丑10 | 壬寅11 | 癸卯12 | 甲辰13 | | 丙戌春分 |
| 三月大 | 壬辰 | 天干地支西曆 | 乙巳14 | 丙午15 | 丁未16 | 戊申17 | 己酉18 | 庚戌19 | 辛亥20 | 壬子21 | 癸丑22 | 甲寅23 | 乙卯24 | 丙辰25 | 丁巳26 | 戊午27 | 己未28 | 庚申29 | 辛酉30 | 壬戌(5) | 癸亥2 | 甲子3 | 乙丑4 | 丙寅5 | 丁卯6 | 戊辰7 | 己巳8 | 庚午9 | 辛未10 | 壬申11 | 癸酉12 | 甲戌13 | 辛未立夏 |
| 四月小 | 癸巳 | 天干地支西曆 | 乙亥14 | 丙子15 | 丁丑16 | 戊寅17 | 己卯18 | 庚辰19 | 辛巳20 | 壬午21 | 癸未22 | 甲申23 | 乙酉24 | 丙戌25 | 丁亥26 | 戊子27 | 己丑28 | 庚寅29 | 辛卯30 | 壬辰31 | 癸巳(6) | 甲午2 | 乙未3 | 丙申4 | 丁酉5 | 戊戌6 | 己亥7 | 庚子8 | 辛丑9 | 壬寅10 | 癸卯11 | | |
| 五月大 | 甲午 | 天干地支西曆 | 甲辰12 | 乙巳13 | 丙午14 | 丁未15 | 戊申16 | 己酉17 | 庚戌18 | 辛亥19 | 壬子20 | 癸丑21 | 甲寅22 | 乙卯23 | 丙辰24 | 丁巳25 | 戊午26 | 己未27 | 庚申28 | 辛酉29 | 壬戌30 | 癸亥(7) | 甲子2 | 乙丑3 | 丙寅4 | 丁卯5 | 戊辰6 | 己巳7 | 庚午8 | 辛未9 | 壬申10 | 癸酉11 | 丁巳夏至 |
| 六月小 | 乙未 | 天干地支西曆 | 甲戌12 | 乙亥13 | 丙子14 | 丁丑15 | 戊寅16 | 己卯17 | 庚辰18 | 辛巳19 | 壬午20 | 癸未21 | 甲申22 | 乙酉23 | 丙戌24 | 丁亥25 | 戊子26 | 己丑27 | 庚寅28 | 辛卯29 | 壬辰30 | 癸巳31 | 甲午(8) | 乙未2 | 丙申3 | 丁酉4 | 戊戌5 | 己亥6 | 庚子7 | 辛丑8 | 壬寅9 | | |
| 七月大 | 丙申 | 天干地支西曆 | 癸卯10 | 甲辰11 | 乙巳12 | 丙午13 | 丁未14 | 戊申15 | 己酉16 | 庚戌17 | 辛亥18 | 壬子19 | 癸丑20 | 甲寅21 | 乙卯22 | 丙辰23 | 丁巳24 | 戊午25 | 己未26 | 庚申27 | 辛酉28 | 壬戌29 | 癸亥30 | 甲子31 | 乙丑(9) | 丙寅2 | 丁卯3 | 戊辰4 | 己巳5 | 庚午6 | 辛未7 | 壬申8 | 癸卯立秋 |
| 八月小 | 丁酉 | 天干地支西曆 | 癸酉9 | 甲戌10 | 乙亥11 | 丙子12 | 丁丑13 | 戊寅14 | 己卯15 | 庚辰16 | 辛巳17 | 壬午18 | 癸未19 | 甲申20 | 乙酉21 | 丙戌22 | 丁亥23 | 戊子24 | 己丑25 | 庚寅26 | 辛卯27 | 壬辰28 | 癸巳29 | 甲午30 | 乙未(10) | 丙申2 | 丁酉3 | 戊戌4 | 己亥5 | 庚子6 | 辛丑7 | | 戊子秋分 |
| 九月大 | 戊戌 | 天干地支西曆 | 壬寅8 | 癸卯9 | 甲辰10 | 乙巳11 | 丙午12 | 丁未13 | 戊申14 | 己酉15 | 庚戌16 | 辛亥17 | 壬子18 | 癸丑19 | 甲寅20 | 乙卯21 | 丙辰22 | 丁巳23 | 戊午24 | 己未25 | 庚申26 | 辛酉27 | 壬戌28 | 癸亥29 | 甲子30 | 乙丑31 | 丙寅(11) | 丁卯2 | 戊辰3 | 己巳4 | 庚午5 | 辛未6 | 壬寅日食 |

勘误：第002至120页表头"夏曆月序"应为"顓頊月序"，"夏曆日序"应为"顓頊日序"。

# 秦始皇二十八年(壬午 馬年) 公元前220 ~ 前**219**年

| 夏曆月序 | | 中西曆日對照 | 初一 | 初二 | 初三 | 初四 | 初五 | 初六 | 初七 | 初八 | 初九 | 初十 | 十一 | 十二 | 十三 | 十四 | 十五 | 十六 | 十七 | 十八 | 十九 | 二十 | 二一 | 二二 | 二三 | 二四 | 二五 | 二六 | 二七 | 二八 | 二九 | 三十 | 節氣與天象 |
|---|---|---|---|---|---|---|---|---|---|---|---|---|---|---|---|---|---|---|---|---|---|---|---|---|---|---|---|---|---|---|---|---|---|
| 十月大 | 己亥 | 天干地支西曆 | 壬申 7 | 癸酉 8 | 甲戌 9 | 乙亥 10 | 丙子 11 | 丁丑 12 | 戊寅 13 | 己卯 14 | 庚辰 15 | 辛巳 16 | 壬午 17 | 癸未 18 | 甲申 19 | 乙酉 20 | 丙戌 21 | 丁亥 22 | 戊子 23 | 己丑 24 | 庚寅 25 | 辛卯 26 | 壬辰 27 | 癸巳 28 | 甲午 29 | 乙未 30 | 丙申 (12) | 丁酉 2 | 戊戌 3 | 己亥 4 | 庚子 5 | 辛丑 6 | 甲戌立冬 |
| 十一月小 | 庚子 | 天干地支西曆 | 壬寅 7 | 癸卯 8 | 甲辰 9 | 乙巳 10 | 丙午 11 | 丁未 12 | 戊申 13 | 己酉 14 | 庚戌 15 | 辛亥 16 | 壬子 17 | 癸丑 18 | 甲寅 19 | 乙卯 20 | 丙辰 21 | 丁巳 22 | 戊午 23 | 己未 24 | 庚申 25 | 辛酉 26 | 壬戌 27 | 癸亥 28 | 甲子 29 | 乙丑 30 | 丙寅 31 | 丁卯 (1) | 戊辰 2 | 己巳 3 | 庚午 4 | | 庚申冬至 |
| 十二月大 | 辛丑 | 天干地支西曆 | 辛未 5 | 壬申 6 | 癸酉 7 | 甲戌 8 | 乙亥 9 | 丙子 10 | 丁丑 11 | 戊寅 12 | 己卯 13 | 庚辰 14 | 辛巳 15 | 壬午 16 | 癸未 17 | 甲申 18 | 乙酉 19 | 丙戌 20 | 丁亥 21 | 戊子 22 | 己丑 23 | 庚寅 24 | 辛卯 25 | 壬辰 26 | 癸巳 27 | 甲午 28 | 乙未 29 | 丙申 30 | 丁酉 31 | 戊戌 (2) | 己亥 2 | 庚子 3 | |
| 正月小 | 壬寅 | 天干地支西曆 | 辛丑 4 | 壬寅 5 | 癸卯 6 | 甲辰 7 | 乙巳 8 | 丙午 9 | 丁未 10 | 戊申 11 | 己酉 12 | 庚戌 13 | 辛亥 14 | 壬子 15 | 癸丑 16 | 甲寅 17 | 乙卯 18 | 丙辰 19 | 丁巳 20 | 戊午 21 | 己未 22 | 庚申 23 | 辛酉 24 | 壬戌 25 | 癸亥 26 | 甲子 27 | 乙丑 28 | 丙寅 (3) | 丁卯 2 | 戊辰 3 | 己巳 4 | | 乙巳立春 |
| 二月大 | 癸卯 | 天干地支西曆 | 庚午 5 | 辛未 6 | 壬申 7 | 癸酉 8 | 甲戌 9 | 乙亥 10 | 丙子 11 | 丁丑 12 | 戊寅 13 | 己卯 14 | 庚辰 15 | 辛巳 16 | 壬午 17 | 癸未 18 | 甲申 19 | 乙酉 20 | 丙戌 21 | 丁亥 22 | 戊子 23 | 己丑 24 | 庚寅 25 | 辛卯 26 | 壬辰 27 | 癸巳 28 | 甲午 29 | 乙未 30 | 丙申 31 | 丁酉 (4) | 戊戌 2 | 己亥 3 | 辛卯春分 |
| 三月小 | 甲辰 | 天干地支西曆 | 庚子 4 | 辛丑 5 | 壬寅 6 | 癸卯 7 | 甲辰 8 | 乙巳 9 | 丙午 10 | 丁未 11 | 戊申 12 | 己酉 13 | 庚戌 14 | 辛亥 15 | 壬子 16 | 癸丑 17 | 甲寅 18 | 乙卯 19 | 丙辰 20 | 丁巳 21 | 戊午 22 | 己未 23 | 庚申 24 | 辛酉 25 | 壬戌 26 | 癸亥 27 | 甲子 28 | 乙丑 29 | 丙寅 30 | 丁卯 (5) | 戊辰 2 | | |
| 四月大 | 乙巳 | 天干地支西曆 | 己巳 3 | 庚午 4 | 辛未 5 | 壬申 6 | 癸酉 7 | 甲戌 8 | 乙亥 9 | 丙子 10 | 丁丑 11 | 戊寅 12 | 己卯 13 | 庚辰 14 | 辛巳 15 | 壬午 16 | 癸未 17 | 甲申 18 | 乙酉 19 | 丙戌 20 | 丁亥 21 | 戊子 22 | 己丑 23 | 庚寅 24 | 辛卯 25 | 壬辰 26 | 癸巳 27 | 甲午 28 | 乙未 29 | 丙申 30 | 丁酉 31 | 戊戌 (6) | 丁丑立夏 |
| 五月小 | 丙午 | 天干地支西曆 | 己亥 2 | 庚子 3 | 辛丑 4 | 壬寅 5 | 癸卯 6 | 甲辰 7 | 乙巳 8 | 丙午 9 | 丁未 10 | 戊申 11 | 己酉 12 | 庚戌 13 | 辛亥 14 | 壬子 15 | 癸丑 16 | 甲寅 17 | 乙卯 18 | 丙辰 19 | 丁巳 20 | 戊午 21 | 己未 22 | 庚申 23 | 辛酉 24 | 壬戌 25 | 癸亥 26 | 甲子 27 | 乙丑 28 | 丙寅 29 | 丁卯 30 | | 壬戌夏至 |
| 六月大 | 丁未 | 天干地支西曆 | 戊辰 (7) | 己巳 2 | 庚午 3 | 辛未 4 | 壬申 5 | 癸酉 6 | 甲戌 7 | 乙亥 8 | 丙子 9 | 丁丑 10 | 戊寅 11 | 己卯 12 | 庚辰 13 | 辛巳 14 | 壬午 15 | 癸未 16 | 甲申 17 | 乙酉 18 | 丙戌 19 | 丁亥 20 | 戊子 21 | 己丑 22 | 庚寅 23 | 辛卯 24 | 壬辰 25 | 癸巳 26 | 甲午 27 | 乙未 28 | 丙申 29 | 丁酉 30 | |
| 七月小 | 戊申 | 天干地支西曆 | 戊戌 31 | 己亥 (8) | 庚子 2 | 辛丑 3 | 壬寅 4 | 癸卯 5 | 甲辰 6 | 乙巳 7 | 丙午 8 | 丁未 9 | 戊申 10 | 己酉 11 | 庚戌 12 | 辛亥 13 | 壬子 14 | 癸丑 15 | 甲寅 16 | 乙卯 17 | 丙辰 18 | 丁巳 19 | 戊午 20 | 己未 21 | 庚申 22 | 辛酉 23 | 壬戌 24 | 癸亥 25 | 甲子 26 | 乙丑 27 | 丙寅 28 | | 戊申立秋 |
| 八月大 | 己酉 | 天干地支西曆 | 丁卯 29 | 戊辰 30 | 己巳 31 | 庚午 (9) | 辛未 2 | 壬申 3 | 癸酉 4 | 甲戌 5 | 乙亥 6 | 丙子 7 | 丁丑 8 | 戊寅 9 | 己卯 10 | 庚辰 11 | 辛巳 12 | 壬午 13 | 癸未 14 | 甲申 15 | 乙酉 16 | 丙戌 17 | 丁亥 18 | 戊子 19 | 己丑 20 | 庚寅 21 | 辛卯 22 | 壬辰 23 | 癸巳 24 | 甲午 25 | 乙未 26 | 丙申 27 | 甲午秋分 |
| 九月小 | 庚戌 | 天干地支西曆 | 丁酉 28 | 戊戌 29 | 己亥 30 | 庚子 (10) | 辛丑 2 | 壬寅 3 | 癸卯 4 | 甲辰 5 | 乙巳 6 | 丙午 7 | 丁未 8 | 戊申 9 | 己酉 10 | 庚戌 11 | 辛亥 12 | 壬子 13 | 癸丑 14 | 甲寅 15 | 乙卯 16 | 丙辰 17 | 丁巳 18 | 戊午 19 | 己未 20 | 庚申 21 | 辛酉 22 | 壬戌 23 | 癸亥 24 | 甲子 25 | 乙丑 26 | | |

# 秦始皇二十九年(癸未 羊年) 公元前219 ~ 前218年

| 夏曆月序 | | 中西曆日對照 | 初一 | 初二 | 初三 | 初四 | 初五 | 初六 | 初七 | 初八 | 初九 | 初十 | 十一 | 十二 | 十三 | 十四 | 十五 | 十六 | 十七 | 十八 | 十九 | 二十 | 二一 | 二二 | 二三 | 二四 | 二五 | 二六 | 二七 | 二八 | 二九 | 三十 | 節氣與天象 |
|---|---|---|---|---|---|---|---|---|---|---|---|---|---|---|---|---|---|---|---|---|---|---|---|---|---|---|---|---|---|---|---|---|---|
| 十月大 | 辛亥 | 天干地支西曆 | 丙寅 27 | 丁卯 28 | 戊辰 29 | 己巳 30 | 庚午 31 | 辛未 (11) | 壬申 2 | 癸酉 3 | 甲戌 4 | 乙亥 5 | 丙子 6 | 丁丑 7 | 戊寅 8 | 己卯 9 | 庚辰 10 | 辛巳 11 | 壬午 12 | 癸未 13 | 甲申 14 | 乙酉 15 | 丙戌 16 | 丁亥 17 | 戊子 18 | 己丑 19 | 庚寅 20 | 辛卯 21 | 壬辰 22 | 癸巳 23 | 甲午 24 | 乙未 25 | 己卯立冬 |
| 十一月小 | 壬子 | 天干地支西曆 | 丙申 26 | 丁酉 27 | 戊戌 28 | 己亥 29 | 庚子 30 | 辛丑 (12) | 壬寅 2 | 癸卯 3 | 甲辰 4 | 乙巳 5 | 丙午 6 | 丁未 7 | 戊申 8 | 己酉 9 | 庚戌 10 | 辛亥 11 | 壬子 12 | 癸丑 13 | 甲寅 14 | 乙卯 15 | 丙辰 16 | 丁巳 17 | 戊午 18 | 己未 19 | 庚申 20 | 辛酉 21 | 壬戌 22 | 癸亥 23 | 甲子 24 | | |
| 十二月大 | 癸丑 | 天干地支西曆 | 乙丑 25 | 丙寅 26 | 丁卯 27 | 戊辰 28 | 己巳 29 | 庚午 30 | 辛未 31 | 壬申 (1) | 癸酉 2 | 甲戌 3 | 乙亥 4 | 丙子 5 | 丁丑 6 | 戊寅 7 | 己卯 8 | 庚辰 9 | 辛巳 10 | 壬午 11 | 癸未 12 | 甲申 13 | 乙酉 14 | 丙戌 15 | 丁亥 16 | 戊子 17 | 己丑 18 | 庚寅 19 | 辛卯 20 | 壬辰 21 | 癸巳 22 | 甲午 23 | 乙丑冬至 |
| 正月小 | 甲寅 | 天干地支西曆 | 乙未 24 | 丙申 25 | 丁酉 26 | 戊戌 27 | 己亥 28 | 庚子 29 | 辛丑 30 | 壬寅 31 | 癸卯 (2) | 甲辰 2 | 乙巳 3 | 丙午 4 | 丁未 5 | 戊申 6 | 己酉 7 | 庚戌 8 | 辛亥 9 | 壬子 10 | 癸丑 11 | 甲寅 12 | 乙卯 13 | 丙辰 14 | 丁巳 15 | 戊午 16 | 己未 17 | 庚申 18 | 辛酉 19 | 壬戌 20 | 癸亥 21 | | 辛亥立春 |
| 二月大 | 乙卯 | 天干地支西曆 | 甲子 22 | 乙丑 23 | 丙寅 24 | 丁卯 25 | 戊辰 26 | 己巳 27 | 庚午 28 | 辛未 (3) | 壬申 2 | 癸酉 3 | 甲戌 4 | 乙亥 5 | 丙子 6 | 丁丑 7 | 戊寅 8 | 己卯 9 | 庚辰 10 | 辛巳 11 | 壬午 12 | 癸未 13 | 甲申 14 | 乙酉 15 | 丙戌 16 | 丁亥 17 | 戊子 18 | 己丑 19 | 庚寅 20 | 辛卯 21 | 壬辰 22 | 癸巳 23 | 甲子日食 |
| 三月大 | 丙辰 | 天干地支西曆 | 甲午 24 | 乙未 25 | 丙申 26 | 丁酉 27 | 戊戌 28 | 己亥 29 | 庚子 30 | 辛丑 31 | 壬寅 (4) | 癸卯 2 | 甲辰 3 | 乙巳 4 | 丙午 5 | 丁未 6 | 戊申 7 | 己酉 8 | 庚戌 9 | 辛亥 10 | 壬子 11 | 癸丑 12 | 甲寅 13 | 乙卯 14 | 丙辰 15 | 丁巳 16 | 戊午 17 | 己未 18 | 庚申 19 | 辛酉 20 | 壬戌 21 | 癸亥 22 | 丙申春分 |
| 四月小 | 丁巳 | 天干地支西曆 | 甲子 23 | 乙丑 24 | 丙寅 25 | 丁卯 26 | 戊辰 27 | 己巳 28 | 庚午 29 | 辛未 30 | 壬申 (5) | 癸酉 2 | 甲戌 3 | 乙亥 4 | 丙子 5 | 丁丑 6 | 戊寅 7 | 己卯 8 | 庚辰 9 | 辛巳 10 | 壬午 11 | 癸未 12 | 甲申 13 | 乙酉 14 | 丙戌 15 | 丁亥 16 | 戊子 17 | 己丑 18 | 庚寅 19 | 辛卯 20 | 壬辰 21 | | 壬午立夏 |
| 五月大 | 戊午 | 天干地支西曆 | 癸巳 22 | 甲午 23 | 乙未 24 | 丙申 25 | 丁酉 26 | 戊戌 27 | 己亥 28 | 庚子 29 | 辛丑 30 | 壬寅 31 | 癸卯 (6) | 甲辰 2 | 乙巳 3 | 丙午 4 | 丁未 5 | 戊申 6 | 己酉 7 | 庚戌 8 | 辛亥 9 | 壬子 10 | 癸丑 11 | 甲寅 12 | 乙卯 13 | 丙辰 14 | 丁巳 15 | 戊午 16 | 己未 17 | 庚申 18 | 辛酉 19 | 壬戌 20 | |
| 六月小 | 己未 | 天干地支西曆 | 癸亥 21 | 甲子 22 | 乙丑 23 | 丙寅 24 | 丁卯 25 | 戊辰 26 | 己巳 27 | 庚午 28 | 辛未 29 | 壬申 30 | 癸酉 (7) | 甲戌 2 | 乙亥 3 | 丙子 4 | 丁丑 5 | 戊寅 6 | 己卯 7 | 庚辰 8 | 辛巳 9 | 壬午 10 | 癸未 11 | 甲申 12 | 乙酉 13 | 丙戌 14 | 丁亥 15 | 戊子 16 | 己丑 17 | 庚寅 18 | 辛卯 19 | | 丁卯夏至 |
| 七月大 | 庚申 | 天干地支西曆 | 壬辰 20 | 癸巳 21 | 甲午 22 | 乙未 23 | 丙申 24 | 丁酉 25 | 戊戌 26 | 己亥 27 | 庚子 28 | 辛丑 29 | 壬寅 30 | 癸卯 31 | 甲辰 (8) | 乙巳 2 | 丙午 3 | 丁未 4 | 戊申 5 | 己酉 6 | 庚戌 7 | 辛亥 8 | 壬子 9 | 癸丑 10 | 甲寅 11 | 乙卯 12 | 丙辰 13 | 丁巳 14 | 戊午 15 | 己未 16 | 庚申 17 | 辛酉 18 | 癸丑立秋 |
| 八月小 | 辛酉 | 天干地支西曆 | 壬戌 19 | 癸亥 20 | 甲子 21 | 乙丑 22 | 丙寅 23 | 丁卯 24 | 戊辰 25 | 己巳 26 | 庚午 27 | 辛未 28 | 壬申 29 | 癸酉 30 | 甲戌 31 | 乙亥 (9) | 丙子 2 | 丁丑 3 | 戊寅 4 | 己卯 5 | 庚辰 6 | 辛巳 7 | 壬午 8 | 癸未 9 | 甲申 10 | 乙酉 11 | 丙戌 12 | 丁亥 13 | 戊子 14 | 己丑 15 | 庚寅 16 | | |
| 九月大 | 壬戌 | 天干地支西曆 | 辛卯 17 | 壬辰 18 | 癸巳 19 | 甲午 20 | 乙未 21 | 丙申 22 | 丁酉 23 | 戊戌 24 | 己亥 25 | 庚子 26 | 辛丑 27 | 壬寅 28 | 癸卯 29 | 甲辰 30 | 乙巳 (10) | 丙午 2 | 丁未 3 | 戊申 4 | 己酉 5 | 庚戌 6 | 辛亥 7 | 壬子 8 | 癸丑 9 | 甲寅 10 | 乙卯 11 | 丙辰 12 | 丁巳 13 | 戊午 14 | 己未 15 | 庚申 16 | 己亥秋分 |
| 後九月小 | 壬戌 | 天干地支西曆 | 辛酉 17 | 壬戌 18 | 癸亥 19 | 甲子 20 | 乙丑 21 | 丙寅 22 | 丁卯 23 | 戊辰 24 | 己巳 25 | 庚午 26 | 辛未 27 | 壬申 28 | 癸酉 29 | 甲戌 30 | 乙亥 31 | 丙子 (11) | 丁丑 2 | 戊寅 3 | 己卯 4 | 庚辰 5 | 辛巳 6 | 壬午 7 | 癸未 8 | 甲申 9 | 乙酉 10 | 丙戌 11 | 丁亥 12 | 戊子 13 | 己丑 14 | | 甲申立冬 |

# 秦始皇三十年（甲申 猴年） 公元前 218 ~ 前 217 年

| 夏曆月序 | | 中西曆日對照 | 夏曆日序 | | | | | | | | | | | | | | | | | | | | | | | | | | | | | | 節氣與天象 |
|---|---|---|---|---|---|---|---|---|---|---|---|---|---|---|---|---|---|---|---|---|---|---|---|---|---|---|---|---|---|---|---|---|---|
| | | | 初一 | 初二 | 初三 | 初四 | 初五 | 初六 | 初七 | 初八 | 初九 | 初十 | 十一 | 十二 | 十三 | 十四 | 十五 | 十六 | 十七 | 十八 | 十九 | 二十 | 二一 | 二二 | 二三 | 二四 | 二五 | 二六 | 二七 | 二八 | 二九 | 三十 | |
| 十月大 | 癸亥 | 天干地支西曆 | 庚寅 15 | 辛卯 16 | 壬辰 17 | 癸巳 18 | 甲午 19 | 乙未 20 | 丙申 21 | 丁酉 22 | 戊戌 23 | 己亥 24 | 庚子 25 | 辛丑 26 | 壬寅 27 | 癸卯 28 | 甲辰 29 | 乙巳 30 | 丙午 (12) | 丁未 2 | 戊申 3 | 己酉 4 | 庚戌 5 | 辛亥 6 | 壬子 7 | 癸丑 8 | 甲寅 9 | 乙卯 10 | 丙辰 11 | 丁巳 12 | 戊午 13 | 己未 14 | |
| 十一月小 | 甲子 | 天干地支西曆 | 庚申 15 | 辛酉 16 | 壬戌 17 | 癸亥 18 | 甲子 19 | 乙丑 20 | 丙寅 21 | 丁卯 22 | 戊辰 23 | 己巳 24 | 庚午 25 | 辛未 26 | 壬申 27 | 癸酉 28 | 甲戌 29 | 乙亥 30 | 丙子 31 | 丁丑 (1) | 戊寅 2 | 己卯 3 | 庚辰 4 | 辛巳 5 | 壬午 6 | 癸未 7 | 甲申 8 | 乙酉 9 | 丙戌 10 | 丁亥 11 | 戊子 12 | | 庚午冬至 |
| 十二月大 | 乙丑 | 天干地支西曆 | 己丑 13 | 庚寅 14 | 辛卯 15 | 壬辰 16 | 癸巳 17 | 甲午 18 | 乙未 19 | 丙申 20 | 丁酉 21 | 戊戌 22 | 己亥 23 | 庚子 24 | 辛丑 25 | 壬寅 26 | 癸卯 27 | 甲辰 28 | 乙巳 29 | 丙午 30 | 丁未 31 | 戊申 (2) | 己酉 2 | 庚戌 3 | 辛亥 4 | 壬子 5 | 癸丑 6 | 甲寅 7 | 乙卯 8 | 丙辰 9 | 丁巳 10 | 戊午 11 | 丙辰立春 |
| 正月小 | 丙寅 | 天干地支西曆 | 己未 12 | 庚申 13 | 辛酉 14 | 壬戌 15 | 癸亥 16 | 甲子 17 | 乙丑 18 | 丙寅 19 | 丁卯 20 | 戊辰 21 | 己巳 22 | 庚午 23 | 辛未 24 | 壬申 25 | 癸酉 26 | 甲戌 27 | 乙亥 28 | 丙子 29 | 丁丑 (3) | 戊寅 2 | 己卯 3 | 庚辰 4 | 辛巳 5 | 壬午 6 | 癸未 7 | 甲申 8 | 乙酉 9 | 丙戌 10 | 丁亥 11 | | |
| 二月大 | 丁卯 | 天干地支西曆 | 戊子 12 | 己丑 13 | 庚寅 14 | 辛卯 15 | 壬辰 16 | 癸巳 17 | 甲午 18 | 乙未 19 | 丙申 20 | 丁酉 21 | 戊戌 22 | 己亥 23 | 庚子 24 | 辛丑 25 | 壬寅 26 | 癸卯 27 | 甲辰 28 | 乙巳 29 | 丙午 30 | 丁未 31 | 戊申 (4) | 己酉 2 | 庚戌 3 | 辛亥 4 | 壬子 5 | 癸丑 6 | 甲寅 7 | 乙卯 8 | 丙辰 9 | 丁巳 10 | 辛丑春分 |
| 三月小 | 戊辰 | 天干地支西曆 | 戊午 11 | 己未 12 | 庚申 13 | 辛酉 14 | 壬戌 15 | 癸亥 16 | 甲子 17 | 乙丑 18 | 丙寅 19 | 丁卯 20 | 戊辰 21 | 己巳 22 | 庚午 23 | 辛未 24 | 壬申 25 | 癸酉 26 | 甲戌 27 | 乙亥 28 | 丙子 29 | 丁丑 30 | 戊寅 (5) | 己卯 2 | 庚辰 3 | 辛巳 4 | 壬午 5 | 癸未 6 | 甲申 7 | 乙酉 8 | 丙戌 9 | | |
| 四月大 | 己巳 | 天干地支西曆 | 丁亥 10 | 戊子 11 | 己丑 12 | 庚寅 13 | 辛卯 14 | 壬辰 15 | 癸巳 16 | 甲午 17 | 乙未 18 | 丙申 19 | 丁酉 20 | 戊戌 21 | 己亥 22 | 庚子 23 | 辛丑 24 | 壬寅 25 | 癸卯 26 | 甲辰 27 | 乙巳 28 | 丙午 29 | 丁未 30 | 戊申 31 | 己酉 (6) | 庚戌 2 | 辛亥 3 | 壬子 4 | 癸丑 5 | 甲寅 6 | 乙卯 7 | 丙辰 8 | 丁亥立夏 |
| 五月大 | 庚午 | 天干地支西曆 | 丁巳 9 | 戊午 10 | 己未 11 | 庚申 12 | 辛酉 13 | 壬戌 14 | 癸亥 15 | 甲子 16 | 乙丑 17 | 丙寅 18 | 丁卯 19 | 戊辰 20 | 己巳 21 | 庚午 22 | 辛未 23 | 壬申 24 | 癸酉 25 | 甲戌 26 | 乙亥 27 | 丙子 28 | 丁丑 29 | 戊寅 30 | 己卯 (7) | 庚辰 2 | 辛巳 3 | 壬午 4 | 癸未 5 | 甲申 6 | 乙酉 7 | 丙戌 8 | 癸酉夏至 |
| 六月小 | 辛未 | 天干地支西曆 | 丁亥 9 | 戊子 10 | 己丑 11 | 庚寅 12 | 辛卯 13 | 壬辰 14 | 癸巳 15 | 甲午 16 | 乙未 17 | 丙申 18 | 丁酉 19 | 戊戌 20 | 己亥 21 | 庚子 22 | 辛丑 23 | 壬寅 24 | 癸卯 25 | 甲辰 26 | 乙巳 27 | 丙午 28 | 丁未 29 | 戊申 30 | 己酉 31 | 庚戌 (8) | 辛亥 2 | 壬子 3 | 癸丑 4 | 甲寅 5 | 乙卯 6 | | |
| 七月大 | 壬申 | 天干地支西曆 | 丙辰 7 | 丁巳 8 | 戊午 9 | 己未 10 | 庚申 11 | 辛酉 12 | 壬戌 13 | 癸亥 14 | 甲子 15 | 乙丑 16 | 丙寅 17 | 丁卯 18 | 戊辰 19 | 己巳 20 | 庚午 21 | 辛未 22 | 壬申 23 | 癸酉 24 | 甲戌 25 | 乙亥 26 | 丙子 27 | 丁丑 28 | 戊寅 29 | 己卯 30 | 庚辰 31 | 辛巳 (9) | 壬午 2 | 癸未 3 | 甲申 4 | 乙酉 5 | 戊午立秋 |
| 八月小 | 癸酉 | 天干地支西曆 | 丙戌 6 | 丁亥 7 | 戊子 8 | 己丑 9 | 庚寅 10 | 辛卯 11 | 壬辰 12 | 癸巳 13 | 甲午 14 | 乙未 15 | 丙申 16 | 丁酉 17 | 戊戌 18 | 己亥 19 | 庚子 20 | 辛丑 21 | 壬寅 22 | 癸卯 23 | 甲辰 24 | 乙巳 25 | 丙午 26 | 丁未 27 | 戊申 28 | 己酉 29 | 庚戌 30 | 辛亥 (10) | 壬子 2 | 癸丑 3 | 甲寅 4 | | 甲辰秋分 |
| 九月大 | 甲戌 | 天干地支西曆 | 乙卯 5 | 丙辰 6 | 丁巳 7 | 戊午 8 | 己未 9 | 庚申 10 | 辛酉 11 | 壬戌 12 | 癸亥 13 | 甲子 14 | 乙丑 15 | 丙寅 16 | 丁卯 17 | 戊辰 18 | 己巳 19 | 庚午 20 | 辛未 21 | 壬申 22 | 癸酉 23 | 甲戌 24 | 乙亥 25 | 丙子 26 | 丁丑 27 | 戊寅 28 | 己卯 29 | 庚辰 30 | 辛巳 31 | 壬午 (11) | 癸未 2 | 甲申 3 | |

# 秦始皇三十一年（乙酉 鷄年） 公元前217 ~ 前216年

| 夏曆月序 | | 中西曆日對照 | 初一 | 初二 | 初三 | 初四 | 初五 | 初六 | 初七 | 初八 | 初九 | 初十 | 十一 | 十二 | 十三 | 十四 | 十五 | 十六 | 十七 | 十八 | 十九 | 二十 | 二一 | 二二 | 二三 | 二四 | 二五 | 二六 | 二七 | 二八 | 二九 | 三十 | 節氣與天象 |
|---|---|---|---|---|---|---|---|---|---|---|---|---|---|---|---|---|---|---|---|---|---|---|---|---|---|---|---|---|---|---|---|---|---|
| 十月大 | 乙亥 | 天干地支西曆 | 乙酉4 | 丙戌5 | 丁亥6 | 戊子7 | 己丑8 | 庚寅9 | 辛卯10 | 壬辰11 | 癸巳12 | 甲午13 | 乙未14 | 丙申15 | 丁酉16 | 戊戌17 | 己亥18 | 庚子19 | 辛丑20 | 壬寅21 | 癸卯22 | 甲辰23 | 乙巳24 | 丙午25 | 丁未26 | 戊申27 | 己酉28 | 庚戌29 | 辛亥30 | 壬子(12) | 癸丑2 | 甲寅3 | 庚寅立冬 |
| 十一月小 | 丙子 | 天干地支西曆 | 乙卯4 | 丙辰5 | 丁巳6 | 戊午7 | 己未8 | 庚申9 | 辛酉10 | 壬戌11 | 癸亥12 | 甲子13 | 乙丑14 | 丙寅15 | 丁卯16 | 戊辰17 | 己巳18 | 庚午19 | 辛未20 | 壬申21 | 癸酉22 | 甲戌23 | 乙亥24 | 丙子25 | 丁丑26 | 戊寅27 | 己卯28 | 庚辰29 | 辛巳30 | 壬午31 | 癸未(1) | | 乙亥冬至 |
| 十二月大 | 丁丑 | 天干地支西曆 | 甲申2 | 乙酉3 | 丙戌4 | 丁亥5 | 戊子6 | 己丑7 | 庚寅8 | 辛卯9 | 壬辰10 | 癸巳11 | 甲午12 | 乙未13 | 丙申14 | 丁酉15 | 戊戌16 | 己亥17 | 庚子18 | 辛丑19 | 壬寅20 | 癸卯21 | 甲辰22 | 乙巳23 | 丙午24 | 丁未25 | 戊申26 | 己酉27 | 庚戌28 | 辛亥29 | 壬子30 | 癸丑31 | |
| 正月小 | 戊寅 | 天干地支西曆 | 甲寅(2) | 乙卯2 | 丙辰3 | 丁巳4 | 戊午5 | 己未6 | 庚申7 | 辛酉8 | 壬戌9 | 癸亥10 | 甲子11 | 乙丑12 | 丙寅13 | 丁卯14 | 戊辰15 | 己巳16 | 庚午17 | 辛未18 | 壬申19 | 癸酉20 | 甲戌21 | 乙亥22 | 丙子23 | 丁丑24 | 戊寅25 | 己卯26 | 庚辰27 | 辛巳28 | 壬午(3) | | 辛酉立春 |
| 二月大 | 己卯 | 天干地支西曆 | 癸未2 | 甲申3 | 乙酉4 | 丙戌5 | 丁亥6 | 戊子7 | 己丑8 | 庚寅9 | 辛卯10 | 壬辰11 | 癸巳12 | 甲午13 | 乙未14 | 丙申15 | 丁酉16 | 戊戌17 | 己亥18 | 庚子19 | 辛丑20 | 壬寅21 | 癸卯22 | 甲辰23 | 乙巳24 | 丙午25 | 丁未26 | 戊申27 | 己酉28 | 庚戌29 | 辛亥30 | 壬子31 | 丁未春分 |
| 三月小 | 庚辰 | 天干地支西曆 | 癸丑(4) | 甲寅2 | 乙卯3 | 丙辰4 | 丁巳5 | 戊午6 | 己未7 | 庚申8 | 辛酉9 | 壬戌10 | 癸亥11 | 甲子12 | 乙丑13 | 丙寅14 | 丁卯15 | 戊辰16 | 己巳17 | 庚午18 | 辛未19 | 壬申20 | 癸酉21 | 甲戌22 | 乙亥23 | 丙子24 | 丁丑25 | 戊寅26 | 己卯27 | 庚辰28 | 辛巳29 | | |
| 四月大 | 辛巳 | 天干地支西曆 | 壬午30 | 癸未(5) | 甲申2 | 乙酉3 | 丙戌4 | 丁亥5 | 戊子6 | 己丑7 | 庚寅8 | 辛卯9 | 壬辰10 | 癸巳11 | 甲午12 | 乙未13 | 丙申14 | 丁酉15 | 戊戌16 | 己亥17 | 庚子18 | 辛丑19 | 壬寅20 | 癸卯21 | 甲辰22 | 乙巳23 | 丙午24 | 丁未25 | 戊申26 | 己酉27 | 庚戌28 | 辛亥29 | 壬辰立夏 |
| 五月小 | 壬午 | 天干地支西曆 | 壬子30 | 癸丑31 | 甲寅(6) | 乙卯2 | 丙辰3 | 丁巳4 | 戊午5 | 己未6 | 庚申7 | 辛酉8 | 壬戌9 | 癸亥10 | 甲子11 | 乙丑12 | 丙寅13 | 丁卯14 | 戊辰15 | 己巳16 | 庚午17 | 辛未18 | 壬申19 | 癸酉20 | 甲戌21 | 乙亥22 | 丙子23 | 丁丑24 | 戊寅25 | 己卯26 | 庚辰27 | | 戊寅夏至 |
| 六月大 | 癸未 | 天干地支西曆 | 辛巳28 | 壬午29 | 癸未30 | 甲申(7) | 乙酉2 | 丙戌3 | 丁亥4 | 戊子5 | 己丑6 | 庚寅7 | 辛卯8 | 壬辰9 | 癸巳10 | 甲午11 | 乙未12 | 丙申13 | 丁酉14 | 戊戌15 | 己亥16 | 庚子17 | 辛丑18 | 壬寅19 | 癸卯20 | 甲辰21 | 乙巳22 | 丙午23 | 丁未24 | 戊申25 | 己酉26 | 庚戌27 | |
| 七月小 | 甲申 | 天干地支西曆 | 辛亥28 | 壬子29 | 癸丑30 | 甲寅31 | 乙卯(8) | 丙辰2 | 丁巳3 | 戊午4 | 己未5 | 庚申6 | 辛酉7 | 壬戌8 | 癸亥9 | 甲子10 | 乙丑11 | 丙寅12 | 丁卯13 | 戊辰14 | 己巳15 | 庚午16 | 辛未17 | 壬申18 | 癸酉19 | 甲戌20 | 乙亥21 | 丙子22 | 丁丑23 | 戊寅24 | 己卯25 | | 甲子立秋 |
| 八月大 | 乙酉 | 天干地支西曆 | 庚辰26 | 辛巳27 | 壬午28 | 癸未29 | 甲申30 | 乙酉31 | 丙戌(9) | 丁亥2 | 戊子3 | 己丑4 | 庚寅5 | 辛卯6 | 壬辰7 | 癸巳8 | 甲午9 | 乙未10 | 丙申11 | 丁酉12 | 戊戌13 | 己亥14 | 庚子15 | 辛丑16 | 壬寅17 | 癸卯18 | 甲辰19 | 乙巳20 | 丙午21 | 丁未22 | 戊申23 | 己酉24 | 己酉秋分 |
| 九月大 | 丙戌 | 天干地支西曆 | 庚戌25 | 辛亥26 | 壬子27 | 癸丑28 | 甲寅29 | 乙卯30 | 丙辰(10) | 丁巳2 | 戊午3 | 己未4 | 庚申5 | 辛酉6 | 壬戌7 | 癸亥8 | 甲子9 | 乙丑10 | 丙寅11 | 丁卯12 | 戊辰13 | 己巳14 | 庚午15 | 辛未16 | 壬申17 | 癸酉18 | 甲戌19 | 乙亥20 | 丙子21 | 丁丑22 | 戊寅23 | 己卯24 | |
| 後九月小 | 丙戌 | 天干地支西曆 | 庚辰25 | 辛巳26 | 壬午27 | 癸未28 | 甲申29 | 乙酉30 | 丙戌31 | 丁亥(11) | 戊子2 | 己丑3 | 庚寅4 | 辛卯5 | 壬辰6 | 癸巳7 | 甲午8 | 乙未9 | 丙申10 | 丁酉11 | 戊戌12 | 己亥13 | 庚子14 | 辛丑15 | 壬寅16 | 癸卯17 | 甲辰18 | 乙巳19 | 丙午20 | 丁未21 | 戊申22 | | 乙未立冬 |

# 秦始皇三十二年(丙戌 狗年) 公元前215 ~ 前214年

| 夏曆月序 | | 中西曆日對照 | 夏曆日序 | | | | | | | | | | | | | | | | | | | | | | | | | | | | | | 節氣與天象 |
|---|---|---|---|---|---|---|---|---|---|---|---|---|---|---|---|---|---|---|---|---|---|---|---|---|---|---|---|---|---|---|---|---|---|
| | | | 初一 | 初二 | 初三 | 初四 | 初五 | 初六 | 初七 | 初八 | 初九 | 初十 | 十一 | 十二 | 十三 | 十四 | 十五 | 十六 | 十七 | 十八 | 十九 | 二十 | 二一 | 二二 | 二三 | 二四 | 二五 | 二六 | 二七 | 二八 | 二九 | 三十 | |
| 十月大 | 丁亥 | 天干地支 | 己酉 | 庚戌 | 辛亥 | 壬子 | 癸丑 | 甲寅 | 乙卯 | 丙辰 | 丁巳 | 戊午 | 己未 | 庚申 | 辛酉 | 壬戌 | 癸亥 | 甲子 | 乙丑 | 丙寅 | 丁卯 | 戊辰 | 己巳 | 庚午 | 辛未 | 壬申 | 癸酉 | 甲戌 | 乙亥 | 丙子 | 丁丑 | 戊寅 | |
| | | 西曆 | 23 | 24 | 25 | 26 | 27 | 28 | 29 | 30 | (12) | 2 | 3 | 4 | 5 | 6 | 7 | 8 | 9 | 10 | 11 | 12 | 13 | 14 | 15 | 16 | 17 | 18 | 19 | 20 | 21 | 22 | |
| 十一月小 | 戊子 | 天干地支 | 己卯 | 庚辰 | 辛巳 | 壬午 | 癸未 | 甲申 | 乙酉 | 丙戌 | 丁亥 | 戊子 | 己丑 | 庚寅 | 辛卯 | 壬辰 | 癸巳 | 甲午 | 乙未 | 丙申 | 丁酉 | 戊戌 | 己亥 | 庚子 | 辛丑 | 壬寅 | 癸卯 | 甲辰 | 乙巳 | 丙午 | 丁未 | | 辛巳冬至 |
| | | 西曆 | 23 | 24 | 25 | 26 | 27 | 28 | 29 | 30 | 31 | (1) | 2 | 3 | 4 | 5 | 6 | 7 | 8 | 9 | 10 | 11 | 12 | 13 | 14 | 15 | 16 | 17 | 18 | 19 | 20 | | |
| 十二月大 | 己丑 | 天干地支 | 戊申 | 己酉 | 庚戌 | 辛亥 | 壬子 | 癸丑 | 甲寅 | 乙卯 | 丙辰 | 丁巳 | 戊午 | 己未 | 庚申 | 辛酉 | 壬戌 | 癸亥 | 甲子 | 乙丑 | 丙寅 | 丁卯 | 戊辰 | 己巳 | 庚午 | 辛未 | 壬申 | 癸酉 | 甲戌 | 乙亥 | 丙子 | 丁丑 | 丙寅立春 |
| | | 西曆 | 21 | 22 | 23 | 24 | 25 | 26 | 27 | 28 | 29 | 30 | 31 | (2) | 2 | 3 | 4 | 5 | 6 | 7 | 8 | 9 | 10 | 11 | 12 | 13 | 14 | 15 | 16 | 17 | 18 | 19 | |
| 正月小 | 庚寅 | 天干地支 | 戊寅 | 己卯 | 庚辰 | 辛巳 | 壬午 | 癸未 | 甲申 | 乙酉 | 丙戌 | 丁亥 | 戊子 | 己丑 | 庚寅 | 辛卯 | 壬辰 | 癸巳 | 甲午 | 乙未 | 丙申 | 丁酉 | 戊戌 | 己亥 | 庚子 | 辛丑 | 壬寅 | 癸卯 | 甲辰 | 乙巳 | 丙午 | | |
| | | 西曆 | 20 | 21 | 22 | 23 | 24 | 25 | 26 | 27 | 28 | (3) | 2 | 3 | 4 | 5 | 6 | 7 | 8 | 9 | 10 | 11 | 12 | 13 | 14 | 15 | 16 | 17 | 18 | 19 | 20 | | |
| 二月大 | 辛卯 | 天干地支 | 丁未 | 戊申 | 己酉 | 庚戌 | 辛亥 | 壬子 | 癸丑 | 甲寅 | 乙卯 | 丙辰 | 丁巳 | 戊午 | 己未 | 庚申 | 辛酉 | 壬戌 | 癸亥 | 甲子 | 乙丑 | 丙寅 | 丁卯 | 戊辰 | 己巳 | 庚午 | 辛未 | 壬申 | 癸酉 | 甲戌 | 乙亥 | 丙子 | 壬子春分 |
| | | 西曆 | 21 | 22 | 23 | 24 | 25 | 26 | 27 | 28 | 29 | 30 | 31 | (4) | 2 | 3 | 4 | 5 | 6 | 7 | 8 | 9 | 10 | 11 | 12 | 13 | 14 | 15 | 16 | 17 | 18 | 19 | |
| 三月小 | 壬辰 | 天干地支 | 丁丑 | 戊寅 | 己卯 | 庚辰 | 辛巳 | 壬午 | 癸未 | 甲申 | 乙酉 | 丙戌 | 丁亥 | 戊子 | 己丑 | 庚寅 | 辛卯 | 壬辰 | 癸巳 | 甲午 | 乙未 | 丙申 | 丁酉 | 戊戌 | 己亥 | 庚子 | 辛丑 | 壬寅 | 癸卯 | 甲辰 | 乙巳 | | 戊戌立夏 |
| | | 西曆 | 20 | 21 | 22 | 23 | 24 | 25 | 26 | 27 | 28 | 29 | 30 | (5) | 2 | 3 | 4 | 5 | 6 | 7 | 8 | 9 | 10 | 11 | 12 | 13 | 14 | 15 | 16 | 17 | 18 | | |
| 四月大 | 癸巳 | 天干地支 | 丙午 | 丁未 | 戊申 | 己酉 | 庚戌 | 辛亥 | 壬子 | 癸丑 | 甲寅 | 乙卯 | 丙辰 | 丁巳 | 戊午 | 己未 | 庚申 | 辛酉 | 壬戌 | 癸亥 | 甲子 | 乙丑 | 丙寅 | 丁卯 | 戊辰 | 己巳 | 庚午 | 辛未 | 壬申 | 癸酉 | 甲戌 | 乙亥 | |
| | | 西曆 | 19 | 20 | 21 | 22 | 23 | 24 | 25 | 26 | 27 | 28 | 29 | 30 | 31 | (6) | 2 | 3 | 4 | 5 | 6 | 7 | 8 | 9 | 10 | 11 | 12 | 13 | 14 | 15 | 16 | 17 | |
| 五月小 | 甲午 | 天干地支 | 丙子 | 丁丑 | 戊寅 | 己卯 | 庚辰 | 辛巳 | 壬午 | 癸未 | 甲申 | 乙酉 | 丙戌 | 丁亥 | 戊子 | 己丑 | 庚寅 | 辛卯 | 壬辰 | 癸巳 | 甲午 | 乙未 | 丙申 | 丁酉 | 戊戌 | 己亥 | 庚子 | 辛丑 | 壬寅 | 癸卯 | 甲辰 | | 癸未夏至 |
| | | 西曆 | 18 | 19 | 20 | 21 | 22 | 23 | 24 | 25 | 26 | 27 | 28 | 29 | 30 | (7) | 2 | 3 | 4 | 5 | 6 | 7 | 8 | 9 | 10 | 11 | 12 | 13 | 14 | 15 | 16 | | |
| 六月大 | 乙未 | 天干地支 | 乙巳 | 丙午 | 丁未 | 戊申 | 己酉 | 庚戌 | 辛亥 | 壬子 | 癸丑 | 甲寅 | 乙卯 | 丙辰 | 丁巳 | 戊午 | 己未 | 庚申 | 辛酉 | 壬戌 | 癸亥 | 甲子 | 乙丑 | 丙寅 | 丁卯 | 戊辰 | 己巳 | 庚午 | 辛未 | 壬申 | 癸酉 | 甲戌 | 己巳立秋 |
| | | 西曆 | 17 | 18 | 19 | 20 | 21 | 22 | 23 | 24 | 25 | 26 | 27 | 28 | 29 | 30 | 31 | (8) | 2 | 3 | 4 | 5 | 6 | 7 | 8 | 9 | 10 | 11 | 12 | 13 | 14 | 15 | |
| 七月小 | 丙申 | 天干地支 | 乙亥 | 丙子 | 丁丑 | 戊寅 | 己卯 | 庚辰 | 辛巳 | 壬午 | 癸未 | 甲申 | 乙酉 | 丙戌 | 丁亥 | 戊子 | 己丑 | 庚寅 | 辛卯 | 壬辰 | 癸巳 | 甲午 | 乙未 | 丙申 | 丁酉 | 戊戌 | 己亥 | 庚子 | 辛丑 | 壬寅 | 癸卯 | | |
| | | 西曆 | 16 | 17 | 18 | 19 | 20 | 21 | 22 | 23 | 24 | 25 | 26 | 27 | 28 | 29 | 30 | 31 | (9) | 2 | 3 | 4 | 5 | 6 | 7 | 8 | 9 | 10 | 11 | 12 | 13 | | |
| 八月大 | 丁酉 | 天干地支 | 甲辰 | 乙巳 | 丙午 | 丁未 | 戊申 | 己酉 | 庚戌 | 辛亥 | 壬子 | 癸丑 | 甲寅 | 乙卯 | 丙辰 | 丁巳 | 戊午 | 己未 | 庚申 | 辛酉 | 壬戌 | 癸亥 | 甲子 | 乙丑 | 丙寅 | 丁卯 | 戊辰 | 己巳 | 庚午 | 辛未 | 壬申 | 癸酉 | 乙卯秋分 |
| | | 西曆 | 14 | 15 | 16 | 17 | 18 | 19 | 20 | 21 | 22 | 23 | 24 | 25 | 26 | 27 | 28 | 29 | 30 | (10) | 2 | 3 | 4 | 5 | 6 | 7 | 8 | 9 | 10 | 11 | 12 | 13 | |
| 九月小 | 戊戌 | 天干地支 | 甲戌 | 乙亥 | 丙子 | 丁丑 | 戊寅 | 己卯 | 庚辰 | 辛巳 | 壬午 | 癸未 | 甲申 | 乙酉 | 丙戌 | 丁亥 | 戊子 | 己丑 | 庚寅 | 辛卯 | 壬辰 | 癸巳 | 甲午 | 乙未 | 丙申 | 丁酉 | 戊戌 | 己亥 | 庚子 | 辛丑 | 壬寅 | | 庚子立冬 |
| | | 西曆 | 14 | 15 | 16 | 17 | 18 | 19 | 20 | 21 | 22 | 23 | 24 | 25 | 26 | 27 | 28 | 29 | 30 | 31 | (11) | 2 | 3 | 4 | 5 | 6 | 7 | 8 | 9 | 10 | 11 | | |

# 秦始皇三十三年(丁亥 猪年) 公元前215 ~ 前214年

| 夏曆月序 | | 中西曆日對照 | 初一 | 初二 | 初三 | 初四 | 初五 | 初六 | 初七 | 初八 | 初九 | 初十 | 十一 | 十二 | 十三 | 十四 | 十五 | 十六 | 十七 | 十八 | 十九 | 二十 | 二一 | 二二 | 二三 | 二四 | 二五 | 二六 | 二七 | 二八 | 二九 | 三十 | 節氣與天象 |
|---|---|---|---|---|---|---|---|---|---|---|---|---|---|---|---|---|---|---|---|---|---|---|---|---|---|---|---|---|---|---|---|---|---|
| 十月大 | 己亥 | 天干地支西曆 | 癸卯12 | 甲辰13 | 乙巳14 | 丙午15 | 丁未16 | 戊申17 | 己酉18 | 庚戌19 | 辛亥20 | 壬子21 | 癸丑22 | 甲寅23 | 乙卯24 | 丙辰25 | 丁巳26 | 戊午27 | 己未28 | 庚申29 | 辛酉30 | 壬戌(12) | 癸亥2 | 甲子3 | 乙丑4 | 丙寅5 | 丁卯6 | 戊辰7 | 己巳8 | 庚午9 | 辛未10 | 壬申11 | |
| 十一月小 | 庚子 | 天干地支西曆 | 癸酉12 | 甲戌13 | 乙亥14 | 丙子15 | 丁丑16 | 戊寅17 | 己卯18 | 庚辰19 | 辛巳20 | 壬午21 | 癸未22 | 甲申23 | 乙酉24 | 丙戌25 | 丁亥26 | 戊子27 | 己丑28 | 庚寅29 | 辛卯30 | 壬辰31 | 癸巳(1) | 甲午2 | 乙未3 | 丙申4 | 丁酉5 | 戊戌6 | 己亥7 | 庚子8 | 辛丑9 | | 丁亥冬至 |
| 十二月大 | 辛丑 | 天干地支西曆 | 壬寅10 | 癸卯11 | 甲辰12 | 乙巳13 | 丙午14 | 丁未15 | 戊申16 | 己酉17 | 庚戌18 | 辛亥19 | 壬子20 | 癸丑21 | 甲寅22 | 乙卯23 | 丙辰24 | 丁巳25 | 戊午26 | 己未27 | 庚申28 | 辛酉29 | 壬戌30 | 癸亥31 | 甲子(2) | 乙丑2 | 丙寅3 | 丁卯4 | 戊辰5 | 己巳6 | 庚午7 | 辛未8 | |
| 正月大 | 壬寅 | 天干地支西曆 | 壬申9 | 癸酉10 | 甲戌11 | 乙亥12 | 丙子13 | 丁丑14 | 戊寅15 | 己卯16 | 庚辰17 | 辛巳18 | 壬午19 | 癸未20 | 甲申21 | 乙酉22 | 丙戌23 | 丁亥24 | 戊子25 | 己丑26 | 庚寅27 | 辛卯28 | 壬辰(3) | 癸巳2 | 甲午3 | 乙未4 | 丙申5 | 丁酉6 | 戊戌7 | 己亥8 | 庚子9 | 辛丑10 | 壬申立春 |
| 二月小 | 癸卯 | 天干地支西曆 | 壬寅11 | 癸卯12 | 甲辰13 | 乙巳14 | 丙午15 | 丁未16 | 戊申17 | 己酉18 | 庚戌19 | 辛亥20 | 壬子21 | 癸丑22 | 甲寅23 | 乙卯24 | 丙辰25 | 丁巳26 | 戊午27 | 己未28 | 庚申29 | 辛酉30 | 壬戌31 | 癸亥(4) | 甲子2 | 乙丑3 | 丙寅4 | 丁卯5 | 戊辰6 | 己巳7 | 庚午8 | | 丁巳春分 |
| 三月大 | 甲辰 | 天干地支西曆 | 辛未9 | 壬申10 | 癸酉11 | 甲戌12 | 乙亥13 | 丙子14 | 丁丑15 | 戊寅16 | 己卯17 | 庚辰18 | 辛巳19 | 壬午20 | 癸未21 | 甲申22 | 乙酉23 | 丙戌24 | 丁亥25 | 戊子26 | 己丑27 | 庚寅28 | 辛卯29 | 壬辰30 | 癸巳(5) | 甲午2 | 乙未3 | 丙申4 | 丁酉5 | 戊戌6 | 己亥7 | 庚子8 | |
| 四月小 | 乙巳 | 天干地支西曆 | 辛丑9 | 壬寅10 | 癸卯11 | 甲辰12 | 乙巳13 | 丙午14 | 丁未15 | 戊申16 | 己酉17 | 庚戌18 | 辛亥19 | 壬子20 | 癸丑21 | 甲寅22 | 乙卯23 | 丙辰24 | 丁巳25 | 戊午26 | 己未27 | 庚申28 | 辛酉29 | 壬戌30 | 癸亥31 | 甲子(6) | 乙丑2 | 丙寅3 | 丁卯4 | 戊辰5 | 己巳6 | | 癸卯立夏 |
| 五月大 | 丙午 | 天干地支西曆 | 庚午7 | 辛未8 | 壬申9 | 癸酉10 | 甲戌11 | 乙亥12 | 丙子13 | 丁丑14 | 戊寅15 | 己卯16 | 庚辰17 | 辛巳18 | 壬午19 | 癸未20 | 甲申21 | 乙酉22 | 丙戌23 | 丁亥24 | 戊子25 | 己丑26 | 庚寅27 | 辛卯28 | 壬辰29 | 癸巳30 | 甲午(7) | 乙未2 | 丙申3 | 丁酉4 | 戊戌5 | 己亥6 | 戊子夏至 |
| 六月小 | 丁未 | 天干地支西曆 | 庚子7 | 辛丑8 | 壬寅9 | 癸卯10 | 甲辰11 | 乙巳12 | 丙午13 | 丁未14 | 戊申15 | 己酉16 | 庚戌17 | 辛亥18 | 壬子19 | 癸丑20 | 甲寅21 | 乙卯22 | 丙辰23 | 丁巳24 | 戊午25 | 己未26 | 庚申27 | 辛酉28 | 壬戌29 | 癸亥30 | 甲子31 | 乙丑(8) | 丙寅2 | 丁卯3 | 戊辰4 | | |
| 七月大 | 戊申 | 天干地支西曆 | 己巳5 | 庚午6 | 辛未7 | 壬申8 | 癸酉9 | 甲戌10 | 乙亥11 | 丙子12 | 丁丑13 | 戊寅14 | 己卯15 | 庚辰16 | 辛巳17 | 壬午18 | 癸未19 | 甲申20 | 乙酉21 | 丙戌22 | 丁亥23 | 戊子24 | 己丑25 | 庚寅26 | 辛卯27 | 壬辰28 | 癸巳29 | 甲午30 | 乙未31 | 丙申(9) | 丁酉2 | 戊戌3 | 甲戌立秋 |
| 八月小 | 己酉 | 天干地支西曆 | 己亥4 | 庚子5 | 辛丑6 | 壬寅7 | 癸卯8 | 甲辰9 | 乙巳10 | 丙午11 | 丁未12 | 戊申13 | 己酉14 | 庚戌15 | 辛亥16 | 壬子17 | 癸丑18 | 甲寅19 | 乙卯20 | 丙辰21 | 丁巳22 | 戊午23 | 己未24 | 庚申25 | 辛酉26 | 壬戌27 | 癸亥28 | 甲子29 | 乙丑30 | 丙寅(10) | 丁卯2 | | 庚申秋分 |
| 九月大 | 庚戌 | 天干地支西曆 | 戊辰3 | 己巳4 | 庚午5 | 辛未6 | 壬申7 | 癸酉8 | 甲戌9 | 乙亥10 | 丙子11 | 丁丑12 | 戊寅13 | 己卯14 | 庚辰15 | 辛巳16 | 壬午17 | 癸未18 | 甲申19 | 乙酉20 | 丙戌21 | 丁亥22 | 戊子23 | 己丑24 | 庚寅25 | 辛卯26 | 壬辰27 | 癸巳28 | 甲午29 | 乙未30 | 丙申31 | 丁酉(11) | |

# 秦始皇三十四年（戊子 鼠年）公元前 214 ~ 前 213 年

| 夏曆月序 | | 中西曆日對照 | 初一 | 初二 | 初三 | 初四 | 初五 | 初六 | 初七 | 初八 | 初九 | 初十 | 十一 | 十二 | 十三 | 十四 | 十五 | 十六 | 十七 | 十八 | 十九 | 二十 | 二一 | 二二 | 二三 | 二四 | 二五 | 二六 | 二七 | 二八 | 二九 | 三十 | 節氣與天象 |
|---|---|---|---|---|---|---|---|---|---|---|---|---|---|---|---|---|---|---|---|---|---|---|---|---|---|---|---|---|---|---|---|---|---|
| 十月小 | 辛亥 | 天干地支 | 戊戌 | 己亥 | 庚子 | 辛丑 | 壬寅 | 癸卯 | 甲辰 | 乙巳 | 丙午 | 丁未 | 戊申 | 己酉 | 庚戌 | 辛亥 | 壬子 | 癸丑 | 甲寅 | 乙卯 | 丙辰 | 丁巳 | 戊午 | 己未 | 庚申 | 辛酉 | 壬戌 | 癸亥 | 甲子 | 乙丑 | 丙寅 | | 乙巳立冬 |
| | | 西曆 | 2 | 3 | 4 | 5 | 6 | 7 | 8 | 9 | 10 | 11 | 12 | 13 | 14 | 15 | 16 | 17 | 18 | 19 | 20 | 21 | 22 | 23 | 24 | 25 | 26 | 27 | 28 | 29 | 30 | | |
| 十一月大 | 壬子 | 天干地支 | 丁卯 | 戊辰 | 己巳 | 庚午 | 辛未 | 壬申 | 癸酉 | 甲戌 | 乙亥 | 丙子 | 丁丑 | 戊寅 | 己卯 | 庚辰 | 辛巳 | 壬午 | 癸未 | 甲申 | 乙酉 | 丙戌 | 丁亥 | 戊子 | 己丑 | 庚寅 | 辛卯 | 壬辰 | 癸巳 | 甲午 | 乙未 | 丙申 | 辛卯冬至 |
| | | 西曆 | (12) | 2 | 3 | 4 | 5 | 6 | 7 | 8 | 9 | 10 | 11 | 12 | 13 | 14 | 15 | 16 | 17 | 18 | 19 | 20 | 21 | 22 | 23 | 24 | 25 | 26 | 27 | 28 | 29 | 30 | |
| 十二月小 | 癸丑 | 天干地支 | 丁酉 | 戊戌 | 己亥 | 庚子 | 辛丑 | 壬寅 | 癸卯 | 甲辰 | 乙巳 | 丙午 | 丁未 | 戊申 | 己酉 | 庚戌 | 辛亥 | 壬子 | 癸丑 | 甲寅 | 乙卯 | 丙辰 | 丁巳 | 戊午 | 己未 | 庚申 | 辛酉 | 壬戌 | 癸亥 | 甲子 | 乙丑 | | |
| | | 西曆 | 31 | (1) | 2 | 3 | 4 | 5 | 6 | 7 | 8 | 9 | 10 | 11 | 12 | 13 | 14 | 15 | 16 | 17 | 18 | 19 | 20 | 21 | 22 | 23 | 24 | 25 | 26 | 27 | 28 | | |
| 正月大 | 甲寅 | 天干地支 | 丙寅 | 丁卯 | 戊辰 | 己巳 | 庚午 | 辛未 | 壬申 | 癸酉 | 甲戌 | 乙亥 | 丙子 | 丁丑 | 戊寅 | 己卯 | 庚辰 | 辛巳 | 壬午 | 癸未 | 甲申 | 乙酉 | 丙戌 | 丁亥 | 戊子 | 己丑 | 庚寅 | 辛卯 | 壬辰 | 癸巳 | 甲午 | 乙未 | 丁丑立春 |
| | | 西曆 | 29 | 30 | 31 | (2) | 2 | 3 | 4 | 5 | 6 | 7 | 8 | 9 | 10 | 11 | 12 | 13 | 14 | 15 | 16 | 17 | 18 | 19 | 20 | 21 | 22 | 23 | 24 | 25 | 26 | 27 | |
| 二月小 | 乙卯 | 天干地支 | 丙申 | 丁酉 | 戊戌 | 己亥 | 庚子 | 辛丑 | 壬寅 | 癸卯 | 甲辰 | 乙巳 | 丙午 | 丁未 | 戊申 | 己酉 | 庚戌 | 辛亥 | 壬子 | 癸丑 | 甲寅 | 乙卯 | 丙辰 | 丁巳 | 戊午 | 己未 | 庚申 | 辛酉 | 壬戌 | 癸亥 | 甲子 | | 壬戌春分 |
| | | 西曆 | 28 | 29 | (3) | 2 | 3 | 4 | 5 | 6 | 7 | 8 | 9 | 10 | 11 | 12 | 13 | 14 | 15 | 16 | 17 | 18 | 19 | 20 | 21 | 22 | 23 | 24 | 25 | 26 | 27 | | |
| 三月大 | 丙辰 | 天干地支 | 乙丑 | 丙寅 | 丁卯 | 戊辰 | 己巳 | 庚午 | 辛未 | 壬申 | 癸酉 | 甲戌 | 乙亥 | 丙子 | 丁丑 | 戊寅 | 己卯 | 庚辰 | 辛巳 | 壬午 | 癸未 | 甲申 | 乙酉 | 丙戌 | 丁亥 | 戊子 | 己丑 | 庚寅 | 辛卯 | 壬辰 | 癸巳 | 甲午 | |
| | | 西曆 | 28 | 29 | 30 | 31 | (4) | 2 | 3 | 4 | 5 | 6 | 7 | 8 | 9 | 10 | 11 | 12 | 13 | 14 | 15 | 16 | 17 | 18 | 19 | 20 | 21 | 22 | 23 | 24 | 25 | 26 | |
| 四月大 | 丁巳 | 天干地支 | 乙未 | 丙申 | 丁酉 | 戊戌 | 己亥 | 庚子 | 辛丑 | 壬寅 | 癸卯 | 甲辰 | 乙巳 | 丙午 | 丁未 | 戊申 | 己酉 | 庚戌 | 辛亥 | 壬子 | 癸丑 | 甲寅 | 乙卯 | 丙辰 | 丁巳 | 戊午 | 己未 | 庚申 | 辛酉 | 壬戌 | 癸亥 | 甲子 | 戊申立夏 |
| | | 西曆 | 27 | 28 | 29 | 30 | (5) | 2 | 3 | 4 | 5 | 6 | 7 | 8 | 9 | 10 | 11 | 12 | 13 | 14 | 15 | 16 | 17 | 18 | 19 | 20 | 21 | 22 | 23 | 24 | 25 | 26 | |
| 五月小 | 戊午 | 天干地支 | 乙丑 | 丙寅 | 丁卯 | 戊辰 | 己巳 | 庚午 | 辛未 | 壬申 | 癸酉 | 甲戌 | 乙亥 | 丙子 | 丁丑 | 戊寅 | 己卯 | 庚辰 | 辛巳 | 壬午 | 癸未 | 甲申 | 乙酉 | 丙戌 | 丁亥 | 戊子 | 己丑 | 庚寅 | 辛卯 | 壬辰 | 癸巳 | | |
| | | 西曆 | 27 | 28 | 29 | 30 | 31 | (6) | 2 | 3 | 4 | 5 | 6 | 7 | 8 | 9 | 10 | 11 | 12 | 13 | 14 | 15 | 16 | 17 | 18 | 19 | 20 | 21 | 22 | 23 | 24 | | |
| 六月大 | 己未 | 天干地支 | 甲午 | 乙未 | 丙申 | 丁酉 | 戊戌 | 己亥 | 庚子 | 辛丑 | 壬寅 | 癸卯 | 甲辰 | 乙巳 | 丙午 | 丁未 | 戊申 | 己酉 | 庚戌 | 辛亥 | 壬子 | 癸丑 | 甲寅 | 乙卯 | 丙辰 | 丁巳 | 戊午 | 己未 | 庚申 | 辛酉 | 壬戌 | 癸亥 | 甲午夏至 |
| | | 西曆 | 25 | 26 | 27 | 28 | 29 | 30 | (7) | 2 | 3 | 4 | 5 | 6 | 7 | 8 | 9 | 10 | 11 | 12 | 13 | 14 | 15 | 16 | 17 | 18 | 19 | 20 | 21 | 22 | 23 | 24 | |
| 七月小 | 庚申 | 天干地支 | 甲子 | 乙丑 | 丙寅 | 丁卯 | 戊辰 | 己巳 | 庚午 | 辛未 | 壬申 | 癸酉 | 甲戌 | 乙亥 | 丙子 | 丁丑 | 戊寅 | 己卯 | 庚辰 | 辛巳 | 壬午 | 癸未 | 甲申 | 乙酉 | 丙戌 | 丁亥 | 戊子 | 己丑 | 庚寅 | 辛卯 | 壬辰 | | 己卯立秋 |
| | | 西曆 | 25 | 26 | 27 | 28 | 29 | 30 | 31 | (8) | 2 | 3 | 4 | 5 | 6 | 7 | 8 | 9 | 10 | 11 | 12 | 13 | 14 | 15 | 16 | 17 | 18 | 19 | 20 | 21 | 22 | | |
| 八月大 | 辛酉 | 天干地支 | 癸巳 | 甲午 | 乙未 | 丙申 | 丁酉 | 戊戌 | 己亥 | 庚子 | 辛丑 | 壬寅 | 癸卯 | 甲辰 | 乙巳 | 丙午 | 丁未 | 戊申 | 己酉 | 庚戌 | 辛亥 | 壬子 | 癸丑 | 甲寅 | 乙卯 | 丙辰 | 丁巳 | 戊午 | 己未 | 庚申 | 辛酉 | 壬戌 | |
| | | 西曆 | 23 | 24 | 25 | 26 | 27 | 28 | 29 | 30 | 31 | (9) | 2 | 3 | 4 | 5 | 6 | 7 | 8 | 9 | 10 | 11 | 12 | 13 | 14 | 15 | 16 | 17 | 18 | 19 | 20 | 21 | |
| 九月小 | 壬戌 | 天干地支 | 癸亥 | 甲子 | 乙丑 | 丙寅 | 丁卯 | 戊辰 | 己巳 | 庚午 | 辛未 | 壬申 | 癸酉 | 甲戌 | 乙亥 | 丙子 | 丁丑 | 戊寅 | 己卯 | 庚辰 | 辛巳 | 壬午 | 癸未 | 甲申 | 乙酉 | 丙戌 | 丁亥 | 戊子 | 己丑 | 庚寅 | 辛卯 | | 乙丑秋分 |
| | | 西曆 | 22 | 23 | 24 | 25 | 26 | 27 | 28 | 29 | 30 | (10) | 2 | 3 | 4 | 5 | 6 | 7 | 8 | 9 | 10 | 11 | 12 | 13 | 14 | 15 | 16 | 17 | 18 | 19 | 20 | | |
| 後九月大 | 壬戌 | 天干地支 | 壬辰 | 癸巳 | 甲午 | 乙未 | 丙申 | 丁酉 | 戊戌 | 己亥 | 庚子 | 辛丑 | 壬寅 | 癸卯 | 甲辰 | 乙巳 | 丙午 | 丁未 | 戊申 | 己酉 | 庚戌 | 辛亥 | 壬子 | 癸丑 | 甲寅 | 乙卯 | 丙辰 | 丁巳 | 戊午 | 己未 | 庚申 | 辛酉 | 辛亥立冬 |
| | | 西曆 | 21 | 22 | 23 | 24 | 25 | 26 | 27 | 28 | 29 | 30 | 31 | (11) | 2 | 3 | 4 | 5 | 6 | 7 | 8 | 9 | 10 | 11 | 12 | 13 | 14 | 15 | 16 | 17 | 18 | 19 | |

# 秦始皇三十五年(己丑 牛年) 公元前213 ~ 前212年

| 夏曆月序 | | 中西曆日對照 | 初一 | 初二 | 初三 | 初四 | 初五 | 初六 | 初七 | 初八 | 初九 | 初十 | 十一 | 十二 | 十三 | 十四 | 十五 | 十六 | 十七 | 十八 | 十九 | 二十 | 二一 | 二二 | 二三 | 二四 | 二五 | 二六 | 二七 | 二八 | 二九 | 三十 | 節氣與天象 |
|---|---|---|---|---|---|---|---|---|---|---|---|---|---|---|---|---|---|---|---|---|---|---|---|---|---|---|---|---|---|---|---|---|---|
| 十月小 | 癸亥 | 天干地支西曆 | 壬戌 20 | 癸亥 21 | 甲子 22 | 乙丑 23 | 丙寅 24 | 丁卯 25 | 戊辰 26 | 己巳 27 | 庚午 28 | 辛未 29 | 壬申 30 | 癸酉 (12) | 甲戌 2 | 乙亥 3 | 丙子 4 | 丁丑 5 | 戊寅 6 | 己卯 7 | 庚辰 8 | 辛巳 9 | 壬午 10 | 癸未 11 | 甲申 12 | 乙酉 13 | 丙戌 14 | 丁亥 15 | 戊子 16 | 己丑 17 | 庚寅 18 | | |
| 十一月大 | 甲子 | 天干地支西曆 | 辛卯 19 | 壬辰 20 | 癸巳 21 | 甲午 22 | 乙未 23 | 丙申 24 | 丁酉 25 | 戊戌 26 | 己亥 27 | 庚子 28 | 辛丑 29 | 壬寅 30 | 癸卯 31 | 甲辰 (1) | 乙巳 2 | 丙午 3 | 丁未 4 | 戊申 5 | 己酉 6 | 庚戌 7 | 辛亥 8 | 壬子 9 | 癸丑 10 | 甲寅 11 | 乙卯 12 | 丙辰 13 | 丁巳 14 | 戊午 15 | 己未 16 | 庚申 17 | 丙申冬至 |
| 十二月小 | 乙丑 | 天干地支西曆 | 辛酉 18 | 壬戌 19 | 癸亥 20 | 甲子 21 | 乙丑 22 | 丙寅 23 | 丁卯 24 | 戊辰 25 | 己巳 26 | 庚午 27 | 辛未 28 | 壬申 29 | 癸酉 30 | 甲戌 31 | 乙亥 (2) | 丙子 2 | 丁丑 3 | 戊寅 4 | 己卯 5 | 庚辰 6 | 辛巳 7 | 壬午 8 | 癸未 9 | 甲申 10 | 乙酉 11 | 丙戌 12 | 丁亥 13 | 戊子 14 | 己丑 15 | | 壬午立春 |
| 正月大 | 丙寅 | 天干地支西曆 | 庚寅 16 | 辛卯 17 | 壬辰 18 | 癸巳 19 | 甲午 20 | 乙未 21 | 丙申 22 | 丁酉 23 | 戊戌 24 | 己亥 25 | 庚子 26 | 辛丑 27 | 壬寅 28 | 癸卯 (3) | 甲辰 2 | 乙巳 3 | 丙午 4 | 丁未 5 | 戊申 6 | 己酉 7 | 庚戌 8 | 辛亥 9 | 壬子 10 | 癸丑 11 | 甲寅 12 | 乙卯 13 | 丙辰 14 | 丁巳 15 | 戊午 16 | 己未 17 | |
| 二月小 | 丁卯 | 天干地支西曆 | 庚申 18 | 辛酉 19 | 壬戌 20 | 癸亥 21 | 甲子 22 | 乙丑 23 | 丙寅 24 | 丁卯 25 | 戊辰 26 | 己巳 27 | 庚午 28 | 辛未 29 | 壬申 30 | 癸酉 31 | 甲戌 (4) | 乙亥 2 | 丙子 3 | 丁丑 4 | 戊寅 5 | 己卯 6 | 庚辰 7 | 辛巳 8 | 壬午 9 | 癸未 10 | 甲申 11 | 乙酉 12 | 丙戌 13 | 丁亥 14 | 戊子 15 | | 戊辰春分 |
| 三月大 | 戊辰 | 天干地支西曆 | 己丑 16 | 庚寅 17 | 辛卯 18 | 壬辰 19 | 癸巳 20 | 甲午 21 | 乙未 22 | 丙申 23 | 丁酉 24 | 戊戌 25 | 己亥 26 | 庚子 27 | 辛丑 28 | 壬寅 29 | 癸卯 30 | 甲辰 (5) | 乙巳 2 | 丙午 3 | 丁未 4 | 戊申 5 | 己酉 6 | 庚戌 7 | 辛亥 8 | 壬子 9 | 癸丑 10 | 甲寅 11 | 乙卯 12 | 丙辰 13 | 丁巳 14 | 戊午 15 | 癸丑立夏 |
| 四月小 | 己巳 | 天干地支西曆 | 己未 16 | 庚申 17 | 辛酉 18 | 壬戌 19 | 癸亥 20 | 甲子 21 | 乙丑 22 | 丙寅 23 | 丁卯 24 | 戊辰 25 | 己巳 26 | 庚午 27 | 辛未 28 | 壬申 29 | 癸酉 30 | 甲戌 31 | 乙亥 (6) | 丙子 2 | 丁丑 3 | 戊寅 4 | 己卯 5 | 庚辰 6 | 辛巳 7 | 壬午 8 | 癸未 9 | 甲申 10 | 乙酉 11 | 丙戌 12 | 丁亥 13 | | |
| 五月大 | 庚午 | 天干地支西曆 | 戊子 14 | 己丑 15 | 庚寅 16 | 辛卯 17 | 壬辰 18 | 癸巳 19 | 甲午 20 | 乙未 21 | 丙申 22 | 丁酉 23 | 戊戌 24 | 己亥 25 | 庚子 26 | 辛丑 27 | 壬寅 28 | 癸卯 29 | 甲辰 30 | 乙巳 (7) | 丙午 2 | 丁未 3 | 戊申 4 | 己酉 5 | 庚戌 6 | 辛亥 7 | 壬子 8 | 癸丑 9 | 甲寅 10 | 乙卯 11 | 丙辰 12 | 丁巳 13 | 己亥夏至 |
| 六月小 | 辛未 | 天干地支西曆 | 戊午 14 | 己未 15 | 庚申 16 | 辛酉 17 | 壬戌 18 | 癸亥 19 | 甲子 20 | 乙丑 21 | 丙寅 22 | 丁卯 23 | 戊辰 24 | 己巳 25 | 庚午 26 | 辛未 27 | 壬申 28 | 癸酉 29 | 甲戌 30 | 乙亥 31 | 丙子 (8) | 丁丑 2 | 戊寅 3 | 己卯 4 | 庚辰 5 | 辛巳 6 | 壬午 7 | 癸未 8 | 甲申 9 | 乙酉 10 | 丙戌 11 | | 乙酉立秋 |
| 七月大 | 壬申 | 天干地支西曆 | 丁亥 12 | 戊子 13 | 己丑 14 | 庚寅 15 | 辛卯 16 | 壬辰 17 | 癸巳 18 | 甲午 19 | 乙未 20 | 丙申 21 | 丁酉 22 | 戊戌 23 | 己亥 24 | 庚子 25 | 辛丑 26 | 壬寅 27 | 癸卯 28 | 甲辰 29 | 乙巳 30 | 丙午 31 | 丁未 (9) | 戊申 2 | 己酉 3 | 庚戌 4 | 辛亥 5 | 壬子 6 | 癸丑 7 | 甲寅 8 | 乙卯 9 | 丙辰 10 | |
| 八月大 | 癸酉 | 天干地支西曆 | 丁巳 11 | 戊午 12 | 己未 13 | 庚申 14 | 辛酉 15 | 壬戌 16 | 癸亥 17 | 甲子 18 | 乙丑 19 | 丙寅 20 | 丁卯 21 | 戊辰 22 | 己巳 23 | 庚午 24 | 辛未 25 | 壬申 26 | 癸酉 27 | 甲戌 28 | 乙亥 29 | 丙子 30 | 丁丑 (10) | 戊寅 2 | 己卯 3 | 庚辰 4 | 辛巳 5 | 壬午 6 | 癸未 7 | 甲申 8 | 乙酉 9 | 丙戌 10 | 庚午秋分 |
| 九月小 | 甲戌 | 天干地支西曆 | 丁亥 11 | 戊子 12 | 己丑 13 | 庚寅 14 | 辛卯 15 | 壬辰 16 | 癸巳 17 | 甲午 18 | 乙未 19 | 丙申 20 | 丁酉 21 | 戊戌 22 | 己亥 23 | 庚子 24 | 辛丑 25 | 壬寅 26 | 癸卯 27 | 甲辰 28 | 乙巳 29 | 丙午 30 | 丁未 31 | 戊申 (11) | 己酉 2 | 庚戌 3 | 辛亥 4 | 壬子 5 | 癸丑 6 | 甲寅 7 | 乙卯 8 | | |

# 秦始皇三十六年（庚寅 虎年） 公元前212 ~ 前211年

| 夏曆月序 | | 中西曆日對照 | 夏曆日序 | | | | | | | | | | | | | | | | | | | | | | | | | | | | | 節氣與天象 |
|---|---|---|---|---|---|---|---|---|---|---|---|---|---|---|---|---|---|---|---|---|---|---|---|---|---|---|---|---|---|---|---|---|
| | | | 初一 | 初二 | 初三 | 初四 | 初五 | 初六 | 初七 | 初八 | 初九 | 初十 | 十一 | 十二 | 十三 | 十四 | 十五 | 十六 | 十七 | 十八 | 十九 | 二十 | 二一 | 二二 | 二三 | 二四 | 二五 | 二六 | 二七 | 二八 | 二九 | 三十 | |
| 十月大 | 乙亥 | 天干地支<br>西曆 | 丙辰<br>9 | 丁巳<br>10 | 戊午<br>11 | 己未<br>12 | 庚申<br>13 | 辛酉<br>14 | 壬戌<br>15 | 癸亥<br>16 | 甲子<br>17 | 乙丑<br>18 | 丙寅<br>19 | 丁卯<br>20 | 戊辰<br>21 | 己巳<br>22 | 庚午<br>23 | 辛未<br>24 | 壬申<br>25 | 癸酉<br>26 | 甲戌<br>27 | 乙亥<br>28 | 丙子<br>29 | 丁丑<br>30 | 戊寅<br>(12) | 己卯<br>2 | 庚辰<br>3 | 辛巳<br>4 | 壬午<br>5 | 癸未<br>6 | 甲申<br>7 | 乙酉<br>8 | 丙辰立冬 |
| 十一月小 | 丙子 | 天干地支<br>西曆 | 丙戌<br>9 | 丁亥<br>10 | 戊子<br>11 | 己丑<br>12 | 庚寅<br>13 | 辛卯<br>14 | 壬辰<br>15 | 癸巳<br>16 | 甲午<br>17 | 乙未<br>18 | 丙申<br>19 | 丁酉<br>20 | 戊戌<br>21 | 己亥<br>22 | 庚子<br>23 | 辛丑<br>24 | 壬寅<br>25 | 癸卯<br>26 | 甲辰<br>27 | 乙巳<br>28 | 丙午<br>29 | 丁未<br>30 | 戊申<br>31 | 己酉<br>(1) | 庚戌<br>2 | 辛亥<br>3 | 壬子<br>4 | 癸丑<br>5 | 甲寅<br>6 | | 壬寅冬至 |
| 十二月大 | 丁丑 | 天干地支<br>西曆 | 乙卯<br>7 | 丙辰<br>8 | 丁巳<br>9 | 戊午<br>10 | 己未<br>11 | 庚申<br>12 | 辛酉<br>13 | 壬戌<br>14 | 癸亥<br>15 | 甲子<br>16 | 乙丑<br>17 | 丙寅<br>18 | 丁卯<br>19 | 戊辰<br>20 | 己巳<br>21 | 庚午<br>22 | 辛未<br>23 | 壬申<br>24 | 癸酉<br>25 | 甲戌<br>26 | 乙亥<br>27 | 丙子<br>28 | 丁丑<br>29 | 戊寅<br>30 | 己卯<br>31 | 庚辰<br>(2) | 辛巳<br>2 | 壬午<br>3 | 癸未<br>4 | 甲申<br>5 | |
| 正月小 | 戊寅 | 天干地支<br>西曆 | 乙酉<br>6 | 丙戌<br>7 | 丁亥<br>8 | 戊子<br>9 | 己丑<br>10 | 庚寅<br>11 | 辛卯<br>12 | 壬辰<br>13 | 癸巳<br>14 | 甲午<br>15 | 乙未<br>16 | 丙申<br>17 | 丁酉<br>18 | 戊戌<br>19 | 己亥<br>20 | 庚子<br>21 | 辛丑<br>22 | 壬寅<br>23 | 癸卯<br>24 | 甲辰<br>25 | 乙巳<br>26 | 丙午<br>27 | 丁未<br>28 | 戊申<br>(3) | 己酉<br>2 | 庚戌<br>3 | 辛亥<br>4 | 壬子<br>5 | 癸丑<br>6 | | 丁亥立春 |
| 二月大 | 己卯 | 天干地支<br>西曆 | 甲寅<br>7 | 乙卯<br>8 | 丙辰<br>9 | 丁巳<br>10 | 戊午<br>11 | 己未<br>12 | 庚申<br>13 | 辛酉<br>14 | 壬戌<br>15 | 癸亥<br>16 | 甲子<br>17 | 乙丑<br>18 | 丙寅<br>19 | 丁卯<br>20 | 戊辰<br>21 | 己巳<br>22 | 庚午<br>23 | 辛未<br>24 | 壬申<br>25 | 癸酉<br>26 | 甲戌<br>27 | 乙亥<br>28 | 丙子<br>29 | 丁丑<br>30 | 戊寅<br>31 | 己卯<br>(4) | 庚辰<br>2 | 辛巳<br>3 | 壬午<br>4 | 癸未<br>5 | 癸酉春分 |
| 三月小 | 庚辰 | 天干地支<br>西曆 | 甲申<br>6 | 乙酉<br>7 | 丙戌<br>8 | 丁亥<br>9 | 戊子<br>10 | 己丑<br>11 | 庚寅<br>12 | 辛卯<br>13 | 壬辰<br>14 | 癸巳<br>15 | 甲午<br>16 | 乙未<br>17 | 丙申<br>18 | 丁酉<br>19 | 戊戌<br>20 | 己亥<br>21 | 庚子<br>22 | 辛丑<br>23 | 壬寅<br>24 | 癸卯<br>25 | 甲辰<br>26 | 乙巳<br>27 | 丙午<br>28 | 丁未<br>29 | 戊申<br>30 | 己酉<br>(5) | 庚戌<br>2 | 辛亥<br>3 | 壬子<br>4 | | |
| 四月大 | 辛巳 | 天干地支<br>西曆 | 癸丑<br>5 | 甲寅<br>6 | 乙卯<br>7 | 丙辰<br>8 | 丁巳<br>9 | 戊午<br>10 | 己未<br>11 | 庚申<br>12 | 辛酉<br>13 | 壬戌<br>14 | 癸亥<br>15 | 甲子<br>16 | 乙丑<br>17 | 丙寅<br>18 | 丁卯<br>19 | 戊辰<br>20 | 己巳<br>21 | 庚午<br>22 | 辛未<br>23 | 壬申<br>24 | 癸酉<br>25 | 甲戌<br>26 | 乙亥<br>27 | 丙子<br>28 | 丁丑<br>29 | 戊寅<br>30 | 己卯<br>31 | 庚辰<br>(6) | 辛巳<br>2 | 壬午<br>3 | 己未立夏 |
| 五月小 | 壬午 | 天干地支<br>西曆 | 癸未<br>4 | 甲申<br>5 | 乙酉<br>6 | 丙戌<br>7 | 丁亥<br>8 | 戊子<br>9 | 己丑<br>10 | 庚寅<br>11 | 辛卯<br>12 | 壬辰<br>13 | 癸巳<br>14 | 甲午<br>15 | 乙未<br>16 | 丙申<br>17 | 丁酉<br>18 | 戊戌<br>19 | 己亥<br>20 | 庚子<br>21 | 辛丑<br>22 | 壬寅<br>23 | 癸卯<br>24 | 甲辰<br>25 | 乙巳<br>26 | 丙午<br>27 | 丁未<br>28 | 戊申<br>29 | 己酉<br>30 | 庚戌<br>(7) | 辛亥<br>2 | | 甲辰夏至 |
| 六月大 | 癸未 | 天干地支<br>西曆 | 壬子<br>3 | 癸丑<br>4 | 甲寅<br>5 | 乙卯<br>6 | 丙辰<br>7 | 丁巳<br>8 | 戊午<br>9 | 己未<br>10 | 庚申<br>11 | 辛酉<br>12 | 壬戌<br>13 | 癸亥<br>14 | 甲子<br>15 | 乙丑<br>16 | 丙寅<br>17 | 丁卯<br>18 | 戊辰<br>19 | 己巳<br>20 | 庚午<br>21 | 辛未<br>22 | 壬申<br>23 | 癸酉<br>24 | 甲戌<br>25 | 乙亥<br>26 | 丙子<br>27 | 丁丑<br>28 | 戊寅<br>29 | 己卯<br>30 | 庚辰<br>31 | 辛巳<br>(8) | |
| 七月小 | 甲申 | 天干地支<br>西曆 | 壬午<br>2 | 癸未<br>3 | 甲申<br>4 | 乙酉<br>5 | 丙戌<br>6 | 丁亥<br>7 | 戊子<br>8 | 己丑<br>9 | 庚寅<br>10 | 辛卯<br>11 | 壬辰<br>12 | 癸巳<br>13 | 甲午<br>14 | 乙未<br>15 | 丙申<br>16 | 丁酉<br>17 | 戊戌<br>18 | 己亥<br>19 | 庚子<br>20 | 辛丑<br>21 | 壬寅<br>22 | 癸卯<br>23 | 甲辰<br>24 | 乙巳<br>25 | 丙午<br>26 | 丁未<br>27 | 戊申<br>28 | 己酉<br>29 | 庚戌<br>30 | | 庚寅立秋 |
| 八月大 | 乙酉 | 天干地支<br>西曆 | 辛亥<br>31 | 壬子<br>(9) | 癸丑<br>2 | 甲寅<br>3 | 乙卯<br>4 | 丙辰<br>5 | 丁巳<br>6 | 戊午<br>7 | 己未<br>8 | 庚申<br>9 | 辛酉<br>10 | 壬戌<br>11 | 癸亥<br>12 | 甲子<br>13 | 乙丑<br>14 | 丙寅<br>15 | 丁卯<br>16 | 戊辰<br>17 | 己巳<br>18 | 庚午<br>19 | 辛未<br>20 | 壬申<br>21 | 癸酉<br>22 | 甲戌<br>23 | 乙亥<br>24 | 丙子<br>25 | 丁丑<br>26 | 戊寅<br>27 | 己卯<br>28 | 庚辰<br>29 | 丙子秋分 |
| 九月小 | 丙戌 | 天干地支<br>西曆 | 辛巳<br>30 | 壬午<br>(10) | 癸未<br>2 | 甲申<br>3 | 乙酉<br>4 | 丙戌<br>5 | 丁亥<br>6 | 戊子<br>7 | 己丑<br>8 | 庚寅<br>9 | 辛卯<br>10 | 壬辰<br>11 | 癸巳<br>12 | 甲午<br>13 | 乙未<br>14 | 丙申<br>15 | 丁酉<br>16 | 戊戌<br>17 | 己亥<br>18 | 庚子<br>19 | 辛丑<br>20 | 壬寅<br>21 | 癸卯<br>22 | 甲辰<br>23 | 乙巳<br>24 | 丙午<br>25 | 丁未<br>26 | 戊申<br>27 | 己酉<br>28 | | |

## 秦始皇三十七年（辛卯 兔年） 公元前 211 ~ 前 210 年

| 夏曆月序 | | 中西曆日對照 | 夏曆日序 | | | | | | | | | | | | | | | | | | | | | | | | | | | | | | 節氣與天象 |
|---|---|---|---|---|---|---|---|---|---|---|---|---|---|---|---|---|---|---|---|---|---|---|---|---|---|---|---|---|---|---|---|---|---|
| | | | 初一 | 初二 | 初三 | 初四 | 初五 | 初六 | 初七 | 初八 | 初九 | 初十 | 十一 | 十二 | 十三 | 十四 | 十五 | 十六 | 十七 | 十八 | 十九 | 二十 | 二一 | 二二 | 二三 | 二四 | 二五 | 二六 | 二七 | 二八 | 二九 | 三十 | |
| 十月大 | 丁亥 | 天干地支西曆 | 庚戌29 | 辛亥30 | 壬子31 | 癸丑(11) | 甲寅2 | 乙卯3 | 丙辰4 | 丁巳5 | 戊午6 | 己未7 | 庚申8 | 辛酉9 | 壬戌10 | 癸亥11 | 甲子12 | 乙丑13 | 丙寅14 | 丁卯15 | 戊辰16 | 己巳17 | 庚午18 | 辛未19 | 壬申20 | 癸酉21 | 甲戌22 | 乙亥23 | 丙子24 | 丁丑25 | 戊寅26 | 己卯27 | 辛酉立冬 |
| 十一月小 | 戊子 | 天干地支西曆 | 庚辰28 | 辛巳29 | 壬午30 | 癸未(12) | 甲申2 | 乙酉3 | 丙戌4 | 丁亥5 | 戊子6 | 己丑7 | 庚寅8 | 辛卯9 | 壬辰10 | 癸巳11 | 甲午12 | 乙未13 | 丙申14 | 丁酉15 | 戊戌16 | 己亥17 | 庚子18 | 辛丑19 | 壬寅20 | 癸卯21 | 甲辰22 | 乙巳23 | 丙午24 | 丁未25 | 戊申26 | | 丁未冬至 |
| 十二月大 | 己丑 | 天干地支西曆 | 己酉27 | 庚戌28 | 辛亥29 | 壬子30 | 癸丑31 | 甲寅(1) | 乙卯2 | 丙辰3 | 丁巳4 | 戊午5 | 己未6 | 庚申7 | 辛酉8 | 壬戌9 | 癸亥10 | 甲子11 | 乙丑12 | 丙寅13 | 丁卯14 | 戊辰15 | 己巳16 | 庚午17 | 辛未18 | 壬申19 | 癸酉20 | 甲戌21 | 乙亥22 | 丙子23 | 丁丑24 | 戊寅25 | |
| 正月大 | 庚寅 | 天干地支西曆 | 己卯26 | 庚辰27 | 辛巳28 | 壬午29 | 癸未30 | 甲申31 | 乙酉(2) | 丙戌2 | 丁亥3 | 戊子4 | 己丑5 | 庚寅6 | 辛卯7 | 壬辰8 | 癸巳9 | 甲午10 | 乙未11 | 丙申12 | 丁酉13 | 戊戌14 | 己亥15 | 庚子16 | 辛丑17 | 壬寅18 | 癸卯19 | 甲辰20 | 乙巳21 | 丙午22 | 丁未23 | 戊申24 | 癸巳立春 |
| 二月小 | 辛卯 | 天干地支西曆 | 己酉25 | 庚戌26 | 辛亥27 | 壬子28 | 癸丑(3) | 甲寅2 | 乙卯3 | 丙辰4 | 丁巳5 | 戊午6 | 己未7 | 庚申8 | 辛酉9 | 壬戌10 | 癸亥11 | 甲子12 | 乙丑13 | 丙寅14 | 丁卯15 | 戊辰16 | 己巳17 | 庚午18 | 辛未19 | 壬申20 | 癸酉21 | 甲戌22 | 乙亥23 | 丙子24 | 丁丑25 | | 丁丑日食 |
| 三月大 | 壬辰 | 天干地支西曆 | 戊寅26 | 己卯27 | 庚辰28 | 辛巳29 | 壬午30 | 癸未31 | 甲申(4) | 乙酉2 | 丙戌3 | 丁亥4 | 戊子5 | 己丑6 | 庚寅7 | 辛卯8 | 壬辰9 | 癸巳10 | 甲午11 | 乙未12 | 丙申13 | 丁酉14 | 戊戌15 | 己亥16 | 庚子17 | 辛丑18 | 壬寅19 | 癸卯20 | 甲辰21 | 乙巳22 | 丙午23 | 丁未24 | 戊寅春分 |
| 四月小 | 癸巳 | 天干地支西曆 | 戊申25 | 己酉26 | 庚戌27 | 辛亥28 | 壬子29 | 癸丑30 | 甲寅(5) | 乙卯2 | 丙辰3 | 丁巳4 | 戊午5 | 己未6 | 庚申7 | 辛酉8 | 壬戌9 | 癸亥10 | 甲子11 | 乙丑12 | 丙寅13 | 丁卯14 | 戊辰15 | 己巳16 | 庚午17 | 辛未18 | 壬申19 | 癸酉20 | 甲戌21 | 乙亥22 | 丙子23 | | 甲子立夏 |
| 五月大 | 甲午 | 天干地支西曆 | 丁丑24 | 戊寅25 | 己卯26 | 庚辰27 | 辛巳28 | 壬午29 | 癸未30 | 甲申31 | 乙酉(6) | 丙戌2 | 丁亥3 | 戊子4 | 己丑5 | 庚寅6 | 辛卯7 | 壬辰8 | 癸巳9 | 甲午10 | 乙未11 | 丙申12 | 丁酉13 | 戊戌14 | 己亥15 | 庚子16 | 辛丑17 | 壬寅18 | 癸卯19 | 甲辰20 | 乙巳21 | 丙午22 | |
| 六月小 | 乙未 | 天干地支西曆 | 丁未23 | 戊申24 | 己酉25 | 庚戌26 | 辛亥27 | 壬子28 | 癸丑29 | 甲寅30 | 乙卯(7) | 丙辰2 | 丁巳3 | 戊午4 | 己未5 | 庚申6 | 辛酉7 | 壬戌8 | 癸亥9 | 甲子10 | 乙丑11 | 丙寅12 | 丁卯13 | 戊辰14 | 己巳15 | 庚午16 | 辛未17 | 壬申18 | 癸酉19 | 甲戌20 | 乙亥21 | | 己酉夏至 |
| 七月大 | 丙申 | 天干地支西曆 | 丙子22 | 丁丑23 | 戊寅24 | 己卯25 | 庚辰26 | 辛巳27 | 壬午28 | 癸未29 | 甲申30 | 乙酉31 | 丙戌(8) | 丁亥2 | 戊子3 | 己丑4 | 庚寅5 | 辛卯6 | 壬辰7 | 癸巳8 | 甲午9 | 乙未10 | 丙申11 | 丁酉12 | 戊戌13 | 己亥14 | 庚子15 | 辛丑16 | 壬寅17 | 癸卯18 | 甲辰19 | 乙巳20 | 乙未立秋 |
| 八月小 | 丁酉 | 天干地支西曆 | 丙午21 | 丁未22 | 戊申23 | 己酉24 | 庚戌25 | 辛亥26 | 壬子27 | 癸丑28 | 甲寅29 | 乙卯30 | 丙辰31 | 丁巳(9) | 戊午2 | 己未3 | 庚申4 | 辛酉5 | 壬戌6 | 癸亥7 | 甲子8 | 乙丑9 | 丙寅10 | 丁卯11 | 戊辰12 | 己巳13 | 庚午14 | 辛未15 | 壬申16 | 癸酉17 | 甲戌18 | | |
| 九月大 | 戊戌 | 天干地支西曆 | 乙亥19 | 丙子20 | 丁丑21 | 戊寅22 | 己卯23 | 庚辰24 | 辛巳25 | 壬午26 | 癸未27 | 甲申28 | 乙酉29 | 丙戌30 | 丁亥(10) | 戊子2 | 己丑3 | 庚寅4 | 辛卯5 | 壬辰6 | 癸巳7 | 甲午8 | 乙未9 | 丙申10 | 丁酉11 | 戊戌12 | 己亥13 | 庚子14 | 辛丑15 | 壬寅16 | 癸卯17 | 甲辰18 | 壬午秋分 |
| 後九月小 | 戊戌 | 天干地支西曆 | 乙巳19 | 丙午20 | 丁未21 | 戊申22 | 己酉23 | 庚戌24 | 辛亥25 | 壬子26 | 癸丑27 | 甲寅28 | 乙卯29 | 丙辰30 | 丁巳31 | 戊午(11) | 己未2 | 庚申3 | 辛酉4 | 壬戌5 | 癸亥6 | 甲子7 | 乙丑8 | 丙寅9 | 丁卯10 | 戊辰11 | 己巳12 | 庚午13 | 辛未14 | 壬申15 | 癸酉16 | | 丙寅立冬 |

* 七月，秦始皇死於沙丘。胡亥即位，是爲秦二世。

# 秦二世元年（壬辰 龍年） 公元前210～前209年

| 夏曆月序 | | 中西曆日對照 | 夏曆日序 | | | | | | | | | | | | | | | | | | | | | | | | | | | | | | 節氣與天象 |
|---|---|---|---|---|---|---|---|---|---|---|---|---|---|---|---|---|---|---|---|---|---|---|---|---|---|---|---|---|---|---|---|---|---|
| | | | 初一 | 初二 | 初三 | 初四 | 初五 | 初六 | 初七 | 初八 | 初九 | 初十 | 十一 | 十二 | 十三 | 十四 | 十五 | 十六 | 十七 | 十八 | 十九 | 二十 | 二一 | 二二 | 二三 | 二四 | 二五 | 二六 | 二七 | 二八 | 二九 | 三十 | |
| 十月大 | 己亥 | 天干地支西曆 | 甲戌17 | 乙亥18 | 丙子19 | 丁丑20 | 戊寅21 | 己卯22 | 庚辰23 | 辛巳24 | 壬午25 | 癸未26 | 甲申27 | 乙酉28 | 丙戌29 | 丁亥30 | 戊子(12) | 己丑2 | 庚寅3 | 辛卯4 | 壬辰5 | 癸巳6 | 甲午7 | 乙未8 | 丙申9 | 丁酉10 | 戊戌11 | 己亥12 | 庚子13 | 辛丑14 | 壬寅15 | 癸卯16 | |
| 十一月小 | 庚子 | 天干地支西曆 | 甲辰17 | 乙巳18 | 丙午19 | 丁未20 | 戊申21 | 己酉22 | 庚戌23 | 辛亥24 | 壬子25 | 癸丑26 | 甲寅27 | 乙卯28 | 丙辰29 | 丁巳30 | 戊午31 | 己未(1) | 庚申2 | 辛酉3 | 壬戌4 | 癸亥5 | 甲子6 | 乙丑7 | 丙寅8 | 丁卯9 | 戊辰10 | 己巳11 | 庚午12 | 辛未13 | 壬申14 | | 壬子冬至 |
| 十二月大 | 辛丑 | 天干地支西曆 | 癸酉15 | 甲戌16 | 乙亥17 | 丙子18 | 丁丑19 | 戊寅20 | 己卯21 | 庚辰22 | 辛巳23 | 壬午24 | 癸未25 | 甲申26 | 乙酉27 | 丙戌28 | 丁亥29 | 戊子30 | 己丑31 | 庚寅(2) | 辛卯2 | 壬辰3 | 癸巳4 | 甲午5 | 乙未6 | 丙申7 | 丁酉8 | 戊戌9 | 己亥10 | 庚子11 | 辛丑12 | 壬寅13 | 戊戌立春 |
| 正月小 | 壬寅 | 天干地支西曆 | 癸卯14 | 甲辰15 | 乙巳16 | 丙午17 | 丁未18 | 戊申19 | 己酉20 | 庚戌21 | 辛亥22 | 壬子23 | 癸丑24 | 甲寅25 | 乙卯26 | 丙辰27 | 丁巳28 | 戊午29 | 己未(3) | 庚申2 | 辛酉3 | 壬戌4 | 癸亥5 | 甲子6 | 乙丑7 | 丙寅8 | 丁卯9 | 戊辰10 | 己巳11 | 庚午12 | 辛未13 | | |
| 二月大 | 癸卯 | 天干地支西曆 | 壬申14 | 癸酉15 | 甲戌16 | 乙亥17 | 丙子18 | 丁丑19 | 戊寅20 | 己卯21 | 庚辰22 | 辛巳23 | 壬午24 | 癸未25 | 甲申26 | 乙酉27 | 丙戌28 | 丁亥29 | 戊子30 | 己丑31 | 庚寅(4) | 辛卯2 | 壬辰3 | 癸巳4 | 甲午5 | 乙未6 | 丙申7 | 丁酉8 | 戊戌9 | 己亥10 | 庚子11 | 辛丑12 | 癸未春分 |
| 三月大 | 甲辰 | 天干地支西曆 | 壬寅13 | 癸卯14 | 甲辰15 | 乙巳16 | 丙午17 | 丁未18 | 戊申19 | 己酉20 | 庚戌21 | 辛亥22 | 壬子23 | 癸丑24 | 甲寅25 | 乙卯26 | 丙辰27 | 丁巳28 | 戊午29 | 己未30 | 庚申(5) | 辛酉2 | 壬戌3 | 癸亥4 | 甲子5 | 乙丑6 | 丙寅7 | 丁卯8 | 戊辰9 | 己巳10 | 庚午11 | 辛未12 | 己巳立夏 |
| 四月小 | 乙巳 | 天干地支西曆 | 壬申13 | 癸酉14 | 甲戌15 | 乙亥16 | 丙子17 | 丁丑18 | 戊寅19 | 己卯20 | 庚辰21 | 辛巳22 | 壬午23 | 癸未24 | 甲申25 | 乙酉26 | 丙戌27 | 丁亥28 | 戊子29 | 己丑30 | 庚寅31 | 辛卯(6) | 壬辰2 | 癸巳3 | 甲午4 | 乙未5 | 丙申6 | 丁酉7 | 戊戌8 | 己亥9 | 庚子10 | | |
| 五月大 | 丙午 | 天干地支西曆 | 辛丑11 | 壬寅12 | 癸卯13 | 甲辰14 | 乙巳15 | 丙午16 | 丁未17 | 戊申18 | 己酉19 | 庚戌20 | 辛亥21 | 壬子22 | 癸丑23 | 甲寅24 | 乙卯25 | 丙辰26 | 丁巳27 | 戊午28 | 己未29 | 庚申30 | 辛酉(7) | 壬戌2 | 癸亥3 | 甲子4 | 乙丑5 | 丙寅6 | 丁卯7 | 戊辰8 | 己巳9 | 庚午10 | 乙卯夏至 |
| 六月小 | 丁未 | 天干地支西曆 | 辛未11 | 壬申12 | 癸酉13 | 甲戌14 | 乙亥15 | 丙子16 | 丁丑17 | 戊寅18 | 己卯19 | 庚辰20 | 辛巳21 | 壬午22 | 癸未23 | 甲申24 | 乙酉25 | 丙戌26 | 丁亥27 | 戊子28 | 己丑29 | 庚寅30 | 辛卯31 | 壬辰(8) | 癸巳2 | 甲午3 | 乙未4 | 丙申5 | 丁酉6 | 戊戌7 | 己亥8 | | |
| 七月大 | 戊申 | 天干地支西曆 | 庚子9 | 辛丑10 | 壬寅11 | 癸卯12 | 甲辰13 | 乙巳14 | 丙午15 | 丁未16 | 戊申17 | 己酉18 | 庚戌19 | 辛亥20 | 壬子21 | 癸丑22 | 甲寅23 | 乙卯24 | 丙辰25 | 丁巳26 | 戊午27 | 己未28 | 庚申29 | 辛酉30 | 壬戌31 | 癸亥(9) | 甲子2 | 乙丑3 | 丙寅4 | 丁卯5 | 戊辰6 | 己巳7 | 庚子立秋<br>己巳日食 |
| 八月小 | 己酉 | 天干地支西曆 | 庚午8 | 辛未9 | 壬申10 | 癸酉11 | 甲戌12 | 乙亥13 | 丙子14 | 丁丑15 | 戊寅16 | 己卯17 | 庚辰18 | 辛巳19 | 壬午20 | 癸未21 | 甲申22 | 乙酉23 | 丙戌24 | 丁亥25 | 戊子26 | 己丑27 | 庚寅28 | 辛卯29 | 壬辰30 | 癸巳(10) | 甲午2 | 乙未3 | 丙申4 | 丁酉5 | 戊戌6 | | 丙戌秋分 |
| 九月大 | 庚戌 | 天干地支西曆 | 己亥7 | 庚子8 | 辛丑9 | 壬寅10 | 癸卯11 | 甲辰12 | 乙巳13 | 丙午14 | 丁未15 | 戊申16 | 己酉17 | 庚戌18 | 辛亥19 | 壬子20 | 癸丑21 | 甲寅22 | 乙卯23 | 丙辰24 | 丁巳25 | 戊午26 | 己未27 | 庚申28 | 辛酉29 | 壬戌30 | 癸亥31 | 甲子(11) | 乙丑2 | 丙寅3 | 丁卯4 | 戊辰5 | |

# 秦二世二年(癸巳 蛇年) 公元前209 ~ 前208年

| 夏曆月序 | | 中西曆日對照 | 初一 | 初二 | 初三 | 初四 | 初五 | 初六 | 初七 | 初八 | 初九 | 初十 | 十一 | 十二 | 十三 | 十四 | 十五 | 十六 | 十七 | 十八 | 十九 | 二十 | 二一 | 二二 | 二三 | 二四 | 二五 | 二六 | 二七 | 二八 | 二九 | 三十 | 節氣與天象 |
|---|---|---|---|---|---|---|---|---|---|---|---|---|---|---|---|---|---|---|---|---|---|---|---|---|---|---|---|---|---|---|---|---|---|
| 十月小 | 辛亥 | 天干地支 | 己巳 | 庚午 | 辛未 | 壬申 | 癸酉 | 甲戌 | 乙亥 | 丙子 | 丁丑 | 戊寅 | 己卯 | 庚辰 | 辛巳 | 壬午 | 癸未 | 甲申 | 乙酉 | 丙戌 | 丁亥 | 戊子 | 己丑 | 庚寅 | 辛卯 | 壬辰 | 癸巳 | 甲午 | 乙未 | 丙申 | 丁酉 | | 壬申立冬 |
| | | 西曆 | 6 | 7 | 8 | 9 | 10 | 11 | 12 | 13 | 14 | 15 | 16 | 17 | 18 | 19 | 20 | 21 | 22 | 23 | 24 | 25 | 26 | 27 | 28 | 29 | 30 | (12) | 2 | 3 | 4 | | |
| 十一月大 | 壬子 | 天干地支 | 戊戌 | 己亥 | 庚子 | 辛丑 | 壬寅 | 癸卯 | 甲辰 | 乙巳 | 丙午 | 丁未 | 戊申 | 己酉 | 庚戌 | 辛亥 | 壬子 | 癸丑 | 甲寅 | 乙卯 | 丙辰 | 丁巳 | 戊午 | 己未 | 庚申 | 辛酉 | 壬戌 | 癸亥 | 甲子 | 乙丑 | 丙寅 | 丁卯 | 丁巳冬至 |
| | | 西曆 | 5 | 6 | 7 | 8 | 9 | 10 | 11 | 12 | 13 | 14 | 15 | 16 | 17 | 18 | 19 | 20 | 21 | 22 | 23 | 24 | 25 | 26 | 27 | 28 | 29 | 30 | 31 | (1) | 2 | 3 | |
| 十二月小 | 癸丑 | 天干地支 | 戊辰 | 己巳 | 庚午 | 辛未 | 壬申 | 癸酉 | 甲戌 | 乙亥 | 丙子 | 丁丑 | 戊寅 | 己卯 | 庚辰 | 辛巳 | 壬午 | 癸未 | 甲申 | 乙酉 | 丙戌 | 丁亥 | 戊子 | 己丑 | 庚寅 | 辛卯 | 壬辰 | 癸巳 | 甲午 | 乙未 | 丙申 | | |
| | | 西曆 | 4 | 5 | 6 | 7 | 8 | 9 | 10 | 11 | 12 | 13 | 14 | 15 | 16 | 17 | 18 | 19 | 20 | 21 | 22 | 23 | 24 | 25 | 26 | 27 | 28 | 29 | 30 | 31 | (2) | | |
| 正月大 | 甲寅 | 天干地支 | 丁酉 | 戊戌 | 己亥 | 庚子 | 辛丑 | 壬寅 | 癸卯 | 甲辰 | 乙巳 | 丙午 | 丁未 | 戊申 | 己酉 | 庚戌 | 辛亥 | 壬子 | 癸丑 | 甲寅 | 乙卯 | 丙辰 | 丁巳 | 戊午 | 己未 | 庚申 | 辛酉 | 壬戌 | 癸亥 | 甲子 | 乙丑 | 丙寅 | 癸卯立春<br>丙寅日食 |
| | | 西曆 | 2 | 3 | 4 | 5 | 6 | 7 | 8 | 9 | 10 | 11 | 12 | 13 | 14 | 15 | 16 | 17 | 18 | 19 | 20 | 21 | 22 | 23 | 24 | 25 | 26 | 27 | 28 | (3) | 2 | 3 | |
| 二月小 | 乙卯 | 天干地支 | 丁卯 | 戊辰 | 己巳 | 庚午 | 辛未 | 壬申 | 癸酉 | 甲戌 | 乙亥 | 丙子 | 丁丑 | 戊寅 | 己卯 | 庚辰 | 辛巳 | 壬午 | 癸未 | 甲申 | 乙酉 | 丙戌 | 丁亥 | 戊子 | 己丑 | 庚寅 | 辛卯 | 壬辰 | 癸巳 | 甲午 | 乙未 | | 己丑春分 |
| | | 西曆 | 4 | 5 | 6 | 7 | 8 | 9 | 10 | 11 | 12 | 13 | 14 | 15 | 16 | 17 | 18 | 19 | 20 | 21 | 22 | 23 | 24 | 25 | 26 | 27 | 28 | 29 | 30 | 31 | (4) | | |
| 三月大 | 丙辰 | 天干地支 | 丙申 | 丁酉 | 戊戌 | 己亥 | 庚子 | 辛丑 | 壬寅 | 癸卯 | 甲辰 | 乙巳 | 丙午 | 丁未 | 戊申 | 己酉 | 庚戌 | 辛亥 | 壬子 | 癸丑 | 甲寅 | 乙卯 | 丙辰 | 丁巳 | 戊午 | 己未 | 庚申 | 辛酉 | 壬戌 | 癸亥 | 甲子 | 乙丑 | |
| | | 西曆 | 2 | 3 | 4 | 5 | 6 | 7 | 8 | 9 | 10 | 11 | 12 | 13 | 14 | 15 | 16 | 17 | 18 | 19 | 20 | 21 | 22 | 23 | 24 | 25 | 26 | 27 | 28 | 29 | 30 | (5) | |
| 四月小 | 丁巳 | 天干地支 | 丙寅 | 丁卯 | 戊辰 | 己巳 | 庚午 | 辛未 | 壬申 | 癸酉 | 甲戌 | 乙亥 | 丙子 | 丁丑 | 戊寅 | 己卯 | 庚辰 | 辛巳 | 壬午 | 癸未 | 甲申 | 乙酉 | 丙戌 | 丁亥 | 戊子 | 己丑 | 庚寅 | 辛卯 | 壬辰 | 癸巳 | 甲午 | | 甲戌立夏 |
| | | 西曆 | 2 | 3 | 4 | 5 | 6 | 7 | 8 | 9 | 10 | 11 | 12 | 13 | 14 | 15 | 16 | 17 | 18 | 19 | 20 | 21 | 22 | 23 | 24 | 25 | 26 | 27 | 28 | 29 | 30 | | |
| 五月大 | 戊午 | 天干地支 | 乙未 | 丙申 | 丁酉 | 戊戌 | 己亥 | 庚子 | 辛丑 | 壬寅 | 癸卯 | 甲辰 | 乙巳 | 丙午 | 丁未 | 戊申 | 己酉 | 庚戌 | 辛亥 | 壬子 | 癸丑 | 甲寅 | 乙卯 | 丙辰 | 丁巳 | 戊午 | 己未 | 庚申 | 辛酉 | 壬戌 | 癸亥 | 甲子 | 庚申夏至 |
| | | 西曆 | 31 | (6) | 2 | 3 | 4 | 5 | 6 | 7 | 8 | 9 | 10 | 11 | 12 | 13 | 14 | 15 | 16 | 17 | 18 | 19 | 20 | 21 | 22 | 23 | 24 | 25 | 26 | 27 | 28 | 29 | |
| 六月小 | 己未 | 天干地支 | 乙丑 | 丙寅 | 丁卯 | 戊辰 | 己巳 | 庚午 | 辛未 | 壬申 | 癸酉 | 甲戌 | 乙亥 | 丙子 | 丁丑 | 戊寅 | 己卯 | 庚辰 | 辛巳 | 壬午 | 癸未 | 甲申 | 乙酉 | 丙戌 | 丁亥 | 戊子 | 己丑 | 庚寅 | 辛卯 | 壬辰 | 癸巳 | | |
| | | 西曆 | 30 | (7) | 2 | 3 | 4 | 5 | 6 | 7 | 8 | 9 | 10 | 11 | 12 | 13 | 14 | 15 | 16 | 17 | 18 | 19 | 20 | 21 | 22 | 23 | 24 | 25 | 26 | 27 | 28 | | |
| 七月大 | 庚申 | 天干地支 | 甲午 | 乙未 | 丙申 | 丁酉 | 戊戌 | 己亥 | 庚子 | 辛丑 | 壬寅 | 癸卯 | 甲辰 | 乙巳 | 丙午 | 丁未 | 戊申 | 己酉 | 庚戌 | 辛亥 | 壬子 | 癸丑 | 甲寅 | 乙卯 | 丙辰 | 丁巳 | 戊午 | 己未 | 庚申 | 辛酉 | 壬戌 | 癸亥 | 丙午立秋 |
| | | 西曆 | 29 | 30 | 31 | (8) | 2 | 3 | 4 | 5 | 6 | 7 | 8 | 9 | 10 | 11 | 12 | 13 | 14 | 15 | 16 | 17 | 18 | 19 | 20 | 21 | 22 | 23 | 24 | 25 | 26 | 27 | |
| 八月大 | 辛酉 | 天干地支 | 甲子 | 乙丑 | 丙寅 | 丁卯 | 戊辰 | 己巳 | 庚午 | 辛未 | 壬申 | 癸酉 | 甲戌 | 乙亥 | 丙子 | 丁丑 | 戊寅 | 己卯 | 庚辰 | 辛巳 | 壬午 | 癸未 | 甲申 | 乙酉 | 丙戌 | 丁亥 | 戊子 | 己丑 | 庚寅 | 辛卯 | 壬辰 | 癸巳 | 辛卯秋分 |
| | | 西曆 | 28 | 29 | 30 | 31 | (9) | 2 | 3 | 4 | 5 | 6 | 7 | 8 | 9 | 10 | 11 | 12 | 13 | 14 | 15 | 16 | 17 | 18 | 19 | 20 | 21 | 22 | 23 | 24 | 25 | 26 | |
| 九月小 | 壬戌 | 天干地支 | 甲午 | 乙未 | 丙申 | 丁酉 | 戊戌 | 己亥 | 庚子 | 辛丑 | 壬寅 | 癸卯 | 甲辰 | 乙巳 | 丙午 | 丁未 | 戊申 | 己酉 | 庚戌 | 辛亥 | 壬子 | 癸丑 | 甲寅 | 乙卯 | 丙辰 | 丁巳 | 戊午 | 己未 | 庚申 | 辛酉 | 壬戌 | | |
| | | 西曆 | 27 | 28 | 29 | 30 | (10) | 2 | 3 | 4 | 5 | 6 | 7 | 8 | 9 | 10 | 11 | 12 | 13 | 14 | 15 | 16 | 17 | 18 | 19 | 20 | 21 | 22 | 23 | 24 | 25 | | |
| 後九月大 | 壬戌 | 天干地支 | 癸亥 | 甲子 | 乙丑 | 丙寅 | 丁卯 | 戊辰 | 己巳 | 庚午 | 辛未 | 壬申 | 癸酉 | 甲戌 | 乙亥 | 丙子 | 丁丑 | 戊寅 | 己卯 | 庚辰 | 辛巳 | 壬午 | 癸未 | 甲申 | 乙酉 | 丙戌 | 丁亥 | 戊子 | 己丑 | 庚寅 | 辛卯 | 壬辰 | 丁丑立冬 |
| | | 西曆 | 26 | 27 | 28 | 29 | 30 | 31 | (11) | 2 | 3 | 4 | 5 | 6 | 7 | 8 | 9 | 10 | 11 | 12 | 13 | 14 | 15 | 16 | 17 | 18 | 19 | 20 | 21 | 22 | 23 | 24 | |

# 秦二世三年(甲午 馬年) 公元前208 ~ 前207年

| 夏曆月序 | | 西日照<br>中曆對 | 夏曆日序 | | | | | | | | | | | | | | | | | | | | | | | | | | | | | | 節氣與天象 |
|---|---|---|---|---|---|---|---|---|---|---|---|---|---|---|---|---|---|---|---|---|---|---|---|---|---|---|---|---|---|---|---|---|---|
| | | | 初一 | 初二 | 初三 | 初四 | 初五 | 初六 | 初七 | 初八 | 初九 | 初十 | 十一 | 十二 | 十三 | 十四 | 十五 | 十六 | 十七 | 十八 | 十九 | 二十 | 二一 | 二二 | 二三 | 二四 | 二五 | 二六 | 二七 | 二八 | 二九 | 三十 | |
| 十月小 | 癸亥 | 天干地支<br>西曆 | 癸巳<br>25 | 甲午<br>26 | 乙未<br>27 | 丙申<br>28 | 丁酉<br>29 | 戊戌<br>30 | 己亥<br>(12) | 庚子<br>2 | 辛丑<br>3 | 壬寅<br>4 | 癸卯<br>5 | 甲辰<br>6 | 乙巳<br>7 | 丙午<br>8 | 丁未<br>9 | 戊申<br>10 | 己酉<br>11 | 庚戌<br>12 | 辛亥<br>13 | 壬子<br>14 | 癸丑<br>15 | 甲寅<br>16 | 乙卯<br>17 | 丙辰<br>18 | 丁巳<br>19 | 戊午<br>20 | 己未<br>21 | 庚申<br>22 | 辛酉<br>23 | | |
| 十一月大 | 甲子 | 天干地支<br>西曆 | 壬戌<br>24 | 癸亥<br>25 | 甲子<br>26 | 乙丑<br>27 | 丙寅<br>28 | 丁卯<br>29 | 戊辰<br>30 | 己巳<br>31 | 庚午<br>(1) | 辛未<br>2 | 壬申<br>3 | 癸酉<br>4 | 甲戌<br>5 | 乙亥<br>6 | 丙子<br>7 | 丁丑<br>8 | 戊寅<br>9 | 己卯<br>10 | 庚辰<br>11 | 辛巳<br>12 | 壬午<br>13 | 癸未<br>14 | 甲申<br>15 | 乙酉<br>16 | 丙戌<br>17 | 丁亥<br>18 | 戊子<br>19 | 己丑<br>20 | 庚寅<br>21 | 辛卯<br>22 | 癸亥冬至 |
| 十二月小 | 乙丑 | 天干地支<br>西曆 | 壬辰<br>23 | 癸巳<br>24 | 甲午<br>25 | 乙未<br>26 | 丙申<br>27 | 丁酉<br>28 | 戊戌<br>29 | 己亥<br>30 | 庚子<br>31 | 辛丑<br>(2) | 壬寅<br>2 | 癸卯<br>3 | 甲辰<br>4 | 乙巳<br>5 | 丙午<br>6 | 丁未<br>7 | 戊申<br>8 | 己酉<br>9 | 庚戌<br>10 | 辛亥<br>11 | 壬子<br>12 | 癸丑<br>13 | 甲寅<br>14 | 乙卯<br>15 | 丙辰<br>16 | 丁巳<br>17 | 戊午<br>18 | 己未<br>19 | 庚申<br>20 | | 戊申立春 |
| 正月大 | 丙寅 | 天干地支<br>西曆 | 辛酉<br>21 | 壬戌<br>22 | 癸亥<br>23 | 甲子<br>24 | 乙丑<br>25 | 丙寅<br>26 | 丁卯<br>27 | 戊辰<br>28 | 己巳<br>(3) | 庚午<br>2 | 辛未<br>3 | 壬申<br>4 | 癸酉<br>5 | 甲戌<br>6 | 乙亥<br>7 | 丙子<br>8 | 丁丑<br>9 | 戊寅<br>10 | 己卯<br>11 | 庚辰<br>12 | 辛巳<br>13 | 壬午<br>14 | 癸未<br>15 | 甲申<br>16 | 乙酉<br>17 | 丙戌<br>18 | 丁亥<br>19 | 戊子<br>20 | 己丑<br>21 | 庚寅<br>22 | |
| 二月小 | 丁卯 | 天干地支<br>西曆 | 辛卯<br>23 | 壬辰<br>24 | 癸巳<br>25 | 甲午<br>26 | 乙未<br>27 | 丙申<br>28 | 丁酉<br>29 | 戊戌<br>30 | 己亥<br>31 | 庚子<br>(4) | 辛丑<br>2 | 壬寅<br>3 | 癸卯<br>4 | 甲辰<br>5 | 乙巳<br>6 | 丙午<br>7 | 丁未<br>8 | 戊申<br>9 | 己酉<br>10 | 庚戌<br>11 | 辛亥<br>12 | 壬子<br>13 | 癸丑<br>14 | 甲寅<br>15 | 乙卯<br>16 | 丙辰<br>17 | 丁巳<br>18 | 戊午<br>19 | 己未<br>20 | | 甲午春分 |
| 三月大 | 戊辰 | 天干地支<br>西曆 | 庚申<br>21 | 辛酉<br>22 | 壬戌<br>23 | 癸亥<br>24 | 甲子<br>25 | 乙丑<br>26 | 丙寅<br>27 | 丁卯<br>28 | 戊辰<br>29 | 己巳<br>30 | 庚午<br>(5) | 辛未<br>2 | 壬申<br>3 | 癸酉<br>4 | 甲戌<br>5 | 乙亥<br>6 | 丙子<br>7 | 丁丑<br>8 | 戊寅<br>9 | 己卯<br>10 | 庚辰<br>11 | 辛巳<br>12 | 壬午<br>13 | 癸未<br>14 | 甲申<br>15 | 乙酉<br>16 | 丙戌<br>17 | 丁亥<br>18 | 戊子<br>19 | 己丑<br>20 | 庚辰立夏 |
| 四月小 | 己巳 | 天干地支<br>西曆 | 庚寅<br>21 | 辛卯<br>22 | 壬辰<br>23 | 癸巳<br>24 | 甲午<br>25 | 乙未<br>26 | 丙申<br>27 | 丁酉<br>28 | 戊戌<br>29 | 己亥<br>30 | 庚子<br>31 | 辛丑<br>(6) | 壬寅<br>2 | 癸卯<br>3 | 甲辰<br>4 | 乙巳<br>5 | 丙午<br>6 | 丁未<br>7 | 戊申<br>8 | 己酉<br>9 | 庚戌<br>10 | 辛亥<br>11 | 壬子<br>12 | 癸丑<br>13 | 甲寅<br>14 | 乙卯<br>15 | 丙辰<br>16 | 丁巳<br>17 | 戊午<br>18 | | |
| 五月大 | 庚午 | 天干地支<br>西曆 | 己未<br>19 | 庚申<br>20 | 辛酉<br>21 | 壬戌<br>22 | 癸亥<br>23 | 甲子<br>24 | 乙丑<br>25 | 丙寅<br>26 | 丁卯<br>27 | 戊辰<br>28 | 己巳<br>29 | 庚午<br>30 | 辛未<br>(7) | 壬申<br>2 | 癸酉<br>3 | 甲戌<br>4 | 乙亥<br>5 | 丙子<br>6 | 丁丑<br>7 | 戊寅<br>8 | 己卯<br>9 | 庚辰<br>10 | 辛巳<br>11 | 壬午<br>12 | 癸未<br>13 | 甲申<br>14 | 乙酉<br>15 | 丙戌<br>16 | 丁亥<br>17 | 戊子<br>18 | 乙丑夏至 |
| 六月小 | 辛未 | 天干地支<br>西曆 | 己丑<br>19 | 庚寅<br>20 | 辛卯<br>21 | 壬辰<br>22 | 癸巳<br>23 | 甲午<br>24 | 乙未<br>25 | 丙申<br>26 | 丁酉<br>27 | 戊戌<br>28 | 己亥<br>29 | 庚子<br>30 | 辛丑<br>31 | 壬寅<br>(8) | 癸卯<br>2 | 甲辰<br>3 | 乙巳<br>4 | 丙午<br>5 | 丁未<br>6 | 戊申<br>7 | 己酉<br>8 | 庚戌<br>9 | 辛亥<br>10 | 壬子<br>11 | 癸丑<br>12 | 甲寅<br>13 | 乙卯<br>14 | 丙辰<br>15 | 丁巳<br>16 | | 辛亥立秋 |
| 七月大 | 壬申 | 天干地支<br>西曆 | 戊午<br>17 | 己未<br>18 | 庚申<br>19 | 辛酉<br>20 | 壬戌<br>21 | 癸亥<br>22 | 甲子<br>23 | 乙丑<br>24 | 丙寅<br>25 | 丁卯<br>26 | 戊辰<br>27 | 己巳<br>28 | 庚午<br>29 | 辛未<br>30 | 壬申<br>31 | 癸酉<br>(9) | 甲戌<br>2 | 乙亥<br>3 | 丙子<br>4 | 丁丑<br>5 | 戊寅<br>6 | 己卯<br>7 | 庚辰<br>8 | 辛巳<br>9 | 壬午<br>10 | 癸未<br>11 | 甲申<br>12 | 乙酉<br>13 | 丙戌<br>14 | 丁亥<br>15 | |
| 八月小 | 癸酉 | 天干地支<br>西曆 | 戊子<br>16 | 己丑<br>17 | 庚寅<br>18 | 辛卯<br>19 | 壬辰<br>20 | 癸巳<br>21 | 甲午<br>22 | 乙未<br>23 | 丙申<br>24 | 丁酉<br>25 | 戊戌<br>26 | 己亥<br>27 | 庚子<br>28 | 辛丑<br>29 | 壬寅<br>30 | 癸卯<br>(10) | 甲辰<br>2 | 乙巳<br>3 | 丙午<br>4 | 丁未<br>5 | 戊申<br>6 | 己酉<br>7 | 庚戌<br>8 | 辛亥<br>9 | 壬子<br>10 | 癸丑<br>11 | 甲寅<br>12 | 乙卯<br>13 | 丙辰<br>14 | | 丁酉秋分 |
| 九月大 | 甲戌 | 天干地支<br>西曆 | 丁巳<br>15 | 戊午<br>16 | 己未<br>17 | 庚申<br>18 | 辛酉<br>19 | 壬戌<br>20 | 癸亥<br>21 | 甲子<br>22 | 乙丑<br>23 | 丙寅<br>24 | 丁卯<br>25 | 戊辰<br>26 | 己巳<br>27 | 庚午<br>28 | 辛未<br>29 | 壬申<br>30 | 癸酉<br>31 | 甲戌<br>(11) | 乙亥<br>2 | 丙子<br>3 | 丁丑<br>4 | 戊寅<br>5 | 己卯<br>6 | 庚辰<br>7 | 辛巳<br>8 | 壬午<br>9 | 癸未<br>10 | 甲申<br>11 | 乙酉<br>12 | 丙戌<br>13 | 壬午立冬 |

* 八月，秦二世自殺。公子嬰改稱秦王。

# 西漢日曆

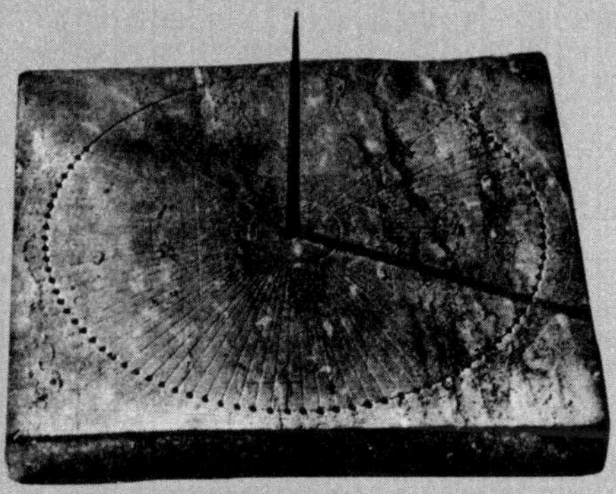

# 西漢日曆

## 秦公子嬰元年 漢王（高帝）元年（乙未 羊年） 公元前207 ~ 前206年

| 夏曆月序 | | 中西曆日對照 | 初一 | 初二 | 初三 | 初四 | 初五 | 初六 | 初七 | 初八 | 初九 | 初十 | 十一 | 十二 | 十三 | 十四 | 十五 | 十六 | 十七 | 十八 | 十九 | 二十 | 二一 | 二二 | 二三 | 二四 | 二五 | 二六 | 二七 | 二八 | 二九 | 三十 | 節氣與天象 |
|---|---|---|---|---|---|---|---|---|---|---|---|---|---|---|---|---|---|---|---|---|---|---|---|---|---|---|---|---|---|---|---|---|---|
| 十月大 | 乙亥 | 天干地支西曆 | 丁亥14 | 戊子15 | 己丑16 | 庚寅17 | 辛卯18 | 壬辰19 | 癸巳20 | 甲午21 | 乙未22 | 丙申23 | 丁酉24 | 戊戌25 | 己亥26 | 庚子27 | 辛丑28 | 壬寅29 | 癸卯30 | 甲辰(12) | 乙巳2 | 丙午3 | 丁未4 | 戊申5 | 己酉6 | 庚戌7 | 辛亥8 | 壬子9 | 癸丑10 | 甲寅11 | 乙卯12 | 丙辰13 | |
| 十一月小 | 丙子 | 天干地支西曆 | 丁巳14 | 戊午15 | 己未16 | 庚申17 | 辛酉18 | 壬戌19 | 癸亥20 | 甲子21 | 乙丑22 | 丙寅23 | 丁卯24 | 戊辰25 | 己巳26 | 庚午27 | 辛未28 | 壬申29 | 癸酉30 | 甲戌31 | 乙亥(1) | 丙子2 | 丁丑3 | 戊寅4 | 己卯5 | 庚辰6 | 辛巳7 | 壬午8 | 癸未9 | 甲申10 | 乙酉11 | | 戊辰冬至 |
| 十二月大 | 丁丑 | 天干地支西曆 | 丙戌12 | 丁亥13 | 戊子14 | 己丑15 | 庚寅16 | 辛卯17 | 壬辰18 | 癸巳19 | 甲午20 | 乙未21 | 丙申22 | 丁酉23 | 戊戌24 | 己亥25 | 庚子26 | 辛丑27 | 壬寅28 | 癸卯29 | 甲辰30 | 乙巳31 | 丙午(2) | 丁未2 | 戊申3 | 己酉4 | 庚戌5 | 辛亥6 | 壬子7 | 癸丑8 | 甲寅9 | 乙卯10 | 甲寅立春 |
| 正月小 | 戊寅 | 天干地支西曆 | 丙辰11 | 丁巳12 | 戊午13 | 己未14 | 庚申15 | 辛酉16 | 壬戌17 | 癸亥18 | 甲子19 | 乙丑20 | 丙寅21 | 丁卯22 | 戊辰23 | 己巳24 | 庚午25 | 辛未26 | 壬申27 | 癸酉28 | 甲戌(3) | 乙亥2 | 丙子3 | 丁丑4 | 戊寅5 | 己卯6 | 庚辰7 | 辛巳8 | 壬午9 | 癸未10 | 甲申11 | | |
| 二月大 | 己卯 | 天干地支西曆 | 乙酉12 | 丙戌13 | 丁亥14 | 戊子15 | 己丑16 | 庚寅17 | 辛卯18 | 壬辰19 | 癸巳20 | 甲午21 | 乙未22 | 丙申23 | 丁酉24 | 戊戌25 | 己亥26 | 庚子27 | 辛丑28 | 壬寅29 | 癸卯30 | 甲辰31 | 乙巳(4) | 丙午2 | 丁未3 | 戊申4 | 己酉5 | 庚戌6 | 辛亥7 | 壬子8 | 癸丑9 | 甲寅10 | 己亥春分 |
| 三月小 | 庚辰 | 天干地支西曆 | 乙卯11 | 丙辰12 | 丁巳13 | 戊午14 | 己未15 | 庚申16 | 辛酉17 | 壬戌18 | 癸亥19 | 甲子20 | 乙丑21 | 丙寅22 | 丁卯23 | 戊辰24 | 己巳25 | 庚午26 | 辛未27 | 壬申28 | 癸酉29 | 甲戌30 | 乙亥(5) | 丙子2 | 丁丑3 | 戊寅4 | 己卯5 | 庚辰6 | 辛巳7 | 壬午8 | 癸未9 | | |
| 四月大 | 辛巳 | 天干地支西曆 | 甲申10 | 乙酉11 | 丙戌12 | 丁亥13 | 戊子14 | 己丑15 | 庚寅16 | 辛卯17 | 壬辰18 | 癸巳19 | 甲午20 | 乙未21 | 丙申22 | 丁酉23 | 戊戌24 | 己亥25 | 庚子26 | 辛丑27 | 壬寅28 | 癸卯29 | 甲辰30 | 乙巳31 | 丙午(6) | 丁未2 | 戊申3 | 己酉4 | 庚戌5 | 辛亥6 | 壬子7 | 癸丑8 | 乙酉立夏 |
| 五月小 | 壬午 | 天干地支西曆 | 甲寅9 | 乙卯10 | 丙辰11 | 丁巳12 | 戊午13 | 己未14 | 庚申15 | 辛酉16 | 壬戌17 | 癸亥18 | 甲子19 | 乙丑20 | 丙寅21 | 丁卯22 | 戊辰23 | 己巳24 | 庚午25 | 辛未26 | 壬申27 | 癸酉28 | 甲戌29 | 乙亥30 | 丙子(7) | 丁丑2 | 戊寅3 | 己卯4 | 庚辰5 | 辛巳6 | 壬午7 | | 庚午夏至<br>壬午日食 |
| 六月大 | 癸未 | 天干地支西曆 | 癸未8 | 甲申9 | 乙酉10 | 丙戌11 | 丁亥12 | 戊子13 | 己丑14 | 庚寅15 | 辛卯16 | 壬辰17 | 癸巳18 | 甲午19 | 乙未20 | 丙申21 | 丁酉22 | 戊戌23 | 己亥24 | 庚子25 | 辛丑26 | 壬寅27 | 癸卯28 | 甲辰29 | 乙巳30 | 丙午31 | 丁未(8) | 戊申2 | 己酉3 | 庚戌4 | 辛亥5 | 壬子6 | |
| 七月小 | 甲申 | 天干地支西曆 | 癸丑7 | 甲寅8 | 乙卯9 | 丙辰10 | 丁巳11 | 戊午12 | 己未13 | 庚申14 | 辛酉15 | 壬戌16 | 癸亥17 | 甲子18 | 乙丑19 | 丙寅20 | 丁卯21 | 戊辰22 | 己巳23 | 庚午24 | 辛未25 | 壬申26 | 癸酉27 | 甲戌28 | 乙亥29 | 丙子30 | 丁丑31 | 戊寅(9) | 己卯2 | 庚辰3 | 辛巳4 | | 丙辰立秋 |
| 八月大 | 乙酉 | 天干地支西曆 | 壬午5 | 癸未6 | 甲申7 | 乙酉8 | 丙戌9 | 丁亥10 | 戊子11 | 己丑12 | 庚寅13 | 辛卯14 | 壬辰15 | 癸巳16 | 甲午17 | 乙未18 | 丙申19 | 丁酉20 | 戊戌21 | 己亥22 | 庚子23 | 辛丑24 | 壬寅25 | 癸卯26 | 甲辰27 | 乙巳28 | 丙午29 | 丁未30 | 戊申(10) | 己酉2 | 庚戌3 | 辛亥4 | 壬寅秋分 |
| 九月小 | 丙戌 | 天干地支西曆 | 壬子5 | 癸丑6 | 甲寅7 | 乙卯8 | 丙辰9 | 丁巳10 | 戊午11 | 己未12 | 庚申13 | 辛酉14 | 壬戌15 | 癸亥16 | 甲子17 | 乙丑18 | 丙寅19 | 丁卯20 | 戊辰21 | 己巳22 | 庚午23 | 辛未24 | 壬申25 | 癸酉26 | 甲戌27 | 乙亥28 | 丙子29 | 丁丑30 | 戊寅31 | 己卯(11) | 庚辰2 | | |

* 十月，公子嬰向劉邦投降，劉邦即漢王位。秦亡。

# 漢王（高帝）二年（丙申 猴年） 公元前206～前205年

| 夏曆月序 | | 中西曆日對照 | 初一 | 初二 | 初三 | 初四 | 初五 | 初六 | 初七 | 初八 | 初九 | 初十 | 十一 | 十二 | 十三 | 十四 | 十五 | 十六 | 十七 | 十八 | 十九 | 二十 | 二一 | 二二 | 二三 | 二四 | 二五 | 二六 | 二七 | 二八 | 二九 | 三十 | 節氣與天象 |
|---|---|---|---|---|---|---|---|---|---|---|---|---|---|---|---|---|---|---|---|---|---|---|---|---|---|---|---|---|---|---|---|---|---|
| 十月大 | 丁亥 | 天干地支西曆 | 辛巳3 | 壬午4 | 癸未5 | 甲申6 | 乙酉7 | 丙戌8 | 丁亥9 | 戊子10 | 己丑11 | 庚寅12 | 辛卯13 | 壬辰14 | 癸巳15 | 甲午16 | 乙未17 | 丙申18 | 丁酉19 | 戊戌20 | 己亥21 | 庚子22 | 辛丑23 | 壬寅24 | 癸卯25 | 甲辰26 | 乙巳27 | 丙午28 | 丁未29 | 戊申30 | 己酉(12) | 庚戌2 | 丁亥立冬 |
| 十一月小 | 戊子 | 天干地支西曆 | 辛亥3 | 壬子4 | 癸丑5 | 甲寅6 | 乙卯7 | 丙辰8 | 丁巳9 | 戊午10 | 己未11 | 庚申12 | 辛酉13 | 壬戌14 | 癸亥15 | 甲子16 | 乙丑17 | 丙寅18 | 丁卯19 | 戊辰20 | 己巳21 | 庚午22 | 辛未23 | 壬申24 | 癸酉25 | 甲戌26 | 乙亥27 | 丙子28 | 丁丑29 | 戊寅30 | 己卯31 | | 癸酉冬至 |
| 十二月大 | 己丑 | 天干地支西曆 | 庚辰(1) | 辛巳2 | 壬午3 | 癸未4 | 甲申5 | 乙酉6 | 丙戌7 | 丁亥8 | 戊子9 | 己丑10 | 庚寅11 | 辛卯12 | 壬辰13 | 癸巳14 | 甲午15 | 乙未16 | 丙申17 | 丁酉18 | 戊戌19 | 己亥20 | 庚子21 | 辛丑22 | 壬寅23 | 癸卯24 | 甲辰25 | 乙巳26 | 丙午27 | 丁未28 | 戊申29 | 己酉30 | 庚辰日食 |
| 正月小 | 庚寅 | 天干地支西曆 | 庚戌31 | 辛亥(2) | 壬子2 | 癸丑3 | 甲寅4 | 乙卯5 | 丙辰6 | 丁巳7 | 戊午8 | 己未9 | 庚申10 | 辛酉11 | 壬戌12 | 癸亥13 | 甲子14 | 乙丑15 | 丙寅16 | 丁卯17 | 戊辰18 | 己巳19 | 庚午20 | 辛未21 | 壬申22 | 癸酉23 | 甲戌24 | 乙亥25 | 丙子26 | 丁丑27 | 戊寅28 | | 己未立春 |
| 二月大 | 辛卯 | 天干地支西曆 | 己卯29 | 庚辰(3) | 辛巳2 | 壬午3 | 癸未4 | 甲申5 | 乙酉6 | 丙戌7 | 丁亥8 | 戊子9 | 己丑10 | 庚寅11 | 辛卯12 | 壬辰13 | 癸巳14 | 甲午15 | 乙未16 | 丙申17 | 丁酉18 | 戊戌19 | 己亥20 | 庚子21 | 辛丑22 | 壬寅23 | 癸卯24 | 甲辰25 | 乙巳26 | 丙午27 | 丁未28 | 戊申29 | 甲辰春分 |
| 三月大 | 壬辰 | 天干地支西曆 | 己酉30 | 庚戌31 | 辛亥(4) | 壬子2 | 癸丑3 | 甲寅4 | 乙卯5 | 丙辰6 | 丁巳7 | 戊午8 | 己未9 | 庚申10 | 辛酉11 | 壬戌12 | 癸亥13 | 甲子14 | 乙丑15 | 丙寅16 | 丁卯17 | 戊辰18 | 己巳19 | 庚午20 | 辛未21 | 壬申22 | 癸酉23 | 甲戌24 | 乙亥25 | 丙子26 | 丁丑27 | 戊寅28 | |
| 四月小 | 癸巳 | 天干地支西曆 | 己卯29 | 庚辰30 | 辛巳(5) | 壬午2 | 癸未3 | 甲申4 | 乙酉5 | 丙戌6 | 丁亥7 | 戊子8 | 己丑9 | 庚寅10 | 辛卯11 | 壬辰12 | 癸巳13 | 甲午14 | 乙未15 | 丙申16 | 丁酉17 | 戊戌18 | 己亥19 | 庚子20 | 辛丑21 | 壬寅22 | 癸卯23 | 甲辰24 | 乙巳25 | 丙午26 | 丁未27 | | 庚寅立夏 |
| 五月大 | 甲午 | 天干地支西曆 | 戊申28 | 己酉29 | 庚戌30 | 辛亥31 | 壬子(6) | 癸丑2 | 甲寅3 | 乙卯4 | 丙辰5 | 丁巳6 | 戊午7 | 己未8 | 庚申9 | 辛酉10 | 壬戌11 | 癸亥12 | 甲子13 | 乙丑14 | 丙寅15 | 丁卯16 | 戊辰17 | 己巳18 | 庚午19 | 辛未20 | 壬申21 | 癸酉22 | 甲戌23 | 乙亥24 | 丙子25 | 丁丑26 | 丙子夏至 |
| 六月小 | 乙未 | 天干地支西曆 | 戊寅27 | 己卯28 | 庚辰29 | 辛巳30 | 壬午(7) | 癸未2 | 甲申3 | 乙酉4 | 丙戌5 | 丁亥6 | 戊子7 | 己丑8 | 庚寅9 | 辛卯10 | 壬辰11 | 癸巳12 | 甲午13 | 乙未14 | 丙申15 | 丁酉16 | 戊戌17 | 己亥18 | 庚子19 | 辛丑20 | 壬寅21 | 癸卯22 | 甲辰23 | 乙巳24 | 丙午25 | | |
| 七月大 | 丙申 | 天干地支西曆 | 丁未26 | 戊申27 | 己酉28 | 庚戌29 | 辛亥30 | 壬子31 | 癸丑(8) | 甲寅2 | 乙卯3 | 丙辰4 | 丁巳5 | 戊午6 | 己未7 | 庚申8 | 辛酉9 | 壬戌10 | 癸亥11 | 甲子12 | 乙丑13 | 丙寅14 | 丁卯15 | 戊辰16 | 己巳17 | 庚午18 | 辛未19 | 壬申20 | 癸酉21 | 甲戌22 | 乙亥23 | 丙子24 | 辛酉立秋 |
| 八月小 | 丁酉 | 天干地支西曆 | 丁丑25 | 戊寅26 | 己卯27 | 庚辰28 | 辛巳29 | 壬午30 | 癸未31 | 甲申(9) | 乙酉2 | 丙戌3 | 丁亥4 | 戊子5 | 己丑6 | 庚寅7 | 辛卯8 | 壬辰9 | 癸巳10 | 甲午11 | 乙未12 | 丙申13 | 丁酉14 | 戊戌15 | 己亥16 | 庚子17 | 辛丑18 | 壬寅19 | 癸卯20 | 甲辰21 | 乙巳22 | | |
| 九月大 | 戊戌 | 天干地支西曆 | 丙午23 | 丁未24 | 戊申25 | 己酉26 | 庚戌27 | 辛亥28 | 壬子29 | 癸丑30 | 甲寅(10) | 乙卯2 | 丙辰3 | 丁巳4 | 戊午5 | 己未6 | 庚申7 | 辛酉8 | 壬戌9 | 癸亥10 | 甲子11 | 乙丑12 | 丙寅13 | 丁卯14 | 戊辰15 | 己巳16 | 庚午17 | 辛未18 | 壬申19 | 癸酉20 | 甲戌21 | 乙亥22 | 丁未秋分 |
| 後九月小 | 戊戌 | 天干地支西曆 | 丙子23 | 丁丑24 | 戊寅25 | 己卯26 | 庚辰27 | 辛巳28 | 壬午29 | 癸未30 | 甲申31 | 乙酉(11) | 丙戌2 | 丁亥3 | 戊子4 | 己丑5 | 庚寅6 | 辛卯7 | 壬辰8 | 癸巳9 | 甲午10 | 乙未11 | 丙申12 | 丁酉13 | 戊戌14 | 己亥15 | 庚子16 | 辛丑17 | 壬寅18 | 癸卯19 | 甲辰20 | | 癸巳立冬 |

# 漢王（高帝）三年（丁酉 鷄年） 公元前205 ~ 前**204**年

| 夏曆月序 | | 中西曆日對照 | 夏曆日序 | | | | | | | | | | | | | | | | | | | | | | | | | | | | | | 節氣與天象 |
|---|---|---|---|---|---|---|---|---|---|---|---|---|---|---|---|---|---|---|---|---|---|---|---|---|---|---|---|---|---|---|---|---|---|
| | | | 初一 | 初二 | 初三 | 初四 | 初五 | 初六 | 初七 | 初八 | 初九 | 初十 | 十一 | 十二 | 十三 | 十四 | 十五 | 十六 | 十七 | 十八 | 十九 | 二十 | 二一 | 二二 | 二三 | 二四 | 二五 | 二六 | 二七 | 二八 | 二九 | 三十 | |
| 十月大 | 己亥 | 天干地支<br>西曆 | 乙巳<br>21 | 丙午<br>22 | 丁未<br>23 | 戊申<br>24 | 己酉<br>25 | 庚戌<br>26 | 辛亥<br>27 | 壬子<br>28 | 癸丑<br>29 | 甲寅<br>30 | 乙卯<br>(12) | 丙辰<br>2 | 丁巳<br>3 | 戊午<br>4 | 己未<br>5 | 庚申<br>6 | 辛酉<br>7 | 壬戌<br>8 | 癸亥<br>9 | 甲子<br>10 | 乙丑<br>11 | 丙寅<br>12 | 丁卯<br>13 | 戊辰<br>14 | 己巳<br>15 | 庚午<br>16 | 辛未<br>17 | 壬申<br>18 | 癸酉<br>19 | 甲戌<br>20 | 甲戌日食 |
| 十一月小 | 庚子 | 天干地支<br>西曆 | 乙亥<br>21 | 丙子<br>22 | 丁丑<br>23 | 戊寅<br>24 | 己卯<br>25 | 庚辰<br>26 | 辛巳<br>27 | 壬午<br>28 | 癸未<br>29 | 甲申<br>30 | 乙酉<br>31 | 丙戌<br>(1) | 丁亥<br>2 | 戊子<br>3 | 己丑<br>4 | 庚寅<br>5 | 辛卯<br>6 | 壬辰<br>7 | 癸巳<br>8 | 甲午<br>9 | 乙未<br>10 | 丙申<br>11 | 丁酉<br>12 | 戊戌<br>13 | 己亥<br>14 | 庚子<br>15 | 辛丑<br>16 | 壬寅<br>17 | 癸卯<br>18 | | 戊寅冬至 |
| 十二月大 | 辛丑 | 天干地支<br>西曆 | 甲辰<br>19 | 乙巳<br>20 | 丙午<br>21 | 丁未<br>22 | 戊申<br>23 | 己酉<br>24 | 庚戌<br>25 | 辛亥<br>26 | 壬子<br>27 | 癸丑<br>28 | 甲寅<br>29 | 乙卯<br>30 | 丙辰<br>31 | 丁巳<br>(2) | 戊午<br>2 | 己未<br>3 | 庚申<br>4 | 辛酉<br>5 | 壬戌<br>6 | 癸亥<br>7 | 甲子<br>8 | 乙丑<br>9 | 丙寅<br>10 | 丁卯<br>11 | 戊辰<br>12 | 己巳<br>13 | 庚午<br>14 | 辛未<br>15 | 壬申<br>16 | 癸酉<br>17 | 甲子立春 |
| 正月小 | 壬寅 | 天干地支<br>西曆 | 甲戌<br>18 | 乙亥<br>19 | 丙子<br>20 | 丁丑<br>21 | 戊寅<br>22 | 己卯<br>23 | 庚辰<br>24 | 辛巳<br>25 | 壬午<br>26 | 癸未<br>27 | 甲申<br>28 | 乙酉<br>(3) | 丙戌<br>2 | 丁亥<br>3 | 戊子<br>4 | 己丑<br>5 | 庚寅<br>6 | 辛卯<br>7 | 壬辰<br>8 | 癸巳<br>9 | 甲午<br>10 | 乙未<br>11 | 丙申<br>12 | 丁酉<br>13 | 戊戌<br>14 | 己亥<br>15 | 庚子<br>16 | 辛丑<br>17 | 壬寅<br>18 | | |
| 二月大 | 癸卯 | 天干地支<br>西曆 | 癸卯<br>19 | 甲辰<br>20 | 乙巳<br>21 | 丙午<br>22 | 丁未<br>23 | 戊申<br>24 | 己酉<br>25 | 庚戌<br>26 | 辛亥<br>27 | 壬子<br>28 | 癸丑<br>29 | 甲寅<br>30 | 乙卯<br>31 | 丙辰<br>(4) | 丁巳<br>2 | 戊午<br>3 | 己未<br>4 | 庚申<br>5 | 辛酉<br>6 | 壬戌<br>7 | 癸亥<br>8 | 甲子<br>9 | 乙丑<br>10 | 丙寅<br>11 | 丁卯<br>12 | 戊辰<br>13 | 己巳<br>14 | 庚午<br>15 | 辛未<br>16 | 壬申<br>17 | 庚戌春分 |
| 三月小 | 甲辰 | 天干地支<br>西曆 | 癸酉<br>18 | 甲戌<br>19 | 乙亥<br>20 | 丙子<br>21 | 丁丑<br>22 | 戊寅<br>23 | 己卯<br>24 | 庚辰<br>25 | 辛巳<br>26 | 壬午<br>27 | 癸未<br>28 | 甲申<br>29 | 乙酉<br>30 | 丙戌<br>(5) | 丁亥<br>2 | 戊子<br>3 | 己丑<br>4 | 庚寅<br>5 | 辛卯<br>6 | 壬辰<br>7 | 癸巳<br>8 | 甲午<br>9 | 乙未<br>10 | 丙申<br>11 | 丁酉<br>12 | 戊戌<br>13 | 己亥<br>14 | 庚子<br>15 | 辛丑<br>16 | | 乙未立夏 |
| 四月大 | 乙巳 | 天干地支<br>西曆 | 壬寅<br>17 | 癸卯<br>18 | 甲辰<br>19 | 乙巳<br>20 | 丙午<br>21 | 丁未<br>22 | 戊申<br>23 | 己酉<br>24 | 庚戌<br>25 | 辛亥<br>26 | 壬子<br>27 | 癸丑<br>28 | 甲寅<br>29 | 乙卯<br>30 | 丙辰<br>31 | 丁巳<br>(6) | 戊午<br>2 | 己未<br>3 | 庚申<br>4 | 辛酉<br>5 | 壬戌<br>6 | 癸亥<br>7 | 甲子<br>8 | 乙丑<br>9 | 丙寅<br>10 | 丁卯<br>11 | 戊辰<br>12 | 己巳<br>13 | 庚午<br>14 | 辛未<br>15 | |
| 五月小 | 丙午 | 天干地支<br>西曆 | 壬申<br>16 | 癸酉<br>17 | 甲戌<br>18 | 乙亥<br>19 | 丙子<br>20 | 丁丑<br>21 | 戊寅<br>22 | 己卯<br>23 | 庚辰<br>24 | 辛巳<br>25 | 壬午<br>26 | 癸未<br>27 | 甲申<br>28 | 乙酉<br>29 | 丙戌<br>30 | 丁亥<br>(7) | 戊子<br>2 | 己丑<br>3 | 庚寅<br>4 | 辛卯<br>5 | 壬辰<br>6 | 癸巳<br>7 | 甲午<br>8 | 乙未<br>9 | 丙申<br>10 | 丁酉<br>11 | 戊戌<br>12 | 己亥<br>13 | 庚子<br>14 | | 辛巳夏至 |
| 六月大 | 丁未 | 天干地支<br>西曆 | 辛丑<br>15 | 壬寅<br>16 | 癸卯<br>17 | 甲辰<br>18 | 乙巳<br>19 | 丙午<br>20 | 丁未<br>21 | 戊申<br>22 | 己酉<br>23 | 庚戌<br>24 | 辛亥<br>25 | 壬子<br>26 | 癸丑<br>27 | 甲寅<br>28 | 乙卯<br>29 | 丙辰<br>30 | 丁巳<br>31 | 戊午<br>(8) | 己未<br>2 | 庚申<br>3 | 辛酉<br>4 | 壬戌<br>5 | 癸亥<br>6 | 甲子<br>7 | 乙丑<br>8 | 丙寅<br>9 | 丁卯<br>10 | 戊辰<br>11 | 己巳<br>12 | 庚午<br>13 | 丁卯立秋 |
| 七月大 | 戊申 | 天干地支<br>西曆 | 辛未<br>14 | 壬申<br>15 | 癸酉<br>16 | 甲戌<br>17 | 乙亥<br>18 | 丙子<br>19 | 丁丑<br>20 | 戊寅<br>21 | 己卯<br>22 | 庚辰<br>23 | 辛巳<br>24 | 壬午<br>25 | 癸未<br>26 | 甲申<br>27 | 乙酉<br>28 | 丙戌<br>29 | 丁亥<br>30 | 戊子<br>31 | 己丑<br>(9) | 庚寅<br>2 | 辛卯<br>3 | 壬辰<br>4 | 癸巳<br>5 | 甲午<br>6 | 乙未<br>7 | 丙申<br>8 | 丁酉<br>9 | 戊戌<br>10 | 己亥<br>11 | 庚子<br>12 | |
| 八月小 | 己酉 | 天干地支<br>西曆 | 辛丑<br>13 | 壬寅<br>14 | 癸卯<br>15 | 甲辰<br>16 | 乙巳<br>17 | 丙午<br>18 | 丁未<br>19 | 戊申<br>20 | 己酉<br>21 | 庚戌<br>22 | 辛亥<br>23 | 壬子<br>24 | 癸丑<br>25 | 甲寅<br>26 | 乙卯<br>27 | 丙辰<br>28 | 丁巳<br>29 | 戊午<br>30 | 己未<br>(10) | 庚申<br>2 | 辛酉<br>3 | 壬戌<br>4 | 癸亥<br>5 | 甲子<br>6 | 乙丑<br>7 | 丙寅<br>8 | 丁卯<br>9 | 戊辰<br>10 | 己巳<br>11 | | 壬子秋分 |
| 九月大 | 庚戌 | 天干地支<br>西曆 | 庚午<br>12 | 辛未<br>13 | 壬申<br>14 | 癸酉<br>15 | 甲戌<br>16 | 乙亥<br>17 | 丙子<br>18 | 丁丑<br>19 | 戊寅<br>20 | 己卯<br>21 | 庚辰<br>22 | 辛巳<br>23 | 壬午<br>24 | 癸未<br>25 | 甲申<br>26 | 乙酉<br>27 | 丙戌<br>28 | 丁亥<br>29 | 戊子<br>30 | 己丑<br>31 | 庚寅<br>(11) | 辛卯<br>2 | 壬辰<br>3 | 癸巳<br>4 | 甲午<br>5 | 乙未<br>6 | 丙申<br>7 | 丁酉<br>8 | 戊戌<br>9 | 己亥<br>10 | 戊戌立冬 |

# 漢王（高帝）四年（戊戌 狗年） 公元前204 ~ 前203年

| 夏曆月序 | | 中西曆日對照 | 初一 | 初二 | 初三 | 初四 | 初五 | 初六 | 初七 | 初八 | 初九 | 初十 | 十一 | 十二 | 十三 | 十四 | 十五 | 十六 | 十七 | 十八 | 十九 | 二十 | 二一 | 二二 | 二三 | 二四 | 二五 | 二六 | 二七 | 二八 | 二九 | 三十 | 節氣與天象 |
|---|---|---|---|---|---|---|---|---|---|---|---|---|---|---|---|---|---|---|---|---|---|---|---|---|---|---|---|---|---|---|---|---|---|
| 十月小 | 辛亥 | 天干<br>地支<br>西曆 | 庚子<br>11 | 辛丑<br>12 | 壬寅<br>13 | 癸卯<br>14 | 甲辰<br>15 | 乙巳<br>16 | 丙午<br>17 | 丁未<br>18 | 戊申<br>19 | 己酉<br>20 | 庚戌<br>21 | 辛亥<br>22 | 壬子<br>23 | 癸丑<br>24 | 甲寅<br>25 | 乙卯<br>26 | 丙辰<br>27 | 丁巳<br>28 | 戊午<br>29 | 己未<br>30 | 庚申<br>(12) | 辛酉<br>2 | 壬戌<br>3 | 癸亥<br>4 | 甲子<br>5 | 乙丑<br>6 | 丙寅<br>7 | 丁卯<br>8 | 戊辰<br>9 | | |
| 十一月大 | 壬子 | 天干<br>地支<br>西曆 | 己巳<br>10 | 庚午<br>11 | 辛未<br>12 | 壬申<br>13 | 癸酉<br>14 | 甲戌<br>15 | 乙亥<br>16 | 丙子<br>17 | 丁丑<br>18 | 戊寅<br>19 | 己卯<br>20 | 庚辰<br>21 | 辛巳<br>22 | 壬午<br>23 | 癸未<br>24 | 甲申<br>25 | 乙酉<br>26 | 丙戌<br>27 | 丁亥<br>28 | 戊子<br>29 | 己丑<br>30 | 庚寅<br>31 | 辛卯<br>(1) | 壬辰<br>2 | 癸巳<br>3 | 甲午<br>4 | 乙未<br>5 | 丙申<br>6 | 丁酉<br>7 | 戊戌<br>8 | 甲申冬至 |
| 十二月小 | 癸丑 | 天干<br>地支<br>西曆 | 己亥<br>9 | 庚子<br>10 | 辛丑<br>11 | 壬寅<br>12 | 癸卯<br>13 | 甲辰<br>14 | 乙巳<br>15 | 丙午<br>16 | 丁未<br>17 | 戊申<br>18 | 己酉<br>19 | 庚戌<br>20 | 辛亥<br>21 | 壬子<br>22 | 癸丑<br>23 | 甲寅<br>24 | 乙卯<br>25 | 丙辰<br>26 | 丁巳<br>27 | 戊午<br>28 | 己未<br>29 | 庚申<br>30 | 辛酉<br>31 | 壬戌<br>(2) | 癸亥<br>2 | 甲子<br>3 | 乙丑<br>4 | 丙寅<br>5 | 丁卯<br>6 | | |
| 正月大 | 甲寅 | 天干<br>地支<br>西曆 | 戊辰<br>7 | 己巳<br>8 | 庚午<br>9 | 辛未<br>10 | 壬申<br>11 | 癸酉<br>12 | 甲戌<br>13 | 乙亥<br>14 | 丙子<br>15 | 丁丑<br>16 | 戊寅<br>17 | 己卯<br>18 | 庚辰<br>19 | 辛巳<br>20 | 壬午<br>21 | 癸未<br>22 | 甲申<br>23 | 乙酉<br>24 | 丙戌<br>25 | 丁亥<br>26 | 戊子<br>27 | 己丑<br>28 | 庚寅<br>(3) | 辛卯<br>2 | 壬辰<br>3 | 癸巳<br>4 | 甲午<br>5 | 乙未<br>6 | 丙申<br>7 | 丁酉<br>8 | 己巳立春 |
| 二月小 | 乙卯 | 天干<br>地支<br>西曆 | 戊戌<br>9 | 己亥<br>10 | 庚子<br>11 | 辛丑<br>12 | 壬寅<br>13 | 癸卯<br>14 | 甲辰<br>15 | 乙巳<br>16 | 丙午<br>17 | 丁未<br>18 | 戊申<br>19 | 己酉<br>20 | 庚戌<br>21 | 辛亥<br>22 | 壬子<br>23 | 癸丑<br>24 | 甲寅<br>25 | 乙卯<br>26 | 丙辰<br>27 | 丁巳<br>28 | 戊午<br>29 | 己未<br>30 | 庚申<br>31 | 辛酉<br>(4) | 壬戌<br>2 | 癸亥<br>3 | 甲子<br>4 | 乙丑<br>5 | 丙寅<br>6 | | 乙卯春分 |
| 三月大 | 丙辰 | 天干<br>地支<br>西曆 | 丁卯<br>7 | 戊辰<br>8 | 己巳<br>9 | 庚午<br>10 | 辛未<br>11 | 壬申<br>12 | 癸酉<br>13 | 甲戌<br>14 | 乙亥<br>15 | 丙子<br>16 | 丁丑<br>17 | 戊寅<br>18 | 己卯<br>19 | 庚辰<br>20 | 辛巳<br>21 | 壬午<br>22 | 癸未<br>23 | 甲申<br>24 | 乙酉<br>25 | 丙戌<br>26 | 丁亥<br>27 | 戊子<br>28 | 己丑<br>29 | 庚寅<br>30 | 辛卯<br>(5) | 壬辰<br>2 | 癸巳<br>3 | 甲午<br>4 | 乙未<br>5 | 丙申<br>6 | |
| 四月小 | 丁巳 | 天干<br>地支<br>西曆 | 丁酉<br>7 | 戊戌<br>8 | 己亥<br>9 | 庚子<br>10 | 辛丑<br>11 | 壬寅<br>12 | 癸卯<br>13 | 甲辰<br>14 | 乙巳<br>15 | 丙午<br>16 | 丁未<br>17 | 戊申<br>18 | 己酉<br>19 | 庚戌<br>20 | 辛亥<br>21 | 壬子<br>22 | 癸丑<br>23 | 甲寅<br>24 | 乙卯<br>25 | 丙辰<br>26 | 丁巳<br>27 | 戊午<br>28 | 己未<br>29 | 庚申<br>30 | 辛酉<br>31 | 壬戌<br>(6) | 癸亥<br>2 | 甲子<br>3 | 乙丑<br>4 | | 辛丑立夏 |
| 五月大 | 戊午 | 天干<br>地支<br>西曆 | 丙寅<br>5 | 丁卯<br>6 | 戊辰<br>7 | 己巳<br>8 | 庚午<br>9 | 辛未<br>10 | 壬申<br>11 | 癸酉<br>12 | 甲戌<br>13 | 乙亥<br>14 | 丙子<br>15 | 丁丑<br>16 | 戊寅<br>17 | 己卯<br>18 | 庚辰<br>19 | 辛巳<br>20 | 壬午<br>21 | 癸未<br>22 | 甲申<br>23 | 乙酉<br>24 | 丙戌<br>25 | 丁亥<br>26 | 戊子<br>27 | 己丑<br>28 | 庚寅<br>29 | 辛卯<br>30 | 壬辰<br>(7) | 癸巳<br>2 | 甲午<br>3 | 乙未<br>4 | 丙戌夏至 |
| 六月小己小 | 未 | 天干<br>地支<br>西曆 | 丙申<br>5 | 丁酉<br>6 | 戊戌<br>7 | 己亥<br>8 | 庚子<br>9 | 辛丑<br>10 | 壬寅<br>11 | 癸卯<br>12 | 甲辰<br>13 | 乙巳<br>14 | 丙午<br>15 | 丁未<br>16 | 戊申<br>17 | 己酉<br>18 | 庚戌<br>19 | 辛亥<br>20 | 壬子<br>21 | 癸丑<br>22 | 甲寅<br>23 | 乙卯<br>24 | 丙辰<br>25 | 丁巳<br>26 | 戊午<br>27 | 己未<br>28 | 庚申<br>29 | 辛酉<br>30 | 壬戌<br>31 | 癸亥<br>(8) | 甲子<br>2 | | |
| 七月大 | 庚申 | 天干<br>地支<br>西曆 | 乙丑<br>3 | 丙寅<br>4 | 丁卯<br>5 | 戊辰<br>6 | 己巳<br>7 | 庚午<br>8 | 辛未<br>9 | 壬申<br>10 | 癸酉<br>11 | 甲戌<br>12 | 乙亥<br>13 | 丙子<br>14 | 丁丑<br>15 | 戊寅<br>16 | 己卯<br>17 | 庚辰<br>18 | 辛巳<br>19 | 壬午<br>20 | 癸未<br>21 | 甲申<br>22 | 乙酉<br>23 | 丙戌<br>24 | 丁亥<br>25 | 戊子<br>26 | 己丑<br>27 | 庚寅<br>28 | 辛卯<br>29 | 壬辰<br>30 | 癸巳<br>31 | 甲午<br>(9) | 壬申立秋 |
| 八月小 | 辛酉 | 天干<br>地支<br>西曆 | 乙未<br>2 | 丙申<br>3 | 丁酉<br>4 | 戊戌<br>5 | 己亥<br>6 | 庚子<br>7 | 辛丑<br>8 | 壬寅<br>9 | 癸卯<br>10 | 甲辰<br>11 | 乙巳<br>12 | 丙午<br>13 | 丁未<br>14 | 戊申<br>15 | 己酉<br>16 | 庚戌<br>17 | 辛亥<br>18 | 壬子<br>19 | 癸丑<br>20 | 甲寅<br>21 | 乙卯<br>22 | 丙辰<br>23 | 丁巳<br>24 | 戊午<br>25 | 己未<br>26 | 庚申<br>27 | 辛酉<br>28 | 壬戌<br>29 | 癸亥<br>30 | | 戊午秋分 |
| 九月大 | 壬戌 | 天干<br>地支<br>西曆 | 甲子<br>(10) | 乙丑<br>2 | 丙寅<br>3 | 丁卯<br>4 | 戊辰<br>5 | 己巳<br>6 | 庚午<br>7 | 辛未<br>8 | 壬申<br>9 | 癸酉<br>10 | 甲戌<br>11 | 乙亥<br>12 | 丙子<br>13 | 丁丑<br>14 | 戊寅<br>15 | 己卯<br>16 | 庚辰<br>17 | 辛巳<br>18 | 壬午<br>19 | 癸未<br>20 | 甲申<br>21 | 乙酉<br>22 | 丙戌<br>23 | 丁亥<br>24 | 戊子<br>25 | 己丑<br>26 | 庚寅<br>27 | 辛卯<br>28 | 壬辰<br>29 | 癸巳<br>30 | |

# 漢高帝五年（己亥 猪年） 公元前 203 ~ 前 202 年

| 夏曆月序 | | 中西曆日對照 | 初一 | 初二 | 初三 | 初四 | 初五 | 初六 | 初七 | 初八 | 初九 | 初十 | 十一 | 十二 | 十三 | 十四 | 十五 | 十六 | 十七 | 十八 | 十九 | 二十 | 二一 | 二二 | 二三 | 二四 | 二五 | 二六 | 二七 | 二八 | 二九 | 三十 | 節氣與天象 |
|---|---|---|---|---|---|---|---|---|---|---|---|---|---|---|---|---|---|---|---|---|---|---|---|---|---|---|---|---|---|---|---|---|---|
| 十月大 | 癸亥 | 天干地支 西曆 | 甲午 31 | 乙未 (11) | 丙申 2 | 丁酉 3 | 戊戌 4 | 己亥 5 | 庚子 6 | 辛丑 7 | 壬寅 8 | 癸卯 9 | 甲辰 10 | 乙巳 11 | 丙午 12 | 丁未 13 | 戊申 14 | 己酉 15 | 庚戌 16 | 辛亥 17 | 壬子 18 | 癸丑 19 | 甲寅 20 | 乙卯 21 | 丙辰 22 | 丁巳 23 | 戊午 24 | 己未 25 | 庚申 26 | 辛酉 27 | 壬戌 28 | 癸亥 29 | 癸卯立冬 |
| 十一月小 | 甲子 | 天干地支 西曆 | 甲子 30 | 乙丑 (12) | 丙寅 2 | 丁卯 3 | 戊辰 4 | 己巳 5 | 庚午 6 | 辛未 7 | 壬申 8 | 癸酉 9 | 甲戌 10 | 乙亥 11 | 丙子 12 | 丁丑 13 | 戊寅 14 | 己卯 15 | 庚辰 16 | 辛巳 17 | 壬午 18 | 癸未 19 | 甲申 20 | 乙酉 21 | 丙戌 22 | 丁亥 23 | 戊子 24 | 己丑 25 | 庚寅 26 | 辛卯 27 | 壬辰 28 | | 己丑冬至 |
| 十二月大 | 乙丑 | 天干地支 西曆 | 癸巳 29 | 甲午 30 | 乙未 31 | 丙申 (1) | 丁酉 2 | 戊戌 3 | 己亥 4 | 庚子 5 | 辛丑 6 | 壬寅 7 | 癸卯 8 | 甲辰 9 | 乙巳 10 | 丙午 11 | 丁未 12 | 戊申 13 | 己酉 14 | 庚戌 15 | 辛亥 16 | 壬子 17 | 癸丑 18 | 甲寅 19 | 乙卯 20 | 丙辰 21 | 丁巳 22 | 戊午 23 | 己未 24 | 庚申 25 | 辛酉 26 | 壬戌 27 | |
| 正月小 | 丙寅 | 天干地支 西曆 | 癸亥 28 | 甲子 29 | 乙丑 30 | 丙寅 31 | 丁卯 (2) | 戊辰 2 | 己巳 3 | 庚午 4 | 辛未 5 | 壬申 6 | 癸酉 7 | 甲戌 8 | 乙亥 9 | 丙子 10 | 丁丑 11 | 戊寅 12 | 己卯 13 | 庚辰 14 | 辛巳 15 | 壬午 16 | 癸未 17 | 甲申 18 | 乙酉 19 | 丙戌 20 | 丁亥 21 | 戊子 22 | 己丑 23 | 庚寅 24 | 辛卯 25 | | 乙亥立春 |
| 二月大 | 丁卯 | 天干地支 西曆 | 壬辰 26 | 癸巳 27 | 甲午 28 | 乙未 (3) | 丙申 2 | 丁酉 3 | 戊戌 4 | 己亥 5 | 庚子 6 | 辛丑 7 | 壬寅 8 | 癸卯 9 | 甲辰 10 | 乙巳 11 | 丙午 12 | 丁未 13 | 戊申 14 | 己酉 15 | 庚戌 16 | 辛亥 17 | 壬子 18 | 癸丑 19 | 甲寅 20 | 乙卯 21 | 丙辰 22 | 丁巳 23 | 戊午 24 | 己未 25 | 庚申 26 | 辛酉 27 | 庚申春分 |
| 三月小 | 戊辰 | 天干地支 西曆 | 壬戌 28 | 癸亥 29 | 甲子 30 | 乙丑 31 | 丙寅 (4) | 丁卯 2 | 戊辰 3 | 己巳 4 | 庚午 5 | 辛未 6 | 壬申 7 | 癸酉 8 | 甲戌 9 | 乙亥 10 | 丙子 11 | 丁丑 12 | 戊寅 13 | 己卯 14 | 庚辰 15 | 辛巳 16 | 壬午 17 | 癸未 18 | 甲申 19 | 乙酉 20 | 丙戌 21 | 丁亥 22 | 戊子 23 | 己丑 24 | 庚寅 25 | | |
| 四月大 | 己巳 | 天干地支 西曆 | 辛卯 26 | 壬辰 27 | 癸巳 28 | 甲午 29 | 乙未 30 | 丙申 (5) | 丁酉 2 | 戊戌 3 | 己亥 4 | 庚子 5 | 辛丑 6 | 壬寅 7 | 癸卯 8 | 甲辰 9 | 乙巳 10 | 丙午 11 | 丁未 12 | 戊申 13 | 己酉 14 | 庚戌 15 | 辛亥 16 | 壬子 17 | 癸丑 18 | 甲寅 19 | 乙卯 20 | 丙辰 21 | 丁巳 22 | 戊午 23 | 己未 24 | 庚申 25 | 丙午立夏 |
| 五月小 | 庚午 | 天干地支 西曆 | 辛酉 26 | 壬戌 27 | 癸亥 28 | 甲子 29 | 乙丑 30 | 丙寅 31 | 丁卯 (6) | 戊辰 2 | 己巳 3 | 庚午 4 | 辛未 5 | 壬申 6 | 癸酉 7 | 甲戌 8 | 乙亥 9 | 丙子 10 | 丁丑 11 | 戊寅 12 | 己卯 13 | 庚辰 14 | 辛巳 15 | 壬午 16 | 癸未 17 | 甲申 18 | 乙酉 19 | 丙戌 20 | 丁亥 21 | 戊子 22 | 己丑 23 | | |
| 六月大 | 辛未 | 天干地支 西曆 | 庚寅 24 | 辛卯 25 | 壬辰 26 | 癸巳 27 | 甲午 28 | 乙未 29 | 丙申 30 | 丁酉 (7) | 戊戌 2 | 己亥 3 | 庚子 4 | 辛丑 5 | 壬寅 6 | 癸卯 7 | 甲辰 8 | 乙巳 9 | 丙午 10 | 丁未 11 | 戊申 12 | 己酉 13 | 庚戌 14 | 辛亥 15 | 壬子 16 | 癸丑 17 | 甲寅 18 | 乙卯 19 | 丙辰 20 | 丁巳 21 | 戊午 22 | 己未 23 | 辛卯夏至 |
| 七月小 | 壬申 | 天干地支 西曆 | 庚申 24 | 辛酉 25 | 壬戌 26 | 癸亥 27 | 甲子 28 | 乙丑 29 | 丙寅 30 | 丁卯 31 | 戊辰 (8) | 己巳 2 | 庚午 3 | 辛未 4 | 壬申 5 | 癸酉 6 | 甲戌 7 | 乙亥 8 | 丙子 9 | 丁丑 10 | 戊寅 11 | 己卯 12 | 庚辰 13 | 辛巳 14 | 壬午 15 | 癸未 16 | 甲申 17 | 乙酉 18 | 丙戌 19 | 丁亥 20 | 戊子 21 | | 丁丑立秋 |
| 八月大 | 癸酉 | 天干地支 西曆 | 己丑 22 | 庚寅 23 | 辛卯 24 | 壬辰 25 | 癸巳 26 | 甲午 27 | 乙未 28 | 丙申 29 | 丁酉 30 | 戊戌 31 | 己亥 (9) | 庚子 2 | 辛丑 3 | 壬寅 4 | 癸卯 5 | 甲辰 6 | 乙巳 7 | 丙午 8 | 丁未 9 | 戊申 10 | 己酉 11 | 庚戌 12 | 辛亥 13 | 壬子 14 | 癸丑 15 | 甲寅 16 | 乙卯 17 | 丙辰 18 | 丁巳 19 | 戊午 20 | |
| 九月小 | 甲戌 | 天干地支 西曆 | 己未 21 | 庚申 22 | 辛酉 23 | 壬戌 24 | 癸亥 25 | 甲子 26 | 乙丑 27 | 丙寅 28 | 丁卯 29 | 戊辰 30 | 己巳 (10) | 庚午 2 | 辛未 3 | 壬申 4 | 癸酉 5 | 甲戌 6 | 乙亥 7 | 丙子 8 | 丁丑 9 | 戊寅 10 | 己卯 11 | 庚辰 12 | 辛巳 13 | 壬午 14 | 癸未 15 | 甲申 16 | 乙酉 17 | 丙戌 18 | 丁亥 19 | | 癸亥秋分 |
| 後九月大 | 甲戌 | 天干地支 西曆 | 戊子 20 | 己丑 21 | 庚寅 22 | 辛卯 23 | 壬辰 24 | 癸巳 25 | 甲午 26 | 乙未 27 | 丙申 28 | 丁酉 29 | 戊戌 30 | 己亥 31 | 庚子 (11) | 辛丑 2 | 壬寅 3 | 癸卯 4 | 甲辰 5 | 乙巳 6 | 丙午 7 | 丁未 8 | 戊申 9 | 己酉 10 | 庚戌 11 | 辛亥 12 | 壬子 13 | 癸丑 14 | 甲寅 15 | 乙卯 16 | 丙辰 17 | 丁巳 18 | 戊申立冬 |

* 二月甲午（二十八日），劉邦即帝位於汜水之陽。

# 漢高帝六年（庚子 鼠年） 公元前 202 ~ 前 201 年

| 夏曆月序 | | 中西曆日對照 | 初一 | 初二 | 初三 | 初四 | 初五 | 初六 | 初七 | 初八 | 初九 | 初十 | 十一 | 十二 | 十三 | 十四 | 十五 | 十六 | 十七 | 十八 | 十九 | 二十 | 二一 | 二二 | 二三 | 二四 | 二五 | 二六 | 二七 | 二八 | 二九 | 三十 | 節氣與天象 |
|---|---|---|---|---|---|---|---|---|---|---|---|---|---|---|---|---|---|---|---|---|---|---|---|---|---|---|---|---|---|---|---|---|---|
| 十月小 | 乙亥 | 天干地支<br>西曆 | 戊午 19 | 己未 20 | 庚申 21 | 辛酉 22 | 壬戌 23 | 癸亥 24 | 甲子 25 | 乙丑 26 | 丙寅 27 | 丁卯 28 | 戊辰 29 | 己巳 30 | 庚午 (12) | 辛未 2 | 壬申 3 | 癸酉 4 | 甲戌 5 | 乙亥 6 | 丙子 7 | 丁丑 8 | 戊寅 9 | 己卯 10 | 庚辰 11 | 辛巳 12 | 壬午 13 | 癸未 14 | 甲申 15 | 乙酉 16 | 丙戌 17 | | |
| 十一月大 | 丙子 | 天干地支<br>西曆 | 丁亥 18 | 戊子 19 | 己丑 20 | 庚寅 21 | 辛卯 22 | 壬辰 23 | 癸巳 24 | 甲午 25 | 乙未 26 | 丙申 27 | 丁酉 28 | 戊戌 29 | 己亥 30 | 庚子 31 | 辛丑 (1) | 壬寅 2 | 癸卯 3 | 甲辰 4 | 乙巳 5 | 丙午 6 | 丁未 7 | 戊申 8 | 己酉 9 | 庚戌 10 | 辛亥 11 | 壬子 12 | 癸丑 13 | 甲寅 14 | 乙卯 15 | 丙辰 16 | 甲午冬至 |
| 十二月小 | 丁丑 | 天干地支<br>西曆 | 丁巳 17 | 戊午 18 | 己未 19 | 庚申 20 | 辛酉 21 | 壬戌 22 | 癸亥 23 | 甲子 24 | 乙丑 25 | 丙寅 26 | 丁卯 27 | 戊辰 28 | 己巳 29 | 庚午 30 | 辛未 31 | 壬申 (2) | 癸酉 2 | 甲戌 3 | 乙亥 4 | 丙子 5 | 丁丑 6 | 戊寅 7 | 己卯 8 | 庚辰 9 | 辛巳 10 | 壬午 11 | 癸未 12 | 甲申 13 | 乙酉 14 | | 庚辰立春 |
| 正月大 | 戊寅 | 天干地支<br>西曆 | 丙戌 15 | 丁亥 16 | 戊子 17 | 己丑 18 | 庚寅 19 | 辛卯 20 | 壬辰 21 | 癸巳 22 | 甲午 23 | 乙未 24 | 丙申 25 | 丁酉 26 | 戊戌 27 | 己亥 28 | 庚子 29 | 辛丑 (3) | 壬寅 2 | 癸卯 3 | 甲辰 4 | 乙巳 5 | 丙午 6 | 丁未 7 | 戊申 8 | 己酉 9 | 庚戌 10 | 辛亥 11 | 壬子 12 | 癸丑 13 | 甲寅 14 | 乙卯 15 | |
| 二月大 | 己卯 | 天干地支<br>西曆 | 丙辰 16 | 丁巳 17 | 戊午 18 | 己未 19 | 庚申 20 | 辛酉 21 | 壬戌 22 | 癸亥 23 | 甲子 24 | 乙丑 25 | 丙寅 26 | 丁卯 27 | 戊辰 28 | 己巳 29 | 庚午 30 | 辛未 31 | 壬申 (4) | 癸酉 2 | 甲戌 3 | 乙亥 4 | 丙子 5 | 丁丑 6 | 戊寅 7 | 己卯 8 | 庚辰 9 | 辛巳 10 | 壬午 11 | 癸未 12 | 甲申 13 | 乙酉 14 | 乙丑春分 |
| 三月小 | 庚辰 | 天干地支<br>西曆 | 丙戌 15 | 丁亥 16 | 戊子 17 | 己丑 18 | 庚寅 19 | 辛卯 20 | 壬辰 21 | 癸巳 22 | 甲午 23 | 乙未 24 | 丙申 25 | 丁酉 26 | 戊戌 27 | 己亥 28 | 庚子 29 | 辛丑 30 | 壬寅 (5) | 癸卯 2 | 甲辰 3 | 乙巳 4 | 丙午 5 | 丁未 6 | 戊申 7 | 己酉 8 | 庚戌 9 | 辛亥 10 | 壬子 11 | 癸丑 12 | 甲寅 13 | | 辛亥立夏 |
| 四月大 | 辛巳 | 天干地支<br>西曆 | 乙卯 14 | 丙辰 15 | 丁巳 16 | 戊午 17 | 己未 18 | 庚申 19 | 辛酉 20 | 壬戌 21 | 癸亥 22 | 甲子 23 | 乙丑 24 | 丙寅 25 | 丁卯 26 | 戊辰 27 | 己巳 28 | 庚午 29 | 辛未 30 | 壬申 31 | 癸酉 (6) | 甲戌 2 | 乙亥 3 | 丙子 4 | 丁丑 5 | 戊寅 6 | 己卯 7 | 庚辰 8 | 辛巳 9 | 壬午 10 | 癸未 11 | 甲申 12 | |
| 五月小 | 壬午 | 天干地支<br>西曆 | 乙酉 13 | 丙戌 14 | 丁亥 15 | 戊子 16 | 己丑 17 | 庚寅 18 | 辛卯 19 | 壬辰 20 | 癸巳 21 | 甲午 22 | 乙未 23 | 丙申 24 | 丁酉 25 | 戊戌 26 | 己亥 27 | 庚子 28 | 辛丑 29 | 壬寅 30 | 癸卯 (7) | 甲辰 2 | 乙巳 3 | 丙午 4 | 丁未 5 | 戊申 6 | 己酉 7 | 庚戌 8 | 辛亥 9 | 壬子 10 | 癸丑 11 | | 丁酉夏至 |
| 六月大 | 癸未 | 天干地支<br>西曆 | 甲寅 12 | 乙卯 13 | 丙辰 14 | 丁巳 15 | 戊午 16 | 己未 17 | 庚申 18 | 辛酉 19 | 壬戌 20 | 癸亥 21 | 甲子 22 | 乙丑 23 | 丙寅 24 | 丁卯 25 | 戊辰 26 | 己巳 27 | 庚午 28 | 辛未 29 | 壬申 30 | 癸酉 31 | 甲戌 (8) | 乙亥 2 | 丙子 3 | 丁丑 4 | 戊寅 5 | 己卯 6 | 庚辰 7 | 辛巳 8 | 壬午 9 | 癸未 10 | 壬午立秋 |
| 七月小 | 甲申 | 天干地支<br>西曆 | 甲申 11 | 乙酉 12 | 丙戌 13 | 丁亥 14 | 戊子 15 | 己丑 16 | 庚寅 17 | 辛卯 18 | 壬辰 19 | 癸巳 20 | 甲午 21 | 乙未 22 | 丙申 23 | 丁酉 24 | 戊戌 25 | 己亥 26 | 庚子 27 | 辛丑 28 | 壬寅 29 | 癸卯 30 | 甲辰 31 | 乙巳 (9) | 丙午 2 | 丁未 3 | 戊申 4 | 己酉 5 | 庚戌 6 | 辛亥 7 | 壬子 8 | | |
| 八月大 | 乙酉 | 天干地支<br>西曆 | 癸丑 9 | 甲寅 10 | 乙卯 11 | 丙辰 12 | 丁巳 13 | 戊午 14 | 己未 15 | 庚申 16 | 辛酉 17 | 壬戌 18 | 癸亥 19 | 甲子 20 | 乙丑 21 | 丙寅 22 | 丁卯 23 | 戊辰 24 | 己巳 25 | 庚午 26 | 辛未 27 | 壬申 28 | 癸酉 29 | 甲戌 30 | 乙亥 (10) | 丙子 2 | 丁丑 3 | 戊寅 4 | 己卯 5 | 庚辰 6 | 辛巳 7 | 壬午 8 | 戊辰秋分<br>壬午日食 |
| 九月小 | 丙戌 | 天干地支<br>西曆 | 癸未 9 | 甲申 10 | 乙酉 11 | 丙戌 12 | 丁亥 13 | 戊子 14 | 己丑 15 | 庚寅 16 | 辛卯 17 | 壬辰 18 | 癸巳 19 | 甲午 20 | 乙未 21 | 丙申 22 | 丁酉 23 | 戊戌 24 | 己亥 25 | 庚子 26 | 辛丑 27 | 壬寅 28 | 癸卯 29 | 甲辰 30 | 乙巳 31 | 丙午 (11) | 丁未 2 | 戊申 3 | 己酉 4 | 庚戌 5 | 辛亥 6 | | |

# 漢高帝七年（辛丑 牛年） 公元前201 ~ 前200年

| 夏曆月序 | 中西曆日對照 | 初一 | 初二 | 初三 | 初四 | 初五 | 初六 | 初七 | 初八 | 初九 | 初十 | 十一 | 十二 | 十三 | 十四 | 十五 | 十六 | 十七 | 十八 | 十九 | 二十 | 二十一 | 二十二 | 二十三 | 二十四 | 二十五 | 二十六 | 二十七 | 二十八 | 二十九 | 三十 | 節氣與天象 |
|---|---|---|---|---|---|---|---|---|---|---|---|---|---|---|---|---|---|---|---|---|---|---|---|---|---|---|---|---|---|---|---|---|
| 十月大 丁亥 | 天干地支 西曆 | 壬子7 | 癸丑8 | 甲寅9 | 乙卯10 | 丙辰11 | 丁巳12 | 戊午13 | 己未14 | 庚申15 | 辛酉16 | 壬戌17 | 癸亥18 | 甲子19 | 乙丑20 | 丙寅21 | 丁卯22 | 戊辰23 | 己巳24 | 庚午25 | 辛未26 | 壬申27 | 癸酉28 | 甲戌29 | 乙亥30 | 丙子(12) | 丁丑2 | 戊寅3 | 己卯4 | 庚辰5 | 辛巳6 | 甲寅立冬 |
| 十一月小 戊子 | 天干地支 西曆 | 壬午7 | 癸未8 | 甲申9 | 乙酉10 | 丙戌11 | 丁亥12 | 戊子13 | 己丑14 | 庚寅15 | 辛卯16 | 壬辰17 | 癸巳18 | 甲午19 | 乙未20 | 丙申21 | 丁酉22 | 戊戌23 | 己亥24 | 庚子25 | 辛丑26 | 壬寅27 | 癸卯28 | 甲辰29 | 乙巳30 | 丙午31 | 丁未(1) | 戊申2 | 己酉3 | 庚戌4 | | 己亥冬至 |
| 十二月大 己丑 | 天干地支 西曆 | 辛亥5 | 壬子6 | 癸丑7 | 甲寅8 | 乙卯9 | 丙辰10 | 丁巳11 | 戊午12 | 己未13 | 庚申14 | 辛酉15 | 壬戌16 | 癸亥17 | 甲子18 | 乙丑19 | 丙寅20 | 丁卯21 | 戊辰22 | 己巳23 | 庚午24 | 辛未25 | 壬申26 | 癸酉27 | 甲戌28 | 乙亥29 | 丙子30 | 丁丑31 | 戊寅(2) | 己卯2 | 庚辰3 | |
| 正月小 庚寅 | 天干地支 西曆 | 辛巳4 | 壬午5 | 癸未6 | 甲申7 | 乙酉8 | 丙戌9 | 丁亥10 | 戊子11 | 己丑12 | 庚寅13 | 辛卯14 | 壬辰15 | 癸巳16 | 甲午17 | 乙未18 | 丙申19 | 丁酉20 | 戊戌21 | 己亥22 | 庚子23 | 辛丑24 | 壬寅25 | 癸卯26 | 甲辰27 | 乙巳28 | 丙午(3) | 丁未2 | 戊申3 | 己酉4 | | 乙酉立春 |
| 二月大 辛卯 | 天干地支 西曆 | 庚戌5 | 辛亥6 | 壬子7 | 癸丑8 | 甲寅9 | 乙卯10 | 丙辰11 | 丁巳12 | 戊午13 | 己未14 | 庚申15 | 辛酉16 | 壬戌17 | 癸亥18 | 甲子19 | 乙丑20 | 丙寅21 | 丁卯22 | 戊辰23 | 己巳24 | 庚午25 | 辛未26 | 壬申27 | 癸酉28 | 甲戌29 | 乙亥30 | 丙子31 | 丁丑(4) | 戊寅2 | 己卯3 | 辛未春分 |
| 三月小 壬辰 | 天干地支 西曆 | 庚辰4 | 辛巳5 | 壬午6 | 癸未7 | 甲申8 | 乙酉9 | 丙戌10 | 丁亥11 | 戊子12 | 己丑13 | 庚寅14 | 辛卯15 | 壬辰16 | 癸巳17 | 甲午18 | 乙未19 | 丙申20 | 丁酉21 | 戊戌22 | 己亥23 | 庚子24 | 辛丑25 | 壬寅26 | 癸卯27 | 甲辰28 | 乙巳29 | 丙午30 | 丁未(5) | 戊申2 | | |
| 四月大 癸巳 | 天干地支 西曆 | 己酉3 | 庚戌4 | 辛亥5 | 壬子6 | 癸丑7 | 甲寅8 | 乙卯9 | 丙辰10 | 丁巳11 | 戊午12 | 己未13 | 庚申14 | 辛酉15 | 壬戌16 | 癸亥17 | 甲子18 | 乙丑19 | 丙寅20 | 丁卯21 | 戊辰22 | 己巳23 | 庚午24 | 辛未25 | 壬申26 | 癸酉27 | 甲戌28 | 乙亥29 | 丙子30 | 丁丑31 | 戊寅(6) | 丙辰立夏 |
| 五月大 甲午 | 天干地支 西曆 | 己卯2 | 庚辰3 | 辛巳4 | 壬午5 | 癸未6 | 甲申7 | 乙酉8 | 丙戌9 | 丁亥10 | 戊子11 | 己丑12 | 庚寅13 | 辛卯14 | 壬辰15 | 癸巳16 | 甲午17 | 乙未18 | 丙申19 | 丁酉20 | 戊戌21 | 己亥22 | 庚子23 | 辛丑24 | 壬寅25 | 癸卯26 | 甲辰27 | 乙巳28 | 丙午29 | 丁未30 | 戊申(7) | 壬寅夏至 |
| 六月小 乙未 | 天干地支 西曆 | 己酉2 | 庚戌3 | 辛亥4 | 壬子5 | 癸丑6 | 甲寅7 | 乙卯8 | 丙辰9 | 丁巳10 | 戊午11 | 己未12 | 庚申13 | 辛酉14 | 壬戌15 | 癸亥16 | 甲子17 | 乙丑18 | 丙寅19 | 丁卯20 | 戊辰21 | 己巳22 | 庚午23 | 辛未24 | 壬申25 | 癸酉26 | 甲戌27 | 乙亥28 | 丙子29 | 丁丑30 | | |
| 七月大 丙申 | 天干地支 西曆 | 戊寅31 | 己卯(8) | 庚辰2 | 辛巳3 | 壬午4 | 癸未5 | 甲申6 | 乙酉7 | 丙戌8 | 丁亥9 | 戊子10 | 己丑11 | 庚寅12 | 辛卯13 | 壬辰14 | 癸巳15 | 甲午16 | 乙未17 | 丙申18 | 丁酉19 | 戊戌20 | 己亥21 | 庚子22 | 辛丑23 | 壬寅24 | 癸卯25 | 甲辰26 | 乙巳27 | 丙午28 | 丁未29 | 戊子立秋 |
| 八月小 丁酉 | 天干地支 西曆 | 戊申30 | 己酉31 | 庚戌(9) | 辛亥2 | 壬子3 | 癸丑4 | 甲寅5 | 乙卯6 | 丙辰7 | 丁巳8 | 戊午9 | 己未10 | 庚申11 | 辛酉12 | 壬戌13 | 癸亥14 | 甲子15 | 乙丑16 | 丙寅17 | 丁卯18 | 戊辰19 | 己巳20 | 庚午21 | 辛未22 | 壬申23 | 癸酉24 | 甲戌25 | 乙亥26 | 丙子27 | | 癸酉秋分 |
| 九月大 戊戌 | 天干地支 西曆 | 丁丑28 | 戊寅29 | 己卯30 | 庚辰(10) | 辛巳2 | 壬午3 | 癸未4 | 甲申5 | 乙酉6 | 丙戌7 | 丁亥8 | 戊子9 | 己丑10 | 庚寅11 | 辛卯12 | 壬辰13 | 癸巳14 | 甲午15 | 乙未16 | 丙申17 | 丁酉18 | 戊戌19 | 己亥20 | 庚子21 | 辛丑22 | 壬寅23 | 癸卯24 | 甲辰25 | 乙巳26 | 丙午27 | |

# 漢高帝八年（壬寅 虎年） 公元前200 ~ 前199年

| 夏曆月序 | | 中西曆日對照 | 初一 | 初二 | 初三 | 初四 | 初五 | 初六 | 初七 | 初八 | 初九 | 初十 | 十一 | 十二 | 十三 | 十四 | 十五 | 十六 | 十七 | 十八 | 十九 | 二十 | 二一 | 二二 | 二三 | 二四 | 二五 | 二六 | 二七 | 二八 | 二九 | 三十 | 節氣與天象 |
|---|---|---|---|---|---|---|---|---|---|---|---|---|---|---|---|---|---|---|---|---|---|---|---|---|---|---|---|---|---|---|---|---|---|
| 十月小 | 己亥 | 干支 天地 西曆 | 丁未 28 | 戊申 29 | 己酉 30 | 庚戌 31 | 辛亥 (11) | 壬子 2 | 癸丑 3 | 甲寅 4 | 乙卯 5 | 丙辰 6 | 丁巳 7 | 戊午 8 | 己未 9 | 庚申 10 | 辛酉 11 | 壬戌 12 | 癸亥 13 | 甲子 14 | 乙丑 15 | 丙寅 16 | 丁卯 17 | 戊辰 18 | 己巳 19 | 庚午 20 | 辛未 21 | 壬申 22 | 癸酉 23 | 甲戌 24 | 乙亥 25 | | 己未立冬 |
| 十一月大 | 庚子 | 干支 天地 西曆 | 丙子 26 | 丁丑 27 | 戊寅 28 | 己卯 29 | 庚辰 30 | 辛巳 (12) | 壬午 2 | 癸未 3 | 甲申 4 | 乙酉 5 | 丙戌 6 | 丁亥 7 | 戊子 8 | 己丑 9 | 庚寅 10 | 辛卯 11 | 壬辰 12 | 癸巳 13 | 甲午 14 | 乙未 15 | 丙申 16 | 丁酉 17 | 戊戌 18 | 己亥 19 | 庚子 20 | 辛丑 21 | 壬寅 22 | 癸卯 23 | 甲辰 24 | 乙巳 25 | 乙巳冬至 |
| 十二月小 | 辛丑 | 干支 天地 西曆 | 丙午 26 | 丁未 27 | 戊申 28 | 己酉 29 | 庚戌 30 | 辛亥 31 | 壬子 (1) | 癸丑 2 | 甲寅 3 | 乙卯 4 | 丙辰 5 | 丁巳 6 | 戊午 7 | 己未 8 | 庚申 9 | 辛酉 10 | 壬戌 11 | 癸亥 12 | 甲子 13 | 乙丑 14 | 丙寅 15 | 丁卯 16 | 戊辰 17 | 己巳 18 | 庚午 19 | 辛未 20 | 壬申 21 | 癸酉 22 | 甲戌 23 | | |
| 正月大 | 壬寅 | 干支 天地 西曆 | 乙亥 24 | 丙子 25 | 丁丑 26 | 戊寅 27 | 己卯 28 | 庚辰 29 | 辛巳 30 | 壬午 31 | 癸未 (2) | 甲申 2 | 乙酉 3 | 丙戌 4 | 丁亥 5 | 戊子 6 | 己丑 7 | 庚寅 8 | 辛卯 9 | 壬辰 10 | 癸巳 11 | 甲午 12 | 乙未 13 | 丙申 14 | 丁酉 15 | 戊戌 16 | 己亥 17 | 庚子 18 | 辛丑 19 | 壬寅 20 | 癸卯 21 | 甲辰 22 | 庚寅立春 |
| 二月小 | 癸卯 | 干支 天地 西曆 | 乙巳 23 | 丙午 24 | 丁未 25 | 戊申 26 | 己酉 27 | 庚戌 28 | 辛亥 (3) | 壬子 2 | 癸丑 3 | 甲寅 4 | 乙卯 5 | 丙辰 6 | 丁巳 7 | 戊午 8 | 己未 9 | 庚申 10 | 辛酉 11 | 壬戌 12 | 癸亥 13 | 甲子 14 | 乙丑 15 | 丙寅 16 | 丁卯 17 | 戊辰 18 | 己巳 19 | 庚午 20 | 辛未 21 | 壬申 22 | 癸酉 23 | | |
| 三月大 | 甲辰 | 干支 天地 西曆 | 甲戌 24 | 乙亥 25 | 丙子 26 | 丁丑 27 | 戊寅 28 | 己卯 29 | 庚辰 30 | 辛巳 31 | 壬午 (4) | 癸未 2 | 甲申 3 | 乙酉 4 | 丙戌 5 | 丁亥 6 | 戊子 7 | 己丑 8 | 庚寅 9 | 辛卯 10 | 壬辰 11 | 癸巳 12 | 甲午 13 | 乙未 14 | 丙申 15 | 丁酉 16 | 戊戌 17 | 己亥 18 | 庚子 19 | 辛丑 20 | 壬寅 21 | 癸卯 22 | 丙子春分 |
| 四月小 | 乙巳 | 干支 天地 西曆 | 甲辰 23 | 乙巳 24 | 丙午 25 | 丁未 26 | 戊申 27 | 己酉 28 | 庚戌 29 | 辛亥 30 | 壬子 (5) | 癸丑 2 | 甲寅 3 | 乙卯 4 | 丙辰 5 | 丁巳 6 | 戊午 7 | 己未 8 | 庚申 9 | 辛酉 10 | 壬戌 11 | 癸亥 12 | 甲子 13 | 乙丑 14 | 丙寅 15 | 丁卯 16 | 戊辰 17 | 己巳 18 | 庚午 19 | 辛未 20 | 壬申 21 | | 壬戌立夏 |
| 五月大 | 丙午 | 干支 天地 西曆 | 癸酉 22 | 甲戌 23 | 乙亥 24 | 丙子 25 | 丁丑 26 | 戊寅 27 | 己卯 28 | 庚辰 29 | 辛巳 30 | 壬午 31 | 癸未 (6) | 甲申 2 | 乙酉 3 | 丙戌 4 | 丁亥 5 | 戊子 6 | 己丑 7 | 庚寅 8 | 辛卯 9 | 壬辰 10 | 癸巳 11 | 甲午 12 | 乙未 13 | 丙申 14 | 丁酉 15 | 戊戌 16 | 己亥 17 | 庚子 18 | 辛丑 19 | 壬寅 20 | |
| 六月小 | 丁未 | 干支 天地 西曆 | 癸卯 21 | 甲辰 22 | 乙巳 23 | 丙午 24 | 丁未 25 | 戊申 26 | 己酉 27 | 庚戌 28 | 辛亥 29 | 壬子 30 | 癸丑 (7) | 甲寅 2 | 乙卯 3 | 丙辰 4 | 丁巳 5 | 戊午 6 | 己未 7 | 庚申 8 | 辛酉 9 | 壬戌 10 | 癸亥 11 | 甲子 12 | 乙丑 13 | 丙寅 14 | 丁卯 15 | 戊辰 16 | 己巳 17 | 庚午 18 | 辛未 19 | | 丁未夏至 |
| 七月大 | 戊申 | 干支 天地 西曆 | 壬申 20 | 癸酉 21 | 甲戌 22 | 乙亥 23 | 丙子 24 | 丁丑 25 | 戊寅 26 | 己卯 27 | 庚辰 28 | 辛巳 29 | 壬午 30 | 癸未 31 | 甲申 (8) | 乙酉 2 | 丙戌 3 | 丁亥 4 | 戊子 5 | 己丑 6 | 庚寅 7 | 辛卯 8 | 壬辰 9 | 癸巳 10 | 甲午 11 | 乙未 12 | 丙申 13 | 丁酉 14 | 戊戌 15 | 己亥 16 | 庚子 17 | 辛丑 18 | 癸巳立秋 |
| 八月小 | 己酉 | 干支 天地 西曆 | 壬寅 19 | 癸卯 20 | 甲辰 21 | 乙巳 22 | 丙午 23 | 丁未 24 | 戊申 25 | 己酉 26 | 庚戌 27 | 辛亥 28 | 壬子 29 | 癸丑 30 | 甲寅 31 | 乙卯 (9) | 丙辰 2 | 丁巳 3 | 戊午 4 | 己未 5 | 庚申 6 | 辛酉 7 | 壬戌 8 | 癸亥 9 | 甲子 10 | 乙丑 11 | 丙寅 12 | 丁卯 13 | 戊辰 14 | 己巳 15 | 庚午 16 | | |
| 九月大 | 庚戌 | 干支 天地 西曆 | 辛未 17 | 壬申 18 | 癸酉 19 | 甲戌 20 | 乙亥 21 | 丙子 22 | 丁丑 23 | 戊寅 24 | 己卯 25 | 庚辰 26 | 辛巳 27 | 壬午 28 | 癸未 29 | 甲申 30 | 乙酉 (10) | 丙戌 2 | 丁亥 3 | 戊子 4 | 己丑 5 | 庚寅 6 | 辛卯 7 | 壬辰 8 | 癸巳 9 | 甲午 10 | 乙未 11 | 丙申 12 | 丁酉 13 | 戊戌 14 | 己亥 15 | 庚子 16 | 己卯秋分 |
| 後九月大 | 庚戌 | 干支 天地 西曆 | 辛丑 17 | 壬寅 18 | 癸卯 19 | 甲辰 20 | 乙巳 21 | 丙午 22 | 丁未 23 | 戊申 24 | 己酉 25 | 庚戌 26 | 辛亥 27 | 壬子 28 | 癸丑 29 | 甲寅 30 | 乙卯 31 | 丙辰 (11) | 丁巳 2 | 戊午 3 | 己未 4 | 庚申 5 | 辛酉 6 | 壬戌 7 | 癸亥 8 | 甲子 9 | 乙丑 10 | 丙寅 11 | 丁卯 12 | 戊辰 13 | 己巳 14 | 庚午 15 | 甲子立冬 |

# 漢高帝九年（癸卯 兔年） 公元前 199 ~ 前 198 年

| 夏曆月序 | | 中西曆日對照 | 夏曆日序 | | | | | | | | | | | | | | | | | | | | | | | | | | | | | | 節氣與天象 |
|---|---|---|---|---|---|---|---|---|---|---|---|---|---|---|---|---|---|---|---|---|---|---|---|---|---|---|---|---|---|---|---|---|---|
| | | | 初一 | 初二 | 初三 | 初四 | 初五 | 初六 | 初七 | 初八 | 初九 | 初十 | 十一 | 十二 | 十三 | 十四 | 十五 | 十六 | 十七 | 十八 | 十九 | 二十 | 二一 | 二二 | 二三 | 二四 | 二五 | 二六 | 二七 | 二八 | 二九 | 三十 | |
| 十月小 | 辛亥 | 天干 地支 西曆 | 辛未16 | 壬申17 | 癸酉18 | 甲戌19 | 乙亥20 | 丙子21 | 丁丑22 | 戊寅23 | 己卯24 | 庚辰25 | 辛巳26 | 壬午27 | 癸未28 | 甲申29 | 乙酉30 | 丙戌(12) | 丁亥2 | 戊子3 | 己丑4 | 庚寅5 | 辛卯6 | 壬辰7 | 癸巳8 | 甲午9 | 乙未10 | 丙申11 | 丁酉12 | 戊戌13 | 己亥14 | | |
| 十一月大 | 壬子 | 天干 地支 西曆 | 庚子15 | 辛丑16 | 壬寅17 | 癸卯18 | 甲辰19 | 乙巳20 | 丙午21 | 丁未22 | 戊申23 | 己酉24 | 庚戌25 | 辛亥26 | 壬子27 | 癸丑28 | 甲寅29 | 乙卯30 | 丙辰31 | 丁巳(1) | 戊午2 | 己未3 | 庚申4 | 辛酉5 | 壬戌6 | 癸亥7 | 甲子8 | 乙丑9 | 丙寅10 | 丁卯11 | 戊辰12 | 己巳13 | 庚戌冬至 |
| 十二月小 | 癸丑 | 天干 地支 西曆 | 庚午14 | 辛未15 | 壬申16 | 癸酉17 | 甲戌18 | 乙亥19 | 丙子20 | 丁丑21 | 戊寅22 | 己卯23 | 庚辰24 | 辛巳25 | 壬午26 | 癸未27 | 甲申28 | 乙酉29 | 丙戌30 | 丁亥31 | 戊子(2) | 己丑2 | 庚寅3 | 辛卯4 | 壬辰5 | 癸巳6 | 甲午7 | 乙未8 | 丙申9 | 丁酉10 | 戊戌11 | | 丙申立春 |
| 正月大 | 甲寅 | 天干 地支 西曆 | 己亥12 | 庚子13 | 辛丑14 | 壬寅15 | 癸卯16 | 甲辰17 | 乙巳18 | 丙午19 | 丁未20 | 戊申21 | 己酉22 | 庚戌23 | 辛亥24 | 壬子25 | 癸丑26 | 甲寅27 | 乙卯28 | 丙辰(3) | 丁巳2 | 戊午3 | 己未4 | 庚申5 | 辛酉6 | 壬戌7 | 癸亥8 | 甲子9 | 乙丑10 | 丙寅11 | 丁卯12 | 戊辰13 | |
| 二月小 | 乙卯 | 天干 地支 西曆 | 己巳14 | 庚午15 | 辛未16 | 壬申17 | 癸酉18 | 甲戌19 | 乙亥20 | 丙子21 | 丁丑22 | 戊寅23 | 己卯24 | 庚辰25 | 辛巳26 | 壬午27 | 癸未28 | 甲申29 | 乙酉30 | 丙戌31 | 丁亥(4) | 戊子2 | 己丑3 | 庚寅4 | 辛卯5 | 壬辰6 | 癸巳7 | 甲午8 | 乙未9 | 丙申10 | 丁酉11 | | 辛巳春分 |
| 三月大 | 丙辰 | 天干 地支 西曆 | 戊戌12 | 己亥13 | 庚子14 | 辛丑15 | 壬寅16 | 癸卯17 | 甲辰18 | 乙巳19 | 丙午20 | 丁未21 | 戊申22 | 己酉23 | 庚戌24 | 辛亥25 | 壬子26 | 癸丑27 | 甲寅28 | 乙卯29 | 丙辰30 | 丁巳(5) | 戊午2 | 己未3 | 庚申4 | 辛酉5 | 壬戌6 | 癸亥7 | 甲子8 | 乙丑9 | 丙寅10 | 丁卯11 | 丁卯立夏 |
| 四月小 | 丁巳 | 天干 地支 西曆 | 戊辰12 | 己巳13 | 庚午14 | 辛未15 | 壬申16 | 癸酉17 | 甲戌18 | 乙亥19 | 丙子20 | 丁丑21 | 戊寅22 | 己卯23 | 庚辰24 | 辛巳25 | 壬午26 | 癸未27 | 甲申28 | 乙酉29 | 丙戌30 | 丁亥31 | 戊子(6) | 己丑2 | 庚寅3 | 辛卯4 | 壬辰5 | 癸巳6 | 甲午7 | 乙未8 | 丙申9 | | |
| 五月大 | 戊午 | 天干 地支 西曆 | 丁酉10 | 戊戌11 | 己亥12 | 庚子13 | 辛丑14 | 壬寅15 | 癸卯16 | 甲辰17 | 乙巳18 | 丙午19 | 丁未20 | 戊申21 | 己酉22 | 庚戌23 | 辛亥24 | 壬子25 | 癸丑26 | 甲寅27 | 乙卯28 | 丙辰29 | 丁巳30 | 戊午(7) | 己未2 | 庚申3 | 辛酉4 | 壬戌5 | 癸亥6 | 甲子7 | 乙丑8 | 丙寅9 | 壬子夏至 |
| 六月小 | 己未 | 天干 地支 西曆 | 丁卯10 | 戊辰11 | 己巳12 | 庚午13 | 辛未14 | 壬申15 | 癸酉16 | 甲戌17 | 乙亥18 | 丙子19 | 丁丑20 | 戊寅21 | 己卯22 | 庚辰23 | 辛巳24 | 壬午25 | 癸未26 | 甲申27 | 乙酉28 | 丙戌29 | 丁亥30 | 戊子31 | 己丑(8) | 庚寅2 | 辛卯3 | 壬辰4 | 癸巳5 | 甲午6 | 乙未7 | | 乙未日食 |
| 七月大 | 庚申 | 天干 地支 西曆 | 丙申8 | 丁酉9 | 戊戌10 | 己亥11 | 庚子12 | 辛丑13 | 壬寅14 | 癸卯15 | 甲辰16 | 乙巳17 | 丙午18 | 丁未19 | 戊申20 | 己酉21 | 庚戌22 | 辛亥23 | 壬子24 | 癸丑25 | 甲寅26 | 乙卯27 | 丙辰28 | 丁巳29 | 戊午30 | 己未31 | 庚申(9) | 辛酉2 | 壬戌3 | 癸亥4 | 甲子5 | 乙丑6 | 戊戌立秋 |
| 八月小 | 辛酉 | 天干 地支 西曆 | 丙寅7 | 丁卯8 | 戊辰9 | 己巳10 | 庚午11 | 辛未12 | 壬申13 | 癸酉14 | 甲戌15 | 乙亥16 | 丙子17 | 丁丑18 | 戊寅19 | 己卯20 | 庚辰21 | 辛巳22 | 壬午23 | 癸未24 | 甲申25 | 乙酉26 | 丙戌27 | 丁亥28 | 戊子29 | 己丑30 | 庚寅(10) | 辛卯2 | 壬辰3 | 癸巳4 | 甲午5 | | 甲申秋分 |
| 九月大 | 壬戌 | 天干 地支 西曆 | 乙未6 | 丙申7 | 丁酉8 | 戊戌9 | 己亥10 | 庚子11 | 辛丑12 | 壬寅13 | 癸卯14 | 甲辰15 | 乙巳16 | 丙午17 | 丁未18 | 戊申19 | 己酉20 | 庚戌21 | 辛亥22 | 壬子23 | 癸丑24 | 甲寅25 | 乙卯26 | 丙辰27 | 丁巳28 | 戊午29 | 己未30 | 庚申31 | 辛酉(11) | 壬戌2 | 癸亥3 | 甲子4 | |

# 漢高帝十年（甲辰 龍年） 公元前198～前197年

| 夏曆月序 | | 中西曆日對照 | 初一 | 初二 | 初三 | 初四 | 初五 | 初六 | 初七 | 初八 | 初九 | 初十 | 十一 | 十二 | 十三 | 十四 | 十五 | 十六 | 十七 | 十八 | 十九 | 二十 | 二一 | 二二 | 二三 | 二四 | 二五 | 二六 | 二七 | 二八 | 二九 | 三十 | 節氣與天象 |
|---|---|---|---|---|---|---|---|---|---|---|---|---|---|---|---|---|---|---|---|---|---|---|---|---|---|---|---|---|---|---|---|---|---|
| 十月小 | 癸亥 | 干支 西曆 | 乙丑 5 | 丙寅 6 | 丁卯 7 | 戊辰 8 | 己巳 9 | 庚午 10 | 辛未 11 | 壬申 12 | 癸酉 13 | 甲戌 14 | 乙亥 15 | 丙子 16 | 丁丑 17 | 戊寅 18 | 己卯 19 | 庚辰 20 | 辛巳 21 | 壬午 22 | 癸未 23 | 甲申 24 | 乙酉 25 | 丙戌 26 | 丁亥 27 | 戊子 28 | 己丑 29 | 庚寅 30 | 辛卯 (12) | 壬辰 2 | 癸巳 3 | | 己巳立冬 |
| 十一月大 | 甲子 | 干支 西曆 | 甲午 4 | 乙未 5 | 丙申 6 | 丁酉 7 | 戊戌 8 | 己亥 9 | 庚子 10 | 辛丑 11 | 壬寅 12 | 癸卯 13 | 甲辰 14 | 乙巳 15 | 丙午 16 | 丁未 17 | 戊申 18 | 己酉 19 | 庚戌 20 | 辛亥 21 | 壬子 22 | 癸丑 23 | 甲寅 24 | 乙卯 25 | 丙辰 26 | 丁巳 27 | 戊午 28 | 己未 29 | 庚申 30 | 辛酉 31 | 壬戌 (1) | 癸亥 2 | 乙卯冬至 |
| 十二月小 | 乙丑 | 干支 西曆 | 甲子 3 | 乙丑 4 | 丙寅 5 | 丁卯 6 | 戊辰 7 | 己巳 8 | 庚午 9 | 辛未 10 | 壬申 11 | 癸酉 12 | 甲戌 13 | 乙亥 14 | 丙子 15 | 丁丑 16 | 戊寅 17 | 己卯 18 | 庚辰 19 | 辛巳 20 | 壬午 21 | 癸未 22 | 甲申 23 | 乙酉 24 | 丙戌 25 | 丁亥 26 | 戊子 27 | 己丑 28 | 庚寅 29 | 辛卯 30 | 壬辰 31 | | |
| 正月大 | 丙寅 | 干支 西曆 | 癸巳 (2) | 甲午 2 | 乙未 3 | 丙申 4 | 丁酉 5 | 戊戌 6 | 己亥 7 | 庚子 8 | 辛丑 9 | 壬寅 10 | 癸卯 11 | 甲辰 12 | 乙巳 13 | 丙午 14 | 丁未 15 | 戊申 16 | 己酉 17 | 庚戌 18 | 辛亥 19 | 壬子 20 | 癸丑 21 | 甲寅 22 | 乙卯 23 | 丙辰 24 | 丁巳 25 | 戊午 26 | 己未 27 | 庚申 28 | 辛酉 29 | 壬戌 (3) | 辛丑立春 |
| 二月大 | 丁卯 | 干支 西曆 | 癸亥 2 | 甲子 3 | 乙丑 4 | 丙寅 5 | 丁卯 6 | 戊辰 7 | 己巳 8 | 庚午 9 | 辛未 10 | 壬申 11 | 癸酉 12 | 甲戌 13 | 乙亥 14 | 丙子 15 | 丁丑 16 | 戊寅 17 | 己卯 18 | 庚辰 19 | 辛巳 20 | 壬午 21 | 癸未 22 | 甲申 23 | 乙酉 24 | 丙戌 25 | 丁亥 26 | 戊子 27 | 己丑 28 | 庚寅 29 | 辛卯 30 | 壬辰 31 | 丙戌春分 |
| 三月小 | 戊辰 | 干支 西曆 | 癸巳 (4) | 甲午 2 | 乙未 3 | 丙申 4 | 丁酉 5 | 戊戌 6 | 己亥 7 | 庚子 8 | 辛丑 9 | 壬寅 10 | 癸卯 11 | 甲辰 12 | 乙巳 13 | 丙午 14 | 丁未 15 | 戊申 16 | 己酉 17 | 庚戌 18 | 辛亥 19 | 壬子 20 | 癸丑 21 | 甲寅 22 | 乙卯 23 | 丙辰 24 | 丁巳 25 | 戊午 26 | 己未 27 | 庚申 28 | 辛酉 29 | | |
| 四月大 | 己巳 | 干支 西曆 | 壬戌 30 | 癸亥 (5) | 甲子 2 | 乙丑 3 | 丙寅 4 | 丁卯 5 | 戊辰 6 | 己巳 7 | 庚午 8 | 辛未 9 | 壬申 10 | 癸酉 11 | 甲戌 12 | 乙亥 13 | 丙子 14 | 丁丑 15 | 戊寅 16 | 己卯 17 | 庚辰 18 | 辛巳 19 | 壬午 20 | 癸未 21 | 甲申 22 | 乙酉 23 | 丙戌 24 | 丁亥 25 | 戊子 26 | 己丑 27 | 庚寅 28 | 辛卯 29 | 壬申立夏 |
| 五月小 | 庚午 | 干支 西曆 | 壬辰 30 | 癸巳 31 | 甲午 (6) | 乙未 2 | 丙申 3 | 丁酉 4 | 戊戌 5 | 己亥 6 | 庚子 7 | 辛丑 8 | 壬寅 9 | 癸卯 10 | 甲辰 11 | 乙巳 12 | 丙午 13 | 丁未 14 | 戊申 15 | 己酉 16 | 庚戌 17 | 辛亥 18 | 壬子 19 | 癸丑 20 | 甲寅 21 | 乙卯 22 | 丙辰 23 | 丁巳 24 | 戊午 25 | 己未 26 | 庚申 27 | | 戊午夏至 |
| 六月大 | 辛未 | 干支 西曆 | 辛酉 28 | 壬戌 29 | 癸亥 30 | 甲子 (7) | 乙丑 2 | 丙寅 3 | 丁卯 4 | 戊辰 5 | 己巳 6 | 庚午 7 | 辛未 8 | 壬申 9 | 癸酉 10 | 甲戌 11 | 乙亥 12 | 丙子 13 | 丁丑 14 | 戊寅 15 | 己卯 16 | 庚辰 17 | 辛巳 18 | 壬午 19 | 癸未 20 | 甲申 21 | 乙酉 22 | 丙戌 23 | 丁亥 24 | 戊子 25 | 己丑 26 | 庚寅 27 | 己丑日食 |
| 七月小 | 壬申 | 干支 西曆 | 辛卯 28 | 壬辰 29 | 癸巳 30 | 甲午 31 | 乙未 (8) | 丙申 2 | 丁酉 3 | 戊戌 4 | 己亥 5 | 庚子 6 | 辛丑 7 | 壬寅 8 | 癸卯 9 | 甲辰 10 | 乙巳 11 | 丙午 12 | 丁未 13 | 戊申 14 | 己酉 15 | 庚戌 16 | 辛亥 17 | 壬子 18 | 癸丑 19 | 甲寅 20 | 乙卯 21 | 丙辰 22 | 丁巳 23 | 戊午 24 | 己未 25 | | 癸卯立秋 |
| 八月大 | 癸酉 | 干支 西曆 | 庚申 26 | 辛酉 27 | 壬戌 28 | 癸亥 29 | 甲子 30 | 乙丑 31 | 丙寅 (9) | 丁卯 2 | 戊辰 3 | 己巳 4 | 庚午 5 | 辛未 6 | 壬申 7 | 癸酉 8 | 甲戌 9 | 乙亥 10 | 丙子 11 | 丁丑 12 | 戊寅 13 | 己卯 14 | 庚辰 15 | 辛巳 16 | 壬午 17 | 癸未 18 | 甲申 19 | 乙酉 20 | 丙戌 21 | 丁亥 22 | 戊子 23 | 己丑 24 | 己丑秋分 |
| 九月小 | 甲戌 | 干支 西曆 | 庚寅 25 | 辛卯 26 | 壬辰 27 | 癸巳 28 | 甲午 29 | 乙未 30 | 丙申 (10) | 丁酉 2 | 戊戌 3 | 己亥 4 | 庚子 5 | 辛丑 6 | 壬寅 7 | 癸卯 8 | 甲辰 9 | 乙巳 10 | 丙午 11 | 丁未 12 | 戊申 13 | 己酉 14 | 庚戌 15 | 辛亥 16 | 壬子 17 | 癸丑 18 | 甲寅 19 | 乙卯 20 | 丙辰 21 | 丁巳 22 | 戊午 23 | | |
| 後九月大 | 甲戌 | 干支 西曆 | 己未 24 | 庚申 25 | 辛酉 26 | 壬戌 27 | 癸亥 28 | 甲子 29 | 乙丑 30 | 丙寅 31 | 丁卯 (11) | 戊辰 2 | 己巳 3 | 庚午 4 | 辛未 5 | 壬申 6 | 癸酉 7 | 甲戌 8 | 乙亥 9 | 丙子 10 | 丁丑 11 | 戊寅 12 | 己卯 13 | 庚辰 14 | 辛巳 15 | 壬午 16 | 癸未 17 | 甲申 18 | 乙酉 19 | 丙戌 20 | 丁亥 21 | 戊子 22 | 乙亥立冬 |

# 漢高帝十一年（乙巳 蛇年） 公元前 197 ~ 前 196 年

| 夏曆月序 | | 中西曆日對照 | 初一 | 初二 | 初三 | 初四 | 初五 | 初六 | 初七 | 初八 | 初九 | 初十 | 十一 | 十二 | 十三 | 十四 | 十五 | 十六 | 十七 | 十八 | 十九 | 二十 | 二一 | 二二 | 二三 | 二四 | 二五 | 二六 | 二七 | 二八 | 二九 | 三十 | 節氣與天象 |
|---|---|---|---|---|---|---|---|---|---|---|---|---|---|---|---|---|---|---|---|---|---|---|---|---|---|---|---|---|---|---|---|---|---|
| 十月小 | 乙亥 | 天干地支西曆 | 己丑23 | 庚寅24 | 辛卯25 | 壬辰26 | 癸巳27 | 甲午28 | 乙未29 | 丙申30 | 丁酉(12) | 戊戌2 | 己亥3 | 庚子4 | 辛丑5 | 壬寅6 | 癸卯7 | 甲辰8 | 乙巳9 | 丙午10 | 丁未11 | 戊申12 | 己酉13 | 庚戌14 | 辛亥15 | 壬子16 | 癸丑17 | 甲寅18 | 乙卯19 | 丙辰20 | 丁巳21 | | |
| 十一月大 | 丙子 | 天干地支西曆 | 戊午22 | 己未23 | 庚申24 | 辛酉25 | 壬戌26 | 癸亥27 | 甲子28 | 乙丑29 | 丙寅30 | 丁卯31 | 戊辰(1) | 己巳2 | 庚午3 | 辛未4 | 壬申5 | 癸酉6 | 甲戌7 | 乙亥8 | 丙子9 | 丁丑10 | 戊寅11 | 己卯12 | 庚辰13 | 辛巳14 | 壬午15 | 癸未16 | 甲申17 | 乙酉18 | 丙戌19 | 丁亥20 | 庚申冬至 |
| 十二月小 | 丁丑 | 天干地支西曆 | 戊子21 | 己丑22 | 庚寅23 | 辛卯24 | 壬辰25 | 癸巳26 | 甲午27 | 乙未28 | 丙申29 | 丁酉30 | 戊戌31 | 己亥(2) | 庚子2 | 辛丑3 | 壬寅4 | 癸卯5 | 甲辰6 | 乙巳7 | 丙午8 | 丁未9 | 戊申10 | 己酉11 | 庚戌12 | 辛亥13 | 壬子14 | 癸丑15 | 甲寅16 | 乙卯17 | 丙辰18 | | 丙午立春 |
| 正月大 | 戊寅 | 天干地支西曆 | 丁巳19 | 戊午20 | 己未21 | 庚申22 | 辛酉23 | 壬戌24 | 癸亥25 | 甲子26 | 乙丑27 | 丙寅28 | 丁卯(3) | 戊辰2 | 己巳3 | 庚午4 | 辛未5 | 壬申6 | 癸酉7 | 甲戌8 | 乙亥9 | 丙子10 | 丁丑11 | 戊寅12 | 己卯13 | 庚辰14 | 辛巳15 | 壬午16 | 癸未17 | 甲申18 | 乙酉19 | 丙戌20 | |
| 二月小 | 己卯 | 天干地支西曆 | 丁亥21 | 戊子22 | 己丑23 | 庚寅24 | 辛卯25 | 壬辰26 | 癸巳27 | 甲午28 | 乙未29 | 丙申30 | 丁酉31 | 戊戌(4) | 己亥2 | 庚子3 | 辛丑4 | 壬寅5 | 癸卯6 | 甲辰7 | 乙巳8 | 丙午9 | 丁未10 | 戊申11 | 己酉12 | 庚戌13 | 辛亥14 | 壬子15 | 癸丑16 | 甲寅17 | 乙卯18 | | 壬辰春分 |
| 三月大 | 庚辰 | 天干地支西曆 | 丙辰19 | 丁巳20 | 戊午21 | 己未22 | 庚申23 | 辛酉24 | 壬戌25 | 癸亥26 | 甲子27 | 乙丑28 | 丙寅29 | 丁卯30 | 戊辰(5) | 己巳2 | 庚午3 | 辛未4 | 壬申5 | 癸酉6 | 甲戌7 | 乙亥8 | 丙子9 | 丁丑10 | 戊寅11 | 己卯12 | 庚辰13 | 辛巳14 | 壬午15 | 癸未16 | 甲申17 | 乙酉18 | 丁丑立夏 |
| 四月大 | 辛巳 | 天干地支西曆 | 丙戌19 | 丁亥20 | 戊子21 | 己丑22 | 庚寅23 | 辛卯24 | 壬辰25 | 癸巳26 | 甲午27 | 乙未28 | 丙申29 | 丁酉30 | 戊戌31 | 己亥(6) | 庚子2 | 辛丑3 | 壬寅4 | 癸卯5 | 甲辰6 | 乙巳7 | 丙午8 | 丁未9 | 戊申10 | 己酉11 | 庚戌12 | 辛亥13 | 壬子14 | 癸丑15 | 甲寅16 | 乙卯17 | |
| 五月小 | 壬午 | 天干地支西曆 | 丙辰18 | 丁巳19 | 戊午20 | 己未21 | 庚申22 | 辛酉23 | 壬戌24 | 癸亥25 | 甲子26 | 乙丑27 | 丙寅28 | 丁卯29 | 戊辰30 | 己巳(7) | 庚午2 | 辛未3 | 壬申4 | 癸酉5 | 甲戌6 | 乙亥7 | 丙子8 | 丁丑9 | 戊寅10 | 己卯11 | 庚辰12 | 辛巳13 | 壬午14 | 癸未15 | 甲申16 | | 癸亥夏至 |
| 六月大 | 癸未 | 天干地支西曆 | 乙酉17 | 丙戌18 | 丁亥19 | 戊子20 | 己丑21 | 庚寅22 | 辛卯23 | 壬辰24 | 癸巳25 | 甲午26 | 乙未27 | 丙申28 | 丁酉29 | 戊戌30 | 己亥31 | 庚子(8) | 辛丑2 | 壬寅3 | 癸卯4 | 甲辰5 | 乙巳6 | 丙午7 | 丁未8 | 戊申9 | 己酉10 | 庚戌11 | 辛亥12 | 壬子13 | 癸丑14 | 甲寅15 | 己酉立秋 |
| 七月小 | 甲申 | 天干地支西曆 | 乙卯16 | 丙辰17 | 丁巳18 | 戊午19 | 己未20 | 庚申21 | 辛酉22 | 壬戌23 | 癸亥24 | 甲子25 | 乙丑26 | 丙寅27 | 丁卯28 | 戊辰29 | 己巳30 | 庚午31 | 辛未(9) | 壬申2 | 癸酉3 | 甲戌4 | 乙亥5 | 丙子6 | 丁丑7 | 戊寅8 | 己卯9 | 庚辰10 | 辛巳11 | 壬午12 | 癸未13 | | |
| 八月大 | 乙酉 | 天干地支西曆 | 甲申14 | 乙酉15 | 丙戌16 | 丁亥17 | 戊子18 | 己丑19 | 庚寅20 | 辛卯21 | 壬辰22 | 癸巳23 | 甲午24 | 乙未25 | 丙申26 | 丁酉27 | 戊戌28 | 己亥29 | 庚子30 | 辛丑(10) | 壬寅2 | 癸卯3 | 甲辰4 | 乙巳5 | 丙午6 | 丁未7 | 戊申8 | 己酉9 | 庚戌10 | 辛亥11 | 壬子12 | 癸丑13 | 甲午秋分 |
| 九月小 | 丙戌 | 天干地支西曆 | 甲寅14 | 乙卯15 | 丙辰16 | 丁巳17 | 戊午18 | 己未19 | 庚申20 | 辛酉21 | 壬戌22 | 癸亥23 | 甲子24 | 乙丑25 | 丙寅26 | 丁卯27 | 戊辰28 | 己巳29 | 庚午30 | 辛未31 | 壬申(11) | 癸酉2 | 甲戌3 | 乙亥4 | 丙子5 | 丁丑6 | 戊寅7 | 己卯8 | 庚辰9 | 辛巳10 | 壬午11 | | 庚辰立冬 |

# 漢高帝十二年（丙午 馬年） 公元前196～前195年

| 夏曆月序 | 中西曆日對照 | 初一 | 初二 | 初三 | 初四 | 初五 | 初六 | 初七 | 初八 | 初九 | 初十 | 十一 | 十二 | 十三 | 十四 | 十五 | 十六 | 十七 | 十八 | 十九 | 二十 | 二一 | 二二 | 二三 | 二四 | 二五 | 二六 | 二七 | 二八 | 二九 | 三十 | 節氣與天象 |
|---|---|---|---|---|---|---|---|---|---|---|---|---|---|---|---|---|---|---|---|---|---|---|---|---|---|---|---|---|---|---|---|---|
| 十月大 丁亥 | 天干地支 西曆 | 癸未 12 | 甲申 13 | 乙酉 14 | 丙戌 15 | 丁亥 16 | 戊子 17 | 己丑 18 | 庚寅 19 | 辛卯 20 | 壬辰 21 | 癸巳 22 | 甲午 23 | 乙未 24 | 丙申 25 | 丁酉 26 | 戊戌 27 | 己亥 28 | 庚子 29 | 辛丑 30 | 壬寅 (12) | 癸卯 2 | 甲辰 3 | 乙巳 4 | 丙午 5 | 丁未 6 | 戊申 7 | 己酉 8 | 庚戌 9 | 辛亥 10 | 壬子 11 | |
| 十一月小 戊子 | 天干地支 西曆 | 癸丑 12 | 甲寅 13 | 乙卯 14 | 丙辰 15 | 丁巳 16 | 戊午 17 | 己未 18 | 庚申 19 | 辛酉 20 | 壬戌 21 | 癸亥 22 | 甲子 23 | 乙丑 24 | 丙寅 25 | 丁卯 26 | 戊辰 27 | 己巳 28 | 庚午 29 | 辛未 30 | 壬申 31 | 癸酉 (1) | 甲戌 2 | 乙亥 3 | 丙子 4 | 丁丑 5 | 戊寅 6 | 己卯 7 | 庚辰 8 | 辛巳 9 | | 丙寅冬至 |
| 十二月大 己丑 | 天干地支 西曆 | 壬午 10 | 癸未 11 | 甲申 12 | 乙酉 13 | 丙戌 14 | 丁亥 15 | 戊子 16 | 己丑 17 | 庚寅 18 | 辛卯 19 | 壬辰 20 | 癸巳 21 | 甲午 22 | 乙未 23 | 丙申 24 | 丁酉 25 | 戊戌 26 | 己亥 27 | 庚子 28 | 辛丑 29 | 壬寅 30 | 癸卯 31 | 甲辰 (2) | 乙巳 2 | 丙午 3 | 丁未 4 | 戊申 5 | 己酉 6 | 庚戌 7 | 辛亥 8 | 辛亥立春 |
| 正月小 庚寅 | 天干地支 西曆 | 壬子 9 | 癸丑 10 | 甲寅 11 | 乙卯 12 | 丙辰 13 | 丁巳 14 | 戊午 15 | 己未 16 | 庚申 17 | 辛酉 18 | 壬戌 19 | 癸亥 20 | 甲子 21 | 乙丑 22 | 丙寅 23 | 丁卯 24 | 戊辰 25 | 己巳 26 | 庚午 27 | 辛未 28 | 壬申 (3) | 癸酉 2 | 甲戌 3 | 乙亥 4 | 丙子 5 | 丁丑 6 | 戊寅 7 | 己卯 8 | 庚辰 9 | | |
| 二月大 辛卯 | 天干地支 西曆 | 辛巳 10 | 壬午 11 | 癸未 12 | 甲申 13 | 乙酉 14 | 丙戌 15 | 丁亥 16 | 戊子 17 | 己丑 18 | 庚寅 19 | 辛卯 20 | 壬辰 21 | 癸巳 22 | 甲午 23 | 乙未 24 | 丙申 25 | 丁酉 26 | 戊戌 27 | 己亥 28 | 庚子 29 | 辛丑 30 | 壬寅 31 | 癸卯 (4) | 甲辰 2 | 乙巳 3 | 丙午 4 | 丁未 5 | 戊申 6 | 己酉 7 | 庚戌 8 | 丁酉春分 |
| 三月小 壬辰 | 天干地支 西曆 | 辛亥 9 | 壬子 10 | 癸丑 11 | 甲寅 12 | 乙卯 13 | 丙辰 14 | 丁巳 15 | 戊午 16 | 己未 17 | 庚申 18 | 辛酉 19 | 壬戌 20 | 癸亥 21 | 甲子 22 | 乙丑 23 | 丙寅 24 | 丁卯 25 | 戊辰 26 | 己巳 27 | 庚午 28 | 辛未 29 | 壬申 30 | 癸酉 (5) | 甲戌 2 | 乙亥 3 | 丙子 4 | 丁丑 5 | 戊寅 6 | 己卯 7 | | |
| 四月大 癸巳 | 天干地支 西曆 | 庚辰 8 | 辛巳 9 | 壬午 10 | 癸未 11 | 甲申 12 | 乙酉 13 | 丙戌 14 | 丁亥 15 | 戊子 16 | 己丑 17 | 庚寅 18 | 辛卯 19 | 壬辰 20 | 癸巳 21 | 甲午 22 | 乙未 23 | 丙申 24 | 丁酉 25 | 戊戌 26 | 己亥 27 | 庚子 28 | 辛丑 29 | 壬寅 30 | 癸卯 31 | 甲辰 (6) | 乙巳 2 | 丙午 3 | 丁未 4 | 戊申 5 | 己酉 6 | 癸未立夏 己酉日食 |
| 五月小 甲午 | 天干地支 西曆 | 庚戌 7 | 辛亥 8 | 壬子 9 | 癸丑 10 | 甲寅 11 | 乙卯 12 | 丙辰 13 | 丁巳 14 | 戊午 15 | 己未 16 | 庚申 17 | 辛酉 18 | 壬戌 19 | 癸亥 20 | 甲子 21 | 乙丑 22 | 丙寅 23 | 丁卯 24 | 戊辰 25 | 己巳 26 | 庚午 27 | 辛未 28 | 壬申 29 | 癸酉 30 | 甲戌 (7) | 乙亥 2 | 丙子 3 | 丁丑 4 | 戊寅 5 | | 戊辰夏至 |
| 六月大 乙未 | 天干地支 西曆 | 己卯 6 | 庚辰 7 | 辛巳 8 | 壬午 9 | 癸未 10 | 甲申 11 | 乙酉 12 | 丙戌 13 | 丁亥 14 | 戊子 15 | 己丑 16 | 庚寅 17 | 辛卯 18 | 壬辰 19 | 癸巳 20 | 甲午 21 | 乙未 22 | 丙申 23 | 丁酉 24 | 戊戌 25 | 己亥 26 | 庚子 27 | 辛丑 28 | 壬寅 29 | 癸卯 30 | 甲辰 31 | 乙巳 (8) | 丙午 2 | 丁未 3 | 戊申 4 | |
| 七月小 丙申 | 天干地支 西曆 | 己酉 5 | 庚戌 6 | 辛亥 7 | 壬子 8 | 癸丑 9 | 甲寅 10 | 乙卯 11 | 丙辰 12 | 丁巳 13 | 戊午 14 | 己未 15 | 庚申 16 | 辛酉 17 | 壬戌 18 | 癸亥 19 | 甲子 20 | 乙丑 21 | 丙寅 22 | 丁卯 23 | 戊辰 24 | 己巳 25 | 庚午 26 | 辛未 27 | 壬申 28 | 癸酉 29 | 甲戌 30 | 乙亥 31 | 丙子 (9) | 丁丑 2 | | 甲寅立秋 |
| 八月大 丁酉 | 天干地支 西曆 | 戊寅 3 | 己卯 4 | 庚辰 5 | 辛巳 6 | 壬午 7 | 癸未 8 | 甲申 9 | 乙酉 10 | 丙戌 11 | 丁亥 12 | 戊子 13 | 己丑 14 | 庚寅 15 | 辛卯 16 | 壬辰 17 | 癸巳 18 | 甲午 19 | 乙未 20 | 丙申 21 | 丁酉 22 | 戊戌 23 | 己亥 24 | 庚子 25 | 辛丑 26 | 壬寅 27 | 癸卯 28 | 甲辰 29 | 乙巳 30 | 丙午 (10) | 丁未 2 | 庚子秋分 |
| 九月大 戊戌 | 天干地支 西曆 | 戊申 3 | 己酉 4 | 庚戌 5 | 辛亥 6 | 壬子 7 | 癸丑 8 | 甲寅 9 | 乙卯 10 | 丙辰 11 | 丁巳 12 | 戊午 13 | 己未 14 | 庚申 15 | 辛酉 16 | 壬戌 17 | 癸亥 18 | 甲子 19 | 乙丑 20 | 丙寅 21 | 丁卯 22 | 戊辰 23 | 己巳 24 | 庚午 25 | 辛未 26 | 壬申 27 | 癸酉 28 | 甲戌 29 | 乙亥 30 | 丙子 31 | 丁丑 (11) | |

* 四月甲辰（二十五日），漢高帝死。五月丙寅（十七日），劉盈即位，是爲漢惠帝。

# 漢惠帝元年（丁未 羊年） 公元前195 ~ 前194年

| 夏曆月序 | 中西曆日對照 | 夏曆日序 | | | | | | | | | | | | | | | | | | | | | | | | | | | | | | 節氣與天象 |
|---|---|---|---|---|---|---|---|---|---|---|---|---|---|---|---|---|---|---|---|---|---|---|---|---|---|---|---|---|---|---|---|---|
| | | 初一 | 初二 | 初三 | 初四 | 初五 | 初六 | 初七 | 初八 | 初九 | 初十 | 十一 | 十二 | 十三 | 十四 | 十五 | 十六 | 十七 | 十八 | 十九 | 二十 | 二一 | 二二 | 二三 | 二四 | 二五 | 二六 | 二七 | 二八 | 二九 | 三十 | |
| 十月小 己亥 | 天干地支西曆 | 戊寅2 | 己卯3 | 庚辰4 | 辛巳5 | 壬午6 | 癸未7 | 甲申8 | 乙酉9 | 丙戌10 | 丁亥11 | 戊子12 | 己丑13 | 庚寅14 | 辛卯15 | 壬辰16 | 癸巳17 | 甲午18 | 乙未19 | 丙申20 | 丁酉21 | 戊戌22 | 己亥23 | 庚子24 | 辛丑25 | 壬寅26 | 癸卯27 | 甲辰28 | 乙巳29 | 丙午30 | | 乙酉立冬 |
| 十一月大 庚子 | 天干地支西曆 | 丁未(12) | 戊申2 | 己酉3 | 庚戌4 | 辛亥5 | 壬子6 | 癸丑7 | 甲寅8 | 乙卯9 | 丙辰10 | 丁巳11 | 戊午12 | 己未13 | 庚申14 | 辛酉15 | 壬戌16 | 癸亥17 | 甲子18 | 乙丑19 | 丙寅20 | 丁卯21 | 戊辰22 | 己巳23 | 庚午24 | 辛未25 | 壬申26 | 癸酉27 | 甲戌28 | 乙亥29 | 丙子30 | 辛未冬至 |
| 十二月小 辛丑 | 天干地支西曆 | 丁丑31 | 戊寅(1) | 己卯2 | 庚辰3 | 辛巳4 | 壬午5 | 癸未6 | 甲申7 | 乙酉8 | 丙戌9 | 丁亥10 | 戊子11 | 己丑12 | 庚寅13 | 辛卯14 | 壬辰15 | 癸巳16 | 甲午17 | 乙未18 | 丙申19 | 丁酉20 | 戊戌21 | 己亥22 | 庚子23 | 辛丑24 | 壬寅25 | 癸卯26 | 甲辰27 | 乙巳28 | | |
| 正月大 壬寅 | 天干地支西曆 | 丙午29 | 丁未30 | 戊申31 | 己酉(2) | 庚戌2 | 辛亥3 | 壬子4 | 癸丑5 | 甲寅6 | 乙卯7 | 丙辰8 | 丁巳9 | 戊午10 | 己未11 | 庚申12 | 辛酉13 | 壬戌14 | 癸亥15 | 甲子16 | 乙丑17 | 丙寅18 | 丁卯19 | 戊辰20 | 己巳21 | 庚午22 | 辛未23 | 壬申24 | 癸酉25 | 甲戌26 | 乙亥27 | 丁巳立春 |
| 二月小 癸卯 | 天干地支西曆 | 丙子28 | 丁丑(3) | 戊寅2 | 己卯3 | 庚辰4 | 辛巳5 | 壬午6 | 癸未7 | 甲申8 | 乙酉9 | 丙戌10 | 丁亥11 | 戊子12 | 己丑13 | 庚寅14 | 辛卯15 | 壬辰16 | 癸巳17 | 甲午18 | 乙未19 | 丙申20 | 丁酉21 | 戊戌22 | 己亥23 | 庚子24 | 辛丑25 | 壬寅26 | 癸卯27 | 甲辰28 | | 壬寅春分 |
| 三月大 甲辰 | 天干地支西曆 | 乙巳29 | 丙午30 | 丁未31 | 戊申(4) | 己酉2 | 庚戌3 | 辛亥4 | 壬子5 | 癸丑6 | 甲寅7 | 乙卯8 | 丙辰9 | 丁巳10 | 戊午11 | 己未12 | 庚申13 | 辛酉14 | 壬戌15 | 癸亥16 | 甲子17 | 乙丑18 | 丙寅19 | 丁卯20 | 戊辰21 | 己巳22 | 庚午23 | 辛未24 | 壬申25 | 癸酉26 | 甲戌27 | |
| 四月小 乙巳 | 天干地支西曆 | 乙亥28 | 丙子29 | 丁丑30 | 戊寅(5) | 己卯2 | 庚辰3 | 辛巳4 | 壬午5 | 癸未6 | 甲申7 | 乙酉8 | 丙戌9 | 丁亥10 | 戊子11 | 己丑12 | 庚寅13 | 辛卯14 | 壬辰15 | 癸巳16 | 甲午17 | 乙未18 | 丙申19 | 丁酉20 | 戊戌21 | 己亥22 | 庚子23 | 辛丑24 | 壬寅25 | 癸卯26 | | 戊子立夏 |
| 五月大 丙午 | 天干地支西曆 | 甲辰27 | 乙巳28 | 丙午29 | 丁未30 | 戊申31 | 己酉(6) | 庚戌2 | 辛亥3 | 壬子4 | 癸丑5 | 甲寅6 | 乙卯7 | 丙辰8 | 丁巳9 | 戊午10 | 己未11 | 庚申12 | 辛酉13 | 壬戌14 | 癸亥15 | 甲子16 | 乙丑17 | 丙寅18 | 丁卯19 | 戊辰20 | 己巳21 | 庚午22 | 辛未23 | 壬申24 | 癸酉25 | 癸酉夏至<br>甲辰日食 |
| 六月小 丁未 | 天干地支西曆 | 甲戌26 | 乙亥27 | 丙子28 | 丁丑29 | 戊寅30 | 己卯(7) | 庚辰2 | 辛巳3 | 壬午4 | 癸未5 | 甲申6 | 乙酉7 | 丙戌8 | 丁亥9 | 戊子10 | 己丑11 | 庚寅12 | 辛卯13 | 壬辰14 | 癸巳15 | 甲午16 | 乙未17 | 丙申18 | 丁酉19 | 戊戌20 | 己亥21 | 庚子22 | 辛丑23 | 壬寅24 | | |
| 七月大 戊申 | 天干地支西曆 | 癸卯25 | 甲辰26 | 乙巳27 | 丙午28 | 丁未29 | 戊申30 | 己酉31 | 庚戌(8) | 辛亥2 | 壬子3 | 癸丑4 | 甲寅5 | 乙卯6 | 丙辰7 | 丁巳8 | 戊午9 | 己未10 | 庚申11 | 辛酉12 | 壬戌13 | 癸亥14 | 甲子15 | 乙丑16 | 丙寅17 | 丁卯18 | 戊辰19 | 己巳20 | 庚午21 | 辛未22 | 壬申23 | 己未立秋 |
| 八月小 己酉 | 天干地支西曆 | 癸酉24 | 甲戌25 | 乙亥26 | 丙子27 | 丁丑28 | 戊寅29 | 己卯30 | 庚辰31 | 辛巳(9) | 壬午2 | 癸未3 | 甲申4 | 乙酉5 | 丙戌6 | 丁亥7 | 戊子8 | 己丑9 | 庚寅10 | 辛卯11 | 壬辰12 | 癸巳13 | 甲午14 | 乙未15 | 丙申16 | 丁酉17 | 戊戌18 | 己亥19 | 庚子20 | 辛丑21 | | |
| 九月大 庚戌 | 天干地支西曆 | 壬寅22 | 癸卯23 | 甲辰24 | 乙巳25 | 丙午26 | 丁未27 | 戊申28 | 己酉29 | 庚戌30 | 辛亥(10) | 壬子2 | 癸丑3 | 甲寅4 | 乙卯5 | 丙辰6 | 丁巳7 | 戊午8 | 己未9 | 庚申10 | 辛酉11 | 壬戌12 | 癸亥13 | 甲子14 | 乙丑15 | 丙寅16 | 丁卯17 | 戊辰18 | 己巳19 | 庚午20 | 辛未21 | 乙巳秋分 |
| 後九月小 庚戌 | 天干地支西曆 | 壬申22 | 癸酉23 | 甲戌24 | 乙亥25 | 丙子26 | 丁丑27 | 戊寅28 | 己卯29 | 庚辰30 | 辛巳31 | 壬午(11) | 癸未2 | 甲申3 | 乙酉4 | 丙戌5 | 丁亥6 | 戊子7 | 己丑8 | 庚寅9 | 辛卯10 | 壬辰11 | 癸巳12 | 甲午13 | 乙未14 | 丙申15 | 丁酉16 | 戊戌17 | 己亥18 | 庚子19 | | 庚寅立冬 |

# 漢惠帝二年（戊申 猴年） 公元前194 ~ 前193年

| 夏曆月序 | | 中西曆日對照 | 初一 | 初二 | 初三 | 初四 | 初五 | 初六 | 初七 | 初八 | 初九 | 初十 | 十一 | 十二 | 十三 | 十四 | 十五 | 十六 | 十七 | 十八 | 十九 | 二十 | 二一 | 二二 | 二三 | 二四 | 二五 | 二六 | 二七 | 二八 | 二九 | 三十 | 節氣與天象 |
|---|---|---|---|---|---|---|---|---|---|---|---|---|---|---|---|---|---|---|---|---|---|---|---|---|---|---|---|---|---|---|---|---|---|
| 十月大 | 辛亥 | 天干地支西曆 | 辛丑20 | 壬寅21 | 癸卯22 | 甲辰23 | 乙巳24 | 丙午25 | 丁未26 | 戊申27 | 己酉28 | 庚戌29 | 辛亥30 | 壬子(12) | 癸丑2 | 甲寅3 | 乙卯4 | 丙辰5 | 丁巳6 | 戊午7 | 己未8 | 庚申9 | 辛酉10 | 壬戌11 | 癸亥12 | 甲子13 | 乙丑14 | 丙寅15 | 丁卯16 | 戊辰17 | 己巳18 | 庚午19 | |
| 十一月大 | 壬子 | 天干地支西曆 | 辛未20 | 壬申21 | 癸酉22 | 甲戌23 | 乙亥24 | 丙子25 | 丁丑26 | 戊寅27 | 己卯28 | 庚辰29 | 辛巳30 | 壬午31 | 癸未(1) | 甲申2 | 乙酉3 | 丙戌4 | 丁亥5 | 戊子6 | 己丑7 | 庚寅8 | 辛卯9 | 壬辰10 | 癸巳11 | 甲午12 | 乙未13 | 丙申14 | 丁酉15 | 戊戌16 | 己亥17 | 庚子18 | 丙子冬至 |
| 十二月小 | 癸丑 | 天干地支西曆 | 辛丑19 | 壬寅20 | 癸卯21 | 甲辰22 | 乙巳23 | 丙午24 | 丁未25 | 戊申26 | 己酉27 | 庚戌28 | 辛亥29 | 壬子30 | 癸丑31 | 甲寅(2) | 乙卯2 | 丙辰3 | 丁巳4 | 戊午5 | 己未6 | 庚申7 | 辛酉8 | 壬戌9 | 癸亥10 | 甲子11 | 乙丑12 | 丙寅13 | 丁卯14 | 戊辰15 | 己巳16 | | 壬戌立春 |
| 正月大 | 甲寅 | 天干地支西曆 | 庚午17 | 辛未18 | 壬申19 | 癸酉20 | 甲戌21 | 乙亥22 | 丙子23 | 丁丑24 | 戊寅25 | 己卯26 | 庚辰27 | 辛巳28 | 壬午29 | 癸未(3) | 甲申2 | 乙酉3 | 丙戌4 | 丁亥5 | 戊子6 | 己丑7 | 庚寅8 | 辛卯9 | 壬辰10 | 癸巳11 | 甲午12 | 乙未13 | 丙申14 | 丁酉15 | 戊戌16 | 己亥17 | |
| 二月小 | 乙卯 | 天干地支西曆 | 庚子18 | 辛丑19 | 壬寅20 | 癸卯21 | 甲辰22 | 乙巳23 | 丙午24 | 丁未25 | 戊申26 | 己酉27 | 庚戌28 | 辛亥29 | 壬子30 | 癸丑31 | 甲寅(4) | 乙卯2 | 丙辰3 | 丁巳4 | 戊午5 | 己未6 | 庚申7 | 辛酉8 | 壬戌9 | 癸亥10 | 甲子11 | 乙丑12 | 丙寅13 | 丁卯14 | 戊辰15 | | 丁未春分 |
| 三月大 | 丙辰 | 天干地支西曆 | 己巳16 | 庚午17 | 辛未18 | 壬申19 | 癸酉20 | 甲戌21 | 乙亥22 | 丙子23 | 丁丑24 | 戊寅25 | 己卯26 | 庚辰27 | 辛巳28 | 壬午29 | 癸未30 | 甲申(5) | 乙酉2 | 丙戌3 | 丁亥4 | 戊子5 | 己丑6 | 庚寅7 | 辛卯8 | 壬辰9 | 癸巳10 | 甲午11 | 乙未12 | 丙申13 | 丁酉14 | 戊戌15 | 癸巳立夏 |
| 四月小 | 丁巳 | 天干地支西曆 | 己亥16 | 庚子17 | 辛丑18 | 壬寅19 | 癸卯20 | 甲辰21 | 乙巳22 | 丙午23 | 丁未24 | 戊申25 | 己酉26 | 庚戌27 | 辛亥28 | 壬子29 | 癸丑30 | 甲寅31 | 乙卯(6) | 丙辰2 | 丁巳3 | 戊午4 | 己未5 | 庚申6 | 辛酉7 | 壬戌8 | 癸亥9 | 甲子10 | 乙丑11 | 丙寅12 | 丁卯13 | | |
| 五月大 | 戊午 | 天干地支西曆 | 戊辰14 | 己巳15 | 庚午16 | 辛未17 | 壬申18 | 癸酉19 | 甲戌20 | 乙亥21 | 丙子22 | 丁丑23 | 戊寅24 | 己卯25 | 庚辰26 | 辛巳27 | 壬午28 | 癸未29 | 甲申30 | 乙酉(7) | 丙戌2 | 丁亥3 | 戊子4 | 己丑5 | 庚寅6 | 辛卯7 | 壬辰8 | 癸巳9 | 甲午10 | 乙未11 | 丙申12 | 丁酉13 | 己卯夏至 |
| 六月小 | 己未 | 天干地支西曆 | 戊戌14 | 己亥15 | 庚子16 | 辛丑17 | 壬寅18 | 癸卯19 | 甲辰20 | 乙巳21 | 丙午22 | 丁未23 | 戊申24 | 己酉25 | 庚戌26 | 辛亥27 | 壬子28 | 癸丑29 | 甲寅30 | 乙卯31 | 丙辰(8) | 丁巳2 | 戊午3 | 己未4 | 庚申5 | 辛酉6 | 壬戌7 | 癸亥8 | 甲子9 | 乙丑10 | 丙寅11 | | 甲子立秋 |
| 七月大 | 庚申 | 天干地支西曆 | 丁卯12 | 戊辰13 | 己巳14 | 庚午15 | 辛未16 | 壬申17 | 癸酉18 | 甲戌19 | 乙亥20 | 丙子21 | 丁丑22 | 戊寅23 | 己卯24 | 庚辰25 | 辛巳26 | 壬午27 | 癸未28 | 甲申29 | 乙酉30 | 丙戌31 | 丁亥(9) | 戊子2 | 己丑3 | 庚寅4 | 辛卯5 | 壬辰6 | 癸巳7 | 甲午8 | 乙未9 | 丙申10 | |
| 八月小 | 辛酉 | 天干地支西曆 | 丁酉11 | 戊戌12 | 己亥13 | 庚子14 | 辛丑15 | 壬寅16 | 癸卯17 | 甲辰18 | 乙巳19 | 丙午20 | 丁未21 | 戊申22 | 己酉23 | 庚戌24 | 辛亥25 | 壬子26 | 癸丑27 | 甲寅28 | 乙卯29 | 丙辰30 | 丁巳(10) | 戊午2 | 己未3 | 庚申4 | 辛酉5 | 壬戌6 | 癸亥7 | 甲子8 | 乙丑9 | | 庚戌秋分<br>乙丑日食 |
| 九月大 | 壬戌 | 天干地支西曆 | 丙寅10 | 丁卯11 | 戊辰12 | 己巳13 | 庚午14 | 辛未15 | 壬申16 | 癸酉17 | 甲戌18 | 乙亥19 | 丙子20 | 丁丑21 | 戊寅22 | 己卯23 | 庚辰24 | 辛巳25 | 壬午26 | 癸未27 | 甲申28 | 乙酉29 | 丙戌30 | 丁亥31 | 戊子(11) | 己丑2 | 庚寅3 | 辛卯4 | 壬辰5 | 癸巳6 | 甲午7 | 乙未8 | |

# 漢惠帝三年（己酉 鷄年） 公元前193 ~ 前192年

| 夏曆月序 | | 中西曆日對照 | 初一 | 初二 | 初三 | 初四 | 初五 | 初六 | 初七 | 初八 | 初九 | 初十 | 十一 | 十二 | 十三 | 十四 | 十五 | 十六 | 十七 | 十八 | 十九 | 二十 | 二一 | 二二 | 二三 | 二四 | 二五 | 二六 | 二七 | 二八 | 二九 | 三十 | 節氣與天象 |
|---|---|---|---|---|---|---|---|---|---|---|---|---|---|---|---|---|---|---|---|---|---|---|---|---|---|---|---|---|---|---|---|---|---|
| 十月小 | 癸亥 | 干支曆<br>天地西 | 丙申<br>9 | 丁酉<br>10 | 戊戌<br>11 | 己亥<br>12 | 庚子<br>13 | 辛丑<br>14 | 壬寅<br>15 | 癸卯<br>16 | 甲辰<br>17 | 乙巳<br>18 | 丙午<br>19 | 丁未<br>20 | 戊申<br>21 | 己酉<br>22 | 庚戌<br>23 | 辛亥<br>24 | 壬子<br>25 | 癸丑<br>26 | 甲寅<br>27 | 乙卯<br>28 | 丙辰<br>29 | 丁巳<br>30 | 戊午<br>(12) | 己未<br>2 | 庚申<br>3 | 辛酉<br>4 | 壬戌<br>5 | 癸亥<br>6 | 甲子<br>7 | | 丙申立冬 |
| 十一月大 | 甲子 | 干支曆<br>天地西 | 乙丑<br>8 | 丙寅<br>9 | 丁卯<br>10 | 戊辰<br>11 | 己巳<br>12 | 庚午<br>13 | 辛未<br>14 | 壬申<br>15 | 癸酉<br>16 | 甲戌<br>17 | 乙亥<br>18 | 丙子<br>19 | 丁丑<br>20 | 戊寅<br>21 | 己卯<br>22 | 庚辰<br>23 | 辛巳<br>24 | 壬午<br>25 | 癸未<br>26 | 甲申<br>27 | 乙酉<br>28 | 丙戌<br>29 | 丁亥<br>30 | 戊子<br>31 | 己丑<br>(1) | 庚寅<br>2 | 辛卯<br>3 | 壬辰<br>4 | 癸巳<br>5 | 甲午<br>6 | 辛巳冬至 |
| 十二月小 | 乙丑 | 干支曆<br>天地西 | 乙未<br>7 | 丙申<br>8 | 丁酉<br>9 | 戊戌<br>10 | 己亥<br>11 | 庚子<br>12 | 辛丑<br>13 | 壬寅<br>14 | 癸卯<br>15 | 甲辰<br>16 | 乙巳<br>17 | 丙午<br>18 | 丁未<br>19 | 戊申<br>20 | 己酉<br>21 | 庚戌<br>22 | 辛亥<br>23 | 壬子<br>24 | 癸丑<br>25 | 甲寅<br>26 | 乙卯<br>27 | 丙辰<br>28 | 丁巳<br>29 | 戊午<br>30 | 己未<br>31 | 庚申<br>(2) | 辛酉<br>2 | 壬戌<br>3 | 癸亥<br>4 | | |
| 正月大 | 丙寅 | 干支曆<br>天地西 | 甲子<br>5 | 乙丑<br>6 | 丙寅<br>7 | 丁卯<br>8 | 戊辰<br>9 | 己巳<br>10 | 庚午<br>11 | 辛未<br>12 | 壬申<br>13 | 癸酉<br>14 | 甲戌<br>15 | 乙亥<br>16 | 丙子<br>17 | 丁丑<br>18 | 戊寅<br>19 | 己卯<br>20 | 庚辰<br>21 | 辛巳<br>22 | 壬午<br>23 | 癸未<br>24 | 甲申<br>25 | 乙酉<br>26 | 丙戌<br>27 | 丁亥<br>28 | 戊子<br>(3) | 己丑<br>2 | 庚寅<br>3 | 辛卯<br>4 | 壬辰<br>5 | 癸巳<br>6 | 丁卯立春 |
| 二月小 | 丁卯 | 干支曆<br>天地西 | 甲午<br>7 | 乙未<br>8 | 丙申<br>9 | 丁酉<br>10 | 戊戌<br>11 | 己亥<br>12 | 庚子<br>13 | 辛丑<br>14 | 壬寅<br>15 | 癸卯<br>16 | 甲辰<br>17 | 乙巳<br>18 | 丙午<br>19 | 丁未<br>20 | 戊申<br>21 | 己酉<br>22 | 庚戌<br>23 | 辛亥<br>24 | 壬子<br>25 | 癸丑<br>26 | 甲寅<br>27 | 乙卯<br>28 | 丙辰<br>29 | 丁巳<br>30 | 戊午<br>31 | 己未<br>(4) | 庚申<br>2 | 辛酉<br>3 | 壬戌<br>4 | | 癸丑春分 |
| 三月大 | 戊辰 | 干支曆<br>天地西 | 癸亥<br>5 | 甲子<br>6 | 乙丑<br>7 | 丙寅<br>8 | 丁卯<br>9 | 戊辰<br>10 | 己巳<br>11 | 庚午<br>12 | 辛未<br>13 | 壬申<br>14 | 癸酉<br>15 | 甲戌<br>16 | 乙亥<br>17 | 丙子<br>18 | 丁丑<br>19 | 戊寅<br>20 | 己卯<br>21 | 庚辰<br>22 | 辛巳<br>23 | 壬午<br>24 | 癸未<br>25 | 甲申<br>26 | 乙酉<br>27 | 丙戌<br>28 | 丁亥<br>29 | 戊子<br>30 | 己丑<br>(5) | 庚寅<br>2 | 辛卯<br>3 | 壬辰<br>4 | |
| 四月大 | 己巳 | 干支曆<br>天地西 | 癸巳<br>5 | 甲午<br>6 | 乙未<br>7 | 丙申<br>8 | 丁酉<br>9 | 戊戌<br>10 | 己亥<br>11 | 庚子<br>12 | 辛丑<br>13 | 壬寅<br>14 | 癸卯<br>15 | 甲辰<br>16 | 乙巳<br>17 | 丙午<br>18 | 丁未<br>19 | 戊申<br>20 | 己酉<br>21 | 庚戌<br>22 | 辛亥<br>23 | 壬子<br>24 | 癸丑<br>25 | 甲寅<br>26 | 乙卯<br>27 | 丙辰<br>28 | 丁巳<br>29 | 戊午<br>30 | 己未<br>31 | 庚申<br>(6) | 辛酉<br>2 | 壬戌<br>3 | 戊戌立夏 |
| 五月小 | 庚午 | 干支曆<br>天地西 | 癸亥<br>4 | 甲子<br>5 | 乙丑<br>6 | 丙寅<br>7 | 丁卯<br>8 | 戊辰<br>9 | 己巳<br>10 | 庚午<br>11 | 辛未<br>12 | 壬申<br>13 | 癸酉<br>14 | 甲戌<br>15 | 乙亥<br>16 | 丙子<br>17 | 丁丑<br>18 | 戊寅<br>19 | 己卯<br>20 | 庚辰<br>21 | 辛巳<br>22 | 壬午<br>23 | 癸未<br>24 | 甲申<br>25 | 乙酉<br>26 | 丙戌<br>27 | 丁亥<br>28 | 戊子<br>29 | 己丑<br>30 | 庚寅<br>(7) | 辛卯<br>2 | | 甲申夏至 |
| 六月大 | 辛未 | 干支曆<br>天地西 | 壬辰<br>3 | 癸巳<br>4 | 甲午<br>5 | 乙未<br>6 | 丙申<br>7 | 丁酉<br>8 | 戊戌<br>9 | 己亥<br>10 | 庚子<br>11 | 辛丑<br>12 | 壬寅<br>13 | 癸卯<br>14 | 甲辰<br>15 | 乙巳<br>16 | 丙午<br>17 | 丁未<br>18 | 戊申<br>19 | 己酉<br>20 | 庚戌<br>21 | 辛亥<br>22 | 壬子<br>23 | 癸丑<br>24 | 甲寅<br>25 | 乙卯<br>26 | 丙辰<br>27 | 丁巳<br>28 | 戊午<br>29 | 己未<br>30 | 庚申<br>31 | 辛酉<br>(8) | |
| 七月小 | 壬申 | 干支曆<br>天地西 | 壬戌<br>2 | 癸亥<br>3 | 甲子<br>4 | 乙丑<br>5 | 丙寅<br>6 | 丁卯<br>7 | 戊辰<br>8 | 己巳<br>9 | 庚午<br>10 | 辛未<br>11 | 壬申<br>12 | 癸酉<br>13 | 甲戌<br>14 | 乙亥<br>15 | 丙子<br>16 | 丁丑<br>17 | 戊寅<br>18 | 己卯<br>19 | 庚辰<br>20 | 辛巳<br>21 | 壬午<br>22 | 癸未<br>23 | 甲申<br>24 | 乙酉<br>25 | 丙戌<br>26 | 丁亥<br>27 | 戊子<br>28 | 己丑<br>29 | 庚寅<br>30 | | 庚午立秋 |
| 八月大 | 癸酉 | 干支曆<br>天地西 | 辛卯<br>31 | 壬辰<br>(9) | 癸巳<br>2 | 甲午<br>3 | 乙未<br>4 | 丙申<br>5 | 丁酉<br>6 | 戊戌<br>7 | 己亥<br>8 | 庚子<br>9 | 辛丑<br>10 | 壬寅<br>11 | 癸卯<br>12 | 甲辰<br>13 | 乙巳<br>14 | 丙午<br>15 | 丁未<br>16 | 戊申<br>17 | 己酉<br>18 | 庚戌<br>19 | 辛亥<br>20 | 壬子<br>21 | 癸丑<br>22 | 甲寅<br>23 | 乙卯<br>24 | 丙辰<br>25 | 丁巳<br>26 | 戊午<br>27 | 己未<br>28 | 庚申<br>29 | 乙卯秋分<br>庚申日食 |
| 九月小 | 甲戌 | 干支曆<br>天地西 | 辛酉<br>30 | 壬戌<br>(10) | 癸亥<br>2 | 甲子<br>3 | 乙丑<br>4 | 丙寅<br>5 | 丁卯<br>6 | 戊辰<br>7 | 己巳<br>8 | 庚午<br>9 | 辛未<br>10 | 壬申<br>11 | 癸酉<br>12 | 甲戌<br>13 | 乙亥<br>14 | 丙子<br>15 | 丁丑<br>16 | 戊寅<br>17 | 己卯<br>18 | 庚辰<br>19 | 辛巳<br>20 | 壬午<br>21 | 癸未<br>22 | 甲申<br>23 | 乙酉<br>24 | 丙戌<br>25 | 丁亥<br>26 | 戊子<br>27 | 己丑<br>28 | | |

# 漢惠帝四年（庚戌 狗年） 公元前 192 ~ 前 191 年

| 夏曆月序 | | 中西曆日對照 | 初一 | 初二 | 初三 | 初四 | 初五 | 初六 | 初七 | 初八 | 初九 | 初十 | 十一 | 十二 | 十三 | 十四 | 十五 | 十六 | 十七 | 十八 | 十九 | 二十 | 二一 | 二二 | 二三 | 二四 | 二五 | 二六 | 二七 | 二八 | 二九 | 三十 | 節氣與天象 |
|---|---|---|---|---|---|---|---|---|---|---|---|---|---|---|---|---|---|---|---|---|---|---|---|---|---|---|---|---|---|---|---|---|---|
| 十月大 | 乙亥 | 天干<br>地支<br>西曆 | 庚寅29 | 辛卯30 | 壬辰31 | 癸巳(11) | 甲午2 | 乙未3 | 丙申4 | 丁酉5 | 戊戌6 | 己亥7 | 庚子8 | 辛丑9 | 壬寅10 | 癸卯11 | 甲辰12 | 乙巳13 | 丙午14 | 丁未15 | 戊申16 | 己酉17 | 庚戌18 | 辛亥19 | 壬子20 | 癸丑21 | 甲寅22 | 乙卯23 | 丙辰24 | 丁巳25 | 戊午26 | 己未27 | 辛丑立冬 |
| 十一月小 | 丙子 | 天干<br>地支<br>西曆 | 庚申28 | 辛酉29 | 壬戌30 | 癸亥(12) | 甲子2 | 乙丑3 | 丙寅4 | 丁卯5 | 戊辰6 | 己巳7 | 庚午8 | 辛未9 | 壬申10 | 癸酉11 | 甲戌12 | 乙亥13 | 丙子14 | 丁丑15 | 戊寅16 | 己卯17 | 庚辰18 | 辛巳19 | 壬午20 | 癸未21 | 甲申22 | 乙酉23 | 丙戌24 | 丁亥25 | 戊子26 | | 丁亥冬至 |
| 十二月大 | 丁丑 | 天干<br>地支<br>西曆 | 己丑27 | 庚寅28 | 辛卯29 | 壬辰30 | 癸巳31 | 甲午(1) | 乙未2 | 丙申3 | 丁酉4 | 戊戌5 | 己亥6 | 庚子7 | 辛丑8 | 壬寅9 | 癸卯10 | 甲辰11 | 乙巳12 | 丙午13 | 丁未14 | 戊申15 | 己酉16 | 庚戌17 | 辛亥18 | 壬子19 | 癸丑20 | 甲寅21 | 乙卯22 | 丙辰23 | 丁巳24 | 戊午25 | |
| 正月小 | 戊寅 | 天干<br>地支<br>西曆 | 己未26 | 庚申27 | 辛酉28 | 壬戌29 | 癸亥30 | 甲子31 | 乙丑(2) | 丙寅2 | 丁卯3 | 戊辰4 | 己巳5 | 庚午6 | 辛未7 | 壬申8 | 癸酉9 | 甲戌10 | 乙亥11 | 丙子12 | 丁丑13 | 戊寅14 | 己卯15 | 庚辰16 | 辛巳17 | 壬午18 | 癸未19 | 甲申20 | 乙酉21 | 丙戌22 | 丁亥23 | | 壬申立春 |
| 二月大 | 己卯 | 天干<br>地支<br>西曆 | 戊子24 | 己丑25 | 庚寅26 | 辛卯27 | 壬辰28 | 癸巳(3) | 甲午2 | 乙未3 | 丙申4 | 丁酉5 | 戊戌6 | 己亥7 | 庚子8 | 辛丑9 | 壬寅10 | 癸卯11 | 甲辰12 | 乙巳13 | 丙午14 | 丁未15 | 戊申16 | 己酉17 | 庚戌18 | 辛亥19 | 壬子20 | 癸丑21 | 甲寅22 | 乙卯23 | 丙辰24 | 丁巳25 | |
| 三月小 | 庚辰 | 天干<br>地支<br>西曆 | 戊午26 | 己未27 | 庚申28 | 辛酉29 | 壬戌30 | 癸亥31 | 甲子(4) | 乙丑2 | 丙寅3 | 丁卯4 | 戊辰5 | 己巳6 | 庚午7 | 辛未8 | 壬申9 | 癸酉10 | 甲戌11 | 乙亥12 | 丙子13 | 丁丑14 | 戊寅15 | 己卯16 | 庚辰17 | 辛巳18 | 壬午19 | 癸未20 | 甲申21 | 乙酉22 | 丙戌23 | | 戊午春分 |
| 四月大 | 辛巳 | 天干<br>地支<br>西曆 | 丁亥24 | 戊子25 | 己丑26 | 庚寅27 | 辛卯28 | 壬辰29 | 癸巳30 | 甲午(5) | 乙未2 | 丙申3 | 丁酉4 | 戊戌5 | 己亥6 | 庚子7 | 辛丑8 | 壬寅9 | 癸卯10 | 甲辰11 | 乙巳12 | 丙午13 | 丁未14 | 戊申15 | 己酉16 | 庚戌17 | 辛亥18 | 壬子19 | 癸丑20 | 甲寅21 | 乙卯22 | 丙辰23 | 甲辰立夏 |
| 五月小 | 壬午 | 天干<br>地支<br>西曆 | 丁巳24 | 戊午25 | 己未26 | 庚申27 | 辛酉28 | 壬戌29 | 癸亥30 | 甲子31 | 乙丑(6) | 丙寅2 | 丁卯3 | 戊辰4 | 己巳5 | 庚午6 | 辛未7 | 壬申8 | 癸酉9 | 甲戌10 | 乙亥11 | 丙子12 | 丁丑13 | 戊寅14 | 己卯15 | 庚辰16 | 辛巳17 | 壬午18 | 癸未19 | 甲申20 | 乙酉21 | | |
| 六月大 | 癸未 | 天干<br>地支<br>西曆 | 丙戌22 | 丁亥23 | 戊子24 | 己丑25 | 庚寅26 | 辛卯27 | 壬辰28 | 癸巳29 | 甲午30 | 乙未(7) | 丙申2 | 丁酉3 | 戊戌4 | 己亥5 | 庚子6 | 辛丑7 | 壬寅8 | 癸卯9 | 甲辰10 | 乙巳11 | 丙午12 | 丁未13 | 戊申14 | 己酉15 | 庚戌16 | 辛亥17 | 壬子18 | 癸丑19 | 甲寅20 | 乙卯21 | 己丑夏至 |
| 七月小 | 甲申 | 天干<br>地支<br>西曆 | 丙辰22 | 丁巳23 | 戊午24 | 己未25 | 庚申26 | 辛酉27 | 壬戌28 | 癸亥29 | 甲子30 | 乙丑31 | 丙寅(8) | 丁卯2 | 戊辰3 | 己巳4 | 庚午5 | 辛未6 | 壬申7 | 癸酉8 | 甲戌9 | 乙亥10 | 丙子11 | 丁丑12 | 戊寅13 | 己卯14 | 庚辰15 | 辛巳16 | 壬午17 | 癸未18 | 甲申19 | | 乙亥立秋 |
| 八月大 | 乙酉 | 天干<br>地支<br>西曆 | 乙酉20 | 丙戌21 | 丁亥22 | 戊子23 | 己丑24 | 庚寅25 | 辛卯26 | 壬辰27 | 癸巳28 | 甲午29 | 乙未30 | 丙申31 | 丁酉(9) | 戊戌2 | 己亥3 | 庚子4 | 辛丑5 | 壬寅6 | 癸卯7 | 甲辰8 | 乙巳9 | 丙午10 | 丁未11 | 戊申12 | 己酉13 | 庚戌14 | 辛亥15 | 壬子16 | 癸丑17 | 甲寅18 | |
| 九月大 | 丙戌 | 天干<br>地支<br>西曆 | 乙卯19 | 丙辰20 | 丁巳21 | 戊午22 | 己未23 | 庚申24 | 辛酉25 | 壬戌26 | 癸亥27 | 甲子28 | 乙丑29 | 丙寅30 | 丁卯(10) | 戊辰2 | 己巳3 | 庚午4 | 辛未5 | 壬申6 | 癸酉7 | 甲戌8 | 乙亥9 | 丙子10 | 丁丑11 | 戊寅12 | 己卯13 | 庚辰14 | 辛巳15 | 壬午16 | 癸未17 | 甲申18 | 辛酉秋分 |
| 後九月小 | 丙戌 | 天干<br>地支<br>西曆 | 乙酉19 | 丙戌20 | 丁亥21 | 戊子22 | 己丑23 | 庚寅24 | 辛卯25 | 壬辰26 | 癸巳27 | 甲午28 | 乙未29 | 丙申30 | 丁酉31 | 戊戌(11) | 己亥2 | 庚子3 | 辛丑4 | 壬寅5 | 癸卯6 | 甲辰7 | 乙巳8 | 丙午9 | 丁未10 | 戊申11 | 己酉12 | 庚戌13 | 辛亥14 | 壬子15 | 癸丑16 | | 丙午立冬 |

# 漢惠帝五年（辛亥 猪年） 公元前 191 ~ 前 190 年

| 夏曆月序 | | 中西曆日對照 | 初一 | 初二 | 初三 | 初四 | 初五 | 初六 | 初七 | 初八 | 初九 | 初十 | 十一 | 十二 | 十三 | 十四 | 十五 | 十六 | 十七 | 十八 | 十九 | 二十 | 二一 | 二二 | 二三 | 二四 | 二五 | 二六 | 二七 | 二八 | 二九 | 三十 | 節氣與天象 |
|---|---|---|---|---|---|---|---|---|---|---|---|---|---|---|---|---|---|---|---|---|---|---|---|---|---|---|---|---|---|---|---|---|---|
| 十月大 | 丁亥 | 天干<br>地支<br>西曆 | 甲寅17 | 乙卯18 | 丙辰19 | 丁巳20 | 戊午21 | 己未22 | 庚申23 | 辛酉24 | 壬戌25 | 癸亥26 | 甲子27 | 乙丑28 | 丙寅29 | 丁卯30 | 戊辰(12) | 己巳2 | 庚午3 | 辛未4 | 壬申5 | 癸酉6 | 甲戌7 | 乙亥8 | 丙子9 | 丁丑10 | 戊寅11 | 己卯12 | 庚辰13 | 辛巳14 | 壬午15 | 癸未16 | |
| 十一月小 | 戊子 | 天干<br>地支<br>西曆 | 甲申17 | 乙酉18 | 丙戌19 | 丁亥20 | 戊子21 | 己丑22 | 庚寅23 | 辛卯24 | 壬辰25 | 癸巳26 | 甲午27 | 乙未28 | 丙申29 | 丁酉30 | 戊戌31 | 己亥(1) | 庚子2 | 辛丑3 | 壬寅4 | 癸卯5 | 甲辰6 | 乙巳7 | 丙午8 | 丁未9 | 戊申10 | 己酉11 | 庚戌12 | 辛亥13 | 壬子14 | | 壬辰冬至 |
| 十二月大 | 己丑 | 天干<br>地支<br>西曆 | 癸丑15 | 甲寅16 | 乙卯17 | 丙辰18 | 丁巳19 | 戊午20 | 己未21 | 庚申22 | 辛酉23 | 壬戌24 | 癸亥25 | 甲子26 | 乙丑27 | 丙寅28 | 丁卯29 | 戊辰30 | 己巳31 | 庚午(2) | 辛未2 | 壬申3 | 癸酉4 | 甲戌5 | 乙亥6 | 丙子7 | 丁丑8 | 戊寅9 | 己卯10 | 庚辰11 | 辛巳12 | 壬午13 | 戊寅立春 |
| 正月小 | 庚寅 | 天干<br>地支<br>西曆 | 癸未14 | 甲申15 | 乙酉16 | 丙戌17 | 丁亥18 | 戊子19 | 己丑20 | 庚寅21 | 辛卯22 | 壬辰23 | 癸巳24 | 甲午25 | 乙未26 | 丙申27 | 丁酉28 | 戊戌(3) | 己亥2 | 庚子3 | 辛丑4 | 壬寅5 | 癸卯6 | 甲辰7 | 乙巳8 | 丙午9 | 丁未10 | 戊申11 | 己酉12 | 庚戌13 | 辛亥14 | | |
| 二月大 | 辛卯 | 天干<br>地支<br>西曆 | 壬子15 | 癸丑16 | 甲寅17 | 乙卯18 | 丙辰19 | 丁巳20 | 戊午21 | 己未22 | 庚申23 | 辛酉24 | 壬戌25 | 癸亥26 | 甲子27 | 乙丑28 | 丙寅29 | 丁卯30 | 戊辰31 | 己巳(4) | 庚午2 | 辛未3 | 壬申4 | 癸酉5 | 甲戌6 | 乙亥7 | 丙子8 | 丁丑9 | 戊寅10 | 己卯11 | 庚辰12 | 辛巳13 | 癸亥春分 |
| 三月小 | 壬辰 | 天干<br>地支<br>西曆 | 壬午14 | 癸未15 | 甲申16 | 乙酉17 | 丙戌18 | 丁亥19 | 戊子20 | 己丑21 | 庚寅22 | 辛卯23 | 壬辰24 | 癸巳25 | 甲午26 | 乙未27 | 丙申28 | 丁酉29 | 戊戌30 | 己亥(5) | 庚子2 | 辛丑3 | 壬寅4 | 癸卯5 | 甲辰6 | 乙巳7 | 丙午8 | 丁未9 | 戊申10 | 己酉11 | 庚戌12 | | 己酉立夏 |
| 四月大 | 癸巳 | 天干<br>地支<br>西曆 | 辛亥13 | 壬子14 | 癸丑15 | 甲寅16 | 乙卯17 | 丙辰18 | 丁巳19 | 戊午20 | 己未21 | 庚申22 | 辛酉23 | 壬戌24 | 癸亥25 | 甲子26 | 乙丑27 | 丙寅28 | 丁卯29 | 戊辰30 | 己巳31 | 庚午(6) | 辛未2 | 壬申3 | 癸酉4 | 甲戌5 | 乙亥6 | 丙子7 | 丁丑8 | 戊寅9 | 己卯10 | 庚辰11 | |
| 五月小 | 甲午 | 天干<br>地支<br>西曆 | 辛巳12 | 壬午13 | 癸未14 | 甲申15 | 乙酉16 | 丙戌17 | 丁亥18 | 戊子19 | 己丑20 | 庚寅21 | 辛卯22 | 壬辰23 | 癸巳24 | 甲午25 | 乙未26 | 丙申27 | 丁酉28 | 戊戌29 | 己亥30 | 庚子(7) | 辛丑2 | 壬寅3 | 癸卯4 | 甲辰5 | 乙巳6 | 丙午7 | 丁未8 | 戊申9 | 己酉10 | | 甲午夏至 |
| 六月大 | 乙未 | 天干<br>地支<br>西曆 | 庚戌11 | 辛亥12 | 壬子13 | 癸丑14 | 甲寅15 | 乙卯16 | 丙辰17 | 丁巳18 | 戊午19 | 己未20 | 庚申21 | 辛酉22 | 壬戌23 | 癸亥24 | 甲子25 | 乙丑26 | 丙寅27 | 丁卯28 | 戊辰29 | 己巳30 | 庚午31 | 辛未(8) | 壬申2 | 癸酉3 | 甲戌4 | 乙亥5 | 丙子6 | 丁丑7 | 戊寅8 | 己卯9 | |
| 七月小 | 丙申 | 天干<br>地支<br>西曆 | 庚辰10 | 辛巳11 | 壬午12 | 癸未13 | 甲申14 | 乙酉15 | 丙戌16 | 丁亥17 | 戊子18 | 己丑19 | 庚寅20 | 辛卯21 | 壬辰22 | 癸巳23 | 甲午24 | 乙未25 | 丙申26 | 丁酉27 | 戊戌28 | 己亥29 | 庚子30 | 辛丑31 | 壬寅(9) | 癸卯2 | 甲辰3 | 乙巳4 | 丙午5 | 丁未6 | 戊申7 | | 庚辰立秋 |
| 八月大 | 丁酉 | 天干<br>地支<br>西曆 | 己酉8 | 庚戌9 | 辛亥10 | 壬子11 | 癸丑12 | 甲寅13 | 乙卯14 | 丙辰15 | 丁巳16 | 戊午17 | 己未18 | 庚申19 | 辛酉20 | 壬戌21 | 癸亥22 | 甲子23 | 乙丑24 | 丙寅25 | 丁卯26 | 戊辰27 | 己巳28 | 庚午29 | 辛未30 | 壬申(10) | 癸酉2 | 甲戌3 | 乙亥4 | 丙子5 | 丁丑6 | 戊寅7 | 丙寅秋分 |
| 九月小 | 戊戌 | 天干<br>地支<br>西曆 | 己卯8 | 庚辰9 | 辛巳10 | 壬午11 | 癸未12 | 甲申13 | 乙酉14 | 丙戌15 | 丁亥16 | 戊子17 | 己丑18 | 庚寅19 | 辛卯20 | 壬辰21 | 癸巳22 | 甲午23 | 乙未24 | 丙申25 | 丁酉26 | 戊戌27 | 己亥28 | 庚子29 | 辛丑30 | 壬寅31 | 癸卯(11) | 甲辰2 | 乙巳3 | 丙午4 | 丁未5 | | |

## 漢惠帝六年（壬子 鼠年） 公元前 190 ~ 前 189 年

| 夏曆月序 | | 中西曆日對照 | 初一 | 初二 | 初三 | 初四 | 初五 | 初六 | 初七 | 初八 | 初九 | 初十 | 十一 | 十二 | 十三 | 十四 | 十五 | 十六 | 十七 | 十八 | 十九 | 二十 | 二一 | 二二 | 二三 | 二四 | 二五 | 二六 | 二七 | 二八 | 二九 | 三十 | 節氣與天象 |
|---|---|---|---|---|---|---|---|---|---|---|---|---|---|---|---|---|---|---|---|---|---|---|---|---|---|---|---|---|---|---|---|---|---|
| 十月大 | 己亥 | 天干地支西曆 | 戊申6 | 己酉7 | 庚戌8 | 辛亥9 | 壬子10 | 癸丑11 | 甲寅12 | 乙卯13 | 丙辰14 | 丁巳15 | 戊午16 | 己未17 | 庚申18 | 辛酉19 | 壬戌20 | 癸亥21 | 甲子22 | 乙丑23 | 丙寅24 | 丁卯25 | 戊辰26 | 己巳27 | 庚午28 | 辛未29 | 壬申30 | 癸酉(12) | 甲戌2 | 乙亥3 | 丙子4 | 丁丑5 | 辛亥立冬 |
| 十一月大 | 庚子 | 天干地支西曆 | 戊寅6 | 己卯7 | 庚辰8 | 辛巳9 | 壬午10 | 癸未11 | 甲申12 | 乙酉13 | 丙戌14 | 丁亥15 | 戊子16 | 己丑17 | 庚寅18 | 辛卯19 | 壬辰20 | 癸巳21 | 甲午22 | 乙未23 | 丙申24 | 丁酉25 | 戊戌26 | 己亥27 | 庚子28 | 辛丑29 | 壬寅30 | 癸卯31 | 甲辰(1) | 乙巳2 | 丙午3 | 丁未4 | 丁酉冬至 |
| 十二月小 | 辛丑 | 天干地支西曆 | 戊申5 | 己酉6 | 庚戌7 | 辛亥8 | 壬子9 | 癸丑10 | 甲寅11 | 乙卯12 | 丙辰13 | 丁巳14 | 戊午15 | 己未16 | 庚申17 | 辛酉18 | 壬戌19 | 癸亥20 | 甲子21 | 乙丑22 | 丙寅23 | 丁卯24 | 戊辰25 | 己巳26 | 庚午27 | 辛未28 | 壬申29 | 癸酉30 | 甲戌31 | 乙亥(2) | 丙子2 | | |
| 正月大 | 壬寅 | 天干地支西曆 | 丁丑3 | 戊寅4 | 己卯5 | 庚辰6 | 辛巳7 | 壬午8 | 癸未9 | 甲申10 | 乙酉11 | 丙戌12 | 丁亥13 | 戊子14 | 己丑15 | 庚寅16 | 辛卯17 | 壬辰18 | 癸巳19 | 甲午20 | 乙未21 | 丙申22 | 丁酉23 | 戊戌24 | 己亥25 | 庚子26 | 辛丑27 | 壬寅28 | 癸卯29 | 甲辰(3) | 乙巳2 | 丙午3 | 癸未立春 |
| 二月小 | 癸卯 | 天干地支西曆 | 丁未4 | 戊申5 | 己酉6 | 庚戌7 | 辛亥8 | 壬子9 | 癸丑10 | 甲寅11 | 乙卯12 | 丙辰13 | 丁巳14 | 戊午15 | 己未16 | 庚申17 | 辛酉18 | 壬戌19 | 癸亥20 | 甲子21 | 乙丑22 | 丙寅23 | 丁卯24 | 戊辰25 | 己巳26 | 庚午27 | 辛未28 | 壬申29 | 癸酉30 | 甲戌31 | 乙亥(4) | | 戊辰春分 |
| 三月大 | 甲辰 | 天干地支西曆 | 丙子2 | 丁丑3 | 戊寅4 | 己卯5 | 庚辰6 | 辛巳7 | 壬午8 | 癸未9 | 甲申10 | 乙酉11 | 丙戌12 | 丁亥13 | 戊子14 | 己丑15 | 庚寅16 | 辛卯17 | 壬辰18 | 癸巳19 | 甲午20 | 乙未21 | 丙申22 | 丁酉23 | 戊戌24 | 己亥25 | 庚子26 | 辛丑27 | 壬寅28 | 癸卯29 | 甲辰30 | 乙巳(5) | |
| 四月小 | 乙巳 | 天干地支西曆 | 丙午2 | 丁未3 | 戊申4 | 己酉5 | 庚戌6 | 辛亥7 | 壬子8 | 癸丑9 | 甲寅10 | 乙卯11 | 丙辰12 | 丁巳13 | 戊午14 | 己未15 | 庚申16 | 辛酉17 | 壬戌18 | 癸亥19 | 甲子20 | 乙丑21 | 丙寅22 | 丁卯23 | 戊辰24 | 己巳25 | 庚午26 | 辛未27 | 壬申28 | 癸酉29 | 甲戌30 | | 甲寅立夏 |
| 五月大 | 丙午 | 天干地支西曆 | 乙亥31 | 丙子(6) | 丁丑2 | 戊寅3 | 己卯4 | 庚辰5 | 辛巳6 | 壬午7 | 癸未8 | 甲申9 | 乙酉10 | 丙戌11 | 丁亥12 | 戊子13 | 己丑14 | 庚寅15 | 辛卯16 | 壬辰17 | 癸巳18 | 甲午19 | 乙未20 | 丙申21 | 丁酉22 | 戊戌23 | 己亥24 | 庚子25 | 辛丑26 | 壬寅27 | 癸卯28 | 甲辰29 | 庚子夏至 |
| 六月小 | 丁未 | 天干地支西曆 | 乙巳30 | 丙午(7) | 丁未2 | 戊申3 | 己酉4 | 庚戌5 | 辛亥6 | 壬子7 | 癸丑8 | 甲寅9 | 乙卯10 | 丙辰11 | 丁巳12 | 戊午13 | 己未14 | 庚申15 | 辛酉16 | 壬戌17 | 癸亥18 | 甲子19 | 乙丑20 | 丙寅21 | 丁卯22 | 戊辰23 | 己巳24 | 庚午25 | 辛未26 | 壬申27 | 癸酉28 | | |
| 七月大 | 戊申 | 天干地支西曆 | 甲戌29 | 乙亥30 | 丙子31 | 丁丑(8) | 戊寅2 | 己卯3 | 庚辰4 | 辛巳5 | 壬午6 | 癸未7 | 甲申8 | 乙酉9 | 丙戌10 | 丁亥11 | 戊子12 | 己丑13 | 庚寅14 | 辛卯15 | 壬辰16 | 癸巳17 | 甲午18 | 乙未19 | 丙申20 | 丁酉21 | 戊戌22 | 己亥23 | 庚子24 | 辛丑25 | 壬寅26 | 癸卯27 | 乙酉立秋 |
| 八月小 | 己酉 | 天干地支西曆 | 甲辰28 | 乙巳29 | 丙午30 | 丁未31 | 戊申(9) | 己酉2 | 庚戌3 | 辛亥4 | 壬子5 | 癸丑6 | 甲寅7 | 乙卯8 | 丙辰9 | 丁巳10 | 戊午11 | 己未12 | 庚申13 | 辛酉14 | 壬戌15 | 癸亥16 | 甲子17 | 乙丑18 | 丙寅19 | 丁卯20 | 戊辰21 | 己巳22 | 庚午23 | 辛未24 | 壬申25 | | 辛未秋分 |
| 九月大 | 庚戌 | 天干地支西曆 | 癸酉26 | 甲戌27 | 乙亥28 | 丙子29 | 丁丑30 | 戊寅(10) | 己卯2 | 庚辰3 | 辛巳4 | 壬午5 | 癸未6 | 甲申7 | 乙酉8 | 丙戌9 | 丁亥10 | 戊子11 | 己丑12 | 庚寅13 | 辛卯14 | 壬辰15 | 癸巳16 | 甲午17 | 乙未18 | 丙申19 | 丁酉20 | 戊戌21 | 己亥22 | 庚子23 | 辛丑24 | 壬寅25 | |
| 後九月小 | 庚戌 | 天干地支西曆 | 癸卯26 | 甲辰27 | 乙巳28 | 丙午29 | 丁未30 | 戊申31 | 己酉(11) | 庚戌2 | 辛亥3 | 壬子4 | 癸丑5 | 甲寅6 | 乙卯7 | 丙辰8 | 丁巳9 | 戊午10 | 己未11 | 庚申12 | 辛酉13 | 壬戌14 | 癸亥15 | 甲子16 | 乙丑17 | 丙寅18 | 丁卯19 | 戊辰20 | 己巳21 | 庚午22 | 辛未23 | | 丁巳立冬 |

# 漢惠帝七年（癸丑 牛年） 公元前189 ~ 前188年

| 夏曆月序 | | 中西曆日對照 | 初一 | 初二 | 初三 | 初四 | 初五 | 初六 | 初七 | 初八 | 初九 | 初十 | 十一 | 十二 | 十三 | 十四 | 十五 | 十六 | 十七 | 十八 | 十九 | 二十 | 二一 | 二二 | 二三 | 二四 | 二五 | 二六 | 二七 | 二八 | 二九 | 三十 | 節氣與天象 |
|---|---|---|---|---|---|---|---|---|---|---|---|---|---|---|---|---|---|---|---|---|---|---|---|---|---|---|---|---|---|---|---|---|---|
| 十月大 | 辛亥 | 天干地支<br>西曆 | 壬申24 | 癸酉25 | 甲戌26 | 乙亥27 | 丙子28 | 丁丑29 | 戊寅30 | 己卯(12) | 庚辰2 | 辛巳3 | 壬午4 | 癸未5 | 甲申6 | 乙酉7 | 丙戌8 | 丁亥9 | 戊子10 | 己丑11 | 庚寅12 | 辛卯13 | 壬辰14 | 癸巳15 | 甲午16 | 乙未17 | 丙申18 | 丁酉19 | 戊戌20 | 己亥21 | 庚子22 | 辛丑23 | |
| 十一月小 | 壬子 | 天干地支<br>西曆 | 壬寅24 | 癸卯25 | 甲辰26 | 乙巳27 | 丙午28 | 丁未29 | 戊申30 | 己酉31 | 庚戌(1) | 辛亥2 | 壬子3 | 癸丑4 | 甲寅5 | 乙卯6 | 丙辰7 | 丁巳8 | 戊午9 | 己未10 | 庚申11 | 辛酉12 | 壬戌13 | 癸亥14 | 甲子15 | 乙丑16 | 丙寅17 | 丁卯18 | 戊辰19 | 己巳20 | 庚午21 | | 壬寅冬至 |
| 十二月大 | 癸丑 | 天干地支<br>西曆 | 辛未22 | 壬申23 | 癸酉24 | 甲戌25 | 乙亥26 | 丙子27 | 丁丑28 | 戊寅29 | 己卯30 | 庚辰31 | 辛巳(2) | 壬午2 | 癸未3 | 甲申4 | 乙酉5 | 丙戌6 | 丁亥7 | 戊子8 | 己丑9 | 庚寅10 | 辛卯11 | 壬辰12 | 癸巳13 | 甲午14 | 乙未15 | 丙申16 | 丁酉17 | 戊戌18 | 己亥19 | 庚子20 | 戊子立春 |
| 正月小 | 甲寅 | 天干地支<br>西曆 | 辛丑21 | 壬寅22 | 癸卯23 | 甲辰24 | 乙巳25 | 丙午26 | 丁未27 | 戊申28 | 己酉(3) | 庚戌2 | 辛亥3 | 壬子4 | 癸丑5 | 甲寅6 | 乙卯7 | 丙辰8 | 丁巳9 | 戊午10 | 己未11 | 庚申12 | 辛酉13 | 壬戌14 | 癸亥15 | 甲子16 | 乙丑17 | 丙寅18 | 丁卯19 | 戊辰20 | 己巳21 | | |
| 二月大 | 乙卯 | 天干地支<br>西曆 | 庚午22 | 辛未23 | 壬申24 | 癸酉25 | 甲戌26 | 乙亥27 | 丙子28 | 丁丑29 | 戊寅30 | 己卯31 | 庚辰(4) | 辛巳2 | 壬午3 | 癸未4 | 甲申5 | 乙酉6 | 丙戌7 | 丁亥8 | 戊子9 | 己丑10 | 庚寅11 | 辛卯12 | 壬辰13 | 癸巳14 | 甲午15 | 乙未16 | 丙申17 | 丁酉18 | 戊戌19 | 己亥20 | 甲戌春分 |
| 三月大 | 丙辰 | 天干地支<br>西曆 | 庚子21 | 辛丑22 | 壬寅23 | 癸卯24 | 甲辰25 | 乙巳26 | 丙午27 | 丁未28 | 戊申29 | 己酉30 | 庚戌(5) | 辛亥2 | 壬子3 | 癸丑4 | 甲寅5 | 乙卯6 | 丙辰7 | 丁巳8 | 戊午9 | 己未10 | 庚申11 | 辛酉12 | 壬戌13 | 癸亥14 | 甲子15 | 乙丑16 | 丙寅17 | 丁卯18 | 戊辰19 | 己巳20 | 己未立夏 |
| 四月小 | 丁巳 | 天干地支<br>西曆 | 庚午21 | 辛未22 | 壬申23 | 癸酉24 | 甲戌25 | 乙亥26 | 丙子27 | 丁丑28 | 戊寅29 | 己卯30 | 庚辰31 | 辛巳(6) | 壬午2 | 癸未3 | 甲申4 | 乙酉5 | 丙戌6 | 丁亥7 | 戊子8 | 己丑9 | 庚寅10 | 辛卯11 | 壬辰12 | 癸巳13 | 甲午14 | 乙未15 | 丙申16 | 丁酉17 | 戊戌18 | | |
| 五月大 | 戊午 | 天干地支<br>西曆 | 己亥19 | 庚子20 | 辛丑21 | 壬寅22 | 癸卯23 | 甲辰24 | 乙巳25 | 丙午26 | 丁未27 | 戊申28 | 己酉29 | 庚戌30 | 辛亥(7) | 壬子2 | 癸丑3 | 甲寅4 | 乙卯5 | 丙辰6 | 丁巳7 | 戊午8 | 己未9 | 庚申10 | 辛酉11 | 壬戌12 | 癸亥13 | 甲子14 | 乙丑15 | 丙寅16 | 丁卯17 | 戊辰18 | 乙巳夏至<br>丁卯日食 |
| 六月小 | 己未 | 天干地支<br>西曆 | 己巳19 | 庚午20 | 辛未21 | 壬申22 | 癸酉23 | 甲戌24 | 乙亥25 | 丙子26 | 丁丑27 | 戊寅28 | 己卯29 | 庚辰30 | 辛巳31 | 壬午(8) | 癸未2 | 甲申3 | 乙酉4 | 丙戌5 | 丁亥6 | 戊子7 | 己丑8 | 庚寅9 | 辛卯10 | 壬辰11 | 癸巳12 | 甲午13 | 乙未14 | 丙申15 | 丁酉16 | | 辛卯立秋 |
| 七月大 | 庚申 | 天干地支<br>西曆 | 戊戌17 | 己亥18 | 庚子19 | 辛丑20 | 壬寅21 | 癸卯22 | 甲辰23 | 乙巳24 | 丙午25 | 丁未26 | 戊申27 | 己酉28 | 庚戌29 | 辛亥30 | 壬子31 | 癸丑(9) | 甲寅2 | 乙卯3 | 丙辰4 | 丁巳5 | 戊午6 | 己未7 | 庚申8 | 辛酉9 | 壬戌10 | 癸亥11 | 甲子12 | 乙丑13 | 丙寅14 | 丁卯15 | |
| 八月小 | 辛酉 | 天干地支<br>西曆 | 戊辰16 | 己巳17 | 庚午18 | 辛未19 | 壬申20 | 癸酉21 | 甲戌22 | 乙亥23 | 丙子24 | 丁丑25 | 戊寅26 | 己卯27 | 庚辰28 | 辛巳29 | 壬午30 | 癸未(10) | 甲申2 | 乙酉3 | 丙戌4 | 丁亥5 | 戊子6 | 己丑7 | 庚寅8 | 辛卯9 | 壬辰10 | 癸巳11 | 甲午12 | 乙未13 | 丙申14 | | 丙子秋分 |
| 九月大 | 壬戌 | 天干地支<br>西曆 | 丁酉15 | 戊戌16 | 己亥17 | 庚子18 | 辛丑19 | 壬寅20 | 癸卯21 | 甲辰22 | 乙巳23 | 丙午24 | 丁未25 | 戊申26 | 己酉27 | 庚戌28 | 辛亥29 | 壬子30 | 癸丑31 | 甲寅(11) | 乙卯2 | 丙辰3 | 丁巳4 | 戊午5 | 己未6 | 庚申7 | 辛酉8 | 壬戌9 | 癸亥10 | 甲子11 | 乙丑12 | 丙寅13 | 壬戌立冬 |

*八月戊寅（十一日），漢惠帝死。高后吕雉臨朝稱制，是爲漢高后。

# 漢高后元年（甲寅 虎年） 公元前188 ~ 前187年

| 夏曆月序 | 中西曆日對照 | 初一 | 初二 | 初三 | 初四 | 初五 | 初六 | 初七 | 初八 | 初九 | 初十 | 十一 | 十二 | 十三 | 十四 | 十五 | 十六 | 十七 | 十八 | 十九 | 二十 | 二一 | 二二 | 二三 | 二四 | 二五 | 二六 | 二七 | 二八 | 二九 | 三十 | 節氣與天象 |
|---|---|---|---|---|---|---|---|---|---|---|---|---|---|---|---|---|---|---|---|---|---|---|---|---|---|---|---|---|---|---|---|---|
| 十月小 癸亥 | 干支曆 天地西 | 丁卯14 | 戊辰15 | 己巳16 | 庚午17 | 辛未18 | 壬申19 | 癸酉20 | 甲戌21 | 乙亥22 | 丙子23 | 丁丑24 | 戊寅25 | 己卯26 | 庚辰27 | 辛巳28 | 壬午29 | 癸未30 | 甲申(12) | 乙酉2 | 丙戌3 | 丁亥4 | 戊子5 | 己丑6 | 庚寅7 | 辛卯8 | 壬辰9 | 癸巳10 | 甲午11 | 乙未12 | | |
| 十一月大 甲子 | 干支曆 天地西 | 丙申13 | 丁酉14 | 戊戌15 | 己亥16 | 庚子17 | 辛丑18 | 壬寅19 | 癸卯20 | 甲辰21 | 乙巳22 | 丙午23 | 丁未24 | 戊申25 | 己酉26 | 庚戌27 | 辛亥28 | 壬子29 | 癸丑30 | 甲寅31 | 乙卯(1) | 丙辰2 | 丁巳3 | 戊午4 | 己未5 | 庚申6 | 辛酉7 | 壬戌8 | 癸亥9 | 甲子10 | 乙丑11 | 戊申冬至 |
| 十二月小 乙丑 | 干支曆 天地西 | 丙寅12 | 丁卯13 | 戊辰14 | 己巳15 | 庚午16 | 辛未17 | 壬申18 | 癸酉19 | 甲戌20 | 乙亥21 | 丙子22 | 丁丑23 | 戊寅24 | 己卯25 | 庚辰26 | 辛巳27 | 壬午28 | 癸未29 | 甲申30 | 乙酉31 | 丙戌(2) | 丁亥2 | 戊子3 | 己丑4 | 庚寅5 | 辛卯6 | 壬辰7 | 癸巳8 | 甲午9 | | 癸巳立春 |
| 正月大 丙寅 | 干支曆 天地西 | 乙未10 | 丙申11 | 丁酉12 | 戊戌13 | 己亥14 | 庚子15 | 辛丑16 | 壬寅17 | 癸卯18 | 甲辰19 | 乙巳20 | 丙午21 | 丁未22 | 戊申23 | 己酉24 | 庚戌25 | 辛亥26 | 壬子27 | 癸丑28 | 甲寅(3) | 乙卯2 | 丙辰3 | 丁巳4 | 戊午5 | 己未6 | 庚申7 | 辛酉8 | 壬戌9 | 癸亥10 | 甲子11 | |
| 二月小 丁卯 | 干支曆 天地西 | 乙丑12 | 丙寅13 | 丁卯14 | 戊辰15 | 己巳16 | 庚午17 | 辛未18 | 壬申19 | 癸酉20 | 甲戌21 | 乙亥22 | 丙子23 | 丁丑24 | 戊寅25 | 己卯26 | 庚辰27 | 辛巳28 | 壬午29 | 癸未30 | 甲申31 | 乙酉(4) | 丙戌2 | 丁亥3 | 戊子4 | 己丑5 | 庚寅6 | 辛卯7 | 壬辰8 | 癸巳9 | | 己卯春分 |
| 三月大 戊辰 | 干支曆 天地西 | 甲午10 | 乙未11 | 丙申12 | 丁酉13 | 戊戌14 | 己亥15 | 庚子16 | 辛丑17 | 壬寅18 | 癸卯19 | 甲辰20 | 乙巳21 | 丙午22 | 丁未23 | 戊申24 | 己酉25 | 庚戌26 | 辛亥27 | 壬子28 | 癸丑29 | 甲寅30 | 乙卯(5) | 丙辰2 | 丁巳3 | 戊午4 | 己未5 | 庚申6 | 辛酉7 | 壬戌8 | 癸亥9 | |
| 四月小 己巳 | 干支曆 天地西 | 甲子10 | 乙丑11 | 丙寅12 | 丁卯13 | 戊辰14 | 己巳15 | 庚午16 | 辛未17 | 壬申18 | 癸酉19 | 甲戌20 | 乙亥21 | 丙子22 | 丁丑23 | 戊寅24 | 己卯25 | 庚辰26 | 辛巳27 | 壬午28 | 癸未29 | 甲申30 | 乙酉31 | 丙戌(6) | 丁亥2 | 戊子3 | 己丑4 | 庚寅5 | 辛卯6 | 壬辰7 | | 乙丑立夏 |
| 五月大 庚午 | 干支曆 天地西 | 癸巳8 | 甲午9 | 乙未10 | 丙申11 | 丁酉12 | 戊戌13 | 己亥14 | 庚子15 | 辛丑16 | 壬寅17 | 癸卯18 | 甲辰19 | 乙巳20 | 丙午21 | 丁未22 | 戊申23 | 己酉24 | 庚戌25 | 辛亥26 | 壬子27 | 癸丑28 | 甲寅29 | 乙卯30 | 丙辰(7) | 丁巳2 | 戊午3 | 己未4 | 庚申5 | 辛酉6 | 壬戌7 | 庚戌夏至 |
| 六月大 辛未 | 干支曆 天地西 | 癸亥8 | 甲子9 | 乙丑10 | 丙寅11 | 丁卯12 | 戊辰13 | 己巳14 | 庚午15 | 辛未16 | 壬申17 | 癸酉18 | 甲戌19 | 乙亥20 | 丙子21 | 丁丑22 | 戊寅23 | 己卯24 | 庚辰25 | 辛巳26 | 壬午27 | 癸未28 | 甲申29 | 乙酉30 | 丙戌31 | 丁亥(8) | 戊子2 | 己丑3 | 庚寅4 | 辛卯5 | 壬辰6 | |
| 七月小 壬申 | 干支曆 天地西 | 癸巳7 | 甲午8 | 乙未9 | 丙申10 | 丁酉11 | 戊戌12 | 己亥13 | 庚子14 | 辛丑15 | 壬寅16 | 癸卯17 | 甲辰18 | 乙巳19 | 丙午20 | 丁未21 | 戊申22 | 己酉23 | 庚戌24 | 辛亥25 | 壬子26 | 癸丑27 | 甲寅28 | 乙卯29 | 丙辰30 | 丁巳31 | 戊午(9) | 己未2 | 庚申3 | 辛酉4 | | 丙申立秋 |
| 八月大 癸酉 | 干支曆 天地西 | 壬戌5 | 癸亥6 | 甲子7 | 乙丑8 | 丙寅9 | 丁卯10 | 戊辰11 | 己巳12 | 庚午13 | 辛未14 | 壬申15 | 癸酉16 | 甲戌17 | 乙亥18 | 丙子19 | 丁丑20 | 戊寅21 | 己卯22 | 庚辰23 | 辛巳24 | 壬午25 | 癸未26 | 甲申27 | 乙酉28 | 丙戌29 | 丁亥30 | 戊子(10) | 己丑2 | 庚寅3 | 辛卯4 | 壬午秋分 |
| 九月小 甲戌 | 干支曆 天地西 | 壬辰5 | 癸巳6 | 甲午7 | 乙未8 | 丙申9 | 丁酉10 | 戊戌11 | 己亥12 | 庚子13 | 辛丑14 | 壬寅15 | 癸卯16 | 甲辰17 | 乙巳18 | 丙午19 | 丁未20 | 戊申21 | 己酉22 | 庚戌23 | 辛亥24 | 壬子25 | 癸丑26 | 甲寅27 | 乙卯28 | 丙辰29 | 丁巳30 | 戊午31 | 己未(11) | 庚申2 | | |

# 漢高后二年（乙卯 兔年） 公元前 187 ~ 前 186 年

| 夏曆月序 | | 中西曆日對照 | 初一 | 初二 | 初三 | 初四 | 初五 | 初六 | 初七 | 初八 | 初九 | 初十 | 十一 | 十二 | 十三 | 十四 | 十五 | 十六 | 十七 | 十八 | 十九 | 二十 | 二一 | 二二 | 二三 | 二四 | 二五 | 二六 | 二七 | 二八 | 二九 | 三十 | 節氣與天象 |
|---|---|---|---|---|---|---|---|---|---|---|---|---|---|---|---|---|---|---|---|---|---|---|---|---|---|---|---|---|---|---|---|---|---|
| 十月大 | 乙亥 | 天干<br>地支<br>西曆 | 辛酉<br>3 | 壬戌<br>4 | 癸亥<br>5 | 甲子<br>6 | 乙丑<br>7 | 丙寅<br>8 | 丁卯<br>9 | 戊辰<br>10 | 己巳<br>11 | 庚午<br>12 | 辛未<br>13 | 壬申<br>14 | 癸酉<br>15 | 甲戌<br>16 | 乙亥<br>17 | 丙子<br>18 | 丁丑<br>19 | 戊寅<br>20 | 己卯<br>21 | 庚辰<br>22 | 辛巳<br>23 | 壬午<br>24 | 癸未<br>25 | 甲申<br>26 | 乙酉<br>27 | 丙戌<br>28 | 丁亥<br>29 | 戊子<br>30 | 己丑<br>(12) | 庚寅<br>2 | 丁卯立冬 |
| 十一月小 | 丙子 | 天干<br>地支<br>西曆 | 辛卯<br>3 | 壬辰<br>4 | 癸巳<br>5 | 甲午<br>6 | 乙未<br>7 | 丙申<br>8 | 丁酉<br>9 | 戊戌<br>10 | 己亥<br>11 | 庚子<br>12 | 辛丑<br>13 | 壬寅<br>14 | 癸卯<br>15 | 甲辰<br>16 | 乙巳<br>17 | 丙午<br>18 | 丁未<br>19 | 戊申<br>20 | 己酉<br>21 | 庚戌<br>22 | 辛亥<br>23 | 壬子<br>24 | 癸丑<br>25 | 甲寅<br>26 | 乙卯<br>27 | 丙辰<br>28 | 丁巳<br>29 | 戊午<br>30 | 己未<br>31 | | 癸丑冬至 |
| 十二月大 | 丁丑 | 天干<br>地支<br>西曆 | 庚申<br>(1) | 辛酉<br>2 | 壬戌<br>3 | 癸亥<br>4 | 甲子<br>5 | 乙丑<br>6 | 丙寅<br>7 | 丁卯<br>8 | 戊辰<br>9 | 己巳<br>10 | 庚午<br>11 | 辛未<br>12 | 壬申<br>13 | 癸酉<br>14 | 甲戌<br>15 | 乙亥<br>16 | 丙子<br>17 | 丁丑<br>18 | 戊寅<br>19 | 己卯<br>20 | 庚辰<br>21 | 辛巳<br>22 | 壬午<br>23 | 癸未<br>24 | 甲申<br>25 | 乙酉<br>26 | 丙戌<br>27 | 丁亥<br>28 | 戊子<br>29 | 己丑<br>30 | |
| 正月小 | 戊寅 | 天干<br>地支<br>西曆 | 庚寅<br>31 | 辛卯<br>(2) | 壬辰<br>2 | 癸巳<br>3 | 甲午<br>4 | 乙未<br>5 | 丙申<br>6 | 丁酉<br>7 | 戊戌<br>8 | 己亥<br>9 | 庚子<br>10 | 辛丑<br>11 | 壬寅<br>12 | 癸卯<br>13 | 甲辰<br>14 | 乙巳<br>15 | 丙午<br>16 | 丁未<br>17 | 戊申<br>18 | 己酉<br>19 | 庚戌<br>20 | 辛亥<br>21 | 壬子<br>22 | 癸丑<br>23 | 甲寅<br>24 | 乙卯<br>25 | 丙辰<br>26 | 丁巳<br>27 | 戊午<br>28 | | 己亥立春 |
| 二月大 | 己卯 | 天干<br>地支<br>西曆 | 己未<br>(3) | 庚申<br>2 | 辛酉<br>3 | 壬戌<br>4 | 癸亥<br>5 | 甲子<br>6 | 乙丑<br>7 | 丙寅<br>8 | 丁卯<br>9 | 戊辰<br>10 | 己巳<br>11 | 庚午<br>12 | 辛未<br>13 | 壬申<br>14 | 癸酉<br>15 | 甲戌<br>16 | 乙亥<br>17 | 丙子<br>18 | 丁丑<br>19 | 戊寅<br>20 | 己卯<br>21 | 庚辰<br>22 | 辛巳<br>23 | 壬午<br>24 | 癸未<br>25 | 甲申<br>26 | 乙酉<br>27 | 丙戌<br>28 | 丁亥<br>29 | 戊子<br>30 | 甲申春分 |
| 三月小 | 庚辰 | 天干<br>地支<br>西曆 | 己丑<br>31 | 庚寅<br>(4) | 辛卯<br>2 | 壬辰<br>3 | 癸巳<br>4 | 甲午<br>5 | 乙未<br>6 | 丙申<br>7 | 丁酉<br>8 | 戊戌<br>9 | 己亥<br>10 | 庚子<br>11 | 辛丑<br>12 | 壬寅<br>13 | 癸卯<br>14 | 甲辰<br>15 | 乙巳<br>16 | 丙午<br>17 | 丁未<br>18 | 戊申<br>19 | 己酉<br>20 | 庚戌<br>21 | 辛亥<br>22 | 壬子<br>23 | 癸丑<br>24 | 甲寅<br>25 | 乙卯<br>26 | 丙辰<br>27 | 丁巳<br>28 | | |
| 四月大 | 辛巳 | 天干<br>地支<br>西曆 | 戊午<br>29 | 己未<br>30 | 庚申<br>(5) | 辛酉<br>2 | 壬戌<br>3 | 癸亥<br>4 | 甲子<br>5 | 乙丑<br>6 | 丙寅<br>7 | 丁卯<br>8 | 戊辰<br>9 | 己巳<br>10 | 庚午<br>11 | 辛未<br>12 | 壬申<br>13 | 癸酉<br>14 | 甲戌<br>15 | 乙亥<br>16 | 丙子<br>17 | 丁丑<br>18 | 戊寅<br>19 | 己卯<br>20 | 庚辰<br>21 | 辛巳<br>22 | 壬午<br>23 | 癸未<br>24 | 甲申<br>25 | 乙酉<br>26 | 丙戌<br>27 | 丁亥<br>28 | 庚午立夏 |
| 五月小 | 壬午 | 天干<br>地支<br>西曆 | 戊子<br>29 | 己丑<br>30 | 庚寅<br>31 | 辛卯<br>(6) | 壬辰<br>2 | 癸巳<br>3 | 甲午<br>4 | 乙未<br>5 | 丙申<br>6 | 丁酉<br>7 | 戊戌<br>8 | 己亥<br>9 | 庚子<br>10 | 辛丑<br>11 | 壬寅<br>12 | 癸卯<br>13 | 甲辰<br>14 | 乙巳<br>15 | 丙午<br>16 | 丁未<br>17 | 戊申<br>18 | 己酉<br>19 | 庚戌<br>20 | 辛亥<br>21 | 壬子<br>22 | 癸丑<br>23 | 甲寅<br>24 | 乙卯<br>25 | 丙辰<br>26 | | 乙卯夏至 |
| 六月大 | 癸未 | 天干<br>地支<br>西曆 | 丁巳<br>27 | 戊午<br>28 | 己未<br>29 | 庚申<br>30 | 辛酉<br>(7) | 壬戌<br>2 | 癸亥<br>3 | 甲子<br>4 | 乙丑<br>5 | 丙寅<br>6 | 丁卯<br>7 | 戊辰<br>8 | 己巳<br>9 | 庚午<br>10 | 辛未<br>11 | 壬申<br>12 | 癸酉<br>13 | 甲戌<br>14 | 乙亥<br>15 | 丙子<br>16 | 丁丑<br>17 | 戊寅<br>18 | 己卯<br>19 | 庚辰<br>20 | 辛巳<br>21 | 壬午<br>22 | 癸未<br>23 | 甲申<br>24 | 乙酉<br>25 | 丙戌<br>26 | |
| 七月小 | 甲申 | 天干<br>地支<br>西曆 | 丁亥<br>27 | 戊子<br>28 | 己丑<br>29 | 庚寅<br>30 | 辛卯<br>31 | 壬辰<br>(8) | 癸巳<br>2 | 甲午<br>3 | 乙未<br>4 | 丙申<br>5 | 丁酉<br>6 | 戊戌<br>7 | 己亥<br>8 | 庚子<br>9 | 辛丑<br>10 | 壬寅<br>11 | 癸卯<br>12 | 甲辰<br>13 | 乙巳<br>14 | 丙午<br>15 | 丁未<br>16 | 戊申<br>17 | 己酉<br>18 | 庚戌<br>19 | 辛亥<br>20 | 壬子<br>21 | 癸丑<br>22 | 甲寅<br>23 | 乙卯<br>24 | | 辛丑立秋 |
| 八月大 | 乙酉 | 天干<br>地支<br>西曆 | 丙辰<br>25 | 丁巳<br>26 | 戊午<br>27 | 己未<br>28 | 庚申<br>29 | 辛酉<br>30 | 壬戌<br>31 | 癸亥<br>(9) | 甲子<br>2 | 乙丑<br>3 | 丙寅<br>4 | 丁卯<br>5 | 戊辰<br>6 | 己巳<br>7 | 庚午<br>8 | 辛未<br>9 | 壬申<br>10 | 癸酉<br>11 | 甲戌<br>12 | 乙亥<br>13 | 丙子<br>14 | 丁丑<br>15 | 戊寅<br>16 | 己卯<br>17 | 庚辰<br>18 | 辛巳<br>19 | 壬午<br>20 | 癸未<br>21 | 甲申<br>22 | 乙酉<br>23 | |
| 九月小 | 丙戌 | 天干<br>地支<br>西曆 | 丙戌<br>24 | 丁亥<br>25 | 戊子<br>26 | 己丑<br>27 | 庚寅<br>28 | 辛卯<br>29 | 壬辰<br>30 | 癸巳<br>(10) | 甲午<br>2 | 乙未<br>3 | 丙申<br>4 | 丁酉<br>5 | 戊戌<br>6 | 己亥<br>7 | 庚子<br>8 | 辛丑<br>9 | 壬寅<br>10 | 癸卯<br>11 | 甲辰<br>12 | 乙巳<br>13 | 丙午<br>14 | 丁未<br>15 | 戊申<br>16 | 己酉<br>17 | 庚戌<br>18 | 辛亥<br>19 | 壬子<br>20 | 癸丑<br>21 | 甲寅<br>22 | | 丁亥秋分 |
| 後九月大 | 丙戌 | 天干<br>地支<br>西曆 | 乙卯<br>23 | 丙辰<br>24 | 丁巳<br>25 | 戊午<br>26 | 己未<br>27 | 庚申<br>28 | 辛酉<br>29 | 壬戌<br>30 | 癸亥<br>31 | 甲子<br>(11) | 乙丑<br>2 | 丙寅<br>3 | 丁卯<br>4 | 戊辰<br>5 | 己巳<br>6 | 庚午<br>7 | 辛未<br>8 | 壬申<br>9 | 癸酉<br>10 | 甲戌<br>11 | 乙亥<br>12 | 丙子<br>13 | 丁丑<br>14 | 戊寅<br>15 | 己卯<br>16 | 庚辰<br>17 | 辛巳<br>18 | 壬午<br>19 | 癸未<br>20 | 甲申<br>21 | 壬申立冬 |

# 漢高后三年（丙辰 龍年） 公元前186 ~ 前185年

| 夏曆月序 | | 中西曆日對照 | 初一 | 初二 | 初三 | 初四 | 初五 | 初六 | 初七 | 初八 | 初九 | 初十 | 十一 | 十二 | 十三 | 十四 | 十五 | 十六 | 十七 | 十八 | 十九 | 二十 | 二一 | 二二 | 二三 | 二四 | 二五 | 二六 | 二七 | 二八 | 二九 | 三十 | 節氣與天象 |
|---|---|---|---|---|---|---|---|---|---|---|---|---|---|---|---|---|---|---|---|---|---|---|---|---|---|---|---|---|---|---|---|---|---|
| 十月大 | 丁亥 | 干支天地西曆 | 乙酉22 | 丙戌23 | 丁亥24 | 戊子25 | 己丑26 | 庚寅27 | 辛卯28 | 壬辰29 | 癸巳30 | 甲午(12) | 乙未2 | 丙申3 | 丁酉4 | 戊戌5 | 己亥6 | 庚子7 | 辛丑8 | 壬寅9 | 癸卯10 | 甲辰11 | 乙巳12 | 丙午13 | 丁未14 | 戊申15 | 己酉16 | 庚戌17 | 辛亥18 | 壬子19 | 癸丑20 | 甲寅21 | |
| 十一月小 | 戊子 | 干支天地西曆 | 乙卯22 | 丙辰23 | 丁巳24 | 戊午25 | 己未26 | 庚申27 | 辛酉28 | 壬戌29 | 癸亥30 | 甲子31 | 乙丑(1) | 丙寅2 | 丁卯3 | 戊辰4 | 己巳5 | 庚午6 | 辛未7 | 壬申8 | 癸酉9 | 甲戌10 | 乙亥11 | 丙子12 | 丁丑13 | 戊寅14 | 己卯15 | 庚辰16 | 辛巳17 | 壬午18 | 癸未19 | | 戊午冬至 |
| 十二月大 | 己丑 | 干支天地西曆 | 甲申20 | 乙酉21 | 丙戌22 | 丁亥23 | 戊子24 | 己丑25 | 庚寅26 | 辛卯27 | 壬辰28 | 癸巳29 | 甲午30 | 乙未31 | 丙申(2) | 丁酉2 | 戊戌3 | 己亥4 | 庚子5 | 辛丑6 | 壬寅7 | 癸卯8 | 甲辰9 | 乙巳10 | 丙午11 | 丁未12 | 戊申13 | 己酉14 | 庚戌15 | 辛亥16 | 壬子17 | 癸丑18 | 甲辰立春 |
| 正月小 | 庚寅 | 干支天地西曆 | 甲寅19 | 乙卯20 | 丙辰21 | 丁巳22 | 戊午23 | 己未24 | 庚申25 | 辛酉26 | 壬戌27 | 癸亥28 | 甲子29 | 乙丑(3) | 丙寅2 | 丁卯3 | 戊辰4 | 己巳5 | 庚午6 | 辛未7 | 壬申8 | 癸酉9 | 甲戌10 | 乙亥11 | 丙子12 | 丁丑13 | 戊寅14 | 己卯15 | 庚辰16 | 辛巳17 | 壬午18 | | |
| 二月大 | 辛卯 | 干支天地西曆 | 癸未19 | 甲申20 | 乙酉21 | 丙戌22 | 丁亥23 | 戊子24 | 己丑25 | 庚寅26 | 辛卯27 | 壬辰28 | 癸巳29 | 甲午30 | 乙未31 | 丙申(4) | 丁酉2 | 戊戌3 | 己亥4 | 庚子5 | 辛丑6 | 壬寅7 | 癸卯8 | 甲辰9 | 乙巳10 | 丙午11 | 丁未12 | 戊申13 | 己酉14 | 庚戌15 | 辛亥16 | 壬子17 | 己丑春分 |
| 三月小 | 壬辰 | 干支天地西曆 | 癸丑18 | 甲寅19 | 乙卯20 | 丙辰21 | 丁巳22 | 戊午23 | 己未24 | 庚申25 | 辛酉26 | 壬戌27 | 癸亥28 | 甲子29 | 乙丑30 | 丙寅(5) | 丁卯2 | 戊辰3 | 己巳4 | 庚午5 | 辛未6 | 壬申7 | 癸酉8 | 甲戌9 | 乙亥10 | 丙子11 | 丁丑12 | 戊寅13 | 己卯14 | 庚辰15 | 辛巳16 | | 乙亥立夏 |
| 四月大 | 癸巳 | 干支天地西曆 | 壬午17 | 癸未18 | 甲申19 | 乙酉20 | 丙戌21 | 丁亥22 | 戊子23 | 己丑24 | 庚寅25 | 辛卯26 | 壬辰27 | 癸巳28 | 甲午29 | 乙未30 | 丙申31 | 丁酉(6) | 戊戌2 | 己亥3 | 庚子4 | 辛丑5 | 壬寅6 | 癸卯7 | 甲辰8 | 乙巳9 | 丙午10 | 丁未11 | 戊申12 | 己酉13 | 庚戌14 | 辛亥15 | |
| 五月小 | 甲午 | 干支天地西曆 | 壬子16 | 癸丑17 | 甲寅18 | 乙卯19 | 丙辰20 | 丁巳21 | 戊午22 | 己未23 | 庚申24 | 辛酉25 | 壬戌26 | 癸亥27 | 甲子28 | 乙丑29 | 丙寅30 | 丁卯(7) | 戊辰2 | 己巳3 | 庚午4 | 辛未5 | 壬申6 | 癸酉7 | 甲戌8 | 乙亥9 | 丙子10 | 丁丑11 | 戊寅12 | 己卯13 | 庚辰14 | | 辛酉夏至 |
| 六月大 | 乙未 | 干支天地西曆 | 辛巳15 | 壬午16 | 癸未17 | 甲申18 | 乙酉19 | 丙戌20 | 丁亥21 | 戊子22 | 己丑23 | 庚寅24 | 辛卯25 | 壬辰26 | 癸巳27 | 甲午28 | 乙未29 | 丙申30 | 丁酉31 | 戊戌(8) | 己亥2 | 庚子3 | 辛丑4 | 壬寅5 | 癸卯6 | 甲辰7 | 乙巳8 | 丙午9 | 丁未10 | 戊申11 | 己酉12 | 庚戌13 | 丙午立秋 |
| 七月小 | 丙申 | 干支天地西曆 | 辛亥14 | 壬子15 | 癸丑16 | 甲寅17 | 乙卯18 | 丙辰19 | 丁巳20 | 戊午21 | 己未22 | 庚申23 | 辛酉24 | 壬戌25 | 癸亥26 | 甲子27 | 乙丑28 | 丙寅29 | 丁卯30 | 戊辰31 | 己巳(9) | 庚午2 | 辛未3 | 壬申4 | 癸酉5 | 甲戌6 | 乙亥7 | 丙子8 | 丁丑9 | 戊寅10 | 己卯11 | | |
| 八月大 | 丁酉 | 干支天地西曆 | 庚辰12 | 辛巳13 | 壬午14 | 癸未15 | 甲申16 | 乙酉17 | 丙戌18 | 丁亥19 | 戊子20 | 己丑21 | 庚寅22 | 辛卯23 | 壬辰24 | 癸巳25 | 甲午26 | 乙未27 | 丙申28 | 丁酉29 | 戊戌30 | 己亥(10) | 庚子2 | 辛丑3 | 壬寅4 | 癸卯5 | 甲辰6 | 乙巳7 | 丙午8 | 丁未9 | 戊申10 | 己酉11 | 壬辰秋分 |
| 九月小 | 戊戌 | 干支天地西曆 | 庚戌12 | 辛亥13 | 壬子14 | 癸丑15 | 甲寅16 | 乙卯17 | 丙辰18 | 丁巳19 | 戊午20 | 己未21 | 庚申22 | 辛酉23 | 壬戌24 | 癸亥25 | 甲子26 | 乙丑27 | 丙寅28 | 丁卯29 | 戊辰30 | 己巳31 | 庚午(11) | 辛未2 | 壬申3 | 癸酉4 | 甲戌5 | 乙亥6 | 丙子7 | 丁丑8 | 戊寅9 | | 戊寅立冬 |

# 漢高后四年（丁巳 蛇年） 公元前 185 ~ 前 184 年

| 夏曆月序 | | 中西曆日對照 | 夏曆日序 | | | | | | | | | | | | | | | | | | | | | | | | | | | | | | 節氣與天象 |
|---|---|---|---|---|---|---|---|---|---|---|---|---|---|---|---|---|---|---|---|---|---|---|---|---|---|---|---|---|---|---|---|---|---|
| | | | 初一 | 初二 | 初三 | 初四 | 初五 | 初六 | 初七 | 初八 | 初九 | 初十 | 十一 | 十二 | 十三 | 十四 | 十五 | 十六 | 十七 | 十八 | 十九 | 二十 | 二一 | 二二 | 二三 | 二四 | 二五 | 二六 | 二七 | 二八 | 二九 | 三十 | |
| 十月大 | 己亥 | 干支 | 己卯 | 庚辰 | 辛巳 | 壬午 | 癸未 | 甲申 | 乙酉 | 丙戌 | 丁亥 | 戊子 | 己丑 | 庚寅 | 辛卯 | 壬辰 | 癸巳 | 甲午 | 乙未 | 丙申 | 丁酉 | 戊戌 | 己亥 | 庚子 | 辛丑 | 壬寅 | 癸卯 | 甲辰 | 乙巳 | 丙午 | 丁未 | 戊申 | |
| | | 天地西曆 | 10 | 11 | 12 | 13 | 14 | 15 | 16 | 17 | 18 | 19 | 20 | 21 | 22 | 23 | 24 | 25 | 26 | 27 | 28 | 29 | 30 | (12) | 2 | 3 | 4 | 5 | 6 | 7 | 8 | 9 | |
| 十一月小 | 庚子 | 干支 | 己酉 | 庚戌 | 辛亥 | 壬子 | 癸丑 | 甲寅 | 乙卯 | 丙辰 | 丁巳 | 戊午 | 己未 | 庚申 | 辛酉 | 壬戌 | 癸亥 | 甲子 | 乙丑 | 丙寅 | 丁卯 | 戊辰 | 己巳 | 庚午 | 辛未 | 壬申 | 癸酉 | 甲戌 | 乙亥 | 丙子 | 丁丑 | | 癸亥冬至 |
| | | 天地西曆 | 10 | 11 | 12 | 13 | 14 | 15 | 16 | 17 | 18 | 19 | 20 | 21 | 22 | 23 | 24 | 25 | 26 | 27 | 28 | 29 | 30 | 31 | (1) | 2 | 3 | 4 | 5 | 6 | 7 | | |
| 十二月大 | 辛丑 | 干支 | 戊寅 | 己卯 | 庚辰 | 辛巳 | 壬午 | 癸未 | 甲申 | 乙酉 | 丙戌 | 丁亥 | 戊子 | 己丑 | 庚寅 | 辛卯 | 壬辰 | 癸巳 | 甲午 | 乙未 | 丙申 | 丁酉 | 戊戌 | 己亥 | 庚子 | 辛丑 | 壬寅 | 癸卯 | 甲辰 | 乙巳 | 丙午 | 丁未 | |
| | | 天地西曆 | 8 | 9 | 10 | 11 | 12 | 13 | 14 | 15 | 16 | 17 | 18 | 19 | 20 | 21 | 22 | 23 | 24 | 25 | 26 | 27 | 28 | 29 | 30 | 31 | (2) | 2 | 3 | 4 | 5 | 6 | |
| 正月小 | 壬寅 | 干支 | 戊申 | 己酉 | 庚戌 | 辛亥 | 壬子 | 癸丑 | 甲寅 | 乙卯 | 丙辰 | 丁巳 | 戊午 | 己未 | 庚申 | 辛酉 | 壬戌 | 癸亥 | 甲子 | 乙丑 | 丙寅 | 丁卯 | 戊辰 | 己巳 | 庚午 | 辛未 | 壬申 | 癸酉 | 甲戌 | 乙亥 | 丙子 | | 己酉立春 |
| | | 天地西曆 | 7 | 8 | 9 | 10 | 11 | 12 | 13 | 14 | 15 | 16 | 17 | 18 | 19 | 20 | 21 | 22 | 23 | 24 | 25 | 26 | 27 | 28 | (3) | 2 | 3 | 4 | 5 | 6 | 7 | | |
| 二月大 | 癸卯 | 干支 | 丁丑 | 戊寅 | 己卯 | 庚辰 | 辛巳 | 壬午 | 癸未 | 甲申 | 乙酉 | 丙戌 | 丁亥 | 戊子 | 己丑 | 庚寅 | 辛卯 | 壬辰 | 癸巳 | 甲午 | 乙未 | 丙申 | 丁酉 | 戊戌 | 己亥 | 庚子 | 辛丑 | 壬寅 | 癸卯 | 甲辰 | 乙巳 | 丙午 | 乙未春分 |
| | | 天地西曆 | 8 | 9 | 10 | 11 | 12 | 13 | 14 | 15 | 16 | 17 | 18 | 19 | 20 | 21 | 22 | 23 | 24 | 25 | 26 | 27 | 28 | 29 | 30 | 31 | (4) | 2 | 3 | 4 | 5 | 6 | |
| 三月大 | 甲辰 | 干支 | 丁未 | 戊申 | 己酉 | 庚戌 | 辛亥 | 壬子 | 癸丑 | 甲寅 | 乙卯 | 丙辰 | 丁巳 | 戊午 | 己未 | 庚申 | 辛酉 | 壬戌 | 癸亥 | 甲子 | 乙丑 | 丙寅 | 丁卯 | 戊辰 | 己巳 | 庚午 | 辛未 | 壬申 | 癸酉 | 甲戌 | 乙亥 | 丙子 | 丙子日食 |
| | | 天地西曆 | 7 | 8 | 9 | 10 | 11 | 12 | 13 | 14 | 15 | 16 | 17 | 18 | 19 | 20 | 21 | 22 | 23 | 24 | 25 | 26 | 27 | 28 | 29 | 30 | (5) | 2 | 3 | 4 | 5 | 6 | |
| 四月小 | 乙巳 | 干支 | 丁丑 | 戊寅 | 己卯 | 庚辰 | 辛巳 | 壬午 | 癸未 | 甲申 | 乙酉 | 丙戌 | 丁亥 | 戊子 | 己丑 | 庚寅 | 辛卯 | 壬辰 | 癸巳 | 甲午 | 乙未 | 丙申 | 丁酉 | 戊戌 | 己亥 | 庚子 | 辛丑 | 壬寅 | 癸卯 | 甲辰 | 乙巳 | | 庚辰立夏 |
| | | 天地西曆 | 7 | 8 | 9 | 10 | 11 | 12 | 13 | 14 | 15 | 16 | 17 | 18 | 19 | 20 | 21 | 22 | 23 | 24 | 25 | 26 | 27 | 28 | 29 | 30 | 31 | (6) | 2 | 3 | 4 | | |
| 五月大 | 丙午 | 干支 | 丙午 | 丁未 | 戊申 | 己酉 | 庚戌 | 辛亥 | 壬子 | 癸丑 | 甲寅 | 乙卯 | 丙辰 | 丁巳 | 戊午 | 己未 | 庚申 | 辛酉 | 壬戌 | 癸亥 | 甲子 | 乙丑 | 丙寅 | 丁卯 | 戊辰 | 己巳 | 庚午 | 辛未 | 壬申 | 癸酉 | 甲戌 | 乙亥 | 丙寅夏至 |
| | | 天地西曆 | 5 | 6 | 7 | 8 | 9 | 10 | 11 | 12 | 13 | 14 | 15 | 16 | 17 | 18 | 19 | 20 | 21 | 22 | 23 | 24 | 25 | 26 | 27 | 28 | 29 | 30 | (7) | 2 | 3 | 4 | |
| 六月小 | 丁未 | 干支 | 丙子 | 丁丑 | 戊寅 | 己卯 | 庚辰 | 辛巳 | 壬午 | 癸未 | 甲申 | 乙酉 | 丙戌 | 丁亥 | 戊子 | 己丑 | 庚寅 | 辛卯 | 壬辰 | 癸巳 | 甲午 | 乙未 | 丙申 | 丁酉 | 戊戌 | 己亥 | 庚子 | 辛丑 | 壬寅 | 癸卯 | 甲辰 | | |
| | | 天地西曆 | 5 | 6 | 7 | 8 | 9 | 10 | 11 | 12 | 13 | 14 | 15 | 16 | 17 | 18 | 19 | 20 | 21 | 22 | 23 | 24 | 25 | 26 | 27 | 28 | 29 | 30 | 31 | (8) | 2 | | |
| 七月大 | 戊申 | 干支 | 乙巳 | 丙午 | 丁未 | 戊申 | 己酉 | 庚戌 | 辛亥 | 壬子 | 癸丑 | 甲寅 | 乙卯 | 丙辰 | 丁巳 | 戊午 | 己未 | 庚申 | 辛酉 | 壬戌 | 癸亥 | 甲子 | 乙丑 | 丙寅 | 丁卯 | 戊辰 | 己巳 | 庚午 | 辛未 | 壬申 | 癸酉 | 甲戌 | 壬子立秋 |
| | | 天地西曆 | 3 | 4 | 5 | 6 | 7 | 8 | 9 | 10 | 11 | 12 | 13 | 14 | 15 | 16 | 17 | 18 | 19 | 20 | 21 | 22 | 23 | 24 | 25 | 26 | 27 | 28 | 29 | 30 | 31 | (9) | |
| 八月小 | 己酉 | 干支 | 乙亥 | 丙子 | 丁丑 | 戊寅 | 己卯 | 庚辰 | 辛巳 | 壬午 | 癸未 | 甲申 | 乙酉 | 丙戌 | 丁亥 | 戊子 | 己丑 | 庚寅 | 辛卯 | 壬辰 | 癸巳 | 甲午 | 乙未 | 丙申 | 丁酉 | 戊戌 | 己亥 | 庚子 | 辛丑 | 壬寅 | 癸卯 | | 丁酉秋分 |
| | | 天地西曆 | 2 | 3 | 4 | 5 | 6 | 7 | 8 | 9 | 10 | 11 | 12 | 13 | 14 | 15 | 16 | 17 | 18 | 19 | 20 | 21 | 22 | 23 | 24 | 25 | 26 | 27 | 28 | 29 | 30 | | |
| 九月大 | 庚戌 | 干支 | 甲辰 | 乙巳 | 丙午 | 丁未 | 戊申 | 己酉 | 庚戌 | 辛亥 | 壬子 | 癸丑 | 甲寅 | 乙卯 | 丙辰 | 丁巳 | 戊午 | 己未 | 庚申 | 辛酉 | 壬戌 | 癸亥 | 甲子 | 乙丑 | 丙寅 | 丁卯 | 戊辰 | 己巳 | 庚午 | 辛未 | 壬申 | 癸酉 | |
| | | 天地西曆 | (10) | 2 | 3 | 4 | 5 | 6 | 7 | 8 | 9 | 10 | 11 | 12 | 13 | 14 | 15 | 16 | 17 | 18 | 19 | 20 | 21 | 22 | 23 | 24 | 25 | 26 | 27 | 28 | 29 | 30 | |

# 漢高后五年（戊午 馬年） 公元前184 ~ 前183年

| 夏曆月序 | 中西曆日對照 | 初一 | 初二 | 初三 | 初四 | 初五 | 初六 | 初七 | 初八 | 初九 | 初十 | 十一 | 十二 | 十三 | 十四 | 十五 | 十六 | 十七 | 十八 | 十九 | 二十 | 二一 | 二二 | 二三 | 二四 | 二五 | 二六 | 二七 | 二八 | 二九 | 三十 | 節氣與天象 |
|---|---|---|---|---|---|---|---|---|---|---|---|---|---|---|---|---|---|---|---|---|---|---|---|---|---|---|---|---|---|---|---|---|
| 十月小 辛亥 | 干支<br>天地西曆 | 甲戌<br>31 | 乙亥<br>(11) | 丙子<br>2 | 丁丑<br>3 | 戊寅<br>4 | 己卯<br>5 | 庚辰<br>6 | 辛巳<br>7 | 壬午<br>8 | 癸未<br>9 | 甲申<br>10 | 乙酉<br>11 | 丙戌<br>12 | 丁亥<br>13 | 戊子<br>14 | 己丑<br>15 | 庚寅<br>16 | 辛卯<br>17 | 壬辰<br>18 | 癸巳<br>19 | 甲午<br>20 | 乙未<br>21 | 丙申<br>22 | 丁酉<br>23 | 戊戌<br>24 | 己亥<br>25 | 庚子<br>26 | 辛丑<br>27 | 壬寅<br>28 | | 癸未立冬 |
| 十一月大 壬子 | 干支<br>天地西曆 | 癸卯<br>29 | 甲辰<br>30 | 乙巳<br>(12) | 丙午<br>2 | 丁未<br>3 | 戊申<br>4 | 己酉<br>5 | 庚戌<br>6 | 辛亥<br>7 | 壬子<br>8 | 癸丑<br>9 | 甲寅<br>10 | 乙卯<br>11 | 丙辰<br>12 | 丁巳<br>13 | 戊午<br>14 | 己未<br>15 | 庚申<br>16 | 辛酉<br>17 | 壬戌<br>18 | 癸亥<br>19 | 甲子<br>20 | 乙丑<br>21 | 丙寅<br>22 | 丁卯<br>23 | 戊辰<br>24 | 己巳<br>25 | 庚午<br>26 | 辛未<br>27 | 壬申<br>28 | 己巳冬至 |
| 十二月小 癸丑 | 干支<br>天地西曆 | 癸酉<br>29 | 甲戌<br>30 | 乙亥<br>31 | 丙子<br>(1) | 丁丑<br>2 | 戊寅<br>3 | 己卯<br>4 | 庚辰<br>5 | 辛巳<br>6 | 壬午<br>7 | 癸未<br>8 | 甲申<br>9 | 乙酉<br>10 | 丙戌<br>11 | 丁亥<br>12 | 戊子<br>13 | 己丑<br>14 | 庚寅<br>15 | 辛卯<br>16 | 壬辰<br>17 | 癸巳<br>18 | 甲午<br>19 | 乙未<br>20 | 丙申<br>21 | 丁酉<br>22 | 戊戌<br>23 | 己亥<br>24 | 庚子<br>25 | 辛丑<br>26 | | |
| 正月大 甲寅 | 干支<br>天地西曆 | 壬寅<br>27 | 癸卯<br>28 | 甲辰<br>29 | 乙巳<br>30 | 丙午<br>31 | 丁未<br>(2) | 戊申<br>2 | 己酉<br>3 | 庚戌<br>4 | 辛亥<br>5 | 壬子<br>6 | 癸丑<br>7 | 甲寅<br>8 | 乙卯<br>9 | 丙辰<br>10 | 丁巳<br>11 | 戊午<br>12 | 己未<br>13 | 庚申<br>14 | 辛酉<br>15 | 壬戌<br>16 | 癸亥<br>17 | 甲子<br>18 | 乙丑<br>19 | 丙寅<br>20 | 丁卯<br>21 | 戊辰<br>22 | 己巳<br>23 | 庚午<br>24 | 辛未<br>25 | 甲寅立春 |
| 二月小 乙卯 | 干支<br>天地西曆 | 壬申<br>26 | 癸酉<br>27 | 甲戌<br>28 | 乙亥<br>(3) | 丙子<br>2 | 丁丑<br>3 | 戊寅<br>4 | 己卯<br>5 | 庚辰<br>6 | 辛巳<br>7 | 壬午<br>8 | 癸未<br>9 | 甲申<br>10 | 乙酉<br>11 | 丙戌<br>12 | 丁亥<br>13 | 戊子<br>14 | 己丑<br>15 | 庚寅<br>16 | 辛卯<br>17 | 壬辰<br>18 | 癸巳<br>19 | 甲午<br>20 | 乙未<br>21 | 丙申<br>22 | 丁酉<br>23 | 戊戌<br>24 | 己亥<br>25 | 庚子<br>26 | | 庚子春分 |
| 三月大 丙辰 | 干支<br>天地西曆 | 辛丑<br>27 | 壬寅<br>28 | 癸卯<br>29 | 甲辰<br>30 | 乙巳<br>31 | 丙午<br>(4) | 丁未<br>2 | 戊申<br>3 | 己酉<br>4 | 庚戌<br>5 | 辛亥<br>6 | 壬子<br>7 | 癸丑<br>8 | 甲寅<br>9 | 乙卯<br>10 | 丙辰<br>11 | 丁巳<br>12 | 戊午<br>13 | 己未<br>14 | 庚申<br>15 | 辛酉<br>16 | 壬戌<br>17 | 癸亥<br>18 | 甲子<br>19 | 乙丑<br>20 | 丙寅<br>21 | 丁卯<br>22 | 戊辰<br>23 | 己巳<br>24 | 庚午<br>25 | |
| 四月小 丁巳 | 干支<br>天地西曆 | 辛未<br>26 | 壬申<br>27 | 癸酉<br>28 | 甲戌<br>29 | 乙亥<br>30 | 丙子<br>(5) | 丁丑<br>2 | 戊寅<br>3 | 己卯<br>4 | 庚辰<br>5 | 辛巳<br>6 | 壬午<br>7 | 癸未<br>8 | 甲申<br>9 | 乙酉<br>10 | 丙戌<br>11 | 丁亥<br>12 | 戊子<br>13 | 己丑<br>14 | 庚寅<br>15 | 辛卯<br>16 | 壬辰<br>17 | 癸巳<br>18 | 甲午<br>19 | 乙未<br>20 | 丙申<br>21 | 丁酉<br>22 | 戊戌<br>23 | 己亥<br>24 | | 丙戌立夏 |
| 五月大 戊午 | 干支<br>天地西曆 | 庚子<br>25 | 辛丑<br>26 | 壬寅<br>27 | 癸卯<br>28 | 甲辰<br>29 | 乙巳<br>30 | 丙午<br>31 | 丁未<br>(6) | 戊申<br>2 | 己酉<br>3 | 庚戌<br>4 | 辛亥<br>5 | 壬子<br>6 | 癸丑<br>7 | 甲寅<br>8 | 乙卯<br>9 | 丙辰<br>10 | 丁巳<br>11 | 戊午<br>12 | 己未<br>13 | 庚申<br>14 | 辛酉<br>15 | 壬戌<br>16 | 癸亥<br>17 | 甲子<br>18 | 乙丑<br>19 | 丙寅<br>20 | 丁卯<br>21 | 戊辰<br>22 | 己巳<br>23 | |
| 六月大 己未 | 干支<br>天地西曆 | 庚午<br>24 | 辛未<br>25 | 壬申<br>26 | 癸酉<br>27 | 甲戌<br>28 | 乙亥<br>29 | 丙子<br>30 | 丁丑<br>(7) | 戊寅<br>2 | 己卯<br>3 | 庚辰<br>4 | 辛巳<br>5 | 壬午<br>6 | 癸未<br>7 | 甲申<br>8 | 乙酉<br>9 | 丙戌<br>10 | 丁亥<br>11 | 戊子<br>12 | 己丑<br>13 | 庚寅<br>14 | 辛卯<br>15 | 壬辰<br>16 | 癸巳<br>17 | 甲午<br>18 | 乙未<br>19 | 丙申<br>20 | 丁酉<br>21 | 戊戌<br>22 | 己亥<br>23 | 辛未夏至 |
| 七月小 庚申 | 干支<br>天地西曆 | 庚子<br>24 | 辛丑<br>25 | 壬寅<br>26 | 癸卯<br>27 | 甲辰<br>28 | 乙巳<br>29 | 丙午<br>30 | 丁未<br>31 | 戊申<br>(8) | 己酉<br>2 | 庚戌<br>3 | 辛亥<br>4 | 壬子<br>5 | 癸丑<br>6 | 甲寅<br>7 | 乙卯<br>8 | 丙辰<br>9 | 丁巳<br>10 | 戊午<br>11 | 己未<br>12 | 庚申<br>13 | 辛酉<br>14 | 壬戌<br>15 | 癸亥<br>16 | 甲子<br>17 | 乙丑<br>18 | 丙寅<br>19 | 丁卯<br>20 | 戊辰<br>21 | | 丁巳立秋 |
| 八月大 辛酉 | 干支<br>天地西曆 | 己巳<br>22 | 庚午<br>23 | 辛未<br>24 | 壬申<br>25 | 癸酉<br>26 | 甲戌<br>27 | 乙亥<br>28 | 丙子<br>29 | 丁丑<br>30 | 戊寅<br>31 | 己卯<br>(9) | 庚辰<br>2 | 辛巳<br>3 | 壬午<br>4 | 癸未<br>5 | 甲申<br>6 | 乙酉<br>7 | 丙戌<br>8 | 丁亥<br>9 | 戊子<br>10 | 己丑<br>11 | 庚寅<br>12 | 辛卯<br>13 | 壬辰<br>14 | 癸巳<br>15 | 甲午<br>16 | 乙未<br>17 | 丙申<br>18 | 丁酉<br>19 | 戊戌<br>20 | |
| 九月小 壬戌 | 干支<br>天地西曆 | 己亥<br>21 | 庚子<br>22 | 辛丑<br>23 | 壬寅<br>24 | 癸卯<br>25 | 甲辰<br>26 | 乙巳<br>27 | 丙午<br>28 | 丁未<br>29 | 戊申<br>30 | 己酉<br>(10) | 庚戌<br>2 | 辛亥<br>3 | 壬子<br>4 | 癸丑<br>5 | 甲寅<br>6 | 乙卯<br>7 | 丙辰<br>8 | 丁巳<br>9 | 戊午<br>10 | 己未<br>11 | 庚申<br>12 | 辛酉<br>13 | 壬戌<br>14 | 癸亥<br>15 | 甲子<br>16 | 乙丑<br>17 | 丙寅<br>18 | 丁卯<br>19 | | 癸卯秋分 |
| 後九月大 壬戌 | 干支<br>天地西曆 | 戊辰<br>20 | 己巳<br>21 | 庚午<br>22 | 辛未<br>23 | 壬申<br>24 | 癸酉<br>25 | 甲戌<br>26 | 乙亥<br>27 | 丙子<br>28 | 丁丑<br>29 | 戊寅<br>30 | 己卯<br>31 | 庚辰<br>(11) | 辛巳<br>2 | 壬午<br>3 | 癸未<br>4 | 甲申<br>5 | 乙酉<br>6 | 丙戌<br>7 | 丁亥<br>8 | 戊子<br>9 | 己丑<br>10 | 庚寅<br>11 | 辛卯<br>12 | 壬辰<br>13 | 癸巳<br>14 | 甲午<br>15 | 乙未<br>16 | 丙申<br>17 | 丁酉<br>18 | 戊子立冬 |

# 漢高后六年（己未羊年） 公元前 183 ~ 前 182 年

| 夏曆月序 | 中西曆日對照 | 初一 | 初二 | 初三 | 初四 | 初五 | 初六 | 初七 | 初八 | 初九 | 初十 | 十一 | 十二 | 十三 | 十四 | 十五 | 十六 | 十七 | 十八 | 十九 | 二十 | 二一 | 二二 | 二三 | 二四 | 二五 | 二六 | 二七 | 二八 | 二九 | 三十 | 節氣與天象 |
|---|---|---|---|---|---|---|---|---|---|---|---|---|---|---|---|---|---|---|---|---|---|---|---|---|---|---|---|---|---|---|---|---|
| 十月小 癸亥 | 天干地支/西曆 | 戊戌/19 | 己亥/20 | 庚子/21 | 辛丑/22 | 壬寅/23 | 癸卯/24 | 甲辰/25 | 乙巳/26 | 丙午/27 | 丁未/28 | 戊申/29 | 己酉/30 | 庚戌/(12) | 辛亥/2 | 壬子/3 | 癸丑/4 | 甲寅/5 | 乙卯/6 | 丙辰/7 | 丁巳/8 | 戊午/9 | 己未/10 | 庚申/11 | 辛酉/12 | 壬戌/13 | 癸亥/14 | 甲子/15 | 乙丑/16 | 丙寅/17 | | |
| 十一月大 甲子 | 天干地支/西曆 | 丁卯/18 | 戊辰/19 | 己巳/20 | 庚午/21 | 辛未/22 | 壬申/23 | 癸酉/24 | 甲戌/25 | 乙亥/26 | 丙子/27 | 丁丑/28 | 戊寅/29 | 己卯/30 | 庚辰/31 | 辛巳/(1) | 壬午/2 | 癸未/3 | 甲申/4 | 乙酉/5 | 丙戌/6 | 丁亥/7 | 戊子/8 | 己丑/9 | 庚寅/10 | 辛卯/11 | 壬辰/12 | 癸巳/13 | 甲午/14 | 乙未/15 | 丙申/16 | 甲戌冬至 |
| 十二月小 乙丑 | 天干地支/西曆 | 丁酉/17 | 戊戌/18 | 己亥/19 | 庚子/20 | 辛丑/21 | 壬寅/22 | 癸卯/23 | 甲辰/24 | 乙巳/25 | 丙午/26 | 丁未/27 | 戊申/28 | 己酉/29 | 庚戌/30 | 辛亥/31 | 壬子/(2) | 癸丑/2 | 甲寅/3 | 乙卯/4 | 丙辰/5 | 丁巳/6 | 戊午/7 | 己未/8 | 庚申/9 | 辛酉/10 | 壬戌/11 | 癸亥/12 | 甲子/13 | 乙丑/14 | | 庚申立春 |
| 正月大 丙寅 | 天干地支/西曆 | 丙寅/15 | 丁卯/16 | 戊辰/17 | 己巳/18 | 庚午/19 | 辛未/20 | 壬申/21 | 癸酉/22 | 甲戌/23 | 乙亥/24 | 丙子/25 | 丁丑/26 | 戊寅/27 | 己卯/28 | 庚辰/(3) | 辛巳/2 | 壬午/3 | 癸未/4 | 甲申/5 | 乙酉/6 | 丙戌/7 | 丁亥/8 | 戊子/9 | 己丑/10 | 庚寅/11 | 辛卯/12 | 壬辰/13 | 癸巳/14 | 甲午/15 | 乙未/16 | |
| 二月小 丁卯 | 天干地支/西曆 | 丙申/17 | 丁酉/18 | 戊戌/19 | 己亥/20 | 庚子/21 | 辛丑/22 | 壬寅/23 | 癸卯/24 | 甲辰/25 | 乙巳/26 | 丙午/27 | 丁未/28 | 戊申/29 | 己酉/30 | 庚戌/31 | 辛亥/(4) | 壬子/2 | 癸丑/3 | 甲寅/4 | 乙卯/5 | 丙辰/6 | 丁巳/7 | 戊午/8 | 己未/9 | 庚申/10 | 辛酉/11 | 壬戌/12 | 癸亥/13 | 甲子/14 | | 乙巳春分 |
| 三月大 戊辰 | 天干地支/西曆 | 乙丑/15 | 丙寅/16 | 丁卯/17 | 戊辰/18 | 己巳/19 | 庚午/20 | 辛未/21 | 壬申/22 | 癸酉/23 | 甲戌/24 | 乙亥/25 | 丙子/26 | 丁丑/27 | 戊寅/28 | 己卯/29 | 庚辰/30 | 辛巳/(5) | 壬午/2 | 癸未/3 | 甲申/4 | 乙酉/5 | 丙戌/6 | 丁亥/7 | 戊子/8 | 己丑/9 | 庚寅/10 | 辛卯/11 | 壬辰/12 | 癸巳/13 | 甲午/14 | 辛卯立夏 |
| 四月小 己巳 | 天干地支/西曆 | 乙未/15 | 丙申/16 | 丁酉/17 | 戊戌/18 | 己亥/19 | 庚子/20 | 辛丑/21 | 壬寅/22 | 癸卯/23 | 甲辰/24 | 乙巳/25 | 丙午/26 | 丁未/27 | 戊申/28 | 己酉/29 | 庚戌/30 | 辛亥/31 | 壬子/(6) | 癸丑/2 | 甲寅/3 | 乙卯/4 | 丙辰/5 | 丁巳/6 | 戊午/7 | 己未/8 | 庚申/9 | 辛酉/10 | 壬戌/11 | 癸亥/12 | | |
| 五月大 庚午 | 天干地支/西曆 | 甲子/13 | 乙丑/14 | 丙寅/15 | 丁卯/16 | 戊辰/17 | 己巳/18 | 庚午/19 | 辛未/20 | 壬申/21 | 癸酉/22 | 甲戌/23 | 乙亥/24 | 丙子/25 | 丁丑/26 | 戊寅/27 | 己卯/28 | 庚辰/29 | 辛巳/30 | 壬午/(7) | 癸未/2 | 甲申/3 | 乙酉/4 | 丙戌/5 | 丁亥/6 | 戊子/7 | 己丑/8 | 庚寅/9 | 辛卯/10 | 壬辰/11 | 癸巳/12 | 丙子夏至 |
| 六月小 辛未 | 天干地支/西曆 | 甲午/13 | 乙未/14 | 丙申/15 | 丁酉/16 | 戊戌/17 | 己亥/18 | 庚子/19 | 辛丑/20 | 壬寅/21 | 癸卯/22 | 甲辰/23 | 乙巳/24 | 丙午/25 | 丁未/26 | 戊申/27 | 己酉/28 | 庚戌/29 | 辛亥/30 | 壬子/31 | 癸丑/(8) | 甲寅/2 | 乙卯/3 | 丙辰/4 | 丁巳/5 | 戊午/6 | 己未/7 | 庚申/8 | 辛酉/9 | 壬戌/10 | | 壬戌立秋 |
| 七月大 壬申 | 天干地支/西曆 | 癸亥/11 | 甲子/12 | 乙丑/13 | 丙寅/14 | 丁卯/15 | 戊辰/16 | 己巳/17 | 庚午/18 | 辛未/19 | 壬申/20 | 癸酉/21 | 甲戌/22 | 乙亥/23 | 丙子/24 | 丁丑/25 | 戊寅/26 | 己卯/27 | 庚辰/28 | 辛巳/29 | 壬午/30 | 癸未/31 | 甲申/(9) | 乙酉/2 | 丙戌/3 | 丁亥/4 | 戊子/5 | 己丑/6 | 庚寅/7 | 辛卯/8 | 壬辰/9 | |
| 八月小 癸酉 | 天干地支/西曆 | 癸巳/10 | 甲午/11 | 乙未/12 | 丙申/13 | 丁酉/14 | 戊戌/15 | 己亥/16 | 庚子/17 | 辛丑/18 | 壬寅/19 | 癸卯/20 | 甲辰/21 | 乙巳/22 | 丙午/23 | 丁未/24 | 戊申/25 | 己酉/26 | 庚戌/27 | 辛亥/28 | 壬子/29 | 癸丑/30 | 甲寅/(10) | 乙卯/2 | 丙辰/3 | 丁巳/4 | 戊午/5 | 己未/6 | 庚申/7 | 辛酉/8 | | 戊申秋分 |
| 九月大 甲戌 | 天干地支/西曆 | 壬戌/9 | 癸亥/10 | 甲子/11 | 乙丑/12 | 丙寅/13 | 丁卯/14 | 戊辰/15 | 己巳/16 | 庚午/17 | 辛未/18 | 壬申/19 | 癸酉/20 | 甲戌/21 | 乙亥/22 | 丙子/23 | 丁丑/24 | 戊寅/25 | 己卯/26 | 庚辰/27 | 辛巳/28 | 壬午/29 | 癸未/30 | 甲申/31 | 乙酉/(11) | 丙戌/2 | 丁亥/3 | 戊子/4 | 己丑/5 | 庚寅/6 | 辛卯/7 | |

# 漢高后七年（庚申 猴年） 公元前 182 ~ 前 **181** 年

| 夏曆月序 | | 中西曆日對照 | 初一 | 初二 | 初三 | 初四 | 初五 | 初六 | 初七 | 初八 | 初九 | 初十 | 十一 | 十二 | 十三 | 十四 | 十五 | 十六 | 十七 | 十八 | 十九 | 二十 | 二一 | 二二 | 二三 | 二四 | 二五 | 二六 | 二七 | 二八 | 二九 | 三十 | 節氣與天象 |
|---|---|---|---|---|---|---|---|---|---|---|---|---|---|---|---|---|---|---|---|---|---|---|---|---|---|---|---|---|---|---|---|---|---|
| 十月大 | 乙亥 | 天干地支<br>西曆 | 壬辰8 | 癸巳9 | 甲午10 | 乙未11 | 丙申12 | 丁酉13 | 戊戌14 | 己亥15 | 庚子16 | 辛丑17 | 壬寅18 | 癸卯19 | 甲辰20 | 乙巳21 | 丙午22 | 丁未23 | 戊申24 | 己酉25 | 庚戌26 | 辛亥27 | 壬子28 | 癸丑29 | 甲寅30 | 乙卯(12) | 丙辰2 | 丁巳3 | 戊午4 | 己未5 | 庚申6 | 辛酉7 | 癸巳立冬 |
| 十一月小 | 丙子 | 天干地支<br>西曆 | 壬戌8 | 癸亥9 | 甲子10 | 乙丑11 | 丙寅12 | 丁卯13 | 戊辰14 | 己巳15 | 庚午16 | 辛未17 | 壬申18 | 癸酉19 | 甲戌20 | 乙亥21 | 丙子22 | 丁丑23 | 戊寅24 | 己卯25 | 庚辰26 | 辛巳27 | 壬午28 | 癸未29 | 甲申30 | 乙酉31 | 丙戌(1) | 丁亥2 | 戊子3 | 己丑4 | 庚寅5 | | 己卯冬至 |
| 十二月大 | 丁丑 | 天干地支<br>西曆 | 辛卯6 | 壬辰7 | 癸巳8 | 甲午9 | 乙未10 | 丙申11 | 丁酉12 | 戊戌13 | 己亥14 | 庚子15 | 辛丑16 | 壬寅17 | 癸卯18 | 甲辰19 | 乙巳20 | 丙午21 | 丁未22 | 戊申23 | 己酉24 | 庚戌25 | 辛亥26 | 壬子27 | 癸丑28 | 甲寅29 | 乙卯30 | 丙辰31 | 丁巳(2) | 戊午2 | 己未3 | 庚申4 | |
| 正月小 | 戊寅 | 天干地支<br>西曆 | 辛酉5 | 壬戌6 | 癸亥7 | 甲子8 | 乙丑9 | 丙寅10 | 丁卯11 | 戊辰12 | 己巳13 | 庚午14 | 辛未15 | 壬申16 | 癸酉17 | 甲戌18 | 乙亥19 | 丙子20 | 丁丑21 | 戊寅22 | 己卯23 | 庚辰24 | 辛巳25 | 壬午26 | 癸未27 | 甲申28 | 乙酉29 | 丙戌(3) | 丁亥2 | 戊子3 | 己丑4 | | 乙丑立春<br>己丑日食 |
| 二月大 | 己卯 | 天干地支<br>西曆 | 庚寅5 | 辛卯6 | 壬辰7 | 癸巳8 | 甲午9 | 乙未10 | 丙申11 | 丁酉12 | 戊戌13 | 己亥14 | 庚子15 | 辛丑16 | 壬寅17 | 癸卯18 | 甲辰19 | 乙巳20 | 丙午21 | 丁未22 | 戊申23 | 己酉24 | 庚戌25 | 辛亥26 | 壬子27 | 癸丑28 | 甲寅29 | 乙卯30 | 丙辰31 | 丁巳(4) | 戊午2 | 己未3 | 庚戌春分 |
| 三月小 | 庚辰 | 天干地支<br>西曆 | 庚申4 | 辛酉5 | 壬戌6 | 癸亥7 | 甲子8 | 乙丑9 | 丙寅10 | 丁卯11 | 戊辰12 | 己巳13 | 庚午14 | 辛未15 | 壬申16 | 癸酉17 | 甲戌18 | 乙亥19 | 丙子20 | 丁丑21 | 戊寅22 | 己卯23 | 庚辰24 | 辛巳25 | 壬午26 | 癸未27 | 甲申28 | 乙酉29 | 丙戌30 | 丁亥(5) | 戊子2 | | |
| 四月大 | 辛巳 | 天干地支<br>西曆 | 己丑3 | 庚寅4 | 辛卯5 | 壬辰6 | 癸巳7 | 甲午8 | 乙未9 | 丙申10 | 丁酉11 | 戊戌12 | 己亥13 | 庚子14 | 辛丑15 | 壬寅16 | 癸卯17 | 甲辰18 | 乙巳19 | 丙午20 | 丁未21 | 戊申22 | 己酉23 | 庚戌24 | 辛亥25 | 壬子26 | 癸丑27 | 甲寅28 | 乙卯29 | 丙辰30 | 丁巳31 | 戊午(6) | 丙申立夏 |
| 五月小 | 壬午 | 天干地支<br>西曆 | 己未2 | 庚申3 | 辛酉4 | 壬戌5 | 癸亥6 | 甲子7 | 乙丑8 | 丙寅9 | 丁卯10 | 戊辰11 | 己巳12 | 庚午13 | 辛未14 | 壬申15 | 癸酉16 | 甲戌17 | 乙亥18 | 丙子19 | 丁丑20 | 戊寅21 | 己卯22 | 庚辰23 | 辛巳24 | 壬午25 | 癸未26 | 甲申27 | 乙酉28 | 丙戌29 | 丁亥30 | | 壬午夏至 |
| 六月大 | 癸未 | 天干地支<br>西曆 | 戊子(7) | 己丑2 | 庚寅3 | 辛卯4 | 壬辰5 | 癸巳6 | 甲午7 | 乙未8 | 丙申9 | 丁酉10 | 戊戌11 | 己亥12 | 庚子13 | 辛丑14 | 壬寅15 | 癸卯16 | 甲辰17 | 乙巳18 | 丙午19 | 丁未20 | 戊申21 | 己酉22 | 庚戌23 | 辛亥24 | 壬子25 | 癸丑26 | 甲寅27 | 乙卯28 | 丙辰29 | 丁巳30 | |
| 七月小 | 甲申 | 天干地支<br>西曆 | 戊午31 | 己未(8) | 庚申2 | 辛酉3 | 壬戌4 | 癸亥5 | 甲子6 | 乙丑7 | 丙寅8 | 丁卯9 | 戊辰10 | 己巳11 | 庚午12 | 辛未13 | 壬申14 | 癸酉15 | 甲戌16 | 乙亥17 | 丙子18 | 丁丑19 | 戊寅20 | 己卯21 | 庚辰22 | 辛巳23 | 壬午24 | 癸未25 | 甲申26 | 乙酉27 | 丙戌28 | | 丁卯立秋 |
| 八月大 | 乙酉 | 天干地支<br>西曆 | 丁亥29 | 戊子30 | 己丑31 | 庚寅(9) | 辛卯2 | 壬辰3 | 癸巳4 | 甲午5 | 乙未6 | 丙申7 | 丁酉8 | 戊戌9 | 己亥10 | 庚子11 | 辛丑12 | 壬寅13 | 癸卯14 | 甲辰15 | 乙巳16 | 丙午17 | 丁未18 | 戊申19 | 己酉20 | 庚戌21 | 辛亥22 | 壬子23 | 癸丑24 | 甲寅25 | 乙卯26 | 丙辰27 | 癸丑秋分 |
| 九月小 | 丙戌 | 天干地支<br>西曆 | 丁巳28 | 戊午29 | 己未30 | 庚申(10) | 辛酉2 | 壬戌3 | 癸亥4 | 甲子5 | 乙丑6 | 丙寅7 | 丁卯8 | 戊辰9 | 己巳10 | 庚午11 | 辛未12 | 壬申13 | 癸酉14 | 甲戌15 | 乙亥16 | 丙子17 | 丁丑18 | 戊寅19 | 己卯20 | 庚辰21 | 辛巳22 | 壬午23 | 癸未24 | 甲申25 | 乙酉26 | | |

## 漢高后八年（辛酉 鷄年） 公元前181 ~ 前180年

| 夏曆月序 | | 中西曆日對照 | 初一 | 初二 | 初三 | 初四 | 初五 | 初六 | 初七 | 初八 | 初九 | 初十 | 十一 | 十二 | 十三 | 十四 | 十五 | 十六 | 十七 | 十八 | 十九 | 二十 | 二一 | 二二 | 二三 | 二四 | 二五 | 二六 | 二七 | 二八 | 二九 | 三十 | 節氣與天象 |
|---|---|---|---|---|---|---|---|---|---|---|---|---|---|---|---|---|---|---|---|---|---|---|---|---|---|---|---|---|---|---|---|---|---|
| 十月大 | 丁亥 | 天干地支西曆 | 丙戌27 | 丁亥28 | 戊子29 | 己丑30 | 庚寅31 | 辛卯(11) | 壬辰2 | 癸巳3 | 甲午4 | 乙未5 | 丙申6 | 丁酉7 | 戊戌8 | 己亥9 | 庚子10 | 辛丑11 | 壬寅12 | 癸卯13 | 甲辰14 | 乙巳15 | 丙午16 | 丁未17 | 戊申18 | 己酉19 | 庚戌20 | 辛亥21 | 壬子22 | 癸丑23 | 甲寅24 | 乙卯25 | 己亥立冬 |
| 十一月小 | 戊子 | 天干地支西曆 | 丙辰26 | 丁巳27 | 戊午28 | 己未29 | 庚申30 | 辛酉(12) | 壬戌2 | 癸亥3 | 甲子4 | 乙丑5 | 丙寅6 | 丁卯7 | 戊辰8 | 己巳9 | 庚午10 | 辛未11 | 壬申12 | 癸酉13 | 甲戌14 | 乙亥15 | 丙子16 | 丁丑17 | 戊寅18 | 己卯19 | 庚辰20 | 辛巳21 | 壬午22 | 癸未23 | 甲申24 | | 甲申冬至 |
| 十二月大 | 己丑 | 天干地支西曆 | 乙酉25 | 丙戌26 | 丁亥27 | 戊子28 | 己丑29 | 庚寅30 | 辛卯31 | 壬辰(1) | 癸巳2 | 甲午3 | 乙未4 | 丙申5 | 丁酉6 | 戊戌7 | 己亥8 | 庚子9 | 辛丑10 | 壬寅11 | 癸卯12 | 甲辰13 | 乙巳14 | 丙午15 | 丁未16 | 戊申17 | 己酉18 | 庚戌19 | 辛亥20 | 壬子21 | 癸丑22 | 甲寅23 | |
| 正月大 | 庚寅 | 天干地支西曆 | 乙卯24 | 丙辰25 | 丁巳26 | 戊午27 | 己未28 | 庚申29 | 辛酉30 | 壬戌31 | 癸亥(2) | 甲子2 | 乙丑3 | 丙寅4 | 丁卯5 | 戊辰6 | 己巳7 | 庚午8 | 辛未9 | 壬申10 | 癸酉11 | 甲戌12 | 乙亥13 | 丙子14 | 丁丑15 | 戊寅16 | 己卯17 | 庚辰18 | 辛巳19 | 壬午20 | 癸未21 | 甲申22 | 庚午立春 |
| 二月小 | 辛卯 | 天干地支西曆 | 乙酉23 | 丙戌24 | 丁亥25 | 戊子26 | 己丑27 | 庚寅28 | 辛卯(3) | 壬辰2 | 癸巳3 | 甲午4 | 乙未5 | 丙申6 | 丁酉7 | 戊戌8 | 己亥9 | 庚子10 | 辛丑11 | 壬寅12 | 癸卯13 | 甲辰14 | 乙巳15 | 丙午16 | 丁未17 | 戊申18 | 己酉19 | 庚戌20 | 辛亥21 | 壬子22 | 癸丑23 | | |
| 三月大 | 壬辰 | 天干地支西曆 | 甲寅24 | 乙卯25 | 丙辰26 | 丁巳27 | 戊午28 | 己未29 | 庚申30 | 辛酉31 | 壬戌(4) | 癸亥2 | 甲子3 | 乙丑4 | 丙寅5 | 丁卯6 | 戊辰7 | 己巳8 | 庚午9 | 辛未10 | 壬申11 | 癸酉12 | 甲戌13 | 乙亥14 | 丙子15 | 丁丑16 | 戊寅17 | 己卯18 | 庚辰19 | 辛巳20 | 壬午21 | 癸未22 | 丙辰春分 |
| 四月小 | 癸巳 | 天干地支西曆 | 甲申23 | 乙酉24 | 丙戌25 | 丁亥26 | 戊子27 | 己丑28 | 庚寅29 | 辛卯30 | 壬辰(5) | 癸巳2 | 甲午3 | 乙未4 | 丙申5 | 丁酉6 | 戊戌7 | 己亥8 | 庚子9 | 辛丑10 | 壬寅11 | 癸卯12 | 甲辰13 | 乙巳14 | 丙午15 | 丁未16 | 戊申17 | 己酉18 | 庚戌19 | 辛亥20 | 壬子21 | | 辛丑立夏 |
| 五月大 | 甲午 | 天干地支西曆 | 癸丑22 | 甲寅23 | 乙卯24 | 丙辰25 | 丁巳26 | 戊午27 | 己未28 | 庚申29 | 辛酉30 | 壬戌31 | 癸亥(6) | 甲子2 | 乙丑3 | 丙寅4 | 丁卯5 | 戊辰6 | 己巳7 | 庚午8 | 辛未9 | 壬申10 | 癸酉11 | 甲戌12 | 乙亥13 | 丙子14 | 丁丑15 | 戊寅16 | 己卯17 | 庚辰18 | 辛巳19 | 壬午20 | |
| 六月小 | 乙未 | 天干地支西曆 | 癸未21 | 甲申22 | 乙酉23 | 丙戌24 | 丁亥25 | 戊子26 | 己丑27 | 庚寅28 | 辛卯29 | 壬辰30 | 癸巳(7) | 甲午2 | 乙未3 | 丙申4 | 丁酉5 | 戊戌6 | 己亥7 | 庚子8 | 辛丑9 | 壬寅10 | 癸卯11 | 甲辰12 | 乙巳13 | 丙午14 | 丁未15 | 戊申16 | 己酉17 | 庚戌18 | 辛亥19 | | 丁亥夏至 |
| 七月大 | 丙申 | 天干地支西曆 | 壬子20 | 癸丑21 | 甲寅22 | 乙卯23 | 丙辰24 | 丁巳25 | 戊午26 | 己未27 | 庚申28 | 辛酉29 | 壬戌30 | 癸亥31 | 甲子(8) | 乙丑2 | 丙寅3 | 丁卯4 | 戊辰5 | 己巳6 | 庚午7 | 辛未8 | 壬申9 | 癸酉10 | 甲戌11 | 乙亥12 | 丙子13 | 丁丑14 | 戊寅15 | 己卯16 | 庚辰17 | 辛巳18 | 癸酉立秋<br>庚辰日食 |
| 八月小 | 丁酉 | 天干地支西曆 | 壬午19 | 癸未20 | 甲申21 | 乙酉22 | 丙戌23 | 丁亥24 | 戊子25 | 己丑26 | 庚寅27 | 辛卯28 | 壬辰29 | 癸巳30 | 甲午31 | 乙未(9) | 丙申2 | 丁酉3 | 戊戌4 | 己亥5 | 庚子6 | 辛丑7 | 壬寅8 | 癸卯9 | 甲辰10 | 乙巳11 | 丙午12 | 丁未13 | 戊申14 | 己酉15 | 庚戌16 | | |
| 九月大 | 戊戌 | 天干地支西曆 | 辛亥17 | 壬子18 | 癸丑19 | 甲寅20 | 乙卯21 | 丙辰22 | 丁巳23 | 戊午24 | 己未25 | 庚申26 | 辛酉27 | 壬戌28 | 癸亥29 | 甲子30 | 乙丑(10) | 丙寅2 | 丁卯3 | 戊辰4 | 己巳5 | 庚午6 | 辛未7 | 壬申8 | 癸酉9 | 甲戌10 | 乙亥11 | 丙子12 | 丁丑13 | 戊寅14 | 己卯15 | 庚辰16 | 戊午秋分 |
| 後九月小 | 戊戌 | 天干地支西曆 | 辛巳17 | 壬午18 | 癸未19 | 甲申20 | 乙酉21 | 丙戌22 | 丁亥23 | 戊子24 | 己丑25 | 庚寅26 | 辛卯27 | 壬辰28 | 癸巳29 | 甲午30 | 乙未31 | 丙申(11) | 丁酉2 | 戊戌3 | 己亥4 | 庚子5 | 辛丑6 | 壬寅7 | 癸卯8 | 甲辰9 | 乙巳10 | 丙午11 | 丁未12 | 戊申13 | 己酉14 | | 甲辰立冬 |

* 七月辛巳（三十日），漢高后死。後九月己酉（二十九日），劉恒即位，是爲文帝。

# 漢文帝元年（壬戌 狗年） 公元前 180 ~ 前 179 年

| 夏曆月序 | 中西曆日對照 | 初一 | 初二 | 初三 | 初四 | 初五 | 初六 | 初七 | 初八 | 初九 | 初十 | 十一 | 十二 | 十三 | 十四 | 十五 | 十六 | 十七 | 十八 | 十九 | 二十 | 二一 | 二二 | 二三 | 二四 | 二五 | 二六 | 二七 | 二八 | 二九 | 三十 | 節氣與天象 |
|---|---|---|---|---|---|---|---|---|---|---|---|---|---|---|---|---|---|---|---|---|---|---|---|---|---|---|---|---|---|---|---|---|
| 十月大 己亥 | 天干 地支 西曆 | 庚戌15 | 辛亥16 | 壬子17 | 癸丑18 | 甲寅19 | 乙卯20 | 丙辰21 | 丁巳22 | 戊午23 | 己未24 | 庚申25 | 辛酉26 | 壬戌27 | 癸亥28 | 甲子29 | 乙丑30 | 丙寅(12) | 丁卯2 | 戊辰3 | 己巳4 | 庚午5 | 辛未6 | 壬申7 | 癸酉8 | 甲戌9 | 乙亥10 | 丙子11 | 丁丑12 | 戊寅13 | 己卯14 | |
| 十一月小 庚子 | 天干 地支 西曆 | 庚辰15 | 辛巳16 | 壬午17 | 癸未18 | 甲申19 | 乙酉20 | 丙戌21 | 丁亥22 | 戊子23 | 己丑24 | 庚寅25 | 辛卯26 | 壬辰27 | 癸巳28 | 甲午29 | 乙未30 | 丙申31 | 丁酉(1) | 戊戌2 | 己亥3 | 庚子4 | 辛丑5 | 壬寅6 | 癸卯7 | 甲辰8 | 乙巳9 | 丙午10 | 丁未11 | 戊申12 | | 庚寅冬至 |
| 十二月大 辛丑 | 天干 地支 西曆 | 己酉13 | 庚戌14 | 辛亥15 | 壬子16 | 癸丑17 | 甲寅18 | 乙卯19 | 丙辰20 | 丁巳21 | 戊午22 | 己未23 | 庚申24 | 辛酉25 | 壬戌26 | 癸亥27 | 甲子28 | 乙丑29 | 丙寅30 | 丁卯31 | 戊辰(2) | 己巳2 | 庚午3 | 辛未4 | 壬申5 | 癸酉6 | 甲戌7 | 乙亥8 | 丙子9 | 丁丑10 | 戊寅11 | 乙亥立春 |
| 正月小 壬寅 | 天干 地支 西曆 | 己卯12 | 庚辰13 | 辛巳14 | 壬午15 | 癸未16 | 甲申17 | 乙酉18 | 丙戌19 | 丁亥20 | 戊子21 | 己丑22 | 庚寅23 | 辛卯24 | 壬辰25 | 癸巳26 | 甲午27 | 乙未28 | 丙申(3) | 丁酉2 | 戊戌3 | 己亥4 | 庚子5 | 辛丑6 | 壬寅7 | 癸卯8 | 甲辰9 | 乙巳10 | 丙午11 | 丁未12 | | |
| 二月大 癸卯 | 天干 地支 西曆 | 戊申13 | 己酉14 | 庚戌15 | 辛亥16 | 壬子17 | 癸丑18 | 甲寅19 | 乙卯20 | 丙辰21 | 丁巳22 | 戊午23 | 己未24 | 庚申25 | 辛酉26 | 壬戌27 | 癸亥28 | 甲子29 | 乙丑30 | 丙寅31 | 丁卯(4) | 戊辰2 | 己巳3 | 庚午4 | 辛未5 | 壬申6 | 癸酉7 | 甲戌8 | 乙亥9 | 丙子10 | 丁丑11 | 辛酉春分 |
| 三月小 甲辰 | 天干 地支 西曆 | 戊寅12 | 己卯13 | 庚辰14 | 辛巳15 | 壬午16 | 癸未17 | 甲申18 | 乙酉19 | 丙戌20 | 丁亥21 | 戊子22 | 己丑23 | 庚寅24 | 辛卯25 | 壬辰26 | 癸巳27 | 甲午28 | 乙未29 | 丙申30 | 丁酉(5) | 戊戌2 | 己亥3 | 庚子4 | 辛丑5 | 壬寅6 | 癸卯7 | 甲辰8 | 乙巳9 | 丙午10 | | |
| 四月大 乙巳 | 天干 地支 西曆 | 丁未11 | 戊申12 | 己酉13 | 庚戌14 | 辛亥15 | 壬子16 | 癸丑17 | 甲寅18 | 乙卯19 | 丙辰20 | 丁巳21 | 戊午22 | 己未23 | 庚申24 | 辛酉25 | 壬戌26 | 癸亥27 | 甲子28 | 乙丑29 | 丙寅30 | 丁卯31 | 戊辰(6) | 己巳2 | 庚午3 | 辛未4 | 壬申5 | 癸酉6 | 甲戌7 | 乙亥8 | 丙子9 | 丁未立夏 |
| 五月大 丙午 | 天干 地支 西曆 | 丁丑10 | 戊寅11 | 己卯12 | 庚辰13 | 辛巳14 | 壬午15 | 癸未16 | 甲申17 | 乙酉18 | 丙戌19 | 丁亥20 | 戊子21 | 己丑22 | 庚寅23 | 辛卯24 | 壬辰25 | 癸巳26 | 甲午27 | 乙未28 | 丙申29 | 丁酉30 | 戊戌(7) | 己亥2 | 庚子3 | 辛丑4 | 壬寅5 | 癸卯6 | 甲辰7 | 乙巳8 | 丙午9 | 壬辰夏至 |
| 六月小 丁未 | 天干 地支 西曆 | 丁未10 | 戊申11 | 己酉12 | 庚戌13 | 辛亥14 | 壬子15 | 癸丑16 | 甲寅17 | 乙卯18 | 丙辰19 | 丁巳20 | 戊午21 | 己未22 | 庚申23 | 辛酉24 | 壬戌25 | 癸亥26 | 甲子27 | 乙丑28 | 丙寅29 | 丁卯30 | 戊辰31 | 己巳(8) | 庚午2 | 辛未3 | 壬申4 | 癸酉5 | 甲戌6 | 乙亥7 | | |
| 七月大 戊申 | 天干 地支 西曆 | 丙子8 | 丁丑9 | 戊寅10 | 己卯11 | 庚辰12 | 辛巳13 | 壬午14 | 癸未15 | 甲申16 | 乙酉17 | 丙戌18 | 丁亥19 | 戊子20 | 己丑21 | 庚寅22 | 辛卯23 | 壬辰24 | 癸巳25 | 甲午26 | 乙未27 | 丙申28 | 丁酉29 | 戊戌30 | 己亥31 | 庚子(9) | 辛丑2 | 壬寅3 | 癸卯4 | 甲辰5 | 乙巳6 | 戊寅立秋 |
| 八月小 己酉 | 天干 地支 西曆 | 丙午7 | 丁未8 | 戊申9 | 己酉10 | 庚戌11 | 辛亥12 | 壬子13 | 癸丑14 | 甲寅15 | 乙卯16 | 丙辰17 | 丁巳18 | 戊午19 | 己未20 | 庚申21 | 辛酉22 | 壬戌23 | 癸亥24 | 甲子25 | 乙丑26 | 丙寅27 | 丁卯28 | 戊辰29 | 己巳30 | 庚午(10) | 辛未2 | 壬申3 | 癸酉4 | 甲戌5 | | 甲子秋分 |
| 九月大 庚戌 | 天干 地支 西曆 | 乙亥6 | 丙子7 | 丁丑8 | 戊寅9 | 己卯10 | 庚辰11 | 辛巳12 | 壬午13 | 癸未14 | 甲申15 | 乙酉16 | 丙戌17 | 丁亥18 | 戊子19 | 己丑20 | 庚寅21 | 辛卯22 | 壬辰23 | 癸巳24 | 甲午25 | 乙未26 | 丙申27 | 丁酉28 | 戊戌29 | 己亥30 | 庚子31 | 辛丑(11) | 壬寅2 | 癸卯3 | 甲辰4 | |

# 漢文帝二年（癸亥 猪年） 公元前179 ~ 前178年

| 夏曆月序 | | 中西曆日對照 | 初一 | 初二 | 初三 | 初四 | 初五 | 初六 | 初七 | 初八 | 初九 | 初十 | 十一 | 十二 | 十三 | 十四 | 十五 | 十六 | 十七 | 十八 | 十九 | 二十 | 二一 | 二二 | 二三 | 二四 | 二五 | 二六 | 二七 | 二八 | 二九 | 三十 | 節氣與天象 |
|---|---|---|---|---|---|---|---|---|---|---|---|---|---|---|---|---|---|---|---|---|---|---|---|---|---|---|---|---|---|---|---|---|---|
| 十月小 | 辛亥 | 天干<br>地支<br>西曆 | 乙巳<br>5 | 丙午<br>6 | 丁未<br>7 | 戊申<br>8 | 己酉<br>9 | 庚戌<br>10 | 辛亥<br>11 | 壬子<br>12 | 癸丑<br>13 | 甲寅<br>14 | 乙卯<br>15 | 丙辰<br>16 | 丁巳<br>17 | 戊午<br>18 | 己未<br>19 | 庚申<br>20 | 辛酉<br>21 | 壬戌<br>22 | 癸亥<br>23 | 甲子<br>24 | 乙丑<br>25 | 丙寅<br>26 | 丁卯<br>27 | 戊辰<br>28 | 己巳<br>29 | 庚午<br>30 | 辛未<br>(12) | 壬申<br>2 | 癸酉<br>3 | | 己酉立冬 |
| 十一月大 | 壬子 | 天干<br>地支<br>西曆 | 甲戌<br>4 | 乙亥<br>5 | 丙子<br>6 | 丁丑<br>7 | 戊寅<br>8 | 己卯<br>9 | 庚辰<br>10 | 辛巳<br>11 | 壬午<br>12 | 癸未<br>13 | 甲申<br>14 | 乙酉<br>15 | 丙戌<br>16 | 丁亥<br>17 | 戊子<br>18 | 己丑<br>19 | 庚寅<br>20 | 辛卯<br>21 | 壬辰<br>22 | 癸巳<br>23 | 甲午<br>24 | 乙未<br>25 | 丙申<br>26 | 丁酉<br>27 | 戊戌<br>28 | 己亥<br>29 | 庚子<br>30 | 辛丑<br>31 | 壬寅<br>(1) | 癸卯<br>2 | 乙未冬至<br>癸卯日食 |
| 十二月小 | 癸丑 | 天干<br>地支<br>西曆 | 甲辰<br>3 | 乙巳<br>4 | 丙午<br>5 | 丁未<br>6 | 戊申<br>7 | 己酉<br>8 | 庚戌<br>9 | 辛亥<br>10 | 壬子<br>11 | 癸丑<br>12 | 甲寅<br>13 | 乙卯<br>14 | 丙辰<br>15 | 丁巳<br>16 | 戊午<br>17 | 己未<br>18 | 庚申<br>19 | 辛酉<br>20 | 壬戌<br>21 | 癸亥<br>22 | 甲子<br>23 | 乙丑<br>24 | 丙寅<br>25 | 丁卯<br>26 | 戊辰<br>27 | 己巳<br>28 | 庚午<br>29 | 辛未<br>30 | 壬申<br>31 | | |
| 正月大 | 甲寅 | 天干<br>地支<br>西曆 | 癸酉<br>(2) | 甲戌<br>2 | 乙亥<br>3 | 丙子<br>4 | 丁丑<br>5 | 戊寅<br>6 | 己卯<br>7 | 庚辰<br>8 | 辛巳<br>9 | 壬午<br>10 | 癸未<br>11 | 甲申<br>12 | 乙酉<br>13 | 丙戌<br>14 | 丁亥<br>15 | 戊子<br>16 | 己丑<br>17 | 庚寅<br>18 | 辛卯<br>19 | 壬辰<br>20 | 癸巳<br>21 | 甲午<br>22 | 乙未<br>23 | 丙申<br>24 | 丁酉<br>25 | 戊戌<br>26 | 己亥<br>27 | 庚子<br>28 | 辛丑<br>(3) | 壬寅<br>2 | 辛巳立春 |
| 二月小 | 乙卯 | 天干<br>地支<br>西曆 | 癸卯<br>3 | 甲辰<br>4 | 乙巳<br>5 | 丙午<br>6 | 丁未<br>7 | 戊申<br>8 | 己酉<br>9 | 庚戌<br>10 | 辛亥<br>11 | 壬子<br>12 | 癸丑<br>13 | 甲寅<br>14 | 乙卯<br>15 | 丙辰<br>16 | 丁巳<br>17 | 戊午<br>18 | 己未<br>19 | 庚申<br>20 | 辛酉<br>21 | 壬戌<br>22 | 癸亥<br>23 | 甲子<br>24 | 乙丑<br>25 | 丙寅<br>26 | 丁卯<br>27 | 戊辰<br>28 | 己巳<br>29 | 庚午<br>30 | 辛未<br>31 | | 丙寅春分 |
| 三月大 | 丙辰 | 天干<br>地支<br>西曆 | 壬申<br>(4) | 癸酉<br>2 | 甲戌<br>3 | 乙亥<br>4 | 丙子<br>5 | 丁丑<br>6 | 戊寅<br>7 | 己卯<br>8 | 庚辰<br>9 | 辛巳<br>10 | 壬午<br>11 | 癸未<br>12 | 甲申<br>13 | 乙酉<br>14 | 丙戌<br>15 | 丁亥<br>16 | 戊子<br>17 | 己丑<br>18 | 庚寅<br>19 | 辛卯<br>20 | 壬辰<br>21 | 癸巳<br>22 | 甲午<br>23 | 乙未<br>24 | 丙申<br>25 | 丁酉<br>26 | 戊戌<br>27 | 己亥<br>28 | 庚子<br>29 | 辛丑<br>30 | |
| 四月小 | 丁巳 | 天干<br>地支<br>西曆 | 壬寅<br>(5) | 癸卯<br>2 | 甲辰<br>3 | 乙巳<br>4 | 丙午<br>5 | 丁未<br>6 | 戊申<br>7 | 己酉<br>8 | 庚戌<br>9 | 辛亥<br>10 | 壬子<br>11 | 癸丑<br>12 | 甲寅<br>13 | 乙卯<br>14 | 丙辰<br>15 | 丁巳<br>16 | 戊午<br>17 | 己未<br>18 | 庚申<br>19 | 辛酉<br>20 | 壬戌<br>21 | 癸亥<br>22 | 甲子<br>23 | 乙丑<br>24 | 丙寅<br>25 | 丁卯<br>26 | 戊辰<br>27 | 己巳<br>28 | 庚午<br>29 | | 壬子立夏 |
| 五月大 | 戊午 | 天干<br>地支<br>西曆 | 辛未<br>30 | 壬申<br>31 | 癸酉<br>(6) | 甲戌<br>2 | 乙亥<br>3 | 丙子<br>4 | 丁丑<br>5 | 戊寅<br>6 | 己卯<br>7 | 庚辰<br>8 | 辛巳<br>9 | 壬午<br>10 | 癸未<br>11 | 甲申<br>12 | 乙酉<br>13 | 丙戌<br>14 | 丁亥<br>15 | 戊子<br>16 | 己丑<br>17 | 庚寅<br>18 | 辛卯<br>19 | 壬辰<br>20 | 癸巳<br>21 | 甲午<br>22 | 乙未<br>23 | 丙申<br>24 | 丁酉<br>25 | 戊戌<br>26 | 己亥<br>27 | 庚子<br>28 | 丁酉夏至 |
| 六月小 | 己未 | 天干<br>地支<br>西曆 | 辛丑<br>29 | 壬寅<br>30 | 癸卯<br>(7) | 甲辰<br>2 | 乙巳<br>3 | 丙午<br>4 | 丁未<br>5 | 戊申<br>6 | 己酉<br>7 | 庚戌<br>8 | 辛亥<br>9 | 壬子<br>10 | 癸丑<br>11 | 甲寅<br>12 | 乙卯<br>13 | 丙辰<br>14 | 丁巳<br>15 | 戊午<br>16 | 己未<br>17 | 庚申<br>18 | 辛酉<br>19 | 壬戌<br>20 | 癸亥<br>21 | 甲子<br>22 | 乙丑<br>23 | 丙寅<br>24 | 丁卯<br>25 | 戊辰<br>26 | 己巳<br>27 | | |
| 七月大 | 庚申 | 天干<br>地支<br>西曆 | 庚午<br>28 | 辛未<br>29 | 壬申<br>30 | 癸酉<br>31 | 甲戌<br>(8) | 乙亥<br>2 | 丙子<br>3 | 丁丑<br>4 | 戊寅<br>5 | 己卯<br>6 | 庚辰<br>7 | 辛巳<br>8 | 壬午<br>9 | 癸未<br>10 | 甲申<br>11 | 乙酉<br>12 | 丙戌<br>13 | 丁亥<br>14 | 戊子<br>15 | 己丑<br>16 | 庚寅<br>17 | 辛卯<br>18 | 壬辰<br>19 | 癸巳<br>20 | 甲午<br>21 | 乙未<br>22 | 丙申<br>23 | 丁酉<br>24 | 戊戌<br>25 | 己亥<br>26 | 癸未立秋 |
| 八月小 | 辛酉 | 天干<br>地支<br>西曆 | 庚子<br>27 | 辛丑<br>28 | 壬寅<br>29 | 癸卯<br>30 | 甲辰<br>31 | 乙巳<br>(9) | 丙午<br>2 | 丁未<br>3 | 戊申<br>4 | 己酉<br>5 | 庚戌<br>6 | 辛亥<br>7 | 壬子<br>8 | 癸丑<br>9 | 甲寅<br>10 | 乙卯<br>11 | 丙辰<br>12 | 丁巳<br>13 | 戊午<br>14 | 己未<br>15 | 庚申<br>16 | 辛酉<br>17 | 壬戌<br>18 | 癸亥<br>19 | 甲子<br>20 | 乙丑<br>21 | 丙寅<br>22 | 丁卯<br>23 | 戊辰<br>24 | | |
| 九月大 | 壬戌 | 天干<br>地支<br>西曆 | 己巳<br>25 | 庚午<br>26 | 辛未<br>27 | 壬申<br>28 | 癸酉<br>29 | 甲戌<br>30 | 乙亥<br>(10) | 丙子<br>2 | 丁丑<br>3 | 戊寅<br>4 | 己卯<br>5 | 庚辰<br>6 | 辛巳<br>7 | 壬午<br>8 | 癸未<br>9 | 甲申<br>10 | 乙酉<br>11 | 丙戌<br>12 | 丁亥<br>13 | 戊子<br>14 | 己丑<br>15 | 庚寅<br>16 | 辛卯<br>17 | 壬辰<br>18 | 癸巳<br>19 | 甲午<br>20 | 乙未<br>21 | 丙申<br>22 | 丁酉<br>23 | 戊戌<br>24 | 己巳秋分 |
| 後九月大 | 壬戌 | 天干<br>地支<br>西曆 | 己亥<br>25 | 庚子<br>26 | 辛丑<br>27 | 壬寅<br>28 | 癸卯<br>29 | 甲辰<br>30 | 乙巳<br>31 | 丙午<br>(11) | 丁未<br>2 | 戊申<br>3 | 己酉<br>4 | 庚戌<br>5 | 辛亥<br>6 | 壬子<br>7 | 癸丑<br>8 | 甲寅<br>9 | 乙卯<br>10 | 丙辰<br>11 | 丁巳<br>12 | 戊午<br>13 | 己未<br>14 | 庚申<br>15 | 辛酉<br>16 | 壬戌<br>17 | 癸亥<br>18 | 甲子<br>19 | 乙丑<br>20 | 丙寅<br>21 | 丁卯<br>22 | 戊辰<br>23 | 甲寅立冬 |

# 漢文帝三年（甲子 鼠年） 公元前178 ~ 前177年

| 夏曆月序 | | 中西曆日對照 | 夏曆日序 | | | | | | | | | | | | | | | | | | | | | | | | | | | | | 節氣與天象 |
|---|---|---|---|---|---|---|---|---|---|---|---|---|---|---|---|---|---|---|---|---|---|---|---|---|---|---|---|---|---|---|---|---|
| | | | 初一 | 初二 | 初三 | 初四 | 初五 | 初六 | 初七 | 初八 | 初九 | 初十 | 十一 | 十二 | 十三 | 十四 | 十五 | 十六 | 十七 | 十八 | 十九 | 二十 | 二一 | 二二 | 二三 | 二四 | 二五 | 二六 | 二七 | 二八 | 二九 | 三十 | |
| 十月小 | 癸亥 | 天干地支西曆 | 己巳24 | 庚午25 | 辛未26 | 壬申27 | 癸酉28 | 甲戌29 | 乙亥30 | 丙子(12) | 丁丑2 | 戊寅3 | 己卯4 | 庚辰5 | 辛巳6 | 壬午7 | 癸未8 | 甲申9 | 乙酉10 | 丙戌11 | 丁亥12 | 戊子13 | 己丑14 | 庚寅15 | 辛卯16 | 壬辰17 | 癸巳18 | 甲午19 | 乙未20 | 丙申21 | 丁酉22 | | 丁酉日食 |
| 十一月大 | 甲子 | 天干地支西曆 | 戊戌23 | 己亥24 | 庚子25 | 辛丑26 | 壬寅27 | 癸卯28 | 甲辰29 | 乙巳30 | 丙午31 | 丁未(1) | 戊申2 | 己酉3 | 庚戌4 | 辛亥5 | 壬子6 | 癸丑7 | 甲寅8 | 乙卯9 | 丙辰10 | 丁巳11 | 戊午12 | 己未13 | 庚申14 | 辛酉15 | 壬戌16 | 癸亥17 | 甲子18 | 乙丑19 | 丙寅20 | 丁卯21 | 庚子冬至 |
| 十二月小 | 乙丑 | 天干地支西曆 | 戊辰22 | 己巳23 | 庚午24 | 辛未25 | 壬申26 | 癸酉27 | 甲戌28 | 乙亥29 | 丙子30 | 丁丑31 | 戊寅(2) | 己卯2 | 庚辰3 | 辛巳4 | 壬午5 | 癸未6 | 甲申7 | 乙酉8 | 丙戌9 | 丁亥10 | 戊子11 | 己丑12 | 庚寅13 | 辛卯14 | 壬辰15 | 癸巳16 | 甲午17 | 乙未18 | 丙申19 | | 丙戌立春 |
| 正月大 | 丙寅 | 天干地支西曆 | 丁酉20 | 戊戌21 | 己亥22 | 庚子23 | 辛丑24 | 壬寅25 | 癸卯26 | 甲辰27 | 乙巳28 | 丙午29 | 丁未(3) | 戊申2 | 己酉3 | 庚戌4 | 辛亥5 | 壬子6 | 癸丑7 | 甲寅8 | 乙卯9 | 丙辰10 | 丁巳11 | 戊午12 | 己未13 | 庚申14 | 辛酉15 | 壬戌16 | 癸亥17 | 甲子18 | 乙丑19 | 丙寅20 | |
| 二月小 | 丁卯 | 天干地支西曆 | 丁卯21 | 戊辰22 | 己巳23 | 庚午24 | 辛未25 | 壬申26 | 癸酉27 | 甲戌28 | 乙亥29 | 丙子30 | 丁丑31 | 戊寅(4) | 己卯2 | 庚辰3 | 辛巳4 | 壬午5 | 癸未6 | 甲申7 | 乙酉8 | 丙戌9 | 丁亥10 | 戊子11 | 己丑12 | 庚寅13 | 辛卯14 | 壬辰15 | 癸巳16 | 甲午17 | 乙未18 | | 辛未春分 |
| 三月大 | 戊辰 | 天干地支西曆 | 丙申19 | 丁酉20 | 戊戌21 | 己亥22 | 庚子23 | 辛丑24 | 壬寅25 | 癸卯26 | 甲辰27 | 乙巳28 | 丙午29 | 丁未30 | 戊申(5) | 己酉2 | 庚戌3 | 辛亥4 | 壬子5 | 癸丑6 | 甲寅7 | 乙卯8 | 丙辰9 | 丁巳10 | 戊午11 | 己未12 | 庚申13 | 辛酉14 | 壬戌15 | 癸亥16 | 甲子17 | 乙丑18 | 丁巳立夏 |
| 四月小 | 己巳 | 天干地支西曆 | 丙寅19 | 丁卯20 | 戊辰21 | 己巳22 | 庚午23 | 辛未24 | 壬申25 | 癸酉26 | 甲戌27 | 乙亥28 | 丙子29 | 丁丑30 | 戊寅31 | 己卯(6) | 庚辰2 | 辛巳3 | 壬午4 | 癸未5 | 甲申6 | 乙酉7 | 丙戌8 | 丁亥9 | 戊子10 | 己丑11 | 庚寅12 | 辛卯13 | 壬辰14 | 癸巳15 | 甲午16 | | |
| 五月大 | 庚午 | 天干地支西曆 | 乙未17 | 丙申18 | 丁酉19 | 戊戌20 | 己亥21 | 庚子22 | 辛丑23 | 壬寅24 | 癸卯25 | 甲辰26 | 乙巳27 | 丙午28 | 丁未29 | 戊申30 | 己酉(7) | 庚戌2 | 辛亥3 | 壬子4 | 癸丑5 | 甲寅6 | 乙卯7 | 丙辰8 | 丁巳9 | 戊午10 | 己未11 | 庚申12 | 辛酉13 | 壬戌14 | 癸亥15 | 甲子16 | 癸卯夏至 |
| 六月小 | 辛未 | 天干地支西曆 | 乙丑17 | 丙寅18 | 丁卯19 | 戊辰20 | 己巳21 | 庚午22 | 辛未23 | 壬申24 | 癸酉25 | 甲戌26 | 乙亥27 | 丙子28 | 丁丑29 | 戊寅30 | 己卯31 | 庚辰(8) | 辛巳2 | 壬午3 | 癸未4 | 甲申5 | 乙酉6 | 丙戌7 | 丁亥8 | 戊子9 | 己丑10 | 庚寅11 | 辛卯12 | 壬辰13 | 癸巳14 | | 戊子立秋 |
| 七月大 | 壬申 | 天干地支西曆 | 甲午15 | 乙未16 | 丙申17 | 丁酉18 | 戊戌19 | 己亥20 | 庚子21 | 辛丑22 | 壬寅23 | 癸卯24 | 甲辰25 | 乙巳26 | 丙午27 | 丁未28 | 戊申29 | 己酉30 | 庚戌31 | 辛亥(9) | 壬子2 | 癸丑3 | 甲寅4 | 乙卯5 | 丙辰6 | 丁巳7 | 戊午8 | 己未9 | 庚申10 | 辛酉11 | 壬戌12 | 癸亥13 | |
| 八月小 | 癸酉 | 天干地支西曆 | 甲子14 | 乙丑15 | 丙寅16 | 丁卯17 | 戊辰18 | 己巳19 | 庚午20 | 辛未21 | 壬申22 | 癸酉23 | 甲戌24 | 乙亥25 | 丙子26 | 丁丑27 | 戊寅28 | 己卯29 | 庚辰30 | 辛巳(10) | 壬午2 | 癸未3 | 甲申4 | 乙酉5 | 丙戌6 | 丁亥7 | 戊子8 | 己丑9 | 庚寅10 | 辛卯11 | 壬辰12 | | 甲戌秋分 |
| 九月大 | 甲戌 | 天干地支西曆 | 癸巳13 | 甲午14 | 乙未15 | 丙申16 | 丁酉17 | 戊戌18 | 己亥19 | 庚子20 | 辛丑21 | 壬寅22 | 癸卯23 | 甲辰24 | 乙巳25 | 丙午26 | 丁未27 | 戊申28 | 己酉29 | 庚戌30 | 辛亥31 | 壬子(11) | 癸丑2 | 甲寅3 | 乙卯4 | 丙辰5 | 丁巳6 | 戊午7 | 己未8 | 庚申9 | 辛酉10 | 壬戌11 | 庚申立冬 |

# 漢文帝四年（乙丑 牛年） 公元前177 ~ 前176年

| 夏曆月序 | 中西曆日對照 | 夏曆日序 | | | | | | | | | | | | | | | | | | | | | | | | | | | | | | 節氣與天象 |
|---|---|---|---|---|---|---|---|---|---|---|---|---|---|---|---|---|---|---|---|---|---|---|---|---|---|---|---|---|---|---|---|---|
| | | 初一 | 初二 | 初三 | 初四 | 初五 | 初六 | 初七 | 初八 | 初九 | 初十 | 十一 | 十二 | 十三 | 十四 | 十五 | 十六 | 十七 | 十八 | 十九 | 二十 | 二一 | 二二 | 二三 | 二四 | 二五 | 二六 | 二七 | 二八 | 二九 | 三十 | |
| 十月小 乙亥 | 天干 地支 西曆 | 癸亥12 | 甲子13 | 乙丑14 | 丙寅15 | 丁卯16 | 戊辰17 | 己巳18 | 庚午19 | 辛未20 | 壬申21 | 癸酉22 | 甲戌23 | 乙亥24 | 丙子25 | 丁丑26 | 戊寅27 | 己卯28 | 庚辰29 | 辛巳30 | 壬午(12) | 癸未2 | 甲申3 | 乙酉4 | 丙戌5 | 丁亥6 | 戊子7 | 己丑8 | 庚寅9 | 辛卯10 | | |
| 十一月大 丙子 | 天干 地支 西曆 | 壬辰11 | 癸巳12 | 甲午13 | 乙未14 | 丙申15 | 丁酉16 | 戊戌17 | 己亥18 | 庚子19 | 辛丑20 | 壬寅21 | 癸卯22 | 甲辰23 | 乙巳24 | 丙午25 | 丁未26 | 戊申27 | 己酉28 | 庚戌29 | 辛亥30 | 壬子31 | 癸丑(1) | 甲寅2 | 乙卯3 | 丙辰4 | 丁巳5 | 戊午6 | 己未7 | 庚申8 | 辛酉9 | 乙巳冬至 |
| 十二月大 丁丑 | 天干 地支 西曆 | 壬戌10 | 癸亥11 | 甲子12 | 乙丑13 | 丙寅14 | 丁卯15 | 戊辰16 | 己巳17 | 庚午18 | 辛未19 | 壬申20 | 癸酉21 | 甲戌22 | 乙亥23 | 丙子24 | 丁丑25 | 戊寅26 | 己卯27 | 庚辰28 | 辛巳29 | 壬午30 | 癸未31 | 甲申(2) | 乙酉2 | 丙戌3 | 丁亥4 | 戊子5 | 己丑6 | 庚寅7 | 辛卯8 | 辛卯立春 |
| 正月小 戊寅 | 天干 地支 西曆 | 壬辰9 | 癸巳10 | 甲午11 | 乙未12 | 丙申13 | 丁酉14 | 戊戌15 | 己亥16 | 庚子17 | 辛丑18 | 壬寅19 | 癸卯20 | 甲辰21 | 乙巳22 | 丙午23 | 丁未24 | 戊申25 | 己酉26 | 庚戌27 | 辛亥28 | 壬子(3) | 癸丑2 | 甲寅3 | 乙卯4 | 丙辰5 | 丁巳6 | 戊午7 | 己未8 | 庚申9 | | |
| 二月大 己卯 | 天干 地支 西曆 | 辛酉10 | 壬戌11 | 癸亥12 | 甲子13 | 乙丑14 | 丙寅15 | 丁卯16 | 戊辰17 | 己巳18 | 庚午19 | 辛未20 | 壬申21 | 癸酉22 | 甲戌23 | 乙亥24 | 丙子25 | 丁丑26 | 戊寅27 | 己卯28 | 庚辰29 | 辛巳30 | 壬午31 | 癸未(4) | 甲申2 | 乙酉3 | 丙戌4 | 丁亥5 | 戊子6 | 己丑7 | 庚寅8 | 丁丑春分 |
| 三月小 庚辰 | 天干 地支 西曆 | 辛卯9 | 壬辰10 | 癸巳11 | 甲午12 | 乙未13 | 丙申14 | 丁酉15 | 戊戌16 | 己亥17 | 庚子18 | 辛丑19 | 壬寅20 | 癸卯21 | 甲辰22 | 乙巳23 | 丙午24 | 丁未25 | 戊申26 | 己酉27 | 庚戌28 | 辛亥29 | 壬子30 | 癸丑(5) | 甲寅2 | 乙卯3 | 丙辰4 | 丁巳5 | 戊午6 | 己未7 | | |
| 四月大 辛巳 | 天干 地支 西曆 | 庚申8 | 辛酉9 | 壬戌10 | 癸亥11 | 甲子12 | 乙丑13 | 丙寅14 | 丁卯15 | 戊辰16 | 己巳17 | 庚午18 | 辛未19 | 壬申20 | 癸酉21 | 甲戌22 | 乙亥23 | 丙子24 | 丁丑25 | 戊寅26 | 己卯27 | 庚辰28 | 辛巳29 | 壬午30 | 癸未31 | 甲申(6) | 乙酉2 | 丙戌3 | 丁亥4 | 戊子5 | 己丑6 | 壬戌立夏 己丑日食 |
| 五月小 壬午 | 天干 地支 西曆 | 庚寅7 | 辛卯8 | 壬辰9 | 癸巳10 | 甲午11 | 乙未12 | 丙申13 | 丁酉14 | 戊戌15 | 己亥16 | 庚子17 | 辛丑18 | 壬寅19 | 癸卯20 | 甲辰21 | 乙巳22 | 丙午23 | 丁未24 | 戊申25 | 己酉26 | 庚戌27 | 辛亥28 | 壬子29 | 癸丑30 | 甲寅(7) | 乙卯2 | 丙辰3 | 丁巳4 | 戊午5 | | 戊申夏至 |
| 六月大 癸未 | 天干 地支 西曆 | 己未6 | 庚申7 | 辛酉8 | 壬戌9 | 癸亥10 | 甲子11 | 乙丑12 | 丙寅13 | 丁卯14 | 戊辰15 | 己巳16 | 庚午17 | 辛未18 | 壬申19 | 癸酉20 | 甲戌21 | 乙亥22 | 丙子23 | 丁丑24 | 戊寅25 | 己卯26 | 庚辰27 | 辛巳28 | 壬午29 | 癸未30 | 甲申31 | 乙酉(8) | 丙戌2 | 丁亥3 | 戊子4 | |
| 七月小 甲申 | 天干 地支 西曆 | 己丑5 | 庚寅6 | 辛卯7 | 壬辰8 | 癸巳9 | 甲午10 | 乙未11 | 丙申12 | 丁酉13 | 戊戌14 | 己亥15 | 庚子16 | 辛丑17 | 壬寅18 | 癸卯19 | 甲辰20 | 乙巳21 | 丙午22 | 丁未23 | 戊申24 | 己酉25 | 庚戌26 | 辛亥27 | 壬子28 | 癸丑29 | 甲寅30 | 乙卯31 | 丙辰(9) | 丁巳2 | | 甲午立秋 |
| 八月大 乙酉 | 天干 地支 西曆 | 戊午3 | 己未4 | 庚申5 | 辛酉6 | 壬戌7 | 癸亥8 | 甲子9 | 乙丑10 | 丙寅11 | 丁卯12 | 戊辰13 | 己巳14 | 庚午15 | 辛未16 | 壬申17 | 癸酉18 | 甲戌19 | 乙亥20 | 丙子21 | 丁丑22 | 戊寅23 | 己卯24 | 庚辰25 | 辛巳26 | 壬午27 | 癸未28 | 甲申29 | 乙酉30 | 丙戌(10) | 丁亥2 | 己卯秋分 |
| 九月小 丙戌 | 天干 地支 西曆 | 戊子3 | 己丑4 | 庚寅5 | 辛卯6 | 壬辰7 | 癸巳8 | 甲午9 | 乙未10 | 丙申11 | 丁酉12 | 戊戌13 | 己亥14 | 庚子15 | 辛丑16 | 壬寅17 | 癸卯18 | 甲辰19 | 乙巳20 | 丙午21 | 丁未22 | 戊申23 | 己酉24 | 庚戌25 | 辛亥26 | 壬子27 | 癸丑28 | 甲寅29 | 乙卯30 | 丙辰31 | | |

# 漢文帝五年（丙寅 虎年） 公元前 176 ~ 前 175 年

| 夏曆月序 | | 中西曆日對照 | 夏曆日序 | | | | | | | | | | | | | | | | | | | | | | | | | | | | | | 節氣與天象 |
|---|---|---|---|---|---|---|---|---|---|---|---|---|---|---|---|---|---|---|---|---|---|---|---|---|---|---|---|---|---|---|---|---|---|
| | | | 初一 | 初二 | 初三 | 初四 | 初五 | 初六 | 初七 | 初八 | 初九 | 初十 | 十一 | 十二 | 十三 | 十四 | 十五 | 十六 | 十七 | 十八 | 十九 | 二十 | 二一 | 二二 | 二三 | 二四 | 二五 | 二六 | 二七 | 二八 | 二九 | 三十 | |
| 十月大 | 丁亥 | 天干地支西曆 | 丁巳(11) | 戊午2 | 己未3 | 庚申4 | 辛酉5 | 壬戌6 | 癸亥7 | 甲子8 | 乙丑9 | 丙寅10 | 丁卯11 | 戊辰12 | 己巳13 | 庚午14 | 辛未15 | 壬申16 | 癸酉17 | 甲戌18 | 乙亥19 | 丙子20 | 丁丑21 | 戊寅22 | 己卯23 | 庚辰24 | 辛巳25 | 壬午26 | 癸未27 | 甲申28 | 乙酉29 | 丙戌30 | 乙丑立冬 |
| 十一月小 | 戊子 | 天干地支西曆 | 丁亥(12) | 戊子2 | 己丑3 | 庚寅4 | 辛卯5 | 壬辰6 | 癸巳7 | 甲午8 | 乙未9 | 丙申10 | 丁酉11 | 戊戌12 | 己亥13 | 庚子14 | 辛丑15 | 壬寅16 | 癸卯17 | 甲辰18 | 乙巳19 | 丙午20 | 丁未21 | 戊申22 | 己酉23 | 庚戌24 | 辛亥25 | 壬子26 | 癸丑27 | 甲寅28 | 乙卯29 | | 辛亥冬至 |
| 十二月大 | 己丑 | 天干地支西曆 | 丙辰30 | 丁巳31 | 戊午(1) | 己未2 | 庚申3 | 辛酉4 | 壬戌5 | 癸亥6 | 甲子7 | 乙丑8 | 丙寅9 | 丁卯10 | 戊辰11 | 己巳12 | 庚午13 | 辛未14 | 壬申15 | 癸酉16 | 甲戌17 | 乙亥18 | 丙子19 | 丁丑20 | 戊寅21 | 己卯22 | 庚辰23 | 辛巳24 | 壬午25 | 癸未26 | 甲申27 | 乙酉28 | |
| 正月小 | 庚寅 | 天干地支西曆 | 丙戌29 | 丁亥30 | 戊子31 | 己丑(2) | 庚寅2 | 辛卯3 | 壬辰4 | 癸巳5 | 甲午6 | 乙未7 | 丙申8 | 丁酉9 | 戊戌10 | 己亥11 | 庚子12 | 辛丑13 | 壬寅14 | 癸卯15 | 甲辰16 | 乙巳17 | 丙午18 | 丁未19 | 戊申20 | 己酉21 | 庚戌22 | 辛亥23 | 壬子24 | 癸丑25 | 甲寅26 | | 丙申立春 |
| 二月大 | 辛卯 | 天干地支西曆 | 乙卯27 | 丙辰28 | 丁巳(3) | 戊午2 | 己未3 | 庚申4 | 辛酉5 | 壬戌6 | 癸亥7 | 甲子8 | 乙丑9 | 丙寅10 | 丁卯11 | 戊辰12 | 己巳13 | 庚午14 | 辛未15 | 壬申16 | 癸酉17 | 甲戌18 | 乙亥19 | 丙子20 | 丁丑21 | 戊寅22 | 己卯23 | 庚辰24 | 辛巳25 | 壬午26 | 癸未27 | 甲申28 | 壬午春分 |
| 三月小 | 壬辰 | 天干地支西曆 | 乙酉29 | 丙戌30 | 丁亥31 | 戊子(4) | 己丑2 | 庚寅3 | 辛卯4 | 壬辰5 | 癸巳6 | 甲午7 | 乙未8 | 丙申9 | 丁酉10 | 戊戌11 | 己亥12 | 庚子13 | 辛丑14 | 壬寅15 | 癸卯16 | 甲辰17 | 乙巳18 | 丙午19 | 丁未20 | 戊申21 | 己酉22 | 庚戌23 | 辛亥24 | 壬子25 | 癸丑26 | | |
| 四月大 | 癸巳 | 天干地支西曆 | 甲寅27 | 乙卯28 | 丙辰29 | 丁巳30 | 戊午(5) | 己未2 | 庚申3 | 辛酉4 | 壬戌5 | 癸亥6 | 甲子7 | 乙丑8 | 丙寅9 | 丁卯10 | 戊辰11 | 己巳12 | 庚午13 | 辛未14 | 壬申15 | 癸酉16 | 甲戌17 | 乙亥18 | 丙子19 | 丁丑20 | 戊寅21 | 己卯22 | 庚辰23 | 辛巳24 | 壬午25 | 癸未26 | 戊辰立夏 |
| 五月大 | 甲午 | 天干地支西曆 | 甲申27 | 乙酉28 | 丙戌29 | 丁亥30 | 戊子31 | 己丑(6) | 庚寅2 | 辛卯3 | 壬辰4 | 癸巳5 | 甲午6 | 乙未7 | 丙申8 | 丁酉9 | 戊戌10 | 己亥11 | 庚子12 | 辛丑13 | 壬寅14 | 癸卯15 | 甲辰16 | 乙巳17 | 丙午18 | 丁未19 | 戊申20 | 己酉21 | 庚戌22 | 辛亥23 | 壬子24 | 癸丑25 | |
| 六月小 | 乙未 | 天干地支西曆 | 甲寅26 | 乙卯27 | 丙辰28 | 丁巳29 | 戊午30 | 己未(7) | 庚申2 | 辛酉3 | 壬戌4 | 癸亥5 | 甲子6 | 乙丑7 | 丙寅8 | 丁卯9 | 戊辰10 | 己巳11 | 庚午12 | 辛未13 | 壬申14 | 癸酉15 | 甲戌16 | 乙亥17 | 丙子18 | 丁丑19 | 戊寅20 | 己卯21 | 庚辰22 | 辛巳23 | 壬午24 | | 乙卯夏至 |
| 七月大 | 丙申 | 天干地支西曆 | 癸未25 | 甲申26 | 乙酉27 | 丙戌28 | 丁亥29 | 戊子30 | 己丑31 | 庚寅(8) | 辛卯2 | 壬辰3 | 癸巳4 | 甲午5 | 乙未6 | 丙申7 | 丁酉8 | 戊戌9 | 己亥10 | 庚子11 | 辛丑12 | 壬寅13 | 癸卯14 | 甲辰15 | 乙巳16 | 丙午17 | 丁未18 | 戊申19 | 己酉20 | 庚戌21 | 辛亥22 | 壬子23 | 己亥立秋 |
| 八月小 | 丁酉 | 天干地支西曆 | 癸丑24 | 甲寅25 | 乙卯26 | 丙辰27 | 丁巳28 | 戊午29 | 己未30 | 庚申31 | 辛酉(9) | 壬戌2 | 癸亥3 | 甲子4 | 乙丑5 | 丙寅6 | 丁卯7 | 戊辰8 | 己巳9 | 庚午10 | 辛未11 | 壬申12 | 癸酉13 | 甲戌14 | 乙亥15 | 丙子16 | 丁丑17 | 戊寅18 | 己卯19 | 庚辰20 | 辛巳21 | | |
| 九月大 | 戊戌 | 天干地支西曆 | 壬午22 | 癸未23 | 甲申24 | 乙酉25 | 丙戌26 | 丁亥27 | 戊子28 | 己丑29 | 庚寅30 | 辛卯(10) | 壬辰2 | 癸巳3 | 甲午4 | 乙未5 | 丙申6 | 丁酉7 | 戊戌8 | 己亥9 | 庚子10 | 辛丑11 | 壬寅12 | 癸卯13 | 甲辰14 | 乙巳15 | 丙午16 | 丁未17 | 戊申18 | 己酉19 | 庚戌20 | 辛亥21 | 乙酉秋分 |
| 後九月小 | 戊戌 | 天干地支西曆 | 壬子22 | 癸丑23 | 甲寅24 | 乙卯25 | 丙辰26 | 丁巳27 | 戊午28 | 己未29 | 庚申30 | 辛酉31 | 壬戌(11) | 癸亥2 | 甲子3 | 乙丑4 | 丙寅5 | 丁卯6 | 戊辰7 | 己巳8 | 庚午9 | 辛未10 | 壬申11 | 癸酉12 | 甲戌13 | 乙亥14 | 丙子15 | 丁丑16 | 戊寅17 | 己卯18 | 庚辰19 | | 庚午立冬 |

# 漢文帝六年（丁卯 兔年） 公元前175 ~ 前**174**年

| 夏曆月序 | | 中西曆日對照 | 初一 | 初二 | 初三 | 初四 | 初五 | 初六 | 初七 | 初八 | 初九 | 初十 | 十一 | 十二 | 十三 | 十四 | 十五 | 十六 | 十七 | 十八 | 十九 | 二十 | 二一 | 二二 | 二三 | 二四 | 二五 | 二六 | 二七 | 二八 | 二九 | 三十 | 節氣與天象 |
|---|---|---|---|---|---|---|---|---|---|---|---|---|---|---|---|---|---|---|---|---|---|---|---|---|---|---|---|---|---|---|---|---|---|
| 十月大 | 己亥 | 干支<br>天地西曆 | 辛巳<br>20 | 壬午<br>21 | 癸未<br>22 | 甲申<br>23 | 乙酉<br>24 | 丙戌<br>25 | 丁亥<br>26 | 戊子<br>27 | 己丑<br>28 | 庚寅<br>29 | 辛卯<br>30 | 壬辰<br>(12) | 癸巳<br>2 | 甲午<br>3 | 乙未<br>4 | 丙申<br>5 | 丁酉<br>6 | 戊戌<br>7 | 己亥<br>8 | 庚子<br>9 | 辛丑<br>10 | 壬寅<br>11 | 癸卯<br>12 | 甲辰<br>13 | 乙巳<br>14 | 丙午<br>15 | 丁未<br>16 | 戊申<br>17 | 己酉<br>18 | 庚戌<br>19 | |
| 十一月小 | 庚子 | 干支<br>天地西曆 | 辛亥<br>20 | 壬子<br>21 | 癸丑<br>22 | 甲寅<br>23 | 乙卯<br>24 | 丙辰<br>25 | 丁巳<br>26 | 戊午<br>27 | 己未<br>28 | 庚申<br>29 | 辛酉<br>30 | 壬戌<br>31 | 癸亥<br>(1) | 甲子<br>2 | 乙丑<br>3 | 丙寅<br>4 | 丁卯<br>5 | 戊辰<br>6 | 己巳<br>7 | 庚午<br>8 | 辛未<br>9 | 壬申<br>10 | 癸酉<br>11 | 甲戌<br>12 | 乙亥<br>13 | 丙子<br>14 | 丁丑<br>15 | 戊寅<br>16 | 己卯<br>17 | | 丙辰冬至 |
| 十二月大 | 辛丑 | 干支<br>天地西曆 | 庚辰<br>18 | 辛巳<br>19 | 壬午<br>20 | 癸未<br>21 | 甲申<br>22 | 乙酉<br>23 | 丙戌<br>24 | 丁亥<br>25 | 戊子<br>26 | 己丑<br>27 | 庚寅<br>28 | 辛卯<br>29 | 壬辰<br>30 | 癸巳<br>31 | 甲午<br>(2) | 乙未<br>2 | 丙申<br>3 | 丁酉<br>4 | 戊戌<br>5 | 己亥<br>6 | 庚子<br>7 | 辛丑<br>8 | 壬寅<br>9 | 癸卯<br>10 | 甲辰<br>11 | 乙巳<br>12 | 丙午<br>13 | 丁未<br>14 | 戊申<br>15 | 己酉<br>16 | 壬寅立春 |
| 正月小 | 壬寅 | 干支<br>天地西曆 | 庚戌<br>17 | 辛亥<br>18 | 壬子<br>19 | 癸丑<br>20 | 甲寅<br>21 | 乙卯<br>22 | 丙辰<br>23 | 丁巳<br>24 | 戊午<br>25 | 己未<br>26 | 庚申<br>27 | 辛酉<br>28 | 壬戌<br>(3) | 癸亥<br>2 | 甲子<br>3 | 乙丑<br>4 | 丙寅<br>5 | 丁卯<br>6 | 戊辰<br>7 | 己巳<br>8 | 庚午<br>9 | 辛未<br>10 | 壬申<br>11 | 癸酉<br>12 | 甲戌<br>13 | 乙亥<br>14 | 丙子<br>15 | 丁丑<br>16 | 戊寅<br>17 | | |
| 二月大 | 癸卯 | 干支<br>天地西曆 | 己卯<br>18 | 庚辰<br>19 | 辛巳<br>20 | 壬午<br>21 | 癸未<br>22 | 甲申<br>23 | 乙酉<br>24 | 丙戌<br>25 | 丁亥<br>26 | 戊子<br>27 | 己丑<br>28 | 庚寅<br>29 | 辛卯<br>30 | 壬辰<br>31 | 癸巳<br>(4) | 甲午<br>2 | 乙未<br>3 | 丙申<br>4 | 丁酉<br>5 | 戊戌<br>6 | 己亥<br>7 | 庚子<br>8 | 辛丑<br>9 | 壬寅<br>10 | 癸卯<br>11 | 甲辰<br>12 | 乙巳<br>13 | 丙午<br>14 | 丁未<br>15 | 戊申<br>16 | 丁亥春分 |
| 三月小 | 甲辰 | 干支<br>天地西曆 | 己酉<br>17 | 庚戌<br>18 | 辛亥<br>19 | 壬子<br>20 | 癸丑<br>21 | 甲寅<br>22 | 乙卯<br>23 | 丙辰<br>24 | 丁巳<br>25 | 戊午<br>26 | 己未<br>27 | 庚申<br>28 | 辛酉<br>29 | 壬戌<br>30 | 癸亥<br>(5) | 甲子<br>2 | 乙丑<br>3 | 丙寅<br>4 | 丁卯<br>5 | 戊辰<br>6 | 己巳<br>7 | 庚午<br>8 | 辛未<br>9 | 壬申<br>10 | 癸酉<br>11 | 甲戌<br>12 | 乙亥<br>13 | 丙子<br>14 | 丁丑<br>15 | | 癸酉立夏 |
| 四月大 | 乙巳 | 干支<br>天地西曆 | 戊寅<br>16 | 己卯<br>17 | 庚辰<br>18 | 辛巳<br>19 | 壬午<br>20 | 癸未<br>21 | 甲申<br>22 | 乙酉<br>23 | 丙戌<br>24 | 丁亥<br>25 | 戊子<br>26 | 己丑<br>27 | 庚寅<br>28 | 辛卯<br>29 | 壬辰<br>30 | 癸巳<br>31 | 甲午<br>(6) | 乙未<br>2 | 丙申<br>3 | 丁酉<br>4 | 戊戌<br>5 | 己亥<br>6 | 庚子<br>7 | 辛丑<br>8 | 壬寅<br>9 | 癸卯<br>10 | 甲辰<br>11 | 乙巳<br>12 | 丙午<br>13 | 丁未<br>14 | |
| 五月小 | 丙午 | 干支<br>天地西曆 | 戊申<br>15 | 己酉<br>16 | 庚戌<br>17 | 辛亥<br>18 | 壬子<br>19 | 癸丑<br>20 | 甲寅<br>21 | 乙卯<br>22 | 丙辰<br>23 | 丁巳<br>24 | 戊午<br>25 | 己未<br>26 | 庚申<br>27 | 辛酉<br>28 | 壬戌<br>29 | 癸亥<br>30 | 甲子<br>(7) | 乙丑<br>2 | 丙寅<br>3 | 丁卯<br>4 | 戊辰<br>5 | 己巳<br>6 | 庚午<br>7 | 辛未<br>8 | 壬申<br>9 | 癸酉<br>10 | 甲戌<br>11 | 乙亥<br>12 | 丙子<br>13 | | 戊午夏至 |
| 六月大 | 丁未 | 干支<br>天地西曆 | 丁丑<br>14 | 戊寅<br>15 | 己卯<br>16 | 庚辰<br>17 | 辛巳<br>18 | 壬午<br>19 | 癸未<br>20 | 甲申<br>21 | 乙酉<br>22 | 丙戌<br>23 | 丁亥<br>24 | 戊子<br>25 | 己丑<br>26 | 庚寅<br>27 | 辛卯<br>28 | 壬辰<br>29 | 癸巳<br>30 | 甲午<br>31 | 乙未<br>(8) | 丙申<br>2 | 丁酉<br>3 | 戊戌<br>4 | 己亥<br>5 | 庚子<br>6 | 辛丑<br>7 | 壬寅<br>8 | 癸卯<br>9 | 甲辰<br>10 | 乙巳<br>11 | 丙午<br>12 | 甲辰立秋 |
| 七月大 | 戊申 | 干支<br>天地西曆 | 丁未<br>13 | 戊申<br>14 | 己酉<br>15 | 庚戌<br>16 | 辛亥<br>17 | 壬子<br>18 | 癸丑<br>19 | 甲寅<br>20 | 乙卯<br>21 | 丙辰<br>22 | 丁巳<br>23 | 戊午<br>24 | 己未<br>25 | 庚申<br>26 | 辛酉<br>27 | 壬戌<br>28 | 癸亥<br>29 | 甲子<br>30 | 乙丑<br>31 | 丙寅<br>(9) | 丁卯<br>2 | 戊辰<br>3 | 己巳<br>4 | 庚午<br>5 | 辛未<br>6 | 壬申<br>7 | 癸酉<br>8 | 甲戌<br>9 | 乙亥<br>10 | 丙子<br>11 | |
| 八月小 | 己酉 | 干支<br>天地西曆 | 丁丑<br>12 | 戊寅<br>13 | 己卯<br>14 | 庚辰<br>15 | 辛巳<br>16 | 壬午<br>17 | 癸未<br>18 | 甲申<br>19 | 乙酉<br>20 | 丙戌<br>21 | 丁亥<br>22 | 戊子<br>23 | 己丑<br>24 | 庚寅<br>25 | 辛卯<br>26 | 壬辰<br>27 | 癸巳<br>28 | 甲午<br>29 | 乙未<br>30 | 丙申<br>(10) | 丁酉<br>2 | 戊戌<br>3 | 己亥<br>4 | 庚子<br>5 | 辛丑<br>6 | 壬寅<br>7 | 癸卯<br>8 | 甲辰<br>9 | 乙巳<br>10 | | 庚寅秋分<br>乙巳日食 |
| 九月大 | 庚戌 | 干支<br>天地西曆 | 丙午<br>11 | 丁未<br>12 | 戊申<br>13 | 己酉<br>14 | 庚戌<br>15 | 辛亥<br>16 | 壬子<br>17 | 癸丑<br>18 | 甲寅<br>19 | 乙卯<br>20 | 丙辰<br>21 | 丁巳<br>22 | 戊午<br>23 | 己未<br>24 | 庚申<br>25 | 辛酉<br>26 | 壬戌<br>27 | 癸亥<br>28 | 甲子<br>29 | 乙丑<br>30 | 丙寅<br>31 | 丁卯<br>(11) | 戊辰<br>2 | 己巳<br>3 | 庚午<br>4 | 辛未<br>5 | 壬申<br>6 | 癸酉<br>7 | 甲戌<br>8 | 乙亥<br>9 | 乙亥立冬 |

# 漢文帝七年（戊辰 龍年） 公元前174～前173年

| 夏曆月序 | 中西曆日對照 | 初一 | 初二 | 初三 | 初四 | 初五 | 初六 | 初七 | 初八 | 初九 | 初十 | 十一 | 十二 | 十三 | 十四 | 十五 | 十六 | 十七 | 十八 | 十九 | 二十 | 二一 | 二二 | 二三 | 二四 | 二五 | 二六 | 二七 | 二八 | 二九 | 三十 | 節氣與天象 |
|---|---|---|---|---|---|---|---|---|---|---|---|---|---|---|---|---|---|---|---|---|---|---|---|---|---|---|---|---|---|---|---|---|
| 十月小 辛亥 | 天干 地支 西曆 | 丙子 10 | 丁丑 11 | 戊寅 12 | 己卯 13 | 庚辰 14 | 辛巳 15 | 壬午 16 | 癸未 17 | 甲申 18 | 乙酉 19 | 丙戌 20 | 丁亥 21 | 戊子 22 | 己丑 23 | 庚寅 24 | 辛卯 25 | 壬辰 26 | 癸巳 27 | 甲午 28 | 乙未 29 | 丙申 30 | 丁酉 (12) | 戊戌 2 | 己亥 3 | 庚子 4 | 辛丑 5 | 壬寅 6 | 癸卯 7 | 甲辰 8 | | |
| 十一月大 壬子 | 天干 地支 西曆 | 乙巳 9 | 丙午 10 | 丁未 11 | 戊申 12 | 己酉 13 | 庚戌 14 | 辛亥 15 | 壬子 16 | 癸丑 17 | 甲寅 18 | 乙卯 19 | 丙辰 20 | 丁巳 21 | 戊午 22 | 己未 23 | 庚申 24 | 辛酉 25 | 壬戌 26 | 癸亥 27 | 甲子 28 | 乙丑 29 | 丙寅 30 | 丁卯 31 | 戊辰 (1) | 己巳 2 | 庚午 3 | 辛未 4 | 壬申 5 | 癸酉 6 | 甲戌 7 | 辛酉冬至 |
| 十二月小 癸丑 | 天干 地支 西曆 | 乙亥 8 | 丙子 9 | 丁丑 10 | 戊寅 11 | 己卯 12 | 庚辰 13 | 辛巳 14 | 壬午 15 | 癸未 16 | 甲申 17 | 乙酉 18 | 丙戌 19 | 丁亥 20 | 戊子 21 | 己丑 22 | 庚寅 23 | 辛卯 24 | 壬辰 25 | 癸巳 26 | 甲午 27 | 乙未 28 | 丙申 29 | 丁酉 30 | 戊戌 31 | 己亥 (2) | 庚子 2 | 辛丑 3 | 壬寅 4 | 癸卯 5 | | |
| 正月大 甲寅 | 天干 地支 西曆 | 甲辰 6 | 乙巳 7 | 丙午 8 | 丁未 9 | 戊申 10 | 己酉 11 | 庚戌 12 | 辛亥 13 | 壬子 14 | 癸丑 15 | 甲寅 16 | 乙卯 17 | 丙辰 18 | 丁巳 19 | 戊午 20 | 己未 21 | 庚申 22 | 辛酉 23 | 壬戌 24 | 癸亥 25 | 甲子 26 | 乙丑 27 | 丙寅 28 | 丁卯 29 | 戊辰 (3) | 己巳 2 | 庚午 3 | 辛未 4 | 壬申 5 | 癸酉 6 | 丁未立春 |
| 二月小 乙卯 | 天干 地支 西曆 | 甲戌 7 | 乙亥 8 | 丙子 9 | 丁丑 10 | 戊寅 11 | 己卯 12 | 庚辰 13 | 辛巳 14 | 壬午 15 | 癸未 16 | 甲申 17 | 乙酉 18 | 丙戌 19 | 丁亥 20 | 戊子 21 | 己丑 22 | 庚寅 23 | 辛卯 24 | 壬辰 25 | 癸巳 26 | 甲午 27 | 乙未 28 | 丙申 29 | 丁酉 30 | 戊戌 31 | 己亥 (4) | 庚子 2 | 辛丑 3 | 壬寅 4 | | 壬辰春分 |
| 三月大 丙辰 | 天干 地支 西曆 | 癸卯 5 | 甲辰 6 | 乙巳 7 | 丙午 8 | 丁未 9 | 戊申 10 | 己酉 11 | 庚戌 12 | 辛亥 13 | 壬子 14 | 癸丑 15 | 甲寅 16 | 乙卯 17 | 丙辰 18 | 丁巳 19 | 戊午 20 | 己未 21 | 庚申 22 | 辛酉 23 | 壬戌 24 | 癸亥 25 | 甲子 26 | 乙丑 27 | 丙寅 28 | 丁卯 29 | 戊辰 30 | 己巳 (5) | 庚午 2 | 辛未 3 | 壬申 4 | |
| 四月小 丁巳 | 天干 地支 西曆 | 癸酉 5 | 甲戌 6 | 乙亥 7 | 丙子 8 | 丁丑 9 | 戊寅 10 | 己卯 11 | 庚辰 12 | 辛巳 13 | 壬午 14 | 癸未 15 | 甲申 16 | 乙酉 17 | 丙戌 18 | 丁亥 19 | 戊子 20 | 己丑 21 | 庚寅 22 | 辛卯 23 | 壬辰 24 | 癸巳 25 | 甲午 26 | 乙未 27 | 丙申 28 | 丁酉 29 | 戊戌 30 | 己亥 31 | 庚子 (6) | 辛丑 2 | | 戊寅立夏 |
| 五月大 戊午 | 天干 地支 西曆 | 壬寅 3 | 癸卯 4 | 甲辰 5 | 乙巳 6 | 丙午 7 | 丁未 8 | 戊申 9 | 己酉 10 | 庚戌 11 | 辛亥 12 | 壬子 13 | 癸丑 14 | 甲寅 15 | 乙卯 16 | 丙辰 17 | 丁巳 18 | 戊午 19 | 己未 20 | 庚申 21 | 辛酉 22 | 壬戌 23 | 癸亥 24 | 甲子 25 | 乙丑 26 | 丙寅 27 | 丁卯 28 | 戊辰 29 | 己巳 30 | 庚午 (7) | 辛未 2 | 甲子夏至 |
| 六月小 己未 | 天干 地支 西曆 | 壬申 3 | 癸酉 4 | 甲戌 5 | 乙亥 6 | 丙子 7 | 丁丑 8 | 戊寅 9 | 己卯 10 | 庚辰 11 | 辛巳 12 | 壬午 13 | 癸未 14 | 甲申 15 | 乙酉 16 | 丙戌 17 | 丁亥 18 | 戊子 19 | 己丑 20 | 庚寅 21 | 辛卯 22 | 壬辰 23 | 癸巳 24 | 甲午 25 | 乙未 26 | 丙申 27 | 丁酉 28 | 戊戌 29 | 己亥 30 | 庚子 31 | | |
| 七月大 庚申 | 天干 地支 西曆 | 辛丑 (8) | 壬寅 2 | 癸卯 3 | 甲辰 4 | 乙巳 5 | 丙午 6 | 丁未 7 | 戊申 8 | 己酉 9 | 庚戌 10 | 辛亥 11 | 壬子 12 | 癸丑 13 | 甲寅 14 | 乙卯 15 | 丙辰 16 | 丁巳 17 | 戊午 18 | 己未 19 | 庚申 20 | 辛酉 21 | 壬戌 22 | 癸亥 23 | 甲子 24 | 乙丑 25 | 丙寅 26 | 丁卯 27 | 戊辰 28 | 己巳 29 | 庚午 30 | 己酉立秋 |
| 八月小 辛酉 | 天干 地支 西曆 | 辛未 31 | 壬申 (9) | 癸酉 2 | 甲戌 3 | 乙亥 4 | 丙子 5 | 丁丑 6 | 戊寅 7 | 己卯 8 | 庚辰 9 | 辛巳 10 | 壬午 11 | 癸未 12 | 甲申 13 | 乙酉 14 | 丙戌 15 | 丁亥 16 | 戊子 17 | 己丑 18 | 庚寅 19 | 辛卯 20 | 壬辰 21 | 癸巳 22 | 甲午 23 | 乙未 24 | 丙申 25 | 丁酉 26 | 戊戌 27 | 己亥 28 | | 乙未秋分 |
| 九月大 壬戌 | 天干 地支 西曆 | 庚子 29 | 辛丑 30 | 壬寅 (10) | 癸卯 2 | 甲辰 3 | 乙巳 4 | 丙午 5 | 丁未 6 | 戊申 7 | 己酉 8 | 庚戌 9 | 辛亥 10 | 壬子 11 | 癸丑 12 | 甲寅 13 | 乙卯 14 | 丙辰 15 | 丁巳 16 | 戊午 17 | 己未 18 | 庚申 19 | 辛酉 20 | 壬戌 21 | 癸亥 22 | 甲子 23 | 乙丑 24 | 丙寅 25 | 丁卯 26 | 戊辰 27 | 己巳 28 | |

# 漢文帝八年（己巳 蛇年） 公元前173 ~ 前172年

| 夏曆月序 | 中西曆日對照 | 初一 | 初二 | 初三 | 初四 | 初五 | 初六 | 初七 | 初八 | 初九 | 初十 | 十一 | 十二 | 十三 | 十四 | 十五 | 十六 | 十七 | 十八 | 十九 | 二十 | 二一 | 二二 | 二三 | 二四 | 二五 | 二六 | 二七 | 二八 | 二九 | 三十 | 節氣與天象 |
|---|---|---|---|---|---|---|---|---|---|---|---|---|---|---|---|---|---|---|---|---|---|---|---|---|---|---|---|---|---|---|---|---|
| 十月小 癸亥 | 天干地支 西曆 | 庚午29 | 辛未30 | 壬申31 | 癸酉(11) | 甲戌2 | 乙亥3 | 丙子4 | 丁丑5 | 戊寅6 | 己卯7 | 庚辰8 | 辛巳9 | 壬午10 | 癸未11 | 甲申12 | 乙酉13 | 丙戌14 | 丁亥15 | 戊子16 | 己丑17 | 庚寅18 | 辛卯19 | 壬辰20 | 癸巳21 | 甲午22 | 乙未23 | 丙申24 | 丁酉25 | 戊戌26 | | 辛巳立冬 |
| 十一月大 甲子 | 天干地支 西曆 | 己亥27 | 庚子28 | 辛丑29 | 壬寅30 | 癸卯(12) | 甲辰2 | 乙巳3 | 丙午4 | 丁未5 | 戊申6 | 己酉7 | 庚戌8 | 辛亥9 | 壬子10 | 癸丑11 | 甲寅12 | 乙卯13 | 丙辰14 | 丁巳15 | 戊午16 | 己未17 | 庚申18 | 辛酉19 | 壬戌20 | 癸亥21 | 甲子22 | 乙丑23 | 丙寅24 | 丁卯25 | 戊辰26 | 丙寅冬至 |
| 十二月大 乙丑 | 天干地支 西曆 | 己巳27 | 庚午28 | 辛未29 | 壬申30 | 癸酉31 | 甲戌(1) | 乙亥2 | 丙子3 | 丁丑4 | 戊寅5 | 己卯6 | 庚辰7 | 辛巳8 | 壬午9 | 癸未10 | 甲申11 | 乙酉12 | 丙戌13 | 丁亥14 | 戊子15 | 己丑16 | 庚寅17 | 辛卯18 | 壬辰19 | 癸巳20 | 甲午21 | 乙未22 | 丙申23 | 丁酉24 | 戊戌25 | |
| 正月小 丙寅 | 天干地支 西曆 | 己亥26 | 庚子27 | 辛丑28 | 壬寅29 | 癸卯30 | 甲辰31 | 乙巳(2) | 丙午2 | 丁未3 | 戊申4 | 己酉5 | 庚戌6 | 辛亥7 | 壬子8 | 癸丑9 | 甲寅10 | 乙卯11 | 丙辰12 | 丁巳13 | 戊午14 | 己未15 | 庚申16 | 辛酉17 | 壬戌18 | 癸亥19 | 甲子20 | 乙丑21 | 丙寅22 | 丁卯23 | | 壬子立春 |
| 二月大 丁卯 | 天干地支 西曆 | 戊辰24 | 己巳25 | 庚午26 | 辛未27 | 壬申28 | 癸酉(3) | 甲戌2 | 乙亥3 | 丙子4 | 丁丑5 | 戊寅6 | 己卯7 | 庚辰8 | 辛巳9 | 壬午10 | 癸未11 | 甲申12 | 乙酉13 | 丙戌14 | 丁亥15 | 戊子16 | 己丑17 | 庚寅18 | 辛卯19 | 壬辰20 | 癸巳21 | 甲午22 | 乙未23 | 丙申24 | 丁酉25 | |
| 三月小 戊辰 | 天干地支 西曆 | 戊戌26 | 己亥27 | 庚子28 | 辛丑29 | 壬寅30 | 癸卯31 | 甲辰(4) | 乙巳2 | 丙午3 | 丁未4 | 戊申5 | 己酉6 | 庚戌7 | 辛亥8 | 壬子9 | 癸丑10 | 甲寅11 | 乙卯12 | 丙辰13 | 丁巳14 | 戊午15 | 己未16 | 庚申17 | 辛酉18 | 壬戌19 | 癸亥20 | 甲子21 | 乙丑22 | 丙寅23 | | 戊戌春分 |
| 四月大 己巳 | 天干地支 西曆 | 丁卯24 | 戊辰25 | 己巳26 | 庚午27 | 辛未28 | 壬申29 | 癸酉30 | 甲戌(5) | 乙亥2 | 丙子3 | 丁丑4 | 戊寅5 | 己卯6 | 庚辰7 | 辛巳8 | 壬午9 | 癸未10 | 甲申11 | 乙酉12 | 丙戌13 | 丁亥14 | 戊子15 | 己丑16 | 庚寅17 | 辛卯18 | 壬辰19 | 癸巳20 | 甲午21 | 乙未22 | 丙申23 | 癸未立夏 |
| 五月小 庚午 | 天干地支 西曆 | 丁酉24 | 戊戌25 | 己亥26 | 庚子27 | 辛丑28 | 壬寅29 | 癸卯30 | 甲辰31 | 乙巳(6) | 丙午2 | 丁未3 | 戊申4 | 己酉5 | 庚戌6 | 辛亥7 | 壬子8 | 癸丑9 | 甲寅10 | 乙卯11 | 丙辰12 | 丁巳13 | 戊午14 | 己未15 | 庚申16 | 辛酉17 | 壬戌18 | 癸亥19 | 甲子20 | 乙丑21 | | |
| 六月大 辛未 | 天干地支 西曆 | 丙寅22 | 丁卯23 | 戊辰24 | 己巳25 | 庚午26 | 辛未27 | 壬申28 | 癸酉29 | 甲戌30 | 乙亥(7) | 丙子2 | 丁丑3 | 戊寅4 | 己卯5 | 庚辰6 | 辛巳7 | 壬午8 | 癸未9 | 甲申10 | 乙酉11 | 丙戌12 | 丁亥13 | 戊子14 | 己丑15 | 庚寅16 | 辛卯17 | 壬辰18 | 癸巳19 | 甲午20 | 乙未21 | 己巳夏至 |
| 七月小 壬申 | 天干地支 西曆 | 丙申22 | 丁酉23 | 戊戌24 | 己亥25 | 庚子26 | 辛丑27 | 壬寅28 | 癸卯29 | 甲辰30 | 乙巳31 | 丙午(8) | 丁未2 | 戊申3 | 己酉4 | 庚戌5 | 辛亥6 | 壬子7 | 癸丑8 | 甲寅9 | 乙卯10 | 丙辰11 | 丁巳12 | 戊午13 | 己未14 | 庚申15 | 辛酉16 | 壬戌17 | 癸亥18 | 甲子19 | | 乙卯立秋 |
| 八月大 癸酉 | 天干地支 西曆 | 乙丑20 | 丙寅21 | 丁卯22 | 戊辰23 | 己巳24 | 庚午25 | 辛未26 | 壬申27 | 癸酉28 | 甲戌29 | 乙亥30 | 丙子31 | 丁丑(9) | 戊寅2 | 己卯3 | 庚辰4 | 辛巳5 | 壬午6 | 癸未7 | 甲申8 | 乙酉9 | 丙戌10 | 丁亥11 | 戊子12 | 己丑13 | 庚寅14 | 辛卯15 | 壬辰16 | 癸巳17 | 甲午18 | |
| 九月小 甲戌 | 天干地支 西曆 | 乙未19 | 丙申20 | 丁酉21 | 戊戌22 | 己亥23 | 庚子24 | 辛丑25 | 壬寅26 | 癸卯27 | 甲辰28 | 乙巳29 | 丙午30 | 丁未(10) | 戊申2 | 己酉3 | 庚戌4 | 辛亥5 | 壬子6 | 癸丑7 | 甲寅8 | 乙卯9 | 丙辰10 | 丁巳11 | 戊午12 | 己未13 | 庚申14 | 辛酉15 | 壬戌16 | 癸亥17 | | 庚子秋分 |
| 後九月大 甲戌 | 天干地支 西曆 | 甲子18 | 乙丑19 | 丙寅20 | 丁卯21 | 戊辰22 | 己巳23 | 庚午24 | 辛未25 | 壬申26 | 癸酉27 | 甲戌28 | 乙亥29 | 丙子30 | 丁丑31 | 戊寅(11) | 己卯2 | 庚辰3 | 辛巳4 | 壬午5 | 癸未6 | 甲申7 | 乙酉8 | 丙戌9 | 丁亥10 | 戊子11 | 己丑12 | 庚寅13 | 辛卯14 | 壬辰15 | 癸巳16 | 丙戌立冬 |

# 漢文帝九年（庚午 馬年） 公元前 172 ~ 前 171 年

| 夏曆月序 | 中西曆日對照 | 初一 | 初二 | 初三 | 初四 | 初五 | 初六 | 初七 | 初八 | 初九 | 初十 | 十一 | 十二 | 十三 | 十四 | 十五 | 十六 | 十七 | 十八 | 十九 | 二十 | 二一 | 二二 | 二三 | 二四 | 二五 | 二六 | 二七 | 二八 | 二九 | 三十 | 節氣與天象 |
|---|---|---|---|---|---|---|---|---|---|---|---|---|---|---|---|---|---|---|---|---|---|---|---|---|---|---|---|---|---|---|---|---|
| 十月小 乙亥 | 天干地支西曆 | 甲午17 | 乙未18 | 丙申19 | 丁酉20 | 戊戌21 | 己亥22 | 庚子23 | 辛丑24 | 壬寅25 | 癸卯26 | 甲辰27 | 乙巳28 | 丙午29 | 丁未30 | 戊申(12) | 己酉2 | 庚戌3 | 辛亥4 | 壬子5 | 癸丑6 | 甲寅7 | 乙卯8 | 丙辰9 | 丁巳10 | 戊午11 | 己未12 | 庚申13 | 辛酉14 | 壬戌15 | | |
| 十一月大 丙子 | 天干地支西曆 | 癸亥16 | 甲子17 | 乙丑18 | 丙寅19 | 丁卯20 | 戊辰21 | 己巳22 | 庚午23 | 辛未24 | 壬申25 | 癸酉26 | 甲戌27 | 乙亥28 | 丙子29 | 丁丑30 | 戊寅31 | 己卯(1) | 庚辰2 | 辛巳3 | 壬午4 | 癸未5 | 甲申6 | 乙酉7 | 丙戌8 | 丁亥9 | 戊子10 | 己丑11 | 庚寅12 | 辛卯13 | 壬辰14 | 壬申冬至 |
| 十二月小 丁丑 | 天干地支西曆 | 癸巳15 | 甲午16 | 乙未17 | 丙申18 | 丁酉19 | 戊戌20 | 己亥21 | 庚子22 | 辛丑23 | 壬寅24 | 癸卯25 | 甲辰26 | 乙巳27 | 丙午28 | 丁未29 | 戊申30 | 己酉31 | 庚戌(2) | 辛亥2 | 壬子3 | 癸丑4 | 甲寅5 | 乙卯6 | 丙辰7 | 丁巳8 | 戊午9 | 己未10 | 庚申11 | 辛酉12 | | 丁巳立春 |
| 正月大 戊寅 | 天干地支西曆 | 壬戌13 | 癸亥14 | 甲子15 | 乙丑16 | 丙寅17 | 丁卯18 | 戊辰19 | 己巳20 | 庚午21 | 辛未22 | 壬申23 | 癸酉24 | 甲戌25 | 乙亥26 | 丙子27 | 丁丑28 | 戊寅(3) | 己卯2 | 庚辰3 | 辛巳4 | 壬午5 | 癸未6 | 甲申7 | 乙酉8 | 丙戌9 | 丁亥10 | 戊子11 | 己丑12 | 庚寅13 | 辛卯14 | |
| 二月小 己卯 | 天干地支西曆 | 壬辰15 | 癸巳16 | 甲午17 | 乙未18 | 丙申19 | 丁酉20 | 戊戌21 | 己亥22 | 庚子23 | 辛丑24 | 壬寅25 | 癸卯26 | 甲辰27 | 乙巳28 | 丙午29 | 丁未30 | 戊申31 | 己酉(4) | 庚戌2 | 辛亥3 | 壬子4 | 癸丑5 | 甲寅6 | 乙卯7 | 丙辰8 | 丁巳9 | 戊午10 | 己未11 | 庚申12 | | 癸卯春分 |
| 三月大 庚辰 | 天干地支西曆 | 辛酉13 | 壬戌14 | 癸亥15 | 甲子16 | 乙丑17 | 丙寅18 | 丁卯19 | 戊辰20 | 己巳21 | 庚午22 | 辛未23 | 壬申24 | 癸酉25 | 甲戌26 | 乙亥27 | 丙子28 | 丁丑29 | 戊寅30 | 己卯(5) | 庚辰2 | 辛巳3 | 壬午4 | 癸未5 | 甲申6 | 乙酉7 | 丙戌8 | 丁亥9 | 戊子10 | 己丑11 | 庚寅12 | 己丑立夏 |
| 四月大 辛巳 | 天干地支西曆 | 辛卯13 | 壬辰14 | 癸巳15 | 甲午16 | 乙未17 | 丙申18 | 丁酉19 | 戊戌20 | 己亥21 | 庚子22 | 辛丑23 | 壬寅24 | 癸卯25 | 甲辰26 | 乙巳27 | 丙午28 | 丁未29 | 戊申30 | 己酉31 | 庚戌(6) | 辛亥2 | 壬子3 | 癸丑4 | 甲寅5 | 乙卯6 | 丙辰7 | 丁巳8 | 戊午9 | 己未10 | 庚申11 | |
| 五月小 壬午 | 天干地支西曆 | 辛酉12 | 壬戌13 | 癸亥14 | 甲子15 | 乙丑16 | 丙寅17 | 丁卯18 | 戊辰19 | 己巳20 | 庚午21 | 辛未22 | 壬申23 | 癸酉24 | 甲戌25 | 乙亥26 | 丙子27 | 丁丑28 | 戊寅29 | 己卯30 | 庚辰(7) | 辛巳2 | 壬午3 | 癸未4 | 甲申5 | 乙酉6 | 丙戌7 | 丁亥8 | 戊子9 | 己丑10 | | 甲戌夏至 |
| 六月大 癸未 | 天干地支西曆 | 庚寅11 | 辛卯12 | 壬辰13 | 癸巳14 | 甲午15 | 乙未16 | 丙申17 | 丁酉18 | 戊戌19 | 己亥20 | 庚子21 | 辛丑22 | 壬寅23 | 癸卯24 | 甲辰25 | 乙巳26 | 丙午27 | 丁未28 | 戊申29 | 己酉30 | 庚戌31 | 辛亥(8) | 壬子2 | 癸丑3 | 甲寅4 | 乙卯5 | 丙辰6 | 丁巳7 | 戊午8 | 己未9 | |
| 七月小 甲申 | 天干地支西曆 | 庚申10 | 辛酉11 | 壬戌12 | 癸亥13 | 甲子14 | 乙丑15 | 丙寅16 | 丁卯17 | 戊辰18 | 己巳19 | 庚午20 | 辛未21 | 壬申22 | 癸酉23 | 甲戌24 | 乙亥25 | 丙子26 | 丁丑27 | 戊寅28 | 己卯29 | 庚辰30 | 辛巳31 | 壬午(9) | 癸未2 | 甲申3 | 乙酉4 | 丙戌5 | 丁亥6 | 戊子7 | | 庚申立秋 |
| 八月大 乙酉 | 天干地支西曆 | 己丑8 | 庚寅9 | 辛卯10 | 壬辰11 | 癸巳12 | 甲午13 | 乙未14 | 丙申15 | 丁酉16 | 戊戌17 | 己亥18 | 庚子19 | 辛丑20 | 壬寅21 | 癸卯22 | 甲辰23 | 乙巳24 | 丙午25 | 丁未26 | 戊申27 | 己酉28 | 庚戌29 | 辛亥30 | 壬子(10) | 癸丑2 | 甲寅3 | 乙卯4 | 丙辰5 | 丁巳6 | 戊午7 | 丙午秋分 |
| 九月小 丙戌 | 天干地支西曆 | 己未8 | 庚申9 | 辛酉10 | 壬戌11 | 癸亥12 | 甲子13 | 乙丑14 | 丙寅15 | 丁卯16 | 戊辰17 | 己巳18 | 庚午19 | 辛未20 | 壬申21 | 癸酉22 | 甲戌23 | 乙亥24 | 丙子25 | 丁丑26 | 戊寅27 | 己卯28 | 庚辰29 | 辛巳30 | 壬午31 | 癸未(11) | 甲申2 | 乙酉3 | 丙戌4 | 丁亥5 | | |

# 漢文帝十年（辛未 羊年） 公元前171～前170年

| 夏曆月序 | | 中西曆日對照 | 初一 | 初二 | 初三 | 初四 | 初五 | 初六 | 初七 | 初八 | 初九 | 初十 | 十一 | 十二 | 十三 | 十四 | 十五 | 十六 | 十七 | 十八 | 十九 | 二十 | 二一 | 二二 | 二三 | 二四 | 二五 | 二六 | 二七 | 二八 | 二九 | 三十 | 節氣與天象 |
|---|---|---|---|---|---|---|---|---|---|---|---|---|---|---|---|---|---|---|---|---|---|---|---|---|---|---|---|---|---|---|---|---|---|
| 十月大 | 丁亥 | 天地干支曆西曆 | 戊子 6 | 己丑 7 | 庚寅 8 | 辛卯 9 | 壬辰 10 | 癸巳 11 | 甲午 12 | 乙未 13 | 丙申 14 | 丁酉 15 | 戊戌 16 | 己亥 17 | 庚子 18 | 辛丑 19 | 壬寅 20 | 癸卯 21 | 甲辰 22 | 乙巳 23 | 丙午 24 | 丁未 25 | 戊申 26 | 己酉 27 | 庚戌 28 | 辛亥 29 | 壬子 30 | 癸丑 (12) | 甲寅 2 | 乙卯 3 | 丙辰 4 | 丁巳 5 | 辛卯立冬 |
| 十一月小 | 戊子 | 天地干支曆西曆 | 戊午 6 | 己未 7 | 庚申 8 | 辛酉 9 | 壬戌 10 | 癸亥 11 | 甲子 12 | 乙丑 13 | 丙寅 14 | 丁卯 15 | 戊辰 16 | 己巳 17 | 庚午 18 | 辛未 19 | 壬申 20 | 癸酉 21 | 甲戌 22 | 乙亥 23 | 丙子 24 | 丁丑 25 | 戊寅 26 | 己卯 27 | 庚辰 28 | 辛巳 29 | 壬午 30 | 癸未 31 | 甲申 (1) | 乙酉 2 | 丙戌 3 | | 丁丑冬至 |
| 十二月大 | 己丑 | 天地干支曆西曆 | 丁亥 4 | 戊子 5 | 己丑 6 | 庚寅 7 | 辛卯 8 | 壬辰 9 | 癸巳 10 | 甲午 11 | 乙未 12 | 丙申 13 | 丁酉 14 | 戊戌 15 | 己亥 16 | 庚子 17 | 辛丑 18 | 壬寅 19 | 癸卯 20 | 甲辰 21 | 乙巳 22 | 丙午 23 | 丁未 24 | 戊申 25 | 己酉 26 | 庚戌 27 | 辛亥 28 | 壬子 29 | 癸丑 30 | 甲寅 31 | 乙卯 (2) | 丙辰 2 | |
| 正月小 | 庚寅 | 天地干支曆西曆 | 丁巳 3 | 戊午 4 | 己未 5 | 庚申 6 | 辛酉 7 | 壬戌 8 | 癸亥 9 | 甲子 10 | 乙丑 11 | 丙寅 12 | 丁卯 13 | 戊辰 14 | 己巳 15 | 庚午 16 | 辛未 17 | 壬申 18 | 癸酉 19 | 甲戌 20 | 乙亥 21 | 丙子 22 | 丁丑 23 | 戊寅 24 | 己卯 25 | 庚辰 26 | 辛巳 27 | 壬午 28 | 癸未 (3) | 甲申 2 | 乙酉 3 | | 癸亥立春 |
| 二月大 | 辛卯 | 天地干支曆西曆 | 丙戌 4 | 丁亥 5 | 戊子 6 | 己丑 7 | 庚寅 8 | 辛卯 9 | 壬辰 10 | 癸巳 11 | 甲午 12 | 乙未 13 | 丙申 14 | 丁酉 15 | 戊戌 16 | 己亥 17 | 庚子 18 | 辛丑 19 | 壬寅 20 | 癸卯 21 | 甲辰 22 | 乙巳 23 | 丙午 24 | 丁未 25 | 戊申 26 | 己酉 27 | 庚戌 28 | 辛亥 29 | 壬子 30 | 癸丑 31 | 甲寅 (4) | 乙卯 2 | 戊申春分 |
| 三月小 | 壬辰 | 天地干支曆西曆 | 丙辰 3 | 丁巳 4 | 戊午 5 | 己未 6 | 庚申 7 | 辛酉 8 | 壬戌 9 | 癸亥 10 | 甲子 11 | 乙丑 12 | 丙寅 13 | 丁卯 14 | 戊辰 15 | 己巳 16 | 庚午 17 | 辛未 18 | 壬申 19 | 癸酉 20 | 甲戌 21 | 乙亥 22 | 丙子 23 | 丁丑 24 | 戊寅 25 | 己卯 26 | 庚辰 27 | 辛巳 28 | 壬午 29 | 癸未 30 | 甲申 (5) | | |
| 四月大 | 癸巳 | 天地干支曆西曆 | 乙酉 2 | 丙戌 3 | 丁亥 4 | 戊子 5 | 己丑 6 | 庚寅 7 | 辛卯 8 | 壬辰 9 | 癸巳 10 | 甲午 11 | 乙未 12 | 丙申 13 | 丁酉 14 | 戊戌 15 | 己亥 16 | 庚子 17 | 辛丑 18 | 壬寅 19 | 癸卯 20 | 甲辰 21 | 乙巳 22 | 丙午 23 | 丁未 24 | 戊申 25 | 己酉 26 | 庚戌 27 | 辛亥 28 | 壬子 29 | 癸丑 30 | 甲寅 31 | 甲午立夏 |
| 五月小 | 甲午 | 天地干支曆西曆 | 乙卯 (6) | 丙辰 2 | 丁巳 3 | 戊午 4 | 己未 5 | 庚申 6 | 辛酉 7 | 壬戌 8 | 癸亥 9 | 甲子 10 | 乙丑 11 | 丙寅 12 | 丁卯 13 | 戊辰 14 | 己巳 15 | 庚午 16 | 辛未 17 | 壬申 18 | 癸酉 19 | 甲戌 20 | 乙亥 21 | 丙子 22 | 丁丑 23 | 戊寅 24 | 己卯 25 | 庚辰 26 | 辛巳 27 | 壬午 28 | 癸未 29 | | 己卯夏至 |
| 六月大 | 乙未 | 天地干支曆西曆 | 甲申 30 | 乙酉 (7) | 丙戌 2 | 丁亥 3 | 戊子 4 | 己丑 5 | 庚寅 6 | 辛卯 7 | 壬辰 8 | 癸巳 9 | 甲午 10 | 乙未 11 | 丙申 12 | 丁酉 13 | 戊戌 14 | 己亥 15 | 庚子 16 | 辛丑 17 | 壬寅 18 | 癸卯 19 | 甲辰 20 | 乙巳 21 | 丙午 22 | 丁未 23 | 戊申 24 | 己酉 25 | 庚戌 26 | 辛亥 27 | 壬子 28 | 癸丑 29 | |
| 七月大 | 丙申 | 天地干支曆西曆 | 甲寅 30 | 乙卯 31 | 丙辰 (8) | 丁巳 2 | 戊午 3 | 己未 4 | 庚申 5 | 辛酉 6 | 壬戌 7 | 癸亥 8 | 甲子 9 | 乙丑 10 | 丙寅 11 | 丁卯 12 | 戊辰 13 | 己巳 14 | 庚午 15 | 辛未 16 | 壬申 17 | 癸酉 18 | 甲戌 19 | 乙亥 20 | 丙子 21 | 丁丑 22 | 戊寅 23 | 己卯 24 | 庚辰 25 | 辛巳 26 | 壬午 27 | 癸未 28 | 乙丑立秋 |
| 八月小 | 丁酉 | 天地干支曆西曆 | 甲申 29 | 乙酉 30 | 丙戌 31 | 丁亥 (9) | 戊子 2 | 己丑 3 | 庚寅 4 | 辛卯 5 | 壬辰 6 | 癸巳 7 | 甲午 8 | 乙未 9 | 丙申 10 | 丁酉 11 | 戊戌 12 | 己亥 13 | 庚子 14 | 辛丑 15 | 壬寅 16 | 癸卯 17 | 甲辰 18 | 乙巳 19 | 丙午 20 | 丁未 21 | 戊申 22 | 己酉 23 | 庚戌 24 | 辛亥 25 | 壬子 26 | | 辛亥秋分 |
| 九月大 | 戊戌 | 天地干支曆西曆 | 癸丑 27 | 甲寅 28 | 乙卯 29 | 丙辰 30 | 丁巳 (10) | 戊午 2 | 己未 3 | 庚申 4 | 辛酉 5 | 壬戌 6 | 癸亥 7 | 甲子 8 | 乙丑 9 | 丙寅 10 | 丁卯 11 | 戊辰 12 | 己巳 13 | 庚午 14 | 辛未 15 | 壬申 16 | 癸酉 17 | 甲戌 18 | 乙亥 19 | 丙子 20 | 丁丑 21 | 戊寅 22 | 己卯 23 | 庚辰 24 | 辛巳 25 | 壬午 26 | |
| 後九月小 | 戊戌 | 天地干支曆西曆 | 癸未 27 | 甲申 28 | 乙酉 29 | 丙戌 30 | 丁亥 31 | 戊子 (11) | 己丑 2 | 庚寅 3 | 辛卯 4 | 壬辰 5 | 癸巳 6 | 甲午 7 | 乙未 8 | 丙申 9 | 丁酉 10 | 戊戌 11 | 己亥 12 | 庚子 13 | 辛丑 14 | 壬寅 15 | 癸卯 16 | 甲辰 17 | 乙巳 18 | 丙午 19 | 丁未 20 | 戊申 21 | 己酉 22 | 庚戌 23 | 辛亥 24 | | 丙申立冬 |

# 漢文帝十一年（壬申 猴年） 公元前170～前169年

| 夏曆月序 | 中西曆日對照 | 夏曆日序 | | | | | | | | | | | | | | | | | | | | | | | | | | | | | | 節氣與天象 |
|---|---|---|---|---|---|---|---|---|---|---|---|---|---|---|---|---|---|---|---|---|---|---|---|---|---|---|---|---|---|---|---|---|
| | | 初一 | 初二 | 初三 | 初四 | 初五 | 初六 | 初七 | 初八 | 初九 | 初十 | 十一 | 十二 | 十三 | 十四 | 十五 | 十六 | 十七 | 十八 | 十九 | 二十 | 二一 | 二二 | 二三 | 二四 | 二五 | 二六 | 二七 | 二八 | 二九 | 三十 | |
| 十月大 己亥 | 天干地支 | 壬子 | 癸丑 | 甲寅 | 乙卯 | 丙辰 | 丁巳 | 戊午 | 己未 | 庚申 | 辛酉 | 壬戌 | 癸亥 | 甲子 | 乙丑 | 丙寅 | 丁卯 | 戊辰 | 己巳 | 庚午 | 辛未 | 壬申 | 癸酉 | 甲戌 | 乙亥 | 丙子 | 丁丑 | 戊寅 | 己卯 | 庚辰 | 辛巳 | |
| | 西曆 | 25 | 26 | 27 | 28 | 29 | 30 | (12) | 2 | 3 | 4 | 5 | 6 | 7 | 8 | 9 | 10 | 11 | 12 | 13 | 14 | 15 | 16 | 17 | 18 | 19 | 20 | 21 | 22 | 23 | 24 | |
| 十一月小 庚子 | 天干地支 | 壬午 | 癸未 | 甲申 | 乙酉 | 丙戌 | 丁亥 | 戊子 | 己丑 | 庚寅 | 辛卯 | 壬辰 | 癸巳 | 甲午 | 乙未 | 丙申 | 丁酉 | 戊戌 | 己亥 | 庚子 | 辛丑 | 壬寅 | 癸卯 | 甲辰 | 乙巳 | 丙午 | 丁未 | 戊申 | 己酉 | 庚戌 | | 壬午冬至 |
| | 西曆 | 25 | 26 | 27 | 28 | 29 | 30 | 31 | (1) | 2 | 3 | 4 | 5 | 6 | 7 | 8 | 9 | 10 | 11 | 12 | 13 | 14 | 15 | 16 | 17 | 18 | 19 | 20 | 21 | 22 | | |
| 十二月大 辛丑 | 天干地支 | 辛亥 | 壬子 | 癸丑 | 甲寅 | 乙卯 | 丙辰 | 丁巳 | 戊午 | 己未 | 庚申 | 辛酉 | 壬戌 | 癸亥 | 甲子 | 乙丑 | 丙寅 | 丁卯 | 戊辰 | 己巳 | 庚午 | 辛未 | 壬申 | 癸酉 | 甲戌 | 乙亥 | 丙子 | 丁丑 | 戊寅 | 己卯 | 庚辰 | 戊辰立春 |
| | 西曆 | 23 | 24 | 25 | 26 | 27 | 28 | 29 | 30 | 31 | (2) | 2 | 3 | 4 | 5 | 6 | 7 | 8 | 9 | 10 | 11 | 12 | 13 | 14 | 15 | 16 | 17 | 18 | 19 | 20 | 21 | |
| 正月小 壬寅 | 天干地支 | 辛巳 | 壬午 | 癸未 | 甲申 | 乙酉 | 丙戌 | 丁亥 | 戊子 | 己丑 | 庚寅 | 辛卯 | 壬辰 | 癸巳 | 甲午 | 乙未 | 丙申 | 丁酉 | 戊戌 | 己亥 | 庚子 | 辛丑 | 壬寅 | 癸卯 | 甲辰 | 乙巳 | 丙午 | 丁未 | 戊申 | 己酉 | | |
| | 西曆 | 22 | 23 | 24 | 25 | 26 | 27 | 28 | 29 | (3) | 2 | 3 | 4 | 5 | 6 | 7 | 8 | 9 | 10 | 11 | 12 | 13 | 14 | 15 | 16 | 17 | 18 | 19 | 20 | 21 | | |
| 二月大 癸卯 | 天干地支 | 庚戌 | 辛亥 | 壬子 | 癸丑 | 甲寅 | 乙卯 | 丙辰 | 丁巳 | 戊午 | 己未 | 庚申 | 辛酉 | 壬戌 | 癸亥 | 甲子 | 乙丑 | 丙寅 | 丁卯 | 戊辰 | 己巳 | 庚午 | 辛未 | 壬申 | 癸酉 | 甲戌 | 乙亥 | 丙子 | 丁丑 | 戊寅 | 己卯 | 癸丑春分 |
| | 西曆 | 22 | 23 | 24 | 25 | 26 | 27 | 28 | 29 | 30 | 31 | (4) | 2 | 3 | 4 | 5 | 6 | 7 | 8 | 9 | 10 | 11 | 12 | 13 | 14 | 15 | 16 | 17 | 18 | 19 | 20 | |
| 三月小 甲辰 | 天干地支 | 庚辰 | 辛巳 | 壬午 | 癸未 | 甲申 | 乙酉 | 丙戌 | 丁亥 | 戊子 | 己丑 | 庚寅 | 辛卯 | 壬辰 | 癸巳 | 甲午 | 乙未 | 丙申 | 丁酉 | 戊戌 | 己亥 | 庚子 | 辛丑 | 壬寅 | 癸卯 | 甲辰 | 乙巳 | 丙午 | 丁未 | 戊申 | | 己亥立夏 |
| | 西曆 | 21 | 22 | 23 | 24 | 25 | 26 | 27 | 28 | 29 | 30 | (5) | 2 | 3 | 4 | 5 | 6 | 7 | 8 | 9 | 10 | 11 | 12 | 13 | 14 | 15 | 16 | 17 | 18 | 19 | | |
| 四月大 乙巳 | 天干地支 | 己酉 | 庚戌 | 辛亥 | 壬子 | 癸丑 | 甲寅 | 乙卯 | 丙辰 | 丁巳 | 戊午 | 己未 | 庚申 | 辛酉 | 壬戌 | 癸亥 | 甲子 | 乙丑 | 丙寅 | 丁卯 | 戊辰 | 己巳 | 庚午 | 辛未 | 壬申 | 癸酉 | 甲戌 | 乙亥 | 丙子 | 丁丑 | 戊寅 | |
| | 西曆 | 20 | 21 | 22 | 23 | 24 | 25 | 26 | 27 | 28 | 29 | 30 | 31 | (6) | 2 | 3 | 4 | 5 | 6 | 7 | 8 | 9 | 10 | 11 | 12 | 13 | 14 | 15 | 16 | 17 | 18 | |
| 五月小 丙午 | 天干地支 | 己卯 | 庚辰 | 辛巳 | 壬午 | 癸未 | 甲申 | 乙酉 | 丙戌 | 丁亥 | 戊子 | 己丑 | 庚寅 | 辛卯 | 壬辰 | 癸巳 | 甲午 | 乙未 | 丙申 | 丁酉 | 戊戌 | 己亥 | 庚子 | 辛丑 | 壬寅 | 癸卯 | 甲辰 | 乙巳 | 丙午 | 丁未 | | 乙酉夏至 |
| | 西曆 | 19 | 20 | 21 | 22 | 23 | 24 | 25 | 26 | 27 | 28 | 29 | 30 | (7) | 2 | 3 | 4 | 5 | 6 | 7 | 8 | 9 | 10 | 11 | 12 | 13 | 14 | 15 | 16 | 17 | | |
| 六月大 丁未 | 天干地支 | 戊申 | 己酉 | 庚戌 | 辛亥 | 壬子 | 癸丑 | 甲寅 | 乙卯 | 丙辰 | 丁巳 | 戊午 | 己未 | 庚申 | 辛酉 | 壬戌 | 癸亥 | 甲子 | 乙丑 | 丙寅 | 丁卯 | 戊辰 | 己巳 | 庚午 | 辛未 | 壬申 | 癸酉 | 甲戌 | 乙亥 | 丙子 | 丁丑 | 庚午立秋 |
| | 西曆 | 18 | 19 | 20 | 21 | 22 | 23 | 24 | 25 | 26 | 27 | 28 | 29 | 30 | 31 | (8) | 2 | 3 | 4 | 5 | 6 | 7 | 8 | 9 | 10 | 11 | 12 | 13 | 14 | 15 | 16 | |
| 七月小 戊申 | 天干地支 | 戊寅 | 己卯 | 庚辰 | 辛巳 | 壬午 | 癸未 | 甲申 | 乙酉 | 丙戌 | 丁亥 | 戊子 | 己丑 | 庚寅 | 辛卯 | 壬辰 | 癸巳 | 甲午 | 乙未 | 丙申 | 丁酉 | 戊戌 | 己亥 | 庚子 | 辛丑 | 壬寅 | 癸卯 | 甲辰 | 乙巳 | 丙午 | | |
| | 西曆 | 17 | 18 | 19 | 20 | 21 | 22 | 23 | 24 | 25 | 26 | 27 | 28 | 29 | 30 | 31 | (9) | 2 | 3 | 4 | 5 | 6 | 7 | 8 | 9 | 10 | 11 | 12 | 13 | 14 | | |
| 八月大 己酉 | 天干地支 | 丁未 | 戊申 | 己酉 | 庚戌 | 辛亥 | 壬子 | 癸丑 | 甲寅 | 乙卯 | 丙辰 | 丁巳 | 戊午 | 己未 | 庚申 | 辛酉 | 壬戌 | 癸亥 | 甲子 | 乙丑 | 丙寅 | 丁卯 | 戊辰 | 己巳 | 庚午 | 辛未 | 壬申 | 癸酉 | 甲戌 | 乙亥 | 丙子 | 丙辰秋分 |
| | 西曆 | 15 | 16 | 17 | 18 | 19 | 20 | 21 | 22 | 23 | 24 | 25 | 26 | 27 | 28 | 29 | 30 | (10) | 2 | 3 | 4 | 5 | 6 | 7 | 8 | 9 | 10 | 11 | 12 | 13 | 14 | |
| 九月小 庚戌 | 天干地支 | 丁丑 | 戊寅 | 己卯 | 庚辰 | 辛巳 | 壬午 | 癸未 | 甲申 | 乙酉 | 丙戌 | 丁亥 | 戊子 | 己丑 | 庚寅 | 辛卯 | 壬辰 | 癸巳 | 甲午 | 乙未 | 丙申 | 丁酉 | 戊戌 | 己亥 | 庚子 | 辛丑 | 壬寅 | 癸卯 | 甲辰 | 乙巳 | | 壬寅立冬 |
| | 西曆 | 15 | 16 | 17 | 18 | 19 | 20 | 21 | 22 | 23 | 24 | 25 | 26 | 27 | 28 | 29 | 30 | 31 | (11) | 2 | 3 | 4 | 5 | 6 | 7 | 8 | 9 | 10 | 11 | 12 | | |

# 漢文帝十二年（癸酉 鷄年） 公元前169 ~ 前168 年

| 夏曆月序 | | 中西曆日對照 | 初一 | 初二 | 初三 | 初四 | 初五 | 初六 | 初七 | 初八 | 初九 | 初十 | 十一 | 十二 | 十三 | 十四 | 十五 | 十六 | 十七 | 十八 | 十九 | 二十 | 二一 | 二二 | 二三 | 二四 | 二五 | 二六 | 二七 | 二八 | 二九 | 三十 | 節氣與天象 |
|---|---|---|---|---|---|---|---|---|---|---|---|---|---|---|---|---|---|---|---|---|---|---|---|---|---|---|---|---|---|---|---|---|---|
| 十月大 | 辛亥 | 天干地支西曆 | 丙午13 | 丁未14 | 戊申15 | 己酉16 | 庚戌17 | 辛亥18 | 壬子19 | 癸丑20 | 甲寅21 | 乙卯22 | 丙辰23 | 丁巳24 | 戊午25 | 己未26 | 庚申27 | 辛酉28 | 壬戌29 | 癸亥30 | 甲子(12) | 乙丑2 | 丙寅3 | 丁卯4 | 戊辰5 | 己巳6 | 庚午7 | 辛未8 | 壬申9 | 癸酉10 | 甲戌11 | 乙亥12 | |
| 十一月大 | 壬子 | 天干地支西曆 | 丙子13 | 丁丑14 | 戊寅15 | 己卯16 | 庚辰17 | 辛巳18 | 壬午19 | 癸未20 | 甲申21 | 乙酉22 | 丙戌23 | 丁亥24 | 戊子25 | 己丑26 | 庚寅27 | 辛卯28 | 壬辰29 | 癸巳30 | 甲午31 | 乙未(1) | 丙申2 | 丁酉3 | 戊戌4 | 己亥5 | 庚子6 | 辛丑7 | 壬寅8 | 癸卯9 | 甲辰10 | 乙巳11 | 丁亥冬至 |
| 十二月小 | 癸丑 | 天干地支西曆 | 丙午12 | 丁未13 | 戊申14 | 己酉15 | 庚戌16 | 辛亥17 | 壬子18 | 癸丑19 | 甲寅20 | 乙卯21 | 丙辰22 | 丁巳23 | 戊午24 | 己未25 | 庚申26 | 辛酉27 | 壬戌28 | 癸亥29 | 甲子30 | 乙丑31 | 丙寅(2) | 丁卯2 | 戊辰3 | 己巳4 | 庚午5 | 辛未6 | 壬申7 | 癸酉8 | 甲戌9 | | 癸酉立春 |
| 正月大 | 甲寅 | 天干地支西曆 | 乙亥10 | 丙子11 | 丁丑12 | 戊寅13 | 己卯14 | 庚辰15 | 辛巳16 | 壬午17 | 癸未18 | 甲申19 | 乙酉20 | 丙戌21 | 丁亥22 | 戊子23 | 己丑24 | 庚寅25 | 辛卯26 | 壬辰27 | 癸巳28 | 甲午(3) | 乙未2 | 丙申3 | 丁酉4 | 戊戌5 | 己亥6 | 庚子7 | 辛丑8 | 壬寅9 | 癸卯10 | 甲辰11 | |
| 二月小 | 乙卯 | 天干地支西曆 | 乙巳12 | 丙午13 | 丁未14 | 戊申15 | 己酉16 | 庚戌17 | 辛亥18 | 壬子19 | 癸丑20 | 甲寅21 | 乙卯22 | 丙辰23 | 丁巳24 | 戊午25 | 己未26 | 庚申27 | 辛酉28 | 壬戌29 | 癸亥30 | 甲子31 | 乙丑(4) | 丙寅2 | 丁卯3 | 戊辰4 | 己巳5 | 庚午6 | 辛未7 | 壬申8 | 癸酉9 | | 己未春分 |
| 三月大 | 丙辰 | 天干地支西曆 | 甲戌10 | 乙亥11 | 丙子12 | 丁丑13 | 戊寅14 | 己卯15 | 庚辰16 | 辛巳17 | 壬午18 | 癸未19 | 甲申20 | 乙酉21 | 丙戌22 | 丁亥23 | 戊子24 | 己丑25 | 庚寅26 | 辛卯27 | 壬辰28 | 癸巳29 | 甲午30 | 乙未(5) | 丙申2 | 丁酉3 | 戊戌4 | 己亥5 | 庚子6 | 辛丑7 | 壬寅8 | 癸卯9 | |
| 四月小 | 丁巳 | 天干地支西曆 | 甲辰10 | 乙巳11 | 丙午12 | 丁未13 | 戊申14 | 己酉15 | 庚戌16 | 辛亥17 | 壬子18 | 癸丑19 | 甲寅20 | 乙卯21 | 丙辰22 | 丁巳23 | 戊午24 | 己未25 | 庚申26 | 辛酉27 | 壬戌28 | 癸亥29 | 甲子30 | 乙丑31 | 丙寅(6) | 丁卯2 | 戊辰3 | 己巳4 | 庚午5 | 辛未6 | 壬申7 | | 甲辰立夏 |
| 五月大 | 戊午 | 天干地支西曆 | 癸酉8 | 甲戌9 | 乙亥10 | 丙子11 | 丁丑12 | 戊寅13 | 己卯14 | 庚辰15 | 辛巳16 | 壬午17 | 癸未18 | 甲申19 | 乙酉20 | 丙戌21 | 丁亥22 | 戊子23 | 己丑24 | 庚寅25 | 辛卯26 | 壬辰27 | 癸巳28 | 甲午29 | 乙未30 | 丙申(7) | 丁酉2 | 戊戌3 | 己亥4 | 庚子5 | 辛丑6 | 壬寅7 | 庚寅夏至 |
| 六月小 | 己未 | 天干地支西曆 | 癸卯8 | 甲辰9 | 乙巳10 | 丙午11 | 丁未12 | 戊申13 | 己酉14 | 庚戌15 | 辛亥16 | 壬子17 | 癸丑18 | 甲寅19 | 乙卯20 | 丙辰21 | 丁巳22 | 戊午23 | 己未24 | 庚申25 | 辛酉26 | 壬戌27 | 癸亥28 | 甲子29 | 乙丑30 | 丙寅31 | 丁卯(8) | 戊辰2 | 己巳3 | 庚午4 | 辛未5 | | |
| 七月大 | 庚申 | 天干地支西曆 | 壬申6 | 癸酉7 | 甲戌8 | 乙亥9 | 丙子10 | 丁丑11 | 戊寅12 | 己卯13 | 庚辰14 | 辛巳15 | 壬午16 | 癸未17 | 甲申18 | 乙酉19 | 丙戌20 | 丁亥21 | 戊子22 | 己丑23 | 庚寅24 | 辛卯25 | 壬辰26 | 癸巳27 | 甲午28 | 乙未29 | 丙申30 | 丁酉31 | 戊戌(9) | 己亥2 | 庚子3 | 辛丑4 | 丙子立秋 |
| 八月小 | 辛酉 | 天干地支西曆 | 壬寅5 | 癸卯6 | 甲辰7 | 乙巳8 | 丙午9 | 丁未10 | 戊申11 | 己酉12 | 庚戌13 | 辛亥14 | 壬子15 | 癸丑16 | 甲寅17 | 乙卯18 | 丙辰19 | 丁巳20 | 戊午21 | 己未22 | 庚申23 | 辛酉24 | 壬戌25 | 癸亥26 | 甲子27 | 乙丑28 | 丙寅29 | 丁卯30 | 戊辰(10) | 己巳2 | 庚午3 | | 辛酉秋分 |
| 九月大 | 壬戌 | 天干地支西曆 | 辛未4 | 壬申5 | 癸酉6 | 甲戌7 | 乙亥8 | 丙子9 | 丁丑10 | 戊寅11 | 己卯12 | 庚辰13 | 辛巳14 | 壬午15 | 癸未16 | 甲申17 | 乙酉18 | 丙戌19 | 丁亥20 | 戊子21 | 己丑22 | 庚寅23 | 辛卯24 | 壬辰25 | 癸巳26 | 甲午27 | 乙未28 | 丙申29 | 丁酉30 | 戊戌31 | 己亥(11) | 庚子2 | |

# 漢文帝十三年（甲戌 狗年） 公元前 168 ~ 前 167 年

| 夏曆月序 | | 中西曆日對照 | 初一 | 初二 | 初三 | 初四 | 初五 | 初六 | 初七 | 初八 | 初九 | 初十 | 十一 | 十二 | 十三 | 十四 | 十五 | 十六 | 十七 | 十八 | 十九 | 二十 | 二一 | 二二 | 二三 | 二四 | 二五 | 二六 | 二七 | 二八 | 二九 | 三十 | 節氣與天象 |
|---|---|---|---|---|---|---|---|---|---|---|---|---|---|---|---|---|---|---|---|---|---|---|---|---|---|---|---|---|---|---|---|---|---|
| 十月小 | 癸亥 | 天干地支西曆 | 辛丑 3 | 壬寅 4 | 癸卯 5 | 甲辰 6 | 乙巳 7 | 丙午 8 | 丁未 9 | 戊申 10 | 己酉 11 | 庚戌 12 | 辛亥 13 | 壬子 14 | 癸丑 15 | 甲寅 16 | 乙卯 17 | 丙辰 18 | 丁巳 19 | 戊午 20 | 己未 21 | 庚申 22 | 辛酉 23 | 壬戌 24 | 癸亥 25 | 甲子 26 | 乙丑 27 | 丙寅 28 | 丁卯 29 | 戊辰 30 | 己巳 (12) | | 丁未立冬 |
| 十一月大 | 甲子 | 天干地支西曆 | 庚午 2 | 辛未 3 | 壬申 4 | 癸酉 5 | 甲戌 6 | 乙亥 7 | 丙子 8 | 丁丑 9 | 戊寅 10 | 己卯 11 | 庚辰 12 | 辛巳 13 | 壬午 14 | 癸未 15 | 甲申 16 | 乙酉 17 | 丙戌 18 | 丁亥 19 | 戊子 20 | 己丑 21 | 庚寅 22 | 辛卯 23 | 壬辰 24 | 癸巳 25 | 甲午 26 | 乙未 27 | 丙申 28 | 丁酉 29 | 戊戌 30 | 己亥 31 | 壬辰冬至 |
| 十二月小 | 乙丑 | 天干地支西曆 | 庚子 (1) | 辛丑 2 | 壬寅 3 | 癸卯 4 | 甲辰 5 | 乙巳 6 | 丙午 7 | 丁未 8 | 戊申 9 | 己酉 10 | 庚戌 11 | 辛亥 12 | 壬子 13 | 癸丑 14 | 甲寅 15 | 乙卯 16 | 丙辰 17 | 丁巳 18 | 戊午 19 | 己未 20 | 庚申 21 | 辛酉 22 | 壬戌 23 | 癸亥 24 | 甲子 25 | 乙丑 26 | 丙寅 27 | 丁卯 28 | 戊辰 29 | | |
| 正月大 | 丙寅 | 天干地支西曆 | 己巳 30 | 庚午 31 | 辛未 (2) | 壬申 2 | 癸酉 3 | 甲戌 4 | 乙亥 5 | 丙子 6 | 丁丑 7 | 戊寅 8 | 己卯 9 | 庚辰 10 | 辛巳 11 | 壬午 12 | 癸未 13 | 甲申 14 | 乙酉 15 | 丙戌 16 | 丁亥 17 | 戊子 18 | 己丑 19 | 庚寅 20 | 辛卯 21 | 壬辰 22 | 癸巳 23 | 甲午 24 | 乙未 25 | 丙申 26 | 丁酉 27 | 戊戌 28 | 戊寅立春 |
| 二月大 | 丁卯 | 天干地支西曆 | 己亥 (3) | 庚子 2 | 辛丑 3 | 壬寅 4 | 癸卯 5 | 甲辰 6 | 乙巳 7 | 丙午 8 | 丁未 9 | 戊申 10 | 己酉 11 | 庚戌 12 | 辛亥 13 | 壬子 14 | 癸丑 15 | 甲寅 16 | 乙卯 17 | 丙辰 18 | 丁巳 19 | 戊午 20 | 己未 21 | 庚申 22 | 辛酉 23 | 壬戌 24 | 癸亥 25 | 甲子 26 | 乙丑 27 | 丙寅 28 | 丁卯 29 | 戊辰 30 | 甲子春分 |
| 三月小 | 戊辰 | 天干地支西曆 | 己巳 31 | 庚午 (4) | 辛未 2 | 壬申 3 | 癸酉 4 | 甲戌 5 | 乙亥 6 | 丙子 7 | 丁丑 8 | 戊寅 9 | 己卯 10 | 庚辰 11 | 辛巳 12 | 壬午 13 | 癸未 14 | 甲申 15 | 乙酉 16 | 丙戌 17 | 丁亥 18 | 戊子 19 | 己丑 20 | 庚寅 21 | 辛卯 22 | 壬辰 23 | 癸巳 24 | 甲午 25 | 乙未 26 | 丙申 27 | 丁酉 28 | | |
| 四月大 | 己巳 | 天干地支西曆 | 戊戌 29 | 己亥 30 | 庚子 (5) | 辛丑 2 | 壬寅 3 | 癸卯 4 | 甲辰 5 | 乙巳 6 | 丙午 7 | 丁未 8 | 戊申 9 | 己酉 10 | 庚戌 11 | 辛亥 12 | 壬子 13 | 癸丑 14 | 甲寅 15 | 乙卯 16 | 丙辰 17 | 丁巳 18 | 戊午 19 | 己未 20 | 庚申 21 | 辛酉 22 | 壬戌 23 | 癸亥 24 | 甲子 25 | 乙丑 26 | 丙寅 27 | 丁卯 28 | 庚戌立夏 |
| 五月小 | 庚午 | 天干地支西曆 | 戊辰 29 | 己巳 30 | 庚午 31 | 辛未 (6) | 壬申 2 | 癸酉 3 | 甲戌 4 | 乙亥 5 | 丙子 6 | 丁丑 7 | 戊寅 8 | 己卯 9 | 庚辰 10 | 辛巳 11 | 壬午 12 | 癸未 13 | 甲申 14 | 乙酉 15 | 丙戌 16 | 丁亥 17 | 戊子 18 | 己丑 19 | 庚寅 20 | 辛卯 21 | 壬辰 22 | 癸巳 23 | 甲午 24 | 乙未 25 | 丙申 26 | | 乙未夏至 |
| 六月大 | 辛未 | 天干地支西曆 | 丁酉 27 | 戊戌 28 | 己亥 29 | 庚子 30 | 辛丑 (7) | 壬寅 2 | 癸卯 3 | 甲辰 4 | 乙巳 5 | 丙午 6 | 丁未 7 | 戊申 8 | 己酉 9 | 庚戌 10 | 辛亥 11 | 壬子 12 | 癸丑 13 | 甲寅 14 | 乙卯 15 | 丙辰 16 | 丁巳 17 | 戊午 18 | 己未 19 | 庚申 20 | 辛酉 21 | 壬戌 22 | 癸亥 23 | 甲子 24 | 乙丑 25 | 丙寅 26 | |
| 七月小 | 壬申 | 天干地支西曆 | 丁卯 27 | 戊辰 28 | 己巳 29 | 庚午 30 | 辛未 31 | 壬申 (8) | 癸酉 2 | 甲戌 3 | 乙亥 4 | 丙子 5 | 丁丑 6 | 戊寅 7 | 己卯 8 | 庚辰 9 | 辛巳 10 | 壬午 11 | 癸未 12 | 甲申 13 | 乙酉 14 | 丙戌 15 | 丁亥 16 | 戊子 17 | 己丑 18 | 庚寅 19 | 辛卯 20 | 壬辰 21 | 癸巳 22 | 甲午 23 | 乙未 24 | | 辛巳立秋 |
| 八月大 | 癸酉 | 天干地支西曆 | 丙申 25 | 丁酉 26 | 戊戌 27 | 己亥 28 | 庚子 29 | 辛丑 30 | 壬寅 31 | 癸卯 (9) | 甲辰 2 | 乙巳 3 | 丙午 4 | 丁未 5 | 戊申 6 | 己酉 7 | 庚戌 8 | 辛亥 9 | 壬子 10 | 癸丑 11 | 甲寅 12 | 乙卯 13 | 丙辰 14 | 丁巳 15 | 戊午 16 | 己未 17 | 庚申 18 | 辛酉 19 | 壬戌 20 | 癸亥 21 | 甲子 22 | 乙丑 23 | |
| 九月小 | 甲戌 | 天干地支西曆 | 丙寅 24 | 丁卯 25 | 戊辰 26 | 己巳 27 | 庚午 28 | 辛未 29 | 壬申 30 | 癸酉 (10) | 甲戌 2 | 乙亥 3 | 丙子 4 | 丁丑 5 | 戊寅 6 | 己卯 7 | 庚辰 8 | 辛巳 9 | 壬午 10 | 癸未 11 | 甲申 12 | 乙酉 13 | 丙戌 14 | 丁亥 15 | 戊子 16 | 己丑 17 | 庚寅 18 | 辛卯 19 | 壬辰 20 | 癸巳 21 | 甲午 22 | | 丁卯秋分 |
| 後九月大 | 甲戌 | 天干地支西曆 | 乙未 23 | 丙申 24 | 丁酉 25 | 戊戌 26 | 己亥 27 | 庚子 28 | 辛丑 29 | 壬寅 30 | 癸卯 31 | 甲辰 (11) | 乙巳 2 | 丙午 3 | 丁未 4 | 戊申 5 | 己酉 6 | 庚戌 7 | 辛亥 8 | 壬子 9 | 癸丑 10 | 甲寅 11 | 乙卯 12 | 丙辰 13 | 丁巳 14 | 戊午 15 | 己未 16 | 庚申 17 | 辛酉 18 | 壬戌 19 | 癸亥 20 | 甲子 21 | 壬子立冬 |

# 漢文帝十四年（乙亥 猪年） 公元前167 ~ 前166年

| 夏曆月序 | | 中西曆日對照 | 初一 | 初二 | 初三 | 初四 | 初五 | 初六 | 初七 | 初八 | 初九 | 初十 | 十一 | 十二 | 十三 | 十四 | 十五 | 十六 | 十七 | 十八 | 十九 | 二十 | 二一 | 二二 | 二三 | 二四 | 二五 | 二六 | 二七 | 二八 | 二九 | 三十 | 節氣與天象 |
|---|---|---|---|---|---|---|---|---|---|---|---|---|---|---|---|---|---|---|---|---|---|---|---|---|---|---|---|---|---|---|---|---|---|
| 十月小 | 乙亥 | 天干地支<br>西曆 | 乙丑<br>22 | 丙寅<br>23 | 丁卯<br>24 | 戊辰<br>25 | 己巳<br>26 | 庚午<br>27 | 辛未<br>28 | 壬申<br>29 | 癸酉<br>30 | 甲戌<br>(12) | 乙亥<br>2 | 丙子<br>3 | 丁丑<br>4 | 戊寅<br>5 | 己卯<br>6 | 庚辰<br>7 | 辛巳<br>8 | 壬午<br>9 | 癸未<br>10 | 甲申<br>11 | 乙酉<br>12 | 丙戌<br>13 | 丁亥<br>14 | 戊子<br>15 | 己丑<br>16 | 庚寅<br>17 | 辛卯<br>18 | 壬辰<br>19 | 癸巳<br>20 | | |
| 十一月大 | 丙子 | 天干地支<br>西曆 | 甲午<br>21 | 乙未<br>22 | 丙申<br>23 | 丁酉<br>24 | 戊戌<br>25 | 己亥<br>26 | 庚子<br>27 | 辛丑<br>28 | 壬寅<br>29 | 癸卯<br>30 | 甲辰<br>31 | 乙巳<br>(1) | 丙午<br>2 | 丁未<br>3 | 戊申<br>4 | 己酉<br>5 | 庚戌<br>6 | 辛亥<br>7 | 壬子<br>8 | 癸丑<br>9 | 甲寅<br>10 | 乙卯<br>11 | 丙辰<br>12 | 丁巳<br>13 | 戊午<br>14 | 己未<br>15 | 庚申<br>16 | 辛酉<br>17 | 壬戌<br>18 | 癸亥<br>19 | 戊戌冬至 |
| 十二月小 | 丁丑 | 天干地支<br>西曆 | 甲子<br>20 | 乙丑<br>21 | 丙寅<br>22 | 丁卯<br>23 | 戊辰<br>24 | 己巳<br>25 | 庚午<br>26 | 辛未<br>27 | 壬申<br>28 | 癸酉<br>29 | 甲戌<br>30 | 乙亥<br>31 | 丙子<br>(2) | 丁丑<br>2 | 戊寅<br>3 | 己卯<br>4 | 庚辰<br>5 | 辛巳<br>6 | 壬午<br>7 | 癸未<br>8 | 甲申<br>9 | 乙酉<br>10 | 丙戌<br>11 | 丁亥<br>12 | 戊子<br>13 | 己丑<br>14 | 庚寅<br>15 | 辛卯<br>16 | 壬辰<br>17 | | 甲申立春 |
| 正月大 | 戊寅 | 天干地支<br>西曆 | 癸巳<br>18 | 甲午<br>19 | 乙未<br>20 | 丙申<br>21 | 丁酉<br>22 | 戊戌<br>23 | 己亥<br>24 | 庚子<br>25 | 辛丑<br>26 | 壬寅<br>27 | 癸卯<br>28 | 甲辰<br>(3) | 乙巳<br>2 | 丙午<br>3 | 丁未<br>4 | 戊申<br>5 | 己酉<br>6 | 庚戌<br>7 | 辛亥<br>8 | 壬子<br>9 | 癸丑<br>10 | 甲寅<br>11 | 乙卯<br>12 | 丙辰<br>13 | 丁巳<br>14 | 戊午<br>15 | 己未<br>16 | 庚申<br>17 | 辛酉<br>18 | 壬戌<br>19 | |
| 二月小 | 己卯 | 天干地支<br>西曆 | 癸亥<br>20 | 甲子<br>21 | 乙丑<br>22 | 丙寅<br>23 | 丁卯<br>24 | 戊辰<br>25 | 己巳<br>26 | 庚午<br>27 | 辛未<br>28 | 壬申<br>29 | 癸酉<br>30 | 甲戌<br>31 | 乙亥<br>(4) | 丙子<br>2 | 丁丑<br>3 | 戊寅<br>4 | 己卯<br>5 | 庚辰<br>6 | 辛巳<br>7 | 壬午<br>8 | 癸未<br>9 | 甲申<br>10 | 乙酉<br>11 | 丙戌<br>12 | 丁亥<br>13 | 戊子<br>14 | 己丑<br>15 | 庚寅<br>16 | 辛卯<br>17 | | 己巳春分 |
| 三月大 | 庚辰 | 天干地支<br>西曆 | 壬辰<br>18 | 癸巳<br>19 | 甲午<br>20 | 乙未<br>21 | 丙申<br>22 | 丁酉<br>23 | 戊戌<br>24 | 己亥<br>25 | 庚子<br>26 | 辛丑<br>27 | 壬寅<br>28 | 癸卯<br>29 | 甲辰<br>30 | 乙巳<br>(5) | 丙午<br>2 | 丁未<br>3 | 戊申<br>4 | 己酉<br>5 | 庚戌<br>6 | 辛亥<br>7 | 壬子<br>8 | 癸丑<br>9 | 甲寅<br>10 | 乙卯<br>11 | 丙辰<br>12 | 丁巳<br>13 | 戊午<br>14 | 己未<br>15 | 庚申<br>16 | 辛酉<br>17 | 乙卯立夏<br>辛酉日食 |
| 四月小 | 辛巳 | 天干地支<br>西曆 | 壬戌<br>18 | 癸亥<br>19 | 甲子<br>20 | 乙丑<br>21 | 丙寅<br>22 | 丁卯<br>23 | 戊辰<br>24 | 己巳<br>25 | 庚午<br>26 | 辛未<br>27 | 壬申<br>28 | 癸酉<br>29 | 甲戌<br>30 | 乙亥<br>31 | 丙子<br>(6) | 丁丑<br>2 | 戊寅<br>3 | 己卯<br>4 | 庚辰<br>5 | 辛巳<br>6 | 壬午<br>7 | 癸未<br>8 | 甲申<br>9 | 乙酉<br>10 | 丙戌<br>11 | 丁亥<br>12 | 戊子<br>13 | 己丑<br>14 | 庚寅<br>15 | | |
| 五月大 | 壬午 | 天干地支<br>西曆 | 辛卯<br>16 | 壬辰<br>17 | 癸巳<br>18 | 甲午<br>19 | 乙未<br>20 | 丙申<br>21 | 丁酉<br>22 | 戊戌<br>23 | 己亥<br>24 | 庚子<br>25 | 辛丑<br>26 | 壬寅<br>27 | 癸卯<br>28 | 甲辰<br>29 | 乙巳<br>30 | 丙午<br>(7) | 丁未<br>2 | 戊申<br>3 | 己酉<br>4 | 庚戌<br>5 | 辛亥<br>6 | 壬子<br>7 | 癸丑<br>8 | 甲寅<br>9 | 乙卯<br>10 | 丙辰<br>11 | 丁巳<br>12 | 戊午<br>13 | 己未<br>14 | 庚申<br>15 | 庚子夏至 |
| 六月大 | 癸未 | 天干地支<br>西曆 | 辛酉<br>16 | 壬戌<br>17 | 癸亥<br>18 | 甲子<br>19 | 乙丑<br>20 | 丙寅<br>21 | 丁卯<br>22 | 戊辰<br>23 | 己巳<br>24 | 庚午<br>25 | 辛未<br>26 | 壬申<br>27 | 癸酉<br>28 | 甲戌<br>29 | 乙亥<br>30 | 丙子<br>31 | 丁丑<br>(8) | 戊寅<br>2 | 己卯<br>3 | 庚辰<br>4 | 辛巳<br>5 | 壬午<br>6 | 癸未<br>7 | 甲申<br>8 | 乙酉<br>9 | 丙戌<br>10 | 丁亥<br>11 | 戊子<br>12 | 己丑<br>13 | 庚寅<br>14 | 丙戌立秋 |
| 七月小 | 甲申 | 天干地支<br>西曆 | 辛卯<br>15 | 壬辰<br>16 | 癸巳<br>17 | 甲午<br>18 | 乙未<br>19 | 丙申<br>20 | 丁酉<br>21 | 戊戌<br>22 | 己亥<br>23 | 庚子<br>24 | 辛丑<br>25 | 壬寅<br>26 | 癸卯<br>27 | 甲辰<br>28 | 乙巳<br>29 | 丙午<br>30 | 丁未<br>31 | 戊申<br>(9) | 己酉<br>2 | 庚戌<br>3 | 辛亥<br>4 | 壬子<br>5 | 癸丑<br>6 | 甲寅<br>7 | 乙卯<br>8 | 丙辰<br>9 | 丁巳<br>10 | 戊午<br>11 | 己未<br>12 | | |
| 八月大 | 乙酉 | 天干地支<br>西曆 | 庚申<br>13 | 辛酉<br>14 | 壬戌<br>15 | 癸亥<br>16 | 甲子<br>17 | 乙丑<br>18 | 丙寅<br>19 | 丁卯<br>20 | 戊辰<br>21 | 己巳<br>22 | 庚午<br>23 | 辛未<br>24 | 壬申<br>25 | 癸酉<br>26 | 甲戌<br>27 | 乙亥<br>28 | 丙子<br>29 | 丁丑<br>30 | 戊寅<br>(10) | 己卯<br>2 | 庚辰<br>3 | 辛巳<br>4 | 壬午<br>5 | 癸未<br>6 | 甲申<br>7 | 乙酉<br>8 | 丙戌<br>9 | 丁亥<br>10 | 戊子<br>11 | 己丑<br>12 | 壬申秋分 |
| 九月小 | 丙戌 | 天干地支<br>西曆 | 庚寅<br>13 | 辛卯<br>14 | 壬辰<br>15 | 癸巳<br>16 | 甲午<br>17 | 乙未<br>18 | 丙申<br>19 | 丁酉<br>20 | 戊戌<br>21 | 己亥<br>22 | 庚子<br>23 | 辛丑<br>24 | 壬寅<br>25 | 癸卯<br>26 | 甲辰<br>27 | 乙巳<br>28 | 丙午<br>29 | 丁未<br>30 | 戊申<br>31 | 己酉<br>(11) | 庚戌<br>2 | 辛亥<br>3 | 壬子<br>4 | 癸丑<br>5 | 甲寅<br>6 | 乙卯<br>7 | 丙辰<br>8 | 丁巳<br>9 | 戊午<br>10 | | 丁巳立冬<br>戊午日食 |

## 漢文帝十五年（丙子 鼠年） 公元前166 ~ 前165年

| 夏曆月序 | | 中西曆日對照 | 初一 | 初二 | 初三 | 初四 | 初五 | 初六 | 初七 | 初八 | 初九 | 初十 | 十一 | 十二 | 十三 | 十四 | 十五 | 十六 | 十七 | 十八 | 十九 | 二十 | 二一 | 二二 | 二三 | 二四 | 二五 | 二六 | 二七 | 二八 | 二九 | 三十 | 節氣與天象 |
|---|---|---|---|---|---|---|---|---|---|---|---|---|---|---|---|---|---|---|---|---|---|---|---|---|---|---|---|---|---|---|---|---|---|
| 十月大 | 丁亥 | 天干地支 西曆 | 己未 11 | 庚申 12 | 辛酉 13 | 壬戌 14 | 癸亥 15 | 甲子 16 | 乙丑 17 | 丙寅 18 | 丁卯 19 | 戊辰 20 | 己巳 21 | 庚午 22 | 辛未 23 | 壬申 24 | 癸酉 25 | 甲戌 26 | 乙亥 27 | 丙子 28 | 丁丑 29 | 戊寅 30 | 己卯 (12) | 庚辰 2 | 辛巳 3 | 壬午 4 | 癸未 5 | 甲申 6 | 乙酉 7 | 丙戌 8 | 丁亥 9 | 戊子 10 | |
| 十一月小 | 戊子 | 天干地支 西曆 | 己丑 11 | 庚寅 12 | 辛卯 13 | 壬辰 14 | 癸巳 15 | 甲午 16 | 乙未 17 | 丙申 18 | 丁酉 19 | 戊戌 20 | 己亥 21 | 庚子 22 | 辛丑 23 | 壬寅 24 | 癸卯 25 | 甲辰 26 | 乙巳 27 | 丙午 28 | 丁未 29 | 戊申 30 | 己酉 31 | 庚戌 (1) | 辛亥 2 | 壬子 3 | 癸丑 4 | 甲寅 5 | 乙卯 6 | 丙辰 7 | 丁巳 8 | | 癸卯冬至 |
| 十二月大 | 己丑 | 天干地支 西曆 | 戊午 9 | 己未 10 | 庚申 11 | 辛酉 12 | 壬戌 13 | 癸亥 14 | 甲子 15 | 乙丑 16 | 丙寅 17 | 丁卯 18 | 戊辰 19 | 己巳 20 | 庚午 21 | 辛未 22 | 壬申 23 | 癸酉 24 | 甲戌 25 | 乙亥 26 | 丙子 27 | 丁丑 28 | 戊寅 29 | 己卯 30 | 庚辰 31 | 辛巳 (2) | 壬午 2 | 癸未 3 | 甲申 4 | 乙酉 5 | 丙戌 6 | 丁亥 7 | |
| 正月小 | 庚寅 | 天干地支 西曆 | 戊子 8 | 己丑 9 | 庚寅 10 | 辛卯 11 | 壬辰 12 | 癸巳 13 | 甲午 14 | 乙未 15 | 丙申 16 | 丁酉 17 | 戊戌 18 | 己亥 19 | 庚子 20 | 辛丑 21 | 壬寅 22 | 癸卯 23 | 甲辰 24 | 乙巳 25 | 丙午 26 | 丁未 27 | 戊申 28 | 己酉 29 | 庚戌 (3) | 辛亥 2 | 壬子 3 | 癸丑 4 | 甲寅 5 | 乙卯 6 | 丙辰 7 | | 己丑立春 |
| 二月大 | 辛卯 | 天干地支 西曆 | 丁巳 8 | 戊午 9 | 己未 10 | 庚申 11 | 辛酉 12 | 壬戌 13 | 癸亥 14 | 甲子 15 | 乙丑 16 | 丙寅 17 | 丁卯 18 | 戊辰 19 | 己巳 20 | 庚午 21 | 辛未 22 | 壬申 23 | 癸酉 24 | 甲戌 25 | 乙亥 26 | 丙子 27 | 丁丑 28 | 戊寅 29 | 己卯 30 | 庚辰 31 | 辛巳 (4) | 壬午 2 | 癸未 3 | 甲申 4 | 乙酉 5 | 丙戌 6 | 甲戌春分 |
| 三月小 | 壬辰 | 天干地支 西曆 | 丁亥 7 | 戊子 8 | 己丑 9 | 庚寅 10 | 辛卯 11 | 壬辰 12 | 癸巳 13 | 甲午 14 | 乙未 15 | 丙申 16 | 丁酉 17 | 戊戌 18 | 己亥 19 | 庚子 20 | 辛丑 21 | 壬寅 22 | 癸卯 23 | 甲辰 24 | 乙巳 25 | 丙午 26 | 丁未 27 | 戊申 28 | 己酉 29 | 庚戌 30 | 辛亥 (5) | 壬子 2 | 癸丑 3 | 甲寅 4 | 乙卯 5 | | |
| 四月大 | 癸巳 | 天干地支 西曆 | 丙辰 6 | 丁巳 7 | 戊午 8 | 己未 9 | 庚申 10 | 辛酉 11 | 壬戌 12 | 癸亥 13 | 甲子 14 | 乙丑 15 | 丙寅 16 | 丁卯 17 | 戊辰 18 | 己巳 19 | 庚午 20 | 辛未 21 | 壬申 22 | 癸酉 23 | 甲戌 24 | 乙亥 25 | 丙子 26 | 丁丑 27 | 戊寅 28 | 己卯 29 | 庚辰 30 | 辛巳 31 | 壬午 (6) | 癸未 2 | 甲申 3 | 乙酉 4 | 庚申立夏 |
| 五月小 | 甲午 | 天干地支 西曆 | 丙戌 5 | 丁亥 6 | 戊子 7 | 己丑 8 | 庚寅 9 | 辛卯 10 | 壬辰 11 | 癸巳 12 | 甲午 13 | 乙未 14 | 丙申 15 | 丁酉 16 | 戊戌 17 | 己亥 18 | 庚子 19 | 辛丑 20 | 壬寅 21 | 癸卯 22 | 甲辰 23 | 乙巳 24 | 丙午 25 | 丁未 26 | 戊申 27 | 己酉 28 | 庚戌 29 | 辛亥 30 | 壬子 (7) | 癸丑 2 | 甲寅 3 | | 丙午夏至 |
| 六月大 | 乙未 | 天干地支 西曆 | 乙卯 4 | 丙辰 5 | 丁巳 6 | 戊午 7 | 己未 8 | 庚申 9 | 辛酉 10 | 壬戌 11 | 癸亥 12 | 甲子 13 | 乙丑 14 | 丙寅 15 | 丁卯 16 | 戊辰 17 | 己巳 18 | 庚午 19 | 辛未 20 | 壬申 21 | 癸酉 22 | 甲戌 23 | 乙亥 24 | 丙子 25 | 丁丑 26 | 戊寅 27 | 己卯 28 | 庚辰 29 | 辛巳 30 | 壬午 31 | 癸未 (8) | 甲申 2 | |
| 七月小 | 丙申 | 天干地支 西曆 | 乙酉 3 | 丙戌 4 | 丁亥 5 | 戊子 6 | 己丑 7 | 庚寅 8 | 辛卯 9 | 壬辰 10 | 癸巳 11 | 甲午 12 | 乙未 13 | 丙申 14 | 丁酉 15 | 戊戌 16 | 己亥 17 | 庚子 18 | 辛丑 19 | 壬寅 20 | 癸卯 21 | 甲辰 22 | 乙巳 23 | 丙午 24 | 丁未 25 | 戊申 26 | 己酉 27 | 庚戌 28 | 辛亥 29 | 壬子 30 | 癸丑 31 | | 辛卯立秋 |
| 八月大 | 丁酉 | 天干地支 西曆 | 甲寅 (9) | 乙卯 2 | 丙辰 3 | 丁巳 4 | 戊午 5 | 己未 6 | 庚申 7 | 辛酉 8 | 壬戌 9 | 癸亥 10 | 甲子 11 | 乙丑 12 | 丙寅 13 | 丁卯 14 | 戊辰 15 | 己巳 16 | 庚午 17 | 辛未 18 | 壬申 19 | 癸酉 20 | 甲戌 21 | 乙亥 22 | 丙子 23 | 丁丑 24 | 戊寅 25 | 己卯 26 | 庚辰 27 | 辛巳 28 | 壬午 29 | 癸未 30 | 丁丑秋分 |
| 九月小 | 戊戌 | 天干地支 西曆 | 甲申 (10) | 乙酉 2 | 丙戌 3 | 丁亥 4 | 戊子 5 | 己丑 6 | 庚寅 7 | 辛卯 8 | 壬辰 9 | 癸巳 10 | 甲午 11 | 乙未 12 | 丙申 13 | 丁酉 14 | 戊戌 15 | 己亥 16 | 庚子 17 | 辛丑 18 | 壬寅 19 | 癸卯 20 | 甲辰 21 | 乙巳 22 | 丙午 23 | 丁未 24 | 戊申 25 | 己酉 26 | 庚戌 27 | 辛亥 28 | 壬子 29 | | |

# 漢文帝十六年（丁丑 牛年） 公元前165 ~ 前164年

| 夏曆月序 | | 中西曆日對照 | 初一 | 初二 | 初三 | 初四 | 初五 | 初六 | 初七 | 初八 | 初九 | 初十 | 十一 | 十二 | 十三 | 十四 | 十五 | 十六 | 十七 | 十八 | 十九 | 二十 | 二一 | 二二 | 二三 | 二四 | 二五 | 二六 | 二七 | 二八 | 二九 | 三十 | 節氣與天象 |
|---|---|---|---|---|---|---|---|---|---|---|---|---|---|---|---|---|---|---|---|---|---|---|---|---|---|---|---|---|---|---|---|---|---|
| 十月大 | 己亥 | 天干地支<br>西曆 | 癸丑<br>30 | 甲寅<br>31 | 乙卯<br>(11) | 丙辰<br>2 | 丁巳<br>3 | 戊午<br>4 | 己未<br>5 | 庚申<br>6 | 辛酉<br>7 | 壬戌<br>8 | 癸亥<br>9 | 甲子<br>10 | 乙丑<br>11 | 丙寅<br>12 | 丁卯<br>13 | 戊辰<br>14 | 己巳<br>15 | 庚午<br>16 | 辛未<br>17 | 壬申<br>18 | 癸酉<br>19 | 甲戌<br>20 | 乙亥<br>21 | 丙子<br>22 | 丁丑<br>23 | 戊寅<br>24 | 己卯<br>25 | 庚辰<br>26 | 辛巳<br>27 | 壬午<br>28 | 癸亥立冬 |
| 十一月大 | 庚子 | 天干地支<br>西曆 | 癸未<br>29 | 甲申<br>30 | 乙酉<br>(12) | 丙戌<br>2 | 丁亥<br>3 | 戊子<br>4 | 己丑<br>5 | 庚寅<br>6 | 辛卯<br>7 | 壬辰<br>8 | 癸巳<br>9 | 甲午<br>10 | 乙未<br>11 | 丙申<br>12 | 丁酉<br>13 | 戊戌<br>14 | 己亥<br>15 | 庚子<br>16 | 辛丑<br>17 | 壬寅<br>18 | 癸卯<br>19 | 甲辰<br>20 | 乙巳<br>21 | 丙午<br>22 | 丁未<br>23 | 戊申<br>24 | 己酉<br>25 | 庚戌<br>26 | 辛亥<br>27 | 壬子<br>28 | 戊申冬至 |
| 十二月小 | 辛丑 | 天干地支<br>西曆 | 癸丑<br>29 | 甲寅<br>30 | 乙卯<br>31 | 丙辰<br>(1) | 丁巳<br>2 | 戊午<br>3 | 己未<br>4 | 庚申<br>5 | 辛酉<br>6 | 壬戌<br>7 | 癸亥<br>8 | 甲子<br>9 | 乙丑<br>10 | 丙寅<br>11 | 丁卯<br>12 | 戊辰<br>13 | 己巳<br>14 | 庚午<br>15 | 辛未<br>16 | 壬申<br>17 | 癸酉<br>18 | 甲戌<br>19 | 乙亥<br>20 | 丙子<br>21 | 丁丑<br>22 | 戊寅<br>23 | 己卯<br>24 | 庚辰<br>25 | 辛巳<br>26 | | |
| 正月大 | 壬寅 | 天干地支<br>西曆 | 壬午<br>27 | 癸未<br>28 | 甲申<br>29 | 乙酉<br>30 | 丙戌<br>31 | 丁亥<br>(2) | 戊子<br>2 | 己丑<br>3 | 庚寅<br>4 | 辛卯<br>5 | 壬辰<br>6 | 癸巳<br>7 | 甲午<br>8 | 乙未<br>9 | 丙申<br>10 | 丁酉<br>11 | 戊戌<br>12 | 己亥<br>13 | 庚子<br>14 | 辛丑<br>15 | 壬寅<br>16 | 癸卯<br>17 | 甲辰<br>18 | 乙巳<br>19 | 丙午<br>20 | 丁未<br>21 | 戊申<br>22 | 己酉<br>23 | 庚戌<br>24 | 辛亥<br>25 | 甲午立春 |
| 二月小 | 癸卯 | 天干地支<br>西曆 | 壬子<br>26 | 癸丑<br>27 | 甲寅<br>28 | 乙卯<br>(3) | 丙辰<br>2 | 丁巳<br>3 | 戊午<br>4 | 己未<br>5 | 庚申<br>6 | 辛酉<br>7 | 壬戌<br>8 | 癸亥<br>9 | 甲子<br>10 | 乙丑<br>11 | 丙寅<br>12 | 丁卯<br>13 | 戊辰<br>14 | 己巳<br>15 | 庚午<br>16 | 辛未<br>17 | 壬申<br>18 | 癸酉<br>19 | 甲戌<br>20 | 乙亥<br>21 | 丙子<br>22 | 丁丑<br>23 | 戊寅<br>24 | 己卯<br>25 | 庚辰<br>26 | | 庚辰春分<br>庚辰日食 |
| 三月大 | 甲辰 | 天干地支<br>西曆 | 辛巳<br>27 | 壬午<br>28 | 癸未<br>29 | 甲申<br>30 | 乙酉<br>31 | 丙戌<br>(4) | 丁亥<br>2 | 戊子<br>3 | 己丑<br>4 | 庚寅<br>5 | 辛卯<br>6 | 壬辰<br>7 | 癸巳<br>8 | 甲午<br>9 | 乙未<br>10 | 丙申<br>11 | 丁酉<br>12 | 戊戌<br>13 | 己亥<br>14 | 庚子<br>15 | 辛丑<br>16 | 壬寅<br>17 | 癸卯<br>18 | 甲辰<br>19 | 乙巳<br>20 | 丙午<br>21 | 丁未<br>22 | 戊申<br>23 | 己酉<br>24 | 庚戌<br>25 | |
| 四月小 | 乙巳 | 天干地支<br>西曆 | 辛亥<br>26 | 壬子<br>27 | 癸丑<br>28 | 甲寅<br>29 | 乙卯<br>30 | 丙辰<br>(5) | 丁巳<br>2 | 戊午<br>3 | 己未<br>4 | 庚申<br>5 | 辛酉<br>6 | 壬戌<br>7 | 癸亥<br>8 | 甲子<br>9 | 乙丑<br>10 | 丙寅<br>11 | 丁卯<br>12 | 戊辰<br>13 | 己巳<br>14 | 庚午<br>15 | 辛未<br>16 | 壬申<br>17 | 癸酉<br>18 | 甲戌<br>19 | 乙亥<br>20 | 丙子<br>21 | 丁丑<br>22 | 戊寅<br>23 | 己卯<br>24 | | 乙丑立夏 |
| 五月大 | 丙午 | 天干地支<br>西曆 | 庚辰<br>25 | 辛巳<br>26 | 壬午<br>27 | 癸未<br>28 | 甲申<br>29 | 乙酉<br>30 | 丙戌<br>31 | 丁亥<br>(6) | 戊子<br>2 | 己丑<br>3 | 庚寅<br>4 | 辛卯<br>5 | 壬辰<br>6 | 癸巳<br>7 | 甲午<br>8 | 乙未<br>9 | 丙申<br>10 | 丁酉<br>11 | 戊戌<br>12 | 己亥<br>13 | 庚子<br>14 | 辛丑<br>15 | 壬寅<br>16 | 癸卯<br>17 | 甲辰<br>18 | 乙巳<br>19 | 丙午<br>20 | 丁未<br>21 | 戊申<br>22 | 己酉<br>23 | |
| 六月小 | 丁未 | 天干地支<br>西曆 | 庚戌<br>24 | 辛亥<br>25 | 壬子<br>26 | 癸丑<br>27 | 甲寅<br>28 | 乙卯<br>29 | 丙辰<br>30 | 丁巳<br>(7) | 戊午<br>2 | 己未<br>3 | 庚申<br>4 | 辛酉<br>5 | 壬戌<br>6 | 癸亥<br>7 | 甲子<br>8 | 乙丑<br>9 | 丙寅<br>10 | 丁卯<br>11 | 戊辰<br>12 | 己巳<br>13 | 庚午<br>14 | 辛未<br>15 | 壬申<br>16 | 癸酉<br>17 | 甲戌<br>18 | 乙亥<br>19 | 丙子<br>20 | 丁丑<br>21 | 戊寅<br>22 | | 辛亥夏至 |
| 七月大 | 戊申 | 天干地支<br>西曆 | 己卯<br>23 | 庚辰<br>24 | 辛巳<br>25 | 壬午<br>26 | 癸未<br>27 | 甲申<br>28 | 乙酉<br>29 | 丙戌<br>30 | 丁亥<br>31 | 戊子<br>(8) | 己丑<br>2 | 庚寅<br>3 | 辛卯<br>4 | 壬辰<br>5 | 癸巳<br>6 | 甲午<br>7 | 乙未<br>8 | 丙申<br>9 | 丁酉<br>10 | 戊戌<br>11 | 己亥<br>12 | 庚子<br>13 | 辛丑<br>14 | 壬寅<br>15 | 癸卯<br>16 | 甲辰<br>17 | 乙巳<br>18 | 丙午<br>19 | 丁未<br>20 | 戊申<br>21 | 丁酉立秋 |
| 八月小 | 己酉 | 天干地支<br>西曆 | 己酉<br>22 | 庚戌<br>23 | 辛亥<br>24 | 壬子<br>25 | 癸丑<br>26 | 甲寅<br>27 | 乙卯<br>28 | 丙辰<br>29 | 丁巳<br>30 | 戊午<br>31 | 己未<br>(9) | 庚申<br>2 | 辛酉<br>3 | 壬戌<br>4 | 癸亥<br>5 | 甲子<br>6 | 乙丑<br>7 | 丙寅<br>8 | 丁卯<br>9 | 戊辰<br>10 | 己巳<br>11 | 庚午<br>12 | 辛未<br>13 | 壬申<br>14 | 癸酉<br>15 | 甲戌<br>16 | 乙亥<br>17 | 丙子<br>18 | 丁丑<br>19 | | |
| 九月大 | 庚戌 | 天干地支<br>西曆 | 戊寅<br>20 | 己卯<br>21 | 庚辰<br>22 | 辛巳<br>23 | 壬午<br>24 | 癸未<br>25 | 甲申<br>26 | 乙酉<br>27 | 丙戌<br>28 | 丁亥<br>29 | 戊子<br>30 | 己丑<br>(10) | 庚寅<br>2 | 辛卯<br>3 | 壬辰<br>4 | 癸巳<br>5 | 甲午<br>6 | 乙未<br>7 | 丙申<br>8 | 丁酉<br>9 | 戊戌<br>10 | 己亥<br>11 | 庚子<br>12 | 辛丑<br>13 | 壬寅<br>14 | 癸卯<br>15 | 甲辰<br>16 | 乙巳<br>17 | 丙午<br>18 | 丁未<br>19 | 壬午秋分 |
| 後九月小 | 庚戌 | 天干地支<br>西曆 | 戊申<br>20 | 己酉<br>21 | 庚戌<br>22 | 辛亥<br>23 | 壬子<br>24 | 癸丑<br>25 | 甲寅<br>26 | 乙卯<br>27 | 丙辰<br>28 | 丁巳<br>29 | 戊午<br>30 | 己未<br>31 | 庚申<br>(11) | 辛酉<br>2 | 壬戌<br>3 | 癸亥<br>4 | 甲子<br>5 | 乙丑<br>6 | 丙寅<br>7 | 丁卯<br>8 | 戊辰<br>9 | 己巳<br>10 | 庚午<br>11 | 辛未<br>12 | 壬申<br>13 | 癸酉<br>14 | 甲戌<br>15 | 乙亥<br>16 | 丙子<br>17 | | 戊辰立冬 |

# 漢文帝後元元年（戊寅 虎年） 公元前164 ~ 前163年

| 夏曆月序 | | 中西曆日對照 | 初一 | 初二 | 初三 | 初四 | 初五 | 初六 | 初七 | 初八 | 初九 | 初十 | 十一 | 十二 | 十三 | 十四 | 十五 | 十六 | 十七 | 十八 | 十九 | 二十 | 二一 | 二二 | 二三 | 二四 | 二五 | 二六 | 二七 | 二八 | 二九 | 三十 | 節氣與天象 |
|---|---|---|---|---|---|---|---|---|---|---|---|---|---|---|---|---|---|---|---|---|---|---|---|---|---|---|---|---|---|---|---|---|---|
| 十月大 | 辛亥 | 天干地支西曆 | 丁丑18 | 戊寅19 | 己卯20 | 庚辰21 | 辛巳22 | 壬午23 | 癸未24 | 甲申25 | 乙酉26 | 丙戌27 | 丁亥28 | 戊子29 | 己丑30 | 庚寅(12) | 辛卯2 | 壬辰3 | 癸巳4 | 甲午5 | 乙未6 | 丙申7 | 丁酉8 | 戊戌9 | 己亥10 | 庚子11 | 辛丑12 | 壬寅13 | 癸卯14 | 甲辰15 | 乙巳16 | 丙午17 | |
| 十一月小 | 壬子 | 天干地支西曆 | 丁未18 | 戊申19 | 己酉20 | 庚戌21 | 辛亥22 | 壬子23 | 癸丑24 | 甲寅25 | 乙卯26 | 丙辰27 | 丁巳28 | 戊午29 | 己未30 | 庚申31 | 辛酉(1) | 壬戌2 | 癸亥3 | 甲子4 | 乙丑5 | 丙寅6 | 丁卯7 | 戊辰8 | 己巳9 | 庚午10 | 辛未11 | 壬申12 | 癸酉13 | 甲戌14 | 乙亥15 | | 甲寅冬至 |
| 十二月大 | 癸丑 | 天干地支西曆 | 丙子16 | 丁丑17 | 戊寅18 | 己卯19 | 庚辰20 | 辛巳21 | 壬午22 | 癸未23 | 甲申24 | 乙酉25 | 丙戌26 | 丁亥27 | 戊子28 | 己丑29 | 庚寅30 | 辛卯31 | 壬辰(2) | 癸巳2 | 甲午3 | 乙未4 | 丙申5 | 丁酉6 | 戊戌7 | 己亥8 | 庚子9 | 辛丑10 | 壬寅11 | 癸卯12 | 甲辰13 | 乙巳14 | 己亥立春 |
| 正月大 | 甲寅 | 天干地支西曆 | 丙午15 | 丁未16 | 戊申17 | 己酉18 | 庚戌19 | 辛亥20 | 壬子21 | 癸丑22 | 甲寅23 | 乙卯24 | 丙辰25 | 丁巳26 | 戊午27 | 己未28 | 庚申(3) | 辛酉2 | 壬戌3 | 癸亥4 | 甲子5 | 乙丑6 | 丙寅7 | 丁卯8 | 戊辰9 | 己巳10 | 庚午11 | 辛未12 | 壬申13 | 癸酉14 | 甲戌15 | 乙亥16 | |
| 二月小 | 乙卯 | 天干地支西曆 | 丙子17 | 丁丑18 | 戊寅19 | 己卯20 | 庚辰21 | 辛巳22 | 壬午23 | 癸未24 | 甲申25 | 乙酉26 | 丙戌27 | 丁亥28 | 戊子29 | 己丑30 | 庚寅31 | 辛卯(4) | 壬辰2 | 癸巳3 | 甲午4 | 乙未5 | 丙申6 | 丁酉7 | 戊戌8 | 己亥9 | 庚子10 | 辛丑11 | 壬寅12 | 癸卯13 | 甲辰14 | | 乙酉春分 |
| 三月大 | 丙辰 | 天干地支西曆 | 乙巳15 | 丙午16 | 丁未17 | 戊申18 | 己酉19 | 庚戌20 | 辛亥21 | 壬子22 | 癸丑23 | 甲寅24 | 乙卯25 | 丙辰26 | 丁巳27 | 戊午28 | 己未29 | 庚申30 | 辛酉(5) | 壬戌2 | 癸亥3 | 甲子4 | 乙丑5 | 丙寅6 | 丁卯7 | 戊辰8 | 己巳9 | 庚午10 | 辛未11 | 壬申12 | 癸酉13 | 甲戌14 | 辛未立夏 |
| 四月小 | 丁巳 | 天干地支西曆 | 乙亥15 | 丙子16 | 丁丑17 | 戊寅18 | 己卯19 | 庚辰20 | 辛巳21 | 壬午22 | 癸未23 | 甲申24 | 乙酉25 | 丙戌26 | 丁亥27 | 戊子28 | 己丑29 | 庚寅30 | 辛卯31 | 壬辰(6) | 癸巳2 | 甲午3 | 乙未4 | 丙申5 | 丁酉6 | 戊戌7 | 己亥8 | 庚子9 | 辛丑10 | 壬寅11 | 癸卯12 | | |
| 五月大 | 戊午 | 天干地支西曆 | 甲辰13 | 乙巳14 | 丙午15 | 丁未16 | 戊申17 | 己酉18 | 庚戌19 | 辛亥20 | 壬子21 | 癸丑22 | 甲寅23 | 乙卯24 | 丙辰25 | 丁巳26 | 戊午27 | 己未28 | 庚申29 | 辛酉30 | 壬戌(7) | 癸亥2 | 甲子3 | 乙丑4 | 丙寅5 | 丁卯6 | 戊辰7 | 己巳8 | 庚午9 | 辛未10 | 壬申11 | 癸酉12 | 丙辰夏至 |
| 六月小 | 己未 | 天干地支西曆 | 甲戌13 | 乙亥14 | 丙子15 | 丁丑16 | 戊寅17 | 己卯18 | 庚辰19 | 辛巳20 | 壬午21 | 癸未22 | 甲申23 | 乙酉24 | 丙戌25 | 丁亥26 | 戊子27 | 己丑28 | 庚寅29 | 辛卯30 | 壬辰31 | 癸巳(8) | 甲午2 | 乙未3 | 丙申4 | 丁酉5 | 戊戌6 | 己亥7 | 庚子8 | 辛丑9 | 壬寅10 | | 壬寅立秋 |
| 七月大 | 庚申 | 天干地支西曆 | 癸卯11 | 甲辰12 | 乙巳13 | 丙午14 | 丁未15 | 戊申16 | 己酉17 | 庚戌18 | 辛亥19 | 壬子20 | 癸丑21 | 甲寅22 | 乙卯23 | 丙辰24 | 丁巳25 | 戊午26 | 己未27 | 庚申28 | 辛酉29 | 壬戌30 | 癸亥31 | 甲子(9) | 乙丑2 | 丙寅3 | 丁卯4 | 戊辰5 | 己巳6 | 庚午7 | 辛未8 | 壬申9 | |
| 八月小 | 辛酉 | 天干地支西曆 | 癸酉10 | 甲戌11 | 乙亥12 | 丙子13 | 丁丑14 | 戊寅15 | 己卯16 | 庚辰17 | 辛巳18 | 壬午19 | 癸未20 | 甲申21 | 乙酉22 | 丙戌23 | 丁亥24 | 戊子25 | 己丑26 | 庚寅27 | 辛卯28 | 壬辰29 | 癸巳30 | 甲午(10) | 乙未2 | 丙申3 | 丁酉4 | 戊戌5 | 己亥6 | 庚子7 | 辛丑8 | | 戊子秋分 |
| 九月大 | 壬戌 | 天干地支西曆 | 壬寅9 | 癸卯10 | 甲辰11 | 乙巳12 | 丙午13 | 丁未14 | 戊申15 | 己酉16 | 庚戌17 | 辛亥18 | 壬子19 | 癸丑20 | 甲寅21 | 乙卯22 | 丙辰23 | 丁巳24 | 戊午25 | 己未26 | 庚申27 | 辛酉28 | 壬戌29 | 癸亥30 | 甲子31 | 乙丑(11) | 丙寅2 | 丁卯3 | 戊辰4 | 己巳5 | 庚午6 | 辛未7 | |

* 十月丁丑（初一），改稱後元。

# 漢文帝後元二年（己卯 兔年） 公元前 163 ~ 前 **162** 年

| 夏曆月序 | | 中西曆日對照 | 初一 | 初二 | 初三 | 初四 | 初五 | 初六 | 初七 | 初八 | 初九 | 初十 | 十一 | 十二 | 十三 | 十四 | 十五 | 十六 | 十七 | 十八 | 十九 | 二十 | 二一 | 二二 | 二三 | 二四 | 二五 | 二六 | 二七 | 二八 | 二九 | 三十 | 節氣與天象 |
|---|---|---|---|---|---|---|---|---|---|---|---|---|---|---|---|---|---|---|---|---|---|---|---|---|---|---|---|---|---|---|---|---|---|
| 十月小 | 癸亥 | 天干地支<br>西曆 | 壬申<br>8 | 癸酉<br>9 | 甲戌<br>10 | 乙亥<br>11 | 丙子<br>12 | 丁丑<br>13 | 戊寅<br>14 | 己卯<br>15 | 庚辰<br>16 | 辛巳<br>17 | 壬午<br>18 | 癸未<br>19 | 甲申<br>20 | 乙酉<br>21 | 丙戌<br>22 | 丁亥<br>23 | 戊子<br>24 | 己丑<br>25 | 庚寅<br>26 | 辛卯<br>27 | 壬辰<br>28 | 癸巳<br>29 | 甲午<br>30 | 乙未<br>(12) | 丙申<br>2 | 丁酉<br>3 | 戊戌<br>4 | 己亥<br>5 | 庚子<br>6 | | 癸酉立冬 |
| 十一月大 | 甲子 | 天干地支<br>西曆 | 辛丑<br>7 | 壬寅<br>8 | 癸卯<br>9 | 甲辰<br>10 | 乙巳<br>11 | 丙午<br>12 | 丁未<br>13 | 戊申<br>14 | 己酉<br>15 | 庚戌<br>16 | 辛亥<br>17 | 壬子<br>18 | 癸丑<br>19 | 甲寅<br>20 | 乙卯<br>21 | 丙辰<br>22 | 丁巳<br>23 | 戊午<br>24 | 己未<br>25 | 庚申<br>26 | 辛酉<br>27 | 壬戌<br>28 | 癸亥<br>29 | 甲子<br>30 | 乙丑<br>31 | 丙寅<br>(1) | 丁卯<br>2 | 戊辰<br>3 | 己巳<br>4 | 庚午<br>5 | 己未冬至 |
| 十二月小 | 乙丑 | 天干地支<br>西曆 | 辛未<br>6 | 壬申<br>7 | 癸酉<br>8 | 甲戌<br>9 | 乙亥<br>10 | 丙子<br>11 | 丁丑<br>12 | 戊寅<br>13 | 己卯<br>14 | 庚辰<br>15 | 辛巳<br>16 | 壬午<br>17 | 癸未<br>18 | 甲申<br>19 | 乙酉<br>20 | 丙戌<br>21 | 丁亥<br>22 | 戊子<br>23 | 己丑<br>24 | 庚寅<br>25 | 辛卯<br>26 | 壬辰<br>27 | 癸巳<br>28 | 甲午<br>29 | 乙未<br>30 | 丙申<br>31 | 丁酉<br>(2) | 戊戌<br>2 | 己亥<br>3 | | |
| 正月大 | 丙寅 | 天干地支<br>西曆 | 庚子<br>4 | 辛丑<br>5 | 壬寅<br>6 | 癸卯<br>7 | 甲辰<br>8 | 乙巳<br>9 | 丙午<br>10 | 丁未<br>11 | 戊申<br>12 | 己酉<br>13 | 庚戌<br>14 | 辛亥<br>15 | 壬子<br>16 | 癸丑<br>17 | 甲寅<br>18 | 乙卯<br>19 | 丙辰<br>20 | 丁巳<br>21 | 戊午<br>22 | 己未<br>23 | 庚申<br>24 | 辛酉<br>25 | 壬戌<br>26 | 癸亥<br>27 | 甲子<br>28 | 乙丑<br>(3) | 丙寅<br>2 | 丁卯<br>3 | 戊辰<br>4 | 己巳<br>5 | 乙巳立春<br>己巳日食 |
| 二月小 | 丁卯 | 天干地支<br>西曆 | 庚午<br>6 | 辛未<br>7 | 壬申<br>8 | 癸酉<br>9 | 甲戌<br>10 | 乙亥<br>11 | 丙子<br>12 | 丁丑<br>13 | 戊寅<br>14 | 己卯<br>15 | 庚辰<br>16 | 辛巳<br>17 | 壬午<br>18 | 癸未<br>19 | 甲申<br>20 | 乙酉<br>21 | 丙戌<br>22 | 丁亥<br>23 | 戊子<br>24 | 己丑<br>25 | 庚寅<br>26 | 辛卯<br>27 | 壬辰<br>28 | 癸巳<br>29 | 甲午<br>30 | 乙未<br>31 | 丙申<br>(4) | 丁酉<br>2 | 戊戌<br>3 | | 庚寅春分 |
| 三月大 | 戊辰 | 天干地支<br>西曆 | 己亥<br>4 | 庚子<br>5 | 辛丑<br>6 | 壬寅<br>7 | 癸卯<br>8 | 甲辰<br>9 | 乙巳<br>10 | 丙午<br>11 | 丁未<br>12 | 戊申<br>13 | 己酉<br>14 | 庚戌<br>15 | 辛亥<br>16 | 壬子<br>17 | 癸丑<br>18 | 甲寅<br>19 | 乙卯<br>20 | 丙辰<br>21 | 丁巳<br>22 | 戊午<br>23 | 己未<br>24 | 庚申<br>25 | 辛酉<br>26 | 壬戌<br>27 | 癸亥<br>28 | 甲子<br>29 | 乙丑<br>30 | 丙寅<br>(5) | 丁卯<br>2 | 戊辰<br>3 | |
| 四月小 | 己巳 | 天干地支<br>西曆 | 己巳<br>4 | 庚午<br>5 | 辛未<br>6 | 壬申<br>7 | 癸酉<br>8 | 甲戌<br>9 | 乙亥<br>10 | 丙子<br>11 | 丁丑<br>12 | 戊寅<br>13 | 己卯<br>14 | 庚辰<br>15 | 辛巳<br>16 | 壬午<br>17 | 癸未<br>18 | 甲申<br>19 | 乙酉<br>20 | 丙戌<br>21 | 丁亥<br>22 | 戊子<br>23 | 己丑<br>24 | 庚寅<br>25 | 辛卯<br>26 | 壬辰<br>27 | 癸巳<br>28 | 甲午<br>29 | 乙未<br>30 | 丙申<br>31 | 丁酉<br>(6) | | 丙子立夏 |
| 五月大 | 庚午 | 天干地支<br>西曆 | 戊戌<br>2 | 己亥<br>3 | 庚子<br>4 | 辛丑<br>5 | 壬寅<br>6 | 癸卯<br>7 | 甲辰<br>8 | 乙巳<br>9 | 丙午<br>10 | 丁未<br>11 | 戊申<br>12 | 己酉<br>13 | 庚戌<br>14 | 辛亥<br>15 | 壬子<br>16 | 癸丑<br>17 | 甲寅<br>18 | 乙卯<br>19 | 丙辰<br>20 | 丁巳<br>21 | 戊午<br>22 | 己未<br>23 | 庚申<br>24 | 辛酉<br>25 | 壬戌<br>26 | 癸亥<br>27 | 甲子<br>28 | 乙丑<br>29 | 丙寅<br>30 | 丁卯<br>(7) | 辛酉夏至 |
| 六月大 | 辛未 | 天干地支<br>西曆 | 戊辰<br>2 | 己巳<br>3 | 庚午<br>4 | 辛未<br>5 | 壬申<br>6 | 癸酉<br>7 | 甲戌<br>8 | 乙亥<br>9 | 丙子<br>10 | 丁丑<br>11 | 戊寅<br>12 | 己卯<br>13 | 庚辰<br>14 | 辛巳<br>15 | 壬午<br>16 | 癸未<br>17 | 甲申<br>18 | 乙酉<br>19 | 丙戌<br>20 | 丁亥<br>21 | 戊子<br>22 | 己丑<br>23 | 庚寅<br>24 | 辛卯<br>25 | 壬辰<br>26 | 癸巳<br>27 | 甲午<br>28 | 乙未<br>29 | 丙申<br>30 | | |
| 七月小 | 壬申 | 天干地支<br>西曆 | 丁酉<br>31 | 戊戌<br>(8) | 己亥<br>2 | 庚子<br>3 | 辛丑<br>4 | 壬寅<br>5 | 癸卯<br>6 | 甲辰<br>7 | 乙巳<br>8 | 丙午<br>9 | 丁未<br>10 | 戊申<br>11 | 己酉<br>12 | 庚戌<br>13 | 辛亥<br>14 | 壬子<br>15 | 癸丑<br>16 | 甲寅<br>17 | 乙卯<br>18 | 丙辰<br>19 | 丁巳<br>20 | 戊午<br>21 | 己未<br>22 | 庚申<br>23 | 辛酉<br>24 | 壬戌<br>25 | 癸亥<br>26 | 甲子<br>27 | 乙丑<br>28 | 丙寅<br>29 | 丁未立秋 |
| 八月大 | 癸酉 | 天干地支<br>西曆 | 丁卯<br>30 | 戊辰<br>31 | 己巳<br>(9) | 庚午<br>2 | 辛未<br>3 | 壬申<br>4 | 癸酉<br>5 | 甲戌<br>6 | 乙亥<br>7 | 丙子<br>8 | 丁丑<br>9 | 戊寅<br>10 | 己卯<br>11 | 庚辰<br>12 | 辛巳<br>13 | 壬午<br>14 | 癸未<br>15 | 甲申<br>16 | 乙酉<br>17 | 丙戌<br>18 | 丁亥<br>19 | 戊子<br>20 | 己丑<br>21 | 庚寅<br>22 | 辛卯<br>23 | 壬辰<br>24 | 癸巳<br>25 | 甲午<br>26 | 乙未<br>27 | 丙申<br>28 | 癸巳秋分 |
| 九月小 | 甲戌 | 天干地支<br>西曆 | 丁酉<br>29 | 戊戌<br>30 | 己亥<br>(10) | 庚子<br>2 | 辛丑<br>3 | 壬寅<br>4 | 癸卯<br>5 | 甲辰<br>6 | 乙巳<br>7 | 丙午<br>8 | 丁未<br>9 | 戊申<br>10 | 己酉<br>11 | 庚戌<br>12 | 辛亥<br>13 | 壬子<br>14 | 癸丑<br>15 | 甲寅<br>16 | 乙卯<br>17 | 丙辰<br>18 | 丁巳<br>19 | 戊午<br>20 | 己未<br>21 | 庚申<br>22 | 辛酉<br>23 | 壬戌<br>24 | 癸亥<br>25 | 甲子<br>26 | 乙丑<br>27 | | |
| 後九月大 | 甲戌 | 天干地支<br>西曆 | 丙寅<br>28 | 丁卯<br>29 | 戊辰<br>30 | 己巳<br>31 | 庚午<br>(11) | 辛未<br>2 | 壬申<br>3 | 癸酉<br>4 | 甲戌<br>5 | 乙亥<br>6 | 丙子<br>7 | 丁丑<br>8 | 戊寅<br>9 | 己卯<br>10 | 庚辰<br>11 | 辛巳<br>12 | 壬午<br>13 | 癸未<br>14 | 甲申<br>15 | 乙酉<br>16 | 丙戌<br>17 | 丁亥<br>18 | 戊子<br>19 | 己丑<br>20 | 庚寅<br>21 | 辛卯<br>22 | 壬辰<br>23 | 癸巳<br>24 | 甲午<br>25 | 乙未<br>26 | 戊寅立冬 |

# 漢文帝後元三年（庚辰 龍年） 公元前162 ~ 前**161**年

| 夏曆月序 | | 中西曆日對照 | 初一 | 初二 | 初三 | 初四 | 初五 | 初六 | 初七 | 初八 | 初九 | 初十 | 十一 | 十二 | 十三 | 十四 | 十五 | 十六 | 十七 | 十八 | 十九 | 二十 | 二一 | 二二 | 二三 | 二四 | 二五 | 二六 | 二七 | 二八 | 二九 | 三十 | 節氣與天象 |
|---|---|---|---|---|---|---|---|---|---|---|---|---|---|---|---|---|---|---|---|---|---|---|---|---|---|---|---|---|---|---|---|---|---|
| 十月小 | 乙亥 | 天干地支<br>西曆 | 丙申<br>27 | 丁酉<br>28 | 戊戌<br>29 | 己亥<br>30 | 庚子<br>(12) | 辛丑<br>2 | 壬寅<br>3 | 癸卯<br>4 | 甲辰<br>5 | 乙巳<br>6 | 丙午<br>7 | 丁未<br>8 | 戊申<br>9 | 己酉<br>10 | 庚戌<br>11 | 辛亥<br>12 | 壬子<br>13 | 癸丑<br>14 | 甲寅<br>15 | 乙卯<br>16 | 丙辰<br>17 | 丁巳<br>18 | 戊午<br>19 | 己未<br>20 | 庚申<br>21 | 辛酉<br>22 | 壬戌<br>23 | 癸亥<br>24 | 甲子<br>25 | | 甲子冬至 |
| 十一月大 | 丙子 | 天干地支<br>西曆 | 乙丑<br>26 | 丙寅<br>27 | 丁卯<br>28 | 戊辰<br>29 | 己巳<br>30 | 庚午<br>31 | 辛未<br>(1) | 壬申<br>2 | 癸酉<br>3 | 甲戌<br>4 | 乙亥<br>5 | 丙子<br>6 | 丁丑<br>7 | 戊寅<br>8 | 己卯<br>9 | 庚辰<br>10 | 辛巳<br>11 | 壬午<br>12 | 癸未<br>13 | 甲申<br>14 | 乙酉<br>15 | 丙戌<br>16 | 丁亥<br>17 | 戊子<br>18 | 己丑<br>19 | 庚寅<br>20 | 辛卯<br>21 | 壬辰<br>22 | 癸巳<br>23 | 甲午<br>24 | |
| 十二月小 | 丁丑 | 天干地支<br>西曆 | 乙未<br>25 | 丙申<br>26 | 丁酉<br>27 | 戊戌<br>28 | 己亥<br>29 | 庚子<br>30 | 辛丑<br>31 | 壬寅<br>(2) | 癸卯<br>2 | 甲辰<br>3 | 乙巳<br>4 | 丙午<br>5 | 丁未<br>6 | 戊申<br>7 | 己酉<br>8 | 庚戌<br>9 | 辛亥<br>10 | 壬子<br>11 | 癸丑<br>12 | 甲寅<br>13 | 乙卯<br>14 | 丙辰<br>15 | 丁巳<br>16 | 戊午<br>17 | 己未<br>18 | 庚申<br>19 | 辛酉<br>20 | 壬戌<br>21 | 癸亥<br>22 | | 庚戌立春 |
| 正月大 | 戊寅 | 天干地支<br>西曆 | 甲子<br>23 | 乙丑<br>24 | 丙寅<br>25 | 丁卯<br>26 | 戊辰<br>27 | 己巳<br>28 | 庚午<br>29 | 辛未<br>(3) | 壬申<br>2 | 癸酉<br>3 | 甲戌<br>4 | 乙亥<br>5 | 丙子<br>6 | 丁丑<br>7 | 戊寅<br>8 | 己卯<br>9 | 庚辰<br>10 | 辛巳<br>11 | 壬午<br>12 | 癸未<br>13 | 甲申<br>14 | 乙酉<br>15 | 丙戌<br>16 | 丁亥<br>17 | 戊子<br>18 | 己丑<br>19 | 庚寅<br>20 | 辛卯<br>21 | 壬辰<br>22 | 癸巳<br>23 | |
| 二月小 | 己卯 | 天干地支<br>西曆 | 甲午<br>24 | 乙未<br>25 | 丙申<br>26 | 丁酉<br>27 | 戊戌<br>28 | 己亥<br>29 | 庚子<br>30 | 辛丑<br>31 | 壬寅<br>(4) | 癸卯<br>2 | 甲辰<br>3 | 乙巳<br>4 | 丙午<br>5 | 丁未<br>6 | 戊申<br>7 | 己酉<br>8 | 庚戌<br>9 | 辛亥<br>10 | 壬子<br>11 | 癸丑<br>12 | 甲寅<br>13 | 乙卯<br>14 | 丙辰<br>15 | 丁巳<br>16 | 戊午<br>17 | 己未<br>18 | 庚申<br>19 | 辛酉<br>20 | 壬戌<br>21 | | 乙未春分 |
| 三月大 | 庚辰 | 天干地支<br>西曆 | 癸亥<br>22 | 甲子<br>23 | 乙丑<br>24 | 丙寅<br>25 | 丁卯<br>26 | 戊辰<br>27 | 己巳<br>28 | 庚午<br>29 | 辛未<br>30 | 壬申<br>(5) | 癸酉<br>2 | 甲戌<br>3 | 乙亥<br>4 | 丙子<br>5 | 丁丑<br>6 | 戊寅<br>7 | 己卯<br>8 | 庚辰<br>9 | 辛巳<br>10 | 壬午<br>11 | 癸未<br>12 | 甲申<br>13 | 乙酉<br>14 | 丙戌<br>15 | 丁亥<br>16 | 戊子<br>17 | 己丑<br>18 | 庚寅<br>19 | 辛卯<br>20 | 壬辰<br>21 | 辛巳立夏 |
| 四月小 | 辛巳 | 天干地支<br>西曆 | 癸巳<br>22 | 甲午<br>23 | 乙未<br>24 | 丙申<br>25 | 丁酉<br>26 | 戊戌<br>27 | 己亥<br>28 | 庚子<br>29 | 辛丑<br>30 | 壬寅<br>31 | 癸卯<br>(6) | 甲辰<br>2 | 乙巳<br>3 | 丙午<br>4 | 丁未<br>5 | 戊申<br>6 | 己酉<br>7 | 庚戌<br>8 | 辛亥<br>9 | 壬子<br>10 | 癸丑<br>11 | 甲寅<br>12 | 乙卯<br>13 | 丙辰<br>14 | 丁巳<br>15 | 戊午<br>16 | 己未<br>17 | 庚申<br>18 | 辛酉<br>19 | | |
| 五月大 | 壬午 | 天干地支<br>西曆 | 壬戌<br>20 | 癸亥<br>21 | 甲子<br>22 | 乙丑<br>23 | 丙寅<br>24 | 丁卯<br>25 | 戊辰<br>26 | 己巳<br>27 | 庚午<br>28 | 辛未<br>29 | 壬申<br>30 | 癸酉<br>(7) | 甲戌<br>2 | 乙亥<br>3 | 丙子<br>4 | 丁丑<br>5 | 戊寅<br>6 | 己卯<br>7 | 庚辰<br>8 | 辛巳<br>9 | 壬午<br>10 | 癸未<br>11 | 甲申<br>12 | 乙酉<br>13 | 丙戌<br>14 | 丁亥<br>15 | 戊子<br>16 | 己丑<br>17 | 庚寅<br>18 | 辛卯<br>19 | 丁卯夏至 |
| 六月小 | 癸未 | 天干地支<br>西曆 | 壬辰<br>20 | 癸巳<br>21 | 甲午<br>22 | 乙未<br>23 | 丙申<br>24 | 丁酉<br>25 | 戊戌<br>26 | 己亥<br>27 | 庚子<br>28 | 辛丑<br>29 | 壬寅<br>30 | 癸卯<br>31 | 甲辰<br>(8) | 乙巳<br>2 | 丙午<br>3 | 丁未<br>4 | 戊申<br>5 | 己酉<br>6 | 庚戌<br>7 | 辛亥<br>8 | 壬子<br>9 | 癸丑<br>10 | 甲寅<br>11 | 乙卯<br>12 | 丙辰<br>13 | 丁巳<br>14 | 戊午<br>15 | 己未<br>16 | 庚申<br>17 | | 壬子立秋<br>庚申日食 |
| 七月大 | 甲申 | 天干地支<br>西曆 | 辛酉<br>18 | 壬戌<br>19 | 癸亥<br>20 | 甲子<br>21 | 乙丑<br>22 | 丙寅<br>23 | 丁卯<br>24 | 戊辰<br>25 | 己巳<br>26 | 庚午<br>27 | 辛未<br>28 | 壬申<br>29 | 癸酉<br>30 | 甲戌<br>31 | 乙亥<br>(9) | 丙子<br>2 | 丁丑<br>3 | 戊寅<br>4 | 己卯<br>5 | 庚辰<br>6 | 辛巳<br>7 | 壬午<br>8 | 癸未<br>9 | 甲申<br>10 | 乙酉<br>11 | 丙戌<br>12 | 丁亥<br>13 | 戊子<br>14 | 己丑<br>15 | 庚寅<br>16 | |
| 八月大 | 乙酉 | 天干地支<br>西曆 | 辛卯<br>17 | 壬辰<br>18 | 癸巳<br>19 | 甲午<br>20 | 乙未<br>21 | 丙申<br>22 | 丁酉<br>23 | 戊戌<br>24 | 己亥<br>25 | 庚子<br>26 | 辛丑<br>27 | 壬寅<br>28 | 癸卯<br>29 | 甲辰<br>30 | 乙巳<br>(10) | 丙午<br>2 | 丁未<br>3 | 戊申<br>4 | 己酉<br>5 | 庚戌<br>6 | 辛亥<br>7 | 壬子<br>8 | 癸丑<br>9 | 甲寅<br>10 | 乙卯<br>11 | 丙辰<br>12 | 丁巳<br>13 | 戊午<br>14 | 己未<br>15 | 庚申<br>16 | 戊戌秋分 |
| 九月小 | 丙戌 | 天干地支<br>西曆 | 辛酉<br>17 | 壬戌<br>18 | 癸亥<br>19 | 甲子<br>20 | 乙丑<br>21 | 丙寅<br>22 | 丁卯<br>23 | 戊辰<br>24 | 己巳<br>25 | 庚午<br>26 | 辛未<br>27 | 壬申<br>28 | 癸酉<br>29 | 甲戌<br>30 | 乙亥<br>31 | 丙子<br>(11) | 丁丑<br>2 | 戊寅<br>3 | 己卯<br>4 | 庚辰<br>5 | 辛巳<br>6 | 壬午<br>7 | 癸未<br>8 | 甲申<br>9 | 乙酉<br>10 | 丙戌<br>11 | 丁亥<br>12 | 戊子<br>13 | 己丑<br>14 | | 甲申立冬 |

# 漢文帝後元四年（辛巳 蛇年） 公元前 161 ~ 前 160 年

| 夏曆月序 | 中西曆日對照 | 初一 | 初二 | 初三 | 初四 | 初五 | 初六 | 初七 | 初八 | 初九 | 初十 | 十一 | 十二 | 十三 | 十四 | 十五 | 十六 | 十七 | 十八 | 十九 | 二十 | 二一 | 二二 | 二三 | 二四 | 二五 | 二六 | 二七 | 二八 | 二九 | 三十 | 節氣與天象 |
|---|---|---|---|---|---|---|---|---|---|---|---|---|---|---|---|---|---|---|---|---|---|---|---|---|---|---|---|---|---|---|---|---|
| 十月大 丁亥 | 天干 地支 西曆 | 庚寅15 | 辛卯16 | 壬辰17 | 癸巳18 | 甲午19 | 乙未20 | 丙申21 | 丁酉22 | 戊戌23 | 己亥24 | 庚子25 | 辛丑26 | 壬寅27 | 癸卯28 | 甲辰29 | 乙巳30 | 丙午(12) | 丁未2 | 戊申3 | 己酉4 | 庚戌5 | 辛亥6 | 壬子7 | 癸丑8 | 甲寅9 | 乙卯10 | 丙辰11 | 丁巳12 | 戊午13 | 己未14 | |
| 十一月小 戊子 | 天干 地支 西曆 | 庚申15 | 辛酉16 | 壬戌17 | 癸亥18 | 甲子19 | 乙丑20 | 丙寅21 | 丁卯22 | 戊辰23 | 己巳24 | 庚午25 | 辛未26 | 壬申27 | 癸酉28 | 甲戌29 | 乙亥30 | 丙子31 | 丁丑(1) | 戊寅2 | 己卯3 | 庚辰4 | 辛巳5 | 壬午6 | 癸未7 | 甲申8 | 乙酉9 | 丙戌10 | 丁亥11 | 戊子12 | | 己巳冬至 |
| 十二月大 己丑 | 天干 地支 西曆 | 己丑13 | 庚寅14 | 辛卯15 | 壬辰16 | 癸巳17 | 甲午18 | 乙未19 | 丙申20 | 丁酉21 | 戊戌22 | 己亥23 | 庚子24 | 辛丑25 | 壬寅26 | 癸卯27 | 甲辰28 | 乙巳29 | 丙午30 | 丁未31 | 戊申(2) | 己酉2 | 庚戌3 | 辛亥4 | 壬子5 | 癸丑6 | 甲寅7 | 乙卯8 | 丙辰9 | 丁巳10 | 戊午11 | 乙卯立春 |
| 正月小 庚寅 | 天干 地支 西曆 | 己未12 | 庚申13 | 辛酉14 | 壬戌15 | 癸亥16 | 甲子17 | 乙丑18 | 丙寅19 | 丁卯20 | 戊辰21 | 己巳22 | 庚午23 | 辛未24 | 壬申25 | 癸酉26 | 甲戌27 | 乙亥28 | 丙子(3) | 丁丑2 | 戊寅3 | 己卯4 | 庚辰5 | 辛巳6 | 壬午7 | 癸未8 | 甲申9 | 乙酉10 | 丙戌11 | 丁亥12 | | |
| 二月大 辛卯 | 天干 地支 西曆 | 戊子13 | 己丑14 | 庚寅15 | 辛卯16 | 壬辰17 | 癸巳18 | 甲午19 | 乙未20 | 丙申21 | 丁酉22 | 戊戌23 | 己亥24 | 庚子25 | 辛丑26 | 壬寅27 | 癸卯28 | 甲辰29 | 乙巳30 | 丙午31 | 丁未(4) | 戊申2 | 己酉3 | 庚戌4 | 辛亥5 | 壬子6 | 癸丑7 | 甲寅8 | 乙卯9 | 丙辰10 | 丁巳11 | 辛丑春分 |
| 三月小 壬辰 | 天干 地支 西曆 | 戊午12 | 己未13 | 庚申14 | 辛酉15 | 壬戌16 | 癸亥17 | 甲子18 | 乙丑19 | 丙寅20 | 丁卯21 | 戊辰22 | 己巳23 | 庚午24 | 辛未25 | 壬申26 | 癸酉27 | 甲戌28 | 乙亥29 | 丙子30 | 丁丑(5) | 戊寅2 | 己卯3 | 庚辰4 | 辛巳5 | 壬午6 | 癸未7 | 甲申8 | 乙酉9 | 丙戌10 | | 丙戌立夏 |
| 四月大 癸巳 | 天干 地支 西曆 | 丁亥11 | 戊子12 | 己丑13 | 庚寅14 | 辛卯15 | 壬辰16 | 癸巳17 | 甲午18 | 乙未19 | 丙申20 | 丁酉21 | 戊戌22 | 己亥23 | 庚子24 | 辛丑25 | 壬寅26 | 癸卯27 | 甲辰28 | 乙巳29 | 丙午30 | 丁未31 | 戊申(6) | 己酉2 | 庚戌3 | 辛亥4 | 壬子5 | 癸丑6 | 甲寅7 | 乙卯8 | 丙辰9 | |
| 五月小 甲午 | 天干 地支 西曆 | 丁巳10 | 戊午11 | 己未12 | 庚申13 | 辛酉14 | 壬戌15 | 癸亥16 | 甲子17 | 乙丑18 | 丙寅19 | 丁卯20 | 戊辰21 | 己巳22 | 庚午23 | 辛未24 | 壬申25 | 癸酉26 | 甲戌27 | 乙亥28 | 丙子29 | 丁丑30 | 戊寅(7) | 己卯2 | 庚辰3 | 辛巳4 | 壬午5 | 癸未6 | 甲申7 | 乙酉8 | | 壬午夏至 |
| 六月大 乙未 | 天干 地支 西曆 | 丙戌9 | 丁亥10 | 戊子11 | 己丑12 | 庚寅13 | 辛卯14 | 壬辰15 | 癸巳16 | 甲午17 | 乙未18 | 丙申19 | 丁酉20 | 戊戌21 | 己亥22 | 庚子23 | 辛丑24 | 壬寅25 | 癸卯26 | 甲辰27 | 乙巳28 | 丙午29 | 丁未30 | 戊申31 | 己酉(8) | 庚戌2 | 辛亥3 | 壬子4 | 癸丑5 | 甲寅6 | 乙卯7 | |
| 七月小 丙申 | 天干 地支 西曆 | 丙辰8 | 丁巳9 | 戊午10 | 己未11 | 庚申12 | 辛酉13 | 壬戌14 | 癸亥15 | 甲子16 | 乙丑17 | 丙寅18 | 丁卯19 | 戊辰20 | 己巳21 | 庚午22 | 辛未23 | 壬申24 | 癸酉25 | 甲戌26 | 乙亥27 | 丙子28 | 丁丑29 | 戊寅30 | 己卯31 | 庚辰(9) | 辛巳2 | 壬午3 | 癸未4 | 甲申5 | | 戊午立秋 |
| 八月大 丁酉 | 天干 地支 西曆 | 乙酉6 | 丙戌7 | 丁亥8 | 戊子9 | 己丑10 | 庚寅11 | 辛卯12 | 壬辰13 | 癸巳14 | 甲午15 | 乙未16 | 丙申17 | 丁酉18 | 戊戌19 | 己亥20 | 庚子21 | 辛丑22 | 壬寅23 | 癸卯24 | 甲辰25 | 乙巳26 | 丙午27 | 丁未28 | 戊申29 | 己酉30 | 庚戌(10) | 辛亥2 | 壬子3 | 癸丑4 | 甲寅5 | 癸卯秋分 |
| 九月小 戊戌 | 天干 地支 西曆 | 乙卯6 | 丙辰7 | 丁巳8 | 戊午9 | 己未10 | 庚申11 | 辛酉12 | 壬戌13 | 癸亥14 | 甲子15 | 乙丑16 | 丙寅17 | 丁卯18 | 戊辰19 | 己巳20 | 庚午21 | 辛未22 | 壬申23 | 癸酉24 | 甲戌25 | 乙亥26 | 丙子27 | 丁丑28 | 戊寅29 | 己卯30 | 庚辰31 | 辛巳(11) | 壬午2 | 癸未3 | | |

# 漢文帝後元五年（壬午 馬年） 公元前160 ~ 前159年

| 夏曆月序 | | 中西曆日對照 | 夏曆日序 | | | | | | | | | | | | | | | | | | | | | | | | | | | | | | 節氣與天象 |
|---|---|---|---|---|---|---|---|---|---|---|---|---|---|---|---|---|---|---|---|---|---|---|---|---|---|---|---|---|---|---|---|---|---|
| | | | 初一 | 初二 | 初三 | 初四 | 初五 | 初六 | 初七 | 初八 | 初九 | 初十 | 十一 | 十二 | 十三 | 十四 | 十五 | 十六 | 十七 | 十八 | 十九 | 二十 | 二一 | 二二 | 二三 | 二四 | 二五 | 二六 | 二七 | 二八 | 二九 | 三十 | |
| 十月大 | 己亥 | 天干地支西曆 | 甲申4 | 乙酉5 | 丙戌6 | 丁亥7 | 戊子8 | 己丑9 | 庚寅10 | 辛卯11 | 壬辰12 | 癸巳13 | 甲午14 | 乙未15 | 丙申16 | 丁酉17 | 戊戌18 | 己亥19 | 庚子20 | 辛丑21 | 壬寅22 | 癸卯23 | 甲辰24 | 乙巳25 | 丙午26 | 丁未27 | 戊申28 | 己酉29 | 庚戌30 | 辛亥(12) | 壬子2 | 癸丑3 | 己丑立冬 |
| 十一月小 | 庚子 | 天干地支西曆 | 甲寅4 | 乙卯5 | 丙辰6 | 丁巳7 | 戊午8 | 己未9 | 庚申10 | 辛酉11 | 壬戌12 | 癸亥13 | 甲子14 | 乙丑15 | 丙寅16 | 丁卯17 | 戊辰18 | 己巳19 | 庚午20 | 辛未21 | 壬申22 | 癸酉23 | 甲戌24 | 乙亥25 | 丙子26 | 丁丑27 | 戊寅28 | 己卯29 | 庚辰30 | 辛巳31 | 壬午(1) | | 乙亥冬至 |
| 十二月大 | 辛丑 | 天干地支西曆 | 癸未2 | 甲申3 | 乙酉4 | 丙戌5 | 丁亥6 | 戊子7 | 己丑8 | 庚寅9 | 辛卯10 | 壬辰11 | 癸巳12 | 甲午13 | 乙未14 | 丙申15 | 丁酉16 | 戊戌17 | 己亥18 | 庚子19 | 辛丑20 | 壬寅21 | 癸卯22 | 甲辰23 | 乙巳24 | 丙午25 | 丁未26 | 戊申27 | 己酉28 | 庚戌29 | 辛亥30 | 壬子31 | |
| 正月大 | 壬寅 | 天干地支西曆 | 癸丑(2) | 甲寅2 | 乙卯3 | 丙辰4 | 丁巳5 | 戊午6 | 己未7 | 庚申8 | 辛酉9 | 壬戌10 | 癸亥11 | 甲子12 | 乙丑13 | 丙寅14 | 丁卯15 | 戊辰16 | 己巳17 | 庚午18 | 辛未19 | 壬申20 | 癸酉21 | 甲戌22 | 乙亥23 | 丙子24 | 丁丑25 | 戊寅26 | 己卯27 | 庚辰28 | 辛巳(3) | 壬午2 | 庚申立春 |
| 二月小 | 癸卯 | 天干地支西曆 | 癸未3 | 甲申4 | 乙酉5 | 丙戌6 | 丁亥7 | 戊子8 | 己丑9 | 庚寅10 | 辛卯11 | 壬辰12 | 癸巳13 | 甲午14 | 乙未15 | 丙申16 | 丁酉17 | 戊戌18 | 己亥19 | 庚子20 | 辛丑21 | 壬寅22 | 癸卯23 | 甲辰24 | 乙巳25 | 丙午26 | 丁未27 | 戊申28 | 己酉29 | 庚戌30 | 辛亥31 | | 丙午春分 |
| 三月大 | 甲辰 | 天干地支西曆 | 壬子(4) | 癸丑2 | 甲寅3 | 乙卯4 | 丙辰5 | 丁巳6 | 戊午7 | 己未8 | 庚申9 | 辛酉10 | 壬戌11 | 癸亥12 | 甲子13 | 乙丑14 | 丙寅15 | 丁卯16 | 戊辰17 | 己巳18 | 庚午19 | 辛未20 | 壬申21 | 癸酉22 | 甲戌23 | 乙亥24 | 丙子25 | 丁丑26 | 戊寅27 | 己卯28 | 庚辰29 | 辛巳30 | |
| 四月小 | 乙巳 | 天干地支西曆 | 壬午(5) | 癸未2 | 甲申3 | 乙酉4 | 丙戌5 | 丁亥6 | 戊子7 | 己丑8 | 庚寅9 | 辛卯10 | 壬辰11 | 癸巳12 | 甲午13 | 乙未14 | 丙申15 | 丁酉16 | 戊戌17 | 己亥18 | 庚子19 | 辛丑20 | 壬寅21 | 癸卯22 | 甲辰23 | 乙巳24 | 丙午25 | 丁未26 | 戊申27 | 己酉28 | 庚戌29 | | 壬辰立夏 |
| 五月大 | 丙午 | 天干地支西曆 | 辛亥30 | 壬子31 | 癸丑(6) | 甲寅2 | 乙卯3 | 丙辰4 | 丁巳5 | 戊午6 | 己未7 | 庚申8 | 辛酉9 | 壬戌10 | 癸亥11 | 甲子12 | 乙丑13 | 丙寅14 | 丁卯15 | 戊辰16 | 己巳17 | 庚午18 | 辛未19 | 壬申20 | 癸酉21 | 甲戌22 | 乙亥23 | 丙子24 | 丁丑25 | 戊寅26 | 己卯27 | 庚辰28 | 丁丑夏至 |
| 六月小 | 丁未 | 天干地支西曆 | 辛巳29 | 壬午30 | 癸未(7) | 甲申2 | 乙酉3 | 丙戌4 | 丁亥5 | 戊子6 | 己丑7 | 庚寅8 | 辛卯9 | 壬辰10 | 癸巳11 | 甲午12 | 乙未13 | 丙申14 | 丁酉15 | 戊戌16 | 己亥17 | 庚子18 | 辛丑19 | 壬寅20 | 癸卯21 | 甲辰22 | 乙巳23 | 丙午24 | 丁未25 | 戊申26 | 己酉27 | | |
| 七月大 | 戊申 | 天干地支西曆 | 庚戌28 | 辛亥29 | 壬子30 | 癸丑31 | 甲寅(8) | 乙卯2 | 丙辰3 | 丁巳4 | 戊午5 | 己未6 | 庚申7 | 辛酉8 | 壬戌9 | 癸亥10 | 甲子11 | 乙丑12 | 丙寅13 | 丁卯14 | 戊辰15 | 己巳16 | 庚午17 | 辛未18 | 壬申19 | 癸酉20 | 甲戌21 | 乙亥22 | 丙子23 | 丁丑24 | 戊寅25 | 己卯26 | 癸亥立秋 |
| 八月小 | 己酉 | 天干地支西曆 | 庚辰27 | 辛巳28 | 壬午29 | 癸未30 | 甲申31 | 乙酉(9) | 丙戌2 | 丁亥3 | 戊子4 | 己丑5 | 庚寅6 | 辛卯7 | 壬辰8 | 癸巳9 | 甲午10 | 乙未11 | 丙申12 | 丁酉13 | 戊戌14 | 己亥15 | 庚子16 | 辛丑17 | 壬寅18 | 癸卯19 | 甲辰20 | 乙巳21 | 丙午22 | 丁未23 | 戊申24 | | |
| 九月大 | 庚戌 | 天干地支西曆 | 己酉25 | 庚戌26 | 辛亥27 | 壬子28 | 癸丑29 | 甲寅30 | 乙卯(10) | 丙辰2 | 丁巳3 | 戊午4 | 己未5 | 庚申6 | 辛酉7 | 壬戌8 | 癸亥9 | 甲子10 | 乙丑11 | 丙寅12 | 丁卯13 | 戊辰14 | 己巳15 | 庚午16 | 辛未17 | 壬申18 | 癸酉19 | 甲戌20 | 乙亥21 | 丙子22 | 丁丑23 | 戊寅24 | 己酉秋分 |
| 後九月小 | 庚戌 | 天干地支西曆 | 己卯25 | 庚辰26 | 辛巳27 | 壬午28 | 癸未29 | 甲申30 | 乙酉31 | 丙戌(11) | 丁亥2 | 戊子3 | 己丑4 | 庚寅5 | 辛卯6 | 壬辰7 | 癸巳8 | 甲午9 | 乙未10 | 丙申11 | 丁酉12 | 戊戌13 | 己亥14 | 庚子15 | 辛丑16 | 壬寅17 | 癸卯18 | 甲辰19 | 乙巳20 | 丙午21 | 丁未22 | | 甲午立冬 |

# 漢文帝後元六年（癸未 羊年） 公元前 159 ~ 前 **158** 年

| 夏曆月序 | | 中西曆日對照 | 夏曆日序 | | | | | | | | | | | | | | | | | | | | | | | | | | | | | | 節氣與天象 |
|---|---|---|---|---|---|---|---|---|---|---|---|---|---|---|---|---|---|---|---|---|---|---|---|---|---|---|---|---|---|---|---|---|---|
| | | | 初一 | 初二 | 初三 | 初四 | 初五 | 初六 | 初七 | 初八 | 初九 | 初十 | 十一 | 十二 | 十三 | 十四 | 十五 | 十六 | 十七 | 十八 | 十九 | 二十 | 二一 | 二二 | 二三 | 二四 | 二五 | 二六 | 二七 | 二八 | 二九 | 三十 | |
| 十月大 | 辛亥 | 天干<br>地支<br>西曆 | 戊申 23 | 己酉 24 | 庚戌 25 | 辛亥 26 | 壬子 27 | 癸丑 28 | 甲寅 29 | 乙卯 30 | 丙辰 (12) | 丁巳 2 | 戊午 3 | 己未 4 | 庚申 5 | 辛酉 6 | 壬戌 7 | 癸亥 8 | 甲子 9 | 乙丑 10 | 丙寅 11 | 丁卯 12 | 戊辰 13 | 己巳 14 | 庚午 15 | 辛未 16 | 壬申 17 | 癸酉 18 | 甲戌 19 | 乙亥 20 | 丙子 21 | 丁丑 22 | |
| 十一月小 | 壬子 | 天干<br>地支<br>西曆 | 戊寅 23 | 己卯 24 | 庚辰 25 | 辛巳 26 | 壬午 27 | 癸未 28 | 甲申 29 | 乙酉 30 | 丙戌 31 | 丁亥 (1) | 戊子 2 | 己丑 3 | 庚寅 4 | 辛卯 5 | 壬辰 6 | 癸巳 7 | 甲午 8 | 乙未 9 | 丙申 10 | 丁酉 11 | 戊戌 12 | 己亥 13 | 庚子 14 | 辛丑 15 | 壬寅 16 | 癸卯 17 | 甲辰 18 | 乙巳 19 | 丙午 20 | | 庚辰冬至 |
| 十二月大 | 癸丑 | 天干<br>地支<br>西曆 | 丁未 21 | 戊申 22 | 己酉 23 | 庚戌 24 | 辛亥 25 | 壬子 26 | 癸丑 27 | 甲寅 28 | 乙卯 29 | 丙辰 30 | 丁巳 31 | 戊午 (2) | 己未 2 | 庚申 3 | 辛酉 4 | 壬戌 5 | 癸亥 6 | 甲子 7 | 乙丑 8 | 丙寅 9 | 丁卯 10 | 戊辰 11 | 己巳 12 | 庚午 13 | 辛未 14 | 壬申 15 | 癸酉 16 | 甲戌 17 | 乙亥 18 | 丙子 19 | 丙寅立春 |
| 正月小 | 甲寅 | 天干<br>地支<br>西曆 | 丁丑 20 | 戊寅 21 | 己卯 22 | 庚辰 23 | 辛巳 24 | 壬午 25 | 癸未 26 | 甲申 27 | 乙酉 28 | 丙戌 (3) | 丁亥 2 | 戊子 3 | 己丑 4 | 庚寅 5 | 辛卯 6 | 壬辰 7 | 癸巳 8 | 甲午 9 | 乙未 10 | 丙申 11 | 丁酉 12 | 戊戌 13 | 己亥 14 | 庚子 15 | 辛丑 16 | 壬寅 17 | 癸卯 18 | 甲辰 19 | 乙巳 20 | | |
| 二月大 | 乙卯 | 天干<br>地支<br>西曆 | 丙午 21 | 丁未 22 | 戊申 23 | 己酉 24 | 庚戌 25 | 辛亥 26 | 壬子 27 | 癸丑 28 | 甲寅 29 | 乙卯 30 | 丙辰 31 | 丁巳 (4) | 戊午 2 | 己未 3 | 庚申 4 | 辛酉 5 | 壬戌 6 | 癸亥 7 | 甲子 8 | 乙丑 9 | 丙寅 10 | 丁卯 11 | 戊辰 12 | 己巳 13 | 庚午 14 | 辛未 15 | 壬申 16 | 癸酉 17 | 甲戌 18 | 乙亥 19 | 辛亥春分 |
| 三月小 | 丙辰 | 天干<br>地支<br>西曆 | 丙子 20 | 丁丑 21 | 戊寅 22 | 己卯 23 | 庚辰 24 | 辛巳 25 | 壬午 26 | 癸未 27 | 甲申 28 | 乙酉 29 | 丙戌 30 | 丁亥 (5) | 戊子 2 | 己丑 3 | 庚寅 4 | 辛卯 5 | 壬辰 6 | 癸巳 7 | 甲午 8 | 乙未 9 | 丙申 10 | 丁酉 11 | 戊戌 12 | 己亥 13 | 庚子 14 | 辛丑 15 | 壬寅 16 | 癸卯 17 | 甲辰 18 | | 丁酉立夏 |
| 四月大 | 丁巳 | 天干<br>地支<br>西曆 | 乙巳 19 | 丙午 20 | 丁未 21 | 戊申 22 | 己酉 23 | 庚戌 24 | 辛亥 25 | 壬子 26 | 癸丑 27 | 甲寅 28 | 乙卯 29 | 丙辰 30 | 丁巳 31 | 戊午 (6) | 己未 2 | 庚申 3 | 辛酉 4 | 壬戌 5 | 癸亥 6 | 甲子 7 | 乙丑 8 | 丙寅 9 | 丁卯 10 | 戊辰 11 | 己巳 12 | 庚午 13 | 辛未 14 | 壬申 15 | 癸酉 16 | 甲戌 17 | |
| 五月大 | 戊午 | 天干<br>地支<br>西曆 | 乙亥 18 | 丙子 19 | 丁丑 20 | 戊寅 21 | 己卯 22 | 庚辰 23 | 辛巳 24 | 壬午 25 | 癸未 26 | 甲申 27 | 乙酉 28 | 丙戌 29 | 丁亥 30 | 戊子 (7) | 己丑 2 | 庚寅 3 | 辛卯 4 | 壬辰 5 | 癸巳 6 | 甲午 7 | 乙未 8 | 丙申 9 | 丁酉 10 | 戊戌 11 | 己亥 12 | 庚子 13 | 辛丑 14 | 壬寅 15 | 癸卯 16 | 甲辰 17 | 壬午夏至 |
| 六月小 | 己未 | 天干<br>地支<br>西曆 | 乙巳 18 | 丙午 19 | 丁未 20 | 戊申 21 | 己酉 22 | 庚戌 23 | 辛亥 24 | 壬子 25 | 癸丑 26 | 甲寅 27 | 乙卯 28 | 丙辰 29 | 丁巳 30 | 戊午 31 | 己未 (8) | 庚申 2 | 辛酉 3 | 壬戌 4 | 癸亥 5 | 甲子 6 | 乙丑 7 | 丙寅 8 | 丁卯 9 | 戊辰 10 | 己巳 11 | 庚午 12 | 辛未 13 | 壬申 14 | 癸酉 15 | | 戊辰立秋 |
| 七月大 | 庚申 | 天干<br>地支<br>西曆 | 甲戌 16 | 乙亥 17 | 丙子 18 | 丁丑 19 | 戊寅 20 | 己卯 21 | 庚辰 22 | 辛巳 23 | 壬午 24 | 癸未 25 | 甲申 26 | 乙酉 27 | 丙戌 28 | 丁亥 29 | 戊子 30 | 己丑 31 | 庚寅 (9) | 辛卯 2 | 壬辰 3 | 癸巳 4 | 甲午 5 | 乙未 6 | 丙申 7 | 丁酉 8 | 戊戌 9 | 己亥 10 | 庚子 11 | 辛丑 12 | 壬寅 13 | 癸卯 14 | |
| 八月小 | 辛酉 | 天干<br>地支<br>西曆 | 甲辰 15 | 乙巳 16 | 丙午 17 | 丁未 18 | 戊申 19 | 己酉 20 | 庚戌 21 | 辛亥 22 | 壬子 23 | 癸丑 24 | 甲寅 25 | 乙卯 26 | 丙辰 27 | 丁巳 28 | 戊午 29 | 己未 30 | 庚申 (10) | 辛酉 2 | 壬戌 3 | 癸亥 4 | 甲子 5 | 乙丑 6 | 丙寅 7 | 丁卯 8 | 戊辰 9 | 己巳 10 | 庚午 11 | 辛未 12 | 壬申 13 | | 甲寅秋分 |
| 九月大 | 壬戌 | 天干<br>地支<br>西曆 | 癸酉 14 | 甲戌 15 | 乙亥 16 | 丙子 17 | 丁丑 18 | 戊寅 19 | 己卯 20 | 庚辰 21 | 辛巳 22 | 壬午 23 | 癸未 24 | 甲申 25 | 乙酉 26 | 丙戌 27 | 丁亥 28 | 戊子 29 | 己丑 30 | 庚寅 31 | 辛卯 (11) | 壬辰 2 | 癸巳 3 | 甲午 4 | 乙未 5 | 丙申 6 | 丁酉 7 | 戊戌 8 | 己亥 9 | 庚子 10 | 辛丑 11 | 壬寅 12 | 己亥立冬 |

# 漢文帝後元七年（甲申 猴年） 公元前158 ~ 前157年

| 夏曆月序 | | 中西曆日對照 | 初一 | 初二 | 初三 | 初四 | 初五 | 初六 | 初七 | 初八 | 初九 | 初十 | 十一 | 十二 | 十三 | 十四 | 十五 | 十六 | 十七 | 十八 | 十九 | 二十 | 二一 | 二二 | 二三 | 二四 | 二五 | 二六 | 二七 | 二八 | 二九 | 三十 | 節氣與天象 |
|---|---|---|---|---|---|---|---|---|---|---|---|---|---|---|---|---|---|---|---|---|---|---|---|---|---|---|---|---|---|---|---|---|---|
| 十月小 | 癸亥 | 天干地支<br>西曆 | 癸卯<br>13 | 甲辰<br>14 | 乙巳<br>15 | 丙午<br>16 | 丁未<br>17 | 戊申<br>18 | 己酉<br>19 | 庚戌<br>20 | 辛亥<br>21 | 壬子<br>22 | 癸丑<br>23 | 甲寅<br>24 | 乙卯<br>25 | 丙辰<br>26 | 丁巳<br>27 | 戊午<br>28 | 己未<br>29 | 庚申<br>30 | 辛酉<br>(12) | 壬戌<br>2 | 癸亥<br>3 | 甲子<br>4 | 乙丑<br>5 | 丙寅<br>6 | 丁卯<br>7 | 戊辰<br>8 | 己巳<br>9 | 庚午<br>10 | 辛未<br>11 | | |
| 十一月大 | 甲子 | 天干地支<br>西曆 | 壬申<br>12 | 癸酉<br>13 | 甲戌<br>14 | 乙亥<br>15 | 丙子<br>16 | 丁丑<br>17 | 戊寅<br>18 | 己卯<br>19 | 庚辰<br>20 | 辛巳<br>21 | 壬午<br>22 | 癸未<br>23 | 甲申<br>24 | 乙酉<br>25 | 丙戌<br>26 | 丁亥<br>27 | 戊子<br>28 | 己丑<br>29 | 庚寅<br>30 | 辛卯<br>31 | 壬辰<br>(1) | 癸巳<br>2 | 甲午<br>3 | 乙未<br>4 | 丙申<br>5 | 丁酉<br>6 | 戊戌<br>7 | 己亥<br>8 | 庚子<br>9 | 辛丑<br>10 | 乙酉冬至 |
| 十二月小 | 乙丑 | 天干地支<br>西曆 | 壬寅<br>11 | 癸卯<br>12 | 甲辰<br>13 | 乙巳<br>14 | 丙午<br>15 | 丁未<br>16 | 戊申<br>17 | 己酉<br>18 | 庚戌<br>19 | 辛亥<br>20 | 壬子<br>21 | 癸丑<br>22 | 甲寅<br>23 | 乙卯<br>24 | 丙辰<br>25 | 丁巳<br>26 | 戊午<br>27 | 己未<br>28 | 庚申<br>29 | 辛酉<br>30 | 壬戌<br>31 | 癸亥<br>(2) | 甲子<br>2 | 乙丑<br>3 | 丙寅<br>4 | 丁卯<br>5 | 戊辰<br>6 | 己巳<br>7 | 庚午<br>8 | | |
| 正月大 | 丙寅 | 天干地支<br>西曆 | 辛未<br>9 | 壬申<br>10 | 癸酉<br>11 | 甲戌<br>12 | 乙亥<br>13 | 丙子<br>14 | 丁丑<br>15 | 戊寅<br>16 | 己卯<br>17 | 庚辰<br>18 | 辛巳<br>19 | 壬午<br>20 | 癸未<br>21 | 甲申<br>22 | 乙酉<br>23 | 丙戌<br>24 | 丁亥<br>25 | 戊子<br>26 | 己丑<br>27 | 庚寅<br>28 | 辛卯<br>29 | 壬辰<br>(3) | 癸巳<br>2 | 甲午<br>3 | 乙未<br>4 | 丙申<br>5 | 丁酉<br>6 | 戊戌<br>7 | 己亥<br>8 | 庚子<br>9 | 辛未立春 |
| 二月小 | 丁卯 | 天干地支<br>西曆 | 辛丑<br>10 | 壬寅<br>11 | 癸卯<br>12 | 甲辰<br>13 | 乙巳<br>14 | 丙午<br>15 | 丁未<br>16 | 戊申<br>17 | 己酉<br>18 | 庚戌<br>19 | 辛亥<br>20 | 壬子<br>21 | 癸丑<br>22 | 甲寅<br>23 | 乙卯<br>24 | 丙辰<br>25 | 丁巳<br>26 | 戊午<br>27 | 己未<br>28 | 庚申<br>29 | 辛酉<br>30 | 壬戌<br>31 | 癸亥<br>(4) | 甲子<br>2 | 乙丑<br>3 | 丙寅<br>4 | 丁卯<br>5 | 戊辰<br>6 | 己巳<br>7 | | 丙辰春分 |
| 三月大 | 戊辰 | 天干地支<br>西曆 | 庚午<br>8 | 辛未<br>9 | 壬申<br>10 | 癸酉<br>11 | 甲戌<br>12 | 乙亥<br>13 | 丙子<br>14 | 丁丑<br>15 | 戊寅<br>16 | 己卯<br>17 | 庚辰<br>18 | 辛巳<br>19 | 壬午<br>20 | 癸未<br>21 | 甲申<br>22 | 乙酉<br>23 | 丙戌<br>24 | 丁亥<br>25 | 戊子<br>26 | 己丑<br>27 | 庚寅<br>28 | 辛卯<br>29 | 壬辰<br>30 | 癸巳<br>(5) | 甲午<br>2 | 乙未<br>3 | 丙申<br>4 | 丁酉<br>5 | 戊戌<br>6 | 己亥<br>7 | |
| 四月小 | 己巳 | 天干地支<br>西曆 | 庚子<br>8 | 辛丑<br>9 | 壬寅<br>10 | 癸卯<br>11 | 甲辰<br>12 | 乙巳<br>13 | 丙午<br>14 | 丁未<br>15 | 戊申<br>16 | 己酉<br>17 | 庚戌<br>18 | 辛亥<br>19 | 壬子<br>20 | 癸丑<br>21 | 甲寅<br>22 | 乙卯<br>23 | 丙辰<br>24 | 丁巳<br>25 | 戊午<br>26 | 己未<br>27 | 庚申<br>28 | 辛酉<br>29 | 壬戌<br>30 | 癸亥<br>31 | 甲子<br>(6) | 乙丑<br>2 | 丙寅<br>3 | 丁卯<br>4 | 戊辰<br>5 | | 壬寅立夏 |
| 五月大 | 庚午 | 天干地支<br>西曆 | 己巳<br>6 | 庚午<br>7 | 辛未<br>8 | 壬申<br>9 | 癸酉<br>10 | 甲戌<br>11 | 乙亥<br>12 | 丙子<br>13 | 丁丑<br>14 | 戊寅<br>15 | 己卯<br>16 | 庚辰<br>17 | 辛巳<br>18 | 壬午<br>19 | 癸未<br>20 | 甲申<br>21 | 乙酉<br>22 | 丙戌<br>23 | 丁亥<br>24 | 戊子<br>25 | 己丑<br>26 | 庚寅<br>27 | 辛卯<br>28 | 壬辰<br>29 | 癸巳<br>30 | 甲午<br>(7) | 乙未<br>2 | 丙申<br>3 | 丁酉<br>4 | 戊戌<br>5 | 戊子夏至 |
| 六月小 | 辛未 | 天干地支<br>西曆 | 己亥<br>6 | 庚子<br>7 | 辛丑<br>8 | 壬寅<br>9 | 癸卯<br>10 | 甲辰<br>11 | 乙巳<br>12 | 丙午<br>13 | 丁未<br>14 | 戊申<br>15 | 己酉<br>16 | 庚戌<br>17 | 辛亥<br>18 | 壬子<br>19 | 癸丑<br>20 | 甲寅<br>21 | 乙卯<br>22 | 丙辰<br>23 | 丁巳<br>24 | 戊午<br>25 | 己未<br>26 | 庚申<br>27 | 辛酉<br>28 | 壬戌<br>29 | 癸亥<br>30 | 甲子<br>31 | 乙丑<br>(8) | 丙寅<br>2 | 丁卯<br>3 | | |
| 七月大 | 壬申 | 天干地支<br>西曆 | 戊辰<br>4 | 己巳<br>5 | 庚午<br>6 | 辛未<br>7 | 壬申<br>8 | 癸酉<br>9 | 甲戌<br>10 | 乙亥<br>11 | 丙子<br>12 | 丁丑<br>13 | 戊寅<br>14 | 己卯<br>15 | 庚辰<br>16 | 辛巳<br>17 | 壬午<br>18 | 癸未<br>19 | 甲申<br>20 | 乙酉<br>21 | 丙戌<br>22 | 丁亥<br>23 | 戊子<br>24 | 己丑<br>25 | 庚寅<br>26 | 辛卯<br>27 | 壬辰<br>28 | 癸巳<br>29 | 甲午<br>30 | 乙未<br>31 | 丙申<br>(9) | 丁酉<br>2 | 癸酉立秋 |
| 八月大 | 癸酉 | 天干地支<br>西曆 | 戊戌<br>3 | 己亥<br>4 | 庚子<br>5 | 辛丑<br>6 | 壬寅<br>7 | 癸卯<br>8 | 甲辰<br>9 | 乙巳<br>10 | 丙午<br>11 | 丁未<br>12 | 戊申<br>13 | 己酉<br>14 | 庚戌<br>15 | 辛亥<br>16 | 壬子<br>17 | 癸丑<br>18 | 甲寅<br>19 | 乙卯<br>20 | 丙辰<br>21 | 丁巳<br>22 | 戊午<br>23 | 己未<br>24 | 庚申<br>25 | 辛酉<br>26 | 壬戌<br>27 | 癸亥<br>28 | 甲子<br>29 | 乙丑<br>30 | 丙寅<br>(10) | 丁卯<br>2 | 己未秋分 |
| 九月小 | 甲戌 | 天干地支<br>西曆 | 戊辰<br>3 | 己巳<br>4 | 庚午<br>5 | 辛未<br>6 | 壬申<br>7 | 癸酉<br>8 | 甲戌<br>9 | 乙亥<br>10 | 丙子<br>11 | 丁丑<br>12 | 戊寅<br>13 | 己卯<br>14 | 庚辰<br>15 | 辛巳<br>16 | 壬午<br>17 | 癸未<br>18 | 甲申<br>19 | 乙酉<br>20 | 丙戌<br>21 | 丁亥<br>22 | 戊子<br>23 | 己丑<br>24 | 庚寅<br>25 | 辛卯<br>26 | 壬辰<br>27 | 癸巳<br>28 | 甲午<br>29 | 乙未<br>30 | 丙申<br>31 | | |

* 六月己亥（初一），文帝死。丁未（初九），劉啓即位，是爲漢景帝。

# 漢景帝元年（乙酉 鷄年） 公元前157 ~ 前156年

| 夏曆月序 | | 中西曆日對照 | 初一 | 初二 | 初三 | 初四 | 初五 | 初六 | 初七 | 初八 | 初九 | 初十 | 十一 | 十二 | 十三 | 十四 | 十五 |
|---|---|---|---|---|---|---|---|---|---|---|---|---|---|---|---|---|---|
| 十月大 | 乙亥 | 天干 地支 西曆 | 丁酉 (11) | 戊戌 2 | 己亥 3 | 庚子 4 | 辛丑 5 | 壬寅 6 | 癸卯 7 | 甲辰 8 | 乙巳 9 | 丙午 10 | 丁未 11 | 戊申 12 | 己酉 13 | 庚戌 14 | 辛亥 15 |
| 十一月小 | 丙子 | 天干 地支 西曆 | 丁卯 (12) | 戊辰 2 | 己巳 3 | 庚午 4 | 辛未 5 | 壬申 6 | 癸酉 7 | 甲戌 8 | 乙亥 9 | 丙子 10 | 丁丑 11 | 戊寅 12 | 己卯 13 | 庚辰 14 | 辛巳 15 |
| 十二月大 | 丁丑 | 天干 地支 西曆 | 丙申 30 | 丁酉 31 | 戊戌 (1) | 己亥 2 | 庚子 3 | 辛丑 4 | 壬寅 5 | 癸卯 6 | 甲辰 7 | 乙巳 8 | 丙午 9 | 丁未 10 | 戊申 11 | 己酉 12 | 庚戌 13 |
| 正月小 | 戊寅 | 天干 地支 西曆 | 丙寅 29 | 丁卯 30 | 戊辰 31 | 己巳 (2) | 庚午 2 | 辛未 3 | 壬申 4 | 癸酉 5 | 甲戌 6 | 乙亥 7 | 丙子 8 | 丁丑 9 | 戊寅 10 | 己卯 11 | 庚辰 12 |
| 二月大 | 己卯 | 天干 地支 西曆 | 乙未 27 | 丙申 28 | 丁酉 (3) | 戊戌 2 | 己亥 3 | 庚子 4 | 辛丑 5 | 壬寅 6 | 癸卯 7 | 甲辰 8 | 乙巳 9 | 丙午 10 | 丁未 11 | 戊申 12 | 己酉 13 |
| 三月小 | 庚辰 | 天干 地支 西曆 | 乙丑 29 | 丙寅 30 | 丁卯 31 | 戊辰 (4) | 己巳 2 | 庚午 3 | 辛未 4 | 壬申 5 | 癸酉 6 | 甲戌 7 | 乙亥 8 | 丙子 9 | 丁丑 10 | 戊寅 11 | 己卯 12 |
| 四月大 | 辛巳 | 天干 地支 西曆 | 甲午 27 | 乙未 28 | 丙申 29 | 丁酉 30 | 戊戌 (5) | 己亥 2 | 庚子 3 | 辛丑 4 | 壬寅 5 | 癸卯 6 | 甲辰 7 | 乙巳 8 | 丙午 9 | 丁未 10 | 戊申 11 |
| 五月小 | 壬午 | 天干 地支 西曆 | 甲子 27 | 乙丑 28 | 丙寅 29 | 丁卯 30 | 戊辰 31 | 己巳 (6) | 庚午 2 | 辛未 3 | 壬申 4 | 癸酉 5 | 甲戌 6 | 乙亥 7 | 丙子 8 | 丁丑 9 | 戊寅 10 |
| 六月大 | 癸未 | 天干 地支 西曆 | 癸巳 25 | 甲午 26 | 乙未 27 | 丙申 28 | 丁酉 29 | 戊戌 30 | 己亥 (7) | 庚子 2 | 辛丑 3 | 壬寅 4 | 癸卯 5 | 甲辰 6 | 乙巳 7 | 丙午 8 | 丁未 9 |
| 七月小 | 甲申 | 天干 地支 西曆 | 癸亥 25 | 甲子 26 | 乙丑 27 | 丙寅 28 | 丁卯 29 | 戊辰 30 | 己巳 31 | 庚午 (8) | 辛未 2 | 壬申 3 | 癸酉 4 | 甲戌 5 | 乙亥 6 | 丙子 7 | 丁丑 8 |
| 八月大 | 乙酉 | 天干 地支 西曆 | 壬辰 23 | 癸巳 24 | 甲午 25 | 乙未 26 | 丙申 27 | 丁酉 28 | 戊戌 29 | 己亥 30 | 庚子 31 | 辛丑 (9) | 壬寅 2 | 癸卯 3 | 甲辰 4 | 乙巳 5 | 丙午 6 |
| 九月小 | 丙戌 | 天干 地支 西曆 | 壬戌 22 | 癸亥 23 | 甲子 24 | 乙丑 25 | 丙寅 26 | 丁卯 27 | 戊辰 28 | 己巳 29 | 庚午 30 | 辛未 (10) | 壬申 2 | 癸酉 3 | 甲戌 4 | 乙亥 5 | 丙子 6 |
| 後九月大 | 丙戌 | 天干 地支 西曆 | 辛卯 21 | 壬辰 22 | 癸巳 23 | 甲午 24 | 乙未 25 | 丙申 26 | 丁酉 27 | 戊戌 28 | 己亥 29 | 庚子 30 | 辛丑 31 | 壬寅 (11) | 癸卯 2 | 甲辰 3 | 乙巳 4 |

| 夏曆月序 | | 中西曆日對照 | 十六 | 十七 | 十八 | 十九 | 二十 | 二一 | 二二 | 二三 | 二四 | 二五 | 二六 | 二七 | 二八 | 二九 | 三十 | 節氣與天象 |
|---|---|---|---|---|---|---|---|---|---|---|---|---|---|---|---|---|---|---|
| 十月大 | 乙亥 | 天干 地支 西曆 | 壬子 16 | 癸丑 17 | 甲寅 18 | 乙卯 19 | 丙辰 20 | 丁巳 21 | 戊午 22 | 己未 23 | 庚申 24 | 辛酉 25 | 壬戌 26 | 癸亥 27 | 甲子 28 | 乙丑 29 | 丙寅 30 | 乙巳立冬 |
| 十一月小 | 丙子 | 天干 地支 西曆 | 壬午 16 | 癸未 17 | 甲申 18 | 乙酉 19 | 丙戌 20 | 丁亥 21 | 戊子 22 | 己丑 23 | 庚寅 24 | 辛卯 25 | 壬辰 26 | 癸巳 27 | 甲午 28 | 乙未 29 | | 庚寅冬至 |
| 十二月大 | 丁丑 | 天干 地支 西曆 | 辛亥 14 | 壬子 15 | 癸丑 16 | 甲寅 17 | 乙卯 18 | 丙辰 19 | 丁巳 20 | 戊午 21 | 己未 22 | 庚申 23 | 辛酉 24 | 壬戌 25 | 癸亥 26 | 甲子 27 | 乙丑 28 | |
| 正月小 | 戊寅 | 天干 地支 西曆 | 辛巳 13 | 壬午 14 | 癸未 15 | 甲申 16 | 乙酉 17 | 丙戌 18 | 丁亥 19 | 戊子 20 | 己丑 21 | 庚寅 22 | 辛卯 23 | 壬辰 24 | 癸巳 25 | 甲午 26 | | 丙子立春 |
| 二月大 | 己卯 | 天干 地支 西曆 | 庚戌 14 | 辛亥 15 | 壬子 16 | 癸丑 17 | 甲寅 18 | 乙卯 19 | 丙辰 20 | 丁巳 21 | 戊午 22 | 己未 23 | 庚申 24 | 辛酉 25 | 壬戌 26 | 癸亥 27 | 甲子 28 | 壬戌春分 |
| 三月小 | 庚辰 | 天干 地支 西曆 | 庚辰 13 | 辛巳 14 | 壬午 15 | 癸未 16 | 甲申 17 | 乙酉 18 | 丙戌 19 | 丁亥 20 | 戊子 21 | 己丑 22 | 庚寅 23 | 辛卯 24 | 壬辰 25 | 癸巳 26 | | |
| 四月大 | 辛巳 | 天干 地支 西曆 | 己酉 12 | 庚戌 13 | 辛亥 14 | 壬子 15 | 癸丑 16 | 甲寅 17 | 乙卯 18 | 丙辰 19 | 丁巳 20 | 戊午 21 | 己未 22 | 庚申 23 | 辛酉 24 | 壬戌 25 | 癸亥 26 | 丁未立夏 |
| 五月小 | 壬午 | 天干 地支 西曆 | 己卯 11 | 庚辰 12 | 辛巳 13 | 壬午 14 | 癸未 15 | 甲申 16 | 乙酉 17 | 丙戌 18 | 丁亥 19 | 戊子 20 | 己丑 21 | 庚寅 22 | 辛卯 23 | 壬辰 24 | | |
| 六月大 | 癸未 | 天干 地支 西曆 | 戊申 10 | 己酉 11 | 庚戌 12 | 辛亥 13 | 壬子 14 | 癸丑 15 | 甲寅 16 | 乙卯 17 | 丙辰 18 | 丁巳 19 | 戊午 20 | 己未 21 | 庚申 22 | 辛酉 23 | 壬戌 24 | 癸巳夏至 |
| 七月小 | 甲申 | 天干 地支 西曆 | 戊寅 9 | 己卯 10 | 庚辰 11 | 辛巳 12 | 壬午 13 | 癸未 14 | 甲申 15 | 乙酉 16 | 丙戌 17 | 丁亥 18 | 戊子 19 | 己丑 20 | 庚寅 21 | 辛卯 22 | | 己卯立秋 |
| 八月大 | 乙酉 | 天干 地支 西曆 | 丁未 7 | 戊申 8 | 己酉 9 | 庚戌 10 | 辛亥 11 | 壬子 12 | 癸丑 13 | 甲寅 14 | 乙卯 15 | 丙辰 16 | 丁巳 17 | 戊午 18 | 己未 19 | 庚申 20 | 辛酉 21 | |
| 九月小 | 丙戌 | 天干 地支 西曆 | 丁丑 7 | 戊寅 8 | 己卯 9 | 庚辰 10 | 辛巳 11 | 壬午 12 | 癸未 13 | 甲申 14 | 乙酉 15 | 丙戌 16 | 丁亥 17 | 戊子 18 | 己丑 19 | 庚寅 20 | | 甲子秋分 |
| 後九月大 | 丙戌 | 天干 地支 西曆 | 丙午 5 | 丁未 6 | 戊申 7 | 己酉 8 | 庚戌 9 | 辛亥 10 | 壬子 11 | 癸丑 12 | 甲寅 13 | 乙卯 14 | 丙辰 15 | 丁巳 16 | 戊午 17 | 己未 18 | 庚申 19 | 庚戌立冬 |

# 漢景帝二年（丙戌 狗年） 公元前156～前155年

| 夏曆月序 | | 中西曆日對照 | 初一 | 初二 | 初三 | 初四 | 初五 | 初六 | 初七 | 初八 | 初九 | 初十 | 十一 | 十二 | 十三 | 十四 | 十五 | 十六 | 十七 | 十八 | 十九 | 二十 | 二一 | 二二 | 二三 | 二四 | 二五 | 二六 | 二七 | 二八 | 二九 | 三十 | 節氣與天象 |
|---|---|---|---|---|---|---|---|---|---|---|---|---|---|---|---|---|---|---|---|---|---|---|---|---|---|---|---|---|---|---|---|---|---|
| 十月小 | 丁亥 | 天干地支西曆 | 辛酉20 | 壬戌21 | 癸亥22 | 甲子23 | 乙丑24 | 丙寅25 | 丁卯26 | 戊辰27 | 己巳28 | 庚午29 | 辛未30 | 壬申(12) | 癸酉2 | 甲戌3 | 乙亥4 | 丙子5 | 丁丑6 | 戊寅7 | 己卯8 | 庚辰9 | 辛巳10 | 壬午11 | 癸未12 | 甲申13 | 乙酉14 | 丙戌15 | 丁亥16 | 戊子17 | 己丑18 | | |
| 十一月大 | 戊子 | 天干地支西曆 | 庚寅19 | 辛卯20 | 壬辰21 | 癸巳22 | 甲午23 | 乙未24 | 丙申25 | 丁酉26 | 戊戌27 | 己亥28 | 庚子29 | 辛丑30 | 壬寅31 | 癸卯(1) | 甲辰2 | 乙巳3 | 丙午4 | 丁未5 | 戊申6 | 己酉7 | 庚戌8 | 辛亥9 | 壬子10 | 癸丑11 | 甲寅12 | 乙卯13 | 丙辰14 | 丁巳15 | 戊午16 | 己未17 | 丙申冬至 |
| 十二月大 | 己丑 | 天干地支西曆 | 庚申18 | 辛酉19 | 壬戌20 | 癸亥21 | 甲子22 | 乙丑23 | 丙寅24 | 丁卯25 | 戊辰26 | 己巳27 | 庚午28 | 辛未29 | 壬申30 | 癸酉31 | 甲戌(2) | 乙亥2 | 丙子3 | 丁丑4 | 戊寅5 | 己卯6 | 庚辰7 | 辛巳8 | 壬午9 | 癸未10 | 甲申11 | 乙酉12 | 丙戌13 | 丁亥14 | 戊子15 | 己丑16 | 辛巳立春 |
| 正月小 | 庚寅 | 天干地支西曆 | 庚寅17 | 辛卯18 | 壬辰19 | 癸巳20 | 甲午21 | 乙未22 | 丙申23 | 丁酉24 | 戊戌25 | 己亥26 | 庚子27 | 辛丑28 | 壬寅(3) | 癸卯2 | 甲辰3 | 乙巳4 | 丙午5 | 丁未6 | 戊申7 | 己酉8 | 庚戌9 | 辛亥10 | 壬子11 | 癸丑12 | 甲寅13 | 乙卯14 | 丙辰15 | 丁巳16 | 戊午17 | | |
| 二月大 | 辛卯 | 天干地支西曆 | 己未18 | 庚申19 | 辛酉20 | 壬戌21 | 癸亥22 | 甲子23 | 乙丑24 | 丙寅25 | 丁卯26 | 戊辰27 | 己巳28 | 庚午29 | 辛未30 | 壬申31 | 癸酉(4) | 甲戌2 | 乙亥3 | 丙子4 | 丁丑5 | 戊寅6 | 己卯7 | 庚辰8 | 辛巳9 | 壬午10 | 癸未11 | 甲申12 | 乙酉13 | 丙戌14 | 丁亥15 | 戊子16 | 丁卯春分<br>丁亥日食 |
| 三月小 | 壬辰 | 天干地支西曆 | 己丑17 | 庚寅18 | 辛卯19 | 壬辰20 | 癸巳21 | 甲午22 | 乙未23 | 丙申24 | 丁酉25 | 戊戌26 | 己亥27 | 庚子28 | 辛丑29 | 壬寅30 | 癸卯(5) | 甲辰2 | 乙巳3 | 丙午4 | 丁未5 | 戊申6 | 己酉7 | 庚戌8 | 辛亥9 | 壬子10 | 癸丑11 | 甲寅12 | 乙卯13 | 丙辰14 | 丁巳15 | | 癸丑立夏 |
| 四月大 | 癸巳 | 天干地支西曆 | 戊午16 | 己未17 | 庚申18 | 辛酉19 | 壬戌20 | 癸亥21 | 甲子22 | 乙丑23 | 丙寅24 | 丁卯25 | 戊辰26 | 己巳27 | 庚午28 | 辛未29 | 壬申30 | 癸酉31 | 甲戌(6) | 乙亥2 | 丙子3 | 丁丑4 | 戊寅5 | 己卯6 | 庚辰7 | 辛巳8 | 壬午9 | 癸未10 | 甲申11 | 乙酉12 | 丙戌13 | 丁亥14 | |
| 五月小 | 甲午 | 天干地支西曆 | 戊子15 | 己丑16 | 庚寅17 | 辛卯18 | 壬辰19 | 癸巳20 | 甲午21 | 乙未22 | 丙申23 | 丁酉24 | 戊戌25 | 己亥26 | 庚子27 | 辛丑28 | 壬寅29 | 癸卯30 | 甲辰(7) | 乙巳2 | 丙午3 | 丁未4 | 戊申5 | 己酉6 | 庚戌7 | 辛亥8 | 壬子9 | 癸丑10 | 甲寅11 | 乙卯12 | 丙辰13 | | 戊戌夏至 |
| 六月大 | 乙未 | 天干地支西曆 | 丁巳14 | 戊午15 | 己未16 | 庚申17 | 辛酉18 | 壬戌19 | 癸亥20 | 甲子21 | 乙丑22 | 丙寅23 | 丁卯24 | 戊辰25 | 己巳26 | 庚午27 | 辛未28 | 壬申29 | 癸酉30 | 甲戌31 | 乙亥(8) | 丙子2 | 丁丑3 | 戊寅4 | 己卯5 | 庚辰6 | 辛巳7 | 壬午8 | 癸未9 | 甲申10 | 乙酉11 | 丙戌12 | 甲申立秋 |
| 七月小 | 丙申 | 天干地支西曆 | 丁亥13 | 戊子14 | 己丑15 | 庚寅16 | 辛卯17 | 壬辰18 | 癸巳19 | 甲午20 | 乙未21 | 丙申22 | 丁酉23 | 戊戌24 | 己亥25 | 庚子26 | 辛丑27 | 壬寅28 | 癸卯29 | 甲辰30 | 乙巳31 | 丙午(9) | 丁未2 | 戊申3 | 己酉4 | 庚戌5 | 辛亥6 | 壬子7 | 癸丑8 | 甲寅9 | 乙卯10 | | |
| 八月大 | 丁酉 | 天干地支西曆 | 丙辰11 | 丁巳12 | 戊午13 | 己未14 | 庚申15 | 辛酉16 | 壬戌17 | 癸亥18 | 甲子19 | 乙丑20 | 丙寅21 | 丁卯22 | 戊辰23 | 己巳24 | 庚午25 | 辛未26 | 壬申27 | 癸酉28 | 甲戌29 | 乙亥30 | 丙子(10) | 丁丑2 | 戊寅3 | 己卯4 | 庚辰5 | 辛巳6 | 壬午7 | 癸未8 | 甲申9 | 乙酉10 | 庚午秋分<br>乙酉日食 |
| 九月小 | 戊戌 | 天干地支西曆 | 丙戌11 | 丁亥12 | 戊子13 | 己丑14 | 庚寅15 | 辛卯16 | 壬辰17 | 癸巳18 | 甲午19 | 乙未20 | 丙申21 | 丁酉22 | 戊戌23 | 己亥24 | 庚子25 | 辛丑26 | 壬寅27 | 癸卯28 | 甲辰29 | 乙巳30 | 丙午31 | 丁未(11) | 戊申2 | 己酉3 | 庚戌4 | 辛亥5 | 壬子6 | 癸丑7 | 甲寅8 | | |

# 漢景帝三年（丁亥 猪年） 公元前155～前154年

| 夏曆月序 | | 中西曆日對照 | 初一 | 初二 | 初三 | 初四 | 初五 | 初六 | 初七 | 初八 | 初九 | 初十 | 十一 | 十二 | 十三 | 十四 | 十五 |
|---|---|---|---|---|---|---|---|---|---|---|---|---|---|---|---|---|---|
| 十月大 | 己亥 | 干支曆 天地西 | 乙卯9 | 丙辰10 | 丁巳11 | 戊午12 | 己未13 | 庚申14 | 辛酉15 | 壬戌16 | 癸亥17 | 甲子18 | 乙丑19 | 丙寅20 | 丁卯21 | 戊辰22 | 己巳23 |
| 十一月小 | 庚子 | 干支曆 天地西 | 乙酉9 | 丙戌10 | 丁亥11 | 戊子12 | 己丑13 | 庚寅14 | 辛卯15 | 壬辰16 | 癸巳17 | 甲午18 | 乙未19 | 丙申20 | 丁酉21 | 戊戌22 | 己亥23 |
| 十二月大 | 辛丑 | 干支曆 天地西 | 甲寅7 | 乙卯8 | 丙辰9 | 丁巳10 | 戊午11 | 己未12 | 庚申13 | 辛酉14 | 壬戌15 | 癸亥16 | 甲子17 | 乙丑18 | 丙寅19 | 丁卯20 | 戊辰21 |
| 正月小 | 壬寅 | 干支曆 天地西 | 甲申6 | 乙酉7 | 丙戌8 | 丁亥9 | 戊子10 | 己丑11 | 庚寅12 | 辛卯13 | 壬辰14 | 癸巳15 | 甲午16 | 乙未17 | 丙申18 | 丁酉19 | 戊戌20 |
| 二月大 | 癸卯 | 干支曆 天地西 | 癸丑7 | 甲寅8 | 乙卯9 | 丙辰10 | 丁巳11 | 戊午12 | 己未13 | 庚申14 | 辛酉15 | 壬戌16 | 癸亥17 | 甲子18 | 乙丑19 | 丙寅20 | 丁卯21 |
| 三月大 | 甲辰 | 干支曆 天地西 | 癸未6 | 甲申7 | 乙酉8 | 丙戌9 | 丁亥10 | 戊子11 | 己丑12 | 庚寅13 | 辛卯14 | 壬辰15 | 癸巳16 | 甲午17 | 乙未18 | 丙申19 | 丁酉20 |
| 四月小 | 乙巳 | 干支曆 天地西 | 癸丑6 | 甲寅7 | 乙卯8 | 丙辰9 | 丁巳10 | 戊午11 | 己未12 | 庚申13 | 辛酉14 | 壬戌15 | 癸亥16 | 甲子17 | 乙丑18 | 丙寅19 | 丁卯20 |
| 五月大 | 丙午 | 干支曆 天地西 | 壬午4 | 癸未5 | 甲申6 | 乙酉7 | 丙戌8 | 丁亥9 | 戊子10 | 己丑11 | 庚寅12 | 辛卯13 | 壬辰14 | 癸巳15 | 甲午16 | 乙未17 | 丙申18 |
| 六月小 | 丁未 | 干支曆 天地西 | 壬子4 | 癸丑5 | 甲寅6 | 乙卯7 | 丙辰8 | 丁巳9 | 戊午10 | 己未11 | 庚申12 | 辛酉13 | 壬戌14 | 癸亥15 | 甲子16 | 乙丑17 | 丙寅18 |
| 七月大 | 戊申 | 干支曆 天地西 | 辛巳2 | 壬午3 | 癸未4 | 甲申5 | 乙酉6 | 丙戌7 | 丁亥8 | 戊子9 | 己丑10 | 庚寅11 | 辛卯12 | 壬辰13 | 癸巳14 | 甲午15 | 乙未16 |
| 八月小 | 己酉 | 干支曆 天地西 | 辛亥(9) | 壬子2 | 癸丑3 | 甲寅4 | 乙卯5 | 丙辰6 | 丁巳7 | 戊午8 | 己未9 | 庚申10 | 辛酉11 | 壬戌12 | 癸亥13 | 甲子14 | 乙丑15 |
| 九月大 | 庚戌 | 干支曆 天地西 | 庚辰30 | 辛巳(10) | 壬午2 | 癸未3 | 甲申4 | 乙酉5 | 丙戌6 | 丁亥7 | 戊子8 | 己丑9 | 庚寅10 | 辛卯11 | 壬辰12 | 癸巳13 | 甲午14 |

| 夏曆月序 | | 十六 | 十七 | 十八 | 十九 | 二十 | 二一 | 二二 | 二三 | 二四 | 二五 | 二六 | 二七 | 二八 | 二九 | 三十 | 節氣與天象 |
|---|---|---|---|---|---|---|---|---|---|---|---|---|---|---|---|---|---|
| 十月大 | 己亥 | 庚午24 | 辛未25 | 壬申26 | 癸酉27 | 甲戌28 | 乙亥29 | 丙子30 | 丁丑(12) | 戊寅2 | 己卯3 | 庚辰4 | 辛巳5 | 壬午6 | 癸未7 | 甲申8 | 乙卯立冬 |
| 十一月小 | 庚子 | 庚子24 | 辛丑25 | 壬寅26 | 癸卯27 | 甲辰28 | 乙巳29 | 丙午30 | 丁未31 | 戊申(1) | 己酉2 | 庚戌3 | 辛亥4 | 壬子5 | 癸丑6 | | 辛丑冬至 |
| 十二月大 | 辛丑 | 己巳22 | 庚午23 | 辛未24 | 壬申25 | 癸酉26 | 甲戌27 | 乙亥28 | 丙子29 | 丁丑30 | 戊寅31 | 己卯(2) | 庚辰2 | 辛巳3 | 壬午4 | 癸未5 | |
| 正月小 | 壬寅 | 己亥21 | 庚子22 | 辛丑23 | 壬寅24 | 癸卯25 | 甲辰26 | 乙巳27 | 丙午28 | 丁未(3) | 戊申2 | 己酉3 | 庚戌4 | 辛亥5 | 壬子6 | | 丁亥立春 |
| 二月大 | 癸卯 | 戊辰22 | 己巳23 | 庚午24 | 辛未25 | 壬申26 | 癸酉27 | 甲戌28 | 乙亥29 | 丙子30 | 丁丑31 | 戊寅(4) | 己卯2 | 庚辰3 | 辛巳4 | 壬午5 | 壬申春分<br>壬午日食 |
| 三月大 | 甲辰 | 戊戌21 | 己亥22 | 庚子23 | 辛丑24 | 壬寅25 | 癸卯26 | 甲辰27 | 乙巳28 | 丙午29 | 丁未30 | 戊申(5) | 己酉2 | 庚戌3 | 辛亥4 | 壬子5 | |
| 四月小 | 乙巳 | 戊辰21 | 己巳22 | 庚午23 | 辛未24 | 壬申25 | 癸酉26 | 甲戌27 | 乙亥28 | 丙子29 | 丁丑30 | 戊寅31 | 己卯(6) | 庚辰2 | 辛巳3 | | 戊午立夏 |
| 五月大 | 丙午 | 丁酉19 | 戊戌20 | 己亥21 | 庚子22 | 辛丑23 | 壬寅24 | 癸卯25 | 甲辰26 | 乙巳27 | 丙午28 | 丁未29 | 戊申30 | 己酉(7) | 庚戌2 | 辛亥3 | 癸卯夏至 |
| 六月小 | 丁未 | 丁卯19 | 戊辰20 | 己巳21 | 庚午22 | 辛未23 | 壬申24 | 癸酉25 | 甲戌26 | 乙亥27 | 丙子28 | 丁丑29 | 戊寅30 | 己卯31 | 庚辰(8) | | |
| 七月大 | 戊申 | 丙申17 | 丁酉18 | 戊戌19 | 己亥20 | 庚子21 | 辛丑22 | 壬寅23 | 癸卯24 | 甲辰25 | 乙巳26 | 丙午27 | 丁未28 | 戊申29 | 己酉30 | 庚戌31 | 己丑立秋 |
| 八月小 | 己酉 | 丙寅16 | 丁卯17 | 戊辰18 | 己巳19 | 庚午20 | 辛未21 | 壬申22 | 癸酉23 | 甲戌24 | 乙亥25 | 丙子26 | 丁丑27 | 戊寅28 | 己卯29 | | 乙亥秋分 |
| 九月大 | 庚戌 | 乙未15 | 丙申16 | 丁酉17 | 戊戌18 | 己亥19 | 庚子20 | 辛丑21 | 壬寅22 | 癸卯23 | 甲辰24 | 乙巳25 | 丙午26 | 丁未27 | 戊申28 | 己酉29 | |

# 漢景帝四年（戊子 鼠年） 公元前 154 ~ 前 153 年

| 夏曆月序 | 中西曆日對照 | 夏曆日序 | | | | | | | | | | | | | | | | | | | | | | | | | | | | | | 節氣與天象 |
|---|---|---|---|---|---|---|---|---|---|---|---|---|---|---|---|---|---|---|---|---|---|---|---|---|---|---|---|---|---|---|---|
| | | 初一 | 初二 | 初三 | 初四 | 初五 | 初六 | 初七 | 初八 | 初九 | 初十 | 十一 | 十二 | 十三 | 十四 | 十五 | 十六 | 十七 | 十八 | 十九 | 二十 | 二一 | 二二 | 二三 | 二四 | 二五 | 二六 | 二七 | 二八 | 二九 | 三十 | |
| 十月小 辛亥 | 天干<br>地支<br>西曆 | 庚戌30 | 辛亥31 | 壬子(11) | 癸丑2 | 甲寅3 | 乙卯4 | 丙辰5 | 丁巳6 | 戊午7 | 己未8 | 庚申9 | 辛酉10 | 壬戌11 | 癸亥12 | 甲子13 | 乙丑14 | 丙寅15 | 丁卯16 | 戊辰17 | 己巳18 | 庚午19 | 辛未20 | 壬申21 | 癸酉22 | 甲戌23 | 乙亥24 | 丙子25 | 丁丑26 | 戊寅27 | | 庚申立冬 |
| 十一月大 壬子 | 天干<br>地支<br>西曆 | 己卯28 | 庚辰29 | 辛巳30 | 壬午(12) | 癸未2 | 甲申3 | 乙酉4 | 丙戌5 | 丁亥6 | 戊子7 | 己丑8 | 庚寅9 | 辛卯10 | 壬辰11 | 癸巳12 | 甲午13 | 乙未14 | 丙申15 | 丁酉16 | 戊戌17 | 己亥18 | 庚子19 | 辛丑20 | 壬寅21 | 癸卯22 | 甲辰23 | 乙巳24 | 丙午25 | 丁未26 | 戊申27 | 丙午冬至 |
| 十二月小 癸丑 | 天干<br>地支<br>西曆 | 己酉28 | 庚戌29 | 辛亥30 | 壬子31 | 癸丑(1) | 甲寅2 | 乙卯3 | 丙辰4 | 丁巳5 | 戊午6 | 己未7 | 庚申8 | 辛酉9 | 壬戌10 | 癸亥11 | 甲子12 | 乙丑13 | 丙寅14 | 丁卯15 | 戊辰16 | 己巳17 | 庚午18 | 辛未19 | 壬申20 | 癸酉21 | 甲戌22 | 乙亥23 | 丙子24 | 丁丑25 | | |
| 正月大 甲寅 | 天干<br>地支<br>西曆 | 戊寅26 | 己卯27 | 庚辰28 | 辛巳29 | 壬午30 | 癸未31 | 甲申(2) | 乙酉2 | 丙戌3 | 丁亥4 | 戊子5 | 己丑6 | 庚寅7 | 辛卯8 | 壬辰9 | 癸巳10 | 甲午11 | 乙未12 | 丙申13 | 丁酉14 | 戊戌15 | 己亥16 | 庚子17 | 辛丑18 | 壬寅19 | 癸卯20 | 甲辰21 | 乙巳22 | 丙午23 | 丁未24 | 壬辰立春 |
| 二月小 乙卯 | 天干<br>地支<br>西曆 | 戊申25 | 己酉26 | 庚戌27 | 辛亥28 | 壬子29 | 癸丑(3) | 甲寅2 | 乙卯3 | 丙辰4 | 丁巳5 | 戊午6 | 己未7 | 庚申8 | 辛酉9 | 壬戌10 | 癸亥11 | 甲子12 | 乙丑13 | 丙寅14 | 丁卯15 | 戊辰16 | 己巳17 | 庚午18 | 辛未19 | 壬申20 | 癸酉21 | 甲戌22 | 乙亥23 | 丙子24 | | |
| 三月大 丙辰 | 天干<br>地支<br>西曆 | 丁丑25 | 戊寅26 | 己卯27 | 庚辰28 | 辛巳29 | 壬午30 | 癸未31 | 甲申(4) | 乙酉2 | 丙戌3 | 丁亥4 | 戊子5 | 己丑6 | 庚寅7 | 辛卯8 | 壬辰9 | 癸巳10 | 甲午11 | 乙未12 | 丙申13 | 丁酉14 | 戊戌15 | 己亥16 | 庚子17 | 辛丑18 | 壬寅19 | 癸卯20 | 甲辰21 | 乙巳22 | 丙午23 | 丁丑春分 |
| 四月小 丁巳 | 天干<br>地支<br>西曆 | 丁未24 | 戊申25 | 己酉26 | 庚戌27 | 辛亥28 | 壬子29 | 癸丑30 | 甲寅(5) | 乙卯2 | 丙辰3 | 丁巳4 | 戊午5 | 己未6 | 庚申7 | 辛酉8 | 壬戌9 | 癸亥10 | 甲子11 | 乙丑12 | 丙寅13 | 丁卯14 | 戊辰15 | 己巳16 | 庚午17 | 辛未18 | 壬申19 | 癸酉20 | 甲戌21 | 乙亥22 | | 癸亥立夏 |
| 五月大 戊午 | 天干<br>地支<br>西曆 | 丙子23 | 丁丑24 | 戊寅25 | 己卯26 | 庚辰27 | 辛巳28 | 壬午29 | 癸未30 | 甲申31 | 乙酉(6) | 丙戌2 | 丁亥3 | 戊子4 | 己丑5 | 庚寅6 | 辛卯7 | 壬辰8 | 癸巳9 | 甲午10 | 乙未11 | 丙申12 | 丁酉13 | 戊戌14 | 己亥15 | 庚子16 | 辛丑17 | 壬寅18 | 癸卯19 | 甲辰20 | 乙巳21 | |
| 六月小 己未 | 天干<br>地支<br>西曆 | 丙午22 | 丁未23 | 戊申24 | 己酉25 | 庚戌26 | 辛亥27 | 壬子28 | 癸丑29 | 甲寅30 | 乙卯(7) | 丙辰2 | 丁巳3 | 戊午4 | 己未5 | 庚申6 | 辛酉7 | 壬戌8 | 癸亥9 | 甲子10 | 乙丑11 | 丙寅12 | 丁卯13 | 戊辰14 | 己巳15 | 庚午16 | 辛未17 | 壬申18 | 癸酉19 | 甲戌20 | | 己酉夏至 |
| 七月大 庚申 | 天干<br>地支<br>西曆 | 乙亥21 | 丙子22 | 丁丑23 | 戊寅24 | 己卯25 | 庚辰26 | 辛巳27 | 壬午28 | 癸未29 | 甲申30 | 乙酉31 | 丙戌(8) | 丁亥2 | 戊子3 | 己丑4 | 庚寅5 | 辛卯6 | 壬辰7 | 癸巳8 | 甲午9 | 乙未10 | 丙申11 | 丁酉12 | 戊戌13 | 己亥14 | 庚子15 | 辛丑16 | 壬寅17 | 癸卯18 | 甲辰19 | 甲午立秋 |
| 八月大 辛酉 | 天干<br>地支<br>西曆 | 乙巳20 | 丙午21 | 丁未22 | 戊申23 | 己酉24 | 庚戌25 | 辛亥26 | 壬子27 | 癸丑28 | 甲寅29 | 乙卯30 | 丙辰31 | 丁巳(9) | 戊午2 | 己未3 | 庚申4 | 辛酉5 | 壬戌6 | 癸亥7 | 甲子8 | 乙丑9 | 丙寅10 | 丁卯11 | 戊辰12 | 己巳13 | 庚午14 | 辛未15 | 壬申16 | 癸酉17 | 甲戌18 | |
| 九月小 壬戌 | 天干<br>地支<br>西曆 | 乙亥19 | 丙子20 | 丁丑21 | 戊寅22 | 己卯23 | 庚辰24 | 辛巳25 | 壬午26 | 癸未27 | 甲申28 | 乙酉29 | 丙戌30 | 丁亥(10) | 戊子2 | 己丑3 | 庚寅4 | 辛卯5 | 壬辰6 | 癸巳7 | 甲午8 | 乙未9 | 丙申10 | 丁酉11 | 戊戌12 | 己亥13 | 庚子14 | 辛丑15 | 壬寅16 | 癸卯17 | | 庚辰秋分 |
| 後九月大 壬戌 | 天干<br>地支<br>西曆 | 甲辰18 | 乙巳19 | 丙午20 | 丁未21 | 戊申22 | 己酉23 | 庚戌24 | 辛亥25 | 壬子26 | 癸丑27 | 甲寅28 | 乙卯29 | 丙辰30 | 丁巳31 | 戊午(11) | 己未2 | 庚申3 | 辛酉4 | 壬戌5 | 癸亥6 | 甲子7 | 乙丑8 | 丙寅9 | 丁卯10 | 戊辰11 | 己巳12 | 庚午13 | 辛未14 | 壬申15 | 癸酉16 | 丙寅立冬 |

# 漢景帝五年（己丑 牛年） 公元前153 ~ 前152年

| 夏曆月序 | | 中西曆日對照 | 初一 | 初二 | 初三 | 初四 | 初五 | 初六 | 初七 | 初八 | 初九 | 初十 | 十一 | 十二 | 十三 | 十四 | 十五 | 十六 | 十七 | 十八 | 十九 | 二十 | 二一 | 二二 | 二三 | 二四 | 二五 | 二六 | 二七 | 二八 | 二九 | 三十 | 節氣與天象 |
|---|---|---|---|---|---|---|---|---|---|---|---|---|---|---|---|---|---|---|---|---|---|---|---|---|---|---|---|---|---|---|---|---|---|
| 十月小 | 癸亥 | 天干地支西曆 | 甲戌17 | 乙亥18 | 丙子19 | 丁丑20 | 戊寅21 | 己卯22 | 庚辰23 | 辛巳24 | 壬午25 | 癸未26 | 甲申27 | 乙酉28 | 丙戌29 | 丁亥30 | 戊子(12) | 己丑2 | 庚寅3 | 辛卯4 | 壬辰5 | 癸巳6 | 甲午7 | 乙未8 | 丙申9 | 丁酉10 | 戊戌11 | 己亥12 | 庚子13 | 辛丑14 | 壬寅15 | | |
| 十一月大 | 甲子 | 天干地支西曆 | 癸卯16 | 甲辰17 | 乙巳18 | 丙午19 | 丁未20 | 戊申21 | 己酉22 | 庚戌23 | 辛亥24 | 壬子25 | 癸丑26 | 甲寅27 | 乙卯28 | 丙辰29 | 丁巳30 | 戊午31 | 己未(1) | 庚申2 | 辛酉3 | 壬戌4 | 癸亥5 | 甲子6 | 乙丑7 | 丙寅8 | 丁卯9 | 戊辰10 | 己巳11 | 庚午12 | 辛未13 | 壬申14 | 辛亥冬至 |
| 十二月小 | 乙丑 | 天干地支西曆 | 癸酉15 | 甲戌16 | 乙亥17 | 丙子18 | 丁丑19 | 戊寅20 | 己卯21 | 庚辰22 | 辛巳23 | 壬午24 | 癸未25 | 甲申26 | 乙酉27 | 丙戌28 | 丁亥29 | 戊子30 | 己丑31 | 庚寅(2) | 辛卯2 | 壬辰3 | 癸巳4 | 甲午5 | 乙未6 | 丙申7 | 丁酉8 | 戊戌9 | 己亥10 | 庚子11 | 辛丑12 | | 丁酉立春 |
| 正月大 | 丙寅 | 天干地支西曆 | 壬寅13 | 癸卯14 | 甲辰15 | 乙巳16 | 丙午17 | 丁未18 | 戊申19 | 己酉20 | 庚戌21 | 辛亥22 | 壬子23 | 癸丑24 | 甲寅25 | 乙卯26 | 丙辰27 | 丁巳28 | 戊午(3) | 己未2 | 庚申3 | 辛酉4 | 壬戌5 | 癸亥6 | 甲子7 | 乙丑8 | 丙寅9 | 丁卯10 | 戊辰11 | 己巳12 | 庚午13 | 辛未14 | |
| 二月小 | 丁卯 | 天干地支西曆 | 壬申15 | 癸酉16 | 甲戌17 | 乙亥18 | 丙子19 | 丁丑20 | 戊寅21 | 己卯22 | 庚辰23 | 辛巳24 | 壬午25 | 癸未26 | 甲申27 | 乙酉28 | 丙戌29 | 丁亥30 | 戊子31 | 己丑(4) | 庚寅2 | 辛卯3 | 壬辰4 | 癸巳5 | 甲午6 | 乙未7 | 丙申8 | 丁酉9 | 戊戌10 | 己亥11 | 庚子12 | | 癸未春分 |
| 三月大 | 戊辰 | 天干地支西曆 | 辛丑13 | 壬寅14 | 癸卯15 | 甲辰16 | 乙巳17 | 丙午18 | 丁未19 | 戊申20 | 己酉21 | 庚戌22 | 辛亥23 | 壬子24 | 癸丑25 | 甲寅26 | 乙卯27 | 丙辰28 | 丁巳29 | 戊午30 | 己未(5) | 庚申2 | 辛酉3 | 壬戌4 | 癸亥5 | 甲子6 | 乙丑7 | 丙寅8 | 丁卯9 | 戊辰10 | 己巳11 | 庚午12 | 戊辰立夏 |
| 四月小 | 己巳 | 天干地支西曆 | 辛未13 | 壬申14 | 癸酉15 | 甲戌16 | 乙亥17 | 丙子18 | 丁丑19 | 戊寅20 | 己卯21 | 庚辰22 | 辛巳23 | 壬午24 | 癸未25 | 甲申26 | 乙酉27 | 丙戌28 | 丁亥29 | 戊子30 | 己丑31 | 庚寅(6) | 辛卯2 | 壬辰3 | 癸巳4 | 甲午5 | 乙未6 | 丙申7 | 丁酉8 | 戊戌9 | 己亥10 | | |
| 五月大 | 庚午 | 天干地支西曆 | 庚子11 | 辛丑12 | 壬寅13 | 癸卯14 | 甲辰15 | 乙巳16 | 丙午17 | 丁未18 | 戊申19 | 己酉20 | 庚戌21 | 辛亥22 | 壬子23 | 癸丑24 | 甲寅25 | 乙卯26 | 丙辰27 | 丁巳28 | 戊午29 | 己未30 | 庚申(6) | 辛酉2 | 壬戌3 | 癸亥4 | 甲子5 | 乙丑6 | 丙寅7 | 丁卯8 | 戊辰9 | 己巳10 | 甲寅夏至 |
| 六月小 | 辛未 | 天干地支西曆 | 庚午11 | 辛未12 | 壬申13 | 癸酉14 | 甲戌15 | 乙亥16 | 丙子17 | 丁丑18 | 戊寅19 | 己卯20 | 庚辰21 | 辛巳22 | 壬午23 | 癸未24 | 甲申25 | 乙酉26 | 丙戌27 | 丁亥28 | 戊子29 | 己丑30 | 庚寅31 | 辛卯(8) | 壬辰2 | 癸巳3 | 甲午4 | 乙未5 | 丙申6 | 丁酉7 | 戊戌8 | | |
| 七月大 | 壬申 | 天干地支西曆 | 己亥9 | 庚子10 | 辛丑11 | 壬寅12 | 癸卯13 | 甲辰14 | 乙巳15 | 丙午16 | 丁未17 | 戊申18 | 己酉19 | 庚戌20 | 辛亥21 | 壬子22 | 癸丑23 | 甲寅24 | 乙卯25 | 丙辰26 | 丁巳27 | 戊午28 | 己未29 | 庚申30 | 辛酉31 | 壬戌(9) | 癸亥2 | 甲子3 | 乙丑4 | 丙寅5 | 丁卯6 | 戊辰7 | 庚子立秋 |
| 八月小 | 癸酉 | 天干地支西曆 | 己巳8 | 庚午9 | 辛未10 | 壬申11 | 癸酉12 | 甲戌13 | 乙亥14 | 丙子15 | 丁丑16 | 戊寅17 | 己卯18 | 庚辰19 | 辛巳20 | 壬午21 | 癸未22 | 甲申23 | 乙酉24 | 丙戌25 | 丁亥26 | 戊子27 | 己丑28 | 庚寅29 | 辛卯30 | 壬辰(10) | 癸巳2 | 甲午3 | 乙未4 | 丙申5 | 丁酉6 | | 乙酉秋分 |
| 九月大 | 甲戌 | 天干地支西曆 | 戊戌7 | 己亥8 | 庚子9 | 辛丑10 | 壬寅11 | 癸卯12 | 甲辰13 | 乙巳14 | 丙午15 | 丁未16 | 戊申17 | 己酉18 | 庚戌19 | 辛亥20 | 壬子21 | 癸丑22 | 甲寅23 | 乙卯24 | 丙辰25 | 丁巳26 | 戊午27 | 己未28 | 庚申29 | 辛酉30 | 壬戌31 | 癸亥(11) | 甲子2 | 乙丑3 | 丙寅4 | 丁卯5 | |

# 漢景帝六年（庚寅 虎年） 公元前 152 ~ 前 151 年

| 夏曆月序 | | 中西曆日對照 | 初一 | 初二 | 初三 | 初四 | 初五 | 初六 | 初七 | 初八 | 初九 | 初十 | 十一 | 十二 | 十三 | 十四 | 十五 | 十六 | 十七 | 十八 | 十九 | 二十 | 二一 | 二二 | 二三 | 二四 | 二五 | 二六 | 二七 | 二八 | 二九 | 三十 | 節氣與天象 |
|---|---|---|---|---|---|---|---|---|---|---|---|---|---|---|---|---|---|---|---|---|---|---|---|---|---|---|---|---|---|---|---|---|---|
| 十月小 | 乙亥 | 天干地支西曆 | 戊辰6 | 己巳7 | 庚午8 | 辛未9 | 壬申10 | 癸酉11 | 甲戌12 | 乙亥13 | 丙子14 | 丁丑15 | 戊寅16 | 己卯17 | 庚辰18 | 辛巳19 | 壬午20 | 癸未21 | 甲申22 | 乙酉23 | 丙戌24 | 丁亥25 | 戊子26 | 己丑27 | 庚寅28 | 辛卯29 | 壬辰30 | 癸巳(12) | 甲午2 | 乙未3 | 丙申4 | | 辛未立冬 |
| 十一月大 | 丙子 | 天干地支西曆 | 丁酉5 | 戊戌6 | 己亥7 | 庚子8 | 辛丑9 | 壬寅10 | 癸卯11 | 甲辰12 | 乙巳13 | 丙午14 | 丁未15 | 戊申16 | 己酉17 | 庚戌18 | 辛亥19 | 壬子20 | 癸丑21 | 甲寅22 | 乙卯23 | 丙辰24 | 丁巳25 | 戊午26 | 己未27 | 庚申28 | 辛酉29 | 壬戌30 | 癸亥31 | 甲子(1) | 乙丑2 | 丙寅3 | 丁巳冬至 |
| 十二月大 | 丁丑 | 天干地支西曆 | 丁卯4 | 戊辰5 | 己巳6 | 庚午7 | 辛未8 | 壬申9 | 癸酉10 | 甲戌11 | 乙亥12 | 丙子13 | 丁丑14 | 戊寅15 | 己卯16 | 庚辰17 | 辛巳18 | 壬午19 | 癸未20 | 甲申21 | 乙酉22 | 丙戌23 | 丁亥24 | 戊子25 | 己丑26 | 庚寅27 | 辛卯28 | 壬辰29 | 癸巳30 | 甲午31 | 乙未(2) | 丙申2 | 丙申日食 |
| 正月小 | 戊寅 | 天干地支西曆 | 丁酉3 | 戊戌4 | 己亥5 | 庚子6 | 辛丑7 | 壬寅8 | 癸卯9 | 甲辰10 | 乙巳11 | 丙午12 | 丁未13 | 戊申14 | 己酉15 | 庚戌16 | 辛亥17 | 壬子18 | 癸丑19 | 甲寅20 | 乙卯21 | 丙辰22 | 丁巳23 | 戊午24 | 己未25 | 庚申26 | 辛酉27 | 壬戌28 | 癸亥(3) | 甲子2 | 乙丑3 | | 壬寅立春 |
| 二月大 | 己卯 | 天干地支西曆 | 丙寅4 | 丁卯5 | 戊辰6 | 己巳7 | 庚午8 | 辛未9 | 壬申10 | 癸酉11 | 甲戌12 | 乙亥13 | 丙子14 | 丁丑15 | 戊寅16 | 己卯17 | 庚辰18 | 辛巳19 | 壬午20 | 癸未21 | 甲申22 | 乙酉23 | 丙戌24 | 丁亥25 | 戊子26 | 己丑27 | 庚寅28 | 辛卯29 | 壬辰30 | 癸巳31 | 甲午(4) | 乙未2 | 戊子春分 |
| 三月小 | 庚辰 | 天干地支西曆 | 丙申3 | 丁酉4 | 戊戌5 | 己亥6 | 庚子7 | 辛丑8 | 壬寅9 | 癸卯10 | 甲辰11 | 乙巳12 | 丙午13 | 丁未14 | 戊申15 | 己酉16 | 庚戌17 | 辛亥18 | 壬子19 | 癸丑20 | 甲寅21 | 乙卯22 | 丙辰23 | 丁巳24 | 戊午25 | 己未26 | 庚申27 | 辛酉28 | 壬戌29 | 癸亥30 | 甲子(5) | | |
| 四月大 | 辛巳 | 天干地支西曆 | 乙丑2 | 丙寅3 | 丁卯4 | 戊辰5 | 己巳6 | 庚午7 | 辛未8 | 壬申9 | 癸酉10 | 甲戌11 | 乙亥12 | 丙子13 | 丁丑14 | 戊寅15 | 己卯16 | 庚辰17 | 辛巳18 | 壬午19 | 癸未20 | 甲申21 | 乙酉22 | 丙戌23 | 丁亥24 | 戊子25 | 己丑26 | 庚寅27 | 辛卯28 | 壬辰29 | 癸巳30 | 甲午31 | 甲戌立夏 |
| 五月小 | 壬午 | 天干地支西曆 | 乙未(6) | 丙申2 | 丁酉3 | 戊戌4 | 己亥5 | 庚子6 | 辛丑7 | 壬寅8 | 癸卯9 | 甲辰10 | 乙巳11 | 丙午12 | 丁未13 | 戊申14 | 己酉15 | 庚戌16 | 辛亥17 | 壬子18 | 癸丑19 | 甲寅20 | 乙卯21 | 丙辰22 | 丁巳23 | 戊午24 | 己未25 | 庚申26 | 辛酉27 | 壬戌28 | 癸亥29 | | 己未夏至 |
| 六月大 | 癸未 | 天干地支西曆 | 甲子30 | 乙丑(7) | 丙寅2 | 丁卯3 | 戊辰4 | 己巳5 | 庚午6 | 辛未7 | 壬申8 | 癸酉9 | 甲戌10 | 乙亥11 | 丙子12 | 丁丑13 | 戊寅14 | 己卯15 | 庚辰16 | 辛巳17 | 壬午18 | 癸未19 | 甲申20 | 乙酉21 | 丙戌22 | 丁亥23 | 戊子24 | 己丑25 | 庚寅26 | 辛卯27 | 壬辰28 | 癸巳29 | |
| 七月小 | 甲申 | 天干地支西曆 | 甲午30 | 乙未31 | 丙申(8) | 丁酉2 | 戊戌3 | 己亥4 | 庚子5 | 辛丑6 | 壬寅7 | 癸卯8 | 甲辰9 | 乙巳10 | 丙午11 | 丁未12 | 戊申13 | 己酉14 | 庚戌15 | 辛亥16 | 壬子17 | 癸丑18 | 甲寅19 | 乙卯20 | 丙辰21 | 丁巳22 | 戊午23 | 己未24 | 庚申25 | 辛酉26 | 壬戌27 | | 乙巳立秋 |
| 八月大 | 乙酉 | 天干地支西曆 | 癸亥28 | 甲子29 | 乙丑30 | 丙寅31 | 丁卯(9) | 戊辰2 | 己巳3 | 庚午4 | 辛未5 | 壬申6 | 癸酉7 | 甲戌8 | 乙亥9 | 丙子10 | 丁丑11 | 戊寅12 | 己卯13 | 庚辰14 | 辛巳15 | 壬午16 | 癸未17 | 甲申18 | 乙酉19 | 丙戌20 | 丁亥21 | 戊子22 | 己丑23 | 庚寅24 | 辛卯25 | 壬辰26 | 辛卯秋分 |
| 九月小 | 丙戌 | 天干地支西曆 | 癸巳27 | 甲午28 | 乙未29 | 丙申30 | 丁酉(10) | 戊戌2 | 己亥3 | 庚子4 | 辛丑5 | 壬寅6 | 癸卯7 | 甲辰8 | 乙巳9 | 丙午10 | 丁未11 | 戊申12 | 己酉13 | 庚戌14 | 辛亥15 | 壬子16 | 癸丑17 | 甲寅18 | 乙卯19 | 丙辰20 | 丁巳21 | 戊午22 | 己未23 | 庚申24 | 辛酉25 | | |
| 後九月大 | 丙戌 | 天干地支西曆 | 壬戌26 | 癸亥27 | 甲子28 | 乙丑29 | 丙寅30 | 丁卯31 | 戊辰(11) | 己巳2 | 庚午3 | 辛未4 | 壬申5 | 癸酉6 | 甲戌7 | 乙亥8 | 丙子9 | 丁丑10 | 戊寅11 | 己卯12 | 庚辰13 | 辛巳14 | 壬午15 | 癸未16 | 甲申17 | 乙酉18 | 丙戌19 | 丁亥20 | 戊子21 | 己丑22 | 庚寅23 | 辛卯24 | 丙子立冬 |

# 漢景帝七年（辛卯 兔年） 公元前151 ~ 前150年

| 夏曆月序 | | 中西曆日對照 | 初一 | 初二 | 初三 | 初四 | 初五 | 初六 | 初七 | 初八 | 初九 | 初十 | 十一 | 十二 | 十三 | 十四 | 十五 | 十六 | 十七 | 十八 | 十九 | 二十 | 二一 | 二二 | 二三 | 二四 | 二五 | 二六 | 二七 | 二八 | 二九 | 三十 | 節氣與天象 |
|---|---|---|---|---|---|---|---|---|---|---|---|---|---|---|---|---|---|---|---|---|---|---|---|---|---|---|---|---|---|---|---|---|---|
| 十月小 | 丁亥 | 天干<br>地支<br>西曆 | 壬辰25 | 癸巳26 | 甲午27 | 乙未28 | 丙申29 | 丁酉30 | 戊戌(12) | 己亥2 | 庚子3 | 辛丑4 | 壬寅5 | 癸卯6 | 甲辰7 | 乙巳8 | 丙午9 | 丁未10 | 戊申11 | 己酉12 | 庚戌13 | 辛亥14 | 壬子15 | 癸丑16 | 甲寅17 | 乙卯18 | 丙辰19 | 丁巳20 | 戊午21 | 己未22 | 庚申23 | | |
| 十一月大 | 戊子 | 天干<br>地支<br>西曆 | 辛酉24 | 壬戌25 | 癸亥26 | 甲子27 | 乙丑28 | 丙寅29 | 丁卯30 | 戊辰31 | 己巳(1) | 庚午2 | 辛未3 | 壬申4 | 癸酉5 | 甲戌6 | 乙亥7 | 丙子8 | 丁丑9 | 戊寅10 | 己卯11 | 庚辰12 | 辛巳13 | 壬午14 | 癸未15 | 甲申16 | 乙酉17 | 丙戌18 | 丁亥19 | 戊子20 | 己丑21 | 庚寅22 | 壬戌冬至<br>庚寅日食 |
| 十二月小 | 己丑 | 天干<br>地支<br>西曆 | 辛卯23 | 壬辰24 | 癸巳25 | 甲午26 | 乙未27 | 丙申28 | 丁酉29 | 戊戌30 | 己亥31 | 庚子(2) | 辛丑2 | 壬寅3 | 癸卯4 | 甲辰5 | 乙巳6 | 丙午7 | 丁未8 | 戊申9 | 己酉10 | 庚戌11 | 辛亥12 | 壬子13 | 癸丑14 | 甲寅15 | 乙卯16 | 丙辰17 | 丁巳18 | 戊午19 | 己未20 | | 戊申立春 |
| 正月大 | 庚寅 | 天干<br>地支<br>西曆 | 庚申21 | 辛酉22 | 壬戌23 | 癸亥24 | 甲子25 | 乙丑26 | 丙寅27 | 丁卯28 | 戊辰(3) | 己巳2 | 庚午3 | 辛未4 | 壬申5 | 癸酉6 | 甲戌7 | 乙亥8 | 丙子9 | 丁丑10 | 戊寅11 | 己卯12 | 庚辰13 | 辛巳14 | 壬午15 | 癸未16 | 甲申17 | 乙酉18 | 丙戌19 | 丁亥20 | 戊子21 | 己丑22 | |
| 二月大 | 辛卯 | 天干<br>地支<br>西曆 | 庚寅23 | 辛卯24 | 壬辰25 | 癸巳26 | 甲午27 | 乙未28 | 丙申29 | 丁酉30 | 戊戌31 | 己亥(4) | 庚子2 | 辛丑3 | 壬寅4 | 癸卯5 | 甲辰6 | 乙巳7 | 丙午8 | 丁未9 | 戊申10 | 己酉11 | 庚戌12 | 辛亥13 | 壬子14 | 癸丑15 | 甲寅16 | 乙卯17 | 丙辰18 | 丁巳19 | 戊午20 | 己未21 | 癸巳春分 |
| 三月小 | 壬辰 | 天干<br>地支<br>西曆 | 庚申22 | 辛酉23 | 壬戌24 | 癸亥25 | 甲子26 | 乙丑27 | 丙寅28 | 丁卯29 | 戊辰30 | 己巳(5) | 庚午2 | 辛未3 | 壬申4 | 癸酉5 | 甲戌6 | 乙亥7 | 丙子8 | 丁丑9 | 戊寅10 | 己卯11 | 庚辰12 | 辛巳13 | 壬午14 | 癸未15 | 甲申16 | 乙酉17 | 丙戌18 | 丁亥19 | 戊子20 | | 己卯立夏 |
| 四月大 | 癸巳 | 天干<br>地支<br>西曆 | 己丑21 | 庚寅22 | 辛卯23 | 壬辰24 | 癸巳25 | 甲午26 | 乙未27 | 丙申28 | 丁酉29 | 戊戌30 | 己亥31 | 庚子(6) | 辛丑2 | 壬寅3 | 癸卯4 | 甲辰5 | 乙巳6 | 丙午7 | 丁未8 | 戊申9 | 己酉10 | 庚戌11 | 辛亥12 | 壬子13 | 癸丑14 | 甲寅15 | 乙卯16 | 丙辰17 | 丁巳18 | 戊午19 | |
| 五月小 | 甲午 | 天干<br>地支<br>西曆 | 己未20 | 庚申21 | 辛酉22 | 壬戌23 | 癸亥24 | 甲子25 | 乙丑26 | 丙寅27 | 丁卯28 | 戊辰29 | 己巳30 | 庚午(7) | 辛未2 | 壬申3 | 癸酉4 | 甲戌5 | 乙亥6 | 丙子7 | 丁丑8 | 戊寅9 | 己卯10 | 庚辰11 | 辛巳12 | 壬午13 | 癸未14 | 甲申15 | 乙酉16 | 丙戌17 | 丁亥18 | | 甲子夏至 |
| 六月大 | 乙未 | 天干<br>地支<br>西曆 | 戊子19 | 己丑20 | 庚寅21 | 辛卯22 | 壬辰23 | 癸巳24 | 甲午25 | 乙未26 | 丙申27 | 丁酉28 | 戊戌29 | 己亥30 | 庚子31 | 辛丑(8) | 壬寅2 | 癸卯3 | 甲辰4 | 乙巳5 | 丙午6 | 丁未7 | 戊申8 | 己酉9 | 庚戌10 | 辛亥11 | 壬子12 | 癸丑13 | 甲寅14 | 乙卯15 | 丙辰16 | 丁巳17 | 庚戌立秋 |
| 七月小 | 丙申 | 天干<br>地支<br>西曆 | 戊午18 | 己未19 | 庚申20 | 辛酉21 | 壬戌22 | 癸亥23 | 甲子24 | 乙丑25 | 丙寅26 | 丁卯27 | 戊辰28 | 己巳29 | 庚午30 | 辛未31 | 壬申(9) | 癸酉2 | 甲戌3 | 乙亥4 | 丙子5 | 丁丑6 | 戊寅7 | 己卯8 | 庚辰9 | 辛巳10 | 壬午11 | 癸未12 | 甲申13 | 乙酉14 | 丙戌15 | | |
| 八月大 | 丁酉 | 天干<br>地支<br>西曆 | 丁亥16 | 戊子17 | 己丑18 | 庚寅19 | 辛卯20 | 壬辰21 | 癸巳22 | 甲午23 | 乙未24 | 丙申25 | 丁酉26 | 戊戌27 | 己亥28 | 庚子29 | 辛丑30 | 壬寅(10) | 癸卯2 | 甲辰3 | 乙巳4 | 丙午5 | 丁未6 | 戊申7 | 己酉8 | 庚戌9 | 辛亥10 | 壬子11 | 癸丑12 | 甲寅13 | 乙卯14 | 丙辰15 | 丙申秋分 |
| 九月小 | 戊戌 | 天干<br>地支<br>西曆 | 丁巳16 | 戊午17 | 己未18 | 庚申19 | 辛酉20 | 壬戌21 | 癸亥22 | 甲子23 | 乙丑24 | 丙寅25 | 丁卯26 | 戊辰27 | 己巳28 | 庚午29 | 辛未30 | 壬申31 | 癸酉(11) | 甲戌2 | 乙亥3 | 丙子4 | 丁丑5 | 戊寅6 | 己卯7 | 庚辰8 | 辛巳9 | 壬午10 | 癸未11 | 甲申12 | 乙酉13 | | 辛巳立冬 |

# 漢景帝中元元年（壬辰 龍年） 公元前 150 ~ 前 **149** 年

| 夏曆月序 | 中西曆日對照 | 初一 | 初二 | 初三 | 初四 | 初五 | 初六 | 初七 | 初八 | 初九 | 初十 | 十一 | 十二 | 十三 | 十四 | 十五 | 十六 | 十七 | 十八 | 十九 | 二十 | 二一 | 二二 | 二三 | 二四 | 二五 | 二六 | 二七 | 二八 | 二九 | 三十 | 節氣與天象 |
|---|---|---|---|---|---|---|---|---|---|---|---|---|---|---|---|---|---|---|---|---|---|---|---|---|---|---|---|---|---|---|---|---|
| 十月大 己亥 | 天干地支 西曆 | 丙戌 14 | 丁亥 15 | 戊子 16 | 己丑 17 | 庚寅 18 | 辛卯 19 | 壬辰 20 | 癸巳 21 | 甲午 22 | 乙未 23 | 丙申 24 | 丁酉 25 | 戊戌 26 | 己亥 27 | 庚子 28 | 辛丑 29 | 壬寅 30 | 癸卯 (12) | 甲辰 2 | 乙巳 3 | 丙午 4 | 丁未 5 | 戊申 6 | 己酉 7 | 庚戌 8 | 辛亥 9 | 壬子 10 | 癸丑 11 | 甲寅 12 | 乙卯 13 | |
| 十一月小 庚子 | 天干地支 西曆 | 丙辰 14 | 丁巳 15 | 戊午 16 | 己未 17 | 庚申 18 | 辛酉 19 | 壬戌 20 | 癸亥 21 | 甲子 22 | 乙丑 23 | 丙寅 24 | 丁卯 25 | 戊辰 26 | 己巳 27 | 庚午 28 | 辛未 29 | 壬申 30 | 癸酉 31 | 甲戌 (1) | 乙亥 2 | 丙子 3 | 丁丑 4 | 戊寅 5 | 己卯 6 | 庚辰 7 | 辛巳 8 | 壬午 9 | 癸未 10 | 甲申 11 | | 丁卯冬至 |
| 十二月大 辛丑 | 天干地支 西曆 | 乙酉 12 | 丙戌 13 | 丁亥 14 | 戊子 15 | 己丑 16 | 庚寅 17 | 辛卯 18 | 壬辰 19 | 癸巳 20 | 甲午 21 | 乙未 22 | 丙申 23 | 丁酉 24 | 戊戌 25 | 己亥 26 | 庚子 27 | 辛丑 28 | 壬寅 29 | 癸卯 30 | 甲辰 31 | 乙巳 (2) | 丙午 2 | 丁未 3 | 戊申 4 | 己酉 5 | 庚戌 6 | 辛亥 7 | 壬子 8 | 癸丑 9 | 甲寅 10 | 癸丑立春 |
| 正月小 壬寅 | 天干地支 西曆 | 乙卯 11 | 丙辰 12 | 丁巳 13 | 戊午 14 | 己未 15 | 庚申 16 | 辛酉 17 | 壬戌 18 | 癸亥 19 | 甲子 20 | 乙丑 21 | 丙寅 22 | 丁卯 23 | 戊辰 24 | 己巳 25 | 庚午 26 | 辛未 27 | 壬申 28 | 癸酉 29 | 甲戌 (3) | 乙亥 2 | 丙子 3 | 丁丑 4 | 戊寅 5 | 己卯 6 | 庚辰 7 | 辛巳 8 | 壬午 9 | 癸未 10 | | |
| 二月大 癸卯 | 天干地支 西曆 | 甲申 11 | 乙酉 12 | 丙戌 13 | 丁亥 14 | 戊子 15 | 己丑 16 | 庚寅 17 | 辛卯 18 | 壬辰 19 | 癸巳 20 | 甲午 21 | 乙未 22 | 丙申 23 | 丁酉 24 | 戊戌 25 | 己亥 26 | 庚子 27 | 辛丑 28 | 壬寅 29 | 癸卯 30 | 甲辰 31 | 乙巳 (4) | 丙午 2 | 丁未 3 | 戊申 4 | 己酉 5 | 庚戌 6 | 辛亥 7 | 壬子 8 | 癸丑 9 | 戊戌春分 |
| 三月小 甲辰 | 天干地支 西曆 | 甲寅 10 | 乙卯 11 | 丙辰 12 | 丁巳 13 | 戊午 14 | 己未 15 | 庚申 16 | 辛酉 17 | 壬戌 18 | 癸亥 19 | 甲子 20 | 乙丑 21 | 丙寅 22 | 丁卯 23 | 戊辰 24 | 己巳 25 | 庚午 26 | 辛未 27 | 壬申 28 | 癸酉 29 | 甲戌 30 | 乙亥 (5) | 丙子 2 | 丁丑 3 | 戊寅 4 | 己卯 5 | 庚辰 6 | 辛巳 7 | 壬午 8 | | |
| 四月大 乙巳 | 天干地支 西曆 | 癸未 9 | 甲申 10 | 乙酉 11 | 丙戌 12 | 丁亥 13 | 戊子 14 | 己丑 15 | 庚寅 16 | 辛卯 17 | 壬辰 18 | 癸巳 19 | 甲午 20 | 乙未 21 | 丙申 22 | 丁酉 23 | 戊戌 24 | 己亥 25 | 庚子 26 | 辛丑 27 | 壬寅 28 | 癸卯 29 | 甲辰 30 | 乙巳 31 | 丙午 (6) | 丁未 2 | 戊申 3 | 己酉 4 | 庚戌 5 | 辛亥 6 | 壬子 7 | 甲申立夏<br>壬子日食 |
| 五月小 丙午 | 天干地支 西曆 | 癸丑 8 | 甲寅 9 | 乙卯 10 | 丙辰 11 | 丁巳 12 | 戊午 13 | 己未 14 | 庚申 15 | 辛酉 16 | 壬戌 17 | 癸亥 18 | 甲子 19 | 乙丑 20 | 丙寅 21 | 丁卯 22 | 戊辰 23 | 己巳 24 | 庚午 25 | 辛未 26 | 壬申 27 | 癸酉 28 | 甲戌 29 | 乙亥 30 | 丙子 (7) | 丁丑 2 | 戊寅 3 | 己卯 4 | 庚辰 5 | 辛巳 6 | | 庚午夏至 |
| 六月大 丁未 | 天干地支 西曆 | 壬午 7 | 癸未 8 | 甲申 9 | 乙酉 10 | 丙戌 11 | 丁亥 12 | 戊子 13 | 己丑 14 | 庚寅 15 | 辛卯 16 | 壬辰 17 | 癸巳 18 | 甲午 19 | 乙未 20 | 丙申 21 | 丁酉 22 | 戊戌 23 | 己亥 24 | 庚子 25 | 辛丑 26 | 壬寅 27 | 癸卯 28 | 甲辰 29 | 乙巳 30 | 丙午 31 | 丁未 (8) | 戊申 2 | 己酉 3 | 庚戌 4 | 辛亥 5 | |
| 七月大 戊申 | 天干地支 西曆 | 壬子 6 | 癸丑 7 | 甲寅 8 | 乙卯 9 | 丙辰 10 | 丁巳 11 | 戊午 12 | 己未 13 | 庚申 14 | 辛酉 15 | 壬戌 16 | 癸亥 17 | 甲子 18 | 乙丑 19 | 丙寅 20 | 丁卯 21 | 戊辰 22 | 己巳 23 | 庚午 24 | 辛未 25 | 壬申 26 | 癸酉 27 | 甲戌 28 | 乙亥 29 | 丙子 30 | 丁丑 31 | 戊寅 (9) | 己卯 2 | 庚辰 3 | 辛巳 4 | 乙卯立秋 |
| 八月小 己酉 | 天干地支 西曆 | 壬午 5 | 癸未 6 | 甲申 7 | 乙酉 8 | 丙戌 9 | 丁亥 10 | 戊子 11 | 己丑 12 | 庚寅 13 | 辛卯 14 | 壬辰 15 | 癸巳 16 | 甲午 17 | 乙未 18 | 丙申 19 | 丁酉 20 | 戊戌 21 | 己亥 22 | 庚子 23 | 辛丑 24 | 壬寅 25 | 癸卯 26 | 甲辰 27 | 乙巳 28 | 丙午 29 | 丁未 30 | 戊申 (10) | 己酉 2 | 庚戌 3 | | 辛丑秋分 |
| 九月大 庚戌 | 天干地支 西曆 | 辛亥 4 | 壬子 5 | 癸丑 6 | 甲寅 7 | 乙卯 8 | 丙辰 9 | 丁巳 10 | 戊午 11 | 己未 12 | 庚申 13 | 辛酉 14 | 壬戌 15 | 癸亥 16 | 甲子 17 | 乙丑 18 | 丙寅 19 | 丁卯 20 | 戊辰 21 | 己巳 22 | 庚午 23 | 辛未 24 | 壬申 25 | 癸酉 26 | 甲戌 27 | 乙亥 28 | 丙子 29 | 丁丑 30 | 戊寅 31 | 己卯 (11) | 庚辰 2 | |

* 十月丙戌（初一），改稱中元。

# 漢景帝中元二年（癸巳 蛇年） 公元前 149 ~ 前 148 年

| 夏曆月序 | | 中西曆日對照 | 夏曆日序 | | | | | | | | | | | | | | | | | | | | | | | | | | | | | 節氣與天象 |
|---|---|---|---|---|---|---|---|---|---|---|---|---|---|---|---|---|---|---|---|---|---|---|---|---|---|---|---|---|---|---|---|---|
| | | | 初一 | 初二 | 初三 | 初四 | 初五 | 初六 | 初七 | 初八 | 初九 | 初十 | 十一 | 十二 | 十三 | 十四 | 十五 | 十六 | 十七 | 十八 | 十九 | 二十 | 二一 | 二二 | 二三 | 二四 | 二五 | 二六 | 二七 | 二八 | 二九 | 三十 | |
| 十月小 | 辛亥 | 天干<br>地支<br>西曆 | 辛巳3 | 壬午4 | 癸未5 | 甲申6 | 乙酉7 | 丙戌8 | 丁亥9 | 戊子10 | 己丑11 | 庚寅12 | 辛卯13 | 壬辰14 | 癸巳15 | 甲午16 | 乙未17 | 丙申18 | 丁酉19 | 戊戌20 | 己亥21 | 庚子22 | 辛丑23 | 壬寅24 | 癸卯25 | 甲辰26 | 乙巳27 | 丙午28 | 丁未29 | 戊申30 | 己酉(12) | | 丁亥立冬 |
| 十一月大 | 壬子 | 天干<br>地支<br>西曆 | 庚戌2 | 辛亥3 | 壬子4 | 癸丑5 | 甲寅6 | 乙卯7 | 丙辰8 | 丁巳9 | 戊午10 | 己未11 | 庚申12 | 辛酉13 | 壬戌14 | 癸亥15 | 甲子16 | 乙丑17 | 丙寅18 | 丁卯19 | 戊辰20 | 己巳21 | 庚午22 | 辛未23 | 壬申24 | 癸酉25 | 甲戌26 | 乙亥27 | 丙子28 | 丁丑29 | 戊寅30 | 己卯31 | 壬申冬至 |
| 十二月小 | 癸丑 | 天干<br>地支<br>西曆 | 庚辰(1) | 辛巳2 | 壬午3 | 癸未4 | 甲申5 | 乙酉6 | 丙戌7 | 丁亥8 | 戊子9 | 己丑10 | 庚寅11 | 辛卯12 | 壬辰13 | 癸巳14 | 甲午15 | 乙未16 | 丙申17 | 丁酉18 | 戊戌19 | 己亥20 | 庚子21 | 辛丑22 | 壬寅23 | 癸卯24 | 甲辰25 | 乙巳26 | 丙午27 | 丁未28 | 戊申29 | | |
| 正月大 | 甲寅 | 天干<br>地支<br>西曆 | 己酉30 | 庚戌31 | 辛亥(2) | 壬子2 | 癸丑3 | 甲寅4 | 乙卯5 | 丙辰6 | 丁巳7 | 戊午8 | 己未9 | 庚申10 | 辛酉11 | 壬戌12 | 癸亥13 | 甲子14 | 乙丑15 | 丙寅16 | 丁卯17 | 戊辰18 | 己巳19 | 庚午20 | 辛未21 | 壬申22 | 癸酉23 | 甲戌24 | 乙亥25 | 丙子26 | 丁丑27 | 戊寅28 | 戊午立春 |
| 二月小 | 乙卯 | 天干<br>地支<br>西曆 | 己卯(3) | 庚辰2 | 辛巳3 | 壬午4 | 癸未5 | 甲申6 | 乙酉7 | 丙戌8 | 丁亥9 | 戊子10 | 己丑11 | 庚寅12 | 辛卯13 | 壬辰14 | 癸巳15 | 甲午16 | 乙未17 | 丙申18 | 丁酉19 | 戊戌20 | 己亥21 | 庚子22 | 辛丑23 | 壬寅24 | 癸卯25 | 甲辰26 | 乙巳27 | 丙午28 | 丁未29 | | 甲辰春分 |
| 三月大 | 丙辰 | 天干<br>地支<br>西曆 | 戊申30 | 己酉31 | 庚戌(4) | 辛亥2 | 壬子3 | 癸丑4 | 甲寅5 | 乙卯6 | 丙辰7 | 丁巳8 | 戊午9 | 己未10 | 庚申11 | 辛酉12 | 壬戌13 | 癸亥14 | 甲子15 | 乙丑16 | 丙寅17 | 丁卯18 | 戊辰19 | 己巳20 | 庚午21 | 辛未22 | 壬申23 | 癸酉24 | 甲戌25 | 乙亥26 | 丙子27 | 丁丑28 | |
| 四月小 | 丁巳 | 天干<br>地支<br>西曆 | 戊寅29 | 己卯30 | 庚辰(5) | 辛巳2 | 壬午3 | 癸未4 | 甲申5 | 乙酉6 | 丙戌7 | 丁亥8 | 戊子9 | 己丑10 | 庚寅11 | 辛卯12 | 壬辰13 | 癸巳14 | 甲午15 | 乙未16 | 丙申17 | 丁酉18 | 戊戌19 | 己亥20 | 庚子21 | 辛丑22 | 壬寅23 | 癸卯24 | 甲辰25 | 乙巳26 | 丙午27 | | 己丑立夏 |
| 五月大 | 戊午 | 天干<br>地支<br>西曆 | 丁未28 | 戊申29 | 己酉30 | 庚戌31 | 辛亥(6) | 壬子2 | 癸丑3 | 甲寅4 | 乙卯5 | 丙辰6 | 丁巳7 | 戊午8 | 己未9 | 庚申10 | 辛酉11 | 壬戌12 | 癸亥13 | 甲子14 | 乙丑15 | 丙寅16 | 丁卯17 | 戊辰18 | 己巳19 | 庚午20 | 辛未21 | 壬申22 | 癸酉23 | 甲戌24 | 乙亥25 | 丙子26 | 乙亥夏至 |
| 六月小 | 己未 | 天干<br>地支<br>西曆 | 丁丑27 | 戊寅28 | 己卯29 | 庚辰30 | 辛巳(7) | 壬午2 | 癸未3 | 甲申4 | 乙酉5 | 丙戌6 | 丁亥7 | 戊子8 | 己丑9 | 庚寅10 | 辛卯11 | 壬辰12 | 癸巳13 | 甲午14 | 乙未15 | 丙申16 | 丁酉17 | 戊戌18 | 己亥19 | 庚子20 | 辛丑21 | 壬寅22 | 癸卯23 | 甲辰24 | 乙巳25 | | |
| 七月大 | 庚申 | 天干<br>地支<br>西曆 | 丙午26 | 丁未27 | 戊申28 | 己酉29 | 庚戌30 | 辛亥31 | 壬子(8) | 癸丑2 | 甲寅3 | 乙卯4 | 丙辰5 | 丁巳6 | 戊午7 | 己未8 | 庚申9 | 辛酉10 | 壬戌11 | 癸亥12 | 甲子13 | 乙丑14 | 丙寅15 | 丁卯16 | 戊辰17 | 己巳18 | 庚午19 | 辛未20 | 壬申21 | 癸酉22 | 甲戌23 | 乙亥24 | 辛酉立秋 |
| 八月小 | 辛酉 | 天干<br>地支<br>西曆 | 丙子25 | 丁丑26 | 戊寅27 | 己卯28 | 庚辰29 | 辛巳30 | 壬午31 | 癸未(9) | 甲申2 | 乙酉3 | 丙戌4 | 丁亥5 | 戊子6 | 己丑7 | 庚寅8 | 辛卯9 | 壬辰10 | 癸巳11 | 甲午12 | 乙未13 | 丙申14 | 丁酉15 | 戊戌16 | 己亥17 | 庚子18 | 辛丑19 | 壬寅20 | 癸卯21 | 甲辰22 | | |
| 九月大 | 壬戌 | 天干<br>地支<br>西曆 | 乙巳23 | 丙午24 | 丁未25 | 戊申26 | 己酉27 | 庚戌28 | 辛亥29 | 壬子30 | 癸丑(10) | 甲寅2 | 乙卯3 | 丙辰4 | 丁巳5 | 戊午6 | 己未7 | 庚申8 | 辛酉9 | 壬戌10 | 癸亥11 | 甲子12 | 乙丑13 | 丙寅14 | 丁卯15 | 戊辰16 | 己巳17 | 庚午18 | 辛未19 | 壬申20 | 癸酉21 | 甲戌22 | 丙午秋分 |
| 後九月大 | 壬戌 | 天干<br>地支<br>西曆 | 乙亥23 | 丙子24 | 丁丑25 | 戊寅26 | 己卯27 | 庚辰28 | 辛巳29 | 壬午30 | 癸未31 | 甲申(11) | 乙酉2 | 丙戌3 | 丁亥4 | 戊子5 | 己丑6 | 庚寅7 | 辛卯8 | 壬辰9 | 癸巳10 | 甲午11 | 乙未12 | 丙申13 | 丁酉14 | 戊戌15 | 己亥16 | 庚子17 | 辛丑18 | 壬寅19 | 癸卯20 | 甲辰21 | 壬辰立冬 |

# 漢景帝中元三年（甲午 馬年） 公元前 148 ~ 前 147 年

| 夏曆月序 | | 中西曆日對照 | 夏曆日序 | | | | | | | | | | | | | | | | | | | | | | | | | | | | | 節氣與天象 |
|---|---|---|---|---|---|---|---|---|---|---|---|---|---|---|---|---|---|---|---|---|---|---|---|---|---|---|---|---|---|---|---|---|
| | | | 初一 | 初二 | 初三 | 初四 | 初五 | 初六 | 初七 | 初八 | 初九 | 初十 | 十一 | 十二 | 十三 | 十四 | 十五 | 十六 | 十七 | 十八 | 十九 | 二十 | 二一 | 二二 | 二三 | 二四 | 二五 | 二六 | 二七 | 二八 | 二九 | 三十 | |
| 十月小 | 癸亥 | 天干地支<br>西曆 | 乙巳<br>22 | 丙午<br>23 | 丁未<br>24 | 戊申<br>25 | 己酉<br>26 | 庚戌<br>27 | 辛亥<br>28 | 壬子<br>29 | 癸丑<br>30 | 甲寅<br>(12) | 乙卯<br>2 | 丙辰<br>3 | 丁巳<br>4 | 戊午<br>5 | 己未<br>6 | 庚申<br>7 | 辛酉<br>8 | 壬戌<br>9 | 癸亥<br>10 | 甲子<br>11 | 乙丑<br>12 | 丙寅<br>13 | 丁卯<br>14 | 戊辰<br>15 | 己巳<br>16 | 庚午<br>17 | 辛未<br>18 | 壬申<br>19 | 癸酉<br>20 | | |
| 十一月大 | 甲子 | 天干地支<br>西曆 | 甲戌<br>21 | 乙亥<br>22 | 丙子<br>23 | 丁丑<br>24 | 戊寅<br>25 | 己卯<br>26 | 庚辰<br>27 | 辛巳<br>28 | 壬午<br>29 | 癸未<br>30 | 甲申<br>31 | 乙酉<br>(1) | 丙戌<br>2 | 丁亥<br>3 | 戊子<br>4 | 己丑<br>5 | 庚寅<br>6 | 辛卯<br>7 | 壬辰<br>8 | 癸巳<br>9 | 甲午<br>10 | 乙未<br>11 | 丙申<br>12 | 丁酉<br>13 | 戊戌<br>14 | 己亥<br>15 | 庚子<br>16 | 辛丑<br>17 | 壬寅<br>18 | 癸卯<br>19 | 戊寅冬至 |
| 十二月小 | 乙丑 | 天干地支<br>西曆 | 甲辰<br>20 | 乙巳<br>21 | 丙午<br>22 | 丁未<br>23 | 戊申<br>24 | 己酉<br>25 | 庚戌<br>26 | 辛亥<br>27 | 壬子<br>28 | 癸丑<br>29 | 甲寅<br>30 | 乙卯<br>31 | 丙辰<br>(2) | 丁巳<br>2 | 戊午<br>3 | 己未<br>4 | 庚申<br>5 | 辛酉<br>6 | 壬戌<br>7 | 癸亥<br>8 | 甲子<br>9 | 乙丑<br>10 | 丙寅<br>11 | 丁卯<br>12 | 戊辰<br>13 | 己巳<br>14 | 庚午<br>15 | 辛未<br>16 | 壬申<br>17 | | 癸亥立春 |
| 正月大 | 丙寅 | 天干地支<br>西曆 | 癸酉<br>18 | 甲戌<br>19 | 乙亥<br>20 | 丙子<br>21 | 丁丑<br>22 | 戊寅<br>23 | 己卯<br>24 | 庚辰<br>25 | 辛巳<br>26 | 壬午<br>27 | 癸未<br>28 | 甲申<br>(3) | 乙酉<br>2 | 丙戌<br>3 | 丁亥<br>4 | 戊子<br>5 | 己丑<br>6 | 庚寅<br>7 | 辛卯<br>8 | 壬辰<br>9 | 癸巳<br>10 | 甲午<br>11 | 乙未<br>12 | 丙申<br>13 | 丁酉<br>14 | 戊戌<br>15 | 己亥<br>16 | 庚子<br>17 | 辛丑<br>18 | 壬寅<br>19 | |
| 二月小 | 丁卯 | 天干地支<br>西曆 | 癸卯<br>20 | 甲辰<br>21 | 乙巳<br>22 | 丙午<br>23 | 丁未<br>24 | 戊申<br>25 | 己酉<br>26 | 庚戌<br>27 | 辛亥<br>28 | 壬子<br>29 | 癸丑<br>30 | 甲寅<br>31 | 乙卯<br>(4) | 丙辰<br>2 | 丁巳<br>3 | 戊午<br>4 | 己未<br>5 | 庚申<br>6 | 辛酉<br>7 | 壬戌<br>8 | 癸亥<br>9 | 甲子<br>10 | 乙丑<br>11 | 丙寅<br>12 | 丁卯<br>13 | 戊辰<br>14 | 己巳<br>15 | 庚午<br>16 | 辛未<br>17 | | 己酉春分 |
| 三月大 | 戊辰 | 天干地支<br>西曆 | 壬申<br>18 | 癸酉<br>19 | 甲戌<br>20 | 乙亥<br>21 | 丙子<br>22 | 丁丑<br>23 | 戊寅<br>24 | 己卯<br>25 | 庚辰<br>26 | 辛巳<br>27 | 壬午<br>28 | 癸未<br>29 | 甲申<br>30 | 乙酉<br>(5) | 丙戌<br>2 | 丁亥<br>3 | 戊子<br>4 | 己丑<br>5 | 庚寅<br>6 | 辛卯<br>7 | 壬辰<br>8 | 癸巳<br>9 | 甲午<br>10 | 乙未<br>11 | 丙申<br>12 | 丁酉<br>13 | 戊戌<br>14 | 己亥<br>15 | 庚子<br>16 | 辛丑<br>17 | 乙未立夏 |
| 四月小 | 己巳 | 天干地支<br>西曆 | 壬寅<br>18 | 癸卯<br>19 | 甲辰<br>20 | 乙巳<br>21 | 丙午<br>22 | 丁未<br>23 | 戊申<br>24 | 己酉<br>25 | 庚戌<br>26 | 辛亥<br>27 | 壬子<br>28 | 癸丑<br>29 | 甲寅<br>30 | 乙卯<br>31 | 丙辰<br>(6) | 丁巳<br>2 | 戊午<br>3 | 己未<br>4 | 庚申<br>5 | 辛酉<br>6 | 壬戌<br>7 | 癸亥<br>8 | 甲子<br>9 | 乙丑<br>10 | 丙寅<br>11 | 丁卯<br>12 | 戊辰<br>13 | 己巳<br>14 | 庚午<br>15 | | |
| 五月大 | 庚午 | 天干地支<br>西曆 | 辛未<br>16 | 壬申<br>17 | 癸酉<br>18 | 甲戌<br>19 | 乙亥<br>20 | 丙子<br>21 | 丁丑<br>22 | 戊寅<br>23 | 己卯<br>24 | 庚辰<br>25 | 辛巳<br>26 | 壬午<br>27 | 癸未<br>28 | 甲申<br>29 | 乙酉<br>30 | 丙戌<br>(7) | 丁亥<br>2 | 戊子<br>3 | 己丑<br>4 | 庚寅<br>5 | 辛卯<br>6 | 壬辰<br>7 | 癸巳<br>8 | 甲午<br>9 | 乙未<br>10 | 丙申<br>11 | 丁酉<br>12 | 戊戌<br>13 | 己亥<br>14 | 庚子<br>15 | 庚辰夏至 |
| 六月小 | 辛未 | 天干地支<br>西曆 | 辛丑<br>16 | 壬寅<br>17 | 癸卯<br>18 | 甲辰<br>19 | 乙巳<br>20 | 丙午<br>21 | 丁未<br>22 | 戊申<br>23 | 己酉<br>24 | 庚戌<br>25 | 辛亥<br>26 | 壬子<br>27 | 癸丑<br>28 | 甲寅<br>29 | 乙卯<br>30 | 丙辰<br>31 | 丁巳<br>(8) | 戊午<br>2 | 己未<br>3 | 庚申<br>4 | 辛酉<br>5 | 壬戌<br>6 | 癸亥<br>7 | 甲子<br>8 | 乙丑<br>9 | 丙寅<br>10 | 丁卯<br>11 | 戊辰<br>12 | 己巳<br>13 | | 丙寅立秋 |
| 七月大 | 壬申 | 天干地支<br>西曆 | 庚午<br>14 | 辛未<br>15 | 壬申<br>16 | 癸酉<br>17 | 甲戌<br>18 | 乙亥<br>19 | 丙子<br>20 | 丁丑<br>21 | 戊寅<br>22 | 己卯<br>23 | 庚辰<br>24 | 辛巳<br>25 | 壬午<br>26 | 癸未<br>27 | 甲申<br>28 | 乙酉<br>29 | 丙戌<br>30 | 丁亥<br>31 | 戊子<br>(9) | 己丑<br>2 | 庚寅<br>3 | 辛卯<br>4 | 壬辰<br>5 | 癸巳<br>6 | 甲午<br>7 | 乙未<br>8 | 丙申<br>9 | 丁酉<br>10 | 戊戌<br>11 | 己亥<br>12 | |
| 八月小 | 癸酉 | 天干地支<br>西曆 | 庚子<br>13 | 辛丑<br>14 | 壬寅<br>15 | 癸卯<br>16 | 甲辰<br>17 | 乙巳<br>18 | 丙午<br>19 | 丁未<br>20 | 戊申<br>21 | 己酉<br>22 | 庚戌<br>23 | 辛亥<br>24 | 壬子<br>25 | 癸丑<br>26 | 甲寅<br>27 | 乙卯<br>28 | 丙辰<br>29 | 丁巳<br>30 | 戊午<br>(10) | 己未<br>2 | 庚申<br>3 | 辛酉<br>4 | 壬戌<br>5 | 癸亥<br>6 | 甲子<br>7 | 乙丑<br>8 | 丙寅<br>9 | 丁卯<br>10 | 戊辰<br>11 | | 壬子秋分 |
| 九月大 | 甲戌 | 天干地支<br>西曆 | 己巳<br>12 | 庚午<br>13 | 辛未<br>14 | 壬申<br>15 | 癸酉<br>16 | 甲戌<br>17 | 乙亥<br>18 | 丙子<br>19 | 丁丑<br>20 | 戊寅<br>21 | 己卯<br>22 | 庚辰<br>23 | 辛巳<br>24 | 壬午<br>25 | 癸未<br>26 | 甲申<br>27 | 乙酉<br>28 | 丙戌<br>29 | 丁亥<br>30 | 戊子<br>31 | 己丑<br>(11) | 庚寅<br>2 | 辛卯<br>3 | 壬辰<br>4 | 癸巳<br>5 | 甲午<br>6 | 乙未<br>7 | 丙申<br>8 | 丁酉<br>9 | 戊戌<br>10 | 丁酉立冬<br>戊戌日食 |

# 漢景帝中元四年（乙未羊年）公元前147～前146年

| 夏曆月序 | | 中西曆日對照 | 初一 | 初二 | 初三 | 初四 | 初五 | 初六 | 初七 | 初八 | 初九 | 初十 | 十一 | 十二 | 十三 | 十四 | 十五 | 十六 | 十七 | 十八 | 十九 | 二十 | 二一 | 二二 | 二三 | 二四 | 二五 | 二六 | 二七 | 二八 | 二九 | 三十 | 節氣與天象 |
|---|---|---|---|---|---|---|---|---|---|---|---|---|---|---|---|---|---|---|---|---|---|---|---|---|---|---|---|---|---|---|---|---|---|
| 十月小 | 乙亥 | 天地干支西曆 | 己亥11 | 庚子12 | 辛丑13 | 壬寅14 | 癸卯15 | 甲辰16 | 乙巳17 | 丙午18 | 丁未19 | 戊申20 | 己酉21 | 庚戌22 | 辛亥23 | 壬子24 | 癸丑25 | 甲寅26 | 乙卯27 | 丙辰28 | 丁巳29 | 戊午30 | 己未(12) | 庚申2 | 辛酉3 | 壬戌4 | 癸亥5 | 甲子6 | 乙丑7 | 丙寅8 | 丁卯9 | | |
| 十一月大 | 丙子 | 天地干支西曆 | 戊辰10 | 己巳11 | 庚午12 | 辛未13 | 壬申14 | 癸酉15 | 甲戌16 | 乙亥17 | 丙子18 | 丁丑19 | 戊寅20 | 己卯21 | 庚辰22 | 辛巳23 | 壬午24 | 癸未25 | 甲申26 | 乙酉27 | 丙戌28 | 丁亥29 | 戊子30 | 己丑31 | 庚寅(1) | 辛卯2 | 壬辰3 | 癸巳4 | 甲午5 | 乙未6 | 丙申7 | 丁酉8 | 癸未冬至 |
| 十二月小 | 丁丑 | 天地干支西曆 | 戊戌9 | 己亥10 | 庚子11 | 辛丑12 | 壬寅13 | 癸卯14 | 甲辰15 | 乙巳16 | 丙午17 | 丁未18 | 戊申19 | 己酉20 | 庚戌21 | 辛亥22 | 壬子23 | 癸丑24 | 甲寅25 | 乙卯26 | 丙辰27 | 丁巳28 | 戊午29 | 己未30 | 庚申31 | 辛酉(2) | 壬戌2 | 癸亥3 | 甲子4 | 乙丑5 | 丙寅6 | | |
| 正月大 | 戊寅 | 天地干支西曆 | 丁卯7 | 戊辰8 | 己巳9 | 庚午10 | 辛未11 | 壬申12 | 癸酉13 | 甲戌14 | 乙亥15 | 丙子16 | 丁丑17 | 戊寅18 | 己卯19 | 庚辰20 | 辛巳21 | 壬午22 | 癸未23 | 甲申24 | 乙酉25 | 丙戌26 | 丁亥27 | 戊子28 | 己丑(3) | 庚寅2 | 辛卯3 | 壬辰4 | 癸巳5 | 甲午6 | 乙未7 | 丙申8 | 己巳立春 |
| 二月大 | 己卯 | 天地干支西曆 | 丁酉9 | 戊戌10 | 己亥11 | 庚子12 | 辛丑13 | 壬寅14 | 癸卯15 | 甲辰16 | 乙巳17 | 丙午18 | 丁未19 | 戊申20 | 己酉21 | 庚戌22 | 辛亥23 | 壬子24 | 癸丑25 | 甲寅26 | 乙卯27 | 丙辰28 | 丁巳29 | 戊午30 | 己未31 | 庚申(4) | 辛酉2 | 壬戌3 | 癸亥4 | 甲子5 | 乙丑6 | 丙寅7 | 甲寅春分 |
| 三月小 | 庚辰 | 天地干支西曆 | 丁卯8 | 戊辰9 | 己巳10 | 庚午11 | 辛未12 | 壬申13 | 癸酉14 | 甲戌15 | 乙亥16 | 丙子17 | 丁丑18 | 戊寅19 | 己卯20 | 庚辰21 | 辛巳22 | 壬午23 | 癸未24 | 甲申25 | 乙酉26 | 丙戌27 | 丁亥28 | 戊子29 | 己丑30 | 庚寅(5) | 辛卯2 | 壬辰3 | 癸巳4 | 甲午5 | 乙未6 | | |
| 四月大 | 辛巳 | 天地干支西曆 | 丙申7 | 丁酉8 | 戊戌9 | 己亥10 | 庚子11 | 辛丑12 | 壬寅13 | 癸卯14 | 甲辰15 | 乙巳16 | 丙午17 | 丁未18 | 戊申19 | 己酉20 | 庚戌21 | 辛亥22 | 壬子23 | 癸丑24 | 甲寅25 | 乙卯26 | 丙辰27 | 丁巳28 | 戊午29 | 己未30 | 庚申31 | 辛酉(6) | 壬戌2 | 癸亥3 | 甲子4 | 乙丑5 | 庚子立夏 |
| 五月小 | 壬午 | 天地干支西曆 | 丙寅6 | 丁卯7 | 戊辰8 | 己巳9 | 庚午10 | 辛未11 | 壬申12 | 癸酉13 | 甲戌14 | 乙亥15 | 丙子16 | 丁丑17 | 戊寅18 | 己卯19 | 庚辰20 | 辛巳21 | 壬午22 | 癸未23 | 甲申24 | 乙酉25 | 丙戌26 | 丁亥27 | 戊子28 | 己丑29 | 庚寅30 | 辛卯(7) | 壬辰2 | 癸巳3 | 甲午4 | | 乙酉夏至 |
| 六月大 | 癸未 | 天地干支西曆 | 乙未5 | 丙申6 | 丁酉7 | 戊戌8 | 己亥9 | 庚子10 | 辛丑11 | 壬寅12 | 癸卯13 | 甲辰14 | 乙巳15 | 丙午16 | 丁未17 | 戊申18 | 己酉19 | 庚戌20 | 辛亥21 | 壬子22 | 癸丑23 | 甲寅24 | 乙卯25 | 丙辰26 | 丁巳27 | 戊午28 | 己未29 | 庚申30 | 辛酉31 | 壬戌(8) | 癸亥2 | 甲子3 | |
| 七月小 | 甲申 | 天地干支西曆 | 乙丑4 | 丙寅5 | 丁卯6 | 戊辰7 | 己巳8 | 庚午9 | 辛未10 | 壬申11 | 癸酉12 | 甲戌13 | 乙亥14 | 丙子15 | 丁丑16 | 戊寅17 | 己卯18 | 庚辰19 | 辛巳20 | 壬午21 | 癸未22 | 甲申23 | 乙酉24 | 丙戌25 | 丁亥26 | 戊子27 | 己丑28 | 庚寅29 | 辛卯30 | 壬辰31 | 癸巳(9) | | 辛未立秋 |
| 八月大 | 乙酉 | 天地干支西曆 | 甲午2 | 乙未3 | 丙申4 | 丁酉5 | 戊戌6 | 己亥7 | 庚子8 | 辛丑9 | 壬寅10 | 癸卯11 | 甲辰12 | 乙巳13 | 丙午14 | 丁未15 | 戊申16 | 己酉17 | 庚戌18 | 辛亥19 | 壬子20 | 癸丑21 | 甲寅22 | 乙卯23 | 丙辰24 | 丁巳25 | 戊午26 | 己未27 | 庚申28 | 辛酉29 | 壬戌30 | 癸亥(10) | 丁巳秋分 |
| 九月小 | 丙戌 | 天地干支西曆 | 甲子2 | 乙丑3 | 丙寅4 | 丁卯5 | 戊辰6 | 己巳7 | 庚午8 | 辛未9 | 壬申10 | 癸酉11 | 甲戌12 | 乙亥13 | 丙子14 | 丁丑15 | 戊寅16 | 己卯17 | 庚辰18 | 辛巳19 | 壬午20 | 癸未21 | 甲申22 | 乙酉23 | 丙戌24 | 丁亥25 | 戊子26 | 己丑27 | 庚寅28 | 辛卯29 | 壬辰30 | | |

# 漢景帝中元五年（丙申 猴年） 公元前 146 ~ 前 145 年

| 夏曆月序 | | 中西曆日對照 | 初一 | 初二 | 初三 | 初四 | 初五 | 初六 | 初七 | 初八 | 初九 | 初十 | 十一 | 十二 | 十三 | 十四 | 十五 | 十六 | 十七 | 十八 | 十九 | 二十 | 二一 | 二二 | 二三 | 二四 | 二五 | 二六 | 二七 | 二八 | 二九 | 三十 | 節氣與天象 |
|---|---|---|---|---|---|---|---|---|---|---|---|---|---|---|---|---|---|---|---|---|---|---|---|---|---|---|---|---|---|---|---|---|---|
| 十月大 | 丁亥 | 天干地支西曆 | 癸巳31 | 甲午(11) | 乙未2 | 丙申3 | 丁酉4 | 戊戌5 | 己亥6 | 庚子7 | 辛丑8 | 壬寅9 | 癸卯10 | 甲辰11 | 乙巳12 | 丙午13 | 丁未14 | 戊申15 | 己酉16 | 庚戌17 | 辛亥18 | 壬子19 | 癸丑20 | 甲寅21 | 乙卯22 | 丙辰23 | 丁巳24 | 戊午25 | 己未26 | 庚申27 | 辛酉28 | 壬戌29 | 壬寅立冬 |
| 十一月小 | 戊子 | 天干地支西曆 | 癸亥30 | 甲子(12) | 乙丑2 | 丙寅3 | 丁卯4 | 戊辰5 | 己巳6 | 庚午7 | 辛未8 | 壬申9 | 癸酉10 | 甲戌11 | 乙亥12 | 丙子13 | 丁丑14 | 戊寅15 | 己卯16 | 庚辰17 | 辛巳18 | 壬午19 | 癸未20 | 甲申21 | 乙酉22 | 丙戌23 | 丁亥24 | 戊子25 | 己丑26 | 庚寅27 | 辛卯28 | | 戊子冬至 |
| 十二月大 | 己丑 | 天干地支西曆 | 壬辰29 | 癸巳30 | 甲午31 | 乙未(1) | 丙申2 | 丁酉3 | 戊戌4 | 己亥5 | 庚子6 | 辛丑7 | 壬寅8 | 癸卯9 | 甲辰10 | 乙巳11 | 丙午12 | 丁未13 | 戊申14 | 己酉15 | 庚戌16 | 辛亥17 | 壬子18 | 癸丑19 | 甲寅20 | 乙卯21 | 丙辰22 | 丁巳23 | 戊午24 | 己未25 | 庚申26 | 辛酉27 | |
| 正月小 | 庚寅 | 天干地支西曆 | 壬戌28 | 癸亥29 | 甲子30 | 乙丑31 | 丙寅(2) | 丁卯2 | 戊辰3 | 己巳4 | 庚午5 | 辛未6 | 壬申7 | 癸酉8 | 甲戌9 | 乙亥10 | 丙子11 | 丁丑12 | 戊寅13 | 己卯14 | 庚辰15 | 辛巳16 | 壬午17 | 癸未18 | 甲申19 | 乙酉20 | 丙戌21 | 丁亥22 | 戊子23 | 己丑24 | 庚寅25 | | 甲戌立春 |
| 二月大 | 辛卯 | 天干地支西曆 | 辛卯26 | 壬辰27 | 癸巳28 | 甲午29 | 乙未(3) | 丙申2 | 丁酉3 | 戊戌4 | 己亥5 | 庚子6 | 辛丑7 | 壬寅8 | 癸卯9 | 甲辰10 | 乙巳11 | 丙午12 | 丁未13 | 戊申14 | 己酉15 | 庚戌16 | 辛亥17 | 壬子18 | 癸丑19 | 甲寅20 | 乙卯21 | 丙辰22 | 丁巳23 | 戊午24 | 己未25 | 庚申26 | 己未春分 |
| 三月小 | 壬辰 | 天干地支西曆 | 辛酉27 | 壬戌28 | 癸亥29 | 甲子30 | 乙丑31 | 丙寅(4) | 丁卯2 | 戊辰3 | 己巳4 | 庚午5 | 辛未6 | 壬申7 | 癸酉8 | 甲戌9 | 乙亥10 | 丙子11 | 丁丑12 | 戊寅13 | 己卯14 | 庚辰15 | 辛巳16 | 壬午17 | 癸未18 | 甲申19 | 乙酉20 | 丙戌21 | 丁亥22 | 戊子23 | 己丑24 | | |
| 四月大 | 癸巳 | 天干地支西曆 | 庚寅25 | 辛卯26 | 壬辰27 | 癸巳28 | 甲午29 | 乙未30 | 丙申(5) | 丁酉2 | 戊戌3 | 己亥4 | 庚子5 | 辛丑6 | 壬寅7 | 癸卯8 | 甲辰9 | 乙巳10 | 丙午11 | 丁未12 | 戊申13 | 己酉14 | 庚戌15 | 辛亥16 | 壬子17 | 癸丑18 | 甲寅19 | 乙卯20 | 丙辰21 | 丁巳22 | 戊午23 | 己未24 | 乙巳立夏 |
| 五月小 | 甲午 | 天干地支西曆 | 庚申25 | 辛酉26 | 壬戌27 | 癸亥28 | 甲子29 | 乙丑30 | 丙寅31 | 丁卯(6) | 戊辰2 | 己巳3 | 庚午4 | 辛未5 | 壬申6 | 癸酉7 | 甲戌8 | 乙亥9 | 丙子10 | 丁丑11 | 戊寅12 | 己卯13 | 庚辰14 | 辛巳15 | 壬午16 | 癸未17 | 甲申18 | 乙酉19 | 丙戌20 | 丁亥21 | 戊子22 | | |
| 六月大 | 乙未 | 天干地支西曆 | 己丑23 | 庚寅24 | 辛卯25 | 壬辰26 | 癸巳27 | 甲午28 | 乙未29 | 丙申30 | 丁酉(7) | 戊戌2 | 己亥3 | 庚子4 | 辛丑5 | 壬寅6 | 癸卯7 | 甲辰8 | 乙巳9 | 丙午10 | 丁未11 | 戊申12 | 己酉13 | 庚戌14 | 辛亥15 | 壬子16 | 癸丑17 | 甲寅18 | 乙卯19 | 丙辰20 | 丁巳21 | 戊午22 | 辛卯夏至 |
| 七月大 | 丙申 | 天干地支西曆 | 己未23 | 庚申24 | 辛酉25 | 壬戌26 | 癸亥27 | 甲子28 | 乙丑29 | 丙寅30 | 丁卯31 | 戊辰(8) | 己巳2 | 庚午3 | 辛未4 | 壬申5 | 癸酉6 | 甲戌7 | 乙亥8 | 丙子9 | 丁丑10 | 戊寅11 | 己卯12 | 庚辰13 | 辛巳14 | 壬午15 | 癸未16 | 甲申17 | 乙酉18 | 丙戌19 | 丁亥20 | 戊子21 | 丙子立秋 |
| 八月小 | 丁酉 | 天干地支西曆 | 己丑22 | 庚寅23 | 辛卯24 | 壬辰25 | 癸巳26 | 甲午27 | 乙未28 | 丙申29 | 丁酉30 | 戊戌31 | 己亥(9) | 庚子2 | 辛丑3 | 壬寅4 | 癸卯5 | 甲辰6 | 乙巳7 | 丙午8 | 丁未9 | 戊申10 | 己酉11 | 庚戌12 | 辛亥13 | 壬子14 | 癸丑15 | 甲寅16 | 乙卯17 | 丙辰18 | 丁巳19 | | |
| 九月大 | 戊戌 | 天干地支西曆 | 戊午20 | 己未21 | 庚申22 | 辛酉23 | 壬戌24 | 癸亥25 | 甲子26 | 乙丑27 | 丙寅28 | 丁卯29 | 戊辰30 | 己巳(10) | 庚午2 | 辛未3 | 壬申4 | 癸酉5 | 甲戌6 | 乙亥7 | 丙子8 | 丁丑9 | 戊寅10 | 己卯11 | 庚辰12 | 辛巳13 | 壬午14 | 癸未15 | 甲申16 | 乙酉17 | 丙戌18 | 丁亥19 | 壬戌秋分 |
| 後九月小 | 戊戌 | 天干地支西曆 | 戊子20 | 己丑21 | 庚寅22 | 辛卯23 | 壬辰24 | 癸巳25 | 甲午26 | 乙未27 | 丙申28 | 丁酉29 | 戊戌30 | 己亥31 | 庚子(11) | 辛丑2 | 壬寅3 | 癸卯4 | 甲辰5 | 乙巳6 | 丙午7 | 丁未8 | 戊申9 | 己酉10 | 庚戌11 | 辛亥12 | 壬子13 | 癸丑14 | 甲寅15 | 乙卯16 | 丙辰17 | | 戊申立冬 |

# 漢景帝中元六年（丁酉 鷄年） 公元前 145 ~ 前 144 年

| 夏曆月序 | | 中西曆日對照 | 初一 | 初二 | 初三 | 初四 | 初五 | 初六 | 初七 | 初八 | 初九 | 初十 | 十一 | 十二 | 十三 | 十四 | 十五 | 十六 | 十七 | 十八 | 十九 | 二十 | 二一 | 二二 | 二三 | 二四 | 二五 | 二六 | 二七 | 二八 | 二九 | 三十 | 節氣與天象 |
|---|---|---|---|---|---|---|---|---|---|---|---|---|---|---|---|---|---|---|---|---|---|---|---|---|---|---|---|---|---|---|---|---|---|
| 十月大 | 己亥 | 天干地支<br>西曆 | 丁巳<br>18 | 戊午<br>19 | 己未<br>20 | 庚申<br>21 | 辛酉<br>22 | 壬戌<br>23 | 癸亥<br>24 | 甲子<br>25 | 乙丑<br>26 | 丙寅<br>27 | 丁卯<br>28 | 戊辰<br>29 | 己巳<br>30 | 庚午<br>(12) | 辛未<br>2 | 壬申<br>3 | 癸酉<br>4 | 甲戌<br>5 | 乙亥<br>6 | 丙子<br>7 | 丁丑<br>8 | 戊寅<br>9 | 己卯<br>10 | 庚辰<br>11 | 辛巳<br>12 | 壬午<br>13 | 癸未<br>14 | 甲申<br>15 | 乙酉<br>16 | 丙戌<br>17 | |
| 十一月小 | 庚子 | 天干地支<br>西曆 | 丁亥<br>18 | 戊子<br>19 | 己丑<br>20 | 庚寅<br>21 | 辛卯<br>22 | 壬辰<br>23 | 癸巳<br>24 | 甲午<br>25 | 乙未<br>26 | 丙申<br>27 | 丁酉<br>28 | 戊戌<br>29 | 己亥<br>30 | 庚子<br>31 | 辛丑<br>(1) | 壬寅<br>2 | 癸卯<br>3 | 甲辰<br>4 | 乙巳<br>5 | 丙午<br>6 | 丁未<br>7 | 戊申<br>8 | 己酉<br>9 | 庚戌<br>10 | 辛亥<br>11 | 壬子<br>12 | 癸丑<br>13 | 甲寅<br>14 | 乙卯<br>15 | | 癸巳冬至 |
| 十二月大 | 辛丑 | 天干地支<br>西曆 | 丙辰<br>16 | 丁巳<br>17 | 戊午<br>18 | 己未<br>19 | 庚申<br>20 | 辛酉<br>21 | 壬戌<br>22 | 癸亥<br>23 | 甲子<br>24 | 乙丑<br>25 | 丙寅<br>26 | 丁卯<br>27 | 戊辰<br>28 | 己巳<br>29 | 庚午<br>30 | 辛未<br>31 | 壬申<br>(2) | 癸酉<br>2 | 甲戌<br>3 | 乙亥<br>4 | 丙子<br>5 | 丁丑<br>6 | 戊寅<br>7 | 己卯<br>8 | 庚辰<br>9 | 辛巳<br>10 | 壬午<br>11 | 癸未<br>12 | 甲申<br>13 | 乙酉<br>14 | 己卯立春 |
| 正月小 | 壬寅 | 天干地支<br>西曆 | 丙戌<br>15 | 丁亥<br>16 | 戊子<br>17 | 己丑<br>18 | 庚寅<br>19 | 辛卯<br>20 | 壬辰<br>21 | 癸巳<br>22 | 甲午<br>23 | 乙未<br>24 | 丙申<br>25 | 丁酉<br>26 | 戊戌<br>27 | 己亥<br>28 | 庚子<br>(3) | 辛丑<br>2 | 壬寅<br>3 | 癸卯<br>4 | 甲辰<br>5 | 乙巳<br>6 | 丙午<br>7 | 丁未<br>8 | 戊申<br>9 | 己酉<br>10 | 庚戌<br>11 | 辛亥<br>12 | 壬子<br>13 | 癸丑<br>14 | 甲寅<br>15 | | |
| 二月大 | 癸卯 | 天干地支<br>西曆 | 乙卯<br>16 | 丙辰<br>17 | 丁巳<br>18 | 戊午<br>19 | 己未<br>20 | 庚申<br>21 | 辛酉<br>22 | 壬戌<br>23 | 癸亥<br>24 | 甲子<br>25 | 乙丑<br>26 | 丙寅<br>27 | 丁卯<br>28 | 戊辰<br>29 | 己巳<br>30 | 庚午<br>31 | 辛未<br>(4) | 壬申<br>2 | 癸酉<br>3 | 甲戌<br>4 | 乙亥<br>5 | 丙子<br>6 | 丁丑<br>7 | 戊寅<br>8 | 己卯<br>9 | 庚辰<br>10 | 辛巳<br>11 | 壬午<br>12 | 癸未<br>13 | 甲申<br>14 | 乙丑春分 |
| 三月小 | 甲辰 | 天干地支<br>西曆 | 乙酉<br>15 | 丙戌<br>16 | 丁亥<br>17 | 戊子<br>18 | 己丑<br>19 | 庚寅<br>20 | 辛卯<br>21 | 壬辰<br>22 | 癸巳<br>23 | 甲午<br>24 | 乙未<br>25 | 丙申<br>26 | 丁酉<br>27 | 戊戌<br>28 | 己亥<br>29 | 庚子<br>30 | 辛丑<br>(5) | 壬寅<br>2 | 癸卯<br>3 | 甲辰<br>4 | 乙巳<br>5 | 丙午<br>6 | 丁未<br>7 | 戊申<br>8 | 己酉<br>9 | 庚戌<br>10 | 辛亥<br>11 | 壬子<br>12 | 癸丑<br>13 | | 庚戌立夏 |
| 四月大 | 乙巳 | 天干地支<br>西曆 | 甲寅<br>14 | 乙卯<br>15 | 丙辰<br>16 | 丁巳<br>17 | 戊午<br>18 | 己未<br>19 | 庚申<br>20 | 辛酉<br>21 | 壬戌<br>22 | 癸亥<br>23 | 甲子<br>24 | 乙丑<br>25 | 丙寅<br>26 | 丁卯<br>27 | 戊辰<br>28 | 己巳<br>29 | 庚午<br>30 | 辛未<br>31 | 壬申<br>(6) | 癸酉<br>2 | 甲戌<br>3 | 乙亥<br>4 | 丙子<br>5 | 丁丑<br>6 | 戊寅<br>7 | 己卯<br>8 | 庚辰<br>9 | 辛巳<br>10 | 壬午<br>11 | 癸未<br>12 | |
| 五月小 | 丙午 | 天干地支<br>西曆 | 甲申<br>13 | 乙酉<br>14 | 丙戌<br>15 | 丁亥<br>16 | 戊子<br>17 | 己丑<br>18 | 庚寅<br>19 | 辛卯<br>20 | 壬辰<br>21 | 癸巳<br>22 | 甲午<br>23 | 乙未<br>24 | 丙申<br>25 | 丁酉<br>26 | 戊戌<br>27 | 己亥<br>28 | 庚子<br>29 | 辛丑<br>30 | 壬寅<br>(7) | 癸卯<br>2 | 甲辰<br>3 | 乙巳<br>4 | 丙午<br>5 | 丁未<br>6 | 戊申<br>7 | 己酉<br>8 | 庚戌<br>9 | 辛亥<br>10 | 壬子<br>11 | | 丙申夏至 |
| 六月大 | 丁未 | 天干地支<br>西曆 | 癸丑<br>12 | 甲寅<br>13 | 乙卯<br>14 | 丙辰<br>15 | 丁巳<br>16 | 戊午<br>17 | 己未<br>18 | 庚申<br>19 | 辛酉<br>20 | 壬戌<br>21 | 癸亥<br>22 | 甲子<br>23 | 乙丑<br>24 | 丙寅<br>25 | 丁卯<br>26 | 戊辰<br>27 | 己巳<br>28 | 庚午<br>29 | 辛未<br>30 | 壬申<br>31 | 癸酉<br>(8) | 甲戌<br>2 | 乙亥<br>3 | 丙子<br>4 | 丁丑<br>5 | 戊寅<br>6 | 己卯<br>7 | 庚辰<br>8 | 辛巳<br>9 | 壬午<br>10 | 壬午立秋 |
| 七月小 | 戊申 | 天干地支<br>西曆 | 癸未<br>11 | 甲申<br>12 | 乙酉<br>13 | 丙戌<br>14 | 丁亥<br>15 | 戊子<br>16 | 己丑<br>17 | 庚寅<br>18 | 辛卯<br>19 | 壬辰<br>20 | 癸巳<br>21 | 甲午<br>22 | 乙未<br>23 | 丙申<br>24 | 丁酉<br>25 | 戊戌<br>26 | 己亥<br>27 | 庚子<br>28 | 辛丑<br>29 | 壬寅<br>30 | 癸卯<br>31 | 甲辰<br>(9) | 乙巳<br>2 | 丙午<br>3 | 丁未<br>4 | 戊申<br>5 | 己酉<br>6 | 庚戌<br>7 | 辛亥<br>8 | | 辛亥日食 |
| 八月大 | 己酉 | 天干地支<br>西曆 | 壬子<br>9 | 癸丑<br>10 | 甲寅<br>11 | 乙卯<br>12 | 丙辰<br>13 | 丁巳<br>14 | 戊午<br>15 | 己未<br>16 | 庚申<br>17 | 辛酉<br>18 | 壬戌<br>19 | 癸亥<br>20 | 甲子<br>21 | 乙丑<br>22 | 丙寅<br>23 | 丁卯<br>24 | 戊辰<br>25 | 己巳<br>26 | 庚午<br>27 | 辛未<br>28 | 壬申<br>29 | 癸酉<br>30 | 甲戌<br>(10) | 乙亥<br>2 | 丙子<br>3 | 丁丑<br>4 | 戊寅<br>5 | 己卯<br>6 | 庚辰<br>7 | 辛巳<br>8 | 丁卯秋分 |
| 九月大 | 庚戌 | 天干地支<br>西曆 | 壬午<br>9 | 癸未<br>10 | 甲申<br>11 | 乙酉<br>12 | 丙戌<br>13 | 丁亥<br>14 | 戊子<br>15 | 己丑<br>16 | 庚寅<br>17 | 辛卯<br>18 | 壬辰<br>19 | 癸巳<br>20 | 甲午<br>21 | 乙未<br>22 | 丙申<br>23 | 丁酉<br>24 | 戊戌<br>25 | 己亥<br>26 | 庚子<br>27 | 辛丑<br>28 | 壬寅<br>29 | 癸卯<br>30 | 甲辰<br>31 | 乙巳<br>(11) | 丙午<br>2 | 丁未<br>3 | 戊申<br>4 | 己酉<br>5 | 庚戌<br>6 | 辛亥<br>7 | |

# 漢景帝中元七年 後元元年（戊戌 狗年） 公元前 144 ~ 前 143 年

| 夏曆月序 | 中西曆日對照 | 初一 | 初二 | 初三 | 初四 | 初五 | 初六 | 初七 | 初八 | 初九 | 初十 | 十一 | 十二 | 十三 | 十四 | 十五 | 十六 | 十七 | 十八 | 十九 | 二十 | 二一 | 二二 | 二三 | 二四 | 二五 | 二六 | 二七 | 二八 | 二九 | 三十 | 節氣與天象 |
|---|---|---|---|---|---|---|---|---|---|---|---|---|---|---|---|---|---|---|---|---|---|---|---|---|---|---|---|---|---|---|---|---|
| 十月小 辛亥 | 天干<br>地支<br>西曆 | 壬子<br>8 | 癸丑<br>9 | 甲寅<br>10 | 乙卯<br>11 | 丙辰<br>12 | 丁巳<br>13 | 戊午<br>14 | 己未<br>15 | 庚申<br>16 | 辛酉<br>17 | 壬戌<br>18 | 癸亥<br>19 | 甲子<br>20 | 乙丑<br>21 | 丙寅<br>22 | 丁卯<br>23 | 戊辰<br>24 | 己巳<br>25 | 庚午<br>26 | 辛未<br>27 | 壬申<br>28 | 癸酉<br>29 | 甲戌<br>30 | 乙亥<br>(12) | 丙子<br>2 | 丁丑<br>3 | 戊寅<br>4 | 己卯<br>5 | 庚辰<br>6 | | 癸丑立冬 |
| 十一月大 壬子 | 天干<br>地支<br>西曆 | 辛巳<br>7 | 壬午<br>8 | 癸未<br>9 | 甲申<br>10 | 乙酉<br>11 | 丙戌<br>12 | 丁亥<br>13 | 戊子<br>14 | 己丑<br>15 | 庚寅<br>16 | 辛卯<br>17 | 壬辰<br>18 | 癸巳<br>19 | 甲午<br>20 | 乙未<br>21 | 丙申<br>22 | 丁酉<br>23 | 戊戌<br>24 | 己亥<br>25 | 庚子<br>26 | 辛丑<br>27 | 壬寅<br>28 | 癸卯<br>29 | 甲辰<br>30 | 乙巳<br>31 | 丙午<br>(1) | 丁未<br>2 | 戊申<br>3 | 己酉<br>4 | 庚戌<br>5 | 己亥冬至 |
| 十二月小 癸丑 | 天干<br>地支<br>西曆 | 辛亥<br>6 | 壬子<br>7 | 癸丑<br>8 | 甲寅<br>9 | 乙卯<br>10 | 丙辰<br>11 | 丁巳<br>12 | 戊午<br>13 | 己未<br>14 | 庚申<br>15 | 辛酉<br>16 | 壬戌<br>17 | 癸亥<br>18 | 甲子<br>19 | 乙丑<br>20 | 丙寅<br>21 | 丁卯<br>22 | 戊辰<br>23 | 己巳<br>24 | 庚午<br>25 | 辛未<br>26 | 壬申<br>27 | 癸酉<br>28 | 甲戌<br>29 | 乙亥<br>30 | 丙子<br>31 | 丁丑<br>(2) | 戊寅<br>2 | 己卯<br>3 | | |
| 正月大 甲寅 | 天干<br>地支<br>西曆 | 庚辰<br>4 | 辛巳<br>5 | 壬午<br>6 | 癸未<br>7 | 甲申<br>8 | 乙酉<br>9 | 丙戌<br>10 | 丁亥<br>11 | 戊子<br>12 | 己丑<br>13 | 庚寅<br>14 | 辛卯<br>15 | 壬辰<br>16 | 癸巳<br>17 | 甲午<br>18 | 乙未<br>19 | 丙申<br>20 | 丁酉<br>21 | 戊戌<br>22 | 己亥<br>23 | 庚子<br>24 | 辛丑<br>25 | 壬寅<br>26 | 癸卯<br>27 | 甲辰<br>28 | 乙巳<br>(3) | 丙午<br>2 | 丁未<br>3 | 戊申<br>4 | 己酉<br>5 | 甲申立春 |
| 二月小 乙卯 | 天干<br>地支<br>西曆 | 庚戌<br>6 | 辛亥<br>7 | 壬子<br>8 | 癸丑<br>9 | 甲寅<br>10 | 乙卯<br>11 | 丙辰<br>12 | 丁巳<br>13 | 戊午<br>14 | 己未<br>15 | 庚申<br>16 | 辛酉<br>17 | 壬戌<br>18 | 癸亥<br>19 | 甲子<br>20 | 乙丑<br>21 | 丙寅<br>22 | 丁卯<br>23 | 戊辰<br>24 | 己巳<br>25 | 庚午<br>26 | 辛未<br>27 | 壬申<br>28 | 癸酉<br>29 | 甲戌<br>30 | 乙亥<br>31 | 丙子<br>(4) | 丁丑<br>2 | 戊寅<br>3 | | 庚午春分 |
| 三月大 丙辰 | 天干<br>地支<br>西曆 | 己卯<br>4 | 庚辰<br>5 | 辛巳<br>6 | 壬午<br>7 | 癸未<br>8 | 甲申<br>9 | 乙酉<br>10 | 丙戌<br>11 | 丁亥<br>12 | 戊子<br>13 | 己丑<br>14 | 庚寅<br>15 | 辛卯<br>16 | 壬辰<br>17 | 癸巳<br>18 | 甲午<br>19 | 乙未<br>20 | 丙申<br>21 | 丁酉<br>22 | 戊戌<br>23 | 己亥<br>24 | 庚子<br>25 | 辛丑<br>26 | 壬寅<br>27 | 癸卯<br>28 | 甲辰<br>29 | 乙巳<br>30 | 丙午<br>(5) | 丁未<br>2 | 戊申<br>3 | |
| 四月小 丁巳 | 天干<br>地支<br>西曆 | 己酉<br>4 | 庚戌<br>5 | 辛亥<br>6 | 壬子<br>7 | 癸丑<br>8 | 甲寅<br>9 | 乙卯<br>10 | 丙辰<br>11 | 丁巳<br>12 | 戊午<br>13 | 己未<br>14 | 庚申<br>15 | 辛酉<br>16 | 壬戌<br>17 | 癸亥<br>18 | 甲子<br>19 | 乙丑<br>20 | 丙寅<br>21 | 丁卯<br>22 | 戊辰<br>23 | 己巳<br>24 | 庚午<br>25 | 辛未<br>26 | 壬申<br>27 | 癸酉<br>28 | 甲戌<br>29 | 乙亥<br>30 | 丙子<br>31 | 丁丑<br>(6) | | 丙辰立夏 |
| 五月大 戊午 | 天干<br>地支<br>西曆 | 戊寅<br>2 | 己卯<br>3 | 庚辰<br>4 | 辛巳<br>5 | 壬午<br>6 | 癸未<br>7 | 甲申<br>8 | 乙酉<br>9 | 丙戌<br>10 | 丁亥<br>11 | 戊子<br>12 | 己丑<br>13 | 庚寅<br>14 | 辛卯<br>15 | 壬辰<br>16 | 癸巳<br>17 | 甲午<br>18 | 乙未<br>19 | 丙申<br>20 | 丁酉<br>21 | 戊戌<br>22 | 己亥<br>23 | 庚子<br>24 | 辛丑<br>25 | 壬寅<br>26 | 癸卯<br>27 | 甲辰<br>28 | 乙巳<br>29 | 丙午<br>30 | 丁未<br>(7) | 辛丑夏至 |
| 六月小 己未 | 天干<br>地支<br>西曆 | 戊申<br>2 | 己酉<br>3 | 庚戌<br>4 | 辛亥<br>5 | 壬子<br>6 | 癸丑<br>7 | 甲寅<br>8 | 乙卯<br>9 | 丙辰<br>10 | 丁巳<br>11 | 戊午<br>12 | 己未<br>13 | 庚申<br>14 | 辛酉<br>15 | 壬戌<br>16 | 癸亥<br>17 | 甲子<br>18 | 乙丑<br>19 | 丙寅<br>20 | 丁卯<br>21 | 戊辰<br>22 | 己巳<br>23 | 庚午<br>24 | 辛未<br>25 | 壬申<br>26 | 癸酉<br>27 | 甲戌<br>28 | 乙亥<br>29 | 丙子<br>30 | | |
| 七月大 庚申 | 天干<br>地支<br>西曆 | 丁丑<br>31 | 戊寅<br>(8) | 己卯<br>2 | 庚辰<br>3 | 辛巳<br>4 | 壬午<br>5 | 癸未<br>6 | 甲申<br>7 | 乙酉<br>8 | 丙戌<br>9 | 丁亥<br>10 | 戊子<br>11 | 己丑<br>12 | 庚寅<br>13 | 辛卯<br>14 | 壬辰<br>15 | 癸巳<br>16 | 甲午<br>17 | 乙未<br>18 | 丙申<br>19 | 丁酉<br>20 | 戊戌<br>21 | 己亥<br>22 | 庚子<br>23 | 辛丑<br>24 | 壬寅<br>25 | 癸卯<br>26 | 甲辰<br>27 | 乙巳<br>28 | 丙午<br>29 | 丁亥立秋<br>乙巳日食 |
| 八月小 辛酉 | 天干<br>地支<br>西曆 | 丁未<br>30 | 戊申<br>31 | 己酉<br>(9) | 庚戌<br>2 | 辛亥<br>3 | 壬子<br>4 | 癸丑<br>5 | 甲寅<br>6 | 乙卯<br>7 | 丙辰<br>8 | 丁巳<br>9 | 戊午<br>10 | 己未<br>11 | 庚申<br>12 | 辛酉<br>13 | 壬戌<br>14 | 癸亥<br>15 | 甲子<br>16 | 乙丑<br>17 | 丙寅<br>18 | 丁卯<br>19 | 戊辰<br>20 | 己巳<br>21 | 庚午<br>22 | 辛未<br>23 | 壬申<br>24 | 癸酉<br>25 | 甲戌<br>26 | 乙亥<br>27 | | 癸酉秋分 |
| 九月大 壬戌 | 天干<br>地支<br>西曆 | 丙子<br>28 | 丁丑<br>29 | 戊寅<br>30 | 己卯<br>(10) | 庚辰<br>2 | 辛巳<br>3 | 壬午<br>4 | 癸未<br>5 | 甲申<br>6 | 乙酉<br>7 | 丙戌<br>8 | 丁亥<br>9 | 戊子<br>10 | 己丑<br>11 | 庚寅<br>12 | 辛卯<br>13 | 壬辰<br>14 | 癸巳<br>15 | 甲午<br>16 | 乙未<br>17 | 丙申<br>18 | 丁酉<br>19 | 戊戌<br>20 | 己亥<br>21 | 庚子<br>22 | 辛丑<br>23 | 壬寅<br>24 | 癸卯<br>25 | 甲辰<br>26 | 乙巳<br>27 | |
| 後九月小 壬戌 | 天干<br>地支<br>西曆 | 丙午<br>28 | 丁未<br>29 | 戊申<br>30 | 己酉<br>31 | 庚戌<br>(11) | 辛亥<br>2 | 壬子<br>3 | 癸丑<br>4 | 甲寅<br>5 | 乙卯<br>6 | 丙辰<br>7 | 丁巳<br>8 | 戊午<br>9 | 己未<br>10 | 庚申<br>11 | 辛酉<br>12 | 壬戌<br>13 | 癸亥<br>14 | 甲子<br>15 | 乙丑<br>16 | 丙寅<br>17 | 丁卯<br>18 | 戊辰<br>19 | 己巳<br>20 | 庚午<br>21 | 辛未<br>22 | 壬申<br>23 | 癸酉<br>24 | 甲戌<br>25 | | 戊午立冬 |

* 十月壬子（初一），改稱後元。

# 漢景帝後元二年（己亥 猪年） 公元前143 ~ 前142年

| 夏曆月序 | | 中西曆日對照 | 初一 | 初二 | 初三 | 初四 | 初五 | 初六 | 初七 | 初八 | 初九 | 初十 | 十一 | 十二 | 十三 | 十四 | 十五 | 十六 | 十七 | 十八 | 十九 | 二十 | 二一 | 二二 | 二三 | 二四 | 二五 | 二六 | 二七 | 二八 | 二九 | 三十 | 節氣與天象 |
|---|---|---|---|---|---|---|---|---|---|---|---|---|---|---|---|---|---|---|---|---|---|---|---|---|---|---|---|---|---|---|---|---|---|
| 十月大 | 癸亥 | 天干<br>地支<br>西曆 | 乙亥26 | 丙子27 | 丁丑28 | 戊寅29 | 己卯30 | 庚辰(12) | 辛巳2 | 壬午3 | 癸未4 | 甲申5 | 乙酉6 | 丙戌7 | 丁亥8 | 戊子9 | 己丑10 | 庚寅11 | 辛卯12 | 壬辰13 | 癸巳14 | 甲午15 | 乙未16 | 丙申17 | 丁酉18 | 戊戌19 | 己亥20 | 庚子21 | 辛丑22 | 壬寅23 | 癸卯24 | 甲辰25 | 甲辰冬至 |
| 十一月小 | 甲子 | 天干<br>地支<br>西曆 | 乙巳26 | 丙午27 | 丁未28 | 戊申29 | 己酉30 | 庚戌31 | 辛亥(1) | 壬子2 | 癸丑3 | 甲寅4 | 乙卯5 | 丙辰6 | 丁巳7 | 戊午8 | 己未9 | 庚申10 | 辛酉11 | 壬戌12 | 癸亥13 | 甲子14 | 乙丑15 | 丙寅16 | 丁卯17 | 戊辰18 | 己巳19 | 庚午20 | 辛未21 | 壬申22 | 癸酉23 | | |
| 十二月大 | 乙丑 | 天干<br>地支<br>西曆 | 甲戌24 | 乙亥25 | 丙子26 | 丁丑27 | 戊寅28 | 己卯29 | 庚辰30 | 辛巳31 | 壬午(2) | 癸未2 | 甲申3 | 乙酉4 | 丙戌5 | 丁亥6 | 戊子7 | 己丑8 | 庚寅9 | 辛卯10 | 壬辰11 | 癸巳12 | 甲午13 | 乙未14 | 丙申15 | 丁酉16 | 戊戌17 | 己亥18 | 庚子19 | 辛丑20 | 壬寅21 | 癸卯22 | 庚寅立春 |
| 正月大 | 丙寅 | 天干<br>地支<br>西曆 | 甲辰23 | 乙巳24 | 丙午25 | 丁未26 | 戊申27 | 己酉28 | 庚戌(3) | 辛亥2 | 壬子3 | 癸丑4 | 甲寅5 | 乙卯6 | 丙辰7 | 丁巳8 | 戊午9 | 己未10 | 庚申11 | 辛酉12 | 壬戌13 | 癸亥14 | 甲子15 | 乙丑16 | 丙寅17 | 丁卯18 | 戊辰19 | 己巳20 | 庚午21 | 辛未22 | 壬申23 | 癸酉24 | |
| 二月小 | 丁卯 | 天干<br>地支<br>西曆 | 甲戌25 | 乙亥26 | 丙子27 | 丁丑28 | 戊寅29 | 己卯30 | 庚辰31 | 辛巳(4) | 壬午2 | 癸未3 | 甲申4 | 乙酉5 | 丙戌6 | 丁亥7 | 戊子8 | 己丑9 | 庚寅10 | 辛卯11 | 壬辰12 | 癸巳13 | 甲午14 | 乙未15 | 丙申16 | 丁酉17 | 戊戌18 | 己亥19 | 庚子20 | 辛丑21 | 壬寅22 | | 乙亥春分 |
| 三月大 | 戊辰 | 天干<br>地支<br>西曆 | 癸卯23 | 甲辰24 | 乙巳25 | 丙午26 | 丁未27 | 戊申28 | 己酉29 | 庚戌30 | 辛亥(5) | 壬子2 | 癸丑3 | 甲寅4 | 乙卯5 | 丙辰6 | 丁巳7 | 戊午8 | 己未9 | 庚申10 | 辛酉11 | 壬戌12 | 癸亥13 | 甲子14 | 乙丑15 | 丙寅16 | 丁卯17 | 戊辰18 | 己巳19 | 庚午20 | 辛未21 | 壬申22 | 辛酉立夏 |
| 四月小 | 己巳 | 天干<br>地支<br>西曆 | 癸酉23 | 甲戌24 | 乙亥25 | 丙子26 | 丁丑27 | 戊寅28 | 己卯29 | 庚辰30 | 辛巳31 | 壬午(6) | 癸未2 | 甲申3 | 乙酉4 | 丙戌5 | 丁亥6 | 戊子7 | 己丑8 | 庚寅9 | 辛卯10 | 壬辰11 | 癸巳12 | 甲午13 | 乙未14 | 丙申15 | 丁酉16 | 戊戌17 | 己亥18 | 庚子19 | 辛丑20 | | |
| 五月大 | 庚午 | 天干<br>地支<br>西曆 | 壬寅21 | 癸卯22 | 甲辰23 | 乙巳24 | 丙午25 | 丁未26 | 戊申27 | 己酉28 | 庚戌29 | 辛亥30 | 壬子(7) | 癸丑2 | 甲寅3 | 乙卯4 | 丙辰5 | 丁巳6 | 戊午7 | 己未8 | 庚申9 | 辛酉10 | 壬戌11 | 癸亥12 | 甲子13 | 乙丑14 | 丙寅15 | 丁卯16 | 戊辰17 | 己巳18 | 庚午19 | 辛未20 | 丙午夏至 |
| 六月小 | 辛未 | 天干<br>地支<br>西曆 | 壬申21 | 癸酉22 | 甲戌23 | 乙亥24 | 丙子25 | 丁丑26 | 戊寅27 | 己卯28 | 庚辰29 | 辛巳30 | 壬午31 | 癸未(8) | 甲申2 | 乙酉3 | 丙戌4 | 丁亥5 | 戊子6 | 己丑7 | 庚寅8 | 辛卯9 | 壬辰10 | 癸巳11 | 甲午12 | 乙未13 | 丙申14 | 丁酉15 | 戊戌16 | 己亥17 | 庚子18 | | 壬辰立秋 |
| 七月大 | 壬申 | 天干<br>地支<br>西曆 | 辛丑19 | 壬寅20 | 癸卯21 | 甲辰22 | 乙巳23 | 丙午24 | 丁未25 | 戊申26 | 己酉27 | 庚戌28 | 辛亥29 | 壬子30 | 癸丑31 | 甲寅(9) | 乙卯2 | 丙辰3 | 丁巳4 | 戊午5 | 己未6 | 庚申7 | 辛酉8 | 壬戌9 | 癸亥10 | 甲子11 | 乙丑12 | 丙寅13 | 丁卯14 | 戊辰15 | 己巳16 | 庚午17 | |
| 八月小 | 癸酉 | 天干<br>地支<br>西曆 | 辛未18 | 壬申19 | 癸酉20 | 甲戌21 | 乙亥22 | 丙子23 | 丁丑24 | 戊寅25 | 己卯26 | 庚辰27 | 辛巳28 | 壬午29 | 癸未30 | 甲申(10) | 乙酉2 | 丙戌3 | 丁亥4 | 戊子5 | 己丑6 | 庚寅7 | 辛卯8 | 壬辰9 | 癸巳10 | 甲午11 | 乙未12 | 丙申13 | 丁酉14 | 戊戌15 | 己亥16 | | 戊寅秋分 |
| 九月大 | 甲戌 | 天干<br>地支<br>西曆 | 庚子17 | 辛丑18 | 壬寅19 | 癸卯20 | 甲辰21 | 乙巳22 | 丙午23 | 丁未24 | 戊申25 | 己酉26 | 庚戌27 | 辛亥28 | 壬子29 | 癸丑30 | 甲寅31 | 乙卯(11) | 丙辰2 | 丁巳3 | 戊午4 | 己未5 | 庚申6 | 辛酉7 | 壬戌8 | 癸亥9 | 甲子10 | 乙丑11 | 丙寅12 | 丁卯13 | 戊辰14 | 己巳15 | 癸亥立冬 |

# 漢景帝後元三年（庚子 鼠年） 公元前 142 ~ 前 141 年

| 夏曆月序 | | 中西曆日對照 | 夏曆日序 | | | | | | | | | | | | | | | | | | | | | | | | | | | | | 節氣與天象 |
|---|---|---|---|---|---|---|---|---|---|---|---|---|---|---|---|---|---|---|---|---|---|---|---|---|---|---|---|---|---|---|---|---|
| | | | 初一 | 初二 | 初三 | 初四 | 初五 | 初六 | 初七 | 初八 | 初九 | 初十 | 十一 | 十二 | 十三 | 十四 | 十五 | 十六 | 十七 | 十八 | 十九 | 二十 | 二一 | 二二 | 二三 | 二四 | 二五 | 二六 | 二七 | 二八 | 二九 | 三十 | |
| 十月小 | 乙亥 | 天干 地支 西曆 | 庚午 16 | 辛未 17 | 壬申 18 | 癸酉 19 | 甲戌 20 | 乙亥 21 | 丙子 22 | 丁丑 23 | 戊寅 24 | 己卯 25 | 庚辰 26 | 辛巳 27 | 壬午 28 | 癸未 29 | 甲申 30 | 乙酉 (12) | 丙戌 2 | 丁亥 3 | 戊子 4 | 己丑 5 | 庚寅 6 | 辛卯 7 | 壬辰 8 | 癸巳 9 | 甲午 10 | 乙未 11 | 丙申 12 | 丁酉 13 | 戊戌 14 | | |
| 十一月大 | 丙子 | 天干 地支 西曆 | 己亥 15 | 庚子 16 | 辛丑 17 | 壬寅 18 | 癸卯 19 | 甲辰 20 | 乙巳 21 | 丙午 22 | 丁未 23 | 戊申 24 | 己酉 25 | 庚戌 26 | 辛亥 27 | 壬子 28 | 癸丑 29 | 甲寅 30 | 乙卯 31 | 丙辰 (1) | 丁巳 2 | 戊午 3 | 己未 4 | 庚申 5 | 辛酉 6 | 壬戌 7 | 癸亥 8 | 甲子 9 | 乙丑 10 | 丙寅 11 | 丁卯 12 | 戊辰 13 | 己酉冬至 |
| 十二月小 | 丁丑 | 天干 地支 西曆 | 己巳 14 | 庚午 15 | 辛未 16 | 壬申 17 | 癸酉 18 | 甲戌 19 | 乙亥 20 | 丙子 21 | 丁丑 22 | 戊寅 23 | 己卯 24 | 庚辰 25 | 辛巳 26 | 壬午 27 | 癸未 28 | 甲申 29 | 乙酉 30 | 丙戌 31 | 丁亥 (2) | 戊子 2 | 己丑 3 | 庚寅 4 | 辛卯 5 | 壬辰 6 | 癸巳 7 | 甲午 8 | 乙未 9 | 丙申 10 | 丁酉 11 | | 乙未立春 |
| 正月大 | 戊寅 | 天干 地支 西曆 | 戊戌 12 | 己亥 13 | 庚子 14 | 辛丑 15 | 壬寅 16 | 癸卯 17 | 甲辰 18 | 乙巳 19 | 丙午 20 | 丁未 21 | 戊申 22 | 己酉 23 | 庚戌 24 | 辛亥 25 | 壬子 26 | 癸丑 27 | 甲寅 28 | 乙卯 29 | 丙辰 (3) | 丁巳 2 | 戊午 3 | 己未 4 | 庚申 5 | 辛酉 6 | 壬戌 7 | 癸亥 8 | 甲子 9 | 乙丑 10 | 丙寅 11 | 丁卯 12 | |
| 二月小 | 己卯 | 天干 地支 西曆 | 戊辰 13 | 己巳 14 | 庚午 15 | 辛未 16 | 壬申 17 | 癸酉 18 | 甲戌 19 | 乙亥 20 | 丙子 21 | 丁丑 22 | 戊寅 23 | 己卯 24 | 庚辰 25 | 辛巳 26 | 壬午 27 | 癸未 28 | 甲申 29 | 乙酉 30 | 丙戌 31 | 丁亥 (4) | 戊子 2 | 己丑 3 | 庚寅 4 | 辛卯 5 | 壬辰 6 | 癸巳 7 | 甲午 8 | 乙未 9 | 丙申 10 | | 庚辰春分 |
| 三月大 | 庚辰 | 天干 地支 西曆 | 丁酉 11 | 戊戌 12 | 己亥 13 | 庚子 14 | 辛丑 15 | 壬寅 16 | 癸卯 17 | 甲辰 18 | 乙巳 19 | 丙午 20 | 丁未 21 | 戊申 22 | 己酉 23 | 庚戌 24 | 辛亥 25 | 壬子 26 | 癸丑 27 | 甲寅 28 | 乙卯 29 | 丙辰 30 | 丁巳 (5) | 戊午 2 | 己未 3 | 庚申 4 | 辛酉 5 | 壬戌 6 | 癸亥 7 | 甲子 8 | 乙丑 9 | 丙寅 10 | 丙寅立夏 |
| 四月大 | 辛巳 | 天干 地支 西曆 | 丁卯 11 | 戊辰 12 | 己巳 13 | 庚午 14 | 辛未 15 | 壬申 16 | 癸酉 17 | 甲戌 18 | 乙亥 19 | 丙子 20 | 丁丑 21 | 戊寅 22 | 己卯 23 | 庚辰 24 | 辛巳 25 | 壬午 26 | 癸未 27 | 甲申 28 | 乙酉 29 | 丙戌 30 | 丁亥 31 | 戊子 (6) | 己丑 2 | 庚寅 3 | 辛卯 4 | 壬辰 5 | 癸巳 6 | 甲午 7 | 乙未 8 | 丙申 9 | |
| 五月小 | 壬午 | 天干 地支 西曆 | 丁酉 10 | 戊戌 11 | 己亥 12 | 庚子 13 | 辛丑 14 | 壬寅 15 | 癸卯 16 | 甲辰 17 | 乙巳 18 | 丙午 19 | 丁未 20 | 戊申 21 | 己酉 22 | 庚戌 23 | 辛亥 24 | 壬子 25 | 癸丑 26 | 甲寅 27 | 乙卯 28 | 丙辰 29 | 丁巳 30 | 戊午 (7) | 己未 2 | 庚申 3 | 辛酉 4 | 壬戌 5 | 癸亥 6 | 甲子 7 | 乙丑 8 | | 壬子夏至<br>乙丑日食 |
| 六月大 | 癸未 | 天干 地支 西曆 | 丙寅 9 | 丁卯 10 | 戊辰 11 | 己巳 12 | 庚午 13 | 辛未 14 | 壬申 15 | 癸酉 16 | 甲戌 17 | 乙亥 18 | 丙子 19 | 丁丑 20 | 戊寅 21 | 己卯 22 | 庚辰 23 | 辛巳 24 | 壬午 25 | 癸未 26 | 甲申 27 | 乙酉 28 | 丙戌 29 | 丁亥 30 | 戊子 31 | 己丑 (8) | 庚寅 2 | 辛卯 3 | 壬辰 4 | 癸巳 5 | 甲午 6 | 乙未 7 | |
| 七月小 | 甲申 | 天干 地支 西曆 | 丙申 8 | 丁酉 9 | 戊戌 10 | 己亥 11 | 庚子 12 | 辛丑 13 | 壬寅 14 | 癸卯 15 | 甲辰 16 | 乙巳 17 | 丙午 18 | 丁未 19 | 戊申 20 | 己酉 21 | 庚戌 22 | 辛亥 23 | 壬子 24 | 癸丑 25 | 甲寅 26 | 乙卯 27 | 丙辰 28 | 丁巳 29 | 戊午 30 | 己未 31 | 庚申 (9) | 辛酉 2 | 壬戌 3 | 癸亥 4 | 甲子 5 | | 丁酉立秋 |
| 八月大 | 乙酉 | 天干 地支 西曆 | 乙丑 6 | 丙寅 7 | 丁卯 8 | 戊辰 9 | 己巳 10 | 庚午 11 | 辛未 12 | 壬申 13 | 癸酉 14 | 甲戌 15 | 乙亥 16 | 丙子 17 | 丁丑 18 | 戊寅 19 | 己卯 20 | 庚辰 21 | 辛巳 22 | 壬午 23 | 癸未 24 | 甲申 25 | 乙酉 26 | 丙戌 27 | 丁亥 28 | 戊子 29 | 己丑 30 | 庚寅 (10) | 辛卯 2 | 壬辰 3 | 癸巳 4 | 甲午 5 | 癸未秋分 |
| 九月小 | 丙戌 | 天干 地支 西曆 | 乙未 6 | 丙申 7 | 丁酉 8 | 戊戌 9 | 己亥 10 | 庚子 11 | 辛丑 12 | 壬寅 13 | 癸卯 14 | 甲辰 15 | 乙巳 16 | 丙午 17 | 丁未 18 | 戊申 19 | 己酉 20 | 庚戌 21 | 辛亥 22 | 壬子 23 | 癸丑 24 | 甲寅 25 | 乙卯 26 | 丙辰 27 | 丁巳 28 | 戊午 29 | 己未 30 | 庚申 31 | 辛酉 (11) | 壬戌 2 | 癸亥 3 | | |

* 正月甲子（二十七日），景帝死。劉徹即位，是爲漢武帝。

# 漢武帝建元元年（辛丑 牛年） 公元前 141 ~ 前 140 年

| 夏曆月序 | | 中西曆日對照 | 夏曆日序<br>初一 | 初二 | 初三 | 初四 | 初五 | 初六 | 初七 | 初八 | 初九 | 初十 | 十一 | 十二 | 十三 | 十四 | 十五 | 十六 | 十七 | 十八 | 十九 | 二十 | 二一 | 二二 | 二三 | 二四 | 二五 | 二六 | 二七 | 二八 | 二九 | 三十 | 節氣與天象 |
|---|---|---|---|---|---|---|---|---|---|---|---|---|---|---|---|---|---|---|---|---|---|---|---|---|---|---|---|---|---|---|---|---|---|
| 十月大 | 丁亥 | 天干地支西曆 | 甲子 4 | 乙丑 5 | 丙寅 6 | 丁卯 7 | 戊辰 8 | 己巳 9 | 庚午 10 | 辛未 11 | 壬申 12 | 癸酉 13 | 甲戌 14 | 乙亥 15 | 丙子 16 | 丁丑 17 | 戊寅 18 | 己卯 19 | 庚辰 20 | 辛巳 21 | 壬午 22 | 癸未 23 | 甲申 24 | 乙酉 25 | 丙戌 26 | 丁亥 27 | 戊子 28 | 己丑 29 | 庚寅 30 | 辛卯 (12) | 壬辰 2 | 癸巳 3 | 己巳立冬 |
| 十一月小 | 戊子 | 天干地支西曆 | 甲午 4 | 乙未 5 | 丙申 6 | 丁酉 7 | 戊戌 8 | 己亥 9 | 庚子 10 | 辛丑 11 | 壬寅 12 | 癸卯 13 | 甲辰 14 | 乙巳 15 | 丙午 16 | 丁未 17 | 戊申 18 | 己酉 19 | 庚戌 20 | 辛亥 21 | 壬子 22 | 癸丑 23 | 甲寅 24 | 乙卯 25 | 丙辰 26 | 丁巳 27 | 戊午 28 | 己未 29 | 庚申 30 | 辛酉 31 | 壬戌 (1) | | 甲寅冬至 |
| 十二月大 | 己丑 | 天干地支西曆 | 癸亥 2 | 甲子 3 | 乙丑 4 | 丙寅 5 | 丁卯 6 | 戊辰 7 | 己巳 8 | 庚午 9 | 辛未 10 | 壬申 11 | 癸酉 12 | 甲戌 13 | 乙亥 14 | 丙子 15 | 丁丑 16 | 戊寅 17 | 己卯 18 | 庚辰 19 | 辛巳 20 | 壬午 21 | 癸未 22 | 甲申 23 | 乙酉 24 | 丙戌 25 | 丁亥 26 | 戊子 27 | 己丑 28 | 庚寅 29 | 辛卯 30 | 壬辰 31 | |
| 正月小 | 庚寅 | 天干地支西曆 | 癸巳 (2) | 甲午 2 | 乙未 3 | 丙申 4 | 丁酉 5 | 戊戌 6 | 己亥 7 | 庚子 8 | 辛丑 9 | 壬寅 10 | 癸卯 11 | 甲辰 12 | 乙巳 13 | 丙午 14 | 丁未 15 | 戊申 16 | 己酉 17 | 庚戌 18 | 辛亥 19 | 壬子 20 | 癸丑 21 | 甲寅 22 | 乙卯 23 | 丙辰 24 | 丁巳 25 | 戊午 26 | 己未 27 | 庚申 28 | 辛酉 (3) | | 庚子立春 |
| 二月大 | 辛卯 | 天干地支西曆 | 壬戌 2 | 癸亥 3 | 甲子 4 | 乙丑 5 | 丙寅 6 | 丁卯 7 | 戊辰 8 | 己巳 9 | 庚午 10 | 辛未 11 | 壬申 12 | 癸酉 13 | 甲戌 14 | 乙亥 15 | 丙子 16 | 丁丑 17 | 戊寅 18 | 己卯 19 | 庚辰 20 | 辛巳 21 | 壬午 22 | 癸未 23 | 甲申 24 | 乙酉 25 | 丙戌 26 | 丁亥 27 | 戊子 28 | 己丑 29 | 庚寅 30 | 辛卯 31 | 丙戌春分 |
| 三月小 | 壬辰 | 天干地支西曆 | 壬辰 (4) | 癸巳 2 | 甲午 3 | 乙未 4 | 丙申 5 | 丁酉 6 | 戊戌 7 | 己亥 8 | 庚子 9 | 辛丑 10 | 壬寅 11 | 癸卯 12 | 甲辰 13 | 乙巳 14 | 丙午 15 | 丁未 16 | 戊申 17 | 己酉 18 | 庚戌 19 | 辛亥 20 | 壬子 21 | 癸丑 22 | 甲寅 23 | 乙卯 24 | 丙辰 25 | 丁巳 26 | 戊午 27 | 己未 28 | 庚申 29 | | |
| 四月大 | 癸巳 | 天干地支西曆 | 辛酉 30 | 壬戌 (5) | 癸亥 2 | 甲子 3 | 乙丑 4 | 丙寅 5 | 丁卯 6 | 戊辰 7 | 己巳 8 | 庚午 9 | 辛未 10 | 壬申 11 | 癸酉 12 | 甲戌 13 | 乙亥 14 | 丙子 15 | 丁丑 16 | 戊寅 17 | 己卯 18 | 庚辰 19 | 辛巳 20 | 壬午 21 | 癸未 22 | 甲申 23 | 乙酉 24 | 丙戌 25 | 丁亥 26 | 戊子 27 | 己丑 28 | 庚寅 29 | 辛未立夏 |
| 五月小 | 甲午 | 天干地支西曆 | 辛卯 30 | 壬辰 31 | 癸巳 (6) | 甲午 2 | 乙未 3 | 丙申 4 | 丁酉 5 | 戊戌 6 | 己亥 7 | 庚子 8 | 辛丑 9 | 壬寅 10 | 癸卯 11 | 甲辰 12 | 乙巳 13 | 丙午 14 | 丁未 15 | 戊申 16 | 己酉 17 | 庚戌 18 | 辛亥 19 | 壬子 20 | 癸丑 21 | 甲寅 22 | 乙卯 23 | 丙辰 24 | 丁巳 25 | 戊午 26 | 己未 27 | | 丁巳夏至 |
| 六月大 | 乙未 | 天干地支西曆 | 庚申 28 | 辛酉 29 | 壬戌 30 | 癸亥 (7) | 甲子 2 | 乙丑 3 | 丙寅 4 | 丁卯 5 | 戊辰 6 | 己巳 7 | 庚午 8 | 辛未 9 | 壬申 10 | 癸酉 11 | 甲戌 12 | 乙亥 13 | 丙子 14 | 丁丑 15 | 戊寅 16 | 己卯 17 | 庚辰 18 | 辛巳 19 | 壬午 20 | 癸未 21 | 甲申 22 | 乙酉 23 | 丙戌 24 | 丁亥 25 | 戊子 26 | 己丑 27 | |
| 七月小 | 丙申 | 天干地支西曆 | 庚寅 28 | 辛卯 29 | 壬辰 30 | 癸巳 31 | 甲午 (8) | 乙未 2 | 丙申 3 | 丁酉 4 | 戊戌 5 | 己亥 6 | 庚子 7 | 辛丑 8 | 壬寅 9 | 癸卯 10 | 甲辰 11 | 乙巳 12 | 丙午 13 | 丁未 14 | 戊申 15 | 己酉 16 | 庚戌 17 | 辛亥 18 | 壬子 19 | 癸丑 20 | 甲寅 21 | 乙卯 22 | 丙辰 23 | 丁巳 24 | 戊午 25 | | 癸卯立秋 |
| 八月大 | 丁酉 | 天干地支西曆 | 己未 26 | 庚申 27 | 辛酉 28 | 壬戌 29 | 癸亥 30 | 甲子 31 | 乙丑 (9) | 丙寅 2 | 丁卯 3 | 戊辰 4 | 己巳 5 | 庚午 6 | 辛未 7 | 壬申 8 | 癸酉 9 | 甲戌 10 | 乙亥 11 | 丙子 12 | 丁丑 13 | 戊寅 14 | 己卯 15 | 庚辰 16 | 辛巳 17 | 壬午 18 | 癸未 19 | 甲申 20 | 乙酉 21 | 丙戌 22 | 丁亥 23 | 戊子 24 | 戊子秋分 |
| 九月大 | 戊戌 | 天干地支西曆 | 己丑 25 | 庚寅 26 | 辛卯 27 | 壬辰 28 | 癸巳 29 | 甲午 30 | 乙未 (10) | 丙申 2 | 丁酉 3 | 戊戌 4 | 己亥 5 | 庚子 6 | 辛丑 7 | 壬寅 8 | 癸卯 9 | 甲辰 10 | 乙巳 11 | 丙午 12 | 丁未 13 | 戊申 14 | 己酉 15 | 庚戌 16 | 辛亥 17 | 壬子 18 | 癸丑 19 | 甲寅 20 | 乙卯 21 | 丙辰 22 | 丁巳 23 | 戊午 24 | |
| 後九月小 | 戊戌 | 天干地支西曆 | 己未 25 | 庚申 26 | 辛酉 27 | 壬戌 28 | 癸亥 29 | 甲子 30 | 乙丑 31 | 丙寅 (11) | 丁卯 2 | 戊辰 3 | 己巳 4 | 庚午 5 | 辛未 6 | 壬申 7 | 癸酉 8 | 甲戌 9 | 乙亥 10 | 丙子 11 | 丁丑 12 | 戊寅 13 | 己卯 14 | 庚辰 15 | 辛巳 16 | 壬午 17 | 癸未 18 | 甲申 19 | 乙酉 20 | 丙戌 21 | 丁亥 22 | | 甲戌立冬 |

* 十月甲子（初一），創立年號，稱建元元年。此爲帝王有年號之始。

# 漢武帝建元二年（壬寅 虎年） 公元前140 ~ 前139年

| 夏曆月序 | | 中西曆日對照 | 初一 | 初二 | 初三 | 初四 | 初五 | 初六 | 初七 | 初八 | 初九 | 初十 | 十一 | 十二 | 十三 | 十四 | 十五 | 十六 | 十七 | 十八 | 十九 | 二十 | 二一 | 二二 | 二三 | 二四 | 二五 | 二六 | 二七 | 二八 | 二九 | 三十 | 節氣與天象 |
|---|---|---|---|---|---|---|---|---|---|---|---|---|---|---|---|---|---|---|---|---|---|---|---|---|---|---|---|---|---|---|---|---|---|
| 十月大 | 己亥 | 干支 | 戊子 | 己丑 | 庚寅 | 辛卯 | 壬辰 | 癸巳 | 甲午 | 乙未 | 丙申 | 丁酉 | 戊戌 | 己亥 | 庚子 | 辛丑 | 壬寅 | 癸卯 | 甲辰 | 乙巳 | 丙午 | 丁未 | 戊申 | 己酉 | 庚戌 | 辛亥 | 壬子 | 癸丑 | 甲寅 | 乙卯 | 丙辰 | 丁巳 | |
| | | 西曆 | 23 | 24 | 25 | 26 | 27 | 28 | 29 | 30 | (12) | 2 | 3 | 4 | 5 | 6 | 7 | 8 | 9 | 10 | 11 | 12 | 13 | 14 | 15 | 16 | 17 | 18 | 19 | 20 | 21 | 22 | |
| 十一月小 | 庚子 | 干支 | 戊午 | 己未 | 庚申 | 辛酉 | 壬戌 | 癸亥 | 甲子 | 乙丑 | 丙寅 | 丁卯 | 戊辰 | 己巳 | 庚午 | 辛未 | 壬申 | 癸酉 | 甲戌 | 乙亥 | 丙子 | 丁丑 | 戊寅 | 己卯 | 庚辰 | 辛巳 | 壬午 | 癸未 | 甲申 | 乙酉 | 丙戌 | | 庚申冬至 |
| | | 西曆 | 23 | 24 | 25 | 26 | 27 | 28 | 29 | 30 | 31 | (1) | 2 | 3 | 4 | 5 | 6 | 7 | 8 | 9 | 10 | 11 | 12 | 13 | 14 | 15 | 16 | 17 | 18 | 19 | 20 | | |
| 十二月大 | 辛丑 | 干支 | 丁亥 | 戊子 | 己丑 | 庚寅 | 辛卯 | 壬辰 | 癸巳 | 甲午 | 乙未 | 丙申 | 丁酉 | 戊戌 | 己亥 | 庚子 | 辛丑 | 壬寅 | 癸卯 | 甲辰 | 乙巳 | 丙午 | 丁未 | 戊申 | 己酉 | 庚戌 | 辛亥 | 壬子 | 癸丑 | 甲寅 | 乙卯 | 丙辰 | 乙巳立春 |
| | | 西曆 | 21 | 22 | 23 | 24 | 25 | 26 | 27 | 28 | 29 | 30 | 31 | (2) | 2 | 3 | 4 | 5 | 6 | 7 | 8 | 9 | 10 | 11 | 12 | 13 | 14 | 15 | 16 | 17 | 18 | 19 | |
| 正月小 | 壬寅 | 干支 | 丁巳 | 戊午 | 己未 | 庚申 | 辛酉 | 壬戌 | 癸亥 | 甲子 | 乙丑 | 丙寅 | 丁卯 | 戊辰 | 己巳 | 庚午 | 辛未 | 壬申 | 癸酉 | 甲戌 | 乙亥 | 丙子 | 丁丑 | 戊寅 | 己卯 | 庚辰 | 辛巳 | 壬午 | 癸未 | 甲申 | 乙酉 | | |
| | | 西曆 | 20 | 21 | 22 | 23 | 24 | 25 | 26 | 27 | 28 | (3) | 2 | 3 | 4 | 5 | 6 | 7 | 8 | 9 | 10 | 11 | 12 | 13 | 14 | 15 | 16 | 17 | 18 | 19 | 20 | | |
| 二月大 | 癸卯 | 干支 | 丙戌 | 丁亥 | 戊子 | 己丑 | 庚寅 | 辛卯 | 壬辰 | 癸巳 | 甲午 | 乙未 | 丙申 | 丁酉 | 戊戌 | 己亥 | 庚子 | 辛丑 | 壬寅 | 癸卯 | 甲辰 | 乙巳 | 丙午 | 丁未 | 戊申 | 己酉 | 庚戌 | 辛亥 | 壬子 | 癸丑 | 甲寅 | 乙卯 | 辛卯春分 |
| | | 西曆 | 21 | 22 | 23 | 24 | 25 | 26 | 27 | 28 | 29 | 30 | 31 | (4) | 2 | 3 | 4 | 5 | 6 | 7 | 8 | 9 | 10 | 11 | 12 | 13 | 14 | 15 | 16 | 17 | 18 | 19 | |
| 三月小 | 甲辰 | 干支 | 丙辰 | 丁巳 | 戊午 | 己未 | 庚申 | 辛酉 | 壬戌 | 癸亥 | 甲子 | 乙丑 | 丙寅 | 丁卯 | 戊辰 | 己巳 | 庚午 | 辛未 | 壬申 | 癸酉 | 甲戌 | 乙亥 | 丙子 | 丁丑 | 戊寅 | 己卯 | 庚辰 | 辛巳 | 壬午 | 癸未 | 甲申 | | 丁丑立夏 |
| | | 西曆 | 20 | 21 | 22 | 23 | 24 | 25 | 26 | 27 | 28 | 29 | 30 | (5) | 2 | 3 | 4 | 5 | 6 | 7 | 8 | 9 | 10 | 11 | 12 | 13 | 14 | 15 | 16 | 17 | 18 | | |
| 四月大 | 乙巳 | 干支 | 乙酉 | 丙戌 | 丁亥 | 戊子 | 己丑 | 庚寅 | 辛卯 | 壬辰 | 癸巳 | 甲午 | 乙未 | 丙申 | 丁酉 | 戊戌 | 己亥 | 庚子 | 辛丑 | 壬寅 | 癸卯 | 甲辰 | 乙巳 | 丙午 | 丁未 | 戊申 | 己酉 | 庚戌 | 辛亥 | 壬子 | 癸丑 | 甲寅 | |
| | | 西曆 | 19 | 20 | 21 | 22 | 23 | 24 | 25 | 26 | 27 | 28 | 29 | 30 | 31 | (6) | 2 | 3 | 4 | 5 | 6 | 7 | 8 | 9 | 10 | 11 | 12 | 13 | 14 | 15 | 16 | 17 | |
| 五月小 | 丙午 | 干支 | 乙卯 | 丙辰 | 丁巳 | 戊午 | 己未 | 庚申 | 辛酉 | 壬戌 | 癸亥 | 甲子 | 乙丑 | 丙寅 | 丁卯 | 戊辰 | 己巳 | 庚午 | 辛未 | 壬申 | 癸酉 | 甲戌 | 乙亥 | 丙子 | 丁丑 | 戊寅 | 己卯 | 庚辰 | 辛巳 | 壬午 | 癸未 | | 壬戌夏至 |
| | | 西曆 | 18 | 19 | 20 | 21 | 22 | 23 | 24 | 25 | 26 | 27 | 28 | 29 | 30 | (7) | 2 | 3 | 4 | 5 | 6 | 7 | 8 | 9 | 10 | 11 | 12 | 13 | 14 | 15 | 16 | | |
| 六月大 | 丁未 | 干支 | 甲申 | 乙酉 | 丙戌 | 丁亥 | 戊子 | 己丑 | 庚寅 | 辛卯 | 壬辰 | 癸巳 | 甲午 | 乙未 | 丙申 | 丁酉 | 戊戌 | 己亥 | 庚子 | 辛丑 | 壬寅 | 癸卯 | 甲辰 | 乙巳 | 丙午 | 丁未 | 戊申 | 己酉 | 庚戌 | 辛亥 | 壬子 | 癸丑 | 戊申立秋 |
| | | 西曆 | 17 | 18 | 19 | 20 | 21 | 22 | 23 | 24 | 25 | 26 | 27 | 28 | 29 | 30 | 31 | (8) | 2 | 3 | 4 | 5 | 6 | 7 | 8 | 9 | 10 | 11 | 12 | 13 | 14 | 15 | |
| 七月小 | 戊申 | 干支 | 甲寅 | 乙卯 | 丙辰 | 丁巳 | 戊午 | 己未 | 庚申 | 辛酉 | 壬戌 | 癸亥 | 甲子 | 乙丑 | 丙寅 | 丁卯 | 戊辰 | 己巳 | 庚午 | 辛未 | 壬申 | 癸酉 | 甲戌 | 乙亥 | 丙子 | 丁丑 | 戊寅 | 己卯 | 庚辰 | 辛巳 | 壬午 | | |
| | | 西曆 | 16 | 17 | 18 | 19 | 20 | 21 | 22 | 23 | 24 | 25 | 26 | 27 | 28 | 29 | 30 | 31 | (9) | 2 | 3 | 4 | 5 | 6 | 7 | 8 | 9 | 10 | 11 | 12 | 13 | | |
| 八月大 | 己酉 | 干支 | 癸未 | 甲申 | 乙酉 | 丙戌 | 丁亥 | 戊子 | 己丑 | 庚寅 | 辛卯 | 壬辰 | 癸巳 | 甲午 | 乙未 | 丙申 | 丁酉 | 戊戌 | 己亥 | 庚子 | 辛丑 | 壬寅 | 癸卯 | 甲辰 | 乙巳 | 丙午 | 丁未 | 戊申 | 己酉 | 庚戌 | 辛亥 | 壬子 | 甲午秋分 |
| | | 西曆 | 14 | 15 | 16 | 17 | 18 | 19 | 20 | 21 | 22 | 23 | 24 | 25 | 26 | 27 | 28 | 29 | 30 | (10) | 2 | 3 | 4 | 5 | 6 | 7 | 8 | 9 | 10 | 11 | 12 | 13 | |
| 九月小 | 庚戌 | 干支 | 癸丑 | 甲寅 | 乙卯 | 丙辰 | 丁巳 | 戊午 | 己未 | 庚申 | 辛酉 | 壬戌 | 癸亥 | 甲子 | 乙丑 | 丙寅 | 丁卯 | 戊辰 | 己巳 | 庚午 | 辛未 | 壬申 | 癸酉 | 甲戌 | 乙亥 | 丙子 | 丁丑 | 戊寅 | 己卯 | 庚辰 | 辛巳 | | 己卯立冬 |
| | | 西曆 | 14 | 15 | 16 | 17 | 18 | 19 | 20 | 21 | 22 | 23 | 24 | 25 | 26 | 27 | 28 | 29 | 30 | 31 | (11) | 2 | 3 | 4 | 5 | 6 | 7 | 8 | 9 | 10 | 11 | | |

# 漢武帝建元三年（癸卯 兔年） 公元前 139 ~ 前 138 年

| 夏曆月序 | 中西曆日對照 | 初一 | 初二 | 初三 | 初四 | 初五 | 初六 | 初七 | 初八 | 初九 | 初十 | 十一 | 十二 | 十三 | 十四 | 十五 | 十六 | 十七 | 十八 | 十九 | 二十 | 二一 | 二二 | 二三 | 二四 | 二五 | 二六 | 二七 | 二八 | 二九 | 三十 | 節氣與天象 |
|---|---|---|---|---|---|---|---|---|---|---|---|---|---|---|---|---|---|---|---|---|---|---|---|---|---|---|---|---|---|---|---|---|
| 十月大 辛亥 | 干支<br>天地西曆 | 壬午12 | 癸未13 | 甲申14 | 乙酉15 | 丙戌16 | 丁亥17 | 戊子18 | 己丑19 | 庚寅20 | 辛卯21 | 壬辰22 | 癸巳23 | 甲午24 | 乙未25 | 丙申26 | 丁酉27 | 戊戌28 | 己亥29 | 庚子30 | 辛丑(12) | 壬寅2 | 癸卯3 | 甲辰4 | 乙巳5 | 丙午6 | 丁未7 | 戊申8 | 己酉9 | 庚戌10 | 辛亥11 | |
| 十一月小 壬子 | 干支<br>天地西曆 | 壬子12 | 癸丑13 | 甲寅14 | 乙卯15 | 丙辰16 | 丁巳17 | 戊午18 | 己未19 | 庚申20 | 辛酉21 | 壬戌22 | 癸亥23 | 甲子24 | 乙丑25 | 丙寅26 | 丁卯27 | 戊辰28 | 己巳29 | 庚午30 | 辛未31 | 壬申(1) | 癸酉2 | 甲戌3 | 乙亥4 | 丙子5 | 丁丑6 | 戊寅7 | 己卯8 | 庚辰9 | | 乙丑冬至 |
| 十二月大 癸丑 | 干支<br>天地西曆 | 辛巳10 | 壬午11 | 癸未12 | 甲申13 | 乙酉14 | 丙戌15 | 丁亥16 | 戊子17 | 己丑18 | 庚寅19 | 辛卯20 | 壬辰21 | 癸巳22 | 甲午23 | 乙未24 | 丙申25 | 丁酉26 | 戊戌27 | 己亥28 | 庚子29 | 辛丑30 | 壬寅31 | 癸卯(2) | 甲辰2 | 乙巳3 | 丙午4 | 丁未5 | 戊申6 | 己酉7 | 庚戌8 | |
| 正月大 甲寅 | 干支<br>天地西曆 | 辛亥9 | 壬子10 | 癸丑11 | 甲寅12 | 乙卯13 | 丙辰14 | 丁巳15 | 戊午16 | 己未17 | 庚申18 | 辛酉19 | 壬戌20 | 癸亥21 | 甲子22 | 乙丑23 | 丙寅24 | 丁卯25 | 戊辰26 | 己巳27 | 庚午28 | 辛未(3) | 壬申2 | 癸酉3 | 甲戌4 | 乙亥5 | 丙子6 | 丁丑7 | 戊寅8 | 己卯9 | 庚辰10 | 辛亥立春 |
| 二月小 乙卯 | 干支<br>天地西曆 | 辛巳11 | 壬午12 | 癸未13 | 甲申14 | 乙酉15 | 丙戌16 | 丁亥17 | 戊子18 | 己丑19 | 庚寅20 | 辛卯21 | 壬辰22 | 癸巳23 | 甲午24 | 乙未25 | 丙申26 | 丁酉27 | 戊戌28 | 己亥29 | 庚子30 | 辛丑31 | 壬寅(4) | 癸卯2 | 甲辰3 | 乙巳4 | 丙午5 | 丁未6 | 戊申7 | 己酉8 | | 丙申春分 |
| 三月大 丙辰 | 干支<br>天地西曆 | 庚戌9 | 辛亥10 | 壬子11 | 癸丑12 | 甲寅13 | 乙卯14 | 丙辰15 | 丁巳16 | 戊午17 | 己未18 | 庚申19 | 辛酉20 | 壬戌21 | 癸亥22 | 甲子23 | 乙丑24 | 丙寅25 | 丁卯26 | 戊辰27 | 己巳28 | 庚午29 | 辛未30 | 壬申(5) | 癸酉2 | 甲戌3 | 乙亥4 | 丙子5 | 丁丑6 | 戊寅7 | 己卯8 | |
| 四月小 丁巳 | 干支<br>天地西曆 | 庚辰9 | 辛巳10 | 壬午11 | 癸未12 | 甲申13 | 乙酉14 | 丙戌15 | 丁亥16 | 戊子17 | 己丑18 | 庚寅19 | 辛卯20 | 壬辰21 | 癸巳22 | 甲午23 | 乙未24 | 丙申25 | 丁酉26 | 戊戌27 | 己亥28 | 庚子29 | 辛丑30 | 壬寅31 | 癸卯(6) | 甲辰2 | 乙巳3 | 丙午4 | 丁未5 | 戊申6 | | 壬午立夏 |
| 五月大 戊午 | 干支<br>天地西曆 | 己酉7 | 庚戌8 | 辛亥9 | 壬子10 | 癸丑11 | 甲寅12 | 乙卯13 | 丙辰14 | 丁巳15 | 戊午16 | 己未17 | 庚申18 | 辛酉19 | 壬戌20 | 癸亥21 | 甲子22 | 乙丑23 | 丙寅24 | 丁卯25 | 戊辰26 | 己巳27 | 庚午28 | 辛未29 | 壬申30 | 癸酉(7) | 甲戌2 | 乙亥3 | 丙子4 | 丁丑5 | 戊寅6 | 丁卯夏至 |
| 六月小 己未 | 干支<br>天地西曆 | 己卯7 | 庚辰8 | 辛巳9 | 壬午10 | 癸未11 | 甲申12 | 乙酉13 | 丙戌14 | 丁亥15 | 戊子16 | 己丑17 | 庚寅18 | 辛卯19 | 壬辰20 | 癸巳21 | 甲午22 | 乙未23 | 丙申24 | 丁酉25 | 戊戌26 | 己亥27 | 庚子28 | 辛丑29 | 壬寅30 | 癸卯31 | 甲辰(8) | 乙巳2 | 丙午3 | 丁未4 | | |
| 七月大 庚申 | 干支<br>天地西曆 | 戊申5 | 己酉6 | 庚戌7 | 辛亥8 | 壬子9 | 癸丑10 | 甲寅11 | 乙卯12 | 丙辰13 | 丁巳14 | 戊午15 | 己未16 | 庚申17 | 辛酉18 | 壬戌19 | 癸亥20 | 甲子21 | 乙丑22 | 丙寅23 | 丁卯24 | 戊辰25 | 己巳26 | 庚午27 | 辛未28 | 壬申29 | 癸酉30 | 甲戌31 | 乙亥(9) | 丙子2 | 丁丑3 | 癸丑立秋 |
| 八月小 辛酉 | 干支<br>天地西曆 | 戊寅4 | 己卯5 | 庚辰6 | 辛巳7 | 壬午8 | 癸未9 | 甲申10 | 乙酉11 | 丙戌12 | 丁亥13 | 戊子14 | 己丑15 | 庚寅16 | 辛卯17 | 壬辰18 | 癸巳19 | 甲午20 | 乙未21 | 丙申22 | 丁酉23 | 戊戌24 | 己亥25 | 庚子26 | 辛丑27 | 壬寅28 | 癸卯29 | 甲辰30 | 乙巳(10) | 丙午2 | | 己亥秋分 |
| 九月大 壬戌 | 干支<br>天地西曆 | 丁未3 | 戊申4 | 己酉5 | 庚戌6 | 辛亥7 | 壬子8 | 癸丑9 | 甲寅10 | 乙卯11 | 丙辰12 | 丁巳13 | 戊午14 | 己未15 | 庚申16 | 辛酉17 | 壬戌18 | 癸亥19 | 甲子20 | 乙丑21 | 丙寅22 | 丁卯23 | 戊辰24 | 己巳25 | 庚午26 | 辛未27 | 壬申28 | 癸酉29 | 甲戌30 | 乙亥31 | 丙子(11) | 丙子日食 |

# 漢武帝建元四年（甲辰 龍年） 公元前 138 ~ 前 **137** 年

| 夏曆月序 | | 中西曆日對照 | 夏曆日序 | | | | | | | | | | | | | | | | | | | | | | | | | | | | | 節氣與天象 |
|---|---|---|---|---|---|---|---|---|---|---|---|---|---|---|---|---|---|---|---|---|---|---|---|---|---|---|---|---|---|---|---|---|
| | | | 初一 | 初二 | 初三 | 初四 | 初五 | 初六 | 初七 | 初八 | 初九 | 初十 | 十一 | 十二 | 十三 | 十四 | 十五 | 十六 | 十七 | 十八 | 十九 | 二十 | 二一 | 二二 | 二三 | 二四 | 二五 | 二六 | 二七 | 二八 | 二九 | 三十 | |
| 十月小 | 癸亥 | 天干<br>地支<br>西曆 | 丁丑<br>2 | 戊寅<br>3 | 己卯<br>4 | 庚辰<br>5 | 辛巳<br>6 | 壬午<br>7 | 癸未<br>8 | 甲申<br>9 | 乙酉<br>10 | 丙戌<br>11 | 丁亥<br>12 | 戊子<br>13 | 己丑<br>14 | 庚寅<br>15 | 辛卯<br>16 | 壬辰<br>17 | 癸巳<br>18 | 甲午<br>19 | 乙未<br>20 | 丙申<br>21 | 丁酉<br>22 | 戊戌<br>23 | 己亥<br>24 | 庚子<br>25 | 辛丑<br>26 | 壬寅<br>27 | 癸卯<br>28 | 甲辰<br>29 | 乙巳<br>30 | | 甲申立冬 |
| 十一月大 | 甲子 | 天干<br>地支<br>西曆 | 丙午<br>(12) | 丁未<br>2 | 戊申<br>3 | 己酉<br>4 | 庚戌<br>5 | 辛亥<br>6 | 壬子<br>7 | 癸丑<br>8 | 甲寅<br>9 | 乙卯<br>10 | 丙辰<br>11 | 丁巳<br>12 | 戊午<br>13 | 己未<br>14 | 庚申<br>15 | 辛酉<br>16 | 壬戌<br>17 | 癸亥<br>18 | 甲子<br>19 | 乙丑<br>20 | 丙寅<br>21 | 丁卯<br>22 | 戊辰<br>23 | 己巳<br>24 | 庚午<br>25 | 辛未<br>26 | 壬申<br>27 | 癸酉<br>28 | 甲戌<br>29 | 乙亥<br>30 | 庚午冬至 |
| 十二月小 | 乙丑 | 天干<br>地支<br>西曆 | 丙子<br>31 | 丁丑<br>(1) | 戊寅<br>2 | 己卯<br>3 | 庚辰<br>4 | 辛巳<br>5 | 壬午<br>6 | 癸未<br>7 | 甲申<br>8 | 乙酉<br>9 | 丙戌<br>10 | 丁亥<br>11 | 戊子<br>12 | 己丑<br>13 | 庚寅<br>14 | 辛卯<br>15 | 壬辰<br>16 | 癸巳<br>17 | 甲午<br>18 | 乙未<br>19 | 丙申<br>20 | 丁酉<br>21 | 戊戌<br>22 | 己亥<br>23 | 庚子<br>24 | 辛丑<br>25 | 壬寅<br>26 | 癸卯<br>27 | 甲辰<br>28 | | |
| 正月大 | 丙寅 | 天干<br>地支<br>西曆 | 乙巳<br>29 | 丙午<br>30 | 丁未<br>31 | 戊申<br>(2) | 己酉<br>2 | 庚戌<br>3 | 辛亥<br>4 | 壬子<br>5 | 癸丑<br>6 | 甲寅<br>7 | 乙卯<br>8 | 丙辰<br>9 | 丁巳<br>10 | 戊午<br>11 | 己未<br>12 | 庚申<br>13 | 辛酉<br>14 | 壬戌<br>15 | 癸亥<br>16 | 甲子<br>17 | 乙丑<br>18 | 丙寅<br>19 | 丁卯<br>20 | 戊辰<br>21 | 己巳<br>22 | 庚午<br>23 | 辛未<br>24 | 壬申<br>25 | 癸酉<br>26 | 甲戌<br>27 | 丙辰立春 |
| 二月小 | 丁卯 | 天干<br>地支<br>西曆 | 乙亥<br>28 | 丙子<br>29 | 丁丑<br>(3) | 戊寅<br>2 | 己卯<br>3 | 庚辰<br>4 | 辛巳<br>5 | 壬午<br>6 | 癸未<br>7 | 甲申<br>8 | 乙酉<br>9 | 丙戌<br>10 | 丁亥<br>11 | 戊子<br>12 | 己丑<br>13 | 庚寅<br>14 | 辛卯<br>15 | 壬辰<br>16 | 癸巳<br>17 | 甲午<br>18 | 乙未<br>19 | 丙申<br>20 | 丁酉<br>21 | 戊戌<br>22 | 己亥<br>23 | 庚子<br>24 | 辛丑<br>25 | 壬寅<br>26 | 癸卯<br>27 | | 辛丑春分 |
| 三月大 | 戊辰 | 天干<br>地支<br>西曆 | 甲辰<br>28 | 乙巳<br>29 | 丙午<br>30 | 丁未<br>31 | 戊申<br>(4) | 己酉<br>2 | 庚戌<br>3 | 辛亥<br>4 | 壬子<br>5 | 癸丑<br>6 | 甲寅<br>7 | 乙卯<br>8 | 丙辰<br>9 | 丁巳<br>10 | 戊午<br>11 | 己未<br>12 | 庚申<br>13 | 辛酉<br>14 | 壬戌<br>15 | 癸亥<br>16 | 甲子<br>17 | 乙丑<br>18 | 丙寅<br>19 | 丁卯<br>20 | 戊辰<br>21 | 己巳<br>22 | 庚午<br>23 | 辛未<br>24 | 壬申<br>25 | 癸酉<br>26 | |
| 四月大 | 己巳 | 天干<br>地支<br>西曆 | 甲戌<br>27 | 乙亥<br>28 | 丙子<br>29 | 丁丑<br>30 | 戊寅<br>(5) | 己卯<br>2 | 庚辰<br>3 | 辛巳<br>4 | 壬午<br>5 | 癸未<br>6 | 甲申<br>7 | 乙酉<br>8 | 丙戌<br>9 | 丁亥<br>10 | 戊子<br>11 | 己丑<br>12 | 庚寅<br>13 | 辛卯<br>14 | 壬辰<br>15 | 癸巳<br>16 | 甲午<br>17 | 乙未<br>18 | 丙申<br>19 | 丁酉<br>20 | 戊戌<br>21 | 己亥<br>22 | 庚子<br>23 | 辛丑<br>24 | 壬寅<br>25 | 癸卯<br>26 | 丁亥立夏 |
| 五月小 | 庚午 | 天干<br>地支<br>西曆 | 甲辰<br>27 | 乙巳<br>28 | 丙午<br>29 | 丁未<br>30 | 戊申<br>31 | 己酉<br>(6) | 庚戌<br>2 | 辛亥<br>3 | 壬子<br>4 | 癸丑<br>5 | 甲寅<br>6 | 乙卯<br>7 | 丙辰<br>8 | 丁巳<br>9 | 戊午<br>10 | 己未<br>11 | 庚申<br>12 | 辛酉<br>13 | 壬戌<br>14 | 癸亥<br>15 | 甲子<br>16 | 乙丑<br>17 | 丙寅<br>18 | 丁卯<br>19 | 戊辰<br>20 | 己巳<br>21 | 庚午<br>22 | 辛未<br>23 | 壬申<br>24 | | |
| 六月大 | 辛未 | 天干<br>地支<br>西曆 | 癸酉<br>25 | 甲戌<br>26 | 乙亥<br>27 | 丙子<br>28 | 丁丑<br>29 | 戊寅<br>30 | 己卯<br>(7) | 庚辰<br>2 | 辛巳<br>3 | 壬午<br>4 | 癸未<br>5 | 甲申<br>6 | 乙酉<br>7 | 丙戌<br>8 | 丁亥<br>9 | 戊子<br>10 | 己丑<br>11 | 庚寅<br>12 | 辛卯<br>13 | 壬辰<br>14 | 癸巳<br>15 | 甲午<br>16 | 乙未<br>17 | 丙申<br>18 | 丁酉<br>19 | 戊戌<br>20 | 己亥<br>21 | 庚子<br>22 | 辛丑<br>23 | 壬寅<br>24 | 癸酉夏至 |
| 七月小 | 壬申 | 天干<br>地支<br>西曆 | 癸卯<br>25 | 甲辰<br>26 | 乙巳<br>27 | 丙午<br>28 | 丁未<br>29 | 戊申<br>30 | 己酉<br>31 | 庚戌<br>(8) | 辛亥<br>2 | 壬子<br>3 | 癸丑<br>4 | 甲寅<br>5 | 乙卯<br>6 | 丙辰<br>7 | 丁巳<br>8 | 戊午<br>9 | 己未<br>10 | 庚申<br>11 | 辛酉<br>12 | 壬戌<br>13 | 癸亥<br>14 | 甲子<br>15 | 乙丑<br>16 | 丙寅<br>17 | 丁卯<br>18 | 戊辰<br>19 | 己巳<br>20 | 庚午<br>21 | 辛未<br>22 | | 戊午立秋 |
| 八月大 | 癸酉 | 天干<br>地支<br>西曆 | 壬申<br>23 | 癸酉<br>24 | 甲戌<br>25 | 乙亥<br>26 | 丙子<br>27 | 丁丑<br>28 | 戊寅<br>29 | 己卯<br>30 | 庚辰<br>31 | 辛巳<br>(9) | 壬午<br>2 | 癸未<br>3 | 甲申<br>4 | 乙酉<br>5 | 丙戌<br>6 | 丁亥<br>7 | 戊子<br>8 | 己丑<br>9 | 庚寅<br>10 | 辛卯<br>11 | 壬辰<br>12 | 癸巳<br>13 | 甲午<br>14 | 乙未<br>15 | 丙申<br>16 | 丁酉<br>17 | 戊戌<br>18 | 己亥<br>19 | 庚子<br>20 | 辛丑<br>21 | |
| 九月小 | 甲戌 | 天干<br>地支<br>西曆 | 壬寅<br>22 | 癸卯<br>23 | 甲辰<br>24 | 乙巳<br>25 | 丙午<br>26 | 丁未<br>27 | 戊申<br>28 | 己酉<br>29 | 庚戌<br>30 | 辛亥<br>(10) | 壬子<br>2 | 癸丑<br>3 | 甲寅<br>4 | 乙卯<br>5 | 丙辰<br>6 | 丁巳<br>7 | 戊午<br>8 | 己未<br>9 | 庚申<br>10 | 辛酉<br>11 | 壬戌<br>12 | 癸亥<br>13 | 甲子<br>14 | 乙丑<br>15 | 丙寅<br>16 | 丁卯<br>17 | 戊辰<br>18 | 己巳<br>19 | 庚午<br>20 | | 甲辰秋分 |
| 後九月大 | 甲戌 | 天干<br>地支<br>西曆 | 辛未<br>21 | 壬申<br>22 | 癸酉<br>23 | 甲戌<br>24 | 乙亥<br>25 | 丙子<br>26 | 丁丑<br>27 | 戊寅<br>28 | 己卯<br>29 | 庚辰<br>30 | 辛巳<br>31 | 壬午<br>(11) | 癸未<br>2 | 甲申<br>3 | 乙酉<br>4 | 丙戌<br>5 | 丁亥<br>6 | 戊子<br>7 | 己丑<br>8 | 庚寅<br>9 | 辛卯<br>10 | 壬辰<br>11 | 癸巳<br>12 | 甲午<br>13 | 乙未<br>14 | 丙申<br>15 | 丁酉<br>16 | 戊戌<br>17 | 己亥<br>18 | 庚子<br>19 | 己丑立冬 |

# 漢武帝建元五年（乙巳 蛇年） 公元前 137 ~ 前 **136** 年

| 夏曆月序 | | 中西曆日對照 | 夏曆日序 | | | | | | | | | | | | | | | | | | | | | | | | | | | | | 節氣與天象 |
|---|---|---|---|---|---|---|---|---|---|---|---|---|---|---|---|---|---|---|---|---|---|---|---|---|---|---|---|---|---|---|---|---|
| | | | 初一 | 初二 | 初三 | 初四 | 初五 | 初六 | 初七 | 初八 | 初九 | 初十 | 十一 | 十二 | 十三 | 十四 | 十五 | 十六 | 十七 | 十八 | 十九 | 二十 | 二一 | 二二 | 二三 | 二四 | 二五 | 二六 | 二七 | 二八 | 二九 | 三十 | |
| 十月小 | 乙亥 | 天干<br>地支<br>西曆 | 辛丑<br>20 | 壬寅<br>21 | 癸卯<br>22 | 甲辰<br>23 | 乙巳<br>24 | 丙午<br>25 | 丁未<br>26 | 戊申<br>27 | 己酉<br>28 | 庚戌<br>29 | 辛亥<br>30 | 壬子<br>(12) | 癸丑<br>2 | 甲寅<br>3 | 乙卯<br>4 | 丙辰<br>5 | 丁巳<br>6 | 戊午<br>7 | 己未<br>8 | 庚申<br>9 | 辛酉<br>10 | 壬戌<br>11 | 癸亥<br>12 | 甲子<br>13 | 乙丑<br>14 | 丙寅<br>15 | 丁卯<br>16 | 戊辰<br>17 | 己巳<br>18 | | |
| 十一月大 | 丙子 | 天干<br>地支<br>西曆 | 庚午<br>19 | 辛未<br>20 | 壬申<br>21 | 癸酉<br>22 | 甲戌<br>23 | 乙亥<br>24 | 丙子<br>25 | 丁丑<br>26 | 戊寅<br>27 | 己卯<br>28 | 庚辰<br>29 | 辛巳<br>30 | 壬午<br>31 | 癸未<br>(1) | 甲申<br>2 | 乙酉<br>3 | 丙戌<br>4 | 丁亥<br>5 | 戊子<br>6 | 己丑<br>7 | 庚寅<br>8 | 辛卯<br>9 | 壬辰<br>10 | 癸巳<br>11 | 甲午<br>12 | 乙未<br>13 | 丙申<br>14 | 丁酉<br>15 | 戊戌<br>16 | 己亥<br>17 | 乙亥冬至 |
| 十二月小 | 丁丑 | 天干<br>地支<br>西曆 | 庚子<br>18 | 辛丑<br>19 | 壬寅<br>20 | 癸卯<br>21 | 甲辰<br>22 | 乙巳<br>23 | 丙午<br>24 | 丁未<br>25 | 戊申<br>26 | 己酉<br>27 | 庚戌<br>28 | 辛亥<br>29 | 壬子<br>30 | 癸丑<br>31 | 甲寅<br>(2) | 乙卯<br>2 | 丙辰<br>3 | 丁巳<br>4 | 戊午<br>5 | 己未<br>6 | 庚申<br>7 | 辛酉<br>8 | 壬戌<br>9 | 癸亥<br>10 | 甲子<br>11 | 乙丑<br>12 | 丙寅<br>13 | 丁卯<br>14 | 戊辰<br>15 | | 辛酉立春 |
| 正月大 | 戊寅 | 天干<br>地支<br>西曆 | 己巳<br>16 | 庚午<br>17 | 辛未<br>18 | 壬申<br>19 | 癸酉<br>20 | 甲戌<br>21 | 乙亥<br>22 | 丙子<br>23 | 丁丑<br>24 | 戊寅<br>25 | 己卯<br>26 | 庚辰<br>27 | 辛巳<br>28 | 壬午<br>(3) | 癸未<br>2 | 甲申<br>3 | 乙酉<br>4 | 丙戌<br>5 | 丁亥<br>6 | 戊子<br>7 | 己丑<br>8 | 庚寅<br>9 | 辛卯<br>10 | 壬辰<br>11 | 癸巳<br>12 | 甲午<br>13 | 乙未<br>14 | 丙申<br>15 | 丁酉<br>16 | 戊戌<br>17 | |
| 二月小 | 己卯 | 天干<br>地支<br>西曆 | 己亥<br>18 | 庚子<br>19 | 辛丑<br>20 | 壬寅<br>21 | 癸卯<br>22 | 甲辰<br>23 | 乙巳<br>24 | 丙午<br>25 | 丁未<br>26 | 戊申<br>27 | 己酉<br>28 | 庚戌<br>29 | 辛亥<br>30 | 壬子<br>31 | 癸丑<br>(4) | 甲寅<br>2 | 乙卯<br>3 | 丙辰<br>4 | 丁巳<br>5 | 戊午<br>6 | 己未<br>7 | 庚申<br>8 | 辛酉<br>9 | 壬戌<br>10 | 癸亥<br>11 | 甲子<br>12 | 乙丑<br>13 | 丙寅<br>14 | 丁卯<br>15 | | 丁未春分<br>丁卯日食 |
| 三月大 | 庚辰 | 天干<br>地支<br>西曆 | 戊辰<br>16 | 己巳<br>17 | 庚午<br>18 | 辛未<br>19 | 壬申<br>20 | 癸酉<br>21 | 甲戌<br>22 | 乙亥<br>23 | 丙子<br>24 | 丁丑<br>25 | 戊寅<br>26 | 己卯<br>27 | 庚辰<br>28 | 辛巳<br>29 | 壬午<br>30 | 癸未<br>(5) | 甲申<br>2 | 乙酉<br>3 | 丙戌<br>4 | 丁亥<br>5 | 戊子<br>6 | 己丑<br>7 | 庚寅<br>8 | 辛卯<br>9 | 壬辰<br>10 | 癸巳<br>11 | 甲午<br>12 | 乙未<br>13 | 丙申<br>14 | 丁酉<br>15 | 壬辰立夏 |
| 四月小 | 辛巳 | 天干<br>地支<br>西曆 | 戊戌<br>16 | 己亥<br>17 | 庚子<br>18 | 辛丑<br>19 | 壬寅<br>20 | 癸卯<br>21 | 甲辰<br>22 | 乙巳<br>23 | 丙午<br>24 | 丁未<br>25 | 戊申<br>26 | 己酉<br>27 | 庚戌<br>28 | 辛亥<br>29 | 壬子<br>30 | 癸丑<br>31 | 甲寅<br>(6) | 乙卯<br>2 | 丙辰<br>3 | 丁巳<br>4 | 戊午<br>5 | 己未<br>6 | 庚申<br>7 | 辛酉<br>8 | 壬戌<br>9 | 癸亥<br>10 | 甲子<br>11 | 乙丑<br>12 | 丙寅<br>13 | | |
| 五月大 | 壬午 | 天干<br>地支<br>西曆 | 丁卯<br>14 | 戊辰<br>15 | 己巳<br>16 | 庚午<br>17 | 辛未<br>18 | 壬申<br>19 | 癸酉<br>20 | 甲戌<br>21 | 乙亥<br>22 | 丙子<br>23 | 丁丑<br>24 | 戊寅<br>25 | 己卯<br>26 | 庚辰<br>27 | 辛巳<br>28 | 壬午<br>29 | 癸未<br>30 | 甲申<br>(7) | 乙酉<br>2 | 丙戌<br>3 | 丁亥<br>4 | 戊子<br>5 | 己丑<br>6 | 庚寅<br>7 | 辛卯<br>8 | 壬辰<br>9 | 癸巳<br>10 | 甲午<br>11 | 乙未<br>12 | 丙申<br>13 | 戊寅夏至 |
| 六月小 | 癸未 | 天干<br>地支<br>西曆 | 丁酉<br>14 | 戊戌<br>15 | 己亥<br>16 | 庚子<br>17 | 辛丑<br>18 | 壬寅<br>19 | 癸卯<br>20 | 甲辰<br>21 | 乙巳<br>22 | 丙午<br>23 | 丁未<br>24 | 戊申<br>25 | 己酉<br>26 | 庚戌<br>27 | 辛亥<br>28 | 壬子<br>29 | 癸丑<br>30 | 甲寅<br>31 | 乙卯<br>(8) | 丙辰<br>2 | 丁巳<br>3 | 戊午<br>4 | 己未<br>5 | 庚申<br>6 | 辛酉<br>7 | 壬戌<br>8 | 癸亥<br>9 | 甲子<br>10 | 乙丑<br>11 | | 甲子立秋 |
| 七月大 | 甲申 | 天干<br>地支<br>西曆 | 丙寅<br>12 | 丁卯<br>13 | 戊辰<br>14 | 己巳<br>15 | 庚午<br>16 | 辛未<br>17 | 壬申<br>18 | 癸酉<br>19 | 甲戌<br>20 | 乙亥<br>21 | 丙子<br>22 | 丁丑<br>23 | 戊寅<br>24 | 己卯<br>25 | 庚辰<br>26 | 辛巳<br>27 | 壬午<br>28 | 癸未<br>29 | 甲申<br>30 | 乙酉<br>31 | 丙戌<br>(9) | 丁亥<br>2 | 戊子<br>3 | 己丑<br>4 | 庚寅<br>5 | 辛卯<br>6 | 壬辰<br>7 | 癸巳<br>8 | 甲午<br>9 | 乙未<br>10 | |
| 八月大 | 乙酉 | 天干<br>地支<br>西曆 | 丙申<br>11 | 丁酉<br>12 | 戊戌<br>13 | 己亥<br>14 | 庚子<br>15 | 辛丑<br>16 | 壬寅<br>17 | 癸卯<br>18 | 甲辰<br>19 | 乙巳<br>20 | 丙午<br>21 | 丁未<br>22 | 戊申<br>23 | 己酉<br>24 | 庚戌<br>25 | 辛亥<br>26 | 壬子<br>27 | 癸丑<br>28 | 甲寅<br>29 | 乙卯<br>30 | 丙辰<br>(10) | 丁巳<br>2 | 戊午<br>3 | 己未<br>4 | 庚申<br>5 | 辛酉<br>6 | 壬戌<br>7 | 癸亥<br>8 | 甲子<br>9 | 乙丑<br>10 | 己酉秋分 |
| 九月小 | 丙戌 | 天干<br>地支<br>西曆 | 丙寅<br>11 | 丁卯<br>12 | 戊辰<br>13 | 己巳<br>14 | 庚午<br>15 | 辛未<br>16 | 壬申<br>17 | 癸酉<br>18 | 甲戌<br>19 | 乙亥<br>20 | 丙子<br>21 | 丁丑<br>22 | 戊寅<br>23 | 己卯<br>24 | 庚辰<br>25 | 辛巳<br>26 | 壬午<br>27 | 癸未<br>28 | 甲申<br>29 | 乙酉<br>30 | 丙戌<br>31 | 丁亥<br>(11) | 戊子<br>2 | 己丑<br>3 | 庚寅<br>4 | 辛卯<br>5 | 壬辰<br>6 | 癸巳<br>7 | 甲午<br>8 | | |

# 漢武帝建元六年（丙午 馬年） 公元前136 ~ 前135年

| 夏曆月序 | | 中西曆日對照 | 夏曆日序 | | | | | | | | | | | | | | | | | | | | | | | | | | | | | | 節氣與天象 |
|---|---|---|---|---|---|---|---|---|---|---|---|---|---|---|---|---|---|---|---|---|---|---|---|---|---|---|---|---|---|---|---|---|
| | | | 初一 | 初二 | 初三 | 初四 | 初五 | 初六 | 初七 | 初八 | 初九 | 初十 | 十一 | 十二 | 十三 | 十四 | 十五 | 十六 | 十七 | 十八 | 十九 | 二十 | 二一 | 二二 | 二三 | 二四 | 二五 | 二六 | 二七 | 二八 | 二九 | 三十 | |
| 十月大 | 丁亥 | 干支 天地西曆 | 乙未 9 | 丙申 10 | 丁酉 11 | 戊戌 12 | 己亥 13 | 庚子 14 | 辛丑 15 | 壬寅 16 | 癸卯 17 | 甲辰 18 | 乙巳 19 | 丙午 20 | 丁未 21 | 戊申 22 | 己酉 23 | 庚戌 24 | 辛亥 25 | 壬子 26 | 癸丑 27 | 甲寅 28 | 乙卯 29 | 丙辰 30 | 丁巳 (12) | 戊午 2 | 己未 3 | 庚申 4 | 辛酉 5 | 壬戌 6 | 癸亥 7 | 甲子 8 | 乙未立冬 |
| 十一月小 | 戊子 | 干支 天地西曆 | 乙丑 9 | 丙寅 10 | 丁卯 11 | 戊辰 12 | 己巳 13 | 庚午 14 | 辛未 15 | 壬申 16 | 癸酉 17 | 甲戌 18 | 乙亥 19 | 丙子 20 | 丁丑 21 | 戊寅 22 | 己卯 23 | 庚辰 24 | 辛巳 25 | 壬午 26 | 癸未 27 | 甲申 28 | 乙酉 29 | 丙戌 30 | 丁亥 31 | 戊子 (1) | 己丑 2 | 庚寅 3 | 辛卯 4 | 壬辰 5 | 癸巳 6 | | 辛巳冬至 |
| 十二月大 | 己丑 | 干支 天地西曆 | 甲午 7 | 乙未 8 | 丙申 9 | 丁酉 10 | 戊戌 11 | 己亥 12 | 庚子 13 | 辛丑 14 | 壬寅 15 | 癸卯 16 | 甲辰 17 | 乙巳 18 | 丙午 19 | 丁未 20 | 戊申 21 | 己酉 22 | 庚戌 23 | 辛亥 24 | 壬子 25 | 癸丑 26 | 甲寅 27 | 乙卯 28 | 丙辰 29 | 丁巳 30 | 戊午 31 | 己未 (2) | 庚申 2 | 辛酉 3 | 壬戌 4 | 癸亥 5 | |
| 正月小 | 庚寅 | 干支 天地西曆 | 甲子 6 | 乙丑 7 | 丙寅 8 | 丁卯 9 | 戊辰 10 | 己巳 11 | 庚午 12 | 辛未 13 | 壬申 14 | 癸酉 15 | 甲戌 16 | 乙亥 17 | 丙子 18 | 丁丑 19 | 戊寅 20 | 己卯 21 | 庚辰 22 | 辛巳 23 | 壬午 24 | 癸未 25 | 甲申 26 | 乙酉 27 | 丙戌 28 | 丁亥 (3) | 戊子 2 | 己丑 3 | 庚寅 4 | 辛卯 5 | 壬辰 6 | | 丙寅立春 |
| 二月大 | 辛卯 | 干支 天地西曆 | 癸巳 7 | 甲午 8 | 乙未 9 | 丙申 10 | 丁酉 11 | 戊戌 12 | 己亥 13 | 庚子 14 | 辛丑 15 | 壬寅 16 | 癸卯 17 | 甲辰 18 | 乙巳 19 | 丙午 20 | 丁未 21 | 戊申 22 | 己酉 23 | 庚戌 24 | 辛亥 25 | 壬子 26 | 癸丑 27 | 甲寅 28 | 乙卯 29 | 丙辰 30 | 丁巳 31 | 戊午 (4) | 己未 2 | 庚申 3 | 辛酉 4 | 壬戌 5 | 壬子春分<br>壬戌日食 |
| 三月小 | 壬辰 | 干支 天地西曆 | 癸亥 6 | 甲子 7 | 乙丑 8 | 丙寅 9 | 丁卯 10 | 戊辰 11 | 己巳 12 | 庚午 13 | 辛未 14 | 壬申 15 | 癸酉 16 | 甲戌 17 | 乙亥 18 | 丙子 19 | 丁丑 20 | 戊寅 21 | 己卯 22 | 庚辰 23 | 辛巳 24 | 壬午 25 | 癸未 26 | 甲申 27 | 乙酉 28 | 丙戌 29 | 丁亥 30 | 戊子 (5) | 己丑 2 | 庚寅 3 | 辛卯 4 | | |
| 四月大 | 癸巳 | 干支 天地西曆 | 壬辰 5 | 癸巳 6 | 甲午 7 | 乙未 8 | 丙申 9 | 丁酉 10 | 戊戌 11 | 己亥 12 | 庚子 13 | 辛丑 14 | 壬寅 15 | 癸卯 16 | 甲辰 17 | 乙巳 18 | 丙午 19 | 丁未 20 | 戊申 21 | 己酉 22 | 庚戌 23 | 辛亥 24 | 壬子 25 | 癸丑 26 | 甲寅 27 | 乙卯 28 | 丙辰 29 | 丁巳 30 | 戊午 31 | 己未 (6) | 庚申 2 | 辛酉 3 | 戊戌立夏 |
| 五月小 | 甲午 | 干支 天地西曆 | 壬戌 4 | 癸亥 5 | 甲子 6 | 乙丑 7 | 丙寅 8 | 丁卯 9 | 戊辰 10 | 己巳 11 | 庚午 12 | 辛未 13 | 壬申 14 | 癸酉 15 | 甲戌 16 | 乙亥 17 | 丙子 18 | 丁丑 19 | 戊寅 20 | 己卯 21 | 庚辰 22 | 辛巳 23 | 壬午 24 | 癸未 25 | 甲申 26 | 乙酉 27 | 丙戌 28 | 丁亥 29 | 戊子 30 | 己丑 (7) | 庚寅 2 | | 癸未夏至 |
| 六月大 | 乙未 | 干支 天地西曆 | 辛卯 3 | 壬辰 4 | 癸巳 5 | 甲午 6 | 乙未 7 | 丙申 8 | 丁酉 9 | 戊戌 10 | 己亥 11 | 庚子 12 | 辛丑 13 | 壬寅 14 | 癸卯 15 | 甲辰 16 | 乙巳 17 | 丙午 18 | 丁未 19 | 戊申 20 | 己酉 21 | 庚戌 22 | 辛亥 23 | 壬子 24 | 癸丑 25 | 甲寅 26 | 乙卯 27 | 丙辰 28 | 丁巳 29 | 戊午 30 | 己未 31 | 庚申 (8) | |
| 七月小 | 丙申 | 干支 天地西曆 | 辛酉 2 | 壬戌 3 | 癸亥 4 | 甲子 5 | 乙丑 6 | 丙寅 7 | 丁卯 8 | 戊辰 9 | 己巳 10 | 庚午 11 | 辛未 12 | 壬申 13 | 癸酉 14 | 甲戌 15 | 乙亥 16 | 丙子 17 | 丁丑 18 | 戊寅 19 | 己卯 20 | 庚辰 21 | 辛巳 22 | 壬午 23 | 癸未 24 | 甲申 25 | 乙酉 26 | 丙戌 27 | 丁亥 28 | 戊子 29 | 己丑 30 | | 己巳立秋 |
| 八月大 | 丁酉 | 干支 天地西曆 | 庚寅 31 | 辛卯 (9) | 壬辰 2 | 癸巳 3 | 甲午 4 | 乙未 5 | 丙申 6 | 丁酉 7 | 戊戌 8 | 己亥 9 | 庚子 10 | 辛丑 11 | 壬寅 12 | 癸卯 13 | 甲辰 14 | 乙巳 15 | 丙午 16 | 丁未 17 | 戊申 18 | 己酉 19 | 庚戌 20 | 辛亥 21 | 壬子 22 | 癸丑 23 | 甲寅 24 | 乙卯 25 | 丙辰 26 | 丁巳 27 | 戊午 28 | 己未 29 | 乙卯秋分 |
| 九月小 | 戊戌 | 干支 天地西曆 | 庚申 30 | 辛酉 (10) | 壬戌 2 | 癸亥 3 | 甲子 4 | 乙丑 5 | 丙寅 6 | 丁卯 7 | 戊辰 8 | 己巳 9 | 庚午 10 | 辛未 11 | 壬申 12 | 癸酉 13 | 甲戌 14 | 乙亥 15 | 丙子 16 | 丁丑 17 | 戊寅 18 | 己卯 19 | 庚辰 20 | 辛巳 21 | 壬午 22 | 癸未 23 | 甲申 24 | 乙酉 25 | 丙戌 26 | 丁亥 27 | 戊子 28 | | |

# 漢武帝元光元年（丁未 羊年） 公元前 135 ~ 前 134 年

| 夏曆月序 | | 中西曆日對照 | 夏曆日序 | | | | | | | | | | | | | | | | | | | | | | | | | | | | | | 節氣與天象 |
|---|---|---|---|---|---|---|---|---|---|---|---|---|---|---|---|---|---|---|---|---|---|---|---|---|---|---|---|---|---|---|---|---|---|
| | | | 初一 | 初二 | 初三 | 初四 | 初五 | 初六 | 初七 | 初八 | 初九 | 初十 | 十一 | 十二 | 十三 | 十四 | 十五 | 十六 | 十七 | 十八 | 十九 | 二十 | 二一 | 二二 | 二三 | 二四 | 二五 | 二六 | 二七 | 二八 | 二九 | 三十 | |
| 十月大 | 己亥 | 天干地支<br>西曆 | 己丑<br>29 | 庚寅<br>30 | 辛卯<br>31 | 壬辰<br>(11) | 癸巳<br>2 | 甲午<br>3 | 乙未<br>4 | 丙申<br>5 | 丁酉<br>6 | 戊戌<br>7 | 己亥<br>8 | 庚子<br>9 | 辛丑<br>10 | 壬寅<br>11 | 癸卯<br>12 | 甲辰<br>13 | 乙巳<br>14 | 丙午<br>15 | 丁未<br>16 | 戊申<br>17 | 己酉<br>18 | 庚戌<br>19 | 辛亥<br>20 | 壬子<br>21 | 癸丑<br>22 | 甲寅<br>23 | 乙卯<br>24 | 丙辰<br>25 | 丁巳<br>26 | 戊午<br>27 | 庚子立冬 |
| 十一月小 | 庚子 | 天干地支<br>西曆 | 己未<br>28 | 庚申<br>29 | 辛酉<br>30 | 壬戌<br>(12) | 癸亥<br>2 | 甲子<br>3 | 乙丑<br>4 | 丙寅<br>5 | 丁卯<br>6 | 戊辰<br>7 | 己巳<br>8 | 庚午<br>9 | 辛未<br>10 | 壬申<br>11 | 癸酉<br>12 | 甲戌<br>13 | 乙亥<br>14 | 丙子<br>15 | 丁丑<br>16 | 戊寅<br>17 | 己卯<br>18 | 庚辰<br>19 | 辛巳<br>20 | 壬午<br>21 | 癸未<br>22 | 甲申<br>23 | 乙酉<br>24 | 丙戌<br>25 | 丁亥<br>26 | | 丙戌冬至 |
| 十二月大 | 辛丑 | 天干地支<br>西曆 | 戊子<br>27 | 己丑<br>28 | 庚寅<br>29 | 辛卯<br>30 | 壬辰<br>31 | 癸巳<br>(1) | 甲午<br>2 | 乙未<br>3 | 丙申<br>4 | 丁酉<br>5 | 戊戌<br>6 | 己亥<br>7 | 庚子<br>8 | 辛丑<br>9 | 壬寅<br>10 | 癸卯<br>11 | 甲辰<br>12 | 乙巳<br>13 | 丙午<br>14 | 丁未<br>15 | 戊申<br>16 | 己酉<br>17 | 庚戌<br>18 | 辛亥<br>19 | 壬子<br>20 | 癸丑<br>21 | 甲寅<br>22 | 乙卯<br>23 | 丙辰<br>24 | 丁巳<br>25 | |
| 正月大 | 壬寅 | 天干地支<br>西曆 | 戊午<br>26 | 己未<br>27 | 庚申<br>28 | 辛酉<br>29 | 壬戌<br>30 | 癸亥<br>31 | 甲子<br>(2) | 乙丑<br>2 | 丙寅<br>3 | 丁卯<br>4 | 戊辰<br>5 | 己巳<br>6 | 庚午<br>7 | 辛未<br>8 | 壬申<br>9 | 癸酉<br>10 | 甲戌<br>11 | 乙亥<br>12 | 丙子<br>13 | 丁丑<br>14 | 戊寅<br>15 | 己卯<br>16 | 庚辰<br>17 | 辛巳<br>18 | 壬午<br>19 | 癸未<br>20 | 甲申<br>21 | 乙酉<br>22 | 丙戌<br>23 | 丁亥<br>24 | 壬申立春 |
| 二月小 | 癸卯 | 天干地支<br>西曆 | 戊子<br>25 | 己丑<br>26 | 庚寅<br>27 | 辛卯<br>28 | 壬辰<br>(3) | 癸巳<br>2 | 甲午<br>3 | 乙未<br>4 | 丙申<br>5 | 丁酉<br>6 | 戊戌<br>7 | 己亥<br>8 | 庚子<br>9 | 辛丑<br>10 | 壬寅<br>11 | 癸卯<br>12 | 甲辰<br>13 | 乙巳<br>14 | 丙午<br>15 | 丁未<br>16 | 戊申<br>17 | 己酉<br>18 | 庚戌<br>19 | 辛亥<br>20 | 壬子<br>21 | 癸丑<br>22 | 甲寅<br>23 | 乙卯<br>24 | 丙辰<br>25 | | |
| 三月大 | 甲辰 | 天干地支<br>西曆 | 丁巳<br>26 | 戊午<br>27 | 己未<br>28 | 庚申<br>29 | 辛酉<br>30 | 壬戌<br>31 | 癸亥<br>(4) | 甲子<br>2 | 乙丑<br>3 | 丙寅<br>4 | 丁卯<br>5 | 戊辰<br>6 | 己巳<br>7 | 庚午<br>8 | 辛未<br>9 | 壬申<br>10 | 癸酉<br>11 | 甲戌<br>12 | 乙亥<br>13 | 丙子<br>14 | 丁丑<br>15 | 戊寅<br>16 | 己卯<br>17 | 庚辰<br>18 | 辛巳<br>19 | 壬午<br>20 | 癸未<br>21 | 甲申<br>22 | 乙酉<br>23 | 丙戌<br>24 | 丁巳春分 |
| 四月小 | 乙巳 | 天干地支<br>西曆 | 丁亥<br>25 | 戊子<br>26 | 己丑<br>27 | 庚寅<br>28 | 辛卯<br>29 | 壬辰<br>30 | 癸巳<br>(5) | 甲午<br>2 | 乙未<br>3 | 丙申<br>4 | 丁酉<br>5 | 戊戌<br>6 | 己亥<br>7 | 庚子<br>8 | 辛丑<br>9 | 壬寅<br>10 | 癸卯<br>11 | 甲辰<br>12 | 乙巳<br>13 | 丙午<br>14 | 丁未<br>15 | 戊申<br>16 | 己酉<br>17 | 庚戌<br>18 | 辛亥<br>19 | 壬子<br>20 | 癸丑<br>21 | 甲寅<br>22 | 乙卯<br>23 | | 癸卯立夏 |
| 五月大 | 丙午 | 天干地支<br>西曆 | 丙辰<br>24 | 丁巳<br>25 | 戊午<br>26 | 己未<br>27 | 庚申<br>28 | 辛酉<br>29 | 壬戌<br>30 | 癸亥<br>31 | 甲子<br>(6) | 乙丑<br>2 | 丙寅<br>3 | 丁卯<br>4 | 戊辰<br>5 | 己巳<br>6 | 庚午<br>7 | 辛未<br>8 | 壬申<br>9 | 癸酉<br>10 | 甲戌<br>11 | 乙亥<br>12 | 丙子<br>13 | 丁丑<br>14 | 戊寅<br>15 | 己卯<br>16 | 庚辰<br>17 | 辛巳<br>18 | 壬午<br>19 | 癸未<br>20 | 甲申<br>21 | 乙酉<br>22 | |
| 六月小 | 丁未 | 天干地支<br>西曆 | 丙戌<br>23 | 丁亥<br>24 | 戊子<br>25 | 己丑<br>26 | 庚寅<br>27 | 辛卯<br>28 | 壬辰<br>29 | 癸巳<br>30 | 甲午<br>(7) | 乙未<br>2 | 丙申<br>3 | 丁酉<br>4 | 戊戌<br>5 | 己亥<br>6 | 庚子<br>7 | 辛丑<br>8 | 壬寅<br>9 | 癸卯<br>10 | 甲辰<br>11 | 乙巳<br>12 | 丙午<br>13 | 丁未<br>14 | 戊申<br>15 | 己酉<br>16 | 庚戌<br>17 | 辛亥<br>18 | 壬子<br>19 | 癸丑<br>20 | 甲寅<br>21 | | 戊子夏至 |
| 七月大 | 戊申 | 天干地支<br>西曆 | 乙卯<br>22 | 丙辰<br>23 | 丁巳<br>24 | 戊午<br>25 | 己未<br>26 | 庚申<br>27 | 辛酉<br>28 | 壬戌<br>29 | 癸亥<br>30 | 甲子<br>31 | 乙丑<br>(8) | 丙寅<br>2 | 丁卯<br>3 | 戊辰<br>4 | 己巳<br>5 | 庚午<br>6 | 辛未<br>7 | 壬申<br>8 | 癸酉<br>9 | 甲戌<br>10 | 乙亥<br>11 | 丙子<br>12 | 丁丑<br>13 | 戊寅<br>14 | 己卯<br>15 | 庚辰<br>16 | 辛巳<br>17 | 壬午<br>18 | 癸未<br>19 | 甲申<br>20 | 甲戌立秋<br>癸未日食 |
| 八月小 | 己酉 | 天干地支<br>西曆 | 乙酉<br>21 | 丙戌<br>22 | 丁亥<br>23 | 戊子<br>24 | 己丑<br>25 | 庚寅<br>26 | 辛卯<br>27 | 壬辰<br>28 | 癸巳<br>29 | 甲午<br>30 | 乙未<br>31 | 丙申<br>(9) | 丁酉<br>2 | 戊戌<br>3 | 己亥<br>4 | 庚子<br>5 | 辛丑<br>6 | 壬寅<br>7 | 癸卯<br>8 | 甲辰<br>9 | 乙巳<br>10 | 丙午<br>11 | 丁未<br>12 | 戊申<br>13 | 己酉<br>14 | 庚戌<br>15 | 辛亥<br>16 | 壬子<br>17 | 癸丑<br>18 | | |
| 九月大 | 庚戌 | 天干地支<br>西曆 | 甲寅<br>19 | 乙卯<br>20 | 丙辰<br>21 | 丁巳<br>22 | 戊午<br>23 | 己未<br>24 | 庚申<br>25 | 辛酉<br>26 | 壬戌<br>27 | 癸亥<br>28 | 甲子<br>29 | 乙丑<br>30 | 丙寅<br>(10) | 丁卯<br>2 | 戊辰<br>3 | 己巳<br>4 | 庚午<br>5 | 辛未<br>6 | 壬申<br>7 | 癸酉<br>8 | 甲戌<br>9 | 乙亥<br>10 | 丙子<br>11 | 丁丑<br>12 | 戊寅<br>13 | 己卯<br>14 | 庚辰<br>15 | 辛巳<br>16 | 壬午<br>17 | 癸未<br>18 | 庚申秋分 |
| 後九月小 | 庚戌 | 天干地支<br>西曆 | 甲申<br>19 | 乙酉<br>20 | 丙戌<br>21 | 丁亥<br>22 | 戊子<br>23 | 己丑<br>24 | 庚寅<br>25 | 辛卯<br>26 | 壬辰<br>27 | 癸巳<br>28 | 甲午<br>29 | 乙未<br>30 | 丙申<br>31 | 丁酉<br>(11) | 戊戌<br>2 | 己亥<br>3 | 庚子<br>4 | 辛丑<br>5 | 壬寅<br>6 | 癸卯<br>7 | 甲辰<br>8 | 乙巳<br>9 | 丙午<br>10 | 丁未<br>11 | 戊申<br>12 | 己酉<br>13 | 庚戌<br>14 | 辛亥<br>15 | 壬子<br>16 | | 乙巳立冬 |

* 十月己丑（初一），改元元光。

# 漢武帝元光二年（戊申 猴年） 公元前134 ~ 前133年

| 夏曆月序 | | 中西曆日對照 | 初一 | 初二 | 初三 | 初四 | 初五 | 初六 | 初七 | 初八 | 初九 | 初十 | 十一 | 十二 | 十三 | 十四 | 十五 | 十六 | 十七 | 十八 | 十九 | 二十 | 二一 | 二二 | 二三 | 二四 | 二五 | 二六 | 二七 | 二八 | 二九 | 三十 | 節氣與天象 |
|---|---|---|---|---|---|---|---|---|---|---|---|---|---|---|---|---|---|---|---|---|---|---|---|---|---|---|---|---|---|---|---|---|---|
| 十月大 | 辛亥 | 天干支 | 癸丑 | 甲寅 | 乙卯 | 丙辰 | 丁巳 | 戊午 | 己未 | 庚申 | 辛酉 | 壬戌 | 癸亥 | 甲子 | 乙丑 | 丙寅 | 丁卯 | 戊辰 | 己巳 | 庚午 | 辛未 | 壬申 | 癸酉 | 甲戌 | 乙亥 | 丙子 | 丁丑 | 戊寅 | 己卯 | 庚辰 | 辛巳 | 壬午 | |
| | | 地西曆 | 17 | 18 | 19 | 20 | 21 | 22 | 23 | 24 | 25 | 26 | 27 | 28 | 29 | 30 | (12) | 2 | 3 | 4 | 5 | 6 | 7 | 8 | 9 | 10 | 11 | 12 | 13 | 14 | 15 | 16 | |
| 十一月小 | 壬子 | 天干支 | 癸未 | 甲申 | 乙酉 | 丙戌 | 丁亥 | 戊子 | 己丑 | 庚寅 | 辛卯 | 壬辰 | 癸巳 | 甲午 | 乙未 | 丙申 | 丁酉 | 戊戌 | 己亥 | 庚子 | 辛丑 | 壬寅 | 癸卯 | 甲辰 | 乙巳 | 丙午 | 丁未 | 戊申 | 己酉 | 庚戌 | 辛亥 | | 辛卯冬至 |
| | | 地西曆 | 17 | 18 | 19 | 20 | 21 | 22 | 23 | 24 | 25 | 26 | 27 | 28 | 29 | 30 | 31 | (1) | 2 | 3 | 4 | 5 | 6 | 7 | 8 | 9 | 10 | 11 | 12 | 13 | 14 | | |
| 十二月大 | 癸丑 | 天干支 | 壬子 | 癸丑 | 甲寅 | 乙卯 | 丙辰 | 丁巳 | 戊午 | 己未 | 庚申 | 辛酉 | 壬戌 | 癸亥 | 甲子 | 乙丑 | 丙寅 | 丁卯 | 戊辰 | 己巳 | 庚午 | 辛未 | 壬申 | 癸酉 | 甲戌 | 乙亥 | 丙子 | 丁丑 | 戊寅 | 己卯 | 庚辰 | 辛巳 | 丁丑立春 |
| | | 地西曆 | 15 | 16 | 17 | 18 | 19 | 20 | 21 | 22 | 23 | 24 | 25 | 26 | 27 | 28 | 29 | 30 | 31 | (2) | 2 | 3 | 4 | 5 | 6 | 7 | 8 | 9 | 10 | 11 | 12 | 13 | |
| 正月小 | 甲寅 | 天干支 | 壬午 | 癸未 | 甲申 | 乙酉 | 丙戌 | 丁亥 | 戊子 | 己丑 | 庚寅 | 辛卯 | 壬辰 | 癸巳 | 甲午 | 乙未 | 丙申 | 丁酉 | 戊戌 | 己亥 | 庚子 | 辛丑 | 壬寅 | 癸卯 | 甲辰 | 乙巳 | 丙午 | 丁未 | 戊申 | 己酉 | 庚戌 | | |
| | | 地西曆 | 14 | 15 | 16 | 17 | 18 | 19 | 20 | 21 | 22 | 23 | 24 | 25 | 26 | 27 | 28 | 29 | (3) | 2 | 3 | 4 | 5 | 6 | 7 | 8 | 9 | 10 | 11 | 12 | 13 | | |
| 二月大 | 乙卯 | 天干支 | 辛亥 | 壬子 | 癸丑 | 甲寅 | 乙卯 | 丙辰 | 丁巳 | 戊午 | 己未 | 庚申 | 辛酉 | 壬戌 | 癸亥 | 甲子 | 乙丑 | 丙寅 | 丁卯 | 戊辰 | 己巳 | 庚午 | 辛未 | 壬申 | 癸酉 | 甲戌 | 乙亥 | 丙子 | 丁丑 | 戊寅 | 己卯 | 庚辰 | 壬戌春分 |
| | | 地西曆 | 14 | 15 | 16 | 17 | 18 | 19 | 20 | 21 | 22 | 23 | 24 | 25 | 26 | 27 | 28 | 29 | 30 | 31 | (4) | 2 | 3 | 4 | 5 | 6 | 7 | 8 | 9 | 10 | 11 | 12 | |
| 三月大 | 丙辰 | 天干支 | 辛巳 | 壬午 | 癸未 | 甲申 | 乙酉 | 丙戌 | 丁亥 | 戊子 | 己丑 | 庚寅 | 辛卯 | 壬辰 | 癸巳 | 甲午 | 乙未 | 丙申 | 丁酉 | 戊戌 | 己亥 | 庚子 | 辛丑 | 壬寅 | 癸卯 | 甲辰 | 乙巳 | 丙午 | 丁未 | 戊申 | 己酉 | 庚戌 | 戊申立夏 |
| | | 地西曆 | 13 | 14 | 15 | 16 | 17 | 18 | 19 | 20 | 21 | 22 | 23 | 24 | 25 | 26 | 27 | 28 | 29 | 30 | (5) | 2 | 3 | 4 | 5 | 6 | 7 | 8 | 9 | 10 | 11 | 12 | |
| 四月小 | 丁巳 | 天干支 | 辛亥 | 壬子 | 癸丑 | 甲寅 | 乙卯 | 丙辰 | 丁巳 | 戊午 | 己未 | 庚申 | 辛酉 | 壬戌 | 癸亥 | 甲子 | 乙丑 | 丙寅 | 丁卯 | 戊辰 | 己巳 | 庚午 | 辛未 | 壬申 | 癸酉 | 甲戌 | 乙亥 | 丙子 | 丁丑 | 戊寅 | 己卯 | | |
| | | 地西曆 | 13 | 14 | 15 | 16 | 17 | 18 | 19 | 20 | 21 | 22 | 23 | 24 | 25 | 26 | 27 | 28 | 29 | 30 | 31 | (6) | 2 | 3 | 4 | 5 | 6 | 7 | 8 | 9 | 10 | | |
| 五月大 | 戊午 | 天干支 | 庚辰 | 辛巳 | 壬午 | 癸未 | 甲申 | 乙酉 | 丙戌 | 丁亥 | 戊子 | 己丑 | 庚寅 | 辛卯 | 壬辰 | 癸巳 | 甲午 | 乙未 | 丙申 | 丁酉 | 戊戌 | 己亥 | 庚子 | 辛丑 | 壬寅 | 癸卯 | 甲辰 | 乙巳 | 丙午 | 丁未 | 戊申 | 己酉 | 甲午夏至 |
| | | 地西曆 | 11 | 12 | 13 | 14 | 15 | 16 | 17 | 18 | 19 | 20 | 21 | 22 | 23 | 24 | 25 | 26 | 27 | 28 | 29 | 30 | (7) | 2 | 3 | 4 | 5 | 6 | 7 | 8 | 9 | 10 | |
| 六月小 | 己未 | 天干支 | 庚戌 | 辛亥 | 壬子 | 癸丑 | 甲寅 | 乙卯 | 丙辰 | 丁巳 | 戊午 | 己未 | 庚申 | 辛酉 | 壬戌 | 癸亥 | 甲子 | 乙丑 | 丙寅 | 丁卯 | 戊辰 | 己巳 | 庚午 | 辛未 | 壬申 | 癸酉 | 甲戌 | 乙亥 | 丙子 | 丁丑 | 戊寅 | | |
| | | 地西曆 | 11 | 12 | 13 | 14 | 15 | 16 | 17 | 18 | 19 | 20 | 21 | 22 | 23 | 24 | 25 | 26 | 27 | 28 | 29 | 30 | 31 | (8) | 2 | 3 | 4 | 5 | 6 | 7 | 8 | | |
| 七月大 | 庚申 | 天干支 | 己卯 | 庚辰 | 辛巳 | 壬午 | 癸未 | 甲申 | 乙酉 | 丙戌 | 丁亥 | 戊子 | 己丑 | 庚寅 | 辛卯 | 壬辰 | 癸巳 | 甲午 | 乙未 | 丙申 | 丁酉 | 戊戌 | 己亥 | 庚子 | 辛丑 | 壬寅 | 癸卯 | 甲辰 | 乙巳 | 丙午 | 丁未 | 戊申 | 己卯立秋 |
| | | 地西曆 | 9 | 10 | 11 | 12 | 13 | 14 | 15 | 16 | 17 | 18 | 19 | 20 | 21 | 22 | 23 | 24 | 25 | 26 | 27 | 28 | 29 | 30 | 31 | (9) | 2 | 3 | 4 | 5 | 6 | 7 | |
| 八月小 | 辛酉 | 天干支 | 己酉 | 庚戌 | 辛亥 | 壬子 | 癸丑 | 甲寅 | 乙卯 | 丙辰 | 丁巳 | 戊午 | 己未 | 庚申 | 辛酉 | 壬戌 | 癸亥 | 甲子 | 乙丑 | 丙寅 | 丁卯 | 戊辰 | 己巳 | 庚午 | 辛未 | 壬申 | 癸酉 | 甲戌 | 乙亥 | 丙子 | 丁丑 | | 乙丑秋分 |
| | | 地西曆 | 8 | 9 | 10 | 11 | 12 | 13 | 14 | 15 | 16 | 17 | 18 | 19 | 20 | 21 | 22 | 23 | 24 | 25 | 26 | 27 | 28 | 29 | 30 | (10) | 2 | 3 | 4 | 5 | 6 | | |
| 九月大 | 壬戌 | 天干支 | 戊寅 | 己卯 | 庚辰 | 辛巳 | 壬午 | 癸未 | 甲申 | 乙酉 | 丙戌 | 丁亥 | 戊子 | 己丑 | 庚寅 | 辛卯 | 壬辰 | 癸巳 | 甲午 | 乙未 | 丙申 | 丁酉 | 戊戌 | 己亥 | 庚子 | 辛丑 | 壬寅 | 癸卯 | 甲辰 | 乙巳 | 丙午 | 丁未 | |
| | | 地西曆 | 7 | 8 | 9 | 10 | 11 | 12 | 13 | 14 | 15 | 16 | 17 | 18 | 19 | 20 | 21 | 22 | 23 | 24 | 25 | 26 | 27 | 28 | 29 | 30 | 31 | (11) | 2 | 3 | 4 | 5 | |

# 漢武帝元光三年（己酉 鷄年） 公元前 133 ~ 前 132 年

| 夏曆月序 | 中西曆日對照 | | 初一 | 初二 | 初三 | 初四 | 初五 | 初六 | 初七 | 初八 | 初九 | 初十 | 十一 | 十二 | 十三 | 十四 | 十五 | 十六 | 十七 | 十八 | 十九 | 二十 | 二一 | 二二 | 二三 | 二四 | 二五 | 二六 | 二七 | 二八 | 二九 | 三十 | 節氣與天象 |
|---|---|---|---|---|---|---|---|---|---|---|---|---|---|---|---|---|---|---|---|---|---|---|---|---|---|---|---|---|---|---|---|---|---|
| 十月小 | 癸亥 | 天干 地支 西曆 | 戊申6 | 己酉7 | 庚戌8 | 辛亥9 | 壬子10 | 癸丑11 | 甲寅12 | 乙卯13 | 丙辰14 | 丁巳15 | 戊午16 | 己未17 | 庚申18 | 辛酉19 | 壬戌20 | 癸亥21 | 甲子22 | 乙丑23 | 丙寅24 | 丁卯25 | 戊辰26 | 己巳27 | 庚午28 | 辛未29 | 壬申30 | 癸酉(12) | 甲戌2 | 乙亥3 | 丙子4 | | 辛亥立冬 |
| 十一月大 | 甲子 | 天干 地支 西曆 | 丁丑5 | 戊寅6 | 己卯7 | 庚辰8 | 辛巳9 | 壬午10 | 癸未11 | 甲申12 | 乙酉13 | 丙戌14 | 丁亥15 | 戊子16 | 己丑17 | 庚寅18 | 辛卯19 | 壬辰20 | 癸巳21 | 甲午22 | 乙未23 | 丙申24 | 丁酉25 | 戊戌26 | 己亥27 | 庚子28 | 辛丑29 | 壬寅30 | 癸卯31 | 甲辰(1) | 乙巳2 | 丙午3 | 丙申冬至 |
| 十二月小 | 乙丑 | 天干 地支 西曆 | 丁未4 | 戊申5 | 己酉6 | 庚戌7 | 辛亥8 | 壬子9 | 癸丑10 | 甲寅11 | 乙卯12 | 丙辰13 | 丁巳14 | 戊午15 | 己未16 | 庚申17 | 辛酉18 | 壬戌19 | 癸亥20 | 甲子21 | 乙丑22 | 丙寅23 | 丁卯24 | 戊辰25 | 己巳26 | 庚午27 | 辛未28 | 壬申29 | 癸酉30 | 甲戌31 | 乙亥(2) | | |
| 正月大 | 丙寅 | 天干 地支 西曆 | 丙子2 | 丁丑3 | 戊寅4 | 己卯5 | 庚辰6 | 辛巳7 | 壬午8 | 癸未9 | 甲申10 | 乙酉11 | 丙戌12 | 丁亥13 | 戊子14 | 己丑15 | 庚寅16 | 辛卯17 | 壬辰18 | 癸巳19 | 甲午20 | 乙未21 | 丙申22 | 丁酉23 | 戊戌24 | 己亥25 | 庚子26 | 辛丑27 | 壬寅28 | 癸卯(3) | 甲辰2 | 乙巳3 | 壬午立春 |
| 二月小 | 丁卯 | 天干 地支 西曆 | 丙午4 | 丁未5 | 戊申6 | 己酉7 | 庚戌8 | 辛亥9 | 壬子10 | 癸丑11 | 甲寅12 | 乙卯13 | 丙辰14 | 丁巳15 | 戊午16 | 己未17 | 庚申18 | 辛酉19 | 壬戌20 | 癸亥21 | 甲子22 | 乙丑23 | 丙寅24 | 丁卯25 | 戊辰26 | 己巳27 | 庚午28 | 辛未29 | 壬申30 | 癸酉31 | 甲戌(4) | | 戊辰春分 |
| 三月大 | 戊辰 | 天干 地支 西曆 | 乙亥2 | 丙子3 | 丁丑4 | 戊寅5 | 己卯6 | 庚辰7 | 辛巳8 | 壬午9 | 癸未10 | 甲申11 | 乙酉12 | 丙戌13 | 丁亥14 | 戊子15 | 己丑16 | 庚寅17 | 辛卯18 | 壬辰19 | 癸巳20 | 甲午21 | 乙未22 | 丙申23 | 丁酉24 | 戊戌25 | 己亥26 | 庚子27 | 辛丑28 | 壬寅29 | 癸卯30 | 甲辰(5) | |
| 四月小 | 己巳 | 天干 地支 西曆 | 乙巳2 | 丙午3 | 丁未4 | 戊申5 | 己酉6 | 庚戌7 | 辛亥8 | 壬子9 | 癸丑10 | 甲寅11 | 乙卯12 | 丙辰13 | 丁巳14 | 戊午15 | 己未16 | 庚申17 | 辛酉18 | 壬戌19 | 癸亥20 | 甲子21 | 乙丑22 | 丙寅23 | 丁卯24 | 戊辰25 | 己巳26 | 庚午27 | 辛未28 | 壬申29 | 癸酉30 | | 癸丑立夏 |
| 五月大 | 庚午 | 天干 地支 西曆 | 甲戌31 | 乙亥(6) | 丙子2 | 丁丑3 | 戊寅4 | 己卯5 | 庚辰6 | 辛巳7 | 壬午8 | 癸未9 | 甲申10 | 乙酉11 | 丙戌12 | 丁亥13 | 戊子14 | 己丑15 | 庚寅16 | 辛卯17 | 壬辰18 | 癸巳19 | 甲午20 | 乙未21 | 丙申22 | 丁酉23 | 戊戌24 | 己亥25 | 庚子26 | 辛丑27 | 壬寅28 | 癸卯29 | 己亥夏至 |
| 六月小 | 辛未 | 天干 地支 西曆 | 甲辰30 | 乙巳(7) | 丙午2 | 丁未3 | 戊申4 | 己酉5 | 庚戌6 | 辛亥7 | 壬子8 | 癸丑9 | 甲寅10 | 乙卯11 | 丙辰12 | 丁巳13 | 戊午14 | 己未15 | 庚申16 | 辛酉17 | 壬戌18 | 癸亥19 | 甲子20 | 乙丑21 | 丙寅22 | 丁卯23 | 戊辰24 | 己巳25 | 庚午26 | 辛未27 | 壬申28 | | |
| 七月大 | 壬申 | 天干 地支 西曆 | 癸酉29 | 甲戌30 | 乙亥31 | 丙子(8) | 丁丑2 | 戊寅3 | 己卯4 | 庚辰5 | 辛巳6 | 壬午7 | 癸未8 | 甲申9 | 乙酉10 | 丙戌11 | 丁亥12 | 戊子13 | 己丑14 | 庚寅15 | 辛卯16 | 壬辰17 | 癸巳18 | 甲午19 | 乙未20 | 丙申21 | 丁酉22 | 戊戌23 | 己亥24 | 庚子25 | 辛丑26 | 壬寅27 | 乙酉立秋 |
| 八月大 | 癸酉 | 天干 地支 西曆 | 癸卯28 | 甲辰29 | 乙巳30 | 丙午31 | 丁未(9) | 戊申2 | 己酉3 | 庚戌4 | 辛亥5 | 壬子6 | 癸丑7 | 甲寅8 | 乙卯9 | 丙辰10 | 丁巳11 | 戊午12 | 己未13 | 庚申14 | 辛酉15 | 壬戌16 | 癸亥17 | 甲子18 | 乙丑19 | 丙寅20 | 丁卯21 | 戊辰22 | 己巳23 | 庚午24 | 辛未25 | 壬申26 | 庚午秋分 |
| 九月小 | 甲戌 | 天干 地支 西曆 | 癸酉27 | 甲戌28 | 乙亥29 | 丙子30 | 丁丑(10) | 戊寅2 | 己卯3 | 庚辰4 | 辛巳5 | 壬午6 | 癸未7 | 甲申8 | 乙酉9 | 丙戌10 | 丁亥11 | 戊子12 | 己丑13 | 庚寅14 | 辛卯15 | 壬辰16 | 癸巳17 | 甲午18 | 乙未19 | 丙申20 | 丁酉21 | 戊戌22 | 己亥23 | 庚子24 | 辛丑25 | | |
| 後九月大 | 甲戌 | 天干 地支 西曆 | 壬寅26 | 癸卯27 | 甲辰28 | 乙巳29 | 丙午30 | 丁未31 | 戊申(11) | 己酉2 | 庚戌3 | 辛亥4 | 壬子5 | 癸丑6 | 甲寅7 | 乙卯8 | 丙辰9 | 丁巳10 | 戊午11 | 己未12 | 庚申13 | 辛酉14 | 壬戌15 | 癸亥16 | 甲子17 | 乙丑18 | 丙寅19 | 丁卯20 | 戊辰21 | 己巳22 | 庚午23 | 辛未24 | 丙辰立冬 |

# 漢武帝元光四年（庚戌 狗年） 公元前 132 ~ 前 131 年

| 夏曆月序 | | 中西曆日對照 | 初一 | 初二 | 初三 | 初四 | 初五 | 初六 | 初七 | 初八 | 初九 | 初十 | 十一 | 十二 | 十三 | 十四 | 十五 | 十六 | 十七 | 十八 | 十九 | 二十 | 二一 | 二二 | 二三 | 二四 | 二五 | 二六 | 二七 | 二八 | 二九 | 三十 | 節氣與天象 |
|---|---|---|---|---|---|---|---|---|---|---|---|---|---|---|---|---|---|---|---|---|---|---|---|---|---|---|---|---|---|---|---|---|---|
| 十月小 | 乙亥 | 天地干支 西曆 | 壬申25 | 癸酉26 | 甲戌27 | 乙亥28 | 丙子29 | 丁丑30 | 戊寅(12) | 己卯2 | 庚辰3 | 辛巳4 | 壬午5 | 癸未6 | 甲申7 | 乙酉8 | 丙戌9 | 丁亥10 | 戊子11 | 己丑12 | 庚寅13 | 辛卯14 | 壬辰15 | 癸巳16 | 甲午17 | 乙未18 | 丙申19 | 丁酉20 | 戊戌21 | 己亥22 | 庚子23 | | |
| 十一月大 | 丙子 | 天地干支 西曆 | 辛丑24 | 壬寅25 | 癸卯26 | 甲辰27 | 乙巳28 | 丙午29 | 丁未30 | 戊申31 | 己酉(1) | 庚戌2 | 辛亥3 | 壬子4 | 癸丑5 | 甲寅6 | 乙卯7 | 丙辰8 | 丁巳9 | 戊午10 | 己未11 | 庚申12 | 辛酉13 | 壬戌14 | 癸亥15 | 甲子16 | 乙丑17 | 丙寅18 | 丁卯19 | 戊辰20 | 己巳21 | 庚午22 | 壬寅冬至 |
| 十二月小 | 丁丑 | 天地干支 西曆 | 辛未23 | 壬申24 | 癸酉25 | 甲戌26 | 乙亥27 | 丙子28 | 丁丑29 | 戊寅30 | 己卯31 | 庚辰(2) | 辛巳2 | 壬午3 | 癸未4 | 甲申5 | 乙酉6 | 丙戌7 | 丁亥8 | 戊子9 | 己丑10 | 庚寅11 | 辛卯12 | 壬辰13 | 癸巳14 | 甲午15 | 乙未16 | 丙申17 | 丁酉18 | 戊戌19 | 己亥20 | | 丁亥立春 |
| 正月大 | 戊寅 | 天地干支 西曆 | 庚子21 | 辛丑22 | 壬寅23 | 癸卯24 | 甲辰25 | 乙巳26 | 丙午27 | 丁未28 | 戊申(3) | 己酉2 | 庚戌3 | 辛亥4 | 壬子5 | 癸丑6 | 甲寅7 | 乙卯8 | 丙辰9 | 丁巳10 | 戊午11 | 己未12 | 庚申13 | 辛酉14 | 壬戌15 | 癸亥16 | 甲子17 | 乙丑18 | 丙寅19 | 丁卯20 | 戊辰21 | 己巳22 | |
| 二月小 | 己卯 | 天地干支 西曆 | 庚午23 | 辛未24 | 壬申25 | 癸酉26 | 甲戌27 | 乙亥28 | 丙子29 | 丁丑30 | 戊寅31 | 己卯(4) | 庚辰2 | 辛巳3 | 壬午4 | 癸未5 | 甲申6 | 乙酉7 | 丙戌8 | 丁亥9 | 戊子10 | 己丑11 | 庚寅12 | 辛卯13 | 壬辰14 | 癸巳15 | 甲午16 | 乙未17 | 丙申18 | 丁酉19 | 戊戌20 | | 癸酉春分 |
| 三月大 | 庚辰 | 天地干支 西曆 | 己亥21 | 庚子22 | 辛丑23 | 壬寅24 | 癸卯25 | 甲辰26 | 乙巳27 | 丙午28 | 丁未29 | 戊申30 | 己酉(5) | 庚戌2 | 辛亥3 | 壬子4 | 癸丑5 | 甲寅6 | 乙卯7 | 丙辰8 | 丁巳9 | 戊午10 | 己未11 | 庚申12 | 辛酉13 | 壬戌14 | 癸亥15 | 甲子16 | 乙丑17 | 丙寅18 | 丁卯19 | 戊辰20 | 己未立夏 |
| 四月小 | 辛巳 | 天地干支 西曆 | 己巳21 | 庚午22 | 辛未23 | 壬申24 | 癸酉25 | 甲戌26 | 乙亥27 | 丙子28 | 丁丑29 | 戊寅30 | 己卯31 | 庚辰(6) | 辛巳2 | 壬午3 | 癸未4 | 甲申5 | 乙酉6 | 丙戌7 | 丁亥8 | 戊子9 | 己丑10 | 庚寅11 | 辛卯12 | 壬辰13 | 癸巳14 | 甲午15 | 乙未16 | 丙申17 | 丁酉18 | | |
| 五月大 | 壬午 | 天地干支 西曆 | 戊戌19 | 己亥20 | 庚子21 | 辛丑22 | 壬寅23 | 癸卯24 | 甲辰25 | 乙巳26 | 丙午27 | 丁未28 | 戊申29 | 己酉30 | 庚戌(7) | 辛亥2 | 壬子3 | 癸丑4 | 甲寅5 | 乙卯6 | 丙辰7 | 丁巳8 | 戊午9 | 己未10 | 庚申11 | 辛酉12 | 壬戌13 | 癸亥14 | 甲子15 | 乙丑16 | 丙寅17 | 丁卯18 | 甲辰夏至 |
| 六月小 | 癸未 | 天地干支 西曆 | 戊辰19 | 己巳20 | 庚午21 | 辛未22 | 壬申23 | 癸酉24 | 甲戌25 | 乙亥26 | 丙子27 | 丁丑28 | 戊寅29 | 己卯30 | 庚辰31 | 辛巳(8) | 壬午2 | 癸未3 | 甲申4 | 乙酉5 | 丙戌6 | 丁亥7 | 戊子8 | 己丑9 | 庚寅10 | 辛卯11 | 壬辰12 | 癸巳13 | 甲午14 | 乙未15 | 丙申16 | | 庚寅立秋 |
| 七月大 | 甲申 | 天地干支 西曆 | 丁酉17 | 戊戌18 | 己亥19 | 庚子20 | 辛丑21 | 壬寅22 | 癸卯23 | 甲辰24 | 乙巳25 | 丙午26 | 丁未27 | 戊申28 | 己酉29 | 庚戌30 | 辛亥31 | 壬子(9) | 癸丑2 | 甲寅3 | 乙卯4 | 丙辰5 | 丁巳6 | 戊午7 | 己未8 | 庚申9 | 辛酉10 | 壬戌11 | 癸亥12 | 甲子13 | 乙丑14 | 丙寅15 | |
| 八月小 | 乙酉 | 天地干支 西曆 | 丁卯16 | 戊辰17 | 己巳18 | 庚午19 | 辛未20 | 壬申21 | 癸酉22 | 甲戌23 | 乙亥24 | 丙子25 | 丁丑26 | 戊寅27 | 己卯28 | 庚辰29 | 辛巳30 | 壬午(10) | 癸未2 | 甲申3 | 乙酉4 | 丙戌5 | 丁亥6 | 戊子7 | 己丑8 | 庚寅9 | 辛卯10 | 壬辰11 | 癸巳12 | 甲午13 | 乙未14 | | 丙子秋分 |
| 九月大 | 丙戌 | 天地干支 西曆 | 丙申15 | 丁酉16 | 戊戌17 | 己亥18 | 庚子19 | 辛丑20 | 壬寅21 | 癸卯22 | 甲辰23 | 乙巳24 | 丙午25 | 丁未26 | 戊申27 | 己酉28 | 庚戌29 | 辛亥30 | 壬子31 | 癸丑(11) | 甲寅2 | 乙卯3 | 丙辰4 | 丁巳5 | 戊午6 | 己未7 | 庚申8 | 辛酉9 | 壬戌10 | 癸亥11 | 甲子12 | 乙丑13 | 辛酉立冬 |

# 漢武帝元光五年（辛亥 猪年） 公元前131～前130年

| 夏曆月序 | | 中西曆日對照 | 夏曆日序 | | | | | | | | | | | | | | | | | | | | | | | | | | | | | 節氣與天象 |
|---|---|---|---|---|---|---|---|---|---|---|---|---|---|---|---|---|---|---|---|---|---|---|---|---|---|---|---|---|---|---|---|---|
| | | | 初一 | 初二 | 初三 | 初四 | 初五 | 初六 | 初七 | 初八 | 初九 | 初十 | 十一 | 十二 | 十三 | 十四 | 十五 | 十六 | 十七 | 十八 | 十九 | 二十 | 二一 | 二二 | 二三 | 二四 | 二五 | 二六 | 二七 | 二八 | 二九 | 三十 | |
| 十月大 | 丁亥 | 干支天地西曆 | 丙寅14 | 丁卯15 | 戊辰16 | 己巳17 | 庚午18 | 辛未19 | 壬申20 | 癸酉21 | 甲戌22 | 乙亥23 | 丙子24 | 丁丑25 | 戊寅26 | 己卯27 | 庚辰28 | 辛巳29 | 壬午30 | 癸未(12) | 甲申2 | 乙酉3 | 丙戌4 | 丁亥5 | 戊子6 | 己丑7 | 庚寅8 | 辛卯9 | 壬辰10 | 癸巳11 | 甲午12 | 乙未13 | |
| 十一月小 | 戊子 | 干支天地西曆 | 丙申14 | 丁酉15 | 戊戌16 | 己亥17 | 庚子18 | 辛丑19 | 壬寅20 | 癸卯21 | 甲辰22 | 乙巳23 | 丙午24 | 丁未25 | 戊申26 | 己酉27 | 庚戌28 | 辛亥29 | 壬子30 | 癸丑31 | 甲寅(1) | 乙卯2 | 丙辰3 | 丁巳4 | 戊午5 | 己未6 | 庚申7 | 辛酉8 | 壬戌9 | 癸亥10 | 甲子11 | | 丁未冬至 |
| 十二月大 | 己丑 | 干支天地西曆 | 乙丑12 | 丙寅13 | 丁卯14 | 戊辰15 | 己巳16 | 庚午17 | 辛未18 | 壬申19 | 癸酉20 | 甲戌21 | 乙亥22 | 丙子23 | 丁丑24 | 戊寅25 | 己卯26 | 庚辰27 | 辛巳28 | 壬午29 | 癸未30 | 甲申31 | 乙酉(2) | 丙戌2 | 丁亥3 | 戊子4 | 己丑5 | 庚寅6 | 辛卯7 | 壬辰8 | 癸巳9 | 甲午10 | 癸巳立春 |
| 正月小 | 庚寅 | 干支天地西曆 | 乙未11 | 丙申12 | 丁酉13 | 戊戌14 | 己亥15 | 庚子16 | 辛丑17 | 壬寅18 | 癸卯19 | 甲辰20 | 乙巳21 | 丙午22 | 丁未23 | 戊申24 | 己酉25 | 庚戌26 | 辛亥27 | 壬子28 | 癸丑(3) | 甲寅2 | 乙卯3 | 丙辰4 | 丁巳5 | 戊午6 | 己未7 | 庚申8 | 辛酉9 | 壬戌10 | 癸亥11 | | |
| 二月大 | 辛卯 | 干支天地西曆 | 甲子12 | 乙丑13 | 丙寅14 | 丁卯15 | 戊辰16 | 己巳17 | 庚午18 | 辛未19 | 壬申20 | 癸酉21 | 甲戌22 | 乙亥23 | 丙子24 | 丁丑25 | 戊寅26 | 己卯27 | 庚辰28 | 辛巳29 | 壬午30 | 癸未31 | 甲申(4) | 乙酉2 | 丙戌3 | 丁亥4 | 戊子5 | 己丑6 | 庚寅7 | 辛卯8 | 壬辰9 | 癸巳10 | 戊寅春分 |
| 三月小 | 壬辰 | 干支天地西曆 | 甲午11 | 乙未12 | 丙申13 | 丁酉14 | 戊戌15 | 己亥16 | 庚子17 | 辛丑18 | 壬寅19 | 癸卯20 | 甲辰21 | 乙巳22 | 丙午23 | 丁未24 | 戊申25 | 己酉26 | 庚戌27 | 辛亥28 | 壬子29 | 癸丑30 | 甲寅(5) | 乙卯2 | 丙辰3 | 丁巳4 | 戊午5 | 己未6 | 庚申7 | 辛酉8 | 壬戌9 | | |
| 四月大 | 癸巳 | 干支天地西曆 | 癸亥10 | 甲子11 | 乙丑12 | 丙寅13 | 丁卯14 | 戊辰15 | 己巳16 | 庚午17 | 辛未18 | 壬申19 | 癸酉20 | 甲戌21 | 乙亥22 | 丙子23 | 丁丑24 | 戊寅25 | 己卯26 | 庚辰27 | 辛巳28 | 壬午29 | 癸未30 | 甲申31 | 乙酉(6) | 丙戌2 | 丁亥3 | 戊子4 | 己丑5 | 庚寅6 | 辛卯7 | 壬辰8 | 甲子立夏 |
| 五月小 | 甲午 | 干支天地西曆 | 癸巳9 | 甲午10 | 乙未11 | 丙申12 | 丁酉13 | 戊戌14 | 己亥15 | 庚子16 | 辛丑17 | 壬寅18 | 癸卯19 | 甲辰20 | 乙巳21 | 丙午22 | 丁未23 | 戊申24 | 己酉25 | 庚戌26 | 辛亥27 | 壬子28 | 癸丑29 | 甲寅30 | 乙卯(7) | 丙辰2 | 丁巳3 | 戊午4 | 己未5 | 庚申6 | 辛酉7 | | 己酉夏至 |
| 六月大 | 乙未 | 干支天地西曆 | 壬戌8 | 癸亥9 | 甲子10 | 乙丑11 | 丙寅12 | 丁卯13 | 戊辰14 | 己巳15 | 庚午16 | 辛未17 | 壬申18 | 癸酉19 | 甲戌20 | 乙亥21 | 丙子22 | 丁丑23 | 戊寅24 | 己卯25 | 庚辰26 | 辛巳27 | 壬午28 | 癸未29 | 甲申30 | 乙酉31 | 丙戌(8) | 丁亥2 | 戊子3 | 己丑4 | 庚寅5 | 辛卯6 | |
| 七月小 | 丙申 | 干支天地西曆 | 壬辰7 | 癸巳8 | 甲午9 | 乙未10 | 丙申11 | 丁酉12 | 戊戌13 | 己亥14 | 庚子15 | 辛丑16 | 壬寅17 | 癸卯18 | 甲辰19 | 乙巳20 | 丙午21 | 丁未22 | 戊申23 | 己酉24 | 庚戌25 | 辛亥26 | 壬子27 | 癸丑28 | 甲寅29 | 乙卯30 | 丙辰31 | 丁巳(9) | 戊午2 | 己未3 | 庚申4 | | 乙未立秋 |
| 八月大 | 丁酉 | 干支天地西曆 | 辛酉5 | 壬戌6 | 癸亥7 | 甲子8 | 乙丑9 | 丙寅10 | 丁卯11 | 戊辰12 | 己巳13 | 庚午14 | 辛未15 | 壬申16 | 癸酉17 | 甲戌18 | 乙亥19 | 丙子20 | 丁丑21 | 戊寅22 | 己卯23 | 庚辰24 | 辛巳25 | 壬午26 | 癸未27 | 甲申28 | 乙酉29 | 丙戌30 | 丁亥(10) | 戊子2 | 己丑3 | 庚寅4 | 辛巳秋分 |
| 九月小 | 戊戌 | 干支天地西曆 | 辛卯5 | 壬辰6 | 癸巳7 | 甲午8 | 乙未9 | 丙申10 | 丁酉11 | 戊戌12 | 己亥13 | 庚子14 | 辛丑15 | 壬寅16 | 癸卯17 | 甲辰18 | 乙巳19 | 丙午20 | 丁未21 | 戊申22 | 己酉23 | 庚戌24 | 辛亥25 | 壬子26 | 癸丑27 | 甲寅28 | 乙卯29 | 丙辰30 | 丁巳31 | 戊午(11) | 己未2 | | |

# 漢武帝元光六年（壬子 鼠年） 公元前130～前129年

| 夏曆月序 | | 中西曆日對照 | 初一 | 初二 | 初三 | 初四 | 初五 | 初六 | 初七 | 初八 | 初九 | 初十 | 十一 | 十二 | 十三 | 十四 | 十五 | 十六 | 十七 | 十八 | 十九 | 二十 | 二一 | 二二 | 二三 | 二四 | 二五 | 二六 | 二七 | 二八 | 二九 | 三十 | 節氣與天象 |
|---|---|---|---|---|---|---|---|---|---|---|---|---|---|---|---|---|---|---|---|---|---|---|---|---|---|---|---|---|---|---|---|---|---|
| 十月大 | 己亥 | 天干地支西曆 | 庚申3 | 辛酉4 | 壬戌5 | 癸亥6 | 甲子7 | 乙丑8 | 丙寅9 | 丁卯10 | 戊辰11 | 己巳12 | 庚午13 | 辛未14 | 壬申15 | 癸酉16 | 甲戌17 | 乙亥18 | 丙子19 | 丁丑20 | 戊寅21 | 己卯22 | 庚辰23 | 辛巳24 | 壬午25 | 癸未26 | 甲申27 | 乙酉28 | 丙戌29 | 丁亥30 | 戊子(12) | 己丑2 | 丙寅立冬 |
| 十一月小 | 庚子 | 天干地支西曆 | 庚寅3 | 辛卯4 | 壬辰5 | 癸巳6 | 甲午7 | 乙未8 | 丙申9 | 丁酉10 | 戊戌11 | 己亥12 | 庚子13 | 辛丑14 | 壬寅15 | 癸卯16 | 甲辰17 | 乙巳18 | 丙午19 | 丁未20 | 戊申21 | 己酉22 | 庚戌23 | 辛亥24 | 壬子25 | 癸丑26 | 甲寅27 | 乙卯28 | 丙辰29 | 丁巳30 | 戊午31 | | 壬子冬至 |
| 十二月大 | 辛丑 | 天干地支西曆 | 己未(1) | 庚申2 | 辛酉3 | 壬戌4 | 癸亥5 | 甲子6 | 乙丑7 | 丙寅8 | 丁卯9 | 戊辰10 | 己巳11 | 庚午12 | 辛未13 | 壬申14 | 癸酉15 | 甲戌16 | 乙亥17 | 丙子18 | 丁丑19 | 戊寅20 | 己卯21 | 庚辰22 | 辛巳23 | 壬午24 | 癸未25 | 甲申26 | 乙酉27 | 丙戌28 | 丁亥29 | 戊子30 | |
| 正月小 | 壬寅 | 天干地支西曆 | 己丑31 | 庚寅(2) | 辛卯2 | 壬辰3 | 癸巳4 | 甲午5 | 乙未6 | 丙申7 | 丁酉8 | 戊戌9 | 己亥10 | 庚子11 | 辛丑12 | 壬寅13 | 癸卯14 | 甲辰15 | 乙巳16 | 丙午17 | 丁未18 | 戊申19 | 己酉20 | 庚戌21 | 辛亥22 | 壬子23 | 癸丑24 | 甲寅25 | 乙卯26 | 丙辰27 | 丁巳28 | | 戊戌立春 |
| 二月大 | 癸卯 | 天干地支西曆 | 戊午29 | 己未(3) | 庚申2 | 辛酉3 | 壬戌4 | 癸亥5 | 甲子6 | 乙丑7 | 丙寅8 | 丁卯9 | 戊辰10 | 己巳11 | 庚午12 | 辛未13 | 壬申14 | 癸酉15 | 甲戌16 | 乙亥17 | 丙子18 | 丁丑19 | 戊寅20 | 己卯21 | 庚辰22 | 辛巳23 | 壬午24 | 癸未25 | 甲申26 | 乙酉27 | 丙戌28 | 丁亥29 | 癸未春分 |
| 三月大 | 甲辰 | 天干地支西曆 | 戊子30 | 己丑31 | 庚寅(4) | 辛卯2 | 壬辰3 | 癸巳4 | 甲午5 | 乙未6 | 丙申7 | 丁酉8 | 戊戌9 | 己亥10 | 庚子11 | 辛丑12 | 壬寅13 | 癸卯14 | 甲辰15 | 乙巳16 | 丙午17 | 丁未18 | 戊申19 | 己酉20 | 庚戌21 | 辛亥22 | 壬子23 | 癸丑24 | 甲寅25 | 乙卯26 | 丙辰27 | 丁巳28 | |
| 四月小 | 乙巳 | 天干地支西曆 | 戊午29 | 己未30 | 庚申(5) | 辛酉2 | 壬戌3 | 癸亥4 | 甲子5 | 乙丑6 | 丙寅7 | 丁卯8 | 戊辰9 | 己巳10 | 庚午11 | 辛未12 | 壬申13 | 癸酉14 | 甲戌15 | 乙亥16 | 丙子17 | 丁丑18 | 戊寅19 | 己卯20 | 庚辰21 | 辛巳22 | 壬午23 | 癸未24 | 甲申25 | 乙酉26 | 丙戌27 | | 己巳立夏 |
| 五月大 | 丙午 | 天干地支西曆 | 丁亥28 | 戊子29 | 己丑30 | 庚寅31 | 辛卯(6) | 壬辰2 | 癸巳3 | 甲午4 | 乙未5 | 丙申6 | 丁酉7 | 戊戌8 | 己亥9 | 庚子10 | 辛丑11 | 壬寅12 | 癸卯13 | 甲辰14 | 乙巳15 | 丙午16 | 丁未17 | 戊申18 | 己酉19 | 庚戌20 | 辛亥21 | 壬子22 | 癸丑23 | 甲寅24 | 乙卯25 | 丙辰26 | 乙巳夏至 |
| 六月小 | 丁未 | 天干地支西曆 | 丁巳27 | 戊午28 | 己未29 | 庚申30 | 辛酉(7) | 壬戌2 | 癸亥3 | 甲子4 | 乙丑5 | 丙寅6 | 丁卯7 | 戊辰8 | 己巳9 | 庚午10 | 辛未11 | 壬申12 | 癸酉13 | 甲戌14 | 乙亥15 | 丙子16 | 丁丑17 | 戊寅18 | 己卯19 | 庚辰20 | 辛巳21 | 壬午22 | 癸未23 | 甲申24 | 乙酉25 | | |
| 七月大 | 戊申 | 天干地支西曆 | 丙戌26 | 丁亥27 | 戊子28 | 己丑29 | 庚寅30 | 辛卯31 | 壬辰(8) | 癸巳2 | 甲午3 | 乙未4 | 丙申5 | 丁酉6 | 戊戌7 | 己亥8 | 庚子9 | 辛丑10 | 壬寅11 | 癸卯12 | 甲辰13 | 乙巳14 | 丙午15 | 丁未16 | 戊申17 | 己酉18 | 庚戌19 | 辛亥20 | 壬子21 | 癸丑22 | 甲寅23 | 乙卯24 | 庚子立秋 |
| 八月小 | 己酉 | 天干地支西曆 | 丙辰25 | 丁巳26 | 戊午27 | 己未28 | 庚申29 | 辛酉30 | 壬戌31 | 癸亥(9) | 甲子2 | 乙丑3 | 丙寅4 | 丁卯5 | 戊辰6 | 己巳7 | 庚午8 | 辛未9 | 壬申10 | 癸酉11 | 甲戌12 | 乙亥13 | 丙子14 | 丁丑15 | 戊寅16 | 己卯17 | 庚辰18 | 辛巳19 | 壬午20 | 癸未21 | 甲申22 | | |
| 九月大 | 庚戌 | 天干地支西曆 | 乙酉23 | 丙戌24 | 丁亥25 | 戊子26 | 己丑27 | 庚寅28 | 辛卯29 | 壬辰30 | 癸巳(10) | 甲午2 | 乙未3 | 丙申4 | 丁酉5 | 戊戌6 | 己亥7 | 庚子8 | 辛丑9 | 壬寅10 | 癸卯11 | 甲辰12 | 乙巳13 | 丙午14 | 丁未15 | 戊申16 | 己酉17 | 庚戌18 | 辛亥19 | 壬子20 | 癸丑21 | 甲寅22 | 丙戌秋分 |
| 後九月小 | 庚戌 | 天干地支西曆 | 乙卯23 | 丙辰24 | 丁巳25 | 戊午26 | 己未27 | 庚申28 | 辛酉29 | 壬戌30 | 癸亥31 | 甲子(11) | 乙丑2 | 丙寅3 | 丁卯4 | 戊辰5 | 己巳6 | 庚午7 | 辛未8 | 壬申9 | 癸酉10 | 甲戌11 | 乙亥12 | 丙子13 | 丁丑14 | 戊寅15 | 己卯16 | 庚辰17 | 辛巳18 | 壬午19 | 癸未20 | | 壬申立冬 |

# 漢武帝元朔元年（癸丑 牛年）公元前 129 ~ 前 **128** 年

| 夏曆月序 | | 中西曆日對照 | 初一 | 初二 | 初三 | 初四 | 初五 | 初六 | 初七 | 初八 | 初九 | 初十 | 十一 | 十二 | 十三 | 十四 | 十五 | 十六 | 十七 | 十八 | 十九 | 二十 | 二一 | 二二 | 二三 | 二四 | 二五 | 二六 | 二七 | 二八 | 二九 | 三十 | 節氣與天象 |
|---|---|---|---|---|---|---|---|---|---|---|---|---|---|---|---|---|---|---|---|---|---|---|---|---|---|---|---|---|---|---|---|---|---|
| 十月大 | 辛亥 | 天干地支西曆 | 甲申21 | 乙酉22 | 丙戌23 | 丁亥24 | 戊子25 | 己丑26 | 庚寅27 | 辛卯28 | 壬辰29 | 癸巳30 | 甲午(12) | 乙未2 | 丙申3 | 丁酉4 | 戊戌5 | 己亥6 | 庚子7 | 辛丑8 | 壬寅9 | 癸卯10 | 甲辰11 | 乙巳12 | 丙午13 | 丁未14 | 戊申15 | 己酉16 | 庚戌17 | 辛亥18 | 壬子19 | 癸丑20 | |
| 十一月小 | 壬子 | 天干地支西曆 | 甲寅21 | 乙卯22 | 丙辰23 | 丁巳24 | 戊午25 | 己未26 | 庚申27 | 辛酉28 | 壬戌29 | 癸亥30 | 甲子31 | 乙丑(1) | 丙寅2 | 丁卯3 | 戊辰4 | 己巳5 | 庚午6 | 辛未7 | 壬申8 | 癸酉9 | 甲戌10 | 乙亥11 | 丙子12 | 丁丑13 | 戊寅14 | 己卯15 | 庚辰16 | 辛巳17 | 壬午18 | | 丁巳冬至 |
| 十二月大 | 癸丑 | 天干地支西曆 | 癸未19 | 甲申20 | 乙酉21 | 丙戌22 | 丁亥23 | 戊子24 | 己丑25 | 庚寅26 | 辛卯27 | 壬辰28 | 癸巳29 | 甲午30 | 乙未31 | 丙申(2) | 丁酉2 | 戊戌3 | 己亥4 | 庚子5 | 辛丑6 | 壬寅7 | 癸卯8 | 甲辰9 | 乙巳10 | 丙午11 | 丁未12 | 戊申13 | 己酉14 | 庚戌15 | 辛亥16 | 壬子17 | 癸卯立春 |
| 正月小 | 甲寅 | 天干地支西曆 | 癸丑18 | 甲寅19 | 乙卯20 | 丙辰21 | 丁巳22 | 戊午23 | 己未24 | 庚申25 | 辛酉26 | 壬戌27 | 癸亥28 | 甲子(3) | 乙丑2 | 丙寅3 | 丁卯4 | 戊辰5 | 己巳6 | 庚午7 | 辛未8 | 壬申9 | 癸酉10 | 甲戌11 | 乙亥12 | 丙子13 | 丁丑14 | 戊寅15 | 己卯16 | 庚辰17 | 辛巳18 | | |
| 二月大 | 乙卯 | 天干地支西曆 | 壬午19 | 癸未20 | 甲申21 | 乙酉22 | 丙戌23 | 丁亥24 | 戊子25 | 己丑26 | 庚寅27 | 辛卯28 | 壬辰29 | 癸巳30 | 甲午31 | 乙未(4) | 丙申2 | 丁酉3 | 戊戌4 | 己亥5 | 庚子6 | 辛丑7 | 壬寅8 | 癸卯9 | 甲辰10 | 乙巳11 | 丙午12 | 丁未13 | 戊申14 | 己酉15 | 庚戌16 | 辛亥17 | 己丑春分 |
| 三月小 | 丙辰 | 天干地支西曆 | 壬子18 | 癸丑19 | 甲寅20 | 乙卯21 | 丙辰22 | 丁巳23 | 戊午24 | 己未25 | 庚申26 | 辛酉27 | 壬戌28 | 癸亥29 | 甲子30 | 乙丑(5) | 丙寅2 | 丁卯3 | 戊辰4 | 己巳5 | 庚午6 | 辛未7 | 壬申8 | 癸酉9 | 甲戌10 | 乙亥11 | 丙子12 | 丁丑13 | 戊寅14 | 己卯15 | 庚辰16 | | 甲戌立夏 |
| 四月大 | 丁巳 | 天干地支西曆 | 辛巳17 | 壬午18 | 癸未19 | 甲申20 | 乙酉21 | 丙戌22 | 丁亥23 | 戊子24 | 己丑25 | 庚寅26 | 辛卯27 | 壬辰28 | 癸巳29 | 甲午30 | 乙未31 | 丙申(6) | 丁酉2 | 戊戌3 | 己亥4 | 庚子5 | 辛丑6 | 壬寅7 | 癸卯8 | 甲辰9 | 乙巳10 | 丙午11 | 丁未12 | 戊申13 | 己酉14 | 庚戌15 | |
| 五月小 | 戊午 | 天干地支西曆 | 辛亥16 | 壬子17 | 癸丑18 | 甲寅19 | 乙卯20 | 丙辰21 | 丁巳22 | 戊午23 | 己未24 | 庚申25 | 辛酉26 | 壬戌27 | 癸亥28 | 甲子29 | 乙丑30 | 丙寅(7) | 丁卯2 | 戊辰3 | 己巳4 | 庚午5 | 辛未6 | 壬申7 | 癸酉8 | 甲戌9 | 乙亥10 | 丙子11 | 丁丑12 | 戊寅13 | 己卯14 | | 庚申夏至 |
| 六月大 | 己未 | 天干地支西曆 | 庚辰15 | 辛巳16 | 壬午17 | 癸未18 | 甲申19 | 乙酉20 | 丙戌21 | 丁亥22 | 戊子23 | 己丑24 | 庚寅25 | 辛卯26 | 壬辰27 | 癸巳28 | 甲午29 | 乙未30 | 丙申31 | 丁酉(8) | 戊戌2 | 己亥3 | 庚子4 | 辛丑5 | 壬寅6 | 癸卯7 | 甲辰8 | 乙巳9 | 丙午10 | 丁未11 | 戊申12 | 己酉13 | 丙午立秋 |
| 七月大 | 庚申 | 天干地支西曆 | 庚戌14 | 辛亥15 | 壬子16 | 癸丑17 | 甲寅18 | 乙卯19 | 丙辰20 | 丁巳21 | 戊午22 | 己未23 | 庚申24 | 辛酉25 | 壬戌26 | 癸亥27 | 甲子28 | 乙丑29 | 丙寅30 | 丁卯31 | 戊辰(9) | 己巳2 | 庚午3 | 辛未4 | 壬申5 | 癸酉6 | 甲戌7 | 乙亥8 | 丙子9 | 丁丑10 | 戊寅11 | 己卯12 | |
| 八月小 | 辛酉 | 天干地支西曆 | 庚辰13 | 辛巳14 | 壬午15 | 癸未16 | 甲申17 | 乙酉18 | 丙戌19 | 丁亥20 | 戊子21 | 己丑22 | 庚寅23 | 辛卯24 | 壬辰25 | 癸巳26 | 甲午27 | 乙未28 | 丙申29 | 丁酉30 | 戊戌(10) | 己亥2 | 庚子3 | 辛丑4 | 壬寅5 | 癸卯6 | 甲辰7 | 乙巳8 | 丙午9 | 丁未10 | 戊申11 | | 辛卯秋分 |
| 九月大 | 壬戌 | 天干地支西曆 | 己酉12 | 庚戌13 | 辛亥14 | 壬子15 | 癸丑16 | 甲寅17 | 乙卯18 | 丙辰19 | 丁巳20 | 戊午21 | 己未22 | 庚申23 | 辛酉24 | 壬戌25 | 癸亥26 | 甲子27 | 乙丑28 | 丙寅29 | 丁卯30 | 戊辰31 | 己巳(11) | 庚午2 | 辛未3 | 壬申4 | 癸酉5 | 甲戌6 | 乙亥7 | 丙子8 | 丁丑9 | 戊寅10 | 丁丑立冬 |

* 十月甲申（初一），改元元朔。

# 漢武帝元朔二年（甲寅 虎年） 公元前128 ~ 前127年

| 夏曆月序 | | 中西曆日對照 | 夏曆日序 | | | | | | | | | | | | | | | | | | | | | | | | | | | | | | 節氣與天象 |
|---|---|---|---|---|---|---|---|---|---|---|---|---|---|---|---|---|---|---|---|---|---|---|---|---|---|---|---|---|---|---|---|---|---|
| | | | 初一 | 初二 | 初三 | 初四 | 初五 | 初六 | 初七 | 初八 | 初九 | 初十 | 十一 | 十二 | 十三 | 十四 | 十五 | 十六 | 十七 | 十八 | 十九 | 二十 | 二一 | 二二 | 二三 | 二四 | 二五 | 二六 | 二七 | 二八 | 二九 | 三十 | |
| 十月小 | 癸亥 | 天干地支 西曆 | 己卯11 | 庚辰12 | 辛巳13 | 壬午14 | 癸未15 | 甲申16 | 乙酉17 | 丙戌18 | 丁亥19 | 戊子20 | 己丑21 | 庚寅22 | 辛卯23 | 壬辰24 | 癸巳25 | 甲午26 | 乙未27 | 丙申28 | 丁酉29 | 戊戌30 | 己亥(12) | 庚子2 | 辛丑3 | 壬寅4 | 癸卯5 | 甲辰6 | 乙巳7 | 丙午8 | 丁未9 | | |
| 十一月大 | 甲子 | 天干地支 西曆 | 戊申10 | 己酉11 | 庚戌12 | 辛亥13 | 壬子14 | 癸丑15 | 甲寅16 | 乙卯17 | 丙辰18 | 丁巳19 | 戊午20 | 己未21 | 庚申22 | 辛酉23 | 壬戌24 | 癸亥25 | 甲子26 | 乙丑27 | 丙寅28 | 丁卯29 | 戊辰30 | 己巳31 | 庚午(1) | 辛未2 | 壬申3 | 癸酉4 | 甲戌5 | 乙亥6 | 丙子7 | 丁丑8 | 癸亥冬至 |
| 十二月小 | 乙丑 | 天干地支 西曆 | 戊寅9 | 己卯10 | 庚辰11 | 辛巳12 | 壬午13 | 癸未14 | 甲申15 | 乙酉16 | 丙戌17 | 丁亥18 | 戊子19 | 己丑20 | 庚寅21 | 辛卯22 | 壬辰23 | 癸巳24 | 甲午25 | 乙未26 | 丙申27 | 丁酉28 | 戊戌29 | 己亥30 | 庚子31 | 辛丑(2) | 壬寅2 | 癸卯3 | 甲辰4 | 乙巳5 | 丙午6 | | |
| 正月大 | 丙寅 | 天干地支 西曆 | 丁未7 | 戊申8 | 己酉9 | 庚戌10 | 辛亥11 | 壬子12 | 癸丑13 | 甲寅14 | 乙卯15 | 丙辰16 | 丁巳17 | 戊午18 | 己未19 | 庚申20 | 辛酉21 | 壬戌22 | 癸亥23 | 甲子24 | 乙丑25 | 丙寅26 | 丁卯27 | 戊辰28 | 己巳(3) | 庚午2 | 辛未3 | 壬申4 | 癸酉5 | 甲戌6 | 乙亥7 | 丙子8 | 戊申立春 |
| 二月小 | 丁卯 | 天干地支 西曆 | 丁丑9 | 戊寅10 | 己卯11 | 庚辰12 | 辛巳13 | 壬午14 | 癸未15 | 甲申16 | 乙酉17 | 丙戌18 | 丁亥19 | 戊子20 | 己丑21 | 庚寅22 | 辛卯23 | 壬辰24 | 癸巳25 | 甲午26 | 乙未27 | 丙申28 | 丁酉29 | 戊戌30 | 己亥31 | 庚子(4) | 辛丑2 | 壬寅3 | 癸卯4 | 甲辰5 | 乙巳6 | | 甲午春分<br>乙巳日食 |
| 三月大 | 戊辰 | 天干地支 西曆 | 丙午7 | 丁未8 | 戊申9 | 己酉10 | 庚戌11 | 辛亥12 | 壬子13 | 癸丑14 | 甲寅15 | 乙卯16 | 丙辰17 | 丁巳18 | 戊午19 | 己未20 | 庚申21 | 辛酉22 | 壬戌23 | 癸亥24 | 甲子25 | 乙丑26 | 丙寅27 | 丁卯28 | 戊辰29 | 己巳30 | 庚午(5) | 辛未2 | 壬申3 | 癸酉4 | 甲戌5 | 乙亥6 | |
| 四月小 | 己巳 | 天干地支 西曆 | 丙子7 | 丁丑8 | 戊寅9 | 己卯10 | 庚辰11 | 辛巳12 | 壬午13 | 癸未14 | 甲申15 | 乙酉16 | 丙戌17 | 丁亥18 | 戊子19 | 己丑20 | 庚寅21 | 辛卯22 | 壬辰23 | 癸巳24 | 甲午25 | 乙未26 | 丙申27 | 丁酉28 | 戊戌29 | 己亥30 | 庚子31 | 辛丑(6) | 壬寅2 | 癸卯3 | 甲辰4 | | 庚辰立夏 |
| 五月大 | 庚午 | 天干地支 西曆 | 乙巳5 | 丙午6 | 丁未7 | 戊申8 | 己酉9 | 庚戌10 | 辛亥11 | 壬子12 | 癸丑13 | 甲寅14 | 乙卯15 | 丙辰16 | 丁巳17 | 戊午18 | 己未19 | 庚申20 | 辛酉21 | 壬戌22 | 癸亥23 | 甲子24 | 乙丑25 | 丙寅26 | 丁卯27 | 戊辰28 | 己巳29 | 庚午30 | 辛未(7) | 壬申2 | 癸酉3 | 甲戌4 | 乙丑夏至 |
| 六月小 | 辛未 | 天干地支 西曆 | 乙亥5 | 丙子6 | 丁丑7 | 戊寅8 | 己卯9 | 庚辰10 | 辛巳11 | 壬午12 | 癸未13 | 甲申14 | 乙酉15 | 丙戌16 | 丁亥17 | 戊子18 | 己丑19 | 庚寅20 | 辛卯21 | 壬辰22 | 癸巳23 | 甲午24 | 乙未25 | 丙申26 | 丁酉27 | 戊戌28 | 己亥29 | 庚子30 | 辛丑31 | 壬寅(8) | 癸卯2 | | |
| 七月大 | 壬申 | 天干地支 西曆 | 甲辰3 | 乙巳4 | 丙午5 | 丁未6 | 戊申7 | 己酉8 | 庚戌9 | 辛亥10 | 壬子11 | 癸丑12 | 甲寅13 | 乙卯14 | 丙辰15 | 丁巳16 | 戊午17 | 己未18 | 庚申19 | 辛酉20 | 壬戌21 | 癸亥22 | 甲子23 | 乙丑24 | 丙寅25 | 丁卯26 | 戊辰27 | 己巳28 | 庚午29 | 辛未30 | 壬申31 | 癸酉(9) | 辛亥立秋 |
| 八月小 | 癸酉 | 天干地支 西曆 | 甲戌2 | 乙亥3 | 丙子4 | 丁丑5 | 戊寅6 | 己卯7 | 庚辰8 | 辛巳9 | 壬午10 | 癸未11 | 甲申12 | 乙酉13 | 丙戌14 | 丁亥15 | 戊子16 | 己丑17 | 庚寅18 | 辛卯19 | 壬辰20 | 癸巳21 | 甲午22 | 乙未23 | 丙申24 | 丁酉25 | 戊戌26 | 己亥27 | 庚子28 | 辛丑29 | 壬寅30 | | 丁酉秋分 |
| 九月大 | 甲戌 | 天干地支 西曆 | 癸卯(10) | 甲辰2 | 乙巳3 | 丙午4 | 丁未5 | 戊申6 | 己酉7 | 庚戌8 | 辛亥9 | 壬子10 | 癸丑11 | 甲寅12 | 乙卯13 | 丙辰14 | 丁巳15 | 戊午16 | 己未17 | 庚申18 | 辛酉19 | 壬戌20 | 癸亥21 | 甲子22 | 乙丑23 | 丙寅24 | 丁卯25 | 戊辰26 | 己巳27 | 庚午28 | 辛未29 | 壬申30 | |

# 漢武帝元朔三年（乙卯 兔年） 公元前127 ~ 前126年

| 夏曆月序 | | 西日中曆對照 | 夏曆日序 | | | | | | | | | | | | | | | | | | | | | | | | | | | | | | 節氣與天象 |
|---|---|---|---|---|---|---|---|---|---|---|---|---|---|---|---|---|---|---|---|---|---|---|---|---|---|---|---|---|---|---|---|---|---|
| | | | 初一 | 初二 | 初三 | 初四 | 初五 | 初六 | 初七 | 初八 | 初九 | 初十 | 十一 | 十二 | 十三 | 十四 | 十五 | 十六 | 十七 | 十八 | 十九 | 二十 | 二一 | 二二 | 二三 | 二四 | 二五 | 二六 | 二七 | 二八 | 二九 | 三十 | |
| 十月大 | 乙亥 | 天干地支 | 癸酉 | 甲戌 | 乙亥 | 丙子 | 丁丑 | 戊寅 | 己卯 | 庚辰 | 辛巳 | 壬午 | 癸未 | 甲申 | 乙酉 | 丙戌 | 丁亥 | 戊子 | 己丑 | 庚寅 | 辛卯 | 壬辰 | 癸巳 | 甲午 | 乙未 | 丙申 | 丁酉 | 戊戌 | 己亥 | 庚子 | 辛丑 | 壬寅 | 壬午立冬 |
| | | 西曆 | 31 | (11) | 2 | 3 | 4 | 5 | 6 | 7 | 8 | 9 | 10 | 11 | 12 | 13 | 14 | 15 | 16 | 17 | 18 | 19 | 20 | 21 | 22 | 23 | 24 | 25 | 26 | 27 | 28 | 29 | |
| 十一月小 | 丙子 | 天干地支 | 癸卯 | 甲辰 | 乙巳 | 丙午 | 丁未 | 戊申 | 己酉 | 庚戌 | 辛亥 | 壬子 | 癸丑 | 甲寅 | 乙卯 | 丙辰 | 丁巳 | 戊午 | 己未 | 庚申 | 辛酉 | 壬戌 | 癸亥 | 甲子 | 乙丑 | 丙寅 | 丁卯 | 戊辰 | 己巳 | 庚午 | 辛未 | | 戊辰冬至 |
| | | 西曆 | 30 | (12) | 2 | 3 | 4 | 5 | 6 | 7 | 8 | 9 | 10 | 11 | 12 | 13 | 14 | 15 | 16 | 17 | 18 | 19 | 20 | 21 | 22 | 23 | 24 | 25 | 26 | 27 | 28 | | |
| 十二月大 | 丁丑 | 天干地支 | 壬申 | 癸酉 | 甲戌 | 乙亥 | 丙子 | 丁丑 | 戊寅 | 己卯 | 庚辰 | 辛巳 | 壬午 | 癸未 | 甲申 | 乙酉 | 丙戌 | 丁亥 | 戊子 | 己丑 | 庚寅 | 辛卯 | 壬辰 | 癸巳 | 甲午 | 乙未 | 丙申 | 丁酉 | 戊戌 | 己亥 | 庚子 | 辛丑 | |
| | | 西曆 | 29 | 30 | 31 | (1) | 2 | 3 | 4 | 5 | 6 | 7 | 8 | 9 | 10 | 11 | 12 | 13 | 14 | 15 | 16 | 17 | 18 | 19 | 20 | 21 | 22 | 23 | 24 | 25 | 26 | 27 | |
| 正月小 | 戊寅 | 天干地支 | 壬寅 | 癸卯 | 甲辰 | 乙巳 | 丙午 | 丁未 | 戊申 | 己酉 | 庚戌 | 辛亥 | 壬子 | 癸丑 | 甲寅 | 乙卯 | 丙辰 | 丁巳 | 戊午 | 己未 | 庚申 | 辛酉 | 壬戌 | 癸亥 | 甲子 | 乙丑 | 丙寅 | 丁卯 | 戊辰 | 己巳 | 庚午 | | 甲寅立春 |
| | | 西曆 | 28 | 29 | 30 | 31 | (2) | 2 | 3 | 4 | 5 | 6 | 7 | 8 | 9 | 10 | 11 | 12 | 13 | 14 | 15 | 16 | 17 | 18 | 19 | 20 | 21 | 22 | 23 | 24 | 25 | | |
| 二月大 | 己卯 | 天干地支 | 辛未 | 壬申 | 癸酉 | 甲戌 | 乙亥 | 丙子 | 丁丑 | 戊寅 | 己卯 | 庚辰 | 辛巳 | 壬午 | 癸未 | 甲申 | 乙酉 | 丙戌 | 丁亥 | 戊子 | 己丑 | 庚寅 | 辛卯 | 壬辰 | 癸巳 | 甲午 | 乙未 | 丙申 | 丁酉 | 戊戌 | 己亥 | 庚子 | 己亥春分 |
| | | 西曆 | 26 | 27 | 28 | (3) | 2 | 3 | 4 | 5 | 6 | 7 | 8 | 9 | 10 | 11 | 12 | 13 | 14 | 15 | 16 | 17 | 18 | 19 | 20 | 21 | 22 | 23 | 24 | 25 | 26 | 27 | |
| 三月小 | 庚辰 | 天干地支 | 辛丑 | 壬寅 | 癸卯 | 甲辰 | 乙巳 | 丙午 | 丁未 | 戊申 | 己酉 | 庚戌 | 辛亥 | 壬子 | 癸丑 | 甲寅 | 乙卯 | 丙辰 | 丁巳 | 戊午 | 己未 | 庚申 | 辛酉 | 壬戌 | 癸亥 | 甲子 | 乙丑 | 丙寅 | 丁卯 | 戊辰 | 己巳 | | |
| | | 西曆 | 28 | 29 | 30 | 31 | (4) | 2 | 3 | 4 | 5 | 6 | 7 | 8 | 9 | 10 | 11 | 12 | 13 | 14 | 15 | 16 | 17 | 18 | 19 | 20 | 21 | 22 | 23 | 24 | 25 | | |
| 四月大 | 辛巳 | 天干地支 | 庚午 | 辛未 | 壬申 | 癸酉 | 甲戌 | 乙亥 | 丙子 | 丁丑 | 戊寅 | 己卯 | 庚辰 | 辛巳 | 壬午 | 癸未 | 甲申 | 乙酉 | 丙戌 | 丁亥 | 戊子 | 己丑 | 庚寅 | 辛卯 | 壬辰 | 癸巳 | 甲午 | 乙未 | 丙申 | 丁酉 | 戊戌 | 己亥 | 乙酉立夏 |
| | | 西曆 | 26 | 27 | 28 | 29 | 30 | (5) | 2 | 3 | 4 | 5 | 6 | 7 | 8 | 9 | 10 | 11 | 12 | 13 | 14 | 15 | 16 | 17 | 18 | 19 | 20 | 21 | 22 | 23 | 24 | 25 | |
| 五月小 | 壬午 | 天干地支 | 庚子 | 辛丑 | 壬寅 | 癸卯 | 甲辰 | 乙巳 | 丙午 | 丁未 | 戊申 | 己酉 | 庚戌 | 辛亥 | 壬子 | 癸丑 | 甲寅 | 乙卯 | 丙辰 | 丁巳 | 戊午 | 己未 | 庚申 | 辛酉 | 壬戌 | 癸亥 | 甲子 | 乙丑 | 丙寅 | 丁卯 | 戊辰 | | |
| | | 西曆 | 26 | 27 | 28 | 29 | 30 | 31 | (6) | 2 | 3 | 4 | 5 | 6 | 7 | 8 | 9 | 10 | 11 | 12 | 13 | 14 | 15 | 16 | 17 | 18 | 19 | 20 | 21 | 22 | 23 | | |
| 六月大 | 癸未 | 天干地支 | 己巳 | 庚午 | 辛未 | 壬申 | 癸酉 | 甲戌 | 乙亥 | 丙子 | 丁丑 | 戊寅 | 己卯 | 庚辰 | 辛巳 | 壬午 | 癸未 | 甲申 | 乙酉 | 丙戌 | 丁亥 | 戊子 | 己丑 | 庚寅 | 辛卯 | 壬辰 | 癸巳 | 甲午 | 乙未 | 丙申 | 丁酉 | 戊戌 | 庚午夏至 |
| | | 西曆 | 24 | 25 | 26 | 27 | 28 | 29 | 30 | (7) | 2 | 3 | 4 | 5 | 6 | 7 | 8 | 9 | 10 | 11 | 12 | 13 | 14 | 15 | 16 | 17 | 18 | 19 | 20 | 21 | 22 | 23 | |
| 七月小 | 甲申 | 天干地支 | 己亥 | 庚子 | 辛丑 | 壬寅 | 癸卯 | 甲辰 | 乙巳 | 丙午 | 丁未 | 戊申 | 己酉 | 庚戌 | 辛亥 | 壬子 | 癸丑 | 甲寅 | 乙卯 | 丙辰 | 丁巳 | 戊午 | 己未 | 庚申 | 辛酉 | 壬戌 | 癸亥 | 甲子 | 乙丑 | 丙寅 | 丁卯 | | 丙辰立秋 |
| | | 西曆 | 24 | 25 | 26 | 27 | 28 | 29 | 30 | 31 | (8) | 2 | 3 | 4 | 5 | 6 | 7 | 8 | 9 | 10 | 11 | 12 | 13 | 14 | 15 | 16 | 17 | 18 | 19 | 20 | 21 | | |
| 八月大 | 乙酉 | 天干地支 | 戊辰 | 己巳 | 庚午 | 辛未 | 壬申 | 癸酉 | 甲戌 | 乙亥 | 丙子 | 丁丑 | 戊寅 | 己卯 | 庚辰 | 辛巳 | 壬午 | 癸未 | 甲申 | 乙酉 | 丙戌 | 丁亥 | 戊子 | 己丑 | 庚寅 | 辛卯 | 壬辰 | 癸巳 | 甲午 | 乙未 | 丙申 | 丁酉 | |
| | | 西曆 | 22 | 23 | 24 | 25 | 26 | 27 | 28 | 29 | 30 | 31 | (9) | 2 | 3 | 4 | 5 | 6 | 7 | 8 | 9 | 10 | 11 | 12 | 13 | 14 | 15 | 16 | 17 | 18 | 19 | 20 | |
| 九月小 | 丙戌 | 天干地支 | 戊戌 | 己亥 | 庚子 | 辛丑 | 壬寅 | 癸卯 | 甲辰 | 乙巳 | 丙午 | 丁未 | 戊申 | 己酉 | 庚戌 | 辛亥 | 壬子 | 癸丑 | 甲寅 | 乙卯 | 丙辰 | 丁巳 | 戊午 | 己未 | 庚申 | 辛酉 | 壬戌 | 癸亥 | 甲子 | 乙丑 | 丙寅 | | 壬寅秋分 |
| | | 西曆 | 21 | 22 | 23 | 24 | 25 | 26 | 27 | 28 | 29 | 30 | (10) | 2 | 3 | 4 | 5 | 6 | 7 | 8 | 9 | 10 | 11 | 12 | 13 | 14 | 15 | 16 | 17 | 18 | 19 | | |
| 後九月大 | 丙戌 | 天干地支 | 丁卯 | 戊辰 | 己巳 | 庚午 | 辛未 | 壬申 | 癸酉 | 甲戌 | 乙亥 | 丙子 | 丁丑 | 戊寅 | 己卯 | 庚辰 | 辛巳 | 壬午 | 癸未 | 甲申 | 乙酉 | 丙戌 | 丁亥 | 戊子 | 己丑 | 庚寅 | 辛卯 | 壬辰 | 癸巳 | 甲午 | 乙未 | 丙申 | 丁亥立冬 |
| | | 西曆 | 20 | 21 | 22 | 23 | 24 | 25 | 26 | 27 | 28 | 29 | 30 | 31 | (11) | 2 | 3 | 4 | 5 | 6 | 7 | 8 | 9 | 10 | 11 | 12 | 13 | 14 | 15 | 16 | 17 | 18 | |

# 漢武帝元朔四年（丙辰 龍年） 公元前126 ~ 前125年

| 夏曆月序 | | 中西曆日對照 | 初一 | 初二 | 初三 | 初四 | 初五 | 初六 | 初七 | 初八 | 初九 | 初十 | 十一 | 十二 | 十三 | 十四 | 十五 | 十六 | 十七 | 十八 | 十九 | 二十 | 二一 | 二二 | 二三 | 二四 | 二五 | 二六 | 二七 | 二八 | 二九 | 三十 | 節氣與天象 |
|---|---|---|---|---|---|---|---|---|---|---|---|---|---|---|---|---|---|---|---|---|---|---|---|---|---|---|---|---|---|---|---|---|---|
| 十月小 | 丁亥 | 天地干支西曆 | 丁酉19 | 戊戌20 | 己亥21 | 庚子22 | 辛丑23 | 壬寅24 | 癸卯25 | 甲辰26 | 乙巳27 | 丙午28 | 丁未29 | 戊申30 | 己酉(12) | 庚戌2 | 辛亥3 | 壬子4 | 癸丑5 | 甲寅6 | 乙卯7 | 丙辰8 | 丁巳9 | 戊午10 | 己未11 | 庚申12 | 辛酉13 | 壬戌14 | 癸亥15 | 甲子16 | 乙丑17 | | |
| 十一月大 | 戊子 | 天地干支西曆 | 丙寅18 | 丁卯19 | 戊辰20 | 己巳21 | 庚午22 | 辛未23 | 壬申24 | 癸酉25 | 甲戌26 | 乙亥27 | 丙子28 | 丁丑29 | 戊寅30 | 己卯31 | 庚辰(1) | 辛巳2 | 壬午3 | 癸未4 | 甲申5 | 乙酉6 | 丙戌7 | 丁亥8 | 戊子9 | 己丑10 | 庚寅11 | 辛卯12 | 壬辰13 | 癸巳14 | 甲午15 | 乙未16 | 癸酉冬至 |
| 十二月小 | 己丑 | 天地干支西曆 | 丙申17 | 丁酉18 | 戊戌19 | 己亥20 | 庚子21 | 辛丑22 | 壬寅23 | 癸卯24 | 甲辰25 | 乙巳26 | 丙午27 | 丁未28 | 戊申29 | 己酉30 | 庚戌31 | 辛亥(2) | 壬子2 | 癸丑3 | 甲寅4 | 乙卯5 | 丙辰6 | 丁巳7 | 戊午8 | 己未9 | 庚申10 | 辛酉11 | 壬戌12 | 癸亥13 | 甲子14 | | 己未立春 |
| 正月大 | 庚寅 | 天地干支西曆 | 乙丑15 | 丙寅16 | 丁卯17 | 戊辰18 | 己巳19 | 庚午20 | 辛未21 | 壬申22 | 癸酉23 | 甲戌24 | 乙亥25 | 丙子26 | 丁丑27 | 戊寅28 | 己卯29 | 庚辰(3) | 辛巳2 | 壬午3 | 癸未4 | 甲申5 | 乙酉6 | 丙戌7 | 丁亥8 | 戊子9 | 己丑10 | 庚寅11 | 辛卯12 | 壬辰13 | 癸巳14 | 甲午15 | |
| 二月大 | 辛卯 | 天地干支西曆 | 乙未16 | 丙申17 | 丁酉18 | 戊戌19 | 己亥20 | 庚子21 | 辛丑22 | 壬寅23 | 癸卯24 | 甲辰25 | 乙巳26 | 丙午27 | 丁未28 | 戊申29 | 己酉30 | 庚戌31 | 辛亥(4) | 壬子2 | 癸丑3 | 甲寅4 | 乙卯5 | 丙辰6 | 丁巳7 | 戊午8 | 己未9 | 庚申10 | 辛酉11 | 壬戌12 | 癸亥13 | 甲子14 | 甲辰春分 |
| 三月小 | 壬辰 | 天地干支西曆 | 乙丑15 | 丙寅16 | 丁卯17 | 戊辰18 | 己巳19 | 庚午20 | 辛未21 | 壬申22 | 癸酉23 | 甲戌24 | 乙亥25 | 丙子26 | 丁丑27 | 戊寅28 | 己卯29 | 庚辰30 | 辛巳(5) | 壬午2 | 癸未3 | 甲申4 | 乙酉5 | 丙戌6 | 丁亥7 | 戊子8 | 己丑9 | 庚寅10 | 辛卯11 | 壬辰12 | 癸巳13 | | 庚寅立夏 |
| 四月大 | 癸巳 | 天地干支西曆 | 甲午14 | 乙未15 | 丙申16 | 丁酉17 | 戊戌18 | 己亥19 | 庚子20 | 辛丑21 | 壬寅22 | 癸卯23 | 甲辰24 | 乙巳25 | 丙午26 | 丁未27 | 戊申28 | 己酉29 | 庚戌30 | 辛亥31 | 壬子(6) | 癸丑2 | 甲寅3 | 乙卯4 | 丙辰5 | 丁巳6 | 戊午7 | 己未8 | 庚申9 | 辛酉10 | 壬戌11 | 癸亥12 | |
| 五月小 | 甲午 | 天地干支西曆 | 甲子13 | 乙丑14 | 丙寅15 | 丁卯16 | 戊辰17 | 己巳18 | 庚午19 | 辛未20 | 壬申21 | 癸酉22 | 甲戌23 | 乙亥24 | 丙子25 | 丁丑26 | 戊寅27 | 己卯28 | 庚辰29 | 辛巳30 | 壬午(6) | 癸未2 | 甲申3 | 乙酉4 | 丙戌5 | 丁亥6 | 戊子7 | 己丑8 | 庚寅9 | 辛卯10 | 壬辰11 | | 丙子夏至 |
| 六月大 | 乙未 | 天地干支西曆 | 癸巳12 | 甲午13 | 乙未14 | 丙申15 | 丁酉16 | 戊戌17 | 己亥18 | 庚子19 | 辛丑20 | 壬寅21 | 癸卯22 | 甲辰23 | 乙巳24 | 丙午25 | 丁未26 | 戊申27 | 己酉28 | 庚戌29 | 辛亥30 | 壬子31 | 癸丑(8) | 甲寅2 | 乙卯3 | 丙辰4 | 丁巳5 | 戊午6 | 己未7 | 庚申8 | 辛酉9 | 壬戌10 | 辛酉立秋 |
| 七月小 | 丙申 | 天地干支西曆 | 癸亥11 | 甲子12 | 乙丑13 | 丙寅14 | 丁卯15 | 戊辰16 | 己巳17 | 庚午18 | 辛未19 | 壬申20 | 癸酉21 | 甲戌22 | 乙亥23 | 丙子24 | 丁丑25 | 戊寅26 | 己卯27 | 庚辰28 | 辛巳29 | 壬午30 | 癸未31 | 甲申(9) | 乙酉2 | 丙戌3 | 丁亥4 | 戊子5 | 己丑6 | 庚寅7 | 辛卯8 | | |
| 八月大 | 丁酉 | 天地干支西曆 | 壬辰9 | 癸巳10 | 甲午11 | 乙未12 | 丙申13 | 丁酉14 | 戊戌15 | 己亥16 | 庚子17 | 辛丑18 | 壬寅19 | 癸卯20 | 甲辰21 | 乙巳22 | 丙午23 | 丁未24 | 戊申25 | 己酉26 | 庚戌27 | 辛亥28 | 壬子29 | 癸丑30 | 甲寅(10) | 乙卯2 | 丙辰3 | 丁巳4 | 戊午5 | 己未6 | 庚申7 | 辛酉8 | 丁未秋分 |
| 九月小 | 戊戌 | 天地干支西曆 | 壬戌9 | 癸亥10 | 甲子11 | 乙丑12 | 丙寅13 | 丁卯14 | 戊辰15 | 己巳16 | 庚午17 | 辛未18 | 壬申19 | 癸酉20 | 甲戌21 | 乙亥22 | 丙子23 | 丁丑24 | 戊寅25 | 己卯26 | 庚辰27 | 辛巳28 | 壬午29 | 癸未30 | 甲申31 | 乙酉(11) | 丙戌2 | 丁亥3 | 戊子4 | 己丑5 | 庚寅6 | | |

# 漢武帝元朔五年（丁巳 蛇年） 公元前125 ~ 前124年

| 夏曆月序 | | 中西曆日對照 | 初一 | 初二 | 初三 | 初四 | 初五 | 初六 | 初七 | 初八 | 初九 | 初十 | 十一 | 十二 | 十三 | 十四 | 十五 | 十六 | 十七 | 十八 | 十九 | 二十 | 二一 | 二二 | 二三 | 二四 | 二五 | 二六 | 二七 | 二八 | 二九 | 三十 | 節氣與天象 |
|---|---|---|---|---|---|---|---|---|---|---|---|---|---|---|---|---|---|---|---|---|---|---|---|---|---|---|---|---|---|---|---|---|---|
| 十月大 | 己亥 | 天干地支<br>西曆 | 辛卯<br>7 | 壬辰<br>8 | 癸巳<br>9 | 甲午<br>10 | 乙未<br>11 | 丙申<br>12 | 丁酉<br>13 | 戊戌<br>14 | 己亥<br>15 | 庚子<br>16 | 辛丑<br>17 | 壬寅<br>18 | 癸卯<br>19 | 甲辰<br>20 | 乙巳<br>21 | 丙午<br>22 | 丁未<br>23 | 戊申<br>24 | 己酉<br>25 | 庚戌<br>26 | 辛亥<br>27 | 壬子<br>28 | 癸丑<br>29 | 甲寅<br>30 | 乙卯<br>(12) | 丙辰<br>2 | 丁巳<br>3 | 戊午<br>4 | 己未<br>5 | 庚申<br>6 | 癸巳立冬 |
| 十一月小 | 庚子 | 天干地支<br>西曆 | 辛酉<br>7 | 壬戌<br>8 | 癸亥<br>9 | 甲子<br>10 | 乙丑<br>11 | 丙寅<br>12 | 丁卯<br>13 | 戊辰<br>14 | 己巳<br>15 | 庚午<br>16 | 辛未<br>17 | 壬申<br>18 | 癸酉<br>19 | 甲戌<br>20 | 乙亥<br>21 | 丙子<br>22 | 丁丑<br>23 | 戊寅<br>24 | 己卯<br>25 | 庚辰<br>26 | 辛巳<br>27 | 壬午<br>28 | 癸未<br>29 | 甲申<br>30 | 乙酉<br>31 | 丙戌<br>(1) | 丁亥<br>2 | 戊子<br>3 | 己丑<br>4 | | 戊寅冬至 |
| 十二月大 | 辛丑 | 天干地支<br>西曆 | 庚寅<br>5 | 辛卯<br>6 | 壬辰<br>7 | 癸巳<br>8 | 甲午<br>9 | 乙未<br>10 | 丙申<br>11 | 丁酉<br>12 | 戊戌<br>13 | 己亥<br>14 | 庚子<br>15 | 辛丑<br>16 | 壬寅<br>17 | 癸卯<br>18 | 甲辰<br>19 | 乙巳<br>20 | 丙午<br>21 | 丁未<br>22 | 戊申<br>23 | 己酉<br>24 | 庚戌<br>25 | 辛亥<br>26 | 壬子<br>27 | 癸丑<br>28 | 甲寅<br>29 | 乙卯<br>30 | 丙辰<br>31 | 丁巳<br>(2) | 戊午<br>2 | 己未<br>3 | 己未日食 |
| 正月小 | 壬寅 | 天干地支<br>西曆 | 庚申<br>4 | 辛酉<br>5 | 壬戌<br>6 | 癸亥<br>7 | 甲子<br>8 | 乙丑<br>9 | 丙寅<br>10 | 丁卯<br>11 | 戊辰<br>12 | 己巳<br>13 | 庚午<br>14 | 辛未<br>15 | 壬申<br>16 | 癸酉<br>17 | 甲戌<br>18 | 乙亥<br>19 | 丙子<br>20 | 丁丑<br>21 | 戊寅<br>22 | 己卯<br>23 | 庚辰<br>24 | 辛巳<br>25 | 壬午<br>26 | 癸未<br>27 | 甲申<br>28 | 乙酉<br>(3) | 丙戌<br>2 | 丁亥<br>3 | 戊子<br>4 | | 甲子立春 |
| 二月大 | 癸卯 | 天干地支<br>西曆 | 己丑<br>5 | 庚寅<br>6 | 辛卯<br>7 | 壬辰<br>8 | 癸巳<br>9 | 甲午<br>10 | 乙未<br>11 | 丙申<br>12 | 丁酉<br>13 | 戊戌<br>14 | 己亥<br>15 | 庚子<br>16 | 辛丑<br>17 | 壬寅<br>18 | 癸卯<br>19 | 甲辰<br>20 | 乙巳<br>21 | 丙午<br>22 | 丁未<br>23 | 戊申<br>24 | 己酉<br>25 | 庚戌<br>26 | 辛亥<br>27 | 壬子<br>28 | 癸丑<br>29 | 甲寅<br>30 | 乙卯<br>31 | 丙辰<br>(4) | 丁巳<br>2 | 戊午<br>3 | 庚戌春分 |
| 三月小 | 甲辰 | 天干地支<br>西曆 | 己未<br>4 | 庚申<br>5 | 辛酉<br>6 | 壬戌<br>7 | 癸亥<br>8 | 甲子<br>9 | 乙丑<br>10 | 丙寅<br>11 | 丁卯<br>12 | 戊辰<br>13 | 己巳<br>14 | 庚午<br>15 | 辛未<br>16 | 壬申<br>17 | 癸酉<br>18 | 甲戌<br>19 | 乙亥<br>20 | 丙子<br>21 | 丁丑<br>22 | 戊寅<br>23 | 己卯<br>24 | 庚辰<br>25 | 辛巳<br>26 | 壬午<br>27 | 癸未<br>28 | 甲申<br>29 | 乙酉<br>30 | 丙戌<br>(5) | 丁亥<br>2 | | |
| 四月大 | 乙巳 | 天干地支<br>西曆 | 戊子<br>3 | 己丑<br>4 | 庚寅<br>5 | 辛卯<br>6 | 壬辰<br>7 | 癸巳<br>8 | 甲午<br>9 | 乙未<br>10 | 丙申<br>11 | 丁酉<br>12 | 戊戌<br>13 | 己亥<br>14 | 庚子<br>15 | 辛丑<br>16 | 壬寅<br>17 | 癸卯<br>18 | 甲辰<br>19 | 乙巳<br>20 | 丙午<br>21 | 丁未<br>22 | 戊申<br>23 | 己酉<br>24 | 庚戌<br>25 | 辛亥<br>26 | 壬子<br>27 | 癸丑<br>28 | 甲寅<br>29 | 乙卯<br>30 | 丙辰<br>31 | 丁巳<br>(6) | 乙未立夏 |
| 五月大 | 丙午 | 天干地支<br>西曆 | 戊午<br>2 | 己未<br>3 | 庚申<br>4 | 辛酉<br>5 | 壬戌<br>6 | 癸亥<br>7 | 甲子<br>8 | 乙丑<br>9 | 丙寅<br>10 | 丁卯<br>11 | 戊辰<br>12 | 己巳<br>13 | 庚午<br>14 | 辛未<br>15 | 壬申<br>16 | 癸酉<br>17 | 甲戌<br>18 | 乙亥<br>19 | 丙子<br>20 | 丁丑<br>21 | 戊寅<br>22 | 己卯<br>23 | 庚辰<br>24 | 辛巳<br>25 | 壬午<br>26 | 癸未<br>27 | 甲申<br>28 | 乙酉<br>29 | 丙戌<br>30 | 丁亥<br>(7) | 辛巳夏至 |
| 六月小 | 丁未 | 天干地支<br>西曆 | 戊子<br>2 | 己丑<br>3 | 庚寅<br>4 | 辛卯<br>5 | 壬辰<br>6 | 癸巳<br>7 | 甲午<br>8 | 乙未<br>9 | 丙申<br>10 | 丁酉<br>11 | 戊戌<br>12 | 己亥<br>13 | 庚子<br>14 | 辛丑<br>15 | 壬寅<br>16 | 癸卯<br>17 | 甲辰<br>18 | 乙巳<br>19 | 丙午<br>20 | 丁未<br>21 | 戊申<br>22 | 己酉<br>23 | 庚戌<br>24 | 辛亥<br>25 | 壬子<br>26 | 癸丑<br>27 | 甲寅<br>28 | 乙卯<br>29 | 丙辰<br>30 | | |
| 七月大 | 戊申 | 天干地支<br>西曆 | 丁巳<br>31 | 戊午<br>(8) | 己未<br>2 | 庚申<br>3 | 辛酉<br>4 | 壬戌<br>5 | 癸亥<br>6 | 甲子<br>7 | 乙丑<br>8 | 丙寅<br>9 | 丁卯<br>10 | 戊辰<br>11 | 己巳<br>12 | 庚午<br>13 | 辛未<br>14 | 壬申<br>15 | 癸酉<br>16 | 甲戌<br>17 | 乙亥<br>18 | 丙子<br>19 | 丁丑<br>20 | 戊寅<br>21 | 己卯<br>22 | 庚辰<br>23 | 辛巳<br>24 | 壬午<br>25 | 癸未<br>26 | 甲申<br>27 | 乙酉<br>28 | 丙戌<br>29 | 丁卯立秋 |
| 八月小 | 己酉 | 天干地支<br>西曆 | 丁亥<br>30 | 戊子<br>31 | 己丑<br>(9) | 庚寅<br>2 | 辛卯<br>3 | 壬辰<br>4 | 癸巳<br>5 | 甲午<br>6 | 乙未<br>7 | 丙申<br>8 | 丁酉<br>9 | 戊戌<br>10 | 己亥<br>11 | 庚子<br>12 | 辛丑<br>13 | 壬寅<br>14 | 癸卯<br>15 | 甲辰<br>16 | 乙巳<br>17 | 丙午<br>18 | 丁未<br>19 | 戊申<br>20 | 己酉<br>21 | 庚戌<br>22 | 辛亥<br>23 | 壬子<br>24 | 癸丑<br>25 | 甲寅<br>26 | 乙卯<br>27 | | 壬子秋分 |
| 九月大 | 庚戌 | 天干地支<br>西曆 | 丙辰<br>28 | 丁巳<br>29 | 戊午<br>30 | 己未<br>(10) | 庚申<br>2 | 辛酉<br>3 | 壬戌<br>4 | 癸亥<br>5 | 甲子<br>6 | 乙丑<br>7 | 丙寅<br>8 | 丁卯<br>9 | 戊辰<br>10 | 己巳<br>11 | 庚午<br>12 | 辛未<br>13 | 壬申<br>14 | 癸酉<br>15 | 甲戌<br>16 | 乙亥<br>17 | 丙子<br>18 | 丁丑<br>19 | 戊寅<br>20 | 己卯<br>21 | 庚辰<br>22 | 辛巳<br>23 | 壬午<br>24 | 癸未<br>25 | 甲申<br>26 | 乙酉<br>27 | |
| 後九月小 | 庚戌 | 天干地支<br>西曆 | 丙戌<br>28 | 丁亥<br>29 | 戊子<br>30 | 己丑<br>31 | 庚寅<br>(11) | 辛卯<br>2 | 壬辰<br>3 | 癸巳<br>4 | 甲午<br>5 | 乙未<br>6 | 丙申<br>7 | 丁酉<br>8 | 戊戌<br>9 | 己亥<br>10 | 庚子<br>11 | 辛丑<br>12 | 壬寅<br>13 | 癸卯<br>14 | 甲辰<br>15 | 乙巳<br>16 | 丙午<br>17 | 丁未<br>18 | 戊申<br>19 | 己酉<br>20 | 庚戌<br>21 | 辛亥<br>22 | 壬子<br>23 | 癸丑<br>24 | 甲寅<br>25 | | 戊戌立冬 |

# 漢武帝元朔六年（戊午 馬年） 公元前124 ~ 前**123**年

| 夏曆月序 | 中西曆日對照 | 夏曆日序 | | | | | | | | | | | | | | | | | | | | | | | | | | | | | | 節氣與天象 |
|---|---|---|---|---|---|---|---|---|---|---|---|---|---|---|---|---|---|---|---|---|---|---|---|---|---|---|---|---|---|---|---|---|
| | | 初一 | 初二 | 初三 | 初四 | 初五 | 初六 | 初七 | 初八 | 初九 | 初十 | 十一 | 十二 | 十三 | 十四 | 十五 | 十六 | 十七 | 十八 | 十九 | 二十 | 二一 | 二二 | 二三 | 二四 | 二五 | 二六 | 二七 | 二八 | 二九 | 三十 | |
| 十月大 辛亥 | 天干地支<br>西曆 | 乙卯 26 | 丙辰 27 | 丁巳 28 | 戊午 29 | 己未 30 | 庚申 (12) | 辛酉 2 | 壬戌 3 | 癸亥 4 | 甲子 5 | 乙丑 6 | 丙寅 7 | 丁卯 8 | 戊辰 9 | 己巳 10 | 庚午 11 | 辛未 12 | 壬申 13 | 癸酉 14 | 甲戌 15 | 乙亥 16 | 丙子 17 | 丁丑 18 | 戊寅 19 | 己卯 20 | 庚辰 21 | 辛巳 22 | 壬午 23 | 癸未 24 | 甲申 25 | 甲申冬至 |
| 十一月小 壬子 | 天干地支<br>西曆 | 乙酉 26 | 丙戌 27 | 丁亥 28 | 戊子 29 | 己丑 30 | 庚寅 31 | 辛卯 (1) | 壬辰 2 | 癸巳 3 | 甲午 4 | 乙未 5 | 丙申 6 | 丁酉 7 | 戊戌 8 | 己亥 9 | 庚子 10 | 辛丑 11 | 壬寅 12 | 癸卯 13 | 甲辰 14 | 乙巳 15 | 丙午 16 | 丁未 17 | 戊申 18 | 己酉 19 | 庚戌 20 | 辛亥 21 | 壬子 22 | 癸丑 23 | | 癸丑日食 |
| 十二月大 癸丑 | 天干地支<br>西曆 | 甲寅 24 | 乙卯 25 | 丙辰 26 | 丁巳 27 | 戊午 28 | 己未 29 | 庚申 30 | 辛酉 31 | 壬戌 (2) | 癸亥 2 | 甲子 3 | 乙丑 4 | 丙寅 5 | 丁卯 6 | 戊辰 7 | 己巳 8 | 庚午 9 | 辛未 10 | 壬申 11 | 癸酉 12 | 甲戌 13 | 乙亥 14 | 丙子 15 | 丁丑 16 | 戊寅 17 | 己卯 18 | 庚辰 19 | 辛巳 20 | 壬午 21 | 癸未 22 | 己巳立春 |
| 正月小 甲寅 | 天干地支<br>西曆 | 甲申 23 | 乙酉 24 | 丙戌 25 | 丁亥 26 | 戊子 27 | 己丑 28 | 庚寅 (3) | 辛卯 2 | 壬辰 3 | 癸巳 4 | 甲午 5 | 乙未 6 | 丙申 7 | 丁酉 8 | 戊戌 9 | 己亥 10 | 庚子 11 | 辛丑 12 | 壬寅 13 | 癸卯 14 | 甲辰 15 | 乙巳 16 | 丙午 17 | 丁未 18 | 戊申 19 | 己酉 20 | 庚戌 21 | 辛亥 22 | 壬子 23 | | |
| 二月大 乙卯 | 天干地支<br>西曆 | 癸丑 24 | 甲寅 25 | 乙卯 26 | 丙辰 27 | 丁巳 28 | 戊午 29 | 己未 30 | 庚申 31 | 辛酉 (4) | 壬戌 2 | 癸亥 3 | 甲子 4 | 乙丑 5 | 丙寅 6 | 丁卯 7 | 戊辰 8 | 己巳 9 | 庚午 10 | 辛未 11 | 壬申 12 | 癸酉 13 | 甲戌 14 | 乙亥 15 | 丙子 16 | 丁丑 17 | 戊寅 18 | 己卯 19 | 庚辰 20 | 辛巳 21 | 壬午 22 | 乙卯春分 |
| 三月小 丙辰 | 天干地支<br>西曆 | 癸未 23 | 甲申 24 | 乙酉 25 | 丙戌 26 | 丁亥 27 | 戊子 28 | 己丑 29 | 庚寅 30 | 辛卯 (5) | 壬辰 2 | 癸巳 3 | 甲午 4 | 乙未 5 | 丙申 6 | 丁酉 7 | 戊戌 8 | 己亥 9 | 庚子 10 | 辛丑 11 | 壬寅 12 | 癸卯 13 | 甲辰 14 | 乙巳 15 | 丙午 16 | 丁未 17 | 戊申 18 | 己酉 19 | 庚戌 20 | 辛亥 21 | | 辛丑立夏 |
| 四月大 丁巳 | 天干地支<br>西曆 | 壬子 22 | 癸丑 23 | 甲寅 24 | 乙卯 25 | 丙辰 26 | 丁巳 27 | 戊午 28 | 己未 29 | 庚申 30 | 辛酉 31 | 壬戌 (6) | 癸亥 2 | 甲子 3 | 乙丑 4 | 丙寅 5 | 丁卯 6 | 戊辰 7 | 己巳 8 | 庚午 9 | 辛未 10 | 壬申 11 | 癸酉 12 | 甲戌 13 | 乙亥 14 | 丙子 15 | 丁丑 16 | 戊寅 17 | 己卯 18 | 庚辰 19 | 辛巳 20 | |
| 五月小 戊午 | 天干地支<br>西曆 | 壬午 21 | 癸未 22 | 甲申 23 | 乙酉 24 | 丙戌 25 | 丁亥 26 | 戊子 27 | 己丑 28 | 庚寅 29 | 辛卯 30 | 壬辰 (7) | 癸巳 2 | 甲午 3 | 乙未 4 | 丙申 5 | 丁酉 6 | 戊戌 7 | 己亥 8 | 庚子 9 | 辛丑 10 | 壬寅 11 | 癸卯 12 | 甲辰 13 | 乙巳 14 | 丙午 15 | 丁未 16 | 戊申 17 | 己酉 18 | 庚戌 19 | | 丙戌夏至 |
| 六月大 己未 | 天干地支<br>西曆 | 辛亥 20 | 壬子 21 | 癸丑 22 | 甲寅 23 | 乙卯 24 | 丙辰 25 | 丁巳 26 | 戊午 27 | 己未 28 | 庚申 29 | 辛酉 30 | 壬戌 31 | 癸亥 (8) | 甲子 2 | 乙丑 3 | 丙寅 4 | 丁卯 5 | 戊辰 6 | 己巳 7 | 庚午 8 | 辛未 9 | 壬申 10 | 癸酉 11 | 甲戌 12 | 乙亥 13 | 丙子 14 | 丁丑 15 | 戊寅 16 | 己卯 17 | 庚辰 18 | 壬申立秋 |
| 七月小 庚申 | 天干地支<br>西曆 | 辛巳 19 | 壬午 20 | 癸未 21 | 甲申 22 | 乙酉 23 | 丙戌 24 | 丁亥 25 | 戊子 26 | 己丑 27 | 庚寅 28 | 辛卯 29 | 壬辰 30 | 癸巳 31 | 甲午 (9) | 乙未 2 | 丙申 3 | 丁酉 4 | 戊戌 5 | 己亥 6 | 庚子 7 | 辛丑 8 | 壬寅 9 | 癸卯 10 | 甲辰 11 | 乙巳 12 | 丙午 13 | 丁未 14 | 戊申 15 | 己酉 16 | | |
| 八月大 辛酉 | 天干地支<br>西曆 | 庚戌 17 | 辛亥 18 | 壬子 19 | 癸丑 20 | 甲寅 21 | 乙卯 22 | 丙辰 23 | 丁巳 24 | 戊午 25 | 己未 26 | 庚申 27 | 辛酉 28 | 壬戌 29 | 癸亥 30 | 甲子 (10) | 乙丑 2 | 丙寅 3 | 丁卯 4 | 戊辰 5 | 己巳 6 | 庚午 7 | 辛未 8 | 壬申 9 | 癸酉 10 | 甲戌 11 | 乙亥 12 | 丙子 13 | 丁丑 14 | 戊寅 15 | 己卯 16 | 戊午秋分 |
| 九月大 壬戌 | 天干地支<br>西曆 | 庚辰 17 | 辛巳 18 | 壬午 19 | 癸未 20 | 甲申 21 | 乙酉 22 | 丙戌 23 | 丁亥 24 | 戊子 25 | 己丑 26 | 庚寅 27 | 辛卯 28 | 壬辰 29 | 癸巳 30 | 甲午 31 | 乙未 (11) | 丙申 2 | 丁酉 3 | 戊戌 4 | 己亥 5 | 庚子 6 | 辛丑 7 | 壬寅 8 | 癸卯 9 | 甲辰 10 | 乙巳 11 | 丙午 12 | 丁未 13 | 戊申 14 | 己酉 15 | 癸卯立冬 |

# 漢武帝元狩元年（己未 羊年） 公元前 123 ~ 前 122 年

| 夏曆月序 | | 中西曆日對照 | 初一 | 初二 | 初三 | 初四 | 初五 | 初六 | 初七 | 初八 | 初九 | 初十 | 十一 | 十二 | 十三 | 十四 | 十五 | 十六 | 十七 | 十八 | 十九 | 二十 | 二一 | 二二 | 二三 | 二四 | 二五 | 二六 | 二七 | 二八 | 二九 | 三十 | 節氣與天象 |
|---|---|---|---|---|---|---|---|---|---|---|---|---|---|---|---|---|---|---|---|---|---|---|---|---|---|---|---|---|---|---|---|---|---|
| 十月小 | 癸亥 | 天干<br>地支<br>西曆 | 庚戌16 | 辛亥17 | 壬子18 | 癸丑19 | 甲寅20 | 乙卯21 | 丙辰22 | 丁巳23 | 戊午24 | 己未25 | 庚申26 | 辛酉27 | 壬戌28 | 癸亥29 | 甲子30 | 乙丑(12) | 丙寅2 | 丁卯3 | 戊辰4 | 己巳5 | 庚午6 | 辛未7 | 壬申8 | 癸酉9 | 甲戌10 | 乙亥11 | 丙子12 | 丁丑13 | 戊寅14 | | |
| 十一月大 | 甲子 | 天干<br>地支<br>西曆 | 己卯15 | 庚辰16 | 辛巳17 | 壬午18 | 癸未19 | 甲申20 | 乙酉21 | 丙戌22 | 丁亥23 | 戊子24 | 己丑25 | 庚寅26 | 辛卯27 | 壬辰28 | 癸巳29 | 甲午30 | 乙未31 | 丙申(1) | 丁酉2 | 戊戌3 | 己亥4 | 庚子5 | 辛丑6 | 壬寅7 | 癸卯8 | 甲辰9 | 乙巳10 | 丙午11 | 丁未12 | 戊申13 | 己丑冬至 |
| 十二月小 | 乙丑 | 天干<br>地支<br>西曆 | 己酉14 | 庚戌15 | 辛亥16 | 壬子17 | 癸丑18 | 甲寅19 | 乙卯20 | 丙辰21 | 丁巳22 | 戊午23 | 己未24 | 庚申25 | 辛酉26 | 壬戌27 | 癸亥28 | 甲子29 | 乙丑30 | 丙寅31 | 丁卯(2) | 戊辰2 | 己巳3 | 庚午4 | 辛未5 | 壬申6 | 癸酉7 | 甲戌8 | 乙亥9 | 丙子10 | 丁丑11 | | 乙亥立春 |
| 正月大 | 丙寅 | 天干<br>地支<br>西曆 | 戊寅12 | 己卯13 | 庚辰14 | 辛巳15 | 壬午16 | 癸未17 | 甲申18 | 乙酉19 | 丙戌20 | 丁亥21 | 戊子22 | 己丑23 | 庚寅24 | 辛卯25 | 壬辰26 | 癸巳27 | 甲午28 | 乙未(3) | 丙申2 | 丁酉3 | 戊戌4 | 己亥5 | 庚子6 | 辛丑7 | 壬寅8 | 癸卯9 | 甲辰10 | 乙巳11 | 丙午12 | 丁未13 | |
| 二月小 | 丁卯 | 天干<br>地支<br>西曆 | 戊申14 | 己酉15 | 庚戌16 | 辛亥17 | 壬子18 | 癸丑19 | 甲寅20 | 乙卯21 | 丙辰22 | 丁巳23 | 戊午24 | 己未25 | 庚申26 | 辛酉27 | 壬戌28 | 癸亥29 | 甲子30 | 乙丑31 | 丙寅(4) | 丁卯2 | 戊辰3 | 己巳4 | 庚午5 | 辛未6 | 壬申7 | 癸酉8 | 甲戌9 | 乙亥10 | 丙子11 | | 庚戌春分 |
| 三月大 | 戊辰 | 天干<br>地支<br>西曆 | 丁丑12 | 戊寅13 | 己卯14 | 庚辰15 | 辛巳16 | 壬午17 | 癸未18 | 甲申19 | 乙酉20 | 丙戌21 | 丁亥22 | 戊子23 | 己丑24 | 庚寅25 | 辛卯26 | 壬辰27 | 癸巳28 | 甲午29 | 乙未30 | 丙申(5) | 丁酉2 | 戊戌3 | 己亥4 | 庚子5 | 辛丑6 | 壬寅7 | 癸卯8 | 甲辰9 | 乙巳10 | 丙午11 | 丙午立夏 |
| 四月小 | 己巳 | 天干<br>地支<br>西曆 | 丁未12 | 戊申13 | 己酉14 | 庚戌15 | 辛亥16 | 壬子17 | 癸丑18 | 甲寅19 | 乙卯20 | 丙辰21 | 丁巳22 | 戊午23 | 己未24 | 庚申25 | 辛酉26 | 壬戌27 | 癸亥28 | 甲子29 | 乙丑30 | 丙寅31 | 丁卯(6) | 戊辰2 | 己巳3 | 庚午4 | 辛未5 | 壬申6 | 癸酉7 | 甲戌8 | 乙亥9 | | |
| 五月大 | 庚午 | 天干<br>地支<br>西曆 | 丙子10 | 丁丑11 | 戊寅12 | 己卯13 | 庚辰14 | 辛巳15 | 壬午16 | 癸未17 | 甲申18 | 乙酉19 | 丙戌20 | 丁亥21 | 戊子22 | 己丑23 | 庚寅24 | 辛卯25 | 壬辰26 | 癸巳27 | 甲午28 | 乙未29 | 丙申30 | 丁酉(7) | 戊戌2 | 己亥3 | 庚子4 | 辛丑5 | 壬寅6 | 癸卯7 | 甲辰8 | 乙巳9 | 辛卯夏至<br>乙巳日食 |
| 六月小 | 辛未 | 天干<br>地支<br>西曆 | 丙午10 | 丁未11 | 戊申12 | 己酉13 | 庚戌14 | 辛亥15 | 壬子16 | 癸丑17 | 甲寅18 | 乙卯19 | 丙辰20 | 丁巳21 | 戊午22 | 己未23 | 庚申24 | 辛酉25 | 壬戌26 | 癸亥27 | 甲子28 | 乙丑29 | 丙寅30 | 丁卯31 | 戊辰(8) | 己巳2 | 庚午3 | 辛未4 | 壬申5 | 癸酉6 | 甲戌7 | | |
| 七月大 | 壬申 | 天干<br>地支<br>西曆 | 乙亥8 | 丙子9 | 丁丑10 | 戊寅11 | 己卯12 | 庚辰13 | 辛巳14 | 壬午15 | 癸未16 | 甲申17 | 乙酉18 | 丙戌19 | 丁亥20 | 戊子21 | 己丑22 | 庚寅23 | 辛卯24 | 壬辰25 | 癸巳26 | 甲午27 | 乙未28 | 丙申29 | 丁酉30 | 戊戌31 | 己亥(9) | 庚子2 | 辛丑3 | 壬寅4 | 癸卯5 | 甲辰6 | 丁丑立秋 |
| 八月小 | 癸酉 | 天干<br>地支<br>西曆 | 乙巳7 | 丙午8 | 丁未9 | 戊申10 | 己酉11 | 庚戌12 | 辛亥13 | 壬子14 | 癸丑15 | 甲寅16 | 乙卯17 | 丙辰18 | 丁巳19 | 戊午20 | 己未21 | 庚申22 | 辛酉23 | 壬戌24 | 癸亥25 | 甲子26 | 乙丑27 | 丙寅28 | 丁卯29 | 戊辰30 | 己巳(10) | 庚午2 | 辛未3 | 壬申4 | 癸酉5 | | 癸亥秋分 |
| 九月大 | 甲戌 | 天干<br>地支<br>西曆 | 甲戌6 | 乙亥7 | 丙子8 | 丁丑9 | 戊寅10 | 己卯11 | 庚辰12 | 辛巳13 | 壬午14 | 癸未15 | 甲申16 | 乙酉17 | 丙戌18 | 丁亥19 | 戊子20 | 己丑21 | 庚寅22 | 辛卯23 | 壬辰24 | 癸巳25 | 甲午26 | 乙未27 | 丙申28 | 丁酉29 | 戊戌30 | 己亥31 | 庚子(11) | 辛丑2 | 壬寅3 | 癸卯4 | |

* 十月庚戌（初一），改元元狩。

# 漢武帝元狩二年（庚申 猴年） 公元前 122 ~ 前 **121** 年

| 夏曆月序 | | 中西曆日對照 | 夏曆日序 | | | | | | | | | | | | | | | | | | | | | | | | | | | | | | 節氣與天象 |
|---|---|---|---|---|---|---|---|---|---|---|---|---|---|---|---|---|---|---|---|---|---|---|---|---|---|---|---|---|---|---|---|---|---|
| | | | 初一 | 初二 | 初三 | 初四 | 初五 | 初六 | 初七 | 初八 | 初九 | 初十 | 十一 | 十二 | 十三 | 十四 | 十五 | 十六 | 十七 | 十八 | 十九 | 二十 | 二一 | 二二 | 二三 | 二四 | 二五 | 二六 | 二七 | 二八 | 二九 | 三十 | |
| 十月小 | 乙亥 | 天干地支西曆 | 甲辰5 | 乙巳6 | 丙午7 | 丁未8 | 戊申9 | 己酉10 | 庚戌11 | 辛亥12 | 壬子13 | 癸丑14 | 甲寅15 | 乙卯16 | 丙辰17 | 丁巳18 | 戊午19 | 己未20 | 庚申21 | 辛酉22 | 壬戌23 | 癸亥24 | 甲子25 | 乙丑26 | 丙寅27 | 丁卯28 | 戊辰29 | 己巳30 | 庚午(12) | 辛未2 | 壬申3 | | 戊申立冬 |
| 十一月大 | 丙子 | 天干地支西曆 | 癸酉4 | 甲戌5 | 乙亥6 | 丙子7 | 丁丑8 | 戊寅9 | 己卯10 | 庚辰11 | 辛巳12 | 壬午13 | 癸未14 | 甲申15 | 乙酉16 | 丙戌17 | 丁亥18 | 戊子19 | 己丑20 | 庚寅21 | 辛卯22 | 壬辰23 | 癸巳24 | 甲午25 | 乙未26 | 丙申27 | 丁酉28 | 戊戌29 | 己亥30 | 庚子31 | 辛丑(1) | 壬寅2 | 甲午冬至 |
| 十二月小 | 丁丑 | 天干地支西曆 | 癸卯3 | 甲辰4 | 乙巳5 | 丙午6 | 丁未7 | 戊申8 | 己酉9 | 庚戌10 | 辛亥11 | 壬子12 | 癸丑13 | 甲寅14 | 乙卯15 | 丙辰16 | 丁巳17 | 戊午18 | 己未19 | 庚申20 | 辛酉21 | 壬戌22 | 癸亥23 | 甲子24 | 乙丑25 | 丙寅26 | 丁卯27 | 戊辰28 | 己巳29 | 庚午30 | 辛未31 | | |
| 正月大 | 戊寅 | 天干地支西曆 | 壬申(2) | 癸酉2 | 甲戌3 | 乙亥4 | 丙子5 | 丁丑6 | 戊寅7 | 己卯8 | 庚辰9 | 辛巳10 | 壬午11 | 癸未12 | 甲申13 | 乙酉14 | 丙戌15 | 丁亥16 | 戊子17 | 己丑18 | 庚寅19 | 辛卯20 | 壬辰21 | 癸巳22 | 甲午23 | 乙未24 | 丙申25 | 丁酉26 | 戊戌27 | 己亥28 | 庚子29 | 辛丑(3) | 庚辰立春 |
| 二月大 | 己卯 | 天干地支西曆 | 壬寅2 | 癸卯3 | 甲辰4 | 乙巳5 | 丙午6 | 丁未7 | 戊申8 | 己酉9 | 庚戌10 | 辛亥11 | 壬子12 | 癸丑13 | 甲寅14 | 乙卯15 | 丙辰16 | 丁巳17 | 戊午18 | 己未19 | 庚申20 | 辛酉21 | 壬戌22 | 癸亥23 | 甲子24 | 乙丑25 | 丙寅26 | 丁卯27 | 戊辰28 | 己巳29 | 庚午30 | 辛未31 | 乙丑春分 |
| 三月小 | 庚辰 | 天干地支西曆 | 壬申(4) | 癸酉2 | 甲戌3 | 乙亥4 | 丙子5 | 丁丑6 | 戊寅7 | 己卯8 | 庚辰9 | 辛巳10 | 壬午11 | 癸未12 | 甲申13 | 乙酉14 | 丙戌15 | 丁亥16 | 戊子17 | 己丑18 | 庚寅19 | 辛卯20 | 壬辰21 | 癸巳22 | 甲午23 | 乙未24 | 丙申25 | 丁酉26 | 戊戌27 | 己亥28 | 庚子29 | | |
| 四月大 | 辛巳 | 天干地支西曆 | 辛丑30 | 壬寅(5) | 癸卯2 | 甲辰3 | 乙巳4 | 丙午5 | 丁未6 | 戊申7 | 己酉8 | 庚戌9 | 辛亥10 | 壬子11 | 癸丑12 | 甲寅13 | 乙卯14 | 丙辰15 | 丁巳16 | 戊午17 | 己未18 | 庚申19 | 辛酉20 | 壬戌21 | 癸亥22 | 甲子23 | 乙丑24 | 丙寅25 | 丁卯26 | 戊辰27 | 己巳28 | 庚午29 | 辛亥立夏 |
| 五月小 | 壬午 | 天干地支西曆 | 辛未30 | 壬申31 | 癸酉(6) | 甲戌2 | 乙亥3 | 丙子4 | 丁丑5 | 戊寅6 | 己卯7 | 庚辰8 | 辛巳9 | 壬午10 | 癸未11 | 甲申12 | 乙酉13 | 丙戌14 | 丁亥15 | 戊子16 | 己丑17 | 庚寅18 | 辛卯19 | 壬辰20 | 癸巳21 | 甲午22 | 乙未23 | 丙申24 | 丁酉25 | 戊戌26 | 己亥27 | | 丁酉夏至 |
| 六月大 | 癸未 | 天干地支西曆 | 庚子28 | 辛丑29 | 壬寅30 | 癸卯(7) | 甲辰2 | 乙巳3 | 丙午4 | 丁未5 | 戊申6 | 己酉7 | 庚戌8 | 辛亥9 | 壬子10 | 癸丑11 | 甲寅12 | 乙卯13 | 丙辰14 | 丁巳15 | 戊午16 | 己未17 | 庚申18 | 辛酉19 | 壬戌20 | 癸亥21 | 甲子22 | 乙丑23 | 丙寅24 | 丁卯25 | 戊辰26 | 己巳27 | |
| 七月小 | 甲申 | 天干地支西曆 | 庚午28 | 辛未29 | 壬申30 | 癸酉31 | 甲戌(8) | 乙亥2 | 丙子3 | 丁丑4 | 戊寅5 | 己卯6 | 庚辰7 | 辛巳8 | 壬午9 | 癸未10 | 甲申11 | 乙酉12 | 丙戌13 | 丁亥14 | 戊子15 | 己丑16 | 庚寅17 | 辛卯18 | 壬辰19 | 癸巳20 | 甲午21 | 乙未22 | 丙申23 | 丁酉24 | 戊戌25 | | 壬午立秋 |
| 八月大 | 乙酉 | 天干地支西曆 | 己亥26 | 庚子27 | 辛丑28 | 壬寅29 | 癸卯30 | 甲辰31 | 乙巳(9) | 丙午2 | 丁未3 | 戊申4 | 己酉5 | 庚戌6 | 辛亥7 | 壬子8 | 癸丑9 | 甲寅10 | 乙卯11 | 丙辰12 | 丁巳13 | 戊午14 | 己未15 | 庚申16 | 辛酉17 | 壬戌18 | 癸亥19 | 甲子20 | 乙丑21 | 丙寅22 | 丁卯23 | 戊辰24 | 戊辰秋分 |
| 九月小 | 丙戌 | 天干地支西曆 | 己巳25 | 庚午26 | 辛未27 | 壬申28 | 癸酉29 | 甲戌30 | 乙亥(10) | 丙子2 | 丁丑3 | 戊寅4 | 己卯5 | 庚辰6 | 辛巳7 | 壬午8 | 癸未9 | 甲申10 | 乙酉11 | 丙戌12 | 丁亥13 | 戊子14 | 己丑15 | 庚寅16 | 辛卯17 | 壬辰18 | 癸巳19 | 甲午20 | 乙未21 | 丙申22 | 丁酉23 | | |
| 後九月大 | 丙戌 | 天干地支西曆 | 戊戌24 | 己亥25 | 庚子26 | 辛丑27 | 壬寅28 | 癸卯29 | 甲辰30 | 乙巳31 | 丙午(11) | 丁未2 | 戊申3 | 己酉4 | 庚戌5 | 辛亥6 | 壬子7 | 癸丑8 | 甲寅9 | 乙卯10 | 丙辰11 | 丁巳12 | 戊午13 | 己未14 | 庚申15 | 辛酉16 | 壬戌17 | 癸亥18 | 甲子19 | 乙丑20 | 丙寅21 | 丁卯22 | 甲寅立冬 |

# 漢武帝元狩三年（辛酉 鷄年） 公元前 121 ~ 前 120 年

| 夏曆月序 | | 中西曆日對照 | 初一 | 初二 | 初三 | 初四 | 初五 | 初六 | 初七 | 初八 | 初九 | 初十 | 十一 | 十二 | 十三 | 十四 | 十五 | 十六 | 十七 | 十八 | 十九 | 二十 | 二一 | 二二 | 二三 | 二四 | 二五 | 二六 | 二七 | 二八 | 二九 | 三十 | 節氣與天象 |
|---|---|---|---|---|---|---|---|---|---|---|---|---|---|---|---|---|---|---|---|---|---|---|---|---|---|---|---|---|---|---|---|---|---|
| 十月小 | 丁亥 | 天干<br>地支<br>西曆 | 戊辰<br>23 | 己巳<br>24 | 庚午<br>25 | 辛未<br>26 | 壬申<br>27 | 癸酉<br>28 | 甲戌<br>29 | 乙亥<br>30 | 丙子<br>(12) | 丁丑<br>2 | 戊寅<br>3 | 己卯<br>4 | 庚辰<br>5 | 辛巳<br>6 | 壬午<br>7 | 癸未<br>8 | 甲申<br>9 | 乙酉<br>10 | 丙戌<br>11 | 丁亥<br>12 | 戊子<br>13 | 己丑<br>14 | 庚寅<br>15 | 辛卯<br>16 | 壬辰<br>17 | 癸巳<br>18 | 甲午<br>19 | 乙未<br>20 | 丙申<br>21 | | |
| 十一月大 | 戊子 | 天干<br>地支<br>西曆 | 丁酉<br>22 | 戊戌<br>23 | 己亥<br>24 | 庚子<br>25 | 辛丑<br>26 | 壬寅<br>27 | 癸卯<br>28 | 甲辰<br>29 | 乙巳<br>30 | 丙午<br>31 | 丁未<br>(1) | 戊申<br>2 | 己酉<br>3 | 庚戌<br>4 | 辛亥<br>5 | 壬子<br>6 | 癸丑<br>7 | 甲寅<br>8 | 乙卯<br>9 | 丙辰<br>10 | 丁巳<br>11 | 戊午<br>12 | 己未<br>13 | 庚申<br>14 | 辛酉<br>15 | 壬戌<br>16 | 癸亥<br>17 | 甲子<br>18 | 乙丑<br>19 | 丙寅<br>20 | 己亥冬至 |
| 十二月小 | 己丑 | 天干<br>地支<br>西曆 | 丁卯<br>21 | 戊辰<br>22 | 己巳<br>23 | 庚午<br>24 | 辛未<br>25 | 壬申<br>26 | 癸酉<br>27 | 甲戌<br>28 | 乙亥<br>29 | 丙子<br>30 | 丁丑<br>31 | 戊寅<br>(2) | 己卯<br>2 | 庚辰<br>3 | 辛巳<br>4 | 壬午<br>5 | 癸未<br>6 | 甲申<br>7 | 乙酉<br>8 | 丙戌<br>9 | 丁亥<br>10 | 戊子<br>11 | 己丑<br>12 | 庚寅<br>13 | 辛卯<br>14 | 壬辰<br>15 | 癸巳<br>16 | 甲午<br>17 | 乙未<br>18 | | 乙酉立春 |
| 正月大 | 庚寅 | 天干<br>地支<br>西曆 | 丙申<br>19 | 丁酉<br>20 | 戊戌<br>21 | 己亥<br>22 | 庚子<br>23 | 辛丑<br>24 | 壬寅<br>25 | 癸卯<br>26 | 甲辰<br>27 | 乙巳<br>28 | 丙午<br>(3) | 丁未<br>2 | 戊申<br>3 | 己酉<br>4 | 庚戌<br>5 | 辛亥<br>6 | 壬子<br>7 | 癸丑<br>8 | 甲寅<br>9 | 乙卯<br>10 | 丙辰<br>11 | 丁巳<br>12 | 戊午<br>13 | 己未<br>14 | 庚申<br>15 | 辛酉<br>16 | 壬戌<br>17 | 癸亥<br>18 | 甲子<br>19 | 乙丑<br>20 | |
| 二月小 | 辛卯 | 天干<br>地支<br>西曆 | 丙寅<br>21 | 丁卯<br>22 | 戊辰<br>23 | 己巳<br>24 | 庚午<br>25 | 辛未<br>26 | 壬申<br>27 | 癸酉<br>28 | 甲戌<br>29 | 乙亥<br>30 | 丙子<br>31 | 丁丑<br>(4) | 戊寅<br>2 | 己卯<br>3 | 庚辰<br>4 | 辛巳<br>5 | 壬午<br>6 | 癸未<br>7 | 甲申<br>8 | 乙酉<br>9 | 丙戌<br>10 | 丁亥<br>11 | 戊子<br>12 | 己丑<br>13 | 庚寅<br>14 | 辛卯<br>15 | 壬辰<br>16 | 癸巳<br>17 | 甲午<br>18 | | 辛未春分 |
| 三月大 | 壬辰 | 天干<br>地支<br>西曆 | 乙未<br>19 | 丙申<br>20 | 丁酉<br>21 | 戊戌<br>22 | 己亥<br>23 | 庚子<br>24 | 辛丑<br>25 | 壬寅<br>26 | 癸卯<br>27 | 甲辰<br>28 | 乙巳<br>29 | 丙午<br>30 | 丁未<br>(5) | 戊申<br>2 | 己酉<br>3 | 庚戌<br>4 | 辛亥<br>5 | 壬子<br>6 | 癸丑<br>7 | 甲寅<br>8 | 乙卯<br>9 | 丙辰<br>10 | 丁巳<br>11 | 戊午<br>12 | 己未<br>13 | 庚申<br>14 | 辛酉<br>15 | 壬戌<br>16 | 癸亥<br>17 | 甲子<br>18 | 丙辰立夏 |
| 四月大 | 癸巳 | 天干<br>地支<br>西曆 | 乙丑<br>19 | 丙寅<br>20 | 丁卯<br>21 | 戊辰<br>22 | 己巳<br>23 | 庚午<br>24 | 辛未<br>25 | 壬申<br>26 | 癸酉<br>27 | 甲戌<br>28 | 乙亥<br>29 | 丙子<br>30 | 丁丑<br>31 | 戊寅<br>(6) | 己卯<br>2 | 庚辰<br>3 | 辛巳<br>4 | 壬午<br>5 | 癸未<br>6 | 甲申<br>7 | 乙酉<br>8 | 丙戌<br>9 | 丁亥<br>10 | 戊子<br>11 | 己丑<br>12 | 庚寅<br>13 | 辛卯<br>14 | 壬辰<br>15 | 癸巳<br>16 | 甲午<br>17 | |
| 五月小 | 甲午 | 天干<br>地支<br>西曆 | 乙未<br>18 | 丙申<br>19 | 丁酉<br>20 | 戊戌<br>21 | 己亥<br>22 | 庚子<br>23 | 辛丑<br>24 | 壬寅<br>25 | 癸卯<br>26 | 甲辰<br>27 | 乙巳<br>28 | 丙午<br>29 | 丁未<br>30 | 戊申<br>(7) | 己酉<br>2 | 庚戌<br>3 | 辛亥<br>4 | 壬子<br>5 | 癸丑<br>6 | 甲寅<br>7 | 乙卯<br>8 | 丙辰<br>9 | 丁巳<br>10 | 戊午<br>11 | 己未<br>12 | 庚申<br>13 | 辛酉<br>14 | 壬戌<br>15 | 癸亥<br>16 | | 壬寅夏至 |
| 六月大 | 乙未 | 天干<br>地支<br>西曆 | 甲子<br>17 | 乙丑<br>18 | 丙寅<br>19 | 丁卯<br>20 | 戊辰<br>21 | 己巳<br>22 | 庚午<br>23 | 辛未<br>24 | 壬申<br>25 | 癸酉<br>26 | 甲戌<br>27 | 乙亥<br>28 | 丙子<br>29 | 丁丑<br>30 | 戊寅<br>31 | 己卯<br>(8) | 庚辰<br>2 | 辛巳<br>3 | 壬午<br>4 | 癸未<br>5 | 甲申<br>6 | 乙酉<br>7 | 丙戌<br>8 | 丁亥<br>9 | 戊子<br>10 | 己丑<br>11 | 庚寅<br>12 | 辛卯<br>13 | 壬辰<br>14 | 癸巳<br>15 | 戊子立秋 |
| 七月小 | 丙申 | 天干<br>地支<br>西曆 | 甲午<br>16 | 乙未<br>17 | 丙申<br>18 | 丁酉<br>19 | 戊戌<br>20 | 己亥<br>21 | 庚子<br>22 | 辛丑<br>23 | 壬寅<br>24 | 癸卯<br>25 | 甲辰<br>26 | 乙巳<br>27 | 丙午<br>28 | 丁未<br>29 | 戊申<br>30 | 己酉<br>31 | 庚戌<br>(9) | 辛亥<br>2 | 壬子<br>3 | 癸丑<br>4 | 甲寅<br>5 | 乙卯<br>6 | 丙辰<br>7 | 丁巳<br>8 | 戊午<br>9 | 己未<br>10 | 庚申<br>11 | 辛酉<br>12 | 壬戌<br>13 | | |
| 八月大 | 丁酉 | 天干<br>地支<br>西曆 | 癸亥<br>14 | 甲子<br>15 | 乙丑<br>16 | 丙寅<br>17 | 丁卯<br>18 | 戊辰<br>19 | 己巳<br>20 | 庚午<br>21 | 辛未<br>22 | 壬申<br>23 | 癸酉<br>24 | 甲戌<br>25 | 乙亥<br>26 | 丙子<br>27 | 丁丑<br>28 | 戊寅<br>29 | 己卯<br>30 | 庚辰<br>(10) | 辛巳<br>2 | 壬午<br>3 | 癸未<br>4 | 甲申<br>5 | 乙酉<br>6 | 丙戌<br>7 | 丁亥<br>8 | 戊子<br>9 | 己丑<br>10 | 庚寅<br>11 | 辛卯<br>12 | 壬辰<br>13 | 癸酉秋分 |
| 九月小 | 戊戌 | 天干<br>地支<br>西曆 | 癸巳<br>14 | 甲午<br>15 | 乙未<br>16 | 丙申<br>17 | 丁酉<br>18 | 戊戌<br>19 | 己亥<br>20 | 庚子<br>21 | 辛丑<br>22 | 壬寅<br>23 | 癸卯<br>24 | 甲辰<br>25 | 乙巳<br>26 | 丙午<br>27 | 丁未<br>28 | 戊申<br>29 | 己酉<br>30 | 庚戌<br>31 | 辛亥<br>(11) | 壬子<br>2 | 癸丑<br>3 | 甲寅<br>4 | 乙卯<br>5 | 丙辰<br>6 | 丁巳<br>7 | 戊午<br>8 | 己未<br>9 | 庚申<br>10 | 辛酉<br>11 | | 己未立冬 |

# 漢武帝元狩四年（壬戌 狗年） 公元前 120 ~ 前 **119** 年

| 夏曆月序 | 中西曆日對照 | 夏曆日序 | | | | | | | | | | | | | | | | | | | | | | | | | | | | | 節氣與天象 |
|---|---|---|---|---|---|---|---|---|---|---|---|---|---|---|---|---|---|---|---|---|---|---|---|---|---|---|---|---|---|---|---|
| | | 初一 | 初二 | 初三 | 初四 | 初五 | 初六 | 初七 | 初八 | 初九 | 初十 | 十一 | 十二 | 十三 | 十四 | 十五 | 十六 | 十七 | 十八 | 十九 | 二十 | 二一 | 二二 | 二三 | 二四 | 二五 | 二六 | 二七 | 二八 | 二九 | 三十 | |
| 十月大 己亥 | 干支 天地 西曆 | 壬戌 12 | 癸亥 13 | 甲子 14 | 乙丑 15 | 丙寅 16 | 丁卯 17 | 戊辰 18 | 己巳 19 | 庚午 20 | 辛未 21 | 壬申 22 | 癸酉 23 | 甲戌 24 | 乙亥 25 | 丙子 26 | 丁丑 27 | 戊寅 28 | 己卯 29 | 庚辰 30 | 辛巳 (12) | 壬午 2 | 癸未 3 | 甲申 4 | 乙酉 5 | 丙戌 6 | 丁亥 7 | 戊子 8 | 己丑 9 | 庚寅 10 | 辛卯 11 | |
| 十一月小 庚子 | 干支 天地 西曆 | 壬辰 12 | 癸巳 13 | 甲午 14 | 乙未 15 | 丙申 16 | 丁酉 17 | 戊戌 18 | 己亥 19 | 庚子 20 | 辛丑 21 | 壬寅 22 | 癸卯 23 | 甲辰 24 | 乙巳 25 | 丙午 26 | 丁未 27 | 戊申 28 | 己酉 29 | 庚戌 30 | 辛亥 31 | 壬子 (1) | 癸丑 2 | 甲寅 3 | 乙卯 4 | 丙辰 5 | 丁巳 6 | 戊午 7 | 己未 8 | 庚申 9 | | 乙巳冬至 |
| 十二月大 辛丑 | 干支 天地 西曆 | 辛酉 10 | 壬戌 11 | 癸亥 12 | 甲子 13 | 乙丑 14 | 丙寅 15 | 丁卯 16 | 戊辰 17 | 己巳 18 | 庚午 19 | 辛未 20 | 壬申 21 | 癸酉 22 | 甲戌 23 | 乙亥 24 | 丙子 25 | 丁丑 26 | 戊寅 27 | 己卯 28 | 庚辰 29 | 辛巳 30 | 壬午 31 | 癸未 (2) | 甲申 2 | 乙酉 3 | 丙戌 4 | 丁亥 5 | 戊子 6 | 己丑 7 | 庚寅 8 | 庚寅立春 |
| 正月小 壬寅 | 干支 天地 西曆 | 辛卯 9 | 壬辰 10 | 癸巳 11 | 甲午 12 | 乙未 13 | 丙申 14 | 丁酉 15 | 戊戌 16 | 己亥 17 | 庚子 18 | 辛丑 19 | 壬寅 20 | 癸卯 21 | 甲辰 22 | 乙巳 23 | 丙午 24 | 丁未 25 | 戊申 26 | 己酉 27 | 庚戌 28 | 辛亥 (3) | 壬子 2 | 癸丑 3 | 甲寅 4 | 乙卯 5 | 丙辰 6 | 丁巳 7 | 戊午 8 | 己未 9 | | |
| 二月大 癸卯 | 干支 天地 西曆 | 庚申 10 | 辛酉 11 | 壬戌 12 | 癸亥 13 | 甲子 14 | 乙丑 15 | 丙寅 16 | 丁卯 17 | 戊辰 18 | 己巳 19 | 庚午 20 | 辛未 21 | 壬申 22 | 癸酉 23 | 甲戌 24 | 乙亥 25 | 丙子 26 | 丁丑 27 | 戊寅 28 | 己卯 29 | 庚辰 30 | 辛巳 31 | 壬午 (4) | 癸未 2 | 甲申 3 | 乙酉 4 | 丙戌 5 | 丁亥 6 | 戊子 7 | 己丑 8 | 丙子春分 |
| 三月小 甲辰 | 干支 天地 西曆 | 庚寅 9 | 辛卯 10 | 壬辰 11 | 癸巳 12 | 甲午 13 | 乙未 14 | 丙申 15 | 丁酉 16 | 戊戌 17 | 己亥 18 | 庚子 19 | 辛丑 20 | 壬寅 21 | 癸卯 22 | 甲辰 23 | 乙巳 24 | 丙午 25 | 丁未 26 | 戊申 27 | 己酉 28 | 庚戌 29 | 辛亥 30 | 壬子 (5) | 癸丑 2 | 甲寅 3 | 乙卯 4 | 丙辰 5 | 丁巳 6 | 戊午 7 | | |
| 四月大 乙巳 | 干支 天地 西曆 | 己未 8 | 庚申 9 | 辛酉 10 | 壬戌 11 | 癸亥 12 | 甲子 13 | 乙丑 14 | 丙寅 15 | 丁卯 16 | 戊辰 17 | 己巳 18 | 庚午 19 | 辛未 20 | 壬申 21 | 癸酉 22 | 甲戌 23 | 乙亥 24 | 丙子 25 | 丁丑 26 | 戊寅 27 | 己卯 28 | 庚辰 29 | 辛巳 30 | 壬午 31 | 癸未 (6) | 甲申 2 | 乙酉 3 | 丙戌 4 | 丁亥 5 | 戊子 6 | 壬戌立夏 |
| 五月小 丙午 | 干支 天地 西曆 | 己丑 7 | 庚寅 8 | 辛卯 9 | 壬辰 10 | 癸巳 11 | 甲午 12 | 乙未 13 | 丙申 14 | 丁酉 15 | 戊戌 16 | 己亥 17 | 庚子 18 | 辛丑 19 | 壬寅 20 | 癸卯 21 | 甲辰 22 | 乙巳 23 | 丙午 24 | 丁未 25 | 戊申 26 | 己酉 27 | 庚戌 28 | 辛亥 29 | 壬子 30 | 癸丑 (7) | 甲寅 2 | 乙卯 3 | 丙辰 4 | 丁巳 5 | | 丁未夏至 |
| 六月大 丁未 | 干支 天地 西曆 | 戊午 6 | 己未 7 | 庚申 8 | 辛酉 9 | 壬戌 10 | 癸亥 11 | 甲子 12 | 乙丑 13 | 丙寅 14 | 丁卯 15 | 戊辰 16 | 己巳 17 | 庚午 18 | 辛未 19 | 壬申 20 | 癸酉 21 | 甲戌 22 | 乙亥 23 | 丙子 24 | 丁丑 25 | 戊寅 26 | 己卯 27 | 庚辰 28 | 辛巳 29 | 壬午 30 | 癸未 31 | 甲申 (8) | 乙酉 2 | 丙戌 3 | 丁亥 4 | |
| 七月小 戊申 | 干支 天地 西曆 | 戊子 5 | 己丑 6 | 庚寅 7 | 辛卯 8 | 壬辰 9 | 癸巳 10 | 甲午 11 | 乙未 12 | 丙申 13 | 丁酉 14 | 戊戌 15 | 己亥 16 | 庚子 17 | 辛丑 18 | 壬寅 19 | 癸卯 20 | 甲辰 21 | 乙巳 22 | 丙午 23 | 丁未 24 | 戊申 25 | 己酉 26 | 庚戌 27 | 辛亥 28 | 壬子 29 | 癸丑 30 | 甲寅 31 | 乙卯 (9) | 丙辰 2 | | 癸巳立秋 |
| 八月大 己酉 | 干支 天地 西曆 | 丁巳 3 | 戊午 4 | 己未 5 | 庚申 6 | 辛酉 7 | 壬戌 8 | 癸亥 9 | 甲子 10 | 乙丑 11 | 丙寅 12 | 丁卯 13 | 戊辰 14 | 己巳 15 | 庚午 16 | 辛未 17 | 壬申 18 | 癸酉 19 | 甲戌 20 | 乙亥 21 | 丙子 22 | 丁丑 23 | 戊寅 24 | 己卯 25 | 庚辰 26 | 辛巳 27 | 壬午 28 | 癸未 29 | 甲申 30 | 乙酉 (10) | 丙戌 2 | 己卯秋分 |
| 九月大 庚戌 | 干支 天地 西曆 | 丁亥 3 | 戊子 4 | 己丑 5 | 庚寅 6 | 辛卯 7 | 壬辰 8 | 癸巳 9 | 甲午 10 | 乙未 11 | 丙申 12 | 丁酉 13 | 戊戌 14 | 己亥 15 | 庚子 16 | 辛丑 17 | 壬寅 18 | 癸卯 19 | 甲辰 20 | 乙巳 21 | 丙午 22 | 丁未 23 | 戊申 24 | 己酉 25 | 庚戌 26 | 辛亥 27 | 壬子 28 | 癸丑 29 | 甲寅 30 | 乙卯 31 | 丙辰 (11) | |

# 漢武帝元狩五年（癸亥 猪年） 公元前 119 ~ 前 118 年

| 夏曆月序 | | 中西曆日對照 | 夏曆日序 | | | | | | | | | | | | | | | | | | | | | | | | | | | | | 節氣與天象 |
|---|---|---|---|---|---|---|---|---|---|---|---|---|---|---|---|---|---|---|---|---|---|---|---|---|---|---|---|---|---|---|---|---|
| | | | 初一 | 初二 | 初三 | 初四 | 初五 | 初六 | 初七 | 初八 | 初九 | 初十 | 十一 | 十二 | 十三 | 十四 | 十五 | 十六 | 十七 | 十八 | 十九 | 二十 | 二一 | 二二 | 二三 | 二四 | 二五 | 二六 | 二七 | 二八 | 二九 | 三十 | |
| 十月小 | 辛亥 | 天干地支<br>西曆 | 丁巳<br>2 | 戊午<br>3 | 己未<br>4 | 庚申<br>5 | 辛酉<br>6 | 壬戌<br>7 | 癸亥<br>8 | 甲子<br>9 | 乙丑<br>10 | 丙寅<br>11 | 丁卯<br>12 | 戊辰<br>13 | 己巳<br>14 | 庚午<br>15 | 辛未<br>16 | 壬申<br>17 | 癸酉<br>18 | 甲戌<br>19 | 乙亥<br>20 | 丙子<br>21 | 丁丑<br>22 | 戊寅<br>23 | 己卯<br>24 | 庚辰<br>25 | 辛巳<br>26 | 壬午<br>27 | 癸未<br>28 | 甲申<br>29 | 乙酉<br>30 | | 甲子立冬 |
| 十一月大 | 壬子 | 天干地支<br>西曆 | 丙戌<br>(12) | 丁亥<br>2 | 戊子<br>3 | 己丑<br>4 | 庚寅<br>5 | 辛卯<br>6 | 壬辰<br>7 | 癸巳<br>8 | 甲午<br>9 | 乙未<br>10 | 丙申<br>11 | 丁酉<br>12 | 戊戌<br>13 | 己亥<br>14 | 庚子<br>15 | 辛丑<br>16 | 壬寅<br>17 | 癸卯<br>18 | 甲辰<br>19 | 乙巳<br>20 | 丙午<br>21 | 丁未<br>22 | 戊申<br>23 | 己酉<br>24 | 庚戌<br>25 | 辛亥<br>26 | 壬子<br>27 | 癸丑<br>28 | 甲寅<br>29 | 乙卯<br>30 | 庚戌冬至 |
| 十二月小 | 癸丑 | 天干地支<br>西曆 | 丙辰<br>31 | 丁巳<br>(1) | 戊午<br>2 | 己未<br>3 | 庚申<br>4 | 辛酉<br>5 | 壬戌<br>6 | 癸亥<br>7 | 甲子<br>8 | 乙丑<br>9 | 丙寅<br>10 | 丁卯<br>11 | 戊辰<br>12 | 己巳<br>13 | 庚午<br>14 | 辛未<br>15 | 壬申<br>16 | 癸酉<br>17 | 甲戌<br>18 | 乙亥<br>19 | 丙子<br>20 | 丁丑<br>21 | 戊寅<br>22 | 己卯<br>23 | 庚辰<br>24 | 辛巳<br>25 | 壬午<br>26 | 癸未<br>27 | 甲申<br>28 | | |
| 正月大 | 甲寅 | 天干地支<br>西曆 | 乙酉<br>29 | 丙戌<br>30 | 丁亥<br>31 | 戊子<br>(2) | 己丑<br>2 | 庚寅<br>3 | 辛卯<br>4 | 壬辰<br>5 | 癸巳<br>6 | 甲午<br>7 | 乙未<br>8 | 丙申<br>9 | 丁酉<br>10 | 戊戌<br>11 | 己亥<br>12 | 庚子<br>13 | 辛丑<br>14 | 壬寅<br>15 | 癸卯<br>16 | 甲辰<br>17 | 乙巳<br>18 | 丙午<br>19 | 丁未<br>20 | 戊申<br>21 | 己酉<br>22 | 庚戌<br>23 | 辛亥<br>24 | 壬子<br>25 | 癸丑<br>26 | 甲寅<br>27 | 丙申立春 |
| 二月小 | 乙卯 | 天干地支<br>西曆 | 乙卯<br>28 | 丙辰<br>(3) | 丁巳<br>2 | 戊午<br>3 | 己未<br>4 | 庚申<br>5 | 辛酉<br>6 | 壬戌<br>7 | 癸亥<br>8 | 甲子<br>9 | 乙丑<br>10 | 丙寅<br>11 | 丁卯<br>12 | 戊辰<br>13 | 己巳<br>14 | 庚午<br>15 | 辛未<br>16 | 壬申<br>17 | 癸酉<br>18 | 甲戌<br>19 | 乙亥<br>20 | 丙子<br>21 | 丁丑<br>22 | 戊寅<br>23 | 己卯<br>24 | 庚辰<br>25 | 辛巳<br>26 | 壬午<br>27 | 癸未<br>28 | | 辛巳春分 |
| 三月大 | 丙辰 | 天干地支<br>西曆 | 甲申<br>29 | 乙酉<br>30 | 丙戌<br>31 | 丁亥<br>(4) | 戊子<br>2 | 己丑<br>3 | 庚寅<br>4 | 辛卯<br>5 | 壬辰<br>6 | 癸巳<br>7 | 甲午<br>8 | 乙未<br>9 | 丙申<br>10 | 丁酉<br>11 | 戊戌<br>12 | 己亥<br>13 | 庚子<br>14 | 辛丑<br>15 | 壬寅<br>16 | 癸卯<br>17 | 甲辰<br>18 | 乙巳<br>19 | 丙午<br>20 | 丁未<br>21 | 戊申<br>22 | 己酉<br>23 | 庚戌<br>24 | 辛亥<br>25 | 壬子<br>26 | 癸丑<br>27 | |
| 四月小 | 丁巳 | 天干地支<br>西曆 | 甲寅<br>28 | 乙卯<br>29 | 丙辰<br>30 | 丁巳<br>(5) | 戊午<br>2 | 己未<br>3 | 庚申<br>4 | 辛酉<br>5 | 壬戌<br>6 | 癸亥<br>7 | 甲子<br>8 | 乙丑<br>9 | 丙寅<br>10 | 丁卯<br>11 | 戊辰<br>12 | 己巳<br>13 | 庚午<br>14 | 辛未<br>15 | 壬申<br>16 | 癸酉<br>17 | 甲戌<br>18 | 乙亥<br>19 | 丙子<br>20 | 丁丑<br>21 | 戊寅<br>22 | 己卯<br>23 | 庚辰<br>24 | 辛巳<br>25 | 壬午<br>26 | | 丁卯立夏 |
| 五月大 | 戊午 | 天干地支<br>西曆 | 癸未<br>27 | 甲申<br>28 | 乙酉<br>29 | 丙戌<br>30 | 丁亥<br>31 | 戊子<br>(6) | 己丑<br>2 | 庚寅<br>3 | 辛卯<br>4 | 壬辰<br>5 | 癸巳<br>6 | 甲午<br>7 | 乙未<br>8 | 丙申<br>9 | 丁酉<br>10 | 戊戌<br>11 | 己亥<br>12 | 庚子<br>13 | 辛丑<br>14 | 壬寅<br>15 | 癸卯<br>16 | 甲辰<br>17 | 乙巳<br>18 | 丙午<br>19 | 丁未<br>20 | 戊申<br>21 | 己酉<br>22 | 庚戌<br>23 | 辛亥<br>24 | 壬子<br>25 | 壬子夏至 |
| 六月小 | 己未 | 天干地支<br>西曆 | 癸丑<br>26 | 甲寅<br>27 | 乙卯<br>28 | 丙辰<br>29 | 丁巳<br>30 | 戊午<br>(7) | 己未<br>2 | 庚申<br>3 | 辛酉<br>4 | 壬戌<br>5 | 癸亥<br>6 | 甲子<br>7 | 乙丑<br>8 | 丙寅<br>9 | 丁卯<br>10 | 戊辰<br>11 | 己巳<br>12 | 庚午<br>13 | 辛未<br>14 | 壬申<br>15 | 癸酉<br>16 | 甲戌<br>17 | 乙亥<br>18 | 丙子<br>19 | 丁丑<br>20 | 戊寅<br>21 | 己卯<br>22 | 庚辰<br>23 | 辛巳<br>24 | | |
| 七月大 | 庚申 | 天干地支<br>西曆 | 壬午<br>25 | 癸未<br>26 | 甲申<br>27 | 乙酉<br>28 | 丙戌<br>29 | 丁亥<br>30 | 戊子<br>31 | 己丑<br>(8) | 庚寅<br>2 | 辛卯<br>3 | 壬辰<br>4 | 癸巳<br>5 | 甲午<br>6 | 乙未<br>7 | 丙申<br>8 | 丁酉<br>9 | 戊戌<br>10 | 己亥<br>11 | 庚子<br>12 | 辛丑<br>13 | 壬寅<br>14 | 癸卯<br>15 | 甲辰<br>16 | 乙巳<br>17 | 丙午<br>18 | 丁未<br>19 | 戊申<br>20 | 己酉<br>21 | 庚戌<br>22 | 辛亥<br>23 | 戊戌立秋 |
| 八月小 | 辛酉 | 天干地支<br>西曆 | 壬子<br>24 | 癸丑<br>25 | 甲寅<br>26 | 乙卯<br>27 | 丙辰<br>28 | 丁巳<br>29 | 戊午<br>30 | 己未<br>31 | 庚申<br>(9) | 辛酉<br>2 | 壬戌<br>3 | 癸亥<br>4 | 甲子<br>5 | 乙丑<br>6 | 丙寅<br>7 | 丁卯<br>8 | 戊辰<br>9 | 己巳<br>10 | 庚午<br>11 | 辛未<br>12 | 壬申<br>13 | 癸酉<br>14 | 甲戌<br>15 | 乙亥<br>16 | 丙子<br>17 | 丁丑<br>18 | 戊寅<br>19 | 己卯<br>20 | 庚辰<br>21 | | |
| 九月大 | 壬戌 | 天干地支<br>西曆 | 辛巳<br>22 | 壬午<br>23 | 癸未<br>24 | 甲申<br>25 | 乙酉<br>26 | 丙戌<br>27 | 丁亥<br>28 | 戊子<br>29 | 己丑<br>30 | 庚寅<br>(10) | 辛卯<br>2 | 壬辰<br>3 | 癸巳<br>4 | 甲午<br>5 | 乙未<br>6 | 丙申<br>7 | 丁酉<br>8 | 戊戌<br>9 | 己亥<br>10 | 庚子<br>11 | 辛丑<br>12 | 壬寅<br>13 | 癸卯<br>14 | 甲辰<br>15 | 乙巳<br>16 | 丙午<br>17 | 丁未<br>18 | 戊申<br>19 | 己酉<br>20 | 庚戌<br>21 | 甲申秋分 |
| 後九月小 | 壬戌 | 天干地支<br>西曆 | 辛亥<br>22 | 壬子<br>23 | 癸丑<br>24 | 甲寅<br>25 | 乙卯<br>26 | 丙辰<br>27 | 丁巳<br>28 | 戊午<br>29 | 己未<br>30 | 庚申<br>31 | 辛酉<br>(11) | 壬戌<br>2 | 癸亥<br>3 | 甲子<br>4 | 乙丑<br>5 | 丙寅<br>6 | 丁卯<br>7 | 戊辰<br>8 | 己巳<br>9 | 庚午<br>10 | 辛未<br>11 | 壬申<br>12 | 癸酉<br>13 | 甲戌<br>14 | 乙亥<br>15 | 丙子<br>16 | 丁丑<br>17 | 戊寅<br>18 | 己卯<br>19 | | 己巳立冬 |

# 漢武帝元狩六年（甲子 鼠年） 公元前 118 ~ 前 **117** 年

| 夏曆月序 | | 中西曆日對照 | 初一 | 初二 | 初三 | 初四 | 初五 | 初六 | 初七 | 初八 | 初九 | 初十 | 十一 | 十二 | 十三 | 十四 | 十五 | 十六 | 十七 | 十八 | 十九 | 二十 | 二一 | 二二 | 二三 | 二四 | 二五 | 二六 | 二七 | 二八 | 二九 | 三十 | 節氣與天象 |
|---|---|---|---|---|---|---|---|---|---|---|---|---|---|---|---|---|---|---|---|---|---|---|---|---|---|---|---|---|---|---|---|---|---|
| 十月大 | 癸亥 | 天干地支<br>西曆 | 庚辰<br>20 | 辛巳<br>21 | 壬午<br>22 | 癸未<br>23 | 甲申<br>24 | 乙酉<br>25 | 丙戌<br>26 | 丁亥<br>27 | 戊子<br>28 | 己丑<br>29 | 庚寅<br>30 | 辛卯<br>(12) | 壬辰<br>2 | 癸巳<br>3 | 甲午<br>4 | 乙未<br>5 | 丙申<br>6 | 丁酉<br>7 | 戊戌<br>8 | 己亥<br>9 | 庚子<br>10 | 辛丑<br>11 | 壬寅<br>12 | 癸卯<br>13 | 甲辰<br>14 | 乙巳<br>15 | 丙午<br>16 | 丁未<br>17 | 戊申<br>18 | 己酉<br>19 | |
| 十一月大 | 甲子 | 天干地支<br>西曆 | 庚戌<br>20 | 辛亥<br>21 | 壬子<br>22 | 癸丑<br>23 | 甲寅<br>24 | 乙卯<br>25 | 丙辰<br>26 | 丁巳<br>27 | 戊午<br>28 | 己未<br>29 | 庚申<br>30 | 辛酉<br>31 | 壬戌<br>(1) | 癸亥<br>2 | 甲子<br>3 | 乙丑<br>4 | 丙寅<br>5 | 丁卯<br>6 | 戊辰<br>7 | 己巳<br>8 | 庚午<br>9 | 辛未<br>10 | 壬申<br>11 | 癸酉<br>12 | 甲戌<br>13 | 乙亥<br>14 | 丙子<br>15 | 丁丑<br>16 | 戊寅<br>17 | 己卯<br>18 | 乙卯冬至 |
| 十二月小 | 乙丑 | 天干地支<br>西曆 | 庚辰<br>19 | 辛巳<br>20 | 壬午<br>21 | 癸未<br>22 | 甲申<br>23 | 乙酉<br>24 | 丙戌<br>25 | 丁亥<br>26 | 戊子<br>27 | 己丑<br>28 | 庚寅<br>29 | 辛卯<br>30 | 壬辰<br>31 | 癸巳<br>(2) | 甲午<br>2 | 乙未<br>3 | 丙申<br>4 | 丁酉<br>5 | 戊戌<br>6 | 己亥<br>7 | 庚子<br>8 | 辛丑<br>9 | 壬寅<br>10 | 癸卯<br>11 | 甲辰<br>12 | 乙巳<br>13 | 丙午<br>14 | 丁未<br>15 | 戊申<br>16 | | 辛丑立春 |
| 正月大 | 丙寅 | 天干地支<br>西曆 | 己酉<br>17 | 庚戌<br>18 | 辛亥<br>19 | 壬子<br>20 | 癸丑<br>21 | 甲寅<br>22 | 乙卯<br>23 | 丙辰<br>24 | 丁巳<br>25 | 戊午<br>26 | 己未<br>27 | 庚申<br>28 | 辛酉<br>29 | 壬戌<br>(3) | 癸亥<br>2 | 甲子<br>3 | 乙丑<br>4 | 丙寅<br>5 | 丁卯<br>6 | 戊辰<br>7 | 己巳<br>8 | 庚午<br>9 | 辛未<br>10 | 壬申<br>11 | 癸酉<br>12 | 甲戌<br>13 | 乙亥<br>14 | 丙子<br>15 | 丁丑<br>16 | 戊寅<br>17 | |
| 二月小 | 丁卯 | 天干地支<br>西曆 | 己卯<br>18 | 庚辰<br>19 | 辛巳<br>20 | 壬午<br>21 | 癸未<br>22 | 甲申<br>23 | 乙酉<br>24 | 丙戌<br>25 | 丁亥<br>26 | 戊子<br>27 | 己丑<br>28 | 庚寅<br>29 | 辛卯<br>30 | 壬辰<br>31 | 癸巳<br>(4) | 甲午<br>2 | 乙未<br>3 | 丙申<br>4 | 丁酉<br>5 | 戊戌<br>6 | 己亥<br>7 | 庚子<br>8 | 辛丑<br>9 | 壬寅<br>10 | 癸卯<br>11 | 甲辰<br>12 | 乙巳<br>13 | 丙午<br>14 | 丁未<br>15 | | 丙戌春分 |
| 三月大 | 戊辰 | 天干地支<br>西曆 | 戊申<br>16 | 己酉<br>17 | 庚戌<br>18 | 辛亥<br>19 | 壬子<br>20 | 癸丑<br>21 | 甲寅<br>22 | 乙卯<br>23 | 丙辰<br>24 | 丁巳<br>25 | 戊午<br>26 | 己未<br>27 | 庚申<br>28 | 辛酉<br>29 | 壬戌<br>30 | 癸亥<br>(5) | 甲子<br>2 | 乙丑<br>3 | 丙寅<br>4 | 丁卯<br>5 | 戊辰<br>6 | 己巳<br>7 | 庚午<br>8 | 辛未<br>9 | 壬申<br>10 | 癸酉<br>11 | 甲戌<br>12 | 乙亥<br>13 | 丙子<br>14 | 丁丑<br>15 | 壬申立夏 |
| 四月小 | 己巳 | 天干地支<br>西曆 | 戊寅<br>16 | 己卯<br>17 | 庚辰<br>18 | 辛巳<br>19 | 壬午<br>20 | 癸未<br>21 | 甲申<br>22 | 乙酉<br>23 | 丙戌<br>24 | 丁亥<br>25 | 戊子<br>26 | 己丑<br>27 | 庚寅<br>28 | 辛卯<br>29 | 壬辰<br>30 | 癸巳<br>31 | 甲午<br>(6) | 乙未<br>2 | 丙申<br>3 | 丁酉<br>4 | 戊戌<br>5 | 己亥<br>6 | 庚子<br>7 | 辛丑<br>8 | 壬寅<br>9 | 癸卯<br>10 | 甲辰<br>11 | 乙巳<br>12 | 丙午<br>13 | | |
| 五月大 | 庚午 | 天干地支<br>西曆 | 丁未<br>14 | 戊申<br>15 | 己酉<br>16 | 庚戌<br>17 | 辛亥<br>18 | 壬子<br>19 | 癸丑<br>20 | 甲寅<br>21 | 乙卯<br>22 | 丙辰<br>23 | 丁巳<br>24 | 戊午<br>25 | 己未<br>26 | 庚申<br>27 | 辛酉<br>28 | 壬戌<br>29 | 癸亥<br>30 | 甲子<br>(7) | 乙丑<br>2 | 丙寅<br>3 | 丁卯<br>4 | 戊辰<br>5 | 己巳<br>6 | 庚午<br>7 | 辛未<br>8 | 壬申<br>9 | 癸酉<br>10 | 甲戌<br>11 | 乙亥<br>12 | 丙子<br>13 | 戊午夏至 |
| 六月小 | 辛未 | 天干地支<br>西曆 | 丁丑<br>14 | 戊寅<br>15 | 己卯<br>16 | 庚辰<br>17 | 辛巳<br>18 | 壬午<br>19 | 癸未<br>20 | 甲申<br>21 | 乙酉<br>22 | 丙戌<br>23 | 丁亥<br>24 | 戊子<br>25 | 己丑<br>26 | 庚寅<br>27 | 辛卯<br>28 | 壬辰<br>29 | 癸巳<br>30 | 甲午<br>31 | 乙未<br>(8) | 丙申<br>2 | 丁酉<br>3 | 戊戌<br>4 | 己亥<br>5 | 庚子<br>6 | 辛丑<br>7 | 壬寅<br>8 | 癸卯<br>9 | 甲辰<br>10 | 乙巳<br>11 | | 癸卯立秋 |
| 七月大 | 壬申 | 天干地支<br>西曆 | 丙午<br>12 | 丁未<br>13 | 戊申<br>14 | 己酉<br>15 | 庚戌<br>16 | 辛亥<br>17 | 壬子<br>18 | 癸丑<br>19 | 甲寅<br>20 | 乙卯<br>21 | 丙辰<br>22 | 丁巳<br>23 | 戊午<br>24 | 己未<br>25 | 庚申<br>26 | 辛酉<br>27 | 壬戌<br>28 | 癸亥<br>29 | 甲子<br>30 | 乙丑<br>31 | 丙寅<br>(9) | 丁卯<br>2 | 戊辰<br>3 | 己巳<br>4 | 庚午<br>5 | 辛未<br>6 | 壬申<br>7 | 癸酉<br>8 | 甲戌<br>9 | 乙亥<br>10 | |
| 八月小 | 癸酉 | 天干地支<br>西曆 | 丙子<br>11 | 丁丑<br>12 | 戊寅<br>13 | 己卯<br>14 | 庚辰<br>15 | 辛巳<br>16 | 壬午<br>17 | 癸未<br>18 | 甲申<br>19 | 乙酉<br>20 | 丙戌<br>21 | 丁亥<br>22 | 戊子<br>23 | 己丑<br>24 | 庚寅<br>25 | 辛卯<br>26 | 壬辰<br>27 | 癸巳<br>28 | 甲午<br>29 | 乙未<br>30 | 丙申<br>(10) | 丁酉<br>2 | 戊戌<br>3 | 己亥<br>4 | 庚子<br>5 | 辛丑<br>6 | 壬寅<br>7 | 癸卯<br>8 | 甲辰<br>9 | | 己卯秋分 |
| 九月大 | 甲戌 | 天干地支<br>西曆 | 乙巳<br>10 | 丙午<br>11 | 丁未<br>12 | 戊申<br>13 | 己酉<br>14 | 庚戌<br>15 | 辛亥<br>16 | 壬子<br>17 | 癸丑<br>18 | 甲寅<br>19 | 乙卯<br>20 | 丙辰<br>21 | 丁巳<br>22 | 戊午<br>23 | 己未<br>24 | 庚申<br>25 | 辛酉<br>26 | 壬戌<br>27 | 癸亥<br>28 | 甲子<br>29 | 乙丑<br>30 | 丙寅<br>31 | 丁卯<br>(11) | 戊辰<br>2 | 己巳<br>3 | 庚午<br>4 | 辛未<br>5 | 壬申<br>6 | 癸酉<br>7 | 甲戌<br>8 | |

## 漢武帝元鼎元年（乙丑 牛年） 公元前 117 ~ 前 116 年

| 夏曆月序 | | 中西曆日對照 | 初一 | 初二 | 初三 | 初四 | 初五 | 初六 | 初七 | 初八 | 初九 | 初十 | 十一 | 十二 | 十三 | 十四 | 十五 | 十六 | 十七 | 十八 | 十九 | 二十 | 二一 | 二二 | 二三 | 二四 | 二五 | 二六 | 二七 | 二八 | 二九 | 三十 | 節氣與天象 |
|---|---|---|---|---|---|---|---|---|---|---|---|---|---|---|---|---|---|---|---|---|---|---|---|---|---|---|---|---|---|---|---|---|---|
| 十月小 | 乙亥 | 天干 地支 西曆 | 乙亥 9 | 丙子 10 | 丁丑 11 | 戊寅 12 | 己卯 13 | 庚辰 14 | 辛巳 15 | 壬午 16 | 癸未 17 | 甲申 18 | 乙酉 19 | 丙戌 20 | 丁亥 21 | 戊子 22 | 己丑 23 | 庚寅 24 | 辛卯 25 | 壬辰 26 | 癸巳 27 | 甲午 28 | 乙未 29 | 丙申 30 | 丁酉 (12) | 戊戌 2 | 己亥 3 | 庚子 4 | 辛丑 5 | 壬寅 6 | 癸卯 7 | | 乙亥立冬 |
| 十一月大 | 丙子 | 天干 地支 西曆 | 甲辰 8 | 乙巳 9 | 丙午 10 | 丁未 11 | 戊申 12 | 己酉 13 | 庚戌 14 | 辛亥 15 | 壬子 16 | 癸丑 17 | 甲寅 18 | 乙卯 19 | 丙辰 20 | 丁巳 21 | 戊午 22 | 己未 23 | 庚申 24 | 辛酉 25 | 壬戌 26 | 癸亥 27 | 甲子 28 | 乙丑 29 | 丙寅 30 | 丁卯 31 | 戊辰 (1) | 己巳 2 | 庚午 3 | 辛未 4 | 壬申 5 | 癸酉 6 | 庚申冬至 |
| 十二月小 | 丁丑 | 天干 地支 西曆 | 甲戌 7 | 乙亥 8 | 丙子 9 | 丁丑 10 | 戊寅 11 | 己卯 12 | 庚辰 13 | 辛巳 14 | 壬午 15 | 癸未 16 | 甲申 17 | 乙酉 18 | 丙戌 19 | 丁亥 20 | 戊子 21 | 己丑 22 | 庚寅 23 | 辛卯 24 | 壬辰 25 | 癸巳 26 | 甲午 27 | 乙未 28 | 丙申 29 | 丁酉 30 | 戊戌 31 | 己亥 (2) | 庚子 2 | 辛丑 3 | 壬寅 4 | | |
| 正月大 | 戊寅 | 天干 地支 西曆 | 癸卯 5 | 甲辰 6 | 乙巳 7 | 丙午 8 | 丁未 9 | 戊申 10 | 己酉 11 | 庚戌 12 | 辛亥 13 | 壬子 14 | 癸丑 15 | 甲寅 16 | 乙卯 17 | 丙辰 18 | 丁巳 19 | 戊午 20 | 己未 21 | 庚申 22 | 辛酉 23 | 壬戌 24 | 癸亥 25 | 甲子 26 | 乙丑 27 | 丙寅 28 | 丁卯 (3) | 戊辰 2 | 己巳 3 | 庚午 4 | 辛未 5 | 壬申 6 | 丙午立春 |
| 二月小 | 己卯 | 天干 地支 西曆 | 癸酉 7 | 甲戌 8 | 乙亥 9 | 丙子 10 | 丁丑 11 | 戊寅 12 | 己卯 13 | 庚辰 14 | 辛巳 15 | 壬午 16 | 癸未 17 | 甲申 18 | 乙酉 19 | 丙戌 20 | 丁亥 21 | 戊子 22 | 己丑 23 | 庚寅 24 | 辛卯 25 | 壬辰 26 | 癸巳 27 | 甲午 28 | 乙未 29 | 丙申 30 | 丁酉 31 | 戊戌 (4) | 己亥 2 | 庚子 3 | 辛丑 4 | | 壬辰春分 |
| 三月大 | 庚辰 | 天干 地支 西曆 | 壬寅 5 | 癸卯 6 | 甲辰 7 | 乙巳 8 | 丙午 9 | 丁未 10 | 戊申 11 | 己酉 12 | 庚戌 13 | 辛亥 14 | 壬子 15 | 癸丑 16 | 甲寅 17 | 乙卯 18 | 丙辰 19 | 丁巳 20 | 戊午 21 | 己未 22 | 庚申 23 | 辛酉 24 | 壬戌 25 | 癸亥 26 | 甲子 27 | 乙丑 28 | 丙寅 29 | 丁卯 30 | 戊辰 (5) | 己巳 2 | 庚午 3 | 辛未 4 | |
| 四月大 | 辛巳 | 天干 地支 西曆 | 壬申 5 | 癸酉 6 | 甲戌 7 | 乙亥 8 | 丙子 9 | 丁丑 10 | 戊寅 11 | 己卯 12 | 庚辰 13 | 辛巳 14 | 壬午 15 | 癸未 16 | 甲申 17 | 乙酉 18 | 丙戌 19 | 丁亥 20 | 戊子 21 | 己丑 22 | 庚寅 23 | 辛卯 24 | 壬辰 25 | 癸巳 26 | 甲午 27 | 乙未 28 | 丙申 29 | 丁酉 30 | 戊戌 31 | 己亥 (6) | 庚子 2 | 辛丑 3 | 丁丑立夏 |
| 五月小 | 壬午 | 天干 地支 西曆 | 壬寅 4 | 癸卯 5 | 甲辰 6 | 乙巳 7 | 丙午 8 | 丁未 9 | 戊申 10 | 己酉 11 | 庚戌 12 | 辛亥 13 | 壬子 14 | 癸丑 15 | 甲寅 16 | 乙卯 17 | 丙辰 18 | 丁巳 19 | 戊午 20 | 己未 21 | 庚申 22 | 辛酉 23 | 壬戌 24 | 癸亥 25 | 甲子 26 | 乙丑 27 | 丙寅 28 | 丁卯 29 | 戊辰 30 | 己巳 (7) | 庚午 2 | | 癸亥夏至 |
| 六月大 | 癸未 | 天干 地支 西曆 | 辛未 3 | 壬申 4 | 癸酉 5 | 甲戌 6 | 乙亥 7 | 丙子 8 | 丁丑 9 | 戊寅 10 | 己卯 11 | 庚辰 12 | 辛巳 13 | 壬午 14 | 癸未 15 | 甲申 16 | 乙酉 17 | 丙戌 18 | 丁亥 19 | 戊子 20 | 己丑 21 | 庚寅 22 | 辛卯 23 | 壬辰 24 | 癸巳 25 | 甲午 26 | 乙未 27 | 丙申 28 | 丁酉 29 | 戊戌 30 | 己亥 31 | 庚子 (8) | |
| 七月小 | 甲申 | 天干 地支 西曆 | 辛丑 2 | 壬寅 3 | 癸卯 4 | 甲辰 5 | 乙巳 6 | 丙午 7 | 丁未 8 | 戊申 9 | 己酉 10 | 庚戌 11 | 辛亥 12 | 壬子 13 | 癸丑 14 | 甲寅 15 | 乙卯 16 | 丙辰 17 | 丁巳 18 | 戊午 19 | 己未 20 | 庚申 21 | 辛酉 22 | 壬戌 23 | 癸亥 24 | 甲子 25 | 乙丑 26 | 丙寅 27 | 丁卯 28 | 戊辰 29 | 己巳 30 | | 己酉立秋 |
| 八月大 | 乙酉 | 天干 地支 西曆 | 庚午 31 | 辛未 (9) | 壬申 2 | 癸酉 3 | 甲戌 4 | 乙亥 5 | 丙子 6 | 丁丑 7 | 戊寅 8 | 己卯 9 | 庚辰 10 | 辛巳 11 | 壬午 12 | 癸未 13 | 甲申 14 | 乙酉 15 | 丙戌 16 | 丁亥 17 | 戊子 18 | 己丑 19 | 庚寅 20 | 辛卯 21 | 壬辰 22 | 癸巳 23 | 甲午 24 | 乙未 25 | 丙申 26 | 丁酉 27 | 戊戌 28 | 己亥 29 | 甲午秋分 |
| 九月小 | 丙戌 | 天干 地支 西曆 | 庚子 30 | 辛丑 (10) | 壬寅 2 | 癸卯 3 | 甲辰 4 | 乙巳 5 | 丙午 6 | 丁未 7 | 戊申 8 | 己酉 9 | 庚戌 10 | 辛亥 11 | 壬子 12 | 癸丑 13 | 甲寅 14 | 乙卯 15 | 丙辰 16 | 丁巳 17 | 戊午 18 | 己未 19 | 庚申 20 | 辛酉 21 | 壬戌 22 | 癸亥 23 | 甲子 24 | 乙丑 25 | 丙寅 26 | 丁卯 27 | 戊辰 28 | | |

* 十月乙亥（初一），改元元鼎。

# 漢武帝元鼎二年（丙寅 虎年） 公元前116 ~ 前115年

| 夏曆月序 | | 中西曆日對照 | 初一 | 初二 | 初三 | 初四 | 初五 | 初六 | 初七 | 初八 | 初九 | 初十 | 十一 | 十二 | 十三 | 十四 | 十五 | 十六 | 十七 | 十八 | 十九 | 二十 | 二一 | 二二 | 二三 | 二四 | 二五 | 二六 | 二七 | 二八 | 二九 | 三十 | 節氣與天象 |
|---|---|---|---|---|---|---|---|---|---|---|---|---|---|---|---|---|---|---|---|---|---|---|---|---|---|---|---|---|---|---|---|---|---|
| 十月大 | 丁亥 | 天干地支西曆 | 己巳29 | 庚午30 | 辛未31 | 壬申(11) | 癸酉2 | 甲戌3 | 乙亥4 | 丙子5 | 丁丑6 | 戊寅7 | 己卯8 | 庚辰9 | 辛巳10 | 壬午11 | 癸未12 | 甲申13 | 乙酉14 | 丙戌15 | 丁亥16 | 戊子17 | 己丑18 | 庚寅19 | 辛卯20 | 壬辰21 | 癸巳22 | 甲午23 | 乙未24 | 丙申25 | 丁酉26 | 戊戌27 | 庚辰立冬 |
| 十一月小 | 戊子 | 天干地支西曆 | 己亥28 | 庚子29 | 辛丑30 | 壬寅(12) | 癸卯2 | 甲辰3 | 乙巳4 | 丙午5 | 丁未6 | 戊申7 | 己酉8 | 庚戌9 | 辛亥10 | 壬子11 | 癸丑12 | 甲寅13 | 乙卯14 | 丙辰15 | 丁巳16 | 戊午17 | 己未18 | 庚申19 | 辛酉20 | 壬戌21 | 癸亥22 | 甲子23 | 乙丑24 | 丙寅25 | 丁卯26 | | 丙寅冬至 |
| 十二月大 | 己丑 | 天干地支西曆 | 戊辰27 | 己巳28 | 庚午29 | 辛未30 | 壬申31 | 癸酉(1) | 甲戌2 | 乙亥3 | 丙子4 | 丁丑5 | 戊寅6 | 己卯7 | 庚辰8 | 辛巳9 | 壬午10 | 癸未11 | 甲申12 | 乙酉13 | 丙戌14 | 丁亥15 | 戊子16 | 己丑17 | 庚寅18 | 辛卯19 | 壬辰20 | 癸巳21 | 甲午22 | 乙未23 | 丙申24 | 丁酉25 | |
| 正月小 | 庚寅 | 天干地支西曆 | 戊戌26 | 己亥27 | 庚子28 | 辛丑29 | 壬寅30 | 癸卯31 | 甲辰(2) | 乙巳2 | 丙午3 | 丁未4 | 戊申5 | 己酉6 | 庚戌7 | 辛亥8 | 壬子9 | 癸丑10 | 甲寅11 | 乙卯12 | 丙辰13 | 丁巳14 | 戊午15 | 己未16 | 庚申17 | 辛酉18 | 壬戌19 | 癸亥20 | 甲子21 | 乙丑22 | 丙寅23 | | 辛亥立春 |
| 二月大 | 辛卯 | 天干地支西曆 | 丁卯24 | 戊辰25 | 己巳26 | 庚午27 | 辛未28 | 壬申(3) | 癸酉2 | 甲戌3 | 乙亥4 | 丙子5 | 丁丑6 | 戊寅7 | 己卯8 | 庚辰9 | 辛巳10 | 壬午11 | 癸未12 | 甲申13 | 乙酉14 | 丙戌15 | 丁亥16 | 戊子17 | 己丑18 | 庚寅19 | 辛卯20 | 壬辰21 | 癸巳22 | 甲午23 | 乙未24 | 丙申25 | |
| 三月小 | 壬辰 | 天干地支西曆 | 丁酉26 | 戊戌27 | 己亥28 | 庚子29 | 辛丑30 | 壬寅31 | 癸卯(4) | 甲辰2 | 乙巳3 | 丙午4 | 丁未5 | 戊申6 | 己酉7 | 庚戌8 | 辛亥9 | 壬子10 | 癸丑11 | 甲寅12 | 乙卯13 | 丙辰14 | 丁巳15 | 戊午16 | 己未17 | 庚申18 | 辛酉19 | 壬戌20 | 癸亥21 | 甲子22 | 乙丑23 | | 丁酉春分 |
| 四月大 | 癸巳 | 天干地支西曆 | 丙寅24 | 丁卯25 | 戊辰26 | 己巳27 | 庚午28 | 辛未29 | 壬申30 | 癸酉(5) | 甲戌2 | 乙亥3 | 丙子4 | 丁丑5 | 戊寅6 | 己卯7 | 庚辰8 | 辛巳9 | 壬午10 | 癸未11 | 甲申12 | 乙酉13 | 丙戌14 | 丁亥15 | 戊子16 | 己丑17 | 庚寅18 | 辛卯19 | 壬辰20 | 癸巳21 | 甲午22 | 乙未23 | 癸未立夏 |
| 五月小 | 甲午 | 天干地支西曆 | 丙申24 | 丁酉25 | 戊戌26 | 己亥27 | 庚子28 | 辛丑29 | 壬寅30 | 癸卯31 | 甲辰(6) | 乙巳2 | 丙午3 | 丁未4 | 戊申5 | 己酉6 | 庚戌7 | 辛亥8 | 壬子9 | 癸丑10 | 甲寅11 | 乙卯12 | 丙辰13 | 丁巳14 | 戊午15 | 己未16 | 庚申17 | 辛酉18 | 壬戌19 | 癸亥20 | 甲子21 | | |
| 六月大 | 乙未 | 天干地支西曆 | 乙丑22 | 丙寅23 | 丁卯24 | 戊辰25 | 己巳26 | 庚午27 | 辛未28 | 壬申29 | 癸酉30 | 甲戌(7) | 乙亥2 | 丙子3 | 丁丑4 | 戊寅5 | 己卯6 | 庚辰7 | 辛巳8 | 壬午9 | 癸未10 | 甲申11 | 乙酉12 | 丙戌13 | 丁亥14 | 戊子15 | 己丑16 | 庚寅17 | 辛卯18 | 壬辰19 | 癸巳20 | 甲午21 | 戊辰夏至 |
| 七月小 | 丙申 | 天干地支西曆 | 乙未22 | 丙申23 | 丁酉24 | 戊戌25 | 己亥26 | 庚子27 | 辛丑28 | 壬寅29 | 癸卯30 | 甲辰31 | 乙巳(8) | 丙午2 | 丁未3 | 戊申4 | 己酉5 | 庚戌6 | 辛亥7 | 壬子8 | 癸丑9 | 甲寅10 | 乙卯11 | 丙辰12 | 丁巳13 | 戊午14 | 己未15 | 庚申16 | 辛酉17 | 壬戌18 | 癸亥19 | | 甲寅立秋<br>癸亥日食 |
| 八月大 | 丁酉 | 天干地支西曆 | 甲子20 | 乙丑21 | 丙寅22 | 丁卯23 | 戊辰24 | 己巳25 | 庚午26 | 辛未27 | 壬申28 | 癸酉29 | 甲戌30 | 乙亥31 | 丙子(9) | 丁丑2 | 戊寅3 | 己卯4 | 庚辰5 | 辛巳6 | 壬午7 | 癸未8 | 甲申9 | 乙酉10 | 丙戌11 | 丁亥12 | 戊子13 | 己丑14 | 庚寅15 | 辛卯16 | 壬辰17 | 癸巳18 | |
| 九月大 | 戊戌 | 天干地支西曆 | 甲午19 | 乙未20 | 丙申21 | 丁酉22 | 戊戌23 | 己亥24 | 庚子25 | 辛丑26 | 壬寅27 | 癸卯28 | 甲辰29 | 乙巳30 | 丙午(10) | 丁未2 | 戊申3 | 己酉4 | 庚戌5 | 辛亥6 | 壬子7 | 癸丑8 | 甲寅9 | 乙卯10 | 丙辰11 | 丁巳12 | 戊午13 | 己未14 | 庚申15 | 辛酉16 | 壬戌17 | 癸亥18 | 庚子秋分 |
| 後九月小 | 戊戌 | 天干地支西曆 | 甲子19 | 乙丑20 | 丙寅21 | 丁卯22 | 戊辰23 | 己巳24 | 庚午25 | 辛未26 | 壬申27 | 癸酉28 | 甲戌29 | 乙亥30 | 丙子31 | 丁丑(11) | 戊寅2 | 己卯3 | 庚辰4 | 辛巳5 | 壬午6 | 癸未7 | 甲申8 | 乙酉9 | 丙戌10 | 丁亥11 | 戊子12 | 己丑13 | 庚寅14 | 辛卯15 | 壬辰16 | | 乙酉立冬 |

# 漢武帝元鼎三年（丁卯 兔年） 公元前115 ~ 前114年

| 夏曆月序 | | 中西曆日對照 | 初一 | 初二 | 初三 | 初四 | 初五 | 初六 | 初七 | 初八 | 初九 | 初十 | 十一 | 十二 | 十三 | 十四 | 十五 | 十六 | 十七 | 十八 | 十九 | 二十 | 二一 | 二二 | 二三 | 二四 | 二五 | 二六 | 二七 | 二八 | 二九 | 三十 | 節氣與天象 |
|---|---|---|---|---|---|---|---|---|---|---|---|---|---|---|---|---|---|---|---|---|---|---|---|---|---|---|---|---|---|---|---|---|---|
| 十月大 | 己亥 | 天干地支西曆 | 癸巳17 | 甲午18 | 乙未19 | 丙申20 | 丁酉21 | 戊戌22 | 己亥23 | 庚子24 | 辛丑25 | 壬寅26 | 癸卯27 | 甲辰28 | 乙巳29 | 丙午30 | 丁未(12) | 戊申2 | 己酉3 | 庚戌4 | 辛亥5 | 壬子6 | 癸丑7 | 甲寅8 | 乙卯9 | 丙辰10 | 丁巳11 | 戊午12 | 己未13 | 庚申14 | 辛酉15 | 壬戌16 | |
| 十一月小 | 庚子 | 天干地支西曆 | 癸亥17 | 甲子18 | 乙丑19 | 丙寅20 | 丁卯21 | 戊辰22 | 己巳23 | 庚午24 | 辛未25 | 壬申26 | 癸酉27 | 甲戌28 | 乙亥29 | 丙子30 | 丁丑31 | 戊寅(1) | 己卯2 | 庚辰3 | 辛巳4 | 壬午5 | 癸未6 | 甲申7 | 乙酉8 | 丙戌9 | 丁亥10 | 戊子11 | 己丑12 | 庚寅13 | 辛卯14 | | 辛未冬至 |
| 十二月大 | 辛丑 | 天干地支西曆 | 壬辰15 | 癸巳16 | 甲午17 | 乙未18 | 丙申19 | 丁酉20 | 戊戌21 | 己亥22 | 庚子23 | 辛丑24 | 壬寅25 | 癸卯26 | 甲辰27 | 乙巳28 | 丙午29 | 丁未30 | 戊申31 | 己酉(2) | 庚戌2 | 辛亥3 | 壬子4 | 癸丑5 | 甲寅6 | 乙卯7 | 丙辰8 | 丁巳9 | 戊午10 | 己未11 | 庚申12 | 辛酉13 | 丁巳立春 |
| 正月小 | 壬寅 | 天干地支西曆 | 壬戌14 | 癸亥15 | 甲子16 | 乙丑17 | 丙寅18 | 丁卯19 | 戊辰20 | 己巳21 | 庚午22 | 辛未23 | 壬申24 | 癸酉25 | 甲戌26 | 乙亥27 | 丙子28 | 丁丑(3) | 戊寅2 | 己卯3 | 庚辰4 | 辛巳5 | 壬午6 | 癸未7 | 甲申8 | 乙酉9 | 丙戌10 | 丁亥11 | 戊子12 | 己丑13 | 庚寅14 | | |
| 二月大 | 癸卯 | 天干地支西曆 | 辛卯15 | 壬辰16 | 癸巳17 | 甲午18 | 乙未19 | 丙申20 | 丁酉21 | 戊戌22 | 己亥23 | 庚子24 | 辛丑25 | 壬寅26 | 癸卯27 | 甲辰28 | 乙巳29 | 丙午30 | 丁未31 | 戊申(4) | 己酉2 | 庚戌3 | 辛亥4 | 壬子5 | 癸丑6 | 甲寅7 | 乙卯8 | 丙辰9 | 丁巳10 | 戊午11 | 己未12 | 庚申13 | 壬寅春分 |
| 三月小 | 甲辰 | 天干地支西曆 | 辛酉14 | 壬戌15 | 癸亥16 | 甲子17 | 乙丑18 | 丙寅19 | 丁卯20 | 戊辰21 | 己巳22 | 庚午23 | 辛未24 | 壬申25 | 癸酉26 | 甲戌27 | 乙亥28 | 丙子29 | 丁丑30 | 戊寅(5) | 己卯2 | 庚辰3 | 辛巳4 | 壬午5 | 癸未6 | 甲申7 | 乙酉8 | 丙戌9 | 丁亥10 | 戊子11 | 己丑12 | | 戊子立夏 |
| 四月大 | 乙巳 | 天干地支西曆 | 庚寅13 | 辛卯14 | 壬辰15 | 癸巳16 | 甲午17 | 乙未18 | 丙申19 | 丁酉20 | 戊戌21 | 己亥22 | 庚子23 | 辛丑24 | 壬寅25 | 癸卯26 | 甲辰27 | 乙巳28 | 丙午29 | 丁未30 | 戊申31 | 己酉(6) | 庚戌2 | 辛亥3 | 壬子4 | 癸丑5 | 甲寅6 | 乙卯7 | 丙辰8 | 丁巳9 | 戊午10 | 己未11 | |
| 五月小 | 丙午 | 天干地支西曆 | 庚申12 | 辛酉13 | 壬戌14 | 癸亥15 | 甲子16 | 乙丑17 | 丙寅18 | 丁卯19 | 戊辰20 | 己巳21 | 庚午22 | 辛未23 | 壬申24 | 癸酉25 | 甲戌26 | 乙亥27 | 丙子28 | 丁丑29 | 戊寅30 | 己卯(7) | 庚辰2 | 辛巳3 | 壬午4 | 癸未5 | 甲申6 | 乙酉7 | 丙戌8 | 丁亥9 | 戊子10 | | 癸酉夏至 |
| 六月大 | 丁未 | 天干地支西曆 | 己丑11 | 庚寅12 | 辛卯13 | 壬辰14 | 癸巳15 | 甲午16 | 乙未17 | 丙申18 | 丁酉19 | 戊戌20 | 己亥21 | 庚子22 | 辛丑23 | 壬寅24 | 癸卯25 | 甲辰26 | 乙巳27 | 丙午28 | 丁未29 | 戊申30 | 己酉31 | 庚戌(8) | 辛亥2 | 壬子3 | 癸丑4 | 甲寅5 | 乙卯6 | 丙辰7 | 丁巳8 | 戊午9 | |
| 七月小 | 戊申 | 天干地支西曆 | 己未10 | 庚申11 | 辛酉12 | 壬戌13 | 癸亥14 | 甲子15 | 乙丑16 | 丙寅17 | 丁卯18 | 戊辰19 | 己巳20 | 庚午21 | 辛未22 | 壬申23 | 癸酉24 | 甲戌25 | 乙亥26 | 丙子27 | 丁丑28 | 戊寅29 | 己卯30 | 庚辰31 | 辛巳(9) | 壬午2 | 癸未3 | 甲申4 | 乙酉5 | 丙戌6 | 丁亥7 | | 己未立秋 |
| 八月大 | 己酉 | 天干地支西曆 | 戊子8 | 己丑9 | 庚寅10 | 辛卯11 | 壬辰12 | 癸巳13 | 甲午14 | 乙未15 | 丙申16 | 丁酉17 | 戊戌18 | 己亥19 | 庚子20 | 辛丑21 | 壬寅22 | 癸卯23 | 甲辰24 | 乙巳25 | 丙午26 | 丁未27 | 戊申28 | 己酉29 | 庚戌30 | 辛亥(10) | 壬子2 | 癸丑3 | 甲寅4 | 乙卯5 | 丙辰6 | 丁巳7 | 乙巳秋分 |
| 九月小 | 庚戌 | 天干地支西曆 | 戊午8 | 己未9 | 庚申10 | 辛酉11 | 壬戌12 | 癸亥13 | 甲子14 | 乙丑15 | 丙寅16 | 丁卯17 | 戊辰18 | 己巳19 | 庚午20 | 辛未21 | 壬申22 | 癸酉23 | 甲戌24 | 乙亥25 | 丙子26 | 丁丑27 | 戊寅28 | 己卯29 | 庚辰30 | 辛巳31 | 壬午(11) | 癸未2 | 甲申3 | 乙酉4 | 丙戌5 | | |

# 漢武帝元鼎四年（戊辰 龍年） 公元前 114 ~ 前 **113** 年

| 夏曆月序 | | 中西曆日對照 | 初一 | 初二 | 初三 | 初四 | 初五 | 初六 | 初七 | 初八 | 初九 | 初十 | 十一 | 十二 | 十三 | 十四 | 十五 | 十六 | 十七 | 十八 | 十九 | 二十 | 二一 | 二二 | 二三 | 二四 | 二五 | 二六 | 二七 | 二八 | 二九 | 三十 | 節氣與天象 |
|---|---|---|---|---|---|---|---|---|---|---|---|---|---|---|---|---|---|---|---|---|---|---|---|---|---|---|---|---|---|---|---|---|---|
| 十月大 | 辛亥 | 天干地支西曆 | 丁亥 6 | 戊子 7 | 己丑 8 | 庚寅 9 | 辛卯 10 | 壬辰 11 | 癸巳 12 | 甲午 13 | 乙未 14 | 丙申 15 | 丁酉 16 | 戊戌 17 | 己亥 18 | 庚子 19 | 辛丑 20 | 壬寅 21 | 癸卯 22 | 甲辰 23 | 乙巳 24 | 丙午 25 | 丁未 26 | 戊申 27 | 己酉 28 | 庚戌 29 | 辛亥 30 | 壬子 (12) | 癸丑 2 | 甲寅 3 | 乙卯 4 | 丙辰 5 | 庚寅立冬 |
| 十一月大 | 壬子 | 天干地支西曆 | 丁巳 6 | 戊午 7 | 己未 8 | 庚申 9 | 辛酉 10 | 壬戌 11 | 癸亥 12 | 甲子 13 | 乙丑 14 | 丙寅 15 | 丁卯 16 | 戊辰 17 | 己巳 18 | 庚午 19 | 辛未 20 | 壬申 21 | 癸酉 22 | 甲戌 23 | 乙亥 24 | 丙子 25 | 丁丑 26 | 戊寅 27 | 己卯 28 | 庚辰 29 | 辛巳 30 | 壬午 31 | 癸未 (1) | 甲申 2 | 乙酉 3 | 丙戌 4 | 丙子冬至 |
| 十二月小 | 癸丑 | 天干地支西曆 | 丁亥 5 | 戊子 6 | 己丑 7 | 庚寅 8 | 辛卯 9 | 壬辰 10 | 癸巳 11 | 甲午 12 | 乙未 13 | 丙申 14 | 丁酉 15 | 戊戌 16 | 己亥 17 | 庚子 18 | 辛丑 19 | 壬寅 20 | 癸卯 21 | 甲辰 22 | 乙巳 23 | 丙午 24 | 丁未 25 | 戊申 26 | 己酉 27 | 庚戌 28 | 辛亥 29 | 壬子 30 | 癸丑 31 | 甲寅 (2) | 乙卯 2 | | |
| 正月大 | 甲寅 | 天干地支西曆 | 丙辰 3 | 丁巳 4 | 戊午 5 | 己未 6 | 庚申 7 | 辛酉 8 | 壬戌 9 | 癸亥 10 | 甲子 11 | 乙丑 12 | 丙寅 13 | 丁卯 14 | 戊辰 15 | 己巳 16 | 庚午 17 | 辛未 18 | 壬申 19 | 癸酉 20 | 甲戌 21 | 乙亥 22 | 丙子 23 | 丁丑 24 | 戊寅 25 | 己卯 26 | 庚辰 27 | 辛巳 28 | 壬午 29 | 癸未 (3) | 甲申 2 | 乙酉 3 | 壬戌立春 |
| 二月小 | 乙卯 | 天干地支西曆 | 丙戌 4 | 丁亥 5 | 戊子 6 | 己丑 7 | 庚寅 8 | 辛卯 9 | 壬辰 10 | 癸巳 11 | 甲午 12 | 乙未 13 | 丙申 14 | 丁酉 15 | 戊戌 16 | 己亥 17 | 庚子 18 | 辛丑 19 | 壬寅 20 | 癸卯 21 | 甲辰 22 | 乙巳 23 | 丙午 24 | 丁未 25 | 戊申 26 | 己酉 27 | 庚戌 28 | 辛亥 29 | 壬子 30 | 癸丑 31 | 甲寅 (4) | | 丁未春分 |
| 三月大 | 丙辰 | 天干地支西曆 | 乙卯 2 | 丙辰 3 | 丁巳 4 | 戊午 5 | 己未 6 | 庚申 7 | 辛酉 8 | 壬戌 9 | 癸亥 10 | 甲子 11 | 乙丑 12 | 丙寅 13 | 丁卯 14 | 戊辰 15 | 己巳 16 | 庚午 17 | 辛未 18 | 壬申 19 | 癸酉 20 | 甲戌 21 | 乙亥 22 | 丙子 23 | 丁丑 24 | 戊寅 25 | 己卯 26 | 庚辰 27 | 辛巳 28 | 壬午 29 | 癸未 30 | 甲申 (5) | |
| 四月小 | 丁巳 | 天干地支西曆 | 乙酉 2 | 丙戌 3 | 丁亥 4 | 戊子 5 | 己丑 6 | 庚寅 7 | 辛卯 8 | 壬辰 9 | 癸巳 10 | 甲午 11 | 乙未 12 | 丙申 13 | 丁酉 14 | 戊戌 15 | 己亥 16 | 庚子 17 | 辛丑 18 | 壬寅 19 | 癸卯 20 | 甲辰 21 | 乙巳 22 | 丙午 23 | 丁未 24 | 戊申 25 | 己酉 26 | 庚戌 27 | 辛亥 28 | 壬子 29 | 癸丑 30 | | 癸巳立夏 |
| 五月大 | 戊午 | 天干地支西曆 | 甲寅 31 | 乙卯 (6) | 丙辰 2 | 丁巳 3 | 戊午 4 | 己未 5 | 庚申 6 | 辛酉 7 | 壬戌 8 | 癸亥 9 | 甲子 10 | 乙丑 11 | 丙寅 12 | 丁卯 13 | 戊辰 14 | 己巳 15 | 庚午 16 | 辛未 17 | 壬申 18 | 癸酉 19 | 甲戌 20 | 乙亥 21 | 丙子 22 | 丁丑 23 | 戊寅 24 | 己卯 25 | 庚辰 26 | 辛巳 27 | 壬午 28 | 癸未 29 | 己卯夏至<br>癸未日食 |
| 六月小 | 己未 | 天干地支西曆 | 甲申 30 | 乙酉 (7) | 丙戌 2 | 丁亥 3 | 戊子 4 | 己丑 5 | 庚寅 6 | 辛卯 7 | 壬辰 8 | 癸巳 9 | 甲午 10 | 乙未 11 | 丙申 12 | 丁酉 13 | 戊戌 14 | 己亥 15 | 庚子 16 | 辛丑 17 | 壬寅 18 | 癸卯 19 | 甲辰 20 | 乙巳 21 | 丙午 22 | 丁未 23 | 戊申 24 | 己酉 25 | 庚戌 26 | 辛亥 27 | 壬子 28 | | |
| 七月大 | 庚申 | 天干地支西曆 | 癸丑 29 | 甲寅 30 | 乙卯 31 | 丙辰 (8) | 丁巳 2 | 戊午 3 | 己未 4 | 庚申 5 | 辛酉 6 | 壬戌 7 | 癸亥 8 | 甲子 9 | 乙丑 10 | 丙寅 11 | 丁卯 12 | 戊辰 13 | 己巳 14 | 庚午 15 | 辛未 16 | 壬申 17 | 癸酉 18 | 甲戌 19 | 乙亥 20 | 丙子 21 | 丁丑 22 | 戊寅 23 | 己卯 24 | 庚辰 25 | 辛巳 26 | 壬午 27 | 甲子立秋 |
| 八月小 | 辛酉 | 天干地支西曆 | 癸未 28 | 甲申 29 | 乙酉 30 | 丙戌 31 | 丁亥 (9) | 戊子 2 | 己丑 3 | 庚寅 4 | 辛卯 5 | 壬辰 6 | 癸巳 7 | 甲午 8 | 乙未 9 | 丙申 10 | 丁酉 11 | 戊戌 12 | 己亥 13 | 庚子 14 | 辛丑 15 | 壬寅 16 | 癸卯 17 | 甲辰 18 | 乙巳 19 | 丙午 20 | 丁未 21 | 戊申 22 | 己酉 23 | 庚戌 24 | 辛亥 25 | | 庚戌秋分 |
| 九月大 | 壬戌 | 天干地支西曆 | 壬子 26 | 癸丑 27 | 甲寅 28 | 乙卯 29 | 丙辰 30 | 丁巳 (10) | 戊午 2 | 己未 3 | 庚申 4 | 辛酉 5 | 壬戌 6 | 癸亥 7 | 甲子 8 | 乙丑 9 | 丙寅 10 | 丁卯 11 | 戊辰 12 | 己巳 13 | 庚午 14 | 辛未 15 | 壬申 16 | 癸酉 17 | 甲戌 18 | 乙亥 19 | 丙子 20 | 丁丑 21 | 戊寅 22 | 己卯 23 | 庚辰 24 | 辛巳 25 | |
| 後九月小 | 壬戌 | 天干地支西曆 | 壬午 26 | 癸未 27 | 甲申 28 | 乙酉 29 | 丙戌 30 | 丁亥 31 | 戊子 (11) | 己丑 2 | 庚寅 3 | 辛卯 4 | 壬辰 5 | 癸巳 6 | 甲午 7 | 乙未 8 | 丙申 9 | 丁酉 10 | 戊戌 11 | 己亥 12 | 庚子 13 | 辛丑 14 | 壬寅 15 | 癸卯 16 | 甲辰 17 | 乙巳 18 | 丙午 19 | 丁未 20 | 戊申 21 | 己酉 22 | 庚戌 23 | | 丙申立冬 |

# 漢武帝元鼎五年（己巳 蛇年） 公元前 113 ~ 前 112 年

| 夏曆月序 | 中西曆日對照 | 初一 | 初二 | 初三 | 初四 | 初五 | 初六 | 初七 | 初八 | 初九 | 初十 | 十一 | 十二 | 十三 | 十四 | 十五 | 十六 | 十七 | 十八 | 十九 | 二十 | 二一 | 二二 | 二三 | 二四 | 二五 | 二六 | 二七 | 二八 | 二九 | 三十 | 節氣與天象 |
|---|---|---|---|---|---|---|---|---|---|---|---|---|---|---|---|---|---|---|---|---|---|---|---|---|---|---|---|---|---|---|---|---|
| 十月大 癸亥 | 天干地支<br>西曆 | 辛亥<br>24 | 壬子<br>25 | 癸丑<br>26 | 甲寅<br>27 | 乙卯<br>28 | 丙辰<br>29 | 丁巳<br>30 | 戊午<br>(12) | 己未<br>2 | 庚申<br>3 | 辛酉<br>4 | 壬戌<br>5 | 癸亥<br>6 | 甲子<br>7 | 乙丑<br>8 | 丙寅<br>9 | 丁卯<br>10 | 戊辰<br>11 | 己巳<br>12 | 庚午<br>13 | 辛未<br>14 | 壬申<br>15 | 癸酉<br>16 | 甲戌<br>17 | 乙亥<br>18 | 丙子<br>19 | 丁丑<br>20 | 戊寅<br>21 | 己卯<br>22 | 庚辰<br>23 | |
| 十一月小 甲子 | 天干地支<br>西曆 | 辛巳<br>24 | 壬午<br>25 | 癸未<br>26 | 甲申<br>27 | 乙酉<br>28 | 丙戌<br>29 | 丁亥<br>30 | 戊子<br>31 | 己丑<br>(1) | 庚寅<br>2 | 辛卯<br>3 | 壬辰<br>4 | 癸巳<br>5 | 甲午<br>6 | 乙未<br>7 | 丙申<br>8 | 丁酉<br>9 | 戊戌<br>10 | 己亥<br>11 | 庚子<br>12 | 辛丑<br>13 | 壬寅<br>14 | 癸卯<br>15 | 甲辰<br>16 | 乙巳<br>17 | 丙午<br>18 | 丁未<br>19 | 戊申<br>20 | 己酉<br>21 | | 辛巳冬至 |
| 十二月大 乙丑 | 天干地支<br>西曆 | 庚戌<br>22 | 辛亥<br>23 | 壬子<br>24 | 癸丑<br>25 | 甲寅<br>26 | 乙卯<br>27 | 丙辰<br>28 | 丁巳<br>29 | 戊午<br>30 | 己未<br>31 | 庚申<br>(2) | 辛酉<br>2 | 壬戌<br>3 | 癸亥<br>4 | 甲子<br>5 | 乙丑<br>6 | 丙寅<br>7 | 丁卯<br>8 | 戊辰<br>9 | 己巳<br>10 | 庚午<br>11 | 辛未<br>12 | 壬申<br>13 | 癸酉<br>14 | 甲戌<br>15 | 乙亥<br>16 | 丙子<br>17 | 丁丑<br>18 | 戊寅<br>19 | 己卯<br>20 | 丁卯立春 |
| 正月小 丙寅 | 天干地支<br>西曆 | 庚辰<br>21 | 辛巳<br>22 | 壬午<br>23 | 癸未<br>24 | 甲申<br>25 | 乙酉<br>26 | 丙戌<br>27 | 丁亥<br>28 | 戊子<br>(3) | 己丑<br>2 | 庚寅<br>3 | 辛卯<br>4 | 壬辰<br>5 | 癸巳<br>6 | 甲午<br>7 | 乙未<br>8 | 丙申<br>9 | 丁酉<br>10 | 戊戌<br>11 | 己亥<br>12 | 庚子<br>13 | 辛丑<br>14 | 壬寅<br>15 | 癸卯<br>16 | 甲辰<br>17 | 乙巳<br>18 | 丙午<br>19 | 丁未<br>20 | 戊申<br>21 | | |
| 二月大 丁卯 | 天干地支<br>西曆 | 己酉<br>22 | 庚戌<br>23 | 辛亥<br>24 | 壬子<br>25 | 癸丑<br>26 | 甲寅<br>27 | 乙卯<br>28 | 丙辰<br>29 | 丁巳<br>30 | 戊午<br>31 | 己未<br>(4) | 庚申<br>2 | 辛酉<br>3 | 壬戌<br>4 | 癸亥<br>5 | 甲子<br>6 | 乙丑<br>7 | 丙寅<br>8 | 丁卯<br>9 | 戊辰<br>10 | 己巳<br>11 | 庚午<br>12 | 辛未<br>13 | 壬申<br>14 | 癸酉<br>15 | 甲戌<br>16 | 乙亥<br>17 | 丙子<br>18 | 丁丑<br>19 | 戊寅<br>20 | 癸丑春分 |
| 三月大 戊辰 | 天干地支<br>西曆 | 己卯<br>21 | 庚辰<br>22 | 辛巳<br>23 | 壬午<br>24 | 癸未<br>25 | 甲申<br>26 | 乙酉<br>27 | 丙戌<br>28 | 丁亥<br>29 | 戊子<br>30 | 己丑<br>(5) | 庚寅<br>2 | 辛卯<br>3 | 壬辰<br>4 | 癸巳<br>5 | 甲午<br>6 | 乙未<br>7 | 丙申<br>8 | 丁酉<br>9 | 戊戌<br>10 | 己亥<br>11 | 庚子<br>12 | 辛丑<br>13 | 壬寅<br>14 | 癸卯<br>15 | 甲辰<br>16 | 乙巳<br>17 | 丙午<br>18 | 丁未<br>19 | 戊申<br>20 | 戊戌立夏 |
| 四月小 己巳 | 天干地支<br>西曆 | 己酉<br>21 | 庚戌<br>22 | 辛亥<br>23 | 壬子<br>24 | 癸丑<br>25 | 甲寅<br>26 | 乙卯<br>27 | 丙辰<br>28 | 丁巳<br>29 | 戊午<br>30 | 己未<br>31 | 庚申<br>(6) | 辛酉<br>2 | 壬戌<br>3 | 癸亥<br>4 | 甲子<br>5 | 乙丑<br>6 | 丙寅<br>7 | 丁卯<br>8 | 戊辰<br>9 | 己巳<br>10 | 庚午<br>11 | 辛未<br>12 | 壬申<br>13 | 癸酉<br>14 | 甲戌<br>15 | 乙亥<br>16 | 丙子<br>17 | 丁丑<br>18 | | 丁丑日食 |
| 五月大 庚午 | 天干地支<br>西曆 | 戊寅<br>19 | 己卯<br>20 | 庚辰<br>21 | 辛巳<br>22 | 壬午<br>23 | 癸未<br>24 | 甲申<br>25 | 乙酉<br>26 | 丙戌<br>27 | 丁亥<br>28 | 戊子<br>29 | 己丑<br>30 | 庚寅<br>(7) | 辛卯<br>2 | 壬辰<br>3 | 癸巳<br>4 | 甲午<br>5 | 乙未<br>6 | 丙申<br>7 | 丁酉<br>8 | 戊戌<br>9 | 己亥<br>10 | 庚子<br>11 | 辛丑<br>12 | 壬寅<br>13 | 癸卯<br>14 | 甲辰<br>15 | 乙巳<br>16 | 丙午<br>17 | 丁未<br>18 | 甲申夏至 |
| 六月小 辛未 | 天干地支<br>西曆 | 戊申<br>19 | 己酉<br>20 | 庚戌<br>21 | 辛亥<br>22 | 壬子<br>23 | 癸丑<br>24 | 甲寅<br>25 | 乙卯<br>26 | 丙辰<br>27 | 丁巳<br>28 | 戊午<br>29 | 己未<br>30 | 庚申<br>31 | 辛酉<br>(8) | 壬戌<br>2 | 癸亥<br>3 | 甲子<br>4 | 乙丑<br>5 | 丙寅<br>6 | 丁卯<br>7 | 戊辰<br>8 | 己巳<br>9 | 庚午<br>10 | 辛未<br>11 | 壬申<br>12 | 癸酉<br>13 | 甲戌<br>14 | 乙亥<br>15 | 丙子<br>16 | | 庚午立秋 |
| 七月大 壬申 | 天干地支<br>西曆 | 丁丑<br>17 | 戊寅<br>18 | 己卯<br>19 | 庚辰<br>20 | 辛巳<br>21 | 壬午<br>22 | 癸未<br>23 | 甲申<br>24 | 乙酉<br>25 | 丙戌<br>26 | 丁亥<br>27 | 戊子<br>28 | 己丑<br>29 | 庚寅<br>30 | 辛卯<br>31 | 壬辰<br>(9) | 癸巳<br>2 | 甲午<br>3 | 乙未<br>4 | 丙申<br>5 | 丁酉<br>6 | 戊戌<br>7 | 己亥<br>8 | 庚子<br>9 | 辛丑<br>10 | 壬寅<br>11 | 癸卯<br>12 | 甲辰<br>13 | 乙巳<br>14 | 丙午<br>15 | |
| 八月小 癸酉 | 天干地支<br>西曆 | 丁未<br>16 | 戊申<br>17 | 己酉<br>18 | 庚戌<br>19 | 辛亥<br>20 | 壬子<br>21 | 癸丑<br>22 | 甲寅<br>23 | 乙卯<br>24 | 丙辰<br>25 | 丁巳<br>26 | 戊午<br>27 | 己未<br>28 | 庚申<br>29 | 辛酉<br>30 | 壬戌<br>(10) | 癸亥<br>2 | 甲子<br>3 | 乙丑<br>4 | 丙寅<br>5 | 丁卯<br>6 | 戊辰<br>7 | 己巳<br>8 | 庚午<br>9 | 辛未<br>10 | 壬申<br>11 | 癸酉<br>12 | 甲戌<br>13 | 乙亥<br>14 | | 乙卯秋分 |
| 九月大 甲戌 | 天干地支<br>西曆 | 丙子<br>15 | 丁丑<br>16 | 戊寅<br>17 | 己卯<br>18 | 庚辰<br>19 | 辛巳<br>20 | 壬午<br>21 | 癸未<br>22 | 甲申<br>23 | 乙酉<br>24 | 丙戌<br>25 | 丁亥<br>26 | 戊子<br>27 | 己丑<br>28 | 庚寅<br>29 | 辛卯<br>30 | 壬辰<br>31 | 癸巳<br>(11) | 甲午<br>2 | 乙未<br>3 | 丙申<br>4 | 丁酉<br>5 | 戊戌<br>6 | 己亥<br>7 | 庚子<br>8 | 辛丑<br>9 | 壬寅<br>10 | 癸卯<br>11 | 甲辰<br>12 | 乙巳<br>13 | 辛丑立冬 |

# 漢武帝元鼎六年（庚午 馬年） 公元前 112 ~ 前 111 年

| 夏曆月序 | | 中西曆日對照 | 夏曆日序 | | | | | | | | | | | | | | | | | | | | | | | | | | | | | 節氣與天象 |
|---|---|---|---|---|---|---|---|---|---|---|---|---|---|---|---|---|---|---|---|---|---|---|---|---|---|---|---|---|---|---|---|---|
| | | | 初一 | 初二 | 初三 | 初四 | 初五 | 初六 | 初七 | 初八 | 初九 | 初十 | 十一 | 十二 | 十三 | 十四 | 十五 | 十六 | 十七 | 十八 | 十九 | 二十 | 二一 | 二二 | 二三 | 二四 | 二五 | 二六 | 二七 | 二八 | 二九 | 三十 | |
| 十月小 | 乙亥 | 天干地支<br>西曆 | 丙午<br>14 | 丁未<br>15 | 戊申<br>16 | 己酉<br>17 | 庚戌<br>18 | 辛亥<br>19 | 壬子<br>20 | 癸丑<br>21 | 甲寅<br>22 | 乙卯<br>23 | 丙辰<br>24 | 丁巳<br>25 | 戊午<br>26 | 己未<br>27 | 庚申<br>28 | 辛酉<br>29 | 壬戌<br>30 | 癸亥<br>(12) | 甲子<br>2 | 乙丑<br>3 | 丙寅<br>4 | 丁卯<br>5 | 戊辰<br>6 | 己巳<br>7 | 庚午<br>8 | 辛未<br>9 | 壬申<br>10 | 癸酉<br>11 | 甲戌<br>12 | | 甲戌日食 |
| 十一月大 | 丙子 | 天干地支<br>西曆 | 乙亥<br>13 | 丙子<br>14 | 丁丑<br>15 | 戊寅<br>16 | 己卯<br>17 | 庚辰<br>18 | 辛巳<br>19 | 壬午<br>20 | 癸未<br>21 | 甲申<br>22 | 乙酉<br>23 | 丙戌<br>24 | 丁亥<br>25 | 戊子<br>26 | 己丑<br>27 | 庚寅<br>28 | 辛卯<br>29 | 壬辰<br>30 | 癸巳<br>31 | 甲午<br>(1) | 乙未<br>2 | 丙申<br>3 | 丁酉<br>4 | 戊戌<br>5 | 己亥<br>6 | 庚子<br>7 | 辛丑<br>8 | 壬寅<br>9 | 癸卯<br>10 | 甲辰<br>11 | 丁亥冬至 |
| 十二月小 | 丁丑 | 天干地支<br>西曆 | 乙巳<br>12 | 丙午<br>13 | 丁未<br>14 | 戊申<br>15 | 己酉<br>16 | 庚戌<br>17 | 辛亥<br>18 | 壬子<br>19 | 癸丑<br>20 | 甲寅<br>21 | 乙卯<br>22 | 丙辰<br>23 | 丁巳<br>24 | 戊午<br>25 | 己未<br>26 | 庚申<br>27 | 辛酉<br>28 | 壬戌<br>29 | 癸亥<br>30 | 甲子<br>31 | 乙丑<br>(2) | 丙寅<br>2 | 丁卯<br>3 | 戊辰<br>4 | 己巳<br>5 | 庚午<br>6 | 辛未<br>7 | 壬申<br>8 | 癸酉<br>9 | | 壬申立春 |
| 正月大 | 戊寅 | 天干地支<br>西曆 | 甲戌<br>10 | 乙亥<br>11 | 丙子<br>12 | 丁丑<br>13 | 戊寅<br>14 | 己卯<br>15 | 庚辰<br>16 | 辛巳<br>17 | 壬午<br>18 | 癸未<br>19 | 甲申<br>20 | 乙酉<br>21 | 丙戌<br>22 | 丁亥<br>23 | 戊子<br>24 | 己丑<br>25 | 庚寅<br>26 | 辛卯<br>27 | 壬辰<br>28 | 癸巳<br>(3) | 甲午<br>2 | 乙未<br>3 | 丙申<br>4 | 丁酉<br>5 | 戊戌<br>6 | 己亥<br>7 | 庚子<br>8 | 辛丑<br>9 | 壬寅<br>10 | 癸卯<br>11 | |
| 二月小 | 己卯 | 天干地支<br>西曆 | 甲辰<br>12 | 乙巳<br>13 | 丙午<br>14 | 丁未<br>15 | 戊申<br>16 | 己酉<br>17 | 庚戌<br>18 | 辛亥<br>19 | 壬子<br>20 | 癸丑<br>21 | 甲寅<br>22 | 乙卯<br>23 | 丙辰<br>24 | 丁巳<br>25 | 戊午<br>26 | 己未<br>27 | 庚申<br>28 | 辛酉<br>29 | 壬戌<br>30 | 癸亥<br>31 | 甲子<br>(4) | 乙丑<br>2 | 丙寅<br>3 | 丁卯<br>4 | 戊辰<br>5 | 己巳<br>6 | 庚午<br>7 | 辛未<br>8 | 壬申<br>9 | | 戊午春分 |
| 三月大 | 庚辰 | 天干地支<br>西曆 | 癸酉<br>10 | 甲戌<br>11 | 乙亥<br>12 | 丙子<br>13 | 丁丑<br>14 | 戊寅<br>15 | 己卯<br>16 | 庚辰<br>17 | 辛巳<br>18 | 壬午<br>19 | 癸未<br>20 | 甲申<br>21 | 乙酉<br>22 | 丙戌<br>23 | 丁亥<br>24 | 戊子<br>25 | 己丑<br>26 | 庚寅<br>27 | 辛卯<br>28 | 壬辰<br>29 | 癸巳<br>30 | 甲午<br>(5) | 乙未<br>2 | 丙申<br>3 | 丁酉<br>4 | 戊戌<br>5 | 己亥<br>6 | 庚子<br>7 | 辛丑<br>8 | 壬寅<br>9 | |
| 四月小 | 辛巳 | 天干地支<br>西曆 | 癸卯<br>10 | 甲辰<br>11 | 乙巳<br>12 | 丙午<br>13 | 丁未<br>14 | 戊申<br>15 | 己酉<br>16 | 庚戌<br>17 | 辛亥<br>18 | 壬子<br>19 | 癸丑<br>20 | 甲寅<br>21 | 乙卯<br>22 | 丙辰<br>23 | 丁巳<br>24 | 戊午<br>25 | 己未<br>26 | 庚申<br>27 | 辛酉<br>28 | 壬戌<br>29 | 癸亥<br>30 | 甲子<br>31 | 乙丑<br>(6) | 丙寅<br>2 | 丁卯<br>3 | 戊辰<br>4 | 己巳<br>5 | 庚午<br>6 | 辛未<br>7 | | 甲辰立夏 |
| 五月大 | 壬午 | 天干地支<br>西曆 | 壬申<br>8 | 癸酉<br>9 | 甲戌<br>10 | 乙亥<br>11 | 丙子<br>12 | 丁丑<br>13 | 戊寅<br>14 | 己卯<br>15 | 庚辰<br>16 | 辛巳<br>17 | 壬午<br>18 | 癸未<br>19 | 甲申<br>20 | 乙酉<br>21 | 丙戌<br>22 | 丁亥<br>23 | 戊子<br>24 | 己丑<br>25 | 庚寅<br>26 | 辛卯<br>27 | 壬辰<br>28 | 癸巳<br>29 | 甲午<br>30 | 乙未<br>(7) | 丙申<br>2 | 丁酉<br>3 | 戊戌<br>4 | 己亥<br>5 | 庚子<br>6 | 辛丑<br>7 | 己丑夏至 |
| 六月大 | 癸未 | 天干地支<br>西曆 | 壬寅<br>8 | 癸卯<br>9 | 甲辰<br>10 | 乙巳<br>11 | 丙午<br>12 | 丁未<br>13 | 戊申<br>14 | 己酉<br>15 | 庚戌<br>16 | 辛亥<br>17 | 壬子<br>18 | 癸丑<br>19 | 甲寅<br>20 | 乙卯<br>21 | 丙辰<br>22 | 丁巳<br>23 | 戊午<br>24 | 己未<br>25 | 庚申<br>26 | 辛酉<br>27 | 壬戌<br>28 | 癸亥<br>29 | 甲子<br>30 | 乙丑<br>31 | 丙寅<br>(8) | 丁卯<br>2 | 戊辰<br>3 | 己巳<br>4 | 庚午<br>5 | 辛未<br>6 | |
| 七月小 | 甲申 | 天干地支<br>西曆 | 壬申<br>7 | 癸酉<br>8 | 甲戌<br>9 | 乙亥<br>10 | 丙子<br>11 | 丁丑<br>12 | 戊寅<br>13 | 己卯<br>14 | 庚辰<br>15 | 辛巳<br>16 | 壬午<br>17 | 癸未<br>18 | 甲申<br>19 | 乙酉<br>20 | 丙戌<br>21 | 丁亥<br>22 | 戊子<br>23 | 己丑<br>24 | 庚寅<br>25 | 辛卯<br>26 | 壬辰<br>27 | 癸巳<br>28 | 甲午<br>29 | 乙未<br>30 | 丙申<br>31 | 丁酉<br>(9) | 戊戌<br>2 | 己亥<br>3 | 庚子<br>4 | | 乙亥立秋 |
| 八月大 | 乙酉 | 天干地支<br>西曆 | 辛丑<br>5 | 壬寅<br>6 | 癸卯<br>7 | 甲辰<br>8 | 乙巳<br>9 | 丙午<br>10 | 丁未<br>11 | 戊申<br>12 | 己酉<br>13 | 庚戌<br>14 | 辛亥<br>15 | 壬子<br>16 | 癸丑<br>17 | 甲寅<br>18 | 乙卯<br>19 | 丙辰<br>20 | 丁巳<br>21 | 戊午<br>22 | 己未<br>23 | 庚申<br>24 | 辛酉<br>25 | 壬戌<br>26 | 癸亥<br>27 | 甲子<br>28 | 乙丑<br>29 | 丙寅<br>30 | 丁卯<br>(10) | 戊辰<br>2 | 己巳<br>3 | 庚午<br>4 | 辛酉秋分 |
| 九月小 | 丙戌 | 天干地支<br>西曆 | 辛未<br>5 | 壬申<br>6 | 癸酉<br>7 | 甲戌<br>8 | 乙亥<br>9 | 丙子<br>10 | 丁丑<br>11 | 戊寅<br>12 | 己卯<br>13 | 庚辰<br>14 | 辛巳<br>15 | 壬午<br>16 | 癸未<br>17 | 甲申<br>18 | 乙酉<br>19 | 丙戌<br>20 | 丁亥<br>21 | 戊子<br>22 | 己丑<br>23 | 庚寅<br>24 | 辛卯<br>25 | 壬辰<br>26 | 癸巳<br>27 | 甲午<br>28 | 乙未<br>29 | 丙申<br>30 | 丁酉<br>31 | 戊戌<br>(11) | 己亥<br>2 | | |

# 漢武帝元鼎七年 元封元年（辛未 羊年） 公元前111 ~ 前110年

| 夏曆月序 | | 中西曆日對照 | 夏曆日序 | | | | | | | | | | | | | | | | | | | | | | | | | | | | | | 節氣與天象 |
|---|---|---|---|---|---|---|---|---|---|---|---|---|---|---|---|---|---|---|---|---|---|---|---|---|---|---|---|---|---|---|---|---|---|
| | | | 初一 | 初二 | 初三 | 初四 | 初五 | 初六 | 初七 | 初八 | 初九 | 初十 | 十一 | 十二 | 十三 | 十四 | 十五 | 十六 | 十七 | 十八 | 十九 | 二十 | 二一 | 二二 | 二三 | 二四 | 二五 | 二六 | 二七 | 二八 | 二九 | 三十 | |
| 十月大 | 丁亥 | 天干地支<br>西曆 | 庚子<br>3 | 辛丑<br>4 | 壬寅<br>5 | 癸卯<br>6 | 甲辰<br>7 | 乙巳<br>8 | 丙午<br>9 | 丁未<br>10 | 戊申<br>11 | 己酉<br>12 | 庚戌<br>13 | 辛亥<br>14 | 壬子<br>15 | 癸丑<br>16 | 甲寅<br>17 | 乙卯<br>18 | 丙辰<br>19 | 丁巳<br>20 | 戊午<br>21 | 己未<br>22 | 庚申<br>23 | 辛酉<br>24 | 壬戌<br>25 | 癸亥<br>26 | 甲子<br>27 | 乙丑<br>28 | 丙寅<br>29 | 丁卯<br>30 | 戊辰<br>(12) | 己巳<br>2 | 丙午立冬 |
| 十一月小 | 戊子 | 天干地支<br>西曆 | 庚午<br>3 | 辛未<br>4 | 壬申<br>5 | 癸酉<br>6 | 甲戌<br>7 | 乙亥<br>8 | 丙子<br>9 | 丁丑<br>10 | 戊寅<br>11 | 己卯<br>12 | 庚辰<br>13 | 辛巳<br>14 | 壬午<br>15 | 癸未<br>16 | 甲申<br>17 | 乙酉<br>18 | 丙戌<br>19 | 丁亥<br>20 | 戊子<br>21 | 己丑<br>22 | 庚寅<br>23 | 辛卯<br>24 | 壬辰<br>25 | 癸巳<br>26 | 甲午<br>27 | 乙未<br>28 | 丙申<br>29 | 丁酉<br>30 | 戊戌<br>31 | | 壬辰冬至 |
| 十二月大 | 己丑 | 天干地支<br>西曆 | 己亥<br>(1) | 庚子<br>2 | 辛丑<br>3 | 壬寅<br>4 | 癸卯<br>5 | 甲辰<br>6 | 乙巳<br>7 | 丙午<br>8 | 丁未<br>9 | 戊申<br>10 | 己酉<br>11 | 庚戌<br>12 | 辛亥<br>13 | 壬子<br>14 | 癸丑<br>15 | 甲寅<br>16 | 乙卯<br>17 | 丙辰<br>18 | 丁巳<br>19 | 戊午<br>20 | 己未<br>21 | 庚申<br>22 | 辛酉<br>23 | 壬戌<br>24 | 癸亥<br>25 | 甲子<br>26 | 乙丑<br>27 | 丙寅<br>28 | 丁卯<br>29 | 戊辰<br>30 | |
| 正月小 | 庚寅 | 天干地支<br>西曆 | 己巳<br>31 | 庚午<br>(2) | 辛未<br>2 | 壬申<br>3 | 癸酉<br>4 | 甲戌<br>5 | 乙亥<br>6 | 丙子<br>7 | 丁丑<br>8 | 戊寅<br>9 | 己卯<br>10 | 庚辰<br>11 | 辛巳<br>12 | 壬午<br>13 | 癸未<br>14 | 甲申<br>15 | 乙酉<br>16 | 丙戌<br>17 | 丁亥<br>18 | 戊子<br>19 | 己丑<br>20 | 庚寅<br>21 | 辛卯<br>22 | 壬辰<br>23 | 癸巳<br>24 | 甲午<br>25 | 乙未<br>26 | 丙申<br>27 | 丁酉<br>28 | | 戊寅立春 |
| 二月大 | 辛卯 | 天干地支<br>西曆 | 戊戌<br>(3) | 己亥<br>2 | 庚子<br>3 | 辛丑<br>4 | 壬寅<br>5 | 癸卯<br>6 | 甲辰<br>7 | 乙巳<br>8 | 丙午<br>9 | 丁未<br>10 | 戊申<br>11 | 己酉<br>12 | 庚戌<br>13 | 辛亥<br>14 | 壬子<br>15 | 癸丑<br>16 | 甲寅<br>17 | 乙卯<br>18 | 丙辰<br>19 | 丁巳<br>20 | 戊午<br>21 | 己未<br>22 | 庚申<br>23 | 辛酉<br>24 | 壬戌<br>25 | 癸亥<br>26 | 甲子<br>27 | 乙丑<br>28 | 丙寅<br>29 | 丁卯<br>30 | 癸亥春分 |
| 三月小 | 壬辰 | 天干地支<br>西曆 | 戊辰<br>31 | 己巳<br>(4) | 庚午<br>2 | 辛未<br>3 | 壬申<br>4 | 癸酉<br>5 | 甲戌<br>6 | 乙亥<br>7 | 丙子<br>8 | 丁丑<br>9 | 戊寅<br>10 | 己卯<br>11 | 庚辰<br>12 | 辛巳<br>13 | 壬午<br>14 | 癸未<br>15 | 甲申<br>16 | 乙酉<br>17 | 丙戌<br>18 | 丁亥<br>19 | 戊子<br>20 | 己丑<br>21 | 庚寅<br>22 | 辛卯<br>23 | 壬辰<br>24 | 癸巳<br>25 | 甲午<br>26 | 乙未<br>27 | 丙申<br>28 | | |
| 四月大 | 癸巳 | 天干地支<br>西曆 | 丁酉<br>29 | 戊戌<br>30 | 己亥<br>(5) | 庚子<br>2 | 辛丑<br>3 | 壬寅<br>4 | 癸卯<br>5 | 甲辰<br>6 | 乙巳<br>7 | 丙午<br>8 | 丁未<br>9 | 戊申<br>10 | 己酉<br>11 | 庚戌<br>12 | 辛亥<br>13 | 壬子<br>14 | 癸丑<br>15 | 甲寅<br>16 | 乙卯<br>17 | 丙辰<br>18 | 丁巳<br>19 | 戊午<br>20 | 己未<br>21 | 庚申<br>22 | 辛酉<br>23 | 壬戌<br>24 | 癸亥<br>25 | 甲子<br>26 | 乙丑<br>27 | 丙寅<br>28 | 己酉立夏 |
| 五月小 | 甲午 | 天干地支<br>西曆 | 丁卯<br>29 | 戊辰<br>30 | 己巳<br>31 | 庚午<br>(6) | 辛未<br>2 | 壬申<br>3 | 癸酉<br>4 | 甲戌<br>5 | 乙亥<br>6 | 丙子<br>7 | 丁丑<br>8 | 戊寅<br>9 | 己卯<br>10 | 庚辰<br>11 | 辛巳<br>12 | 壬午<br>13 | 癸未<br>14 | 甲申<br>15 | 乙酉<br>16 | 丙戌<br>17 | 丁亥<br>18 | 戊子<br>19 | 己丑<br>20 | 庚寅<br>21 | 辛卯<br>22 | 壬辰<br>23 | 癸巳<br>24 | 甲午<br>25 | 乙未<br>26 | | 甲午夏至 |
| 六月大 | 乙未 | 天干地支<br>西曆 | 丙申<br>27 | 丁酉<br>28 | 戊戌<br>29 | 己亥<br>30 | 庚子<br>(7) | 辛丑<br>2 | 壬寅<br>3 | 癸卯<br>4 | 甲辰<br>5 | 乙巳<br>6 | 丙午<br>7 | 丁未<br>8 | 戊申<br>9 | 己酉<br>10 | 庚戌<br>11 | 辛亥<br>12 | 壬子<br>13 | 癸丑<br>14 | 甲寅<br>15 | 乙卯<br>16 | 丙辰<br>17 | 丁巳<br>18 | 戊午<br>19 | 己未<br>20 | 庚申<br>21 | 辛酉<br>22 | 壬戌<br>23 | 癸亥<br>24 | 甲子<br>25 | 乙丑<br>26 | |
| 七月小 | 丙申 | 天干地支<br>西曆 | 丙寅<br>27 | 丁卯<br>28 | 戊辰<br>29 | 己巳<br>30 | 庚午<br>31 | 辛未<br>(8) | 壬申<br>2 | 癸酉<br>3 | 甲戌<br>4 | 乙亥<br>5 | 丙子<br>6 | 丁丑<br>7 | 戊寅<br>8 | 己卯<br>9 | 庚辰<br>10 | 辛巳<br>11 | 壬午<br>12 | 癸未<br>13 | 甲申<br>14 | 乙酉<br>15 | 丙戌<br>16 | 丁亥<br>17 | 戊子<br>18 | 己丑<br>19 | 庚寅<br>20 | 辛卯<br>21 | 壬辰<br>22 | 癸巳<br>23 | 甲午<br>24 | | 庚辰立秋 |
| 八月大 | 丁酉 | 天干地支<br>西曆 | 乙未<br>25 | 丙申<br>26 | 丁酉<br>27 | 戊戌<br>28 | 己亥<br>29 | 庚子<br>30 | 辛丑<br>31 | 壬寅<br>(9) | 癸卯<br>2 | 甲辰<br>3 | 乙巳<br>4 | 丙午<br>5 | 丁未<br>6 | 戊申<br>7 | 己酉<br>8 | 庚戌<br>9 | 辛亥<br>10 | 壬子<br>11 | 癸丑<br>12 | 甲寅<br>13 | 乙卯<br>14 | 丙辰<br>15 | 丁巳<br>16 | 戊午<br>17 | 己未<br>18 | 庚申<br>19 | 辛酉<br>20 | 壬戌<br>21 | 癸亥<br>22 | 甲子<br>23 | |
| 九月小 | 戊戌 | 天干地支<br>西曆 | 乙丑<br>24 | 丙寅<br>25 | 丁卯<br>26 | 戊辰<br>27 | 己巳<br>28 | 庚午<br>29 | 辛未<br>30 | 壬申<br>(10) | 癸酉<br>2 | 甲戌<br>3 | 乙亥<br>4 | 丙子<br>5 | 丁丑<br>6 | 戊寅<br>7 | 己卯<br>8 | 庚辰<br>9 | 辛巳<br>10 | 壬午<br>11 | 癸未<br>12 | 甲申<br>13 | 乙酉<br>14 | 丙戌<br>15 | 丁亥<br>16 | 戊子<br>17 | 己丑<br>18 | 庚寅<br>19 | 辛卯<br>20 | 壬辰<br>21 | 癸巳<br>22 | | 丙寅秋分 |
| 後九月大 | 戊戌 | 天干地支<br>西曆 | 甲午<br>23 | 乙未<br>24 | 丙申<br>25 | 丁酉<br>26 | 戊戌<br>27 | 己亥<br>28 | 庚子<br>29 | 辛丑<br>30 | 壬寅<br>31 | 癸卯<br>(11) | 甲辰<br>2 | 乙巳<br>3 | 丙午<br>4 | 丁未<br>5 | 戊申<br>6 | 己酉<br>7 | 庚戌<br>8 | 辛亥<br>9 | 壬子<br>10 | 癸丑<br>11 | 甲寅<br>12 | 乙卯<br>13 | 丙辰<br>14 | 丁巳<br>15 | 戊午<br>16 | 己未<br>17 | 庚申<br>18 | 辛酉<br>19 | 壬戌<br>20 | 癸亥<br>21 | 辛亥立冬 |

* 四月癸卯（初七），改元元封。

# 漢武帝元封二年（壬申 猴年） 公元前 110 ~ 前 109 年

| 夏曆月序 | 中西曆日對照 | 夏曆日序 | | | | | | | | | | | | | | | | | | | | | | | | | | | | | | 節氣與天象 |
|---|---|---|---|---|---|---|---|---|---|---|---|---|---|---|---|---|---|---|---|---|---|---|---|---|---|---|---|---|---|---|---|---|
| | | 初一 | 初二 | 初三 | 初四 | 初五 | 初六 | 初七 | 初八 | 初九 | 初十 | 十一 | 十二 | 十三 | 十四 | 十五 | 十六 | 十七 | 十八 | 十九 | 二十 | 二一 | 二二 | 二三 | 二四 | 二五 | 二六 | 二七 | 二八 | 二九 | 三十 | |
| 十月大 己亥 | 干支 天地 西曆 | 甲子22 | 乙丑23 | 丙寅24 | 丁卯25 | 戊辰26 | 己巳27 | 庚午28 | 辛未29 | 壬申30 | 癸酉(12) | 甲戌2 | 乙亥3 | 丙子4 | 丁丑5 | 戊寅6 | 己卯7 | 庚辰8 | 辛巳9 | 壬午10 | 癸未11 | 甲申12 | 乙酉13 | 丙戌14 | 丁亥15 | 戊子16 | 己丑17 | 庚寅18 | 辛卯19 | 壬辰20 | 癸巳21 | |
| 十一月小 庚子 | 干支 天地 西曆 | 甲午22 | 乙未23 | 丙申24 | 丁酉25 | 戊戌26 | 己亥27 | 庚子28 | 辛丑29 | 壬寅30 | 癸卯31 | 甲辰(1) | 乙巳2 | 丙午3 | 丁未4 | 戊申5 | 己酉6 | 庚戌7 | 辛亥8 | 壬子9 | 癸丑10 | 甲寅11 | 乙卯12 | 丙辰13 | 丁巳14 | 戊午15 | 己未16 | 庚申17 | 辛酉18 | 壬戌19 | | 丁酉冬至 |
| 十二月大 辛丑 | 干支 天地 西曆 | 癸亥20 | 甲子21 | 乙丑22 | 丙寅23 | 丁卯24 | 戊辰25 | 己巳26 | 庚午27 | 辛未28 | 壬申29 | 癸酉30 | 甲戌31 | 乙亥(2) | 丙子2 | 丁丑3 | 戊寅4 | 己卯5 | 庚辰6 | 辛巳7 | 壬午8 | 癸未9 | 甲申10 | 乙酉11 | 丙戌12 | 丁亥13 | 戊子14 | 己丑15 | 庚寅16 | 辛卯17 | 壬辰18 | 癸未立春 |
| 正月小 壬寅 | 干支 天地 西曆 | 癸巳19 | 甲午20 | 乙未21 | 丙申22 | 丁酉23 | 戊戌24 | 己亥25 | 庚子26 | 辛丑27 | 壬寅28 | 癸卯29 | 甲辰(3) | 乙巳2 | 丙午3 | 丁未4 | 戊申5 | 己酉6 | 庚戌7 | 辛亥8 | 壬子9 | 癸丑10 | 甲寅11 | 乙卯12 | 丙辰13 | 丁巳14 | 戊午15 | 己未16 | 庚申17 | 辛酉18 | | |
| 二月大 癸卯 | 干支 天地 西曆 | 壬戌19 | 癸亥20 | 甲子21 | 乙丑22 | 丙寅23 | 丁卯24 | 戊辰25 | 己巳26 | 庚午27 | 辛未28 | 壬申29 | 癸酉30 | 甲戌31 | 乙亥(4) | 丙子2 | 丁丑3 | 戊寅4 | 己卯5 | 庚辰6 | 辛巳7 | 壬午8 | 癸未9 | 甲申10 | 乙酉11 | 丙戌12 | 丁亥13 | 戊子14 | 己丑15 | 庚寅16 | 辛卯17 | 戊辰春分 |
| 三月小 甲辰 | 干支 天地 西曆 | 壬辰18 | 癸巳19 | 甲午20 | 乙未21 | 丙申22 | 丁酉23 | 戊戌24 | 己亥25 | 庚子26 | 辛丑27 | 壬寅28 | 癸卯29 | 甲辰30 | 乙巳(5) | 丙午2 | 丁未3 | 戊申4 | 己酉5 | 庚戌6 | 辛亥7 | 壬子8 | 癸丑9 | 甲寅10 | 乙卯11 | 丙辰12 | 丁巳13 | 戊午14 | 己未15 | 庚申16 | | 甲寅立夏 |
| 四月大 乙巳 | 干支 天地 西曆 | 辛酉17 | 壬戌18 | 癸亥19 | 甲子20 | 乙丑21 | 丙寅22 | 丁卯23 | 戊辰24 | 己巳25 | 庚午26 | 辛未27 | 壬申28 | 癸酉29 | 甲戌30 | 乙亥31 | 丙子(6) | 丁丑2 | 戊寅3 | 己卯4 | 庚辰5 | 辛巳6 | 壬午7 | 癸未8 | 甲申9 | 乙酉10 | 丙戌11 | 丁亥12 | 戊子13 | 己丑14 | 庚寅15 | |
| 五月小 丙午 | 干支 天地 西曆 | 辛卯16 | 壬辰17 | 癸巳18 | 甲午19 | 乙未20 | 丙申21 | 丁酉22 | 戊戌23 | 己亥24 | 庚子25 | 辛丑26 | 壬寅27 | 癸卯28 | 甲辰29 | 乙巳30 | 丙午(7) | 丁未2 | 戊申3 | 己酉4 | 庚戌5 | 辛亥6 | 壬子7 | 癸丑8 | 甲寅9 | 乙卯10 | 丙辰11 | 丁巳12 | 戊午13 | 己未14 | | 庚子夏至 |
| 六月大 丁未 | 干支 天地 西曆 | 庚申15 | 辛酉16 | 壬戌17 | 癸亥18 | 甲子19 | 乙丑20 | 丙寅21 | 丁卯22 | 戊辰23 | 己巳24 | 庚午25 | 辛未26 | 壬申27 | 癸酉28 | 甲戌29 | 乙亥30 | 丙子31 | 丁丑(8) | 戊寅2 | 己卯3 | 庚辰4 | 辛巳5 | 壬午6 | 癸未7 | 甲申8 | 乙酉9 | 丙戌10 | 丁亥11 | 戊子12 | 己丑13 | 乙酉立秋 |
| 七月小 戊申 | 干支 天地 西曆 | 庚寅14 | 辛卯15 | 壬辰16 | 癸巳17 | 甲午18 | 乙未19 | 丙申20 | 丁酉21 | 戊戌22 | 己亥23 | 庚子24 | 辛丑25 | 壬寅26 | 癸卯27 | 甲辰28 | 乙巳29 | 丙午30 | 丁未31 | 戊申(9) | 己酉2 | 庚戌3 | 辛亥4 | 壬子5 | 癸丑6 | 甲寅7 | 乙卯8 | 丙辰9 | 丁巳10 | 戊午11 | | |
| 八月大 己酉 | 干支 天地 西曆 | 己未12 | 庚申13 | 辛酉14 | 壬戌15 | 癸亥16 | 甲子17 | 乙丑18 | 丙寅19 | 丁卯20 | 戊辰21 | 己巳22 | 庚午23 | 辛未24 | 壬申25 | 癸酉26 | 甲戌27 | 乙亥28 | 丙子29 | 丁丑30 | 戊寅(10) | 己卯2 | 庚辰3 | 辛巳4 | 壬午5 | 癸未6 | 甲申7 | 乙酉8 | 丙戌9 | 丁亥10 | 戊子11 | 辛未秋分 |
| 九月小 庚戌 | 干支 天地 西曆 | 己丑12 | 庚寅13 | 辛卯14 | 壬辰15 | 癸巳16 | 甲午17 | 乙未18 | 丙申19 | 丁酉20 | 戊戌21 | 己亥22 | 庚子23 | 辛丑24 | 壬寅25 | 癸卯26 | 甲辰27 | 乙巳28 | 丙午29 | 丁未30 | 戊申31 | 己酉(11) | 庚戌2 | 辛亥3 | 壬子4 | 癸丑5 | 甲寅6 | 乙卯7 | 丙辰8 | 丁巳9 | | 丁巳立冬 |

# 漢武帝元封三年（癸酉 鷄年） 公元前 109 ~ 前 **108** 年

| 夏曆月序 | | 中西曆日對照 | 初一 | 初二 | 初三 | 初四 | 初五 | 初六 | 初七 | 初八 | 初九 | 初十 | 十一 | 十二 | 十三 | 十四 | 十五 | 十六 | 十七 | 十八 | 十九 | 二十 | 二一 | 二二 | 二三 | 二四 | 二五 | 二六 | 二七 | 二八 | 二九 | 三十 | 節氣與天象 |
|---|---|---|---|---|---|---|---|---|---|---|---|---|---|---|---|---|---|---|---|---|---|---|---|---|---|---|---|---|---|---|---|---|---|
| 十月大 | 辛亥 | 干支<br>天地西曆 | 戊午<br>10 | 己未<br>11 | 庚申<br>12 | 辛酉<br>13 | 壬戌<br>14 | 癸亥<br>15 | 甲子<br>16 | 乙丑<br>17 | 丙寅<br>18 | 丁卯<br>19 | 戊辰<br>20 | 己巳<br>21 | 庚午<br>22 | 辛未<br>23 | 壬申<br>24 | 癸酉<br>25 | 甲戌<br>26 | 乙亥<br>27 | 丙子<br>28 | 丁丑<br>29 | 戊寅<br>30 | 己卯<br>(12) | 庚辰<br>2 | 辛巳<br>3 | 壬午<br>4 | 癸未<br>5 | 甲申<br>6 | 乙酉<br>7 | 丙戌<br>8 | 丁亥<br>9 | |
| 十一月小 | 壬子 | 干支<br>天地西曆 | 戊子<br>10 | 己丑<br>11 | 庚寅<br>12 | 辛卯<br>13 | 壬辰<br>14 | 癸巳<br>15 | 甲午<br>16 | 乙未<br>17 | 丙申<br>18 | 丁酉<br>19 | 戊戌<br>20 | 己亥<br>21 | 庚子<br>22 | 辛丑<br>23 | 壬寅<br>24 | 癸卯<br>25 | 甲辰<br>26 | 乙巳<br>27 | 丙午<br>28 | 丁未<br>29 | 戊申<br>30 | 己酉<br>31 | 庚戌<br>(1) | 辛亥<br>2 | 壬子<br>3 | 癸丑<br>4 | 甲寅<br>5 | 乙卯<br>6 | 丙辰<br>7 | | 壬寅冬至 |
| 十二月大 | 癸丑 | 干支<br>天地西曆 | 丁巳<br>8 | 戊午<br>9 | 己未<br>10 | 庚申<br>11 | 辛酉<br>12 | 壬戌<br>13 | 癸亥<br>14 | 甲子<br>15 | 乙丑<br>16 | 丙寅<br>17 | 丁卯<br>18 | 戊辰<br>19 | 己巳<br>20 | 庚午<br>21 | 辛未<br>22 | 壬申<br>23 | 癸酉<br>24 | 甲戌<br>25 | 乙亥<br>26 | 丙子<br>27 | 丁丑<br>28 | 戊寅<br>29 | 己卯<br>30 | 庚辰<br>31 | 辛巳<br>(2) | 壬午<br>2 | 癸未<br>3 | 甲申<br>4 | 乙酉<br>5 | 丙戌<br>6 | |
| 正月小 | 甲寅 | 干支<br>天地西曆 | 丁亥<br>7 | 戊子<br>8 | 己丑<br>9 | 庚寅<br>10 | 辛卯<br>11 | 壬辰<br>12 | 癸巳<br>13 | 甲午<br>14 | 乙未<br>15 | 丙申<br>16 | 丁酉<br>17 | 戊戌<br>18 | 己亥<br>19 | 庚子<br>20 | 辛丑<br>21 | 壬寅<br>22 | 癸卯<br>23 | 甲辰<br>24 | 乙巳<br>25 | 丙午<br>26 | 丁未<br>27 | 戊申<br>28 | 己酉<br>(3) | 庚戌<br>2 | 辛亥<br>3 | 壬子<br>4 | 癸丑<br>5 | 甲寅<br>6 | 乙卯<br>7 | | 戊子立春 |
| 二月大 | 乙卯 | 干支<br>天地西曆 | 丙辰<br>8 | 丁巳<br>9 | 戊午<br>10 | 己未<br>11 | 庚申<br>12 | 辛酉<br>13 | 壬戌<br>14 | 癸亥<br>15 | 甲子<br>16 | 乙丑<br>17 | 丙寅<br>18 | 丁卯<br>19 | 戊辰<br>20 | 己巳<br>21 | 庚午<br>22 | 辛未<br>23 | 壬申<br>24 | 癸酉<br>25 | 甲戌<br>26 | 乙亥<br>27 | 丙子<br>28 | 丁丑<br>29 | 戊寅<br>30 | 己卯<br>31 | 庚辰<br>(4) | 辛巳<br>2 | 壬午<br>3 | 癸未<br>4 | 甲申<br>5 | 乙酉<br>6 | 甲戌春分<br>乙酉日食 |
| 三月大 | 丙辰 | 干支<br>天地西曆 | 丙戌<br>7 | 丁亥<br>8 | 戊子<br>9 | 己丑<br>10 | 庚寅<br>11 | 辛卯<br>12 | 壬辰<br>13 | 癸巳<br>14 | 甲午<br>15 | 乙未<br>16 | 丙申<br>17 | 丁酉<br>18 | 戊戌<br>19 | 己亥<br>20 | 庚子<br>21 | 辛丑<br>22 | 壬寅<br>23 | 癸卯<br>24 | 甲辰<br>25 | 乙巳<br>26 | 丙午<br>27 | 丁未<br>28 | 戊申<br>29 | 己酉<br>30 | 庚戌<br>(5) | 辛亥<br>2 | 壬子<br>3 | 癸丑<br>4 | 甲寅<br>5 | 乙卯<br>6 | |
| 四月小 | 丁巳 | 干支<br>天地西曆 | 丙辰<br>7 | 丁巳<br>8 | 戊午<br>9 | 己未<br>10 | 庚申<br>11 | 辛酉<br>12 | 壬戌<br>13 | 癸亥<br>14 | 甲子<br>15 | 乙丑<br>16 | 丙寅<br>17 | 丁卯<br>18 | 戊辰<br>19 | 己巳<br>20 | 庚午<br>21 | 辛未<br>22 | 壬申<br>23 | 癸酉<br>24 | 甲戌<br>25 | 乙亥<br>26 | 丙子<br>27 | 丁丑<br>28 | 戊寅<br>29 | 己卯<br>30 | 庚辰<br>31 | 辛巳<br>(6) | 壬午<br>2 | 癸未<br>3 | 甲申<br>4 | | 己未立夏 |
| 五月大 | 戊午 | 干支<br>天地西曆 | 乙酉<br>5 | 丙戌<br>6 | 丁亥<br>7 | 戊子<br>8 | 己丑<br>9 | 庚寅<br>10 | 辛卯<br>11 | 壬辰<br>12 | 癸巳<br>13 | 甲午<br>14 | 乙未<br>15 | 丙申<br>16 | 丁酉<br>17 | 戊戌<br>18 | 己亥<br>19 | 庚子<br>20 | 辛丑<br>21 | 壬寅<br>22 | 癸卯<br>23 | 甲辰<br>24 | 乙巳<br>25 | 丙午<br>26 | 丁未<br>27 | 戊申<br>28 | 己酉<br>29 | 庚戌<br>30 | 辛亥<br>(7) | 壬子<br>2 | 癸丑<br>3 | 甲寅<br>4 | 乙巳夏至 |
| 六月小 | 己未 | 干支<br>天地西曆 | 乙卯<br>5 | 丙辰<br>6 | 丁巳<br>7 | 戊午<br>8 | 己未<br>9 | 庚申<br>10 | 辛酉<br>11 | 壬戌<br>12 | 癸亥<br>13 | 甲子<br>14 | 乙丑<br>15 | 丙寅<br>16 | 丁卯<br>17 | 戊辰<br>18 | 己巳<br>19 | 庚午<br>20 | 辛未<br>21 | 壬申<br>22 | 癸酉<br>23 | 甲戌<br>24 | 乙亥<br>25 | 丙子<br>26 | 丁丑<br>27 | 戊寅<br>28 | 己卯<br>29 | 庚辰<br>30 | 辛巳<br>31 | 壬午<br>(8) | 癸未<br>2 | | |
| 七月大 | 庚申 | 干支<br>天地西曆 | 甲申<br>3 | 乙酉<br>4 | 丙戌<br>5 | 丁亥<br>6 | 戊子<br>7 | 己丑<br>8 | 庚寅<br>9 | 辛卯<br>10 | 壬辰<br>11 | 癸巳<br>12 | 甲午<br>13 | 乙未<br>14 | 丙申<br>15 | 丁酉<br>16 | 戊戌<br>17 | 己亥<br>18 | 庚子<br>19 | 辛丑<br>20 | 壬寅<br>21 | 癸卯<br>22 | 甲辰<br>23 | 乙巳<br>24 | 丙午<br>25 | 丁未<br>26 | 戊申<br>27 | 己酉<br>28 | 庚戌<br>29 | 辛亥<br>30 | 壬子<br>31 | 癸丑<br>(9) | 辛卯立秋 |
| 八月小 | 辛酉 | 干支<br>天地西曆 | 甲寅<br>2 | 乙卯<br>3 | 丙辰<br>4 | 丁巳<br>5 | 戊午<br>6 | 己未<br>7 | 庚申<br>8 | 辛酉<br>9 | 壬戌<br>10 | 癸亥<br>11 | 甲子<br>12 | 乙丑<br>13 | 丙寅<br>14 | 丁卯<br>15 | 戊辰<br>16 | 己巳<br>17 | 庚午<br>18 | 辛未<br>19 | 壬申<br>20 | 癸酉<br>21 | 甲戌<br>22 | 乙亥<br>23 | 丙子<br>24 | 丁丑<br>25 | 戊寅<br>26 | 己卯<br>27 | 庚辰<br>28 | 辛巳<br>29 | 壬午<br>30 | | 丙子秋分 |
| 九月大 | 壬戌 | 干支<br>天地西曆 | 癸未<br>(10) | 甲申<br>2 | 乙酉<br>3 | 丙戌<br>4 | 丁亥<br>5 | 戊子<br>6 | 己丑<br>7 | 庚寅<br>8 | 辛卯<br>9 | 壬辰<br>10 | 癸巳<br>11 | 甲午<br>12 | 乙未<br>13 | 丙申<br>14 | 丁酉<br>15 | 戊戌<br>16 | 己亥<br>17 | 庚子<br>18 | 辛丑<br>19 | 壬寅<br>20 | 癸卯<br>21 | 甲辰<br>22 | 乙巳<br>23 | 丙午<br>24 | 丁未<br>25 | 戊申<br>26 | 己酉<br>27 | 庚戌<br>28 | 辛亥<br>29 | 壬子<br>30 | |

# 漢武帝元封四年（甲戌 狗年） 公元前108 ~ 前107年

| 夏曆月序 | 中西曆日對照 | 初一 | 初二 | 初三 | 初四 | 初五 | 初六 | 初七 | 初八 | 初九 | 初十 | 十一 | 十二 | 十三 | 十四 | 十五 | 十六 | 十七 | 十八 | 十九 | 二十 | 二一 | 二二 | 二三 | 二四 | 二五 | 二六 | 二七 | 二八 | 二九 | 三十 | 節氣與天象 |
|---|---|---|---|---|---|---|---|---|---|---|---|---|---|---|---|---|---|---|---|---|---|---|---|---|---|---|---|---|---|---|---|---|
| 十月小 癸亥 | 天干地支 西曆 | 癸丑31 | 甲寅(11) | 乙卯2 | 丙辰3 | 丁巳4 | 戊午5 | 己未6 | 庚申7 | 辛酉8 | 壬戌9 | 癸亥10 | 甲子11 | 乙丑12 | 丙寅13 | 丁卯14 | 戊辰15 | 己巳16 | 庚午17 | 辛未18 | 壬申19 | 癸酉20 | 甲戌21 | 乙亥22 | 丙子23 | 丁丑24 | 戊寅25 | 己卯26 | 庚辰27 | 辛巳28 | | 壬戌立冬 |
| 十一月大 甲子 | 天干地支 西曆 | 壬午29 | 癸未30 | 甲申(12) | 乙酉2 | 丙戌3 | 丁亥4 | 戊子5 | 己丑6 | 庚寅7 | 辛卯8 | 壬辰9 | 癸巳10 | 甲午11 | 乙未12 | 丙申13 | 丁酉14 | 戊戌15 | 己亥16 | 庚子17 | 辛丑18 | 壬寅19 | 癸卯20 | 甲辰21 | 乙巳22 | 丙午23 | 丁未24 | 戊申25 | 己酉26 | 庚戌27 | 辛亥28 | 戊申冬至 |
| 十二月小 乙丑 | 天干地支 西曆 | 壬子29 | 癸丑30 | 甲寅31 | 乙卯(1) | 丙辰2 | 丁巳3 | 戊午4 | 己未5 | 庚申6 | 辛酉7 | 壬戌8 | 癸亥9 | 甲子10 | 乙丑11 | 丙寅12 | 丁卯13 | 戊辰14 | 己巳15 | 庚午16 | 辛未17 | 壬申18 | 癸酉19 | 甲戌20 | 乙亥21 | 丙子22 | 丁丑23 | 戊寅24 | 己卯25 | 庚辰26 | | |
| 正月大 丙寅 | 天干地支 西曆 | 辛巳27 | 壬午28 | 癸未29 | 甲申30 | 乙酉31 | 丙戌(2) | 丁亥2 | 戊子3 | 己丑4 | 庚寅5 | 辛卯6 | 壬辰7 | 癸巳8 | 甲午9 | 乙未10 | 丙申11 | 丁酉12 | 戊戌13 | 己亥14 | 庚子15 | 辛丑16 | 壬寅17 | 癸卯18 | 甲辰19 | 乙巳20 | 丙午21 | 丁未22 | 戊申23 | 己酉24 | 庚戌25 | 癸巳立春 |
| 二月小 丁卯 | 天干地支 西曆 | 辛亥26 | 壬子27 | 癸丑28 | 甲寅(3) | 乙卯2 | 丙辰3 | 丁巳4 | 戊午5 | 己未6 | 庚申7 | 辛酉8 | 壬戌9 | 癸亥10 | 甲子11 | 乙丑12 | 丙寅13 | 丁卯14 | 戊辰15 | 己巳16 | 庚午17 | 辛未18 | 壬申19 | 癸酉20 | 甲戌21 | 乙亥22 | 丙子23 | 丁丑24 | 戊寅25 | 己卯26 | | 己卯春分 |
| 三月大 戊辰 | 天干地支 西曆 | 庚辰27 | 辛巳28 | 壬午29 | 癸未30 | 甲申31 | 乙酉(4) | 丙戌2 | 丁亥3 | 戊子4 | 己丑5 | 庚寅6 | 辛卯7 | 壬辰8 | 癸巳9 | 甲午10 | 乙未11 | 丙申12 | 丁酉13 | 戊戌14 | 己亥15 | 庚子16 | 辛丑17 | 壬寅18 | 癸卯19 | 甲辰20 | 乙巳21 | 丙午22 | 丁未23 | 戊申24 | 己酉25 | |
| 四月小 己巳 | 天干地支 西曆 | 庚戌26 | 辛亥27 | 壬子28 | 癸丑29 | 甲寅30 | 乙卯(5) | 丙辰2 | 丁巳3 | 戊午4 | 己未5 | 庚申6 | 辛酉7 | 壬戌8 | 癸亥9 | 甲子10 | 乙丑11 | 丙寅12 | 丁卯13 | 戊辰14 | 己巳15 | 庚午16 | 辛未17 | 壬申18 | 癸酉19 | 甲戌20 | 乙亥21 | 丙子22 | 丁丑23 | 戊寅24 | | 乙丑立夏 |
| 五月大 庚午 | 天干地支 西曆 | 己卯25 | 庚辰26 | 辛巳27 | 壬午28 | 癸未29 | 甲申30 | 乙酉31 | 丙戌(6) | 丁亥2 | 戊子3 | 己丑4 | 庚寅5 | 辛卯6 | 壬辰7 | 癸巳8 | 甲午9 | 乙未10 | 丙申11 | 丁酉12 | 戊戌13 | 己亥14 | 庚子15 | 辛丑16 | 壬寅17 | 癸卯18 | 甲辰19 | 乙巳20 | 丙午21 | 丁未22 | 戊申23 | |
| 六月大 辛未 | 天干地支 西曆 | 己酉24 | 庚戌25 | 辛亥26 | 壬子27 | 癸丑28 | 甲寅29 | 乙卯30 | 丙辰(7) | 丁巳2 | 戊午3 | 己未4 | 庚申5 | 辛酉6 | 壬戌7 | 癸亥8 | 甲子9 | 乙丑10 | 丙寅11 | 丁卯12 | 戊辰13 | 己巳14 | 庚午15 | 辛未16 | 壬申17 | 癸酉18 | 甲戌19 | 乙亥20 | 丙子21 | 丁丑22 | 戊寅23 | 庚戌夏至 |
| 七月小 壬申 | 天干地支 西曆 | 己卯24 | 庚辰25 | 辛巳26 | 壬午27 | 癸未28 | 甲申29 | 乙酉30 | 丙戌31 | 丁亥(8) | 戊子2 | 己丑3 | 庚寅4 | 辛卯5 | 壬辰6 | 癸巳7 | 甲午8 | 乙未9 | 丙申10 | 丁酉11 | 戊戌12 | 己亥13 | 庚子14 | 辛丑15 | 壬寅16 | 癸卯17 | 甲辰18 | 乙巳19 | 丙午20 | 丁未21 | | 丙申立秋 |
| 八月大 癸酉 | 天干地支 西曆 | 戊申22 | 己酉23 | 庚戌24 | 辛亥25 | 壬子26 | 癸丑27 | 甲寅28 | 乙卯29 | 丙辰30 | 丁巳31 | 戊午(9) | 己未2 | 庚申3 | 辛酉4 | 壬戌5 | 癸亥6 | 甲子7 | 乙丑8 | 丙寅9 | 丁卯10 | 戊辰11 | 己巳12 | 庚午13 | 辛未14 | 壬申15 | 癸酉16 | 甲戌17 | 乙亥18 | 丙子19 | 丁丑20 | 丙子日食 |
| 九月小 甲戌 | 天干地支 西曆 | 戊寅21 | 己卯22 | 庚辰23 | 辛巳24 | 壬午25 | 癸未26 | 甲申27 | 乙酉28 | 丙戌29 | 丁亥30 | 戊子(10) | 己丑2 | 庚寅3 | 辛卯4 | 壬辰5 | 癸巳6 | 甲午7 | 乙未8 | 丙申9 | 丁酉10 | 戊戌11 | 己亥12 | 庚子13 | 辛丑14 | 壬寅15 | 癸卯16 | 甲辰17 | 乙巳18 | 丙午19 | | 壬午秋分 |
| 後九月大 甲戌 | 天干地支 西曆 | 丁未20 | 戊申21 | 己酉22 | 庚戌23 | 辛亥24 | 壬子25 | 癸丑26 | 甲寅27 | 乙卯28 | 丙辰29 | 丁巳30 | 戊午31 | 己未(11) | 庚申2 | 辛酉3 | 壬戌4 | 癸亥5 | 甲子6 | 乙丑7 | 丙寅8 | 丁卯9 | 戊辰10 | 己巳11 | 庚午12 | 辛未13 | 壬申14 | 癸酉15 | 甲戌16 | 乙亥17 | 丙子18 | 丁卯立冬 |

# 漢武帝元封五年（乙亥 猪年） 公元前 107 ~ 前 106 年

| 夏曆月序 | | 中西曆日對照 | 初一 | 初二 | 初三 | 初四 | 初五 | 初六 | 初七 | 初八 | 初九 | 初十 | 十一 | 十二 | 十三 | 十四 | 十五 | 十六 | 十七 | 十八 | 十九 | 二十 | 二十一 | 二十二 | 二十三 | 二十四 | 二十五 | 二十六 | 二十七 | 二十八 | 二十九 | 三十 | 節氣與天象 |
|---|---|---|---|---|---|---|---|---|---|---|---|---|---|---|---|---|---|---|---|---|---|---|---|---|---|---|---|---|---|---|---|---|---|
| 十月小 | 乙亥 | 天干地支西曆 | 丁丑19 | 戊寅20 | 己卯21 | 庚辰22 | 辛巳23 | 壬午24 | 癸未25 | 甲申26 | 乙酉27 | 丙戌28 | 丁亥29 | 戊子30 | 己丑(12) | 庚寅2 | 辛卯3 | 壬辰4 | 癸巳5 | 甲午6 | 乙未7 | 丙申8 | 丁酉9 | 戊戌10 | 己亥11 | 庚子12 | 辛丑13 | 壬寅14 | 癸卯15 | 甲辰16 | 乙巳17 | | |
| 十一月大 | 丙子 | 天干地支西曆 | 丙午18 | 丁未19 | 戊申20 | 己酉21 | 庚戌22 | 辛亥23 | 壬子24 | 癸丑25 | 甲寅26 | 乙卯27 | 丙辰28 | 丁巳29 | 戊午30 | 己未31 | 庚申(1) | 辛酉2 | 壬戌3 | 癸亥4 | 甲子5 | 乙丑6 | 丙寅7 | 丁卯8 | 戊辰9 | 己巳10 | 庚午11 | 辛未12 | 壬申13 | 癸酉14 | 甲戌15 | 乙亥16 | 癸丑冬至 |
| 十二月小 | 丁丑 | 天干地支西曆 | 丙子17 | 丁丑18 | 戊寅19 | 己卯20 | 庚辰21 | 辛巳22 | 壬午23 | 癸未24 | 甲申25 | 乙酉26 | 丙戌27 | 丁亥28 | 戊子29 | 己丑30 | 庚寅31 | 辛卯(2) | 壬辰2 | 癸巳3 | 甲午4 | 乙未5 | 丙申6 | 丁酉7 | 戊戌8 | 己亥9 | 庚子10 | 辛丑11 | 壬寅12 | 癸卯13 | 甲辰14 | | 己亥立春 |
| 正月大 | 戊寅 | 天干地支西曆 | 乙巳15 | 丙午16 | 丁未17 | 戊申18 | 己酉19 | 庚戌20 | 辛亥21 | 壬子22 | 癸丑23 | 甲寅24 | 乙卯25 | 丙辰26 | 丁巳27 | 戊午28 | 己未(3) | 庚申2 | 辛酉3 | 壬戌4 | 癸亥5 | 甲子6 | 乙丑7 | 丙寅8 | 丁卯9 | 戊辰10 | 己巳11 | 庚午12 | 辛未13 | 壬申14 | 癸酉15 | 甲戌16 | |
| 二月小 | 己卯 | 天干地支西曆 | 乙亥17 | 丙子18 | 丁丑19 | 戊寅20 | 己卯21 | 庚辰22 | 辛巳23 | 壬午24 | 癸未25 | 甲申26 | 乙酉27 | 丙戌28 | 丁亥29 | 戊子30 | 己丑31 | 庚寅(4) | 辛卯2 | 壬辰3 | 癸巳4 | 甲午5 | 乙未6 | 丙申7 | 丁酉8 | 戊戌9 | 己亥10 | 庚子11 | 辛丑12 | 壬寅13 | 癸卯14 | | 甲申春分 |
| 三月大 | 庚辰 | 天干地支西曆 | 甲辰15 | 乙巳16 | 丙午17 | 丁未18 | 戊申19 | 己酉20 | 庚戌21 | 辛亥22 | 壬子23 | 癸丑24 | 甲寅25 | 乙卯26 | 丙辰27 | 丁巳28 | 戊午29 | 己未30 | 庚申(5) | 辛酉2 | 壬戌3 | 癸亥4 | 甲子5 | 乙丑6 | 丙寅7 | 丁卯8 | 戊辰9 | 己巳10 | 庚午11 | 辛未12 | 壬申13 | 癸酉14 | 庚午立夏 |
| 四月小 | 辛巳 | 天干地支西曆 | 甲戌15 | 乙亥16 | 丙子17 | 丁丑18 | 戊寅19 | 己卯20 | 庚辰21 | 辛巳22 | 壬午23 | 癸未24 | 甲申25 | 乙酉26 | 丙戌27 | 丁亥28 | 戊子29 | 己丑30 | 庚寅31 | 辛卯(6) | 壬辰2 | 癸巳3 | 甲午4 | 乙未5 | 丙申6 | 丁酉7 | 戊戌8 | 己亥9 | 庚子10 | 辛丑11 | 壬寅12 | | |
| 五月大 | 壬午 | 天干地支西曆 | 癸卯13 | 甲辰14 | 乙巳15 | 丙午16 | 丁未17 | 戊申18 | 己酉19 | 庚戌20 | 辛亥21 | 壬子22 | 癸丑23 | 甲寅24 | 乙卯25 | 丙辰26 | 丁巳27 | 戊午28 | 己未29 | 庚申30 | 辛酉(7) | 壬戌2 | 癸亥3 | 甲子4 | 乙丑5 | 丙寅6 | 丁卯7 | 戊辰8 | 己巳9 | 庚午10 | 辛未11 | 壬申12 | 乙卯夏至 |
| 六月小 | 癸未 | 天干地支西曆 | 癸酉13 | 甲戌14 | 乙亥15 | 丙子16 | 丁丑17 | 戊寅18 | 己卯19 | 庚辰20 | 辛巳21 | 壬午22 | 癸未23 | 甲申24 | 乙酉25 | 丙戌26 | 丁亥27 | 戊子28 | 己丑29 | 庚寅30 | 辛卯31 | 壬辰(8) | 癸巳2 | 甲午3 | 乙未4 | 丙申5 | 丁酉6 | 戊戌7 | 己亥8 | 庚子9 | 辛丑10 | | 辛丑立秋 |
| 七月大 | 甲申 | 天干地支西曆 | 壬寅11 | 癸卯12 | 甲辰13 | 乙巳14 | 丙午15 | 丁未16 | 戊申17 | 己酉18 | 庚戌19 | 辛亥20 | 壬子21 | 癸丑22 | 甲寅23 | 乙卯24 | 丙辰25 | 丁巳26 | 戊午27 | 己未28 | 庚申29 | 辛酉30 | 壬戌31 | 癸亥(9) | 甲子2 | 乙丑3 | 丙寅4 | 丁卯5 | 戊辰6 | 己巳7 | 庚午8 | 辛未9 | |
| 八月小 | 乙酉 | 天干地支西曆 | 壬申10 | 癸酉11 | 甲戌12 | 乙亥13 | 丙子14 | 丁丑15 | 戊寅16 | 己卯17 | 庚辰18 | 辛巳19 | 壬午20 | 癸未21 | 甲申22 | 乙酉23 | 丙戌24 | 丁亥25 | 戊子26 | 己丑27 | 庚寅28 | 辛卯29 | 壬辰30 | 癸巳(10) | 甲午2 | 乙未3 | 丙申4 | 丁酉5 | 戊戌6 | 己亥7 | 庚子8 | | 丁亥秋分 |
| 九月大 | 丙戌 | 天干地支西曆 | 辛丑9 | 壬寅10 | 癸卯11 | 甲辰12 | 乙巳13 | 丙午14 | 丁未15 | 戊申16 | 己酉17 | 庚戌18 | 辛亥19 | 壬子20 | 癸丑21 | 甲寅22 | 乙卯23 | 丙辰24 | 丁巳25 | 戊午26 | 己未27 | 庚申28 | 辛酉29 | 壬戌30 | 癸亥31 | 甲子(11) | 乙丑2 | 丙寅3 | 丁卯4 | 戊辰5 | 己巳6 | 庚午7 | |

## 漢武帝元封六年（丙子 鼠年） 公元前 106 ~ 前 105 年

| 夏曆月序 | | 中西曆日對照 | 初一 | 初二 | 初三 | 初四 | 初五 | 初六 | 初七 | 初八 | 初九 | 初十 | 十一 | 十二 | 十三 | 十四 | 十五 | 十六 | 十七 | 十八 | 十九 | 二十 | 二一 | 二二 | 二三 | 二四 | 二五 | 二六 | 二七 | 二八 | 二九 | 三十 | 節氣與天象 |
|---|---|---|---|---|---|---|---|---|---|---|---|---|---|---|---|---|---|---|---|---|---|---|---|---|---|---|---|---|---|---|---|---|---|
| 十月大 | 丁亥 | 天干地支西曆 | 辛未 8 | 壬申 9 | 癸酉 10 | 甲戌 11 | 乙亥 12 | 丙子 13 | 丁丑 14 | 戊寅 15 | 己卯 16 | 庚辰 17 | 辛巳 18 | 壬午 19 | 癸未 20 | 甲申 21 | 乙酉 22 | 丙戌 23 | 丁亥 24 | 戊子 25 | 己丑 26 | 庚寅 27 | 辛卯 28 | 壬辰 29 | 癸巳 30 | 甲午 (12) | 乙未 2 | 丙申 3 | 丁酉 4 | 戊戌 5 | 己亥 6 | 庚子 7 | 壬申立冬 |
| 十一月小 | 戊子 | 天干地支西曆 | 辛丑 8 | 壬寅 9 | 癸卯 10 | 甲辰 11 | 乙巳 12 | 丙午 13 | 丁未 14 | 戊申 15 | 己酉 16 | 庚戌 17 | 辛亥 18 | 壬子 19 | 癸丑 20 | 甲寅 21 | 乙卯 22 | 丙辰 23 | 丁巳 24 | 戊午 25 | 己未 26 | 庚申 27 | 辛酉 28 | 壬戌 29 | 癸亥 30 | 甲子 31 | 乙丑 (1) | 丙寅 2 | 丁卯 3 | 戊辰 4 | 己巳 5 | | 戊午冬至 |
| 十二月大 | 己丑 | 天干地支西曆 | 庚午 6 | 辛未 7 | 壬申 8 | 癸酉 9 | 甲戌 10 | 乙亥 11 | 丙子 12 | 丁丑 13 | 戊寅 14 | 己卯 15 | 庚辰 16 | 辛巳 17 | 壬午 18 | 癸未 19 | 甲申 20 | 乙酉 21 | 丙戌 22 | 丁亥 23 | 戊子 24 | 己丑 25 | 庚寅 26 | 辛卯 27 | 壬辰 28 | 癸巳 29 | 甲午 30 | 乙未 31 | 丙申 (2) | 丁酉 2 | 戊戌 3 | 己亥 4 | |
| 正月小 | 庚寅 | 天干地支西曆 | 庚子 5 | 辛丑 6 | 壬寅 7 | 癸卯 8 | 甲辰 9 | 乙巳 10 | 丙午 11 | 丁未 12 | 戊申 13 | 己酉 14 | 庚戌 15 | 辛亥 16 | 壬子 17 | 癸丑 18 | 甲寅 19 | 乙卯 20 | 丙辰 21 | 丁巳 22 | 戊午 23 | 己未 24 | 庚申 25 | 辛酉 26 | 壬戌 27 | 癸亥 28 | 甲子 29 | 乙丑 (3) | 丙寅 2 | 丁卯 3 | 戊辰 4 | | 甲辰立春 |
| 二月大 | 辛卯 | 天干地支西曆 | 己巳 5 | 庚午 6 | 辛未 7 | 壬申 8 | 癸酉 9 | 甲戌 10 | 乙亥 11 | 丙子 12 | 丁丑 13 | 戊寅 14 | 己卯 15 | 庚辰 16 | 辛巳 17 | 壬午 18 | 癸未 19 | 甲申 20 | 乙酉 21 | 丙戌 22 | 丁亥 23 | 戊子 24 | 己丑 25 | 庚寅 26 | 辛卯 27 | 壬辰 28 | 癸巳 29 | 甲午 30 | 乙未 31 | 丙申 (4) | 丁酉 2 | 戊戌 3 | 己丑春分 |
| 三月小 | 壬辰 | 天干地支西曆 | 己亥 4 | 庚子 5 | 辛丑 6 | 壬寅 7 | 癸卯 8 | 甲辰 9 | 乙巳 10 | 丙午 11 | 丁未 12 | 戊申 13 | 己酉 14 | 庚戌 15 | 辛亥 16 | 壬子 17 | 癸丑 18 | 甲寅 19 | 乙卯 20 | 丙辰 21 | 丁巳 22 | 戊午 23 | 己未 24 | 庚申 25 | 辛酉 26 | 壬戌 27 | 癸亥 28 | 甲子 29 | 乙丑 30 | 丙寅 (5) | 丁卯 2 | | |
| 四月大 | 癸巳 | 天干地支西曆 | 戊辰 3 | 己巳 4 | 庚午 5 | 辛未 6 | 壬申 7 | 癸酉 8 | 甲戌 9 | 乙亥 10 | 丙子 11 | 丁丑 12 | 戊寅 13 | 己卯 14 | 庚辰 15 | 辛巳 16 | 壬午 17 | 癸未 18 | 甲申 19 | 乙酉 20 | 丙戌 21 | 丁亥 22 | 戊子 23 | 己丑 24 | 庚寅 25 | 辛卯 26 | 壬辰 27 | 癸巳 28 | 甲午 29 | 乙未 30 | 丙申 31 | 丁酉 (6) | 乙亥立夏 |
| 五月小 | 甲午 | 天干地支西曆 | 戊戌 2 | 己亥 3 | 庚子 4 | 辛丑 5 | 壬寅 6 | 癸卯 7 | 甲辰 8 | 乙巳 9 | 丙午 10 | 丁未 11 | 戊申 12 | 己酉 13 | 庚戌 14 | 辛亥 15 | 壬子 16 | 癸丑 17 | 甲寅 18 | 乙卯 19 | 丙辰 20 | 丁巳 21 | 戊午 22 | 己未 23 | 庚申 24 | 辛酉 25 | 壬戌 26 | 癸亥 27 | 甲子 28 | 乙丑 29 | 丙寅 30 | | 辛酉夏至 |
| 六月大 | 乙未 | 天干地支西曆 | 丁卯 (7) | 戊辰 2 | 己巳 3 | 庚午 4 | 辛未 5 | 壬申 6 | 癸酉 7 | 甲戌 8 | 乙亥 9 | 丙子 10 | 丁丑 11 | 戊寅 12 | 己卯 13 | 庚辰 14 | 辛巳 15 | 壬午 16 | 癸未 17 | 甲申 18 | 乙酉 19 | 丙戌 20 | 丁亥 21 | 戊子 22 | 己丑 23 | 庚寅 24 | 辛卯 25 | 壬辰 26 | 癸巳 27 | 甲午 28 | 乙未 29 | 丙申 30 | |
| 七月小 | 丙申 | 天干地支西曆 | 丁酉 31 | 戊戌 (8) | 己亥 2 | 庚子 3 | 辛丑 4 | 壬寅 5 | 癸卯 6 | 甲辰 7 | 乙巳 8 | 丙午 9 | 丁未 10 | 戊申 11 | 己酉 12 | 庚戌 13 | 辛亥 14 | 壬子 15 | 癸丑 16 | 甲寅 17 | 乙卯 18 | 丙辰 19 | 丁巳 20 | 戊午 21 | 己未 22 | 庚申 23 | 辛酉 24 | 壬戌 25 | 癸亥 26 | 甲子 27 | 乙丑 28 | | 丙午立秋 |
| 八月大 | 丁酉 | 天干地支西曆 | 丙寅 29 | 丁卯 30 | 戊辰 31 | 己巳 (9) | 庚午 2 | 辛未 3 | 壬申 4 | 癸酉 5 | 甲戌 6 | 乙亥 7 | 丙子 8 | 丁丑 9 | 戊寅 10 | 己卯 11 | 庚辰 12 | 辛巳 13 | 壬午 14 | 癸未 15 | 甲申 16 | 乙酉 17 | 丙戌 18 | 丁亥 19 | 戊子 20 | 己丑 21 | 庚寅 22 | 辛卯 23 | 壬辰 24 | 癸巳 25 | 甲午 26 | 乙未 27 | 壬辰秋分 |
| 九月小 | 戊戌 | 天干地支西曆 | 丙申 28 | 丁酉 29 | 戊戌 30 | 己亥 (10) | 庚子 2 | 辛丑 3 | 壬寅 4 | 癸卯 5 | 甲辰 6 | 乙巳 7 | 丙午 8 | 丁未 9 | 戊申 10 | 己酉 11 | 庚戌 12 | 辛亥 13 | 壬子 14 | 癸丑 15 | 甲寅 16 | 乙卯 17 | 丙辰 18 | 丁巳 19 | 戊午 20 | 己未 21 | 庚申 22 | 辛酉 23 | 壬戌 24 | 癸亥 25 | 甲子 26 | | |
| 後九月大 | 戊戌 | 天干地支西曆 | 乙丑 27 | 丙寅 28 | 丁卯 29 | 戊辰 30 | 己巳 31 | 庚午 (11) | 辛未 2 | 壬申 3 | 癸酉 4 | 甲戌 5 | 乙亥 6 | 丙子 7 | 丁丑 8 | 戊寅 9 | 己卯 10 | 庚辰 11 | 辛巳 12 | 壬午 13 | 癸未 14 | 甲申 15 | 乙酉 16 | 丙戌 17 | 丁亥 18 | 戊子 19 | 己丑 20 | 庚寅 21 | 辛卯 22 | 壬辰 23 | 癸巳 24 | 甲午 25 | 戊寅立冬 |

# 漢武帝元封七年　太初元年（丁丑 牛年）　公元前105 ~前**104** ~前103 年

| 夏曆月序 | | 中西<br>曆日<br>對照 | 夏曆日序 | | | | | | | | | | | | | | | | | | | | | | | | | | | | | | 節氣與天象 |
|---|---|---|---|---|---|---|---|---|---|---|---|---|---|---|---|---|---|---|---|---|---|---|---|---|---|---|---|---|---|---|---|---|---|
| | | | 初一 | 初二 | 初三 | 初四 | 初五 | 初六 | 初七 | 初八 | 初九 | 初十 | 十一 | 十二 | 十三 | 十四 | 十五 | 十六 | 十七 | 十八 | 十九 | 二十 | 二一 | 二二 | 二三 | 二四 | 二五 | 二六 | 二七 | 二八 | 二九 | 三十 | |
| 十月小 | 己亥 | 天干地支<br>西曆 | 乙未<br>26 | 丙申<br>27 | 丁酉<br>28 | 戊戌<br>29 | 己亥<br>30 | 庚子<br>(12) | 辛丑<br>2 | 壬寅<br>3 | 癸卯<br>4 | 甲辰<br>5 | 乙巳<br>6 | 丙午<br>7 | 丁未<br>8 | 戊申<br>9 | 己酉<br>10 | 庚戌<br>11 | 辛亥<br>12 | 壬子<br>13 | 癸丑<br>14 | 甲寅<br>15 | 乙卯<br>16 | 丙辰<br>17 | 丁巳<br>18 | 戊午<br>19 | 己未<br>20 | 庚申<br>21 | 辛酉<br>22 | 壬戌<br>23 | 癸亥<br>24 | | |
| 十一月大 | 庚子 | 天干地支<br>西曆 | 甲子<br>25 | 乙丑<br>26 | 丙寅<br>27 | 丁卯<br>28 | 戊辰<br>29 | 己巳<br>30 | 庚午<br>31 | 辛未<br>(1) | 壬申<br>2 | 癸酉<br>3 | 甲戌<br>4 | 乙亥<br>5 | 丙子<br>6 | 丁丑<br>7 | 戊寅<br>8 | 己卯<br>9 | 庚辰<br>10 | 辛巳<br>11 | 壬午<br>12 | 癸未<br>13 | 甲申<br>14 | 乙酉<br>15 | 丙戌<br>16 | 丁亥<br>17 | 戊子<br>18 | 己丑<br>19 | 庚寅<br>20 | 辛卯<br>21 | 壬辰<br>22 | 癸巳<br>23 | 甲子冬至<br>己卯小寒 |
| 十二月小 | 辛丑 | 天干地支<br>西曆 | 甲午<br>24 | 乙未<br>25 | 丙申<br>26 | 丁酉<br>27 | 戊戌<br>28 | 己亥<br>29 | 庚子<br>30 | 辛丑<br>31 | 壬寅<br>(2) | 癸卯<br>2 | 甲辰<br>3 | 乙巳<br>4 | 丙午<br>5 | 丁未<br>6 | 戊申<br>7 | 己酉<br>8 | 庚戌<br>9 | 辛亥<br>10 | 壬子<br>11 | 癸丑<br>12 | 甲寅<br>13 | 乙卯<br>14 | 丙辰<br>15 | 丁巳<br>16 | 戊午<br>17 | 己未<br>18 | 庚申<br>19 | 辛酉<br>20 | 壬戌<br>21 | | 甲午大寒<br>己酉立春 |
| 正月小 | 壬寅 | 天干地支<br>西曆 | 癸亥<br>22 | 甲子<br>23 | 乙丑<br>24 | 丙寅<br>25 | 丁卯<br>26 | 戊辰<br>27 | 己巳<br>28 | 庚午<br>(3) | 辛未<br>2 | 壬申<br>3 | 癸酉<br>4 | 甲戌<br>5 | 乙亥<br>6 | 丙子<br>7 | 丁丑<br>8 | 戊寅<br>9 | 己卯<br>10 | 庚辰<br>11 | 辛巳<br>12 | 壬午<br>13 | 癸未<br>14 | 甲申<br>15 | 乙酉<br>16 | 丙戌<br>17 | 丁亥<br>18 | 戊子<br>19 | 己丑<br>20 | 庚寅<br>21 | 辛卯<br>22 | | 甲子驚蟄<br>庚辰雨水 |
| 二月大 | 癸卯 | 天干地支<br>西曆 | 壬辰<br>23 | 癸巳<br>24 | 甲午<br>25 | 乙未<br>26 | 丙申<br>27 | 丁酉<br>28 | 戊戌<br>29 | 己亥<br>30 | 庚子<br>31 | 辛丑<br>(4) | 壬寅<br>2 | 癸卯<br>3 | 甲辰<br>4 | 乙巳<br>5 | 丙午<br>6 | 丁未<br>7 | 戊申<br>8 | 己酉<br>9 | 庚戌<br>10 | 辛亥<br>11 | 壬子<br>12 | 癸丑<br>13 | 甲寅<br>14 | 乙卯<br>15 | 丙辰<br>16 | 丁巳<br>17 | 戊午<br>18 | 己未<br>19 | 庚申<br>20 | 辛酉<br>21 | 乙未春分<br>庚戌穀雨 |
| 三月小 | 甲辰 | 天干地支<br>西曆 | 壬戌<br>22 | 癸亥<br>23 | 甲子<br>24 | 乙丑<br>25 | 丙寅<br>26 | 丁卯<br>27 | 戊辰<br>28 | 己巳<br>29 | 庚午<br>30 | 辛未<br>(5) | 壬申<br>2 | 癸酉<br>3 | 甲戌<br>4 | 乙亥<br>5 | 丙子<br>6 | 丁丑<br>7 | 戊寅<br>8 | 己卯<br>9 | 庚辰<br>10 | 辛巳<br>11 | 壬午<br>12 | 癸未<br>13 | 甲申<br>14 | 乙酉<br>15 | 丙戌<br>16 | 丁亥<br>17 | 戊子<br>18 | 己丑<br>19 | 庚寅<br>20 | | 乙丑清明<br>庚辰立夏 |
| 四月大 | 乙巳 | 天干地支<br>西曆 | 辛卯<br>21 | 壬辰<br>22 | 癸巳<br>23 | 甲午<br>24 | 乙未<br>25 | 丙申<br>26 | 丁酉<br>27 | 戊戌<br>28 | 己亥<br>29 | 庚子<br>30 | 辛丑<br>31 | 壬寅<br>(6) | 癸卯<br>2 | 甲辰<br>3 | 乙巳<br>4 | 丙午<br>5 | 丁未<br>6 | 戊申<br>7 | 己酉<br>8 | 庚戌<br>9 | 辛亥<br>10 | 壬子<br>11 | 癸丑<br>12 | 甲寅<br>13 | 乙卯<br>14 | 丙辰<br>15 | 丁巳<br>16 | 戊午<br>17 | 己未<br>18 | 庚申<br>19 | 丙申小滿<br>辛亥芒種 |
| 五月小 | 丙午 | 天干地支<br>西曆 | 辛酉<br>20 | 壬戌<br>21 | 癸亥<br>22 | 甲子<br>23 | 乙丑<br>24 | 丙寅<br>25 | 丁卯<br>26 | 戊辰<br>27 | 己巳<br>28 | 庚午<br>29 | 辛未<br>30 | 壬申<br>(7) | 癸酉<br>2 | 甲戌<br>3 | 乙亥<br>4 | 丙子<br>5 | 丁丑<br>6 | 戊寅<br>7 | 己卯<br>8 | 庚辰<br>9 | 辛巳<br>10 | 壬午<br>11 | 癸未<br>12 | 甲申<br>13 | 乙酉<br>14 | 丙戌<br>15 | 丁亥<br>16 | 戊子<br>17 | 己丑<br>18 | | 丙寅夏至<br>辛巳小暑 |
| 六月大 | 丁未 | 天干地支<br>西曆 | 庚寅<br>19 | 辛卯<br>20 | 壬辰<br>21 | 癸巳<br>22 | 甲午<br>23 | 乙未<br>24 | 丙申<br>25 | 丁酉<br>26 | 戊戌<br>27 | 己亥<br>28 | 庚子<br>29 | 辛丑<br>30 | 壬寅<br>31 | 癸卯<br>(8) | 甲辰<br>2 | 乙巳<br>3 | 丙午<br>4 | 丁未<br>5 | 戊申<br>6 | 己酉<br>7 | 庚戌<br>8 | 辛亥<br>9 | 壬子<br>10 | 癸丑<br>11 | 甲寅<br>12 | 乙卯<br>13 | 丙辰<br>14 | 丁巳<br>15 | 戊午<br>16 | 己未<br>17 | 丁酉大暑<br>壬子立秋<br>庚寅日食 |
| 七月小 | 戊申 | 天干地支<br>西曆 | 庚申<br>18 | 辛酉<br>19 | 壬戌<br>20 | 癸亥<br>21 | 甲子<br>22 | 乙丑<br>23 | 丙寅<br>24 | 丁卯<br>25 | 戊辰<br>26 | 己巳<br>27 | 庚午<br>28 | 辛未<br>29 | 壬申<br>30 | 癸酉<br>31 | 甲戌<br>(9) | 乙亥<br>2 | 丙子<br>3 | 丁丑<br>4 | 戊寅<br>5 | 己卯<br>6 | 庚辰<br>7 | 辛巳<br>8 | 壬午<br>9 | 癸未<br>10 | 甲申<br>11 | 乙酉<br>12 | 丙戌<br>13 | 丁亥<br>14 | 戊子<br>15 | | 丁卯處暑<br>壬午白露 |
| 八月大 | 己酉 | 天干地支<br>西曆 | 己丑<br>16 | 庚寅<br>17 | 辛卯<br>18 | 壬辰<br>19 | 癸巳<br>20 | 甲午<br>21 | 乙未<br>22 | 丙申<br>23 | 丁酉<br>24 | 戊戌<br>25 | 己亥<br>26 | 庚子<br>27 | 辛丑<br>28 | 壬寅<br>29 | 癸卯<br>30 | 甲辰<br>(10) | 乙巳<br>2 | 丙午<br>3 | 丁未<br>4 | 戊申<br>5 | 己酉<br>6 | 庚戌<br>7 | 辛亥<br>8 | 壬子<br>9 | 癸丑<br>10 | 甲寅<br>11 | 乙卯<br>12 | 丙辰<br>13 | 丁巳<br>14 | 戊午<br>15 | 丁酉秋分<br>癸丑寒露 |
| 九月小 | 庚戌 | 天干地支<br>西曆 | 己未<br>16 | 庚申<br>17 | 辛酉<br>18 | 壬戌<br>19 | 癸亥<br>20 | 甲子<br>21 | 乙丑<br>22 | 丙寅<br>23 | 丁卯<br>24 | 戊辰<br>25 | 己巳<br>26 | 庚午<br>27 | 辛未<br>28 | 壬申<br>29 | 癸酉<br>30 | 甲戌<br>31 | 乙亥<br>(11) | 丙子<br>2 | 丁丑<br>3 | 戊寅<br>4 | 己卯<br>5 | 庚辰<br>6 | 辛巳<br>7 | 壬午<br>8 | 癸未<br>9 | 甲申<br>10 | 乙酉<br>11 | 丙戌<br>12 | 丁亥<br>13 | | 戊辰霜降<br>癸未立冬 |
| 十月大 | 壬子 | 天干地支<br>西曆 | 戊子<br>14 | 己丑<br>15 | 庚寅<br>16 | 辛卯<br>17 | 壬辰<br>18 | 癸巳<br>19 | 甲午<br>20 | 乙未<br>21 | 丙申<br>22 | 丁酉<br>23 | 戊戌<br>24 | 己亥<br>25 | 庚子<br>26 | 辛丑<br>27 | 壬寅<br>28 | 癸卯<br>29 | 甲辰<br>30 | 乙巳<br>(12) | 丙午<br>2 | 丁未<br>3 | 戊申<br>4 | 己酉<br>5 | 庚戌<br>6 | 辛亥<br>7 | 壬子<br>8 | 癸丑<br>9 | 甲寅<br>10 | 乙卯<br>11 | 丙辰<br>12 | 丁巳<br>13 | 戊戌小雪<br>甲寅大雪 |
| 十一月小 | 癸丑 | 天干地支<br>西曆 | 戊午<br>14 | 己未<br>15 | 庚申<br>16 | 辛酉<br>17 | 壬戌<br>18 | 癸亥<br>19 | 甲子<br>20 | 乙丑<br>21 | 丙寅<br>22 | 丁卯<br>23 | 戊辰<br>24 | 己巳<br>25 | 庚午<br>26 | 辛未<br>27 | 壬申<br>28 | 癸酉<br>29 | 甲戌<br>30 | 乙亥<br>31 | 丙子<br>(1) | 丁丑<br>2 | 戊寅<br>3 | 己卯<br>4 | 庚辰<br>5 | 辛巳<br>6 | 壬午<br>7 | 癸未<br>8 | 甲申<br>9 | 乙酉<br>10 | 丙戌<br>11 | | 己巳冬至<br>甲申小寒 |
| 十二月大 | 甲寅 | 天干地支<br>西曆 | 丁亥<br>12 | 戊子<br>13 | 己丑<br>14 | 庚寅<br>15 | 辛卯<br>16 | 壬辰<br>17 | 癸巳<br>18 | 甲午<br>19 | 乙未<br>20 | 丙申<br>21 | 丁酉<br>22 | 戊戌<br>23 | 己亥<br>24 | 庚子<br>25 | 辛丑<br>26 | 壬寅<br>27 | 癸卯<br>28 | 甲辰<br>29 | 乙巳<br>30 | 丙午<br>31 | 丁未<br>(2) | 戊申<br>2 | 己酉<br>3 | 庚戌<br>4 | 辛亥<br>5 | 壬子<br>6 | 癸丑<br>7 | 甲寅<br>8 | 乙卯<br>9 | 丙辰<br>10 | 己亥大寒<br>甲寅立春 |

* 五月，頒行《太初曆》，采用夏正，以正月爲歲首，改元太初。故此年有十五個月。

# 漢武帝太初二年（戊寅 虎年） 公元前 **103** ~ 前 102 年

| 夏曆月序 | | 中西曆日對照 | 夏曆日序 | | | | | | | | | | | | | | | | | | | | | | | | | | | | | | 節氣與天象 |
|---|---|---|---|---|---|---|---|---|---|---|---|---|---|---|---|---|---|---|---|---|---|---|---|---|---|---|---|---|---|---|---|---|---|
| | | | 初一 | 初二 | 初三 | 初四 | 初五 | 初六 | 初七 | 初八 | 初九 | 初十 | 十一 | 十二 | 十三 | 十四 | 十五 | 十六 | 十七 | 十八 | 十九 | 二十 | 二一 | 二二 | 二三 | 二四 | 二五 | 二六 | 二七 | 二八 | 二九 | 三十 | |
| 正月小 | 甲寅 | 天干<br>地支<br>西曆 | 丁巳11 | 戊午12 | 己未13 | 庚申14 | 辛酉15 | 壬戌16 | 癸亥17 | 甲子18 | 乙丑19 | 丙寅20 | 丁卯21 | 戊辰22 | 己巳23 | 庚午24 | 辛未25 | 壬申26 | 癸酉27 | 甲戌28 | 乙亥(3) | 丙子2 | 丁丑3 | 戊寅4 | 己卯5 | 庚辰6 | 辛巳7 | 壬午8 | 癸未9 | 甲申10 | 乙酉11 | | 庚午驚蟄<br>乙酉雨水 |
| 二月大 | 乙卯 | 天干<br>地支<br>西曆 | 丙戌12 | 丁亥13 | 戊子14 | 己丑15 | 庚寅16 | 辛卯17 | 壬辰18 | 癸巳19 | 甲午20 | 乙未21 | 丙申22 | 丁酉23 | 戊戌24 | 己亥25 | 庚子26 | 辛丑27 | 壬寅28 | 癸卯29 | 甲辰30 | 乙巳31 | 丙午(4) | 丁未2 | 戊申3 | 己酉4 | 庚戌5 | 辛亥6 | 壬子7 | 癸丑8 | 甲寅9 | 乙卯10 | 庚子春分<br>乙卯穀雨 |
| 三月大 | 丙辰 | 天干<br>地支<br>西曆 | 丙辰11 | 丁巳12 | 戊午13 | 己未14 | 庚申15 | 辛酉16 | 壬戌17 | 癸亥18 | 甲子19 | 乙丑20 | 丙寅21 | 丁卯22 | 戊辰23 | 己巳24 | 庚午25 | 辛未26 | 壬申27 | 癸酉28 | 甲戌29 | 乙亥30 | 丙子(5) | 丁丑2 | 戊寅3 | 己卯4 | 庚辰5 | 辛巳6 | 壬午7 | 癸未8 | 甲申9 | 乙酉10 | 辛未清明 |
| 四月小 | 丁巳 | 天干<br>地支<br>西曆 | 丙戌11 | 丁亥12 | 戊子13 | 己丑14 | 庚寅15 | 辛卯16 | 壬辰17 | 癸巳18 | 甲午19 | 乙未20 | 丙申21 | 丁酉22 | 戊戌23 | 己亥24 | 庚子25 | 辛丑26 | 壬寅27 | 癸卯28 | 甲辰29 | 乙巳30 | 丙午31 | 丁未(6) | 戊申2 | 己酉3 | 庚戌4 | 辛亥5 | 壬子6 | 癸丑7 | 甲寅8 | | 丙戌立夏<br>辛丑小滿 |
| 五月大 | 戊午 | 天干<br>地支<br>西曆 | 乙卯9 | 丙辰10 | 丁巳11 | 戊午12 | 己未13 | 庚申14 | 辛酉15 | 壬戌16 | 癸亥17 | 甲子18 | 乙丑19 | 丙寅20 | 丁卯21 | 戊辰22 | 己巳23 | 庚午24 | 辛未25 | 壬申26 | 癸酉27 | 甲戌28 | 乙亥29 | 丙子30 | 丁丑(7) | 戊寅2 | 己卯3 | 庚辰4 | 辛巳5 | 壬午6 | 癸未7 | 甲申8 | 丙辰芒種<br>辛未夏至 |
| 六月小 | 己未 | 天干<br>地支<br>西曆 | 乙酉9 | 丙戌10 | 丁亥11 | 戊子12 | 己丑13 | 庚寅14 | 辛卯15 | 壬辰16 | 癸巳17 | 甲午18 | 乙未19 | 丙申20 | 丁酉21 | 戊戌22 | 己亥23 | 庚子24 | 辛丑25 | 壬寅26 | 癸卯27 | 甲辰28 | 乙巳29 | 丙午30 | 丁未31 | 戊申(8) | 己酉2 | 庚戌3 | 辛亥4 | 壬子5 | 癸丑6 | | 丁亥小暑<br>壬寅大暑 |
| 七月大 | 庚申 | 天干<br>地支<br>西曆 | 甲寅7 | 乙卯8 | 丙辰9 | 丁巳10 | 戊午11 | 己未12 | 庚申13 | 辛酉14 | 壬戌15 | 癸亥16 | 甲子17 | 乙丑18 | 丙寅19 | 丁卯20 | 戊辰21 | 己巳22 | 庚午23 | 辛未24 | 壬申25 | 癸酉26 | 甲戌27 | 乙亥28 | 丙子29 | 丁丑30 | 戊寅31 | 己卯(9) | 庚辰2 | 辛巳3 | 壬午4 | 癸未5 | 丁巳立秋<br>壬申處暑 |
| 八月小 | 辛酉 | 天干<br>地支<br>西曆 | 甲申6 | 乙酉7 | 丙戌8 | 丁亥9 | 戊子10 | 己丑11 | 庚寅12 | 辛卯13 | 壬辰14 | 癸巳15 | 甲午16 | 乙未17 | 丙申18 | 丁酉19 | 戊戌20 | 己亥21 | 庚子22 | 辛丑23 | 壬寅24 | 癸卯25 | 甲辰26 | 乙巳27 | 丙午28 | 丁未29 | 戊申30 | 己酉(10) | 庚戌2 | 辛亥3 | 壬子4 | | 丁亥白露<br>癸卯秋分 |
| 九月大 | 壬戌 | 天干<br>地支<br>西曆 | 癸丑5 | 甲寅6 | 乙卯7 | 丙辰8 | 丁巳9 | 戊午10 | 己未11 | 庚申12 | 辛酉13 | 壬戌14 | 癸亥15 | 甲子16 | 乙丑17 | 丙寅18 | 丁卯19 | 戊辰20 | 己巳21 | 庚午22 | 辛未23 | 壬申24 | 癸酉25 | 甲戌26 | 乙亥27 | 丙子28 | 丁丑29 | 戊寅30 | 己卯31 | 庚辰(11) | 辛巳2 | 壬午3 | 戊午寒露<br>癸酉霜降 |
| 十月小 | 癸亥 | 天干<br>地支<br>西曆 | 癸未4 | 甲申5 | 乙酉6 | 丙戌7 | 丁亥8 | 戊子9 | 己丑10 | 庚寅11 | 辛卯12 | 壬辰13 | 癸巳14 | 甲午15 | 乙未16 | 丙申17 | 丁酉18 | 戊戌19 | 己亥20 | 庚子21 | 辛丑22 | 壬寅23 | 癸卯24 | 甲辰25 | 乙巳26 | 丙午27 | 丁未28 | 戊申29 | 己酉30 | 庚戌(12) | 辛亥2 | | 戊子立冬<br>甲辰小雪 |
| 十一月大 | 甲子 | 天干<br>地支<br>西曆 | 壬子3 | 癸丑4 | 甲寅5 | 乙卯6 | 丙辰7 | 丁巳8 | 戊午9 | 己未10 | 庚申11 | 辛酉12 | 壬戌13 | 癸亥14 | 甲子15 | 乙丑16 | 丙寅17 | 丁卯18 | 戊辰19 | 己巳20 | 庚午21 | 辛未22 | 壬申23 | 癸酉24 | 甲戌25 | 乙亥26 | 丙子27 | 丁丑28 | 戊寅29 | 己卯30 | 庚辰31 | 辛巳(1) | 己未大雪<br>甲戌冬至<br>壬子日食 |
| 十二月小 | 乙丑 | 天干<br>地支<br>西曆 | 壬午2 | 癸未3 | 甲申4 | 乙酉5 | 丙戌6 | 丁亥7 | 戊子8 | 己丑9 | 庚寅10 | 辛卯11 | 壬辰12 | 癸巳13 | 甲午14 | 乙未15 | 丙申16 | 丁酉17 | 戊戌18 | 己亥19 | 庚子20 | 辛丑21 | 壬寅22 | 癸卯23 | 甲辰24 | 乙巳25 | 丙午26 | 丁未27 | 戊申28 | 己酉29 | 庚戌30 | | 己丑小寒<br>甲辰大寒 |

# 漢武帝太初三年（己卯 兔年） 公元前 **102** ~ 前 101 年

| 夏曆月序 | | 中西曆日對照 | 初一 | 初二 | 初三 | 初四 | 初五 | 初六 | 初七 | 初八 | 初九 | 初十 | 十一 | 十二 | 十三 | 十四 | 十五 | 十六 | 十七 | 十八 | 十九 | 二十 | 二一 | 二二 | 二三 | 二四 | 二五 | 二六 | 二七 | 二八 | 二九 | 三十 | 節氣與天象 |
|---|---|---|---|---|---|---|---|---|---|---|---|---|---|---|---|---|---|---|---|---|---|---|---|---|---|---|---|---|---|---|---|---|---|
| 正月大 | 丙寅 | 天干地支 | 辛亥 | 壬子 | 癸丑 | 甲寅 | 乙卯 | 丙辰 | 丁巳 | 戊午 | 己未 | 庚申 | 辛酉 | 壬戌 | 癸亥 | 甲子 | 乙丑 | 丙寅 | 丁卯 | 戊辰 | 己巳 | 庚午 | 辛未 | 壬申 | 癸酉 | 甲戌 | 乙亥 | 丙子 | 丁丑 | 戊寅 | 己卯 | 庚辰 | 庚申立春 乙亥驚蟄 |
| | | 西曆 | 31 | (2) | 2 | 3 | 4 | 5 | 6 | 7 | 8 | 9 | 10 | 11 | 12 | 13 | 14 | 15 | 16 | 17 | 18 | 19 | 20 | 21 | 22 | 23 | 24 | 25 | 26 | 27 | 28 | (3) | |
| 二月小 | 丁卯 | 天干地支 | 辛巳 | 壬午 | 癸未 | 甲申 | 乙酉 | 丙戌 | 丁亥 | 戊子 | 己丑 | 庚寅 | 辛卯 | 壬辰 | 癸巳 | 甲午 | 乙未 | 丙申 | 丁酉 | 戊戌 | 己亥 | 庚子 | 辛丑 | 壬寅 | 癸卯 | 甲辰 | 乙巳 | 丙午 | 丁未 | 戊申 | 己酉 | | 庚寅雨水 乙巳春分 |
| | | 西曆 | 2 | 3 | 4 | 5 | 6 | 7 | 8 | 9 | 10 | 11 | 12 | 13 | 14 | 15 | 16 | 17 | 18 | 19 | 20 | 21 | 22 | 23 | 24 | 25 | 26 | 27 | 28 | 29 | 30 | | |
| 三月大 | 戊辰 | 天干地支 | 庚戌 | 辛亥 | 壬子 | 癸丑 | 甲寅 | 乙卯 | 丙辰 | 丁巳 | 戊午 | 己未 | 庚申 | 辛酉 | 壬戌 | 癸亥 | 甲子 | 乙丑 | 丙寅 | 丁卯 | 戊辰 | 己巳 | 庚午 | 辛未 | 壬申 | 癸酉 | 甲戌 | 乙亥 | 丙子 | 丁丑 | 戊寅 | 己卯 | 辛酉穀雨 丙子清明 |
| | | 西曆 | 31 | (4) | 2 | 3 | 4 | 5 | 6 | 7 | 8 | 9 | 10 | 11 | 12 | 13 | 14 | 15 | 16 | 17 | 18 | 19 | 20 | 21 | 22 | 23 | 24 | 25 | 26 | 27 | 28 | 29 | |
| 四月小 | 己巳 | 天干地支 | 庚辰 | 辛巳 | 壬午 | 癸未 | 甲申 | 乙酉 | 丙戌 | 丁亥 | 戊子 | 己丑 | 庚寅 | 辛卯 | 壬辰 | 癸巳 | 甲午 | 乙未 | 丙申 | 丁酉 | 戊戌 | 己亥 | 庚子 | 辛丑 | 壬寅 | 癸卯 | 甲辰 | 乙巳 | 丙午 | 丁未 | 戊申 | | 辛卯立夏 丙午小滿 |
| | | 西曆 | 30 | (5) | 2 | 3 | 4 | 5 | 6 | 7 | 8 | 9 | 10 | 11 | 12 | 13 | 14 | 15 | 16 | 17 | 18 | 19 | 20 | 21 | 22 | 23 | 24 | 25 | 26 | 27 | 28 | | |
| 五月大 | 庚午 | 天干地支 | 己酉 | 庚戌 | 辛亥 | 壬子 | 癸丑 | 甲寅 | 乙卯 | 丙辰 | 丁巳 | 戊午 | 己未 | 庚申 | 辛酉 | 壬戌 | 癸亥 | 甲子 | 乙丑 | 丙寅 | 丁卯 | 戊辰 | 己巳 | 庚午 | 辛未 | 壬申 | 癸酉 | 甲戌 | 乙亥 | 丙子 | 丁丑 | 戊寅 | 辛酉芒種 丁丑夏至 |
| | | 西曆 | 29 | 30 | 31 | (6) | 2 | 3 | 4 | 5 | 6 | 7 | 8 | 9 | 10 | 11 | 12 | 13 | 14 | 15 | 16 | 17 | 18 | 19 | 20 | 21 | 22 | 23 | 24 | 25 | 26 | 27 | |
| 六月小 | 辛未 | 天干地支 | 己卯 | 庚辰 | 辛巳 | 壬午 | 癸未 | 甲申 | 乙酉 | 丙戌 | 丁亥 | 戊子 | 己丑 | 庚寅 | 辛卯 | 壬辰 | 癸巳 | 甲午 | 乙未 | 丙申 | 丁酉 | 戊戌 | 己亥 | 庚子 | 辛丑 | 壬寅 | 癸卯 | 甲辰 | 乙巳 | 丙午 | 丁未 | | 壬辰小暑 丁未大暑 |
| | | 西曆 | 28 | 29 | 30 | (7) | 2 | 3 | 4 | 5 | 6 | 7 | 8 | 9 | 10 | 11 | 12 | 13 | 14 | 15 | 16 | 17 | 18 | 19 | 20 | 21 | 22 | 23 | 24 | 25 | 26 | | |
| 閏六月大 | 辛未 | 天干地支 | 戊申 | 己酉 | 庚戌 | 辛亥 | 壬子 | 癸丑 | 甲寅 | 乙卯 | 丙辰 | 丁巳 | 戊午 | 己未 | 庚申 | 辛酉 | 壬戌 | 癸亥 | 甲子 | 乙丑 | 丙寅 | 丁卯 | 戊辰 | 己巳 | 庚午 | 辛未 | 壬申 | 癸酉 | 甲戌 | 乙亥 | 丙子 | 丁丑 | 壬戌立秋 |
| | | 西曆 | 27 | 28 | 29 | 30 | 31 | (8) | 2 | 3 | 4 | 5 | 6 | 7 | 8 | 9 | 10 | 11 | 12 | 13 | 14 | 15 | 16 | 17 | 18 | 19 | 20 | 21 | 22 | 23 | 24 | 25 | |
| 七月大 | 壬申 | 天干地支 | 戊寅 | 己卯 | 庚辰 | 辛巳 | 壬午 | 癸未 | 甲申 | 乙酉 | 丙戌 | 丁亥 | 戊子 | 己丑 | 庚寅 | 辛卯 | 壬辰 | 癸巳 | 甲午 | 乙未 | 丙申 | 丁酉 | 戊戌 | 己亥 | 庚子 | 辛丑 | 壬寅 | 癸卯 | 甲辰 | 乙巳 | 丙午 | 丁未 | 戊寅處暑 癸巳白露 |
| | | 西曆 | 26 | 27 | 28 | 29 | 30 | 31 | (9) | 2 | 3 | 4 | 5 | 6 | 7 | 8 | 9 | 10 | 11 | 12 | 13 | 14 | 15 | 16 | 17 | 18 | 19 | 20 | 21 | 22 | 23 | 24 | |
| 八月小 | 癸酉 | 天干地支 | 戊申 | 己酉 | 庚戌 | 辛亥 | 壬子 | 癸丑 | 甲寅 | 乙卯 | 丙辰 | 丁巳 | 戊午 | 己未 | 庚申 | 辛酉 | 壬戌 | 癸亥 | 甲子 | 乙丑 | 丙寅 | 丁卯 | 戊辰 | 己巳 | 庚午 | 辛未 | 壬申 | 癸酉 | 甲戌 | 乙亥 | 丙子 | | 戊申秋分 癸亥寒露 |
| | | 西曆 | 25 | 26 | 27 | 28 | 29 | 30 | (10) | 2 | 3 | 4 | 5 | 6 | 7 | 8 | 9 | 10 | 11 | 12 | 13 | 14 | 15 | 16 | 17 | 18 | 19 | 20 | 21 | 22 | 23 | | |
| 九月大 | 甲戌 | 天干地支 | 丁丑 | 戊寅 | 己卯 | 庚辰 | 辛巳 | 壬午 | 癸未 | 甲申 | 乙酉 | 丙戌 | 丁亥 | 戊子 | 己丑 | 庚寅 | 辛卯 | 壬辰 | 癸巳 | 甲午 | 乙未 | 丙申 | 丁酉 | 戊戌 | 己亥 | 庚子 | 辛丑 | 壬寅 | 癸卯 | 甲辰 | 乙巳 | 丙午 | 戊寅霜降 甲午立冬 |
| | | 西曆 | 24 | 25 | 26 | 27 | 28 | 29 | 30 | 31 | (11) | 2 | 3 | 4 | 5 | 6 | 7 | 8 | 9 | 10 | 11 | 12 | 13 | 14 | 15 | 16 | 17 | 18 | 19 | 20 | 21 | 22 | |
| 十月小 | 乙亥 | 天干地支 | 丁未 | 戊申 | 己酉 | 庚戌 | 辛亥 | 壬子 | 癸丑 | 甲寅 | 乙卯 | 丙辰 | 丁巳 | 戊午 | 己未 | 庚申 | 辛酉 | 壬戌 | 癸亥 | 甲子 | 乙丑 | 丙寅 | 丁卯 | 戊辰 | 己巳 | 庚午 | 辛未 | 壬申 | 癸酉 | 甲戌 | 乙亥 | | 己酉小雪 甲子大雪 |
| | | 西曆 | 23 | 24 | 25 | 26 | 27 | 28 | 29 | 30 | (12) | 2 | 3 | 4 | 5 | 6 | 7 | 8 | 9 | 10 | 11 | 12 | 13 | 14 | 15 | 16 | 17 | 18 | 19 | 20 | 21 | | |
| 十一月大 | 丙子 | 天干地支 | 丙子 | 丁丑 | 戊寅 | 己卯 | 庚辰 | 辛巳 | 壬午 | 癸未 | 甲申 | 乙酉 | 丙戌 | 丁亥 | 戊子 | 己丑 | 庚寅 | 辛卯 | 壬辰 | 癸巳 | 甲午 | 乙未 | 丙申 | 丁酉 | 戊戌 | 己亥 | 庚子 | 辛丑 | 壬寅 | 癸卯 | 甲辰 | 乙巳 | 己卯冬至 甲午小寒 |
| | | 西曆 | 22 | 23 | 24 | 25 | 26 | 27 | 28 | 29 | 30 | 31 | (1) | 2 | 3 | 4 | 5 | 6 | 7 | 8 | 9 | 10 | 11 | 12 | 13 | 14 | 15 | 16 | 17 | 18 | 19 | 20 | |
| 十二月小 | 丁丑 | 天干地支 | 丙午 | 丁未 | 戊申 | 己酉 | 庚戌 | 辛亥 | 壬子 | 癸丑 | 甲寅 | 乙卯 | 丙辰 | 丁巳 | 戊午 | 己未 | 庚申 | 辛酉 | 壬戌 | 癸亥 | 甲子 | 乙丑 | 丙寅 | 丁卯 | 戊辰 | 己巳 | 庚午 | 辛未 | 壬申 | 癸酉 | 甲戌 | | 庚戌大寒 乙丑立春 |
| | | 西曆 | 21 | 22 | 23 | 24 | 25 | 26 | 27 | 28 | 29 | 30 | 31 | (2) | 2 | 3 | 4 | 5 | 6 | 7 | 8 | 9 | 10 | 11 | 12 | 13 | 14 | 15 | 16 | 17 | 18 | | |

# 漢武帝太初四年（庚辰 龍年） 公元前101 ~ 前100年

| 夏曆月序 | 中西曆日對照 | 初一 | 初二 | 初三 | 初四 | 初五 | 初六 | 初七 | 初八 | 初九 | 初十 | 十一 | 十二 | 十三 | 十四 | 十五 | 十六 | 十七 | 十八 | 十九 | 二十 | 二一 | 二二 | 二三 | 二四 | 二五 | 二六 | 二七 | 二八 | 二九 | 三十 | 節氣與天象 |
|---|---|---|---|---|---|---|---|---|---|---|---|---|---|---|---|---|---|---|---|---|---|---|---|---|---|---|---|---|---|---|---|---|
| 正月大 戊寅 | 天干地支 | 乙亥 | 丙子 | 丁丑 | 戊寅 | 己卯 | 庚辰 | 辛巳 | 壬午 | 癸未 | 甲申 | 乙酉 | 丙戌 | 丁亥 | 戊子 | 己丑 | 庚寅 | 辛卯 | 壬辰 | 癸巳 | 甲午 | 乙未 | 丙申 | 丁酉 | 戊戌 | 己亥 | 庚子 | 辛丑 | 壬寅 | 癸卯 | 甲辰 | 庚辰驚蟄<br>乙未雨水 |
| | 西曆 | 19 | 20 | 21 | 22 | 23 | 24 | 25 | 26 | 27 | 28 | 29 | (3) | 2 | 3 | 4 | 5 | 6 | 7 | 8 | 9 | 10 | 11 | 12 | 13 | 14 | 15 | 16 | 17 | 18 | 19 | |
| 二月小 己卯 | 天干地支 | 乙巳 | 丙午 | 丁未 | 戊申 | 己酉 | 庚戌 | 辛亥 | 壬子 | 癸丑 | 甲寅 | 乙卯 | 丙辰 | 丁巳 | 戊午 | 己未 | 庚申 | 辛酉 | 壬戌 | 癸亥 | 甲子 | 乙丑 | 丙寅 | 丁卯 | 戊辰 | 己巳 | 庚午 | 辛未 | 壬申 | 癸酉 | | 辛亥春分<br>丙寅穀雨 |
| | 西曆 | 20 | 21 | 22 | 23 | 24 | 25 | 26 | 27 | 28 | 29 | 30 | 31 | (4) | 2 | 3 | 4 | 5 | 6 | 7 | 8 | 9 | 10 | 11 | 12 | 13 | 14 | 15 | 16 | 17 | | |
| 三月大 庚辰 | 天干地支 | 甲戌 | 乙亥 | 丙子 | 丁丑 | 戊寅 | 己卯 | 庚辰 | 辛巳 | 壬午 | 癸未 | 甲申 | 乙酉 | 丙戌 | 丁亥 | 戊子 | 己丑 | 庚寅 | 辛卯 | 壬辰 | 癸巳 | 甲午 | 乙未 | 丙申 | 丁酉 | 戊戌 | 己亥 | 庚子 | 辛丑 | 壬寅 | 癸卯 | 辛巳清明<br>丙申立夏<br>癸卯日食 |
| | 西曆 | 18 | 19 | 20 | 21 | 22 | 23 | 24 | 25 | 26 | 27 | 28 | 29 | 30 | (5) | 2 | 3 | 4 | 5 | 6 | 7 | 8 | 9 | 10 | 11 | 12 | 13 | 14 | 15 | 16 | 17 | |
| 四月小 辛巳 | 天干地支 | 甲辰 | 乙巳 | 丙午 | 丁未 | 戊申 | 己酉 | 庚戌 | 辛亥 | 壬子 | 癸丑 | 甲寅 | 乙卯 | 丙辰 | 丁巳 | 戊午 | 己未 | 庚申 | 辛酉 | 壬戌 | 癸亥 | 甲子 | 乙丑 | 丙寅 | 丁卯 | 戊辰 | 己巳 | 庚午 | 辛未 | 壬申 | | 辛亥小滿<br>丁卯芒種 |
| | 西曆 | 18 | 19 | 20 | 21 | 22 | 23 | 24 | 25 | 26 | 27 | 28 | 29 | 30 | 31 | (6) | 2 | 3 | 4 | 5 | 6 | 7 | 8 | 9 | 10 | 11 | 12 | 13 | 14 | 15 | | |
| 五月大 壬午 | 天干地支 | 癸酉 | 甲戌 | 乙亥 | 丙子 | 丁丑 | 戊寅 | 己卯 | 庚辰 | 辛巳 | 壬午 | 癸未 | 甲申 | 乙酉 | 丙戌 | 丁亥 | 戊子 | 己丑 | 庚寅 | 辛卯 | 壬辰 | 癸巳 | 甲午 | 乙未 | 丙申 | 丁酉 | 戊戌 | 己亥 | 庚子 | 辛丑 | 壬寅 | 壬午夏至<br>丁酉小暑 |
| | 西曆 | 16 | 17 | 18 | 19 | 20 | 21 | 22 | 23 | 24 | 25 | 26 | 27 | 28 | 29 | 30 | (7) | 2 | 3 | 4 | 5 | 6 | 7 | 8 | 9 | 10 | 11 | 12 | 13 | 14 | 15 | |
| 六月小 癸未 | 天干地支 | 癸卯 | 甲辰 | 乙巳 | 丙午 | 丁未 | 戊申 | 己酉 | 庚戌 | 辛亥 | 壬子 | 癸丑 | 甲寅 | 乙卯 | 丙辰 | 丁巳 | 戊午 | 己未 | 庚申 | 辛酉 | 壬戌 | 癸亥 | 甲子 | 乙丑 | 丙寅 | 丁卯 | 戊辰 | 己巳 | 庚午 | 辛未 | | 壬子大暑<br>戊辰立秋 |
| | 西曆 | 16 | 17 | 18 | 19 | 20 | 21 | 22 | 23 | 24 | 25 | 26 | 27 | 28 | 29 | 30 | 31 | (8) | 2 | 3 | 4 | 5 | 6 | 7 | 8 | 9 | 10 | 11 | 12 | 13 | | |
| 七月大 甲申 | 天干地支 | 壬申 | 癸酉 | 甲戌 | 乙亥 | 丙子 | 丁丑 | 戊寅 | 己卯 | 庚辰 | 辛巳 | 壬午 | 癸未 | 甲申 | 乙酉 | 丙戌 | 丁亥 | 戊子 | 己丑 | 庚寅 | 辛卯 | 壬辰 | 癸巳 | 甲午 | 乙未 | 丙申 | 丁酉 | 戊戌 | 己亥 | 庚子 | 辛丑 | 癸未處暑<br>戊戌白露 |
| | 西曆 | 14 | 15 | 16 | 17 | 18 | 19 | 20 | 21 | 22 | 23 | 24 | 25 | 26 | 27 | 28 | 29 | 30 | 31 | (9) | 2 | 3 | 4 | 5 | 6 | 7 | 8 | 9 | 10 | 11 | 12 | |
| 八月小 乙酉 | 天干地支 | 壬寅 | 癸卯 | 甲辰 | 乙巳 | 丙午 | 丁未 | 戊申 | 己酉 | 庚戌 | 辛亥 | 壬子 | 癸丑 | 甲寅 | 乙卯 | 丙辰 | 丁巳 | 戊午 | 己未 | 庚申 | 辛酉 | 壬戌 | 癸亥 | 甲子 | 乙丑 | 丙寅 | 丁卯 | 戊辰 | 己巳 | 庚午 | | 癸丑秋分<br>戊辰寒露 |
| | 西曆 | 13 | 14 | 15 | 16 | 17 | 18 | 19 | 20 | 21 | 22 | 23 | 24 | 25 | 26 | 27 | 28 | 29 | 30 | (10) | 2 | 3 | 4 | 5 | 6 | 7 | 8 | 9 | 10 | 11 | | |
| 九月大 丙戌 | 天干地支 | 辛未 | 壬申 | 癸酉 | 甲戌 | 乙亥 | 丙子 | 丁丑 | 戊寅 | 己卯 | 庚辰 | 辛巳 | 壬午 | 癸未 | 甲申 | 乙酉 | 丙戌 | 丁亥 | 戊子 | 己丑 | 庚寅 | 辛卯 | 壬辰 | 癸巳 | 甲午 | 乙未 | 丙申 | 丁酉 | 戊戌 | 己亥 | 庚子 | 甲申霜降<br>己亥立冬 |
| | 西曆 | 12 | 13 | 14 | 15 | 16 | 17 | 18 | 19 | 20 | 21 | 22 | 23 | 24 | 25 | 26 | 27 | 28 | 29 | 30 | 31 | (11) | 2 | 3 | 4 | 5 | 6 | 7 | 8 | 9 | 10 | |
| 十月大 丁亥 | 天干地支 | 辛丑 | 壬寅 | 癸卯 | 甲辰 | 乙巳 | 丙午 | 丁未 | 戊申 | 己酉 | 庚戌 | 辛亥 | 壬子 | 癸丑 | 甲寅 | 乙卯 | 丙辰 | 丁巳 | 戊午 | 己未 | 庚申 | 辛酉 | 壬戌 | 癸亥 | 甲子 | 乙丑 | 丙寅 | 丁卯 | 戊辰 | 己巳 | 庚午 | 甲寅小雪<br>己巳大雪 |
| | 西曆 | 11 | 12 | 13 | 14 | 15 | 16 | 17 | 18 | 19 | 20 | 21 | 22 | 23 | 24 | 25 | 26 | 27 | 28 | 29 | 30 | (12) | 2 | 3 | 4 | 5 | 6 | 7 | 8 | 9 | 10 | |
| 十一月小 戊子 | 天干地支 | 辛未 | 壬申 | 癸酉 | 甲戌 | 乙亥 | 丙子 | 丁丑 | 戊寅 | 己卯 | 庚辰 | 辛巳 | 壬午 | 癸未 | 甲申 | 乙酉 | 丙戌 | 丁亥 | 戊子 | 己丑 | 庚寅 | 辛卯 | 壬辰 | 癸巳 | 甲午 | 乙未 | 丙申 | 丁酉 | 戊戌 | 己亥 | | 乙酉冬至 |
| | 西曆 | 11 | 12 | 13 | 14 | 15 | 16 | 17 | 18 | 19 | 20 | 21 | 22 | 23 | 24 | 25 | 26 | 27 | 28 | 29 | 30 | 31 | (1) | 2 | 3 | 4 | 5 | 6 | 7 | 8 | | |
| 十二月大 己丑 | 天干地支 | 庚子 | 辛丑 | 壬寅 | 癸卯 | 甲辰 | 乙巳 | 丙午 | 丁未 | 戊申 | 己酉 | 庚戌 | 辛亥 | 壬子 | 癸丑 | 甲寅 | 乙卯 | 丙辰 | 丁巳 | 戊午 | 己未 | 庚申 | 辛酉 | 壬戌 | 癸亥 | 甲子 | 乙丑 | 丙寅 | 丁卯 | 戊辰 | 己巳 | 庚子小寒<br>乙卯大寒 |
| | 西曆 | 9 | 10 | 11 | 12 | 13 | 14 | 15 | 16 | 17 | 18 | 19 | 20 | 21 | 22 | 23 | 24 | 25 | 26 | 27 | 28 | 29 | 30 | 31 | (2) | 2 | 3 | 4 | 5 | 6 | 7 | |

# 漢武帝天漢元年（辛巳 蛇年） 公元前100 ~ 前99年

| 夏曆月序 | | 中西曆日對照 | 夏曆日序 | | | | | | | | | | | | | | | | | | | | | | | | | | | | | 節氣與天象 |
|---|---|---|---|---|---|---|---|---|---|---|---|---|---|---|---|---|---|---|---|---|---|---|---|---|---|---|---|---|---|---|---|---|
| | | | 初一 | 初二 | 初三 | 初四 | 初五 | 初六 | 初七 | 初八 | 初九 | 初十 | 十一 | 十二 | 十三 | 十四 | 十五 | 十六 | 十七 | 十八 | 十九 | 二十 | 二一 | 二二 | 二三 | 二四 | 二五 | 二六 | 二七 | 二八 | 二九 | 三十 | |
| 正月小 | 庚寅 | 天干支<br>地西曆 | 庚午8 | 辛未9 | 壬申10 | 癸酉11 | 甲戌12 | 乙亥13 | 丙子14 | 丁丑15 | 戊寅16 | 己卯17 | 庚辰18 | 辛巳19 | 壬午20 | 癸未21 | 甲申22 | 乙酉23 | 丙戌24 | 丁亥25 | 戊子26 | 己丑27 | 庚寅28 | 辛卯(3) | 壬辰2 | 癸巳3 | 甲午4 | 乙未5 | 丙申6 | 丁酉7 | 戊戌8 | | 庚午立春<br>乙酉驚蟄 |
| 二月大 | 辛卯 | 天干支<br>地西曆 | 己亥9 | 庚子10 | 辛丑11 | 壬寅12 | 癸卯13 | 甲辰14 | 乙巳15 | 丙午16 | 丁未17 | 戊申18 | 己酉19 | 庚戌20 | 辛亥21 | 壬子22 | 癸丑23 | 甲寅24 | 乙卯25 | 丙辰26 | 丁巳27 | 戊午28 | 己未29 | 庚申30 | 辛酉31 | 壬戌(4) | 癸亥2 | 甲子3 | 乙丑4 | 丙寅5 | 丁卯6 | 戊辰7 | 辛丑雨水<br>丙辰春分 |
| 三月小 | 壬辰 | 天干支<br>地西曆 | 己巳8 | 庚午9 | 辛未10 | 壬申11 | 癸酉12 | 甲戌13 | 乙亥14 | 丙子15 | 丁丑16 | 戊寅17 | 己卯18 | 庚辰19 | 辛巳20 | 壬午21 | 癸未22 | 甲申23 | 乙酉24 | 丙戌25 | 丁亥26 | 戊子27 | 己丑28 | 庚寅29 | 辛卯30 | 壬辰(5) | 癸巳2 | 甲午3 | 乙未4 | 丙申5 | 丁酉6 | | 辛未穀雨<br>丙戌清明 |
| 四月大 | 癸巳 | 天干支<br>地西曆 | 戊戌7 | 己亥8 | 庚子9 | 辛丑10 | 壬寅11 | 癸卯12 | 甲辰13 | 乙巳14 | 丙午15 | 丁未16 | 戊申17 | 己酉18 | 庚戌19 | 辛亥20 | 壬子21 | 癸丑22 | 甲寅23 | 乙卯24 | 丙辰25 | 丁巳26 | 戊午27 | 己未28 | 庚申29 | 辛酉30 | 壬戌31 | 癸亥(6) | 甲子2 | 乙丑3 | 丙寅4 | 丁卯5 | 辛丑立夏<br>丁巳小滿 |
| 五月小 | 甲午 | 天干支<br>地西曆 | 戊辰6 | 己巳7 | 庚午8 | 辛未9 | 壬申10 | 癸酉11 | 甲戌12 | 乙亥13 | 丙子14 | 丁丑15 | 戊寅16 | 己卯17 | 庚辰18 | 辛巳19 | 壬午20 | 癸未21 | 甲申22 | 乙酉23 | 丙戌24 | 丁亥25 | 戊子26 | 己丑27 | 庚寅28 | 辛卯29 | 壬辰30 | 癸巳(7) | 甲午2 | 乙未3 | 丙申4 | | 壬申芒種<br>丁亥夏至 |
| 六月大 | 乙未 | 天干支<br>地西曆 | 丁酉5 | 戊戌6 | 己亥7 | 庚子8 | 辛丑9 | 壬寅10 | 癸卯11 | 甲辰12 | 乙巳13 | 丙午14 | 丁未15 | 戊申16 | 己酉17 | 庚戌18 | 辛亥19 | 壬子20 | 癸丑21 | 甲寅22 | 乙卯23 | 丙辰24 | 丁巳25 | 戊午26 | 己未27 | 庚申28 | 辛酉29 | 壬戌30 | 癸亥31 | 甲子(8) | 乙丑2 | 丙寅3 | 壬寅小暑<br>戊午大暑 |
| 七月小 | 丙申 | 天干支<br>地西曆 | 丁卯4 | 戊辰5 | 己巳6 | 庚午7 | 辛未8 | 壬申9 | 癸酉10 | 甲戌11 | 乙亥12 | 丙子13 | 丁丑14 | 戊寅15 | 己卯16 | 庚辰17 | 辛巳18 | 壬午19 | 癸未20 | 甲申21 | 乙酉22 | 丙戌23 | 丁亥24 | 戊子25 | 己丑26 | 庚寅27 | 辛卯28 | 壬辰29 | 癸巳30 | 甲午31 | 乙未(9) | | 癸酉立秋<br>戊子處暑 |
| 八月大 | 丁酉 | 天干支<br>地西曆 | 丙申2 | 丁酉3 | 戊戌4 | 己亥5 | 庚子6 | 辛丑7 | 壬寅8 | 癸卯9 | 甲辰10 | 乙巳11 | 丙午12 | 丁未13 | 戊申14 | 己酉15 | 庚戌16 | 辛亥17 | 壬子18 | 癸丑19 | 甲寅20 | 乙卯21 | 丙辰22 | 丁巳23 | 戊午24 | 己未25 | 庚申26 | 辛酉27 | 壬戌28 | 癸亥29 | 甲子30 | 乙丑(10) | 癸卯白露<br>戊午秋分 |
| 九月小 | 戊戌 | 天干支<br>地西曆 | 丙寅2 | 丁卯3 | 戊辰4 | 己巳5 | 庚午6 | 辛未7 | 壬申8 | 癸酉9 | 甲戌10 | 乙亥11 | 丙子12 | 丁丑13 | 戊寅14 | 己卯15 | 庚辰16 | 辛巳17 | 壬午18 | 癸未19 | 甲申20 | 乙酉21 | 丙戌22 | 丁亥23 | 戊子24 | 己丑25 | 庚寅26 | 辛卯27 | 壬辰28 | 癸巳29 | 甲午30 | | 甲戌寒露<br>己丑霜降 |
| 十月大 | 己亥 | 天干支<br>地西曆 | 乙未31 | 丙申(11) | 丁酉2 | 戊戌3 | 己亥4 | 庚子5 | 辛丑6 | 壬寅7 | 癸卯8 | 甲辰9 | 乙巳10 | 丙午11 | 丁未12 | 戊申13 | 己酉14 | 庚戌15 | 辛亥16 | 壬子17 | 癸丑18 | 甲寅19 | 乙卯20 | 丙辰21 | 丁巳22 | 戊午23 | 己未24 | 庚申25 | 辛酉26 | 壬戌27 | 癸亥28 | 甲子29 | 甲辰立冬<br>己未小雪 |
| 十一月小 | 庚子 | 天干支<br>地西曆 | 乙丑30 | 丙寅(12) | 丁卯2 | 戊辰3 | 己巳4 | 庚午5 | 辛未6 | 壬申7 | 癸酉8 | 甲戌9 | 乙亥10 | 丙子11 | 丁丑12 | 戊寅13 | 己卯14 | 庚辰15 | 辛巳16 | 壬午17 | 癸未18 | 甲申19 | 乙酉20 | 丙戌21 | 丁亥22 | 戊子23 | 己丑24 | 庚寅25 | 辛卯26 | 壬辰27 | 癸巳28 | | 乙亥大雪<br>庚寅冬至 |
| 十二月大 | 辛丑 | 天干支<br>地西曆 | 甲午29 | 乙未30 | 丙申31 | 丁酉(1) | 戊戌2 | 己亥3 | 庚子4 | 辛丑5 | 壬寅6 | 癸卯7 | 甲辰8 | 乙巳9 | 丙午10 | 丁未11 | 戊申12 | 己酉13 | 庚戌14 | 辛亥15 | 壬子16 | 癸丑17 | 甲寅18 | 乙卯19 | 丙辰20 | 丁巳21 | 戊午22 | 己未23 | 庚申24 | 辛酉25 | 壬戌26 | 癸亥27 | 乙巳小寒<br>庚申大寒 |

* 正月，改元天漢。

# 漢武帝天漢二年（壬午 馬年） 公元前 99 ~ 前 98 年

| 夏曆月序 | | 中西曆日對照 | 初一 | 初二 | 初三 | 初四 | 初五 | 初六 | 初七 | 初八 | 初九 | 初十 | 十一 | 十二 | 十三 | 十四 | 十五 | 十六 | 十七 | 十八 | 十九 | 二十 | 二一 | 二二 | 二三 | 二四 | 二五 | 二六 | 二七 | 二八 | 二九 | 三十 | 節氣與天象 |
|---|---|---|---|---|---|---|---|---|---|---|---|---|---|---|---|---|---|---|---|---|---|---|---|---|---|---|---|---|---|---|---|---|---|
| 正月小 | 壬寅 | 天干地支<br>西曆 | 甲子<br>28 | 乙丑<br>29 | 丙寅<br>30 | 丁卯<br>31 | 戊辰<br>(2) | 己巳<br>2 | 庚午<br>3 | 辛未<br>4 | 壬申<br>5 | 癸酉<br>6 | 甲戌<br>7 | 乙亥<br>8 | 丙子<br>9 | 丁丑<br>10 | 戊寅<br>11 | 己卯<br>12 | 庚辰<br>13 | 辛巳<br>14 | 壬午<br>15 | 癸未<br>16 | 甲申<br>17 | 乙酉<br>18 | 丙戌<br>19 | 丁亥<br>20 | 戊子<br>21 | 己丑<br>22 | 庚寅<br>23 | 辛卯<br>24 | 壬辰<br>25 | | 乙亥立春<br>辛卯驚蟄 |
| 二月大 | 癸卯 | 天干地支<br>西曆 | 癸巳<br>26 | 甲午<br>27 | 乙未<br>28 | 丙申<br>(3) | 丁酉<br>2 | 戊戌<br>3 | 己亥<br>4 | 庚子<br>5 | 辛丑<br>6 | 壬寅<br>7 | 癸卯<br>8 | 甲辰<br>9 | 乙巳<br>10 | 丙午<br>11 | 丁未<br>12 | 戊申<br>13 | 己酉<br>14 | 庚戌<br>15 | 辛亥<br>16 | 壬子<br>17 | 癸丑<br>18 | 甲寅<br>19 | 乙卯<br>20 | 丙辰<br>21 | 丁巳<br>22 | 戊午<br>23 | 己未<br>24 | 庚申<br>25 | 辛酉<br>26 | 壬戌<br>27 | 丙午雨水<br>辛酉春分 |
| 三月大 | 甲辰 | 天干地支<br>西曆 | 癸亥<br>28 | 甲子<br>29 | 乙丑<br>30 | 丙寅<br>31 | 丁卯<br>(4) | 戊辰<br>2 | 己巳<br>3 | 庚午<br>4 | 辛未<br>5 | 壬申<br>6 | 癸酉<br>7 | 甲戌<br>8 | 乙亥<br>9 | 丙子<br>10 | 丁丑<br>11 | 戊寅<br>12 | 己卯<br>13 | 庚辰<br>14 | 辛巳<br>15 | 壬午<br>16 | 癸未<br>17 | 甲申<br>18 | 乙酉<br>19 | 丙戌<br>20 | 丁亥<br>21 | 戊子<br>22 | 己丑<br>23 | 庚寅<br>24 | 辛卯<br>25 | 壬辰<br>26 | 丙子穀雨<br>壬辰清明 |
| 閏三月小 | 甲辰 | 天干地支<br>西曆 | 癸巳<br>27 | 甲午<br>28 | 乙未<br>29 | 丙申<br>30 | 丁酉<br>(5) | 戊戌<br>2 | 己亥<br>3 | 庚子<br>4 | 辛丑<br>5 | 壬寅<br>6 | 癸卯<br>7 | 甲辰<br>8 | 乙巳<br>9 | 丙午<br>10 | 丁未<br>11 | 戊申<br>12 | 己酉<br>13 | 庚戌<br>14 | 辛亥<br>15 | 壬子<br>16 | 癸丑<br>17 | 甲寅<br>18 | 乙卯<br>19 | 丙辰<br>20 | 丁巳<br>21 | 戊午<br>22 | 己未<br>23 | 庚申<br>24 | 辛酉<br>25 | | 丁未立夏 |
| 四月大 | 乙巳 | 天干地支<br>西曆 | 壬戌<br>26 | 癸亥<br>27 | 甲子<br>28 | 乙丑<br>29 | 丙寅<br>30 | 丁卯<br>31 | 戊辰<br>(6) | 己巳<br>2 | 庚午<br>3 | 辛未<br>4 | 壬申<br>5 | 癸酉<br>6 | 甲戌<br>7 | 乙亥<br>8 | 丙子<br>9 | 丁丑<br>10 | 戊寅<br>11 | 己卯<br>12 | 庚辰<br>13 | 辛巳<br>14 | 壬午<br>15 | 癸未<br>16 | 甲申<br>17 | 乙酉<br>18 | 丙戌<br>19 | 丁亥<br>20 | 戊子<br>21 | 己丑<br>22 | 庚寅<br>23 | 辛卯<br>24 | 壬戌小滿<br>丁丑芒種 |
| 五月小 | 丙午 | 天干地支<br>西曆 | 壬辰<br>25 | 癸巳<br>26 | 甲午<br>27 | 乙未<br>28 | 丙申<br>29 | 丁酉<br>30 | 戊戌<br>(7) | 己亥<br>2 | 庚子<br>3 | 辛丑<br>4 | 壬寅<br>5 | 癸卯<br>6 | 甲辰<br>7 | 乙巳<br>8 | 丙午<br>9 | 丁未<br>10 | 戊申<br>11 | 己酉<br>12 | 庚戌<br>13 | 辛亥<br>14 | 壬子<br>15 | 癸丑<br>16 | 甲寅<br>17 | 乙卯<br>18 | 丙辰<br>19 | 丁巳<br>20 | 戊午<br>21 | 己未<br>22 | 庚申<br>23 | | 壬辰夏至<br>戊申小暑 |
| 六月大 | 丁未 | 天干地支<br>西曆 | 辛酉<br>24 | 壬戌<br>25 | 癸亥<br>26 | 甲子<br>27 | 乙丑<br>28 | 丙寅<br>29 | 丁卯<br>30 | 戊辰<br>31 | 己巳<br>(8) | 庚午<br>2 | 辛未<br>3 | 壬申<br>4 | 癸酉<br>5 | 甲戌<br>6 | 乙亥<br>7 | 丙子<br>8 | 丁丑<br>9 | 戊寅<br>10 | 己卯<br>11 | 庚辰<br>12 | 辛巳<br>13 | 壬午<br>14 | 癸未<br>15 | 甲申<br>16 | 乙酉<br>17 | 丙戌<br>18 | 丁亥<br>19 | 戊子<br>20 | 己丑<br>21 | 庚寅<br>22 | 癸亥大暑<br>戊寅立秋 |
| 七月小 | 戊申 | 天干地支<br>西曆 | 辛卯<br>23 | 壬辰<br>24 | 癸巳<br>25 | 甲午<br>26 | 乙未<br>27 | 丙申<br>28 | 丁酉<br>29 | 戊戌<br>30 | 己亥<br>31 | 庚子<br>(9) | 辛丑<br>2 | 壬寅<br>3 | 癸卯<br>4 | 甲辰<br>5 | 乙巳<br>6 | 丙午<br>7 | 丁未<br>8 | 戊申<br>9 | 己酉<br>10 | 庚戌<br>11 | 辛亥<br>12 | 壬子<br>13 | 癸丑<br>14 | 甲寅<br>15 | 乙卯<br>16 | 丙辰<br>17 | 丁巳<br>18 | 戊午<br>19 | 己未<br>20 | | 癸巳處暑<br>戊申白露 |
| 八月大 | 己酉 | 天干地支<br>西曆 | 庚申<br>21 | 辛酉<br>22 | 壬戌<br>23 | 癸亥<br>24 | 甲子<br>25 | 乙丑<br>26 | 丙寅<br>27 | 丁卯<br>28 | 戊辰<br>29 | 己巳<br>30 | 庚午<br>(10) | 辛未<br>2 | 壬申<br>3 | 癸酉<br>4 | 甲戌<br>5 | 乙亥<br>6 | 丙子<br>7 | 丁丑<br>8 | 戊寅<br>9 | 己卯<br>10 | 庚辰<br>11 | 辛巳<br>12 | 壬午<br>13 | 癸未<br>14 | 甲申<br>15 | 乙酉<br>16 | 丙戌<br>17 | 丁亥<br>18 | 戊子<br>19 | 己丑<br>20 | 甲子秋分<br>己卯寒露 |
| 九月小 | 庚戌 | 天干地支<br>西曆 | 庚寅<br>21 | 辛卯<br>22 | 壬辰<br>23 | 癸巳<br>24 | 甲午<br>25 | 乙未<br>26 | 丙申<br>27 | 丁酉<br>28 | 戊戌<br>29 | 己亥<br>30 | 庚子<br>31 | 辛丑<br>(11) | 壬寅<br>2 | 癸卯<br>3 | 甲辰<br>4 | 乙巳<br>5 | 丙午<br>6 | 丁未<br>7 | 戊申<br>8 | 己酉<br>9 | 庚戌<br>10 | 辛亥<br>11 | 壬子<br>12 | 癸丑<br>13 | 甲寅<br>14 | 乙卯<br>15 | 丙辰<br>16 | 丁巳<br>17 | 戊午<br>18 | | 甲午霜降<br>己酉立冬 |
| 十月大 | 辛亥 | 天干地支<br>西曆 | 己未<br>19 | 庚申<br>20 | 辛酉<br>21 | 壬戌<br>22 | 癸亥<br>23 | 甲子<br>24 | 乙丑<br>25 | 丙寅<br>26 | 丁卯<br>27 | 戊辰<br>28 | 己巳<br>29 | 庚午<br>30 | 辛未<br>(12) | 壬申<br>2 | 癸酉<br>3 | 甲戌<br>4 | 乙亥<br>5 | 丙子<br>6 | 丁丑<br>7 | 戊寅<br>8 | 己卯<br>9 | 庚辰<br>10 | 辛巳<br>11 | 壬午<br>12 | 癸未<br>13 | 甲申<br>14 | 乙酉<br>15 | 丙戌<br>16 | 丁亥<br>17 | 戊子<br>18 | 乙丑小雪<br>庚辰大雪 |
| 十一月小 | 壬子 | 天干地支<br>西曆 | 己丑<br>19 | 庚寅<br>20 | 辛卯<br>21 | 壬辰<br>22 | 癸巳<br>23 | 甲午<br>24 | 乙未<br>25 | 丙申<br>26 | 丁酉<br>27 | 戊戌<br>28 | 己亥<br>29 | 庚子<br>30 | 辛丑<br>31 | 壬寅<br>(1) | 癸卯<br>2 | 甲辰<br>3 | 乙巳<br>4 | 丙午<br>5 | 丁未<br>6 | 戊申<br>7 | 己酉<br>8 | 庚戌<br>9 | 辛亥<br>10 | 壬子<br>11 | 癸丑<br>12 | 甲寅<br>13 | 乙卯<br>14 | 丙辰<br>15 | 丁巳<br>16 | | 乙未冬至<br>庚戌小寒 |
| 十二月大 | 癸丑 | 天干地支<br>西曆 | 戊午<br>17 | 己未<br>18 | 庚申<br>19 | 辛酉<br>20 | 壬戌<br>21 | 癸亥<br>22 | 甲子<br>23 | 乙丑<br>24 | 丙寅<br>25 | 丁卯<br>26 | 戊辰<br>27 | 己巳<br>28 | 庚午<br>29 | 辛未<br>30 | 壬申<br>31 | 癸酉<br>(2) | 甲戌<br>2 | 乙亥<br>3 | 丙子<br>4 | 丁丑<br>5 | 戊寅<br>6 | 己卯<br>7 | 庚辰<br>8 | 辛巳<br>9 | 壬午<br>10 | 癸未<br>11 | 甲申<br>12 | 乙酉<br>13 | 丙戌<br>14 | 丁亥<br>15 | 乙丑大寒<br>辛巳立春 |

## 漢武帝天漢三年（癸未 羊年） 公元前98～前97年

| 夏曆月序 | | 中西曆日對照 | 夏曆日序 | | | | | | | | | | | | | | | | | | | | | | | | | | | | | 節氣與天象 |
|---|---|---|---|---|---|---|---|---|---|---|---|---|---|---|---|---|---|---|---|---|---|---|---|---|---|---|---|---|---|---|---|---|
| | | | 初一 | 初二 | 初三 | 初四 | 初五 | 初六 | 初七 | 初八 | 初九 | 初十 | 十一 | 十二 | 十三 | 十四 | 十五 | 十六 | 十七 | 十八 | 十九 | 二十 | 二一 | 二二 | 二三 | 二四 | 二五 | 二六 | 二七 | 二八 | 二九 | 三十 | |
| 正月小 | 甲寅 | 干支 | 戊子 | 己丑 | 庚寅 | 辛卯 | 壬辰 | 癸巳 | 甲午 | 乙未 | 丙申 | 丁酉 | 戊戌 | 己亥 | 庚子 | 辛丑 | 壬寅 | 癸卯 | 甲辰 | 乙巳 | 丙午 | 丁未 | 戊申 | 己酉 | 庚戌 | 辛亥 | 壬子 | 癸丑 | 甲寅 | 乙卯 | 丙辰 | | 丙申驚蟄 辛亥雨水 |
| | | 天地西曆 | 16 | 17 | 18 | 19 | 20 | 21 | 22 | 23 | 24 | 25 | 26 | 27 | 28 | (3) | 2 | 3 | 4 | 5 | 6 | 7 | 8 | 9 | 10 | 11 | 12 | 13 | 14 | 15 | 16 | | |
| 二月大 | 乙卯 | 干支 | 丁巳 | 戊午 | 己未 | 庚申 | 辛酉 | 壬戌 | 癸亥 | 甲子 | 乙丑 | 丙寅 | 丁卯 | 戊辰 | 己巳 | 庚午 | 辛未 | 壬申 | 癸酉 | 甲戌 | 乙亥 | 丙子 | 丁丑 | 戊寅 | 己卯 | 庚辰 | 辛巳 | 壬午 | 癸未 | 甲申 | 乙酉 | 丙戌 | 丙寅春分 壬午穀雨 |
| | | 天地西曆 | 17 | 18 | 19 | 20 | 21 | 22 | 23 | 24 | 25 | 26 | 27 | 28 | 29 | 30 | 31 | (4) | 2 | 3 | 4 | 5 | 6 | 7 | 8 | 9 | 10 | 11 | 12 | 13 | 14 | 15 | |
| 三月小 | 丙辰 | 干支 | 丁亥 | 戊子 | 己丑 | 庚寅 | 辛卯 | 壬辰 | 癸巳 | 甲午 | 乙未 | 丙申 | 丁酉 | 戊戌 | 己亥 | 庚子 | 辛丑 | 壬寅 | 癸卯 | 甲辰 | 乙巳 | 丙午 | 丁未 | 戊申 | 己酉 | 庚戌 | 辛亥 | 壬子 | 癸丑 | 甲寅 | 乙卯 | | 丁酉清明 壬子立夏 |
| | | 天地西曆 | 16 | 17 | 18 | 19 | 20 | 21 | 22 | 23 | 24 | 25 | 26 | 27 | 28 | 29 | 30 | (5) | 2 | 3 | 4 | 5 | 6 | 7 | 8 | 9 | 10 | 11 | 12 | 13 | 14 | | |
| 四月大 | 丁巳 | 干支 | 丙辰 | 丁巳 | 戊午 | 己未 | 庚申 | 辛酉 | 壬戌 | 癸亥 | 甲子 | 乙丑 | 丙寅 | 丁卯 | 戊辰 | 己巳 | 庚午 | 辛未 | 壬申 | 癸酉 | 甲戌 | 乙亥 | 丙子 | 丁丑 | 戊寅 | 己卯 | 庚辰 | 辛巳 | 壬午 | 癸未 | 甲申 | 乙酉 | 丁卯小滿 壬午芒種 |
| | | 天地西曆 | 15 | 16 | 17 | 18 | 19 | 20 | 21 | 22 | 23 | 24 | 25 | 26 | 27 | 28 | 29 | 30 | 31 | (6) | 2 | 3 | 4 | 5 | 6 | 7 | 8 | 9 | 10 | 11 | 12 | 13 | |
| 五月大 | 戊午 | 干支 | 丙戌 | 丁亥 | 戊子 | 己丑 | 庚寅 | 辛卯 | 壬辰 | 癸巳 | 甲午 | 乙未 | 丙申 | 丁酉 | 戊戌 | 己亥 | 庚子 | 辛丑 | 壬寅 | 癸卯 | 甲辰 | 乙巳 | 丙午 | 丁未 | 戊申 | 己酉 | 庚戌 | 辛亥 | 壬子 | 癸丑 | 甲寅 | 乙卯 | 戊戌夏至 癸丑小暑 |
| | | 天地西曆 | 14 | 15 | 16 | 17 | 18 | 19 | 20 | 21 | 22 | 23 | 24 | 25 | 26 | 27 | 28 | 29 | 30 | (7) | 2 | 3 | 4 | 5 | 6 | 7 | 8 | 9 | 10 | 11 | 12 | 13 | |
| 六月小 | 己未 | 干支 | 丙辰 | 丁巳 | 戊午 | 己未 | 庚申 | 辛酉 | 壬戌 | 癸亥 | 甲子 | 乙丑 | 丙寅 | 丁卯 | 戊辰 | 己巳 | 庚午 | 辛未 | 壬申 | 癸酉 | 甲戌 | 乙亥 | 丙子 | 丁丑 | 戊寅 | 己卯 | 庚辰 | 辛巳 | 壬午 | 癸未 | 甲申 | | 戊辰大暑 癸未立秋 |
| | | 天地西曆 | 14 | 15 | 16 | 17 | 18 | 19 | 20 | 21 | 22 | 23 | 24 | 25 | 26 | 27 | 28 | 29 | 30 | 31 | (8) | 2 | 3 | 4 | 5 | 6 | 7 | 8 | 9 | 10 | 11 | | |
| 七月大 | 庚申 | 干支 | 乙酉 | 丙戌 | 丁亥 | 戊子 | 己丑 | 庚寅 | 辛卯 | 壬辰 | 癸巳 | 甲午 | 乙未 | 丙申 | 丁酉 | 戊戌 | 己亥 | 庚子 | 辛丑 | 壬寅 | 癸卯 | 甲辰 | 乙巳 | 丙午 | 丁未 | 戊申 | 己酉 | 庚戌 | 辛亥 | 壬子 | 癸丑 | 甲寅 | 己亥處暑 甲寅白露 |
| | | 天地西曆 | 12 | 13 | 14 | 15 | 16 | 17 | 18 | 19 | 20 | 21 | 22 | 23 | 24 | 25 | 26 | 27 | 28 | 29 | 30 | 31 | (9) | 2 | 3 | 4 | 5 | 6 | 7 | 8 | 9 | 10 | |
| 八月小 | 辛酉 | 干支 | 乙卯 | 丙辰 | 丁巳 | 戊午 | 己未 | 庚申 | 辛酉 | 壬戌 | 癸亥 | 甲子 | 乙丑 | 丙寅 | 丁卯 | 戊辰 | 己巳 | 庚午 | 辛未 | 壬申 | 癸酉 | 甲戌 | 乙亥 | 丙子 | 丁丑 | 戊寅 | 己卯 | 庚辰 | 辛巳 | 壬午 | 癸未 | | 己巳秋分 |
| | | 天地西曆 | 11 | 12 | 13 | 14 | 15 | 16 | 17 | 18 | 19 | 20 | 21 | 22 | 23 | 24 | 25 | 26 | 27 | 28 | 29 | 30 | (10) | 2 | 3 | 4 | 5 | 6 | 7 | 8 | 9 | | |
| 九月大 | 壬戌 | 干支 | 甲申 | 乙酉 | 丙戌 | 丁亥 | 戊子 | 己丑 | 庚寅 | 辛卯 | 壬辰 | 癸巳 | 甲午 | 乙未 | 丙申 | 丁酉 | 戊戌 | 己亥 | 庚子 | 辛丑 | 壬寅 | 癸卯 | 甲辰 | 乙巳 | 丙午 | 丁未 | 戊申 | 己酉 | 庚戌 | 辛亥 | 壬子 | 癸丑 | 甲申寒露 己亥霜降 |
| | | 天地西曆 | 10 | 11 | 12 | 13 | 14 | 15 | 16 | 17 | 18 | 19 | 20 | 21 | 22 | 23 | 24 | 25 | 26 | 27 | 28 | 29 | 30 | 31 | (11) | 2 | 3 | 4 | 5 | 6 | 7 | 8 | |
| 十月小 | 癸亥 | 干支 | 甲寅 | 乙卯 | 丙辰 | 丁巳 | 戊午 | 己未 | 庚申 | 辛酉 | 壬戌 | 癸亥 | 甲子 | 乙丑 | 丙寅 | 丁卯 | 戊辰 | 己巳 | 庚午 | 辛未 | 壬申 | 癸酉 | 甲戌 | 乙亥 | 丙子 | 丁丑 | 戊寅 | 己卯 | 庚辰 | 辛巳 | 壬午 | | 乙卯立冬 庚午小雪 |
| | | 天地西曆 | 9 | 10 | 11 | 12 | 13 | 14 | 15 | 16 | 17 | 18 | 19 | 20 | 21 | 22 | 23 | 24 | 25 | 26 | 27 | 28 | 29 | 30 | (12) | 2 | 3 | 4 | 5 | 6 | 7 | | |
| 十一月大 | 甲子 | 干支 | 癸未 | 甲申 | 乙酉 | 丙戌 | 丁亥 | 戊子 | 己丑 | 庚寅 | 辛卯 | 壬辰 | 癸巳 | 甲午 | 乙未 | 丙申 | 丁酉 | 戊戌 | 己亥 | 庚子 | 辛丑 | 壬寅 | 癸卯 | 甲辰 | 乙巳 | 丙午 | 丁未 | 戊申 | 己酉 | 庚戌 | 辛亥 | 壬子 | 乙酉大雪 庚子冬至 |
| | | 天地西曆 | 8 | 9 | 10 | 11 | 12 | 13 | 14 | 15 | 16 | 17 | 18 | 19 | 20 | 21 | 22 | 23 | 24 | 25 | 26 | 27 | 28 | 29 | 30 | 31 | (1) | 2 | 3 | 4 | 5 | 6 | |
| 十二月小 | 乙丑 | 干支 | 癸丑 | 甲寅 | 乙卯 | 丙辰 | 丁巳 | 戊午 | 己未 | 庚申 | 辛酉 | 壬戌 | 癸亥 | 甲子 | 乙丑 | 丙寅 | 丁卯 | 戊辰 | 己巳 | 庚午 | 辛未 | 壬申 | 癸酉 | 甲戌 | 乙亥 | 丙子 | 丁丑 | 戊寅 | 己卯 | 庚辰 | 辛巳 | | 乙卯小寒 辛未大寒 |
| | | 天地西曆 | 7 | 8 | 9 | 10 | 11 | 12 | 13 | 14 | 15 | 16 | 17 | 18 | 19 | 20 | 21 | 22 | 23 | 24 | 25 | 26 | 27 | 28 | 29 | 30 | 31 | (2) | 2 | 3 | 4 | | |

# 漢武帝天漢四年（甲申 猴年） 公元前97 ~ 前96年

| 夏曆月序 | | 中西曆日對照 | 初一 | 初二 | 初三 | 初四 | 初五 | 初六 | 初七 | 初八 | 初九 | 初十 | 十一 | 十二 | 十三 | 十四 | 十五 | 十六 | 十七 | 十八 | 十九 | 二十 | 二一 | 二二 | 二三 | 二四 | 二五 | 二六 | 二七 | 二八 | 二九 | 三十 | 節氣與天象 |
|---|---|---|---|---|---|---|---|---|---|---|---|---|---|---|---|---|---|---|---|---|---|---|---|---|---|---|---|---|---|---|---|---|---|
| 正月大 | 丙寅 | 天干地支西曆 | 壬午5 | 癸未6 | 甲申7 | 乙酉8 | 丙戌9 | 丁亥10 | 戊子11 | 己丑12 | 庚寅13 | 辛卯14 | 壬辰15 | 癸巳16 | 甲午17 | 乙未18 | 丙申19 | 丁酉20 | 戊戌21 | 己亥22 | 庚子23 | 辛丑24 | 壬寅25 | 癸卯26 | 甲辰27 | 乙巳28 | 丙午29 | 丁未(3) | 戊申2 | 己酉3 | 庚戌4 | 辛亥5 | 丙戌立春 辛丑驚蟄 |
| 二月小 | 丁卯 | 天干地支西曆 | 壬子6 | 癸丑7 | 甲寅8 | 乙卯9 | 丙辰10 | 丁巳11 | 戊午12 | 己未13 | 庚申14 | 辛酉15 | 壬戌16 | 癸亥17 | 甲子18 | 乙丑19 | 丙寅20 | 丁卯21 | 戊辰22 | 己巳23 | 庚午24 | 辛未25 | 壬申26 | 癸酉27 | 甲戌28 | 乙亥29 | 丙子30 | 丁丑31 | 戊寅(4) | 己卯2 | 庚辰3 | | 丙辰雨水 壬申春分 |
| 三月大 | 戊辰 | 天干地支西曆 | 辛巳4 | 壬午5 | 癸未6 | 甲申7 | 乙酉8 | 丙戌9 | 丁亥10 | 戊子11 | 己丑12 | 庚寅13 | 辛卯14 | 壬辰15 | 癸巳16 | 甲午17 | 乙未18 | 丙申19 | 丁酉20 | 戊戌21 | 己亥22 | 庚子23 | 辛丑24 | 壬寅25 | 癸卯26 | 甲辰27 | 乙巳28 | 丙午29 | 丁未30 | 戊申(5) | 己酉2 | 庚戌3 | 丁亥穀雨 壬寅清明 |
| 四月小 | 己巳 | 天干地支西曆 | 辛亥4 | 壬子5 | 癸丑6 | 甲寅7 | 乙卯8 | 丙辰9 | 丁巳10 | 戊午11 | 己未12 | 庚申13 | 辛酉14 | 壬戌15 | 癸亥16 | 甲子17 | 乙丑18 | 丙寅19 | 丁卯20 | 戊辰21 | 己巳22 | 庚午23 | 辛未24 | 壬申25 | 癸酉26 | 甲戌27 | 乙亥28 | 丙子29 | 丁丑30 | 戊寅31 | 己卯(6) | | 丁巳立夏 壬申小滿 |
| 五月大 | 庚午 | 天干地支西曆 | 庚辰2 | 辛巳3 | 壬午4 | 癸未5 | 甲申6 | 乙酉7 | 丙戌8 | 丁亥9 | 戊子10 | 己丑11 | 庚寅12 | 辛卯13 | 壬辰14 | 癸巳15 | 甲午16 | 乙未17 | 丙申18 | 丁酉19 | 戊戌20 | 己亥21 | 庚子22 | 辛丑23 | 壬寅24 | 癸卯25 | 甲辰26 | 乙巳27 | 丙午28 | 丁未29 | 戊申30 | 己酉(7) | 戊子芒種 癸卯夏至 |
| 六月小 | 辛未 | 天干地支西曆 | 庚戌2 | 辛亥3 | 壬子4 | 癸丑5 | 甲寅6 | 乙卯7 | 丙辰8 | 丁巳9 | 戊午10 | 己未11 | 庚申12 | 辛酉13 | 壬戌14 | 癸亥15 | 甲子16 | 乙丑17 | 丙寅18 | 丁卯19 | 戊辰20 | 己巳21 | 庚午22 | 辛未23 | 壬申24 | 癸酉25 | 甲戌26 | 乙亥27 | 丙子28 | 丁丑29 | 戊寅30 | | 戊午小暑 癸酉大暑 |
| 七月大 | 壬申 | 天干地支西曆 | 己卯31 | 庚辰(8) | 辛巳2 | 壬午3 | 癸未4 | 甲申5 | 乙酉6 | 丙戌7 | 丁亥8 | 戊子9 | 己丑10 | 庚寅11 | 辛卯12 | 壬辰13 | 癸巳14 | 甲午15 | 乙未16 | 丙申17 | 丁酉18 | 戊戌19 | 己亥20 | 庚子21 | 辛丑22 | 壬寅23 | 癸卯24 | 甲辰25 | 乙巳26 | 丙午27 | 丁未28 | 戊申29 | 己丑立秋 甲辰處暑 |
| 八月小 | 癸酉 | 天干地支西曆 | 己酉30 | 庚戌31 | 辛亥(9) | 壬子2 | 癸丑3 | 甲寅4 | 乙卯5 | 丙辰6 | 丁巳7 | 戊午8 | 己未9 | 庚申10 | 辛酉11 | 壬戌12 | 癸亥13 | 甲子14 | 乙丑15 | 丙寅16 | 丁卯17 | 戊辰18 | 己巳19 | 庚午20 | 辛未21 | 壬申22 | 癸酉23 | 甲戌24 | 乙亥25 | 丙子26 | 丁丑27 | | 己未白露 甲戌秋分 |
| 九月大 | 甲戌 | 天干地支西曆 | 戊寅28 | 己卯29 | 庚辰30 | 辛巳(10) | 壬午2 | 癸未3 | 甲申4 | 乙酉5 | 丙戌6 | 丁亥7 | 戊子8 | 己丑9 | 庚寅10 | 辛卯11 | 壬辰12 | 癸巳13 | 甲午14 | 乙未15 | 丙申16 | 丁酉17 | 戊戌18 | 己亥19 | 庚子20 | 辛丑21 | 壬寅22 | 癸卯23 | 甲辰24 | 乙巳25 | 丙午26 | 丁未27 | 己丑寒露 乙巳霜降 |
| 十月大 | 乙亥 | 天干地支西曆 | 戊申28 | 己酉29 | 庚戌30 | 辛亥31 | 壬子(11) | 癸丑2 | 甲寅3 | 乙卯4 | 丙辰5 | 丁巳6 | 戊午7 | 己未8 | 庚申9 | 辛酉10 | 壬戌11 | 癸亥12 | 甲子13 | 乙丑14 | 丙寅15 | 丁卯16 | 戊辰17 | 己巳18 | 庚午19 | 辛未20 | 壬申21 | 癸酉22 | 甲戌23 | 乙亥24 | 丙子25 | 丁丑26 | 庚申立冬 乙亥小雪 |
| 十一月小 | 丙子 | 天干地支西曆 | 戊寅27 | 己卯28 | 庚辰29 | 辛巳30 | 壬午(12) | 癸未2 | 甲申3 | 乙酉4 | 丙戌5 | 丁亥6 | 戊子7 | 己丑8 | 庚寅9 | 辛卯10 | 壬辰11 | 癸巳12 | 甲午13 | 乙未14 | 丙申15 | 丁酉16 | 戊戌17 | 己亥18 | 庚子19 | 辛丑20 | 壬寅21 | 癸卯22 | 甲辰23 | 乙巳24 | 丙午25 | | 庚寅大雪 丙午冬至 |
| 十二月大 | 丁丑 | 天干地支西曆 | 丁未26 | 戊申27 | 己酉28 | 庚戌29 | 辛亥30 | 壬子31 | 癸丑(1) | 甲寅2 | 乙卯3 | 丙辰4 | 丁巳5 | 戊午6 | 己未7 | 庚申8 | 辛酉9 | 壬戌10 | 癸亥11 | 甲子12 | 乙丑13 | 丙寅14 | 丁卯15 | 戊辰16 | 己巳17 | 庚午18 | 辛未19 | 壬申20 | 癸酉21 | 甲戌22 | 乙亥23 | 丙子24 | 辛酉小寒 丙子大寒 |
| 閏十二小 | 丁丑 | 天干地支西曆 | 丁丑25 | 戊寅26 | 己卯27 | 庚辰28 | 辛巳29 | 壬午30 | 癸未31 | 甲申(2) | 乙酉2 | 丙戌3 | 丁亥4 | 戊子5 | 己丑6 | 庚寅7 | 辛卯8 | 壬辰9 | 癸巳10 | 甲午11 | 乙未12 | 丙申13 | 丁酉14 | 戊戌15 | 己亥16 | 庚子17 | 辛丑18 | 壬寅19 | 癸卯20 | 甲辰21 | 乙巳22 | | 辛卯立春 |

## 漢武帝太始元年（乙酉 鷄年） 公元前96～前95年

| 夏曆月序 | | 中西曆日對照 | 初一 | 初二 | 初三 | 初四 | 初五 | 初六 | 初七 | 初八 | 初九 | 初十 | 十一 | 十二 | 十三 | 十四 | 十五 | 十六 | 十七 | 十八 | 十九 | 二十 | 二一 | 二二 | 二三 | 二四 | 二五 | 二六 | 二七 | 二八 | 二九 | 三十 | 節氣與天象 |
|---|---|---|---|---|---|---|---|---|---|---|---|---|---|---|---|---|---|---|---|---|---|---|---|---|---|---|---|---|---|---|---|---|---|
| 正月大 | 戊寅 | 天干地支<br>西曆 | 丙午23 | 丁未24 | 戊申25 | 己酉26 | 庚戌27 | 辛亥28 | 壬子(3) | 癸丑2 | 甲寅3 | 乙卯4 | 丙辰5 | 丁巳6 | 戊午7 | 己未8 | 庚申9 | 辛酉10 | 壬戌11 | 癸亥12 | 甲子13 | 乙丑14 | 丙寅15 | 丁卯16 | 戊辰17 | 己巳18 | 庚午19 | 辛未20 | 壬申21 | 癸酉22 | 甲戌23 | 乙亥24 | 丙午驚蟄<br>壬戌雨水<br>丙午日食 |
| 二月小 | 己卯 | 天干地支<br>西曆 | 丙子25 | 丁丑26 | 戊寅27 | 己卯28 | 庚辰29 | 辛巳30 | 壬午31 | 癸未(4) | 甲申2 | 乙酉3 | 丙戌4 | 丁亥5 | 戊子6 | 己丑7 | 庚寅8 | 辛卯9 | 壬辰10 | 癸巳11 | 甲午12 | 乙未13 | 丙申14 | 丁酉15 | 戊戌16 | 己亥17 | 庚子18 | 辛丑19 | 壬寅20 | 癸卯21 | 甲辰22 | | 丁丑春分<br>壬辰穀雨 |
| 三月大 | 庚辰 | 天干地支<br>西曆 | 乙巳23 | 丙午24 | 丁未25 | 戊申26 | 己酉27 | 庚戌28 | 辛亥29 | 壬子30 | 癸丑(5) | 甲寅2 | 乙卯3 | 丙辰4 | 丁巳5 | 戊午6 | 己未7 | 庚申8 | 辛酉9 | 壬戌10 | 癸亥11 | 甲子12 | 乙丑13 | 丙寅14 | 丁卯15 | 戊辰16 | 己巳17 | 庚午18 | 辛未19 | 壬申20 | 癸酉21 | 甲戌22 | 丁未清明<br>壬戌立夏 |
| 四月小 | 辛巳 | 天干地支<br>西曆 | 乙亥23 | 丙子24 | 丁丑25 | 戊寅26 | 己卯27 | 庚辰28 | 辛巳29 | 壬午30 | 癸未31 | 甲申(6) | 乙酉2 | 丙戌3 | 丁亥4 | 戊子5 | 己丑6 | 庚寅7 | 辛卯8 | 壬辰9 | 癸巳10 | 甲午11 | 乙未12 | 丙申13 | 丁酉14 | 戊戌15 | 己亥16 | 庚子17 | 辛丑18 | 壬寅19 | 癸卯20 | | 戊寅小滿<br>癸巳芒種 |
| 五月大 | 壬午 | 天干地支<br>西曆 | 甲辰21 | 乙巳22 | 丙午23 | 丁未24 | 戊申25 | 己酉26 | 庚戌27 | 辛亥28 | 壬子29 | 癸丑30 | 甲寅(7) | 乙卯2 | 丙辰3 | 丁巳4 | 戊午5 | 己未6 | 庚申7 | 辛酉8 | 壬戌9 | 癸亥10 | 甲子11 | 乙丑12 | 丙寅13 | 丁卯14 | 戊辰15 | 己巳16 | 庚午17 | 辛未18 | 壬申19 | 癸酉20 | 戊申夏至<br>癸亥小暑 |
| 六月小 | 癸未 | 天干地支<br>西曆 | 甲戌21 | 乙亥22 | 丙子23 | 丁丑24 | 戊寅25 | 己卯26 | 庚辰27 | 辛巳28 | 壬午29 | 癸未30 | 甲申31 | 乙酉(8) | 丙戌2 | 丁亥3 | 戊子4 | 己丑5 | 庚寅6 | 辛卯7 | 壬辰8 | 癸巳9 | 甲午10 | 乙未11 | 丙申12 | 丁酉13 | 戊戌14 | 己亥15 | 庚子16 | 辛丑17 | 壬寅18 | | 己卯大暑<br>甲午立秋 |
| 七月大 | 甲申 | 天干地支<br>西曆 | 癸卯19 | 甲辰20 | 乙巳21 | 丙午22 | 丁未23 | 戊申24 | 己酉25 | 庚戌26 | 辛亥27 | 壬子28 | 癸丑29 | 甲寅30 | 乙卯31 | 丙辰(9) | 丁巳2 | 戊午3 | 己未4 | 庚申5 | 辛酉6 | 壬戌7 | 癸亥8 | 甲子9 | 乙丑10 | 丙寅11 | 丁卯12 | 戊辰13 | 己巳14 | 庚午15 | 辛未16 | 壬申17 | 己酉處暑<br>甲子白露 |
| 八月小 | 乙酉 | 天干地支<br>西曆 | 癸酉18 | 甲戌19 | 乙亥20 | 丙子21 | 丁丑22 | 戊寅23 | 己卯24 | 庚辰25 | 辛巳26 | 壬午27 | 癸未28 | 甲申29 | 乙酉30 | 丙戌(10) | 丁亥2 | 戊子3 | 己丑4 | 庚寅5 | 辛卯6 | 壬辰7 | 癸巳8 | 甲午9 | 乙未10 | 丙申11 | 丁酉12 | 戊戌13 | 己亥14 | 庚子15 | 辛丑16 | | 己卯秋分<br>乙未寒露 |
| 九月大 | 丙戌 | 天干地支<br>西曆 | 壬寅17 | 癸卯18 | 甲辰19 | 乙巳20 | 丙午21 | 丁未22 | 戊申23 | 己酉24 | 庚戌25 | 辛亥26 | 壬子27 | 癸丑28 | 甲寅29 | 乙卯30 | 丙辰31 | 丁巳(11) | 戊午2 | 己未3 | 庚申4 | 辛酉5 | 壬戌6 | 癸亥7 | 甲子8 | 乙丑9 | 丙寅10 | 丁卯11 | 戊辰12 | 己巳13 | 庚午14 | 辛未15 | 庚戌霜降<br>乙丑立冬 |
| 十月小 | 丁亥 | 天干地支<br>西曆 | 壬申16 | 癸酉17 | 甲戌18 | 乙亥19 | 丙子20 | 丁丑21 | 戊寅22 | 己卯23 | 庚辰24 | 辛巳25 | 壬午26 | 癸未27 | 甲申28 | 乙酉29 | 丙戌30 | 丁亥(12) | 戊子2 | 己丑3 | 庚寅4 | 辛卯5 | 壬辰6 | 癸巳7 | 甲午8 | 乙未9 | 丙申10 | 丁酉11 | 戊戌12 | 己亥13 | 庚子14 | | 庚辰小雪<br>丙申大雪 |
| 十一月大 | 戊子 | 天干地支<br>西曆 | 辛丑15 | 壬寅16 | 癸卯17 | 甲辰18 | 乙巳19 | 丙午20 | 丁未21 | 戊申22 | 己酉23 | 庚戌24 | 辛亥25 | 壬子26 | 癸丑27 | 甲寅28 | 乙卯29 | 丙辰30 | 丁巳31 | 戊午(1) | 己未2 | 庚申3 | 辛酉4 | 壬戌5 | 癸亥6 | 甲子7 | 乙丑8 | 丙寅9 | 丁卯10 | 戊辰11 | 己巳12 | 庚午13 | 辛亥冬至<br>丙寅小寒 |
| 十二月小 | 己丑 | 天干地支<br>西曆 | 辛未14 | 壬申15 | 癸酉16 | 甲戌17 | 乙亥18 | 丙子19 | 丁丑20 | 戊寅21 | 己卯22 | 庚辰23 | 辛巳24 | 壬午25 | 癸未26 | 甲申27 | 乙酉28 | 丙戌29 | 丁亥30 | 戊子31 | 己丑(2) | 庚寅2 | 辛卯3 | 壬辰4 | 癸巳5 | 甲午6 | 乙未7 | 丙申8 | 丁酉9 | 戊戌10 | 己亥11 | | 辛巳大寒<br>丙申立春 |

* 正月，改元太始。

# 漢武帝太始二年（丙戌 狗年） 公元前 95 ~ 前 94 年

| 夏曆月序 | | 中西曆日對照 | 初一 | 初二 | 初三 | 初四 | 初五 | 初六 | 初七 | 初八 | 初九 | 初十 | 十一 | 十二 | 十三 | 十四 | 十五 | 十六 | 十七 | 十八 | 十九 | 二十 | 二一 | 二二 | 二三 | 二四 | 二五 | 二六 | 二七 | 二八 | 二九 | 三十 | 節氣與天象 |
|---|---|---|---|---|---|---|---|---|---|---|---|---|---|---|---|---|---|---|---|---|---|---|---|---|---|---|---|---|---|---|---|---|---|
| 正月大 | 庚寅 | 天干地支 西曆 | 庚子 12 | 辛丑 13 | 壬寅 14 | 癸卯 15 | 甲辰 16 | 乙巳 17 | 丙午 18 | 丁未 19 | 戊申 20 | 己酉 21 | 庚戌 22 | 辛亥 23 | 壬子 24 | 癸丑 25 | 甲寅 26 | 乙卯 27 | 丙辰 28 | 丁巳 (3) | 戊午 2 | 己未 3 | 庚申 4 | 辛酉 5 | 壬戌 6 | 癸亥 7 | 甲子 8 | 乙丑 9 | 丙寅 10 | 丁卯 11 | 戊辰 12 | 己巳 13 | 壬子驚蟄 丁卯雨水 |
| 二月大 | 辛卯 | 天干地支 西曆 | 庚午 14 | 辛未 15 | 壬申 16 | 癸酉 17 | 甲戌 18 | 乙亥 19 | 丙子 20 | 丁丑 21 | 戊寅 22 | 己卯 23 | 庚辰 24 | 辛巳 25 | 壬午 26 | 癸未 27 | 甲申 28 | 乙酉 29 | 丙戌 30 | 丁亥 31 | 戊子 (4) | 己丑 2 | 庚寅 3 | 辛卯 4 | 壬辰 5 | 癸巳 6 | 甲午 7 | 乙未 8 | 丙申 9 | 丁酉 10 | 戊戌 11 | 己亥 12 | 壬午春分 丁酉穀雨 |
| 三月小 | 壬辰 | 天干地支 西曆 | 庚子 13 | 辛丑 14 | 壬寅 15 | 癸卯 16 | 甲辰 17 | 乙巳 18 | 丙午 19 | 丁未 20 | 戊申 21 | 己酉 22 | 庚戌 23 | 辛亥 24 | 壬子 25 | 癸丑 26 | 甲寅 27 | 乙卯 28 | 丙辰 29 | 丁巳 30 | 戊午 (5) | 己未 2 | 庚申 3 | 辛酉 4 | 壬戌 5 | 癸亥 6 | 甲子 7 | 乙丑 8 | 丙寅 9 | 丁卯 10 | 戊辰 11 | | 癸丑清明 戊辰立夏 |
| 四月大 | 癸巳 | 天干地支 西曆 | 己巳 12 | 庚午 13 | 辛未 14 | 壬申 15 | 癸酉 16 | 甲戌 17 | 乙亥 18 | 丙子 19 | 丁丑 20 | 戊寅 21 | 己卯 22 | 庚辰 23 | 辛巳 24 | 壬午 25 | 癸未 26 | 甲申 27 | 乙酉 28 | 丙戌 29 | 丁亥 30 | 戊子 31 | 己丑 (6) | 庚寅 2 | 辛卯 3 | 壬辰 4 | 癸巳 5 | 甲午 6 | 乙未 7 | 丙申 8 | 丁酉 9 | 戊戌 10 | 癸未小滿 戊戌芒種 |
| 五月小 | 甲午 | 天干地支 西曆 | 己亥 11 | 庚子 12 | 辛丑 13 | 壬寅 14 | 癸卯 15 | 甲辰 16 | 乙巳 17 | 丙午 18 | 丁未 19 | 戊申 20 | 己酉 21 | 庚戌 22 | 辛亥 23 | 壬子 24 | 癸丑 25 | 甲寅 26 | 乙卯 27 | 丙辰 28 | 丁巳 29 | 戊午 30 | 己未 (7) | 庚申 2 | 辛酉 3 | 壬戌 4 | 癸亥 5 | 甲子 6 | 乙丑 7 | 丙寅 8 | 丁卯 9 | | 癸丑夏至 |
| 六月大 | 乙未 | 天干地支 西曆 | 戊辰 10 | 己巳 11 | 庚午 12 | 辛未 13 | 壬申 14 | 癸酉 15 | 甲戌 16 | 乙亥 17 | 丙子 18 | 丁丑 19 | 戊寅 20 | 己卯 21 | 庚辰 22 | 辛巳 23 | 壬午 24 | 癸未 25 | 甲申 26 | 乙酉 27 | 丙戌 28 | 丁亥 29 | 戊子 30 | 己丑 31 | 庚寅 (8) | 辛卯 2 | 壬辰 3 | 癸巳 4 | 甲午 5 | 乙未 6 | 丙申 7 | 丁酉 8 | 己巳小暑 甲申大暑 |
| 七月小 | 丙申 | 天干地支 西曆 | 戊戌 9 | 己亥 10 | 庚子 11 | 辛丑 12 | 壬寅 13 | 癸卯 14 | 甲辰 15 | 乙巳 16 | 丙午 17 | 丁未 18 | 戊申 19 | 己酉 20 | 庚戌 21 | 辛亥 22 | 壬子 23 | 癸丑 24 | 甲寅 25 | 乙卯 26 | 丙辰 27 | 丁巳 28 | 戊午 29 | 己未 30 | 庚申 31 | 辛酉 (9) | 壬戌 2 | 癸亥 3 | 甲子 4 | 乙丑 5 | 丙寅 6 | | 己亥立秋 甲寅處暑 |
| 八月大 | 丁酉 | 天干地支 西曆 | 丁卯 7 | 戊辰 8 | 己巳 9 | 庚午 10 | 辛未 11 | 壬申 12 | 癸酉 13 | 甲戌 14 | 乙亥 15 | 丙子 16 | 丁丑 17 | 戊寅 18 | 己卯 19 | 庚辰 20 | 辛巳 21 | 壬午 22 | 癸未 23 | 甲申 24 | 乙酉 25 | 丙戌 26 | 丁亥 27 | 戊子 28 | 己丑 29 | 庚寅 30 | 辛卯 (10) | 壬辰 2 | 癸巳 3 | 甲午 4 | 乙未 5 | 丙申 6 | 己巳白露 乙酉秋分 |
| 九月小 | 戊戌 | 天干地支 西曆 | 丁酉 7 | 戊戌 8 | 己亥 9 | 庚子 10 | 辛丑 11 | 壬寅 12 | 癸卯 13 | 甲辰 14 | 乙巳 15 | 丙午 16 | 丁未 17 | 戊申 18 | 己酉 19 | 庚戌 20 | 辛亥 21 | 壬子 22 | 癸丑 23 | 甲寅 24 | 乙卯 25 | 丙辰 26 | 丁巳 27 | 戊午 28 | 己未 29 | 庚申 30 | 辛酉 31 | 壬戌 (11) | 癸亥 2 | 甲子 3 | 乙丑 4 | | 庚子寒露 乙卯霜降 |
| 十月大 | 己亥 | 天干地支 西曆 | 丙寅 5 | 丁卯 6 | 戊辰 7 | 己巳 8 | 庚午 9 | 辛未 10 | 壬申 11 | 癸酉 12 | 甲戌 13 | 乙亥 14 | 丙子 15 | 丁丑 16 | 戊寅 17 | 己卯 18 | 庚辰 19 | 辛巳 20 | 壬午 21 | 癸未 22 | 甲申 23 | 乙酉 24 | 丙戌 25 | 丁亥 26 | 戊子 27 | 己丑 28 | 庚寅 29 | 辛卯 30 | 壬辰 (12) | 癸巳 2 | 甲午 3 | 乙未 4 | 庚午立冬 丙戌小雪 |
| 十一月小 | 庚子 | 天干地支 西曆 | 丙申 5 | 丁酉 6 | 戊戌 7 | 己亥 8 | 庚子 9 | 辛丑 10 | 壬寅 11 | 癸卯 12 | 甲辰 13 | 乙巳 14 | 丙午 15 | 丁未 16 | 戊申 17 | 己酉 18 | 庚戌 19 | 辛亥 20 | 壬子 21 | 癸丑 22 | 甲寅 23 | 乙卯 24 | 丙辰 25 | 丁巳 26 | 戊午 27 | 己未 28 | 庚申 29 | 辛酉 30 | 壬戌 31 | 癸亥 (1) | 甲子 2 | | 辛丑大雪 丙辰冬至 |
| 十二月大 | 辛丑 | 天干地支 西曆 | 乙丑 3 | 丙寅 4 | 丁卯 5 | 戊辰 6 | 己巳 7 | 庚午 8 | 辛未 9 | 壬申 10 | 癸酉 11 | 甲戌 12 | 乙亥 13 | 丙子 14 | 丁丑 15 | 戊寅 16 | 己卯 17 | 庚辰 18 | 辛巳 19 | 壬午 20 | 癸未 21 | 甲申 22 | 乙酉 23 | 丙戌 24 | 丁亥 25 | 戊子 26 | 己丑 27 | 庚寅 28 | 辛卯 29 | 壬辰 30 | 癸巳 31 | 甲午 (2) | 辛未小寒 丙戌大寒 |

# 漢武帝太始三年（丁亥 猪年） 公元前 **94** ~ 前 93 年

| 夏曆月序 | | 中西曆日對照 | 夏曆日序 | | | | | | | | | | | | | | | | | | | | | | | | | | | | | 節氣與天象 |
|---|---|---|---|---|---|---|---|---|---|---|---|---|---|---|---|---|---|---|---|---|---|---|---|---|---|---|---|---|---|---|---|---|
| | | | 初一 | 初二 | 初三 | 初四 | 初五 | 初六 | 初七 | 初八 | 初九 | 初十 | 十一 | 十二 | 十三 | 十四 | 十五 | 十六 | 十七 | 十八 | 十九 | 二十 | 二一 | 二二 | 二三 | 二四 | 二五 | 二六 | 二七 | 二八 | 二九 | 三十 | |
| 正月小 | 壬寅 | 天干地支<br>西曆 | 乙未<br>2 | 丙申<br>3 | 丁酉<br>4 | 戊戌<br>5 | 己亥<br>6 | 庚子<br>7 | 辛丑<br>8 | 壬寅<br>9 | 癸卯<br>10 | 甲辰<br>11 | 乙巳<br>12 | 丙午<br>13 | 丁未<br>14 | 戊申<br>15 | 己酉<br>16 | 庚戌<br>17 | 辛亥<br>18 | 壬子<br>19 | 癸丑<br>20 | 甲寅<br>21 | 乙卯<br>22 | 丙辰<br>23 | 丁巳<br>24 | 戊午<br>25 | 己未<br>26 | 庚申<br>27 | 辛酉<br>28 | 壬戌<br>(3) | 癸亥<br>2 | | 壬寅立春<br>丁巳驚蟄 |
| 二月大 | 癸卯 | 天干地支<br>西曆 | 甲子<br>3 | 乙丑<br>4 | 丙寅<br>5 | 丁卯<br>6 | 戊辰<br>7 | 己巳<br>8 | 庚午<br>9 | 辛未<br>10 | 壬申<br>11 | 癸酉<br>12 | 甲戌<br>13 | 乙亥<br>14 | 丙子<br>15 | 丁丑<br>16 | 戊寅<br>17 | 己卯<br>18 | 庚辰<br>19 | 辛巳<br>20 | 壬午<br>21 | 癸未<br>22 | 甲申<br>23 | 乙酉<br>24 | 丙戌<br>25 | 丁亥<br>26 | 戊子<br>27 | 己丑<br>28 | 庚寅<br>29 | 辛卯<br>30 | 壬辰<br>31 | 癸巳<br>(4) | 壬申雨水<br>丁亥春分 |
| 三月小 | 甲辰 | 天干地支<br>西曆 | 甲午<br>2 | 乙未<br>3 | 丙申<br>4 | 丁酉<br>5 | 戊戌<br>6 | 己亥<br>7 | 庚子<br>8 | 辛丑<br>9 | 壬寅<br>10 | 癸卯<br>11 | 甲辰<br>12 | 乙巳<br>13 | 丙午<br>14 | 丁未<br>15 | 戊申<br>16 | 己酉<br>17 | 庚戌<br>18 | 辛亥<br>19 | 壬子<br>20 | 癸丑<br>21 | 甲寅<br>22 | 乙卯<br>23 | 丙辰<br>24 | 丁巳<br>25 | 戊午<br>26 | 己未<br>27 | 庚申<br>28 | 辛酉<br>29 | 壬戌<br>30 | | 癸卯穀雨<br>戊午清明 |
| 四月大 | 乙巳 | 天干地支<br>西曆 | 癸亥<br>(5) | 甲子<br>2 | 乙丑<br>3 | 丙寅<br>4 | 丁卯<br>5 | 戊辰<br>6 | 己巳<br>7 | 庚午<br>8 | 辛未<br>9 | 壬申<br>10 | 癸酉<br>11 | 甲戌<br>12 | 乙亥<br>13 | 丙子<br>14 | 丁丑<br>15 | 戊寅<br>16 | 己卯<br>17 | 庚辰<br>18 | 辛巳<br>19 | 壬午<br>20 | 癸未<br>21 | 甲申<br>22 | 乙酉<br>23 | 丙戌<br>24 | 丁亥<br>25 | 戊子<br>26 | 己丑<br>27 | 庚寅<br>28 | 辛卯<br>29 | 壬辰<br>30 | 癸酉立夏<br>戊子小滿 |
| 五月大 | 丙午 | 天干地支<br>西曆 | 癸巳<br>31 | 甲午<br>(6) | 乙未<br>2 | 丙申<br>3 | 丁酉<br>4 | 戊戌<br>5 | 己亥<br>6 | 庚子<br>7 | 辛丑<br>8 | 壬寅<br>9 | 癸卯<br>10 | 甲辰<br>11 | 乙巳<br>12 | 丙午<br>13 | 丁未<br>14 | 戊申<br>15 | 己酉<br>16 | 庚戌<br>17 | 辛亥<br>18 | 壬子<br>19 | 癸丑<br>20 | 甲寅<br>21 | 乙卯<br>22 | 丙辰<br>23 | 丁巳<br>24 | 戊午<br>25 | 己未<br>26 | 庚申<br>27 | 辛酉<br>28 | 壬戌<br>29 | 癸卯芒種<br>己未夏至<br>壬戌日食 |
| 六月小 | 丁未 | 天干地支<br>西曆 | 癸亥<br>30 | 甲子<br>(7) | 乙丑<br>2 | 丙寅<br>3 | 丁卯<br>4 | 戊辰<br>5 | 己巳<br>6 | 庚午<br>7 | 辛未<br>8 | 壬申<br>9 | 癸酉<br>10 | 甲戌<br>11 | 乙亥<br>12 | 丙子<br>13 | 丁丑<br>14 | 戊寅<br>15 | 己卯<br>16 | 庚辰<br>17 | 辛巳<br>18 | 壬午<br>19 | 癸未<br>20 | 甲申<br>21 | 乙酉<br>22 | 丙戌<br>23 | 丁亥<br>24 | 戊子<br>25 | 己丑<br>26 | 庚寅<br>27 | 辛卯<br>28 | | 甲戌小暑<br>己丑大暑 |
| 七月大 | 戊申 | 天干地支<br>西曆 | 壬辰<br>29 | 癸巳<br>30 | 甲午<br>31 | 乙未<br>(8) | 丙申<br>2 | 丁酉<br>3 | 戊戌<br>4 | 己亥<br>5 | 庚子<br>6 | 辛丑<br>7 | 壬寅<br>8 | 癸卯<br>9 | 甲辰<br>10 | 乙巳<br>11 | 丙午<br>12 | 丁未<br>13 | 戊申<br>14 | 己酉<br>15 | 庚戌<br>16 | 辛亥<br>17 | 壬子<br>18 | 癸丑<br>19 | 甲寅<br>20 | 乙卯<br>21 | 丙辰<br>22 | 丁巳<br>23 | 戊午<br>24 | 己未<br>25 | 庚申<br>26 | 辛酉<br>27 | 甲辰立秋<br>庚申處暑 |
| 八月小 | 己酉 | 天干地支<br>西曆 | 壬戌<br>28 | 癸亥<br>29 | 甲子<br>30 | 乙丑<br>31 | 丙寅<br>(9) | 丁卯<br>2 | 戊辰<br>3 | 己巳<br>4 | 庚午<br>5 | 辛未<br>6 | 壬申<br>7 | 癸酉<br>8 | 甲戌<br>9 | 乙亥<br>10 | 丙子<br>11 | 丁丑<br>12 | 戊寅<br>13 | 己卯<br>14 | 庚辰<br>15 | 辛巳<br>16 | 壬午<br>17 | 癸未<br>18 | 甲申<br>19 | 乙酉<br>20 | 丙戌<br>21 | 丁亥<br>22 | 戊子<br>23 | 己丑<br>24 | 庚寅<br>25 | | 乙亥白露<br>庚寅秋分 |
| 九月大 | 庚戌 | 天干地支<br>西曆 | 辛卯<br>26 | 壬辰<br>27 | 癸巳<br>28 | 甲午<br>29 | 乙未<br>30 | 丙申<br>(10) | 丁酉<br>2 | 戊戌<br>3 | 己亥<br>4 | 庚子<br>5 | 辛丑<br>6 | 壬寅<br>7 | 癸卯<br>8 | 甲辰<br>9 | 乙巳<br>10 | 丙午<br>11 | 丁未<br>12 | 戊申<br>13 | 己酉<br>14 | 庚戌<br>15 | 辛亥<br>16 | 壬子<br>17 | 癸丑<br>18 | 甲寅<br>19 | 乙卯<br>20 | 丙辰<br>21 | 丁巳<br>22 | 戊午<br>23 | 己未<br>24 | 庚申<br>25 | 乙巳寒露<br>庚申霜降 |
| 閏九月小 | 庚戌 | 天干地支<br>西曆 | 辛酉<br>26 | 壬戌<br>27 | 癸亥<br>28 | 甲子<br>29 | 乙丑<br>30 | 丙寅<br>31 | 丁卯<br>(11) | 戊辰<br>2 | 己巳<br>3 | 庚午<br>4 | 辛未<br>5 | 壬申<br>6 | 癸酉<br>7 | 甲戌<br>8 | 乙亥<br>9 | 丙子<br>10 | 丁丑<br>11 | 戊寅<br>12 | 己卯<br>13 | 庚辰<br>14 | 辛巳<br>15 | 壬午<br>16 | 癸未<br>17 | 甲申<br>18 | 乙酉<br>19 | 丙戌<br>20 | 丁亥<br>21 | 戊子<br>22 | 己丑<br>23 | | 丙子立冬 |
| 十月大 | 辛亥 | 天干地支<br>西曆 | 庚寅<br>24 | 辛卯<br>25 | 壬辰<br>26 | 癸巳<br>27 | 甲午<br>28 | 乙未<br>29 | 丙申<br>30 | 丁酉<br>(12) | 戊戌<br>2 | 己亥<br>3 | 庚子<br>4 | 辛丑<br>5 | 壬寅<br>6 | 癸卯<br>7 | 甲辰<br>8 | 乙巳<br>9 | 丙午<br>10 | 丁未<br>11 | 戊申<br>12 | 己酉<br>13 | 庚戌<br>14 | 辛亥<br>15 | 壬子<br>16 | 癸丑<br>17 | 甲寅<br>18 | 乙卯<br>19 | 丙辰<br>20 | 丁巳<br>21 | 戊午<br>22 | 己未<br>23 | 辛卯小雪<br>丙午大雪 |
| 十一月小 | 壬子 | 天干地支<br>西曆 | 庚申<br>24 | 辛酉<br>25 | 壬戌<br>26 | 癸亥<br>27 | 甲子<br>28 | 乙丑<br>29 | 丙寅<br>30 | 丁卯<br>31 | 戊辰<br>(1) | 己巳<br>2 | 庚午<br>3 | 辛未<br>4 | 壬申<br>5 | 癸酉<br>6 | 甲戌<br>7 | 乙亥<br>8 | 丙子<br>9 | 丁丑<br>10 | 戊寅<br>11 | 己卯<br>12 | 庚辰<br>13 | 辛巳<br>14 | 壬午<br>15 | 癸未<br>16 | 甲申<br>17 | 乙酉<br>18 | 丙戌<br>19 | 丁亥<br>20 | 戊子<br>21 | | 辛酉冬至<br>丙子小寒 |
| 十二月大 | 癸丑 | 天干地支<br>西曆 | 己丑<br>22 | 庚寅<br>23 | 辛卯<br>24 | 壬辰<br>25 | 癸巳<br>26 | 甲午<br>27 | 乙未<br>28 | 丙申<br>29 | 丁酉<br>30 | 戊戌<br>31 | 己亥<br>(2) | 庚子<br>2 | 辛丑<br>3 | 壬寅<br>4 | 癸卯<br>5 | 甲辰<br>6 | 乙巳<br>7 | 丙午<br>8 | 丁未<br>9 | 戊申<br>10 | 己酉<br>11 | 庚戌<br>12 | 辛亥<br>13 | 壬子<br>14 | 癸丑<br>15 | 甲寅<br>16 | 乙卯<br>17 | 丙辰<br>18 | 丁巳<br>19 | 戊午<br>20 | 壬辰大寒<br>丁未立春 |

# 漢武帝太始四年（戊子 鼠年） 公元前 93 ~ 前 92 年

| 夏曆月序 | | 中西曆日對照 | 初一 | 初二 | 初三 | 初四 | 初五 | 初六 | 初七 | 初八 | 初九 | 初十 | 十一 | 十二 | 十三 | 十四 | 十五 | 十六 | 十七 | 十八 | 十九 | 二十 | 二一 | 二二 | 二三 | 二四 | 二五 | 二六 | 二七 | 二八 | 二九 | 三十 | 節氣與天象 |
|---|---|---|---|---|---|---|---|---|---|---|---|---|---|---|---|---|---|---|---|---|---|---|---|---|---|---|---|---|---|---|---|---|---|
| 正月小 | 甲寅 | 天干地支西曆 | 己未 21 | 庚申 22 | 辛酉 23 | 壬戌 24 | 癸亥 25 | 甲子 26 | 乙丑 27 | 丙寅 28 | 丁卯 29 | 戊辰 (3) | 己巳 2 | 庚午 3 | 辛未 4 | 壬申 5 | 癸酉 6 | 甲戌 7 | 乙亥 8 | 丙子 9 | 丁丑 10 | 戊寅 11 | 己卯 12 | 庚辰 13 | 辛巳 14 | 壬午 15 | 癸未 16 | 甲申 17 | 乙酉 18 | 丙戌 19 | 丁亥 20 | | 壬戌驚蟄<br>丁丑雨水 |
| 二月大 | 乙卯 | 天干地支西曆 | 戊子 21 | 己丑 22 | 庚寅 23 | 辛卯 24 | 壬辰 25 | 癸巳 26 | 甲午 27 | 乙未 28 | 丙申 29 | 丁酉 30 | 戊戌 31 | 己亥 (4) | 庚子 2 | 辛丑 3 | 壬寅 4 | 癸卯 5 | 甲辰 6 | 乙巳 7 | 丙午 8 | 丁未 9 | 戊申 10 | 己酉 11 | 庚戌 12 | 辛亥 13 | 壬子 14 | 癸丑 15 | 甲寅 16 | 乙卯 17 | 丙辰 18 | 丁巳 19 | 癸巳春分<br>戊申穀雨 |
| 三月小 | 丙辰 | 天干地支西曆 | 戊午 20 | 己未 21 | 庚申 22 | 辛酉 23 | 壬戌 24 | 癸亥 25 | 甲子 26 | 乙丑 27 | 丙寅 28 | 丁卯 29 | 戊辰 30 | 己巳 (5) | 庚午 2 | 辛未 3 | 壬申 4 | 癸酉 5 | 甲戌 6 | 乙亥 7 | 丙子 8 | 丁丑 9 | 戊寅 10 | 己卯 11 | 庚辰 12 | 辛巳 13 | 壬午 14 | 癸未 15 | 甲申 16 | 乙酉 17 | 丙戌 18 | | 癸亥清明<br>戊寅立夏 |
| 四月大 | 丁巳 | 天干地支西曆 | 丁亥 19 | 戊子 20 | 己丑 21 | 庚寅 22 | 辛卯 23 | 壬辰 24 | 癸巳 25 | 甲午 26 | 乙未 27 | 丙申 28 | 丁酉 29 | 戊戌 30 | 己亥 31 | 庚子 (6) | 辛丑 2 | 壬寅 3 | 癸卯 4 | 甲辰 5 | 乙巳 6 | 丙午 7 | 丁未 8 | 戊申 9 | 己酉 10 | 庚戌 11 | 辛亥 12 | 壬子 13 | 癸丑 14 | 甲寅 15 | 乙卯 16 | 丙辰 17 | 癸巳小滿<br>己酉芒種 |
| 五月小 | 戊午 | 天干地支西曆 | 丁巳 18 | 戊午 19 | 己未 20 | 庚申 21 | 辛酉 22 | 壬戌 23 | 癸亥 24 | 甲子 25 | 乙丑 26 | 丙寅 27 | 丁卯 28 | 戊辰 29 | 己巳 30 | 庚午 (7) | 辛未 2 | 壬申 3 | 癸酉 4 | 甲戌 5 | 乙亥 6 | 丙子 7 | 丁丑 8 | 戊寅 9 | 己卯 10 | 庚辰 11 | 辛巳 12 | 壬午 13 | 癸未 14 | 甲申 15 | 乙酉 16 | | 甲子夏至<br>己卯小暑 |
| 六月大 | 己未 | 天干地支西曆 | 丙戌 17 | 丁亥 18 | 戊子 19 | 己丑 20 | 庚寅 21 | 辛卯 22 | 壬辰 23 | 癸巳 24 | 甲午 25 | 乙未 26 | 丙申 27 | 丁酉 28 | 戊戌 29 | 己亥 30 | 庚子 31 | 辛丑 (8) | 壬寅 2 | 癸卯 3 | 甲辰 4 | 乙巳 5 | 丙午 6 | 丁未 7 | 戊申 8 | 己酉 9 | 庚戌 10 | 辛亥 11 | 壬子 12 | 癸丑 13 | 甲寅 14 | 乙卯 15 | 甲午大暑<br>庚戌立秋 |
| 七月小 | 庚申 | 天干地支西曆 | 丙辰 16 | 丁巳 17 | 戊午 18 | 己未 19 | 庚申 20 | 辛酉 21 | 壬戌 22 | 癸亥 23 | 甲子 24 | 乙丑 25 | 丙寅 26 | 丁卯 27 | 戊辰 28 | 己巳 29 | 庚午 30 | 辛未 31 | 壬申 (9) | 癸酉 2 | 甲戌 3 | 乙亥 4 | 丙子 5 | 丁丑 6 | 戊寅 7 | 己卯 8 | 庚辰 9 | 辛巳 10 | 壬午 11 | 癸未 12 | 甲申 13 | | 乙丑處暑<br>庚辰白露 |
| 八月大 | 辛酉 | 天干地支西曆 | 乙酉 14 | 丙戌 15 | 丁亥 16 | 戊子 17 | 己丑 18 | 庚寅 19 | 辛卯 20 | 壬辰 21 | 癸巳 22 | 甲午 23 | 乙未 24 | 丙申 25 | 丁酉 26 | 戊戌 27 | 己亥 28 | 庚子 29 | 辛丑 30 | 壬寅 (10) | 癸卯 2 | 甲辰 3 | 乙巳 4 | 丙午 5 | 丁未 6 | 戊申 7 | 己酉 8 | 庚戌 9 | 辛亥 10 | 壬子 11 | 癸丑 12 | 甲寅 13 | 乙未秋分<br>庚戌寒露 |
| 九月大 | 壬戌 | 天干地支西曆 | 乙卯 14 | 丙辰 15 | 丁巳 16 | 戊午 17 | 己未 18 | 庚申 19 | 辛酉 20 | 壬戌 21 | 癸亥 22 | 甲子 23 | 乙丑 24 | 丙寅 25 | 丁卯 26 | 戊辰 27 | 己巳 28 | 庚午 29 | 辛未 30 | 壬申 31 | 癸酉 (11) | 甲戌 2 | 乙亥 3 | 丙子 4 | 丁丑 5 | 戊寅 6 | 己卯 7 | 庚辰 8 | 辛巳 9 | 壬午 10 | 癸未 11 | 甲申 12 | 丙寅霜降<br>辛巳立冬 |
| 十月小 | 癸亥 | 天干地支西曆 | 乙酉 13 | 丙戌 14 | 丁亥 15 | 戊子 16 | 己丑 17 | 庚寅 18 | 辛卯 19 | 壬辰 20 | 癸巳 21 | 甲午 22 | 乙未 23 | 丙申 24 | 丁酉 25 | 戊戌 26 | 己亥 27 | 庚子 28 | 辛丑 29 | 壬寅 30 | 癸卯 (12) | 甲辰 2 | 乙巳 3 | 丙午 4 | 丁未 5 | 戊申 6 | 己酉 7 | 庚戌 8 | 辛亥 9 | 壬子 10 | 癸丑 11 | | 丙申小雪<br>辛亥大雪 |
| 十一月大 | 甲子 | 天干地支西曆 | 甲寅 12 | 乙卯 13 | 丙辰 14 | 丁巳 15 | 戊午 16 | 己未 17 | 庚申 18 | 辛酉 19 | 壬戌 20 | 癸亥 21 | 甲子 22 | 乙丑 23 | 丙寅 24 | 丁卯 25 | 戊辰 26 | 己巳 27 | 庚午 28 | 辛未 29 | 壬申 30 | 癸酉 31 | 甲戌 (1) | 乙亥 2 | 丙子 3 | 丁丑 4 | 戊寅 5 | 己卯 6 | 庚辰 7 | 辛巳 8 | 壬午 9 | 癸未 10 | 丁卯冬至<br>壬午小寒<br>甲寅日食 |
| 十二月小 | 乙丑 | 天干地支西曆 | 甲申 11 | 乙酉 12 | 丙戌 13 | 丁亥 14 | 戊子 15 | 己丑 16 | 庚寅 17 | 辛卯 18 | 壬辰 19 | 癸巳 20 | 甲午 21 | 乙未 22 | 丙申 23 | 丁酉 24 | 戊戌 25 | 己亥 26 | 庚子 27 | 辛丑 28 | 壬寅 29 | 癸卯 30 | 甲辰 31 | 乙巳 (2) | 丙午 2 | 丁未 3 | 戊申 4 | 己酉 5 | 庚戌 6 | 辛亥 7 | 壬子 8 | | 丁酉大寒<br>壬子立春 |

# 漢武帝征（延）和元年（己丑 牛年） 公元前 92 ~ 前 91 年

| 夏曆月序 | 中西曆日對照 | 初一 | 初二 | 初三 | 初四 | 初五 | 初六 | 初七 | 初八 | 初九 | 初十 | 十一 | 十二 | 十三 | 十四 | 十五 | 十六 | 十七 | 十八 | 十九 | 二十 | 二一 | 二二 | 二三 | 二四 | 二五 | 二六 | 二七 | 二八 | 二九 | 三十 | 節氣與天象 |
|---|---|---|---|---|---|---|---|---|---|---|---|---|---|---|---|---|---|---|---|---|---|---|---|---|---|---|---|---|---|---|---|---|
| 正月大 丙寅 | 天干地支西曆 | 癸丑 9 | 甲寅 10 | 乙卯 11 | 丙辰 12 | 丁巳 13 | 戊午 14 | 己未 15 | 庚申 16 | 辛酉 17 | 壬戌 18 | 癸亥 19 | 甲子 20 | 乙丑 21 | 丙寅 22 | 丁卯 23 | 戊辰 24 | 己巳 25 | 庚午 26 | 辛未 27 | 壬申 28 | 癸酉 (3) | 甲戌 2 | 乙亥 3 | 丙子 4 | 丁丑 5 | 戊寅 6 | 己卯 7 | 庚辰 8 | 辛巳 9 | 壬午 10 | 丁卯驚蟄 |
| 二月小 丁卯 | 天干地支西曆 | 癸未 11 | 甲申 12 | 乙酉 13 | 丙戌 14 | 丁亥 15 | 戊子 16 | 己丑 17 | 庚寅 18 | 辛卯 19 | 壬辰 20 | 癸巳 21 | 甲午 22 | 乙未 23 | 丙申 24 | 丁酉 25 | 戊戌 26 | 己亥 27 | 庚子 28 | 辛丑 29 | 壬寅 30 | 癸卯 31 | 甲辰 (4) | 乙巳 2 | 丙午 3 | 丁未 4 | 戊申 5 | 己酉 6 | 庚戌 7 | 辛亥 8 | | 癸未雨水 戊戌春分 |
| 三月大 戊辰 | 天干地支西曆 | 壬子 9 | 癸丑 10 | 甲寅 11 | 乙卯 12 | 丙辰 13 | 丁巳 14 | 戊午 15 | 己未 16 | 庚申 17 | 辛酉 18 | 壬戌 19 | 癸亥 20 | 甲子 21 | 乙丑 22 | 丙寅 23 | 丁卯 24 | 戊辰 25 | 己巳 26 | 庚午 27 | 辛未 28 | 壬申 29 | 癸酉 30 | 甲戌 (5) | 乙亥 2 | 丙子 3 | 丁丑 4 | 戊寅 5 | 己卯 6 | 庚辰 7 | 辛巳 8 | 癸丑穀雨 戊辰清明 |
| 四月小 己巳 | 天干地支西曆 | 壬午 9 | 癸未 10 | 甲申 11 | 乙酉 12 | 丙戌 13 | 丁亥 14 | 戊子 15 | 己丑 16 | 庚寅 17 | 辛卯 18 | 壬辰 19 | 癸巳 20 | 甲午 21 | 乙未 22 | 丙申 23 | 丁酉 24 | 戊戌 25 | 己亥 26 | 庚子 27 | 辛丑 28 | 壬寅 29 | 癸卯 30 | 甲辰 31 | 乙巳 (6) | 丙午 2 | 丁未 3 | 戊申 4 | 己酉 5 | 庚戌 6 | | 癸未立夏 己亥小滿 |
| 五月大 庚午 | 天干地支西曆 | 辛亥 7 | 壬子 8 | 癸丑 9 | 甲寅 10 | 乙卯 11 | 丙辰 12 | 丁巳 13 | 戊午 14 | 己未 15 | 庚申 16 | 辛酉 17 | 壬戌 18 | 癸亥 19 | 甲子 20 | 乙丑 21 | 丙寅 22 | 丁卯 23 | 戊辰 24 | 己巳 25 | 庚午 26 | 辛未 27 | 壬申 28 | 癸酉 29 | 甲戌 30 | 乙亥 (7) | 丙子 2 | 丁丑 3 | 戊寅 4 | 己卯 5 | 庚辰 6 | 甲寅芒種 己巳夏至 |
| 六月小 辛未 | 天干地支西曆 | 辛巳 7 | 壬午 8 | 癸未 9 | 甲申 10 | 乙酉 11 | 丙戌 12 | 丁亥 13 | 戊子 14 | 己丑 15 | 庚寅 16 | 辛卯 17 | 壬辰 18 | 癸巳 19 | 甲午 20 | 乙未 21 | 丙申 22 | 丁酉 23 | 戊戌 24 | 己亥 25 | 庚子 26 | 辛丑 27 | 壬寅 28 | 癸卯 29 | 甲辰 30 | 乙巳 31 | 丙午 (8) | 丁未 2 | 戊申 3 | 己酉 4 | | 甲申小暑 庚子大暑 |
| 七月大 壬申 | 天干地支西曆 | 庚戌 5 | 辛亥 6 | 壬子 7 | 癸丑 8 | 甲寅 9 | 乙卯 10 | 丙辰 11 | 丁巳 12 | 戊午 13 | 己未 14 | 庚申 15 | 辛酉 16 | 壬戌 17 | 癸亥 18 | 甲子 19 | 乙丑 20 | 丙寅 21 | 丁卯 22 | 戊辰 23 | 己巳 24 | 庚午 25 | 辛未 26 | 壬申 27 | 癸酉 28 | 甲戌 29 | 乙亥 30 | 丙子 31 | 丁丑 (9) | 戊寅 2 | 己卯 3 | 乙卯立秋 庚午處暑 |
| 八月小 癸酉 | 天干地支西曆 | 庚辰 4 | 辛巳 5 | 壬午 6 | 癸未 7 | 甲申 8 | 乙酉 9 | 丙戌 10 | 丁亥 11 | 戊子 12 | 己丑 13 | 庚寅 14 | 辛卯 15 | 壬辰 16 | 癸巳 17 | 甲午 18 | 乙未 19 | 丙申 20 | 丁酉 21 | 戊戌 22 | 己亥 23 | 庚子 24 | 辛丑 25 | 壬寅 26 | 癸卯 27 | 甲辰 28 | 乙巳 29 | 丙午 30 | 丁未 (10) | 戊申 2 | | 乙酉白露 庚子秋分 |
| 九月大 甲戌 | 天干地支西曆 | 己酉 3 | 庚戌 4 | 辛亥 5 | 壬子 6 | 癸丑 7 | 甲寅 8 | 乙卯 9 | 丙辰 10 | 丁巳 11 | 戊午 12 | 己未 13 | 庚申 14 | 辛酉 15 | 壬戌 16 | 癸亥 17 | 甲子 18 | 乙丑 19 | 丙寅 20 | 丁卯 21 | 戊辰 22 | 己巳 23 | 庚午 24 | 辛未 25 | 壬申 26 | 癸酉 27 | 甲戌 28 | 乙亥 29 | 丙子 30 | 丁丑 31 | 戊寅 (11) | 丙辰寒露 辛未霜降 |
| 十月小 乙亥 | 天干地支西曆 | 己卯 2 | 庚辰 3 | 辛巳 4 | 壬午 5 | 癸未 6 | 甲申 7 | 乙酉 8 | 丙戌 9 | 丁亥 10 | 戊子 11 | 己丑 12 | 庚寅 13 | 辛卯 14 | 壬辰 15 | 癸巳 16 | 甲午 17 | 乙未 18 | 丙申 19 | 丁酉 20 | 戊戌 21 | 己亥 22 | 庚子 23 | 辛丑 24 | 壬寅 25 | 癸卯 26 | 甲辰 27 | 乙巳 28 | 丙午 29 | 丁未 30 | | 丙戌立冬 辛丑小雪 |
| 十一月大 丙子 | 天干地支西曆 | 戊申 (12) | 己酉 2 | 庚戌 3 | 辛亥 4 | 壬子 5 | 癸丑 6 | 甲寅 7 | 乙卯 8 | 丙辰 9 | 丁巳 10 | 戊午 11 | 己未 12 | 庚申 13 | 辛酉 14 | 壬戌 15 | 癸亥 16 | 甲子 17 | 乙丑 18 | 丙寅 19 | 丁卯 20 | 戊辰 21 | 己巳 22 | 庚午 23 | 辛未 24 | 壬申 25 | 癸酉 26 | 甲戌 27 | 乙亥 28 | 丙子 29 | 丁丑 30 | 丁巳大雪 壬申冬至 |
| 十二月大 丁丑 | 天干地支西曆 | 戊寅 31 | 己卯 (1) | 庚辰 2 | 辛巳 3 | 壬午 4 | 癸未 5 | 甲申 6 | 乙酉 7 | 丙戌 8 | 丁亥 9 | 戊子 10 | 己丑 11 | 庚寅 12 | 辛卯 13 | 壬辰 14 | 癸巳 15 | 甲午 16 | 乙未 17 | 丙申 18 | 丁酉 19 | 戊戌 20 | 己亥 21 | 庚子 22 | 辛丑 23 | 壬寅 24 | 癸卯 25 | 甲辰 26 | 乙巳 27 | 丙午 28 | 丁未 29 | 丁亥小寒 壬寅大寒 |

* 正月，改元征（延）和。

# 漢武帝征（延）和二年（庚寅 虎年） 公元前 91 ~ 前 90 年

| 夏曆月序 | | 中西曆日對照 | 初一 | 初二 | 初三 | 初四 | 初五 | 初六 | 初七 | 初八 | 初九 | 初十 | 十一 | 十二 | 十三 | 十四 | 十五 | 十六 | 十七 | 十八 | 十九 | 二十 | 二一 | 二二 | 二三 | 二四 | 二五 | 二六 | 二七 | 二八 | 二九 | 三十 | 節氣與天象 |
|---|---|---|---|---|---|---|---|---|---|---|---|---|---|---|---|---|---|---|---|---|---|---|---|---|---|---|---|---|---|---|---|---|---|
| 正月小 | 戊寅 | 天干地支西曆 | 戊申30 | 己酉31 | 庚戌(2) | 辛亥2 | 壬子3 | 癸丑4 | 甲寅5 | 乙卯6 | 丙辰7 | 丁巳8 | 戊午9 | 己未10 | 庚申11 | 辛酉12 | 壬戌13 | 癸亥14 | 甲子15 | 乙丑16 | 丙寅17 | 丁卯18 | 戊辰19 | 己巳20 | 庚午21 | 辛未22 | 壬申23 | 癸酉24 | 甲戌25 | 乙亥26 | 丙子27 | | 丁巳立春 癸酉驚蟄 |
| 二月大 | 己卯 | 天干地支西曆 | 丁丑28 | 戊寅(3) | 己卯2 | 庚辰3 | 辛巳4 | 壬午5 | 癸未6 | 甲申7 | 乙酉8 | 丙戌9 | 丁亥10 | 戊子11 | 己丑12 | 庚寅13 | 辛卯14 | 壬辰15 | 癸巳16 | 甲午17 | 乙未18 | 丙申19 | 丁酉20 | 戊戌21 | 己亥22 | 庚子23 | 辛丑24 | 壬寅25 | 癸卯26 | 甲辰27 | 乙巳28 | 丙午29 | 戊子雨水 癸卯春分 |
| 三月小 | 庚辰 | 天干地支西曆 | 丁未30 | 戊申31 | 己酉(4) | 庚戌2 | 辛亥3 | 壬子4 | 癸丑5 | 甲寅6 | 乙卯7 | 丙辰8 | 丁巳9 | 戊午10 | 己未11 | 庚申12 | 辛酉13 | 壬戌14 | 癸亥15 | 甲子16 | 乙丑17 | 丙寅18 | 丁卯19 | 戊辰20 | 己巳21 | 庚午22 | 辛未23 | 壬申24 | 癸酉25 | 甲戌26 | 乙亥27 | | 戊午穀雨 甲戌清明 |
| 四月大 | 辛巳 | 天干地支西曆 | 丙子28 | 丁丑29 | 戊寅30 | 己卯(5) | 庚辰2 | 辛巳3 | 壬午4 | 癸未5 | 甲申6 | 乙酉7 | 丙戌8 | 丁亥9 | 戊子10 | 己丑11 | 庚寅12 | 辛卯13 | 壬辰14 | 癸巳15 | 甲午16 | 乙未17 | 丙申18 | 丁酉19 | 戊戌20 | 己亥21 | 庚子22 | 辛丑23 | 壬寅24 | 癸卯25 | 甲辰26 | 乙巳27 | 己丑立夏 甲辰小滿 |
| 五月小 | 壬午 | 天干地支西曆 | 丙午28 | 丁未29 | 戊申30 | 己酉31 | 庚戌(6) | 辛亥2 | 壬子3 | 癸丑4 | 甲寅5 | 乙卯6 | 丙辰7 | 丁巳8 | 戊午9 | 己未10 | 庚申11 | 辛酉12 | 壬戌13 | 癸亥14 | 甲子15 | 乙丑16 | 丙寅17 | 丁卯18 | 戊辰19 | 己巳20 | 庚午21 | 辛未22 | 壬申23 | 癸酉24 | 甲戌25 | | 己未芒種 甲戌夏至 |
| 閏五月大 | 壬午 | 天干地支西曆 | 乙亥26 | 丙子27 | 丁丑28 | 戊寅29 | 己卯30 | 庚辰(7) | 辛巳2 | 壬午3 | 癸未4 | 甲申5 | 乙酉6 | 丙戌7 | 丁亥8 | 戊子9 | 己丑10 | 庚寅11 | 辛卯12 | 壬辰13 | 癸巳14 | 甲午15 | 乙未16 | 丙申17 | 丁酉18 | 戊戌19 | 己亥20 | 庚子21 | 辛丑22 | 壬寅23 | 癸卯24 | 甲辰25 | 庚寅小暑 |
| 六月小 | 癸未 | 天干地支西曆 | 乙巳26 | 丙午27 | 丁未28 | 戊申29 | 己酉30 | 庚戌31 | 辛亥(8) | 壬子2 | 癸丑3 | 甲寅4 | 乙卯5 | 丙辰6 | 丁巳7 | 戊午8 | 己未9 | 庚申10 | 辛酉11 | 壬戌12 | 癸亥13 | 甲子14 | 乙丑15 | 丙寅16 | 丁卯17 | 戊辰18 | 己巳19 | 庚午20 | 辛未21 | 壬申22 | 癸酉23 | | 乙巳大暑 庚申立秋 |
| 七月大 | 甲申 | 天干地支西曆 | 甲戌24 | 乙亥25 | 丙子26 | 丁丑27 | 戊寅28 | 己卯29 | 庚辰30 | 辛巳31 | 壬午(9) | 癸未2 | 甲申3 | 乙酉4 | 丙戌5 | 丁亥6 | 戊子7 | 己丑8 | 庚寅9 | 辛卯10 | 壬辰11 | 癸巳12 | 甲午13 | 乙未14 | 丙申15 | 丁酉16 | 戊戌17 | 己亥18 | 庚子19 | 辛丑20 | 壬寅21 | 癸卯22 | 乙亥處暑 庚寅白露 |
| 八月小 | 乙酉 | 天干地支西曆 | 甲辰23 | 乙巳24 | 丙午25 | 丁未26 | 戊申27 | 己酉28 | 庚戌29 | 辛亥30 | 壬子(10) | 癸丑2 | 甲寅3 | 乙卯4 | 丙辰5 | 丁巳6 | 戊午7 | 己未8 | 庚申9 | 辛酉10 | 壬戌11 | 癸亥12 | 甲子13 | 乙丑14 | 丙寅15 | 丁卯16 | 戊辰17 | 己巳18 | 庚午19 | 辛未20 | 壬申21 | | 丙午秋分 辛酉寒露 |
| 九月大 | 丙戌 | 天干地支西曆 | 癸酉22 | 甲戌23 | 乙亥24 | 丙子25 | 丁丑26 | 戊寅27 | 己卯28 | 庚辰29 | 辛巳30 | 壬午31 | 癸未(11) | 甲申2 | 乙酉3 | 丙戌4 | 丁亥5 | 戊子6 | 己丑7 | 庚寅8 | 辛卯9 | 壬辰10 | 癸巳11 | 甲午12 | 乙未13 | 丙申14 | 丁酉15 | 戊戌16 | 己亥17 | 庚子18 | 辛丑19 | 壬寅20 | 丙子霜降 辛卯立冬 |
| 十月小 | 丁亥 | 天干地支西曆 | 癸卯21 | 甲辰22 | 乙巳23 | 丙午24 | 丁未25 | 戊申26 | 己酉27 | 庚戌28 | 辛亥29 | 壬子30 | 癸丑(12) | 甲寅2 | 乙卯3 | 丙辰4 | 丁巳5 | 戊午6 | 己未7 | 庚申8 | 辛酉9 | 壬戌10 | 癸亥11 | 甲子12 | 乙丑13 | 丙寅14 | 丁卯15 | 戊辰16 | 己巳17 | 庚午18 | 辛未19 | | 丁未小雪 壬戌大雪 |
| 十一月大 | 戊子 | 天干地支西曆 | 壬申20 | 癸酉21 | 甲戌22 | 乙亥23 | 丙子24 | 丁丑25 | 戊寅26 | 己卯27 | 庚辰28 | 辛巳29 | 壬午30 | 癸未31 | 甲申(1) | 乙酉2 | 丙戌3 | 丁亥4 | 戊子5 | 己丑6 | 庚寅7 | 辛卯8 | 壬辰9 | 癸巳10 | 甲午11 | 乙未12 | 丙申13 | 丁酉14 | 戊戌15 | 己亥16 | 庚子17 | 辛丑18 | 丁丑冬至 壬辰小寒 |
| 十二月小 | 己丑 | 天干地支西曆 | 壬寅19 | 癸卯20 | 甲辰21 | 乙巳22 | 丙午23 | 丁未24 | 戊申25 | 己酉26 | 庚戌27 | 辛亥28 | 壬子29 | 癸丑30 | 甲寅31 | 乙卯(2) | 丙辰2 | 丁巳3 | 戊午4 | 己未5 | 庚申6 | 辛酉7 | 壬戌8 | 癸亥9 | 甲子10 | 乙丑11 | 丙寅12 | 丁卯13 | 戊辰14 | 己巳15 | 庚午16 | | 丁未大寒 癸亥立春 |

## 漢武帝征（延）和三年（辛卯 兔年） 公元前 90 ~ 前 89 年

| 夏曆月序 | | 中西曆日對照 | 夏曆日序 | | | | | | | | | | | | | | | | | | | | | | | | | | | | | 節氣與天象 |
|---|---|---|---|---|---|---|---|---|---|---|---|---|---|---|---|---|---|---|---|---|---|---|---|---|---|---|---|---|---|---|---|---|
| | | | 初一 | 初二 | 初三 | 初四 | 初五 | 初六 | 初七 | 初八 | 初九 | 初十 | 十一 | 十二 | 十三 | 十四 | 十五 | 十六 | 十七 | 十八 | 十九 | 二十 | 二一 | 二二 | 二三 | 二四 | 二五 | 二六 | 二七 | 二八 | 二九 | 三十 | |
| 正月大 | 庚寅 | 天干地支西曆 | 辛未17 | 壬申18 | 癸酉19 | 甲戌20 | 乙亥21 | 丙子22 | 丁丑23 | 戊寅24 | 己卯25 | 庚辰26 | 辛巳27 | 壬午28 | 癸未(3) | 甲申2 | 乙酉3 | 丙戌4 | 丁亥5 | 戊子6 | 己丑7 | 庚寅8 | 辛卯9 | 壬辰10 | 癸巳11 | 甲午12 | 乙未13 | 丙申14 | 丁酉15 | 戊戌16 | 己亥17 | 庚子18 | 戊寅驚蟄<br>癸巳雨水 |
| 二月小 | 辛卯 | 天干地支西曆 | 辛丑19 | 壬寅20 | 癸卯21 | 甲辰22 | 乙巳23 | 丙午24 | 丁未25 | 戊申26 | 己酉27 | 庚戌28 | 辛亥29 | 壬子30 | 癸丑31 | 甲寅(4) | 乙卯2 | 丙辰3 | 丁巳4 | 戊午5 | 己未6 | 庚申7 | 辛酉8 | 壬戌9 | 癸亥10 | 甲子11 | 乙丑12 | 丙寅13 | 丁卯14 | 戊辰15 | 己巳16 | | 戊申春分<br>甲子穀雨 |
| 三月大 | 壬辰 | 天干地支西曆 | 庚午17 | 辛未18 | 壬申19 | 癸酉20 | 甲戌21 | 乙亥22 | 丙子23 | 丁丑24 | 戊寅25 | 己卯26 | 庚辰27 | 辛巳28 | 壬午29 | 癸未30 | 甲申(5) | 乙酉2 | 丙戌3 | 丁亥4 | 戊子5 | 己丑6 | 庚寅7 | 辛卯8 | 壬辰9 | 癸巳10 | 甲午11 | 乙未12 | 丙申13 | 丁酉14 | 戊戌15 | 己亥16 | 己卯清明<br>甲午立夏 |
| 四月大 | 癸巳 | 天干地支西曆 | 庚子17 | 辛丑18 | 壬寅19 | 癸卯20 | 甲辰21 | 乙巳22 | 丙午23 | 丁未24 | 戊申25 | 己酉26 | 庚戌27 | 辛亥28 | 壬子29 | 癸丑30 | 甲寅31 | 乙卯(6) | 丙辰2 | 丁巳3 | 戊午4 | 己未5 | 庚申6 | 辛酉7 | 壬戌8 | 癸亥9 | 甲子10 | 乙丑11 | 丙寅12 | 丁卯13 | 戊辰14 | 己巳15 | 己酉小滿<br>甲子芒種 |
| 五月小 | 甲午 | 天干地支西曆 | 庚午16 | 辛未17 | 壬申18 | 癸酉19 | 甲戌20 | 乙亥21 | 丙子22 | 丁丑23 | 戊寅24 | 己卯25 | 庚辰26 | 辛巳27 | 壬午28 | 癸未29 | 甲申30 | 乙酉(7) | 丙戌2 | 丁亥3 | 戊子4 | 己丑5 | 庚寅6 | 辛卯7 | 壬辰8 | 癸巳9 | 甲午10 | 乙未11 | 丙申12 | 丁酉13 | 戊戌14 | | 庚辰夏至<br>乙未小暑 |
| 六月大 | 乙未 | 天干地支西曆 | 己亥15 | 庚子16 | 辛丑17 | 壬寅18 | 癸卯19 | 甲辰20 | 乙巳21 | 丙午22 | 丁未23 | 戊申24 | 己酉25 | 庚戌26 | 辛亥27 | 壬子28 | 癸丑29 | 甲寅30 | 乙卯31 | 丙辰(8) | 丁巳2 | 戊午3 | 己未4 | 庚申5 | 辛酉6 | 壬戌7 | 癸亥8 | 甲子9 | 乙丑10 | 丙寅11 | 丁卯12 | 戊辰13 | 庚戌大暑<br>乙丑立秋 |
| 七月小 | 丙申 | 天干地支西曆 | 己巳14 | 庚午15 | 辛未16 | 壬申17 | 癸酉18 | 甲戌19 | 乙亥20 | 丙子21 | 丁丑22 | 戊寅23 | 己卯24 | 庚辰25 | 辛巳26 | 壬午27 | 癸未28 | 甲申29 | 乙酉30 | 丙戌31 | 丁亥(9) | 戊子2 | 己丑3 | 庚寅4 | 辛卯5 | 壬辰6 | 癸巳7 | 甲午8 | 乙未9 | 丙申10 | 丁酉11 | | 辛巳處暑<br>丙申白露 |
| 八月大 | 丁酉 | 天干地支西曆 | 戊戌12 | 己亥13 | 庚子14 | 辛丑15 | 壬寅16 | 癸卯17 | 甲辰18 | 乙巳19 | 丙午20 | 丁未21 | 戊申22 | 己酉23 | 庚戌24 | 辛亥25 | 壬子26 | 癸丑27 | 甲寅28 | 乙卯29 | 丙辰30 | 丁巳(10) | 戊午2 | 己未3 | 庚申4 | 辛酉5 | 壬戌6 | 癸亥7 | 甲子8 | 乙丑9 | 丙寅10 | 丁卯11 | 辛亥秋分<br>丙寅寒露<br>丁卯日食 |
| 九月小 | 戊戌 | 天干地支西曆 | 戊辰12 | 己巳13 | 庚午14 | 辛未15 | 壬申16 | 癸酉17 | 甲戌18 | 乙亥19 | 丙子20 | 丁丑21 | 戊寅22 | 己卯23 | 庚辰24 | 辛巳25 | 壬午26 | 癸未27 | 甲申28 | 乙酉29 | 丙戌30 | 丁亥31 | 戊子(11) | 己丑2 | 庚寅3 | 辛卯4 | 壬辰5 | 癸巳6 | 甲午7 | 乙未8 | 丙申9 | | 辛巳霜降 |
| 十月大 | 己亥 | 天干地支西曆 | 丁酉10 | 戊戌11 | 己亥12 | 庚子13 | 辛丑14 | 壬寅15 | 癸卯16 | 甲辰17 | 乙巳18 | 丙午19 | 丁未20 | 戊申21 | 己酉22 | 庚戌23 | 辛亥24 | 壬子25 | 癸丑26 | 甲寅27 | 乙卯28 | 丙辰29 | 丁巳30 | 戊午(12) | 己未2 | 庚申3 | 辛酉4 | 壬戌5 | 癸亥6 | 甲子7 | 乙丑8 | 丙寅9 | 丁酉立冬<br>壬子小雪 |
| 十一月小 | 庚子 | 天干地支西曆 | 丁卯10 | 戊辰11 | 己巳12 | 庚午13 | 辛未14 | 壬申15 | 癸酉16 | 甲戌17 | 乙亥18 | 丙子19 | 丁丑20 | 戊寅21 | 己卯22 | 庚辰23 | 辛巳24 | 壬午25 | 癸未26 | 甲申27 | 乙酉28 | 丙戌29 | 丁亥30 | 戊子31 | 己丑(1) | 庚寅2 | 辛卯3 | 壬辰4 | 癸巳5 | 甲午6 | 乙未7 | | 丁卯大雪<br>壬午冬至 |
| 十二月大 | 辛丑 | 天干地支西曆 | 丙申8 | 丁酉9 | 戊戌10 | 己亥11 | 庚子12 | 辛丑13 | 壬寅14 | 癸卯15 | 甲辰16 | 乙巳17 | 丙午18 | 丁未19 | 戊申20 | 己酉21 | 庚戌22 | 辛亥23 | 壬子24 | 癸丑25 | 甲寅26 | 乙卯27 | 丙辰28 | 丁巳29 | 戊午30 | 己未31 | 庚申(2) | 辛酉2 | 壬戌3 | 癸亥4 | 甲子5 | 乙丑6 | 丁酉小寒<br>癸丑大寒 |

# 漢武帝征（延）和四年（壬辰 龍年） 公元前 89 ~ 前 88 年

| 夏曆月序 | | 中西曆日對照 | 夏曆日序 | | | | | | | | | | | | | | | | | | | | | | | | | | | | | 節氣與天象 |
|---|---|---|---|---|---|---|---|---|---|---|---|---|---|---|---|---|---|---|---|---|---|---|---|---|---|---|---|---|---|---|---|---|
| | | | 初一 | 初二 | 初三 | 初四 | 初五 | 初六 | 初七 | 初八 | 初九 | 初十 | 十一 | 十二 | 十三 | 十四 | 十五 | 十六 | 十七 | 十八 | 十九 | 二十 | 二一 | 二二 | 二三 | 二四 | 二五 | 二六 | 二七 | 二八 | 二九 | 三十 | |
| 正月小 | 壬寅 | 天干 地支 西曆 | 丙寅7 | 丁卯8 | 戊辰9 | 己巳10 | 庚午11 | 辛未12 | 壬申13 | 癸酉14 | 甲戌15 | 乙亥16 | 丙子17 | 丁丑18 | 戊寅19 | 己卯20 | 庚辰21 | 辛巳22 | 壬午23 | 癸未24 | 甲申25 | 乙酉26 | 丙戌27 | 丁亥28 | 戊子29 | 己丑(3) | 庚寅2 | 辛卯3 | 壬辰4 | 癸巳5 | 甲午6 | | 戊辰立春 癸未驚蟄 |
| 二月大 | 癸卯 | 天干 地支 西曆 | 乙未7 | 丙申8 | 丁酉9 | 戊戌10 | 己亥11 | 庚子12 | 辛丑13 | 壬寅14 | 癸卯15 | 甲辰16 | 乙巳17 | 丙午18 | 丁未19 | 戊申20 | 己酉21 | 庚戌22 | 辛亥23 | 壬子24 | 癸丑25 | 甲寅26 | 乙卯27 | 丙辰28 | 丁巳29 | 戊午30 | 己未31 | 庚申(4) | 辛酉2 | 壬戌3 | 癸亥4 | 甲子5 | 戊戌雨水 甲寅春分 |
| 三月小 | 甲辰 | 天干 地支 西曆 | 乙丑6 | 丙寅7 | 丁卯8 | 戊辰9 | 己巳10 | 庚午11 | 辛未12 | 壬申13 | 癸酉14 | 甲戌15 | 乙亥16 | 丙子17 | 丁丑18 | 戊寅19 | 己卯20 | 庚辰21 | 辛巳22 | 壬午23 | 癸未24 | 甲申25 | 乙酉26 | 丙戌27 | 丁亥28 | 戊子29 | 己丑30 | 庚寅(5) | 辛卯2 | 壬辰3 | 癸巳4 | | 己巳穀雨 甲申清明 |
| 四月大 | 乙巳 | 天干 地支 西曆 | 甲午5 | 乙未6 | 丙申7 | 丁酉8 | 戊戌9 | 己亥10 | 庚子11 | 辛丑12 | 壬寅13 | 癸卯14 | 甲辰15 | 乙巳16 | 丙午17 | 丁未18 | 戊申19 | 己酉20 | 庚戌21 | 辛亥22 | 壬子23 | 癸丑24 | 甲寅25 | 乙卯26 | 丙辰27 | 丁巳28 | 戊午29 | 己未30 | 庚申31 | 辛酉(6) | 壬戌2 | 癸亥3 | 己亥立夏 甲寅小滿 |
| 五月小 | 丙午 | 天干 地支 西曆 | 甲子4 | 乙丑5 | 丙寅6 | 丁卯7 | 戊辰8 | 己巳9 | 庚午10 | 辛未11 | 壬申12 | 癸酉13 | 甲戌14 | 乙亥15 | 丙子16 | 丁丑17 | 戊寅18 | 己卯19 | 庚辰20 | 辛巳21 | 壬午22 | 癸未23 | 甲申24 | 乙酉25 | 丙戌26 | 丁亥27 | 戊子28 | 己丑29 | 庚寅30 | 辛卯(7) | 壬辰2 | | 庚午芒種 乙酉夏至 |
| 六月大 | 丁未 | 天干 地支 西曆 | 癸巳3 | 甲午4 | 乙未5 | 丙申6 | 丁酉7 | 戊戌8 | 己亥9 | 庚子10 | 辛丑11 | 壬寅12 | 癸卯13 | 甲辰14 | 乙巳15 | 丙午16 | 丁未17 | 戊申18 | 己酉19 | 庚戌20 | 辛亥21 | 壬子22 | 癸丑23 | 甲寅24 | 乙卯25 | 丙辰26 | 丁巳27 | 戊午28 | 己未29 | 庚申30 | 辛酉31 | 壬戌(8) | 庚子小暑 乙卯大暑 |
| 七月小 | 戊申 | 天干 地支 西曆 | 癸亥2 | 甲子3 | 乙丑4 | 丙寅5 | 丁卯6 | 戊辰7 | 己巳8 | 庚午9 | 辛未10 | 壬申11 | 癸酉12 | 甲戌13 | 乙亥14 | 丙子15 | 丁丑16 | 戊寅17 | 己卯18 | 庚辰19 | 辛巳20 | 壬午21 | 癸未22 | 甲申23 | 乙酉24 | 丙戌25 | 丁亥26 | 戊子27 | 己丑28 | 庚寅29 | 辛卯30 | | 辛未立秋 丙戌處暑 |
| 八月大 | 己酉 | 天干 地支 西曆 | 壬辰31 | 癸巳(9) | 甲午2 | 乙未3 | 丙申4 | 丁酉5 | 戊戌6 | 己亥7 | 庚子8 | 辛丑9 | 壬寅10 | 癸卯11 | 甲辰12 | 乙巳13 | 丙午14 | 丁未15 | 戊申16 | 己酉17 | 庚戌18 | 辛亥19 | 壬子20 | 癸丑21 | 甲寅22 | 乙卯23 | 丙辰24 | 丁巳25 | 戊午26 | 己未27 | 庚申28 | 辛酉29 | 辛丑白露 丙辰秋分 辛酉日食 |
| 九月大 | 庚戌 | 天干 地支 西曆 | 壬戌30 | 癸亥(10) | 甲子2 | 乙丑3 | 丙寅4 | 丁卯5 | 戊辰6 | 己巳7 | 庚午8 | 辛未9 | 壬申10 | 癸酉11 | 甲戌12 | 乙亥13 | 丙子14 | 丁丑15 | 戊寅16 | 己卯17 | 庚辰18 | 辛巳19 | 壬午20 | 癸未21 | 甲申22 | 乙酉23 | 丙戌24 | 丁亥25 | 戊子26 | 己丑27 | 庚寅28 | 辛卯29 | 辛未寒露 丁亥霜降 |
| 十月小 | 辛亥 | 天干 地支 西曆 | 壬辰30 | 癸巳31 | 甲午(11) | 乙未2 | 丙申3 | 丁酉4 | 戊戌5 | 己亥6 | 庚子7 | 辛丑8 | 壬寅9 | 癸卯10 | 甲辰11 | 乙巳12 | 丙午13 | 丁未14 | 戊申15 | 己酉16 | 庚戌17 | 辛亥18 | 壬子19 | 癸丑20 | 甲寅21 | 乙卯22 | 丙辰23 | 丁巳24 | 戊午25 | 己未26 | 庚申27 | | 壬寅立冬 丁巳小雪 |
| 十一月大 | 壬子 | 天干 地支 西曆 | 辛酉28 | 壬戌29 | 癸亥30 | 甲子(12) | 乙丑2 | 丙寅3 | 丁卯4 | 戊辰5 | 己巳6 | 庚午7 | 辛未8 | 壬申9 | 癸酉10 | 甲戌11 | 乙亥12 | 丙子13 | 丁丑14 | 戊寅15 | 己卯16 | 庚辰17 | 辛巳18 | 壬午19 | 癸未20 | 甲申21 | 乙酉22 | 丙戌23 | 丁亥24 | 戊子25 | 己丑26 | 庚寅27 | 壬申大雪 戊子冬至 |
| 十二月小 | 癸丑 | 天干 地支 西曆 | 辛卯28 | 壬辰29 | 癸巳30 | 甲午31 | 乙未(1) | 丙申2 | 丁酉3 | 戊戌4 | 己亥5 | 庚子6 | 辛丑7 | 壬寅8 | 癸卯9 | 甲辰10 | 乙巳11 | 丙午12 | 丁未13 | 戊申14 | 己酉15 | 庚戌16 | 辛亥17 | 壬子18 | 癸丑19 | 甲寅20 | 乙卯21 | 丙辰22 | 丁巳23 | 戊午24 | 己未25 | | 癸卯小寒 戊午大寒 |

# 漢武帝後元元年（癸巳 蛇年） 公元前 88 ~ 前 87 年

| 夏曆月序 | | 中西曆日對照 | 初一 | 初二 | 初三 | 初四 | 初五 | 初六 | 初七 | 初八 | 初九 | 初十 | 十一 | 十二 | 十三 | 十四 | 十五 | 十六 | 十七 | 十八 | 十九 | 二十 | 二一 | 二二 | 二三 | 二四 | 二五 | 二六 | 二七 | 二八 | 二九 | 三十 | 節氣與天象 |
|---|---|---|---|---|---|---|---|---|---|---|---|---|---|---|---|---|---|---|---|---|---|---|---|---|---|---|---|---|---|---|---|---|---|
| 正月大 | 甲寅 | 天干 地支 西曆 | 庚申26 | 辛酉27 | 壬戌28 | 癸亥29 | 甲子30 | 乙丑31 | 丙寅(2) | 丁卯2 | 戊辰3 | 己巳4 | 庚午5 | 辛未6 | 壬申7 | 癸酉8 | 甲戌9 | 乙亥10 | 丙子11 | 丁丑12 | 戊寅13 | 己卯14 | 庚辰15 | 辛巳16 | 壬午17 | 癸未18 | 甲申19 | 乙酉20 | 丙戌21 | 丁亥22 | 戊子23 | 己丑24 | 癸酉立春 戊子驚蟄 |
| 閏正月小 | 甲寅 | 天干 地支 西曆 | 庚寅25 | 辛卯26 | 壬辰27 | 癸巳28 | 甲午(3) | 乙未2 | 丙申3 | 丁酉4 | 戊戌5 | 己亥6 | 庚子7 | 辛丑8 | 壬寅9 | 癸卯10 | 甲辰11 | 乙巳12 | 丙午13 | 丁未14 | 戊申15 | 己酉16 | 庚戌17 | 辛亥18 | 壬子19 | 癸丑20 | 甲寅21 | 乙卯22 | 丙辰23 | 丁巳24 | 戊午25 | | 甲辰雨水 |
| 二月大 | 乙卯 | 天干 地支 西曆 | 己未26 | 庚申27 | 辛酉28 | 壬戌29 | 癸亥30 | 甲子31 | 乙丑(4) | 丙寅2 | 丁卯3 | 戊辰4 | 己巳5 | 庚午6 | 辛未7 | 壬申8 | 癸酉9 | 甲戌10 | 乙亥11 | 丙子12 | 丁丑13 | 戊寅14 | 己卯15 | 庚辰16 | 辛巳17 | 壬午18 | 癸未19 | 甲申20 | 乙酉21 | 丙戌22 | 丁亥23 | 戊子24 | 己未春分 甲戌穀雨 |
| 三月小 | 丙辰 | 天干 地支 西曆 | 己丑25 | 庚寅26 | 辛卯27 | 壬辰28 | 癸巳29 | 甲午30 | 乙未(5) | 丙申2 | 丁酉3 | 戊戌4 | 己亥5 | 庚子6 | 辛丑7 | 壬寅8 | 癸卯9 | 甲辰10 | 乙巳11 | 丙午12 | 丁未13 | 戊申14 | 己酉15 | 庚戌16 | 辛亥17 | 壬子18 | 癸丑19 | 甲寅20 | 乙卯21 | 丙辰22 | 丁巳23 | | 己丑清明 甲辰立夏 |
| 四月大 | 丁巳 | 天干 地支 西曆 | 戊午24 | 己未25 | 庚申26 | 辛酉27 | 壬戌28 | 癸亥29 | 甲子30 | 乙丑31 | 丙寅(6) | 丁卯2 | 戊辰3 | 己巳4 | 庚午5 | 辛未6 | 壬申7 | 癸酉8 | 甲戌9 | 乙亥10 | 丙子11 | 丁丑12 | 戊寅13 | 己卯14 | 庚辰15 | 辛巳16 | 壬午17 | 癸未18 | 甲申19 | 乙酉20 | 丙戌21 | 丁亥22 | 庚申小滿 乙亥芒種 |
| 五月小 | 戊午 | 天干 地支 西曆 | 戊子23 | 己丑24 | 庚寅25 | 辛卯26 | 壬辰27 | 癸巳28 | 甲午29 | 乙未30 | 丙申(7) | 丁酉2 | 戊戌3 | 己亥4 | 庚子5 | 辛丑6 | 壬寅7 | 癸卯8 | 甲辰9 | 乙巳10 | 丙午11 | 丁未12 | 戊申13 | 己酉14 | 庚戌15 | 辛亥16 | 壬子17 | 癸丑18 | 甲寅19 | 乙卯20 | 丙辰21 | | 庚寅夏至 乙巳小暑 |
| 六月大 | 己未 | 天干 地支 西曆 | 丁巳22 | 戊午23 | 己未24 | 庚申25 | 辛酉26 | 壬戌27 | 癸亥28 | 甲子29 | 乙丑30 | 丙寅31 | 丁卯(8) | 戊辰2 | 己巳3 | 庚午4 | 辛未5 | 壬申6 | 癸酉7 | 甲戌8 | 乙亥9 | 丙子10 | 丁丑11 | 戊寅12 | 己卯13 | 庚辰14 | 辛巳15 | 壬午16 | 癸未17 | 甲申18 | 乙酉19 | 丙戌20 | 辛酉大暑 丙子立秋 |
| 七月小 | 庚申 | 天干 地支 西曆 | 丁亥21 | 戊子22 | 己丑23 | 庚寅24 | 辛卯25 | 壬辰26 | 癸巳27 | 甲午28 | 乙未29 | 丙申30 | 丁酉31 | 戊戌(9) | 己亥2 | 庚子3 | 辛丑4 | 壬寅5 | 癸卯6 | 甲辰7 | 乙巳8 | 丙午9 | 丁未10 | 戊申11 | 己酉12 | 庚戌13 | 辛亥14 | 壬子15 | 癸丑16 | 甲寅17 | 乙卯18 | | 辛卯處暑 丙午白露 |
| 八月大 | 辛酉 | 天干 地支 西曆 | 丙辰19 | 丁巳20 | 戊午21 | 己未22 | 庚申23 | 辛酉24 | 壬戌25 | 癸亥26 | 甲子27 | 乙丑28 | 丙寅29 | 丁卯30 | 戊辰(10) | 己巳2 | 庚午3 | 辛未4 | 壬申5 | 癸酉6 | 甲戌7 | 乙亥8 | 丙子9 | 丁丑10 | 戊寅11 | 己卯12 | 庚辰13 | 辛巳14 | 壬午15 | 癸未16 | 甲申17 | 乙酉18 | 辛酉秋分 丁丑寒露 |
| 九月小 | 壬戌 | 天干 地支 西曆 | 丙戌19 | 丁亥20 | 戊子21 | 己丑22 | 庚寅23 | 辛卯24 | 壬辰25 | 癸巳26 | 甲午27 | 乙未28 | 丙申29 | 丁酉30 | 戊戌31 | 己亥(11) | 庚子2 | 辛丑3 | 壬寅4 | 癸卯5 | 甲辰6 | 乙巳7 | 丙午8 | 丁未9 | 戊申10 | 己酉11 | 庚戌12 | 辛亥13 | 壬子14 | 癸丑15 | 甲寅16 | | 壬辰霜降 丁未立冬 |
| 十月大 | 癸亥 | 天干 地支 西曆 | 乙卯17 | 丙辰18 | 丁巳19 | 戊午20 | 己未21 | 庚申22 | 辛酉23 | 壬戌24 | 癸亥25 | 甲子26 | 乙丑27 | 丙寅28 | 丁卯29 | 戊辰30 | 己巳(12) | 庚午2 | 辛未3 | 壬申4 | 癸酉5 | 甲戌6 | 乙亥7 | 丙子8 | 丁丑9 | 戊寅10 | 己卯11 | 庚辰12 | 辛巳13 | 壬午14 | 癸未15 | 甲申16 | 壬戌小雪 戊寅大雪 |
| 十一月大 | 甲子 | 天干 地支 西曆 | 乙酉17 | 丙戌18 | 丁亥19 | 戊子20 | 己丑21 | 庚寅22 | 辛卯23 | 壬辰24 | 癸巳25 | 甲午26 | 乙未27 | 丙申28 | 丁酉29 | 戊戌30 | 己亥31 | 庚子(1) | 辛丑2 | 壬寅3 | 癸卯4 | 甲辰5 | 乙巳6 | 丙午7 | 丁未8 | 戊申9 | 己酉10 | 庚戌11 | 辛亥12 | 壬子13 | 癸丑14 | 甲寅15 | 癸巳冬至 戊申小寒 |
| 十二月小 | 乙丑 | 天干 地支 西曆 | 乙卯16 | 丙辰17 | 丁巳18 | 戊午19 | 己未20 | 庚申21 | 辛酉22 | 壬戌23 | 癸亥24 | 甲子25 | 乙丑26 | 丙寅27 | 丁卯28 | 戊辰29 | 己巳30 | 庚午31 | 辛未(2) | 壬申2 | 癸酉3 | 甲戌4 | 乙亥5 | 丙子6 | 丁丑7 | 戊寅8 | 己卯9 | 庚辰10 | 辛巳11 | 壬午12 | 癸未13 | | 癸亥大寒 戊寅立春 |

* 正月，改元後元。

# 漢武帝後元二年 昭帝後元二年（甲午 馬年） 公元前 87 ~ 前 86 年

| 夏曆月序 | 中西曆日對照 | 夏曆日序 | | | | | | | | | | | | | | | | | | | | | | | | | | | | | | 節氣與天象 |
|---|---|---|---|---|---|---|---|---|---|---|---|---|---|---|---|---|---|---|---|---|---|---|---|---|---|---|---|---|---|---|---|---|
| | | 初一 | 初二 | 初三 | 初四 | 初五 | 初六 | 初七 | 初八 | 初九 | 初十 | 十一 | 十二 | 十三 | 十四 | 十五 | 十六 | 十七 | 十八 | 十九 | 二十 | 二一 | 二二 | 二三 | 二四 | 二五 | 二六 | 二七 | 二八 | 二九 | 三十 | |
| 正月大 丙寅 | 天干地支 | 甲申 | 乙酉 | 丙戌 | 丁亥 | 戊子 | 己丑 | 庚寅 | 辛卯 | 壬辰 | 癸巳 | 甲午 | 乙未 | 丙申 | 丁酉 | 戊戌 | 己亥 | 庚子 | 辛丑 | 壬寅 | 癸卯 | 甲辰 | 乙巳 | 丙午 | 丁未 | 戊申 | 己酉 | 庚戌 | 辛亥 | 壬子 | 癸丑 | 甲午驚蟄 己酉雨水 |
| | 西曆 | 14 | 15 | 16 | 17 | 18 | 19 | 20 | 21 | 22 | 23 | 24 | 25 | 26 | 27 | 28 | (3) | 2 | 3 | 4 | 5 | 6 | 7 | 8 | 9 | 10 | 11 | 12 | 13 | 14 | 15 | |
| 二月小 丁卯 | 天干地支 | 甲寅 | 乙卯 | 丙辰 | 丁巳 | 戊午 | 己未 | 庚申 | 辛酉 | 壬戌 | 癸亥 | 甲子 | 乙丑 | 丙寅 | 丁卯 | 戊辰 | 己巳 | 庚午 | 辛未 | 壬申 | 癸酉 | 甲戌 | 乙亥 | 丙子 | 丁丑 | 戊寅 | 己卯 | 庚辰 | 辛巳 | 壬午 | | 甲子春分 己卯穀雨 |
| | 西曆 | 16 | 17 | 18 | 19 | 20 | 21 | 22 | 23 | 24 | 25 | 26 | 27 | 28 | 29 | 30 | 31 | (4) | 2 | 3 | 4 | 5 | 6 | 7 | 8 | 9 | 10 | 11 | 12 | 13 | | |
| 三月大 戊辰 | 天干地支 | 癸未 | 甲申 | 乙酉 | 丙戌 | 丁亥 | 戊子 | 己丑 | 庚寅 | 辛卯 | 壬辰 | 癸巳 | 甲午 | 乙未 | 丙申 | 丁酉 | 戊戌 | 己亥 | 庚子 | 辛丑 | 壬寅 | 癸卯 | 甲辰 | 乙巳 | 丙午 | 丁未 | 戊申 | 己酉 | 庚戌 | 辛亥 | 壬子 | 乙未清明 庚戌立夏 |
| | 西曆 | 14 | 15 | 16 | 17 | 18 | 19 | 20 | 21 | 22 | 23 | 24 | 25 | 26 | 27 | 28 | 29 | 30 | (5) | 2 | 3 | 4 | 5 | 6 | 7 | 8 | 9 | 10 | 11 | 12 | 13 | |
| 四月小 己巳 | 天干地支 | 癸丑 | 甲寅 | 乙卯 | 丙辰 | 丁巳 | 戊午 | 己未 | 庚申 | 辛酉 | 壬戌 | 癸亥 | 甲子 | 乙丑 | 丙寅 | 丁卯 | 戊辰 | 己巳 | 庚午 | 辛未 | 壬申 | 癸酉 | 甲戌 | 乙亥 | 丙子 | 丁丑 | 戊寅 | 己卯 | 庚辰 | 辛巳 | | 乙丑小滿 庚辰芒種 |
| | 西曆 | 14 | 15 | 16 | 17 | 18 | 19 | 20 | 21 | 22 | 23 | 24 | 25 | 26 | 27 | 28 | 29 | 30 | 31 | (6) | 2 | 3 | 4 | 5 | 6 | 7 | 8 | 9 | 10 | 11 | | |
| 五月大 庚午 | 天干地支 | 壬午 | 癸未 | 甲申 | 乙酉 | 丙戌 | 丁亥 | 戊子 | 己丑 | 庚寅 | 辛卯 | 壬辰 | 癸巳 | 甲午 | 乙未 | 丙申 | 丁酉 | 戊戌 | 己亥 | 庚子 | 辛丑 | 壬寅 | 癸卯 | 甲辰 | 乙巳 | 丙午 | 丁未 | 戊申 | 己酉 | 庚戌 | 辛亥 | 乙未夏至 辛亥小暑 |
| | 西曆 | 12 | 13 | 14 | 15 | 16 | 17 | 18 | 19 | 20 | 21 | 22 | 23 | 24 | 25 | 26 | 27 | 28 | 29 | 30 | (7) | 2 | 3 | 4 | 5 | 6 | 7 | 8 | 9 | 10 | 11 | |
| 六月小 辛未 | 天干地支 | 壬子 | 癸丑 | 甲寅 | 乙卯 | 丙辰 | 丁巳 | 戊午 | 己未 | 庚申 | 辛酉 | 壬戌 | 癸亥 | 甲子 | 乙丑 | 丙寅 | 丁卯 | 戊辰 | 己巳 | 庚午 | 辛未 | 壬申 | 癸酉 | 甲戌 | 乙亥 | 丙子 | 丁丑 | 戊寅 | 己卯 | 庚辰 | | 丙寅大暑 |
| | 西曆 | 12 | 13 | 14 | 15 | 16 | 17 | 18 | 19 | 20 | 21 | 22 | 23 | 24 | 25 | 26 | 27 | 28 | 29 | 30 | 31 | (8) | 2 | 3 | 4 | 5 | 6 | 7 | 8 | 9 | | |
| 七月大 壬申 | 天干地支 | 辛巳 | 壬午 | 癸未 | 甲申 | 乙酉 | 丙戌 | 丁亥 | 戊子 | 己丑 | 庚寅 | 辛卯 | 壬辰 | 癸巳 | 甲午 | 乙未 | 丙申 | 丁酉 | 戊戌 | 己亥 | 庚子 | 辛丑 | 壬寅 | 癸卯 | 甲辰 | 乙巳 | 丙午 | 丁未 | 戊申 | 己酉 | 庚戌 | 辛巳立秋 丙申處暑 |
| | 西曆 | 10 | 11 | 12 | 13 | 14 | 15 | 16 | 17 | 18 | 19 | 20 | 21 | 22 | 23 | 24 | 25 | 26 | 27 | 28 | 29 | 30 | 31 | (9) | 2 | 3 | 4 | 5 | 6 | 7 | 8 | |
| 八月小 癸酉 | 天干地支 | 辛亥 | 壬子 | 癸丑 | 甲寅 | 乙卯 | 丙辰 | 丁巳 | 戊午 | 己未 | 庚申 | 辛酉 | 壬戌 | 癸亥 | 甲子 | 乙丑 | 丙寅 | 丁卯 | 戊辰 | 己巳 | 庚午 | 辛未 | 壬申 | 癸酉 | 甲戌 | 乙亥 | 丙子 | 丁丑 | 戊寅 | 己卯 | | 辛亥白露 丁卯秋分 |
| | 西曆 | 9 | 10 | 11 | 12 | 13 | 14 | 15 | 16 | 17 | 18 | 19 | 20 | 21 | 22 | 23 | 24 | 25 | 26 | 27 | 28 | 29 | 30 | (10) | 2 | 3 | 4 | 5 | 6 | 7 | | |
| 九月大 甲戌 | 天干地支 | 庚辰 | 辛巳 | 壬午 | 癸未 | 甲申 | 乙酉 | 丙戌 | 丁亥 | 戊子 | 己丑 | 庚寅 | 辛卯 | 壬辰 | 癸巳 | 甲午 | 乙未 | 丙申 | 丁酉 | 戊戌 | 己亥 | 庚子 | 辛丑 | 壬寅 | 癸卯 | 甲辰 | 乙巳 | 丙午 | 丁未 | 戊申 | 己酉 | 壬午寒露 丁酉霜降 |
| | 西曆 | 8 | 9 | 10 | 11 | 12 | 13 | 14 | 15 | 16 | 17 | 18 | 19 | 20 | 21 | 22 | 23 | 24 | 25 | 26 | 27 | 28 | 29 | 30 | 31 | (11) | 2 | 3 | 4 | 5 | 6 | |
| 十月小 乙亥 | 天干地支 | 庚戌 | 辛亥 | 壬子 | 癸丑 | 甲寅 | 乙卯 | 丙辰 | 丁巳 | 戊午 | 己未 | 庚申 | 辛酉 | 壬戌 | 癸亥 | 甲子 | 乙丑 | 丙寅 | 丁卯 | 戊辰 | 己巳 | 庚午 | 辛未 | 壬申 | 癸酉 | 甲戌 | 乙亥 | 丙子 | 丁丑 | 戊寅 | | 壬子立冬 戊辰小雪 |
| | 西曆 | 7 | 8 | 9 | 10 | 11 | 12 | 13 | 14 | 15 | 16 | 17 | 18 | 19 | 20 | 21 | 22 | 23 | 24 | 25 | 26 | 27 | 28 | 29 | 30 | (12) | 2 | 3 | 4 | 5 | | |
| 十一月大 丙子 | 天干地支 | 己卯 | 庚辰 | 辛巳 | 壬午 | 癸未 | 甲申 | 乙酉 | 丙戌 | 丁亥 | 戊子 | 己丑 | 庚寅 | 辛卯 | 壬辰 | 癸巳 | 甲午 | 乙未 | 丙申 | 丁酉 | 戊戌 | 己亥 | 庚子 | 辛丑 | 壬寅 | 癸卯 | 甲辰 | 乙巳 | 丙午 | 丁未 | 戊申 | 癸未大雪 戊戌冬至 |
| | 西曆 | 6 | 7 | 8 | 9 | 10 | 11 | 12 | 13 | 14 | 15 | 16 | 17 | 18 | 19 | 20 | 21 | 22 | 23 | 24 | 25 | 26 | 27 | 28 | 29 | 30 | 31 | (1) | 2 | 3 | 4 | |
| 十二月小 丁丑 | 天干地支 | 己酉 | 庚戌 | 辛亥 | 壬子 | 癸丑 | 甲寅 | 乙卯 | 丙辰 | 丁巳 | 戊午 | 己未 | 庚申 | 辛酉 | 壬戌 | 癸亥 | 甲子 | 乙丑 | 丙寅 | 丁卯 | 戊辰 | 己巳 | 庚午 | 辛未 | 壬申 | 癸酉 | 甲戌 | 乙亥 | 丙子 | 丁丑 | | 癸丑小寒 戊辰大寒 |
| | 西曆 | 5 | 6 | 7 | 8 | 9 | 10 | 11 | 12 | 13 | 14 | 15 | 16 | 17 | 18 | 19 | 20 | 21 | 22 | 23 | 24 | 25 | 26 | 27 | 28 | 29 | 30 | 31 | (2) | 2 | | |

* 二月丁卯（十四日），武帝死。戊辰（十五日），劉弗陵即位，是爲漢昭帝。

# 漢昭帝始元元年（乙未 羊年） 公元前 86 ~ 前 85 年

| 夏曆月序 | | 中西曆日對照 | 初一 | 初二 | 初三 | 初四 | 初五 | 初六 | 初七 | 初八 | 初九 | 初十 | 十一 | 十二 | 十三 | 十四 | 十五 | 十六 | 十七 | 十八 | 十九 | 二十 | 二一 | 二二 | 二三 | 二四 | 二五 | 二六 | 二七 | 二八 | 二九 | 三十 | 節氣與天象 |
|---|---|---|---|---|---|---|---|---|---|---|---|---|---|---|---|---|---|---|---|---|---|---|---|---|---|---|---|---|---|---|---|---|---|
| 正月大 | 戊寅 | 天干地支 西曆 | 戊寅 3 | 己卯 4 | 庚辰 5 | 辛巳 6 | 壬午 7 | 癸未 8 | 甲申 9 | 乙酉 10 | 丙戌 11 | 丁亥 12 | 戊子 13 | 己丑 14 | 庚寅 15 | 辛卯 16 | 壬辰 17 | 癸巳 18 | 甲午 19 | 乙未 20 | 丙申 21 | 丁酉 22 | 戊戌 23 | 己亥 24 | 庚子 25 | 辛丑 26 | 壬寅 27 | 癸卯 28 | 甲辰 (3) | 乙巳 2 | 丙午 3 | 丁未 4 | 甲申立春 己亥驚蟄 |
| 二月小 | 己卯 | 天干地支 西曆 | 戊申 5 | 己酉 6 | 庚戌 7 | 辛亥 8 | 壬子 9 | 癸丑 10 | 甲寅 11 | 乙卯 12 | 丙辰 13 | 丁巳 14 | 戊午 15 | 己未 16 | 庚申 17 | 辛酉 18 | 壬戌 19 | 癸亥 20 | 甲子 21 | 乙丑 22 | 丙寅 23 | 丁卯 24 | 戊辰 25 | 己巳 26 | 庚午 27 | 辛未 28 | 壬申 29 | 癸酉 30 | 甲戌 31 | 乙亥 (4) | 丙子 2 | | 甲寅雨水 己巳春分 |
| 三月大 | 庚辰 | 天干地支 西曆 | 丁丑 3 | 戊寅 4 | 己卯 5 | 庚辰 6 | 辛巳 7 | 壬午 8 | 癸未 9 | 甲申 10 | 乙酉 11 | 丙戌 12 | 丁亥 13 | 戊子 14 | 己丑 15 | 庚寅 16 | 辛卯 17 | 壬辰 18 | 癸巳 19 | 甲午 20 | 乙未 21 | 丙申 22 | 丁酉 23 | 戊戌 24 | 己亥 25 | 庚子 26 | 辛丑 27 | 壬寅 28 | 癸卯 29 | 甲辰 30 | 乙巳 (5) | 丙午 2 | 乙酉穀雨 庚子清明 |
| 四月大 | 辛巳 | 天干地支 西曆 | 丁未 3 | 戊申 4 | 己酉 5 | 庚戌 6 | 辛亥 7 | 壬子 8 | 癸丑 9 | 甲寅 10 | 乙卯 11 | 丙辰 12 | 丁巳 13 | 戊午 14 | 己未 15 | 庚申 16 | 辛酉 17 | 壬戌 18 | 癸亥 19 | 甲子 20 | 乙丑 21 | 丙寅 22 | 丁卯 23 | 戊辰 24 | 己巳 25 | 庚午 26 | 辛未 27 | 壬申 28 | 癸酉 29 | 甲戌 30 | 乙亥 31 | 丙子 (6) | 乙卯立夏 庚午小滿 |
| 五月小 | 壬午 | 天干地支 西曆 | 丁丑 2 | 戊寅 3 | 己卯 4 | 庚辰 5 | 辛巳 6 | 壬午 7 | 癸未 8 | 甲申 9 | 乙酉 10 | 丙戌 11 | 丁亥 12 | 戊子 13 | 己丑 14 | 庚寅 15 | 辛卯 16 | 壬辰 17 | 癸巳 18 | 甲午 19 | 乙未 20 | 丙申 21 | 丁酉 22 | 戊戌 23 | 己亥 24 | 庚子 25 | 辛丑 26 | 壬寅 27 | 癸卯 28 | 甲辰 29 | 乙巳 30 | | 乙酉芒種 辛丑夏至 |
| 六月大 | 癸未 | 天干地支 西曆 | 丙午 (7) | 丁未 2 | 戊申 3 | 己酉 4 | 庚戌 5 | 辛亥 6 | 壬子 7 | 癸丑 8 | 甲寅 9 | 乙卯 10 | 丙辰 11 | 丁巳 12 | 戊午 13 | 己未 14 | 庚申 15 | 辛酉 16 | 壬戌 17 | 癸亥 18 | 甲子 19 | 乙丑 20 | 丙寅 21 | 丁卯 22 | 戊辰 23 | 己巳 24 | 庚午 25 | 辛未 26 | 壬申 27 | 癸酉 28 | 甲戌 29 | 乙亥 30 | 丙辰小暑 辛未大暑 |
| 七月小 | 甲申 | 天干地支 西曆 | 丙子 31 | 丁丑 (8) | 戊寅 2 | 己卯 3 | 庚辰 4 | 辛巳 5 | 壬午 6 | 癸未 7 | 甲申 8 | 乙酉 9 | 丙戌 10 | 丁亥 11 | 戊子 12 | 己丑 13 | 庚寅 14 | 辛卯 15 | 壬辰 16 | 癸巳 17 | 甲午 18 | 乙未 19 | 丙申 20 | 丁酉 21 | 戊戌 22 | 己亥 23 | 庚子 24 | 辛丑 25 | 壬寅 26 | 癸卯 27 | 甲辰 28 | | 丙戌立秋 壬寅處暑 |
| 八月大 | 乙酉 | 天干地支 西曆 | 乙巳 29 | 丙午 30 | 丁未 31 | 戊申 (9) | 己酉 2 | 庚戌 3 | 辛亥 4 | 壬子 5 | 癸丑 6 | 甲寅 7 | 乙卯 8 | 丙辰 9 | 丁巳 10 | 戊午 11 | 己未 12 | 庚申 13 | 辛酉 14 | 壬戌 15 | 癸亥 16 | 甲子 17 | 乙丑 18 | 丙寅 19 | 丁卯 20 | 戊辰 21 | 己巳 22 | 庚午 23 | 辛未 24 | 壬申 25 | 癸酉 26 | 甲戌 27 | 丁巳白露 壬申秋分 |
| 九月小 | 丙戌 | 天干地支 西曆 | 乙亥 28 | 丙子 29 | 丁丑 30 | 戊寅 (10) | 己卯 2 | 庚辰 3 | 辛巳 4 | 壬午 5 | 癸未 6 | 甲申 7 | 乙酉 8 | 丙戌 9 | 丁亥 10 | 戊子 11 | 己丑 12 | 庚寅 13 | 辛卯 14 | 壬辰 15 | 癸巳 16 | 甲午 17 | 乙未 18 | 丙申 19 | 丁酉 20 | 戊戌 21 | 己亥 22 | 庚子 23 | 辛丑 24 | 壬寅 25 | 癸卯 26 | | 丁亥寒露 壬寅霜降 |
| 十月大 | 丁亥 | 天干地支 西曆 | 甲辰 27 | 乙巳 28 | 丙午 29 | 丁未 30 | 戊申 31 | 己酉 (11) | 庚戌 2 | 辛亥 3 | 壬子 4 | 癸丑 5 | 甲寅 6 | 乙卯 7 | 丙辰 8 | 丁巳 9 | 戊午 10 | 己未 11 | 庚申 12 | 辛酉 13 | 壬戌 14 | 癸亥 15 | 甲子 16 | 乙丑 17 | 丙寅 18 | 丁卯 19 | 戊辰 20 | 己巳 21 | 庚午 22 | 辛未 23 | 壬申 24 | 癸酉 25 | 戊午立冬 癸酉小雪 |
| 閏十月小 | 丁亥 | 天干地支 西曆 | 甲戌 26 | 乙亥 27 | 丙子 28 | 丁丑 29 | 戊寅 30 | 己卯 (12) | 庚辰 2 | 辛巳 3 | 壬午 4 | 癸未 5 | 甲申 6 | 乙酉 7 | 丙戌 8 | 丁亥 9 | 戊子 10 | 己丑 11 | 庚寅 12 | 辛卯 13 | 壬辰 14 | 癸巳 15 | 甲午 16 | 乙未 17 | 丙申 18 | 丁酉 19 | 戊戌 20 | 己亥 21 | 庚子 22 | 辛丑 23 | 壬寅 24 | | 戊子大雪 |
| 十一月大 | 戊子 | 天干地支 西曆 | 癸卯 25 | 甲辰 26 | 乙巳 27 | 丙午 28 | 丁未 29 | 戊申 30 | 己酉 31 | 庚戌 (1) | 辛亥 2 | 壬子 3 | 癸丑 4 | 甲寅 5 | 乙卯 6 | 丙辰 7 | 丁巳 8 | 戊午 9 | 己未 10 | 庚申 11 | 辛酉 12 | 壬戌 13 | 癸亥 14 | 甲子 15 | 乙丑 16 | 丙寅 17 | 丁卯 18 | 戊辰 19 | 己巳 20 | 庚午 21 | 辛未 22 | 壬申 23 | 癸卯冬至 戊午小寒 |
| 十二月小 | 己丑 | 天干地支 西曆 | 癸酉 24 | 甲戌 25 | 乙亥 26 | 丙子 27 | 丁丑 28 | 戊寅 29 | 己卯 30 | 庚辰 31 | 辛巳 (2) | 壬午 2 | 癸未 3 | 甲申 4 | 乙酉 5 | 丙戌 6 | 丁亥 7 | 戊子 8 | 己丑 9 | 庚寅 10 | 辛卯 11 | 壬辰 12 | 癸巳 13 | 甲午 14 | 乙未 15 | 丙申 16 | 丁酉 17 | 戊戌 18 | 己亥 19 | 庚子 20 | 辛丑 21 | | 甲戌大寒 己丑立春 |

* 正月戊寅（初一），改元始元。

# 漢昭帝始元二年（丙申 猴年） 公元前 85 ~ 前 84 年

| 夏曆月序 | 中西曆日對照 | 夏曆日序 | | | | | | | | | | | | | | | | | | | | | | | | | | | | | | 節氣與天象 |
|---|---|---|---|---|---|---|---|---|---|---|---|---|---|---|---|---|---|---|---|---|---|---|---|---|---|---|---|---|---|---|---|
| | | 初一 | 初二 | 初三 | 初四 | 初五 | 初六 | 初七 | 初八 | 初九 | 初十 | 十一 | 十二 | 十三 | 十四 | 十五 | 十六 | 十七 | 十八 | 十九 | 二十 | 二一 | 二二 | 二三 | 二四 | 二五 | 二六 | 二七 | 二八 | 二九 | 三十 | |
| 正月大 庚寅 | 天干地支西曆 | 壬寅22 | 癸卯23 | 甲辰24 | 乙巳25 | 丙午26 | 丁未27 | 戊申28 | 己酉29 | 庚戌(3) | 辛亥2 | 壬子3 | 癸丑4 | 甲寅5 | 乙卯6 | 丙辰7 | 丁巳8 | 戊午9 | 己未10 | 庚申11 | 辛酉12 | 壬戌13 | 癸亥14 | 甲子15 | 乙丑16 | 丙寅17 | 丁卯18 | 戊辰19 | 己巳20 | 庚午21 | 辛未22 | 甲辰驚蟄 己未雨水 |
| 二月小 辛卯 | 天干地支西曆 | 壬申23 | 癸酉24 | 甲戌25 | 乙亥26 | 丙子27 | 丁丑28 | 戊寅29 | 己卯30 | 庚辰31 | 辛巳(4) | 壬午2 | 癸未3 | 甲申4 | 乙酉5 | 丙戌6 | 丁亥7 | 戊子8 | 己丑9 | 庚寅10 | 辛卯11 | 壬辰12 | 癸巳13 | 甲午14 | 乙未15 | 丙申16 | 丁酉17 | 戊戌18 | 己亥19 | 庚子20 | | 乙亥春分 庚寅穀雨 |
| 三月大 壬辰 | 天干地支西曆 | 辛丑21 | 壬寅22 | 癸卯23 | 甲辰24 | 乙巳25 | 丙午26 | 丁未27 | 戊申28 | 己酉29 | 庚戌30 | 辛亥(5) | 壬子2 | 癸丑3 | 甲寅4 | 乙卯5 | 丙辰6 | 丁巳7 | 戊午8 | 己未9 | 庚申10 | 辛酉11 | 壬戌12 | 癸亥13 | 甲子14 | 乙丑15 | 丙寅16 | 丁卯17 | 戊辰18 | 己巳19 | 庚午20 | 乙巳清明 庚申立夏 |
| 四月小 癸巳 | 天干地支西曆 | 辛未21 | 壬申22 | 癸酉23 | 甲戌24 | 乙亥25 | 丙子26 | 丁丑27 | 戊寅28 | 己卯29 | 庚辰30 | 辛巳31 | 壬午(6) | 癸未2 | 甲申3 | 乙酉4 | 丙戌5 | 丁亥6 | 戊子7 | 己丑8 | 庚寅9 | 辛卯10 | 壬辰11 | 癸巳12 | 甲午13 | 乙未14 | 丙申15 | 丁酉16 | 戊戌17 | 己亥18 | | 乙亥小滿 辛卯芒種 |
| 五月大 甲午 | 天干地支西曆 | 庚子19 | 辛丑20 | 壬寅21 | 癸卯22 | 甲辰23 | 乙巳24 | 丙午25 | 丁未26 | 戊申27 | 己酉28 | 庚戌29 | 辛亥30 | 壬子(7) | 癸丑2 | 甲寅3 | 乙卯4 | 丙辰5 | 丁巳6 | 戊午7 | 己未8 | 庚申9 | 辛酉10 | 壬戌11 | 癸亥12 | 甲子13 | 乙丑14 | 丙寅15 | 丁卯16 | 戊辰17 | 己巳18 | 丙午夏至 辛酉小暑 |
| 六月大 乙未 | 天干地支西曆 | 庚午19 | 辛未20 | 壬申21 | 癸酉22 | 甲戌23 | 乙亥24 | 丙子25 | 丁丑26 | 戊寅27 | 己卯28 | 庚辰29 | 辛巳30 | 壬午31 | 癸未(8) | 甲申2 | 乙酉3 | 丙戌4 | 丁亥5 | 戊子6 | 己丑7 | 庚寅8 | 辛卯9 | 壬辰10 | 癸巳11 | 甲午12 | 乙未13 | 丙申14 | 丁酉15 | 戊戌16 | 己亥17 | 丙子大暑 壬辰立秋 |
| 七月小 丙申 | 天干地支西曆 | 庚子18 | 辛丑19 | 壬寅20 | 癸卯21 | 甲辰22 | 乙巳23 | 丙午24 | 丁未25 | 戊申26 | 己酉27 | 庚戌28 | 辛亥29 | 壬子30 | 癸丑31 | 甲寅(9) | 乙卯2 | 丙辰3 | 丁巳4 | 戊午5 | 己未6 | 庚申7 | 辛酉8 | 壬戌9 | 癸亥10 | 甲子11 | 乙丑12 | 丙寅13 | 丁卯14 | 戊辰15 | | 丁未處暑 壬戌白露 |
| 八月大 丁酉 | 天干地支西曆 | 己巳16 | 庚午17 | 辛未18 | 壬申19 | 癸酉20 | 甲戌21 | 乙亥22 | 丙子23 | 丁丑24 | 戊寅25 | 己卯26 | 庚辰27 | 辛巳28 | 壬午29 | 癸未30 | 甲申(10) | 乙酉2 | 丙戌3 | 丁亥4 | 戊子5 | 己丑6 | 庚寅7 | 辛卯8 | 壬辰9 | 癸巳10 | 甲午11 | 乙未12 | 丙申13 | 丁酉14 | 戊戌15 | 丁丑秋分 壬辰寒露 |
| 九月小 戊戌 | 天干地支西曆 | 己亥16 | 庚子17 | 辛丑18 | 壬寅19 | 癸卯20 | 甲辰21 | 乙巳22 | 丙午23 | 丁未24 | 戊申25 | 己酉26 | 庚戌27 | 辛亥28 | 壬子29 | 癸丑30 | 甲寅31 | 乙卯(11) | 丙辰2 | 丁巳3 | 戊午4 | 己未5 | 庚申6 | 辛酉7 | 壬戌8 | 癸亥9 | 甲子10 | 乙丑11 | 丙寅12 | 丁卯13 | | 戊申霜降 癸亥立冬 |
| 十月大 己亥 | 天干地支西曆 | 戊辰14 | 己巳15 | 庚午16 | 辛未17 | 壬申18 | 癸酉19 | 甲戌20 | 乙亥21 | 丙子22 | 丁丑23 | 戊寅24 | 己卯25 | 庚辰26 | 辛巳27 | 壬午28 | 癸未29 | 甲申30 | 乙酉(12) | 丙戌2 | 丁亥3 | 戊子4 | 己丑5 | 庚寅6 | 辛卯7 | 壬辰8 | 癸巳9 | 甲午10 | 乙未11 | 丙申12 | 丁酉13 | 戊寅小雪 癸巳大雪 |
| 十一月小 庚子 | 天干地支西曆 | 戊戌14 | 己亥15 | 庚子16 | 辛丑17 | 壬寅18 | 癸卯19 | 甲辰20 | 乙巳21 | 丙午22 | 丁未23 | 戊申24 | 己酉25 | 庚戌26 | 辛亥27 | 壬子28 | 癸丑29 | 甲寅30 | 乙卯31 | 丙辰(1) | 丁巳2 | 戊午3 | 己未4 | 庚申5 | 辛酉6 | 壬戌7 | 癸亥8 | 甲子9 | 乙丑10 | 丙寅11 | | 己酉冬至 甲子小寒 |
| 十二月大 辛丑 | 天干地支西曆 | 丁卯12 | 戊辰13 | 己巳14 | 庚午15 | 辛未16 | 壬申17 | 癸酉18 | 甲戌19 | 乙亥20 | 丙子21 | 丁丑22 | 戊寅23 | 己卯24 | 庚辰25 | 辛巳26 | 壬午27 | 癸未28 | 甲申29 | 乙酉30 | 丙戌31 | 丁亥(2) | 戊子2 | 己丑3 | 庚寅4 | 辛卯5 | 壬辰6 | 癸巳7 | 甲午8 | 乙未9 | 丙申10 | 己卯大寒 甲午立春 |

# 漢昭帝始元三年（丁酉 鷄年） 公元前 84 ~ 前 83 年

| 夏曆月序 | | 中西曆日對照 | 初一 | 初二 | 初三 | 初四 | 初五 | 初六 | 初七 | 初八 | 初九 | 初十 | 十一 | 十二 | 十三 | 十四 | 十五 | 十六 | 十七 | 十八 | 十九 | 二十 | 二一 | 二二 | 二三 | 二四 | 二五 | 二六 | 二七 | 二八 | 二九 | 三十 | 節氣與天象 |
|---|---|---|---|---|---|---|---|---|---|---|---|---|---|---|---|---|---|---|---|---|---|---|---|---|---|---|---|---|---|---|---|---|---|
| 正月小 | 壬寅 | 天干地支 | 丁酉 | 戊戌 | 己亥 | 庚子 | 辛丑 | 壬寅 | 癸卯 | 甲辰 | 乙巳 | 丙午 | 丁未 | 戊申 | 己酉 | 庚戌 | 辛亥 | 壬子 | 癸丑 | 甲寅 | 乙卯 | 丙辰 | 丁巳 | 戊午 | 己未 | 庚申 | 辛酉 | 壬戌 | 癸亥 | 甲子 | 乙丑 | | 己酉驚蟄<br>乙丑雨水 |
| | | 西曆 | 11 | 12 | 13 | 14 | 15 | 16 | 17 | 18 | 19 | 20 | 21 | 22 | 23 | 24 | 25 | 26 | 27 | 28 | (3) | 2 | 3 | 4 | 5 | 6 | 7 | 8 | 9 | 10 | 11 | | |
| 二月大 | 癸卯 | 天干地支 | 丙寅 | 丁卯 | 戊辰 | 己巳 | 庚午 | 辛未 | 壬申 | 癸酉 | 甲戌 | 乙亥 | 丙子 | 丁丑 | 戊寅 | 己卯 | 庚辰 | 辛巳 | 壬午 | 癸未 | 甲申 | 乙酉 | 丙戌 | 丁亥 | 戊子 | 己丑 | 庚寅 | 辛卯 | 壬辰 | 癸巳 | 甲午 | 乙未 | 庚辰春分<br>乙未穀雨 |
| | | 西曆 | 12 | 13 | 14 | 15 | 16 | 17 | 18 | 19 | 20 | 21 | 22 | 23 | 24 | 25 | 26 | 27 | 28 | 29 | 30 | 31 | (4) | 2 | 3 | 4 | 5 | 6 | 7 | 8 | 9 | 10 | |
| 三月小 | 甲辰 | 天干地支 | 丙申 | 丁酉 | 戊戌 | 己亥 | 庚子 | 辛丑 | 壬寅 | 癸卯 | 甲辰 | 乙巳 | 丙午 | 丁未 | 戊申 | 己酉 | 庚戌 | 辛亥 | 壬子 | 癸丑 | 甲寅 | 乙卯 | 丙辰 | 丁巳 | 戊午 | 己未 | 庚申 | 辛酉 | 壬戌 | 癸亥 | 甲子 | | 庚戌清明 |
| | | 西曆 | 11 | 12 | 13 | 14 | 15 | 16 | 17 | 18 | 19 | 20 | 21 | 22 | 23 | 24 | 25 | 26 | 27 | 28 | 29 | 30 | (5) | 2 | 3 | 4 | 5 | 6 | 7 | 8 | 9 | | |
| 四月大 | 乙巳 | 天干地支 | 乙丑 | 丙寅 | 丁卯 | 戊辰 | 己巳 | 庚午 | 辛未 | 壬申 | 癸酉 | 甲戌 | 乙亥 | 丙子 | 丁丑 | 戊寅 | 己卯 | 庚辰 | 辛巳 | 壬午 | 癸未 | 甲申 | 乙酉 | 丙戌 | 丁亥 | 戊子 | 己丑 | 庚寅 | 辛卯 | 壬辰 | 癸巳 | 甲午 | 乙丑立夏<br>辛巳小滿 |
| | | 西曆 | 10 | 11 | 12 | 13 | 14 | 15 | 16 | 17 | 18 | 19 | 20 | 21 | 22 | 23 | 24 | 25 | 26 | 27 | 28 | 29 | 30 | 31 | (6) | 2 | 3 | 4 | 5 | 6 | 7 | 8 | |
| 五月小 | 丙午 | 天干地支 | 乙未 | 丙申 | 丁酉 | 戊戌 | 己亥 | 庚子 | 辛丑 | 壬寅 | 癸卯 | 甲辰 | 乙巳 | 丙午 | 丁未 | 戊申 | 己酉 | 庚戌 | 辛亥 | 壬子 | 癸丑 | 甲寅 | 乙卯 | 丙辰 | 丁巳 | 戊午 | 己未 | 庚申 | 辛酉 | 壬戌 | 癸亥 | | 丙申芒種<br>辛亥夏至 |
| | | 西曆 | 9 | 10 | 11 | 12 | 13 | 14 | 15 | 16 | 17 | 18 | 19 | 20 | 21 | 22 | 23 | 24 | 25 | 26 | 27 | 28 | 29 | 30 | (7) | 2 | 3 | 4 | 5 | 6 | 7 | | |
| 六月大 | 丁未 | 天干地支 | 甲子 | 乙丑 | 丙寅 | 丁卯 | 戊辰 | 己巳 | 庚午 | 辛未 | 壬申 | 癸酉 | 甲戌 | 乙亥 | 丙子 | 丁丑 | 戊寅 | 己卯 | 庚辰 | 辛巳 | 壬午 | 癸未 | 甲申 | 乙酉 | 丙戌 | 丁亥 | 戊子 | 己丑 | 庚寅 | 辛卯 | 壬辰 | 癸巳 | 丙寅小暑<br>壬午大暑 |
| | | 西曆 | 8 | 9 | 10 | 11 | 12 | 13 | 14 | 15 | 16 | 17 | 18 | 19 | 20 | 21 | 22 | 23 | 24 | 25 | 26 | 27 | 28 | 29 | 30 | 31 | (8) | 2 | 3 | 4 | 5 | 6 | |
| 七月小 | 戊申 | 天干地支 | 甲午 | 乙未 | 丙申 | 丁酉 | 戊戌 | 己亥 | 庚子 | 辛丑 | 壬寅 | 癸卯 | 甲辰 | 乙巳 | 丙午 | 丁未 | 戊申 | 己酉 | 庚戌 | 辛亥 | 壬子 | 癸丑 | 甲寅 | 乙卯 | 丙辰 | 丁巳 | 戊午 | 己未 | 庚申 | 辛酉 | 壬戌 | | 丁酉立秋<br>壬子處暑 |
| | | 西曆 | 7 | 8 | 9 | 10 | 11 | 12 | 13 | 14 | 15 | 16 | 17 | 18 | 19 | 20 | 21 | 22 | 23 | 24 | 25 | 26 | 27 | 28 | 29 | 30 | 31 | (9) | 2 | 3 | 4 | | |
| 八月大 | 己酉 | 天干地支 | 癸亥 | 甲子 | 乙丑 | 丙寅 | 丁卯 | 戊辰 | 己巳 | 庚午 | 辛未 | 壬申 | 癸酉 | 甲戌 | 乙亥 | 丙子 | 丁丑 | 戊寅 | 己卯 | 庚辰 | 辛巳 | 壬午 | 癸未 | 甲申 | 乙酉 | 丙戌 | 丁亥 | 戊子 | 己丑 | 庚寅 | 辛卯 | 壬辰 | 丁卯白露<br>壬午秋分 |
| | | 西曆 | 5 | 6 | 7 | 8 | 9 | 10 | 11 | 12 | 13 | 14 | 15 | 16 | 17 | 18 | 19 | 20 | 21 | 22 | 23 | 24 | 25 | 26 | 27 | 28 | 29 | 30 | (10) | 2 | 3 | 4 | |
| 九月小 | 庚戌 | 天干地支 | 癸巳 | 甲午 | 乙未 | 丙申 | 丁酉 | 戊戌 | 己亥 | 庚子 | 辛丑 | 壬寅 | 癸卯 | 甲辰 | 乙巳 | 丙午 | 丁未 | 戊申 | 己酉 | 庚戌 | 辛亥 | 壬子 | 癸丑 | 甲寅 | 乙卯 | 丙辰 | 丁巳 | 戊午 | 己未 | 庚申 | 辛酉 | | 戊戌寒露<br>癸丑霜降 |
| | | 西曆 | 5 | 6 | 7 | 8 | 9 | 10 | 11 | 12 | 13 | 14 | 15 | 16 | 17 | 18 | 19 | 20 | 21 | 22 | 23 | 24 | 25 | 26 | 27 | 28 | 29 | 30 | 31 | (11) | 2 | | |
| 十月大 | 辛亥 | 天干地支 | 壬戌 | 癸亥 | 甲子 | 乙丑 | 丙寅 | 丁卯 | 戊辰 | 己巳 | 庚午 | 辛未 | 壬申 | 癸酉 | 甲戌 | 乙亥 | 丙子 | 丁丑 | 戊寅 | 己卯 | 庚辰 | 辛巳 | 壬午 | 癸未 | 甲申 | 乙酉 | 丙戌 | 丁亥 | 戊子 | 己丑 | 庚寅 | 辛卯 | 戊辰立冬<br>癸未小雪 |
| | | 西曆 | 3 | 4 | 5 | 6 | 7 | 8 | 9 | 10 | 11 | 12 | 13 | 14 | 15 | 16 | 17 | 18 | 19 | 20 | 21 | 22 | 23 | 24 | 25 | 26 | 27 | 28 | 29 | 30 | (12) | 2 | |
| 十一月大 | 壬子 | 天干地支 | 壬辰 | 癸巳 | 甲午 | 乙未 | 丙申 | 丁酉 | 戊戌 | 己亥 | 庚子 | 辛丑 | 壬寅 | 癸卯 | 甲辰 | 乙巳 | 丙午 | 丁未 | 戊申 | 己酉 | 庚戌 | 辛亥 | 壬子 | 癸丑 | 甲寅 | 乙卯 | 丙辰 | 丁巳 | 戊午 | 己未 | 庚申 | 辛酉 | 己亥大雪<br>甲寅冬至<br>壬辰日食 |
| | | 西曆 | 3 | 4 | 5 | 6 | 7 | 8 | 9 | 10 | 11 | 12 | 13 | 14 | 15 | 16 | 17 | 18 | 19 | 20 | 21 | 22 | 23 | 24 | 25 | 26 | 27 | 28 | 29 | 30 | 31 | (1) | |
| 十二月小 | 癸丑 | 天干地支 | 壬戌 | 癸亥 | 甲子 | 乙丑 | 丙寅 | 丁卯 | 戊辰 | 己巳 | 庚午 | 辛未 | 壬申 | 癸酉 | 甲戌 | 乙亥 | 丙子 | 丁丑 | 戊寅 | 己卯 | 庚辰 | 辛巳 | 壬午 | 癸未 | 甲申 | 乙酉 | 丙戌 | 丁亥 | 戊子 | 己丑 | 庚寅 | | 己巳小寒<br>甲申大寒 |
| | | 西曆 | 2 | 3 | 4 | 5 | 6 | 7 | 8 | 9 | 10 | 11 | 12 | 13 | 14 | 15 | 16 | 17 | 18 | 19 | 20 | 21 | 22 | 23 | 24 | 25 | 26 | 27 | 28 | 29 | 30 | | |

# 漢昭帝始元四年（戊戌 狗年） 公元前 83 ~ 前 82 年

| 夏曆月序 | | 中西曆日對照 | 初一 | 初二 | 初三 | 初四 | 初五 | 初六 | 初七 | 初八 | 初九 | 初十 | 十一 | 十二 | 十三 | 十四 | 十五 | 十六 | 十七 | 十八 | 十九 | 二十 | 二一 | 二二 | 二三 | 二四 | 二五 | 二六 | 二七 | 二八 | 二九 | 三十 | 節氣與天象 |
|---|---|---|---|---|---|---|---|---|---|---|---|---|---|---|---|---|---|---|---|---|---|---|---|---|---|---|---|---|---|---|---|---|---|
| 正月大 | 甲寅 | 天干地支<br>西曆 | 辛卯31 | 壬辰(2) | 癸巳2 | 甲午3 | 乙未4 | 丙申5 | 丁酉6 | 戊戌7 | 己亥8 | 庚子9 | 辛丑10 | 壬寅11 | 癸卯12 | 甲辰13 | 乙巳14 | 丙午15 | 丁未16 | 戊申17 | 己酉18 | 庚戌19 | 辛亥20 | 壬子21 | 癸丑22 | 甲寅23 | 乙卯24 | 丙辰25 | 丁巳26 | 戊午27 | 己未28 | 庚申(3) | 己亥立春<br>乙卯驚蟄 |
| 二月小 | 乙卯 | 天干地支<br>西曆 | 辛酉2 | 壬戌3 | 癸亥4 | 甲子5 | 乙丑6 | 丙寅7 | 丁卯8 | 戊辰9 | 己巳10 | 庚午11 | 辛未12 | 壬申13 | 癸酉14 | 甲戌15 | 乙亥16 | 丙子17 | 丁丑18 | 戊寅19 | 己卯20 | 庚辰21 | 辛巳22 | 壬午23 | 癸未24 | 甲申25 | 乙酉26 | 丙戌27 | 丁亥28 | 戊子29 | 己丑30 | | 庚午雨水<br>乙酉春分 |
| 三月大 | 丙辰 | 天干地支<br>西曆 | 庚寅31 | 辛卯(4) | 壬辰2 | 癸巳3 | 甲午4 | 乙未5 | 丙申6 | 丁酉7 | 戊戌8 | 己亥9 | 庚子10 | 辛丑11 | 壬寅12 | 癸卯13 | 甲辰14 | 乙巳15 | 丙午16 | 丁未17 | 戊申18 | 己酉19 | 庚戌20 | 辛亥21 | 壬子22 | 癸丑23 | 甲寅24 | 乙卯25 | 丙辰26 | 丁巳27 | 戊午28 | 己未29 | 庚子穀雨<br>丙辰清明 |
| 四月小 | 丁巳 | 天干地支<br>西曆 | 庚申30 | 辛酉(5) | 壬戌2 | 癸亥3 | 甲子4 | 乙丑5 | 丙寅6 | 丁卯7 | 戊辰8 | 己巳9 | 庚午10 | 辛未11 | 壬申12 | 癸酉13 | 甲戌14 | 乙亥15 | 丙子16 | 丁丑17 | 戊寅18 | 己卯19 | 庚辰20 | 辛巳21 | 壬午22 | 癸未23 | 甲申24 | 乙酉25 | 丙戌26 | 丁亥27 | 戊子28 | | 辛未立夏<br>丙戌小滿 |
| 五月大 | 戊午 | 天干地支<br>西曆 | 己丑29 | 庚寅30 | 辛卯31 | 壬辰(6) | 癸巳2 | 甲午3 | 乙未4 | 丙申5 | 丁酉6 | 戊戌7 | 己亥8 | 庚子9 | 辛丑10 | 壬寅11 | 癸卯12 | 甲辰13 | 乙巳14 | 丙午15 | 丁未16 | 戊申17 | 己酉18 | 庚戌19 | 辛亥20 | 壬子21 | 癸丑22 | 甲寅23 | 乙卯24 | 丙辰25 | 丁巳26 | 戊午27 | 辛丑芒種<br>丙辰夏至 |
| 六月小 | 己未 | 天干地支<br>西曆 | 己未28 | 庚申29 | 辛酉30 | 壬戌(7) | 癸亥2 | 甲子3 | 乙丑4 | 丙寅5 | 丁卯6 | 戊辰7 | 己巳8 | 庚午9 | 辛未10 | 壬申11 | 癸酉12 | 甲戌13 | 乙亥14 | 丙子15 | 丁丑16 | 戊寅17 | 己卯18 | 庚辰19 | 辛巳20 | 壬午21 | 癸未22 | 甲申23 | 乙酉24 | 丙戌25 | 丁亥26 | | 壬申小暑<br>丁亥大暑 |
| 七月大 | 庚申 | 天干地支<br>西曆 | 戊子27 | 己丑28 | 庚寅29 | 辛卯30 | 壬辰31 | 癸巳(8) | 甲午2 | 乙未3 | 丙申4 | 丁酉5 | 戊戌6 | 己亥7 | 庚子8 | 辛丑9 | 壬寅10 | 癸卯11 | 甲辰12 | 乙巳13 | 丙午14 | 丁未15 | 戊申16 | 己酉17 | 庚戌18 | 辛亥19 | 壬子20 | 癸丑21 | 甲寅22 | 乙卯23 | 丙辰24 | 丁巳25 | 壬寅立秋<br>丁巳處暑 |
| 閏七月小 | 庚申 | 天干地支<br>西曆 | 戊午26 | 己未27 | 庚申28 | 辛酉29 | 壬戌30 | 癸亥31 | 甲子(9) | 乙丑2 | 丙寅3 | 丁卯4 | 戊辰5 | 己巳6 | 庚午7 | 辛未8 | 壬申9 | 癸酉10 | 甲戌11 | 乙亥12 | 丙子13 | 丁丑14 | 戊寅15 | 己卯16 | 庚辰17 | 辛巳18 | 壬午19 | 癸未20 | 甲申21 | 乙酉22 | 丙戌23 | | 壬申白露 |
| 八月大 | 辛酉 | 天干地支<br>西曆 | 丁亥24 | 戊子25 | 己丑26 | 庚寅27 | 辛卯28 | 壬辰29 | 癸巳30 | 甲午(10) | 乙未2 | 丙申3 | 丁酉4 | 戊戌5 | 己亥6 | 庚子7 | 辛丑8 | 壬寅9 | 癸卯10 | 甲辰11 | 乙巳12 | 丙午13 | 丁未14 | 戊申15 | 己酉16 | 庚戌17 | 辛亥18 | 壬子19 | 癸丑20 | 甲寅21 | 乙卯22 | 丙辰23 | 戊子秋分<br>癸卯寒露 |
| 九月小 | 壬戌 | 天干地支<br>西曆 | 丁巳24 | 戊午25 | 己未26 | 庚申27 | 辛酉28 | 壬戌29 | 癸亥30 | 甲子31 | 乙丑(11) | 丙寅2 | 丁卯3 | 戊辰4 | 己巳5 | 庚午6 | 辛未7 | 壬申8 | 癸酉9 | 甲戌10 | 乙亥11 | 丙子12 | 丁丑13 | 戊寅14 | 己卯15 | 庚辰16 | 辛巳17 | 壬午18 | 癸未19 | 甲申20 | 乙酉21 | | 戊午霜降<br>癸酉立冬 |
| 十月大 | 癸亥 | 天干地支<br>西曆 | 丙戌22 | 丁亥23 | 戊子24 | 己丑25 | 庚寅26 | 辛卯27 | 壬辰28 | 癸巳29 | 甲午30 | 乙未(12) | 丙申2 | 丁酉3 | 戊戌4 | 己亥5 | 庚子6 | 辛丑7 | 壬寅8 | 癸卯9 | 甲辰10 | 乙巳11 | 丙午12 | 丁未13 | 戊申14 | 己酉15 | 庚戌16 | 辛亥17 | 壬子18 | 癸丑19 | 甲寅20 | 乙卯21 | 己丑小雪<br>甲辰大雪 |
| 十一月小 | 甲子 | 天干地支<br>西曆 | 丙辰22 | 丁巳23 | 戊午24 | 己未25 | 庚申26 | 辛酉27 | 壬戌28 | 癸亥29 | 甲子30 | 乙丑31 | 丙寅(1) | 丁卯2 | 戊辰3 | 己巳4 | 庚午5 | 辛未6 | 壬申7 | 癸酉8 | 甲戌9 | 乙亥10 | 丙子11 | 丁丑12 | 戊寅13 | 己卯14 | 庚辰15 | 辛巳16 | 壬午17 | 癸未18 | 甲申19 | | 己未冬至<br>甲戌小寒 |
| 十二月大 | 乙丑 | 天干地支<br>西曆 | 乙酉20 | 丙戌21 | 丁亥22 | 戊子23 | 己丑24 | 庚寅25 | 辛卯26 | 壬辰27 | 癸巳28 | 甲午29 | 乙未30 | 丙申31 | 丁酉(2) | 戊戌2 | 己亥3 | 庚子4 | 辛丑5 | 壬寅6 | 癸卯7 | 甲辰8 | 乙巳9 | 丙午10 | 丁未11 | 戊申12 | 己酉13 | 庚戌14 | 辛亥15 | 壬子16 | 癸丑17 | 甲寅18 | 己丑大寒<br>乙巳立春 |

# 漢昭帝始元五年（己亥 猪年） 公元前82 ~ 前81年

| 夏曆月序 | | 中西曆日對照 | 初一 | 初二 | 初三 | 初四 | 初五 | 初六 | 初七 | 初八 | 初九 | 初十 | 十一 | 十二 | 十三 | 十四 | 十五 | 十六 | 十七 | 十八 | 十九 | 二十 | 二一 | 二二 | 二三 | 二四 | 二五 | 二六 | 二七 | 二八 | 二九 | 三十 | 節氣與天象 |
|---|---|---|---|---|---|---|---|---|---|---|---|---|---|---|---|---|---|---|---|---|---|---|---|---|---|---|---|---|---|---|---|---|---|
| 正月小 | 丙寅 | 天干地支<br>西曆 | 乙卯19 | 丙辰20 | 丁巳21 | 戊午22 | 己未23 | 庚申24 | 辛酉25 | 壬戌26 | 癸亥27 | 甲子28 | 乙丑(3) | 丙寅2 | 丁卯3 | 戊辰4 | 己巳5 | 庚午6 | 辛未7 | 壬申8 | 癸酉9 | 甲戌10 | 乙亥11 | 丙子12 | 丁丑13 | 戊寅14 | 己卯15 | 庚辰16 | 辛巳17 | 壬午18 | 癸未19 | | 庚申驚蟄<br>乙亥雨水 |
| 二月大 | 丁卯 | 天干地支<br>西曆 | 甲申20 | 乙酉21 | 丙戌22 | 丁亥23 | 戊子24 | 己丑25 | 庚寅26 | 辛卯27 | 壬辰28 | 癸巳29 | 甲午30 | 乙未31 | 丙申(4) | 丁酉2 | 戊戌3 | 己亥4 | 庚子5 | 辛丑6 | 壬寅7 | 癸卯8 | 甲辰9 | 乙巳10 | 丙午11 | 丁未12 | 戊申13 | 己酉14 | 庚戌15 | 辛亥16 | 壬子17 | 癸丑18 | 庚寅春分<br>丙午穀雨 |
| 三月大 | 戊辰 | 天干地支<br>西曆 | 甲寅19 | 乙卯20 | 丙辰21 | 丁巳22 | 戊午23 | 己未24 | 庚申25 | 辛酉26 | 壬戌27 | 癸亥28 | 甲子29 | 乙丑30 | 丙寅(5) | 丁卯2 | 戊辰3 | 己巳4 | 庚午5 | 辛未6 | 壬申7 | 癸酉8 | 甲戌9 | 乙亥10 | 丙子11 | 丁丑12 | 戊寅13 | 己卯14 | 庚辰15 | 辛巳16 | 壬午17 | 癸未18 | 辛酉清明<br>丙子立夏<br>癸未日食 |
| 四月小 | 己巳 | 天干地支<br>西曆 | 甲申19 | 乙酉20 | 丙戌21 | 丁亥22 | 戊子23 | 己丑24 | 庚寅25 | 辛卯26 | 壬辰27 | 癸巳28 | 甲午29 | 乙未30 | 丙申31 | 丁酉(6) | 戊戌2 | 己亥3 | 庚子4 | 辛丑5 | 壬寅6 | 癸卯7 | 甲辰8 | 乙巳9 | 丙午10 | 丁未11 | 戊申12 | 己酉13 | 庚戌14 | 辛亥15 | 壬子16 | | 辛卯小滿<br>丙午芒種 |
| 五月大 | 庚午 | 天干地支<br>西曆 | 癸丑17 | 甲寅18 | 乙卯19 | 丙辰20 | 丁巳21 | 戊午22 | 己未23 | 庚申24 | 辛酉25 | 壬戌26 | 癸亥27 | 甲子28 | 乙丑29 | 丙寅30 | 丁卯(7) | 戊辰2 | 己巳3 | 庚午4 | 辛未5 | 壬申6 | 癸酉7 | 甲戌8 | 乙亥9 | 丙子10 | 丁丑11 | 戊寅12 | 己卯13 | 庚辰14 | 辛巳15 | 壬午16 | 壬戌夏至<br>丁丑小暑 |
| 六月小 | 辛未 | 天干地支<br>西曆 | 癸未17 | 甲申18 | 乙酉19 | 丙戌20 | 丁亥21 | 戊子22 | 己丑23 | 庚寅24 | 辛卯25 | 壬辰26 | 癸巳27 | 甲午28 | 乙未29 | 丙申30 | 丁酉31 | 戊戌(8) | 己亥2 | 庚子3 | 辛丑4 | 壬寅5 | 癸卯6 | 甲辰7 | 乙巳8 | 丙午9 | 丁未10 | 戊申11 | 己酉12 | 庚戌13 | 辛亥14 | | 壬辰大暑<br>丁未立秋 |
| 七月大 | 壬申 | 天干地支<br>西曆 | 壬子15 | 癸丑16 | 甲寅17 | 乙卯18 | 丙辰19 | 丁巳20 | 戊午21 | 己未22 | 庚申23 | 辛酉24 | 壬戌25 | 癸亥26 | 甲子27 | 乙丑28 | 丙寅29 | 丁卯30 | 戊辰31 | 己巳(9) | 庚午2 | 辛未3 | 壬申4 | 癸酉5 | 甲戌6 | 乙亥7 | 丙子8 | 丁丑9 | 戊寅10 | 己卯11 | 庚辰12 | 辛巳13 | 癸亥處暑<br>戊寅白露 |
| 八月小 | 癸酉 | 天干地支<br>西曆 | 壬午14 | 癸未15 | 甲申16 | 乙酉17 | 丙戌18 | 丁亥19 | 戊子20 | 己丑21 | 庚寅22 | 辛卯23 | 壬辰24 | 癸巳25 | 甲午26 | 乙未27 | 丙申28 | 丁酉29 | 戊戌30 | 己亥(10) | 庚子2 | 辛丑3 | 壬寅4 | 癸卯5 | 甲辰6 | 乙巳7 | 丙午8 | 丁未9 | 戊申10 | 己酉11 | 庚戌12 | | 癸巳秋分<br>戊申寒露 |
| 九月大 | 甲戌 | 天干地支<br>西曆 | 辛亥13 | 壬子14 | 癸丑15 | 甲寅16 | 乙卯17 | 丙辰18 | 丁巳19 | 戊午20 | 己未21 | 庚申22 | 辛酉23 | 壬戌24 | 癸亥25 | 甲子26 | 乙丑27 | 丙寅28 | 丁卯29 | 戊辰30 | 己巳31 | 庚午(11) | 辛未2 | 壬申3 | 癸酉4 | 甲戌5 | 乙亥6 | 丙子7 | 丁丑8 | 戊寅9 | 己卯10 | 庚辰11 | 癸亥霜降<br>己卯立冬 |
| 十月小 | 乙亥 | 天干地支<br>西曆 | 辛巳12 | 壬午13 | 癸未14 | 甲申15 | 乙酉16 | 丙戌17 | 丁亥18 | 戊子19 | 己丑20 | 庚寅21 | 辛卯22 | 壬辰23 | 癸巳24 | 甲午25 | 乙未26 | 丙申27 | 丁酉28 | 戊戌29 | 己亥30 | 庚子(12) | 辛丑2 | 壬寅3 | 癸卯4 | 甲辰5 | 乙巳6 | 丙午7 | 丁未8 | 戊申9 | 己酉10 | | 甲午小雪<br>己酉大雪 |
| 十一月大 | 丙子 | 天干地支<br>西曆 | 庚戌11 | 辛亥12 | 壬子13 | 癸丑14 | 甲寅15 | 乙卯16 | 丙辰17 | 丁巳18 | 戊午19 | 己未20 | 庚申21 | 辛酉22 | 壬戌23 | 癸亥24 | 甲子25 | 乙丑26 | 丙寅27 | 丁卯28 | 戊辰29 | 己巳30 | 庚午31 | 辛未(1) | 壬申2 | 癸酉3 | 甲戌4 | 乙亥5 | 丙子6 | 丁丑7 | 戊寅8 | 己卯9 | 甲子冬至<br>己卯小寒 |
| 十二月小 | 丁丑 | 天干地支<br>西曆 | 庚辰10 | 辛巳11 | 壬午12 | 癸未13 | 甲申14 | 乙酉15 | 丙戌16 | 丁亥17 | 戊子18 | 己丑19 | 庚寅20 | 辛卯21 | 壬辰22 | 癸巳23 | 甲午24 | 乙未25 | 丙申26 | 丁酉27 | 戊戌28 | 己亥29 | 庚子30 | 辛丑31 | 壬寅(2) | 癸卯2 | 甲辰3 | 乙巳4 | 丙午5 | 丁未6 | 戊申7 | | 乙未大寒 |

# 漢昭帝始元六年（庚子 鼠年） 公元前 81 ~ 前 80 年

| 夏曆月序 | | 中西曆日對照 | 初一 | 初二 | 初三 | 初四 | 初五 | 初六 | 初七 | 初八 | 初九 | 初十 | 十一 | 十二 | 十三 | 十四 | 十五 | 十六 | 十七 | 十八 | 十九 | 二十 | 二一 | 二二 | 二三 | 二四 | 二五 | 二六 | 二七 | 二八 | 二九 | 三十 | 節氣與天象 |
|---|---|---|---|---|---|---|---|---|---|---|---|---|---|---|---|---|---|---|---|---|---|---|---|---|---|---|---|---|---|---|---|---|---|
| 正月大 | 戊寅 | 天干地支西曆 | 己酉 8 | 庚戌 9 | 辛亥 10 | 壬子 11 | 癸丑 12 | 甲寅 13 | 乙卯 14 | 丙辰 15 | 丁巳 16 | 戊午 17 | 己未 18 | 庚申 19 | 辛酉 20 | 壬戌 21 | 癸亥 22 | 甲子 23 | 乙丑 24 | 丙寅 25 | 丁卯 26 | 戊辰 27 | 己巳 28 | 庚午 29 | 辛未 (3) | 壬申 2 | 癸酉 3 | 甲戌 4 | 乙亥 5 | 丙子 6 | 丁丑 7 | 戊寅 8 | 庚戌立春 乙丑驚蟄 |
| 二月小 | 己卯 | 天干地支西曆 | 己卯 9 | 庚辰 10 | 辛巳 11 | 壬午 12 | 癸未 13 | 甲申 14 | 乙酉 15 | 丙戌 16 | 丁亥 17 | 戊子 18 | 己丑 19 | 庚寅 20 | 辛卯 21 | 壬辰 22 | 癸巳 23 | 甲午 24 | 乙未 25 | 丙申 26 | 丁酉 27 | 戊戌 28 | 己亥 29 | 庚子 30 | 辛丑 31 | 壬寅 (4) | 癸卯 2 | 甲辰 3 | 乙巳 4 | 丙午 5 | 丁未 6 | | 庚辰雨水 丙申春分 |
| 三月大 | 庚辰 | 天干地支西曆 | 戊申 7 | 己酉 8 | 庚戌 9 | 辛亥 10 | 壬子 11 | 癸丑 12 | 甲寅 13 | 乙卯 14 | 丙辰 15 | 丁巳 16 | 戊午 17 | 己未 18 | 庚申 19 | 辛酉 20 | 壬戌 21 | 癸亥 22 | 甲子 23 | 乙丑 24 | 丙寅 25 | 丁卯 26 | 戊辰 27 | 己巳 28 | 庚午 29 | 辛未 30 | 壬申 (5) | 癸酉 2 | 甲戌 3 | 乙亥 4 | 丙子 5 | 丁丑 6 | 辛亥穀雨 丙寅清明 |
| 四月小 | 辛巳 | 天干地支西曆 | 戊寅 7 | 己卯 8 | 庚辰 9 | 辛巳 10 | 壬午 11 | 癸未 12 | 甲申 13 | 乙酉 14 | 丙戌 15 | 丁亥 16 | 戊子 17 | 己丑 18 | 庚寅 19 | 辛卯 20 | 壬辰 21 | 癸巳 22 | 甲午 23 | 乙未 24 | 丙申 25 | 丁酉 26 | 戊戌 27 | 己亥 28 | 庚子 29 | 辛丑 30 | 壬寅 31 | 癸卯 (6) | 甲辰 2 | 乙巳 3 | 丙午 4 | | 辛巳立夏 丙申小滿 戊寅日食 |
| 五月大 | 壬午 | 天干地支西曆 | 丁未 5 | 戊申 6 | 己酉 7 | 庚戌 8 | 辛亥 9 | 壬子 10 | 癸丑 11 | 甲寅 12 | 乙卯 13 | 丙辰 14 | 丁巳 15 | 戊午 16 | 己未 17 | 庚申 18 | 辛酉 19 | 壬戌 20 | 癸亥 21 | 甲子 22 | 乙丑 23 | 丙寅 24 | 丁卯 25 | 戊辰 26 | 己巳 27 | 庚午 28 | 辛未 29 | 壬申 30 | 癸酉 (7) | 甲戌 2 | 乙亥 3 | 丙子 4 | 壬子芒種 丁卯夏至 |
| 六月大 | 癸未 | 天干地支西曆 | 丁丑 5 | 戊寅 6 | 己卯 7 | 庚辰 8 | 辛巳 9 | 壬午 10 | 癸未 11 | 甲申 12 | 乙酉 13 | 丙戌 14 | 丁亥 15 | 戊子 16 | 己丑 17 | 庚寅 18 | 辛卯 19 | 壬辰 20 | 癸巳 21 | 甲午 22 | 乙未 23 | 丙申 24 | 丁酉 25 | 戊戌 26 | 己亥 27 | 庚子 28 | 辛丑 29 | 壬寅 30 | 癸卯 31 | 甲辰 (8) | 乙巳 2 | 丙午 3 | 壬午小暑 丁酉大暑 |
| 七月小 | 甲申 | 天干地支西曆 | 丁未 4 | 戊申 5 | 己酉 6 | 庚戌 7 | 辛亥 8 | 壬子 9 | 癸丑 10 | 甲寅 11 | 乙卯 12 | 丙辰 13 | 丁巳 14 | 戊午 15 | 己未 16 | 庚申 17 | 辛酉 18 | 壬戌 19 | 癸亥 20 | 甲子 21 | 乙丑 22 | 丙寅 23 | 丁卯 24 | 戊辰 25 | 己巳 26 | 庚午 27 | 辛未 28 | 壬申 29 | 癸酉 30 | 甲戌 31 | 乙亥 (9) | | 癸丑立秋 戊辰處暑 |
| 八月大 | 乙酉 | 天干地支西曆 | 丙子 2 | 丁丑 3 | 戊寅 4 | 己卯 5 | 庚辰 6 | 辛巳 7 | 壬午 8 | 癸未 9 | 甲申 10 | 乙酉 11 | 丙戌 12 | 丁亥 13 | 戊子 14 | 己丑 15 | 庚寅 16 | 辛卯 17 | 壬辰 18 | 癸巳 19 | 甲午 20 | 乙未 21 | 丙申 22 | 丁酉 23 | 戊戌 24 | 己亥 25 | 庚子 26 | 辛丑 27 | 壬寅 28 | 癸卯 29 | 甲辰 30 | 乙巳 (10) | 癸未白露 戊戌秋分 |
| 九月小 | 丙戌 | 天干地支西曆 | 丙午 2 | 丁未 3 | 戊申 4 | 己酉 5 | 庚戌 6 | 辛亥 7 | 壬子 8 | 癸丑 9 | 甲寅 10 | 乙卯 11 | 丙辰 12 | 丁巳 13 | 戊午 14 | 己未 15 | 庚申 16 | 辛酉 17 | 壬戌 18 | 癸亥 19 | 甲子 20 | 乙丑 21 | 丙寅 22 | 丁卯 23 | 戊辰 24 | 己巳 25 | 庚午 26 | 辛未 27 | 壬申 28 | 癸酉 29 | 甲戌 30 | | 癸丑寒露 己巳霜降 |
| 十月大 | 丁亥 | 天干地支西曆 | 乙亥 31 | 丙子 (11) | 丁丑 2 | 戊寅 3 | 己卯 4 | 庚辰 5 | 辛巳 6 | 壬午 7 | 癸未 8 | 甲申 9 | 乙酉 10 | 丙戌 11 | 丁亥 12 | 戊子 13 | 己丑 14 | 庚寅 15 | 辛卯 16 | 壬辰 17 | 癸巳 18 | 甲午 19 | 乙未 20 | 丙申 21 | 丁酉 22 | 戊戌 23 | 己亥 24 | 庚子 25 | 辛丑 26 | 壬寅 27 | 癸卯 28 | 甲辰 29 | 甲申立冬 己亥小雪 |
| 十一月小 | 戊子 | 天干地支西曆 | 乙巳 30 | 丙午 (12) | 丁未 2 | 戊申 3 | 己酉 4 | 庚戌 5 | 辛亥 6 | 壬子 7 | 癸丑 8 | 甲寅 9 | 乙卯 10 | 丙辰 11 | 丁巳 12 | 戊午 13 | 己未 14 | 庚申 15 | 辛酉 16 | 壬戌 17 | 癸亥 18 | 甲子 19 | 乙丑 20 | 丙寅 21 | 丁卯 22 | 戊辰 23 | 己巳 24 | 庚午 25 | 辛未 26 | 壬申 27 | 癸酉 28 | | 甲寅大雪 庚午冬至 |
| 十二月大 | 己丑 | 天干地支西曆 | 甲戌 29 | 乙亥 30 | 丙子 31 | 丁丑 (1) | 戊寅 2 | 己卯 3 | 庚辰 4 | 辛巳 5 | 壬午 6 | 癸未 7 | 甲申 8 | 乙酉 9 | 丙戌 10 | 丁亥 11 | 戊子 12 | 己丑 13 | 庚寅 14 | 辛卯 15 | 壬辰 16 | 癸巳 17 | 甲午 18 | 乙未 19 | 丙申 20 | 丁酉 21 | 戊戌 22 | 己亥 23 | 庚子 24 | 辛丑 25 | 壬寅 26 | 癸卯 27 | 乙酉小寒 庚子大寒 |

## 漢昭帝始元七年 元鳳元年（辛丑 牛年） 公元前80～前79年

| 夏曆月序 | | 中西曆日對照 | 初一 | 初二 | 初三 | 初四 | 初五 | 初六 | 初七 | 初八 | 初九 | 初十 | 十一 | 十二 | 十三 | 十四 | 十五 | 十六 | 十七 | 十八 | 十九 | 二十 | 二一 | 二二 | 二三 | 二四 | 二五 | 二六 | 二七 | 二八 | 二九 | 三十 | 節氣與天象 |
|---|---|---|---|---|---|---|---|---|---|---|---|---|---|---|---|---|---|---|---|---|---|---|---|---|---|---|---|---|---|---|---|---|---|
| 正月小 | 庚寅 | 天干地支西曆 | 甲辰28 | 乙巳29 | 丙午30 | 丁未31 | 戊申(2) | 己酉2 | 庚戌3 | 辛亥4 | 壬子5 | 癸丑6 | 甲寅7 | 乙卯8 | 丙辰9 | 丁巳10 | 戊午11 | 己未12 | 庚申13 | 辛酉14 | 壬戌15 | 癸亥16 | 甲子17 | 乙丑18 | 丙寅19 | 丁卯20 | 戊辰21 | 己巳22 | 庚午23 | 辛未24 | 壬申25 | | 乙卯立春 庚午驚蟄 |
| 二月大 | 辛卯 | 天干地支西曆 | 癸酉26 | 甲戌27 | 乙亥28 | 丙子(3) | 丁丑2 | 戊寅3 | 己卯4 | 庚辰5 | 辛巳6 | 壬午7 | 癸未8 | 甲申9 | 乙酉10 | 丙戌11 | 丁亥12 | 戊子13 | 己丑14 | 庚寅15 | 辛卯16 | 壬辰17 | 癸巳18 | 甲午19 | 乙未20 | 丙申21 | 丁酉22 | 戊戌23 | 己亥24 | 庚子25 | 辛丑26 | 壬寅27 | 丙戌雨水 辛丑春分 |
| 三月小 | 壬辰 | 天干地支西曆 | 癸卯28 | 甲辰29 | 乙巳30 | 丙午31 | 丁未(4) | 戊申2 | 己酉3 | 庚戌4 | 辛亥5 | 壬子6 | 癸丑7 | 甲寅8 | 乙卯9 | 丙辰10 | 丁巳11 | 戊午12 | 己未13 | 庚申14 | 辛酉15 | 壬戌16 | 癸亥17 | 甲子18 | 乙丑19 | 丙寅20 | 丁卯21 | 戊辰22 | 己巳23 | 庚午24 | 辛未25 | | 丙辰穀雨 辛未清明 |
| 閏三月大 | 壬辰 | 天干地支西曆 | 壬申26 | 癸酉27 | 甲戌28 | 乙亥29 | 丙子30 | 丁丑(5) | 戊寅2 | 己卯3 | 庚辰4 | 辛巳5 | 壬午6 | 癸未7 | 甲申8 | 乙酉9 | 丙戌10 | 丁亥11 | 戊子12 | 己丑13 | 庚寅14 | 辛卯15 | 壬辰16 | 癸巳17 | 甲午18 | 乙未19 | 丙申20 | 丁酉21 | 戊戌22 | 己亥23 | 庚子24 | 辛丑25 | 丙戌立夏 |
| 四月小 | 癸巳 | 天干地支西曆 | 壬寅26 | 癸卯27 | 甲辰28 | 乙巳29 | 丙午30 | 丁未31 | 戊申(6) | 己酉2 | 庚戌3 | 辛亥4 | 壬子5 | 癸丑6 | 甲寅7 | 乙卯8 | 丙辰9 | 丁巳10 | 戊午11 | 己未12 | 庚申13 | 辛酉14 | 壬戌15 | 癸亥16 | 甲子17 | 乙丑18 | 丙寅19 | 丁卯20 | 戊辰21 | 己巳22 | 庚午23 | | 壬寅小滿 丁巳芒種 |
| 五月大 | 甲午 | 天干地支西曆 | 辛未24 | 壬申25 | 癸酉26 | 甲戌27 | 乙亥28 | 丙子29 | 丁丑30 | 戊寅(7) | 己卯2 | 庚辰3 | 辛巳4 | 壬午5 | 癸未6 | 甲申7 | 乙酉8 | 丙戌9 | 丁亥10 | 戊子11 | 己丑12 | 庚寅13 | 辛卯14 | 壬辰15 | 癸巳16 | 甲午17 | 乙未18 | 丙申19 | 丁酉20 | 戊戌21 | 己亥22 | 庚子23 | 壬申夏至 丁亥小暑 |
| 六月小 | 乙未 | 天干地支西曆 | 辛丑24 | 壬寅25 | 癸卯26 | 甲辰27 | 乙巳28 | 丙午29 | 丁未30 | 戊申31 | 己酉(8) | 庚戌2 | 辛亥3 | 壬子4 | 癸丑5 | 甲寅6 | 乙卯7 | 丙辰8 | 丁巳9 | 戊午10 | 己未11 | 庚申12 | 辛酉13 | 壬戌14 | 癸亥15 | 甲子16 | 乙丑17 | 丙寅18 | 丁卯19 | 戊辰20 | 己巳21 | | 癸卯大暑 戊午立秋 |
| 七月大 | 丙申 | 天干地支西曆 | 庚午22 | 辛未23 | 壬申24 | 癸酉25 | 甲戌26 | 乙亥27 | 丙子28 | 丁丑29 | 戊寅30 | 己卯31 | 庚辰(9) | 辛巳2 | 壬午3 | 癸未4 | 甲申5 | 乙酉6 | 丙戌7 | 丁亥8 | 戊子9 | 己丑10 | 庚寅11 | 辛卯12 | 壬辰13 | 癸巳14 | 甲午15 | 乙未16 | 丙申17 | 丁酉18 | 戊戌19 | 己亥20 | 癸酉處暑 戊子白露 己亥日食 |
| 八月小 | 丁酉 | 天干地支西曆 | 庚子21 | 辛丑22 | 壬寅23 | 癸卯24 | 甲辰25 | 乙巳26 | 丙午27 | 丁未28 | 戊申29 | 己酉30 | 庚戌(10) | 辛亥2 | 壬子3 | 癸丑4 | 甲寅5 | 乙卯6 | 丙辰7 | 丁巳8 | 戊午9 | 己未10 | 庚申11 | 辛酉12 | 壬戌13 | 癸亥14 | 甲子15 | 乙丑16 | 丙寅17 | 丁卯18 | 戊辰19 | | 癸卯秋分 己未寒露 |
| 九月大 | 戊戌 | 天干地支西曆 | 己巳20 | 庚午21 | 辛未22 | 壬申23 | 癸酉24 | 甲戌25 | 乙亥26 | 丙子27 | 丁丑28 | 戊寅29 | 己卯30 | 庚辰31 | 辛巳(11) | 壬午2 | 癸未3 | 甲申4 | 乙酉5 | 丙戌6 | 丁亥7 | 戊子8 | 己丑9 | 庚寅10 | 辛卯11 | 壬辰12 | 癸巳13 | 甲午14 | 乙未15 | 丙申16 | 丁酉17 | 戊戌18 | 甲戌霜降 己丑立冬 |
| 十月大 | 己亥 | 天干地支西曆 | 己亥19 | 庚子20 | 辛丑21 | 壬寅22 | 癸卯23 | 甲辰24 | 乙巳25 | 丙午26 | 丁未27 | 戊申28 | 己酉29 | 庚戌30 | 辛亥(12) | 壬子2 | 癸丑3 | 甲寅4 | 乙卯5 | 丙辰6 | 丁巳7 | 戊午8 | 己未9 | 庚申10 | 辛酉11 | 壬戌12 | 癸亥13 | 甲子14 | 乙丑15 | 丙寅16 | 丁卯17 | 戊辰18 | 甲辰小雪 庚申大雪 |
| 十一月小 | 庚子 | 天干地支西曆 | 己巳19 | 庚午20 | 辛未21 | 壬申22 | 癸酉23 | 甲戌24 | 乙亥25 | 丙子26 | 丁丑27 | 戊寅28 | 己卯29 | 庚辰30 | 辛巳31 | 壬午(1) | 癸未2 | 甲申3 | 乙酉4 | 丙戌5 | 丁亥6 | 戊子7 | 己丑8 | 庚寅9 | 辛卯10 | 壬辰11 | 癸巳12 | 甲午13 | 乙未14 | 丙申15 | 丁酉16 | | 乙亥冬至 庚寅小寒 |
| 十二月大 | 辛丑 | 天干地支西曆 | 戊戌17 | 己亥18 | 庚子19 | 辛丑20 | 壬寅21 | 癸卯22 | 甲辰23 | 乙巳24 | 丙午25 | 丁未26 | 戊申27 | 己酉28 | 庚戌29 | 辛亥30 | 壬子31 | 癸丑(2) | 甲寅2 | 乙卯3 | 丙辰4 | 丁巳5 | 戊午6 | 己未7 | 庚申8 | 辛酉9 | 壬戌10 | 癸亥11 | 甲子12 | 乙丑13 | 丙寅14 | 丁卯15 | 乙巳大寒 庚申立春 |

* 八月，改元元鳳。

# 漢昭帝元鳳二年（壬寅 虎年） 公元前**79** ~ 前78年

| 夏曆月序 | | 中西曆日對照 | 初一 | 初二 | 初三 | 初四 | 初五 | 初六 | 初七 | 初八 | 初九 | 初十 | 十一 | 十二 | 十三 | 十四 | 十五 | 十六 | 十七 | 十八 | 十九 | 二十 | 二一 | 二二 | 二三 | 二四 | 二五 | 二六 | 二七 | 二八 | 二九 | 三十 | 節氣與天象 |
|---|---|---|---|---|---|---|---|---|---|---|---|---|---|---|---|---|---|---|---|---|---|---|---|---|---|---|---|---|---|---|---|---|---|
| 正月小 | 壬寅 | 天干地支<br>西曆 | 戊辰<br>16 | 己巳<br>17 | 庚午<br>18 | 辛未<br>19 | 壬申<br>20 | 癸酉<br>21 | 甲戌<br>22 | 乙亥<br>23 | 丙子<br>24 | 丁丑<br>25 | 戊寅<br>26 | 己卯<br>27 | 庚辰<br>28 | 辛巳<br>(3) | 壬午<br>2 | 癸未<br>3 | 甲申<br>4 | 乙酉<br>5 | 丙戌<br>6 | 丁亥<br>7 | 戊子<br>8 | 己丑<br>9 | 庚寅<br>10 | 辛卯<br>11 | 壬辰<br>12 | 癸巳<br>13 | 甲午<br>14 | 乙未<br>15 | 丙申<br>16 | | 丙子驚蟄<br>辛卯雨水 |
| 二月大 | 癸卯 | 天干地支<br>西曆 | 丁酉<br>17 | 戊戌<br>18 | 己亥<br>19 | 庚子<br>20 | 辛丑<br>21 | 壬寅<br>22 | 癸卯<br>23 | 甲辰<br>24 | 乙巳<br>25 | 丙午<br>26 | 丁未<br>27 | 戊申<br>28 | 己酉<br>29 | 庚戌<br>30 | 辛亥<br>31 | 壬子<br>(4) | 癸丑<br>2 | 甲寅<br>3 | 乙卯<br>4 | 丙辰<br>5 | 丁巳<br>6 | 戊午<br>7 | 己未<br>8 | 庚申<br>9 | 辛酉<br>10 | 壬戌<br>11 | 癸亥<br>12 | 甲子<br>13 | 乙丑<br>14 | 丙寅<br>15 | 丙午春分<br>辛酉穀雨<br>丁酉日食 |
| 三月小 | 甲辰 | 天干地支<br>西曆 | 丁卯<br>16 | 戊辰<br>17 | 己巳<br>18 | 庚午<br>19 | 辛未<br>20 | 壬申<br>21 | 癸酉<br>22 | 甲戌<br>23 | 乙亥<br>24 | 丙子<br>25 | 丁丑<br>26 | 戊寅<br>27 | 己卯<br>28 | 庚辰<br>29 | 辛巳<br>30 | 壬午<br>(5) | 癸未<br>2 | 甲申<br>3 | 乙酉<br>4 | 丙戌<br>5 | 丁亥<br>6 | 戊子<br>7 | 己丑<br>8 | 庚寅<br>9 | 辛卯<br>10 | 壬辰<br>11 | 癸巳<br>12 | 甲午<br>13 | 乙未<br>14 | | 丁丑清明<br>壬辰立夏 |
| 四月大 | 乙巳 | 天干地支<br>西曆 | 丙申<br>15 | 丁酉<br>16 | 戊戌<br>17 | 己亥<br>18 | 庚子<br>19 | 辛丑<br>20 | 壬寅<br>21 | 癸卯<br>22 | 甲辰<br>23 | 乙巳<br>24 | 丙午<br>25 | 丁未<br>26 | 戊申<br>27 | 己酉<br>28 | 庚戌<br>29 | 辛亥<br>30 | 壬子<br>31 | 癸丑<br>(6) | 甲寅<br>2 | 乙卯<br>3 | 丙辰<br>4 | 丁巳<br>5 | 戊午<br>6 | 己未<br>7 | 庚申<br>8 | 辛酉<br>9 | 壬戌<br>10 | 癸亥<br>11 | 甲子<br>12 | 乙丑<br>13 | 丁未小滿<br>壬戌芒種 |
| 五月小 | 丙午 | 天干地支<br>西曆 | 丙寅<br>14 | 丁卯<br>15 | 戊辰<br>16 | 己巳<br>17 | 庚午<br>18 | 辛未<br>19 | 壬申<br>20 | 癸酉<br>21 | 甲戌<br>22 | 乙亥<br>23 | 丙子<br>24 | 丁丑<br>25 | 戊寅<br>26 | 己卯<br>27 | 庚辰<br>28 | 辛巳<br>29 | 壬午<br>30 | 癸未<br>(7) | 甲申<br>2 | 乙酉<br>3 | 丙戌<br>4 | 丁亥<br>5 | 戊子<br>6 | 己丑<br>7 | 庚寅<br>8 | 辛卯<br>9 | 壬辰<br>10 | 癸巳<br>11 | 甲午<br>12 | | 丁丑夏至<br>癸巳小暑 |
| 六月大 | 丁未 | 天干地支<br>西曆 | 乙未<br>13 | 丙申<br>14 | 丁酉<br>15 | 戊戌<br>16 | 己亥<br>17 | 庚子<br>18 | 辛丑<br>19 | 壬寅<br>20 | 癸卯<br>21 | 甲辰<br>22 | 乙巳<br>23 | 丙午<br>24 | 丁未<br>25 | 戊申<br>26 | 己酉<br>27 | 庚戌<br>28 | 辛亥<br>29 | 壬子<br>30 | 癸丑<br>31 | 甲寅<br>(8) | 乙卯<br>2 | 丙辰<br>3 | 丁巳<br>4 | 戊午<br>5 | 己未<br>6 | 庚申<br>7 | 辛酉<br>8 | 壬戌<br>9 | 癸亥<br>10 | 甲子<br>11 | 戊申大暑<br>癸亥立秋 |
| 七月小 | 戊申 | 天干地支<br>西曆 | 乙丑<br>12 | 丙寅<br>13 | 丁卯<br>14 | 戊辰<br>15 | 己巳<br>16 | 庚午<br>17 | 辛未<br>18 | 壬申<br>19 | 癸酉<br>20 | 甲戌<br>21 | 乙亥<br>22 | 丙子<br>23 | 丁丑<br>24 | 戊寅<br>25 | 己卯<br>26 | 庚辰<br>27 | 辛巳<br>28 | 壬午<br>29 | 癸未<br>30 | 甲申<br>31 | 乙酉<br>(9) | 丙戌<br>2 | 丁亥<br>3 | 戊子<br>4 | 己丑<br>5 | 庚寅<br>6 | 辛卯<br>7 | 壬辰<br>8 | 癸巳<br>9 | | 戊寅處暑<br>癸巳白露 |
| 八月大 | 己酉 | 天干地支<br>西曆 | 甲午<br>10 | 乙未<br>11 | 丙申<br>12 | 丁酉<br>13 | 戊戌<br>14 | 己亥<br>15 | 庚子<br>16 | 辛丑<br>17 | 壬寅<br>18 | 癸卯<br>19 | 甲辰<br>20 | 乙巳<br>21 | 丙午<br>22 | 丁未<br>23 | 戊申<br>24 | 己酉<br>25 | 庚戌<br>26 | 辛亥<br>27 | 壬子<br>28 | 癸丑<br>29 | 甲寅<br>30 | 乙卯<br>(10) | 丙辰<br>2 | 丁巳<br>3 | 戊午<br>4 | 己未<br>5 | 庚申<br>6 | 辛酉<br>7 | 壬戌<br>8 | 癸亥<br>9 | 己酉秋分 |
| 九月小 | 庚戌 | 天干地支<br>西曆 | 甲子<br>10 | 乙丑<br>11 | 丙寅<br>12 | 丁卯<br>13 | 戊辰<br>14 | 己巳<br>15 | 庚午<br>16 | 辛未<br>17 | 壬申<br>18 | 癸酉<br>19 | 甲戌<br>20 | 乙亥<br>21 | 丙子<br>22 | 丁丑<br>23 | 戊寅<br>24 | 己卯<br>25 | 庚辰<br>26 | 辛巳<br>27 | 壬午<br>28 | 癸未<br>29 | 甲申<br>30 | 乙酉<br>31 | 丙戌<br>(11) | 丁亥<br>2 | 戊子<br>3 | 己丑<br>4 | 庚寅<br>5 | 辛卯<br>6 | 壬辰<br>7 | | 甲子寒露<br>己卯霜降 |
| 十月大 | 辛亥 | 天干地支<br>西曆 | 癸巳<br>8 | 甲午<br>9 | 乙未<br>10 | 丙申<br>11 | 丁酉<br>12 | 戊戌<br>13 | 己亥<br>14 | 庚子<br>15 | 辛丑<br>16 | 壬寅<br>17 | 癸卯<br>18 | 甲辰<br>19 | 乙巳<br>20 | 丙午<br>21 | 丁未<br>22 | 戊申<br>23 | 己酉<br>24 | 庚戌<br>25 | 辛亥<br>26 | 壬子<br>27 | 癸丑<br>28 | 甲寅<br>29 | 乙卯<br>30 | 丙辰<br>(12) | 丁巳<br>2 | 戊午<br>3 | 己未<br>4 | 庚申<br>5 | 辛酉<br>6 | 壬戌<br>7 | 甲午立冬<br>庚戌小雪 |
| 十一月小 | 壬子 | 天干地支<br>西曆 | 癸亥<br>8 | 甲子<br>9 | 乙丑<br>10 | 丙寅<br>11 | 丁卯<br>12 | 戊辰<br>13 | 己巳<br>14 | 庚午<br>15 | 辛未<br>16 | 壬申<br>17 | 癸酉<br>18 | 甲戌<br>19 | 乙亥<br>20 | 丙子<br>21 | 丁丑<br>22 | 戊寅<br>23 | 己卯<br>24 | 庚辰<br>25 | 辛巳<br>26 | 壬午<br>27 | 癸未<br>28 | 甲申<br>29 | 乙酉<br>30 | 丙戌<br>31 | 丁亥<br>(1) | 戊子<br>2 | 己丑<br>3 | 庚寅<br>4 | 辛卯<br>5 | | 乙丑大雪<br>庚辰冬至 |
| 十二月大 | 癸丑 | 天干地支<br>西曆 | 壬辰<br>6 | 癸巳<br>7 | 甲午<br>8 | 乙未<br>9 | 丙申<br>10 | 丁酉<br>11 | 戊戌<br>12 | 己亥<br>13 | 庚子<br>14 | 辛丑<br>15 | 壬寅<br>16 | 癸卯<br>17 | 甲辰<br>18 | 乙巳<br>19 | 丙午<br>20 | 丁未<br>21 | 戊申<br>22 | 己酉<br>23 | 庚戌<br>24 | 辛亥<br>25 | 壬子<br>26 | 癸丑<br>27 | 甲寅<br>28 | 乙卯<br>29 | 丙辰<br>30 | 丁巳<br>31 | 戊午<br>(2) | 己未<br>2 | 庚申<br>3 | 辛酉<br>4 | 乙未小寒<br>庚戌大寒 |

# 漢昭帝元鳳三年（癸卯 兔年） 公元前 78 ~ 前 77 年

| 夏曆月序 | | 中西曆日對照 | 初一 | 初二 | 初三 | 初四 | 初五 | 初六 | 初七 | 初八 | 初九 | 初十 | 十一 | 十二 | 十三 | 十四 | 十五 | 十六 | 十七 | 十八 | 十九 | 二十 | 二一 | 二二 | 二三 | 二四 | 二五 | 二六 | 二七 | 二八 | 二九 | 三十 | 節氣與天象 |
|---|---|---|---|---|---|---|---|---|---|---|---|---|---|---|---|---|---|---|---|---|---|---|---|---|---|---|---|---|---|---|---|---|---|
| 正月大 | 甲寅 | 天干地支<br>西曆 | 壬戌<br>5 | 癸亥<br>6 | 甲子<br>7 | 乙丑<br>8 | 丙寅<br>9 | 丁卯<br>10 | 戊辰<br>11 | 己巳<br>12 | 庚午<br>13 | 辛未<br>14 | 壬申<br>15 | 癸酉<br>16 | 甲戌<br>17 | 乙亥<br>18 | 丙子<br>19 | 丁丑<br>20 | 戊寅<br>21 | 己卯<br>22 | 庚辰<br>23 | 辛巳<br>24 | 壬午<br>25 | 癸未<br>26 | 甲申<br>27 | 乙酉<br>28 | 丙戌<br>(3) | 丁亥<br>2 | 戊子<br>3 | 己丑<br>4 | 庚寅<br>5 | 辛卯<br>6 | 丙寅立春<br>辛巳驚蟄 |
| 二月小 | 乙卯 | 天干地支<br>西曆 | 壬辰<br>7 | 癸巳<br>8 | 甲午<br>9 | 乙未<br>10 | 丙申<br>11 | 丁酉<br>12 | 戊戌<br>13 | 己亥<br>14 | 庚子<br>15 | 辛丑<br>16 | 壬寅<br>17 | 癸卯<br>18 | 甲辰<br>19 | 乙巳<br>20 | 丙午<br>21 | 丁未<br>22 | 戊申<br>23 | 己酉<br>24 | 庚戌<br>25 | 辛亥<br>26 | 壬子<br>27 | 癸丑<br>28 | 甲寅<br>29 | 乙卯<br>30 | 丙辰<br>31 | 丁巳<br>(4) | 戊午<br>2 | 己未<br>3 | 庚申<br>4 | | 丙申雨水<br>辛亥春分 |
| 三月大 | 丙辰 | 天干地支<br>西曆 | 辛酉<br>5 | 壬戌<br>6 | 癸亥<br>7 | 甲子<br>8 | 乙丑<br>9 | 丙寅<br>10 | 丁卯<br>11 | 戊辰<br>12 | 己巳<br>13 | 庚午<br>14 | 辛未<br>15 | 壬申<br>16 | 癸酉<br>17 | 甲戌<br>18 | 乙亥<br>19 | 丙子<br>20 | 丁丑<br>21 | 戊寅<br>22 | 己卯<br>23 | 庚辰<br>24 | 辛巳<br>25 | 壬午<br>26 | 癸未<br>27 | 甲申<br>28 | 乙酉<br>29 | 丙戌<br>30 | 丁亥<br>(5) | 戊子<br>2 | 己丑<br>3 | 庚寅<br>4 | 丁卯穀雨<br>壬午清明 |
| 四月小 | 丁巳 | 天干地支<br>西曆 | 辛卯<br>5 | 壬辰<br>6 | 癸巳<br>7 | 甲午<br>8 | 乙未<br>9 | 丙申<br>10 | 丁酉<br>11 | 戊戌<br>12 | 己亥<br>13 | 庚子<br>14 | 辛丑<br>15 | 壬寅<br>16 | 癸卯<br>17 | 甲辰<br>18 | 乙巳<br>19 | 丙午<br>20 | 丁未<br>21 | 戊申<br>22 | 己酉<br>23 | 庚戌<br>24 | 辛亥<br>25 | 壬子<br>26 | 癸丑<br>27 | 甲寅<br>28 | 乙卯<br>29 | 丙辰<br>30 | 丁巳<br>31 | 戊午<br>(6) | 己未<br>2 | | 丁酉立夏<br>壬子小滿 |
| 五月大 | 戊午 | 天干地支<br>西曆 | 庚申<br>3 | 辛酉<br>4 | 壬戌<br>5 | 癸亥<br>6 | 甲子<br>7 | 乙丑<br>8 | 丙寅<br>9 | 丁卯<br>10 | 戊辰<br>11 | 己巳<br>12 | 庚午<br>13 | 辛未<br>14 | 壬申<br>15 | 癸酉<br>16 | 甲戌<br>17 | 乙亥<br>18 | 丙子<br>19 | 丁丑<br>20 | 戊寅<br>21 | 己卯<br>22 | 庚辰<br>23 | 辛巳<br>24 | 壬午<br>25 | 癸未<br>26 | 甲申<br>27 | 乙酉<br>28 | 丙戌<br>29 | 丁亥<br>30 | 戊子<br>(7) | 己丑<br>2 | 丁卯芒種<br>癸未夏至 |
| 六月小 | 己未 | 天干地支<br>西曆 | 庚寅<br>3 | 辛卯<br>4 | 壬辰<br>5 | 癸巳<br>6 | 甲午<br>7 | 乙未<br>8 | 丙申<br>9 | 丁酉<br>10 | 戊戌<br>11 | 己亥<br>12 | 庚子<br>13 | 辛丑<br>14 | 壬寅<br>15 | 癸卯<br>16 | 甲辰<br>17 | 乙巳<br>18 | 丙午<br>19 | 丁未<br>20 | 戊申<br>21 | 己酉<br>22 | 庚戌<br>23 | 辛亥<br>24 | 壬子<br>25 | 癸丑<br>26 | 甲寅<br>27 | 乙卯<br>28 | 丙辰<br>29 | 丁巳<br>30 | 戊午<br>31 | | 戊戌小暑<br>癸丑大暑 |
| 七月大 | 庚申 | 天干地支<br>西曆 | 己未<br>(8) | 庚申<br>2 | 辛酉<br>3 | 壬戌<br>4 | 癸亥<br>5 | 甲子<br>6 | 乙丑<br>7 | 丙寅<br>8 | 丁卯<br>9 | 戊辰<br>10 | 己巳<br>11 | 庚午<br>12 | 辛未<br>13 | 壬申<br>14 | 癸酉<br>15 | 甲戌<br>16 | 乙亥<br>17 | 丙子<br>18 | 丁丑<br>19 | 戊寅<br>20 | 己卯<br>21 | 庚辰<br>22 | 辛巳<br>23 | 壬午<br>24 | 癸未<br>25 | 甲申<br>26 | 乙酉<br>27 | 丙戌<br>28 | 丁亥<br>29 | 戊子<br>30 | 戊辰立秋<br>甲申處暑 |
| 八月小 | 辛酉 | 天干地支<br>西曆 | 己丑<br>31 | 庚寅<br>(9) | 辛卯<br>2 | 壬辰<br>3 | 癸巳<br>4 | 甲午<br>5 | 乙未<br>6 | 丙申<br>7 | 丁酉<br>8 | 戊戌<br>9 | 己亥<br>10 | 庚子<br>11 | 辛丑<br>12 | 壬寅<br>13 | 癸卯<br>14 | 甲辰<br>15 | 乙巳<br>16 | 丙午<br>17 | 丁未<br>18 | 戊申<br>19 | 己酉<br>20 | 庚戌<br>21 | 辛亥<br>22 | 壬子<br>23 | 癸丑<br>24 | 甲寅<br>25 | 乙卯<br>26 | 丙辰<br>27 | 丁巳<br>28 | | 己亥白露<br>甲寅秋分 |
| 九月大 | 壬戌 | 天干地支<br>西曆 | 戊午<br>29 | 己未<br>30 | 庚申<br>(10) | 辛酉<br>2 | 壬戌<br>3 | 癸亥<br>4 | 甲子<br>5 | 乙丑<br>6 | 丙寅<br>7 | 丁卯<br>8 | 戊辰<br>9 | 己巳<br>10 | 庚午<br>11 | 辛未<br>12 | 壬申<br>13 | 癸酉<br>14 | 甲戌<br>15 | 乙亥<br>16 | 丙子<br>17 | 丁丑<br>18 | 戊寅<br>19 | 己卯<br>20 | 庚辰<br>21 | 辛巳<br>22 | 壬午<br>23 | 癸未<br>24 | 甲申<br>25 | 乙酉<br>26 | 丙戌<br>27 | 丁亥<br>28 | 己巳寒露<br>甲申霜降 |
| 十月小 | 癸亥 | 天干地支<br>西曆 | 戊子<br>29 | 己丑<br>30 | 庚寅<br>31 | 辛卯<br>(11) | 壬辰<br>2 | 癸巳<br>3 | 甲午<br>4 | 乙未<br>5 | 丙申<br>6 | 丁酉<br>7 | 戊戌<br>8 | 己亥<br>9 | 庚子<br>10 | 辛丑<br>11 | 壬寅<br>12 | 癸卯<br>13 | 甲辰<br>14 | 乙巳<br>15 | 丙午<br>16 | 丁未<br>17 | 戊申<br>18 | 己酉<br>19 | 庚戌<br>20 | 辛亥<br>21 | 壬子<br>22 | 癸丑<br>23 | 甲寅<br>24 | 乙卯<br>25 | 丙辰<br>26 | | 庚子立冬<br>乙卯小雪 |
| 十一月大 | 甲子 | 天干地支<br>西曆 | 丁巳<br>27 | 戊午<br>28 | 己未<br>29 | 庚申<br>30 | 辛酉<br>(12) | 壬戌<br>2 | 癸亥<br>3 | 甲子<br>4 | 乙丑<br>5 | 丙寅<br>6 | 丁卯<br>7 | 戊辰<br>8 | 己巳<br>9 | 庚午<br>10 | 辛未<br>11 | 壬申<br>12 | 癸酉<br>13 | 甲戌<br>14 | 乙亥<br>15 | 丙子<br>16 | 丁丑<br>17 | 戊寅<br>18 | 己卯<br>19 | 庚辰<br>20 | 辛巳<br>21 | 壬午<br>22 | 癸未<br>23 | 甲申<br>24 | 乙酉<br>25 | 丙戌<br>26 | 庚午大雪<br>乙酉冬至 |
| 閏十一小 | 甲子 | 天干地支<br>西曆 | 丁亥<br>27 | 戊子<br>28 | 己丑<br>29 | 庚寅<br>30 | 辛卯<br>31 | 壬辰<br>(1) | 癸巳<br>2 | 甲午<br>3 | 乙未<br>4 | 丙申<br>5 | 丁酉<br>6 | 戊戌<br>7 | 己亥<br>8 | 庚子<br>9 | 辛丑<br>10 | 壬寅<br>11 | 癸卯<br>12 | 甲辰<br>13 | 乙巳<br>14 | 丙午<br>15 | 丁未<br>16 | 戊申<br>17 | 己酉<br>18 | 庚戌<br>19 | 辛亥<br>20 | 壬子<br>21 | 癸丑<br>22 | 甲寅<br>23 | 乙卯<br>24 | | 庚子小寒 |
| 十二月大 | 乙丑 | 天干地支<br>西曆 | 丙辰<br>25 | 丁巳<br>26 | 戊午<br>27 | 己未<br>28 | 庚申<br>29 | 辛酉<br>30 | 壬戌<br>31 | 癸亥<br>(2) | 甲子<br>2 | 乙丑<br>3 | 丙寅<br>4 | 丁卯<br>5 | 戊辰<br>6 | 己巳<br>7 | 庚午<br>8 | 辛未<br>9 | 壬申<br>10 | 癸酉<br>11 | 甲戌<br>12 | 乙亥<br>13 | 丙子<br>14 | 丁丑<br>15 | 戊寅<br>16 | 己卯<br>17 | 庚辰<br>18 | 辛巳<br>19 | 壬午<br>20 | 癸未<br>21 | 甲申<br>22 | 乙酉<br>23 | 丙辰大寒<br>辛未立春 |

## 漢昭帝元鳳四年（甲辰 龍年） 公元前 77 ~ 前 76 年

| 夏曆月序 | 中西曆日對照 | | 夏曆日序 | | | | | | | | | | | | | | | | | | | | | | | | | | | | | | 節氣與天象 |
|---|---|---|---|---|---|---|---|---|---|---|---|---|---|---|---|---|---|---|---|---|---|---|---|---|---|---|---|---|---|---|---|---|---|
| | | | 初一 | 初二 | 初三 | 初四 | 初五 | 初六 | 初七 | 初八 | 初九 | 初十 | 十一 | 十二 | 十三 | 十四 | 十五 | 十六 | 十七 | 十八 | 十九 | 二十 | 二一 | 二二 | 二三 | 二四 | 二五 | 二六 | 二七 | 二八 | 二九 | 三十 | |
| 正月小 | 丙寅 | 干支 | 丙戌 | 丁亥 | 戊子 | 己丑 | 庚寅 | 辛卯 | 壬辰 | 癸巳 | 甲午 | 乙未 | 丙申 | 丁酉 | 戊戌 | 己亥 | 庚子 | 辛丑 | 壬寅 | 癸卯 | 甲辰 | 乙巳 | 丙午 | 丁未 | 戊申 | 己酉 | 庚戌 | 辛亥 | 壬子 | 癸丑 | 甲寅 | | 丙戌驚蟄<br>辛丑雨水 |
| | | 天地西曆 | 24 | 25 | 26 | 27 | 28 | 29 | (3) | 2 | 3 | 4 | 5 | 6 | 7 | 8 | 9 | 10 | 11 | 12 | 13 | 14 | 15 | 16 | 17 | 18 | 19 | 20 | 21 | 22 | 23 | | |
| 二月大 | 丁卯 | 干支 | 乙卯 | 丙辰 | 丁巳 | 戊午 | 己未 | 庚申 | 辛酉 | 壬戌 | 癸亥 | 甲子 | 乙丑 | 丙寅 | 丁卯 | 戊辰 | 己巳 | 庚午 | 辛未 | 壬申 | 癸酉 | 甲戌 | 乙亥 | 丙子 | 丁丑 | 戊寅 | 己卯 | 庚辰 | 辛巳 | 壬午 | 癸未 | 甲申 | 丁巳春分<br>壬申穀雨 |
| | | 天地西曆 | 24 | 25 | 26 | 27 | 28 | 29 | 30 | 31 | (4) | 2 | 3 | 4 | 5 | 6 | 7 | 8 | 9 | 10 | 11 | 12 | 13 | 14 | 15 | 16 | 17 | 18 | 19 | 20 | 21 | 22 | |
| 三月小 | 戊辰 | 干支 | 乙酉 | 丙戌 | 丁亥 | 戊子 | 己丑 | 庚寅 | 辛卯 | 壬辰 | 癸巳 | 甲午 | 乙未 | 丙申 | 丁酉 | 戊戌 | 己亥 | 庚子 | 辛丑 | 壬寅 | 癸卯 | 甲辰 | 乙巳 | 丙午 | 丁未 | 戊申 | 己酉 | 庚戌 | 辛亥 | 壬子 | 癸丑 | | 丁亥清明<br>壬寅立夏 |
| | | 天地西曆 | 23 | 24 | 25 | 26 | 27 | 28 | 29 | 30 | (5) | 2 | 3 | 4 | 5 | 6 | 7 | 8 | 9 | 10 | 11 | 12 | 13 | 14 | 15 | 16 | 17 | 18 | 19 | 20 | 21 | | |
| 四月大 | 己巳 | 干支 | 甲寅 | 乙卯 | 丙辰 | 丁巳 | 戊午 | 己未 | 庚申 | 辛酉 | 壬戌 | 癸亥 | 甲子 | 乙丑 | 丙寅 | 丁卯 | 戊辰 | 己巳 | 庚午 | 辛未 | 壬申 | 癸酉 | 甲戌 | 乙亥 | 丙子 | 丁丑 | 戊寅 | 己卯 | 庚辰 | 辛巳 | 壬午 | 癸未 | 丁巳小滿<br>癸酉芒種 |
| | | 天地西曆 | 22 | 23 | 24 | 25 | 26 | 27 | 28 | 29 | 30 | 31 | (6) | 2 | 3 | 4 | 5 | 6 | 7 | 8 | 9 | 10 | 11 | 12 | 13 | 14 | 15 | 16 | 17 | 18 | 19 | 20 | |
| 五月大 | 庚午 | 干支 | 甲申 | 乙酉 | 丙戌 | 丁亥 | 戊子 | 己丑 | 庚寅 | 辛卯 | 壬辰 | 癸巳 | 甲午 | 乙未 | 丙申 | 丁酉 | 戊戌 | 己亥 | 庚子 | 辛丑 | 壬寅 | 癸卯 | 甲辰 | 乙巳 | 丙午 | 丁未 | 戊申 | 己酉 | 庚戌 | 辛亥 | 壬子 | 癸丑 | 戊子夏至<br>癸卯小暑 |
| | | 天地西曆 | 21 | 22 | 23 | 24 | 25 | 26 | 27 | 28 | 29 | 30 | (7) | 2 | 3 | 4 | 5 | 6 | 7 | 8 | 9 | 10 | 11 | 12 | 13 | 14 | 15 | 16 | 17 | 18 | 19 | 20 | |
| 六月小 | 辛未 | 干支 | 甲寅 | 乙卯 | 丙辰 | 丁巳 | 戊午 | 己未 | 庚申 | 辛酉 | 壬戌 | 癸亥 | 甲子 | 乙丑 | 丙寅 | 丁卯 | 戊辰 | 己巳 | 庚午 | 辛未 | 壬申 | 癸酉 | 甲戌 | 乙亥 | 丙子 | 丁丑 | 戊寅 | 己卯 | 庚辰 | 辛巳 | 壬午 | | 戊午大暑<br>甲戌立秋 |
| | | 天地西曆 | 21 | 22 | 23 | 24 | 25 | 26 | 27 | 28 | 29 | 30 | 31 | (8) | 2 | 3 | 4 | 5 | 6 | 7 | 8 | 9 | 10 | 11 | 12 | 13 | 14 | 15 | 16 | 17 | 18 | | |
| 七月大 | 壬申 | 干支 | 癸未 | 甲申 | 乙酉 | 丙戌 | 丁亥 | 戊子 | 己丑 | 庚寅 | 辛卯 | 壬辰 | 癸巳 | 甲午 | 乙未 | 丙申 | 丁酉 | 戊戌 | 己亥 | 庚子 | 辛丑 | 壬寅 | 癸卯 | 甲辰 | 乙巳 | 丙午 | 丁未 | 戊申 | 己酉 | 庚戌 | 辛亥 | 壬子 | 己丑處暑<br>甲辰白露 |
| | | 天地西曆 | 19 | 20 | 21 | 22 | 23 | 24 | 25 | 26 | 27 | 28 | 29 | 30 | 31 | (9) | 2 | 3 | 4 | 5 | 6 | 7 | 8 | 9 | 10 | 11 | 12 | 13 | 14 | 15 | 16 | 17 | |
| 八月小 | 癸酉 | 干支 | 癸丑 | 甲寅 | 乙卯 | 丙辰 | 丁巳 | 戊午 | 己未 | 庚申 | 辛酉 | 壬戌 | 癸亥 | 甲子 | 乙丑 | 丙寅 | 丁卯 | 戊辰 | 己巳 | 庚午 | 辛未 | 壬申 | 癸酉 | 甲戌 | 乙亥 | 丙子 | 丁丑 | 戊寅 | 己卯 | 庚辰 | 辛巳 | | 己未秋分<br>甲戌寒露 |
| | | 天地西曆 | 18 | 19 | 20 | 21 | 22 | 23 | 24 | 25 | 26 | 27 | 28 | 29 | 30 | (10) | 2 | 3 | 4 | 5 | 6 | 7 | 8 | 9 | 10 | 11 | 12 | 13 | 14 | 15 | 16 | | |
| 九月大 | 甲戌 | 干支 | 壬午 | 癸未 | 甲申 | 乙酉 | 丙戌 | 丁亥 | 戊子 | 己丑 | 庚寅 | 辛卯 | 壬辰 | 癸巳 | 甲午 | 乙未 | 丙申 | 丁酉 | 戊戌 | 己亥 | 庚子 | 辛丑 | 壬寅 | 癸卯 | 甲辰 | 乙巳 | 丙午 | 丁未 | 戊申 | 己酉 | 庚戌 | 辛亥 | 庚寅霜降<br>乙巳立冬 |
| | | 天地西曆 | 17 | 18 | 19 | 20 | 21 | 22 | 23 | 24 | 25 | 26 | 27 | 28 | 29 | 30 | 31 | (11) | 2 | 3 | 4 | 5 | 6 | 7 | 8 | 9 | 10 | 11 | 12 | 13 | 14 | 15 | |
| 十月小 | 乙亥 | 干支 | 壬子 | 癸丑 | 甲寅 | 乙卯 | 丙辰 | 丁巳 | 戊午 | 己未 | 庚申 | 辛酉 | 壬戌 | 癸亥 | 甲子 | 乙丑 | 丙寅 | 丁卯 | 戊辰 | 己巳 | 庚午 | 辛未 | 壬申 | 癸酉 | 甲戌 | 乙亥 | 丙子 | 丁丑 | 戊寅 | 己卯 | 庚辰 | | 庚申小雪<br>乙亥大雪 |
| | | 天地西曆 | 16 | 17 | 18 | 19 | 20 | 21 | 22 | 23 | 24 | 25 | 26 | 27 | 28 | 29 | 30 | (12) | 2 | 3 | 4 | 5 | 6 | 7 | 8 | 9 | 10 | 11 | 12 | 13 | 14 | | |
| 十一月大 | 丙子 | 干支 | 辛巳 | 壬午 | 癸未 | 甲申 | 乙酉 | 丙戌 | 丁亥 | 戊子 | 己丑 | 庚寅 | 辛卯 | 壬辰 | 癸巳 | 甲午 | 乙未 | 丙申 | 丁酉 | 戊戌 | 己亥 | 庚子 | 辛丑 | 壬寅 | 癸卯 | 甲辰 | 乙巳 | 丙午 | 丁未 | 戊申 | 己酉 | 庚戌 | 辛卯冬至<br>丙午小寒 |
| | | 天地西曆 | 15 | 16 | 17 | 18 | 19 | 20 | 21 | 22 | 23 | 24 | 25 | 26 | 27 | 28 | 29 | 30 | 31 | (1) | 2 | 3 | 4 | 5 | 6 | 7 | 8 | 9 | 10 | 11 | 12 | 13 | |
| 十二月小 | 丁丑 | 干支 | 辛亥 | 壬子 | 癸丑 | 甲寅 | 乙卯 | 丙辰 | 丁巳 | 戊午 | 己未 | 庚申 | 辛酉 | 壬戌 | 癸亥 | 甲子 | 乙丑 | 丙寅 | 丁卯 | 戊辰 | 己巳 | 庚午 | 辛未 | 壬申 | 癸酉 | 甲戌 | 乙亥 | 丙子 | 丁丑 | 戊寅 | 己卯 | | 辛酉大寒<br>丙子立春 |
| | | 天地西曆 | 14 | 15 | 16 | 17 | 18 | 19 | 20 | 21 | 22 | 23 | 24 | 25 | 26 | 27 | 28 | 29 | 30 | 31 | (2) | 2 | 3 | 4 | 5 | 6 | 7 | 8 | 9 | 10 | 11 | | |

## 漢昭帝元鳳五年（乙巳 蛇年） 公元前 76 ~ 前 75 年

| 夏曆月序 | | 中西曆日對照 | 初一 | 初二 | 初三 | 初四 | 初五 | 初六 | 初七 | 初八 | 初九 | 初十 | 十一 | 十二 | 十三 | 十四 | 十五 | 十六 | 十七 | 十八 | 十九 | 二十 | 二一 | 二二 | 二三 | 二四 | 二五 | 二六 | 二七 | 二八 | 二九 | 三十 | 節氣與天象 |
|---|---|---|---|---|---|---|---|---|---|---|---|---|---|---|---|---|---|---|---|---|---|---|---|---|---|---|---|---|---|---|---|---|---|
| 正月大 | 戊寅 | 天干地支西曆 | 庚辰 12 | 辛巳 13 | 壬午 14 | 癸未 15 | 甲申 16 | 乙酉 17 | 丙戌 18 | 丁亥 19 | 戊子 20 | 己丑 21 | 庚寅 22 | 辛卯 23 | 壬辰 24 | 癸巳 25 | 甲午 26 | 乙未 27 | 丙申 28 | 丁酉 (3) | 戊戌 2 | 己亥 3 | 庚子 4 | 辛丑 5 | 壬寅 6 | 癸卯 7 | 甲辰 8 | 乙巳 9 | 丙午 10 | 丁未 11 | 戊申 12 | 己酉 13 | 辛卯驚蟄 丁未雨水 |
| 二月小 | 己卯 | 天干地支西曆 | 庚戌 14 | 辛亥 15 | 壬子 16 | 癸丑 17 | 甲寅 18 | 乙卯 19 | 丙辰 20 | 丁巳 21 | 戊午 22 | 己未 23 | 庚申 24 | 辛酉 25 | 壬戌 26 | 癸亥 27 | 甲子 28 | 乙丑 29 | 丙寅 30 | 丁卯 31 | 戊辰 (4) | 己巳 2 | 庚午 3 | 辛未 4 | 壬申 5 | 癸酉 6 | 甲戌 7 | 乙亥 8 | 丙子 9 | 丁丑 10 | 戊寅 11 | | 壬戌春分 丁丑穀雨 |
| 三月大 | 庚辰 | 天干地支西曆 | 己卯 12 | 庚辰 13 | 辛巳 14 | 壬午 15 | 癸未 16 | 甲申 17 | 乙酉 18 | 丙戌 19 | 丁亥 20 | 戊子 21 | 己丑 22 | 庚寅 23 | 辛卯 24 | 壬辰 25 | 癸巳 26 | 甲午 27 | 乙未 28 | 丙申 29 | 丁酉 30 | 戊戌 (5) | 己亥 2 | 庚子 3 | 辛丑 4 | 壬寅 5 | 癸卯 6 | 甲辰 7 | 乙巳 8 | 丙午 9 | 丁未 10 | 戊申 11 | 壬辰清明 丁未立夏 |
| 四月小 | 辛巳 | 天干地支西曆 | 己酉 12 | 庚戌 13 | 辛亥 14 | 壬子 15 | 癸丑 16 | 甲寅 17 | 乙卯 18 | 丙辰 19 | 丁巳 20 | 戊午 21 | 己未 22 | 庚申 23 | 辛酉 24 | 壬戌 25 | 癸亥 26 | 甲子 27 | 乙丑 28 | 丙寅 29 | 丁卯 30 | 戊辰 31 | 己巳 (6) | 庚午 2 | 辛未 3 | 壬申 4 | 癸酉 5 | 甲戌 6 | 乙亥 7 | 丙子 8 | 丁丑 9 | | 癸亥小滿 |
| 五月大 | 壬午 | 天干地支西曆 | 戊寅 10 | 己卯 11 | 庚辰 12 | 辛巳 13 | 壬午 14 | 癸未 15 | 甲申 16 | 乙酉 17 | 丙戌 18 | 丁亥 19 | 戊子 20 | 己丑 21 | 庚寅 22 | 辛卯 23 | 壬辰 24 | 癸巳 25 | 甲午 26 | 乙未 27 | 丙申 28 | 丁酉 29 | 戊戌 30 | 己亥 (7) | 庚子 2 | 辛丑 3 | 壬寅 4 | 癸卯 5 | 甲辰 6 | 乙巳 7 | 丙午 8 | 丁未 9 | 戊寅芒種 癸巳夏至 |
| 六月小 | 癸未 | 天干地支西曆 | 戊申 10 | 己酉 11 | 庚戌 12 | 辛亥 13 | 壬子 14 | 癸丑 15 | 甲寅 16 | 乙卯 17 | 丙辰 18 | 丁巳 19 | 戊午 20 | 己未 21 | 庚申 22 | 辛酉 23 | 壬戌 24 | 癸亥 25 | 甲子 26 | 乙丑 27 | 丙寅 28 | 丁卯 29 | 戊辰 30 | 己巳 31 | 庚午 (8) | 辛未 2 | 壬申 3 | 癸酉 4 | 甲戌 5 | 乙亥 6 | 丙子 7 | | 戊申小暑 甲子大暑 |
| 七月大 | 甲申 | 天干地支西曆 | 丁丑 8 | 戊寅 9 | 己卯 10 | 庚辰 11 | 辛巳 12 | 壬午 13 | 癸未 14 | 甲申 15 | 乙酉 16 | 丙戌 17 | 丁亥 18 | 戊子 19 | 己丑 20 | 庚寅 21 | 辛卯 22 | 壬辰 23 | 癸巳 24 | 甲午 25 | 乙未 26 | 丙申 27 | 丁酉 28 | 戊戌 29 | 己亥 30 | 庚子 31 | 辛丑 (9) | 壬寅 2 | 癸卯 3 | 甲辰 4 | 乙巳 5 | 丙午 6 | 己卯立秋 甲午處暑 |
| 八月小 | 乙酉 | 天干地支西曆 | 丁未 7 | 戊申 8 | 己酉 9 | 庚戌 10 | 辛亥 11 | 壬子 12 | 癸丑 13 | 甲寅 14 | 乙卯 15 | 丙辰 16 | 丁巳 17 | 戊午 18 | 己未 19 | 庚申 20 | 辛酉 21 | 壬戌 22 | 癸亥 23 | 甲子 24 | 乙丑 25 | 丙寅 26 | 丁卯 27 | 戊辰 28 | 己巳 29 | 庚午 30 | 辛未 (10) | 壬申 2 | 癸酉 3 | 甲戌 4 | 乙亥 5 | | 己酉白露 甲子秋分 |
| 九月大 | 丙戌 | 天干地支西曆 | 丙子 6 | 丁丑 7 | 戊寅 8 | 己卯 9 | 庚辰 10 | 辛巳 11 | 壬午 12 | 癸未 13 | 甲申 14 | 乙酉 15 | 丙戌 16 | 丁亥 17 | 戊子 18 | 己丑 19 | 庚寅 20 | 辛卯 21 | 壬辰 22 | 癸巳 23 | 甲午 24 | 乙未 25 | 丙申 26 | 丁酉 27 | 戊戌 28 | 己亥 29 | 庚子 30 | 辛丑 31 | 壬寅 (11) | 癸卯 2 | 甲辰 3 | 乙巳 4 | 庚辰寒露 乙未霜降 |
| 十月大 | 丁亥 | 天干地支西曆 | 丙午 5 | 丁未 6 | 戊申 7 | 己酉 8 | 庚戌 9 | 辛亥 10 | 壬子 11 | 癸丑 12 | 甲寅 13 | 乙卯 14 | 丙辰 15 | 丁巳 16 | 戊午 17 | 己未 18 | 庚申 19 | 辛酉 20 | 壬戌 21 | 癸亥 22 | 甲子 23 | 乙丑 24 | 丙寅 25 | 丁卯 26 | 戊辰 27 | 己巳 28 | 庚午 29 | 辛未 30 | 壬申 (12) | 癸酉 2 | 甲戌 3 | 乙亥 4 | 庚戌立冬 乙丑小雪 |
| 十一月小 | 戊子 | 天干地支西曆 | 丙子 5 | 丁丑 6 | 戊寅 7 | 己卯 8 | 庚辰 9 | 辛巳 10 | 壬午 11 | 癸未 12 | 甲申 13 | 乙酉 14 | 丙戌 15 | 丁亥 16 | 戊子 17 | 己丑 18 | 庚寅 19 | 辛卯 20 | 壬辰 21 | 癸巳 22 | 甲午 23 | 乙未 24 | 丙申 25 | 丁酉 26 | 戊戌 27 | 己亥 28 | 庚子 29 | 辛丑 30 | 壬寅 31 | 癸卯 (1) | 甲辰 2 | | 辛巳大雪 丙申冬至 |
| 十二月大 | 己丑 | 天干地支西曆 | 乙巳 3 | 丙午 4 | 丁未 5 | 戊申 6 | 己酉 7 | 庚戌 8 | 辛亥 9 | 壬子 10 | 癸丑 11 | 甲寅 12 | 乙卯 13 | 丙辰 14 | 丁巳 15 | 戊午 16 | 己未 17 | 庚申 18 | 辛酉 19 | 壬戌 20 | 癸亥 21 | 甲子 22 | 乙丑 23 | 丙寅 24 | 丁卯 25 | 戊辰 26 | 己巳 27 | 庚午 28 | 辛未 29 | 壬申 30 | 癸酉 31 | 甲戌 (2) | 辛亥小寒 丙寅大寒 |

# 漢昭帝元鳳六年（丙午 馬年） 公元前 75 ~ 前 74 年

| 夏曆月序 | 中西曆日對照 | 初一 | 初二 | 初三 | 初四 | 初五 | 初六 | 初七 | 初八 | 初九 | 初十 | 十一 | 十二 | 十三 | 十四 | 十五 | 十六 | 十七 | 十八 | 十九 | 二十 | 二一 | 二二 | 二三 | 二四 | 二五 | 二六 | 二七 | 二八 | 二九 | 三十 | 節氣與天象 |
|---|---|---|---|---|---|---|---|---|---|---|---|---|---|---|---|---|---|---|---|---|---|---|---|---|---|---|---|---|---|---|---|---|
| 正月小 庚寅 | 干支 天地 西曆 | 乙亥 2 | 丙子 3 | 丁丑 4 | 戊寅 5 | 己卯 6 | 庚辰 7 | 辛巳 8 | 壬午 9 | 癸未 10 | 甲申 11 | 乙酉 12 | 丙戌 13 | 丁亥 14 | 戊子 15 | 己丑 16 | 庚寅 17 | 辛卯 18 | 壬辰 19 | 癸巳 20 | 甲午 21 | 乙未 22 | 丙申 23 | 丁酉 24 | 戊戌 25 | 己亥 26 | 庚子 27 | 辛丑 28 | 壬寅 (3) | 癸卯 2 | | 辛巳立春 丁酉驚蟄 |
| 二月大 辛卯 | 干支 天地 西曆 | 甲辰 3 | 乙巳 4 | 丙午 5 | 丁未 6 | 戊申 7 | 己酉 8 | 庚戌 9 | 辛亥 10 | 壬子 11 | 癸丑 12 | 甲寅 13 | 乙卯 14 | 丙辰 15 | 丁巳 16 | 戊午 17 | 己未 18 | 庚申 19 | 辛酉 20 | 壬戌 21 | 癸亥 22 | 甲子 23 | 乙丑 24 | 丙寅 25 | 丁卯 26 | 戊辰 27 | 己巳 28 | 庚午 29 | 辛未 30 | 壬申 31 | 癸酉 (4) | 壬子雨水 丁卯春分 |
| 三月小 壬辰 | 干支 天地 西曆 | 甲戌 2 | 乙亥 3 | 丙子 4 | 丁丑 5 | 戊寅 6 | 己卯 7 | 庚辰 8 | 辛巳 9 | 壬午 10 | 癸未 11 | 甲申 12 | 乙酉 13 | 丙戌 14 | 丁亥 15 | 戊子 16 | 己丑 17 | 庚寅 18 | 辛卯 19 | 壬辰 20 | 癸巳 21 | 甲午 22 | 乙未 23 | 丙申 24 | 丁酉 25 | 戊戌 26 | 己亥 27 | 庚子 28 | 辛丑 29 | 壬寅 30 | | 壬午穀雨 戊戌清明 |
| 四月大 癸巳 | 干支 天地 西曆 | 癸卯 (5) | 甲辰 2 | 乙巳 3 | 丙午 4 | 丁未 5 | 戊申 6 | 己酉 7 | 庚戌 8 | 辛亥 9 | 壬子 10 | 癸丑 11 | 甲寅 12 | 乙卯 13 | 丙辰 14 | 丁巳 15 | 戊午 16 | 己未 17 | 庚申 18 | 辛酉 19 | 壬戌 20 | 癸亥 21 | 甲子 22 | 乙丑 23 | 丙寅 24 | 丁卯 25 | 戊辰 26 | 己巳 27 | 庚午 28 | 辛未 29 | 壬申 30 | 癸丑立夏 戊辰小滿 |
| 五月小 甲午 | 干支 天地 西曆 | 癸酉 31 | 甲戌 (6) | 乙亥 2 | 丙子 3 | 丁丑 4 | 戊寅 5 | 己卯 6 | 庚辰 7 | 辛巳 8 | 壬午 9 | 癸未 10 | 甲申 11 | 乙酉 12 | 丙戌 13 | 丁亥 14 | 戊子 15 | 己丑 16 | 庚寅 17 | 辛卯 18 | 壬辰 19 | 癸巳 20 | 甲午 21 | 乙未 22 | 丙申 23 | 丁酉 24 | 戊戌 25 | 己亥 26 | 庚子 27 | 辛丑 28 | | 癸未芒種 戊戌夏至 |
| 六月大 乙未 | 干支 天地 西曆 | 壬寅 29 | 癸卯 30 | 甲辰 (7) | 乙巳 2 | 丙午 3 | 丁未 4 | 戊申 5 | 己酉 6 | 庚戌 7 | 辛亥 8 | 壬子 9 | 癸丑 10 | 甲寅 11 | 乙卯 12 | 丙辰 13 | 丁巳 14 | 戊午 15 | 己未 16 | 庚申 17 | 辛酉 18 | 壬戌 19 | 癸亥 20 | 甲子 21 | 乙丑 22 | 丙寅 23 | 丁卯 24 | 戊辰 25 | 己巳 26 | 庚午 27 | 辛未 28 | 甲寅小暑 己巳大暑 |
| 七月小 丙申 | 干支 天地 西曆 | 壬申 29 | 癸酉 30 | 甲戌 31 | 乙亥 (8) | 丙子 2 | 丁丑 3 | 戊寅 4 | 己卯 5 | 庚辰 6 | 辛巳 7 | 壬午 8 | 癸未 9 | 甲申 10 | 乙酉 11 | 丙戌 12 | 丁亥 13 | 戊子 14 | 己丑 15 | 庚寅 16 | 辛卯 17 | 壬辰 18 | 癸巳 19 | 甲午 20 | 乙未 21 | 丙申 22 | 丁酉 23 | 戊戌 24 | 己亥 25 | 庚子 26 | | 甲申立秋 己亥處暑 |
| 八月大 丁酉 | 干支 天地 西曆 | 辛丑 27 | 壬寅 28 | 癸卯 29 | 甲辰 30 | 乙巳 31 | 丙午 (9) | 丁未 2 | 戊申 3 | 己酉 4 | 庚戌 5 | 辛亥 6 | 壬子 7 | 癸丑 8 | 甲寅 9 | 乙卯 10 | 丙辰 11 | 丁巳 12 | 戊午 13 | 己未 14 | 庚申 15 | 辛酉 16 | 壬戌 17 | 癸亥 18 | 甲子 19 | 乙丑 20 | 丙寅 21 | 丁卯 22 | 戊辰 23 | 己巳 24 | 庚午 25 | 甲寅白露 庚午秋分 |
| 閏八月小 丁酉 | 干支 天地 西曆 | 辛未 26 | 壬申 27 | 癸酉 28 | 甲戌 29 | 乙亥 30 | 丙子 (10) | 丁丑 2 | 戊寅 3 | 己卯 4 | 庚辰 5 | 辛巳 6 | 壬午 7 | 癸未 8 | 甲申 9 | 乙酉 10 | 丙戌 11 | 丁亥 12 | 戊子 13 | 己丑 14 | 庚寅 15 | 辛卯 16 | 壬辰 17 | 癸巳 18 | 甲午 19 | 乙未 20 | 丙申 21 | 丁酉 22 | 戊戌 23 | 己亥 24 | | 乙酉寒露 |
| 九月大 戊戌 | 干支 天地 西曆 | 庚子 25 | 辛丑 26 | 壬寅 27 | 癸卯 28 | 甲辰 29 | 乙巳 30 | 丙午 31 | 丁未 (11) | 戊申 2 | 己酉 3 | 庚戌 4 | 辛亥 5 | 壬子 6 | 癸丑 7 | 甲寅 8 | 乙卯 9 | 丙辰 10 | 丁巳 11 | 戊午 12 | 己未 13 | 庚申 14 | 辛酉 15 | 壬戌 16 | 癸亥 17 | 甲子 18 | 乙丑 19 | 丙寅 20 | 丁卯 21 | 戊辰 22 | 己巳 23 | 庚子霜降 乙卯立冬 |
| 十月小 己亥 | 干支 天地 西曆 | 庚午 24 | 辛未 25 | 壬申 26 | 癸酉 27 | 甲戌 28 | 乙亥 29 | 丙子 30 | 丁丑 (12) | 戊寅 2 | 己卯 3 | 庚辰 4 | 辛巳 5 | 壬午 6 | 癸未 7 | 甲申 8 | 乙酉 9 | 丙戌 10 | 丁亥 11 | 戊子 12 | 己丑 13 | 庚寅 14 | 辛卯 15 | 壬辰 16 | 癸巳 17 | 甲午 18 | 乙未 19 | 丙申 20 | 丁酉 21 | 戊戌 22 | | 辛未小雪 丙戌大雪 |
| 十一月大 庚子 | 干支 天地 西曆 | 己亥 23 | 庚子 24 | 辛丑 25 | 壬寅 26 | 癸卯 27 | 甲辰 28 | 乙巳 29 | 丙午 30 | 丁未 31 | 戊申 (1) | 己酉 2 | 庚戌 3 | 辛亥 4 | 壬子 5 | 癸丑 6 | 甲寅 7 | 乙卯 8 | 丙辰 9 | 丁巳 10 | 戊午 11 | 己未 12 | 庚申 13 | 辛酉 14 | 壬戌 15 | 癸亥 16 | 甲子 17 | 乙丑 18 | 丙寅 19 | 丁卯 20 | 戊辰 21 | 辛丑冬至 丙辰小寒 |
| 十二月大 辛丑 | 干支 天地 西曆 | 己巳 22 | 庚午 23 | 辛未 24 | 壬申 25 | 癸酉 26 | 甲戌 27 | 乙亥 28 | 丙子 29 | 丁丑 30 | 戊寅 31 | 己卯 (2) | 庚辰 2 | 辛巳 3 | 壬午 4 | 癸未 5 | 甲申 6 | 乙酉 7 | 丙戌 8 | 丁亥 9 | 戊子 10 | 己丑 11 | 庚寅 12 | 辛卯 13 | 壬辰 14 | 癸巳 15 | 甲午 16 | 乙未 17 | 丙申 18 | 丁酉 19 | 戊戌 20 | 辛未大寒 丁亥立春 |

# 漢昭帝元平元年 宣帝元平元年（丁未 羊年） 公元前74～前73年

| 夏曆月序 | 中西曆日對照 | 初一 | 初二 | 初三 | 初四 | 初五 | 初六 | 初七 | 初八 | 初九 | 初十 | 十一 | 十二 | 十三 | 十四 | 十五 | 十六 | 十七 | 十八 | 十九 | 二十 | 二一 | 二二 | 二三 | 二四 | 二五 | 二六 | 二七 | 二八 | 二九 | 三十 | 節氣與天象 |
|---|---|---|---|---|---|---|---|---|---|---|---|---|---|---|---|---|---|---|---|---|---|---|---|---|---|---|---|---|---|---|---|---|
| 正月小 壬寅 | 干支 | 己亥 | 庚子 | 辛丑 | 壬寅 | 癸卯 | 甲辰 | 乙巳 | 丙午 | 丁未 | 戊申 | 己酉 | 庚戌 | 辛亥 | 壬子 | 癸丑 | 甲寅 | 乙卯 | 丙辰 | 丁巳 | 戊午 | 己未 | 庚申 | 辛酉 | 壬戌 | 癸亥 | 甲子 | 乙丑 | 丙寅 | 丁卯 | | 壬寅驚蟄<br>丁巳雨水 |
| | 西曆 | 21 | 22 | 23 | 24 | 25 | 26 | 27 | 28 | (3) | 2 | 3 | 4 | 5 | 6 | 7 | 8 | 9 | 10 | 11 | 12 | 13 | 14 | 15 | 16 | 17 | 18 | 19 | 20 | 21 | | |
| 二月大 癸卯 | 干支 | 戊辰 | 己巳 | 庚午 | 辛未 | 壬申 | 癸酉 | 甲戌 | 乙亥 | 丙子 | 丁丑 | 戊寅 | 己卯 | 庚辰 | 辛巳 | 壬午 | 癸未 | 甲申 | 乙酉 | 丙戌 | 丁亥 | 戊子 | 己丑 | 庚寅 | 辛卯 | 壬辰 | 癸巳 | 甲午 | 乙未 | 丙申 | 丁酉 | 壬申春分<br>戊子穀雨 |
| | 西曆 | 22 | 23 | 24 | 25 | 26 | 27 | 28 | 29 | 30 | 31 | (4) | 2 | 3 | 4 | 5 | 6 | 7 | 8 | 9 | 10 | 11 | 12 | 13 | 14 | 15 | 16 | 17 | 18 | 19 | 20 | |
| 三月小 甲辰 | 干支 | 戊戌 | 己亥 | 庚子 | 辛丑 | 壬寅 | 癸卯 | 甲辰 | 乙巳 | 丙午 | 丁未 | 戊申 | 己酉 | 庚戌 | 辛亥 | 壬子 | 癸丑 | 甲寅 | 乙卯 | 丙辰 | 丁巳 | 戊午 | 己未 | 庚申 | 辛酉 | 壬戌 | 癸亥 | 甲子 | 乙丑 | 丙寅 | | 癸卯清明<br>戊午立夏 |
| | 西曆 | 21 | 22 | 23 | 24 | 25 | 26 | 27 | 28 | 29 | 30 | (5) | 2 | 3 | 4 | 5 | 6 | 7 | 8 | 9 | 10 | 11 | 12 | 13 | 14 | 15 | 16 | 17 | 18 | 19 | | |
| 四月大 乙巳 | 干支 | 丁卯 | 戊辰 | 己巳 | 庚午 | 辛未 | 壬申 | 癸酉 | 甲戌 | 乙亥 | 丙子 | 丁丑 | 戊寅 | 己卯 | 庚辰 | 辛巳 | 壬午 | 癸未 | 甲申 | 乙酉 | 丙戌 | 丁亥 | 戊子 | 己丑 | 庚寅 | 辛卯 | 壬辰 | 癸巳 | 甲午 | 乙未 | 丙申 | 癸酉小滿<br>戊子芒種 |
| | 西曆 | 20 | 21 | 22 | 23 | 24 | 25 | 26 | 27 | 28 | 29 | 30 | 31 | (6) | 2 | 3 | 4 | 5 | 6 | 7 | 8 | 9 | 10 | 11 | 12 | 13 | 14 | 15 | 16 | 17 | 18 | |
| 五月小 丙午 | 干支 | 丁酉 | 戊戌 | 己亥 | 庚子 | 辛丑 | 壬寅 | 癸卯 | 甲辰 | 乙巳 | 丙午 | 丁未 | 戊申 | 己酉 | 庚戌 | 辛亥 | 壬子 | 癸丑 | 甲寅 | 乙卯 | 丙辰 | 丁巳 | 戊午 | 己未 | 庚申 | 辛酉 | 壬戌 | 癸亥 | 甲子 | 乙丑 | | 甲辰夏至<br>己未小暑 |
| | 西曆 | 19 | 20 | 21 | 22 | 23 | 24 | 25 | 26 | 27 | 28 | 29 | 30 | (7) | 2 | 3 | 4 | 5 | 6 | 7 | 8 | 9 | 10 | 11 | 12 | 13 | 14 | 15 | 16 | 17 | | |
| 六月大 丁未 | 干支 | 丙寅 | 丁卯 | 戊辰 | 己巳 | 庚午 | 辛未 | 壬申 | 癸酉 | 甲戌 | 乙亥 | 丙子 | 丁丑 | 戊寅 | 己卯 | 庚辰 | 辛巳 | 壬午 | 癸未 | 甲申 | 乙酉 | 丙戌 | 丁亥 | 戊子 | 己丑 | 庚寅 | 辛卯 | 壬辰 | 癸巳 | 甲午 | 乙未 | 甲戌大暑<br>己丑立秋 |
| | 西曆 | 18 | 19 | 20 | 21 | 22 | 23 | 24 | 25 | 26 | 27 | 28 | 29 | 30 | 31 | (8) | 2 | 3 | 4 | 5 | 6 | 7 | 8 | 9 | 10 | 11 | 12 | 13 | 14 | 15 | 16 | |
| 七月小 戊申 | 干支 | 丙申 | 丁酉 | 戊戌 | 己亥 | 庚子 | 辛丑 | 壬寅 | 癸卯 | 甲辰 | 乙巳 | 丙午 | 丁未 | 戊申 | 己酉 | 庚戌 | 辛亥 | 壬子 | 癸丑 | 甲寅 | 乙卯 | 丙辰 | 丁巳 | 戊午 | 己未 | 庚申 | 辛酉 | 壬戌 | 癸亥 | 甲子 | | 乙巳處暑<br>庚申白露 |
| | 西曆 | 17 | 18 | 19 | 20 | 21 | 22 | 23 | 24 | 25 | 26 | 27 | 28 | 29 | 30 | 31 | (9) | 2 | 3 | 4 | 5 | 6 | 7 | 8 | 9 | 10 | 11 | 12 | 13 | 14 | | |
| 八月大 己酉 | 干支 | 乙丑 | 丙寅 | 丁卯 | 戊辰 | 己巳 | 庚午 | 辛未 | 壬申 | 癸酉 | 甲戌 | 乙亥 | 丙子 | 丁丑 | 戊寅 | 己卯 | 庚辰 | 辛巳 | 壬午 | 癸未 | 甲申 | 乙酉 | 丙戌 | 丁亥 | 戊子 | 己丑 | 庚寅 | 辛卯 | 壬辰 | 癸巳 | 甲午 | 乙亥秋分<br>庚寅霜露 |
| | 西曆 | 15 | 16 | 17 | 18 | 19 | 20 | 21 | 22 | 23 | 24 | 25 | 26 | 27 | 28 | 29 | 30 | (10) | 2 | 3 | 4 | 5 | 6 | 7 | 8 | 9 | 10 | 11 | 12 | 13 | 14 | |
| 九月小 庚戌 | 干支 | 乙未 | 丙申 | 丁酉 | 戊戌 | 己亥 | 庚子 | 辛丑 | 壬寅 | 癸卯 | 甲辰 | 乙巳 | 丙午 | 丁未 | 戊申 | 己酉 | 庚戌 | 辛亥 | 壬子 | 癸丑 | 甲寅 | 乙卯 | 丙辰 | 丁巳 | 戊午 | 己未 | 庚申 | 辛酉 | 壬戌 | 癸亥 | | 乙巳霜降<br>辛酉立冬 |
| | 西曆 | 15 | 16 | 17 | 18 | 19 | 20 | 21 | 22 | 23 | 24 | 25 | 26 | 27 | 28 | 29 | 30 | 31 | (11) | 2 | 3 | 4 | 5 | 6 | 7 | 8 | 9 | 10 | 11 | 12 | | |
| 十月大 辛亥 | 干支 | 甲子 | 乙丑 | 丙寅 | 丁卯 | 戊辰 | 己巳 | 庚午 | 辛未 | 壬申 | 癸酉 | 甲戌 | 乙亥 | 丙子 | 丁丑 | 戊寅 | 己卯 | 庚辰 | 辛巳 | 壬午 | 癸未 | 甲申 | 乙酉 | 丙戌 | 丁亥 | 戊子 | 己丑 | 庚寅 | 辛卯 | 壬辰 | 癸巳 | 丙子小雪<br>辛卯大雪 |
| | 西曆 | 13 | 14 | 15 | 16 | 17 | 18 | 19 | 20 | 21 | 22 | 23 | 24 | 25 | 26 | 27 | 28 | 29 | 30 | (12) | 2 | 3 | 4 | 5 | 6 | 7 | 8 | 9 | 10 | 11 | 12 | |
| 十一月小 壬子 | 干支 | 甲午 | 乙未 | 丙申 | 丁酉 | 戊戌 | 己亥 | 庚子 | 辛丑 | 壬寅 | 癸卯 | 甲辰 | 乙巳 | 丙午 | 丁未 | 戊申 | 己酉 | 庚戌 | 辛亥 | 壬子 | 癸丑 | 甲寅 | 乙卯 | 丙辰 | 丁巳 | 戊午 | 己未 | 庚申 | 辛酉 | 壬戌 | | 丙午冬至<br>辛酉小寒 |
| | 西曆 | 13 | 14 | 15 | 16 | 17 | 18 | 19 | 20 | 21 | 22 | 23 | 24 | 25 | 26 | 27 | 28 | 29 | 30 | 31 | (1) | 2 | 3 | 4 | 5 | 6 | 7 | 8 | 9 | 10 | | |
| 十二月大 癸丑 | 干支 | 癸亥 | 甲子 | 乙丑 | 丙寅 | 丁卯 | 戊辰 | 己巳 | 庚午 | 辛未 | 壬申 | 癸酉 | 甲戌 | 乙亥 | 丙子 | 丁丑 | 戊寅 | 己卯 | 庚辰 | 辛巳 | 壬午 | 癸未 | 甲申 | 乙酉 | 丙戌 | 丁亥 | 戊子 | 己丑 | 庚寅 | 辛卯 | 壬辰 | 丁丑大寒<br>壬辰立春 |
| | 西曆 | 11 | 12 | 13 | 14 | 15 | 16 | 17 | 18 | 19 | 20 | 21 | 22 | 23 | 24 | 25 | 26 | 27 | 28 | 29 | 30 | 31 | (2) | 2 | 3 | 4 | 5 | 6 | 7 | 8 | 9 | |

* 正月，改元元平。四月癸未（十七日），昭帝死。七月庚申（二十五日），劉病己（后更名詢）即位，是爲漢宣帝。

# 漢宣帝本始元年（戊申 猴年） 公元前 73 ~ 前 72 年

| 夏曆月序 | | 中西曆日對照 | 初一 | 初二 | 初三 | 初四 | 初五 | 初六 | 初七 | 初八 | 初九 | 初十 | 十一 | 十二 | 十三 | 十四 | 十五 | 十六 | 十七 | 十八 | 十九 | 二十 | 二一 | 二二 | 二三 | 二四 | 二五 | 二六 | 二七 | 二八 | 二九 | 三十 | 節氣與天象 |
|---|---|---|---|---|---|---|---|---|---|---|---|---|---|---|---|---|---|---|---|---|---|---|---|---|---|---|---|---|---|---|---|---|---|
| 正月小 | 甲寅 | 干支 | 癸巳 | 甲午 | 乙未 | 丙申 | 丁酉 | 戊戌 | 己亥 | 庚子 | 辛丑 | 壬寅 | 癸卯 | 甲辰 | 乙巳 | 丙午 | 丁未 | 戊申 | 己酉 | 庚戌 | 辛亥 | 壬子 | 癸丑 | 甲寅 | 乙卯 | 丙辰 | 丁巳 | 戊午 | 己未 | 庚申 | 辛酉 | | 丁未驚蟄 |
| | | 西曆 | 10 | 11 | 12 | 13 | 14 | 15 | 16 | 17 | 18 | 19 | 20 | 21 | 22 | 23 | 24 | 25 | 26 | 27 | 28 | 29 | (3) | 2 | 3 | 4 | 5 | 6 | 7 | 8 | 9 | | |
| 二月大 | 乙卯 | 干支 | 壬戌 | 癸亥 | 甲子 | 乙丑 | 丙寅 | 丁卯 | 戊辰 | 己巳 | 庚午 | 辛未 | 壬申 | 癸酉 | 甲戌 | 乙亥 | 丙子 | 丁丑 | 戊寅 | 己卯 | 庚辰 | 辛巳 | 壬午 | 癸未 | 甲申 | 乙酉 | 丙戌 | 丁亥 | 戊子 | 己丑 | 庚寅 | 辛卯 | 壬戌雨水<br>戊寅春分 |
| | | 西曆 | 10 | 11 | 12 | 13 | 14 | 15 | 16 | 17 | 18 | 19 | 20 | 21 | 22 | 23 | 24 | 25 | 26 | 27 | 28 | 29 | 30 | 31 | (4) | 2 | 3 | 4 | 5 | 6 | 7 | 8 | |
| 三月小 | 丙辰 | 干支 | 壬辰 | 癸巳 | 甲午 | 乙未 | 丙申 | 丁酉 | 戊戌 | 己亥 | 庚子 | 辛丑 | 壬寅 | 癸卯 | 甲辰 | 乙巳 | 丙午 | 丁未 | 戊申 | 己酉 | 庚戌 | 辛亥 | 壬子 | 癸丑 | 甲寅 | 乙卯 | 丙辰 | 丁巳 | 戊午 | 己未 | 庚申 | | 癸巳穀雨<br>戊申清明 |
| | | 西曆 | 9 | 10 | 11 | 12 | 13 | 14 | 15 | 16 | 17 | 18 | 19 | 20 | 21 | 22 | 23 | 24 | 25 | 26 | 27 | 28 | 29 | 30 | (5) | 2 | 3 | 4 | 5 | 6 | 7 | | |
| 四月大 | 丁巳 | 干支 | 辛酉 | 壬戌 | 癸亥 | 甲子 | 乙丑 | 丙寅 | 丁卯 | 戊辰 | 己巳 | 庚午 | 辛未 | 壬申 | 癸酉 | 甲戌 | 乙亥 | 丙子 | 丁丑 | 戊寅 | 己卯 | 庚辰 | 辛巳 | 壬午 | 癸未 | 甲申 | 乙酉 | 丙戌 | 丁亥 | 戊子 | 己丑 | 庚寅 | 癸亥立夏<br>戊寅小滿<br>辛酉日食 |
| | | 西曆 | 8 | 9 | 10 | 11 | 12 | 13 | 14 | 15 | 16 | 17 | 18 | 19 | 20 | 21 | 22 | 23 | 24 | 25 | 26 | 27 | 28 | 29 | 30 | 31 | (6) | 2 | 3 | 4 | 5 | 6 | |
| 五月大 | 戊午 | 干支 | 辛卯 | 壬辰 | 癸巳 | 甲午 | 乙未 | 丙申 | 丁酉 | 戊戌 | 己亥 | 庚子 | 辛丑 | 壬寅 | 癸卯 | 甲辰 | 乙巳 | 丙午 | 丁未 | 戊申 | 己酉 | 庚戌 | 辛亥 | 壬子 | 癸丑 | 甲寅 | 乙卯 | 丙辰 | 丁巳 | 戊午 | 己未 | 庚申 | 甲午芒種<br>己酉夏至 |
| | | 西曆 | 7 | 8 | 9 | 10 | 11 | 12 | 13 | 14 | 15 | 16 | 17 | 18 | 19 | 20 | 21 | 22 | 23 | 24 | 25 | 26 | 27 | 28 | 29 | 30 | (7) | 2 | 3 | 4 | 5 | 6 | |
| 六月小 | 己未 | 干支 | 辛酉 | 壬戌 | 癸亥 | 甲子 | 乙丑 | 丙寅 | 丁卯 | 戊辰 | 己巳 | 庚午 | 辛未 | 壬申 | 癸酉 | 甲戌 | 乙亥 | 丙子 | 丁丑 | 戊寅 | 己卯 | 庚辰 | 辛巳 | 壬午 | 癸未 | 甲申 | 乙酉 | 丙戌 | 丁亥 | 戊子 | 己丑 | | 甲子小暑<br>己卯大暑 |
| | | 西曆 | 7 | 8 | 9 | 10 | 11 | 12 | 13 | 14 | 15 | 16 | 17 | 18 | 19 | 20 | 21 | 22 | 23 | 24 | 25 | 26 | 27 | 28 | 29 | 30 | 31 | (8) | 2 | 3 | 4 | | |
| 七月大 | 庚申 | 干支 | 庚寅 | 辛卯 | 壬辰 | 癸巳 | 甲午 | 乙未 | 丙申 | 丁酉 | 戊戌 | 己亥 | 庚子 | 辛丑 | 壬寅 | 癸卯 | 甲辰 | 乙巳 | 丙午 | 丁未 | 戊申 | 己酉 | 庚戌 | 辛亥 | 壬子 | 癸丑 | 甲寅 | 乙卯 | 丙辰 | 丁巳 | 戊午 | 己未 | 乙未立秋<br>庚戌處暑 |
| | | 西曆 | 5 | 6 | 7 | 8 | 9 | 10 | 11 | 12 | 13 | 14 | 15 | 16 | 17 | 18 | 19 | 20 | 21 | 22 | 23 | 24 | 25 | 26 | 27 | 28 | 29 | 30 | 31 | (9) | 2 | 3 | |
| 八月小 | 辛酉 | 干支 | 庚申 | 辛酉 | 壬戌 | 癸亥 | 甲子 | 乙丑 | 丙寅 | 丁卯 | 戊辰 | 己巳 | 庚午 | 辛未 | 壬申 | 癸酉 | 甲戌 | 乙亥 | 丙子 | 丁丑 | 戊寅 | 己卯 | 庚辰 | 辛巳 | 壬午 | 癸未 | 甲申 | 乙酉 | 丙戌 | 丁亥 | 戊子 | | 乙丑白露<br>庚辰秋分 |
| | | 西曆 | 4 | 5 | 6 | 7 | 8 | 9 | 10 | 11 | 12 | 13 | 14 | 15 | 16 | 17 | 18 | 19 | 20 | 21 | 22 | 23 | 24 | 25 | 26 | 27 | 28 | 29 | 30 | (10) | 2 | | |
| 九月大 | 壬戌 | 干支 | 己丑 | 庚寅 | 辛卯 | 壬辰 | 癸巳 | 甲午 | 乙未 | 丙申 | 丁酉 | 戊戌 | 己亥 | 庚子 | 辛丑 | 壬寅 | 癸卯 | 甲辰 | 乙巳 | 丙午 | 丁未 | 戊申 | 己酉 | 庚戌 | 辛亥 | 壬子 | 癸丑 | 甲寅 | 乙卯 | 丙辰 | 丁巳 | 戊午 | 乙未寒露<br>辛亥霜降 |
| | | 西曆 | 3 | 4 | 5 | 6 | 7 | 8 | 9 | 10 | 11 | 12 | 13 | 14 | 15 | 16 | 17 | 18 | 19 | 20 | 21 | 22 | 23 | 24 | 25 | 26 | 27 | 28 | 29 | 30 | 31 | (11) | |
| 十月小 | 癸亥 | 干支 | 己未 | 庚申 | 辛酉 | 壬戌 | 癸亥 | 甲子 | 乙丑 | 丙寅 | 丁卯 | 戊辰 | 己巳 | 庚午 | 辛未 | 壬申 | 癸酉 | 甲戌 | 乙亥 | 丙子 | 丁丑 | 戊寅 | 己卯 | 庚辰 | 辛巳 | 壬午 | 癸未 | 甲申 | 乙酉 | 丙戌 | 丁亥 | | 丙寅立冬<br>辛巳小雪 |
| | | 西曆 | 2 | 3 | 4 | 5 | 6 | 7 | 8 | 9 | 10 | 11 | 12 | 13 | 14 | 15 | 16 | 17 | 18 | 19 | 20 | 21 | 22 | 23 | 24 | 25 | 26 | 27 | 28 | 29 | 30 | | |
| 十一月大 | 甲子 | 干支 | 戊子 | 己丑 | 庚寅 | 辛卯 | 壬辰 | 癸巳 | 甲午 | 乙未 | 丙申 | 丁酉 | 戊戌 | 己亥 | 庚子 | 辛丑 | 壬寅 | 癸卯 | 甲辰 | 乙巳 | 丙午 | 丁未 | 戊申 | 己酉 | 庚戌 | 辛亥 | 壬子 | 癸丑 | 甲寅 | 乙卯 | 丙辰 | 丁巳 | 丙申大雪<br>壬子冬至 |
| | | 西曆 | (12) | 2 | 3 | 4 | 5 | 6 | 7 | 8 | 9 | 10 | 11 | 12 | 13 | 14 | 15 | 16 | 17 | 18 | 19 | 20 | 21 | 22 | 23 | 24 | 25 | 26 | 27 | 28 | 29 | 30 | |
| 十二月小 | 乙丑 | 干支 | 戊午 | 己未 | 庚申 | 辛酉 | 壬戌 | 癸亥 | 甲子 | 乙丑 | 丙寅 | 丁卯 | 戊辰 | 己巳 | 庚午 | 辛未 | 壬申 | 癸酉 | 甲戌 | 乙亥 | 丙子 | 丁丑 | 戊寅 | 己卯 | 庚辰 | 辛巳 | 壬午 | 癸未 | 甲申 | 乙酉 | 丙戌 | | 丁卯小寒<br>壬午大寒 |
| | | 西曆 | 31 | (1) | 2 | 3 | 4 | 5 | 6 | 7 | 8 | 9 | 10 | 11 | 12 | 13 | 14 | 15 | 16 | 17 | 18 | 19 | 20 | 21 | 22 | 23 | 24 | 25 | 26 | 27 | 28 | | |

* 正月癸巳（初一），改元本始。

# 漢宣帝本始二年（己酉 鷄年） 公元前 72 ~ 前 71 年

| 夏曆月序 | | 中西曆日對照 | 夏曆日序 | | | | | | | | | | | | | | | | | | | | | | | | | | | | | | 節氣與天象 |
|---|---|---|---|---|---|---|---|---|---|---|---|---|---|---|---|---|---|---|---|---|---|---|---|---|---|---|---|---|---|---|---|---|---|
| | | | 初一 | 初二 | 初三 | 初四 | 初五 | 初六 | 初七 | 初八 | 初九 | 初十 | 十一 | 十二 | 十三 | 十四 | 十五 | 十六 | 十七 | 十八 | 十九 | 二十 | 二一 | 二二 | 二三 | 二四 | 二五 | 二六 | 二七 | 二八 | 二九 | 三十 | |
| 正月大 | 丙寅 | 天干地支西曆 | 丁亥29 | 戊子30 | 己丑31 | 庚寅(2) | 辛卯2 | 壬辰3 | 癸巳4 | 甲午5 | 乙未6 | 丙申7 | 丁酉8 | 戊戌9 | 己亥10 | 庚子11 | 辛丑12 | 壬寅13 | 癸卯14 | 甲辰15 | 乙巳16 | 丙午17 | 丁未18 | 戊申19 | 己酉20 | 庚戌21 | 辛亥22 | 壬子23 | 癸丑24 | 甲寅25 | 乙卯26 | 丙辰27 | 丁酉立春<br>壬子驚蟄 |
| 二月小 | 丁卯 | 天干地支西曆 | 丁巳28 | 戊午(3) | 己未2 | 庚申3 | 辛酉4 | 壬戌5 | 癸亥6 | 甲子7 | 乙丑8 | 丙寅9 | 丁卯10 | 戊辰11 | 己巳12 | 庚午13 | 辛未14 | 壬申15 | 癸酉16 | 甲戌17 | 乙亥18 | 丙子19 | 丁丑20 | 戊寅21 | 己卯22 | 庚辰23 | 辛巳24 | 壬午25 | 癸未26 | 甲申27 | 乙酉28 | | 戊辰雨水<br>癸未春分 |
| 三月大 | 戊辰 | 天干地支西曆 | 丙戌29 | 丁亥30 | 戊子31 | 己丑(4) | 庚寅2 | 辛卯3 | 壬辰4 | 癸巳5 | 甲午6 | 乙未7 | 丙申8 | 丁酉9 | 戊戌10 | 己亥11 | 庚子12 | 辛丑13 | 壬寅14 | 癸卯15 | 甲辰16 | 乙巳17 | 丙午18 | 丁未19 | 戊申20 | 己酉21 | 庚戌22 | 辛亥23 | 壬子24 | 癸丑25 | 甲寅26 | 乙卯27 | 戊戌穀雨<br>癸丑清明 |
| 四月小 | 己巳 | 天干地支西曆 | 丙辰28 | 丁巳29 | 戊午30 | 己未(5) | 庚申2 | 辛酉3 | 壬戌4 | 癸亥5 | 甲子6 | 乙丑7 | 丙寅8 | 丁卯9 | 戊辰10 | 己巳11 | 庚午12 | 辛未13 | 壬申14 | 癸酉15 | 甲戌16 | 乙亥17 | 丙子18 | 丁丑19 | 戊寅20 | 己卯21 | 庚辰22 | 辛巳23 | 壬午24 | 癸未25 | 甲申26 | | 戊辰立夏<br>甲申小滿 |
| 五月大 | 庚午 | 天干地支西曆 | 乙酉27 | 丙戌28 | 丁亥29 | 戊子30 | 己丑31 | 庚寅(6) | 辛卯2 | 壬辰3 | 癸巳4 | 甲午5 | 乙未6 | 丙申7 | 丁酉8 | 戊戌9 | 己亥10 | 庚子11 | 辛丑12 | 壬寅13 | 癸卯14 | 甲辰15 | 乙巳16 | 丙午17 | 丁未18 | 戊申19 | 己酉20 | 庚戌21 | 辛亥22 | 壬子23 | 癸丑24 | 甲寅25 | 己亥芒種<br>甲寅夏至 |
| 閏五月小 | 庚午 | 天干地支西曆 | 乙卯26 | 丙辰27 | 丁巳28 | 戊午29 | 己未30 | 庚申(7) | 辛酉2 | 壬戌3 | 癸亥4 | 甲子5 | 乙丑6 | 丙寅7 | 丁卯8 | 戊辰9 | 己巳10 | 庚午11 | 辛未12 | 壬申13 | 癸酉14 | 甲戌15 | 乙亥16 | 丙子17 | 丁丑18 | 戊寅19 | 己卯20 | 庚辰21 | 辛巳22 | 壬午23 | 癸未24 | | 己巳小暑 |
| 六月大 | 辛未 | 天干地支西曆 | 甲申25 | 乙酉26 | 丙戌27 | 丁亥28 | 戊子29 | 己丑30 | 庚寅31 | 辛卯(8) | 壬辰2 | 癸巳3 | 甲午4 | 乙未5 | 丙申6 | 丁酉7 | 戊戌8 | 己亥9 | 庚子10 | 辛丑11 | 壬寅12 | 癸卯13 | 甲辰14 | 乙巳15 | 丙午16 | 丁未17 | 戊申18 | 己酉19 | 庚戌20 | 辛亥21 | 壬子22 | 癸丑23 | 乙酉大暑<br>庚子立秋 |
| 七月大 | 壬申 | 天干地支西曆 | 甲寅24 | 乙卯25 | 丙辰26 | 丁巳27 | 戊午28 | 己未29 | 庚申30 | 辛酉31 | 壬戌(9) | 癸亥2 | 甲子3 | 乙丑4 | 丙寅5 | 丁卯6 | 戊辰7 | 己巳8 | 庚午9 | 辛未10 | 壬申11 | 癸酉12 | 甲戌13 | 乙亥14 | 丙子15 | 丁丑16 | 戊寅17 | 己卯18 | 庚辰19 | 辛巳20 | 壬午21 | 癸未22 | 乙卯處暑<br>庚午白露 |
| 八月小 | 癸酉 | 天干地支西曆 | 甲申23 | 乙酉24 | 丙戌25 | 丁亥26 | 戊子27 | 己丑28 | 庚寅29 | 辛卯30 | 壬辰(10) | 癸巳2 | 甲午3 | 乙未4 | 丙申5 | 丁酉6 | 戊戌7 | 己亥8 | 庚子9 | 辛丑10 | 壬寅11 | 癸卯12 | 甲辰13 | 乙巳14 | 丙午15 | 丁未16 | 戊申17 | 己酉18 | 庚戌19 | 辛亥20 | 壬子21 | | 乙酉秋分<br>辛丑寒露 |
| 九月大 | 甲戌 | 天干地支西曆 | 癸丑22 | 甲寅23 | 乙卯24 | 丙辰25 | 丁巳26 | 戊午27 | 己未28 | 庚申29 | 辛酉30 | 壬戌31 | 癸亥(11) | 甲子2 | 乙丑3 | 丙寅4 | 丁卯5 | 戊辰6 | 己巳7 | 庚午8 | 辛未9 | 壬申10 | 癸酉11 | 甲戌12 | 乙亥13 | 丙子14 | 丁丑15 | 戊寅16 | 己卯17 | 庚辰18 | 辛巳19 | 壬午20 | 丙辰霜降<br>辛未立冬 |
| 十月小 | 乙亥 | 天干地支西曆 | 癸未21 | 甲申22 | 乙酉23 | 丙戌24 | 丁亥25 | 戊子26 | 己丑27 | 庚寅28 | 辛卯29 | 壬辰30 | 癸巳(12) | 甲午2 | 乙未3 | 丙申4 | 丁酉5 | 戊戌6 | 己亥7 | 庚子8 | 辛丑9 | 壬寅10 | 癸卯11 | 甲辰12 | 乙巳13 | 丙午14 | 丁未15 | 戊申16 | 己酉17 | 庚戌18 | 辛亥19 | | 丙戌小雪<br>壬寅大雪 |
| 十一月大 | 丙子 | 天干地支西曆 | 壬子20 | 癸丑21 | 甲寅22 | 乙卯23 | 丙辰24 | 丁巳25 | 戊午26 | 己未27 | 庚申28 | 辛酉29 | 壬戌30 | 癸亥31 | 甲子(1) | 乙丑2 | 丙寅3 | 丁卯4 | 戊辰5 | 己巳6 | 庚午7 | 辛未8 | 壬申9 | 癸酉10 | 甲戌11 | 乙亥12 | 丙子13 | 丁丑14 | 戊寅15 | 己卯16 | 庚辰17 | 辛巳18 | 丁巳冬至<br>壬申小寒 |
| 十二月小 | 丁丑 | 天干地支西曆 | 壬午19 | 癸未20 | 甲申21 | 乙酉22 | 丙戌23 | 丁亥24 | 戊子25 | 己丑26 | 庚寅27 | 辛卯28 | 壬辰29 | 癸巳30 | 甲午31 | 乙未(2) | 丙申2 | 丁酉3 | 戊戌4 | 己亥5 | 庚子6 | 辛丑7 | 壬寅8 | 癸卯9 | 甲辰10 | 乙巳11 | 丙午12 | 丁未13 | 戊申14 | 己酉15 | 庚戌16 | | 丁亥大寒<br>壬寅立春 |

# 漢宣帝本始三年（庚戌 狗年） 公元前71 ~ 前70年

| 夏曆月序 | 中西曆日對照 | 初一 | 初二 | 初三 | 初四 | 初五 | 初六 | 初七 | 初八 | 初九 | 初十 | 十一 | 十二 | 十三 | 十四 | 十五 | 十六 | 十七 | 十八 | 十九 | 二十 | 廿一 | 廿二 | 廿三 | 廿四 | 廿五 | 廿六 | 廿七 | 廿八 | 廿九 | 三十 | 節氣與天象 |
|---|---|---|---|---|---|---|---|---|---|---|---|---|---|---|---|---|---|---|---|---|---|---|---|---|---|---|---|---|---|---|---|---|
| 正月大 戊寅 | 干支 天地 西曆 | 辛亥17 | 壬子18 | 癸丑19 | 甲寅20 | 乙卯21 | 丙辰22 | 丁巳23 | 戊午24 | 己未25 | 庚申26 | 辛酉27 | 壬戌28 | 癸亥(3) | 甲子2 | 乙丑3 | 丙寅4 | 丁卯5 | 戊辰6 | 己巳7 | 庚午8 | 辛未9 | 壬申10 | 癸酉11 | 甲戌12 | 乙亥13 | 丙子14 | 丁丑15 | 戊寅16 | 己卯17 | 庚辰18 | 戊午驚蟄 癸酉雨水 |
| 二月小 己卯 | 干支 天地 西曆 | 辛巳19 | 壬午20 | 癸未21 | 甲申22 | 乙酉23 | 丙戌24 | 丁亥25 | 戊子26 | 己丑27 | 庚寅28 | 辛卯29 | 壬辰30 | 癸巳31 | 甲午(4) | 乙未2 | 丙申3 | 丁酉4 | 戊戌5 | 己亥6 | 庚子7 | 辛丑8 | 壬寅9 | 癸卯10 | 甲辰11 | 乙巳12 | 丙午13 | 丁未14 | 戊申15 | 己酉16 | | 戊子春分 癸卯穀雨 |
| 三月大 庚辰 | 干支 天地 西曆 | 庚戌17 | 辛亥18 | 壬子19 | 癸丑20 | 甲寅21 | 乙卯22 | 丙辰23 | 丁巳24 | 戊午25 | 己未26 | 庚申27 | 辛酉28 | 壬戌29 | 癸亥30 | 甲子(5) | 乙丑2 | 丙寅3 | 丁卯4 | 戊辰5 | 己巳6 | 庚午7 | 辛未8 | 壬申9 | 癸酉10 | 甲戌11 | 乙亥12 | 丙子13 | 丁丑14 | 戊寅15 | 己卯16 | 己未清明 甲戌立夏 |
| 四月小 辛巳 | 干支 天地 西曆 | 庚辰17 | 辛巳18 | 壬午19 | 癸未20 | 甲申21 | 乙酉22 | 丙戌23 | 丁亥24 | 戊子25 | 己丑26 | 庚寅27 | 辛卯28 | 壬辰29 | 癸巳30 | 甲午31 | 乙未(6) | 丙申2 | 丁酉3 | 戊戌4 | 己亥5 | 庚子6 | 辛丑7 | 壬寅8 | 癸卯9 | 甲辰10 | 乙巳11 | 丙午12 | 丁未13 | 戊申14 | | 己丑小滿 甲辰芒種 |
| 五月大 壬午 | 干支 天地 西曆 | 己酉15 | 庚戌16 | 辛亥17 | 壬子18 | 癸丑19 | 甲寅20 | 乙卯21 | 丙辰22 | 丁巳23 | 戊午24 | 己未25 | 庚申26 | 辛酉27 | 壬戌28 | 癸亥29 | 甲子30 | 乙丑(7) | 丙寅2 | 丁卯3 | 戊辰4 | 己巳5 | 庚午6 | 辛未7 | 壬申8 | 癸酉9 | 甲戌10 | 乙亥11 | 丙子12 | 丁丑13 | 戊寅14 | 己未夏至 乙亥小暑 |
| 六月小 癸未 | 干支 天地 西曆 | 己卯15 | 庚辰16 | 辛巳17 | 壬午18 | 癸未19 | 甲申20 | 乙酉21 | 丙戌22 | 丁亥23 | 戊子24 | 己丑25 | 庚寅26 | 辛卯27 | 壬辰28 | 癸巳29 | 甲午30 | 乙未31 | 丙申(8) | 丁酉2 | 戊戌3 | 己亥4 | 庚子5 | 辛丑6 | 壬寅7 | 癸卯8 | 甲辰9 | 乙巳10 | 丙午11 | 丁未12 | | 庚寅大暑 乙巳立秋 |
| 七月大 甲申 | 干支 天地 西曆 | 戊申13 | 己酉14 | 庚戌15 | 辛亥16 | 壬子17 | 癸丑18 | 甲寅19 | 乙卯20 | 丙辰21 | 丁巳22 | 戊午23 | 己未24 | 庚申25 | 辛酉26 | 壬戌27 | 癸亥28 | 甲子29 | 乙丑30 | 丙寅31 | 丁卯(9) | 戊辰2 | 己巳3 | 庚午4 | 辛未5 | 壬申6 | 癸酉7 | 甲戌8 | 乙亥9 | 丙子10 | 丁丑11 | 庚申處暑 乙亥白露 |
| 八月小 乙酉 | 干支 天地 西曆 | 戊寅12 | 己卯13 | 庚辰14 | 辛巳15 | 壬午16 | 癸未17 | 甲申18 | 乙酉19 | 丙戌20 | 丁亥21 | 戊子22 | 己丑23 | 庚寅24 | 辛卯25 | 壬辰26 | 癸巳27 | 甲午28 | 乙未29 | 丙申30 | 丁酉(10) | 戊戌2 | 己亥3 | 庚子4 | 辛丑5 | 壬寅6 | 癸卯7 | 甲辰8 | 乙巳9 | 丙午10 | | 辛卯秋分 丙午寒露 |
| 九月大 丙戌 | 干支 天地 西曆 | 丁未11 | 戊申12 | 己酉13 | 庚戌14 | 辛亥15 | 壬子16 | 癸丑17 | 甲寅18 | 乙卯19 | 丙辰20 | 丁巳21 | 戊午22 | 己未23 | 庚申24 | 辛酉25 | 壬戌26 | 癸亥27 | 甲子28 | 乙丑29 | 丙寅30 | 丁卯31 | 戊辰(11) | 己巳2 | 庚午3 | 辛未4 | 壬申5 | 癸酉6 | 甲戌7 | 乙亥8 | 丙子9 | 辛酉霜降 丙子立冬 |
| 十月小 丁亥 | 干支 天地 西曆 | 丁丑10 | 戊寅11 | 己卯12 | 庚辰13 | 辛巳14 | 壬午15 | 癸未16 | 甲申17 | 乙酉18 | 丙戌19 | 丁亥20 | 戊子21 | 己丑22 | 庚寅23 | 辛卯24 | 壬辰25 | 癸巳26 | 甲午27 | 乙未28 | 丙申29 | 丁酉30 | 戊戌(12) | 己亥2 | 庚子3 | 辛丑4 | 壬寅5 | 癸卯6 | 甲辰7 | 乙巳8 | | 壬辰小雪 |
| 十一月大 戊子 | 干支 天地 西曆 | 丙午9 | 丁未10 | 戊申11 | 己酉12 | 庚戌13 | 辛亥14 | 壬子15 | 癸丑16 | 甲寅17 | 乙卯18 | 丙辰19 | 丁巳20 | 戊午21 | 己未22 | 庚申23 | 辛酉24 | 壬戌25 | 癸亥26 | 甲子27 | 乙丑28 | 丙寅29 | 丁卯30 | 戊辰31 | 己巳(1) | 庚午2 | 辛未3 | 壬申4 | 癸酉5 | 甲戌6 | 乙亥7 | 丁未大雪 壬戌冬至 |
| 十二月大 己丑 | 干支 天地 西曆 | 丙子8 | 丁丑9 | 戊寅10 | 己卯11 | 庚辰12 | 辛巳13 | 壬午14 | 癸未15 | 甲申16 | 乙酉17 | 丙戌18 | 丁亥19 | 戊子20 | 己丑21 | 庚寅22 | 辛卯23 | 壬辰24 | 癸巳25 | 甲午26 | 乙未27 | 丙申28 | 丁酉29 | 戊戌30 | 己亥31 | 庚子(2) | 辛丑2 | 壬寅3 | 癸卯4 | 甲辰5 | 乙巳6 | 丁丑小寒 壬辰大寒 |

# 漢宣帝本始四年（辛亥 猪年） 公元前70 ~ 前69年

| 夏曆月序 | | 中西曆日對照 | 初一 | 初二 | 初三 | 初四 | 初五 | 初六 | 初七 | 初八 | 初九 | 初十 | 十一 | 十二 | 十三 | 十四 | 十五 | 十六 | 十七 | 十八 | 十九 | 二十 | 二一 | 二二 | 二三 | 二四 | 二五 | 二六 | 二七 | 二八 | 二九 | 三十 | 節氣與天象 |
|---|---|---|---|---|---|---|---|---|---|---|---|---|---|---|---|---|---|---|---|---|---|---|---|---|---|---|---|---|---|---|---|---|---|
| 正月小 | 庚寅 | 天干地支西曆 | 丙午7 | 丁未8 | 戊申9 | 己酉10 | 庚戌11 | 辛亥12 | 壬子13 | 癸丑14 | 甲寅15 | 乙卯16 | 丙辰17 | 丁巳18 | 戊午19 | 己未20 | 庚申21 | 辛酉22 | 壬戌23 | 癸亥24 | 甲子25 | 乙丑26 | 丙寅27 | 丁卯28 | 戊辰(3) | 己巳2 | 庚午3 | 辛未4 | 壬申5 | 癸酉6 | 甲戌7 | | 戊申立春<br>癸亥驚蟄 |
| 二月大 | 辛卯 | 天干地支西曆 | 乙亥8 | 丙子9 | 丁丑10 | 戊寅11 | 己卯12 | 庚辰13 | 辛巳14 | 壬午15 | 癸未16 | 甲申17 | 乙酉18 | 丙戌19 | 丁亥20 | 戊子21 | 己丑22 | 庚寅23 | 辛卯24 | 壬辰25 | 癸巳26 | 甲午27 | 乙未28 | 丙申29 | 丁酉30 | 戊戌31 | 己亥(4) | 庚子2 | 辛丑3 | 壬寅4 | 癸卯5 | 甲辰6 | 戊寅雨水<br>癸巳春分 |
| 三月小 | 壬辰 | 天干地支西曆 | 乙巳7 | 丙午8 | 丁未9 | 戊申10 | 己酉11 | 庚戌12 | 辛亥13 | 壬子14 | 癸丑15 | 甲寅16 | 乙卯17 | 丙辰18 | 丁巳19 | 戊午20 | 己未21 | 庚申22 | 辛酉23 | 壬戌24 | 癸亥25 | 甲子26 | 乙丑27 | 丙寅28 | 丁卯29 | 戊辰30 | 己巳(5) | 庚午2 | 辛未3 | 壬申4 | 癸酉5 | | 己酉穀雨<br>甲子清明 |
| 四月大 | 癸巳 | 天干地支西曆 | 甲戌6 | 乙亥7 | 丙子8 | 丁丑9 | 戊寅10 | 己卯11 | 庚辰12 | 辛巳13 | 壬午14 | 癸未15 | 甲申16 | 乙酉17 | 丙戌18 | 丁亥19 | 戊子20 | 己丑21 | 庚寅22 | 辛卯23 | 壬辰24 | 癸巳25 | 甲午26 | 乙未27 | 丙申28 | 丁酉29 | 戊戌30 | 己亥31 | 庚子(6) | 辛丑2 | 壬寅3 | 癸卯4 | 己卯立夏<br>甲午小滿 |
| 五月小 | 甲午 | 天干地支西曆 | 甲辰5 | 乙巳6 | 丙午7 | 丁未8 | 戊申9 | 己酉10 | 庚戌11 | 辛亥12 | 壬子13 | 癸丑14 | 甲寅15 | 乙卯16 | 丙辰17 | 丁巳18 | 戊午19 | 己未20 | 庚申21 | 辛酉22 | 壬戌23 | 癸亥24 | 甲子25 | 乙丑26 | 丙寅27 | 丁卯28 | 戊辰29 | 己巳30 | 庚午(7) | 辛未2 | 壬申3 | | 己酉芒種<br>乙丑夏至 |
| 六月大 | 乙未 | 天干地支西曆 | 癸酉4 | 甲戌5 | 乙亥6 | 丙子7 | 丁丑8 | 戊寅9 | 己卯10 | 庚辰11 | 辛巳12 | 壬午13 | 癸未14 | 甲申15 | 乙酉16 | 丙戌17 | 丁亥18 | 戊子19 | 己丑20 | 庚寅21 | 辛卯22 | 壬辰23 | 癸巳24 | 甲午25 | 乙未26 | 丙申27 | 丁酉28 | 戊戌29 | 己亥30 | 庚子31 | 辛丑(8) | 壬寅2 | 庚辰小暑<br>乙未大暑 |
| 七月小 | 丙申 | 天干地支西曆 | 癸卯3 | 甲辰4 | 乙巳5 | 丙午6 | 丁未7 | 戊申8 | 己酉9 | 庚戌10 | 辛亥11 | 壬子12 | 癸丑13 | 甲寅14 | 乙卯15 | 丙辰16 | 丁巳17 | 戊午18 | 己未19 | 庚申20 | 辛酉21 | 壬戌22 | 癸亥23 | 甲子24 | 乙丑25 | 丙寅26 | 丁卯27 | 戊辰28 | 己巳29 | 庚午30 | 辛未31 | | 庚戌立秋<br>丙寅處暑 |
| 八月大 | 丁酉 | 天干地支西曆 | 壬申(9) | 癸酉2 | 甲戌3 | 乙亥4 | 丙子5 | 丁丑6 | 戊寅7 | 己卯8 | 庚辰9 | 辛巳10 | 壬午11 | 癸未12 | 甲申13 | 乙酉14 | 丙戌15 | 丁亥16 | 戊子17 | 己丑18 | 庚寅19 | 辛卯20 | 壬辰21 | 癸巳22 | 甲午23 | 乙未24 | 丙申25 | 丁酉26 | 戊戌27 | 己亥28 | 庚子29 | 辛丑30 | 辛巳白露<br>丙申秋分 |
| 九月小 | 戊戌 | 天干地支西曆 | 壬寅(10) | 癸卯2 | 甲辰3 | 乙巳4 | 丙午5 | 丁未6 | 戊申7 | 己酉8 | 庚戌9 | 辛亥10 | 壬子11 | 癸丑12 | 甲寅13 | 乙卯14 | 丙辰15 | 丁巳16 | 戊午17 | 己未18 | 庚申19 | 辛酉20 | 壬戌21 | 癸亥22 | 甲子23 | 乙丑24 | 丙寅25 | 丁卯26 | 戊辰27 | 己巳28 | 庚午29 | | 辛亥寒露<br>丙寅霜降 |
| 十月大 | 己亥 | 天干地支西曆 | 辛未30 | 壬申31 | 癸酉(11) | 甲戌2 | 乙亥3 | 丙子4 | 丁丑5 | 戊寅6 | 己卯7 | 庚辰8 | 辛巳9 | 壬午10 | 癸未11 | 甲申12 | 乙酉13 | 丙戌14 | 丁亥15 | 戊子16 | 己丑17 | 庚寅18 | 辛卯19 | 壬辰20 | 癸巳21 | 甲午22 | 乙未23 | 丙申24 | 丁酉25 | 戊戌26 | 己亥27 | 庚子28 | 壬午立冬<br>丁酉小雪 |
| 十一月小 | 庚子 | 天干地支西曆 | 辛丑29 | 壬寅30 | 癸卯(12) | 甲辰2 | 乙巳3 | 丙午4 | 丁未5 | 戊申6 | 己酉7 | 庚戌8 | 辛亥9 | 壬子10 | 癸丑11 | 甲寅12 | 乙卯13 | 丙辰14 | 丁巳15 | 戊午16 | 己未17 | 庚申18 | 辛酉19 | 壬戌20 | 癸亥21 | 甲子22 | 乙丑23 | 丙寅24 | 丁卯25 | 戊辰26 | 己巳27 | | 壬子大雪<br>丁卯冬至 |
| 十二月大 | 辛丑 | 天干地支西曆 | 庚午28 | 辛未29 | 壬申30 | 癸酉31 | 甲戌(1) | 乙亥2 | 丙子3 | 丁丑4 | 戊寅5 | 己卯6 | 庚辰7 | 辛巳8 | 壬午9 | 癸未10 | 甲申11 | 乙酉12 | 丙戌13 | 丁亥14 | 戊子15 | 己丑16 | 庚寅17 | 辛卯18 | 壬辰19 | 癸巳20 | 甲午21 | 乙未22 | 丙申23 | 丁酉24 | 戊戌25 | 己亥26 | 壬午小寒<br>戊戌大寒 |

* 四月壬寅（二十九日），以地震，改次年爲地節元年。

# 漢宣帝地節元年（壬子 鼠年） 公元前69～前68年

| 夏曆月序 | | 中西曆日對照 | 初一 | 初二 | 初三 | 初四 | 初五 | 初六 | 初七 | 初八 | 初九 | 初十 | 十一 | 十二 | 十三 | 十四 | 十五 | 十六 | 十七 | 十八 | 十九 | 二十 | 二一 | 二二 | 二三 | 二四 | 二五 | 二六 | 二七 | 二八 | 二九 | 三十 | 節氣與天象 |
|---|---|---|---|---|---|---|---|---|---|---|---|---|---|---|---|---|---|---|---|---|---|---|---|---|---|---|---|---|---|---|---|---|---|
| 正月小 | 壬寅 | 天干地支<br>西曆 | 庚子<br>27 | 辛丑<br>28 | 壬寅<br>29 | 癸卯<br>30 | 甲辰<br>31 | 乙巳<br>(2) | 丙午<br>2 | 丁未<br>3 | 戊申<br>4 | 己酉<br>5 | 庚戌<br>6 | 辛亥<br>7 | 壬子<br>8 | 癸丑<br>9 | 甲寅<br>10 | 乙卯<br>11 | 丙辰<br>12 | 丁巳<br>13 | 戊午<br>14 | 己未<br>15 | 庚申<br>16 | 辛酉<br>17 | 壬戌<br>18 | 癸亥<br>19 | 甲子<br>20 | 乙丑<br>21 | 丙寅<br>22 | 丁卯<br>23 | 戊辰<br>24 | | 癸丑立春<br>戊辰驚蟄 |
| 閏正月大 | 壬寅 | 天干地支<br>西曆 | 己巳<br>25 | 庚午<br>26 | 辛未<br>27 | 壬申<br>28 | 癸酉<br>29 | 甲戌<br>(3) | 乙亥<br>2 | 丙子<br>3 | 丁丑<br>4 | 戊寅<br>5 | 己卯<br>6 | 庚辰<br>7 | 辛巳<br>8 | 壬午<br>9 | 癸未<br>10 | 甲申<br>11 | 乙酉<br>12 | 丙戌<br>13 | 丁亥<br>14 | 戊子<br>15 | 己丑<br>16 | 庚寅<br>17 | 辛卯<br>18 | 壬辰<br>19 | 癸巳<br>20 | 甲午<br>21 | 乙未<br>22 | 丙申<br>23 | 丁酉<br>24 | 戊戌<br>25 | 癸未雨水<br>己巳日食 |
| 二月小 | 癸卯 | 天干地支<br>西曆 | 己亥<br>26 | 庚子<br>27 | 辛丑<br>28 | 壬寅<br>29 | 癸卯<br>30 | 甲辰<br>31 | 乙巳<br>(4) | 丙午<br>2 | 丁未<br>3 | 戊申<br>4 | 己酉<br>5 | 庚戌<br>6 | 辛亥<br>7 | 壬子<br>8 | 癸丑<br>9 | 甲寅<br>10 | 乙卯<br>11 | 丙辰<br>12 | 丁巳<br>13 | 戊午<br>14 | 己未<br>15 | 庚申<br>16 | 辛酉<br>17 | 壬戌<br>18 | 癸亥<br>19 | 甲子<br>20 | 乙丑<br>21 | 丙寅<br>22 | 丁卯<br>23 | | 己亥春分<br>甲寅穀雨 |
| 三月大 | 甲辰 | 天干地支<br>西曆 | 戊辰<br>24 | 己巳<br>25 | 庚午<br>26 | 辛未<br>27 | 壬申<br>28 | 癸酉<br>29 | 甲戌<br>30 | 乙亥<br>(5) | 丙子<br>2 | 丁丑<br>3 | 戊寅<br>4 | 己卯<br>5 | 庚辰<br>6 | 辛巳<br>7 | 壬午<br>8 | 癸未<br>9 | 甲申<br>10 | 乙酉<br>11 | 丙戌<br>12 | 丁亥<br>13 | 戊子<br>14 | 己丑<br>15 | 庚寅<br>16 | 辛卯<br>17 | 壬辰<br>18 | 癸巳<br>19 | 甲午<br>20 | 乙未<br>21 | 丙申<br>22 | 丁酉<br>23 | 己巳清明<br>甲申立夏 |
| 四月大 | 乙巳 | 天干地支<br>西曆 | 戊戌<br>24 | 己亥<br>25 | 庚子<br>26 | 辛丑<br>27 | 壬寅<br>28 | 癸卯<br>29 | 甲辰<br>30 | 乙巳<br>31 | 丙午<br>(6) | 丁未<br>2 | 戊申<br>3 | 己酉<br>4 | 庚戌<br>5 | 辛亥<br>6 | 壬子<br>7 | 癸丑<br>8 | 甲寅<br>9 | 乙卯<br>10 | 丙辰<br>11 | 丁巳<br>12 | 戊午<br>13 | 己未<br>14 | 庚申<br>15 | 辛酉<br>16 | 壬戌<br>17 | 癸亥<br>18 | 甲子<br>19 | 乙丑<br>20 | 丙寅<br>21 | 丁卯<br>22 | 己亥小滿<br>乙卯芒種 |
| 五月小 | 丙午 | 天干地支<br>西曆 | 戊辰<br>23 | 己巳<br>24 | 庚午<br>25 | 辛未<br>26 | 壬申<br>27 | 癸酉<br>28 | 甲戌<br>29 | 乙亥<br>30 | 丙子<br>(7) | 丁丑<br>2 | 戊寅<br>3 | 己卯<br>4 | 庚辰<br>5 | 辛巳<br>6 | 壬午<br>7 | 癸未<br>8 | 甲申<br>9 | 乙酉<br>10 | 丙戌<br>11 | 丁亥<br>12 | 戊子<br>13 | 己丑<br>14 | 庚寅<br>15 | 辛卯<br>16 | 壬辰<br>17 | 癸巳<br>18 | 甲午<br>19 | 乙未<br>20 | 丙申<br>21 | | 庚午夏至<br>乙酉小暑 |
| 六月大 | 丁未 | 天干地支<br>西曆 | 丁酉<br>22 | 戊戌<br>23 | 己亥<br>24 | 庚子<br>25 | 辛丑<br>26 | 壬寅<br>27 | 癸卯<br>28 | 甲辰<br>29 | 乙巳<br>30 | 丙午<br>31 | 丁未<br>(8) | 戊申<br>2 | 己酉<br>3 | 庚戌<br>4 | 辛亥<br>5 | 壬子<br>6 | 癸丑<br>7 | 甲寅<br>8 | 乙卯<br>9 | 丙辰<br>10 | 丁巳<br>11 | 戊午<br>12 | 己未<br>13 | 庚申<br>14 | 辛酉<br>15 | 壬戌<br>16 | 癸亥<br>17 | 甲子<br>18 | 乙丑<br>19 | 丙寅<br>20 | 庚子大暑<br>丙辰立秋 |
| 七月小 | 戊申 | 天干地支<br>西曆 | 丁卯<br>21 | 戊辰<br>22 | 己巳<br>23 | 庚午<br>24 | 辛未<br>25 | 壬申<br>26 | 癸酉<br>27 | 甲戌<br>28 | 乙亥<br>29 | 丙子<br>30 | 丁丑<br>31 | 戊寅<br>(9) | 己卯<br>2 | 庚辰<br>3 | 辛巳<br>4 | 壬午<br>5 | 癸未<br>6 | 甲申<br>7 | 乙酉<br>8 | 丙戌<br>9 | 丁亥<br>10 | 戊子<br>11 | 己丑<br>12 | 庚寅<br>13 | 辛卯<br>14 | 壬辰<br>15 | 癸巳<br>16 | 甲午<br>17 | 乙未<br>18 | | 辛未處暑<br>丙戌白露 |
| 八月大 | 己酉 | 天干地支<br>西曆 | 丙申<br>19 | 丁酉<br>20 | 戊戌<br>21 | 己亥<br>22 | 庚子<br>23 | 辛丑<br>24 | 壬寅<br>25 | 癸卯<br>26 | 甲辰<br>27 | 乙巳<br>28 | 丙午<br>29 | 丁未<br>30 | 戊申<br>(10) | 己酉<br>2 | 庚戌<br>3 | 辛亥<br>4 | 壬子<br>5 | 癸丑<br>6 | 甲寅<br>7 | 乙卯<br>8 | 丙辰<br>9 | 丁巳<br>10 | 戊午<br>11 | 己未<br>12 | 庚申<br>13 | 辛酉<br>14 | 壬戌<br>15 | 癸亥<br>16 | 甲子<br>17 | 乙丑<br>18 | 辛丑秋分<br>丙辰寒露 |
| 九月小 | 庚戌 | 天干地支<br>西曆 | 丙寅<br>19 | 丁卯<br>20 | 戊辰<br>21 | 己巳<br>22 | 庚午<br>23 | 辛未<br>24 | 壬申<br>25 | 癸酉<br>26 | 甲戌<br>27 | 乙亥<br>28 | 丙子<br>29 | 丁丑<br>30 | 戊寅<br>31 | 己卯<br>(11) | 庚辰<br>2 | 辛巳<br>3 | 壬午<br>4 | 癸未<br>5 | 甲申<br>6 | 乙酉<br>7 | 丙戌<br>8 | 丁亥<br>9 | 戊子<br>10 | 己丑<br>11 | 庚寅<br>12 | 辛卯<br>13 | 壬辰<br>14 | 癸巳<br>15 | 甲午<br>16 | | 壬申霜降<br>丁亥立冬 |
| 十月大 | 辛亥 | 天干地支<br>西曆 | 乙未<br>17 | 丙申<br>18 | 丁酉<br>19 | 戊戌<br>20 | 己亥<br>21 | 庚子<br>22 | 辛丑<br>23 | 壬寅<br>24 | 癸卯<br>25 | 甲辰<br>26 | 乙巳<br>27 | 丙午<br>28 | 丁未<br>29 | 戊申<br>30 | 己酉<br>(12) | 庚戌<br>2 | 辛亥<br>3 | 壬子<br>4 | 癸丑<br>5 | 甲寅<br>6 | 乙卯<br>7 | 丙辰<br>8 | 丁巳<br>9 | 戊午<br>10 | 己未<br>11 | 庚申<br>12 | 辛酉<br>13 | 壬戌<br>14 | 癸亥<br>15 | 甲子<br>16 | 壬寅小雪<br>丁巳大雪 |
| 十一月小 | 壬子 | 天干地支<br>西曆 | 乙丑<br>17 | 丙寅<br>18 | 丁卯<br>19 | 戊辰<br>20 | 己巳<br>21 | 庚午<br>22 | 辛未<br>23 | 壬申<br>24 | 癸酉<br>25 | 甲戌<br>26 | 乙亥<br>27 | 丙子<br>28 | 丁丑<br>29 | 戊寅<br>30 | 己卯<br>31 | 庚辰<br>(1) | 辛巳<br>2 | 壬午<br>3 | 癸未<br>4 | 甲申<br>5 | 乙酉<br>6 | 丙戌<br>7 | 丁亥<br>8 | 戊子<br>9 | 己丑<br>10 | 庚寅<br>11 | 辛卯<br>12 | 壬辰<br>13 | 癸巳<br>14 | | 癸酉冬至<br>戊子小寒 |
| 十二月大 | 癸丑 | 天干地支<br>西曆 | 甲午<br>15 | 乙未<br>16 | 丙申<br>17 | 丁酉<br>18 | 戊戌<br>19 | 己亥<br>20 | 庚子<br>21 | 辛丑<br>22 | 壬寅<br>23 | 癸卯<br>24 | 甲辰<br>25 | 乙巳<br>26 | 丙午<br>27 | 丁未<br>28 | 戊申<br>29 | 己酉<br>30 | 庚戌<br>31 | 辛亥<br>(2) | 壬子<br>2 | 癸丑<br>3 | 甲寅<br>4 | 乙卯<br>5 | 丙辰<br>6 | 丁巳<br>7 | 戊午<br>8 | 己未<br>9 | 庚申<br>10 | 辛酉<br>11 | 壬戌<br>12 | 癸亥<br>13 | 癸卯大寒<br>戊午立春<br>癸亥日食 |

# 漢宣帝地節二年（癸丑 牛年） 公元前68 ~ 前67年

| 夏曆月序 | | 中西曆日對照 | 初一 | 初二 | 初三 | 初四 | 初五 | 初六 | 初七 | 初八 | 初九 | 初十 | 十一 | 十二 | 十三 | 十四 | 十五 | 十六 | 十七 | 十八 | 十九 | 二十 | 二一 | 二二 | 二三 | 二四 | 二五 | 二六 | 二七 | 二八 | 二九 | 三十 | 節氣與天象 |
|---|---|---|---|---|---|---|---|---|---|---|---|---|---|---|---|---|---|---|---|---|---|---|---|---|---|---|---|---|---|---|---|---|---|
| 正月小 | 甲寅 | 天干地支西曆 | 甲子14 | 乙丑15 | 丙寅16 | 丁卯17 | 戊辰18 | 己巳19 | 庚午20 | 辛未21 | 壬申22 | 癸酉23 | 甲戌24 | 乙亥25 | 丙子26 | 丁丑27 | 戊寅28 | 己卯(3) | 庚辰2 | 辛巳3 | 壬午4 | 癸未5 | 甲申6 | 乙酉7 | 丙戌8 | 丁亥9 | 戊子10 | 己丑11 | 庚寅12 | 辛卯13 | 壬辰14 | | 癸酉驚蟄<br>己丑雨水 |
| 二月大 | 乙卯 | 天干地支西曆 | 癸巳15 | 甲午16 | 乙未17 | 丙申18 | 丁酉19 | 戊戌20 | 己亥21 | 庚子22 | 辛丑23 | 壬寅24 | 癸卯25 | 甲辰26 | 乙巳27 | 丙午28 | 丁未29 | 戊申30 | 己酉31 | 庚戌(4) | 辛亥2 | 壬子3 | 癸丑4 | 甲寅5 | 乙卯6 | 丙辰7 | 丁巳8 | 戊午9 | 己未10 | 庚申11 | 辛酉12 | 壬戌13 | 甲辰春分<br>己未穀雨 |
| 三月小 | 丙辰 | 天干地支西曆 | 癸亥14 | 甲子15 | 乙丑16 | 丙寅17 | 丁卯18 | 戊辰19 | 己巳20 | 庚午21 | 辛未22 | 壬申23 | 癸酉24 | 甲戌25 | 乙亥26 | 丙子27 | 丁丑28 | 戊寅29 | 己卯30 | 庚辰(5) | 辛巳2 | 壬午3 | 癸未4 | 甲申5 | 乙酉6 | 丙戌7 | 丁亥8 | 戊子9 | 己丑10 | 庚寅11 | 辛卯12 | | 甲戌清明<br>己丑立夏 |
| 四月大 | 丁巳 | 天干地支西曆 | 壬辰13 | 癸巳14 | 甲午15 | 乙未16 | 丙申17 | 丁酉18 | 戊戌19 | 己亥20 | 庚子21 | 辛丑22 | 壬寅23 | 癸卯24 | 甲辰25 | 乙巳26 | 丙午27 | 丁未28 | 戊申29 | 己酉30 | 庚戌31 | 辛亥(6) | 壬子2 | 癸丑3 | 甲寅4 | 乙卯5 | 丙辰6 | 丁巳7 | 戊午8 | 己未9 | 庚申10 | 辛酉11 | 乙巳小滿 |
| 五月小 | 戊午 | 天干地支西曆 | 壬戌12 | 癸亥13 | 甲子14 | 乙丑15 | 丙寅16 | 丁卯17 | 戊辰18 | 己巳19 | 庚午20 | 辛未21 | 壬申22 | 癸酉23 | 甲戌24 | 乙亥25 | 丙子26 | 丁丑27 | 戊寅28 | 己卯29 | 庚辰30 | 辛巳(7) | 壬午2 | 癸未3 | 甲申4 | 乙酉5 | 丙戌6 | 丁亥7 | 戊子8 | 己丑9 | 庚寅10 | | 乙亥夏至<br>庚寅小暑 |
| 六月大 | 己未 | 天干地支西曆 | 辛卯11 | 壬辰12 | 癸巳13 | 甲午14 | 乙未15 | 丙申16 | 丁酉17 | 戊戌18 | 己亥19 | 庚子20 | 辛丑21 | 壬寅22 | 癸卯23 | 甲辰24 | 乙巳25 | 丙午26 | 丁未27 | 戊申28 | 己酉29 | 庚戌30 | 辛亥31 | 壬子(8) | 癸丑2 | 甲寅3 | 乙卯4 | 丙辰5 | 丁巳6 | 戊午7 | 己未8 | 庚申9 | 丙午大暑 |
| 七月大 | 庚申 | 天干地支西曆 | 辛酉10 | 壬戌11 | 癸亥12 | 甲子13 | 乙丑14 | 丙寅15 | 丁卯16 | 戊辰17 | 己巳18 | 庚午19 | 辛未20 | 壬申21 | 癸酉22 | 甲戌23 | 乙亥24 | 丙子25 | 丁丑26 | 戊寅27 | 己卯28 | 庚辰29 | 辛巳30 | 壬午31 | 癸未(9) | 甲申2 | 乙酉3 | 丙戌4 | 丁亥5 | 戊子6 | 己丑7 | 庚寅8 | 辛酉立秋<br>丙子處暑<br>辛酉日食 |
| 八月小 | 辛酉 | 天干地支西曆 | 辛卯9 | 壬辰10 | 癸巳11 | 甲午12 | 乙未13 | 丙申14 | 丁酉15 | 戊戌16 | 己亥17 | 庚子18 | 辛丑19 | 壬寅20 | 癸卯21 | 甲辰22 | 乙巳23 | 丙午24 | 丁未25 | 戊申26 | 己酉27 | 庚戌28 | 辛亥29 | 壬子30 | 癸丑(10) | 甲寅2 | 乙卯3 | 丙辰4 | 丁巳5 | 戊午6 | 己未7 | | 辛卯白露<br>丙午秋分 |
| 九月大 | 壬戌 | 天干地支西曆 | 庚申8 | 辛酉9 | 壬戌10 | 癸亥11 | 甲子12 | 乙丑13 | 丙寅14 | 丁卯15 | 戊辰16 | 己巳17 | 庚午18 | 辛未19 | 壬申20 | 癸酉21 | 甲戌22 | 乙亥23 | 丙子24 | 丁丑25 | 戊寅26 | 己卯27 | 庚辰28 | 辛巳29 | 壬午30 | 癸未31 | 甲申(11) | 乙酉2 | 丙戌3 | 丁亥4 | 戊子5 | 己丑6 | 壬戌寒露<br>丁丑霜降 |
| 十月小 | 癸亥 | 天干地支西曆 | 庚寅7 | 辛卯8 | 壬辰9 | 癸巳10 | 甲午11 | 乙未12 | 丙申13 | 丁酉14 | 戊戌15 | 己亥16 | 庚子17 | 辛丑18 | 壬寅19 | 癸卯20 | 甲辰21 | 乙巳22 | 丙午23 | 丁未24 | 戊申25 | 己酉26 | 庚戌27 | 辛亥28 | 壬子29 | 癸丑30 | 甲寅(12) | 乙卯2 | 丙辰3 | 丁巳4 | 戊午5 | | 壬辰立冬<br>丁未小雪 |
| 十一月大 | 甲子 | 天干地支西曆 | 己未6 | 庚申7 | 辛酉8 | 壬戌9 | 癸亥10 | 甲子11 | 乙丑12 | 丙寅13 | 丁卯14 | 戊辰15 | 己巳16 | 庚午17 | 辛未18 | 壬申19 | 癸酉20 | 甲戌21 | 乙亥22 | 丙子23 | 丁丑24 | 戊寅25 | 己卯26 | 庚辰27 | 辛巳28 | 壬午29 | 癸未30 | 甲申31 | 乙酉(1) | 丙戌2 | 丁亥3 | 戊子4 | 癸亥大雪<br>戊寅冬至 |
| 十二月小 | 乙丑 | 天干地支西曆 | 己丑5 | 庚寅6 | 辛卯7 | 壬辰8 | 癸巳9 | 甲午10 | 乙未11 | 丙申12 | 丁酉13 | 戊戌14 | 己亥15 | 庚子16 | 辛丑17 | 壬寅18 | 癸卯19 | 甲辰20 | 乙巳21 | 丙午22 | 丁未23 | 戊申24 | 己酉25 | 庚戌26 | 辛亥27 | 壬子28 | 癸丑29 | 甲寅30 | 乙卯31 | 丙辰(2) | 丁巳2 | | 癸巳小寒<br>戊申大寒 |

## 漢宣帝地節三年（甲寅 虎年） 公元前 67 ~ 前 66 年

| 夏曆月序 | | 中西曆日對照 | 初一 | 初二 | 初三 | 初四 | 初五 | 初六 | 初七 | 初八 | 初九 | 初十 | 十一 | 十二 | 十三 | 十四 | 十五 | 十六 | 十七 | 十八 | 十九 | 二十 | 二一 | 二二 | 二三 | 二四 | 二五 | 二六 | 二七 | 二八 | 二九 | 三十 | 節氣與天象 |
|---|---|---|---|---|---|---|---|---|---|---|---|---|---|---|---|---|---|---|---|---|---|---|---|---|---|---|---|---|---|---|---|---|---|
| 正月大 | 丙寅 | 天干地支 | 戊午 | 己未 | 庚申 | 辛酉 | 壬戌 | 癸亥 | 甲子 | 乙丑 | 丙寅 | 丁卯 | 戊辰 | 己巳 | 庚午 | 辛未 | 壬申 | 癸酉 | 甲戌 | 乙亥 | 丙子 | 丁丑 | 戊寅 | 己卯 | 庚辰 | 辛巳 | 壬午 | 癸未 | 甲申 | 乙酉 | 丙戌 | 丁亥 | 癸亥立春<br>己卯驚蟄 |
| | | 西曆 | 3 | 4 | 5 | 6 | 7 | 8 | 9 | 10 | 11 | 12 | 13 | 14 | 15 | 16 | 17 | 18 | 19 | 20 | 21 | 22 | 23 | 24 | 25 | 26 | 27 | 28 | (3) | 2 | 3 | 4 | |
| 二月小 | 丁卯 | 天干地支 | 戊子 | 己丑 | 庚寅 | 辛卯 | 壬辰 | 癸巳 | 甲午 | 乙未 | 丙申 | 丁酉 | 戊戌 | 己亥 | 庚子 | 辛丑 | 壬寅 | 癸卯 | 甲辰 | 乙巳 | 丙午 | 丁未 | 戊申 | 己酉 | 庚戌 | 辛亥 | 壬子 | 癸丑 | 甲寅 | 乙卯 | 丙辰 | | 甲午雨水<br>己酉春分 |
| | | 西曆 | 5 | 6 | 7 | 8 | 9 | 10 | 11 | 12 | 13 | 14 | 15 | 16 | 17 | 18 | 19 | 20 | 21 | 22 | 23 | 24 | 25 | 26 | 27 | 28 | 29 | 30 | 31 | (4) | 2 | | |
| 三月大 | 戊辰 | 天干地支 | 丁巳 | 戊午 | 己未 | 庚申 | 辛酉 | 壬戌 | 癸亥 | 甲子 | 乙丑 | 丙寅 | 丁卯 | 戊辰 | 己巳 | 庚午 | 辛未 | 壬申 | 癸酉 | 甲戌 | 乙亥 | 丙子 | 丁丑 | 戊寅 | 己卯 | 庚辰 | 辛巳 | 壬午 | 癸未 | 甲申 | 乙酉 | 丙戌 | 甲子穀雨<br>庚辰清明 |
| | | 西曆 | 3 | 4 | 5 | 6 | 7 | 8 | 9 | 10 | 11 | 12 | 13 | 14 | 15 | 16 | 17 | 18 | 19 | 20 | 21 | 22 | 23 | 24 | 25 | 26 | 27 | 28 | 29 | 30 | (5) | 2 | |
| 四月小 | 己巳 | 天干地支 | 丁亥 | 戊子 | 己丑 | 庚寅 | 辛卯 | 壬辰 | 癸巳 | 甲午 | 乙未 | 丙申 | 丁酉 | 戊戌 | 己亥 | 庚子 | 辛丑 | 壬寅 | 癸卯 | 甲辰 | 乙巳 | 丙午 | 丁未 | 戊申 | 己酉 | 庚戌 | 辛亥 | 壬子 | 癸丑 | 甲寅 | 乙卯 | | 乙未立夏<br>庚戌小滿 |
| | | 西曆 | 3 | 4 | 5 | 6 | 7 | 8 | 9 | 10 | 11 | 12 | 13 | 14 | 15 | 16 | 17 | 18 | 19 | 20 | 21 | 22 | 23 | 24 | 25 | 26 | 27 | 28 | 29 | 30 | 31 | | |
| 五月大 | 庚午 | 天干地支 | 丙辰 | 丁巳 | 戊午 | 己未 | 庚申 | 辛酉 | 壬戌 | 癸亥 | 甲子 | 乙丑 | 丙寅 | 丁卯 | 戊辰 | 己巳 | 庚午 | 辛未 | 壬申 | 癸酉 | 甲戌 | 乙亥 | 丙子 | 丁丑 | 戊寅 | 己卯 | 庚辰 | 辛巳 | 壬午 | 癸未 | 甲申 | 乙酉 | 乙丑芒種<br>庚辰夏至 |
| | | 西曆 | (6) | 2 | 3 | 4 | 5 | 6 | 7 | 8 | 9 | 10 | 11 | 12 | 13 | 14 | 15 | 16 | 17 | 18 | 19 | 20 | 21 | 22 | 23 | 24 | 25 | 26 | 27 | 28 | 29 | 30 | |
| 六月小 | 辛未 | 天干地支 | 丙戌 | 丁亥 | 戊子 | 己丑 | 庚寅 | 辛卯 | 壬辰 | 癸巳 | 甲午 | 乙未 | 丙申 | 丁酉 | 戊戌 | 己亥 | 庚子 | 辛丑 | 壬寅 | 癸卯 | 甲辰 | 乙巳 | 丙午 | 丁未 | 戊申 | 己酉 | 庚戌 | 辛亥 | 壬子 | 癸丑 | 甲寅 | | 丙申小暑<br>辛亥大暑 |
| | | 西曆 | (7) | 2 | 3 | 4 | 5 | 6 | 7 | 8 | 9 | 10 | 11 | 12 | 13 | 14 | 15 | 16 | 17 | 18 | 19 | 20 | 21 | 22 | 23 | 24 | 25 | 26 | 27 | 28 | 29 | | |
| 七月大 | 壬申 | 天干地支 | 乙卯 | 丙辰 | 丁巳 | 戊午 | 己未 | 庚申 | 辛酉 | 壬戌 | 癸亥 | 甲子 | 乙丑 | 丙寅 | 丁卯 | 戊辰 | 己巳 | 庚午 | 辛未 | 壬申 | 癸酉 | 甲戌 | 乙亥 | 丙子 | 丁丑 | 戊寅 | 己卯 | 庚辰 | 辛巳 | 壬午 | 癸未 | 甲申 | 丙寅立秋<br>辛巳處暑 |
| | | 西曆 | 30 | 31 | (8) | 2 | 3 | 4 | 5 | 6 | 7 | 8 | 9 | 10 | 11 | 12 | 13 | 14 | 15 | 16 | 17 | 18 | 19 | 20 | 21 | 22 | 23 | 24 | 25 | 26 | 27 | 28 | |
| 八月小 | 癸酉 | 天干地支 | 乙酉 | 丙戌 | 丁亥 | 戊子 | 己丑 | 庚寅 | 辛卯 | 壬辰 | 癸巳 | 甲午 | 乙未 | 丙申 | 丁酉 | 戊戌 | 己亥 | 庚子 | 辛丑 | 壬寅 | 癸卯 | 甲辰 | 乙巳 | 丙午 | 丁未 | 戊申 | 己酉 | 庚戌 | 辛亥 | 壬子 | 癸丑 | | 丙申白露<br>壬子秋分 |
| | | 西曆 | 29 | 30 | 31 | (9) | 2 | 3 | 4 | 5 | 6 | 7 | 8 | 9 | 10 | 11 | 12 | 13 | 14 | 15 | 16 | 17 | 18 | 19 | 20 | 21 | 22 | 23 | 24 | 25 | 26 | | |
| 九月大 | 甲戌 | 天干地支 | 甲寅 | 乙卯 | 丙辰 | 丁巳 | 戊午 | 己未 | 庚申 | 辛酉 | 壬戌 | 癸亥 | 甲子 | 乙丑 | 丙寅 | 丁卯 | 戊辰 | 己巳 | 庚午 | 辛未 | 壬申 | 癸酉 | 甲戌 | 乙亥 | 丙子 | 丁丑 | 戊寅 | 己卯 | 庚辰 | 辛巳 | 壬午 | 癸未 | 丁卯寒露<br>壬午霜降 |
| | | 西曆 | 27 | 28 | 29 | 30 | (10) | 2 | 3 | 4 | 5 | 6 | 7 | 8 | 9 | 10 | 11 | 12 | 13 | 14 | 15 | 16 | 17 | 18 | 19 | 20 | 21 | 22 | 23 | 24 | 25 | 26 | |
| 閏九月小 | 甲戌 | 天干地支 | 甲申 | 乙酉 | 丙戌 | 丁亥 | 戊子 | 己丑 | 庚寅 | 辛卯 | 壬辰 | 癸巳 | 甲午 | 乙未 | 丙申 | 丁酉 | 戊戌 | 己亥 | 庚子 | 辛丑 | 壬寅 | 癸卯 | 甲辰 | 乙巳 | 丙午 | 丁未 | 戊申 | 己酉 | 庚戌 | 辛亥 | 壬子 | | 丁酉立冬 |
| | | 西曆 | 27 | 28 | 29 | 30 | 31 | (11) | 2 | 3 | 4 | 5 | 6 | 7 | 8 | 9 | 10 | 11 | 12 | 13 | 14 | 15 | 16 | 17 | 18 | 19 | 20 | 21 | 22 | 23 | 24 | | |
| 十月大 | 乙亥 | 天干地支 | 癸丑 | 甲寅 | 乙卯 | 丙辰 | 丁巳 | 戊午 | 己未 | 庚申 | 辛酉 | 壬戌 | 癸亥 | 甲子 | 乙丑 | 丙寅 | 丁卯 | 戊辰 | 己巳 | 庚午 | 辛未 | 壬申 | 癸酉 | 甲戌 | 乙亥 | 丙子 | 丁丑 | 戊寅 | 己卯 | 庚辰 | 辛巳 | 壬午 | 癸丑小雪<br>戊辰大雪 |
| | | 西曆 | 25 | 26 | 27 | 28 | 29 | 30 | (12) | 2 | 3 | 4 | 5 | 6 | 7 | 8 | 9 | 10 | 11 | 12 | 13 | 14 | 15 | 16 | 17 | 18 | 19 | 20 | 21 | 22 | 23 | 24 | |
| 十一月大 | 丙子 | 天干地支 | 癸未 | 甲申 | 乙酉 | 丙戌 | 丁亥 | 戊子 | 己丑 | 庚寅 | 辛卯 | 壬辰 | 癸巳 | 甲午 | 乙未 | 丙申 | 丁酉 | 戊戌 | 己亥 | 庚子 | 辛丑 | 壬寅 | 癸卯 | 甲辰 | 乙巳 | 丙午 | 丁未 | 戊申 | 己酉 | 庚戌 | 辛亥 | 壬子 | 癸未冬至<br>戊戌小寒 |
| | | 西曆 | 25 | 26 | 27 | 28 | 29 | 30 | 31 | (1) | 2 | 3 | 4 | 5 | 6 | 7 | 8 | 9 | 10 | 11 | 12 | 13 | 14 | 15 | 16 | 17 | 18 | 19 | 20 | 21 | 22 | 23 | |
| 十二月小 | 丁丑 | 天干地支 | 癸丑 | 甲寅 | 乙卯 | 丙辰 | 丁巳 | 戊午 | 己未 | 庚申 | 辛酉 | 壬戌 | 癸亥 | 甲子 | 乙丑 | 丙寅 | 丁卯 | 戊辰 | 己巳 | 庚午 | 辛未 | 壬申 | 癸酉 | 甲戌 | 乙亥 | 丙子 | 丁丑 | 戊寅 | 己卯 | 庚辰 | 辛巳 | | 癸丑大寒<br>己巳立春 |
| | | 西曆 | 24 | 25 | 26 | 27 | 28 | 29 | 30 | 31 | (2) | 2 | 3 | 4 | 5 | 6 | 7 | 8 | 9 | 10 | 11 | 12 | 13 | 14 | 15 | 16 | 17 | 18 | 19 | 20 | 21 | | |

# 漢宣帝地節四年（乙卯 兔年） 公元前66～前65年

| 夏曆月序 | | 中西曆日對照 | 初一 | 初二 | 初三 | 初四 | 初五 | 初六 | 初七 | 初八 | 初九 | 初十 | 十一 | 十二 | 十三 | 十四 | 十五 | 十六 | 十七 | 十八 | 十九 | 二十 | 二一 | 二二 | 二三 | 二四 | 二五 | 二六 | 二七 | 二八 | 二九 | 三十 | 節氣與天象 |
|---|---|---|---|---|---|---|---|---|---|---|---|---|---|---|---|---|---|---|---|---|---|---|---|---|---|---|---|---|---|---|---|---|---|
| 正月大 | 戊寅 | 天干地支西曆 | 壬午22 | 癸未23 | 甲申24 | 乙酉25 | 丙戌26 | 丁亥27 | 戊子28 | 己丑(3) | 庚寅2 | 辛卯3 | 壬辰4 | 癸巳5 | 甲午6 | 乙未7 | 丙申8 | 丁酉9 | 戊戌10 | 己亥11 | 庚子12 | 辛丑13 | 壬寅14 | 癸卯15 | 甲辰16 | 乙巳17 | 丙午18 | 丁未19 | 戊申20 | 己酉21 | 庚戌22 | 辛亥23 | 甲申驚蟄 己亥雨水 |
| 二月小 | 己卯 | 天干地支西曆 | 壬子24 | 癸丑25 | 甲寅26 | 乙卯27 | 丙辰28 | 丁巳29 | 戊午30 | 己未31 | 庚申(4) | 辛酉2 | 壬戌3 | 癸亥4 | 甲子5 | 乙丑6 | 丙寅7 | 丁卯8 | 戊辰9 | 己巳10 | 庚午11 | 辛未12 | 壬申13 | 癸酉14 | 甲戌15 | 乙亥16 | 丙子17 | 丁丑18 | 戊寅19 | 己卯20 | 庚辰21 | | 甲寅春分 庚午穀雨 |
| 三月大 | 庚辰 | 天干地支西曆 | 辛巳22 | 壬午23 | 癸未24 | 甲申25 | 乙酉26 | 丙戌27 | 丁亥28 | 戊子29 | 己丑30 | 庚寅(5) | 辛卯2 | 壬辰3 | 癸巳4 | 甲午5 | 乙未6 | 丙申7 | 丁酉8 | 戊戌9 | 己亥10 | 庚子11 | 辛丑12 | 壬寅13 | 癸卯14 | 甲辰15 | 乙巳16 | 丙午17 | 丁未18 | 戊申19 | 己酉20 | 庚戌21 | 乙酉清明 庚子立夏 |
| 四月小 | 辛巳 | 天干地支西曆 | 辛亥22 | 壬子23 | 癸丑24 | 甲寅25 | 乙卯26 | 丙辰27 | 丁巳28 | 戊午29 | 己未30 | 庚申31 | 辛酉(6) | 壬戌2 | 癸亥3 | 甲子4 | 乙丑5 | 丙寅6 | 丁卯7 | 戊辰8 | 己巳9 | 庚午10 | 辛未11 | 壬申12 | 癸酉13 | 甲戌14 | 乙亥15 | 丙子16 | 丁丑17 | 戊寅18 | 己卯19 | | 乙卯小滿 庚午芒種 |
| 五月大 | 壬午 | 天干地支西曆 | 庚辰20 | 辛巳21 | 壬午22 | 癸未23 | 甲申24 | 乙酉25 | 丙戌26 | 丁亥27 | 戊子28 | 己丑29 | 庚寅30 | 辛卯(7) | 壬辰2 | 癸巳3 | 甲午4 | 乙未5 | 丙申6 | 丁酉7 | 戊戌8 | 己亥9 | 庚子10 | 辛丑11 | 壬寅12 | 癸卯13 | 甲辰14 | 乙巳15 | 丙午16 | 丁未17 | 戊申18 | 己酉19 | 丙戌夏至 辛丑小暑 |
| 六月小 | 癸未 | 天干地支西曆 | 庚戌20 | 辛亥21 | 壬子22 | 癸丑23 | 甲寅24 | 乙卯25 | 丙辰26 | 丁巳27 | 戊午28 | 己未29 | 庚申30 | 辛酉31 | 壬戌(8) | 癸亥2 | 甲子3 | 乙丑4 | 丙寅5 | 丁卯6 | 戊辰7 | 己巳8 | 庚午9 | 辛未10 | 壬申11 | 癸酉12 | 甲戌13 | 乙亥14 | 丙子15 | 丁丑16 | 戊寅17 | | 丙辰大暑 辛未立秋 |
| 七月大 | 甲申 | 天干地支西曆 | 己卯18 | 庚辰19 | 辛巳20 | 壬午21 | 癸未22 | 甲申23 | 乙酉24 | 丙戌25 | 丁亥26 | 戊子27 | 己丑28 | 庚寅29 | 辛卯30 | 壬辰31 | 癸巳(9) | 甲午2 | 乙未3 | 丙申4 | 丁酉5 | 戊戌6 | 己亥7 | 庚子8 | 辛丑9 | 壬寅10 | 癸卯11 | 甲辰12 | 乙巳13 | 丙午14 | 丁未15 | 戊申16 | 丁亥處暑 壬寅白露 |
| 八月小 | 乙酉 | 天干地支西曆 | 己酉17 | 庚戌18 | 辛亥19 | 壬子20 | 癸丑21 | 甲寅22 | 乙卯23 | 丙辰24 | 丁巳25 | 戊午26 | 己未27 | 庚申28 | 辛酉29 | 壬戌30 | 癸亥(10) | 甲子2 | 乙丑3 | 丙寅4 | 丁卯5 | 戊辰6 | 己巳7 | 庚午8 | 辛未9 | 壬申10 | 癸酉11 | 甲戌12 | 乙亥13 | 丙子14 | 丁丑15 | | 丁巳秋分 壬申寒露 |
| 九月大 | 丙戌 | 天干地支西曆 | 戊寅16 | 己卯17 | 庚辰18 | 辛巳19 | 壬午20 | 癸未21 | 甲申22 | 乙酉23 | 丙戌24 | 丁亥25 | 戊子26 | 己丑27 | 庚寅28 | 辛卯29 | 壬辰30 | 癸巳31 | 甲午(11) | 乙未2 | 丙申3 | 丁酉4 | 戊戌5 | 己亥6 | 庚子7 | 辛丑8 | 壬寅9 | 癸卯10 | 甲辰11 | 乙巳12 | 丙午13 | 丁未14 | 丁亥霜降 癸卯立冬 |
| 十月小 | 丁亥 | 天干地支西曆 | 戊申15 | 己酉16 | 庚戌17 | 辛亥18 | 壬子19 | 癸丑20 | 甲寅21 | 乙卯22 | 丙辰23 | 丁巳24 | 戊午25 | 己未26 | 庚申27 | 辛酉28 | 壬戌29 | 癸亥30 | 甲子(12) | 乙丑2 | 丙寅3 | 丁卯4 | 戊辰5 | 己巳6 | 庚午7 | 辛未8 | 壬申9 | 癸酉10 | 甲戌11 | 乙亥12 | 丙子13 | | 戊午小雪 癸酉大雪 |
| 十一月大 | 戊子 | 天干地支西曆 | 丁丑14 | 戊寅15 | 己卯16 | 庚辰17 | 辛巳18 | 壬午19 | 癸未20 | 甲申21 | 乙酉22 | 丙戌23 | 丁亥24 | 戊子25 | 己丑26 | 庚寅27 | 辛卯28 | 壬辰29 | 癸巳30 | 甲午31 | 乙未(1) | 丙申2 | 丁酉3 | 戊戌4 | 己亥5 | 庚子6 | 辛丑7 | 壬寅8 | 癸卯9 | 甲辰10 | 乙巳11 | 丙午12 | 戊子冬至 癸卯小寒 |
| 十二月小 | 己丑 | 天干地支西曆 | 丁未13 | 戊申14 | 己酉15 | 庚戌16 | 辛亥17 | 壬子18 | 癸丑19 | 甲寅20 | 乙卯21 | 丙辰22 | 丁巳23 | 戊午24 | 己未25 | 庚申26 | 辛酉27 | 壬戌28 | 癸亥29 | 甲子30 | 乙丑31 | 丙寅(2) | 丁卯2 | 戊辰3 | 己巳4 | 庚午5 | 辛未6 | 壬申7 | 癸酉8 | 甲戌9 | 乙亥10 | | 己未大寒 甲戌立春 |

# 漢宣帝元康元年（丙辰 龍年） 公元前65 ~ 前64年

| 夏曆月序 | | 中西曆日對照 | 初一 | 初二 | 初三 | 初四 | 初五 | 初六 | 初七 | 初八 | 初九 | 初十 | 十一 | 十二 | 十三 | 十四 | 十五 | 十六 | 十七 | 十八 | 十九 | 二十 | 二一 | 二二 | 二三 | 二四 | 二五 | 二六 | 二七 | 二八 | 二九 | 三十 | 節氣與天象 |
|---|---|---|---|---|---|---|---|---|---|---|---|---|---|---|---|---|---|---|---|---|---|---|---|---|---|---|---|---|---|---|---|---|---|
| 正月大 | 庚寅 | 天干地支西曆 | 丙子 11 | 丁丑 12 | 戊寅 13 | 己卯 14 | 庚辰 15 | 辛巳 16 | 壬午 17 | 癸未 18 | 甲申 19 | 乙酉 20 | 丙戌 21 | 丁亥 22 | 戊子 23 | 己丑 24 | 庚寅 25 | 辛卯 26 | 壬辰 27 | 癸巳 28 | 甲午 29 | 乙未 (3) | 丙申 2 | 丁酉 3 | 戊戌 4 | 己亥 5 | 庚子 6 | 辛丑 7 | 壬寅 8 | 癸卯 9 | 甲辰 10 | 乙巳 11 | 己丑驚蟄 甲辰雨水 |
| 二月大 | 辛卯 | 天干地支西曆 | 丙午 12 | 丁未 13 | 戊申 14 | 己酉 15 | 庚戌 16 | 辛亥 17 | 壬子 18 | 癸丑 19 | 甲寅 20 | 乙卯 21 | 丙辰 22 | 丁巳 23 | 戊午 24 | 己未 25 | 庚申 26 | 辛酉 27 | 壬戌 28 | 癸亥 29 | 甲子 30 | 乙丑 31 | 丙寅 (4) | 丁卯 2 | 戊辰 3 | 己巳 4 | 庚午 5 | 辛未 6 | 壬申 7 | 癸酉 8 | 甲戌 9 | 乙亥 10 | 庚申春分 乙亥穀雨 |
| 三月小 | 壬辰 | 天干地支西曆 | 丙子 11 | 丁丑 12 | 戊寅 13 | 己卯 14 | 庚辰 15 | 辛巳 16 | 壬午 17 | 癸未 18 | 甲申 19 | 乙酉 20 | 丙戌 21 | 丁亥 22 | 戊子 23 | 己丑 24 | 庚寅 25 | 辛卯 26 | 壬辰 27 | 癸巳 28 | 甲午 29 | 乙未 30 | 丙申 (5) | 丁酉 2 | 戊戌 3 | 己亥 4 | 庚子 5 | 辛丑 6 | 壬寅 7 | 癸卯 8 | 甲辰 9 | | 庚寅清明 |
| 四月大 | 癸巳 | 天干地支西曆 | 乙巳 10 | 丙午 11 | 丁未 12 | 戊申 13 | 己酉 14 | 庚戌 15 | 辛亥 16 | 壬子 17 | 癸丑 18 | 甲寅 19 | 乙卯 20 | 丙辰 21 | 丁巳 22 | 戊午 23 | 己未 24 | 庚申 25 | 辛酉 26 | 壬戌 27 | 癸亥 28 | 甲子 29 | 乙丑 30 | 丙寅 31 | 丁卯 (6) | 戊辰 2 | 己巳 3 | 庚午 4 | 辛未 5 | 壬申 6 | 癸酉 7 | 甲戌 8 | 乙巳立夏 庚申小滿 |
| 五月小 | 甲午 | 天干地支西曆 | 乙亥 9 | 丙子 10 | 丁丑 11 | 戊寅 12 | 己卯 13 | 庚辰 14 | 辛巳 15 | 壬午 16 | 癸未 17 | 甲申 18 | 乙酉 19 | 丙戌 20 | 丁亥 21 | 戊子 22 | 己丑 23 | 庚寅 24 | 辛卯 25 | 壬辰 26 | 癸巳 27 | 甲午 28 | 乙未 29 | 丙申 30 | 丁酉 (7) | 戊戌 2 | 己亥 3 | 庚子 4 | 辛丑 5 | 壬寅 6 | 癸卯 7 | | 丙子芒種 辛卯夏至 |
| 六月大 | 乙未 | 天干地支西曆 | 甲辰 8 | 乙巳 9 | 丙午 10 | 丁未 11 | 戊申 12 | 己酉 13 | 庚戌 14 | 辛亥 15 | 壬子 16 | 癸丑 17 | 甲寅 18 | 乙卯 19 | 丙辰 20 | 丁巳 21 | 戊午 22 | 己未 23 | 庚申 24 | 辛酉 25 | 壬戌 26 | 癸亥 27 | 甲子 28 | 乙丑 29 | 丙寅 30 | 丁卯 31 | 戊辰 (8) | 己巳 2 | 庚午 3 | 辛未 4 | 壬申 5 | 癸酉 6 | 丙午小暑 辛酉大暑 |
| 七月小 | 丙申 | 天干地支西曆 | 甲戌 7 | 乙亥 8 | 丙子 9 | 丁丑 10 | 戊寅 11 | 己卯 12 | 庚辰 13 | 辛巳 14 | 壬午 15 | 癸未 16 | 甲申 17 | 乙酉 18 | 丙戌 19 | 丁亥 20 | 戊子 21 | 己丑 22 | 庚寅 23 | 辛卯 24 | 壬辰 25 | 癸巳 26 | 甲午 27 | 乙未 28 | 丙申 29 | 丁酉 30 | 戊戌 31 | 己亥 (9) | 庚子 2 | 辛丑 3 | 壬寅 4 | | 丁丑立秋 壬辰處暑 |
| 八月大 | 丁酉 | 天干地支西曆 | 癸卯 5 | 甲辰 6 | 乙巳 7 | 丙午 8 | 丁未 9 | 戊申 10 | 己酉 11 | 庚戌 12 | 辛亥 13 | 壬子 14 | 癸丑 15 | 甲寅 16 | 乙卯 17 | 丙辰 18 | 丁巳 19 | 戊午 20 | 己未 21 | 庚申 22 | 辛酉 23 | 壬戌 24 | 癸亥 25 | 甲子 26 | 乙丑 27 | 丙寅 28 | 丁卯 29 | 戊辰 30 | 己巳 (10) | 庚午 2 | 辛未 3 | 壬申 4 | 丁未白露 壬戌秋分 |
| 九月小 | 戊戌 | 天干地支西曆 | 癸酉 5 | 甲戌 6 | 乙亥 7 | 丙子 8 | 丁丑 9 | 戊寅 10 | 己卯 11 | 庚辰 12 | 辛巳 13 | 壬午 14 | 癸未 15 | 甲申 16 | 乙酉 17 | 丙戌 18 | 丁亥 19 | 戊子 20 | 己丑 21 | 庚寅 22 | 辛卯 23 | 壬辰 24 | 癸巳 25 | 甲午 26 | 乙未 27 | 丙申 28 | 丁酉 29 | 戊戌 30 | 己亥 31 | 庚子 (11) | 辛丑 2 | | 丁丑寒露 癸巳霜降 |
| 十月大 | 己亥 | 天干地支西曆 | 壬寅 3 | 癸卯 4 | 甲辰 5 | 乙巳 6 | 丙午 7 | 丁未 8 | 戊申 9 | 己酉 10 | 庚戌 11 | 辛亥 12 | 壬子 13 | 癸丑 14 | 甲寅 15 | 乙卯 16 | 丙辰 17 | 丁巳 18 | 戊午 19 | 己未 20 | 庚申 21 | 辛酉 22 | 壬戌 23 | 癸亥 24 | 甲子 25 | 乙丑 26 | 丙寅 27 | 丁卯 28 | 戊辰 29 | 己巳 30 | 庚午 (12) | 辛未 2 | 戊申立冬 癸亥小雪 |
| 十一月小 | 庚子 | 天干地支西曆 | 壬申 3 | 癸酉 4 | 甲戌 5 | 乙亥 6 | 丙子 7 | 丁丑 8 | 戊寅 9 | 己卯 10 | 庚辰 11 | 辛巳 12 | 壬午 13 | 癸未 14 | 甲申 15 | 乙酉 16 | 丙戌 17 | 丁亥 18 | 戊子 19 | 己丑 20 | 庚寅 21 | 辛卯 22 | 壬辰 23 | 癸巳 24 | 甲午 25 | 乙未 26 | 丙申 27 | 丁酉 28 | 戊戌 29 | 己亥 30 | 庚子 31 | | 戊寅大雪 甲午冬至 |
| 十二月大 | 辛丑 | 天干地支西曆 | 辛丑 (1) | 壬寅 2 | 癸卯 3 | 甲辰 4 | 乙巳 5 | 丙午 6 | 丁未 7 | 戊申 8 | 己酉 9 | 庚戌 10 | 辛亥 11 | 壬子 12 | 癸丑 13 | 甲寅 14 | 乙卯 15 | 丙辰 16 | 丁巳 17 | 戊午 18 | 己未 19 | 庚申 20 | 辛酉 21 | 壬戌 22 | 癸亥 23 | 甲子 24 | 乙丑 25 | 丙寅 26 | 丁卯 27 | 戊辰 28 | 己巳 29 | 庚午 30 | 己酉小寒 甲子大寒 |

* 正月丙子（初一），改元元康。

# 漢宣帝元康二年（丁巳 蛇年） 公元前 64 ~ 前 63 年

| 夏曆月序 | | 中西曆日對照 | 夏曆日序 | | | | | | | | | | | | | | | | | | | | | | | | | | | | | 節氣與天象 |
|---|---|---|---|---|---|---|---|---|---|---|---|---|---|---|---|---|---|---|---|---|---|---|---|---|---|---|---|---|---|---|---|---|
| | | | 初一 | 初二 | 初三 | 初四 | 初五 | 初六 | 初七 | 初八 | 初九 | 初十 | 十一 | 十二 | 十三 | 十四 | 十五 | 十六 | 十七 | 十八 | 十九 | 二十 | 二一 | 二二 | 二三 | 二四 | 二五 | 二六 | 二七 | 二八 | 二九 | 三十 | |
| 正月小 | 壬寅 | 天干地支<br>西曆 | 辛未<br>31 | 壬申<br>(2) | 癸酉<br>2 | 甲戌<br>3 | 乙亥<br>4 | 丙子<br>5 | 丁丑<br>6 | 戊寅<br>7 | 己卯<br>8 | 庚辰<br>9 | 辛巳<br>10 | 壬午<br>11 | 癸未<br>12 | 甲申<br>13 | 乙酉<br>14 | 丙戌<br>15 | 丁亥<br>16 | 戊子<br>17 | 己丑<br>18 | 庚寅<br>19 | 辛卯<br>20 | 壬辰<br>21 | 癸巳<br>22 | 甲午<br>23 | 乙未<br>24 | 丙申<br>25 | 丁酉<br>26 | 戊戌<br>27 | 己亥<br>28 | | 己卯立春<br>甲午驚蟄 |
| 二月大 | 癸卯 | 天干地支<br>西曆 | 庚子<br>(3) | 辛丑<br>2 | 壬寅<br>3 | 癸卯<br>4 | 甲辰<br>5 | 乙巳<br>6 | 丙午<br>7 | 丁未<br>8 | 戊申<br>9 | 己酉<br>10 | 庚戌<br>11 | 辛亥<br>12 | 壬子<br>13 | 癸丑<br>14 | 甲寅<br>15 | 乙卯<br>16 | 丙辰<br>17 | 丁巳<br>18 | 戊午<br>19 | 己未<br>20 | 庚申<br>21 | 辛酉<br>22 | 壬戌<br>23 | 癸亥<br>24 | 甲子<br>25 | 乙丑<br>26 | 丙寅<br>27 | 丁卯<br>28 | 戊辰<br>29 | 己巳<br>30 | 庚戌雨水<br>乙丑春分 |
| 三月小 | 甲辰 | 天干地支<br>西曆 | 庚午<br>31 | 辛未<br>(4) | 壬申<br>2 | 癸酉<br>3 | 甲戌<br>4 | 乙亥<br>5 | 丙子<br>6 | 丁丑<br>7 | 戊寅<br>8 | 己卯<br>9 | 庚辰<br>10 | 辛巳<br>11 | 壬午<br>12 | 癸未<br>13 | 甲申<br>14 | 乙酉<br>15 | 丙戌<br>16 | 丁亥<br>17 | 戊子<br>18 | 己丑<br>19 | 庚寅<br>20 | 辛卯<br>21 | 壬辰<br>22 | 癸巳<br>23 | 甲午<br>24 | 乙未<br>25 | 丙申<br>26 | 丁酉<br>27 | 戊戌<br>28 | | 庚辰穀雨<br>乙未清明 |
| 四月大 | 乙巳 | 天干地支<br>西曆 | 己亥<br>29 | 庚子<br>30 | 辛丑<br>(5) | 壬寅<br>2 | 癸卯<br>3 | 甲辰<br>4 | 乙巳<br>5 | 丙午<br>6 | 丁未<br>7 | 戊申<br>8 | 己酉<br>9 | 庚戌<br>10 | 辛亥<br>11 | 壬子<br>12 | 癸丑<br>13 | 甲寅<br>14 | 乙卯<br>15 | 丙辰<br>16 | 丁巳<br>17 | 戊午<br>18 | 己未<br>19 | 庚申<br>20 | 辛酉<br>21 | 壬戌<br>22 | 癸亥<br>23 | 甲子<br>24 | 乙丑<br>25 | 丙寅<br>26 | 丁卯<br>27 | 戊辰<br>28 | 庚戌立夏<br>丙寅小滿 |
| 五月小 | 丙午 | 天干地支<br>西曆 | 己巳<br>29 | 庚午<br>30 | 辛未<br>31 | 壬申<br>(6) | 癸酉<br>2 | 甲戌<br>3 | 乙亥<br>4 | 丙子<br>5 | 丁丑<br>6 | 戊寅<br>7 | 己卯<br>8 | 庚辰<br>9 | 辛巳<br>10 | 壬午<br>11 | 癸未<br>12 | 甲申<br>13 | 乙酉<br>14 | 丙戌<br>15 | 丁亥<br>16 | 戊子<br>17 | 己丑<br>18 | 庚寅<br>19 | 辛卯<br>20 | 壬辰<br>21 | 癸巳<br>22 | 甲午<br>23 | 乙未<br>24 | 丙申<br>25 | 丁酉<br>26 | | 辛巳芒種<br>丙申夏至 |
| 六月大 | 丁未 | 天干地支<br>西曆 | 戊戌<br>27 | 己亥<br>28 | 庚子<br>29 | 辛丑<br>30 | 壬寅<br>(7) | 癸卯<br>2 | 甲辰<br>3 | 乙巳<br>4 | 丙午<br>5 | 丁未<br>6 | 戊申<br>7 | 己酉<br>8 | 庚戌<br>9 | 辛亥<br>10 | 壬子<br>11 | 癸丑<br>12 | 甲寅<br>13 | 乙卯<br>14 | 丙辰<br>15 | 丁巳<br>16 | 戊午<br>17 | 己未<br>18 | 庚申<br>19 | 辛酉<br>20 | 壬戌<br>21 | 癸亥<br>22 | 甲子<br>23 | 乙丑<br>24 | 丙寅<br>25 | 丁卯<br>26 | 辛亥小暑<br>丁卯大暑 |
| 七月大 | 戊申 | 天干地支<br>西曆 | 戊辰<br>27 | 己巳<br>28 | 庚午<br>29 | 辛未<br>30 | 壬申<br>31 | 癸酉<br>(8) | 甲戌<br>2 | 乙亥<br>3 | 丙子<br>4 | 丁丑<br>5 | 戊寅<br>6 | 己卯<br>7 | 庚辰<br>8 | 辛巳<br>9 | 壬午<br>10 | 癸未<br>11 | 甲申<br>12 | 乙酉<br>13 | 丙戌<br>14 | 丁亥<br>15 | 戊子<br>16 | 己丑<br>17 | 庚寅<br>18 | 辛卯<br>19 | 壬辰<br>20 | 癸巳<br>21 | 甲午<br>22 | 乙未<br>23 | 丙申<br>24 | 丁酉<br>25 | 壬午立秋<br>丁酉處暑 |
| 閏七月小 | 戊申 | 天干地支<br>西曆 | 戊戌<br>26 | 己亥<br>27 | 庚子<br>28 | 辛丑<br>29 | 壬寅<br>30 | 癸卯<br>31 | 甲辰<br>(9) | 乙巳<br>2 | 丙午<br>3 | 丁未<br>4 | 戊申<br>5 | 己酉<br>6 | 庚戌<br>7 | 辛亥<br>8 | 壬子<br>9 | 癸丑<br>10 | 甲寅<br>11 | 乙卯<br>12 | 丙辰<br>13 | 丁巳<br>14 | 戊午<br>15 | 己未<br>16 | 庚申<br>17 | 辛酉<br>18 | 壬戌<br>19 | 癸亥<br>20 | 甲子<br>21 | 乙丑<br>22 | 丙寅<br>23 | | 壬子白露 |
| 八月大 | 己酉 | 天干地支<br>西曆 | 丁卯<br>24 | 戊辰<br>25 | 己巳<br>26 | 庚午<br>27 | 辛未<br>28 | 壬申<br>29 | 癸酉<br>30 | 甲戌<br>(10) | 乙亥<br>2 | 丙子<br>3 | 丁丑<br>4 | 戊寅<br>5 | 己卯<br>6 | 庚辰<br>7 | 辛巳<br>8 | 壬午<br>9 | 癸未<br>10 | 甲申<br>11 | 乙酉<br>12 | 丙戌<br>13 | 丁亥<br>14 | 戊子<br>15 | 己丑<br>16 | 庚寅<br>17 | 辛卯<br>18 | 壬辰<br>19 | 癸巳<br>20 | 甲午<br>21 | 乙未<br>22 | 丙申<br>23 | 丁卯秋分<br>癸未寒露 |
| 九月小 | 庚戌 | 天干地支<br>西曆 | 丁酉<br>24 | 戊戌<br>25 | 己亥<br>26 | 庚子<br>27 | 辛丑<br>28 | 壬寅<br>29 | 癸卯<br>30 | 甲辰<br>31 | 乙巳<br>(11) | 丙午<br>2 | 丁未<br>3 | 戊申<br>4 | 己酉<br>5 | 庚戌<br>6 | 辛亥<br>7 | 壬子<br>8 | 癸丑<br>9 | 甲寅<br>10 | 乙卯<br>11 | 丙辰<br>12 | 丁巳<br>13 | 戊午<br>14 | 己未<br>15 | 庚申<br>16 | 辛酉<br>17 | 壬戌<br>18 | 癸亥<br>19 | 甲子<br>20 | 乙丑<br>21 | | 戊戌霜降<br>癸丑立冬 |
| 十月大 | 辛亥 | 天干地支<br>西曆 | 丙寅<br>22 | 丁卯<br>23 | 戊辰<br>24 | 己巳<br>25 | 庚午<br>26 | 辛未<br>27 | 壬申<br>28 | 癸酉<br>29 | 甲戌<br>30 | 乙亥<br>(12) | 丙子<br>2 | 丁丑<br>3 | 戊寅<br>4 | 己卯<br>5 | 庚辰<br>6 | 辛巳<br>7 | 壬午<br>8 | 癸未<br>9 | 甲申<br>10 | 乙酉<br>11 | 丙戌<br>12 | 丁亥<br>13 | 戊子<br>14 | 己丑<br>15 | 庚寅<br>16 | 辛卯<br>17 | 壬辰<br>18 | 癸巳<br>19 | 甲午<br>20 | 乙未<br>21 | 戊辰小雪<br>甲申大雪 |
| 十一月小 | 壬子 | 天干地支<br>西曆 | 丙申<br>22 | 丁酉<br>23 | 戊戌<br>24 | 己亥<br>25 | 庚子<br>26 | 辛丑<br>27 | 壬寅<br>28 | 癸卯<br>29 | 甲辰<br>30 | 乙巳<br>31 | 丙午<br>(1) | 丁未<br>2 | 戊申<br>3 | 己酉<br>4 | 庚戌<br>5 | 辛亥<br>6 | 壬子<br>7 | 癸丑<br>8 | 甲寅<br>9 | 乙卯<br>10 | 丙辰<br>11 | 丁巳<br>12 | 戊午<br>13 | 己未<br>14 | 庚申<br>15 | 辛酉<br>16 | 壬戌<br>17 | 癸亥<br>18 | 甲子<br>19 | | 己亥冬至<br>甲寅小寒 |
| 十二月大 | 癸丑 | 天干地支<br>西曆 | 乙丑<br>20 | 丙寅<br>21 | 丁卯<br>22 | 戊辰<br>23 | 己巳<br>24 | 庚午<br>25 | 辛未<br>26 | 壬申<br>27 | 癸酉<br>28 | 甲戌<br>29 | 乙亥<br>30 | 丙子<br>31 | 丁丑<br>(2) | 戊寅<br>2 | 己卯<br>3 | 庚辰<br>4 | 辛巳<br>5 | 壬午<br>6 | 癸未<br>7 | 甲申<br>8 | 乙酉<br>9 | 丙戌<br>10 | 丁亥<br>11 | 戊子<br>12 | 己丑<br>13 | 庚寅<br>14 | 辛卯<br>15 | 壬辰<br>16 | 癸巳<br>17 | 甲午<br>18 | 己巳大寒<br>甲申立春 |

# 漢宣帝元康三年（戊午 馬年） 公元前 63 ~ 前 62 年

| 夏曆月序 | | 中西曆日對照 | 初一 | 初二 | 初三 | 初四 | 初五 | 初六 | 初七 | 初八 | 初九 | 初十 | 十一 | 十二 | 十三 | 十四 | 十五 | 十六 | 十七 | 十八 | 十九 | 二十 | 二一 | 二二 | 二三 | 二四 | 二五 | 二六 | 二七 | 二八 | 二九 | 三十 | 節氣與天象 |
|---|---|---|---|---|---|---|---|---|---|---|---|---|---|---|---|---|---|---|---|---|---|---|---|---|---|---|---|---|---|---|---|---|---|
| 正月小 | 甲寅 | 天干地支<br>西曆 | 乙未19 | 丙申20 | 丁酉21 | 戊戌22 | 己亥23 | 庚子24 | 辛丑25 | 壬寅26 | 癸卯27 | 甲辰28 | 乙巳(3) | 丙午2 | 丁未3 | 戊申4 | 己酉5 | 庚戌6 | 辛亥7 | 壬子8 | 癸丑9 | 甲寅10 | 乙卯11 | 丙辰12 | 丁巳13 | 戊午14 | 己未15 | 庚申16 | 辛酉17 | 壬戌18 | 癸亥19 | | 庚子驚蟄<br>乙卯雨水 |
| 二月大 | 乙卯 | 天干地支<br>西曆 | 甲子20 | 乙丑21 | 丙寅22 | 丁卯23 | 戊辰24 | 己巳25 | 庚午26 | 辛未27 | 壬申28 | 癸酉29 | 甲戌30 | 乙亥31 | 丙子(4) | 丁丑2 | 戊寅3 | 己卯4 | 庚辰5 | 辛巳6 | 壬午7 | 癸未8 | 甲申9 | 乙酉10 | 丙戌11 | 丁亥12 | 戊子13 | 己丑14 | 庚寅15 | 辛卯16 | 壬辰17 | 癸巳18 | 庚午春分<br>乙酉穀雨 |
| 三月小 | 丙辰 | 天干地支<br>西曆 | 甲午19 | 乙未20 | 丙申21 | 丁酉22 | 戊戌23 | 己亥24 | 庚子25 | 辛丑26 | 壬寅27 | 癸卯28 | 甲辰29 | 乙巳30 | 丙午(5) | 丁未2 | 戊申3 | 己酉4 | 庚戌5 | 辛亥6 | 壬子7 | 癸丑8 | 甲寅9 | 乙卯10 | 丙辰11 | 丁巳12 | 戊午13 | 己未14 | 庚申15 | 辛酉16 | 壬戌17 | | 辛丑清明<br>丙辰立夏 |
| 四月大 | 丁巳 | 天干地支<br>西曆 | 癸亥18 | 甲子19 | 乙丑20 | 丙寅21 | 丁卯22 | 戊辰23 | 己巳24 | 庚午25 | 辛未26 | 壬申27 | 癸酉28 | 甲戌29 | 乙亥30 | 丙子31 | 丁丑(6) | 戊寅2 | 己卯3 | 庚辰4 | 辛巳5 | 壬午6 | 癸未7 | 甲申8 | 乙酉9 | 丙戌10 | 丁亥11 | 戊子12 | 己丑13 | 庚寅14 | 辛卯15 | 壬辰16 | 辛未小滿<br>丙戌芒種 |
| 五月小 | 戊午 | 天干地支<br>西曆 | 癸巳17 | 甲午18 | 乙未19 | 丙申20 | 丁酉21 | 戊戌22 | 己亥23 | 庚子24 | 辛丑25 | 壬寅26 | 癸卯27 | 甲辰28 | 乙巳29 | 丙午30 | 丁未(7) | 戊申2 | 己酉3 | 庚戌4 | 辛亥5 | 壬子6 | 癸丑7 | 甲寅8 | 乙卯9 | 丙辰10 | 丁巳11 | 戊午12 | 己未13 | 庚申14 | 辛酉15 | | 辛丑夏至<br>丁巳小暑 |
| 六月大 | 己未 | 天干地支<br>西曆 | 壬戌16 | 癸亥17 | 甲子18 | 乙丑19 | 丙寅20 | 丁卯21 | 戊辰22 | 己巳23 | 庚午24 | 辛未25 | 壬申26 | 癸酉27 | 甲戌28 | 乙亥29 | 丙子30 | 丁丑31 | 戊寅(8) | 己卯2 | 庚辰3 | 辛巳4 | 壬午5 | 癸未6 | 甲申7 | 乙酉8 | 丙戌9 | 丁亥10 | 戊子11 | 己丑12 | 庚寅13 | 辛卯14 | 壬申大暑<br>丁亥立秋 |
| 七月小 | 庚申 | 天干地支<br>西曆 | 壬辰15 | 癸巳16 | 甲午17 | 乙未18 | 丙申19 | 丁酉20 | 戊戌21 | 己亥22 | 庚子23 | 辛丑24 | 壬寅25 | 癸卯26 | 甲辰27 | 乙巳28 | 丙午29 | 丁未30 | 戊申31 | 己酉(9) | 庚戌2 | 辛亥3 | 壬子4 | 癸丑5 | 甲寅6 | 乙卯7 | 丙辰8 | 丁巳9 | 戊午10 | 己未11 | 庚申12 | | 壬寅處暑<br>丁巳白露 |
| 八月大 | 辛酉 | 天干地支<br>西曆 | 辛酉13 | 壬戌14 | 癸亥15 | 甲子16 | 乙丑17 | 丙寅18 | 丁卯19 | 戊辰20 | 己巳21 | 庚午22 | 辛未23 | 壬申24 | 癸酉25 | 甲戌26 | 乙亥27 | 丙子28 | 丁丑29 | 戊寅30 | 己卯(10) | 庚辰2 | 辛巳3 | 壬午4 | 癸未5 | 甲申6 | 乙酉7 | 丙戌8 | 丁亥9 | 戊子10 | 己丑11 | 庚寅12 | 癸酉秋分<br>戊子寒露 |
| 九月小 | 壬戌 | 天干地支<br>西曆 | 辛卯13 | 壬辰14 | 癸巳15 | 甲午16 | 乙未17 | 丙申18 | 丁酉19 | 戊戌20 | 己亥21 | 庚子22 | 辛丑23 | 壬寅24 | 癸卯25 | 甲辰26 | 乙巳27 | 丙午28 | 丁未29 | 戊申30 | 己酉31 | 庚戌(11) | 辛亥2 | 壬子3 | 癸丑4 | 甲寅5 | 乙卯6 | 丙辰7 | 丁巳8 | 戊午9 | 己未10 | | 癸卯霜降<br>戊午立冬 |
| 十月大 | 癸亥 | 天干地支<br>西曆 | 庚申11 | 辛酉12 | 壬戌13 | 癸亥14 | 甲子15 | 乙丑16 | 丙寅17 | 丁卯18 | 戊辰19 | 己巳20 | 庚午21 | 辛未22 | 壬申23 | 癸酉24 | 甲戌25 | 乙亥26 | 丙子27 | 丁丑28 | 戊寅29 | 己卯30 | 庚辰(12) | 辛巳2 | 壬午3 | 癸未4 | 甲申5 | 乙酉6 | 丙戌7 | 丁亥8 | 戊子9 | 己丑10 | 甲戌小雪<br>己丑大雪 |
| 十一月大 | 甲子 | 天干地支<br>西曆 | 庚寅11 | 辛卯12 | 壬辰13 | 癸巳14 | 甲午15 | 乙未16 | 丙申17 | 丁酉18 | 戊戌19 | 己亥20 | 庚子21 | 辛丑22 | 壬寅23 | 癸卯24 | 甲辰25 | 乙巳26 | 丙午27 | 丁未28 | 戊申29 | 己酉30 | 庚戌31 | 辛亥(1) | 壬子2 | 癸丑3 | 甲寅4 | 乙卯5 | 丙辰6 | 丁巳7 | 戊午8 | 己未9 | 甲辰冬至<br>己未小寒 |
| 十二月小 | 乙丑 | 天干地支<br>西曆 | 庚申10 | 辛酉11 | 壬戌12 | 癸亥13 | 甲子14 | 乙丑15 | 丙寅16 | 丁卯17 | 戊辰18 | 己巳19 | 庚午20 | 辛未21 | 壬申22 | 癸酉23 | 甲戌24 | 乙亥25 | 丙子26 | 丁丑27 | 戊寅28 | 己卯29 | 庚辰30 | 辛巳31 | 壬午(2) | 癸未2 | 甲申3 | 乙酉4 | 丙戌5 | 丁亥6 | 戊子7 | | 甲戌大寒 |

# 漢宣帝元康四年（己未 羊年） 公元前 62 ~ 前 61 年

| 夏曆月序 | 中西曆日對照 | 初一 | 初二 | 初三 | 初四 | 初五 | 初六 | 初七 | 初八 | 初九 | 初十 | 十一 | 十二 | 十三 | 十四 | 十五 | 十六 | 十七 | 十八 | 十九 | 二十 | 二一 | 二二 | 二三 | 二四 | 二五 | 二六 | 二七 | 二八 | 二九 | 三十 | 節氣與天象 |
|---|---|---|---|---|---|---|---|---|---|---|---|---|---|---|---|---|---|---|---|---|---|---|---|---|---|---|---|---|---|---|---|---|
| 正月大 丙寅 | 天干地支 西曆 | 己丑 8 | 庚寅 9 | 辛卯 10 | 壬辰 11 | 癸巳 12 | 甲午 13 | 乙未 14 | 丙申 15 | 丁酉 16 | 戊戌 17 | 己亥 18 | 庚子 19 | 辛丑 20 | 壬寅 21 | 癸卯 22 | 甲辰 23 | 乙巳 24 | 丙午 25 | 丁未 26 | 戊申 27 | 己酉 28 | 庚戌 (3) | 辛亥 2 | 壬子 3 | 癸丑 4 | 甲寅 5 | 乙卯 6 | 丙辰 7 | 丁巳 8 | 戊午 9 | 庚寅立春 乙巳驚蟄 |
| 二月小 丁卯 | 天干地支 西曆 | 己未 10 | 庚申 11 | 辛酉 12 | 壬戌 13 | 癸亥 14 | 甲子 15 | 乙丑 16 | 丙寅 17 | 丁卯 18 | 戊辰 19 | 己巳 20 | 庚午 21 | 辛未 22 | 壬申 23 | 癸酉 24 | 甲戌 25 | 乙亥 26 | 丙子 27 | 丁丑 28 | 戊寅 29 | 己卯 30 | 庚辰 31 | 辛巳 (4) | 壬午 2 | 癸未 3 | 甲申 4 | 乙酉 5 | 丙戌 6 | 丁亥 7 |  | 庚申雨水 乙亥春分 |
| 三月大 戊辰 | 天干地支 西曆 | 戊子 8 | 己丑 9 | 庚寅 10 | 辛卯 11 | 壬辰 12 | 癸巳 13 | 甲午 14 | 乙未 15 | 丙申 16 | 丁酉 17 | 戊戌 18 | 己亥 19 | 庚子 20 | 辛丑 21 | 壬寅 22 | 癸卯 23 | 甲辰 24 | 乙巳 25 | 丙午 26 | 丁未 27 | 戊申 28 | 己酉 29 | 庚戌 30 | 辛亥 (5) | 壬子 2 | 癸丑 3 | 甲寅 4 | 乙卯 5 | 丙辰 6 | 丁巳 7 | 辛卯穀雨 丙午清明 |
| 四月小 己巳 | 天干地支 西曆 | 戊午 8 | 己未 9 | 庚申 10 | 辛酉 11 | 壬戌 12 | 癸亥 13 | 甲子 14 | 乙丑 15 | 丙寅 16 | 丁卯 17 | 戊辰 18 | 己巳 19 | 庚午 20 | 辛未 21 | 壬申 22 | 癸酉 23 | 甲戌 24 | 乙亥 25 | 丙子 26 | 丁丑 27 | 戊寅 28 | 己卯 29 | 庚辰 30 | 辛巳 31 | 壬午 (6) | 癸未 2 | 甲申 3 | 乙酉 4 | 丙戌 5 |  | 辛酉立夏 丙子小滿 |
| 五月大 庚午 | 天干地支 西曆 | 丁亥 6 | 戊子 7 | 己丑 8 | 庚寅 9 | 辛卯 10 | 壬辰 11 | 癸巳 12 | 甲午 13 | 乙未 14 | 丙申 15 | 丁酉 16 | 戊戌 17 | 己亥 18 | 庚子 19 | 辛丑 20 | 壬寅 21 | 癸卯 22 | 甲辰 23 | 乙巳 24 | 丙午 25 | 丁未 26 | 戊申 27 | 己酉 28 | 庚戌 29 | 辛亥 30 | 壬子 (7) | 癸丑 2 | 甲寅 3 | 乙卯 4 | 丙辰 5 | 辛卯芒種 丁未夏至 |
| 六月小 辛未 | 天干地支 西曆 | 丁巳 6 | 戊午 7 | 己未 8 | 庚申 9 | 辛酉 10 | 壬戌 11 | 癸亥 12 | 甲子 13 | 乙丑 14 | 丙寅 15 | 丁卯 16 | 戊辰 17 | 己巳 18 | 庚午 19 | 辛未 20 | 壬申 21 | 癸酉 22 | 甲戌 23 | 乙亥 24 | 丙子 25 | 丁丑 26 | 戊寅 27 | 己卯 28 | 庚辰 29 | 辛巳 30 | 壬午 31 | 癸未 (8) | 甲申 2 | 乙酉 3 |  | 壬戌小暑 丁丑大暑 |
| 七月大 壬申 | 天干地支 西曆 | 丙戌 4 | 丁亥 5 | 戊子 6 | 己丑 7 | 庚寅 8 | 辛卯 9 | 壬辰 10 | 癸巳 11 | 甲午 12 | 乙未 13 | 丙申 14 | 丁酉 15 | 戊戌 16 | 己亥 17 | 庚子 18 | 辛丑 19 | 壬寅 20 | 癸卯 21 | 甲辰 22 | 乙巳 23 | 丙午 24 | 丁未 25 | 戊申 26 | 己酉 27 | 庚戌 28 | 辛亥 29 | 壬子 30 | 癸丑 31 | 甲寅 (9) | 乙卯 2 | 壬辰立秋 戊申處暑 |
| 八月小 癸酉 | 天干地支 西曆 | 丙辰 3 | 丁巳 4 | 戊午 5 | 己未 6 | 庚申 7 | 辛酉 8 | 壬戌 9 | 癸亥 10 | 甲子 11 | 乙丑 12 | 丙寅 13 | 丁卯 14 | 戊辰 15 | 己巳 16 | 庚午 17 | 辛未 18 | 壬申 19 | 癸酉 20 | 甲戌 21 | 乙亥 22 | 丙子 23 | 丁丑 24 | 戊寅 25 | 己卯 26 | 庚辰 27 | 辛巳 28 | 壬午 29 | 癸未 30 | 甲申 (10) |  | 癸亥白露 戊寅秋分 |
| 九月大 甲戌 | 天干地支 西曆 | 乙酉 2 | 丙戌 3 | 丁亥 4 | 戊子 5 | 己丑 6 | 庚寅 7 | 辛卯 8 | 壬辰 9 | 癸巳 10 | 甲午 11 | 乙未 12 | 丙申 13 | 丁酉 14 | 戊戌 15 | 己亥 16 | 庚子 17 | 辛丑 18 | 壬寅 19 | 癸卯 20 | 甲辰 21 | 乙巳 22 | 丙午 23 | 丁未 24 | 戊申 25 | 己酉 26 | 庚戌 27 | 辛亥 28 | 壬子 29 | 癸丑 30 | 甲寅 31 | 癸巳寒露 戊申霜降 |
| 十月小 乙亥 | 天干地支 西曆 | 乙卯 (11) | 丙辰 2 | 丁巳 3 | 戊午 4 | 己未 5 | 庚申 6 | 辛酉 7 | 壬戌 8 | 癸亥 9 | 甲子 10 | 乙丑 11 | 丙寅 12 | 丁卯 13 | 戊辰 14 | 己巳 15 | 庚午 16 | 辛未 17 | 壬申 18 | 癸酉 19 | 甲戌 20 | 乙亥 21 | 丙子 22 | 丁丑 23 | 戊寅 24 | 己卯 25 | 庚辰 26 | 辛巳 27 | 壬午 28 | 癸未 29 |  | 甲子立冬 己卯小雪 |
| 十一月大 丙子 | 天干地支 西曆 | 甲申 30 | 乙酉 (12) | 丙戌 2 | 丁亥 3 | 戊子 4 | 己丑 5 | 庚寅 6 | 辛卯 7 | 壬辰 8 | 癸巳 9 | 甲午 10 | 乙未 11 | 丙申 12 | 丁酉 13 | 戊戌 14 | 己亥 15 | 庚子 16 | 辛丑 17 | 壬寅 18 | 癸卯 19 | 甲辰 20 | 乙巳 21 | 丙午 22 | 丁未 23 | 戊申 24 | 己酉 25 | 庚戌 26 | 辛亥 27 | 壬子 28 | 癸丑 29 | 甲午大雪 己酉冬至 |
| 十二月小 丁丑 | 天干地支 西曆 | 甲寅 30 | 乙卯 31 | 丙辰 (1) | 丁巳 2 | 戊午 3 | 己未 4 | 庚申 5 | 辛酉 6 | 壬戌 7 | 癸亥 8 | 甲子 9 | 乙丑 10 | 丙寅 11 | 丁卯 12 | 戊辰 13 | 己巳 14 | 庚午 15 | 辛未 16 | 壬申 17 | 癸酉 18 | 甲戌 19 | 乙亥 20 | 丙子 21 | 丁丑 22 | 戊寅 23 | 己卯 24 | 庚辰 25 | 辛巳 26 | 壬午 27 |  | 甲子小寒 庚辰大寒 |

# 漢宣帝元康五年 神爵元年（庚申 猴年） 公元前61 ~ 前60年

| 夏曆月序 | | 中西曆日對照 | 初一 | 初二 | 初三 | 初四 | 初五 | 初六 | 初七 | 初八 | 初九 | 初十 | 十一 | 十二 | 十三 | 十四 | 十五 | 十六 | 十七 | 十八 | 十九 | 二十 | 二一 | 二二 | 二三 | 二四 | 二五 | 二六 | 二七 | 二八 | 二九 | 三十 | 節氣與天象 |
|---|---|---|---|---|---|---|---|---|---|---|---|---|---|---|---|---|---|---|---|---|---|---|---|---|---|---|---|---|---|---|---|---|---|
| 正月大 | 戊寅 | 天干支<br>地西曆 | 癸未28 | 甲申29 | 乙酉30 | 丙戌31 | 丁亥(2) | 戊子2 | 己丑3 | 庚寅4 | 辛卯5 | 壬辰6 | 癸巳7 | 甲午8 | 乙未9 | 丙申10 | 丁酉11 | 戊戌12 | 己亥13 | 庚子14 | 辛丑15 | 壬寅16 | 癸卯17 | 甲辰18 | 乙巳19 | 丙午20 | 丁未21 | 戊申22 | 己酉23 | 庚戌24 | 辛亥25 | 壬子26 | 乙未立春<br>庚戌驚蟄 |
| 二月大 | 己卯 | 天干支<br>地西曆 | 癸丑27 | 甲寅28 | 乙卯29 | 丙辰(3) | 丁巳2 | 戊午3 | 己未4 | 庚申5 | 辛酉6 | 壬戌7 | 癸亥8 | 甲子9 | 乙丑10 | 丙寅11 | 丁卯12 | 戊辰13 | 己巳14 | 庚午15 | 辛未16 | 壬申17 | 癸酉18 | 甲戌19 | 乙亥20 | 丙子21 | 丁丑22 | 戊寅23 | 己卯24 | 庚辰25 | 辛巳26 | 壬午27 | 乙丑雨水<br>辛巳春分 |
| 三月小 | 庚辰 | 天干支<br>地西曆 | 癸未28 | 甲申29 | 乙酉30 | 丙戌31 | 丁亥(4) | 戊子2 | 己丑3 | 庚寅4 | 辛卯5 | 壬辰6 | 癸巳7 | 甲午8 | 乙未9 | 丙申10 | 丁酉11 | 戊戌12 | 己亥13 | 庚子14 | 辛丑15 | 壬寅16 | 癸卯17 | 甲辰18 | 乙巳19 | 丙午20 | 丁未21 | 戊申22 | 己酉23 | 庚戌24 | 辛亥25 | | 丙申穀雨<br>辛亥清明 |
| 四月大 | 辛巳 | 天干支<br>地西曆 | 壬子26 | 癸丑27 | 甲寅28 | 乙卯29 | 丙辰30 | 丁巳(5) | 戊午2 | 己未3 | 庚申4 | 辛酉5 | 壬戌6 | 癸亥7 | 甲子8 | 乙丑9 | 丙寅10 | 丁卯11 | 戊辰12 | 己巳13 | 庚午14 | 辛未15 | 壬申16 | 癸酉17 | 甲戌18 | 乙亥19 | 丙子20 | 丁丑21 | 戊寅22 | 己卯23 | 庚辰24 | 辛巳25 | 丙寅立夏<br>辛巳小滿 |
| 閏四月小 | 辛巳 | 天干支<br>地西曆 | 壬午26 | 癸未27 | 甲申28 | 乙酉29 | 丙戌30 | 丁亥31 | 戊子(6) | 己丑2 | 庚寅3 | 辛卯4 | 壬辰5 | 癸巳6 | 甲午7 | 乙未8 | 丙申9 | 丁酉10 | 戊戌11 | 己亥12 | 庚子13 | 辛丑14 | 壬寅15 | 癸卯16 | 甲辰17 | 乙巳18 | 丙午19 | 丁未20 | 戊申21 | 己酉22 | 庚戌23 | | 丁酉芒種 |
| 五月大 | 壬午 | 天干支<br>地西曆 | 辛亥24 | 壬子25 | 癸丑26 | 甲寅27 | 乙卯28 | 丙辰29 | 丁巳30 | 戊午(7) | 己未2 | 庚申3 | 辛酉4 | 壬戌5 | 癸亥6 | 甲子7 | 乙丑8 | 丙寅9 | 丁卯10 | 戊辰11 | 己巳12 | 庚午13 | 辛未14 | 壬申15 | 癸酉16 | 甲戌17 | 乙亥18 | 丙子19 | 丁丑20 | 戊寅21 | 己卯22 | 庚辰23 | 壬子夏至<br>丁卯小暑 |
| 六月小 | 癸未 | 天干支<br>地西曆 | 辛巳24 | 壬午25 | 癸未26 | 甲申27 | 乙酉28 | 丙戌29 | 丁亥30 | 戊子31 | 己丑(8) | 庚寅2 | 辛卯3 | 壬辰4 | 癸巳5 | 甲午6 | 乙未7 | 丙申8 | 丁酉9 | 戊戌10 | 己亥11 | 庚子12 | 辛丑13 | 壬寅14 | 癸卯15 | 甲辰16 | 乙巳17 | 丙午18 | 丁未19 | 戊申20 | 己酉21 | | 壬午大暑<br>戊戌立秋 |
| 七月大 | 甲申 | 天干支<br>地西曆 | 庚戌22 | 辛亥23 | 壬子24 | 癸丑25 | 甲寅26 | 乙卯27 | 丙辰28 | 丁巳29 | 戊午30 | 己未31 | 庚申(9) | 辛酉2 | 壬戌3 | 癸亥4 | 甲子5 | 乙丑6 | 丙寅7 | 丁卯8 | 戊辰9 | 己巳10 | 庚午11 | 辛未12 | 壬申13 | 癸酉14 | 甲戌15 | 乙亥16 | 丙子17 | 丁丑18 | 戊寅19 | 己卯20 | 癸丑處暑<br>戊辰白露<br>己卯日食 |
| 八月小 | 乙酉 | 天干支<br>地西曆 | 庚辰21 | 辛巳22 | 壬午23 | 癸未24 | 甲申25 | 乙酉26 | 丙戌27 | 丁亥28 | 戊子29 | 己丑30 | 庚寅(10) | 辛卯2 | 壬辰3 | 癸巳4 | 甲午5 | 乙未6 | 丙申7 | 丁酉8 | 戊戌9 | 己亥10 | 庚子11 | 辛丑12 | 壬寅13 | 癸卯14 | 甲辰15 | 乙巳16 | 丙午17 | 丁未18 | 戊申19 | | 癸未秋分<br>戊戌寒露 |
| 九月大 | 丙戌 | 天干支<br>地西曆 | 己酉20 | 庚戌21 | 辛亥22 | 壬子23 | 癸丑24 | 甲寅25 | 乙卯26 | 丙辰27 | 丁巳28 | 戊午29 | 己未30 | 庚申31 | 辛酉(11) | 壬戌2 | 癸亥3 | 甲子4 | 乙丑5 | 丙寅6 | 丁卯7 | 戊辰8 | 己巳9 | 庚午10 | 辛未11 | 壬申12 | 癸酉13 | 甲戌14 | 乙亥15 | 丙子16 | 丁丑17 | 戊寅18 | 甲寅霜降<br>己巳立冬 |
| 十月小 | 丁亥 | 天干支<br>地西曆 | 己卯19 | 庚辰20 | 辛巳21 | 壬午22 | 癸未23 | 甲申24 | 乙酉25 | 丙戌26 | 丁亥27 | 戊子28 | 己丑29 | 庚寅30 | 辛卯(12) | 壬辰2 | 癸巳3 | 甲午4 | 乙未5 | 丙申6 | 丁酉7 | 戊戌8 | 己亥9 | 庚子10 | 辛丑11 | 壬寅12 | 癸卯13 | 甲辰14 | 乙巳15 | 丙午16 | 丁未17 | | 甲申小雪<br>己亥大雪 |
| 十一月大 | 戊子 | 天干支<br>地西曆 | 戊申18 | 己酉19 | 庚戌20 | 辛亥21 | 壬子22 | 癸丑23 | 甲寅24 | 乙卯25 | 丙辰26 | 丁巳27 | 戊午28 | 己未29 | 庚申30 | 辛酉31 | 壬戌(1) | 癸亥2 | 甲子3 | 乙丑4 | 丙寅5 | 丁卯6 | 戊辰7 | 己巳8 | 庚午9 | 辛未10 | 壬申11 | 癸酉12 | 甲戌13 | 乙亥14 | 丙子15 | 丁丑16 | 乙卯冬至<br>庚午小寒 |
| 十二月小 | 己丑 | 天干支<br>地西曆 | 戊寅17 | 己卯18 | 庚辰19 | 辛巳20 | 壬午21 | 癸未22 | 甲申23 | 乙酉24 | 丙戌25 | 丁亥26 | 戊子27 | 己丑28 | 庚寅29 | 辛卯30 | 壬辰31 | 癸巳(2) | 甲午2 | 乙未3 | 丙申4 | 丁酉5 | 戊戌6 | 己亥7 | 庚子8 | 辛丑9 | 壬寅10 | 癸卯11 | 甲辰12 | 乙巳13 | 丙午14 | | 乙酉大寒<br>庚子立春 |

* 三月，改元神爵。

# 漢宣帝神爵二年（辛酉 鷄年） 公元前60 ~ 前59年

| 夏曆月序 | | 中西曆日對照 | 夏曆日序 | | | | | | | | | | | | | | | | | | | | | | | | | | | | | 節氣與天象 |
|---|---|---|---|---|---|---|---|---|---|---|---|---|---|---|---|---|---|---|---|---|---|---|---|---|---|---|---|---|---|---|---|---|
| | | | 初一 | 初二 | 初三 | 初四 | 初五 | 初六 | 初七 | 初八 | 初九 | 初十 | 十一 | 十二 | 十三 | 十四 | 十五 | 十六 | 十七 | 十八 | 十九 | 二十 | 二一 | 二二 | 二三 | 二四 | 二五 | 二六 | 二七 | 二八 | 二九 | 三十 | |
| 正月大 | 庚寅 | 干支<br>天地西曆 | 丁未<br>15 | 戊申<br>16 | 己酉<br>17 | 庚戌<br>18 | 辛亥<br>19 | 壬子<br>20 | 癸丑<br>21 | 甲寅<br>22 | 乙卯<br>23 | 丙辰<br>24 | 丁巳<br>25 | 戊午<br>26 | 己未<br>27 | 庚申<br>28 | 辛酉<br>(3) | 壬戌<br>2 | 癸亥<br>3 | 甲子<br>4 | 乙丑<br>5 | 丙寅<br>6 | 丁卯<br>7 | 戊辰<br>8 | 己巳<br>9 | 庚午<br>10 | 辛未<br>11 | 壬申<br>12 | 癸酉<br>13 | 甲戌<br>14 | 乙亥<br>15 | 丙子<br>16 | 乙卯驚蟄<br>辛未雨水 |
| 二月小 | 辛卯 | 干支<br>天地西曆 | 丁丑<br>17 | 戊寅<br>18 | 己卯<br>19 | 庚辰<br>20 | 辛巳<br>21 | 壬午<br>22 | 癸未<br>23 | 甲申<br>24 | 乙酉<br>25 | 丙戌<br>26 | 丁亥<br>27 | 戊子<br>28 | 己丑<br>29 | 庚寅<br>30 | 辛卯<br>31 | 壬辰<br>(4) | 癸巳<br>2 | 甲午<br>3 | 乙未<br>4 | 丙申<br>5 | 丁酉<br>6 | 戊戌<br>7 | 己亥<br>8 | 庚子<br>9 | 辛丑<br>10 | 壬寅<br>11 | 癸卯<br>12 | 甲辰<br>13 | 乙巳<br>14 | | 丙戌春分<br>辛丑穀雨 |
| 三月大 | 壬辰 | 干支<br>天地西曆 | 丙午<br>15 | 丁未<br>16 | 戊申<br>17 | 己酉<br>18 | 庚戌<br>19 | 辛亥<br>20 | 壬子<br>21 | 癸丑<br>22 | 甲寅<br>23 | 乙卯<br>24 | 丙辰<br>25 | 丁巳<br>26 | 戊午<br>27 | 己未<br>28 | 庚申<br>29 | 辛酉<br>30 | 壬戌<br>(5) | 癸亥<br>2 | 甲子<br>3 | 乙丑<br>4 | 丙寅<br>5 | 丁卯<br>6 | 戊辰<br>7 | 己巳<br>8 | 庚午<br>9 | 辛未<br>10 | 壬申<br>11 | 癸酉<br>12 | 甲戌<br>13 | 乙亥<br>14 | 丙辰清明<br>辛未立夏 |
| 四月小 | 癸巳 | 干支<br>天地西曆 | 丙子<br>15 | 丁丑<br>16 | 戊寅<br>17 | 己卯<br>18 | 庚辰<br>19 | 辛巳<br>20 | 壬午<br>21 | 癸未<br>22 | 甲申<br>23 | 乙酉<br>24 | 丙戌<br>25 | 丁亥<br>26 | 戊子<br>27 | 己丑<br>28 | 庚寅<br>29 | 辛卯<br>30 | 壬辰<br>31 | 癸巳<br>(6) | 甲午<br>2 | 乙未<br>3 | 丙申<br>4 | 丁酉<br>5 | 戊戌<br>6 | 己亥<br>7 | 庚子<br>8 | 辛丑<br>9 | 壬寅<br>10 | 癸卯<br>11 | 甲辰<br>12 | | 丁亥小滿<br>壬寅芒種 |
| 五月大 | 甲午 | 干支<br>天地西曆 | 乙巳<br>13 | 丙午<br>14 | 丁未<br>15 | 戊申<br>16 | 己酉<br>17 | 庚戌<br>18 | 辛亥<br>19 | 壬子<br>20 | 癸丑<br>21 | 甲寅<br>22 | 乙卯<br>23 | 丙辰<br>24 | 丁巳<br>25 | 戊午<br>26 | 己未<br>27 | 庚申<br>28 | 辛酉<br>29 | 壬戌<br>30 | 癸亥<br>(7) | 甲子<br>2 | 乙丑<br>3 | 丙寅<br>4 | 丁卯<br>5 | 戊辰<br>6 | 己巳<br>7 | 庚午<br>8 | 辛未<br>9 | 壬申<br>10 | 癸酉<br>11 | 甲戌<br>12 | 丁巳夏至<br>壬申小暑 |
| 六月大 | 乙未 | 干支<br>天地西曆 | 乙亥<br>13 | 丙子<br>14 | 丁丑<br>15 | 戊寅<br>16 | 己卯<br>17 | 庚辰<br>18 | 辛巳<br>19 | 壬午<br>20 | 癸未<br>21 | 甲申<br>22 | 乙酉<br>23 | 丙戌<br>24 | 丁亥<br>25 | 戊子<br>26 | 己丑<br>27 | 庚寅<br>28 | 辛卯<br>29 | 壬辰<br>30 | 癸巳<br>31 | 甲午<br>(8) | 乙未<br>2 | 丙申<br>3 | 丁酉<br>4 | 戊戌<br>5 | 己亥<br>6 | 庚子<br>7 | 辛丑<br>8 | 壬寅<br>9 | 癸卯<br>10 | 甲辰<br>11 | 戊子大暑<br>癸卯立秋 |
| 七月小 | 丙申 | 干支<br>天地西曆 | 乙巳<br>12 | 丙午<br>13 | 丁未<br>14 | 戊申<br>15 | 己酉<br>16 | 庚戌<br>17 | 辛亥<br>18 | 壬子<br>19 | 癸丑<br>20 | 甲寅<br>21 | 乙卯<br>22 | 丙辰<br>23 | 丁巳<br>24 | 戊午<br>25 | 己未<br>26 | 庚申<br>27 | 辛酉<br>28 | 壬戌<br>29 | 癸亥<br>30 | 甲子<br>31 | 乙丑<br>(9) | 丙寅<br>2 | 丁卯<br>3 | 戊辰<br>4 | 己巳<br>5 | 庚午<br>6 | 辛未<br>7 | 壬申<br>8 | 癸酉<br>9 | | 戊午處暑<br>癸酉白露 |
| 八月大 | 丁酉 | 干支<br>天地西曆 | 甲戌<br>10 | 乙亥<br>11 | 丙子<br>12 | 丁丑<br>13 | 戊寅<br>14 | 己卯<br>15 | 庚辰<br>16 | 辛巳<br>17 | 壬午<br>18 | 癸未<br>19 | 甲申<br>20 | 乙酉<br>21 | 丙戌<br>22 | 丁亥<br>23 | 戊子<br>24 | 己丑<br>25 | 庚寅<br>26 | 辛卯<br>27 | 壬辰<br>28 | 癸巳<br>29 | 甲午<br>30 | 乙未<br>(10) | 丙申<br>2 | 丁酉<br>3 | 戊戌<br>4 | 己亥<br>5 | 庚子<br>6 | 辛丑<br>7 | 壬寅<br>8 | 癸卯<br>9 | 戊子秋分 |
| 九月小 | 戊戌 | 干支<br>天地西曆 | 甲辰<br>10 | 乙巳<br>11 | 丙午<br>12 | 丁未<br>13 | 戊申<br>14 | 己酉<br>15 | 庚戌<br>16 | 辛亥<br>17 | 壬子<br>18 | 癸丑<br>19 | 甲寅<br>20 | 乙卯<br>21 | 丙辰<br>22 | 丁巳<br>23 | 戊午<br>24 | 己未<br>25 | 庚申<br>26 | 辛酉<br>27 | 壬戌<br>28 | 癸亥<br>29 | 甲子<br>30 | 乙丑<br>31 | 丙寅<br>(11) | 丁卯<br>2 | 戊辰<br>3 | 己巳<br>4 | 庚午<br>5 | 辛未<br>6 | 壬申<br>7 | | 甲辰寒露<br>己未霜降 |
| 十月大 | 己亥 | 干支<br>天地西曆 | 癸酉<br>8 | 甲戌<br>9 | 乙亥<br>10 | 丙子<br>11 | 丁丑<br>12 | 戊寅<br>13 | 己卯<br>14 | 庚辰<br>15 | 辛巳<br>16 | 壬午<br>17 | 癸未<br>18 | 甲申<br>19 | 乙酉<br>20 | 丙戌<br>21 | 丁亥<br>22 | 戊子<br>23 | 己丑<br>24 | 庚寅<br>25 | 辛卯<br>26 | 壬辰<br>27 | 癸巳<br>28 | 甲午<br>29 | 乙未<br>30 | 丙申<br>(12) | 丁酉<br>2 | 戊戌<br>3 | 己亥<br>4 | 庚子<br>5 | 辛丑<br>6 | 壬寅<br>7 | 甲戌立冬<br>己丑小雪 |
| 十一小 | 庚子 | 干支<br>天地西曆 | 癸卯<br>8 | 甲辰<br>9 | 乙巳<br>10 | 丙午<br>11 | 丁未<br>12 | 戊申<br>13 | 己酉<br>14 | 庚戌<br>15 | 辛亥<br>16 | 壬子<br>17 | 癸丑<br>18 | 甲寅<br>19 | 乙卯<br>20 | 丙辰<br>21 | 丁巳<br>22 | 戊午<br>23 | 己未<br>24 | 庚申<br>25 | 辛酉<br>26 | 壬戌<br>27 | 癸亥<br>28 | 甲子<br>29 | 乙丑<br>30 | 丙寅<br>31 | 丁卯<br>(1) | 戊辰<br>2 | 己巳<br>3 | 庚午<br>4 | 辛未<br>5 | | 乙巳大雪<br>庚申冬至 |
| 十二大 | 辛丑 | 干支<br>天地西曆 | 壬申<br>6 | 癸酉<br>7 | 甲戌<br>8 | 乙亥<br>9 | 丙子<br>10 | 丁丑<br>11 | 戊寅<br>12 | 己卯<br>13 | 庚辰<br>14 | 辛巳<br>15 | 壬午<br>16 | 癸未<br>17 | 甲申<br>18 | 乙酉<br>19 | 丙戌<br>20 | 丁亥<br>21 | 戊子<br>22 | 己丑<br>23 | 庚寅<br>24 | 辛卯<br>25 | 壬辰<br>26 | 癸巳<br>27 | 甲午<br>28 | 乙未<br>29 | 丙申<br>30 | 丁酉<br>31 | 戊戌<br>(2) | 己亥<br>2 | 庚子<br>3 | 辛丑<br>4 | 乙亥小寒<br>庚寅大寒 |

# 漢宣帝神爵三年（壬戌 狗年） 公元前 59 ~ 前 58 年

| 夏曆月序 | | 中西曆日對照 | 初一 | 初二 | 初三 | 初四 | 初五 | 初六 | 初七 | 初八 | 初九 | 初十 | 十一 | 十二 | 十三 | 十四 | 十五 | 十六 | 十七 | 十八 | 十九 | 二十 | 二十一 | 二十二 | 二十三 | 二十四 | 二十五 | 二十六 | 二十七 | 二十八 | 二十九 | 三十 | 節氣與天象 |
|---|---|---|---|---|---|---|---|---|---|---|---|---|---|---|---|---|---|---|---|---|---|---|---|---|---|---|---|---|---|---|---|---|---|
| 正月小 | 壬寅 | 干支天地西曆 | 壬寅5 | 癸卯6 | 甲辰7 | 乙巳8 | 丙午9 | 丁未10 | 戊申11 | 己酉12 | 庚戌13 | 辛亥14 | 壬子15 | 癸丑16 | 甲寅17 | 乙卯18 | 丙辰19 | 丁巳20 | 戊午21 | 己未22 | 庚申23 | 辛酉24 | 壬戌25 | 癸亥26 | 甲子27 | 乙丑28 | 丙寅(3) | 丁卯2 | 戊辰3 | 己巳4 | 庚午5 | | 乙巳立春 辛酉驚蟄 |
| 二月大 | 癸卯 | 干支天地西曆 | 辛未6 | 壬申7 | 癸酉8 | 甲戌9 | 乙亥10 | 丙子11 | 丁丑12 | 戊寅13 | 己卯14 | 庚辰15 | 辛巳16 | 壬午17 | 癸未18 | 甲申19 | 乙酉20 | 丙戌21 | 丁亥22 | 戊子23 | 己丑24 | 庚寅25 | 辛卯26 | 壬辰27 | 癸巳28 | 甲午29 | 乙未30 | 丙申31 | 丁酉(4) | 戊戌2 | 己亥3 | 庚子4 | 丙子雨水 辛卯春分 |
| 三月小 | 甲辰 | 干支天地西曆 | 辛丑5 | 壬寅6 | 癸卯7 | 甲辰8 | 乙巳9 | 丙午10 | 丁未11 | 戊申12 | 己酉13 | 庚戌14 | 辛亥15 | 壬子16 | 癸丑17 | 甲寅18 | 乙卯19 | 丙辰20 | 丁巳21 | 戊午22 | 己未23 | 庚申24 | 辛酉25 | 壬戌26 | 癸亥27 | 甲子28 | 乙丑29 | 丙寅30 | 丁卯(5) | 戊辰2 | 己巳3 | | 丙午穀雨 壬戌清明 |
| 四月大 | 乙巳 | 干支天地西曆 | 庚午4 | 辛未5 | 壬申6 | 癸酉7 | 甲戌8 | 乙亥9 | 丙子10 | 丁丑11 | 戊寅12 | 己卯13 | 庚辰14 | 辛巳15 | 壬午16 | 癸未17 | 甲申18 | 乙酉19 | 丙戌20 | 丁亥21 | 戊子22 | 己丑23 | 庚寅24 | 辛卯25 | 壬辰26 | 癸巳27 | 甲午28 | 乙未29 | 丙申30 | 丁酉31 | 戊戌(6) | 己亥2 | 丁丑立夏 壬辰小滿 |
| 五月小 | 丙午 | 干支天地西曆 | 庚子3 | 辛丑4 | 壬寅5 | 癸卯6 | 甲辰7 | 乙巳8 | 丙午9 | 丁未10 | 戊申11 | 己酉12 | 庚戌13 | 辛亥14 | 壬子15 | 癸丑16 | 甲寅17 | 乙卯18 | 丙辰19 | 丁巳20 | 戊午21 | 己未22 | 庚申23 | 辛酉24 | 壬戌25 | 癸亥26 | 甲子27 | 乙丑28 | 丙寅29 | 丁卯30 | 戊辰(7) | | 丁未芒種 壬戌夏至 |
| 六月大 | 丁未 | 干支天地西曆 | 己巳2 | 庚午3 | 辛未4 | 壬申5 | 癸酉6 | 甲戌7 | 乙亥8 | 丙子9 | 丁丑10 | 戊寅11 | 己卯12 | 庚辰13 | 辛巳14 | 壬午15 | 癸未16 | 甲申17 | 乙酉18 | 丙戌19 | 丁亥20 | 戊子21 | 己丑22 | 庚寅23 | 辛卯24 | 壬辰25 | 癸巳26 | 甲午27 | 乙未28 | 丙申29 | 丁酉30 | 戊戌31 | 戊寅小暑 癸巳大暑 |
| 七月小 | 戊申 | 干支天地西曆 | 己亥(8) | 庚子2 | 辛丑3 | 壬寅4 | 癸卯5 | 甲辰6 | 乙巳7 | 丙午8 | 丁未9 | 戊申10 | 己酉11 | 庚戌12 | 辛亥13 | 壬子14 | 癸丑15 | 甲寅16 | 乙卯17 | 丙辰18 | 丁巳19 | 戊午20 | 己未21 | 庚申22 | 辛酉23 | 壬戌24 | 癸亥25 | 甲子26 | 乙丑27 | 丙寅28 | 丁卯29 | | 戊申立秋 癸亥處暑 |
| 八月大 | 己酉 | 干支天地西曆 | 戊辰30 | 己巳31 | 庚午(9) | 辛未2 | 壬申3 | 癸酉4 | 甲戌5 | 乙亥6 | 丙子7 | 丁丑8 | 戊寅9 | 己卯10 | 庚辰11 | 辛巳12 | 壬午13 | 癸未14 | 甲申15 | 乙酉16 | 丙戌17 | 丁亥18 | 戊子19 | 己丑20 | 庚寅21 | 辛卯22 | 壬辰23 | 癸巳24 | 甲午25 | 乙未26 | 丙申27 | 丁酉28 | 戊寅白露 甲午秋分 |
| 九月大 | 庚戌 | 干支天地西曆 | 戊戌29 | 己亥30 | 庚子(10) | 辛丑2 | 壬寅3 | 癸卯4 | 甲辰5 | 乙巳6 | 丙午7 | 丁未8 | 戊申9 | 己酉10 | 庚戌11 | 辛亥12 | 壬子13 | 癸丑14 | 甲寅15 | 乙卯16 | 丙辰17 | 丁巳18 | 戊午19 | 己未20 | 庚申21 | 辛酉22 | 壬戌23 | 癸亥24 | 甲子25 | 乙丑26 | 丙寅27 | 丁卯28 | 己酉寒露 甲子霜降 |
| 十月小 | 辛亥 | 干支天地西曆 | 戊辰29 | 己巳30 | 庚午31 | 辛未(11) | 壬申2 | 癸酉3 | 甲戌4 | 乙亥5 | 丙子6 | 丁丑7 | 戊寅8 | 己卯9 | 庚辰10 | 辛巳11 | 壬午12 | 癸未13 | 甲申14 | 乙酉15 | 丙戌16 | 丁亥17 | 戊子18 | 己丑19 | 庚寅20 | 辛卯21 | 壬辰22 | 癸巳23 | 甲午24 | 乙未25 | 丙申26 | | 己卯立冬 乙未小雪 |
| 十一月大 | 壬子 | 干支天地西曆 | 丁酉27 | 戊戌28 | 己亥29 | 庚子30 | 辛丑(12) | 壬寅2 | 癸卯3 | 甲辰4 | 乙巳5 | 丙午6 | 丁未7 | 戊申8 | 己酉9 | 庚戌10 | 辛亥11 | 壬子12 | 癸丑13 | 甲寅14 | 乙卯15 | 丙辰16 | 丁巳17 | 戊午18 | 己未19 | 庚申20 | 辛酉21 | 壬戌22 | 癸亥23 | 甲子24 | 乙丑25 | 丙寅26 | 庚戌大雪 乙丑冬至 |
| 十二月小 | 癸丑 | 干支天地西曆 | 丁卯27 | 戊辰28 | 己巳29 | 庚午30 | 辛未31 | 壬申(1) | 癸酉2 | 甲戌3 | 乙亥4 | 丙子5 | 丁丑6 | 戊寅7 | 己卯8 | 庚辰9 | 辛巳10 | 壬午11 | 癸未12 | 甲申13 | 乙酉14 | 丙戌15 | 丁亥16 | 戊子17 | 己丑18 | 庚寅19 | 辛卯20 | 壬辰21 | 癸巳22 | 甲午23 | 乙未24 | | 庚辰小寒 乙未大寒 |
| 閏十二大 | 癸丑 | 干支天地西曆 | 丙申25 | 丁酉26 | 戊戌27 | 己亥28 | 庚子29 | 辛丑30 | 壬寅31 | 癸卯(2) | 甲辰2 | 乙巳3 | 丙午4 | 丁未5 | 戊申6 | 己酉7 | 庚戌8 | 辛亥9 | 壬子10 | 癸丑11 | 甲寅12 | 乙卯13 | 丙辰14 | 丁巳15 | 戊午16 | 己未17 | 庚申18 | 辛酉19 | 壬戌20 | 癸亥21 | 甲子22 | 乙丑23 | 辛亥立春 |

# 漢宣帝神爵四年（癸亥 猪年） 公元前58 ~ 前57年

| 夏曆月序 | | 中西曆日對照 | 初一 | 初二 | 初三 | 初四 | 初五 | 初六 | 初七 | 初八 | 初九 | 初十 | 十一 | 十二 | 十三 | 十四 | 十五 | 十六 | 十七 | 十八 | 十九 | 二十 | 二一 | 二二 | 二三 | 二四 | 二五 | 二六 | 二七 | 二八 | 二九 | 三十 | 節氣與天象 |
|---|---|---|---|---|---|---|---|---|---|---|---|---|---|---|---|---|---|---|---|---|---|---|---|---|---|---|---|---|---|---|---|---|---|
| 正月小 | 甲寅 | 天干地支西曆 | 丙寅24 | 丁卯25 | 戊辰26 | 己巳27 | 庚午28 | 辛未(3) | 壬申2 | 癸酉3 | 甲戌4 | 乙亥5 | 丙子6 | 丁丑7 | 戊寅8 | 己卯9 | 庚辰10 | 辛巳11 | 壬午12 | 癸未13 | 甲申14 | 乙酉15 | 丙戌16 | 丁亥17 | 戊子18 | 己丑19 | 庚寅20 | 辛卯21 | 壬辰22 | 癸巳23 | 甲午24 | | 丙寅驚蟄<br>辛巳雨水 |
| 二月大 | 乙卯 | 天干地支西曆 | 乙未25 | 丙申26 | 丁酉27 | 戊戌28 | 己亥29 | 庚子30 | 辛丑31 | 壬寅(4) | 癸卯2 | 甲辰3 | 乙巳4 | 丙午5 | 丁未6 | 戊申7 | 己酉8 | 庚戌9 | 辛亥10 | 壬子11 | 癸丑12 | 甲寅13 | 乙卯14 | 丙辰15 | 丁巳16 | 戊午17 | 己未18 | 庚申19 | 辛酉20 | 壬戌21 | 癸亥22 | 甲子23 | 丙申春分<br>壬子穀雨 |
| 三月小 | 丙辰 | 天干地支西曆 | 乙丑24 | 丙寅25 | 丁卯26 | 戊辰27 | 己巳28 | 庚午29 | 辛未30 | 壬申(5) | 癸酉2 | 甲戌3 | 乙亥4 | 丙子5 | 丁丑6 | 戊寅7 | 己卯8 | 庚辰9 | 辛巳10 | 壬午11 | 癸未12 | 甲申13 | 乙酉14 | 丙戌15 | 丁亥16 | 戊子17 | 己丑18 | 庚寅19 | 辛卯20 | 壬辰21 | 癸巳22 | | 丁卯清明<br>壬午立夏 |
| 四月大 | 丁巳 | 天干地支西曆 | 甲午23 | 乙未24 | 丙申25 | 丁酉26 | 戊戌27 | 己亥28 | 庚子29 | 辛丑30 | 壬寅31 | 癸卯(6) | 甲辰2 | 乙巳3 | 丙午4 | 丁未5 | 戊申6 | 己酉7 | 庚戌8 | 辛亥9 | 壬子10 | 癸丑11 | 甲寅12 | 乙卯13 | 丙辰14 | 丁巳15 | 戊午16 | 己未17 | 庚申18 | 辛酉19 | 壬戌20 | 癸亥21 | 丁酉小滿<br>壬子芒種 |
| 五月小 | 戊午 | 天干地支西曆 | 甲子22 | 乙丑23 | 丙寅24 | 丁卯25 | 戊辰26 | 己巳27 | 庚午28 | 辛未29 | 壬申30 | 癸酉(7) | 甲戌2 | 乙亥3 | 丙子4 | 丁丑5 | 戊寅6 | 己卯7 | 庚辰8 | 辛巳9 | 壬午10 | 癸未11 | 甲申12 | 乙酉13 | 丙戌14 | 丁亥15 | 戊子16 | 己丑17 | 庚寅18 | 辛卯19 | 壬辰20 | | 戊辰夏至<br>癸未小暑 |
| 六月大 | 己未 | 天干地支西曆 | 癸巳21 | 甲午22 | 乙未23 | 丙申24 | 丁酉25 | 戊戌26 | 己亥27 | 庚子28 | 辛丑29 | 壬寅30 | 癸卯31 | 甲辰(8) | 乙巳2 | 丙午3 | 丁未4 | 戊申5 | 己酉6 | 庚戌7 | 辛亥8 | 壬子9 | 癸丑10 | 甲寅11 | 乙卯12 | 丙辰13 | 丁巳14 | 戊午15 | 己未16 | 庚申17 | 辛酉18 | 壬戌19 | 戊戌大暑<br>癸丑立秋<br>癸巳日食 |
| 七月小 | 庚申 | 天干地支西曆 | 癸亥20 | 甲子21 | 乙丑22 | 丙寅23 | 丁卯24 | 戊辰25 | 己巳26 | 庚午27 | 辛未28 | 壬申29 | 癸酉30 | 甲戌31 | 乙亥(9) | 丙子2 | 丁丑3 | 戊寅4 | 己卯5 | 庚辰6 | 辛巳7 | 壬午8 | 癸未9 | 甲申10 | 乙酉11 | 丙戌12 | 丁亥13 | 戊子14 | 己丑15 | 庚寅16 | 辛卯17 | | 己巳處暑<br>甲申白露 |
| 八月大 | 辛酉 | 天干地支西曆 | 壬辰18 | 癸巳19 | 甲午20 | 乙未21 | 丙申22 | 丁酉23 | 戊戌24 | 己亥25 | 庚子26 | 辛丑27 | 壬寅28 | 癸卯29 | 甲辰30 | 乙巳(10) | 丙午2 | 丁未3 | 戊申4 | 己酉5 | 庚戌6 | 辛亥7 | 壬子8 | 癸丑9 | 甲寅10 | 乙卯11 | 丙辰12 | 丁巳13 | 戊午14 | 己未15 | 庚申16 | 辛酉17 | 己亥秋分<br>甲寅寒露 |
| 九月小 | 壬戌 | 天干地支西曆 | 壬戌18 | 癸亥19 | 甲子20 | 乙丑21 | 丙寅22 | 丁卯23 | 戊辰24 | 己巳25 | 庚午26 | 辛未27 | 壬申28 | 癸酉29 | 甲戌30 | 乙亥31 | 丙子(11) | 丁丑2 | 戊寅3 | 己卯4 | 庚辰5 | 辛巳6 | 壬午7 | 癸未8 | 甲申9 | 乙酉10 | 丙戌11 | 丁亥12 | 戊子13 | 己丑14 | 庚寅15 | | 己巳霜降<br>乙酉立冬 |
| 十月大 | 癸亥 | 天干地支西曆 | 辛卯16 | 壬辰17 | 癸巳18 | 甲午19 | 乙未20 | 丙申21 | 丁酉22 | 戊戌23 | 己亥24 | 庚子25 | 辛丑26 | 壬寅27 | 癸卯28 | 甲辰29 | 乙巳30 | 丙午(12) | 丁未2 | 戊申3 | 己酉4 | 庚戌5 | 辛亥6 | 壬子7 | 癸丑8 | 甲寅9 | 乙卯10 | 丙辰11 | 丁巳12 | 戊午13 | 己未14 | 庚申15 | 庚子小雪<br>乙卯大雪 |
| 十一月小 | 甲子 | 天干地支西曆 | 辛酉16 | 壬戌17 | 癸亥18 | 甲子19 | 乙丑20 | 丙寅21 | 丁卯22 | 戊辰23 | 己巳24 | 庚午25 | 辛未26 | 壬申27 | 癸酉28 | 甲戌29 | 乙亥30 | 丙子31 | 丁丑(1) | 戊寅2 | 己卯3 | 庚辰4 | 辛巳5 | 壬午6 | 癸未7 | 甲申8 | 乙酉9 | 丙戌10 | 丁亥11 | 戊子12 | 己丑13 | | 庚午冬至<br>乙酉小寒 |
| 十二月大 | 乙丑 | 天干地支西曆 | 庚寅14 | 辛卯15 | 壬辰16 | 癸巳17 | 甲午18 | 乙未19 | 丙申20 | 丁酉21 | 戊戌22 | 己亥23 | 庚子24 | 辛丑25 | 壬寅26 | 癸卯27 | 甲辰28 | 乙巳29 | 丙午30 | 丁未31 | 戊申(2) | 己酉2 | 庚戌3 | 辛亥4 | 壬子5 | 癸丑6 | 甲寅7 | 乙卯8 | 丙辰9 | 丁巳10 | 戊午11 | 己未12 | 辛丑大寒<br>丙辰立春 |

# 漢宣帝五鳳元年（甲子 鼠年） 公元前 57 ~ 前 56 年

| 夏曆月序 | | 中西曆日對照 | 初一 | 初二 | 初三 | 初四 | 初五 | 初六 | 初七 | 初八 | 初九 | 初十 | 十一 | 十二 | 十三 | 十四 | 十五 | 十六 | 十七 | 十八 | 十九 | 二十 | 二一 | 二二 | 二三 | 二四 | 二五 | 二六 | 二七 | 二八 | 二九 | 三十 | 節氣與天象 |
|---|---|---|---|---|---|---|---|---|---|---|---|---|---|---|---|---|---|---|---|---|---|---|---|---|---|---|---|---|---|---|---|---|---|
| 正月大 | 丙寅 | 天干地支<br>西曆 | 庚申13 | 辛酉14 | 壬戌15 | 癸亥16 | 甲子17 | 乙丑18 | 丙寅19 | 丁卯20 | 戊辰21 | 己巳22 | 庚午23 | 辛未24 | 壬申25 | 癸酉26 | 甲戌27 | 乙亥28 | 丙子29 | 丁丑(3) | 戊寅2 | 己卯3 | 庚辰4 | 辛巳5 | 壬午6 | 癸未7 | 甲申8 | 乙酉9 | 丙戌10 | 丁亥11 | 戊子12 | 己丑13 | 辛未驚蟄<br>丙戌雨水 |
| 二月小 | 丁卯 | 天干地支<br>西曆 | 庚寅14 | 辛卯15 | 壬辰16 | 癸巳17 | 甲午18 | 乙未19 | 丙申20 | 丁酉21 | 戊戌22 | 己亥23 | 庚子24 | 辛丑25 | 壬寅26 | 癸卯27 | 甲辰28 | 乙巳29 | 丙午30 | 丁未31 | 戊申(4) | 己酉2 | 庚戌3 | 辛亥4 | 壬子5 | 癸丑6 | 甲寅7 | 乙卯8 | 丙辰9 | 丁巳10 | 戊午11 | | 壬寅春分<br>丁巳穀雨 |
| 三月大 | 戊辰 | 天干地支<br>西曆 | 己未12 | 庚申13 | 辛酉14 | 壬戌15 | 癸亥16 | 甲子17 | 乙丑18 | 丙寅19 | 丁卯20 | 戊辰21 | 己巳22 | 庚午23 | 辛未24 | 壬申25 | 癸酉26 | 甲戌27 | 乙亥28 | 丙子29 | 丁丑30 | 戊寅(5) | 己卯2 | 庚辰3 | 辛巳4 | 壬午5 | 癸未6 | 甲申7 | 乙酉8 | 丙戌9 | 丁亥10 | 戊子11 | 壬申清明<br>丁亥立夏 |
| 四月小 | 己巳 | 天干地支<br>西曆 | 己丑12 | 庚寅13 | 辛卯14 | 壬辰15 | 癸巳16 | 甲午17 | 乙未18 | 丙申19 | 丁酉20 | 戊戌21 | 己亥22 | 庚子23 | 辛丑24 | 壬寅25 | 癸卯26 | 甲辰27 | 乙巳28 | 丙午29 | 丁未30 | 戊申31 | 己酉(6) | 庚戌2 | 辛亥3 | 壬子4 | 癸丑5 | 甲寅6 | 乙卯7 | 丙辰8 | 丁巳9 | | 壬寅小滿 |
| 五月大 | 庚午 | 天干地支<br>西曆 | 戊午10 | 己未11 | 庚申12 | 辛酉13 | 壬戌14 | 癸亥15 | 甲子16 | 乙丑17 | 丙寅18 | 丁卯19 | 戊辰20 | 己巳21 | 庚午22 | 辛未23 | 壬申24 | 癸酉25 | 甲戌26 | 乙亥27 | 丙子28 | 丁丑29 | 戊寅30 | 己卯(7) | 庚辰2 | 辛巳3 | 壬午4 | 癸未5 | 甲申6 | 乙酉7 | 丙戌8 | 丁亥9 | 戊午芒種<br>癸酉夏至<br>丁亥日食 |
| 六月小 | 辛未 | 天干地支<br>西曆 | 戊子10 | 己丑11 | 庚寅12 | 辛卯13 | 壬辰14 | 癸巳15 | 甲午16 | 乙未17 | 丙申18 | 丁酉19 | 戊戌20 | 己亥21 | 庚子22 | 辛丑23 | 壬寅24 | 癸卯25 | 甲辰26 | 乙巳27 | 丙午28 | 丁未29 | 戊申30 | 己酉31 | 庚戌(8) | 辛亥2 | 壬子3 | 癸丑4 | 甲寅5 | 乙卯6 | 丙辰7 | | 戊子小暑<br>癸卯大暑 |
| 七月大 | 壬申 | 天干地支<br>西曆 | 丁巳8 | 戊午9 | 己未10 | 庚申11 | 辛酉12 | 壬戌13 | 癸亥14 | 甲子15 | 乙丑16 | 丙寅17 | 丁卯18 | 戊辰19 | 己巳20 | 庚午21 | 辛未22 | 壬申23 | 癸酉24 | 甲戌25 | 乙亥26 | 丙子27 | 丁丑28 | 戊寅29 | 己卯30 | 庚辰31 | 辛巳(9) | 壬午2 | 癸未3 | 甲申4 | 乙酉5 | 丙戌6 | 己未立秋<br>甲戌處暑 |
| 八月小 | 癸酉 | 天干地支<br>西曆 | 丁亥7 | 戊子8 | 己丑9 | 庚寅10 | 辛卯11 | 壬辰12 | 癸巳13 | 甲午14 | 乙未15 | 丙申16 | 丁酉17 | 戊戌18 | 己亥19 | 庚子20 | 辛丑21 | 壬寅22 | 癸卯23 | 甲辰24 | 乙巳25 | 丙午26 | 丁未27 | 戊申28 | 己酉29 | 庚戌30 | 辛亥(10) | 壬子2 | 癸丑3 | 甲寅4 | 乙卯5 | | 己丑白露<br>甲辰秋分 |
| 九月大 | 甲戌 | 天干地支<br>西曆 | 丙辰6 | 丁巳7 | 戊午8 | 己未9 | 庚申10 | 辛酉11 | 壬戌12 | 癸亥13 | 甲子14 | 乙丑15 | 丙寅16 | 丁卯17 | 戊辰18 | 己巳19 | 庚午20 | 辛未21 | 壬申22 | 癸酉23 | 甲戌24 | 乙亥25 | 丙子26 | 丁丑27 | 戊寅28 | 己卯29 | 庚辰30 | 辛巳31 | 壬午(11) | 癸未2 | 甲申3 | 乙酉4 | 己未寒露<br>乙亥霜降 |
| 十月小 | 乙亥 | 天干地支<br>西曆 | 丙戌5 | 丁亥6 | 戊子7 | 己丑8 | 庚寅9 | 辛卯10 | 壬辰11 | 癸巳12 | 甲午13 | 乙未14 | 丙申15 | 丁酉16 | 戊戌17 | 己亥18 | 庚子19 | 辛丑20 | 壬寅21 | 癸卯22 | 甲辰23 | 乙巳24 | 丙午25 | 丁未26 | 戊申27 | 己酉28 | 庚戌29 | 辛亥30 | 壬子(12) | 癸丑2 | 甲寅3 | | 庚寅立冬<br>乙巳小雪 |
| 十一月大 | 丙子 | 天干地支<br>西曆 | 乙卯4 | 丙辰5 | 丁巳6 | 戊午7 | 己未8 | 庚申9 | 辛酉10 | 壬戌11 | 癸亥12 | 甲子13 | 乙丑14 | 丙寅15 | 丁卯16 | 戊辰17 | 己巳18 | 庚午19 | 辛未20 | 壬申21 | 癸酉22 | 甲戌23 | 乙亥24 | 丙子25 | 丁丑26 | 戊寅27 | 己卯28 | 庚辰29 | 辛巳30 | 壬午31 | 癸未(1) | 甲申2 | 庚申大雪<br>丙子冬至 |
| 十二月小 | 丁丑 | 天干地支<br>西曆 | 乙酉3 | 丙戌4 | 丁亥5 | 戊子6 | 己丑7 | 庚寅8 | 辛卯9 | 壬辰10 | 癸巳11 | 甲午12 | 乙未13 | 丙申14 | 丁酉15 | 戊戌16 | 己亥17 | 庚子18 | 辛丑19 | 壬寅20 | 癸卯21 | 甲辰22 | 乙巳23 | 丙午24 | 丁未25 | 戊申26 | 己酉27 | 庚戌28 | 辛亥29 | 壬子30 | 癸丑31 | | 辛卯小寒<br>丙午大寒<br>乙酉日食 |

*正月，改元五鳳。

## 漢宣帝五鳳二年（乙丑 牛年） 公元前 56 ~ 前 55 年

| 夏曆月序 | | 中西曆日對照 | 夏曆日序 | | | | | | | | | | | | | | | | | | | | | | | | | | | | | | 節氣與天象 |
|---|---|---|---|---|---|---|---|---|---|---|---|---|---|---|---|---|---|---|---|---|---|---|---|---|---|---|---|---|---|---|---|---|---|
| | | | 初一 | 初二 | 初三 | 初四 | 初五 | 初六 | 初七 | 初八 | 初九 | 初十 | 十一 | 十二 | 十三 | 十四 | 十五 | 十六 | 十七 | 十八 | 十九 | 二十 | 二一 | 二二 | 二三 | 二四 | 二五 | 二六 | 二七 | 二八 | 二九 | 三十 | |
| 正月大 | 戊寅 | 天干地支 西曆 | 甲寅 (2) | 乙卯 2 | 丙辰 3 | 丁巳 4 | 戊午 5 | 己未 6 | 庚申 7 | 辛酉 8 | 壬戌 9 | 癸亥 10 | 甲子 11 | 乙丑 12 | 丙寅 13 | 丁卯 14 | 戊辰 15 | 己巳 16 | 庚午 17 | 辛未 18 | 壬申 19 | 癸酉 20 | 甲戌 21 | 乙亥 22 | 丙子 23 | 丁丑 24 | 戊寅 25 | 己卯 26 | 庚辰 27 | 辛巳 28 | 壬午 (3) | 癸未 2 | 辛酉立春 丙子驚蟄 |
| 二月小 | 己卯 | 天干地支 西曆 | 甲申 3 | 乙酉 4 | 丙戌 5 | 丁亥 6 | 戊子 7 | 己丑 8 | 庚寅 9 | 辛卯 10 | 壬辰 11 | 癸巳 12 | 甲午 13 | 乙未 14 | 丙申 15 | 丁酉 16 | 戊戌 17 | 己亥 18 | 庚子 19 | 辛丑 20 | 壬寅 21 | 癸卯 22 | 甲辰 23 | 乙巳 24 | 丙午 25 | 丁未 26 | 戊申 27 | 己酉 28 | 庚戌 29 | 辛亥 30 | 壬子 31 | | 壬辰雨水 丁未春分 |
| 三月大 | 庚辰 | 天干地支 西曆 | 癸丑 (4) | 甲寅 2 | 乙卯 3 | 丙辰 4 | 丁巳 5 | 戊午 6 | 己未 7 | 庚申 8 | 辛酉 9 | 壬戌 10 | 癸亥 11 | 甲子 12 | 乙丑 13 | 丙寅 14 | 丁卯 15 | 戊辰 16 | 己巳 17 | 庚午 18 | 辛未 19 | 壬申 20 | 癸酉 21 | 甲戌 22 | 乙亥 23 | 丙子 24 | 丁丑 25 | 戊寅 26 | 己卯 27 | 庚辰 28 | 辛巳 29 | 壬午 30 | 壬戌穀雨 丁丑清明 |
| 四月小 | 辛巳 | 天干地支 西曆 | 癸未 (5) | 甲申 2 | 乙酉 3 | 丙戌 4 | 丁亥 5 | 戊子 6 | 己丑 7 | 庚寅 8 | 辛卯 9 | 壬辰 10 | 癸巳 11 | 甲午 12 | 乙未 13 | 丙申 14 | 丁酉 15 | 戊戌 16 | 己亥 17 | 庚子 18 | 辛丑 19 | 壬寅 20 | 癸卯 21 | 甲辰 22 | 乙巳 23 | 丙午 24 | 丁未 25 | 戊申 26 | 己酉 27 | 庚戌 28 | 辛亥 29 | | 壬辰立夏 戊申小滿 |
| 五月大 | 壬午 | 天干地支 西曆 | 壬子 30 | 癸丑 31 | 甲寅 (6) | 乙卯 2 | 丙辰 3 | 丁巳 4 | 戊午 5 | 己未 6 | 庚申 7 | 辛酉 8 | 壬戌 9 | 癸亥 10 | 甲子 11 | 乙丑 12 | 丙寅 13 | 丁卯 14 | 戊辰 15 | 己巳 16 | 庚午 17 | 辛未 18 | 壬申 19 | 癸酉 20 | 甲戌 21 | 乙亥 22 | 丙子 23 | 丁丑 24 | 戊寅 25 | 己卯 26 | 庚辰 27 | 辛巳 28 | 癸亥芒種 戊寅夏至 |
| 六月大 | 癸未 | 天干地支 西曆 | 壬午 29 | 癸未 30 | 甲申 (7) | 乙酉 2 | 丙戌 3 | 丁亥 4 | 戊子 5 | 己丑 6 | 庚寅 7 | 辛卯 8 | 壬辰 9 | 癸巳 10 | 甲午 11 | 乙未 12 | 丙申 13 | 丁酉 14 | 戊戌 15 | 己亥 16 | 庚子 17 | 辛丑 18 | 壬寅 19 | 癸卯 20 | 甲辰 21 | 乙巳 22 | 丙午 23 | 丁未 24 | 戊申 25 | 己酉 26 | 庚戌 27 | 辛亥 28 | 癸巳小暑 己酉大暑 |
| 七月小 | 甲申 | 天干地支 西曆 | 壬子 29 | 癸丑 30 | 甲寅 31 | 乙卯 (8) | 丙辰 2 | 丁巳 3 | 戊午 4 | 己未 5 | 庚申 6 | 辛酉 7 | 壬戌 8 | 癸亥 9 | 甲子 10 | 乙丑 11 | 丙寅 12 | 丁卯 13 | 戊辰 14 | 己巳 15 | 庚午 16 | 辛未 17 | 壬申 18 | 癸酉 19 | 甲戌 20 | 乙亥 21 | 丙子 22 | 丁丑 23 | 戊寅 24 | 己卯 25 | 庚辰 26 | | 甲子立秋 己卯處暑 |
| 八月大 | 乙酉 | 天干地支 西曆 | 辛巳 27 | 壬午 28 | 癸未 29 | 甲申 30 | 乙酉 31 | 丙戌 (9) | 丁亥 2 | 戊子 3 | 己丑 4 | 庚寅 5 | 辛卯 6 | 壬辰 7 | 癸巳 8 | 甲午 9 | 乙未 10 | 丙申 11 | 丁酉 12 | 戊戌 13 | 己亥 14 | 庚子 15 | 辛丑 16 | 壬寅 17 | 癸卯 18 | 甲辰 19 | 乙巳 20 | 丙午 21 | 丁未 22 | 戊申 23 | 己酉 24 | 庚戌 25 | 甲午白露 己酉秋分 |
| 閏八月小 | 乙酉 | 天干地支 西曆 | 辛亥 26 | 壬子 27 | 癸丑 28 | 甲寅 29 | 乙卯 30 | 丙辰 (10) | 丁巳 2 | 戊午 3 | 己未 4 | 庚申 5 | 辛酉 6 | 壬戌 7 | 癸亥 8 | 甲子 9 | 乙丑 10 | 丙寅 11 | 丁卯 12 | 戊辰 13 | 己巳 14 | 庚午 15 | 辛未 16 | 壬申 17 | 癸酉 18 | 甲戌 19 | 乙亥 20 | 丙子 21 | 丁丑 22 | 戊寅 23 | 己卯 24 | | 乙丑寒露 |
| 九月大 | 丙戌 | 天干地支 西曆 | 庚辰 25 | 辛巳 26 | 壬午 27 | 癸未 28 | 甲申 29 | 乙酉 30 | 丙戌 31 | 丁亥 (11) | 戊子 2 | 己丑 3 | 庚寅 4 | 辛卯 5 | 壬辰 6 | 癸巳 7 | 甲午 8 | 乙未 9 | 丙申 10 | 丁酉 11 | 戊戌 12 | 己亥 13 | 庚子 14 | 辛丑 15 | 壬寅 16 | 癸卯 17 | 甲辰 18 | 乙巳 19 | 丙午 20 | 丁未 21 | 戊申 22 | 己酉 23 | 庚辰霜降 乙未立冬 |
| 十月小 | 丁亥 | 天干地支 西曆 | 庚戌 24 | 辛亥 25 | 壬子 26 | 癸丑 27 | 甲寅 28 | 乙卯 29 | 丙辰 30 | 丁巳 (12) | 戊午 2 | 己未 3 | 庚申 4 | 辛酉 5 | 壬戌 6 | 癸亥 7 | 甲子 8 | 乙丑 9 | 丙寅 10 | 丁卯 11 | 戊辰 12 | 己巳 13 | 庚午 14 | 辛未 15 | 壬申 16 | 癸酉 17 | 甲戌 18 | 乙亥 19 | 丙子 20 | 丁丑 21 | 戊寅 22 | | 庚戌小雪 丙寅大雪 |
| 十一月大 | 戊子 | 天干地支 西曆 | 己卯 23 | 庚辰 24 | 辛巳 25 | 壬午 26 | 癸未 27 | 甲申 28 | 乙酉 29 | 丙戌 30 | 丁亥 31 | 戊子 (1) | 己丑 2 | 庚寅 3 | 辛卯 4 | 壬辰 5 | 癸巳 6 | 甲午 7 | 乙未 8 | 丙申 9 | 丁酉 10 | 戊戌 11 | 己亥 12 | 庚子 13 | 辛丑 14 | 壬寅 15 | 癸卯 16 | 甲辰 17 | 乙巳 18 | 丙午 19 | 丁未 20 | 戊申 21 | 辛巳冬至 丙申小寒 |
| 十二月小 | 己丑 | 天干地支 西曆 | 己酉 22 | 庚戌 23 | 辛亥 24 | 壬子 25 | 癸丑 26 | 甲寅 27 | 乙卯 28 | 丙辰 29 | 丁巳 30 | 戊午 31 | 己未 (2) | 庚申 2 | 辛酉 3 | 壬戌 4 | 癸亥 5 | 甲子 6 | 乙丑 7 | 丙寅 8 | 丁卯 9 | 戊辰 10 | 己巳 11 | 庚午 12 | 辛未 13 | 壬申 14 | 癸酉 15 | 甲戌 16 | 乙亥 17 | 丙子 18 | 丁丑 19 | | 辛亥大寒 丙寅立春 |

# 漢宣帝五鳳三年（丙寅 虎年） 公元前55 ~ 前54年

| 夏曆月序 | | 中西曆日對照 | 初一 | 初二 | 初三 | 初四 | 初五 | 初六 | 初七 | 初八 | 初九 | 初十 | 十一 | 十二 | 十三 | 十四 | 十五 | 十六 | 十七 | 十八 | 十九 | 二十 | 二一 | 二二 | 二三 | 二四 | 二五 | 二六 | 二七 | 二八 | 二九 | 三十 | 節氣與天象 |
|---|---|---|---|---|---|---|---|---|---|---|---|---|---|---|---|---|---|---|---|---|---|---|---|---|---|---|---|---|---|---|---|---|---|
| 正月大 | 庚寅 | 天干<br>地支<br>西曆 | 戊寅20 | 己卯21 | 庚辰22 | 辛巳23 | 壬午24 | 癸未25 | 甲申26 | 乙酉27 | 丙戌28 | 丁亥(3) | 戊子2 | 己丑3 | 庚寅4 | 辛卯5 | 壬辰6 | 癸巳7 | 甲午8 | 乙未9 | 丙申10 | 丁酉11 | 戊戌12 | 己亥13 | 庚子14 | 辛丑15 | 壬寅16 | 癸卯17 | 甲辰18 | 乙巳19 | 丙午20 | 丁未21 | 壬午驚蟄<br>丁酉雨水 |
| 二月小 | 辛卯 | 天干<br>地支<br>西曆 | 戊申22 | 己酉23 | 庚戌24 | 辛亥25 | 壬子26 | 癸丑27 | 甲寅28 | 乙卯29 | 丙辰30 | 丁巳31 | 戊午(4) | 己未2 | 庚申3 | 辛酉4 | 壬戌5 | 癸亥6 | 甲子7 | 乙丑8 | 丙寅9 | 丁卯10 | 戊辰11 | 己巳12 | 庚午13 | 辛未14 | 壬申15 | 癸酉16 | 甲戌17 | 乙亥18 | 丙子19 | | 壬子春分<br>丁卯穀雨 |
| 三月大 | 壬辰 | 天干<br>地支<br>西曆 | 丁丑20 | 戊寅21 | 己卯22 | 庚辰23 | 辛巳24 | 壬午25 | 癸未26 | 甲申27 | 乙酉28 | 丙戌29 | 丁亥30 | 戊子(5) | 己丑2 | 庚寅3 | 辛卯4 | 壬辰5 | 癸巳6 | 甲午7 | 乙未8 | 丙申9 | 丁酉10 | 戊戌11 | 己亥12 | 庚子13 | 辛丑14 | 壬寅15 | 癸卯16 | 甲辰17 | 乙巳18 | 丙午19 | 癸未清明<br>戊戌立夏 |
| 四月小 | 癸巳 | 天干<br>地支<br>西曆 | 丁未20 | 戊申21 | 己酉22 | 庚戌23 | 辛亥24 | 壬子25 | 癸丑26 | 甲寅27 | 乙卯28 | 丙辰29 | 丁巳30 | 戊午31 | 己未(6) | 庚申2 | 辛酉3 | 壬戌4 | 癸亥5 | 甲子6 | 乙丑7 | 丙寅8 | 丁卯9 | 戊辰10 | 己巳11 | 庚午12 | 辛未13 | 壬申14 | 癸酉15 | 甲戌16 | 乙亥17 | | 癸丑小滿<br>戊辰芒種 |
| 五月大 | 甲午 | 天干<br>地支<br>西曆 | 丙子18 | 丁丑19 | 戊寅20 | 己卯21 | 庚辰22 | 辛巳23 | 壬午24 | 癸未25 | 甲申26 | 乙酉27 | 丙戌28 | 丁亥29 | 戊子30 | 己丑(7) | 庚寅2 | 辛卯3 | 壬辰4 | 癸巳5 | 甲午6 | 乙未7 | 丙申8 | 丁酉9 | 戊戌10 | 己亥11 | 庚子12 | 辛丑13 | 壬寅14 | 癸卯15 | 甲辰16 | 乙巳17 | 癸未夏至<br>己亥小暑 |
| 六月小 | 乙未 | 天干<br>地支<br>西曆 | 丙午18 | 丁未19 | 戊申20 | 己酉21 | 庚戌22 | 辛亥23 | 壬子24 | 癸丑25 | 甲寅26 | 乙卯27 | 丙辰28 | 丁巳29 | 戊午30 | 己未31 | 庚申(8) | 辛酉2 | 壬戌3 | 癸亥4 | 甲子5 | 乙丑6 | 丙寅7 | 丁卯8 | 戊辰9 | 己巳10 | 庚午11 | 辛未12 | 壬申13 | 癸酉14 | 甲戌15 | | 甲寅大暑<br>己巳立秋 |
| 七月大 | 丙申 | 天干<br>地支<br>西曆 | 乙亥16 | 丙子17 | 丁丑18 | 戊寅19 | 己卯20 | 庚辰21 | 辛巳22 | 壬午23 | 癸未24 | 甲申25 | 乙酉26 | 丙戌27 | 丁亥28 | 戊子29 | 己丑30 | 庚寅31 | 辛卯(9) | 壬辰2 | 癸巳3 | 甲午4 | 乙未5 | 丙申6 | 丁酉7 | 戊戌8 | 己亥9 | 庚子10 | 辛丑11 | 壬寅12 | 癸卯13 | 甲辰14 | 甲申處暑<br>己亥白露 |
| 八月大 | 丁酉 | 天干<br>地支<br>西曆 | 乙巳15 | 丙午16 | 丁未17 | 戊申18 | 己酉19 | 庚戌20 | 辛亥21 | 壬子22 | 癸丑23 | 甲寅24 | 乙卯25 | 丙辰26 | 丁巳27 | 戊午28 | 己未29 | 庚申30 | 辛酉(10) | 壬戌2 | 癸亥3 | 甲子4 | 乙丑5 | 丙寅6 | 丁卯7 | 戊辰8 | 己巳9 | 庚午10 | 辛未11 | 壬申12 | 癸酉13 | 甲戌14 | 乙卯秋分<br>庚午寒露 |
| 九月小 | 戊戌 | 天干<br>地支<br>西曆 | 乙亥15 | 丙子16 | 丁丑17 | 戊寅18 | 己卯19 | 庚辰20 | 辛巳21 | 壬午22 | 癸未23 | 甲申24 | 乙酉25 | 丙戌26 | 丁亥27 | 戊子28 | 己丑29 | 庚寅30 | 辛卯31 | 壬辰(11) | 癸巳2 | 甲午3 | 乙未4 | 丙申5 | 丁酉6 | 戊戌7 | 己亥8 | 庚子9 | 辛丑10 | 壬寅11 | 癸卯12 | | 乙酉霜降<br>庚子立冬 |
| 十月大 | 己亥 | 天干<br>地支<br>西曆 | 甲辰13 | 乙巳14 | 丙午15 | 丁未16 | 戊申17 | 己酉18 | 庚戌19 | 辛亥20 | 壬子21 | 癸丑22 | 甲寅23 | 乙卯24 | 丙辰25 | 丁巳26 | 戊午27 | 己未28 | 庚申29 | 辛酉30 | 壬戌(12) | 癸亥2 | 甲子3 | 乙丑4 | 丙寅5 | 丁卯6 | 戊辰7 | 己巳8 | 庚午9 | 辛未10 | 壬申11 | 癸酉12 | 丙辰小雪<br>辛未大雪 |
| 十一月小 | 庚子 | 天干<br>地支<br>西曆 | 甲戌13 | 乙亥14 | 丙子15 | 丁丑16 | 戊寅17 | 己卯18 | 庚辰19 | 辛巳20 | 壬午21 | 癸未22 | 甲申23 | 乙酉24 | 丙戌25 | 丁亥26 | 戊子27 | 己丑28 | 庚寅29 | 辛卯30 | 壬辰31 | 癸巳(1) | 甲午2 | 乙未3 | 丙申4 | 丁酉5 | 戊戌6 | 己亥7 | 庚子8 | 辛丑9 | 壬寅10 | | 丙戌冬至<br>辛丑小寒 |
| 十二月大 | 辛丑 | 天干<br>地支<br>西曆 | 癸卯11 | 甲辰12 | 乙巳13 | 丙午14 | 丁未15 | 戊申16 | 己酉17 | 庚戌18 | 辛亥19 | 壬子20 | 癸丑21 | 甲寅22 | 乙卯23 | 丙辰24 | 丁巳25 | 戊午26 | 己未27 | 庚申28 | 辛酉29 | 壬戌30 | 癸亥31 | 甲子(2) | 乙丑2 | 丙寅3 | 丁卯4 | 戊辰5 | 己巳6 | 庚午7 | 辛未8 | 壬申9 | 丙辰大寒<br>壬申立春 |

# 漢宣帝五鳳四年（丁卯 兔年） 公元前54～前53年

| 夏曆月序 | | 中西曆日對照 | 初一 | 初二 | 初三 | 初四 | 初五 | 初六 | 初七 | 初八 | 初九 | 初十 | 十一 | 十二 | 十三 | 十四 | 十五 | 十六 | 十七 | 十八 | 十九 | 二十 | 二一 | 二二 | 二三 | 二四 | 二五 | 二六 | 二七 | 二八 | 二九 | 三十 | 節氣與天象 |
|---|---|---|---|---|---|---|---|---|---|---|---|---|---|---|---|---|---|---|---|---|---|---|---|---|---|---|---|---|---|---|---|---|---|
| 正月小 | 壬寅 | 天干地支<br>西曆 | 癸酉10 | 甲戌11 | 乙亥12 | 丙子13 | 丁丑14 | 戊寅15 | 己卯16 | 庚辰17 | 辛巳18 | 壬午19 | 癸未20 | 甲申21 | 乙酉22 | 丙戌23 | 丁亥24 | 戊子25 | 己丑26 | 庚寅27 | 辛卯28 | 壬辰(3) | 癸巳2 | 甲午3 | 乙未4 | 丙申5 | 丁酉6 | 戊戌7 | 己亥8 | 庚子9 | 辛丑10 | | 丁亥驚蟄 |
| 二月大 | 癸卯 | 天干地支<br>西曆 | 壬寅11 | 癸卯12 | 甲辰13 | 乙巳14 | 丙午15 | 丁未16 | 戊申17 | 己酉18 | 庚戌19 | 辛亥20 | 壬子21 | 癸丑22 | 甲寅23 | 乙卯24 | 丙辰25 | 丁巳26 | 戊午27 | 己未28 | 庚申29 | 辛酉30 | 壬戌31 | 癸亥(4) | 甲子2 | 乙丑3 | 丙寅4 | 丁卯5 | 戊辰6 | 己巳7 | 庚午8 | 辛未9 | 壬寅雨水<br>丁巳春分 |
| 三月小 | 甲辰 | 天干地支<br>西曆 | 壬申10 | 癸酉11 | 甲戌12 | 乙亥13 | 丙子14 | 丁丑15 | 戊寅16 | 己卯17 | 庚辰18 | 辛巳19 | 壬午20 | 癸未21 | 甲申22 | 乙酉23 | 丙戌24 | 丁亥25 | 戊子26 | 己丑27 | 庚寅28 | 辛卯29 | 壬辰30 | 癸巳(5) | 甲午2 | 乙未3 | 丙申4 | 丁酉5 | 戊戌6 | 己亥7 | 庚子8 | | 癸酉穀雨<br>戊子清明 |
| 四月大 | 乙巳 | 天干地支<br>西曆 | 辛丑9 | 壬寅10 | 癸卯11 | 甲辰12 | 乙巳13 | 丙午14 | 丁未15 | 戊申16 | 己酉17 | 庚戌18 | 辛亥19 | 壬子20 | 癸丑21 | 甲寅22 | 乙卯23 | 丙辰24 | 丁巳25 | 戊午26 | 己未27 | 庚申28 | 辛酉29 | 壬戌30 | 癸亥31 | 甲子(6) | 乙丑2 | 丙寅3 | 丁卯4 | 戊辰5 | 己巳6 | 庚午7 | 癸卯立夏<br>戊午小滿<br>辛丑日食 |
| 五月小 | 丙午 | 天干地支<br>西曆 | 辛未8 | 壬申9 | 癸酉10 | 甲戌11 | 乙亥12 | 丙子13 | 丁丑14 | 戊寅15 | 己卯16 | 庚辰17 | 辛巳18 | 壬午19 | 癸未20 | 甲申21 | 乙酉22 | 丙戌23 | 丁亥24 | 戊子25 | 己丑26 | 庚寅27 | 辛卯28 | 壬辰29 | 癸巳30 | 甲午(7) | 乙未2 | 丙申3 | 丁酉4 | 戊戌5 | 己亥6 | | 癸酉芒種<br>己丑夏至 |
| 六月大 | 丁未 | 天干地支<br>西曆 | 庚子7 | 辛丑8 | 壬寅9 | 癸卯10 | 甲辰11 | 乙巳12 | 丙午13 | 丁未14 | 戊申15 | 己酉16 | 庚戌17 | 辛亥18 | 壬子19 | 癸丑20 | 甲寅21 | 乙卯22 | 丙辰23 | 丁巳24 | 戊午25 | 己未26 | 庚申27 | 辛酉28 | 壬戌29 | 癸亥30 | 甲子31 | 乙丑(8) | 丙寅2 | 丁卯3 | 戊辰4 | 己巳5 | 甲辰小暑<br>己未大暑 |
| 七月小 | 戊申 | 天干地支<br>西曆 | 庚午6 | 辛未7 | 壬申8 | 癸酉9 | 甲戌10 | 乙亥11 | 丙子12 | 丁丑13 | 戊寅14 | 己卯15 | 庚辰16 | 辛巳17 | 壬午18 | 癸未19 | 甲申20 | 乙酉21 | 丙戌22 | 丁亥23 | 戊子24 | 己丑25 | 庚寅26 | 辛卯27 | 壬辰28 | 癸巳29 | 甲午30 | 乙未31 | 丙申(9) | 丁酉2 | 戊戌3 | | 甲戌立秋<br>庚寅處暑 |
| 八月大 | 己酉 | 天干地支<br>西曆 | 己亥4 | 庚子5 | 辛丑6 | 壬寅7 | 癸卯8 | 甲辰9 | 乙巳10 | 丙午11 | 丁未12 | 戊申13 | 己酉14 | 庚戌15 | 辛亥16 | 壬子17 | 癸丑18 | 甲寅19 | 乙卯20 | 丙辰21 | 丁巳22 | 戊午23 | 己未24 | 庚申25 | 辛酉26 | 壬戌27 | 癸亥28 | 甲子29 | 乙丑30 | 丙寅(10) | 丁卯2 | 戊辰3 | 乙巳白露<br>庚申秋分 |
| 九月小 | 庚戌 | 天干地支<br>西曆 | 己巳4 | 庚午5 | 辛未6 | 壬申7 | 癸酉8 | 甲戌9 | 乙亥10 | 丙子11 | 丁丑12 | 戊寅13 | 己卯14 | 庚辰15 | 辛巳16 | 壬午17 | 癸未18 | 甲申19 | 乙酉20 | 丙戌21 | 丁亥22 | 戊子23 | 己丑24 | 庚寅25 | 辛卯26 | 壬辰27 | 癸巳28 | 甲午29 | 乙未30 | 丙申31 | 丁酉(11) | | 乙亥寒露<br>庚寅霜降 |
| 十月大 | 辛亥 | 天干地支<br>西曆 | 戊戌2 | 己亥3 | 庚子4 | 辛丑5 | 壬寅6 | 癸卯7 | 甲辰8 | 乙巳9 | 丙午10 | 丁未11 | 戊申12 | 己酉13 | 庚戌14 | 辛亥15 | 壬子16 | 癸丑17 | 甲寅18 | 乙卯19 | 丙辰20 | 丁巳21 | 戊午22 | 己未23 | 庚申24 | 辛酉25 | 壬戌26 | 癸亥27 | 甲子28 | 乙丑29 | 丙寅30 | 丁卯(12) | 丙午立冬<br>辛酉小雪 |
| 十一月小 | 壬子 | 天干地支<br>西曆 | 戊辰2 | 己巳3 | 庚午4 | 辛未5 | 壬申6 | 癸酉7 | 甲戌8 | 乙亥9 | 丙子10 | 丁丑11 | 戊寅12 | 己卯13 | 庚辰14 | 辛巳15 | 壬午16 | 癸未17 | 甲申18 | 乙酉19 | 丙戌20 | 丁亥21 | 戊子22 | 己丑23 | 庚寅24 | 辛卯25 | 壬辰26 | 癸巳27 | 甲午28 | 乙未29 | 丙申30 | | 丙子大雪<br>辛卯冬至 |
| 十二月大 | 癸丑 | 天干地支<br>西曆 | 丁酉31 | 戊戌(1) | 己亥2 | 庚子3 | 辛丑4 | 壬寅5 | 癸卯6 | 甲辰7 | 乙巳8 | 丙午9 | 丁未10 | 戊申11 | 己酉12 | 庚戌13 | 辛亥14 | 壬子15 | 癸丑16 | 甲寅17 | 乙卯18 | 丙辰19 | 丁巳20 | 戊午21 | 己未22 | 庚申23 | 辛酉24 | 壬戌25 | 癸亥26 | 甲子27 | 乙丑28 | 丙寅29 | 丙午小寒<br>壬戌大寒 |

# 漢宣帝甘露元年（戊辰 龍年） 公元前 53 ~ 前 52 年

| 夏曆月序 | | 中西曆日對照 | 夏曆日序 | | | | | | | | | | | | | | | | | | | | | | | | | | | | | | 節氣與天象 |
|---|---|---|---|---|---|---|---|---|---|---|---|---|---|---|---|---|---|---|---|---|---|---|---|---|---|---|---|---|---|---|---|---|---|
| | | | 初一 | 初二 | 初三 | 初四 | 初五 | 初六 | 初七 | 初八 | 初九 | 初十 | 十一 | 十二 | 十三 | 十四 | 十五 | 十六 | 十七 | 十八 | 十九 | 二十 | 二一 | 二二 | 二三 | 二四 | 二五 | 二六 | 二七 | 二八 | 二九 | 三十 | |
| 正月大 | 甲寅 | 天干地支<br>西曆 | 丁卯 30 | 戊辰 31 | 己巳 (2) | 庚午 2 | 辛未 3 | 壬申 4 | 癸酉 5 | 甲戌 6 | 乙亥 7 | 丙子 8 | 丁丑 9 | 戊寅 10 | 己卯 11 | 庚辰 12 | 辛巳 13 | 壬午 14 | 癸未 15 | 甲申 16 | 乙酉 17 | 丙戌 18 | 丁亥 19 | 戊子 20 | 己丑 21 | 庚寅 22 | 辛卯 23 | 壬辰 24 | 癸巳 25 | 甲午 26 | 乙未 27 | 丙申 28 | 丁丑立春<br>壬辰驚蟄 |
| 二月小 | 乙卯 | 天干地支<br>西曆 | 丁酉 29 | 戊戌 (3) | 己亥 2 | 庚子 3 | 辛丑 4 | 壬寅 5 | 癸卯 6 | 甲辰 7 | 乙巳 8 | 丙午 9 | 丁未 10 | 戊申 11 | 己酉 12 | 庚戌 13 | 辛亥 14 | 壬子 15 | 癸丑 16 | 甲寅 17 | 乙卯 18 | 丙辰 19 | 丁巳 20 | 戊午 21 | 己未 22 | 庚申 23 | 辛酉 24 | 壬戌 25 | 癸亥 26 | 甲子 27 | 乙丑 28 | | 丁未雨水<br>癸亥春分 |
| 三月大 | 丙辰 | 天干地支<br>西曆 | 丙寅 29 | 丁卯 30 | 戊辰 31 | 己巳 (4) | 庚午 2 | 辛未 3 | 壬申 4 | 癸酉 5 | 甲戌 6 | 乙亥 7 | 丙子 8 | 丁丑 9 | 戊寅 10 | 己卯 11 | 庚辰 12 | 辛巳 13 | 壬午 14 | 癸未 15 | 甲申 16 | 乙酉 17 | 丙戌 18 | 丁亥 19 | 戊子 20 | 己丑 21 | 庚寅 22 | 辛卯 23 | 壬辰 24 | 癸巳 25 | 甲午 26 | 乙未 27 | 戊寅穀雨<br>癸巳清明 |
| 四月小 | 丁巳 | 天干地支<br>西曆 | 丙申 28 | 丁酉 29 | 戊戌 30 | 己亥 (5) | 庚子 2 | 辛丑 3 | 壬寅 4 | 癸卯 5 | 甲辰 6 | 乙巳 7 | 丙午 8 | 丁未 9 | 戊申 10 | 己酉 11 | 庚戌 12 | 辛亥 13 | 壬子 14 | 癸丑 15 | 甲寅 16 | 乙卯 17 | 丙辰 18 | 丁巳 19 | 戊午 20 | 己未 21 | 庚申 22 | 辛酉 23 | 壬戌 24 | 癸亥 25 | 甲子 26 | | 戊申立夏<br>癸亥小滿 |
| 五月大 | 戊午 | 天干地支<br>西曆 | 乙丑 27 | 丙寅 28 | 丁卯 29 | 戊辰 30 | 己巳 31 | 庚午 (6) | 辛未 2 | 壬申 3 | 癸酉 4 | 甲戌 5 | 乙亥 6 | 丙子 7 | 丁丑 8 | 戊寅 9 | 己卯 10 | 庚辰 11 | 辛巳 12 | 壬午 13 | 癸未 14 | 甲申 15 | 乙酉 16 | 丙戌 17 | 丁亥 18 | 戊子 19 | 己丑 20 | 庚寅 21 | 辛卯 22 | 壬辰 23 | 癸巳 24 | 甲午 25 | 己卯芒種<br>甲午夏至 |
| 閏五月小 | 戊午 | 天干地支<br>西曆 | 乙未 26 | 丙申 27 | 丁酉 28 | 戊戌 29 | 己亥 30 | 庚子 (7) | 辛丑 2 | 壬寅 3 | 癸卯 4 | 甲辰 5 | 乙巳 6 | 丙午 7 | 丁未 8 | 戊申 9 | 己酉 10 | 庚戌 11 | 辛亥 12 | 壬子 13 | 癸丑 14 | 甲寅 15 | 乙卯 16 | 丙辰 17 | 丁巳 18 | 戊午 19 | 己未 20 | 庚申 21 | 辛酉 22 | 壬戌 23 | 癸亥 24 | | 己酉小暑 |
| 六月大 | 己未 | 天干地支<br>西曆 | 甲子 25 | 乙丑 26 | 丙寅 27 | 丁卯 28 | 戊辰 29 | 己巳 30 | 庚午 31 | 辛未 (8) | 壬申 2 | 癸酉 3 | 甲戌 4 | 乙亥 5 | 丙子 6 | 丁丑 7 | 戊寅 8 | 己卯 9 | 庚辰 10 | 辛巳 11 | 壬午 12 | 癸未 13 | 甲申 14 | 乙酉 15 | 丙戌 16 | 丁亥 17 | 戊子 18 | 己丑 19 | 庚寅 20 | 辛卯 21 | 壬辰 22 | 癸巳 23 | 甲子大暑<br>庚辰立秋 |
| 七月小 | 庚申 | 天干地支<br>西曆 | 甲午 24 | 乙未 25 | 丙申 26 | 丁酉 27 | 戊戌 28 | 己亥 29 | 庚子 30 | 辛丑 31 | 壬寅 (9) | 癸卯 2 | 甲辰 3 | 乙巳 4 | 丙午 5 | 丁未 6 | 戊申 7 | 己酉 8 | 庚戌 9 | 辛亥 10 | 壬子 11 | 癸丑 12 | 甲寅 13 | 乙卯 14 | 丙辰 15 | 丁巳 16 | 戊午 17 | 己未 18 | 庚申 19 | 辛酉 20 | 壬戌 21 | | 乙未處暑<br>庚戌白露 |
| 八月大 | 辛酉 | 天干地支<br>西曆 | 癸亥 22 | 甲子 23 | 乙丑 24 | 丙寅 25 | 丁卯 26 | 戊辰 27 | 己巳 28 | 庚午 29 | 辛未 30 | 壬申 (10) | 癸酉 2 | 甲戌 3 | 乙亥 4 | 丙子 5 | 丁丑 6 | 戊寅 7 | 己卯 8 | 庚辰 9 | 辛巳 10 | 壬午 11 | 癸未 12 | 甲申 13 | 乙酉 14 | 丙戌 15 | 丁亥 16 | 戊子 17 | 己丑 18 | 庚寅 19 | 辛卯 20 | 壬辰 21 | 乙丑秋分<br>庚辰寒露<br>壬辰日食 |
| 九月小 | 壬戌 | 天干地支<br>西曆 | 癸巳 22 | 甲午 23 | 乙未 24 | 丙申 25 | 丁酉 26 | 戊戌 27 | 己亥 28 | 庚子 29 | 辛丑 30 | 壬寅 31 | 癸卯 (11) | 甲辰 2 | 乙巳 3 | 丙午 4 | 丁未 5 | 戊申 6 | 己酉 7 | 庚戌 8 | 辛亥 9 | 壬子 10 | 癸丑 11 | 甲寅 12 | 乙卯 13 | 丙辰 14 | 丁巳 15 | 戊午 16 | 己未 17 | 庚申 18 | 辛酉 19 | | 丙申霜降<br>辛亥立冬 |
| 十月大 | 癸亥 | 天干地支<br>西曆 | 壬戌 20 | 癸亥 21 | 甲子 22 | 乙丑 23 | 丙寅 24 | 丁卯 25 | 戊辰 26 | 己巳 27 | 庚午 28 | 辛未 29 | 壬申 30 | 癸酉 (12) | 甲戌 2 | 乙亥 3 | 丙子 4 | 丁丑 5 | 戊寅 6 | 己卯 7 | 庚辰 8 | 辛巳 9 | 壬午 10 | 癸未 11 | 甲申 12 | 乙酉 13 | 丙戌 14 | 丁亥 15 | 戊子 16 | 己丑 17 | 庚寅 18 | 辛卯 19 | 丙寅小雪<br>辛巳大雪 |
| 十一月小 | 甲子 | 天干地支<br>西曆 | 壬辰 20 | 癸巳 21 | 甲午 22 | 乙未 23 | 丙申 24 | 丁酉 25 | 戊戌 26 | 己亥 27 | 庚子 28 | 辛丑 29 | 壬寅 30 | 癸卯 31 | 甲辰 (1) | 乙巳 2 | 丙午 3 | 丁未 4 | 戊申 5 | 己酉 6 | 庚戌 7 | 辛亥 8 | 壬子 9 | 癸丑 10 | 甲寅 11 | 乙卯 12 | 丙辰 13 | 丁巳 14 | 戊午 15 | 己未 16 | 庚申 17 | | 丁酉冬至<br>壬子小寒 |
| 十二月大 | 乙丑 | 天干地支<br>西曆 | 辛酉 18 | 壬戌 19 | 癸亥 20 | 甲子 21 | 乙丑 22 | 丙寅 23 | 丁卯 24 | 戊辰 25 | 己巳 26 | 庚午 27 | 辛未 28 | 壬申 29 | 癸酉 30 | 甲戌 31 | 乙亥 (2) | 丙子 2 | 丁丑 3 | 戊寅 4 | 己卯 5 | 庚辰 6 | 辛巳 7 | 壬午 8 | 癸未 9 | 甲申 10 | 乙酉 11 | 丙戌 12 | 丁亥 13 | 戊子 14 | 己丑 15 | 庚寅 16 | 丁卯大寒<br>壬午立春 |

* 正月，改元甘露。

# 漢宣帝甘露二年（己巳 蛇年） 公元前 52 ~ 前 51 年

| 夏曆月序 | | 中西曆日對照 | 初一 | 初二 | 初三 | 初四 | 初五 | 初六 | 初七 | 初八 | 初九 | 初十 | 十一 | 十二 | 十三 | 十四 | 十五 | 十六 | 十七 | 十八 | 十九 | 二十 | 二一 | 二二 | 二三 | 二四 | 二五 | 二六 | 二七 | 二八 | 二九 | 三十 | 節氣與天象 |
|---|---|---|---|---|---|---|---|---|---|---|---|---|---|---|---|---|---|---|---|---|---|---|---|---|---|---|---|---|---|---|---|---|---|
| 正月小 | 丙寅 | 天干地支 西曆 | 辛卯 17 | 壬辰 18 | 癸巳 19 | 甲午 20 | 乙未 21 | 丙申 22 | 丁酉 23 | 戊戌 24 | 己亥 25 | 庚子 26 | 辛丑 27 | 壬寅 28 | 癸卯 (3) | 甲辰 2 | 乙巳 3 | 丙午 4 | 丁未 5 | 戊申 6 | 己酉 7 | 庚戌 8 | 辛亥 9 | 壬子 10 | 癸丑 11 | 甲寅 12 | 乙卯 13 | 丙辰 14 | 丁巳 15 | 戊午 16 | 己未 17 | | 丁酉驚蟄 癸丑雨水 |
| 二月大 | 丁卯 | 天干地支 西曆 | 庚申 18 | 辛酉 19 | 壬戌 20 | 癸亥 21 | 甲子 22 | 乙丑 23 | 丙寅 24 | 丁卯 25 | 戊辰 26 | 己巳 27 | 庚午 28 | 辛未 29 | 壬申 30 | 癸酉 31 | 甲戌 (4) | 乙亥 2 | 丙子 3 | 丁丑 4 | 戊寅 5 | 己卯 6 | 庚辰 7 | 辛巳 8 | 壬午 9 | 癸未 10 | 甲申 11 | 乙酉 12 | 丙戌 13 | 丁亥 14 | 戊子 15 | 己丑 16 | 戊辰春分 癸未穀雨 |
| 三月大 | 戊辰 | 天干地支 西曆 | 庚寅 17 | 辛卯 18 | 壬辰 19 | 癸巳 20 | 甲午 21 | 乙未 22 | 丙申 23 | 丁酉 24 | 戊戌 25 | 己亥 26 | 庚子 27 | 辛丑 28 | 壬寅 29 | 癸卯 30 | 甲辰 (5) | 乙巳 2 | 丙午 3 | 丁未 4 | 戊申 5 | 己酉 6 | 庚戌 7 | 辛亥 8 | 壬子 9 | 癸丑 10 | 甲寅 11 | 乙卯 12 | 丙辰 13 | 丁巳 14 | 戊午 15 | 己未 16 | 戊戌清明 癸丑立夏 |
| 四月小 | 己巳 | 天干地支 西曆 | 庚申 17 | 辛酉 18 | 壬戌 19 | 癸亥 20 | 甲子 21 | 乙丑 22 | 丙寅 23 | 丁卯 24 | 戊辰 25 | 己巳 26 | 庚午 27 | 辛未 28 | 壬申 29 | 癸酉 30 | 甲戌 31 | 乙亥 (6) | 丙子 2 | 丁丑 3 | 戊寅 4 | 己卯 5 | 庚辰 6 | 辛巳 7 | 壬午 8 | 癸未 9 | 甲申 10 | 乙酉 11 | 丙戌 12 | 丁亥 13 | 戊子 14 | | 己巳小滿 甲申芒種 |
| 五月大 | 庚午 | 天干地支 西曆 | 己丑 15 | 庚寅 16 | 辛卯 17 | 壬辰 18 | 癸巳 19 | 甲午 20 | 乙未 21 | 丙申 22 | 丁酉 23 | 戊戌 24 | 己亥 25 | 庚子 26 | 辛丑 27 | 壬寅 28 | 癸卯 29 | 甲辰 30 | 乙巳 (7) | 丙午 2 | 丁未 3 | 戊申 4 | 己酉 5 | 庚戌 6 | 辛亥 7 | 壬子 8 | 癸丑 9 | 甲寅 10 | 乙卯 11 | 丙辰 12 | 丁巳 13 | 戊午 14 | 己亥夏至 甲寅小暑 |
| 六月小 | 辛未 | 天干地支 西曆 | 己未 15 | 庚申 16 | 辛酉 17 | 壬戌 18 | 癸亥 19 | 甲子 20 | 乙丑 21 | 丙寅 22 | 丁卯 23 | 戊辰 24 | 己巳 25 | 庚午 26 | 辛未 27 | 壬申 28 | 癸酉 29 | 甲戌 30 | 乙亥 31 | 丙子 (8) | 丁丑 2 | 戊寅 3 | 己卯 4 | 庚辰 5 | 辛巳 6 | 壬午 7 | 癸未 8 | 甲申 9 | 乙酉 10 | 丙戌 11 | 丁亥 12 | | 庚午大暑 乙酉立秋 |
| 七月大 | 壬申 | 天干地支 西曆 | 戊子 13 | 己丑 14 | 庚寅 15 | 辛卯 16 | 壬辰 17 | 癸巳 18 | 甲午 19 | 乙未 20 | 丙申 21 | 丁酉 22 | 戊戌 23 | 己亥 24 | 庚子 25 | 辛丑 26 | 壬寅 27 | 癸卯 28 | 甲辰 29 | 乙巳 30 | 丙午 31 | 丁未 (9) | 戊申 2 | 己酉 3 | 庚戌 4 | 辛亥 5 | 壬子 6 | 癸丑 7 | 甲寅 8 | 乙卯 9 | 丙辰 10 | 丁巳 11 | 庚子處暑 乙卯白露 |
| 八月小 | 癸酉 | 天干地支 西曆 | 戊午 12 | 己未 13 | 庚申 14 | 辛酉 15 | 壬戌 16 | 癸亥 17 | 甲子 18 | 乙丑 19 | 丙寅 20 | 丁卯 21 | 戊辰 22 | 己巳 23 | 庚午 24 | 辛未 25 | 壬申 26 | 癸酉 27 | 甲戌 28 | 乙亥 29 | 丙子 30 | 丁丑 (10) | 戊寅 2 | 己卯 3 | 庚辰 4 | 辛巳 5 | 壬午 6 | 癸未 7 | 甲申 8 | 乙酉 9 | 丙戌 10 | | 庚午秋分 丙戌寒露 |
| 九月大 | 甲戌 | 天干地支 西曆 | 丁亥 11 | 戊子 12 | 己丑 13 | 庚寅 14 | 辛卯 15 | 壬辰 16 | 癸巳 17 | 甲午 18 | 乙未 19 | 丙申 20 | 丁酉 21 | 戊戌 22 | 己亥 23 | 庚子 24 | 辛丑 25 | 壬寅 26 | 癸卯 27 | 甲辰 28 | 乙巳 29 | 丙午 30 | 丁未 31 | 戊申 (11) | 己酉 2 | 庚戌 3 | 辛亥 4 | 壬子 5 | 癸丑 6 | 甲寅 7 | 乙卯 8 | 丙辰 9 | 辛丑霜降 丙辰立冬 |
| 十月小 | 乙亥 | 天干地支 西曆 | 丁巳 10 | 戊午 11 | 己未 12 | 庚申 13 | 辛酉 14 | 壬戌 15 | 癸亥 16 | 甲子 17 | 乙丑 18 | 丙寅 19 | 丁卯 20 | 戊辰 21 | 己巳 22 | 庚午 23 | 辛未 24 | 壬申 25 | 癸酉 26 | 甲戌 27 | 乙亥 28 | 丙子 29 | 丁丑 30 | 戊寅 (12) | 己卯 2 | 庚辰 3 | 辛巳 4 | 壬午 5 | 癸未 6 | 甲申 7 | 乙酉 8 | | 辛未小雪 |
| 十一月大 | 丙子 | 天干地支 西曆 | 丙戌 9 | 丁亥 10 | 戊子 11 | 己丑 12 | 庚寅 13 | 辛卯 14 | 壬辰 15 | 癸巳 16 | 甲午 17 | 乙未 18 | 丙申 19 | 丁酉 20 | 戊戌 21 | 己亥 22 | 庚子 23 | 辛丑 24 | 壬寅 25 | 癸卯 26 | 甲辰 27 | 乙巳 28 | 丙午 29 | 丁未 30 | 戊申 31 | 己酉 (1) | 庚戌 2 | 辛亥 3 | 壬子 4 | 癸丑 5 | 甲寅 6 | 乙卯 7 | 丁亥大雪 壬寅冬至 |
| 十二月小 | 丁丑 | 天干地支 西曆 | 丙辰 8 | 丁巳 9 | 戊午 10 | 己未 11 | 庚申 12 | 辛酉 13 | 壬戌 14 | 癸亥 15 | 甲子 16 | 乙丑 17 | 丙寅 18 | 丁卯 19 | 戊辰 20 | 己巳 21 | 庚午 22 | 辛未 23 | 壬申 24 | 癸酉 25 | 甲戌 26 | 乙亥 27 | 丙子 28 | 丁丑 29 | 戊寅 30 | 己卯 31 | 庚辰 (2) | 辛巳 2 | 壬午 3 | 癸未 4 | 甲申 5 | | 丁巳小寒 壬申大寒 |

# 漢宣帝甘露三年（庚午 馬年） 公元前 51 ~ 前 50 年

| 夏曆月序 | | 中西曆日對照 | 初一 | 初二 | 初三 | 初四 | 初五 | 初六 | 初七 | 初八 | 初九 | 初十 | 十一 | 十二 | 十三 | 十四 | 十五 | 十六 | 十七 | 十八 | 十九 | 二十 | 二一 | 二二 | 二三 | 二四 | 二五 | 二六 | 二七 | 二八 | 二九 | 三十 | 節氣與天象 |
|---|---|---|---|---|---|---|---|---|---|---|---|---|---|---|---|---|---|---|---|---|---|---|---|---|---|---|---|---|---|---|---|---|---|
| 正月大 | 戊寅 | 天干<br>地支<br>西曆 | 乙酉6 | 丙戌7 | 丁亥8 | 戊子9 | 己丑10 | 庚寅11 | 辛卯12 | 壬辰13 | 癸巳14 | 甲午15 | 乙未16 | 丙申17 | 丁酉18 | 戊戌19 | 己亥20 | 庚子21 | 辛丑22 | 壬寅23 | 癸卯24 | 甲辰25 | 乙巳26 | 丙午27 | 丁未28 | 戊申(3) | 己酉2 | 庚戌3 | 辛亥4 | 壬子5 | 癸丑6 | 甲寅7 | 丁亥立春<br>癸卯驚蟄 |
| 二月小 | 己卯 | 天干<br>地支<br>西曆 | 乙卯8 | 丙辰9 | 丁巳10 | 戊午11 | 己未12 | 庚申13 | 辛酉14 | 壬戌15 | 癸亥16 | 甲子17 | 乙丑18 | 丙寅19 | 丁卯20 | 戊辰21 | 己巳22 | 庚午23 | 辛未24 | 壬申25 | 癸酉26 | 甲戌27 | 乙亥28 | 丙子29 | 丁丑30 | 戊寅31 | 己卯(4) | 庚辰2 | 辛巳3 | 壬午4 | 癸未5 | | 戊午雨水<br>癸酉春分 |
| 三月大 | 庚辰 | 天干<br>地支<br>西曆 | 甲申6 | 乙酉7 | 丙戌8 | 丁亥9 | 戊子10 | 己丑11 | 庚寅12 | 辛卯13 | 壬辰14 | 癸巳15 | 甲午16 | 乙未17 | 丙申18 | 丁酉19 | 戊戌20 | 己亥21 | 庚子22 | 辛丑23 | 壬寅24 | 癸卯25 | 甲辰26 | 乙巳27 | 丙午28 | 丁未29 | 戊申30 | 己酉(5) | 庚戌2 | 辛亥3 | 壬子4 | 癸丑5 | 戊子穀雨<br>甲辰清明 |
| 四月小 | 辛巳 | 天干<br>地支<br>西曆 | 甲寅6 | 乙卯7 | 丙辰8 | 丁巳9 | 戊午10 | 己未11 | 庚申12 | 辛酉13 | 壬戌14 | 癸亥15 | 甲子16 | 乙丑17 | 丙寅18 | 丁卯19 | 戊辰20 | 己巳21 | 庚午22 | 辛未23 | 壬申24 | 癸酉25 | 甲戌26 | 乙亥27 | 丙子28 | 丁丑29 | 戊寅30 | 己卯31 | 庚辰(6) | 辛巳2 | 壬午3 | | 己未立夏<br>甲戌小滿 |
| 五月大 | 壬午 | 天干<br>地支<br>西曆 | 癸未4 | 甲申5 | 乙酉6 | 丙戌7 | 丁亥8 | 戊子9 | 己丑10 | 庚寅11 | 辛卯12 | 壬辰13 | 癸巳14 | 甲午15 | 乙未16 | 丙申17 | 丁酉18 | 戊戌19 | 己亥20 | 庚子21 | 辛丑22 | 壬寅23 | 癸卯24 | 甲辰25 | 乙巳26 | 丙午27 | 丁未28 | 戊申29 | 己酉30 | 庚戌(7) | 辛亥2 | 壬子3 | 己丑芒種<br>甲辰夏至 |
| 六月小 | 癸未 | 天干<br>地支<br>西曆 | 癸丑4 | 甲寅5 | 乙卯6 | 丙辰7 | 丁巳8 | 戊午9 | 己未10 | 庚申11 | 辛酉12 | 壬戌13 | 癸亥14 | 甲子15 | 乙丑16 | 丙寅17 | 丁卯18 | 戊辰19 | 己巳20 | 庚午21 | 辛未22 | 壬申23 | 癸酉24 | 甲戌25 | 乙亥26 | 丙子27 | 丁丑28 | 戊寅29 | 己卯30 | 庚辰31 | 辛巳(8) | | 庚申小暑<br>乙亥大暑 |
| 七月大 | 甲申 | 天干<br>地支<br>西曆 | 壬午2 | 癸未3 | 甲申4 | 乙酉5 | 丙戌6 | 丁亥7 | 戊子8 | 己丑9 | 庚寅10 | 辛卯11 | 壬辰12 | 癸巳13 | 甲午14 | 乙未15 | 丙申16 | 丁酉17 | 戊戌18 | 己亥19 | 庚子20 | 辛丑21 | 壬寅22 | 癸卯23 | 甲辰24 | 乙巳25 | 丙午26 | 丁未27 | 戊申28 | 己酉29 | 庚戌30 | 辛亥31 | 庚寅立秋<br>乙巳處暑 |
| 八月大 | 乙酉 | 天干<br>地支<br>西曆 | 壬子(9) | 癸丑2 | 甲寅3 | 乙卯4 | 丙辰5 | 丁巳6 | 戊午7 | 己未8 | 庚申9 | 辛酉10 | 壬戌11 | 癸亥12 | 甲子13 | 乙丑14 | 丙寅15 | 丁卯16 | 戊辰17 | 己巳18 | 庚午19 | 辛未20 | 壬申21 | 癸酉22 | 甲戌23 | 乙亥24 | 丙子25 | 丁丑26 | 戊寅27 | 己卯28 | 庚辰29 | 辛巳30 | 庚申白露<br>丙子秋分 |
| 九月小 | 丙戌 | 天干<br>地支<br>西曆 | 壬午(10) | 癸未2 | 甲申3 | 乙酉4 | 丙戌5 | 丁亥6 | 戊子7 | 己丑8 | 庚寅9 | 辛卯10 | 壬辰11 | 癸巳12 | 甲午13 | 乙未14 | 丙申15 | 丁酉16 | 戊戌17 | 己亥18 | 庚子19 | 辛丑20 | 壬寅21 | 癸卯22 | 甲辰23 | 乙巳24 | 丙午25 | 丁未26 | 戊申27 | 己酉28 | 庚戌29 | | 辛卯寒露<br>丙午霜降 |
| 十月大 | 丁亥 | 天干<br>地支<br>西曆 | 辛亥30 | 壬子31 | 癸丑(11) | 甲寅2 | 乙卯3 | 丙辰4 | 丁巳5 | 戊午6 | 己未7 | 庚申8 | 辛酉9 | 壬戌10 | 癸亥11 | 甲子12 | 乙丑13 | 丙寅14 | 丁卯15 | 戊辰16 | 己巳17 | 庚午18 | 辛未19 | 壬申20 | 癸酉21 | 甲戌22 | 乙亥23 | 丙子24 | 丁丑25 | 戊寅26 | 己卯27 | 庚辰28 | 辛酉立冬<br>丁丑小雪 |
| 十一月小 | 戊子 | 天干<br>地支<br>西曆 | 辛巳29 | 壬午30 | 癸未(12) | 甲申2 | 乙酉3 | 丙戌4 | 丁亥5 | 戊子6 | 己丑7 | 庚寅8 | 辛卯9 | 壬辰10 | 癸巳11 | 甲午12 | 乙未13 | 丙申14 | 丁酉15 | 戊戌16 | 己亥17 | 庚子18 | 辛丑19 | 壬寅20 | 癸卯21 | 甲辰22 | 乙巳23 | 丙午24 | 丁未25 | 戊申26 | 己酉27 | | 壬辰大雪<br>丁未冬至 |
| 十二月大 | 己丑 | 天干<br>地支<br>西曆 | 庚戌28 | 辛亥29 | 壬子30 | 癸丑31 | 甲寅(1) | 乙卯2 | 丙辰3 | 丁巳4 | 戊午5 | 己未6 | 庚申7 | 辛酉8 | 壬戌9 | 癸亥10 | 甲子11 | 乙丑12 | 丙寅13 | 丁卯14 | 戊辰15 | 己巳16 | 庚午17 | 辛未18 | 壬申19 | 癸酉20 | 甲戌21 | 乙亥22 | 丙子23 | 丁丑24 | 戊寅25 | 己卯26 | 壬戌小寒<br>丁丑大寒 |

# 漢宣帝甘露四年（辛未 羊年） 公元前50 ~ 前49年

| 夏曆月序 | 中西曆日對照 | 夏曆日序 | | | | | | | | | | | | | | | | | | | | | | | | | | | | | | 節氣與天象 |
|---|---|---|---|---|---|---|---|---|---|---|---|---|---|---|---|---|---|---|---|---|---|---|---|---|---|---|---|---|---|---|---|
| | | 初一 | 初二 | 初三 | 初四 | 初五 | 初六 | 初七 | 初八 | 初九 | 初十 | 十一 | 十二 | 十三 | 十四 | 十五 | 十六 | 十七 | 十八 | 十九 | 二十 | 二一 | 二二 | 二三 | 二四 | 二五 | 二六 | 二七 | 二八 | 二九 | 三十 | |
| 正月小 庚寅 | 天干地支 西曆 | 庚辰27 | 辛巳28 | 壬午29 | 癸未30 | 甲申31 | 乙酉(2) | 丙戌2 | 丁亥3 | 戊子4 | 己丑5 | 庚寅6 | 辛卯7 | 壬辰8 | 癸巳9 | 甲午10 | 乙未11 | 丙申12 | 丁酉13 | 戊戌14 | 己亥15 | 庚子16 | 辛丑17 | 壬寅18 | 癸卯19 | 甲辰20 | 乙巳21 | 丙午22 | 丁未23 | 戊申24 | | 癸巳立春 戊申驚蟄 |
| 二月大 辛卯 | 天干地支 西曆 | 己酉25 | 庚戌26 | 辛亥27 | 壬子28 | 癸丑(3) | 甲寅2 | 乙卯3 | 丙辰4 | 丁巳5 | 戊午6 | 己未7 | 庚申8 | 辛酉9 | 壬戌10 | 癸亥11 | 甲子12 | 乙丑13 | 丙寅14 | 丁卯15 | 戊辰16 | 己巳17 | 庚午18 | 辛未19 | 壬申20 | 癸酉21 | 甲戌22 | 乙亥23 | 丙子24 | 丁丑25 | 戊寅26 | 癸亥雨水 戊寅春分 |
| 閏二月小 辛卯 | 天干地支 西曆 | 己卯27 | 庚辰28 | 辛巳29 | 壬午30 | 癸未31 | 甲申(4) | 乙酉2 | 丙戌3 | 丁亥4 | 戊子5 | 己丑6 | 庚寅7 | 辛卯8 | 壬辰9 | 癸巳10 | 甲午11 | 乙未12 | 丙申13 | 丁酉14 | 戊戌15 | 己亥16 | 庚子17 | 辛丑18 | 壬寅19 | 癸卯20 | 甲辰21 | 乙巳22 | 丙午23 | 丁未24 | | 甲午穀雨 |
| 三月大 壬辰 | 天干地支 西曆 | 戊申25 | 己酉26 | 庚戌27 | 辛亥28 | 壬子29 | 癸丑30 | 甲寅(5) | 乙卯2 | 丙辰3 | 丁巳4 | 戊午5 | 己未6 | 庚申7 | 辛酉8 | 壬戌9 | 癸亥10 | 甲子11 | 乙丑12 | 丙寅13 | 丁卯14 | 戊辰15 | 己巳16 | 庚午17 | 辛未18 | 壬申19 | 癸酉20 | 甲戌21 | 乙亥22 | 丙子23 | 丁丑24 | 己酉清明 甲子立夏 |
| 四月小 癸巳 | 天干地支 西曆 | 戊寅25 | 己卯26 | 庚辰27 | 辛巳28 | 壬午29 | 癸未30 | 甲申31 | 乙酉(6) | 丙戌2 | 丁亥3 | 戊子4 | 己丑5 | 庚寅6 | 辛卯7 | 壬辰8 | 癸巳9 | 甲午10 | 乙未11 | 丙申12 | 丁酉13 | 戊戌14 | 己亥15 | 庚子16 | 辛丑17 | 壬寅18 | 癸卯19 | 甲辰20 | 乙巳21 | 丙午22 | | 己卯小滿 甲午芒種 |
| 五月大 甲午 | 天干地支 西曆 | 丁未23 | 戊申24 | 己酉25 | 庚戌26 | 辛亥27 | 壬子28 | 癸丑29 | 甲寅30 | 乙卯(7) | 丙辰2 | 丁巳3 | 戊午4 | 己未5 | 庚申6 | 辛酉7 | 壬戌8 | 癸亥9 | 甲子10 | 乙丑11 | 丙寅12 | 丁卯13 | 戊辰14 | 己巳15 | 庚午16 | 辛未17 | 壬申18 | 癸酉19 | 甲戌20 | 乙亥21 | 丙子22 | 庚戌夏至 乙丑小暑 |
| 六月小 乙未 | 天干地支 西曆 | 丁丑23 | 戊寅24 | 己卯25 | 庚辰26 | 辛巳27 | 壬午28 | 癸未29 | 甲申30 | 乙酉31 | 丙戌(8) | 丁亥2 | 戊子3 | 己丑4 | 庚寅5 | 辛卯6 | 壬辰7 | 癸巳8 | 甲午9 | 乙未10 | 丙申11 | 丁酉12 | 戊戌13 | 己亥14 | 庚子15 | 辛丑16 | 壬寅17 | 癸卯18 | 甲辰19 | 乙巳20 | | 庚辰大暑 乙未立秋 |
| 七月大 丙申 | 天干地支 西曆 | 丙午21 | 丁未22 | 戊申23 | 己酉24 | 庚戌25 | 辛亥26 | 壬子27 | 癸丑28 | 甲寅29 | 乙卯30 | 丙辰31 | 丁巳(9) | 戊午2 | 己未3 | 庚申4 | 辛酉5 | 壬戌6 | 癸亥7 | 甲子8 | 乙丑9 | 丙寅10 | 丁卯11 | 戊辰12 | 己巳13 | 庚午14 | 辛未15 | 壬申16 | 癸酉17 | 甲戌18 | 乙亥19 | 辛亥處暑 丙寅白露 丙午日食 |
| 八月小 丁酉 | 天干地支 西曆 | 丙子20 | 丁丑21 | 戊寅22 | 己卯23 | 庚辰24 | 辛巳25 | 壬午26 | 癸未27 | 甲申28 | 乙酉29 | 丙戌30 | 丁亥(10) | 戊子2 | 己丑3 | 庚寅4 | 辛卯5 | 壬辰6 | 癸巳7 | 甲午8 | 乙未9 | 丙申10 | 丁酉11 | 戊戌12 | 己亥13 | 庚子14 | 辛丑15 | 壬寅16 | 癸卯17 | 甲辰18 | | 辛巳秋分 丙申寒露 |
| 九月大 戊戌 | 天干地支 西曆 | 乙巳19 | 丙午20 | 丁未21 | 戊申22 | 己酉23 | 庚戌24 | 辛亥25 | 壬子26 | 癸丑27 | 甲寅28 | 乙卯29 | 丙辰30 | 丁巳31 | 戊午(11) | 己未2 | 庚申3 | 辛酉4 | 壬戌5 | 癸亥6 | 甲子7 | 乙丑8 | 丙寅9 | 丁卯10 | 戊辰11 | 己巳12 | 庚午13 | 辛未14 | 壬申15 | 癸酉16 | 甲戌17 | 辛亥霜降 丁卯立冬 |
| 十月小 己亥 | 天干地支 西曆 | 乙亥18 | 丙子19 | 丁丑20 | 戊寅21 | 己卯22 | 庚辰23 | 辛巳24 | 壬午25 | 癸未26 | 甲申27 | 乙酉28 | 丙戌29 | 丁亥30 | 戊子(12) | 己丑2 | 庚寅3 | 辛卯4 | 壬辰5 | 癸巳6 | 甲午7 | 乙未8 | 丙申9 | 丁酉10 | 戊戌11 | 己亥12 | 庚子13 | 辛丑14 | 壬寅15 | 癸卯16 | | 壬午小雪 丁酉大雪 |
| 十一月大 庚子 | 天干地支 西曆 | 甲辰17 | 乙巳18 | 丙午19 | 丁未20 | 戊申21 | 己酉22 | 庚戌23 | 辛亥24 | 壬子25 | 癸丑26 | 甲寅27 | 乙卯28 | 丙辰29 | 丁巳30 | 戊午31 | 己未(1) | 庚申2 | 辛酉3 | 壬戌4 | 癸亥5 | 甲子6 | 乙丑7 | 丙寅8 | 丁卯9 | 戊辰10 | 己巳11 | 庚午12 | 辛未13 | 壬申14 | 癸酉15 | 壬子冬至 丁卯小寒 |
| 十二月大 辛丑 | 天干地支 西曆 | 甲戌16 | 乙亥17 | 丙子18 | 丁丑19 | 戊寅20 | 己卯21 | 庚辰22 | 辛巳23 | 壬午24 | 癸未25 | 甲申26 | 乙酉27 | 丙戌28 | 丁亥29 | 戊子30 | 己丑31 | 庚寅(2) | 辛卯2 | 壬辰3 | 癸巳4 | 甲午5 | 乙未6 | 丙申7 | 丁酉8 | 戊戌9 | 己亥10 | 庚子11 | 辛丑12 | 壬寅13 | 癸卯14 | 癸未大寒 戊戌立春 |

# 漢宣帝黄龍元年 元帝黄龍元年（壬申 猴年） 公元前49～前48年

| 夏曆月序 | | 中西曆日對照 | 初一 | 初二 | 初三 | 初四 | 初五 | 初六 | 初七 | 初八 | 初九 | 初十 | 十一 | 十二 | 十三 | 十四 | 十五 | 十六 | 十七 | 十八 | 十九 | 二十 | 二一 | 二二 | 二三 | 二四 | 二五 | 二六 | 二七 | 二八 | 二九 | 三十 | 節氣與天象 |
|---|---|---|---|---|---|---|---|---|---|---|---|---|---|---|---|---|---|---|---|---|---|---|---|---|---|---|---|---|---|---|---|---|---|
| 正月小 | 壬寅 | 天干地支西曆 | 甲辰15 | 乙巳16 | 丙午17 | 丁未18 | 戊申19 | 己酉20 | 庚戌21 | 辛亥22 | 壬子23 | 癸丑24 | 甲寅25 | 乙卯26 | 丙辰27 | 丁巳28 | 戊午29 | 己未(3) | 庚申2 | 辛酉3 | 壬戌4 | 癸亥5 | 甲子6 | 乙丑7 | 丙寅8 | 丁卯9 | 戊辰10 | 己巳11 | 庚午12 | 辛未13 | 壬申14 | | 癸丑驚蟄 戊辰雨水 |
| 二月大 | 癸卯 | 天干地支西曆 | 癸酉15 | 甲戌16 | 乙亥17 | 丙子18 | 丁丑19 | 戊寅20 | 己卯21 | 庚辰22 | 辛巳23 | 壬午24 | 癸未25 | 甲申26 | 乙酉27 | 丙戌28 | 丁亥29 | 戊子30 | 己丑31 | 庚寅(4) | 辛卯2 | 壬辰3 | 癸巳4 | 甲午5 | 乙未6 | 丙申7 | 丁酉8 | 戊戌9 | 己亥10 | 庚子11 | 辛丑12 | 壬寅13 | 甲申春分 己亥穀雨 |
| 三月小 | 甲辰 | 天干地支西曆 | 癸卯14 | 甲辰15 | 乙巳16 | 丙午17 | 丁未18 | 戊申19 | 己酉20 | 庚戌21 | 辛亥22 | 壬子23 | 癸丑24 | 甲寅25 | 乙卯26 | 丙辰27 | 丁巳28 | 戊午29 | 己未30 | 庚申(5) | 辛酉2 | 壬戌3 | 癸亥4 | 甲子5 | 乙丑6 | 丙寅7 | 丁卯8 | 戊辰9 | 己巳10 | 庚午11 | 辛未12 | | 甲寅清明 己巳立夏 |
| 四月大 | 乙巳 | 天干地支西曆 | 壬申13 | 癸酉14 | 甲戌15 | 乙亥16 | 丙子17 | 丁丑18 | 戊寅19 | 己卯20 | 庚辰21 | 辛巳22 | 壬午23 | 癸未24 | 甲申25 | 乙酉26 | 丙戌27 | 丁亥28 | 戊子29 | 己丑30 | 庚寅31 | 辛卯(6) | 壬辰2 | 癸巳3 | 甲午4 | 乙未5 | 丙申6 | 丁酉7 | 戊戌8 | 己亥9 | 庚子10 | 辛丑11 | 甲申小滿 庚子芒種 |
| 五月小 | 丙午 | 天干地支西曆 | 壬寅12 | 癸卯13 | 甲辰14 | 乙巳15 | 丙午16 | 丁未17 | 戊申18 | 己酉19 | 庚戌20 | 辛亥21 | 壬子22 | 癸丑23 | 甲寅24 | 乙卯25 | 丙辰26 | 丁巳27 | 戊午28 | 己未29 | 庚申30 | 辛酉(7) | 壬戌2 | 癸亥3 | 甲子4 | 乙丑5 | 丙寅6 | 丁卯7 | 戊辰8 | 己巳9 | 庚午10 | | 乙卯夏至 庚午小暑 |
| 六月大 | 丁未 | 天干地支西曆 | 辛未11 | 壬申12 | 癸酉13 | 甲戌14 | 乙亥15 | 丙子16 | 丁丑17 | 戊寅18 | 己卯19 | 庚辰20 | 辛巳21 | 壬午22 | 癸未23 | 甲申24 | 乙酉25 | 丙戌26 | 丁亥27 | 戊子28 | 己丑29 | 庚寅30 | 辛卯31 | 壬辰(8) | 癸巳2 | 甲午3 | 乙未4 | 丙申5 | 丁酉6 | 戊戌7 | 己亥8 | 庚子9 | 乙酉大暑 庚子日食 |
| 七月小 | 戊申 | 天干地支西曆 | 辛丑10 | 壬寅11 | 癸卯12 | 甲辰13 | 乙巳14 | 丙午15 | 丁未16 | 戊申17 | 己酉18 | 庚戌19 | 辛亥20 | 壬子21 | 癸丑22 | 甲寅23 | 乙卯24 | 丙辰25 | 丁巳26 | 戊午27 | 己未28 | 庚申29 | 辛酉30 | 壬戌31 | 癸亥(9) | 甲子2 | 乙丑3 | 丙寅4 | 丁卯5 | 戊辰6 | 己巳7 | | 辛丑立秋 丙辰處暑 |
| 八月大 | 己酉 | 天干地支西曆 | 庚午8 | 辛未9 | 壬申10 | 癸酉11 | 甲戌12 | 乙亥13 | 丙子14 | 丁丑15 | 戊寅16 | 己卯17 | 庚辰18 | 辛巳19 | 壬午20 | 癸未21 | 甲申22 | 乙酉23 | 丙戌24 | 丁亥25 | 戊子26 | 己丑27 | 庚寅28 | 辛卯29 | 壬辰30 | 癸巳(10) | 甲午2 | 乙未3 | 丙申4 | 丁酉5 | 戊戌6 | 己亥7 | 辛未白露 丙戌秋分 |
| 九月小 | 庚戌 | 天干地支西曆 | 庚子8 | 辛丑9 | 壬寅10 | 癸卯11 | 甲辰12 | 乙巳13 | 丙午14 | 丁未15 | 戊申16 | 己酉17 | 庚戌18 | 辛亥19 | 壬子20 | 癸丑21 | 甲寅22 | 乙卯23 | 丙辰24 | 丁巳25 | 戊午26 | 己未27 | 庚申28 | 辛酉29 | 壬戌30 | 癸亥31 | 甲子(11) | 乙丑2 | 丙寅3 | 丁卯4 | 戊辰5 | | 辛丑寒露 丁巳霜降 |
| 十月大 | 辛亥 | 天干地支西曆 | 己巳6 | 庚午7 | 辛未8 | 壬申9 | 癸酉10 | 甲戌11 | 乙亥12 | 丙子13 | 丁丑14 | 戊寅15 | 己卯16 | 庚辰17 | 辛巳18 | 壬午19 | 癸未20 | 甲申21 | 乙酉22 | 丙戌23 | 丁亥24 | 戊子25 | 己丑26 | 庚寅27 | 辛卯28 | 壬辰29 | 癸巳30 | 甲午(12) | 乙未2 | 丙申3 | 丁酉4 | 戊戌5 | 壬申立冬 丁亥小雪 |
| 十一月小 | 壬子 | 天干地支西曆 | 己亥6 | 庚子7 | 辛丑8 | 壬寅9 | 癸卯10 | 甲辰11 | 乙巳12 | 丙午13 | 丁未14 | 戊申15 | 己酉16 | 庚戌17 | 辛亥18 | 壬子19 | 癸丑20 | 甲寅21 | 乙卯22 | 丙辰23 | 丁巳24 | 戊午25 | 己未26 | 庚申27 | 辛酉28 | 壬戌29 | 癸亥30 | 甲子31 | 乙丑(1) | 丙寅2 | 丁卯3 | | 壬寅大寒 戊午冬至 |
| 十二月大 | 癸丑 | 天干地支西曆 | 戊辰4 | 己巳5 | 庚午6 | 辛未7 | 壬申8 | 癸酉9 | 甲戌10 | 乙亥11 | 丙子12 | 丁丑13 | 戊寅14 | 己卯15 | 庚辰16 | 辛巳17 | 壬午18 | 癸未19 | 甲申20 | 乙酉21 | 丙戌22 | 丁亥23 | 戊子24 | 己丑25 | 庚寅26 | 辛卯27 | 壬辰28 | 癸巳29 | 甲午30 | 乙未31 | 丙申(2) | 丁酉2 | 癸酉小寒 戊子大寒 |

* 正月，改元黄龍。十二月甲戌（初七），宣帝死。癸巳（二十六日），劉奭即位，是爲漢元帝。

## 漢元帝初元元年（癸酉 鷄年） 公元前 48 ~ 前 47 年

| 夏曆月序 | 中西曆日對照 | 初一 | 初二 | 初三 | 初四 | 初五 | 初六 | 初七 | 初八 | 初九 | 初十 | 十一 | 十二 | 十三 | 十四 | 十五 | 十六 | 十七 | 十八 | 十九 | 二十 | 二一 | 二二 | 二三 | 二四 | 二五 | 二六 | 二七 | 二八 | 二九 | 三十 | 節氣與天象 |
|---|---|---|---|---|---|---|---|---|---|---|---|---|---|---|---|---|---|---|---|---|---|---|---|---|---|---|---|---|---|---|---|---|
| 正月小 甲寅 | 天干地支<br>西曆 | 戊戌<br>3 | 己亥<br>4 | 庚子<br>5 | 辛丑<br>6 | 壬寅<br>7 | 癸卯<br>8 | 甲辰<br>9 | 乙巳<br>10 | 丙午<br>11 | 丁未<br>12 | 戊申<br>13 | 己酉<br>14 | 庚戌<br>15 | 辛亥<br>16 | 壬子<br>17 | 癸丑<br>18 | 甲寅<br>19 | 乙卯<br>20 | 丙辰<br>21 | 丁巳<br>22 | 戊午<br>23 | 己未<br>24 | 庚申<br>25 | 辛酉<br>26 | 壬戌<br>27 | 癸亥<br>28 | 甲子<br>(3) | 乙丑<br>2 | 丙寅<br>3 | | 癸卯立春<br>戊午驚蟄 |
| 二月大 乙卯 | 天干地支<br>西曆 | 丁卯<br>4 | 戊辰<br>5 | 己巳<br>6 | 庚午<br>7 | 辛未<br>8 | 壬申<br>9 | 癸酉<br>10 | 甲戌<br>11 | 乙亥<br>12 | 丙子<br>13 | 丁丑<br>14 | 戊寅<br>15 | 己卯<br>16 | 庚辰<br>17 | 辛巳<br>18 | 壬午<br>19 | 癸未<br>20 | 甲申<br>21 | 乙酉<br>22 | 丙戌<br>23 | 丁亥<br>24 | 戊子<br>25 | 己丑<br>26 | 庚寅<br>27 | 辛卯<br>28 | 壬辰<br>29 | 癸巳<br>30 | 甲午<br>31 | 乙未<br>(4) | 丙申<br>2 | 甲戌雨水<br>己丑春分 |
| 三月大 丙辰 | 天干地支<br>西曆 | 丁酉<br>3 | 戊戌<br>4 | 己亥<br>5 | 庚子<br>6 | 辛丑<br>7 | 壬寅<br>8 | 癸卯<br>9 | 甲辰<br>10 | 乙巳<br>11 | 丙午<br>12 | 丁未<br>13 | 戊申<br>14 | 己酉<br>15 | 庚戌<br>16 | 辛亥<br>17 | 壬子<br>18 | 癸丑<br>19 | 甲寅<br>20 | 乙卯<br>21 | 丙辰<br>22 | 丁巳<br>23 | 戊午<br>24 | 己未<br>25 | 庚申<br>26 | 辛酉<br>27 | 壬戌<br>28 | 癸亥<br>29 | 甲子<br>30 | 乙丑<br>(5) | 丙寅<br>2 | 甲辰穀雨<br>己未清明 |
| 四月小 丁巳 | 天干地支<br>西曆 | 丁卯<br>3 | 戊辰<br>4 | 己巳<br>5 | 庚午<br>6 | 辛未<br>7 | 壬申<br>8 | 癸酉<br>9 | 甲戌<br>10 | 乙亥<br>11 | 丙子<br>12 | 丁丑<br>13 | 戊寅<br>14 | 己卯<br>15 | 庚辰<br>16 | 辛巳<br>17 | 壬午<br>18 | 癸未<br>19 | 甲申<br>20 | 乙酉<br>21 | 丙戌<br>22 | 丁亥<br>23 | 戊子<br>24 | 己丑<br>25 | 庚寅<br>26 | 辛卯<br>27 | 壬辰<br>28 | 癸巳<br>29 | 甲午<br>30 | 乙未<br>31 | | 甲戌立夏<br>庚寅小滿 |
| 五月大 戊午 | 天干地支<br>西曆 | 丙申<br>(6) | 丁酉<br>2 | 戊戌<br>3 | 己亥<br>4 | 庚子<br>5 | 辛丑<br>6 | 壬寅<br>7 | 癸卯<br>8 | 甲辰<br>9 | 乙巳<br>10 | 丙午<br>11 | 丁未<br>12 | 戊申<br>13 | 己酉<br>14 | 庚戌<br>15 | 辛亥<br>16 | 壬子<br>17 | 癸丑<br>18 | 甲寅<br>19 | 乙卯<br>20 | 丙辰<br>21 | 丁巳<br>22 | 戊午<br>23 | 己未<br>24 | 庚申<br>25 | 辛酉<br>26 | 壬戌<br>27 | 癸亥<br>28 | 甲子<br>29 | 乙丑<br>30 | 乙巳芒種<br>庚申夏至 |
| 六月小 己未 | 天干地支<br>西曆 | 丙寅<br>(7) | 丁卯<br>2 | 戊辰<br>3 | 己巳<br>4 | 庚午<br>5 | 辛未<br>6 | 壬申<br>7 | 癸酉<br>8 | 甲戌<br>9 | 乙亥<br>10 | 丙子<br>11 | 丁丑<br>12 | 戊寅<br>13 | 己卯<br>14 | 庚辰<br>15 | 辛巳<br>16 | 壬午<br>17 | 癸未<br>18 | 甲申<br>19 | 乙酉<br>20 | 丙戌<br>21 | 丁亥<br>22 | 戊子<br>23 | 己丑<br>24 | 庚寅<br>25 | 辛卯<br>26 | 壬辰<br>27 | 癸巳<br>28 | 甲午<br>29 | | 乙亥小暑<br>辛卯大暑 |
| 七月大 庚申 | 天干地支<br>西曆 | 乙未<br>30 | 丙申<br>31 | 丁酉<br>(8) | 戊戌<br>2 | 己亥<br>3 | 庚子<br>4 | 辛丑<br>5 | 壬寅<br>6 | 癸卯<br>7 | 甲辰<br>8 | 乙巳<br>9 | 丙午<br>10 | 丁未<br>11 | 戊申<br>12 | 己酉<br>13 | 庚戌<br>14 | 辛亥<br>15 | 壬子<br>16 | 癸丑<br>17 | 甲寅<br>18 | 乙卯<br>19 | 丙辰<br>20 | 丁巳<br>21 | 戊午<br>22 | 己未<br>23 | 庚申<br>24 | 辛酉<br>25 | 壬戌<br>26 | 癸亥<br>27 | 甲子<br>28 | 丙午立秋<br>辛酉處暑 |
| 八月小 辛酉 | 天干地支<br>西曆 | 乙丑<br>29 | 丙寅<br>30 | 丁卯<br>31 | 戊辰<br>(9) | 己巳<br>2 | 庚午<br>3 | 辛未<br>4 | 壬申<br>5 | 癸酉<br>6 | 甲戌<br>7 | 乙亥<br>8 | 丙子<br>9 | 丁丑<br>10 | 戊寅<br>11 | 己卯<br>12 | 庚辰<br>13 | 辛巳<br>14 | 壬午<br>15 | 癸未<br>16 | 甲申<br>17 | 乙酉<br>18 | 丙戌<br>19 | 丁亥<br>20 | 戊子<br>21 | 己丑<br>22 | 庚寅<br>23 | 辛卯<br>24 | 壬辰<br>25 | 癸巳<br>26 | | 丙子白露<br>辛卯秋分 |
| 九月大 壬戌 | 天干地支<br>西曆 | 甲午<br>27 | 乙未<br>28 | 丙申<br>29 | 丁酉<br>30 | 戊戌<br>(10) | 己亥<br>2 | 庚子<br>3 | 辛丑<br>4 | 壬寅<br>5 | 癸卯<br>6 | 甲辰<br>7 | 乙巳<br>8 | 丙午<br>9 | 丁未<br>10 | 戊申<br>11 | 己酉<br>12 | 庚戌<br>13 | 辛亥<br>14 | 壬子<br>15 | 癸丑<br>16 | 甲寅<br>17 | 乙卯<br>18 | 丙辰<br>19 | 丁巳<br>20 | 戊午<br>21 | 己未<br>22 | 庚申<br>23 | 辛酉<br>24 | 壬戌<br>25 | 癸亥<br>26 | 丁未寒露<br>壬戌霜降 |
| 十月小 癸亥 | 天干地支<br>西曆 | 甲子<br>27 | 乙丑<br>28 | 丙寅<br>29 | 丁卯<br>30 | 戊辰<br>31 | 己巳<br>(11) | 庚午<br>2 | 辛未<br>3 | 壬申<br>4 | 癸酉<br>5 | 甲戌<br>6 | 乙亥<br>7 | 丙子<br>8 | 丁丑<br>9 | 戊寅<br>10 | 己卯<br>11 | 庚辰<br>12 | 辛巳<br>13 | 壬午<br>14 | 癸未<br>15 | 甲申<br>16 | 乙酉<br>17 | 丙戌<br>18 | 丁亥<br>19 | 戊子<br>20 | 己丑<br>21 | 庚寅<br>22 | 辛卯<br>23 | 壬辰<br>24 | | 丁丑立冬<br>壬辰小雪 |
| 閏十月大 癸亥 | 天干地支<br>西曆 | 癸巳<br>25 | 甲午<br>26 | 乙未<br>27 | 丙申<br>28 | 丁酉<br>29 | 戊戌<br>30 | 己亥<br>(12) | 庚子<br>2 | 辛丑<br>3 | 壬寅<br>4 | 癸卯<br>5 | 甲辰<br>6 | 乙巳<br>7 | 丙午<br>8 | 丁未<br>9 | 戊申<br>10 | 己酉<br>11 | 庚戌<br>12 | 辛亥<br>13 | 壬子<br>14 | 癸丑<br>15 | 甲寅<br>16 | 乙卯<br>17 | 丙辰<br>18 | 丁巳<br>19 | 戊午<br>20 | 己未<br>21 | 庚申<br>22 | 辛酉<br>23 | 壬戌<br>24 | 戊申大雪 |
| 十一月小 甲子 | 天干地支<br>西曆 | 癸亥<br>25 | 甲子<br>26 | 乙丑<br>27 | 丙寅<br>28 | 丁卯<br>29 | 戊辰<br>30 | 己巳<br>31 | 庚午<br>(1) | 辛未<br>2 | 壬申<br>3 | 癸酉<br>4 | 甲戌<br>5 | 乙亥<br>6 | 丙子<br>7 | 丁丑<br>8 | 戊寅<br>9 | 己卯<br>10 | 庚辰<br>11 | 辛巳<br>12 | 壬午<br>13 | 癸未<br>14 | 甲申<br>15 | 乙酉<br>16 | 丙戌<br>17 | 丁亥<br>18 | 戊子<br>19 | 己丑<br>20 | 庚寅<br>21 | 辛卯<br>22 | | 癸亥冬至<br>戊寅小寒 |
| 十二月大 乙丑 | 天干地支<br>西曆 | 壬辰<br>23 | 癸巳<br>24 | 甲午<br>25 | 乙未<br>26 | 丙申<br>27 | 丁酉<br>28 | 戊戌<br>29 | 己亥<br>30 | 庚子<br>31 | 辛丑<br>(2) | 壬寅<br>2 | 癸卯<br>3 | 甲辰<br>4 | 乙巳<br>5 | 丙午<br>6 | 丁未<br>7 | 戊申<br>8 | 己酉<br>9 | 庚戌<br>10 | 辛亥<br>11 | 壬子<br>12 | 癸丑<br>13 | 甲寅<br>14 | 乙卯<br>15 | 丙辰<br>16 | 丁巳<br>17 | 戊午<br>18 | 己未<br>19 | 庚申<br>20 | 辛酉<br>21 | 癸巳大寒<br>戊申立春 |

* 正月戊戌（初一），改元初元。

# 漢元帝初元二年（甲戌 狗年） 公元前 47 ~ 前 46 年

| 夏曆月序 | | 中西曆日對照 | 夏曆日序 | | | | | | | | | | | | | | | | | | | | | | | | | | | | | 節氣與天象 |
|---|---|---|---|---|---|---|---|---|---|---|---|---|---|---|---|---|---|---|---|---|---|---|---|---|---|---|---|---|---|---|---|---|
| | | | 初一 | 初二 | 初三 | 初四 | 初五 | 初六 | 初七 | 初八 | 初九 | 初十 | 十一 | 十二 | 十三 | 十四 | 十五 | 十六 | 十七 | 十八 | 十九 | 二十 | 二一 | 二二 | 二三 | 二四 | 二五 | 二六 | 二七 | 二八 | 二九 | 三十 | |
| 正月小 | 丙寅 | 天干地支 西曆 | 壬戌 22 | 癸亥 23 | 甲子 24 | 乙丑 25 | 丙寅 26 | 丁卯 27 | 戊辰 28 | 己巳 (3) | 庚午 2 | 辛未 3 | 壬申 4 | 癸酉 5 | 甲戌 6 | 乙亥 7 | 丙子 8 | 丁丑 9 | 戊寅 10 | 己卯 11 | 庚辰 12 | 辛巳 13 | 壬午 14 | 癸未 15 | 甲申 16 | 乙酉 17 | 丙戌 18 | 丁亥 19 | 戊子 20 | 己丑 21 | 庚寅 22 | | 甲子驚蟄 己卯雨水 |
| 二月大 | 丁卯 | 天干地支 西曆 | 辛卯 23 | 壬辰 24 | 癸巳 25 | 甲午 26 | 乙未 27 | 丙申 28 | 丁酉 29 | 戊戌 30 | 己亥 31 | 庚子 (4) | 辛丑 2 | 壬寅 3 | 癸卯 4 | 甲辰 5 | 乙巳 6 | 丙午 7 | 丁未 8 | 戊申 9 | 己酉 10 | 庚戌 11 | 辛亥 12 | 壬子 13 | 癸丑 14 | 甲寅 15 | 乙卯 16 | 丙辰 17 | 丁巳 18 | 戊午 19 | 己未 20 | 庚申 21 | 甲午春分 己酉穀雨 |
| 三月小 | 戊辰 | 天干地支 西曆 | 辛酉 22 | 壬戌 23 | 癸亥 24 | 甲子 25 | 乙丑 26 | 丙寅 27 | 丁卯 28 | 戊辰 29 | 己巳 30 | 庚午 (5) | 辛未 2 | 壬申 3 | 癸酉 4 | 甲戌 5 | 乙亥 6 | 丙子 7 | 丁丑 8 | 戊寅 9 | 己卯 10 | 庚辰 11 | 辛巳 12 | 壬午 13 | 癸未 14 | 甲申 15 | 乙酉 16 | 丙戌 17 | 丁亥 18 | 戊子 19 | 己丑 20 | | 乙丑清明 庚辰立夏 |
| 四月大 | 己巳 | 天干地支 西曆 | 庚寅 21 | 辛卯 22 | 壬辰 23 | 癸巳 24 | 甲午 25 | 乙未 26 | 丙申 27 | 丁酉 28 | 戊戌 29 | 己亥 30 | 庚子 31 | 辛丑 (6) | 壬寅 2 | 癸卯 3 | 甲辰 4 | 乙巳 5 | 丙午 6 | 丁未 7 | 戊申 8 | 己酉 9 | 庚戌 10 | 辛亥 11 | 壬子 12 | 癸丑 13 | 甲寅 14 | 乙卯 15 | 丙辰 16 | 丁巳 17 | 戊午 18 | 己未 19 | 乙未小滿 庚戌芒種 己未日食 |
| 五月小 | 庚午 | 天干地支 西曆 | 庚申 20 | 辛酉 21 | 壬戌 22 | 癸亥 23 | 甲子 24 | 乙丑 25 | 丙寅 26 | 丁卯 27 | 戊辰 28 | 己巳 29 | 庚午 30 | 辛未 (7) | 壬申 2 | 癸酉 3 | 甲戌 4 | 乙亥 5 | 丙子 6 | 丁丑 7 | 戊寅 8 | 己卯 9 | 庚辰 10 | 辛巳 11 | 壬午 12 | 癸未 13 | 甲申 14 | 乙酉 15 | 丙戌 16 | 丁亥 17 | 戊子 18 | | 乙丑夏至 辛巳小暑 |
| 六月大 | 辛未 | 天干地支 西曆 | 己丑 19 | 庚寅 20 | 辛卯 21 | 壬辰 22 | 癸巳 23 | 甲午 24 | 乙未 25 | 丙申 26 | 丁酉 27 | 戊戌 28 | 己亥 29 | 庚子 30 | 辛丑 31 | 壬寅 (8) | 癸卯 2 | 甲辰 3 | 乙巳 4 | 丙午 5 | 丁未 6 | 戊申 7 | 己酉 8 | 庚戌 9 | 辛亥 10 | 壬子 11 | 癸丑 12 | 甲寅 13 | 乙卯 14 | 丙辰 15 | 丁巳 16 | 戊午 17 | 丙申大暑 辛亥立秋 |
| 七月大 | 壬申 | 天干地支 西曆 | 己未 18 | 庚申 19 | 辛酉 20 | 壬戌 21 | 癸亥 22 | 甲子 23 | 乙丑 24 | 丙寅 25 | 丁卯 26 | 戊辰 27 | 己巳 28 | 庚午 29 | 辛未 30 | 壬申 31 | 癸酉 (9) | 甲戌 2 | 乙亥 3 | 丙子 4 | 丁丑 5 | 戊寅 6 | 己卯 7 | 庚辰 8 | 辛巳 9 | 壬午 10 | 癸未 11 | 甲申 12 | 乙酉 13 | 丙戌 14 | 丁亥 15 | 戊子 16 | 丙寅處暑 辛巳白露 |
| 八月小 | 癸酉 | 天干地支 西曆 | 己丑 17 | 庚寅 18 | 辛卯 19 | 壬辰 20 | 癸巳 21 | 甲午 22 | 乙未 23 | 丙申 24 | 丁酉 25 | 戊戌 26 | 己亥 27 | 庚子 28 | 辛丑 29 | 壬寅 30 | 癸卯 (10) | 甲辰 2 | 乙巳 3 | 丙午 4 | 丁未 5 | 戊申 6 | 己酉 7 | 庚戌 8 | 辛亥 9 | 壬子 10 | 癸丑 11 | 甲寅 12 | 乙卯 13 | 丙辰 14 | 丁巳 15 | | 丁酉秋分 壬子寒露 |
| 九月大 | 甲戌 | 天干地支 西曆 | 戊午 16 | 己未 17 | 庚申 18 | 辛酉 19 | 壬戌 20 | 癸亥 21 | 甲子 22 | 乙丑 23 | 丙寅 24 | 丁卯 25 | 戊辰 26 | 己巳 27 | 庚午 28 | 辛未 29 | 壬申 30 | 癸酉 31 | 甲戌 (11) | 乙亥 2 | 丙子 3 | 丁丑 4 | 戊寅 5 | 己卯 6 | 庚辰 7 | 辛巳 8 | 壬午 9 | 癸未 10 | 甲申 11 | 乙酉 12 | 丙戌 13 | 丁亥 14 | 丁卯霜降 壬午立冬 |
| 十月小 | 乙亥 | 天干地支 西曆 | 戊子 15 | 己丑 16 | 庚寅 17 | 辛卯 18 | 壬辰 19 | 癸巳 20 | 甲午 21 | 乙未 22 | 丙申 23 | 丁酉 24 | 戊戌 25 | 己亥 26 | 庚子 27 | 辛丑 28 | 壬寅 29 | 癸卯 30 | 甲辰 (12) | 乙巳 2 | 丙午 3 | 丁未 4 | 戊申 5 | 己酉 6 | 庚戌 7 | 辛亥 8 | 壬子 9 | 癸丑 10 | 甲寅 11 | 乙卯 12 | 丙辰 13 | | 戊戌小雪 癸丑大雪 |
| 十一月大 | 丙子 | 天干地支 西曆 | 丁巳 14 | 戊午 15 | 己未 16 | 庚申 17 | 辛酉 18 | 壬戌 19 | 癸亥 20 | 甲子 21 | 乙丑 22 | 丙寅 23 | 丁卯 24 | 戊辰 25 | 己巳 26 | 庚午 27 | 辛未 28 | 壬申 29 | 癸酉 30 | 甲戌 31 | 乙亥 (1) | 丙子 2 | 丁丑 3 | 戊寅 4 | 己卯 5 | 庚辰 6 | 辛巳 7 | 壬午 8 | 癸未 9 | 甲申 10 | 乙酉 11 | 丙戌 12 | 戊辰冬至 癸未小寒 |
| 十二月小 | 丁丑 | 天干地支 西曆 | 丁亥 13 | 戊子 14 | 己丑 15 | 庚寅 16 | 辛卯 17 | 壬辰 18 | 癸巳 19 | 甲午 20 | 乙未 21 | 丙申 22 | 丁酉 23 | 戊戌 24 | 己亥 25 | 庚子 26 | 辛丑 27 | 壬寅 28 | 癸卯 29 | 甲辰 30 | 乙巳 31 | 丙午 (2) | 丁未 2 | 戊申 3 | 己酉 4 | 庚戌 5 | 辛亥 6 | 壬子 7 | 癸丑 8 | 甲寅 9 | 乙卯 10 | | 戊戌大寒 甲寅立春 |

# 漢元帝初元三年（乙亥 猪年） 公元前 46 ~ 前 45 年

| 夏曆月序 | 中西曆日對照 | 初一 | 初二 | 初三 | 初四 | 初五 | 初六 | 初七 | 初八 | 初九 | 初十 | 十一 | 十二 | 十三 | 十四 | 十五 | 十六 | 十七 | 十八 | 十九 | 二十 | 二一 | 二二 | 二三 | 二四 | 二五 | 二六 | 二七 | 二八 | 二九 | 三十 | 節氣與天象 |
|---|---|---|---|---|---|---|---|---|---|---|---|---|---|---|---|---|---|---|---|---|---|---|---|---|---|---|---|---|---|---|---|---|
| 正月大 戊寅 | 天干地支西曆 | 丙辰11 | 丁巳12 | 戊午13 | 己未14 | 庚申15 | 辛酉16 | 壬戌17 | 癸亥18 | 甲子19 | 乙丑20 | 丙寅21 | 丁卯22 | 戊辰23 | 己巳24 | 庚午25 | 辛未26 | 壬申27 | 癸酉28 | 甲戌(3) | 乙亥2 | 丙子3 | 丁丑4 | 戊寅5 | 己卯6 | 庚辰7 | 辛巳8 | 壬午9 | 癸未10 | 甲申11 | 乙酉12 | 己巳驚蟄 甲申雨水 |
| 二月小 己卯 | 天干地支西曆 | 丙戌13 | 丁亥14 | 戊子15 | 己丑16 | 庚寅17 | 辛卯18 | 壬辰19 | 癸巳20 | 甲午21 | 乙未22 | 丙申23 | 丁酉24 | 戊戌25 | 己亥26 | 庚子27 | 辛丑28 | 壬寅29 | 癸卯30 | 甲辰31 | 乙巳(4) | 丙午2 | 丁未3 | 戊申4 | 己酉5 | 庚戌6 | 辛亥7 | 壬子8 | 癸丑9 | 甲寅10 | | 己亥春分 |
| 三月大 庚辰 | 天干地支西曆 | 乙卯11 | 丙辰12 | 丁巳13 | 戊午14 | 己未15 | 庚申16 | 辛酉17 | 壬戌18 | 癸亥19 | 甲子20 | 乙丑21 | 丙寅22 | 丁卯23 | 戊辰24 | 己巳25 | 庚午26 | 辛未27 | 壬申28 | 癸酉29 | 甲戌30 | 乙亥(5) | 丙子2 | 丁丑3 | 戊寅4 | 己卯5 | 庚辰6 | 辛巳7 | 壬午8 | 癸未9 | 甲申10 | 乙卯穀雨 庚午清明 |
| 四月小 辛巳 | 天干地支西曆 | 乙酉11 | 丙戌12 | 丁亥13 | 戊子14 | 己丑15 | 庚寅16 | 辛卯17 | 壬辰18 | 癸巳19 | 甲午20 | 乙未21 | 丙申22 | 丁酉23 | 戊戌24 | 己亥25 | 庚子26 | 辛丑27 | 壬寅28 | 癸卯29 | 甲辰30 | 乙巳31 | 丙午(6) | 丁未2 | 戊申3 | 己酉4 | 庚戌5 | 辛亥6 | 壬子7 | 癸丑8 | | 乙酉立夏 庚子小滿 |
| 五月大 壬午 | 天干地支西曆 | 甲寅9 | 乙卯10 | 丙辰11 | 丁巳12 | 戊午13 | 己未14 | 庚申15 | 辛酉16 | 壬戌17 | 癸亥18 | 甲子19 | 乙丑20 | 丙寅21 | 丁卯22 | 戊辰23 | 己巳24 | 庚午25 | 辛未26 | 壬申27 | 癸酉28 | 甲戌29 | 乙亥30 | 丙子(7) | 丁丑2 | 戊寅3 | 己卯4 | 庚辰5 | 辛巳6 | 壬午7 | 癸未8 | 乙卯芒種 辛未夏至 |
| 六月小 癸未 | 天干地支西曆 | 甲申9 | 乙酉10 | 丙戌11 | 丁亥12 | 戊子13 | 己丑14 | 庚寅15 | 辛卯16 | 壬辰17 | 癸巳18 | 甲午19 | 乙未20 | 丙申21 | 丁酉22 | 戊戌23 | 己亥24 | 庚子25 | 辛丑26 | 壬寅27 | 癸卯28 | 甲辰29 | 乙巳30 | 丙午31 | 丁未(8) | 戊申2 | 己酉3 | 庚戌4 | 辛亥5 | 壬子6 | | 丙戌小暑 辛丑大暑 |
| 七月大 甲申 | 天干地支西曆 | 癸丑7 | 甲寅8 | 乙卯9 | 丙辰10 | 丁巳11 | 戊午12 | 己未13 | 庚申14 | 辛酉15 | 壬戌16 | 癸亥17 | 甲子18 | 乙丑19 | 丙寅20 | 丁卯21 | 戊辰22 | 己巳23 | 庚午24 | 辛未25 | 壬申26 | 癸酉27 | 甲戌28 | 乙亥29 | 丙子30 | 丁丑31 | 戊寅(9) | 己卯2 | 庚辰3 | 辛巳4 | 壬午5 | 丙辰立秋 壬申處暑 |
| 八月小 乙酉 | 天干地支西曆 | 癸未6 | 甲申7 | 乙酉8 | 丙戌9 | 丁亥10 | 戊子11 | 己丑12 | 庚寅13 | 辛卯14 | 壬辰15 | 癸巳16 | 甲午17 | 乙未18 | 丙申19 | 丁酉20 | 戊戌21 | 己亥22 | 庚子23 | 辛丑24 | 壬寅25 | 癸卯26 | 甲辰27 | 乙巳28 | 丙午29 | 丁未30 | 戊申(10) | 己酉2 | 庚戌3 | 辛亥4 | | 丁亥白露 壬寅秋分 |
| 九月大 丙戌 | 天干地支西曆 | 壬子5 | 癸丑6 | 甲寅7 | 乙卯8 | 丙辰9 | 丁巳10 | 戊午11 | 己未12 | 庚申13 | 辛酉14 | 壬戌15 | 癸亥16 | 甲子17 | 乙丑18 | 丙寅19 | 丁卯20 | 戊辰21 | 己巳22 | 庚午23 | 辛未24 | 壬申25 | 癸酉26 | 甲戌27 | 乙亥28 | 丙子29 | 丁丑30 | 戊寅31 | 己卯(11) | 庚辰2 | 辛巳3 | 丁巳寒露 壬申霜降 |
| 十月大 丁亥 | 天干地支西曆 | 壬午4 | 癸未5 | 甲申6 | 乙酉7 | 丙戌8 | 丁亥9 | 戊子10 | 己丑11 | 庚寅12 | 辛卯13 | 壬辰14 | 癸巳15 | 甲午16 | 乙未17 | 丙申18 | 丁酉19 | 戊戌20 | 己亥21 | 庚子22 | 辛丑23 | 壬寅24 | 癸卯25 | 甲辰26 | 乙巳27 | 丙午28 | 丁未29 | 戊申30 | 己酉(12) | 庚戌2 | 辛亥3 | 戊子立冬 癸卯小雪 |
| 十一月小 戊子 | 天干地支西曆 | 壬子4 | 癸丑5 | 甲寅6 | 乙卯7 | 丙辰8 | 丁巳9 | 戊午10 | 己未11 | 庚申12 | 辛酉13 | 壬戌14 | 癸亥15 | 甲子16 | 乙丑17 | 丙寅18 | 丁卯19 | 戊辰20 | 己巳21 | 庚午22 | 辛未23 | 壬申24 | 癸酉25 | 甲戌26 | 乙亥27 | 丙子28 | 丁丑29 | 戊寅30 | 己卯31 | 庚辰(1) | | 戊午大雪 癸酉冬至 |
| 十二月大 己丑 | 天干地支西曆 | 辛巳2 | 壬午3 | 癸未4 | 甲申5 | 乙酉6 | 丙戌7 | 丁亥8 | 戊子9 | 己丑10 | 庚寅11 | 辛卯12 | 壬辰13 | 癸巳14 | 甲午15 | 乙未16 | 丙申17 | 丁酉18 | 戊戌19 | 己亥20 | 庚子21 | 辛丑22 | 壬寅23 | 癸卯24 | 甲辰25 | 乙巳26 | 丙午27 | 丁未28 | 戊申29 | 己酉30 | 庚戌31 | 戊子小寒 甲辰大寒 |

# 漢元帝初元四年（丙子 鼠年） 公元前 45 ~ 前 44 年

| 夏曆月序 | 中西曆日對照 | 初一 | 初二 | 初三 | 初四 | 初五 | 初六 | 初七 | 初八 | 初九 | 初十 | 十一 | 十二 | 十三 | 十四 | 十五 | 十六 | 十七 | 十八 | 十九 | 二十 | 二一 | 二二 | 二三 | 二四 | 二五 | 二六 | 二七 | 二八 | 二九 | 三十 | 節氣與天象 |
|---|---|---|---|---|---|---|---|---|---|---|---|---|---|---|---|---|---|---|---|---|---|---|---|---|---|---|---|---|---|---|---|---|
| 正月小 庚寅 | 天干地支西曆 | 辛亥(2) | 壬子2 | 癸丑3 | 甲寅4 | 乙卯5 | 丙辰6 | 丁巳7 | 戊午8 | 己未9 | 庚申10 | 辛酉11 | 壬戌12 | 癸亥13 | 甲子14 | 乙丑15 | 丙寅16 | 丁卯17 | 戊辰18 | 己巳19 | 庚午20 | 辛未21 | 壬申22 | 癸酉23 | 甲戌24 | 乙亥25 | 丙子26 | 丁丑27 | 戊寅28 | 己卯29 | | 己未立春 甲戌驚蟄 |
| 二月大 辛卯 | 天干地支西曆 | 庚辰(3) | 辛巳2 | 壬午3 | 癸未4 | 甲申5 | 乙酉6 | 丙戌7 | 丁亥8 | 戊子9 | 己丑10 | 庚寅11 | 辛卯12 | 壬辰13 | 癸巳14 | 甲午15 | 乙未16 | 丙申17 | 丁酉18 | 戊戌19 | 己亥20 | 庚子21 | 辛丑22 | 壬寅23 | 癸卯24 | 甲辰25 | 乙巳26 | 丙午27 | 丁未28 | 戊申29 | 己酉30 | 己丑雨水 乙巳春分 |
| 三月小 壬辰 | 天干地支西曆 | 庚戌31 | 辛亥(4) | 壬子2 | 癸丑3 | 甲寅4 | 乙卯5 | 丙辰6 | 丁巳7 | 戊午8 | 己未9 | 庚申10 | 辛酉11 | 壬戌12 | 癸亥13 | 甲子14 | 乙丑15 | 丙寅16 | 丁卯17 | 戊辰18 | 己巳19 | 庚午20 | 辛未21 | 壬申22 | 癸酉23 | 甲戌24 | 乙亥25 | 丙子26 | 丁丑27 | 戊寅28 | | 庚申穀雨 乙亥清明 |
| 四月大 癸巳 | 天干地支西曆 | 己卯29 | 庚辰30 | 辛巳(5) | 壬午2 | 癸未3 | 甲申4 | 乙酉5 | 丙戌6 | 丁亥7 | 戊子8 | 己丑9 | 庚寅10 | 辛卯11 | 壬辰12 | 癸巳13 | 甲午14 | 乙未15 | 丙申16 | 丁酉17 | 戊戌18 | 己亥19 | 庚子20 | 辛丑21 | 壬寅22 | 癸卯23 | 甲辰24 | 乙巳25 | 丙午26 | 丁未27 | 戊申28 | 庚寅立夏 乙巳小滿 |
| 五月小 甲午 | 天干地支西曆 | 己酉29 | 庚戌30 | 辛亥31 | 壬子(6) | 癸丑2 | 甲寅3 | 乙卯4 | 丙辰5 | 丁巳6 | 戊午7 | 己未8 | 庚申9 | 辛酉10 | 壬戌11 | 癸亥12 | 甲子13 | 乙丑14 | 丙寅15 | 丁卯16 | 戊辰17 | 己巳18 | 庚午19 | 辛未20 | 壬申21 | 癸酉22 | 甲戌23 | 乙亥24 | 丙子25 | 丁丑26 | | 辛酉芒種 丙子夏至 |
| 六月大 乙未 | 天干地支西曆 | 戊寅27 | 己卯28 | 庚辰29 | 辛巳30 | 壬午(7) | 癸未2 | 甲申3 | 乙酉4 | 丙戌5 | 丁亥6 | 戊子7 | 己丑8 | 庚寅9 | 辛卯10 | 壬辰11 | 癸巳12 | 甲午13 | 乙未14 | 丙申15 | 丁酉16 | 戊戌17 | 己亥18 | 庚子19 | 辛丑20 | 壬寅21 | 癸卯22 | 甲辰23 | 乙巳24 | 丙午25 | 丁未26 | 辛卯小暑 丙午大暑 |
| 閏六月小 乙未 | 天干地支西曆 | 戊申27 | 己酉28 | 庚戌29 | 辛亥30 | 壬子31 | 癸丑(8) | 甲寅2 | 乙卯3 | 丙辰4 | 丁巳5 | 戊午6 | 己未7 | 庚申8 | 辛酉9 | 壬戌10 | 癸亥11 | 甲子12 | 乙丑13 | 丙寅14 | 丁卯15 | 戊辰16 | 己巳17 | 庚午18 | 辛未19 | 壬申20 | 癸酉21 | 甲戌22 | 乙亥23 | 丙子24 | | 壬戌立秋 |
| 七月大 丙申 | 天干地支西曆 | 丁丑25 | 戊寅26 | 己卯27 | 庚辰28 | 辛巳29 | 壬午30 | 癸未31 | 甲申(9) | 乙酉2 | 丙戌3 | 丁亥4 | 戊子5 | 己丑6 | 庚寅7 | 辛卯8 | 壬辰9 | 癸巳10 | 甲午11 | 乙未12 | 丙申13 | 丁酉14 | 戊戌15 | 己亥16 | 庚子17 | 辛丑18 | 壬寅19 | 癸卯20 | 甲辰21 | 乙巳22 | 丙午23 | 丁丑處暑 壬辰白露 |
| 八月小 丁酉 | 天干地支西曆 | 丁未24 | 戊申25 | 己酉26 | 庚戌27 | 辛亥28 | 壬子29 | 癸丑30 | 甲寅(10) | 乙卯2 | 丙辰3 | 丁巳4 | 戊午5 | 己未6 | 庚申7 | 辛酉8 | 壬戌9 | 癸亥10 | 甲子11 | 乙丑12 | 丙寅13 | 丁卯14 | 戊辰15 | 己巳16 | 庚午17 | 辛未18 | 壬申19 | 癸酉20 | 甲戌21 | 乙亥22 | | 丁未秋分 壬戌寒露 |
| 九月大 戊戌 | 天干地支西曆 | 丙子23 | 丁丑24 | 戊寅25 | 己卯26 | 庚辰27 | 辛巳28 | 壬午29 | 癸未30 | 甲申31 | 乙酉(11) | 丙戌2 | 丁亥3 | 戊子4 | 己丑5 | 庚寅6 | 辛卯7 | 壬辰8 | 癸巳9 | 甲午10 | 乙未11 | 丙申12 | 丁酉13 | 戊戌14 | 己亥15 | 庚子16 | 辛丑17 | 壬寅18 | 癸卯19 | 甲辰20 | 乙巳21 | 戊寅霜降 癸巳立冬 |
| 十月小 己亥 | 天干地支西曆 | 丙午22 | 丁未23 | 戊申24 | 己酉25 | 庚戌26 | 辛亥27 | 壬子28 | 癸丑29 | 甲寅30 | 乙卯(12) | 丙辰2 | 丁巳3 | 戊午4 | 己未5 | 庚申6 | 辛酉7 | 壬戌8 | 癸亥9 | 甲子10 | 乙丑11 | 丙寅12 | 丁卯13 | 戊辰14 | 己巳15 | 庚午16 | 辛未17 | 壬申18 | 癸酉19 | 甲戌20 | | 戊申小雪 癸亥大雪 |
| 十一月大 庚子 | 天干地支西曆 | 乙亥21 | 丙子22 | 丁丑23 | 戊寅24 | 己卯25 | 庚辰26 | 辛巳27 | 壬午28 | 癸未29 | 甲申30 | 乙酉31 | 丙戌(1) | 丁亥2 | 戊子3 | 己丑4 | 庚寅5 | 辛卯6 | 壬辰7 | 癸巳8 | 甲午9 | 乙未10 | 丙申11 | 丁酉12 | 戊戌13 | 己亥14 | 庚子15 | 辛丑16 | 壬寅17 | 癸卯18 | 甲辰19 | 己卯冬至 甲午小寒 |
| 十二月小 辛丑 | 天干地支西曆 | 乙巳20 | 丙午21 | 丁未22 | 戊申23 | 己酉24 | 庚戌25 | 辛亥26 | 壬子27 | 癸丑28 | 甲寅29 | 乙卯30 | 丙辰31 | 丁巳(2) | 戊午2 | 己未3 | 庚申4 | 辛酉5 | 壬戌6 | 癸亥7 | 甲子8 | 乙丑9 | 丙寅10 | 丁卯11 | 戊辰12 | 己巳13 | 庚午14 | 辛未15 | 壬申16 | 癸酉17 | | 己酉大寒 甲子立春 |

# 漢元帝初元五年（丁丑 牛年） 公元前44～前43年

| 夏曆月序 | | 中西曆日對照 | 夏曆日序 | | | | | | | | | | | | | | | | | | | | | | | | | | | | | 節氣與天象 |
|---|---|---|---|---|---|---|---|---|---|---|---|---|---|---|---|---|---|---|---|---|---|---|---|---|---|---|---|---|---|---|---|---|
| | | | 初一 | 初二 | 初三 | 初四 | 初五 | 初六 | 初七 | 初八 | 初九 | 初十 | 十一 | 十二 | 十三 | 十四 | 十五 | 十六 | 十七 | 十八 | 十九 | 二十 | 二一 | 二二 | 二三 | 二四 | 二五 | 二六 | 二七 | 二八 | 二九 | 三十 | |
| 正月大 | 壬寅 | 干支<br>天地<br>西曆 | 甲戌<br>18 | 乙亥<br>19 | 丙子<br>20 | 丁丑<br>21 | 戊寅<br>22 | 己卯<br>23 | 庚辰<br>24 | 辛巳<br>25 | 壬午<br>26 | 癸未<br>27 | 甲申<br>28 | 乙酉<br>(3) | 丙戌<br>2 | 丁亥<br>3 | 戊子<br>4 | 己丑<br>5 | 庚寅<br>6 | 辛卯<br>7 | 壬辰<br>8 | 癸巳<br>9 | 甲午<br>10 | 乙未<br>11 | 丙申<br>12 | 丁酉<br>13 | 戊戌<br>14 | 己亥<br>15 | 庚子<br>16 | 辛丑<br>17 | 壬寅<br>18 | 癸卯<br>19 | 己卯驚蟄<br>乙未雨水 |
| 二月大 | 癸卯 | 干支<br>天地<br>西曆 | 甲辰<br>20 | 乙巳<br>21 | 丙午<br>22 | 丁未<br>23 | 戊申<br>24 | 己酉<br>25 | 庚戌<br>26 | 辛亥<br>27 | 壬子<br>28 | 癸丑<br>29 | 甲寅<br>30 | 乙卯<br>31 | 丙辰<br>(4) | 丁巳<br>2 | 戊午<br>3 | 己未<br>4 | 庚申<br>5 | 辛酉<br>6 | 壬戌<br>7 | 癸亥<br>8 | 甲子<br>9 | 乙丑<br>10 | 丙寅<br>11 | 丁卯<br>12 | 戊辰<br>13 | 己巳<br>14 | 庚午<br>15 | 辛未<br>16 | 壬申<br>17 | 癸酉<br>18 | 庚戌春分<br>乙丑穀雨 |
| 三月小 | 甲辰 | 干支<br>天地<br>西曆 | 甲戌<br>19 | 乙亥<br>20 | 丙子<br>21 | 丁丑<br>22 | 戊寅<br>23 | 己卯<br>24 | 庚辰<br>25 | 辛巳<br>26 | 壬午<br>27 | 癸未<br>28 | 甲申<br>29 | 乙酉<br>30 | 丙戌<br>(5) | 丁亥<br>2 | 戊子<br>3 | 己丑<br>4 | 庚寅<br>5 | 辛卯<br>6 | 壬辰<br>7 | 癸巳<br>8 | 甲午<br>9 | 乙未<br>10 | 丙申<br>11 | 丁酉<br>12 | 戊戌<br>13 | 己亥<br>14 | 庚子<br>15 | 辛丑<br>16 | 壬寅<br>17 | | 庚辰清明<br>乙未立夏 |
| 四月大 | 乙巳 | 干支<br>天地<br>西曆 | 癸卯<br>18 | 甲辰<br>19 | 乙巳<br>20 | 丙午<br>21 | 丁未<br>22 | 戊申<br>23 | 己酉<br>24 | 庚戌<br>25 | 辛亥<br>26 | 壬子<br>27 | 癸丑<br>28 | 甲寅<br>29 | 乙卯<br>30 | 丙辰<br>31 | 丁巳<br>(6) | 戊午<br>2 | 己未<br>3 | 庚申<br>4 | 辛酉<br>5 | 壬戌<br>6 | 癸亥<br>7 | 甲子<br>8 | 乙丑<br>9 | 丙寅<br>10 | 丁卯<br>11 | 戊辰<br>12 | 己巳<br>13 | 庚午<br>14 | 辛未<br>15 | 壬申<br>16 | 辛亥小滿<br>丙寅芒種 |
| 五月小 | 丙午 | 干支<br>天地<br>西曆 | 癸酉<br>17 | 甲戌<br>18 | 乙亥<br>19 | 丙子<br>20 | 丁丑<br>21 | 戊寅<br>22 | 己卯<br>23 | 庚辰<br>24 | 辛巳<br>25 | 壬午<br>26 | 癸未<br>27 | 甲申<br>28 | 乙酉<br>29 | 丙戌<br>30 | 丁亥<br>(7) | 戊子<br>2 | 己丑<br>3 | 庚寅<br>4 | 辛卯<br>5 | 壬辰<br>6 | 癸巳<br>7 | 甲午<br>8 | 乙未<br>9 | 丙申<br>10 | 丁酉<br>11 | 戊戌<br>12 | 己亥<br>13 | 庚子<br>14 | 辛丑<br>15 | | 辛巳夏至<br>丙申小暑 |
| 六月大 | 丁未 | 干支<br>天地<br>西曆 | 壬寅<br>16 | 癸卯<br>17 | 甲辰<br>18 | 乙巳<br>19 | 丙午<br>20 | 丁未<br>21 | 戊申<br>22 | 己酉<br>23 | 庚戌<br>24 | 辛亥<br>25 | 壬子<br>26 | 癸丑<br>27 | 甲寅<br>28 | 乙卯<br>29 | 丙辰<br>30 | 丁巳<br>31 | 戊午<br>(8) | 己未<br>2 | 庚申<br>3 | 辛酉<br>4 | 壬戌<br>5 | 癸亥<br>6 | 甲子<br>7 | 乙丑<br>8 | 丙寅<br>9 | 丁卯<br>10 | 戊辰<br>11 | 己巳<br>12 | 庚午<br>13 | 辛未<br>14 | 壬子大暑<br>丁卯立秋 |
| 七月小 | 戊申 | 干支<br>天地<br>西曆 | 壬申<br>15 | 癸酉<br>16 | 甲戌<br>17 | 乙亥<br>18 | 丙子<br>19 | 丁丑<br>20 | 戊寅<br>21 | 己卯<br>22 | 庚辰<br>23 | 辛巳<br>24 | 壬午<br>25 | 癸未<br>26 | 甲申<br>27 | 乙酉<br>28 | 丙戌<br>29 | 丁亥<br>30 | 戊子<br>31 | 己丑<br>(9) | 庚寅<br>2 | 辛卯<br>3 | 壬辰<br>4 | 癸巳<br>5 | 甲午<br>6 | 乙未<br>7 | 丙申<br>8 | 丁酉<br>9 | 戊戌<br>10 | 己亥<br>11 | 庚子<br>12 | | 壬午處暑<br>丁酉白露 |
| 八月大 | 己酉 | 干支<br>天地<br>西曆 | 辛丑<br>13 | 壬寅<br>14 | 癸卯<br>15 | 甲辰<br>16 | 乙巳<br>17 | 丙午<br>18 | 丁未<br>19 | 戊申<br>20 | 己酉<br>21 | 庚戌<br>22 | 辛亥<br>23 | 壬子<br>24 | 癸丑<br>25 | 甲寅<br>26 | 乙卯<br>27 | 丙辰<br>28 | 丁巳<br>29 | 戊午<br>30 | 己未<br>(10) | 庚申<br>2 | 辛酉<br>3 | 壬戌<br>4 | 癸亥<br>5 | 甲子<br>6 | 乙丑<br>7 | 丙寅<br>8 | 丁卯<br>9 | 戊辰<br>10 | 己巳<br>11 | 庚午<br>12 | 壬子秋分<br>戊辰寒露 |
| 九月小 | 庚戌 | 干支<br>天地<br>西曆 | 辛未<br>13 | 壬申<br>14 | 癸酉<br>15 | 甲戌<br>16 | 乙亥<br>17 | 丙子<br>18 | 丁丑<br>19 | 戊寅<br>20 | 己卯<br>21 | 庚辰<br>22 | 辛巳<br>23 | 壬午<br>24 | 癸未<br>25 | 甲申<br>26 | 乙酉<br>27 | 丙戌<br>28 | 丁亥<br>29 | 戊子<br>30 | 己丑<br>31 | 庚寅<br>(11) | 辛卯<br>2 | 壬辰<br>3 | 癸巳<br>4 | 甲午<br>5 | 乙未<br>6 | 丙申<br>7 | 丁酉<br>8 | 戊戌<br>9 | 己亥<br>10 | | 癸未霜降<br>戊戌立冬 |
| 十月大 | 辛亥 | 干支<br>天地<br>西曆 | 庚子<br>11 | 辛丑<br>12 | 壬寅<br>13 | 癸卯<br>14 | 甲辰<br>15 | 乙巳<br>16 | 丙午<br>17 | 丁未<br>18 | 戊申<br>19 | 己酉<br>20 | 庚戌<br>21 | 辛亥<br>22 | 壬子<br>23 | 癸丑<br>24 | 甲寅<br>25 | 乙卯<br>26 | 丙辰<br>27 | 丁巳<br>28 | 戊午<br>29 | 己未<br>30 | 庚申<br>(12) | 辛酉<br>2 | 壬戌<br>3 | 癸亥<br>4 | 甲子<br>5 | 乙丑<br>6 | 丙寅<br>7 | 丁卯<br>8 | 戊辰<br>9 | 己巳<br>10 | 癸丑小雪<br>己巳大雪 |
| 十一月小 | 壬子 | 干支<br>天地<br>西曆 | 庚午<br>11 | 辛未<br>12 | 壬申<br>13 | 癸酉<br>14 | 甲戌<br>15 | 乙亥<br>16 | 丙子<br>17 | 丁丑<br>18 | 戊寅<br>19 | 己卯<br>20 | 庚辰<br>21 | 辛巳<br>22 | 壬午<br>23 | 癸未<br>24 | 甲申<br>25 | 乙酉<br>26 | 丙戌<br>27 | 丁亥<br>28 | 戊子<br>29 | 己丑<br>30 | 庚寅<br>31 | 辛卯<br>(1) | 壬辰<br>2 | 癸巳<br>3 | 甲午<br>4 | 乙未<br>5 | 丙申<br>6 | 丁酉<br>7 | 戊戌<br>8 | | 甲申冬至 |
| 十二月大 | 癸丑 | 干支<br>天地<br>西曆 | 己亥<br>9 | 庚子<br>10 | 辛丑<br>11 | 壬寅<br>12 | 癸卯<br>13 | 甲辰<br>14 | 乙巳<br>15 | 丙午<br>16 | 丁未<br>17 | 戊申<br>18 | 己酉<br>19 | 庚戌<br>20 | 辛亥<br>21 | 壬子<br>22 | 癸丑<br>23 | 甲寅<br>24 | 乙卯<br>25 | 丙辰<br>26 | 丁巳<br>27 | 戊午<br>28 | 己未<br>29 | 庚申<br>30 | 辛酉<br>31 | 壬戌<br>(2) | 癸亥<br>2 | 甲子<br>3 | 乙丑<br>4 | 丙寅<br>5 | 丁卯<br>6 | 戊辰<br>7 | 己亥小寒<br>甲寅大寒 |

# 漢元帝永光元年（戊寅 虎年） 公元前 43 ~ 前 42 年

| 夏曆月序 | | 中西曆日對照 | 初一 | 初二 | 初三 | 初四 | 初五 | 初六 | 初七 | 初八 | 初九 | 初十 | 十一 | 十二 | 十三 | 十四 | 十五 | 十六 | 十七 | 十八 | 十九 | 二十 | 二一 | 二二 | 二三 | 二四 | 二五 | 二六 | 二七 | 二八 | 二九 | 三十 | 節氣與天象 |
|---|---|---|---|---|---|---|---|---|---|---|---|---|---|---|---|---|---|---|---|---|---|---|---|---|---|---|---|---|---|---|---|---|---|
| 正月小 | 甲寅 | 天干地支 西曆 | 己巳 8 | 庚午 9 | 辛未 10 | 壬申 11 | 癸酉 12 | 甲戌 13 | 乙亥 14 | 丙子 15 | 丁丑 16 | 戊寅 17 | 己卯 18 | 庚辰 19 | 辛巳 20 | 壬午 21 | 癸未 22 | 甲申 23 | 乙酉 24 | 丙戌 25 | 丁亥 26 | 戊子 27 | 己丑 28 | 庚寅 (3) | 辛卯 2 | 壬辰 3 | 癸巳 4 | 甲午 5 | 乙未 6 | 丙申 7 | 丁酉 8 | | 己巳立春 乙酉驚蟄 |
| 二月大 | 乙卯 | 天干地支 西曆 | 戊戌 9 | 己亥 10 | 庚子 11 | 辛丑 12 | 壬寅 13 | 癸卯 14 | 甲辰 15 | 乙巳 16 | 丙午 17 | 丁未 18 | 戊申 19 | 己酉 20 | 庚戌 21 | 辛亥 22 | 壬子 23 | 癸丑 24 | 甲寅 25 | 乙卯 26 | 丙辰 27 | 丁巳 28 | 戊午 29 | 己未 30 | 庚申 31 | 辛酉 (4) | 壬戌 2 | 癸亥 3 | 甲子 4 | 乙丑 5 | 丙寅 6 | 丁卯 7 | 庚子雨水 乙卯春分 |
| 三月小 | 丙辰 | 天干地支 西曆 | 戊辰 8 | 己巳 9 | 庚午 10 | 辛未 11 | 壬申 12 | 癸酉 13 | 甲戌 14 | 乙亥 15 | 丙子 16 | 丁丑 17 | 戊寅 18 | 己卯 19 | 庚辰 20 | 辛巳 21 | 壬午 22 | 癸未 23 | 甲申 24 | 乙酉 25 | 丙戌 26 | 丁亥 27 | 戊子 28 | 己丑 29 | 庚寅 30 | 辛卯 (5) | 壬辰 2 | 癸巳 3 | 甲午 4 | 乙未 5 | 丙申 6 | | 庚午穀雨 丙戌清明 |
| 四月大 | 丁巳 | 天干地支 西曆 | 丁酉 7 | 戊戌 8 | 己亥 9 | 庚子 10 | 辛丑 11 | 壬寅 12 | 癸卯 13 | 甲辰 14 | 乙巳 15 | 丙午 16 | 丁未 17 | 戊申 18 | 己酉 19 | 庚戌 20 | 辛亥 21 | 壬子 22 | 癸丑 23 | 甲寅 24 | 乙卯 25 | 丙辰 26 | 丁巳 27 | 戊午 28 | 己未 29 | 庚申 30 | 辛酉 31 | 壬戌 (6) | 癸亥 2 | 甲子 3 | 乙丑 4 | 丙寅 5 | 辛丑立夏 丙辰小滿 |
| 五月小 | 戊午 | 天干地支 西曆 | 丁卯 6 | 戊辰 7 | 己巳 8 | 庚午 9 | 辛未 10 | 壬申 11 | 癸酉 12 | 甲戌 13 | 乙亥 14 | 丙子 15 | 丁丑 16 | 戊寅 17 | 己卯 18 | 庚辰 19 | 辛巳 20 | 壬午 21 | 癸未 22 | 甲申 23 | 乙酉 24 | 丙戌 25 | 丁亥 26 | 戊子 27 | 己丑 28 | 庚寅 29 | 辛卯 30 | 壬辰 (7) | 癸巳 2 | 甲午 3 | 乙未 4 | | 辛未芒種 丙戌夏至 |
| 六月大 | 己未 | 天干地支 西曆 | 丙申 5 | 丁酉 6 | 戊戌 7 | 己亥 8 | 庚子 9 | 辛丑 10 | 壬寅 11 | 癸卯 12 | 甲辰 13 | 乙巳 14 | 丙午 15 | 丁未 16 | 戊申 17 | 己酉 18 | 庚戌 19 | 辛亥 20 | 壬子 21 | 癸丑 22 | 甲寅 23 | 乙卯 24 | 丙辰 25 | 丁巳 26 | 戊午 27 | 己未 28 | 庚申 29 | 辛酉 30 | 壬戌 31 | 癸亥 (8) | 甲子 2 | 乙丑 3 | 壬寅小暑 丁巳大暑 |
| 七月大 | 庚申 | 天干地支 西曆 | 丙寅 4 | 丁卯 5 | 戊辰 6 | 己巳 7 | 庚午 8 | 辛未 9 | 壬申 10 | 癸酉 11 | 甲戌 12 | 乙亥 13 | 丙子 14 | 丁丑 15 | 戊寅 16 | 己卯 17 | 庚辰 18 | 辛巳 19 | 壬午 20 | 癸未 21 | 甲申 22 | 乙酉 23 | 丙戌 24 | 丁亥 25 | 戊子 26 | 己丑 27 | 庚寅 28 | 辛卯 29 | 壬辰 30 | 癸巳 31 | 甲午 (9) | 乙未 2 | 壬申立秋 丁亥處暑 |
| 八月小 | 辛酉 | 天干地支 西曆 | 丙申 3 | 丁酉 4 | 戊戌 5 | 己亥 6 | 庚子 7 | 辛丑 8 | 壬寅 9 | 癸卯 10 | 甲辰 11 | 乙巳 12 | 丙午 13 | 丁未 14 | 戊申 15 | 己酉 16 | 庚戌 17 | 辛亥 18 | 壬子 19 | 癸丑 20 | 甲寅 21 | 乙卯 22 | 丙辰 23 | 丁巳 24 | 戊午 25 | 己未 26 | 庚申 27 | 辛酉 28 | 壬戌 29 | 癸亥 30 | 甲子 (10) | | 壬寅白露 戊午秋分 |
| 九月大 | 壬戌 | 天干地支 西曆 | 乙丑 2 | 丙寅 3 | 丁卯 4 | 戊辰 5 | 己巳 6 | 庚午 7 | 辛未 8 | 壬申 9 | 癸酉 10 | 甲戌 11 | 乙亥 12 | 丙子 13 | 丁丑 14 | 戊寅 15 | 己卯 16 | 庚辰 17 | 辛巳 18 | 壬午 19 | 癸未 20 | 甲申 21 | 乙酉 22 | 丙戌 23 | 丁亥 24 | 戊子 25 | 己丑 26 | 庚寅 27 | 辛卯 28 | 壬辰 29 | 癸巳 30 | 甲午 31 | 癸酉寒露 戊子霜降 |
| 十月小 | 癸亥 | 天干地支 西曆 | 乙未 (11) | 丙申 2 | 丁酉 3 | 戊戌 4 | 己亥 5 | 庚子 6 | 辛丑 7 | 壬寅 8 | 癸卯 9 | 甲辰 10 | 乙巳 11 | 丙午 12 | 丁未 13 | 戊申 14 | 己酉 15 | 庚戌 16 | 辛亥 17 | 壬子 18 | 癸丑 19 | 甲寅 20 | 乙卯 21 | 丙辰 22 | 丁巳 23 | 戊午 24 | 己未 25 | 庚申 26 | 辛酉 27 | 壬戌 28 | 癸亥 29 | | 癸卯立冬 己未小雪 |
| 十一月大 | 甲子 | 天干地支 西曆 | 甲子 30 | 乙丑 (12) | 丙寅 2 | 丁卯 3 | 戊辰 4 | 己巳 5 | 庚午 6 | 辛未 7 | 壬申 8 | 癸酉 9 | 甲戌 10 | 乙亥 11 | 丙子 12 | 丁丑 13 | 戊寅 14 | 己卯 15 | 庚辰 16 | 辛巳 17 | 壬午 18 | 癸未 19 | 甲申 20 | 乙酉 21 | 丙戌 22 | 丁亥 23 | 戊子 24 | 己丑 25 | 庚寅 26 | 辛卯 27 | 壬辰 28 | 癸巳 29 | 甲戌大雪 己丑冬至 |
| 十二月小 | 乙丑 | 天干地支 西曆 | 甲午 30 | 乙未 31 | 丙申 (1) | 丁酉 2 | 戊戌 3 | 己亥 4 | 庚子 5 | 辛丑 6 | 壬寅 7 | 癸卯 8 | 甲辰 9 | 乙巳 10 | 丙午 11 | 丁未 12 | 戊申 13 | 己酉 14 | 庚戌 15 | 辛亥 16 | 壬子 17 | 癸丑 18 | 甲寅 19 | 乙卯 20 | 丙辰 21 | 丁巳 22 | 戊午 23 | 己未 24 | 庚申 25 | 辛酉 26 | 壬戌 27 | | 甲辰小寒 己未大寒 |

* 正月己巳（初一），改元永光。

# 漢元帝永光二年（己卯 兔年） 公元前42～前41年

| 夏曆月序 | 中西曆日對照 | 初一 | 初二 | 初三 | 初四 | 初五 | 初六 | 初七 | 初八 | 初九 | 初十 | 十一 | 十二 | 十三 | 十四 | 十五 | 十六 | 十七 | 十八 | 十九 | 二十 | 二一 | 二二 | 二三 | 二四 | 二五 | 二六 | 二七 | 二八 | 二九 | 三十 | 節氣與天象 |
|---|---|---|---|---|---|---|---|---|---|---|---|---|---|---|---|---|---|---|---|---|---|---|---|---|---|---|---|---|---|---|---|---|
| 正月大 丙寅 | 干支 | 癸亥 | 甲子 | 乙丑 | 丙寅 | 丁卯 | 戊辰 | 己巳 | 庚午 | 辛未 | 壬申 | 癸酉 | 甲戌 | 乙亥 | 丙子 | 丁丑 | 戊寅 | 己卯 | 庚辰 | 辛巳 | 壬午 | 癸未 | 甲申 | 乙酉 | 丙戌 | 丁亥 | 戊子 | 己丑 | 庚寅 | 辛卯 | 壬辰 | 乙亥立春 庚寅驚蟄 |
| | 西曆 | 28 | 29 | 30 | 31 | (2) | 2 | 3 | 4 | 5 | 6 | 7 | 8 | 9 | 10 | 11 | 12 | 13 | 14 | 15 | 16 | 17 | 18 | 19 | 20 | 21 | 22 | 23 | 24 | 25 | 26 | |
| 二月小 丁卯 | 干支 | 癸巳 | 甲午 | 乙未 | 丙申 | 丁酉 | 戊戌 | 己亥 | 庚子 | 辛丑 | 壬寅 | 癸卯 | 甲辰 | 乙巳 | 丙午 | 丁未 | 戊申 | 己酉 | 庚戌 | 辛亥 | 壬子 | 癸丑 | 甲寅 | 乙卯 | 丙辰 | 丁巳 | 戊午 | 己未 | 庚申 | 辛酉 | | 乙巳雨水 庚申春分 |
| | 西曆 | 27 | 28 | (3) | 2 | 3 | 4 | 5 | 6 | 7 | 8 | 9 | 10 | 11 | 12 | 13 | 14 | 15 | 16 | 17 | 18 | 19 | 20 | 21 | 22 | 23 | 24 | 25 | 26 | 27 | | |
| 三月大 戊辰 | 干支 | 壬戌 | 癸亥 | 甲子 | 乙丑 | 丙寅 | 丁卯 | 戊辰 | 己巳 | 庚午 | 辛未 | 壬申 | 癸酉 | 甲戌 | 乙亥 | 丙子 | 丁丑 | 戊寅 | 己卯 | 庚辰 | 辛巳 | 壬午 | 癸未 | 甲申 | 乙酉 | 丙戌 | 丁亥 | 戊子 | 己丑 | 庚寅 | 辛卯 | 丙子穀雨 辛卯清明 壬戌日食 |
| | 西曆 | 28 | 29 | 30 | 31 | (4) | 2 | 3 | 4 | 5 | 6 | 7 | 8 | 9 | 10 | 11 | 12 | 13 | 14 | 15 | 16 | 17 | 18 | 19 | 20 | 21 | 22 | 23 | 24 | 25 | 26 | |
| 閏三月小 戊辰 | 干支 | 壬辰 | 癸巳 | 甲午 | 乙未 | 丙申 | 丁酉 | 戊戌 | 己亥 | 庚子 | 辛丑 | 壬寅 | 癸卯 | 甲辰 | 乙巳 | 丙午 | 丁未 | 戊申 | 己酉 | 庚戌 | 辛亥 | 壬子 | 癸丑 | 甲寅 | 乙卯 | 丙辰 | 丁巳 | 戊午 | 己未 | 庚申 | | 丙午立夏 |
| | 西曆 | 27 | 28 | 29 | 30 | (5) | 2 | 3 | 4 | 5 | 6 | 7 | 8 | 9 | 10 | 11 | 12 | 13 | 14 | 15 | 16 | 17 | 18 | 19 | 20 | 21 | 22 | 23 | 24 | 25 | | |
| 四月大 己巳 | 干支 | 辛酉 | 壬戌 | 癸亥 | 甲子 | 乙丑 | 丙寅 | 丁卯 | 戊辰 | 己巳 | 庚午 | 辛未 | 壬申 | 癸酉 | 甲戌 | 乙亥 | 丙子 | 丁丑 | 戊寅 | 己卯 | 庚辰 | 辛巳 | 壬午 | 癸未 | 甲申 | 乙酉 | 丙戌 | 丁亥 | 戊子 | 己丑 | 庚寅 | 辛酉小滿 丙子芒種 |
| | 西曆 | 26 | 27 | 28 | 29 | 30 | 31 | (6) | 2 | 3 | 4 | 5 | 6 | 7 | 8 | 9 | 10 | 11 | 12 | 13 | 14 | 15 | 16 | 17 | 18 | 19 | 20 | 21 | 22 | 23 | 24 | |
| 五月小 庚午 | 干支 | 辛卯 | 壬辰 | 癸巳 | 甲午 | 乙未 | 丙申 | 丁酉 | 戊戌 | 己亥 | 庚子 | 辛丑 | 壬寅 | 癸卯 | 甲辰 | 乙巳 | 丙午 | 丁未 | 戊申 | 己酉 | 庚戌 | 辛亥 | 壬子 | 癸丑 | 甲寅 | 乙卯 | 丙辰 | 丁巳 | 戊午 | 己未 | | 壬辰夏至 丁未小暑 |
| | 西曆 | 25 | 26 | 27 | 28 | 29 | 30 | (7) | 2 | 3 | 4 | 5 | 6 | 7 | 8 | 9 | 10 | 11 | 12 | 13 | 14 | 15 | 16 | 17 | 18 | 19 | 20 | 21 | 22 | 23 | | |
| 六月大 辛未 | 干支 | 庚申 | 辛酉 | 壬戌 | 癸亥 | 甲子 | 乙丑 | 丙寅 | 丁卯 | 戊辰 | 己巳 | 庚午 | 辛未 | 壬申 | 癸酉 | 甲戌 | 乙亥 | 丙子 | 丁丑 | 戊寅 | 己卯 | 庚辰 | 辛巳 | 壬午 | 癸未 | 甲申 | 乙酉 | 丙戌 | 丁亥 | 戊子 | 己丑 | 壬戌大暑 丁丑立秋 |
| | 西曆 | 24 | 25 | 26 | 27 | 28 | 29 | 30 | 31 | (8) | 2 | 3 | 4 | 5 | 6 | 7 | 8 | 9 | 10 | 11 | 12 | 13 | 14 | 15 | 16 | 17 | 18 | 19 | 20 | 21 | 22 | |
| 七月小 壬申 | 干支 | 庚寅 | 辛卯 | 壬辰 | 癸巳 | 甲午 | 乙未 | 丙申 | 丁酉 | 戊戌 | 己亥 | 庚子 | 辛丑 | 壬寅 | 癸卯 | 甲辰 | 乙巳 | 丙午 | 丁未 | 戊申 | 己酉 | 庚戌 | 辛亥 | 壬子 | 癸丑 | 甲寅 | 乙卯 | 丙辰 | 丁巳 | 戊午 | | 癸巳處暑 戊申白露 |
| | 西曆 | 23 | 24 | 25 | 26 | 27 | 28 | 29 | 30 | 31 | (9) | 2 | 3 | 4 | 5 | 6 | 7 | 8 | 9 | 10 | 11 | 12 | 13 | 14 | 15 | 16 | 17 | 18 | 19 | 20 | | |
| 八月大 癸酉 | 干支 | 己未 | 庚申 | 辛酉 | 壬戌 | 癸亥 | 甲子 | 乙丑 | 丙寅 | 丁卯 | 戊辰 | 己巳 | 庚午 | 辛未 | 壬申 | 癸酉 | 甲戌 | 乙亥 | 丙子 | 丁丑 | 戊寅 | 己卯 | 庚辰 | 辛巳 | 壬午 | 癸未 | 甲申 | 乙酉 | 丙戌 | 丁亥 | 戊子 | 癸亥秋分 戊寅寒露 |
| | 西曆 | 21 | 22 | 23 | 24 | 25 | 26 | 27 | 28 | 29 | 30 | (10) | 2 | 3 | 4 | 5 | 6 | 7 | 8 | 9 | 10 | 11 | 12 | 13 | 14 | 15 | 16 | 17 | 18 | 19 | 20 | |
| 九月大 甲戌 | 干支 | 己丑 | 庚寅 | 辛卯 | 壬辰 | 癸巳 | 甲午 | 乙未 | 丙申 | 丁酉 | 戊戌 | 己亥 | 庚子 | 辛丑 | 壬寅 | 癸卯 | 甲辰 | 乙巳 | 丙午 | 丁未 | 戊申 | 己酉 | 庚戌 | 辛亥 | 壬子 | 癸丑 | 甲寅 | 乙卯 | 丙辰 | 丁巳 | 戊午 | 癸巳霜降 己酉立冬 |
| | 西曆 | 21 | 22 | 23 | 24 | 25 | 26 | 27 | 28 | 29 | 30 | 31 | (11) | 2 | 3 | 4 | 5 | 6 | 7 | 8 | 9 | 10 | 11 | 12 | 13 | 14 | 15 | 16 | 17 | 18 | 19 | |
| 十月小 乙亥 | 干支 | 己未 | 庚申 | 辛酉 | 壬戌 | 癸亥 | 甲子 | 乙丑 | 丙寅 | 丁卯 | 戊辰 | 己巳 | 庚午 | 辛未 | 壬申 | 癸酉 | 甲戌 | 乙亥 | 丙子 | 丁丑 | 戊寅 | 己卯 | 庚辰 | 辛巳 | 壬午 | 癸未 | 甲申 | 乙酉 | 丙戌 | 丁亥 | | 甲子小雪 己卯大雪 |
| | 西曆 | 20 | 21 | 22 | 23 | 24 | 25 | 26 | 27 | 28 | 29 | 30 | (12) | 2 | 3 | 4 | 5 | 6 | 7 | 8 | 9 | 10 | 11 | 12 | 13 | 14 | 15 | 16 | 17 | 18 | | |
| 十一月大 丙子 | 干支 | 戊子 | 己丑 | 庚寅 | 辛卯 | 壬辰 | 癸巳 | 甲午 | 乙未 | 丙申 | 丁酉 | 戊戌 | 己亥 | 庚子 | 辛丑 | 壬寅 | 癸卯 | 甲辰 | 乙巳 | 丙午 | 丁未 | 戊申 | 己酉 | 庚戌 | 辛亥 | 壬子 | 癸丑 | 甲寅 | 乙卯 | 丙辰 | 丁巳 | 甲午冬至 己酉小寒 |
| | 西曆 | 19 | 20 | 21 | 22 | 23 | 24 | 25 | 26 | 27 | 28 | 29 | 30 | 31 | (1) | 2 | 3 | 4 | 5 | 6 | 7 | 8 | 9 | 10 | 11 | 12 | 13 | 14 | 15 | 16 | 17 | |
| 十二月小 丁丑 | 干支 | 戊午 | 己未 | 庚申 | 辛酉 | 壬戌 | 癸亥 | 甲子 | 乙丑 | 丙寅 | 丁卯 | 戊辰 | 己巳 | 庚午 | 辛未 | 壬申 | 癸酉 | 甲戌 | 乙亥 | 丙子 | 丁丑 | 戊寅 | 己卯 | 庚辰 | 辛巳 | 壬午 | 癸未 | 甲申 | 乙酉 | 丙戌 | | 乙丑大寒 庚辰立春 |
| | 西曆 | 18 | 19 | 20 | 21 | 22 | 23 | 24 | 25 | 26 | 27 | 28 | 29 | 30 | 31 | (2) | 2 | 3 | 4 | 5 | 6 | 7 | 8 | 9 | 10 | 11 | 12 | 13 | 14 | 15 | | |

# 漢元帝永光三年（庚辰 龍年） 公元前 41 ~ 前 40 年

| 夏曆月序 | | 中西曆日對照 | 初一 | 初二 | 初三 | 初四 | 初五 | 初六 | 初七 | 初八 | 初九 | 初十 | 十一 | 十二 | 十三 | 十四 | 十五 | 十六 | 十七 | 十八 | 十九 | 二十 | 二一 | 二二 | 二三 | 二四 | 二五 | 二六 | 二七 | 二八 | 二九 | 三十 | 節氣與天象 |
|---|---|---|---|---|---|---|---|---|---|---|---|---|---|---|---|---|---|---|---|---|---|---|---|---|---|---|---|---|---|---|---|---|---|
| 正月大 | 戊寅 | 天干地支西曆 | 丁亥16 | 戊子17 | 己丑18 | 庚寅19 | 辛卯20 | 壬辰21 | 癸巳22 | 甲午23 | 乙未24 | 丙申25 | 丁酉26 | 戊戌27 | 己亥28 | 庚子29 | 辛丑(3) | 壬寅2 | 癸卯3 | 甲辰4 | 乙巳5 | 丙午6 | 丁未7 | 戊申8 | 己酉9 | 庚戌10 | 辛亥11 | 壬子12 | 癸丑13 | 甲寅14 | 乙卯15 | 丙辰16 | 乙未驚蟄<br>庚戌雨水 |
| 二月小 | 己卯 | 天干地支西曆 | 丁巳17 | 戊午18 | 己未19 | 庚申20 | 辛酉21 | 壬戌22 | 癸亥23 | 甲子24 | 乙丑25 | 丙寅26 | 丁卯27 | 戊辰28 | 己巳29 | 庚午30 | 辛未31 | 壬申(4) | 癸酉2 | 甲戌3 | 乙亥4 | 丙子5 | 丁丑6 | 戊寅7 | 己卯8 | 庚辰9 | 辛巳10 | 壬午11 | 癸未12 | 甲申13 | 乙酉14 | | 丙寅春分<br>辛巳穀雨 |
| 三月大 | 庚辰 | 天干地支西曆 | 丙戌15 | 丁亥16 | 戊子17 | 己丑18 | 庚寅19 | 辛卯20 | 壬辰21 | 癸巳22 | 甲午23 | 乙未24 | 丙申25 | 丁酉26 | 戊戌27 | 己亥28 | 庚子29 | 辛丑30 | 壬寅(5) | 癸卯2 | 甲辰3 | 乙巳4 | 丙午5 | 丁未6 | 戊申7 | 己酉8 | 庚戌9 | 辛亥10 | 壬子11 | 癸丑12 | 甲寅13 | 乙卯14 | 丙申清明<br>辛亥立夏 |
| 四月小 | 辛巳 | 天干地支西曆 | 丙辰15 | 丁巳16 | 戊午17 | 己未18 | 庚申19 | 辛酉20 | 壬戌21 | 癸亥22 | 甲子23 | 乙丑24 | 丙寅25 | 丁卯26 | 戊辰27 | 己巳28 | 庚午29 | 辛未30 | 壬申31 | 癸酉(6) | 甲戌2 | 乙亥3 | 丙子4 | 丁丑5 | 戊寅6 | 己卯7 | 庚辰8 | 辛巳9 | 壬午10 | 癸未11 | 甲申12 | | 丙寅小滿<br>壬午芒種 |
| 五月大 | 壬午 | 天干地支西曆 | 乙酉13 | 丙戌14 | 丁亥15 | 戊子16 | 己丑17 | 庚寅18 | 辛卯19 | 壬辰20 | 癸巳21 | 甲午22 | 乙未23 | 丙申24 | 丁酉25 | 戊戌26 | 己亥27 | 庚子28 | 辛丑29 | 壬寅30 | 癸卯(7) | 甲辰2 | 乙巳3 | 丙午4 | 丁未5 | 戊申6 | 己酉7 | 庚戌8 | 辛亥9 | 壬子10 | 癸丑11 | 甲寅12 | 丁酉夏至<br>壬子小暑 |
| 六月小 | 癸未 | 天干地支西曆 | 乙卯13 | 丙辰14 | 丁巳15 | 戊午16 | 己未17 | 庚申18 | 辛酉19 | 壬戌20 | 癸亥21 | 甲子22 | 乙丑23 | 丙寅24 | 丁卯25 | 戊辰26 | 己巳27 | 庚午28 | 辛未29 | 壬申30 | 癸酉31 | 甲戌(8) | 乙亥2 | 丙子3 | 丁丑4 | 戊寅5 | 己卯6 | 庚辰7 | 辛巳8 | 壬午9 | 癸未10 | | 丁卯大暑<br>癸未立秋 |
| 七月大 | 甲申 | 天干地支西曆 | 甲申11 | 乙酉12 | 丙戌13 | 丁亥14 | 戊子15 | 己丑16 | 庚寅17 | 辛卯18 | 壬辰19 | 癸巳20 | 甲午21 | 乙未22 | 丙申23 | 丁酉24 | 戊戌25 | 己亥26 | 庚子27 | 辛丑28 | 壬寅29 | 癸卯30 | 甲辰31 | 乙巳(9) | 丙午2 | 丁未3 | 戊申4 | 己酉5 | 庚戌6 | 辛亥7 | 壬子8 | 癸丑9 | 戊戌處暑<br>癸丑白露 |
| 八月小 | 乙酉 | 天干地支西曆 | 甲寅10 | 乙卯11 | 丙辰12 | 丁巳13 | 戊午14 | 己未15 | 庚申16 | 辛酉17 | 壬戌18 | 癸亥19 | 甲子20 | 乙丑21 | 丙寅22 | 丁卯23 | 戊辰24 | 己巳25 | 庚午26 | 辛未27 | 壬申28 | 癸酉29 | 甲戌30 | 乙亥(10) | 丙子2 | 丁丑3 | 戊寅4 | 己卯5 | 庚辰6 | 辛巳7 | 壬午8 | | 戊辰秋分 |
| 九月大 | 丙戌 | 天干地支西曆 | 癸未9 | 甲申10 | 乙酉11 | 丙戌12 | 丁亥13 | 戊子14 | 己丑15 | 庚寅16 | 辛卯17 | 壬辰18 | 癸巳19 | 甲午20 | 乙未21 | 丙申22 | 丁酉23 | 戊戌24 | 己亥25 | 庚子26 | 辛丑27 | 壬寅28 | 癸卯29 | 甲辰30 | 乙巳31 | 丙午(11) | 丁未2 | 戊申3 | 己酉4 | 庚戌5 | 辛亥6 | 壬子7 | 癸未寒露<br>己亥霜降 |
| 十月小 | 丁亥 | 天干地支西曆 | 癸丑8 | 甲寅9 | 乙卯10 | 丙辰11 | 丁巳12 | 戊午13 | 己未14 | 庚申15 | 辛酉16 | 壬戌17 | 癸亥18 | 甲子19 | 乙丑20 | 丙寅21 | 丁卯22 | 戊辰23 | 己巳24 | 庚午25 | 辛未26 | 壬申27 | 癸酉28 | 甲戌29 | 乙亥30 | 丙子(12) | 丁丑2 | 戊寅3 | 己卯4 | 庚辰5 | 辛巳6 | | 甲寅立冬<br>己巳小雪 |
| 十一月大 | 戊子 | 天干地支西曆 | 壬午7 | 癸未8 | 甲申9 | 乙酉10 | 丙戌11 | 丁亥12 | 戊子13 | 己丑14 | 庚寅15 | 辛卯16 | 壬辰17 | 癸巳18 | 甲午19 | 乙未20 | 丙申21 | 丁酉22 | 戊戌23 | 己亥24 | 庚子25 | 辛丑26 | 壬寅27 | 癸卯28 | 甲辰29 | 乙巳30 | 丙午31 | 丁未(1) | 戊申2 | 己酉3 | 庚戌4 | 辛亥5 | 甲申大雪<br>庚子冬至 |
| 十二月小 | 己丑 | 天干地支西曆 | 壬子6 | 癸丑7 | 甲寅8 | 乙卯9 | 丙辰10 | 丁巳11 | 戊午12 | 己未13 | 庚申14 | 辛酉15 | 壬戌16 | 癸亥17 | 甲子18 | 乙丑19 | 丙寅20 | 丁卯21 | 戊辰22 | 己巳23 | 庚午24 | 辛未25 | 壬申26 | 癸酉27 | 甲戌28 | 乙亥29 | 丙子30 | 丁丑31 | 戊寅(2) | 己卯2 | 庚辰3 | | 乙卯小寒<br>庚午大寒 |

# 漢元帝永光四年（辛巳 蛇年） 公元前 40 ~ 前 39 年

| 夏曆月序 | | 中西曆日對照 | 初一 | 初二 | 初三 | 初四 | 初五 | 初六 | 初七 | 初八 | 初九 | 初十 | 十一 | 十二 | 十三 | 十四 | 十五 | 十六 | 十七 | 十八 | 十九 | 二十 | 二一 | 二二 | 二三 | 二四 | 二五 | 二六 | 二七 | 二八 | 二九 | 三十 | 節氣與天象 |
|---|---|---|---|---|---|---|---|---|---|---|---|---|---|---|---|---|---|---|---|---|---|---|---|---|---|---|---|---|---|---|---|---|---|
| 正月大 | 庚寅 | 天地干支西曆 | 辛巳 4 | 壬午 5 | 癸未 6 | 甲申 7 | 乙酉 8 | 丙戌 9 | 丁亥 10 | 戊子 11 | 己丑 12 | 庚寅 13 | 辛卯 14 | 壬辰 15 | 癸巳 16 | 甲午 17 | 乙未 18 | 丙申 19 | 丁酉 20 | 戊戌 21 | 己亥 22 | 庚子 23 | 辛丑 24 | 壬寅 25 | 癸卯 26 | 甲辰 27 | 乙巳 28 | 丙午 (3) | 丁未 2 | 戊申 3 | 己酉 4 | 庚戌 5 | 乙酉立春 庚子驚蟄 |
| 二月大 | 辛卯 | 天地干支西曆 | 辛亥 6 | 壬子 7 | 癸丑 8 | 甲寅 9 | 乙卯 10 | 丙辰 11 | 丁巳 12 | 戊午 13 | 己未 14 | 庚申 15 | 辛酉 16 | 壬戌 17 | 癸亥 18 | 甲子 19 | 乙丑 20 | 丙寅 21 | 丁卯 22 | 戊辰 23 | 己巳 24 | 庚午 25 | 辛未 26 | 壬申 27 | 癸酉 28 | 甲戌 29 | 乙亥 30 | 丙子 31 | 丁丑 (4) | 戊寅 2 | 己卯 3 | 庚辰 4 | 丙辰雨水 辛未春分 |
| 三月小 | 壬辰 | 天地干支西曆 | 辛巳 5 | 壬午 6 | 癸未 7 | 甲申 8 | 乙酉 9 | 丙戌 10 | 丁亥 11 | 戊子 12 | 己丑 13 | 庚寅 14 | 辛卯 15 | 壬辰 16 | 癸巳 17 | 甲午 18 | 乙未 19 | 丙申 20 | 丁酉 21 | 戊戌 22 | 己亥 23 | 庚子 24 | 辛丑 25 | 壬寅 26 | 癸卯 27 | 甲辰 28 | 乙巳 29 | 丙午 30 | 丁未 (5) | 戊申 2 | 己酉 3 | | 丙戌穀雨 辛丑清明 |
| 四月大 | 癸巳 | 天地干支西曆 | 庚戌 4 | 辛亥 5 | 壬子 6 | 癸丑 7 | 甲寅 8 | 乙卯 9 | 丙辰 10 | 丁巳 11 | 戊午 12 | 己未 13 | 庚申 14 | 辛酉 15 | 壬戌 16 | 癸亥 17 | 甲子 18 | 乙丑 19 | 丙寅 20 | 丁卯 21 | 戊辰 22 | 己巳 23 | 庚午 24 | 辛未 25 | 壬申 26 | 癸酉 27 | 甲戌 28 | 乙亥 29 | 丙子 30 | 丁丑 31 | 戊寅 (6) | 己卯 2 | 丙辰立夏 壬申小滿 |
| 五月小 | 甲午 | 天地干支西曆 | 庚辰 3 | 辛巳 4 | 壬午 5 | 癸未 6 | 甲申 7 | 乙酉 8 | 丙戌 9 | 丁亥 10 | 戊子 11 | 己丑 12 | 庚寅 13 | 辛卯 14 | 壬辰 15 | 癸巳 16 | 甲午 17 | 乙未 18 | 丙申 19 | 丁酉 20 | 戊戌 21 | 己亥 22 | 庚子 23 | 辛丑 24 | 壬寅 25 | 癸卯 26 | 甲辰 27 | 乙巳 28 | 丙午 29 | 丁未 30 | 戊申 (7) | | 丁亥芒種 壬寅夏至 |
| 六月大 | 乙未 | 天地干支西曆 | 己酉 2 | 庚戌 3 | 辛亥 4 | 壬子 5 | 癸丑 6 | 甲寅 7 | 乙卯 8 | 丙辰 9 | 丁巳 10 | 戊午 11 | 己未 12 | 庚申 13 | 辛酉 14 | 壬戌 15 | 癸亥 16 | 甲子 17 | 乙丑 18 | 丙寅 19 | 丁卯 20 | 戊辰 21 | 己巳 22 | 庚午 23 | 辛未 24 | 壬申 25 | 癸酉 26 | 甲戌 27 | 乙亥 28 | 丙子 29 | 丁丑 30 | 戊寅 31 | 丁巳小暑 癸酉大暑 戊寅日食 |
| 七月小 | 丙申 | 天地干支西曆 | 己卯 (8) | 庚辰 2 | 辛巳 3 | 壬午 4 | 癸未 5 | 甲申 6 | 乙酉 7 | 丙戌 8 | 丁亥 9 | 戊子 10 | 己丑 11 | 庚寅 12 | 辛卯 13 | 壬辰 14 | 癸巳 15 | 甲午 16 | 乙未 17 | 丙申 18 | 丁酉 19 | 戊戌 20 | 己亥 21 | 庚子 22 | 辛丑 23 | 壬寅 24 | 癸卯 25 | 甲辰 26 | 乙巳 27 | 丙午 28 | 丁未 29 | | 戊子立秋 癸卯處暑 |
| 八月大 | 丁酉 | 天地干支西曆 | 戊申 30 | 己酉 31 | 庚戌 (9) | 辛亥 2 | 壬子 3 | 癸丑 4 | 甲寅 5 | 乙卯 6 | 丙辰 7 | 丁巳 8 | 戊午 9 | 己未 10 | 庚申 11 | 辛酉 12 | 壬戌 13 | 癸亥 14 | 甲子 15 | 乙丑 16 | 丙寅 17 | 丁卯 18 | 戊辰 19 | 己巳 20 | 庚午 21 | 辛未 22 | 壬申 23 | 癸酉 24 | 甲戌 25 | 乙亥 26 | 丙子 27 | 丁丑 28 | 戊午白露 癸酉秋分 |
| 九月小 | 戊戌 | 天地干支西曆 | 戊寅 29 | 己卯 30 | 庚辰 (10) | 辛巳 2 | 壬午 3 | 癸未 4 | 甲申 5 | 乙酉 6 | 丙戌 7 | 丁亥 8 | 戊子 9 | 己丑 10 | 庚寅 11 | 辛卯 12 | 壬辰 13 | 癸巳 14 | 甲午 15 | 乙未 16 | 丙申 17 | 丁酉 18 | 戊戌 19 | 己亥 20 | 庚子 21 | 辛丑 22 | 壬寅 23 | 癸卯 24 | 甲辰 25 | 乙巳 26 | 丙午 27 | | 己丑寒露 甲辰霜降 |
| 十月大 | 己亥 | 天地干支西曆 | 丁未 28 | 戊申 29 | 己酉 30 | 庚戌 31 | 辛亥 (11) | 壬子 2 | 癸丑 3 | 甲寅 4 | 乙卯 5 | 丙辰 6 | 丁巳 7 | 戊午 8 | 己未 9 | 庚申 10 | 辛酉 11 | 壬戌 12 | 癸亥 13 | 甲子 14 | 乙丑 15 | 丙寅 16 | 丁卯 17 | 戊辰 18 | 己巳 19 | 庚午 20 | 辛未 21 | 壬申 22 | 癸酉 23 | 甲戌 24 | 乙亥 25 | 丙子 26 | 己未立冬 甲戌小雪 |
| 十一月小 | 庚子 | 天地干支西曆 | 丁丑 27 | 戊寅 28 | 己卯 29 | 庚辰 30 | 辛巳 (12) | 壬午 2 | 癸未 3 | 甲申 4 | 乙酉 5 | 丙戌 6 | 丁亥 7 | 戊子 8 | 己丑 9 | 庚寅 10 | 辛卯 11 | 壬辰 12 | 癸巳 13 | 甲午 14 | 乙未 15 | 丙申 16 | 丁酉 17 | 戊戌 18 | 己亥 19 | 庚子 20 | 辛丑 21 | 壬寅 22 | 癸卯 23 | 甲辰 24 | 乙巳 25 | | 庚寅大雪 乙巳冬至 |
| 十二月大 | 辛丑 | 天地干支西曆 | 丙午 26 | 丁未 27 | 戊申 28 | 己酉 29 | 庚戌 30 | 辛亥 31 | 壬子 (1) | 癸丑 2 | 甲寅 3 | 乙卯 4 | 丙辰 5 | 丁巳 6 | 戊午 7 | 己未 8 | 庚申 9 | 辛酉 10 | 壬戌 11 | 癸亥 12 | 甲子 13 | 乙丑 14 | 丙寅 15 | 丁卯 16 | 戊辰 17 | 己巳 18 | 庚午 19 | 辛未 20 | 壬申 21 | 癸酉 22 | 甲戌 23 | 乙亥 24 | 庚申小寒 乙亥大寒 |
| 閏十二小 | 辛丑 | 天地干支西曆 | 丙子 25 | 丁丑 26 | 戊寅 27 | 己卯 28 | 庚辰 29 | 辛巳 30 | 壬午 31 | 癸未 (2) | 甲申 2 | 乙酉 3 | 丙戌 4 | 丁亥 5 | 戊子 6 | 己丑 7 | 庚寅 8 | 辛卯 9 | 壬辰 10 | 癸巳 11 | 甲午 12 | 乙未 13 | 丙申 14 | 丁酉 15 | 戊戌 16 | 己亥 17 | 庚子 18 | 辛丑 19 | 壬寅 20 | 癸卯 21 | 甲辰 22 | | 庚寅立春 |

# 漢元帝永光五年（壬午 馬年） 公元前39～前38年

| 夏曆月序 | | 中西曆日對照 | 初一 | 初二 | 初三 | 初四 | 初五 | 初六 | 初七 | 初八 | 初九 | 初十 | 十一 | 十二 | 十三 | 十四 | 十五 | 十六 | 十七 | 十八 | 十九 | 二十 | 二一 | 二二 | 二三 | 二四 | 二五 | 二六 | 二七 | 二八 | 二九 | 三十 | 節氣與天象 |
|---|---|---|---|---|---|---|---|---|---|---|---|---|---|---|---|---|---|---|---|---|---|---|---|---|---|---|---|---|---|---|---|---|---|
| 正月大 | 壬寅 | 天干地支西曆 | 乙巳23 | 丙午24 | 丁未25 | 戊申26 | 己酉27 | 庚戌28 | 辛亥(3) | 壬子2 | 癸丑3 | 甲寅4 | 乙卯5 | 丙辰6 | 丁巳7 | 戊午8 | 己未9 | 庚申10 | 辛酉11 | 壬戌12 | 癸亥13 | 甲子14 | 乙丑15 | 丙寅16 | 丁卯17 | 戊辰18 | 己巳19 | 庚午20 | 辛未21 | 壬申22 | 癸酉23 | 甲戌24 | 丙午驚蟄<br>辛酉雨水 |
| 二月小 | 癸卯 | 天干地支西曆 | 乙亥25 | 丙子26 | 丁丑27 | 戊寅28 | 己卯29 | 庚辰30 | 辛巳31 | 壬午(4) | 癸未2 | 甲申3 | 乙酉4 | 丙戌5 | 丁亥6 | 戊子7 | 己丑8 | 庚寅9 | 辛卯10 | 壬辰11 | 癸巳12 | 甲午13 | 乙未14 | 丙申15 | 丁酉16 | 戊戌17 | 己亥18 | 庚子19 | 辛丑20 | 壬寅21 | 癸卯22 | | 丙子春分<br>辛卯穀雨 |
| 三月大 | 甲辰 | 天干地支西曆 | 甲辰23 | 乙巳24 | 丙午25 | 丁未26 | 戊申27 | 己酉28 | 庚戌29 | 辛亥30 | 壬子(5) | 癸丑2 | 甲寅3 | 乙卯4 | 丙辰5 | 丁巳6 | 戊午7 | 己未8 | 庚申9 | 辛酉10 | 壬戌11 | 癸亥12 | 甲子13 | 乙丑14 | 丙寅15 | 丁卯16 | 戊辰17 | 己巳18 | 庚午19 | 辛未20 | 壬申21 | 癸酉22 | 丁未清明<br>壬戌立夏 |
| 四月大 | 乙巳 | 天干地支西曆 | 甲戌23 | 乙亥24 | 丙子25 | 丁丑26 | 戊寅27 | 己卯28 | 庚辰29 | 辛巳30 | 壬午31 | 癸未(6) | 甲申2 | 乙酉3 | 丙戌4 | 丁亥5 | 戊子6 | 己丑7 | 庚寅8 | 辛卯9 | 壬辰10 | 癸巳11 | 甲午12 | 乙未13 | 丙申14 | 丁酉15 | 戊戌16 | 己亥17 | 庚子18 | 辛丑19 | 壬寅20 | 癸卯21 | 丁丑小滿<br>壬辰芒種 |
| 五月小 | 丙午 | 天干地支西曆 | 甲辰22 | 乙巳23 | 丙午24 | 丁未25 | 戊申26 | 己酉27 | 庚戌28 | 辛亥29 | 壬子30 | 癸丑(7) | 甲寅2 | 乙卯3 | 丙辰4 | 丁巳5 | 戊午6 | 己未7 | 庚申8 | 辛酉9 | 壬戌10 | 癸亥11 | 甲子12 | 乙丑13 | 丙寅14 | 丁卯15 | 戊辰16 | 己巳17 | 庚午18 | 辛未19 | 壬申20 | | 丁未夏至<br>癸亥小暑<br>壬申日食 |
| 六月大 | 丁未 | 天干地支西曆 | 癸酉21 | 甲戌22 | 乙亥23 | 丙子24 | 丁丑25 | 戊寅26 | 己卯27 | 庚辰28 | 辛巳29 | 壬午30 | 癸未31 | 甲申(8) | 乙酉2 | 丙戌3 | 丁亥4 | 戊子5 | 己丑6 | 庚寅7 | 辛卯8 | 壬辰9 | 癸巳10 | 甲午11 | 乙未12 | 丙申13 | 丁酉14 | 戊戌15 | 己亥16 | 庚子17 | 辛丑18 | 壬寅19 | 戊寅大暑<br>癸巳立秋 |
| 七月小 | 戊申 | 天干地支西曆 | 癸卯20 | 甲辰21 | 乙巳22 | 丙午23 | 丁未24 | 戊申25 | 己酉26 | 庚戌27 | 辛亥28 | 壬子29 | 癸丑30 | 甲寅31 | 乙卯(9) | 丙辰2 | 丁巳3 | 戊午4 | 己未5 | 庚申6 | 辛酉7 | 壬戌8 | 癸亥9 | 甲子10 | 乙丑11 | 丙寅12 | 丁卯13 | 戊辰14 | 己巳15 | 庚午16 | 辛未17 | | 戊申處暑<br>癸亥白露 |
| 八月大 | 己酉 | 天干地支西曆 | 壬申18 | 癸酉19 | 甲戌20 | 乙亥21 | 丙子22 | 丁丑23 | 戊寅24 | 己卯25 | 庚辰26 | 辛巳27 | 壬午28 | 癸未29 | 甲申30 | 乙酉(10) | 丙戌2 | 丁亥3 | 戊子4 | 己丑5 | 庚寅6 | 辛卯7 | 壬辰8 | 癸巳9 | 甲午10 | 乙未11 | 丙申12 | 丁酉13 | 戊戌14 | 己亥15 | 庚子16 | 辛丑17 | 己卯秋分<br>甲午寒露 |
| 九月小 | 庚戌 | 天干地支西曆 | 壬寅18 | 癸卯19 | 甲辰20 | 乙巳21 | 丙午22 | 丁未23 | 戊申24 | 己酉25 | 庚戌26 | 辛亥27 | 壬子28 | 癸丑29 | 甲寅30 | 乙卯31 | 丙辰(11) | 丁巳2 | 戊午3 | 己未4 | 庚申5 | 辛酉6 | 壬戌7 | 癸亥8 | 甲子9 | 乙丑10 | 丙寅11 | 丁卯12 | 戊辰13 | 己巳14 | 庚午15 | | 己酉霜降<br>甲子立冬 |
| 十月大 | 辛亥 | 天干地支西曆 | 辛未16 | 壬申17 | 癸酉18 | 甲戌19 | 乙亥20 | 丙子21 | 丁丑22 | 戊寅23 | 己卯24 | 庚辰25 | 辛巳26 | 壬午27 | 癸未28 | 甲申29 | 乙酉30 | 丙戌(12) | 丁亥2 | 戊子3 | 己丑4 | 庚寅5 | 辛卯6 | 壬辰7 | 癸巳8 | 甲午9 | 乙未10 | 丙申11 | 丁酉12 | 戊戌13 | 己亥14 | 庚子15 | 庚辰小雪<br>乙未大雪 |
| 十一月小 | 壬子 | 天干地支西曆 | 辛丑16 | 壬寅17 | 癸卯18 | 甲辰19 | 乙巳20 | 丙午21 | 丁未22 | 戊申23 | 己酉24 | 庚戌25 | 辛亥26 | 壬子27 | 癸丑28 | 甲寅29 | 乙卯30 | 丙辰31 | 丁巳(1) | 戊午2 | 己未3 | 庚申4 | 辛酉5 | 壬戌6 | 癸亥7 | 甲子8 | 乙丑9 | 丙寅10 | 丁卯11 | 戊辰12 | 己巳13 | | 庚戌冬至<br>乙丑小寒 |
| 十二月大 | 癸丑 | 天干地支西曆 | 庚午14 | 辛未15 | 壬申16 | 癸酉17 | 甲戌18 | 乙亥19 | 丙子20 | 丁丑21 | 戊寅22 | 己卯23 | 庚辰24 | 辛巳25 | 壬午26 | 癸未27 | 甲申28 | 乙酉29 | 丙戌30 | 丁亥31 | 戊子(2) | 己丑2 | 庚寅3 | 辛卯4 | 壬辰5 | 癸巳6 | 甲午7 | 乙未8 | 丙申9 | 丁酉10 | 戊戌11 | 己亥12 | 庚辰大寒<br>丙申立春<br>庚午日食 |

# 漢元帝建昭元年（癸未 羊年） 公元前38 ~ 前37年

| 夏曆月序 | | 中西曆日對照 | 初一 | 初二 | 初三 | 初四 | 初五 | 初六 | 初七 | 初八 | 初九 | 初十 | 十一 | 十二 | 十三 | 十四 | 十五 | 十六 | 十七 | 十八 | 十九 | 二十 | 二一 | 二二 | 二三 | 二四 | 二五 | 二六 | 二七 | 二八 | 二九 | 三十 | 節氣與天象 |
|---|---|---|---|---|---|---|---|---|---|---|---|---|---|---|---|---|---|---|---|---|---|---|---|---|---|---|---|---|---|---|---|---|---|
| 正月小 | 甲寅 | 天干地支西曆 | 庚子13 | 辛丑14 | 壬寅15 | 癸卯16 | 甲辰17 | 乙巳18 | 丙午19 | 丁未20 | 戊申21 | 己酉22 | 庚戌23 | 辛亥24 | 壬子25 | 癸丑26 | 甲寅27 | 乙卯28 | 丙辰(3) | 丁巳2 | 戊午3 | 己未4 | 庚申5 | 辛酉6 | 壬戌7 | 癸亥8 | 甲子9 | 乙丑10 | 丙寅11 | 丁卯12 | 戊辰13 | | 辛亥驚蟄 丙寅雨水 |
| 二月大 | 乙卯 | 天干地支西曆 | 己巳14 | 庚午15 | 辛未16 | 壬申17 | 癸酉18 | 甲戌19 | 乙亥20 | 丙子21 | 丁丑22 | 戊寅23 | 己卯24 | 庚辰25 | 辛巳26 | 壬午27 | 癸未28 | 甲申29 | 乙酉30 | 丙戌31 | 丁亥(4) | 戊子2 | 己丑3 | 庚寅4 | 辛卯5 | 壬辰6 | 癸巳7 | 甲午8 | 乙未9 | 丙申10 | 丁酉11 | 戊戌12 | 辛巳春分 丁酉穀雨 |
| 三月小 | 丙辰 | 天干地支西曆 | 己亥13 | 庚子14 | 辛丑15 | 壬寅16 | 癸卯17 | 甲辰18 | 乙巳19 | 丙午20 | 丁未21 | 戊申22 | 己酉23 | 庚戌24 | 辛亥25 | 壬子26 | 癸丑27 | 甲寅28 | 乙卯29 | 丙辰30 | 丁巳(5) | 戊午2 | 己未3 | 庚申4 | 辛酉5 | 壬戌6 | 癸亥7 | 甲子8 | 乙丑9 | 丙寅10 | 丁卯11 | | 壬子清明 丁卯立夏 |
| 四月大 | 丁巳 | 天干地支西曆 | 戊辰12 | 己巳13 | 庚午14 | 辛未15 | 壬申16 | 癸酉17 | 甲戌18 | 乙亥19 | 丙子20 | 丁丑21 | 戊寅22 | 己卯23 | 庚辰24 | 辛巳25 | 壬午26 | 癸未27 | 甲申28 | 乙酉29 | 丙戌30 | 丁亥31 | 戊子(6) | 己丑2 | 庚寅3 | 辛卯4 | 壬辰5 | 癸巳6 | 甲午7 | 乙未8 | 丙申9 | 丁酉10 | 壬午小滿 丁酉芒種 |
| 五月小 | 戊午 | 天干地支西曆 | 戊戌11 | 己亥12 | 庚子13 | 辛丑14 | 壬寅15 | 癸卯16 | 甲辰17 | 乙巳18 | 丙午19 | 丁未20 | 戊申21 | 己酉22 | 庚戌23 | 辛亥24 | 壬子25 | 癸丑26 | 甲寅27 | 乙卯28 | 丙辰29 | 丁巳30 | 戊午(7) | 己未2 | 庚申3 | 辛酉4 | 壬戌5 | 癸亥6 | 甲子7 | 乙丑8 | 丙寅9 | | 癸丑夏至 |
| 六月大 | 己未 | 天干地支西曆 | 丁卯10 | 戊辰11 | 己巳12 | 庚午13 | 辛未14 | 壬申15 | 癸酉16 | 甲戌17 | 乙亥18 | 丙子19 | 丁丑20 | 戊寅21 | 己卯22 | 庚辰23 | 辛巳24 | 壬午25 | 癸未26 | 甲申27 | 乙酉28 | 丙戌29 | 丁亥30 | 戊子31 | 己丑(8) | 庚寅2 | 辛卯3 | 壬辰4 | 癸巳5 | 甲午6 | 乙未7 | 丙申8 | 戊辰小暑 癸未大暑 |
| 七月小 | 庚申 | 天干地支西曆 | 丁酉9 | 戊戌10 | 己亥11 | 庚子12 | 辛丑13 | 壬寅14 | 癸卯15 | 甲辰16 | 乙巳17 | 丙午18 | 丁未19 | 戊申20 | 己酉21 | 庚戌22 | 辛亥23 | 壬子24 | 癸丑25 | 甲寅26 | 乙卯27 | 丙辰28 | 丁巳29 | 戊午30 | 己未31 | 庚申(9) | 辛酉2 | 壬戌3 | 癸亥4 | 甲子5 | 乙丑6 | | 戊戌立秋 甲寅處暑 |
| 八月大 | 辛酉 | 天干地支西曆 | 丙寅7 | 丁卯8 | 戊辰9 | 己巳10 | 庚午11 | 辛未12 | 壬申13 | 癸酉14 | 甲戌15 | 乙亥16 | 丙子17 | 丁丑18 | 戊寅19 | 己卯20 | 庚辰21 | 辛巳22 | 壬午23 | 癸未24 | 甲申25 | 乙酉26 | 丙戌27 | 丁亥28 | 戊子29 | 己丑30 | 庚寅(10) | 辛卯2 | 壬辰3 | 癸巳4 | 甲午5 | 乙未6 | 己巳白露 甲申秋分 |
| 九月大 | 壬戌 | 天干地支西曆 | 丙申7 | 丁酉8 | 戊戌9 | 己亥10 | 庚子11 | 辛丑12 | 壬寅13 | 癸卯14 | 甲辰15 | 乙巳16 | 丙午17 | 丁未18 | 戊申19 | 己酉20 | 庚戌21 | 辛亥22 | 壬子23 | 癸丑24 | 甲寅25 | 乙卯26 | 丙辰27 | 丁巳28 | 戊午29 | 己未30 | 庚申31 | 辛酉(11) | 壬戌2 | 癸亥3 | 甲子4 | 乙丑5 | 己亥寒露 甲寅霜降 |
| 十月小 | 癸亥 | 天干地支西曆 | 丙寅6 | 丁卯7 | 戊辰8 | 己巳9 | 庚午10 | 辛未11 | 壬申12 | 癸酉13 | 甲戌14 | 乙亥15 | 丙子16 | 丁丑17 | 戊寅18 | 己卯19 | 庚辰20 | 辛巳21 | 壬午22 | 癸未23 | 甲申24 | 乙酉25 | 丙戌26 | 丁亥27 | 戊子28 | 己丑29 | 庚寅30 | 辛卯(12) | 壬辰2 | 癸巳3 | 甲午4 | | 庚午立冬 乙酉小雪 |
| 十一月大 | 甲子 | 天干地支西曆 | 乙未5 | 丙申6 | 丁酉7 | 戊戌8 | 己亥9 | 庚子10 | 辛丑11 | 壬寅12 | 癸卯13 | 甲辰14 | 乙巳15 | 丙午16 | 丁未17 | 戊申18 | 己酉19 | 庚戌20 | 辛亥21 | 壬子22 | 癸丑23 | 甲寅24 | 乙卯25 | 丙辰26 | 丁巳27 | 戊午28 | 己未29 | 庚申30 | 辛酉31 | 壬戌(1) | 癸亥2 | 甲子3 | 庚子大雪 乙卯冬至 |
| 十二月小 | 乙丑 | 天干地支西曆 | 乙丑4 | 丙寅5 | 丁卯6 | 戊辰7 | 己巳8 | 庚午9 | 辛未10 | 壬申11 | 癸酉12 | 甲戌13 | 乙亥14 | 丙子15 | 丁丑16 | 戊寅17 | 己卯18 | 庚辰19 | 辛巳20 | 壬午21 | 癸未22 | 甲申23 | 乙酉24 | 丙戌25 | 丁亥26 | 戊子27 | 己丑28 | 庚寅29 | 辛卯30 | 壬辰31 | 癸巳(2) | | 庚午小寒 丙戌大寒 |

* 正月庚子（初一），改元建昭。

# 漢元帝建昭二年（甲申 猴年） 公元前 37 ~ 前 36 年

| 夏曆月序 | | 中西曆日對照 | 初一 | 初二 | 初三 | 初四 | 初五 | 初六 | 初七 | 初八 | 初九 | 初十 | 十一 | 十二 | 十三 | 十四 | 十五 | 十六 | 十七 | 十八 | 十九 | 二十 | 二一 | 二二 | 二三 | 二四 | 二五 | 二六 | 二七 | 二八 | 二九 | 三十 | 節氣與天象 |
|---|---|---|---|---|---|---|---|---|---|---|---|---|---|---|---|---|---|---|---|---|---|---|---|---|---|---|---|---|---|---|---|---|---|
| 正月大 | 丙寅 | 天干地支西曆 | 甲午 2 | 乙未 3 | 丙申 4 | 丁酉 5 | 戊戌 6 | 己亥 7 | 庚子 8 | 辛丑 9 | 壬寅 10 | 癸卯 11 | 甲辰 12 | 乙巳 13 | 丙午 14 | 丁未 15 | 戊申 16 | 己酉 17 | 庚戌 18 | 辛亥 19 | 壬子 20 | 癸丑 21 | 甲寅 22 | 乙卯 23 | 丙辰 24 | 丁巳 25 | 戊午 26 | 己未 27 | 庚申 28 | 辛酉 29 | 壬戌 (3) | 癸亥 2 | 辛丑立春<br>丙辰驚蟄 |
| 二月小 | 丁卯 | 天干地支西曆 | 甲子 3 | 乙丑 4 | 丙寅 5 | 丁卯 6 | 戊辰 7 | 己巳 8 | 庚午 9 | 辛未 10 | 壬申 11 | 癸酉 12 | 甲戌 13 | 乙亥 14 | 丙子 15 | 丁丑 16 | 戊寅 17 | 己卯 18 | 庚辰 19 | 辛巳 20 | 壬午 21 | 癸未 22 | 甲申 23 | 乙酉 24 | 丙戌 25 | 丁亥 26 | 戊子 27 | 己丑 28 | 庚寅 29 | 辛卯 30 | 壬辰 31 | | 辛未雨水<br>丁亥春分 |
| 三月大 | 戊辰 | 天干地支西曆 | 癸巳 (4) | 甲午 2 | 乙未 3 | 丙申 4 | 丁酉 5 | 戊戌 6 | 己亥 7 | 庚子 8 | 辛丑 9 | 壬寅 10 | 癸卯 11 | 甲辰 12 | 乙巳 13 | 丙午 14 | 丁未 15 | 戊申 16 | 己酉 17 | 庚戌 18 | 辛亥 19 | 壬子 20 | 癸丑 21 | 甲寅 22 | 乙卯 23 | 丙辰 24 | 丁巳 25 | 戊午 26 | 己未 27 | 庚申 28 | 辛酉 29 | 壬戌 30 | 壬寅穀雨<br>丁巳清明 |
| 四月小 | 己巳 | 天干地支西曆 | 癸亥 (5) | 甲子 2 | 乙丑 3 | 丙寅 4 | 丁卯 5 | 戊辰 6 | 己巳 7 | 庚午 8 | 辛未 9 | 壬申 10 | 癸酉 11 | 甲戌 12 | 乙亥 13 | 丙子 14 | 丁丑 15 | 戊寅 16 | 己卯 17 | 庚辰 18 | 辛巳 19 | 壬午 20 | 癸未 21 | 甲申 22 | 乙酉 23 | 丙戌 24 | 丁亥 25 | 戊子 26 | 己丑 27 | 庚寅 28 | 辛卯 29 | | 壬申立夏<br>丁亥小滿 |
| 五月大 | 庚午 | 天干地支西曆 | 壬辰 30 | 癸巳 31 | 甲午 (6) | 乙未 2 | 丙申 3 | 丁酉 4 | 戊戌 5 | 己亥 6 | 庚子 7 | 辛丑 8 | 壬寅 9 | 癸卯 10 | 甲辰 11 | 乙巳 12 | 丙午 13 | 丁未 14 | 戊申 15 | 己酉 16 | 庚戌 17 | 辛亥 18 | 壬子 19 | 癸丑 20 | 甲寅 21 | 乙卯 22 | 丙辰 23 | 丁巳 24 | 戊午 25 | 己未 26 | 庚申 27 | 辛酉 28 | 癸卯芒種<br>戊午夏至 |
| 六月小 | 辛未 | 天干地支西曆 | 壬戌 29 | 癸亥 30 | 甲子 (7) | 乙丑 2 | 丙寅 3 | 丁卯 4 | 戊辰 5 | 己巳 6 | 庚午 7 | 辛未 8 | 壬申 9 | 癸酉 10 | 甲戌 11 | 乙亥 12 | 丙子 13 | 丁丑 14 | 戊寅 15 | 己卯 16 | 庚辰 17 | 辛巳 18 | 壬午 19 | 癸未 20 | 甲申 21 | 乙酉 22 | 丙戌 23 | 丁亥 24 | 戊子 25 | 己丑 26 | 庚寅 27 | | 癸酉小暑<br>戊子大暑 |
| 七月大 | 壬申 | 天干地支西曆 | 辛卯 28 | 壬辰 29 | 癸巳 30 | 甲午 31 | 乙未 (8) | 丙申 2 | 丁酉 3 | 戊戌 4 | 己亥 5 | 庚子 6 | 辛丑 7 | 壬寅 8 | 癸卯 9 | 甲辰 10 | 乙巳 11 | 丙午 12 | 丁未 13 | 戊申 14 | 己酉 15 | 庚戌 16 | 辛亥 17 | 壬子 18 | 癸丑 19 | 甲寅 20 | 乙卯 21 | 丙辰 22 | 丁巳 23 | 戊午 24 | 己未 25 | 庚申 26 | 甲辰立秋<br>己未處暑 |
| 八月小 | 癸酉 | 天干地支西曆 | 辛酉 27 | 壬戌 28 | 癸亥 29 | 甲子 30 | 乙丑 31 | 丙寅 | 丁卯 2 | 戊辰 3 | 己巳 4 | 庚午 5 | 辛未 6 | 壬申 7 | 癸酉 8 | 甲戌 9 | 乙亥 10 | 丙子 11 | 丁丑 12 | 戊寅 13 | 己卯 14 | 庚辰 15 | 辛巳 16 | 壬午 17 | 癸未 18 | 甲申 19 | 乙酉 20 | 丙戌 21 | 丁亥 22 | 戊子 23 | 己丑 24 | | 甲戌白露<br>己丑秋分 |
| 閏八月大 | 癸酉 | 天干地支西曆 | 庚寅 25 | 辛卯 26 | 壬辰 27 | 癸巳 28 | 甲午 29 | 乙未 30 | 丙申 (10) | 丁酉 2 | 戊戌 3 | 己亥 4 | 庚子 5 | 辛丑 6 | 壬寅 7 | 癸卯 8 | 甲辰 9 | 乙巳 10 | 丙午 11 | 丁未 12 | 戊申 13 | 己酉 14 | 庚戌 15 | 辛亥 16 | 壬子 17 | 癸丑 18 | 甲寅 19 | 乙卯 20 | 丙辰 21 | 丁巳 22 | 戊午 23 | 己未 24 | 甲辰寒露 |
| 九月小 | 甲戌 | 天干地支西曆 | 庚申 25 | 辛酉 26 | 壬戌 27 | 癸亥 28 | 甲子 29 | 乙丑 30 | 丙寅 31 | 丁卯 (11) | 戊辰 2 | 己巳 3 | 庚午 4 | 辛未 5 | 壬申 6 | 癸酉 7 | 甲戌 8 | 乙亥 9 | 丙子 10 | 丁丑 11 | 戊寅 12 | 己卯 13 | 庚辰 14 | 辛巳 15 | 壬午 16 | 癸未 17 | 甲申 18 | 乙酉 19 | 丙戌 20 | 丁亥 21 | 戊子 22 | | 庚申霜降<br>乙亥立冬 |
| 十月大 | 乙亥 | 天干地支西曆 | 己丑 23 | 庚寅 24 | 辛卯 25 | 壬辰 26 | 癸巳 27 | 甲午 28 | 乙未 29 | 丙申 30 | 丁酉 (12) | 戊戌 2 | 己亥 3 | 庚子 4 | 辛丑 5 | 壬寅 6 | 癸卯 7 | 甲辰 8 | 乙巳 9 | 丙午 10 | 丁未 11 | 戊申 12 | 己酉 13 | 庚戌 14 | 辛亥 15 | 壬子 16 | 癸丑 17 | 甲寅 18 | 乙卯 19 | 丙辰 20 | 丁巳 21 | 戊午 22 | 庚寅小雪<br>乙巳大雪 |
| 十一月小 | 丙子 | 天干地支西曆 | 己未 23 | 庚申 24 | 辛酉 25 | 壬戌 26 | 癸亥 27 | 甲子 28 | 乙丑 29 | 丙寅 30 | 丁卯 31 | 戊辰 (1) | 己巳 2 | 庚午 3 | 辛未 4 | 壬申 5 | 癸酉 6 | 甲戌 7 | 乙亥 8 | 丙子 9 | 丁丑 10 | 戊寅 11 | 己卯 12 | 庚辰 13 | 辛巳 14 | 壬午 15 | 癸未 16 | 甲申 17 | 乙酉 18 | 丙戌 19 | 丁亥 20 | | 辛酉冬至<br>丙子小寒 |
| 十二月大 | 丁丑 | 天干地支西曆 | 戊子 21 | 己丑 22 | 庚寅 23 | 辛卯 24 | 壬辰 25 | 癸巳 26 | 甲午 27 | 乙未 28 | 丙申 29 | 丁酉 30 | 戊戌 31 | 己亥 (2) | 庚子 2 | 辛丑 3 | 壬寅 4 | 癸卯 5 | 甲辰 6 | 乙巳 7 | 丙午 8 | 丁未 9 | 戊申 10 | 己酉 11 | 庚戌 12 | 辛亥 13 | 壬子 14 | 癸丑 15 | 甲寅 16 | 乙卯 17 | 丙辰 18 | 丁巳 19 | 辛卯大寒<br>丙午立春 |

# 漢元帝建昭三年（乙酉 鷄年） 公元前 36 ~ 前 35 年

| 夏曆月序 | | 中西曆日對照 | 夏曆日序 | | | | | | | | | | | | | | | | | | | | | | | | | | | | | | 節氣與天象 |
|---|---|---|---|---|---|---|---|---|---|---|---|---|---|---|---|---|---|---|---|---|---|---|---|---|---|---|---|---|---|---|---|---|---|
| | | | 初一 | 初二 | 初三 | 初四 | 初五 | 初六 | 初七 | 初八 | 初九 | 初十 | 十一 | 十二 | 十三 | 十四 | 十五 | 十六 | 十七 | 十八 | 十九 | 二十 | 二一 | 二二 | 二三 | 二四 | 二五 | 二六 | 二七 | 二八 | 二九 | 三十 | |
| 正月大 | 戊寅 | 天干地支西曆 | 戊午 20 | 己未 21 | 庚申 22 | 辛酉 23 | 壬戌 24 | 癸亥 25 | 甲子 26 | 乙丑 27 | 丙寅 28 | 丁卯 (3) | 戊辰 2 | 己巳 3 | 庚午 4 | 辛未 5 | 壬申 6 | 癸酉 7 | 甲戌 8 | 乙亥 9 | 丙子 10 | 丁丑 11 | 戊寅 12 | 己卯 13 | 庚辰 14 | 辛巳 15 | 壬午 16 | 癸未 17 | 甲申 18 | 乙酉 19 | 丙戌 20 | 丁亥 21 | 辛酉驚蟄<br>丁丑雨水 |
| 二月小 | 己卯 | 天干地支西曆 | 戊子 22 | 己丑 23 | 庚寅 24 | 辛卯 25 | 壬辰 26 | 癸巳 27 | 甲午 28 | 乙未 29 | 丙申 30 | 丁酉 31 | 戊戌 (4) | 己亥 2 | 庚子 3 | 辛丑 4 | 壬寅 5 | 癸卯 6 | 甲辰 7 | 乙巳 8 | 丙午 9 | 丁未 10 | 戊申 11 | 己酉 12 | 庚戌 13 | 辛亥 14 | 壬子 15 | 癸丑 16 | 甲寅 17 | 乙卯 18 | 丙辰 19 | | 壬辰春分<br>丁未穀雨 |
| 三月大 | 庚辰 | 天干地支西曆 | 丁巳 20 | 戊午 21 | 己未 22 | 庚申 23 | 辛酉 24 | 壬戌 25 | 癸亥 26 | 甲子 27 | 乙丑 28 | 丙寅 29 | 丁卯 30 | 戊辰 (5) | 己巳 2 | 庚午 3 | 辛未 4 | 壬申 5 | 癸酉 6 | 甲戌 7 | 乙亥 8 | 丙子 9 | 丁丑 10 | 戊寅 11 | 己卯 12 | 庚辰 13 | 辛巳 14 | 壬午 15 | 癸未 16 | 甲申 17 | 乙酉 18 | 丙戌 19 | 壬戌清明<br>丁丑立夏 |
| 四月小 | 辛巳 | 天干地支西曆 | 丁亥 20 | 戊子 21 | 己丑 22 | 庚寅 23 | 辛卯 24 | 壬辰 25 | 癸巳 26 | 甲午 27 | 乙未 28 | 丙申 29 | 丁酉 30 | 戊戌 31 | 己亥 (6) | 庚子 2 | 辛丑 3 | 壬寅 4 | 癸卯 5 | 甲辰 6 | 乙巳 7 | 丙午 8 | 丁未 9 | 戊申 10 | 己酉 11 | 庚戌 12 | 辛亥 13 | 壬子 14 | 癸丑 15 | 甲寅 16 | 乙卯 17 | | 癸巳小滿<br>戊申芒種 |
| 五月大 | 壬午 | 天干地支西曆 | 丙辰 18 | 丁巳 19 | 戊午 20 | 己未 21 | 庚申 22 | 辛酉 23 | 壬戌 24 | 癸亥 25 | 甲子 26 | 乙丑 27 | 丙寅 28 | 丁卯 29 | 戊辰 30 | 己巳 (7) | 庚午 2 | 辛未 3 | 壬申 4 | 癸酉 5 | 甲戌 6 | 乙亥 7 | 丙子 8 | 丁丑 9 | 戊寅 10 | 己卯 11 | 庚辰 12 | 辛巳 13 | 壬午 14 | 癸未 15 | 甲申 16 | 乙酉 17 | 癸亥夏至<br>戊寅小暑 |
| 六月小 | 癸未 | 天干地支西曆 | 丙戌 18 | 丁亥 19 | 戊子 20 | 己丑 21 | 庚寅 22 | 辛卯 23 | 壬辰 24 | 癸巳 25 | 甲午 26 | 乙未 27 | 丙申 28 | 丁酉 29 | 戊戌 30 | 己亥 31 | 庚子 (8) | 辛丑 2 | 壬寅 3 | 癸卯 4 | 甲辰 5 | 乙巳 6 | 丙午 7 | 丁未 8 | 戊申 9 | 己酉 10 | 庚戌 11 | 辛亥 12 | 壬子 13 | 癸丑 14 | 甲寅 15 | | 甲午大暑<br>己酉立秋 |
| 七月大 | 甲申 | 天干地支西曆 | 乙卯 16 | 丙辰 17 | 丁巳 18 | 戊午 19 | 己未 20 | 庚申 21 | 辛酉 22 | 壬戌 23 | 癸亥 24 | 甲子 25 | 乙丑 26 | 丙寅 27 | 丁卯 28 | 戊辰 29 | 己巳 30 | 庚午 31 | 辛未 (9) | 壬申 2 | 癸酉 3 | 甲戌 4 | 乙亥 5 | 丙子 6 | 丁丑 7 | 戊寅 8 | 己卯 9 | 庚辰 10 | 辛巳 11 | 壬午 12 | 癸未 13 | 甲申 14 | 甲子處暑<br>己卯白露 |
| 八月小 | 乙酉 | 天干地支西曆 | 乙酉 15 | 丙戌 16 | 丁亥 17 | 戊子 18 | 己丑 19 | 庚寅 20 | 辛卯 21 | 壬辰 22 | 癸巳 23 | 甲午 24 | 乙未 25 | 丙申 26 | 丁酉 27 | 戊戌 28 | 己亥 29 | 庚子 30 | 辛丑 (10) | 壬寅 2 | 癸卯 3 | 甲辰 4 | 乙巳 5 | 丙午 6 | 丁未 7 | 戊申 8 | 己酉 9 | 庚戌 10 | 辛亥 11 | 壬子 12 | 癸丑 13 | | 甲午秋分<br>庚戌寒露 |
| 九月大 | 丙戌 | 天干地支西曆 | 甲寅 14 | 乙卯 15 | 丙辰 16 | 丁巳 17 | 戊午 18 | 己未 19 | 庚申 20 | 辛酉 21 | 壬戌 22 | 癸亥 23 | 甲子 24 | 乙丑 25 | 丙寅 26 | 丁卯 27 | 戊辰 28 | 己巳 29 | 庚午 30 | 辛未 31 | 壬申 (11) | 癸酉 2 | 甲戌 3 | 乙亥 4 | 丙子 5 | 丁丑 6 | 戊寅 7 | 己卯 8 | 庚辰 9 | 辛巳 10 | 壬午 11 | 癸未 12 | 乙丑霜降<br>庚辰立冬<br>癸未日食 |
| 十月大 | 丁亥 | 天干地支西曆 | 甲申 13 | 乙酉 14 | 丙戌 15 | 丁亥 16 | 戊子 17 | 己丑 18 | 庚寅 19 | 辛卯 20 | 壬辰 21 | 癸巳 22 | 甲午 23 | 乙未 24 | 丙申 25 | 丁酉 26 | 戊戌 27 | 己亥 28 | 庚子 29 | 辛丑 30 | 壬寅 (12) | 癸卯 2 | 甲辰 3 | 乙巳 4 | 丙午 5 | 丁未 6 | 戊申 7 | 己酉 8 | 庚戌 9 | 辛亥 10 | 壬子 11 | | 乙未小雪<br>辛亥大雪 |
| 十一月大 | 戊子 | 天干地支西曆 | 癸丑 12 | 甲寅 13 | 乙卯 14 | 丙辰 15 | 丁巳 16 | 戊午 17 | 己未 18 | 庚申 19 | 辛酉 20 | 壬戌 21 | 癸亥 22 | 甲子 23 | 乙丑 24 | 丙寅 25 | 丁卯 26 | 戊辰 27 | 己巳 28 | 庚午 29 | 辛未 30 | 壬申 31 | 癸酉 (1) | 甲戌 2 | 乙亥 3 | 丙子 4 | 丁丑 5 | 戊寅 6 | 己卯 7 | 庚辰 8 | 辛巳 9 | 壬午 10 | 丙寅冬至<br>辛巳小寒 |
| 十二月小 | 己丑 | 天干地支西曆 | 癸未 11 | 甲申 12 | 乙酉 13 | 丙戌 14 | 丁亥 15 | 戊子 16 | 己丑 17 | 庚寅 18 | 辛卯 19 | 壬辰 20 | 癸巳 21 | 甲午 22 | 乙未 23 | 丙申 24 | 丁酉 25 | 戊戌 26 | 己亥 27 | 庚子 28 | 辛丑 29 | 壬寅 30 | 癸卯 31 | 甲辰 (2) | 乙巳 2 | 丙午 3 | 丁未 4 | 戊申 5 | 己酉 6 | 庚戌 7 | 辛亥 8 | | 丙申大寒<br>辛亥立春 |

# 漢元帝建昭四年（丙戌 狗年） 公元前35 ~ 前34年

| 夏曆月序 | | 中西曆日對照 | 初一 | 初二 | 初三 | 初四 | 初五 | 初六 | 初七 | 初八 | 初九 | 初十 | 十一 | 十二 | 十三 | 十四 | 十五 | 十六 | 十七 | 十八 | 十九 | 二十 | 二一 | 二二 | 二三 | 二四 | 二五 | 二六 | 二七 | 二八 | 二九 | 三十 | 節氣與天象 |
|---|---|---|---|---|---|---|---|---|---|---|---|---|---|---|---|---|---|---|---|---|---|---|---|---|---|---|---|---|---|---|---|---|---|
| 正月大 | 庚寅 | 天干地支西曆 | 壬子9 | 癸丑10 | 甲寅11 | 乙卯12 | 丙辰13 | 丁巳14 | 戊午15 | 己未16 | 庚申17 | 辛酉18 | 壬戌19 | 癸亥20 | 甲子21 | 乙丑22 | 丙寅23 | 丁卯24 | 戊辰25 | 己巳26 | 庚午27 | 辛未28 | 壬申(3) | 癸酉2 | 甲戌3 | 乙亥4 | 丙子5 | 丁丑6 | 戊寅7 | 己卯8 | 庚辰9 | 辛巳10 | 丁卯驚蟄 |
| 二月小 | 辛卯 | 天干地支西曆 | 壬午11 | 癸未12 | 甲申13 | 乙酉14 | 丙戌15 | 丁亥16 | 戊子17 | 己丑18 | 庚寅19 | 辛卯20 | 壬辰21 | 癸巳22 | 甲午23 | 乙未24 | 丙申25 | 丁酉26 | 戊戌27 | 己亥28 | 庚子29 | 辛丑30 | 壬寅31 | 癸卯(4) | 甲辰2 | 乙巳3 | 丙午4 | 丁未5 | 戊申6 | 己酉7 | 庚戌8 | | 壬午雨水<br>丁酉春分 |
| 三月大 | 壬辰 | 天干地支西曆 | 辛亥9 | 壬子10 | 癸丑11 | 甲寅12 | 乙卯13 | 丙辰14 | 丁巳15 | 戊午16 | 己未17 | 庚申18 | 辛酉19 | 壬戌20 | 癸亥21 | 甲子22 | 乙丑23 | 丙寅24 | 丁卯25 | 戊辰26 | 己巳27 | 庚午28 | 辛未29 | 壬申30 | 癸酉(5) | 甲戌2 | 乙亥3 | 丙子4 | 丁丑5 | 戊寅6 | 己卯7 | 庚辰8 | 壬子穀雨<br>戊辰清明 |
| 四月大 | 癸巳 | 天干地支西曆 | 辛巳9 | 壬午10 | 癸未11 | 甲申12 | 乙酉13 | 丙戌14 | 丁亥15 | 戊子16 | 己丑17 | 庚寅18 | 辛卯19 | 壬辰20 | 癸巳21 | 甲午22 | 乙未23 | 丙申24 | 丁酉25 | 戊戌26 | 己亥27 | 庚子28 | 辛丑29 | 壬寅30 | 癸卯31 | 甲辰(6) | 乙巳2 | 丙午3 | 丁未4 | 戊申5 | 己酉6 | 庚戌7 | 癸未立夏<br>戊戌小滿 |
| 五月小 | 甲午 | 天干地支西曆 | 辛亥8 | 壬子9 | 癸丑10 | 甲寅11 | 乙卯12 | 丙辰13 | 丁巳14 | 戊午15 | 己未16 | 庚申17 | 辛酉18 | 壬戌19 | 癸亥20 | 甲子21 | 乙丑22 | 丙寅23 | 丁卯24 | 戊辰25 | 己巳26 | 庚午27 | 辛未28 | 壬申29 | 癸酉30 | 甲戌(7) | 乙亥2 | 丙子3 | 丁丑4 | 戊寅5 | 己卯6 | | 癸丑芒種<br>戊辰夏至 |
| 六月大 | 乙未 | 天干地支西曆 | 庚辰7 | 辛巳8 | 壬午9 | 癸未10 | 甲申11 | 乙酉12 | 丙戌13 | 丁亥14 | 戊子15 | 己丑16 | 庚寅17 | 辛卯18 | 壬辰19 | 癸巳20 | 甲午21 | 乙未22 | 丙申23 | 丁酉24 | 戊戌25 | 己亥26 | 庚子27 | 辛丑28 | 壬寅29 | 癸卯30 | 甲辰31 | 乙巳(8) | 丙午2 | 丁未3 | 戊申4 | 己酉5 | 甲申小暑<br>己亥大暑 |
| 七月小 | 丙申 | 天干地支西曆 | 庚戌6 | 辛亥7 | 壬子8 | 癸丑9 | 甲寅10 | 乙卯11 | 丙辰12 | 丁巳13 | 戊午14 | 己未15 | 庚申16 | 辛酉17 | 壬戌18 | 癸亥19 | 甲子20 | 乙丑21 | 丙寅22 | 丁卯23 | 戊辰24 | 己巳25 | 庚午26 | 辛未27 | 壬申28 | 癸酉29 | 甲戌30 | 乙亥31 | 丙子(9) | 丁丑2 | 戊寅3 | | 甲寅立秋<br>己巳處暑 |
| 八月大 | 丁酉 | 天干地支西曆 | 己卯4 | 庚辰5 | 辛巳6 | 壬午7 | 癸未8 | 甲申9 | 乙酉10 | 丙戌11 | 丁亥12 | 戊子13 | 己丑14 | 庚寅15 | 辛卯16 | 壬辰17 | 癸巳18 | 甲午19 | 乙未20 | 丙申21 | 丁酉22 | 戊戌23 | 己亥24 | 庚子25 | 辛丑26 | 壬寅27 | 癸卯28 | 甲辰29 | 乙巳30 | 丙午(10) | 丁未2 | 戊申3 | 甲申白露<br>庚子秋分 |
| 九月小 | 戊戌 | 天干地支西曆 | 己酉4 | 庚戌5 | 辛亥6 | 壬子7 | 癸丑8 | 甲寅9 | 乙卯10 | 丙辰11 | 丁巳12 | 戊午13 | 己未14 | 庚申15 | 辛酉16 | 壬戌17 | 癸亥18 | 甲子19 | 乙丑20 | 丙寅21 | 丁卯22 | 戊辰23 | 己巳24 | 庚午25 | 辛未26 | 壬申27 | 癸酉28 | 甲戌29 | 乙亥30 | 丙子31 | 丁丑(11) | | 乙卯寒露<br>庚午霜降<br>丁丑日食 |
| 十月大 | 己亥 | 天干地支西曆 | 戊寅2 | 己卯3 | 庚辰4 | 辛巳5 | 壬午6 | 癸未7 | 甲申8 | 乙酉9 | 丙戌10 | 丁亥11 | 戊子12 | 己丑13 | 庚寅14 | 辛卯15 | 壬辰16 | 癸巳17 | 甲午18 | 乙未19 | 丙申20 | 丁酉21 | 戊戌22 | 己亥23 | 庚子24 | 辛丑25 | 壬寅26 | 癸卯27 | 甲辰28 | 乙巳29 | 丙午30 | 丁未(12) | 乙酉立冬<br>辛丑小雪 |
| 十一月小 | 庚子 | 天干地支西曆 | 戊申2 | 己酉3 | 庚戌4 | 辛亥5 | 壬子6 | 癸丑7 | 甲寅8 | 乙卯9 | 丙辰10 | 丁巳11 | 戊午12 | 己未13 | 庚申14 | 辛酉15 | 壬戌16 | 癸亥17 | 甲子18 | 乙丑19 | 丙寅20 | 丁卯21 | 戊辰22 | 己巳23 | 庚午24 | 辛未25 | 壬申26 | 癸酉27 | 甲戌28 | 乙亥29 | 丙子30 | | 丙辰大雪<br>辛未冬至 |
| 十二月大 | 辛丑 | 天干地支西曆 | 丁丑31 | 戊寅(1) | 己卯2 | 庚辰3 | 辛巳4 | 壬午5 | 癸未6 | 甲申7 | 乙酉8 | 丙戌9 | 丁亥10 | 戊子11 | 己丑12 | 庚寅13 | 辛卯14 | 壬辰15 | 癸巳16 | 甲午17 | 乙未18 | 丙申19 | 丁酉20 | 戊戌21 | 己亥22 | 庚子23 | 辛丑24 | 壬寅25 | 癸卯26 | 甲辰27 | 乙巳28 | 丙午29 | 丙戌小寒<br>辛丑大寒 |

# 漢元帝建昭五年（丁亥 猪年） 公元前34～前33年

| 夏曆月序 | | 中西曆日對照 | 初一 | 初二 | 初三 | 初四 | 初五 | 初六 | 初七 | 初八 | 初九 | 初十 | 十一 | 十二 | 十三 | 十四 | 十五 | 十六 | 十七 | 十八 | 十九 | 二十 | 二一 | 二二 | 二三 | 二四 | 二五 | 二六 | 二七 | 二八 | 二九 | 三十 | 節氣與天象 |
|---|---|---|---|---|---|---|---|---|---|---|---|---|---|---|---|---|---|---|---|---|---|---|---|---|---|---|---|---|---|---|---|---|---|
| 正月小 | 壬寅 | 天干<br>地支<br>西曆 | 丁未<br>30 | 戊申<br>31 | 己酉<br>(2) | 庚戌<br>2 | 辛亥<br>3 | 壬子<br>4 | 癸丑<br>5 | 甲寅<br>6 | 乙卯<br>7 | 丙辰<br>8 | 丁巳<br>9 | 戊午<br>10 | 己未<br>11 | 庚申<br>12 | 辛酉<br>13 | 壬戌<br>14 | 癸亥<br>15 | 甲子<br>16 | 乙丑<br>17 | 丙寅<br>18 | 丁卯<br>19 | 戊辰<br>20 | 己巳<br>21 | 庚午<br>22 | 辛未<br>23 | 壬申<br>24 | 癸酉<br>25 | 甲戌<br>26 | 乙亥<br>27 | | 丁巳立春<br>壬申驚蟄 |
| 二月大 | 癸卯 | 天干<br>地支<br>西曆 | 丙子<br>28 | 丁丑<br>(3) | 戊寅<br>2 | 己卯<br>3 | 庚辰<br>4 | 辛巳<br>5 | 壬午<br>6 | 癸未<br>7 | 甲申<br>8 | 乙酉<br>9 | 丙戌<br>10 | 丁亥<br>11 | 戊子<br>12 | 己丑<br>13 | 庚寅<br>14 | 辛卯<br>15 | 壬辰<br>16 | 癸巳<br>17 | 甲午<br>18 | 乙未<br>19 | 丙申<br>20 | 丁酉<br>21 | 戊戌<br>22 | 己亥<br>23 | 庚子<br>24 | 辛丑<br>25 | 壬寅<br>26 | 癸卯<br>27 | 甲辰<br>28 | 乙巳<br>29 | 丁亥雨水<br>壬寅春分 |
| 三月小 | 甲辰 | 天干<br>地支<br>西曆 | 丙午<br>30 | 丁未<br>31 | 戊申<br>(4) | 己酉<br>2 | 庚戌<br>3 | 辛亥<br>4 | 壬子<br>5 | 癸丑<br>6 | 甲寅<br>7 | 乙卯<br>8 | 丙辰<br>9 | 丁巳<br>10 | 戊午<br>11 | 己未<br>12 | 庚申<br>13 | 辛酉<br>14 | 壬戌<br>15 | 癸亥<br>16 | 甲子<br>17 | 乙丑<br>18 | 丙寅<br>19 | 丁卯<br>20 | 戊辰<br>21 | 己巳<br>22 | 庚午<br>23 | 辛未<br>24 | 壬申<br>25 | 癸酉<br>26 | 甲戌<br>27 | | 戊午穀雨<br>癸酉清明 |
| 四月大 | 乙巳 | 天干<br>地支<br>西曆 | 乙亥<br>28 | 丙子<br>29 | 丁丑<br>30 | 戊寅<br>(5) | 己卯<br>2 | 庚辰<br>3 | 辛巳<br>4 | 壬午<br>5 | 癸未<br>6 | 甲申<br>7 | 乙酉<br>8 | 丙戌<br>9 | 丁亥<br>10 | 戊子<br>11 | 己丑<br>12 | 庚寅<br>13 | 辛卯<br>14 | 壬辰<br>15 | 癸巳<br>16 | 甲午<br>17 | 乙未<br>18 | 丙申<br>19 | 丁酉<br>20 | 戊戌<br>21 | 己亥<br>22 | 庚子<br>23 | 辛丑<br>24 | 壬寅<br>25 | 癸卯<br>26 | 甲辰<br>27 | 戊子立夏<br>癸卯小滿 |
| 閏四月小 | 乙巳 | 天干<br>地支<br>西曆 | 乙巳<br>28 | 丙午<br>29 | 丁未<br>30 | 戊申<br>31 | 己酉<br>(6) | 庚戌<br>2 | 辛亥<br>3 | 壬子<br>4 | 癸丑<br>5 | 甲寅<br>6 | 乙卯<br>7 | 丙辰<br>8 | 丁巳<br>9 | 戊午<br>10 | 己未<br>11 | 庚申<br>12 | 辛酉<br>13 | 壬戌<br>14 | 癸亥<br>15 | 甲子<br>16 | 乙丑<br>17 | 丙寅<br>18 | 丁卯<br>19 | 戊辰<br>20 | 己巳<br>21 | 庚午<br>22 | 辛未<br>23 | 壬申<br>24 | 癸酉<br>25 | | 戊午芒種 |
| 五月大 | 丙午 | 天干<br>地支<br>西曆 | 甲戌<br>26 | 乙亥<br>27 | 丙子<br>28 | 丁丑<br>29 | 戊寅<br>30 | 己卯<br>(7) | 庚辰<br>2 | 辛巳<br>3 | 壬午<br>4 | 癸未<br>5 | 甲申<br>6 | 乙酉<br>7 | 丙戌<br>8 | 丁亥<br>9 | 戊子<br>10 | 己丑<br>11 | 庚寅<br>12 | 辛卯<br>13 | 壬辰<br>14 | 癸巳<br>15 | 甲午<br>16 | 乙未<br>17 | 丙申<br>18 | 丁酉<br>19 | 戊戌<br>20 | 己亥<br>21 | 庚子<br>22 | 辛丑<br>23 | 壬寅<br>24 | 癸卯<br>25 | 甲戌夏至<br>己丑小暑 |
| 六月小 | 丁未 | 天干<br>地支<br>西曆 | 甲辰<br>26 | 乙巳<br>27 | 丙午<br>28 | 丁未<br>29 | 戊申<br>30 | 己酉<br>31 | 庚戌<br>(8) | 辛亥<br>2 | 壬子<br>3 | 癸丑<br>4 | 甲寅<br>5 | 乙卯<br>6 | 丙辰<br>7 | 丁巳<br>8 | 戊午<br>9 | 己未<br>10 | 庚申<br>11 | 辛酉<br>12 | 壬戌<br>13 | 癸亥<br>14 | 甲子<br>15 | 乙丑<br>16 | 丙寅<br>17 | 丁卯<br>18 | 戊辰<br>19 | 己巳<br>20 | 庚午<br>21 | 辛未<br>22 | 壬申<br>23 | | 甲辰大暑<br>己未立秋 |
| 七月大 | 戊申 | 天干<br>地支<br>西曆 | 癸酉<br>24 | 甲戌<br>25 | 乙亥<br>26 | 丙子<br>27 | 丁丑<br>28 | 戊寅<br>29 | 己卯<br>30 | 庚辰<br>31 | 辛巳<br>(9) | 壬午<br>2 | 癸未<br>3 | 甲申<br>4 | 乙酉<br>5 | 丙戌<br>6 | 丁亥<br>7 | 戊子<br>8 | 己丑<br>9 | 庚寅<br>10 | 辛卯<br>11 | 壬辰<br>12 | 癸巳<br>13 | 甲午<br>14 | 乙未<br>15 | 丙申<br>16 | 丁酉<br>17 | 戊戌<br>18 | 己亥<br>19 | 庚子<br>20 | 辛丑<br>21 | 壬寅<br>22 | 乙亥處暑<br>庚寅白露 |
| 八月大 | 己酉 | 天干<br>地支<br>西曆 | 癸卯<br>23 | 甲辰<br>24 | 乙巳<br>25 | 丙午<br>26 | 丁未<br>27 | 戊申<br>28 | 己酉<br>29 | 庚戌<br>30 | 辛亥<br>(10) | 壬子<br>2 | 癸丑<br>3 | 甲寅<br>4 | 乙卯<br>5 | 丙辰<br>6 | 丁巳<br>7 | 戊午<br>8 | 己未<br>9 | 庚申<br>10 | 辛酉<br>11 | 壬戌<br>12 | 癸亥<br>13 | 甲子<br>14 | 乙丑<br>15 | 丙寅<br>16 | 丁卯<br>17 | 戊辰<br>18 | 己巳<br>19 | 庚午<br>20 | 辛未<br>21 | 壬申<br>22 | 乙巳秋分<br>庚申寒露 |
| 九月小 | 庚戌 | 天干<br>地支<br>西曆 | 癸酉<br>23 | 甲戌<br>24 | 乙亥<br>25 | 丙子<br>26 | 丁丑<br>27 | 戊寅<br>28 | 己卯<br>29 | 庚辰<br>30 | 辛巳<br>31 | 壬午<br>(11) | 癸未<br>2 | 甲申<br>3 | 乙酉<br>4 | 丙戌<br>5 | 丁亥<br>6 | 戊子<br>7 | 己丑<br>8 | 庚寅<br>9 | 辛卯<br>10 | 壬辰<br>11 | 癸巳<br>12 | 甲午<br>13 | 乙未<br>14 | 丙申<br>15 | 丁酉<br>16 | 戊戌<br>17 | 己亥<br>18 | 庚子<br>19 | 辛丑<br>20 | | 乙亥霜降<br>辛卯立冬 |
| 十月大 | 辛亥 | 天干<br>地支<br>西曆 | 壬寅<br>21 | 癸卯<br>22 | 甲辰<br>23 | 乙巳<br>24 | 丙午<br>25 | 丁未<br>26 | 戊申<br>27 | 己酉<br>28 | 庚戌<br>29 | 辛亥<br>30 | 壬子<br>(12) | 癸丑<br>2 | 甲寅<br>3 | 乙卯<br>4 | 丙辰<br>5 | 丁巳<br>6 | 戊午<br>7 | 己未<br>8 | 庚申<br>9 | 辛酉<br>10 | 壬戌<br>11 | 癸亥<br>12 | 甲子<br>13 | 乙丑<br>14 | 丙寅<br>15 | 丁卯<br>16 | 戊辰<br>17 | 己巳<br>18 | 庚午<br>19 | 辛未<br>20 | 丙午小雪<br>辛酉大雪 |
| 十一月小 | 壬子 | 天干<br>地支<br>西曆 | 壬申<br>21 | 癸酉<br>22 | 甲戌<br>23 | 乙亥<br>24 | 丙子<br>25 | 丁丑<br>26 | 戊寅<br>27 | 己卯<br>28 | 庚辰<br>29 | 辛巳<br>30 | 壬午<br>31 | 癸未<br>(1) | 甲申<br>2 | 乙酉<br>3 | 丙戌<br>4 | 丁亥<br>5 | 戊子<br>6 | 己丑<br>7 | 庚寅<br>8 | 辛卯<br>9 | 壬辰<br>10 | 癸巳<br>11 | 甲午<br>12 | 乙未<br>13 | 丙申<br>14 | 丁酉<br>15 | 戊戌<br>16 | 己亥<br>17 | 庚子<br>18 | | 丙子冬至<br>辛卯小寒 |
| 十二月大 | 癸丑 | 天干<br>地支<br>西曆 | 辛丑<br>19 | 壬寅<br>20 | 癸卯<br>21 | 甲辰<br>22 | 乙巳<br>23 | 丙午<br>24 | 丁未<br>25 | 戊申<br>26 | 己酉<br>27 | 庚戌<br>28 | 辛亥<br>29 | 壬子<br>30 | 癸丑<br>31 | 甲寅<br>(2) | 乙卯<br>2 | 丙辰<br>3 | 丁巳<br>4 | 戊午<br>5 | 己未<br>6 | 庚申<br>7 | 辛酉<br>8 | 壬戌<br>9 | 癸亥<br>10 | 甲子<br>11 | 乙丑<br>12 | 丙寅<br>13 | 丁卯<br>14 | 戊辰<br>15 | 己巳<br>16 | 庚午<br>17 | 丁未大寒<br>壬戌立春 |

## 漢元帝竟寧元年 成帝竟寧元年（戊子 鼠年） 公元前 33 ~ 前 32 年

| 夏曆月序 | | 中西曆日對照 | 初一 | 初二 | 初三 | 初四 | 初五 | 初六 | 初七 | 初八 | 初九 | 初十 | 十一 | 十二 | 十三 | 十四 | 十五 | 十六 | 十七 | 十八 | 十九 | 二十 | 二一 | 二二 | 二三 | 二四 | 二五 | 二六 | 二七 | 二八 | 二九 | 三十 | 節氣與天象 |
|---|---|---|---|---|---|---|---|---|---|---|---|---|---|---|---|---|---|---|---|---|---|---|---|---|---|---|---|---|---|---|---|---|---|
| 正月小 | 甲寅 | 干支 天地 西曆 | 辛未 18 | 壬申 19 | 癸酉 20 | 甲戌 21 | 乙亥 22 | 丙子 23 | 丁丑 24 | 戊寅 25 | 己卯 26 | 庚辰 27 | 辛巳 28 | 壬午 29 | 癸未 (3) | 甲申 2 | 乙酉 3 | 丙戌 4 | 丁亥 5 | 戊子 6 | 己丑 7 | 庚寅 8 | 辛卯 9 | 壬辰 10 | 癸巳 11 | 甲午 12 | 乙未 13 | 丙申 14 | 丁酉 15 | 戊戌 16 | 己亥 17 | | 丁丑驚蟄 壬辰雨水 |
| 二月大 | 乙卯 | 干支 天地 西曆 | 庚子 18 | 辛丑 19 | 壬寅 20 | 癸卯 21 | 甲辰 22 | 乙巳 23 | 丙午 24 | 丁未 25 | 戊申 26 | 己酉 27 | 庚戌 28 | 辛亥 29 | 壬子 30 | 癸丑 31 | 甲寅 (4) | 乙卯 2 | 丙辰 3 | 丁巳 4 | 戊午 5 | 己未 6 | 庚申 7 | 辛酉 8 | 壬戌 9 | 癸亥 10 | 甲子 11 | 乙丑 12 | 丙寅 13 | 丁卯 14 | 戊辰 15 | 己巳 16 | 戊申春分 癸亥穀雨 |
| 三月小 | 丙辰 | 干支 天地 西曆 | 庚午 17 | 辛未 18 | 壬申 19 | 癸酉 20 | 甲戌 21 | 乙亥 22 | 丙子 23 | 丁丑 24 | 戊寅 25 | 己卯 26 | 庚辰 27 | 辛巳 28 | 壬午 29 | 癸未 30 | 甲申 (5) | 乙酉 2 | 丙戌 3 | 丁亥 4 | 戊子 5 | 己丑 6 | 庚寅 7 | 辛卯 8 | 壬辰 9 | 癸巳 10 | 甲午 11 | 乙未 12 | 丙申 13 | 丁酉 14 | 戊戌 15 | | 戊寅清明 癸巳立夏 |
| 四月大 | 丁巳 | 干支 天地 西曆 | 己亥 16 | 庚子 17 | 辛丑 18 | 壬寅 19 | 癸卯 20 | 甲辰 21 | 乙巳 22 | 丙午 23 | 丁未 24 | 戊申 25 | 己酉 26 | 庚戌 27 | 辛亥 28 | 壬子 29 | 癸丑 30 | 甲寅 31 | 乙卯 (6) | 丙辰 2 | 丁巳 3 | 戊午 4 | 己未 5 | 庚申 6 | 辛酉 7 | 壬戌 8 | 癸亥 9 | 甲子 10 | 乙丑 11 | 丙寅 12 | 丁卯 13 | 戊辰 14 | 戊申小滿 甲子芒種 |
| 五月小 | 戊午 | 干支 天地 西曆 | 己巳 15 | 庚午 16 | 辛未 17 | 壬申 18 | 癸酉 19 | 甲戌 20 | 乙亥 21 | 丙子 22 | 丁丑 23 | 戊寅 24 | 己卯 25 | 庚辰 26 | 辛巳 27 | 壬午 28 | 癸未 29 | 甲申 30 | 乙酉 (7) | 丙戌 2 | 丁亥 3 | 戊子 4 | 己丑 5 | 庚寅 6 | 辛卯 7 | 壬辰 8 | 癸巳 9 | 甲午 10 | 乙未 11 | 丙申 12 | 丁酉 13 | | 己卯夏至 甲午小暑 |
| 六月大 | 己未 | 干支 天地 西曆 | 戊戌 14 | 己亥 15 | 庚子 16 | 辛丑 17 | 壬寅 18 | 癸卯 19 | 甲辰 20 | 乙巳 21 | 丙午 22 | 丁未 23 | 戊申 24 | 己酉 25 | 庚戌 26 | 辛亥 27 | 壬子 28 | 癸丑 29 | 甲寅 30 | 乙卯 31 | 丙辰 (8) | 丁巳 2 | 戊午 3 | 己未 4 | 庚申 5 | 辛酉 6 | 壬戌 7 | 癸亥 8 | 甲子 9 | 乙丑 10 | 丙寅 11 | 丁卯 12 | 己酉大暑 乙丑立秋 |
| 七月小 | 庚申 | 干支 天地 西曆 | 戊辰 13 | 己巳 14 | 庚午 15 | 辛未 16 | 壬申 17 | 癸酉 18 | 甲戌 19 | 乙亥 20 | 丙子 21 | 丁丑 22 | 戊寅 23 | 己卯 24 | 庚辰 25 | 辛巳 26 | 壬午 27 | 癸未 28 | 甲申 29 | 乙酉 30 | 丙戌 31 | 丁亥 (9) | 戊子 2 | 己丑 3 | 庚寅 4 | 辛卯 5 | 壬辰 6 | 癸巳 7 | 甲午 8 | 乙未 9 | 丙申 10 | | 庚辰處暑 乙未白露 |
| 八月大 | 辛酉 | 干支 天地 西曆 | 丁酉 11 | 戊戌 12 | 己亥 13 | 庚子 14 | 辛丑 15 | 壬寅 16 | 癸卯 17 | 甲辰 18 | 乙巳 19 | 丙午 20 | 丁未 21 | 戊申 22 | 己酉 23 | 庚戌 24 | 辛亥 25 | 壬子 26 | 癸丑 27 | 甲寅 28 | 乙卯 29 | 丙辰 30 | 丁巳 (10) | 戊午 2 | 己未 3 | 庚申 4 | 辛酉 5 | 壬戌 6 | 癸亥 7 | 甲子 8 | 乙丑 9 | 丙寅 10 | 庚戌秋分 乙丑寒露 |
| 九月小 | 壬戌 | 干支 天地 西曆 | 丁卯 11 | 戊辰 12 | 己巳 13 | 庚午 14 | 辛未 15 | 壬申 16 | 癸酉 17 | 甲戌 18 | 乙亥 19 | 丙子 20 | 丁丑 21 | 戊寅 22 | 己卯 23 | 庚辰 24 | 辛巳 25 | 壬午 26 | 癸未 27 | 甲申 28 | 乙酉 29 | 丙戌 30 | 丁亥 31 | 戊子 (11) | 己丑 2 | 庚寅 3 | 辛卯 4 | 壬辰 5 | 癸巳 6 | 甲午 7 | 乙未 8 | | 辛巳霜降 |
| 十月大 | 癸亥 | 干支 天地 西曆 | 丙申 9 | 丁酉 10 | 戊戌 11 | 己亥 12 | 庚子 13 | 辛丑 14 | 壬寅 15 | 癸卯 16 | 甲辰 17 | 乙巳 18 | 丙午 19 | 丁未 20 | 戊申 21 | 己酉 22 | 庚戌 23 | 辛亥 24 | 壬子 25 | 癸丑 26 | 甲寅 27 | 乙卯 28 | 丙辰 29 | 丁巳 30 | 戊午 (12) | 己未 2 | 庚申 3 | 辛酉 4 | 壬戌 5 | 癸亥 6 | 甲子 7 | 乙丑 8 | 丙申立冬 辛亥小雪 |
| 十一月大 | 甲子 | 干支 天地 西曆 | 丙寅 9 | 丁卯 10 | 戊辰 11 | 己巳 12 | 庚午 13 | 辛未 14 | 壬申 15 | 癸酉 16 | 甲戌 17 | 乙亥 18 | 丙子 19 | 丁丑 20 | 戊寅 21 | 己卯 22 | 庚辰 23 | 辛巳 24 | 壬午 25 | 癸未 26 | 甲申 27 | 乙酉 28 | 丙戌 29 | 丁亥 30 | 戊子 31 | 己丑 (1) | 庚寅 2 | 辛卯 3 | 壬辰 4 | 癸巳 5 | 甲午 6 | 乙未 7 | 丙寅大雪 壬午冬至 |
| 十二月小 | 乙丑 | 干支 天地 西曆 | 丙申 8 | 丁酉 9 | 戊戌 10 | 己亥 11 | 庚子 12 | 辛丑 13 | 壬寅 14 | 癸卯 15 | 甲辰 16 | 乙巳 17 | 丙午 18 | 丁未 19 | 戊申 20 | 己酉 21 | 庚戌 22 | 辛亥 23 | 壬子 24 | 癸丑 25 | 甲寅 26 | 乙卯 27 | 丙辰 28 | 丁巳 29 | 戊午 30 | 己未 31 | 庚申 (2) | 辛酉 2 | 壬戌 3 | 癸亥 4 | 甲子 5 | | 丁酉小寒 壬子大寒 |

* 正月辛未（初一），改元竟寧。五月壬辰（二十四日），元帝死。六月己未（二十二日），劉驁即位，是爲漢成帝。

# 漢成帝建始元年（己丑 牛年） 公元前32 ~ 前31年

| 夏曆月序 | | 中西曆日對照 | 初一 | 初二 | 初三 | 初四 | 初五 | 初六 | 初七 | 初八 | 初九 | 初十 | 十一 | 十二 | 十三 | 十四 | 十五 | 十六 | 十七 | 十八 | 十九 | 二十 | 二一 | 二二 | 二三 | 二四 | 二五 | 二六 | 二七 | 二八 | 二九 | 三十 | 節氣與天象 |
|---|---|---|---|---|---|---|---|---|---|---|---|---|---|---|---|---|---|---|---|---|---|---|---|---|---|---|---|---|---|---|---|---|---|
| 正月大 | 丙寅 | 天干地支西曆 | 乙丑6 | 丙寅7 | 丁卯8 | 戊辰9 | 己巳10 | 庚午11 | 辛未12 | 壬申13 | 癸酉14 | 甲戌15 | 乙亥16 | 丙子17 | 丁丑18 | 戊寅19 | 己卯20 | 庚辰21 | 辛巳22 | 壬午23 | 癸未24 | 甲申25 | 乙酉26 | 丙戌27 | 丁亥28 | 戊子(3) | 己丑2 | 庚寅3 | 辛卯4 | 壬辰5 | 癸巳6 | 甲午7 | 丁卯立春 壬午驚蟄 |
| 二月小 | 丁卯 | 天干地支西曆 | 乙未8 | 丙申9 | 丁酉10 | 戊戌11 | 己亥12 | 庚子13 | 辛丑14 | 壬寅15 | 癸卯16 | 甲辰17 | 乙巳18 | 丙午19 | 丁未20 | 戊申21 | 己酉22 | 庚戌23 | 辛亥24 | 壬子25 | 癸丑26 | 甲寅27 | 乙卯28 | 丙辰29 | 丁巳30 | 戊午31 | 己未(4) | 庚申2 | 辛酉3 | 壬戌4 | 癸亥5 | | 戊戌雨水 癸丑春分 |
| 三月大 | 戊辰 | 天干地支西曆 | 甲子6 | 乙丑7 | 丙寅8 | 丁卯9 | 戊辰10 | 己巳11 | 庚午12 | 辛未13 | 壬申14 | 癸酉15 | 甲戌16 | 乙亥17 | 丙子18 | 丁丑19 | 戊寅20 | 己卯21 | 庚辰22 | 辛巳23 | 壬午24 | 癸未25 | 甲申26 | 乙酉27 | 丙戌28 | 丁亥29 | 戊子30 | 己丑(5) | 庚寅2 | 辛卯3 | 壬辰4 | 癸巳5 | 戊辰穀雨 癸未清明 |
| 四月小 | 己巳 | 天干地支西曆 | 甲午6 | 乙未7 | 丙申8 | 丁酉9 | 戊戌10 | 己亥11 | 庚子12 | 辛丑13 | 壬寅14 | 癸卯15 | 甲辰16 | 乙巳17 | 丙午18 | 丁未19 | 戊申20 | 己酉21 | 庚戌22 | 辛亥23 | 壬子24 | 癸丑25 | 甲寅26 | 乙卯27 | 丙辰28 | 丁巳29 | 戊午30 | 己未31 | 庚申(6) | 辛酉2 | 壬戌3 | | 戊戌立夏 甲寅小滿 |
| 五月大 | 庚午 | 天干地支西曆 | 癸亥4 | 甲子5 | 乙丑6 | 丙寅7 | 丁卯8 | 戊辰9 | 己巳10 | 庚午11 | 辛未12 | 壬申13 | 癸酉14 | 甲戌15 | 乙亥16 | 丙子17 | 丁丑18 | 戊寅19 | 己卯20 | 庚辰21 | 辛巳22 | 壬午23 | 癸未24 | 甲申25 | 乙酉26 | 丙戌27 | 丁亥28 | 戊子29 | 己丑30 | 庚寅(7) | 辛卯2 | 壬辰3 | 己巳芒種 甲申夏至 |
| 六月小 | 辛未 | 天干地支西曆 | 癸巳4 | 甲午5 | 乙未6 | 丙申7 | 丁酉8 | 戊戌9 | 己亥10 | 庚子11 | 辛丑12 | 壬寅13 | 癸卯14 | 甲辰15 | 乙巳16 | 丙午17 | 丁未18 | 戊申19 | 己酉20 | 庚戌21 | 辛亥22 | 壬子23 | 癸丑24 | 甲寅25 | 乙卯26 | 丙辰27 | 丁巳28 | 戊午29 | 己未30 | 庚申31 | 辛酉(8) | | 己亥小暑 乙卯大暑 |
| 七月大 | 壬申 | 天干地支西曆 | 壬戌2 | 癸亥3 | 甲子4 | 乙丑5 | 丙寅6 | 丁卯7 | 戊辰8 | 己巳9 | 庚午10 | 辛未11 | 壬申12 | 癸酉13 | 甲戌14 | 乙亥15 | 丙子16 | 丁丑17 | 戊寅18 | 己卯19 | 庚辰20 | 辛巳21 | 壬午22 | 癸未23 | 甲申24 | 乙酉25 | 丙戌26 | 丁亥27 | 戊子28 | 己丑29 | 庚寅30 | 辛卯31 | 庚午立秋 乙酉處暑 |
| 八月小 | 癸酉 | 天干地支西曆 | 壬辰(9) | 癸巳2 | 甲午3 | 乙未4 | 丙申5 | 丁酉6 | 戊戌7 | 己亥8 | 庚子9 | 辛丑10 | 壬寅11 | 癸卯12 | 甲辰13 | 乙巳14 | 丙午15 | 丁未16 | 戊申17 | 己酉18 | 庚戌19 | 辛亥20 | 壬子21 | 癸丑22 | 甲寅23 | 乙卯24 | 丙辰25 | 丁巳26 | 戊午27 | 己未28 | 庚申29 | | 庚子白露 乙卯秋分 |
| 九月大 | 甲戌 | 天干地支西曆 | 辛酉30 | 壬戌(10) | 癸亥2 | 甲子3 | 乙丑4 | 丙寅5 | 丁卯6 | 戊辰7 | 己巳8 | 庚午9 | 辛未10 | 壬申11 | 癸酉12 | 甲戌13 | 乙亥14 | 丙子15 | 丁丑16 | 戊寅17 | 己卯18 | 庚辰19 | 辛巳20 | 壬午21 | 癸未22 | 甲申23 | 乙酉24 | 丙戌25 | 丁亥26 | 戊子27 | 己丑28 | 庚寅29 | 辛未寒露 丙戌霜降 |
| 十月小 | 乙亥 | 天干地支西曆 | 辛卯30 | 壬辰31 | 癸巳(11) | 甲午2 | 乙未3 | 丙申4 | 丁酉5 | 戊戌6 | 己亥7 | 庚子8 | 辛丑9 | 壬寅10 | 癸卯11 | 甲辰12 | 乙巳13 | 丙午14 | 丁未15 | 戊申16 | 己酉17 | 庚戌18 | 辛亥19 | 壬子20 | 癸丑21 | 甲寅22 | 乙卯23 | 丙辰24 | 丁巳25 | 戊午26 | 己未27 | | 辛丑立冬 丙辰小雪 |
| 十一月大 | 丙子 | 天干地支西曆 | 庚申28 | 辛酉29 | 壬戌30 | 癸亥(12) | 甲子2 | 乙丑3 | 丙寅4 | 丁卯5 | 戊辰6 | 己巳7 | 庚午8 | 辛未9 | 壬申10 | 癸酉11 | 甲戌12 | 乙亥13 | 丙子14 | 丁丑15 | 戊寅16 | 己卯17 | 庚辰18 | 辛巳19 | 壬午20 | 癸未21 | 甲申22 | 乙酉23 | 丙戌24 | 丁亥25 | 戊子26 | 己丑27 | 壬申大雪 丁亥冬至 |
| 十二月小 | 丁丑 | 天干地支西曆 | 庚寅28 | 辛卯29 | 壬辰30 | 癸巳31 | 甲午(1) | 乙未2 | 丙申3 | 丁酉4 | 戊戌5 | 己亥6 | 庚子7 | 辛丑8 | 壬寅9 | 癸卯10 | 甲辰11 | 乙巳12 | 丙午13 | 丁未14 | 戊申15 | 己酉16 | 庚戌17 | 辛亥18 | 壬子19 | 癸丑20 | 甲寅21 | 乙卯22 | 丙辰23 | 丁巳24 | 戊午25 | | 壬寅小寒 丁巳大寒 |

*正月乙丑（初一），改元建始。

# 漢成帝建始二年（庚寅 虎年） 公元前 **31** ~ 前 30 年

| 夏曆月序 | | 中西曆日對照 | 夏曆日序 | | | | | | | | | | | | | | | | | | | | | | | | | | | | | | 節氣與天象 |
|---|---|---|---|---|---|---|---|---|---|---|---|---|---|---|---|---|---|---|---|---|---|---|---|---|---|---|---|---|---|---|---|---|---|
| | | | 初一 | 初二 | 初三 | 初四 | 初五 | 初六 | 初七 | 初八 | 初九 | 初十 | 十一 | 十二 | 十三 | 十四 | 十五 | 十六 | 十七 | 十八 | 十九 | 二十 | 二一 | 二二 | 二三 | 二四 | 二五 | 二六 | 二七 | 二八 | 二九 | 三十 | |
| 正月大 | 戊寅 | 天地干支<br>西曆 | 己未<br>26 | 庚申<br>27 | 辛酉<br>28 | 壬戌<br>29 | 癸亥<br>30 | 甲子<br>31 | 乙丑<br>(2) | 丙寅<br>2 | 丁卯<br>3 | 戊辰<br>4 | 己巳<br>5 | 庚午<br>6 | 辛未<br>7 | 壬申<br>8 | 癸酉<br>9 | 甲戌<br>10 | 乙亥<br>11 | 丙子<br>12 | 丁丑<br>13 | 戊寅<br>14 | 己卯<br>15 | 庚辰<br>16 | 辛巳<br>17 | 壬午<br>18 | 癸未<br>19 | 甲申<br>20 | 乙酉<br>21 | 丙戌<br>22 | 丁亥<br>23 | 戊子<br>24 | 壬申立春<br>戊子驚蟄 |
| 閏正月小 | 戊寅 | 天地干支<br>西曆 | 己丑<br>25 | 庚寅<br>26 | 辛卯<br>27 | 壬辰<br>28 | 癸巳<br>(3) | 甲午<br>2 | 乙未<br>3 | 丙申<br>4 | 丁酉<br>5 | 戊戌<br>6 | 己亥<br>7 | 庚子<br>8 | 辛丑<br>9 | 壬寅<br>10 | 癸卯<br>11 | 甲辰<br>12 | 乙巳<br>13 | 丙午<br>14 | 丁未<br>15 | 戊申<br>16 | 己酉<br>17 | 庚戌<br>18 | 辛亥<br>19 | 壬子<br>20 | 癸丑<br>21 | 甲寅<br>22 | 乙卯<br>23 | 丙辰<br>24 | 丁巳<br>25 | | 癸卯雨水 |
| 二月大 | 己卯 | 天地干支<br>西曆 | 戊午<br>26 | 己未<br>27 | 庚申<br>28 | 辛酉<br>29 | 壬戌<br>30 | 癸亥<br>31 | 甲子<br>(4) | 乙丑<br>2 | 丙寅<br>3 | 丁卯<br>4 | 戊辰<br>5 | 己巳<br>6 | 庚午<br>7 | 辛未<br>8 | 壬申<br>9 | 癸酉<br>10 | 甲戌<br>11 | 乙亥<br>12 | 丙子<br>13 | 丁丑<br>14 | 戊寅<br>15 | 己卯<br>16 | 庚辰<br>17 | 辛巳<br>18 | 壬午<br>19 | 癸未<br>20 | 甲申<br>21 | 乙酉<br>22 | 丙戌<br>23 | 丁亥<br>24 | 戊午春分<br>癸酉穀雨 |
| 三月大 | 庚辰 | 天地干支<br>西曆 | 戊子<br>25 | 己丑<br>26 | 庚寅<br>27 | 辛卯<br>28 | 壬辰<br>29 | 癸巳<br>30 | 甲午<br>(5) | 乙未<br>2 | 丙申<br>3 | 丁酉<br>4 | 戊戌<br>5 | 己亥<br>6 | 庚子<br>7 | 辛丑<br>8 | 壬寅<br>9 | 癸卯<br>10 | 甲辰<br>11 | 乙巳<br>12 | 丙午<br>13 | 丁未<br>14 | 戊申<br>15 | 己酉<br>16 | 庚戌<br>17 | 辛亥<br>18 | 壬子<br>19 | 癸丑<br>20 | 甲寅<br>21 | 乙卯<br>22 | 丙辰<br>23 | 丁巳<br>24 | 己丑清明<br>甲辰立夏 |
| 四月小 | 辛巳 | 天地干支<br>西曆 | 戊午<br>25 | 己未<br>26 | 庚申<br>27 | 辛酉<br>28 | 壬戌<br>29 | 癸亥<br>30 | 甲子<br>31 | 乙丑<br>(6) | 丙寅<br>2 | 丁卯<br>3 | 戊辰<br>4 | 己巳<br>5 | 庚午<br>6 | 辛未<br>7 | 壬申<br>8 | 癸酉<br>9 | 甲戌<br>10 | 乙亥<br>11 | 丙子<br>12 | 丁丑<br>13 | 戊寅<br>14 | 己卯<br>15 | 庚辰<br>16 | 辛巳<br>17 | 壬午<br>18 | 癸未<br>19 | 甲申<br>20 | 乙酉<br>21 | 丙戌<br>22 | | 己未小滿<br>甲戌芒種 |
| 五月大 | 壬午 | 天地干支<br>西曆 | 丁亥<br>23 | 戊子<br>24 | 己丑<br>25 | 庚寅<br>26 | 辛卯<br>27 | 壬辰<br>28 | 癸巳<br>29 | 甲午<br>30 | 乙未<br>(7) | 丙申<br>2 | 丁酉<br>3 | 戊戌<br>4 | 己亥<br>5 | 庚子<br>6 | 辛丑<br>7 | 壬寅<br>8 | 癸卯<br>9 | 甲辰<br>10 | 乙巳<br>11 | 丙午<br>12 | 丁未<br>13 | 戊申<br>14 | 己酉<br>15 | 庚戌<br>16 | 辛亥<br>17 | 壬子<br>18 | 癸丑<br>19 | 甲寅<br>20 | 乙卯<br>21 | 丙辰<br>22 | 己丑夏至<br>乙巳小暑 |
| 六月小 | 癸未 | 天地干支<br>西曆 | 丁巳<br>23 | 戊午<br>24 | 己未<br>25 | 庚申<br>26 | 辛酉<br>27 | 壬戌<br>28 | 癸亥<br>29 | 甲子<br>30 | 乙丑<br>31 | 丙寅<br>(8) | 丁卯<br>2 | 戊辰<br>3 | 己巳<br>4 | 庚午<br>5 | 辛未<br>6 | 壬申<br>7 | 癸酉<br>8 | 甲戌<br>9 | 乙亥<br>10 | 丙子<br>11 | 丁丑<br>12 | 戊寅<br>13 | 己卯<br>14 | 庚辰<br>15 | 辛巳<br>16 | 壬午<br>17 | 癸未<br>18 | 甲申<br>19 | 乙酉<br>20 | | 庚申大暑<br>乙亥立秋 |
| 七月大 | 甲申 | 天地干支<br>西曆 | 丙戌<br>21 | 丁亥<br>22 | 戊子<br>23 | 己丑<br>24 | 庚寅<br>25 | 辛卯<br>26 | 壬辰<br>27 | 癸巳<br>28 | 甲午<br>29 | 乙未<br>30 | 丙申<br>31 | 丁酉<br>(9) | 戊戌<br>2 | 己亥<br>3 | 庚子<br>4 | 辛丑<br>5 | 壬寅<br>6 | 癸卯<br>7 | 甲辰<br>8 | 乙巳<br>9 | 丙午<br>10 | 丁未<br>11 | 戊申<br>12 | 己酉<br>13 | 庚戌<br>14 | 辛亥<br>15 | 壬子<br>16 | 癸丑<br>17 | 甲寅<br>18 | 乙卯<br>19 | 庚寅處暑<br>乙巳白露 |
| 八月小 | 乙酉 | 天地干支<br>西曆 | 丙辰<br>20 | 丁巳<br>21 | 戊午<br>22 | 己未<br>23 | 庚申<br>24 | 辛酉<br>25 | 壬戌<br>26 | 癸亥<br>27 | 甲子<br>28 | 乙丑<br>29 | 丙寅<br>30 | 丁卯<br>(10) | 戊辰<br>2 | 己巳<br>3 | 庚午<br>4 | 辛未<br>5 | 壬申<br>6 | 癸酉<br>7 | 甲戌<br>8 | 乙亥<br>9 | 丙子<br>10 | 丁丑<br>11 | 戊寅<br>12 | 己卯<br>13 | 庚辰<br>14 | 辛巳<br>15 | 壬午<br>16 | 癸未<br>17 | 甲申<br>18 | | 辛酉秋分<br>丙子寒露 |
| 九月大 | 丙戌 | 天地干支<br>西曆 | 乙酉<br>19 | 丙戌<br>20 | 丁亥<br>21 | 戊子<br>22 | 己丑<br>23 | 庚寅<br>24 | 辛卯<br>25 | 壬辰<br>26 | 癸巳<br>27 | 甲午<br>28 | 乙未<br>29 | 丙申<br>30 | 丁酉<br>31 | 戊戌<br>(11) | 己亥<br>2 | 庚子<br>3 | 辛丑<br>4 | 壬寅<br>5 | 癸卯<br>6 | 甲辰<br>7 | 乙巳<br>8 | 丙午<br>9 | 丁未<br>10 | 戊申<br>11 | 己酉<br>12 | 庚戌<br>13 | 辛亥<br>14 | 壬子<br>15 | 癸丑<br>16 | 甲寅<br>17 | 辛卯霜降<br>丙午立冬 |
| 十月小 | 丁亥 | 天地干支<br>西曆 | 乙卯<br>18 | 丙辰<br>19 | 丁巳<br>20 | 戊午<br>21 | 己未<br>22 | 庚申<br>23 | 辛酉<br>24 | 壬戌<br>25 | 癸亥<br>26 | 甲子<br>27 | 乙丑<br>28 | 丙寅<br>29 | 丁卯<br>30 | 戊辰<br>(12) | 己巳<br>2 | 庚午<br>3 | 辛未<br>4 | 壬申<br>5 | 癸酉<br>6 | 甲戌<br>7 | 乙亥<br>8 | 丙子<br>9 | 丁丑<br>10 | 戊寅<br>11 | 己卯<br>12 | 庚辰<br>13 | 辛巳<br>14 | 壬午<br>15 | 癸未<br>16 | | 壬戌小雪<br>丁丑大雪 |
| 十一月大 | 戊子 | 天地干支<br>西曆 | 甲申<br>17 | 乙酉<br>18 | 丙戌<br>19 | 丁亥<br>20 | 戊子<br>21 | 己丑<br>22 | 庚寅<br>23 | 辛卯<br>24 | 壬辰<br>25 | 癸巳<br>26 | 甲午<br>27 | 乙未<br>28 | 丙申<br>29 | 丁酉<br>30 | 戊戌<br>31 | 己亥<br>(1) | 庚子<br>2 | 辛丑<br>3 | 壬寅<br>4 | 癸卯<br>5 | 甲辰<br>6 | 乙巳<br>7 | 丙午<br>8 | 丁未<br>9 | 戊申<br>10 | 己酉<br>11 | 庚戌<br>12 | 辛亥<br>13 | 壬子<br>14 | 癸丑<br>15 | 壬辰冬至<br>丁未小寒 |
| 十二月小 | 己丑 | 天地干支<br>西曆 | 甲寅<br>16 | 乙卯<br>17 | 丙辰<br>18 | 丁巳<br>19 | 戊午<br>20 | 己未<br>21 | 庚申<br>22 | 辛酉<br>23 | 壬戌<br>24 | 癸亥<br>25 | 甲子<br>26 | 乙丑<br>27 | 丙寅<br>28 | 丁卯<br>29 | 戊辰<br>30 | 己巳<br>31 | 庚午<br>(2) | 辛未<br>2 | 壬申<br>3 | 癸酉<br>4 | 甲戌<br>5 | 乙亥<br>6 | 丙子<br>7 | 丁丑<br>8 | 戊寅<br>9 | 己卯<br>10 | 庚辰<br>11 | 辛巳<br>12 | 壬午<br>13 | | 壬戌大寒<br>戊寅立春 |

# 漢成帝建始三年（辛卯 兔年） 公元前 30 ~ 前 29 年

| 夏曆月序 | 中西曆日對照 | 初一 | 初二 | 初三 | 初四 | 初五 | 初六 | 初七 | 初八 | 初九 | 初十 | 十一 | 十二 | 十三 | 十四 | 十五 | 十六 | 十七 | 十八 | 十九 | 二十 | 二一 | 二二 | 二三 | 二四 | 二五 | 二六 | 二七 | 二八 | 二九 | 三十 | 節氣與天象 |
|---|---|---|---|---|---|---|---|---|---|---|---|---|---|---|---|---|---|---|---|---|---|---|---|---|---|---|---|---|---|---|---|---|
| 正月大 庚寅 | 天干地支<br>西曆 | 癸未<br>14 | 甲申<br>15 | 乙酉<br>16 | 丙戌<br>17 | 丁亥<br>18 | 戊子<br>19 | 己丑<br>20 | 庚寅<br>21 | 辛卯<br>22 | 壬辰<br>23 | 癸巳<br>24 | 甲午<br>25 | 乙未<br>26 | 丙申<br>27 | 丁酉<br>28 | 戊戌<br>(3) | 己亥<br>2 | 庚子<br>3 | 辛丑<br>4 | 壬寅<br>5 | 癸卯<br>6 | 甲辰<br>7 | 乙巳<br>8 | 丙午<br>9 | 丁未<br>10 | 戊申<br>11 | 己酉<br>12 | 庚戌<br>13 | 辛亥<br>14 | 壬子<br>15 | 癸巳驚蟄<br>戊申雨水 |
| 二月小 辛卯 | 天干地支<br>西曆 | 癸丑<br>16 | 甲寅<br>17 | 乙卯<br>18 | 丙辰<br>19 | 丁巳<br>20 | 戊午<br>21 | 己未<br>22 | 庚申<br>23 | 辛酉<br>24 | 壬戌<br>25 | 癸亥<br>26 | 甲子<br>27 | 乙丑<br>28 | 丙寅<br>29 | 丁卯<br>30 | 戊辰<br>31 | 己巳<br>(4) | 庚午<br>2 | 辛未<br>3 | 壬申<br>4 | 癸酉<br>5 | 甲戌<br>6 | 乙亥<br>7 | 丙子<br>8 | 丁丑<br>9 | 戊寅<br>10 | 己卯<br>11 | 庚辰<br>12 | 辛巳<br>13 | | 癸亥春分<br>己卯穀雨 |
| 三月大 壬辰 | 天干地支<br>西曆 | 壬午<br>14 | 癸未<br>15 | 甲申<br>16 | 乙酉<br>17 | 丙戌<br>18 | 丁亥<br>19 | 戊子<br>20 | 己丑<br>21 | 庚寅<br>22 | 辛卯<br>23 | 壬辰<br>24 | 癸巳<br>25 | 甲午<br>26 | 乙未<br>27 | 丙申<br>28 | 丁酉<br>29 | 戊戌<br>30 | 己亥<br>(5) | 庚子<br>2 | 辛丑<br>3 | 壬寅<br>4 | 癸卯<br>5 | 甲辰<br>6 | 乙巳<br>7 | 丙午<br>8 | 丁未<br>9 | 戊申<br>10 | 己酉<br>11 | 庚戌<br>12 | 辛亥<br>13 | 甲午清明<br>己酉立夏 |
| 四月小 癸巳 | 天干地支<br>西曆 | 壬子<br>14 | 癸丑<br>15 | 甲寅<br>16 | 乙卯<br>17 | 丙辰<br>18 | 丁巳<br>19 | 戊午<br>20 | 己未<br>21 | 庚申<br>22 | 辛酉<br>23 | 壬戌<br>24 | 癸亥<br>25 | 甲子<br>26 | 乙丑<br>27 | 丙寅<br>28 | 丁卯<br>29 | 戊辰<br>30 | 己巳<br>31 | 庚午<br>(6) | 辛未<br>2 | 壬申<br>3 | 癸酉<br>4 | 甲戌<br>5 | 乙亥<br>6 | 丙子<br>7 | 丁丑<br>8 | 戊寅<br>9 | 己卯<br>10 | 庚辰<br>11 | | 甲子小滿<br>己卯芒種 |
| 五月大 甲午 | 天干地支<br>西曆 | 辛巳<br>12 | 壬午<br>13 | 癸未<br>14 | 甲申<br>15 | 乙酉<br>16 | 丙戌<br>17 | 丁亥<br>18 | 戊子<br>19 | 己丑<br>20 | 庚寅<br>21 | 辛卯<br>22 | 壬辰<br>23 | 癸巳<br>24 | 甲午<br>25 | 乙未<br>26 | 丙申<br>27 | 丁酉<br>28 | 戊戌<br>29 | 己亥<br>30 | 庚子<br>(7) | 辛丑<br>2 | 壬寅<br>3 | 癸卯<br>4 | 甲辰<br>5 | 乙巳<br>6 | 丙午<br>7 | 丁未<br>8 | 戊申<br>9 | 己酉<br>10 | 庚戌<br>11 | 乙未夏至<br>庚戌小暑 |
| 六月小 乙未 | 天干地支<br>西曆 | 辛亥<br>12 | 壬子<br>13 | 癸丑<br>14 | 甲寅<br>15 | 乙卯<br>16 | 丙辰<br>17 | 丁巳<br>18 | 戊午<br>19 | 己未<br>20 | 庚申<br>21 | 辛酉<br>22 | 壬戌<br>23 | 癸亥<br>24 | 甲子<br>25 | 乙丑<br>26 | 丙寅<br>27 | 丁卯<br>28 | 戊辰<br>29 | 己巳<br>30 | 庚午<br>31 | 辛未<br>(8) | 壬申<br>2 | 癸酉<br>3 | 甲戌<br>4 | 乙亥<br>5 | 丙子<br>6 | 丁丑<br>7 | 戊寅<br>8 | 己卯<br>9 | | 乙丑大暑 |
| 七月大 丙申 | 天干地支<br>西曆 | 庚辰<br>10 | 辛巳<br>11 | 壬午<br>12 | 癸未<br>13 | 甲申<br>14 | 乙酉<br>15 | 丙戌<br>16 | 丁亥<br>17 | 戊子<br>18 | 己丑<br>19 | 庚寅<br>20 | 辛卯<br>21 | 壬辰<br>22 | 癸巳<br>23 | 甲午<br>24 | 乙未<br>25 | 丙申<br>26 | 丁酉<br>27 | 戊戌<br>28 | 己亥<br>29 | 庚子<br>30 | 辛丑<br>31 | 壬寅<br>(9) | 癸卯<br>2 | 甲辰<br>3 | 乙巳<br>4 | 丙午<br>5 | 丁未<br>6 | 戊申<br>7 | 己酉<br>8 | 庚辰立秋<br>丙申處暑 |
| 八月大 丁酉 | 天干地支<br>西曆 | 庚戌<br>9 | 辛亥<br>10 | 壬子<br>11 | 癸丑<br>12 | 甲寅<br>13 | 乙卯<br>14 | 丙辰<br>15 | 丁巳<br>16 | 戊午<br>17 | 己未<br>18 | 庚申<br>19 | 辛酉<br>20 | 壬戌<br>21 | 癸亥<br>22 | 甲子<br>23 | 乙丑<br>24 | 丙寅<br>25 | 丁卯<br>26 | 戊辰<br>27 | 己巳<br>28 | 庚午<br>29 | 辛未<br>30 | 壬申<br>(10) | 癸酉<br>2 | 甲戌<br>3 | 乙亥<br>4 | 丙子<br>5 | 丁丑<br>6 | 戊寅<br>7 | 己卯<br>8 | 辛亥白露<br>丙寅秋分 |
| 九月小 戊戌 | 天干地支<br>西曆 | 庚辰<br>9 | 辛巳<br>10 | 壬午<br>11 | 癸未<br>12 | 甲申<br>13 | 乙酉<br>14 | 丙戌<br>15 | 丁亥<br>16 | 戊子<br>17 | 己丑<br>18 | 庚寅<br>19 | 辛卯<br>20 | 壬辰<br>21 | 癸巳<br>22 | 甲午<br>23 | 乙未<br>24 | 丙申<br>25 | 丁酉<br>26 | 戊戌<br>27 | 己亥<br>28 | 庚子<br>29 | 辛丑<br>30 | 壬寅<br>31 | 癸卯<br>(11) | 甲辰<br>2 | 乙巳<br>3 | 丙午<br>4 | 丁未<br>5 | 戊申<br>6 | | 辛巳寒露<br>丙申霜降 |
| 十月大 己亥 | 天干地支<br>西曆 | 己酉<br>7 | 庚戌<br>8 | 辛亥<br>9 | 壬子<br>10 | 癸丑<br>11 | 甲寅<br>12 | 乙卯<br>13 | 丙辰<br>14 | 丁巳<br>15 | 戊午<br>16 | 己未<br>17 | 庚申<br>18 | 辛酉<br>19 | 壬戌<br>20 | 癸亥<br>21 | 甲子<br>22 | 乙丑<br>23 | 丙寅<br>24 | 丁卯<br>25 | 戊辰<br>26 | 己巳<br>27 | 庚午<br>28 | 辛未<br>29 | 壬申<br>30 | 癸酉<br>(12) | 甲戌<br>2 | 乙亥<br>3 | 丙子<br>4 | 丁丑<br>5 | 戊寅<br>6 | 壬子立冬<br>丁卯小雪 |
| 十一月小 庚子 | 天干地支<br>西曆 | 己卯<br>7 | 庚辰<br>8 | 辛巳<br>9 | 壬午<br>10 | 癸未<br>11 | 甲申<br>12 | 乙酉<br>13 | 丙戌<br>14 | 丁亥<br>15 | 戊子<br>16 | 己丑<br>17 | 庚寅<br>18 | 辛卯<br>19 | 壬辰<br>20 | 癸巳<br>21 | 甲午<br>22 | 乙未<br>23 | 丙申<br>24 | 丁酉<br>25 | 戊戌<br>26 | 己亥<br>27 | 庚子<br>28 | 辛丑<br>29 | 壬寅<br>30 | 癸卯<br>31 | 甲辰<br>(1) | 乙巳<br>2 | 丙午<br>3 | 丁未<br>4 | | 壬午大雪<br>丁酉冬至 |
| 十二月大 辛丑 | 天干地支<br>西曆 | 戊申<br>5 | 己酉<br>6 | 庚戌<br>7 | 辛亥<br>8 | 壬子<br>9 | 癸丑<br>10 | 甲寅<br>11 | 乙卯<br>12 | 丙辰<br>13 | 丁巳<br>14 | 戊午<br>15 | 己未<br>16 | 庚申<br>17 | 辛酉<br>18 | 壬戌<br>19 | 癸亥<br>20 | 甲子<br>21 | 乙丑<br>22 | 丙寅<br>23 | 丁卯<br>24 | 戊辰<br>25 | 己巳<br>26 | 庚午<br>27 | 辛未<br>28 | 壬申<br>29 | 癸酉<br>30 | 甲戌<br>31 | 乙亥<br>(2) | 丙子<br>2 | 丁丑<br>3 | 壬子小寒<br>戊辰大寒<br>戊申日食 |

# 漢成帝建始四年（壬辰 龍年） 公元前 29 ~ 前 28 年

| 夏曆月序 | 中西曆對照 | 初一 | 初二 | 初三 | 初四 | 初五 | 初六 | 初七 | 初八 | 初九 | 初十 | 十一 | 十二 | 十三 | 十四 | 十五 | 十六 | 十七 | 十八 | 十九 | 二十 | 二一 | 二二 | 二三 | 二四 | 二五 | 二六 | 二七 | 二八 | 二九 | 三十 | 節氣與天象 |
|---|---|---|---|---|---|---|---|---|---|---|---|---|---|---|---|---|---|---|---|---|---|---|---|---|---|---|---|---|---|---|---|---|
| 正月小 壬寅 | 天干 地支 西曆 | 戊寅 4 | 己卯 5 | 庚辰 6 | 辛巳 7 | 壬午 8 | 癸未 9 | 甲申 10 | 乙酉 11 | 丙戌 12 | 丁亥 13 | 戊子 14 | 己丑 15 | 庚寅 16 | 辛卯 17 | 壬辰 18 | 癸巳 19 | 甲午 20 | 乙未 21 | 丙申 22 | 丁酉 23 | 戊戌 24 | 己亥 25 | 庚子 26 | 辛丑 27 | 壬寅 28 | 癸卯 29 | 甲辰 (3) | 乙巳 2 | 丙午 3 | | 癸未立春 戊戌驚蟄 |
| 二月大 癸卯 | 天干 地支 西曆 | 丁未 4 | 戊申 5 | 己酉 6 | 庚戌 7 | 辛亥 8 | 壬子 9 | 癸丑 10 | 甲寅 11 | 乙卯 12 | 丙辰 13 | 丁巳 14 | 戊午 15 | 己未 16 | 庚申 17 | 辛酉 18 | 壬戌 19 | 癸亥 20 | 甲子 21 | 乙丑 22 | 丙寅 23 | 丁卯 24 | 戊辰 25 | 己巳 26 | 庚午 27 | 辛未 28 | 壬申 29 | 癸酉 30 | 甲戌 31 | 乙亥 (4) | 丙子 2 | 癸丑雨水 己巳春分 |
| 三月小 甲辰 | 天干 地支 西曆 | 丁丑 3 | 戊寅 4 | 己卯 5 | 庚辰 6 | 辛巳 7 | 壬午 8 | 癸未 9 | 甲申 10 | 乙酉 11 | 丙戌 12 | 丁亥 13 | 戊子 14 | 己丑 15 | 庚寅 16 | 辛卯 17 | 壬辰 18 | 癸巳 19 | 甲午 20 | 乙未 21 | 丙申 22 | 丁酉 23 | 戊戌 24 | 己亥 25 | 庚子 26 | 辛丑 27 | 壬寅 28 | 癸卯 29 | 甲辰 30 | 乙巳 (5) | | 甲申穀雨 己亥清明 |
| 四月大 乙巳 | 天干 地支 西曆 | 丙午 2 | 丁未 3 | 戊申 4 | 己酉 5 | 庚戌 6 | 辛亥 7 | 壬子 8 | 癸丑 9 | 甲寅 10 | 乙卯 11 | 丙辰 12 | 丁巳 13 | 戊午 14 | 己未 15 | 庚申 16 | 辛酉 17 | 壬戌 18 | 癸亥 19 | 甲子 20 | 乙丑 21 | 丙寅 22 | 丁卯 23 | 戊辰 24 | 己巳 25 | 庚午 26 | 辛未 27 | 壬申 28 | 癸酉 29 | 甲戌 30 | 乙亥 31 | 甲寅立夏 己巳小滿 |
| 五月小 丙午 | 天干 地支 西曆 | 丙子 (6) | 丁丑 2 | 戊寅 3 | 己卯 4 | 庚辰 5 | 辛巳 6 | 壬午 7 | 癸未 8 | 甲申 9 | 乙酉 10 | 丙戌 11 | 丁亥 12 | 戊子 13 | 己丑 14 | 庚寅 15 | 辛卯 16 | 壬辰 17 | 癸巳 18 | 甲午 19 | 乙未 20 | 丙申 21 | 丁酉 22 | 戊戌 23 | 己亥 24 | 庚子 25 | 辛丑 26 | 壬寅 27 | 癸卯 28 | 甲辰 29 | | 乙酉芒種 庚子夏至 |
| 六月大 丁未 | 天干 地支 西曆 | 乙巳 30 | 丙午 (7) | 丁未 2 | 戊申 3 | 己酉 4 | 庚戌 5 | 辛亥 6 | 壬子 7 | 癸丑 8 | 甲寅 9 | 乙卯 10 | 丙辰 11 | 丁巳 12 | 戊午 13 | 己未 14 | 庚申 15 | 辛酉 16 | 壬戌 17 | 癸亥 18 | 甲子 19 | 乙丑 20 | 丙寅 21 | 丁卯 22 | 戊辰 23 | 己巳 24 | 庚午 25 | 辛未 26 | 壬申 27 | 癸酉 28 | 甲戌 29 | 乙卯小暑 庚午大暑 |
| 七月小 戊申 | 天干 地支 西曆 | 乙亥 30 | 丙子 31 | 丁丑 (8) | 戊寅 2 | 己卯 3 | 庚辰 4 | 辛巳 5 | 壬午 6 | 癸未 7 | 甲申 8 | 乙酉 9 | 丙戌 10 | 丁亥 11 | 戊子 12 | 己丑 13 | 庚寅 14 | 辛卯 15 | 壬辰 16 | 癸巳 17 | 甲午 18 | 乙未 19 | 丙申 20 | 丁酉 21 | 戊戌 22 | 己亥 23 | 庚子 24 | 辛丑 25 | 壬寅 26 | 癸卯 27 | | 丙戌立秋 辛丑處暑 |
| 八月大 己酉 | 天干 地支 西曆 | 甲辰 28 | 乙巳 29 | 丙午 30 | 丁未 31 | 戊申 (9) | 己酉 2 | 庚戌 3 | 辛亥 4 | 壬子 5 | 癸丑 6 | 甲寅 7 | 乙卯 8 | 丙辰 9 | 丁巳 10 | 戊午 11 | 己未 12 | 庚申 13 | 辛酉 14 | 壬戌 15 | 癸亥 16 | 甲子 17 | 乙丑 18 | 丙寅 19 | 丁卯 20 | 戊辰 21 | 己巳 22 | 庚午 23 | 辛未 24 | 壬申 25 | 癸酉 26 | 丙辰白露 辛未秋分 |
| 九月小 庚戌 | 天干 地支 西曆 | 甲戌 27 | 乙亥 28 | 丙子 29 | 丁丑 30 | 戊寅 (10) | 己卯 2 | 庚辰 3 | 辛巳 4 | 壬午 5 | 癸未 6 | 甲申 7 | 乙酉 8 | 丙戌 9 | 丁亥 10 | 戊子 11 | 己丑 12 | 庚寅 13 | 辛卯 14 | 壬辰 15 | 癸巳 16 | 甲午 17 | 乙未 18 | 丙申 19 | 丁酉 20 | 戊戌 21 | 己亥 22 | 庚子 23 | 辛丑 24 | 壬寅 25 | | 丙戌寒露 壬寅霜降 |
| 十月大 辛亥 | 天干 地支 西曆 | 癸卯 26 | 甲辰 27 | 乙巳 28 | 丙午 29 | 丁未 30 | 戊申 31 | 己酉 (11) | 庚戌 2 | 辛亥 3 | 壬子 4 | 癸丑 5 | 甲寅 6 | 乙卯 7 | 丙辰 8 | 丁巳 9 | 戊午 10 | 己未 11 | 庚申 12 | 辛酉 13 | 壬戌 14 | 癸亥 15 | 甲子 16 | 乙丑 17 | 丙寅 18 | 丁卯 19 | 戊辰 20 | 己巳 21 | 庚午 22 | 辛未 23 | 壬申 24 | 丁巳立冬 壬申小雪 |
| 閏十月大 辛亥 | 天干 地支 西曆 | 癸酉 25 | 甲戌 26 | 乙亥 27 | 丙子 28 | 丁丑 29 | 戊寅 30 | 己卯 (12) | 庚辰 2 | 辛巳 3 | 壬午 4 | 癸未 5 | 甲申 6 | 乙酉 7 | 丙戌 8 | 丁亥 9 | 戊子 10 | 己丑 11 | 庚寅 12 | 辛卯 13 | 壬辰 14 | 癸巳 15 | 甲午 16 | 乙未 17 | 丙申 18 | 丁酉 19 | 戊戌 20 | 己亥 21 | 庚子 22 | 辛丑 23 | 壬寅 24 | 丁亥大雪 |
| 十一月小 壬子 | 天干 地支 西曆 | 癸卯 25 | 甲辰 26 | 乙巳 27 | 丙午 28 | 丁未 29 | 戊申 30 | 己酉 31 | 庚戌 (1) | 辛亥 2 | 壬子 3 | 癸丑 4 | 甲寅 5 | 乙卯 6 | 丙辰 7 | 丁巳 8 | 戊午 9 | 己未 10 | 庚申 11 | 辛酉 12 | 壬戌 13 | 癸亥 14 | 甲子 15 | 乙丑 16 | 丙寅 17 | 丁卯 18 | 戊辰 19 | 己巳 20 | 庚午 21 | 辛未 22 | | 癸卯冬至 戊午小寒 |
| 十二月大 癸丑 | 天干 地支 西曆 | 壬申 23 | 癸酉 24 | 甲戌 25 | 乙亥 26 | 丙子 27 | 丁丑 28 | 戊寅 29 | 己卯 30 | 庚辰 31 | 辛巳 (2) | 壬午 2 | 癸未 3 | 甲申 4 | 乙酉 5 | 丙戌 6 | 丁亥 7 | 戊子 8 | 己丑 9 | 庚寅 10 | 辛卯 11 | 壬辰 12 | 癸巳 13 | 甲午 14 | 乙未 15 | 丙申 16 | 丁酉 17 | 戊戌 18 | 己亥 19 | 庚子 20 | 辛丑 21 | 癸酉大寒 戊子立春 |

## 漢成帝建始五年 河平元年 （癸巳 蛇年） 公元前 28 ~ 前 27 年

| 夏曆月序 | | 中西曆日對照 | 初一 | 初二 | 初三 | 初四 | 初五 | 初六 | 初七 | 初八 | 初九 | 初十 | 十一 | 十二 | 十三 | 十四 | 十五 | 十六 | 十七 | 十八 | 十九 | 二十 | 二一 | 二二 | 二三 | 二四 | 二五 | 二六 | 二七 | 二八 | 二九 | 三十 | 節氣與天象 |
|---|---|---|---|---|---|---|---|---|---|---|---|---|---|---|---|---|---|---|---|---|---|---|---|---|---|---|---|---|---|---|---|---|---|
| 正月小 | 甲寅 | 天干地支西曆 | 壬寅22 | 癸卯23 | 甲辰24 | 乙巳25 | 丙午26 | 丁未27 | 戊申28 | 己酉(3) | 庚戌2 | 辛亥3 | 壬子4 | 癸丑5 | 甲寅6 | 乙卯7 | 丙辰8 | 丁巳9 | 戊午10 | 己未11 | 庚申12 | 辛酉13 | 壬戌14 | 癸亥15 | 甲子16 | 乙丑17 | 丙寅18 | 丁卯19 | 戊辰20 | 己巳21 | 庚午22 | | 癸卯驚蟄<br>己未雨水 |
| 二月大 | 乙卯 | 天干地支西曆 | 辛未23 | 壬申24 | 癸酉25 | 甲戌26 | 乙亥27 | 丙子28 | 丁丑29 | 戊寅30 | 己卯31 | 庚辰(4) | 辛巳2 | 壬午3 | 癸未4 | 甲申5 | 乙酉6 | 丙戌7 | 丁亥8 | 戊子9 | 己丑10 | 庚寅11 | 辛卯12 | 壬辰13 | 癸巳14 | 甲午15 | 乙未16 | 丙申17 | 丁酉18 | 戊戌19 | 己亥20 | 庚子21 | 甲戌春分<br>己丑穀雨 |
| 三月小 | 丙辰 | 天干地支西曆 | 辛丑22 | 壬寅23 | 癸卯24 | 甲辰25 | 乙巳26 | 丙午27 | 丁未28 | 戊申29 | 己酉30 | 庚戌(5) | 辛亥2 | 壬子3 | 癸丑4 | 甲寅5 | 乙卯6 | 丙辰7 | 丁巳8 | 戊午9 | 己未10 | 庚申11 | 辛酉12 | 壬戌13 | 癸亥14 | 甲子15 | 乙丑16 | 丙寅17 | 丁卯18 | 戊辰19 | 己巳20 | | 甲辰清明<br>己未立夏 |
| 四月大 | 丁巳 | 天干地支西曆 | 庚午21 | 辛未22 | 壬申23 | 癸酉24 | 甲戌25 | 乙亥26 | 丙子27 | 丁丑28 | 戊寅29 | 己卯30 | 庚辰31 | 辛巳(6) | 壬午2 | 癸未3 | 甲申4 | 乙酉5 | 丙戌6 | 丁亥7 | 戊子8 | 己丑9 | 庚寅10 | 辛卯11 | 壬辰12 | 癸巳13 | 甲午14 | 乙未15 | 丙申16 | 丁酉17 | 戊戌18 | 己亥19 | 乙亥小滿<br>庚寅芒種<br>己亥日食 |
| 五月小 | 戊午 | 天干地支西曆 | 庚子20 | 辛丑21 | 壬寅22 | 癸卯23 | 甲辰24 | 乙巳25 | 丙午26 | 丁未27 | 戊申28 | 己酉29 | 庚戌30 | 辛亥(7) | 壬子2 | 癸丑3 | 甲寅4 | 乙卯5 | 丙辰6 | 丁巳7 | 戊午8 | 己未9 | 庚申10 | 辛酉11 | 壬戌12 | 癸亥13 | 甲子14 | 乙丑15 | 丙寅16 | 丁卯17 | 戊辰18 | | 乙巳夏至<br>庚申小暑 |
| 六月大 | 己未 | 天干地支西曆 | 己巳19 | 庚午20 | 辛未21 | 壬申22 | 癸酉23 | 甲戌24 | 乙亥25 | 丙子26 | 丁丑27 | 戊寅28 | 己卯29 | 庚辰30 | 辛巳31 | 壬午(8) | 癸未2 | 甲申3 | 乙酉4 | 丙戌5 | 丁亥6 | 戊子7 | 己丑8 | 庚寅9 | 辛卯10 | 壬辰11 | 癸巳12 | 甲午13 | 乙未14 | 丙申15 | 丁酉16 | 戊戌17 | 丙子大暑<br>辛卯立秋 |
| 七月小 | 庚申 | 天干地支西曆 | 己亥18 | 庚子19 | 辛丑20 | 壬寅21 | 癸卯22 | 甲辰23 | 乙巳24 | 丙午25 | 丁未26 | 戊申27 | 己酉28 | 庚戌29 | 辛亥30 | 壬子31 | 癸丑(9) | 甲寅2 | 乙卯3 | 丙辰4 | 丁巳5 | 戊午6 | 己未7 | 庚申8 | 辛酉9 | 壬戌10 | 癸亥11 | 甲子12 | 乙丑13 | 丙寅14 | 丁卯15 | | 丙午處暑<br>辛酉寒露 |
| 八月大 | 辛酉 | 天干地支西曆 | 戊辰16 | 己巳17 | 庚午18 | 辛未19 | 壬申20 | 癸酉21 | 甲戌22 | 乙亥23 | 丙子24 | 丁丑25 | 戊寅26 | 己卯27 | 庚辰28 | 辛巳29 | 壬午30 | 癸未(10) | 甲申2 | 乙酉3 | 丙戌4 | 丁亥5 | 戊子6 | 己丑7 | 庚寅8 | 辛卯9 | 壬辰10 | 癸巳11 | 甲午12 | 乙未13 | 丙申14 | 丁酉15 | 丙子秋分<br>壬辰白露 |
| 九月小 | 壬戌 | 天干地支西曆 | 戊戌16 | 己亥17 | 庚子18 | 辛丑19 | 壬寅20 | 癸卯21 | 甲辰22 | 乙巳23 | 丙午24 | 丁未25 | 戊申26 | 己酉27 | 庚戌28 | 辛亥29 | 壬子30 | 癸丑31 | 甲寅(11) | 乙卯2 | 丙辰3 | 丁巳4 | 戊午5 | 己未6 | 庚申7 | 辛酉8 | 壬戌9 | 癸亥10 | 甲子11 | 乙丑12 | 丙寅13 | | 丁未霜降<br>壬戌立冬 |
| 十月大 | 癸亥 | 天干地支西曆 | 丁卯14 | 戊辰15 | 己巳16 | 庚午17 | 辛未18 | 壬申19 | 癸酉20 | 甲戌21 | 乙亥22 | 丙子23 | 丁丑24 | 戊寅25 | 己卯26 | 庚辰27 | 辛巳28 | 壬午29 | 癸未30 | 甲申(12) | 乙酉2 | 丙戌3 | 丁亥4 | 戊子5 | 己丑6 | 庚寅7 | 辛卯8 | 壬辰9 | 癸巳10 | 甲午11 | 乙未12 | 丙申13 | 丁丑小雪<br>癸巳大雪 |
| 十一月小 | 甲子 | 天干地支西曆 | 丁酉14 | 戊戌15 | 己亥16 | 庚子17 | 辛丑18 | 壬寅19 | 癸卯20 | 甲辰21 | 乙巳22 | 丙午23 | 丁未24 | 戊申25 | 己酉26 | 庚戌27 | 辛亥28 | 壬子29 | 癸丑30 | 甲寅31 | 乙卯(1) | 丙辰2 | 丁巳3 | 戊午4 | 己未5 | 庚申6 | 辛酉7 | 壬戌8 | 癸亥9 | 甲子10 | 乙丑11 | | 戊申冬至<br>癸亥小寒 |
| 十二月大 | 乙丑 | 天干地支西曆 | 丙寅12 | 丁卯13 | 戊辰14 | 己巳15 | 庚午16 | 辛未17 | 壬申18 | 癸酉19 | 甲戌20 | 乙亥21 | 丙子22 | 丁丑23 | 戊寅24 | 己卯25 | 庚辰26 | 辛巳27 | 壬午28 | 癸未29 | 甲申30 | 乙酉31 | 丙戌(2) | 丁亥2 | 戊子3 | 己丑4 | 庚寅5 | 辛卯6 | 壬辰7 | 癸巳8 | 甲午9 | 乙未10 | 戊寅大寒<br>癸巳立春 |

* 三月，改元河平。

# 漢成帝河平二年（甲午 馬年） 公元前27～前26年

| 夏曆月序 | | 中西曆日對照 | 初一 | 初二 | 初三 | 初四 | 初五 | 初六 | 初七 | 初八 | 初九 | 初十 | 十一 | 十二 | 十三 | 十四 | 十五 | 十六 | 十七 | 十八 | 十九 | 二十 | 二一 | 二二 | 二三 | 二四 | 二五 | 二六 | 二七 | 二八 | 二九 | 三十 | 節氣與天象 |
|---|---|---|---|---|---|---|---|---|---|---|---|---|---|---|---|---|---|---|---|---|---|---|---|---|---|---|---|---|---|---|---|---|---|
| 正月大 | 丙寅 | 干支<br>西曆 | 丙申11 | 丁酉12 | 戊戌13 | 己亥14 | 庚子15 | 辛丑16 | 壬寅17 | 癸卯18 | 甲辰19 | 乙巳20 | 丙午21 | 丁未22 | 戊申23 | 己酉24 | 庚戌25 | 辛亥26 | 壬子27 | 癸丑28 | 甲寅(3) | 乙卯2 | 丙辰3 | 丁巳4 | 戊午5 | 己未6 | 庚申7 | 辛酉8 | 壬戌9 | 癸亥10 | 甲子11 | 乙丑12 | 己酉驚蟄<br>甲子雨水 |
| 二月小 | 丁卯 | 干支<br>西曆 | 丙寅13 | 丁卯14 | 戊辰15 | 己巳16 | 庚午17 | 辛未18 | 壬申19 | 癸酉20 | 甲戌21 | 乙亥22 | 丙子23 | 丁丑24 | 戊寅25 | 己卯26 | 庚辰27 | 辛巳28 | 壬午29 | 癸未30 | 甲申31 | 乙酉(4) | 丙戌2 | 丁亥3 | 戊子4 | 己丑5 | 庚寅6 | 辛卯7 | 壬辰8 | 癸巳9 | 甲午10 | | 己卯春分<br>甲午穀雨 |
| 三月大 | 戊辰 | 干支<br>西曆 | 乙未11 | 丙申12 | 丁酉13 | 戊戌14 | 己亥15 | 庚子16 | 辛丑17 | 壬寅18 | 癸卯19 | 甲辰20 | 乙巳21 | 丙午22 | 丁未23 | 戊申24 | 己酉25 | 庚戌26 | 辛亥27 | 壬子28 | 癸丑29 | 甲寅30 | 乙卯(5) | 丙辰2 | 丁巳3 | 戊午4 | 己未5 | 庚申6 | 辛酉7 | 壬戌8 | 癸亥9 | 甲子10 | 庚戌清明 |
| 四月小 | 己巳 | 干支<br>西曆 | 乙丑11 | 丙寅12 | 丁卯13 | 戊辰14 | 己巳15 | 庚午16 | 辛未17 | 壬申18 | 癸酉19 | 甲戌20 | 乙亥21 | 丙子22 | 丁丑23 | 戊寅24 | 己卯25 | 庚辰26 | 辛巳27 | 壬午28 | 癸未29 | 甲申30 | 乙酉31 | 丙戌(6) | 丁亥2 | 戊子3 | 己丑4 | 庚寅5 | 辛卯6 | 壬辰7 | 癸巳8 | | 乙丑立夏<br>庚辰小滿 |
| 五月大 | 庚午 | 干支<br>西曆 | 甲午9 | 乙未10 | 丙申11 | 丁酉12 | 戊戌13 | 己亥14 | 庚子15 | 辛丑16 | 壬寅17 | 癸卯18 | 甲辰19 | 乙巳20 | 丙午21 | 丁未22 | 戊申23 | 己酉24 | 庚戌25 | 辛亥26 | 壬子27 | 癸丑28 | 甲寅29 | 乙卯30 | 丙辰(7) | 丁巳2 | 戊午3 | 己未4 | 庚申5 | 辛酉6 | 壬戌7 | 癸亥8 | 乙未芒種<br>庚戌夏至 |
| 六月小 | 辛未 | 干支<br>西曆 | 甲子9 | 乙丑10 | 丙寅11 | 丁卯12 | 戊辰13 | 己巳14 | 庚午15 | 辛未16 | 壬申17 | 癸酉18 | 甲戌19 | 乙亥20 | 丙子21 | 丁丑22 | 戊寅23 | 己卯24 | 庚辰25 | 辛巳26 | 壬午27 | 癸未28 | 甲申29 | 乙酉30 | 丙戌31 | 丁亥(8) | 戊子2 | 己丑3 | 庚寅4 | 辛卯5 | 壬辰6 | | 丙寅小暑<br>辛巳大暑 |
| 七月大 | 壬申 | 干支<br>西曆 | 癸巳7 | 甲午8 | 乙未9 | 丙申10 | 丁酉11 | 戊戌12 | 己亥13 | 庚子14 | 辛丑15 | 壬寅16 | 癸卯17 | 甲辰18 | 乙巳19 | 丙午20 | 丁未21 | 戊申22 | 己酉23 | 庚戌24 | 辛亥25 | 壬子26 | 癸丑27 | 甲寅28 | 乙卯29 | 丙辰30 | 丁巳31 | 戊午(9) | 己未2 | 庚申3 | 辛酉4 | 壬戌5 | 丙申立秋<br>辛亥處暑 |
| 八月小 | 癸酉 | 干支<br>西曆 | 癸亥6 | 甲子7 | 乙丑8 | 丙寅9 | 丁卯10 | 戊辰11 | 己巳12 | 庚午13 | 辛未14 | 壬申15 | 癸酉16 | 甲戌17 | 乙亥18 | 丙子19 | 丁丑20 | 戊寅21 | 己卯22 | 庚辰23 | 辛巳24 | 壬午25 | 癸未26 | 甲申27 | 乙酉28 | 丙戌29 | 丁亥30 | 戊子(10) | 己丑2 | 庚寅3 | 辛卯4 | | 丙寅白露<br>壬午秋分 |
| 九月大 | 甲戌 | 干支<br>西曆 | 壬辰5 | 癸巳6 | 甲午7 | 乙未8 | 丙申9 | 丁酉10 | 戊戌11 | 己亥12 | 庚子13 | 辛丑14 | 壬寅15 | 癸卯16 | 甲辰17 | 乙巳18 | 丙午19 | 丁未20 | 戊申21 | 己酉22 | 庚戌23 | 辛亥24 | 壬子25 | 癸丑26 | 甲寅27 | 乙卯28 | 丙辰29 | 丁巳30 | 戊午31 | 己未(11) | 庚申2 | 辛酉3 | 丁酉寒露<br>壬子霜降 |
| 十月小 | 乙亥 | 干支<br>西曆 | 壬戌4 | 癸亥5 | 甲子6 | 乙丑7 | 丙寅8 | 丁卯9 | 戊辰10 | 己巳11 | 庚午12 | 辛未13 | 壬申14 | 癸酉15 | 甲戌16 | 乙亥17 | 丙子18 | 丁丑19 | 戊寅20 | 己卯21 | 庚辰22 | 辛巳23 | 壬午24 | 癸未25 | 甲申26 | 乙酉27 | 丙戌28 | 丁亥29 | 戊子30 | 己丑(12) | 庚寅2 | | 丁卯立冬<br>癸未小雪 |
| 十一月大 | 丙子 | 干支<br>西曆 | 辛卯3 | 壬辰4 | 癸巳5 | 甲午6 | 乙未7 | 丙申8 | 丁酉9 | 戊戌10 | 己亥11 | 庚子12 | 辛丑13 | 壬寅14 | 癸卯15 | 甲辰16 | 乙巳17 | 丙午18 | 丁未19 | 戊申20 | 己酉21 | 庚戌22 | 辛亥23 | 壬子24 | 癸丑25 | 甲寅26 | 乙卯27 | 丙辰28 | 丁巳29 | 戊午30 | 己未31 | 庚申(1) | 戊戌大雪<br>癸丑冬至 |
| 十二月小 | 丁丑 | 干支<br>西曆 | 辛酉2 | 壬戌3 | 癸亥4 | 甲子5 | 乙丑6 | 丙寅7 | 丁卯8 | 戊辰9 | 己巳10 | 庚午11 | 辛未12 | 壬申13 | 癸酉14 | 甲戌15 | 乙亥16 | 丙子17 | 丁丑18 | 戊寅19 | 己卯20 | 庚辰21 | 辛巳22 | 壬午23 | 癸未24 | 甲申25 | 乙酉26 | 丙戌27 | 丁亥28 | 戊子29 | 己丑30 | | 戊辰小寒<br>癸未大寒 |

# 漢成帝河平三年（乙未 羊年） 公元前 26 ~ 前 25 年

| 夏曆月序 | | 中西曆日對照 | 初一 | 初二 | 初三 | 初四 | 初五 | 初六 | 初七 | 初八 | 初九 | 初十 | 十一 | 十二 | 十三 | 十四 | 十五 | 十六 | 十七 | 十八 | 十九 | 二十 | 二一 | 二二 | 二三 | 二四 | 二五 | 二六 | 二七 | 二八 | 二九 | 三十 | 節氣與天象 |
|---|---|---|---|---|---|---|---|---|---|---|---|---|---|---|---|---|---|---|---|---|---|---|---|---|---|---|---|---|---|---|---|---|---|
| 正月大 | 戊寅 | 天干支 地西曆 | 庚寅31 | 辛卯(2) | 壬辰2 | 癸巳3 | 甲午4 | 乙未5 | 丙申6 | 丁酉7 | 戊戌8 | 己亥9 | 庚子10 | 辛丑11 | 壬寅12 | 癸卯13 | 甲辰14 | 乙巳15 | 丙午16 | 丁未17 | 戊申18 | 己酉19 | 庚戌20 | 辛亥21 | 壬子22 | 癸丑23 | 甲寅24 | 乙卯25 | 丙辰26 | 丁巳27 | 戊午28 | 己未(3) | 己亥立春 甲寅驚蟄 |
| 二月小 | 己卯 | 天干支 地西曆 | 庚申2 | 辛酉3 | 壬戌4 | 癸亥5 | 甲子6 | 乙丑7 | 丙寅8 | 丁卯9 | 戊辰10 | 己巳11 | 庚午12 | 辛未13 | 壬申14 | 癸酉15 | 甲戌16 | 乙亥17 | 丙子18 | 丁丑19 | 戊寅20 | 己卯21 | 庚辰22 | 辛巳23 | 壬午24 | 癸未25 | 甲申26 | 乙酉27 | 丙戌28 | 丁亥29 | 戊子30 | | 己巳雨水 甲申春分 |
| 三月大 | 庚辰 | 天干支 地西曆 | 己丑31 | 庚寅(4) | 辛卯2 | 壬辰3 | 癸巳4 | 甲午5 | 乙未6 | 丙申7 | 丁酉8 | 戊戌9 | 己亥10 | 庚子11 | 辛丑12 | 壬寅13 | 癸卯14 | 甲辰15 | 乙巳16 | 丙午17 | 丁未18 | 戊申19 | 己酉20 | 庚戌21 | 辛亥22 | 壬子23 | 癸丑24 | 甲寅25 | 乙卯26 | 丙辰27 | 丁巳28 | 戊午29 | 庚子穀雨 乙卯清明 |
| 四月小 | 辛巳 | 天干支 地西曆 | 己未30 | 庚申(5) | 辛酉2 | 壬戌3 | 癸亥4 | 甲子5 | 乙丑6 | 丙寅7 | 丁卯8 | 戊辰9 | 己巳10 | 庚午11 | 辛未12 | 壬申13 | 癸酉14 | 甲戌15 | 乙亥16 | 丙子17 | 丁丑18 | 戊寅19 | 己卯20 | 庚辰21 | 辛巳22 | 壬午23 | 癸未24 | 甲申25 | 乙酉26 | 丙戌27 | 丁亥28 | | 庚午立夏 乙酉小滿 |
| 五月大 | 壬午 | 天干支 地西曆 | 戊子29 | 己丑30 | 庚寅31 | 辛卯(6) | 壬辰2 | 癸巳3 | 甲午4 | 乙未5 | 丙申6 | 丁酉7 | 戊戌8 | 己亥9 | 庚子10 | 辛丑11 | 壬寅12 | 癸卯13 | 甲辰14 | 乙巳15 | 丙午16 | 丁未17 | 戊申18 | 己酉19 | 庚戌20 | 辛亥21 | 壬子22 | 癸丑23 | 甲寅24 | 乙卯25 | 丙辰26 | 丁巳27 | 庚子芒種 丙辰夏至 |
| 六月大 | 癸未 | 天干支 地西曆 | 戊午28 | 己未29 | 庚申30 | 辛酉(7) | 壬戌2 | 癸亥3 | 甲子4 | 乙丑5 | 丙寅6 | 丁卯7 | 戊辰8 | 己巳9 | 庚午10 | 辛未11 | 壬申12 | 癸酉13 | 甲戌14 | 乙亥15 | 丙子16 | 丁丑17 | 戊寅18 | 己卯19 | 庚辰20 | 辛巳21 | 壬午22 | 癸未23 | 甲申24 | 乙酉25 | 丙戌26 | 丁亥27 | 辛未小暑 丙戌大暑 |
| 閏六月小 | 癸未 | 天干支 地西曆 | 戊子28 | 己丑29 | 庚寅30 | 辛卯31 | 壬辰(8) | 癸巳2 | 甲午3 | 乙未4 | 丙申5 | 丁酉6 | 戊戌7 | 己亥8 | 庚子9 | 辛丑10 | 壬寅11 | 癸卯12 | 甲辰13 | 乙巳14 | 丙午15 | 丁未16 | 戊申17 | 己酉18 | 庚戌19 | 辛亥20 | 壬子21 | 癸丑22 | 甲寅23 | 乙卯24 | 丙辰25 | | 辛丑立秋 |
| 七月大 | 甲申 | 天干支 地西曆 | 丁巳26 | 戊午27 | 己未28 | 庚申29 | 辛酉30 | 壬戌31 | 癸亥(9) | 甲子2 | 乙丑3 | 丙寅4 | 丁卯5 | 戊辰6 | 己巳7 | 庚午8 | 辛未9 | 壬申10 | 癸酉11 | 甲戌12 | 乙亥13 | 丙子14 | 丁丑15 | 戊寅16 | 己卯17 | 庚辰18 | 辛巳19 | 壬午20 | 癸未21 | 甲申22 | 乙酉23 | 丙戌24 | 丁巳處暑 壬申白露 |
| 八月小 | 乙酉 | 天干支 地西曆 | 丁亥25 | 戊子26 | 己丑27 | 庚寅28 | 辛卯29 | 壬辰30 | 癸巳(10) | 甲午2 | 乙未3 | 丙申4 | 丁酉5 | 戊戌6 | 己亥7 | 庚子8 | 辛丑9 | 壬寅10 | 癸卯11 | 甲辰12 | 乙巳13 | 丙午14 | 丁未15 | 戊申16 | 己酉17 | 庚戌18 | 辛亥19 | 壬子20 | 癸丑21 | 甲寅22 | 乙卯23 | | 丁亥秋分 壬寅寒露 乙卯日食 |
| 九月大 | 丙戌 | 天干支 地西曆 | 丙辰24 | 丁巳25 | 戊午26 | 己未27 | 庚申28 | 辛酉29 | 壬戌30 | 癸亥31 | 甲子(11) | 乙丑2 | 丙寅3 | 丁卯4 | 戊辰5 | 己巳6 | 庚午7 | 辛未8 | 壬申9 | 癸酉10 | 甲戌11 | 乙亥12 | 丙子13 | 丁丑14 | 戊寅15 | 己卯16 | 庚辰17 | 辛巳18 | 壬午19 | 癸未20 | 甲申21 | 乙酉22 | 丁巳霜降 癸酉立冬 |
| 十月小 | 丁亥 | 天干支 地西曆 | 丙戌23 | 丁亥24 | 戊子25 | 己丑26 | 庚寅27 | 辛卯28 | 壬辰29 | 癸巳30 | 甲午(12) | 乙未2 | 丙申3 | 丁酉4 | 戊戌5 | 己亥6 | 庚子7 | 辛丑8 | 壬寅9 | 癸卯10 | 甲辰11 | 乙巳12 | 丙午13 | 丁未14 | 戊申15 | 己酉16 | 庚戌17 | 辛亥18 | 壬子19 | 癸丑20 | 甲寅21 | | 戊子小雪 癸卯大雪 |
| 十一月大 | 戊子 | 天干支 地西曆 | 乙卯22 | 丙辰23 | 丁巳24 | 戊午25 | 己未26 | 庚申27 | 辛酉28 | 壬戌29 | 癸亥30 | 甲子31 | 乙丑(1) | 丙寅2 | 丁卯3 | 戊辰4 | 己巳5 | 庚午6 | 辛未7 | 壬申8 | 癸酉9 | 甲戌10 | 乙亥11 | 丙子12 | 丁丑13 | 戊寅14 | 己卯15 | 庚辰16 | 辛巳17 | 壬午18 | 癸未19 | 甲申20 | 戊午冬至 癸酉小寒 |
| 十二月小 | 己丑 | 天干支 地西曆 | 乙酉21 | 丙戌22 | 丁亥23 | 戊子24 | 己丑25 | 庚寅26 | 辛卯27 | 壬辰28 | 癸巳29 | 甲午30 | 乙未31 | 丙申(2) | 丁酉2 | 戊戌3 | 己亥4 | 庚子5 | 辛丑6 | 壬寅7 | 癸卯8 | 甲辰9 | 乙巳10 | 丙午11 | 丁未12 | 戊申13 | 己酉14 | 庚戌15 | 辛亥16 | 壬子17 | 癸丑18 | | 己丑大寒 甲辰立春 |

# 漢成帝河平四年（丙申 猴年） 公元前25～前24年

| 夏曆月序 | | 中西曆日對照 | 初一 | 初二 | 初三 | 初四 | 初五 | 初六 | 初七 | 初八 | 初九 | 初十 | 十一 | 十二 | 十三 | 十四 | 十五 | 十六 | 十七 | 十八 | 十九 | 二十 | 二一 | 二二 | 二三 | 二四 | 二五 | 二六 | 二七 | 二八 | 二九 | 三十 | 節氣與天象 |
|---|---|---|---|---|---|---|---|---|---|---|---|---|---|---|---|---|---|---|---|---|---|---|---|---|---|---|---|---|---|---|---|---|---|
| 正月大 | 庚寅 | 天干地支西曆 | 甲寅19 | 乙卯20 | 丙辰21 | 丁巳22 | 戊午23 | 己未24 | 庚申25 | 辛酉26 | 壬戌27 | 癸亥28 | 甲子29 | 乙丑(3) | 丙寅2 | 丁卯3 | 戊辰4 | 己巳5 | 庚午6 | 辛未7 | 壬申8 | 癸酉9 | 甲戌10 | 乙亥11 | 丙子12 | 丁丑13 | 戊寅14 | 己卯15 | 庚辰16 | 辛巳17 | 壬午18 | 癸未19 | 己未驚蟄 甲戌雨水 |
| 二月小 | 辛卯 | 天干地支西曆 | 甲申20 | 乙酉21 | 丙戌22 | 丁亥23 | 戊子24 | 己丑25 | 庚寅26 | 辛卯27 | 壬辰28 | 癸巳29 | 甲午30 | 乙未31 | 丙申(4) | 丁酉2 | 戊戌3 | 己亥4 | 庚子5 | 辛丑6 | 壬寅7 | 癸卯8 | 甲辰9 | 乙巳10 | 丙午11 | 丁未12 | 戊申13 | 己酉14 | 庚戌15 | 辛亥16 | 壬子17 | | 庚寅春分 乙巳穀雨 |
| 三月大 | 壬辰 | 天干地支西曆 | 癸丑18 | 甲寅19 | 乙卯20 | 丙辰21 | 丁巳22 | 戊午23 | 己未24 | 庚申25 | 辛酉26 | 壬戌27 | 癸亥28 | 甲子29 | 乙丑30 | 丙寅(5) | 丁卯2 | 戊辰3 | 己巳4 | 庚午5 | 辛未6 | 壬申7 | 癸酉8 | 甲戌9 | 乙亥10 | 丙子11 | 丁丑12 | 戊寅13 | 己卯14 | 庚辰15 | 辛巳16 | 壬午17 | 庚申清明 乙亥立夏 癸丑日食 |
| 四月小 | 癸巳 | 天干地支西曆 | 癸未18 | 甲申19 | 乙酉20 | 丙戌21 | 丁亥22 | 戊子23 | 己丑24 | 庚寅25 | 辛卯26 | 壬辰27 | 癸巳28 | 甲午29 | 乙未30 | 丙申31 | 丁酉(6) | 戊戌2 | 己亥3 | 庚子4 | 辛丑5 | 壬寅6 | 癸卯7 | 甲辰8 | 乙巳9 | 丙午10 | 丁未11 | 戊申12 | 己酉13 | 庚戌14 | 辛亥15 | | 庚寅小滿 丙午芒種 |
| 五月大 | 甲午 | 天干地支西曆 | 壬子16 | 癸丑17 | 甲寅18 | 乙卯19 | 丙辰20 | 丁巳21 | 戊午22 | 己未23 | 庚申24 | 辛酉25 | 壬戌26 | 癸亥27 | 甲子28 | 乙丑29 | 丙寅30 | 丁卯(7) | 戊辰2 | 己巳3 | 庚午4 | 辛未5 | 壬申6 | 癸酉7 | 甲戌8 | 乙亥9 | 丙子10 | 丁丑11 | 戊寅12 | 己卯13 | 庚辰14 | 辛巳15 | 辛酉夏至 丙子小暑 |
| 六月小 | 乙未 | 天干地支西曆 | 壬午16 | 癸未17 | 甲申18 | 乙酉19 | 丙戌20 | 丁亥21 | 戊子22 | 己丑23 | 庚寅24 | 辛卯25 | 壬辰26 | 癸巳27 | 甲午28 | 乙未29 | 丙申30 | 丁酉31 | 戊戌(8) | 己亥2 | 庚子3 | 辛丑4 | 壬寅5 | 癸卯6 | 甲辰7 | 乙巳8 | 丙午9 | 丁未10 | 戊申11 | 己酉12 | 庚戌13 | | 辛卯大暑 丁未立秋 |
| 七月大 | 丙申 | 天干地支西曆 | 辛亥14 | 壬子15 | 癸丑16 | 甲寅17 | 乙卯18 | 丙辰19 | 丁巳20 | 戊午21 | 己未22 | 庚申23 | 辛酉24 | 壬戌25 | 癸亥26 | 甲子27 | 乙丑28 | 丙寅29 | 丁卯30 | 戊辰31 | 己巳(9) | 庚午2 | 辛未3 | 壬申4 | 癸酉5 | 甲戌6 | 乙亥7 | 丙子8 | 丁丑9 | 戊寅10 | 己卯11 | 庚辰12 | 壬戌處暑 丁丑白露 |
| 八月小 | 丁酉 | 天干地支西曆 | 辛巳13 | 壬午14 | 癸未15 | 甲申16 | 乙酉17 | 丙戌18 | 丁亥19 | 戊子20 | 己丑21 | 庚寅22 | 辛卯23 | 壬辰24 | 癸巳25 | 甲午26 | 乙未27 | 丙申28 | 丁酉29 | 戊戌30 | 己亥(10) | 庚子2 | 辛丑3 | 壬寅4 | 癸卯5 | 甲辰6 | 乙巳7 | 丙午8 | 丁未9 | 戊申10 | 己酉11 | | 壬辰秋分 丁未寒露 |
| 九月大 | 戊戌 | 天干地支西曆 | 庚戌12 | 辛亥13 | 壬子14 | 癸丑15 | 甲寅16 | 乙卯17 | 丙辰18 | 丁巳19 | 戊午20 | 己未21 | 庚申22 | 辛酉23 | 壬戌24 | 癸亥25 | 甲子26 | 乙丑27 | 丙寅28 | 丁卯29 | 戊辰30 | 己巳31 | 庚午(11) | 辛未2 | 壬申3 | 癸酉4 | 甲戌5 | 乙亥6 | 丙子7 | 丁丑8 | 戊寅9 | 己卯10 | 癸亥霜降 戊寅立冬 |
| 十月大 | 己亥 | 天干地支西曆 | 庚辰11 | 辛巳12 | 壬午13 | 癸未14 | 甲申15 | 乙酉16 | 丙戌17 | 丁亥18 | 戊子19 | 己丑20 | 庚寅21 | 辛卯22 | 壬辰23 | 癸巳24 | 甲午25 | 乙未26 | 丙申27 | 丁酉28 | 戊戌29 | 己亥30 | 庚子(12) | 辛丑2 | 壬寅3 | 癸卯4 | 甲辰5 | 乙巳6 | 丙午7 | 丁未8 | 戊申9 | 己酉10 | 癸巳小雪 戊申大雪 |
| 十一月小 | 庚子 | 天干地支西曆 | 庚戌11 | 辛亥12 | 壬子13 | 癸丑14 | 甲寅15 | 乙卯16 | 丙辰17 | 丁巳18 | 戊午19 | 己未20 | 庚申21 | 辛酉22 | 壬戌23 | 癸亥24 | 甲子25 | 乙丑26 | 丙寅27 | 丁卯28 | 戊辰29 | 己巳30 | 庚午31 | 辛未(1) | 壬申2 | 癸酉3 | 甲戌4 | 乙亥5 | 丙子6 | 丁丑7 | 戊寅8 | | 甲子冬至 |
| 十二月大 | 辛丑 | 天干地支西曆 | 己卯9 | 庚辰10 | 辛巳11 | 壬午12 | 癸未13 | 甲申14 | 乙酉15 | 丙戌16 | 丁亥17 | 戊子18 | 己丑19 | 庚寅20 | 辛卯21 | 壬辰22 | 癸巳23 | 甲午24 | 乙未25 | 丙申26 | 丁酉27 | 戊戌28 | 己亥29 | 庚子30 | 辛丑31 | 壬寅(2) | 癸卯2 | 甲辰3 | 乙巳4 | 丙午5 | 丁未6 | 戊申7 | 己卯小寒 甲午大寒 |

# 漢成帝陽朔元年（丁酉 鷄年） 公元前24 ~ 前23年

| 夏曆月序 | | 中西曆日對照 | 初一 | 初二 | 初三 | 初四 | 初五 | 初六 | 初七 | 初八 | 初九 | 初十 | 十一 | 十二 | 十三 | 十四 | 十五 | 十六 | 十七 | 十八 | 十九 | 二十 | 二一 | 二二 | 二三 | 二四 | 二五 | 二六 | 二七 | 二八 | 二九 | 三十 | 節氣與天象 |
|---|---|---|---|---|---|---|---|---|---|---|---|---|---|---|---|---|---|---|---|---|---|---|---|---|---|---|---|---|---|---|---|---|---|
| 正月小 | 壬寅 | 天干地支西曆 | 己酉 8 | 庚戌 9 | 辛亥 10 | 壬子 11 | 癸丑 12 | 甲寅 13 | 乙卯 14 | 丙辰 15 | 丁巳 16 | 戊午 17 | 己未 18 | 庚申 19 | 辛酉 20 | 壬戌 21 | 癸亥 22 | 甲子 23 | 乙丑 24 | 丙寅 25 | 丁卯 26 | 戊辰 27 | 己巳 28 | 庚午 (3) | 辛未 2 | 壬申 3 | 癸酉 4 | 甲戌 5 | 乙亥 6 | 丙子 7 | 丁丑 8 | | 己酉立春 甲子驚蟄 |
| 二月大 | 癸卯 | 天干地支西曆 | 戊寅 9 | 己卯 10 | 庚辰 11 | 辛巳 12 | 壬午 13 | 癸未 14 | 甲申 15 | 乙酉 16 | 丙戌 17 | 丁亥 18 | 戊子 19 | 己丑 20 | 庚寅 21 | 辛卯 22 | 壬辰 23 | 癸巳 24 | 甲午 25 | 乙未 26 | 丙申 27 | 丁酉 28 | 戊戌 29 | 己亥 30 | 庚子 31 | 辛丑 (4) | 壬寅 2 | 癸卯 3 | 甲辰 4 | 乙巳 5 | 丙午 6 | 丁未 7 | 庚辰雨水 乙未春分 丁未日食 |
| 三月小 | 甲辰 | 天干地支西曆 | 戊申 8 | 己酉 9 | 庚戌 10 | 辛亥 11 | 壬子 12 | 癸丑 13 | 甲寅 14 | 乙卯 15 | 丙辰 16 | 丁巳 17 | 戊午 18 | 己未 19 | 庚申 20 | 辛酉 21 | 壬戌 22 | 癸亥 23 | 甲子 24 | 乙丑 25 | 丙寅 26 | 丁卯 27 | 戊辰 28 | 己巳 29 | 庚午 30 | 辛未 (5) | 壬申 2 | 癸酉 3 | 甲戌 4 | 乙亥 5 | 丙子 6 | | 庚戌穀雨 乙丑清明 |
| 四月大 | 乙巳 | 天干地支西曆 | 丁丑 7 | 戊寅 8 | 己卯 9 | 庚辰 10 | 辛巳 11 | 壬午 12 | 癸未 13 | 甲申 14 | 乙酉 15 | 丙戌 16 | 丁亥 17 | 戊子 18 | 己丑 19 | 庚寅 20 | 辛卯 21 | 壬辰 22 | 癸巳 23 | 甲午 24 | 乙未 25 | 丙申 26 | 丁酉 27 | 戊戌 28 | 己亥 29 | 庚子 30 | 辛丑 31 | 壬寅 (6) | 癸卯 2 | 甲辰 3 | 乙巳 4 | 丙午 5 | 庚辰立夏 丙申小滿 |
| 五月小 | 丙午 | 天干地支西曆 | 丁未 6 | 戊申 7 | 己酉 8 | 庚戌 9 | 辛亥 10 | 壬子 11 | 癸丑 12 | 甲寅 13 | 乙卯 14 | 丙辰 15 | 丁巳 16 | 戊午 17 | 己未 18 | 庚申 19 | 辛酉 20 | 壬戌 21 | 癸亥 22 | 甲子 23 | 乙丑 24 | 丙寅 25 | 丁卯 26 | 戊辰 27 | 己巳 28 | 庚午 29 | 辛未 30 | 壬申 (7) | 癸酉 2 | 甲戌 3 | 乙亥 4 | | 辛亥芒種 丙寅夏至 |
| 六月大 | 丁未 | 天干地支西曆 | 丙子 5 | 丁丑 6 | 戊寅 7 | 己卯 8 | 庚辰 9 | 辛巳 10 | 壬午 11 | 癸未 12 | 甲申 13 | 乙酉 14 | 丙戌 15 | 丁亥 16 | 戊子 17 | 己丑 18 | 庚寅 19 | 辛卯 20 | 壬辰 21 | 癸巳 22 | 甲午 23 | 乙未 24 | 丙申 25 | 丁酉 26 | 戊戌 27 | 己亥 28 | 庚子 29 | 辛丑 30 | 壬寅 31 | 癸卯 (8) | 甲辰 2 | 乙巳 3 | 辛巳小暑 丁酉大暑 |
| 七月小 | 戊申 | 天干地支西曆 | 丙午 4 | 丁未 5 | 戊申 6 | 己酉 7 | 庚戌 8 | 辛亥 9 | 壬子 10 | 癸丑 11 | 甲寅 12 | 乙卯 13 | 丙辰 14 | 丁巳 15 | 戊午 16 | 己未 17 | 庚申 18 | 辛酉 19 | 壬戌 20 | 癸亥 21 | 甲子 22 | 乙丑 23 | 丙寅 24 | 丁卯 25 | 戊辰 26 | 己巳 27 | 庚午 28 | 辛未 29 | 壬申 30 | 癸酉 31 | 甲戌 (9) | | 壬子立秋 丁卯處暑 |
| 八月大 | 己酉 | 天干地支西曆 | 乙亥 2 | 丙子 3 | 丁丑 4 | 戊寅 5 | 己卯 6 | 庚辰 7 | 辛巳 8 | 壬午 9 | 癸未 10 | 甲申 11 | 乙酉 12 | 丙戌 13 | 丁亥 14 | 戊子 15 | 己丑 16 | 庚寅 17 | 辛卯 18 | 壬辰 19 | 癸巳 20 | 甲午 21 | 乙未 22 | 丙申 23 | 丁酉 24 | 戊戌 25 | 己亥 26 | 庚子 27 | 辛丑 28 | 壬寅 29 | 癸卯 30 | 甲辰 (10) | 壬午白露 丁酉秋分 |
| 九月小 | 庚戌 | 天干地支西曆 | 乙巳 2 | 丙午 3 | 丁未 4 | 戊申 5 | 己酉 6 | 庚戌 7 | 辛亥 8 | 壬子 9 | 癸丑 10 | 甲寅 11 | 乙卯 12 | 丙辰 13 | 丁巳 14 | 戊午 15 | 己未 16 | 庚申 17 | 辛酉 18 | 壬戌 19 | 癸亥 20 | 甲子 21 | 乙丑 22 | 丙寅 23 | 丁卯 24 | 戊辰 25 | 己巳 26 | 庚午 27 | 辛未 28 | 壬申 29 | 癸酉 30 | | 癸丑寒露 戊辰霜降 |
| 十月大 | 辛亥 | 天干地支西曆 | 甲戌 31 | 乙亥 (11) | 丙子 2 | 丁丑 3 | 戊寅 4 | 己卯 5 | 庚辰 6 | 辛巳 7 | 壬午 8 | 癸未 9 | 甲申 10 | 乙酉 11 | 丙戌 12 | 丁亥 13 | 戊子 14 | 己丑 15 | 庚寅 16 | 辛卯 17 | 壬辰 18 | 癸巳 19 | 甲午 20 | 乙未 21 | 丙申 22 | 丁酉 23 | 戊戌 24 | 己亥 25 | 庚子 26 | 辛丑 27 | 壬寅 28 | 癸卯 29 | 癸未立冬 戊戌小雪 |
| 十一小 | 壬子 | 天干地支西曆 | 甲辰 30 | 乙巳 (12) | 丙午 2 | 丁未 3 | 戊申 4 | 己酉 5 | 庚戌 6 | 辛亥 7 | 壬子 8 | 癸丑 9 | 甲寅 10 | 乙卯 11 | 丙辰 12 | 丁巳 13 | 戊午 14 | 己未 15 | 庚申 16 | 辛酉 17 | 壬戌 18 | 癸亥 19 | 甲子 20 | 乙丑 21 | 丙寅 22 | 丁卯 23 | 戊辰 24 | 己巳 25 | 庚午 26 | 辛未 27 | 壬申 28 | | 甲寅大雪 己巳冬至 |
| 十二大 | 癸丑 | 天干地支西曆 | 癸酉 29 | 甲戌 30 | 乙亥 31 | 丙子 (1) | 丁丑 2 | 戊寅 3 | 己卯 4 | 庚辰 5 | 辛巳 6 | 壬午 7 | 癸未 8 | 甲申 9 | 乙酉 10 | 丙戌 11 | 丁亥 12 | 戊子 13 | 己丑 14 | 庚寅 15 | 辛卯 16 | 壬辰 17 | 癸巳 18 | 甲午 19 | 乙未 20 | 丙申 21 | 丁酉 22 | 戊戌 23 | 己亥 24 | 庚子 25 | 辛丑 26 | 壬寅 27 | 甲申小寒 己亥大寒 |

* 正月己酉（初一），改元陽朔。

## 漢成帝陽朔二年（戊戌 狗年） 公元前23～前22年

| 夏曆月序 | | 中西曆日對照 | 初一 | 初二 | 初三 | 初四 | 初五 | 初六 | 初七 | 初八 | 初九 | 初十 | 十一 | 十二 | 十三 | 十四 | 十五 | 十六 | 十七 | 十八 | 十九 | 二十 | 二一 | 二二 | 二三 | 二四 | 二五 | 二六 | 二七 | 二八 | 二九 | 三十 | 節氣與天象 |
|---|---|---|---|---|---|---|---|---|---|---|---|---|---|---|---|---|---|---|---|---|---|---|---|---|---|---|---|---|---|---|---|---|---|
| 正月小 | 甲寅 | 天干地支西曆 | 癸卯28 | 甲辰29 | 乙巳30 | 丙午31 | 丁未(2) | 戊申2 | 己酉3 | 庚戌4 | 辛亥5 | 壬子6 | 癸丑7 | 甲寅8 | 乙卯9 | 丙辰10 | 丁巳11 | 戊午12 | 己未13 | 庚申14 | 辛酉15 | 壬戌16 | 癸亥17 | 甲子18 | 乙丑19 | 丙寅20 | 丁卯21 | 戊辰22 | 己巳23 | 庚午24 | 辛未25 | | 甲寅立春<br>庚午驚蟄 |
| 二月大 | 乙卯 | 天干地支西曆 | 壬申26 | 癸酉27 | 甲戌28 | 乙亥(3) | 丙子2 | 丁丑3 | 戊寅4 | 己卯5 | 庚辰6 | 辛巳7 | 壬午8 | 癸未9 | 甲申10 | 乙酉11 | 丙戌12 | 丁亥13 | 戊子14 | 己丑15 | 庚寅16 | 辛卯17 | 壬辰18 | 癸巳19 | 甲午20 | 乙未21 | 丙申22 | 丁酉23 | 戊戌24 | 己亥25 | 庚子26 | 辛丑27 | 乙酉雨水<br>庚子春分 |
| 三月大 | 丙辰 | 天干地支西曆 | 壬寅28 | 癸卯29 | 甲辰30 | 乙巳31 | 丙午(4) | 丁未2 | 戊申3 | 己酉4 | 庚戌5 | 辛亥6 | 壬子7 | 癸丑8 | 甲寅9 | 乙卯10 | 丙辰11 | 丁巳12 | 戊午13 | 己未14 | 庚申15 | 辛酉16 | 壬戌17 | 癸亥18 | 甲子19 | 乙丑20 | 丙寅21 | 丁卯22 | 戊辰23 | 己巳24 | 庚午25 | 辛未26 | 乙卯穀雨<br>辛未清明 |
| 閏三月小 | 丙辰 | 天干地支西曆 | 壬申27 | 癸酉28 | 甲戌29 | 乙亥30 | 丙子(5) | 丁丑2 | 戊寅3 | 己卯4 | 庚辰5 | 辛巳6 | 壬午7 | 癸未8 | 甲申9 | 乙酉10 | 丙戌11 | 丁亥12 | 戊子13 | 己丑14 | 庚寅15 | 辛卯16 | 壬辰17 | 癸巳18 | 甲午19 | 乙未20 | 丙申21 | 丁酉22 | 戊戌23 | 己亥24 | 庚子25 | | 丙戌立夏 |
| 四月大 | 丁巳 | 天干地支西曆 | 辛丑26 | 壬寅27 | 癸卯28 | 甲辰29 | 乙巳30 | 丙午31 | 丁未(6) | 戊申2 | 己酉3 | 庚戌4 | 辛亥5 | 壬子6 | 癸丑7 | 甲寅8 | 乙卯9 | 丙辰10 | 丁巳11 | 戊午12 | 己未13 | 庚申14 | 辛酉15 | 壬戌16 | 癸亥17 | 甲子18 | 乙丑19 | 丙寅20 | 丁卯21 | 戊辰22 | 己巳23 | 庚午24 | 辛丑小滿<br>丙辰芒種 |
| 五月小 | 戊午 | 天干地支西曆 | 辛未25 | 壬申26 | 癸酉27 | 甲戌28 | 乙亥29 | 丙子30 | 丁丑(7) | 戊寅2 | 己卯3 | 庚辰4 | 辛巳5 | 壬午6 | 癸未7 | 甲申8 | 乙酉9 | 丙戌10 | 丁亥11 | 戊子12 | 己丑13 | 庚寅14 | 辛卯15 | 壬辰16 | 癸巳17 | 甲午18 | 乙未19 | 丙申20 | 丁酉21 | 戊戌22 | 己亥23 | | 辛未夏至<br>丁亥小暑 |
| 六月大 | 己未 | 天干地支西曆 | 庚子24 | 辛丑25 | 壬寅26 | 癸卯27 | 甲辰28 | 乙巳29 | 丙午30 | 丁未31 | 戊申(8) | 己酉2 | 庚戌3 | 辛亥4 | 壬子5 | 癸丑6 | 甲寅7 | 乙卯8 | 丙辰9 | 丁巳10 | 戊午11 | 己未12 | 庚申13 | 辛酉14 | 壬戌15 | 癸亥16 | 甲子17 | 乙丑18 | 丙寅19 | 丁卯20 | 戊辰21 | 己巳22 | 壬寅大暑<br>丁巳立秋 |
| 七月小 | 庚申 | 天干地支西曆 | 庚午23 | 辛未24 | 壬申25 | 癸酉26 | 甲戌27 | 乙亥28 | 丙子29 | 丁丑30 | 戊寅31 | 己卯(9) | 庚辰2 | 辛巳3 | 壬午4 | 癸未5 | 甲申6 | 乙酉7 | 丙戌8 | 丁亥9 | 戊子10 | 己丑11 | 庚寅12 | 辛卯13 | 壬辰14 | 癸巳15 | 甲午16 | 乙未17 | 丙申18 | 丁酉19 | 戊戌20 | | 壬申處暑<br>丁亥白露 |
| 八月大 | 辛酉 | 天干地支西曆 | 己亥21 | 庚子22 | 辛丑23 | 壬寅24 | 癸卯25 | 甲辰26 | 乙巳27 | 丙午28 | 丁未29 | 戊申30 | 己酉(10) | 庚戌2 | 辛亥3 | 壬子4 | 癸丑5 | 甲寅6 | 乙卯7 | 丙辰8 | 丁巳9 | 戊午10 | 己未11 | 庚申12 | 辛酉13 | 壬戌14 | 癸亥15 | 甲子16 | 乙丑17 | 丙寅18 | 丁卯19 | 戊辰20 | 癸卯秋分<br>戊午寒露 |
| 九月小 | 壬戌 | 天干地支西曆 | 己巳21 | 庚午22 | 辛未23 | 壬申24 | 癸酉25 | 甲戌26 | 乙亥27 | 丙子28 | 丁丑29 | 戊寅30 | 己卯31 | 庚辰(11) | 辛巳2 | 壬午3 | 癸未4 | 甲申5 | 乙酉6 | 丙戌7 | 丁亥8 | 戊子9 | 己丑10 | 庚寅11 | 辛卯12 | 壬辰13 | 癸巳14 | 甲午15 | 乙未16 | 丙申17 | 丁酉18 | | 癸酉霜降<br>戊子立冬 |
| 十月大 | 癸亥 | 天干地支西曆 | 戊戌19 | 己亥20 | 庚子21 | 辛丑22 | 壬寅23 | 癸卯24 | 甲辰25 | 乙巳26 | 丙午27 | 丁未28 | 戊申29 | 己酉30 | 庚戌(12) | 辛亥2 | 壬子3 | 癸丑4 | 甲寅5 | 乙卯6 | 丙辰7 | 丁巳8 | 戊午9 | 己未10 | 庚申11 | 辛酉12 | 壬戌13 | 癸亥14 | 甲子15 | 乙丑16 | 丙寅17 | 丁卯18 | 甲辰小雪<br>己未大雪 |
| 十一月小 | 甲子 | 天干地支西曆 | 戊辰19 | 己巳20 | 庚午21 | 辛未22 | 壬申23 | 癸酉24 | 甲戌25 | 乙亥26 | 丙子27 | 丁丑28 | 戊寅29 | 己卯30 | 庚辰31 | 辛巳(1) | 壬午2 | 癸未3 | 甲申4 | 乙酉5 | 丙戌6 | 丁亥7 | 戊子8 | 己丑9 | 庚寅10 | 辛卯11 | 壬辰12 | 癸巳13 | 甲午14 | 乙未15 | 丙申16 | | 甲戌冬至<br>己丑小寒 |
| 十二月大 | 乙丑 | 天干地支西曆 | 丁酉17 | 戊戌18 | 己亥19 | 庚子20 | 辛丑21 | 壬寅22 | 癸卯23 | 甲辰24 | 乙巳25 | 丙午26 | 丁未27 | 戊申28 | 己酉29 | 庚戌30 | 辛亥31 | 壬子(2) | 癸丑2 | 甲寅3 | 乙卯4 | 丙辰5 | 丁巳6 | 戊午7 | 己未8 | 庚申9 | 辛酉10 | 壬戌11 | 癸亥12 | 甲子13 | 乙丑14 | 丙寅15 | 甲辰大寒<br>庚申立春 |

# 漢成帝陽朔三年（己亥 猪年） 公元前22～前21年

| 夏曆月序 | | 中西曆日對照 | 初一 | 初二 | 初三 | 初四 | 初五 | 初六 | 初七 | 初八 | 初九 | 初十 | 十一 | 十二 | 十三 | 十四 | 十五 | 十六 | 十七 | 十八 | 十九 | 二十 | 二一 | 二二 | 二三 | 二四 | 二五 | 二六 | 二七 | 二八 | 二九 | 三十 | 節氣與天象 |
|---|---|---|---|---|---|---|---|---|---|---|---|---|---|---|---|---|---|---|---|---|---|---|---|---|---|---|---|---|---|---|---|---|---|
| 正月小 | 丙寅 | 干支<br>西曆 | 丁卯16 | 戊辰17 | 己巳18 | 庚午19 | 辛未20 | 壬申21 | 癸酉22 | 甲戌23 | 乙亥24 | 丙子25 | 丁丑26 | 戊寅27 | 己卯28 | 庚辰(3) | 辛巳2 | 壬午3 | 癸未4 | 甲申5 | 乙酉6 | 丙戌7 | 丁亥8 | 戊子9 | 己丑10 | 庚寅11 | 辛卯12 | 壬辰13 | 癸巳14 | 甲午15 | 乙未16 | | 乙亥驚蟄<br>庚寅雨水 |
| 二月大 | 丁卯 | 干支<br>西曆 | 丙申17 | 丁酉18 | 戊戌19 | 己亥20 | 庚子21 | 辛丑22 | 壬寅23 | 癸卯24 | 甲辰25 | 乙巳26 | 丙午27 | 丁未28 | 戊申29 | 己酉30 | 庚戌31 | 辛亥(4) | 壬子2 | 癸丑3 | 甲寅4 | 乙卯5 | 丙辰6 | 丁巳7 | 戊午8 | 己未9 | 庚申10 | 辛酉11 | 壬戌12 | 癸亥13 | 甲子14 | 乙丑15 | 乙巳春分<br>辛酉穀雨 |
| 三月小 | 戊辰 | 干支<br>西曆 | 丙寅16 | 丁卯17 | 戊辰18 | 己巳19 | 庚午20 | 辛未21 | 壬申22 | 癸酉23 | 甲戌24 | 乙亥25 | 丙子26 | 丁丑27 | 戊寅28 | 己卯29 | 庚辰30 | 辛巳(5) | 壬午2 | 癸未3 | 甲申4 | 乙酉5 | 丙戌6 | 丁亥7 | 戊子8 | 己丑9 | 庚寅10 | 辛卯11 | 壬辰12 | 癸巳13 | 甲午14 | | 丙子清明<br>辛卯立夏 |
| 四月大 | 己巳 | 干支<br>西曆 | 乙未15 | 丙申16 | 丁酉17 | 戊戌18 | 己亥19 | 庚子20 | 辛丑21 | 壬寅22 | 癸卯23 | 甲辰24 | 乙巳25 | 丙午26 | 丁未27 | 戊申28 | 己酉29 | 庚戌30 | 辛亥31 | 壬子(6) | 癸丑2 | 甲寅3 | 乙卯4 | 丙辰5 | 丁巳6 | 戊午7 | 己未8 | 庚申9 | 辛酉10 | 壬戌11 | 癸亥12 | 甲子13 | 丙午小滿<br>辛酉芒種 |
| 五月大 | 庚午 | 干支<br>西曆 | 乙丑14 | 丙寅15 | 丁卯16 | 戊辰17 | 己巳18 | 庚午19 | 辛未20 | 壬申21 | 癸酉22 | 甲戌23 | 乙亥24 | 丙子25 | 丁丑26 | 戊寅27 | 己卯28 | 庚辰29 | 辛巳30 | 壬午(7) | 癸未2 | 甲申3 | 乙酉4 | 丙戌5 | 丁亥6 | 戊子7 | 己丑8 | 庚寅9 | 辛卯10 | 壬辰11 | 癸巳12 | 甲午13 | 丁丑夏至<br>壬辰小暑 |
| 六月小 | 辛未 | 干支<br>西曆 | 乙未14 | 丙申15 | 丁酉16 | 戊戌17 | 己亥18 | 庚子19 | 辛丑20 | 壬寅21 | 癸卯22 | 甲辰23 | 乙巳24 | 丙午25 | 丁未26 | 戊申27 | 己酉28 | 庚戌29 | 辛亥30 | 壬子31 | 癸丑(8) | 甲寅2 | 乙卯3 | 丙辰4 | 丁巳5 | 戊午6 | 己未7 | 庚申8 | 辛酉9 | 壬戌10 | 癸亥11 | | 丁未大暑<br>壬戌立秋 |
| 七月大 | 壬申 | 干支<br>西曆 | 甲子12 | 乙丑13 | 丙寅14 | 丁卯15 | 戊辰16 | 己巳17 | 庚午18 | 辛未19 | 壬申20 | 癸酉21 | 甲戌22 | 乙亥23 | 丙子24 | 丁丑25 | 戊寅26 | 己卯27 | 庚辰28 | 辛巳29 | 壬午30 | 癸未31 | 甲申(9) | 乙酉2 | 丙戌3 | 丁亥4 | 戊子5 | 己丑6 | 庚寅7 | 辛卯8 | 壬辰9 | 癸巳10 | 戊寅處暑<br>癸巳白露 |
| 八月小 | 癸酉 | 干支<br>西曆 | 甲午11 | 乙未12 | 丙申13 | 丁酉14 | 戊戌15 | 己亥16 | 庚子17 | 辛丑18 | 壬寅19 | 癸卯20 | 甲辰21 | 乙巳22 | 丙午23 | 丁未24 | 戊申25 | 己酉26 | 庚戌27 | 辛亥28 | 壬子29 | 癸丑30 | 甲寅(10) | 乙卯2 | 丙辰3 | 丁巳4 | 戊午5 | 己未6 | 庚申7 | 辛酉8 | 壬戌9 | | 戊申秋分 |
| 九月大 | 甲戌 | 干支<br>西曆 | 癸亥10 | 甲子11 | 乙丑12 | 丙寅13 | 丁卯14 | 戊辰15 | 己巳16 | 庚午17 | 辛未18 | 壬申19 | 癸酉20 | 甲戌21 | 乙亥22 | 丙子23 | 丁丑24 | 戊寅25 | 己卯26 | 庚辰27 | 辛巳28 | 壬午29 | 癸未30 | 甲申31 | 乙酉(11) | 丙戌2 | 丁亥3 | 戊子4 | 己丑5 | 庚寅6 | 辛卯7 | 壬辰8 | 癸亥寒露<br>戊寅霜降 |
| 十月小 | 乙亥 | 干支<br>西曆 | 癸巳9 | 甲午10 | 乙未11 | 丙申12 | 丁酉13 | 戊戌14 | 己亥15 | 庚子16 | 辛丑17 | 壬寅18 | 癸卯19 | 甲辰20 | 乙巳21 | 丙午22 | 丁未23 | 戊申24 | 己酉25 | 庚戌26 | 辛亥27 | 壬子28 | 癸丑29 | 甲寅30 | 乙卯(12) | 丙辰2 | 丁巳3 | 戊午4 | 己未5 | 庚申6 | 辛酉7 | | 甲午立冬<br>己酉小雪 |
| 十一月大 | 丙子 | 干支<br>西曆 | 壬戌8 | 癸亥9 | 甲子10 | 乙丑11 | 丙寅12 | 丁卯13 | 戊辰14 | 己巳15 | 庚午16 | 辛未17 | 壬申18 | 癸酉19 | 甲戌20 | 乙亥21 | 丙子22 | 丁丑23 | 戊寅24 | 己卯25 | 庚辰26 | 辛巳27 | 壬午28 | 癸未29 | 甲申30 | 乙酉31 | 丙戌(1) | 丁亥2 | 戊子3 | 己丑4 | 庚寅5 | 辛卯6 | 甲子大雪<br>己卯冬至 |
| 十二月小 | 丁丑 | 干支<br>西曆 | 壬辰7 | 癸巳8 | 甲午9 | 乙未10 | 丙申11 | 丁酉12 | 戊戌13 | 己亥14 | 庚子15 | 辛丑16 | 壬寅17 | 癸卯18 | 甲辰19 | 乙巳20 | 丙午21 | 丁未22 | 戊申23 | 己酉24 | 庚戌25 | 辛亥26 | 壬子27 | 癸丑28 | 甲寅29 | 乙卯30 | 丙辰31 | 丁巳(2) | 戊午2 | 己未3 | 庚申4 | | 甲午小寒<br>庚戌大寒 |

# 漢成帝陽朔四年（庚子 鼠年） 公元前21 ~ 前20年

| 夏曆月序 | | 中西曆日對照 | 初一 | 初二 | 初三 | 初四 | 初五 | 初六 | 初七 | 初八 | 初九 | 初十 | 十一 | 十二 | 十三 | 十四 | 十五 | 十六 | 十七 | 十八 | 十九 | 二十 | 二一 | 二二 | 二三 | 二四 | 二五 | 二六 | 二七 | 二八 | 二九 | 三十 | 節氣與天象 |
|---|---|---|---|---|---|---|---|---|---|---|---|---|---|---|---|---|---|---|---|---|---|---|---|---|---|---|---|---|---|---|---|---|---|
| 正月大 | 戊寅 | 天干地支西曆 | 辛酉5 | 壬戌6 | 癸亥7 | 甲子8 | 乙丑9 | 丙寅10 | 丁卯11 | 戊辰12 | 己巳13 | 庚午14 | 辛未15 | 壬申16 | 癸酉17 | 甲戌18 | 乙亥19 | 丙子20 | 丁丑21 | 戊寅22 | 己卯23 | 庚辰24 | 辛巳25 | 壬午26 | 癸未27 | 甲申28 | 乙酉29 | 丙戌(3) | 丁亥2 | 戊子3 | 己丑4 | 庚寅5 | 乙丑立春 庚辰驚蟄 |
| 二月小 | 己卯 | 天干地支西曆 | 辛卯6 | 壬辰7 | 癸巳8 | 甲午9 | 乙未10 | 丙申11 | 丁酉12 | 戊戌13 | 己亥14 | 庚子15 | 辛丑16 | 壬寅17 | 癸卯18 | 甲辰19 | 乙巳20 | 丙午21 | 丁未22 | 戊申23 | 己酉24 | 庚戌25 | 辛亥26 | 壬子27 | 癸丑28 | 甲寅29 | 乙卯30 | 丙辰31 | 丁巳(4) | 戊午2 | 己未3 | | 乙未雨水 辛亥春分 |
| 三月大 | 庚辰 | 天干地支西曆 | 庚申4 | 辛酉5 | 壬戌6 | 癸亥7 | 甲子8 | 乙丑9 | 丙寅10 | 丁卯11 | 戊辰12 | 己巳13 | 庚午14 | 辛未15 | 壬申16 | 癸酉17 | 甲戌18 | 乙亥19 | 丙子20 | 丁丑21 | 戊寅22 | 己卯23 | 庚辰24 | 辛巳25 | 壬午26 | 癸未27 | 甲申28 | 乙酉29 | 丙戌30 | 丁亥(5) | 戊子2 | 己丑3 | 丙寅穀雨 辛巳清明 |
| 四月小 | 辛巳 | 天干地支西曆 | 庚寅4 | 辛卯5 | 壬辰6 | 癸巳7 | 甲午8 | 乙未9 | 丙申10 | 丁酉11 | 戊戌12 | 己亥13 | 庚子14 | 辛丑15 | 壬寅16 | 癸卯17 | 甲辰18 | 乙巳19 | 丙午20 | 丁未21 | 戊申22 | 己酉23 | 庚戌24 | 辛亥25 | 壬子26 | 癸丑27 | 甲寅28 | 乙卯29 | 丙辰30 | 丁巳31 | 戊午(6) | | 丙申立夏 辛亥小滿 |
| 五月大 | 壬午 | 天干地支西曆 | 己未2 | 庚申3 | 辛酉4 | 壬戌5 | 癸亥6 | 甲子7 | 乙丑8 | 丙寅9 | 丁卯10 | 戊辰11 | 己巳12 | 庚午13 | 辛未14 | 壬申15 | 癸酉16 | 甲戌17 | 乙亥18 | 丙子19 | 丁丑20 | 戊寅21 | 己卯22 | 庚辰23 | 辛巳24 | 壬午25 | 癸未26 | 甲申27 | 乙酉28 | 丙戌29 | 丁亥30 | 戊子(7) | 丁卯芒種 壬午夏至 |
| 六月小 | 癸未 | 天干地支西曆 | 己丑2 | 庚寅3 | 辛卯4 | 壬辰5 | 癸巳6 | 甲午7 | 乙未8 | 丙申9 | 丁酉10 | 戊戌11 | 己亥12 | 庚子13 | 辛丑14 | 壬寅15 | 癸卯16 | 甲辰17 | 乙巳18 | 丙午19 | 丁未20 | 戊申21 | 己酉22 | 庚戌23 | 辛亥24 | 壬子25 | 癸丑26 | 甲寅27 | 乙卯28 | 丙辰29 | 丁巳30 | | 丁酉小暑 壬子大暑 |
| 七月大 | 甲申 | 天干地支西曆 | 戊午31 | 己未(8) | 庚申2 | 辛酉3 | 壬戌4 | 癸亥5 | 甲子6 | 乙丑7 | 丙寅8 | 丁卯9 | 戊辰10 | 己巳11 | 庚午12 | 辛未13 | 壬申14 | 癸酉15 | 甲戌16 | 乙亥17 | 丙子18 | 丁丑19 | 戊寅20 | 己卯21 | 庚辰22 | 辛巳23 | 壬午24 | 癸未25 | 甲申26 | 乙酉27 | 丙戌28 | 丁亥29 | 戊辰立秋 癸未處暑 |
| 八月小 | 乙酉 | 天干地支西曆 | 戊子30 | 己丑31 | 庚寅(9) | 辛卯2 | 壬辰3 | 癸巳4 | 甲午5 | 乙未6 | 丙申7 | 丁酉8 | 戊戌9 | 己亥10 | 庚子11 | 辛丑12 | 壬寅13 | 癸卯14 | 甲辰15 | 乙巳16 | 丙午17 | 丁未18 | 戊申19 | 己酉20 | 庚戌21 | 辛亥22 | 壬子23 | 癸丑24 | 甲寅25 | 乙卯26 | 丙辰27 | | 戊戌白露 癸丑秋分 |
| 九月大 | 丙戌 | 天干地支西曆 | 丁巳28 | 戊午29 | 己未30 | 庚申(10) | 辛酉2 | 壬戌3 | 癸亥4 | 甲子5 | 乙丑6 | 丙寅7 | 丁卯8 | 戊辰9 | 己巳10 | 庚午11 | 辛未12 | 壬申13 | 癸酉14 | 甲戌15 | 乙亥16 | 丙子17 | 丁丑18 | 戊寅19 | 己卯20 | 庚辰21 | 辛巳22 | 壬午23 | 癸未24 | 甲申25 | 乙酉26 | 丙戌27 | 戊辰寒露 甲申霜降 |
| 十月大 | 丁亥 | 天干地支西曆 | 丁亥28 | 戊子29 | 己丑30 | 庚寅31 | 辛卯(11) | 壬辰2 | 癸巳3 | 甲午4 | 乙未5 | 丙申6 | 丁酉7 | 戊戌8 | 己亥9 | 庚子10 | 辛丑11 | 壬寅12 | 癸卯13 | 甲辰14 | 乙巳15 | 丙午16 | 丁未17 | 戊申18 | 己酉19 | 庚戌20 | 辛亥21 | 壬子22 | 癸丑23 | 甲寅24 | 乙卯25 | 丙辰26 | 己亥立冬 甲寅小雪 |
| 十一月小 | 戊子 | 天干地支西曆 | 丁巳27 | 戊午28 | 己未29 | 庚申30 | 辛酉(12) | 壬戌2 | 癸亥3 | 甲子4 | 乙丑5 | 丙寅6 | 丁卯7 | 戊辰8 | 己巳9 | 庚午10 | 辛未11 | 壬申12 | 癸酉13 | 甲戌14 | 乙亥15 | 丙子16 | 丁丑17 | 戊寅18 | 己卯19 | 庚辰20 | 辛巳21 | 壬午22 | 癸未23 | 甲申24 | 乙酉25 | | 己巳大雪 乙酉冬至 |
| 十二月大 | 己丑 | 天干地支西曆 | 丙戌26 | 丁亥27 | 戊子28 | 己丑29 | 庚寅30 | 辛卯31 | 壬辰(1) | 癸巳2 | 甲午3 | 乙未4 | 丙申5 | 丁酉6 | 戊戌7 | 己亥8 | 庚子9 | 辛丑10 | 壬寅11 | 癸卯12 | 甲辰13 | 乙巳14 | 丙午15 | 丁未16 | 戊申17 | 己酉18 | 庚戌19 | 辛亥20 | 壬子21 | 癸丑22 | 甲寅23 | 乙卯24 | 庚子小寒 乙卯大寒 |
| 閏十二小 | 己丑 | 天干地支西曆 | 丙辰25 | 丁巳26 | 戊午27 | 己未28 | 庚申29 | 辛酉30 | 壬戌31 | 癸亥(2) | 甲子2 | 乙丑3 | 丙寅4 | 丁卯5 | 戊辰6 | 己巳7 | 庚午8 | 辛未9 | 壬申10 | 癸酉11 | 甲戌12 | 乙亥13 | 丙子14 | 丁丑15 | 戊寅16 | 己卯17 | 庚辰18 | 辛巳19 | 壬午20 | 癸未21 | 甲申22 | | 庚午立春 |

# 漢成帝鴻嘉元年（辛丑 牛年） 公元前20 ~ 前19年

| 夏曆月序 | | 中西曆日對照 | 初一 | 初二 | 初三 | 初四 | 初五 | 初六 | 初七 | 初八 | 初九 | 初十 | 十一 | 十二 | 十三 | 十四 | 十五 | 十六 | 十七 | 十八 | 十九 | 二十 | 二一 | 二二 | 二三 | 二四 | 二五 | 二六 | 二七 | 二八 | 二九 | 三十 | 節氣與天象 |
|---|---|---|---|---|---|---|---|---|---|---|---|---|---|---|---|---|---|---|---|---|---|---|---|---|---|---|---|---|---|---|---|---|---|
| 正月大 | 庚寅 | 干支<br>天地西曆 | 乙酉23 | 丙戌24 | 丁亥25 | 戊子26 | 己丑27 | 庚寅28 | 辛卯(3) | 壬辰2 | 癸巳3 | 甲午4 | 乙未5 | 丙申6 | 丁酉7 | 戊戌8 | 己亥9 | 庚子10 | 辛丑11 | 壬寅12 | 癸卯13 | 甲辰14 | 乙巳15 | 丙午16 | 丁未17 | 戊申18 | 己酉19 | 庚戌20 | 辛亥21 | 壬子22 | 癸丑23 | 甲寅24 | 乙酉驚蟄<br>辛丑雨水 |
| 二月小 | 辛卯 | 干支<br>天地西曆 | 乙卯25 | 丙辰26 | 丁巳27 | 戊午28 | 己未29 | 庚申30 | 辛酉31 | 壬戌(4) | 癸亥2 | 甲子3 | 乙丑4 | 丙寅5 | 丁卯6 | 戊辰7 | 己巳8 | 庚午9 | 辛未10 | 壬申11 | 癸酉12 | 甲戌13 | 乙亥14 | 丙子15 | 丁丑16 | 戊寅17 | 己卯18 | 庚辰19 | 辛巳20 | 壬午21 | 癸未22 | | 丙辰春分<br>辛未穀雨 |
| 三月大 | 壬辰 | 干支<br>天地西曆 | 甲申23 | 乙酉24 | 丙戌25 | 丁亥26 | 戊子27 | 己丑28 | 庚寅29 | 辛卯30 | 壬辰(5) | 癸巳2 | 甲午3 | 乙未4 | 丙申5 | 丁酉6 | 戊戌7 | 己亥8 | 庚子9 | 辛丑10 | 壬寅11 | 癸卯12 | 甲辰13 | 乙巳14 | 丙午15 | 丁未16 | 戊申17 | 己酉18 | 庚戌19 | 辛亥20 | 壬子21 | 癸丑22 | 丙戌清明<br>辛丑立夏 |
| 四月小 | 癸巳 | 干支<br>天地西曆 | 甲寅23 | 乙卯24 | 丙辰25 | 丁巳26 | 戊午27 | 己未28 | 庚申29 | 辛酉30 | 壬戌31 | 癸亥(6) | 甲子2 | 乙丑3 | 丙寅4 | 丁卯5 | 戊辰6 | 己巳7 | 庚午8 | 辛未9 | 壬申10 | 癸酉11 | 甲戌12 | 乙亥13 | 丙子14 | 丁丑15 | 戊寅16 | 己卯17 | 庚辰18 | 辛巳19 | 壬午20 | | 丁巳小滿<br>壬申芒種 |
| 五月大 | 甲午 | 干支<br>天地西曆 | 癸未21 | 甲申22 | 乙酉23 | 丙戌24 | 丁亥25 | 戊子26 | 己丑27 | 庚寅28 | 辛卯29 | 壬辰30 | 癸巳(7) | 甲午2 | 乙未3 | 丙申4 | 丁酉5 | 戊戌6 | 己亥7 | 庚子8 | 辛丑9 | 壬寅10 | 癸卯11 | 甲辰12 | 乙巳13 | 丙午14 | 丁未15 | 戊申16 | 己酉17 | 庚戌18 | 辛亥19 | 壬子20 | 丁亥夏至<br>壬寅小暑 |
| 六月小 | 乙未 | 干支<br>天地西曆 | 癸丑21 | 甲寅22 | 乙卯23 | 丙辰24 | 丁巳25 | 戊午26 | 己未27 | 庚申28 | 辛酉29 | 壬戌30 | 癸亥31 | 甲子(8) | 乙丑2 | 丙寅3 | 丁卯4 | 戊辰5 | 己巳6 | 庚午7 | 辛未8 | 壬申9 | 癸酉10 | 甲戌11 | 乙亥12 | 丙子13 | 丁丑14 | 戊寅15 | 己卯16 | 庚辰17 | 辛巳18 | | 戊午大暑<br>癸酉立秋 |
| 七月大 | 丙申 | 干支<br>天地西曆 | 壬午19 | 癸未20 | 甲申21 | 乙酉22 | 丙戌23 | 丁亥24 | 戊子25 | 己丑26 | 庚寅27 | 辛卯28 | 壬辰29 | 癸巳30 | 甲午31 | 乙未(9) | 丙申2 | 丁酉3 | 戊戌4 | 己亥5 | 庚子6 | 辛丑7 | 壬寅8 | 癸卯9 | 甲辰10 | 乙巳11 | 丙午12 | 丁未13 | 戊申14 | 己酉15 | 庚戌16 | 辛亥17 | 戊子處暑<br>癸卯白露 |
| 八月小 | 丁酉 | 干支<br>天地西曆 | 壬子18 | 癸丑19 | 甲寅20 | 乙卯21 | 丙辰22 | 丁巳23 | 戊午24 | 己未25 | 庚申26 | 辛酉27 | 壬戌28 | 癸亥29 | 甲子30 | 乙丑(10) | 丙寅2 | 丁卯3 | 戊辰4 | 己巳5 | 庚午6 | 辛未7 | 壬申8 | 癸酉9 | 甲戌10 | 乙亥11 | 丙子12 | 丁丑13 | 戊寅14 | 己卯15 | 庚辰16 | | 戊午秋分<br>甲戌寒露 |
| 九月大 | 戊戌 | 干支<br>天地西曆 | 辛巳17 | 壬午18 | 癸未19 | 甲申20 | 乙酉21 | 丙戌22 | 丁亥23 | 戊子24 | 己丑25 | 庚寅26 | 辛卯27 | 壬辰28 | 癸巳29 | 甲午30 | 乙未31 | 丙申(11) | 丁酉2 | 戊戌3 | 己亥4 | 庚子5 | 辛丑6 | 壬寅7 | 癸卯8 | 甲辰9 | 乙巳10 | 丙午11 | 丁未12 | 戊申13 | 己酉14 | 庚戌15 | 己丑霜降<br>甲辰立冬 |
| 十月小 | 己亥 | 干支<br>天地西曆 | 辛亥16 | 壬子17 | 癸丑18 | 甲寅19 | 乙卯20 | 丙辰21 | 丁巳22 | 戊午23 | 己未24 | 庚申25 | 辛酉26 | 壬戌27 | 癸亥28 | 甲子29 | 乙丑30 | 丙寅(12) | 丁卯2 | 戊辰3 | 己巳4 | 庚午5 | 辛未6 | 壬申7 | 癸酉8 | 甲戌9 | 乙亥10 | 丙子11 | 丁丑12 | 戊寅13 | 己卯14 | | 己未小雪<br>乙亥大雪 |
| 十一月大 | 庚子 | 干支<br>天地西曆 | 庚辰15 | 辛巳16 | 壬午17 | 癸未18 | 甲申19 | 乙酉20 | 丙戌21 | 丁亥22 | 戊子23 | 己丑24 | 庚寅25 | 辛卯26 | 壬辰27 | 癸巳28 | 甲午29 | 乙未30 | 丙申31 | 丁酉(1) | 戊戌2 | 己亥3 | 庚子4 | 辛丑5 | 壬寅6 | 癸卯7 | 甲辰8 | 乙巳9 | 丙午10 | 丁未11 | 戊申12 | 己酉13 | 庚寅冬至<br>乙巳小寒 |
| 十二月大 | 辛丑 | 干支<br>天地西曆 | 庚戌14 | 辛亥15 | 壬子16 | 癸丑17 | 甲寅18 | 乙卯19 | 丙辰20 | 丁巳21 | 戊午22 | 己未23 | 庚申24 | 辛酉25 | 壬戌26 | 癸亥27 | 甲子28 | 乙丑29 | 丙寅30 | 丁卯31 | 戊辰(2) | 己巳2 | 庚午3 | 辛未4 | 壬申5 | 癸酉6 | 甲戌7 | 乙亥8 | 丙子9 | 丁丑10 | 戊寅11 | 己卯12 | 庚申大寒<br>乙亥立春 |

* 正月乙酉（初一），改元鴻嘉。

# 漢成帝鴻嘉二年（壬寅 虎年） 公元前 19 ~ 前 18 年

| 夏曆月序 | | 中西曆日對照 | 夏曆日序 | | | | | | | | | | | | | | | | | | | | | | | | | | | | | | 節氣與天象 |
|---|---|---|---|---|---|---|---|---|---|---|---|---|---|---|---|---|---|---|---|---|---|---|---|---|---|---|---|---|---|---|---|---|---|
| | | | 初一 | 初二 | 初三 | 初四 | 初五 | 初六 | 初七 | 初八 | 初九 | 初十 | 十一 | 十二 | 十三 | 十四 | 十五 | 十六 | 十七 | 十八 | 十九 | 二十 | 二一 | 二二 | 二三 | 二四 | 二五 | 二六 | 二七 | 二八 | 二九 | 三十 | |
| 正月小 | 壬寅 | 天干地支西曆 | 庚辰13 | 辛巳14 | 壬午15 | 癸未16 | 甲申17 | 乙酉18 | 丙戌19 | 丁亥20 | 戊子21 | 己丑22 | 庚寅23 | 辛卯24 | 壬辰25 | 癸巳26 | 甲午27 | 乙未28 | 丙申(3) | 丁酉2 | 戊戌3 | 己亥4 | 庚子5 | 辛丑6 | 壬寅7 | 癸卯8 | 甲辰9 | 乙巳10 | 丙午11 | 丁未12 | 戊申13 | | 辛卯驚蟄<br>丙午雨水 |
| 二月大 | 癸卯 | 天干地支西曆 | 己酉14 | 庚戌15 | 辛亥16 | 壬子17 | 癸丑18 | 甲寅19 | 乙卯20 | 丙辰21 | 丁巳22 | 戊午23 | 己未24 | 庚申25 | 辛酉26 | 壬戌27 | 癸亥28 | 甲子29 | 乙丑30 | 丙寅31 | 丁卯(4) | 戊辰2 | 己巳3 | 庚午4 | 辛未5 | 壬申6 | 癸酉7 | 甲戌8 | 乙亥9 | 丙子10 | 丁丑11 | 戊寅12 | 辛酉春分<br>丙子穀雨 |
| 三月小 | 甲辰 | 天干地支西曆 | 己卯13 | 庚辰14 | 辛巳15 | 壬午16 | 癸未17 | 甲申18 | 乙酉19 | 丙戌20 | 丁亥21 | 戊子22 | 己丑23 | 庚寅24 | 辛卯25 | 壬辰26 | 癸巳27 | 甲午28 | 乙未29 | 丙申30 | 丁酉(5) | 戊戌2 | 己亥3 | 庚子4 | 辛丑5 | 壬寅6 | 癸卯7 | 甲辰8 | 乙巳9 | 丙午10 | 丁未11 | | 壬辰清明<br>丁未立夏 |
| 四月大 | 乙巳 | 天干地支西曆 | 戊申12 | 己酉13 | 庚戌14 | 辛亥15 | 壬子16 | 癸丑17 | 甲寅18 | 乙卯19 | 丙辰20 | 丁巳21 | 戊午22 | 己未23 | 庚申24 | 辛酉25 | 壬戌26 | 癸亥27 | 甲子28 | 乙丑29 | 丙寅30 | 丁卯31 | 戊辰(6) | 己巳2 | 庚午3 | 辛未4 | 壬申5 | 癸酉6 | 甲戌7 | 乙亥8 | 丙子9 | 丁丑10 | 壬戌小滿<br>丁丑芒種 |
| 五月小 | 丙午 | 天干地支西曆 | 戊寅11 | 己卯12 | 庚辰13 | 辛巳14 | 壬午15 | 癸未16 | 甲申17 | 乙酉18 | 丙戌19 | 丁亥20 | 戊子21 | 己丑22 | 庚寅23 | 辛卯24 | 壬辰25 | 癸巳26 | 甲午27 | 乙未28 | 丙申29 | 丁酉30 | 戊戌(7) | 己亥2 | 庚子3 | 辛丑4 | 壬寅5 | 癸卯6 | 甲辰7 | 乙巳8 | 丙午9 | | 壬辰夏至 |
| 六月大 | 丁未 | 天干地支西曆 | 丁未10 | 戊申11 | 己酉12 | 庚戌13 | 辛亥14 | 壬子15 | 癸丑16 | 甲寅17 | 乙卯18 | 丙辰19 | 丁巳20 | 戊午21 | 己未22 | 庚申23 | 辛酉24 | 壬戌25 | 癸亥26 | 甲子27 | 乙丑28 | 丙寅29 | 丁卯30 | 戊辰31 | 己巳(8) | 庚午2 | 辛未3 | 壬申4 | 癸酉5 | 甲戌6 | 乙亥7 | 丙子8 | 戊申小暑<br>癸亥大暑 |
| 七月小 | 戊申 | 天干地支西曆 | 丁丑9 | 戊寅10 | 己卯11 | 庚辰12 | 辛巳13 | 壬午14 | 癸未15 | 甲申16 | 乙酉17 | 丙戌18 | 丁亥19 | 戊子20 | 己丑21 | 庚寅22 | 辛卯23 | 壬辰24 | 癸巳25 | 甲午26 | 乙未27 | 丙申28 | 丁酉29 | 戊戌30 | 己亥31 | 庚子(9) | 辛丑2 | 壬寅3 | 癸卯4 | 甲辰5 | 乙巳6 | | 戊寅立秋<br>癸巳處暑 |
| 八月大 | 己酉 | 天干地支西曆 | 丙午7 | 丁未8 | 戊申9 | 己酉10 | 庚戌11 | 辛亥12 | 壬子13 | 癸丑14 | 甲寅15 | 乙卯16 | 丙辰17 | 丁巳18 | 戊午19 | 己未20 | 庚申21 | 辛酉22 | 壬戌23 | 癸亥24 | 甲子25 | 乙丑26 | 丙寅27 | 丁卯28 | 戊辰29 | 己巳30 | 庚午(10) | 辛未2 | 壬申3 | 癸酉4 | 甲戌5 | 乙亥6 | 戊申白露<br>甲子秋分 |
| 九月小 | 庚戌 | 天干地支西曆 | 丙子7 | 丁丑8 | 戊寅9 | 己卯10 | 庚辰11 | 辛巳12 | 壬午13 | 癸未14 | 甲申15 | 乙酉16 | 丙戌17 | 丁亥18 | 戊子19 | 己丑20 | 庚寅21 | 辛卯22 | 壬辰23 | 癸巳24 | 甲午25 | 乙未26 | 丙申27 | 丁酉28 | 戊戌29 | 己亥30 | 庚子31 | 辛丑(11) | 壬寅2 | 癸卯3 | 甲辰4 | | 己卯寒露<br>甲午霜降 |
| 十月大 | 辛亥 | 天干地支西曆 | 乙巳5 | 丙午6 | 丁未7 | 戊申8 | 己酉9 | 庚戌10 | 辛亥11 | 壬子12 | 癸丑13 | 甲寅14 | 乙卯15 | 丙辰16 | 丁巳17 | 戊午18 | 己未19 | 庚申20 | 辛酉21 | 壬戌22 | 癸亥23 | 甲子24 | 乙丑25 | 丙寅26 | 丁卯27 | 戊辰28 | 己巳29 | 庚午30 | 辛未(12) | 壬申2 | 癸酉3 | 甲戌4 | 己酉立冬<br>乙丑小雪 |
| 十一月小 | 壬子 | 天干地支西曆 | 乙亥5 | 丙子6 | 丁丑7 | 戊寅8 | 己卯9 | 庚辰10 | 辛巳11 | 壬午12 | 癸未13 | 甲申14 | 乙酉15 | 丙戌16 | 丁亥17 | 戊子18 | 己丑19 | 庚寅20 | 辛卯21 | 壬辰22 | 癸巳23 | 甲午24 | 乙未25 | 丙申26 | 丁酉27 | 戊戌28 | 己亥29 | 庚子30 | 辛丑31 | 壬寅(1) | 癸卯2 | | 庚辰大雪<br>乙未冬至 |
| 十二月大 | 癸丑 | 天干地支西曆 | 甲辰3 | 乙巳4 | 丙午5 | 丁未6 | 戊申7 | 己酉8 | 庚戌9 | 辛亥10 | 壬子11 | 癸丑12 | 甲寅13 | 乙卯14 | 丙辰15 | 丁巳16 | 戊午17 | 己未18 | 庚申19 | 辛酉20 | 壬戌21 | 癸亥22 | 甲子23 | 乙丑24 | 丙寅25 | 丁卯26 | 戊辰27 | 己巳28 | 庚午29 | 辛未30 | 壬申31 | 癸酉(2) | 庚戌小寒<br>乙丑大寒 |

## 漢成帝鴻嘉三年（癸卯 兔年） 公元前18 ~ 前17年

| 夏曆月序 | | 中西曆日對照 | 初一 | 初二 | 初三 | 初四 | 初五 | 初六 | 初七 | 初八 | 初九 | 初十 | 十一 | 十二 | 十三 | 十四 | 十五 | 十六 | 十七 | 十八 | 十九 | 二十 | 二一 | 二二 | 二三 | 二四 | 二五 | 二六 | 二七 | 二八 | 二九 | 三十 | 節氣與天象 |
|---|---|---|---|---|---|---|---|---|---|---|---|---|---|---|---|---|---|---|---|---|---|---|---|---|---|---|---|---|---|---|---|---|---|
| 正月小 | 甲寅 | 干支曆<br>天地西 | 甲戌2 | 乙亥3 | 丙子4 | 丁丑5 | 戊寅6 | 己卯7 | 庚辰8 | 辛巳9 | 壬午10 | 癸未11 | 甲申12 | 乙酉13 | 丙戌14 | 丁亥15 | 戊子16 | 己丑17 | 庚寅18 | 辛卯19 | 壬辰20 | 癸巳21 | 甲午22 | 乙未23 | 丙申24 | 丁酉25 | 戊戌26 | 己亥27 | 庚子28 | 辛丑(3) | 壬寅2 | | 辛巳立春<br>丙申驚蟄 |
| 二月大 | 乙卯 | 干支曆<br>天地西 | 癸卯3 | 甲辰4 | 乙巳5 | 丙午6 | 丁未7 | 戊申8 | 己酉9 | 庚戌10 | 辛亥11 | 壬子12 | 癸丑13 | 甲寅14 | 乙卯15 | 丙辰16 | 丁巳17 | 戊午18 | 己未19 | 庚申20 | 辛酉21 | 壬戌22 | 癸亥23 | 甲子24 | 乙丑25 | 丙寅26 | 丁卯27 | 戊辰28 | 己巳29 | 庚午30 | 辛未31 | 壬申(4) | 辛亥雨水<br>丙寅春分 |
| 三月小 | 丙辰 | 干支曆<br>天地西 | 癸酉2 | 甲戌3 | 乙亥4 | 丙子5 | 丁丑6 | 戊寅7 | 己卯8 | 庚辰9 | 辛巳10 | 壬午11 | 癸未12 | 甲申13 | 乙酉14 | 丙戌15 | 丁亥16 | 戊子17 | 己丑18 | 庚寅19 | 辛卯20 | 壬辰21 | 癸巳22 | 甲午23 | 乙未24 | 丙申25 | 丁酉26 | 戊戌27 | 己亥28 | 庚子29 | 辛丑30 | | 壬午穀雨<br>丁酉清明 |
| 四月大 | 丁巳 | 干支曆<br>天地西 | 壬寅(5) | 癸卯2 | 甲辰3 | 乙巳4 | 丙午5 | 丁未6 | 戊申7 | 己酉8 | 庚戌9 | 辛亥10 | 壬子11 | 癸丑12 | 甲寅13 | 乙卯14 | 丙辰15 | 丁巳16 | 戊午17 | 己未18 | 庚申19 | 辛酉20 | 壬戌21 | 癸亥22 | 甲子23 | 乙丑24 | 丙寅25 | 丁卯26 | 戊辰27 | 己巳28 | 庚午29 | 辛未30 | 壬子立夏<br>丁卯小滿 |
| 五月大 | 戊午 | 干支曆<br>天地西 | 壬申31 | 癸酉(6) | 甲戌2 | 乙亥3 | 丙子4 | 丁丑5 | 戊寅6 | 己卯7 | 庚辰8 | 辛巳9 | 壬午10 | 癸未11 | 甲申12 | 乙酉13 | 丙戌14 | 丁亥15 | 戊子16 | 己丑17 | 庚寅18 | 辛卯19 | 壬辰20 | 癸巳21 | 甲午22 | 乙未23 | 丙申24 | 丁酉25 | 戊戌26 | 己亥27 | 庚子28 | 辛丑29 | 壬午芒種<br>戊戌夏至 |
| 六月小 | 己未 | 干支曆<br>天地西 | 壬寅30 | 癸卯(7) | 甲辰2 | 乙巳3 | 丙午4 | 丁未5 | 戊申6 | 己酉7 | 庚戌8 | 辛亥9 | 壬子10 | 癸丑11 | 甲寅12 | 乙卯13 | 丙辰14 | 丁巳15 | 戊午16 | 己未17 | 庚申18 | 辛酉19 | 壬戌20 | 癸亥21 | 甲子22 | 乙丑23 | 丙寅24 | 丁卯25 | 戊辰26 | 己巳27 | 庚午28 | | 癸丑小暑<br>戊辰大暑 |
| 七月大 | 庚申 | 干支曆<br>天地西 | 辛未29 | 壬申30 | 癸酉31 | 甲戌(8) | 乙亥2 | 丙子3 | 丁丑4 | 戊寅5 | 己卯6 | 庚辰7 | 辛巳8 | 壬午9 | 癸未10 | 甲申11 | 乙酉12 | 丙戌13 | 丁亥14 | 戊子15 | 己丑16 | 庚寅17 | 辛卯18 | 壬辰19 | 癸巳20 | 甲午21 | 乙未22 | 丙申23 | 丁酉24 | 戊戌25 | 己亥26 | 庚子27 | 癸未立秋<br>己亥處暑 |
| 八月小 | 辛酉 | 干支曆<br>天地西 | 辛丑28 | 壬寅29 | 癸卯30 | 甲辰31 | 乙巳(9) | 丙午2 | 丁未3 | 戊申4 | 己酉5 | 庚戌6 | 辛亥7 | 壬子8 | 癸丑9 | 甲寅10 | 乙卯11 | 丙辰12 | 丁巳13 | 戊午14 | 己未15 | 庚申16 | 辛酉17 | 壬戌18 | 癸亥19 | 甲子20 | 乙丑21 | 丙寅22 | 丁卯23 | 戊辰24 | 己巳25 | | 甲寅白露<br>己巳秋分 |
| 九月大 | 壬戌 | 干支曆<br>天地西 | 庚午26 | 辛未27 | 壬申28 | 癸酉29 | 甲戌30 | 乙亥(10) | 丙子2 | 丁丑3 | 戊寅4 | 己卯5 | 庚辰6 | 辛巳7 | 壬午8 | 癸未9 | 甲申10 | 乙酉11 | 丙戌12 | 丁亥13 | 戊子14 | 己丑15 | 庚寅16 | 辛卯17 | 壬辰18 | 癸巳19 | 甲午20 | 乙未21 | 丙申22 | 丁酉23 | 戊戌24 | 己亥25 | 甲申寒露<br>己亥霜降 |
| 閏九月小 | 壬戌 | 干支曆<br>天地西 | 庚子26 | 辛丑27 | 壬寅28 | 癸卯29 | 甲辰30 | 乙巳31 | 丙午(11) | 丁未2 | 戊申3 | 己酉4 | 庚戌5 | 辛亥6 | 壬子7 | 癸丑8 | 甲寅9 | 乙卯10 | 丙辰11 | 丁巳12 | 戊午13 | 己未14 | 庚申15 | 辛酉16 | 壬戌17 | 癸亥18 | 甲子19 | 乙丑20 | 丙寅21 | 丁卯22 | 戊辰23 | | 乙卯立冬 |
| 十月大 | 癸亥 | 干支曆<br>天地西 | 己巳24 | 庚午25 | 辛未26 | 壬申27 | 癸酉28 | 甲戌29 | 乙亥30 | 丙子(12) | 丁丑2 | 戊寅3 | 己卯4 | 庚辰5 | 辛巳6 | 壬午7 | 癸未8 | 甲申9 | 乙酉10 | 丙戌11 | 丁亥12 | 戊子13 | 己丑14 | 庚寅15 | 辛卯16 | 壬辰17 | 癸巳18 | 甲午19 | 乙未20 | 丙申21 | 丁酉22 | 戊戌23 | 庚午小雪<br>乙酉大雪 |
| 十一月小 | 甲子 | 干支曆<br>天地西 | 己亥24 | 庚子25 | 辛丑26 | 壬寅27 | 癸卯28 | 甲辰29 | 乙巳30 | 丙午31 | 丁未(1) | 戊申2 | 己酉3 | 庚戌4 | 辛亥5 | 壬子6 | 癸丑7 | 甲寅8 | 乙卯9 | 丙辰10 | 丁巳11 | 戊午12 | 己未13 | 庚申14 | 辛酉15 | 壬戌16 | 癸亥17 | 甲子18 | 乙丑19 | 丙寅20 | 丁卯21 | | 庚子冬至<br>乙卯小寒 |
| 十二月大 | 乙丑 | 干支曆<br>天地西 | 戊辰22 | 己巳23 | 庚午24 | 辛未25 | 壬申26 | 癸酉27 | 甲戌28 | 乙亥29 | 丙子30 | 丁丑31 | 戊寅(2) | 己卯2 | 庚辰3 | 辛巳4 | 壬午5 | 癸未6 | 甲申7 | 乙酉8 | 丙戌9 | 丁亥10 | 戊子11 | 己丑12 | 庚寅13 | 辛卯14 | 壬辰15 | 癸巳16 | 甲午17 | 乙未18 | 丙申19 | 丁酉20 | 辛未大寒<br>丙戌立春 |

## 漢成帝鴻嘉四年（甲辰 龍年）　公元前 **17** ～ 前 16 年

| 夏曆月序 | | 中西曆日對照 | 初一 | 初二 | 初三 | 初四 | 初五 | 初六 | 初七 | 初八 | 初九 | 初十 | 十一 | 十二 | 十三 | 十四 | 十五 | 十六 | 十七 | 十八 | 十九 | 二十 | 二一 | 二二 | 二三 | 二四 | 二五 | 二六 | 二七 | 二八 | 二九 | 三十 | 節氣與天象 |
|---|---|---|---|---|---|---|---|---|---|---|---|---|---|---|---|---|---|---|---|---|---|---|---|---|---|---|---|---|---|---|---|---|---|
| 正月小 | 丙寅 | 干支天地<br>西曆 | 戊戌21 | 己亥22 | 庚子23 | 辛丑24 | 壬寅25 | 癸卯26 | 甲辰27 | 乙巳28 | 丙午29 | 丁未(3) | 戊申2 | 己酉3 | 庚戌4 | 辛亥5 | 壬子6 | 癸丑7 | 甲寅8 | 乙卯9 | 丙辰10 | 丁巳11 | 戊午12 | 己未13 | 庚申14 | 辛酉15 | 壬戌16 | 癸亥17 | 甲子18 | 乙丑19 | 丙寅20 | | 辛丑驚蟄<br>丙辰雨水 |
| 二月大 | 丁卯 | 干支天地<br>西曆 | 丁卯21 | 戊辰22 | 己巳23 | 庚午24 | 辛未25 | 壬申26 | 癸酉27 | 甲戌28 | 乙亥29 | 丙子30 | 丁丑31 | 戊寅(4) | 己卯2 | 庚辰3 | 辛巳4 | 壬午5 | 癸未6 | 甲申7 | 乙酉8 | 丙戌9 | 丁亥10 | 戊子11 | 己丑12 | 庚寅13 | 辛卯14 | 壬辰15 | 癸巳16 | 甲午17 | 乙未18 | 丙申19 | 壬申春分<br>丁亥穀雨 |
| 三月小 | 戊辰 | 干支天地<br>西曆 | 丁酉20 | 戊戌21 | 己亥22 | 庚子23 | 辛丑24 | 壬寅25 | 癸卯26 | 甲辰27 | 乙巳28 | 丙午29 | 丁未30 | 戊申(5) | 己酉2 | 庚戌3 | 辛亥4 | 壬子5 | 癸丑6 | 甲寅7 | 乙卯8 | 丙辰9 | 丁巳10 | 戊午11 | 己未12 | 庚申13 | 辛酉14 | 壬戌15 | 癸亥16 | 甲子17 | 乙丑18 | | 壬寅清明<br>丁巳立夏 |
| 四月大 | 己巳 | 干支天地<br>西曆 | 丙寅19 | 丁卯20 | 戊辰21 | 己巳22 | 庚午23 | 辛未24 | 壬申25 | 癸酉26 | 甲戌27 | 乙亥28 | 丙子29 | 丁丑30 | 戊寅31 | 己卯(6) | 庚辰2 | 辛巳3 | 壬午4 | 癸未5 | 甲申6 | 乙酉7 | 丙戌8 | 丁亥9 | 戊子10 | 己丑11 | 庚寅12 | 辛卯13 | 壬辰14 | 癸巳15 | 甲午16 | 乙未17 | 壬申小滿<br>戊子芒種 |
| 五月小 | 庚午 | 干支天地<br>西曆 | 丙申18 | 丁酉19 | 戊戌20 | 己亥21 | 庚子22 | 辛丑23 | 壬寅24 | 癸卯25 | 甲辰26 | 乙巳27 | 丙午28 | 丁未29 | 戊申30 | 己酉(7) | 庚戌2 | 辛亥3 | 壬子4 | 癸丑5 | 甲寅6 | 乙卯7 | 丙辰8 | 丁巳9 | 戊午10 | 己未11 | 庚申12 | 辛酉13 | 壬戌14 | 癸亥15 | 甲子16 | | 癸卯夏至<br>戊午小暑 |
| 六月大 | 辛未 | 干支天地<br>西曆 | 乙丑17 | 丙寅18 | 丁卯19 | 戊辰20 | 己巳21 | 庚午22 | 辛未23 | 壬申24 | 癸酉25 | 甲戌26 | 乙亥27 | 丙子28 | 丁丑29 | 戊寅30 | 己卯31 | 庚辰(8) | 辛巳2 | 壬午3 | 癸未4 | 甲申5 | 乙酉6 | 丙戌7 | 丁亥8 | 戊子9 | 己丑10 | 庚寅11 | 辛卯12 | 壬辰13 | 癸巳14 | 甲午15 | 癸酉大暑<br>己丑立秋 |
| 七月小 | 壬申 | 干支天地<br>西曆 | 乙未16 | 丙申17 | 丁酉18 | 戊戌19 | 己亥20 | 庚子21 | 辛丑22 | 壬寅23 | 癸卯24 | 甲辰25 | 乙巳26 | 丙午27 | 丁未28 | 戊申29 | 己酉30 | 庚戌31 | 辛亥(9) | 壬子2 | 癸丑3 | 甲寅4 | 乙卯5 | 丙辰6 | 丁巳7 | 戊午8 | 己未9 | 庚申10 | 辛酉11 | 壬戌12 | 癸亥13 | | 甲辰處暑<br>己未白露 |
| 八月大 | 癸酉 | 干支天地<br>西曆 | 甲子14 | 乙丑15 | 丙寅16 | 丁卯17 | 戊辰18 | 己巳19 | 庚午20 | 辛未21 | 壬申22 | 癸酉23 | 甲戌24 | 乙亥25 | 丙子26 | 丁丑27 | 戊寅28 | 己卯29 | 庚辰30 | 辛巳(10) | 壬午2 | 癸未3 | 甲申4 | 乙酉5 | 丙戌6 | 丁亥7 | 戊子8 | 己丑9 | 庚寅10 | 辛卯11 | 壬辰12 | 癸巳13 | 甲戌秋分<br>己丑寒露 |
| 九月大 | 甲戌 | 干支天地<br>西曆 | 甲午14 | 乙未15 | 丙申16 | 丁酉17 | 戊戌18 | 己亥19 | 庚子20 | 辛丑21 | 壬寅22 | 癸卯23 | 甲辰24 | 乙巳25 | 丙午26 | 丁未27 | 戊申28 | 己酉29 | 庚戌30 | 辛亥31 | 壬子(11) | 癸丑2 | 甲寅3 | 乙卯4 | 丙辰5 | 丁巳6 | 戊午7 | 己未8 | 庚申9 | 辛酉10 | 壬戌11 | 癸亥12 | 乙巳霜降<br>庚申立冬 |
| 十月小 | 乙亥 | 干支天地<br>西曆 | 甲子13 | 乙丑14 | 丙寅15 | 丁卯16 | 戊辰17 | 己巳18 | 庚午19 | 辛未20 | 壬申21 | 癸酉22 | 甲戌23 | 乙亥24 | 丙子25 | 丁丑26 | 戊寅27 | 己卯28 | 庚辰29 | 辛巳30 | 壬午(12) | 癸未2 | 甲申3 | 乙酉4 | 丙戌5 | 丁亥6 | 戊子7 | 己丑8 | 庚寅9 | 辛卯10 | 壬辰11 | | 乙亥小雪<br>庚寅大雪 |
| 十一月大 | 丙子 | 干支天地<br>西曆 | 癸巳12 | 甲午13 | 乙未14 | 丙申15 | 丁酉16 | 戊戌17 | 己亥18 | 庚子19 | 辛丑20 | 壬寅21 | 癸卯22 | 甲辰23 | 乙巳24 | 丙午25 | 丁未26 | 戊申27 | 己酉28 | 庚戌29 | 辛亥30 | 壬子31 | 癸丑(1) | 甲寅2 | 乙卯3 | 丙辰4 | 丁巳5 | 戊午6 | 己未7 | 庚申8 | 辛酉9 | 壬戌10 | 丙午冬至<br>辛酉小寒 |
| 十二月小 | 丁丑 | 干支天地<br>西曆 | 癸亥11 | 甲子12 | 乙丑13 | 丙寅14 | 丁卯15 | 戊辰16 | 己巳17 | 庚午18 | 辛未19 | 壬申20 | 癸酉21 | 甲戌22 | 乙亥23 | 丙子24 | 丁丑25 | 戊寅26 | 己卯27 | 庚辰28 | 辛巳29 | 壬午30 | 癸未31 | 甲申(2) | 乙酉2 | 丙戌3 | 丁亥4 | 戊子5 | 己丑6 | 庚寅7 | 辛卯8 | | 丙子大寒<br>辛卯立春 |

# 漢成帝永始元年（乙巳 蛇年） 公元前 16 ~ 前 15 年

| 夏曆月序 | | 中西曆日對照 | 初一 | 初二 | 初三 | 初四 | 初五 | 初六 | 初七 | 初八 | 初九 | 初十 | 十一 | 十二 | 十三 | 十四 | 十五 | 十六 | 十七 | 十八 | 十九 | 二十 | 二一 | 二二 | 二三 | 二四 | 二五 | 二六 | 二七 | 二八 | 二九 | 三十 | 節氣與天象 |
|---|---|---|---|---|---|---|---|---|---|---|---|---|---|---|---|---|---|---|---|---|---|---|---|---|---|---|---|---|---|---|---|---|---|
| 正月大 | 戊寅 | 干支<br>天地<br>西曆 | 壬辰 9 | 癸巳 10 | 甲午 11 | 乙未 12 | 丙申 13 | 丁酉 14 | 戊戌 15 | 己亥 16 | 庚子 17 | 辛丑 18 | 壬寅 19 | 癸卯 20 | 甲辰 21 | 乙巳 22 | 丙午 23 | 丁未 24 | 戊申 25 | 己酉 26 | 庚戌 27 | 辛亥 28 | 壬子 (3) | 癸丑 2 | 甲寅 3 | 乙卯 4 | 丙辰 5 | 丁巳 6 | 戊午 7 | 己未 8 | 庚申 9 | 辛酉 10 | 丙午驚蟄 |
| 二月小 | 己卯 | 干支<br>天地<br>西曆 | 壬戌 11 | 癸亥 12 | 甲子 13 | 乙丑 14 | 丙寅 15 | 丁卯 16 | 戊辰 17 | 己巳 18 | 庚午 19 | 辛未 20 | 壬申 21 | 癸酉 22 | 甲戌 23 | 乙亥 24 | 丙子 25 | 丁丑 26 | 戊寅 27 | 己卯 28 | 庚辰 29 | 辛巳 30 | 壬午 31 | 癸未 (4) | 甲申 2 | 乙酉 3 | 丙戌 4 | 丁亥 5 | 戊子 6 | 己丑 7 | 庚寅 8 | | 壬戌雨水<br>丁丑春分 |
| 三月大 | 庚辰 | 干支<br>天地<br>西曆 | 辛卯 9 | 壬辰 10 | 癸巳 11 | 甲午 12 | 乙未 13 | 丙申 14 | 丁酉 15 | 戊戌 16 | 己亥 17 | 庚子 18 | 辛丑 19 | 壬寅 20 | 癸卯 21 | 甲辰 22 | 乙巳 23 | 丙午 24 | 丁未 25 | 戊申 26 | 己酉 27 | 庚戌 28 | 辛亥 29 | 壬子 30 | 癸丑 (5) | 甲寅 2 | 乙卯 3 | 丙辰 4 | 丁巳 5 | 戊午 6 | 己未 7 | 庚申 8 | 壬辰穀雨<br>丁未清明 |
| 四月小 | 辛巳 | 干支<br>天地<br>西曆 | 辛酉 9 | 壬戌 10 | 癸亥 11 | 甲子 12 | 乙丑 13 | 丙寅 14 | 丁卯 15 | 戊辰 16 | 己巳 17 | 庚午 18 | 辛未 19 | 壬申 20 | 癸酉 21 | 甲戌 22 | 乙亥 23 | 丙子 24 | 丁丑 25 | 戊寅 26 | 己卯 27 | 庚辰 28 | 辛巳 29 | 壬午 30 | 癸未 31 | 甲申 (6) | 乙酉 2 | 丙戌 3 | 丁亥 4 | 戊子 5 | 己丑 6 | | 壬戌立夏<br>戊寅小滿 |
| 五月大 | 壬午 | 干支<br>天地<br>西曆 | 庚寅 7 | 辛卯 8 | 壬辰 9 | 癸巳 10 | 甲午 11 | 乙未 12 | 丙申 13 | 丁酉 14 | 戊戌 15 | 己亥 16 | 庚子 17 | 辛丑 18 | 壬寅 19 | 癸卯 20 | 甲辰 21 | 乙巳 22 | 丙午 23 | 丁未 24 | 戊申 25 | 己酉 26 | 庚戌 27 | 辛亥 28 | 壬子 29 | 癸丑 30 | 甲寅 (7) | 乙卯 2 | 丙辰 3 | 丁巳 4 | 戊午 5 | 己未 6 | 癸巳芒種<br>戊申夏至 |
| 六月小 | 癸未 | 干支<br>天地<br>西曆 | 庚申 7 | 辛酉 8 | 壬戌 9 | 癸亥 10 | 甲子 11 | 乙丑 12 | 丙寅 13 | 丁卯 14 | 戊辰 15 | 己巳 16 | 庚午 17 | 辛未 18 | 壬申 19 | 癸酉 20 | 甲戌 21 | 乙亥 22 | 丙子 23 | 丁丑 24 | 戊寅 25 | 己卯 26 | 庚辰 27 | 辛巳 28 | 壬午 29 | 癸未 30 | 甲申 31 | 乙酉 (8) | 丙戌 2 | 丁亥 3 | 戊子 4 | | 癸亥小暑<br>己卯大暑 |
| 七月大 | 甲申 | 干支<br>天地<br>西曆 | 己丑 5 | 庚寅 6 | 辛卯 7 | 壬辰 8 | 癸巳 9 | 甲午 10 | 乙未 11 | 丙申 12 | 丁酉 13 | 戊戌 14 | 己亥 15 | 庚子 16 | 辛丑 17 | 壬寅 18 | 癸卯 19 | 甲辰 20 | 乙巳 21 | 丙午 22 | 丁未 23 | 戊申 24 | 己酉 25 | 庚戌 26 | 辛亥 27 | 壬子 28 | 癸丑 29 | 甲寅 30 | 乙卯 31 | 丙辰 (9) | 丁巳 2 | 戊午 3 | 甲午立秋<br>己酉處暑 |
| 八月小 | 乙酉 | 干支<br>天地<br>西曆 | 己未 4 | 庚申 5 | 辛酉 6 | 壬戌 7 | 癸亥 8 | 甲子 9 | 乙丑 10 | 丙寅 11 | 丁卯 12 | 戊辰 13 | 己巳 14 | 庚午 15 | 辛未 16 | 壬申 17 | 癸酉 18 | 甲戌 19 | 乙亥 20 | 丙子 21 | 丁丑 22 | 戊寅 23 | 己卯 24 | 庚辰 25 | 辛巳 26 | 壬午 27 | 癸未 28 | 甲申 29 | 乙酉 30 | 丙戌 (10) | 丁亥 2 | | 甲子白露<br>己卯秋分 |
| 九月大 | 丙戌 | 干支<br>天地<br>西曆 | 戊子 3 | 己丑 4 | 庚寅 5 | 辛卯 6 | 壬辰 7 | 癸巳 8 | 甲午 9 | 乙未 10 | 丙申 11 | 丁酉 12 | 戊戌 13 | 己亥 14 | 庚子 15 | 辛丑 16 | 壬寅 17 | 癸卯 18 | 甲辰 19 | 乙巳 20 | 丙午 21 | 丁未 22 | 戊申 23 | 己酉 24 | 庚戌 25 | 辛亥 26 | 壬子 27 | 癸丑 28 | 甲寅 29 | 乙卯 30 | 丙辰 31 | 丁巳 (11) | 乙未寒露<br>庚戌霜降<br>丁巳日食 |
| 十月小 | 丁亥 | 干支<br>天地<br>西曆 | 戊午 2 | 己未 3 | 庚申 4 | 辛酉 5 | 壬戌 6 | 癸亥 7 | 甲子 8 | 乙丑 9 | 丙寅 10 | 丁卯 11 | 戊辰 12 | 己巳 13 | 庚午 14 | 辛未 15 | 壬申 16 | 癸酉 17 | 甲戌 18 | 乙亥 19 | 丙子 20 | 丁丑 21 | 戊寅 22 | 己卯 23 | 庚辰 24 | 辛巳 25 | 壬午 26 | 癸未 27 | 甲申 28 | 乙酉 29 | 丙戌 30 | | 乙丑立冬<br>庚辰小雪 |
| 十一月大 | 戊子 | 干支<br>天地<br>西曆 | 丁亥 (12) | 戊子 2 | 己丑 3 | 庚寅 4 | 辛卯 5 | 壬辰 6 | 癸巳 7 | 甲午 8 | 乙未 9 | 丙申 10 | 丁酉 11 | 戊戌 12 | 己亥 13 | 庚子 14 | 辛丑 15 | 壬寅 16 | 癸卯 17 | 甲辰 18 | 乙巳 19 | 丙午 20 | 丁未 21 | 戊申 22 | 己酉 23 | 庚戌 24 | 辛亥 25 | 壬子 26 | 癸丑 27 | 甲寅 28 | 乙卯 29 | 丙辰 30 | 丙申大雪<br>辛亥冬至 |
| 十二月大 | 己丑 | 干支<br>天地<br>西曆 | 丁巳 31 | 戊午 (1) | 己未 2 | 庚申 3 | 辛酉 4 | 壬戌 5 | 癸亥 6 | 甲子 7 | 乙丑 8 | 丙寅 9 | 丁卯 10 | 戊辰 11 | 己巳 12 | 庚午 13 | 辛未 14 | 壬申 15 | 癸酉 16 | 甲戌 17 | 乙亥 18 | 丙子 19 | 丁丑 20 | 戊寅 21 | 己卯 22 | 庚辰 23 | 辛巳 24 | 壬午 25 | 癸未 26 | 甲申 27 | 乙酉 28 | 丙戌 29 | 丙寅小寒<br>辛巳大寒 |

* 正月壬辰（初一），改元永始。

# 漢成帝永始二年（丙午 馬年） 公元前 15 ~ 前 14 年

| 夏曆月序 | | 中西曆日對照 | 初一 | 初二 | 初三 | 初四 | 初五 | 初六 | 初七 | 初八 | 初九 | 初十 | 十一 | 十二 | 十三 | 十四 | 十五 | 十六 | 十七 | 十八 | 十九 | 二十 | 二一 | 二二 | 二三 | 二四 | 二五 | 二六 | 二七 | 二八 | 二九 | 三十 | 節氣與天象 |
|---|---|---|---|---|---|---|---|---|---|---|---|---|---|---|---|---|---|---|---|---|---|---|---|---|---|---|---|---|---|---|---|---|---|
| 正月小 | 庚寅 | 天干地支西曆 | 丁亥30 | 戊子31 | 己丑(2) | 庚寅2 | 辛卯3 | 壬辰4 | 癸巳5 | 甲午6 | 乙未7 | 丙申8 | 丁酉9 | 戊戌10 | 己亥11 | 庚子12 | 辛丑13 | 壬寅14 | 癸卯15 | 甲辰16 | 乙巳17 | 丙午18 | 丁未19 | 戊申20 | 己酉21 | 庚戌22 | 辛亥23 | 壬子24 | 癸丑25 | 甲寅26 | 乙卯27 | | 丙申立春 壬子驚蟄 |
| 二月大 | 辛卯 | 天干地支西曆 | 丙辰28 | 丁巳(3) | 戊午2 | 己未3 | 庚申4 | 辛酉5 | 壬戌6 | 癸亥7 | 甲子8 | 乙丑9 | 丙寅10 | 丁卯11 | 戊辰12 | 己巳13 | 庚午14 | 辛未15 | 壬申16 | 癸酉17 | 甲戌18 | 乙亥19 | 丙子20 | 丁丑21 | 戊寅22 | 己卯23 | 庚辰24 | 辛巳25 | 壬午26 | 癸未27 | 甲申28 | 乙酉29 | 丁卯雨水 壬午春分 乙酉日食 |
| 三月小 | 壬辰 | 天干地支西曆 | 丙戌30 | 丁亥31 | 戊子(4) | 己丑2 | 庚寅3 | 辛卯4 | 壬辰5 | 癸巳6 | 甲午7 | 乙未8 | 丙申9 | 丁酉10 | 戊戌11 | 己亥12 | 庚子13 | 辛丑14 | 壬寅15 | 癸卯16 | 甲辰17 | 乙巳18 | 丙午19 | 丁未20 | 戊申21 | 己酉22 | 庚戌23 | 辛亥24 | 壬子25 | 癸丑26 | 甲寅27 | | 丁酉穀雨 癸丑清明 |
| 四月大 | 癸巳 | 天干地支西曆 | 乙卯28 | 丙辰29 | 丁巳30 | 戊午(5) | 己未2 | 庚申3 | 辛酉4 | 壬戌5 | 癸亥6 | 甲子7 | 乙丑8 | 丙寅9 | 丁卯10 | 戊辰11 | 己巳12 | 庚午13 | 辛未14 | 壬申15 | 癸酉16 | 甲戌17 | 乙亥18 | 丙子19 | 丁丑20 | 戊寅21 | 己卯22 | 庚辰23 | 辛巳24 | 壬午25 | 癸未26 | 甲申27 | 戊辰立夏 癸未小滿 |
| 五月小 | 甲午 | 天干地支西曆 | 乙酉28 | 丙戌29 | 丁亥30 | 戊子31 | 己丑(6) | 庚寅2 | 辛卯3 | 壬辰4 | 癸巳5 | 甲午6 | 乙未7 | 丙申8 | 丁酉9 | 戊戌10 | 己亥11 | 庚子12 | 辛丑13 | 壬寅14 | 癸卯15 | 甲辰16 | 乙巳17 | 丙午18 | 丁未19 | 戊申20 | 己酉21 | 庚戌22 | 辛亥23 | 壬子24 | 癸丑25 | | 戊戌芒種 癸丑夏至 |
| 閏五月大 | 甲午 | 天干地支西曆 | 甲寅26 | 乙卯27 | 丙辰28 | 丁巳29 | 戊午30 | 己未(7) | 庚申2 | 辛酉3 | 壬戌4 | 癸亥5 | 甲子6 | 乙丑7 | 丙寅8 | 丁卯9 | 戊辰10 | 己巳11 | 庚午12 | 辛未13 | 壬申14 | 癸酉15 | 甲戌16 | 乙亥17 | 丙子18 | 丁丑19 | 戊寅20 | 己卯21 | 庚辰22 | 辛巳23 | 壬午24 | 癸未25 | 己巳小暑 |
| 六月小 | 乙未 | 天干地支西曆 | 甲申26 | 乙酉27 | 丙戌28 | 丁亥29 | 戊子30 | 己丑31 | 庚寅(8) | 辛卯2 | 壬辰3 | 癸巳4 | 甲午5 | 乙未6 | 丙申7 | 丁酉8 | 戊戌9 | 己亥10 | 庚子11 | 辛丑12 | 壬寅13 | 癸卯14 | 甲辰15 | 乙巳16 | 丙午17 | 丁未18 | 戊申19 | 己酉20 | 庚戌21 | 辛亥22 | 壬子23 | | 甲申大暑 己亥立秋 |
| 七月大 | 丙申 | 天干地支西曆 | 癸丑24 | 甲寅25 | 乙卯26 | 丙辰27 | 丁巳28 | 戊午29 | 己未30 | 庚申31 | 辛酉(9) | 壬戌2 | 癸亥3 | 甲子4 | 乙丑5 | 丙寅6 | 丁卯7 | 戊辰8 | 己巳9 | 庚午10 | 辛未11 | 壬申12 | 癸酉13 | 甲戌14 | 乙亥15 | 丙子16 | 丁丑17 | 戊寅18 | 己卯19 | 庚辰20 | 辛巳21 | 壬午22 | 甲寅處暑 己巳白露 |
| 八月小 | 丁酉 | 天干地支西曆 | 癸未23 | 甲申24 | 乙酉25 | 丙戌26 | 丁亥27 | 戊子28 | 己丑29 | 庚寅30 | 辛卯(10) | 壬辰2 | 癸巳3 | 甲午4 | 乙未5 | 丙申6 | 丁酉7 | 戊戌8 | 己亥9 | 庚子10 | 辛丑11 | 壬寅12 | 癸卯13 | 甲辰14 | 乙巳15 | 丙午16 | 丁未17 | 戊申18 | 己酉19 | 庚戌20 | 辛亥21 | | 乙酉秋分 庚子寒露 |
| 九月大 | 戊戌 | 天干地支西曆 | 壬子22 | 癸丑23 | 甲寅24 | 乙卯25 | 丙辰26 | 丁巳27 | 戊午28 | 己未29 | 庚申30 | 辛酉31 | 壬戌(11) | 癸亥2 | 甲子3 | 乙丑4 | 丙寅5 | 丁卯6 | 戊辰7 | 己巳8 | 庚午9 | 辛未10 | 壬申11 | 癸酉12 | 甲戌13 | 乙亥14 | 丙子15 | 丁丑16 | 戊寅17 | 己卯18 | 庚辰19 | 辛巳20 | 乙卯霜降 庚午立冬 |
| 十月小 | 己亥 | 天干地支西曆 | 壬午21 | 癸未22 | 甲申23 | 乙酉24 | 丙戌25 | 丁亥26 | 戊子27 | 己丑28 | 庚寅29 | 辛卯30 | 壬辰(12) | 癸巳2 | 甲午3 | 乙未4 | 丙申5 | 丁酉6 | 戊戌7 | 己亥8 | 庚子9 | 辛丑10 | 壬寅11 | 癸卯12 | 甲辰13 | 乙巳14 | 丙午15 | 丁未16 | 戊申17 | 己酉18 | 庚戌19 | | 丙戌小雪 辛丑大雪 |
| 十一月大 | 庚子 | 天干地支西曆 | 辛亥20 | 壬子21 | 癸丑22 | 甲寅23 | 乙卯24 | 丙辰25 | 丁巳26 | 戊午27 | 己未28 | 庚申29 | 辛酉30 | 壬戌31 | 癸亥(1) | 甲子2 | 乙丑3 | 丙寅4 | 丁卯5 | 戊辰6 | 己巳7 | 庚午8 | 辛未9 | 壬申10 | 癸酉11 | 甲戌12 | 乙亥13 | 丙子14 | 丁丑15 | 戊寅16 | 己卯17 | 庚辰18 | 丙辰冬至 辛未小寒 |
| 十二月小 | 辛丑 | 天干地支西曆 | 辛巳19 | 壬午20 | 癸未21 | 甲申22 | 乙酉23 | 丙戌24 | 丁亥25 | 戊子26 | 己丑27 | 庚寅28 | 辛卯29 | 壬辰30 | 癸巳31 | 甲午(2) | 乙未2 | 丙申3 | 丁酉4 | 戊戌5 | 己亥6 | 庚子7 | 辛丑8 | 壬寅9 | 癸卯10 | 甲辰11 | 乙巳12 | 丙午13 | 丁未14 | 戊申15 | 己酉16 | | 丙戌大寒 壬寅立春 |

# 漢成帝永始三年（丁未 羊年） 公元前 14 ~ 前 13 年

| 夏曆月序 | | 中西曆日對照 | 初一 | 初二 | 初三 | 初四 | 初五 | 初六 | 初七 | 初八 | 初九 | 初十 | 十一 | 十二 | 十三 | 十四 | 十五 | 十六 | 十七 | 十八 | 十九 | 二十 | 二一 | 二二 | 二三 | 二四 | 二五 | 二六 | 二七 | 二八 | 二九 | 三十 | 節氣與天象 |
|---|---|---|---|---|---|---|---|---|---|---|---|---|---|---|---|---|---|---|---|---|---|---|---|---|---|---|---|---|---|---|---|---|---|
| 正月大 | 壬寅 | 干支<br>天地<br>西曆 | 庚戌<br>17 | 辛亥<br>18 | 壬子<br>19 | 癸丑<br>20 | 甲寅<br>21 | 乙卯<br>22 | 丙辰<br>23 | 丁巳<br>24 | 戊午<br>25 | 己未<br>26 | 庚申<br>27 | 辛酉<br>28 | 壬戌<br>(3) | 癸亥<br>2 | 甲子<br>3 | 乙丑<br>4 | 丙寅<br>5 | 丁卯<br>6 | 戊辰<br>7 | 己巳<br>8 | 庚午<br>9 | 辛未<br>10 | 壬申<br>11 | 癸酉<br>12 | 甲戌<br>13 | 乙亥<br>14 | 丙子<br>15 | 丁丑<br>16 | 戊寅<br>17 | 己卯<br>18 | 丁巳驚蟄<br>壬申雨水<br>己卯日食 |
| 二月小 | 癸卯 | 干支<br>天地<br>西曆 | 庚辰<br>19 | 辛巳<br>20 | 壬午<br>21 | 癸未<br>22 | 甲申<br>23 | 乙酉<br>24 | 丙戌<br>25 | 丁亥<br>26 | 戊子<br>27 | 己丑<br>28 | 庚寅<br>29 | 辛卯<br>30 | 壬辰<br>31 | 癸巳<br>(4) | 甲午<br>2 | 乙未<br>3 | 丙申<br>4 | 丁酉<br>5 | 戊戌<br>6 | 己亥<br>7 | 庚子<br>8 | 辛丑<br>9 | 壬寅<br>10 | 癸卯<br>11 | 甲辰<br>12 | 乙巳<br>13 | 丙午<br>14 | 丁未<br>15 | 戊申<br>16 | | 丁亥春分<br>癸卯穀雨 |
| 三月大 | 甲辰 | 干支<br>天地<br>西曆 | 己酉<br>17 | 庚戌<br>18 | 辛亥<br>19 | 壬子<br>20 | 癸丑<br>21 | 甲寅<br>22 | 乙卯<br>23 | 丙辰<br>24 | 丁巳<br>25 | 戊午<br>26 | 己未<br>27 | 庚申<br>28 | 辛酉<br>29 | 壬戌<br>30 | 癸亥<br>(5) | 甲子<br>2 | 乙丑<br>3 | 丙寅<br>4 | 丁卯<br>5 | 戊辰<br>6 | 己巳<br>7 | 庚午<br>8 | 辛未<br>9 | 壬申<br>10 | 癸酉<br>11 | 甲戌<br>12 | 乙亥<br>13 | 丙子<br>14 | 丁丑<br>15 | 戊寅<br>16 | 戊午清明<br>癸酉立夏 |
| 四月大 | 乙巳 | 干支<br>天地<br>西曆 | 己卯<br>17 | 庚辰<br>18 | 辛巳<br>19 | 壬午<br>20 | 癸未<br>21 | 甲申<br>22 | 乙酉<br>23 | 丙戌<br>24 | 丁亥<br>25 | 戊子<br>26 | 己丑<br>27 | 庚寅<br>28 | 辛卯<br>29 | 壬辰<br>30 | 癸巳<br>31 | 甲午<br>(6) | 乙未<br>2 | 丙申<br>3 | 丁酉<br>4 | 戊戌<br>5 | 己亥<br>6 | 庚子<br>7 | 辛丑<br>8 | 壬寅<br>9 | 癸卯<br>10 | 甲辰<br>11 | 乙巳<br>12 | 丙午<br>13 | 丁未<br>14 | 戊申<br>15 | 戊子小滿<br>癸卯芒種 |
| 五月小 | 丙午 | 干支<br>天地<br>西曆 | 己酉<br>16 | 庚戌<br>17 | 辛亥<br>18 | 壬子<br>19 | 癸丑<br>20 | 甲寅<br>21 | 乙卯<br>22 | 丙辰<br>23 | 丁巳<br>24 | 戊午<br>25 | 己未<br>26 | 庚申<br>27 | 辛酉<br>28 | 壬戌<br>29 | 癸亥<br>30 | 甲子<br>(7) | 乙丑<br>2 | 丙寅<br>3 | 丁卯<br>4 | 戊辰<br>5 | 己巳<br>6 | 庚午<br>7 | 辛未<br>8 | 壬申<br>9 | 癸酉<br>10 | 甲戌<br>11 | 乙亥<br>12 | 丙子<br>13 | 丁丑<br>14 | | 己未夏至<br>甲戌小暑 |
| 六月大 | 丁未 | 干支<br>天地<br>西曆 | 戊寅<br>15 | 己卯<br>16 | 庚辰<br>17 | 辛巳<br>18 | 壬午<br>19 | 癸未<br>20 | 甲申<br>21 | 乙酉<br>22 | 丙戌<br>23 | 丁亥<br>24 | 戊子<br>25 | 己丑<br>26 | 庚寅<br>27 | 辛卯<br>28 | 壬辰<br>29 | 癸巳<br>30 | 甲午<br>31 | 乙未<br>(8) | 丙申<br>2 | 丁酉<br>3 | 戊戌<br>4 | 己亥<br>5 | 庚子<br>6 | 辛丑<br>7 | 壬寅<br>8 | 癸卯<br>9 | 甲辰<br>10 | 乙巳<br>11 | 丙午<br>12 | 丁未<br>13 | 己丑大暑<br>甲辰立秋 |
| 七月小 | 戊申 | 干支<br>天地<br>西曆 | 戊申<br>14 | 己酉<br>15 | 庚戌<br>16 | 辛亥<br>17 | 壬子<br>18 | 癸丑<br>19 | 甲寅<br>20 | 乙卯<br>21 | 丙辰<br>22 | 丁巳<br>23 | 戊午<br>24 | 己未<br>25 | 庚申<br>26 | 辛酉<br>27 | 壬戌<br>28 | 癸亥<br>29 | 甲子<br>30 | 乙丑<br>31 | 丙寅<br>(9) | 丁卯<br>2 | 戊辰<br>3 | 己巳<br>4 | 庚午<br>5 | 辛未<br>6 | 壬申<br>7 | 癸酉<br>8 | 甲戌<br>9 | 乙亥<br>10 | 丙子<br>11 | | 庚申處暑<br>乙亥白露 |
| 八月大 | 己酉 | 干支<br>天地<br>西曆 | 丁丑<br>12 | 戊寅<br>13 | 己卯<br>14 | 庚辰<br>15 | 辛巳<br>16 | 壬午<br>17 | 癸未<br>18 | 甲申<br>19 | 乙酉<br>20 | 丙戌<br>21 | 丁亥<br>22 | 戊子<br>23 | 己丑<br>24 | 庚寅<br>25 | 辛卯<br>26 | 壬辰<br>27 | 癸巳<br>28 | 甲午<br>29 | 乙未<br>30 | 丙申<br>(10) | 丁酉<br>2 | 戊戌<br>3 | 己亥<br>4 | 庚子<br>5 | 辛丑<br>6 | 壬寅<br>7 | 癸卯<br>8 | 甲辰<br>9 | 乙巳<br>10 | 丙午<br>11 | 庚寅秋分<br>乙巳寒露 |
| 九月小 | 庚戌 | 干支<br>天地<br>西曆 | 丁未<br>12 | 戊申<br>13 | 己酉<br>14 | 庚戌<br>15 | 辛亥<br>16 | 壬子<br>17 | 癸丑<br>18 | 甲寅<br>19 | 乙卯<br>20 | 丙辰<br>21 | 丁巳<br>22 | 戊午<br>23 | 己未<br>24 | 庚申<br>25 | 辛酉<br>26 | 壬戌<br>27 | 癸亥<br>28 | 甲子<br>29 | 乙丑<br>30 | 丙寅<br>31 | 丁卯<br>(11) | 戊辰<br>2 | 己巳<br>3 | 庚午<br>4 | 辛未<br>5 | 壬申<br>6 | 癸酉<br>7 | 甲戌<br>8 | 乙亥<br>9 | | 庚申霜降 |
| 十月大 | 辛亥 | 干支<br>天地<br>西曆 | 丙子<br>10 | 丁丑<br>11 | 戊寅<br>12 | 己卯<br>13 | 庚辰<br>14 | 辛巳<br>15 | 壬午<br>16 | 癸未<br>17 | 甲申<br>18 | 乙酉<br>19 | 丙戌<br>20 | 丁亥<br>21 | 戊子<br>22 | 己丑<br>23 | 庚寅<br>24 | 辛卯<br>25 | 壬辰<br>26 | 癸巳<br>27 | 甲午<br>28 | 乙未<br>29 | 丙申<br>30 | 丁酉<br>(12) | 戊戌<br>2 | 己亥<br>3 | 庚子<br>4 | 辛丑<br>5 | 壬寅<br>6 | 癸卯<br>7 | 甲辰<br>8 | 乙巳<br>9 | 丙子立冬<br>辛卯小雪 |
| 十一月小 | 壬子 | 干支<br>天地<br>西曆 | 丙午<br>10 | 丁未<br>11 | 戊申<br>12 | 己酉<br>13 | 庚戌<br>14 | 辛亥<br>15 | 壬子<br>16 | 癸丑<br>17 | 甲寅<br>18 | 乙卯<br>19 | 丙辰<br>20 | 丁巳<br>21 | 戊午<br>22 | 己未<br>23 | 庚申<br>24 | 辛酉<br>25 | 壬戌<br>26 | 癸亥<br>27 | 甲子<br>28 | 乙丑<br>29 | 丙寅<br>30 | 丁卯<br>31 | 戊辰<br>(1) | 己巳<br>2 | 庚午<br>3 | 辛未<br>4 | 壬申<br>5 | 癸酉<br>6 | 甲戌<br>7 | | 丙午大雪<br>辛酉冬至 |
| 十二月大 | 癸丑 | 干支<br>天地<br>西曆 | 乙亥<br>8 | 丙子<br>9 | 丁丑<br>10 | 戊寅<br>11 | 己卯<br>12 | 庚辰<br>13 | 辛巳<br>14 | 壬午<br>15 | 癸未<br>16 | 甲申<br>17 | 乙酉<br>18 | 丙戌<br>19 | 丁亥<br>20 | 戊子<br>21 | 己丑<br>22 | 庚寅<br>23 | 辛卯<br>24 | 壬辰<br>25 | 癸巳<br>26 | 甲午<br>27 | 乙未<br>28 | 丙申<br>29 | 丁酉<br>30 | 戊戌<br>31 | 己亥<br>(2) | 庚子<br>2 | 辛丑<br>3 | 壬寅<br>4 | 癸卯<br>5 | 甲辰<br>6 | 丙子小寒<br>壬辰大寒 |

# 漢成帝永始四年（戊申 猴年） 公元前 13 ~ 前 12 年

| 夏曆月序 | | 中西曆對照 | 初一 | 初二 | 初三 | 初四 | 初五 | 初六 | 初七 | 初八 | 初九 | 初十 | 十一 | 十二 | 十三 | 十四 | 十五 | 十六 | 十七 | 十八 | 十九 | 二十 | 二一 | 二二 | 二三 | 二四 | 二五 | 二六 | 二七 | 二八 | 二九 | 三十 | 節氣與天象 |
|---|---|---|---|---|---|---|---|---|---|---|---|---|---|---|---|---|---|---|---|---|---|---|---|---|---|---|---|---|---|---|---|---|---|
| 正月小 | 甲寅 | 天干地支西曆 | 乙巳 7 | 丙午 8 | 丁未 9 | 戊申 10 | 己酉 11 | 庚戌 12 | 辛亥 13 | 壬子 14 | 癸丑 15 | 甲寅 16 | 乙卯 17 | 丙辰 18 | 丁巳 19 | 戊午 20 | 己未 21 | 庚申 22 | 辛酉 23 | 壬戌 24 | 癸亥 25 | 甲子 26 | 乙丑 27 | 丙寅 28 | 丁卯 29 | 戊辰 (3) | 己巳 2 | 庚午 3 | 辛未 4 | 壬申 5 | 癸酉 6 | | 丁未立春<br>壬戌驚蟄 |
| 二月大 | 乙卯 | 天干地支西曆 | 甲戌 7 | 乙亥 8 | 丙子 9 | 丁丑 10 | 戊寅 11 | 己卯 12 | 庚辰 13 | 辛巳 14 | 壬午 15 | 癸未 16 | 甲申 17 | 乙酉 18 | 丙戌 19 | 丁亥 20 | 戊子 21 | 己丑 22 | 庚寅 23 | 辛卯 24 | 壬辰 25 | 癸巳 26 | 甲午 27 | 乙未 28 | 丙申 29 | 丁酉 30 | 戊戌 31 | 己亥 (4) | 庚子 2 | 辛丑 3 | 壬寅 4 | 癸卯 5 | 丁丑雨水<br>癸巳春分 |
| 三月小 | 丙辰 | 天干地支西曆 | 甲辰 6 | 乙巳 7 | 丙午 8 | 丁未 9 | 戊申 10 | 己酉 11 | 庚戌 12 | 辛亥 13 | 壬子 14 | 癸丑 15 | 甲寅 16 | 乙卯 17 | 丙辰 18 | 丁巳 19 | 戊午 20 | 己未 21 | 庚申 22 | 辛酉 23 | 壬戌 24 | 癸亥 25 | 甲子 26 | 乙丑 27 | 丙寅 28 | 丁卯 29 | 戊辰 30 | 己巳 (5) | 庚午 2 | 辛未 3 | 壬申 4 | | 戊申穀雨<br>癸亥清明 |
| 四月大 | 丁巳 | 天干地支西曆 | 癸酉 5 | 甲戌 6 | 乙亥 7 | 丙子 8 | 丁丑 9 | 戊寅 10 | 己卯 11 | 庚辰 12 | 辛巳 13 | 壬午 14 | 癸未 15 | 甲申 16 | 乙酉 17 | 丙戌 18 | 丁亥 19 | 戊子 20 | 己丑 21 | 庚寅 22 | 辛卯 23 | 壬辰 24 | 癸巳 25 | 甲午 26 | 乙未 27 | 丙申 28 | 丁酉 29 | 戊戌 30 | 己亥 31 | 庚子 (6) | 辛丑 2 | 壬寅 3 | 戊寅立夏<br>癸巳小滿 |
| 五月小 | 戊午 | 天干地支西曆 | 癸卯 4 | 甲辰 5 | 乙巳 6 | 丙午 7 | 丁未 8 | 戊申 9 | 己酉 10 | 庚戌 11 | 辛亥 12 | 壬子 13 | 癸丑 14 | 甲寅 15 | 乙卯 16 | 丙辰 17 | 丁巳 18 | 戊午 19 | 己未 20 | 庚申 21 | 辛酉 22 | 壬戌 23 | 癸亥 24 | 甲子 25 | 乙丑 26 | 丙寅 27 | 丁卯 28 | 戊辰 29 | 己巳 30 | 庚午 (7) | 辛未 2 | | 己酉芒種<br>甲子夏至 |
| 六月大 | 己未 | 天干地支西曆 | 壬申 3 | 癸酉 4 | 甲戌 5 | 乙亥 6 | 丙子 7 | 丁丑 8 | 戊寅 9 | 己卯 10 | 庚辰 11 | 辛巳 12 | 壬午 13 | 癸未 14 | 甲申 15 | 乙酉 16 | 丙戌 17 | 丁亥 18 | 戊子 19 | 己丑 20 | 庚寅 21 | 辛卯 22 | 壬辰 23 | 癸巳 24 | 甲午 25 | 乙未 26 | 丙申 27 | 丁酉 28 | 戊戌 29 | 己亥 30 | 庚子 31 | 辛丑 (8) | 己卯小暑<br>甲午大暑 |
| 七月大 | 庚申 | 天干地支西曆 | 壬寅 2 | 癸卯 3 | 甲辰 4 | 乙巳 5 | 丙午 6 | 丁未 7 | 戊申 8 | 己酉 9 | 庚戌 10 | 辛亥 11 | 壬子 12 | 癸丑 13 | 甲寅 14 | 乙卯 15 | 丙辰 16 | 丁巳 17 | 戊午 18 | 己未 19 | 庚申 20 | 辛酉 21 | 壬戌 22 | 癸亥 23 | 甲子 24 | 乙丑 25 | 丙寅 26 | 丁卯 27 | 戊辰 28 | 己巳 29 | 庚午 30 | 辛未 31 | 庚戌立秋<br>乙丑處暑<br>辛未日食 |
| 八月小 | 辛酉 | 天干地支西曆 | 壬申 (9) | 癸酉 2 | 甲戌 3 | 乙亥 4 | 丙子 5 | 丁丑 6 | 戊寅 7 | 己卯 8 | 庚辰 9 | 辛巳 10 | 壬午 11 | 癸未 12 | 甲申 13 | 乙酉 14 | 丙戌 15 | 丁亥 16 | 戊子 17 | 己丑 18 | 庚寅 19 | 辛卯 20 | 壬辰 21 | 癸巳 22 | 甲午 23 | 乙未 24 | 丙申 25 | 丁酉 26 | 戊戌 27 | 己亥 28 | 庚子 29 | | 庚辰白露<br>乙未秋分 |
| 九月大 | 壬戌 | 天干地支西曆 | 辛丑 30 | 壬寅 (10) | 癸卯 2 | 甲辰 3 | 乙巳 4 | 丙午 5 | 丁未 6 | 戊申 7 | 己酉 8 | 庚戌 9 | 辛亥 10 | 壬子 11 | 癸丑 12 | 甲寅 13 | 乙卯 14 | 丙辰 15 | 丁巳 16 | 戊午 17 | 己未 18 | 庚申 19 | 辛酉 20 | 壬戌 21 | 癸亥 22 | 甲子 23 | 乙丑 24 | 丙寅 25 | 丁卯 26 | 戊辰 27 | 己巳 28 | 庚午 29 | 庚戌寒露<br>丙寅霜降 |
| 十月小 | 癸亥 | 天干地支西曆 | 辛未 30 | 壬申 31 | 癸酉 (11) | 甲戌 2 | 乙亥 3 | 丙子 4 | 丁丑 5 | 戊寅 6 | 己卯 7 | 庚辰 8 | 辛巳 9 | 壬午 10 | 癸未 11 | 甲申 12 | 乙酉 13 | 丙戌 14 | 丁亥 15 | 戊子 16 | 己丑 17 | 庚寅 18 | 辛卯 19 | 壬辰 20 | 癸巳 21 | 甲午 22 | 乙未 23 | 丙申 24 | 丁酉 25 | 戊戌 26 | 己亥 27 | | 辛巳立冬<br>丙申小雪 |
| 十一月大 | 甲子 | 天干地支西曆 | 庚子 28 | 辛丑 29 | 壬寅 30 | 癸卯 (12) | 甲辰 2 | 乙巳 3 | 丙午 4 | 丁未 5 | 戊申 6 | 己酉 7 | 庚戌 8 | 辛亥 9 | 壬子 10 | 癸丑 11 | 甲寅 12 | 乙卯 13 | 丙辰 14 | 丁巳 15 | 戊午 16 | 己未 17 | 庚申 18 | 辛酉 19 | 壬戌 20 | 癸亥 21 | 甲子 22 | 乙丑 23 | 丙寅 24 | 丁卯 25 | 戊辰 26 | 己巳 27 | 辛亥大雪<br>丁卯冬至 |
| 十二月小 | 乙丑 | 天干地支西曆 | 庚午 28 | 辛未 29 | 壬申 30 | 癸酉 31 | 甲戌 (1) | 乙亥 2 | 丙子 3 | 丁丑 4 | 戊寅 5 | 己卯 6 | 庚辰 7 | 辛巳 8 | 壬午 9 | 癸未 10 | 甲申 11 | 乙酉 12 | 丙戌 13 | 丁亥 14 | 戊子 15 | 己丑 16 | 庚寅 17 | 辛卯 18 | 壬辰 19 | 癸巳 20 | 甲午 21 | 乙未 22 | 丙申 23 | 丁酉 24 | 戊戌 25 | | 壬午小寒<br>丁酉大寒 |

# 漢成帝元延元年（己酉 鷄年） 公元前12 ~ 前11年

| 夏曆月序 | | 中西曆日對照 | 夏曆日序 | | | | | | | | | | | | | | | | | | | | | | | | | | | | | | 節氣與天象 |
|---|---|---|---|---|---|---|---|---|---|---|---|---|---|---|---|---|---|---|---|---|---|---|---|---|---|---|---|---|---|---|---|---|---|
| | | | 初一 | 初二 | 初三 | 初四 | 初五 | 初六 | 初七 | 初八 | 初九 | 初十 | 十一 | 十二 | 十三 | 十四 | 十五 | 十六 | 十七 | 十八 | 十九 | 二十 | 二一 | 二二 | 二三 | 二四 | 二五 | 二六 | 二七 | 二八 | 二九 | 三十 | |
| 正月大 | 丙寅 | 天干地支西曆 | 己亥26 | 庚子27 | 辛丑28 | 壬寅29 | 癸卯30 | 甲辰31 | 乙巳(2) | 丙午2 | 丁未3 | 戊申4 | 己酉5 | 庚戌6 | 辛亥7 | 壬子8 | 癸丑9 | 甲寅10 | 乙卯11 | 丙辰12 | 丁巳13 | 戊午14 | 己未15 | 庚申16 | 辛酉17 | 壬戌18 | 癸亥19 | 甲子20 | 乙丑21 | 丙寅22 | 丁卯23 | 戊辰24 | 壬子立春<br>丁卯驚蟄<br>己亥日食 |
| 閏正月小 | 丙寅 | 天干地支西曆 | 己巳25 | 庚午26 | 辛未27 | 壬申28 | 癸酉(3) | 甲戌2 | 乙亥3 | 丙子4 | 丁丑5 | 戊寅6 | 己卯7 | 庚辰8 | 辛巳9 | 壬午10 | 癸未11 | 甲申12 | 乙酉13 | 丙戌14 | 丁亥15 | 戊子16 | 己丑17 | 庚寅18 | 辛卯19 | 壬辰20 | 癸巳21 | 甲午22 | 乙未23 | 丙申24 | 丁酉25 | | 癸未雨水 |
| 二月大 | 丁卯 | 天干地支西曆 | 戊戌26 | 己亥27 | 庚子28 | 辛丑29 | 壬寅30 | 癸卯31 | 甲辰(4) | 乙巳2 | 丙午3 | 丁未4 | 戊申5 | 己酉6 | 庚戌7 | 辛亥8 | 壬子9 | 癸丑10 | 甲寅11 | 乙卯12 | 丙辰13 | 丁巳14 | 戊午15 | 己未16 | 庚申17 | 辛酉18 | 壬戌19 | 癸亥20 | 甲子21 | 乙丑22 | 丙寅23 | 丁卯24 | 戊戌春分<br>癸丑穀雨 |
| 三月小 | 戊辰 | 天干地支西曆 | 戊辰25 | 己巳26 | 庚午27 | 辛未28 | 壬申29 | 癸酉30 | 甲戌(5) | 乙亥2 | 丙子3 | 丁丑4 | 戊寅5 | 己卯6 | 庚辰7 | 辛巳8 | 壬午9 | 癸未10 | 甲申11 | 乙酉12 | 丙戌13 | 丁亥14 | 戊子15 | 己丑16 | 庚寅17 | 辛卯18 | 壬辰19 | 癸巳20 | 甲午21 | 乙未22 | 丙申23 | | 戊辰清明<br>癸未立夏 |
| 四月大 | 己巳 | 天干地支西曆 | 丁酉24 | 戊戌25 | 己亥26 | 庚子27 | 辛丑28 | 壬寅29 | 癸卯30 | 甲辰31 | 乙巳(6) | 丙午2 | 丁未3 | 戊申4 | 己酉5 | 庚戌6 | 辛亥7 | 壬子8 | 癸丑9 | 甲寅10 | 乙卯11 | 丙辰12 | 丁巳13 | 戊午14 | 己未15 | 庚申16 | 辛酉17 | 壬戌18 | 癸亥19 | 甲子20 | 乙丑21 | 丙寅22 | 己亥小滿<br>甲寅芒種 |
| 五月小 | 庚午 | 天干地支西曆 | 丁卯23 | 戊辰24 | 己巳25 | 庚午26 | 辛未27 | 壬申28 | 癸酉29 | 甲戌30 | 乙亥(7) | 丙子2 | 丁丑3 | 戊寅4 | 己卯5 | 庚辰6 | 辛巳7 | 壬午8 | 癸未9 | 甲申10 | 乙酉11 | 丙戌12 | 丁亥13 | 戊子14 | 己丑15 | 庚寅16 | 辛卯17 | 壬辰18 | 癸巳19 | 甲午20 | 乙未21 | | 己巳夏至<br>甲申小暑 |
| 六月大 | 辛未 | 天干地支西曆 | 丙申22 | 丁酉23 | 戊戌24 | 己亥25 | 庚子26 | 辛丑27 | 壬寅28 | 癸卯29 | 甲辰30 | 乙巳31 | 丙午(8) | 丁未2 | 戊申3 | 己酉4 | 庚戌5 | 辛亥6 | 壬子7 | 癸丑8 | 甲寅9 | 乙卯10 | 丙辰11 | 丁巳12 | 戊午13 | 己未14 | 庚申15 | 辛酉16 | 壬戌17 | 癸亥18 | 甲子19 | 乙丑20 | 庚子大暑<br>乙卯立秋 |
| 七月小 | 壬申 | 天干地支西曆 | 丙寅21 | 丁卯22 | 戊辰23 | 己巳24 | 庚午25 | 辛未26 | 壬申27 | 癸酉28 | 甲戌29 | 乙亥30 | 丙子31 | 丁丑(9) | 戊寅2 | 己卯3 | 庚辰4 | 辛巳5 | 壬午6 | 癸未7 | 甲申8 | 乙酉9 | 丙戌10 | 丁亥11 | 戊子12 | 己丑13 | 庚寅14 | 辛卯15 | 壬辰16 | 癸巳17 | 甲午18 | | 庚午處暑<br>乙酉白露 |
| 八月大 | 癸酉 | 天干地支西曆 | 乙未19 | 丙申20 | 丁酉21 | 戊戌22 | 己亥23 | 庚子24 | 辛丑25 | 壬寅26 | 癸卯27 | 甲辰28 | 乙巳29 | 丙午30 | 丁未(10) | 戊申2 | 己酉3 | 庚戌4 | 辛亥5 | 壬子6 | 癸丑7 | 甲寅8 | 乙卯9 | 丙辰10 | 丁巳11 | 戊午12 | 己未13 | 庚申14 | 辛酉15 | 壬戌16 | 癸亥17 | 甲子18 | 庚子秋分<br>丙辰寒露 |
| 九月小 | 甲戌 | 天干地支西曆 | 乙丑19 | 丙寅20 | 丁卯21 | 戊辰22 | 己巳23 | 庚午24 | 辛未25 | 壬申26 | 癸酉27 | 甲戌28 | 乙亥29 | 丙子30 | 丁丑31 | 戊寅(11) | 己卯2 | 庚辰3 | 辛巳4 | 壬午5 | 癸未6 | 甲申7 | 乙酉8 | 丙戌9 | 丁亥10 | 戊子11 | 己丑12 | 庚寅13 | 辛卯14 | 壬辰15 | 癸巳16 | | 辛未霜降<br>丙戌立冬 |
| 十月大 | 乙亥 | 天干地支西曆 | 甲午17 | 乙未18 | 丙申19 | 丁酉20 | 戊戌21 | 己亥22 | 庚子23 | 辛丑24 | 壬寅25 | 癸卯26 | 甲辰27 | 乙巳28 | 丙午29 | 丁未30 | 戊申(12) | 己酉2 | 庚戌3 | 辛亥4 | 壬子5 | 癸丑6 | 甲寅7 | 乙卯8 | 丙辰9 | 丁巳10 | 戊午11 | 己未12 | 庚申13 | 辛酉14 | 壬戌15 | 癸亥16 | 辛丑小雪<br>丁巳大雪 |
| 十一月大 | 丙子 | 天干地支西曆 | 甲子17 | 乙丑18 | 丙寅19 | 丁卯20 | 戊辰21 | 己巳22 | 庚午23 | 辛未24 | 壬申25 | 癸酉26 | 甲戌27 | 乙亥28 | 丙子29 | 丁丑30 | 戊寅31 | 己卯(1) | 庚辰2 | 辛巳3 | 壬午4 | 癸未5 | 甲申6 | 乙酉7 | 丙戌8 | 丁亥9 | 戊子10 | 己丑11 | 庚寅12 | 辛卯13 | 壬辰14 | 癸巳15 | 壬申冬至<br>丁亥小寒 |
| 十二月小 | 丁丑 | 天干地支西曆 | 甲午16 | 乙未17 | 丙申18 | 丁酉19 | 戊戌20 | 己亥21 | 庚子22 | 辛丑23 | 壬寅24 | 癸卯25 | 甲辰26 | 乙巳27 | 丙午28 | 丁未29 | 戊申30 | 己酉31 | 庚戌(2) | 辛亥2 | 壬子3 | 癸丑4 | 甲寅5 | 乙卯6 | 丙辰7 | 丁巳8 | 戊午9 | 己未10 | 庚申11 | 辛酉12 | 壬戌13 | | 壬寅大寒<br>丁巳立春 |

* 正月己亥（初一），改元元延。

# 漢成帝元延二年（庚戌 狗年） 公元前 11 ~ 前 10 年

| 夏曆月序 | | 中西曆日對照 | 夏曆日序 | | | | | | | | | | | | | | | | | | | | | | | | | | | | | | 節氣與天象 |
|---|---|---|---|---|---|---|---|---|---|---|---|---|---|---|---|---|---|---|---|---|---|---|---|---|---|---|---|---|---|---|---|---|---|
| | | | 初一 | 初二 | 初三 | 初四 | 初五 | 初六 | 初七 | 初八 | 初九 | 初十 | 十一 | 十二 | 十三 | 十四 | 十五 | 十六 | 十七 | 十八 | 十九 | 二十 | 二一 | 二二 | 二三 | 二四 | 二五 | 二六 | 二七 | 二八 | 二九 | 三十 | |
| 正月大 | 戊寅 | 干支 | 癸亥 | 甲子 | 乙丑 | 丙寅 | 丁卯 | 戊辰 | 己巳 | 庚午 | 辛未 | 壬申 | 癸酉 | 甲戌 | 乙亥 | 丙子 | 丁丑 | 戊寅 | 己卯 | 庚辰 | 辛巳 | 壬午 | 癸未 | 甲申 | 乙酉 | 丙戌 | 丁亥 | 戊子 | 己丑 | 庚寅 | 辛卯 | 壬辰 | 癸酉驚蟄<br>戊子雨水 |
| | | 西曆 | 14 | 15 | 16 | 17 | 18 | 19 | 20 | 21 | 22 | 23 | 24 | 25 | 26 | 27 | 28 | (3) | 2 | 3 | 4 | 5 | 6 | 7 | 8 | 9 | 10 | 11 | 12 | 13 | 14 | 15 | |
| 二月小 | 己卯 | 干支 | 癸巳 | 甲午 | 乙未 | 丙申 | 丁酉 | 戊戌 | 己亥 | 庚子 | 辛丑 | 壬寅 | 癸卯 | 甲辰 | 乙巳 | 丙午 | 丁未 | 戊申 | 己酉 | 庚戌 | 辛亥 | 壬子 | 癸丑 | 甲寅 | 乙卯 | 丙辰 | 丁巳 | 戊午 | 己未 | 庚申 | 辛酉 | | 癸卯春分<br>戊午穀雨 |
| | | 西曆 | 16 | 17 | 18 | 19 | 20 | 21 | 22 | 23 | 24 | 25 | 26 | 27 | 28 | 29 | 30 | 31 | (4) | 2 | 3 | 4 | 5 | 6 | 7 | 8 | 9 | 10 | 11 | 12 | 13 | | |
| 三月大 | 庚辰 | 干支 | 壬戌 | 癸亥 | 甲子 | 乙丑 | 丙寅 | 丁卯 | 戊辰 | 己巳 | 庚午 | 辛未 | 壬申 | 癸酉 | 甲戌 | 乙亥 | 丙子 | 丁丑 | 戊寅 | 己卯 | 庚辰 | 辛巳 | 壬午 | 癸未 | 甲申 | 乙酉 | 丙戌 | 丁亥 | 戊子 | 己丑 | 庚寅 | 辛卯 | 甲戌清明<br>己丑立夏 |
| | | 西曆 | 14 | 15 | 16 | 17 | 18 | 19 | 20 | 21 | 22 | 23 | 24 | 25 | 26 | 27 | 28 | 29 | 30 | (5) | 2 | 3 | 4 | 5 | 6 | 7 | 8 | 9 | 10 | 11 | 12 | 13 | |
| 四月小 | 辛巳 | 干支 | 壬辰 | 癸巳 | 甲午 | 乙未 | 丙申 | 丁酉 | 戊戌 | 己亥 | 庚子 | 辛丑 | 壬寅 | 癸卯 | 甲辰 | 乙巳 | 丙午 | 丁未 | 戊申 | 己酉 | 庚戌 | 辛亥 | 壬子 | 癸丑 | 甲寅 | 乙卯 | 丙辰 | 丁巳 | 戊午 | 己未 | 庚申 | | 甲辰小滿<br>己未芒種 |
| | | 西曆 | 14 | 15 | 16 | 17 | 18 | 19 | 20 | 21 | 22 | 23 | 24 | 25 | 26 | 27 | 28 | 29 | 30 | 31 | (6) | 2 | 3 | 4 | 5 | 6 | 7 | 8 | 9 | 10 | 11 | | |
| 五月大 | 壬午 | 干支 | 辛酉 | 壬戌 | 癸亥 | 甲子 | 乙丑 | 丙寅 | 丁卯 | 戊辰 | 己巳 | 庚午 | 辛未 | 壬申 | 癸酉 | 甲戌 | 乙亥 | 丙子 | 丁丑 | 戊寅 | 己卯 | 庚辰 | 辛巳 | 壬午 | 癸未 | 甲申 | 乙酉 | 丙戌 | 丁亥 | 戊子 | 己丑 | 庚寅 | 甲戌夏至<br>庚寅小暑 |
| | | 西曆 | 12 | 13 | 14 | 15 | 16 | 17 | 18 | 19 | 20 | 21 | 22 | 23 | 24 | 25 | 26 | 27 | 28 | 29 | 30 | (7) | 2 | 3 | 4 | 5 | 6 | 7 | 8 | 9 | 10 | 11 | |
| 六月小 | 癸未 | 干支 | 辛卯 | 壬辰 | 癸巳 | 甲午 | 乙未 | 丙申 | 丁酉 | 戊戌 | 己亥 | 庚子 | 辛丑 | 壬寅 | 癸卯 | 甲辰 | 乙巳 | 丙午 | 丁未 | 戊申 | 己酉 | 庚戌 | 辛亥 | 壬子 | 癸丑 | 甲寅 | 乙卯 | 丙辰 | 丁巳 | 戊午 | 己未 | | 乙巳大暑 |
| | | 西曆 | 12 | 13 | 14 | 15 | 16 | 17 | 18 | 19 | 20 | 21 | 22 | 23 | 24 | 25 | 26 | 27 | 28 | 29 | 30 | 31 | (8) | 2 | 3 | 4 | 5 | 6 | 7 | 8 | 9 | | |
| 七月大 | 甲申 | 干支 | 庚申 | 辛酉 | 壬戌 | 癸亥 | 甲子 | 乙丑 | 丙寅 | 丁卯 | 戊辰 | 己巳 | 庚午 | 辛未 | 壬申 | 癸酉 | 甲戌 | 乙亥 | 丙子 | 丁丑 | 戊寅 | 己卯 | 庚辰 | 辛巳 | 壬午 | 癸未 | 甲申 | 乙酉 | 丙戌 | 丁亥 | 戊子 | 己丑 | 庚申立秋<br>乙亥處暑 |
| | | 西曆 | 10 | 11 | 12 | 13 | 14 | 15 | 16 | 17 | 18 | 19 | 20 | 21 | 22 | 23 | 24 | 25 | 26 | 27 | 28 | 29 | 30 | 31 | (9) | 2 | 3 | 4 | 5 | 6 | 7 | 8 | |
| 八月小 | 乙酉 | 干支 | 庚寅 | 辛卯 | 壬辰 | 癸巳 | 甲午 | 乙未 | 丙申 | 丁酉 | 戊戌 | 己亥 | 庚子 | 辛丑 | 壬寅 | 癸卯 | 甲辰 | 乙巳 | 丙午 | 丁未 | 戊申 | 己酉 | 庚戌 | 辛亥 | 壬子 | 癸丑 | 甲寅 | 乙卯 | 丙辰 | 丁巳 | 戊午 | | 庚寅白露<br>丙午秋分 |
| | | 西曆 | 9 | 10 | 11 | 12 | 13 | 14 | 15 | 16 | 17 | 18 | 19 | 20 | 21 | 22 | 23 | 24 | 25 | 26 | 27 | 28 | 29 | 30 | (10) | 2 | 3 | 4 | 5 | 6 | 7 | | |
| 九月大 | 丙戌 | 干支 | 己未 | 庚申 | 辛酉 | 壬戌 | 癸亥 | 甲子 | 乙丑 | 丙寅 | 丁卯 | 戊辰 | 己巳 | 庚午 | 辛未 | 壬申 | 癸酉 | 甲戌 | 乙亥 | 丙子 | 丁丑 | 戊寅 | 己卯 | 庚辰 | 辛巳 | 壬午 | 癸未 | 甲申 | 乙酉 | 丙戌 | 丁亥 | 戊子 | 辛酉寒露<br>丙子霜降 |
| | | 西曆 | 8 | 9 | 10 | 11 | 12 | 13 | 14 | 15 | 16 | 17 | 18 | 19 | 20 | 21 | 22 | 23 | 24 | 25 | 26 | 27 | 28 | 29 | 30 | 31 | (11) | 2 | 3 | 4 | 5 | 6 | |
| 十月小 | 丁亥 | 干支 | 己丑 | 庚寅 | 辛卯 | 壬辰 | 癸巳 | 甲午 | 乙未 | 丙申 | 丁酉 | 戊戌 | 己亥 | 庚子 | 辛丑 | 壬寅 | 癸卯 | 甲辰 | 乙巳 | 丙午 | 丁未 | 戊申 | 己酉 | 庚戌 | 辛亥 | 壬子 | 癸丑 | 甲寅 | 乙卯 | 丙辰 | 丁巳 | | 辛卯立冬<br>丁未小雪 |
| | | 西曆 | 7 | 8 | 9 | 10 | 11 | 12 | 13 | 14 | 15 | 16 | 17 | 18 | 19 | 20 | 21 | 22 | 23 | 24 | 25 | 26 | 27 | 28 | 29 | 30 | (12) | 2 | 3 | 4 | 5 | | |
| 十一月大 | 戊子 | 干支 | 戊午 | 己未 | 庚申 | 辛酉 | 壬戌 | 癸亥 | 甲子 | 乙丑 | 丙寅 | 丁卯 | 戊辰 | 己巳 | 庚午 | 辛未 | 壬申 | 癸酉 | 甲戌 | 乙亥 | 丙子 | 丁丑 | 戊寅 | 己卯 | 庚辰 | 辛巳 | 壬午 | 癸未 | 甲申 | 乙酉 | 丙戌 | 丁亥 | 壬戌大雪<br>丁丑冬至 |
| | | 西曆 | 6 | 7 | 8 | 9 | 10 | 11 | 12 | 13 | 14 | 15 | 16 | 17 | 18 | 19 | 20 | 21 | 22 | 23 | 24 | 25 | 26 | 27 | 28 | 29 | 30 | 31 | (1) | 2 | 3 | 4 | |
| 十二月小 | 己丑 | 干支 | 戊子 | 己丑 | 庚寅 | 辛卯 | 壬辰 | 癸巳 | 甲午 | 乙未 | 丙申 | 丁酉 | 戊戌 | 己亥 | 庚子 | 辛丑 | 壬寅 | 癸卯 | 甲辰 | 乙巳 | 丙午 | 丁未 | 戊申 | 己酉 | 庚戌 | 辛亥 | 壬子 | 癸丑 | 甲寅 | 乙卯 | 丙辰 | | 壬辰小寒<br>丁未大寒 |
| | | 西曆 | 5 | 6 | 7 | 8 | 9 | 10 | 11 | 12 | 13 | 14 | 15 | 16 | 17 | 18 | 19 | 20 | 21 | 22 | 23 | 24 | 25 | 26 | 27 | 28 | 29 | 30 | 31 | (2) | 2 | | |

# 漢成帝元延三年（辛亥 猪年） 公元前 10 ~ 前 9 年

| 夏曆月序 | | 中西曆日對照 | 夏曆日序 | | | | | | | | | | | | | | | | | | | | | | | | | | | | | | 節氣與天象 |
|---|---|---|---|---|---|---|---|---|---|---|---|---|---|---|---|---|---|---|---|---|---|---|---|---|---|---|---|---|---|---|---|---|---|
| | | | 初一 | 初二 | 初三 | 初四 | 初五 | 初六 | 初七 | 初八 | 初九 | 初十 | 十一 | 十二 | 十三 | 十四 | 十五 | 十六 | 十七 | 十八 | 十九 | 二十 | 二一 | 二二 | 二三 | 二四 | 二五 | 二六 | 二七 | 二八 | 二九 | 三十 | |
| 正月大 | 庚寅 | 天干地支<br>西曆 | 丁巳<br>3 | 戊午<br>4 | 己未<br>5 | 庚申<br>6 | 辛酉<br>7 | 壬戌<br>8 | 癸亥<br>9 | 甲子<br>10 | 乙丑<br>11 | 丙寅<br>12 | 丁卯<br>13 | 戊辰<br>14 | 己巳<br>15 | 庚午<br>16 | 辛未<br>17 | 壬申<br>18 | 癸酉<br>19 | 甲戌<br>20 | 乙亥<br>21 | 丙子<br>22 | 丁丑<br>23 | 戊寅<br>24 | 己卯<br>25 | 庚辰<br>26 | 辛巳<br>27 | 壬午<br>28 | 癸未<br>(3) | 甲申<br>2 | 乙酉<br>3 | 丙戌<br>4 | 癸亥立春<br>戊寅驚蟄 |
| 二月小 | 辛卯 | 天干地支<br>西曆 | 丁亥<br>5 | 戊子<br>6 | 己丑<br>7 | 庚寅<br>8 | 辛卯<br>9 | 壬辰<br>10 | 癸巳<br>11 | 甲午<br>12 | 乙未<br>13 | 丙申<br>14 | 丁酉<br>15 | 戊戌<br>16 | 己亥<br>17 | 庚子<br>18 | 辛丑<br>19 | 壬寅<br>20 | 癸卯<br>21 | 甲辰<br>22 | 乙巳<br>23 | 丙午<br>24 | 丁未<br>25 | 戊申<br>26 | 己酉<br>27 | 庚戌<br>28 | 辛亥<br>29 | 壬子<br>30 | 癸丑<br>31 | 甲寅<br>(4) | 乙卯<br>2 | | 癸巳雨水<br>戊申春分 |
| 三月大 | 壬辰 | 天干地支<br>西曆 | 丙辰<br>3 | 丁巳<br>4 | 戊午<br>5 | 己未<br>6 | 庚申<br>7 | 辛酉<br>8 | 壬戌<br>9 | 癸亥<br>10 | 甲子<br>11 | 乙丑<br>12 | 丙寅<br>13 | 丁卯<br>14 | 戊辰<br>15 | 己巳<br>16 | 庚午<br>17 | 辛未<br>18 | 壬申<br>19 | 癸酉<br>20 | 甲戌<br>21 | 乙亥<br>22 | 丙子<br>23 | 丁丑<br>24 | 戊寅<br>25 | 己卯<br>26 | 庚辰<br>27 | 辛巳<br>28 | 壬午<br>29 | 癸未<br>30 | 甲申<br>(5) | 乙酉<br>2 | 甲子穀雨<br>己卯清明 |
| 四月大 | 癸巳 | 天干地支<br>西曆 | 丙戌<br>3 | 丁亥<br>4 | 戊子<br>5 | 己丑<br>6 | 庚寅<br>7 | 辛卯<br>8 | 壬辰<br>9 | 癸巳<br>10 | 甲午<br>11 | 乙未<br>12 | 丙申<br>13 | 丁酉<br>14 | 戊戌<br>15 | 己亥<br>16 | 庚子<br>17 | 辛丑<br>18 | 壬寅<br>19 | 癸卯<br>20 | 甲辰<br>21 | 乙巳<br>22 | 丙午<br>23 | 丁未<br>24 | 戊申<br>25 | 己酉<br>26 | 庚戌<br>27 | 辛亥<br>28 | 壬子<br>29 | 癸丑<br>30 | 甲寅<br>31 | 乙卯<br>(6) | 甲午立夏<br>己酉小滿 |
| 五月小 | 甲午 | 天干地支<br>西曆 | 丙辰<br>2 | 丁巳<br>3 | 戊午<br>4 | 己未<br>5 | 庚申<br>6 | 辛酉<br>7 | 壬戌<br>8 | 癸亥<br>9 | 甲子<br>10 | 乙丑<br>11 | 丙寅<br>12 | 丁卯<br>13 | 戊辰<br>14 | 己巳<br>15 | 庚午<br>16 | 辛未<br>17 | 壬申<br>18 | 癸酉<br>19 | 甲戌<br>20 | 乙亥<br>21 | 丙子<br>22 | 丁丑<br>23 | 戊寅<br>24 | 己卯<br>25 | 庚辰<br>26 | 辛巳<br>27 | 壬午<br>28 | 癸未<br>29 | 甲申<br>30 | | 甲子芒種<br>庚辰夏至<br>甲申日食 |
| 六月大 | 乙未 | 天干地支<br>西曆 | 乙酉<br>(7) | 丙戌<br>2 | 丁亥<br>3 | 戊子<br>4 | 己丑<br>5 | 庚寅<br>6 | 辛卯<br>7 | 壬辰<br>8 | 癸巳<br>9 | 甲午<br>10 | 乙未<br>11 | 丙申<br>12 | 丁酉<br>13 | 戊戌<br>14 | 己亥<br>15 | 庚子<br>16 | 辛丑<br>17 | 壬寅<br>18 | 癸卯<br>19 | 甲辰<br>20 | 乙巳<br>21 | 丙午<br>22 | 丁未<br>23 | 戊申<br>24 | 己酉<br>25 | 庚戌<br>26 | 辛亥<br>27 | 壬子<br>28 | 癸丑<br>29 | 甲寅<br>30 | 乙未小暑<br>庚戌大暑 |
| 七月小 | 丙申 | 天干地支<br>西曆 | 乙卯<br>31 | 丙辰<br>(8) | 丁巳<br>2 | 戊午<br>3 | 己未<br>4 | 庚申<br>5 | 辛酉<br>6 | 壬戌<br>7 | 癸亥<br>8 | 甲子<br>9 | 乙丑<br>10 | 丙寅<br>11 | 丁卯<br>12 | 戊辰<br>13 | 己巳<br>14 | 庚午<br>15 | 辛未<br>16 | 壬申<br>17 | 癸酉<br>18 | 甲戌<br>19 | 乙亥<br>20 | 丙子<br>21 | 丁丑<br>22 | 戊寅<br>23 | 己卯<br>24 | 庚辰<br>25 | 辛巳<br>26 | 壬午<br>27 | 癸未<br>28 | | 乙丑立秋<br>辛巳處暑 |
| 八月大 | 丁酉 | 天干地支<br>西曆 | 甲申<br>29 | 乙酉<br>30 | 丙戌<br>31 | 丁亥<br>(9) | 戊子<br>2 | 己丑<br>3 | 庚寅<br>4 | 辛卯<br>5 | 壬辰<br>6 | 癸巳<br>7 | 甲午<br>8 | 乙未<br>9 | 丙申<br>10 | 丁酉<br>11 | 戊戌<br>12 | 己亥<br>13 | 庚子<br>14 | 辛丑<br>15 | 壬寅<br>16 | 癸卯<br>17 | 甲辰<br>18 | 乙巳<br>19 | 丙午<br>20 | 丁未<br>21 | 戊申<br>22 | 己酉<br>23 | 庚戌<br>24 | 辛亥<br>25 | 壬子<br>26 | 癸丑<br>27 | 丙申白露<br>辛亥秋分 |
| 九月小 | 戊戌 | 天干地支<br>西曆 | 甲寅<br>28 | 乙卯<br>29 | 丙辰<br>30 | 丁巳<br>(10) | 戊午<br>2 | 己未<br>3 | 庚申<br>4 | 辛酉<br>5 | 壬戌<br>6 | 癸亥<br>7 | 甲子<br>8 | 乙丑<br>9 | 丙寅<br>10 | 丁卯<br>11 | 戊辰<br>12 | 己巳<br>13 | 庚午<br>14 | 辛未<br>15 | 壬申<br>16 | 癸酉<br>17 | 甲戌<br>18 | 乙亥<br>19 | 丙子<br>20 | 丁丑<br>21 | 戊寅<br>22 | 己卯<br>23 | 庚辰<br>24 | 辛巳<br>25 | 壬午<br>26 | | 丙寅寒露<br>辛巳霜降 |
| 十月大 | 己亥 | 天干地支<br>西曆 | 癸未<br>27 | 甲申<br>28 | 乙酉<br>29 | 丙戌<br>30 | 丁亥<br>31 | 戊子<br>(11) | 己丑<br>2 | 庚寅<br>3 | 辛卯<br>4 | 壬辰<br>5 | 癸巳<br>6 | 甲午<br>7 | 乙未<br>8 | 丙申<br>9 | 丁酉<br>10 | 戊戌<br>11 | 己亥<br>12 | 庚子<br>13 | 辛丑<br>14 | 壬寅<br>15 | 癸卯<br>16 | 甲辰<br>17 | 乙巳<br>18 | 丙午<br>19 | 丁未<br>20 | 戊申<br>21 | 己酉<br>22 | 庚戌<br>23 | 辛亥<br>24 | 壬子<br>25 | 丁酉立冬<br>壬子小雪 |
| 閏十月小 | 己亥 | 天干地支<br>西曆 | 癸丑<br>26 | 甲寅<br>27 | 乙卯<br>28 | 丙辰<br>29 | 丁巳<br>30 | 戊午<br>(12) | 己未<br>2 | 庚申<br>3 | 辛酉<br>4 | 壬戌<br>5 | 癸亥<br>6 | 甲子<br>7 | 乙丑<br>8 | 丙寅<br>9 | 丁卯<br>10 | 戊辰<br>11 | 己巳<br>12 | 庚午<br>13 | 辛未<br>14 | 壬申<br>15 | 癸酉<br>16 | 甲戌<br>17 | 乙亥<br>18 | 丙子<br>19 | 丁丑<br>20 | 戊寅<br>21 | 己卯<br>22 | 庚辰<br>23 | 辛巳<br>24 | | 丁卯大雪 |
| 十一月大 | 庚子 | 天干地支<br>西曆 | 壬午<br>25 | 癸未<br>26 | 甲申<br>27 | 乙酉<br>28 | 丙戌<br>29 | 丁亥<br>30 | 戊子<br>31 | 己丑<br>(1) | 庚寅<br>2 | 辛卯<br>3 | 壬辰<br>4 | 癸巳<br>5 | 甲午<br>6 | 乙未<br>7 | 丙申<br>8 | 丁酉<br>9 | 戊戌<br>10 | 己亥<br>11 | 庚子<br>12 | 辛丑<br>13 | 壬寅<br>14 | 癸卯<br>15 | 甲辰<br>16 | 乙巳<br>17 | 丙午<br>18 | 丁未<br>19 | 戊申<br>20 | 己酉<br>21 | 庚戌<br>22 | 辛亥<br>23 | 壬午冬至<br>丁酉小寒 |
| 十二月小 | 辛丑 | 天干地支<br>西曆 | 壬子<br>24 | 癸丑<br>25 | 甲寅<br>26 | 乙卯<br>27 | 丙辰<br>28 | 丁巳<br>29 | 戊午<br>30 | 己未<br>31 | 庚申<br>(2) | 辛酉<br>2 | 壬戌<br>3 | 癸亥<br>4 | 甲子<br>5 | 乙丑<br>6 | 丙寅<br>7 | 丁卯<br>8 | 戊辰<br>9 | 己巳<br>10 | 庚午<br>11 | 辛未<br>12 | 壬申<br>13 | 癸酉<br>14 | 甲戌<br>15 | 乙亥<br>16 | 丙子<br>17 | 丁丑<br>18 | 戊寅<br>19 | 己卯<br>20 | 庚辰<br>21 | | 癸丑大寒<br>戊辰立春 |

# 漢成帝元延四年（壬子 鼠年） 公元前9～前8年

| 夏曆月序 | | 中西曆日對照 | 初一 | 初二 | 初三 | 初四 | 初五 | 初六 | 初七 | 初八 | 初九 | 初十 | 十一 | 十二 | 十三 | 十四 | 十五 | 十六 | 十七 | 十八 | 十九 | 二十 | 二一 | 二二 | 二三 | 二四 | 二五 | 二六 | 二七 | 二八 | 二九 | 三十 | 節氣與天象 |
|---|---|---|---|---|---|---|---|---|---|---|---|---|---|---|---|---|---|---|---|---|---|---|---|---|---|---|---|---|---|---|---|---|---|
| 正月大 | 壬寅 | 天干地支西曆 | 辛巳 22 | 壬午 23 | 癸未 24 | 甲申 25 | 乙酉 26 | 丙戌 27 | 丁亥 28 | 戊子 29 | 己丑 (3) | 庚寅 2 | 辛卯 3 | 壬辰 4 | 癸巳 5 | 甲午 6 | 乙未 7 | 丙申 8 | 丁酉 9 | 戊戌 10 | 己亥 11 | 庚子 12 | 辛丑 13 | 壬寅 14 | 癸卯 15 | 甲辰 16 | 乙巳 17 | 丙午 18 | 丁未 19 | 戊申 20 | 己酉 21 | 庚戌 22 | 癸未驚蟄 戊戌雨水 |
| 二月小 | 癸卯 | 天干地支西曆 | 辛亥 23 | 壬子 24 | 癸丑 25 | 甲寅 26 | 乙卯 27 | 丙辰 28 | 丁巳 29 | 戊午 30 | 己未 31 | 庚申 (4) | 辛酉 2 | 壬戌 3 | 癸亥 4 | 甲子 5 | 乙丑 6 | 丙寅 7 | 丁卯 8 | 戊辰 9 | 己巳 10 | 庚午 11 | 辛未 12 | 壬申 13 | 癸酉 14 | 甲戌 15 | 乙亥 16 | 丙子 17 | 丁丑 18 | 戊寅 19 | 己卯 20 | | 甲寅春分 己巳穀雨 |
| 三月大 | 甲辰 | 天干地支西曆 | 庚辰 21 | 辛巳 22 | 壬午 23 | 癸未 24 | 甲申 25 | 乙酉 26 | 丙戌 27 | 丁亥 28 | 戊子 29 | 己丑 30 | 庚寅 (5) | 辛卯 2 | 壬辰 3 | 癸巳 4 | 甲午 5 | 乙未 6 | 丙申 7 | 丁酉 8 | 戊戌 9 | 己亥 10 | 庚子 11 | 辛丑 12 | 壬寅 13 | 癸卯 14 | 甲辰 15 | 乙巳 16 | 丙午 17 | 丁未 18 | 戊申 19 | 己酉 20 | 甲申清明 己亥立夏 |
| 四月小 | 乙巳 | 天干地支西曆 | 庚戌 21 | 辛亥 22 | 壬子 23 | 癸丑 24 | 甲寅 25 | 乙卯 26 | 丙辰 27 | 丁巳 28 | 戊午 29 | 己未 30 | 庚申 31 | 辛酉 (6) | 壬戌 2 | 癸亥 3 | 甲子 4 | 乙丑 5 | 丙寅 6 | 丁卯 7 | 戊辰 8 | 己巳 9 | 庚午 10 | 辛未 11 | 壬申 12 | 癸酉 13 | 甲戌 14 | 乙亥 15 | 丙子 16 | 丁丑 17 | 戊寅 18 | | 甲寅小滿 庚午芒種 |
| 五月大 | 丙午 | 天干地支西曆 | 己卯 19 | 庚辰 20 | 辛巳 21 | 壬午 22 | 癸未 23 | 甲申 24 | 乙酉 25 | 丙戌 26 | 丁亥 27 | 戊子 28 | 己丑 29 | 庚寅 30 | 辛卯 (7) | 壬辰 2 | 癸巳 3 | 甲午 4 | 乙未 5 | 丙申 6 | 丁酉 7 | 戊戌 8 | 己亥 9 | 庚子 10 | 辛丑 11 | 壬寅 12 | 癸卯 13 | 甲辰 14 | 乙巳 15 | 丙午 16 | 丁未 17 | 戊申 18 | 乙酉夏至 庚子小暑 |
| 六月大 | 丁未 | 天干地支西曆 | 己酉 19 | 庚戌 20 | 辛亥 21 | 壬子 22 | 癸丑 23 | 甲寅 24 | 乙卯 25 | 丙辰 26 | 丁巳 27 | 戊午 28 | 己未 29 | 庚申 30 | 辛酉 31 | 壬戌 (8) | 癸亥 2 | 甲子 3 | 乙丑 4 | 丙寅 5 | 丁卯 6 | 戊辰 7 | 己巳 8 | 庚午 9 | 辛未 10 | 壬申 11 | 癸酉 12 | 甲戌 13 | 乙亥 14 | 丙子 15 | 丁丑 16 | 戊寅 17 | 乙卯大暑 辛未立秋 |
| 七月小 | 戊申 | 天干地支西曆 | 己卯 18 | 庚辰 19 | 辛巳 20 | 壬午 21 | 癸未 22 | 甲申 23 | 乙酉 24 | 丙戌 25 | 丁亥 26 | 戊子 27 | 己丑 28 | 庚寅 29 | 辛卯 30 | 壬辰 31 | 癸巳 (9) | 甲午 2 | 乙未 3 | 丙申 4 | 丁酉 5 | 戊戌 6 | 己亥 7 | 庚子 8 | 辛丑 9 | 壬寅 10 | 癸卯 11 | 甲辰 12 | 乙巳 13 | 丙午 14 | 丁未 15 | | 丙戌處暑 辛丑白露 |
| 八月大 | 己酉 | 天干地支西曆 | 戊申 16 | 己酉 17 | 庚戌 18 | 辛亥 19 | 壬子 20 | 癸丑 21 | 甲寅 22 | 乙卯 23 | 丙辰 24 | 丁巳 25 | 戊午 26 | 己未 27 | 庚申 28 | 辛酉 29 | 壬戌 30 | 癸亥 (10) | 甲子 2 | 乙丑 3 | 丙寅 4 | 丁卯 5 | 戊辰 6 | 己巳 7 | 庚午 8 | 辛未 9 | 壬申 10 | 癸酉 11 | 甲戌 12 | 乙亥 13 | 丙子 14 | 丁丑 15 | 丙辰秋分 辛未寒露 |
| 九月小 | 庚戌 | 天干地支西曆 | 戊寅 16 | 己卯 17 | 庚辰 18 | 辛巳 19 | 壬午 20 | 癸未 21 | 甲申 22 | 乙酉 23 | 丙戌 24 | 丁亥 25 | 戊子 26 | 己丑 27 | 庚寅 28 | 辛卯 29 | 壬辰 30 | 癸巳 31 | 甲午 (11) | 乙未 2 | 丙申 3 | 丁酉 4 | 戊戌 5 | 己亥 6 | 庚子 7 | 辛丑 8 | 壬寅 9 | 癸卯 10 | 甲辰 11 | 乙巳 12 | 丙午 13 | | 丁亥霜降 壬寅立冬 |
| 十月大 | 辛亥 | 天干地支西曆 | 丁未 14 | 戊申 15 | 己酉 16 | 庚戌 17 | 辛亥 18 | 壬子 19 | 癸丑 20 | 甲寅 21 | 乙卯 22 | 丙辰 23 | 丁巳 24 | 戊午 25 | 己未 26 | 庚申 27 | 辛酉 28 | 壬戌 29 | 癸亥 30 | 甲子 (12) | 乙丑 2 | 丙寅 3 | 丁卯 4 | 戊辰 5 | 己巳 6 | 庚午 7 | 辛未 8 | 壬申 9 | 癸酉 10 | 甲戌 11 | 乙亥 12 | 丙子 13 | 丁巳小雪 壬申大雪 |
| 十一月小 | 壬子 | 天干地支西曆 | 丁丑 14 | 戊寅 15 | 己卯 16 | 庚辰 17 | 辛巳 18 | 壬午 19 | 癸未 20 | 甲申 21 | 乙酉 22 | 丙戌 23 | 丁亥 24 | 戊子 25 | 己丑 26 | 庚寅 27 | 辛卯 28 | 壬辰 29 | 癸巳 30 | 甲午 31 | 乙未 (1) | 丙申 2 | 丁酉 3 | 戊戌 4 | 己亥 5 | 庚子 6 | 辛丑 7 | 壬寅 8 | 癸卯 9 | 甲辰 10 | 乙巳 11 | | 戊子冬至 癸卯小寒 |
| 十二月大 | 癸丑 | 天干地支西曆 | 丙午 12 | 丁未 13 | 戊申 14 | 己酉 15 | 庚戌 16 | 辛亥 17 | 壬子 18 | 癸丑 19 | 甲寅 20 | 乙卯 21 | 丙辰 22 | 丁巳 23 | 戊午 24 | 己未 25 | 庚申 26 | 辛酉 27 | 壬戌 28 | 癸亥 29 | 甲子 30 | 乙丑 31 | 丙寅 (2) | 丁卯 2 | 戊辰 3 | 己巳 4 | 庚午 5 | 辛未 6 | 壬申 7 | 癸酉 8 | 甲戌 9 | 乙亥 10 | 戊午大寒 癸酉立春 |

# 漢成帝綏和元年（癸丑 牛年） 公元前 8 ~ 前 7 年

| 夏曆月序 | | 中西曆日對照 | 初一 | 初二 | 初三 | 初四 | 初五 | 初六 | 初七 | 初八 | 初九 | 初十 | 十一 | 十二 | 十三 | 十四 | 十五 | 十六 | 十七 | 十八 | 十九 | 二十 | 二一 | 二二 | 二三 | 二四 | 二五 | 二六 | 二七 | 二八 | 二九 | 三十 | 節氣與天象 |
|---|---|---|---|---|---|---|---|---|---|---|---|---|---|---|---|---|---|---|---|---|---|---|---|---|---|---|---|---|---|---|---|---|---|
| 正月小 | 甲寅 | 天干地支<br>西曆 | 丙子<br>11 | 丁丑<br>12 | 戊寅<br>13 | 己卯<br>14 | 庚辰<br>15 | 辛巳<br>16 | 壬午<br>17 | 癸未<br>18 | 甲申<br>19 | 乙酉<br>20 | 丙戌<br>21 | 丁亥<br>22 | 戊子<br>23 | 己丑<br>24 | 庚寅<br>25 | 辛卯<br>26 | 壬辰<br>27 | 癸巳<br>28 | 甲午<br>(3) | 乙未<br>2 | 丙申<br>3 | 丁酉<br>4 | 戊戌<br>5 | 己亥<br>6 | 庚子<br>7 | 辛丑<br>8 | 壬寅<br>9 | 癸卯<br>10 | 甲辰<br>11 | | 戊子驚蟄<br>甲辰雨水 |
| 二月大 | 乙卯 | 天干地支<br>西曆 | 乙巳<br>12 | 丙午<br>13 | 丁未<br>14 | 戊申<br>15 | 己酉<br>16 | 庚戌<br>17 | 辛亥<br>18 | 壬子<br>19 | 癸丑<br>20 | 甲寅<br>21 | 乙卯<br>22 | 丙辰<br>23 | 丁巳<br>24 | 戊午<br>25 | 己未<br>26 | 庚申<br>27 | 辛酉<br>28 | 壬戌<br>29 | 癸亥<br>30 | 甲子<br>31 | 乙丑<br>(4) | 丙寅<br>2 | 丁卯<br>3 | 戊辰<br>4 | 己巳<br>5 | 庚午<br>6 | 辛未<br>7 | 壬申<br>8 | 癸酉<br>9 | 甲戌<br>10 | 己未春分<br>甲戌穀雨 |
| 三月小 | 丙辰 | 天干地支<br>西曆 | 乙亥<br>11 | 丙子<br>12 | 丁丑<br>13 | 戊寅<br>14 | 己卯<br>15 | 庚辰<br>16 | 辛巳<br>17 | 壬午<br>18 | 癸未<br>19 | 甲申<br>20 | 乙酉<br>21 | 丙戌<br>22 | 丁亥<br>23 | 戊子<br>24 | 己丑<br>25 | 庚寅<br>26 | 辛卯<br>27 | 壬辰<br>28 | 癸巳<br>29 | 甲午<br>30 | 乙未<br>(5) | 丙申<br>2 | 丁酉<br>3 | 戊戌<br>4 | 己亥<br>5 | 庚子<br>6 | 辛丑<br>7 | 壬寅<br>8 | 癸卯<br>9 | | 己丑清明 |
| 四月大 | 丁巳 | 天干地支<br>西曆 | 甲辰<br>10 | 乙巳<br>11 | 丙午<br>12 | 丁未<br>13 | 戊申<br>14 | 己酉<br>15 | 庚戌<br>16 | 辛亥<br>17 | 壬子<br>18 | 癸丑<br>19 | 甲寅<br>20 | 乙卯<br>21 | 丙辰<br>22 | 丁巳<br>23 | 戊午<br>24 | 己未<br>25 | 庚申<br>26 | 辛酉<br>27 | 壬戌<br>28 | 癸亥<br>29 | 甲子<br>30 | 乙丑<br>31 | 丙寅<br>(6) | 丁卯<br>2 | 戊辰<br>3 | 己巳<br>4 | 庚午<br>5 | 辛未<br>6 | 壬申<br>7 | 癸酉<br>8 | 甲辰立夏<br>庚申小滿 |
| 五月小 | 戊午 | 天干地支<br>西曆 | 甲戌<br>9 | 乙亥<br>10 | 丙子<br>11 | 丁丑<br>12 | 戊寅<br>13 | 己卯<br>14 | 庚辰<br>15 | 辛巳<br>16 | 壬午<br>17 | 癸未<br>18 | 甲申<br>19 | 乙酉<br>20 | 丙戌<br>21 | 丁亥<br>22 | 戊子<br>23 | 己丑<br>24 | 庚寅<br>25 | 辛卯<br>26 | 壬辰<br>27 | 癸巳<br>28 | 甲午<br>29 | 乙未<br>30 | 丙申<br>(7) | 丁酉<br>2 | 戊戌<br>3 | 己亥<br>4 | 庚子<br>5 | 辛丑<br>6 | 壬寅<br>7 | | 乙亥芒種<br>庚寅夏至 |
| 六月大 | 己未 | 天干地支<br>西曆 | 癸卯<br>8 | 甲辰<br>9 | 乙巳<br>10 | 丙午<br>11 | 丁未<br>12 | 戊申<br>13 | 己酉<br>14 | 庚戌<br>15 | 辛亥<br>16 | 壬子<br>17 | 癸丑<br>18 | 甲寅<br>19 | 乙卯<br>20 | 丙辰<br>21 | 丁巳<br>22 | 戊午<br>23 | 己未<br>24 | 庚申<br>25 | 辛酉<br>26 | 壬戌<br>27 | 癸亥<br>28 | 甲子<br>29 | 乙丑<br>30 | 丙寅<br>31 | 丁卯<br>(8) | 戊辰<br>2 | 己巳<br>3 | 庚午<br>4 | 辛未<br>5 | 壬申<br>6 | 乙巳小暑<br>辛酉大暑 |
| 七月小 | 庚申 | 天干地支<br>西曆 | 癸酉<br>7 | 甲戌<br>8 | 乙亥<br>9 | 丙子<br>10 | 丁丑<br>11 | 戊寅<br>12 | 己卯<br>13 | 庚辰<br>14 | 辛巳<br>15 | 壬午<br>16 | 癸未<br>17 | 甲申<br>18 | 乙酉<br>19 | 丙戌<br>20 | 丁亥<br>21 | 戊子<br>22 | 己丑<br>23 | 庚寅<br>24 | 辛卯<br>25 | 壬辰<br>26 | 癸巳<br>27 | 甲午<br>28 | 乙未<br>29 | 丙申<br>30 | 丁酉<br>31 | 戊戌<br>(9) | 己亥<br>2 | 庚子<br>3 | 辛丑<br>4 | | 丙子立秋<br>辛卯處暑 |
| 八月大 | 辛酉 | 天干地支<br>西曆 | 壬寅<br>5 | 癸卯<br>6 | 甲辰<br>7 | 乙巳<br>8 | 丙午<br>9 | 丁未<br>10 | 戊申<br>11 | 己酉<br>12 | 庚戌<br>13 | 辛亥<br>14 | 壬子<br>15 | 癸丑<br>16 | 甲寅<br>17 | 乙卯<br>18 | 丙辰<br>19 | 丁巳<br>20 | 戊午<br>21 | 己未<br>22 | 庚申<br>23 | 辛酉<br>24 | 壬戌<br>25 | 癸亥<br>26 | 甲子<br>27 | 乙丑<br>28 | 丙寅<br>29 | 丁卯<br>30 | 戊辰<br>(10) | 己巳<br>2 | 庚午<br>3 | 辛未<br>4 | 丙午白露<br>辛酉秋分 |
| 九月小 | 壬戌 | 天干地支<br>西曆 | 壬申<br>5 | 癸酉<br>6 | 甲戌<br>7 | 乙亥<br>8 | 丙子<br>9 | 丁丑<br>10 | 戊寅<br>11 | 己卯<br>12 | 庚辰<br>13 | 辛巳<br>14 | 壬午<br>15 | 癸未<br>16 | 甲申<br>17 | 乙酉<br>18 | 丙戌<br>19 | 丁亥<br>20 | 戊子<br>21 | 己丑<br>22 | 庚寅<br>23 | 辛卯<br>24 | 壬辰<br>25 | 癸巳<br>26 | 甲午<br>27 | 乙未<br>28 | 丙申<br>29 | 丁酉<br>30 | 戊戌<br>31 | 己亥<br>(11) | 庚子<br>2 | | 丁丑寒露<br>壬辰霜降 |
| 十月大 | 癸亥 | 天干地支<br>西曆 | 辛丑<br>3 | 壬寅<br>4 | 癸卯<br>5 | 甲辰<br>6 | 乙巳<br>7 | 丙午<br>8 | 丁未<br>9 | 戊申<br>10 | 己酉<br>11 | 庚戌<br>12 | 辛亥<br>13 | 壬子<br>14 | 癸丑<br>15 | 甲寅<br>16 | 乙卯<br>17 | 丙辰<br>18 | 丁巳<br>19 | 戊午<br>20 | 己未<br>21 | 庚申<br>22 | 辛酉<br>23 | 壬戌<br>24 | 癸亥<br>25 | 甲子<br>26 | 乙丑<br>27 | 丙寅<br>28 | 丁卯<br>29 | 戊辰<br>30 | 己巳<br>(12) | 庚午<br>2 | 丁未立冬<br>壬戌小雪 |
| 十一月大 | 甲子 | 天干地支<br>西曆 | 辛未<br>3 | 壬申<br>4 | 癸酉<br>5 | 甲戌<br>6 | 乙亥<br>7 | 丙子<br>8 | 丁丑<br>9 | 戊寅<br>10 | 己卯<br>11 | 庚辰<br>12 | 辛巳<br>13 | 壬午<br>14 | 癸未<br>15 | 甲申<br>16 | 乙酉<br>17 | 丙戌<br>18 | 丁亥<br>19 | 戊子<br>20 | 己丑<br>21 | 庚寅<br>22 | 辛卯<br>23 | 壬辰<br>24 | 癸巳<br>25 | 甲午<br>26 | 乙未<br>27 | 丙申<br>28 | 丁酉<br>29 | 戊戌<br>30 | 己亥<br>31 | 庚子<br>(1) | 戊寅大雪<br>癸巳冬至 |
| 十二月小 | 乙丑 | 天干地支<br>西曆 | 辛丑<br>2 | 壬寅<br>3 | 癸卯<br>4 | 甲辰<br>5 | 乙巳<br>6 | 丙午<br>7 | 丁未<br>8 | 戊申<br>9 | 己酉<br>10 | 庚戌<br>11 | 辛亥<br>12 | 壬子<br>13 | 癸丑<br>14 | 甲寅<br>15 | 乙卯<br>16 | 丙辰<br>17 | 丁巳<br>18 | 戊午<br>19 | 己未<br>20 | 庚申<br>21 | 辛酉<br>22 | 壬戌<br>23 | 癸亥<br>24 | 甲子<br>25 | 乙丑<br>26 | 丙寅<br>27 | 丁卯<br>28 | 戊辰<br>29 | 己巳<br>30 | | 戊申小寒<br>癸亥大寒 |

* 正月丙子（初一），改元綏和。

## 漢成帝綏和二年 哀帝綏和二年（甲寅 虎年） 公元前 7 ~ 前 6 年

| 夏曆月序 | | 中西曆日對照 | 初一 | 初二 | 初三 | 初四 | 初五 | 初六 | 初七 | 初八 | 初九 | 初十 | 十一 | 十二 | 十三 | 十四 | 十五 | 十六 | 十七 | 十八 | 十九 | 二十 | 二一 | 二二 | 二三 | 二四 | 二五 | 二六 | 二七 | 二八 | 二九 | 三十 | 節氣與天象 |
|---|---|---|---|---|---|---|---|---|---|---|---|---|---|---|---|---|---|---|---|---|---|---|---|---|---|---|---|---|---|---|---|---|---|
| 正月大 | 丙寅 | 天干地支<br>西曆 | 庚午<br>31 | 辛未<br>(2) | 壬申<br>2 | 癸酉<br>3 | 甲戌<br>4 | 乙亥<br>5 | 丙子<br>6 | 丁丑<br>7 | 戊寅<br>8 | 己卯<br>9 | 庚辰<br>10 | 辛巳<br>11 | 壬午<br>12 | 癸未<br>13 | 甲申<br>14 | 乙酉<br>15 | 丙戌<br>16 | 丁亥<br>17 | 戊子<br>18 | 己丑<br>19 | 庚寅<br>20 | 辛卯<br>21 | 壬辰<br>22 | 癸巳<br>23 | 甲午<br>24 | 乙未<br>25 | 丙申<br>26 | 丁酉<br>27 | 戊戌<br>28 | 己亥<br>(3) | 戊寅立春<br>甲午驚蟄 |
| 二月小 | 丁卯 | 天干地支<br>西曆 | 庚子<br>2 | 辛丑<br>3 | 壬寅<br>4 | 癸卯<br>5 | 甲辰<br>6 | 乙巳<br>7 | 丙午<br>8 | 丁未<br>9 | 戊申<br>10 | 己酉<br>11 | 庚戌<br>12 | 辛亥<br>13 | 壬子<br>14 | 癸丑<br>15 | 甲寅<br>16 | 乙卯<br>17 | 丙辰<br>18 | 丁巳<br>19 | 戊午<br>20 | 己未<br>21 | 庚申<br>22 | 辛酉<br>23 | 壬戌<br>24 | 癸亥<br>25 | 甲子<br>26 | 乙丑<br>27 | 丙寅<br>28 | 丁卯<br>29 | 戊辰<br>30 | | 己酉雨水<br>甲子春分 |
| 三月大 | 戊辰 | 天干地支<br>西曆 | 己巳<br>31 | 庚午<br>(4) | 辛未<br>2 | 壬申<br>3 | 癸酉<br>4 | 甲戌<br>5 | 乙亥<br>6 | 丙子<br>7 | 丁丑<br>8 | 戊寅<br>9 | 己卯<br>10 | 庚辰<br>11 | 辛巳<br>12 | 壬午<br>13 | 癸未<br>14 | 甲申<br>15 | 乙酉<br>16 | 丙戌<br>17 | 丁亥<br>18 | 戊子<br>19 | 己丑<br>20 | 庚寅<br>21 | 辛卯<br>22 | 壬辰<br>23 | 癸巳<br>24 | 甲午<br>25 | 乙未<br>26 | 丙申<br>27 | 丁酉<br>28 | 戊戌<br>29 | 己卯穀雨<br>乙未清明 |
| 四月小 | 己巳 | 天干地支<br>西曆 | 己亥<br>30 | 庚子<br>(5) | 辛丑<br>2 | 壬寅<br>3 | 癸卯<br>4 | 甲辰<br>5 | 乙巳<br>6 | 丙午<br>7 | 丁未<br>8 | 戊申<br>9 | 己酉<br>10 | 庚戌<br>11 | 辛亥<br>12 | 壬子<br>13 | 癸丑<br>14 | 甲寅<br>15 | 乙卯<br>16 | 丙辰<br>17 | 丁巳<br>18 | 戊午<br>19 | 己未<br>20 | 庚申<br>21 | 辛酉<br>22 | 壬戌<br>23 | 癸亥<br>24 | 甲子<br>25 | 乙丑<br>26 | 丙寅<br>27 | 丁卯<br>28 | | 庚戌立夏<br>乙丑小滿 |
| 五月大 | 庚午 | 天干地支<br>西曆 | 戊辰<br>29 | 己巳<br>30 | 庚午<br>31 | 辛未<br>(6) | 壬申<br>2 | 癸酉<br>3 | 甲戌<br>4 | 乙亥<br>5 | 丙子<br>6 | 丁丑<br>7 | 戊寅<br>8 | 己卯<br>9 | 庚辰<br>10 | 辛巳<br>11 | 壬午<br>12 | 癸未<br>13 | 甲申<br>14 | 乙酉<br>15 | 丙戌<br>16 | 丁亥<br>17 | 戊子<br>18 | 己丑<br>19 | 庚寅<br>20 | 辛卯<br>21 | 壬辰<br>22 | 癸巳<br>23 | 甲午<br>24 | 乙未<br>25 | 丙申<br>26 | 丁酉<br>27 | 庚辰芒種<br>乙未夏至 |
| 六月小 | 辛未 | 天干地支<br>西曆 | 戊戌<br>28 | 己亥<br>29 | 庚子<br>30 | 辛丑<br>(7) | 壬寅<br>2 | 癸卯<br>3 | 甲辰<br>4 | 乙巳<br>5 | 丙午<br>6 | 丁未<br>7 | 戊申<br>8 | 己酉<br>9 | 庚戌<br>10 | 辛亥<br>11 | 壬子<br>12 | 癸丑<br>13 | 甲寅<br>14 | 乙卯<br>15 | 丙辰<br>16 | 丁巳<br>17 | 戊午<br>18 | 己未<br>19 | 庚申<br>20 | 辛酉<br>21 | 壬戌<br>22 | 癸亥<br>23 | 甲子<br>24 | 乙丑<br>25 | 丙寅<br>26 | | 辛亥小暑<br>丙寅大暑 |
| 七月大 | 壬申 | 天干地支<br>西曆 | 丁卯<br>27 | 戊辰<br>28 | 己巳<br>29 | 庚午<br>30 | 辛未<br>31 | 壬申<br>(8) | 癸酉<br>2 | 甲戌<br>3 | 乙亥<br>4 | 丙子<br>5 | 丁丑<br>6 | 戊寅<br>7 | 己卯<br>8 | 庚辰<br>9 | 辛巳<br>10 | 壬午<br>11 | 癸未<br>12 | 甲申<br>13 | 乙酉<br>14 | 丙戌<br>15 | 丁亥<br>16 | 戊子<br>17 | 己丑<br>18 | 庚寅<br>19 | 辛卯<br>20 | 壬辰<br>21 | 癸巳<br>22 | 甲午<br>23 | 乙未<br>24 | 丙申<br>25 | 辛巳立秋<br>丙申處暑 |
| 閏七月大 | 壬申 | 天干地支<br>西曆 | 丁酉<br>26 | 戊戌<br>27 | 己亥<br>28 | 庚子<br>29 | 辛丑<br>30 | 壬寅<br>31 | 癸卯<br>(9) | 甲辰<br>2 | 乙巳<br>3 | 丙午<br>4 | 丁未<br>5 | 戊申<br>6 | 己酉<br>7 | 庚戌<br>8 | 辛亥<br>9 | 壬子<br>10 | 癸丑<br>11 | 甲寅<br>12 | 乙卯<br>13 | 丙辰<br>14 | 丁巳<br>15 | 戊午<br>16 | 己未<br>17 | 庚申<br>18 | 辛酉<br>19 | 壬戌<br>20 | 癸亥<br>21 | 甲子<br>22 | 乙丑<br>23 | | 辛亥白露 |
| 八月大 | 癸酉 | 天干地支<br>西曆 | 丙寅<br>24 | 丁卯<br>25 | 戊辰<br>26 | 己巳<br>27 | 庚午<br>28 | 辛未<br>29 | 壬申<br>30 | 癸酉<br>(10) | 甲戌<br>2 | 乙亥<br>3 | 丙子<br>4 | 丁丑<br>5 | 戊寅<br>6 | 己卯<br>7 | 庚辰<br>8 | 辛巳<br>9 | 壬午<br>10 | 癸未<br>11 | 甲申<br>12 | 乙酉<br>13 | 丙戌<br>14 | 丁亥<br>15 | 戊子<br>16 | 己丑<br>17 | 庚寅<br>18 | 辛卯<br>19 | 壬辰<br>20 | 癸巳<br>21 | 甲午<br>22 | 乙未<br>23 | 丁卯秋分<br>壬午寒露 |
| 九月小 | 甲戌 | 天干地支<br>西曆 | 丙申<br>24 | 丁酉<br>25 | 戊戌<br>26 | 己亥<br>27 | 庚子<br>28 | 辛丑<br>29 | 壬寅<br>30 | 癸卯<br>31 | 甲辰<br>(11) | 乙巳<br>2 | 丙午<br>3 | 丁未<br>4 | 戊申<br>5 | 己酉<br>6 | 庚戌<br>7 | 辛亥<br>8 | 壬子<br>9 | 癸丑<br>10 | 甲寅<br>11 | 乙卯<br>12 | 丙辰<br>13 | 丁巳<br>14 | 戊午<br>15 | 己未<br>16 | 庚申<br>17 | 辛酉<br>18 | 壬戌<br>19 | 癸亥<br>20 | 甲子<br>21 | | 丁酉霜降<br>壬子立冬 |
| 十月大 | 乙亥 | 天干地支<br>西曆 | 乙丑<br>22 | 丙寅<br>23 | 丁卯<br>24 | 戊辰<br>25 | 己巳<br>26 | 庚午<br>27 | 辛未<br>28 | 壬申<br>29 | 癸酉<br>30 | 甲戌<br>(12) | 乙亥<br>2 | 丙子<br>3 | 丁丑<br>4 | 戊寅<br>5 | 己卯<br>6 | 庚辰<br>7 | 辛巳<br>8 | 壬午<br>9 | 癸未<br>10 | 甲申<br>11 | 乙酉<br>12 | 丙戌<br>13 | 丁亥<br>14 | 戊子<br>15 | 己丑<br>16 | 庚寅<br>17 | 辛卯<br>18 | 壬辰<br>19 | 癸巳<br>20 | 甲午<br>21 | 戊辰小雪<br>癸未大雪 |
| 十一月小 | 丙子 | 天干地支<br>西曆 | 乙未<br>22 | 丙申<br>23 | 丁酉<br>24 | 戊戌<br>25 | 己亥<br>26 | 庚子<br>27 | 辛丑<br>28 | 壬寅<br>29 | 癸卯<br>30 | 甲辰<br>31 | 乙巳<br>(1) | 丙午<br>2 | 丁未<br>3 | 戊申<br>4 | 己酉<br>5 | 庚戌<br>6 | 辛亥<br>7 | 壬子<br>8 | 癸丑<br>9 | 甲寅<br>10 | 乙卯<br>11 | 丙辰<br>12 | 丁巳<br>13 | 戊午<br>14 | 己未<br>15 | 庚申<br>16 | 辛酉<br>17 | 壬戌<br>18 | 癸亥<br>19 | | 戊戌冬至<br>癸丑小寒 |
| 十二月大 | 丁丑 | 天干地支<br>西曆 | 甲子<br>20 | 乙丑<br>21 | 丙寅<br>22 | 丁卯<br>23 | 戊辰<br>24 | 己巳<br>25 | 庚午<br>26 | 辛未<br>27 | 壬申<br>28 | 癸酉<br>29 | 甲戌<br>30 | 乙亥<br>31 | 丙子<br>(2) | 丁丑<br>2 | 戊寅<br>3 | 己卯<br>4 | 庚辰<br>5 | 辛巳<br>6 | 壬午<br>7 | 癸未<br>8 | 甲申<br>9 | 乙酉<br>10 | 丙戌<br>11 | 丁亥<br>12 | 戊子<br>13 | 己丑<br>14 | 庚寅<br>15 | 辛卯<br>16 | 壬辰<br>17 | 癸巳<br>18 | 戊辰大寒<br>甲申立春 |

* 三月丙戌（十八日），成帝死。四月丙午（初八），劉欣即位，是爲漢哀帝。

# 漢哀帝建平元年 太初元將元年（乙卯 兔年） 公元前**6** ~ 前**5**年

| 夏曆月序 | | 中西曆日對照 | 初一 | 初二 | 初三 | 初四 | 初五 | 初六 | 初七 | 初八 | 初九 | 初十 | 十一 | 十二 | 十三 | 十四 | 十五 | 十六 | 十七 | 十八 | 十九 | 二十 | 二一 | 二二 | 二三 | 二四 | 二五 | 二六 | 二七 | 二八 | 二九 | 三十 | 節氣與天象 |
|---|---|---|---|---|---|---|---|---|---|---|---|---|---|---|---|---|---|---|---|---|---|---|---|---|---|---|---|---|---|---|---|---|---|
| 正月大 | 戊寅 | 天干<br>地支<br>西曆 | 甲午<br>19 | 乙未<br>20 | 丙申<br>21 | 丁酉<br>22 | 戊戌<br>23 | 己亥<br>24 | 庚子<br>25 | 辛丑<br>26 | 壬寅<br>27 | 癸卯<br>28 | 甲辰<br>(3) | 乙巳<br>2 | 丙午<br>3 | 丁未<br>4 | 戊申<br>5 | 己酉<br>6 | 庚戌<br>7 | 辛亥<br>8 | 壬子<br>9 | 癸丑<br>10 | 甲寅<br>11 | 乙卯<br>12 | 丙辰<br>13 | 丁巳<br>14 | 戊午<br>15 | 己未<br>16 | 庚申<br>17 | 辛酉<br>18 | 壬戌<br>19 | 癸亥<br>20 | 己亥驚蟄<br>甲寅雨水 |
| 二月小 | 己卯 | 天干<br>地支<br>西曆 | 甲子<br>21 | 乙丑<br>22 | 丙寅<br>23 | 丁卯<br>24 | 戊辰<br>25 | 己巳<br>26 | 庚午<br>27 | 辛未<br>28 | 壬申<br>29 | 癸酉<br>30 | 甲戌<br>31 | 乙亥<br>(4) | 丙子<br>2 | 丁丑<br>3 | 戊寅<br>4 | 己卯<br>5 | 庚辰<br>6 | 辛巳<br>7 | 壬午<br>8 | 癸未<br>9 | 甲申<br>10 | 乙酉<br>11 | 丙戌<br>12 | 丁亥<br>13 | 戊子<br>14 | 己丑<br>15 | 庚寅<br>16 | 辛卯<br>17 | 壬辰<br>18 | | 己巳春分<br>乙酉穀雨 |
| 三月大 | 庚辰 | 天干<br>地支<br>西曆 | 癸巳<br>19 | 甲午<br>20 | 乙未<br>21 | 丙申<br>22 | 丁酉<br>23 | 戊戌<br>24 | 己亥<br>25 | 庚子<br>26 | 辛丑<br>27 | 壬寅<br>28 | 癸卯<br>29 | 甲辰<br>30 | 乙巳<br>(5) | 丙午<br>2 | 丁未<br>3 | 戊申<br>4 | 己酉<br>5 | 庚戌<br>6 | 辛亥<br>7 | 壬子<br>8 | 癸丑<br>9 | 甲寅<br>10 | 乙卯<br>11 | 丙辰<br>12 | 丁巳<br>13 | 戊午<br>14 | 己未<br>15 | 庚申<br>16 | 辛酉<br>17 | 壬戌<br>18 | 庚子清明<br>乙卯立夏 |
| 四月小 | 辛巳 | 天干<br>地支<br>西曆 | 癸亥<br>19 | 甲子<br>20 | 乙丑<br>21 | 丙寅<br>22 | 丁卯<br>23 | 戊辰<br>24 | 己巳<br>25 | 庚午<br>26 | 辛未<br>27 | 壬申<br>28 | 癸酉<br>29 | 甲戌<br>30 | 乙亥<br>31 | 丙子<br>(6) | 丁丑<br>2 | 戊寅<br>3 | 己卯<br>4 | 庚辰<br>5 | 辛巳<br>6 | 壬午<br>7 | 癸未<br>8 | 甲申<br>9 | 乙酉<br>10 | 丙戌<br>11 | 丁亥<br>12 | 戊子<br>13 | 己丑<br>14 | 庚寅<br>15 | 辛卯<br>16 | | 庚午小滿<br>乙酉芒種 |
| 五月大 | 壬午 | 天干<br>地支<br>西曆 | 壬辰<br>17 | 癸巳<br>18 | 甲午<br>19 | 乙未<br>20 | 丙申<br>21 | 丁酉<br>22 | 戊戌<br>23 | 己亥<br>24 | 庚子<br>25 | 辛丑<br>26 | 壬寅<br>27 | 癸卯<br>28 | 甲辰<br>29 | 乙巳<br>30 | 丙午<br>(7) | 丁未<br>2 | 戊申<br>3 | 己酉<br>4 | 庚戌<br>5 | 辛亥<br>6 | 壬子<br>7 | 癸丑<br>8 | 甲寅<br>9 | 乙卯<br>10 | 丙辰<br>11 | 丁巳<br>12 | 戊午<br>13 | 己未<br>14 | 庚申<br>15 | 辛酉<br>16 | 辛丑夏至<br>丙辰小暑 |
| 六月小 | 癸未 | 天干<br>地支<br>西曆 | 壬戌<br>17 | 癸亥<br>18 | 甲子<br>19 | 乙丑<br>20 | 丙寅<br>21 | 丁卯<br>22 | 戊辰<br>23 | 己巳<br>24 | 庚午<br>25 | 辛未<br>26 | 壬申<br>27 | 癸酉<br>28 | 甲戌<br>29 | 乙亥<br>30 | 丙子<br>31 | 丁丑<br>(8) | 戊寅<br>2 | 己卯<br>3 | 庚辰<br>4 | 辛巳<br>5 | 壬午<br>6 | 癸未<br>7 | 甲申<br>8 | 乙酉<br>9 | 丙戌<br>10 | 丁亥<br>11 | 戊子<br>12 | 己丑<br>13 | 庚寅<br>14 | | 辛未大暑<br>丙戌立秋 |
| 七月大 | 甲申 | 天干<br>地支<br>西曆 | 辛卯<br>15 | 壬辰<br>16 | 癸巳<br>17 | 甲午<br>18 | 乙未<br>19 | 丙申<br>20 | 丁酉<br>21 | 戊戌<br>22 | 己亥<br>23 | 庚子<br>24 | 辛丑<br>25 | 壬寅<br>26 | 癸卯<br>27 | 甲辰<br>28 | 乙巳<br>29 | 丙午<br>30 | 丁未<br>31 | 戊申<br>(9) | 己酉<br>2 | 庚戌<br>3 | 辛亥<br>4 | 壬子<br>5 | 癸丑<br>6 | 甲寅<br>7 | 乙卯<br>8 | 丙辰<br>9 | 丁巳<br>10 | 戊午<br>11 | 己未<br>12 | 庚申<br>13 | 壬寅處暑<br>丁巳白露 |
| 八月小 | 乙酉 | 天干<br>地支<br>西曆 | 辛酉<br>14 | 壬戌<br>15 | 癸亥<br>16 | 甲子<br>17 | 乙丑<br>18 | 丙寅<br>19 | 丁卯<br>20 | 戊辰<br>21 | 己巳<br>22 | 庚午<br>23 | 辛未<br>24 | 壬申<br>25 | 癸酉<br>26 | 甲戌<br>27 | 乙亥<br>28 | 丙子<br>29 | 丁丑<br>30 | 戊寅<br>(10) | 己卯<br>2 | 庚辰<br>3 | 辛巳<br>4 | 壬午<br>5 | 癸未<br>6 | 甲申<br>7 | 乙酉<br>8 | 丙戌<br>9 | 丁亥<br>10 | 戊子<br>11 | 己丑<br>12 | | 壬申秋分<br>丁亥寒露 |
| 九月大 | 丙戌 | 天干<br>地支<br>西曆 | 庚寅<br>13 | 辛卯<br>14 | 壬辰<br>15 | 癸巳<br>16 | 甲午<br>17 | 乙未<br>18 | 丙申<br>19 | 丁酉<br>20 | 戊戌<br>21 | 己亥<br>22 | 庚子<br>23 | 辛丑<br>24 | 壬寅<br>25 | 癸卯<br>26 | 甲辰<br>27 | 乙巳<br>28 | 丙午<br>29 | 丁未<br>30 | 戊申<br>31 | 己酉<br>(11) | 庚戌<br>2 | 辛亥<br>3 | 壬子<br>4 | 癸丑<br>5 | 甲寅<br>6 | 乙卯<br>7 | 丙辰<br>8 | 丁巳<br>9 | 戊午<br>10 | 己未<br>11 | 壬寅霜降<br>戊午立冬 |
| 十月小 | 丁亥 | 天干<br>地支<br>西曆 | 庚申<br>12 | 辛酉<br>13 | 壬戌<br>14 | 癸亥<br>15 | 甲子<br>16 | 乙丑<br>17 | 丙寅<br>18 | 丁卯<br>19 | 戊辰<br>20 | 己巳<br>21 | 庚午<br>22 | 辛未<br>23 | 壬申<br>24 | 癸酉<br>25 | 甲戌<br>26 | 乙亥<br>27 | 丙子<br>28 | 丁丑<br>29 | 戊寅<br>30 | 己卯<br>(12) | 庚辰<br>2 | 辛巳<br>3 | 壬午<br>4 | 癸未<br>5 | 甲申<br>6 | 乙酉<br>7 | 丙戌<br>8 | 丁亥<br>9 | 戊子<br>10 | | 癸酉小雪<br>戊子大雪 |
| 十一月大 | 戊子 | 天干<br>地支<br>西曆 | 己丑<br>11 | 庚寅<br>12 | 辛卯<br>13 | 壬辰<br>14 | 癸巳<br>15 | 甲午<br>16 | 乙未<br>17 | 丙申<br>18 | 丁酉<br>19 | 戊戌<br>20 | 己亥<br>21 | 庚子<br>22 | 辛丑<br>23 | 壬寅<br>24 | 癸卯<br>25 | 甲辰<br>26 | 乙巳<br>27 | 丙午<br>28 | 丁未<br>29 | 戊申<br>30 | 己酉<br>31 | 庚戌<br>(1) | 辛亥<br>2 | 壬子<br>3 | 癸丑<br>4 | 甲寅<br>5 | 乙卯<br>6 | 丙辰<br>7 | 丁巳<br>8 | 戊午<br>9 | 癸卯冬至<br>戊午小寒 |
| 十二月小 | 己丑 | 天干<br>地支<br>西曆 | 己未<br>10 | 庚申<br>11 | 辛酉<br>12 | 壬戌<br>13 | 癸亥<br>14 | 甲子<br>15 | 乙丑<br>16 | 丙寅<br>17 | 丁卯<br>18 | 戊辰<br>19 | 己巳<br>20 | 庚午<br>21 | 辛未<br>22 | 壬申<br>23 | 癸酉<br>24 | 甲戌<br>25 | 乙亥<br>26 | 丙子<br>27 | 丁丑<br>28 | 戊寅<br>29 | 己卯<br>30 | 庚辰<br>31 | 辛巳<br>(2) | 壬午<br>2 | 癸未<br>3 | 甲申<br>4 | 乙酉<br>5 | 丙戌<br>6 | 丁亥<br>7 | | 甲戌大寒 |

* 正月甲午（初一），改元建平。六月甲子（初三），改稱太初元將元年。八月，復稱建平元年。

# 漢哀帝建平二年（丙辰 龍年） 公元前5 ~ 前4年

| 夏曆月序 | | 中西曆日對照 | 初一 | 初二 | 初三 | 初四 | 初五 | 初六 | 初七 | 初八 | 初九 | 初十 | 十一 | 十二 | 十三 | 十四 | 十五 | 十六 | 十七 | 十八 | 十九 | 二十 | 二一 | 二二 | 二三 | 二四 | 二五 | 二六 | 二七 | 二八 | 二九 | 三十 | 節氣與天象 |
|---|---|---|---|---|---|---|---|---|---|---|---|---|---|---|---|---|---|---|---|---|---|---|---|---|---|---|---|---|---|---|---|---|---|
| 正月大 | 庚寅 | 天干地支西曆 | 戊子8 | 己丑9 | 庚寅10 | 辛卯11 | 壬辰12 | 癸巳13 | 甲午14 | 乙未15 | 丙申16 | 丁酉17 | 戊戌18 | 己亥19 | 庚子20 | 辛丑21 | 壬寅22 | 癸卯23 | 甲辰24 | 乙巳25 | 丙午26 | 丁未27 | 戊申28 | 己酉29 | 庚戌(3) | 辛亥2 | 壬子3 | 癸丑4 | 甲寅5 | 乙卯6 | 丙辰7 | 丁巳8 | 己丑立春 甲辰驚蟄 |
| 二月小 | 辛卯 | 天干地支西曆 | 戊午9 | 己未10 | 庚申11 | 辛酉12 | 壬戌13 | 癸亥14 | 甲子15 | 乙丑16 | 丙寅17 | 丁卯18 | 戊辰19 | 己巳20 | 庚午21 | 辛未22 | 壬申23 | 癸酉24 | 甲戌25 | 乙亥26 | 丙子27 | 丁丑28 | 戊寅29 | 己卯30 | 庚辰31 | 辛巳(4) | 壬午2 | 癸未3 | 甲申4 | 乙酉5 | 丙戌6 | | 己未雨水 乙亥春分 |
| 三月大 | 壬辰 | 天干地支西曆 | 丁亥7 | 戊子8 | 己丑9 | 庚寅10 | 辛卯11 | 壬辰12 | 癸巳13 | 甲午14 | 乙未15 | 丙申16 | 丁酉17 | 戊戌18 | 己亥19 | 庚子20 | 辛丑21 | 壬寅22 | 癸卯23 | 甲辰24 | 乙巳25 | 丙午26 | 丁未27 | 戊申28 | 己酉29 | 庚戌30 | 辛亥(5) | 壬子2 | 癸丑3 | 甲寅4 | 乙卯5 | 丙辰6 | 庚寅穀雨 乙巳清明 |
| 四月小 | 癸巳 | 天干地支西曆 | 丁巳7 | 戊午8 | 己未9 | 庚申10 | 辛酉11 | 壬戌12 | 癸亥13 | 甲子14 | 乙丑15 | 丙寅16 | 丁卯17 | 戊辰18 | 己巳19 | 庚午20 | 辛未21 | 壬申22 | 癸酉23 | 甲戌24 | 乙亥25 | 丙子26 | 丁丑27 | 戊寅28 | 己卯29 | 庚辰30 | 辛巳31 | 壬午(6) | 癸未2 | 甲申3 | 乙酉4 | | 庚申立夏 乙亥小滿 |
| 五月大 | 甲午 | 天干地支西曆 | 丙戌5 | 丁亥6 | 戊子7 | 己丑8 | 庚寅9 | 辛卯10 | 壬辰11 | 癸巳12 | 甲午13 | 乙未14 | 丙申15 | 丁酉16 | 戊戌17 | 己亥18 | 庚子19 | 辛丑20 | 壬寅21 | 癸卯22 | 甲辰23 | 乙巳24 | 丙午25 | 丁未26 | 戊申27 | 己酉28 | 庚戌29 | 辛亥30 | 壬子(7) | 癸丑2 | 甲寅3 | 乙卯4 | 辛卯芒種 丙午夏至 |
| 六月大 | 乙未 | 天干地支西曆 | 丙辰5 | 丁巳6 | 戊午7 | 己未8 | 庚申9 | 辛酉10 | 壬戌11 | 癸亥12 | 甲子13 | 乙丑14 | 丙寅15 | 丁卯16 | 戊辰17 | 己巳18 | 庚午19 | 辛未20 | 壬申21 | 癸酉22 | 甲戌23 | 乙亥24 | 丙子25 | 丁丑26 | 戊寅27 | 己卯28 | 庚辰29 | 辛巳30 | 壬午31 | 癸未(8) | 甲申2 | 乙酉3 | 辛酉小暑 丙子大暑 |
| 七月小 | 丙申 | 天干地支西曆 | 丙戌4 | 丁亥5 | 戊子6 | 己丑7 | 庚寅8 | 辛卯9 | 壬辰10 | 癸巳11 | 甲午12 | 乙未13 | 丙申14 | 丁酉15 | 戊戌16 | 己亥17 | 庚子18 | 辛丑19 | 壬寅20 | 癸卯21 | 甲辰22 | 乙巳23 | 丙午24 | 丁未25 | 戊申26 | 己酉27 | 庚戌28 | 辛亥29 | 壬子30 | 癸丑31 | 甲寅(9) | | 壬辰立秋 丁未處暑 |
| 八月大 | 丁酉 | 天干地支西曆 | 乙卯2 | 丙辰3 | 丁巳4 | 戊午5 | 己未6 | 庚申7 | 辛酉8 | 壬戌9 | 癸亥10 | 甲子11 | 乙丑12 | 丙寅13 | 丁卯14 | 戊辰15 | 己巳16 | 庚午17 | 辛未18 | 壬申19 | 癸酉20 | 甲戌21 | 乙亥22 | 丙子23 | 丁丑24 | 戊寅25 | 己卯26 | 庚辰27 | 辛巳28 | 壬午29 | 癸未30 | 甲申(10) | 壬戌白露 丁丑秋分 |
| 九月小 | 戊戌 | 天干地支西曆 | 乙酉2 | 丙戌3 | 丁亥4 | 戊子5 | 己丑6 | 庚寅7 | 辛卯8 | 壬辰9 | 癸巳10 | 甲午11 | 乙未12 | 丙申13 | 丁酉14 | 戊戌15 | 己亥16 | 庚子17 | 辛丑18 | 壬寅19 | 癸卯20 | 甲辰21 | 乙巳22 | 丙午23 | 丁未24 | 戊申25 | 己酉26 | 庚戌27 | 辛亥28 | 壬子29 | 癸丑30 | | 壬辰寒露 戊申霜降 |
| 十月大 | 己亥 | 天干地支西曆 | 甲寅31 | 乙卯(11) | 丙辰2 | 丁巳3 | 戊午4 | 己未5 | 庚申6 | 辛酉7 | 壬戌8 | 癸亥9 | 甲子10 | 乙丑11 | 丙寅12 | 丁卯13 | 戊辰14 | 己巳15 | 庚午16 | 辛未17 | 壬申18 | 癸酉19 | 甲戌20 | 乙亥21 | 丙子22 | 丁丑23 | 戊寅24 | 己卯25 | 庚辰26 | 辛巳27 | 壬午28 | 癸未29 | 癸亥立冬 戊寅小雪 |
| 十一月小 | 庚子 | 天干地支西曆 | 甲申30 | 乙酉(12) | 丙戌2 | 丁亥3 | 戊子4 | 己丑5 | 庚寅6 | 辛卯7 | 壬辰8 | 癸巳9 | 甲午10 | 乙未11 | 丙申12 | 丁酉13 | 戊戌14 | 己亥15 | 庚子16 | 辛丑17 | 壬寅18 | 癸卯19 | 甲辰20 | 乙巳21 | 丙午22 | 丁未23 | 戊申24 | 己酉25 | 庚戌26 | 辛亥27 | 壬子28 | | 癸巳大雪 己酉冬至 |
| 十二月大 | 辛丑 | 天干地支西曆 | 癸丑29 | 甲寅30 | 乙卯31 | 丙辰(1) | 丁巳2 | 戊午3 | 己未4 | 庚申5 | 辛酉6 | 壬戌7 | 癸亥8 | 甲子9 | 乙丑10 | 丙寅11 | 丁卯12 | 戊辰13 | 己巳14 | 庚午15 | 辛未16 | 壬申17 | 癸酉18 | 甲戌19 | 乙亥20 | 丙子21 | 丁丑22 | 戊寅23 | 己卯24 | 庚辰25 | 辛巳26 | 壬午27 | 甲子小寒 己卯大寒 |

# 漢哀帝建平三年（丁巳 蛇年） 公元前4～前3年

| 夏曆月序 | | 中西曆日對照 | 初一 | 初二 | 初三 | 初四 | 初五 | 初六 | 初七 | 初八 | 初九 | 初十 | 十一 | 十二 | 十三 | 十四 | 十五 | 十六 | 十七 | 十八 | 十九 | 二十 | 二一 | 二二 | 二三 | 二四 | 二五 | 二六 | 二七 | 二八 | 二九 | 三十 | 節氣與天象 |
|---|---|---|---|---|---|---|---|---|---|---|---|---|---|---|---|---|---|---|---|---|---|---|---|---|---|---|---|---|---|---|---|---|---|
| 正月小 | 壬寅 | 干支曆 | 癸未 | 甲申 | 乙酉 | 丙戌 | 丁亥 | 戊子 | 己丑 | 庚寅 | 辛卯 | 壬辰 | 癸巳 | 甲午 | 乙未 | 丙申 | 丁酉 | 戊戌 | 己亥 | 庚子 | 辛丑 | 壬寅 | 癸卯 | 甲辰 | 乙巳 | 丙午 | 丁未 | 戊申 | 己酉 | 庚戌 | 辛亥 | | 甲午立春<br>己酉驚蟄 |
| | | 天地西 | 28 | 29 | 30 | 31 | (2) | 2 | 3 | 4 | 5 | 6 | 7 | 8 | 9 | 10 | 11 | 12 | 13 | 14 | 15 | 16 | 17 | 18 | 19 | 20 | 21 | 22 | 23 | 24 | 25 | | |
| 二月大 | 癸卯 | 干支曆 | 壬子 | 癸丑 | 甲寅 | 乙卯 | 丙辰 | 丁巳 | 戊午 | 己未 | 庚申 | 辛酉 | 壬戌 | 癸亥 | 甲子 | 乙丑 | 丙寅 | 丁卯 | 戊辰 | 己巳 | 庚午 | 辛未 | 壬申 | 癸酉 | 甲戌 | 乙亥 | 丙子 | 丁丑 | 戊寅 | 己卯 | 庚辰 | 辛巳 | 乙丑雨水<br>庚辰春分 |
| | | 天地西 | 26 | 27 | 28 | (3) | 2 | 3 | 4 | 5 | 6 | 7 | 8 | 9 | 10 | 11 | 12 | 13 | 14 | 15 | 16 | 17 | 18 | 19 | 20 | 21 | 22 | 23 | 24 | 25 | 26 | 27 | |
| 三月小 | 甲辰 | 干支曆 | 壬午 | 癸未 | 甲申 | 乙酉 | 丙戌 | 丁亥 | 戊子 | 己丑 | 庚寅 | 辛卯 | 壬辰 | 癸巳 | 甲午 | 乙未 | 丙申 | 丁酉 | 戊戌 | 己亥 | 庚子 | 辛丑 | 壬寅 | 癸卯 | 甲辰 | 乙巳 | 丙午 | 丁未 | 戊申 | 己酉 | 庚戌 | | 乙未穀雨<br>庚戌清明 |
| | | 天地西 | 28 | 29 | 30 | 31 | (4) | 2 | 3 | 4 | 5 | 6 | 7 | 8 | 9 | 10 | 11 | 12 | 13 | 14 | 15 | 16 | 17 | 18 | 19 | 20 | 21 | 22 | 23 | 24 | 25 | | |
| 閏三月大 | 甲辰 | 干支曆 | 辛亥 | 壬子 | 癸丑 | 甲寅 | 乙卯 | 丙辰 | 丁巳 | 戊午 | 己未 | 庚申 | 辛酉 | 壬戌 | 癸亥 | 甲子 | 乙丑 | 丙寅 | 丁卯 | 戊辰 | 己巳 | 庚午 | 辛未 | 壬申 | 癸酉 | 甲戌 | 乙亥 | 丙子 | 丁丑 | 戊寅 | 己卯 | 庚辰 | 乙丑立夏 |
| | | 天地西 | 26 | 27 | 28 | 29 | 30 | (5) | 2 | 3 | 4 | 5 | 6 | 7 | 8 | 9 | 10 | 11 | 12 | 13 | 14 | 15 | 16 | 17 | 18 | 19 | 20 | 21 | 22 | 23 | 24 | 25 | |
| 四月小 | 乙巳 | 干支曆 | 辛巳 | 壬午 | 癸未 | 甲申 | 乙酉 | 丙戌 | 丁亥 | 戊子 | 己丑 | 庚寅 | 辛卯 | 壬辰 | 癸巳 | 甲午 | 乙未 | 丙申 | 丁酉 | 戊戌 | 己亥 | 庚子 | 辛丑 | 壬寅 | 癸卯 | 甲辰 | 乙巳 | 丙午 | 丁未 | 戊申 | 己酉 | | 辛巳小滿<br>丙申芒種 |
| | | 天地西 | 26 | 27 | 28 | 29 | 30 | 31 | (6) | 2 | 3 | 4 | 5 | 6 | 7 | 8 | 9 | 10 | 11 | 12 | 13 | 14 | 15 | 16 | 17 | 18 | 19 | 20 | 21 | 22 | 23 | | |
| 五月大 | 丙午 | 干支曆 | 庚戌 | 辛亥 | 壬子 | 癸丑 | 甲寅 | 乙卯 | 丙辰 | 丁巳 | 戊午 | 己未 | 庚申 | 辛酉 | 壬戌 | 癸亥 | 甲子 | 乙丑 | 丙寅 | 丁卯 | 戊辰 | 己巳 | 庚午 | 辛未 | 壬申 | 癸酉 | 甲戌 | 乙亥 | 丙子 | 丁丑 | 戊寅 | 己卯 | 辛亥夏至<br>丙寅小暑 |
| | | 天地西 | 24 | 25 | 26 | 27 | 28 | 29 | 30 | (7) | 2 | 3 | 4 | 5 | 6 | 7 | 8 | 9 | 10 | 11 | 12 | 13 | 14 | 15 | 16 | 17 | 18 | 19 | 20 | 21 | 22 | 23 | |
| 六月小 | 丁未 | 干支曆 | 庚辰 | 辛巳 | 壬午 | 癸未 | 甲申 | 乙酉 | 丙戌 | 丁亥 | 戊子 | 己丑 | 庚寅 | 辛卯 | 壬辰 | 癸巳 | 甲午 | 乙未 | 丙申 | 丁酉 | 戊戌 | 己亥 | 庚子 | 辛丑 | 壬寅 | 癸卯 | 甲辰 | 乙巳 | 丙午 | 丁未 | 戊申 | | 壬午大暑<br>丁酉立秋 |
| | | 天地西 | 24 | 25 | 26 | 27 | 28 | 29 | 30 | 31 | (8) | 2 | 3 | 4 | 5 | 6 | 7 | 8 | 9 | 10 | 11 | 12 | 13 | 14 | 15 | 16 | 17 | 18 | 19 | 20 | 21 | | |
| 七月大 | 戊申 | 干支曆 | 己酉 | 庚戌 | 辛亥 | 壬子 | 癸丑 | 甲寅 | 乙卯 | 丙辰 | 丁巳 | 戊午 | 己未 | 庚申 | 辛酉 | 壬戌 | 癸亥 | 甲子 | 乙丑 | 丙寅 | 丁卯 | 戊辰 | 己巳 | 庚午 | 辛未 | 壬申 | 癸酉 | 甲戌 | 乙亥 | 丙子 | 丁丑 | 戊寅 | 壬子處暑<br>丁卯白露 |
| | | 天地西 | 22 | 23 | 24 | 25 | 26 | 27 | 28 | 29 | 30 | 31 | (9) | 2 | 3 | 4 | 5 | 6 | 7 | 8 | 9 | 10 | 11 | 12 | 13 | 14 | 15 | 16 | 17 | 18 | 19 | 20 | |
| 八月小 | 己酉 | 干支曆 | 己卯 | 庚辰 | 辛巳 | 壬午 | 癸未 | 甲申 | 乙酉 | 丙戌 | 丁亥 | 戊子 | 己丑 | 庚寅 | 辛卯 | 壬辰 | 癸巳 | 甲午 | 乙未 | 丙申 | 丁酉 | 戊戌 | 己亥 | 庚子 | 辛丑 | 壬寅 | 癸卯 | 甲辰 | 乙巳 | 丙午 | 丁未 | | 壬午秋分<br>戊戌寒露 |
| | | 天地西 | 21 | 22 | 23 | 24 | 25 | 26 | 27 | 28 | 29 | 30 | (10) | 2 | 3 | 4 | 5 | 6 | 7 | 8 | 9 | 10 | 11 | 12 | 13 | 14 | 15 | 16 | 17 | 18 | 19 | | |
| 九月大 | 庚戌 | 干支曆 | 戊申 | 己酉 | 庚戌 | 辛亥 | 壬子 | 癸丑 | 甲寅 | 乙卯 | 丙辰 | 丁巳 | 戊午 | 己未 | 庚申 | 辛酉 | 壬戌 | 癸亥 | 甲子 | 乙丑 | 丙寅 | 丁卯 | 戊辰 | 己巳 | 庚午 | 辛未 | 壬申 | 癸酉 | 甲戌 | 乙亥 | 丙子 | 丁丑 | 癸丑霜降<br>戊辰立冬 |
| | | 天地西 | 20 | 21 | 22 | 23 | 24 | 25 | 26 | 27 | 28 | 29 | 30 | 31 | (11) | 2 | 3 | 4 | 5 | 6 | 7 | 8 | 9 | 10 | 11 | 12 | 13 | 14 | 15 | 16 | 17 | 18 | |
| 十月大 | 辛亥 | 干支曆 | 戊寅 | 己卯 | 庚辰 | 辛巳 | 壬午 | 癸未 | 甲申 | 乙酉 | 丙戌 | 丁亥 | 戊子 | 己丑 | 庚寅 | 辛卯 | 壬辰 | 癸巳 | 甲午 | 乙未 | 丙申 | 丁酉 | 戊戌 | 己亥 | 庚子 | 辛丑 | 壬寅 | 癸卯 | 甲辰 | 乙巳 | 丙午 | 丁未 | 癸未小雪<br>己亥大雪 |
| | | 天地西 | 19 | 20 | 21 | 22 | 23 | 24 | 25 | 26 | 27 | 28 | 29 | 30 | (12) | 2 | 3 | 4 | 5 | 6 | 7 | 8 | 9 | 10 | 11 | 12 | 13 | 14 | 15 | 16 | 17 | 18 | |
| 十一月小 | 壬子 | 干支曆 | 戊申 | 己酉 | 庚戌 | 辛亥 | 壬子 | 癸丑 | 甲寅 | 乙卯 | 丙辰 | 丁巳 | 戊午 | 己未 | 庚申 | 辛酉 | 壬戌 | 癸亥 | 甲子 | 乙丑 | 丙寅 | 丁卯 | 戊辰 | 己巳 | 庚午 | 辛未 | 壬申 | 癸酉 | 甲戌 | 乙亥 | 丙子 | | 甲寅冬至<br>己巳小寒 |
| | | 天地西 | 19 | 20 | 21 | 22 | 23 | 24 | 25 | 26 | 27 | 28 | 29 | 30 | 31 | (1) | 2 | 3 | 4 | 5 | 6 | 7 | 8 | 9 | 10 | 11 | 12 | 13 | 14 | 15 | 16 | | |
| 十二月大 | 癸丑 | 干支曆 | 丁丑 | 戊寅 | 己卯 | 庚辰 | 辛巳 | 壬午 | 癸未 | 甲申 | 乙酉 | 丙戌 | 丁亥 | 戊子 | 己丑 | 庚寅 | 辛卯 | 壬辰 | 癸巳 | 甲午 | 乙未 | 丙申 | 丁酉 | 戊戌 | 己亥 | 庚子 | 辛丑 | 壬寅 | 癸卯 | 甲辰 | 乙巳 | 丙午 | 甲申大寒<br>己亥立春 |
| | | 天地西 | 17 | 18 | 19 | 20 | 21 | 22 | 23 | 24 | 25 | 26 | 27 | 28 | 29 | 30 | 31 | (2) | 2 | 3 | 4 | 5 | 6 | 7 | 8 | 9 | 10 | 11 | 12 | 13 | 14 | 15 | |

# 漢哀帝建平四年（戊午 馬年） 公元前3 ~ 前2年

| 夏曆月序 | | 中西曆日對照 | 初一 | 初二 | 初三 | 初四 | 初五 | 初六 | 初七 | 初八 | 初九 | 初十 | 十一 | 十二 | 十三 | 十四 | 十五 | 十六 | 十七 | 十八 | 十九 | 二十 | 二一 | 二二 | 二三 | 二四 | 二五 | 二六 | 二七 | 二八 | 二九 | 三十 | 節氣與天象 |
|---|---|---|---|---|---|---|---|---|---|---|---|---|---|---|---|---|---|---|---|---|---|---|---|---|---|---|---|---|---|---|---|---|---|
| 正月小 | 甲寅 | 天干地支西曆 | 丁未16 | 戊申17 | 己酉18 | 庚戌19 | 辛亥20 | 壬子21 | 癸丑22 | 甲寅23 | 乙卯24 | 丙辰25 | 丁巳26 | 戊午27 | 己未28 | 庚申(3) | 辛酉2 | 壬戌3 | 癸亥4 | 甲子5 | 乙丑6 | 丙寅7 | 丁卯8 | 戊辰9 | 己巳10 | 庚午11 | 辛未12 | 壬申13 | 癸酉14 | 甲戌15 | 乙亥16 | | 乙卯驚蟄<br>庚午雨水 |
| 二月大 | 乙卯 | 天干地支西曆 | 丙子17 | 丁丑18 | 戊寅19 | 己卯20 | 庚辰21 | 辛巳22 | 壬午23 | 癸未24 | 甲申25 | 乙酉26 | 丙戌27 | 丁亥28 | 戊子29 | 己丑30 | 庚寅31 | 辛卯(4) | 壬辰2 | 癸巳3 | 甲午4 | 乙未5 | 丙申6 | 丁酉7 | 戊戌8 | 己亥9 | 庚子10 | 辛丑11 | 壬寅12 | 癸卯13 | 甲辰14 | 乙巳15 | 乙酉春分<br>庚子穀雨 |
| 三月小 | 丙辰 | 天干地支西曆 | 丙午16 | 丁未17 | 戊申18 | 己酉19 | 庚戌20 | 辛亥21 | 壬子22 | 癸丑23 | 甲寅24 | 乙卯25 | 丙辰26 | 丁巳27 | 戊午28 | 己未29 | 庚申30 | 辛酉(5) | 壬戌2 | 癸亥3 | 甲子4 | 乙丑5 | 丙寅6 | 丁卯7 | 戊辰8 | 己巳9 | 庚午10 | 辛未11 | 壬申12 | 癸酉13 | 甲戌14 | | 丙辰清明<br>辛未立夏 |
| 四月大 | 丁巳 | 天干地支西曆 | 乙亥15 | 丙子16 | 丁丑17 | 戊寅18 | 己卯19 | 庚辰20 | 辛巳21 | 壬午22 | 癸未23 | 甲申24 | 乙酉25 | 丙戌26 | 丁亥27 | 戊子28 | 己丑29 | 庚寅30 | 辛卯31 | 壬辰(6) | 癸巳2 | 甲午3 | 乙未4 | 丙申5 | 丁酉6 | 戊戌7 | 己亥8 | 庚子9 | 辛丑10 | 壬寅11 | 癸卯12 | 甲辰13 | 丙戌小滿<br>辛丑芒種 |
| 五月小 | 戊午 | 天干地支西曆 | 乙巳14 | 丙午15 | 丁未16 | 戊申17 | 己酉18 | 庚戌19 | 辛亥20 | 壬子21 | 癸丑22 | 甲寅23 | 乙卯24 | 丙辰25 | 丁巳26 | 戊午27 | 己未28 | 庚申29 | 辛酉30 | 壬戌(7) | 癸亥2 | 甲子3 | 乙丑4 | 丙寅5 | 丁卯6 | 戊辰7 | 己巳8 | 庚午9 | 辛未10 | 壬申11 | 癸酉12 | | 丙辰夏至<br>壬申小暑 |
| 六月大 | 己未 | 天干地支西曆 | 甲戌13 | 乙亥14 | 丙子15 | 丁丑16 | 戊寅17 | 己卯18 | 庚辰19 | 辛巳20 | 壬午21 | 癸未22 | 甲申23 | 乙酉24 | 丙戌25 | 丁亥26 | 戊子27 | 己丑28 | 庚寅29 | 辛卯30 | 壬辰31 | 癸巳(8) | 甲午2 | 乙未3 | 丙申4 | 丁酉5 | 戊戌6 | 己亥7 | 庚子8 | 辛丑9 | 壬寅10 | 癸卯11 | 丁亥大暑<br>壬寅立秋 |
| 七月小 | 庚申 | 天干地支西曆 | 甲辰12 | 乙巳13 | 丙午14 | 丁未15 | 戊申16 | 己酉17 | 庚戌18 | 辛亥19 | 壬子20 | 癸丑21 | 甲寅22 | 乙卯23 | 丙辰24 | 丁巳25 | 戊午26 | 己未27 | 庚申28 | 辛酉29 | 壬戌30 | 癸亥31 | 甲子(9) | 乙丑2 | 丙寅3 | 丁卯4 | 戊辰5 | 己巳6 | 庚午7 | 辛未8 | 壬申9 | | 丁巳處暑<br>壬申白露 |
| 八月大 | 辛酉 | 天干地支西曆 | 癸酉10 | 甲戌11 | 乙亥12 | 丙子13 | 丁丑14 | 戊寅15 | 己卯16 | 庚辰17 | 辛巳18 | 壬午19 | 癸未20 | 甲申21 | 乙酉22 | 丙戌23 | 丁亥24 | 戊子25 | 己丑26 | 庚寅27 | 辛卯28 | 壬辰29 | 癸巳30 | 甲午(10) | 乙未2 | 丙申3 | 丁酉4 | 戊戌5 | 己亥6 | 庚子7 | 辛丑8 | 壬寅9 | 戊子秋分 |
| 九月小 | 壬戌 | 天干地支西曆 | 癸卯10 | 甲辰11 | 乙巳12 | 丙午13 | 丁未14 | 戊申15 | 己酉16 | 庚戌17 | 辛亥18 | 壬子19 | 癸丑20 | 甲寅21 | 乙卯22 | 丙辰23 | 丁巳24 | 戊午25 | 己未26 | 庚申27 | 辛酉28 | 壬戌29 | 癸亥30 | 甲子31 | 乙丑(11) | 丙寅2 | 丁卯3 | 戊辰4 | 己巳5 | 庚午6 | 辛未7 | | 癸卯寒露<br>戊午霜降 |
| 十月大 | 癸亥 | 天干地支西曆 | 壬申8 | 癸酉9 | 甲戌10 | 乙亥11 | 丙子12 | 丁丑13 | 戊寅14 | 己卯15 | 庚辰16 | 辛巳17 | 壬午18 | 癸未19 | 甲申20 | 乙酉21 | 丙戌22 | 丁亥23 | 戊子24 | 己丑25 | 庚寅26 | 辛卯27 | 壬辰28 | 癸巳29 | 甲午30 | 乙未(12) | 丙申2 | 丁酉3 | 戊戌4 | 己亥5 | 庚子6 | 辛丑7 | 癸酉立冬<br>己丑小雪 |
| 十一月小 | 甲子 | 天干地支西曆 | 壬寅8 | 癸卯9 | 甲辰10 | 乙巳11 | 丙午12 | 丁未13 | 戊申14 | 己酉15 | 庚戌16 | 辛亥17 | 壬子18 | 癸丑19 | 甲寅20 | 乙卯21 | 丙辰22 | 丁巳23 | 戊午24 | 己未25 | 庚申26 | 辛酉27 | 壬戌28 | 癸亥29 | 甲子30 | 乙丑31 | 丙寅(1) | 丁卯2 | 戊辰3 | 己巳4 | 庚午5 | | 甲辰大雪<br>己未冬至 |
| 十二月大 | 乙丑 | 天干地支西曆 | 辛未6 | 壬申7 | 癸酉8 | 甲戌9 | 乙亥10 | 丙子11 | 丁丑12 | 戊寅13 | 己卯14 | 庚辰15 | 辛巳16 | 壬午17 | 癸未18 | 甲申19 | 乙酉20 | 丙戌21 | 丁亥22 | 戊子23 | 己丑24 | 庚寅25 | 辛卯26 | 壬辰27 | 癸巳28 | 甲午29 | 乙未30 | 丙申31 | 丁酉(2) | 戊戌2 | 己亥3 | 庚子4 | 甲戌小寒<br>己丑大寒 |

# 漢哀帝元壽元年（己未 羊年） 公元前 2 ~ 前 1 年

| 夏曆月序 | | 中西曆日對照 | 夏曆日序 | | | | | | | | | | | | | | | | | | | | | | | | | | | | | | 節氣與天象 |
|---|---|---|---|---|---|---|---|---|---|---|---|---|---|---|---|---|---|---|---|---|---|---|---|---|---|---|---|---|---|---|---|---|---|
| | | | 初一 | 初二 | 初三 | 初四 | 初五 | 初六 | 初七 | 初八 | 初九 | 初十 | 十一 | 十二 | 十三 | 十四 | 十五 | 十六 | 十七 | 十八 | 十九 | 二十 | 二一 | 二二 | 二三 | 二四 | 二五 | 二六 | 二七 | 二八 | 二九 | 三十 | |
| 正月大 | 丙寅 | 天干地支<br>西曆 | 辛丑<br>5 | 壬寅<br>6 | 癸卯<br>7 | 甲辰<br>8 | 乙巳<br>9 | 丙午<br>10 | 丁未<br>11 | 戊申<br>12 | 己酉<br>13 | 庚戌<br>14 | 辛亥<br>15 | 壬子<br>16 | 癸丑<br>17 | 甲寅<br>18 | 乙卯<br>19 | 丙辰<br>20 | 丁巳<br>21 | 戊午<br>22 | 己未<br>23 | 庚申<br>24 | 辛酉<br>25 | 壬戌<br>26 | 癸亥<br>27 | 甲子<br>28 | 乙丑<br>(3) | 丙寅<br>2 | 丁卯<br>3 | 戊辰<br>4 | 己巳<br>5 | 庚午<br>6 | 乙巳立春<br>庚申驚蟄<br>辛丑日食 |
| 二月小 | 丁卯 | 天干地支<br>西曆 | 辛未<br>7 | 壬申<br>8 | 癸酉<br>9 | 甲戌<br>10 | 乙亥<br>11 | 丙子<br>12 | 丁丑<br>13 | 戊寅<br>14 | 己卯<br>15 | 庚辰<br>16 | 辛巳<br>17 | 壬午<br>18 | 癸未<br>19 | 甲申<br>20 | 乙酉<br>21 | 丙戌<br>22 | 丁亥<br>23 | 戊子<br>24 | 己丑<br>25 | 庚寅<br>26 | 辛卯<br>27 | 壬辰<br>28 | 癸巳<br>29 | 甲午<br>30 | 乙未<br>31 | 丙申<br>(4) | 丁酉<br>2 | 戊戌<br>3 | 己亥<br>4 | | 乙亥雨水<br>庚寅春分 |
| 三月大 | 戊辰 | 天干地支<br>西曆 | 庚子<br>5 | 辛丑<br>6 | 壬寅<br>7 | 癸卯<br>8 | 甲辰<br>9 | 乙巳<br>10 | 丙午<br>11 | 丁未<br>12 | 戊申<br>13 | 己酉<br>14 | 庚戌<br>15 | 辛亥<br>16 | 壬子<br>17 | 癸丑<br>18 | 甲寅<br>19 | 乙卯<br>20 | 丙辰<br>21 | 丁巳<br>22 | 戊午<br>23 | 己未<br>24 | 庚申<br>25 | 辛酉<br>26 | 壬戌<br>27 | 癸亥<br>28 | 甲子<br>29 | 乙丑<br>30 | 丙寅<br>(5) | 丁卯<br>2 | 戊辰<br>3 | 己巳<br>4 | 丙午穀雨<br>辛酉清明 |
| 四月小 | 己巳 | 天干地支<br>西曆 | 庚午<br>5 | 辛未<br>6 | 壬申<br>7 | 癸酉<br>8 | 甲戌<br>9 | 乙亥<br>10 | 丙子<br>11 | 丁丑<br>12 | 戊寅<br>13 | 己卯<br>14 | 庚辰<br>15 | 辛巳<br>16 | 壬午<br>17 | 癸未<br>18 | 甲申<br>19 | 乙酉<br>20 | 丙戌<br>21 | 丁亥<br>22 | 戊子<br>23 | 己丑<br>24 | 庚寅<br>25 | 辛卯<br>26 | 壬辰<br>27 | 癸巳<br>28 | 甲午<br>29 | 乙未<br>30 | 丙申<br>31 | 丁酉<br>(6) | 戊戌<br>2 | | 丙子立夏<br>辛卯小滿 |
| 五月大 | 庚午 | 天干地支<br>西曆 | 己亥<br>3 | 庚子<br>4 | 辛丑<br>5 | 壬寅<br>6 | 癸卯<br>7 | 甲辰<br>8 | 乙巳<br>9 | 丙午<br>10 | 丁未<br>11 | 戊申<br>12 | 己酉<br>13 | 庚戌<br>14 | 辛亥<br>15 | 壬子<br>16 | 癸丑<br>17 | 甲寅<br>18 | 乙卯<br>19 | 丙辰<br>20 | 丁巳<br>21 | 戊午<br>22 | 己未<br>23 | 庚申<br>24 | 辛酉<br>25 | 壬戌<br>26 | 癸亥<br>27 | 甲子<br>28 | 乙丑<br>29 | 丙寅<br>30 | 丁卯<br>(7) | 戊辰<br>2 | 丙午芒種<br>壬戌夏至 |
| 六月小 | 辛未 | 天干地支<br>西曆 | 己巳<br>3 | 庚午<br>4 | 辛未<br>5 | 壬申<br>6 | 癸酉<br>7 | 甲戌<br>8 | 乙亥<br>9 | 丙子<br>10 | 丁丑<br>11 | 戊寅<br>12 | 己卯<br>13 | 庚辰<br>14 | 辛巳<br>15 | 壬午<br>16 | 癸未<br>17 | 甲申<br>18 | 乙酉<br>19 | 丙戌<br>20 | 丁亥<br>21 | 戊子<br>22 | 己丑<br>23 | 庚寅<br>24 | 辛卯<br>25 | 壬辰<br>26 | 癸巳<br>27 | 甲午<br>28 | 乙未<br>29 | 丙申<br>30 | 丁酉<br>31 | | 丁丑小暑<br>壬辰大暑 |
| 七月大 | 壬申 | 天干地支<br>西曆 | 戊戌<br>(8) | 己亥<br>2 | 庚子<br>3 | 辛丑<br>4 | 壬寅<br>5 | 癸卯<br>6 | 甲辰<br>7 | 乙巳<br>8 | 丙午<br>9 | 丁未<br>10 | 戊申<br>11 | 己酉<br>12 | 庚戌<br>13 | 辛亥<br>14 | 壬子<br>15 | 癸丑<br>16 | 甲寅<br>17 | 乙卯<br>18 | 丙辰<br>19 | 丁巳<br>20 | 戊午<br>21 | 己未<br>22 | 庚申<br>23 | 辛酉<br>24 | 壬戌<br>25 | 癸亥<br>26 | 甲子<br>27 | 乙丑<br>28 | 丙寅<br>29 | 丁卯<br>30 | 丁未立秋<br>癸亥處暑 |
| 八月小 | 癸酉 | 天干地支<br>西曆 | 戊辰<br>31 | 己巳<br>(9) | 庚午<br>2 | 辛未<br>3 | 壬申<br>4 | 癸酉<br>5 | 甲戌<br>6 | 乙亥<br>7 | 丙子<br>8 | 丁丑<br>9 | 戊寅<br>10 | 己卯<br>11 | 庚辰<br>12 | 辛巳<br>13 | 壬午<br>14 | 癸未<br>15 | 甲申<br>16 | 乙酉<br>17 | 丙戌<br>18 | 丁亥<br>19 | 戊子<br>20 | 己丑<br>21 | 庚寅<br>22 | 辛卯<br>23 | 壬辰<br>24 | 癸巳<br>25 | 甲午<br>26 | 乙未<br>27 | 丙申<br>28 | | 戊寅白露<br>癸巳秋分 |
| 九月大 | 甲戌 | 天干地支<br>西曆 | 丁酉<br>29 | 戊戌<br>30 | 己亥<br>(10) | 庚子<br>2 | 辛丑<br>3 | 壬寅<br>4 | 癸卯<br>5 | 甲辰<br>6 | 乙巳<br>7 | 丙午<br>8 | 丁未<br>9 | 戊申<br>10 | 己酉<br>11 | 庚戌<br>12 | 辛亥<br>13 | 壬子<br>14 | 癸丑<br>15 | 甲寅<br>16 | 乙卯<br>17 | 丙辰<br>18 | 丁巳<br>19 | 戊午<br>20 | 己未<br>21 | 庚申<br>22 | 辛酉<br>23 | 壬戌<br>24 | 癸亥<br>25 | 甲子<br>26 | 乙丑<br>27 | 丙寅<br>28 | 戊申寒露<br>癸亥霜降 |
| 十月小 | 乙亥 | 天干地支<br>西曆 | 丁卯<br>29 | 戊辰<br>30 | 己巳<br>31 | 庚午<br>(11) | 辛未<br>2 | 壬申<br>3 | 癸酉<br>4 | 甲戌<br>5 | 乙亥<br>6 | 丙子<br>7 | 丁丑<br>8 | 戊寅<br>9 | 己卯<br>10 | 庚辰<br>11 | 辛巳<br>12 | 壬午<br>13 | 癸未<br>14 | 甲申<br>15 | 乙酉<br>16 | 丙戌<br>17 | 丁亥<br>18 | 戊子<br>19 | 己丑<br>20 | 庚寅<br>21 | 辛卯<br>22 | 壬辰<br>23 | 癸巳<br>24 | 甲午<br>25 | 乙未<br>26 | | 己卯立冬<br>甲午小雪 |
| 十一月大 | 丙子 | 天干地支<br>西曆 | 丙申<br>27 | 丁酉<br>28 | 戊戌<br>29 | 己亥<br>30 | 庚子<br>(12) | 辛丑<br>2 | 壬寅<br>3 | 癸卯<br>4 | 甲辰<br>5 | 乙巳<br>6 | 丙午<br>7 | 丁未<br>8 | 戊申<br>9 | 己酉<br>10 | 庚戌<br>11 | 辛亥<br>12 | 壬子<br>13 | 癸丑<br>14 | 甲寅<br>15 | 乙卯<br>16 | 丙辰<br>17 | 丁巳<br>18 | 戊午<br>19 | 己未<br>20 | 庚申<br>21 | 辛酉<br>22 | 壬戌<br>23 | 癸亥<br>24 | 甲子<br>25 | 乙丑<br>26 | 己酉大雪<br>甲子冬至 |
| 閏十一小 | 丙子 | 天干地支<br>西曆 | 丙寅<br>27 | 丁卯<br>28 | 戊辰<br>29 | 己巳<br>30 | 庚午<br>31 | 辛未<br>(1) | 壬申<br>2 | 癸酉<br>3 | 甲戌<br>4 | 乙亥<br>5 | 丙子<br>6 | 丁丑<br>7 | 戊寅<br>8 | 己卯<br>9 | 庚辰<br>10 | 辛巳<br>11 | 壬午<br>12 | 癸未<br>13 | 甲申<br>14 | 乙酉<br>15 | 丙戌<br>16 | 丁亥<br>17 | 戊子<br>18 | 己丑<br>19 | 庚寅<br>20 | 辛卯<br>21 | 壬辰<br>22 | 癸巳<br>23 | 甲午<br>24 | | 己卯小寒 |
| 十二月大 | 丁丑 | 天干地支<br>西曆 | 乙未<br>25 | 丙申<br>26 | 丁酉<br>27 | 戊戌<br>28 | 己亥<br>29 | 庚子<br>30 | 辛丑<br>31 | 壬寅<br>(2) | 癸卯<br>2 | 甲辰<br>3 | 乙巳<br>4 | 丙午<br>5 | 丁未<br>6 | 戊申<br>7 | 己酉<br>8 | 庚戌<br>9 | 辛亥<br>10 | 壬子<br>11 | 癸丑<br>12 | 甲寅<br>13 | 乙卯<br>14 | 丙辰<br>15 | 丁巳<br>16 | 戊午<br>17 | 己未<br>18 | 庚申<br>19 | 辛酉<br>20 | 壬戌<br>21 | 癸亥<br>22 | 甲子<br>23 | 乙未大寒<br>庚戌立春 |

* 正月辛丑（初一），改元元壽。

# 漢哀帝元壽二年 平帝元壽二年（庚申 猴年） 公元前 1 ~ 公元 1 年

| 夏曆月序 | | 中西曆日對照 | 初一 | 初二 | 初三 | 初四 | 初五 | 初六 | 初七 | 初八 | 初九 | 初十 | 十一 | 十二 | 十三 | 十四 | 十五 | 十六 | 十七 | 十八 | 十九 | 二十 | 二一 | 二二 | 二三 | 二四 | 二五 | 二六 | 二七 | 二八 | 二九 | 三十 | 節氣與天象 |
|---|---|---|---|---|---|---|---|---|---|---|---|---|---|---|---|---|---|---|---|---|---|---|---|---|---|---|---|---|---|---|---|---|---|
| 正月小 | 戊寅 | 天干<br>地支<br>西曆 | 乙丑24 | 丙寅25 | 丁卯26 | 戊辰27 | 己巳28 | 庚午29 | 辛未(3) | 壬申2 | 癸酉3 | 甲戌4 | 乙亥5 | 丙子6 | 丁丑7 | 戊寅8 | 己卯9 | 庚辰10 | 辛巳11 | 壬午12 | 癸未13 | 甲申14 | 乙酉15 | 丙戌16 | 丁亥17 | 戊子18 | 己丑19 | 庚寅20 | 辛卯21 | 壬辰22 | 癸巳23 | | 乙丑驚蟄<br>庚辰雨水 |
| 二月大 | 己卯 | 天干<br>地支<br>西曆 | 甲午24 | 乙未25 | 丙申26 | 丁酉27 | 戊戌28 | 己亥29 | 庚子30 | 辛丑31 | 壬寅(4) | 癸卯2 | 甲辰3 | 乙巳4 | 丙午5 | 丁未6 | 戊申7 | 己酉8 | 庚戌9 | 辛亥10 | 壬子11 | 癸丑12 | 甲寅13 | 乙卯14 | 丙辰15 | 丁巳16 | 戊午17 | 己未18 | 庚申19 | 辛酉20 | 壬戌21 | 癸亥22 | 丙申春分<br>辛亥穀雨 |
| 三月小 | 庚辰 | 天干<br>地支<br>西曆 | 甲子23 | 乙丑24 | 丙寅25 | 丁卯26 | 戊辰27 | 己巳28 | 庚午29 | 辛未30 | 壬申(5) | 癸酉2 | 甲戌3 | 乙亥4 | 丙子5 | 丁丑6 | 戊寅7 | 己卯8 | 庚辰9 | 辛巳10 | 壬午11 | 癸未12 | 甲申13 | 乙酉14 | 丙戌15 | 丁亥16 | 戊子17 | 己丑18 | 庚寅19 | 辛卯20 | 壬辰21 | | 丙寅清明<br>辛巳立夏 |
| 四月大 | 辛巳 | 天干<br>地支<br>西曆 | 癸巳22 | 甲午23 | 乙未24 | 丙申25 | 丁酉26 | 戊戌27 | 己亥28 | 庚子29 | 辛丑30 | 壬寅31 | 癸卯(6) | 甲辰2 | 乙巳3 | 丙午4 | 丁未5 | 戊申6 | 己酉7 | 庚戌8 | 辛亥9 | 壬子10 | 癸丑11 | 甲寅12 | 乙卯13 | 丙辰14 | 丁巳15 | 戊午16 | 己未17 | 庚申18 | 辛酉19 | 壬戌20 | 丙申小滿<br>壬子芒種<br>壬戌日食 |
| 五月大 | 壬午 | 天干<br>地支<br>西曆 | 癸亥21 | 甲子22 | 乙丑23 | 丙寅24 | 丁卯25 | 戊辰26 | 己巳27 | 庚午28 | 辛未29 | 壬申30 | 癸酉(7) | 甲戌2 | 乙亥3 | 丙子4 | 丁丑5 | 戊寅6 | 己卯7 | 庚辰8 | 辛巳9 | 壬午10 | 癸未11 | 甲申12 | 乙酉13 | 丙戌14 | 丁亥15 | 戊子16 | 己丑17 | 庚寅18 | 辛卯19 | 壬辰20 | 丁卯夏至<br>壬午小暑 |
| 六月小 | 癸未 | 天干<br>地支<br>西曆 | 癸巳21 | 甲午22 | 乙未23 | 丙申24 | 丁酉25 | 戊戌26 | 己亥27 | 庚子28 | 辛丑29 | 壬寅30 | 癸卯31 | 甲辰(8) | 乙巳2 | 丙午3 | 丁未4 | 戊申5 | 己酉6 | 庚戌7 | 辛亥8 | 壬子9 | 癸丑10 | 甲寅11 | 乙卯12 | 丙辰13 | 丁巳14 | 戊午15 | 己未16 | 庚申17 | 辛酉18 | | 丁酉大暑<br>癸丑立秋 |
| 七月大 | 甲申 | 天干<br>地支<br>西曆 | 壬戌19 | 癸亥20 | 甲子21 | 乙丑22 | 丙寅23 | 丁卯24 | 戊辰25 | 己巳26 | 庚午27 | 辛未28 | 壬申29 | 癸酉30 | 甲戌31 | 乙亥(9) | 丙子2 | 丁丑3 | 戊寅4 | 己卯5 | 庚辰6 | 辛巳7 | 壬午8 | 癸未9 | 甲申10 | 乙酉11 | 丙戌12 | 丁亥13 | 戊子14 | 己丑15 | 庚寅16 | 辛卯17 | 戊辰處暑<br>癸未白露 |
| 八月小 | 乙酉 | 天干<br>地支<br>西曆 | 壬辰18 | 癸巳19 | 甲午20 | 乙未21 | 丙申22 | 丁酉23 | 戊戌24 | 己亥25 | 庚子26 | 辛丑27 | 壬寅28 | 癸卯29 | 甲辰30 | 乙巳(10) | 丙午2 | 丁未3 | 戊申4 | 己酉5 | 庚戌6 | 辛亥7 | 壬子8 | 癸丑9 | 甲寅10 | 乙卯11 | 丙辰12 | 丁巳13 | 戊午14 | 己未15 | 庚申16 | | 戊戌秋分<br>癸丑寒露 |
| 九月大 | 丙戌 | 天干<br>地支<br>西曆 | 辛酉17 | 壬戌18 | 癸亥19 | 甲子20 | 乙丑21 | 丙寅22 | 丁卯23 | 戊辰24 | 己巳25 | 庚午26 | 辛未27 | 壬申28 | 癸酉29 | 甲戌30 | 乙亥31 | 丙子(11) | 丁丑2 | 戊寅3 | 己卯4 | 庚辰5 | 辛巳6 | 壬午7 | 癸未8 | 甲申9 | 乙酉10 | 丙戌11 | 丁亥12 | 戊子13 | 己丑14 | 庚寅15 | 己巳霜降<br>甲申立冬 |
| 十月小 | 丁亥 | 天干<br>地支<br>西曆 | 辛卯16 | 壬辰17 | 癸巳18 | 甲午19 | 乙未20 | 丙申21 | 丁酉22 | 戊戌23 | 己亥24 | 庚子25 | 辛丑26 | 壬寅27 | 癸卯28 | 甲辰29 | 乙巳30 | 丙午(12) | 丁未2 | 戊申3 | 己酉4 | 庚戌5 | 辛亥6 | 壬子7 | 癸丑8 | 甲寅9 | 乙卯10 | 丙辰11 | 丁巳12 | 戊午13 | 己未14 | | 己亥小雪<br>甲寅大雪 |
| 十一月大 | 戊子 | 天干<br>地支<br>西曆 | 庚申15 | 辛酉16 | 壬戌17 | 癸亥18 | 甲子19 | 乙丑20 | 丙寅21 | 丁卯22 | 戊辰23 | 己巳24 | 庚午25 | 辛未26 | 壬申27 | 癸酉28 | 甲戌29 | 乙亥30 | 丙子31 | 丁丑(1) | 戊寅2 | 己卯3 | 庚辰4 | 辛巳5 | 壬午6 | 癸未7 | 甲申8 | 乙酉9 | 丙戌10 | 丁亥11 | 戊子12 | 己丑13 | 庚午冬至<br>乙酉小寒 |
| 十二月小 | 己丑 | 天干<br>地支<br>西曆 | 庚寅14 | 辛卯15 | 壬辰16 | 癸巳17 | 甲午18 | 乙未19 | 丙申20 | 丁酉21 | 戊戌22 | 己亥23 | 庚子24 | 辛丑25 | 壬寅26 | 癸卯27 | 甲辰28 | 乙巳29 | 丙午30 | 丁未31 | 戊申(2) | 己酉2 | 庚戌3 | 辛亥4 | 壬子5 | 癸丑6 | 甲寅7 | 乙卯8 | 丙辰9 | 丁巳10 | 戊午11 | | 庚子大寒<br>乙卯立春 |

*六月戊午（二十六日），哀帝死。九月辛酉（初一），中山王劉衎即位，是爲漢平帝。

# 漢平帝元始元年（辛酉 鷄年） 公元 1 ~ 2 年

| 夏曆月序 | | 中西曆日對照 | 初一 | 初二 | 初三 | 初四 | 初五 | 初六 | 初七 | 初八 | 初九 | 初十 | 十一 | 十二 | 十三 | 十四 | 十五 | 十六 | 十七 | 十八 | 十九 | 二十 | 二一 | 二二 | 二三 | 二四 | 二五 | 二六 | 二七 | 二八 | 二九 | 三十 | 節氣與天象 |
|---|---|---|---|---|---|---|---|---|---|---|---|---|---|---|---|---|---|---|---|---|---|---|---|---|---|---|---|---|---|---|---|---|---|
| 正月大 | 庚寅 | 天干地支 西曆 星期 | 己未 12 六 | 庚申 13 日 | 辛酉 14 一 | 壬戌 15 二 | 癸亥 16 三 | 甲子 17 四 | 乙丑 18 五 | 丙寅 19 六 | 丁卯 20 日 | 戊辰 21 一 | 己巳 22 二 | 庚午 23 三 | 辛未 24 四 | 壬申 25 五 | 癸酉 26 六 | 甲戌 27 日 | 乙亥 28 一 | 丙子 (3) 二 | 丁丑 2 三 | 戊寅 3 四 | 己卯 4 五 | 庚辰 5 六 | 辛巳 6 日 | 壬午 7 一 | 癸未 8 二 | 甲申 9 三 | 乙酉 10 四 | 丙戌 11 五 | 丁亥 12 六 | 戊子 13 日 | 庚午驚蟄 丙戌雨水 |
| 二月小 | 辛卯 | 天干地支 西曆 星期 | 己丑 14 一 | 庚寅 15 二 | 辛卯 16 三 | 壬辰 17 四 | 癸巳 18 五 | 甲午 19 六 | 乙未 20 日 | 丙申 21 一 | 丁酉 22 二 | 戊戌 23 三 | 己亥 24 四 | 庚子 25 五 | 辛丑 26 六 | 壬寅 27 日 | 癸卯 28 一 | 甲辰 29 二 | 乙巳 30 三 | 丙午 31 四 | 丁未 (4) 五 | 戊申 2 六 | 己酉 3 日 | 庚戌 4 一 | 辛亥 5 二 | 壬子 6 三 | 癸丑 7 四 | 甲寅 8 五 | 乙卯 9 六 | 丙辰 10 日 | 丁巳 11 一 | | 辛丑春分 丙辰穀雨 |
| 三月大 | 壬辰 | 天干地支 西曆 星期 | 戊午 12 二 | 己未 13 三 | 庚申 14 四 | 辛酉 15 五 | 壬戌 16 六 | 癸亥 17 日 | 甲子 18 一 | 乙丑 19 二 | 丙寅 20 三 | 丁卯 21 四 | 戊辰 22 五 | 己巳 23 六 | 庚午 24 日 | 辛未 25 一 | 壬申 26 二 | 癸酉 27 三 | 甲戌 28 四 | 乙亥 29 五 | 丙子 30 六 | 丁丑 (5) 日 | 戊寅 2 一 | 己卯 3 二 | 庚辰 4 三 | 辛巳 5 四 | 壬午 6 五 | 癸未 7 六 | 甲申 8 日 | 乙酉 9 一 | 丙戌 10 二 | 丁亥 11 三 | 辛未清明 丙戌立夏 |
| 四月小 | 癸巳 | 天干地支 西曆 星期 | 戊子 12 四 | 己丑 13 五 | 庚寅 14 六 | 辛卯 15 日 | 壬辰 16 一 | 癸巳 17 二 | 甲午 18 三 | 乙未 19 四 | 丙申 20 五 | 丁酉 21 六 | 戊戌 22 日 | 己亥 23 一 | 庚子 24 二 | 辛丑 25 三 | 壬寅 26 四 | 癸卯 27 五 | 甲辰 28 六 | 乙巳 29 日 | 丙午 30 一 | 丁未 31 二 | 戊申 (6) 三 | 己酉 2 四 | 庚戌 3 五 | 辛亥 4 六 | 壬子 5 日 | 癸丑 6 一 | 甲寅 7 二 | 乙卯 8 三 | 丙辰 9 四 | | 壬寅小滿 |
| 五月大 | 甲午 | 天干地支 西曆 星期 | 丁巳 10 五 | 戊午 11 六 | 己未 12 日 | 庚申 13 一 | 辛酉 14 二 | 壬戌 15 三 | 癸亥 16 四 | 甲子 17 五 | 乙丑 18 六 | 丙寅 19 日 | 丁卯 20 一 | 戊辰 21 二 | 己巳 22 三 | 庚午 23 四 | 辛未 24 五 | 壬申 25 六 | 癸酉 26 日 | 甲戌 27 一 | 乙亥 28 二 | 丙子 29 三 | 丁丑 30 四 | 戊寅 (7) 五 | 己卯 2 六 | 庚辰 3 日 | 辛巳 4 一 | 壬午 5 二 | 癸未 6 三 | 甲申 7 四 | 乙酉 8 五 | 丙戌 9 六 | 丁巳芒種 壬申夏至 |
| 六月小 | 乙未 | 天干地支 西曆 星期 | 丁亥 10 日 | 戊子 11 一 | 己丑 12 二 | 庚寅 13 三 | 辛卯 14 四 | 壬辰 15 五 | 癸巳 16 六 | 甲午 17 日 | 乙未 18 一 | 丙申 19 二 | 丁酉 20 三 | 戊戌 21 四 | 己亥 22 五 | 庚子 23 六 | 辛丑 24 日 | 壬寅 25 一 | 癸卯 26 二 | 甲辰 27 三 | 乙巳 28 四 | 丙午 29 五 | 丁未 30 六 | 戊申 31 日 | 己酉 (8) 一 | 庚戌 2 二 | 辛亥 3 三 | 壬子 4 四 | 癸丑 5 五 | 甲寅 6 六 | 乙卯 7 日 | | 丁亥小暑 癸卯大暑 |
| 七月大 | 丙申 | 天干地支 西曆 星期 | 丙辰 8 一 | 丁巳 9 二 | 戊午 10 三 | 己未 11 四 | 庚申 12 五 | 辛酉 13 六 | 壬戌 14 日 | 癸亥 15 一 | 甲子 16 二 | 乙丑 17 三 | 丙寅 18 四 | 丁卯 19 五 | 戊辰 20 六 | 己巳 21 日 | 庚午 22 一 | 辛未 23 二 | 壬申 24 三 | 癸酉 25 四 | 甲戌 26 五 | 乙亥 27 六 | 丙子 28 日 | 丁丑 29 一 | 戊寅 30 二 | 己卯 31 三 | 庚辰 (9) 四 | 辛巳 2 五 | 壬午 3 六 | 癸未 4 日 | 甲申 5 一 | 乙酉 6 二 | 戊午立秋 癸酉處暑 |
| 八月大 | 丁酉 | 天干地支 西曆 星期 | 丙戌 7 三 | 丁亥 8 四 | 戊子 9 五 | 己丑 10 六 | 庚寅 11 日 | 辛卯 12 一 | 壬辰 13 二 | 癸巳 14 三 | 甲午 15 四 | 乙未 16 五 | 丙申 17 六 | 丁酉 18 日 | 戊戌 19 一 | 己亥 20 二 | 庚子 21 三 | 辛丑 22 四 | 壬寅 23 五 | 癸卯 24 六 | 甲辰 25 日 | 乙巳 26 一 | 丙午 27 二 | 丁未 28 三 | 戊申 29 四 | 己酉 30 五 | 庚戌 (10) 六 | 辛亥 2 日 | 壬子 3 一 | 癸丑 4 二 | 甲寅 5 三 | 乙卯 6 四 | 戊子白露 癸卯秋分 |
| 九月小 | 戊戌 | 天干地支 西曆 星期 | 丙辰 7 五 | 丁巳 8 六 | 戊午 9 日 | 己未 10 一 | 庚申 11 二 | 辛酉 12 三 | 壬戌 13 四 | 癸亥 14 五 | 甲子 15 六 | 乙丑 16 日 | 丙寅 17 一 | 丁卯 18 二 | 戊辰 19 三 | 己巳 20 四 | 庚午 21 五 | 辛未 22 六 | 壬申 23 日 | 癸酉 24 一 | 甲戌 25 二 | 乙亥 26 三 | 丙子 27 四 | 丁丑 28 五 | 戊寅 29 六 | 己卯 30 日 | 庚辰 31 一 | 辛巳 (11) 二 | 壬午 2 三 | 癸未 3 四 | 甲申 4 五 | | 己未寒露 甲戌霜降 |
| 十月大 | 己亥 | 天干地支 西曆 星期 | 乙酉 5 六 | 丙戌 6 日 | 丁亥 7 一 | 戊子 8 二 | 己丑 9 三 | 庚寅 10 四 | 辛卯 11 五 | 壬辰 12 六 | 癸巳 13 日 | 甲午 14 一 | 乙未 15 二 | 丙申 16 三 | 丁酉 17 四 | 戊戌 18 五 | 己亥 19 六 | 庚子 20 日 | 辛丑 21 一 | 壬寅 22 二 | 癸卯 23 三 | 甲辰 24 四 | 乙巳 25 五 | 丙午 26 六 | 丁未 27 日 | 戊申 28 一 | 己酉 29 二 | 庚戌 30 三 | 辛亥 (12) 四 | 壬子 2 五 | 癸丑 3 六 | 甲寅 4 日 | 己丑立冬 甲辰小雪 |
| 十一月小 | 庚子 | 天干地支 西曆 星期 | 乙卯 5 一 | 丙辰 6 二 | 丁巳 7 三 | 戊午 8 四 | 己未 9 五 | 庚申 10 六 | 辛酉 11 日 | 壬戌 12 一 | 癸亥 13 二 | 甲子 14 三 | 乙丑 15 四 | 丙寅 16 五 | 丁卯 17 六 | 戊辰 18 日 | 己巳 19 一 | 庚午 20 二 | 辛未 21 三 | 壬申 22 四 | 癸酉 23 五 | 甲戌 24 六 | 乙亥 25 日 | 丙子 26 一 | 丁丑 27 二 | 戊寅 28 三 | 己卯 29 四 | 庚辰 30 五 | 辛巳 31 六 | 壬午 (1) 日 | 癸未 2 一 | | 庚申大雪 乙亥冬至 |
| 十二月大 | 辛丑 | 天干地支 西曆 星期 | 甲申 3 二 | 乙酉 4 三 | 丙戌 5 四 | 丁亥 6 五 | 戊子 7 六 | 己丑 8 日 | 庚寅 9 一 | 辛卯 10 二 | 壬辰 11 三 | 癸巳 12 四 | 甲午 13 五 | 乙未 14 六 | 丙申 15 日 | 丁酉 16 一 | 戊戌 17 二 | 己亥 18 三 | 庚子 19 四 | 辛丑 20 五 | 壬寅 21 六 | 癸卯 22 日 | 甲辰 23 一 | 乙巳 24 二 | 丙午 25 三 | 丁未 26 四 | 戊申 27 五 | 己酉 28 六 | 庚戌 29 日 | 辛亥 30 一 | 壬子 31 二 | 癸丑 (2) 三 | 庚寅小寒 乙巳大寒 |

* 正月己未（初一），改元元始。

# 漢平帝元始二年（壬戌 狗年） 公元 2 ~ 3 年

| 夏曆月序 | | 中西曆日對照 | 夏曆日序 | | | | | | | | | | | | | | | | | | | | | | | | | | | | | | 節氣與天象 |
|---|---|---|---|---|---|---|---|---|---|---|---|---|---|---|---|---|---|---|---|---|---|---|---|---|---|---|---|---|---|---|---|---|---|
| | | | 初一 | 初二 | 初三 | 初四 | 初五 | 初六 | 初七 | 初八 | 初九 | 初十 | 十一 | 十二 | 十三 | 十四 | 十五 | 十六 | 十七 | 十八 | 十九 | 二十 | 二一 | 二二 | 二三 | 二四 | 二五 | 二六 | 二七 | 二八 | 二九 | 三十 | |
| 正月小 | 壬寅 | 天干 地支 西曆 星期 | 甲寅 2 四 | 乙卯 3 五 | 丙辰 4 六 | 丁巳 5 日 | 戊午 6 一 | 己未 7 二 | 庚申 8 三 | 辛酉 9 四 | 壬戌 10 五 | 癸亥 11 六 | 甲子 12 日 | 乙丑 13 一 | 丙寅 14 二 | 丁卯 15 三 | 戊辰 16 四 | 己巳 17 五 | 庚午 18 六 | 辛未 19 日 | 壬申 20 一 | 癸酉 21 二 | 甲戌 22 三 | 乙亥 23 四 | 丙子 24 五 | 丁丑 25 六 | 戊寅 26 日 | 己卯 27 一 | 庚辰 28 二 | 辛巳 (3) 三 | 壬午 2 四 | | 庚申立春 丙子驚蟄 |
| 二月大 | 癸卯 | 天干 地支 西曆 星期 | 癸未 3 五 | 甲申 4 六 | 乙酉 5 日 | 丙戌 6 一 | 丁亥 7 二 | 戊子 8 三 | 己丑 9 四 | 庚寅 10 五 | 辛卯 11 六 | 壬辰 12 日 | 癸巳 13 一 | 甲午 14 二 | 乙未 15 三 | 丙申 16 四 | 丁酉 17 五 | 戊戌 18 六 | 己亥 19 日 | 庚子 20 一 | 辛丑 21 二 | 壬寅 22 三 | 癸卯 23 四 | 甲辰 24 五 | 乙巳 25 六 | 丙午 26 日 | 丁未 27 一 | 戊申 28 二 | 己酉 29 三 | 庚戌 30 四 | 辛亥 31 五 | 壬子 (4) 六 | 辛卯雨水 丙午春分 |
| 三月小 | 甲辰 | 天干 地支 西曆 星期 | 癸丑 2 日 | 甲寅 3 一 | 乙卯 4 二 | 丙辰 5 三 | 丁巳 6 四 | 戊午 7 五 | 己未 8 六 | 庚申 9 日 | 辛酉 10 一 | 壬戌 11 二 | 癸亥 12 三 | 甲子 13 四 | 乙丑 14 五 | 丙寅 15 六 | 丁卯 16 日 | 戊辰 17 一 | 己巳 18 二 | 庚午 19 三 | 辛未 20 四 | 壬申 21 五 | 癸酉 22 六 | 甲戌 23 日 | 乙亥 24 一 | 丙子 25 二 | 丁丑 26 三 | 戊寅 27 四 | 己卯 28 五 | 庚辰 29 六 | 辛巳 30 日 | | 辛酉穀雨 丁丑清明 |
| 四月大 | 乙巳 | 天干 地支 西曆 星期 | 壬午 (5) 一 | 癸未 2 二 | 甲申 3 三 | 乙酉 4 四 | 丙戌 5 五 | 丁亥 6 六 | 戊子 7 日 | 己丑 8 一 | 庚寅 9 二 | 辛卯 10 三 | 壬辰 11 四 | 癸巳 12 五 | 甲午 13 六 | 乙未 14 日 | 丙申 15 一 | 丁酉 16 二 | 戊戌 17 三 | 己亥 18 四 | 庚子 19 五 | 辛丑 20 六 | 壬寅 21 日 | 癸卯 22 一 | 甲辰 23 二 | 乙巳 24 三 | 丙午 25 四 | 丁未 26 五 | 戊申 27 六 | 己酉 28 日 | 庚戌 29 一 | 辛亥 30 二 | 壬辰立夏 丁未小滿 |
| 五月小 | 丙午 | 天干 地支 西曆 星期 | 壬子 31 三 | 癸丑 (6) 四 | 甲寅 2 五 | 乙卯 3 六 | 丙辰 4 日 | 丁巳 5 一 | 戊午 6 二 | 己未 7 三 | 庚申 8 四 | 辛酉 9 五 | 壬戌 10 六 | 癸亥 11 日 | 甲子 12 一 | 乙丑 13 二 | 丙寅 14 三 | 丁卯 15 四 | 戊辰 16 五 | 己巳 17 六 | 庚午 18 日 | 辛未 19 一 | 壬申 20 二 | 癸酉 21 三 | 甲戌 22 四 | 乙亥 23 五 | 丙子 24 六 | 丁丑 25 日 | 戊寅 26 一 | 己卯 27 二 | 庚辰 28 三 | | 壬戌芒種 丁丑夏至 |
| 六月大 | 丁未 | 天干 地支 西曆 星期 | 辛巳 29 四 | 壬午 30 五 | 癸未 (7) 六 | 甲申 2 日 | 乙酉 3 一 | 丙戌 4 二 | 丁亥 5 三 | 戊子 6 四 | 己丑 7 五 | 庚寅 8 六 | 辛卯 9 日 | 壬辰 10 一 | 癸巳 11 二 | 甲午 12 三 | 乙未 13 四 | 丙申 14 五 | 丁酉 15 六 | 戊戌 16 日 | 己亥 17 一 | 庚子 18 二 | 辛丑 19 三 | 壬寅 20 四 | 癸卯 21 五 | 甲辰 22 六 | 乙巳 23 日 | 丙午 24 一 | 丁未 25 二 | 戊申 26 三 | 己酉 27 四 | 庚戌 28 五 | 癸巳小暑 戊申大暑 |
| 七月小 | 戊申 | 天干 地支 西曆 星期 | 辛亥 29 六 | 壬子 30 日 | 癸丑 31 一 | 甲寅 (8) 二 | 乙卯 2 三 | 丙辰 3 四 | 丁巳 4 五 | 戊午 5 六 | 己未 6 日 | 庚申 7 一 | 辛酉 8 二 | 壬戌 9 三 | 癸亥 10 四 | 甲子 11 五 | 乙丑 12 六 | 丙寅 13 日 | 丁卯 14 一 | 戊辰 15 二 | 己巳 16 三 | 庚午 17 四 | 辛未 18 五 | 壬申 19 六 | 癸酉 20 日 | 甲戌 21 一 | 乙亥 22 二 | 丙子 23 三 | 丁丑 24 四 | 戊寅 25 五 | 己卯 26 六 | | 癸亥立秋 戊寅處暑 |
| 八月大 | 己酉 | 天干 地支 西曆 星期 | 庚辰 27 日 | 辛巳 28 一 | 壬午 29 二 | 癸未 30 三 | 甲申 31 四 | 乙酉 (9) 五 | 丙戌 2 六 | 丁亥 3 日 | 戊子 4 一 | 己丑 5 二 | 庚寅 6 三 | 辛卯 7 四 | 壬辰 8 五 | 癸巳 9 六 | 甲午 10 日 | 乙未 11 一 | 丙申 12 二 | 丁酉 13 三 | 戊戌 14 四 | 己亥 15 五 | 庚子 16 六 | 辛丑 17 日 | 壬寅 18 一 | 癸卯 19 二 | 甲辰 20 三 | 乙巳 21 四 | 丙午 22 五 | 丁未 23 六 | 戊申 24 日 | 己酉 25 一 | 癸巳白露 己酉秋分 |
| 閏八月小 | 己酉 | 天干 地支 西曆 星期 | 庚戌 26 二 | 辛亥 27 三 | 壬子 28 四 | 癸丑 29 五 | 甲寅 30 六 | 乙卯 (10) 日 | 丙辰 2 一 | 丁巳 3 二 | 戊午 4 三 | 己未 5 四 | 庚申 6 五 | 辛酉 7 六 | 壬戌 8 日 | 癸亥 9 一 | 甲子 10 二 | 乙丑 11 三 | 丙寅 12 四 | 丁卯 13 五 | 戊辰 14 六 | 己巳 15 日 | 庚午 16 一 | 辛未 17 二 | 壬申 18 三 | 癸酉 19 四 | 甲戌 20 五 | 乙亥 21 六 | 丙子 22 日 | 丁丑 23 一 | 戊寅 24 二 | | 甲子寒露 |
| 九月大 | 庚戌 | 天干 地支 西曆 星期 | 己卯 25 三 | 庚辰 26 四 | 辛巳 27 五 | 壬午 28 六 | 癸未 29 日 | 甲申 30 一 | 乙酉 31 二 | 丙戌 (11) 三 | 丁亥 2 四 | 戊子 3 五 | 己丑 4 六 | 庚寅 5 日 | 辛卯 6 一 | 壬辰 7 二 | 癸巳 8 三 | 甲午 9 四 | 乙未 10 五 | 丙申 11 六 | 丁酉 12 日 | 戊戌 13 一 | 己亥 14 二 | 庚子 15 三 | 辛丑 16 四 | 壬寅 17 五 | 癸卯 18 六 | 甲辰 19 日 | 乙巳 20 一 | 丙午 21 二 | 丁未 22 三 | 戊申 23 四 | 己卯霜降 甲午立冬 戊申日食 |
| 十月小 | 辛亥 | 天干 地支 西曆 星期 | 己酉 24 五 | 庚戌 25 六 | 辛亥 26 日 | 壬子 27 一 | 癸丑 28 二 | 甲寅 29 三 | 乙卯 30 四 | 丙辰 (12) 五 | 丁巳 2 六 | 戊午 3 日 | 己未 4 一 | 庚申 5 二 | 辛酉 6 三 | 壬戌 7 四 | 癸亥 8 五 | 甲子 9 六 | 乙丑 10 日 | 丙寅 11 一 | 丁卯 12 二 | 戊辰 13 三 | 己巳 14 四 | 庚午 15 五 | 辛未 16 六 | 壬申 17 日 | 癸酉 18 一 | 甲戌 19 二 | 乙亥 20 三 | 丙子 21 四 | 丁丑 22 五 | | 庚戌小雪 乙丑大雪 |
| 十一月大 | 壬子 | 天干 地支 西曆 星期 | 戊寅 23 六 | 己卯 24 日 | 庚辰 25 一 | 辛巳 26 二 | 壬午 27 三 | 癸未 28 四 | 甲申 29 五 | 乙酉 30 六 | 丙戌 31 日 | 丁亥 (1) 一 | 戊子 2 二 | 己丑 3 三 | 庚寅 4 四 | 辛卯 5 五 | 壬辰 6 六 | 癸巳 7 日 | 甲午 8 一 | 乙未 9 二 | 丙申 10 三 | 丁酉 11 四 | 戊戌 12 五 | 己亥 13 六 | 庚子 14 日 | 辛丑 15 一 | 壬寅 16 二 | 癸卯 17 三 | 甲辰 18 四 | 乙巳 19 五 | 丙午 20 六 | 丁未 21 日 | 庚辰冬至 乙未小寒 |
| 十二月大 | 癸丑 | 天干 地支 西曆 星期 | 戊申 22 一 | 己酉 23 二 | 庚戌 24 三 | 辛亥 25 四 | 壬子 26 五 | 癸丑 27 六 | 甲寅 28 日 | 乙卯 29 一 | 丙辰 30 二 | 丁巳 31 三 | 戊午 (2) 四 | 己未 2 五 | 庚申 3 六 | 辛酉 4 日 | 壬戌 5 一 | 癸亥 6 二 | 甲子 7 三 | 乙丑 8 四 | 丙寅 9 五 | 丁卯 10 六 | 戊辰 11 日 | 己巳 12 一 | 庚午 13 二 | 辛未 14 三 | 壬申 15 四 | 癸酉 16 五 | 甲戌 17 六 | 乙亥 18 日 | 丙子 19 一 | 丁丑 20 二 | 庚戌大寒 丙寅立春 |

# 漢平帝元始三年（癸亥 猪年） 公元 3 ~ 4 年

| 夏曆月序 | | 中西曆日對照 | 夏曆日序 | | | | | | | | | | | | | | | | | | | | | | | | | | | | | | 節氣與天象 |
|---|---|---|---|---|---|---|---|---|---|---|---|---|---|---|---|---|---|---|---|---|---|---|---|---|---|---|---|---|---|---|---|---|---|
| | | | 初一 | 初二 | 初三 | 初四 | 初五 | 初六 | 初七 | 初八 | 初九 | 初十 | 十一 | 十二 | 十三 | 十四 | 十五 | 十六 | 十七 | 十八 | 十九 | 二十 | 二一 | 二二 | 二三 | 二四 | 二五 | 二六 | 二七 | 二八 | 二九 | 三十 | |
| 正月小 | 甲寅 | 天干<br>地支<br>西曆<br>星期 | 戊寅<br>21<br>三 | 己卯<br>22<br>四 | 庚辰<br>23<br>五 | 辛巳<br>24<br>六 | 壬午<br>25<br>日 | 癸未<br>26<br>一 | 甲申<br>27<br>二 | 乙酉<br>28<br>三 | 丙戌<br>(3)<br>四 | 丁亥<br>2<br>五 | 戊子<br>3<br>六 | 己丑<br>4<br>日 | 庚寅<br>5<br>一 | 辛卯<br>6<br>二 | 壬辰<br>7<br>三 | 癸巳<br>8<br>四 | 甲午<br>9<br>五 | 乙未<br>10<br>六 | 丙申<br>11<br>日 | 丁酉<br>12<br>一 | 戊戌<br>13<br>二 | 己亥<br>14<br>三 | 庚子<br>15<br>四 | 辛丑<br>16<br>五 | 壬寅<br>17<br>六 | 癸卯<br>18<br>日 | 甲辰<br>19<br>一 | 乙巳<br>20<br>二 | 丙午<br>21<br>三 | | 辛巳驚蟄<br>丙申雨水 |
| 二月大 | 乙卯 | 天干<br>地支<br>西曆<br>星期 | 丁未<br>22<br>四 | 戊申<br>23<br>五 | 己酉<br>24<br>六 | 庚戌<br>25<br>日 | 辛亥<br>26<br>一 | 壬子<br>27<br>二 | 癸丑<br>28<br>三 | 甲寅<br>29<br>四 | 乙卯<br>30<br>五 | 丙辰<br>31<br>六 | 丁巳<br>(4)<br>日 | 戊午<br>2<br>一 | 己未<br>3<br>二 | 庚申<br>4<br>三 | 辛酉<br>5<br>四 | 壬戌<br>6<br>五 | 癸亥<br>7<br>六 | 甲子<br>8<br>日 | 乙丑<br>9<br>一 | 丙寅<br>10<br>二 | 丁卯<br>11<br>三 | 戊辰<br>12<br>四 | 己巳<br>13<br>五 | 庚午<br>14<br>六 | 辛未<br>15<br>日 | 壬申<br>16<br>一 | 癸酉<br>17<br>二 | 甲戌<br>18<br>三 | 乙亥<br>19<br>四 | 丙子<br>20<br>五 | 辛亥春分<br>丁卯穀雨 |
| 三月小 | 丙辰 | 天干<br>地支<br>西曆<br>星期 | 丁丑<br>21<br>六 | 戊寅<br>22<br>日 | 己卯<br>23<br>一 | 庚辰<br>24<br>二 | 辛巳<br>25<br>三 | 壬午<br>26<br>四 | 癸未<br>27<br>五 | 甲申<br>28<br>六 | 乙酉<br>29<br>日 | 丙戌<br>30<br>一 | 丁亥<br>(5)<br>二 | 戊子<br>2<br>三 | 己丑<br>3<br>四 | 庚寅<br>4<br>五 | 辛卯<br>5<br>六 | 壬辰<br>6<br>日 | 癸巳<br>7<br>一 | 甲午<br>8<br>二 | 乙未<br>9<br>三 | 丙申<br>10<br>四 | 丁酉<br>11<br>五 | 戊戌<br>12<br>六 | 己亥<br>13<br>日 | 庚子<br>14<br>一 | 辛丑<br>15<br>二 | 壬寅<br>16<br>三 | 癸卯<br>17<br>四 | 甲辰<br>18<br>五 | 乙巳<br>19<br>六 | | 壬午清明<br>丁酉立夏 |
| 四月大 | 丁巳 | 天干<br>地支<br>西曆<br>星期 | 丙午<br>20<br>日 | 丁未<br>21<br>一 | 戊申<br>22<br>二 | 己酉<br>23<br>三 | 庚戌<br>24<br>四 | 辛亥<br>25<br>五 | 壬子<br>26<br>六 | 癸丑<br>27<br>日 | 甲寅<br>28<br>一 | 乙卯<br>29<br>二 | 丙辰<br>30<br>三 | 丁巳<br>31<br>四 | 戊午<br>(6)<br>五 | 己未<br>2<br>六 | 庚申<br>3<br>日 | 辛酉<br>4<br>一 | 壬戌<br>5<br>二 | 癸亥<br>6<br>三 | 甲子<br>7<br>四 | 乙丑<br>8<br>五 | 丙寅<br>9<br>六 | 丁卯<br>10<br>日 | 戊辰<br>11<br>一 | 己巳<br>12<br>二 | 庚午<br>13<br>三 | 辛未<br>14<br>四 | 壬申<br>15<br>五 | 癸酉<br>16<br>六 | 甲戌<br>17<br>日 | 乙亥<br>18<br>一 | 壬子小滿<br>丁卯芒種 |
| 五月小 | 戊午 | 天干<br>地支<br>西曆<br>星期 | 丙子<br>19<br>二 | 丁丑<br>20<br>三 | 戊寅<br>21<br>四 | 己卯<br>22<br>五 | 庚辰<br>23<br>六 | 辛巳<br>24<br>日 | 壬午<br>25<br>一 | 癸未<br>26<br>二 | 甲申<br>27<br>三 | 乙酉<br>28<br>四 | 丙戌<br>29<br>五 | 丁亥<br>30<br>六 | 戊子<br>(7)<br>日 | 己丑<br>2<br>一 | 庚寅<br>3<br>二 | 辛卯<br>4<br>三 | 壬辰<br>5<br>四 | 癸巳<br>6<br>五 | 甲午<br>7<br>六 | 乙未<br>8<br>日 | 丙申<br>9<br>一 | 丁酉<br>10<br>二 | 戊戌<br>11<br>三 | 己亥<br>12<br>四 | 庚子<br>13<br>五 | 辛丑<br>14<br>六 | 壬寅<br>15<br>日 | 癸卯<br>16<br>一 | 甲辰<br>17<br>二 | | 癸未夏至<br>戊戌小暑 |
| 六月大 | 己未 | 天干<br>地支<br>西曆<br>星期 | 乙巳<br>18<br>三 | 丙午<br>19<br>四 | 丁未<br>20<br>五 | 戊申<br>21<br>六 | 己酉<br>22<br>日 | 庚戌<br>23<br>一 | 辛亥<br>24<br>二 | 壬子<br>25<br>三 | 癸丑<br>26<br>四 | 甲寅<br>27<br>五 | 乙卯<br>28<br>六 | 丙辰<br>29<br>日 | 丁巳<br>30<br>一 | 戊午<br>31<br>二 | 己未<br>(8)<br>三 | 庚申<br>2<br>四 | 辛酉<br>3<br>五 | 壬戌<br>4<br>六 | 癸亥<br>5<br>日 | 甲子<br>6<br>一 | 乙丑<br>7<br>二 | 丙寅<br>8<br>三 | 丁卯<br>9<br>四 | 戊辰<br>10<br>五 | 己巳<br>11<br>六 | 庚午<br>12<br>日 | 辛未<br>13<br>一 | 壬申<br>14<br>二 | 癸酉<br>15<br>三 | 甲戌<br>16<br>四 | 癸丑大暑<br>戊辰立秋 |
| 七月小 | 庚申 | 天干<br>地支<br>西曆<br>星期 | 乙亥<br>17<br>五 | 丙子<br>18<br>六 | 丁丑<br>19<br>日 | 戊寅<br>20<br>一 | 己卯<br>21<br>二 | 庚辰<br>22<br>三 | 辛巳<br>23<br>四 | 壬午<br>24<br>五 | 癸未<br>25<br>六 | 甲申<br>26<br>日 | 乙酉<br>27<br>一 | 丙戌<br>28<br>二 | 丁亥<br>29<br>三 | 戊子<br>30<br>四 | 己丑<br>31<br>五 | 庚寅<br>(9)<br>六 | 辛卯<br>2<br>日 | 壬辰<br>3<br>一 | 癸巳<br>4<br>二 | 甲午<br>5<br>三 | 乙未<br>6<br>四 | 丙申<br>7<br>五 | 丁酉<br>8<br>六 | 戊戌<br>9<br>日 | 己亥<br>10<br>一 | 庚子<br>11<br>二 | 辛丑<br>12<br>三 | 壬寅<br>13<br>四 | 癸卯<br>14<br>五 | | 甲申處暑<br>己亥白露 |
| 八月大 | 辛酉 | 天干<br>地支<br>西曆<br>星期 | 甲辰<br>15<br>六 | 乙巳<br>16<br>日 | 丙午<br>17<br>一 | 丁未<br>18<br>二 | 戊申<br>19<br>三 | 己酉<br>20<br>四 | 庚戌<br>21<br>五 | 辛亥<br>22<br>六 | 壬子<br>23<br>日 | 癸丑<br>24<br>一 | 甲寅<br>25<br>二 | 乙卯<br>26<br>三 | 丙辰<br>27<br>四 | 丁巳<br>28<br>五 | 戊午<br>29<br>六 | 己未<br>30<br>日 | 庚申<br>(10)<br>一 | 辛酉<br>2<br>二 | 壬戌<br>3<br>三 | 癸亥<br>4<br>四 | 甲子<br>5<br>五 | 乙丑<br>6<br>六 | 丙寅<br>7<br>日 | 丁卯<br>8<br>一 | 戊辰<br>9<br>二 | 己巳<br>10<br>三 | 庚午<br>11<br>四 | 辛未<br>12<br>五 | 壬申<br>13<br>六 | 癸酉<br>14<br>日 | 甲寅秋分<br>己巳寒露 |
| 九月小 | 壬戌 | 天干<br>地支<br>西曆<br>星期 | 甲戌<br>15<br>一 | 乙亥<br>16<br>二 | 丙子<br>17<br>三 | 丁丑<br>18<br>四 | 戊寅<br>19<br>五 | 己卯<br>20<br>六 | 庚辰<br>21<br>日 | 辛巳<br>22<br>一 | 壬午<br>23<br>二 | 癸未<br>24<br>三 | 甲申<br>25<br>四 | 乙酉<br>26<br>五 | 丙戌<br>27<br>六 | 丁亥<br>28<br>日 | 戊子<br>29<br>一 | 己丑<br>30<br>二 | 庚寅<br>31<br>三 | 辛卯<br>(11)<br>四 | 壬辰<br>2<br>五 | 癸巳<br>3<br>六 | 甲午<br>4<br>日 | 乙未<br>5<br>一 | 丙申<br>6<br>二 | 丁酉<br>7<br>三 | 戊戌<br>8<br>四 | 己亥<br>9<br>五 | 庚子<br>10<br>六 | 辛丑<br>11<br>日 | 壬寅<br>12<br>一 | | 甲申霜降<br>庚子立冬 |
| 十月大 | 癸亥 | 天干<br>地支<br>西曆<br>星期 | 癸卯<br>13<br>二 | 甲辰<br>14<br>三 | 乙巳<br>15<br>四 | 丙午<br>16<br>五 | 丁未<br>17<br>六 | 戊申<br>18<br>日 | 己酉<br>19<br>一 | 庚戌<br>20<br>二 | 辛亥<br>21<br>三 | 壬子<br>22<br>四 | 癸丑<br>23<br>五 | 甲寅<br>24<br>六 | 乙卯<br>25<br>日 | 丙辰<br>26<br>一 | 丁巳<br>27<br>二 | 戊午<br>28<br>三 | 己未<br>29<br>四 | 庚申<br>30<br>五 | 辛酉<br>(12)<br>六 | 壬戌<br>2<br>日 | 癸亥<br>3<br>一 | 甲子<br>4<br>二 | 乙丑<br>5<br>三 | 丙寅<br>6<br>四 | 丁卯<br>7<br>五 | 戊辰<br>8<br>六 | 己巳<br>9<br>日 | 庚午<br>10<br>一 | 辛未<br>11<br>二 | 壬申<br>12<br>三 | 乙卯小雪<br>庚午大雪 |
| 十一月小 | 甲子 | 天干<br>地支<br>西曆<br>星期 | 癸酉<br>13<br>四 | 甲戌<br>14<br>五 | 乙亥<br>15<br>六 | 丙子<br>16<br>日 | 丁丑<br>17<br>一 | 戊寅<br>18<br>二 | 己卯<br>19<br>三 | 庚辰<br>20<br>四 | 辛巳<br>21<br>五 | 壬午<br>22<br>六 | 癸未<br>23<br>日 | 甲申<br>24<br>一 | 乙酉<br>25<br>二 | 丙戌<br>26<br>三 | 丁亥<br>27<br>四 | 戊子<br>28<br>五 | 己丑<br>29<br>六 | 庚寅<br>30<br>日 | 辛卯<br>31<br>一 | 壬辰<br>(1)<br>二 | 癸巳<br>2<br>三 | 甲午<br>3<br>四 | 乙未<br>4<br>五 | 丙申<br>5<br>六 | 丁酉<br>6<br>日 | 戊戌<br>7<br>一 | 己亥<br>8<br>二 | 庚子<br>9<br>三 | 辛丑<br>10<br>四 | | 乙酉冬至<br>庚子小寒 |
| 十二月大 | 乙丑 | 天干<br>地支<br>西曆<br>星期 | 壬寅<br>11<br>五 | 癸卯<br>12<br>六 | 甲辰<br>13<br>日 | 乙巳<br>14<br>一 | 丙午<br>15<br>二 | 丁未<br>16<br>三 | 戊申<br>17<br>四 | 己酉<br>18<br>五 | 庚戌<br>19<br>六 | 辛亥<br>20<br>日 | 壬子<br>21<br>一 | 癸丑<br>22<br>二 | 甲寅<br>23<br>三 | 乙卯<br>24<br>四 | 丙辰<br>25<br>五 | 丁巳<br>26<br>六 | 戊午<br>27<br>日 | 己未<br>28<br>一 | 庚申<br>29<br>二 | 辛酉<br>30<br>三 | 壬戌<br>31<br>四 | 癸亥<br>(2)<br>五 | 甲子<br>2<br>六 | 乙丑<br>3<br>日 | 丙寅<br>4<br>一 | 丁卯<br>5<br>二 | 戊辰<br>6<br>三 | 己巳<br>7<br>四 | 庚午<br>8<br>五 | 辛未<br>9<br>六 | 丙辰大寒<br>辛未立春 |

# 漢平帝元始四年（甲子 鼠年） 公元 4 ~ 5 年

| 夏曆月序 | | 中西曆日對照 | 初一 | 初二 | 初三 | 初四 | 初五 | 初六 | 初七 | 初八 | 初九 | 初十 | 十一 | 十二 | 十三 | 十四 | 十五 | 十六 | 十七 | 十八 | 十九 | 二十 | 二一 | 二二 | 二三 | 二四 | 二五 | 二六 | 二七 | 二八 | 二九 | 三十 | 節氣與天象 |
|---|---|---|---|---|---|---|---|---|---|---|---|---|---|---|---|---|---|---|---|---|---|---|---|---|---|---|---|---|---|---|---|---|---|
| 正月小 | 丙寅 | 天干地支西曆星期 | 壬申10日 | 癸酉11一 | 甲戌12二 | 乙亥13三 | 丙子14四 | 丁丑15五 | 戊寅16六 | 己卯17日 | 庚辰18一 | 辛巳19二 | 壬午20三 | 癸未21四 | 甲申22五 | 乙酉23六 | 丙戌24日 | 丁亥25一 | 戊子26二 | 己丑27三 | 庚寅28四 | 辛卯29五 | 壬辰(3)六 | 癸巳2日 | 甲午3一 | 乙未4二 | 丙申5三 | 丁酉6四 | 戊戌7五 | 己亥8六 | 庚子9日 | | 丙戌驚蟄 |
| 二月大 | 丁卯 | 天干地支西曆星期 | 辛丑10一 | 壬寅11二 | 癸卯12三 | 甲辰13四 | 乙巳14五 | 丙午15六 | 丁未16日 | 戊申17一 | 己酉18二 | 庚戌19三 | 辛亥20四 | 壬子21五 | 癸丑22六 | 甲寅23日 | 乙卯24一 | 丙辰25二 | 丁巳26三 | 戊午27四 | 己未28五 | 庚申29六 | 辛酉30日 | 壬戌31一 | 癸亥(4)二 | 甲子2三 | 乙丑3四 | 丙寅4五 | 丁卯5六 | 戊辰6日 | 己巳7一 | 庚午8二 | 辛丑雨水<br>丁巳春分<br>庚午日食 |
| 三月小 | 戊辰 | 天干地支西曆星期 | 辛未9三 | 壬申10四 | 癸酉11五 | 甲戌12六 | 乙亥13日 | 丙子14一 | 丁丑15二 | 戊寅16三 | 己卯17四 | 庚辰18五 | 辛巳19六 | 壬午20日 | 癸未21一 | 甲申22二 | 乙酉23三 | 丙戌24四 | 丁亥25五 | 戊子26六 | 己丑27日 | 庚寅28一 | 辛卯29二 | 壬辰30三 | 癸巳(5)四 | 甲午2五 | 乙未3六 | 丙申4日 | 丁酉5一 | 戊戌6二 | 己亥7三 | | 壬申穀雨<br>丁亥清明 |
| 四月大 | 己巳 | 天干地支西曆星期 | 庚子8四 | 辛丑9五 | 壬寅10六 | 癸卯11日 | 甲辰12一 | 乙巳13二 | 丙午14三 | 丁未15四 | 戊申16五 | 己酉17六 | 庚戌18日 | 辛亥19一 | 壬子20二 | 癸丑21三 | 甲寅22四 | 乙卯23五 | 丙辰24六 | 丁巳25日 | 戊午26一 | 己未27二 | 庚申28三 | 辛酉29四 | 壬戌30五 | 癸亥31六 | 甲子(6)日 | 乙丑2一 | 丙寅3二 | 丁卯4三 | 戊辰5四 | 己巳6五 | 壬寅立夏<br>丁巳小滿 |
| 五月大 | 庚午 | 天干地支西曆星期 | 庚午7六 | 辛未8日 | 壬申9一 | 癸酉10二 | 甲戌11三 | 乙亥12四 | 丙子13五 | 丁丑14六 | 戊寅15日 | 己卯16一 | 庚辰17二 | 辛巳18三 | 壬午19四 | 癸未20五 | 甲申21六 | 乙酉22日 | 丙戌23一 | 丁亥24二 | 戊子25三 | 己丑26四 | 庚寅27五 | 辛卯28六 | 壬辰29日 | 癸巳30一 | 甲午(7)二 | 乙未2三 | 丙申3四 | 丁酉4五 | 戊戌5六 | 己亥6日 | 癸酉芒種<br>戊子夏至 |
| 六月小 | 辛未 | 天干地支西曆星期 | 庚子7一 | 辛丑8二 | 壬寅9三 | 癸卯10四 | 甲辰11五 | 乙巳12六 | 丙午13日 | 丁未14一 | 戊申15二 | 己酉16三 | 庚戌17四 | 辛亥18五 | 壬子19六 | 癸丑20日 | 甲寅21一 | 乙卯22二 | 丙辰23三 | 丁巳24四 | 戊午25五 | 己未26六 | 庚申27日 | 辛酉28一 | 壬戌29二 | 癸亥30三 | 甲子31四 | 乙丑(8)五 | 丙寅2六 | 丁卯3日 | 戊辰4一 | | 癸卯小暑<br>戊午大暑 |
| 七月大 | 壬申 | 天干地支西曆星期 | 己巳5二 | 庚午6三 | 辛未7四 | 壬申8五 | 癸酉9六 | 甲戌10日 | 乙亥11一 | 丙子12二 | 丁丑13三 | 戊寅14四 | 己卯15五 | 庚辰16六 | 辛巳17日 | 壬午18一 | 癸未19二 | 甲申20三 | 乙酉21四 | 丙戌22五 | 丁亥23六 | 戊子24日 | 己丑25一 | 庚寅26二 | 辛卯27三 | 壬辰28四 | 癸巳29五 | 甲午30六 | 乙未31日 | 丙申(9)一 | 丁酉2二 | 戊戌3三 | 甲戌立秋<br>己丑處暑 |
| 八月小 | 癸酉 | 天干地支西曆星期 | 己亥4四 | 庚子5五 | 辛丑6六 | 壬寅7日 | 癸卯8一 | 甲辰9二 | 乙巳10三 | 丙午11四 | 丁未12五 | 戊申13六 | 己酉14日 | 庚戌15一 | 辛亥16二 | 壬子17三 | 癸丑18四 | 甲寅19五 | 乙卯20六 | 丙辰21日 | 丁巳22一 | 戊午23二 | 己未24三 | 庚申25四 | 辛酉26五 | 壬戌27六 | 癸亥28日 | 甲子29一 | 乙丑30二 | 丙寅(10)三 | 丁卯2四 | | 甲辰白露<br>己未秋分 |
| 九月大 | 甲戌 | 天干地支西曆星期 | 戊辰3五 | 己巳4六 | 庚午5日 | 辛未6一 | 壬申7二 | 癸酉8三 | 甲戌9四 | 乙亥10五 | 丙子11六 | 丁丑12日 | 戊寅13一 | 己卯14二 | 庚辰15三 | 辛巳16四 | 壬午17五 | 癸未18六 | 甲申19日 | 乙酉20一 | 丙戌21二 | 丁亥22三 | 戊子23四 | 己丑24五 | 庚寅25六 | 辛卯26日 | 壬辰27一 | 癸巳28二 | 甲午29三 | 乙未30四 | 丙申31五 | 丁酉(11)六 | 甲戌寒露<br>庚寅霜降 |
| 十月小 | 乙亥 | 天干地支西曆星期 | 戊戌2日 | 己亥3一 | 庚子4二 | 辛丑5三 | 壬寅6四 | 癸卯7五 | 甲辰8六 | 乙巳9日 | 丙午10一 | 丁未11二 | 戊申12三 | 己酉13四 | 庚戌14五 | 辛亥15六 | 壬子16日 | 癸丑17一 | 甲寅18二 | 乙卯19三 | 丙辰20四 | 丁巳21五 | 戊午22六 | 己未23日 | 庚申24一 | 辛酉25二 | 壬戌26三 | 癸亥27四 | 甲子28五 | 乙丑29六 | 丙寅30日 | | 乙巳立冬<br>庚申小雪 |
| 十一月大 | 丙子 | 天干地支西曆星期 | 丁卯(12)一 | 戊辰2二 | 己巳3三 | 庚午4四 | 辛未5五 | 壬申6六 | 癸酉7日 | 甲戌8一 | 乙亥9二 | 丙子10三 | 丁丑11四 | 戊寅12五 | 己卯13六 | 庚辰14日 | 辛巳15一 | 壬午16二 | 癸未17三 | 甲申18四 | 乙酉19五 | 丙戌20六 | 丁亥21日 | 戊子22一 | 己丑23二 | 庚寅24三 | 辛卯25四 | 壬辰26五 | 癸巳27六 | 甲午28日 | 乙未29一 | 丙申30二 | 乙亥大雪<br>辛卯冬至 |
| 十二月小 | 丁丑 | 天干地支西曆星期 | 丁酉31三 | 戊戌(1)四 | 己亥2五 | 庚子3六 | 辛丑4日 | 壬寅5一 | 癸卯6二 | 甲辰7三 | 乙巳8四 | 丙午9五 | 丁未10六 | 戊申11日 | 己酉12一 | 庚戌13二 | 辛亥14三 | 壬子15四 | 癸丑16五 | 甲寅17六 | 乙卯18日 | 丙辰19一 | 丁巳20二 | 戊午21三 | 己未22四 | 庚申23五 | 辛酉24六 | 壬戌25日 | 癸亥26一 | 甲子27二 | 乙丑28三 | | 丙午小寒<br>辛酉大寒 |

* 奥古斯都宣布本年停閏，故羅馬曆此年二月爲二十八天。若據此逆推，則元始元年至元始三年公元日期與各國公曆表相差一日。

# 漢平帝元始五年（乙丑 牛年） 公元5 ~ 6年

| 夏曆月序 | 中西曆日對照 | 初一 | 初二 | 初三 | 初四 | 初五 | 初六 | 初七 | 初八 | 初九 | 初十 | 十一 | 十二 | 十三 | 十四 | 十五 | 十六 | 十七 | 十八 | 十九 | 二十 | 二一 | 二二 | 二三 | 二四 | 二五 | 二六 | 二七 | 二八 | 二九 | 三十 | 節氣與天象 |
|---|---|---|---|---|---|---|---|---|---|---|---|---|---|---|---|---|---|---|---|---|---|---|---|---|---|---|---|---|---|---|---|---|
| 正月大 戊寅 | 天干<br>地支<br>西曆<br>星期 | 丙寅29四 | 丁卯30五 | 戊辰31六 | 己巳(2)日 | 庚午2一 | 辛未3二 | 壬申4三 | 癸酉5四 | 甲戌6五 | 乙亥7六 | 丙子8日 | 丁丑9一 | 戊寅10二 | 己卯11三 | 庚辰12四 | 辛巳13五 | 壬午14六 | 癸未15日 | 甲申16一 | 乙酉17二 | 丙戌18三 | 丁亥19四 | 戊子20五 | 己丑21六 | 庚寅22日 | 辛卯23一 | 壬辰24二 | 癸巳25三 | 甲午26四 | 乙未27五 | 丙子立春<br>辛卯驚蟄 |
| 二月小 己卯 | 天干<br>地支<br>西曆<br>星期 | 丙申28六 | 丁酉(3)日 | 戊戌2一 | 己亥3二 | 庚子4三 | 辛丑5四 | 壬寅6五 | 癸卯7六 | 甲辰8日 | 乙巳9一 | 丙午10二 | 丁未11三 | 戊申12四 | 己酉13五 | 庚戌14六 | 辛亥15日 | 壬子16一 | 癸丑17二 | 甲寅18三 | 乙卯19四 | 丙辰20五 | 丁巳21六 | 戊午22日 | 己未23一 | 庚申24二 | 辛酉25三 | 壬戌26四 | 癸亥27五 | 甲子28六 | | 丁未雨水<br>壬戌春分 |
| 三月大 庚辰 | 天干<br>地支<br>西曆<br>星期 | 乙丑29日 | 丙寅30一 | 丁卯31二 | 戊辰(4)三 | 己巳2四 | 庚午3五 | 辛未4六 | 壬申5日 | 癸酉6一 | 甲戌7二 | 乙亥8三 | 丙子9四 | 丁丑10五 | 戊寅11六 | 己卯12日 | 庚辰13一 | 辛巳14二 | 壬午15三 | 癸未16四 | 甲申17五 | 乙酉18六 | 丙戌19日 | 丁亥20一 | 戊子21二 | 己丑22三 | 庚寅23四 | 辛卯24五 | 壬辰25六 | 癸巳26日 | 甲午27一 | 丁丑穀雨<br>壬辰清明 |
| 四月小 辛巳 | 天干<br>地支<br>西曆<br>星期 | 乙未28二 | 丙申29三 | 丁酉30四 | 戊戌(5)五 | 己亥2六 | 庚子3日 | 辛丑4一 | 壬寅5二 | 癸卯6三 | 甲辰7四 | 乙巳8五 | 丙午9六 | 丁未10日 | 戊申11一 | 己酉12二 | 庚戌13三 | 辛亥14四 | 壬子15五 | 癸丑16六 | 甲寅17日 | 乙卯18一 | 丙辰19二 | 丁巳20三 | 戊午21四 | 己未22五 | 庚申23六 | 辛酉24日 | 壬戌25一 | 癸亥26二 | | 丁未立夏<br>癸亥小滿 |
| 五月大 壬午 | 天干<br>地支<br>西曆<br>星期 | 甲子27三 | 乙丑28四 | 丙寅29五 | 丁卯30六 | 戊辰31日 | 己巳(6)一 | 庚午2二 | 辛未3三 | 壬申4四 | 癸酉5五 | 甲戌6六 | 乙亥7日 | 丙子8一 | 丁丑9二 | 戊寅10三 | 己卯11四 | 庚辰12五 | 辛巳13六 | 壬午14日 | 癸未15一 | 甲申16二 | 乙酉17三 | 丙戌18四 | 丁亥19五 | 戊子20六 | 己丑21日 | 庚寅22一 | 辛卯23二 | 壬辰24三 | 癸巳25四 | 戊寅芒種<br>癸巳夏至 |
| 閏五月小 壬午 | 天干<br>地支<br>西曆<br>星期 | 甲午26五 | 乙未27六 | 丙申28日 | 丁酉29一 | 戊戌30二 | 己亥(7)三 | 庚子2四 | 辛丑3五 | 壬寅4六 | 癸卯5日 | 甲辰6一 | 乙巳7二 | 丙午8三 | 丁未9四 | 戊申10五 | 己酉11六 | 庚戌12日 | 辛亥13一 | 壬子14二 | 癸丑15三 | 甲寅16四 | 乙卯17五 | 丙辰18六 | 丁巳19日 | 戊午20一 | 己未21二 | 庚申22三 | 辛酉23四 | 壬戌24五 | | 戊申小暑 |
| 六月大 癸未 | 天干<br>地支<br>西曆<br>星期 | 癸亥25六 | 甲子26日 | 乙丑27一 | 丙寅28二 | 丁卯29三 | 戊辰30四 | 己巳31五 | 庚午(8)六 | 辛未2日 | 壬申3一 | 癸酉4二 | 甲戌5三 | 乙亥6四 | 丙子7五 | 丁丑8六 | 戊寅9日 | 己卯10一 | 庚辰11二 | 辛巳12三 | 壬午13四 | 癸未14五 | 甲申15六 | 乙酉16日 | 丙戌17一 | 丁亥18二 | 戊子19三 | 己丑20四 | 庚寅21五 | 辛卯22六 | 壬辰23日 | 甲子大暑<br>己卯立秋 |
| 七月大 甲申 | 天干<br>地支<br>西曆<br>星期 | 癸巳24一 | 甲午25二 | 乙未26三 | 丙申27四 | 丁酉28五 | 戊戌29六 | 己亥30日 | 庚子31一 | 辛丑(9)二 | 壬寅2三 | 癸卯3四 | 甲辰4五 | 乙巳5六 | 丙午6日 | 丁未7一 | 戊申8二 | 己酉9三 | 庚戌10四 | 辛亥11五 | 壬子12六 | 癸丑13日 | 甲寅14一 | 乙卯15二 | 丙辰16三 | 丁巳17四 | 戊午18五 | 己未19六 | 庚申20日 | 辛酉21一 | 壬戌22二 | 甲午處暑<br>己酉白露 |
| 八月小 乙酉 | 天干<br>地支<br>西曆<br>星期 | 癸亥23三 | 甲子24四 | 乙丑25五 | 丙寅26六 | 丁卯27日 | 戊辰28一 | 己巳29二 | 庚午30三 | 辛未(10)四 | 壬申2五 | 癸酉3六 | 甲戌4日 | 乙亥5一 | 丙子6二 | 丁丑7三 | 戊寅8四 | 己卯9五 | 庚辰10六 | 辛巳11日 | 壬午12一 | 癸未13二 | 甲申14三 | 乙酉15四 | 丙戌16五 | 丁亥17六 | 戊子18日 | 己丑19一 | 庚寅20二 | 辛卯21三 | | 甲子秋分<br>庚辰寒露 |
| 九月大 丙戌 | 天干<br>地支<br>西曆<br>星期 | 壬辰22四 | 癸巳23五 | 甲午24六 | 乙未25日 | 丙申26一 | 丁酉27二 | 戊戌28三 | 己亥29四 | 庚子30五 | 辛丑31六 | 壬寅(11)日 | 癸卯2一 | 甲辰3二 | 乙巳4三 | 丙午5四 | 丁未6五 | 戊申7六 | 己酉8日 | 庚戌9一 | 辛亥10二 | 壬子11三 | 癸丑12四 | 甲寅13五 | 乙卯14六 | 丙辰15日 | 丁巳16一 | 戊午17二 | 己未18三 | 庚申19四 | 辛酉20五 | 乙未霜降<br>庚戌立冬 |
| 十月小 丁亥 | 天干<br>地支<br>西曆<br>星期 | 壬戌21六 | 癸亥22日 | 甲子23一 | 乙丑24二 | 丙寅25三 | 丁卯26四 | 戊辰27五 | 己巳28六 | 庚午29日 | 辛未30一 | 壬申(12)二 | 癸酉2三 | 甲戌3四 | 乙亥4五 | 丙子5六 | 丁丑6日 | 戊寅7一 | 己卯8二 | 庚辰9三 | 辛巳10四 | 壬午11五 | 癸未12六 | 甲申13日 | 乙酉14一 | 丙戌15二 | 丁亥16三 | 戊子17四 | 己丑18五 | 庚寅19六 | | 乙丑小雪<br>辛巳大雪 |
| 十一月大 戊子 | 天干<br>地支<br>西曆<br>星期 | 辛卯20日 | 壬辰21一 | 癸巳22二 | 甲午23三 | 乙未24四 | 丙申25五 | 丁酉26六 | 戊戌27日 | 己亥28一 | 庚子29二 | 辛丑30三 | 壬寅31四 | 癸卯(1)五 | 甲辰2六 | 乙巳3日 | 丙午4一 | 丁未5二 | 戊申6三 | 己酉7四 | 庚戌8五 | 辛亥9六 | 壬子10日 | 癸丑11一 | 甲寅12二 | 乙卯13三 | 丙辰14四 | 丁巳15五 | 戊午16六 | 己未17日 | 庚申18一 | 丙申冬至<br>辛亥小寒 |
| 十二月小 己丑 | 天干<br>地支<br>西曆<br>星期 | 辛酉19二 | 壬戌20三 | 癸亥21四 | 甲子22五 | 乙丑23六 | 丙寅24日 | 丁卯25一 | 戊辰26二 | 己巳27三 | 庚午28四 | 辛未29五 | 壬申30六 | 癸酉31日 | 甲戌(2)一 | 乙亥2二 | 丙子3三 | 丁丑4四 | 戊寅5五 | 己卯6六 | 庚辰7日 | 辛巳8一 | 壬午9二 | 癸未10三 | 甲申11四 | 乙酉12五 | 丙戌13六 | 丁亥14日 | 戊子15一 | 己丑16二 | | 丙寅大寒<br>辛巳立春 |

* 十二月丙子（十六日），平帝死。王莽居中用事，改明年爲居攝元年。

# 漢孺子嬰居攝元年（丙寅 虎年） 公元6 ~ 7年

| 夏曆月序 | 中西曆日對照 | 初一 | 初二 | 初三 | 初四 | 初五 | 初六 | 初七 | 初八 | 初九 | 初十 | 十一 | 十二 | 十三 | 十四 | 十五 | 十六 | 十七 | 十八 | 十九 | 二十 | 二一 | 二二 | 二三 | 二四 | 二五 | 二六 | 二七 | 二八 | 二九 | 三十 | 節氣與天象 |
|---|---|---|---|---|---|---|---|---|---|---|---|---|---|---|---|---|---|---|---|---|---|---|---|---|---|---|---|---|---|---|---|---|
| 正月大 庚寅 | 天干 地支 西曆 星期 | 庚寅17三 | 辛卯18四 | 壬辰19五 | 癸巳20六 | 甲午21日 | 乙未22一 | 丙申23二 | 丁酉24三 | 戊戌25四 | 己亥26五 | 庚子27六 | 辛丑28日 | 壬寅(3)一 | 癸卯2二 | 甲辰3三 | 乙巳4四 | 丙午5五 | 丁未6六 | 戊申7日 | 己酉8一 | 庚戌9二 | 辛亥10三 | 壬子11四 | 癸丑12五 | 甲寅13六 | 乙卯14日 | 丙辰15一 | 丁巳16二 | 戊午17三 | 己未18四 | 丁酉驚蟄 壬子雨水 |
| 二月小 辛卯 | 天干 地支 西曆 星期 | 庚申19五 | 辛酉20六 | 壬戌21日 | 癸亥22一 | 甲子23二 | 乙丑24三 | 丙寅25四 | 丁卯26五 | 戊辰27六 | 己巳28日 | 庚午29一 | 辛未30二 | 壬申31三 | 癸酉(4)四 | 甲戌2五 | 乙亥3六 | 丙子4日 | 丁丑5一 | 戊寅6二 | 己卯7三 | 庚辰8四 | 辛巳9五 | 壬午10六 | 癸未11日 | 甲申12一 | 乙酉13二 | 丙戌14三 | 丁亥15四 | 戊子16五 | | 丁卯春分 壬午穀雨 |
| 三月大 壬辰 | 天干 地支 西曆 星期 | 己丑17六 | 庚寅18日 | 辛卯19一 | 壬辰20二 | 癸巳21三 | 甲午22四 | 乙未23五 | 丙申24六 | 丁酉25日 | 戊戌26一 | 己亥27二 | 庚子28三 | 辛丑29四 | 壬寅30五 | 癸卯(5)六 | 甲辰2日 | 乙巳3一 | 丙午4二 | 丁未5三 | 戊申6四 | 己酉7五 | 庚戌8六 | 辛亥9日 | 壬子10一 | 癸丑11二 | 甲寅12三 | 乙卯13四 | 丙辰14五 | 丁巳15六 | 戊午16日 | 戊戌清明 癸丑立夏 |
| 四月小 癸巳 | 天干 地支 西曆 星期 | 己未17一 | 庚申18二 | 辛酉19三 | 壬戌20四 | 癸亥21五 | 甲子22六 | 乙丑23日 | 丙寅24一 | 丁卯25二 | 戊辰26三 | 己巳27四 | 庚午28五 | 辛未29六 | 壬申30日 | 癸酉31一 | 甲戌(6)二 | 乙亥2三 | 丙子3四 | 丁丑4五 | 戊寅5六 | 己卯6日 | 庚辰7一 | 辛巳8二 | 壬午9三 | 癸未10四 | 甲申11五 | 乙酉12六 | 丙戌13日 | 丁亥14一 | | 戊辰小滿 癸未芒種 |
| 五月大 甲午 | 天干 地支 西曆 星期 | 戊子15二 | 己丑16三 | 庚寅17四 | 辛卯18五 | 壬辰19六 | 癸巳20日 | 甲午21一 | 乙未22二 | 丙申23三 | 丁酉24四 | 戊戌25五 | 己亥26六 | 庚子27日 | 辛丑28一 | 壬寅29二 | 癸卯30三 | 甲辰(7)四 | 乙巳2五 | 丙午3六 | 丁未4日 | 戊申5一 | 己酉6二 | 庚戌7三 | 辛亥8四 | 壬子9五 | 癸丑10六 | 甲寅11日 | 乙卯12一 | 丙辰13二 | 丁巳14三 | 戊戌夏至 甲寅小暑 |
| 六月小 乙未 | 天干 地支 西曆 星期 | 戊午15四 | 己未16五 | 庚申17六 | 辛酉18日 | 壬戌19一 | 癸亥20二 | 甲子21三 | 乙丑22四 | 丙寅23五 | 丁卯24六 | 戊辰25日 | 己巳26一 | 庚午27二 | 辛未28三 | 壬申29四 | 癸酉30五 | 甲戌31六 | 乙亥(8)日 | 丙子2一 | 丁丑3二 | 戊寅4三 | 己卯5四 | 庚辰6五 | 辛巳7六 | 壬午8日 | 癸未9一 | 甲申10二 | 乙酉11三 | 丙戌12四 | | 己巳大暑 甲申立秋 |
| 七月大 丙申 | 天干 地支 西曆 星期 | 丁亥13五 | 戊子14六 | 己丑15日 | 庚寅16一 | 辛卯17二 | 壬辰18三 | 癸巳19四 | 甲午20五 | 乙未21六 | 丙申22日 | 丁酉23一 | 戊戌24二 | 己亥25三 | 庚子26四 | 辛丑27五 | 壬寅28六 | 癸卯29日 | 甲辰30一 | 乙巳31二 | 丙午(9)三 | 丁未2四 | 戊申3五 | 己酉4六 | 庚戌5日 | 辛亥6一 | 壬子7二 | 癸丑8三 | 甲寅9四 | 乙卯10五 | 丙辰11六 | 己亥處暑 甲寅白露 丙辰日食 |
| 八月小 丁酉 | 天干 地支 西曆 星期 | 丁巳12日 | 戊午13一 | 己未14二 | 庚申15三 | 辛酉16四 | 壬戌17五 | 癸亥18六 | 甲子19日 | 乙丑20一 | 丙寅21二 | 丁卯22三 | 戊辰23四 | 己巳24五 | 庚午25六 | 辛未26日 | 壬申27一 | 癸酉28二 | 甲戌29三 | 乙亥30四 | 丙子(10)五 | 丁丑2六 | 戊寅3日 | 己卯4一 | 庚辰5二 | 辛巳6三 | 壬午7四 | 癸未8五 | 甲申9六 | 乙酉10日 | | 庚午秋分 乙酉寒露 |
| 九月大 戊戌 | 天干 地支 西曆 星期 | 丙戌11一 | 丁亥12二 | 戊子13三 | 己丑14四 | 庚寅15五 | 辛卯16六 | 壬辰17日 | 癸巳18一 | 甲午19二 | 乙未20三 | 丙申21四 | 丁酉22五 | 戊戌23六 | 己亥24日 | 庚子25一 | 辛丑26二 | 壬寅27三 | 癸卯28四 | 甲辰29五 | 乙巳30六 | 丙午31日 | 丁未(11)一 | 戊申2二 | 己酉3三 | 庚戌4四 | 辛亥5五 | 壬子6六 | 癸丑7日 | 甲寅8一 | 乙卯9二 | 庚子霜降 乙卯立冬 |
| 十月小 己亥 | 天干 地支 西曆 星期 | 丙辰10三 | 丁巳11四 | 戊午12五 | 己未13六 | 庚申14日 | 辛酉15一 | 壬戌16二 | 癸亥17三 | 甲子18四 | 乙丑19五 | 丙寅20六 | 丁卯21日 | 戊辰22一 | 己巳23二 | 庚午24三 | 辛未25四 | 壬申26五 | 癸酉27六 | 甲戌28日 | 乙亥29一 | 丙子30二 | 丁丑(12)三 | 戊寅2四 | 己卯3五 | 庚辰4六 | 辛巳5日 | 壬午6一 | 癸未7二 | 甲申8三 | | 辛未小雪 |
| 十一月大 庚子 | 天干 地支 西曆 星期 | 乙酉9四 | 丙戌10五 | 丁亥11六 | 戊子12日 | 己丑13一 | 庚寅14二 | 辛卯15三 | 壬辰16四 | 癸巳17五 | 甲午18六 | 乙未19日 | 丙申20一 | 丁酉21二 | 戊戌22三 | 己亥23四 | 庚子24五 | 辛丑25六 | 壬寅26日 | 癸卯27一 | 甲辰28二 | 乙巳29三 | 丙午30四 | 丁未31五 | 戊申(1)六 | 己酉2日 | 庚戌3一 | 辛亥4二 | 壬子5三 | 癸丑6四 | 甲寅7五 | 丙戌大雪 辛丑冬至 |
| 十二月大 辛丑 | 天干 地支 西曆 星期 | 乙卯8六 | 丙辰9日 | 丁巳10一 | 戊午11二 | 己未12三 | 庚申13四 | 辛酉14五 | 壬戌15六 | 癸亥16日 | 甲子17一 | 乙丑18二 | 丙寅19三 | 丁卯20四 | 戊辰21五 | 己巳22六 | 庚午23日 | 辛未24一 | 壬申25二 | 癸酉26三 | 甲戌27四 | 乙亥28五 | 丙子29六 | 丁丑30日 | 戊寅31一 | 己卯(2)二 | 庚辰2三 | 辛巳3四 | 壬午4五 | 癸未5六 | 甲申6日 | 丙辰小寒 辛未大寒 |

* 二月，立劉嬰爲皇太子，號曰“孺子”。

# 漢孺子嬰居攝二年（丁卯 兔年） 公元 7 ~ 8 年

| 夏曆月序 | | 中西曆日對照 | 初一 | 初二 | 初三 | 初四 | 初五 | 初六 | 初七 | 初八 | 初九 | 初十 | 十一 | 十二 | 十三 | 十四 | 十五 | 十六 | 十七 | 十八 | 十九 | 二十 | 二一 | 二二 | 二三 | 二四 | 二五 | 二六 | 二七 | 二八 | 二九 | 三十 | 節氣與天象 |
|---|---|---|---|---|---|---|---|---|---|---|---|---|---|---|---|---|---|---|---|---|---|---|---|---|---|---|---|---|---|---|---|---|---|
| 正月小 | 壬寅 | 天干地支<br>西曆<br>星期 | 乙酉<br>7<br>一 | 丙戌<br>8<br>二 | 丁亥<br>9<br>三 | 戊子<br>10<br>四 | 己丑<br>11<br>五 | 庚寅<br>12<br>六 | 辛卯<br>13<br>日 | 壬辰<br>14<br>一 | 癸巳<br>15<br>二 | 甲午<br>16<br>三 | 乙未<br>17<br>四 | 丙申<br>18<br>五 | 丁酉<br>19<br>六 | 戊戌<br>20<br>日 | 己亥<br>21<br>一 | 庚子<br>22<br>二 | 辛丑<br>23<br>三 | 壬寅<br>24<br>四 | 癸卯<br>25<br>五 | 甲辰<br>26<br>六 | 乙巳<br>27<br>日 | 丙午<br>28<br>一 | 丁未<br>(3)<br>二 | 戊申<br>2<br>三 | 己酉<br>3<br>四 | 庚戌<br>4<br>五 | 辛亥<br>5<br>六 | 壬子<br>6<br>日 | 癸丑<br>7<br>一 | | 丁亥立春<br>壬寅驚蟄 |
| 二月大 | 癸卯 | 天干地支<br>西曆<br>星期 | 甲寅<br>8<br>二 | 乙卯<br>9<br>三 | 丙辰<br>10<br>四 | 丁巳<br>11<br>五 | 戊午<br>12<br>六 | 己未<br>13<br>日 | 庚申<br>14<br>一 | 辛酉<br>15<br>二 | 壬戌<br>16<br>三 | 癸亥<br>17<br>四 | 甲子<br>18<br>五 | 乙丑<br>19<br>六 | 丙寅<br>20<br>日 | 丁卯<br>21<br>一 | 戊辰<br>22<br>二 | 己巳<br>23<br>三 | 庚午<br>24<br>四 | 辛未<br>25<br>五 | 壬申<br>26<br>六 | 癸酉<br>27<br>日 | 甲戌<br>28<br>一 | 乙亥<br>29<br>二 | 丙子<br>30<br>三 | 丁丑<br>31<br>四 | 戊寅<br>(4)<br>五 | 己卯<br>2<br>六 | 庚辰<br>3<br>日 | 辛巳<br>4<br>一 | 壬午<br>5<br>二 | 癸未<br>6<br>三 | 丁巳雨水<br>壬申春分 |
| 三月小 | 甲辰 | 天干地支<br>西曆<br>星期 | 甲申<br>7<br>四 | 乙酉<br>8<br>五 | 丙戌<br>9<br>六 | 丁亥<br>10<br>日 | 戊子<br>11<br>一 | 己丑<br>12<br>二 | 庚寅<br>13<br>三 | 辛卯<br>14<br>四 | 壬辰<br>15<br>五 | 癸巳<br>16<br>六 | 甲午<br>17<br>日 | 乙未<br>18<br>一 | 丙申<br>19<br>二 | 丁酉<br>20<br>三 | 戊戌<br>21<br>四 | 己亥<br>22<br>五 | 庚子<br>23<br>六 | 辛丑<br>24<br>日 | 壬寅<br>25<br>一 | 癸卯<br>26<br>二 | 甲辰<br>27<br>三 | 乙巳<br>28<br>四 | 丙午<br>29<br>五 | 丁未<br>30<br>六 | 戊申<br>(5)<br>日 | 己酉<br>2<br>一 | 庚戌<br>3<br>二 | 辛亥<br>4<br>三 | 壬子<br>5<br>四 | | 戊子穀雨<br>癸卯清明 |
| 四月大 | 乙巳 | 天干地支<br>西曆<br>星期 | 癸丑<br>6<br>五 | 甲寅<br>7<br>六 | 乙卯<br>8<br>日 | 丙辰<br>9<br>一 | 丁巳<br>10<br>二 | 戊午<br>11<br>三 | 己未<br>12<br>四 | 庚申<br>13<br>五 | 辛酉<br>14<br>六 | 壬戌<br>15<br>日 | 癸亥<br>16<br>一 | 甲子<br>17<br>二 | 乙丑<br>18<br>三 | 丙寅<br>19<br>四 | 丁卯<br>20<br>五 | 戊辰<br>21<br>六 | 己巳<br>22<br>日 | 庚午<br>23<br>一 | 辛未<br>24<br>二 | 壬申<br>25<br>三 | 癸酉<br>26<br>四 | 甲戌<br>27<br>五 | 乙亥<br>28<br>六 | 丙子<br>29<br>日 | 丁丑<br>30<br>一 | 戊寅<br>31<br>二 | 己卯<br>(6)<br>三 | 庚辰<br>2<br>四 | 辛巳<br>3<br>五 | 壬午<br>4<br>六 | 戊午立夏<br>癸酉小滿 |
| 五月小 | 丙午 | 天干地支<br>西曆<br>星期 | 癸未<br>5<br>日 | 甲申<br>6<br>一 | 乙酉<br>7<br>二 | 丙戌<br>8<br>三 | 丁亥<br>9<br>四 | 戊子<br>10<br>五 | 己丑<br>11<br>六 | 庚寅<br>12<br>日 | 辛卯<br>13<br>一 | 壬辰<br>14<br>二 | 癸巳<br>15<br>三 | 甲午<br>16<br>四 | 乙未<br>17<br>五 | 丙申<br>18<br>六 | 丁酉<br>19<br>日 | 戊戌<br>20<br>一 | 己亥<br>21<br>二 | 庚子<br>22<br>三 | 辛丑<br>23<br>四 | 壬寅<br>24<br>五 | 癸卯<br>25<br>六 | 甲辰<br>26<br>日 | 乙巳<br>27<br>一 | 丙午<br>28<br>二 | 丁未<br>29<br>三 | 戊申<br>30<br>四 | 己酉<br>(7)<br>五 | 庚戌<br>2<br>六 | 辛亥<br>3<br>日 | | 戊子芒種<br>甲辰夏至 |
| 六月大 | 丁未 | 天干地支<br>西曆<br>星期 | 壬子<br>4<br>一 | 癸丑<br>5<br>二 | 甲寅<br>6<br>三 | 乙卯<br>7<br>四 | 丙辰<br>8<br>五 | 丁巳<br>9<br>六 | 戊午<br>10<br>日 | 己未<br>11<br>一 | 庚申<br>12<br>二 | 辛酉<br>13<br>三 | 壬戌<br>14<br>四 | 癸亥<br>15<br>五 | 甲子<br>16<br>六 | 乙丑<br>17<br>日 | 丙寅<br>18<br>一 | 丁卯<br>19<br>二 | 戊辰<br>20<br>三 | 己巳<br>21<br>四 | 庚午<br>22<br>五 | 辛未<br>23<br>六 | 壬申<br>24<br>日 | 癸酉<br>25<br>一 | 甲戌<br>26<br>二 | 乙亥<br>27<br>三 | 丙子<br>28<br>四 | 丁丑<br>29<br>五 | 戊寅<br>30<br>六 | 己卯<br>31<br>日 | 庚辰<br>(8)<br>一 | 辛巳<br>2<br>二 | 己未小暑<br>甲戌大暑 |
| 七月小 | 戊申 | 天干地支<br>西曆<br>星期 | 壬午<br>3<br>三 | 癸未<br>4<br>四 | 甲申<br>5<br>五 | 乙酉<br>6<br>六 | 丙戌<br>7<br>日 | 丁亥<br>8<br>一 | 戊子<br>9<br>二 | 己丑<br>10<br>三 | 庚寅<br>11<br>四 | 辛卯<br>12<br>五 | 壬辰<br>13<br>六 | 癸巳<br>14<br>日 | 甲午<br>15<br>一 | 乙未<br>16<br>二 | 丙申<br>17<br>三 | 丁酉<br>18<br>四 | 戊戌<br>19<br>五 | 己亥<br>20<br>六 | 庚子<br>21<br>日 | 辛丑<br>22<br>一 | 壬寅<br>23<br>二 | 癸卯<br>24<br>三 | 甲辰<br>25<br>四 | 乙巳<br>26<br>五 | 丙午<br>27<br>六 | 丁未<br>28<br>日 | 戊申<br>29<br>一 | 己酉<br>30<br>二 | 庚戌<br>31<br>三 | | 己丑立秋<br>乙巳處暑 |
| 八月大 | 己酉 | 天干地支<br>西曆<br>星期 | 辛亥<br>(9)<br>四 | 壬子<br>2<br>五 | 癸丑<br>3<br>六 | 甲寅<br>4<br>日 | 乙卯<br>5<br>一 | 丙辰<br>6<br>二 | 丁巳<br>7<br>三 | 戊午<br>8<br>四 | 己未<br>9<br>五 | 庚申<br>10<br>六 | 辛酉<br>11<br>日 | 壬戌<br>12<br>一 | 癸亥<br>13<br>二 | 甲子<br>14<br>三 | 乙丑<br>15<br>四 | 丙寅<br>16<br>五 | 丁卯<br>17<br>六 | 戊辰<br>18<br>日 | 己巳<br>19<br>一 | 庚午<br>20<br>二 | 辛未<br>21<br>三 | 壬申<br>22<br>四 | 癸酉<br>23<br>五 | 甲戌<br>24<br>六 | 乙亥<br>25<br>日 | 丙子<br>26<br>一 | 丁丑<br>27<br>二 | 戊寅<br>28<br>三 | 己卯<br>29<br>四 | 庚辰<br>30<br>五 | 庚申白露<br>乙亥秋分 |
| 九月小 | 庚戌 | 天干地支<br>西曆<br>星期 | 辛巳<br>(10)<br>六 | 壬午<br>2<br>日 | 癸未<br>3<br>一 | 甲申<br>4<br>二 | 乙酉<br>5<br>三 | 丙戌<br>6<br>四 | 丁亥<br>7<br>五 | 戊子<br>8<br>六 | 己丑<br>9<br>日 | 庚寅<br>10<br>一 | 辛卯<br>11<br>二 | 壬辰<br>12<br>三 | 癸巳<br>13<br>四 | 甲午<br>14<br>五 | 乙未<br>15<br>六 | 丙申<br>16<br>日 | 丁酉<br>17<br>一 | 戊戌<br>18<br>二 | 己亥<br>19<br>三 | 庚子<br>20<br>四 | 辛丑<br>21<br>五 | 壬寅<br>22<br>六 | 癸卯<br>23<br>日 | 甲辰<br>24<br>一 | 乙巳<br>25<br>二 | 丙午<br>26<br>三 | 丁未<br>27<br>四 | 戊申<br>28<br>五 | 己酉<br>29<br>六 | | 庚寅寒露<br>乙巳霜降 |
| 十月大 | 辛亥 | 天干地支<br>西曆<br>星期 | 庚戌<br>30<br>日 | 辛亥<br>31<br>一 | 壬子<br>(11)<br>二 | 癸丑<br>2<br>三 | 甲寅<br>3<br>四 | 乙卯<br>4<br>五 | 丙辰<br>5<br>六 | 丁巳<br>6<br>日 | 戊午<br>7<br>一 | 己未<br>8<br>二 | 庚申<br>9<br>三 | 辛酉<br>10<br>四 | 壬戌<br>11<br>五 | 癸亥<br>12<br>六 | 甲子<br>13<br>日 | 乙丑<br>14<br>一 | 丙寅<br>15<br>二 | 丁卯<br>16<br>三 | 戊辰<br>17<br>四 | 己巳<br>18<br>五 | 庚午<br>19<br>六 | 辛未<br>20<br>日 | 壬申<br>21<br>一 | 癸酉<br>22<br>二 | 甲戌<br>23<br>三 | 乙亥<br>24<br>四 | 丙子<br>25<br>五 | 丁丑<br>26<br>六 | 戊寅<br>27<br>日 | 己卯<br>28<br>一 | 辛酉立冬<br>丙子小雪 |
| 十一月小 | 壬子 | 天干地支<br>西曆<br>星期 | 庚辰<br>29<br>二 | 辛巳<br>30<br>三 | 壬午<br>(12)<br>四 | 癸未<br>2<br>五 | 甲申<br>3<br>六 | 乙酉<br>4<br>日 | 丙戌<br>5<br>一 | 丁亥<br>6<br>二 | 戊子<br>7<br>三 | 己丑<br>8<br>四 | 庚寅<br>9<br>五 | 辛卯<br>10<br>六 | 壬辰<br>11<br>日 | 癸巳<br>12<br>一 | 甲午<br>13<br>二 | 乙未<br>14<br>三 | 丙申<br>15<br>四 | 丁酉<br>16<br>五 | 戊戌<br>17<br>六 | 己亥<br>18<br>日 | 庚子<br>19<br>一 | 辛丑<br>20<br>二 | 壬寅<br>21<br>三 | 癸卯<br>22<br>四 | 甲辰<br>23<br>五 | 乙巳<br>24<br>六 | 丙午<br>25<br>日 | 丁未<br>26<br>一 | 戊申<br>27<br>二 | | 辛卯大雪<br>丙午冬至 |
| 十二月大 | 癸丑 | 天干地支<br>西曆<br>星期 | 己酉<br>28<br>三 | 庚戌<br>29<br>四 | 辛亥<br>30<br>五 | 壬子<br>31<br>六 | 癸丑<br>(1)<br>日 | 甲寅<br>2<br>一 | 乙卯<br>3<br>二 | 丙辰<br>4<br>三 | 丁巳<br>5<br>四 | 戊午<br>6<br>五 | 己未<br>7<br>六 | 庚申<br>8<br>日 | 辛酉<br>9<br>一 | 壬戌<br>10<br>二 | 癸亥<br>11<br>三 | 甲子<br>12<br>四 | 乙丑<br>13<br>五 | 丙寅<br>14<br>六 | 丁卯<br>15<br>日 | 戊辰<br>16<br>一 | 己巳<br>17<br>二 | 庚午<br>18<br>三 | 辛未<br>19<br>四 | 壬申<br>20<br>五 | 癸酉<br>21<br>六 | 甲戌<br>22<br>日 | 乙亥<br>23<br>一 | 丙子<br>24<br>二 | 丁丑<br>25<br>三 | 戊寅<br>26<br>四 | 辛酉小寒<br>丁丑大寒 |

# 漢孺子嬰居攝三年 初始元年（戊辰 龍年） 公元8～9年

| 夏曆月序 | | 中西曆日對照 | 初一 | 初二 | 初三 | 初四 | 初五 | 初六 | 初七 | 初八 | 初九 | 初十 | 十一 | 十二 | 十三 | 十四 | 十五 | 十六 | 十七 | 十八 | 十九 | 二十 | 二一 | 二二 | 二三 | 二四 | 二五 | 二六 | 二七 | 二八 | 二九 | 三十 | 節氣與天象 |
|---|---|---|---|---|---|---|---|---|---|---|---|---|---|---|---|---|---|---|---|---|---|---|---|---|---|---|---|---|---|---|---|---|---|
| 正月小 | 甲寅 | 天干地支西曆星期 | 己卯27五 | 庚辰28六 | 辛巳29日 | 壬午30一 | 癸未31二 | 甲申(2)三 | 乙酉2四 | 丙戌3五 | 丁亥4六 | 戊子5日 | 己丑6一 | 庚寅7二 | 辛卯8三 | 壬辰9四 | 癸巳10五 | 甲午11六 | 乙未12日 | 丙申13一 | 丁酉14二 | 戊戌15三 | 己亥16四 | 庚子17五 | 辛丑18六 | 壬寅19日 | 癸卯20一 | 甲辰21二 | 乙巳22三 | 丙午23四 | 丁未24五 | | 壬辰立春 丁未驚蟄 |
| 閏正月大 | 甲寅 | 天干地支西曆星期 | 戊申25六 | 己酉26日 | 庚戌27一 | 辛亥28二 | 壬子29三 | 癸丑(3)四 | 甲寅2五 | 乙卯3六 | 丙辰4日 | 丁巳5一 | 戊午6二 | 己未7三 | 庚申8四 | 辛酉9五 | 壬戌10六 | 癸亥11日 | 甲子12一 | 乙丑13二 | 丙寅14三 | 丁卯15四 | 戊辰16五 | 己巳17六 | 庚午18日 | 辛未19一 | 壬申20二 | 癸酉21三 | 甲戌22四 | 乙亥23五 | 丙子24六 | 丁丑25日 | 壬戌雨水 |
| 二月大 | 乙卯 | 天干地支西曆星期 | 戊寅26一 | 己卯27二 | 庚辰28三 | 辛巳29四 | 壬午30五 | 癸未31六 | 甲申(4)日 | 乙酉2一 | 丙戌3二 | 丁亥4三 | 戊子5四 | 己丑6五 | 庚寅7六 | 辛卯8日 | 壬辰9一 | 癸巳10二 | 甲午11三 | 乙未12四 | 丙申13五 | 丁酉14六 | 戊戌15日 | 己亥16一 | 庚子17二 | 辛丑18三 | 壬寅19四 | 癸卯20五 | 甲辰21六 | 乙巳22日 | 丙午23一 | 丁未24二 | 戊寅春分 癸巳穀雨 |
| 三月小 | 丙辰 | 天干地支西曆星期 | 戊申25三 | 己酉26四 | 庚戌27五 | 辛亥28六 | 壬子29日 | 癸丑30一 | 甲寅(5)二 | 乙卯2三 | 丙辰3四 | 丁巳4五 | 戊午5六 | 己未6日 | 庚申7一 | 辛酉8二 | 壬戌9三 | 癸亥10四 | 甲子11五 | 乙丑12六 | 丙寅13日 | 丁卯14一 | 戊辰15二 | 己巳16三 | 庚午17四 | 辛未18五 | 壬申19六 | 癸酉20日 | 甲戌21一 | 乙亥22二 | 丙子23三 | | 戊申清明 癸亥立夏 |
| 四月大 | 丁巳 | 天干地支西曆星期 | 丁丑24四 | 戊寅25五 | 己卯26六 | 庚辰27日 | 辛巳28一 | 壬午29二 | 癸未30三 | 甲申31四 | 乙酉(6)五 | 丙戌2六 | 丁亥3日 | 戊子4一 | 己丑5二 | 庚寅6三 | 辛卯7四 | 壬辰8五 | 癸巳9六 | 甲午10日 | 乙未11一 | 丙申12二 | 丁酉13三 | 戊戌14四 | 己亥15五 | 庚子16六 | 辛丑17日 | 壬寅18一 | 癸卯19二 | 甲辰20三 | 乙巳21四 | 丙午22五 | 戊寅小滿 甲午芒種 |
| 五月小 | 戊午 | 天干地支西曆星期 | 丁未23六 | 戊申24日 | 己酉25一 | 庚戌26二 | 辛亥27三 | 壬子28四 | 癸丑29五 | 甲寅30六 | 乙卯(7)日 | 丙辰2一 | 丁巳3二 | 戊午4三 | 己未5四 | 庚申6五 | 辛酉7六 | 壬戌8日 | 癸亥9一 | 甲子10二 | 乙丑11三 | 丙寅12四 | 丁卯13五 | 戊辰14六 | 己巳15日 | 庚午16一 | 辛未17二 | 壬申18三 | 癸酉19四 | 甲戌20五 | 乙亥21六 | | 己酉夏至 甲子小暑 |
| 六月大 | 己未 | 天干地支西曆星期 | 丙子22日 | 丁丑23一 | 戊寅24二 | 己卯25三 | 庚辰26四 | 辛巳27五 | 壬午28六 | 癸未29日 | 甲申30一 | 乙酉31二 | 丙戌(8)三 | 丁亥2四 | 戊子3五 | 己丑4六 | 庚寅5日 | 辛卯6一 | 壬辰7二 | 癸巳8三 | 甲午9四 | 乙未10五 | 丙申11六 | 丁酉12日 | 戊戌13一 | 己亥14二 | 庚子15三 | 辛丑16四 | 壬寅17五 | 癸卯18六 | 甲辰19日 | 乙巳20一 | 己卯大暑 乙未立秋 |
| 七月小 | 庚申 | 天干地支西曆星期 | 丙午21二 | 丁未22三 | 戊申23四 | 己酉24五 | 庚戌25六 | 辛亥26日 | 壬子27一 | 癸丑28二 | 甲寅29三 | 乙卯30四 | 丙辰31五 | 丁巳(9)六 | 戊午2日 | 己未3一 | 庚申4二 | 辛酉5三 | 壬戌6四 | 癸亥7五 | 甲子8六 | 乙丑9日 | 丙寅10一 | 丁卯11二 | 戊辰12三 | 己巳13四 | 庚午14五 | 辛未15六 | 壬申16日 | 癸酉17一 | 甲戌18二 | | 庚戌處暑 乙丑白露 |
| 八月大 | 辛酉 | 天干地支西曆星期 | 乙亥19三 | 丙子20四 | 丁丑21五 | 戊寅22六 | 己卯23日 | 庚辰24一 | 辛巳25二 | 壬午26三 | 癸未27四 | 甲申28五 | 乙酉29六 | 丙戌30日 | 丁亥(10)一 | 戊子2二 | 己丑3三 | 庚寅4四 | 辛卯5五 | 壬辰6六 | 癸巳7日 | 甲午8一 | 乙未9二 | 丙申10三 | 丁酉11四 | 戊戌12五 | 己亥13六 | 庚子14日 | 辛丑15一 | 壬寅16二 | 癸卯17三 | 甲辰18四 | 庚辰秋分 乙未寒露 |
| 九月小 | 壬戌 | 天干地支西曆星期 | 乙巳19五 | 丙午20六 | 丁未21日 | 戊申22一 | 己酉23二 | 庚戌24三 | 辛亥25四 | 壬子26五 | 癸丑27六 | 甲寅28日 | 乙卯29一 | 丙辰30二 | 丁巳31三 | 戊午(11)四 | 己未2五 | 庚申3六 | 辛酉4日 | 壬戌5一 | 癸亥6二 | 甲子7三 | 乙丑8四 | 丙寅9五 | 丁卯10六 | 戊辰11日 | 己巳12一 | 庚午13二 | 辛未14三 | 壬申15四 | 癸酉16五 | | 辛亥霜降 丙寅立冬 |
| 十月大 | 癸亥 | 天干地支西曆星期 | 甲戌17六 | 乙亥18日 | 丙子19一 | 丁丑20二 | 戊寅21三 | 己卯22四 | 庚辰23五 | 辛巳24六 | 壬午25日 | 癸未26一 | 甲申27二 | 乙酉28三 | 丙戌29四 | 丁亥30五 | 戊子(12)六 | 己丑2日 | 庚寅3一 | 辛卯4二 | 壬辰5三 | 癸巳6四 | 甲午7五 | 乙未8六 | 丙申9日 | 丁酉10一 | 戊戌11二 | 己亥12三 | 庚子13四 | 辛丑14五 | 壬寅15六 | 癸卯16日 | 辛巳小雪 丙申大雪 |
| 十一月小 | 甲子 | 天干地支西曆星期 | 甲辰17一 | 乙巳18二 | 丙午19三 | 丁未20四 | 戊申21五 | 己酉22六 | 庚戌23日 | 辛亥24一 | 壬子25二 | 癸丑26三 | 甲寅27四 | 乙卯28五 | 丙辰29六 | 丁巳30日 | 戊午31一 | 己未(1)二 | 庚申2三 | 辛酉3四 | 壬戌4五 | 癸亥5六 | 甲子6日 | 乙丑7一 | 丙寅8二 | 丁卯9三 | 戊辰10四 | 己巳11五 | 庚午12六 | 辛未13日 | 壬申14一 | | 壬子冬至 丁卯小寒 |

* 十一月甲子（二十一日），改元初始。王莽采用丑正，以初始元年十二月爲始建國元年正月，故此年無十二月。

# 新王莽始建國元年（己巳 蛇年） 公元 9 ~ 10 年

| 夏曆月序 | | 中西曆日對照 | 初一 | 初二 | 初三 | 初四 | 初五 | 初六 | 初七 | 初八 | 初九 | 初十 | 十一 | 十二 | 十三 | 十四 | 十五 | 十六 | 十七 | 十八 | 十九 | 二十 | 廿一 | 廿二 | 廿三 | 廿四 | 廿五 | 廿六 | 廿七 | 廿八 | 廿九 | 三十 | 節氣與天象 |
|---|---|---|---|---|---|---|---|---|---|---|---|---|---|---|---|---|---|---|---|---|---|---|---|---|---|---|---|---|---|---|---|---|---|
| 正月大 | 乙丑 | 天干地支 西曆 星期 | 癸酉 15 二 | 甲戌 16 三 | 乙亥 17 四 | 丙子 18 五 | 丁丑 19 六 | 戊寅 20 日 | 己卯 21 一 | 庚辰 22 二 | 辛巳 23 三 | 壬午 24 四 | 癸未 25 五 | 甲申 26 六 | 乙酉 27 日 | 丙戌 28 一 | 丁亥 29 二 | 戊子 30 三 | 己丑 31 四 | 庚寅 (2) 五 | 辛卯 2 六 | 壬辰 3 日 | 癸巳 4 一 | 甲午 5 二 | 乙未 6 三 | 丙申 7 四 | 丁酉 8 五 | 戊戌 9 六 | 己亥 10 日 | 庚子 11 一 | 辛丑 12 二 | 壬寅 13 三 | 壬午大寒 丁酉立春 |
| 二月小 | 乙丑 | 天干地支 西曆 星期 | 癸卯 14 四 | 甲辰 15 五 | 乙巳 16 六 | 丙午 17 日 | 丁未 18 一 | 戊申 19 二 | 己酉 20 三 | 庚戌 21 四 | 辛亥 22 五 | 壬子 23 六 | 癸丑 24 日 | 甲寅 25 一 | 乙卯 26 二 | 丙辰 27 三 | 丁巳 28 四 | 戊午 (3) 五 | 己未 2 六 | 庚申 3 日 | 辛酉 4 一 | 壬戌 5 二 | 癸亥 6 三 | 甲子 7 四 | 乙丑 8 五 | 丙寅 9 六 | 丁卯 10 日 | 戊辰 11 一 | 己巳 12 二 | 庚午 13 三 | 辛未 14 四 | | 壬子驚蟄 戊辰雨水 |
| 三月大 | 丙寅 | 天干地支 西曆 星期 | 壬申 15 五 | 癸酉 16 六 | 甲戌 17 日 | 乙亥 18 一 | 丙子 19 二 | 丁丑 20 三 | 戊寅 21 四 | 己卯 22 五 | 庚辰 23 六 | 辛巳 24 日 | 壬午 25 一 | 癸未 26 二 | 甲申 27 三 | 乙酉 28 四 | 丙戌 29 五 | 丁亥 30 六 | 戊子 31 日 | 己丑 (4) 一 | 庚寅 2 二 | 辛卯 3 三 | 壬辰 4 四 | 癸巳 5 五 | 甲午 6 六 | 乙未 7 日 | 丙申 8 一 | 丁酉 9 二 | 戊戌 10 三 | 己亥 11 四 | 庚子 12 五 | 辛丑 13 六 | 癸未春分 戊戌穀雨 |
| 四月小 | 丁卯 | 天干地支 西曆 星期 | 壬寅 14 日 | 癸卯 15 一 | 甲辰 16 二 | 乙巳 17 三 | 丙午 18 四 | 丁未 19 五 | 戊申 20 六 | 己酉 21 日 | 庚戌 22 一 | 辛亥 23 二 | 壬子 24 三 | 癸丑 25 四 | 甲寅 26 五 | 乙卯 27 六 | 丙辰 28 日 | 丁巳 29 一 | 戊午 30 二 | 己未 (5) 三 | 庚申 2 四 | 辛酉 3 五 | 壬戌 4 六 | 癸亥 5 日 | 甲子 6 一 | 乙丑 7 二 | 丙寅 8 三 | 丁卯 9 四 | 戊辰 10 五 | 己巳 11 六 | 庚午 12 日 | | 癸丑清明 戊辰立夏 |
| 五月大 | 戊辰 | 天干地支 西曆 星期 | 辛未 13 一 | 壬申 14 二 | 癸酉 15 三 | 甲戌 16 四 | 乙亥 17 五 | 丙子 18 六 | 丁丑 19 日 | 戊寅 20 一 | 己卯 21 二 | 庚辰 22 三 | 辛巳 23 四 | 壬午 24 五 | 癸未 25 六 | 甲申 26 日 | 乙酉 27 一 | 丙戌 28 二 | 丁亥 29 三 | 戊子 30 四 | 己丑 31 五 | 庚寅 (6) 六 | 辛卯 2 日 | 壬辰 3 一 | 癸巳 4 二 | 甲午 5 三 | 乙未 6 四 | 丙申 7 五 | 丁酉 8 六 | 戊戌 9 日 | 己亥 10 一 | 庚子 11 二 | 甲申小滿 己亥芒種 |
| 六月小 | 己巳 | 天干地支 西曆 星期 | 辛丑 12 三 | 壬寅 13 四 | 癸卯 14 五 | 甲辰 15 六 | 乙巳 16 日 | 丙午 17 一 | 丁未 18 二 | 戊申 19 三 | 己酉 20 四 | 庚戌 21 五 | 辛亥 22 六 | 壬子 23 日 | 癸丑 24 一 | 甲寅 25 二 | 乙卯 26 三 | 丙辰 27 四 | 丁巳 28 五 | 戊午 29 六 | 己未 30 日 | 庚申 (7) 一 | 辛酉 2 二 | 壬戌 3 三 | 癸亥 4 四 | 甲子 5 五 | 乙丑 6 六 | 丙寅 7 日 | 丁卯 8 一 | 戊辰 9 二 | 己巳 10 三 | | 甲寅夏至 己巳小暑 |
| 七月大 | 庚午 | 天干地支 西曆 星期 | 庚午 11 四 | 辛未 12 五 | 壬申 13 六 | 癸酉 14 日 | 甲戌 15 一 | 乙亥 16 二 | 丙子 17 三 | 丁丑 18 四 | 戊寅 19 五 | 己卯 20 六 | 庚辰 21 日 | 辛巳 22 一 | 壬午 23 二 | 癸未 24 三 | 甲申 25 四 | 乙酉 26 五 | 丙戌 27 六 | 丁亥 28 日 | 戊子 29 一 | 己丑 30 二 | 庚寅 31 三 | 辛卯 (8) 四 | 壬辰 2 五 | 癸巳 3 六 | 甲午 4 日 | 乙未 5 一 | 丙申 6 二 | 丁酉 7 三 | 戊戌 8 四 | 己亥 9 五 | 乙酉大暑 |
| 八月大 | 辛未 | 天干地支 西曆 星期 | 庚子 10 六 | 辛丑 11 日 | 壬寅 12 一 | 癸卯 13 二 | 甲辰 14 三 | 乙巳 15 四 | 丙午 16 五 | 丁未 17 六 | 戊申 18 日 | 己酉 19 一 | 庚戌 20 二 | 辛亥 21 三 | 壬子 22 四 | 癸丑 23 五 | 甲寅 24 六 | 乙卯 25 日 | 丙辰 26 一 | 丁巳 27 二 | 戊午 28 三 | 己未 29 四 | 庚申 30 五 | 辛酉 31 六 | 壬戌 (9) 日 | 癸亥 2 一 | 甲子 3 二 | 乙丑 4 三 | 丙寅 5 四 | 丁卯 6 五 | 戊辰 7 六 | 己巳 8 日 | 庚子立秋 乙卯處暑 |
| 九月小 | 壬申 | 天干地支 西曆 星期 | 庚午 9 一 | 辛未 10 二 | 壬申 11 三 | 癸酉 12 四 | 甲戌 13 五 | 乙亥 14 六 | 丙子 15 日 | 丁丑 16 一 | 戊寅 17 二 | 己卯 18 三 | 庚辰 19 四 | 辛巳 20 五 | 壬午 21 六 | 癸未 22 日 | 甲申 23 一 | 乙酉 24 二 | 丙戌 25 三 | 丁亥 26 四 | 戊子 27 五 | 己丑 28 六 | 庚寅 29 日 | 辛卯 30 一 | 壬辰 (10) 二 | 癸巳 2 三 | 甲午 3 四 | 乙未 4 五 | 丙申 5 六 | 丁酉 6 日 | 戊戌 7 一 | | 庚午白露 乙酉秋分 |
| 十月大 | 癸酉 | 天干地支 西曆 星期 | 己亥 8 二 | 庚子 9 三 | 辛丑 10 四 | 壬寅 11 五 | 癸卯 12 六 | 甲辰 13 日 | 乙巳 14 一 | 丙午 15 二 | 丁未 16 三 | 戊申 17 四 | 己酉 18 五 | 庚戌 19 六 | 辛亥 20 日 | 壬子 21 一 | 癸丑 22 二 | 甲寅 23 三 | 乙卯 24 四 | 丙辰 25 五 | 丁巳 26 六 | 戊午 27 日 | 己未 28 一 | 庚申 29 二 | 辛酉 30 三 | 壬戌 31 四 | 癸亥 (11) 五 | 甲子 2 六 | 乙丑 3 日 | 丙寅 4 一 | 丁卯 5 二 | 戊辰 6 三 | 辛丑寒露 丙辰霜降 |
| 十一月小 | 甲戌 | 天干地支 西曆 星期 | 己巳 7 四 | 庚午 8 五 | 辛未 9 六 | 壬申 10 日 | 癸酉 11 一 | 甲戌 12 二 | 乙亥 13 三 | 丙子 14 四 | 丁丑 15 五 | 戊寅 16 六 | 己卯 17 日 | 庚辰 18 一 | 辛巳 19 二 | 壬午 20 三 | 癸未 21 四 | 甲申 22 五 | 乙酉 23 六 | 丙戌 24 日 | 丁亥 25 一 | 戊子 26 二 | 己丑 27 三 | 庚寅 28 四 | 辛卯 29 五 | 壬辰 30 六 | 癸巳 (12) 日 | 甲午 2 一 | 乙未 3 二 | 丙申 4 三 | 丁酉 5 四 | | 辛未立冬 丙戌小雪 |
| 十二月大 | 乙亥 | 天干地支 西曆 星期 | 戊戌 6 五 | 己亥 7 六 | 庚子 8 日 | 辛丑 9 一 | 壬寅 10 二 | 癸卯 11 三 | 甲辰 12 四 | 乙巳 13 五 | 丙午 14 六 | 丁未 15 日 | 戊申 16 一 | 己酉 17 二 | 庚戌 18 三 | 辛亥 19 四 | 壬子 20 五 | 癸丑 21 六 | 甲寅 22 日 | 乙卯 23 一 | 丙辰 24 二 | 丁巳 25 三 | 戊午 26 四 | 己未 27 五 | 庚申 28 六 | 辛酉 29 日 | 壬戌 30 一 | 癸亥 31 二 | 甲子 (1) 三 | 乙丑 2 四 | 丙寅 3 五 | 丁卯 4 六 | 壬寅大雪 丁巳冬至 |

* 正月癸酉（初一），王莽建立新朝，改元始建國。

# 新王莽始建國二年（庚午 馬年） 公元 10 ~ 11 年

| 夏曆月序 | | 中西曆日對照 | 初一 | 初二 | 初三 | 初四 | 初五 | 初六 | 初七 | 初八 | 初九 | 初十 | 十一 | 十二 | 十三 | 十四 | 十五 | 十六 | 十七 | 十八 | 十九 | 二十 | 二一 | 二二 | 二三 | 二四 | 二五 | 二六 | 二七 | 二八 | 二九 | 三十 | 節氣與天象 |
|---|---|---|---|---|---|---|---|---|---|---|---|---|---|---|---|---|---|---|---|---|---|---|---|---|---|---|---|---|---|---|---|---|---|
| 正月小 | 丙子 | 天干 地支 西曆 星期 | 戊辰 5 日 | 己巳 6 一 | 庚午 7 二 | 辛未 8 三 | 壬申 9 四 | 癸酉 10 五 | 甲戌 11 六 | 乙亥 12 日 | 丙子 13 一 | 丁丑 14 二 | 戊寅 15 三 | 己卯 16 四 | 庚辰 17 五 | 辛巳 18 六 | 壬午 19 日 | 癸未 20 一 | 甲申 21 二 | 乙酉 22 三 | 丙戌 23 四 | 丁亥 24 五 | 戊子 25 六 | 己丑 26 日 | 庚寅 27 一 | 辛卯 28 二 | 壬辰 29 三 | 癸巳 30 四 | 甲午 31 五 | 乙未 (2) 六 | 丙申 2 日 | | 壬申小寒 丁亥大寒 |
| 二月大 | 丁丑 | 天干 地支 西曆 星期 | 丁酉 3 一 | 戊戌 4 二 | 己亥 5 三 | 庚子 6 四 | 辛丑 7 五 | 壬寅 8 六 | 癸卯 9 日 | 甲辰 10 一 | 乙巳 11 二 | 丙午 12 三 | 丁未 13 四 | 戊申 14 五 | 己酉 15 六 | 庚戌 16 日 | 辛亥 17 一 | 壬子 18 二 | 癸丑 19 三 | 甲寅 20 四 | 乙卯 21 五 | 丙辰 22 六 | 丁巳 23 日 | 戊午 24 一 | 己未 25 二 | 庚申 26 三 | 辛酉 27 四 | 壬戌 28 五 | 癸亥 (3) 六 | 甲子 2 日 | 乙丑 3 一 | 丙寅 4 二 | 壬寅立春 戊午驚蟄 |
| 三月小 | 戊寅 | 天干 地支 西曆 星期 | 丁卯 5 三 | 戊辰 6 四 | 己巳 7 五 | 庚午 8 六 | 辛未 9 日 | 壬申 10 一 | 癸酉 11 二 | 甲戌 12 三 | 乙亥 13 四 | 丙子 14 五 | 丁丑 15 六 | 戊寅 16 日 | 己卯 17 一 | 庚辰 18 二 | 辛巳 19 三 | 壬午 20 四 | 癸未 21 五 | 甲申 22 六 | 乙酉 23 日 | 丙戌 24 一 | 丁亥 25 二 | 戊子 26 三 | 己丑 27 四 | 庚寅 28 五 | 辛卯 29 六 | 壬辰 30 日 | 癸巳 31 一 | 甲午 (4) 二 | 乙未 2 三 | | 癸酉雨水 戊子春分 |
| 四月大 | 己卯 | 天干 地支 西曆 星期 | 丙申 3 四 | 丁酉 4 五 | 戊戌 5 六 | 己亥 6 日 | 庚子 7 一 | 辛丑 8 二 | 壬寅 9 三 | 癸卯 10 四 | 甲辰 11 五 | 乙巳 12 六 | 丙午 13 日 | 丁未 14 一 | 戊申 15 二 | 己酉 16 三 | 庚戌 17 四 | 辛亥 18 五 | 壬子 19 六 | 癸丑 20 日 | 甲寅 21 一 | 乙卯 22 二 | 丙辰 23 三 | 丁巳 24 四 | 戊午 25 五 | 己未 26 六 | 庚申 27 日 | 辛酉 28 一 | 壬戌 29 二 | 癸亥 30 三 | 甲子 (5) 四 | 乙丑 2 五 | 癸卯穀雨 己未清明 |
| 五月小 | 庚辰 | 天干 地支 西曆 星期 | 丙寅 3 六 | 丁卯 4 日 | 戊辰 5 一 | 己巳 6 二 | 庚午 7 三 | 辛未 8 四 | 壬申 9 五 | 癸酉 10 六 | 甲戌 11 日 | 乙亥 12 一 | 丙子 13 二 | 丁丑 14 三 | 戊寅 15 四 | 己卯 16 五 | 庚辰 17 六 | 辛巳 18 日 | 壬午 19 一 | 癸未 20 二 | 甲申 21 三 | 乙酉 22 四 | 丙戌 23 五 | 丁亥 24 六 | 戊子 25 日 | 己丑 26 一 | 庚寅 27 二 | 辛卯 28 三 | 壬辰 29 四 | 癸巳 30 五 | 甲午 31 六 | | 甲戌立夏 己丑小滿 |
| 六月大 | 辛巳 | 天干 地支 西曆 星期 | 乙未 (6) 日 | 丙申 2 一 | 丁酉 3 二 | 戊戌 4 三 | 己亥 5 四 | 庚子 6 五 | 辛丑 7 六 | 壬寅 8 日 | 癸卯 9 一 | 甲辰 10 二 | 乙巳 11 三 | 丙午 12 四 | 丁未 13 五 | 戊申 14 六 | 己酉 15 日 | 庚戌 16 一 | 辛亥 17 二 | 壬子 18 三 | 癸丑 19 四 | 甲寅 20 五 | 乙卯 21 六 | 丙辰 22 日 | 丁巳 23 一 | 戊午 24 二 | 己未 25 三 | 庚申 26 四 | 辛酉 27 五 | 壬戌 28 六 | 癸亥 29 日 | 甲子 30 一 | 甲辰芒種 己未夏至 甲子日食 |
| 七月小 | 壬午 | 天干 地支 西曆 星期 | 乙丑 (7) 二 | 丙寅 2 三 | 丁卯 3 四 | 戊辰 4 五 | 己巳 5 六 | 庚午 6 日 | 辛未 7 一 | 壬申 8 二 | 癸酉 9 三 | 甲戌 10 四 | 乙亥 11 五 | 丙子 12 六 | 丁丑 13 日 | 戊寅 14 一 | 己卯 15 二 | 庚辰 16 三 | 辛巳 17 四 | 壬午 18 五 | 癸未 19 六 | 甲申 20 日 | 乙酉 21 一 | 丙戌 22 二 | 丁亥 23 三 | 戊子 24 四 | 己丑 25 五 | 庚寅 26 六 | 辛卯 27 日 | 壬辰 28 一 | 癸巳 29 二 | | 乙亥小暑 庚寅大暑 |
| 八月大 | 癸未 | 天干 地支 西曆 星期 | 甲午 30 三 | 乙未 31 四 | 丙申 (8) 五 | 丁酉 2 六 | 戊戌 3 日 | 己亥 4 一 | 庚子 5 二 | 辛丑 6 三 | 壬寅 7 四 | 癸卯 8 五 | 甲辰 9 六 | 乙巳 10 日 | 丙午 11 一 | 丁未 12 二 | 戊申 13 三 | 己酉 14 四 | 庚戌 15 五 | 辛亥 16 六 | 壬子 17 日 | 癸丑 18 一 | 甲寅 19 二 | 乙卯 20 三 | 丙辰 21 四 | 丁巳 22 五 | 戊午 23 六 | 己未 24 日 | 庚申 25 一 | 辛酉 26 二 | 壬戌 27 三 | 癸亥 28 四 | 乙巳立秋 庚申處暑 |
| 九月小 | 甲申 | 天干 地支 西曆 星期 | 甲子 29 五 | 乙丑 30 六 | 丙寅 31 日 | 丁卯 (9) 一 | 戊辰 2 二 | 己巳 3 三 | 庚午 4 四 | 辛未 5 五 | 壬申 6 六 | 癸酉 7 日 | 甲戌 8 一 | 乙亥 9 二 | 丙子 10 三 | 丁丑 11 四 | 戊寅 12 五 | 己卯 13 六 | 庚辰 14 日 | 辛巳 15 一 | 壬午 16 二 | 癸未 17 三 | 甲申 18 四 | 乙酉 19 五 | 丙戌 20 六 | 丁亥 21 日 | 戊子 22 一 | 己丑 23 二 | 庚寅 24 三 | 辛卯 25 四 | 壬辰 26 五 | | 乙亥白露 辛卯秋分 |
| 十月大 | 乙酉 | 天干 地支 西曆 星期 | 癸巳 27 六 | 甲午 28 日 | 乙未 29 一 | 丙申 30 二 | 丁酉 (10) 三 | 戊戌 2 四 | 己亥 3 五 | 庚子 4 六 | 辛丑 5 日 | 壬寅 6 一 | 癸卯 7 二 | 甲辰 8 三 | 乙巳 9 四 | 丙午 10 五 | 丁未 11 六 | 戊申 12 日 | 己酉 13 一 | 庚戌 14 二 | 辛亥 15 三 | 壬子 16 四 | 癸丑 17 五 | 甲寅 18 六 | 乙卯 19 日 | 丙辰 20 一 | 丁巳 21 二 | 戊午 22 三 | 己未 23 四 | 庚申 24 五 | 辛酉 25 六 | 壬戌 26 日 | 丙午寒露 辛酉霜降 |
| 閏十月小 | 乙酉 | 天干 地支 西曆 星期 | 癸亥 27 一 | 甲子 28 二 | 乙丑 29 三 | 丙寅 30 四 | 丁卯 31 五 | 戊辰 (11) 六 | 己巳 2 日 | 庚午 3 一 | 辛未 4 二 | 壬申 5 三 | 癸酉 6 四 | 甲戌 7 五 | 乙亥 8 六 | 丙子 9 日 | 丁丑 10 一 | 戊寅 11 二 | 己卯 12 三 | 庚辰 13 四 | 辛巳 14 五 | 壬午 15 六 | 癸未 16 日 | 甲申 17 一 | 乙酉 18 二 | 丙戌 19 三 | 丁亥 20 四 | 戊子 21 五 | 己丑 22 六 | 庚寅 23 日 | 辛卯 24 一 | | 丙子立冬 |
| 十一月大 | 丙戌 | 天干 地支 西曆 星期 | 壬辰 25 二 | 癸巳 26 三 | 甲午 27 四 | 乙未 28 五 | 丙申 29 六 | 丁酉 30 日 | 戊戌 (12) 一 | 己亥 2 二 | 庚子 3 三 | 辛丑 4 四 | 壬寅 5 五 | 癸卯 6 六 | 甲辰 7 日 | 乙巳 8 一 | 丙午 9 二 | 丁未 10 三 | 戊申 11 四 | 己酉 12 五 | 庚戌 13 六 | 辛亥 14 日 | 壬子 15 一 | 癸丑 16 二 | 甲寅 17 三 | 乙卯 18 四 | 丙辰 19 五 | 丁巳 20 六 | 戊午 21 日 | 己未 22 一 | 庚申 23 二 | 辛酉 24 三 | 壬辰小雪 丁未大雪 |
| 十二月大 | 丁亥 | 天干 地支 西曆 星期 | 壬戌 25 四 | 癸亥 26 五 | 甲子 27 六 | 乙丑 28 日 | 丙寅 29 一 | 丁卯 30 二 | 戊辰 31 三 | 己巳 (1) 四 | 庚午 2 五 | 辛未 3 六 | 壬申 4 日 | 癸酉 5 一 | 甲戌 6 二 | 乙亥 7 三 | 丙子 8 四 | 丁丑 9 五 | 戊寅 10 六 | 己卯 11 日 | 庚辰 12 一 | 辛巳 13 二 | 壬午 14 三 | 癸未 15 四 | 甲申 16 五 | 乙酉 17 六 | 丙戌 18 日 | 丁亥 19 一 | 戊子 20 二 | 己丑 21 三 | 庚寅 22 四 | 辛卯 23 五 | 壬戌冬至 丁丑小寒 |

# 新王莽始建國三年（辛未 羊年） 公元 11 ~ 12 年

| 夏曆月序 | | 中西曆日對照 | 初一 | 初二 | 初三 | 初四 | 初五 | 初六 | 初七 | 初八 | 初九 | 初十 | 十一 | 十二 | 十三 | 十四 | 十五 | 十六 | 十七 | 十八 | 十九 | 二十 | 二一 | 二二 | 二三 | 二四 | 二五 | 二六 | 二七 | 二八 | 二九 | 三十 | 節氣與天象 |
|---|---|---|---|---|---|---|---|---|---|---|---|---|---|---|---|---|---|---|---|---|---|---|---|---|---|---|---|---|---|---|---|---|---|
| 正月小 | 戊子 | 天干地支 西曆 星期 | 壬辰 24 六 | 癸巳 25 日 | 甲午 26 一 | 乙未 27 二 | 丙申 28 三 | 丁酉 29 四 | 戊戌 30 五 | 己亥 31 六 | 庚子 (2) 日 | 辛丑 2 一 | 壬寅 3 二 | 癸卯 4 三 | 甲辰 5 四 | 乙巳 6 五 | 丙午 7 六 | 丁未 8 日 | 戊申 9 一 | 己酉 10 二 | 庚戌 11 三 | 辛亥 12 四 | 壬子 13 五 | 癸丑 14 六 | 甲寅 15 日 | 乙卯 16 一 | 丙辰 17 二 | 丁巳 18 三 | 戊午 19 四 | 己未 20 五 | 庚申 21 六 | | 壬辰大寒 戊申立春 |
| 二月大 | 己丑 | 天干地支 西曆 星期 | 辛酉 22 日 | 壬戌 23 一 | 癸亥 24 二 | 甲子 25 三 | 乙丑 26 四 | 丙寅 27 五 | 丁卯 28 六 | 戊辰 (3) 日 | 己巳 2 一 | 庚午 3 二 | 辛未 4 三 | 壬申 5 四 | 癸酉 6 五 | 甲戌 7 六 | 乙亥 8 日 | 丙子 9 一 | 丁丑 10 二 | 戊寅 11 三 | 己卯 12 四 | 庚辰 13 五 | 辛巳 14 六 | 壬午 15 日 | 癸未 16 一 | 甲申 17 二 | 乙酉 18 三 | 丙戌 19 四 | 丁亥 20 五 | 戊子 21 六 | 己丑 22 日 | 庚寅 23 一 | 癸亥驚蟄 戊寅雨水 |
| 三月小 | 庚寅 | 天干地支 西曆 星期 | 辛卯 24 二 | 壬辰 25 三 | 癸巳 26 四 | 甲午 27 五 | 乙未 28 六 | 丙申 29 日 | 丁酉 30 一 | 戊戌 31 二 | 己亥 (4) 三 | 庚子 2 四 | 辛丑 3 五 | 壬寅 4 六 | 癸卯 5 日 | 甲辰 6 一 | 乙巳 7 二 | 丙午 8 三 | 丁未 9 四 | 戊申 10 五 | 己酉 11 六 | 庚戌 12 日 | 辛亥 13 一 | 壬子 14 二 | 癸丑 15 三 | 甲寅 16 四 | 乙卯 17 五 | 丙辰 18 六 | 丁巳 19 日 | 戊午 20 一 | 己未 21 二 | | 癸巳春分 己酉穀雨 |
| 四月大 | 辛卯 | 天干地支 西曆 星期 | 庚申 22 三 | 辛酉 23 四 | 壬戌 24 五 | 癸亥 25 六 | 甲子 26 日 | 乙丑 27 一 | 丙寅 28 二 | 丁卯 29 三 | 戊辰 30 四 | 己巳 (5) 五 | 庚午 2 六 | 辛未 3 日 | 壬申 4 一 | 癸酉 5 二 | 甲戌 6 三 | 乙亥 7 四 | 丙子 8 五 | 丁丑 9 六 | 戊寅 10 日 | 己卯 11 一 | 庚辰 12 二 | 辛巳 13 三 | 壬午 14 四 | 癸未 15 五 | 甲申 16 六 | 乙酉 17 日 | 丙戌 18 一 | 丁亥 19 二 | 戊子 20 三 | 己丑 21 四 | 甲子清明 己卯立夏 |
| 五月小 | 壬辰 | 天干地支 西曆 星期 | 庚寅 22 五 | 辛卯 23 六 | 壬辰 24 日 | 癸巳 25 一 | 甲午 26 二 | 乙未 27 三 | 丙申 28 四 | 丁酉 29 五 | 戊戌 30 六 | 己亥 31 日 | 庚子 (6) 一 | 辛丑 2 二 | 壬寅 3 三 | 癸卯 4 四 | 甲辰 5 五 | 乙巳 6 六 | 丙午 7 日 | 丁未 8 一 | 戊申 9 二 | 己酉 10 三 | 庚戌 11 四 | 辛亥 12 五 | 壬子 13 六 | 癸丑 14 日 | 甲寅 15 一 | 乙卯 16 二 | 丙辰 17 三 | 丁巳 18 四 | 戊午 19 五 | | 甲午小滿 己酉芒種 |
| 六月大 | 癸巳 | 天干地支 西曆 星期 | 己未 20 六 | 庚申 21 日 | 辛酉 22 一 | 壬戌 23 二 | 癸亥 24 三 | 甲子 25 四 | 乙丑 26 五 | 丙寅 27 六 | 丁卯 28 日 | 戊辰 29 一 | 己巳 30 二 | 庚午 (7) 三 | 辛未 2 四 | 壬申 3 五 | 癸酉 4 六 | 甲戌 5 日 | 乙亥 6 一 | 丙子 7 二 | 丁丑 8 三 | 戊寅 9 四 | 己卯 10 五 | 庚辰 11 六 | 辛巳 12 日 | 壬午 13 一 | 癸未 14 二 | 甲申 15 三 | 乙酉 16 四 | 丙戌 17 五 | 丁亥 18 六 | 戊子 19 日 | 乙丑夏至 庚辰小暑 |
| 七月小 | 甲午 | 天干地支 西曆 星期 | 己丑 20 一 | 庚寅 21 二 | 辛卯 22 三 | 壬辰 23 四 | 癸巳 24 五 | 甲午 25 六 | 乙未 26 日 | 丙申 27 一 | 丁酉 28 二 | 戊戌 29 三 | 己亥 30 四 | 庚子 31 五 | 辛丑 (8) 六 | 壬寅 2 日 | 癸卯 3 一 | 甲辰 4 二 | 乙巳 5 三 | 丙午 6 四 | 丁未 7 五 | 戊申 8 六 | 己酉 9 日 | 庚戌 10 一 | 辛亥 11 二 | 壬子 12 三 | 癸丑 13 四 | 甲寅 14 五 | 乙卯 15 六 | 丙辰 16 日 | 丁巳 17 一 | | 乙未大暑 庚戌立秋 |
| 八月大 | 乙未 | 天干地支 西曆 星期 | 戊午 18 二 | 己未 19 三 | 庚申 20 四 | 辛酉 21 五 | 壬戌 22 六 | 癸亥 23 日 | 甲子 24 一 | 乙丑 25 二 | 丙寅 26 三 | 丁卯 27 四 | 戊辰 28 五 | 己巳 29 六 | 庚午 30 日 | 辛未 31 一 | 壬申 (9) 二 | 癸酉 2 三 | 甲戌 3 四 | 乙亥 4 五 | 丙子 5 六 | 丁丑 6 日 | 戊寅 7 一 | 己卯 8 二 | 庚辰 9 三 | 辛巳 10 四 | 壬午 11 五 | 癸未 12 六 | 甲申 13 日 | 乙酉 14 一 | 丙戌 15 二 | 丁亥 16 三 | 丙寅處暑 辛巳白露 |
| 九月小 | 丙申 | 天干地支 西曆 星期 | 戊子 17 四 | 己丑 18 五 | 庚寅 19 六 | 辛卯 20 日 | 壬辰 21 一 | 癸巳 22 二 | 甲午 23 三 | 乙未 24 四 | 丙申 25 五 | 丁酉 26 六 | 戊戌 27 日 | 己亥 28 一 | 庚子 29 二 | 辛丑 30 三 | 壬寅 (10) 四 | 癸卯 2 五 | 甲辰 3 六 | 乙巳 4 日 | 丙午 5 一 | 丁未 6 二 | 戊申 7 三 | 己酉 8 四 | 庚戌 9 五 | 辛亥 10 六 | 壬子 11 日 | 癸丑 12 一 | 甲寅 13 二 | 乙卯 14 三 | 丙辰 15 四 | | 丙申秋分 辛亥寒露 |
| 十月大 | 丁酉 | 天干地支 西曆 星期 | 丁巳 16 五 | 戊午 17 六 | 己未 18 日 | 庚申 19 一 | 辛酉 20 二 | 壬戌 21 三 | 癸亥 22 四 | 甲子 23 五 | 乙丑 24 六 | 丙寅 25 日 | 丁卯 26 一 | 戊辰 27 二 | 己巳 28 三 | 庚午 29 四 | 辛未 30 五 | 壬申 31 六 | 癸酉 (11) 日 | 甲戌 2 一 | 乙亥 3 二 | 丙子 4 三 | 丁丑 5 四 | 戊寅 6 五 | 己卯 7 六 | 庚辰 8 日 | 辛巳 9 一 | 壬午 10 二 | 癸未 11 三 | 甲申 12 四 | 乙酉 13 五 | 丙戌 14 六 | 丙寅霜降 壬午立冬 丙戌日食 |
| 十一月小 | 戊戌 | 天干地支 西曆 星期 | 丁亥 15 日 | 戊子 16 一 | 己丑 17 二 | 庚寅 18 三 | 辛卯 19 四 | 壬辰 20 五 | 癸巳 21 六 | 甲午 22 日 | 乙未 23 一 | 丙申 24 二 | 丁酉 25 三 | 戊戌 26 四 | 己亥 27 五 | 庚子 28 六 | 辛丑 29 日 | 壬寅 30 一 | 癸卯 (12) 二 | 甲辰 2 三 | 乙巳 3 四 | 丙午 4 五 | 丁未 5 六 | 戊申 6 日 | 己酉 7 一 | 庚戌 8 二 | 辛亥 9 三 | 壬子 10 四 | 癸丑 11 五 | 甲寅 12 六 | 乙卯 13 日 | | 丁酉小雪 壬子大雪 |
| 十二月大 | 己亥 | 天干地支 西曆 星期 | 丙辰 14 一 | 丁巳 15 二 | 戊午 16 三 | 己未 17 四 | 庚申 18 五 | 辛酉 19 六 | 壬戌 20 日 | 癸亥 21 一 | 甲子 22 二 | 乙丑 23 三 | 丙寅 24 四 | 丁卯 25 五 | 戊辰 26 六 | 己巳 27 日 | 庚午 28 一 | 辛未 29 二 | 壬申 30 三 | 癸酉 31 四 | 甲戌 (1) 五 | 乙亥 2 六 | 丙子 3 日 | 丁丑 4 一 | 戊寅 5 二 | 己卯 6 三 | 庚辰 7 四 | 辛巳 8 五 | 壬午 9 六 | 癸未 10 日 | 甲申 11 一 | 乙酉 12 二 | 丁卯冬至 壬午小寒 |

# 新王莽始建國四年（壬申 猴年） 公元12年

| 夏曆月序 | | 中西曆日對照 | 初一 | 初二 | 初三 | 初四 | 初五 | 初六 | 初七 | 初八 | 初九 | 初十 | 十一 | 十二 | 十三 | 十四 | 十五 | 十六 | 十七 | 十八 | 十九 | 二十 | 二一 | 二二 | 二三 | 二四 | 二五 | 二六 | 二七 | 二八 | 二九 | 三十 | 節氣與天象 |
|---|---|---|---|---|---|---|---|---|---|---|---|---|---|---|---|---|---|---|---|---|---|---|---|---|---|---|---|---|---|---|---|---|---|
| 正月小 | 庚子 | 干支 西曆 星期 | 丙戌 13 三 | 丁亥 14 四 | 戊子 15 五 | 己丑 16 六 | 庚寅 17 日 | 辛卯 18 一 | 壬辰 19 二 | 癸巳 20 三 | 甲午 21 四 | 乙未 22 五 | 丙申 23 六 | 丁酉 24 日 | 戊戌 25 一 | 己亥 26 二 | 庚子 27 三 | 辛丑 28 四 | 壬寅 29 五 | 癸卯 30 六 | 甲辰 31 日 | 乙巳 (2) 一 | 丙午 2 二 | 丁未 3 三 | 戊申 4 四 | 己酉 5 五 | 庚戌 6 六 | 辛亥 7 日 | 壬子 8 一 | 癸丑 9 二 | 甲寅 10 三 | | 戊戌大寒 癸丑立春 |
| 二月大 | 辛丑 | 干支 西曆 星期 | 乙卯 11 四 | 丙辰 12 五 | 丁巳 13 六 | 戊午 14 日 | 己未 15 一 | 庚申 16 二 | 辛酉 17 三 | 壬戌 18 四 | 癸亥 19 五 | 甲子 20 六 | 乙丑 21 日 | 丙寅 22 一 | 丁卯 23 二 | 戊辰 24 三 | 己巳 25 四 | 庚午 26 五 | 辛未 27 六 | 壬申 28 日 | 癸酉 29 一 | 甲戌 (3) 二 | 乙亥 2 三 | 丙子 3 四 | 丁丑 4 五 | 戊寅 5 六 | 己卯 6 日 | 庚辰 7 一 | 辛巳 8 二 | 壬午 9 三 | 癸未 10 四 | 甲申 11 五 | 戊辰驚蟄 癸未雨水 |
| 三月大 | 壬寅 | 干支 西曆 星期 | 乙酉 12 六 | 丙戌 13 日 | 丁亥 14 一 | 戊子 15 二 | 己丑 16 三 | 庚寅 17 四 | 辛卯 18 五 | 壬辰 19 六 | 癸巳 20 日 | 甲午 21 一 | 乙未 22 二 | 丙申 23 三 | 丁酉 24 四 | 戊戌 25 五 | 己亥 26 六 | 庚子 27 日 | 辛丑 28 一 | 壬寅 29 二 | 癸卯 30 三 | 甲辰 31 四 | 乙巳 (4) 五 | 丙午 2 六 | 丁未 3 日 | 戊申 4 一 | 己酉 5 二 | 庚戌 6 三 | 辛亥 7 四 | 壬子 8 五 | 癸丑 9 六 | 甲寅 10 日 | 己亥春分 甲寅穀雨 |
| 四月小 | 癸卯 | 干支 西曆 星期 | 乙卯 11 一 | 丙辰 12 二 | 丁巳 13 三 | 戊午 14 四 | 己未 15 五 | 庚申 16 六 | 辛酉 17 日 | 壬戌 18 一 | 癸亥 19 二 | 甲子 20 三 | 乙丑 21 四 | 丙寅 22 五 | 丁卯 23 六 | 戊辰 24 日 | 己巳 25 一 | 庚午 26 二 | 辛未 27 三 | 壬申 28 四 | 癸酉 29 五 | 甲戌 30 六 | 乙亥 (5) 日 | 丙子 2 一 | 丁丑 3 二 | 戊寅 4 三 | 己卯 5 四 | 庚辰 6 五 | 辛巳 7 六 | 壬午 8 日 | 癸未 9 一 | | 己巳清明 |
| 五月大 | 甲辰 | 干支 西曆 星期 | 甲申 10 二 | 乙酉 11 三 | 丙戌 12 四 | 丁亥 13 五 | 戊子 14 六 | 己丑 15 日 | 庚寅 16 一 | 辛卯 17 二 | 壬辰 18 三 | 癸巳 19 四 | 甲午 20 五 | 乙未 21 六 | 丙申 22 日 | 丁酉 23 一 | 戊戌 24 二 | 己亥 25 三 | 庚子 26 四 | 辛丑 27 五 | 壬寅 28 六 | 癸卯 29 日 | 甲辰 30 一 | 乙巳 31 二 | 丙午 (6) 三 | 丁未 2 四 | 戊申 3 五 | 己酉 4 六 | 庚戌 5 日 | 辛亥 6 一 | 壬子 7 二 | 癸丑 8 三 | 甲申立夏 己亥小滿 |
| 六月小 | 乙巳 | 干支 西曆 星期 | 甲寅 9 四 | 乙卯 10 五 | 丙辰 11 六 | 丁巳 12 日 | 戊午 13 一 | 己未 14 二 | 庚申 15 三 | 辛酉 16 四 | 壬戌 17 五 | 癸亥 18 六 | 甲子 19 日 | 乙丑 20 一 | 丙寅 21 二 | 丁卯 22 三 | 戊辰 23 四 | 己巳 24 五 | 庚午 25 六 | 辛未 26 日 | 壬申 27 一 | 癸酉 28 二 | 甲戌 29 三 | 乙亥 30 四 | 丙子 (7) 五 | 丁丑 2 六 | 戊寅 3 日 | 己卯 4 一 | 庚辰 5 二 | 辛巳 6 三 | 壬午 7 四 | | 乙卯芒種 庚午夏至 |
| 七月大 | 丙午 | 干支 西曆 星期 | 癸未 8 五 | 甲申 9 六 | 乙酉 10 日 | 丙戌 11 一 | 丁亥 12 二 | 戊子 13 三 | 己丑 14 四 | 庚寅 15 五 | 辛卯 16 六 | 壬辰 17 日 | 癸巳 18 一 | 甲午 19 二 | 乙未 20 三 | 丙申 21 四 | 丁酉 22 五 | 戊戌 23 六 | 己亥 24 日 | 庚子 25 一 | 辛丑 26 二 | 壬寅 27 三 | 癸卯 28 四 | 甲辰 29 五 | 乙巳 30 六 | 丙午 31 日 | 丁未 (8) 一 | 戊申 2 二 | 己酉 3 三 | 庚戌 4 四 | 辛亥 5 五 | 壬子 6 六 | 乙酉小暑 庚子大暑 |
| 八月小 | 丁未 | 干支 西曆 星期 | 癸丑 7 日 | 甲寅 8 一 | 乙卯 9 二 | 丙辰 10 三 | 丁巳 11 四 | 戊午 12 五 | 己未 13 六 | 庚申 14 日 | 辛酉 15 一 | 壬戌 16 二 | 癸亥 17 三 | 甲子 18 四 | 乙丑 19 五 | 丙寅 20 六 | 丁卯 21 日 | 戊辰 22 一 | 己巳 23 二 | 庚午 24 三 | 辛未 25 四 | 壬申 26 五 | 癸酉 27 六 | 甲戌 28 日 | 乙亥 29 一 | 丙子 30 二 | 丁丑 31 三 | 戊寅 (9) 四 | 己卯 2 五 | 庚辰 3 六 | 辛巳 4 日 | | 丙辰立秋 辛未處暑 |
| 九月大 | 戊申 | 干支 西曆 星期 | 壬午 5 一 | 癸未 6 二 | 甲申 7 三 | 乙酉 8 四 | 丙戌 9 五 | 丁亥 10 六 | 戊子 11 日 | 己丑 12 一 | 庚寅 13 二 | 辛卯 14 三 | 壬辰 15 四 | 癸巳 16 五 | 甲午 17 六 | 乙未 18 日 | 丙申 19 一 | 丁酉 20 二 | 戊戌 21 三 | 己亥 22 四 | 庚子 23 五 | 辛丑 24 六 | 壬寅 25 日 | 癸卯 26 一 | 甲辰 27 二 | 乙巳 28 三 | 丙午 29 四 | 丁未 30 五 | 戊申 (10) 六 | 己酉 2 日 | 庚戌 3 一 | 辛亥 4 二 | 丙戌白露 辛丑秋分 |
| 十月小 | 己酉 | 干支 西曆 星期 | 壬子 5 三 | 癸丑 6 四 | 甲寅 7 五 | 乙卯 8 六 | 丙辰 9 日 | 丁巳 10 一 | 戊午 11 二 | 己未 12 三 | 庚申 13 四 | 辛酉 14 五 | 壬戌 15 六 | 癸亥 16 日 | 甲子 17 一 | 乙丑 18 二 | 丙寅 19 三 | 丁卯 20 四 | 戊辰 21 五 | 己巳 22 六 | 庚午 23 日 | 辛未 24 一 | 壬申 25 二 | 癸酉 26 三 | 甲戌 27 四 | 乙亥 28 五 | 丙子 29 六 | 丁丑 30 日 | 戊寅 31 一 | 己卯 (11) 二 | 庚辰 2 三 | | 丙辰寒露 壬申霜降 |
| 十一月大 | 庚戌 | 干支 西曆 星期 | 辛巳 3 四 | 壬午 4 五 | 癸未 5 六 | 甲申 6 日 | 乙酉 7 一 | 丙戌 8 二 | 丁亥 9 三 | 戊子 10 四 | 己丑 11 五 | 庚寅 12 六 | 辛卯 13 日 | 壬辰 14 一 | 癸巳 15 二 | 甲午 16 三 | 乙未 17 四 | 丙申 18 五 | 丁酉 19 六 | 戊戌 20 日 | 己亥 21 一 | 庚子 22 二 | 辛丑 23 三 | 壬寅 24 四 | 癸卯 25 五 | 甲辰 26 六 | 乙巳 27 日 | 丙午 28 一 | 丁未 29 二 | 戊申 30 三 | 己酉 (12) 四 | 庚戌 2 五 | 丁亥立冬 壬寅小雪 |
| 十二月小 | 辛亥 | 干支 西曆 星期 | 辛亥 3 六 | 壬子 4 日 | 癸丑 5 一 | 甲寅 6 二 | 乙卯 7 三 | 丙辰 8 四 | 丁巳 9 五 | 戊午 10 六 | 己未 11 日 | 庚申 12 一 | 辛酉 13 二 | 壬戌 14 三 | 癸亥 15 四 | 甲子 16 五 | 乙丑 17 六 | 丙寅 18 日 | 丁卯 19 一 | 戊辰 20 二 | 己巳 21 三 | 庚午 22 四 | 辛未 23 五 | 壬申 24 六 | 癸酉 25 日 | 甲戌 26 一 | 乙亥 27 二 | 丙子 28 三 | 丁丑 29 四 | 戊寅 30 五 | 己卯 31 六 | | 丁巳大雪 癸酉冬至 |

# 新王莽始建國五年（癸酉 鷄年） 公元 13 ~ 14 年

| 夏曆月序 | | 中西曆日對照 | 初一 | 初二 | 初三 | 初四 | 初五 | 初六 | 初七 | 初八 | 初九 | 初十 | 十一 | 十二 | 十三 | 十四 | 十五 | 十六 | 十七 | 十八 | 十九 | 二十 | 二一 | 二二 | 二三 | 二四 | 二五 | 二六 | 二七 | 二八 | 二九 | 三十 | 節氣與天象 |
|---|---|---|---|---|---|---|---|---|---|---|---|---|---|---|---|---|---|---|---|---|---|---|---|---|---|---|---|---|---|---|---|---|---|
| 正月大 | 壬子 | 天干地支西曆星期 | 庚辰(1)日 | 辛巳2一 | 壬午3二 | 癸未4三 | 甲申5四 | 乙酉6五 | 丙戌7六 | 丁亥8日 | 戊子9一 | 己丑10二 | 庚寅11三 | 辛卯12四 | 壬辰13五 | 癸巳14六 | 甲午15日 | 乙未16一 | 丙申17二 | 丁酉18三 | 戊戌19四 | 己亥20五 | 庚子21六 | 辛丑22日 | 壬寅23一 | 癸卯24二 | 甲辰25三 | 乙巳26四 | 丙午27五 | 丁未28六 | 戊申29日 | 己酉30一 | 戊子小寒<br>癸卯大寒 |
| 二月小 | 癸丑 | 天干地支西曆星期 | 庚戌31二 | 辛亥(2)三 | 壬子2四 | 癸丑3五 | 甲寅4六 | 乙卯5日 | 丙辰6一 | 丁巳7二 | 戊午8三 | 己未9四 | 庚申10五 | 辛酉11六 | 壬戌12日 | 癸亥13一 | 甲子14二 | 乙丑15三 | 丙寅16四 | 丁卯17五 | 戊辰18六 | 己巳19日 | 庚午20一 | 辛未21二 | 壬申22三 | 癸酉23四 | 甲戌24五 | 乙亥25六 | 丙子26日 | 丁丑27一 | 戊寅28二 | | 戊午立春<br>癸酉驚蟄 |
| 三月大 | 甲寅 | 天干地支西曆星期 | 己卯(3)三 | 庚辰2四 | 辛巳3五 | 壬午4六 | 癸未5日 | 甲申6一 | 乙酉7二 | 丙戌8三 | 丁亥9四 | 戊子10五 | 己丑11六 | 庚寅12日 | 辛卯13一 | 壬辰14二 | 癸巳15三 | 甲午16四 | 乙未17五 | 丙申18六 | 丁酉19日 | 戊戌20一 | 己亥21二 | 庚子22三 | 辛丑23四 | 壬寅24五 | 癸卯25六 | 甲辰26日 | 乙巳27一 | 丙午28二 | 丁未29三 | 戊申30四 | 己丑雨水<br>甲辰春分 |
| 四月小 | 乙卯 | 天干地支西曆星期 | 己酉31五 | 庚戌(4)六 | 辛亥2日 | 壬子3一 | 癸丑4二 | 甲寅5三 | 乙卯6四 | 丙辰7五 | 丁巳8六 | 戊午9日 | 己未10一 | 庚申11二 | 辛酉12三 | 壬戌13四 | 癸亥14五 | 甲子15六 | 乙丑16日 | 丙寅17一 | 丁卯18二 | 戊辰19三 | 己巳20四 | 庚午21五 | 辛未22六 | 壬申23日 | 癸酉24一 | 甲戌25二 | 乙亥26三 | 丙子27四 | 丁丑28五 | | 己未穀雨<br>甲戌清明 |
| 五月大 | 丙辰 | 天干地支西曆星期 | 戊寅29六 | 己卯30日 | 庚辰(5)一 | 辛巳2二 | 壬午3三 | 癸未4四 | 甲申5五 | 乙酉6六 | 丙戌7日 | 丁亥8一 | 戊子9二 | 己丑10三 | 庚寅11四 | 辛卯12五 | 壬辰13六 | 癸巳14日 | 甲午15一 | 乙未16二 | 丙申17三 | 丁酉18四 | 戊戌19五 | 己亥20六 | 庚子21日 | 辛丑22一 | 壬寅23二 | 癸卯24三 | 甲辰25四 | 乙巳26五 | 丙午27六 | 丁未28日 | 己丑立夏<br>乙巳小滿 |
| 六月小 | 丁巳 | 天干地支西曆星期 | 戊申29一 | 己酉30二 | 庚戌31三 | 辛亥(6)四 | 壬子2五 | 癸丑3六 | 甲寅4日 | 乙卯5一 | 丙辰6二 | 丁巳7三 | 戊午8四 | 己未9五 | 庚申10六 | 辛酉11日 | 壬戌12一 | 癸亥13二 | 甲子14三 | 乙丑15四 | 丙寅16五 | 丁卯17六 | 戊辰18日 | 己巳19一 | 庚午20二 | 辛未21三 | 壬申22四 | 癸酉23五 | 甲戌24六 | 乙亥25日 | 丙子26一 | | 庚申芒種<br>乙亥夏至 |
| 七月大 | 戊午 | 天干地支西曆星期 | 丁丑27二 | 戊寅28三 | 己卯29四 | 庚辰30五 | 辛巳(7)六 | 壬午2日 | 癸未3一 | 甲申4二 | 乙酉5三 | 丙戌6四 | 丁亥7五 | 戊子8六 | 己丑9日 | 庚寅10一 | 辛卯11二 | 壬辰12三 | 癸巳13四 | 甲午14五 | 乙未15六 | 丙申16日 | 丁酉17一 | 戊戌18二 | 己亥19三 | 庚子20四 | 辛丑21五 | 壬寅22六 | 癸卯23日 | 甲辰24一 | 乙巳25二 | 丙午26三 | 庚寅小暑<br>丙午大暑 |
| 八月大 | 己未 | 天干地支西曆星期 | 丁未27四 | 戊申28五 | 己酉29六 | 庚戌30日 | 辛亥31一 | 壬子(8)二 | 癸丑2三 | 甲寅3四 | 乙卯4五 | 丙辰5六 | 丁巳6日 | 戊午7一 | 己未8二 | 庚申9三 | 辛酉10四 | 壬戌11五 | 癸亥12六 | 甲子13日 | 乙丑14一 | 丙寅15二 | 丁卯16三 | 戊辰17四 | 己巳18五 | 庚午19六 | 辛未20日 | 壬申21一 | 癸酉22二 | 甲戌23三 | 乙亥24四 | 丙子25五 | 辛酉立秋<br>丙子處暑 |
| 閏八月小 | 己未 | 天干地支西曆星期 | 丁丑26六 | 戊寅27日 | 己卯28一 | 庚辰29二 | 辛巳30三 | 壬午31四 | 癸未(9)五 | 甲申2六 | 乙酉3日 | 丙戌4一 | 丁亥5二 | 戊子6三 | 己丑7四 | 庚寅8五 | 辛卯9六 | 壬辰10日 | 癸巳11一 | 甲午12二 | 乙未13三 | 丙申14四 | 丁酉15五 | 戊戌16六 | 己亥17日 | 庚子18一 | 辛丑19二 | 壬寅20三 | 癸卯21四 | 甲辰22五 | 乙巳23六 | | 辛卯白露 |
| 九月大 | 庚申 | 天干地支西曆星期 | 丙午24日 | 丁未25一 | 戊申26二 | 己酉27三 | 庚戌28四 | 辛亥29五 | 壬子30六 | 癸丑(10)日 | 甲寅2一 | 乙卯3二 | 丙辰4三 | 丁巳5四 | 戊午6五 | 己未7六 | 庚申8日 | 辛酉9一 | 壬戌10二 | 癸亥11三 | 甲子12四 | 乙丑13五 | 丙寅14六 | 丁卯15日 | 戊辰16一 | 己巳17二 | 庚午18三 | 辛未19四 | 壬申20五 | 癸酉21六 | 甲戌22日 | 乙亥23一 | 丙午秋分<br>壬戌寒霜 |
| 十月小 | 辛酉 | 天干地支西曆星期 | 丙子24二 | 丁丑25三 | 戊寅26四 | 己卯27五 | 庚辰28六 | 辛巳29日 | 壬午30一 | 癸未31二 | 甲申(11)三 | 乙酉2四 | 丙戌3五 | 丁亥4六 | 戊子5日 | 己丑6一 | 庚寅7二 | 辛卯8三 | 壬辰9四 | 癸巳10五 | 甲午11六 | 乙未12日 | 丙申13一 | 丁酉14二 | 戊戌15三 | 己亥16四 | 庚子17五 | 辛丑18六 | 壬寅19日 | 癸卯20一 | 甲辰21二 | | 丁丑霜降<br>壬辰立冬 |
| 十一月大 | 壬戌 | 天干地支西曆星期 | 乙巳22三 | 丙午23四 | 丁未24五 | 戊申25六 | 己酉26日 | 庚戌27一 | 辛亥28二 | 壬子29三 | 癸丑30四 | 甲寅(12)五 | 乙卯2六 | 丙辰3日 | 丁巳4一 | 戊午5二 | 己未6三 | 庚申7四 | 辛酉8五 | 壬戌9六 | 癸亥10日 | 甲子11一 | 乙丑12二 | 丙寅13三 | 丁卯14四 | 戊辰15五 | 己巳16六 | 庚午17日 | 辛未18一 | 壬申19二 | 癸酉20三 | 甲戌21四 | 丁未小雪<br>癸亥大雪 |
| 十二月小 | 癸亥 | 天干地支西曆星期 | 乙亥22五 | 丙子23六 | 丁丑24日 | 戊寅25一 | 己卯26二 | 庚辰27三 | 辛巳28四 | 壬午29五 | 癸未30六 | 甲申31日 | 乙酉(1)一 | 丙戌2二 | 丁亥3三 | 戊子4四 | 己丑5五 | 庚寅6六 | 辛卯7日 | 壬辰8一 | 癸巳9二 | 甲午10三 | 乙未11四 | 丙申12五 | 丁酉13六 | 戊戌14日 | 己亥15一 | 庚子16二 | 辛丑17三 | 壬寅18四 | 癸卯19五 | | 戊寅冬至<br>癸巳小寒 |

# 新王莽天鳳元年（甲戌 狗年） 公元 14 ~ 15 年

| 夏曆月序 | | 中西曆日對照 | 夏曆日序 | | | | | | | | | | | | | | | | | | | | | | | | | | | | | 節氣與天象 |
|---|---|---|---|---|---|---|---|---|---|---|---|---|---|---|---|---|---|---|---|---|---|---|---|---|---|---|---|---|---|---|---|---|
| | | | 初一 | 初二 | 初三 | 初四 | 初五 | 初六 | 初七 | 初八 | 初九 | 初十 | 十一 | 十二 | 十三 | 十四 | 十五 | 十六 | 十七 | 十八 | 十九 | 二十 | 廿一 | 廿二 | 廿三 | 廿四 | 廿五 | 廿六 | 廿七 | 廿八 | 廿九 | 三十 | |
| 正月大 | 甲子 | 天干地支<br>西曆<br>星期 | 甲辰<br>20<br>六 | 乙巳<br>21<br>日 | 丙午<br>22<br>一 | 丁未<br>23<br>二 | 戊申<br>24<br>三 | 己酉<br>25<br>四 | 庚戌<br>26<br>五 | 辛亥<br>27<br>六 | 壬子<br>28<br>日 | 癸丑<br>29<br>一 | 甲寅<br>30<br>二 | 乙卯<br>31<br>三 | 丙辰<br>(2)<br>四 | 丁巳<br>2<br>五 | 戊午<br>3<br>六 | 己未<br>4<br>日 | 庚申<br>5<br>一 | 辛酉<br>6<br>二 | 壬戌<br>7<br>三 | 癸亥<br>8<br>四 | 甲子<br>9<br>五 | 乙丑<br>10<br>六 | 丙寅<br>11<br>日 | 丁卯<br>12<br>一 | 戊辰<br>13<br>二 | 己巳<br>14<br>三 | 庚午<br>15<br>四 | 辛未<br>16<br>五 | 壬申<br>17<br>六 | 癸酉<br>18<br>日 | 戊申大寒<br>癸亥立春 |
| 二月小 | 乙丑 | 天干地支<br>西曆<br>星期 | 甲戌<br>19<br>一 | 乙亥<br>20<br>二 | 丙子<br>21<br>三 | 丁丑<br>22<br>四 | 戊寅<br>23<br>五 | 己卯<br>24<br>六 | 庚辰<br>25<br>日 | 辛巳<br>26<br>一 | 壬午<br>27<br>二 | 癸未<br>28<br>三 | 甲申<br>(3)<br>四 | 乙酉<br>2<br>五 | 丙戌<br>3<br>六 | 丁亥<br>4<br>日 | 戊子<br>5<br>一 | 己丑<br>6<br>二 | 庚寅<br>7<br>三 | 辛卯<br>8<br>四 | 壬辰<br>9<br>五 | 癸巳<br>10<br>六 | 甲午<br>11<br>日 | 乙未<br>12<br>一 | 丙申<br>13<br>二 | 丁酉<br>14<br>三 | 戊戌<br>15<br>四 | 己亥<br>16<br>五 | 庚子<br>17<br>六 | 辛丑<br>18<br>日 | 壬寅<br>19<br>一 | | 己卯驚蟄<br>甲午雨水 |
| 三月大 | 丙寅 | 天干地支<br>西曆<br>星期 | 癸卯<br>20<br>二 | 甲辰<br>21<br>三 | 乙巳<br>22<br>四 | 丙午<br>23<br>五 | 丁未<br>24<br>六 | 戊申<br>25<br>日 | 己酉<br>26<br>一 | 庚戌<br>27<br>二 | 辛亥<br>28<br>三 | 壬子<br>29<br>四 | 癸丑<br>30<br>五 | 甲寅<br>31<br>六 | 乙卯<br>(4)<br>日 | 丙辰<br>2<br>一 | 丁巳<br>3<br>二 | 戊午<br>4<br>三 | 己未<br>5<br>四 | 庚申<br>6<br>五 | 辛酉<br>7<br>六 | 壬戌<br>8<br>日 | 癸亥<br>9<br>一 | 甲子<br>10<br>二 | 乙丑<br>11<br>三 | 丙寅<br>12<br>四 | 丁卯<br>13<br>五 | 戊辰<br>14<br>六 | 己巳<br>15<br>日 | 庚午<br>16<br>一 | 辛未<br>17<br>二 | 壬申<br>18<br>三 | 己酉春分<br>甲子穀雨<br>壬申日食 |
| 四月小 | 丁卯 | 天干地支<br>西曆<br>星期 | 癸酉<br>19<br>四 | 甲戌<br>20<br>五 | 乙亥<br>21<br>六 | 丙子<br>22<br>日 | 丁丑<br>23<br>一 | 戊寅<br>24<br>二 | 己卯<br>25<br>三 | 庚辰<br>26<br>四 | 辛巳<br>27<br>五 | 壬午<br>28<br>六 | 癸未<br>29<br>日 | 甲申<br>30<br>一 | 乙酉<br>(5)<br>二 | 丙戌<br>2<br>三 | 丁亥<br>3<br>四 | 戊子<br>4<br>五 | 己丑<br>5<br>六 | 庚寅<br>6<br>日 | 辛卯<br>7<br>一 | 壬辰<br>8<br>二 | 癸巳<br>9<br>三 | 甲午<br>10<br>四 | 乙未<br>11<br>五 | 丙申<br>12<br>六 | 丁酉<br>13<br>日 | 戊戌<br>14<br>一 | 己亥<br>15<br>二 | 庚子<br>16<br>三 | 辛丑<br>17<br>四 | | 庚辰清明<br>乙未立夏 |
| 五月大 | 戊辰 | 天干地支<br>西曆<br>星期 | 壬寅<br>18<br>五 | 癸卯<br>19<br>六 | 甲辰<br>20<br>日 | 乙巳<br>21<br>一 | 丙午<br>22<br>二 | 丁未<br>23<br>三 | 戊申<br>24<br>四 | 己酉<br>25<br>五 | 庚戌<br>26<br>六 | 辛亥<br>27<br>日 | 壬子<br>28<br>一 | 癸丑<br>29<br>二 | 甲寅<br>30<br>三 | 乙卯<br>31<br>四 | 丙辰<br>(6)<br>五 | 丁巳<br>2<br>六 | 戊午<br>3<br>日 | 己未<br>4<br>一 | 庚申<br>5<br>二 | 辛酉<br>6<br>三 | 壬戌<br>7<br>四 | 癸亥<br>8<br>五 | 甲子<br>9<br>六 | 乙丑<br>10<br>日 | 丙寅<br>11<br>一 | 丁卯<br>12<br>二 | 戊辰<br>13<br>三 | 己巳<br>14<br>四 | 庚午<br>15<br>五 | 辛未<br>16<br>六 | 庚戌小滿<br>乙丑芒種 |
| 六月小 | 己巳 | 天干地支<br>西曆<br>星期 | 壬申<br>17<br>日 | 癸酉<br>18<br>一 | 甲戌<br>19<br>二 | 乙亥<br>20<br>三 | 丙子<br>21<br>四 | 丁丑<br>22<br>五 | 戊寅<br>23<br>六 | 己卯<br>24<br>日 | 庚辰<br>25<br>一 | 辛巳<br>26<br>二 | 壬午<br>27<br>三 | 癸未<br>28<br>四 | 甲申<br>29<br>五 | 乙酉<br>30<br>六 | 丙戌<br>(7)<br>日 | 丁亥<br>2<br>一 | 戊子<br>3<br>二 | 己丑<br>4<br>三 | 庚寅<br>5<br>四 | 辛卯<br>6<br>五 | 壬辰<br>7<br>六 | 癸巳<br>8<br>日 | 甲午<br>9<br>一 | 乙未<br>10<br>二 | 丙申<br>11<br>三 | 丁酉<br>12<br>四 | 戊戌<br>13<br>五 | 己亥<br>14<br>六 | 庚子<br>15<br>日 | | 庚辰夏至<br>丙申小暑 |
| 七月大 | 庚午 | 天干地支<br>西曆<br>星期 | 辛丑<br>16<br>一 | 壬寅<br>17<br>二 | 癸卯<br>18<br>三 | 甲辰<br>19<br>四 | 乙巳<br>20<br>五 | 丙午<br>21<br>六 | 丁未<br>22<br>日 | 戊申<br>23<br>一 | 己酉<br>24<br>二 | 庚戌<br>25<br>三 | 辛亥<br>26<br>四 | 壬子<br>27<br>五 | 癸丑<br>28<br>六 | 甲寅<br>29<br>日 | 乙卯<br>30<br>一 | 丙辰<br>31<br>二 | 丁巳<br>(8)<br>三 | 戊午<br>2<br>四 | 己未<br>3<br>五 | 庚申<br>4<br>六 | 辛酉<br>5<br>日 | 壬戌<br>6<br>一 | 癸亥<br>7<br>二 | 甲子<br>8<br>三 | 乙丑<br>9<br>四 | 丙寅<br>10<br>五 | 丁卯<br>11<br>六 | 戊辰<br>12<br>日 | 己巳<br>13<br>一 | 庚午<br>14<br>二 | 辛亥大暑<br>丙寅立秋 |
| 八月小 | 辛未 | 天干地支<br>西曆<br>星期 | 辛未<br>15<br>三 | 壬申<br>16<br>四 | 癸酉<br>17<br>五 | 甲戌<br>18<br>六 | 乙亥<br>19<br>日 | 丙子<br>20<br>一 | 丁丑<br>21<br>二 | 戊寅<br>22<br>三 | 己卯<br>23<br>四 | 庚辰<br>24<br>五 | 辛巳<br>25<br>六 | 壬午<br>26<br>日 | 癸未<br>27<br>一 | 甲申<br>28<br>二 | 乙酉<br>29<br>三 | 丙戌<br>30<br>四 | 丁亥<br>31<br>五 | 戊子<br>(9)<br>六 | 己丑<br>2<br>日 | 庚寅<br>3<br>一 | 辛卯<br>4<br>二 | 壬辰<br>5<br>三 | 癸巳<br>6<br>四 | 甲午<br>7<br>五 | 乙未<br>8<br>六 | 丙申<br>9<br>日 | 丁酉<br>10<br>一 | 戊戌<br>11<br>二 | 己亥<br>12<br>三 | | 辛巳處暑<br>丙申白露 |
| 九月大 | 壬申 | 天干地支<br>西曆<br>星期 | 庚子<br>13<br>四 | 辛丑<br>14<br>五 | 壬寅<br>15<br>六 | 癸卯<br>16<br>日 | 甲辰<br>17<br>一 | 乙巳<br>18<br>二 | 丙午<br>19<br>三 | 丁未<br>20<br>四 | 戊申<br>21<br>五 | 己酉<br>22<br>六 | 庚戌<br>23<br>日 | 辛亥<br>24<br>一 | 壬子<br>25<br>二 | 癸丑<br>26<br>三 | 甲寅<br>27<br>四 | 乙卯<br>28<br>五 | 丙辰<br>29<br>六 | 丁巳<br>30<br>日 | 戊午<br>(10)<br>一 | 己未<br>2<br>二 | 庚申<br>3<br>三 | 辛酉<br>4<br>四 | 壬戌<br>5<br>五 | 癸亥<br>6<br>六 | 甲子<br>7<br>日 | 乙丑<br>8<br>一 | 丙寅<br>9<br>二 | 丁卯<br>10<br>三 | 戊辰<br>11<br>四 | 己巳<br>12<br>五 | 壬子秋分<br>丁卯寒露 |
| 十月大 | 癸酉 | 天干地支<br>西曆<br>星期 | 庚午<br>13<br>六 | 辛未<br>14<br>日 | 壬申<br>15<br>一 | 癸酉<br>16<br>二 | 甲戌<br>17<br>三 | 乙亥<br>18<br>四 | 丙子<br>19<br>五 | 丁丑<br>20<br>六 | 戊寅<br>21<br>日 | 己卯<br>22<br>一 | 庚辰<br>23<br>二 | 辛巳<br>24<br>三 | 壬午<br>25<br>四 | 癸未<br>26<br>五 | 甲申<br>27<br>六 | 乙酉<br>28<br>日 | 丙戌<br>29<br>一 | 丁亥<br>30<br>二 | 戊子<br>31<br>三 | 己丑<br>(11)<br>四 | 庚寅<br>2<br>五 | 辛卯<br>3<br>六 | 壬辰<br>4<br>日 | 癸巳<br>5<br>一 | 甲午<br>6<br>二 | 乙未<br>7<br>三 | 丙申<br>8<br>四 | 丁酉<br>9<br>五 | 戊戌<br>10<br>六 | 己亥<br>11<br>日 | 壬午霜降<br>丁酉立冬 |
| 十一月小 | 甲戌 | 天干地支<br>西曆<br>星期 | 庚子<br>12<br>一 | 辛丑<br>13<br>二 | 壬寅<br>14<br>三 | 癸卯<br>15<br>四 | 甲辰<br>16<br>五 | 乙巳<br>17<br>六 | 丙午<br>18<br>日 | 丁未<br>19<br>一 | 戊申<br>20<br>二 | 己酉<br>21<br>三 | 庚戌<br>22<br>四 | 辛亥<br>23<br>五 | 壬子<br>24<br>六 | 癸丑<br>25<br>日 | 甲寅<br>26<br>一 | 乙卯<br>27<br>二 | 丙辰<br>28<br>三 | 丁巳<br>29<br>四 | 戊午<br>30<br>五 | 己未<br>(12)<br>六 | 庚申<br>2<br>日 | 辛酉<br>3<br>一 | 壬戌<br>4<br>二 | 癸亥<br>5<br>三 | 甲子<br>6<br>四 | 乙丑<br>7<br>五 | 丙寅<br>8<br>六 | 丁卯<br>9<br>日 | 戊辰<br>10<br>一 | | 癸丑小雪<br>戊辰大雪 |
| 十二月大 | 乙亥 | 天干地支<br>西曆<br>星期 | 己巳<br>11<br>二 | 庚午<br>12<br>三 | 辛未<br>13<br>四 | 壬申<br>14<br>五 | 癸酉<br>15<br>六 | 甲戌<br>16<br>日 | 乙亥<br>17<br>一 | 丙子<br>18<br>二 | 丁丑<br>19<br>三 | 戊寅<br>20<br>四 | 己卯<br>21<br>五 | 庚辰<br>22<br>六 | 辛巳<br>23<br>日 | 壬午<br>24<br>一 | 癸未<br>25<br>二 | 甲申<br>26<br>三 | 乙酉<br>27<br>四 | 丙戌<br>28<br>五 | 丁亥<br>29<br>六 | 戊子<br>30<br>日 | 己丑<br>31<br>一 | 庚寅<br>(1)<br>二 | 辛卯<br>2<br>三 | 壬辰<br>3<br>四 | 癸巳<br>4<br>五 | 甲午<br>5<br>六 | 乙未<br>6<br>日 | 丙申<br>7<br>一 | 丁酉<br>8<br>二 | 戊戌<br>9<br>三 | 癸未冬至<br>戊戌小寒 |

* 正月，改元天鳳。

# 新王莽天鳳二年（乙亥 猪年） 公元 15 年

| 夏曆月序 | | 中西曆日對照 | 初一 | 初二 | 初三 | 初四 | 初五 | 初六 | 初七 | 初八 | 初九 | 初十 | 十一 | 十二 | 十三 | 十四 | 十五 | 十六 | 十七 | 十八 | 十九 | 二十 | 二一 | 二二 | 二三 | 二四 | 二五 | 二六 | 二七 | 二八 | 二九 | 三十 | 節氣與天象 |
|---|---|---|---|---|---|---|---|---|---|---|---|---|---|---|---|---|---|---|---|---|---|---|---|---|---|---|---|---|---|---|---|---|---|
| 正月小 | 丙子 | 天干地支西曆星期 | 己亥 10 四 | 庚子 11 五 | 辛丑 12 六 | 壬寅 13 日 | 癸卯 14 一 | 甲辰 15 二 | 乙巳 16 三 | 丙午 17 四 | 丁未 18 五 | 戊申 19 六 | 己酉 20 日 | 庚戌 21 一 | 辛亥 22 二 | 壬子 23 三 | 癸丑 24 四 | 甲寅 25 五 | 乙卯 26 六 | 丙辰 27 日 | 丁巳 28 一 | 戊午 29 二 | 己未 30 三 | 庚申 31 四 | 辛酉 (2) 五 | 壬戌 2 六 | 癸亥 3 日 | 甲子 4 一 | 乙丑 5 二 | 丙寅 6 三 | 丁卯 7 四 | | 癸丑大寒 |
| 二月大 | 丁丑 | 天干地支西曆星期 | 戊辰 8 五 | 己巳 9 六 | 庚午 10 日 | 辛未 11 一 | 壬申 12 二 | 癸酉 13 三 | 甲戌 14 四 | 乙亥 15 五 | 丙子 16 六 | 丁丑 17 日 | 戊寅 18 一 | 己卯 19 二 | 庚辰 20 三 | 辛巳 21 四 | 壬午 22 五 | 癸未 23 六 | 甲申 24 日 | 乙酉 25 一 | 丙戌 26 二 | 丁亥 27 三 | 戊子 28 四 | 己丑 (3) 五 | 庚寅 2 六 | 辛卯 3 日 | 壬辰 4 一 | 癸巳 5 二 | 甲午 6 三 | 乙未 7 四 | 丙申 8 五 | 丁酉 9 六 | 己巳立春<br>甲申驚蟄 |
| 三月小 | 戊寅 | 天干地支西曆星期 | 戊戌 10 日 | 己亥 11 一 | 庚子 12 二 | 辛丑 13 三 | 壬寅 14 四 | 癸卯 15 五 | 甲辰 16 六 | 乙巳 17 日 | 丙午 18 一 | 丁未 19 二 | 戊申 20 三 | 己酉 21 四 | 庚戌 22 五 | 辛亥 23 六 | 壬子 24 日 | 癸丑 25 一 | 甲寅 26 二 | 乙卯 27 三 | 丙辰 28 四 | 丁巳 29 五 | 戊午 30 六 | 己未 31 日 | 庚申 (4) 一 | 辛酉 2 二 | 壬戌 3 三 | 癸亥 4 四 | 甲子 5 五 | 乙丑 6 六 | 丙寅 7 日 | | 己亥雨水<br>甲寅春分 |
| 四月大 | 己卯 | 天干地支西曆星期 | 丁卯 8 一 | 戊辰 9 二 | 己巳 10 三 | 庚午 11 四 | 辛未 12 五 | 壬申 13 六 | 癸酉 14 日 | 甲戌 15 一 | 乙亥 16 二 | 丙子 17 三 | 丁丑 18 四 | 戊寅 19 五 | 己卯 20 六 | 庚辰 21 日 | 辛巳 22 一 | 壬午 23 二 | 癸未 24 三 | 甲申 25 四 | 乙酉 26 五 | 丙戌 27 六 | 丁亥 28 日 | 戊子 29 一 | 己丑 30 二 | 庚寅 (5) 三 | 辛卯 2 四 | 壬辰 3 五 | 癸巳 4 六 | 甲午 5 日 | 乙未 6 一 | 丙申 7 二 | 庚午穀雨<br>乙酉清明 |
| 五月小 | 庚辰 | 天干地支西曆星期 | 丁酉 8 三 | 戊戌 9 四 | 己亥 10 五 | 庚子 11 六 | 辛丑 12 日 | 壬寅 13 一 | 癸卯 14 二 | 甲辰 15 三 | 乙巳 16 四 | 丙午 17 五 | 丁未 18 六 | 戊申 19 日 | 己酉 20 一 | 庚戌 21 二 | 辛亥 22 三 | 壬子 23 四 | 癸丑 24 五 | 甲寅 25 六 | 乙卯 26 日 | 丙辰 27 一 | 丁巳 28 二 | 戊午 29 三 | 己未 30 四 | 庚申 31 五 | 辛酉 (6) 六 | 壬戌 2 日 | 癸亥 3 一 | 甲子 4 二 | 乙丑 5 三 | | 庚子立夏<br>乙卯小滿 |
| 六月大 | 辛巳 | 天干地支西曆星期 | 丙寅 6 四 | 丁卯 7 五 | 戊辰 8 六 | 己巳 9 日 | 庚午 10 一 | 辛未 11 二 | 壬申 12 三 | 癸酉 13 四 | 甲戌 14 五 | 乙亥 15 六 | 丙子 16 日 | 丁丑 17 一 | 戊寅 18 二 | 己卯 19 三 | 庚辰 20 四 | 辛巳 21 五 | 壬午 22 六 | 癸未 23 日 | 甲申 24 一 | 乙酉 25 二 | 丙戌 26 三 | 丁亥 27 四 | 戊子 28 五 | 己丑 29 六 | 庚寅 30 日 | 辛卯 (7) 一 | 壬辰 2 二 | 癸巳 3 三 | 甲午 4 四 | 乙未 5 五 | 庚午芒種<br>丙戌夏至 |
| 七月小 | 壬午 | 天干地支西曆星期 | 丙申 6 六 | 丁酉 7 日 | 戊戌 8 一 | 己亥 9 二 | 庚子 10 三 | 辛丑 11 四 | 壬寅 12 五 | 癸卯 13 六 | 甲辰 14 日 | 乙巳 15 一 | 丙午 16 二 | 丁未 17 三 | 戊申 18 四 | 己酉 19 五 | 庚戌 20 六 | 辛亥 21 日 | 壬子 22 一 | 癸丑 23 二 | 甲寅 24 三 | 乙卯 25 四 | 丙辰 26 五 | 丁巳 27 六 | 戊午 28 日 | 己未 29 一 | 庚申 30 二 | 辛酉 31 三 | 壬戌 (8) 四 | 癸亥 2 五 | 甲子 3 六 | | 辛丑小暑<br>丙辰大暑 |
| 八月大 | 癸未 | 天干地支西曆星期 | 乙丑 4 日 | 丙寅 5 一 | 丁卯 6 二 | 戊辰 7 三 | 己巳 8 四 | 庚午 9 五 | 辛未 10 六 | 壬申 11 日 | 癸酉 12 一 | 甲戌 13 二 | 乙亥 14 三 | 丙子 15 四 | 丁丑 16 五 | 戊寅 17 六 | 己卯 18 日 | 庚辰 19 一 | 辛巳 20 二 | 壬午 21 三 | 癸未 22 四 | 甲申 23 五 | 乙酉 24 六 | 丙戌 25 日 | 丁亥 26 一 | 戊子 27 二 | 己丑 28 三 | 庚寅 29 四 | 辛卯 30 五 | 壬辰 31 六 | 癸巳 (9) 日 | 甲午 2 一 | 辛未立秋<br>丁亥處暑 |
| 九月小 | 甲申 | 天干地支西曆星期 | 乙未 3 二 | 丙申 4 三 | 丁酉 5 四 | 戊戌 6 五 | 己亥 7 六 | 庚子 8 日 | 辛丑 9 一 | 壬寅 10 二 | 癸卯 11 三 | 甲辰 12 四 | 乙巳 13 五 | 丙午 14 六 | 丁未 15 日 | 戊申 16 一 | 己酉 17 二 | 庚戌 18 三 | 辛亥 19 四 | 壬子 20 五 | 癸丑 21 六 | 甲寅 22 日 | 乙卯 23 一 | 丙辰 24 二 | 丁巳 25 三 | 戊午 26 四 | 己未 27 五 | 庚申 28 六 | 辛酉 29 日 | 壬戌 30 一 | 癸亥 (10) 二 | | 壬寅白露<br>丁巳秋分 |
| 十月大 | 乙酉 | 天干地支西曆星期 | 甲子 2 三 | 乙丑 3 四 | 丙寅 4 五 | 丁卯 5 六 | 戊辰 6 日 | 己巳 7 一 | 庚午 8 二 | 辛未 9 三 | 壬申 10 四 | 癸酉 11 五 | 甲戌 12 六 | 乙亥 13 日 | 丙子 14 一 | 丁丑 15 二 | 戊寅 16 三 | 己卯 17 四 | 庚辰 18 五 | 辛巳 19 六 | 壬午 20 日 | 癸未 21 一 | 甲申 22 二 | 乙酉 23 三 | 丙戌 24 四 | 丁亥 25 五 | 戊子 26 六 | 己丑 27 日 | 庚寅 28 一 | 辛卯 29 二 | 壬辰 30 三 | 癸巳 31 四 | 壬申寒露<br>丁亥霜降 |
| 十一月小 | 丙戌 | 天干地支西曆星期 | 甲午 (11) 五 | 乙未 2 六 | 丙申 3 日 | 丁酉 4 一 | 戊戌 5 二 | 己亥 6 三 | 庚子 7 四 | 辛丑 8 五 | 壬寅 9 六 | 癸卯 10 日 | 甲辰 11 一 | 乙巳 12 二 | 丙午 13 三 | 丁未 14 四 | 戊申 15 五 | 己酉 16 六 | 庚戌 17 日 | 辛亥 18 一 | 壬子 19 二 | 癸丑 20 三 | 甲寅 21 四 | 乙卯 22 五 | 丙辰 23 六 | 丁巳 24 日 | 戊午 25 一 | 己未 26 二 | 庚申 27 三 | 辛酉 28 四 | 壬戌 29 五 | | 癸卯立冬<br>戊午小雪 |
| 十二月大 | 丁亥 | 天干地支西曆星期 | 癸亥 30 六 | 甲子 (12) 日 | 乙丑 2 一 | 丙寅 3 二 | 丁卯 4 三 | 戊辰 5 四 | 己巳 6 五 | 庚午 7 六 | 辛未 8 日 | 壬申 9 一 | 癸酉 10 二 | 甲戌 11 三 | 乙亥 12 四 | 丙子 13 五 | 丁丑 14 六 | 戊寅 15 日 | 己卯 16 一 | 庚辰 17 二 | 辛巳 18 三 | 壬午 19 四 | 癸未 20 五 | 甲申 21 六 | 乙酉 22 日 | 丙戌 23 一 | 丁亥 24 二 | 戊子 25 三 | 己丑 26 四 | 庚寅 27 五 | 辛卯 28 六 | 壬辰 29 日 | 癸酉大雪<br>戊子冬至 |

# 新王莽天鳳三年（丙子 鼠年） 公元 15 ~ **16** ~ 17 年

| 夏曆月序 | | 中西曆日對照 | 夏曆日序 | | | | | | | | | | | | | | | | | | | | | | | | | | | | | | 節氣與天象 |
|---|---|---|---|---|---|---|---|---|---|---|---|---|---|---|---|---|---|---|---|---|---|---|---|---|---|---|---|---|---|---|---|---|---|
| | | | 初一 | 初二 | 初三 | 初四 | 初五 | 初六 | 初七 | 初八 | 初九 | 初十 | 十一 | 十二 | 十三 | 十四 | 十五 | 十六 | 十七 | 十八 | 十九 | 二十 | 二一 | 二二 | 二三 | 二四 | 二五 | 二六 | 二七 | 二八 | 二九 | 三十 | |
| 正月小 | 戊子 | 天干地支 西曆 星期 | 癸巳 30 一 | 甲午 31 二 | 乙未 (1) 三 | 丙申 2 四 | 丁酉 3 五 | 戊戌 4 六 | 己亥 5 日 | 庚子 6 一 | 辛丑 7 二 | 壬寅 8 三 | 癸卯 9 四 | 甲辰 10 五 | 乙巳 11 六 | 丙午 12 日 | 丁未 13 一 | 戊申 14 二 | 己酉 15 三 | 庚戌 16 四 | 辛亥 17 五 | 壬子 18 六 | 癸丑 19 日 | 甲寅 20 一 | 乙卯 21 二 | 丙辰 22 三 | 丁巳 23 四 | 戊午 24 五 | 己未 25 六 | 庚申 26 日 | 辛酉 27 一 | | 癸卯小寒<br>己未大寒 |
| 二月大 | 己丑 | 天干地支 西曆 星期 | 壬戌 28 二 | 癸亥 29 三 | 甲子 30 四 | 乙丑 31 五 | 丙寅 (2) 六 | 丁卯 2 日 | 戊辰 3 一 | 己巳 4 二 | 庚午 5 三 | 辛未 6 四 | 壬申 7 五 | 癸酉 8 六 | 甲戌 9 日 | 乙亥 10 一 | 丙子 11 二 | 丁丑 12 三 | 戊寅 13 四 | 己卯 14 五 | 庚辰 15 六 | 辛巳 16 日 | 壬午 17 一 | 癸未 18 二 | 甲申 19 三 | 乙酉 20 四 | 丙戌 21 五 | 丁亥 22 六 | 戊子 23 日 | 己丑 24 一 | 庚寅 25 二 | 辛卯 26 三 | 甲戌立春<br>己丑驚蟄 |
| 三月大 | 庚寅 | 天干地支 西曆 星期 | 壬辰 27 四 | 癸巳 28 五 | 甲午 29 六 | 乙未 (3) 日 | 丙申 2 一 | 丁酉 3 二 | 戊戌 4 三 | 己亥 5 四 | 庚子 6 五 | 辛丑 7 六 | 壬寅 8 日 | 癸卯 9 一 | 甲辰 10 二 | 乙巳 11 三 | 丙午 12 四 | 丁未 13 五 | 戊申 14 六 | 己酉 15 日 | 庚戌 16 一 | 辛亥 17 二 | 壬子 18 三 | 癸丑 19 四 | 甲寅 20 五 | 乙卯 21 六 | 丙辰 22 日 | 丁巳 23 一 | 戊午 24 二 | 己未 25 三 | 庚申 26 四 | 辛酉 27 五 | 甲辰雨水<br>庚申春分 |
| 四月小 | 辛卯 | 天干地支 西曆 星期 | 壬戌 28 六 | 癸亥 29 日 | 甲子 30 一 | 乙丑 31 二 | 丙寅 (4) 三 | 丁卯 2 四 | 戊辰 3 五 | 己巳 4 六 | 庚午 5 日 | 辛未 6 一 | 壬申 7 二 | 癸酉 8 三 | 甲戌 9 四 | 乙亥 10 五 | 丙子 11 六 | 丁丑 12 日 | 戊寅 13 一 | 己卯 14 二 | 庚辰 15 三 | 辛巳 16 四 | 壬午 17 五 | 癸未 18 六 | 甲申 19 日 | 乙酉 20 一 | 丙戌 21 二 | 丁亥 22 三 | 戊子 23 四 | 己丑 24 五 | 庚寅 25 六 | | 乙亥穀雨<br>庚寅清明 |
| 五月大 | 壬辰 | 天干地支 西曆 星期 | 辛卯 26 日 | 壬辰 27 一 | 癸巳 28 二 | 甲午 29 三 | 乙未 30 四 | 丙申 (5) 五 | 丁酉 2 六 | 戊戌 3 日 | 己亥 4 一 | 庚子 5 二 | 辛丑 6 三 | 壬寅 7 四 | 癸卯 8 五 | 甲辰 9 六 | 乙巳 10 日 | 丙午 11 一 | 丁未 12 二 | 戊申 13 三 | 己酉 14 四 | 庚戌 15 五 | 辛亥 16 六 | 壬子 17 日 | 癸丑 18 一 | 甲寅 19 二 | 乙卯 20 三 | 丙辰 21 四 | 丁巳 22 五 | 戊午 23 六 | 己未 24 日 | 庚申 25 一 | 乙巳立夏<br>庚申小滿 |
| 閏五月小 | 壬辰 | 天干地支 西曆 星期 | 辛酉 26 二 | 壬戌 27 三 | 癸亥 28 四 | 甲子 29 五 | 乙丑 30 六 | 丙寅 31 日 | 丁卯 (6) 一 | 戊辰 2 二 | 己巳 3 三 | 庚午 4 四 | 辛未 5 五 | 壬申 6 六 | 癸酉 7 日 | 甲戌 8 一 | 乙亥 9 二 | 丙子 10 三 | 丁丑 11 四 | 戊寅 12 五 | 己卯 13 六 | 庚辰 14 日 | 辛巳 15 一 | 壬午 16 二 | 癸未 17 三 | 甲申 18 四 | 乙酉 19 五 | 丙戌 20 六 | 丁亥 21 日 | 戊子 22 一 | 己丑 23 二 | | 丙子芒種 |
| 六月大 | 癸巳 | 天干地支 西曆 星期 | 庚寅 24 三 | 辛卯 25 四 | 壬辰 26 五 | 癸巳 27 六 | 甲午 28 日 | 乙未 29 一 | 丙申 30 二 | 丁酉 (7) 三 | 戊戌 2 四 | 己亥 3 五 | 庚子 4 六 | 辛丑 5 日 | 壬寅 6 一 | 癸卯 7 二 | 甲辰 8 三 | 乙巳 9 四 | 丙午 10 五 | 丁未 11 六 | 戊申 12 日 | 己酉 13 一 | 庚戌 14 二 | 辛亥 15 三 | 壬子 16 四 | 癸丑 17 五 | 甲寅 18 六 | 乙卯 19 日 | 丙辰 20 一 | 丁巳 21 二 | 戊午 22 三 | 己未 23 四 | 辛卯夏至<br>丙午小暑 |
| 七月小 | 甲午 | 天干地支 西曆 星期 | 庚申 24 五 | 辛酉 25 六 | 壬戌 26 日 | 癸亥 27 一 | 甲子 28 二 | 乙丑 29 三 | 丙寅 30 四 | 丁卯 31 五 | 戊辰 (8) 六 | 己巳 2 日 | 庚午 3 一 | 辛未 4 二 | 壬申 5 三 | 癸酉 6 四 | 甲戌 7 五 | 乙亥 8 六 | 丙子 9 日 | 丁丑 10 一 | 戊寅 11 二 | 己卯 12 三 | 庚辰 13 四 | 辛巳 14 五 | 壬午 15 六 | 癸未 16 日 | 甲申 17 一 | 乙酉 18 二 | 丙戌 19 三 | 丁亥 20 四 | 戊子 21 五 | | 辛酉大暑<br>丁丑立秋<br>戊子日食 |
| 八月大 | 乙未 | 天干地支 西曆 星期 | 己丑 22 六 | 庚寅 23 日 | 辛卯 24 一 | 壬辰 25 二 | 癸巳 26 三 | 甲午 27 四 | 乙未 28 五 | 丙申 29 六 | 丁酉 30 日 | 戊戌 31 一 | 己亥 (9) 二 | 庚子 2 三 | 辛丑 3 四 | 壬寅 4 五 | 癸卯 5 六 | 甲辰 6 日 | 乙巳 7 一 | 丙午 8 二 | 丁未 9 三 | 戊申 10 四 | 己酉 11 五 | 庚戌 12 六 | 辛亥 13 日 | 壬子 14 一 | 癸丑 15 二 | 甲寅 16 三 | 乙卯 17 四 | 丙辰 18 五 | 丁巳 19 六 | 戊午 20 日 | 壬辰處暑<br>丁未白露 |
| 九月小 | 丙申 | 天干地支 西曆 星期 | 己未 21 一 | 庚申 22 二 | 辛酉 23 三 | 壬戌 24 四 | 癸亥 25 五 | 甲子 26 六 | 乙丑 27 日 | 丙寅 28 一 | 丁卯 29 二 | 戊辰 30 三 | 己巳 (10) 四 | 庚午 2 五 | 辛未 3 六 | 壬申 4 日 | 癸酉 5 一 | 甲戌 6 二 | 乙亥 7 三 | 丙子 8 四 | 丁丑 9 五 | 戊寅 10 六 | 己卯 11 日 | 庚辰 12 一 | 辛巳 13 二 | 壬午 14 三 | 癸未 15 四 | 甲申 16 五 | 乙酉 17 六 | 丙戌 18 日 | 丁亥 19 一 | | 壬戌秋分<br>丁丑寒露 |
| 十月大 | 丁酉 | 天干地支 西曆 星期 | 戊子 20 二 | 己丑 21 三 | 庚寅 22 四 | 辛卯 23 五 | 壬辰 24 六 | 癸巳 25 日 | 甲午 26 一 | 乙未 27 二 | 丙申 28 三 | 丁酉 29 四 | 戊戌 30 五 | 己亥 31 六 | 庚子 (11) 日 | 辛丑 2 一 | 壬寅 3 二 | 癸卯 4 三 | 甲辰 5 四 | 乙巳 6 五 | 丙午 7 六 | 丁未 8 日 | 戊申 9 一 | 己酉 10 二 | 庚戌 11 三 | 辛亥 12 四 | 壬子 13 五 | 癸丑 14 六 | 甲寅 15 日 | 乙卯 16 一 | 丙辰 17 二 | 丁巳 18 三 | 癸巳霜降<br>戊申立冬 |
| 十一月小 | 戊戌 | 天干地支 西曆 星期 | 戊午 19 四 | 己未 20 五 | 庚申 21 六 | 辛酉 22 日 | 壬戌 23 一 | 癸亥 24 二 | 甲子 25 三 | 乙丑 26 四 | 丙寅 27 五 | 丁卯 28 六 | 戊辰 29 日 | 己巳 30 一 | 庚午 (12) 二 | 辛未 2 三 | 壬申 3 四 | 癸酉 4 五 | 甲戌 5 六 | 乙亥 6 日 | 丙子 7 一 | 丁丑 8 二 | 戊寅 9 三 | 己卯 10 四 | 庚辰 11 五 | 辛巳 12 六 | 壬午 13 日 | 癸未 14 一 | 甲申 15 二 | 乙酉 16 三 | 丙戌 17 四 | | 癸亥小雪<br>戊寅小雪 |
| 十二月大 | 己亥 | 天干地支 西曆 星期 | 丁亥 18 五 | 戊子 19 六 | 己丑 20 日 | 庚寅 21 一 | 辛卯 22 二 | 壬辰 23 三 | 癸巳 24 四 | 甲午 25 五 | 乙未 26 六 | 丙申 27 日 | 丁酉 28 一 | 戊戌 29 二 | 己亥 30 三 | 庚子 31 四 | 辛丑 (1) 五 | 壬寅 2 六 | 癸卯 3 日 | 甲辰 4 一 | 乙巳 5 二 | 丙午 6 三 | 丁未 7 四 | 戊申 8 五 | 己酉 9 六 | 庚戌 10 日 | 辛亥 11 一 | 壬子 12 二 | 癸丑 13 三 | 甲寅 14 四 | 乙卯 15 五 | 丙辰 16 六 | 甲午冬至<br>己酉小寒 |

# 新王莽天鳳四年（丁丑 牛年） 公元 17 ~ 18 年

| 夏曆月序 | | 中西曆日對照 | 初一 | 初二 | 初三 | 初四 | 初五 | 初六 | 初七 | 初八 | 初九 | 初十 | 十一 | 十二 | 十三 | 十四 | 十五 | 十六 | 十七 | 十八 | 十九 | 二十 | 二一 | 二二 | 二三 | 二四 | 二五 | 二六 | 二七 | 二八 | 二九 | 三十 | 節氣與天象 |
|---|---|---|---|---|---|---|---|---|---|---|---|---|---|---|---|---|---|---|---|---|---|---|---|---|---|---|---|---|---|---|---|---|---|
| 正月小 | 庚子 | 天干地支 西曆 星期 | 丁巳 17 日 | 戊午 18 一 | 己未 19 二 | 庚申 20 三 | 辛酉 21 四 | 壬戌 22 五 | 癸亥 23 六 | 甲子 24 日 | 乙丑 25 一 | 丙寅 26 二 | 丁卯 27 三 | 戊辰 28 四 | 己巳 29 五 | 庚午 30 六 | 辛未 31 日 | 壬申 (2) 一 | 癸酉 2 二 | 甲戌 3 三 | 乙亥 4 四 | 丙子 5 五 | 丁丑 6 六 | 戊寅 7 日 | 己卯 8 一 | 庚辰 9 二 | 辛巳 10 三 | 壬午 11 四 | 癸未 12 五 | 甲申 13 六 | 乙酉 14 日 | | 甲子大寒 己卯立春 |
| 二月大 | 辛丑 | 天干地支 西曆 星期 | 丙戌 15 一 | 丁亥 16 二 | 戊子 17 三 | 己丑 18 四 | 庚寅 19 五 | 辛卯 20 六 | 壬辰 21 日 | 癸巳 22 一 | 甲午 23 二 | 乙未 24 三 | 丙申 25 四 | 丁酉 26 五 | 戊戌 27 六 | 己亥 28 日 | 庚子 (3) 一 | 辛丑 2 二 | 壬寅 3 三 | 癸卯 4 四 | 甲辰 5 五 | 乙巳 6 六 | 丙午 7 日 | 丁未 8 一 | 戊申 9 二 | 己酉 10 三 | 庚戌 11 四 | 辛亥 12 五 | 壬子 13 六 | 癸丑 14 日 | 甲寅 15 一 | 乙卯 16 二 | 甲午驚蟄 庚戌雨水 |
| 三月小 | 壬寅 | 天干地支 西曆 星期 | 丙辰 17 三 | 丁巳 18 四 | 戊午 19 五 | 己未 20 六 | 庚申 21 日 | 辛酉 22 一 | 壬戌 23 二 | 癸亥 24 三 | 甲子 25 四 | 乙丑 26 五 | 丙寅 27 六 | 丁卯 28 日 | 戊辰 29 一 | 己巳 30 二 | 庚午 31 三 | 辛未 (4) 四 | 壬申 2 五 | 癸酉 3 六 | 甲戌 4 日 | 乙亥 5 一 | 丙子 6 二 | 丁丑 7 三 | 戊寅 8 四 | 己卯 9 五 | 庚辰 10 六 | 辛巳 11 日 | 壬午 12 一 | 癸未 13 二 | 甲申 14 三 | | 乙丑春分 庚辰穀雨 |
| 四月大 | 癸卯 | 天干地支 西曆 星期 | 乙酉 15 四 | 丙戌 16 五 | 丁亥 17 六 | 戊子 18 日 | 己丑 19 一 | 庚寅 20 二 | 辛卯 21 三 | 壬辰 22 四 | 癸巳 23 五 | 甲午 24 六 | 乙未 25 日 | 丙申 26 一 | 丁酉 27 二 | 戊戌 28 三 | 己亥 29 四 | 庚子 30 五 | 辛丑 (5) 六 | 壬寅 2 日 | 癸卯 3 一 | 甲辰 4 二 | 乙巳 5 三 | 丙午 6 四 | 丁未 7 五 | 戊申 8 六 | 己酉 9 日 | 庚戌 10 一 | 辛亥 11 二 | 壬子 12 三 | 癸丑 13 四 | 甲寅 14 五 | 乙未清明 庚戌立夏 |
| 五月小 | 甲辰 | 天干地支 西曆 星期 | 乙卯 15 六 | 丙辰 16 日 | 丁巳 17 一 | 戊午 18 二 | 己未 19 三 | 庚申 20 四 | 辛酉 21 五 | 壬戌 22 六 | 癸亥 23 日 | 甲子 24 一 | 乙丑 25 二 | 丙寅 26 三 | 丁卯 27 四 | 戊辰 28 五 | 己巳 29 六 | 庚午 30 日 | 辛未 31 一 | 壬申 (6) 二 | 癸酉 2 三 | 甲戌 3 四 | 乙亥 4 五 | 丙子 5 六 | 丁丑 6 日 | 戊寅 7 一 | 己卯 8 二 | 庚辰 9 三 | 辛巳 10 四 | 壬午 11 五 | 癸未 12 六 | | 丙寅小滿 辛巳芒種 |
| 六月大 | 乙巳 | 天干地支 西曆 星期 | 甲申 13 日 | 乙酉 14 一 | 丙戌 15 二 | 丁亥 16 三 | 戊子 17 四 | 己丑 18 五 | 庚寅 19 六 | 辛卯 20 日 | 壬辰 21 一 | 癸巳 22 二 | 甲午 23 三 | 乙未 24 四 | 丙申 25 五 | 丁酉 26 六 | 戊戌 27 日 | 己亥 28 一 | 庚子 29 二 | 辛丑 30 三 | 壬寅 (7) 四 | 癸卯 2 五 | 甲辰 3 六 | 乙巳 4 日 | 丙午 5 一 | 丁未 6 二 | 戊申 7 三 | 己酉 8 四 | 庚戌 9 五 | 辛亥 10 六 | 壬子 11 日 | 癸丑 12 一 | 丙申夏至 辛亥小暑 |
| 七月大 | 丙午 | 天干地支 西曆 星期 | 甲寅 13 二 | 乙卯 14 三 | 丙辰 15 四 | 丁巳 16 五 | 戊午 17 六 | 己未 18 日 | 庚申 19 一 | 辛酉 20 二 | 壬戌 21 三 | 癸亥 22 四 | 甲子 23 五 | 乙丑 24 六 | 丙寅 25 日 | 丁卯 26 一 | 戊辰 27 二 | 己巳 28 三 | 庚午 29 四 | 辛未 30 五 | 壬申 31 六 | 癸酉 (8) 日 | 甲戌 2 一 | 乙亥 3 二 | 丙子 4 三 | 丁丑 5 四 | 戊寅 6 五 | 己卯 7 六 | 庚辰 8 日 | 辛巳 9 一 | 壬午 10 二 | 癸未 11 三 | 丁卯大暑 壬午立秋 |
| 八月小 | 丁未 | 天干地支 西曆 星期 | 甲申 12 四 | 乙酉 13 五 | 丙戌 14 六 | 丁亥 15 日 | 戊子 16 一 | 己丑 17 二 | 庚寅 18 三 | 辛卯 19 四 | 壬辰 20 五 | 癸巳 21 六 | 甲午 22 日 | 乙未 23 一 | 丙申 24 二 | 丁酉 25 三 | 戊戌 26 四 | 己亥 27 五 | 庚子 28 六 | 辛丑 29 日 | 壬寅 30 一 | 癸卯 31 二 | 甲辰 (9) 三 | 乙巳 2 四 | 丙午 3 五 | 丁未 4 六 | 戊申 5 日 | 己酉 6 一 | 庚戌 7 二 | 辛亥 8 三 | 壬子 9 四 | | 丁酉處暑 壬子白露 |
| 九月大 | 戊申 | 天干地支 西曆 星期 | 癸丑 10 五 | 甲寅 11 六 | 乙卯 12 日 | 丙辰 13 一 | 丁巳 14 二 | 戊午 15 三 | 己未 16 四 | 庚申 17 五 | 辛酉 18 六 | 壬戌 19 日 | 癸亥 20 一 | 甲子 21 二 | 乙丑 22 三 | 丙寅 23 四 | 丁卯 24 五 | 戊辰 25 六 | 己巳 26 日 | 庚午 27 一 | 辛未 28 二 | 壬申 29 三 | 癸酉 30 四 | 甲戌 (10) 五 | 乙亥 2 六 | 丙子 3 日 | 丁丑 4 一 | 戊寅 5 二 | 己卯 6 三 | 庚辰 7 四 | 辛巳 8 五 | 壬午 9 六 | 丁卯秋分 |
| 十月小 | 己酉 | 天干地支 西曆 星期 | 癸未 10 日 | 甲申 11 一 | 乙酉 12 二 | 丙戌 13 三 | 丁亥 14 四 | 戊子 15 五 | 己丑 16 六 | 庚寅 17 日 | 辛卯 18 一 | 壬辰 19 二 | 癸巳 20 三 | 甲午 21 四 | 乙未 22 五 | 丙申 23 六 | 丁酉 24 日 | 戊戌 25 一 | 己亥 26 二 | 庚子 27 三 | 辛丑 28 四 | 壬寅 29 五 | 癸卯 30 六 | 甲辰 31 日 | 乙巳 (11) 一 | 丙午 2 二 | 丁未 3 三 | 戊申 4 四 | 己酉 5 五 | 庚戌 6 六 | 辛亥 7 日 | | 癸未寒露 戊戌霜降 |
| 十一月大 | 庚戌 | 天干地支 西曆 星期 | 壬子 8 一 | 癸丑 9 二 | 甲寅 10 三 | 乙卯 11 四 | 丙辰 12 五 | 丁巳 13 六 | 戊午 14 日 | 己未 15 一 | 庚申 16 二 | 辛酉 17 三 | 壬戌 18 四 | 癸亥 19 五 | 甲子 20 六 | 乙丑 21 日 | 丙寅 22 一 | 丁卯 23 二 | 戊辰 24 三 | 己巳 25 四 | 庚午 26 五 | 辛未 27 六 | 壬申 28 日 | 癸酉 29 一 | 甲戌 30 二 | 乙亥 (12) 三 | 丙子 2 四 | 丁丑 3 五 | 戊寅 4 六 | 己卯 5 日 | 庚辰 6 一 | 辛巳 7 二 | 癸丑立冬 戊辰小雪 |
| 十二月小 | 辛亥 | 天干地支 西曆 星期 | 壬午 8 三 | 癸未 9 四 | 甲申 10 五 | 乙酉 11 六 | 丙戌 12 日 | 丁亥 13 一 | 戊子 14 二 | 己丑 15 三 | 庚寅 16 四 | 辛卯 17 五 | 壬辰 18 六 | 癸巳 19 日 | 甲午 20 一 | 乙未 21 二 | 丙申 22 三 | 丁酉 23 四 | 戊戌 24 五 | 己亥 25 六 | 庚子 26 日 | 辛丑 27 一 | 壬寅 28 二 | 癸卯 29 三 | 甲辰 30 四 | 乙巳 31 五 | 丙午 (1) 六 | 丁未 2 日 | 戊申 3 一 | 己酉 4 二 | 庚戌 5 三 | | 甲申大雪 己亥冬至 |

# 新王莽天鳳五年（戊寅 虎年） 公元18年

| 夏曆月序 | 中西曆日對照 | 初一 | 初二 | 初三 | 初四 | 初五 | 初六 | 初七 | 初八 | 初九 | 初十 | 十一 | 十二 | 十三 | 十四 | 十五 | 十六 | 十七 | 十八 | 十九 | 二十 | 二一 | 二二 | 二三 | 二四 | 二五 | 二六 | 二七 | 二八 | 二九 | 三十 | 節氣與天象 |
|---|---|---|---|---|---|---|---|---|---|---|---|---|---|---|---|---|---|---|---|---|---|---|---|---|---|---|---|---|---|---|---|---|
| 正月大 壬子 | 天干地支 西曆 星期 | 辛亥 6 四 | 壬子 7 五 | 癸丑 8 六 | 甲寅 9 日 | 乙卯 10 一 | 丙辰 11 二 | 丁巳 12 三 | 戊午 13 四 | 己未 14 五 | 庚申 15 六 | 辛酉 16 日 | 壬戌 17 一 | 癸亥 18 二 | 甲子 19 三 | 乙丑 20 四 | 丙寅 21 五 | 丁卯 22 六 | 戊辰 23 日 | 己巳 24 一 | 庚午 25 二 | 辛未 26 三 | 壬申 27 四 | 癸酉 28 五 | 甲戌 29 六 | 乙亥 30 日 | 丙子 31 一 | 丁丑 (2) 二 | 戊寅 2 三 | 己卯 3 四 | 庚辰 4 五 | 甲寅小寒 己巳小寒 |
| 二月小 癸丑 | 天干地支 西曆 星期 | 辛巳 5 六 | 壬午 6 日 | 癸未 7 一 | 甲申 8 二 | 乙酉 9 三 | 丙戌 10 四 | 丁亥 11 五 | 戊子 12 六 | 己丑 13 日 | 庚寅 14 一 | 辛卯 15 二 | 壬辰 16 三 | 癸巳 17 四 | 甲午 18 五 | 乙未 19 六 | 丙申 20 日 | 丁酉 21 一 | 戊戌 22 二 | 己亥 23 三 | 庚子 24 四 | 辛丑 25 五 | 壬寅 26 六 | 癸卯 27 日 | 甲辰 28 一 | 乙巳 (3) 二 | 丙午 2 三 | 丁未 3 四 | 戊申 4 五 | 己酉 5 六 | | 甲申立春 庚子驚蟄 |
| 三月大 甲寅 | 天干地支 西曆 星期 | 庚戌 6 日 | 辛亥 7 一 | 壬子 8 二 | 癸丑 9 三 | 甲寅 10 四 | 乙卯 11 五 | 丙辰 12 六 | 丁巳 13 日 | 戊午 14 一 | 己未 15 二 | 庚申 16 三 | 辛酉 17 四 | 壬戌 18 五 | 癸亥 19 六 | 甲子 20 日 | 乙丑 21 一 | 丙寅 22 二 | 丁卯 23 三 | 戊辰 24 四 | 己巳 25 五 | 庚午 26 六 | 辛未 27 日 | 壬申 28 一 | 癸酉 29 二 | 甲戌 30 三 | 乙亥 31 四 | 丙子 (4) 五 | 丁丑 2 六 | 戊寅 3 日 | 己卯 4 一 | 乙卯雨水 庚午春分 |
| 四月小 乙卯 | 天干地支 西曆 星期 | 庚辰 5 二 | 辛巳 6 三 | 壬午 7 四 | 癸未 8 五 | 甲申 9 六 | 乙酉 10 日 | 丙戌 11 一 | 丁亥 12 二 | 戊子 13 三 | 己丑 14 四 | 庚寅 15 五 | 辛卯 16 六 | 壬辰 17 日 | 癸巳 18 一 | 甲午 19 二 | 乙未 20 三 | 丙申 21 四 | 丁酉 22 五 | 戊戌 23 六 | 己亥 24 日 | 庚子 25 一 | 辛丑 26 二 | 壬寅 27 三 | 癸卯 28 四 | 甲辰 29 五 | 乙巳 30 六 | 丙午 (5) 日 | 丁未 2 一 | 戊申 3 二 | | 乙酉穀雨 辛丑清明 |
| 五月大 丙辰 | 天干地支 西曆 星期 | 己酉 4 三 | 庚戌 5 四 | 辛亥 6 五 | 壬子 7 六 | 癸丑 8 日 | 甲寅 9 一 | 乙卯 10 二 | 丙辰 11 三 | 丁巳 12 四 | 戊午 13 五 | 己未 14 六 | 庚申 15 日 | 辛酉 16 一 | 壬戌 17 二 | 癸亥 18 三 | 甲子 19 四 | 乙丑 20 五 | 丙寅 21 六 | 丁卯 22 日 | 戊辰 23 一 | 己巳 24 二 | 庚午 25 三 | 辛未 26 四 | 壬申 27 五 | 癸酉 28 六 | 甲戌 29 日 | 乙亥 30 一 | 丙子 31 二 | 丁丑 (6) 三 | 戊寅 2 四 | 丙辰立夏 辛未小滿 |
| 六月小 丁巳 | 天干地支 西曆 星期 | 己卯 3 五 | 庚辰 4 六 | 辛巳 5 日 | 壬午 6 一 | 癸未 7 二 | 甲申 8 三 | 乙酉 9 四 | 丙戌 10 五 | 丁亥 11 六 | 戊子 12 日 | 己丑 13 一 | 庚寅 14 二 | 辛卯 15 三 | 壬辰 16 四 | 癸巳 17 五 | 甲午 18 六 | 乙未 19 日 | 丙申 20 一 | 丁酉 21 二 | 戊戌 22 三 | 己亥 23 四 | 庚子 24 五 | 辛丑 25 六 | 壬寅 26 日 | 癸卯 27 一 | 甲辰 28 二 | 乙巳 29 三 | 丙午 30 四 | 丁未 (7) 五 | | 丙戌芒種 辛丑夏至 |
| 七月大 戊午 | 天干地支 西曆 星期 | 戊申 2 六 | 己酉 3 日 | 庚戌 4 一 | 辛亥 5 二 | 壬子 6 三 | 癸丑 7 四 | 甲寅 8 五 | 乙卯 9 六 | 丙辰 10 日 | 丁巳 11 一 | 戊午 12 二 | 己未 13 三 | 庚申 14 四 | 辛酉 15 五 | 壬戌 16 六 | 癸亥 17 日 | 甲子 18 一 | 乙丑 19 二 | 丙寅 20 三 | 丁卯 21 四 | 戊辰 22 五 | 己巳 23 六 | 庚午 24 日 | 辛未 25 一 | 壬申 26 二 | 癸酉 27 三 | 甲戌 28 四 | 乙亥 29 五 | 丙子 30 六 | 丁丑 31 日 | 丁巳小暑 壬申大暑 |
| 八月小 己未 | 天干地支 西曆 星期 | 戊寅 (8) 一 | 己卯 2 二 | 庚辰 3 三 | 辛巳 4 四 | 壬午 5 五 | 癸未 6 六 | 甲申 7 日 | 乙酉 8 一 | 丙戌 9 二 | 丁亥 10 三 | 戊子 11 四 | 己丑 12 五 | 庚寅 13 六 | 辛卯 14 日 | 壬辰 15 一 | 癸巳 16 二 | 甲午 17 三 | 乙未 18 四 | 丙申 19 五 | 丁酉 20 六 | 戊戌 21 日 | 己亥 22 一 | 庚子 23 二 | 辛丑 24 三 | 壬寅 25 四 | 癸卯 26 五 | 甲辰 27 六 | 乙巳 28 日 | 丙午 29 一 | | 丁亥立秋 壬寅處暑 |
| 九月大 庚申 | 天干地支 西曆 星期 | 丁未 30 二 | 戊申 31 三 | 己酉 (9) 四 | 庚戌 2 五 | 辛亥 3 六 | 壬子 4 日 | 癸丑 5 一 | 甲寅 6 二 | 乙卯 7 三 | 丙辰 8 四 | 丁巳 9 五 | 戊午 10 六 | 己未 11 日 | 庚申 12 一 | 辛酉 13 二 | 壬戌 14 三 | 癸亥 15 四 | 甲子 16 五 | 乙丑 17 六 | 丙寅 18 日 | 丁卯 19 一 | 戊辰 20 二 | 己巳 21 三 | 庚午 22 四 | 辛未 23 五 | 壬申 24 六 | 癸酉 25 日 | 甲戌 26 一 | 乙亥 27 二 | 丙子 28 三 | 丁巳白露 癸酉秋分 |
| 十月大 辛酉 | 天干地支 西曆 星期 | 丁丑 29 四 | 戊寅 30 五 | 己卯 (10) 六 | 庚辰 2 日 | 辛巳 3 一 | 壬午 4 二 | 癸未 5 三 | 甲申 6 四 | 乙酉 7 五 | 丙戌 8 六 | 丁亥 9 日 | 戊子 10 一 | 己丑 11 二 | 庚寅 12 三 | 辛卯 13 四 | 壬辰 14 五 | 癸巳 15 六 | 甲午 16 日 | 乙未 17 一 | 丙申 18 二 | 丁酉 19 三 | 戊戌 20 四 | 己亥 21 五 | 庚子 22 六 | 辛丑 23 日 | 壬寅 24 一 | 癸卯 25 二 | 甲辰 26 三 | 乙巳 27 四 | 丙午 28 五 | 戊子寒露 癸卯霜降 |
| 十一月小 壬戌 | 天干地支 西曆 星期 | 丁未 29 六 | 戊申 30 日 | 己酉 31 一 | 庚戌 (11) 二 | 辛亥 2 三 | 壬子 3 四 | 癸丑 4 五 | 甲寅 5 六 | 乙卯 6 日 | 丙辰 7 一 | 丁巳 8 二 | 戊午 9 三 | 己未 10 四 | 庚申 11 五 | 辛酉 12 六 | 壬戌 13 日 | 癸亥 14 一 | 甲子 15 二 | 乙丑 16 三 | 丙寅 17 四 | 丁卯 18 五 | 戊辰 19 六 | 己巳 20 日 | 庚午 21 一 | 辛未 22 二 | 壬申 23 三 | 癸酉 24 四 | 甲戌 25 五 | 乙亥 26 六 | | 戊午立冬 甲戌小雪 |
| 十二月大 癸亥 | 天干地支 西曆 星期 | 丙子 27 日 | 丁丑 28 一 | 戊寅 29 二 | 己卯 30 三 | 庚辰 (12) 四 | 辛巳 2 五 | 壬午 3 六 | 癸未 4 日 | 甲申 5 一 | 乙酉 6 二 | 丙戌 7 三 | 丁亥 8 四 | 戊子 9 五 | 己丑 10 六 | 庚寅 11 日 | 辛卯 12 一 | 壬辰 13 二 | 癸巳 14 三 | 甲午 15 四 | 乙未 16 五 | 丙申 17 六 | 丁酉 18 日 | 戊戌 19 一 | 己亥 20 二 | 庚子 21 三 | 辛丑 22 四 | 壬寅 23 五 | 癸卯 24 六 | 甲辰 25 日 | 乙巳 26 一 | 己丑大雪 甲辰冬至 |

# 新王莽天鳳六年（己卯 兔年） 公元 18 ~ **19** ~ 20 年

| 夏曆月序 | | 中西曆日對照 | 初一 | 初二 | 初三 | 初四 | 初五 | 初六 | 初七 | 初八 | 初九 | 初十 | 十一 | 十二 | 十三 | 十四 | 十五 | 十六 | 十七 | 十八 | 十九 | 二十 | 二一 | 二二 | 二三 | 二四 | 二五 | 二六 | 二七 | 二八 | 二九 | 三十 | 節氣與天象 |
|---|---|---|---|---|---|---|---|---|---|---|---|---|---|---|---|---|---|---|---|---|---|---|---|---|---|---|---|---|---|---|---|---|---|
| 正月小 | 甲子 | 天干地支西曆星期 | 丙午 27 二 | 丁未 28 三 | 戊申 29 四 | 己酉 30 五 | 庚戌 31 六 | 辛亥 (1) 日 | 壬子 2 一 | 癸丑 3 二 | 甲寅 4 三 | 乙卯 5 四 | 丙辰 6 五 | 丁巳 7 六 | 戊午 8 日 | 己未 9 一 | 庚申 10 二 | 辛酉 11 三 | 壬戌 12 四 | 癸亥 13 五 | 甲子 14 六 | 乙丑 15 日 | 丙寅 16 一 | 丁卯 17 二 | 戊辰 18 三 | 己巳 19 四 | 庚午 20 五 | 辛未 21 六 | 壬申 22 日 | 癸酉 23 一 | 甲戌 24 二 | | 己未小寒<br>甲戌大寒 |
| 閏正月大 | 甲子 | 天干地支西曆星期 | 乙亥 25 三 | 丙子 26 四 | 丁丑 27 五 | 戊寅 28 六 | 己卯 29 日 | 庚辰 30 一 | 辛巳 31 二 | 壬午 (2) 三 | 癸未 2 四 | 甲申 3 五 | 乙酉 4 六 | 丙戌 5 日 | 丁亥 6 一 | 戊子 7 二 | 己丑 8 三 | 庚寅 9 四 | 辛卯 10 五 | 壬辰 11 六 | 癸巳 12 日 | 甲午 13 一 | 乙未 14 二 | 丙申 15 三 | 丁酉 16 四 | 戊戌 17 五 | 己亥 18 六 | 庚子 19 日 | 辛丑 20 一 | 壬寅 21 二 | 癸卯 22 三 | 甲辰 23 四 | 庚寅立春 |
| 二月小 | 乙丑 | 天干地支西曆星期 | 乙巳 24 五 | 丙午 25 六 | 丁未 26 日 | 戊申 27 一 | 己酉 28 二 | 庚戌 (3) 三 | 辛亥 2 四 | 壬子 3 五 | 癸丑 4 六 | 甲寅 5 日 | 乙卯 6 一 | 丙辰 7 二 | 丁巳 8 三 | 戊午 9 四 | 己未 10 五 | 庚申 11 六 | 辛酉 12 日 | 壬戌 13 一 | 癸亥 14 二 | 甲子 15 三 | 乙丑 16 四 | 丙寅 17 五 | 丁卯 18 六 | 戊辰 19 日 | 己巳 20 一 | 庚午 21 二 | 辛未 22 三 | 壬申 23 四 | 癸酉 24 五 | | 乙巳驚蟄<br>庚申雨水 |
| 三月大 | 丙寅 | 天干地支西曆星期 | 甲戌 25 六 | 乙亥 26 日 | 丙子 27 一 | 丁丑 28 二 | 戊寅 29 三 | 己卯 30 四 | 庚辰 31 五 | 辛巳 (4) 六 | 壬午 2 日 | 癸未 3 一 | 甲申 4 二 | 乙酉 5 三 | 丙戌 6 四 | 丁亥 7 五 | 戊子 8 六 | 己丑 9 日 | 庚寅 10 一 | 辛卯 11 二 | 壬辰 12 三 | 癸巳 13 四 | 甲午 14 五 | 乙未 15 六 | 丙申 16 日 | 丁酉 17 一 | 戊戌 18 二 | 己亥 19 三 | 庚子 20 四 | 辛丑 21 五 | 壬寅 22 六 | 癸卯 23 日 | 乙亥春分<br>辛卯穀雨 |
| 四月小 | 丁卯 | 天干地支西曆星期 | 甲辰 24 一 | 乙巳 25 二 | 丙午 26 三 | 丁未 27 四 | 戊申 28 五 | 己酉 29 六 | 庚戌 30 日 | 辛亥 (5) 一 | 壬子 2 二 | 癸丑 3 三 | 甲寅 4 四 | 乙卯 5 五 | 丙辰 6 六 | 丁巳 7 日 | 戊午 8 一 | 己未 9 二 | 庚申 10 三 | 辛酉 11 四 | 壬戌 12 五 | 癸亥 13 六 | 甲子 14 日 | 乙丑 15 一 | 丙寅 16 二 | 丁卯 17 三 | 戊辰 18 四 | 己巳 19 五 | 庚午 20 六 | 辛未 21 日 | 壬申 22 一 | | 丙午清明<br>辛酉立夏 |
| 五月大 | 戊辰 | 天干地支西曆星期 | 癸酉 23 二 | 甲戌 24 三 | 乙亥 25 四 | 丙子 26 五 | 丁丑 27 六 | 戊寅 28 日 | 己卯 29 一 | 庚辰 30 二 | 辛巳 31 三 | 壬午 (6) 四 | 癸未 2 五 | 甲申 3 六 | 乙酉 4 日 | 丙戌 5 一 | 丁亥 6 二 | 戊子 7 三 | 己丑 8 四 | 庚寅 9 五 | 辛卯 10 六 | 壬辰 11 日 | 癸巳 12 一 | 甲午 13 二 | 乙未 14 三 | 丙申 15 四 | 丁酉 16 五 | 戊戌 17 六 | 己亥 18 日 | 庚子 19 一 | 辛丑 20 二 | 壬寅 21 三 | 丙子小滿<br>辛卯芒種<br>壬寅日食 |
| 六月小 | 己巳 | 天干地支西曆星期 | 癸卯 22 四 | 甲辰 23 五 | 乙巳 24 六 | 丙午 25 日 | 丁未 26 一 | 戊申 27 二 | 己酉 28 三 | 庚戌 29 四 | 辛亥 30 五 | 壬子 (7) 六 | 癸丑 2 日 | 甲寅 3 一 | 乙卯 4 二 | 丙辰 5 三 | 丁巳 6 四 | 戊午 7 五 | 己未 8 六 | 庚申 9 日 | 辛酉 10 一 | 壬戌 11 二 | 癸亥 12 三 | 甲子 13 四 | 乙丑 14 五 | 丙寅 15 六 | 丁卯 16 日 | 戊辰 17 一 | 己巳 18 二 | 庚午 19 三 | 辛未 20 四 | | 丁未夏至<br>壬戌小暑 |
| 七月大 | 庚午 | 天干地支西曆星期 | 壬申 21 五 | 癸酉 22 六 | 甲戌 23 日 | 乙亥 24 一 | 丙子 25 二 | 丁丑 26 三 | 戊寅 27 四 | 己卯 28 五 | 庚辰 29 六 | 辛巳 30 日 | 壬午 31 一 | 癸未 (8) 二 | 甲申 2 三 | 乙酉 3 四 | 丙戌 4 五 | 丁亥 5 六 | 戊子 6 日 | 己丑 7 一 | 庚寅 8 二 | 辛卯 9 三 | 壬辰 10 四 | 癸巳 11 五 | 甲午 12 六 | 乙未 13 日 | 丙申 14 一 | 丁酉 15 二 | 戊戌 16 三 | 己亥 17 四 | 庚子 18 五 | 辛丑 19 六 | 丁丑大暑<br>壬辰立秋 |
| 八月小 | 辛未 | 天干地支西曆星期 | 壬寅 20 日 | 癸卯 21 一 | 甲辰 22 二 | 乙巳 23 三 | 丙午 24 四 | 丁未 25 五 | 戊申 26 六 | 己酉 27 日 | 庚戌 28 一 | 辛亥 29 二 | 壬子 30 三 | 癸丑 31 四 | 甲寅 (9) 五 | 乙卯 2 六 | 丙辰 3 日 | 丁巳 4 一 | 戊午 5 二 | 己未 6 三 | 庚申 7 四 | 辛酉 8 五 | 壬戌 9 六 | 癸亥 10 日 | 甲子 11 一 | 乙丑 12 二 | 丙寅 13 三 | 丁卯 14 四 | 戊辰 15 五 | 己巳 16 六 | 庚午 17 日 | | 戊申處暑<br>癸亥白露 |
| 九月大 | 壬申 | 天干地支西曆星期 | 辛未 18 一 | 壬申 19 二 | 癸酉 20 三 | 甲戌 21 四 | 乙亥 22 五 | 丙子 23 六 | 丁丑 24 日 | 戊寅 25 一 | 己卯 26 二 | 庚辰 27 三 | 辛巳 28 四 | 壬午 29 五 | 癸未 30 六 | 甲申 (10) 日 | 乙酉 2 一 | 丙戌 3 二 | 丁亥 4 三 | 戊子 5 四 | 己丑 6 五 | 庚寅 7 六 | 辛卯 8 日 | 壬辰 9 一 | 癸巳 10 二 | 甲午 11 三 | 乙未 12 四 | 丙申 13 五 | 丁酉 14 六 | 戊戌 15 日 | 己亥 16 一 | 庚子 17 二 | 戊寅秋分<br>癸巳寒露 |
| 十月小 | 癸酉 | 天干地支西曆星期 | 辛丑 18 三 | 壬寅 19 四 | 癸卯 20 五 | 甲辰 21 六 | 乙巳 22 日 | 丙午 23 一 | 丁未 24 二 | 戊申 25 三 | 己酉 26 四 | 庚戌 27 五 | 辛亥 28 六 | 壬子 29 日 | 癸丑 30 一 | 甲寅 31 二 | 乙卯 (11) 三 | 丙辰 2 四 | 丁巳 3 五 | 戊午 4 六 | 己未 5 日 | 庚申 6 一 | 辛酉 7 二 | 壬戌 8 三 | 癸亥 9 四 | 甲子 10 五 | 乙丑 11 六 | 丙寅 12 日 | 丁卯 13 一 | 戊辰 14 二 | 己巳 15 三 | | 戊申霜降<br>甲子立冬 |
| 十一月大 | 甲戌 | 天干地支西曆星期 | 庚午 16 四 | 辛未 17 五 | 壬申 18 六 | 癸酉 19 日 | 甲戌 20 一 | 乙亥 21 二 | 丙子 22 三 | 丁丑 23 四 | 戊寅 24 五 | 己卯 25 六 | 庚辰 26 日 | 辛巳 27 一 | 壬午 28 二 | 癸未 29 三 | 甲申 30 四 | 乙酉 (12) 五 | 丙戌 2 六 | 丁亥 3 日 | 戊子 4 一 | 己丑 5 二 | 庚寅 6 三 | 辛卯 7 四 | 壬辰 8 五 | 癸巳 9 六 | 甲午 10 日 | 乙未 11 一 | 丙申 12 二 | 丁酉 13 三 | 戊戌 14 四 | 己亥 15 五 | 己卯小雪<br>甲午大雪 |
| 十二月小 | 乙亥 | 天干地支西曆星期 | 庚子 16 六 | 辛丑 17 日 | 壬寅 18 一 | 癸卯 19 二 | 甲辰 20 三 | 乙巳 21 四 | 丙午 22 五 | 丁未 23 六 | 戊申 24 日 | 己酉 25 一 | 庚戌 26 二 | 辛亥 27 三 | 壬子 28 四 | 癸丑 29 五 | 甲寅 30 六 | 乙卯 31 日 | 丙辰 (1) 一 | 丁巳 2 二 | 戊午 3 三 | 己未 4 四 | 庚申 5 五 | 辛酉 6 六 | 壬戌 7 日 | 癸亥 8 一 | 甲子 9 二 | 乙丑 10 三 | 丙寅 11 四 | 丁卯 12 五 | 戊辰 13 六 | | 己酉冬至<br>甲子小寒 |

* 天鳳六年春，王莽令太史推三萬六千歲曆紀，六歲一改元，布告天下。改明年爲地皇，以應三萬六千歲曆號。

# 新王莽地皇元年（庚辰 龍年） 公元 20 ~ 21 年

| 夏曆月序 | 中西曆日對照 | 初一 | 初二 | 初三 | 初四 | 初五 | 初六 | 初七 | 初八 | 初九 | 初十 | 十一 | 十二 | 十三 | 十四 | 十五 | 十六 | 十七 | 十八 | 十九 | 二十 | 二一 | 二二 | 二三 | 二四 | 二五 | 二六 | 二七 | 二八 | 二九 | 三十 | 節氣與天象 |
|---|---|---|---|---|---|---|---|---|---|---|---|---|---|---|---|---|---|---|---|---|---|---|---|---|---|---|---|---|---|---|---|---|
| 正月大 丙子 | 天干地支 西曆 星期 | 己巳 14 日 | 庚午 15 一 | 辛未 16 二 | 壬申 17 三 | 癸酉 18 四 | 甲戌 19 五 | 乙亥 20 六 | 丙子 21 日 | 丁丑 22 一 | 戊寅 23 二 | 己卯 24 三 | 庚辰 25 四 | 辛巳 26 五 | 壬午 27 六 | 癸未 28 日 | 甲申 29 一 | 乙酉 30 二 | 丙戌 31 三 | 丁亥 (2) 四 | 戊子 2 五 | 己丑 3 六 | 庚寅 4 日 | 辛卯 5 一 | 壬辰 6 二 | 癸巳 7 三 | 甲午 8 四 | 乙未 9 五 | 丙申 10 六 | 丁酉 11 日 | 戊戌 12 一 | 庚辰大寒 乙未立春 |
| 二月大 丁丑 | 天干地支 西曆 星期 | 己亥 13 二 | 庚子 14 三 | 辛丑 15 四 | 壬寅 16 五 | 癸卯 17 六 | 甲辰 18 日 | 乙巳 19 一 | 丙午 20 二 | 丁未 21 三 | 戊申 22 四 | 己酉 23 五 | 庚戌 24 六 | 辛亥 25 日 | 壬子 26 一 | 癸丑 27 二 | 甲寅 28 三 | 乙卯 29 四 | 丙辰 (3) 五 | 丁巳 2 六 | 戊午 3 日 | 己未 4 一 | 庚申 5 二 | 辛酉 6 三 | 壬戌 7 四 | 癸亥 8 五 | 甲子 9 六 | 乙丑 10 日 | 丙寅 11 一 | 丁卯 12 二 | 戊辰 13 三 | 庚戌驚蟄 乙丑雨水 |
| 三月小 戊寅 | 天干地支 西曆 星期 | 己巳 14 四 | 庚午 15 五 | 辛未 16 六 | 壬申 17 日 | 癸酉 18 一 | 甲戌 19 二 | 乙亥 20 三 | 丙子 21 四 | 丁丑 22 五 | 戊寅 23 六 | 己卯 24 日 | 庚辰 25 一 | 辛巳 26 二 | 壬午 27 三 | 癸未 28 四 | 甲申 29 五 | 乙酉 30 六 | 丙戌 31 日 | 丁亥 (4) 一 | 戊子 2 二 | 己丑 3 三 | 庚寅 4 四 | 辛卯 5 五 | 壬辰 6 六 | 癸巳 7 日 | 甲午 8 一 | 乙未 9 二 | 丙申 10 三 | 丁酉 11 四 | | 辛巳春分 丙申穀雨 |
| 四月大 己卯 | 天干地支 西曆 星期 | 戊戌 12 五 | 己亥 13 六 | 庚子 14 日 | 辛丑 15 一 | 壬寅 16 二 | 癸卯 17 三 | 甲辰 18 四 | 乙巳 19 五 | 丙午 20 六 | 丁未 21 日 | 戊申 22 一 | 己酉 23 二 | 庚戌 24 三 | 辛亥 25 四 | 壬子 26 五 | 癸丑 27 六 | 甲寅 28 日 | 乙卯 29 一 | 丙辰 30 二 | 丁巳 (5) 三 | 戊午 2 四 | 己未 3 五 | 庚申 4 六 | 辛酉 5 日 | 壬戌 6 一 | 癸亥 7 二 | 甲子 8 三 | 乙丑 9 四 | 丙寅 10 五 | 丁卯 11 六 | 辛亥清明 丙寅立夏 |
| 五月小 庚辰 | 天干地支 西曆 星期 | 戊辰 12 日 | 己巳 13 一 | 庚午 14 二 | 辛未 15 三 | 壬申 16 四 | 癸酉 17 五 | 甲戌 18 六 | 乙亥 19 日 | 丙子 20 一 | 丁丑 21 二 | 戊寅 22 三 | 己卯 23 四 | 庚辰 24 五 | 辛巳 25 六 | 壬午 26 日 | 癸未 27 一 | 甲申 28 二 | 乙酉 29 三 | 丙戌 30 四 | 丁亥 31 五 | 戊子 (6) 六 | 己丑 2 日 | 庚寅 3 一 | 辛卯 4 二 | 壬辰 5 三 | 癸巳 6 四 | 甲午 7 五 | 乙未 8 六 | 丙申 9 日 | | 辛巳小滿 |
| 六月大 辛巳 | 天干地支 西曆 星期 | 丁酉 10 一 | 戊戌 11 二 | 己亥 12 三 | 庚子 13 四 | 辛丑 14 五 | 壬寅 15 六 | 癸卯 16 日 | 甲辰 17 一 | 乙巳 18 二 | 丙午 19 三 | 丁未 20 四 | 戊申 21 五 | 己酉 22 六 | 庚戌 23 日 | 辛亥 24 一 | 壬子 25 二 | 癸丑 26 三 | 甲寅 27 四 | 乙卯 28 五 | 丙辰 29 六 | 丁巳 30 日 | 戊午 (7) 一 | 己未 2 二 | 庚申 3 三 | 辛酉 4 四 | 壬戌 5 五 | 癸亥 6 六 | 甲子 7 日 | 乙丑 8 一 | 丙寅 9 二 | 丁酉芒種 壬子夏至 |
| 七月小 壬午 | 天干地支 西曆 星期 | 丁卯 10 三 | 戊辰 11 四 | 己巳 12 五 | 庚午 13 六 | 辛未 14 日 | 壬申 15 一 | 癸酉 16 二 | 甲戌 17 三 | 乙亥 18 四 | 丙子 19 五 | 丁丑 20 六 | 戊寅 21 日 | 己卯 22 一 | 庚辰 23 二 | 辛巳 24 三 | 壬午 25 四 | 癸未 26 五 | 甲申 27 六 | 乙酉 28 日 | 丙戌 29 一 | 丁亥 30 二 | 戊子 31 三 | 己丑 (8) 四 | 庚寅 2 五 | 辛卯 3 六 | 壬辰 4 日 | 癸巳 5 一 | 甲午 6 二 | 乙未 7 三 | | 丁卯小暑 壬午大暑 |
| 八月大 癸未 | 天干地支 西曆 星期 | 丙申 8 四 | 丁酉 9 五 | 戊戌 10 六 | 己亥 11 日 | 庚子 12 一 | 辛丑 13 二 | 壬寅 14 三 | 癸卯 15 四 | 甲辰 16 五 | 乙巳 17 六 | 丙午 18 日 | 丁未 19 一 | 戊申 20 二 | 己酉 21 三 | 庚戌 22 四 | 辛亥 23 五 | 壬子 24 六 | 癸丑 25 日 | 甲寅 26 一 | 乙卯 27 二 | 丙辰 28 三 | 丁巳 29 四 | 戊午 30 五 | 己未 31 六 | 庚申 (9) 日 | 辛酉 2 一 | 壬戌 3 二 | 癸亥 4 三 | 甲子 5 四 | 乙丑 6 五 | 戊戌立秋 癸丑處暑 |
| 九月小 甲申 | 天干地支 西曆 星期 | 丙寅 7 六 | 丁卯 8 日 | 戊辰 9 一 | 己巳 10 二 | 庚午 11 三 | 辛未 12 四 | 壬申 13 五 | 癸酉 14 六 | 甲戌 15 日 | 乙亥 16 一 | 丙子 17 二 | 丁丑 18 三 | 戊寅 19 四 | 己卯 20 五 | 庚辰 21 六 | 辛巳 22 日 | 壬午 23 一 | 癸未 24 二 | 甲申 25 三 | 乙酉 26 四 | 丙戌 27 五 | 丁亥 28 六 | 戊子 29 日 | 己丑 30 一 | 庚寅 (10) 二 | 辛卯 2 三 | 壬辰 3 四 | 癸巳 4 五 | 甲午 5 六 | | 戊辰白露 癸未秋分 |
| 十月大 乙酉 | 天干地支 西曆 星期 | 乙未 6 日 | 丙申 7 一 | 丁酉 8 二 | 戊戌 9 三 | 己亥 10 四 | 庚子 11 五 | 辛丑 12 六 | 壬寅 13 日 | 癸卯 14 一 | 甲辰 15 二 | 乙巳 16 三 | 丙午 17 四 | 丁未 18 五 | 戊申 19 六 | 己酉 20 日 | 庚戌 21 一 | 辛亥 22 二 | 壬子 23 三 | 癸丑 24 四 | 甲寅 25 五 | 乙卯 26 六 | 丙辰 27 日 | 丁巳 28 一 | 戊午 29 二 | 己未 30 三 | 庚申 31 四 | 辛酉 (11) 五 | 壬戌 2 六 | 癸亥 3 日 | 甲子 4 一 | 戊戌寒露 甲寅霜降 |
| 十一月小 丙戌 | 天干地支 西曆 星期 | 乙丑 5 二 | 丙寅 6 三 | 丁卯 7 四 | 戊辰 8 五 | 己巳 9 六 | 庚午 10 日 | 辛未 11 一 | 壬申 12 二 | 癸酉 13 三 | 甲戌 14 四 | 乙亥 15 五 | 丙子 16 六 | 丁丑 17 日 | 戊寅 18 一 | 己卯 19 二 | 庚辰 20 三 | 辛巳 21 四 | 壬午 22 五 | 癸未 23 六 | 甲申 24 日 | 乙酉 25 一 | 丙戌 26 二 | 丁亥 27 三 | 戊子 28 四 | 己丑 29 五 | 庚寅 30 六 | 辛卯 (12) 日 | 壬辰 2 一 | 癸巳 3 二 | | 己巳立冬 甲申小雪 |
| 十二月大 丁亥 | 天干地支 西曆 星期 | 甲午 4 三 | 乙未 5 四 | 丙申 6 五 | 丁酉 7 六 | 戊戌 8 日 | 己亥 9 一 | 庚子 10 二 | 辛丑 11 三 | 壬寅 12 四 | 癸卯 13 五 | 甲辰 14 六 | 乙巳 15 日 | 丙午 16 一 | 丁未 17 二 | 戊申 18 三 | 己酉 19 四 | 庚戌 20 五 | 辛亥 21 六 | 壬子 22 日 | 癸丑 23 一 | 甲寅 24 二 | 乙卯 25 三 | 丙辰 26 四 | 丁巳 27 五 | 戊午 28 六 | 己未 29 日 | 庚申 30 一 | 辛酉 31 二 | 壬戌 (1) 三 | 癸亥 2 四 | 己亥大雪 乙卯冬至 |

*正月，改元地皇。

# 新王莽地皇二年（辛巳 蛇年） 公元 21 ~ 22 年

| 夏曆月序 | | 中西曆日對照 | 初一 | 初二 | 初三 | 初四 | 初五 | 初六 | 初七 | 初八 | 初九 | 初十 | 十一 | 十二 | 十三 | 十四 | 十五 | 十六 | 十七 | 十八 | 十九 | 二十 | 二一 | 二二 | 二三 | 二四 | 二五 | 二六 | 二七 | 二八 | 二九 | 三十 | 節氣與天象 |
|---|---|---|---|---|---|---|---|---|---|---|---|---|---|---|---|---|---|---|---|---|---|---|---|---|---|---|---|---|---|---|---|---|---|
| 正月小 | 戊子 | 天干地支<br>西曆星期 | 甲子<br>3五 | 乙丑<br>4六 | 丙寅<br>5日 | 丁卯<br>6一 | 戊辰<br>7二 | 己巳<br>8三 | 庚午<br>9四 | 辛未<br>10五 | 壬申<br>11六 | 癸酉<br>12日 | 甲戌<br>13一 | 乙亥<br>14二 | 丙子<br>15三 | 丁丑<br>16四 | 戊寅<br>17五 | 己卯<br>18六 | 庚辰<br>19日 | 辛巳<br>20一 | 壬午<br>21二 | 癸未<br>22三 | 甲申<br>23四 | 乙酉<br>24五 | 丙戌<br>25六 | 丁亥<br>26日 | 戊子<br>27一 | 己丑<br>28二 | 庚寅<br>29三 | 辛卯<br>30四 | 壬辰<br>31五 | | 庚午小寒<br>乙酉大寒 |
| 二月大 | 己丑 | 天干地支<br>西曆星期 | 癸巳<br>(2)六 | 甲午<br>2日 | 乙未<br>3一 | 丙申<br>4二 | 丁酉<br>5三 | 戊戌<br>6四 | 己亥<br>7五 | 庚子<br>8六 | 辛丑<br>9日 | 壬寅<br>10一 | 癸卯<br>11二 | 甲辰<br>12三 | 乙巳<br>13四 | 丙午<br>14五 | 丁未<br>15六 | 戊申<br>16日 | 己酉<br>17一 | 庚戌<br>18二 | 辛亥<br>19三 | 壬子<br>20四 | 癸丑<br>21五 | 甲寅<br>22六 | 乙卯<br>23日 | 丙辰<br>24一 | 丁巳<br>25二 | 戊午<br>26三 | 己未<br>27四 | 庚申<br>28五 | 辛酉<br>(3)六 | 壬戌<br>2日 | 庚子立春<br>乙卯驚蟄 |
| 三月小 | 庚寅 | 天干地支<br>西曆星期 | 癸亥<br>3一 | 甲子<br>4二 | 乙丑<br>5三 | 丙寅<br>6四 | 丁卯<br>7五 | 戊辰<br>8六 | 己巳<br>9日 | 庚午<br>10一 | 辛未<br>11二 | 壬申<br>12三 | 癸酉<br>13四 | 甲戌<br>14五 | 乙亥<br>15六 | 丙子<br>16日 | 丁丑<br>17一 | 戊寅<br>18二 | 己卯<br>19三 | 庚辰<br>20四 | 辛巳<br>21五 | 壬午<br>22六 | 癸未<br>23日 | 甲申<br>24一 | 乙酉<br>25二 | 丙戌<br>26三 | 丁亥<br>27四 | 戊子<br>28五 | 己丑<br>29六 | 庚寅<br>30日 | 辛卯<br>31一 | | 辛未雨水<br>丙戌春分 |
| 四月大 | 辛卯 | 天干地支<br>西曆星期 | 壬辰<br>(4)二 | 癸巳<br>2三 | 甲午<br>3四 | 乙未<br>4五 | 丙申<br>5六 | 丁酉<br>6日 | 戊戌<br>7一 | 己亥<br>8二 | 庚子<br>9三 | 辛丑<br>10四 | 壬寅<br>11五 | 癸卯<br>12六 | 甲辰<br>13日 | 乙巳<br>14一 | 丙午<br>15二 | 丁未<br>16三 | 戊申<br>17四 | 己酉<br>18五 | 庚戌<br>19六 | 辛亥<br>20日 | 壬子<br>21一 | 癸丑<br>22二 | 甲寅<br>23三 | 乙卯<br>24四 | 丙辰<br>25五 | 丁巳<br>26六 | 戊午<br>27日 | 己未<br>28一 | 庚申<br>29二 | 辛酉<br>30三 | 辛丑穀雨<br>丙辰清明 |
| 五月大 | 壬辰 | 天干地支<br>西曆星期 | 壬戌<br>(5)四 | 癸亥<br>2五 | 甲子<br>3六 | 乙丑<br>4日 | 丙寅<br>5一 | 丁卯<br>6二 | 戊辰<br>7三 | 己巳<br>8四 | 庚午<br>9五 | 辛未<br>10六 | 壬申<br>11日 | 癸酉<br>12一 | 甲戌<br>13二 | 乙亥<br>14三 | 丙子<br>15四 | 丁丑<br>16五 | 戊寅<br>17六 | 己卯<br>18日 | 庚辰<br>19一 | 辛巳<br>20二 | 壬午<br>21三 | 癸未<br>22四 | 甲申<br>23五 | 乙酉<br>24六 | 丙戌<br>25日 | 丁亥<br>26一 | 戊子<br>27二 | 己丑<br>28三 | 庚寅<br>29四 | 辛卯<br>30五 | 辛未立夏<br>丁亥小滿 |
| 六月小 | 癸巳 | 天干地支<br>西曆星期 | 壬辰<br>31六 | 癸巳<br>(6)日 | 甲午<br>2一 | 乙未<br>3二 | 丙申<br>4三 | 丁酉<br>5四 | 戊戌<br>6五 | 己亥<br>7六 | 庚子<br>8日 | 辛丑<br>9一 | 壬寅<br>10二 | 癸卯<br>11三 | 甲辰<br>12四 | 乙巳<br>13五 | 丙午<br>14六 | 丁未<br>15日 | 戊申<br>16一 | 己酉<br>17二 | 庚戌<br>18三 | 辛亥<br>19四 | 壬子<br>20五 | 癸丑<br>21六 | 甲寅<br>22日 | 乙卯<br>23一 | 丙辰<br>24二 | 丁巳<br>25三 | 戊午<br>26四 | 己未<br>27五 | 庚申<br>28六 | | 壬寅芒種<br>丁巳夏至 |
| 七月大 | 甲午 | 天干地支<br>西曆星期 | 辛酉<br>29日 | 壬戌<br>30一 | 癸亥<br>(7)二 | 甲子<br>2三 | 乙丑<br>3四 | 丙寅<br>4五 | 丁卯<br>5六 | 戊辰<br>6日 | 己巳<br>7一 | 庚午<br>8二 | 辛未<br>9三 | 壬申<br>10四 | 癸酉<br>11五 | 甲戌<br>12六 | 乙亥<br>13日 | 丙子<br>14一 | 丁丑<br>15二 | 戊寅<br>16三 | 己卯<br>17四 | 庚辰<br>18五 | 辛巳<br>19六 | 壬午<br>20日 | 癸未<br>21一 | 甲申<br>22二 | 乙酉<br>23三 | 丙戌<br>24四 | 丁亥<br>25五 | 戊子<br>26六 | 己丑<br>27日 | 庚寅<br>28一 | 壬申小暑<br>戊子大暑 |
| 八月小 | 乙未 | 天干地支<br>西曆星期 | 辛卯<br>29二 | 壬辰<br>30三 | 癸巳<br>31四 | 甲午<br>(8)五 | 乙未<br>2六 | 丙申<br>3日 | 丁酉<br>4一 | 戊戌<br>5二 | 己亥<br>6三 | 庚子<br>7四 | 辛丑<br>8五 | 壬寅<br>9六 | 癸卯<br>10日 | 甲辰<br>11一 | 乙巳<br>12二 | 丙午<br>13三 | 丁未<br>14四 | 戊申<br>15五 | 己酉<br>16六 | 庚戌<br>17日 | 辛亥<br>18一 | 壬子<br>19二 | 癸丑<br>20三 | 甲寅<br>21四 | 乙卯<br>22五 | 丙辰<br>23六 | 丁巳<br>24日 | 戊午<br>25一 | 己未<br>26二 | | 癸卯立秋<br>戊午處暑 |
| 九月大 | 丙申 | 天干地支<br>西曆星期 | 庚申<br>27三 | 辛酉<br>28四 | 壬戌<br>29五 | 癸亥<br>30六 | 甲子<br>31日 | 乙丑<br>(9)一 | 丙寅<br>2二 | 丁卯<br>3三 | 戊辰<br>4四 | 己巳<br>5五 | 庚午<br>6六 | 辛未<br>7日 | 壬申<br>8一 | 癸酉<br>9二 | 甲戌<br>10三 | 乙亥<br>11四 | 丙子<br>12五 | 丁丑<br>13六 | 戊寅<br>14日 | 己卯<br>15一 | 庚辰<br>16二 | 辛巳<br>17三 | 壬午<br>18四 | 癸未<br>19五 | 甲申<br>20六 | 乙酉<br>21日 | 丙戌<br>22一 | 丁亥<br>23二 | 戊子<br>24三 | 己丑<br>25四 | 癸酉白露<br>戊子秋分 |
| 閏九月小 | 丙申 | 天干地支<br>西曆星期 | 庚寅<br>26五 | 辛卯<br>27六 | 壬辰<br>28日 | 癸巳<br>29一 | 甲午<br>30二 | 乙未<br>(10)三 | 丙申<br>2四 | 丁酉<br>3五 | 戊戌<br>4六 | 己亥<br>5日 | 庚子<br>6一 | 辛丑<br>7二 | 壬寅<br>8三 | 癸卯<br>9四 | 甲辰<br>10五 | 乙巳<br>11六 | 丙午<br>12日 | 丁未<br>13一 | 戊申<br>14二 | 己酉<br>15三 | 庚戌<br>16四 | 辛亥<br>17五 | 壬子<br>18六 | 癸丑<br>19日 | 甲寅<br>20一 | 乙卯<br>21二 | 丙辰<br>22三 | 丁巳<br>23四 | 戊午<br>24五 | | 甲辰寒露 |
| 十月大 | 丁酉 | 天干地支<br>西曆星期 | 己未<br>25六 | 庚申<br>26日 | 辛酉<br>27一 | 壬戌<br>28二 | 癸亥<br>29三 | 甲子<br>30四 | 乙丑<br>31五 | 丙寅<br>(11)六 | 丁卯<br>2日 | 戊辰<br>3一 | 己巳<br>4二 | 庚午<br>5三 | 辛未<br>6四 | 壬申<br>7五 | 癸酉<br>8六 | 甲戌<br>9日 | 乙亥<br>10一 | 丙子<br>11二 | 丁丑<br>12三 | 戊寅<br>13四 | 己卯<br>14五 | 庚辰<br>15六 | 辛巳<br>16日 | 壬午<br>17一 | 癸未<br>18二 | 甲申<br>19三 | 乙酉<br>20四 | 丙戌<br>21五 | 丁亥<br>22六 | 戊子<br>23日 | 己未霜降<br>甲戌立冬 |
| 十一月小 | 戊戌 | 天干地支<br>西曆星期 | 己丑<br>24一 | 庚寅<br>25二 | 辛卯<br>26三 | 壬辰<br>27四 | 癸巳<br>28五 | 甲午<br>29六 | 乙未<br>30日 | 丙申<br>(12)一 | 丁酉<br>2二 | 戊戌<br>3三 | 己亥<br>4四 | 庚子<br>5五 | 辛丑<br>6六 | 壬寅<br>7日 | 癸卯<br>8一 | 甲辰<br>9二 | 乙巳<br>10三 | 丙午<br>11四 | 丁未<br>12五 | 戊申<br>13六 | 己酉<br>14日 | 庚戌<br>15一 | 辛亥<br>16二 | 壬子<br>17三 | 癸丑<br>18四 | 甲寅<br>19五 | 乙卯<br>20六 | 丙辰<br>21日 | 丁巳<br>22一 | | 己丑小雪<br>乙巳大雪 |
| 十二月大 | 己亥 | 天干地支<br>西曆星期 | 戊午<br>23二 | 己未<br>24三 | 庚申<br>25四 | 辛酉<br>26五 | 壬戌<br>27六 | 癸亥<br>28日 | 甲子<br>29一 | 乙丑<br>30二 | 丙寅<br>31三 | 丁卯<br>(1)四 | 戊辰<br>2五 | 己巳<br>3六 | 庚午<br>4日 | 辛未<br>5一 | 壬申<br>6二 | 癸酉<br>7三 | 甲戌<br>8四 | 乙亥<br>9五 | 丙子<br>10六 | 丁丑<br>11日 | 戊寅<br>12一 | 己卯<br>13二 | 庚辰<br>14三 | 辛巳<br>15四 | 壬午<br>16五 | 癸未<br>17六 | 甲申<br>18日 | 乙酉<br>19一 | 丙戌<br>20二 | 丁亥<br>21三 | 庚申冬至<br>乙亥小寒 |

# 新王莽地皇三年（壬午 馬年） 公元22～23年

| 夏曆月序 | 中西曆日對照 | 夏曆日序 | | | | | | | | | | | | | | | | | | | | | | | | | | | | | | 節氣與天象 |
|---|---|---|---|---|---|---|---|---|---|---|---|---|---|---|---|---|---|---|---|---|---|---|---|---|---|---|---|---|---|---|---|---|
| | | 初一 | 初二 | 初三 | 初四 | 初五 | 初六 | 初七 | 初八 | 初九 | 初十 | 十一 | 十二 | 十三 | 十四 | 十五 | 十六 | 十七 | 十八 | 十九 | 二十 | 二一 | 二二 | 二三 | 二四 | 二五 | 二六 | 二七 | 二八 | 二九 | 三十 | |
| 正月小 庚子 | 天干地支西曆星期 | 戊子22四 | 己丑23五 | 庚寅24六 | 辛卯25日 | 壬辰26一 | 癸巳27二 | 甲午28三 | 乙未29四 | 丙申30五 | 丁酉31六 | 戊戌(2)日 | 己亥2一 | 庚子3二 | 辛丑4三 | 壬寅5四 | 癸卯6五 | 甲辰7六 | 乙巳8日 | 丙午9一 | 丁未10二 | 戊申11三 | 己酉12四 | 庚戌13五 | 辛亥14六 | 壬子15日 | 癸丑16一 | 甲寅17二 | 乙卯18三 | 丙辰19四 | | 庚寅大寒<br>乙巳立春 |
| 二月大 辛丑 | 天干地支西曆星期 | 丁巳20五 | 戊午21六 | 己未22日 | 庚申23一 | 辛酉24二 | 壬戌25三 | 癸亥26四 | 甲子27五 | 乙丑28六 | 丙寅(3)日 | 丁卯2一 | 戊辰3二 | 己巳4三 | 庚午5四 | 辛未6五 | 壬申7六 | 癸酉8日 | 甲戌9一 | 乙亥10二 | 丙子11三 | 丁丑12四 | 戊寅13五 | 己卯14六 | 庚辰15日 | 辛巳16一 | 壬午17二 | 癸未18三 | 甲申19四 | 乙酉20五 | 丙戌21六 | 辛酉驚蟄<br>丙子雨水 |
| 三月小 壬寅 | 天干地支西曆星期 | 丁亥22日 | 戊子23一 | 己丑24二 | 庚寅25三 | 辛卯26四 | 壬辰27五 | 癸巳28六 | 甲午29日 | 乙未30一 | 丙申31二 | 丁酉(4)三 | 戊戌2四 | 己亥3五 | 庚子4六 | 辛丑5日 | 壬寅6一 | 癸卯7二 | 甲辰8三 | 乙巳9四 | 丙午10五 | 丁未11六 | 戊申12日 | 己酉13一 | 庚戌14二 | 辛亥15三 | 壬子16四 | 癸丑17五 | 甲寅18六 | 乙卯19日 | | 辛卯春分<br>丙午穀雨 |
| 四月大 癸卯 | 天干地支西曆星期 | 丙辰20一 | 丁巳21二 | 戊午22三 | 己未23四 | 庚申24五 | 辛酉25六 | 壬戌26日 | 癸亥27一 | 甲子28二 | 乙丑29三 | 丙寅30四 | 丁卯(5)五 | 戊辰2六 | 己巳3日 | 庚午4一 | 辛未5二 | 壬申6三 | 癸酉7四 | 甲戌8五 | 乙亥9六 | 丙子10日 | 丁丑11一 | 戊寅12二 | 己卯13三 | 庚辰14四 | 辛巳15五 | 壬午16六 | 癸未17日 | 甲申18一 | 乙酉19二 | 壬戌清明<br>丁丑立夏 |
| 五月小 甲辰 | 天干地支西曆星期 | 丙戌20三 | 丁亥21四 | 戊子22五 | 己丑23六 | 庚寅24日 | 辛卯25一 | 壬辰26二 | 癸巳27三 | 甲午28四 | 乙未29五 | 丙申30六 | 丁酉31日 | 戊戌(6)一 | 己亥2二 | 庚子3三 | 辛丑4四 | 壬寅5五 | 癸卯6六 | 甲辰7日 | 乙巳8一 | 丙午9二 | 丁未10三 | 戊申11四 | 己酉12五 | 庚戌13六 | 辛亥14日 | 壬子15一 | 癸丑16二 | 甲寅17三 | | 壬辰小滿<br>丁未芒種 |
| 六月大 乙巳 | 天干地支西曆星期 | 乙卯18四 | 丙辰19五 | 丁巳20六 | 戊午21日 | 己未22一 | 庚申23二 | 辛酉24三 | 壬戌25四 | 癸亥26五 | 甲子27六 | 乙丑28日 | 丙寅29一 | 丁卯30二 | 戊辰(7)三 | 己巳2四 | 庚午3五 | 辛未4六 | 壬申5日 | 癸酉6一 | 甲戌7二 | 乙亥8三 | 丙子9四 | 丁丑10五 | 戊寅11六 | 己卯12日 | 庚辰13一 | 辛巳14二 | 壬午15三 | 癸未16四 | 甲申17五 | 壬戌夏至<br>戊寅小暑 |
| 七月小 丙午 | 天干地支西曆星期 | 乙酉18六 | 丙戌19日 | 丁亥20一 | 戊子21二 | 己丑22三 | 庚寅23四 | 辛卯24五 | 壬辰25六 | 癸巳26日 | 甲午27一 | 乙未28二 | 丙申29三 | 丁酉30四 | 戊戌31五 | 己亥(8)六 | 庚子2日 | 辛丑3一 | 壬寅4二 | 癸卯5三 | 甲辰6四 | 乙巳7五 | 丙午8六 | 丁未9日 | 戊申10一 | 己酉11二 | 庚戌12三 | 辛亥13四 | 壬子14五 | 癸丑15六 | | 癸巳大暑<br>戊申立秋 |
| 八月大 丁未 | 天干地支西曆星期 | 甲寅16日 | 乙卯17一 | 丙辰18二 | 丁巳19三 | 戊午20四 | 己未21五 | 庚申22六 | 辛酉23日 | 壬戌24一 | 癸亥25二 | 甲子26三 | 乙丑27四 | 丙寅28五 | 丁卯29六 | 戊辰30日 | 己巳31一 | 庚午(9)二 | 辛未2三 | 壬申3四 | 癸酉4五 | 甲戌5六 | 乙亥6日 | 丙子7一 | 丁丑8二 | 戊寅9三 | 己卯10四 | 庚辰11五 | 辛巳12六 | 壬午13日 | 癸未14一 | 癸亥處暑<br>戊寅白露 |
| 九月大 戊申 | 天干地支西曆星期 | 甲申15二 | 乙酉16三 | 丙戌17四 | 丁亥18五 | 戊子19六 | 己丑20日 | 庚寅21一 | 辛卯22二 | 壬辰23三 | 癸巳24四 | 甲午25五 | 乙未26六 | 丙申27日 | 丁酉28一 | 戊戌29二 | 己亥30三 | 庚子(10)四 | 辛丑2五 | 壬寅3六 | 癸卯4日 | 甲辰5一 | 乙巳6二 | 丙午7三 | 丁未8四 | 戊申9五 | 己酉10六 | 庚戌11日 | 辛亥12一 | 壬子13二 | 癸丑14三 | 甲午秋分<br>己酉寒露 |
| 十月小 己酉 | 天干地支西曆星期 | 甲寅15四 | 乙卯16五 | 丙辰17六 | 丁巳18日 | 戊午19一 | 己未20二 | 庚申21三 | 辛酉22四 | 壬戌23五 | 癸亥24六 | 甲子25日 | 乙丑26一 | 丙寅27二 | 丁卯28三 | 戊辰29四 | 己巳30五 | 庚午31六 | 辛未(11)日 | 壬申2一 | 癸酉3二 | 甲戌4三 | 乙亥5四 | 丙子6五 | 丁丑7六 | 戊寅8日 | 己卯9一 | 庚辰10二 | 辛巳11三 | 壬午12四 | | 甲子霜降<br>己卯立冬 |
| 十一月大 庚戌 | 天干地支西曆星期 | 癸未13五 | 甲申14六 | 乙酉15日 | 丙戌16一 | 丁亥17二 | 戊子18三 | 己丑19四 | 庚寅20五 | 辛卯21六 | 壬辰22日 | 癸巳23一 | 甲午24二 | 乙未25三 | 丙申26四 | 丁酉27五 | 戊戌28六 | 己亥29日 | 庚子30一 | 辛丑(12)二 | 壬寅2三 | 癸卯3四 | 甲辰4五 | 乙巳5六 | 丙午6日 | 丁未7一 | 戊申8二 | 己酉9三 | 庚戌10四 | 辛亥11五 | 壬子12六 | 乙未小雪<br>庚戌大雪 |
| 十二月小 辛亥 | 天干地支西曆星期 | 癸丑13日 | 甲寅14一 | 乙卯15二 | 丙辰16三 | 丁巳17四 | 戊午18五 | 己未19六 | 庚申20日 | 辛酉21一 | 壬戌22二 | 癸亥23三 | 甲子24四 | 乙丑25五 | 丙寅26六 | 丁卯27日 | 戊辰28一 | 己巳29二 | 庚午30三 | 辛未31四 | 壬申(1)五 | 癸酉2六 | 甲戌3日 | 乙亥4一 | 丙子5二 | 丁丑6三 | 戊寅7四 | 己卯8五 | 庚辰9六 | 辛巳10日 | | 乙丑冬至<br>庚辰小寒 |

# 新王莽地皇四年 劉玄更始元年（癸未 羊年） 公元 **23** ~ 24 年

| 夏曆月序 | | 中西曆日對照 | 初一 | 初二 | 初三 | 初四 | 初五 | 初六 | 初七 | 初八 | 初九 | 初十 | 十一 | 十二 | 十三 | 十四 | 十五 | 十六 | 十七 | 十八 | 十九 | 二十 | 二一 | 二二 | 二三 | 二四 | 二五 | 二六 | 二七 | 二八 | 二九 | 三十 | 節氣與天象 |
|---|---|---|---|---|---|---|---|---|---|---|---|---|---|---|---|---|---|---|---|---|---|---|---|---|---|---|---|---|---|---|---|---|---|
| 正月大 | 壬子 | 天干 地支 西曆 星期 | 壬午 11 一 | 癸未 12 二 | 甲申 13 三 | 乙酉 14 四 | 丙戌 15 五 | 丁亥 16 六 | 戊子 17 日 | 己丑 18 一 | 庚寅 19 二 | 辛卯 20 三 | 壬辰 21 四 | 癸巳 22 五 | 甲午 23 六 | 乙未 24 日 | 丙申 25 一 | 丁酉 26 二 | 戊戌 27 三 | 己亥 28 四 | 庚子 29 五 | 辛丑 30 六 | 壬寅 31 日 | 癸卯 (2) 一 | 甲辰 2 二 | 乙巳 3 三 | 丙午 4 四 | 丁未 5 五 | 戊申 6 六 | 己酉 7 日 | 庚戌 8 一 | 辛亥 9 二 | 乙未大寒 辛亥立春 |
| 二月小 | 癸丑 | 天干 地支 西曆 星期 | 壬子 10 三 | 癸丑 11 四 | 甲寅 12 五 | 乙卯 13 六 | 丙辰 14 日 | 丁巳 15 一 | 戊午 16 二 | 己未 17 三 | 庚申 18 四 | 辛酉 19 五 | 壬戌 20 六 | 癸亥 21 日 | 甲子 22 一 | 乙丑 23 二 | 丙寅 24 三 | 丁卯 25 四 | 戊辰 26 五 | 己巳 27 六 | 庚午 28 日 | 辛未 (3) 一 | 壬申 2 二 | 癸酉 3 三 | 甲戌 4 四 | 乙亥 5 五 | 丙子 6 六 | 丁丑 7 日 | 戊寅 8 一 | 己卯 9 二 | 庚辰 10 三 | | 丙寅驚蟄 |
| 三月大 | 甲寅 | 天干 地支 西曆 星期 | 辛巳 11 四 | 壬午 12 五 | 癸未 13 六 | 甲申 14 日 | 乙酉 15 一 | 丙戌 16 二 | 丁亥 17 三 | 戊子 18 四 | 己丑 19 五 | 庚寅 20 六 | 辛卯 21 日 | 壬辰 22 一 | 癸巳 23 二 | 甲午 24 三 | 乙未 25 四 | 丙申 26 五 | 丁酉 27 六 | 戊戌 28 日 | 己亥 29 一 | 庚子 30 二 | 辛丑 31 三 | 壬寅 (4) 四 | 癸卯 2 五 | 甲辰 3 六 | 乙巳 4 日 | 丙午 5 一 | 丁未 6 二 | 戊申 7 三 | 己酉 8 四 | 庚戌 9 五 | 辛巳雨水 丙申春分 |
| 四月小 | 乙卯 | 天干 地支 西曆 星期 | 辛亥 10 六 | 壬子 11 日 | 癸丑 12 一 | 甲寅 13 二 | 乙卯 14 三 | 丙辰 15 四 | 丁巳 16 五 | 戊午 17 六 | 己未 18 日 | 庚申 19 一 | 辛酉 20 二 | 壬戌 21 三 | 癸亥 22 四 | 甲子 23 五 | 乙丑 24 六 | 丙寅 25 日 | 丁卯 26 一 | 戊辰 27 二 | 己巳 28 三 | 庚午 29 四 | 辛未 30 五 | 壬申 (5) 六 | 癸酉 2 日 | 甲戌 3 一 | 乙亥 4 二 | 丙子 5 三 | 丁丑 6 四 | 戊寅 7 五 | 己卯 8 六 | | 壬子穀雨 丁卯清明 |
| 五月大 | 丙辰 | 天干 地支 西曆 星期 | 庚辰 9 日 | 辛巳 10 一 | 壬午 11 二 | 癸未 12 三 | 甲申 13 四 | 乙酉 14 五 | 丙戌 15 六 | 丁亥 16 日 | 戊子 17 一 | 己丑 18 二 | 庚寅 19 三 | 辛卯 20 四 | 壬辰 21 五 | 癸巳 22 六 | 甲午 23 日 | 乙未 24 一 | 丙申 25 二 | 丁酉 26 三 | 戊戌 27 四 | 己亥 28 五 | 庚子 29 六 | 辛丑 30 日 | 壬寅 31 一 | 癸卯 (6) 二 | 甲辰 2 三 | 乙巳 3 四 | 丙午 4 五 | 丁未 5 六 | 戊申 6 日 | 己酉 7 一 | 壬午立夏 丁酉小滿 |
| 六月小 | 丁巳 | 天干 地支 西曆 星期 | 庚戌 8 二 | 辛亥 9 三 | 壬子 10 四 | 癸丑 11 五 | 甲寅 12 六 | 乙卯 13 日 | 丙辰 14 一 | 丁巳 15 二 | 戊午 16 三 | 己未 17 四 | 庚申 18 五 | 辛酉 19 六 | 壬戌 20 日 | 癸亥 21 一 | 甲子 22 二 | 乙丑 23 三 | 丙寅 24 四 | 丁卯 25 五 | 戊辰 26 六 | 己巳 27 日 | 庚午 28 一 | 辛未 29 二 | 壬申 30 三 | 癸酉 (7) 四 | 甲戌 2 五 | 乙亥 3 六 | 丙子 4 日 | 丁丑 5 一 | 戊寅 6 二 | | 壬子芒種 戊辰夏至 |
| 七月大 | 戊午 | 天干 地支 西曆 星期 | 己卯 7 三 | 庚辰 8 四 | 辛巳 9 五 | 壬午 10 六 | 癸未 11 日 | 甲申 12 一 | 乙酉 13 二 | 丙戌 14 三 | 丁亥 15 四 | 戊子 16 五 | 己丑 17 六 | 庚寅 18 日 | 辛卯 19 一 | 壬辰 20 二 | 癸巳 21 三 | 甲午 22 四 | 乙未 23 五 | 丙申 24 六 | 丁酉 25 日 | 戊戌 26 一 | 己亥 27 二 | 庚子 28 三 | 辛丑 29 四 | 壬寅 30 五 | 癸卯 31 六 | 甲辰 (8) 日 | 乙巳 2 一 | 丙午 3 二 | 丁未 4 三 | 戊申 5 四 | 癸未小暑 戊戌大暑 |
| 八月小 | 己未 | 天干 地支 西曆 星期 | 己酉 6 五 | 庚戌 7 六 | 辛亥 8 日 | 壬子 9 一 | 癸丑 10 二 | 甲寅 11 三 | 乙卯 12 四 | 丙辰 13 五 | 丁巳 14 六 | 戊午 15 日 | 己未 16 一 | 庚申 17 二 | 辛酉 18 三 | 壬戌 19 四 | 癸亥 20 五 | 甲子 21 六 | 乙丑 22 日 | 丙寅 23 一 | 丁卯 24 二 | 戊辰 25 三 | 己巳 26 四 | 庚午 27 五 | 辛未 28 六 | 壬申 29 日 | 癸酉 30 一 | 甲戌 31 二 | 乙亥 (9) 三 | 丙子 2 四 | 丁丑 3 五 | | 癸丑立秋 己巳處暑 |
| 九月大 | 庚申 | 天干 地支 西曆 星期 | 戊寅 4 六 | 己卯 5 日 | 庚辰 6 一 | 辛巳 7 二 | 壬午 8 三 | 癸未 9 四 | 甲申 10 五 | 乙酉 11 六 | 丙戌 12 日 | 丁亥 13 一 | 戊子 14 二 | 己丑 15 三 | 庚寅 16 四 | 辛卯 17 五 | 壬辰 18 六 | 癸巳 19 日 | 甲午 20 一 | 乙未 21 二 | 丙申 22 三 | 丁酉 23 四 | 戊戌 24 五 | 己亥 25 六 | 庚子 26 日 | 辛丑 27 一 | 壬寅 28 二 | 癸卯 29 三 | 甲辰 30 四 | 乙巳 (10) 五 | 丙午 2 六 | 丁未 3 日 | 甲申白露 己亥秋分 |
| 十月小 | 辛酉 | 天干 地支 西曆 星期 | 戊申 4 一 | 己酉 5 二 | 庚戌 6 三 | 辛亥 7 四 | 壬子 8 五 | 癸丑 9 六 | 甲寅 10 日 | 乙卯 11 一 | 丙辰 12 二 | 丁巳 13 三 | 戊午 14 四 | 己未 15 五 | 庚申 16 六 | 辛酉 17 日 | 壬戌 18 一 | 癸亥 19 二 | 甲子 20 三 | 乙丑 21 四 | 丙寅 22 五 | 丁卯 23 六 | 戊辰 24 日 | 己巳 25 一 | 庚午 26 二 | 辛未 27 三 | 壬申 28 四 | 癸酉 29 五 | 甲戌 30 六 | 乙亥 31 日 | 丙子 (11) 一 | | 甲寅寒露 己巳霜降 |
| 十月大 | 壬戌 | 天干 地支 西曆 星期 | 丁丑 2 二 | 戊寅 3 三 | 己卯 4 四 | 庚辰 5 五 | 辛巳 6 六 | 壬午 7 日 | 癸未 8 一 | 甲申 9 二 | 乙酉 10 三 | 丙戌 11 四 | 丁亥 12 五 | 戊子 13 六 | 己丑 14 日 | 庚寅 15 一 | 辛卯 16 二 | 壬辰 17 三 | 癸巳 18 四 | 甲午 19 五 | 乙未 20 六 | 丙申 21 日 | 丁酉 22 一 | 戊戌 23 二 | 己亥 24 三 | 庚子 25 四 | 辛丑 26 五 | 壬寅 27 六 | 癸卯 28 日 | 甲辰 29 一 | 乙巳 30 二 | 丙午 (12) 三 | 乙酉立冬 庚子小雪 |
| 十一月小 | 癸亥 | 天干 地支 西曆 星期 | 丁未 2 四 | 戊申 3 五 | 己酉 4 六 | 庚戌 5 日 | 辛亥 6 一 | 壬子 7 二 | 癸丑 8 三 | 甲寅 9 四 | 乙卯 10 五 | 丙辰 11 六 | 丁巳 12 日 | 戊午 13 一 | 己未 14 二 | 庚申 15 三 | 辛酉 16 四 | 壬戌 17 五 | 癸亥 18 六 | 甲子 19 日 | 乙丑 20 一 | 丙寅 21 二 | 丁卯 22 三 | 戊辰 23 四 | 己巳 24 五 | 庚午 25 六 | 辛未 26 日 | 壬申 27 一 | 癸酉 28 二 | 甲戌 29 三 | 乙亥 30 四 | | 乙卯大雪 庚午冬至 |
| 十二月大 | 甲子 | 天干 地支 西曆 星期 | 丙子 31 五 | 丁丑 (1) 六 | 戊寅 2 日 | 己卯 3 一 | 庚辰 4 二 | 辛巳 5 三 | 壬午 6 四 | 癸未 7 五 | 甲申 8 六 | 乙酉 9 日 | 丙戌 10 一 | 丁亥 11 二 | 戊子 12 三 | 己丑 13 四 | 庚寅 14 五 | 辛卯 15 六 | 壬辰 16 日 | 癸巳 17 一 | 甲午 18 二 | 乙未 19 三 | 丙申 20 四 | 丁酉 21 五 | 戊戌 22 六 | 己亥 23 日 | 庚子 24 一 | 辛丑 25 二 | 壬寅 26 三 | 癸卯 27 四 | 甲辰 28 五 | 乙巳 29 六 | 乙酉小寒 辛丑大寒 |

* 三月辛巳（初一），劉玄稱帝。十月庚戌（初三），王莽被殺，新朝覆亡。劉玄恢復寅正，以王莽地皇四年十一月爲更始元年十月，故此年有兩個十月。

# 劉玄更始二年（甲申 猴年） 公元 24 ~ 25 年

| 夏曆月序 | 中西曆日對照 | 初一 | 初二 | 初三 | 初四 | 初五 | 初六 | 初七 | 初八 | 初九 | 初十 | 十一 | 十二 | 十三 | 十四 | 十五 | 十六 | 十七 | 十八 | 十九 | 二十 | 二一 | 二二 | 二三 | 二四 | 二五 | 二六 | 二七 | 二八 | 二九 | 三十 | 節氣與天象 |
|---|---|---|---|---|---|---|---|---|---|---|---|---|---|---|---|---|---|---|---|---|---|---|---|---|---|---|---|---|---|---|---|---|
| 正月大 乙丑 | 天干地支 西曆 星期 | 丙午 30 日 | 丁未 31 一 | 戊申 (2) 二 | 己酉 2 三 | 庚戌 3 四 | 辛亥 4 五 | 壬子 5 六 | 癸丑 6 日 | 甲寅 7 一 | 乙卯 8 二 | 丙辰 9 三 | 丁巳 10 四 | 戊午 11 五 | 己未 12 六 | 庚申 13 日 | 辛酉 14 一 | 壬戌 15 二 | 癸亥 16 三 | 甲子 17 四 | 乙丑 18 五 | 丙寅 19 六 | 丁卯 20 日 | 戊辰 21 一 | 己巳 22 二 | 庚午 23 三 | 辛未 24 四 | 壬申 25 五 | 癸酉 26 六 | 甲戌 27 日 | 乙亥 28 一 | 丙辰立春 辛未驚蟄 |
| 二月小 丙寅 | 天干地支 西曆 星期 | 丙子 29 二 | 丁丑 (3) 三 | 戊寅 2 四 | 己卯 3 五 | 庚辰 4 六 | 辛巳 5 日 | 壬午 6 一 | 癸未 7 二 | 甲申 8 三 | 乙酉 9 四 | 丙戌 10 五 | 丁亥 11 六 | 戊子 12 日 | 己丑 13 一 | 庚寅 14 二 | 辛卯 15 三 | 壬辰 16 四 | 癸巳 17 五 | 甲午 18 六 | 乙未 19 日 | 丙申 20 一 | 丁酉 21 二 | 戊戌 22 三 | 己亥 23 四 | 庚子 24 五 | 辛丑 25 六 | 壬寅 26 日 | 癸卯 27 一 | 甲辰 28 二 | | 丙戌雨水 壬寅春分 |
| 三月大 丁卯 | 天干地支 西曆 星期 | 乙巳 29 三 | 丙午 30 四 | 丁未 31 五 | 戊申 (4) 六 | 己酉 2 日 | 庚戌 3 一 | 辛亥 4 二 | 壬子 5 三 | 癸丑 6 四 | 甲寅 7 五 | 乙卯 8 六 | 丙辰 9 日 | 丁巳 10 一 | 戊午 11 二 | 己未 12 三 | 庚申 13 四 | 辛酉 14 五 | 壬戌 15 六 | 癸亥 16 日 | 甲子 17 一 | 乙丑 18 二 | 丙寅 19 三 | 丁卯 20 四 | 戊辰 21 五 | 己巳 22 六 | 庚午 23 日 | 辛未 24 一 | 壬申 25 二 | 癸酉 26 三 | 甲戌 27 四 | 丁巳穀雨 壬申清明 |
| 四月小 戊辰 | 天干地支 西曆 星期 | 乙亥 28 五 | 丙子 29 六 | 丁丑 30 日 | 戊寅 (5) 一 | 己卯 2 二 | 庚辰 3 三 | 辛巳 4 四 | 壬午 5 五 | 癸未 6 六 | 甲申 7 日 | 乙酉 8 一 | 丙戌 9 二 | 丁亥 10 三 | 戊子 11 四 | 己丑 12 五 | 庚寅 13 六 | 辛卯 14 日 | 壬辰 15 一 | 癸巳 16 二 | 甲午 17 三 | 乙未 18 四 | 丙申 19 五 | 丁酉 20 六 | 戊戌 21 日 | 己亥 22 一 | 庚子 23 二 | 辛丑 24 三 | 壬寅 25 四 | 癸卯 26 五 | | 丁亥立夏 壬寅小滿 |
| 五月大 己巳 | 天干地支 西曆 星期 | 甲辰 27 六 | 乙巳 28 日 | 丙午 29 一 | 丁未 30 二 | 戊申 31 三 | 己酉 (6) 四 | 庚戌 2 五 | 辛亥 3 六 | 壬子 4 日 | 癸丑 5 一 | 甲寅 6 二 | 乙卯 7 三 | 丙辰 8 四 | 丁巳 9 五 | 戊午 10 六 | 己未 11 日 | 庚申 12 一 | 辛酉 13 二 | 壬戌 14 三 | 癸亥 15 四 | 甲子 16 五 | 乙丑 17 六 | 丙寅 18 日 | 丁卯 19 一 | 戊辰 20 二 | 己巳 21 三 | 庚午 22 四 | 辛未 23 五 | 壬申 24 六 | 癸酉 25 日 | 戊午芒種 癸酉夏至 |
| 閏五月小 己巳 | 天干地支 西曆 星期 | 甲戌 26 一 | 乙亥 27 二 | 丙子 28 三 | 丁丑 29 四 | 戊寅 30 五 | 己卯 (7) 六 | 庚辰 2 日 | 辛巳 3 一 | 壬午 4 二 | 癸未 5 三 | 甲申 6 四 | 乙酉 7 五 | 丙戌 8 六 | 丁亥 9 日 | 戊子 10 一 | 己丑 11 二 | 庚寅 12 三 | 辛卯 13 四 | 壬辰 14 五 | 癸巳 15 六 | 甲午 16 日 | 乙未 17 一 | 丙申 18 二 | 丁酉 19 三 | 戊戌 20 四 | 己亥 21 五 | 庚子 22 六 | 辛丑 23 日 | 壬寅 24 一 | | 戊子小暑 |
| 六月大 庚午 | 天干地支 西曆 星期 | 癸卯 25 二 | 甲辰 26 三 | 乙巳 27 四 | 丙午 28 五 | 丁未 29 六 | 戊申 30 日 | 己酉 31 一 | 庚戌 (8) 二 | 辛亥 2 三 | 壬子 3 四 | 癸丑 4 五 | 甲寅 5 六 | 乙卯 6 日 | 丙辰 7 一 | 丁巳 8 二 | 戊午 9 三 | 己未 10 四 | 庚申 11 五 | 辛酉 12 六 | 壬戌 13 日 | 癸亥 14 一 | 甲子 15 二 | 乙丑 16 三 | 丙寅 17 四 | 丁卯 18 五 | 戊辰 19 六 | 己巳 20 日 | 庚午 21 一 | 辛未 22 二 | 壬申 23 三 | 癸卯大暑 己未立秋 |
| 七月小 辛未 | 天干地支 西曆 星期 | 癸酉 24 四 | 甲戌 25 五 | 乙亥 26 六 | 丙子 27 日 | 丁丑 28 一 | 戊寅 29 二 | 己卯 30 三 | 庚辰 31 四 | 辛巳 (9) 五 | 壬午 2 六 | 癸未 3 日 | 甲申 4 一 | 乙酉 5 二 | 丙戌 6 三 | 丁亥 7 四 | 戊子 8 五 | 己丑 9 六 | 庚寅 10 日 | 辛卯 11 一 | 壬辰 12 二 | 癸巳 13 三 | 甲午 14 四 | 乙未 15 五 | 丙申 16 六 | 丁酉 17 日 | 戊戌 18 一 | 己亥 19 二 | 庚子 20 三 | 辛丑 21 四 | | 甲戌處暑 己丑白露 |
| 八月大 壬申 | 天干地支 西曆 星期 | 壬寅 22 五 | 癸卯 23 六 | 甲辰 24 日 | 乙巳 25 一 | 丙午 26 二 | 丁未 27 三 | 戊申 28 四 | 己酉 29 五 | 庚戌 30 六 | 辛亥 (10) 日 | 壬子 2 一 | 癸丑 3 二 | 甲寅 4 三 | 乙卯 5 四 | 丙辰 6 五 | 丁巳 7 六 | 戊午 8 日 | 己未 9 一 | 庚申 10 二 | 辛酉 11 三 | 壬戌 12 四 | 癸亥 13 五 | 甲子 14 六 | 乙丑 15 日 | 丙寅 16 一 | 丁卯 17 二 | 戊辰 18 三 | 己巳 19 四 | 庚午 20 五 | 辛未 21 六 | 甲辰秋分 己未寒露 |
| 九月小 癸酉 | 天干地支 西曆 星期 | 壬申 22 日 | 癸酉 23 一 | 甲戌 24 二 | 乙亥 25 三 | 丙子 26 四 | 丁丑 27 五 | 戊寅 28 六 | 己卯 29 日 | 庚辰 30 一 | 辛巳 31 二 | 壬午 (11) 三 | 癸未 2 四 | 甲申 3 五 | 乙酉 4 六 | 丙戌 5 日 | 丁亥 6 一 | 戊子 7 二 | 己丑 8 三 | 庚寅 9 四 | 辛卯 10 五 | 壬辰 11 六 | 癸巳 12 日 | 甲午 13 一 | 乙未 14 二 | 丙申 15 三 | 丁酉 16 四 | 戊戌 17 五 | 己亥 18 六 | 庚子 19 日 | | 乙亥霜降 庚寅立冬 |
| 十月大 甲戌 | 天干地支 西曆 星期 | 辛丑 20 一 | 壬寅 21 二 | 癸卯 22 三 | 甲辰 23 四 | 乙巳 24 五 | 丙午 25 六 | 丁未 26 日 | 戊申 27 一 | 己酉 28 二 | 庚戌 29 三 | 辛亥 30 四 | 壬子 (12) 五 | 癸丑 2 六 | 甲寅 3 日 | 乙卯 4 一 | 丙辰 5 二 | 丁巳 6 三 | 戊午 7 四 | 己未 8 五 | 庚申 9 六 | 辛酉 10 日 | 壬戌 11 一 | 癸亥 12 二 | 甲子 13 三 | 乙丑 14 四 | 丙寅 15 五 | 丁卯 16 六 | 戊辰 17 日 | 己巳 18 一 | 庚午 19 二 | 乙巳小雪 庚申大雪 |
| 十一月小 乙亥 | 天干地支 西曆 星期 | 辛未 20 三 | 壬申 21 四 | 癸酉 22 五 | 甲戌 23 六 | 乙亥 24 日 | 丙子 25 一 | 丁丑 26 二 | 戊寅 27 三 | 己卯 28 四 | 庚辰 29 五 | 辛巳 30 六 | 壬午 31 日 | 癸未 (1) 一 | 甲申 2 二 | 乙酉 3 三 | 丙戌 4 四 | 丁亥 5 五 | 戊子 6 六 | 己丑 7 日 | 庚寅 8 一 | 辛卯 9 二 | 壬辰 10 三 | 癸巳 11 四 | 甲午 12 五 | 乙未 13 六 | 丙申 14 日 | 丁酉 15 一 | 戊戌 16 二 | 己亥 17 三 | | 丙子冬至 辛卯小寒 |
| 十二月大 丙子 | 天干地支 西曆 星期 | 庚子 18 四 | 辛丑 19 五 | 壬寅 20 六 | 癸卯 21 日 | 甲辰 22 一 | 乙巳 23 二 | 丙午 24 三 | 丁未 25 四 | 戊申 26 五 | 己酉 27 六 | 庚戌 28 日 | 辛亥 29 一 | 壬子 30 二 | 癸丑 31 三 | 甲寅 (2) 四 | 乙卯 2 五 | 丙辰 3 六 | 丁巳 4 日 | 戊午 5 一 | 己未 6 二 | 庚申 7 三 | 辛酉 8 四 | 壬戌 9 五 | 癸亥 10 六 | 甲子 11 日 | 乙丑 12 一 | 丙寅 13 二 | 丁卯 14 三 | 戊辰 15 四 | 己巳 16 五 | 丙午大寒 辛酉立春 |

# 東漢日曆

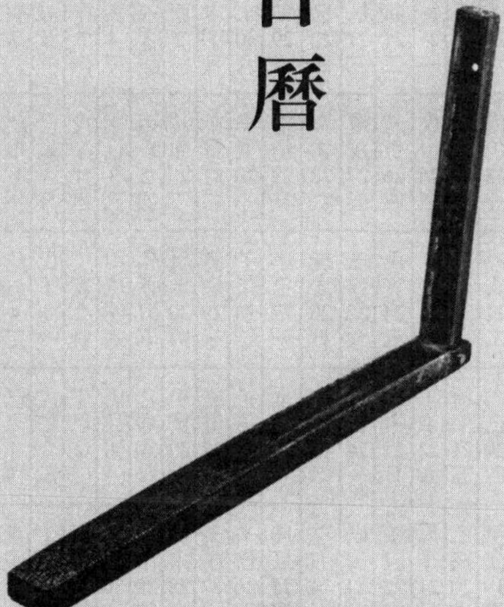

# 東漢日曆

## 漢光武帝建武元年（乙酉 鷄年）公元 25 ~ 26 年

| 夏曆月序 | | 中西曆日對照 | 初一 | 初二 | 初三 | 初四 | 初五 | 初六 | 初七 | 初八 | 初九 | 初十 | 十一 | 十二 | 十三 | 十四 | 十五 | 十六 | 十七 | 十八 | 十九 | 二十 | 二一 | 二二 | 二三 | 二四 | 二五 | 二六 | 二七 | 二八 | 二九 | 三十 | 節氣與天象 |
|---|---|---|---|---|---|---|---|---|---|---|---|---|---|---|---|---|---|---|---|---|---|---|---|---|---|---|---|---|---|---|---|---|---|
| 正月小 | 戊寅 | 天干地支西曆星期 | 庚午17六 | 辛未18日 | 壬申19一 | 癸酉20二 | 甲戌21三 | 乙亥22四 | 丙子23五 | 丁丑24六 | 戊寅25日 | 己卯26一 | 庚辰27二 | 辛巳28三 | 壬午(3)四 | 癸未2五 | 甲申3六 | 乙酉4日 | 丙戌5一 | 丁亥6二 | 戊子7三 | 己丑8四 | 庚寅9五 | 辛卯10六 | 壬辰11日 | 癸巳12一 | 甲午13二 | 乙未14三 | 丙申15四 | 丁酉16五 | 戊戌17六 | | 丙子驚蟄 壬辰雨水 |
| 二月大 | 己卯 | 天干地支西曆星期 | 己亥18日 | 庚子19一 | 辛丑20二 | 壬寅21三 | 癸卯22四 | 甲辰23五 | 乙巳24六 | 丙午25日 | 丁未26一 | 戊申27二 | 己酉28三 | 庚戌29四 | 辛亥30五 | 壬子31六 | 癸丑(4)日 | 甲寅2一 | 乙卯3二 | 丙辰4三 | 丁巳5四 | 戊午6五 | 己未7六 | 庚申8日 | 辛酉9一 | 壬戌10二 | 癸亥11三 | 甲子12四 | 乙丑13五 | 丙寅14六 | 丁卯15日 | 戊辰16一 | 丁未春分 壬戌穀雨 |
| 三月大 | 庚辰 | 天干地支西曆星期 | 己巳17二 | 庚午18三 | 辛未19四 | 壬申20五 | 癸酉21六 | 甲戌22日 | 乙亥23一 | 丙子24二 | 丁丑25三 | 戊寅26四 | 己卯27五 | 庚辰28六 | 辛巳29日 | 壬午30一 | 癸未(5)二 | 甲申2三 | 乙酉3四 | 丙戌4五 | 丁亥5六 | 戊子6日 | 己丑7一 | 庚寅8二 | 辛卯9三 | 壬辰10四 | 癸巳11五 | 甲午12六 | 乙未13日 | 丙申14一 | 丁酉15二 | 戊戌16三 | 丁丑清明 壬辰立夏 |
| 四月小 | 辛巳 | 天干地支西曆星期 | 己亥17四 | 庚子18五 | 辛丑19六 | 壬寅20日 | 癸卯21一 | 甲辰22二 | 乙巳23三 | 丙午24四 | 丁未25五 | 戊申26六 | 己酉27日 | 庚戌28一 | 辛亥29二 | 壬子30三 | 癸丑31四 | 甲寅(6)五 | 乙卯2六 | 丙辰3日 | 丁巳4一 | 戊午5二 | 己未6三 | 庚申7四 | 辛酉8五 | 壬戌9六 | 癸亥10日 | 甲子11一 | 乙丑12二 | 丙寅13三 | 丁卯14四 | | 戊申小滿 癸亥芒種 |
| 五月大 | 壬午 | 天干地支西曆星期 | 戊辰15五 | 己巳16六 | 庚午17日 | 辛未18一 | 壬申19二 | 癸酉20三 | 甲戌21四 | 乙亥22五 | 丙子23六 | 丁丑24日 | 戊寅25一 | 己卯26二 | 庚辰27三 | 辛巳28四 | 壬午29五 | 癸未30六 | 甲申(7)日 | 乙酉2一 | 丙戌3二 | 丁亥4三 | 戊子5四 | 己丑6五 | 庚寅7六 | 辛卯8日 | 壬辰9一 | 癸巳10二 | 甲午11三 | 乙未12四 | 丙申13五 | 丁酉14六 | 戊寅夏至 癸巳小暑 |
| 六月小 | 癸未 | 天干地支西曆星期 | 戊戌15日 | 己亥16一 | 庚子17二 | 辛丑18三 | 壬寅19四 | 癸卯20五 | 甲辰21六 | 乙巳22日 | 丙午23一 | 丁未24二 | 戊申25三 | 己酉26四 | 庚戌27五 | 辛亥28六 | 壬子29日 | 癸丑30一 | 甲寅31二 | 乙卯(8)三 | 丙辰2四 | 丁巳3五 | 戊午4六 | 己未5日 | 庚申6一 | 辛酉7二 | 壬戌8三 | 癸亥9四 | 甲子10五 | 乙丑11六 | 丙寅12日 | | 己酉大暑 甲子立秋 |
| 七月大 | 甲申 | 天干地支西曆星期 | 丁卯13一 | 戊辰14二 | 己巳15三 | 庚午16四 | 辛未17五 | 壬申18六 | 癸酉19日 | 甲戌20一 | 乙亥21二 | 丙子22三 | 丁丑23四 | 戊寅24五 | 己卯25六 | 庚辰26日 | 辛巳27一 | 壬午28二 | 癸未29三 | 甲申30四 | 乙酉31五 | 丙戌(9)六 | 丁亥2日 | 戊子3一 | 己丑4二 | 庚寅5三 | 辛卯6四 | 壬辰7五 | 癸巳8六 | 甲午9日 | 乙未10一 | 丙申11二 | 己卯處暑 甲午白露 |
| 八月小 | 乙酉 | 天干地支西曆星期 | 丁酉12三 | 戊戌13四 | 己亥14五 | 庚子15六 | 辛丑16日 | 壬寅17一 | 癸卯18二 | 甲辰19三 | 乙巳20四 | 丙午21五 | 丁未22六 | 戊申23日 | 己酉24一 | 庚戌25二 | 辛亥26三 | 壬子27四 | 癸丑28五 | 甲寅29六 | 乙卯30日 | 丙辰(10)一 | 丁巳2二 | 戊午3三 | 己未4四 | 庚申5五 | 辛酉6六 | 壬戌7日 | 癸亥8一 | 甲子9二 | 乙丑10三 | | 己酉秋分 乙丑寒露 |
| 九月大 | 丙戌 | 天干地支西曆星期 | 丙寅11四 | 丁卯12五 | 戊辰13六 | 己巳14日 | 庚午15一 | 辛未16二 | 壬申17三 | 癸酉18四 | 甲戌19五 | 乙亥20六 | 丙子21日 | 丁丑22一 | 戊寅23二 | 己卯24三 | 庚辰25四 | 辛巳26五 | 壬午27六 | 癸未28日 | 甲申29一 | 乙酉30二 | 丙戌31三 | 丁亥(11)四 | 戊子2五 | 己丑3六 | 庚寅4日 | 辛卯5一 | 壬辰6二 | 癸巳7三 | 甲午8四 | 乙未9五 | 庚辰霜降 乙未立冬 |
| 十月小 | 丁亥 | 天干地支西曆星期 | 丙申10六 | 丁酉11日 | 戊戌12一 | 己亥13二 | 庚子14三 | 辛丑15四 | 壬寅16五 | 癸卯17六 | 甲辰18日 | 乙巳19一 | 丙午20二 | 丁未21三 | 戊申22四 | 己酉23五 | 庚戌24六 | 辛亥25日 | 壬子26一 | 癸丑27二 | 甲寅28三 | 乙卯29四 | 丙辰30五 | 丁巳(12)六 | 戊午2日 | 己未3一 | 庚申4二 | 辛酉5三 | 壬戌6四 | 癸亥7五 | 甲子8六 | | 庚戌小雪 |
| 十一月大 | 戊子 | 天干地支西曆星期 | 乙丑9日 | 丙寅10一 | 丁卯11二 | 戊辰12三 | 己巳13四 | 庚午14五 | 辛未15六 | 壬申16日 | 癸酉17一 | 甲戌18二 | 乙亥19三 | 丙子20四 | 丁丑21五 | 戊寅22六 | 己卯23日 | 庚辰24一 | 辛巳25二 | 壬午26三 | 癸未27四 | 甲申28五 | 乙酉29六 | 丙戌30日 | 丁亥31一 | 戊子(1)二 | 己丑2三 | 庚寅3四 | 辛卯4五 | 壬辰5六 | 癸巳6日 | 甲午7一 | 丙寅大雪 辛巳冬至 |
| 十二月小 | 己丑 | 天干地支西曆星期 | 乙未8二 | 丙申9三 | 丁酉10四 | 戊戌11五 | 己亥12六 | 庚子13日 | 辛丑14一 | 壬寅15二 | 癸卯16三 | 甲辰17四 | 乙巳18五 | 丙午19六 | 丁未20日 | 戊申21一 | 己酉22二 | 庚戌23三 | 辛亥24四 | 壬子25五 | 癸丑26六 | 甲寅27日 | 乙卯28一 | 丙辰29二 | 丁巳30三 | 戊午31四 | 己未(2)五 | 庚申2六 | 辛酉3日 | 壬戌4一 | 癸亥5二 | | 丙申小寒 辛亥大寒 |

*六月己未（二十二日），劉秀在高邑稱帝，建立東漢，改元建武，是爲光武帝。九月辛未（初六），更始政權滅亡。十月癸丑（十八日），東漢定都洛陽。

## 漢光武帝建武二年（丙戌 狗年） 公元 26 ~ 27 年

| 夏曆月序 | | 中西曆日對照 | 初一 | 初二 | 初三 | 初四 | 初五 | 初六 | 初七 | 初八 | 初九 | 初十 |
|---|---|---|---|---|---|---|---|---|---|---|---|---|
| 正月大 | 庚寅 | 干支 西曆 星期 | 甲子 6 三 | 乙丑 7 四 | 丙寅 8 五 | 丁卯 9 六 | 戊辰 10 日 | 己巳 11 一 | 庚午 12 二 | 辛未 13 三 | 壬申 14 四 | 癸酉 15 五 |
| 二月小 | 辛卯 | 干支 西曆 星期 | 甲午 8 五 | 乙未 9 六 | 丙申 10 日 | 丁酉 11 一 | 戊戌 12 二 | 己亥 13 三 | 庚子 14 四 | 辛丑 15 五 | 壬寅 16 六 | 癸卯 17 日 |
| 三月大 | 壬辰 | 干支 西曆 星期 | 癸亥 6 六 | 甲子 7 日 | 乙丑 8 一 | 丙寅 9 二 | 丁卯 10 三 | 戊辰 11 四 | 己巳 12 五 | 庚午 13 六 | 辛未 14 日 | 壬申 15 一 |
| 四月小 | 癸巳 | 干支 西曆 星期 | 癸巳 6 一 | 甲午 7 二 | 乙未 8 三 | 丙申 9 四 | 丁酉 10 五 | 戊戌 11 六 | 己亥 12 日 | 庚子 13 一 | 辛丑 14 二 | 壬寅 15 三 |
| 五月大 | 甲午 | 干支 西曆 星期 | 壬戌 4 二 | 癸亥 5 三 | 甲子 6 四 | 乙丑 7 五 | 丙寅 8 六 | 丁卯 9 日 | 戊辰 10 一 | 己巳 11 二 | 庚午 12 三 | 辛未 13 四 |
| 六月小 | 乙未 | 干支 西曆 星期 | 壬辰 4 四 | 癸巳 5 五 | 甲午 6 六 | 乙未 7 日 | 丙申 8 一 | 丁酉 9 二 | 戊戌 10 三 | 己亥 11 四 | 庚子 12 五 | 辛丑 13 六 |
| 七月大 | 丙申 | 干支 西曆 星期 | 辛酉 2 五 | 壬戌 3 六 | 癸亥 4 日 | 甲子 5 一 | 乙丑 6 二 | 丙寅 7 三 | 丁卯 8 四 | 戊辰 9 五 | 己巳 10 六 | 庚午 11 日 |
| 八月大 | 丁酉 | 干支 西曆 星期 | 辛卯 (9) 日 | 壬辰 2 一 | 癸巳 3 二 | 甲午 4 三 | 乙未 5 四 | 丙申 6 五 | 丁酉 7 六 | 戊戌 8 日 | 己亥 9 一 | 庚子 10 二 |
| 九月小 | 戊戌 | 干支 西曆 星期 | 辛酉 (10) 二 | 壬戌 2 三 | 癸亥 3 四 | 甲子 4 五 | 乙丑 5 六 | 丙寅 6 日 | 丁卯 7 一 | 戊辰 8 二 | 己巳 9 三 | 庚午 10 四 |
| 十月大 | 己亥 | 干支 西曆 星期 | 庚寅 30 三 | 辛卯 31 四 | 壬辰 (11) 五 | 癸巳 2 六 | 甲午 3 日 | 乙未 4 一 | 丙申 5 二 | 丁酉 6 三 | 戊戌 7 四 | 己亥 8 五 |
| 十一月小 | 庚子 | 干支 西曆 星期 | 庚申 29 五 | 辛酉 30 六 | 壬戌 (12) 日 | 癸亥 2 一 | 甲子 3 二 | 乙丑 4 三 | 丙寅 5 四 | 丁卯 6 五 | 戊辰 7 六 | 己巳 8 日 |
| 十二月大 | 辛丑 | 干支 西曆 星期 | 己丑 28 六 | 庚寅 29 日 | 辛卯 30 一 | 壬辰 31 二 | 癸巳 (1) 三 | 甲午 2 四 | 乙未 3 五 | 丙申 4 六 | 丁酉 5 日 | 戊戌 6 一 |

| 夏曆月序 | | 十一 | 十二 | 十三 | 十四 | 十五 | 十六 | 十七 | 十八 | 十九 | 二十 |
|---|---|---|---|---|---|---|---|---|---|---|---|
| 正月大 | 庚寅 | 甲戌 16 六 | 乙亥 17 日 | 丙子 18 一 | 丁丑 19 二 | 戊寅 20 三 | 己卯 21 四 | 庚辰 22 五 | 辛巳 23 六 | 壬午 24 日 | 癸未 25 一 |
| 二月小 | 辛卯 | 甲辰 18 一 | 乙巳 19 二 | 丙午 20 三 | 丁未 21 四 | 戊申 22 五 | 己酉 23 六 | 庚戌 24 日 | 辛亥 25 一 | 壬子 26 二 | 癸丑 27 三 |
| 三月大 | 壬辰 | 癸酉 16 二 | 甲戌 17 三 | 乙亥 18 四 | 丙子 19 五 | 丁丑 20 六 | 戊寅 21 日 | 己卯 22 一 | 庚辰 23 二 | 辛巳 24 三 | 壬午 25 四 |
| 四月小 | 癸巳 | 癸卯 16 四 | 甲辰 17 五 | 乙巳 18 六 | 丙午 19 日 | 丁未 20 一 | 戊申 21 二 | 己酉 22 三 | 庚戌 23 四 | 辛亥 24 五 | 壬子 25 六 |
| 五月大 | 甲午 | 壬申 14 五 | 癸酉 15 六 | 甲戌 16 日 | 乙亥 17 一 | 丙子 18 二 | 丁丑 19 三 | 戊寅 20 四 | 己卯 21 五 | 庚辰 22 六 | 辛巳 23 日 |
| 六月小 | 乙未 | 壬寅 14 日 | 癸卯 15 一 | 甲辰 16 二 | 乙巳 17 三 | 丙午 18 四 | 丁未 19 五 | 戊申 20 六 | 己酉 21 日 | 庚戌 22 一 | 辛亥 23 二 |
| 七月大 | 丙申 | 辛未 12 一 | 壬申 13 二 | 癸酉 14 三 | 甲戌 15 四 | 乙亥 16 五 | 丙子 17 六 | 丁丑 18 日 | 戊寅 19 一 | 己卯 20 二 | 庚辰 21 三 |
| 八月大 | 丁酉 | 辛丑 11 三 | 壬寅 12 四 | 癸卯 13 五 | 甲辰 14 六 | 乙巳 15 日 | 丙午 16 一 | 丁未 17 二 | 戊申 18 三 | 己酉 19 四 | 庚戌 20 五 |
| 九月小 | 戊戌 | 辛未 11 五 | 壬申 12 六 | 癸酉 13 日 | 甲戌 14 一 | 乙亥 15 二 | 丙子 16 三 | 丁丑 17 四 | 戊寅 18 五 | 己卯 19 六 | 庚辰 20 日 |
| 十月大 | 己亥 | 庚子 9 六 | 辛丑 10 日 | 壬寅 11 一 | 癸卯 12 二 | 甲辰 13 三 | 乙巳 14 四 | 丙午 15 五 | 丁未 16 六 | 戊申 17 日 | 己酉 18 一 |
| 十一月小 | 庚子 | 庚午 9 一 | 辛未 10 二 | 壬申 11 三 | 癸酉 12 四 | 甲戌 13 五 | 乙亥 14 六 | 丙子 15 日 | 丁丑 16 一 | 戊寅 17 二 | 己卯 18 三 |
| 十二月大 | 辛丑 | 己亥 7 二 | 庚子 8 三 | 辛丑 9 四 | 壬寅 10 五 | 癸卯 11 六 | 甲辰 12 日 | 乙巳 13 一 | 丙午 14 二 | 丁未 15 三 | 戊申 16 四 |

| 夏曆月序 | | 二十一 | 二十二 | 二十三 | 二十四 | 二十五 | 二十六 | 二十七 | 二十八 | 二十九 | 三十 | 節氣與天象 |
|---|---|---|---|---|---|---|---|---|---|---|---|---|
| 正月大 | 庚寅 | 甲申 26 二 | 乙酉 27 三 | 丙戌 28 四 | 丁亥 (3) 五 | 戊子 2 六 | 己丑 3 日 | 庚寅 4 一 | 辛卯 5 二 | 壬辰 6 三 | 癸巳 7 四 | 丙寅立春 壬午驚蟄 |
| 二月小 | 辛卯 | 甲寅 28 四 | 乙卯 29 五 | 丙辰 30 六 | 丁巳 31 日 | 戊午 (4) 一 | 己未 2 二 | 庚申 3 三 | 辛酉 4 四 | 壬戌 5 五 | | 丁酉雨水 壬子春分 |
| 三月大 | 壬辰 | 癸未 26 五 | 甲申 27 六 | 乙酉 28 日 | 丙戌 29 一 | 丁亥 30 二 | 戊子 (5) 三 | 己丑 2 四 | 庚寅 3 五 | 辛卯 4 六 | 壬辰 5 日 | 丁卯穀雨 癸未清明 |
| 四月小 | 癸巳 | 癸丑 26 日 | 甲寅 27 一 | 乙卯 28 二 | 丙辰 29 三 | 丁巳 30 四 | 戊午 31 五 | 己未 (6) 六 | 庚申 2 日 | 辛酉 3 一 | | 戊戌立夏 癸丑小滿 |
| 五月大 | 甲午 | 壬午 24 一 | 癸未 25 二 | 甲申 26 三 | 乙酉 27 四 | 丙戌 28 五 | 丁亥 29 六 | 戊子 30 日 | 己丑 (7) 一 | 庚寅 2 二 | 辛卯 3 三 | 戊辰芒種 癸未夏至 |
| 六月小 | 乙未 | 壬子 24 三 | 癸丑 25 四 | 甲寅 26 五 | 乙卯 27 六 | 丙辰 28 日 | 丁巳 29 一 | 戊午 30 二 | 己未 31 三 | 庚申 (8) 四 | | 己亥小暑 甲寅大暑 |
| 七月大 | 丙申 | 辛巳 22 四 | 壬午 23 五 | 癸未 24 六 | 甲申 25 日 | 乙酉 26 一 | 丙戌 27 二 | 丁亥 28 三 | 戊子 29 四 | 己丑 30 五 | 庚寅 31 六 | 己巳立秋 甲申處暑 |
| 八月大 | 丁酉 | 辛亥 21 六 | 壬子 22 日 | 癸丑 23 一 | 甲寅 24 二 | 乙卯 25 三 | 丙辰 26 四 | 丁巳 27 五 | 戊午 28 六 | 己未 29 日 | 庚申 30 一 | 己亥白露 乙卯秋分 |
| 九月小 | 戊戌 | 辛巳 21 一 | 壬午 22 二 | 癸未 23 三 | 甲申 24 四 | 乙酉 25 五 | 丙戌 26 六 | 丁亥 27 日 | 戊子 28 一 | 己丑 29 二 | | 庚午寒露 乙酉霜降 |
| 十月大 | 己亥 | 庚戌 19 二 | 辛亥 20 三 | 壬子 21 四 | 癸丑 22 五 | 甲寅 23 六 | 乙卯 24 日 | 丙辰 25 一 | 丁巳 26 二 | 戊午 27 三 | 己未 28 四 | 庚子立冬 丙辰小雪 |
| 十一月小 | 庚子 | 庚辰 19 四 | 辛巳 20 五 | 壬午 21 六 | 癸未 22 日 | 甲申 23 一 | 乙酉 24 二 | 丙戌 25 三 | 丁亥 26 四 | 戊子 27 五 | | 辛未大雪 丙戌冬至 |
| 十二月大 | 辛丑 | 己酉 17 五 | 庚戌 18 六 | 辛亥 19 日 | 壬子 20 一 | 癸丑 21 二 | 甲寅 22 三 | 乙卯 23 四 | 丙辰 24 五 | 丁巳 25 六 | 戊午 26 日 | 辛丑小寒 丙辰大寒 |

# 漢光武帝建武三年（丁亥 猪年） 公元 27 ~ 28 年

| 夏曆月序 | | 中西曆日對照 | 初一 | 初二 | 初三 | 初四 | 初五 | 初六 | 初七 | 初八 | 初九 | 初十 | 十一 | 十二 | 十三 | 十四 | 十五 | 十六 | 十七 | 十八 | 十九 | 二十 | 二一 | 二二 | 二三 | 二四 | 二五 | 二六 | 二七 | 二八 | 二九 | 三十 | 節氣與天象 |
|---|---|---|---|---|---|---|---|---|---|---|---|---|---|---|---|---|---|---|---|---|---|---|---|---|---|---|---|---|---|---|---|---|---|
| 正月小 | 壬寅 | 天干 地支 西曆 星期 | 己未 27 一 | 庚申 28 二 | 辛酉 29 三 | 壬戌 30 四 | 癸亥 31 五 | 甲子 (2) 六 | 乙丑 2 日 | 丙寅 3 一 | 丁卯 4 二 | 戊辰 5 三 | 己巳 6 四 | 庚午 7 五 | 辛未 8 六 | 壬申 9 日 | 癸酉 10 一 | 甲戌 11 二 | 乙亥 12 三 | 丙子 13 四 | 丁丑 14 五 | 戊寅 15 六 | 己卯 16 日 | 庚辰 17 一 | 辛巳 18 二 | 壬午 19 三 | 癸未 20 四 | 甲申 21 五 | 乙酉 22 六 | 丙戌 23 日 | 丁亥 24 一 | | 壬申立春 丁亥驚蟄 |
| 二月大 | 癸卯 | 天干 地支 西曆 星期 | 戊子 25 二 | 己丑 26 三 | 庚寅 27 四 | 辛卯 28 五 | 壬辰 (3) 六 | 癸巳 2 日 | 甲午 3 一 | 乙未 4 二 | 丙申 5 三 | 丁酉 6 四 | 戊戌 7 五 | 己亥 8 六 | 庚子 9 日 | 辛丑 10 一 | 壬寅 11 二 | 癸卯 12 三 | 甲辰 13 四 | 乙巳 14 五 | 丙午 15 六 | 丁未 16 日 | 戊申 17 一 | 己酉 18 二 | 庚戌 19 三 | 辛亥 20 四 | 壬子 21 五 | 癸丑 22 六 | 甲寅 23 日 | 乙卯 24 一 | 丙辰 25 二 | 丁巳 26 三 | 壬寅雨水 丁巳春分 |
| 閏二月小 | 癸卯 | 天干 地支 西曆 星期 | 戊午 27 四 | 己未 28 五 | 庚申 29 六 | 辛酉 30 日 | 壬戌 31 一 | 癸亥 (4) 二 | 甲子 2 三 | 乙丑 3 四 | 丙寅 4 五 | 丁卯 5 六 | 戊辰 6 日 | 己巳 7 一 | 庚午 8 二 | 辛未 9 三 | 壬申 10 四 | 癸酉 11 五 | 甲戌 12 六 | 乙亥 13 日 | 丙子 14 一 | 丁丑 15 二 | 戊寅 16 三 | 己卯 17 四 | 庚辰 18 五 | 辛巳 19 六 | 壬午 20 日 | 癸未 21 一 | 甲申 22 二 | 乙酉 23 三 | 丙戌 24 四 | | 癸酉穀雨 |
| 三月大 | 甲辰 | 天干 地支 西曆 星期 | 丁亥 25 五 | 戊子 26 六 | 己丑 27 日 | 庚寅 28 一 | 辛卯 29 二 | 壬辰 30 三 | 癸巳 (5) 四 | 甲午 2 五 | 乙未 3 六 | 丙申 4 日 | 丁酉 5 一 | 戊戌 6 二 | 己亥 7 三 | 庚子 8 四 | 辛丑 9 五 | 壬寅 10 六 | 癸卯 11 日 | 甲辰 12 一 | 乙巳 13 二 | 丙午 14 三 | 丁未 15 四 | 戊申 16 五 | 己酉 17 六 | 庚戌 18 日 | 辛亥 19 一 | 壬子 20 二 | 癸丑 21 三 | 甲寅 22 四 | 乙卯 23 五 | 丙辰 24 六 | 戊子清明 癸卯立夏 |
| 四月小 | 乙巳 | 天干 地支 西曆 星期 | 丁巳 25 日 | 戊午 26 一 | 己未 27 二 | 庚申 28 三 | 辛酉 29 四 | 壬戌 30 五 | 癸亥 31 六 | 甲子 (6) 日 | 乙丑 2 一 | 丙寅 3 二 | 丁卯 4 三 | 戊辰 5 四 | 己巳 6 五 | 庚午 7 六 | 辛未 8 日 | 壬申 9 一 | 癸酉 10 二 | 甲戌 11 三 | 乙亥 12 四 | 丙子 13 五 | 丁丑 14 六 | 戊寅 15 日 | 己卯 16 一 | 庚辰 17 二 | 辛巳 18 三 | 壬午 19 四 | 癸未 20 五 | 甲申 21 六 | 乙酉 22 日 | | 戊午小滿 癸酉芒種 |
| 五月大 | 丙午 | 天干 地支 西曆 星期 | 丙戌 23 一 | 丁亥 24 二 | 戊子 25 三 | 己丑 26 四 | 庚寅 27 五 | 辛卯 28 六 | 壬辰 29 日 | 癸巳 30 一 | 甲午 (7) 二 | 乙未 2 三 | 丙申 3 四 | 丁酉 4 五 | 戊戌 5 六 | 己亥 6 日 | 庚子 7 一 | 辛丑 8 二 | 壬寅 9 三 | 癸卯 10 四 | 甲辰 11 五 | 乙巳 12 六 | 丙午 13 日 | 丁未 14 一 | 戊申 15 二 | 己酉 16 三 | 庚戌 17 四 | 辛亥 18 五 | 壬子 19 六 | 癸丑 20 日 | 甲寅 21 一 | 乙卯 22 二 | 己丑夏至 甲辰小暑 乙卯日食 |
| 六月小 | 丁未 | 天干 地支 西曆 星期 | 丙辰 23 三 | 丁巳 24 四 | 戊午 25 五 | 己未 26 六 | 庚申 27 日 | 辛酉 28 一 | 壬戌 29 二 | 癸亥 30 三 | 甲子 31 四 | 乙丑 (8) 五 | 丙寅 2 六 | 丁卯 3 日 | 戊辰 4 一 | 己巳 5 二 | 庚午 6 三 | 辛未 7 四 | 壬申 8 五 | 癸酉 9 六 | 甲戌 10 日 | 乙亥 11 一 | 丙子 12 二 | 丁丑 13 三 | 戊寅 14 四 | 己卯 15 五 | 庚辰 16 六 | 辛巳 17 日 | 壬午 18 一 | 癸未 19 二 | 甲申 20 三 | | 己未大暑 甲戌立秋 |
| 七月大 | 戊申 | 天干 地支 西曆 星期 | 乙酉 21 四 | 丙戌 22 五 | 丁亥 23 六 | 戊子 24 日 | 己丑 25 一 | 庚寅 26 二 | 辛卯 27 三 | 壬辰 28 四 | 癸巳 29 五 | 甲午 30 六 | 乙未 31 日 | 丙申 (9) 一 | 丁酉 2 二 | 戊戌 3 三 | 己亥 4 四 | 庚子 5 五 | 辛丑 6 六 | 壬寅 7 日 | 癸卯 8 一 | 甲辰 9 二 | 乙巳 10 三 | 丙午 11 四 | 丁未 12 五 | 戊申 13 六 | 己酉 14 日 | 庚戌 15 一 | 辛亥 16 二 | 壬子 17 三 | 癸丑 18 四 | 甲寅 19 五 | 庚寅處暑 乙巳白露 |
| 八月小 | 己酉 | 天干 地支 西曆 星期 | 乙卯 20 六 | 丙辰 21 日 | 丁巳 22 一 | 戊午 23 二 | 己未 24 三 | 庚申 25 四 | 辛酉 26 五 | 壬戌 27 六 | 癸亥 28 日 | 甲子 29 一 | 乙丑 30 二 | 丙寅 (10) 三 | 丁卯 2 四 | 戊辰 3 五 | 己巳 4 六 | 庚午 5 日 | 辛未 6 一 | 壬申 7 二 | 癸酉 8 三 | 甲戌 9 四 | 乙亥 10 五 | 丙子 11 六 | 丁丑 12 日 | 戊寅 13 一 | 己卯 14 二 | 庚辰 15 三 | 辛巳 16 四 | 壬午 17 五 | 癸未 18 六 | | 庚申秋分 乙亥寒露 |
| 九月大 | 庚戌 | 天干 地支 西曆 星期 | 甲申 19 日 | 乙酉 20 一 | 丙戌 21 二 | 丁亥 22 三 | 戊子 23 四 | 己丑 24 五 | 庚寅 25 六 | 辛卯 26 日 | 壬辰 27 一 | 癸巳 28 二 | 甲午 29 三 | 乙未 30 四 | 丙申 31 五 | 丁酉 (11) 六 | 戊戌 2 日 | 己亥 3 一 | 庚子 4 二 | 辛丑 5 三 | 壬寅 6 四 | 癸卯 7 五 | 甲辰 8 六 | 乙巳 9 日 | 丙午 10 一 | 丁未 11 二 | 戊申 12 三 | 己酉 13 四 | 庚戌 14 五 | 辛亥 15 六 | 壬子 16 日 | 癸丑 17 一 | 庚寅霜降 丙午立冬 |
| 十月大 | 辛亥 | 天干 地支 西曆 星期 | 甲寅 18 二 | 乙卯 19 三 | 丙辰 20 四 | 丁巳 21 五 | 戊午 22 六 | 己未 23 日 | 庚申 24 一 | 辛酉 25 二 | 壬戌 26 三 | 癸亥 27 四 | 甲子 28 五 | 乙丑 29 六 | 丙寅 30 日 | 丁卯 (12) 一 | 戊辰 2 二 | 己巳 3 三 | 庚午 4 四 | 辛未 5 五 | 壬申 6 六 | 癸酉 7 日 | 甲戌 8 一 | 乙亥 9 二 | 丙子 10 三 | 丁丑 11 四 | 戊寅 12 五 | 己卯 13 六 | 庚辰 14 日 | 辛巳 15 一 | 壬午 16 二 | 癸未 17 三 | 辛酉小雪 丙子大雪 |
| 十一月小 | 壬子 | 天干 地支 西曆 星期 | 甲申 18 四 | 乙酉 19 五 | 丙戌 20 六 | 丁亥 21 日 | 戊子 22 一 | 己丑 23 二 | 庚寅 24 三 | 辛卯 25 四 | 壬辰 26 五 | 癸巳 27 六 | 甲午 28 日 | 乙未 29 一 | 丙申 30 二 | 丁酉 31 三 | 戊戌 (1) 四 | 己亥 2 五 | 庚子 3 六 | 辛丑 4 日 | 壬寅 5 一 | 癸卯 6 二 | 甲辰 7 三 | 乙巳 8 四 | 丙午 9 五 | 丁未 10 六 | 戊申 11 日 | 己酉 12 一 | 庚戌 13 二 | 辛亥 14 三 | 壬子 15 四 | | 辛卯冬至 丙午小寒 |
| 十二月大 | 癸丑 | 天干 地支 西曆 星期 | 癸丑 16 五 | 甲寅 17 六 | 乙卯 18 日 | 丙辰 19 一 | 丁巳 20 二 | 戊午 21 三 | 己未 22 四 | 庚申 23 五 | 辛酉 24 六 | 壬戌 25 日 | 癸亥 26 一 | 甲子 27 二 | 乙丑 28 三 | 丙寅 29 四 | 丁卯 30 五 | 戊辰 31 六 | 己巳 (2) 日 | 庚午 2 一 | 辛未 3 二 | 壬申 4 三 | 癸酉 5 四 | 甲戌 6 五 | 乙亥 7 六 | 丙子 8 日 | 丁丑 9 一 | 戊寅 10 二 | 己卯 11 三 | 庚辰 12 四 | 辛巳 13 五 | 壬午 14 六 | 壬戌大寒 丁丑立春 |

# 漢光武帝建武四年（戊子 鼠年）公元 28 ~ 29 年

| 夏曆月序 | 中西曆日對照 | 初一 | 初二 | 初三 | 初四 | 初五 | 初六 | 初七 | 初八 | 初九 | 初十 | 十一 | 十二 | 十三 | 十四 | 十五 |
|---|---|---|---|---|---|---|---|---|---|---|---|---|---|---|---|---|
| 正月小 甲寅 | 天干地支 西曆 星期 | 癸未 15 日 | 甲申 16 一 | 乙酉 17 二 | 丙戌 18 三 | 丁亥 19 四 | 戊子 20 五 | 己丑 21 六 | 庚寅 22 日 | 辛卯 23 一 | 壬辰 24 二 | 癸巳 25 三 | 甲午 26 四 | 乙未 27 五 | 丙申 28 六 | 丁酉 29 日 |
| 二月大 乙卯 | 天干地支 西曆 星期 | 壬子 15 一 | 癸丑 16 二 | 甲寅 17 三 | 乙卯 18 四 | 丙辰 19 五 | 丁巳 20 六 | 戊午 21 日 | 己未 22 一 | 庚申 23 二 | 辛酉 24 三 | 壬戌 25 四 | 癸亥 26 五 | 甲子 27 六 | 乙丑 28 日 | 丙寅 29 一 |
| 三月小 丙辰 | 天干地支 西曆 星期 | 壬午 14 三 | 癸未 15 四 | 甲申 16 五 | 乙酉 17 六 | 丙戌 18 日 | 丁亥 19 一 | 戊子 20 二 | 己丑 21 三 | 庚寅 22 四 | 辛卯 23 五 | 壬辰 24 六 | 癸巳 25 日 | 甲午 26 一 | 乙未 27 二 | 丙申 28 三 |
| 四月大 丁巳 | 天干地支 西曆 星期 | 辛亥 13 四 | 壬子 14 五 | 癸丑 15 六 | 甲寅 16 日 | 乙卯 17 一 | 丙辰 18 二 | 丁巳 19 三 | 戊午 20 四 | 己未 21 五 | 庚申 22 六 | 辛酉 23 日 | 壬戌 24 一 | 癸亥 25 二 | 甲子 26 三 | 乙丑 27 四 |
| 五月小 戊午 | 天干地支 西曆 星期 | 辛巳 12 六 | 壬午 13 日 | 癸未 14 一 | 甲申 15 二 | 乙酉 16 三 | 丙戌 17 四 | 丁亥 18 五 | 戊子 19 六 | 己丑 20 日 | 庚寅 21 一 | 辛卯 22 二 | 壬辰 23 三 | 癸巳 24 四 | 甲午 25 五 | 乙未 26 六 |
| 六月大 己未 | 天干地支 西曆 星期 | 庚戌 11 日 | 辛亥 12 一 | 壬子 13 二 | 癸丑 14 三 | 甲寅 15 四 | 乙卯 16 五 | 丙辰 17 六 | 丁巳 18 日 | 戊午 19 一 | 己未 20 二 | 庚申 21 三 | 辛酉 22 四 | 壬戌 23 五 | 癸亥 24 六 | 甲子 25 日 |
| 七月小 庚申 | 天干地支 西曆 星期 | 庚辰 10 二 | 辛巳 11 三 | 壬午 12 四 | 癸未 13 五 | 甲申 14 六 | 乙酉 15 日 | 丙戌 16 一 | 丁亥 17 二 | 戊子 18 三 | 己丑 19 四 | 庚寅 20 五 | 辛卯 21 六 | 壬辰 22 日 | 癸巳 23 一 | 甲午 24 二 |
| 八月大 辛酉 | 天干地支 西曆 星期 | 己酉 8 三 | 庚戌 9 四 | 辛亥 10 五 | 壬子 11 六 | 癸丑 12 日 | 甲寅 13 一 | 乙卯 14 二 | 丙辰 15 三 | 丁巳 16 四 | 戊午 17 五 | 己未 18 六 | 庚申 19 日 | 辛酉 20 一 | 壬戌 21 二 | 癸亥 22 三 |
| 九月小 壬戌 | 天干地支 西曆 星期 | 己卯 8 五 | 庚辰 9 六 | 辛巳 10 日 | 壬午 11 一 | 癸未 12 二 | 甲申 13 三 | 乙酉 14 四 | 丙戌 15 五 | 丁亥 16 六 | 戊子 17 日 | 己丑 18 一 | 庚寅 19 二 | 辛卯 20 三 | 壬辰 21 四 | 癸巳 22 五 |
| 十月大 癸亥 | 天干地支 西曆 星期 | 戊申 6 六 | 己酉 7 日 | 庚戌 8 一 | 辛亥 9 二 | 壬子 10 三 | 癸丑 11 四 | 甲寅 12 五 | 乙卯 13 六 | 丙辰 14 日 | 丁巳 15 一 | 戊午 16 二 | 己未 17 三 | 庚申 18 四 | 辛酉 19 五 | 壬戌 20 六 |
| 十一月小 甲子 | 天干地支 西曆 星期 | 戊寅 6 一 | 己卯 7 二 | 庚辰 8 三 | 辛巳 9 四 | 壬午 10 五 | 癸未 11 六 | 甲申 12 日 | 乙酉 13 一 | 丙戌 14 二 | 丁亥 15 三 | 戊子 16 四 | 己丑 17 五 | 庚寅 18 六 | 辛卯 19 日 | 壬辰 20 一 |
| 十二月大 乙丑 | 天干地支 西曆 星期 | 丁未 4 二 | 戊申 5 三 | 己酉 6 四 | 庚戌 7 五 | 辛亥 8 六 | 壬子 9 日 | 癸丑 10 一 | 甲寅 11 二 | 乙卯 12 三 | 丙辰 13 四 | 丁巳 14 五 | 戊午 15 六 | 己未 16 日 | 庚申 17 一 | 辛酉 18 二 |

| 夏曆月序 | 十六 | 十七 | 十八 | 十九 | 二十 | 二一 | 二二 | 二三 | 二四 | 二五 | 二六 | 二七 | 二八 | 二九 | 三十 | 節氣與天象 |
|---|---|---|---|---|---|---|---|---|---|---|---|---|---|---|---|---|
| 正月小 甲寅 | 戊戌 (3) 一 | 己亥 2 二 | 庚子 3 三 | 辛丑 4 四 | 壬寅 5 五 | 癸卯 6 六 | 甲辰 7 日 | 乙巳 8 一 | 丙午 9 二 | 丁未 10 三 | 戊申 11 四 | 己酉 12 五 | 庚戌 13 六 | 辛亥 14 日 | | 壬辰驚蟄 丁未雨水 |
| 二月大 乙卯 | 丁卯 30 二 | 戊辰 31 三 | 己巳 (4) 四 | 庚午 2 五 | 辛未 3 六 | 壬申 4 日 | 癸酉 5 一 | 甲戌 6 二 | 乙亥 7 三 | 丙子 8 四 | 丁丑 9 五 | 戊寅 10 六 | 己卯 11 日 | 庚辰 12 一 | 辛巳 13 二 | 癸亥春分 戊寅穀雨 |
| 三月小 丙辰 | 丁酉 29 四 | 戊戌 30 五 | 己亥 (5) 六 | 庚子 2 日 | 辛丑 3 一 | 壬寅 4 二 | 癸卯 5 三 | 甲辰 6 四 | 乙巳 7 五 | 丙午 8 六 | 丁未 9 日 | 戊申 10 一 | 己酉 11 二 | 庚戌 12 三 | | 癸巳清明 戊申立夏 |
| 四月大 丁巳 | 丙寅 28 五 | 丁卯 29 六 | 戊辰 30 日 | 己巳 31 一 | 庚午 (6) 二 | 辛未 2 三 | 壬申 3 四 | 癸酉 4 五 | 甲戌 5 六 | 乙亥 6 日 | 丙子 7 一 | 丁丑 8 二 | 戊寅 9 三 | 己卯 10 四 | 庚辰 11 五 | 癸亥小滿 己卯芒種 |
| 五月小 戊午 | 丙申 27 日 | 丁酉 28 一 | 戊戌 29 二 | 己亥 30 三 | 庚子 (7) 四 | 辛丑 2 五 | 壬寅 3 六 | 癸卯 4 日 | 甲辰 5 一 | 乙巳 6 二 | 丙午 7 三 | 丁未 8 四 | 戊申 9 五 | 己酉 10 六 | | 甲午夏至 己酉小暑 |
| 六月大 己未 | 乙丑 26 一 | 丙寅 27 二 | 丁卯 28 三 | 戊辰 29 四 | 己巳 30 五 | 庚午 31 六 | 辛未 (8) 日 | 壬申 2 一 | 癸酉 3 二 | 甲戌 4 三 | 乙亥 5 四 | 丙子 6 五 | 丁丑 7 六 | 戊寅 8 日 | 己卯 9 一 | 甲子大暑 |
| 七月小 庚申 | 乙未 25 三 | 丙申 26 四 | 丁酉 27 五 | 戊戌 28 六 | 己亥 29 日 | 庚子 30 一 | 辛丑 31 二 | 壬寅 (9) 三 | 癸卯 2 四 | 甲辰 3 五 | 乙巳 4 六 | 丙午 5 日 | 丁未 6 一 | 戊申 7 二 | | 庚辰立秋 乙未處暑 |
| 八月大 辛酉 | 甲子 23 四 | 乙丑 24 五 | 丙寅 25 六 | 丁卯 26 日 | 戊辰 27 一 | 己巳 28 二 | 庚午 29 三 | 辛未 30 四 | 壬申 (10) 五 | 癸酉 2 六 | 甲戌 3 日 | 乙亥 4 一 | 丙子 5 二 | 丁丑 6 三 | 戊寅 7 四 | 庚戌白露 乙丑秋分 |
| 九月小 壬戌 | 甲午 23 六 | 乙未 24 日 | 丙申 25 一 | 丁酉 26 二 | 戊戌 27 三 | 己亥 28 四 | 庚子 29 五 | 辛丑 30 六 | 壬寅 31 日 | 癸卯 (11) 一 | 甲辰 2 二 | 乙巳 3 三 | 丙午 4 四 | 丁未 5 五 | | 庚辰寒露 丙申霜降 |
| 十月大 癸亥 | 癸亥 21 日 | 甲子 22 一 | 乙丑 23 二 | 丙寅 24 三 | 丁卯 25 四 | 戊辰 26 五 | 己巳 27 六 | 庚午 28 日 | 辛未 29 一 | 壬申 30 二 | 癸酉 (12) 三 | 甲戌 2 四 | 乙亥 3 五 | 丙子 4 六 | 丁丑 5 日 | 辛亥立冬 丙寅小雪 |
| 十一月小 甲子 | 癸巳 21 二 | 甲午 22 三 | 乙未 23 四 | 丙申 24 五 | 丁酉 25 六 | 戊戌 26 日 | 己亥 27 一 | 庚子 28 二 | 辛丑 29 三 | 壬寅 30 四 | 癸卯 31 五 | 甲辰 (1) 六 | 乙巳 2 日 | 丙午 3 一 | | 辛巳大雪 丁酉冬至 |
| 十二月大 乙丑 | 壬戌 19 三 | 癸亥 20 四 | 甲子 21 五 | 乙丑 22 六 | 丙寅 23 日 | 丁卯 24 一 | 戊辰 25 二 | 己巳 26 三 | 庚午 27 四 | 辛未 28 五 | 壬申 29 六 | 癸酉 30 日 | 甲戌 31 一 | 乙亥 (2) 二 | 丙子 2 三 | 壬子小寒 丁卯大寒 |

# 漢光武帝建武五年（己丑 牛年）公元 29 ~ 30 年

| 夏曆月序 | | 中西曆日對照 | 初一 | 初二 | 初三 | 初四 | 初五 | 初六 | 初七 | 初八 | 初九 | 初十 | 十一 | 十二 | 十三 | 十四 | 十五 | 十六 | 十七 | 十八 | 十九 | 二十 | 二一 | 二二 | 二三 | 二四 | 二五 | 二六 | 二七 | 二八 | 二九 | 三十 | 節氣與天象 |
|---|---|---|---|---|---|---|---|---|---|---|---|---|---|---|---|---|---|---|---|---|---|---|---|---|---|---|---|---|---|---|---|---|---|
| 正月小 | 丙寅 | 天干地支 西曆 星期 | 丁丑 3 四 | 戊寅 4 五 | 己卯 5 六 | 庚辰 6 日 | 辛巳 7 一 | 壬午 8 二 | 癸未 9 三 | 甲申 10 四 | 乙酉 11 五 | 丙戌 12 六 | 丁亥 13 日 | 戊子 14 一 | 己丑 15 二 | 庚寅 16 三 | 辛卯 17 四 | 壬辰 18 五 | 癸巳 19 六 | 甲午 20 日 | 乙未 21 一 | 丙申 22 二 | 丁酉 23 三 | 戊戌 24 四 | 己亥 25 五 | 庚子 26 六 | 辛丑 27 日 | 壬寅 28 一 | 癸卯 (3) 二 | 甲辰 2 三 | 乙巳 3 四 | | 壬午立春 丁酉驚蟄 |
| 二月大 | 丁卯 | 天干地支 西曆 星期 | 丙午 4 五 | 丁未 5 六 | 戊申 6 日 | 己酉 7 一 | 庚戌 8 二 | 辛亥 9 三 | 壬子 10 四 | 癸丑 11 五 | 甲寅 12 六 | 乙卯 13 日 | 丙辰 14 一 | 丁巳 15 二 | 戊午 16 三 | 己未 17 四 | 庚申 18 五 | 辛酉 19 六 | 壬戌 20 日 | 癸亥 21 一 | 甲子 22 二 | 乙丑 23 三 | 丙寅 24 四 | 丁卯 25 五 | 戊辰 26 六 | 己巳 27 日 | 庚午 28 一 | 辛未 29 二 | 壬申 30 三 | 癸酉 31 四 | 甲戌 (4) 五 | 乙亥 2 六 | 癸丑雨水 戊辰春分 |
| 三月大 | 戊辰 | 天干地支 西曆 星期 | 丙子 3 日 | 丁丑 4 一 | 戊寅 5 二 | 己卯 6 三 | 庚辰 7 四 | 辛巳 8 五 | 壬午 9 六 | 癸未 10 日 | 甲申 11 一 | 乙酉 12 二 | 丙戌 13 三 | 丁亥 14 四 | 戊子 15 五 | 己丑 16 六 | 庚寅 17 日 | 辛卯 18 一 | 壬辰 19 二 | 癸巳 20 三 | 甲午 21 四 | 乙未 22 五 | 丙申 23 六 | 丁酉 24 日 | 戊戌 25 一 | 己亥 26 二 | 庚子 27 三 | 辛丑 28 四 | 壬寅 29 五 | 癸卯 30 六 | 甲辰 (5) 日 | 乙巳 2 一 | 癸未穀雨 戊戌清明 |
| 四月小 | 己巳 | 天干地支 西曆 星期 | 丙午 3 二 | 丁未 4 三 | 戊申 5 四 | 己酉 6 五 | 庚戌 7 六 | 辛亥 8 日 | 壬子 9 一 | 癸丑 10 二 | 甲寅 11 三 | 乙卯 12 四 | 丙辰 13 五 | 丁巳 14 六 | 戊午 15 日 | 己未 16 一 | 庚申 17 二 | 辛酉 18 三 | 壬戌 19 四 | 癸亥 20 五 | 甲子 21 六 | 乙丑 22 日 | 丙寅 23 一 | 丁卯 24 二 | 戊辰 25 三 | 己巳 26 四 | 庚午 27 五 | 辛未 28 六 | 壬申 29 日 | 癸酉 30 一 | 甲戌 31 二 | | 癸丑立夏 己巳小滿 |
| 五月大 | 庚午 | 天干地支 西曆 星期 | 乙亥 (6) 三 | 丙子 2 四 | 丁丑 3 五 | 戊寅 4 六 | 己卯 5 日 | 庚辰 6 一 | 辛巳 7 二 | 壬午 8 三 | 癸未 9 四 | 甲申 10 五 | 乙酉 11 六 | 丙戌 12 日 | 丁亥 13 一 | 戊子 14 二 | 己丑 15 三 | 庚寅 16 四 | 辛卯 17 五 | 壬辰 18 六 | 癸巳 19 日 | 甲午 20 一 | 乙未 21 二 | 丙申 22 三 | 丁酉 23 四 | 戊戌 24 五 | 己亥 25 六 | 庚子 26 日 | 辛丑 27 一 | 壬寅 28 二 | 癸卯 29 三 | 甲辰 30 四 | 甲申芒種 己亥夏至 |
| 六月小 | 辛未 | 天干地支 西曆 星期 | 乙巳 (7) 五 | 丙午 2 六 | 丁未 3 日 | 戊申 4 一 | 己酉 5 二 | 庚戌 6 三 | 辛亥 7 四 | 壬子 8 五 | 癸丑 9 六 | 甲寅 10 日 | 乙卯 11 一 | 丙辰 12 二 | 丁巳 13 三 | 戊午 14 四 | 己未 15 五 | 庚申 16 六 | 辛酉 17 日 | 壬戌 18 一 | 癸亥 19 二 | 甲子 20 三 | 乙丑 21 四 | 丙寅 22 五 | 丁卯 23 六 | 戊辰 24 日 | 己巳 25 一 | 庚午 26 二 | 辛未 27 三 | 壬申 28 四 | 癸酉 29 五 | | 甲寅小暑 庚午大暑 |
| 七月大 | 壬申 | 天干地支 西曆 星期 | 甲戌 30 六 | 乙亥 31 日 | 丙子 (8) 一 | 丁丑 2 二 | 戊寅 3 三 | 己卯 4 四 | 庚辰 5 五 | 辛巳 6 六 | 壬午 7 日 | 癸未 8 一 | 甲申 9 二 | 乙酉 10 三 | 丙戌 11 四 | 丁亥 12 五 | 戊子 13 六 | 己丑 14 日 | 庚寅 15 一 | 辛卯 16 二 | 壬辰 17 三 | 癸巳 18 四 | 甲午 19 五 | 乙未 20 六 | 丙申 21 日 | 丁酉 22 一 | 戊戌 23 二 | 己亥 24 三 | 庚子 25 四 | 辛丑 26 五 | 壬寅 27 六 | 癸卯 28 日 | 乙酉立秋 庚子處暑 |
| 八月小 | 癸酉 | 天干地支 西曆 星期 | 甲辰 29 一 | 乙巳 30 二 | 丙午 31 三 | 丁未 (9) 四 | 戊申 2 五 | 己酉 3 六 | 庚戌 4 日 | 辛亥 5 一 | 壬子 6 二 | 癸丑 7 三 | 甲寅 8 四 | 乙卯 9 五 | 丙辰 10 六 | 丁巳 11 日 | 戊午 12 一 | 己未 13 二 | 庚申 14 三 | 辛酉 15 四 | 壬戌 16 五 | 癸亥 17 六 | 甲子 18 日 | 乙丑 19 一 | 丙寅 20 二 | 丁卯 21 三 | 戊辰 22 四 | 己巳 23 五 | 庚午 24 六 | 辛未 25 日 | 壬申 26 一 | | 乙卯白露 庚午秋分 |
| 九月大 | 甲戌 | 天干地支 西曆 星期 | 癸酉 27 二 | 甲戌 28 三 | 乙亥 29 四 | 丙子 30 五 | 丁丑 (10) 六 | 戊寅 2 日 | 己卯 3 一 | 庚辰 4 二 | 辛巳 5 三 | 壬午 6 四 | 癸未 7 五 | 甲申 8 六 | 乙酉 9 日 | 丙戌 10 一 | 丁亥 11 二 | 戊子 12 三 | 己丑 13 四 | 庚寅 14 五 | 辛卯 15 六 | 壬辰 16 日 | 癸巳 17 一 | 甲午 18 二 | 乙未 19 三 | 丙申 20 四 | 丁酉 21 五 | 戊戌 22 六 | 己亥 23 日 | 庚子 24 一 | 辛丑 25 二 | 壬寅 26 三 | 丙戌寒露 辛丑霜降 |
| 十月小 | 乙亥 | 天干地支 西曆 星期 | 癸卯 27 四 | 甲辰 28 五 | 乙巳 29 六 | 丙午 30 日 | 丁未 31 一 | 戊申 (11) 二 | 己酉 2 三 | 庚戌 3 四 | 辛亥 4 五 | 壬子 5 六 | 癸丑 6 日 | 甲寅 7 一 | 乙卯 8 二 | 丙辰 9 三 | 丁巳 10 四 | 戊午 11 五 | 己未 12 六 | 庚申 13 日 | 辛酉 14 一 | 壬戌 15 二 | 癸亥 16 三 | 甲子 17 四 | 乙丑 18 五 | 丙寅 19 六 | 丁卯 20 日 | 戊辰 21 一 | 己巳 22 二 | 庚午 23 三 | 辛未 24 四 | | 丙辰立冬 辛未小雪 辛未日食 |
| 閏十月大 | 乙亥 | 天干地支 西曆 星期 | 壬申 25 五 | 癸酉 26 六 | 甲戌 27 日 | 乙亥 28 一 | 丙子 29 二 | 丁丑 30 三 | 戊寅 (12) 四 | 己卯 2 五 | 庚辰 3 六 | 辛巳 4 日 | 壬午 5 一 | 癸未 6 二 | 甲申 7 三 | 乙酉 8 四 | 丙戌 9 五 | 丁亥 10 六 | 戊子 11 日 | 己丑 12 一 | 庚寅 13 二 | 辛卯 14 三 | 壬辰 15 四 | 癸巳 16 五 | 甲午 17 六 | 乙未 18 日 | 丙申 19 一 | 丁酉 20 二 | 戊戌 21 三 | 己亥 22 四 | 庚子 23 五 | 辛丑 24 六 | 丁亥大雪 |
| 十一月小 | 丙子 | 天干地支 西曆 星期 | 壬寅 25 日 | 癸卯 26 一 | 甲辰 27 二 | 乙巳 28 三 | 丙午 29 四 | 丁未 30 五 | 戊申 31 六 | 己酉 (1) 日 | 庚戌 2 一 | 辛亥 3 二 | 壬子 4 三 | 癸丑 5 四 | 甲寅 6 五 | 乙卯 7 六 | 丙辰 8 日 | 丁巳 9 一 | 戊午 10 二 | 己未 11 三 | 庚申 12 四 | 辛酉 13 五 | 壬戌 14 六 | 癸亥 15 日 | 甲子 16 一 | 乙丑 17 二 | 丙寅 18 三 | 丁卯 19 四 | 戊辰 20 五 | 己巳 21 六 | 庚午 22 日 | | 壬寅冬至 丁巳小寒 |
| 十二月大 | 丁丑 | 天干地支 西曆 星期 | 辛未 23 一 | 壬申 24 二 | 癸酉 25 三 | 甲戌 26 四 | 乙亥 27 五 | 丙子 28 六 | 丁丑 29 日 | 戊寅 30 一 | 己卯 31 二 | 庚辰 (2) 三 | 辛巳 2 四 | 壬午 3 五 | 癸未 4 六 | 甲申 5 日 | 乙酉 6 一 | 丙戌 7 二 | 丁亥 8 三 | 戊子 9 四 | 己丑 10 五 | 庚寅 11 六 | 辛卯 12 日 | 壬辰 13 一 | 癸巳 14 二 | 甲午 15 三 | 乙未 16 四 | 丙申 17 五 | 丁酉 18 六 | 戊戌 19 日 | 己亥 20 一 | 庚子 21 二 | 壬申大寒 丁亥立春 |

# 漢光武帝建武六年（庚寅 虎年）公元 30 ~ 31 年

| 夏曆月序 | 中西曆日對照 | 夏曆日序 | | | | | | | | | | | | | | | | | | | | | | | | | | | | | | 節氣與天象 |
|---|---|---|---|---|---|---|---|---|---|---|---|---|---|---|---|---|---|---|---|---|---|---|---|---|---|---|---|---|---|---|---|---|
| | | 初一 | 初二 | 初三 | 初四 | 初五 | 初六 | 初七 | 初八 | 初九 | 初十 | 十一 | 十二 | 十三 | 十四 | 十五 | 十六 | 十七 | 十八 | 十九 | 二十 | 二一 | 二二 | 二三 | 二四 | 二五 | 二六 | 二七 | 二八 | 二九 | 三十 | |
| 正月小 戊寅 | 天干地支 | 辛丑 | 壬寅 | 癸卯 | 甲辰 | 乙巳 | 丙午 | 丁未 | 戊申 | 己酉 | 庚戌 | 辛亥 | 壬子 | 癸丑 | 甲寅 | 乙卯 | 丙辰 | 丁巳 | 戊午 | 己未 | 庚申 | 辛酉 | 壬戌 | 癸亥 | 甲子 | 乙丑 | 丙寅 | 丁卯 | 戊辰 | 己巳 | | 癸卯驚蟄<br>戊午雨水 |
| | 西曆 | 22 | 23 | 24 | 25 | 26 | 27 | 28 | (3) | 2 | 3 | 4 | 5 | 6 | 7 | 8 | 9 | 10 | 11 | 12 | 13 | 14 | 15 | 16 | 17 | 18 | 19 | 20 | 21 | 22 | | |
| | 星期 | 三 | 四 | 五 | 六 | 日 | 一 | 二 | 三 | 四 | 五 | 六 | 日 | 一 | 二 | 三 | 四 | 五 | 六 | 日 | 一 | 二 | 三 | 四 | 五 | 六 | 日 | 一 | 二 | 三 | | |
| 二月大 己卯 | 天干地支 | 庚午 | 辛未 | 壬申 | 癸酉 | 甲戌 | 乙亥 | 丙子 | 丁丑 | 戊寅 | 己卯 | 庚辰 | 辛巳 | 壬午 | 癸未 | 甲申 | 乙酉 | 丙戌 | 丁亥 | 戊子 | 己丑 | 庚寅 | 辛卯 | 壬辰 | 癸巳 | 甲午 | 乙未 | 丙申 | 丁酉 | 戊戌 | 己亥 | 癸酉春分<br>戊子穀雨 |
| | 西曆 | 23 | 24 | 25 | 26 | 27 | 28 | 29 | 30 | 31 | (4) | 2 | 3 | 4 | 5 | 6 | 7 | 8 | 9 | 10 | 11 | 12 | 13 | 14 | 15 | 16 | 17 | 18 | 19 | 20 | 21 | |
| | 星期 | 四 | 五 | 六 | 日 | 一 | 二 | 三 | 四 | 五 | 六 | 日 | 一 | 二 | 三 | 四 | 五 | 六 | 日 | 一 | 二 | 三 | 四 | 五 | 六 | 日 | 一 | 二 | 三 | 四 | 五 | |
| 三月小 庚辰 | 天干地支 | 庚子 | 辛丑 | 壬寅 | 癸卯 | 甲辰 | 乙巳 | 丙午 | 丁未 | 戊申 | 己酉 | 庚戌 | 辛亥 | 壬子 | 癸丑 | 甲寅 | 乙卯 | 丙辰 | 丁巳 | 戊午 | 己未 | 庚申 | 辛酉 | 壬戌 | 癸亥 | 甲子 | 乙丑 | 丙寅 | 丁卯 | 戊辰 | | 甲辰清明<br>己未立夏 |
| | 西曆 | 22 | 23 | 24 | 25 | 26 | 27 | 28 | 29 | 30 | (5) | 2 | 3 | 4 | 5 | 6 | 7 | 8 | 9 | 10 | 11 | 12 | 13 | 14 | 15 | 16 | 17 | 18 | 19 | 20 | | |
| | 星期 | 六 | 日 | 一 | 二 | 三 | 四 | 五 | 六 | 日 | 一 | 二 | 三 | 四 | 五 | 六 | 日 | 一 | 二 | 三 | 四 | 五 | 六 | 日 | 一 | 二 | 三 | 四 | 五 | 六 | | |
| 四月大 辛巳 | 天干地支 | 己巳 | 庚午 | 辛未 | 壬申 | 癸酉 | 甲戌 | 乙亥 | 丙子 | 丁丑 | 戊寅 | 己卯 | 庚辰 | 辛巳 | 壬午 | 癸未 | 甲申 | 乙酉 | 丙戌 | 丁亥 | 戊子 | 己丑 | 庚寅 | 辛卯 | 壬辰 | 癸巳 | 甲午 | 乙未 | 丙申 | 丁酉 | 戊戌 | 甲戌小滿<br>己丑芒種 |
| | 西曆 | 21 | 22 | 23 | 24 | 25 | 26 | 27 | 28 | 29 | 30 | 31 | (6) | 2 | 3 | 4 | 5 | 6 | 7 | 8 | 9 | 10 | 11 | 12 | 13 | 14 | 15 | 16 | 17 | 18 | 19 | |
| | 星期 | 日 | 一 | 二 | 三 | 四 | 五 | 六 | 日 | 一 | 二 | 三 | 四 | 五 | 六 | 日 | 一 | 二 | 三 | 四 | 五 | 六 | 日 | 一 | 二 | 三 | 四 | 五 | 六 | 日 | 一 | |
| 五月小 壬午 | 天干地支 | 己亥 | 庚子 | 辛丑 | 壬寅 | 癸卯 | 甲辰 | 乙巳 | 丙午 | 丁未 | 戊申 | 己酉 | 庚戌 | 辛亥 | 壬子 | 癸丑 | 甲寅 | 乙卯 | 丙辰 | 丁巳 | 戊午 | 己未 | 庚申 | 辛酉 | 壬戌 | 癸亥 | 甲子 | 乙丑 | 丙寅 | 丁卯 | | 甲辰夏至<br>庚申小暑 |
| | 西曆 | 20 | 21 | 22 | 23 | 24 | 25 | 26 | 27 | 28 | 29 | 30 | (7) | 2 | 3 | 4 | 5 | 6 | 7 | 8 | 9 | 10 | 11 | 12 | 13 | 14 | 15 | 16 | 17 | 18 | | |
| | 星期 | 二 | 三 | 四 | 五 | 六 | 日 | 一 | 二 | 三 | 四 | 五 | 六 | 日 | 一 | 二 | 三 | 四 | 五 | 六 | 日 | 一 | 二 | 三 | 四 | 五 | 六 | 日 | 一 | 二 | | |
| 六月大 癸未 | 天干地支 | 戊辰 | 己巳 | 庚午 | 辛未 | 壬申 | 癸酉 | 甲戌 | 乙亥 | 丙子 | 丁丑 | 戊寅 | 己卯 | 庚辰 | 辛巳 | 壬午 | 癸未 | 甲申 | 乙酉 | 丙戌 | 丁亥 | 戊子 | 己丑 | 庚寅 | 辛卯 | 壬辰 | 癸巳 | 甲午 | 乙未 | 丙申 | 丁酉 | 乙亥大暑<br>庚寅立秋 |
| | 西曆 | 19 | 20 | 21 | 22 | 23 | 24 | 25 | 26 | 27 | 28 | 29 | 30 | 31 | (8) | 2 | 3 | 4 | 5 | 6 | 7 | 8 | 9 | 10 | 11 | 12 | 13 | 14 | 15 | 16 | 17 | |
| | 星期 | 三 | 四 | 五 | 六 | 日 | 一 | 二 | 三 | 四 | 五 | 六 | 日 | 一 | 二 | 三 | 四 | 五 | 六 | 日 | 一 | 二 | 三 | 四 | 五 | 六 | 日 | 一 | 二 | 三 | 四 | |
| 七月大 甲申 | 天干地支 | 戊戌 | 己亥 | 庚子 | 辛丑 | 壬寅 | 癸卯 | 甲辰 | 乙巳 | 丙午 | 丁未 | 戊申 | 己酉 | 庚戌 | 辛亥 | 壬子 | 癸丑 | 甲寅 | 乙卯 | 丙辰 | 丁巳 | 戊午 | 己未 | 庚申 | 辛酉 | 壬戌 | 癸亥 | 甲子 | 乙丑 | 丙寅 | 丁卯 | 乙巳處暑<br>庚申白露 |
| | 西曆 | 18 | 19 | 20 | 21 | 22 | 23 | 24 | 25 | 26 | 27 | 28 | 29 | 30 | 31 | (9) | 2 | 3 | 4 | 5 | 6 | 7 | 8 | 9 | 10 | 11 | 12 | 13 | 14 | 15 | 16 | |
| | 星期 | 五 | 六 | 日 | 一 | 二 | 三 | 四 | 五 | 六 | 日 | 一 | 二 | 三 | 四 | 五 | 六 | 日 | 一 | 二 | 三 | 四 | 五 | 六 | 日 | 一 | 二 | 三 | 四 | 五 | 六 | |
| 八月小 乙酉 | 天干地支 | 戊辰 | 己巳 | 庚午 | 辛未 | 壬申 | 癸酉 | 甲戌 | 乙亥 | 丙子 | 丁丑 | 戊寅 | 己卯 | 庚辰 | 辛巳 | 壬午 | 癸未 | 甲申 | 乙酉 | 丙戌 | 丁亥 | 戊子 | 己丑 | 庚寅 | 辛卯 | 壬辰 | 癸巳 | 甲午 | 乙未 | 丙申 | | 丙子秋分<br>辛卯寒露 |
| | 西曆 | 17 | 18 | 19 | 20 | 21 | 22 | 23 | 24 | 25 | 26 | 27 | 28 | 29 | 30 | (10) | 2 | 3 | 4 | 5 | 6 | 7 | 8 | 9 | 10 | 11 | 12 | 13 | 14 | 15 | | |
| | 星期 | 日 | 一 | 二 | 三 | 四 | 五 | 六 | 日 | 一 | 二 | 三 | 四 | 五 | 六 | 日 | 一 | 二 | 三 | 四 | 五 | 六 | 日 | 一 | 二 | 三 | 四 | 五 | 六 | 日 | | |
| 九月大 丙戌 | 天干地支 | 丁酉 | 戊戌 | 己亥 | 庚子 | 辛丑 | 壬寅 | 癸卯 | 甲辰 | 乙巳 | 丙午 | 丁未 | 戊申 | 己酉 | 庚戌 | 辛亥 | 壬子 | 癸丑 | 甲寅 | 乙卯 | 丙辰 | 丁巳 | 戊午 | 己未 | 庚申 | 辛酉 | 壬戌 | 癸亥 | 甲子 | 乙丑 | 丙寅 | 丙午霜降<br>辛酉立冬<br>丙寅日食 |
| | 西曆 | 16 | 17 | 18 | 19 | 20 | 21 | 22 | 23 | 24 | 25 | 26 | 27 | 28 | 29 | 30 | 31 | (11) | 2 | 3 | 4 | 5 | 6 | 7 | 8 | 9 | 10 | 11 | 12 | 13 | 14 | |
| | 星期 | 一 | 二 | 三 | 四 | 五 | 六 | 日 | 一 | 二 | 三 | 四 | 五 | 六 | 日 | 一 | 二 | 三 | 四 | 五 | 六 | 日 | 一 | 二 | 三 | 四 | 五 | 六 | 日 | 一 | 二 | |
| 十月小 丁亥 | 天干地支 | 丁卯 | 戊辰 | 己巳 | 庚午 | 辛未 | 壬申 | 癸酉 | 甲戌 | 乙亥 | 丙子 | 丁丑 | 戊寅 | 己卯 | 庚辰 | 辛巳 | 壬午 | 癸未 | 甲申 | 乙酉 | 丙戌 | 丁亥 | 戊子 | 己丑 | 庚寅 | 辛卯 | 壬辰 | 癸巳 | 甲午 | 乙未 | | 丁丑小雪<br>壬辰大雪 |
| | 西曆 | 15 | 16 | 17 | 18 | 19 | 20 | 21 | 22 | 23 | 24 | 25 | 26 | 27 | 28 | 29 | 30 | (12) | 2 | 3 | 4 | 5 | 6 | 7 | 8 | 9 | 10 | 11 | 12 | 13 | | |
| | 星期 | 三 | 四 | 五 | 六 | 日 | 一 | 二 | 三 | 四 | 五 | 六 | 日 | 一 | 二 | 三 | 四 | 五 | 六 | 日 | 一 | 二 | 三 | 四 | 五 | 六 | 日 | 一 | 二 | 三 | | |
| 十一月大 戊子 | 天干地支 | 丙申 | 丁酉 | 戊戌 | 己亥 | 庚子 | 辛丑 | 壬寅 | 癸卯 | 甲辰 | 乙巳 | 丙午 | 丁未 | 戊申 | 己酉 | 庚戌 | 辛亥 | 壬子 | 癸丑 | 甲寅 | 乙卯 | 丙辰 | 丁巳 | 戊午 | 己未 | 庚申 | 辛酉 | 壬戌 | 癸亥 | 甲子 | 乙丑 | 丁未冬至<br>壬戌小寒 |
| | 西曆 | 14 | 15 | 16 | 17 | 18 | 19 | 20 | 21 | 22 | 23 | 24 | 25 | 26 | 27 | 28 | 29 | 30 | 31 | (1) | 2 | 3 | 4 | 5 | 6 | 7 | 8 | 9 | 10 | 11 | 12 | |
| | 星期 | 四 | 五 | 六 | 日 | 一 | 二 | 三 | 四 | 五 | 六 | 日 | 一 | 二 | 三 | 四 | 五 | 六 | 日 | 一 | 二 | 三 | 四 | 五 | 六 | 日 | 一 | 二 | 三 | 四 | 五 | |
| 十二月小 己丑 | 天干地支 | 丙寅 | 丁卯 | 戊辰 | 己巳 | 庚午 | 辛未 | 壬申 | 癸酉 | 甲戌 | 乙亥 | 丙子 | 丁丑 | 戊寅 | 己卯 | 庚辰 | 辛巳 | 壬午 | 癸未 | 甲申 | 乙酉 | 丙戌 | 丁亥 | 戊子 | 己丑 | 庚寅 | 辛卯 | 壬辰 | 癸巳 | 甲午 | | 丁丑大寒<br>癸巳立春 |
| | 西曆 | 13 | 14 | 15 | 16 | 17 | 18 | 19 | 20 | 21 | 22 | 23 | 24 | 25 | 26 | 27 | 28 | 29 | 30 | 31 | (2) | 2 | 3 | 4 | 5 | 6 | 7 | 8 | 9 | 10 | | |
| | 星期 | 六 | 日 | 一 | 二 | 三 | 四 | 五 | 六 | 日 | 一 | 二 | 三 | 四 | 五 | 六 | 日 | 一 | 二 | 三 | 四 | 五 | 六 | 日 | 一 | 二 | 三 | 四 | 五 | 六 | | |

# 漢光武帝建武七年（辛卯 兔年）公元 31 ~ 32 年

| 夏曆月序 | | 中西曆日對照 | 初一 | 初二 | 初三 | 初四 | 初五 | 初六 | 初七 | 初八 | 初九 | 初十 | 十一 | 十二 | 十三 | 十四 | 十五 | 十六 | 十七 | 十八 | 十九 | 二十 | 二一 | 二二 | 二三 | 二四 | 二五 | 二六 | 二七 | 二八 | 二九 | 三十 | 節氣與天象 |
|---|---|---|---|---|---|---|---|---|---|---|---|---|---|---|---|---|---|---|---|---|---|---|---|---|---|---|---|---|---|---|---|---|---|
| 正月大 | 庚寅 | 天干地支/西曆/星期 | 乙未11日 | 丙申12一 | 丁酉13二 | 戊戌14三 | 己亥15四 | 庚子16五 | 辛丑17六 | 壬寅18日 | 癸卯19一 | 甲辰20二 | 乙巳21三 | 丙午22四 | 丁未23五 | 戊申24六 | 己酉25日 | 庚戌26一 | 辛亥27二 | 壬子28三 | 癸丑(3)四 | 甲寅2五 | 乙卯3六 | 丙辰4日 | 丁巳5一 | 戊午6二 | 己未7三 | 庚申8四 | 辛酉9五 | 壬戌10六 | 癸亥11日 | 甲子12一 | 戊申驚蟄 癸亥雨水 |
| 二月小 | 辛卯 | 天干地支/西曆/星期 | 乙丑13二 | 丙寅14三 | 丁卯15四 | 戊辰16五 | 己巳17六 | 庚午18日 | 辛未19一 | 壬申20二 | 癸酉21三 | 甲戌22四 | 乙亥23五 | 丙子24六 | 丁丑25日 | 戊寅26一 | 己卯27二 | 庚辰28三 | 辛巳29四 | 壬午30五 | 癸未31六 | 甲申(4)日 | 乙酉2一 | 丙戌3二 | 丁亥4三 | 戊子5四 | 己丑6五 | 庚寅7六 | 辛卯8日 | 壬辰9一 | 癸巳10二 | | 戊寅春分 |
| 三月大 | 壬辰 | 天干地支/西曆/星期 | 甲午11三 | 乙未12四 | 丙申13五 | 丁酉14六 | 戊戌15日 | 己亥16一 | 庚子17二 | 辛丑18三 | 壬寅19四 | 癸卯20五 | 甲辰21六 | 乙巳22日 | 丙午23一 | 丁未24二 | 戊申25三 | 己酉26四 | 庚戌27五 | 辛亥28六 | 壬子29日 | 癸丑30一 | 甲寅(5)二 | 乙卯2三 | 丙辰3四 | 丁巳4五 | 戊午5六 | 己未6日 | 庚申7一 | 辛酉8二 | 壬戌9三 | 癸亥10四 | 甲午穀雨 己酉清明 |
| 四月小 | 癸巳 | 天干地支/西曆/星期 | 甲子11五 | 乙丑12六 | 丙寅13日 | 丁卯14一 | 戊辰15二 | 己巳16三 | 庚午17四 | 辛未18五 | 壬申19六 | 癸酉20日 | 甲戌21一 | 乙亥22二 | 丙子23三 | 丁丑24四 | 戊寅25五 | 己卯26六 | 庚辰27日 | 辛巳28一 | 壬午29二 | 癸未30三 | 甲申31四 | 乙酉(6)五 | 丙戌2六 | 丁亥3日 | 戊子4一 | 己丑5二 | 庚寅6三 | 辛卯7四 | 壬辰8五 | | 甲子立夏 己卯小滿 |
| 五月大 | 甲午 | 天干地支/西曆/星期 | 癸巳9六 | 甲午10日 | 乙未11一 | 丙申12二 | 丁酉13三 | 戊戌14四 | 己亥15五 | 庚子16六 | 辛丑17日 | 壬寅18一 | 癸卯19二 | 甲辰20三 | 乙巳21四 | 丙午22五 | 丁未23六 | 戊申24日 | 己酉25一 | 庚戌26二 | 辛亥27三 | 壬子28四 | 癸丑29五 | 甲寅30六 | 乙卯(7)日 | 丙辰2一 | 丁巳3二 | 戊午4三 | 己未5四 | 庚申6五 | 辛酉7六 | 壬戌8日 | 甲午芒種 庚戌夏至 |
| 六月小 | 乙未 | 天干地支/西曆/星期 | 癸亥9一 | 甲子10二 | 乙丑11三 | 丙寅12四 | 丁卯13五 | 戊辰14六 | 己巳15日 | 庚午16一 | 辛未17二 | 壬申18三 | 癸酉19四 | 甲戌20五 | 乙亥21六 | 丙子22日 | 丁丑23一 | 戊寅24二 | 己卯25三 | 庚辰26四 | 辛巳27五 | 壬午28六 | 癸未29日 | 甲申30一 | 乙酉31二 | 丙戌(8)三 | 丁亥2四 | 戊子3五 | 己丑4六 | 庚寅5日 | 辛卯6一 | | 乙丑小暑 庚辰大暑 |
| 七月大 | 丙申 | 天干地支/西曆/星期 | 壬辰7二 | 癸巳8三 | 甲午9四 | 乙未10五 | 丙申11六 | 丁酉12日 | 戊戌13一 | 己亥14二 | 庚子15三 | 辛丑16四 | 壬寅17五 | 癸卯18六 | 甲辰19日 | 乙巳20一 | 丙午21二 | 丁未22三 | 戊申23四 | 己酉24五 | 庚戌25六 | 辛亥26日 | 壬子27一 | 癸丑28二 | 甲寅29三 | 乙卯30四 | 丙辰31五 | 丁巳(9)六 | 戊午2日 | 己未3一 | 庚申4二 | 辛酉5三 | 乙未立秋 辛亥處暑 |
| 八月小 | 丁酉 | 天干地支/西曆/星期 | 壬戌6四 | 癸亥7五 | 甲子8六 | 乙丑9日 | 丙寅10一 | 丁卯11二 | 戊辰12三 | 己巳13四 | 庚午14五 | 辛未15六 | 壬申16日 | 癸酉17一 | 甲戌18二 | 乙亥19三 | 丙子20四 | 丁丑21五 | 戊寅22六 | 己卯23日 | 庚辰24一 | 辛巳25二 | 壬午26三 | 癸未27四 | 甲申28五 | 乙酉29六 | 丙戌30日 | 丁亥(10)一 | 戊子2二 | 己丑3三 | 庚寅4四 | | 丙寅白露 辛巳秋分 |
| 九月大 | 戊戌 | 天干地支/西曆/星期 | 辛卯5五 | 壬辰6六 | 癸巳7日 | 甲午8一 | 乙未9二 | 丙申10三 | 丁酉11四 | 戊戌12五 | 己亥13六 | 庚子14日 | 辛丑15一 | 壬寅16二 | 癸卯17三 | 甲辰18四 | 乙巳19五 | 丙午20六 | 丁未21日 | 戊申22一 | 己酉23二 | 庚戌24三 | 辛亥25四 | 壬子26五 | 癸丑27六 | 甲寅28日 | 乙卯29一 | 丙辰30二 | 丁巳31三 | 戊午(11)四 | 己未2五 | 庚申3六 | 丙申寒露 辛亥霜降 |
| 十月大 | 己亥 | 天干地支/西曆/星期 | 辛酉4日 | 壬戌5一 | 癸亥6二 | 甲子7三 | 乙丑8四 | 丙寅9五 | 丁卯10六 | 戊辰11日 | 己巳12一 | 庚午13二 | 辛未14三 | 壬申15四 | 癸酉16五 | 甲戌17六 | 乙亥18日 | 丙子19一 | 丁丑20二 | 戊寅21三 | 己卯22四 | 庚辰23五 | 辛巳24六 | 壬午25日 | 癸未26一 | 甲申27二 | 乙酉28三 | 丙戌29四 | 丁亥30五 | 戊子(12)六 | 己丑2日 | 庚寅3一 | 丁卯立冬 壬午小雪 |
| 十一月小 | 庚子 | 天干地支/西曆/星期 | 辛卯4二 | 壬辰5三 | 癸巳6四 | 甲午7五 | 乙未8六 | 丙申9日 | 丁酉10一 | 戊戌11二 | 己亥12三 | 庚子13四 | 辛丑14五 | 壬寅15六 | 癸卯16日 | 甲辰17一 | 乙巳18二 | 丙午19三 | 丁未20四 | 戊申21五 | 己酉22六 | 庚戌23日 | 辛亥24一 | 壬子25二 | 癸丑26三 | 甲寅27四 | 乙卯28五 | 丙辰29六 | 丁巳30日 | 戊午31一 | 己未(1)二 | | 丁酉大雪 壬子冬至 |
| 十二月大 | 辛丑 | 天干地支/西曆/星期 | 庚申2三 | 辛酉3四 | 壬戌4五 | 癸亥5六 | 甲子6日 | 乙丑7一 | 丙寅8二 | 丁卯9三 | 戊辰10四 | 己巳11五 | 庚午12六 | 辛未13日 | 壬申14一 | 癸酉15二 | 甲戌16三 | 乙亥17四 | 丙子18五 | 丁丑19六 | 戊寅20日 | 己卯21一 | 庚辰22二 | 辛巳23三 | 壬午24四 | 癸未25五 | 甲申26六 | 乙酉27日 | 丙戌28一 | 丁亥29二 | 戊子30三 | 己丑31四 | 丁卯小寒 癸未大寒 |

# 漢光武帝建武八年（壬辰 龍年）公元 32 ~ 33 年

| 夏曆月序 | | 中西曆日對照 | 初一 | 初二 | 初三 | 初四 | 初五 | 初六 | 初七 | 初八 | 初九 | 初十 | 十一 | 十二 | 十三 | 十四 | 十五 | 十六 | 十七 | 十八 | 十九 | 二十 | 二一 | 二二 | 二三 | 二四 | 二五 | 二六 | 二七 | 二八 | 二九 | 三十 | 節氣與天象 |
|---|---|---|---|---|---|---|---|---|---|---|---|---|---|---|---|---|---|---|---|---|---|---|---|---|---|---|---|---|---|---|---|---|---|
| 正月小 | 壬寅 | 干支<br>西曆<br>星期 | 庚寅<br>(2)<br>五 | 辛卯<br>2<br>六 | 壬辰<br>3<br>日 | 癸巳<br>4<br>一 | 甲午<br>5<br>二 | 乙未<br>6<br>三 | 丙申<br>7<br>四 | 丁酉<br>8<br>五 | 戊戌<br>9<br>六 | 己亥<br>10<br>日 | 庚子<br>11<br>一 | 辛丑<br>12<br>二 | 壬寅<br>13<br>三 | 癸卯<br>14<br>四 | 甲辰<br>15<br>五 | 乙巳<br>16<br>六 | 丙午<br>17<br>日 | 丁未<br>18<br>一 | 戊申<br>19<br>二 | 己酉<br>20<br>三 | 庚戌<br>21<br>四 | 辛亥<br>22<br>五 | 壬子<br>23<br>六 | 癸丑<br>24<br>日 | 甲寅<br>25<br>一 | 乙卯<br>26<br>二 | 丙辰<br>27<br>三 | 丁巳<br>28<br>四 | 戊午<br>29<br>五 | | 戊戌立春<br>癸丑驚蟄 |
| 二月大 | 癸卯 | 干支<br>西曆<br>星期 | 己未<br>(3)<br>六 | 庚申<br>2<br>日 | 辛酉<br>3<br>一 | 壬戌<br>4<br>二 | 癸亥<br>5<br>三 | 甲子<br>6<br>四 | 乙丑<br>7<br>五 | 丙寅<br>8<br>六 | 丁卯<br>9<br>日 | 戊辰<br>10<br>一 | 己巳<br>11<br>二 | 庚午<br>12<br>三 | 辛未<br>13<br>四 | 壬申<br>14<br>五 | 癸酉<br>15<br>六 | 甲戌<br>16<br>日 | 乙亥<br>17<br>一 | 丙子<br>18<br>二 | 丁丑<br>19<br>三 | 戊寅<br>20<br>四 | 己卯<br>21<br>五 | 庚辰<br>22<br>六 | 辛巳<br>23<br>日 | 壬午<br>24<br>一 | 癸未<br>25<br>二 | 甲申<br>26<br>三 | 乙酉<br>27<br>四 | 丙戌<br>28<br>五 | 丁亥<br>29<br>六 | 戊子<br>30<br>日 | 戊辰雨水<br>甲申春分 |
| 三月小 | 甲辰 | 干支<br>西曆<br>星期 | 己丑<br>31<br>一 | 庚寅<br>(4)<br>二 | 辛卯<br>2<br>三 | 壬辰<br>3<br>四 | 癸巳<br>4<br>五 | 甲午<br>5<br>六 | 乙未<br>6<br>日 | 丙申<br>7<br>一 | 丁酉<br>8<br>二 | 戊戌<br>9<br>三 | 己亥<br>10<br>四 | 庚子<br>11<br>五 | 辛丑<br>12<br>六 | 壬寅<br>13<br>日 | 癸卯<br>14<br>一 | 甲辰<br>15<br>二 | 乙巳<br>16<br>三 | 丙午<br>17<br>四 | 丁未<br>18<br>五 | 戊申<br>19<br>六 | 己酉<br>20<br>日 | 庚戌<br>21<br>一 | 辛亥<br>22<br>二 | 壬子<br>23<br>三 | 癸丑<br>24<br>四 | 甲寅<br>25<br>五 | 乙卯<br>26<br>六 | 丙辰<br>27<br>日 | 丁巳<br>28<br>一 | | 己亥穀雨<br>甲寅清明 |
| 四月大 | 乙巳 | 干支<br>西曆<br>星期 | 戊午<br>29<br>二 | 己未<br>30<br>三 | 庚申<br>(5)<br>四 | 辛酉<br>2<br>五 | 壬戌<br>3<br>六 | 癸亥<br>4<br>日 | 甲子<br>5<br>一 | 乙丑<br>6<br>二 | 丙寅<br>7<br>三 | 丁卯<br>8<br>四 | 戊辰<br>9<br>五 | 己巳<br>10<br>六 | 庚午<br>11<br>日 | 辛未<br>12<br>一 | 壬申<br>13<br>二 | 癸酉<br>14<br>三 | 甲戌<br>15<br>四 | 乙亥<br>16<br>五 | 丙子<br>17<br>六 | 丁丑<br>18<br>日 | 戊寅<br>19<br>一 | 己卯<br>20<br>二 | 庚辰<br>21<br>三 | 辛巳<br>22<br>四 | 壬午<br>23<br>五 | 癸未<br>24<br>六 | 甲申<br>25<br>日 | 乙酉<br>26<br>一 | 丙戌<br>27<br>二 | 丁亥<br>28<br>三 | 己巳立夏<br>甲申小滿 |
| 五月小 | 丙午 | 干支<br>西曆<br>星期 | 戊子<br>29<br>四 | 己丑<br>30<br>五 | 庚寅<br>31<br>六 | 辛卯<br>(6)<br>日 | 壬辰<br>2<br>一 | 癸巳<br>3<br>二 | 甲午<br>4<br>三 | 乙未<br>5<br>四 | 丙申<br>6<br>五 | 丁酉<br>7<br>六 | 戊戌<br>8<br>日 | 己亥<br>9<br>一 | 庚子<br>10<br>二 | 辛丑<br>11<br>三 | 壬寅<br>12<br>四 | 癸卯<br>13<br>五 | 甲辰<br>14<br>六 | 乙巳<br>15<br>日 | 丙午<br>16<br>一 | 丁未<br>17<br>二 | 戊申<br>18<br>三 | 己酉<br>19<br>四 | 庚戌<br>20<br>五 | 辛亥<br>21<br>六 | 壬子<br>22<br>日 | 癸丑<br>23<br>一 | 甲寅<br>24<br>二 | 乙卯<br>25<br>三 | 丙辰<br>26<br>四 | | 庚子芒種<br>乙卯夏至 |
| 六月大 | 丁未 | 干支<br>西曆<br>星期 | 丁巳<br>27<br>五 | 戊午<br>28<br>六 | 己未<br>29<br>日 | 庚申<br>30<br>一 | 辛酉<br>(7)<br>二 | 壬戌<br>2<br>三 | 癸亥<br>3<br>四 | 甲子<br>4<br>五 | 乙丑<br>5<br>六 | 丙寅<br>6<br>日 | 丁卯<br>7<br>一 | 戊辰<br>8<br>二 | 己巳<br>9<br>三 | 庚午<br>10<br>四 | 辛未<br>11<br>五 | 壬申<br>12<br>六 | 癸酉<br>13<br>日 | 甲戌<br>14<br>一 | 乙亥<br>15<br>二 | 丙子<br>16<br>三 | 丁丑<br>17<br>四 | 戊寅<br>18<br>五 | 己卯<br>19<br>六 | 庚辰<br>20<br>日 | 辛巳<br>21<br>一 | 壬午<br>22<br>二 | 癸未<br>23<br>三 | 甲申<br>24<br>四 | 乙酉<br>25<br>五 | 丙戌<br>26<br>六 | 庚午小暑<br>乙酉大暑 |
| 閏六月小 | 丁未 | 干支<br>西曆<br>星期 | 丁亥<br>27<br>日 | 戊子<br>28<br>一 | 己丑<br>29<br>二 | 庚寅<br>30<br>三 | 辛卯<br>31<br>四 | 壬辰<br>(8)<br>五 | 癸巳<br>2<br>六 | 甲午<br>3<br>日 | 乙未<br>4<br>一 | 丙申<br>5<br>二 | 丁酉<br>6<br>三 | 戊戌<br>7<br>四 | 己亥<br>8<br>五 | 庚子<br>9<br>六 | 辛丑<br>10<br>日 | 壬寅<br>11<br>一 | 癸卯<br>12<br>二 | 甲辰<br>13<br>三 | 乙巳<br>14<br>四 | 丙午<br>15<br>五 | 丁未<br>16<br>六 | 戊申<br>17<br>日 | 己酉<br>18<br>一 | 庚戌<br>19<br>二 | 辛亥<br>20<br>三 | 壬子<br>21<br>四 | 癸丑<br>22<br>五 | 甲寅<br>23<br>六 | 乙卯<br>24<br>日 | | 辛丑立秋 |
| 七月大 | 戊申 | 干支<br>西曆<br>星期 | 丙辰<br>25<br>一 | 丁巳<br>26<br>二 | 戊午<br>27<br>三 | 己未<br>28<br>四 | 庚申<br>29<br>五 | 辛酉<br>30<br>六 | 壬戌<br>31<br>日 | 癸亥<br>(9)<br>一 | 甲子<br>2<br>二 | 乙丑<br>3<br>三 | 丙寅<br>4<br>四 | 丁卯<br>5<br>五 | 戊辰<br>6<br>六 | 己巳<br>7<br>日 | 庚午<br>8<br>一 | 辛未<br>9<br>二 | 壬申<br>10<br>三 | 癸酉<br>11<br>四 | 甲戌<br>12<br>五 | 乙亥<br>13<br>六 | 丙子<br>14<br>日 | 丁丑<br>15<br>一 | 戊寅<br>16<br>二 | 己卯<br>17<br>三 | 庚辰<br>18<br>四 | 辛巳<br>19<br>五 | 壬午<br>20<br>六 | 癸未<br>21<br>日 | 甲申<br>22<br>一 | 乙酉<br>23<br>二 | 丙辰處暑<br>辛未白露 |
| 八月小 | 己酉 | 干支<br>西曆<br>星期 | 丙戌<br>24<br>三 | 丁亥<br>25<br>四 | 戊子<br>26<br>五 | 己丑<br>27<br>六 | 庚寅<br>28<br>日 | 辛卯<br>29<br>一 | 壬辰<br>30<br>二 | 癸巳<br>(10)<br>三 | 甲午<br>2<br>四 | 乙未<br>3<br>五 | 丙申<br>4<br>六 | 丁酉<br>5<br>日 | 戊戌<br>6<br>一 | 己亥<br>7<br>二 | 庚子<br>8<br>三 | 辛丑<br>9<br>四 | 壬寅<br>10<br>五 | 癸卯<br>11<br>六 | 甲辰<br>12<br>日 | 乙巳<br>13<br>一 | 丙午<br>14<br>二 | 丁未<br>15<br>三 | 戊申<br>16<br>四 | 己酉<br>17<br>五 | 庚戌<br>18<br>六 | 辛亥<br>19<br>日 | 壬子<br>20<br>一 | 癸丑<br>21<br>二 | 甲寅<br>22<br>三 | | 丙戌秋分<br>辛丑寒露 |
| 九月大 | 庚戌 | 干支<br>西曆<br>星期 | 乙卯<br>23<br>四 | 丙辰<br>24<br>五 | 丁巳<br>25<br>六 | 戊午<br>26<br>日 | 己未<br>27<br>一 | 庚申<br>28<br>二 | 辛酉<br>29<br>三 | 壬戌<br>30<br>四 | 癸亥<br>31<br>五 | 甲子<br>(11)<br>六 | 乙丑<br>2<br>日 | 丙寅<br>3<br>一 | 丁卯<br>4<br>二 | 戊辰<br>5<br>三 | 己巳<br>6<br>四 | 庚午<br>7<br>五 | 辛未<br>8<br>六 | 壬申<br>9<br>日 | 癸酉<br>10<br>一 | 甲戌<br>11<br>二 | 乙亥<br>12<br>三 | 丙子<br>13<br>四 | 丁丑<br>14<br>五 | 戊寅<br>15<br>六 | 己卯<br>16<br>日 | 庚辰<br>17<br>一 | 辛巳<br>18<br>二 | 壬午<br>19<br>三 | 癸未<br>20<br>四 | 甲申<br>21<br>五 | 丁巳霜降<br>壬申立冬 |
| 十月小 | 辛亥 | 干支<br>西曆<br>星期 | 乙酉<br>22<br>六 | 丙戌<br>23<br>日 | 丁亥<br>24<br>一 | 戊子<br>25<br>二 | 己丑<br>26<br>三 | 庚寅<br>27<br>四 | 辛卯<br>28<br>五 | 壬辰<br>29<br>六 | 癸巳<br>30<br>日 | 甲午<br>(12)<br>一 | 乙未<br>2<br>二 | 丙申<br>3<br>三 | 丁酉<br>4<br>四 | 戊戌<br>5<br>五 | 己亥<br>6<br>六 | 庚子<br>7<br>日 | 辛丑<br>8<br>一 | 壬寅<br>9<br>二 | 癸卯<br>10<br>三 | 甲辰<br>11<br>四 | 乙巳<br>12<br>五 | 丙午<br>13<br>六 | 丁未<br>14<br>日 | 戊申<br>15<br>一 | 己酉<br>16<br>二 | 庚戌<br>17<br>三 | 辛亥<br>18<br>四 | 壬子<br>19<br>五 | 癸丑<br>20<br>六 | | 丁亥小雪<br>壬寅大雪 |
| 十一月大 | 壬子 | 干支<br>西曆<br>星期 | 甲寅<br>21<br>日 | 乙卯<br>22<br>一 | 丙辰<br>23<br>二 | 丁巳<br>24<br>三 | 戊午<br>25<br>四 | 己未<br>26<br>五 | 庚申<br>27<br>六 | 辛酉<br>28<br>日 | 壬戌<br>29<br>一 | 癸亥<br>30<br>二 | 甲子<br>31<br>三 | 乙丑<br>(1)<br>四 | 丙寅<br>2<br>五 | 丁卯<br>3<br>六 | 戊辰<br>4<br>日 | 己巳<br>5<br>一 | 庚午<br>6<br>二 | 辛未<br>7<br>三 | 壬申<br>8<br>四 | 癸酉<br>9<br>五 | 甲戌<br>10<br>六 | 乙亥<br>11<br>日 | 丙子<br>12<br>一 | 丁丑<br>13<br>二 | 戊寅<br>14<br>三 | 己卯<br>15<br>四 | 庚辰<br>16<br>五 | 辛巳<br>17<br>六 | 壬午<br>18<br>日 | 癸未<br>19<br>一 | 戊午冬至<br>癸酉小寒 |
| 十二月小 | 癸丑 | 干支<br>西曆<br>星期 | 甲申<br>20<br>二 | 乙酉<br>21<br>三 | 丙戌<br>22<br>四 | 丁亥<br>23<br>五 | 戊子<br>24<br>六 | 己丑<br>25<br>日 | 庚寅<br>26<br>一 | 辛卯<br>27<br>二 | 壬辰<br>28<br>三 | 癸巳<br>29<br>四 | 甲午<br>30<br>五 | 乙未<br>31<br>六 | 丙申<br>(2)<br>日 | 丁酉<br>2<br>一 | 戊戌<br>3<br>二 | 己亥<br>4<br>三 | 庚子<br>5<br>四 | 辛丑<br>6<br>五 | 壬寅<br>7<br>六 | 癸卯<br>8<br>日 | 甲辰<br>9<br>一 | 乙巳<br>10<br>二 | 丙午<br>11<br>三 | 丁未<br>12<br>四 | 戊申<br>13<br>五 | 己酉<br>14<br>六 | 庚戌<br>15<br>日 | 辛亥<br>16<br>一 | 壬子<br>17<br>二 | | 戊子大寒<br>癸卯立春 |

# 漢光武帝建武九年（癸巳 蛇年）公元 33 ~ 34 年

| 夏曆月序 | | 中西曆日對照 | 夏曆日序 初一 | 初二 | 初三 | 初四 | 初五 | 初六 | 初七 | 初八 | 初九 | 初十 | 十一 | 十二 | 十三 | 十四 | 十五 | 十六 | 十七 | 十八 | 十九 | 二十 | 二一 | 二二 | 二三 | 二四 | 二五 | 二六 | 二七 | 二八 | 二九 | 三十 | 節氣與天象 |
|---|---|---|---|---|---|---|---|---|---|---|---|---|---|---|---|---|---|---|---|---|---|---|---|---|---|---|---|---|---|---|---|---|---|
| 正月大 | 甲寅 | 天干地支西曆星期 | 癸丑18三 | 甲寅19四 | 乙卯20五 | 丙辰21六 | 丁巳22日 | 戊午23一 | 己未24二 | 庚申25三 | 辛酉26四 | 壬戌27五 | 癸亥28六 | 甲子(3)日 | 乙丑2一 | 丙寅3二 | 丁卯4三 | 戊辰5四 | 己巳6五 | 庚午7六 | 辛未8日 | 壬申9一 | 癸酉10二 | 甲戌11三 | 乙亥12四 | 丙子13五 | 丁丑14六 | 戊寅15日 | 己卯16一 | 庚辰17二 | 辛巳18三 | 壬午19四 | 戊午驚蟄 甲戌雨水 |
| 二月大 | 乙卯 | 天干地支西曆星期 | 癸未20五 | 甲申21六 | 乙酉22日 | 丙戌23一 | 丁亥24二 | 戊子25三 | 己丑26四 | 庚寅27五 | 辛卯28六 | 壬辰29日 | 癸巳30一 | 甲午31二 | 乙未(4)三 | 丙申2四 | 丁酉3五 | 戊戌4六 | 己亥5日 | 庚子6一 | 辛丑7二 | 壬寅8三 | 癸卯9四 | 甲辰10五 | 乙巳11六 | 丙午12日 | 丁未13一 | 戊申14二 | 己酉15三 | 庚戌16四 | 辛亥17五 | 壬子18六 | 己丑春分 甲辰穀雨 |
| 三月小 | 丙辰 | 天干地支西曆星期 | 癸丑19日 | 甲寅20一 | 乙卯21二 | 丙辰22三 | 丁巳23四 | 戊午24五 | 己未25六 | 庚申26日 | 辛酉27一 | 壬戌28二 | 癸亥29三 | 甲子30四 | 乙丑(5)五 | 丙寅2六 | 丁卯3日 | 戊辰4一 | 己巳5二 | 庚午6三 | 辛未7四 | 壬申8五 | 癸酉9六 | 甲戌10日 | 乙亥11一 | 丙子12二 | 丁丑13三 | 戊寅14四 | 己卯15五 | 庚辰16六 | 辛巳17日 | | 己未清明 甲戌立夏 |
| 四月大 | 丁巳 | 天干地支西曆星期 | 壬午18一 | 癸未19二 | 甲申20三 | 乙酉21四 | 丙戌22五 | 丁亥23六 | 戊子24日 | 己丑25一 | 庚寅26二 | 辛卯27三 | 壬辰28四 | 癸巳29五 | 甲午30六 | 乙未31日 | 丙申(6)一 | 丁酉2二 | 戊戌3三 | 己亥4四 | 庚子5五 | 辛丑6六 | 壬寅7日 | 癸卯8一 | 甲辰9二 | 乙巳10三 | 丙午11四 | 丁未12五 | 戊申13六 | 己酉14日 | 庚戌15一 | 辛亥16二 | 庚寅小滿 乙巳芒種 |
| 五月小 | 戊午 | 天干地支西曆星期 | 壬子17三 | 癸丑18四 | 甲寅19五 | 乙卯20六 | 丙辰21日 | 丁巳22一 | 戊午23二 | 己未24三 | 庚申25四 | 辛酉26五 | 壬戌27六 | 癸亥28日 | 甲子29一 | 乙丑30二 | 丙寅(7)三 | 丁卯2四 | 戊辰3五 | 己巳4六 | 庚午5日 | 辛未6一 | 壬申7二 | 癸酉8三 | 甲戌9四 | 乙亥10五 | 丙子11六 | 丁丑12日 | 戊寅13一 | 己卯14二 | 庚辰15三 | | 庚申夏至 乙亥小暑 |
| 六月大 | 己未 | 天干地支西曆星期 | 辛巳16四 | 壬午17五 | 癸未18六 | 甲申19日 | 乙酉20一 | 丙戌21二 | 丁亥22三 | 戊子23四 | 己丑24五 | 庚寅25六 | 辛卯26日 | 壬辰27一 | 癸巳28二 | 甲午29三 | 乙未30四 | 丙申31五 | 丁酉(8)六 | 戊戌2日 | 己亥3一 | 庚子4二 | 辛丑5三 | 壬寅6四 | 癸卯7五 | 甲辰8六 | 乙巳9日 | 丙午10一 | 丁未11二 | 戊申12三 | 己酉13四 | 庚戌14五 | 辛卯小暑 丙午立秋 |
| 七月小 | 庚申 | 天干地支西曆星期 | 辛亥15六 | 壬子16日 | 癸丑17一 | 甲寅18二 | 乙卯19三 | 丙辰20四 | 丁巳21五 | 戊午22六 | 己未23日 | 庚申24一 | 辛酉25二 | 壬戌26三 | 癸亥27四 | 甲子28五 | 乙丑29六 | 丙寅30日 | 丁卯31一 | 戊辰(9)二 | 己巳2三 | 庚午3四 | 辛未4五 | 壬申5六 | 癸酉6日 | 甲戌7一 | 乙亥8二 | 丙子9三 | 丁丑10四 | 戊寅11五 | 己卯12六 | | 辛酉處暑 丙子白露 己卯日食 |
| 八月大 | 辛酉 | 天干地支西曆星期 | 庚辰13日 | 辛巳14一 | 壬午15二 | 癸未16三 | 甲申17四 | 乙酉18五 | 丙戌19六 | 丁亥20日 | 戊子21一 | 己丑22二 | 庚寅23三 | 辛卯24四 | 壬辰25五 | 癸巳26六 | 甲午27日 | 乙未28一 | 丙申29二 | 丁酉30三 | 戊戌(10)四 | 己亥2五 | 庚子3六 | 辛丑4日 | 壬寅5一 | 癸卯6二 | 甲辰7三 | 乙巳8四 | 丙午9五 | 丁未10六 | 戊申11日 | 己酉12一 | 辛卯秋分 丁未寒露 |
| 九月小 | 壬戌 | 天干地支西曆星期 | 庚戌13二 | 辛亥14三 | 壬子15四 | 癸丑16五 | 甲寅17六 | 乙卯18日 | 丙辰19一 | 丁巳20二 | 戊午21三 | 己未22四 | 庚申23五 | 辛酉24六 | 壬戌25日 | 癸亥26一 | 甲子27二 | 乙丑28三 | 丙寅29四 | 丁卯30五 | 戊辰31六 | 己巳(11)日 | 庚午2一 | 辛未3二 | 壬申4三 | 癸酉5四 | 甲戌6五 | 乙亥7六 | 丙子8日 | 丁丑9一 | 戊寅10二 | | 壬戌霜降 丁丑立冬 |
| 十月大 | 癸亥 | 天干地支西曆星期 | 己卯11三 | 庚辰12四 | 辛巳13五 | 壬午14六 | 癸未15日 | 甲申16一 | 乙酉17二 | 丙戌18三 | 丁亥19四 | 戊子20五 | 己丑21六 | 庚寅22日 | 辛卯23一 | 壬辰24二 | 癸巳25三 | 甲午26四 | 乙未27五 | 丙申28六 | 丁酉29日 | 戊戌30一 | 己亥(12)二 | 庚子2三 | 辛丑3四 | 壬寅4五 | 癸卯5六 | 甲辰6日 | 乙巳7一 | 丙午8二 | 丁未9三 | 戊申10四 | 壬辰小雪 戊申大雪 |
| 十一月小 | 甲子 | 天干地支西曆星期 | 己酉11五 | 庚戌12六 | 辛亥13日 | 壬子14一 | 癸丑15二 | 甲寅16三 | 乙卯17四 | 丙辰18五 | 丁巳19六 | 戊午20日 | 己未21一 | 庚申22二 | 辛酉23三 | 壬戌24四 | 癸亥25五 | 甲子26六 | 乙丑27日 | 丙寅28一 | 丁卯29二 | 戊辰30三 | 己巳31四 | 庚午(1)五 | 辛未2六 | 壬申3日 | 癸酉4一 | 甲戌5二 | 乙亥6三 | 丙子7四 | 丁丑8五 | | 癸亥冬至 |
| 十二月大 | 乙丑 | 天干地支西曆星期 | 戊寅9六 | 己卯10日 | 庚辰11一 | 辛巳12二 | 壬午13三 | 癸未14四 | 甲申15五 | 乙酉16六 | 丙戌17日 | 丁亥18一 | 戊子19二 | 己丑20三 | 庚寅21四 | 辛卯22五 | 壬辰23六 | 癸巳24日 | 甲午25一 | 乙未26二 | 丙申27三 | 丁酉28四 | 戊戌29五 | 己亥30六 | 庚子31日 | 辛丑(2)一 | 壬寅2二 | 癸卯3三 | 甲辰4四 | 乙巳5五 | 丙午6六 | 丁未7日 | 戊寅小寒 癸巳大寒 |
| 十二月小 | 癸丑 | 天干地支西曆星期 | 甲申20二 | 乙酉21三 | 丙戌22四 | 丁亥23五 | 戊子24六 | 己丑25日 | 庚寅26一 | 辛卯27二 | 壬辰28三 | 癸巳29四 | 甲午30五 | 乙未31六 | 丙申(2)日 | 丁酉2一 | 戊戌3二 | 己亥4三 | 庚子5四 | 辛丑6五 | 壬寅7六 | 癸卯8日 | 甲辰9一 | 乙巳10二 | 丙午11三 | 丁未12四 | 戊申13五 | 己酉14六 | 庚戌15日 | 辛亥16一 | 壬子17二 | | 戊子大寒 癸卯立春 |

# 漢光武帝建武十年（甲午 馬年）公元 **34** ~ 35 年

| 夏曆月序 | | 中西曆日對照 | 初一 | 初二 | 初三 | 初四 | 初五 | 初六 | 初七 | 初八 | 初九 | 初十 | 十一 | 十二 | 十三 | 十四 | 十五 | 十六 | 十七 | 十八 | 十九 | 二十 | 二一 | 二二 | 二三 | 二四 | 二五 | 二六 | 二七 | 二八 | 二九 | 三十 | 節氣與天象 |
|---|---|---|---|---|---|---|---|---|---|---|---|---|---|---|---|---|---|---|---|---|---|---|---|---|---|---|---|---|---|---|---|---|---|
| 正月小 | 丙寅 | 干支天地西曆星期 | 戊申8一 | 己酉9二 | 庚戌10三 | 辛亥11四 | 壬子12五 | 癸丑13六 | 甲寅14日 | 乙卯15一 | 丙辰16二 | 丁巳17三 | 戊午18四 | 己未19五 | 庚申20六 | 辛酉21日 | 壬戌22一 | 癸亥23二 | 甲子24三 | 乙丑25四 | 丙寅26五 | 丁卯27六 | 戊辰28日 | 己巳(3)一 | 庚午2二 | 辛未3三 | 壬申4四 | 癸酉5五 | 甲戌6六 | 乙亥7日 | 丙子8一 | | 戊申立春 甲子驚蟄 |
| 二月大 | 丁卯 | 干支天地西曆星期 | 丁丑9二 | 戊寅10三 | 己卯11四 | 庚辰12五 | 辛巳13六 | 壬午14日 | 癸未15一 | 甲申16二 | 乙酉17三 | 丙戌18四 | 丁亥19五 | 戊子20六 | 己丑21日 | 庚寅22一 | 辛卯23二 | 壬辰24三 | 癸巳25四 | 甲午26五 | 乙未27六 | 丙申28日 | 丁酉29一 | 戊戌30二 | 己亥31三 | 庚子(4)四 | 辛丑2五 | 壬寅3六 | 癸卯4日 | 甲辰5一 | 乙巳6二 | 丙午7三 | 己卯雨水 甲午春分 丁丑日食 |
| 三月小 | 戊辰 | 干支天地西曆星期 | 丁未8四 | 戊申9五 | 己酉10六 | 庚戌11日 | 辛亥12一 | 壬子13二 | 癸丑14三 | 甲寅15四 | 乙卯16五 | 丙辰17六 | 丁巳18日 | 戊午19一 | 己未20二 | 庚申21三 | 辛酉22四 | 壬戌23五 | 癸亥24六 | 甲子25日 | 乙丑26一 | 丙寅27二 | 丁卯28三 | 戊辰29四 | 己巳30五 | 庚午(5)六 | 辛未2日 | 壬申3一 | 癸酉4二 | 甲戌5三 | 乙亥6四 | | 己酉穀雨 乙丑清明 |
| 四月大 | 己巳 | 干支天地西曆星期 | 丙子7五 | 丁丑8六 | 戊寅9日 | 己卯10一 | 庚辰11二 | 辛巳12三 | 壬午13四 | 癸未14五 | 甲申15六 | 乙酉16日 | 丙戌17一 | 丁亥18二 | 戊子19三 | 己丑20四 | 庚寅21五 | 辛卯22六 | 壬辰23日 | 癸巳24一 | 甲午25二 | 乙未26三 | 丙申27四 | 丁酉28五 | 戊戌29六 | 己亥30日 | 庚子31一 | 辛丑(6)二 | 壬寅2三 | 癸卯3四 | 甲辰4五 | 乙巳5六 | 庚辰立夏 乙未小滿 |
| 五月大 | 庚午 | 干支天地西曆星期 | 丙午6日 | 丁未7一 | 戊申8二 | 己酉9三 | 庚戌10四 | 辛亥11五 | 壬子12六 | 癸丑13日 | 甲寅14一 | 乙卯15二 | 丙辰16三 | 丁巳17四 | 戊午18五 | 己未19六 | 庚申20日 | 辛酉21一 | 壬戌22二 | 癸亥23三 | 甲子24四 | 乙丑25五 | 丙寅26六 | 丁卯27日 | 戊辰28一 | 己巳29二 | 庚午30三 | 辛未(7)四 | 壬申2五 | 癸酉3六 | 甲戌4日 | 乙亥5一 | 庚戌芒種 乙丑夏至 |
| 六月小 | 辛未 | 干支天地西曆星期 | 丙子6二 | 丁丑7三 | 戊寅8四 | 己卯9五 | 庚辰10六 | 辛巳11日 | 壬午12一 | 癸未13二 | 甲申14三 | 乙酉15四 | 丙戌16五 | 丁亥17六 | 戊子18日 | 己丑19一 | 庚寅20二 | 辛卯21三 | 壬辰22四 | 癸巳23五 | 甲午24六 | 乙未25日 | 丙申26一 | 丁酉27二 | 戊戌28三 | 己亥29四 | 庚子30五 | 辛丑31六 | 壬寅(8)日 | 癸卯2一 | 甲辰3二 | | 辛巳小暑 丙申大暑 |
| 七月大 | 壬申 | 干支天地西曆星期 | 乙巳4三 | 丙午5四 | 丁未6五 | 戊申7六 | 己酉8日 | 庚戌9一 | 辛亥10二 | 壬子11三 | 癸丑12四 | 甲寅13五 | 乙卯14六 | 丙辰15日 | 丁巳16一 | 戊午17二 | 己未18三 | 庚申19四 | 辛酉20五 | 壬戌21六 | 癸亥22日 | 甲子23一 | 乙丑24二 | 丙寅25三 | 丁卯26四 | 戊辰27五 | 己巳28六 | 庚午29日 | 辛未30一 | 壬申31二 | 癸酉(9)三 | 甲戌2四 | 辛亥立秋 丙寅處暑 |
| 八月小 | 癸酉 | 干支天地西曆星期 | 乙亥3五 | 丙子4六 | 丁丑5日 | 戊寅6一 | 己卯7二 | 庚辰8三 | 辛巳9四 | 壬午10五 | 癸未11六 | 甲申12日 | 乙酉13一 | 丙戌14二 | 丁亥15三 | 戊子16四 | 己丑17五 | 庚寅18六 | 辛卯19日 | 壬辰20一 | 癸巳21二 | 甲午22三 | 乙未23四 | 丙申24五 | 丁酉25六 | 戊戌26日 | 己亥27一 | 庚子28二 | 辛丑29三 | 壬寅30四 | 癸卯(10)五 | | 辛巳白露 丁酉秋分 |
| 九月大 | 甲戌 | 干支天地西曆星期 | 甲辰2六 | 乙巳3日 | 丙午4一 | 丁未5二 | 戊申6三 | 己酉7四 | 庚戌8五 | 辛亥9六 | 壬子10日 | 癸丑11一 | 甲寅12二 | 乙卯13三 | 丙辰14四 | 丁巳15五 | 戊午16六 | 己未17日 | 庚申18一 | 辛酉19二 | 壬戌20三 | 癸亥21四 | 甲子22五 | 乙丑23六 | 丙寅24日 | 丁卯25一 | 戊辰26二 | 己巳27三 | 庚午28四 | 辛未29五 | 壬申30六 | 癸酉31日 | 壬子寒露 丁卯霜降 |
| 十月小 | 乙亥 | 干支天地西曆星期 | 甲戌(11)一 | 乙亥2二 | 丙子3三 | 丁丑4四 | 戊寅5五 | 己卯6六 | 庚辰7日 | 辛巳8一 | 壬午9二 | 癸未10三 | 甲申11四 | 乙酉12五 | 丙戌13六 | 丁亥14日 | 戊子15一 | 己丑16二 | 庚寅17三 | 辛卯18四 | 壬辰19五 | 癸巳20六 | 甲午21日 | 乙未22一 | 丙申23二 | 丁酉24三 | 戊戌25四 | 己亥26五 | 庚子27六 | 辛丑28日 | 壬寅29一 | | 壬午立冬 戊戌小雪 |
| 十一月大 | 丙子 | 干支天地西曆星期 | 癸卯30二 | 甲辰(12)三 | 乙巳2四 | 丙午3五 | 丁未4六 | 戊申5日 | 己酉6一 | 庚戌7二 | 辛亥8三 | 壬子9四 | 癸丑10五 | 甲寅11六 | 乙卯12日 | 丙辰13一 | 丁巳14二 | 戊午15三 | 己未16四 | 庚申17五 | 辛酉18六 | 壬戌19日 | 癸亥20一 | 甲子21二 | 乙丑22三 | 丙寅23四 | 丁卯24五 | 戊辰25六 | 己巳26日 | 庚午27一 | 辛未28二 | 壬申29三 | 癸丑大雪 戊辰冬至 |
| 十二月小 | 丁丑 | 干支天地西曆星期 | 癸酉30四 | 甲戌31五 | 乙亥(1)六 | 丙子2日 | 丁丑3一 | 戊寅4二 | 己卯5三 | 庚辰6四 | 辛巳7五 | 壬午8六 | 癸未9日 | 甲申10一 | 乙酉11二 | 丙戌12三 | 丁亥13四 | 戊子14五 | 己丑15六 | 庚寅16日 | 辛卯17一 | 壬辰18二 | 癸巳19三 | 甲午20四 | 乙未21五 | 丙申22六 | 丁酉23日 | 戊戌24一 | 己亥25二 | 庚子26三 | 辛丑27四 | | 癸未小寒 戊戌大寒 |
| 十二月小 | 癸丑 | 干支天地西曆星期 | 甲申20二 | 乙酉21三 | 丙戌22四 | 丁亥23五 | 戊子24六 | 己丑25日 | 庚寅26一 | 辛卯27二 | 壬辰28三 | 癸巳29四 | 甲午30五 | 乙未31六 | 丙申(2)日 | 丁酉2一 | 戊戌3二 | 己亥4三 | 庚子5四 | 辛丑6五 | 壬寅7六 | 癸卯8日 | 甲辰9一 | 乙巳10二 | 丙午11三 | 丁未12四 | 戊申13五 | 己酉14六 | 庚戌15日 | 辛亥16一 | 壬子17二 | | 戊子大寒 癸卯立春 |

# 漢光武帝建武十一年（乙未 羊年）公元 **35** ~ 36 年

| 夏曆月序 | | 中西曆日對照 | 初一 | 初二 | 初三 | 初四 | 初五 | 初六 | 初七 | 初八 | 初九 | 初十 | 十一 | 十二 | 十三 | 十四 | 十五 | 十六 | 十七 | 十八 | 十九 | 二十 | 二十一 | 二十二 | 二十三 | 二十四 | 二十五 | 二十六 | 二十七 | 二十八 | 二十九 | 三十 | 節氣與天象 |
|---|---|---|---|---|---|---|---|---|---|---|---|---|---|---|---|---|---|---|---|---|---|---|---|---|---|---|---|---|---|---|---|---|---|
| 正月大 | 戊寅 | 干支<br>西曆<br>星期 | 壬寅<br>28<br>五 | 癸卯<br>29<br>六 | 甲辰<br>30<br>日 | 乙巳<br>31<br>一 | 丙午<br>(2)<br>二 | 丁未<br>2<br>三 | 戊申<br>3<br>四 | 己酉<br>4<br>五 | 庚戌<br>5<br>六 | 辛亥<br>6<br>日 | 壬子<br>7<br>一 | 癸丑<br>8<br>二 | 甲寅<br>9<br>三 | 乙卯<br>10<br>四 | 丙辰<br>11<br>五 | 丁巳<br>12<br>六 | 戊午<br>13<br>日 | 己未<br>14<br>一 | 庚申<br>15<br>二 | 辛酉<br>16<br>三 | 壬戌<br>17<br>四 | 癸亥<br>18<br>五 | 甲子<br>19<br>六 | 乙丑<br>20<br>日 | 丙寅<br>21<br>一 | 丁卯<br>22<br>二 | 戊辰<br>23<br>三 | 己巳<br>24<br>四 | 庚午<br>25<br>五 | 辛未<br>26<br>六 | 甲寅立春<br>己巳驚蟄 |
| 二月小 | 己卯 | 干支<br>西曆<br>星期 | 壬申<br>27<br>日 | 癸酉<br>28<br>一 | 甲戌<br>(3)<br>二 | 乙亥<br>2<br>三 | 丙子<br>3<br>四 | 丁丑<br>4<br>五 | 戊寅<br>5<br>六 | 己卯<br>6<br>日 | 庚辰<br>7<br>一 | 辛巳<br>8<br>二 | 壬午<br>9<br>三 | 癸未<br>10<br>四 | 甲申<br>11<br>五 | 乙酉<br>12<br>六 | 丙戌<br>13<br>日 | 丁亥<br>14<br>一 | 戊子<br>15<br>二 | 己丑<br>16<br>三 | 庚寅<br>17<br>四 | 辛卯<br>18<br>五 | 壬辰<br>19<br>六 | 癸巳<br>20<br>日 | 甲午<br>21<br>一 | 乙未<br>22<br>二 | 丙申<br>23<br>三 | 丁酉<br>24<br>四 | 戊戌<br>25<br>五 | 己亥<br>26<br>六 | 庚子<br>27<br>日 | | 甲申雨水<br>己亥春分 |
| 三月大 | 庚辰 | 干支<br>西曆<br>星期 | 辛丑<br>28<br>一 | 壬寅<br>29<br>二 | 癸卯<br>30<br>三 | 甲辰<br>31<br>四 | 乙巳<br>(4)<br>五 | 丙午<br>2<br>六 | 丁未<br>3<br>日 | 戊申<br>4<br>一 | 己酉<br>5<br>二 | 庚戌<br>6<br>三 | 辛亥<br>7<br>四 | 壬子<br>8<br>五 | 癸丑<br>9<br>六 | 甲寅<br>10<br>日 | 乙卯<br>11<br>一 | 丙辰<br>12<br>二 | 丁巳<br>13<br>三 | 戊午<br>14<br>四 | 己未<br>15<br>五 | 庚申<br>16<br>六 | 辛酉<br>17<br>日 | 壬戌<br>18<br>一 | 癸亥<br>19<br>二 | 甲子<br>20<br>三 | 乙丑<br>21<br>四 | 丙寅<br>22<br>五 | 丁卯<br>23<br>六 | 戊辰<br>24<br>日 | 己巳<br>25<br>一 | 庚午<br>26<br>二 | 乙卯穀雨<br>庚午清明 |
| 閏三月小 | 庚辰 | 干支<br>西曆<br>星期 | 辛未<br>27<br>三 | 壬申<br>28<br>四 | 癸酉<br>29<br>五 | 甲戌<br>30<br>六 | 乙亥<br>(5)<br>日 | 丙子<br>2<br>一 | 丁丑<br>3<br>二 | 戊寅<br>4<br>三 | 己卯<br>5<br>四 | 庚辰<br>6<br>五 | 辛巳<br>7<br>六 | 壬午<br>8<br>日 | 癸未<br>9<br>一 | 甲申<br>10<br>二 | 乙酉<br>11<br>三 | 丙戌<br>12<br>四 | 丁亥<br>13<br>五 | 戊子<br>14<br>六 | 己丑<br>15<br>日 | 庚寅<br>16<br>一 | 辛卯<br>17<br>二 | 壬辰<br>18<br>三 | 癸巳<br>19<br>四 | 甲午<br>20<br>五 | 乙未<br>21<br>六 | 丙申<br>22<br>日 | 丁酉<br>23<br>一 | 戊戌<br>24<br>二 | 己亥<br>25<br>三 | | 乙酉立夏 |
| 四月大 | 辛巳 | 干支<br>西曆<br>星期 | 庚子<br>26<br>四 | 辛丑<br>27<br>五 | 壬寅<br>28<br>六 | 癸卯<br>29<br>日 | 甲辰<br>30<br>一 | 乙巳<br>31<br>二 | 丙午<br>(6)<br>三 | 丁未<br>2<br>四 | 戊申<br>3<br>五 | 己酉<br>4<br>六 | 庚戌<br>5<br>日 | 辛亥<br>6<br>一 | 壬子<br>7<br>二 | 癸丑<br>8<br>三 | 甲寅<br>9<br>四 | 乙卯<br>10<br>五 | 丙辰<br>11<br>六 | 丁巳<br>12<br>日 | 戊午<br>13<br>一 | 己未<br>14<br>二 | 庚申<br>15<br>三 | 辛酉<br>16<br>四 | 壬戌<br>17<br>五 | 癸亥<br>18<br>六 | 甲子<br>19<br>日 | 乙丑<br>20<br>一 | 丙寅<br>21<br>二 | 丁卯<br>22<br>三 | 戊辰<br>23<br>四 | 己巳<br>24<br>五 | 庚子小滿<br>乙卯芒種 |
| 五月小 | 壬午 | 干支<br>西曆<br>星期 | 庚午<br>25<br>六 | 辛未<br>26<br>日 | 壬申<br>27<br>一 | 癸酉<br>28<br>二 | 甲戌<br>29<br>三 | 乙亥<br>30<br>四 | 丙子<br>(7)<br>五 | 丁丑<br>2<br>六 | 戊寅<br>3<br>日 | 己卯<br>4<br>一 | 庚辰<br>5<br>二 | 辛巳<br>6<br>三 | 壬午<br>7<br>四 | 癸未<br>8<br>五 | 甲申<br>9<br>六 | 乙酉<br>10<br>日 | 丙戌<br>11<br>一 | 丁亥<br>12<br>二 | 戊子<br>13<br>三 | 己丑<br>14<br>四 | 庚寅<br>15<br>五 | 辛卯<br>16<br>六 | 壬辰<br>17<br>日 | 癸巳<br>18<br>一 | 甲午<br>19<br>二 | 乙未<br>20<br>三 | 丙申<br>21<br>四 | 丁酉<br>22<br>五 | 戊戌<br>23<br>六 | | 辛未夏至<br>丙戌小暑 |
| 六月大 | 癸未 | 干支<br>西曆<br>星期 | 己亥<br>24<br>日 | 庚子<br>25<br>一 | 辛丑<br>26<br>二 | 壬寅<br>27<br>三 | 癸卯<br>28<br>四 | 甲辰<br>29<br>五 | 乙巳<br>30<br>六 | 丙午<br>31<br>日 | 丁未<br>(8)<br>一 | 戊申<br>2<br>二 | 己酉<br>3<br>三 | 庚戌<br>4<br>四 | 辛亥<br>5<br>五 | 壬子<br>6<br>六 | 癸丑<br>7<br>日 | 甲寅<br>8<br>一 | 乙卯<br>9<br>二 | 丙辰<br>10<br>三 | 丁巳<br>11<br>四 | 戊午<br>12<br>五 | 己未<br>13<br>六 | 庚申<br>14<br>日 | 辛酉<br>15<br>一 | 壬戌<br>16<br>二 | 癸亥<br>17<br>三 | 甲子<br>18<br>四 | 乙丑<br>19<br>五 | 丙寅<br>20<br>六 | 丁卯<br>21<br>日 | 戊辰<br>22<br>一 | 辛丑大暑<br>丙辰立秋 |
| 七月小 | 甲申 | 干支<br>西曆<br>星期 | 己巳<br>23<br>二 | 庚午<br>24<br>三 | 辛未<br>25<br>四 | 壬申<br>26<br>五 | 癸酉<br>27<br>六 | 甲戌<br>28<br>日 | 乙亥<br>29<br>一 | 丙子<br>30<br>二 | 丁丑<br>31<br>三 | 戊寅<br>(9)<br>四 | 己卯<br>2<br>五 | 庚辰<br>3<br>六 | 辛巳<br>4<br>日 | 壬午<br>5<br>一 | 癸未<br>6<br>二 | 甲申<br>7<br>三 | 乙酉<br>8<br>四 | 丙戌<br>9<br>五 | 丁亥<br>10<br>六 | 戊子<br>11<br>日 | 己丑<br>12<br>一 | 庚寅<br>13<br>二 | 辛卯<br>14<br>三 | 壬辰<br>15<br>四 | 癸巳<br>16<br>五 | 甲午<br>17<br>六 | 乙未<br>18<br>日 | 丙申<br>19<br>一 | 丁酉<br>20<br>二 | | 壬申處暑<br>丁亥白露 |
| 八月大 | 乙酉 | 干支<br>西曆<br>星期 | 戊戌<br>21<br>三 | 己亥<br>22<br>四 | 庚子<br>23<br>五 | 辛丑<br>24<br>六 | 壬寅<br>25<br>日 | 癸卯<br>26<br>一 | 甲辰<br>27<br>二 | 乙巳<br>28<br>三 | 丙午<br>29<br>四 | 丁未<br>30<br>五 | 戊申<br>(10)<br>六 | 己酉<br>2<br>日 | 庚戌<br>3<br>一 | 辛亥<br>4<br>二 | 壬子<br>5<br>三 | 癸丑<br>6<br>四 | 甲寅<br>7<br>五 | 乙卯<br>8<br>六 | 丙辰<br>9<br>日 | 丁巳<br>10<br>一 | 戊午<br>11<br>二 | 己未<br>12<br>三 | 庚申<br>13<br>四 | 辛酉<br>14<br>五 | 壬戌<br>15<br>六 | 癸亥<br>16<br>日 | 甲子<br>17<br>一 | 乙丑<br>18<br>二 | 丙寅<br>19<br>三 | 丁卯<br>20<br>四 | 壬寅秋分<br>丁巳寒露 |
| 九月大 | 丙戌 | 干支<br>西曆<br>星期 | 戊辰<br>21<br>五 | 己巳<br>22<br>六 | 庚午<br>23<br>日 | 辛未<br>24<br>一 | 壬申<br>25<br>二 | 癸酉<br>26<br>三 | 甲戌<br>27<br>四 | 乙亥<br>28<br>五 | 丙子<br>29<br>六 | 丁丑<br>30<br>日 | 戊寅<br>31<br>一 | 己卯<br>(11)<br>二 | 庚辰<br>2<br>三 | 辛巳<br>3<br>四 | 壬午<br>4<br>五 | 癸未<br>5<br>六 | 甲申<br>6<br>日 | 乙酉<br>7<br>一 | 丙戌<br>8<br>二 | 丁亥<br>9<br>三 | 戊子<br>10<br>四 | 己丑<br>11<br>五 | 庚寅<br>12<br>六 | 辛卯<br>13<br>日 | 壬辰<br>14<br>一 | 癸巳<br>15<br>二 | 甲午<br>16<br>三 | 乙未<br>17<br>四 | 丙申<br>18<br>五 | 丁酉<br>19<br>六 | 壬申霜降<br>戊子立冬 |
| 十月小 | 丁亥 | 干支<br>西曆<br>星期 | 戊戌<br>20<br>日 | 己亥<br>21<br>一 | 庚子<br>22<br>二 | 辛丑<br>23<br>三 | 壬寅<br>24<br>四 | 癸卯<br>25<br>五 | 甲辰<br>26<br>六 | 乙巳<br>27<br>日 | 丙午<br>28<br>一 | 丁未<br>29<br>二 | 戊申<br>30<br>三 | 己酉<br>(12)<br>四 | 庚戌<br>2<br>五 | 辛亥<br>3<br>六 | 壬子<br>4<br>日 | 癸丑<br>5<br>一 | 甲寅<br>6<br>二 | 乙卯<br>7<br>三 | 丙辰<br>8<br>四 | 丁巳<br>9<br>五 | 戊午<br>10<br>六 | 己未<br>11<br>日 | 庚申<br>12<br>一 | 辛酉<br>13<br>二 | 壬戌<br>14<br>三 | 癸亥<br>15<br>四 | 甲子<br>16<br>五 | 乙丑<br>17<br>六 | 丙寅<br>18<br>日 | | 癸卯小雪<br>戊午大雪 |
| 十一月大 | 戊子 | 干支<br>西曆<br>星期 | 丁卯<br>19<br>一 | 戊辰<br>20<br>二 | 己巳<br>21<br>三 | 庚午<br>22<br>四 | 辛未<br>23<br>五 | 壬申<br>24<br>六 | 癸酉<br>25<br>日 | 甲戌<br>26<br>一 | 乙亥<br>27<br>二 | 丙子<br>28<br>三 | 丁丑<br>29<br>四 | 戊寅<br>30<br>五 | 己卯<br>31<br>六 | 庚辰<br>(1)<br>日 | 辛巳<br>2<br>一 | 壬午<br>3<br>二 | 癸未<br>4<br>三 | 甲申<br>5<br>四 | 乙酉<br>6<br>五 | 丙戌<br>7<br>六 | 丁亥<br>8<br>日 | 戊子<br>9<br>一 | 己丑<br>10<br>二 | 庚寅<br>11<br>三 | 辛卯<br>12<br>四 | 壬辰<br>13<br>五 | 癸巳<br>14<br>六 | 甲午<br>15<br>日 | 乙未<br>16<br>一 | 丙申<br>17<br>二 | 癸酉冬至<br>戊子小寒 |
| 十二月小 | 己丑 | 干支<br>西曆<br>星期 | 丁酉<br>18<br>三 | 戊戌<br>19<br>四 | 己亥<br>20<br>五 | 庚子<br>21<br>六 | 辛丑<br>22<br>日 | 壬寅<br>23<br>一 | 癸卯<br>24<br>二 | 甲辰<br>25<br>三 | 乙巳<br>26<br>四 | 丙午<br>27<br>五 | 丁未<br>28<br>六 | 戊申<br>29<br>日 | 己酉<br>30<br>一 | 庚戌<br>31<br>二 | 辛亥<br>(2)<br>三 | 壬子<br>2<br>四 | 癸丑<br>3<br>五 | 甲寅<br>4<br>六 | 乙卯<br>5<br>日 | 丙辰<br>6<br>一 | 丁巳<br>7<br>二 | 戊午<br>8<br>三 | 己未<br>9<br>四 | 庚申<br>10<br>五 | 辛酉<br>11<br>六 | 壬戌<br>12<br>日 | 癸亥<br>13<br>一 | 甲子<br>14<br>二 | 乙丑<br>15<br>三 | | 甲辰大寒<br>己未立春 |

# 漢光武帝建武十二年（丙申 猴年）公元 36 ~ 37 年

| 夏曆月序 | | 中西曆日對照 | 初一 | 初二 | 初三 | 初四 | 初五 | 初六 | 初七 | 初八 | 初九 | 初十 | 十一 | 十二 | 十三 | 十四 | 十五 | 十六 | 十七 | 十八 | 十九 | 二十 | 二一 | 二二 | 二三 | 二四 | 二五 | 二六 | 二七 | 二八 | 二九 | 三十 | 節氣與天象 |
|---|---|---|---|---|---|---|---|---|---|---|---|---|---|---|---|---|---|---|---|---|---|---|---|---|---|---|---|---|---|---|---|---|---|
| 正月大 | 庚寅 | 干支<br>天地西曆<br>星期 | 丙寅<br>16<br>四 | 丁卯<br>17<br>五 | 戊辰<br>18<br>六 | 己巳<br>19<br>日 | 庚午<br>20<br>一 | 辛未<br>21<br>二 | 壬申<br>22<br>三 | 癸酉<br>23<br>四 | 甲戌<br>24<br>五 | 乙亥<br>25<br>六 | 丙子<br>26<br>日 | 丁丑<br>27<br>一 | 戊寅<br>28<br>二 | 己卯<br>29<br>三 | 庚辰<br>(3)<br>四 | 辛巳<br>2<br>五 | 壬午<br>3<br>六 | 癸未<br>4<br>日 | 甲申<br>5<br>一 | 乙酉<br>6<br>二 | 丙戌<br>7<br>三 | 丁亥<br>8<br>四 | 戊子<br>9<br>五 | 己丑<br>10<br>六 | 庚寅<br>11<br>日 | 辛卯<br>12<br>一 | 壬辰<br>13<br>二 | 癸巳<br>14<br>三 | 甲午<br>15<br>四 | 乙未<br>16<br>五 | 甲戌驚蟄<br>己丑雨水 |
| 二月小 | 辛卯 | 干支<br>天地西曆<br>星期 | 丙申<br>17<br>六 | 丁酉<br>18<br>日 | 戊戌<br>19<br>一 | 己亥<br>20<br>二 | 庚子<br>21<br>三 | 辛丑<br>22<br>四 | 壬寅<br>23<br>五 | 癸卯<br>24<br>六 | 甲辰<br>25<br>日 | 乙巳<br>26<br>一 | 丙午<br>27<br>二 | 丁未<br>28<br>三 | 戊申<br>29<br>四 | 己酉<br>30<br>五 | 庚戌<br>31<br>六 | 辛亥<br>(4)<br>日 | 壬子<br>2<br>一 | 癸丑<br>3<br>二 | 甲寅<br>4<br>三 | 乙卯<br>5<br>四 | 丙辰<br>6<br>五 | 丁巳<br>7<br>六 | 戊午<br>8<br>日 | 己未<br>9<br>一 | 庚申<br>10<br>二 | 辛酉<br>11<br>三 | 壬戌<br>12<br>四 | 癸亥<br>13<br>五 | 甲子<br>14<br>六 | | 乙巳春分<br>庚申穀雨 |
| 三月大 | 壬辰 | 干支<br>天地西曆<br>星期 | 乙丑<br>15<br>日 | 丙寅<br>16<br>一 | 丁卯<br>17<br>二 | 戊辰<br>18<br>三 | 己巳<br>19<br>四 | 庚午<br>20<br>五 | 辛未<br>21<br>六 | 壬申<br>22<br>日 | 癸酉<br>23<br>一 | 甲戌<br>24<br>二 | 乙亥<br>25<br>三 | 丙子<br>26<br>四 | 丁丑<br>27<br>五 | 戊寅<br>28<br>六 | 己卯<br>29<br>日 | 庚辰<br>30<br>一 | 辛巳<br>(5)<br>二 | 壬午<br>2<br>三 | 癸未<br>3<br>四 | 甲申<br>4<br>五 | 乙酉<br>5<br>六 | 丙戌<br>6<br>日 | 丁亥<br>7<br>一 | 戊子<br>8<br>二 | 己丑<br>9<br>三 | 庚寅<br>10<br>四 | 辛卯<br>11<br>五 | 壬辰<br>12<br>六 | 癸巳<br>13<br>日 | 甲午<br>14<br>一 | 乙亥清明<br>庚寅立夏 |
| 四月小 | 癸巳 | 干支<br>天地西曆<br>星期 | 乙未<br>15<br>二 | 丙申<br>16<br>三 | 丁酉<br>17<br>四 | 戊戌<br>18<br>五 | 己亥<br>19<br>六 | 庚子<br>20<br>日 | 辛丑<br>21<br>一 | 壬寅<br>22<br>二 | 癸卯<br>23<br>三 | 甲辰<br>24<br>四 | 乙巳<br>25<br>五 | 丙午<br>26<br>六 | 丁未<br>27<br>日 | 戊申<br>28<br>一 | 己酉<br>29<br>二 | 庚戌<br>30<br>三 | 辛亥<br>31<br>四 | 壬子<br>(6)<br>五 | 癸丑<br>2<br>六 | 甲寅<br>3<br>日 | 乙卯<br>4<br>一 | 丙辰<br>5<br>二 | 丁巳<br>6<br>三 | 戊午<br>7<br>四 | 己未<br>8<br>五 | 庚申<br>9<br>六 | 辛酉<br>10<br>日 | 壬戌<br>11<br>一 | 癸亥<br>12<br>二 | | 乙巳小滿<br>辛酉芒種 |
| 五月大 | 甲午 | 干支<br>天地西曆<br>星期 | 甲子<br>13<br>三 | 乙丑<br>14<br>四 | 丙寅<br>15<br>五 | 丁卯<br>16<br>六 | 戊辰<br>17<br>日 | 己巳<br>18<br>一 | 庚午<br>19<br>二 | 辛未<br>20<br>三 | 壬申<br>21<br>四 | 癸酉<br>22<br>五 | 甲戌<br>23<br>六 | 乙亥<br>24<br>日 | 丙子<br>25<br>一 | 丁丑<br>26<br>二 | 戊寅<br>27<br>三 | 己卯<br>28<br>四 | 庚辰<br>29<br>五 | 辛巳<br>30<br>六 | 壬午<br>(7)<br>日 | 癸未<br>2<br>一 | 甲申<br>3<br>二 | 乙酉<br>4<br>三 | 丙戌<br>5<br>四 | 丁亥<br>6<br>五 | 戊子<br>7<br>六 | 己丑<br>8<br>日 | 庚寅<br>9<br>一 | 辛卯<br>10<br>二 | 壬辰<br>11<br>三 | 癸巳<br>12<br>四 | 丙子夏至<br>辛卯小暑 |
| 六月小 | 乙未 | 干支<br>天地西曆<br>星期 | 甲午<br>13<br>五 | 乙未<br>14<br>六 | 丙申<br>15<br>日 | 丁酉<br>16<br>一 | 戊戌<br>17<br>二 | 己亥<br>18<br>三 | 庚子<br>19<br>四 | 辛丑<br>20<br>五 | 壬寅<br>21<br>六 | 癸卯<br>22<br>日 | 甲辰<br>23<br>一 | 乙巳<br>24<br>二 | 丙午<br>25<br>三 | 丁未<br>26<br>四 | 戊申<br>27<br>五 | 己酉<br>28<br>六 | 庚戌<br>29<br>日 | 辛亥<br>30<br>一 | 壬子<br>31<br>二 | 癸丑<br>(8)<br>三 | 甲寅<br>2<br>四 | 乙卯<br>3<br>五 | 丙辰<br>4<br>六 | 丁巳<br>5<br>日 | 戊午<br>6<br>一 | 己未<br>7<br>二 | 庚申<br>8<br>三 | 辛酉<br>9<br>四 | 壬戌<br>10<br>五 | | 丙午大暑<br>壬戌立秋 |
| 七月大 | 丙申 | 干支<br>天地西曆<br>星期 | 癸亥<br>11<br>六 | 甲子<br>12<br>日 | 乙丑<br>13<br>一 | 丙寅<br>14<br>二 | 丁卯<br>15<br>三 | 戊辰<br>16<br>四 | 己巳<br>17<br>五 | 庚午<br>18<br>六 | 辛未<br>19<br>日 | 壬申<br>20<br>一 | 癸酉<br>21<br>二 | 甲戌<br>22<br>三 | 乙亥<br>23<br>四 | 丙子<br>24<br>五 | 丁丑<br>25<br>六 | 戊寅<br>26<br>日 | 己卯<br>27<br>一 | 庚辰<br>28<br>二 | 辛巳<br>29<br>三 | 壬午<br>30<br>四 | 癸未<br>31<br>五 | 甲申<br>(9)<br>六 | 乙酉<br>2<br>日 | 丙戌<br>3<br>一 | 丁亥<br>4<br>二 | 戊子<br>5<br>三 | 己丑<br>6<br>四 | 庚寅<br>7<br>五 | 辛卯<br>8<br>六 | 壬辰<br>9<br>日 | 丁丑處暑<br>壬辰白露 |
| 八月小 | 丁酉 | 干支<br>天地西曆<br>星期 | 癸巳<br>10<br>一 | 甲午<br>11<br>二 | 乙未<br>12<br>三 | 丙申<br>13<br>四 | 丁酉<br>14<br>五 | 戊戌<br>15<br>六 | 己亥<br>16<br>日 | 庚子<br>17<br>一 | 辛丑<br>18<br>二 | 壬寅<br>19<br>三 | 癸卯<br>20<br>四 | 甲辰<br>21<br>五 | 乙巳<br>22<br>六 | 丙午<br>23<br>日 | 丁未<br>24<br>一 | 戊申<br>25<br>二 | 己酉<br>26<br>三 | 庚戌<br>27<br>四 | 辛亥<br>28<br>五 | 壬子<br>29<br>六 | 癸丑<br>30<br>日 | 甲寅<br>(10)<br>一 | 乙卯<br>2<br>二 | 丙辰<br>3<br>三 | 丁巳<br>4<br>四 | 戊午<br>5<br>五 | 己未<br>6<br>六 | 庚申<br>7<br>日 | 辛酉<br>8<br>一 | | 丁未秋分 |
| 九月大 | 戊戌 | 干支<br>天地西曆<br>星期 | 壬戌<br>9<br>二 | 癸亥<br>10<br>三 | 甲子<br>11<br>四 | 乙丑<br>12<br>五 | 丙寅<br>13<br>六 | 丁卯<br>14<br>日 | 戊辰<br>15<br>一 | 己巳<br>16<br>二 | 庚午<br>17<br>三 | 辛未<br>18<br>四 | 壬申<br>19<br>五 | 癸酉<br>20<br>六 | 甲戌<br>21<br>日 | 乙亥<br>22<br>一 | 丙子<br>23<br>二 | 丁丑<br>24<br>三 | 戊寅<br>25<br>四 | 己卯<br>26<br>五 | 庚辰<br>27<br>六 | 辛巳<br>28<br>日 | 壬午<br>29<br>一 | 癸未<br>30<br>二 | 甲申<br>31<br>三 | 乙酉<br>(11)<br>四 | 丙戌<br>2<br>五 | 丁亥<br>3<br>六 | 戊子<br>4<br>日 | 己丑<br>5<br>一 | 庚寅<br>6<br>二 | 辛卯<br>7<br>三 | 壬戌寒露<br>戊寅霜降 |
| 十月小 | 己亥 | 干支<br>天地西曆<br>星期 | 壬辰<br>8<br>四 | 癸巳<br>9<br>五 | 甲午<br>10<br>六 | 乙未<br>11<br>日 | 丙申<br>12<br>一 | 丁酉<br>13<br>二 | 戊戌<br>14<br>三 | 己亥<br>15<br>四 | 庚子<br>16<br>五 | 辛丑<br>17<br>六 | 壬寅<br>18<br>日 | 癸卯<br>19<br>一 | 甲辰<br>20<br>二 | 乙巳<br>21<br>三 | 丙午<br>22<br>四 | 丁未<br>23<br>五 | 戊申<br>24<br>六 | 己酉<br>25<br>日 | 庚戌<br>26<br>一 | 辛亥<br>27<br>二 | 壬子<br>28<br>三 | 癸丑<br>29<br>四 | 甲寅<br>30<br>五 | 乙卯<br>(12)<br>六 | 丙辰<br>2<br>日 | 丁巳<br>3<br>一 | 戊午<br>4<br>二 | 己未<br>5<br>三 | 庚申<br>6<br>四 | | 癸巳立冬<br>戊申小雪 |
| 十一月大 | 庚子 | 干支<br>天地西曆<br>星期 | 辛酉<br>7<br>五 | 壬戌<br>8<br>六 | 癸亥<br>9<br>日 | 甲子<br>10<br>一 | 乙丑<br>11<br>二 | 丙寅<br>12<br>三 | 丁卯<br>13<br>四 | 戊辰<br>14<br>五 | 己巳<br>15<br>六 | 庚午<br>16<br>日 | 辛未<br>17<br>一 | 壬申<br>18<br>二 | 癸酉<br>19<br>三 | 甲戌<br>20<br>四 | 乙亥<br>21<br>五 | 丙子<br>22<br>六 | 丁丑<br>23<br>日 | 戊寅<br>24<br>一 | 己卯<br>25<br>二 | 庚辰<br>26<br>三 | 辛巳<br>27<br>四 | 壬午<br>28<br>五 | 癸未<br>29<br>六 | 甲申<br>30<br>日 | 乙酉<br>31<br>一 | 丙戌<br>(1)<br>二 | 丁亥<br>2<br>三 | 戊子<br>3<br>四 | 己丑<br>4<br>五 | 庚寅<br>5<br>六 | 癸亥大雪<br>己卯冬至 |
| 十二月小 | 辛丑 | 干支<br>天地西曆<br>星期 | 辛卯<br>6<br>日 | 壬辰<br>7<br>一 | 癸巳<br>8<br>二 | 甲午<br>9<br>三 | 乙未<br>10<br>四 | 丙申<br>11<br>五 | 丁酉<br>12<br>六 | 戊戌<br>13<br>日 | 己亥<br>14<br>一 | 庚子<br>15<br>二 | 辛丑<br>16<br>三 | 壬寅<br>17<br>四 | 癸卯<br>18<br>五 | 甲辰<br>19<br>六 | 乙巳<br>20<br>日 | 丙午<br>21<br>一 | 丁未<br>22<br>二 | 戊申<br>23<br>三 | 己酉<br>24<br>四 | 庚戌<br>25<br>五 | 辛亥<br>26<br>六 | 壬子<br>27<br>日 | 癸丑<br>28<br>一 | 甲寅<br>29<br>二 | 乙卯<br>30<br>三 | 丙辰<br>31<br>四 | 丁巳<br>(2)<br>五 | 戊午<br>2<br>六 | 己未<br>3<br>日 | | 甲午小寒<br>己酉大寒 |

# 漢光武帝建武十三年（丁酉 鷄年）公元 37 ~ 38 年

| 夏曆月序 | | 中西曆日對照 | 初一 | 初二 | 初三 | 初四 | 初五 | 初六 | 初七 | 初八 | 初九 | 初十 | 十一 | 十二 | 十三 | 十四 | 十五 | 十六 | 十七 | 十八 | 十九 | 二十 | 二一 | 二二 | 二三 | 二四 | 二五 | 二六 | 二七 | 二八 | 二九 | 三十 | 節氣與天象 |
|---|---|---|---|---|---|---|---|---|---|---|---|---|---|---|---|---|---|---|---|---|---|---|---|---|---|---|---|---|---|---|---|---|---|
| 正月大 | 壬寅 | 天干地支 西曆 星期 | 庚申 4 一 | 辛酉 5 二 | 壬戌 6 三 | 癸亥 7 四 | 甲子 8 五 | 乙丑 9 六 | 丙寅 10 日 | 丁卯 11 一 | 戊辰 12 二 | 己巳 13 三 | 庚午 14 四 | 辛未 15 五 | 壬申 16 六 | 癸酉 17 日 | 甲戌 18 一 | 乙亥 19 二 | 丙子 20 三 | 丁丑 21 四 | 戊寅 22 五 | 己卯 23 六 | 庚辰 24 日 | 辛巳 25 一 | 壬午 26 二 | 癸未 27 三 | 甲申 28 四 | 乙酉 (3) 五 | 丙戌 2 六 | 丁亥 3 日 | 戊子 4 一 | 己丑 5 二 | 甲子立春 己卯驚蟄 |
| 二月大 | 癸卯 | 天干地支 西曆 星期 | 庚寅 6 三 | 辛卯 7 四 | 壬辰 8 五 | 癸巳 9 六 | 甲午 10 日 | 乙未 11 一 | 丙申 12 二 | 丁酉 13 三 | 戊戌 14 四 | 己亥 15 五 | 庚子 16 六 | 辛丑 17 日 | 壬寅 18 一 | 癸卯 19 二 | 甲辰 20 三 | 乙巳 21 四 | 丙午 22 五 | 丁未 23 六 | 戊申 24 日 | 己酉 25 一 | 庚戌 26 二 | 辛亥 27 三 | 壬子 28 四 | 癸丑 29 五 | 甲寅 30 六 | 乙卯 31 日 | 丙辰 (4) 一 | 丁巳 2 二 | 戊午 3 三 | 己未 4 四 | 乙未雨水 庚戌春分 |
| 三月小 | 甲辰 | 天干地支 西曆 星期 | 庚申 5 五 | 辛酉 6 六 | 壬戌 7 日 | 癸亥 8 一 | 甲子 9 二 | 乙丑 10 三 | 丙寅 11 四 | 丁卯 12 五 | 戊辰 13 六 | 己巳 14 日 | 庚午 15 一 | 辛未 16 二 | 壬申 17 三 | 癸酉 18 四 | 甲戌 19 五 | 乙亥 20 六 | 丙子 21 日 | 丁丑 22 一 | 戊寅 23 二 | 己卯 24 三 | 庚辰 25 四 | 辛巳 26 五 | 壬午 27 六 | 癸未 28 日 | 甲申 29 一 | 乙酉 30 二 | 丙戌 (5) 三 | 丁亥 2 四 | 戊子 3 五 | | 乙丑穀雨 庚辰清明 |
| 四月大 | 乙巳 | 天干地支 西曆 星期 | 己丑 4 六 | 庚寅 5 日 | 辛卯 6 一 | 壬辰 7 二 | 癸巳 8 三 | 甲午 9 四 | 乙未 10 五 | 丙申 11 六 | 丁酉 12 日 | 戊戌 13 一 | 己亥 14 二 | 庚子 15 三 | 辛丑 16 四 | 壬寅 17 五 | 癸卯 18 六 | 甲辰 19 日 | 乙巳 20 一 | 丙午 21 二 | 丁未 22 三 | 戊申 23 四 | 己酉 24 五 | 庚戌 25 六 | 辛亥 26 日 | 壬子 27 一 | 癸丑 28 二 | 甲寅 29 三 | 乙卯 30 四 | 丙辰 31 五 | 丁巳 (6) 六 | 戊午 2 日 | 乙未立夏 辛亥小滿 |
| 五月小 | 丙午 | 天干地支 西曆 星期 | 己未 3 一 | 庚申 4 二 | 辛酉 5 三 | 壬戌 6 四 | 癸亥 7 五 | 甲子 8 六 | 乙丑 9 日 | 丙寅 10 一 | 丁卯 11 二 | 戊辰 12 三 | 己巳 13 四 | 庚午 14 五 | 辛未 15 六 | 壬申 16 日 | 癸酉 17 一 | 甲戌 18 二 | 乙亥 19 三 | 丙子 20 四 | 丁丑 21 五 | 戊寅 22 六 | 己卯 23 日 | 庚辰 24 一 | 辛巳 25 二 | 壬午 26 三 | 癸未 27 四 | 甲申 28 五 | 乙酉 29 六 | 丙戌 30 日 | 丁亥 (7) 一 | | 丙寅芒種 辛巳夏至 |
| 六月大 | 丁未 | 天干地支 西曆 星期 | 戊子 2 二 | 己丑 3 三 | 庚寅 4 四 | 辛卯 5 五 | 壬辰 6 六 | 癸巳 7 日 | 甲午 8 一 | 乙未 9 二 | 丙申 10 三 | 丁酉 11 四 | 戊戌 12 五 | 己亥 13 六 | 庚子 14 日 | 辛丑 15 一 | 壬寅 16 二 | 癸卯 17 三 | 甲辰 18 四 | 乙巳 19 五 | 丙午 20 六 | 丁未 21 日 | 戊申 22 一 | 己酉 23 二 | 庚戌 24 三 | 辛亥 25 四 | 壬子 26 五 | 癸丑 27 六 | 甲寅 28 日 | 乙卯 29 一 | 丙辰 30 二 | 丁巳 31 三 | 丙申小暑 壬子大暑 |
| 七月小 | 戊申 | 天干地支 西曆 星期 | 戊午 (8) 四 | 己未 2 五 | 庚申 3 六 | 辛酉 4 日 | 壬戌 5 一 | 癸亥 6 二 | 甲子 7 三 | 乙丑 8 四 | 丙寅 9 五 | 丁卯 10 六 | 戊辰 11 日 | 己巳 12 一 | 庚午 13 二 | 辛未 14 三 | 壬申 15 四 | 癸酉 16 五 | 甲戌 17 六 | 乙亥 18 日 | 丙子 19 一 | 丁丑 20 二 | 戊寅 21 三 | 己卯 22 四 | 庚辰 23 五 | 辛巳 24 六 | 壬午 25 日 | 癸未 26 一 | 甲申 27 二 | 乙酉 28 三 | 丙戌 29 四 | | 丁卯立秋 壬午處暑 |
| 八月大 | 己酉 | 天干地支 西曆 星期 | 丁亥 30 五 | 戊子 31 六 | 己丑 (9) 日 | 庚寅 2 一 | 辛卯 3 二 | 壬辰 4 三 | 癸巳 5 四 | 甲午 6 五 | 乙未 7 六 | 丙申 8 日 | 丁酉 9 一 | 戊戌 10 二 | 己亥 11 三 | 庚子 12 四 | 辛丑 13 五 | 壬寅 14 六 | 癸卯 15 日 | 甲辰 16 一 | 乙巳 17 二 | 丙午 18 三 | 丁未 19 四 | 戊申 20 五 | 己酉 21 六 | 庚戌 22 日 | 辛亥 23 一 | 壬子 24 二 | 癸丑 25 三 | 甲寅 26 四 | 乙卯 27 五 | 丙辰 28 六 | 丁酉白露 壬子秋分 |
| 九月小 | 庚戌 | 天干地支 西曆 星期 | 丁巳 29 日 | 戊午 30 一 | 己未 (10) 二 | 庚申 2 三 | 辛酉 3 四 | 壬戌 4 五 | 癸亥 5 六 | 甲子 6 日 | 乙丑 7 一 | 丙寅 8 二 | 丁卯 9 三 | 戊辰 10 四 | 己巳 11 五 | 庚午 12 六 | 辛未 13 日 | 壬申 14 一 | 癸酉 15 二 | 甲戌 16 三 | 乙亥 17 四 | 丙子 18 五 | 丁丑 19 六 | 戊寅 20 日 | 己卯 21 一 | 庚辰 22 二 | 辛巳 23 三 | 壬午 24 四 | 癸未 25 五 | 甲申 26 六 | 乙酉 27 日 | | 戊辰寒露 癸未霜降 |
| 十月大 | 辛亥 | 天干地支 西曆 星期 | 丙戌 28 一 | 丁亥 29 二 | 戊子 30 三 | 己丑 31 四 | 庚寅 (11) 五 | 辛卯 2 六 | 壬辰 3 日 | 癸巳 4 一 | 甲午 5 二 | 乙未 6 三 | 丙申 7 四 | 丁酉 8 五 | 戊戌 9 六 | 己亥 10 日 | 庚子 11 一 | 辛丑 12 二 | 壬寅 13 三 | 癸卯 14 四 | 甲辰 15 五 | 乙巳 16 六 | 丙午 17 日 | 丁未 18 一 | 戊申 19 二 | 己酉 20 三 | 庚戌 21 四 | 辛亥 22 五 | 壬子 23 六 | 癸丑 24 日 | 甲寅 25 一 | 乙卯 26 二 | 戊戌立冬 癸丑小雪 |
| 十一月小 | 壬子 | 天干地支 西曆 星期 | 丙辰 27 三 | 丁巳 28 四 | 戊午 29 五 | 己未 30 六 | 庚申 (12) 日 | 辛酉 2 一 | 壬戌 3 二 | 癸亥 4 三 | 甲子 5 四 | 乙丑 6 五 | 丙寅 7 六 | 丁卯 8 日 | 戊辰 9 一 | 己巳 10 二 | 庚午 11 三 | 辛未 12 四 | 壬申 13 五 | 癸酉 14 六 | 甲戌 15 日 | 乙亥 16 一 | 丙子 17 二 | 丁丑 18 三 | 戊寅 19 四 | 己卯 20 五 | 庚辰 21 六 | 辛巳 22 日 | 壬午 23 一 | 癸未 24 二 | 甲申 25 三 | | 己巳大雪 甲申冬至 |
| 十二月大 | 癸丑 | 天干地支 西曆 星期 | 乙酉 26 四 | 丙戌 27 五 | 丁亥 28 六 | 戊子 29 日 | 己丑 30 一 | 庚寅 31 二 | 辛卯 (1) 三 | 壬辰 2 四 | 癸巳 3 五 | 甲午 4 六 | 乙未 5 日 | 丙申 6 一 | 丁酉 7 二 | 戊戌 8 三 | 己亥 9 四 | 庚子 10 五 | 辛丑 11 六 | 壬寅 12 日 | 癸卯 13 一 | 甲辰 14 二 | 乙巳 15 三 | 丙午 16 四 | 丁未 17 五 | 戊申 18 六 | 己酉 19 日 | 庚戌 20 一 | 辛亥 21 二 | 壬子 22 三 | 癸丑 23 四 | 甲寅 24 五 | 己亥小寒 甲寅大寒 |
| 閏十二小 | 癸丑 | 天干地支 西曆 星期 | 乙卯 25 六 | 丙辰 26 日 | 丁巳 27 一 | 戊午 28 二 | 己未 29 三 | 庚申 30 四 | 辛酉 31 五 | 壬戌 (2) 六 | 癸亥 2 日 | 甲子 3 一 | 乙丑 4 二 | 丙寅 5 三 | 丁卯 6 四 | 戊辰 7 五 | 己巳 8 六 | 庚午 9 日 | 辛未 10 一 | 壬申 11 二 | 癸酉 12 三 | 甲戌 13 四 | 乙亥 14 五 | 丙子 15 六 | 丁丑 16 日 | 戊寅 17 一 | 己卯 18 二 | 庚辰 19 三 | 辛巳 20 四 | 壬午 21 五 | 癸未 22 六 | | 己巳立春 |

# 漢光武帝建武十四年（戊戌 狗年）公元 38 ~ 39 年

| 夏曆月序 | | 中西曆日對照 | 夏曆日序 | | | | | | | | | | | | | | | | | | | | | | | | | | | | | | 節氣與天象 |
|---|---|---|---|---|---|---|---|---|---|---|---|---|---|---|---|---|---|---|---|---|---|---|---|---|---|---|---|---|---|---|---|---|---|
| | | | 初一 | 初二 | 初三 | 初四 | 初五 | 初六 | 初七 | 初八 | 初九 | 初十 | 十一 | 十二 | 十三 | 十四 | 十五 | 十六 | 十七 | 十八 | 十九 | 二十 | 二一 | 二二 | 二三 | 二四 | 二五 | 二六 | 二七 | 二八 | 二九 | 三十 | |
| 正月大 | 甲寅 | 天干地支 西曆 星期 | 甲申 23 日 | 乙酉 24 一 | 丙戌 25 二 | 丁亥 26 三 | 戊子 27 四 | 己丑 28 五 | 庚寅 (3) 六 | 辛卯 2 日 | 壬辰 3 一 | 癸巳 4 二 | 甲午 5 三 | 乙未 6 四 | 丙申 7 五 | 丁酉 8 六 | 戊戌 9 日 | 己亥 10 一 | 庚子 11 二 | 辛丑 12 三 | 壬寅 13 四 | 癸卯 14 五 | 甲辰 15 六 | 乙巳 16 日 | 丙午 17 一 | 丁未 18 二 | 戊申 19 三 | 己酉 20 四 | 庚戌 21 五 | 辛亥 22 六 | 壬子 23 日 | 癸丑 24 一 | 乙酉驚蟄 庚子雨水 |
| 二月小 | 乙卯 | 天干地支 西曆 星期 | 甲寅 25 二 | 乙卯 26 三 | 丙辰 27 四 | 丁巳 28 五 | 戊午 29 六 | 己未 30 日 | 庚申 31 一 | 辛酉 (4) 二 | 壬戌 2 三 | 癸亥 3 四 | 甲子 4 五 | 乙丑 5 六 | 丙寅 6 日 | 丁卯 7 一 | 戊辰 8 二 | 己巳 9 三 | 庚午 10 四 | 辛未 11 五 | 壬申 12 六 | 癸酉 13 日 | 甲戌 14 一 | 乙亥 15 二 | 丙子 16 三 | 丁丑 17 四 | 戊寅 18 五 | 己卯 19 六 | 庚辰 20 日 | 辛巳 21 一 | 壬午 22 二 | | 乙卯春分 庚午穀雨 |
| 三月大 | 丙辰 | 天干地支 西曆 星期 | 癸未 23 三 | 甲申 24 四 | 乙酉 25 五 | 丙戌 26 六 | 丁亥 27 日 | 戊子 28 一 | 己丑 29 二 | 庚寅 30 三 | 辛卯 (5) 四 | 壬辰 2 五 | 癸巳 3 六 | 甲午 4 日 | 乙未 5 一 | 丙申 6 二 | 丁酉 7 三 | 戊戌 8 四 | 己亥 9 五 | 庚子 10 六 | 辛丑 11 日 | 壬寅 12 一 | 癸卯 13 二 | 甲辰 14 三 | 乙巳 15 四 | 丙午 16 五 | 丁未 17 六 | 戊申 18 日 | 己酉 19 一 | 庚戌 20 二 | 辛亥 21 三 | 壬子 22 四 | 丙戌清明 辛丑立夏 |
| 四月大 | 丁巳 | 天干地支 西曆 星期 | 癸丑 23 五 | 甲寅 24 六 | 乙卯 25 日 | 丙辰 26 一 | 丁巳 27 二 | 戊午 28 三 | 己未 29 四 | 庚申 30 五 | 辛酉 31 六 | 壬戌 (6) 日 | 癸亥 2 一 | 甲子 3 二 | 乙丑 4 三 | 丙寅 5 四 | 丁卯 6 五 | 戊辰 7 六 | 己巳 8 日 | 庚午 9 一 | 辛未 10 二 | 壬申 11 三 | 癸酉 12 四 | 甲戌 13 五 | 乙亥 14 六 | 丙子 15 日 | 丁丑 16 一 | 戊寅 17 二 | 己卯 18 三 | 庚辰 19 四 | 辛巳 20 五 | 壬午 21 六 | 丙辰小滿 辛未芒種 壬午日食 |
| 五月小 | 戊午 | 天干地支 西曆 星期 | 癸未 22 日 | 甲申 23 一 | 乙酉 24 二 | 丙戌 25 三 | 丁亥 26 四 | 戊子 27 五 | 己丑 28 六 | 庚寅 29 日 | 辛卯 30 一 | 壬辰 (7) 二 | 癸巳 2 三 | 甲午 3 四 | 乙未 4 五 | 丙申 5 六 | 丁酉 6 日 | 戊戌 7 一 | 己亥 8 二 | 庚子 9 三 | 辛丑 10 四 | 壬寅 11 五 | 癸卯 12 六 | 甲辰 13 日 | 乙巳 14 一 | 丙午 15 二 | 丁未 16 三 | 戊申 17 四 | 己酉 18 五 | 庚戌 19 六 | 辛亥 20 日 | | 丙戌夏至 壬寅小暑 |
| 六月大 | 己未 | 天干地支 西曆 星期 | 壬子 21 一 | 癸丑 22 二 | 甲寅 23 三 | 乙卯 24 四 | 丙辰 25 五 | 丁巳 26 六 | 戊午 27 日 | 己未 28 一 | 庚申 29 二 | 辛酉 30 三 | 壬戌 31 四 | 癸亥 (8) 五 | 甲子 2 六 | 乙丑 3 日 | 丙寅 4 一 | 丁卯 5 二 | 戊辰 6 三 | 己巳 7 四 | 庚午 8 五 | 辛未 9 六 | 壬申 10 日 | 癸酉 11 一 | 甲戌 12 二 | 乙亥 13 三 | 丙子 14 四 | 丁丑 15 五 | 戊寅 16 六 | 己卯 17 日 | 庚辰 18 一 | 辛巳 19 二 | 丁巳大暑 壬申立秋 |
| 七月小 | 庚申 | 天干地支 西曆 星期 | 壬午 20 三 | 癸未 21 四 | 甲申 22 五 | 乙酉 23 六 | 丙戌 24 日 | 丁亥 25 一 | 戊子 26 二 | 己丑 27 三 | 庚寅 28 四 | 辛卯 29 五 | 壬辰 30 六 | 癸巳 31 日 | 甲午 (9) 一 | 乙未 2 二 | 丙申 3 三 | 丁酉 4 四 | 戊戌 5 五 | 己亥 6 六 | 庚子 7 日 | 辛丑 8 一 | 壬寅 9 二 | 癸卯 10 三 | 甲辰 11 四 | 乙巳 12 五 | 丙午 13 六 | 丁未 14 日 | 戊申 15 一 | 己酉 16 二 | 庚戌 17 三 | | 丁亥處暑 壬寅白露 |
| 八月大 | 辛酉 | 天干地支 西曆 星期 | 辛亥 18 四 | 壬子 19 五 | 癸丑 20 六 | 甲寅 21 日 | 乙卯 22 一 | 丙辰 23 二 | 丁巳 24 三 | 戊午 25 四 | 己未 26 五 | 庚申 27 六 | 辛酉 28 日 | 壬戌 29 一 | 癸亥 30 二 | 甲子 (10) 三 | 乙丑 2 四 | 丙寅 3 五 | 丁卯 4 六 | 戊辰 5 日 | 己巳 6 一 | 庚午 7 二 | 辛未 8 三 | 壬申 9 四 | 癸酉 10 五 | 甲戌 11 六 | 乙亥 12 日 | 丙子 13 一 | 丁丑 14 二 | 戊寅 15 三 | 己卯 16 四 | 庚辰 17 五 | 戊午秋分 癸酉寒露 |
| 九月小 | 壬戌 | 天干地支 西曆 星期 | 辛巳 18 六 | 壬午 19 日 | 癸未 20 一 | 甲申 21 二 | 乙酉 22 三 | 丙戌 23 四 | 丁亥 24 五 | 戊子 25 六 | 己丑 26 日 | 庚寅 27 一 | 辛卯 28 二 | 壬辰 29 三 | 癸巳 30 四 | 甲午 31 五 | 乙未 (11) 六 | 丙申 2 日 | 丁酉 3 一 | 戊戌 4 二 | 己亥 5 三 | 庚子 6 四 | 辛丑 7 五 | 壬寅 8 六 | 癸卯 9 日 | 甲辰 10 一 | 乙巳 11 二 | 丙午 12 三 | 丁未 13 四 | 戊申 14 五 | 己酉 15 六 | | 戊子霜降 癸卯立冬 |
| 十月大 | 癸亥 | 天干地支 西曆 星期 | 庚戌 16 日 | 辛亥 17 一 | 壬子 18 二 | 癸丑 19 三 | 甲寅 20 四 | 乙卯 21 五 | 丙辰 22 六 | 丁巳 23 日 | 戊午 24 一 | 己未 25 二 | 庚申 26 三 | 辛酉 27 四 | 壬戌 28 五 | 癸亥 29 六 | 甲子 30 日 | 乙丑 (12) 一 | 丙寅 2 二 | 丁卯 3 三 | 戊辰 4 四 | 己巳 5 五 | 庚午 6 六 | 辛未 7 日 | 壬申 8 一 | 癸酉 9 二 | 甲戌 10 三 | 乙亥 11 四 | 丙子 12 五 | 丁丑 13 六 | 戊寅 14 日 | 己卯 15 一 | 己未小雪 甲戌大雪 |
| 十一月小 | 甲子 | 天干地支 西曆 星期 | 庚辰 16 二 | 辛巳 17 三 | 壬午 18 四 | 癸未 19 五 | 甲申 20 六 | 乙酉 21 日 | 丙戌 22 一 | 丁亥 23 二 | 戊子 24 三 | 己丑 25 四 | 庚寅 26 五 | 辛卯 27 六 | 壬辰 28 日 | 癸巳 29 一 | 甲午 30 二 | 乙未 31 三 | 丙申 (1) 四 | 丁酉 2 五 | 戊戌 3 六 | 己亥 4 日 | 庚子 5 一 | 辛丑 6 二 | 壬寅 7 三 | 癸卯 8 四 | 甲辰 9 五 | 乙巳 10 六 | 丙午 11 日 | 丁未 12 一 | 戊申 13 二 | | 己丑冬至 甲辰小寒 |
| 十二月大 | 乙丑 | 天干地支 西曆 星期 | 己酉 14 三 | 庚戌 15 四 | 辛亥 16 五 | 壬子 17 六 | 癸丑 18 日 | 甲寅 19 一 | 乙卯 20 二 | 丙辰 21 三 | 丁巳 22 四 | 戊午 23 五 | 己未 24 六 | 庚申 25 日 | 辛酉 26 一 | 壬戌 27 二 | 癸亥 28 三 | 甲子 29 四 | 乙丑 30 五 | 丙寅 31 六 | 丁卯 (2) 日 | 戊辰 2 一 | 己巳 3 二 | 庚午 4 三 | 辛未 5 四 | 壬申 6 五 | 癸酉 7 六 | 甲戌 8 日 | 乙亥 9 一 | 丙子 10 二 | 丁丑 11 三 | 戊寅 12 四 | 己未大寒 乙亥立春 |

# 漢光武帝建武十五年（己亥 猪年）公元 39 ~ 40 年

| 夏曆月序 | | 中西曆日對照 | 初一 | 初二 | 初三 | 初四 | 初五 | 初六 | 初七 | 初八 | 初九 | 初十 | 十一 | 十二 | 十三 | 十四 | 十五 | 十六 | 十七 | 十八 | 十九 | 二十 | 二一 | 二二 | 二三 | 二四 | 二五 | 二六 | 二七 | 二八 | 二九 | 三十 | 節氣與天象 |
|---|---|---|---|---|---|---|---|---|---|---|---|---|---|---|---|---|---|---|---|---|---|---|---|---|---|---|---|---|---|---|---|---|---|
| 正月小 | 丙寅 | 干支 天地 西曆 星期 | 己卯13五 | 庚辰14六 | 辛巳15日 | 壬午16一 | 癸未17二 | 甲申18三 | 乙酉19四 | 丙戌20五 | 丁亥21六 | 戊子22日 | 己丑23一 | 庚寅24二 | 辛卯25三 | 壬辰26四 | 癸巳27五 | 甲午28六 | 乙未(3)日 | 丙申2一 | 丁酉3二 | 戊戌4三 | 己亥5四 | 庚子6五 | 辛丑7六 | 壬寅8日 | 癸卯9一 | 甲辰10二 | 乙巳11三 | 丙午12四 | 丁未13五 | | 庚寅驚蟄 乙巳雨水 |
| 二月大 | 丁卯 | 干支 天地 西曆 星期 | 戊申14六 | 己酉15日 | 庚戌16一 | 辛亥17二 | 壬子18三 | 癸丑19四 | 甲寅20五 | 乙卯21六 | 丙辰22日 | 丁巳23一 | 戊午24二 | 己未25三 | 庚申26四 | 辛酉27五 | 壬戌28六 | 癸亥29日 | 甲子30一 | 乙丑31二 | 丙寅(4)三 | 丁卯2四 | 戊辰3五 | 己巳4六 | 庚午5日 | 辛未6一 | 壬申7二 | 癸酉8三 | 甲戌9四 | 乙亥10五 | 丙子11六 | 丁丑12日 | 庚申春分 丙子穀雨 |
| 三月小 | 戊辰 | 干支 天地 西曆 星期 | 戊寅13一 | 己卯14二 | 庚辰15三 | 辛巳16四 | 壬午17五 | 癸未18六 | 甲申19日 | 乙酉20一 | 丙戌21二 | 丁亥22三 | 戊子23四 | 己丑24五 | 庚寅25六 | 辛卯26日 | 壬辰27一 | 癸巳28二 | 甲午29三 | 乙未30四 | 丙申(5)五 | 丁酉2六 | 戊戌3日 | 己亥4一 | 庚子5二 | 辛丑6三 | 壬寅7四 | 癸卯8五 | 甲辰9六 | 乙巳10日 | 丙午11一 | | 辛卯清明 丙午立夏 |
| 四月大 | 己巳 | 干支 天地 西曆 星期 | 丁未12二 | 戊申13三 | 己酉14四 | 庚戌15五 | 辛亥16六 | 壬子17日 | 癸丑18一 | 甲寅19二 | 乙卯20三 | 丙辰21四 | 丁巳22五 | 戊午23六 | 己未24日 | 庚申25一 | 辛酉26二 | 壬戌27三 | 癸亥28四 | 甲子29五 | 乙丑30六 | 丙寅31日 | 丁卯(6)一 | 戊辰2二 | 己巳3三 | 庚午4四 | 辛未5五 | 壬申6六 | 癸酉7日 | 甲戌8一 | 乙亥9二 | 丙子10三 | 辛酉小滿 丙子芒種 |
| 五月小 | 庚午 | 干支 天地 西曆 星期 | 丁丑11四 | 戊寅12五 | 己卯13六 | 庚辰14日 | 辛巳15一 | 壬午16二 | 癸未17三 | 甲申18四 | 乙酉19五 | 丙戌20六 | 丁亥21日 | 戊子22一 | 己丑23二 | 庚寅24三 | 辛卯25四 | 壬辰26五 | 癸巳27六 | 甲午28日 | 乙未29一 | 丙申30二 | 丁酉(7)三 | 戊戌2四 | 己亥3五 | 庚子4六 | 辛丑5日 | 壬寅6一 | 癸卯7二 | 甲辰8三 | 乙巳9四 | | 壬辰夏至 |
| 六月大 | 辛未 | 干支 天地 西曆 星期 | 丙午10五 | 丁未11六 | 戊申12日 | 己酉13一 | 庚戌14二 | 辛亥15三 | 壬子16四 | 癸丑17五 | 甲寅18六 | 乙卯19日 | 丙辰20一 | 丁巳21二 | 戊午22三 | 己未23四 | 庚申24五 | 辛酉25六 | 壬戌26日 | 癸亥27一 | 甲子28二 | 乙丑29三 | 丙寅30四 | 丁卯31五 | 戊辰(8)六 | 己巳2日 | 庚午3一 | 辛未4二 | 壬申5三 | 癸酉6四 | 甲戌7五 | 乙亥8六 | 丁未小暑 壬戌大暑 |
| 七月小 | 壬申 | 干支 天地 西曆 星期 | 丙子9日 | 丁丑10一 | 戊寅11二 | 己卯12三 | 庚辰13四 | 辛巳14五 | 壬午15六 | 癸未16日 | 甲申17一 | 乙酉18二 | 丙戌19三 | 丁亥20四 | 戊子21五 | 己丑22六 | 庚寅23日 | 辛卯24一 | 壬辰25二 | 癸巳26三 | 甲午27四 | 乙未28五 | 丙申29六 | 丁酉30日 | 戊戌31一 | 己亥(9)二 | 庚子2三 | 辛丑3四 | 壬寅4五 | 癸卯5六 | 甲辰6日 | | 丁丑立秋 癸巳處暑 |
| 八月大 | 癸酉 | 干支 天地 西曆 星期 | 乙巳7一 | 丙午8二 | 丁未9三 | 戊申10四 | 己酉11五 | 庚戌12六 | 辛亥13日 | 壬子14一 | 癸丑15二 | 甲寅16三 | 乙卯17四 | 丙辰18五 | 丁巳19六 | 戊午20日 | 己未21一 | 庚申22二 | 辛酉23三 | 壬戌24四 | 癸亥25五 | 甲子26六 | 乙丑27日 | 丙寅28一 | 丁卯29二 | 戊辰30三 | 己巳(10)四 | 庚午2五 | 辛未3六 | 壬申4日 | 癸酉5一 | 甲戌6二 | 戊申白露 癸亥秋分 |
| 九月大 | 甲戌 | 干支 天地 西曆 星期 | 乙亥7三 | 丙子8四 | 丁丑9五 | 戊寅10六 | 己卯11日 | 庚辰12一 | 辛巳13二 | 壬午14三 | 癸未15四 | 甲申16五 | 乙酉17六 | 丙戌18日 | 丁亥19一 | 戊子20二 | 己丑21三 | 庚寅22四 | 辛卯23五 | 壬辰24六 | 癸巳25日 | 甲午26一 | 乙未27二 | 丙申28三 | 丁酉29四 | 戊戌30五 | 己亥31六 | 庚子(11)日 | 辛丑2一 | 壬寅3二 | 癸卯4三 | 甲辰5四 | 戊寅寒露 癸巳霜降 |
| 十月小 | 乙亥 | 干支 天地 西曆 星期 | 乙巳6五 | 丙午7六 | 丁未8日 | 戊申9一 | 己酉10二 | 庚戌11三 | 辛亥12四 | 壬子13五 | 癸丑14六 | 甲寅15日 | 乙卯16一 | 丙辰17二 | 丁巳18三 | 戊午19四 | 己未20五 | 庚申21六 | 辛酉22日 | 壬戌23一 | 癸亥24二 | 甲子25三 | 乙丑26四 | 丙寅27五 | 丁卯28六 | 戊辰29日 | 己巳30一 | 庚午(12)二 | 辛未2三 | 壬申3四 | 癸酉4五 | | 己酉立冬 甲子小雪 |
| 十一月大 | 丙子 | 干支 天地 西曆 星期 | 甲戌5六 | 乙亥6日 | 丙子7一 | 丁丑8二 | 戊寅9三 | 己卯10四 | 庚辰11五 | 辛巳12六 | 壬午13日 | 癸未14一 | 甲申15二 | 乙酉16三 | 丙戌17四 | 丁亥18五 | 戊子19六 | 己丑20日 | 庚寅21一 | 辛卯22二 | 壬辰23三 | 癸巳24四 | 甲午25五 | 乙未26六 | 丙申27日 | 丁酉28一 | 戊戌29二 | 己亥30三 | 庚子31四 | 辛丑(1)五 | 壬寅2六 | 癸卯3日 | 己卯大雪 甲午冬至 |
| 十二月小 | 丁丑 | 干支 天地 西曆 星期 | 甲辰4一 | 乙巳5二 | 丙午6三 | 丁未7四 | 戊申8五 | 己酉9六 | 庚戌10日 | 辛亥11一 | 壬子12二 | 癸丑13三 | 甲寅14四 | 乙卯15五 | 丙辰16六 | 丁巳17日 | 戊午18一 | 己未19二 | 庚申20三 | 辛酉21四 | 壬戌22五 | 癸亥23六 | 甲子24日 | 乙丑25一 | 丙寅26二 | 丁卯27三 | 戊辰28四 | 己巳29五 | 庚午30六 | 辛未31日 | 壬申(2)一 | | 己酉小寒 乙丑大寒 |

# 漢光武帝建武十六年（庚子 鼠年）公元 40 ~ 41 年

| 夏曆月序 | | 中西曆日對照 | 初一 | 初二 | 初三 | 初四 | 初五 | 初六 | 初七 | 初八 | 初九 | 初十 | 十一 | 十二 | 十三 | 十四 | 十五 | 十六 | 十七 | 十八 | 十九 | 二十 | 二一 | 二二 | 二三 | 二四 | 二五 | 二六 | 二七 | 二八 | 二九 | 三十 | 節氣與天象 |
|---|---|---|---|---|---|---|---|---|---|---|---|---|---|---|---|---|---|---|---|---|---|---|---|---|---|---|---|---|---|---|---|---|---|
| 正月大 | 戊寅 | 干支<br>西曆<br>星期 | 癸酉<br>2<br>二 | 甲戌<br>3<br>三 | 乙亥<br>4<br>四 | 丙子<br>5<br>五 | 丁丑<br>6<br>六 | 戊寅<br>7<br>日 | 己卯<br>8<br>一 | 庚辰<br>9<br>二 | 辛巳<br>10<br>三 | 壬午<br>11<br>四 | 癸未<br>12<br>五 | 甲申<br>13<br>六 | 乙酉<br>14<br>日 | 丙戌<br>15<br>一 | 丁亥<br>16<br>二 | 戊子<br>17<br>三 | 己丑<br>18<br>四 | 庚寅<br>19<br>五 | 辛卯<br>20<br>六 | 壬辰<br>21<br>日 | 癸巳<br>22<br>一 | 甲午<br>23<br>二 | 乙未<br>24<br>三 | 丙申<br>25<br>四 | 丁酉<br>26<br>五 | 戊戌<br>27<br>六 | 己亥<br>28<br>日 | 庚子<br>29<br>一 | 辛丑<br>(3)<br>二 | 壬寅<br>2<br>三 | 庚辰立春<br>乙未驚蟄 |
| 二月小 | 己卯 | 干支<br>西曆<br>星期 | 癸卯<br>3<br>四 | 甲辰<br>4<br>五 | 乙巳<br>5<br>六 | 丙午<br>6<br>日 | 丁未<br>7<br>一 | 戊申<br>8<br>二 | 己酉<br>9<br>三 | 庚戌<br>10<br>四 | 辛亥<br>11<br>五 | 壬子<br>12<br>六 | 癸丑<br>13<br>日 | 甲寅<br>14<br>一 | 乙卯<br>15<br>二 | 丙辰<br>16<br>三 | 丁巳<br>17<br>四 | 戊午<br>18<br>五 | 己未<br>19<br>六 | 庚申<br>20<br>日 | 辛酉<br>21<br>一 | 壬戌<br>22<br>二 | 癸亥<br>23<br>三 | 甲子<br>24<br>四 | 乙丑<br>25<br>五 | 丙寅<br>26<br>六 | 丁卯<br>27<br>日 | 戊辰<br>28<br>一 | 己巳<br>29<br>二 | 庚午<br>30<br>三 | 辛未<br>31<br>四 | | 庚戌雨水<br>丙寅春分 |
| 三月大 | 庚辰 | 干支<br>西曆<br>星期 | 壬申<br>(4)<br>五 | 癸酉<br>2<br>六 | 甲戌<br>3<br>日 | 乙亥<br>4<br>一 | 丙子<br>5<br>二 | 丁丑<br>6<br>三 | 戊寅<br>7<br>四 | 己卯<br>8<br>五 | 庚辰<br>9<br>六 | 辛巳<br>10<br>日 | 壬午<br>11<br>一 | 癸未<br>12<br>二 | 甲申<br>13<br>三 | 乙酉<br>14<br>四 | 丙戌<br>15<br>五 | 丁亥<br>16<br>六 | 戊子<br>17<br>日 | 己丑<br>18<br>一 | 庚寅<br>19<br>二 | 辛卯<br>20<br>三 | 壬辰<br>21<br>四 | 癸巳<br>22<br>五 | 甲午<br>23<br>六 | 乙未<br>24<br>日 | 丙申<br>25<br>一 | 丁酉<br>26<br>二 | 戊戌<br>27<br>三 | 己亥<br>28<br>四 | 庚子<br>29<br>五 | 辛丑<br>30<br>六 | 辛巳穀雨<br>丙申清明 |
| 四月小 | 辛巳 | 干支<br>西曆<br>星期 | 壬寅<br>(5)<br>日 | 癸卯<br>2<br>一 | 甲辰<br>3<br>二 | 乙巳<br>4<br>三 | 丙午<br>5<br>四 | 丁未<br>6<br>五 | 戊申<br>7<br>六 | 己酉<br>8<br>日 | 庚戌<br>9<br>一 | 辛亥<br>10<br>二 | 壬子<br>11<br>三 | 癸丑<br>12<br>四 | 甲寅<br>13<br>五 | 乙卯<br>14<br>六 | 丙辰<br>15<br>日 | 丁巳<br>16<br>一 | 戊午<br>17<br>二 | 己未<br>18<br>三 | 庚申<br>19<br>四 | 辛酉<br>20<br>五 | 壬戌<br>21<br>六 | 癸亥<br>22<br>日 | 甲子<br>23<br>一 | 乙丑<br>24<br>二 | 丙寅<br>25<br>三 | 丁卯<br>26<br>四 | 戊辰<br>27<br>五 | 己巳<br>28<br>六 | 庚午<br>29<br>日 | | 辛亥立夏<br>丙寅小滿 |
| 五月大 | 壬午 | 干支<br>西曆<br>星期 | 辛未<br>30<br>一 | 壬申<br>31<br>二 | 癸酉<br>(6)<br>三 | 甲戌<br>2<br>四 | 乙亥<br>3<br>五 | 丙子<br>4<br>六 | 丁丑<br>5<br>日 | 戊寅<br>6<br>一 | 己卯<br>7<br>二 | 庚辰<br>8<br>三 | 辛巳<br>9<br>四 | 壬午<br>10<br>五 | 癸未<br>11<br>六 | 甲申<br>12<br>日 | 乙酉<br>13<br>一 | 丙戌<br>14<br>二 | 丁亥<br>15<br>三 | 戊子<br>16<br>四 | 己丑<br>17<br>五 | 庚寅<br>18<br>六 | 辛卯<br>19<br>日 | 壬辰<br>20<br>一 | 癸巳<br>21<br>二 | 甲午<br>22<br>三 | 乙未<br>23<br>四 | 丙申<br>24<br>五 | 丁酉<br>25<br>六 | 戊戌<br>26<br>日 | 己亥<br>27<br>一 | 庚子<br>28<br>二 | 壬午芒種<br>丁酉夏至 |
| 六月小 | 癸未 | 干支<br>西曆<br>星期 | 辛丑<br>29<br>三 | 壬寅<br>30<br>四 | 癸卯<br>(7)<br>五 | 甲辰<br>2<br>六 | 乙巳<br>3<br>日 | 丙午<br>4<br>一 | 丁未<br>5<br>二 | 戊申<br>6<br>三 | 己酉<br>7<br>四 | 庚戌<br>8<br>五 | 辛亥<br>9<br>六 | 壬子<br>10<br>日 | 癸丑<br>11<br>一 | 甲寅<br>12<br>二 | 乙卯<br>13<br>三 | 丙辰<br>14<br>四 | 丁巳<br>15<br>五 | 戊午<br>16<br>六 | 己未<br>17<br>日 | 庚申<br>18<br>一 | 辛酉<br>19<br>二 | 壬戌<br>20<br>三 | 癸亥<br>21<br>四 | 甲子<br>22<br>五 | 乙丑<br>23<br>六 | 丙寅<br>24<br>日 | 丁卯<br>25<br>一 | 戊辰<br>26<br>二 | 己巳<br>27<br>三 | | 壬子小暑<br>丁卯大暑 |
| 七月大 | 甲申 | 干支<br>西曆<br>星期 | 庚午<br>28<br>四 | 辛未<br>29<br>五 | 壬申<br>30<br>六 | 癸酉<br>31<br>日 | 甲戌<br>(8)<br>一 | 乙亥<br>2<br>二 | 丙子<br>3<br>三 | 丁丑<br>4<br>四 | 戊寅<br>5<br>五 | 己卯<br>6<br>六 | 庚辰<br>7<br>日 | 辛巳<br>8<br>一 | 壬午<br>9<br>二 | 癸未<br>10<br>三 | 甲申<br>11<br>四 | 乙酉<br>12<br>五 | 丙戌<br>13<br>六 | 丁亥<br>14<br>日 | 戊子<br>15<br>一 | 己丑<br>16<br>二 | 庚寅<br>17<br>三 | 辛卯<br>18<br>四 | 壬辰<br>19<br>五 | 癸巳<br>20<br>六 | 甲午<br>21<br>日 | 乙未<br>22<br>一 | 丙申<br>23<br>二 | 丁酉<br>24<br>三 | 戊戌<br>25<br>四 | 己亥<br>26<br>五 | 癸未立秋<br>戊戌處暑 |
| 八月小 | 乙酉 | 干支<br>西曆<br>星期 | 庚子<br>27<br>六 | 辛丑<br>28<br>日 | 壬寅<br>29<br>一 | 癸卯<br>30<br>二 | 甲辰<br>31<br>三 | 乙巳<br>(9)<br>四 | 丙午<br>2<br>五 | 丁未<br>3<br>六 | 戊申<br>4<br>日 | 己酉<br>5<br>一 | 庚戌<br>6<br>二 | 辛亥<br>7<br>三 | 壬子<br>8<br>四 | 癸丑<br>9<br>五 | 甲寅<br>10<br>六 | 乙卯<br>11<br>日 | 丙辰<br>12<br>一 | 丁巳<br>13<br>二 | 戊午<br>14<br>三 | 己未<br>15<br>四 | 庚申<br>16<br>五 | 辛酉<br>17<br>六 | 壬戌<br>18<br>日 | 癸亥<br>19<br>一 | 甲子<br>20<br>二 | 乙丑<br>21<br>三 | 丙寅<br>22<br>四 | 丁卯<br>23<br>五 | 戊辰<br>24<br>六 | | 癸丑白露<br>戊辰秋分 |
| 閏八月大 | 乙酉 | 干支<br>西曆<br>星期 | 己巳<br>25<br>日 | 庚午<br>26<br>一 | 辛未<br>27<br>二 | 壬申<br>28<br>三 | 癸酉<br>29<br>四 | 甲戌<br>30<br>五 | 乙亥<br>(10)<br>六 | 丙子<br>2<br>日 | 丁丑<br>3<br>一 | 戊寅<br>4<br>二 | 己卯<br>5<br>三 | 庚辰<br>6<br>四 | 辛巳<br>7<br>五 | 壬午<br>8<br>六 | 癸未<br>9<br>日 | 甲申<br>10<br>一 | 乙酉<br>11<br>二 | 丙戌<br>12<br>三 | 丁亥<br>13<br>四 | 戊子<br>14<br>五 | 己丑<br>15<br>六 | 庚寅<br>16<br>日 | 辛卯<br>17<br>一 | 壬辰<br>18<br>二 | 癸巳<br>19<br>三 | 甲午<br>20<br>四 | 乙未<br>21<br>五 | 丙申<br>22<br>六 | 丁酉<br>23<br>日 | 戊戌<br>24<br>一 | 癸未寒露 |
| 九月小 | 丙戌 | 干支<br>西曆<br>星期 | 己亥<br>25<br>二 | 庚子<br>26<br>三 | 辛丑<br>27<br>四 | 壬寅<br>28<br>五 | 癸卯<br>29<br>六 | 甲辰<br>30<br>日 | 乙巳<br>31<br>一 | 丙午<br>(11)<br>二 | 丁未<br>2<br>三 | 戊申<br>3<br>四 | 己酉<br>4<br>五 | 庚戌<br>5<br>六 | 辛亥<br>6<br>日 | 壬子<br>7<br>一 | 癸丑<br>8<br>二 | 甲寅<br>9<br>三 | 乙卯<br>10<br>四 | 丙辰<br>11<br>五 | 丁巳<br>12<br>六 | 戊午<br>13<br>日 | 己未<br>14<br>一 | 庚申<br>15<br>二 | 辛酉<br>16<br>三 | 壬戌<br>17<br>四 | 癸亥<br>18<br>五 | 甲子<br>19<br>六 | 乙丑<br>20<br>日 | 丙寅<br>21<br>一 | 丁卯<br>22<br>二 | | 己亥霜降<br>甲寅立冬 |
| 十月大 | 丁亥 | 干支<br>西曆<br>星期 | 戊辰<br>23<br>三 | 己巳<br>24<br>四 | 庚午<br>25<br>五 | 辛未<br>26<br>六 | 壬申<br>27<br>日 | 癸酉<br>28<br>一 | 甲戌<br>29<br>二 | 乙亥<br>30<br>三 | 丙子<br>(12)<br>四 | 丁丑<br>2<br>五 | 戊寅<br>3<br>六 | 己卯<br>4<br>日 | 庚辰<br>5<br>一 | 辛巳<br>6<br>二 | 壬午<br>7<br>三 | 癸未<br>8<br>四 | 甲申<br>9<br>五 | 乙酉<br>10<br>六 | 丙戌<br>11<br>日 | 丁亥<br>12<br>一 | 戊子<br>13<br>二 | 己丑<br>14<br>三 | 庚寅<br>15<br>四 | 辛卯<br>16<br>五 | 壬辰<br>17<br>六 | 癸巳<br>18<br>日 | 甲午<br>19<br>一 | 乙未<br>20<br>二 | 丙申<br>21<br>三 | 丁酉<br>22<br>四 | 己巳小雪<br>甲申大雪 |
| 十一月大 | 戊子 | 干支<br>西曆<br>星期 | 戊戌<br>23<br>五 | 己亥<br>24<br>六 | 庚子<br>25<br>日 | 辛丑<br>26<br>一 | 壬寅<br>27<br>二 | 癸卯<br>28<br>三 | 甲辰<br>29<br>四 | 乙巳<br>30<br>五 | 丙午<br>31<br>六 | 丁未<br>(1)<br>日 | 戊申<br>2<br>一 | 己酉<br>3<br>二 | 庚戌<br>4<br>三 | 辛亥<br>5<br>四 | 壬子<br>6<br>五 | 癸丑<br>7<br>六 | 甲寅<br>8<br>日 | 乙卯<br>9<br>一 | 丙辰<br>10<br>二 | 丁巳<br>11<br>三 | 戊午<br>12<br>四 | 己未<br>13<br>五 | 庚申<br>14<br>六 | 辛酉<br>15<br>日 | 壬戌<br>16<br>一 | 癸亥<br>17<br>二 | 甲子<br>18<br>三 | 乙丑<br>19<br>四 | 丙寅<br>20<br>五 | 丁卯<br>21<br>六 | 庚子冬至<br>乙卯小寒 |
| 十二月小 | 己丑 | 干支<br>西曆<br>星期 | 戊辰<br>22<br>日 | 己巳<br>23<br>一 | 庚午<br>24<br>二 | 辛未<br>25<br>三 | 壬申<br>26<br>四 | 癸酉<br>27<br>五 | 甲戌<br>28<br>六 | 乙亥<br>29<br>日 | 丙子<br>30<br>一 | 丁丑<br>31<br>二 | 戊寅<br>(2)<br>三 | 己卯<br>2<br>四 | 庚辰<br>3<br>五 | 辛巳<br>4<br>六 | 壬午<br>5<br>日 | 癸未<br>6<br>一 | 甲申<br>7<br>二 | 乙酉<br>8<br>三 | 丙戌<br>9<br>四 | 丁亥<br>10<br>五 | 戊子<br>11<br>六 | 己丑<br>12<br>日 | 庚寅<br>13<br>一 | 辛卯<br>14<br>二 | 壬辰<br>15<br>三 | 癸巳<br>16<br>四 | 甲午<br>17<br>五 | 乙未<br>18<br>六 | 丙申<br>19<br>日 | | 庚午大寒<br>乙酉立春 |

# 漢光武帝建武十七年（辛丑 牛年）公元 41 ~ 42 年

| 夏曆月序 | | 中西曆日對照 | 初一 | 初二 | 初三 | 初四 | 初五 | 初六 | 初七 | 初八 | 初九 | 初十 | 十一 | 十二 | 十三 | 十四 | 十五 | 十六 | 十七 | 十八 | 十九 | 二十 | 二一 | 二二 | 二三 | 二四 | 二五 | 二六 | 二七 | 二八 | 二九 | 三十 | 節氣與天象 |
|---|---|---|---|---|---|---|---|---|---|---|---|---|---|---|---|---|---|---|---|---|---|---|---|---|---|---|---|---|---|---|---|---|---|
| 正月大 | 庚寅 | 干支 西曆 星期 | 丁酉 20 一 | 戊戌 21 二 | 己亥 22 三 | 庚子 23 四 | 辛丑 24 五 | 壬寅 25 六 | 癸卯 26 日 | 甲辰 27 一 | 乙巳 28 二 | 丙午 (3) 三 | 丁未 2 四 | 戊申 3 五 | 己酉 4 六 | 庚戌 5 日 | 辛亥 6 一 | 壬子 7 二 | 癸丑 8 三 | 甲寅 9 四 | 乙卯 10 五 | 丙辰 11 六 | 丁巳 12 日 | 戊午 13 一 | 己未 14 二 | 庚申 15 三 | 辛酉 16 四 | 壬戌 17 五 | 癸亥 18 六 | 甲子 19 日 | 乙丑 20 一 | 丙寅 21 二 | 庚子驚蟄 丙辰雨水 |
| 二月小 | 辛卯 | 干支 西曆 星期 | 丁卯 22 三 | 戊辰 23 四 | 己巳 24 五 | 庚午 25 六 | 辛未 26 日 | 壬申 27 一 | 癸酉 28 二 | 甲戌 29 三 | 乙亥 30 四 | 丙子 31 五 | 丁丑 (4) 六 | 戊寅 2 日 | 己卯 3 一 | 庚辰 4 二 | 辛巳 5 三 | 壬午 6 四 | 癸未 7 五 | 甲申 8 六 | 乙酉 9 日 | 丙戌 10 一 | 丁亥 11 二 | 戊子 12 三 | 己丑 13 四 | 庚寅 14 五 | 辛卯 15 六 | 壬辰 16 日 | 癸巳 17 一 | 甲午 18 二 | 乙未 19 三 | | 辛未春分 丙戌穀雨 乙未日食 |
| 三月大 | 壬辰 | 干支 西曆 星期 | 丙申 20 四 | 丁酉 21 五 | 戊戌 22 六 | 己亥 23 日 | 庚子 24 一 | 辛丑 25 二 | 壬寅 26 三 | 癸卯 27 四 | 甲辰 28 五 | 乙巳 29 六 | 丙午 30 日 | 丁未 (5) 一 | 戊申 2 二 | 己酉 3 三 | 庚戌 4 四 | 辛亥 5 五 | 壬子 6 六 | 癸丑 7 日 | 甲寅 8 一 | 乙卯 9 二 | 丙辰 10 三 | 丁巳 11 四 | 戊午 12 五 | 己未 13 六 | 庚申 14 日 | 辛酉 15 一 | 壬戌 16 二 | 癸亥 17 三 | 甲子 18 四 | 乙丑 19 五 | 辛丑清明 丙辰立夏 |
| 四月小 | 癸巳 | 干支 西曆 星期 | 丙寅 20 六 | 丁卯 21 日 | 戊辰 22 一 | 己巳 23 二 | 庚午 24 三 | 辛未 25 四 | 壬申 26 五 | 癸酉 27 六 | 甲戌 28 日 | 乙亥 29 一 | 丙子 30 二 | 丁丑 31 三 | 戊寅 (6) 四 | 己卯 2 五 | 庚辰 3 六 | 辛巳 4 日 | 壬午 5 一 | 癸未 6 二 | 甲申 7 三 | 乙酉 8 四 | 丙戌 9 五 | 丁亥 10 六 | 戊子 11 日 | 己丑 12 一 | 庚寅 13 二 | 辛卯 14 三 | 壬辰 15 四 | 癸巳 16 五 | 甲午 17 六 | | 壬申小滿 丁亥芒種 |
| 五月大 | 甲午 | 干支 西曆 星期 | 乙未 18 日 | 丙申 19 一 | 丁酉 20 二 | 戊戌 21 三 | 己亥 22 四 | 庚子 23 五 | 辛丑 24 六 | 壬寅 25 日 | 癸卯 26 一 | 甲辰 27 二 | 乙巳 28 三 | 丙午 29 四 | 丁未 30 五 | 戊申 (7) 六 | 己酉 2 日 | 庚戌 3 一 | 辛亥 4 二 | 壬子 5 三 | 癸丑 6 四 | 甲寅 7 五 | 乙卯 8 六 | 丙辰 9 日 | 丁巳 10 一 | 戊午 11 二 | 己未 12 三 | 庚申 13 四 | 辛酉 14 五 | 壬戌 15 六 | 癸亥 16 日 | 甲子 17 一 | 壬寅夏至 丁巳小暑 |
| 六月小 | 乙未 | 干支 西曆 星期 | 乙丑 18 二 | 丙寅 19 三 | 丁卯 20 四 | 戊辰 21 五 | 己巳 22 六 | 庚午 23 日 | 辛未 24 一 | 壬申 25 二 | 癸酉 26 三 | 甲戌 27 四 | 乙亥 28 五 | 丙子 29 六 | 丁丑 30 日 | 戊寅 31 一 | 己卯 (8) 二 | 庚辰 2 三 | 辛巳 3 四 | 壬午 4 五 | 癸未 5 六 | 甲申 6 日 | 乙酉 7 一 | 丙戌 8 二 | 丁亥 9 三 | 戊子 10 四 | 己丑 11 五 | 庚寅 12 六 | 辛卯 13 日 | 壬辰 14 一 | 癸巳 15 二 | | 癸酉大暑 戊子立秋 |
| 七月大 | 丙申 | 干支 西曆 星期 | 甲午 16 三 | 乙未 17 四 | 丙申 18 五 | 丁酉 19 六 | 戊戌 20 日 | 己亥 21 一 | 庚子 22 二 | 辛丑 23 三 | 壬寅 24 四 | 癸卯 25 五 | 甲辰 26 六 | 乙巳 27 日 | 丙午 28 一 | 丁未 29 二 | 戊申 30 三 | 己酉 31 四 | 庚戌 (9) 五 | 辛亥 2 六 | 壬子 3 日 | 癸丑 4 一 | 甲寅 5 二 | 乙卯 6 三 | 丙辰 7 四 | 丁巳 8 五 | 戊午 9 六 | 己未 10 日 | 庚申 11 一 | 辛酉 12 二 | 壬戌 13 三 | 癸亥 14 四 | 癸卯處暑 戊午白露 |
| 八月小 | 丁酉 | 干支 西曆 星期 | 甲子 15 五 | 乙丑 16 六 | 丙寅 17 日 | 丁卯 18 一 | 戊辰 19 二 | 己巳 20 三 | 庚午 21 四 | 辛未 22 五 | 壬申 23 六 | 癸酉 24 日 | 甲戌 25 一 | 乙亥 26 二 | 丙子 27 三 | 丁丑 28 四 | 戊寅 29 五 | 己卯 30 六 | 庚辰 (10) 日 | 辛巳 2 一 | 壬午 3 二 | 癸未 4 三 | 甲申 5 四 | 乙酉 6 五 | 丙戌 7 六 | 丁亥 8 日 | 戊子 9 一 | 己丑 10 二 | 庚寅 11 三 | 辛卯 12 四 | 壬辰 13 五 | | 癸酉秋分 己丑寒露 |
| 九月大 | 戊戌 | 干支 西曆 星期 | 癸巳 14 六 | 甲午 15 日 | 乙未 16 一 | 丙申 17 二 | 丁酉 18 三 | 戊戌 19 四 | 己亥 20 五 | 庚子 21 六 | 辛丑 22 日 | 壬寅 23 一 | 癸卯 24 二 | 甲辰 25 三 | 乙巳 26 四 | 丙午 27 五 | 丁未 28 六 | 戊申 29 日 | 己酉 30 一 | 庚戌 31 二 | 辛亥 (11) 三 | 壬子 2 四 | 癸丑 3 五 | 甲寅 4 六 | 乙卯 5 日 | 丙辰 6 一 | 丁巳 7 二 | 戊午 8 三 | 己未 9 四 | 庚申 10 五 | 辛酉 11 六 | 壬戌 12 日 | 甲辰霜降 己未立冬 |
| 十月小 | 己亥 | 干支 西曆 星期 | 癸亥 13 一 | 甲子 14 二 | 乙丑 15 三 | 丙寅 16 四 | 丁卯 17 五 | 戊辰 18 六 | 己巳 19 日 | 庚午 20 一 | 辛未 21 二 | 壬申 22 三 | 癸酉 23 四 | 甲戌 24 五 | 乙亥 25 六 | 丙子 26 日 | 丁丑 27 一 | 戊寅 28 二 | 己卯 29 三 | 庚辰 30 四 | 辛巳 (12) 五 | 壬午 2 六 | 癸未 3 日 | 甲申 4 一 | 乙酉 5 二 | 丙戌 6 三 | 丁亥 7 四 | 戊子 8 五 | 己丑 9 六 | 庚寅 10 日 | 辛卯 11 一 | | 甲戌小雪 庚寅大雪 |
| 十一月大 | 庚子 | 干支 西曆 星期 | 壬辰 12 二 | 癸巳 13 三 | 甲午 14 四 | 乙未 15 五 | 丙申 16 六 | 丁酉 17 日 | 戊戌 18 一 | 己亥 19 二 | 庚子 20 三 | 辛丑 21 四 | 壬寅 22 五 | 癸卯 23 六 | 甲辰 24 日 | 乙巳 25 一 | 丙午 26 二 | 丁未 27 三 | 戊申 28 四 | 己酉 29 五 | 庚戌 30 六 | 辛亥 31 日 | 壬子 (1) 一 | 癸丑 2 二 | 甲寅 3 三 | 乙卯 4 四 | 丙辰 5 五 | 丁巳 6 六 | 戊午 7 日 | 己未 8 一 | 庚申 9 二 | 辛酉 10 三 | 乙巳冬至 庚申小寒 |
| 十二月小 | 辛丑 | 干支 西曆 星期 | 壬戌 11 四 | 癸亥 12 五 | 甲子 13 六 | 乙丑 14 日 | 丙寅 15 一 | 丁卯 16 二 | 戊辰 17 三 | 己巳 18 四 | 庚午 19 五 | 辛未 20 六 | 壬申 21 日 | 癸酉 22 一 | 甲戌 23 二 | 乙亥 24 三 | 丙子 25 四 | 丁丑 26 五 | 戊寅 27 六 | 己卯 28 日 | 庚辰 29 一 | 辛巳 30 二 | 壬午 31 三 | 癸未 (2) 四 | 甲申 2 五 | 乙酉 3 六 | 丙戌 4 日 | 丁亥 5 一 | 戊子 6 二 | 己丑 7 三 | 庚寅 8 四 | | 乙亥大寒 庚寅立春 |

*《後漢書》卷一《光武帝紀》載："二月乙亥晦，日有食之。"本日丁卯朔，乙亥當爲乙未之誤。

# 漢光武帝建武十八年（壬寅 虎年）公元 42 ~ 43 年

| 夏曆月序 | | 中西曆日對照 | 初一 | 初二 | 初三 | 初四 | 初五 | 初六 | 初七 | 初八 | 初九 | 初十 | 十一 | 十二 | 十三 | 十四 | 十五 | 十六 | 十七 | 十八 | 十九 | 二十 | 二一 | 二二 | 二三 | 二四 | 二五 | 二六 | 二七 | 二八 | 二九 | 三十 | 節氣與天象 |
|---|---|---|---|---|---|---|---|---|---|---|---|---|---|---|---|---|---|---|---|---|---|---|---|---|---|---|---|---|---|---|---|---|---|
| 正月大 | 壬寅 | 干支<br>天地<br>西曆<br>星期 | 辛卯<br>9<br>五 | 壬辰<br>10<br>六 | 癸巳<br>11<br>日 | 甲午<br>12<br>一 | 乙未<br>13<br>二 | 丙申<br>14<br>三 | 丁酉<br>15<br>四 | 戊戌<br>16<br>五 | 己亥<br>17<br>六 | 庚子<br>18<br>日 | 辛丑<br>19<br>一 | 壬寅<br>20<br>二 | 癸卯<br>21<br>三 | 甲辰<br>22<br>四 | 乙巳<br>23<br>五 | 丙午<br>24<br>六 | 丁未<br>25<br>日 | 戊申<br>26<br>一 | 己酉<br>27<br>二 | 庚戌<br>28<br>三 | 辛亥<br>(3)<br>四 | 壬子<br>2<br>五 | 癸丑<br>3<br>六 | 甲寅<br>4<br>日 | 乙卯<br>5<br>一 | 丙辰<br>6<br>二 | 丁巳<br>7<br>三 | 戊午<br>8<br>四 | 己未<br>9<br>五 | 庚申<br>10<br>六 | 丙午驚蟄 |
| 二月小 | 癸卯 | 干支<br>天地<br>西曆<br>星期 | 辛酉<br>11<br>日 | 壬戌<br>12<br>一 | 癸亥<br>13<br>二 | 甲子<br>14<br>三 | 乙丑<br>15<br>四 | 丙寅<br>16<br>五 | 丁卯<br>17<br>六 | 戊辰<br>18<br>日 | 己巳<br>19<br>一 | 庚午<br>20<br>二 | 辛未<br>21<br>三 | 壬申<br>22<br>四 | 癸酉<br>23<br>五 | 甲戌<br>24<br>六 | 乙亥<br>25<br>日 | 丙子<br>26<br>一 | 丁丑<br>27<br>二 | 戊寅<br>28<br>三 | 己卯<br>29<br>四 | 庚辰<br>30<br>五 | 辛巳<br>31<br>六 | 壬午<br>(4)<br>日 | 癸未<br>2<br>一 | 甲申<br>3<br>二 | 乙酉<br>4<br>三 | 丙戌<br>5<br>四 | 丁亥<br>6<br>五 | 戊子<br>7<br>六 | 己丑<br>8<br>日 | | 辛酉雨水<br>丙子春分 |
| 三月大 | 甲辰 | 干支<br>天地<br>西曆<br>星期 | 庚寅<br>9<br>一 | 辛卯<br>10<br>二 | 壬辰<br>11<br>三 | 癸巳<br>12<br>四 | 甲午<br>13<br>五 | 乙未<br>14<br>六 | 丙申<br>15<br>日 | 丁酉<br>16<br>一 | 戊戌<br>17<br>二 | 己亥<br>18<br>三 | 庚子<br>19<br>四 | 辛丑<br>20<br>五 | 壬寅<br>21<br>六 | 癸卯<br>22<br>日 | 甲辰<br>23<br>一 | 乙巳<br>24<br>二 | 丙午<br>25<br>三 | 丁未<br>26<br>四 | 戊申<br>27<br>五 | 己酉<br>28<br>六 | 庚戌<br>29<br>日 | 辛亥<br>30<br>一 | 壬子<br>(5)<br>二 | 癸丑<br>2<br>三 | 甲寅<br>3<br>四 | 乙卯<br>4<br>五 | 丙辰<br>5<br>六 | 丁巳<br>6<br>日 | 戊午<br>7<br>一 | 己未<br>8<br>二 | 辛卯穀雨<br>丁未清明 |
| 四月大 | 乙巳 | 干支<br>天地<br>西曆<br>星期 | 庚申<br>9<br>三 | 辛酉<br>10<br>四 | 壬戌<br>11<br>五 | 癸亥<br>12<br>六 | 甲子<br>13<br>日 | 乙丑<br>14<br>一 | 丙寅<br>15<br>二 | 丁卯<br>16<br>三 | 戊辰<br>17<br>四 | 己巳<br>18<br>五 | 庚午<br>19<br>六 | 辛未<br>20<br>日 | 壬申<br>21<br>一 | 癸酉<br>22<br>二 | 甲戌<br>23<br>三 | 乙亥<br>24<br>四 | 丙子<br>25<br>五 | 丁丑<br>26<br>六 | 戊寅<br>27<br>日 | 己卯<br>28<br>一 | 庚辰<br>29<br>二 | 辛巳<br>30<br>三 | 壬午<br>31<br>四 | 癸未<br>(6)<br>五 | 甲申<br>2<br>六 | 乙酉<br>3<br>日 | 丙戌<br>4<br>一 | 丁亥<br>5<br>二 | 戊子<br>6<br>三 | 己丑<br>7<br>四 | 壬戌立夏<br>丁丑小滿 |
| 五月小 | 丙午 | 干支<br>天地<br>西曆<br>星期 | 庚寅<br>8<br>五 | 辛卯<br>9<br>六 | 壬辰<br>10<br>日 | 癸巳<br>11<br>一 | 甲午<br>12<br>二 | 乙未<br>13<br>三 | 丙申<br>14<br>四 | 丁酉<br>15<br>五 | 戊戌<br>16<br>六 | 己亥<br>17<br>日 | 庚子<br>18<br>一 | 辛丑<br>19<br>二 | 壬寅<br>20<br>三 | 癸卯<br>21<br>四 | 甲辰<br>22<br>五 | 乙巳<br>23<br>六 | 丙午<br>24<br>日 | 丁未<br>25<br>一 | 戊申<br>26<br>二 | 己酉<br>27<br>三 | 庚戌<br>28<br>四 | 辛亥<br>29<br>五 | 壬子<br>30<br>六 | 癸丑<br>(7)<br>日 | 甲寅<br>2<br>一 | 乙卯<br>3<br>二 | 丙辰<br>4<br>三 | 丁巳<br>5<br>四 | 戊午<br>6<br>五 | | 壬辰芒種<br>丁未夏至 |
| 六月大 | 丁未 | 干支<br>天地<br>西曆<br>星期 | 己未<br>7<br>六 | 庚申<br>8<br>日 | 辛酉<br>9<br>一 | 壬戌<br>10<br>二 | 癸亥<br>11<br>三 | 甲子<br>12<br>四 | 乙丑<br>13<br>五 | 丙寅<br>14<br>六 | 丁卯<br>15<br>日 | 戊辰<br>16<br>一 | 己巳<br>17<br>二 | 庚午<br>18<br>三 | 辛未<br>19<br>四 | 壬申<br>20<br>五 | 癸酉<br>21<br>六 | 甲戌<br>22<br>日 | 乙亥<br>23<br>一 | 丙子<br>24<br>二 | 丁丑<br>25<br>三 | 戊寅<br>26<br>四 | 己卯<br>27<br>五 | 庚辰<br>28<br>六 | 辛巳<br>29<br>日 | 壬午<br>30<br>一 | 癸未<br>31<br>二 | 甲申<br>(8)<br>三 | 乙酉<br>2<br>四 | 丙戌<br>3<br>五 | 丁亥<br>4<br>六 | 戊子<br>5<br>日 | 癸亥小暑<br>戊寅大暑 |
| 七月小 | 戊申 | 干支<br>天地<br>西曆<br>星期 | 己丑<br>6<br>一 | 庚寅<br>7<br>二 | 辛卯<br>8<br>三 | 壬辰<br>9<br>四 | 癸巳<br>10<br>五 | 甲午<br>11<br>六 | 乙未<br>12<br>日 | 丙申<br>13<br>一 | 丁酉<br>14<br>二 | 戊戌<br>15<br>三 | 己亥<br>16<br>四 | 庚子<br>17<br>五 | 辛丑<br>18<br>六 | 壬寅<br>19<br>日 | 癸卯<br>20<br>一 | 甲辰<br>21<br>二 | 乙巳<br>22<br>三 | 丙午<br>23<br>四 | 丁未<br>24<br>五 | 戊申<br>25<br>六 | 己酉<br>26<br>日 | 庚戌<br>27<br>一 | 辛亥<br>28<br>二 | 壬子<br>29<br>三 | 癸丑<br>30<br>四 | 甲寅<br>31<br>五 | 乙卯<br>(9)<br>六 | 丙辰<br>2<br>日 | 丁巳<br>3<br>一 | | 癸巳立秋<br>戊申處暑 |
| 八月大 | 己酉 | 干支<br>天地<br>西曆<br>星期 | 戊午<br>4<br>二 | 己未<br>5<br>三 | 庚申<br>6<br>四 | 辛酉<br>7<br>五 | 壬戌<br>8<br>六 | 癸亥<br>9<br>日 | 甲子<br>10<br>一 | 乙丑<br>11<br>二 | 丙寅<br>12<br>三 | 丁卯<br>13<br>四 | 戊辰<br>14<br>五 | 己巳<br>15<br>六 | 庚午<br>16<br>日 | 辛未<br>17<br>一 | 壬申<br>18<br>二 | 癸酉<br>19<br>三 | 甲戌<br>20<br>四 | 乙亥<br>21<br>五 | 丙子<br>22<br>六 | 丁丑<br>23<br>日 | 戊寅<br>24<br>一 | 己卯<br>25<br>二 | 庚辰<br>26<br>三 | 辛巳<br>27<br>四 | 壬午<br>28<br>五 | 癸未<br>29<br>六 | 甲申<br>30<br>日 | 乙酉<br>(10)<br>一 | 丙戌<br>2<br>二 | 丁亥<br>3<br>三 | 癸亥白露<br>己卯秋分 |
| 九月小 | 庚戌 | 干支<br>天地<br>西曆<br>星期 | 戊子<br>4<br>四 | 己丑<br>5<br>五 | 庚寅<br>6<br>六 | 辛卯<br>7<br>日 | 壬辰<br>8<br>一 | 癸巳<br>9<br>二 | 甲午<br>10<br>三 | 乙未<br>11<br>四 | 丙申<br>12<br>五 | 丁酉<br>13<br>六 | 戊戌<br>14<br>日 | 己亥<br>15<br>一 | 庚子<br>16<br>二 | 辛丑<br>17<br>三 | 壬寅<br>18<br>四 | 癸卯<br>19<br>五 | 甲辰<br>20<br>六 | 乙巳<br>21<br>日 | 丙午<br>22<br>一 | 丁未<br>23<br>二 | 戊申<br>24<br>三 | 己酉<br>25<br>四 | 庚戌<br>26<br>五 | 辛亥<br>27<br>六 | 壬子<br>28<br>日 | 癸丑<br>29<br>一 | 甲寅<br>30<br>二 | 乙卯<br>31<br>三 | 丙辰<br>(11)<br>四 | | 甲午寒露<br>己酉霜降 |
| 十月大 | 辛亥 | 干支<br>天地<br>西曆<br>星期 | 丁巳<br>2<br>五 | 戊午<br>3<br>六 | 己未<br>4<br>日 | 庚申<br>5<br>一 | 辛酉<br>6<br>二 | 壬戌<br>7<br>三 | 癸亥<br>8<br>四 | 甲子<br>9<br>五 | 乙丑<br>10<br>六 | 丙寅<br>11<br>日 | 丁卯<br>12<br>一 | 戊辰<br>13<br>二 | 己巳<br>14<br>三 | 庚午<br>15<br>四 | 辛未<br>16<br>五 | 壬申<br>17<br>六 | 癸酉<br>18<br>日 | 甲戌<br>19<br>一 | 乙亥<br>20<br>二 | 丙子<br>21<br>三 | 丁丑<br>22<br>四 | 戊寅<br>23<br>五 | 己卯<br>24<br>六 | 庚辰<br>25<br>日 | 辛巳<br>26<br>一 | 壬午<br>27<br>二 | 癸未<br>28<br>三 | 甲申<br>29<br>四 | 乙酉<br>30<br>五 | 丙戌<br>(12)<br>六 | 甲子立冬<br>庚辰小雪 |
| 十一月小 | 壬子 | 干支<br>天地<br>西曆<br>星期 | 丁亥<br>2<br>日 | 戊子<br>3<br>一 | 己丑<br>4<br>二 | 庚寅<br>5<br>三 | 辛卯<br>6<br>四 | 壬辰<br>7<br>五 | 癸巳<br>8<br>六 | 甲午<br>9<br>日 | 乙未<br>10<br>一 | 丙申<br>11<br>二 | 丁酉<br>12<br>三 | 戊戌<br>13<br>四 | 己亥<br>14<br>五 | 庚子<br>15<br>六 | 辛丑<br>16<br>日 | 壬寅<br>17<br>一 | 癸卯<br>18<br>二 | 甲辰<br>19<br>三 | 乙巳<br>20<br>四 | 丙午<br>21<br>五 | 丁未<br>22<br>六 | 戊申<br>23<br>日 | 己酉<br>24<br>一 | 庚戌<br>25<br>二 | 辛亥<br>26<br>三 | 壬子<br>27<br>四 | 癸丑<br>28<br>五 | 甲寅<br>29<br>六 | 乙卯<br>30<br>日 | | 乙未大雪<br>庚戌冬至 |
| 十二月大 | 癸丑 | 干支<br>天地<br>西曆<br>星期 | 丙辰<br>31<br>一 | 丁巳<br>(1)<br>二 | 戊午<br>2<br>三 | 己未<br>3<br>四 | 庚申<br>4<br>五 | 辛酉<br>5<br>六 | 壬戌<br>6<br>日 | 癸亥<br>7<br>一 | 甲子<br>8<br>二 | 乙丑<br>9<br>三 | 丙寅<br>10<br>四 | 丁卯<br>11<br>五 | 戊辰<br>12<br>六 | 己巳<br>13<br>日 | 庚午<br>14<br>一 | 辛未<br>15<br>二 | 壬申<br>16<br>三 | 癸酉<br>17<br>四 | 甲戌<br>18<br>五 | 乙亥<br>19<br>六 | 丙子<br>20<br>日 | 丁丑<br>21<br>一 | 戊寅<br>22<br>二 | 己卯<br>23<br>三 | 庚辰<br>24<br>四 | 辛巳<br>25<br>五 | 壬午<br>26<br>六 | 癸未<br>27<br>日 | 甲申<br>28<br>一 | 乙酉<br>29<br>二 | 乙丑小寒<br>庚辰大寒 |

# 漢光武帝建武十九年（癸卯 兔年）公元 43 ~ 44 年

| 夏曆月序 | | 中西曆日對照 | 初一 | 初二 | 初三 | 初四 | 初五 | 初六 | 初七 | 初八 | 初九 | 初十 | 十一 | 十二 | 十三 | 十四 | 十五 | 十六 | 十七 | 十八 | 十九 | 二十 | 二一 | 二二 | 二三 | 二四 | 二五 | 二六 | 二七 | 二八 | 二九 | 三十 | 節氣與天象 |
|---|---|---|---|---|---|---|---|---|---|---|---|---|---|---|---|---|---|---|---|---|---|---|---|---|---|---|---|---|---|---|---|---|---|
| 正月小 | 甲寅 | 天干地支<br>西曆<br>星期 | 丙戌<br>30<br>三 | 丁亥<br>31<br>四 | 戊子<br>(2)<br>五 | 己丑<br>2<br>六 | 庚寅<br>3<br>日 | 辛卯<br>4<br>一 | 壬辰<br>5<br>二 | 癸巳<br>6<br>三 | 甲午<br>7<br>四 | 乙未<br>8<br>五 | 丙申<br>9<br>六 | 丁酉<br>10<br>日 | 戊戌<br>11<br>一 | 己亥<br>12<br>二 | 庚子<br>13<br>三 | 辛丑<br>14<br>四 | 壬寅<br>15<br>五 | 癸卯<br>16<br>六 | 甲辰<br>17<br>日 | 乙巳<br>18<br>一 | 丙午<br>19<br>二 | 丁未<br>20<br>三 | 戊申<br>21<br>四 | 己酉<br>22<br>五 | 庚戌<br>23<br>六 | 辛亥<br>24<br>日 | 壬子<br>25<br>一 | 癸丑<br>26<br>二 | 甲寅<br>27<br>三 | | 丙申立春<br>辛亥驚蟄 |
| 二月大 | 乙卯 | 天干地支<br>西曆<br>星期 | 乙卯<br>28<br>四 | 丙辰<br>(3)<br>五 | 丁巳<br>2<br>六 | 戊午<br>3<br>日 | 己未<br>4<br>一 | 庚申<br>5<br>二 | 辛酉<br>6<br>三 | 壬戌<br>7<br>四 | 癸亥<br>8<br>五 | 甲子<br>9<br>六 | 乙丑<br>10<br>日 | 丙寅<br>11<br>一 | 丁卯<br>12<br>二 | 戊辰<br>13<br>三 | 己巳<br>14<br>四 | 庚午<br>15<br>五 | 辛未<br>16<br>六 | 壬申<br>17<br>日 | 癸酉<br>18<br>一 | 甲戌<br>19<br>二 | 乙亥<br>20<br>三 | 丙子<br>21<br>四 | 丁丑<br>22<br>五 | 戊寅<br>23<br>六 | 己卯<br>24<br>日 | 庚辰<br>25<br>一 | 辛巳<br>26<br>二 | 壬午<br>27<br>三 | 癸未<br>28<br>四 | 甲申<br>29<br>五 | 丙寅雨水<br>辛巳春分<br>乙卯日食 |
| 三月小 | 丙辰 | 天干地支<br>西曆<br>星期 | 乙酉<br>30<br>六 | 丙戌<br>31<br>日 | 丁亥<br>(4)<br>一 | 戊子<br>2<br>二 | 己丑<br>3<br>三 | 庚寅<br>4<br>四 | 辛卯<br>5<br>五 | 壬辰<br>6<br>六 | 癸巳<br>7<br>日 | 甲午<br>8<br>一 | 乙未<br>9<br>二 | 丙申<br>10<br>三 | 丁酉<br>11<br>四 | 戊戌<br>12<br>五 | 己亥<br>13<br>六 | 庚子<br>14<br>日 | 辛丑<br>15<br>一 | 壬寅<br>16<br>二 | 癸卯<br>17<br>三 | 甲辰<br>18<br>四 | 乙巳<br>19<br>五 | 丙午<br>20<br>六 | 丁未<br>21<br>日 | 戊申<br>22<br>一 | 己酉<br>23<br>二 | 庚戌<br>24<br>三 | 辛亥<br>25<br>四 | 壬子<br>26<br>五 | 癸丑<br>27<br>六 | | 丁酉穀雨<br>壬子清明 |
| 四月大 | 丁巳 | 天干地支<br>西曆<br>星期 | 甲寅<br>28<br>日 | 乙卯<br>29<br>一 | 丙辰<br>30<br>二 | 丁巳<br>(5)<br>三 | 戊午<br>2<br>四 | 己未<br>3<br>五 | 庚申<br>4<br>六 | 辛酉<br>5<br>日 | 壬戌<br>6<br>一 | 癸亥<br>7<br>二 | 甲子<br>8<br>三 | 乙丑<br>9<br>四 | 丙寅<br>10<br>五 | 丁卯<br>11<br>六 | 戊辰<br>12<br>日 | 己巳<br>13<br>一 | 庚午<br>14<br>二 | 辛未<br>15<br>三 | 壬申<br>16<br>四 | 癸酉<br>17<br>五 | 甲戌<br>18<br>六 | 乙亥<br>19<br>日 | 丙子<br>20<br>一 | 丁丑<br>21<br>二 | 戊寅<br>22<br>三 | 己卯<br>23<br>四 | 庚辰<br>24<br>五 | 辛巳<br>25<br>六 | 壬午<br>26<br>日 | 癸未<br>27<br>一 | 丁卯立夏<br>壬午小滿 |
| 閏四月小 | 丁巳 | 天干地支<br>西曆<br>星期 | 甲申<br>28<br>二 | 乙酉<br>29<br>三 | 丙戌<br>30<br>四 | 丁亥<br>31<br>五 | 戊子<br>(6)<br>六 | 己丑<br>2<br>日 | 庚寅<br>3<br>一 | 辛卯<br>4<br>二 | 壬辰<br>5<br>三 | 癸巳<br>6<br>四 | 甲午<br>7<br>五 | 乙未<br>8<br>六 | 丙申<br>9<br>日 | 丁酉<br>10<br>一 | 戊戌<br>11<br>二 | 己亥<br>12<br>三 | 庚子<br>13<br>四 | 辛丑<br>14<br>五 | 壬寅<br>15<br>六 | 癸卯<br>16<br>日 | 甲辰<br>17<br>一 | 乙巳<br>18<br>二 | 丙午<br>19<br>三 | 丁未<br>20<br>四 | 戊申<br>21<br>五 | 己酉<br>22<br>六 | 庚戌<br>23<br>日 | 辛亥<br>24<br>一 | 壬子<br>25<br>二 | | 丁酉芒種 |
| 五月大 | 戊午 | 天干地支<br>西曆<br>星期 | 癸丑<br>26<br>三 | 甲寅<br>27<br>四 | 乙卯<br>28<br>五 | 丙辰<br>29<br>六 | 丁巳<br>30<br>日 | 戊午<br>(7)<br>一 | 己未<br>2<br>二 | 庚申<br>3<br>三 | 辛酉<br>4<br>四 | 壬戌<br>5<br>五 | 癸亥<br>6<br>六 | 甲子<br>7<br>日 | 乙丑<br>8<br>一 | 丙寅<br>9<br>二 | 丁卯<br>10<br>三 | 戊辰<br>11<br>四 | 己巳<br>12<br>五 | 庚午<br>13<br>六 | 辛未<br>14<br>日 | 壬申<br>15<br>一 | 癸酉<br>16<br>二 | 甲戌<br>17<br>三 | 乙亥<br>18<br>四 | 丙子<br>19<br>五 | 丁丑<br>20<br>六 | 戊寅<br>21<br>日 | 己卯<br>22<br>一 | 庚辰<br>23<br>二 | 辛巳<br>24<br>三 | 壬午<br>25<br>四 | 癸丑夏至<br>戊辰小暑 |
| 六月小 | 己未 | 天干地支<br>西曆<br>星期 | 癸未<br>26<br>五 | 甲申<br>27<br>六 | 乙酉<br>28<br>日 | 丙戌<br>29<br>一 | 丁亥<br>30<br>二 | 戊子<br>31<br>三 | 己丑<br>(8)<br>四 | 庚寅<br>2<br>五 | 辛卯<br>3<br>六 | 壬辰<br>4<br>日 | 癸巳<br>5<br>一 | 甲午<br>6<br>二 | 乙未<br>7<br>三 | 丙申<br>8<br>四 | 丁酉<br>9<br>五 | 戊戌<br>10<br>六 | 己亥<br>11<br>日 | 庚子<br>12<br>一 | 辛丑<br>13<br>二 | 壬寅<br>14<br>三 | 癸卯<br>15<br>四 | 甲辰<br>16<br>五 | 乙巳<br>17<br>六 | 丙午<br>18<br>日 | 丁未<br>19<br>一 | 戊申<br>20<br>二 | 己酉<br>21<br>三 | 庚戌<br>22<br>四 | 辛亥<br>23<br>五 | | 癸未大暑<br>戊戌立秋 |
| 七月大 | 庚申 | 天干地支<br>西曆<br>星期 | 壬子<br>24<br>六 | 癸丑<br>25<br>日 | 甲寅<br>26<br>一 | 乙卯<br>27<br>二 | 丙辰<br>28<br>三 | 丁巳<br>29<br>四 | 戊午<br>30<br>五 | 己未<br>31<br>六 | 庚申<br>(9)<br>日 | 辛酉<br>2<br>一 | 壬戌<br>3<br>二 | 癸亥<br>4<br>三 | 甲子<br>5<br>四 | 乙丑<br>6<br>五 | 丙寅<br>7<br>六 | 丁卯<br>8<br>日 | 戊辰<br>9<br>一 | 己巳<br>10<br>二 | 庚午<br>11<br>三 | 辛未<br>12<br>四 | 壬申<br>13<br>五 | 癸酉<br>14<br>六 | 甲戌<br>15<br>日 | 乙亥<br>16<br>一 | 丙子<br>17<br>二 | 丁丑<br>18<br>三 | 戊寅<br>19<br>四 | 己卯<br>20<br>五 | 庚辰<br>21<br>六 | 辛巳<br>22<br>日 | 甲寅處暑<br>己巳白露 |
| 八月大 | 辛酉 | 天干地支<br>西曆<br>星期 | 壬午<br>23<br>一 | 癸未<br>24<br>二 | 甲申<br>25<br>三 | 乙酉<br>26<br>四 | 丙戌<br>27<br>五 | 丁亥<br>28<br>六 | 戊子<br>29<br>日 | 己丑<br>30<br>一 | 庚寅<br>(10)<br>二 | 辛卯<br>2<br>三 | 壬辰<br>3<br>四 | 癸巳<br>4<br>五 | 甲午<br>5<br>六 | 乙未<br>6<br>日 | 丙申<br>7<br>一 | 丁酉<br>8<br>二 | 戊戌<br>9<br>三 | 己亥<br>10<br>四 | 庚子<br>11<br>五 | 辛丑<br>12<br>六 | 壬寅<br>13<br>日 | 癸卯<br>14<br>一 | 甲辰<br>15<br>二 | 乙巳<br>16<br>三 | 丙午<br>17<br>四 | 丁未<br>18<br>五 | 戊申<br>19<br>六 | 己酉<br>20<br>日 | 庚戌<br>21<br>一 | 辛亥<br>22<br>二 | 甲申秋分<br>己亥寒露 |
| 九月小 | 壬戌 | 天干地支<br>西曆<br>星期 | 壬子<br>23<br>三 | 癸丑<br>24<br>四 | 甲寅<br>25<br>五 | 乙卯<br>26<br>六 | 丙辰<br>27<br>日 | 丁巳<br>28<br>一 | 戊午<br>29<br>二 | 己未<br>30<br>三 | 庚申<br>31<br>四 | 辛酉<br>(11)<br>五 | 壬戌<br>2<br>六 | 癸亥<br>3<br>日 | 甲子<br>4<br>一 | 乙丑<br>5<br>二 | 丙寅<br>6<br>三 | 丁卯<br>7<br>四 | 戊辰<br>8<br>五 | 己巳<br>9<br>六 | 庚午<br>10<br>日 | 辛未<br>11<br>一 | 壬申<br>12<br>二 | 癸酉<br>13<br>三 | 甲戌<br>14<br>四 | 乙亥<br>15<br>五 | 丙子<br>16<br>六 | 丁丑<br>17<br>日 | 戊寅<br>18<br>一 | 己卯<br>19<br>二 | 庚辰<br>20<br>三 | | 甲寅霜降<br>庚午立冬 |
| 十月大 | 癸亥 | 天干地支<br>西曆<br>星期 | 辛巳<br>21<br>四 | 壬午<br>22<br>五 | 癸未<br>23<br>六 | 甲申<br>24<br>日 | 乙酉<br>25<br>一 | 丙戌<br>26<br>二 | 丁亥<br>27<br>三 | 戊子<br>28<br>四 | 己丑<br>29<br>五 | 庚寅<br>30<br>六 | 辛卯<br>(12)<br>日 | 壬辰<br>2<br>一 | 癸巳<br>3<br>二 | 甲午<br>4<br>三 | 乙未<br>5<br>四 | 丙申<br>6<br>五 | 丁酉<br>7<br>六 | 戊戌<br>8<br>日 | 己亥<br>9<br>一 | 庚子<br>10<br>二 | 辛丑<br>11<br>三 | 壬寅<br>12<br>四 | 癸卯<br>13<br>五 | 甲辰<br>14<br>六 | 乙巳<br>15<br>日 | 丙午<br>16<br>一 | 丁未<br>17<br>二 | 戊申<br>18<br>三 | 己酉<br>19<br>四 | 庚戌<br>20<br>五 | 乙酉小雪<br>庚子大雪 |
| 十一月小 | 甲子 | 天干地支<br>西曆<br>星期 | 辛亥<br>21<br>六 | 壬子<br>22<br>日 | 癸丑<br>23<br>一 | 甲寅<br>24<br>二 | 乙卯<br>25<br>三 | 丙辰<br>26<br>四 | 丁巳<br>27<br>五 | 戊午<br>28<br>六 | 己未<br>29<br>日 | 庚申<br>30<br>一 | 辛酉<br>31<br>二 | 壬戌<br>(1)<br>三 | 癸亥<br>2<br>四 | 甲子<br>3<br>五 | 乙丑<br>4<br>六 | 丙寅<br>5<br>日 | 丁卯<br>6<br>一 | 戊辰<br>7<br>二 | 己巳<br>8<br>三 | 庚午<br>9<br>四 | 辛未<br>10<br>五 | 壬申<br>11<br>六 | 癸酉<br>12<br>日 | 甲戌<br>13<br>一 | 乙亥<br>14<br>二 | 丙子<br>15<br>三 | 丁丑<br>16<br>四 | 戊寅<br>17<br>五 | 己卯<br>18<br>六 | | 乙卯冬至<br>庚午小寒 |
| 十二月大 | 乙丑 | 天干地支<br>西曆<br>星期 | 庚辰<br>19<br>日 | 辛巳<br>20<br>一 | 壬午<br>21<br>二 | 癸未<br>22<br>三 | 甲申<br>23<br>四 | 乙酉<br>24<br>五 | 丙戌<br>25<br>六 | 丁亥<br>26<br>日 | 戊子<br>27<br>一 | 己丑<br>28<br>二 | 庚寅<br>29<br>三 | 辛卯<br>30<br>四 | 壬辰<br>31<br>五 | 癸巳<br>(2)<br>六 | 甲午<br>2<br>日 | 乙未<br>3<br>一 | 丙申<br>4<br>二 | 丁酉<br>5<br>三 | 戊戌<br>6<br>四 | 己亥<br>7<br>五 | 庚子<br>8<br>六 | 辛丑<br>9<br>日 | 壬寅<br>10<br>一 | 癸卯<br>11<br>二 | 甲辰<br>12<br>三 | 乙巳<br>13<br>四 | 丙午<br>14<br>五 | 丁未<br>15<br>六 | 戊申<br>16<br>日 | 己酉<br>17<br>一 | 丙戌大寒<br>辛丑立春 |

# 漢光武帝建武二十年（甲辰 龍年）公元 **44** ~ 45 年

| 夏曆月序 | 中西曆日對照 | 夏曆日序 | | | | | | | | | | | | | | | | | | | | | | | | | | | | | | 節氣與天象 |
|---|---|---|---|---|---|---|---|---|---|---|---|---|---|---|---|---|---|---|---|---|---|---|---|---|---|---|---|---|---|---|---|---|
| | | 初一 | 初二 | 初三 | 初四 | 初五 | 初六 | 初七 | 初八 | 初九 | 初十 | 十一 | 十二 | 十三 | 十四 | 十五 | 十六 | 十七 | 十八 | 十九 | 二十 | 二一 | 二二 | 二三 | 二四 | 二五 | 二六 | 二七 | 二八 | 二九 | 三十 | |
| 正月小 丙寅 | 天干 地支 西曆 星期 | 庚戌 18 二 | 辛亥 19 三 | 壬子 20 四 | 癸丑 21 五 | 甲寅 22 六 | 乙卯 23 日 | 丙辰 24 一 | 丁巳 25 二 | 戊午 26 三 | 己未 27 四 | 庚申 28 五 | 辛酉 29 六 | 壬戌 (3) 日 | 癸亥 2 一 | 甲子 3 二 | 乙丑 4 三 | 丙寅 5 四 | 丁卯 6 五 | 戊辰 7 六 | 己巳 8 日 | 庚午 9 一 | 辛未 10 二 | 壬申 11 三 | 癸酉 12 四 | 甲戌 13 五 | 乙亥 14 六 | 丙子 15 日 | 丁丑 16 一 | 戊寅 17 二 | | 丙辰驚蟄 辛未雨水 |
| 二月大 丁卯 | 天干 地支 西曆 星期 | 己卯 18 三 | 庚辰 19 四 | 辛巳 20 五 | 壬午 21 六 | 癸未 22 日 | 甲申 23 一 | 乙酉 24 二 | 丙戌 25 三 | 丁亥 26 四 | 戊子 27 五 | 己丑 28 六 | 庚寅 29 日 | 辛卯 30 一 | 壬辰 31 二 | 癸巳 (4) 三 | 甲午 2 四 | 乙未 3 五 | 丙申 4 六 | 丁酉 5 日 | 戊戌 6 一 | 己亥 7 二 | 庚子 8 三 | 辛丑 9 四 | 壬寅 10 五 | 癸卯 11 六 | 甲辰 12 日 | 乙巳 13 一 | 丙午 14 二 | 丁未 15 三 | 戊申 16 四 | 丁亥春分 壬寅穀雨 |
| 三月小 戊辰 | 天干 地支 西曆 星期 | 己酉 17 五 | 庚戌 18 六 | 辛亥 19 日 | 壬子 20 一 | 癸丑 21 二 | 甲寅 22 三 | 乙卯 23 四 | 丙辰 24 五 | 丁巳 25 六 | 戊午 26 日 | 己未 27 一 | 庚申 28 二 | 辛酉 29 三 | 壬戌 30 四 | 癸亥 (5) 五 | 甲子 2 六 | 乙丑 3 日 | 丙寅 4 一 | 丁卯 5 二 | 戊辰 6 三 | 己巳 7 四 | 庚午 8 五 | 辛未 9 六 | 壬申 10 日 | 癸酉 11 一 | 甲戌 12 二 | 乙亥 13 三 | 丙子 14 四 | 丁丑 15 五 | | 丁巳清明 壬申立夏 |
| 四月大 己巳 | 天干 地支 西曆 星期 | 戊寅 16 六 | 己卯 17 日 | 庚辰 18 一 | 辛巳 19 二 | 壬午 20 三 | 癸未 21 四 | 甲申 22 五 | 乙酉 23 六 | 丙戌 24 日 | 丁亥 25 一 | 戊子 26 二 | 己丑 27 三 | 庚寅 28 四 | 辛卯 29 五 | 壬辰 30 六 | 癸巳 31 日 | 甲午 (6) 一 | 乙未 2 二 | 丙申 3 三 | 丁酉 4 四 | 戊戌 5 五 | 己亥 6 六 | 庚子 7 日 | 辛丑 8 一 | 壬寅 9 二 | 癸卯 10 三 | 甲辰 11 四 | 乙巳 12 五 | 丙午 13 六 | 丁未 14 日 | 丁亥小滿 癸卯芒種 |
| 五月小 庚午 | 天干 地支 西曆 星期 | 戊申 15 一 | 己酉 16 二 | 庚戌 17 三 | 辛亥 18 四 | 壬子 19 五 | 癸丑 20 六 | 甲寅 21 日 | 乙卯 22 一 | 丙辰 23 二 | 丁巳 24 三 | 戊午 25 四 | 己未 26 五 | 庚申 27 六 | 辛酉 28 日 | 壬戌 29 一 | 癸亥 30 二 | 甲子 (7) 三 | 乙丑 2 四 | 丙寅 3 五 | 丁卯 4 六 | 戊辰 5 日 | 己巳 6 一 | 庚午 7 二 | 辛未 8 三 | 壬申 9 四 | 癸酉 10 五 | 甲戌 11 六 | 乙亥 12 日 | 丙子 13 一 | | 戊午夏至 癸酉小暑 |
| 六月大 辛未 | 天干 地支 西曆 星期 | 丁丑 14 二 | 戊寅 15 三 | 己卯 16 四 | 庚辰 17 五 | 辛巳 18 六 | 壬午 19 日 | 癸未 20 一 | 甲申 21 二 | 乙酉 22 三 | 丙戌 23 四 | 丁亥 24 五 | 戊子 25 六 | 己丑 26 日 | 庚寅 27 一 | 辛卯 28 二 | 壬辰 29 三 | 癸巳 30 四 | 甲午 31 五 | 乙未 (8) 六 | 丙申 2 日 | 丁酉 3 一 | 戊戌 4 二 | 己亥 5 三 | 庚子 6 四 | 辛丑 7 五 | 壬寅 8 六 | 癸卯 9 日 | 甲辰 10 一 | 乙巳 11 二 | 丙午 12 三 | 戊子大暑 甲辰立秋 |
| 七月小 壬申 | 天干 地支 西曆 星期 | 丁未 13 四 | 戊申 14 五 | 己酉 15 六 | 庚戌 16 日 | 辛亥 17 一 | 壬子 18 二 | 癸丑 19 三 | 甲寅 20 四 | 乙卯 21 五 | 丙辰 22 六 | 丁巳 23 日 | 戊午 24 一 | 己未 25 二 | 庚申 26 三 | 辛酉 27 四 | 壬戌 28 五 | 癸亥 29 六 | 甲子 30 日 | 乙丑 31 一 | 丙寅 (9) 二 | 丁卯 2 三 | 戊辰 3 四 | 己巳 4 五 | 庚午 5 六 | 辛未 6 日 | 壬申 7 一 | 癸酉 8 二 | 甲戌 9 三 | 乙亥 10 四 | | 己未處暑 甲戌白露 |
| 八月大 癸酉 | 天干 地支 西曆 星期 | 丙子 11 五 | 丁丑 12 六 | 戊寅 13 日 | 己卯 14 一 | 庚辰 15 二 | 辛巳 16 三 | 壬午 17 四 | 癸未 18 五 | 甲申 19 六 | 乙酉 20 日 | 丙戌 21 一 | 丁亥 22 二 | 戊子 23 三 | 己丑 24 四 | 庚寅 25 五 | 辛卯 26 六 | 壬辰 27 日 | 癸巳 28 一 | 甲午 29 二 | 乙未 30 三 | 丙申 (10) 四 | 丁酉 2 五 | 戊戌 3 六 | 己亥 4 日 | 庚子 5 一 | 辛丑 6 二 | 壬寅 7 三 | 癸卯 8 四 | 甲辰 9 五 | 乙巳 10 六 | 己丑秋分 甲辰寒露 |
| 九月小 甲戌 | 天干 地支 西曆 星期 | 丙午 11 日 | 丁未 12 一 | 戊申 13 二 | 己酉 14 三 | 庚戌 15 四 | 辛亥 16 五 | 壬子 17 六 | 癸丑 18 日 | 甲寅 19 一 | 乙卯 20 二 | 丙辰 21 三 | 丁巳 22 四 | 戊午 23 五 | 己未 24 六 | 庚申 25 日 | 辛酉 26 一 | 壬戌 27 二 | 癸亥 28 三 | 甲子 29 四 | 乙丑 30 五 | 丙寅 31 六 | 丁卯 (11) 日 | 戊辰 2 一 | 己巳 3 二 | 庚午 4 三 | 辛未 5 四 | 壬申 6 五 | 癸酉 7 六 | 甲戌 8 日 | | 庚申霜降 |
| 十月大 乙亥 | 天干 地支 西曆 星期 | 乙亥 9 一 | 丙子 10 二 | 丁丑 11 三 | 戊寅 12 四 | 己卯 13 五 | 庚辰 14 六 | 辛巳 15 日 | 壬午 16 一 | 癸未 17 二 | 甲申 18 三 | 乙酉 19 四 | 丙戌 20 五 | 丁亥 21 六 | 戊子 22 日 | 己丑 23 一 | 庚寅 24 二 | 辛卯 25 三 | 壬辰 26 四 | 癸巳 27 五 | 甲午 28 六 | 乙未 29 日 | 丙申 30 一 | 丁酉 (12) 二 | 戊戌 2 三 | 己亥 3 四 | 庚子 4 五 | 辛丑 5 六 | 壬寅 6 日 | 癸卯 7 一 | 甲辰 8 二 | 乙亥立冬 庚寅小雪 |
| 十一月大 丙子 | 天干 地支 西曆 星期 | 乙巳 9 三 | 丙午 10 四 | 丁未 11 五 | 戊申 12 六 | 己酉 13 日 | 庚戌 14 一 | 辛亥 15 二 | 壬子 16 三 | 癸丑 17 四 | 甲寅 18 五 | 乙卯 19 六 | 丙辰 20 日 | 丁巳 21 一 | 戊午 22 二 | 己未 23 三 | 庚申 24 四 | 辛酉 25 五 | 壬戌 26 六 | 癸亥 27 日 | 甲子 28 一 | 乙丑 29 二 | 丙寅 30 三 | 丁卯 31 四 | 戊辰 (1) 五 | 己巳 2 六 | 庚午 3 日 | 辛未 4 一 | 壬申 5 二 | 癸酉 6 三 | 甲戌 7 四 | 乙巳大雪 辛酉冬至 |
| 十二月小 丁丑 | 天干 地支 西曆 星期 | 乙亥 8 五 | 丙子 9 六 | 丁丑 10 日 | 戊寅 11 一 | 己卯 12 二 | 庚辰 13 三 | 辛巳 14 四 | 壬午 15 五 | 癸未 16 六 | 甲申 17 日 | 乙酉 18 一 | 丙戌 19 二 | 丁亥 20 三 | 戊子 21 四 | 己丑 22 五 | 庚寅 23 六 | 辛卯 24 日 | 壬辰 25 一 | 癸巳 26 二 | 甲午 27 三 | 乙未 28 四 | 丙申 29 五 | 丁酉 30 六 | 戊戌 31 日 | 己亥 (2) 一 | 庚子 2 二 | 辛丑 3 三 | 壬寅 4 四 | 癸卯 5 五 | | 丙子小寒 辛卯大寒 |

# 漢光武帝建武二十一年（乙巳 蛇年）公元 **45** ~ 46 年

| 夏曆月序 | | 中西曆日對照 | 初一 | 初二 | 初三 | 初四 | 初五 | 初六 | 初七 | 初八 | 初九 | 初十 | 十一 | 十二 | 十三 | 十四 | 十五 | 十六 | 十七 | 十八 | 十九 | 二十 | 二一 | 二二 | 二三 | 二四 | 二五 | 二六 | 二七 | 二八 | 二九 | 三十 | 節氣與天象 |
|---|---|---|---|---|---|---|---|---|---|---|---|---|---|---|---|---|---|---|---|---|---|---|---|---|---|---|---|---|---|---|---|---|---|
| 正月大 | 戊寅 | 天干 地支 西曆 星期 | 甲辰 6 六 | 乙巳 7 日 | 丙午 8 一 | 丁未 9 二 | 戊申 10 三 | 己酉 11 四 | 庚戌 12 五 | 辛亥 13 六 | 壬子 14 日 | 癸丑 15 一 | 甲寅 16 二 | 乙卯 17 三 | 丙辰 18 四 | 丁巳 19 五 | 戊午 20 六 | 己未 21 日 | 庚申 22 一 | 辛酉 23 二 | 壬戌 24 三 | 癸亥 25 四 | 甲子 26 五 | 乙丑 27 六 | 丙寅 28 日 | 丁卯 (3) 一 | 戊辰 2 二 | 己巳 3 三 | 庚午 4 四 | 辛未 5 五 | 壬申 6 六 | 癸酉 7 日 | 丙午立春 辛酉驚蟄 |
| 二月小 | 己卯 | 天干 地支 西曆 星期 | 甲戌 8 一 | 乙亥 9 二 | 丙子 10 三 | 丁丑 11 四 | 戊寅 12 五 | 己卯 13 六 | 庚辰 14 日 | 辛巳 15 一 | 壬午 16 二 | 癸未 17 三 | 甲申 18 四 | 乙酉 19 五 | 丙戌 20 六 | 丁亥 21 日 | 戊子 22 一 | 己丑 23 二 | 庚寅 24 三 | 辛卯 25 四 | 壬辰 26 五 | 癸巳 27 六 | 甲午 28 日 | 乙未 29 一 | 丙申 30 二 | 丁酉 31 三 | 戊戌 (4) 四 | 己亥 2 五 | 庚子 3 六 | 辛丑 4 日 | 壬寅 5 一 | | 丁丑雨水 壬辰春分 |
| 三月大 | 庚辰 | 天干 地支 西曆 星期 | 癸卯 6 二 | 甲辰 7 三 | 乙巳 8 四 | 丙午 9 五 | 丁未 10 六 | 戊申 11 日 | 己酉 12 一 | 庚戌 13 二 | 辛亥 14 三 | 壬子 15 四 | 癸丑 16 五 | 甲寅 17 六 | 乙卯 18 日 | 丙辰 19 一 | 丁巳 20 二 | 戊午 21 三 | 己未 22 四 | 庚申 23 五 | 辛酉 24 六 | 壬戌 25 日 | 癸亥 26 一 | 甲子 27 二 | 乙丑 28 三 | 丙寅 29 四 | 丁卯 30 五 | 戊辰 (5) 六 | 己巳 2 日 | 庚午 3 一 | 辛未 4 二 | 壬申 5 三 | 丁未穀雨 壬戌清明 |
| 四月小 | 辛巳 | 天干 地支 西曆 星期 | 癸酉 6 四 | 甲戌 7 五 | 乙亥 8 六 | 丙子 9 日 | 丁丑 10 一 | 戊寅 11 二 | 己卯 12 三 | 庚辰 13 四 | 辛巳 14 五 | 壬午 15 六 | 癸未 16 日 | 甲申 17 一 | 乙酉 18 二 | 丙戌 19 三 | 丁亥 20 四 | 戊子 21 五 | 己丑 22 六 | 庚寅 23 日 | 辛卯 24 一 | 壬辰 25 二 | 癸巳 26 三 | 甲午 27 四 | 乙未 28 五 | 丙申 29 六 | 丁酉 30 日 | 戊戌 31 一 | 己亥 (6) 二 | 庚子 2 三 | 辛丑 3 四 | | 丁丑立夏 癸巳小滿 |
| 五月大 | 壬午 | 天干 地支 西曆 星期 | 壬寅 4 五 | 癸卯 5 六 | 甲辰 6 日 | 乙巳 7 一 | 丙午 8 二 | 丁未 9 三 | 戊申 10 四 | 己酉 11 五 | 庚戌 12 六 | 辛亥 13 日 | 壬子 14 一 | 癸丑 15 二 | 甲寅 16 三 | 乙卯 17 四 | 丙辰 18 五 | 丁巳 19 六 | 戊午 20 日 | 己未 21 一 | 庚申 22 二 | 辛酉 23 三 | 壬戌 24 四 | 癸亥 25 五 | 甲子 26 六 | 乙丑 27 日 | 丙寅 28 一 | 丁卯 29 二 | 戊辰 30 三 | 己巳 (7) 四 | 庚午 2 五 | 辛未 3 六 | 戊申芒種 癸亥夏至 |
| 六月小 | 癸未 | 天干 地支 西曆 星期 | 壬申 4 日 | 癸酉 5 一 | 甲戌 6 二 | 乙亥 7 三 | 丙子 8 四 | 丁丑 9 五 | 戊寅 10 六 | 己卯 11 日 | 庚辰 12 一 | 辛巳 13 二 | 壬午 14 三 | 癸未 15 四 | 甲申 16 五 | 乙酉 17 六 | 丙戌 18 日 | 丁亥 19 一 | 戊子 20 二 | 己丑 21 三 | 庚寅 22 四 | 辛卯 23 五 | 壬辰 24 六 | 癸巳 25 日 | 甲午 26 一 | 乙未 27 二 | 丙申 28 三 | 丁酉 29 四 | 戊戌 30 五 | 己亥 31 六 | 庚子 (8) 日 | | 戊寅小暑 甲午大暑 |
| 七月大 | 甲申 | 天干 地支 西曆 星期 | 辛丑 2 一 | 壬寅 3 二 | 癸卯 4 三 | 甲辰 5 四 | 乙巳 6 五 | 丙午 7 六 | 丁未 8 日 | 戊申 9 一 | 己酉 10 二 | 庚戌 11 三 | 辛亥 12 四 | 壬子 13 五 | 癸丑 14 六 | 甲寅 15 日 | 乙卯 16 一 | 丙辰 17 二 | 丁巳 18 三 | 戊午 19 四 | 己未 20 五 | 庚申 21 六 | 辛酉 22 日 | 壬戌 23 一 | 癸亥 24 二 | 甲子 25 三 | 乙丑 26 四 | 丙寅 27 五 | 丁卯 28 六 | 戊辰 29 日 | 己巳 30 一 | 庚午 31 二 | 己酉立秋 甲子處暑 |
| 八月小 | 乙酉 | 天干 地支 西曆 星期 | 辛未 (9) 三 | 壬申 2 四 | 癸酉 3 五 | 甲戌 4 六 | 乙亥 5 日 | 丙子 6 一 | 丁丑 7 二 | 戊寅 8 三 | 己卯 9 四 | 庚辰 10 五 | 辛巳 11 六 | 壬午 12 日 | 癸未 13 一 | 甲申 14 二 | 乙酉 15 三 | 丙戌 16 四 | 丁亥 17 五 | 戊子 18 六 | 己丑 19 日 | 庚寅 20 一 | 辛卯 21 二 | 壬辰 22 三 | 癸巳 23 四 | 甲午 24 五 | 乙未 25 六 | 丙申 26 日 | 丁酉 27 一 | 戊戌 28 二 | 己亥 29 三 | | 己卯白露 甲午秋分 |
| 九月大 | 丙戌 | 天干 地支 西曆 星期 | 庚子 30 四 | 辛丑 (10) 五 | 壬寅 2 六 | 癸卯 3 日 | 甲辰 4 一 | 乙巳 5 二 | 丙午 6 三 | 丁未 7 四 | 戊申 8 五 | 己酉 9 六 | 庚戌 10 日 | 辛亥 11 一 | 壬子 12 二 | 癸丑 13 三 | 甲寅 14 四 | 乙卯 15 五 | 丙辰 16 六 | 丁巳 17 日 | 戊午 18 一 | 己未 19 二 | 庚申 20 三 | 辛酉 21 四 | 壬戌 22 五 | 癸亥 23 六 | 甲子 24 日 | 乙丑 25 一 | 丙寅 26 二 | 丁卯 27 三 | 戊辰 28 四 | 己巳 29 五 | 庚戌寒露 乙丑霜降 |
| 十月小 | 丁亥 | 天干 地支 西曆 星期 | 庚午 30 六 | 辛未 31 日 | 壬申 (11) 一 | 癸酉 2 二 | 甲戌 3 三 | 乙亥 4 四 | 丙子 5 五 | 丁丑 6 六 | 戊寅 7 日 | 己卯 8 一 | 庚辰 9 二 | 辛巳 10 三 | 壬午 11 四 | 癸未 12 五 | 甲申 13 六 | 乙酉 14 日 | 丙戌 15 一 | 丁亥 16 二 | 戊子 17 三 | 己丑 18 四 | 庚寅 19 五 | 辛卯 20 六 | 壬辰 21 日 | 癸巳 22 一 | 甲午 23 二 | 乙未 24 三 | 丙申 25 四 | 丁酉 26 五 | 戊戌 27 六 | | 庚辰立冬 乙未小雪 |
| 十一月大 | 戊子 | 天干 地支 西曆 星期 | 己亥 28 日 | 庚子 29 一 | 辛丑 30 二 | 壬寅 (12) 三 | 癸卯 2 四 | 甲辰 3 五 | 乙巳 4 六 | 丙午 5 日 | 丁未 6 一 | 戊申 7 二 | 己酉 8 三 | 庚戌 9 四 | 辛亥 10 五 | 壬子 11 六 | 癸丑 12 日 | 甲寅 13 一 | 乙卯 14 二 | 丙辰 15 三 | 丁巳 16 四 | 戊午 17 五 | 己未 18 六 | 庚申 19 日 | 辛酉 20 一 | 壬戌 21 二 | 癸亥 22 三 | 甲子 23 四 | 乙丑 24 五 | 丙寅 25 六 | 丁卯 26 日 | 戊辰 27 一 | 辛亥大雪 丙寅冬至 |
| 十二月小 | 己丑 | 天干 地支 西曆 星期 | 己巳 28 二 | 庚午 29 三 | 辛未 30 四 | 壬申 31 五 | 癸酉 (1) 六 | 甲戌 2 日 | 乙亥 3 一 | 丙子 4 二 | 丁丑 5 三 | 戊寅 6 四 | 己卯 7 五 | 庚辰 8 六 | 辛巳 9 日 | 壬午 10 一 | 癸未 11 二 | 甲申 12 三 | 乙酉 13 四 | 丙戌 14 五 | 丁亥 15 六 | 戊子 16 日 | 己丑 17 一 | 庚寅 18 二 | 辛卯 19 三 | 壬辰 20 四 | 癸巳 21 五 | 甲午 22 六 | 乙未 23 日 | 丙申 24 一 | 丁酉 25 二 | | 辛巳小寒 丙申大寒 |

# 漢光武帝建武二十二年（丙午 馬年）公元 46 ~ 47 年

| 夏曆月序 | | 中西曆日對照 | 初一 | 初二 | 初三 | 初四 | 初五 | 初六 | 初七 | 初八 | 初九 | 初十 | 十一 | 十二 | 十三 | 十四 | 十五 | 十六 | 十七 | 十八 | 十九 | 二十 | 二十一 | 二十二 | 二十三 | 二十四 | 二十五 | 二十六 | 二十七 | 二十八 | 二十九 | 三十 | 節氣與天象 |
|---|---|---|---|---|---|---|---|---|---|---|---|---|---|---|---|---|---|---|---|---|---|---|---|---|---|---|---|---|---|---|---|---|---|
| 正月大 | 庚寅 | 天干地支<br>西曆<br>星期 | 戊戌26三 | 己亥27四 | 庚子28五 | 辛丑29六 | 壬寅30日 | 癸卯31一 | 甲辰(2)二 | 乙巳2三 | 丙午3四 | 丁未4五 | 戊申5六 | 己酉6日 | 庚戌7一 | 辛亥8二 | 壬子9三 | 癸丑10四 | 甲寅11五 | 乙卯12六 | 丙辰13日 | 丁巳14一 | 戊午15二 | 己未16三 | 庚申17四 | 辛酉18五 | 壬戌19六 | 癸亥20日 | 甲子21一 | 乙丑22二 | 丙寅23三 | 丁卯24四 | 辛亥立春<br>丁卯驚蟄 |
| 閏正月小 | 庚寅 | 天干地支<br>西曆<br>星期 | 戊辰25五 | 己巳26六 | 庚午27日 | 辛未28一 | 壬申(3)二 | 癸酉2三 | 甲戌3四 | 乙亥4五 | 丙子5六 | 丁丑6日 | 戊寅7一 | 己卯8二 | 庚辰9三 | 辛巳10四 | 壬午11五 | 癸未12六 | 甲申13日 | 乙酉14一 | 丙戌15二 | 丁亥16三 | 戊子17四 | 己丑18五 | 庚寅19六 | 辛卯20日 | 壬辰21一 | 癸巳22二 | 甲午23三 | 乙未24四 | 丙申25五 | | 壬午雨水 |
| 二月大 | 辛卯 | 天干地支<br>西曆<br>星期 | 丁酉26六 | 戊戌27日 | 己亥28一 | 庚子29二 | 辛丑30三 | 壬寅31四 | 癸卯(4)五 | 甲辰2六 | 乙巳3日 | 丙午4一 | 丁未5二 | 戊申6三 | 己酉7四 | 庚戌8五 | 辛亥9六 | 壬子10日 | 癸丑11一 | 甲寅12二 | 乙卯13三 | 丙辰14四 | 丁巳15五 | 戊午16六 | 己未17日 | 庚申18一 | 辛酉19二 | 壬戌20三 | 癸亥21四 | 甲子22五 | 乙丑23六 | 丙寅24日 | 丁酉春分<br>壬子穀雨 |
| 三月大 | 壬辰 | 天干地支<br>西曆<br>星期 | 丁卯25一 | 戊辰26二 | 己巳27三 | 庚午28四 | 辛未29五 | 壬申30六 | 癸酉(5)日 | 甲戌2一 | 乙亥3二 | 丙子4三 | 丁丑5四 | 戊寅6五 | 己卯7六 | 庚辰8日 | 辛巳9一 | 壬午10二 | 癸未11三 | 甲申12四 | 乙酉13五 | 丙戌14六 | 丁亥15日 | 戊子16一 | 己丑17二 | 庚寅18三 | 辛卯19四 | 壬辰20五 | 癸巳21六 | 甲午22日 | 乙未23一 | 丙申24二 | 戊辰清明<br>癸未立夏 |
| 四月小 | 癸巳 | 天干地支<br>西曆<br>星期 | 丁酉25三 | 戊戌26四 | 己亥27五 | 庚子28六 | 辛丑29日 | 壬寅30一 | 癸卯31二 | 甲辰(6)三 | 乙巳2四 | 丙午3五 | 丁未4六 | 戊申5日 | 己酉6一 | 庚戌7二 | 辛亥8三 | 壬子9四 | 癸丑10五 | 甲寅11六 | 乙卯12日 | 丙辰13一 | 丁巳14二 | 戊午15三 | 己未16四 | 庚申17五 | 辛酉18六 | 壬戌19日 | 癸亥20一 | 甲子21二 | 乙丑22三 | | 戊戌小滿<br>癸丑芒種 |
| 五月大 | 甲午 | 天干地支<br>西曆<br>星期 | 丙寅23四 | 丁卯24五 | 戊辰25六 | 己巳26日 | 庚午27一 | 辛未28二 | 壬申29三 | 癸酉30四 | 甲戌(7)五 | 乙亥2六 | 丙子3日 | 丁丑4一 | 戊寅5二 | 己卯6三 | 庚辰7四 | 辛巳8五 | 壬午9六 | 癸未10日 | 甲申11一 | 乙酉12二 | 丙戌13三 | 丁亥14四 | 戊子15五 | 己丑16六 | 庚寅17日 | 辛卯18一 | 壬辰19二 | 癸巳20三 | 甲午21四 | 乙未22五 | 戊辰夏至<br>甲申小暑<br>乙未日食 |
| 六月小 | 乙未 | 天干地支<br>西曆<br>星期 | 丙申23六 | 丁酉24日 | 戊戌25一 | 己亥26二 | 庚子27三 | 辛丑28四 | 壬寅29五 | 癸卯30六 | 甲辰31日 | 乙巳(8)一 | 丙午2二 | 丁未3三 | 戊申4四 | 己酉5五 | 庚戌6六 | 辛亥7日 | 壬子8一 | 癸丑9二 | 甲寅10三 | 乙卯11四 | 丙辰12五 | 丁巳13六 | 戊午14日 | 己未15一 | 庚申16二 | 辛酉17三 | 壬戌18四 | 癸亥19五 | 甲子20六 | | 己亥大暑<br>甲寅立秋 |
| 七月大 | 丙申 | 天干地支<br>西曆<br>星期 | 乙丑21日 | 丙寅22一 | 丁卯23二 | 戊辰24三 | 己巳25四 | 庚午26五 | 辛未27六 | 壬申28日 | 癸酉29一 | 甲戌30二 | 乙亥31三 | 丙子(9)四 | 丁丑2五 | 戊寅3六 | 己卯4日 | 庚辰5一 | 辛巳6二 | 壬午7三 | 癸未8四 | 甲申9五 | 乙酉10六 | 丙戌11日 | 丁亥12一 | 戊子13二 | 己丑14三 | 庚寅15四 | 辛卯16五 | 壬辰17六 | 癸巳18日 | 甲午19一 | 己巳處暑<br>甲申白露 |
| 八月小 | 丁酉 | 天干地支<br>西曆<br>星期 | 乙未20二 | 丙申21三 | 丁酉22四 | 戊戌23五 | 己亥24六 | 庚子25日 | 辛丑26一 | 壬寅27二 | 癸卯28三 | 甲辰29四 | 乙巳30五 | 丙午(10)六 | 丁未2日 | 戊申3一 | 己酉4二 | 庚戌5三 | 辛亥6四 | 壬子7五 | 癸丑8六 | 甲寅9日 | 乙卯10一 | 丙辰11二 | 丁巳12三 | 戊午13四 | 己未14五 | 庚申15六 | 辛酉16日 | 壬戌17一 | 癸亥18二 | | 庚子秋分<br>乙卯寒露 |
| 九月大 | 戊戌 | 天干地支<br>西曆<br>星期 | 甲子19三 | 乙丑20四 | 丙寅21五 | 丁卯22六 | 戊辰23日 | 己巳24一 | 庚午25二 | 辛未26三 | 壬申27四 | 癸酉28五 | 甲戌29六 | 乙亥30日 | 丙子31一 | 丁丑(11)二 | 戊寅2三 | 己卯3四 | 庚辰4五 | 辛巳5六 | 壬午6日 | 癸未7一 | 甲申8二 | 乙酉9三 | 丙戌10四 | 丁亥11五 | 戊子12六 | 己丑13日 | 庚寅14一 | 辛卯15二 | 壬辰16三 | 癸巳17四 | 庚午霜降<br>乙酉立冬 |
| 十月小 | 己亥 | 天干地支<br>西曆<br>星期 | 甲午18五 | 乙未19六 | 丙申20日 | 丁酉21一 | 戊戌22二 | 己亥23三 | 庚子24四 | 辛丑25五 | 壬寅26六 | 癸卯27日 | 甲辰28一 | 乙巳29二 | 丙午30三 | 丁未(12)四 | 戊申2五 | 己酉3六 | 庚戌4日 | 辛亥5一 | 壬子6二 | 癸丑7三 | 甲寅8四 | 乙卯9五 | 丙辰10六 | 丁巳11日 | 戊午12一 | 己未13二 | 庚申14三 | 辛酉15四 | 壬戌16五 | | 辛丑小雪<br>丙辰大雪 |
| 十一月大 | 庚子 | 天干地支<br>西曆<br>星期 | 癸亥17六 | 甲子18日 | 乙丑19一 | 丙寅20二 | 丁卯21三 | 戊辰22四 | 己巳23五 | 庚午24六 | 辛未25日 | 壬申26一 | 癸酉27二 | 甲戌28三 | 乙亥29四 | 丙子30五 | 丁丑31六 | 戊寅(1)日 | 己卯2一 | 庚辰3二 | 辛巳4三 | 壬午5四 | 癸未6五 | 甲申7六 | 乙酉8日 | 丙戌9一 | 丁亥10二 | 戊子11三 | 己丑12四 | 庚寅13五 | 辛卯14六 | 壬辰15日 | 辛未冬至<br>丙戌小寒 |
| 十二月小 | 辛丑 | 天干地支<br>西曆<br>星期 | 癸巳16一 | 甲午17二 | 乙未18三 | 丙申19四 | 丁酉20五 | 戊戌21六 | 己亥22日 | 庚子23一 | 辛丑24二 | 壬寅25三 | 癸卯26四 | 甲辰27五 | 乙巳28六 | 丙午29日 | 丁未30一 | 戊申31二 | 己酉(2)三 | 庚戌2四 | 辛亥3五 | 壬子4六 | 癸丑5日 | 甲寅6一 | 乙卯7二 | 丙辰8三 | 丁巳9四 | 戊午10五 | 己未11六 | 庚申12日 | 辛酉13一 | | 辛丑大寒<br>丁巳立春 |

# 漢光武帝建武二十三年（丁未 羊年）公元 47 ~ 48 年

| 夏曆月序 | | 中西曆日對照 | 初一 | 初二 | 初三 | 初四 | 初五 | 初六 | 初七 | 初八 | 初九 | 初十 | 十一 | 十二 | 十三 | 十四 | 十五 | 十六 | 十七 | 十八 | 十九 | 二十 | 二一 | 二二 | 二三 | 二四 | 二五 | 二六 | 二七 | 二八 | 二九 | 三十 | 節氣與天象 |
|---|---|---|---|---|---|---|---|---|---|---|---|---|---|---|---|---|---|---|---|---|---|---|---|---|---|---|---|---|---|---|---|---|---|
| 正月大 | 壬寅 | 天干<br>地支<br>西曆<br>星期 | 壬戌 14 二 | 癸亥 15 三 | 甲子 16 四 | 乙丑 17 五 | 丙寅 18 六 | 丁卯 19 日 | 戊辰 20 一 | 己巳 21 二 | 庚午 22 三 | 辛未 23 四 | 壬申 24 五 | 癸酉 25 六 | 甲戌 26 日 | 乙亥 27 一 | 丙子 28 二 | 丁丑 (3) 三 | 戊寅 2 四 | 己卯 3 五 | 庚辰 4 六 | 辛巳 5 日 | 壬午 6 一 | 癸未 7 二 | 甲申 8 三 | 乙酉 9 四 | 丙戌 10 五 | 丁亥 11 六 | 戊子 12 日 | 己丑 13 一 | 庚寅 14 二 | 辛卯 15 三 | 壬申驚蟄<br>丁亥雨水 |
| 二月小 | 癸卯 | 天干<br>地支<br>西曆<br>星期 | 壬辰 16 四 | 癸巳 17 五 | 甲午 18 六 | 乙未 19 日 | 丙申 20 一 | 丁酉 21 二 | 戊戌 22 三 | 己亥 23 四 | 庚子 24 五 | 辛丑 25 六 | 壬寅 26 日 | 癸卯 27 一 | 甲辰 28 二 | 乙巳 29 三 | 丙午 30 四 | 丁未 31 五 | 戊申 (4) 六 | 己酉 2 日 | 庚戌 3 一 | 辛亥 4 二 | 壬子 5 三 | 癸丑 6 四 | 甲寅 7 五 | 乙卯 8 六 | 丙辰 9 日 | 丁巳 10 一 | 戊午 11 二 | 己未 12 三 | 庚申 13 四 | | 壬寅春分<br>戊午穀雨 |
| 三月大 | 甲辰 | 天干<br>地支<br>西曆<br>星期 | 辛酉 14 五 | 壬戌 15 六 | 癸亥 16 日 | 甲子 17 一 | 乙丑 18 二 | 丙寅 19 三 | 丁卯 20 四 | 戊辰 21 五 | 己巳 22 六 | 庚午 23 日 | 辛未 24 一 | 壬申 25 二 | 癸酉 26 三 | 甲戌 27 四 | 乙亥 28 五 | 丙子 29 六 | 丁丑 30 日 | 戊寅 (5) 一 | 己卯 2 二 | 庚辰 3 三 | 辛巳 4 四 | 壬午 5 五 | 癸未 6 六 | 甲申 7 日 | 乙酉 8 一 | 丙戌 9 二 | 丁亥 10 三 | 戊子 11 四 | 己丑 12 五 | 庚寅 13 六 | 癸酉清明<br>戊子立夏 |
| 四月小 | 乙巳 | 天干<br>地支<br>西曆<br>星期 | 辛卯 14 日 | 壬辰 15 一 | 癸巳 16 二 | 甲午 17 三 | 乙未 18 四 | 丙申 19 五 | 丁酉 20 六 | 戊戌 21 日 | 己亥 22 一 | 庚子 23 二 | 辛丑 24 三 | 壬寅 25 四 | 癸卯 26 五 | 甲辰 27 六 | 乙巳 28 日 | 丙午 29 一 | 丁未 30 二 | 戊申 31 三 | 己酉 (6) 四 | 庚戌 2 五 | 辛亥 3 六 | 壬子 4 日 | 癸丑 5 一 | 甲寅 6 二 | 乙卯 7 三 | 丙辰 8 四 | 丁巳 9 五 | 戊午 10 六 | 己未 11 日 | | 癸卯小滿<br>戊午芒種 |
| 五月大 | 丙午 | 天干<br>地支<br>西曆<br>星期 | 庚申 12 一 | 辛酉 13 二 | 壬戌 14 三 | 癸亥 15 四 | 甲子 16 五 | 乙丑 17 六 | 丙寅 18 日 | 丁卯 19 一 | 戊辰 20 二 | 己巳 21 三 | 庚午 22 四 | 辛未 23 五 | 壬申 24 六 | 癸酉 25 日 | 甲戌 26 一 | 乙亥 27 二 | 丙子 28 三 | 丁丑 29 四 | 戊寅 30 五 | 己卯 (7) 六 | 庚辰 2 日 | 辛巳 3 一 | 壬午 4 二 | 癸未 5 三 | 甲申 6 四 | 乙酉 7 五 | 丙戌 8 六 | 丁亥 9 日 | 戊子 10 一 | 己丑 11 二 | 甲戌夏至<br>己丑小暑 |
| 六月大 | 丁未 | 天干<br>地支<br>西曆<br>星期 | 庚寅 12 三 | 辛卯 13 四 | 壬辰 14 五 | 癸巳 15 六 | 甲午 16 日 | 乙未 17 一 | 丙申 18 二 | 丁酉 19 三 | 戊戌 20 四 | 己亥 21 五 | 庚子 22 六 | 辛丑 23 日 | 壬寅 24 一 | 癸卯 25 二 | 甲辰 26 三 | 乙巳 27 四 | 丙午 28 五 | 丁未 29 六 | 戊申 30 日 | 己酉 31 一 | 庚戌 (8) 二 | 辛亥 2 三 | 壬子 3 四 | 癸丑 4 五 | 甲寅 5 六 | 乙卯 6 日 | 丙辰 7 一 | 丁巳 8 二 | 戊午 9 三 | 己未 10 四 | 甲辰大暑<br>己未立秋 |
| 七月小 | 戊申 | 天干<br>地支<br>西曆<br>星期 | 庚申 11 五 | 辛酉 12 六 | 壬戌 13 日 | 癸亥 14 一 | 甲子 15 二 | 乙丑 16 三 | 丙寅 17 四 | 丁卯 18 五 | 戊辰 19 六 | 己巳 20 日 | 庚午 21 一 | 辛未 22 二 | 壬申 23 三 | 癸酉 24 四 | 甲戌 25 五 | 乙亥 26 六 | 丙子 27 日 | 丁丑 28 一 | 戊寅 29 二 | 己卯 30 三 | 庚辰 31 四 | 辛巳 (9) 五 | 壬午 2 六 | 癸未 3 日 | 甲申 4 一 | 乙酉 5 二 | 丙戌 6 三 | 丁亥 7 四 | 戊子 8 五 | | 乙亥處暑 |
| 八月大 | 己酉 | 天干<br>地支<br>西曆<br>星期 | 己丑 9 六 | 庚寅 10 日 | 辛卯 11 一 | 壬辰 12 二 | 癸巳 13 三 | 甲午 14 四 | 乙未 15 五 | 丙申 16 六 | 丁酉 17 日 | 戊戌 18 一 | 己亥 19 二 | 庚子 20 三 | 辛丑 21 四 | 壬寅 22 五 | 癸卯 23 六 | 甲辰 24 日 | 乙巳 25 一 | 丙午 26 二 | 丁未 27 三 | 戊申 28 四 | 己酉 29 五 | 庚戌 30 六 | 辛亥 (10) 日 | 壬子 2 一 | 癸丑 3 二 | 甲寅 4 三 | 乙卯 5 四 | 丙辰 6 五 | 丁巳 7 六 | 戊午 8 日 | 庚寅白露<br>乙巳秋分 |
| 九月小 | 庚戌 | 天干<br>地支<br>西曆<br>星期 | 己未 9 一 | 庚申 10 二 | 辛酉 11 三 | 壬戌 12 四 | 癸亥 13 五 | 甲子 14 六 | 乙丑 15 日 | 丙寅 16 一 | 丁卯 17 二 | 戊辰 18 三 | 己巳 19 四 | 庚午 20 五 | 辛未 21 六 | 壬申 22 日 | 癸酉 23 一 | 甲戌 24 二 | 乙亥 25 三 | 丙子 26 四 | 丁丑 27 五 | 戊寅 28 六 | 己卯 29 日 | 庚辰 30 一 | 辛巳 31 二 | 壬午 (11) 三 | 癸未 2 四 | 甲申 3 五 | 乙酉 4 六 | 丙戌 5 日 | 丁亥 6 一 | | 庚申寒露<br>乙亥霜降 |
| 十月大 | 辛亥 | 天干<br>地支<br>西曆<br>星期 | 戊子 7 二 | 己丑 8 三 | 庚寅 9 四 | 辛卯 10 五 | 壬辰 11 六 | 癸巳 12 日 | 甲午 13 一 | 乙未 14 二 | 丙申 15 三 | 丁酉 16 四 | 戊戌 17 五 | 己亥 18 六 | 庚子 19 日 | 辛丑 20 一 | 壬寅 21 二 | 癸卯 22 三 | 甲辰 23 四 | 乙巳 24 五 | 丙午 25 六 | 丁未 26 日 | 戊申 27 一 | 己酉 28 二 | 庚戌 29 三 | 辛亥 30 四 | 壬子 (12) 五 | 癸丑 2 六 | 甲寅 3 日 | 乙卯 4 一 | 丙辰 5 二 | 丁巳 6 三 | 辛卯立冬<br>丙午小雪 |
| 十一月小 | 壬子 | 天干<br>地支<br>西曆<br>星期 | 戊午 7 四 | 己未 8 五 | 庚申 9 六 | 辛酉 10 日 | 壬戌 11 一 | 癸亥 12 二 | 甲子 13 三 | 乙丑 14 四 | 丙寅 15 五 | 丁卯 16 六 | 戊辰 17 日 | 己巳 18 一 | 庚午 19 二 | 辛未 20 三 | 壬申 21 四 | 癸酉 22 五 | 甲戌 23 六 | 乙亥 24 日 | 丙子 25 一 | 丁丑 26 二 | 戊寅 27 三 | 己卯 28 四 | 庚辰 29 五 | 辛巳 30 六 | 壬午 31 日 | 癸未 (1) 一 | 甲申 2 二 | 乙酉 3 三 | 丙戌 4 四 | | 辛酉大雪<br>丙子冬至 |
| 十二月大 | 癸丑 | 天干<br>地支<br>西曆<br>星期 | 丁亥 5 五 | 戊子 6 六 | 己丑 7 日 | 庚寅 8 一 | 辛卯 9 二 | 壬辰 10 三 | 癸巳 11 四 | 甲午 12 五 | 乙未 13 六 | 丙申 14 日 | 丁酉 15 一 | 戊戌 16 二 | 己亥 17 三 | 庚子 18 四 | 辛丑 19 五 | 壬寅 20 六 | 癸卯 21 日 | 甲辰 22 一 | 乙巳 23 二 | 丙午 24 三 | 丁未 25 四 | 戊申 26 五 | 己酉 27 六 | 庚戌 28 日 | 辛亥 29 一 | 壬子 30 二 | 癸丑 31 三 | 甲寅 (2) 四 | 乙卯 2 五 | 丙辰 3 六 | 辛卯小寒<br>丁未小寒 |

# 漢光武帝建武二十四年（戊申 猴年）公元 48 ~ 49 年

| 夏曆月序 | | 中西曆日對照 | 初一 | 初二 | 初三 | 初四 | 初五 | 初六 | 初七 | 初八 | 初九 | 初十 | 十一 | 十二 | 十三 | 十四 | 十五 | 十六 | 十七 | 十八 | 十九 | 二十 | 二一 | 二二 | 二三 | 二四 | 二五 | 二六 | 二七 | 二八 | 二九 | 三十 | 節氣與天象 |
|---|---|---|---|---|---|---|---|---|---|---|---|---|---|---|---|---|---|---|---|---|---|---|---|---|---|---|---|---|---|---|---|---|---|
| 正月小 | 甲寅 | 天干地支西曆星期 | 丁巳4日 | 戊午5一 | 己未6二 | 庚申7三 | 辛酉8四 | 壬戌9五 | 癸亥10六 | 甲子11日 | 乙丑12一 | 丙寅13二 | 丁卯14三 | 戊辰15四 | 己巳16五 | 庚午17六 | 辛未18日 | 壬申19一 | 癸酉20二 | 甲戌21三 | 乙亥22四 | 丙子23五 | 丁丑24六 | 戊寅25日 | 己卯26一 | 庚辰27二 | 辛巳28三 | 壬午29四 | 癸未(3)五 | 甲申2六 | 乙酉3日 | | 壬戌立春 丁丑驚蟄 |
| 二月大 | 乙卯 | 天干地支西曆星期 | 丙戌4一 | 丁亥5二 | 戊子6三 | 己丑7四 | 庚寅8五 | 辛卯9六 | 壬辰10日 | 癸巳11一 | 甲午12二 | 乙未13三 | 丙申14四 | 丁酉15五 | 戊戌16六 | 己亥17日 | 庚子18一 | 辛丑19二 | 壬寅20三 | 癸卯21四 | 甲辰22五 | 乙巳23六 | 丙午24日 | 丁未25一 | 戊申26二 | 己酉27三 | 庚戌28四 | 辛亥29五 | 壬子30六 | 癸丑31日 | 甲寅(4)一 | 乙卯2二 | 壬辰雨水 戊申春分 |
| 三月小 | 丙辰 | 天干地支西曆星期 | 丙辰3三 | 丁巳4四 | 戊午5五 | 己未6六 | 庚申7日 | 辛酉8一 | 壬戌9二 | 癸亥10三 | 甲子11四 | 乙丑12五 | 丙寅13六 | 丁卯14日 | 戊辰15一 | 己巳16二 | 庚午17三 | 辛未18四 | 壬申19五 | 癸酉20六 | 甲戌21日 | 乙亥22一 | 丙子23二 | 丁丑24三 | 戊寅25四 | 己卯26五 | 庚辰27六 | 辛巳28日 | 壬午29一 | 癸未30二 | 甲申(5)三 | | 癸亥穀雨 戊寅清明 |
| 四月大 | 丁巳 | 天干地支西曆星期 | 乙酉2四 | 丙戌3五 | 丁亥4六 | 戊子5日 | 己丑6一 | 庚寅7二 | 辛卯8三 | 壬辰9四 | 癸巳10五 | 甲午11六 | 乙未12日 | 丙申13一 | 丁酉14二 | 戊戌15三 | 己亥16四 | 庚子17五 | 辛丑18六 | 壬寅19日 | 癸卯20一 | 甲辰21二 | 乙巳22三 | 丙午23四 | 丁未24五 | 戊申25六 | 己酉26日 | 庚戌27一 | 辛亥28二 | 壬子29三 | 癸丑30四 | 甲寅31五 | 癸巳立夏 戊申小滿 |
| 五月小 | 戊午 | 天干地支西曆星期 | 乙卯(6)六 | 丙辰2日 | 丁巳3一 | 戊午4二 | 己未5三 | 庚申6四 | 辛酉7五 | 壬戌8六 | 癸亥9日 | 甲子10一 | 乙丑11二 | 丙寅12三 | 丁卯13四 | 戊辰14五 | 己巳15六 | 庚午16日 | 辛未17一 | 壬申18二 | 癸酉19三 | 甲戌20四 | 乙亥21五 | 丙子22六 | 丁丑23日 | 戊寅24一 | 己卯25二 | 庚辰26三 | 辛巳27四 | 壬午28五 | 癸未29六 | | 甲子芒種 己卯夏至 |
| 六月大 | 己未 | 天干地支西曆星期 | 甲申30日 | 乙酉(7)一 | 丙戌2二 | 丁亥3三 | 戊子4四 | 己丑5五 | 庚寅6六 | 辛卯7日 | 壬辰8一 | 癸巳9二 | 甲午10三 | 乙未11四 | 丙申12五 | 丁酉13六 | 戊戌14日 | 己亥15一 | 庚子16二 | 辛丑17三 | 壬寅18四 | 癸卯19五 | 甲辰20六 | 乙巳21日 | 丙午22一 | 丁未23二 | 戊申24三 | 己酉25四 | 庚戌26五 | 辛亥27六 | 壬子28日 | 癸丑29一 | 甲午小暑 己酉大暑 |
| 七月小 | 庚申 | 天干地支西曆星期 | 甲寅30二 | 乙卯31三 | 丙辰(8)四 | 丁巳2五 | 戊午3六 | 己未4日 | 庚申5一 | 辛酉6二 | 壬戌7三 | 癸亥8四 | 甲子9五 | 乙丑10六 | 丙寅11日 | 丁卯12一 | 戊辰13二 | 己巳14三 | 庚午15四 | 辛未16五 | 壬申17六 | 癸酉18日 | 甲戌19一 | 乙亥20二 | 丙子21三 | 丁丑22四 | 戊寅23五 | 己卯24六 | 庚辰25日 | 辛巳26一 | 壬午27二 | | 乙丑立秋 庚辰處暑 |
| 八月大 | 辛酉 | 天干地支西曆星期 | 癸未28三 | 甲申29四 | 乙酉30五 | 丙戌31六 | 丁亥(9)日 | 戊子2一 | 己丑3二 | 庚寅4三 | 辛卯5四 | 壬辰6五 | 癸巳7六 | 甲午8日 | 乙未9一 | 丙申10二 | 丁酉11三 | 戊戌12四 | 己亥13五 | 庚子14六 | 辛丑15日 | 壬寅16一 | 癸卯17二 | 甲辰18三 | 乙巳19四 | 丙午20五 | 丁未21六 | 戊申22日 | 己酉23一 | 庚戌24二 | 辛亥25三 | 壬子26四 | 乙未白露 庚戌秋分 |
| 九月小 | 壬戌 | 天干地支西曆星期 | 癸丑27五 | 甲寅28六 | 乙卯29日 | 丙辰30一 | 丁巳(10)二 | 戊午2三 | 己未3四 | 庚申4五 | 辛酉5六 | 壬戌6日 | 癸亥7一 | 甲子8二 | 乙丑9三 | 丙寅10四 | 丁卯11五 | 戊辰12六 | 己巳13日 | 庚午14一 | 辛未15二 | 壬申16三 | 癸酉17四 | 甲戌18五 | 乙亥19六 | 丙子20日 | 丁丑21一 | 戊寅22二 | 己卯23三 | 庚辰24四 | 辛巳25五 | | 乙丑寒露 辛巳霜降 |
| 十月大 | 癸亥 | 天干地支西曆星期 | 壬午26六 | 癸未27日 | 甲申28一 | 乙酉29二 | 丙戌30三 | 丁亥31四 | 戊子(11)五 | 己丑2六 | 庚寅3日 | 辛卯4一 | 壬辰5二 | 癸巳6三 | 甲午7四 | 乙未8五 | 丙申9六 | 丁酉10日 | 戊戌11一 | 己亥12二 | 庚子13三 | 辛丑14四 | 壬寅15五 | 癸卯16六 | 甲辰17日 | 乙巳18一 | 丙午19二 | 丁未20三 | 戊申21四 | 己酉22五 | 庚戌23六 | 辛亥24日 | 丙申立冬 辛亥小雪 |
| 閏十月大 | 癸亥 | 天干地支西曆星期 | 壬子25一 | 癸丑26二 | 甲寅27三 | 乙卯28四 | 丙辰29五 | 丁巳30六 | 戊午(12)日 | 己未2一 | 庚申3二 | 辛酉4三 | 壬戌5四 | 癸亥6五 | 甲子7六 | 乙丑8日 | 丙寅9一 | 丁卯10二 | 戊辰11三 | 己巳12四 | 庚午13五 | 辛未14六 | 壬申15日 | 癸酉16一 | 甲戌17二 | 乙亥18三 | 丙子19四 | 丁丑20五 | 戊寅21六 | 己卯22日 | 庚辰23一 | 辛巳24二 | 丙寅大雪 |
| 十一月小 | 甲子 | 天干地支西曆星期 | 壬午25三 | 癸未26四 | 甲申27五 | 乙酉28六 | 丙戌29日 | 丁亥30一 | 戊子31二 | 己丑(1)三 | 庚寅2四 | 辛卯3五 | 壬辰4六 | 癸巳5日 | 甲午6一 | 乙未7二 | 丙申8三 | 丁酉9四 | 戊戌10五 | 己亥11六 | 庚子12日 | 辛丑13一 | 壬寅14二 | 癸卯15三 | 甲辰16四 | 乙巳17五 | 丙午18六 | 丁未19日 | 戊申20一 | 己酉21二 | 庚戌22三 | | 壬午冬至 丁酉小寒 |
| 十二月大 | 乙丑 | 天干地支西曆星期 | 辛亥23四 | 壬子24五 | 癸丑25六 | 甲寅26日 | 乙卯27一 | 丙辰28二 | 丁巳29三 | 戊午30四 | 己未31五 | 庚申(2)六 | 辛酉2日 | 壬戌3一 | 癸亥4二 | 甲子5三 | 乙丑6四 | 丙寅7五 | 丁卯8六 | 戊辰9日 | 己巳10一 | 庚午11二 | 辛未12三 | 壬申13四 | 癸酉14五 | 甲戌15六 | 乙亥16日 | 丙子17一 | 丁丑18二 | 戊寅19三 | 己卯20四 | 庚辰21五 | 壬子大寒 丁卯立春 |

# 漢光武帝建武二十五年（己酉 鷄年）公元 49 ~ 50 年

| 夏曆月序 | | 中西曆日對照 | 初一 | 初二 | 初三 | 初四 | 初五 | 初六 | 初七 | 初八 | 初九 | 初十 | 十一 | 十二 | 十三 | 十四 | 十五 | 十六 | 十七 | 十八 | 十九 | 二十 | 二一 | 二二 | 二三 | 二四 | 二五 | 二六 | 二七 | 二八 | 二九 | 三十 | 節氣與天象 |
|---|---|---|---|---|---|---|---|---|---|---|---|---|---|---|---|---|---|---|---|---|---|---|---|---|---|---|---|---|---|---|---|---|---|
| 正月小 | 丙寅 | 天干地支<br>西曆星期 | 辛巳 22 六 | 壬午 23 日 | 癸未 24 一 | 甲申 25 二 | 乙酉 26 三 | 丙戌 27 四 | 丁亥 28 五 | 戊子 (3) 六 | 己丑 2 日 | 庚寅 3 一 | 辛卯 4 二 | 壬辰 5 三 | 癸巳 6 四 | 甲午 7 五 | 乙未 8 六 | 丙申 9 日 | 丁酉 10 一 | 戊戌 11 二 | 己亥 12 三 | 庚子 13 四 | 辛丑 14 五 | 壬寅 15 六 | 癸卯 16 日 | 甲辰 17 一 | 乙巳 18 二 | 丙午 19 三 | 丁未 20 四 | 戊申 21 五 | 己酉 22 六 | | 壬午驚蟄<br>戊戌雨水 |
| 二月大 | 丁卯 | 天干地支<br>西曆星期 | 庚戌 23 日 | 辛亥 24 一 | 壬子 25 二 | 癸丑 26 三 | 甲寅 27 四 | 乙卯 28 五 | 丙辰 29 六 | 丁巳 30 日 | 戊午 31 一 | 己未 (4) 二 | 庚申 2 三 | 辛酉 3 四 | 壬戌 4 五 | 癸亥 5 六 | 甲子 6 日 | 乙丑 7 一 | 丙寅 8 二 | 丁卯 9 三 | 戊辰 10 四 | 己巳 11 五 | 庚午 12 六 | 辛未 13 日 | 壬申 14 一 | 癸酉 15 二 | 甲戌 16 三 | 乙亥 17 四 | 丙子 18 五 | 丁丑 19 六 | 戊寅 20 日 | 己卯 21 一 | 癸丑春分<br>戊辰穀雨 |
| 三月小 | 戊辰 | 天干地支<br>西曆星期 | 庚辰 22 二 | 辛巳 23 三 | 壬午 24 四 | 癸未 25 五 | 甲申 26 六 | 乙酉 27 日 | 丙戌 28 一 | 丁亥 29 二 | 戊子 30 三 | 己丑 (5) 四 | 庚寅 2 五 | 辛卯 3 六 | 壬辰 4 日 | 癸巳 5 一 | 甲午 6 二 | 乙未 7 三 | 丙申 8 四 | 丁酉 9 五 | 戊戌 10 六 | 己亥 11 日 | 庚子 12 一 | 辛丑 13 二 | 壬寅 14 三 | 癸卯 15 四 | 甲辰 16 五 | 乙巳 17 六 | 丙午 18 日 | 丁未 19 一 | 戊申 20 二 | | 癸未清明<br>戊戌立夏<br>戊申日食 |
| 四月大 | 己巳 | 天干地支<br>西曆星期 | 己酉 21 三 | 庚戌 22 四 | 辛亥 23 五 | 壬子 24 六 | 癸丑 25 日 | 甲寅 26 一 | 乙卯 27 二 | 丙辰 28 三 | 丁巳 29 四 | 戊午 30 五 | 己未 31 六 | 庚申 (6) 日 | 辛酉 2 一 | 壬戌 3 二 | 癸亥 4 三 | 甲子 5 四 | 乙丑 6 五 | 丙寅 7 六 | 丁卯 8 日 | 戊辰 9 一 | 己巳 10 二 | 庚午 11 三 | 辛未 12 四 | 壬申 13 五 | 癸酉 14 六 | 甲戌 15 日 | 乙亥 16 一 | 丙子 17 二 | 丁丑 18 三 | 戊寅 19 四 | 甲寅小滿<br>己巳芒種 |
| 五月小 | 庚午 | 天干地支<br>西曆星期 | 己卯 20 五 | 庚辰 21 六 | 辛巳 22 日 | 壬午 23 一 | 癸未 24 二 | 甲申 25 三 | 乙酉 26 四 | 丙戌 27 五 | 丁亥 28 六 | 戊子 29 日 | 己丑 30 一 | 庚寅 (7) 二 | 辛卯 2 三 | 壬辰 3 四 | 癸巳 4 五 | 甲午 5 六 | 乙未 6 日 | 丙申 7 一 | 丁酉 8 二 | 戊戌 9 三 | 己亥 10 四 | 庚子 11 五 | 辛丑 12 六 | 壬寅 13 日 | 癸卯 14 一 | 甲辰 15 二 | 乙巳 16 三 | 丙午 17 四 | 丁未 18 五 | | 甲申夏至<br>己亥小暑 |
| 六月大 | 辛未 | 天干地支<br>西曆星期 | 戊申 19 六 | 己酉 20 日 | 庚戌 21 一 | 辛亥 22 二 | 壬子 23 三 | 癸丑 24 四 | 甲寅 25 五 | 乙卯 26 六 | 丙辰 27 日 | 丁巳 28 一 | 戊午 29 二 | 己未 30 三 | 庚申 31 四 | 辛酉 (8) 五 | 壬戌 2 六 | 癸亥 3 日 | 甲子 4 一 | 乙丑 5 二 | 丙寅 6 三 | 丁卯 7 四 | 戊辰 8 五 | 己巳 9 六 | 庚午 10 日 | 辛未 11 一 | 壬申 12 二 | 癸酉 13 三 | 甲戌 14 四 | 乙亥 15 五 | 丙子 16 六 | 丁丑 17 日 | 乙卯大暑<br>庚午立秋 |
| 七月小 | 壬申 | 天干地支<br>西曆星期 | 戊寅 18 一 | 己卯 19 二 | 庚辰 20 三 | 辛巳 21 四 | 壬午 22 五 | 癸未 23 六 | 甲申 24 日 | 乙酉 25 一 | 丙戌 26 二 | 丁亥 27 三 | 戊子 28 四 | 己丑 29 五 | 庚寅 30 六 | 辛卯 31 日 | 壬辰 (9) 一 | 癸巳 2 二 | 甲午 3 三 | 乙未 4 四 | 丙申 5 五 | 丁酉 6 六 | 戊戌 7 日 | 己亥 8 一 | 庚子 9 二 | 辛丑 10 三 | 壬寅 11 四 | 癸卯 12 五 | 甲辰 13 六 | 乙巳 14 日 | 丙午 15 一 | | 乙酉處暑<br>庚子白露 |
| 八月大 | 癸酉 | 天干地支<br>西曆星期 | 丁未 16 二 | 戊申 17 三 | 己酉 18 四 | 庚戌 19 五 | 辛亥 20 六 | 壬子 21 日 | 癸丑 22 一 | 甲寅 23 二 | 乙卯 24 三 | 丙辰 25 四 | 丁巳 26 五 | 戊午 27 六 | 己未 28 日 | 庚申 29 一 | 辛酉 30 二 | 壬戌 (10) 三 | 癸亥 2 四 | 甲子 3 五 | 乙丑 4 六 | 丙寅 5 日 | 丁卯 6 一 | 戊辰 7 二 | 己巳 8 三 | 庚午 9 四 | 辛未 10 五 | 壬申 11 六 | 癸酉 12 日 | 甲戌 13 一 | 乙亥 14 二 | 丙子 15 三 | 乙卯秋分<br>辛未寒露 |
| 九月小 | 甲戌 | 天干地支<br>西曆星期 | 丁丑 16 四 | 戊寅 17 五 | 己卯 18 六 | 庚辰 19 日 | 辛巳 20 一 | 壬午 21 二 | 癸未 22 三 | 甲申 23 四 | 乙酉 24 五 | 丙戌 25 六 | 丁亥 26 日 | 戊子 27 一 | 己丑 28 二 | 庚寅 29 三 | 辛卯 30 四 | 壬辰 31 五 | 癸巳 (11) 六 | 甲午 2 日 | 乙未 3 一 | 丙申 4 二 | 丁酉 5 三 | 戊戌 6 四 | 己亥 7 五 | 庚子 8 六 | 辛丑 9 日 | 壬寅 10 一 | 癸卯 11 二 | 甲辰 12 三 | 乙巳 13 四 | | 丙戌霜降<br>辛丑立冬 |
| 十月大 | 乙亥 | 天干地支<br>西曆星期 | 丙午 14 五 | 丁未 15 六 | 戊申 16 日 | 己酉 17 一 | 庚戌 18 二 | 辛亥 19 三 | 壬子 20 四 | 癸丑 21 五 | 甲寅 22 六 | 乙卯 23 日 | 丙辰 24 一 | 丁巳 25 二 | 戊午 26 三 | 己未 27 四 | 庚申 28 五 | 辛酉 29 六 | 壬戌 30 日 | 癸亥 (12) 一 | 甲子 2 二 | 乙丑 3 三 | 丙寅 4 四 | 丁卯 5 五 | 戊辰 6 六 | 己巳 7 日 | 庚午 8 一 | 辛未 9 二 | 壬申 10 三 | 癸酉 11 四 | 甲戌 12 五 | 乙亥 13 六 | 丙辰小雪<br>壬申大雪 |
| 十一月小 | 丙子 | 天干地支<br>西曆星期 | 丙子 14 日 | 丁丑 15 一 | 戊寅 16 二 | 己卯 17 三 | 庚辰 18 四 | 辛巳 19 五 | 壬午 20 六 | 癸未 21 日 | 甲申 22 一 | 乙酉 23 二 | 丙戌 24 三 | 丁亥 25 四 | 戊子 26 五 | 己丑 27 六 | 庚寅 28 日 | 辛卯 29 一 | 壬辰 30 二 | 癸巳 31 三 | 甲午 (1) 四 | 乙未 2 五 | 丙申 3 六 | 丁酉 4 日 | 戊戌 5 一 | 己亥 6 二 | 庚子 7 三 | 辛丑 8 四 | 壬寅 9 五 | 癸卯 10 六 | 甲辰 11 日 | | 丁亥冬至<br>壬寅小寒 |
| 十二月大 | 丁丑 | 天干地支<br>西曆星期 | 乙巳 12 一 | 丙午 13 二 | 丁未 14 三 | 戊申 15 四 | 己酉 16 五 | 庚戌 17 六 | 辛亥 18 日 | 壬子 19 一 | 癸丑 20 二 | 甲寅 21 三 | 乙卯 22 四 | 丙辰 23 五 | 丁巳 24 六 | 戊午 25 日 | 己未 26 一 | 庚申 27 二 | 辛酉 28 三 | 壬戌 29 四 | 癸亥 30 五 | 甲子 31 六 | 乙丑 (2) 日 | 丙寅 2 一 | 丁卯 3 二 | 戊辰 4 三 | 己巳 5 四 | 庚午 6 五 | 辛未 7 六 | 壬申 8 日 | 癸酉 9 一 | 甲戌 10 二 | 丁巳大寒<br>壬申立春 |

# 漢光武帝建武二十六年（庚戌 狗年）公元 50 ~ 51 年

| 夏曆月序 | 中西曆對照 | 初一 | 初二 | 初三 | 初四 | 初五 | 初六 | 初七 | 初八 | 初九 | 初十 | 十一 | 十二 | 十三 | 十四 | 十五 | 十六 | 十七 | 十八 | 十九 | 二十 | 二一 | 二二 | 二三 | 二四 | 二五 | 二六 | 二七 | 二八 | 二九 | 三十 | 節氣與天象 |
|---|---|---|---|---|---|---|---|---|---|---|---|---|---|---|---|---|---|---|---|---|---|---|---|---|---|---|---|---|---|---|---|---|
| 正月小 戊寅 | 天干地支 西曆 星期 | 乙亥 11 三 | 丙子 12 四 | 丁丑 13 五 | 戊寅 14 六 | 己卯 15 日 | 庚辰 16 一 | 辛巳 17 二 | 壬午 18 三 | 癸未 19 四 | 甲申 20 五 | 乙酉 21 六 | 丙戌 22 日 | 丁亥 23 一 | 戊子 24 二 | 己丑 25 三 | 庚寅 26 四 | 辛卯 27 五 | 壬辰 28 六 | 癸巳 (3) 日 | 甲午 2 一 | 乙未 3 二 | 丙申 4 三 | 丁酉 5 四 | 戊戌 6 五 | 己亥 7 六 | 庚子 8 日 | 辛丑 9 一 | 壬寅 10 二 | 癸卯 11 三 | | 戊子驚蟄 癸卯雨水 |
| 二月大 己卯 | 天干地支 西曆 星期 | 甲辰 12 四 | 乙巳 13 五 | 丙午 14 六 | 丁未 15 日 | 戊申 16 一 | 己酉 17 二 | 庚戌 18 三 | 辛亥 19 四 | 壬子 20 五 | 癸丑 21 六 | 甲寅 22 日 | 乙卯 23 一 | 丙辰 24 二 | 丁巳 25 三 | 戊午 26 四 | 己未 27 五 | 庚申 28 六 | 辛酉 29 日 | 壬戌 30 一 | 癸亥 31 二 | 甲子 (4) 三 | 乙丑 2 四 | 丙寅 3 五 | 丁卯 4 六 | 戊辰 5 日 | 己巳 6 一 | 庚午 7 二 | 辛未 8 三 | 壬申 9 四 | 癸酉 10 五 | 戊午春分 癸酉穀雨 |
| 三月大 庚辰 | 天干地支 西曆 星期 | 甲戌 11 六 | 乙亥 12 日 | 丙子 13 一 | 丁丑 14 二 | 戊寅 15 三 | 己卯 16 四 | 庚辰 17 五 | 辛巳 18 六 | 壬午 19 日 | 癸未 20 一 | 甲申 21 二 | 乙酉 22 三 | 丙戌 23 四 | 丁亥 24 五 | 戊子 25 六 | 己丑 26 日 | 庚寅 27 一 | 辛卯 28 二 | 壬辰 29 三 | 癸巳 30 四 | 甲午 (5) 五 | 乙未 2 六 | 丙申 3 日 | 丁酉 4 一 | 戊戌 5 二 | 己亥 6 三 | 庚子 7 四 | 辛丑 8 五 | 壬寅 9 六 | 癸卯 10 日 | 己丑清明 |
| 四月小 辛巳 | 天干地支 西曆 星期 | 甲辰 11 一 | 乙巳 12 二 | 丙午 13 三 | 丁未 14 四 | 戊申 15 五 | 己酉 16 六 | 庚戌 17 日 | 辛亥 18 一 | 壬子 19 二 | 癸丑 20 三 | 甲寅 21 四 | 乙卯 22 五 | 丙辰 23 六 | 丁巳 24 日 | 戊午 25 一 | 己未 26 二 | 庚申 27 三 | 辛酉 28 四 | 壬戌 29 五 | 癸亥 30 六 | 甲子 31 日 | 乙丑 (6) 一 | 丙寅 2 二 | 丁卯 3 三 | 戊辰 4 四 | 己巳 5 五 | 庚午 6 六 | 辛未 7 日 | 壬申 8 一 | | 甲辰立夏 己未小滿 |
| 五月大 壬午 | 天干地支 西曆 星期 | 癸酉 9 二 | 甲戌 10 三 | 乙亥 11 四 | 丙子 12 五 | 丁丑 13 六 | 戊寅 14 日 | 己卯 15 一 | 庚辰 16 二 | 辛巳 17 三 | 壬午 18 四 | 癸未 19 五 | 甲申 20 六 | 乙酉 21 日 | 丙戌 22 一 | 丁亥 23 二 | 戊子 24 三 | 己丑 25 四 | 庚寅 26 五 | 辛卯 27 六 | 壬辰 28 日 | 癸巳 29 一 | 甲午 30 二 | 乙未 (7) 三 | 丙申 2 四 | 丁酉 3 五 | 戊戌 4 六 | 己亥 5 日 | 庚子 6 一 | 辛丑 7 二 | 壬寅 8 三 | 甲戌芒種 己丑夏至 |
| 六月小 癸未 | 天干地支 西曆 星期 | 癸卯 9 四 | 甲辰 10 五 | 乙巳 11 六 | 丙午 12 日 | 丁未 13 一 | 戊申 14 二 | 己酉 15 三 | 庚戌 16 四 | 辛亥 17 五 | 壬子 18 六 | 癸丑 19 日 | 甲寅 20 一 | 乙卯 21 二 | 丙辰 22 三 | 丁巳 23 四 | 戊午 24 五 | 己未 25 六 | 庚申 26 日 | 辛酉 27 一 | 壬戌 28 二 | 癸亥 29 三 | 甲子 30 四 | 乙丑 31 五 | 丙寅 (8) 六 | 丁卯 2 日 | 戊辰 3 一 | 己巳 4 二 | 庚午 5 三 | 辛未 6 四 | | 乙巳小暑 庚申大暑 |
| 七月大 甲申 | 天干地支 西曆 星期 | 壬申 7 五 | 癸酉 8 六 | 甲戌 9 日 | 乙亥 10 一 | 丙子 11 二 | 丁丑 12 三 | 戊寅 13 四 | 己卯 14 五 | 庚辰 15 六 | 辛巳 16 日 | 壬午 17 一 | 癸未 18 二 | 甲申 19 三 | 乙酉 20 四 | 丙戌 21 五 | 丁亥 22 六 | 戊子 23 日 | 己丑 24 一 | 庚寅 25 二 | 辛卯 26 三 | 壬辰 27 四 | 癸巳 28 五 | 甲午 29 六 | 乙未 30 日 | 丙申 31 一 | 丁酉 (9) 二 | 戊戌 2 三 | 己亥 3 四 | 庚子 4 五 | 辛丑 5 六 | 乙亥立秋 庚寅處暑 |
| 八月小 乙酉 | 天干地支 西曆 星期 | 壬寅 6 日 | 癸卯 7 一 | 甲辰 8 二 | 乙巳 9 三 | 丙午 10 四 | 丁未 11 五 | 戊申 12 六 | 己酉 13 日 | 庚戌 14 一 | 辛亥 15 二 | 壬子 16 三 | 癸丑 17 四 | 甲寅 18 五 | 乙卯 19 六 | 丙辰 20 日 | 丁巳 21 一 | 戊午 22 二 | 己未 23 三 | 庚申 24 四 | 辛酉 25 五 | 壬戌 26 六 | 癸亥 27 日 | 甲子 28 一 | 乙丑 29 二 | 丙寅 30 三 | 丁卯 (10) 四 | 戊辰 2 五 | 己巳 3 六 | 庚午 4 日 | | 乙巳白露 辛酉秋分 |
| 九月大 丙戌 | 天干地支 西曆 星期 | 辛未 5 一 | 壬申 6 二 | 癸酉 7 三 | 甲戌 8 四 | 乙亥 9 五 | 丙子 10 六 | 丁丑 11 日 | 戊寅 12 一 | 己卯 13 二 | 庚辰 14 三 | 辛巳 15 四 | 壬午 16 五 | 癸未 17 六 | 甲申 18 日 | 乙酉 19 一 | 丙戌 20 二 | 丁亥 21 三 | 戊子 22 四 | 己丑 23 五 | 庚寅 24 六 | 辛卯 25 日 | 壬辰 26 一 | 癸巳 27 二 | 甲午 28 三 | 乙未 29 四 | 丙申 30 五 | 丁酉 31 六 | 戊戌 (11) 日 | 己亥 2 一 | 庚子 3 二 | 丙子寒露 辛卯霜降 |
| 十月小 丁亥 | 天干地支 西曆 星期 | 辛丑 4 三 | 壬寅 5 四 | 癸卯 6 五 | 甲辰 7 六 | 乙巳 8 日 | 丙午 9 一 | 丁未 10 二 | 戊申 11 三 | 己酉 12 四 | 庚戌 13 五 | 辛亥 14 六 | 壬子 15 日 | 癸丑 16 一 | 甲寅 17 二 | 乙卯 18 三 | 丙辰 19 四 | 丁巳 20 五 | 戊午 21 六 | 己未 22 日 | 庚申 23 一 | 辛酉 24 二 | 壬戌 25 三 | 癸亥 26 四 | 甲子 27 五 | 乙丑 28 六 | 丙寅 29 日 | 丁卯 30 一 | 戊辰 (12) 二 | 己巳 2 三 | | 丙午立冬 壬戌小雪 |
| 十一月大 戊子 | 天干地支 西曆 星期 | 庚午 3 四 | 辛未 4 五 | 壬申 5 六 | 癸酉 6 日 | 甲戌 7 一 | 乙亥 8 二 | 丙子 9 三 | 丁丑 10 四 | 戊寅 11 五 | 己卯 12 六 | 庚辰 13 日 | 辛巳 14 一 | 壬午 15 二 | 癸未 16 三 | 甲申 17 四 | 乙酉 18 五 | 丙戌 19 六 | 丁亥 20 日 | 戊子 21 一 | 己丑 22 二 | 庚寅 23 三 | 辛卯 24 四 | 壬辰 25 五 | 癸巳 26 六 | 甲午 27 日 | 乙未 28 一 | 丙申 29 二 | 丁酉 30 三 | 戊戌 31 四 | 己亥 (1) 五 | 丁丑大雪 壬辰冬至 |
| 十二月小 己丑 | 天干地支 西曆 星期 | 庚子 2 六 | 辛丑 3 日 | 壬寅 4 一 | 癸卯 5 二 | 甲辰 6 三 | 乙巳 7 四 | 丙午 8 五 | 丁未 9 六 | 戊申 10 日 | 己酉 11 一 | 庚戌 12 二 | 辛亥 13 三 | 壬子 14 四 | 癸丑 15 五 | 甲寅 16 六 | 乙卯 17 日 | 丙辰 18 一 | 丁巳 19 二 | 戊午 20 三 | 己未 21 四 | 庚申 22 五 | 辛酉 23 六 | 壬戌 24 日 | 癸亥 25 一 | 甲子 26 二 | 乙丑 27 三 | 丙寅 28 四 | 丁卯 29 五 | 戊辰 30 六 | | 丁未小寒 壬戌大寒 |

# 漢光武帝建武二十七年（辛亥 猪年）公元 51 ~ 52 年

| 夏曆月序 | | 中西曆對照 | 夏曆日序 | | | | | | | | | | | | | | | | | | | | | | | | | | | | | | 節氣與天象 |
|---|---|---|---|---|---|---|---|---|---|---|---|---|---|---|---|---|---|---|---|---|---|---|---|---|---|---|---|---|---|---|---|---|---|
| | | | 初一 | 初二 | 初三 | 初四 | 初五 | 初六 | 初七 | 初八 | 初九 | 初十 | 十一 | 十二 | 十三 | 十四 | 十五 | 十六 | 十七 | 十八 | 十九 | 二十 | 二一 | 二二 | 二三 | 二四 | 二五 | 二六 | 二七 | 二八 | 二九 | 三十 | |
| 正月大 | 庚寅 | 干支<br>天地<br>西曆<br>星期 | 己巳<br>31<br>日 | 庚午<br>(1)<br>一 | 辛未<br>2<br>二 | 壬申<br>3<br>三 | 癸酉<br>4<br>四 | 甲戌<br>5<br>五 | 乙亥<br>6<br>六 | 丙子<br>7<br>日 | 丁丑<br>8<br>一 | 戊寅<br>9<br>二 | 己卯<br>10<br>三 | 庚辰<br>11<br>四 | 辛巳<br>12<br>五 | 壬午<br>13<br>六 | 癸未<br>14<br>日 | 甲申<br>15<br>一 | 乙酉<br>16<br>二 | 丙戌<br>17<br>三 | 丁亥<br>18<br>四 | 戊子<br>19<br>五 | 己丑<br>20<br>六 | 庚寅<br>21<br>日 | 辛卯<br>22<br>一 | 壬辰<br>23<br>二 | 癸巳<br>24<br>三 | 甲午<br>25<br>四 | 乙未<br>26<br>五 | 丙申<br>27<br>六 | 丁酉<br>28<br>日 | 戊戌<br>(3)<br>一 | 戊寅立春<br>癸巳驚蟄 |
| 二月小 | 辛卯 | 干支<br>天地<br>西曆<br>星期 | 己亥<br>2<br>二 | 庚子<br>3<br>三 | 辛丑<br>4<br>四 | 壬寅<br>5<br>五 | 癸卯<br>6<br>六 | 甲辰<br>7<br>日 | 乙巳<br>8<br>一 | 丙午<br>9<br>二 | 丁未<br>10<br>三 | 戊申<br>11<br>四 | 己酉<br>12<br>五 | 庚戌<br>13<br>六 | 辛亥<br>14<br>日 | 壬子<br>15<br>一 | 癸丑<br>16<br>二 | 甲寅<br>17<br>三 | 乙卯<br>18<br>四 | 丙辰<br>19<br>五 | 丁巳<br>20<br>六 | 戊午<br>21<br>日 | 己未<br>22<br>一 | 庚申<br>23<br>二 | 辛酉<br>24<br>三 | 壬戌<br>25<br>四 | 癸亥<br>26<br>五 | 甲子<br>27<br>六 | 乙丑<br>28<br>日 | 丙寅<br>29<br>一 | 丁卯<br>30<br>二 | | 戊申雨水<br>癸亥春分 |
| 三月大 | 壬辰 | 干支<br>天地<br>西曆<br>星期 | 戊辰<br>31<br>三 | 己巳<br>(4)<br>四 | 庚午<br>2<br>五 | 辛未<br>3<br>六 | 壬申<br>4<br>日 | 癸酉<br>5<br>一 | 甲戌<br>6<br>二 | 乙亥<br>7<br>三 | 丙子<br>8<br>四 | 丁丑<br>9<br>五 | 戊寅<br>10<br>六 | 己卯<br>11<br>日 | 庚辰<br>12<br>一 | 辛巳<br>13<br>二 | 壬午<br>14<br>三 | 癸未<br>15<br>四 | 甲申<br>16<br>五 | 乙酉<br>17<br>六 | 丙戌<br>18<br>日 | 丁亥<br>19<br>一 | 戊子<br>20<br>二 | 己丑<br>21<br>三 | 庚寅<br>22<br>四 | 辛卯<br>23<br>五 | 壬辰<br>24<br>六 | 癸巳<br>25<br>日 | 甲午<br>26<br>一 | 乙未<br>27<br>二 | 丙申<br>28<br>三 | 丁酉<br>29<br>四 | 己卯穀雨<br>甲午清明 |
| 四月小 | 癸巳 | 干支<br>天地<br>西曆<br>星期 | 戊戌<br>30<br>五 | 己亥<br>(5)<br>六 | 庚子<br>2<br>日 | 辛丑<br>3<br>一 | 壬寅<br>4<br>二 | 癸卯<br>5<br>三 | 甲辰<br>6<br>四 | 乙巳<br>7<br>五 | 丙午<br>8<br>六 | 丁未<br>9<br>日 | 戊申<br>10<br>一 | 己酉<br>11<br>二 | 庚戌<br>12<br>三 | 辛亥<br>13<br>四 | 壬子<br>14<br>五 | 癸丑<br>15<br>六 | 甲寅<br>16<br>日 | 乙卯<br>17<br>一 | 丙辰<br>18<br>二 | 丁巳<br>19<br>三 | 戊午<br>20<br>四 | 己未<br>21<br>五 | 庚申<br>22<br>六 | 辛酉<br>23<br>日 | 壬戌<br>24<br>一 | 癸亥<br>25<br>二 | 甲子<br>26<br>三 | 乙丑<br>27<br>四 | 丙寅<br>28<br>五 | | 己酉立夏<br>甲子小滿 |
| 五月大 | 甲午 | 干支<br>天地<br>西曆<br>星期 | 丁卯<br>29<br>六 | 戊辰<br>30<br>日 | 己巳<br>31<br>一 | 庚午<br>(6)<br>二 | 辛未<br>2<br>三 | 壬申<br>3<br>四 | 癸酉<br>4<br>五 | 甲戌<br>5<br>六 | 乙亥<br>6<br>日 | 丙子<br>7<br>一 | 丁丑<br>8<br>二 | 戊寅<br>9<br>三 | 己卯<br>10<br>四 | 庚辰<br>11<br>五 | 辛巳<br>12<br>六 | 壬午<br>13<br>日 | 癸未<br>14<br>一 | 甲申<br>15<br>二 | 乙酉<br>16<br>三 | 丙戌<br>17<br>四 | 丁亥<br>18<br>五 | 戊子<br>19<br>六 | 己丑<br>20<br>日 | 庚寅<br>21<br>一 | 辛卯<br>22<br>二 | 壬辰<br>23<br>三 | 癸巳<br>24<br>四 | 甲午<br>25<br>五 | 乙未<br>26<br>六 | 丙申<br>27<br>日 | 己卯芒種<br>乙未夏至 |
| 六月大 | 乙未 | 干支<br>天地<br>西曆<br>星期 | 丁酉<br>28<br>一 | 戊戌<br>29<br>二 | 己亥<br>30<br>三 | 庚子<br>(7)<br>四 | 辛丑<br>2<br>五 | 壬寅<br>3<br>六 | 癸卯<br>4<br>日 | 甲辰<br>5<br>一 | 乙巳<br>6<br>二 | 丙午<br>7<br>三 | 丁未<br>8<br>四 | 戊申<br>9<br>五 | 己酉<br>10<br>六 | 庚戌<br>11<br>日 | 辛亥<br>12<br>一 | 壬子<br>13<br>二 | 癸丑<br>14<br>三 | 甲寅<br>15<br>四 | 乙卯<br>16<br>五 | 丙辰<br>17<br>六 | 丁巳<br>18<br>日 | 戊午<br>19<br>一 | 己未<br>20<br>二 | 庚申<br>21<br>三 | 辛酉<br>22<br>四 | 壬戌<br>23<br>五 | 癸亥<br>24<br>六 | 甲子<br>25<br>日 | 乙丑<br>26<br>一 | 丙寅<br>27<br>二 | 庚戌小暑<br>乙丑大暑 |
| 閏六月小 | 乙未 | 干支<br>天地<br>西曆<br>星期 | 丁卯<br>28<br>三 | 戊辰<br>29<br>四 | 己巳<br>30<br>五 | 庚午<br>31<br>六 | 辛未<br>(8)<br>日 | 壬申<br>2<br>一 | 癸酉<br>3<br>二 | 甲戌<br>4<br>三 | 乙亥<br>5<br>四 | 丙子<br>6<br>五 | 丁丑<br>7<br>六 | 戊寅<br>8<br>日 | 己卯<br>9<br>一 | 庚辰<br>10<br>二 | 辛巳<br>11<br>三 | 壬午<br>12<br>四 | 癸未<br>13<br>五 | 甲申<br>14<br>六 | 乙酉<br>15<br>日 | 丙戌<br>16<br>一 | 丁亥<br>17<br>二 | 戊子<br>18<br>三 | 己丑<br>19<br>四 | 庚寅<br>20<br>五 | 辛卯<br>21<br>六 | 壬辰<br>22<br>日 | 癸巳<br>23<br>一 | 甲午<br>24<br>二 | 乙未<br>25<br>三 | | 庚辰立秋 |
| 七月大 | 丙申 | 干支<br>天地<br>西曆<br>星期 | 丙申<br>26<br>四 | 丁酉<br>27<br>五 | 戊戌<br>28<br>六 | 己亥<br>29<br>日 | 庚子<br>30<br>一 | 辛丑<br>31<br>二 | 壬寅<br>(9)<br>三 | 癸卯<br>2<br>四 | 甲辰<br>3<br>五 | 乙巳<br>4<br>六 | 丙午<br>5<br>日 | 丁未<br>6<br>一 | 戊申<br>7<br>二 | 己酉<br>8<br>三 | 庚戌<br>9<br>四 | 辛亥<br>10<br>五 | 壬子<br>11<br>六 | 癸丑<br>12<br>日 | 甲寅<br>13<br>一 | 乙卯<br>14<br>二 | 丙辰<br>15<br>三 | 丁巳<br>16<br>四 | 戊午<br>17<br>五 | 己未<br>18<br>六 | 庚申<br>19<br>日 | 辛酉<br>20<br>一 | 壬戌<br>21<br>二 | 癸亥<br>22<br>三 | 甲子<br>23<br>四 | 乙丑<br>24<br>五 | 丙申處暑<br>辛亥白露 |
| 八月小 | 丁酉 | 干支<br>天地<br>西曆<br>星期 | 丙寅<br>25<br>六 | 丁卯<br>26<br>日 | 戊辰<br>27<br>一 | 己巳<br>28<br>二 | 庚午<br>29<br>三 | 辛未<br>30<br>四 | 壬申<br>(10)<br>五 | 癸酉<br>2<br>六 | 甲戌<br>3<br>日 | 乙亥<br>4<br>一 | 丙子<br>5<br>二 | 丁丑<br>6<br>三 | 戊寅<br>7<br>四 | 己卯<br>8<br>五 | 庚辰<br>9<br>六 | 辛巳<br>10<br>日 | 壬午<br>11<br>一 | 癸未<br>12<br>二 | 甲申<br>13<br>三 | 乙酉<br>14<br>四 | 丙戌<br>15<br>五 | 丁亥<br>16<br>六 | 戊子<br>17<br>日 | 己丑<br>18<br>一 | 庚寅<br>19<br>二 | 辛卯<br>20<br>三 | 壬辰<br>21<br>四 | 癸巳<br>22<br>五 | 甲午<br>23<br>六 | | 丙寅秋分<br>辛巳寒露 |
| 九月大 | 戊戌 | 干支<br>天地<br>西曆<br>星期 | 乙未<br>24<br>日 | 丙申<br>25<br>一 | 丁酉<br>26<br>二 | 戊戌<br>27<br>三 | 己亥<br>28<br>四 | 庚子<br>29<br>五 | 辛丑<br>30<br>六 | 壬寅<br>31<br>日 | 癸卯<br>(11)<br>一 | 甲辰<br>2<br>二 | 乙巳<br>3<br>三 | 丙午<br>4<br>四 | 丁未<br>5<br>五 | 戊申<br>6<br>六 | 己酉<br>7<br>日 | 庚戌<br>8<br>一 | 辛亥<br>9<br>二 | 壬子<br>10<br>三 | 癸丑<br>11<br>四 | 甲寅<br>12<br>五 | 乙卯<br>13<br>六 | 丙辰<br>14<br>日 | 丁巳<br>15<br>一 | 戊午<br>16<br>二 | 己未<br>17<br>三 | 庚申<br>18<br>四 | 辛酉<br>19<br>五 | 壬戌<br>20<br>六 | 癸亥<br>21<br>日 | 甲子<br>22<br>一 | 丙申霜降<br>壬子立冬 |
| 十月小 | 己亥 | 干支<br>天地<br>西曆<br>星期 | 乙丑<br>23<br>二 | 丙寅<br>24<br>三 | 丁卯<br>25<br>四 | 戊辰<br>26<br>五 | 己巳<br>27<br>六 | 庚午<br>28<br>日 | 辛未<br>29<br>一 | 壬申<br>30<br>二 | 癸酉<br>(12)<br>三 | 甲戌<br>2<br>四 | 乙亥<br>3<br>五 | 丙子<br>4<br>六 | 丁丑<br>5<br>日 | 戊寅<br>6<br>一 | 己卯<br>7<br>二 | 庚辰<br>8<br>三 | 辛巳<br>9<br>四 | 壬午<br>10<br>五 | 癸未<br>11<br>六 | 甲申<br>12<br>日 | 乙酉<br>13<br>一 | 丙戌<br>14<br>二 | 丁亥<br>15<br>三 | 戊子<br>16<br>四 | 己丑<br>17<br>五 | 庚寅<br>18<br>六 | 辛卯<br>19<br>日 | 壬辰<br>20<br>一 | 癸巳<br>21<br>二 | | 丁卯小雪<br>壬午大雪 |
| 十一月大 | 庚子 | 干支<br>天地<br>西曆<br>星期 | 甲午<br>22<br>三 | 乙未<br>23<br>四 | 丙申<br>24<br>五 | 丁酉<br>25<br>六 | 戊戌<br>26<br>日 | 己亥<br>27<br>一 | 庚子<br>28<br>二 | 辛丑<br>29<br>三 | 壬寅<br>30<br>四 | 癸卯<br>31<br>五 | 甲辰<br>(1)<br>六 | 乙巳<br>2<br>日 | 丙午<br>3<br>一 | 丁未<br>4<br>二 | 戊申<br>5<br>三 | 己酉<br>6<br>四 | 庚戌<br>7<br>五 | 辛亥<br>8<br>六 | 壬子<br>9<br>日 | 癸丑<br>10<br>一 | 甲寅<br>11<br>二 | 乙卯<br>12<br>三 | 丙辰<br>13<br>四 | 丁巳<br>14<br>五 | 戊午<br>15<br>六 | 己未<br>16<br>日 | 庚申<br>17<br>一 | 辛酉<br>18<br>二 | 壬戌<br>19<br>三 | 癸亥<br>20<br>四 | 丁酉冬至<br>壬子小寒 |
| 十二月小 | 辛丑 | 干支<br>天地<br>西曆<br>星期 | 甲子<br>21<br>五 | 乙丑<br>22<br>六 | 丙寅<br>23<br>日 | 丁卯<br>24<br>一 | 戊辰<br>25<br>二 | 己巳<br>26<br>三 | 庚午<br>27<br>四 | 辛未<br>28<br>五 | 壬申<br>29<br>六 | 癸酉<br>30<br>日 | 甲戌<br>31<br>一 | 乙亥<br>(2)<br>二 | 丙子<br>2<br>三 | 丁丑<br>3<br>四 | 戊寅<br>4<br>五 | 己卯<br>5<br>六 | 庚辰<br>6<br>日 | 辛巳<br>7<br>一 | 壬午<br>8<br>二 | 癸未<br>9<br>三 | 甲申<br>10<br>四 | 乙酉<br>11<br>五 | 丙戌<br>12<br>六 | 丁亥<br>13<br>日 | 戊子<br>14<br>一 | 己丑<br>15<br>二 | 庚寅<br>16<br>三 | 辛卯<br>17<br>四 | 壬辰<br>18<br>五 | | 戊辰大寒<br>癸未立春 |

# 漢光武帝建武二十八年（壬子 鼠年）公元 52 ~ 53 年

| 夏曆月序 | | 中西曆日對照 | 初一 | 初二 | 初三 | 初四 | 初五 | 初六 | 初七 | 初八 | 初九 | 初十 | 十一 | 十二 | 十三 | 十四 | 十五 | 十六 | 十七 | 十八 | 十九 | 二十 | 二一 | 二二 | 二三 | 二四 | 二五 | 二六 | 二七 | 二八 | 二九 | 三十 | 節氣與天象 |
|---|---|---|---|---|---|---|---|---|---|---|---|---|---|---|---|---|---|---|---|---|---|---|---|---|---|---|---|---|---|---|---|---|---|
| 正月大 | 壬寅 | 天干地支<br>西曆<br>星期 | 癸巳<br>19<br>六 | 甲午<br>20<br>日 | 乙未<br>21<br>一 | 丙申<br>22<br>二 | 丁酉<br>23<br>三 | 戊戌<br>24<br>四 | 己亥<br>25<br>五 | 庚子<br>26<br>六 | 辛丑<br>27<br>日 | 壬寅<br>28<br>一 | 癸卯<br>29<br>二 | 甲辰<br>(3)<br>三 | 乙巳<br>2<br>四 | 丙午<br>3<br>五 | 丁未<br>4<br>六 | 戊申<br>5<br>日 | 己酉<br>6<br>一 | 庚戌<br>7<br>二 | 辛亥<br>8<br>三 | 壬子<br>9<br>四 | 癸丑<br>10<br>五 | 甲寅<br>11<br>六 | 乙卯<br>12<br>日 | 丙辰<br>13<br>一 | 丁巳<br>14<br>二 | 戊午<br>15<br>三 | 己未<br>16<br>四 | 庚申<br>17<br>五 | 辛酉<br>18<br>六 | 壬戌<br>19<br>日 | 戊戌驚蟄<br>癸丑雨水 |
| 二月小 | 癸卯 | 天干地支<br>西曆<br>星期 | 癸亥<br>20<br>一 | 甲子<br>21<br>二 | 乙丑<br>22<br>三 | 丙寅<br>23<br>四 | 丁卯<br>24<br>五 | 戊辰<br>25<br>六 | 己巳<br>26<br>日 | 庚午<br>27<br>一 | 辛未<br>28<br>二 | 壬申<br>29<br>三 | 癸酉<br>30<br>四 | 甲戌<br>31<br>五 | 乙亥<br>(4)<br>六 | 丙子<br>2<br>日 | 丁丑<br>3<br>一 | 戊寅<br>4<br>二 | 己卯<br>5<br>三 | 庚辰<br>6<br>四 | 辛巳<br>7<br>五 | 壬午<br>8<br>六 | 癸未<br>9<br>日 | 甲申<br>10<br>一 | 乙酉<br>11<br>二 | 丙戌<br>12<br>三 | 丁亥<br>13<br>四 | 戊子<br>14<br>五 | 己丑<br>15<br>六 | 庚寅<br>16<br>日 | 辛卯<br>17<br>一 | | 己巳春分<br>甲申穀雨 |
| 三月大 | 甲辰 | 天干地支<br>西曆<br>星期 | 壬辰<br>18<br>二 | 癸巳<br>19<br>三 | 甲午<br>20<br>四 | 乙未<br>21<br>五 | 丙申<br>22<br>六 | 丁酉<br>23<br>日 | 戊戌<br>24<br>一 | 己亥<br>25<br>二 | 庚子<br>26<br>三 | 辛丑<br>27<br>四 | 壬寅<br>28<br>五 | 癸卯<br>29<br>六 | 甲辰<br>30<br>日 | 乙巳<br>(5)<br>一 | 丙午<br>2<br>二 | 丁未<br>3<br>三 | 戊申<br>4<br>四 | 己酉<br>5<br>五 | 庚戌<br>6<br>六 | 辛亥<br>7<br>日 | 壬子<br>8<br>一 | 癸丑<br>9<br>二 | 甲寅<br>10<br>三 | 乙卯<br>11<br>四 | 丙辰<br>12<br>五 | 丁巳<br>13<br>六 | 戊午<br>14<br>日 | 己未<br>15<br>一 | 庚申<br>16<br>二 | 辛酉<br>17<br>三 | 己亥清明<br>甲寅立夏 |
| 四月小 | 乙巳 | 天干地支<br>西曆<br>星期 | 壬戌<br>18<br>四 | 癸亥<br>19<br>五 | 甲子<br>20<br>六 | 乙丑<br>21<br>日 | 丙寅<br>22<br>一 | 丁卯<br>23<br>二 | 戊辰<br>24<br>三 | 己巳<br>25<br>四 | 庚午<br>26<br>五 | 辛未<br>27<br>六 | 壬申<br>28<br>日 | 癸酉<br>29<br>一 | 甲戌<br>30<br>二 | 乙亥<br>31<br>三 | 丙子<br>(6)<br>四 | 丁丑<br>2<br>五 | 戊寅<br>3<br>六 | 己卯<br>4<br>日 | 庚辰<br>5<br>一 | 辛巳<br>6<br>二 | 壬午<br>7<br>三 | 癸未<br>8<br>四 | 甲申<br>9<br>五 | 乙酉<br>10<br>六 | 丙戌<br>11<br>日 | 丁亥<br>12<br>一 | 戊子<br>13<br>二 | 己丑<br>14<br>三 | 庚寅<br>15<br>四 | | 己巳小滿<br>乙酉芒種 |
| 五月大 | 丙午 | 天干地支<br>西曆<br>星期 | 辛卯<br>16<br>五 | 壬辰<br>17<br>六 | 癸巳<br>18<br>日 | 甲午<br>19<br>一 | 乙未<br>20<br>二 | 丙申<br>21<br>三 | 丁酉<br>22<br>四 | 戊戌<br>23<br>五 | 己亥<br>24<br>六 | 庚子<br>25<br>日 | 辛丑<br>26<br>一 | 壬寅<br>27<br>二 | 癸卯<br>28<br>三 | 甲辰<br>29<br>四 | 乙巳<br>30<br>五 | 丙午<br>(7)<br>六 | 丁未<br>2<br>日 | 戊申<br>3<br>一 | 己酉<br>4<br>二 | 庚戌<br>5<br>三 | 辛亥<br>6<br>四 | 壬子<br>7<br>五 | 癸丑<br>8<br>六 | 甲寅<br>9<br>日 | 乙卯<br>10<br>一 | 丙辰<br>11<br>二 | 丁巳<br>12<br>三 | 戊午<br>13<br>四 | 己未<br>14<br>五 | 庚申<br>15<br>六 | 庚子夏至<br>乙卯小暑 |
| 六月小 | 丁未 | 天干地支<br>西曆<br>星期 | 辛酉<br>16<br>日 | 壬戌<br>17<br>一 | 癸亥<br>18<br>二 | 甲子<br>19<br>三 | 乙丑<br>20<br>四 | 丙寅<br>21<br>五 | 丁卯<br>22<br>六 | 戊辰<br>23<br>日 | 己巳<br>24<br>一 | 庚午<br>25<br>二 | 辛未<br>26<br>三 | 壬申<br>27<br>四 | 癸酉<br>28<br>五 | 甲戌<br>29<br>六 | 乙亥<br>30<br>日 | 丙子<br>31<br>一 | 丁丑<br>(8)<br>二 | 戊寅<br>2<br>三 | 己卯<br>3<br>四 | 庚辰<br>4<br>五 | 辛巳<br>5<br>六 | 壬午<br>6<br>日 | 癸未<br>7<br>一 | 甲申<br>8<br>二 | 乙酉<br>9<br>三 | 丙戌<br>10<br>四 | 丁亥<br>11<br>五 | 戊子<br>12<br>六 | 己丑<br>13<br>日 | | 庚午大暑<br>丙戌立秋 |
| 七月大 | 戊申 | 天干地支<br>西曆<br>星期 | 庚寅<br>14<br>一 | 辛卯<br>15<br>二 | 壬辰<br>16<br>三 | 癸巳<br>17<br>四 | 甲午<br>18<br>五 | 乙未<br>19<br>六 | 丙申<br>20<br>日 | 丁酉<br>21<br>一 | 戊戌<br>22<br>二 | 己亥<br>23<br>三 | 庚子<br>24<br>四 | 辛丑<br>25<br>五 | 壬寅<br>26<br>六 | 癸卯<br>27<br>日 | 甲辰<br>28<br>一 | 乙巳<br>29<br>二 | 丙午<br>30<br>三 | 丁未<br>31<br>四 | 戊申<br>(9)<br>五 | 己酉<br>2<br>六 | 庚戌<br>3<br>日 | 辛亥<br>4<br>一 | 壬子<br>5<br>二 | 癸丑<br>6<br>三 | 甲寅<br>7<br>四 | 乙卯<br>8<br>五 | 丙辰<br>9<br>六 | 丁巳<br>10<br>日 | 戊午<br>11<br>一 | 己未<br>12<br>二 | 辛丑處暑<br>丙辰白露 |
| 八月小 | 己酉 | 天干地支<br>西曆<br>星期 | 庚申<br>13<br>三 | 辛酉<br>14<br>四 | 壬戌<br>15<br>五 | 癸亥<br>16<br>六 | 甲子<br>17<br>日 | 乙丑<br>18<br>一 | 丙寅<br>19<br>二 | 丁卯<br>20<br>三 | 戊辰<br>21<br>四 | 己巳<br>22<br>五 | 庚午<br>23<br>六 | 辛未<br>24<br>日 | 壬申<br>25<br>一 | 癸酉<br>26<br>二 | 甲戌<br>27<br>三 | 乙亥<br>28<br>四 | 丙子<br>29<br>五 | 丁丑<br>30<br>六 | 戊寅<br>(10)<br>日 | 己卯<br>2<br>一 | 庚辰<br>3<br>二 | 辛巳<br>4<br>三 | 壬午<br>5<br>四 | 癸未<br>6<br>五 | 甲申<br>7<br>六 | 乙酉<br>8<br>日 | 丙戌<br>9<br>一 | 丁亥<br>10<br>二 | 戊子<br>11<br>三 | | 辛未秋分<br>丙戌寒露 |
| 九月大 | 庚戌 | 天干地支<br>西曆<br>星期 | 己丑<br>12<br>四 | 庚寅<br>13<br>五 | 辛卯<br>14<br>六 | 壬辰<br>15<br>日 | 癸巳<br>16<br>一 | 甲午<br>17<br>二 | 乙未<br>18<br>三 | 丙申<br>19<br>四 | 丁酉<br>20<br>五 | 戊戌<br>21<br>六 | 己亥<br>22<br>日 | 庚子<br>23<br>一 | 辛丑<br>24<br>二 | 壬寅<br>25<br>三 | 癸卯<br>26<br>四 | 甲辰<br>27<br>五 | 乙巳<br>28<br>六 | 丙午<br>29<br>日 | 丁未<br>30<br>一 | 戊申<br>31<br>二 | 己酉<br>(11)<br>三 | 庚戌<br>2<br>四 | 辛亥<br>3<br>五 | 壬子<br>4<br>六 | 癸丑<br>5<br>日 | 甲寅<br>6<br>一 | 乙卯<br>7<br>二 | 丙辰<br>8<br>三 | 丁巳<br>9<br>四 | 戊午<br>10<br>五 | 壬寅霜降<br>丁巳立冬 |
| 十月大 | 辛亥 | 天干地支<br>西曆<br>星期 | 己未<br>11<br>六 | 庚申<br>12<br>日 | 辛酉<br>13<br>一 | 壬戌<br>14<br>二 | 癸亥<br>15<br>三 | 甲子<br>16<br>四 | 乙丑<br>17<br>五 | 丙寅<br>18<br>六 | 丁卯<br>19<br>日 | 戊辰<br>20<br>一 | 己巳<br>21<br>二 | 庚午<br>22<br>三 | 辛未<br>23<br>四 | 壬申<br>24<br>五 | 癸酉<br>25<br>六 | 甲戌<br>26<br>日 | 乙亥<br>27<br>一 | 丙子<br>28<br>二 | 丁丑<br>29<br>三 | 戊寅<br>30<br>四 | 己卯<br>(12)<br>五 | 庚辰<br>2<br>六 | 辛巳<br>3<br>日 | 壬午<br>4<br>一 | 癸未<br>5<br>二 | 甲申<br>6<br>三 | 乙酉<br>7<br>四 | 丙戌<br>8<br>五 | 丁亥<br>9<br>六 | 戊子<br>10<br>日 | 壬申小雪<br>丁亥大雪 |
| 十一月小 | 壬子 | 天干地支<br>西曆<br>星期 | 己丑<br>11<br>一 | 庚寅<br>12<br>二 | 辛卯<br>13<br>三 | 壬辰<br>14<br>四 | 癸巳<br>15<br>五 | 甲午<br>16<br>六 | 乙未<br>17<br>日 | 丙申<br>18<br>一 | 丁酉<br>19<br>二 | 戊戌<br>20<br>三 | 己亥<br>21<br>四 | 庚子<br>22<br>五 | 辛丑<br>23<br>六 | 壬寅<br>24<br>日 | 癸卯<br>25<br>一 | 甲辰<br>26<br>二 | 乙巳<br>27<br>三 | 丙午<br>28<br>四 | 丁未<br>29<br>五 | 戊申<br>30<br>六 | 己酉<br>31<br>日 | 庚戌<br>(1)<br>一 | 辛亥<br>2<br>二 | 壬子<br>3<br>三 | 癸丑<br>4<br>四 | 甲寅<br>5<br>五 | 乙卯<br>6<br>六 | 丙辰<br>7<br>日 | 丁巳<br>8<br>一 | | 癸卯冬至 |
| 十二月大 | 癸丑 | 天干地支<br>西曆<br>星期 | 戊午<br>9<br>二 | 己未<br>10<br>三 | 庚申<br>11<br>四 | 辛酉<br>12<br>五 | 壬戌<br>13<br>六 | 癸亥<br>14<br>日 | 甲子<br>15<br>一 | 乙丑<br>16<br>二 | 丙寅<br>17<br>三 | 丁卯<br>18<br>四 | 戊辰<br>19<br>五 | 己巳<br>20<br>六 | 庚午<br>21<br>日 | 辛未<br>22<br>一 | 壬申<br>23<br>二 | 癸酉<br>24<br>三 | 甲戌<br>25<br>四 | 乙亥<br>26<br>五 | 丙子<br>27<br>六 | 丁丑<br>28<br>日 | 戊寅<br>29<br>一 | 己卯<br>30<br>二 | 庚辰<br>31<br>三 | 辛巳<br>(2)<br>四 | 壬午<br>2<br>五 | 癸未<br>3<br>六 | 甲申<br>4<br>日 | 乙酉<br>5<br>一 | 丙戌<br>6<br>二 | 丁亥<br>7<br>三 | 戊午小寒<br>癸酉大寒 |

# 漢光武帝建武二十九年（癸丑 牛年）公元 53 ~ 54 年

| 夏曆月序 | | 中西曆日對照 | 初一 | 初二 | 初三 | 初四 | 初五 | 初六 | 初七 | 初八 | 初九 | 初十 | 十一 | 十二 | 十三 | 十四 | 十五 | 十六 | 十七 | 十八 | 十九 | 二十 | 二一 | 二二 | 二三 | 二四 | 二五 | 二六 | 二七 | 二八 | 二九 | 三十 | 節氣與天象 |
|---|---|---|---|---|---|---|---|---|---|---|---|---|---|---|---|---|---|---|---|---|---|---|---|---|---|---|---|---|---|---|---|---|---|
| 正月小 | 甲寅 | 天干地支 西曆 星期 | 戊子 8 四 | 己丑 9 五 | 庚寅 10 六 | 辛卯 11 日 | 壬辰 12 一 | 癸巳 13 二 | 甲午 14 三 | 乙未 15 四 | 丙申 16 五 | 丁酉 17 六 | 戊戌 18 日 | 己亥 19 一 | 庚子 20 二 | 辛丑 21 三 | 壬寅 22 四 | 癸卯 23 五 | 甲辰 24 六 | 乙巳 25 日 | 丙午 26 一 | 丁未 27 二 | 戊申 28 三 | 己酉 (3) 四 | 庚戌 2 五 | 辛亥 3 六 | 壬子 4 日 | 癸丑 5 一 | 甲寅 6 二 | 乙卯 7 三 | 丙辰 8 四 | | 戊子立春 癸卯驚蟄 |
| 二月大 | 乙卯 | 天干地支 西曆 星期 | 丁巳 9 五 | 戊午 10 六 | 己未 11 日 | 庚申 12 一 | 辛酉 13 二 | 壬戌 14 三 | 癸亥 15 四 | 甲子 16 五 | 乙丑 17 六 | 丙寅 18 日 | 丁卯 19 一 | 戊辰 20 二 | 己巳 21 三 | 庚午 22 四 | 辛未 23 五 | 壬申 24 六 | 癸酉 25 日 | 甲戌 26 一 | 乙亥 27 二 | 丙子 28 三 | 丁丑 29 四 | 戊寅 30 五 | 己卯 31 六 | 庚辰 (4) 日 | 辛巳 2 一 | 壬午 3 二 | 癸未 4 三 | 甲申 5 四 | 乙酉 6 五 | 丙戌 7 六 | 己未雨水 甲戌春分 丁巳日食 |
| 三月小 | 丙辰 | 天干地支 西曆 星期 | 丁亥 8 日 | 戊子 9 一 | 己丑 10 二 | 庚寅 11 三 | 辛卯 12 四 | 壬辰 13 五 | 癸巳 14 六 | 甲午 15 日 | 乙未 16 一 | 丙申 17 二 | 丁酉 18 三 | 戊戌 19 四 | 己亥 20 五 | 庚子 21 六 | 辛丑 22 日 | 壬寅 23 一 | 癸卯 24 二 | 甲辰 25 三 | 乙巳 26 四 | 丙午 27 五 | 丁未 28 六 | 戊申 29 日 | 己酉 30 一 | 庚戌 (5) 二 | 辛亥 2 三 | 壬子 3 四 | 癸丑 4 五 | 甲寅 5 六 | 乙卯 6 日 | | 己丑穀雨 甲辰清明 |
| 四月大 | 丁巳 | 天干地支 西曆 星期 | 丙辰 7 一 | 丁巳 8 二 | 戊午 9 三 | 己未 10 四 | 庚申 11 五 | 辛酉 12 六 | 壬戌 13 日 | 癸亥 14 一 | 甲子 15 二 | 乙丑 16 三 | 丙寅 17 四 | 丁卯 18 五 | 戊辰 19 六 | 己巳 20 日 | 庚午 21 一 | 辛未 22 二 | 壬申 23 三 | 癸酉 24 四 | 甲戌 25 五 | 乙亥 26 六 | 丙子 27 日 | 丁丑 28 一 | 戊寅 29 二 | 己卯 30 三 | 庚辰 31 四 | 辛巳 (6) 五 | 壬午 2 六 | 癸未 3 日 | 甲申 4 一 | 乙酉 5 二 | 己未立夏 乙亥小滿 |
| 五月小 | 戊午 | 天干地支 西曆 星期 | 丙戌 6 三 | 丁亥 7 四 | 戊子 8 五 | 己丑 9 六 | 庚寅 10 日 | 辛卯 11 一 | 壬辰 12 二 | 癸巳 13 三 | 甲午 14 四 | 乙未 15 五 | 丙申 16 六 | 丁酉 17 日 | 戊戌 18 一 | 己亥 19 二 | 庚子 20 三 | 辛丑 21 四 | 壬寅 22 五 | 癸卯 23 六 | 甲辰 24 日 | 乙巳 25 一 | 丙午 26 二 | 丁未 27 三 | 戊申 28 四 | 己酉 29 五 | 庚戌 30 六 | 辛亥 (7) 日 | 壬子 2 一 | 癸丑 3 二 | 甲寅 4 三 | | 庚寅芒種 乙巳夏至 |
| 六月大 | 己未 | 天干地支 西曆 星期 | 乙卯 5 四 | 丙辰 6 五 | 丁巳 7 六 | 戊午 8 日 | 己未 9 一 | 庚申 10 二 | 辛酉 11 三 | 壬戌 12 四 | 癸亥 13 五 | 甲子 14 六 | 乙丑 15 日 | 丙寅 16 一 | 丁卯 17 二 | 戊辰 18 三 | 己巳 19 四 | 庚午 20 五 | 辛未 21 六 | 壬申 22 日 | 癸酉 23 一 | 甲戌 24 二 | 乙亥 25 三 | 丙子 26 四 | 丁丑 27 五 | 戊寅 28 六 | 己卯 29 日 | 庚辰 30 一 | 辛巳 31 二 | 壬午 (8) 三 | 癸未 2 四 | 甲申 3 五 | 庚申小暑 丙子大暑 |
| 七月小 | 庚申 | 天干地支 西曆 星期 | 乙酉 4 六 | 丙戌 5 日 | 丁亥 6 一 | 戊子 7 二 | 己丑 8 三 | 庚寅 9 四 | 辛卯 10 五 | 壬辰 11 六 | 癸巳 12 日 | 甲午 13 一 | 乙未 14 二 | 丙申 15 三 | 丁酉 16 四 | 戊戌 17 五 | 己亥 18 六 | 庚子 19 日 | 辛丑 20 一 | 壬寅 21 二 | 癸卯 22 三 | 甲辰 23 四 | 乙巳 24 五 | 丙午 25 六 | 丁未 26 日 | 戊申 27 一 | 己酉 28 二 | 庚戌 29 三 | 辛亥 30 四 | 壬子 31 五 | 癸丑 (9) 六 | | 辛卯立秋 丙午處暑 |
| 八月大 | 辛酉 | 天干地支 西曆 星期 | 甲寅 2 日 | 乙卯 3 一 | 丙辰 4 二 | 丁巳 5 三 | 戊午 6 四 | 己未 7 五 | 庚申 8 六 | 辛酉 9 日 | 壬戌 10 一 | 癸亥 11 二 | 甲子 12 三 | 乙丑 13 四 | 丙寅 14 五 | 丁卯 15 六 | 戊辰 16 日 | 己巳 17 一 | 庚午 18 二 | 辛未 19 三 | 壬申 20 四 | 癸酉 21 五 | 甲戌 22 六 | 乙亥 23 日 | 丙子 24 一 | 丁丑 25 二 | 戊寅 26 三 | 己卯 27 四 | 庚辰 28 五 | 辛巳 29 六 | 壬午 30 日 | 癸未 (10) 一 | 辛酉白露 丙子秋分 |
| 九月小 | 壬戌 | 天干地支 西曆 星期 | 甲申 2 二 | 乙酉 3 三 | 丙戌 4 四 | 丁亥 5 五 | 戊子 6 六 | 己丑 7 日 | 庚寅 8 一 | 辛卯 9 二 | 壬辰 10 三 | 癸巳 11 四 | 甲午 12 五 | 乙未 13 六 | 丙申 14 日 | 丁酉 15 一 | 戊戌 16 二 | 己亥 17 三 | 庚子 18 四 | 辛丑 19 五 | 壬寅 20 六 | 癸卯 21 日 | 甲辰 22 一 | 乙巳 23 二 | 丙午 24 三 | 丁未 25 四 | 戊申 26 五 | 己酉 27 六 | 庚戌 28 日 | 辛亥 29 一 | 壬子 30 二 | | 壬辰寒露 丁未霜降 |
| 十月大 | 癸亥 | 天干地支 西曆 星期 | 癸丑 31 三 | 甲寅 (11) 四 | 乙卯 2 五 | 丙辰 3 六 | 丁巳 4 日 | 戊午 5 一 | 己未 6 二 | 庚申 7 三 | 辛酉 8 四 | 壬戌 9 五 | 癸亥 10 六 | 甲子 11 日 | 乙丑 12 一 | 丙寅 13 二 | 丁卯 14 三 | 戊辰 15 四 | 己巳 16 五 | 庚午 17 六 | 辛未 18 日 | 壬申 19 一 | 癸酉 20 二 | 甲戌 21 三 | 乙亥 22 四 | 丙子 23 五 | 丁丑 24 六 | 戊寅 25 日 | 己卯 26 一 | 庚辰 27 二 | 辛巳 28 三 | 壬午 29 四 | 壬戌立冬 丁丑小雪 |
| 十一月小 | 甲子 | 天干地支 西曆 星期 | 癸未 30 五 | 甲申 (12) 六 | 乙酉 2 日 | 丙戌 3 一 | 丁亥 4 二 | 戊子 5 三 | 己丑 6 四 | 庚寅 7 五 | 辛卯 8 六 | 壬辰 9 日 | 癸巳 10 一 | 甲午 11 二 | 乙未 12 三 | 丙申 13 四 | 丁酉 14 五 | 戊戌 15 六 | 己亥 16 日 | 庚子 17 一 | 辛丑 18 二 | 壬寅 19 三 | 癸卯 20 四 | 甲辰 21 五 | 乙巳 22 六 | 丙午 23 日 | 丁未 24 一 | 戊申 25 二 | 己酉 26 三 | 庚戌 27 四 | 辛亥 28 五 | | 癸巳大雪 戊申冬至 |
| 十二月大 | 乙丑 | 天干地支 西曆 星期 | 壬子 29 六 | 癸丑 30 日 | 甲寅 31 一 | 乙卯 (1) 二 | 丙辰 2 三 | 丁巳 3 四 | 戊午 4 五 | 己未 5 六 | 庚申 6 日 | 辛酉 7 一 | 壬戌 8 二 | 癸亥 9 三 | 甲子 10 四 | 乙丑 11 五 | 丙寅 12 六 | 丁卯 13 日 | 戊辰 14 一 | 己巳 15 二 | 庚午 16 三 | 辛未 17 四 | 壬申 18 五 | 癸酉 19 六 | 甲戌 20 日 | 乙亥 21 一 | 丙子 22 二 | 丁丑 23 三 | 戊寅 24 四 | 己卯 25 五 | 庚辰 26 六 | 辛巳 27 日 | 癸亥小寒 戊寅大寒 |

# 漢光武帝建武三十年（甲寅 虎年）公元 54 ~ 55 年

| 夏曆月序 | | 中西曆日對照 | 初一 | 初二 | 初三 | 初四 | 初五 | 初六 | 初七 | 初八 | 初九 | 初十 | 十一 | 十二 | 十三 | 十四 | 十五 | 十六 | 十七 | 十八 | 十九 | 二十 | 二一 | 二二 | 二三 | 二四 | 二五 | 二六 | 二七 | 二八 | 二九 | 三十 | 節氣與天象 |
|---|---|---|---|---|---|---|---|---|---|---|---|---|---|---|---|---|---|---|---|---|---|---|---|---|---|---|---|---|---|---|---|---|---|
| 正月大 | 丙寅 | 天干 地支 西曆 星期 | 壬午 28 一 | 癸未 29 二 | 甲申 30 三 | 乙酉 31 四 | 丙戌 (2) 五 | 丁亥 2 六 | 戊子 3 日 | 己丑 4 一 | 庚寅 5 二 | 辛卯 6 三 | 壬辰 7 四 | 癸巳 8 五 | 甲午 9 六 | 乙未 10 日 | 丙申 11 一 | 丁酉 12 二 | 戊戌 13 三 | 己亥 14 四 | 庚子 15 五 | 辛丑 16 六 | 壬寅 17 日 | 癸卯 18 一 | 甲辰 19 二 | 乙巳 20 三 | 丙午 21 四 | 丁未 22 五 | 戊申 23 六 | 己酉 24 日 | 庚戌 25 一 | 辛亥 26 二 | 癸巳立春 己酉驚蟄 |
| 二月小 | 丁卯 | 天干 地支 西曆 星期 | 壬子 27 三 | 癸丑 28 四 | 甲寅 (3) 五 | 乙卯 2 六 | 丙辰 3 日 | 丁巳 4 一 | 戊午 5 二 | 己未 6 三 | 庚申 7 四 | 辛酉 8 五 | 壬戌 9 六 | 癸亥 10 日 | 甲子 11 一 | 乙丑 12 二 | 丙寅 13 三 | 丁卯 14 四 | 戊辰 15 五 | 己巳 16 六 | 庚午 17 日 | 辛未 18 一 | 壬申 19 二 | 癸酉 20 三 | 甲戌 21 四 | 乙亥 22 五 | 丙子 23 六 | 丁丑 24 日 | 戊寅 25 一 | 己卯 26 二 | 庚辰 27 三 | | 甲子雨水 己卯春分 |
| 三月大 | 戊辰 | 天干 地支 西曆 星期 | 辛巳 28 四 | 壬午 29 五 | 癸未 30 六 | 甲申 31 日 | 乙酉 (4) 一 | 丙戌 2 二 | 丁亥 3 三 | 戊子 4 四 | 己丑 5 五 | 庚寅 6 六 | 辛卯 7 日 | 壬辰 8 一 | 癸巳 9 二 | 甲午 10 三 | 乙未 11 四 | 丙申 12 五 | 丁酉 13 六 | 戊戌 14 日 | 己亥 15 一 | 庚子 16 二 | 辛丑 17 三 | 壬寅 18 四 | 癸卯 19 五 | 甲辰 20 六 | 乙巳 21 日 | 丙午 22 一 | 丁未 23 二 | 戊申 24 三 | 己酉 25 四 | 庚戌 26 五 | 甲午穀雨 庚戌清明 |
| 閏三月小 | 戊辰 | 天干 地支 西曆 星期 | 辛亥 27 六 | 壬子 28 日 | 癸丑 29 一 | 甲寅 30 二 | 乙卯 (5) 三 | 丙辰 2 四 | 丁巳 3 五 | 戊午 4 六 | 己未 5 日 | 庚申 6 一 | 辛酉 7 二 | 壬戌 8 三 | 癸亥 9 四 | 甲子 10 五 | 乙丑 11 六 | 丙寅 12 日 | 丁卯 13 一 | 戊辰 14 二 | 己巳 15 三 | 庚午 16 四 | 辛未 17 五 | 壬申 18 六 | 癸酉 19 日 | 甲戌 20 一 | 乙亥 21 二 | 丙子 22 三 | 丁丑 23 四 | 戊寅 24 五 | 己卯 25 六 | | 乙丑立夏 |
| 四月大 | 己巳 | 天干 地支 西曆 星期 | 庚辰 26 日 | 辛巳 27 一 | 壬午 28 二 | 癸未 29 三 | 甲申 30 四 | 乙酉 31 五 | 丙戌 (6) 六 | 丁亥 2 日 | 戊子 3 一 | 己丑 4 二 | 庚寅 5 三 | 辛卯 6 四 | 壬辰 7 五 | 癸巳 8 六 | 甲午 9 日 | 乙未 10 一 | 丙申 11 二 | 丁酉 12 三 | 戊戌 13 四 | 己亥 14 五 | 庚子 15 六 | 辛丑 16 日 | 壬寅 17 一 | 癸卯 18 二 | 甲辰 19 三 | 乙巳 20 四 | 丙午 21 五 | 丁未 22 六 | 戊申 23 日 | 己酉 24 一 | 庚辰小滿 乙未芒種 |
| 五月小 | 庚午 | 天干 地支 西曆 星期 | 庚戌 25 二 | 辛亥 26 三 | 壬子 27 四 | 癸丑 28 五 | 甲寅 29 六 | 乙卯 30 日 | 丙辰 (7) 一 | 丁巳 2 二 | 戊午 3 三 | 己未 4 四 | 庚申 5 五 | 辛酉 6 六 | 壬戌 7 日 | 癸亥 8 一 | 甲子 9 二 | 乙丑 10 三 | 丙寅 11 四 | 丁卯 12 五 | 戊辰 13 六 | 己巳 14 日 | 庚午 15 一 | 辛未 16 二 | 壬申 17 三 | 癸酉 18 四 | 甲戌 19 五 | 乙亥 20 六 | 丙子 21 日 | 丁丑 22 一 | 戊寅 23 二 | | 庚戌夏至 丙寅小暑 戊寅日食 |
| 六月大 | 辛未 | 天干 地支 西曆 星期 | 己卯 24 三 | 庚辰 25 四 | 辛巳 26 五 | 壬午 27 六 | 癸未 28 日 | 甲申 29 一 | 乙酉 30 二 | 丙戌 31 三 | 丁亥 (8) 四 | 戊子 2 五 | 己丑 3 六 | 庚寅 4 日 | 辛卯 5 一 | 壬辰 6 二 | 癸巳 7 三 | 甲午 8 四 | 乙未 9 五 | 丙申 10 六 | 丁酉 11 日 | 戊戌 12 一 | 己亥 13 二 | 庚子 14 三 | 辛丑 15 四 | 壬寅 16 五 | 癸卯 17 六 | 甲辰 18 日 | 乙巳 19 一 | 丙午 20 二 | 丁未 21 三 | 戊申 22 四 | 辛巳大暑 丙申立秋 |
| 七月小 | 壬申 | 天干 地支 西曆 星期 | 己酉 23 五 | 庚戌 24 六 | 辛亥 25 日 | 壬子 26 一 | 癸丑 27 二 | 甲寅 28 三 | 乙卯 29 四 | 丙辰 30 五 | 丁巳 31 六 | 戊午 (9) 日 | 己未 2 一 | 庚申 3 二 | 辛酉 4 三 | 壬戌 5 四 | 癸亥 6 五 | 甲子 7 六 | 乙丑 8 日 | 丙寅 9 一 | 丁卯 10 二 | 戊辰 11 三 | 己巳 12 四 | 庚午 13 五 | 辛未 14 六 | 壬申 15 日 | 癸酉 16 一 | 甲戌 17 二 | 乙亥 18 三 | 丙子 19 四 | 丁丑 20 五 | | 辛亥處暑 丙寅白露 |
| 八月大 | 癸酉 | 天干 地支 西曆 星期 | 戊寅 21 六 | 己卯 22 日 | 庚辰 23 一 | 辛巳 24 二 | 壬午 25 三 | 癸未 26 四 | 甲申 27 五 | 乙酉 28 六 | 丙戌 29 日 | 丁亥 30 一 | 戊子 (10) 二 | 己丑 2 三 | 庚寅 3 四 | 辛卯 4 五 | 壬辰 5 六 | 癸巳 6 日 | 甲午 7 一 | 乙未 8 二 | 丙申 9 三 | 丁酉 10 四 | 戊戌 11 五 | 己亥 12 六 | 庚子 13 日 | 辛丑 14 一 | 壬寅 15 二 | 癸卯 16 三 | 甲辰 17 四 | 乙巳 18 五 | 丙午 19 六 | 丁未 20 日 | 壬午秋分 丁酉寒露 |
| 九月小 | 甲戌 | 天干 地支 西曆 星期 | 戊申 21 一 | 己酉 22 二 | 庚戌 23 三 | 辛亥 24 四 | 壬子 25 五 | 癸丑 26 六 | 甲寅 27 日 | 乙卯 28 一 | 丙辰 29 二 | 丁巳 30 三 | 戊午 31 四 | 己未 (11) 五 | 庚申 2 六 | 辛酉 3 日 | 壬戌 4 一 | 癸亥 5 二 | 甲子 6 三 | 乙丑 7 四 | 丙寅 8 五 | 丁卯 9 六 | 戊辰 10 日 | 己巳 11 一 | 庚午 12 二 | 辛未 13 三 | 壬申 14 四 | 癸酉 15 五 | 甲戌 16 六 | 乙亥 17 日 | 丙子 18 一 | | 壬子霜降 丁卯立冬 |
| 十月大 | 乙亥 | 天干 地支 西曆 星期 | 丁丑 19 二 | 戊寅 20 三 | 己卯 21 四 | 庚辰 22 五 | 辛巳 23 六 | 壬午 24 日 | 癸未 25 一 | 甲申 26 二 | 乙酉 27 三 | 丙戌 28 四 | 丁亥 29 五 | 戊子 30 六 | 己丑 (12) 日 | 庚寅 2 一 | 辛卯 3 二 | 壬辰 4 三 | 癸巳 5 四 | 甲午 6 五 | 乙未 7 六 | 丙申 8 日 | 丁酉 9 一 | 戊戌 10 二 | 己亥 11 三 | 庚子 12 四 | 辛丑 13 五 | 壬寅 14 六 | 癸卯 15 日 | 甲辰 16 一 | 乙巳 17 二 | 丙午 18 三 | 癸未小雪 戊戌大雪 |
| 十一月小 | 丙子 | 天干 地支 西曆 星期 | 丁未 19 四 | 戊申 20 五 | 己酉 21 六 | 庚戌 22 日 | 辛亥 23 一 | 壬子 24 二 | 癸丑 25 三 | 甲寅 26 四 | 乙卯 27 五 | 丙辰 28 六 | 丁巳 29 日 | 戊午 30 一 | 己未 31 二 | 庚申 (1) 三 | 辛酉 2 四 | 壬戌 3 五 | 癸亥 4 六 | 甲子 5 日 | 乙丑 6 一 | 丙寅 7 二 | 丁卯 8 三 | 戊辰 9 四 | 己巳 10 五 | 庚午 11 六 | 辛未 12 日 | 壬申 13 一 | 癸酉 14 二 | 甲戌 15 三 | 乙亥 16 四 | | 癸丑冬至 戊辰小寒 |
| 十二月大 | 丁丑 | 天干 地支 西曆 星期 | 丙子 17 五 | 丁丑 18 六 | 戊寅 19 日 | 己卯 20 一 | 庚辰 21 二 | 辛巳 22 三 | 壬午 23 四 | 癸未 24 五 | 甲申 25 六 | 乙酉 26 日 | 丙戌 27 一 | 丁亥 28 二 | 戊子 29 三 | 己丑 30 四 | 庚寅 31 五 | 辛卯 (2) 六 | 壬辰 2 日 | 癸巳 3 一 | 甲午 4 二 | 乙未 5 三 | 丙申 6 四 | 丁酉 7 五 | 戊戌 8 六 | 己亥 9 日 | 庚子 10 一 | 辛丑 11 二 | 壬寅 12 三 | 癸卯 13 四 | 甲辰 14 五 | 乙巳 15 六 | 癸未大寒 己亥立春 |

# 漢光武帝建武三十一年（乙卯 兔年）公元55 ~ 56年

| 夏曆月序 | | 中西曆日對照 | 夏曆日序 | | | | | | | | | | | | | | | | | | | | | | | | | | | | | | 節氣與天象 |
|---|---|---|---|---|---|---|---|---|---|---|---|---|---|---|---|---|---|---|---|---|---|---|---|---|---|---|---|---|---|---|---|---|---|
| | | | 初一 | 初二 | 初三 | 初四 | 初五 | 初六 | 初七 | 初八 | 初九 | 初十 | 十一 | 十二 | 十三 | 十四 | 十五 | 十六 | 十七 | 十八 | 十九 | 二十 | 二一 | 二二 | 二三 | 二四 | 二五 | 二六 | 二七 | 二八 | 二九 | 三十 | |
| 正月小 | 戊寅 | 天干地支<br>西曆<br>星期 | 丙午 16 日 | 丁未 17 一 | 戊申 18 二 | 己酉 19 三 | 庚戌 20 四 | 辛亥 21 五 | 壬子 22 六 | 癸丑 23 日 | 甲寅 24 一 | 乙卯 25 二 | 丙辰 26 三 | 丁巳 27 四 | 戊午 28 五 | 己未 (3) 六 | 庚申 2 日 | 辛酉 3 一 | 壬戌 4 二 | 癸亥 5 三 | 甲子 6 四 | 乙丑 7 五 | 丙寅 8 六 | 丁卯 9 日 | 戊辰 10 一 | 己巳 11 二 | 庚午 12 三 | 辛未 13 四 | 壬申 14 五 | 癸酉 15 六 | 甲戌 16 日 | | 甲寅驚蟄<br>己巳雨水 |
| 二月大 | 己卯 | 天干地支<br>西曆<br>星期 | 乙亥 17 一 | 丙子 18 二 | 丁丑 19 三 | 戊寅 20 四 | 己卯 21 五 | 庚辰 22 六 | 辛巳 23 日 | 壬午 24 一 | 癸未 25 二 | 甲申 26 三 | 乙酉 27 四 | 丙戌 28 五 | 丁亥 29 六 | 戊子 30 日 | 己丑 31 一 | 庚寅 (4) 二 | 辛卯 2 三 | 壬辰 3 四 | 癸巳 4 五 | 甲午 5 六 | 乙未 6 日 | 丙申 7 一 | 丁酉 8 二 | 戊戌 9 三 | 己亥 10 四 | 庚子 11 五 | 辛丑 12 六 | 壬寅 13 日 | 癸卯 14 一 | 甲辰 15 二 | 甲申春分<br>庚子穀雨 |
| 三月小 | 庚辰 | 天干地支<br>西曆<br>星期 | 乙巳 16 三 | 丙午 17 四 | 丁未 18 五 | 戊申 19 六 | 己酉 20 日 | 庚戌 21 一 | 辛亥 22 二 | 壬子 23 三 | 癸丑 24 四 | 甲寅 25 五 | 乙卯 26 六 | 丙辰 27 日 | 丁巳 28 一 | 戊午 29 二 | 己未 30 三 | 庚申 (5) 四 | 辛酉 2 五 | 壬戌 3 六 | 癸亥 4 日 | 甲子 5 一 | 乙丑 6 二 | 丙寅 7 三 | 丁卯 8 四 | 戊辰 9 五 | 己巳 10 六 | 庚午 11 日 | 辛未 12 一 | 壬申 13 二 | 癸酉 14 三 | | 乙卯清明<br>庚午立夏 |
| 四月大 | 辛巳 | 天干地支<br>西曆<br>星期 | 甲戌 15 四 | 乙亥 16 五 | 丙子 17 六 | 丁丑 18 日 | 戊寅 19 一 | 己卯 20 二 | 庚辰 21 三 | 辛巳 22 四 | 壬午 23 五 | 癸未 24 六 | 甲申 25 日 | 乙酉 26 一 | 丙戌 27 二 | 丁亥 28 三 | 戊子 29 四 | 己丑 30 五 | 庚寅 31 六 | 辛卯 (6) 日 | 壬辰 2 一 | 癸巳 3 二 | 甲午 4 三 | 乙未 5 四 | 丙申 6 五 | 丁酉 7 六 | 戊戌 8 日 | 己亥 9 一 | 庚子 10 二 | 辛丑 11 三 | 壬寅 12 四 | 癸卯 13 五 | 乙酉小滿<br>庚子芒種 |
| 五月大 | 壬午 | 天干地支<br>西曆<br>星期 | 甲辰 14 六 | 乙巳 15 日 | 丙午 16 一 | 丁未 17 二 | 戊申 18 三 | 己酉 19 四 | 庚戌 20 五 | 辛亥 21 六 | 壬子 22 日 | 癸丑 23 一 | 甲寅 24 二 | 乙卯 25 三 | 丙辰 26 四 | 丁巳 27 五 | 戊午 28 六 | 己未 29 日 | 庚申 30 一 | 辛酉 (7) 二 | 壬戌 2 三 | 癸亥 3 四 | 甲子 4 五 | 乙丑 5 六 | 丙寅 6 日 | 丁卯 7 一 | 戊辰 8 二 | 己巳 9 三 | 庚午 10 四 | 辛未 11 五 | 壬申 12 六 | 癸酉 13 日 | 丙辰夏至<br>辛未小暑<br>癸酉日食 |
| 六月小 | 癸未 | 天干地支<br>西曆<br>星期 | 甲戌 14 一 | 乙亥 15 二 | 丙子 16 三 | 丁丑 17 四 | 戊寅 18 五 | 己卯 19 六 | 庚辰 20 日 | 辛巳 21 一 | 壬午 22 二 | 癸未 23 三 | 甲申 24 四 | 乙酉 25 五 | 丙戌 26 六 | 丁亥 27 日 | 戊子 28 一 | 己丑 29 二 | 庚寅 30 三 | 辛卯 31 四 | 壬辰 (8) 五 | 癸巳 2 六 | 甲午 3 日 | 乙未 4 一 | 丙申 5 二 | 丁酉 6 三 | 戊戌 7 四 | 己亥 8 五 | 庚子 9 六 | 辛丑 10 日 | 壬寅 11 一 | | 丙戌大暑<br>辛丑立秋 |
| 七月大 | 甲申 | 天干地支<br>西曆<br>星期 | 癸卯 12 二 | 甲辰 13 三 | 乙巳 14 四 | 丙午 15 五 | 丁未 16 六 | 戊申 17 日 | 己酉 18 一 | 庚戌 19 二 | 辛亥 20 三 | 壬子 21 四 | 癸丑 22 五 | 甲寅 23 六 | 乙卯 24 日 | 丙辰 25 一 | 丁巳 26 二 | 戊午 27 三 | 己未 28 四 | 庚申 29 五 | 辛酉 30 六 | 壬戌 31 日 | 癸亥 (9) 一 | 甲子 2 二 | 乙丑 3 三 | 丙寅 4 四 | 丁卯 5 五 | 戊辰 6 六 | 己巳 7 日 | 庚午 8 一 | 辛未 9 二 | 壬申 10 三 | 丁巳處暑<br>壬申白露 |
| 八月小 | 乙酉 | 天干地支<br>西曆<br>星期 | 癸酉 11 四 | 甲戌 12 五 | 乙亥 13 六 | 丙子 14 日 | 丁丑 15 一 | 戊寅 16 二 | 己卯 17 三 | 庚辰 18 四 | 辛巳 19 五 | 壬午 20 六 | 癸未 21 日 | 甲申 22 一 | 乙酉 23 二 | 丙戌 24 三 | 丁亥 25 四 | 戊子 26 五 | 己丑 27 六 | 庚寅 28 日 | 辛卯 29 一 | 壬辰 30 二 | 癸巳 (10) 三 | 甲午 2 四 | 乙未 3 五 | 丙申 4 六 | 丁酉 5 日 | 戊戌 6 一 | 己亥 7 二 | 庚子 8 三 | 辛丑 9 四 | | 丁亥秋分 |
| 九月大 | 丙戌 | 天干地支<br>西曆<br>星期 | 壬寅 10 五 | 癸卯 11 六 | 甲辰 12 日 | 乙巳 13 一 | 丙午 14 二 | 丁未 15 三 | 戊申 16 四 | 己酉 17 五 | 庚戌 18 六 | 辛亥 19 日 | 壬子 20 一 | 癸丑 21 二 | 甲寅 22 三 | 乙卯 23 四 | 丙辰 24 五 | 丁巳 25 六 | 戊午 26 日 | 己未 27 一 | 庚申 28 二 | 辛酉 29 三 | 壬戌 30 四 | 癸亥 31 五 | 甲子 (11) 六 | 乙丑 2 日 | 丙寅 3 一 | 丁卯 4 二 | 戊辰 5 三 | 己巳 6 四 | 庚午 7 五 | 辛未 8 六 | 壬寅寒露<br>丁巳霜降 |
| 十月小 | 丁亥 | 天干地支<br>西曆<br>星期 | 壬申 9 日 | 癸酉 10 一 | 甲戌 11 二 | 乙亥 12 三 | 丙子 13 四 | 丁丑 14 五 | 戊寅 15 六 | 己卯 16 日 | 庚辰 17 一 | 辛巳 18 二 | 壬午 19 三 | 癸未 20 四 | 甲申 21 五 | 乙酉 22 六 | 丙戌 23 日 | 丁亥 24 一 | 戊子 25 二 | 己丑 26 三 | 庚寅 27 四 | 辛卯 28 五 | 壬辰 29 六 | 癸巳 30 日 | 甲午 (12) 一 | 乙未 2 二 | 丙申 3 三 | 丁酉 4 四 | 戊戌 5 五 | 己亥 6 六 | 庚子 7 日 | | 癸酉立冬<br>戊子小雪 |
| 十一月大 | 戊子 | 天干地支<br>西曆<br>星期 | 辛丑 8 一 | 壬寅 9 二 | 癸卯 10 三 | 甲辰 11 四 | 乙巳 12 五 | 丙午 13 六 | 丁未 14 日 | 戊申 15 一 | 己酉 16 二 | 庚戌 17 三 | 辛亥 18 四 | 壬子 19 五 | 癸丑 20 六 | 甲寅 21 日 | 乙卯 22 一 | 丙辰 23 二 | 丁巳 24 三 | 戊午 25 四 | 己未 26 五 | 庚申 27 六 | 辛酉 28 日 | 壬戌 29 一 | 癸亥 30 二 | 甲子 31 三 | 乙丑 (1) 四 | 丙寅 2 五 | 丁卯 3 六 | 戊辰 4 日 | 己巳 5 一 | 庚午 6 二 | 癸卯大雪<br>戊午冬至 |
| 十二月小 | 己丑 | 天干地支<br>西曆<br>星期 | 辛未 7 三 | 壬申 8 四 | 癸酉 9 五 | 甲戌 10 六 | 乙亥 11 日 | 丙子 12 一 | 丁丑 13 二 | 戊寅 14 三 | 己卯 15 四 | 庚辰 16 五 | 辛巳 17 六 | 壬午 18 日 | 癸未 19 一 | 甲申 20 二 | 乙酉 21 三 | 丙戌 22 四 | 丁亥 23 五 | 戊子 24 六 | 己丑 25 日 | 庚寅 26 一 | 辛卯 27 二 | 壬辰 28 三 | 癸巳 29 四 | 甲午 30 五 | 乙未 31 六 | 丙申 (2) 日 | 丁酉 2 一 | 戊戌 3 二 | 己亥 4 三 | | 癸酉小寒<br>己丑大寒 |

# 漢光武帝建武三十二年 建武中元元年（丙辰 龍年）公元 56 ~ 57 年

| 夏曆月序 | | 中西曆日對照 | 初一 | 初二 | 初三 | 初四 | 初五 | 初六 | 初七 | 初八 | 初九 | 初十 | 十一 | 十二 | 十三 | 十四 | 十五 | 十六 | 十七 | 十八 | 十九 | 二十 | 二一 | 二二 | 二三 | 二四 | 二五 | 二六 | 二七 | 二八 | 二九 | 三十 | 節氣與天象 |
|---|---|---|---|---|---|---|---|---|---|---|---|---|---|---|---|---|---|---|---|---|---|---|---|---|---|---|---|---|---|---|---|---|---|
| 正月大 | 庚寅 | 天干<br>地支<br>西曆<br>星期 | 庚子<br>5<br>四 | 辛丑<br>6<br>五 | 壬寅<br>7<br>六 | 癸卯<br>8<br>日 | 甲辰<br>9<br>一 | 乙巳<br>10<br>二 | 丙午<br>11<br>三 | 丁未<br>12<br>四 | 戊申<br>13<br>五 | 己酉<br>14<br>六 | 庚戌<br>15<br>日 | 辛亥<br>16<br>一 | 壬子<br>17<br>二 | 癸丑<br>18<br>三 | 甲寅<br>19<br>四 | 乙卯<br>20<br>五 | 丙辰<br>21<br>六 | 丁巳<br>22<br>日 | 戊午<br>23<br>一 | 己未<br>24<br>二 | 庚申<br>25<br>三 | 辛酉<br>26<br>四 | 壬戌<br>27<br>五 | 癸亥<br>28<br>六 | 甲子<br>29<br>日 | 乙丑<br>(3)<br>一 | 丙寅<br>2<br>二 | 丁卯<br>3<br>三 | 戊辰<br>4<br>四 | 己巳<br>5<br>五 | 甲辰立春<br>己未驚蟄 |
| 二月小 | 辛卯 | 天干<br>地支<br>西曆<br>星期 | 庚午<br>6<br>六 | 辛未<br>7<br>日 | 壬申<br>8<br>一 | 癸酉<br>9<br>二 | 甲戌<br>10<br>三 | 乙亥<br>11<br>四 | 丙子<br>12<br>五 | 丁丑<br>13<br>六 | 戊寅<br>14<br>日 | 己卯<br>15<br>一 | 庚辰<br>16<br>二 | 辛巳<br>17<br>三 | 壬午<br>18<br>四 | 癸未<br>19<br>五 | 甲申<br>20<br>六 | 乙酉<br>21<br>日 | 丙戌<br>22<br>一 | 丁亥<br>23<br>二 | 戊子<br>24<br>三 | 己丑<br>25<br>四 | 庚寅<br>26<br>五 | 辛卯<br>27<br>六 | 壬辰<br>28<br>日 | 癸巳<br>29<br>一 | 甲午<br>30<br>二 | 乙未<br>31<br>三 | 丙申<br>(4)<br>四 | 丁酉<br>2<br>五 | 戊戌<br>3<br>六 | | 甲戌雨水<br>庚寅春分 |
| 三月大 | 壬辰 | 天干<br>地支<br>西曆<br>星期 | 己亥<br>4<br>日 | 庚子<br>5<br>一 | 辛丑<br>6<br>二 | 壬寅<br>7<br>三 | 癸卯<br>8<br>四 | 甲辰<br>9<br>五 | 乙巳<br>10<br>六 | 丙午<br>11<br>日 | 丁未<br>12<br>一 | 戊申<br>13<br>二 | 己酉<br>14<br>三 | 庚戌<br>15<br>四 | 辛亥<br>16<br>五 | 壬子<br>17<br>六 | 癸丑<br>18<br>日 | 甲寅<br>19<br>一 | 乙卯<br>20<br>二 | 丙辰<br>21<br>三 | 丁巳<br>22<br>四 | 戊午<br>23<br>五 | 己未<br>24<br>六 | 庚申<br>25<br>日 | 辛酉<br>26<br>一 | 壬戌<br>27<br>二 | 癸亥<br>28<br>三 | 甲子<br>29<br>四 | 乙丑<br>30<br>五 | 丙寅<br>(5)<br>六 | 丁卯<br>2<br>日 | 戊辰<br>3<br>一 | 乙巳穀雨<br>庚申清明 |
| 四月小 | 癸巳 | 天干<br>地支<br>西曆<br>星期 | 己巳<br>4<br>二 | 庚午<br>5<br>三 | 辛未<br>6<br>四 | 壬申<br>7<br>五 | 癸酉<br>8<br>六 | 甲戌<br>9<br>日 | 乙亥<br>10<br>一 | 丙子<br>11<br>二 | 丁丑<br>12<br>三 | 戊寅<br>13<br>四 | 己卯<br>14<br>五 | 庚辰<br>15<br>六 | 辛巳<br>16<br>日 | 壬午<br>17<br>一 | 癸未<br>18<br>二 | 甲申<br>19<br>三 | 乙酉<br>20<br>四 | 丙戌<br>21<br>五 | 丁亥<br>22<br>六 | 戊子<br>23<br>日 | 己丑<br>24<br>一 | 庚寅<br>25<br>二 | 辛卯<br>26<br>三 | 壬辰<br>27<br>四 | 癸巳<br>28<br>五 | 甲午<br>29<br>六 | 乙未<br>30<br>日 | 丙申<br>31<br>一 | 丁酉<br>(6)<br>二 | | 乙亥立夏<br>庚寅小滿 |
| 五月大 | 甲午 | 天干<br>地支<br>西曆<br>星期 | 戊戌<br>2<br>三 | 己亥<br>3<br>四 | 庚子<br>4<br>五 | 辛丑<br>5<br>六 | 壬寅<br>6<br>日 | 癸卯<br>7<br>一 | 甲辰<br>8<br>二 | 乙巳<br>9<br>三 | 丙午<br>10<br>四 | 丁未<br>11<br>五 | 戊申<br>12<br>六 | 己酉<br>13<br>日 | 庚戌<br>14<br>一 | 辛亥<br>15<br>二 | 壬子<br>16<br>三 | 癸丑<br>17<br>四 | 甲寅<br>18<br>五 | 乙卯<br>19<br>六 | 丙辰<br>20<br>日 | 丁巳<br>21<br>一 | 戊午<br>22<br>二 | 己未<br>23<br>三 | 庚申<br>24<br>四 | 辛酉<br>25<br>五 | 壬戌<br>26<br>六 | 癸亥<br>27<br>日 | 甲子<br>28<br>一 | 乙丑<br>29<br>二 | 丙寅<br>30<br>三 | 丁卯<br>(7)<br>四 | 丙午芒種<br>辛酉夏至 |
| 六月小 | 乙未 | 天干<br>地支<br>西曆<br>星期 | 戊辰<br>2<br>五 | 己巳<br>3<br>六 | 庚午<br>4<br>日 | 辛未<br>5<br>一 | 壬申<br>6<br>二 | 癸酉<br>7<br>三 | 甲戌<br>8<br>四 | 乙亥<br>9<br>五 | 丙子<br>10<br>六 | 丁丑<br>11<br>日 | 戊寅<br>12<br>一 | 己卯<br>13<br>二 | 庚辰<br>14<br>三 | 辛巳<br>15<br>四 | 壬午<br>16<br>五 | 癸未<br>17<br>六 | 甲申<br>18<br>日 | 乙酉<br>19<br>一 | 丙戌<br>20<br>二 | 丁亥<br>21<br>三 | 戊子<br>22<br>四 | 己丑<br>23<br>五 | 庚寅<br>24<br>六 | 辛卯<br>25<br>日 | 壬辰<br>26<br>一 | 癸巳<br>27<br>二 | 甲午<br>28<br>三 | 乙未<br>29<br>四 | 丙申<br>30<br>五 | | 丙子小暑<br>辛卯大暑 |
| 七月大 | 丙申 | 天干<br>地支<br>西曆<br>星期 | 丁酉<br>31<br>六 | 戊戌<br>(8)<br>日 | 己亥<br>2<br>一 | 庚子<br>3<br>二 | 辛丑<br>4<br>三 | 壬寅<br>5<br>四 | 癸卯<br>6<br>五 | 甲辰<br>7<br>六 | 乙巳<br>8<br>日 | 丙午<br>9<br>一 | 丁未<br>10<br>二 | 戊申<br>11<br>三 | 己酉<br>12<br>四 | 庚戌<br>13<br>五 | 辛亥<br>14<br>六 | 壬子<br>15<br>日 | 癸丑<br>16<br>一 | 甲寅<br>17<br>二 | 乙卯<br>18<br>三 | 丙辰<br>19<br>四 | 丁巳<br>20<br>五 | 戊午<br>21<br>六 | 己未<br>22<br>日 | 庚申<br>23<br>一 | 辛酉<br>24<br>二 | 壬戌<br>25<br>三 | 癸亥<br>26<br>四 | 甲子<br>27<br>五 | 乙丑<br>28<br>六 | 丙寅<br>29<br>日 | 丁未立秋<br>壬戌處暑 |
| 八月小 | 丁酉 | 天干<br>地支<br>西曆<br>星期 | 丁卯<br>30<br>一 | 戊辰<br>31<br>二 | 己巳<br>(9)<br>三 | 庚午<br>2<br>四 | 辛未<br>3<br>五 | 壬申<br>4<br>六 | 癸酉<br>5<br>日 | 甲戌<br>6<br>一 | 乙亥<br>7<br>二 | 丙子<br>8<br>三 | 丁丑<br>9<br>四 | 戊寅<br>10<br>五 | 己卯<br>11<br>六 | 庚辰<br>12<br>日 | 辛巳<br>13<br>一 | 壬午<br>14<br>二 | 癸未<br>15<br>三 | 甲申<br>16<br>四 | 乙酉<br>17<br>五 | 丙戌<br>18<br>六 | 丁亥<br>19<br>日 | 戊子<br>20<br>一 | 己丑<br>21<br>二 | 庚寅<br>22<br>三 | 辛卯<br>23<br>四 | 壬辰<br>24<br>五 | 癸巳<br>25<br>六 | 甲午<br>26<br>日 | 乙未<br>27<br>一 | | 丁丑白露<br>壬辰秋分 |
| 九月大 | 戊戌 | 天干<br>地支<br>西曆<br>星期 | 丙申<br>28<br>二 | 丁酉<br>29<br>三 | 戊戌<br>30<br>四 | 己亥<br>(10)<br>五 | 庚子<br>2<br>六 | 辛丑<br>3<br>日 | 壬寅<br>4<br>一 | 癸卯<br>5<br>二 | 甲辰<br>6<br>三 | 乙巳<br>7<br>四 | 丙午<br>8<br>五 | 丁未<br>9<br>六 | 戊申<br>10<br>日 | 己酉<br>11<br>一 | 庚戌<br>12<br>二 | 辛亥<br>13<br>三 | 壬子<br>14<br>四 | 癸丑<br>15<br>五 | 甲寅<br>16<br>六 | 乙卯<br>17<br>日 | 丙辰<br>18<br>一 | 丁巳<br>19<br>二 | 戊午<br>20<br>三 | 己未<br>21<br>四 | 庚申<br>22<br>五 | 辛酉<br>23<br>六 | 壬戌<br>24<br>日 | 癸亥<br>25<br>一 | 甲子<br>26<br>二 | 乙丑<br>27<br>三 | 丁未寒露<br>癸亥霜降 |
| 十月大 | 己亥 | 天干<br>地支<br>西曆<br>星期 | 丙寅<br>28<br>四 | 丁卯<br>29<br>五 | 戊辰<br>30<br>六 | 己巳<br>31<br>日 | 庚午<br>(11)<br>一 | 辛未<br>2<br>二 | 壬申<br>3<br>三 | 癸酉<br>4<br>四 | 甲戌<br>5<br>五 | 乙亥<br>6<br>六 | 丙子<br>7<br>日 | 丁丑<br>8<br>一 | 戊寅<br>9<br>二 | 己卯<br>10<br>三 | 庚辰<br>11<br>四 | 辛巳<br>12<br>五 | 壬午<br>13<br>六 | 癸未<br>14<br>日 | 甲申<br>15<br>一 | 乙酉<br>16<br>二 | 丙戌<br>17<br>三 | 丁亥<br>18<br>四 | 戊子<br>19<br>五 | 己丑<br>20<br>六 | 庚寅<br>21<br>日 | 辛卯<br>22<br>一 | 壬辰<br>23<br>二 | 癸巳<br>24<br>三 | 甲午<br>25<br>四 | 乙未<br>26<br>五 | 戊寅立冬<br>癸巳小雪 |
| 十一月小 | 庚子 | 天干<br>地支<br>西曆<br>星期 | 丙申<br>27<br>六 | 丁酉<br>28<br>日 | 戊戌<br>29<br>一 | 己亥<br>30<br>二 | 庚子<br>(12)<br>三 | 辛丑<br>2<br>四 | 壬寅<br>3<br>五 | 癸卯<br>4<br>六 | 甲辰<br>5<br>日 | 乙巳<br>6<br>一 | 丙午<br>7<br>二 | 丁未<br>8<br>三 | 戊申<br>9<br>四 | 己酉<br>10<br>五 | 庚戌<br>11<br>六 | 辛亥<br>12<br>日 | 壬子<br>13<br>一 | 癸丑<br>14<br>二 | 甲寅<br>15<br>三 | 乙卯<br>16<br>四 | 丙辰<br>17<br>五 | 丁巳<br>18<br>六 | 戊午<br>19<br>日 | 己未<br>20<br>一 | 庚申<br>21<br>二 | 辛酉<br>22<br>三 | 壬戌<br>23<br>四 | 癸亥<br>24<br>五 | 甲子<br>25<br>六 | | 戊申大雪<br>甲子冬至<br>甲子日食 |
| 十二月大 | 辛丑 | 天干<br>地支<br>西曆<br>星期 | 乙丑<br>26<br>日 | 丙寅<br>27<br>一 | 丁卯<br>28<br>二 | 戊辰<br>29<br>三 | 己巳<br>30<br>四 | 庚午<br>31<br>五 | 辛未<br>(1)<br>六 | 壬申<br>2<br>日 | 癸酉<br>3<br>一 | 甲戌<br>4<br>二 | 乙亥<br>5<br>三 | 丙子<br>6<br>四 | 丁丑<br>7<br>五 | 戊寅<br>8<br>六 | 己卯<br>9<br>日 | 庚辰<br>10<br>一 | 辛巳<br>11<br>二 | 壬午<br>12<br>三 | 癸未<br>13<br>四 | 甲申<br>14<br>五 | 乙酉<br>15<br>六 | 丙戌<br>16<br>日 | 丁亥<br>17<br>一 | 戊子<br>18<br>二 | 己丑<br>19<br>三 | 庚寅<br>20<br>四 | 辛卯<br>21<br>五 | 壬辰<br>22<br>六 | 癸巳<br>23<br>日 | 甲午<br>24<br>一 | 己卯小寒<br>甲午大寒 |
| 閏十二小 | 辛丑 | 天干<br>地支<br>西曆<br>星期 | 乙未<br>25<br>二 | 丙申<br>26<br>三 | 丁酉<br>27<br>四 | 戊戌<br>28<br>五 | 己亥<br>29<br>六 | 庚子<br>30<br>日 | 辛丑<br>31<br>一 | 壬寅<br>(2)<br>二 | 癸卯<br>2<br>三 | 甲辰<br>3<br>四 | 乙巳<br>4<br>五 | 丙午<br>5<br>六 | 丁未<br>6<br>日 | 戊申<br>7<br>一 | 己酉<br>8<br>二 | 庚戌<br>9<br>三 | 辛亥<br>10<br>四 | 壬子<br>11<br>五 | 癸丑<br>12<br>六 | 甲寅<br>13<br>日 | 乙卯<br>14<br>一 | 丙辰<br>15<br>二 | 丁巳<br>16<br>三 | 戊午<br>17<br>四 | 己未<br>18<br>五 | 庚申<br>19<br>六 | 辛酉<br>20<br>日 | 壬戌<br>21<br>一 | 癸亥<br>22<br>二 | | 己酉立春 |

* 四月己卯（十一日），改元建武中元。

# 漢光武帝建武中元二年　明帝建武中元二年（丁巳 蛇年）公元 57 ~ 58 年

| 夏曆月序 | | 中西曆日對照 | 初一 | 初二 | 初三 | 初四 | 初五 | 初六 | 初七 | 初八 | 初九 | 初十 | 十一 | 十二 | 十三 | 十四 | 十五 | 十六 | 十七 | 十八 | 十九 | 二十 | 二一 | 二二 | 二三 | 二四 | 二五 | 二六 | 二七 | 二八 | 二九 | 三十 | 節氣與天象 |
|---|---|---|---|---|---|---|---|---|---|---|---|---|---|---|---|---|---|---|---|---|---|---|---|---|---|---|---|---|---|---|---|---|---|
| 正月大 | 壬寅 | 天干地支西曆星期 | 甲子23三 | 乙丑24四 | 丙寅25五 | 丁卯26六 | 戊辰27日 | 己巳28一 | 庚午(3)二 | 辛未2三 | 壬申3四 | 癸酉4五 | 甲戌5六 | 乙亥6日 | 丙子7一 | 丁丑8二 | 戊寅9三 | 己卯10四 | 庚辰11五 | 辛巳12六 | 壬午13日 | 癸未14一 | 甲申15二 | 乙酉16三 | 丙戌17四 | 丁亥18五 | 戊子19六 | 己丑20日 | 庚寅21一 | 辛卯22二 | 壬辰23三 | 癸巳24四 | 甲子驚蟄 庚辰雨水 |
| 二月小 | 癸卯 | 天干地支西曆星期 | 甲午25五 | 乙未26六 | 丙申27日 | 丁酉28一 | 戊戌29二 | 己亥30三 | 庚子31四 | 辛丑(4)五 | 壬寅2六 | 癸卯3日 | 甲辰4一 | 乙巳5二 | 丙午6三 | 丁未7四 | 戊申8五 | 己酉9六 | 庚戌10日 | 辛亥11一 | 壬子12二 | 癸丑13三 | 甲寅14四 | 乙卯15五 | 丙辰16六 | 丁巳17日 | 戊午18一 | 己未19二 | 庚申20三 | 辛酉21四 | 壬戌22五 | | 乙未春分 庚戌穀雨 |
| 三月大 | 甲辰 | 天干地支西曆星期 | 癸亥23六 | 甲子24日 | 乙丑25一 | 丙寅26二 | 丁卯27三 | 戊辰28四 | 己巳29五 | 庚午30六 | 辛未(5)日 | 壬申2一 | 癸酉3二 | 甲戌4三 | 乙亥5四 | 丙子6五 | 丁丑7六 | 戊寅8日 | 己卯9一 | 庚辰10二 | 辛巳11三 | 壬午12四 | 癸未13五 | 甲申14六 | 乙酉15日 | 丙戌16一 | 丁亥17二 | 戊子18三 | 己丑19四 | 庚寅20五 | 辛卯21六 | 壬辰22日 | 乙丑清明 庚辰立夏 |
| 四月小 | 乙巳 | 天干地支西曆星期 | 癸巳23一 | 甲午24二 | 乙未25三 | 丙申26四 | 丁酉27五 | 戊戌28六 | 己亥29日 | 庚子30一 | 辛丑31二 | 壬寅(6)三 | 癸卯2四 | 甲辰3五 | 乙巳4六 | 丙午5日 | 丁未6一 | 戊申7二 | 己酉8三 | 庚戌9四 | 辛亥10五 | 壬子11六 | 癸丑12日 | 甲寅13一 | 乙卯14二 | 丙辰15三 | 丁巳16四 | 戊午17五 | 己未18六 | 庚申19日 | 辛酉20一 | | 丙申小滿 辛亥芒種 |
| 五月大 | 丙午 | 天干地支西曆星期 | 壬戌21二 | 癸亥22三 | 甲子23四 | 乙丑24五 | 丙寅25六 | 丁卯26日 | 戊辰27一 | 己巳28二 | 庚午29三 | 辛未30四 | 壬申(7)五 | 癸酉2六 | 甲戌3日 | 乙亥4一 | 丙子5二 | 丁丑6三 | 戊寅7四 | 己卯8五 | 庚辰9六 | 辛巳10日 | 壬午11一 | 癸未12二 | 甲申13三 | 乙酉14四 | 丙戌15五 | 丁亥16六 | 戊子17日 | 己丑18一 | 庚寅19二 | 辛卯20三 | 丙寅夏至 辛巳小暑 |
| 六月小 | 丁未 | 天干地支西曆星期 | 壬辰21四 | 癸巳22五 | 甲午23六 | 乙未24日 | 丙申25一 | 丁酉26二 | 戊戌27三 | 己亥28四 | 庚子29五 | 辛丑30六 | 壬寅31日 | 癸卯(8)一 | 甲辰2二 | 乙巳3三 | 丙午4四 | 丁未5五 | 戊申6六 | 己酉7日 | 庚戌8一 | 辛亥9二 | 壬子10三 | 癸丑11四 | 甲寅12五 | 乙卯13六 | 丙辰14日 | 丁巳15一 | 戊午16二 | 己未17三 | 庚申18四 | | 丁酉大暑 壬子立秋 |
| 七月大 | 戊申 | 天干地支西曆星期 | 辛酉19五 | 壬戌20六 | 癸亥21日 | 甲子22一 | 乙丑23二 | 丙寅24三 | 丁卯25四 | 戊辰26五 | 己巳27六 | 庚午28日 | 辛未29一 | 壬申30二 | 癸酉31三 | 甲戌(9)四 | 乙亥2五 | 丙子3六 | 丁丑4日 | 戊寅5一 | 己卯6二 | 庚辰7三 | 辛巳8四 | 壬午9五 | 癸未10六 | 甲申11日 | 乙酉12一 | 丙戌13二 | 丁亥14三 | 戊子15四 | 己丑16五 | 庚寅17六 | 丁卯處暑 壬午白露 |
| 八月小 | 己酉 | 天干地支西曆星期 | 辛卯18日 | 壬辰19一 | 癸巳20二 | 甲午21三 | 乙未22四 | 丙申23五 | 丁酉24六 | 戊戌25日 | 己亥26一 | 庚子27二 | 辛丑28三 | 壬寅29四 | 癸卯30五 | 甲辰(10)六 | 乙巳2日 | 丙午3一 | 丁未4二 | 戊申5三 | 己酉6四 | 庚戌7五 | 辛亥8六 | 壬子9日 | 癸丑10一 | 甲寅11二 | 乙卯12三 | 丙辰13四 | 丁巳14五 | 戊午15六 | 己未16日 | | 丁酉秋分 癸丑寒露 |
| 九月大 | 庚戌 | 天干地支西曆星期 | 庚申17一 | 辛酉18二 | 壬戌19三 | 癸亥20四 | 甲子21五 | 乙丑22六 | 丙寅23日 | 丁卯24一 | 戊辰25二 | 己巳26三 | 庚午27四 | 辛未28五 | 壬申29六 | 癸酉30日 | 甲戌31一 | 乙亥(11)二 | 丙子2三 | 丁丑3四 | 戊寅4五 | 己卯5六 | 庚辰6日 | 辛巳7一 | 壬午8二 | 癸未9三 | 甲申10四 | 乙酉11五 | 丙戌12六 | 丁亥13日 | 戊子14一 | 己丑15二 | 戊辰霜降 癸未立冬 |
| 十月小 | 辛亥 | 天干地支西曆星期 | 庚寅16三 | 辛卯17四 | 壬辰18五 | 癸巳19六 | 甲午20日 | 乙未21一 | 丙申22二 | 丁酉23三 | 戊戌24四 | 己亥25五 | 庚子26六 | 辛丑27日 | 壬寅28一 | 癸卯29二 | 甲辰30三 | 乙巳(12)四 | 丙午2五 | 丁未3六 | 戊申4日 | 己酉5一 | 庚戌6二 | 辛亥7三 | 壬子8四 | 癸丑9五 | 甲寅10六 | 乙卯11日 | 丙辰12一 | 丁巳13二 | 戊午14三 | | 戊戌小雪 甲寅大雪 |
| 十一月大 | 壬子 | 天干地支西曆星期 | 己未15四 | 庚申16五 | 辛酉17六 | 壬戌18日 | 癸亥19一 | 甲子20二 | 乙丑21三 | 丙寅22四 | 丁卯23五 | 戊辰24六 | 己巳25日 | 庚午26一 | 辛未27二 | 壬申28三 | 癸酉29四 | 甲戌30五 | 乙亥31六 | 丙子(1)日 | 丁丑2一 | 戊寅3二 | 己卯4三 | 庚辰5四 | 辛巳6五 | 壬午7六 | 癸未8日 | 甲申9一 | 乙酉10二 | 丙戌11三 | 丁亥12四 | 戊子13五 | 己巳冬至 甲申小寒 |
| 十二月大 | 癸丑 | 天干地支西曆星期 | 己丑14六 | 庚寅15日 | 辛卯16一 | 壬辰17二 | 癸巳18三 | 甲午19四 | 乙未20五 | 丙申21六 | 丁酉22日 | 戊戌23一 | 己亥24二 | 庚子25三 | 辛丑26四 | 壬寅27五 | 癸卯28六 | 甲辰29日 | 乙巳30一 | 丙午31二 | 丁未(2)三 | 戊申2四 | 己酉3五 | 庚戌4六 | 辛亥5日 | 壬子6一 | 癸丑7二 | 甲寅8三 | 乙卯9四 | 丙辰10五 | 丁巳11六 | 戊午12日 | 己亥大寒 甲寅立春 |

*二月戊戌（初五），光武帝死。劉莊即位，是爲明帝。

# 漢明帝永平元年（戊午 馬年）公元 58 ~ 59 年

| 夏曆月序 | 中西曆日對照 | | 初一 | 初二 | 初三 | 初四 | 初五 | 初六 | 初七 | 初八 | 初九 | 初十 | 十一 | 十二 | 十三 | 十四 | 十五 | 十六 | 十七 | 十八 | 十九 | 二十 | 二一 | 二二 | 二三 | 二四 | 二五 | 二六 | 二七 | 二八 | 二九 | 三十 | 節氣與天象 |
|---|---|---|---|---|---|---|---|---|---|---|---|---|---|---|---|---|---|---|---|---|---|---|---|---|---|---|---|---|---|---|---|---|---|
| 正月小 | 甲寅 | 天干地支 西曆星期 | 己未 13 一 | 庚申 14 二 | 辛酉 15 三 | 壬戌 16 四 | 癸亥 17 五 | 甲子 18 六 | 乙丑 19 日 | 丙寅 20 一 | 丁卯 21 二 | 戊辰 22 三 | 己巳 23 四 | 庚午 24 五 | 辛未 25 六 | 壬申 26 日 | 癸酉 27 一 | 甲戌 28 二 | 乙亥 (3) 三 | 丙子 2 四 | 丁丑 3 五 | 戊寅 4 六 | 己卯 5 日 | 庚辰 6 一 | 辛巳 7 二 | 壬午 8 三 | 癸未 9 四 | 甲申 10 五 | 乙酉 11 六 | 丙戌 12 日 | 丁亥 13 一 | | 庚午驚蟄 乙酉雨水 |
| 二月大 | 乙卯 | 天干地支 西曆星期 | 戊子 14 二 | 己丑 15 三 | 庚寅 16 四 | 辛卯 17 五 | 壬辰 18 六 | 癸巳 19 日 | 甲午 20 一 | 乙未 21 二 | 丙申 22 三 | 丁酉 23 四 | 戊戌 24 五 | 己亥 25 六 | 庚子 26 日 | 辛丑 27 一 | 壬寅 28 二 | 癸卯 29 三 | 甲辰 30 四 | 乙巳 31 五 | 丙午 (4) 六 | 丁未 2 日 | 戊申 3 一 | 己酉 4 二 | 庚戌 5 三 | 辛亥 6 四 | 壬子 7 五 | 癸丑 8 六 | 甲寅 9 日 | 乙卯 10 一 | 丙辰 11 二 | 丁巳 12 三 | 庚子春分 乙卯穀雨 |
| 三月小 | 丙辰 | 天干地支 西曆星期 | 戊午 13 四 | 己未 14 五 | 庚申 15 六 | 辛酉 16 日 | 壬戌 17 一 | 癸亥 18 二 | 甲子 19 三 | 乙丑 20 四 | 丙寅 21 五 | 丁卯 22 六 | 戊辰 23 日 | 己巳 24 一 | 庚午 25 二 | 辛未 26 三 | 壬申 27 四 | 癸酉 28 五 | 甲戌 29 六 | 乙亥 30 日 | 丙子 (5) 一 | 丁丑 2 二 | 戊寅 3 三 | 己卯 4 四 | 庚辰 5 五 | 辛巳 6 六 | 壬午 7 日 | 癸未 8 一 | 甲申 9 二 | 乙酉 10 三 | 丙戌 11 四 | | 辛未清明 丙戌立夏 |
| 四月大 | 丁巳 | 天干地支 西曆星期 | 丁亥 12 五 | 戊子 13 六 | 己丑 14 日 | 庚寅 15 一 | 辛卯 16 二 | 壬辰 17 三 | 癸巳 18 四 | 甲午 19 五 | 乙未 20 六 | 丙申 21 日 | 丁酉 22 一 | 戊戌 23 二 | 己亥 24 三 | 庚子 25 四 | 辛丑 26 五 | 壬寅 27 六 | 癸卯 28 日 | 甲辰 29 一 | 乙巳 30 二 | 丙午 31 三 | 丁未 (6) 四 | 戊申 2 五 | 己酉 3 六 | 庚戌 4 日 | 辛亥 5 一 | 壬子 6 二 | 癸丑 7 三 | 甲寅 8 四 | 乙卯 9 五 | 丙辰 10 六 | 辛丑小滿 丙辰芒種 |
| 五月小 | 戊午 | 天干地支 西曆星期 | 丁巳 11 日 | 戊午 12 一 | 己未 13 二 | 庚申 14 三 | 辛酉 15 四 | 壬戌 16 五 | 癸亥 17 六 | 甲子 18 日 | 乙丑 19 一 | 丙寅 20 二 | 丁卯 21 三 | 戊辰 22 四 | 己巳 23 五 | 庚午 24 六 | 辛未 25 日 | 壬申 26 一 | 癸酉 27 二 | 甲戌 28 三 | 乙亥 29 四 | 丙子 30 五 | 丁丑 (7) 六 | 戊寅 2 日 | 己卯 3 一 | 庚辰 4 二 | 辛巳 5 三 | 壬午 6 四 | 癸未 7 五 | 甲申 8 六 | 乙酉 9 日 | | 辛未夏至 |
| 六月大 | 己未 | 天干地支 西曆星期 | 丙戌 10 一 | 丁亥 11 二 | 戊子 12 三 | 己丑 13 四 | 庚寅 14 五 | 辛卯 15 六 | 壬辰 16 日 | 癸巳 17 一 | 甲午 18 二 | 乙未 19 三 | 丙申 20 四 | 丁酉 21 五 | 戊戌 22 六 | 己亥 23 日 | 庚子 24 一 | 辛丑 25 二 | 壬寅 26 三 | 癸卯 27 四 | 甲辰 28 五 | 乙巳 29 六 | 丙午 30 日 | 丁未 31 一 | 戊申 (8) 二 | 己酉 2 三 | 庚戌 3 四 | 辛亥 4 五 | 壬子 5 六 | 癸丑 6 日 | 甲寅 7 一 | 乙卯 8 二 | 丁亥小暑 壬寅大暑 |
| 七月小 | 庚申 | 天干地支 西曆星期 | 丙辰 9 三 | 丁巳 10 四 | 戊午 11 五 | 己未 12 六 | 庚申 13 日 | 辛酉 14 一 | 壬戌 15 二 | 癸亥 16 三 | 甲子 17 四 | 乙丑 18 五 | 丙寅 19 六 | 丁卯 20 日 | 戊辰 21 一 | 己巳 22 二 | 庚午 23 三 | 辛未 24 四 | 壬申 25 五 | 癸酉 26 六 | 甲戌 27 日 | 乙亥 28 一 | 丙子 29 二 | 丁丑 30 三 | 戊寅 31 四 | 己卯 (9) 五 | 庚辰 2 六 | 辛巳 3 日 | 壬午 4 一 | 癸未 5 二 | 甲申 6 三 | | 丁巳立秋 壬申處暑 |
| 八月大 | 辛酉 | 天干地支 西曆星期 | 乙酉 7 四 | 丙戌 8 五 | 丁亥 9 六 | 戊子 10 日 | 己丑 11 一 | 庚寅 12 二 | 辛卯 13 三 | 壬辰 14 四 | 癸巳 15 五 | 甲午 16 六 | 乙未 17 日 | 丙申 18 一 | 丁酉 19 二 | 戊戌 20 三 | 己亥 21 四 | 庚子 22 五 | 辛丑 23 六 | 壬寅 24 日 | 癸卯 25 一 | 甲辰 26 二 | 乙巳 27 三 | 丙午 28 四 | 丁未 29 五 | 戊申 30 六 | 己酉 (10) 日 | 庚戌 2 一 | 辛亥 3 二 | 壬子 4 三 | 癸丑 5 四 | 甲寅 6 五 | 丁亥白露 癸卯秋分 |
| 九月小 | 壬戌 | 天干地支 西曆星期 | 乙卯 7 六 | 丙辰 8 日 | 丁巳 9 一 | 戊午 10 二 | 己未 11 三 | 庚申 12 四 | 辛酉 13 五 | 壬戌 14 六 | 癸亥 15 日 | 甲子 16 一 | 乙丑 17 二 | 丙寅 18 三 | 丁卯 19 四 | 戊辰 20 五 | 己巳 21 六 | 庚午 22 日 | 辛未 23 一 | 壬申 24 二 | 癸酉 25 三 | 甲戌 26 四 | 乙亥 27 五 | 丙子 28 六 | 丁丑 29 日 | 戊寅 30 一 | 己卯 31 二 | 庚辰 (11) 三 | 辛巳 2 四 | 壬午 3 五 | 癸未 4 六 | | 戊午寒露 癸酉霜降 |
| 十月大 | 癸亥 | 天干地支 西曆星期 | 甲申 5 日 | 乙酉 6 一 | 丙戌 7 二 | 丁亥 8 三 | 戊子 9 四 | 己丑 10 五 | 庚寅 11 六 | 辛卯 12 日 | 壬辰 13 一 | 癸巳 14 二 | 甲午 15 三 | 乙未 16 四 | 丙申 17 五 | 丁酉 18 六 | 戊戌 19 日 | 己亥 20 一 | 庚子 21 二 | 辛丑 22 三 | 壬寅 23 四 | 癸卯 24 五 | 甲辰 25 六 | 乙巳 26 日 | 丙午 27 一 | 丁未 28 二 | 戊申 29 三 | 己酉 30 四 | 庚戌 (12) 五 | 辛亥 2 六 | 壬子 3 日 | 癸丑 4 一 | 戊子立冬 甲辰小雪 |
| 十一月小 | 甲子 | 天干地支 西曆星期 | 甲寅 5 二 | 乙卯 6 三 | 丙辰 7 四 | 丁巳 8 五 | 戊午 9 六 | 己未 10 日 | 庚申 11 一 | 辛酉 12 二 | 壬戌 13 三 | 癸亥 14 四 | 甲子 15 五 | 乙丑 16 六 | 丙寅 17 日 | 丁卯 18 一 | 戊辰 19 二 | 己巳 20 三 | 庚午 21 四 | 辛未 22 五 | 壬申 23 六 | 癸酉 24 日 | 甲戌 25 一 | 乙亥 26 二 | 丙子 27 三 | 丁丑 28 四 | 戊寅 29 五 | 己卯 30 六 | 庚辰 31 日 | 辛巳 (1) 一 | 壬午 2 二 | | 己未大雪 甲寅冬至 |
| 十二月大 | 乙丑 | 天干地支 西曆星期 | 癸未 3 三 | 甲申 4 四 | 乙酉 5 五 | 丙戌 6 六 | 丁亥 7 日 | 戊子 8 一 | 己丑 9 二 | 庚寅 10 三 | 辛卯 11 四 | 壬辰 12 五 | 癸巳 13 六 | 甲午 14 日 | 乙未 15 一 | 丙申 16 二 | 丁酉 17 三 | 戊戌 18 四 | 己亥 19 五 | 庚子 20 六 | 辛丑 21 日 | 壬寅 22 一 | 癸卯 23 二 | 甲辰 24 三 | 乙巳 25 四 | 丙午 26 五 | 丁未 27 六 | 戊申 28 日 | 己酉 29 一 | 庚戌 30 二 | 辛亥 31 三 | 壬子 (2) 四 | 己丑小寒 甲辰大寒 |

* 正月，改元永平。

# 漢明帝永平二年（己未 羊年）公元 **59** ~ 60 年

| 夏曆月序 | | 中西曆日對照 | 初一 | 初二 | 初三 | 初四 | 初五 | 初六 | 初七 | 初八 | 初九 | 初十 | 十一 | 十二 | 十三 | 十四 | 十五 | 十六 | 十七 | 十八 | 十九 | 二十 | 二一 | 二二 | 二三 | 二四 | 二五 | 二六 | 二七 | 二八 | 二九 | 三十 | 節氣與天象 |
|---|---|---|---|---|---|---|---|---|---|---|---|---|---|---|---|---|---|---|---|---|---|---|---|---|---|---|---|---|---|---|---|---|---|
| 正月小 | 丙寅 | 干支 西曆 星期 | 癸丑 2 五 | 甲寅 3 六 | 乙卯 4 日 | 丙辰 5 一 | 丁巳 6 二 | 戊午 7 三 | 己未 8 四 | 庚申 9 五 | 辛酉 10 六 | 壬戌 11 日 | 癸亥 12 一 | 甲子 13 二 | 乙丑 14 三 | 丙寅 15 四 | 丁卯 16 五 | 戊辰 17 六 | 己巳 18 日 | 庚午 19 一 | 辛未 20 二 | 壬申 21 三 | 癸酉 22 四 | 甲戌 23 五 | 乙亥 24 六 | 丙子 25 日 | 丁丑 26 一 | 戊寅 27 二 | 己卯 28 三 | 庚辰 (3) 四 | 辛巳 2 五 | | 庚申立春 乙亥驚蟄 |
| 二月大 | 丁卯 | 干支 西曆 星期 | 壬午 3 六 | 癸未 4 日 | 甲申 5 一 | 乙酉 6 二 | 丙戌 7 三 | 丁亥 8 四 | 戊子 9 五 | 己丑 10 六 | 庚寅 11 日 | 辛卯 12 一 | 壬辰 13 二 | 癸巳 14 三 | 甲午 15 四 | 乙未 16 五 | 丙申 17 六 | 丁酉 18 日 | 戊戌 19 一 | 己亥 20 二 | 庚子 21 三 | 辛丑 22 四 | 壬寅 23 五 | 癸卯 24 六 | 甲辰 25 日 | 乙巳 26 一 | 丙午 27 二 | 丁未 28 三 | 戊申 29 四 | 己酉 30 五 | 庚戌 31 六 | 辛亥 (4) 日 | 庚寅雨水 乙巳春分 |
| 三月小 | 戊辰 | 干支 西曆 星期 | 壬子 2 一 | 癸丑 3 二 | 甲寅 4 三 | 乙卯 5 四 | 丙辰 6 五 | 丁巳 7 六 | 戊午 8 日 | 己未 9 一 | 庚申 10 二 | 辛酉 11 三 | 壬戌 12 四 | 癸亥 13 五 | 甲子 14 六 | 乙丑 15 日 | 丙寅 16 一 | 丁卯 17 二 | 戊辰 18 三 | 己巳 19 四 | 庚午 20 五 | 辛未 21 六 | 壬申 22 日 | 癸酉 23 一 | 甲戌 24 二 | 乙亥 25 三 | 丙子 26 四 | 丁丑 27 五 | 戊寅 28 六 | 己卯 29 日 | 庚辰 30 一 | | 辛酉穀雨 丙子清明 |
| 四月大 | 己巳 | 干支 西曆 星期 | 辛巳 (5) 二 | 壬午 2 三 | 癸未 3 四 | 甲申 4 五 | 乙酉 5 六 | 丙戌 6 日 | 丁亥 7 一 | 戊子 8 二 | 己丑 9 三 | 庚寅 10 四 | 辛卯 11 五 | 壬辰 12 六 | 癸巳 13 日 | 甲午 14 一 | 乙未 15 二 | 丙申 16 三 | 丁酉 17 四 | 戊戌 18 五 | 己亥 19 六 | 庚子 20 日 | 辛丑 21 一 | 壬寅 22 二 | 癸卯 23 三 | 甲辰 24 四 | 乙巳 25 五 | 丙午 26 六 | 丁未 27 日 | 戊申 28 一 | 己酉 29 二 | 庚戌 30 三 | 辛卯立夏 丙午小滿 |
| 五月大 | 庚午 | 干支 西曆 星期 | 辛亥 31 四 | 壬子 (6) 五 | 癸丑 2 六 | 甲寅 3 日 | 乙卯 4 一 | 丙辰 5 二 | 丁巳 6 三 | 戊午 7 四 | 己未 8 五 | 庚申 9 六 | 辛酉 10 日 | 壬戌 11 一 | 癸亥 12 二 | 甲子 13 三 | 乙丑 14 四 | 丙寅 15 五 | 丁卯 16 六 | 戊辰 17 日 | 己巳 18 一 | 庚午 19 二 | 辛未 20 三 | 壬申 21 四 | 癸酉 22 五 | 甲戌 23 六 | 乙亥 24 日 | 丙子 25 一 | 丁丑 26 二 | 戊寅 27 三 | 己卯 28 四 | 庚辰 29 五 | 辛酉芒種 丁丑夏至 |
| 六月小 | 辛未 | 干支 西曆 星期 | 辛巳 30 六 | 壬午 (7) 日 | 癸未 2 一 | 甲申 3 二 | 乙酉 4 三 | 丙戌 5 四 | 丁亥 6 五 | 戊子 7 六 | 己丑 8 日 | 庚寅 9 一 | 辛卯 10 二 | 壬辰 11 三 | 癸巳 12 四 | 甲午 13 五 | 乙未 14 六 | 丙申 15 日 | 丁酉 16 一 | 戊戌 17 二 | 己亥 18 三 | 庚子 19 四 | 辛丑 20 五 | 壬寅 21 六 | 癸卯 22 日 | 甲辰 23 一 | 乙巳 24 二 | 丙午 25 三 | 丁未 26 四 | 戊申 27 五 | 己酉 28 六 | | 壬辰小暑 丁未大暑 |
| 七月大 | 壬申 | 干支 西曆 星期 | 庚戌 29 日 | 辛亥 30 一 | 壬子 31 二 | 癸丑 (8) 三 | 甲寅 2 四 | 乙卯 3 五 | 丙辰 4 六 | 丁巳 5 日 | 戊午 6 一 | 己未 7 二 | 庚申 8 三 | 辛酉 9 四 | 壬戌 10 五 | 癸亥 11 六 | 甲子 12 日 | 乙丑 13 一 | 丙寅 14 二 | 丁卯 15 三 | 戊辰 16 四 | 己巳 17 五 | 庚午 18 六 | 辛未 19 日 | 壬申 20 一 | 癸酉 21 二 | 甲戌 22 三 | 乙亥 23 四 | 丙子 24 五 | 丁丑 25 六 | 戊寅 26 日 | 己卯 27 一 | 壬戌立秋 戊寅處暑 |
| 八月小 | 癸酉 | 干支 西曆 星期 | 庚辰 28 二 | 辛巳 29 三 | 壬午 30 四 | 癸未 31 五 | 甲申 (9) 六 | 乙酉 2 日 | 丙戌 3 一 | 丁亥 4 二 | 戊子 5 三 | 己丑 6 四 | 庚寅 7 五 | 辛卯 8 六 | 壬辰 9 日 | 癸巳 10 一 | 甲午 11 二 | 乙未 12 三 | 丙申 13 四 | 丁酉 14 五 | 戊戌 15 六 | 己亥 16 日 | 庚子 17 一 | 辛丑 18 二 | 壬寅 19 三 | 癸卯 20 四 | 甲辰 21 五 | 乙巳 22 六 | 丙午 23 日 | 丁未 24 一 | 戊申 25 二 | | 癸巳白露 戊申秋分 |
| 九月大 | 甲戌 | 干支 西曆 星期 | 己酉 26 三 | 庚戌 27 四 | 辛亥 28 五 | 壬子 29 六 | 癸丑 30 日 | 甲寅 (10) 一 | 乙卯 2 二 | 丙辰 3 三 | 丁巳 4 四 | 戊午 5 五 | 己未 6 六 | 庚申 7 日 | 辛酉 8 一 | 壬戌 9 二 | 癸亥 10 三 | 甲子 11 四 | 乙丑 12 五 | 丙寅 13 六 | 丁卯 14 日 | 戊辰 15 一 | 己巳 16 二 | 庚午 17 三 | 辛未 18 四 | 壬申 19 五 | 癸酉 20 六 | 甲戌 21 日 | 乙亥 22 一 | 丙子 23 二 | 丁丑 24 三 | 戊寅 25 四 | 癸亥寒露 戊寅霜降 |
| 閏九月小 | 甲戌 | 干支 西曆 星期 | 己卯 26 五 | 庚辰 27 六 | 辛巳 28 日 | 壬午 29 一 | 癸未 30 二 | 甲申 31 三 | 乙酉 (11) 四 | 丙戌 2 五 | 丁亥 3 六 | 戊子 4 日 | 己丑 5 一 | 庚寅 6 二 | 辛卯 7 三 | 壬辰 8 四 | 癸巳 9 五 | 甲午 10 六 | 乙未 11 日 | 丙申 12 一 | 丁酉 13 二 | 戊戌 14 三 | 己亥 15 四 | 庚子 16 五 | 辛丑 17 六 | 壬寅 18 日 | 癸卯 19 一 | 甲辰 20 二 | 乙巳 21 三 | 丙午 22 四 | 丁未 23 五 | | 甲午立冬 |
| 十月大 | 乙亥 | 干支 西曆 星期 | 戊申 24 六 | 己酉 25 日 | 庚戌 26 一 | 辛亥 27 二 | 壬子 28 三 | 癸丑 29 四 | 甲寅 30 五 | 乙卯 (12) 六 | 丙辰 2 日 | 丁巳 3 一 | 戊午 4 二 | 己未 5 三 | 庚申 6 四 | 辛酉 7 五 | 壬戌 8 六 | 癸亥 9 日 | 甲子 10 一 | 乙丑 11 二 | 丙寅 12 三 | 丁卯 13 四 | 戊辰 14 五 | 己巳 15 六 | 庚午 16 日 | 辛未 17 一 | 壬申 18 二 | 癸酉 19 三 | 甲戌 20 四 | 乙亥 21 五 | 丙子 22 六 | 丁丑 23 日 | 己酉小雪 甲子大雪 |
| 十一月小 | 丙子 | 干支 西曆 星期 | 戊寅 24 一 | 己卯 25 二 | 庚辰 26 三 | 辛巳 27 四 | 壬午 28 五 | 癸未 29 六 | 甲申 30 日 | 乙酉 31 一 | 丙戌 (1) 二 | 丁亥 2 三 | 戊子 3 四 | 己丑 4 五 | 庚寅 5 六 | 辛卯 6 日 | 壬辰 7 一 | 癸巳 8 二 | 甲午 9 三 | 乙未 10 四 | 丙申 11 五 | 丁酉 12 六 | 戊戌 13 日 | 己亥 14 一 | 庚子 15 二 | 辛丑 16 三 | 壬寅 17 四 | 癸卯 18 五 | 甲辰 19 六 | 乙巳 20 日 | 丙午 21 一 | | 己卯冬至 甲午小寒 |
| 十二月大 | 丁丑 | 干支 西曆 星期 | 丁未 22 二 | 戊申 23 三 | 己酉 24 四 | 庚戌 25 五 | 辛亥 26 六 | 壬子 27 日 | 癸丑 28 一 | 甲寅 29 二 | 乙卯 30 三 | 丙辰 31 四 | 丁巳 (2) 五 | 戊午 2 六 | 己未 3 日 | 庚申 4 一 | 辛酉 5 二 | 壬戌 6 三 | 癸亥 7 四 | 甲子 8 五 | 乙丑 9 六 | 丙寅 10 日 | 丁卯 11 一 | 戊辰 12 二 | 己巳 13 三 | 庚午 14 四 | 辛未 15 五 | 壬申 16 六 | 癸酉 17 日 | 甲戌 18 一 | 乙亥 19 二 | 丙子 20 三 | 庚戌大寒 乙丑立春 |

# 漢明帝永平三年（庚申 猴年）公元60 ~ 61年

| 夏曆月序 | | 中西曆日對照 | 初一 | 初二 | 初三 | 初四 | 初五 | 初六 | 初七 | 初八 | 初九 | 初十 | 十一 | 十二 | 十三 | 十四 | 十五 | 十六 | 十七 | 十八 | 十九 | 二十 | 二十一 | 二十二 | 二十三 | 二十四 | 二十五 | 二十六 | 二十七 | 二十八 | 二十九 | 三十 | 節氣與天象 |
|---|---|---|---|---|---|---|---|---|---|---|---|---|---|---|---|---|---|---|---|---|---|---|---|---|---|---|---|---|---|---|---|---|---|
| 正月小 | 戊寅 | 干支<br>西曆<br>星期 | 丁丑<br>21<br>四 | 戊寅<br>22<br>五 | 己卯<br>23<br>六 | 庚辰<br>24<br>日 | 辛巳<br>25<br>一 | 壬午<br>26<br>二 | 癸未<br>27<br>三 | 甲申<br>28<br>四 | 乙酉<br>29<br>五 | 丙戌<br>(3)<br>六 | 丁亥<br>2<br>日 | 戊子<br>3<br>一 | 己丑<br>4<br>二 | 庚寅<br>5<br>三 | 辛卯<br>6<br>四 | 壬辰<br>7<br>五 | 癸巳<br>8<br>六 | 甲午<br>9<br>日 | 乙未<br>10<br>一 | 丙申<br>11<br>二 | 丁酉<br>12<br>三 | 戊戌<br>13<br>四 | 己亥<br>14<br>五 | 庚子<br>15<br>六 | 辛丑<br>16<br>日 | 壬寅<br>17<br>一 | 癸卯<br>18<br>二 | 甲辰<br>19<br>三 | 乙巳<br>20<br>四 | | 庚辰驚蟄<br>乙未雨水 |
| 二月大 | 己卯 | 干支<br>西曆<br>星期 | 丙午<br>21<br>五 | 丁未<br>22<br>六 | 戊申<br>23<br>日 | 己酉<br>24<br>一 | 庚戌<br>25<br>二 | 辛亥<br>26<br>三 | 壬子<br>27<br>四 | 癸丑<br>28<br>五 | 甲寅<br>29<br>六 | 乙卯<br>30<br>日 | 丙辰<br>31<br>一 | 丁巳<br>(4)<br>二 | 戊午<br>2<br>三 | 己未<br>3<br>四 | 庚申<br>4<br>五 | 辛酉<br>5<br>六 | 壬戌<br>6<br>日 | 癸亥<br>7<br>一 | 甲子<br>8<br>二 | 乙丑<br>9<br>三 | 丙寅<br>10<br>四 | 丁卯<br>11<br>五 | 戊辰<br>12<br>六 | 己巳<br>13<br>日 | 庚午<br>14<br>一 | 辛未<br>15<br>二 | 壬申<br>16<br>三 | 癸酉<br>17<br>四 | 甲戌<br>18<br>五 | 乙亥<br>19<br>六 | 辛亥春分<br>丙寅穀雨 |
| 三月小 | 庚辰 | 干支<br>西曆<br>星期 | 丙子<br>20<br>日 | 丁丑<br>21<br>一 | 戊寅<br>22<br>二 | 己卯<br>23<br>三 | 庚辰<br>24<br>四 | 辛巳<br>25<br>五 | 壬午<br>26<br>六 | 癸未<br>27<br>日 | 甲申<br>28<br>一 | 乙酉<br>29<br>二 | 丙戌<br>30<br>三 | 丁亥<br>(5)<br>四 | 戊子<br>2<br>五 | 己丑<br>3<br>六 | 庚寅<br>4<br>日 | 辛卯<br>5<br>一 | 壬辰<br>6<br>二 | 癸巳<br>7<br>三 | 甲午<br>8<br>四 | 乙未<br>9<br>五 | 丙申<br>10<br>六 | 丁酉<br>11<br>日 | 戊戌<br>12<br>一 | 己亥<br>13<br>二 | 庚子<br>14<br>三 | 辛丑<br>15<br>四 | 壬寅<br>16<br>五 | 癸卯<br>17<br>六 | 甲辰<br>18<br>日 | | 辛巳清明<br>丙申立夏 |
| 四月大 | 辛巳 | 干支<br>西曆<br>星期 | 乙巳<br>19<br>一 | 丙午<br>20<br>二 | 丁未<br>21<br>三 | 戊申<br>22<br>四 | 己酉<br>23<br>五 | 庚戌<br>24<br>六 | 辛亥<br>25<br>日 | 壬子<br>26<br>一 | 癸丑<br>27<br>二 | 甲寅<br>28<br>三 | 乙卯<br>29<br>四 | 丙辰<br>30<br>五 | 丁巳<br>31<br>六 | 戊午<br>(6)<br>日 | 己未<br>2<br>一 | 庚申<br>3<br>二 | 辛酉<br>4<br>三 | 壬戌<br>5<br>四 | 癸亥<br>6<br>五 | 甲子<br>7<br>六 | 乙丑<br>8<br>日 | 丙寅<br>9<br>一 | 丁卯<br>10<br>二 | 戊辰<br>11<br>三 | 己巳<br>12<br>四 | 庚午<br>13<br>五 | 辛未<br>14<br>六 | 壬申<br>15<br>日 | 癸酉<br>16<br>一 | 甲戌<br>17<br>二 | 辛亥小滿<br>丁卯芒種 |
| 五月小 | 壬午 | 干支<br>西曆<br>星期 | 乙亥<br>18<br>三 | 丙子<br>19<br>四 | 丁丑<br>20<br>五 | 戊寅<br>21<br>六 | 己卯<br>22<br>日 | 庚辰<br>23<br>一 | 辛巳<br>24<br>二 | 壬午<br>25<br>三 | 癸未<br>26<br>四 | 甲申<br>27<br>五 | 乙酉<br>28<br>六 | 丙戌<br>29<br>日 | 丁亥<br>30<br>一 | 戊子<br>(7)<br>二 | 己丑<br>2<br>三 | 庚寅<br>3<br>四 | 辛卯<br>4<br>五 | 壬辰<br>5<br>六 | 癸巳<br>6<br>日 | 甲午<br>7<br>一 | 乙未<br>8<br>二 | 丙申<br>9<br>三 | 丁酉<br>10<br>四 | 戊戌<br>11<br>五 | 己亥<br>12<br>六 | 庚子<br>13<br>日 | 辛丑<br>14<br>一 | 壬寅<br>15<br>二 | 癸卯<br>16<br>三 | | 壬午夏至<br>丁酉小暑 |
| 六月大 | 癸未 | 干支<br>西曆<br>星期 | 甲辰<br>17<br>四 | 乙巳<br>18<br>五 | 丙午<br>19<br>六 | 丁未<br>20<br>日 | 戊申<br>21<br>一 | 己酉<br>22<br>二 | 庚戌<br>23<br>三 | 辛亥<br>24<br>四 | 壬子<br>25<br>五 | 癸丑<br>26<br>六 | 甲寅<br>27<br>日 | 乙卯<br>28<br>一 | 丙辰<br>29<br>二 | 丁巳<br>30<br>三 | 戊午<br>31<br>四 | 己未<br>(8)<br>五 | 庚申<br>2<br>六 | 辛酉<br>3<br>日 | 壬戌<br>4<br>一 | 癸亥<br>5<br>二 | 甲子<br>6<br>三 | 乙丑<br>7<br>四 | 丙寅<br>8<br>五 | 丁卯<br>9<br>六 | 戊辰<br>10<br>日 | 己巳<br>11<br>一 | 庚午<br>12<br>二 | 辛未<br>13<br>三 | 壬申<br>14<br>四 | 癸酉<br>15<br>五 | 壬子大暑<br>戊辰立秋 |
| 七月大 | 甲申 | 干支<br>西曆<br>星期 | 甲戌<br>16<br>六 | 乙亥<br>17<br>日 | 丙子<br>18<br>一 | 丁丑<br>19<br>二 | 戊寅<br>20<br>三 | 己卯<br>21<br>四 | 庚辰<br>22<br>五 | 辛巳<br>23<br>六 | 壬午<br>24<br>日 | 癸未<br>25<br>一 | 甲申<br>26<br>二 | 乙酉<br>27<br>三 | 丙戌<br>28<br>四 | 丁亥<br>29<br>五 | 戊子<br>30<br>六 | 己丑<br>31<br>日 | 庚寅<br>(9)<br>一 | 辛卯<br>2<br>二 | 壬辰<br>3<br>三 | 癸巳<br>4<br>四 | 甲午<br>5<br>五 | 乙未<br>6<br>六 | 丙申<br>7<br>日 | 丁酉<br>8<br>一 | 戊戌<br>9<br>二 | 己亥<br>10<br>三 | 庚子<br>11<br>四 | 辛丑<br>12<br>五 | 壬寅<br>13<br>六 | 癸卯<br>14<br>日 | 癸未處暑<br>戊戌白露 |
| 八月小 | 乙酉 | 干支<br>西曆<br>星期 | 甲辰<br>15<br>一 | 乙巳<br>16<br>二 | 丙午<br>17<br>三 | 丁未<br>18<br>四 | 戊申<br>19<br>五 | 己酉<br>20<br>六 | 庚戌<br>21<br>日 | 辛亥<br>22<br>一 | 壬子<br>23<br>二 | 癸丑<br>24<br>三 | 甲寅<br>25<br>四 | 乙卯<br>26<br>五 | 丙辰<br>27<br>六 | 丁巳<br>28<br>日 | 戊午<br>29<br>一 | 己未<br>30<br>二 | 庚申<br>(10)<br>三 | 辛酉<br>2<br>四 | 壬戌<br>3<br>五 | 癸亥<br>4<br>六 | 甲子<br>5<br>日 | 乙丑<br>6<br>一 | 丙寅<br>7<br>二 | 丁卯<br>8<br>三 | 戊辰<br>9<br>四 | 己巳<br>10<br>五 | 庚午<br>11<br>六 | 辛未<br>12<br>日 | 壬申<br>13<br>一 | | 癸丑秋分<br>戊辰寒露<br>壬申日食 |
| 九月大 | 丙戌 | 干支<br>西曆<br>星期 | 癸酉<br>14<br>二 | 甲戌<br>15<br>三 | 乙亥<br>16<br>四 | 丙子<br>17<br>五 | 丁丑<br>18<br>六 | 戊寅<br>19<br>日 | 己卯<br>20<br>一 | 庚辰<br>21<br>二 | 辛巳<br>22<br>三 | 壬午<br>23<br>四 | 癸未<br>24<br>五 | 甲申<br>25<br>六 | 乙酉<br>26<br>日 | 丙戌<br>27<br>一 | 丁亥<br>28<br>二 | 戊子<br>29<br>三 | 己丑<br>30<br>四 | 庚寅<br>31<br>五 | 辛卯<br>(11)<br>六 | 壬辰<br>2<br>日 | 癸巳<br>3<br>一 | 甲午<br>4<br>二 | 乙未<br>5<br>三 | 丙申<br>6<br>四 | 丁酉<br>7<br>五 | 戊戌<br>8<br>六 | 己亥<br>9<br>日 | 庚子<br>10<br>一 | 辛丑<br>11<br>二 | 壬寅<br>12<br>三 | 甲申霜降<br>己亥立冬 |
| 十月小 | 丁亥 | 干支<br>西曆<br>星期 | 癸卯<br>13<br>四 | 甲辰<br>14<br>五 | 乙巳<br>15<br>六 | 丙午<br>16<br>日 | 丁未<br>17<br>一 | 戊申<br>18<br>二 | 己酉<br>19<br>三 | 庚戌<br>20<br>四 | 辛亥<br>21<br>五 | 壬子<br>22<br>六 | 癸丑<br>23<br>日 | 甲寅<br>24<br>一 | 乙卯<br>25<br>二 | 丙辰<br>26<br>三 | 丁巳<br>27<br>四 | 戊午<br>28<br>五 | 己未<br>29<br>六 | 庚申<br>30<br>日 | 辛酉<br>(12)<br>一 | 壬戌<br>2<br>二 | 癸亥<br>3<br>三 | 甲子<br>4<br>四 | 乙丑<br>5<br>五 | 丙寅<br>6<br>六 | 丁卯<br>7<br>日 | 戊辰<br>8<br>一 | 己巳<br>9<br>二 | 庚午<br>10<br>三 | 辛未<br>11<br>四 | | 甲寅小雪<br>己巳大雪 |
| 十一月大 | 戊子 | 干支<br>西曆<br>星期 | 壬申<br>12<br>五 | 癸酉<br>13<br>六 | 甲戌<br>14<br>日 | 乙亥<br>15<br>一 | 丙子<br>16<br>二 | 丁丑<br>17<br>三 | 戊寅<br>18<br>四 | 己卯<br>19<br>五 | 庚辰<br>20<br>六 | 辛巳<br>21<br>日 | 壬午<br>22<br>一 | 癸未<br>23<br>二 | 甲申<br>24<br>三 | 乙酉<br>25<br>四 | 丙戌<br>26<br>五 | 丁亥<br>27<br>六 | 戊子<br>28<br>日 | 己丑<br>29<br>一 | 庚寅<br>30<br>二 | 辛卯<br>31<br>三 | 壬辰<br>(1)<br>四 | 癸巳<br>2<br>五 | 甲午<br>3<br>六 | 乙未<br>4<br>日 | 丙申<br>5<br>一 | 丁酉<br>6<br>二 | 戊戌<br>7<br>三 | 己亥<br>8<br>四 | 庚子<br>9<br>五 | 辛丑<br>10<br>六 | 乙酉冬至<br>庚子小寒 |
| 十二月小 | 己丑 | 干支<br>西曆<br>星期 | 壬寅<br>11<br>日 | 癸卯<br>12<br>一 | 甲辰<br>13<br>二 | 乙巳<br>14<br>三 | 丙午<br>15<br>四 | 丁未<br>16<br>五 | 戊申<br>17<br>六 | 己酉<br>18<br>日 | 庚戌<br>19<br>一 | 辛亥<br>20<br>二 | 壬子<br>21<br>三 | 癸丑<br>22<br>四 | 甲寅<br>23<br>五 | 乙卯<br>24<br>六 | 丙辰<br>25<br>日 | 丁巳<br>26<br>一 | 戊午<br>27<br>二 | 己未<br>28<br>三 | 庚申<br>29<br>四 | 辛酉<br>30<br>五 | 壬戌<br>31<br>六 | 癸亥<br>(2)<br>日 | 甲子<br>2<br>一 | 乙丑<br>3<br>二 | 丙寅<br>4<br>三 | 丁卯<br>5<br>四 | 戊辰<br>6<br>五 | 己巳<br>7<br>六 | 庚午<br>8<br>日 | | 乙卯大寒<br>庚午立春 |
| 十二月大 | 丁丑 | 干支<br>西曆<br>星期 | 丁未<br>22<br>二 | 戊申<br>23<br>三 | 己酉<br>24<br>四 | 庚戌<br>25<br>五 | 辛亥<br>26<br>六 | 壬子<br>27<br>日 | 癸丑<br>28<br>一 | 甲寅<br>29<br>二 | 乙卯<br>30<br>三 | 丙辰<br>31<br>四 | 丁巳<br>(2)<br>五 | 戊午<br>2<br>六 | 己未<br>3<br>日 | 庚申<br>4<br>一 | 辛酉<br>5<br>二 | 壬戌<br>6<br>三 | 癸亥<br>7<br>四 | 甲子<br>8<br>五 | 乙丑<br>9<br>六 | 丙寅<br>10<br>日 | 丁卯<br>11<br>一 | 戊辰<br>12<br>二 | 己巳<br>13<br>三 | 庚午<br>14<br>四 | 辛未<br>15<br>五 | 壬申<br>16<br>六 | 癸酉<br>17<br>日 | 甲戌<br>18<br>一 | 乙亥<br>19<br>二 | 丙子<br>20<br>三 | 庚戌大寒<br>乙丑立春 |

# 漢明帝永平四年（辛酉 鷄年）公元 **61** ~ 62 年

| 夏曆月序 | | 中西曆日對照 | 初一 | 初二 | 初三 | 初四 | 初五 | 初六 | 初七 | 初八 | 初九 | 初十 | 十一 | 十二 | 十三 | 十四 | 十五 | 十六 | 十七 | 十八 | 十九 | 二十 | 二一 | 二二 | 二三 | 二四 | 二五 | 二六 | 二七 | 二八 | 二九 | 三十 | 節氣與天象 |
|---|---|---|---|---|---|---|---|---|---|---|---|---|---|---|---|---|---|---|---|---|---|---|---|---|---|---|---|---|---|---|---|---|---|
| 正月大 | 庚寅 | 天干地支 西曆 星期 | 辛未 9 一 | 壬申 10 二 | 癸酉 11 三 | 甲戌 12 四 | 乙亥 13 五 | 丙子 14 六 | 丁丑 15 日 | 戊寅 16 一 | 己卯 17 二 | 庚辰 18 三 | 辛巳 19 四 | 壬午 20 五 | 癸未 21 六 | 甲申 22 日 | 乙酉 23 一 | 丙戌 24 二 | 丁亥 25 三 | 戊子 26 四 | 己丑 27 五 | 庚寅 28 六 | 辛卯 (3) 日 | 壬辰 2 一 | 癸巳 3 二 | 甲午 4 三 | 乙未 5 四 | 丙申 6 五 | 丁酉 7 六 | 戊戌 8 日 | 己亥 9 一 | 庚子 10 二 | 乙酉驚蟄 |
| 二月小 | 辛卯 | 天干地支 西曆 星期 | 辛丑 11 三 | 壬寅 12 四 | 癸卯 13 五 | 甲辰 14 六 | 乙巳 15 日 | 丙午 16 一 | 丁未 17 二 | 戊申 18 三 | 己酉 19 四 | 庚戌 20 五 | 辛亥 21 六 | 壬子 22 日 | 癸丑 23 一 | 甲寅 24 二 | 乙卯 25 三 | 丙辰 26 四 | 丁巳 27 五 | 戊午 28 六 | 己未 29 日 | 庚申 30 一 | 辛酉 31 二 | 壬戌 (4) 三 | 癸亥 2 四 | 甲子 3 五 | 乙丑 4 六 | 丙寅 5 日 | 丁卯 6 一 | 戊辰 7 二 | 己巳 8 三 | | 辛丑雨水 丙辰春分 |
| 三月大 | 壬辰 | 天干地支 西曆 星期 | 庚午 9 四 | 辛未 10 五 | 壬申 11 六 | 癸酉 12 日 | 甲戌 13 一 | 乙亥 14 二 | 丙子 15 三 | 丁丑 16 四 | 戊寅 17 五 | 己卯 18 六 | 庚辰 19 日 | 辛巳 20 一 | 壬午 21 二 | 癸未 22 三 | 甲申 23 四 | 乙酉 24 五 | 丙戌 25 六 | 丁亥 26 日 | 戊子 27 一 | 己丑 28 二 | 庚寅 29 三 | 辛卯 30 四 | 壬辰 (5) 五 | 癸巳 2 六 | 甲午 3 日 | 乙未 4 一 | 丙申 5 二 | 丁酉 6 三 | 戊戌 7 四 | 己亥 8 五 | 辛未穀雨 丙戌清明 |
| 四月小 | 癸巳 | 天干地支 西曆 星期 | 庚子 9 六 | 辛丑 10 日 | 壬寅 11 一 | 癸卯 12 二 | 甲辰 13 三 | 乙巳 14 四 | 丙午 15 五 | 丁未 16 六 | 戊申 17 日 | 己酉 18 一 | 庚戌 19 二 | 辛亥 20 三 | 壬子 21 四 | 癸丑 22 五 | 甲寅 23 六 | 乙卯 24 日 | 丙辰 25 一 | 丁巳 26 二 | 戊午 27 三 | 己未 28 四 | 庚申 29 五 | 辛酉 30 六 | 壬戌 31 日 | 癸亥 (6) 一 | 甲子 2 二 | 乙丑 3 三 | 丙寅 4 四 | 丁卯 5 五 | 戊辰 6 六 | | 辛丑立夏 丁巳小滿 |
| 五月大 | 甲午 | 天干地支 西曆 星期 | 己巳 7 日 | 庚午 8 一 | 辛未 9 二 | 壬申 10 三 | 癸酉 11 四 | 甲戌 12 五 | 乙亥 13 六 | 丙子 14 日 | 丁丑 15 一 | 戊寅 16 二 | 己卯 17 三 | 庚辰 18 四 | 辛巳 19 五 | 壬午 20 六 | 癸未 21 日 | 甲申 22 一 | 乙酉 23 二 | 丙戌 24 三 | 丁亥 25 四 | 戊子 26 五 | 己丑 27 六 | 庚寅 28 日 | 辛卯 29 一 | 壬辰 30 二 | 癸巳 (7) 三 | 甲午 2 四 | 乙未 3 五 | 丙申 4 六 | 丁酉 5 日 | 戊戌 6 一 | 壬申芒種 丁亥夏至 |
| 六月小 | 乙未 | 天干地支 西曆 星期 | 己亥 7 二 | 庚子 8 三 | 辛丑 9 四 | 壬寅 10 五 | 癸卯 11 六 | 甲辰 12 日 | 乙巳 13 一 | 丙午 14 二 | 丁未 15 三 | 戊申 16 四 | 己酉 17 五 | 庚戌 18 六 | 辛亥 19 日 | 壬子 20 一 | 癸丑 21 二 | 甲寅 22 三 | 乙卯 23 四 | 丙辰 24 五 | 丁巳 25 六 | 戊午 26 日 | 己未 27 一 | 庚申 28 二 | 辛酉 29 三 | 壬戌 30 四 | 癸亥 31 五 | 甲子 (8) 六 | 乙丑 2 日 | 丙寅 3 一 | 丁卯 4 二 | | 壬寅小暑 戊午大暑 |
| 七月大 | 丙申 | 天干地支 西曆 星期 | 戊辰 5 三 | 己巳 6 四 | 庚午 7 五 | 辛未 8 六 | 壬申 9 日 | 癸酉 10 一 | 甲戌 11 二 | 乙亥 12 三 | 丙子 13 四 | 丁丑 14 五 | 戊寅 15 六 | 己卯 16 日 | 庚辰 17 一 | 辛巳 18 二 | 壬午 19 三 | 癸未 20 四 | 甲申 21 五 | 乙酉 22 六 | 丙戌 23 日 | 丁亥 24 一 | 戊子 25 二 | 己丑 26 三 | 庚寅 27 四 | 辛卯 28 五 | 壬辰 29 六 | 癸巳 30 日 | 甲午 31 一 | 乙未 (9) 二 | 丙申 2 三 | 丁酉 3 四 | 癸酉立秋 戊子處暑 |
| 八月小 | 丁酉 | 天干地支 西曆 星期 | 戊戌 4 五 | 己亥 5 六 | 庚子 6 日 | 辛丑 7 一 | 壬寅 8 二 | 癸卯 9 三 | 甲辰 10 四 | 乙巳 11 五 | 丙午 12 六 | 丁未 13 日 | 戊申 14 一 | 己酉 15 二 | 庚戌 16 三 | 辛亥 17 四 | 壬子 18 五 | 癸丑 19 六 | 甲寅 20 日 | 乙卯 21 一 | 丙辰 22 二 | 丁巳 23 三 | 戊午 24 四 | 己未 25 五 | 庚申 26 六 | 辛酉 27 日 | 壬戌 28 一 | 癸亥 29 二 | 甲子 30 三 | 乙丑 (10) 四 | 丙寅 2 五 | | 癸卯白露 戊午秋分 丙寅日食 |
| 九月大 | 戊戌 | 天干地支 西曆 星期 | 丁卯 3 六 | 戊辰 4 日 | 己巳 5 一 | 庚午 6 二 | 辛未 7 三 | 壬申 8 四 | 癸酉 9 五 | 甲戌 10 六 | 乙亥 11 日 | 丙子 12 一 | 丁丑 13 二 | 戊寅 14 三 | 己卯 15 四 | 庚辰 16 五 | 辛巳 17 六 | 壬午 18 日 | 癸未 19 一 | 甲申 20 二 | 乙酉 21 三 | 丙戌 22 四 | 丁亥 23 五 | 戊子 24 六 | 己丑 25 日 | 庚寅 26 一 | 辛卯 27 二 | 壬辰 28 三 | 癸巳 29 四 | 甲午 30 五 | 乙未 31 六 | 丙申 (11) 日 | 甲戌寒露 己丑霜降 |
| 十月小 | 己亥 | 天干地支 西曆 星期 | 丁酉 2 一 | 戊戌 3 二 | 己亥 4 三 | 庚子 5 四 | 辛丑 6 五 | 壬寅 7 六 | 癸卯 8 日 | 甲辰 9 一 | 乙巳 10 二 | 丙午 11 三 | 丁未 12 四 | 戊申 13 五 | 己酉 14 六 | 庚戌 15 日 | 辛亥 16 一 | 壬子 17 二 | 癸丑 18 三 | 甲寅 19 四 | 乙卯 20 五 | 丙辰 21 六 | 丁巳 22 日 | 戊午 23 一 | 己未 24 二 | 庚申 25 三 | 辛酉 26 四 | 壬戌 27 五 | 癸亥 28 六 | 甲子 29 日 | 乙丑 30 一 | | 甲辰立冬 己未小雪 |
| 十一月大 | 庚子 | 天干地支 西曆 星期 | 丙寅 (12) 二 | 丁卯 2 三 | 戊辰 3 四 | 己巳 4 五 | 庚午 5 六 | 辛未 6 日 | 壬申 7 一 | 癸酉 8 二 | 甲戌 9 三 | 乙亥 10 四 | 丙子 11 五 | 丁丑 12 六 | 戊寅 13 日 | 己卯 14 一 | 庚辰 15 二 | 辛巳 16 三 | 壬午 17 四 | 癸未 18 五 | 甲申 19 六 | 乙酉 20 日 | 丙戌 21 一 | 丁亥 22 二 | 戊子 23 三 | 己丑 24 四 | 庚寅 25 五 | 辛卯 26 六 | 壬辰 27 日 | 癸巳 28 一 | 甲午 29 二 | 乙未 30 三 | 乙亥大雪 庚寅冬至 |
| 十二月大 | 辛丑 | 天干地支 西曆 星期 | 丙申 31 四 | 丁酉 (1) 五 | 戊戌 2 六 | 己亥 3 日 | 庚子 4 一 | 辛丑 5 二 | 壬寅 6 三 | 癸卯 7 四 | 甲辰 8 五 | 乙巳 9 六 | 丙午 10 日 | 丁未 11 一 | 戊申 12 二 | 己酉 13 三 | 庚戌 14 四 | 辛亥 15 五 | 壬子 16 六 | 癸丑 17 日 | 甲寅 18 一 | 乙卯 19 二 | 丙辰 20 三 | 丁巳 21 四 | 戊午 22 五 | 己未 23 六 | 庚申 24 日 | 辛酉 25 一 | 壬戌 26 二 | 癸亥 27 三 | 甲子 28 四 | 乙丑 29 五 | 乙巳小寒 庚申大寒 |
| 十二月大 | 丁丑 | 天干地支 西曆 星期 | 丁未 22 二 | 戊申 23 三 | 己酉 24 四 | 庚戌 25 五 | 辛亥 26 六 | 壬子 27 日 | 癸丑 28 一 | 甲寅 29 二 | 乙卯 30 三 | 丙辰 31 四 | 丁巳 (2) 五 | 戊午 2 六 | 己未 3 日 | 庚申 4 一 | 辛酉 5 二 | 壬戌 6 三 | 癸亥 7 四 | 甲子 8 五 | 乙丑 9 六 | 丙寅 10 日 | 丁卯 11 一 | 戊辰 12 二 | 己巳 13 三 | 庚午 14 四 | 辛未 15 五 | 壬申 16 六 | 癸酉 17 日 | 甲戌 18 一 | 乙亥 19 二 | 丙子 20 三 | 庚戌大寒 乙丑立春 |

# 漢明帝永平五年（壬戌 狗年）公元 62 ~ 63 年

| 夏曆月序 | | 中西曆日對照 | 初一 | 初二 | 初三 | 初四 | 初五 | 初六 | 初七 | 初八 | 初九 | 初十 | 十一 | 十二 | 十三 | 十四 | 十五 | 十六 | 十七 | 十八 | 十九 | 二十 | 二一 | 二二 | 二三 | 二四 | 二五 | 二六 | 二七 | 二八 | 二九 | 三十 | 節氣與天象 |
|---|---|---|---|---|---|---|---|---|---|---|---|---|---|---|---|---|---|---|---|---|---|---|---|---|---|---|---|---|---|---|---|---|---|
| 正月小 | 壬寅 | 干支 西曆 星期 | 丙寅 30 六 | 丁卯 31 日 | 戊辰 (2) 一 | 己巳 2 二 | 庚午 3 三 | 辛未 4 四 | 壬申 5 五 | 癸酉 6 六 | 甲戌 7 日 | 乙亥 8 一 | 丙子 9 二 | 丁丑 10 三 | 戊寅 11 四 | 己卯 12 五 | 庚辰 13 六 | 辛巳 14 日 | 壬午 15 一 | 癸未 16 二 | 甲申 17 三 | 乙酉 18 四 | 丙戌 19 五 | 丁亥 20 六 | 戊子 21 日 | 己丑 22 一 | 庚寅 23 二 | 辛卯 24 三 | 壬辰 25 四 | 癸巳 26 五 | 甲午 27 六 | | 乙亥立春 辛卯驚蟄 |
| 二月大 | 癸卯 | 干支 西曆 星期 | 乙未 28 日 | 丙申 (3) 一 | 丁酉 2 二 | 戊戌 3 三 | 己亥 4 四 | 庚子 5 五 | 辛丑 6 六 | 壬寅 7 日 | 癸卯 8 一 | 甲辰 9 二 | 乙巳 10 三 | 丙午 11 四 | 丁未 12 五 | 戊申 13 六 | 己酉 14 日 | 庚戌 15 一 | 辛亥 16 二 | 壬子 17 三 | 癸丑 18 四 | 甲寅 19 五 | 乙卯 20 六 | 丙辰 21 日 | 丁巳 22 一 | 戊午 23 二 | 己未 24 三 | 庚申 25 四 | 辛酉 26 五 | 壬戌 27 六 | 癸亥 28 日 | 甲子 29 一 | 丙午雨水 辛酉春分 乙未日食 |
| 三月小 | 甲辰 | 干支 西曆 星期 | 乙丑 30 二 | 丙寅 31 三 | 丁卯 (4) 四 | 戊辰 2 五 | 己巳 3 六 | 庚午 4 日 | 辛未 5 一 | 壬申 6 二 | 癸酉 7 三 | 甲戌 8 四 | 乙亥 9 五 | 丙子 10 六 | 丁丑 11 日 | 戊寅 12 一 | 己卯 13 二 | 庚辰 14 三 | 辛巳 15 四 | 壬午 16 五 | 癸未 17 六 | 甲申 18 日 | 乙酉 19 一 | 丙戌 20 二 | 丁亥 21 三 | 戊子 22 四 | 己丑 23 五 | 庚寅 24 六 | 辛卯 25 日 | 壬辰 26 一 | 癸巳 27 二 | | 丙子穀雨 壬辰清明 |
| 四月大 | 乙巳 | 干支 西曆 星期 | 甲午 28 三 | 乙未 29 四 | 丙申 30 五 | 丁酉 (5) 六 | 戊戌 2 日 | 己亥 3 一 | 庚子 4 二 | 辛丑 5 三 | 壬寅 6 四 | 癸卯 7 五 | 甲辰 8 六 | 乙巳 9 日 | 丙午 10 一 | 丁未 11 二 | 戊申 12 三 | 己酉 13 四 | 庚戌 14 五 | 辛亥 15 六 | 壬子 16 日 | 癸丑 17 一 | 甲寅 18 二 | 乙卯 19 三 | 丙辰 20 四 | 丁巳 21 五 | 戊午 22 六 | 己未 23 日 | 庚申 24 一 | 辛酉 25 二 | 壬戌 26 三 | 癸亥 27 四 | 丁未立夏 壬戌小滿 |
| 五月小 | 丙午 | 干支 西曆 星期 | 甲子 28 五 | 乙丑 29 六 | 丙寅 30 日 | 丁卯 31 一 | 戊辰 (6) 二 | 己巳 2 三 | 庚午 3 四 | 辛未 4 五 | 壬申 5 六 | 癸酉 6 日 | 甲戌 7 一 | 乙亥 8 二 | 丙子 9 三 | 丁丑 10 四 | 戊寅 11 五 | 己卯 12 六 | 庚辰 13 日 | 辛巳 14 一 | 壬午 15 二 | 癸未 16 三 | 甲申 17 四 | 乙酉 18 五 | 丙戌 19 六 | 丁亥 20 日 | 戊子 21 一 | 己丑 22 二 | 庚寅 23 三 | 辛卯 24 四 | 壬辰 25 五 | | 丁丑芒種 壬辰夏至 |
| 閏五月大 | 丙午 | 干支 西曆 星期 | 癸巳 26 六 | 甲午 27 日 | 乙未 28 一 | 丙申 29 二 | 丁酉 30 三 | 戊戌 (7) 四 | 己亥 2 五 | 庚子 3 六 | 辛丑 4 日 | 壬寅 5 一 | 癸卯 6 二 | 甲辰 7 三 | 乙巳 8 四 | 丙午 9 五 | 丁未 10 六 | 戊申 11 日 | 己酉 12 一 | 庚戌 13 二 | 辛亥 14 三 | 壬子 15 四 | 癸丑 16 五 | 甲寅 17 六 | 乙卯 18 日 | 丙辰 19 一 | 丁巳 20 二 | 戊午 21 三 | 己未 22 四 | 庚申 23 五 | 辛酉 24 六 | 壬戌 25 日 | 戊申小暑 |
| 六月小 | 丁未 | 干支 西曆 星期 | 癸亥 26 一 | 甲子 27 二 | 乙丑 28 三 | 丙寅 29 四 | 丁卯 30 五 | 戊辰 31 六 | 己巳 (8) 日 | 庚午 2 一 | 辛未 3 二 | 壬申 4 三 | 癸酉 5 四 | 甲戌 6 五 | 乙亥 7 六 | 丙子 8 日 | 丁丑 9 一 | 戊寅 10 二 | 己卯 11 三 | 庚辰 12 四 | 辛巳 13 五 | 壬午 14 六 | 癸未 15 日 | 甲申 16 一 | 乙酉 17 二 | 丙戌 18 三 | 丁亥 19 四 | 戊子 20 五 | 己丑 21 六 | 庚寅 22 日 | 辛卯 23 一 | | 癸亥大暑 戊寅立秋 |
| 七月大 | 戊申 | 干支 西曆 星期 | 壬辰 24 二 | 癸巳 25 三 | 甲午 26 四 | 乙未 27 五 | 丙申 28 六 | 丁酉 29 日 | 戊戌 30 一 | 己亥 31 二 | 庚子 (9) 三 | 辛丑 2 四 | 壬寅 3 五 | 癸卯 4 六 | 甲辰 5 日 | 乙巳 6 一 | 丙午 7 二 | 丁未 8 三 | 戊申 9 四 | 己酉 10 五 | 庚戌 11 六 | 辛亥 12 日 | 壬子 13 一 | 癸丑 14 二 | 甲寅 15 三 | 乙卯 16 四 | 丙辰 17 五 | 丁巳 18 六 | 戊午 19 日 | 己未 20 一 | 庚申 21 二 | 辛酉 22 三 | 癸巳處暑 戊申白露 |
| 八月小 | 己酉 | 干支 西曆 星期 | 壬戌 23 四 | 癸亥 24 五 | 甲子 25 六 | 乙丑 26 日 | 丙寅 27 一 | 丁卯 28 二 | 戊辰 29 三 | 己巳 30 四 | 庚午 (10) 五 | 辛未 2 六 | 壬申 3 日 | 癸酉 4 一 | 甲戌 5 二 | 乙亥 6 三 | 丙子 7 四 | 丁丑 8 五 | 戊寅 9 六 | 己卯 10 日 | 庚辰 11 一 | 辛巳 12 二 | 壬午 13 三 | 癸未 14 四 | 甲申 15 五 | 乙酉 16 六 | 丙戌 17 日 | 丁亥 18 一 | 戊子 19 二 | 己丑 20 三 | 庚寅 21 四 | | 甲子秋分 己卯寒露 |
| 九月大 | 庚戌 | 干支 西曆 星期 | 辛卯 22 五 | 壬辰 23 六 | 癸巳 24 日 | 甲午 25 一 | 乙未 26 二 | 丙申 27 三 | 丁酉 28 四 | 戊戌 29 五 | 己亥 30 六 | 庚子 31 日 | 辛丑 (11) 一 | 壬寅 2 二 | 癸卯 3 三 | 甲辰 4 四 | 乙巳 5 五 | 丙午 6 六 | 丁未 7 日 | 戊申 8 一 | 己酉 9 二 | 庚戌 10 三 | 辛亥 11 四 | 壬子 12 五 | 癸丑 13 六 | 甲寅 14 日 | 乙卯 15 一 | 丙辰 16 二 | 丁巳 17 三 | 戊午 18 四 | 己未 19 五 | 庚申 20 六 | 甲午霜降 己酉立冬 |
| 十月小 | 辛亥 | 干支 西曆 星期 | 辛酉 21 日 | 壬戌 22 一 | 癸亥 23 二 | 甲子 24 三 | 乙丑 25 四 | 丙寅 26 五 | 丁卯 27 六 | 戊辰 28 日 | 己巳 29 一 | 庚午 30 二 | 辛未 (12) 三 | 壬申 2 四 | 癸酉 3 五 | 甲戌 4 六 | 乙亥 5 日 | 丙子 6 一 | 丁丑 7 二 | 戊寅 8 三 | 己卯 9 四 | 庚辰 10 五 | 辛巳 11 六 | 壬午 12 日 | 癸未 13 一 | 甲申 14 二 | 乙酉 15 三 | 丙戌 16 四 | 丁亥 17 五 | 戊子 18 六 | 己丑 19 日 | | 乙丑小雪 庚辰大雪 |
| 十一月大 | 壬子 | 干支 西曆 星期 | 庚寅 20 一 | 辛卯 21 二 | 壬辰 22 三 | 癸巳 23 四 | 甲午 24 五 | 乙未 25 六 | 丙申 26 日 | 丁酉 27 一 | 戊戌 28 二 | 己亥 29 三 | 庚子 30 四 | 辛丑 31 五 | 壬寅 (1) 六 | 癸卯 2 日 | 甲辰 3 一 | 乙巳 4 二 | 丙午 5 三 | 丁未 6 四 | 戊申 7 五 | 己酉 8 六 | 庚戌 9 日 | 辛亥 10 一 | 壬子 11 二 | 癸丑 12 三 | 甲寅 13 四 | 乙卯 14 五 | 丙辰 15 六 | 丁巳 16 日 | 戊午 17 一 | 己未 18 二 | 乙未冬至 庚戌小寒 |
| 十二月小 | 癸丑 | 干支 西曆 星期 | 庚申 19 三 | 辛酉 20 四 | 壬戌 21 五 | 癸亥 22 六 | 甲子 23 日 | 乙丑 24 一 | 丙寅 25 二 | 丁卯 26 三 | 戊辰 27 四 | 己巳 28 五 | 庚午 29 六 | 辛未 30 日 | 壬申 31 一 | 癸酉 (2) 二 | 甲戌 2 三 | 乙亥 3 四 | 丙子 4 五 | 丁丑 5 六 | 戊寅 6 日 | 己卯 7 一 | 庚辰 8 二 | 辛巳 9 三 | 壬午 10 四 | 癸未 11 五 | 甲申 12 六 | 乙酉 13 日 | 丙戌 14 一 | 丁亥 15 二 | 戊子 16 三 | | 乙丑大寒 辛巳立春 |

# 漢明帝永平六年（癸亥 猪年）公元63 ~ 64年

| 夏曆月序 | | 中西曆日對照 | 初一 | 初二 | 初三 | 初四 | 初五 | 初六 | 初七 | 初八 | 初九 | 初十 | 十一 | 十二 | 十三 | 十四 | 十五 | 十六 | 十七 | 十八 | 十九 | 二十 | 二一 | 二二 | 二三 | 二四 | 二五 | 二六 | 二七 | 二八 | 二九 | 三十 | 節氣與天象 |
|---|---|---|---|---|---|---|---|---|---|---|---|---|---|---|---|---|---|---|---|---|---|---|---|---|---|---|---|---|---|---|---|---|---|
| 正月大 | 甲寅 | 干支<br>天地<br>西曆<br>星期 | 己丑<br>17<br>四 | 庚寅<br>18<br>五 | 辛卯<br>19<br>六 | 壬辰<br>20<br>日 | 癸巳<br>21<br>一 | 甲午<br>22<br>二 | 乙未<br>23<br>三 | 丙申<br>24<br>四 | 丁酉<br>25<br>五 | 戊戌<br>26<br>六 | 己亥<br>27<br>日 | 庚子<br>28<br>一 | 辛丑<br>(3)<br>二 | 壬寅<br>2<br>三 | 癸卯<br>3<br>四 | 甲辰<br>4<br>五 | 乙巳<br>5<br>六 | 丙午<br>6<br>日 | 丁未<br>7<br>一 | 戊申<br>8<br>二 | 己酉<br>9<br>三 | 庚戌<br>10<br>四 | 辛亥<br>11<br>五 | 壬子<br>12<br>六 | 癸丑<br>13<br>日 | 甲寅<br>14<br>一 | 乙卯<br>15<br>二 | 丙辰<br>16<br>三 | 丁巳<br>17<br>四 | 戊午<br>18<br>五 | 丙申驚蟄<br>辛亥雨水 |
| 二月小 | 乙卯 | 干支<br>天地<br>西曆<br>星期 | 己未<br>19<br>六 | 庚申<br>20<br>日 | 辛酉<br>21<br>一 | 壬戌<br>22<br>二 | 癸亥<br>23<br>三 | 甲子<br>24<br>四 | 乙丑<br>25<br>五 | 丙寅<br>26<br>六 | 丁卯<br>27<br>日 | 戊辰<br>28<br>一 | 己巳<br>29<br>二 | 庚午<br>30<br>三 | 辛未<br>31<br>四 | 壬申<br>(4)<br>五 | 癸酉<br>2<br>六 | 甲戌<br>3<br>日 | 乙亥<br>4<br>一 | 丙子<br>5<br>二 | 丁丑<br>6<br>三 | 戊寅<br>7<br>四 | 己卯<br>8<br>五 | 庚辰<br>9<br>六 | 辛巳<br>10<br>日 | 壬午<br>11<br>一 | 癸未<br>12<br>二 | 甲申<br>13<br>三 | 乙酉<br>14<br>四 | 丙戌<br>15<br>五 | 丁亥<br>16<br>六 | | 丙寅春分<br>壬午穀雨 |
| 三月大 | 丙辰 | 干支<br>天地<br>西曆<br>星期 | 戊子<br>17<br>日 | 己丑<br>18<br>一 | 庚寅<br>19<br>二 | 辛卯<br>20<br>三 | 壬辰<br>21<br>四 | 癸巳<br>22<br>五 | 甲午<br>23<br>六 | 乙未<br>24<br>日 | 丙申<br>25<br>一 | 丁酉<br>26<br>二 | 戊戌<br>27<br>三 | 己亥<br>28<br>四 | 庚子<br>29<br>五 | 辛丑<br>30<br>六 | 壬寅<br>(5)<br>日 | 癸卯<br>2<br>一 | 甲辰<br>3<br>二 | 乙巳<br>4<br>三 | 丙午<br>5<br>四 | 丁未<br>6<br>五 | 戊申<br>7<br>六 | 己酉<br>8<br>日 | 庚戌<br>9<br>一 | 辛亥<br>10<br>二 | 壬子<br>11<br>三 | 癸丑<br>12<br>四 | 甲寅<br>13<br>五 | 乙卯<br>14<br>六 | 丙辰<br>15<br>日 | 丁巳<br>16<br>一 | 丁酉清明<br>壬子立夏 |
| 四月大 | 丁巳 | 干支<br>天地<br>西曆<br>星期 | 戊午<br>17<br>二 | 己未<br>18<br>三 | 庚申<br>19<br>四 | 辛酉<br>20<br>五 | 壬戌<br>21<br>六 | 癸亥<br>22<br>日 | 甲子<br>23<br>一 | 乙丑<br>24<br>二 | 丙寅<br>25<br>三 | 丁卯<br>26<br>四 | 戊辰<br>27<br>五 | 己巳<br>28<br>六 | 庚午<br>29<br>日 | 辛未<br>30<br>一 | 壬申<br>31<br>二 | 癸酉<br>(6)<br>三 | 甲戌<br>2<br>四 | 乙亥<br>3<br>五 | 丙子<br>4<br>六 | 丁丑<br>5<br>日 | 戊寅<br>6<br>一 | 己卯<br>7<br>二 | 庚辰<br>8<br>三 | 辛巳<br>9<br>四 | 壬午<br>10<br>五 | 癸未<br>11<br>六 | 甲申<br>12<br>日 | 乙酉<br>13<br>一 | 丙戌<br>14<br>二 | 丁亥<br>15<br>三 | 丁卯小滿<br>壬午芒種 |
| 五月小 | 戊午 | 干支<br>天地<br>西曆<br>星期 | 戊子<br>16<br>四 | 己丑<br>17<br>五 | 庚寅<br>18<br>六 | 辛卯<br>19<br>日 | 壬辰<br>20<br>一 | 癸巳<br>21<br>二 | 甲午<br>22<br>三 | 乙未<br>23<br>四 | 丙申<br>24<br>五 | 丁酉<br>25<br>六 | 戊戌<br>26<br>日 | 己亥<br>27<br>一 | 庚子<br>28<br>二 | 辛丑<br>29<br>三 | 壬寅<br>30<br>四 | 癸卯<br>(7)<br>五 | 甲辰<br>2<br>六 | 乙巳<br>3<br>日 | 丙午<br>4<br>一 | 丁未<br>5<br>二 | 戊申<br>6<br>三 | 己酉<br>7<br>四 | 庚戌<br>8<br>五 | 辛亥<br>9<br>六 | 壬子<br>10<br>日 | 癸丑<br>11<br>一 | 甲寅<br>12<br>二 | 乙卯<br>13<br>三 | 丙辰<br>14<br>四 | | 戊戌夏至<br>癸丑小暑 |
| 六月大 | 己未 | 干支<br>天地<br>西曆<br>星期 | 丁巳<br>15<br>五 | 戊午<br>16<br>六 | 己未<br>17<br>日 | 庚申<br>18<br>一 | 辛酉<br>19<br>二 | 壬戌<br>20<br>三 | 癸亥<br>21<br>四 | 甲子<br>22<br>五 | 乙丑<br>23<br>六 | 丙寅<br>24<br>日 | 丁卯<br>25<br>一 | 戊辰<br>26<br>二 | 己巳<br>27<br>三 | 庚午<br>28<br>四 | 辛未<br>29<br>五 | 壬申<br>30<br>六 | 癸酉<br>31<br>日 | 甲戌<br>(8)<br>一 | 乙亥<br>2<br>二 | 丙子<br>3<br>三 | 丁丑<br>4<br>四 | 戊寅<br>5<br>五 | 己卯<br>6<br>六 | 庚辰<br>7<br>日 | 辛巳<br>8<br>一 | 壬午<br>9<br>二 | 癸未<br>10<br>三 | 甲申<br>11<br>四 | 乙酉<br>12<br>五 | 丙戌<br>13<br>六 | 戊辰大暑<br>癸未立秋 |
| 七月小 | 庚申 | 干支<br>天地<br>西曆<br>星期 | 丁亥<br>14<br>日 | 戊子<br>15<br>一 | 己丑<br>16<br>二 | 庚寅<br>17<br>三 | 辛卯<br>18<br>四 | 壬辰<br>19<br>五 | 癸巳<br>20<br>六 | 甲午<br>21<br>日 | 乙未<br>22<br>一 | 丙申<br>23<br>二 | 丁酉<br>24<br>三 | 戊戌<br>25<br>四 | 己亥<br>26<br>五 | 庚子<br>27<br>六 | 辛丑<br>28<br>日 | 壬寅<br>29<br>一 | 癸卯<br>30<br>二 | 甲辰<br>31<br>三 | 乙巳<br>(9)<br>四 | 丙午<br>2<br>五 | 丁未<br>3<br>六 | 戊申<br>4<br>日 | 己酉<br>5<br>一 | 庚戌<br>6<br>二 | 辛亥<br>7<br>三 | 壬子<br>8<br>四 | 癸丑<br>9<br>五 | 甲寅<br>10<br>六 | 乙卯<br>11<br>日 | | 己亥處暑<br>甲寅白露 |
| 八月大 | 辛酉 | 干支<br>天地<br>西曆<br>星期 | 丙辰<br>12<br>一 | 丁巳<br>13<br>二 | 戊午<br>14<br>三 | 己未<br>15<br>四 | 庚申<br>16<br>五 | 辛酉<br>17<br>六 | 壬戌<br>18<br>日 | 癸亥<br>19<br>一 | 甲子<br>20<br>二 | 乙丑<br>21<br>三 | 丙寅<br>22<br>四 | 丁卯<br>23<br>五 | 戊辰<br>24<br>六 | 己巳<br>25<br>日 | 庚午<br>26<br>一 | 辛未<br>27<br>二 | 壬申<br>28<br>三 | 癸酉<br>29<br>四 | 甲戌<br>30<br>五 | 乙亥<br>(10)<br>六 | 丙子<br>2<br>日 | 丁丑<br>3<br>一 | 戊寅<br>4<br>二 | 己卯<br>5<br>三 | 庚辰<br>6<br>四 | 辛巳<br>7<br>五 | 壬午<br>8<br>六 | 癸未<br>9<br>日 | 甲申<br>10<br>一 | 乙酉<br>11<br>二 | 己巳秋分<br>甲申寒露 |
| 九月小 | 壬戌 | 干支<br>天地<br>西曆<br>星期 | 丙戌<br>12<br>三 | 丁亥<br>13<br>四 | 戊子<br>14<br>五 | 己丑<br>15<br>六 | 庚寅<br>16<br>日 | 辛卯<br>17<br>一 | 壬辰<br>18<br>二 | 癸巳<br>19<br>三 | 甲午<br>20<br>四 | 乙未<br>21<br>五 | 丙申<br>22<br>六 | 丁酉<br>23<br>日 | 戊戌<br>24<br>一 | 己亥<br>25<br>二 | 庚子<br>26<br>三 | 辛丑<br>27<br>四 | 壬寅<br>28<br>五 | 癸卯<br>29<br>六 | 甲辰<br>30<br>日 | 乙巳<br>31<br>一 | 丙午<br>(11)<br>二 | 丁未<br>2<br>三 | 戊申<br>3<br>四 | 己酉<br>4<br>五 | 庚戌<br>5<br>六 | 辛亥<br>6<br>日 | 壬子<br>7<br>一 | 癸丑<br>8<br>二 | 甲寅<br>9<br>三 | | 己亥霜降 |
| 十月大 | 癸亥 | 干支<br>天地<br>西曆<br>星期 | 乙卯<br>10<br>四 | 丙辰<br>11<br>五 | 丁巳<br>12<br>六 | 戊午<br>13<br>日 | 己未<br>14<br>一 | 庚申<br>15<br>二 | 辛酉<br>16<br>三 | 壬戌<br>17<br>四 | 癸亥<br>18<br>五 | 甲子<br>19<br>六 | 乙丑<br>20<br>日 | 丙寅<br>21<br>一 | 丁卯<br>22<br>二 | 戊辰<br>23<br>三 | 己巳<br>24<br>四 | 庚午<br>25<br>五 | 辛未<br>26<br>六 | 壬申<br>27<br>日 | 癸酉<br>28<br>一 | 甲戌<br>29<br>二 | 乙亥<br>30<br>三 | 丙子<br>(12)<br>四 | 丁丑<br>2<br>五 | 戊寅<br>3<br>六 | 己卯<br>4<br>日 | 庚辰<br>5<br>一 | 辛巳<br>6<br>二 | 壬午<br>7<br>三 | 癸未<br>8<br>四 | 甲申<br>9<br>五 | 乙卯立冬<br>庚午小雪 |
| 十一月小 | 甲子 | 干支<br>天地<br>西曆<br>星期 | 乙酉<br>10<br>六 | 丙戌<br>11<br>日 | 丁亥<br>12<br>一 | 戊子<br>13<br>二 | 己丑<br>14<br>三 | 庚寅<br>15<br>四 | 辛卯<br>16<br>五 | 壬辰<br>17<br>六 | 癸巳<br>18<br>日 | 甲午<br>19<br>一 | 乙未<br>20<br>二 | 丙申<br>21<br>三 | 丁酉<br>22<br>四 | 戊戌<br>23<br>五 | 己亥<br>24<br>六 | 庚子<br>25<br>日 | 辛丑<br>26<br>一 | 壬寅<br>27<br>二 | 癸卯<br>28<br>三 | 甲辰<br>29<br>四 | 乙巳<br>30<br>五 | 丙午<br>31<br>六 | 丁未<br>(1)<br>日 | 戊申<br>2<br>一 | 己酉<br>3<br>二 | 庚戌<br>4<br>三 | 辛亥<br>5<br>四 | 壬子<br>6<br>五 | 癸丑<br>7<br>六 | | 乙酉大雪<br>庚子冬至 |
| 十二月大 | 乙丑 | 干支<br>天地<br>西曆<br>星期 | 甲寅<br>8<br>日 | 乙卯<br>9<br>一 | 丙辰<br>10<br>二 | 丁巳<br>11<br>三 | 戊午<br>12<br>四 | 己未<br>13<br>五 | 庚申<br>14<br>六 | 辛酉<br>15<br>日 | 壬戌<br>16<br>一 | 癸亥<br>17<br>二 | 甲子<br>18<br>三 | 乙丑<br>19<br>四 | 丙寅<br>20<br>五 | 丁卯<br>21<br>六 | 戊辰<br>22<br>日 | 己巳<br>23<br>一 | 庚午<br>24<br>二 | 辛未<br>25<br>三 | 壬申<br>26<br>四 | 癸酉<br>27<br>五 | 甲戌<br>28<br>六 | 乙亥<br>29<br>日 | 丙子<br>30<br>一 | 丁丑<br>31<br>二 | 戊寅<br>(2)<br>三 | 己卯<br>2<br>四 | 庚辰<br>3<br>五 | 辛巳<br>4<br>六 | 壬午<br>5<br>日 | 癸未<br>6<br>一 | 乙卯小寒<br>辛未大寒 |

# 漢明帝永平七年（甲子 鼠年）公元64～65年

| 夏曆月序 | | 中西日曆對照 | 初一 | 初二 | 初三 | 初四 | 初五 | 初六 | 初七 | 初八 | 初九 | 初十 | 十一 | 十二 | 十三 | 十四 | 十五 | 十六 | 十七 | 十八 | 十九 | 二十 | 二一 | 二二 | 二三 | 二四 | 二五 | 二六 | 二七 | 二八 | 二九 | 三十 | 節氣與天象 |
|---|---|---|---|---|---|---|---|---|---|---|---|---|---|---|---|---|---|---|---|---|---|---|---|---|---|---|---|---|---|---|---|---|---|
| 正月小 | 丙寅 | 天干地支西曆星期 | 甲申 7 二 | 乙酉 8 三 | 丙戌 9 四 | 丁亥 10 五 | 戊子 11 六 | 己丑 12 日 | 庚寅 13 一 | 辛卯 14 二 | 壬辰 15 三 | 癸巳 16 四 | 甲午 17 五 | 乙未 18 六 | 丙申 19 日 | 丁酉 20 一 | 戊戌 21 二 | 己亥 22 三 | 庚子 23 四 | 辛丑 24 五 | 壬寅 25 六 | 癸卯 26 日 | 甲辰 27 一 | 乙巳 28 二 | 丙午 29 三 | 丁未 (3) 四 | 戊申 2 五 | 己酉 3 六 | 庚戌 4 日 | 辛亥 5 一 | 壬子 6 二 | | 丙戌立春<br>辛丑驚蟄 |
| 二月大 | 丁卯 | 天干地支西曆星期 | 癸丑 7 三 | 甲寅 8 四 | 乙卯 9 五 | 丙辰 10 六 | 丁巳 11 日 | 戊午 12 一 | 己未 13 二 | 庚申 14 三 | 辛酉 15 四 | 壬戌 16 五 | 癸亥 17 六 | 甲子 18 日 | 乙丑 19 一 | 丙寅 20 二 | 丁卯 21 三 | 戊辰 22 四 | 己巳 23 五 | 庚午 24 六 | 辛未 25 日 | 壬申 26 一 | 癸酉 27 二 | 甲戌 28 三 | 乙亥 29 四 | 丙子 30 五 | 丁丑 31 六 | 戊寅 (4) 日 | 己卯 2 一 | 庚辰 3 二 | 辛巳 4 三 | 壬午 5 四 | 丙辰雨水<br>壬申春分 |
| 三月小 | 戊辰 | 天干地支西曆星期 | 癸未 6 五 | 甲申 7 六 | 乙酉 8 日 | 丙戌 9 一 | 丁亥 10 二 | 戊子 11 三 | 己丑 12 四 | 庚寅 13 五 | 辛卯 14 六 | 壬辰 15 日 | 癸巳 16 一 | 甲午 17 二 | 乙未 18 三 | 丙申 19 四 | 丁酉 20 五 | 戊戌 21 六 | 己亥 22 日 | 庚子 23 一 | 辛丑 24 二 | 壬寅 25 三 | 癸卯 26 四 | 甲辰 27 五 | 乙巳 28 六 | 丙午 29 日 | 丁未 30 一 | 戊申 (5) 二 | 己酉 2 三 | 庚戌 3 四 | 辛亥 4 五 | | 丁亥穀雨<br>壬寅清明 |
| 四月大 | 己巳 | 天干地支西曆星期 | 壬子 5 六 | 癸丑 6 日 | 甲寅 7 一 | 乙卯 8 二 | 丙辰 9 三 | 丁巳 10 四 | 戊午 11 五 | 己未 12 六 | 庚申 13 日 | 辛酉 14 一 | 壬戌 15 二 | 癸亥 16 三 | 甲子 17 四 | 乙丑 18 五 | 丙寅 19 六 | 丁卯 20 日 | 戊辰 21 一 | 己巳 22 二 | 庚午 23 三 | 辛未 24 四 | 壬申 25 五 | 癸酉 26 六 | 甲戌 27 日 | 乙亥 28 一 | 丙子 29 二 | 丁丑 30 三 | 戊寅 31 四 | 己卯 (6) 五 | 庚辰 2 六 | 辛巳 3 日 | 丁巳立夏<br>壬申小滿 |
| 五月小 | 庚午 | 天干地支西曆星期 | 壬午 4 一 | 癸未 5 二 | 甲申 6 三 | 乙酉 7 四 | 丙戌 8 五 | 丁亥 9 六 | 戊子 10 日 | 己丑 11 一 | 庚寅 12 二 | 辛卯 13 三 | 壬辰 14 四 | 癸巳 15 五 | 甲午 16 六 | 乙未 17 日 | 丙申 18 一 | 丁酉 19 二 | 戊戌 20 三 | 己亥 21 四 | 庚子 22 五 | 辛丑 23 六 | 壬寅 24 日 | 癸卯 25 一 | 甲辰 26 二 | 乙巳 27 三 | 丙午 28 四 | 丁未 29 五 | 戊申 30 六 | 己酉 (7) 日 | 庚戌 2 一 | | 戊子芒種<br>癸卯夏至 |
| 六月大 | 辛未 | 天干地支西曆星期 | 辛亥 3 二 | 壬子 4 三 | 癸丑 5 四 | 甲寅 6 五 | 乙卯 7 六 | 丙辰 8 日 | 丁巳 9 一 | 戊午 10 二 | 己未 11 三 | 庚申 12 四 | 辛酉 13 五 | 壬戌 14 六 | 癸亥 15 日 | 甲子 16 一 | 乙丑 17 二 | 丙寅 18 三 | 丁卯 19 四 | 戊辰 20 五 | 己巳 21 六 | 庚午 22 日 | 辛未 23 一 | 壬申 24 二 | 癸酉 25 三 | 甲戌 26 四 | 乙亥 27 五 | 丙子 28 六 | 丁丑 29 日 | 戊寅 30 一 | 己卯 31 二 | 庚辰 (8) 三 | 戊午小暑<br>癸酉大暑<br>庚辰日食 |
| 七月大 | 壬申 | 天干地支西曆星期 | 辛巳 2 四 | 壬午 3 五 | 癸未 4 六 | 甲申 5 日 | 乙酉 6 一 | 丙戌 7 二 | 丁亥 8 三 | 戊子 9 四 | 己丑 10 五 | 庚寅 11 六 | 辛卯 12 日 | 壬辰 13 一 | 癸巳 14 二 | 甲午 15 三 | 乙未 16 四 | 丙申 17 五 | 丁酉 18 六 | 戊戌 19 日 | 己亥 20 一 | 庚子 21 二 | 辛丑 22 三 | 壬寅 23 四 | 癸卯 24 五 | 甲辰 25 六 | 乙巳 26 日 | 丙午 27 一 | 丁未 28 二 | 戊申 29 三 | 己酉 30 四 | 庚戌 31 五 | 己丑立秋<br>甲辰處暑 |
| 八月小 | 癸酉 | 天干地支西曆星期 | 辛亥 (9) 六 | 壬子 2 日 | 癸丑 3 一 | 甲寅 4 二 | 乙卯 5 三 | 丙辰 6 四 | 丁巳 7 五 | 戊午 8 六 | 己未 9 日 | 庚申 10 一 | 辛酉 11 二 | 壬戌 12 三 | 癸亥 13 四 | 甲子 14 五 | 乙丑 15 六 | 丙寅 16 日 | 丁卯 17 一 | 戊辰 18 二 | 己巳 19 三 | 庚午 20 四 | 辛未 21 五 | 壬申 22 六 | 癸酉 23 日 | 甲戌 24 一 | 乙亥 25 二 | 丙子 26 三 | 丁丑 27 四 | 戊寅 28 五 | 己卯 29 六 | | 己未白露<br>甲戌秋分 |
| 九月大 | 甲戌 | 天干地支西曆星期 | 庚辰 30 日 | 辛巳 (10) 一 | 壬午 2 二 | 癸未 3 三 | 甲申 4 四 | 乙酉 5 五 | 丙戌 6 六 | 丁亥 7 日 | 戊子 8 一 | 己丑 9 二 | 庚寅 10 三 | 辛卯 11 四 | 壬辰 12 五 | 癸巳 13 六 | 甲午 14 日 | 乙未 15 一 | 丙申 16 二 | 丁酉 17 三 | 戊戌 18 四 | 己亥 19 五 | 庚子 20 六 | 辛丑 21 日 | 壬寅 22 一 | 癸卯 23 二 | 甲辰 24 三 | 乙巳 25 四 | 丙午 26 五 | 丁未 27 六 | 戊申 28 日 | 己酉 29 一 | 己丑寒露<br>乙巳霜降 |
| 十月小 | 乙亥 | 天干地支西曆星期 | 庚戌 30 二 | 辛亥 31 三 | 壬子 (11) 四 | 癸丑 2 五 | 甲寅 3 六 | 乙卯 4 日 | 丙辰 5 一 | 丁巳 6 二 | 戊午 7 三 | 己未 8 四 | 庚申 9 五 | 辛酉 10 六 | 壬戌 11 日 | 癸亥 12 一 | 甲子 13 二 | 乙丑 14 三 | 丙寅 15 四 | 丁卯 16 五 | 戊辰 17 六 | 己巳 18 日 | 庚午 19 一 | 辛未 20 二 | 壬申 21 三 | 癸酉 22 四 | 甲戌 23 五 | 乙亥 24 六 | 丙子 25 日 | 丁丑 26 一 | 戊寅 27 二 | | 庚申立冬<br>乙亥小雪 |
| 十一月大 | 丙子 | 天干地支西曆星期 | 己卯 28 三 | 庚辰 29 四 | 辛巳 30 五 | 壬午 (12) 六 | 癸未 2 日 | 甲申 3 一 | 乙酉 4 二 | 丙戌 5 三 | 丁亥 6 四 | 戊子 7 五 | 己丑 8 六 | 庚寅 9 日 | 辛卯 10 一 | 壬辰 11 二 | 癸巳 12 三 | 甲午 13 四 | 乙未 14 五 | 丙申 15 六 | 丁酉 16 日 | 戊戌 17 一 | 己亥 18 二 | 庚子 19 三 | 辛丑 20 四 | 壬寅 21 五 | 癸卯 22 六 | 甲辰 23 日 | 乙巳 24 一 | 丙午 25 二 | 丁未 26 三 | 戊申 27 四 | 庚寅大雪<br>丙午冬至 |
| 十二月小 | 丁丑 | 天干地支西曆星期 | 己酉 28 五 | 庚戌 29 六 | 辛亥 30 日 | 壬子 31 一 | 癸丑 (1) 二 | 甲寅 2 三 | 乙卯 3 四 | 丙辰 4 五 | 丁巳 5 六 | 戊午 6 日 | 己未 7 一 | 庚申 8 二 | 辛酉 9 三 | 壬戌 10 四 | 癸亥 11 五 | 甲子 12 六 | 乙丑 13 日 | 丙寅 14 一 | 丁卯 15 二 | 戊辰 16 三 | 己巳 17 四 | 庚午 18 五 | 辛未 19 六 | 壬申 20 日 | 癸酉 21 一 | 甲戌 22 二 | 乙亥 23 三 | 丙子 24 四 | 丁丑 25 五 | | 辛酉小寒<br>丙子大寒 |

# 漢明帝永平八年（乙丑 牛年）公元65 ~ 66年

| 夏曆月序 | | 中西曆日對照 | 初一 | 初二 | 初三 | 初四 | 初五 | 初六 | 初七 | 初八 | 初九 | 初十 | 十一 | 十二 | 十三 | 十四 | 十五 | 十六 | 十七 | 十八 | 十九 | 二十 | 二一 | 二二 | 二三 | 二四 | 二五 | 二六 | 二七 | 二八 | 二九 | 三十 | 節氣與天象 |
|---|---|---|---|---|---|---|---|---|---|---|---|---|---|---|---|---|---|---|---|---|---|---|---|---|---|---|---|---|---|---|---|---|---|
| 正月大 | 戊寅 | 干支 西曆 星期 | 戊寅26六 | 己卯27日 | 庚辰28一 | 辛巳29二 | 壬午30三 | 癸未31四 | 甲申(2)五 | 乙酉2六 | 丙戌3日 | 丁亥4一 | 戊子5二 | 己丑6三 | 庚寅7四 | 辛卯8五 | 壬辰9六 | 癸巳10日 | 甲午11一 | 乙未12二 | 丙申13三 | 丁酉14四 | 戊戌15五 | 己亥16六 | 庚子17日 | 辛丑18一 | 壬寅19二 | 癸卯20三 | 甲辰21四 | 乙巳22五 | 丙午23六 | 丁未24日 | 辛卯立春 丙午驚蟄 |
| 閏正月小 | 戊寅 | 干支 西曆 星期 | 戊申25一 | 己酉26二 | 庚戌27三 | 辛亥28四 | 壬子(3)五 | 癸丑2六 | 甲寅3日 | 乙卯4一 | 丙辰5二 | 丁巳6三 | 戊午7四 | 己未8五 | 庚申9六 | 辛酉10日 | 壬戌11一 | 癸亥12二 | 甲子13三 | 乙丑14四 | 丙寅15五 | 丁卯16六 | 戊辰17日 | 己巳18一 | 庚午19二 | 辛未20三 | 壬申21四 | 癸酉22五 | 甲戌23六 | 乙亥24日 | 丙子25一 | | 壬戌雨水 |
| 二月大 | 己卯 | 干支 西曆 星期 | 丁丑26二 | 戊寅27三 | 己卯28四 | 庚辰29五 | 辛巳30六 | 壬午31日 | 癸未(4)一 | 甲申2二 | 乙酉3三 | 丙戌4四 | 丁亥5五 | 戊子6六 | 己丑7日 | 庚寅8一 | 辛卯9二 | 壬辰10三 | 癸巳11四 | 甲午12五 | 乙未13六 | 丙申14日 | 丁酉15一 | 戊戌16二 | 己亥17三 | 庚子18四 | 辛丑19五 | 壬寅20六 | 癸卯21日 | 甲辰22一 | 乙巳23二 | 丙午24三 | 丁丑春分 壬辰穀雨 |
| 三月小 | 庚辰 | 干支 西曆 星期 | 丁未25四 | 戊申26五 | 己酉27六 | 庚戌28日 | 辛亥29一 | 壬子30二 | 癸丑(5)三 | 甲寅2四 | 乙卯3五 | 丙辰4六 | 丁巳5日 | 戊午6一 | 己未7二 | 庚申8三 | 辛酉9四 | 壬戌10五 | 癸亥11六 | 甲子12日 | 乙丑13一 | 丙寅14二 | 丁卯15三 | 戊辰16四 | 己巳17五 | 庚午18六 | 辛未19日 | 壬申20一 | 癸酉21二 | 甲戌22三 | 乙亥23四 | | 丁未清明 壬戌立夏 |
| 四月大 | 辛巳 | 干支 西曆 星期 | 丙子24五 | 丁丑25六 | 戊寅26日 | 己卯27一 | 庚辰28二 | 辛巳29三 | 壬午30四 | 癸未31五 | 甲申(6)六 | 乙酉2日 | 丙戌3一 | 丁亥4二 | 戊子5三 | 己丑6四 | 庚寅7五 | 辛卯8六 | 壬辰9日 | 癸巳10一 | 甲午11二 | 乙未12三 | 丙申13四 | 丁酉14五 | 戊戌15六 | 己亥16日 | 庚子17一 | 辛丑18二 | 壬寅19三 | 癸卯20四 | 甲辰21五 | 乙巳22六 | 戊寅小滿 癸巳芒種 |
| 五月小 | 壬午 | 干支 西曆 星期 | 丙午23日 | 丁未24一 | 戊申25二 | 己酉26三 | 庚戌27四 | 辛亥28五 | 壬子29六 | 癸丑30日 | 甲寅(7)一 | 乙卯2二 | 丙辰3三 | 丁巳4四 | 戊午5五 | 己未6六 | 庚申7日 | 辛酉8一 | 壬戌9二 | 癸亥10三 | 甲子11四 | 乙丑12五 | 丙寅13六 | 丁卯14日 | 戊辰15一 | 己巳16二 | 庚午17三 | 辛未18四 | 壬申19五 | 癸酉20六 | 甲戌21日 | | 戊申夏至 癸亥小暑 |
| 六月大 | 癸未 | 干支 西曆 星期 | 乙亥22一 | 丙子23二 | 丁丑24三 | 戊寅25四 | 己卯26五 | 庚辰27六 | 辛巳28日 | 壬午29一 | 癸未30二 | 甲申31三 | 乙酉(8)四 | 丙戌2五 | 丁亥3六 | 戊子4日 | 己丑5一 | 庚寅6二 | 辛卯7三 | 壬辰8四 | 癸巳9五 | 甲午10六 | 乙未11日 | 丙申12一 | 丁酉13二 | 戊戌14三 | 己亥15四 | 庚子16五 | 辛丑17六 | 壬寅18日 | 癸卯19一 | 甲辰20二 | 己卯大暑 甲午立秋 |
| 七月小 | 甲申 | 干支 西曆 星期 | 乙巳21三 | 丙午22四 | 丁未23五 | 戊申24六 | 己酉25日 | 庚戌26一 | 辛亥27二 | 壬子28三 | 癸丑29四 | 甲寅30五 | 乙卯31六 | 丙辰(9)日 | 丁巳2一 | 戊午3二 | 己未4三 | 庚申5四 | 辛酉6五 | 壬戌7六 | 癸亥8日 | 甲子9一 | 乙丑10二 | 丙寅11三 | 丁卯12四 | 戊辰13五 | 己巳14六 | 庚午15日 | 辛未16一 | 壬申17二 | 癸酉18三 | | 己酉處暑 甲子白露 |
| 八月大 | 乙酉 | 干支 西曆 星期 | 甲戌19四 | 乙亥20五 | 丙子21六 | 丁丑22日 | 戊寅23一 | 己卯24二 | 庚辰25三 | 辛巳26四 | 壬午27五 | 癸未28六 | 甲申29日 | 乙酉30一 | 丙戌(10)二 | 丁亥2三 | 戊子3四 | 己丑4五 | 庚寅5六 | 辛卯6日 | 壬辰7一 | 癸巳8二 | 甲午9三 | 乙未10四 | 丙申11五 | 丁酉12六 | 戊戌13日 | 己亥14一 | 庚子15二 | 辛丑16三 | 壬寅17四 | 癸卯18五 | 己卯秋分 乙未寒露 |
| 九月小 | 丙戌 | 干支 西曆 星期 | 甲辰19六 | 乙巳20日 | 丙午21一 | 丁未22二 | 戊申23三 | 己酉24四 | 庚戌25五 | 辛亥26六 | 壬子27日 | 癸丑28一 | 甲寅29二 | 乙卯30三 | 丙辰31四 | 丁巳(11)五 | 戊午2六 | 己未3日 | 庚申4一 | 辛酉5二 | 壬戌6三 | 癸亥7四 | 甲子8五 | 乙丑9六 | 丙寅10日 | 丁卯11一 | 戊辰12二 | 己巳13三 | 庚午14四 | 辛未15五 | 壬申16六 | | 庚戌霜降 乙丑立冬 |
| 十月大 | 丁亥 | 干支 西曆 星期 | 癸酉17日 | 甲戌18一 | 乙亥19二 | 丙子20三 | 丁丑21四 | 戊寅22五 | 己卯23六 | 庚辰24日 | 辛巳25一 | 壬午26二 | 癸未27三 | 甲申28四 | 乙酉29五 | 丙戌30六 | 丁亥(12)日 | 戊子2一 | 己丑3二 | 庚寅4三 | 辛卯5四 | 壬辰6五 | 癸巳7六 | 甲午8日 | 乙未9一 | 丙申10二 | 丁酉11三 | 戊戌12四 | 己亥13五 | 庚子14六 | 辛丑15日 | 壬寅16一 | 庚辰小雪 丙申大雪 壬寅日食 |
| 十一月大 | 戊子 | 干支 西曆 星期 | 癸卯17二 | 甲辰18三 | 乙巳19四 | 丙午20五 | 丁未21六 | 戊申22日 | 己酉23一 | 庚戌24二 | 辛亥25三 | 壬子26四 | 癸丑27五 | 甲寅28六 | 乙卯29日 | 丙辰30一 | 丁巳31二 | 戊午(1)三 | 己未2四 | 庚申3五 | 辛酉4六 | 壬戌5日 | 癸亥6一 | 甲子7二 | 乙丑8三 | 丙寅9四 | 丁卯10五 | 戊辰11六 | 己巳12日 | 庚午13一 | 辛未14二 | 壬申15三 | 辛亥冬至 丙寅小寒 |
| 十二月小 | 己丑 | 干支 西曆 星期 | 癸酉16四 | 甲戌17五 | 乙亥18六 | 丙子19日 | 丁丑20一 | 戊寅21二 | 己卯22三 | 庚辰23四 | 辛巳24五 | 壬午25六 | 癸未26日 | 甲申27一 | 乙酉28二 | 丙戌29三 | 丁亥30四 | 戊子31五 | 己丑(2)六 | 庚寅2日 | 辛卯3一 | 壬辰4二 | 癸巳5三 | 甲午6四 | 乙未7五 | 丙申8六 | 丁酉9日 | 戊戌10一 | 己亥11二 | 庚子12三 | 辛丑13四 | | 辛巳大寒 丙申立春 |

# 漢明帝永平九年（丙寅 虎年）公元 66 ~ 67 年

| 夏曆月序 | | 中西曆日對照 | 初一 | 初二 | 初三 | 初四 | 初五 | 初六 | 初七 | 初八 | 初九 | 初十 | 十一 | 十二 | 十三 | 十四 | 十五 | 十六 | 十七 | 十八 | 十九 | 二十 | 二一 | 二二 | 二三 | 二四 | 二五 | 二六 | 二七 | 二八 | 二九 | 三十 | 節氣與天象 |
|---|---|---|---|---|---|---|---|---|---|---|---|---|---|---|---|---|---|---|---|---|---|---|---|---|---|---|---|---|---|---|---|---|---|
| 正月大 | 庚寅 | 干支 天地 西曆 星期 | 壬寅 14 五 | 癸卯 15 六 | 甲辰 16 日 | 乙巳 17 一 | 丙午 18 二 | 丁未 19 三 | 戊申 20 四 | 己酉 21 五 | 庚戌 22 六 | 辛亥 23 日 | 壬子 24 一 | 癸丑 25 二 | 甲寅 26 三 | 乙卯 27 四 | 丙辰 28 五 | 丁巳 (3) 六 | 戊午 2 日 | 己未 3 一 | 庚申 4 二 | 辛酉 5 三 | 壬戌 6 四 | 癸亥 7 五 | 甲子 8 六 | 乙丑 9 日 | 丙寅 10 一 | 丁卯 11 二 | 戊辰 12 三 | 己巳 13 四 | 庚午 14 五 | 辛未 15 六 | 壬子驚蟄 丁卯雨水 |
| 二月小 | 辛卯 | 干支 天地 西曆 星期 | 壬申 16 日 | 癸酉 17 一 | 甲戌 18 二 | 乙亥 19 三 | 丙子 20 四 | 丁丑 21 五 | 戊寅 22 六 | 己卯 23 日 | 庚辰 24 一 | 辛巳 25 二 | 壬午 26 三 | 癸未 27 四 | 甲申 28 五 | 乙酉 29 六 | 丙戌 30 日 | 丁亥 31 一 | 戊子 (4) 二 | 己丑 2 三 | 庚寅 3 四 | 辛卯 4 五 | 壬辰 5 六 | 癸巳 6 日 | 甲午 7 一 | 乙未 8 二 | 丙申 9 三 | 丁酉 10 四 | 戊戌 11 五 | 己亥 12 六 | 庚子 13 日 | | 壬午春分 丁酉穀雨 |
| 三月大 | 壬辰 | 干支 天地 西曆 星期 | 辛丑 14 一 | 壬寅 15 二 | 癸卯 16 三 | 甲辰 17 四 | 乙巳 18 五 | 丙午 19 六 | 丁未 20 日 | 戊申 21 一 | 己酉 22 二 | 庚戌 23 三 | 辛亥 24 四 | 壬子 25 五 | 癸丑 26 六 | 甲寅 27 日 | 乙卯 28 一 | 丙辰 29 二 | 丁巳 30 三 | 戊午 (5) 四 | 己未 2 五 | 庚申 3 六 | 辛酉 4 日 | 壬戌 5 一 | 癸亥 6 二 | 甲子 7 三 | 乙丑 8 四 | 丙寅 9 五 | 丁卯 10 六 | 戊辰 11 日 | 己巳 12 一 | 庚午 13 二 | 癸丑清明 戊辰立夏 |
| 四月小 | 癸巳 | 干支 天地 西曆 星期 | 辛未 14 三 | 壬申 15 四 | 癸酉 16 五 | 甲戌 17 六 | 乙亥 18 日 | 丙子 19 一 | 丁丑 20 二 | 戊寅 21 三 | 己卯 22 四 | 庚辰 23 五 | 辛巳 24 六 | 壬午 25 日 | 癸未 26 一 | 甲申 27 二 | 乙酉 28 三 | 丙戌 29 四 | 丁亥 30 五 | 戊子 31 六 | 己丑 (6) 日 | 庚寅 2 一 | 辛卯 3 二 | 壬辰 4 三 | 癸巳 5 四 | 甲午 6 五 | 乙未 7 六 | 丙申 8 日 | 丁酉 9 一 | 戊戌 10 二 | 己亥 11 三 | | 癸未小滿 戊戌芒種 |
| 五月大 | 甲午 | 干支 天地 西曆 星期 | 庚子 12 四 | 辛丑 13 五 | 壬寅 14 六 | 癸卯 15 日 | 甲辰 16 一 | 乙巳 17 二 | 丙午 18 三 | 丁未 19 四 | 戊申 20 五 | 己酉 21 六 | 庚戌 22 日 | 辛亥 23 一 | 壬子 24 二 | 癸丑 25 三 | 甲寅 26 四 | 乙卯 27 五 | 丙辰 28 六 | 丁巳 29 日 | 戊午 30 一 | 己未 (7) 二 | 庚申 2 三 | 辛酉 3 四 | 壬戌 4 五 | 癸亥 5 六 | 甲子 6 日 | 乙丑 7 一 | 丙寅 8 二 | 丁卯 9 三 | 戊辰 10 四 | 己巳 11 五 | 癸丑夏至 己巳小暑 |
| 六月小 | 乙未 | 干支 天地 西曆 星期 | 庚午 12 六 | 辛未 13 日 | 壬申 14 一 | 癸酉 15 二 | 甲戌 16 三 | 乙亥 17 四 | 丙子 18 五 | 丁丑 19 六 | 戊寅 20 日 | 己卯 21 一 | 庚辰 22 二 | 辛巳 23 三 | 壬午 24 四 | 癸未 25 五 | 甲申 26 六 | 乙酉 27 日 | 丙戌 28 一 | 丁亥 29 二 | 戊子 30 三 | 己丑 31 四 | 庚寅 (8) 五 | 辛卯 2 六 | 壬辰 3 日 | 癸巳 4 一 | 甲午 5 二 | 乙未 6 三 | 丙申 7 四 | 丁酉 8 五 | 戊戌 9 六 | | 甲申大暑 |
| 七月大 | 丙申 | 干支 天地 西曆 星期 | 己亥 10 日 | 庚子 11 一 | 辛丑 12 二 | 壬寅 13 三 | 癸卯 14 四 | 甲辰 15 五 | 乙巳 16 六 | 丙午 17 日 | 丁未 18 一 | 戊申 19 二 | 己酉 20 三 | 庚戌 21 四 | 辛亥 22 五 | 壬子 23 六 | 癸丑 24 日 | 甲寅 25 一 | 乙卯 26 二 | 丙辰 27 三 | 丁巳 28 四 | 戊午 29 五 | 己未 30 六 | 庚申 31 日 | 辛酉 (9) 一 | 壬戌 2 二 | 癸亥 3 三 | 甲子 4 四 | 乙丑 5 五 | 丙寅 6 六 | 丁卯 7 日 | 戊辰 8 一 | 己亥立秋 甲寅處暑 |
| 八月小 | 丁酉 | 干支 天地 西曆 星期 | 己巳 9 二 | 庚午 10 三 | 辛未 11 四 | 壬申 12 五 | 癸酉 13 六 | 甲戌 14 日 | 乙亥 15 一 | 丙子 16 二 | 丁丑 17 三 | 戊寅 18 四 | 己卯 19 五 | 庚辰 20 六 | 辛巳 21 日 | 壬午 22 一 | 癸未 23 二 | 甲申 24 三 | 乙酉 25 四 | 丙戌 26 五 | 丁亥 27 六 | 戊子 28 日 | 己丑 29 一 | 庚寅 30 二 | 辛卯 (10) 三 | 壬辰 2 四 | 癸巳 3 五 | 甲午 4 六 | 乙未 5 日 | 丙申 6 一 | 丁酉 7 二 | | 己巳白露 乙酉秋分 |
| 九月大 | 戊戌 | 干支 天地 西曆 星期 | 戊戌 8 三 | 己亥 9 四 | 庚子 10 五 | 辛丑 11 六 | 壬寅 12 日 | 癸卯 13 一 | 甲辰 14 二 | 乙巳 15 三 | 丙午 16 四 | 丁未 17 五 | 戊申 18 六 | 己酉 19 日 | 庚戌 20 一 | 辛亥 21 二 | 壬子 22 三 | 癸丑 23 四 | 甲寅 24 五 | 乙卯 25 六 | 丙辰 26 日 | 丁巳 27 一 | 戊午 28 二 | 己未 29 三 | 庚申 30 四 | 辛酉 31 五 | 壬戌 (11) 六 | 癸亥 2 日 | 甲子 3 一 | 乙丑 4 二 | 丙寅 5 三 | 丁卯 6 四 | 庚子寒露 乙卯霜降 |
| 十月小 | 己亥 | 干支 天地 西曆 星期 | 戊辰 7 五 | 己巳 8 六 | 庚午 9 日 | 辛未 10 一 | 壬申 11 二 | 癸酉 12 三 | 甲戌 13 四 | 乙亥 14 五 | 丙子 15 六 | 丁丑 16 日 | 戊寅 17 一 | 己卯 18 二 | 庚辰 19 三 | 辛巳 20 四 | 壬午 21 五 | 癸未 22 六 | 甲申 23 日 | 乙酉 24 一 | 丙戌 25 二 | 丁亥 26 三 | 戊子 27 四 | 己丑 28 五 | 庚寅 29 六 | 辛卯 30 日 | 壬辰 (12) 一 | 癸巳 2 二 | 甲午 3 三 | 乙未 4 四 | 丙申 5 五 | | 庚午立冬 丙戌小雪 |
| 十一月大 | 庚子 | 干支 天地 西曆 星期 | 丁酉 6 六 | 戊戌 7 日 | 己亥 8 一 | 庚子 9 二 | 辛丑 10 三 | 壬寅 11 四 | 癸卯 12 五 | 甲辰 13 六 | 乙巳 14 日 | 丙午 15 一 | 丁未 16 二 | 戊申 17 三 | 己酉 18 四 | 庚戌 19 五 | 辛亥 20 六 | 壬子 21 日 | 癸丑 22 一 | 甲寅 23 二 | 乙卯 24 三 | 丙辰 25 四 | 丁巳 26 五 | 戊午 27 六 | 己未 28 日 | 庚申 29 一 | 辛酉 30 二 | 壬戌 31 三 | 癸亥 (1) 四 | 甲子 2 五 | 乙丑 3 六 | 丙寅 4 日 | 辛丑大雪 丙辰冬至 |
| 十二月小 | 辛丑 | 干支 天地 西曆 星期 | 丁卯 5 一 | 戊辰 6 二 | 己巳 7 三 | 庚午 8 四 | 辛未 9 五 | 壬申 10 六 | 癸酉 11 日 | 甲戌 12 一 | 乙亥 13 二 | 丙子 14 三 | 丁丑 15 四 | 戊寅 16 五 | 己卯 17 六 | 庚辰 18 日 | 辛巳 19 一 | 壬午 20 二 | 癸未 21 三 | 甲申 22 四 | 乙酉 23 五 | 丙戌 24 六 | 丁亥 25 日 | 戊子 26 一 | 己丑 27 二 | 庚寅 28 三 | 辛卯 29 四 | 壬辰 30 五 | 癸巳 31 六 | 甲午 (2) 日 | 乙未 2 一 | | 辛未小寒 丙戌大寒 |

# 漢明帝永平十年（丁卯 兔年）公元 67 ~ 68 年

| 夏曆月序 | | 中西曆日對照 | 夏曆日序 | | | | | | | | | | | | | | | | | | | | | | | | | | | | | | 節氣與天象 |
|---|---|---|---|---|---|---|---|---|---|---|---|---|---|---|---|---|---|---|---|---|---|---|---|---|---|---|---|---|---|---|---|---|---|
| | | | 初一 | 初二 | 初三 | 初四 | 初五 | 初六 | 初七 | 初八 | 初九 | 初十 | 十一 | 十二 | 十三 | 十四 | 十五 | 十六 | 十七 | 十八 | 十九 | 二十 | 二一 | 二二 | 二三 | 二四 | 二五 | 二六 | 二七 | 二八 | 二九 | 三十 | |
| 正月大 | 壬寅 | 天干地支 西曆 星期 | 丙申 3 二 | 丁酉 4 三 | 戊戌 5 四 | 己亥 6 五 | 庚子 7 六 | 辛丑 8 日 | 壬寅 9 一 | 癸卯 10 二 | 甲辰 11 三 | 乙巳 12 四 | 丙午 13 五 | 丁未 14 六 | 戊申 15 日 | 己酉 16 一 | 庚戌 17 二 | 辛亥 18 三 | 壬子 19 四 | 癸丑 20 五 | 甲寅 21 六 | 乙卯 22 日 | 丙辰 23 一 | 丁巳 24 二 | 戊午 25 三 | 己未 26 四 | 庚申 27 五 | 辛酉 28 六 | 壬戌 (3) 日 | 癸亥 2 一 | 甲子 3 二 | 乙丑 4 三 | 壬寅立春 丁巳驚蟄 |
| 二月大 | 癸卯 | 天干地支 西曆 星期 | 丙寅 5 四 | 丁卯 6 五 | 戊辰 7 六 | 己巳 8 日 | 庚午 9 一 | 辛未 10 二 | 壬申 11 三 | 癸酉 12 四 | 甲戌 13 五 | 乙亥 14 六 | 丙子 15 日 | 丁丑 16 一 | 戊寅 17 二 | 己卯 18 三 | 庚辰 19 四 | 辛巳 20 五 | 壬午 21 六 | 癸未 22 日 | 甲申 23 一 | 乙酉 24 二 | 丙戌 25 三 | 丁亥 26 四 | 戊子 27 五 | 己丑 28 六 | 庚寅 29 日 | 辛卯 30 一 | 壬辰 31 二 | 癸巳 (4) 三 | 甲午 2 四 | 乙未 3 五 | 壬申雨水 丁亥春分 |
| 三月小 | 甲辰 | 天干地支 西曆 星期 | 丙申 4 六 | 丁酉 5 日 | 戊戌 6 一 | 己亥 7 二 | 庚子 8 三 | 辛丑 9 四 | 壬寅 10 五 | 癸卯 11 六 | 甲辰 12 日 | 乙巳 13 一 | 丙午 14 二 | 丁未 15 三 | 戊申 16 四 | 己酉 17 五 | 庚戌 18 六 | 辛亥 19 日 | 壬子 20 一 | 癸丑 21 二 | 甲寅 22 三 | 乙卯 23 四 | 丙辰 24 五 | 丁巳 25 六 | 戊午 26 日 | 己未 27 一 | 庚申 28 二 | 辛酉 29 三 | 壬戌 30 四 | 癸亥 (5) 五 | 甲子 2 六 | | 癸卯穀雨 戊午清明 |
| 四月大 | 乙巳 | 天干地支 西曆 星期 | 乙丑 3 日 | 丙寅 4 一 | 丁卯 5 二 | 戊辰 6 三 | 己巳 7 四 | 庚午 8 五 | 辛未 9 六 | 壬申 10 日 | 癸酉 11 一 | 甲戌 12 二 | 乙亥 13 三 | 丙子 14 四 | 丁丑 15 五 | 戊寅 16 六 | 己卯 17 日 | 庚辰 18 一 | 辛巳 19 二 | 壬午 20 三 | 癸未 21 四 | 甲申 22 五 | 乙酉 23 六 | 丙戌 24 日 | 丁亥 25 一 | 戊子 26 二 | 己丑 27 三 | 庚寅 28 四 | 辛卯 29 五 | 壬辰 30 六 | 癸巳 31 日 | 甲午 (6) 一 | 癸酉立夏 戊子小滿 |
| 五月小 | 丙午 | 天干地支 西曆 星期 | 乙未 2 二 | 丙申 3 三 | 丁酉 4 四 | 戊戌 5 五 | 己亥 6 六 | 庚子 7 日 | 辛丑 8 一 | 壬寅 9 二 | 癸卯 10 三 | 甲辰 11 四 | 乙巳 12 五 | 丙午 13 六 | 丁未 14 日 | 戊申 15 一 | 己酉 16 二 | 庚戌 17 三 | 辛亥 18 四 | 壬子 19 五 | 癸丑 20 六 | 甲寅 21 日 | 乙卯 22 一 | 丙辰 23 二 | 丁巳 24 三 | 戊午 25 四 | 己未 26 五 | 庚申 27 六 | 辛酉 28 日 | 壬戌 29 一 | 癸亥 30 二 | | 癸卯芒種 己未夏至 |
| 六月大 | 丁未 | 天干地支 西曆 星期 | 甲子 (7) 三 | 乙丑 2 四 | 丙寅 3 五 | 丁卯 4 六 | 戊辰 5 日 | 己巳 6 一 | 庚午 7 二 | 辛未 8 三 | 壬申 9 四 | 癸酉 10 五 | 甲戌 11 六 | 乙亥 12 日 | 丙子 13 一 | 丁丑 14 二 | 戊寅 15 三 | 己卯 16 四 | 庚辰 17 五 | 辛巳 18 六 | 壬午 19 日 | 癸未 20 一 | 甲申 21 二 | 乙酉 22 三 | 丙戌 23 四 | 丁亥 24 五 | 戊子 25 六 | 己丑 26 日 | 庚寅 27 一 | 辛卯 28 二 | 壬辰 29 三 | 癸巳 30 四 | 甲戌小暑 己丑大暑 |
| 七月小 | 戊申 | 天干地支 西曆 星期 | 甲午 31 五 | 乙未 (8) 六 | 丙申 2 日 | 丁酉 3 一 | 戊戌 4 二 | 己亥 5 三 | 庚子 6 四 | 辛丑 7 五 | 壬寅 8 六 | 癸卯 9 日 | 甲辰 10 一 | 乙巳 11 二 | 丙午 12 三 | 丁未 13 四 | 戊申 14 五 | 己酉 15 六 | 庚戌 16 日 | 辛亥 17 一 | 壬子 18 二 | 癸丑 19 三 | 甲寅 20 四 | 乙卯 21 五 | 丙辰 22 六 | 丁巳 23 日 | 戊午 24 一 | 己未 25 二 | 庚申 26 三 | 辛酉 27 四 | 壬戌 28 五 | | 甲辰立秋 庚申處暑 |
| 八月大 | 己酉 | 天干地支 西曆 星期 | 癸亥 29 六 | 甲子 30 日 | 乙丑 31 一 | 丙寅 (9) 二 | 丁卯 2 三 | 戊辰 3 四 | 己巳 4 五 | 庚午 5 六 | 辛未 6 日 | 壬申 7 一 | 癸酉 8 二 | 甲戌 9 三 | 乙亥 10 四 | 丙子 11 五 | 丁丑 12 六 | 戊寅 13 日 | 己卯 14 一 | 庚辰 15 二 | 辛巳 16 三 | 壬午 17 四 | 癸未 18 五 | 甲申 19 六 | 乙酉 20 日 | 丙戌 21 一 | 丁亥 22 二 | 戊子 23 三 | 己丑 24 四 | 庚寅 25 五 | 辛卯 26 六 | 壬辰 27 日 | 乙亥白露 庚寅秋分 |
| 九月小 | 庚戌 | 天干地支 西曆 星期 | 癸巳 28 一 | 甲午 29 二 | 乙未 30 三 | 丙申 (10) 四 | 丁酉 2 五 | 戊戌 3 六 | 己亥 4 日 | 庚子 5 一 | 辛丑 6 二 | 壬寅 7 三 | 癸卯 8 四 | 甲辰 9 五 | 乙巳 10 六 | 丙午 11 日 | 丁未 12 一 | 戊申 13 二 | 己酉 14 三 | 庚戌 15 四 | 辛亥 16 五 | 壬子 17 六 | 癸丑 18 日 | 甲寅 19 一 | 乙卯 20 二 | 丙辰 21 三 | 丁巳 22 四 | 戊午 23 五 | 己未 24 六 | 庚申 25 日 | 辛酉 26 一 | | 乙巳寒露 庚申霜降 |
| 十月大 | 辛亥 | 天干地支 西曆 星期 | 壬戌 27 二 | 癸亥 28 三 | 甲子 29 四 | 乙丑 30 五 | 丙寅 31 六 | 丁卯 (11) 日 | 戊辰 2 一 | 己巳 3 二 | 庚午 4 三 | 辛未 5 四 | 壬申 6 五 | 癸酉 7 六 | 甲戌 8 日 | 乙亥 9 一 | 丙子 10 二 | 丁丑 11 三 | 戊寅 12 四 | 己卯 13 五 | 庚辰 14 六 | 辛巳 15 日 | 壬午 16 一 | 癸未 17 二 | 甲申 18 三 | 乙酉 19 四 | 丙戌 20 五 | 丁亥 21 六 | 戊子 22 日 | 己丑 23 一 | 庚寅 24 二 | 辛卯 25 三 | 丙子立冬 辛卯小雪 |
| 閏十月小 | 辛亥 | 天干地支 西曆 星期 | 壬辰 26 四 | 癸巳 27 五 | 甲午 28 六 | 乙未 29 日 | 丙申 30 一 | 丁酉 (12) 二 | 戊戌 2 三 | 己亥 3 四 | 庚子 4 五 | 辛丑 5 六 | 壬寅 6 日 | 癸卯 7 一 | 甲辰 8 二 | 乙巳 9 三 | 丙午 10 四 | 丁未 11 五 | 戊申 12 六 | 己酉 13 日 | 庚戌 14 一 | 辛亥 15 二 | 壬子 16 三 | 癸丑 17 四 | 甲寅 18 五 | 乙卯 19 六 | 丙辰 20 日 | 丁巳 21 一 | 戊午 22 二 | 己未 23 三 | 庚申 24 四 | | 丙午大雪 |
| 十一月大 | 壬子 | 天干地支 西曆 星期 | 辛酉 25 五 | 壬戌 26 六 | 癸亥 27 日 | 甲子 28 一 | 乙丑 29 二 | 丙寅 30 三 | 丁卯 31 四 | 戊辰 (1) 五 | 己巳 2 六 | 庚午 3 日 | 辛未 4 一 | 壬申 5 二 | 癸酉 6 三 | 甲戌 7 四 | 乙亥 8 五 | 丙子 9 六 | 丁丑 10 日 | 戊寅 11 一 | 己卯 12 二 | 庚辰 13 三 | 辛巳 14 四 | 壬午 15 五 | 癸未 16 六 | 甲申 17 日 | 乙酉 18 一 | 丙戌 19 二 | 丁亥 20 三 | 戊子 21 四 | 己丑 22 五 | 庚寅 23 六 | 辛酉冬至 丙子小寒 |
| 十二月小 | 癸丑 | 天干地支 西曆 星期 | 辛卯 24 日 | 壬辰 25 一 | 癸巳 26 二 | 甲午 27 三 | 乙未 28 四 | 丙申 29 五 | 丁酉 30 六 | 戊戌 31 日 | 己亥 (2) 一 | 庚子 2 二 | 辛丑 3 三 | 壬寅 4 四 | 癸卯 5 五 | 甲辰 6 六 | 乙巳 7 日 | 丙午 8 一 | 丁未 9 二 | 戊申 10 三 | 己酉 11 四 | 庚戌 12 五 | 辛亥 13 六 | 壬子 14 日 | 癸丑 15 一 | 甲寅 16 二 | 乙卯 17 三 | 丙辰 18 四 | 丁巳 19 五 | 戊午 20 六 | 己未 21 日 | | 壬辰大寒 丁未立春 |

# 漢明帝永平十一年（戊辰 龍年）公元 68 ~ 69 年

| 夏曆月序 | | 中西曆日對照 | 初一 | 初二 | 初三 | 初四 | 初五 | 初六 | 初七 | 初八 | 初九 | 初十 | 十一 | 十二 | 十三 | 十四 | 十五 | 十六 | 十七 | 十八 | 十九 | 二十 | 二一 | 二二 | 二三 | 二四 | 二五 | 二六 | 二七 | 二八 | 二九 | 三十 | 節氣與天象 |
|---|---|---|---|---|---|---|---|---|---|---|---|---|---|---|---|---|---|---|---|---|---|---|---|---|---|---|---|---|---|---|---|---|---|
| 正月大 | 甲寅 | 天干地支 西曆 星期 | 庚申 22 一 | 辛酉 23 二 | 壬戌 24 三 | 癸亥 25 四 | 甲子 26 五 | 乙丑 27 六 | 丙寅 28 日 | 丁卯 29 一 | 戊辰 (3) 二 | 己巳 2 三 | 庚午 3 四 | 辛未 4 五 | 壬申 5 六 | 癸酉 6 日 | 甲戌 7 一 | 乙亥 8 二 | 丙子 9 三 | 丁丑 10 四 | 戊寅 11 五 | 己卯 12 六 | 庚辰 13 日 | 辛巳 14 一 | 壬午 15 二 | 癸未 16 三 | 甲申 17 四 | 乙酉 18 五 | 丙戌 19 六 | 丁亥 20 日 | 戊子 21 一 | 己丑 22 二 | 壬戌驚蟄 丁丑雨水 |
| 二月小 | 乙卯 | 天干地支 西曆 星期 | 庚寅 23 三 | 辛卯 24 四 | 壬辰 25 五 | 癸巳 26 六 | 甲午 27 日 | 乙未 28 一 | 丙申 29 二 | 丁酉 30 三 | 戊戌 31 四 | 己亥 (4) 五 | 庚子 2 六 | 辛丑 3 日 | 壬寅 4 一 | 癸卯 5 二 | 甲辰 6 三 | 乙巳 7 四 | 丙午 8 五 | 丁未 9 六 | 戊申 10 日 | 己酉 11 一 | 庚戌 12 二 | 辛亥 13 三 | 壬子 14 四 | 癸丑 15 五 | 甲寅 16 六 | 乙卯 17 日 | 丙辰 18 一 | 丁巳 19 二 | 戊午 20 三 | | 癸巳春分 戊申穀雨 |
| 三月大 | 丙辰 | 天干地支 西曆 星期 | 己未 21 四 | 庚申 22 五 | 辛酉 23 六 | 壬戌 24 日 | 癸亥 25 一 | 甲子 26 二 | 乙丑 27 三 | 丙寅 28 四 | 丁卯 29 五 | 戊辰 30 六 | 己巳 (5) 日 | 庚午 2 一 | 辛未 3 二 | 壬申 4 三 | 癸酉 5 四 | 甲戌 6 五 | 乙亥 7 六 | 丙子 8 日 | 丁丑 9 一 | 戊寅 10 二 | 己卯 11 三 | 庚辰 12 四 | 辛巳 13 五 | 壬午 14 六 | 癸未 15 日 | 甲申 16 一 | 乙酉 17 二 | 丙戌 18 三 | 丁亥 19 四 | 戊子 20 五 | 癸亥清明 戊寅立夏 戊子日食 |
| 四月小 | 丁巳 | 天干地支 西曆 星期 | 己丑 21 六 | 庚寅 22 日 | 辛卯 23 一 | 壬辰 24 二 | 癸巳 25 三 | 甲午 26 四 | 乙未 27 五 | 丙申 28 六 | 丁酉 29 日 | 戊戌 30 一 | 己亥 31 二 | 庚子 (6) 三 | 辛丑 2 四 | 壬寅 3 五 | 癸卯 4 六 | 甲辰 5 日 | 乙巳 6 一 | 丙午 7 二 | 丁未 8 三 | 戊申 9 四 | 己酉 10 五 | 庚戌 11 六 | 辛亥 12 日 | 壬子 13 一 | 癸丑 14 二 | 甲寅 15 三 | 乙卯 16 四 | 丙辰 17 五 | 丁巳 18 六 | | 癸巳小滿 己酉芒種 |
| 五月大 | 戊午 | 天干地支 西曆 星期 | 戊午 19 日 | 己未 20 一 | 庚申 21 二 | 辛酉 22 三 | 壬戌 23 四 | 癸亥 24 五 | 甲子 25 六 | 乙丑 26 日 | 丙寅 27 一 | 丁卯 28 二 | 戊辰 29 三 | 己巳 30 四 | 庚午 (7) 五 | 辛未 2 六 | 壬申 3 日 | 癸酉 4 一 | 甲戌 5 二 | 乙亥 6 三 | 丙子 7 四 | 丁丑 8 五 | 戊寅 9 六 | 己卯 10 日 | 庚辰 11 一 | 辛巳 12 二 | 壬午 13 三 | 癸未 14 四 | 甲申 15 五 | 乙酉 16 六 | 丙戌 17 日 | 丁亥 18 一 | 甲子夏至 己卯小暑 |
| 六月大 | 己未 | 天干地支 西曆 星期 | 戊子 19 二 | 己丑 20 三 | 庚寅 21 四 | 辛卯 22 五 | 壬辰 23 六 | 癸巳 24 日 | 甲午 25 一 | 乙未 26 二 | 丙申 27 三 | 丁酉 28 四 | 戊戌 29 五 | 己亥 30 六 | 庚子 31 日 | 辛丑 (8) 一 | 壬寅 2 二 | 癸卯 3 三 | 甲辰 4 四 | 乙巳 5 五 | 丙午 6 六 | 丁未 7 日 | 戊申 8 一 | 己酉 9 二 | 庚戌 10 三 | 辛亥 11 四 | 壬子 12 五 | 癸丑 13 六 | 甲寅 14 日 | 乙卯 15 一 | 丙辰 16 二 | 丁巳 17 三 | 甲午大暑 庚戌立秋 |
| 七月小 | 庚申 | 天干地支 西曆 星期 | 戊午 18 四 | 己未 19 五 | 庚申 20 六 | 辛酉 21 日 | 壬戌 22 一 | 癸亥 23 二 | 甲子 24 三 | 乙丑 25 四 | 丙寅 26 五 | 丁卯 27 六 | 戊辰 28 日 | 己巳 29 一 | 庚午 30 二 | 辛未 31 三 | 壬申 (9) 四 | 癸酉 2 五 | 甲戌 3 六 | 乙亥 4 日 | 丙子 5 一 | 丁丑 6 二 | 戊寅 7 三 | 己卯 8 四 | 庚辰 9 五 | 辛巳 10 六 | 壬午 11 日 | 癸未 12 一 | 甲申 13 二 | 乙酉 14 三 | 丙戌 15 四 | | 乙丑處暑 庚辰白露 |
| 八月大 | 辛酉 | 天干地支 西曆 星期 | 丁亥 16 五 | 戊子 17 六 | 己丑 18 日 | 庚寅 19 一 | 辛卯 20 二 | 壬辰 21 三 | 癸巳 22 四 | 甲午 23 五 | 乙未 24 六 | 丙申 25 日 | 丁酉 26 一 | 戊戌 27 二 | 己亥 28 三 | 庚子 29 四 | 辛丑 30 五 | 壬寅 (10) 六 | 癸卯 2 日 | 甲辰 3 一 | 乙巳 4 二 | 丙午 5 三 | 丁未 6 四 | 戊申 7 五 | 己酉 8 六 | 庚戌 9 日 | 辛亥 10 一 | 壬子 11 二 | 癸丑 12 三 | 甲寅 13 四 | 乙卯 14 五 | 丙辰 15 六 | 乙未秋分 庚戌寒露 |
| 九月小 | 壬戌 | 天干地支 西曆 星期 | 丁巳 16 日 | 戊午 17 一 | 己未 18 二 | 庚申 19 三 | 辛酉 20 四 | 壬戌 21 五 | 癸亥 22 六 | 甲子 23 日 | 乙丑 24 一 | 丙寅 25 二 | 丁卯 26 三 | 戊辰 27 四 | 己巳 28 五 | 庚午 29 六 | 辛未 30 日 | 壬申 31 一 | 癸酉 (11) 二 | 甲戌 2 三 | 乙亥 3 四 | 丙子 4 五 | 丁丑 5 六 | 戊寅 6 日 | 己卯 7 一 | 庚辰 8 二 | 辛巳 9 三 | 壬午 10 四 | 癸未 11 五 | 甲申 12 六 | 乙酉 13 日 | | 丙寅霜降 辛巳立冬 |
| 十月大 | 癸亥 | 天干地支 西曆 星期 | 丙戌 14 一 | 丁亥 15 二 | 戊子 16 三 | 己丑 17 四 | 庚寅 18 五 | 辛卯 19 六 | 壬辰 20 日 | 癸巳 21 一 | 甲午 22 二 | 乙未 23 三 | 丙申 24 四 | 丁酉 25 五 | 戊戌 26 六 | 己亥 27 日 | 庚子 28 一 | 辛丑 29 二 | 壬寅 30 三 | 癸卯 (12) 四 | 甲辰 2 五 | 乙巳 3 六 | 丙午 4 日 | 丁未 5 一 | 戊申 6 二 | 己酉 7 三 | 庚戌 8 四 | 辛亥 9 五 | 壬子 10 六 | 癸丑 11 日 | 甲寅 12 一 | 乙卯 13 二 | 丙申小雪 辛亥大雪 |
| 十一月小 | 甲子 | 天干地支 西曆 星期 | 丙辰 14 三 | 丁巳 15 四 | 戊午 16 五 | 己未 17 六 | 庚申 18 日 | 辛酉 19 一 | 壬戌 20 二 | 癸亥 21 三 | 甲子 22 四 | 乙丑 23 五 | 丙寅 24 六 | 丁卯 25 日 | 戊辰 26 一 | 己巳 27 二 | 庚午 28 三 | 辛未 29 四 | 壬申 30 五 | 癸酉 31 六 | 甲戌 (1) 日 | 乙亥 2 一 | 丙子 3 二 | 丁丑 4 三 | 戊寅 5 四 | 己卯 6 五 | 庚辰 7 六 | 辛巳 8 日 | 壬午 9 一 | 癸未 10 二 | 甲申 11 三 | | 丁卯冬至 壬午小寒 |
| 十二月大 | 乙丑 | 天干地支 西曆 星期 | 乙酉 12 四 | 丙戌 13 五 | 丁亥 14 六 | 戊子 15 日 | 己丑 16 一 | 庚寅 17 二 | 辛卯 18 三 | 壬辰 19 四 | 癸巳 20 五 | 甲午 21 六 | 乙未 22 日 | 丙申 23 一 | 丁酉 24 二 | 戊戌 25 三 | 己亥 26 四 | 庚子 27 五 | 辛丑 28 六 | 壬寅 29 日 | 癸卯 30 一 | 甲辰 31 二 | 乙巳 (2) 三 | 丙午 2 四 | 丁未 3 五 | 戊申 4 六 | 己酉 5 日 | 庚戌 6 一 | 辛亥 7 二 | 壬子 8 三 | 癸丑 9 四 | 甲寅 10 五 | 丁酉大寒 壬子立春 |

# 漢明帝永平十二年（己巳 蛇年）公元 69 ~ 70 年

| 夏曆月序 | | 中西曆日對照 | 夏曆日序 | | | | | | | | | | | | | | | | | | | | | | | | | | | | | | 節氣與天象 |
|---|---|---|---|---|---|---|---|---|---|---|---|---|---|---|---|---|---|---|---|---|---|---|---|---|---|---|---|---|---|---|---|---|---|
| | | | 初一 | 初二 | 初三 | 初四 | 初五 | 初六 | 初七 | 初八 | 初九 | 初十 | 十一 | 十二 | 十三 | 十四 | 十五 | 十六 | 十七 | 十八 | 十九 | 二十 | 二一 | 二二 | 二三 | 二四 | 二五 | 二六 | 二七 | 二八 | 二九 | 三十 | |
| 正月小 | 丙寅 | 天干地支 西曆 星期 | 乙卯 11 六 | 丙辰 12 日 | 丁巳 13 一 | 戊午 14 二 | 己未 15 三 | 庚申 16 四 | 辛酉 17 五 | 壬戌 18 六 | 癸亥 19 日 | 甲子 20 一 | 乙丑 21 二 | 丙寅 22 三 | 丁卯 23 四 | 戊辰 24 五 | 己巳 25 六 | 庚午 26 日 | 辛未 27 一 | 壬申 28 二 | 癸酉 (3) 三 | 甲戌 2 四 | 乙亥 3 五 | 丙子 4 六 | 丁丑 5 日 | 戊寅 6 一 | 己卯 7 二 | 庚辰 8 三 | 辛巳 9 四 | 壬午 10 五 | 癸未 11 六 | | 丁卯驚蟄 癸未雨水 |
| 二月大 | 丁卯 | 天干地支 西曆 星期 | 甲申 12 日 | 乙酉 13 一 | 丙戌 14 二 | 丁亥 15 三 | 戊子 16 四 | 己丑 17 五 | 庚寅 18 六 | 辛卯 19 日 | 壬辰 20 一 | 癸巳 21 二 | 甲午 22 三 | 乙未 23 四 | 丙申 24 五 | 丁酉 25 六 | 戊戌 26 日 | 己亥 27 一 | 庚子 28 二 | 辛丑 29 三 | 壬寅 30 四 | 癸卯 31 五 | 甲辰 (4) 六 | 乙巳 2 日 | 丙午 3 一 | 丁未 4 二 | 戊申 5 三 | 己酉 6 四 | 庚戌 7 五 | 辛亥 8 六 | 壬子 9 日 | 癸丑 10 一 | 戊戌春分 癸丑穀雨 |
| 三月小 | 戊辰 | 天干地支 西曆 星期 | 甲寅 11 二 | 乙卯 12 三 | 丙辰 13 四 | 丁巳 14 五 | 戊午 15 六 | 己未 16 日 | 庚申 17 一 | 辛酉 18 二 | 壬戌 19 三 | 癸亥 20 四 | 甲子 21 五 | 乙丑 22 六 | 丙寅 23 日 | 丁卯 24 一 | 戊辰 25 二 | 己巳 26 三 | 庚午 27 四 | 辛未 28 五 | 壬申 29 六 | 癸酉 30 日 | 甲戌 (5) 一 | 乙亥 2 二 | 丙子 3 三 | 丁丑 4 四 | 戊寅 5 五 | 己卯 6 六 | 庚辰 7 日 | 辛巳 8 一 | 壬午 9 二 | | 戊辰清明 |
| 四月大 | 己巳 | 天干地支 西曆 星期 | 癸未 10 三 | 甲申 11 四 | 乙酉 12 五 | 丙戌 13 六 | 丁亥 14 日 | 戊子 15 一 | 己丑 16 二 | 庚寅 17 三 | 辛卯 18 四 | 壬辰 19 五 | 癸巳 20 六 | 甲午 21 日 | 乙未 22 一 | 丙申 23 二 | 丁酉 24 三 | 戊戌 25 四 | 己亥 26 五 | 庚子 27 六 | 辛丑 28 日 | 壬寅 29 一 | 癸卯 30 二 | 甲辰 31 三 | 乙巳 (6) 四 | 丙午 2 五 | 丁未 3 六 | 戊申 4 日 | 己酉 5 一 | 庚戌 6 二 | 辛亥 7 三 | 壬子 8 四 | 癸未立夏 己亥小滿 |
| 五月小 | 庚午 | 天干地支 西曆 星期 | 癸丑 9 五 | 甲寅 10 六 | 乙卯 11 日 | 丙辰 12 一 | 丁巳 13 二 | 戊午 14 三 | 己未 15 四 | 庚申 16 五 | 辛酉 17 六 | 壬戌 18 日 | 癸亥 19 一 | 甲子 20 二 | 乙丑 21 三 | 丙寅 22 四 | 丁卯 23 五 | 戊辰 24 六 | 己巳 25 日 | 庚午 26 一 | 辛未 27 二 | 壬申 28 三 | 癸酉 29 四 | 甲戌 30 五 | 乙亥 (7) 六 | 丙子 2 日 | 丁丑 3 一 | 戊寅 4 二 | 己卯 5 三 | 庚辰 6 四 | 辛巳 7 五 | | 甲寅芒種 己巳夏至 |
| 六月大 | 辛未 | 天干地支 西曆 星期 | 壬午 8 六 | 癸未 9 日 | 甲申 10 一 | 乙酉 11 二 | 丙戌 12 三 | 丁亥 13 四 | 戊子 14 五 | 己丑 15 六 | 庚寅 16 日 | 辛卯 17 一 | 壬辰 18 二 | 癸巳 19 三 | 甲午 20 四 | 乙未 21 五 | 丙申 22 六 | 丁酉 23 日 | 戊戌 24 一 | 己亥 25 二 | 庚子 26 三 | 辛丑 27 四 | 壬寅 28 五 | 癸卯 29 六 | 甲辰 30 日 | 乙巳 31 一 | 丙午 (8) 二 | 丁未 2 三 | 戊申 3 四 | 己酉 4 五 | 庚戌 5 六 | 辛亥 6 日 | 甲申小暑 庚子大暑 |
| 七月小 | 壬申 | 天干地支 西曆 星期 | 壬子 7 一 | 癸丑 8 二 | 甲寅 9 三 | 乙卯 10 四 | 丙辰 11 五 | 丁巳 12 六 | 戊午 13 日 | 己未 14 一 | 庚申 15 二 | 辛酉 16 三 | 壬戌 17 四 | 癸亥 18 五 | 甲子 19 六 | 乙丑 20 日 | 丙寅 21 一 | 丁卯 22 二 | 戊辰 23 三 | 己巳 24 四 | 庚午 25 五 | 辛未 26 六 | 壬申 27 日 | 癸酉 28 一 | 甲戌 29 二 | 乙亥 30 三 | 丙子 31 四 | 丁丑 (9) 五 | 戊寅 2 六 | 己卯 3 日 | 庚辰 4 一 | | 乙卯立秋 庚午處暑 |
| 八月大 | 癸酉 | 天干地支 西曆 星期 | 辛巳 5 二 | 壬午 6 三 | 癸未 7 四 | 甲申 8 五 | 乙酉 9 六 | 丙戌 10 日 | 丁亥 11 一 | 戊子 12 二 | 己丑 13 三 | 庚寅 14 四 | 辛卯 15 五 | 壬辰 16 六 | 癸巳 17 日 | 甲午 18 一 | 乙未 19 二 | 丙申 20 三 | 丁酉 21 四 | 戊戌 22 五 | 己亥 23 六 | 庚子 24 日 | 辛丑 25 一 | 壬寅 26 二 | 癸卯 27 三 | 甲辰 28 四 | 乙巳 29 五 | 丙午 30 六 | 丁未 (10) 日 | 戊申 2 一 | 己酉 3 二 | 庚戌 4 三 | 乙酉白露 庚子秋分 |
| 九月小 | 甲戌 | 天干地支 西曆 星期 | 辛亥 5 四 | 壬子 6 五 | 癸丑 7 六 | 甲寅 8 日 | 乙卯 9 一 | 丙辰 10 二 | 丁巳 11 三 | 戊午 12 四 | 己未 13 五 | 庚申 14 六 | 辛酉 15 日 | 壬戌 16 一 | 癸亥 17 二 | 甲子 18 三 | 乙丑 19 四 | 丙寅 20 五 | 丁卯 21 六 | 戊辰 22 日 | 己巳 23 一 | 庚午 24 二 | 辛未 25 三 | 壬申 26 四 | 癸酉 27 五 | 甲戌 28 六 | 乙亥 29 日 | 丙子 30 一 | 丁丑 31 二 | 戊寅 (11) 三 | 己卯 2 四 | | 丙辰寒露 辛未霜降 |
| 十月大 | 乙亥 | 天干地支 西曆 星期 | 庚辰 3 五 | 辛巳 4 六 | 壬午 5 日 | 癸未 6 一 | 甲申 7 二 | 乙酉 8 三 | 丙戌 9 四 | 丁亥 10 五 | 戊子 11 六 | 己丑 12 日 | 庚寅 13 一 | 辛卯 14 二 | 壬辰 15 三 | 癸巳 16 四 | 甲午 17 五 | 乙未 18 六 | 丙申 19 日 | 丁酉 20 一 | 戊戌 21 二 | 己亥 22 三 | 庚子 23 四 | 辛丑 24 五 | 壬寅 25 六 | 癸卯 26 日 | 甲辰 27 一 | 乙巳 28 二 | 丙午 29 三 | 丁未 30 四 | 戊申 (12) 五 | 己酉 2 六 | 丙戌立冬 辛丑小雪 |
| 十一月大 | 丙子 | 天干地支 西曆 星期 | 庚戌 3 日 | 辛亥 4 一 | 壬子 5 二 | 癸丑 6 三 | 甲寅 7 四 | 乙卯 8 五 | 丙辰 9 六 | 丁巳 10 日 | 戊午 11 一 | 己未 12 二 | 庚申 13 三 | 辛酉 14 四 | 壬戌 15 五 | 癸亥 16 六 | 甲子 17 日 | 乙丑 18 一 | 丙寅 19 二 | 丁卯 20 三 | 戊辰 21 四 | 己巳 22 五 | 庚午 23 六 | 辛未 24 日 | 壬申 25 一 | 癸酉 26 二 | 甲戌 27 三 | 乙亥 28 四 | 丙子 29 五 | 丁丑 30 六 | 戊寅 31 日 | 己卯 (1) 一 | 丁巳大雪 壬申冬至 |
| 十二月小 | 丁丑 | 天干地支 西曆 星期 | 庚辰 2 二 | 辛巳 3 三 | 壬午 4 四 | 癸未 5 五 | 甲申 6 六 | 乙酉 7 日 | 丙戌 8 一 | 丁亥 9 二 | 戊子 10 三 | 己丑 11 四 | 庚寅 12 五 | 辛卯 13 六 | 壬辰 14 日 | 癸巳 15 一 | 甲午 16 二 | 乙未 17 三 | 丙申 18 四 | 丁酉 19 五 | 戊戌 20 六 | 己亥 21 日 | 庚子 22 一 | 辛丑 23 二 | 壬寅 24 三 | 癸卯 25 四 | 甲辰 26 五 | 乙巳 27 六 | 丙午 28 日 | 丁未 29 一 | 戊申 30 二 | | 丁亥小寒 壬寅大寒 |

# 漢明帝永平十三年（庚午 馬年）公元 70 ~ 71 年

| 夏曆月序 | | 中西曆日對照 | 初一 | 初二 | 初三 | 初四 | 初五 | 初六 | 初七 | 初八 | 初九 | 初十 | 十一 | 十二 | 十三 | 十四 | 十五 | 十六 | 十七 | 十八 | 十九 | 二十 | 二一 | 二二 | 二三 | 二四 | 二五 | 二六 | 二七 | 二八 | 二九 | 三十 | 節氣與天象 |
|---|---|---|---|---|---|---|---|---|---|---|---|---|---|---|---|---|---|---|---|---|---|---|---|---|---|---|---|---|---|---|---|---|---|
| 正月大 | 戊寅 | 天干 地支 西曆 星期 | 己酉 31 三 | 庚戌 (2) 四 | 辛亥 2 五 | 壬子 3 六 | 癸丑 4 日 | 甲寅 5 一 | 乙卯 6 二 | 丙辰 7 三 | 丁巳 8 四 | 戊午 9 五 | 己未 10 六 | 庚申 11 日 | 辛酉 12 一 | 壬戌 13 二 | 癸亥 14 三 | 甲子 15 四 | 乙丑 16 五 | 丙寅 17 六 | 丁卯 18 日 | 戊辰 19 一 | 己巳 20 二 | 庚午 21 三 | 辛未 22 四 | 壬申 23 五 | 癸酉 24 六 | 甲戌 25 日 | 乙亥 26 一 | 丙子 27 二 | 丁丑 28 三 | 戊寅 (3) 四 | 丁巳立春 癸酉驚蟄 |
| 二月小 | 己卯 | 天干 地支 西曆 星期 | 己卯 2 五 | 庚辰 3 六 | 辛巳 4 日 | 壬午 5 一 | 癸未 6 二 | 甲申 7 三 | 乙酉 8 四 | 丙戌 9 五 | 丁亥 10 六 | 戊子 11 日 | 己丑 12 一 | 庚寅 13 二 | 辛卯 14 三 | 壬辰 15 四 | 癸巳 16 五 | 甲午 17 六 | 乙未 18 日 | 丙申 19 一 | 丁酉 20 二 | 戊戌 21 三 | 己亥 22 四 | 庚子 23 五 | 辛丑 24 六 | 壬寅 25 日 | 癸卯 26 一 | 甲辰 27 二 | 乙巳 28 三 | 丙午 29 四 | 丁未 30 五 | | 戊子雨水 癸卯春分 |
| 三月大 | 庚辰 | 天干 地支 西曆 星期 | 戊申 31 六 | 己酉 (4) 日 | 庚戌 2 一 | 辛亥 3 二 | 壬子 4 三 | 癸丑 5 四 | 甲寅 6 五 | 乙卯 7 六 | 丙辰 8 日 | 丁巳 9 一 | 戊午 10 二 | 己未 11 三 | 庚申 12 四 | 辛酉 13 五 | 壬戌 14 六 | 癸亥 15 日 | 甲子 16 一 | 乙丑 17 二 | 丙寅 18 三 | 丁卯 19 四 | 戊辰 20 五 | 己巳 21 六 | 庚午 22 日 | 辛未 23 一 | 壬申 24 二 | 癸酉 25 三 | 甲戌 26 四 | 乙亥 27 五 | 丙子 28 六 | 丁丑 29 日 | 戊午穀雨 甲戌清明 |
| 四月小 | 辛巳 | 天干 地支 西曆 星期 | 戊寅 30 一 | 己卯 (5) 二 | 庚辰 2 三 | 辛巳 3 四 | 壬午 4 五 | 癸未 5 六 | 甲申 6 日 | 乙酉 7 一 | 丙戌 8 二 | 丁亥 9 三 | 戊子 10 四 | 己丑 11 五 | 庚寅 12 六 | 辛卯 13 日 | 壬辰 14 一 | 癸巳 15 二 | 甲午 16 三 | 乙未 17 四 | 丙申 18 五 | 丁酉 19 六 | 戊戌 20 日 | 己亥 21 一 | 庚子 22 二 | 辛丑 23 三 | 壬寅 24 四 | 癸卯 25 五 | 甲辰 26 六 | 乙巳 27 日 | 丙午 28 一 | | 己丑立夏 甲辰小滿 |
| 五月大 | 壬午 | 天干 地支 西曆 星期 | 丁未 29 二 | 戊申 30 三 | 己酉 31 四 | 庚戌 (6) 五 | 辛亥 2 六 | 壬子 3 日 | 癸丑 4 一 | 甲寅 5 二 | 乙卯 6 三 | 丙辰 7 四 | 丁巳 8 五 | 戊午 9 六 | 己未 10 日 | 庚申 11 一 | 辛酉 12 二 | 壬戌 13 三 | 癸亥 14 四 | 甲子 15 五 | 乙丑 16 六 | 丙寅 17 日 | 丁卯 18 一 | 戊辰 19 二 | 己巳 20 三 | 庚午 21 四 | 辛未 22 五 | 壬申 23 六 | 癸酉 24 日 | 甲戌 25 一 | 乙亥 26 二 | 丙子 27 三 | 己未芒種 甲戌夏至 |
| 六月小 | 癸未 | 天干 地支 西曆 星期 | 丁丑 28 四 | 戊寅 29 五 | 己卯 30 六 | 庚辰 (7) 日 | 辛巳 2 一 | 壬午 3 二 | 癸未 4 三 | 甲申 5 四 | 乙酉 6 五 | 丙戌 7 六 | 丁亥 8 日 | 戊子 9 一 | 己丑 10 二 | 庚寅 11 三 | 辛卯 12 四 | 壬辰 13 五 | 癸巳 14 六 | 甲午 15 日 | 乙未 16 一 | 丙申 17 二 | 丁酉 18 三 | 戊戌 19 四 | 己亥 20 五 | 庚子 21 六 | 辛丑 22 日 | 壬寅 23 一 | 癸卯 24 二 | 甲辰 25 三 | 乙巳 26 四 | | 庚寅小暑 乙巳大暑 |
| 七月大 | 甲申 | 天干 地支 西曆 星期 | 丙午 27 五 | 丁未 28 六 | 戊申 29 日 | 己酉 30 一 | 庚戌 31 二 | 辛亥 (8) 三 | 壬子 2 四 | 癸丑 3 五 | 甲寅 4 六 | 乙卯 5 日 | 丙辰 6 一 | 丁巳 7 二 | 戊午 8 三 | 己未 9 四 | 庚申 10 五 | 辛酉 11 六 | 壬戌 12 日 | 癸亥 13 一 | 甲子 14 二 | 乙丑 15 三 | 丙寅 16 四 | 丁卯 17 五 | 戊辰 18 六 | 己巳 19 日 | 庚午 20 一 | 辛未 21 二 | 壬申 22 三 | 癸酉 23 四 | 甲戌 24 五 | 乙亥 25 六 | 庚申立秋 乙亥處暑 |
| 閏七月小 | 甲申 | 天干 地支 西曆 星期 | 丙子 26 日 | 丁丑 27 一 | 戊寅 28 二 | 己卯 29 三 | 庚辰 30 四 | 辛巳 31 五 | 壬午 (9) 六 | 癸未 2 日 | 甲申 3 一 | 乙酉 4 二 | 丙戌 5 三 | 丁亥 6 四 | 戊子 7 五 | 己丑 8 六 | 庚寅 9 日 | 辛卯 10 一 | 壬辰 11 二 | 癸巳 12 三 | 甲午 13 四 | 乙未 14 五 | 丙申 15 六 | 丁酉 16 日 | 戊戌 17 一 | 己亥 18 二 | 庚子 19 三 | 辛丑 20 四 | 壬寅 21 五 | 癸卯 22 六 | 甲辰 23 日 | | 庚寅白露 甲辰日食 |
| 八月大 | 乙酉 | 天干 地支 西曆 星期 | 乙巳 24 一 | 丙午 25 二 | 丁未 26 三 | 戊申 27 四 | 己酉 28 五 | 庚戌 29 六 | 辛亥 30 日 | 壬子 (10) 一 | 癸丑 2 二 | 甲寅 3 三 | 乙卯 4 四 | 丙辰 5 五 | 丁巳 6 六 | 戊午 7 日 | 己未 8 一 | 庚申 9 二 | 辛酉 10 三 | 壬戌 11 四 | 癸亥 12 五 | 甲子 13 六 | 乙丑 14 日 | 丙寅 15 一 | 丁卯 16 二 | 戊辰 17 三 | 己巳 18 四 | 庚午 19 五 | 辛未 20 六 | 壬申 21 日 | 癸酉 22 一 | 甲戌 23 二 | 丙午秋分 辛酉寒露 |
| 九月小 | 丙戌 | 天干 地支 西曆 星期 | 乙亥 24 三 | 丙子 25 四 | 丁丑 26 五 | 戊寅 27 六 | 己卯 28 日 | 庚辰 29 一 | 辛巳 30 二 | 壬午 31 三 | 癸未 (11) 四 | 甲申 2 五 | 乙酉 3 六 | 丙戌 4 日 | 丁亥 5 一 | 戊子 6 二 | 己丑 7 三 | 庚寅 8 四 | 辛卯 9 五 | 壬辰 10 六 | 癸巳 11 日 | 甲午 12 一 | 乙未 13 二 | 丙申 14 三 | 丁酉 15 四 | 戊戌 16 五 | 己亥 17 六 | 庚子 18 日 | 辛丑 19 一 | 壬寅 20 二 | 癸卯 21 三 | | 丙子霜降 辛卯立冬 |
| 十月大 | 丁亥 | 天干 地支 西曆 星期 | 甲辰 22 四 | 乙巳 23 五 | 丙午 24 六 | 丁未 25 日 | 戊申 26 一 | 己酉 27 二 | 庚戌 28 三 | 辛亥 29 四 | 壬子 30 五 | 癸丑 (12) 六 | 甲寅 2 日 | 乙卯 3 一 | 丙辰 4 二 | 丁巳 5 三 | 戊午 6 四 | 己未 7 五 | 庚申 8 六 | 辛酉 9 日 | 壬戌 10 一 | 癸亥 11 二 | 甲子 12 三 | 乙丑 13 四 | 丙寅 14 五 | 丁卯 15 六 | 戊辰 16 日 | 己巳 17 一 | 庚午 18 二 | 辛未 19 三 | 壬申 20 四 | 癸酉 21 五 | 丁未小雪 壬戌大雪 |
| 十一月小 | 戊子 | 天干 地支 西曆 星期 | 甲戌 22 六 | 乙亥 23 日 | 丙子 24 一 | 丁丑 25 二 | 戊寅 26 三 | 己卯 27 四 | 庚辰 28 五 | 辛巳 29 六 | 壬午 30 日 | 癸未 31 一 | 甲申 (1) 二 | 乙酉 2 三 | 丙戌 3 四 | 丁亥 4 五 | 戊子 5 六 | 己丑 6 日 | 庚寅 7 一 | 辛卯 8 二 | 壬辰 9 三 | 癸巳 10 四 | 甲午 11 五 | 乙未 12 六 | 丙申 13 日 | 丁酉 14 一 | 戊戌 15 二 | 己亥 16 三 | 庚子 17 四 | 辛丑 18 五 | 壬寅 19 六 | | 丁丑冬至 壬辰小寒 |
| 十二月大 | 己丑 | 天干 地支 西曆 星期 | 癸卯 20 日 | 甲辰 21 一 | 乙巳 22 二 | 丙午 23 三 | 丁未 24 四 | 戊申 25 五 | 己酉 26 六 | 庚戌 27 日 | 辛亥 28 一 | 壬子 29 二 | 癸丑 30 三 | 甲寅 31 四 | 乙卯 (2) 五 | 丙辰 2 六 | 丁巳 3 日 | 戊午 4 一 | 己未 5 二 | 庚申 6 三 | 辛酉 7 四 | 壬戌 8 五 | 癸亥 9 六 | 甲子 10 日 | 乙丑 11 一 | 丙寅 12 二 | 丁卯 13 三 | 戊辰 14 四 | 己巳 15 五 | 庚午 16 六 | 辛未 17 日 | 壬申 18 一 | 丁未大寒 癸亥立春 |

*《後漢書》卷二《明帝紀》載："冬十月壬辰晦，日有食之"。有誤。

# 漢明帝永平十四年（辛未 羊年）公元 71 ~ 72 年

| 夏曆月序 | | 中西曆日對照 | 初一 | 初二 | 初三 | 初四 | 初五 | 初六 | 初七 | 初八 | 初九 | 初十 | 十一 | 十二 | 十三 | 十四 | 十五 | 十六 | 十七 | 十八 | 十九 | 二十 | 二一 | 二二 | 二三 | 二四 | 二五 | 二六 | 二七 | 二八 | 二九 | 三十 | 節氣與天象 |
|---|---|---|---|---|---|---|---|---|---|---|---|---|---|---|---|---|---|---|---|---|---|---|---|---|---|---|---|---|---|---|---|---|---|
| 正月大 | 庚寅 | 干支 西曆 星期 | 癸酉 19 二 | 甲戌 20 三 | 乙亥 21 四 | 丙子 22 五 | 丁丑 23 六 | 戊寅 24 日 | 己卯 25 一 | 庚辰 26 二 | 辛巳 27 三 | 壬午 28 四 | 癸未 (3) 五 | 甲申 2 六 | 乙酉 3 日 | 丙戌 4 一 | 丁亥 5 二 | 戊子 6 三 | 己丑 7 四 | 庚寅 8 五 | 辛卯 9 六 | 壬辰 10 日 | 癸巳 11 一 | 甲午 12 二 | 乙未 13 三 | 丙申 14 四 | 丁酉 15 五 | 戊戌 16 六 | 己亥 17 日 | 庚子 18 一 | 辛丑 19 二 | 壬寅 20 三 | 戊寅驚蟄 癸巳雨水 壬寅日食 |
| 二月小 | 辛卯 | 干支 西曆 星期 | 癸卯 21 四 | 甲辰 22 五 | 乙巳 23 六 | 丙午 24 日 | 丁未 25 一 | 戊申 26 二 | 己酉 27 三 | 庚戌 28 四 | 辛亥 29 五 | 壬子 30 六 | 癸丑 31 日 | 甲寅 (4) 一 | 乙卯 2 二 | 丙辰 3 三 | 丁巳 4 四 | 戊午 5 五 | 己未 6 六 | 庚申 7 日 | 辛酉 8 一 | 壬戌 9 二 | 癸亥 10 三 | 甲子 11 四 | 乙丑 12 五 | 丙寅 13 六 | 丁卯 14 日 | 戊辰 15 一 | 己巳 16 二 | 庚午 17 三 | 辛未 18 四 | | 戊申春分 甲子穀雨 |
| 三月大 | 壬辰 | 干支 西曆 星期 | 壬申 19 五 | 癸酉 20 六 | 甲戌 21 日 | 乙亥 22 一 | 丙子 23 二 | 丁丑 24 三 | 戊寅 25 四 | 己卯 26 五 | 庚辰 27 六 | 辛巳 28 日 | 壬午 29 一 | 癸未 30 二 | 甲申 (5) 三 | 乙酉 2 四 | 丙戌 3 五 | 丁亥 4 六 | 戊子 5 日 | 己丑 6 一 | 庚寅 7 二 | 辛卯 8 三 | 壬辰 9 四 | 癸巳 10 五 | 甲午 11 六 | 乙未 12 日 | 丙申 13 一 | 丁酉 14 二 | 戊戌 15 三 | 己亥 16 四 | 庚子 17 五 | 辛丑 18 六 | 己卯清明 甲午立夏 |
| 四月小 | 癸巳 | 干支 西曆 星期 | 壬寅 19 日 | 癸卯 20 一 | 甲辰 21 二 | 乙巳 22 三 | 丙午 23 四 | 丁未 24 五 | 戊申 25 六 | 己酉 26 日 | 庚戌 27 一 | 辛亥 28 二 | 壬子 29 三 | 癸丑 30 四 | 甲寅 31 五 | 乙卯 (6) 六 | 丙辰 2 日 | 丁巳 3 一 | 戊午 4 二 | 己未 5 三 | 庚申 6 四 | 辛酉 7 五 | 壬戌 8 六 | 癸亥 9 日 | 甲子 10 一 | 乙丑 11 二 | 丙寅 12 三 | 丁卯 13 四 | 戊辰 14 五 | 己巳 15 六 | 庚午 16 日 | | 己酉小滿 甲子芒種 |
| 五月大 | 甲午 | 干支 西曆 星期 | 辛未 17 一 | 壬申 18 二 | 癸酉 19 三 | 甲戌 20 四 | 乙亥 21 五 | 丙子 22 六 | 丁丑 23 日 | 戊寅 24 一 | 己卯 25 二 | 庚辰 26 三 | 辛巳 27 四 | 壬午 28 五 | 癸未 29 六 | 甲申 30 日 | 乙酉 (7) 一 | 丙戌 2 二 | 丁亥 3 三 | 戊子 4 四 | 己丑 5 五 | 庚寅 6 六 | 辛卯 7 日 | 壬辰 8 一 | 癸巳 9 二 | 甲午 10 三 | 乙未 11 四 | 丙申 12 五 | 丁酉 13 六 | 戊戌 14 日 | 己亥 15 一 | 庚子 16 二 | 庚辰夏至 乙未小暑 |
| 六月小 | 乙未 | 干支 西曆 星期 | 辛丑 17 三 | 壬寅 18 四 | 癸卯 19 五 | 甲辰 20 六 | 乙巳 21 日 | 丙午 22 一 | 丁未 23 二 | 戊申 24 三 | 己酉 25 四 | 庚戌 26 五 | 辛亥 27 六 | 壬子 28 日 | 癸丑 29 一 | 甲寅 30 二 | 乙卯 31 三 | 丙辰 (8) 四 | 丁巳 2 五 | 戊午 3 六 | 己未 4 日 | 庚申 5 一 | 辛酉 6 二 | 壬戌 7 三 | 癸亥 8 四 | 甲子 9 五 | 乙丑 10 六 | 丙寅 11 日 | 丁卯 12 一 | 戊辰 13 二 | 己巳 14 三 | | 庚戌大暑 乙丑立秋 |
| 七月大 | 丙申 | 干支 西曆 星期 | 庚午 15 四 | 辛未 16 五 | 壬申 17 六 | 癸酉 18 日 | 甲戌 19 一 | 乙亥 20 二 | 丙子 21 三 | 丁丑 22 四 | 戊寅 23 五 | 己卯 24 六 | 庚辰 25 日 | 辛巳 26 一 | 壬午 27 二 | 癸未 28 三 | 甲申 29 四 | 乙酉 30 五 | 丙戌 31 六 | 丁亥 (9) 日 | 戊子 2 一 | 己丑 3 二 | 庚寅 4 三 | 辛卯 5 四 | 壬辰 6 五 | 癸巳 7 六 | 甲午 8 日 | 乙未 9 一 | 丙申 10 二 | 丁酉 11 三 | 戊戌 12 四 | 己亥 13 五 | 辛巳處暑 丙申白露 |
| 八月小 | 丁酉 | 干支 西曆 星期 | 庚子 14 六 | 辛丑 15 日 | 壬寅 16 一 | 癸卯 17 二 | 甲辰 18 三 | 乙巳 19 四 | 丙午 20 五 | 丁未 21 六 | 戊申 22 日 | 己酉 23 一 | 庚戌 24 二 | 辛亥 25 三 | 壬子 26 四 | 癸丑 27 五 | 甲寅 28 六 | 乙卯 29 日 | 丙辰 30 一 | 丁巳 (10) 二 | 戊午 2 三 | 己未 3 四 | 庚申 4 五 | 辛酉 5 六 | 壬戌 6 日 | 癸亥 7 一 | 甲子 8 二 | 乙丑 9 三 | 丙寅 10 四 | 丁卯 11 五 | 戊辰 12 六 | | 辛亥秋分 丙寅寒露 |
| 九月大 | 戊戌 | 干支 西曆 星期 | 己巳 13 日 | 庚午 14 一 | 辛未 15 二 | 壬申 16 三 | 癸酉 17 四 | 甲戌 18 五 | 乙亥 19 六 | 丙子 20 日 | 丁丑 21 一 | 戊寅 22 二 | 己卯 23 三 | 庚辰 24 四 | 辛巳 25 五 | 壬午 26 六 | 癸未 27 日 | 甲申 28 一 | 乙酉 29 二 | 丙戌 30 三 | 丁亥 31 四 | 戊子 (11) 五 | 己丑 2 六 | 庚寅 3 日 | 辛卯 4 一 | 壬辰 5 二 | 癸巳 6 三 | 甲午 7 四 | 乙未 8 五 | 丙申 9 六 | 丁酉 10 日 | 戊戌 11 一 | 辛巳霜降 丁酉立冬 |
| 十月小 | 己亥 | 干支 西曆 星期 | 己亥 12 二 | 庚子 13 三 | 辛丑 14 四 | 壬寅 15 五 | 癸卯 16 六 | 甲辰 17 日 | 乙巳 18 一 | 丙午 19 二 | 丁未 20 三 | 戊申 21 四 | 己酉 22 五 | 庚戌 23 六 | 辛亥 24 日 | 壬子 25 一 | 癸丑 26 二 | 甲寅 27 三 | 乙卯 28 四 | 丙辰 29 五 | 丁巳 30 六 | 戊午 (12) 日 | 己未 2 一 | 庚申 3 二 | 辛酉 4 三 | 壬戌 5 四 | 癸亥 6 五 | 甲子 7 六 | 乙丑 8 日 | 丙寅 9 一 | 丁卯 10 二 | | 壬子小雪 丁卯大雪 |
| 十一月大 | 庚子 | 干支 西曆 星期 | 戊辰 11 三 | 己巳 12 四 | 庚午 13 五 | 辛未 14 六 | 壬申 15 日 | 癸酉 16 一 | 甲戌 17 二 | 乙亥 18 三 | 丙子 19 四 | 丁丑 20 五 | 戊寅 21 六 | 己卯 22 日 | 庚辰 23 一 | 辛巳 24 二 | 壬午 25 三 | 癸未 26 四 | 甲申 27 五 | 乙酉 28 六 | 丙戌 29 日 | 丁亥 30 一 | 戊子 31 二 | 己丑 (1) 三 | 庚寅 2 四 | 辛卯 3 五 | 壬辰 4 六 | 癸巳 5 日 | 甲午 6 一 | 乙未 7 二 | 丙申 8 三 | 丁酉 9 四 | 壬午冬至 丁酉小寒 |
| 十二月小 | 辛丑 | 干支 西曆 星期 | 戊戌 10 五 | 己亥 11 六 | 庚子 12 日 | 辛丑 13 一 | 壬寅 14 二 | 癸卯 15 三 | 甲辰 16 四 | 乙巳 17 五 | 丙午 18 六 | 丁未 19 日 | 戊申 20 一 | 己酉 21 二 | 庚戌 22 三 | 辛亥 23 四 | 壬子 24 五 | 癸丑 25 六 | 甲寅 26 日 | 乙卯 27 一 | 丙辰 28 二 | 丁巳 29 三 | 戊午 30 四 | 己未 31 五 | 庚申 (2) 六 | 辛酉 2 日 | 壬戌 3 一 | 癸亥 4 二 | 甲子 5 三 | 乙丑 6 四 | 丙寅 7 五 | | 癸丑大寒 |

# 漢明帝永平十五年（壬申 猴年）公元 72 ~ 73 年

| 夏曆月序 | | 中西曆日對照 | 夏曆日序 | | | | | | | | | | | | | | | | | | | | | | | | | | | | | | 節氣與天象 |
|---|---|---|---|---|---|---|---|---|---|---|---|---|---|---|---|---|---|---|---|---|---|---|---|---|---|---|---|---|---|---|---|---|---|
| | | | 初一 | 初二 | 初三 | 初四 | 初五 | 初六 | 初七 | 初八 | 初九 | 初十 | 十一 | 十二 | 十三 | 十四 | 十五 | 十六 | 十七 | 十八 | 十九 | 二十 | 二一 | 二二 | 二三 | 二四 | 二五 | 二六 | 二七 | 二八 | 二九 | 三十 | |
| 正月大 | 壬寅 | 天干地支 西曆 星期 | 丁卯 8 六 | 戊辰 9 日 | 己巳 10 一 | 庚午 11 二 | 辛未 12 三 | 壬申 13 四 | 癸酉 14 五 | 甲戌 15 六 | 乙亥 16 日 | 丙子 17 一 | 丁丑 18 二 | 戊寅 19 三 | 己卯 20 四 | 庚辰 21 五 | 辛巳 22 六 | 壬午 23 日 | 癸未 24 一 | 甲申 25 二 | 乙酉 26 三 | 丙戌 27 四 | 丁亥 28 五 | 戊子 29 六 | 己丑 (3) 日 | 庚寅 2 一 | 辛卯 3 二 | 壬辰 4 三 | 癸巳 5 四 | 甲午 6 五 | 乙未 7 六 | 丙申 8 日 | 戊辰立春 癸未驚蟄 |
| 二月小 | 癸卯 | 天干地支 西曆 星期 | 丁酉 9 一 | 戊戌 10 二 | 己亥 11 三 | 庚子 12 四 | 辛丑 13 五 | 壬寅 14 六 | 癸卯 15 日 | 甲辰 16 一 | 乙巳 17 二 | 丙午 18 三 | 丁未 19 四 | 戊申 20 五 | 己酉 21 六 | 庚戌 22 日 | 辛亥 23 一 | 壬子 24 二 | 癸丑 25 三 | 甲寅 26 四 | 乙卯 27 五 | 丙辰 28 六 | 丁巳 29 日 | 戊午 30 一 | 己未 31 二 | 庚申 (4) 三 | 辛酉 2 四 | 壬戌 3 五 | 癸亥 4 六 | 甲子 5 日 | 乙丑 6 一 | | 戊戌雨水 甲寅春分 |
| 三月大 | 甲辰 | 天干地支 西曆 星期 | 丙寅 7 二 | 丁卯 8 三 | 戊辰 9 四 | 己巳 10 五 | 庚午 11 六 | 辛未 12 日 | 壬申 13 一 | 癸酉 14 二 | 甲戌 15 三 | 乙亥 16 四 | 丙子 17 五 | 丁丑 18 六 | 戊寅 19 日 | 己卯 20 一 | 庚辰 21 二 | 辛巳 22 三 | 壬午 23 四 | 癸未 24 五 | 甲申 25 六 | 乙酉 26 日 | 丙戌 27 一 | 丁亥 28 二 | 戊子 29 三 | 己丑 30 四 | 庚寅 (5) 五 | 辛卯 2 六 | 壬辰 3 日 | 癸巳 4 一 | 甲午 5 二 | 乙未 6 三 | 己巳穀雨 甲申清明 |
| 四月小 | 乙巳 | 天干地支 西曆 星期 | 丙申 7 四 | 丁酉 8 五 | 戊戌 9 六 | 己亥 10 日 | 庚子 11 一 | 辛丑 12 二 | 壬寅 13 三 | 癸卯 14 四 | 甲辰 15 五 | 乙巳 16 六 | 丙午 17 日 | 丁未 18 一 | 戊申 19 二 | 己酉 20 三 | 庚戌 21 四 | 辛亥 22 五 | 壬子 23 六 | 癸丑 24 日 | 甲寅 25 一 | 乙卯 26 二 | 丙辰 27 三 | 丁巳 28 四 | 戊午 29 五 | 己未 30 六 | 庚申 31 日 | 辛酉 (6) 一 | 壬戌 2 二 | 癸亥 3 三 | 甲子 4 四 | | 己亥立夏 甲寅小滿 |
| 五月大 | 丙午 | 天干地支 西曆 星期 | 乙丑 5 五 | 丙寅 6 六 | 丁卯 7 日 | 戊辰 8 一 | 己巳 9 二 | 庚午 10 三 | 辛未 11 四 | 壬申 12 五 | 癸酉 13 六 | 甲戌 14 日 | 乙亥 15 一 | 丙子 16 二 | 丁丑 17 三 | 戊寅 18 四 | 己卯 19 五 | 庚辰 20 六 | 辛巳 21 日 | 壬午 22 一 | 癸未 23 二 | 甲申 24 三 | 乙酉 25 四 | 丙戌 26 五 | 丁亥 27 六 | 戊子 28 日 | 己丑 29 一 | 庚寅 30 二 | 辛卯 (7) 三 | 壬辰 2 四 | 癸巳 3 五 | 甲午 4 六 | 庚午芒種 乙酉夏至 |
| 六月大 | 丁未 | 天干地支 西曆 星期 | 乙未 5 日 | 丙申 6 一 | 丁酉 7 二 | 戊戌 8 三 | 己亥 9 四 | 庚子 10 五 | 辛丑 11 六 | 壬寅 12 日 | 癸卯 13 一 | 甲辰 14 二 | 乙巳 15 三 | 丙午 16 四 | 丁未 17 五 | 戊申 18 六 | 己酉 19 日 | 庚戌 20 一 | 辛亥 21 二 | 壬子 22 三 | 癸丑 23 四 | 甲寅 24 五 | 乙卯 25 六 | 丙辰 26 日 | 丁巳 27 一 | 戊午 28 二 | 己未 29 三 | 庚申 30 四 | 辛酉 31 五 | 壬戌 (8) 六 | 癸亥 2 日 | 甲子 3 一 | 庚子小暑 乙卯大暑 |
| 七月小 | 戊申 | 天干地支 西曆 星期 | 乙丑 4 二 | 丙寅 5 三 | 丁卯 6 四 | 戊辰 7 五 | 己巳 8 六 | 庚午 9 日 | 辛未 10 一 | 壬申 11 二 | 癸酉 12 三 | 甲戌 13 四 | 乙亥 14 五 | 丙子 15 六 | 丁丑 16 日 | 戊寅 17 一 | 己卯 18 二 | 庚辰 19 三 | 辛巳 20 四 | 壬午 21 五 | 癸未 22 六 | 甲申 23 日 | 乙酉 24 一 | 丙戌 25 二 | 丁亥 26 三 | 戊子 27 四 | 己丑 28 五 | 庚寅 29 六 | 辛卯 30 日 | 壬辰 31 一 | 癸巳 (9) 二 | | 辛未立秋 丙戌處暑 |
| 八月大 | 己酉 | 天干地支 西曆 星期 | 甲午 2 三 | 乙未 3 四 | 丙申 4 五 | 丁酉 5 六 | 戊戌 6 日 | 己亥 7 一 | 庚子 8 二 | 辛丑 9 三 | 壬寅 10 四 | 癸卯 11 五 | 甲辰 12 六 | 乙巳 13 日 | 丙午 14 一 | 丁未 15 二 | 戊申 16 三 | 己酉 17 四 | 庚戌 18 五 | 辛亥 19 六 | 壬子 20 日 | 癸丑 21 一 | 甲寅 22 二 | 乙卯 23 三 | 丙辰 24 四 | 丁巳 25 五 | 戊午 26 六 | 己未 27 日 | 庚申 28 一 | 辛酉 29 二 | 壬戌 30 三 | 癸亥 (10) 四 | 辛丑白露 丙辰秋分 |
| 九月小 | 庚戌 | 天干地支 西曆 星期 | 甲子 2 五 | 乙丑 3 六 | 丙寅 4 日 | 丁卯 5 一 | 戊辰 6 二 | 己巳 7 三 | 庚午 8 四 | 辛未 9 五 | 壬申 10 六 | 癸酉 11 日 | 甲戌 12 一 | 乙亥 13 二 | 丙子 14 三 | 丁丑 15 四 | 戊寅 16 五 | 己卯 17 六 | 庚辰 18 日 | 辛巳 19 一 | 壬午 20 二 | 癸未 21 三 | 甲申 22 四 | 乙酉 23 五 | 丙戌 24 六 | 丁亥 25 日 | 戊子 26 一 | 己丑 27 二 | 庚寅 28 三 | 辛卯 29 四 | 壬辰 30 五 | | 辛未寒露 丁亥霜降 |
| 十月大 | 辛亥 | 天干地支 西曆 星期 | 癸巳 31 六 | 甲午 (11) 日 | 乙未 2 一 | 丙申 3 二 | 丁酉 4 三 | 戊戌 5 四 | 己亥 6 五 | 庚子 7 六 | 辛丑 8 日 | 壬寅 9 一 | 癸卯 10 二 | 甲辰 11 三 | 乙巳 12 四 | 丙午 13 五 | 丁未 14 六 | 戊申 15 日 | 己酉 16 一 | 庚戌 17 二 | 辛亥 18 三 | 壬子 19 四 | 癸丑 20 五 | 甲寅 21 六 | 乙卯 22 日 | 丙辰 23 一 | 丁巳 24 二 | 戊午 25 三 | 己未 26 四 | 庚申 27 五 | 辛酉 28 六 | 壬戌 29 日 | 壬寅立冬 丁巳小雪 |
| 十一月小 | 壬子 | 天干地支 西曆 星期 | 癸亥 30 一 | 甲子 (12) 二 | 乙丑 2 三 | 丙寅 3 四 | 丁卯 4 五 | 戊辰 5 六 | 己巳 6 日 | 庚午 7 一 | 辛未 8 二 | 壬申 9 三 | 癸酉 10 四 | 甲戌 11 五 | 乙亥 12 六 | 丙子 13 日 | 丁丑 14 一 | 戊寅 15 二 | 己卯 16 三 | 庚辰 17 四 | 辛巳 18 五 | 壬午 19 六 | 癸未 20 日 | 甲申 21 一 | 乙酉 22 二 | 丙戌 23 三 | 丁亥 24 四 | 戊子 25 五 | 己丑 26 六 | 庚寅 27 日 | 辛卯 28 一 | | 壬申大雪 戊子冬至 |
| 十二月大 | 癸丑 | 天干地支 西曆 星期 | 壬辰 29 二 | 癸巳 30 三 | 甲午 31 四 | 乙未 (1) 五 | 丙申 2 六 | 丁酉 3 日 | 戊戌 4 一 | 己亥 5 二 | 庚子 6 三 | 辛丑 7 四 | 壬寅 8 五 | 癸卯 9 六 | 甲辰 10 日 | 乙巳 11 一 | 丙午 12 二 | 丁未 13 三 | 戊申 14 四 | 己酉 15 五 | 庚戌 16 六 | 辛亥 17 日 | 壬子 18 一 | 癸丑 19 二 | 甲寅 20 三 | 乙卯 21 四 | 丙辰 22 五 | 丁巳 23 六 | 戊午 24 日 | 己未 25 一 | 庚申 26 二 | 辛酉 27 三 | 癸卯小寒 戊午大寒 |

# 漢明帝永平十六年（癸酉 鷄年）公元73 ~ 74年

| 夏曆月序 | 中西曆日對照 | 夏曆日序 | | | | | | | | | | | | | | | | | | | | | | | | | | | | | | 節氣與天象 |
|---|---|---|---|---|---|---|---|---|---|---|---|---|---|---|---|---|---|---|---|---|---|---|---|---|---|---|---|---|---|---|---|---|
| | | 初一 | 初二 | 初三 | 初四 | 初五 | 初六 | 初七 | 初八 | 初九 | 初十 | 十一 | 十二 | 十三 | 十四 | 十五 | 十六 | 十七 | 十八 | 十九 | 二十 | 二一 | 二二 | 二三 | 二四 | 二五 | 二六 | 二七 | 二八 | 二九 | 三十 | |
| 正月小<br>甲寅 | 干支<br>西曆<br>星期 | 壬戌<br>28<br>四 | 癸亥<br>29<br>五 | 甲子<br>30<br>六 | 乙丑<br>31<br>日 | 丙寅<br>(2)<br>一 | 丁卯<br>2<br>二 | 戊辰<br>3<br>三 | 己巳<br>4<br>四 | 庚午<br>5<br>五 | 辛未<br>6<br>六 | 壬申<br>7<br>日 | 癸酉<br>8<br>一 | 甲戌<br>9<br>二 | 乙亥<br>10<br>三 | 丙子<br>11<br>四 | 丁丑<br>12<br>五 | 戊寅<br>13<br>六 | 己卯<br>14<br>日 | 庚辰<br>15<br>一 | 辛巳<br>16<br>二 | 壬午<br>17<br>三 | 癸未<br>18<br>四 | 甲申<br>19<br>五 | 乙酉<br>20<br>六 | 丙戌<br>21<br>日 | 丁亥<br>22<br>一 | 戊子<br>23<br>二 | 己丑<br>24<br>三 | 庚寅<br>25<br>四 | | 癸酉立春<br>戊子驚蟄 |
| 二月大<br>乙卯 | 干支<br>西曆<br>星期 | 辛卯<br>26<br>五 | 壬辰<br>27<br>六 | 癸巳<br>28<br>日 | 甲午<br>(3)<br>一 | 乙未<br>2<br>二 | 丙申<br>3<br>三 | 丁酉<br>4<br>四 | 戊戌<br>5<br>五 | 己亥<br>6<br>六 | 庚子<br>7<br>日 | 辛丑<br>8<br>一 | 壬寅<br>9<br>二 | 癸卯<br>10<br>三 | 甲辰<br>11<br>四 | 乙巳<br>12<br>五 | 丙午<br>13<br>六 | 丁未<br>14<br>日 | 戊申<br>15<br>一 | 己酉<br>16<br>二 | 庚戌<br>17<br>三 | 辛亥<br>18<br>四 | 壬子<br>19<br>五 | 癸丑<br>20<br>六 | 甲寅<br>21<br>日 | 乙卯<br>22<br>一 | 丙辰<br>23<br>二 | 丁巳<br>24<br>三 | 戊午<br>25<br>四 | 己未<br>26<br>五 | 庚申<br>27<br>六 | 甲辰雨水<br>己未春分 |
| 三月小<br>丙辰 | 干支<br>西曆<br>星期 | 辛酉<br>28<br>日 | 壬戌<br>29<br>一 | 癸亥<br>30<br>二 | 甲子<br>31<br>三 | 乙丑<br>(4)<br>四 | 丙寅<br>2<br>五 | 丁卯<br>3<br>六 | 戊辰<br>4<br>日 | 己巳<br>5<br>一 | 庚午<br>6<br>二 | 辛未<br>7<br>三 | 壬申<br>8<br>四 | 癸酉<br>9<br>五 | 甲戌<br>10<br>六 | 乙亥<br>11<br>日 | 丙子<br>12<br>一 | 丁丑<br>13<br>二 | 戊寅<br>14<br>三 | 己卯<br>15<br>四 | 庚辰<br>16<br>五 | 辛巳<br>17<br>六 | 壬午<br>18<br>日 | 癸未<br>19<br>一 | 甲申<br>20<br>二 | 乙酉<br>21<br>三 | 丙戌<br>22<br>四 | 丁亥<br>23<br>五 | 戊子<br>24<br>六 | 己丑<br>25<br>日 | | 甲戌穀雨<br>己丑清明 |
| 閏三月大<br>丙辰 | 干支<br>西曆<br>星期 | 庚寅<br>26<br>一 | 辛卯<br>27<br>二 | 壬辰<br>28<br>三 | 癸巳<br>29<br>四 | 甲午<br>30<br>五 | 乙未<br>(5)<br>六 | 丙申<br>2<br>日 | 丁酉<br>3<br>一 | 戊戌<br>4<br>二 | 己亥<br>5<br>三 | 庚子<br>6<br>四 | 辛丑<br>7<br>五 | 壬寅<br>8<br>六 | 癸卯<br>9<br>日 | 甲辰<br>10<br>一 | 乙巳<br>11<br>二 | 丙午<br>12<br>三 | 丁未<br>13<br>四 | 戊申<br>14<br>五 | 己酉<br>15<br>六 | 庚戌<br>16<br>日 | 辛亥<br>17<br>一 | 壬子<br>18<br>二 | 癸丑<br>19<br>三 | 甲寅<br>20<br>四 | 乙卯<br>21<br>五 | 丙辰<br>22<br>六 | 丁巳<br>23<br>日 | 戊午<br>24<br>一 | 己未<br>25<br>二 | 甲辰立夏 |
| 四月小<br>丁巳 | 干支<br>西曆<br>星期 | 庚申<br>26<br>三 | 辛酉<br>27<br>四 | 壬戌<br>28<br>五 | 癸亥<br>29<br>六 | 甲子<br>30<br>日 | 乙丑<br>31<br>一 | 丙寅<br>(6)<br>二 | 丁卯<br>2<br>三 | 戊辰<br>3<br>四 | 己巳<br>4<br>五 | 庚午<br>5<br>六 | 辛未<br>6<br>日 | 壬申<br>7<br>一 | 癸酉<br>8<br>二 | 甲戌<br>9<br>三 | 乙亥<br>10<br>四 | 丙子<br>11<br>五 | 丁丑<br>12<br>六 | 戊寅<br>13<br>日 | 己卯<br>14<br>一 | 庚辰<br>15<br>二 | 辛巳<br>16<br>三 | 壬午<br>17<br>四 | 癸未<br>18<br>五 | 甲申<br>19<br>六 | 乙酉<br>20<br>日 | 丙戌<br>21<br>一 | 丁亥<br>22<br>二 | 戊子<br>23<br>三 | | 庚申小滿<br>乙亥芒種 |
| 五月大<br>戊午 | 干支<br>西曆<br>星期 | 己丑<br>24<br>四 | 庚寅<br>25<br>五 | 辛卯<br>26<br>六 | 壬辰<br>27<br>日 | 癸巳<br>28<br>一 | 甲午<br>29<br>二 | 乙未<br>30<br>三 | 丙申<br>(7)<br>四 | 丁酉<br>2<br>五 | 戊戌<br>3<br>六 | 己亥<br>4<br>日 | 庚子<br>5<br>一 | 辛丑<br>6<br>二 | 壬寅<br>7<br>三 | 癸卯<br>8<br>四 | 甲辰<br>9<br>五 | 乙巳<br>10<br>六 | 丙午<br>11<br>日 | 丁未<br>12<br>一 | 戊申<br>13<br>二 | 己酉<br>14<br>三 | 庚戌<br>15<br>四 | 辛亥<br>16<br>五 | 壬子<br>17<br>六 | 癸丑<br>18<br>日 | 甲寅<br>19<br>一 | 乙卯<br>20<br>二 | 丙辰<br>21<br>三 | 丁巳<br>22<br>四 | 戊午<br>23<br>五 | 庚寅夏至<br>乙巳小暑<br>戊午日食 |
| 六月小<br>己未 | 干支<br>西曆<br>星期 | 己未<br>24<br>六 | 庚申<br>25<br>日 | 辛酉<br>26<br>一 | 壬戌<br>27<br>二 | 癸亥<br>28<br>三 | 甲子<br>29<br>四 | 乙丑<br>30<br>五 | 丙寅<br>31<br>六 | 丁卯<br>(8)<br>日 | 戊辰<br>2<br>一 | 己巳<br>3<br>二 | 庚午<br>4<br>三 | 辛未<br>5<br>四 | 壬申<br>6<br>五 | 癸酉<br>7<br>六 | 甲戌<br>8<br>日 | 乙亥<br>9<br>一 | 丙子<br>10<br>二 | 丁丑<br>11<br>三 | 戊寅<br>12<br>四 | 己卯<br>13<br>五 | 庚辰<br>14<br>六 | 辛巳<br>15<br>日 | 壬午<br>16<br>一 | 癸未<br>17<br>二 | 甲申<br>18<br>三 | 乙酉<br>19<br>四 | 丙戌<br>20<br>五 | 丁亥<br>21<br>六 | | 辛酉大暑<br>丙子立秋 |
| 七月大<br>庚申 | 干支<br>西曆<br>星期 | 戊子<br>22<br>日 | 己丑<br>23<br>一 | 庚寅<br>24<br>二 | 辛卯<br>25<br>三 | 壬辰<br>26<br>四 | 癸巳<br>27<br>五 | 甲午<br>28<br>六 | 乙未<br>29<br>日 | 丙申<br>30<br>一 | 丁酉<br>31<br>二 | 戊戌<br>(9)<br>三 | 己亥<br>2<br>四 | 庚子<br>3<br>五 | 辛丑<br>4<br>六 | 壬寅<br>5<br>日 | 癸卯<br>6<br>一 | 甲辰<br>7<br>二 | 乙巳<br>8<br>三 | 丙午<br>9<br>四 | 丁未<br>10<br>五 | 戊申<br>11<br>六 | 己酉<br>12<br>日 | 庚戌<br>13<br>一 | 辛亥<br>14<br>二 | 壬子<br>15<br>三 | 癸丑<br>16<br>四 | 甲寅<br>17<br>五 | 乙卯<br>18<br>六 | 丙辰<br>19<br>日 | 丁巳<br>20<br>一 | 辛卯處暑<br>丙午白露 |
| 八月大<br>辛酉 | 干支<br>西曆<br>星期 | 戊午<br>21<br>二 | 己未<br>22<br>三 | 庚申<br>23<br>四 | 辛酉<br>24<br>五 | 壬戌<br>25<br>六 | 癸亥<br>26<br>日 | 甲子<br>27<br>一 | 乙丑<br>28<br>二 | 丙寅<br>29<br>三 | 丁卯<br>30<br>四 | 戊辰<br>(10)<br>五 | 己巳<br>2<br>六 | 庚午<br>3<br>日 | 辛未<br>4<br>一 | 壬申<br>5<br>二 | 癸酉<br>6<br>三 | 甲戌<br>7<br>四 | 乙亥<br>8<br>五 | 丙子<br>9<br>六 | 丁丑<br>10<br>日 | 戊寅<br>11<br>一 | 己卯<br>12<br>二 | 庚辰<br>13<br>三 | 辛巳<br>14<br>四 | 壬午<br>15<br>五 | 癸未<br>16<br>六 | 甲申<br>17<br>日 | 乙酉<br>18<br>一 | 丙戌<br>19<br>二 | 丁亥<br>20<br>三 | 辛酉秋分<br>丁丑寒露 |
| 九月小<br>壬戌 | 干支<br>西曆<br>星期 | 戊子<br>21<br>四 | 己丑<br>22<br>五 | 庚寅<br>23<br>六 | 辛卯<br>24<br>日 | 壬辰<br>25<br>一 | 癸巳<br>26<br>二 | 甲午<br>27<br>三 | 乙未<br>28<br>四 | 丙申<br>29<br>五 | 丁酉<br>30<br>六 | 戊戌<br>31<br>日 | 己亥<br>(11)<br>一 | 庚子<br>2<br>二 | 辛丑<br>3<br>三 | 壬寅<br>4<br>四 | 癸卯<br>5<br>五 | 甲辰<br>6<br>六 | 乙巳<br>7<br>日 | 丙午<br>8<br>一 | 丁未<br>9<br>二 | 戊申<br>10<br>三 | 己酉<br>11<br>四 | 庚戌<br>12<br>五 | 辛亥<br>13<br>六 | 壬子<br>14<br>日 | 癸丑<br>15<br>一 | 甲寅<br>16<br>二 | 乙卯<br>17<br>三 | 丙辰<br>18<br>四 | | 壬辰霜降<br>丁未立冬 |
| 十月大<br>癸亥 | 干支<br>西曆<br>星期 | 丁巳<br>19<br>五 | 戊午<br>20<br>六 | 己未<br>21<br>日 | 庚申<br>22<br>一 | 辛酉<br>23<br>二 | 壬戌<br>24<br>三 | 癸亥<br>25<br>四 | 甲子<br>26<br>五 | 乙丑<br>27<br>六 | 丙寅<br>28<br>日 | 丁卯<br>29<br>一 | 戊辰<br>30<br>二 | 己巳<br>(12)<br>三 | 庚午<br>2<br>四 | 辛未<br>3<br>五 | 壬申<br>4<br>六 | 癸酉<br>5<br>日 | 甲戌<br>6<br>一 | 乙亥<br>7<br>二 | 丙子<br>8<br>三 | 丁丑<br>9<br>四 | 戊寅<br>10<br>五 | 己卯<br>11<br>六 | 庚辰<br>12<br>日 | 辛巳<br>13<br>一 | 壬午<br>14<br>二 | 癸未<br>15<br>三 | 甲申<br>16<br>四 | 乙酉<br>17<br>五 | 丙戌<br>18<br>六 | 壬戌小雪<br>戊寅大雪 |
| 十一月小<br>甲子 | 干支<br>西曆<br>星期 | 丁亥<br>19<br>日 | 戊子<br>20<br>一 | 己丑<br>21<br>二 | 庚寅<br>22<br>三 | 辛卯<br>23<br>四 | 壬辰<br>24<br>五 | 癸巳<br>25<br>六 | 甲午<br>26<br>日 | 乙未<br>27<br>一 | 丙申<br>28<br>二 | 丁酉<br>29<br>三 | 戊戌<br>30<br>四 | 己亥<br>31<br>五 | 庚子<br>(1)<br>六 | 辛丑<br>2<br>日 | 壬寅<br>3<br>一 | 癸卯<br>4<br>二 | 甲辰<br>5<br>三 | 乙巳<br>6<br>四 | 丙午<br>7<br>五 | 丁未<br>8<br>六 | 戊申<br>9<br>日 | 己酉<br>10<br>一 | 庚戌<br>11<br>二 | 辛亥<br>12<br>三 | 壬子<br>13<br>四 | 癸丑<br>14<br>五 | 甲寅<br>15<br>六 | 乙卯<br>16<br>日 | | 癸巳冬至<br>戊申小寒 |
| 十二月大<br>乙丑 | 干支<br>西曆<br>星期 | 丙辰<br>17<br>一 | 丁巳<br>18<br>二 | 戊午<br>19<br>三 | 己未<br>20<br>四 | 庚申<br>21<br>五 | 辛酉<br>22<br>六 | 壬戌<br>23<br>日 | 癸亥<br>24<br>一 | 甲子<br>25<br>二 | 乙丑<br>26<br>三 | 丙寅<br>27<br>四 | 丁卯<br>28<br>五 | 戊辰<br>29<br>六 | 己巳<br>30<br>日 | 庚午<br>31<br>一 | 辛未<br>(2)<br>二 | 壬申<br>2<br>三 | 癸酉<br>3<br>四 | 甲戌<br>4<br>五 | 乙亥<br>5<br>六 | 丙子<br>6<br>日 | 丁丑<br>7<br>一 | 戊寅<br>8<br>二 | 己卯<br>9<br>三 | 庚辰<br>10<br>四 | 辛巳<br>11<br>五 | 壬午<br>12<br>六 | 癸未<br>13<br>日 | 甲申<br>14<br>一 | 乙酉<br>15<br>二 | 癸亥大寒<br>戊寅立春 |

# 漢明帝永平十七年（甲戌 狗年）公元74～75年

| 夏曆月序 | | 中西曆日對照 | 初一 | 初二 | 初三 | 初四 | 初五 | 初六 | 初七 | 初八 | 初九 | 初十 | 十一 | 十二 | 十三 | 十四 | 十五 | 十六 | 十七 | 十八 | 十九 | 二十 | 二一 | 二二 | 二三 | 二四 | 二五 | 二六 | 二七 | 二八 | 二九 | 三十 | 節氣與天象 |
|---|---|---|---|---|---|---|---|---|---|---|---|---|---|---|---|---|---|---|---|---|---|---|---|---|---|---|---|---|---|---|---|---|---|
| 正月小 | 丙寅 | 干支 西曆 天地 星期 | 丙戌 16 三 | 丁亥 17 四 | 戊子 18 五 | 己丑 19 六 | 庚寅 20 日 | 辛卯 21 一 | 壬辰 22 二 | 癸巳 23 三 | 甲午 24 四 | 乙未 25 五 | 丙申 26 六 | 丁酉 27 日 | 戊戌 28 一 | 己亥 (3) 二 | 庚子 2 三 | 辛丑 3 四 | 壬寅 4 五 | 癸卯 5 六 | 甲辰 6 日 | 乙巳 7 一 | 丙午 8 二 | 丁未 9 三 | 戊申 10 四 | 己酉 11 五 | 庚戌 12 六 | 辛亥 13 日 | 壬子 14 一 | 癸丑 15 二 | 甲寅 16 三 | | 甲午驚蟄 己酉雨水 |
| 二月大 | 丁卯 | 干支 西曆 天地 星期 | 乙卯 17 四 | 丙辰 18 五 | 丁巳 19 六 | 戊午 20 日 | 己未 21 一 | 庚申 22 二 | 辛酉 23 三 | 壬戌 24 四 | 癸亥 25 五 | 甲子 26 六 | 乙丑 27 日 | 丙寅 28 一 | 丁卯 29 二 | 戊辰 30 三 | 己巳 31 四 | 庚午 (4) 五 | 辛未 2 六 | 壬申 3 日 | 癸酉 4 一 | 甲戌 5 二 | 乙亥 6 三 | 丙子 7 四 | 丁丑 8 五 | 戊寅 9 六 | 己卯 10 日 | 庚辰 11 一 | 辛巳 12 二 | 壬午 13 三 | 癸未 14 四 | 甲申 15 五 | 甲子春分 己卯穀雨 |
| 三月小 | 戊辰 | 干支 西曆 天地 星期 | 乙酉 16 六 | 丙戌 17 日 | 丁亥 18 一 | 戊子 19 二 | 己丑 20 三 | 庚寅 21 四 | 辛卯 22 五 | 壬辰 23 六 | 癸巳 24 日 | 甲午 25 一 | 乙未 26 二 | 丙申 27 三 | 丁酉 28 四 | 戊戌 29 五 | 己亥 30 六 | 庚子 (5) 日 | 辛丑 2 一 | 壬寅 3 二 | 癸卯 4 三 | 甲辰 5 四 | 乙巳 6 五 | 丙午 7 六 | 丁未 8 日 | 戊申 9 一 | 己酉 10 二 | 庚戌 11 三 | 辛亥 12 四 | 壬子 13 五 | 癸丑 14 六 | | 乙未清明 庚戌立夏 |
| 四月大 | 己巳 | 干支 西曆 天地 星期 | 甲寅 15 日 | 乙卯 16 一 | 丙辰 17 二 | 丁巳 18 三 | 戊午 19 四 | 己未 20 五 | 庚申 21 六 | 辛酉 22 日 | 壬戌 23 一 | 癸亥 24 二 | 甲子 25 三 | 乙丑 26 四 | 丙寅 27 五 | 丁卯 28 六 | 戊辰 29 日 | 己巳 30 一 | 庚午 31 二 | 辛未 (6) 三 | 壬申 2 四 | 癸酉 3 五 | 甲戌 4 六 | 乙亥 5 日 | 丙子 6 一 | 丁丑 7 二 | 戊寅 8 三 | 己卯 9 四 | 庚辰 10 五 | 辛巳 11 六 | 壬午 12 日 | 癸未 13 一 | 乙丑小滿 庚辰芒種 |
| 五月小 | 庚午 | 干支 西曆 天地 星期 | 甲申 14 二 | 乙酉 15 三 | 丙戌 16 四 | 丁亥 17 五 | 戊子 18 六 | 己丑 19 日 | 庚寅 20 一 | 辛卯 21 二 | 壬辰 22 三 | 癸巳 23 四 | 甲午 24 五 | 乙未 25 六 | 丙申 26 日 | 丁酉 27 一 | 戊戌 28 二 | 己亥 29 三 | 庚子 30 四 | 辛丑 (7) 五 | 壬寅 2 六 | 癸卯 3 日 | 甲辰 4 一 | 乙巳 5 二 | 丙午 6 三 | 丁未 7 四 | 戊申 8 五 | 己酉 9 六 | 庚戌 10 日 | 辛亥 11 一 | 壬子 12 二 | | 乙未夏至 辛亥小暑 |
| 六月大 | 辛未 | 干支 西曆 天地 星期 | 癸丑 13 三 | 甲寅 14 四 | 乙卯 15 五 | 丙辰 16 六 | 丁巳 17 日 | 戊午 18 一 | 己未 19 二 | 庚申 20 三 | 辛酉 21 四 | 壬戌 22 五 | 癸亥 23 六 | 甲子 24 日 | 乙丑 25 一 | 丙寅 26 二 | 丁卯 27 三 | 戊辰 28 四 | 己巳 29 五 | 庚午 30 六 | 辛未 31 日 | 壬申 (8) 一 | 癸酉 2 二 | 甲戌 3 三 | 乙亥 4 四 | 丙子 5 五 | 丁丑 6 六 | 戊寅 7 日 | 己卯 8 一 | 庚辰 9 二 | 辛巳 10 三 | 壬午 11 四 | 丙寅大暑 辛巳立秋 |
| 七月小 | 壬申 | 干支 西曆 天地 星期 | 癸未 12 五 | 甲申 13 六 | 乙酉 14 日 | 丙戌 15 一 | 丁亥 16 二 | 戊子 17 三 | 己丑 18 四 | 庚寅 19 五 | 辛卯 20 六 | 壬辰 21 日 | 癸巳 22 一 | 甲午 23 二 | 乙未 24 三 | 丙申 25 四 | 丁酉 26 五 | 戊戌 27 六 | 己亥 28 日 | 庚子 29 一 | 辛丑 30 二 | 壬寅 31 三 | 癸卯 (9) 四 | 甲辰 2 五 | 乙巳 3 六 | 丙午 4 日 | 丁未 5 一 | 戊申 6 二 | 己酉 7 三 | 庚戌 8 四 | 辛亥 9 五 | | 丙申處暑 辛亥白露 |
| 八月大 | 癸酉 | 干支 西曆 天地 星期 | 壬子 10 六 | 癸丑 11 日 | 甲寅 12 一 | 乙卯 13 二 | 丙辰 14 三 | 丁巳 15 四 | 戊午 16 五 | 己未 17 六 | 庚申 18 日 | 辛酉 19 一 | 壬戌 20 二 | 癸亥 21 三 | 甲子 22 四 | 乙丑 23 五 | 丙寅 24 六 | 丁卯 25 日 | 戊辰 26 一 | 己巳 27 二 | 庚午 28 三 | 辛未 29 四 | 壬申 30 五 | 癸酉 (10) 六 | 甲戌 2 日 | 乙亥 3 一 | 丙子 4 二 | 丁丑 5 三 | 戊寅 6 四 | 己卯 7 五 | 庚辰 8 六 | 辛巳 9 日 | 丁卯秋分 |
| 九月小 | 甲戌 | 干支 西曆 天地 星期 | 壬午 10 一 | 癸未 11 二 | 甲申 12 三 | 乙酉 13 四 | 丙戌 14 五 | 丁亥 15 六 | 戊子 16 日 | 己丑 17 一 | 庚寅 18 二 | 辛卯 19 三 | 壬辰 20 四 | 癸巳 21 五 | 甲午 22 六 | 乙未 23 日 | 丙申 24 一 | 丁酉 25 二 | 戊戌 26 三 | 己亥 27 四 | 庚子 28 五 | 辛丑 29 六 | 壬寅 30 日 | 癸卯 31 一 | 甲辰 (11) 二 | 乙巳 2 三 | 丙午 3 四 | 丁未 4 五 | 戊申 5 六 | 己酉 6 日 | 庚戌 7 一 | | 壬午寒露 丁酉霜降 |
| 十月大 | 乙亥 | 干支 西曆 天地 星期 | 辛亥 8 二 | 壬子 9 三 | 癸丑 10 四 | 甲寅 11 五 | 乙卯 12 六 | 丙辰 13 日 | 丁巳 14 一 | 戊午 15 二 | 己未 16 三 | 庚申 17 四 | 辛酉 18 五 | 壬戌 19 六 | 癸亥 20 日 | 甲子 21 一 | 乙丑 22 二 | 丙寅 23 三 | 丁卯 24 四 | 戊辰 25 五 | 己巳 26 六 | 庚午 27 日 | 辛未 28 一 | 壬申 29 二 | 癸酉 30 三 | 甲戌 (12) 四 | 乙亥 2 五 | 丙子 3 六 | 丁丑 4 日 | 戊寅 5 一 | 己卯 6 二 | 庚辰 7 三 | 壬子立冬 戊辰小雪 |
| 十一月小 | 丙子 | 干支 西曆 天地 星期 | 辛巳 8 四 | 壬午 9 五 | 癸未 10 六 | 甲申 11 日 | 乙酉 12 一 | 丙戌 13 二 | 丁亥 14 三 | 戊子 15 四 | 己丑 16 五 | 庚寅 17 六 | 辛卯 18 日 | 壬辰 19 一 | 癸巳 20 二 | 甲午 21 三 | 乙未 22 四 | 丙申 23 五 | 丁酉 24 六 | 戊戌 25 日 | 己亥 26 一 | 庚子 27 二 | 辛丑 28 三 | 壬寅 29 四 | 癸卯 30 五 | 甲辰 31 六 | 乙巳 (1) 日 | 丙午 2 一 | 丁未 3 二 | 戊申 4 三 | 己酉 5 四 | | 癸未大雪 戊戌冬至 |
| 十二月大 | 丁丑 | 干支 西曆 天地 星期 | 庚戌 6 五 | 辛亥 7 六 | 壬子 8 日 | 癸丑 9 一 | 甲寅 10 二 | 乙卯 11 三 | 丙辰 12 四 | 丁巳 13 五 | 戊午 14 六 | 己未 15 日 | 庚申 16 一 | 辛酉 17 二 | 壬戌 18 三 | 癸亥 19 四 | 甲子 20 五 | 乙丑 21 六 | 丙寅 22 日 | 丁卯 23 一 | 戊辰 24 二 | 己巳 25 三 | 庚午 26 四 | 辛未 27 五 | 壬申 28 六 | 癸酉 29 日 | 甲戌 30 一 | 乙亥 31 二 | 丙子 (2) 三 | 丁丑 2 四 | 戊寅 3 五 | 己卯 4 六 | 癸丑小寒 戊辰大寒 |

# 漢明帝永平十八年 章帝永平十八年（乙亥 猪年）公元 75 ~ 76 年

| 夏曆月序 | | 中西曆日對照 | 初一 | 初二 | 初三 | 初四 | 初五 | 初六 | 初七 | 初八 | 初九 | 初十 | 十一 | 十二 | 十三 | 十四 | 十五 |
|---|---|---|---|---|---|---|---|---|---|---|---|---|---|---|---|---|---|
| 正月大 | 戊寅 | 天干地支 西曆 星期 | 庚辰 5 日 | 辛巳 6 一 | 壬午 7 二 | 癸未 8 三 | 甲申 9 四 | 乙酉 10 五 | 丙戌 11 六 | 丁亥 12 日 | 戊子 13 一 | 己丑 14 二 | 庚寅 15 三 | 辛卯 16 四 | 壬辰 17 五 | 癸巳 18 六 | 甲午 19 日 |
| 二月小 | 己卯 | 天干地支 西曆 星期 | 庚戌 7 二 | 辛亥 8 三 | 壬子 9 四 | 癸丑 10 五 | 甲寅 11 六 | 乙卯 12 日 | 丙辰 13 一 | 丁巳 14 二 | 戊午 15 三 | 己未 16 四 | 庚申 17 五 | 辛酉 18 六 | 壬戌 19 日 | 癸亥 20 一 | 甲子 21 二 |
| 三月大 | 庚辰 | 天干地支 西曆 星期 | 己卯 5 三 | 庚辰 6 四 | 辛巳 7 五 | 壬午 8 六 | 癸未 9 日 | 甲申 10 一 | 乙酉 11 二 | 丙戌 12 三 | 丁亥 13 四 | 戊子 14 五 | 己丑 15 六 | 庚寅 16 日 | 辛卯 17 一 | 壬辰 18 二 | 癸巳 19 三 |
| 四月小 | 辛巳 | 天干地支 西曆 星期 | 己酉 5 五 | 庚戌 6 六 | 辛亥 7 日 | 壬子 8 一 | 癸丑 9 二 | 甲寅 10 三 | 乙卯 11 四 | 丙辰 12 五 | 丁巳 13 六 | 戊午 14 日 | 己未 15 一 | 庚申 16 二 | 辛酉 17 三 | 壬戌 18 四 | 癸亥 19 五 |
| 五月大 | 壬午 | 天干地支 西曆 星期 | 戊寅 3 六 | 己卯 4 日 | 庚辰 5 一 | 辛巳 6 二 | 壬午 7 三 | 癸未 8 四 | 甲申 9 五 | 乙酉 10 六 | 丙戌 11 日 | 丁亥 12 一 | 戊子 13 二 | 己丑 14 三 | 庚寅 15 四 | 辛卯 16 五 | 壬辰 17 六 |
| 六月小 | 癸未 | 天干地支 西曆 星期 | 戊申 3 一 | 己酉 4 二 | 庚戌 5 三 | 辛亥 6 四 | 壬子 7 五 | 癸丑 8 六 | 甲寅 9 日 | 乙卯 10 一 | 丙辰 11 二 | 丁巳 12 三 | 戊午 13 四 | 己未 14 五 | 庚申 15 六 | 辛酉 16 日 | 壬戌 17 一 |
| 七月大 | 甲申 | 天干地支 西曆 星期 | 丁丑 (8) 二 | 戊寅 2 三 | 己卯 3 四 | 庚辰 4 五 | 辛巳 5 六 | 壬午 6 日 | 癸未 7 一 | 甲申 8 二 | 乙酉 9 三 | 丙戌 10 四 | 丁亥 11 五 | 戊子 12 六 | 己丑 13 日 | 庚寅 14 一 | 辛卯 15 二 |
| 八月小 | 乙酉 | 天干地支 西曆 星期 | 丁未 31 四 | 戊申 (9) 五 | 己酉 2 六 | 庚戌 3 日 | 辛亥 4 一 | 壬子 5 二 | 癸丑 6 三 | 甲寅 7 四 | 乙卯 8 五 | 丙辰 9 六 | 丁巳 10 日 | 戊午 11 一 | 己未 12 二 | 庚申 13 三 | 辛酉 14 四 |
| 九月大 | 丙戌 | 天干地支 西曆 星期 | 丙子 29 五 | 丁丑 30 六 | 戊寅 (10) 日 | 己卯 2 一 | 庚辰 3 二 | 辛巳 4 三 | 壬午 5 四 | 癸未 6 五 | 甲申 7 六 | 乙酉 8 日 | 丙戌 9 一 | 丁亥 10 二 | 戊子 11 三 | 己丑 12 四 | 庚寅 13 五 |
| 十月小 | 丁亥 | 天干地支 西曆 星期 | 丙午 29 日 | 丁未 30 一 | 戊申 31 二 | 己酉 (11) 三 | 庚戌 2 四 | 辛亥 3 五 | 壬子 4 六 | 癸丑 5 日 | 甲寅 6 一 | 乙卯 7 二 | 丙辰 8 三 | 丁巳 9 四 | 戊午 10 五 | 己未 11 六 | 庚申 12 日 |
| 十一月大 | 戊子 | 天干地支 西曆 星期 | 乙亥 27 一 | 丙子 28 二 | 丁丑 29 三 | 戊寅 30 四 | 己卯 (12) 五 | 庚辰 2 六 | 辛巳 3 日 | 壬午 4 一 | 癸未 5 二 | 甲申 6 三 | 乙酉 7 四 | 丙戌 8 五 | 丁亥 9 六 | 戊子 10 日 | 己丑 11 一 |
| 閏十一小 | 戊子 | 天干地支 西曆 星期 | 乙巳 27 三 | 丙午 28 四 | 丁未 29 五 | 戊申 30 六 | 己酉 31 日 | 庚戌 (1) 一 | 辛亥 2 二 | 壬子 3 三 | 癸丑 4 四 | 甲寅 5 五 | 乙卯 6 六 | 丙辰 7 日 | 丁巳 8 一 | 戊午 9 二 | 己未 10 三 |
| 十二月大 | 己丑 | 天干地支 西曆 星期 | 甲戌 25 四 | 乙亥 26 五 | 丙子 27 六 | 丁丑 28 日 | 戊寅 29 一 | 己卯 30 二 | 庚辰 31 三 | 辛巳 (2) 四 | 壬午 2 五 | 癸未 3 六 | 甲申 4 日 | 乙酉 5 一 | 丙戌 6 二 | 丁亥 7 三 | 戊子 8 四 |

| 夏曆月序 | 十六 | 十七 | 十八 | 十九 | 二十 | 二一 | 二二 | 二三 | 二四 | 二五 | 二六 | 二七 | 二八 | 二九 | 三十 | 節氣與天象 |
|---|---|---|---|---|---|---|---|---|---|---|---|---|---|---|---|---|
| 正月大 | 乙未 20 一 | 丙申 21 二 | 丁酉 22 三 | 戊戌 23 四 | 己亥 24 五 | 庚子 25 六 | 辛丑 26 日 | 壬寅 27 一 | 癸卯 28 二 | 甲辰 (3) 三 | 乙巳 2 四 | 丙午 3 五 | 丁未 4 六 | 戊申 5 日 | 己酉 6 一 | 甲申立春 己亥驚蟄 |
| 二月小 | 乙丑 22 三 | 丙寅 23 四 | 丁卯 24 五 | 戊辰 25 六 | 己巳 26 日 | 庚午 27 一 | 辛未 28 二 | 壬申 29 三 | 癸酉 30 四 | 甲戌 31 五 | 乙亥 (4) 六 | 丙子 2 日 | 丁丑 3 一 | 戊寅 4 二 | | 甲寅雨水 己巳春分 |
| 三月大 | 甲午 20 四 | 乙未 21 五 | 丙申 22 六 | 丁酉 23 日 | 戊戌 24 一 | 己亥 25 二 | 庚子 26 三 | 辛丑 27 四 | 壬寅 28 五 | 癸卯 29 六 | 甲辰 30 日 | 乙巳 (5) 一 | 丙午 2 二 | 丁未 3 三 | 戊申 4 四 | 乙酉穀雨 庚子清明 |
| 四月小 | 甲子 20 六 | 乙丑 21 日 | 丙寅 22 一 | 丁卯 23 二 | 戊辰 24 三 | 己巳 25 四 | 庚午 26 五 | 辛未 27 六 | 壬申 28 日 | 癸酉 29 一 | 甲戌 30 二 | 乙亥 31 三 | 丙子 (6) 四 | 丁丑 2 五 | | 乙卯立夏 庚午小滿 |
| 五月大 | 癸巳 18 日 | 甲午 19 一 | 乙未 20 二 | 丙申 21 三 | 丁酉 22 四 | 戊戌 23 五 | 己亥 24 六 | 庚子 25 日 | 辛丑 26 一 | 壬寅 27 二 | 癸卯 28 三 | 甲辰 29 四 | 乙巳 30 五 | 丙午 (7) 六 | 丁未 2 日 | 乙酉芒種 辛丑夏至 |
| 六月小 | 癸亥 18 二 | 甲子 19 三 | 乙丑 20 四 | 丙寅 21 五 | 丁卯 22 六 | 戊辰 23 日 | 己巳 24 一 | 庚午 25 二 | 辛未 26 三 | 壬申 27 四 | 癸酉 28 五 | 甲戌 29 六 | 乙亥 30 日 | 丙子 31 一 | | 丙辰小暑 辛未大暑 |
| 七月大 | 壬辰 16 三 | 癸巳 17 四 | 甲午 18 五 | 乙未 19 六 | 丙申 20 日 | 丁酉 21 一 | 戊戌 22 二 | 己亥 23 三 | 庚子 24 四 | 辛丑 25 五 | 壬寅 26 六 | 癸卯 27 日 | 甲辰 28 一 | 乙巳 29 二 | 丙午 30 三 | 丙戌立秋 壬寅處暑 |
| 八月小 | 壬戌 15 五 | 癸亥 16 六 | 甲子 17 日 | 乙丑 18 一 | 丙寅 19 二 | 丁卯 20 三 | 戊辰 21 四 | 己巳 22 五 | 庚午 23 六 | 辛未 24 日 | 壬申 25 一 | 癸酉 26 二 | 甲戌 27 三 | 乙亥 28 四 | | 丁巳白露 壬申秋分 |
| 九月大 | 辛卯 14 六 | 壬辰 15 日 | 癸巳 16 一 | 甲午 17 二 | 乙未 18 三 | 丙申 19 四 | 丁酉 20 五 | 戊戌 21 六 | 己亥 22 日 | 庚子 23 一 | 辛丑 24 二 | 壬寅 25 三 | 癸卯 26 四 | 甲辰 27 五 | 乙巳 28 六 | 丁亥寒露 壬寅霜降 |
| 十月小 | 辛酉 13 一 | 壬戌 14 二 | 癸亥 15 三 | 甲子 16 四 | 乙丑 17 五 | 丙寅 18 六 | 丁卯 19 日 | 戊辰 20 一 | 己巳 21 二 | 庚午 22 三 | 辛未 23 四 | 壬申 24 五 | 癸酉 25 六 | 甲戌 26 日 | | 戊午立冬 癸酉小雪 |
| 十一月大 | 庚寅 12 二 | 辛卯 13 三 | 壬辰 14 四 | 癸巳 15 五 | 甲午 16 六 | 乙未 17 日 | 丙申 18 一 | 丁酉 19 二 | 戊戌 20 三 | 己亥 21 四 | 庚子 22 五 | 辛丑 23 六 | 壬寅 24 日 | 癸卯 25 一 | 甲辰 26 二 | 戊子大雪 癸卯冬至 甲辰日食 |
| 閏十一小 | 庚申 11 四 | 辛酉 12 五 | 壬戌 13 六 | 癸亥 14 日 | 甲子 15 一 | 乙丑 16 二 | 丙寅 17 三 | 丁卯 18 四 | 戊辰 19 五 | 己巳 20 六 | 庚午 21 日 | 辛未 22 一 | 壬申 23 二 | 癸酉 24 三 | | 戊午小寒 |
| 十二月大 | 己丑 9 五 | 庚寅 10 六 | 辛卯 11 日 | 壬辰 12 一 | 癸巳 13 二 | 甲午 14 三 | 乙未 15 四 | 丙申 16 五 | 丁酉 17 六 | 戊戌 18 日 | 己亥 19 一 | 庚子 20 二 | 辛丑 21 三 | 壬寅 22 四 | 癸卯 23 五 | 甲戌大寒 己丑立春 |

* 八月壬子（初六），明帝死，劉炟即位，是爲章帝。

# 漢章帝建初元年（丙子 鼠年）公元 76 ~ 77 年

| 夏曆月序 | | 中西曆日對照 | 初一 | 初二 | 初三 | 初四 | 初五 | 初六 | 初七 | 初八 | 初九 | 初十 | 十一 | 十二 | 十三 | 十四 | 十五 | 十六 | 十七 | 十八 | 十九 | 二十 | 二一 | 二二 | 二三 | 二四 | 二五 | 二六 | 二七 | 二八 | 二九 | 三十 | 節氣與天象 |
|---|---|---|---|---|---|---|---|---|---|---|---|---|---|---|---|---|---|---|---|---|---|---|---|---|---|---|---|---|---|---|---|---|---|
| 正月小 | 庚寅 | 天干地支<br>西曆<br>星期 | 甲辰<br>24<br>六 | 乙巳<br>25<br>日 | 丙午<br>26<br>一 | 丁未<br>27<br>二 | 戊申<br>28<br>三 | 己酉<br>29<br>四 | 庚戌<br>(3)<br>五 | 辛亥<br>2<br>六 | 壬子<br>3<br>日 | 癸丑<br>4<br>一 | 甲寅<br>5<br>二 | 乙卯<br>6<br>三 | 丙辰<br>7<br>四 | 丁巳<br>8<br>五 | 戊午<br>9<br>六 | 己未<br>10<br>日 | 庚申<br>11<br>一 | 辛酉<br>12<br>二 | 壬戌<br>13<br>三 | 癸亥<br>14<br>四 | 甲子<br>15<br>五 | 乙丑<br>16<br>六 | 丙寅<br>17<br>日 | 丁卯<br>18<br>一 | 戊辰<br>19<br>二 | 己巳<br>20<br>三 | 庚午<br>21<br>四 | 辛未<br>22<br>五 | 壬申<br>23<br>六 | | 甲辰驚蟄<br>己未雨水 |
| 二月大 | 辛卯 | 天干地支<br>西曆<br>星期 | 癸酉<br>24<br>日 | 甲戌<br>25<br>一 | 乙亥<br>26<br>二 | 丙子<br>27<br>三 | 丁丑<br>28<br>四 | 戊寅<br>29<br>五 | 己卯<br>30<br>六 | 庚辰<br>31<br>日 | 辛巳<br>(4)<br>一 | 壬午<br>2<br>二 | 癸未<br>3<br>三 | 甲申<br>4<br>四 | 乙酉<br>5<br>五 | 丙戌<br>6<br>六 | 丁亥<br>7<br>日 | 戊子<br>8<br>一 | 己丑<br>9<br>二 | 庚寅<br>10<br>三 | 辛卯<br>11<br>四 | 壬辰<br>12<br>五 | 癸巳<br>13<br>六 | 甲午<br>14<br>日 | 乙未<br>15<br>一 | 丙申<br>16<br>二 | 丁酉<br>17<br>三 | 戊戌<br>18<br>四 | 己亥<br>19<br>五 | 庚子<br>20<br>六 | 辛丑<br>21<br>日 | 壬寅<br>22<br>一 | 乙亥春分<br>庚寅穀雨 |
| 三月小 | 壬辰 | 天干地支<br>西曆<br>星期 | 癸卯<br>23<br>二 | 甲辰<br>24<br>三 | 乙巳<br>25<br>四 | 丙午<br>26<br>五 | 丁未<br>27<br>六 | 戊申<br>28<br>日 | 己酉<br>29<br>一 | 庚戌<br>30<br>二 | 辛亥<br>(5)<br>三 | 壬子<br>2<br>四 | 癸丑<br>3<br>五 | 甲寅<br>4<br>六 | 乙卯<br>5<br>日 | 丙辰<br>6<br>一 | 丁巳<br>7<br>二 | 戊午<br>8<br>三 | 己未<br>9<br>四 | 庚申<br>10<br>五 | 辛酉<br>11<br>六 | 壬戌<br>12<br>日 | 癸亥<br>13<br>一 | 甲子<br>14<br>二 | 乙丑<br>15<br>三 | 丙寅<br>16<br>四 | 丁卯<br>17<br>五 | 戊辰<br>18<br>六 | 己巳<br>19<br>日 | 庚午<br>20<br>一 | 辛未<br>21<br>二 | | 乙巳清明<br>庚申立夏 |
| 四月大 | 癸巳 | 天干地支<br>西曆<br>星期 | 壬申<br>22<br>三 | 癸酉<br>23<br>四 | 甲戌<br>24<br>五 | 乙亥<br>25<br>六 | 丙子<br>26<br>日 | 丁丑<br>27<br>一 | 戊寅<br>28<br>二 | 己卯<br>29<br>三 | 庚辰<br>30<br>四 | 辛巳<br>31<br>五 | 壬午<br>(6)<br>六 | 癸未<br>2<br>日 | 甲申<br>3<br>一 | 乙酉<br>4<br>二 | 丙戌<br>5<br>三 | 丁亥<br>6<br>四 | 戊子<br>7<br>五 | 己丑<br>8<br>六 | 庚寅<br>9<br>日 | 辛卯<br>10<br>一 | 壬辰<br>11<br>二 | 癸巳<br>12<br>三 | 甲午<br>13<br>四 | 乙未<br>14<br>五 | 丙申<br>15<br>六 | 丁酉<br>16<br>日 | 戊戌<br>17<br>一 | 己亥<br>18<br>二 | 庚子<br>19<br>三 | 辛丑<br>20<br>四 | 乙亥小滿<br>辛卯芒種 |
| 五月大 | 甲午 | 天干地支<br>西曆<br>星期 | 壬寅<br>21<br>五 | 癸卯<br>22<br>六 | 甲辰<br>23<br>日 | 乙巳<br>24<br>一 | 丙午<br>25<br>二 | 丁未<br>26<br>三 | 戊申<br>27<br>四 | 己酉<br>28<br>五 | 庚戌<br>29<br>六 | 辛亥<br>30<br>日 | 壬子<br>(7)<br>一 | 癸丑<br>2<br>二 | 甲寅<br>3<br>三 | 乙卯<br>4<br>四 | 丙辰<br>5<br>五 | 丁巳<br>6<br>六 | 戊午<br>7<br>日 | 己未<br>8<br>一 | 庚申<br>9<br>二 | 辛酉<br>10<br>三 | 壬戌<br>11<br>四 | 癸亥<br>12<br>五 | 甲子<br>13<br>六 | 乙丑<br>14<br>日 | 丙寅<br>15<br>一 | 丁卯<br>16<br>二 | 戊辰<br>17<br>三 | 己巳<br>18<br>四 | 庚午<br>19<br>五 | 辛未<br>20<br>六 | 丙午夏至<br>辛酉小暑 |
| 六月小 | 乙未 | 天干地支<br>西曆<br>星期 | 壬申<br>21<br>日 | 癸酉<br>22<br>一 | 甲戌<br>23<br>二 | 乙亥<br>24<br>三 | 丙子<br>25<br>四 | 丁丑<br>26<br>五 | 戊寅<br>27<br>六 | 己卯<br>28<br>日 | 庚辰<br>29<br>一 | 辛巳<br>30<br>二 | 壬午<br>31<br>三 | 癸未<br>(8)<br>四 | 甲申<br>2<br>五 | 乙酉<br>3<br>六 | 丙戌<br>4<br>日 | 丁亥<br>5<br>一 | 戊子<br>6<br>二 | 己丑<br>7<br>三 | 庚寅<br>8<br>四 | 辛卯<br>9<br>五 | 壬辰<br>10<br>六 | 癸巳<br>11<br>日 | 甲午<br>12<br>一 | 乙未<br>13<br>二 | 丙申<br>14<br>三 | 丁酉<br>15<br>四 | 戊戌<br>16<br>五 | 己亥<br>17<br>六 | 庚子<br>18<br>日 | | 丙子大暑<br>壬辰立秋 |
| 七月大 | 丙申 | 天干地支<br>西曆<br>星期 | 辛丑<br>19<br>一 | 壬寅<br>20<br>二 | 癸卯<br>21<br>三 | 甲辰<br>22<br>四 | 乙巳<br>23<br>五 | 丙午<br>24<br>六 | 丁未<br>25<br>日 | 戊申<br>26<br>一 | 己酉<br>27<br>二 | 庚戌<br>28<br>三 | 辛亥<br>29<br>四 | 壬子<br>30<br>五 | 癸丑<br>31<br>六 | 甲寅<br>(9)<br>日 | 乙卯<br>2<br>一 | 丙辰<br>3<br>二 | 丁巳<br>4<br>三 | 戊午<br>5<br>四 | 己未<br>6<br>五 | 庚申<br>7<br>六 | 辛酉<br>8<br>日 | 壬戌<br>9<br>一 | 癸亥<br>10<br>二 | 甲子<br>11<br>三 | 乙丑<br>12<br>四 | 丙寅<br>13<br>五 | 丁卯<br>14<br>六 | 戊辰<br>15<br>日 | 己巳<br>16<br>一 | 庚午<br>17<br>二 | 丁未處暑<br>壬戌白露 |
| 八月小 | 丁酉 | 天干地支<br>西曆<br>星期 | 辛未<br>18<br>三 | 壬申<br>19<br>四 | 癸酉<br>20<br>五 | 甲戌<br>21<br>六 | 乙亥<br>22<br>日 | 丙子<br>23<br>一 | 丁丑<br>24<br>二 | 戊寅<br>25<br>三 | 己卯<br>26<br>四 | 庚辰<br>27<br>五 | 辛巳<br>28<br>六 | 壬午<br>29<br>日 | 癸未<br>30<br>一 | 甲申<br>(10)<br>二 | 乙酉<br>2<br>三 | 丙戌<br>3<br>四 | 丁亥<br>4<br>五 | 戊子<br>5<br>六 | 己丑<br>6<br>日 | 庚寅<br>7<br>一 | 辛卯<br>8<br>二 | 壬辰<br>9<br>三 | 癸巳<br>10<br>四 | 甲午<br>11<br>五 | 乙未<br>12<br>六 | 丙申<br>13<br>日 | 丁酉<br>14<br>一 | 戊戌<br>15<br>二 | 己亥<br>16<br>三 | | 丁丑秋分<br>壬辰寒露 |
| 九月大 | 戊戌 | 天干地支<br>西曆<br>星期 | 庚子<br>17<br>四 | 辛丑<br>18<br>五 | 壬寅<br>19<br>六 | 癸卯<br>20<br>日 | 甲辰<br>21<br>一 | 乙巳<br>22<br>二 | 丙午<br>23<br>三 | 丁未<br>24<br>四 | 戊申<br>25<br>五 | 己酉<br>26<br>六 | 庚戌<br>27<br>日 | 辛亥<br>28<br>一 | 壬子<br>29<br>二 | 癸丑<br>30<br>三 | 甲寅<br>31<br>四 | 乙卯<br>(11)<br>五 | 丙辰<br>2<br>六 | 丁巳<br>3<br>日 | 戊午<br>4<br>一 | 己未<br>5<br>二 | 庚申<br>6<br>三 | 辛酉<br>7<br>四 | 壬戌<br>8<br>五 | 癸亥<br>9<br>六 | 甲子<br>10<br>日 | 乙丑<br>11<br>一 | 丙寅<br>12<br>二 | 丁卯<br>13<br>三 | 戊辰<br>14<br>四 | 己巳<br>15<br>五 | 戊申霜降<br>癸亥立冬 |
| 十月小 | 己亥 | 天干地支<br>西曆<br>星期 | 庚午<br>16<br>六 | 辛未<br>17<br>日 | 壬申<br>18<br>一 | 癸酉<br>19<br>二 | 甲戌<br>20<br>三 | 乙亥<br>21<br>四 | 丙子<br>22<br>五 | 丁丑<br>23<br>六 | 戊寅<br>24<br>日 | 己卯<br>25<br>一 | 庚辰<br>26<br>二 | 辛巳<br>27<br>三 | 壬午<br>28<br>四 | 癸未<br>29<br>五 | 甲申<br>30<br>六 | 乙酉<br>(12)<br>日 | 丙戌<br>2<br>一 | 丁亥<br>3<br>二 | 戊子<br>4<br>三 | 己丑<br>5<br>四 | 庚寅<br>6<br>五 | 辛卯<br>7<br>六 | 壬辰<br>8<br>日 | 癸巳<br>9<br>一 | 甲午<br>10<br>二 | 乙未<br>11<br>三 | 丙申<br>12<br>四 | 丁酉<br>13<br>五 | 戊戌<br>14<br>六 | | 戊寅小雪<br>癸巳大雪 |
| 十一月大 | 庚子 | 天干地支<br>西曆<br>星期 | 己亥<br>15<br>日 | 庚子<br>16<br>一 | 辛丑<br>17<br>二 | 壬寅<br>18<br>三 | 癸卯<br>19<br>四 | 甲辰<br>20<br>五 | 乙巳<br>21<br>六 | 丙午<br>22<br>日 | 丁未<br>23<br>一 | 戊申<br>24<br>二 | 己酉<br>25<br>三 | 庚戌<br>26<br>四 | 辛亥<br>27<br>五 | 壬子<br>28<br>六 | 癸丑<br>29<br>日 | 甲寅<br>30<br>一 | 乙卯<br>31<br>二 | 丙辰<br>(1)<br>三 | 丁巳<br>2<br>四 | 戊午<br>3<br>五 | 己未<br>4<br>六 | 庚申<br>5<br>日 | 辛酉<br>6<br>一 | 壬戌<br>7<br>二 | 癸亥<br>8<br>三 | 甲子<br>9<br>四 | 乙丑<br>10<br>五 | 丙寅<br>11<br>六 | 丁卯<br>12<br>日 | 戊辰<br>13<br>一 | 己酉冬至<br>甲子小寒 |
| 十二月小 | 辛丑 | 天干地支<br>西曆<br>星期 | 己巳<br>14<br>二 | 庚午<br>15<br>三 | 辛未<br>16<br>四 | 壬申<br>17<br>五 | 癸酉<br>18<br>六 | 甲戌<br>19<br>日 | 乙亥<br>20<br>一 | 丙子<br>21<br>二 | 丁丑<br>22<br>三 | 戊寅<br>23<br>四 | 己卯<br>24<br>五 | 庚辰<br>25<br>六 | 辛巳<br>26<br>日 | 壬午<br>27<br>一 | 癸未<br>28<br>二 | 甲申<br>29<br>三 | 乙酉<br>30<br>四 | 丙戌<br>31<br>五 | 丁亥<br>(2)<br>六 | 戊子<br>2<br>日 | 己丑<br>3<br>一 | 庚寅<br>4<br>二 | 辛卯<br>5<br>三 | 壬辰<br>6<br>四 | 癸巳<br>7<br>五 | 甲午<br>8<br>六 | 乙未<br>9<br>日 | 丙申<br>10<br>一 | 丁酉<br>11<br>二 | | 己卯大寒<br>甲午立春 |

* 正月甲辰（初一），改元建初。

# 漢章帝建初二年（丁丑 牛年）公元 77 ~ 78 年

| 夏曆月序 | | 中西曆日對照 | 初一 | 初二 | 初三 | 初四 | 初五 | 初六 | 初七 | 初八 | 初九 | 初十 | 十一 | 十二 | 十三 | 十四 | 十五 | 十六 | 十七 | 十八 | 十九 | 二十 | 二一 | 二二 | 二三 | 二四 | 二五 | 二六 | 二七 | 二八 | 二九 | 三十 | 節氣與天象 |
|---|---|---|---|---|---|---|---|---|---|---|---|---|---|---|---|---|---|---|---|---|---|---|---|---|---|---|---|---|---|---|---|---|---|
| 正月大 | 壬寅 | 天干地支西曆星期 | 戊戌 12 三 | 己亥 13 四 | 庚子 14 五 | 辛丑 15 六 | 壬寅 16 日 | 癸卯 17 一 | 甲辰 18 二 | 乙巳 19 三 | 丙午 20 四 | 丁未 21 五 | 戊申 22 六 | 己酉 23 日 | 庚戌 24 一 | 辛亥 25 二 | 壬子 26 三 | 癸丑 27 四 | 甲寅 28 五 | 乙卯 (3) 六 | 丙辰 2 日 | 丁巳 3 一 | 戊午 4 二 | 己未 5 三 | 庚申 6 四 | 辛酉 7 五 | 壬戌 8 六 | 癸亥 9 日 | 甲子 10 一 | 乙丑 11 二 | 丙寅 12 三 | 丁卯 13 四 | 己酉驚蟄<br>乙丑雨水 |
| 二月小 | 癸卯 | 天干地支西曆星期 | 戊辰 14 五 | 己巳 15 六 | 庚午 16 日 | 辛未 17 一 | 壬申 18 二 | 癸酉 19 三 | 甲戌 20 四 | 乙亥 21 五 | 丙子 22 六 | 丁丑 23 日 | 戊寅 24 一 | 己卯 25 二 | 庚辰 26 三 | 辛巳 27 四 | 壬午 28 五 | 癸未 29 六 | 甲申 30 日 | 乙酉 31 一 | 丙戌 (4) 二 | 丁亥 2 三 | 戊子 3 四 | 己丑 4 五 | 庚寅 5 六 | 辛卯 6 日 | 壬辰 7 一 | 癸巳 8 二 | 甲午 9 三 | 乙未 10 四 | 丙申 11 五 | | 庚辰春分<br>乙未穀雨 |
| 三月大 | 甲辰 | 天干地支西曆星期 | 丁酉 12 六 | 戊戌 13 日 | 己亥 14 一 | 庚子 15 二 | 辛丑 16 三 | 壬寅 17 四 | 癸卯 18 五 | 甲辰 19 六 | 乙巳 20 日 | 丙午 21 一 | 丁未 22 二 | 戊申 23 三 | 己酉 24 四 | 庚戌 25 五 | 辛亥 26 六 | 壬子 27 日 | 癸丑 28 一 | 甲寅 29 二 | 乙卯 30 三 | 丙辰 (5) 四 | 丁巳 2 五 | 戊午 3 六 | 己未 4 日 | 庚申 5 一 | 辛酉 6 二 | 壬戌 7 三 | 癸亥 8 四 | 甲子 9 五 | 乙丑 10 六 | 丙寅 11 日 | 庚戌清明<br>乙丑立夏 |
| 四月小 | 乙巳 | 天干地支西曆星期 | 丁卯 12 一 | 戊辰 13 二 | 己巳 14 三 | 庚午 15 四 | 辛未 16 五 | 壬申 17 六 | 癸酉 18 日 | 甲戌 19 一 | 乙亥 20 二 | 丙子 21 三 | 丁丑 22 四 | 戊寅 23 五 | 己卯 24 六 | 庚辰 25 日 | 辛巳 26 一 | 壬午 27 二 | 癸未 28 三 | 甲申 29 四 | 乙酉 30 五 | 丙戌 31 六 | 丁亥 (6) 日 | 戊子 2 一 | 己丑 3 二 | 庚寅 4 三 | 辛卯 5 四 | 壬辰 6 五 | 癸巳 7 六 | 甲午 8 日 | 乙未 9 一 | | 辛巳小滿 |
| 五月大 | 丙午 | 天干地支西曆星期 | 丙申 10 二 | 丁酉 11 三 | 戊戌 12 四 | 己亥 13 五 | 庚子 14 六 | 辛丑 15 日 | 壬寅 16 一 | 癸卯 17 二 | 甲辰 18 三 | 乙巳 19 四 | 丙午 20 五 | 丁未 21 六 | 戊申 22 日 | 己酉 23 一 | 庚戌 24 二 | 辛亥 25 三 | 壬子 26 四 | 癸丑 27 五 | 甲寅 28 六 | 乙卯 29 日 | 丙辰 30 一 | 丁巳 (7) 二 | 戊午 2 三 | 己未 3 四 | 庚申 4 五 | 辛酉 5 六 | 壬戌 6 日 | 癸亥 7 一 | 甲子 8 二 | 乙丑 9 三 | 丙申芒種<br>辛亥夏至 |
| 六月小 | 丁未 | 天干地支西曆星期 | 丙寅 10 四 | 丁卯 11 五 | 戊辰 12 六 | 己巳 13 日 | 庚午 14 一 | 辛未 15 二 | 壬申 16 三 | 癸酉 17 四 | 甲戌 18 五 | 乙亥 19 六 | 丙子 20 日 | 丁丑 21 一 | 戊寅 22 二 | 己卯 23 三 | 庚辰 24 四 | 辛巳 25 五 | 壬午 26 六 | 癸未 27 日 | 甲申 28 一 | 乙酉 29 二 | 丙戌 30 三 | 丁亥 31 四 | 戊子 (8) 五 | 己丑 2 六 | 庚寅 3 日 | 辛卯 4 一 | 壬辰 5 二 | 癸巳 6 三 | 甲午 7 四 | | 丙寅小暑<br>壬午大暑 |
| 七月大 | 戊申 | 天干地支西曆星期 | 乙未 8 五 | 丙申 9 六 | 丁酉 10 日 | 戊戌 11 一 | 己亥 12 二 | 庚子 13 三 | 辛丑 14 四 | 壬寅 15 五 | 癸卯 16 六 | 甲辰 17 日 | 乙巳 18 一 | 丙午 19 二 | 丁未 20 三 | 戊申 21 四 | 己酉 22 五 | 庚戌 23 六 | 辛亥 24 日 | 壬子 25 一 | 癸丑 26 二 | 甲寅 27 三 | 乙卯 28 四 | 丙辰 29 五 | 丁巳 30 六 | 戊午 31 日 | 己未 (9) 一 | 庚申 2 二 | 辛酉 3 三 | 壬戌 4 四 | 癸亥 5 五 | 甲子 6 六 | 丁酉立秋<br>壬子處暑 |
| 八月大 | 己酉 | 天干地支西曆星期 | 乙丑 7 日 | 丙寅 8 一 | 丁卯 9 二 | 戊辰 10 三 | 己巳 11 四 | 庚午 12 五 | 辛未 13 六 | 壬申 14 日 | 癸酉 15 一 | 甲戌 16 二 | 乙亥 17 三 | 丙子 18 四 | 丁丑 19 五 | 戊寅 20 六 | 己卯 21 日 | 庚辰 22 一 | 辛巳 23 二 | 壬午 24 三 | 癸未 25 四 | 甲申 26 五 | 乙酉 27 六 | 丙戌 28 日 | 丁亥 29 一 | 戊子 30 二 | 己丑 (10) 三 | 庚寅 2 四 | 辛卯 3 五 | 壬辰 4 六 | 癸巳 5 日 | 甲午 6 一 | 丁卯白露<br>壬午秋分 |
| 九月小 | 庚戌 | 天干地支西曆星期 | 乙未 7 二 | 丙申 8 三 | 丁酉 9 四 | 戊戌 10 五 | 己亥 11 六 | 庚子 12 日 | 辛丑 13 一 | 壬寅 14 二 | 癸卯 15 三 | 甲辰 16 四 | 乙巳 17 五 | 丙午 18 六 | 丁未 19 日 | 戊申 20 一 | 己酉 21 二 | 庚戌 22 三 | 辛亥 23 四 | 壬子 24 五 | 癸丑 25 六 | 甲寅 26 日 | 乙卯 27 一 | 丙辰 28 二 | 丁巳 29 三 | 戊午 30 四 | 己未 31 五 | 庚申 (11) 六 | 辛酉 2 日 | 壬戌 3 一 | 癸亥 4 二 | | 戊戌寒露<br>癸丑霜降 |
| 十月大 | 辛亥 | 天干地支西曆星期 | 甲子 5 三 | 乙丑 6 四 | 丙寅 7 五 | 丁卯 8 六 | 戊辰 9 日 | 己巳 10 一 | 庚午 11 二 | 辛未 12 三 | 壬申 13 四 | 癸酉 14 五 | 甲戌 15 六 | 乙亥 16 日 | 丙子 17 一 | 丁丑 18 二 | 戊寅 19 三 | 己卯 20 四 | 庚辰 21 五 | 辛巳 22 六 | 壬午 23 日 | 癸未 24 一 | 甲申 25 二 | 乙酉 26 三 | 丙戌 27 四 | 丁亥 28 五 | 戊子 29 六 | 己丑 30 日 | 庚寅 (12) 一 | 辛卯 2 二 | 壬辰 3 三 | 癸巳 4 四 | 戊辰立冬<br>癸未小雪 |
| 十一月小 | 壬子 | 天干地支西曆星期 | 甲午 5 五 | 乙未 6 六 | 丙申 7 日 | 丁酉 8 一 | 戊戌 9 二 | 己亥 10 三 | 庚子 11 四 | 辛丑 12 五 | 壬寅 13 六 | 癸卯 14 日 | 甲辰 15 一 | 乙巳 16 二 | 丙午 17 三 | 丁未 18 四 | 戊申 19 五 | 己酉 20 六 | 庚戌 21 日 | 辛亥 22 一 | 壬子 23 二 | 癸丑 24 三 | 甲寅 25 四 | 乙卯 26 五 | 丙辰 27 六 | 丁巳 28 日 | 戊午 29 一 | 己未 30 二 | 庚申 31 三 | 辛酉 (1) 四 | 壬戌 2 五 | | 己亥大雪<br>甲寅冬至 |
| 十二月大 | 癸丑 | 天干地支西曆星期 | 癸亥 3 六 | 甲子 4 日 | 乙丑 5 一 | 丙寅 6 二 | 丁卯 7 三 | 戊辰 8 四 | 己巳 9 五 | 庚午 10 六 | 辛未 11 日 | 壬申 12 一 | 癸酉 13 二 | 甲戌 14 三 | 乙亥 15 四 | 丙子 16 五 | 丁丑 17 六 | 戊寅 18 日 | 己卯 19 一 | 庚辰 20 二 | 辛巳 21 三 | 壬午 22 四 | 癸未 23 五 | 甲申 24 六 | 乙酉 25 日 | 丙戌 26 一 | 丁亥 27 二 | 戊子 28 三 | 己丑 29 四 | 庚寅 30 五 | 辛卯 31 六 | 壬辰 (2) 日 | 己巳小寒<br>甲申大寒 |

# 漢章帝建初三年（戊寅 虎年）公元 78 ~ 79 年

| 夏曆月序 | | 中西曆日對照 | 初一 | 初二 | 初三 | 初四 | 初五 | 初六 | 初七 | 初八 | 初九 | 初十 | 十一 | 十二 | 十三 | 十四 | 十五 | 十六 | 十七 | 十八 | 十九 | 二十 | 二十一 | 二十二 | 二十三 | 二十四 | 二十五 | 二十六 | 二十七 | 二十八 | 二十九 | 三十 | 節氣與天象 |
|---|---|---|---|---|---|---|---|---|---|---|---|---|---|---|---|---|---|---|---|---|---|---|---|---|---|---|---|---|---|---|---|---|---|
| 正月小 | 甲寅 | 天干地支<br>西曆<br>星期 | 癸巳<br>2<br>一 | 甲午<br>3<br>二 | 乙未<br>4<br>三 | 丙申<br>5<br>四 | 丁酉<br>6<br>五 | 戊戌<br>7<br>六 | 己亥<br>8<br>日 | 庚子<br>9<br>一 | 辛丑<br>10<br>二 | 壬寅<br>11<br>三 | 癸卯<br>12<br>四 | 甲辰<br>13<br>五 | 乙巳<br>14<br>六 | 丙午<br>15<br>日 | 丁未<br>16<br>一 | 戊申<br>17<br>二 | 己酉<br>18<br>三 | 庚戌<br>19<br>四 | 辛亥<br>20<br>五 | 壬子<br>21<br>六 | 癸丑<br>22<br>日 | 甲寅<br>23<br>一 | 乙卯<br>24<br>二 | 丙辰<br>25<br>三 | 丁巳<br>26<br>四 | 戊午<br>27<br>五 | 己未<br>28<br>六 | 庚申<br>(3)<br>日 | 辛酉<br>2<br>一 | | 己亥立春<br>乙卯驚蟄 |
| 二月大 | 乙卯 | 天干地支<br>西曆<br>星期 | 壬戌<br>3<br>二 | 癸亥<br>4<br>三 | 甲子<br>5<br>四 | 乙丑<br>6<br>五 | 丙寅<br>7<br>六 | 丁卯<br>8<br>日 | 戊辰<br>9<br>一 | 己巳<br>10<br>二 | 庚午<br>11<br>三 | 辛未<br>12<br>四 | 壬申<br>13<br>五 | 癸酉<br>14<br>六 | 甲戌<br>15<br>日 | 乙亥<br>16<br>一 | 丙子<br>17<br>二 | 丁丑<br>18<br>三 | 戊寅<br>19<br>四 | 己卯<br>20<br>五 | 庚辰<br>21<br>六 | 辛巳<br>22<br>日 | 壬午<br>23<br>一 | 癸未<br>24<br>二 | 甲申<br>25<br>三 | 乙酉<br>26<br>四 | 丙戌<br>27<br>五 | 丁亥<br>28<br>六 | 戊子<br>29<br>日 | 己丑<br>30<br>一 | 庚寅<br>31<br>二 | 辛卯<br>(4)<br>三 | 庚午雨水<br>乙酉春分 |
| 三月小 | 丙辰 | 天干地支<br>西曆<br>星期 | 壬辰<br>2<br>四 | 癸巳<br>3<br>五 | 甲午<br>4<br>六 | 乙未<br>5<br>日 | 丙申<br>6<br>一 | 丁酉<br>7<br>二 | 戊戌<br>8<br>三 | 己亥<br>9<br>四 | 庚子<br>10<br>五 | 辛丑<br>11<br>六 | 壬寅<br>12<br>日 | 癸卯<br>13<br>一 | 甲辰<br>14<br>二 | 乙巳<br>15<br>三 | 丙午<br>16<br>四 | 丁未<br>17<br>五 | 戊申<br>18<br>六 | 己酉<br>19<br>日 | 庚戌<br>20<br>一 | 辛亥<br>21<br>二 | 壬子<br>22<br>三 | 癸丑<br>23<br>四 | 甲寅<br>24<br>五 | 乙卯<br>25<br>六 | 丙辰<br>26<br>日 | 丁巳<br>27<br>一 | 戊午<br>28<br>二 | 己未<br>29<br>三 | 庚申<br>30<br>四 | | 庚子穀雨<br>丙辰清明 |
| 四月大 | 丁巳 | 天干地支<br>西曆<br>星期 | 辛酉<br>(5)<br>五 | 壬戌<br>2<br>六 | 癸亥<br>3<br>日 | 甲子<br>4<br>一 | 乙丑<br>5<br>二 | 丙寅<br>6<br>三 | 丁卯<br>7<br>四 | 戊辰<br>8<br>五 | 己巳<br>9<br>六 | 庚午<br>10<br>日 | 辛未<br>11<br>一 | 壬申<br>12<br>二 | 癸酉<br>13<br>三 | 甲戌<br>14<br>四 | 乙亥<br>15<br>五 | 丙子<br>16<br>六 | 丁丑<br>17<br>日 | 戊寅<br>18<br>一 | 己卯<br>19<br>二 | 庚辰<br>20<br>三 | 辛巳<br>21<br>四 | 壬午<br>22<br>五 | 癸未<br>23<br>六 | 甲申<br>24<br>日 | 乙酉<br>25<br>一 | 丙戌<br>26<br>二 | 丁亥<br>27<br>三 | 戊子<br>28<br>四 | 己丑<br>29<br>五 | 庚寅<br>30<br>六 | 辛未立夏<br>丙戌小滿 |
| 五月小 | 戊午 | 天干地支<br>西曆<br>星期 | 辛卯<br>31<br>日 | 壬辰<br>(6)<br>一 | 癸巳<br>2<br>二 | 甲午<br>3<br>三 | 乙未<br>4<br>四 | 丙申<br>5<br>五 | 丁酉<br>6<br>六 | 戊戌<br>7<br>日 | 己亥<br>8<br>一 | 庚子<br>9<br>二 | 辛丑<br>10<br>三 | 壬寅<br>11<br>四 | 癸卯<br>12<br>五 | 甲辰<br>13<br>六 | 乙巳<br>14<br>日 | 丙午<br>15<br>一 | 丁未<br>16<br>二 | 戊申<br>17<br>三 | 己酉<br>18<br>四 | 庚戌<br>19<br>五 | 辛亥<br>20<br>六 | 壬子<br>21<br>日 | 癸丑<br>22<br>一 | 甲寅<br>23<br>二 | 乙卯<br>24<br>三 | 丙辰<br>25<br>四 | 丁巳<br>26<br>五 | 戊午<br>27<br>六 | 己未<br>28<br>日 | | 辛丑芒種<br>丙辰夏至 |
| 六月大 | 己未 | 天干地支<br>西曆<br>星期 | 庚申<br>29<br>一 | 辛酉<br>30<br>二 | 壬戌<br>(7)<br>三 | 癸亥<br>2<br>四 | 甲子<br>3<br>五 | 乙丑<br>4<br>六 | 丙寅<br>5<br>日 | 丁卯<br>6<br>一 | 戊辰<br>7<br>二 | 己巳<br>8<br>三 | 庚午<br>9<br>四 | 辛未<br>10<br>五 | 壬申<br>11<br>六 | 癸酉<br>12<br>日 | 甲戌<br>13<br>一 | 乙亥<br>14<br>二 | 丙子<br>15<br>三 | 丁丑<br>16<br>四 | 戊寅<br>17<br>五 | 己卯<br>18<br>六 | 庚辰<br>19<br>日 | 辛巳<br>20<br>一 | 壬午<br>21<br>二 | 癸未<br>22<br>三 | 甲申<br>23<br>四 | 乙酉<br>24<br>五 | 丙戌<br>25<br>六 | 丁亥<br>26<br>日 | 戊子<br>27<br>一 | 己丑<br>28<br>二 | 壬申小暑<br>丁亥大暑 |
| 七月小 | 庚申 | 天干地支<br>西曆<br>星期 | 庚寅<br>29<br>三 | 辛卯<br>30<br>四 | 壬辰<br>31<br>五 | 癸巳<br>(8)<br>六 | 甲午<br>2<br>日 | 乙未<br>3<br>一 | 丙申<br>4<br>二 | 丁酉<br>5<br>三 | 戊戌<br>6<br>四 | 己亥<br>7<br>五 | 庚子<br>8<br>六 | 辛丑<br>9<br>日 | 壬寅<br>10<br>一 | 癸卯<br>11<br>二 | 甲辰<br>12<br>三 | 乙巳<br>13<br>四 | 丙午<br>14<br>五 | 丁未<br>15<br>六 | 戊申<br>16<br>日 | 己酉<br>17<br>一 | 庚戌<br>18<br>二 | 辛亥<br>19<br>三 | 壬子<br>20<br>四 | 癸丑<br>21<br>五 | 甲寅<br>22<br>六 | 乙卯<br>23<br>日 | 丙辰<br>24<br>一 | 丁巳<br>25<br>二 | 戊午<br>26<br>三 | | 壬寅立秋<br>丁巳處暑 |
| 八月大 | 辛酉 | 天干地支<br>西曆<br>星期 | 己未<br>27<br>四 | 庚申<br>28<br>五 | 辛酉<br>29<br>六 | 壬戌<br>30<br>日 | 癸亥<br>31<br>一 | 甲子<br>(9)<br>二 | 乙丑<br>2<br>三 | 丙寅<br>3<br>四 | 丁卯<br>4<br>五 | 戊辰<br>5<br>六 | 己巳<br>6<br>日 | 庚午<br>7<br>一 | 辛未<br>8<br>二 | 壬申<br>9<br>三 | 癸酉<br>10<br>四 | 甲戌<br>11<br>五 | 乙亥<br>12<br>六 | 丙子<br>13<br>日 | 丁丑<br>14<br>一 | 戊寅<br>15<br>二 | 己卯<br>16<br>三 | 庚辰<br>17<br>四 | 辛巳<br>18<br>五 | 壬午<br>19<br>六 | 癸未<br>20<br>日 | 甲申<br>21<br>一 | 乙酉<br>22<br>二 | 丙戌<br>23<br>三 | 丁亥<br>24<br>四 | 戊子<br>25<br>五 | 壬申白露<br>戊子秋分 |
| 閏八月小 | 辛酉 | 天干地支<br>西曆<br>星期 | 己丑<br>26<br>六 | 庚寅<br>27<br>日 | 辛卯<br>28<br>一 | 壬辰<br>29<br>二 | 癸巳<br>30<br>三 | 甲午<br>(10)<br>四 | 乙未<br>2<br>五 | 丙申<br>3<br>六 | 丁酉<br>4<br>日 | 戊戌<br>5<br>一 | 己亥<br>6<br>二 | 庚子<br>7<br>三 | 辛丑<br>8<br>四 | 壬寅<br>9<br>五 | 癸卯<br>10<br>六 | 甲辰<br>11<br>日 | 乙巳<br>12<br>一 | 丙午<br>13<br>二 | 丁未<br>14<br>三 | 戊申<br>15<br>四 | 己酉<br>16<br>五 | 庚戌<br>17<br>六 | 辛亥<br>18<br>日 | 壬子<br>19<br>一 | 癸丑<br>20<br>二 | 甲寅<br>21<br>三 | 乙卯<br>22<br>四 | 丙辰<br>23<br>五 | 丁巳<br>24<br>六 | | 癸卯寒露 |
| 九月大 | 壬戌 | 天干地支<br>西曆<br>星期 | 戊午<br>25<br>日 | 己未<br>26<br>一 | 庚申<br>27<br>二 | 辛酉<br>28<br>三 | 壬戌<br>29<br>四 | 癸亥<br>30<br>五 | 甲子<br>31<br>六 | 乙丑<br>(11)<br>日 | 丙寅<br>2<br>一 | 丁卯<br>3<br>二 | 戊辰<br>4<br>三 | 己巳<br>5<br>四 | 庚午<br>6<br>五 | 辛未<br>7<br>六 | 壬申<br>8<br>日 | 癸酉<br>9<br>一 | 甲戌<br>10<br>二 | 乙亥<br>11<br>三 | 丙子<br>12<br>四 | 丁丑<br>13<br>五 | 戊寅<br>14<br>六 | 己卯<br>15<br>日 | 庚辰<br>16<br>一 | 辛巳<br>17<br>二 | 壬午<br>18<br>三 | 癸未<br>19<br>四 | 甲申<br>20<br>五 | 乙酉<br>21<br>六 | 丙戌<br>22<br>日 | 丁亥<br>23<br>一 | 戊午霜降<br>癸酉立冬 |
| 十月小 | 癸亥 | 天干地支<br>西曆<br>星期 | 戊子<br>24<br>二 | 己丑<br>25<br>三 | 庚寅<br>26<br>四 | 辛卯<br>27<br>五 | 壬辰<br>28<br>六 | 癸巳<br>29<br>日 | 甲午<br>30<br>一 | 乙未<br>(12)<br>二 | 丙申<br>2<br>三 | 丁酉<br>3<br>四 | 戊戌<br>4<br>五 | 己亥<br>5<br>六 | 庚子<br>6<br>日 | 辛丑<br>7<br>一 | 壬寅<br>8<br>二 | 癸卯<br>9<br>三 | 甲辰<br>10<br>四 | 乙巳<br>11<br>五 | 丙午<br>12<br>六 | 丁未<br>13<br>日 | 戊申<br>14<br>一 | 己酉<br>15<br>二 | 庚戌<br>16<br>三 | 辛亥<br>17<br>四 | 壬子<br>18<br>五 | 癸丑<br>19<br>六 | 甲寅<br>20<br>日 | 乙卯<br>21<br>一 | 丙辰<br>22<br>二 | | 己丑小雪<br>甲辰大雪 |
| 十一月大 | 甲子 | 天干地支<br>西曆<br>星期 | 丁巳<br>23<br>三 | 戊午<br>24<br>四 | 己未<br>25<br>五 | 庚申<br>26<br>六 | 辛酉<br>27<br>日 | 壬戌<br>28<br>一 | 癸亥<br>29<br>二 | 甲子<br>30<br>三 | 乙丑<br>31<br>四 | 丙寅<br>(1)<br>五 | 丁卯<br>2<br>六 | 戊辰<br>3<br>日 | 己巳<br>4<br>一 | 庚午<br>5<br>二 | 辛未<br>6<br>三 | 壬申<br>7<br>四 | 癸酉<br>8<br>五 | 甲戌<br>9<br>六 | 乙亥<br>10<br>日 | 丙子<br>11<br>一 | 丁丑<br>12<br>二 | 戊寅<br>13<br>三 | 己卯<br>14<br>四 | 庚辰<br>15<br>五 | 辛巳<br>16<br>六 | 壬午<br>17<br>日 | 癸未<br>18<br>一 | 甲申<br>19<br>二 | 乙酉<br>20<br>三 | 丙戌<br>21<br>四 | 己未冬至<br>甲戌小寒 |
| 十二月大 | 乙丑 | 天干地支<br>西曆<br>星期 | 丁亥<br>22<br>五 | 戊子<br>23<br>六 | 己丑<br>24<br>日 | 庚寅<br>25<br>一 | 辛卯<br>26<br>二 | 壬辰<br>27<br>三 | 癸巳<br>28<br>四 | 甲午<br>29<br>五 | 乙未<br>30<br>六 | 丙申<br>31<br>日 | 丁酉<br>(2)<br>一 | 戊戌<br>2<br>二 | 己亥<br>3<br>三 | 庚子<br>4<br>四 | 辛丑<br>5<br>五 | 壬寅<br>6<br>六 | 癸卯<br>7<br>日 | 甲辰<br>8<br>一 | 乙巳<br>9<br>二 | 丙午<br>10<br>三 | 丁未<br>11<br>四 | 戊申<br>12<br>五 | 己酉<br>13<br>六 | 庚戌<br>14<br>日 | 辛亥<br>15<br>一 | 壬子<br>16<br>二 | 癸丑<br>17<br>三 | 甲寅<br>18<br>四 | 乙卯<br>19<br>五 | 丙辰<br>20<br>六 | 己丑大寒<br>乙巳立春 |

# 漢章帝建初四年（己卯 兔年）公元 79 ~ 80 年

| 夏曆月序 | | 中西曆日對照 | 初一 | 初二 | 初三 | 初四 | 初五 | 初六 | 初七 | 初八 | 初九 | 初十 | 十一 | 十二 | 十三 | 十四 | 十五 | 十六 | 十七 | 十八 | 十九 | 二十 | 二一 | 二二 | 二三 | 二四 | 二五 | 二六 | 二七 | 二八 | 二九 | 三十 | 節氣與天象 |
|---|---|---|---|---|---|---|---|---|---|---|---|---|---|---|---|---|---|---|---|---|---|---|---|---|---|---|---|---|---|---|---|---|---|
| 正月小 | 丙寅 | 天干地支<br>西曆星期 | 丁巳<br>21<br>日 | 戊午<br>22<br>一 | 己未<br>23<br>二 | 庚申<br>24<br>三 | 辛酉<br>25<br>四 | 壬戌<br>26<br>五 | 癸亥<br>27<br>六 | 甲子<br>28<br>日 | 乙丑<br>(3)<br>一 | 丙寅<br>2<br>二 | 丁卯<br>3<br>三 | 戊辰<br>4<br>四 | 己巳<br>5<br>五 | 庚午<br>6<br>六 | 辛未<br>7<br>日 | 壬申<br>8<br>一 | 癸酉<br>9<br>二 | 甲戌<br>10<br>三 | 乙亥<br>11<br>四 | 丙子<br>12<br>五 | 丁丑<br>13<br>六 | 戊寅<br>14<br>日 | 己卯<br>15<br>一 | 庚辰<br>16<br>二 | 辛巳<br>17<br>三 | 壬午<br>18<br>四 | 癸未<br>19<br>五 | 甲申<br>20<br>六 | 乙酉<br>21<br>日 | | 庚申驚蟄<br>乙亥雨水 |
| 二月大 | 丁卯 | 天干地支<br>西曆星期 | 丙戌<br>22<br>一 | 丁亥<br>23<br>二 | 戊子<br>24<br>三 | 己丑<br>25<br>四 | 庚寅<br>26<br>五 | 辛卯<br>27<br>六 | 壬辰<br>28<br>日 | 癸巳<br>29<br>一 | 甲午<br>30<br>二 | 乙未<br>31<br>三 | 丙申<br>(4)<br>四 | 丁酉<br>2<br>五 | 戊戌<br>3<br>六 | 己亥<br>4<br>日 | 庚子<br>5<br>一 | 辛丑<br>6<br>二 | 壬寅<br>7<br>三 | 癸卯<br>8<br>四 | 甲辰<br>9<br>五 | 乙巳<br>10<br>六 | 丙午<br>11<br>日 | 丁未<br>12<br>一 | 戊申<br>13<br>二 | 己酉<br>14<br>三 | 庚戌<br>15<br>四 | 辛亥<br>16<br>五 | 壬子<br>17<br>六 | 癸丑<br>18<br>日 | 甲寅<br>19<br>一 | 乙卯<br>20<br>二 | 庚寅春分<br>丙午穀雨 |
| 三月小 | 戊辰 | 天干地支<br>西曆星期 | 丙辰<br>21<br>三 | 丁巳<br>22<br>四 | 戊午<br>23<br>五 | 己未<br>24<br>六 | 庚申<br>25<br>日 | 辛酉<br>26<br>一 | 壬戌<br>27<br>二 | 癸亥<br>28<br>三 | 甲子<br>29<br>四 | 乙丑<br>30<br>五 | 丙寅<br>(5)<br>六 | 丁卯<br>2<br>日 | 戊辰<br>3<br>一 | 己巳<br>4<br>二 | 庚午<br>5<br>三 | 辛未<br>6<br>四 | 壬申<br>7<br>五 | 癸酉<br>8<br>六 | 甲戌<br>9<br>日 | 乙亥<br>10<br>一 | 丙子<br>11<br>二 | 丁丑<br>12<br>三 | 戊寅<br>13<br>四 | 己卯<br>14<br>五 | 庚辰<br>15<br>六 | 辛巳<br>16<br>日 | 壬午<br>17<br>一 | 癸未<br>18<br>二 | 甲申<br>19<br>三 | | 辛酉清明<br>丙子立夏 |
| 四月大 | 己巳 | 天干地支<br>西曆星期 | 乙酉<br>20<br>四 | 丙戌<br>21<br>五 | 丁亥<br>22<br>六 | 戊子<br>23<br>日 | 己丑<br>24<br>一 | 庚寅<br>25<br>二 | 辛卯<br>26<br>三 | 壬辰<br>27<br>四 | 癸巳<br>28<br>五 | 甲午<br>29<br>六 | 乙未<br>30<br>日 | 丙申<br>31<br>一 | 丁酉<br>(6)<br>二 | 戊戌<br>2<br>三 | 己亥<br>3<br>四 | 庚子<br>4<br>五 | 辛丑<br>5<br>六 | 壬寅<br>6<br>日 | 癸卯<br>7<br>一 | 甲辰<br>8<br>二 | 乙巳<br>9<br>三 | 丙午<br>10<br>四 | 丁未<br>11<br>五 | 戊申<br>12<br>六 | 己酉<br>13<br>日 | 庚戌<br>14<br>一 | 辛亥<br>15<br>二 | 壬子<br>16<br>三 | 癸丑<br>17<br>四 | 甲寅<br>18<br>五 | 辛卯小滿<br>丙午芒種 |
| 五月小 | 庚午 | 天干地支<br>西曆星期 | 乙卯<br>19<br>六 | 丙辰<br>20<br>日 | 丁巳<br>21<br>一 | 戊午<br>22<br>二 | 己未<br>23<br>三 | 庚申<br>24<br>四 | 辛酉<br>25<br>五 | 壬戌<br>26<br>六 | 癸亥<br>27<br>日 | 甲子<br>28<br>一 | 乙丑<br>29<br>二 | 丙寅<br>30<br>三 | 丁卯<br>(7)<br>四 | 戊辰<br>2<br>五 | 己巳<br>3<br>六 | 庚午<br>4<br>日 | 辛未<br>5<br>一 | 壬申<br>6<br>二 | 癸酉<br>7<br>三 | 甲戌<br>8<br>四 | 乙亥<br>9<br>五 | 丙子<br>10<br>六 | 丁丑<br>11<br>日 | 戊寅<br>12<br>一 | 己卯<br>13<br>二 | 庚辰<br>14<br>三 | 辛巳<br>15<br>四 | 壬午<br>16<br>五 | 癸未<br>17<br>六 | | 壬戌夏至<br>丁丑小暑 |
| 六月大 | 辛未 | 天干地支<br>西曆星期 | 甲申<br>18<br>日 | 乙酉<br>19<br>一 | 丙戌<br>20<br>二 | 丁亥<br>21<br>三 | 戊子<br>22<br>四 | 己丑<br>23<br>五 | 庚寅<br>24<br>六 | 辛卯<br>25<br>日 | 壬辰<br>26<br>一 | 癸巳<br>27<br>二 | 甲午<br>28<br>三 | 乙未<br>29<br>四 | 丙申<br>30<br>五 | 丁酉<br>31<br>六 | 戊戌<br>(8)<br>日 | 己亥<br>2<br>一 | 庚子<br>3<br>二 | 辛丑<br>4<br>三 | 壬寅<br>5<br>四 | 癸卯<br>6<br>五 | 甲辰<br>7<br>六 | 乙巳<br>8<br>日 | 丙午<br>9<br>一 | 丁未<br>10<br>二 | 戊申<br>11<br>三 | 己酉<br>12<br>四 | 庚戌<br>13<br>五 | 辛亥<br>14<br>六 | 壬子<br>15<br>日 | 癸丑<br>16<br>一 | 壬辰大暑<br>丁酉立秋 |
| 七月小 | 壬申 | 天干地支<br>西曆星期 | 甲寅<br>17<br>二 | 乙卯<br>18<br>三 | 丙辰<br>19<br>四 | 丁巳<br>20<br>五 | 戊午<br>21<br>六 | 己未<br>22<br>日 | 庚申<br>23<br>一 | 辛酉<br>24<br>二 | 壬戌<br>25<br>三 | 癸亥<br>26<br>四 | 甲子<br>27<br>五 | 乙丑<br>28<br>六 | 丙寅<br>29<br>日 | 丁卯<br>30<br>一 | 戊辰<br>31<br>二 | 己巳<br>(9)<br>三 | 庚午<br>2<br>四 | 辛未<br>3<br>五 | 壬申<br>4<br>六 | 癸酉<br>5<br>日 | 甲戌<br>6<br>一 | 乙亥<br>7<br>二 | 丙子<br>8<br>三 | 丁丑<br>9<br>四 | 戊寅<br>10<br>五 | 己卯<br>11<br>六 | 庚辰<br>12<br>日 | 辛巳<br>13<br>一 | 壬午<br>14<br>二 | | 癸亥處暑<br>戊寅白露 |
| 八月大 | 癸酉 | 天干地支<br>西曆星期 | 癸未<br>15<br>三 | 甲申<br>16<br>四 | 乙酉<br>17<br>五 | 丙戌<br>18<br>六 | 丁亥<br>19<br>日 | 戊子<br>20<br>一 | 己丑<br>21<br>二 | 庚寅<br>22<br>三 | 辛卯<br>23<br>四 | 壬辰<br>24<br>五 | 癸巳<br>25<br>六 | 甲午<br>26<br>日 | 乙未<br>27<br>一 | 丙申<br>28<br>二 | 丁酉<br>29<br>三 | 戊戌<br>30<br>四 | 己亥<br>(10)<br>五 | 庚子<br>2<br>六 | 辛丑<br>3<br>日 | 壬寅<br>4<br>一 | 癸卯<br>5<br>二 | 甲辰<br>6<br>三 | 乙巳<br>7<br>四 | 丙午<br>8<br>五 | 丁未<br>9<br>六 | 戊申<br>10<br>日 | 己酉<br>11<br>一 | 庚戌<br>12<br>二 | 辛亥<br>13<br>三 | 壬子<br>14<br>四 | 癸巳秋分<br>戊申寒露 |
| 九月小 | 甲戌 | 天干地支<br>西曆星期 | 癸丑<br>15<br>五 | 甲寅<br>16<br>六 | 乙卯<br>17<br>日 | 丙辰<br>18<br>一 | 丁巳<br>19<br>二 | 戊午<br>20<br>三 | 己未<br>21<br>四 | 庚申<br>22<br>五 | 辛酉<br>23<br>六 | 壬戌<br>24<br>日 | 癸亥<br>25<br>一 | 甲子<br>26<br>二 | 乙丑<br>27<br>三 | 丙寅<br>28<br>四 | 丁卯<br>29<br>五 | 戊辰<br>30<br>六 | 己巳<br>31<br>日 | 庚午<br>(11)<br>一 | 辛未<br>2<br>二 | 壬申<br>3<br>三 | 癸酉<br>4<br>四 | 甲戌<br>5<br>五 | 乙亥<br>6<br>六 | 丙子<br>7<br>日 | 丁丑<br>8<br>一 | 戊寅<br>9<br>二 | 己卯<br>10<br>三 | 庚辰<br>11<br>四 | 辛巳<br>12<br>五 | | 癸亥霜降<br>己卯立冬 |
| 十月大 | 乙亥 | 天干地支<br>西曆星期 | 壬午<br>13<br>六 | 癸未<br>14<br>日 | 甲申<br>15<br>一 | 乙酉<br>16<br>二 | 丙戌<br>17<br>三 | 丁亥<br>18<br>四 | 戊子<br>19<br>五 | 己丑<br>20<br>六 | 庚寅<br>21<br>日 | 辛卯<br>22<br>一 | 壬辰<br>23<br>二 | 癸巳<br>24<br>三 | 甲午<br>25<br>四 | 乙未<br>26<br>五 | 丙申<br>27<br>六 | 丁酉<br>28<br>日 | 戊戌<br>29<br>一 | 己亥<br>30<br>二 | 庚子<br>(12)<br>三 | 辛丑<br>2<br>四 | 壬寅<br>3<br>五 | 癸卯<br>4<br>六 | 甲辰<br>5<br>日 | 乙巳<br>6<br>一 | 丙午<br>7<br>二 | 丁未<br>8<br>三 | 戊申<br>9<br>四 | 己酉<br>10<br>五 | 庚戌<br>11<br>六 | 辛亥<br>12<br>日 | 甲午小雪<br>己酉大雪 |
| 十一月小 | 丙子 | 天干地支<br>西曆星期 | 壬子<br>13<br>一 | 癸丑<br>14<br>二 | 甲寅<br>15<br>三 | 乙卯<br>16<br>四 | 丙辰<br>17<br>五 | 丁巳<br>18<br>六 | 戊午<br>19<br>日 | 己未<br>20<br>一 | 庚申<br>21<br>二 | 辛酉<br>22<br>三 | 壬戌<br>23<br>四 | 癸亥<br>24<br>五 | 甲子<br>25<br>六 | 乙丑<br>26<br>日 | 丙寅<br>27<br>一 | 丁卯<br>28<br>二 | 戊辰<br>29<br>三 | 己巳<br>30<br>四 | 庚午<br>31<br>五 | 辛未<br>(1)<br>六 | 壬申<br>2<br>日 | 癸酉<br>3<br>一 | 甲戌<br>4<br>二 | 乙亥<br>5<br>三 | 丙子<br>6<br>四 | 丁丑<br>7<br>五 | 戊寅<br>8<br>六 | 己卯<br>9<br>日 | 庚辰<br>10<br>一 | | 甲子冬至<br>己卯小寒 |
| 十二月大 | 丁丑 | 天干地支<br>西曆星期 | 辛巳<br>11<br>二 | 壬午<br>12<br>三 | 癸未<br>13<br>四 | 甲申<br>14<br>五 | 乙酉<br>15<br>六 | 丙戌<br>16<br>日 | 丁亥<br>17<br>一 | 戊子<br>18<br>二 | 己丑<br>19<br>三 | 庚寅<br>20<br>四 | 辛卯<br>21<br>五 | 壬辰<br>22<br>六 | 癸巳<br>23<br>日 | 甲午<br>24<br>一 | 乙未<br>25<br>二 | 丙申<br>26<br>三 | 丁酉<br>27<br>四 | 戊戌<br>28<br>五 | 己亥<br>29<br>六 | 庚子<br>30<br>日 | 辛丑<br>31<br>一 | 壬寅<br>(2)<br>二 | 癸卯<br>2<br>三 | 甲辰<br>3<br>四 | 乙巳<br>4<br>五 | 丙午<br>5<br>六 | 丁未<br>6<br>日 | 戊申<br>7<br>一 | 己酉<br>8<br>二 | 庚戌<br>9<br>三 | 乙未大寒<br>庚戌立春 |

# 漢章帝建初五年（庚辰 龍年）公元 80 ~ 81 年

| 夏曆月序 | 月建 | 中西曆日對照 | 初一 | 初二 | 初三 | 初四 | 初五 | 初六 | 初七 | 初八 | 初九 | 初十 | 十一 | 十二 | 十三 | 十四 | 十五 | 十六 | 十七 | 十八 | 十九 | 二十 | 二一 | 二二 | 二三 | 二四 | 二五 | 二六 | 二七 | 二八 | 二九 | 三十 | 節氣與天象 |
|---|---|---|---|---|---|---|---|---|---|---|---|---|---|---|---|---|---|---|---|---|---|---|---|---|---|---|---|---|---|---|---|---|---|
| 正月小 | 戊寅 | 天干地支 西曆 星期 | 辛亥 10 四 | 壬子 11 五 | 癸丑 12 六 | 甲寅 13 日 | 乙卯 14 一 | 丙辰 15 二 | 丁巳 16 三 | 戊午 17 四 | 己未 18 五 | 庚申 19 六 | 辛酉 20 日 | 壬戌 21 一 | 癸亥 22 二 | 甲子 23 三 | 乙丑 24 四 | 丙寅 25 五 | 丁卯 26 六 | 戊辰 27 日 | 己巳 28 一 | 庚午 29 二 | 辛未 (3) 三 | 壬申 2 四 | 癸酉 3 五 | 甲戌 4 六 | 乙亥 5 日 | 丙子 6 一 | 丁丑 7 二 | 戊寅 8 三 | 己卯 9 四 | | 乙丑驚蟄 |
| 二月大 | 己卯 | 天干地支 西曆 星期 | 庚辰 10 五 | 辛巳 11 六 | 壬午 12 日 | 癸未 13 一 | 甲申 14 二 | 乙酉 15 三 | 丙戌 16 四 | 丁亥 17 五 | 戊子 18 六 | 己丑 19 日 | 庚寅 20 一 | 辛卯 21 二 | 壬辰 22 三 | 癸巳 23 四 | 甲午 24 五 | 乙未 25 六 | 丙申 26 日 | 丁酉 27 一 | 戊戌 28 二 | 己亥 29 三 | 庚子 30 四 | 辛丑 31 五 | 壬寅 (4) 六 | 癸卯 2 日 | 甲辰 3 一 | 乙巳 4 二 | 丙午 5 三 | 丁未 6 四 | 戊申 7 五 | 己酉 8 六 | 庚辰雨水 丙申春分 庚辰日食 |
| 三月大 | 庚辰 | 天干地支 西曆 星期 | 庚戌 9 日 | 辛亥 10 一 | 壬子 11 二 | 癸丑 12 三 | 甲寅 13 四 | 乙卯 14 五 | 丙辰 15 六 | 丁巳 16 日 | 戊午 17 一 | 己未 18 二 | 庚申 19 三 | 辛酉 20 四 | 壬戌 21 五 | 癸亥 22 六 | 甲子 23 日 | 乙丑 24 一 | 丙寅 25 二 | 丁卯 26 三 | 戊辰 27 四 | 己巳 28 五 | 庚午 29 六 | 辛未 30 日 | 壬申 (5) 一 | 癸酉 2 二 | 甲戌 3 三 | 乙亥 4 四 | 丙子 5 五 | 丁丑 6 六 | 戊寅 7 日 | 己卯 8 一 | 辛亥穀雨 丙寅清明 |
| 四月小 | 辛巳 | 天干地支 西曆 星期 | 庚辰 9 二 | 辛巳 10 三 | 壬午 11 四 | 癸未 12 五 | 甲申 13 六 | 乙酉 14 日 | 丙戌 15 一 | 丁亥 16 二 | 戊子 17 三 | 己丑 18 四 | 庚寅 19 五 | 辛卯 20 六 | 壬辰 21 日 | 癸巳 22 一 | 甲午 23 二 | 乙未 24 三 | 丙申 25 四 | 丁酉 26 五 | 戊戌 27 六 | 己亥 28 日 | 庚子 29 一 | 辛丑 30 二 | 壬寅 31 三 | 癸卯 (6) 四 | 甲辰 2 五 | 乙巳 3 六 | 丙午 4 日 | 丁未 5 一 | 戊申 6 二 | | 辛巳立夏 丙申小滿 |
| 五月大 | 壬午 | 天干地支 西曆 星期 | 己酉 7 三 | 庚戌 8 四 | 辛亥 9 五 | 壬子 10 六 | 癸丑 11 日 | 甲寅 12 一 | 乙卯 13 二 | 丙辰 14 三 | 丁巳 15 四 | 戊午 16 五 | 己未 17 六 | 庚申 18 日 | 辛酉 19 一 | 壬戌 20 二 | 癸亥 21 三 | 甲子 22 四 | 乙丑 23 五 | 丙寅 24 六 | 丁卯 25 日 | 戊辰 26 一 | 己巳 27 二 | 庚午 28 三 | 辛未 29 四 | 壬申 30 五 | 癸酉 (7) 六 | 甲戌 2 日 | 乙亥 3 一 | 丙子 4 二 | 丁丑 5 三 | 戊寅 6 四 | 壬子芒種 丁卯夏至 |
| 六月小 | 癸未 | 天干地支 西曆 星期 | 己卯 7 五 | 庚辰 8 六 | 辛巳 9 日 | 壬午 10 一 | 癸未 11 二 | 甲申 12 三 | 乙酉 13 四 | 丙戌 14 五 | 丁亥 15 六 | 戊子 16 日 | 己丑 17 一 | 庚寅 18 二 | 辛卯 19 三 | 壬辰 20 四 | 癸巳 21 五 | 甲午 22 六 | 乙未 23 日 | 丙申 24 一 | 丁酉 25 二 | 戊戌 26 三 | 己亥 27 四 | 庚子 28 五 | 辛丑 29 六 | 壬寅 30 日 | 癸卯 31 一 | 甲辰 (8) 二 | 乙巳 2 三 | 丙午 3 四 | 丁未 4 五 | | 壬午小暑 丁酉大暑 |
| 七月大 | 甲申 | 天干地支 西曆 星期 | 戊申 5 六 | 己酉 6 日 | 庚戌 7 一 | 辛亥 8 二 | 壬子 9 三 | 癸丑 10 四 | 甲寅 11 五 | 乙卯 12 六 | 丙辰 13 日 | 丁巳 14 一 | 戊午 15 二 | 己未 16 三 | 庚申 17 四 | 辛酉 18 五 | 壬戌 19 六 | 癸亥 20 日 | 甲子 21 一 | 乙丑 22 二 | 丙寅 23 三 | 丁卯 24 四 | 戊辰 25 五 | 己巳 26 六 | 庚午 27 日 | 辛未 28 一 | 壬申 29 二 | 癸酉 30 三 | 甲戌 31 四 | 乙亥 (9) 五 | 丙子 2 六 | 丁丑 3 日 | 癸丑立秋 戊辰處暑 |
| 八月小 | 乙酉 | 天干地支 西曆 星期 | 戊寅 4 一 | 己卯 5 二 | 庚辰 6 三 | 辛巳 7 四 | 壬午 8 五 | 癸未 9 六 | 甲申 10 日 | 乙酉 11 一 | 丙戌 12 二 | 丁亥 13 三 | 戊子 14 四 | 己丑 15 五 | 庚寅 16 六 | 辛卯 17 日 | 壬辰 18 一 | 癸巳 19 二 | 甲午 20 三 | 乙未 21 四 | 丙申 22 五 | 丁酉 23 六 | 戊戌 24 日 | 己亥 25 一 | 庚子 26 二 | 辛丑 27 三 | 壬寅 28 四 | 癸卯 29 五 | 甲辰 30 六 | 乙巳 (10) 日 | 丙午 2 一 | | 癸未白露 戊戌秋分 |
| 九月大 | 丙戌 | 天干地支 西曆 星期 | 丁未 3 二 | 戊申 4 三 | 己酉 5 四 | 庚戌 6 五 | 辛亥 7 六 | 壬子 8 日 | 癸丑 9 一 | 甲寅 10 二 | 乙卯 11 三 | 丙辰 12 四 | 丁巳 13 五 | 戊午 14 六 | 己未 15 日 | 庚申 16 一 | 辛酉 17 二 | 壬戌 18 三 | 癸亥 19 四 | 甲子 20 五 | 乙丑 21 六 | 丙寅 22 日 | 丁卯 23 一 | 戊辰 24 二 | 己巳 25 三 | 庚午 26 四 | 辛未 27 五 | 壬申 28 六 | 癸酉 29 日 | 甲戌 30 一 | 乙亥 31 二 | 丙子 (11) 三 | 癸丑寒露 己巳霜降 |
| 十月小 | 丁亥 | 天干地支 西曆 星期 | 丁丑 2 四 | 戊寅 3 五 | 己卯 4 六 | 庚辰 5 日 | 辛巳 6 一 | 壬午 7 二 | 癸未 8 三 | 甲申 9 四 | 乙酉 10 五 | 丙戌 11 六 | 丁亥 12 日 | 戊子 13 一 | 己丑 14 二 | 庚寅 15 三 | 辛卯 16 四 | 壬辰 17 五 | 癸巳 18 六 | 甲午 19 日 | 乙未 20 一 | 丙申 21 二 | 丁酉 22 三 | 戊戌 23 四 | 己亥 24 五 | 庚子 25 六 | 辛丑 26 日 | 壬寅 27 一 | 癸卯 28 二 | 甲辰 29 三 | 乙巳 30 四 | | 甲申立冬 己亥小雪 |
| 十一月大 | 戊子 | 天干地支 西曆 星期 | 丙午 (12) 五 | 丁未 2 六 | 戊申 3 日 | 己酉 4 一 | 庚戌 5 二 | 辛亥 6 三 | 壬子 7 四 | 癸丑 8 五 | 甲寅 9 六 | 乙卯 10 日 | 丙辰 11 一 | 丁巳 12 二 | 戊午 13 三 | 己未 14 四 | 庚申 15 五 | 辛酉 16 六 | 壬戌 17 日 | 癸亥 18 一 | 甲子 19 二 | 乙丑 20 三 | 丙寅 21 四 | 丁卯 22 五 | 戊辰 23 六 | 己巳 24 日 | 庚午 25 一 | 辛未 26 二 | 壬申 27 三 | 癸酉 28 四 | 甲戌 29 五 | 乙亥 30 六 | 甲寅大雪 庚午冬至 |
| 十二月小 | 己丑 | 天干地支 西曆 星期 | 丙子 31 日 | 丁丑 (1) 一 | 戊寅 2 二 | 己卯 3 三 | 庚辰 4 四 | 辛巳 5 五 | 壬午 6 六 | 癸未 7 日 | 甲申 8 一 | 乙酉 9 二 | 丙戌 10 三 | 丁亥 11 四 | 戊子 12 五 | 己丑 13 六 | 庚寅 14 日 | 辛卯 15 一 | 壬辰 16 二 | 癸巳 17 三 | 甲午 18 四 | 乙未 19 五 | 丙申 20 六 | 丁酉 21 日 | 戊戌 22 一 | 己亥 23 二 | 庚子 24 三 | 辛丑 25 四 | 壬寅 26 五 | 癸卯 27 六 | 甲辰 28 日 | | 乙酉小寒 庚子大寒 |

# 漢章帝建初六年（辛巳 蛇年）公元 81 ~ 82 年

| 夏曆月序 | | 中西曆日對照 | 初一 | 初二 | 初三 | 初四 | 初五 | 初六 | 初七 | 初八 | 初九 | 初十 | 十一 | 十二 | 十三 | 十四 | 十五 | 十六 | 十七 | 十八 | 十九 | 二十 | 二一 | 二二 | 二三 | 二四 | 二五 | 二六 | 二七 | 二八 | 二九 | 三十 | 節氣與天象 |
|---|---|---|---|---|---|---|---|---|---|---|---|---|---|---|---|---|---|---|---|---|---|---|---|---|---|---|---|---|---|---|---|---|---|
| 正月大 | 庚寅 | 干支<br>西曆<br>星期 | 乙巳<br>29<br>一 | 丙午<br>30<br>二 | 丁未<br>31<br>三 | 戊申<br>(2)<br>四 | 己酉<br>2<br>五 | 庚戌<br>3<br>六 | 辛亥<br>4<br>日 | 壬子<br>5<br>一 | 癸丑<br>6<br>二 | 甲寅<br>7<br>三 | 乙卯<br>8<br>四 | 丙辰<br>9<br>五 | 丁巳<br>10<br>六 | 戊午<br>11<br>日 | 己未<br>12<br>一 | 庚申<br>13<br>二 | 辛酉<br>14<br>三 | 壬戌<br>15<br>四 | 癸亥<br>16<br>五 | 甲子<br>17<br>六 | 乙丑<br>18<br>日 | 丙寅<br>19<br>一 | 丁卯<br>20<br>二 | 戊辰<br>21<br>三 | 己巳<br>22<br>四 | 庚午<br>23<br>五 | 辛未<br>24<br>六 | 壬申<br>25<br>日 | 癸酉<br>26<br>一 | 甲戌<br>27<br>二 | 乙卯立春<br>庚午驚蟄 |
| 二月小 | 辛卯 | 干支<br>西曆<br>星期 | 乙亥<br>28<br>三 | 丙子<br>(3)<br>四 | 丁丑<br>2<br>五 | 戊寅<br>3<br>六 | 己卯<br>4<br>日 | 庚辰<br>5<br>一 | 辛巳<br>6<br>二 | 壬午<br>7<br>三 | 癸未<br>8<br>四 | 甲申<br>9<br>五 | 乙酉<br>10<br>六 | 丙戌<br>11<br>日 | 丁亥<br>12<br>一 | 戊子<br>13<br>二 | 己丑<br>14<br>三 | 庚寅<br>15<br>四 | 辛卯<br>16<br>五 | 壬辰<br>17<br>六 | 癸巳<br>18<br>日 | 甲午<br>19<br>一 | 乙未<br>20<br>二 | 丙申<br>21<br>三 | 丁酉<br>22<br>四 | 戊戌<br>23<br>五 | 己亥<br>24<br>六 | 庚子<br>25<br>日 | 辛丑<br>26<br>一 | 壬寅<br>27<br>二 | 癸卯<br>28<br>三 | | 丙戌雨水<br>辛丑春分 |
| 三月大 | 壬辰 | 干支<br>西曆<br>星期 | 甲辰<br>29<br>四 | 乙巳<br>30<br>五 | 丙午<br>31<br>六 | 丁未<br>(4)<br>日 | 戊申<br>2<br>一 | 己酉<br>3<br>二 | 庚戌<br>4<br>三 | 辛亥<br>5<br>四 | 壬子<br>6<br>五 | 癸丑<br>7<br>六 | 甲寅<br>8<br>日 | 乙卯<br>9<br>一 | 丙辰<br>10<br>二 | 丁巳<br>11<br>三 | 戊午<br>12<br>四 | 己未<br>13<br>五 | 庚申<br>14<br>六 | 辛酉<br>15<br>日 | 壬戌<br>16<br>一 | 癸亥<br>17<br>二 | 甲子<br>18<br>三 | 乙丑<br>19<br>四 | 丙寅<br>20<br>五 | 丁卯<br>21<br>六 | 戊辰<br>22<br>日 | 己巳<br>23<br>一 | 庚午<br>24<br>二 | 辛未<br>25<br>三 | 壬申<br>26<br>四 | 癸酉<br>27<br>五 | 丙辰穀雨<br>辛未清明 |
| 四月小 | 癸巳 | 干支<br>西曆<br>星期 | 甲戌<br>28<br>六 | 乙亥<br>29<br>日 | 丙子<br>30<br>一 | 丁丑<br>(5)<br>二 | 戊寅<br>2<br>三 | 己卯<br>3<br>四 | 庚辰<br>4<br>五 | 辛巳<br>5<br>六 | 壬午<br>6<br>日 | 癸未<br>7<br>一 | 甲申<br>8<br>二 | 乙酉<br>9<br>三 | 丙戌<br>10<br>四 | 丁亥<br>11<br>五 | 戊子<br>12<br>六 | 己丑<br>13<br>日 | 庚寅<br>14<br>一 | 辛卯<br>15<br>二 | 壬辰<br>16<br>三 | 癸巳<br>17<br>四 | 甲午<br>18<br>五 | 乙未<br>19<br>六 | 丙申<br>20<br>日 | 丁酉<br>21<br>一 | 戊戌<br>22<br>二 | 己亥<br>23<br>三 | 庚子<br>24<br>四 | 辛丑<br>25<br>五 | 壬寅<br>26<br>六 | | 丙戌立夏<br>壬寅小滿 |
| 五月大 | 甲午 | 干支<br>西曆<br>星期 | 癸卯<br>27<br>日 | 甲辰<br>28<br>一 | 乙巳<br>29<br>二 | 丙午<br>30<br>三 | 丁未<br>31<br>四 | 戊申<br>(6)<br>五 | 己酉<br>2<br>六 | 庚戌<br>3<br>日 | 辛亥<br>4<br>一 | 壬子<br>5<br>二 | 癸丑<br>6<br>三 | 甲寅<br>7<br>四 | 乙卯<br>8<br>五 | 丙辰<br>9<br>六 | 丁巳<br>10<br>日 | 戊午<br>11<br>一 | 己未<br>12<br>二 | 庚申<br>13<br>三 | 辛酉<br>14<br>四 | 壬戌<br>15<br>五 | 癸亥<br>16<br>六 | 甲子<br>17<br>日 | 乙丑<br>18<br>一 | 丙寅<br>19<br>二 | 丁卯<br>20<br>三 | 戊辰<br>21<br>四 | 己巳<br>22<br>五 | 庚午<br>23<br>六 | 辛未<br>24<br>日 | 壬申<br>25<br>一 | 丁巳芒種<br>壬申夏至 |
| 閏五月小 | 甲午 | 干支<br>西曆<br>星期 | 癸酉<br>26<br>二 | 甲戌<br>27<br>三 | 乙亥<br>28<br>四 | 丙子<br>29<br>五 | 丁丑<br>30<br>六 | 戊寅<br>(7)<br>日 | 己卯<br>2<br>一 | 庚辰<br>3<br>二 | 辛巳<br>4<br>三 | 壬午<br>5<br>四 | 癸未<br>6<br>五 | 甲申<br>7<br>六 | 乙酉<br>8<br>日 | 丙戌<br>9<br>一 | 丁亥<br>10<br>二 | 戊子<br>11<br>三 | 己丑<br>12<br>四 | 庚寅<br>13<br>五 | 辛卯<br>14<br>六 | 壬辰<br>15<br>日 | 癸巳<br>16<br>一 | 甲午<br>17<br>二 | 乙未<br>18<br>三 | 丙申<br>19<br>四 | 丁酉<br>20<br>五 | 戊戌<br>21<br>六 | 己亥<br>22<br>日 | 庚子<br>23<br>一 | 辛丑<br>24<br>二 | | 丁亥小暑 |
| 六月大 | 乙未 | 干支<br>西曆<br>星期 | 壬寅<br>25<br>三 | 癸卯<br>26<br>四 | 甲辰<br>27<br>五 | 乙巳<br>28<br>六 | 丙午<br>29<br>日 | 丁未<br>30<br>一 | 戊申<br>31<br>二 | 己酉<br>(8)<br>三 | 庚戌<br>2<br>四 | 辛亥<br>3<br>五 | 壬子<br>4<br>六 | 癸丑<br>5<br>日 | 甲寅<br>6<br>一 | 乙卯<br>7<br>二 | 丙辰<br>8<br>三 | 丁巳<br>9<br>四 | 戊午<br>10<br>五 | 己未<br>11<br>六 | 庚申<br>12<br>日 | 辛酉<br>13<br>一 | 壬戌<br>14<br>二 | 癸亥<br>15<br>三 | 甲子<br>16<br>四 | 乙丑<br>17<br>五 | 丙寅<br>18<br>六 | 丁卯<br>19<br>日 | 戊辰<br>20<br>一 | 己巳<br>21<br>二 | 庚午<br>22<br>三 | 辛未<br>23<br>四 | 癸卯大暑<br>戊午立秋<br>辛未日食 |
| 七月大 | 丙申 | 干支<br>西曆<br>星期 | 壬申<br>24<br>五 | 癸酉<br>25<br>六 | 甲戌<br>26<br>日 | 乙亥<br>27<br>一 | 丙子<br>28<br>二 | 丁丑<br>29<br>三 | 戊寅<br>30<br>四 | 己卯<br>31<br>五 | 庚辰<br>(9)<br>六 | 辛巳<br>2<br>日 | 壬午<br>3<br>一 | 癸未<br>4<br>二 | 甲申<br>5<br>三 | 乙酉<br>6<br>四 | 丙戌<br>7<br>五 | 丁亥<br>8<br>六 | 戊子<br>9<br>日 | 己丑<br>10<br>一 | 庚寅<br>11<br>二 | 辛卯<br>12<br>三 | 壬辰<br>13<br>四 | 癸巳<br>14<br>五 | 甲午<br>15<br>六 | 乙未<br>16<br>日 | 丙申<br>17<br>一 | 丁酉<br>18<br>二 | 戊戌<br>19<br>三 | 己亥<br>20<br>四 | 庚子<br>21<br>五 | 辛丑<br>22<br>六 | 癸酉處暑<br>戊子白露 |
| 八月小 | 丁酉 | 干支<br>西曆<br>星期 | 壬寅<br>23<br>日 | 癸卯<br>24<br>一 | 甲辰<br>25<br>二 | 乙巳<br>26<br>三 | 丙午<br>27<br>四 | 丁未<br>28<br>五 | 戊申<br>29<br>六 | 己酉<br>30<br>日 | 庚戌<br>(10)<br>一 | 辛亥<br>2<br>二 | 壬子<br>3<br>三 | 癸丑<br>4<br>四 | 甲寅<br>5<br>五 | 乙卯<br>6<br>六 | 丙辰<br>7<br>日 | 丁巳<br>8<br>一 | 戊午<br>9<br>二 | 己未<br>10<br>三 | 庚申<br>11<br>四 | 辛酉<br>12<br>五 | 壬戌<br>13<br>六 | 癸亥<br>14<br>日 | 甲子<br>15<br>一 | 乙丑<br>16<br>二 | 丙寅<br>17<br>三 | 丁卯<br>18<br>四 | 戊辰<br>19<br>五 | 己巳<br>20<br>六 | 庚午<br>21<br>日 | | 癸卯秋分<br>己未寒露 |
| 九月大 | 戊戌 | 干支<br>西曆<br>星期 | 辛未<br>22<br>一 | 壬申<br>23<br>二 | 癸酉<br>24<br>三 | 甲戌<br>25<br>四 | 乙亥<br>26<br>五 | 丙子<br>27<br>六 | 丁丑<br>28<br>日 | 戊寅<br>29<br>一 | 己卯<br>30<br>二 | 庚辰<br>31<br>三 | 辛巳<br>(11)<br>四 | 壬午<br>2<br>五 | 癸未<br>3<br>六 | 甲申<br>4<br>日 | 乙酉<br>5<br>一 | 丙戌<br>6<br>二 | 丁亥<br>7<br>三 | 戊子<br>8<br>四 | 己丑<br>9<br>五 | 庚寅<br>10<br>六 | 辛卯<br>11<br>日 | 壬辰<br>12<br>一 | 癸巳<br>13<br>二 | 甲午<br>14<br>三 | 乙未<br>15<br>四 | 丙申<br>16<br>五 | 丁酉<br>17<br>六 | 戊戌<br>18<br>日 | 己亥<br>19<br>一 | 庚子<br>20<br>二 | 甲戌霜降<br>己丑立冬 |
| 十月小 | 己亥 | 干支<br>西曆<br>星期 | 辛丑<br>21<br>三 | 壬寅<br>22<br>四 | 癸卯<br>23<br>五 | 甲辰<br>24<br>六 | 乙巳<br>25<br>日 | 丙午<br>26<br>一 | 丁未<br>27<br>二 | 戊申<br>28<br>三 | 己酉<br>29<br>四 | 庚戌<br>30<br>五 | 辛亥<br>(12)<br>六 | 壬子<br>2<br>日 | 癸丑<br>3<br>一 | 甲寅<br>4<br>二 | 乙卯<br>5<br>三 | 丙辰<br>6<br>四 | 丁巳<br>7<br>五 | 戊午<br>8<br>六 | 己未<br>9<br>日 | 庚申<br>10<br>一 | 辛酉<br>11<br>二 | 壬戌<br>12<br>三 | 癸亥<br>13<br>四 | 甲子<br>14<br>五 | 乙丑<br>15<br>六 | 丙寅<br>16<br>日 | 丁卯<br>17<br>一 | 戊辰<br>18<br>二 | 己巳<br>19<br>三 | | 甲辰小雪<br>庚申大雪 |
| 十一月大 | 庚子 | 干支<br>西曆<br>星期 | 庚午<br>20<br>四 | 辛未<br>21<br>五 | 壬申<br>22<br>六 | 癸酉<br>23<br>日 | 甲戌<br>24<br>一 | 乙亥<br>25<br>二 | 丙子<br>26<br>三 | 丁丑<br>27<br>四 | 戊寅<br>28<br>五 | 己卯<br>29<br>六 | 庚辰<br>30<br>日 | 辛巳<br>31<br>一 | 壬午<br>(1)<br>二 | 癸未<br>2<br>三 | 甲申<br>3<br>四 | 乙酉<br>4<br>五 | 丙戌<br>5<br>六 | 丁亥<br>6<br>日 | 戊子<br>7<br>一 | 己丑<br>8<br>二 | 庚寅<br>9<br>三 | 辛卯<br>10<br>四 | 壬辰<br>11<br>五 | 癸巳<br>12<br>六 | 甲午<br>13<br>日 | 乙未<br>14<br>一 | 丙申<br>15<br>二 | 丁酉<br>16<br>三 | 戊戌<br>17<br>四 | 己亥<br>18<br>五 | 乙亥冬至<br>庚寅小寒 |
| 十二月小 | 辛丑 | 干支<br>西曆<br>星期 | 庚子<br>19<br>六 | 辛丑<br>20<br>日 | 壬寅<br>21<br>一 | 癸卯<br>22<br>二 | 甲辰<br>23<br>三 | 乙巳<br>24<br>四 | 丙午<br>25<br>五 | 丁未<br>26<br>六 | 戊申<br>27<br>日 | 己酉<br>28<br>一 | 庚戌<br>29<br>二 | 辛亥<br>30<br>三 | 壬子<br>31<br>四 | 癸丑<br>(2)<br>五 | 甲寅<br>2<br>六 | 乙卯<br>3<br>日 | 丙辰<br>4<br>一 | 丁巳<br>5<br>二 | 戊午<br>6<br>三 | 己未<br>7<br>四 | 庚申<br>8<br>五 | 辛酉<br>9<br>六 | 壬戌<br>10<br>日 | 癸亥<br>11<br>一 | 甲子<br>12<br>二 | 乙丑<br>13<br>三 | 丙寅<br>14<br>四 | 丁卯<br>15<br>五 | 戊辰<br>16<br>六 | | 乙巳大寒<br>庚申立春 |

# 漢章帝建初七年（壬午 馬年）公元 82 ~ 83 年

| 夏曆月序 | 中西曆日對照 | 初一 | 初二 | 初三 | 初四 | 初五 | 初六 | 初七 | 初八 | 初九 | 初十 | 十一 | 十二 | 十三 | 十四 | 十五 | 十六 | 十七 | 十八 | 十九 | 二十 | 二一 | 二二 | 二三 | 二四 | 二五 | 二六 | 二七 | 二八 | 二九 | 三十 | 節氣與天象 |
|---|---|---|---|---|---|---|---|---|---|---|---|---|---|---|---|---|---|---|---|---|---|---|---|---|---|---|---|---|---|---|---|---|
| 正月大 壬寅 | 天干 地支 西曆 星期 | 己巳 17 日 | 庚午 18 一 | 辛未 19 二 | 壬申 20 三 | 癸酉 21 四 | 甲戌 22 五 | 乙亥 23 六 | 丙子 24 日 | 丁丑 25 一 | 戊寅 26 二 | 己卯 27 三 | 庚辰 28 四 | 辛巳 (3) 五 | 壬午 2 六 | 癸未 3 日 | 甲申 4 一 | 乙酉 5 二 | 丙戌 6 三 | 丁亥 7 四 | 戊子 8 五 | 己丑 9 六 | 庚寅 10 日 | 辛卯 11 一 | 壬辰 12 二 | 癸巳 13 三 | 甲午 14 四 | 乙未 15 五 | 丙申 16 六 | 丁酉 17 日 | 戊戌 18 一 | 丙子驚蟄 辛卯雨水 |
| 二月小 癸卯 | 天干 地支 西曆 星期 | 己亥 19 二 | 庚子 20 三 | 辛丑 21 四 | 壬寅 22 五 | 癸卯 23 六 | 甲辰 24 日 | 乙巳 25 一 | 丙午 26 二 | 丁未 27 三 | 戊申 28 四 | 己酉 29 五 | 庚戌 30 六 | 辛亥 31 日 | 壬子 (4) 一 | 癸丑 2 二 | 甲寅 3 三 | 乙卯 4 四 | 丙辰 5 五 | 丁巳 6 六 | 戊午 7 日 | 己未 8 一 | 庚申 9 二 | 辛酉 10 三 | 壬戌 11 四 | 癸亥 12 五 | 甲子 13 六 | 乙丑 14 日 | 丙寅 15 一 | 丁卯 16 二 | | 丙午春分 辛酉穀雨 |
| 三月大 甲辰 | 天干 地支 西曆 星期 | 戊辰 17 三 | 己巳 18 四 | 庚午 19 五 | 辛未 20 六 | 壬申 21 日 | 癸酉 22 一 | 甲戌 23 二 | 乙亥 24 三 | 丙子 25 四 | 丁丑 26 五 | 戊寅 27 六 | 己卯 28 日 | 庚辰 29 一 | 辛巳 30 二 | 壬午 (5) 三 | 癸未 2 四 | 甲申 3 五 | 乙酉 4 六 | 丙戌 5 日 | 丁亥 6 一 | 戊子 7 二 | 己丑 8 三 | 庚寅 9 四 | 辛卯 10 五 | 壬辰 11 六 | 癸巳 12 日 | 甲午 13 一 | 乙未 14 二 | 丙申 15 三 | 丁酉 16 四 | 丁丑清明 壬辰立夏 |
| 四月小 乙巳 | 天干 地支 西曆 星期 | 戊戌 17 五 | 己亥 18 六 | 庚子 19 日 | 辛丑 20 一 | 壬寅 21 二 | 癸卯 22 三 | 甲辰 23 四 | 乙巳 24 五 | 丙午 25 六 | 丁未 26 日 | 戊申 27 一 | 己酉 28 二 | 庚戌 29 三 | 辛亥 30 四 | 壬子 31 五 | 癸丑 (6) 六 | 甲寅 2 日 | 乙卯 3 一 | 丙辰 4 二 | 丁巳 5 三 | 戊午 6 四 | 己未 7 五 | 庚申 8 六 | 辛酉 9 日 | 壬戌 10 一 | 癸亥 11 二 | 甲子 12 三 | 乙丑 13 四 | 丙寅 14 五 | | 丁未小滿 壬戌芒種 |
| 五月大 丙午 | 天干 地支 西曆 星期 | 丁卯 15 六 | 戊辰 16 日 | 己巳 17 一 | 庚午 18 二 | 辛未 19 三 | 壬申 20 四 | 癸酉 21 五 | 甲戌 22 六 | 乙亥 23 日 | 丙子 24 一 | 丁丑 25 二 | 戊寅 26 三 | 己卯 27 四 | 庚辰 28 五 | 辛巳 29 六 | 壬午 30 日 | 癸未 (7) 一 | 甲申 2 二 | 乙酉 3 三 | 丙戌 4 四 | 丁亥 5 五 | 戊子 6 六 | 己丑 7 日 | 庚寅 8 一 | 辛卯 9 二 | 壬辰 10 三 | 癸巳 11 四 | 甲午 12 五 | 乙未 13 六 | 丙申 14 日 | 丁丑夏至 癸巳小暑 |
| 六月小 丁未 | 天干 地支 西曆 星期 | 丁酉 15 一 | 戊戌 16 二 | 己亥 17 三 | 庚子 18 四 | 辛丑 19 五 | 壬寅 20 六 | 癸卯 21 日 | 甲辰 22 一 | 乙巳 23 二 | 丙午 24 三 | 丁未 25 四 | 戊申 26 五 | 己酉 27 六 | 庚戌 28 日 | 辛亥 29 一 | 壬子 30 二 | 癸丑 31 三 | 甲寅 (8) 四 | 乙卯 2 五 | 丙辰 3 六 | 丁巳 4 日 | 戊午 5 一 | 己未 6 二 | 庚申 7 三 | 辛酉 8 四 | 壬戌 9 五 | 癸亥 10 六 | 甲子 11 日 | 乙丑 12 一 | | 戊申大暑 癸亥立秋 |
| 七月大 戊申 | 天干 地支 西曆 星期 | 丙寅 13 二 | 丁卯 14 三 | 戊辰 15 四 | 己巳 16 五 | 庚午 17 六 | 辛未 18 日 | 壬申 19 一 | 癸酉 20 二 | 甲戌 21 三 | 乙亥 22 四 | 丙子 23 五 | 丁丑 24 六 | 戊寅 25 日 | 己卯 26 一 | 庚辰 27 二 | 辛巳 28 三 | 壬午 29 四 | 癸未 30 五 | 甲申 31 六 | 乙酉 (9) 日 | 丙戌 2 一 | 丁亥 3 二 | 戊子 4 三 | 己丑 5 四 | 庚寅 6 五 | 辛卯 7 六 | 壬辰 8 日 | 癸巳 9 一 | 甲午 10 二 | 乙未 11 三 | 戊寅處暑 癸巳白露 |
| 八月小 己酉 | 天干 地支 西曆 星期 | 丙申 12 四 | 丁酉 13 五 | 戊戌 14 六 | 己亥 15 日 | 庚子 16 一 | 辛丑 17 二 | 壬寅 18 三 | 癸卯 19 四 | 甲辰 20 五 | 乙巳 21 六 | 丙午 22 日 | 丁未 23 一 | 戊申 24 二 | 己酉 25 三 | 庚戌 26 四 | 辛亥 27 五 | 壬子 28 六 | 癸丑 29 日 | 甲寅 30 一 | 乙卯 (10) 二 | 丙辰 2 三 | 丁巳 3 四 | 戊午 4 五 | 己未 5 六 | 庚申 6 日 | 辛酉 7 一 | 壬戌 8 二 | 癸亥 9 三 | 甲子 10 四 | | 己酉秋分 甲子寒露 |
| 九月大 庚戌 | 天干 地支 西曆 星期 | 乙丑 11 五 | 丙寅 12 六 | 丁卯 13 日 | 戊辰 14 一 | 己巳 15 二 | 庚午 16 三 | 辛未 17 四 | 壬申 18 五 | 癸酉 19 六 | 甲戌 20 日 | 乙亥 21 一 | 丙子 22 二 | 丁丑 23 三 | 戊寅 24 四 | 己卯 25 五 | 庚辰 26 六 | 辛巳 27 日 | 壬午 28 一 | 癸未 29 二 | 甲申 30 三 | 乙酉 31 四 | 丙戌 (11) 五 | 丁亥 2 六 | 戊子 3 日 | 己丑 4 一 | 庚寅 5 二 | 辛卯 6 三 | 壬辰 7 四 | 癸巳 8 五 | 甲午 9 六 | 己卯霜降 甲午立冬 |
| 十月小 辛亥 | 天干 地支 西曆 星期 | 乙未 10 日 | 丙申 11 一 | 丁酉 12 二 | 戊戌 13 三 | 己亥 14 四 | 庚子 15 五 | 辛丑 16 六 | 壬寅 17 日 | 癸卯 18 一 | 甲辰 19 二 | 乙巳 20 三 | 丙午 21 四 | 丁未 22 五 | 戊申 23 六 | 己酉 24 日 | 庚戌 25 一 | 辛亥 26 二 | 壬子 27 三 | 癸丑 28 四 | 甲寅 29 五 | 乙卯 30 六 | 丙辰 (12) 日 | 丁巳 2 一 | 戊午 3 二 | 己未 4 三 | 庚申 5 四 | 辛酉 6 五 | 壬戌 7 六 | 癸亥 8 日 | | 庚戌小雪 |
| 十一月大 壬子 | 天干 地支 西曆 星期 | 甲子 9 一 | 乙丑 10 二 | 丙寅 11 三 | 丁卯 12 四 | 戊辰 13 五 | 己巳 14 六 | 庚午 15 日 | 辛未 16 一 | 壬申 17 二 | 癸酉 18 三 | 甲戌 19 四 | 乙亥 20 五 | 丙子 21 六 | 丁丑 22 日 | 戊寅 23 一 | 己卯 24 二 | 庚辰 25 三 | 辛巳 26 四 | 壬午 27 五 | 癸未 28 六 | 甲申 29 日 | 乙酉 30 一 | 丙戌 31 二 | 丁亥 (1) 三 | 戊子 2 四 | 己丑 3 五 | 庚寅 4 六 | 辛卯 5 日 | 壬辰 6 一 | 癸巳 7 二 | 乙丑大雪 庚辰冬至 |
| 十二月大 癸丑 | 天干 地支 西曆 星期 | 甲午 8 三 | 乙未 9 四 | 丙申 10 五 | 丁酉 11 六 | 戊戌 12 日 | 己亥 13 一 | 庚子 14 二 | 辛丑 15 三 | 壬寅 16 四 | 癸卯 17 五 | 甲辰 18 六 | 乙巳 19 日 | 丙午 20 一 | 丁未 21 二 | 戊申 22 三 | 己酉 23 四 | 庚戌 24 五 | 辛亥 25 六 | 壬子 26 日 | 癸丑 27 一 | 甲寅 28 二 | 乙卯 29 三 | 丙辰 30 四 | 丁巳 31 五 | 戊午 (2) 六 | 己未 2 日 | 庚申 3 一 | 辛酉 4 二 | 壬戌 5 三 | 癸亥 6 四 | 乙未小寒 庚戌大寒 |

# 漢章帝建初八年（癸未 羊年）公元 83 ~ 84 年

| 夏曆月序 | | 中西曆日對照 | 夏曆日序 | | | | | | | | | | | | | | | | | | | | | | | | | | | | | 節氣與天象 |
|---|---|---|---|---|---|---|---|---|---|---|---|---|---|---|---|---|---|---|---|---|---|---|---|---|---|---|---|---|---|---|---|---|
| | | | 初一 | 初二 | 初三 | 初四 | 初五 | 初六 | 初七 | 初八 | 初九 | 初十 | 十一 | 十二 | 十三 | 十四 | 十五 | 十六 | 十七 | 十八 | 十九 | 二十 | 二一 | 二二 | 二三 | 二四 | 二五 | 二六 | 二七 | 二八 | 二九 | 三十 | |
| 正月小 | 甲寅 | 天干地支西曆星期 | 甲子7五 | 乙丑8六 | 丙寅9日 | 丁卯10一 | 戊辰11二 | 己巳12三 | 庚午13四 | 辛未14五 | 壬申15六 | 癸酉16日 | 甲戌17一 | 乙亥18二 | 丙子19三 | 丁丑20四 | 戊寅21五 | 己卯22六 | 庚辰23日 | 辛巳24一 | 壬午25二 | 癸未26三 | 甲申27四 | 乙酉28五 | 丙戌(3)六 | 丁亥2日 | 戊子3一 | 己丑4二 | 庚寅5三 | 辛卯6四 | 壬辰7五 | | 丙寅立春<br>辛巳驚蟄 |
| 二月大 | 乙卯 | 天干地支西曆星期 | 癸巳8六 | 甲午9日 | 乙未10一 | 丙申11二 | 丁酉12三 | 戊戌13四 | 己亥14五 | 庚子15六 | 辛丑16日 | 壬寅17一 | 癸卯18二 | 甲辰19三 | 乙巳20四 | 丙午21五 | 丁未22六 | 戊申23日 | 己酉24一 | 庚戌25二 | 辛亥26三 | 壬子27四 | 癸丑28五 | 甲寅29六 | 乙卯30日 | 丙辰31一 | 丁巳(4)二 | 戊午2三 | 己未3四 | 庚申4五 | 辛酉5六 | 壬戌6日 | 丙申雨水<br>辛亥春分 |
| 三月小 | 丙辰 | 天干地支西曆星期 | 癸亥7一 | 甲子8二 | 乙丑9三 | 丙寅10四 | 丁卯11五 | 戊辰12六 | 己巳13日 | 庚午14一 | 辛未15二 | 壬申16三 | 癸酉17四 | 甲戌18五 | 乙亥19六 | 丙子20日 | 丁丑21一 | 戊寅22二 | 己卯23三 | 庚辰24四 | 辛巳25五 | 壬午26六 | 癸未27日 | 甲申28一 | 乙酉29二 | 丙戌30三 | 丁亥(5)四 | 戊子2五 | 己丑3六 | 庚寅4日 | 辛卯5一 | | 丁卯穀雨<br>壬午清明 |
| 四月大 | 丁巳 | 天干地支西曆星期 | 壬辰6二 | 癸巳7三 | 甲午8四 | 乙未9五 | 丙申10六 | 丁酉11日 | 戊戌12一 | 己亥13二 | 庚子14三 | 辛丑15四 | 壬寅16五 | 癸卯17六 | 甲辰18日 | 乙巳19一 | 丙午20二 | 丁未21三 | 戊申22四 | 己酉23五 | 庚戌24六 | 辛亥25日 | 壬子26一 | 癸丑27二 | 甲寅28三 | 乙卯29四 | 丙辰30五 | 丁巳31六 | 戊午(6)日 | 己未2一 | 庚申3二 | 辛酉4三 | 丁酉立夏<br>壬子小滿 |
| 五月小 | 戊午 | 天干地支西曆星期 | 壬戌5四 | 癸亥6五 | 甲子7六 | 乙丑8日 | 丙寅9一 | 丁卯10二 | 戊辰11三 | 己巳12四 | 庚午13五 | 辛未14六 | 壬申15日 | 癸酉16一 | 甲戌17二 | 乙亥18三 | 丙子19四 | 丁丑20五 | 戊寅21六 | 己卯22日 | 庚辰23一 | 辛巳24二 | 壬午25三 | 癸未26四 | 甲申27五 | 乙酉28六 | 丙戌29日 | 丁亥30一 | 戊子(7)二 | 己丑2三 | 庚寅3四 | | 丁卯芒種<br>癸未夏至 |
| 六月大 | 己未 | 天干地支西曆星期 | 辛卯4五 | 壬辰5六 | 癸巳6日 | 甲午7一 | 乙未8二 | 丙申9三 | 丁酉10四 | 戊戌11五 | 己亥12六 | 庚子13日 | 辛丑14一 | 壬寅15二 | 癸卯16三 | 甲辰17四 | 乙巳18五 | 丙午19六 | 丁未20日 | 戊申21一 | 己酉22二 | 庚戌23三 | 辛亥24四 | 壬子25五 | 癸丑26六 | 甲寅27日 | 乙卯28一 | 丙辰29二 | 丁巳30三 | 戊午31四 | 己未(8)五 | 庚申2六 | 戊戌小暑<br>癸丑大暑 |
| 七月小 | 庚申 | 天干地支西曆星期 | 辛酉3日 | 壬戌4一 | 癸亥5二 | 甲子6三 | 乙丑7四 | 丙寅8五 | 丁卯9六 | 戊辰10日 | 己巳11一 | 庚午12二 | 辛未13三 | 壬申14四 | 癸酉15五 | 甲戌16六 | 乙亥17日 | 丙子18一 | 丁丑19二 | 戊寅20三 | 己卯21四 | 庚辰22五 | 辛巳23六 | 壬午24日 | 癸未25一 | 甲申26二 | 乙酉27三 | 丙戌28四 | 丁亥29五 | 戊子30六 | 己丑31日 | | 戊辰立秋<br>甲申處暑 |
| 八月大 | 辛酉 | 天干地支西曆星期 | 庚寅(9)一 | 辛卯2二 | 壬辰3三 | 癸巳4四 | 甲午5五 | 乙未6六 | 丙申7日 | 丁酉8一 | 戊戌9二 | 己亥10三 | 庚子11四 | 辛丑12五 | 壬寅13六 | 癸卯14日 | 甲辰15一 | 乙巳16二 | 丙午17三 | 丁未18四 | 戊申19五 | 己酉20六 | 庚戌21日 | 辛亥22一 | 壬子23二 | 癸丑24三 | 甲寅25四 | 乙卯26五 | 丙辰27六 | 丁巳28日 | 戊午29一 | 己未30二 | 己亥白露<br>甲寅秋分 |
| 九月小 | 壬戌 | 天干地支西曆星期 | 庚申(10)三 | 辛酉2四 | 壬戌3五 | 癸亥4六 | 甲子5日 | 乙丑6一 | 丙寅7二 | 丁卯8三 | 戊辰9四 | 己巳10五 | 庚午11六 | 辛未12日 | 壬申13一 | 癸酉14二 | 甲戌15三 | 乙亥16四 | 丙子17五 | 丁丑18六 | 戊寅19日 | 己卯20一 | 庚辰21二 | 辛巳22三 | 壬午23四 | 癸未24五 | 甲申25六 | 乙酉26日 | 丙戌27一 | 丁亥28二 | 戊子29三 | | 己巳寒露<br>甲申霜降 |
| 十月大 | 癸亥 | 天干地支西曆星期 | 己丑30四 | 庚寅31五 | 辛卯(11)六 | 壬辰2日 | 癸巳3一 | 甲午4二 | 乙未5三 | 丙申6四 | 丁酉7五 | 戊戌8六 | 己亥9日 | 庚子10一 | 辛丑11二 | 壬寅12三 | 癸卯13四 | 甲辰14五 | 乙巳15六 | 丙午16日 | 丁未17一 | 戊申18二 | 己酉19三 | 庚戌20四 | 辛亥21五 | 壬子22六 | 癸丑23日 | 甲寅24一 | 乙卯25二 | 丙辰26三 | 丁巳27四 | 戊午28五 | 庚子立冬<br>乙卯小雪 |
| 十一月小 | 甲子 | 天干地支西曆星期 | 己未29六 | 庚申30日 | 辛酉(12)一 | 壬戌2二 | 癸亥3三 | 甲子4四 | 乙丑5五 | 丙寅6六 | 丁卯7日 | 戊辰8一 | 己巳9二 | 庚午10三 | 辛未11四 | 壬申12五 | 癸酉13六 | 甲戌14日 | 乙亥15一 | 丙子16二 | 丁丑17三 | 戊寅18四 | 己卯19五 | 庚辰20六 | 辛巳21日 | 壬午22一 | 癸未23二 | 甲申24三 | 乙酉25四 | 丙戌26五 | 丁亥27六 | | 庚午大雪<br>乙酉冬至 |
| 十二月大 | 乙丑 | 天干地支西曆星期 | 戊子28日 | 己丑29一 | 庚寅30二 | 辛卯31三 | 壬辰(1)四 | 癸巳2五 | 甲午3六 | 乙未4日 | 丙申5一 | 丁酉6二 | 戊戌7三 | 己亥8四 | 庚子9五 | 辛丑10六 | 壬寅11日 | 癸卯12一 | 甲辰13二 | 乙巳14三 | 丙午15四 | 丁未16五 | 戊申17六 | 己酉18日 | 庚戌19一 | 辛亥20二 | 壬子21三 | 癸丑22四 | 甲寅23五 | 乙卯24六 | 丙辰25日 | 丁巳26一 | 庚子小寒<br>丙辰大寒 |

# 漢章帝建初九年 元和元年（甲申 猴年）公元 84 ~ 85 年

| 夏曆月序 | | 中西曆日對照 | 初一 | 初二 | 初三 | 初四 | 初五 | 初六 | 初七 | 初八 | 初九 | 初十 | 十一 | 十二 | 十三 | 十四 | 十五 | 十六 | 十七 | 十八 | 十九 | 二十 | 二一 | 二二 | 二三 | 二四 | 二五 | 二六 | 二七 | 二八 | 二九 | 三十 | 節氣與天象 |
|---|---|---|---|---|---|---|---|---|---|---|---|---|---|---|---|---|---|---|---|---|---|---|---|---|---|---|---|---|---|---|---|---|---|
| 正月小 | 丙寅 | 天干地支 西曆 星期 | 戊午 27 二 | 己未 28 三 | 庚申 29 四 | 辛酉 30 五 | 壬戌 31 六 | 癸亥 (2) 日 | 甲子 2 一 | 乙丑 3 二 | 丙寅 4 三 | 丁卯 5 四 | 戊辰 6 五 | 己巳 7 六 | 庚午 8 日 | 辛未 9 一 | 壬申 10 二 | 癸酉 11 三 | 甲戌 12 四 | 乙亥 13 五 | 丙子 14 六 | 丁丑 15 日 | 戊寅 16 一 | 己卯 17 二 | 庚辰 18 三 | 辛巳 19 四 | 壬午 20 五 | 癸未 21 六 | 甲申 22 日 | 乙酉 23 一 | 丙戌 24 二 | | 辛未立春 丙戌驚蟄 |
| 閏正月大 | 丙寅 | 天干地支 西曆 星期 | 丁亥 25 三 | 戊子 26 四 | 己丑 27 五 | 庚寅 28 六 | 辛卯 29 日 | 壬辰 (3) 一 | 癸巳 2 二 | 甲午 3 三 | 乙未 4 四 | 丙申 5 五 | 丁酉 6 六 | 戊戌 7 日 | 己亥 8 一 | 庚子 9 二 | 辛丑 10 三 | 壬寅 11 四 | 癸卯 12 五 | 甲辰 13 六 | 乙巳 14 日 | 丙午 15 一 | 丁未 16 二 | 戊申 17 三 | 己酉 18 四 | 庚戌 19 五 | 辛亥 20 六 | 壬子 21 日 | 癸丑 22 一 | 甲寅 23 二 | 乙卯 24 三 | 丙辰 25 四 | 辛丑雨水 |
| 二月大 | 丁卯 | 天干地支 西曆 星期 | 丁巳 26 五 | 戊午 27 六 | 己未 28 日 | 庚申 29 一 | 辛酉 30 二 | 壬戌 31 三 | 癸亥 (4) 四 | 甲子 2 五 | 乙丑 3 六 | 丙寅 4 日 | 丁卯 5 一 | 戊辰 6 二 | 己巳 7 三 | 庚午 8 四 | 辛未 9 五 | 壬申 10 六 | 癸酉 11 日 | 甲戌 12 一 | 乙亥 13 二 | 丙子 14 三 | 丁丑 15 四 | 戊寅 16 五 | 己卯 17 六 | 庚辰 18 日 | 辛巳 19 一 | 壬午 20 二 | 癸未 21 三 | 甲申 22 四 | 乙酉 23 五 | 丙戌 24 六 | 丁巳春分 壬申穀雨 |
| 三月小 | 戊辰 | 天干地支 西曆 星期 | 丁亥 25 日 | 戊子 26 一 | 己丑 27 二 | 庚寅 28 三 | 辛卯 29 四 | 壬辰 30 五 | 癸巳 (5) 六 | 甲午 2 日 | 乙未 3 一 | 丙申 4 二 | 丁酉 5 三 | 戊戌 6 四 | 己亥 7 五 | 庚子 8 六 | 辛丑 9 日 | 壬寅 10 一 | 癸卯 11 二 | 甲辰 12 三 | 乙巳 13 四 | 丙午 14 五 | 丁未 15 六 | 戊申 16 日 | 己酉 17 一 | 庚戌 18 二 | 辛亥 19 三 | 壬子 20 四 | 癸丑 21 五 | 甲寅 22 六 | 乙卯 23 日 | | 丁亥清明 壬寅立夏 |
| 四月大 | 己巳 | 天干地支 西曆 星期 | 丙辰 24 一 | 丁巳 25 二 | 戊午 26 三 | 己未 27 四 | 庚申 28 五 | 辛酉 29 六 | 壬戌 30 日 | 癸亥 31 一 | 甲子 (6) 二 | 乙丑 2 三 | 丙寅 3 四 | 丁卯 4 五 | 戊辰 5 六 | 己巳 6 日 | 庚午 7 一 | 辛未 8 二 | 壬申 9 三 | 癸酉 10 四 | 甲戌 11 五 | 乙亥 12 六 | 丙子 13 日 | 丁丑 14 一 | 戊寅 15 二 | 己卯 16 三 | 庚辰 17 四 | 辛巳 18 五 | 壬午 19 六 | 癸未 20 日 | 甲申 21 一 | 乙酉 22 二 | 丁巳小滿 癸酉芒種 |
| 五月小 | 庚午 | 天干地支 西曆 星期 | 丙戌 23 三 | 丁亥 24 四 | 戊子 25 五 | 己丑 26 六 | 庚寅 27 日 | 辛卯 28 一 | 壬辰 29 二 | 癸巳 30 三 | 甲午 (7) 四 | 乙未 2 五 | 丙申 3 六 | 丁酉 4 日 | 戊戌 5 一 | 己亥 6 二 | 庚子 7 三 | 辛丑 8 四 | 壬寅 9 五 | 癸卯 10 六 | 甲辰 11 日 | 乙巳 12 一 | 丙午 13 二 | 丁未 14 三 | 戊申 15 四 | 己酉 16 五 | 庚戌 17 六 | 辛亥 18 日 | 壬子 19 一 | 癸丑 20 二 | 甲寅 21 三 | | 戊子夏至 癸卯小暑 |
| 六月大 | 辛未 | 天干地支 西曆 星期 | 乙卯 22 四 | 丙辰 23 五 | 丁巳 24 六 | 戊午 25 日 | 己未 26 一 | 庚申 27 二 | 辛酉 28 三 | 壬戌 29 四 | 癸亥 30 五 | 甲子 31 六 | 乙丑 (8) 日 | 丙寅 2 一 | 丁卯 3 二 | 戊辰 4 三 | 己巳 5 四 | 庚午 6 五 | 辛未 7 六 | 壬申 8 日 | 癸酉 9 一 | 甲戌 10 二 | 乙亥 11 三 | 丙子 12 四 | 丁丑 13 五 | 戊寅 14 六 | 己卯 15 日 | 庚辰 16 一 | 辛巳 17 二 | 壬午 18 三 | 癸未 19 四 | 甲申 20 五 | 戊午大暑 甲戌立秋 |
| 七月小 | 壬申 | 天干地支 西曆 星期 | 乙酉 21 六 | 丙戌 22 日 | 丁亥 23 一 | 戊子 24 二 | 己丑 25 三 | 庚寅 26 四 | 辛卯 27 五 | 壬辰 28 六 | 癸巳 29 日 | 甲午 30 一 | 乙未 31 二 | 丙申 (9) 三 | 丁酉 2 四 | 戊戌 3 五 | 己亥 4 六 | 庚子 5 日 | 辛丑 6 一 | 壬寅 7 二 | 癸卯 8 三 | 甲辰 9 四 | 乙巳 10 五 | 丙午 11 六 | 丁未 12 日 | 戊申 13 一 | 己酉 14 二 | 庚戌 15 三 | 辛亥 16 四 | 壬子 17 五 | 癸丑 18 六 | | 己丑處暑 甲辰白露 |
| 八月大 | 癸酉 | 天干地支 西曆 星期 | 甲寅 19 日 | 乙卯 20 一 | 丙辰 21 二 | 丁巳 22 三 | 戊午 23 四 | 己未 24 五 | 庚申 25 六 | 辛酉 26 日 | 壬戌 27 一 | 癸亥 28 二 | 甲子 29 三 | 乙丑 30 四 | 丙寅 (10) 五 | 丁卯 2 六 | 戊辰 3 日 | 己巳 4 一 | 庚午 5 二 | 辛未 6 三 | 壬申 7 四 | 癸酉 8 五 | 甲戌 9 六 | 乙亥 10 日 | 丙子 11 一 | 丁丑 12 二 | 戊寅 13 三 | 己卯 14 四 | 庚辰 15 五 | 辛巳 16 六 | 壬午 17 日 | 癸未 18 一 | 己未秋分 甲戌寒露 |
| 九月小 | 甲戌 | 天干地支 西曆 星期 | 甲申 19 二 | 乙酉 20 三 | 丙戌 21 四 | 丁亥 22 五 | 戊子 23 六 | 己丑 24 日 | 庚寅 25 一 | 辛卯 26 二 | 壬辰 27 三 | 癸巳 28 四 | 甲午 29 五 | 乙未 30 六 | 丙申 31 日 | 丁酉 (11) 一 | 戊戌 2 二 | 己亥 3 三 | 庚子 4 四 | 辛丑 5 五 | 壬寅 6 六 | 癸卯 7 日 | 甲辰 8 一 | 乙巳 9 二 | 丙午 10 三 | 丁未 11 四 | 戊申 12 五 | 己酉 13 六 | 庚戌 14 日 | 辛亥 15 一 | 壬子 16 二 | | 庚寅霜降 乙巳立冬 |
| 十月大 | 乙亥 | 天干地支 西曆 星期 | 癸丑 17 三 | 甲寅 18 四 | 乙卯 19 五 | 丙辰 20 六 | 丁巳 21 日 | 戊午 22 一 | 己未 23 二 | 庚申 24 三 | 辛酉 25 四 | 壬戌 26 五 | 癸亥 27 六 | 甲子 28 日 | 乙丑 29 一 | 丙寅 30 二 | 丁卯 (12) 三 | 戊辰 2 四 | 己巳 3 五 | 庚午 4 六 | 辛未 5 日 | 壬申 6 一 | 癸酉 7 二 | 甲戌 8 三 | 乙亥 9 四 | 丙子 10 五 | 丁丑 11 六 | 戊寅 12 日 | 己卯 13 一 | 庚辰 14 二 | 辛巳 15 三 | 壬午 16 四 | 庚申小雪 乙亥大雪 |
| 十一月小 | 丙子 | 天干地支 西曆 星期 | 癸未 17 五 | 甲申 18 六 | 乙酉 19 日 | 丙戌 20 一 | 丁亥 21 二 | 戊子 22 三 | 己丑 23 四 | 庚寅 24 五 | 辛卯 25 六 | 壬辰 26 日 | 癸巳 27 一 | 甲午 28 二 | 乙未 29 三 | 丙申 30 四 | 丁酉 31 五 | 戊戌 (1) 六 | 己亥 2 日 | 庚子 3 一 | 辛丑 4 二 | 壬寅 5 三 | 癸卯 6 四 | 甲辰 7 五 | 乙巳 8 六 | 丙午 9 日 | 丁未 10 一 | 戊申 11 二 | 己酉 12 三 | 庚戌 13 四 | 辛亥 14 五 | | 辛卯冬至 丙午小寒 |
| 十二月小 | 丁丑 | 天干地支 西曆 星期 | 壬子 15 六 | 癸丑 16 日 | 甲寅 17 一 | 乙卯 18 二 | 丙辰 19 三 | 丁巳 20 四 | 戊午 21 五 | 己未 22 六 | 庚申 23 日 | 辛酉 24 一 | 壬戌 25 二 | 癸亥 26 三 | 甲子 27 四 | 乙丑 28 五 | 丙寅 29 六 | 丁卯 30 日 | 戊辰 31 一 | 己巳 (2) 二 | 庚午 2 三 | 辛未 3 四 | 壬申 4 五 | 癸酉 5 六 | 甲戌 6 日 | 乙亥 7 一 | 丙子 8 二 | 丁丑 9 三 | 戊寅 10 四 | 己卯 11 五 | 庚辰 12 六 | | 辛酉大寒 丙子立春 |

* 八月癸酉（二十日），改元元和。

# 漢章帝元和二年（乙酉鷄年）公元 85 ~ 86 年

| 夏曆月序 | | 中西曆日對照 | 初一 | 初二 | 初三 | 初四 | 初五 | 初六 | 初七 | 初八 | 初九 | 初十 | 十一 | 十二 | 十三 | 十四 | 十五 | 十六 | 十七 | 十八 | 十九 | 二十 | 二一 | 二二 | 二三 | 二四 | 二五 | 二六 | 二七 | 二八 | 二九 | 三十 | 節氣與天象 |
|---|---|---|---|---|---|---|---|---|---|---|---|---|---|---|---|---|---|---|---|---|---|---|---|---|---|---|---|---|---|---|---|---|---|
| 正月大 | 戊寅 | 天干地支西曆星期 | 辛巳 13 日 | 壬午 14 一 | 癸未 15 二 | 甲申 16 三 | 乙酉 17 四 | 丙戌 18 五 | 丁亥 19 六 | 戊子 20 日 | 己丑 21 一 | 庚寅 22 二 | 辛卯 23 三 | 壬辰 24 四 | 癸巳 25 五 | 甲午 26 六 | 乙未 27 日 | 丙申 28 一 | 丁酉 (3) 二 | 戊戌 2 三 | 己亥 3 四 | 庚子 4 五 | 辛丑 5 六 | 壬寅 6 日 | 癸卯 7 一 | 甲辰 8 二 | 乙巳 9 三 | 丙午 10 四 | 丁未 11 五 | 戊申 12 六 | 己酉 13 日 | 庚戌 14 一 | 辛卯雨水 丙午驚蟄 |
| 二月小 | 己卯 | 天干地支西曆星期 | 辛亥 15 二 | 壬子 16 三 | 癸丑 17 四 | 甲寅 18 五 | 乙卯 19 六 | 丙辰 20 日 | 丁巳 21 一 | 戊午 22 二 | 己未 23 三 | 庚申 24 四 | 辛酉 25 五 | 壬戌 26 六 | 癸亥 27 日 | 甲子 28 一 | 乙丑 29 二 | 丙寅 30 三 | 丁卯 31 四 | 戊辰 (4) 五 | 己巳 2 六 | 庚午 3 日 | 辛未 4 一 | 壬申 5 二 | 癸酉 6 三 | 甲戌 7 四 | 乙亥 8 五 | 丙子 9 六 | 丁丑 10 日 | 戊寅 11 一 | 己卯 12 二 | | 辛酉春分 丙子清明 |
| 三月大 | 庚辰 | 天干地支西曆星期 | 庚辰 13 三 | 辛巳 14 四 | 壬午 15 五 | 癸未 16 六 | 甲申 17 日 | 乙酉 18 一 | 丙戌 19 二 | 丁亥 20 三 | 戊子 21 四 | 己丑 22 五 | 庚寅 23 六 | 辛卯 24 日 | 壬辰 25 一 | 癸巳 26 二 | 甲午 27 三 | 乙未 28 四 | 丙申 29 五 | 丁酉 30 六 | 戊戌 (5) 日 | 己亥 2 一 | 庚子 3 二 | 辛丑 4 三 | 壬寅 5 四 | 癸卯 6 五 | 甲辰 7 六 | 乙巳 8 日 | 丙午 9 一 | 丁未 10 二 | 戊申 11 三 | 己酉 12 四 | 壬辰穀雨 丁未立夏 |
| 四月小 | 辛巳 | 天干地支西曆星期 | 庚戌 13 五 | 辛亥 14 六 | 壬子 15 日 | 癸丑 16 一 | 甲寅 17 二 | 乙卯 18 三 | 丙辰 19 四 | 丁巳 20 五 | 戊午 21 六 | 己未 22 日 | 庚申 23 一 | 辛酉 24 二 | 壬戌 25 三 | 癸亥 26 四 | 甲子 27 五 | 乙丑 28 六 | 丙寅 29 日 | 丁卯 30 一 | 戊辰 31 二 | 己巳 (6) 三 | 庚午 2 四 | 辛未 3 五 | 壬申 4 六 | 癸酉 5 日 | 甲戌 6 一 | 乙亥 7 二 | 丙子 8 三 | 丁丑 9 四 | 戊寅 10 五 | | 壬戌小滿 丁丑芒種 |
| 五月大 | 壬午 | 天干地支西曆星期 | 己卯 11 六 | 庚辰 12 日 | 辛巳 13 一 | 壬午 14 二 | 癸未 15 三 | 甲申 16 四 | 乙酉 17 五 | 丙戌 18 六 | 丁亥 19 日 | 戊子 20 一 | 己丑 21 二 | 庚寅 22 三 | 辛卯 23 四 | 壬辰 24 五 | 癸巳 25 六 | 甲午 26 日 | 乙未 27 一 | 丙申 28 二 | 丁酉 29 三 | 戊戌 30 四 | 己亥 (7) 五 | 庚子 2 六 | 辛丑 3 日 | 壬寅 4 一 | 癸卯 5 二 | 甲辰 6 三 | 乙巳 7 四 | 丙午 8 五 | 丁未 9 六 | 戊申 10 日 | 壬辰夏至 戊申小暑 |
| 六月小 | 癸未 | 天干地支西曆星期 | 己酉 11 一 | 庚戌 12 二 | 辛亥 13 三 | 壬子 14 四 | 癸丑 15 五 | 甲寅 16 六 | 乙卯 17 日 | 丙辰 18 一 | 丁巳 19 二 | 戊午 20 三 | 己未 21 四 | 庚申 22 五 | 辛酉 23 六 | 壬戌 24 日 | 癸亥 25 一 | 甲子 26 二 | 乙丑 27 三 | 丙寅 28 四 | 丁卯 29 五 | 戊辰 30 六 | 己巳 31 日 | 庚午 (8) 一 | 辛未 2 二 | 壬申 3 三 | 癸酉 4 四 | 甲戌 5 五 | 乙亥 6 六 | 丙子 7 日 | 丁丑 8 一 | | 癸亥大暑 |
| 七月大 | 甲申 | 天干地支西曆星期 | 戊寅 9 二 | 己卯 10 三 | 庚辰 11 四 | 辛巳 12 五 | 壬午 13 六 | 癸未 14 日 | 甲申 15 一 | 乙酉 16 二 | 丙戌 17 三 | 丁亥 18 四 | 戊子 19 五 | 己丑 20 六 | 庚寅 21 日 | 辛卯 22 一 | 壬辰 23 二 | 癸巳 24 三 | 甲午 25 四 | 乙未 26 五 | 丙申 27 六 | 丁酉 28 日 | 戊戌 29 一 | 己亥 30 二 | 庚子 31 三 | 辛丑 (9) 四 | 壬寅 2 五 | 癸卯 3 六 | 甲辰 4 日 | 乙巳 5 一 | 丙午 6 二 | 丁未 7 三 | 戊寅立秋 癸巳處暑 |
| 八月小 | 乙酉 | 天干地支西曆星期 | 戊申 8 四 | 己酉 9 五 | 庚戌 10 六 | 辛亥 11 日 | 壬子 12 一 | 癸丑 13 二 | 甲寅 14 三 | 乙卯 15 四 | 丙辰 16 五 | 丁巳 17 六 | 戊午 18 日 | 己未 19 一 | 庚申 20 二 | 辛酉 21 三 | 壬戌 22 四 | 癸亥 23 五 | 甲子 24 六 | 乙丑 25 日 | 丙寅 26 一 | 丁卯 27 二 | 戊辰 28 三 | 己巳 29 四 | 庚午 30 五 | 辛未 (10) 六 | 壬申 2 日 | 癸酉 3 一 | 甲戌 4 二 | 乙亥 5 三 | 丙子 6 四 | | 戊申白露 甲子秋分 |
| 九月大 | 丙戌 | 天干地支西曆星期 | 丁丑 7 五 | 戊寅 8 六 | 己卯 9 日 | 庚辰 10 一 | 辛巳 11 二 | 壬午 12 三 | 癸未 13 四 | 甲申 14 五 | 乙酉 15 六 | 丙戌 16 日 | 丁亥 17 一 | 戊子 18 二 | 己丑 19 三 | 庚寅 20 四 | 辛卯 21 五 | 壬辰 22 六 | 癸巳 23 日 | 甲午 24 一 | 乙未 25 二 | 丙申 26 三 | 丁酉 27 四 | 戊戌 28 五 | 己亥 29 六 | 庚子 30 日 | 辛丑 31 一 | 壬寅 (11) 二 | 癸卯 2 三 | 甲辰 3 四 | 乙巳 4 五 | 丙午 5 六 | 己卯寒露 甲午霜降 |
| 十月小 | 丁亥 | 天干地支西曆星期 | 丁未 6 日 | 戊申 7 一 | 己酉 8 二 | 庚戌 9 三 | 辛亥 10 四 | 壬子 11 五 | 癸丑 12 六 | 甲寅 13 日 | 乙卯 14 一 | 丙辰 15 二 | 丁巳 16 三 | 戊午 17 四 | 己未 18 五 | 庚申 19 六 | 辛酉 20 日 | 壬戌 21 一 | 癸亥 22 二 | 甲子 23 三 | 乙丑 24 四 | 丙寅 25 五 | 丁卯 26 六 | 戊辰 27 日 | 己巳 28 一 | 庚午 29 二 | 辛未 30 三 | 壬申 (12) 四 | 癸酉 2 五 | 甲戌 3 六 | 乙亥 4 日 | | 己酉立冬 乙丑小雪 |
| 十一月大 | 戊子 | 天干地支西曆星期 | 丙子 5 一 | 丁丑 6 二 | 戊寅 7 三 | 己卯 8 四 | 庚辰 9 五 | 辛巳 10 六 | 壬午 11 日 | 癸未 12 一 | 甲申 13 二 | 乙酉 14 三 | 丙戌 15 四 | 丁亥 16 五 | 戊子 17 六 | 己丑 18 日 | 庚寅 19 一 | 辛卯 20 二 | 壬辰 21 三 | 癸巳 22 四 | 甲午 23 五 | 乙未 24 六 | 丙申 25 日 | 丁酉 26 一 | 戊戌 27 二 | 己亥 28 三 | 庚子 29 四 | 辛丑 30 五 | 壬寅 31 六 | 癸卯 (1) 日 | 甲辰 2 一 | 乙巳 3 二 | 庚辰大雪 乙未冬至 |
| 十二月小 | 己丑 | 天干地支西曆星期 | 丙午 4 三 | 丁未 5 四 | 戊申 6 五 | 己酉 7 六 | 庚戌 8 日 | 辛亥 9 一 | 壬子 10 二 | 癸丑 11 三 | 甲寅 12 四 | 乙卯 13 五 | 丙辰 14 六 | 丁巳 15 日 | 戊午 16 一 | 己未 17 二 | 庚申 18 三 | 辛酉 19 四 | 壬戌 20 五 | 癸亥 21 六 | 甲子 22 日 | 乙丑 23 一 | 丙寅 24 二 | 丁卯 25 三 | 戊辰 26 四 | 己巳 27 五 | 庚午 28 六 | 辛未 29 日 | 壬申 30 一 | 癸酉 31 二 | 甲戌 (2) 三 | | 庚戌小寒 乙丑大寒 |

# 漢章帝元和三年（丙戌 狗年）公元 86 ~ 87 年

| 夏曆月序 | | 中西曆日對照 | 初一 | 初二 | 初三 | 初四 | 初五 | 初六 | 初七 | 初八 | 初九 | 初十 | 十一 | 十二 | 十三 | 十四 | 十五 | 十六 | 十七 | 十八 | 十九 | 二十 | 二一 | 二二 | 二三 | 二四 | 二五 | 二六 | 二七 | 二八 | 二九 | 三十 | 節氣與天象 |
|---|---|---|---|---|---|---|---|---|---|---|---|---|---|---|---|---|---|---|---|---|---|---|---|---|---|---|---|---|---|---|---|---|---|
| 正月大 | 庚寅 | 天干地支<br>西曆<br>星期 | 乙亥<br>2<br>四 | 丙子<br>3<br>五 | 丁丑<br>4<br>六 | 戊寅<br>5<br>日 | 己卯<br>6<br>一 | 庚辰<br>7<br>二 | 辛巳<br>8<br>三 | 壬午<br>9<br>四 | 癸未<br>10<br>五 | 甲申<br>11<br>六 | 乙酉<br>12<br>日 | 丙戌<br>13<br>一 | 丁亥<br>14<br>二 | 戊子<br>15<br>三 | 己丑<br>16<br>四 | 庚寅<br>17<br>五 | 辛卯<br>18<br>六 | 壬辰<br>19<br>日 | 癸巳<br>20<br>一 | 甲午<br>21<br>二 | 乙未<br>22<br>三 | 丙申<br>23<br>四 | 丁酉<br>24<br>五 | 戊戌<br>25<br>六 | 己亥<br>26<br>日 | 庚子<br>27<br>一 | 辛丑<br>28<br>二 | 壬寅<br>(3)<br>三 | 癸卯<br>2<br>四 | 甲辰<br>3<br>五 | 辛巳立春<br>丙申雨水 |
| 二月小 | 辛卯 | 天干地支<br>西曆<br>星期 | 乙巳<br>4<br>六 | 丙午<br>5<br>日 | 丁未<br>6<br>一 | 戊申<br>7<br>二 | 己酉<br>8<br>三 | 庚戌<br>9<br>四 | 辛亥<br>10<br>五 | 壬子<br>11<br>六 | 癸丑<br>12<br>日 | 甲寅<br>13<br>一 | 乙卯<br>14<br>二 | 丙辰<br>15<br>三 | 丁巳<br>16<br>四 | 戊午<br>17<br>五 | 己未<br>18<br>六 | 庚申<br>19<br>日 | 辛酉<br>20<br>一 | 壬戌<br>21<br>二 | 癸亥<br>22<br>三 | 甲子<br>23<br>四 | 乙丑<br>24<br>五 | 丙寅<br>25<br>六 | 丁卯<br>26<br>日 | 戊辰<br>27<br>一 | 己巳<br>28<br>二 | 庚午<br>29<br>三 | 辛未<br>30<br>四 | 壬申<br>31<br>五 | 癸酉<br>(4)<br>六 | | 辛亥驚蟄<br>丙寅春分 |
| 三月大 | 壬辰 | 天干地支<br>西曆<br>星期 | 甲戌<br>2<br>日 | 乙亥<br>3<br>一 | 丙子<br>4<br>二 | 丁丑<br>5<br>三 | 戊寅<br>6<br>四 | 己卯<br>7<br>五 | 庚辰<br>8<br>六 | 辛巳<br>9<br>日 | 壬午<br>10<br>一 | 癸未<br>11<br>二 | 甲申<br>12<br>三 | 乙酉<br>13<br>四 | 丙戌<br>14<br>五 | 丁亥<br>15<br>六 | 戊子<br>16<br>日 | 己丑<br>17<br>一 | 庚寅<br>18<br>二 | 辛卯<br>19<br>三 | 壬辰<br>20<br>四 | 癸巳<br>21<br>五 | 甲午<br>22<br>六 | 乙未<br>23<br>日 | 丙申<br>24<br>一 | 丁酉<br>25<br>二 | 戊戌<br>26<br>三 | 己亥<br>27<br>四 | 庚子<br>28<br>五 | 辛丑<br>29<br>六 | 壬寅<br>30<br>日 | 癸卯<br>(5)<br>一 | 壬午清明<br>丁酉穀雨 |
| 四月大 | 癸巳 | 天干地支<br>西曆<br>星期 | 甲辰<br>2<br>二 | 乙巳<br>3<br>三 | 丙午<br>4<br>四 | 丁未<br>5<br>五 | 戊申<br>6<br>六 | 己酉<br>7<br>日 | 庚戌<br>8<br>一 | 辛亥<br>9<br>二 | 壬子<br>10<br>三 | 癸丑<br>11<br>四 | 甲寅<br>12<br>五 | 乙卯<br>13<br>六 | 丙辰<br>14<br>日 | 丁巳<br>15<br>一 | 戊午<br>16<br>二 | 己未<br>17<br>三 | 庚申<br>18<br>四 | 辛酉<br>19<br>五 | 壬戌<br>20<br>六 | 癸亥<br>21<br>日 | 甲子<br>22<br>一 | 乙丑<br>23<br>二 | 丙寅<br>24<br>三 | 丁卯<br>25<br>四 | 戊辰<br>26<br>五 | 己巳<br>27<br>六 | 庚午<br>28<br>日 | 辛未<br>29<br>一 | 壬申<br>30<br>二 | 癸酉<br>31<br>三 | 壬子立夏<br>丁卯小滿 |
| 五月小 | 甲午 | 天干地支<br>西曆<br>星期 | 甲戌<br>(6)<br>四 | 乙亥<br>2<br>五 | 丙子<br>3<br>六 | 丁丑<br>4<br>日 | 戊寅<br>5<br>一 | 己卯<br>6<br>二 | 庚辰<br>7<br>三 | 辛巳<br>8<br>四 | 壬午<br>9<br>五 | 癸未<br>10<br>六 | 甲申<br>11<br>日 | 乙酉<br>12<br>一 | 丙戌<br>13<br>二 | 丁亥<br>14<br>三 | 戊子<br>15<br>四 | 己丑<br>16<br>五 | 庚寅<br>17<br>六 | 辛卯<br>18<br>日 | 壬辰<br>19<br>一 | 癸巳<br>20<br>二 | 甲午<br>21<br>三 | 乙未<br>22<br>四 | 丙申<br>23<br>五 | 丁酉<br>24<br>六 | 戊戌<br>25<br>日 | 己亥<br>26<br>一 | 庚子<br>27<br>二 | 辛丑<br>28<br>三 | 壬寅<br>29<br>四 | | 壬午芒種<br>戊戌夏至 |
| 六月大 | 乙未 | 天干地支<br>西曆<br>星期 | 癸卯<br>30<br>五 | 甲辰<br>(7)<br>六 | 乙巳<br>2<br>日 | 丙午<br>3<br>一 | 丁未<br>4<br>二 | 戊申<br>5<br>三 | 己酉<br>6<br>四 | 庚戌<br>7<br>五 | 辛亥<br>8<br>六 | 壬子<br>9<br>日 | 癸丑<br>10<br>一 | 甲寅<br>11<br>二 | 乙卯<br>12<br>三 | 丙辰<br>13<br>四 | 丁巳<br>14<br>五 | 戊午<br>15<br>六 | 己未<br>16<br>日 | 庚申<br>17<br>一 | 辛酉<br>18<br>二 | 壬戌<br>19<br>三 | 癸亥<br>20<br>四 | 甲子<br>21<br>五 | 乙丑<br>22<br>六 | 丙寅<br>23<br>日 | 丁卯<br>24<br>一 | 戊辰<br>25<br>二 | 己巳<br>26<br>三 | 庚午<br>27<br>四 | 辛未<br>28<br>五 | 壬申<br>29<br>六 | 癸丑小暑<br>戊辰大暑 |
| 七月小 | 丙申 | 天干地支<br>西曆<br>星期 | 癸酉<br>30<br>日 | 甲戌<br>31<br>一 | 乙亥<br>(8)<br>二 | 丙子<br>2<br>三 | 丁丑<br>3<br>四 | 戊寅<br>4<br>五 | 己卯<br>5<br>六 | 庚辰<br>6<br>日 | 辛巳<br>7<br>一 | 壬午<br>8<br>二 | 癸未<br>9<br>三 | 甲申<br>10<br>四 | 乙酉<br>11<br>五 | 丙戌<br>12<br>六 | 丁亥<br>13<br>日 | 戊子<br>14<br>一 | 己丑<br>15<br>二 | 庚寅<br>16<br>三 | 辛卯<br>17<br>四 | 壬辰<br>18<br>五 | 癸巳<br>19<br>六 | 甲午<br>20<br>日 | 乙未<br>21<br>一 | 丙申<br>22<br>二 | 丁酉<br>23<br>三 | 戊戌<br>24<br>四 | 己亥<br>25<br>五 | 庚子<br>26<br>六 | 辛丑<br>27<br>日 | | 癸未立秋<br>己亥處暑 |
| 八月大 | 丁酉 | 天干地支<br>西曆<br>星期 | 壬寅<br>28<br>一 | 癸卯<br>29<br>二 | 甲辰<br>30<br>三 | 乙巳<br>31<br>四 | 丙午<br>(9)<br>五 | 丁未<br>2<br>六 | 戊申<br>3<br>日 | 己酉<br>4<br>一 | 庚戌<br>5<br>二 | 辛亥<br>6<br>三 | 壬子<br>7<br>四 | 癸丑<br>8<br>五 | 甲寅<br>9<br>六 | 乙卯<br>10<br>日 | 丙辰<br>11<br>一 | 丁巳<br>12<br>二 | 戊午<br>13<br>三 | 己未<br>14<br>四 | 庚申<br>15<br>五 | 辛酉<br>16<br>六 | 壬戌<br>17<br>日 | 癸亥<br>18<br>一 | 甲子<br>19<br>二 | 乙丑<br>20<br>三 | 丙寅<br>21<br>四 | 丁卯<br>22<br>五 | 戊辰<br>23<br>六 | 己巳<br>24<br>日 | 庚午<br>25<br>一 | 辛未<br>26<br>二 | 甲寅白露<br>己巳秋分 |
| 九月小 | 戊戌 | 天干地支<br>西曆<br>星期 | 壬申<br>27<br>三 | 癸酉<br>28<br>四 | 甲戌<br>29<br>五 | 乙亥<br>30<br>六 | 丙子<br>(10)<br>日 | 丁丑<br>2<br>一 | 戊寅<br>3<br>二 | 己卯<br>4<br>三 | 庚辰<br>5<br>四 | 辛巳<br>6<br>五 | 壬午<br>7<br>六 | 癸未<br>8<br>日 | 甲申<br>9<br>一 | 乙酉<br>10<br>二 | 丙戌<br>11<br>三 | 丁亥<br>12<br>四 | 戊子<br>13<br>五 | 己丑<br>14<br>六 | 庚寅<br>15<br>日 | 辛卯<br>16<br>一 | 壬辰<br>17<br>二 | 癸巳<br>18<br>三 | 甲午<br>19<br>四 | 乙未<br>20<br>五 | 丙申<br>21<br>六 | 丁酉<br>22<br>日 | 戊戌<br>23<br>一 | 己亥<br>24<br>二 | 庚子<br>25<br>三 | | 甲申寒露<br>己亥霜降 |
| 十月大 | 己亥 | 天干地支<br>西曆<br>星期 | 辛丑<br>26<br>四 | 壬寅<br>27<br>五 | 癸卯<br>28<br>六 | 甲辰<br>29<br>日 | 乙巳<br>30<br>一 | 丙午<br>31<br>二 | 丁未<br>(11)<br>三 | 戊申<br>2<br>四 | 己酉<br>3<br>五 | 庚戌<br>4<br>六 | 辛亥<br>5<br>日 | 壬子<br>6<br>一 | 癸丑<br>7<br>二 | 甲寅<br>8<br>三 | 乙卯<br>9<br>四 | 丙辰<br>10<br>五 | 丁巳<br>11<br>六 | 戊午<br>12<br>日 | 己未<br>13<br>一 | 庚申<br>14<br>二 | 辛酉<br>15<br>三 | 壬戌<br>16<br>四 | 癸亥<br>17<br>五 | 甲子<br>18<br>六 | 乙丑<br>19<br>日 | 丙寅<br>20<br>一 | 丁卯<br>21<br>二 | 戊辰<br>22<br>三 | 己巳<br>23<br>四 | 庚午<br>24<br>五 | 乙卯立冬<br>庚午小雪 |
| 閏十月小 | 己亥 | 天干地支<br>西曆<br>星期 | 辛未<br>25<br>六 | 壬申<br>26<br>日 | 癸酉<br>27<br>一 | 甲戌<br>28<br>二 | 乙亥<br>29<br>三 | 丙子<br>30<br>四 | 丁丑<br>(12)<br>五 | 戊寅<br>2<br>六 | 己卯<br>3<br>日 | 庚辰<br>4<br>一 | 辛巳<br>5<br>二 | 壬午<br>6<br>三 | 癸未<br>7<br>四 | 甲申<br>8<br>五 | 乙酉<br>9<br>六 | 丙戌<br>10<br>日 | 丁亥<br>11<br>一 | 戊子<br>12<br>二 | 己丑<br>13<br>三 | 庚寅<br>14<br>四 | 辛卯<br>15<br>五 | 壬辰<br>16<br>六 | 癸巳<br>17<br>日 | 甲午<br>18<br>一 | 乙未<br>19<br>二 | 丙申<br>20<br>三 | 丁酉<br>21<br>四 | 戊戌<br>22<br>五 | 己亥<br>23<br>六 | | 乙酉大雪 |
| 十一月大 | 庚子 | 天干地支<br>西曆<br>星期 | 庚子<br>24<br>日 | 辛丑<br>25<br>一 | 壬寅<br>26<br>二 | 癸卯<br>27<br>三 | 甲辰<br>28<br>四 | 乙巳<br>29<br>五 | 丙午<br>30<br>六 | 丁未<br>31<br>日 | 戊申<br>(1)<br>一 | 己酉<br>2<br>二 | 庚戌<br>3<br>三 | 辛亥<br>4<br>四 | 壬子<br>5<br>五 | 癸丑<br>6<br>六 | 甲寅<br>7<br>日 | 乙卯<br>8<br>一 | 丙辰<br>9<br>二 | 丁巳<br>10<br>三 | 戊午<br>11<br>四 | 己未<br>12<br>五 | 庚申<br>13<br>六 | 辛酉<br>14<br>日 | 壬戌<br>15<br>一 | 癸亥<br>16<br>二 | 甲子<br>17<br>三 | 乙丑<br>18<br>四 | 丙寅<br>19<br>五 | 丁卯<br>20<br>六 | 戊辰<br>21<br>日 | 己巳<br>22<br>一 | 庚子冬至<br>乙卯小寒 |
| 十二月小 | 辛丑 | 天干地支<br>西曆<br>星期 | 庚午<br>23<br>二 | 辛未<br>24<br>三 | 壬申<br>25<br>四 | 癸酉<br>26<br>五 | 甲戌<br>27<br>六 | 乙亥<br>28<br>日 | 丙子<br>29<br>一 | 丁丑<br>30<br>二 | 戊寅<br>31<br>三 | 己卯<br>(2)<br>四 | 庚辰<br>2<br>五 | 辛巳<br>3<br>六 | 壬午<br>4<br>日 | 癸未<br>5<br>一 | 甲申<br>6<br>二 | 乙酉<br>7<br>三 | 丙戌<br>8<br>四 | 丁亥<br>9<br>五 | 戊子<br>10<br>六 | 己丑<br>11<br>日 | 庚寅<br>12<br>一 | 辛卯<br>13<br>二 | 壬辰<br>14<br>三 | 癸巳<br>15<br>四 | 甲午<br>16<br>五 | 乙未<br>17<br>六 | 丙申<br>18<br>日 | 丁酉<br>19<br>一 | 戊戌<br>20<br>二 | | 辛未大寒<br>丙戌立春 |

# 漢章帝元和四年 章和元年（丁亥 猪年）公元 **87** ~ 88 年

| 夏曆月序 | | 中西曆日對照 | 初一 | 初二 | 初三 | 初四 | 初五 | 初六 | 初七 | 初八 | 初九 | 初十 | 十一 | 十二 | 十三 | 十四 | 十五 | 十六 | 十七 | 十八 | 十九 | 二十 | 二一 | 二二 | 二三 | 二四 | 二五 | 二六 | 二七 | 二八 | 二九 | 三十 | 節氣與天象 |
|---|---|---|---|---|---|---|---|---|---|---|---|---|---|---|---|---|---|---|---|---|---|---|---|---|---|---|---|---|---|---|---|---|---|
| 正月大 | 壬寅 | 天干地支西曆星期 | 己亥21三 | 庚子22四 | 辛丑23五 | 壬寅24六 | 癸卯25日 | 甲辰26一 | 乙巳27二 | 丙午28三 | 丁未(3)四 | 戊申2五 | 己酉3六 | 庚戌4日 | 辛亥5一 | 壬子6二 | 癸丑7三 | 甲寅8四 | 乙卯9五 | 丙辰10六 | 丁巳11日 | 戊午12一 | 己未13二 | 庚申14三 | 辛酉15四 | 壬戌16五 | 癸亥17六 | 甲子18日 | 乙丑19一 | 丙寅20二 | 丁卯21三 | 戊辰22四 | 辛丑雨水 丙辰驚蟄 |
| 二月小 | 癸卯 | 天干地支西曆星期 | 己巳23五 | 庚午24六 | 辛未25日 | 壬申26一 | 癸酉27二 | 甲戌28三 | 乙亥29四 | 丙子30五 | 丁丑31六 | 戊寅(4)日 | 己卯2一 | 庚辰3二 | 辛巳4三 | 壬午5四 | 癸未6五 | 甲申7六 | 乙酉8日 | 丙戌9一 | 丁亥10二 | 戊子11三 | 己丑12四 | 庚寅13五 | 辛卯14六 | 壬辰15日 | 癸巳16一 | 甲午17二 | 乙未18三 | 丙申19四 | 丁酉20五 | | 壬申春分 丁亥清明 |
| 三月大 | 甲辰 | 天干地支西曆星期 | 戊戌21六 | 己亥22日 | 庚子23一 | 辛丑24二 | 壬寅25三 | 癸卯26四 | 甲辰27五 | 乙巳28六 | 丙午29日 | 丁未30一 | 戊申(5)二 | 己酉2三 | 庚戌3四 | 辛亥4五 | 壬子5六 | 癸丑6日 | 甲寅7一 | 乙卯8二 | 丙辰9三 | 丁巳10四 | 戊午11五 | 己未12六 | 庚申13日 | 辛酉14一 | 壬戌15二 | 癸亥16三 | 甲子17四 | 乙丑18五 | 丙寅19六 | 丁卯20日 | 壬寅穀雨 丁巳立夏 |
| 四月小 | 乙巳 | 天干地支西曆星期 | 戊辰21一 | 己巳22二 | 庚午23三 | 辛未24四 | 壬申25五 | 癸酉26六 | 甲戌27日 | 乙亥28一 | 丙子29二 | 丁丑30三 | 戊寅31四 | 己卯(6)五 | 庚辰2六 | 辛巳3日 | 壬午4一 | 癸未5二 | 甲申6三 | 乙酉7四 | 丙戌8五 | 丁亥9六 | 戊子10日 | 己丑11一 | 庚寅12二 | 辛卯13三 | 壬辰14四 | 癸巳15五 | 甲午16六 | 乙未17日 | 丙申18一 | | 壬申小滿 戊子芒種 |
| 五月大 | 丙午 | 天干地支西曆星期 | 丁酉19二 | 戊戌20三 | 己亥21四 | 庚子22五 | 辛丑23六 | 壬寅24日 | 癸卯25一 | 甲辰26二 | 乙巳27三 | 丙午28四 | 丁未29五 | 戊申30六 | 己酉(7)日 | 庚戌2一 | 辛亥3二 | 壬子4三 | 癸丑5四 | 甲寅6五 | 乙卯7六 | 丙辰8日 | 丁巳9一 | 戊午10二 | 己未11三 | 庚申12四 | 辛酉13五 | 壬戌14六 | 癸亥15日 | 甲子16一 | 乙丑17二 | 丙寅18三 | 癸卯夏至 戊午小暑 |
| 六月小 | 丁未 | 天干地支西曆星期 | 丁卯19四 | 戊辰20五 | 己巳21六 | 庚午22日 | 辛未23一 | 壬申24二 | 癸酉25三 | 甲戌26四 | 乙亥27五 | 丙子28六 | 丁丑29日 | 戊寅30一 | 己卯31二 | 庚辰(8)三 | 辛巳2四 | 壬午3五 | 癸未4六 | 甲申5日 | 乙酉6一 | 丙戌7二 | 丁亥8三 | 戊子9四 | 己丑10五 | 庚寅11六 | 辛卯12日 | 壬辰13一 | 癸巳14二 | 甲午15三 | 乙未16四 | | 癸酉大暑 己丑立秋 |
| 七月大 | 戊申 | 天干地支西曆星期 | 丙申17五 | 丁酉18六 | 戊戌19日 | 己亥20一 | 庚子21二 | 辛丑22三 | 壬寅23四 | 癸卯24五 | 甲辰25六 | 乙巳26日 | 丙午27一 | 丁未28二 | 戊申29三 | 己酉30四 | 庚戌31五 | 辛亥(9)六 | 壬子2日 | 癸丑3一 | 甲寅4二 | 乙卯5三 | 丙辰6四 | 丁巳7五 | 戊午8六 | 己未9日 | 庚申10一 | 辛酉11二 | 壬戌12三 | 癸亥13四 | 甲子14五 | 乙丑15六 | 甲辰處暑 己未白露 |
| 八月大 | 己酉 | 天干地支西曆星期 | 丙寅16日 | 丁卯17一 | 戊辰18二 | 己巳19三 | 庚午20四 | 辛未21五 | 壬申22六 | 癸酉23日 | 甲戌24一 | 乙亥25二 | 丙子26三 | 丁丑27四 | 戊寅28五 | 己卯29六 | 庚辰30日 | 辛巳(10)一 | 壬午2二 | 癸未3三 | 甲申4四 | 乙酉5五 | 丙戌6六 | 丁亥7日 | 戊子8一 | 己丑9二 | 庚寅10三 | 辛卯11四 | 壬辰12五 | 癸巳13六 | 甲午14日 | 乙未15一 | 甲戌秋分 己丑寒露 乙未日食 |
| 九月小 | 庚戌 | 天干地支西曆星期 | 丙申16二 | 丁酉17三 | 戊戌18四 | 己亥19五 | 庚子20六 | 辛丑21日 | 壬寅22一 | 癸卯23二 | 甲辰24三 | 乙巳25四 | 丙午26五 | 丁未27六 | 戊申28日 | 己酉29一 | 庚戌30二 | 辛亥31三 | 壬子(11)四 | 癸丑2五 | 甲寅3六 | 乙卯4日 | 丙辰5一 | 丁巳6二 | 戊午7三 | 己未8四 | 庚申9五 | 辛酉10六 | 壬戌11日 | 癸亥12一 | 甲子13二 | | 乙巳霜降 庚申立冬 |
| 十月大 | 辛亥 | 天干地支西曆星期 | 乙丑14三 | 丙寅15四 | 丁卯16五 | 戊辰17六 | 己巳18日 | 庚午19一 | 辛未20二 | 壬申21三 | 癸酉22四 | 甲戌23五 | 乙亥24六 | 丙子25日 | 丁丑26一 | 戊寅27二 | 己卯28三 | 庚辰29四 | 辛巳30五 | 壬午(12)六 | 癸未2日 | 甲申3一 | 乙酉4二 | 丙戌5三 | 丁亥6四 | 戊子7五 | 己丑8六 | 庚寅9日 | 辛卯10一 | 壬辰11二 | 癸巳12三 | 甲午13四 | 乙亥小雪 庚寅大雪 |
| 十一月小 | 壬子 | 天干地支西曆星期 | 乙未14五 | 丙申15六 | 丁酉16日 | 戊戌17一 | 己亥18二 | 庚子19三 | 辛丑20四 | 壬寅21五 | 癸卯22六 | 甲辰23日 | 乙巳24一 | 丙午25二 | 丁未26三 | 戊申27四 | 己酉28五 | 庚戌29六 | 辛亥30日 | 壬子31一 | 癸丑(1)二 | 甲寅2三 | 乙卯3四 | 丙辰4五 | 丁巳5六 | 戊午6日 | 己未7一 | 庚申8二 | 辛酉9三 | 壬戌10四 | 癸亥11五 | | 丙午冬至 辛酉小寒 |
| 十二月大 | 癸丑 | 天干地支西曆星期 | 甲子12六 | 乙丑13日 | 丙寅14一 | 丁卯15二 | 戊辰16三 | 己巳17四 | 庚午18五 | 辛未19六 | 壬申20日 | 癸酉21一 | 甲戌22二 | 乙亥23三 | 丙子24四 | 丁丑25五 | 戊寅26六 | 己卯27日 | 庚辰28一 | 辛巳29二 | 壬午30三 | 癸未31四 | 甲申(2)五 | 乙酉2六 | 丙戌3日 | 丁亥4一 | 戊子5二 | 己丑6三 | 庚寅7四 | 辛卯8五 | 壬辰9六 | 癸巳10日 | 丙子大寒 辛卯立春 |

*七月壬戌（二十七日），改元章和。

# 漢章帝章和二年 和帝章和二年（戊子 鼠年）公元 88 ~ 89 年

| 夏曆月序 | | 中西曆日對照 | 初一 | 初二 | 初三 | 初四 | 初五 | 初六 | 初七 | 初八 | 初九 | 初十 | 十一 | 十二 | 十三 | 十四 | 十五 | 十六 | 十七 | 十八 | 十九 | 二十 | 二一 | 二二 | 二三 | 二四 | 二五 | 二六 | 二七 | 二八 | 二九 | 三十 | 節氣與天象 |
|---|---|---|---|---|---|---|---|---|---|---|---|---|---|---|---|---|---|---|---|---|---|---|---|---|---|---|---|---|---|---|---|---|---|
| 正月小 | 甲寅 | 天干地支 西曆 星期 | 甲午 11 一 | 乙未 12 二 | 丙申 13 三 | 丁酉 14 四 | 戊戌 15 五 | 己亥 16 六 | 庚子 17 日 | 辛丑 18 一 | 壬寅 19 二 | 癸卯 20 三 | 甲辰 21 四 | 乙巳 22 五 | 丙午 23 六 | 丁未 24 日 | 戊申 25 一 | 己酉 26 二 | 庚戌 27 三 | 辛亥 28 四 | 壬子 29 五 | 癸丑 (3) 六 | 甲寅 2 日 | 乙卯 3 一 | 丙辰 4 二 | 丁巳 5 三 | 戊午 6 四 | 己未 7 五 | 庚申 8 六 | 辛酉 9 日 | 壬戌 10 一 | | 丙午雨水 壬戌驚蟄 |
| 二月大 | 乙卯 | 天干地支 西曆 星期 | 癸亥 11 二 | 甲子 12 三 | 乙丑 13 四 | 丙寅 14 五 | 丁卯 15 六 | 戊辰 16 日 | 己巳 17 一 | 庚午 18 二 | 辛未 19 三 | 壬申 20 四 | 癸酉 21 五 | 甲戌 22 六 | 乙亥 23 日 | 丙子 24 一 | 丁丑 25 二 | 戊寅 26 三 | 己卯 27 四 | 庚辰 28 五 | 辛巳 29 六 | 壬午 30 日 | 癸未 31 一 | 甲申 (4) 二 | 乙酉 2 三 | 丙戌 3 四 | 丁亥 4 五 | 戊子 5 六 | 己丑 6 日 | 庚寅 7 一 | 辛卯 8 二 | 壬辰 9 三 | 丁丑春分 壬辰清明 |
| 三月小 | 丙辰 | 天干地支 西曆 星期 | 癸巳 10 四 | 甲午 11 五 | 乙未 12 六 | 丙申 13 日 | 丁酉 14 一 | 戊戌 15 二 | 己亥 16 三 | 庚子 17 四 | 辛丑 18 五 | 壬寅 19 六 | 癸卯 20 日 | 甲辰 21 一 | 乙巳 22 二 | 丙午 23 三 | 丁未 24 四 | 戊申 25 五 | 己酉 26 六 | 庚戌 27 日 | 辛亥 28 一 | 壬子 29 二 | 癸丑 30 三 | 甲寅 (5) 四 | 乙卯 2 五 | 丙辰 3 六 | 丁巳 4 日 | 戊午 5 一 | 己未 6 二 | 庚申 7 三 | 辛酉 8 四 | | 丁未穀雨 |
| 四月大 | 丁巳 | 天干地支 西曆 星期 | 壬戌 9 五 | 癸亥 10 六 | 甲子 11 日 | 乙丑 12 一 | 丙寅 13 二 | 丁卯 14 三 | 戊辰 15 四 | 己巳 16 五 | 庚午 17 六 | 辛未 18 日 | 壬申 19 一 | 癸酉 20 二 | 甲戌 21 三 | 乙亥 22 四 | 丙子 23 五 | 丁丑 24 六 | 戊寅 25 日 | 己卯 26 一 | 庚辰 27 二 | 辛巳 28 三 | 壬午 29 四 | 癸未 30 五 | 甲申 31 六 | 乙酉 (6) 日 | 丙戌 2 一 | 丁亥 3 二 | 戊子 4 三 | 己丑 5 四 | 庚寅 6 五 | 辛卯 7 六 | 壬戌立夏 戊寅小滿 |
| 五月小 | 戊午 | 天干地支 西曆 星期 | 壬辰 8 日 | 癸巳 9 一 | 甲午 10 二 | 乙未 11 三 | 丙申 12 四 | 丁酉 13 五 | 戊戌 14 六 | 己亥 15 日 | 庚子 16 一 | 辛丑 17 二 | 壬寅 18 三 | 癸卯 19 四 | 甲辰 20 五 | 乙巳 21 六 | 丙午 22 日 | 丁未 23 一 | 戊申 24 二 | 己酉 25 三 | 庚戌 26 四 | 辛亥 27 五 | 壬子 28 六 | 癸丑 29 日 | 甲寅 30 一 | 乙卯 (7) 二 | 丙辰 2 三 | 丁巳 3 四 | 戊午 4 五 | 己未 5 六 | 庚申 6 日 | | 癸巳芒種 戊申夏至 |
| 六月大 | 己未 | 天干地支 西曆 星期 | 辛酉 7 一 | 壬戌 8 二 | 癸亥 9 三 | 甲子 10 四 | 乙丑 11 五 | 丙寅 12 六 | 丁卯 13 日 | 戊辰 14 一 | 己巳 15 二 | 庚午 16 三 | 辛未 17 四 | 壬申 18 五 | 癸酉 19 六 | 甲戌 20 日 | 乙亥 21 一 | 丙子 22 二 | 丁丑 23 三 | 戊寅 24 四 | 己卯 25 五 | 庚辰 26 六 | 辛巳 27 日 | 壬午 28 一 | 癸未 29 二 | 甲申 30 三 | 乙酉 31 四 | 丙戌 (8) 五 | 丁亥 2 六 | 戊子 3 日 | 己丑 4 一 | 庚寅 5 二 | 癸亥小暑 己卯大暑 |
| 七月小 | 庚申 | 天干地支 西曆 星期 | 辛卯 6 三 | 壬辰 7 四 | 癸巳 8 五 | 甲午 9 六 | 乙未 10 日 | 丙申 11 一 | 丁酉 12 二 | 戊戌 13 三 | 己亥 14 四 | 庚子 15 五 | 辛丑 16 六 | 壬寅 17 日 | 癸卯 18 一 | 甲辰 19 二 | 乙巳 20 三 | 丙午 21 四 | 丁未 22 五 | 戊申 23 六 | 己酉 24 日 | 庚戌 25 一 | 辛亥 26 二 | 壬子 27 三 | 癸丑 28 四 | 甲寅 29 五 | 乙卯 30 六 | 丙辰 31 日 | 丁巳 (9) 一 | 戊午 2 二 | 己未 3 三 | | 甲午立秋 己酉處暑 |
| 八月大 | 辛酉 | 天干地支 西曆 星期 | 庚申 4 四 | 辛酉 5 五 | 壬戌 6 六 | 癸亥 7 日 | 甲子 8 一 | 乙丑 9 二 | 丙寅 10 三 | 丁卯 11 四 | 戊辰 12 五 | 己巳 13 六 | 庚午 14 日 | 辛未 15 一 | 壬申 16 二 | 癸酉 17 三 | 甲戌 18 四 | 乙亥 19 五 | 丙子 20 六 | 丁丑 21 日 | 戊寅 22 一 | 己卯 23 二 | 庚辰 24 三 | 辛巳 25 四 | 壬午 26 五 | 癸未 27 六 | 甲申 28 日 | 乙酉 29 一 | 丙戌 30 二 | 丁亥 (10) 三 | 戊子 2 四 | 己丑 3 五 | 甲子白露 己卯秋分 |
| 九月小 | 壬戌 | 天干地支 西曆 星期 | 庚寅 4 六 | 辛卯 5 日 | 壬辰 6 一 | 癸巳 7 二 | 甲午 8 三 | 乙未 9 四 | 丙申 10 五 | 丁酉 11 六 | 戊戌 12 日 | 己亥 13 一 | 庚子 14 二 | 辛丑 15 三 | 壬寅 16 四 | 癸卯 17 五 | 甲辰 18 六 | 乙巳 19 日 | 丙午 20 一 | 丁未 21 二 | 戊申 22 三 | 己酉 23 四 | 庚戌 24 五 | 辛亥 25 六 | 壬子 26 日 | 癸丑 27 一 | 甲寅 28 二 | 乙卯 29 三 | 丙辰 30 四 | 丁巳 31 五 | 戊午 (11) 六 | | 乙未寒露 庚戌霜降 |
| 十月大 | 癸亥 | 天干地支 西曆 星期 | 己未 2 日 | 庚申 3 一 | 辛酉 4 二 | 壬戌 5 三 | 癸亥 6 四 | 甲子 7 五 | 乙丑 8 六 | 丙寅 9 日 | 丁卯 10 一 | 戊辰 11 二 | 己巳 12 三 | 庚午 13 四 | 辛未 14 五 | 壬申 15 六 | 癸酉 16 日 | 甲戌 17 一 | 乙亥 18 二 | 丙子 19 三 | 丁丑 20 四 | 戊寅 21 五 | 己卯 22 六 | 庚辰 23 日 | 辛巳 24 一 | 壬午 25 二 | 癸未 26 三 | 甲申 27 四 | 乙酉 28 五 | 丙戌 29 六 | 丁亥 30 日 | 戊子 (12) 一 | 乙丑立冬 庚辰小雪 |
| 十一月大 | 甲子 | 天干地支 西曆 星期 | 己丑 2 二 | 庚寅 3 三 | 辛卯 4 四 | 壬辰 5 五 | 癸巳 6 六 | 甲午 7 日 | 乙未 8 一 | 丙申 9 二 | 丁酉 10 三 | 戊戌 11 四 | 己亥 12 五 | 庚子 13 六 | 辛丑 14 日 | 壬寅 15 一 | 癸卯 16 二 | 甲辰 17 三 | 乙巳 18 四 | 丙午 19 五 | 丁未 20 六 | 戊申 21 日 | 己酉 22 一 | 庚戌 23 二 | 辛亥 24 三 | 壬子 25 四 | 癸丑 26 五 | 甲寅 27 六 | 乙卯 28 日 | 丙辰 29 一 | 丁巳 30 二 | 戊午 31 三 | 丙申大雪 辛亥冬至 |
| 十二月小 | 乙丑 | 天干地支 西曆 星期 | 己未 (1) 四 | 庚申 2 五 | 辛酉 3 六 | 壬戌 4 日 | 癸亥 5 一 | 甲子 6 二 | 乙丑 7 三 | 丙寅 8 四 | 丁卯 9 五 | 戊辰 10 六 | 己巳 11 日 | 庚午 12 一 | 辛未 13 二 | 壬申 14 三 | 癸酉 15 四 | 甲戌 16 五 | 乙亥 17 六 | 丙子 18 日 | 丁丑 19 一 | 戊寅 20 二 | 己卯 21 三 | 庚辰 22 四 | 辛巳 23 五 | 壬午 24 六 | 癸未 25 日 | 甲申 26 一 | 乙酉 27 二 | 丙戌 28 三 | 丁亥 29 四 | | 丙寅小寒 辛巳大寒 |

* 二月壬辰（三十日），章帝死。劉肇即位，是爲和帝。

# 漢和帝永元元年（己丑 牛年）公元 89 ~ 90 年

| 夏曆月序 | | 中西曆日對照 | 初一 | 初二 | 初三 | 初四 | 初五 | 初六 | 初七 | 初八 | 初九 | 初十 | 十一 | 十二 | 十三 | 十四 | 十五 | 十六 | 十七 | 十八 | 十九 | 二十 | 二一 | 二二 | 二三 | 二四 | 二五 | 二六 | 二七 | 二八 | 二九 | 三十 | 節氣與天象 |
|---|---|---|---|---|---|---|---|---|---|---|---|---|---|---|---|---|---|---|---|---|---|---|---|---|---|---|---|---|---|---|---|---|---|
| 正月大 | 丙寅 | 天干地支 西曆 星期 | 戊子 30 五 | 己丑 31 六 | 庚寅 (2) 日 | 辛卯 2 一 | 壬辰 3 二 | 癸巳 4 三 | 甲午 5 四 | 乙未 6 五 | 丙申 7 六 | 丁酉 8 日 | 戊戌 9 一 | 己亥 10 二 | 庚子 11 三 | 辛丑 12 四 | 壬寅 13 五 | 癸卯 14 六 | 甲辰 15 日 | 乙巳 16 一 | 丙午 17 二 | 丁未 18 三 | 戊申 19 四 | 己酉 20 五 | 庚戌 21 六 | 辛亥 22 日 | 壬子 23 一 | 癸丑 24 二 | 甲寅 25 三 | 乙卯 26 四 | 丙辰 27 五 | 丁巳 28 六 | 丙申立春 壬子雨水 |
| 二月小 | 丁卯 | 天干地支 西曆 星期 | 戊午 (3) 日 | 己未 2 一 | 庚申 3 二 | 辛酉 4 三 | 壬戌 5 四 | 癸亥 6 五 | 甲子 7 六 | 乙丑 8 日 | 丙寅 9 一 | 丁卯 10 二 | 戊辰 11 三 | 己巳 12 四 | 庚午 13 五 | 辛未 14 六 | 壬申 15 日 | 癸酉 16 一 | 甲戌 17 二 | 乙亥 18 三 | 丙子 19 四 | 丁丑 20 五 | 戊寅 21 六 | 己卯 22 日 | 庚辰 23 一 | 辛巳 24 二 | 壬午 25 三 | 癸未 26 四 | 甲申 27 五 | 乙酉 28 六 | 丙戌 29 日 | | 丁卯驚蟄 壬午春分 |
| 三月大 | 戊辰 | 天干地支 西曆 星期 | 丁亥 30 一 | 戊子 31 二 | 己丑 (4) 三 | 庚寅 2 四 | 辛卯 3 五 | 壬辰 4 六 | 癸巳 5 日 | 甲午 6 一 | 乙未 7 二 | 丙申 8 三 | 丁酉 9 四 | 戊戌 10 五 | 己亥 11 六 | 庚子 12 日 | 辛丑 13 一 | 壬寅 14 二 | 癸卯 15 三 | 甲辰 16 四 | 乙巳 17 五 | 丙午 18 六 | 丁未 19 日 | 戊申 20 一 | 己酉 21 二 | 庚戌 22 三 | 辛亥 23 四 | 壬子 24 五 | 癸丑 25 六 | 甲寅 26 日 | 乙卯 27 一 | 丙辰 28 二 | 丁酉清明 癸丑穀雨 |
| 四月小 | 己巳 | 天干地支 西曆 星期 | 丁巳 29 三 | 戊午 30 四 | 己未 (5) 五 | 庚申 2 六 | 辛酉 3 日 | 壬戌 4 一 | 癸亥 5 二 | 甲子 6 三 | 乙丑 7 四 | 丙寅 8 五 | 丁卯 9 六 | 戊辰 10 日 | 己巳 11 一 | 庚午 12 二 | 辛未 13 三 | 壬申 14 四 | 癸酉 15 五 | 甲戌 16 六 | 乙亥 17 日 | 丙子 18 一 | 丁丑 19 二 | 戊寅 20 三 | 己卯 21 四 | 庚辰 22 五 | 辛巳 23 六 | 壬午 24 日 | 癸未 25 一 | 甲申 26 二 | 乙酉 27 三 | | 戊辰立夏 癸未小滿 |
| 五月大 | 庚午 | 天干地支 西曆 星期 | 丙戌 28 四 | 丁亥 29 五 | 戊子 30 六 | 己丑 31 日 | 庚寅 (6) 一 | 辛卯 2 二 | 壬辰 3 三 | 癸巳 4 四 | 甲午 5 五 | 乙未 6 六 | 丙申 7 日 | 丁酉 8 一 | 戊戌 9 二 | 己亥 10 三 | 庚子 11 四 | 辛丑 12 五 | 壬寅 13 六 | 癸卯 14 日 | 甲辰 15 一 | 乙巳 16 二 | 丙午 17 三 | 丁未 18 四 | 戊申 19 五 | 己酉 20 六 | 庚戌 21 日 | 辛亥 22 一 | 壬子 23 二 | 癸丑 24 三 | 甲寅 25 四 | 乙卯 26 五 | 戊戌芒種 癸丑夏至 |
| 六月小 | 辛未 | 天干地支 西曆 星期 | 丙辰 27 六 | 丁巳 28 日 | 戊午 29 一 | 己未 30 二 | 庚申 (7) 三 | 辛酉 2 四 | 壬戌 3 五 | 癸亥 4 六 | 甲子 5 日 | 乙丑 6 一 | 丙寅 7 二 | 丁卯 8 三 | 戊辰 9 四 | 己巳 10 五 | 庚午 11 六 | 辛未 12 日 | 壬申 13 一 | 癸酉 14 二 | 甲戌 15 三 | 乙亥 16 四 | 丙子 17 五 | 丁丑 18 六 | 戊寅 19 日 | 己卯 20 一 | 庚辰 21 二 | 辛巳 22 三 | 壬午 23 四 | 癸未 24 五 | 甲申 25 六 | | 己巳小暑 甲申大暑 |
| 七月大 | 壬申 | 天干地支 西曆 星期 | 乙酉 26 日 | 丙戌 27 一 | 丁亥 28 二 | 戊子 29 三 | 己丑 30 四 | 庚寅 31 五 | 辛卯 (8) 六 | 壬辰 2 日 | 癸巳 3 一 | 甲午 4 二 | 乙未 5 三 | 丙申 6 四 | 丁酉 7 五 | 戊戌 8 六 | 己亥 9 日 | 庚子 10 一 | 辛丑 11 二 | 壬寅 12 三 | 癸卯 13 四 | 甲辰 14 五 | 乙巳 15 六 | 丙午 16 日 | 丁未 17 一 | 戊申 18 二 | 己酉 19 三 | 庚戌 20 四 | 辛亥 21 五 | 壬子 22 六 | 癸丑 23 日 | 甲寅 24 一 | 己亥立秋 甲寅處暑 |
| 閏七月小 | 壬申 | 天干地支 西曆 星期 | 乙卯 25 二 | 丙辰 26 三 | 丁巳 27 四 | 戊午 28 五 | 己未 29 六 | 庚申 30 日 | 辛酉 31 一 | 壬戌 (9) 二 | 癸亥 2 三 | 甲子 3 四 | 乙丑 4 五 | 丙寅 5 六 | 丁卯 6 日 | 戊辰 7 一 | 己巳 8 二 | 庚午 9 三 | 辛未 10 四 | 壬申 11 五 | 癸酉 12 六 | 甲戌 13 日 | 乙亥 14 一 | 丙子 15 二 | 丁丑 16 三 | 戊寅 17 四 | 己卯 18 五 | 庚辰 19 六 | 辛巳 20 日 | 壬午 21 一 | 癸未 22 二 | | 己巳白露 |
| 八月大 | 癸酉 | 天干地支 西曆 星期 | 甲申 23 三 | 乙酉 24 四 | 丙戌 25 五 | 丁亥 26 六 | 戊子 27 日 | 己丑 28 一 | 庚寅 29 二 | 辛卯 30 三 | 壬辰 (10) 四 | 癸巳 2 五 | 甲午 3 六 | 乙未 4 日 | 丙申 5 一 | 丁酉 6 二 | 戊戌 7 三 | 己亥 8 四 | 庚子 9 五 | 辛丑 10 六 | 壬寅 11 日 | 癸卯 12 一 | 甲辰 13 二 | 乙巳 14 三 | 丙午 15 四 | 丁未 16 五 | 戊申 17 六 | 己酉 18 日 | 庚戌 19 一 | 辛亥 20 二 | 壬子 21 三 | 癸丑 22 四 | 乙酉秋分 庚子寒露 |
| 九月小 | 甲戌 | 天干地支 西曆 星期 | 甲寅 23 五 | 乙卯 24 六 | 丙辰 25 日 | 丁巳 26 一 | 戊午 27 二 | 己未 28 三 | 庚申 29 四 | 辛酉 30 五 | 壬戌 31 六 | 癸亥 (11) 日 | 甲子 2 一 | 乙丑 3 二 | 丙寅 4 三 | 丁卯 5 四 | 戊辰 6 五 | 己巳 7 六 | 庚午 8 日 | 辛未 9 一 | 壬申 10 二 | 癸酉 11 三 | 甲戌 12 四 | 乙亥 13 五 | 丙子 14 六 | 丁丑 15 日 | 戊寅 16 一 | 己卯 17 二 | 庚辰 18 三 | 辛巳 19 四 | 壬午 20 五 | | 乙卯霜降 庚午立冬 |
| 十月大 | 乙亥 | 天干地支 西曆 星期 | 癸未 21 六 | 甲申 22 日 | 乙酉 23 一 | 丙戌 24 二 | 丁亥 25 三 | 戊子 26 四 | 己丑 27 五 | 庚寅 28 六 | 辛卯 29 日 | 壬辰 30 一 | 癸巳 (12) 二 | 甲午 2 三 | 乙未 3 四 | 丙申 4 五 | 丁酉 5 六 | 戊戌 6 日 | 己亥 7 一 | 庚子 8 二 | 辛丑 9 三 | 壬寅 10 四 | 癸卯 11 五 | 甲辰 12 六 | 乙巳 13 日 | 丙午 14 一 | 丁未 15 二 | 戊申 16 三 | 己酉 17 四 | 庚戌 18 五 | 辛亥 19 六 | 壬子 20 日 | 丙戌小雪 辛丑大雪 |
| 十一月小 | 丙子 | 天干地支 西曆 星期 | 癸丑 21 一 | 甲寅 22 二 | 乙卯 23 三 | 丙辰 24 四 | 丁巳 25 五 | 戊午 26 六 | 己未 27 日 | 庚申 28 一 | 辛酉 29 二 | 壬戌 30 三 | 癸亥 31 四 | 甲子 (1) 五 | 乙丑 2 六 | 丙寅 3 日 | 丁卯 4 一 | 戊辰 5 二 | 己巳 6 三 | 庚午 7 四 | 辛未 8 五 | 壬申 9 六 | 癸酉 10 日 | 甲戌 11 一 | 乙亥 12 二 | 丙子 13 三 | 丁丑 14 四 | 戊寅 15 五 | 己卯 16 六 | 庚辰 17 日 | 辛巳 18 一 | | 丙辰冬至 辛未小寒 |
| 十二月大 | 丁丑 | 天干地支 西曆 星期 | 壬午 19 二 | 癸未 20 三 | 甲申 21 四 | 乙酉 22 五 | 丙戌 23 六 | 丁亥 24 日 | 戊子 25 一 | 己丑 26 二 | 庚寅 27 三 | 辛卯 28 四 | 壬辰 29 五 | 癸巳 30 六 | 甲午 31 日 | 乙未 (2) 一 | 丙申 2 二 | 丁酉 3 三 | 戊戌 4 四 | 己亥 5 五 | 庚子 6 六 | 辛丑 7 日 | 壬寅 8 一 | 癸卯 9 二 | 甲辰 10 三 | 乙巳 11 四 | 丙午 12 五 | 丁未 13 六 | 戊申 14 日 | 己酉 15 一 | 庚戌 16 二 | 辛亥 17 三 | 丙戌大寒 壬寅立春 |

* 正月戊子（初一），改元永元。

# 漢和帝永元二年（庚寅 虎年）公元 90 ~ 91 年

| 夏曆月序 | | 中西曆日對照 | 初一 | 初二 | 初三 | 初四 | 初五 | 初六 | 初七 | 初八 | 初九 | 初十 | 十一 | 十二 | 十三 | 十四 | 十五 | 十六 | 十七 | 十八 | 十九 | 二十 | 二一 | 二二 | 二三 | 二四 | 二五 | 二六 | 二七 | 二八 | 二九 | 三十 | 節氣與天象 |
|---|---|---|---|---|---|---|---|---|---|---|---|---|---|---|---|---|---|---|---|---|---|---|---|---|---|---|---|---|---|---|---|---|---|
| 正月小 | 戊寅 | 干支 西曆 星期 | 壬子 18 四 | 癸丑 19 五 | 甲寅 20 六 | 乙卯 21 日 | 丙辰 22 一 | 丁巳 23 二 | 戊午 24 三 | 己未 25 四 | 庚申 26 五 | 辛酉 27 六 | 壬戌 28 日 | 癸亥 (3) 一 | 甲子 2 二 | 乙丑 3 三 | 丙寅 4 四 | 丁卯 5 五 | 戊辰 6 六 | 己巳 7 日 | 庚午 8 一 | 辛未 9 二 | 壬申 10 三 | 癸酉 11 四 | 甲戌 12 五 | 乙亥 13 六 | 丙子 14 日 | 丁丑 15 一 | 戊寅 16 二 | 己卯 17 三 | 庚辰 18 四 | | 丁巳雨水 壬申驚蟄 |
| 二月大 | 己卯 | 干支 西曆 星期 | 辛巳 19 五 | 壬午 20 六 | 癸未 21 日 | 甲申 22 一 | 乙酉 23 二 | 丙戌 24 三 | 丁亥 25 四 | 戊子 26 五 | 己丑 27 六 | 庚寅 28 日 | 辛卯 29 一 | 壬辰 30 二 | 癸巳 31 三 | 甲午 (4) 四 | 乙未 2 五 | 丙申 3 六 | 丁酉 4 日 | 戊戌 5 一 | 己亥 6 二 | 庚子 7 三 | 辛丑 8 四 | 壬寅 9 五 | 癸卯 10 六 | 甲辰 11 日 | 乙巳 12 一 | 丙午 13 二 | 丁未 14 三 | 戊申 15 四 | 己酉 16 五 | 庚戌 17 六 | 丁亥春分 癸卯清明 壬午日食 |
| 三月大 | 庚辰 | 干支 西曆 星期 | 辛亥 18 日 | 壬子 19 一 | 癸丑 20 二 | 甲寅 21 三 | 乙卯 22 四 | 丙辰 23 五 | 丁巳 24 六 | 戊午 25 日 | 己未 26 一 | 庚申 27 二 | 辛酉 28 三 | 壬戌 29 四 | 癸亥 30 五 | 甲子 (5) 六 | 乙丑 2 日 | 丙寅 3 一 | 丁卯 4 二 | 戊辰 5 三 | 己巳 6 四 | 庚午 7 五 | 辛未 8 六 | 壬申 9 日 | 癸酉 10 一 | 甲戌 11 二 | 乙亥 12 三 | 丙子 13 四 | 丁丑 14 五 | 戊寅 15 六 | 己卯 16 日 | 庚辰 17 一 | 戊午穀雨 癸酉立夏 |
| 四月小 | 辛巳 | 干支 西曆 星期 | 辛巳 18 二 | 壬午 19 三 | 癸未 20 四 | 甲申 21 五 | 乙酉 22 六 | 丙戌 23 日 | 丁亥 24 一 | 戊子 25 二 | 己丑 26 三 | 庚寅 27 四 | 辛卯 28 五 | 壬辰 29 六 | 癸巳 30 日 | 甲午 31 一 | 乙未 (6) 二 | 丙申 2 三 | 丁酉 3 四 | 戊戌 4 五 | 己亥 5 六 | 庚子 6 日 | 辛丑 7 一 | 壬寅 8 二 | 癸卯 9 三 | 甲辰 10 四 | 乙巳 11 五 | 丙午 12 六 | 丁未 13 日 | 戊申 14 一 | 己酉 15 二 | | 戊子小滿 癸卯芒種 |
| 五月大 | 壬午 | 干支 西曆 星期 | 庚戌 16 三 | 辛亥 17 四 | 壬子 18 五 | 癸丑 19 六 | 甲寅 20 日 | 乙卯 21 一 | 丙辰 22 二 | 丁巳 23 三 | 戊午 24 四 | 己未 25 五 | 庚申 26 六 | 辛酉 27 日 | 壬戌 28 一 | 癸亥 29 二 | 甲子 30 三 | 乙丑 (7) 四 | 丙寅 2 五 | 丁卯 3 六 | 戊辰 4 日 | 己巳 5 一 | 庚午 6 二 | 辛未 7 三 | 壬申 8 四 | 癸酉 9 五 | 甲戌 10 六 | 乙亥 11 日 | 丙子 12 一 | 丁丑 13 二 | 戊寅 14 三 | 己卯 15 四 | 己未夏至 甲戌小暑 |
| 六月小 | 癸未 | 干支 西曆 星期 | 庚辰 16 五 | 辛巳 17 六 | 壬午 18 日 | 癸未 19 一 | 甲申 20 二 | 乙酉 21 三 | 丙戌 22 四 | 丁亥 23 五 | 戊子 24 六 | 己丑 25 日 | 庚寅 26 一 | 辛卯 27 二 | 壬辰 28 三 | 癸巳 29 四 | 甲午 30 五 | 乙未 31 六 | 丙申 (8) 日 | 丁酉 2 一 | 戊戌 3 二 | 己亥 4 三 | 庚子 5 四 | 辛丑 6 五 | 壬寅 7 六 | 癸卯 8 日 | 甲辰 9 一 | 乙巳 10 二 | 丙午 11 三 | 丁未 12 四 | 戊申 13 五 | | 己丑大暑 甲辰立秋 |
| 七月大 | 甲申 | 干支 西曆 星期 | 己酉 14 六 | 庚戌 15 日 | 辛亥 16 一 | 壬子 17 二 | 癸丑 18 三 | 甲寅 19 四 | 乙卯 20 五 | 丙辰 21 六 | 丁巳 22 日 | 戊午 23 一 | 己未 24 二 | 庚申 25 三 | 辛酉 26 四 | 壬戌 27 五 | 癸亥 28 六 | 甲子 29 日 | 乙丑 30 一 | 丙寅 31 二 | 丁卯 (9) 三 | 戊辰 2 四 | 己巳 3 五 | 庚午 4 六 | 辛未 5 日 | 壬申 6 一 | 癸酉 7 二 | 甲戌 8 三 | 乙亥 9 四 | 丙子 10 五 | 丁丑 11 六 | 戊寅 12 日 | 庚申處暑 乙亥白露 |
| 八月小 | 乙酉 | 干支 西曆 星期 | 己卯 13 一 | 庚辰 14 二 | 辛巳 15 三 | 壬午 16 四 | 癸未 17 五 | 甲申 18 六 | 乙酉 19 日 | 丙戌 20 一 | 丁亥 21 二 | 戊子 22 三 | 己丑 23 四 | 庚寅 24 五 | 辛卯 25 六 | 壬辰 26 日 | 癸巳 27 一 | 甲午 28 二 | 乙未 29 三 | 丙申 30 四 | 丁酉 (10) 五 | 戊戌 2 六 | 己亥 3 日 | 庚子 4 一 | 辛丑 5 二 | 壬寅 6 三 | 癸卯 7 四 | 甲辰 8 五 | 乙巳 9 六 | 丙午 10 日 | 丁未 11 一 | | 庚寅秋分 乙巳寒露 |
| 九月大 | 丙戌 | 干支 西曆 星期 | 戊申 12 二 | 己酉 13 三 | 庚戌 14 四 | 辛亥 15 五 | 壬子 16 六 | 癸丑 17 日 | 甲寅 18 一 | 乙卯 19 二 | 丙辰 20 三 | 丁巳 21 四 | 戊午 22 五 | 己未 23 六 | 庚申 24 日 | 辛酉 25 一 | 壬戌 26 二 | 癸亥 27 三 | 甲子 28 四 | 乙丑 29 五 | 丙寅 30 六 | 丁卯 31 日 | 戊辰 (11) 一 | 己巳 2 二 | 庚午 3 三 | 辛未 4 四 | 壬申 5 五 | 癸酉 6 六 | 甲戌 7 日 | 乙亥 8 一 | 丙子 9 二 | 丁丑 10 三 | 庚申霜降 丙子立冬 |
| 十月小 | 丁亥 | 干支 西曆 星期 | 戊寅 11 四 | 己卯 12 五 | 庚辰 13 六 | 辛巳 14 日 | 壬午 15 一 | 癸未 16 二 | 甲申 17 三 | 乙酉 18 四 | 丙戌 19 五 | 丁亥 20 六 | 戊子 21 日 | 己丑 22 一 | 庚寅 23 二 | 辛卯 24 三 | 壬辰 25 四 | 癸巳 26 五 | 甲午 27 六 | 乙未 28 日 | 丙申 29 一 | 丁酉 30 二 | 戊戌 (12) 三 | 己亥 2 四 | 庚子 3 五 | 辛丑 4 六 | 壬寅 5 日 | 癸卯 6 一 | 甲辰 7 二 | 乙巳 8 三 | 丙午 9 四 | | 辛卯小雪 丙午大雪 |
| 十一月大 | 戊子 | 干支 西曆 星期 | 丁未 10 五 | 戊申 11 六 | 己酉 12 日 | 庚戌 13 一 | 辛亥 14 二 | 壬子 15 三 | 癸丑 16 四 | 甲寅 17 五 | 乙卯 18 六 | 丙辰 19 日 | 丁巳 20 一 | 戊午 21 二 | 己未 22 三 | 庚申 23 四 | 辛酉 24 五 | 壬戌 25 六 | 癸亥 26 日 | 甲子 27 一 | 乙丑 28 二 | 丙寅 29 三 | 丁卯 30 四 | 戊辰 31 五 | 己巳 (1) 六 | 庚午 2 日 | 辛未 3 一 | 壬申 4 二 | 癸酉 5 三 | 甲戌 6 四 | 乙亥 7 五 | 丙子 8 六 | 辛酉冬至 丙子小寒 |
| 十二月小 | 己丑 | 干支 西曆 星期 | 丁丑 9 日 | 戊寅 10 一 | 己卯 11 二 | 庚辰 12 三 | 辛巳 13 四 | 壬午 14 五 | 癸未 15 六 | 甲申 16 日 | 乙酉 17 一 | 丙戌 18 二 | 丁亥 19 三 | 戊子 20 四 | 己丑 21 五 | 庚寅 22 六 | 辛卯 23 日 | 壬辰 24 一 | 癸巳 25 二 | 甲午 26 三 | 乙未 27 四 | 丙申 28 五 | 丁酉 29 六 | 戊戌 30 日 | 己亥 31 一 | 庚子 (2) 二 | 辛丑 2 三 | 壬寅 3 四 | 癸卯 4 五 | 甲辰 5 六 | 乙巳 6 日 | | 壬辰大寒 |

# 漢和帝永元三年（辛卯 兔年）公元 91 ~ 92 年

| 夏曆月序 | | 中西曆對照 | 初一 | 初二 | 初三 | 初四 | 初五 | 初六 | 初七 | 初八 | 初九 | 初十 | 十一 | 十二 | 十三 | 十四 | 十五 | 十六 | 十七 | 十八 | 十九 | 二十 | 二一 | 二二 | 二三 | 二四 | 二五 | 二六 | 二七 | 二八 | 二九 | 三十 | 節氣與天象 |
|---|---|---|---|---|---|---|---|---|---|---|---|---|---|---|---|---|---|---|---|---|---|---|---|---|---|---|---|---|---|---|---|---|---|
| 正月大 | 庚寅 | 干支 天地 西曆 星期 | 丙午 7 一 | 丁未 8 二 | 戊申 9 三 | 己酉 10 四 | 庚戌 11 五 | 辛亥 12 六 | 壬子 13 日 | 癸丑 14 一 | 甲寅 15 二 | 乙卯 16 三 | 丙辰 17 四 | 丁巳 18 五 | 戊午 19 六 | 己未 20 日 | 庚申 21 一 | 辛酉 22 二 | 壬戌 23 三 | 癸亥 24 四 | 甲子 25 五 | 乙丑 26 六 | 丙寅 27 日 | 丁卯 28 一 | 戊辰 (3) 二 | 己巳 2 三 | 庚午 3 四 | 辛未 4 五 | 壬申 5 六 | 癸酉 6 日 | 甲戌 7 一 | 乙亥 8 二 | 丁未立春 壬戌雨水 |
| 二月小 | 辛卯 | 干支 天地 西曆 星期 | 丙子 9 三 | 丁丑 10 四 | 戊寅 11 五 | 己卯 12 六 | 庚辰 13 日 | 辛巳 14 一 | 壬午 15 二 | 癸未 16 三 | 甲申 17 四 | 乙酉 18 五 | 丙戌 19 六 | 丁亥 20 日 | 戊子 21 一 | 己丑 22 二 | 庚寅 23 三 | 辛卯 24 四 | 壬辰 25 五 | 癸巳 26 六 | 甲午 27 日 | 乙未 28 一 | 丙申 29 二 | 丁酉 30 三 | 戊戌 31 四 | 己亥 (4) 五 | 庚子 2 六 | 辛丑 3 日 | 壬寅 4 一 | 癸卯 5 二 | 甲辰 6 三 | | 丁丑驚蟄 癸巳春分 |
| 三月大 | 壬辰 | 干支 天地 西曆 星期 | 乙巳 7 四 | 丙午 8 五 | 丁未 9 六 | 戊申 10 日 | 己酉 11 一 | 庚戌 12 二 | 辛亥 13 三 | 壬子 14 四 | 癸丑 15 五 | 甲寅 16 六 | 乙卯 17 日 | 丙辰 18 一 | 丁巳 19 二 | 戊午 20 三 | 己未 21 四 | 庚申 22 五 | 辛酉 23 六 | 壬戌 24 日 | 癸亥 25 一 | 甲子 26 二 | 乙丑 27 三 | 丙寅 28 四 | 丁卯 29 五 | 戊辰 30 六 | 己巳 (5) 日 | 庚午 2 一 | 辛未 3 二 | 壬申 4 三 | 癸酉 5 四 | 甲戌 6 五 | 戊申清明 癸亥穀雨 |
| 四月小 | 癸巳 | 干支 天地 西曆 星期 | 乙亥 7 六 | 丙子 8 日 | 丁丑 9 一 | 戊寅 10 二 | 己卯 11 三 | 庚辰 12 四 | 辛巳 13 五 | 壬午 14 六 | 癸未 15 日 | 甲申 16 一 | 乙酉 17 二 | 丙戌 18 三 | 丁亥 19 四 | 戊子 20 五 | 己丑 21 六 | 庚寅 22 日 | 辛卯 23 一 | 壬辰 24 二 | 癸巳 25 三 | 甲午 26 四 | 乙未 27 五 | 丙申 28 六 | 丁酉 29 日 | 戊戌 30 一 | 己亥 31 二 | 庚子 (6) 三 | 辛丑 2 四 | 壬寅 3 五 | 癸卯 4 六 | | 戊寅立夏 癸巳小滿 |
| 五月大 | 甲午 | 干支 天地 西曆 星期 | 甲辰 5 日 | 乙巳 6 一 | 丙午 7 二 | 丁未 8 三 | 戊申 9 四 | 己酉 10 五 | 庚戌 11 六 | 辛亥 12 日 | 壬子 13 一 | 癸丑 14 二 | 甲寅 15 三 | 乙卯 16 四 | 丙辰 17 五 | 丁巳 18 六 | 戊午 19 日 | 己未 20 一 | 庚申 21 二 | 辛酉 22 三 | 壬戌 23 四 | 癸亥 24 五 | 甲子 25 六 | 乙丑 26 日 | 丙寅 27 一 | 丁卯 28 二 | 戊辰 29 三 | 己巳 30 四 | 庚午 (7) 五 | 辛未 2 六 | 壬申 3 日 | 癸酉 4 一 | 己酉芒種 甲子夏至 |
| 六月大 | 乙未 | 干支 天地 西曆 星期 | 甲戌 5 二 | 乙亥 6 三 | 丙子 7 四 | 丁丑 8 五 | 戊寅 9 六 | 己卯 10 日 | 庚辰 11 一 | 辛巳 12 二 | 壬午 13 三 | 癸未 14 四 | 甲申 15 五 | 乙酉 16 六 | 丙戌 17 日 | 丁亥 18 一 | 戊子 19 二 | 己丑 20 三 | 庚寅 21 四 | 辛卯 22 五 | 壬辰 23 六 | 癸巳 24 日 | 甲午 25 一 | 乙未 26 二 | 丙申 27 三 | 丁酉 28 四 | 戊戌 29 五 | 己亥 30 六 | 庚子 31 日 | 辛丑 (8) 一 | 壬寅 2 二 | 癸卯 3 三 | 己卯小暑 甲午大暑 |
| 七月小 | 丙申 | 干支 天地 西曆 星期 | 甲辰 4 四 | 乙巳 5 五 | 丙午 6 六 | 丁未 7 日 | 戊申 8 一 | 己酉 9 二 | 庚戌 10 三 | 辛亥 11 四 | 壬子 12 五 | 癸丑 13 六 | 甲寅 14 日 | 乙卯 15 一 | 丙辰 16 二 | 丁巳 17 三 | 戊午 18 四 | 己未 19 五 | 庚申 20 六 | 辛酉 21 日 | 壬戌 22 一 | 癸亥 23 二 | 甲子 24 三 | 乙丑 25 四 | 丙寅 26 五 | 丁卯 27 六 | 戊辰 28 日 | 己巳 29 一 | 庚午 30 二 | 辛未 31 三 | 壬申 (9) 四 | | 庚戌立秋 乙丑處暑 |
| 八月大 | 丁酉 | 干支 天地 西曆 星期 | 癸酉 2 五 | 甲戌 3 六 | 乙亥 4 日 | 丙子 5 一 | 丁丑 6 二 | 戊寅 7 三 | 己卯 8 四 | 庚辰 9 五 | 辛巳 10 六 | 壬午 11 日 | 癸未 12 一 | 甲申 13 二 | 乙酉 14 三 | 丙戌 15 四 | 丁亥 16 五 | 戊子 17 六 | 己丑 18 日 | 庚寅 19 一 | 辛卯 20 二 | 壬辰 21 三 | 癸巳 22 四 | 甲午 23 五 | 乙未 24 六 | 丙申 25 日 | 丁酉 26 一 | 戊戌 27 二 | 己亥 28 三 | 庚子 29 四 | 辛丑 30 五 | 壬寅 (10) 六 | 庚辰白露 乙未秋分 |
| 九月小 | 戊戌 | 干支 天地 西曆 星期 | 癸卯 2 日 | 甲辰 3 一 | 乙巳 4 二 | 丙午 5 三 | 丁未 6 四 | 戊申 7 五 | 己酉 8 六 | 庚戌 9 日 | 辛亥 10 一 | 壬子 11 二 | 癸丑 12 三 | 甲寅 13 四 | 乙卯 14 五 | 丙辰 15 六 | 丁巳 16 日 | 戊午 17 一 | 己未 18 二 | 庚申 19 三 | 辛酉 20 四 | 壬戌 21 五 | 癸亥 22 六 | 甲子 23 日 | 乙丑 24 一 | 丙寅 25 二 | 丁卯 26 三 | 戊辰 27 四 | 己巳 28 五 | 庚午 29 六 | 辛未 30 日 | | 庚戌寒露 丙寅霜降 |
| 十月大 | 己亥 | 干支 天地 西曆 星期 | 壬申 31 一 | 癸酉 (11) 二 | 甲戌 2 三 | 乙亥 3 四 | 丙子 4 五 | 丁丑 5 六 | 戊寅 6 日 | 己卯 7 一 | 庚辰 8 二 | 辛巳 9 三 | 壬午 10 四 | 癸未 11 五 | 甲申 12 六 | 乙酉 13 日 | 丙戌 14 一 | 丁亥 15 二 | 戊子 16 三 | 己丑 17 四 | 庚寅 18 五 | 辛卯 19 六 | 壬辰 20 日 | 癸巳 21 一 | 甲午 22 二 | 乙未 23 三 | 丙申 24 四 | 丁酉 25 五 | 戊戌 26 六 | 己亥 27 日 | 庚子 28 一 | 辛丑 29 二 | 辛巳立冬 丙申小雪 |
| 十一月小 | 庚子 | 干支 天地 西曆 星期 | 壬寅 30 三 | 癸卯 (12) 四 | 甲辰 2 五 | 乙巳 3 六 | 丙午 4 日 | 丁未 5 一 | 戊申 6 二 | 己酉 7 三 | 庚戌 8 四 | 辛亥 9 五 | 壬子 10 六 | 癸丑 11 日 | 甲寅 12 一 | 乙卯 13 二 | 丙辰 14 三 | 丁巳 15 四 | 戊午 16 五 | 己未 17 六 | 庚申 18 日 | 辛酉 19 一 | 壬戌 20 二 | 癸亥 21 三 | 甲子 22 四 | 乙丑 23 五 | 丙寅 24 六 | 丁卯 25 日 | 戊辰 26 一 | 己巳 27 二 | 庚午 28 三 | | 辛亥大雪 丁卯冬至 |
| 十二月大 | 辛丑 | 干支 天地 西曆 星期 | 辛未 29 四 | 壬申 30 五 | 癸酉 31 六 | 甲戌 (1) 日 | 乙亥 2 一 | 丙子 3 二 | 丁丑 4 三 | 戊寅 5 四 | 己卯 6 五 | 庚辰 7 六 | 辛巳 8 日 | 壬午 9 一 | 癸未 10 二 | 甲申 11 三 | 乙酉 12 四 | 丙戌 13 五 | 丁亥 14 六 | 戊子 15 日 | 己丑 16 一 | 庚寅 17 二 | 辛卯 18 三 | 壬辰 19 四 | 癸巳 20 五 | 甲午 21 六 | 乙未 22 日 | 丙申 23 一 | 丁酉 24 二 | 戊戌 25 三 | 己亥 26 四 | 庚子 27 五 | 壬午小寒 丁酉大寒 |

# 漢和帝永元四年（壬辰 龍年）公元 92 ~ 93 年

| 夏曆月序 | | 中西曆日對照 | 初一 | 初二 | 初三 | 初四 | 初五 | 初六 | 初七 | 初八 | 初九 | 初十 | 十一 | 十二 | 十三 | 十四 | 十五 | 十六 | 十七 | 十八 | 十九 | 二十 | 二一 | 二二 | 二三 | 二四 | 二五 | 二六 | 二七 | 二八 | 二九 | 三十 | 節氣與天象 |
|---|---|---|---|---|---|---|---|---|---|---|---|---|---|---|---|---|---|---|---|---|---|---|---|---|---|---|---|---|---|---|---|---|---|
| 正月小 | 壬寅 | 天干 地支 西曆 星期 | 辛丑 28 六 | 壬寅 29 日 | 癸卯 30 一 | 甲辰 31 二 | 乙巳 (2) 三 | 丙午 2 四 | 丁未 3 五 | 戊申 4 六 | 己酉 5 日 | 庚戌 6 一 | 辛亥 7 二 | 壬子 8 三 | 癸丑 9 四 | 甲寅 10 五 | 乙卯 11 六 | 丙辰 12 日 | 丁巳 13 一 | 戊午 14 二 | 己未 15 三 | 庚申 16 四 | 辛酉 17 五 | 壬戌 18 六 | 癸亥 19 日 | 甲子 20 一 | 乙丑 21 二 | 丙寅 22 三 | 丁卯 23 四 | 戊辰 24 五 | 己巳 25 六 | | 壬子立春 丁卯雨水 |
| 二月大 | 癸卯 | 天干 地支 西曆 星期 | 庚午 26 日 | 辛未 27 一 | 壬申 28 二 | 癸酉 29 三 | 甲戌 (3) 四 | 乙亥 2 五 | 丙子 3 六 | 丁丑 4 日 | 戊寅 5 一 | 己卯 6 二 | 庚辰 7 三 | 辛巳 8 四 | 壬午 9 五 | 癸未 10 六 | 甲申 11 日 | 乙酉 12 一 | 丙戌 13 二 | 丁亥 14 三 | 戊子 15 四 | 己丑 16 五 | 庚寅 17 六 | 辛卯 18 日 | 壬辰 19 一 | 癸巳 20 二 | 甲午 21 三 | 乙未 22 四 | 丙申 23 五 | 丁酉 24 六 | 戊戌 25 日 | 己亥 26 一 | 癸未驚蟄 戊戌春分 |
| 三月小 | 甲辰 | 天干 地支 西曆 星期 | 庚子 27 二 | 辛丑 28 三 | 壬寅 29 四 | 癸卯 30 五 | 甲辰 31 六 | 乙巳 (4) 日 | 丙午 2 一 | 丁未 3 二 | 戊申 4 三 | 己酉 5 四 | 庚戌 6 五 | 辛亥 7 六 | 壬子 8 日 | 癸丑 9 一 | 甲寅 10 二 | 乙卯 11 三 | 丙辰 12 四 | 丁巳 13 五 | 戊午 14 六 | 己未 15 日 | 庚申 16 一 | 辛酉 17 二 | 壬戌 18 三 | 癸亥 19 四 | 甲子 20 五 | 乙丑 21 六 | 丙寅 22 日 | 丁卯 23 一 | 戊辰 24 二 | | 癸丑清明 戊辰穀雨 |
| 閏三月大 | 甲辰 | 天干 地支 西曆 星期 | 己巳 25 三 | 庚午 26 四 | 辛未 27 五 | 壬申 28 六 | 癸酉 29 日 | 甲戌 30 一 | 乙亥 (5) 二 | 丙子 2 三 | 丁丑 3 四 | 戊寅 4 五 | 己卯 5 六 | 庚辰 6 日 | 辛巳 7 一 | 壬午 8 二 | 癸未 9 三 | 甲申 10 四 | 乙酉 11 五 | 丙戌 12 六 | 丁亥 13 日 | 戊子 14 一 | 己丑 15 二 | 庚寅 16 三 | 辛卯 17 四 | 壬辰 18 五 | 癸巳 19 六 | 甲午 20 日 | 乙未 21 一 | 丙申 22 二 | 丁酉 23 三 | 戊戌 24 四 | 癸未立夏 |
| 四月小 | 乙巳 | 天干 地支 西曆 星期 | 己亥 25 五 | 庚子 26 六 | 辛丑 27 日 | 壬寅 28 一 | 癸卯 29 二 | 甲辰 30 三 | 乙巳 31 四 | 丙午 (6) 五 | 丁未 2 六 | 戊申 3 日 | 己酉 4 一 | 庚戌 5 二 | 辛亥 6 三 | 壬子 7 四 | 癸丑 8 五 | 甲寅 9 六 | 乙卯 10 日 | 丙辰 11 一 | 丁巳 12 二 | 戊午 13 三 | 己未 14 四 | 庚申 15 五 | 辛酉 16 六 | 壬戌 17 日 | 癸亥 18 一 | 甲子 19 二 | 乙丑 20 三 | 丙寅 21 四 | 丁卯 22 五 | | 己亥小滿 甲寅芒種 |
| 五月大 | 丙午 | 天干 地支 西曆 星期 | 戊辰 23 六 | 己巳 24 日 | 庚午 25 一 | 辛未 26 二 | 壬申 27 三 | 癸酉 28 四 | 甲戌 29 五 | 乙亥 30 六 | 丙子 (7) 日 | 丁丑 2 一 | 戊寅 3 二 | 己卯 4 三 | 庚辰 5 四 | 辛巳 6 五 | 壬午 7 六 | 癸未 8 日 | 甲申 9 一 | 乙酉 10 二 | 丙戌 11 三 | 丁亥 12 四 | 戊子 13 五 | 己丑 14 六 | 庚寅 15 日 | 辛卯 16 一 | 壬辰 17 二 | 癸巳 18 三 | 甲午 19 四 | 乙未 20 五 | 丙申 21 六 | 丁酉 22 日 | 己巳夏至 甲申小暑 |
| 六月小 | 丁未 | 天干 地支 西曆 星期 | 戊戌 23 一 | 己亥 24 二 | 庚子 25 三 | 辛丑 26 四 | 壬寅 27 五 | 癸卯 28 六 | 甲辰 29 日 | 乙巳 30 一 | 丙午 31 二 | 丁未 (8) 三 | 戊申 2 四 | 己酉 3 五 | 庚戌 4 六 | 辛亥 5 日 | 壬子 6 一 | 癸丑 7 二 | 甲寅 8 三 | 乙卯 9 四 | 丙辰 10 五 | 丁巳 11 六 | 戊午 12 日 | 己未 13 一 | 庚申 14 二 | 辛酉 15 三 | 壬戌 16 四 | 癸亥 17 五 | 甲子 18 六 | 乙丑 19 日 | 丙寅 20 一 | | 庚子大暑 乙卯立秋 戊戌日食 |
| 七月大 | 戊申 | 天干 地支 西曆 星期 | 丁卯 21 二 | 戊辰 22 三 | 己巳 23 四 | 庚午 24 五 | 辛未 25 六 | 壬申 26 日 | 癸酉 27 一 | 甲戌 28 二 | 乙亥 29 三 | 丙子 30 四 | 丁丑 31 五 | 戊寅 (9) 六 | 己卯 2 日 | 庚辰 3 一 | 辛巳 4 二 | 壬午 5 三 | 癸未 6 四 | 甲申 7 五 | 乙酉 8 六 | 丙戌 9 日 | 丁亥 10 一 | 戊子 11 二 | 己丑 12 三 | 庚寅 13 四 | 辛卯 14 五 | 壬辰 15 六 | 癸巳 16 日 | 甲午 17 一 | 乙未 18 二 | 丙申 19 三 | 庚午處暑 乙酉白露 |
| 八月小 | 己酉 | 天干 地支 西曆 星期 | 丁酉 20 四 | 戊戌 21 五 | 己亥 22 六 | 庚子 23 日 | 辛丑 24 一 | 壬寅 25 二 | 癸卯 26 三 | 甲辰 27 四 | 乙巳 28 五 | 丙午 29 六 | 丁未 30 日 | 戊申 (10) 一 | 己酉 2 二 | 庚戌 3 三 | 辛亥 4 四 | 壬子 5 五 | 癸丑 6 六 | 甲寅 7 日 | 乙卯 8 一 | 丙辰 9 二 | 丁巳 10 三 | 戊午 11 四 | 己未 12 五 | 庚申 13 六 | 辛酉 14 日 | 壬戌 15 一 | 癸亥 16 二 | 甲子 17 三 | 乙丑 18 四 | | 庚子秋分 丙辰寒露 |
| 九月大 | 庚戌 | 天干 地支 西曆 星期 | 丙寅 19 五 | 丁卯 20 六 | 戊辰 21 日 | 己巳 22 一 | 庚午 23 二 | 辛未 24 三 | 壬申 25 四 | 癸酉 26 五 | 甲戌 27 六 | 乙亥 28 日 | 丙子 29 一 | 丁丑 30 二 | 戊寅 31 三 | 己卯 (11) 四 | 庚辰 2 五 | 辛巳 3 六 | 壬午 4 日 | 癸未 5 一 | 甲申 6 二 | 乙酉 7 三 | 丙戌 8 四 | 丁亥 9 五 | 戊子 10 六 | 己丑 11 日 | 庚寅 12 一 | 辛卯 13 二 | 壬辰 14 三 | 癸巳 15 四 | 甲午 16 五 | 乙未 17 六 | 辛未霜降 丙戌立冬 |
| 十月大 | 辛亥 | 天干 地支 西曆 星期 | 丙申 18 日 | 丁酉 19 一 | 戊戌 20 二 | 己亥 21 三 | 庚子 22 四 | 辛丑 23 五 | 壬寅 24 六 | 癸卯 25 日 | 甲辰 26 一 | 乙巳 27 二 | 丙午 28 三 | 丁未 29 四 | 戊申 30 五 | 己酉 (12) 六 | 庚戌 2 日 | 辛亥 3 一 | 壬子 4 二 | 癸丑 5 三 | 甲寅 6 四 | 乙卯 7 五 | 丙辰 8 六 | 丁巳 9 日 | 戊午 10 一 | 己未 11 二 | 庚申 12 三 | 辛酉 13 四 | 壬戌 14 五 | 癸亥 15 六 | 甲子 16 日 | 乙丑 17 一 | 辛丑小雪 丁巳大雪 |
| 十一月小 | 壬子 | 天干 地支 西曆 星期 | 丙寅 18 二 | 丁卯 19 三 | 戊辰 20 四 | 己巳 21 五 | 庚午 22 六 | 辛未 23 日 | 壬申 24 一 | 癸酉 25 二 | 甲戌 26 三 | 乙亥 27 四 | 丙子 28 五 | 丁丑 29 六 | 戊寅 30 日 | 己卯 31 一 | 庚辰 (1) 二 | 辛巳 2 三 | 壬午 3 四 | 癸未 4 五 | 甲申 5 六 | 乙酉 6 日 | 丙戌 7 一 | 丁亥 8 二 | 戊子 9 三 | 己丑 10 四 | 庚寅 11 五 | 辛卯 12 六 | 壬辰 13 日 | 癸巳 14 一 | 甲午 15 二 | | 壬申冬至 丁亥小寒 |
| 十二月大 | 癸丑 | 天干 地支 西曆 星期 | 乙未 16 三 | 丙申 17 四 | 丁酉 18 五 | 戊戌 19 六 | 己亥 20 日 | 庚子 21 一 | 辛丑 22 二 | 壬寅 23 三 | 癸卯 24 四 | 甲辰 25 五 | 乙巳 26 六 | 丙午 27 日 | 丁未 28 一 | 戊申 29 二 | 己酉 30 三 | 庚戌 31 四 | 辛亥 (2) 五 | 壬子 2 六 | 癸丑 3 日 | 甲寅 4 一 | 乙卯 5 二 | 丙辰 6 三 | 丁巳 7 四 | 戊午 8 五 | 己未 9 六 | 庚申 10 日 | 辛酉 11 一 | 壬戌 12 二 | 癸亥 13 三 | 甲子 14 四 | 壬寅大寒 丁巳立春 |

# 漢和帝永元五年（癸巳 蛇年）公元 93 ~ 94 年

| 夏曆月序 | 中西曆日對照 | 初一 | 初二 | 初三 | 初四 | 初五 | 初六 | 初七 | 初八 | 初九 | 初十 | 十一 | 十二 | 十三 | 十四 | 十五 | 十六 | 十七 | 十八 | 十九 | 二十 | 二一 | 二二 | 二三 | 二四 | 二五 | 二六 | 二七 | 二八 | 二九 | 三十 | 節氣與天象 |
|---|---|---|---|---|---|---|---|---|---|---|---|---|---|---|---|---|---|---|---|---|---|---|---|---|---|---|---|---|---|---|---|---|
| 正月小 甲寅 | 干支 西曆 星期 | 乙丑 15 五 | 丙寅 16 六 | 丁卯 17 日 | 戊辰 18 一 | 己巳 19 二 | 庚午 20 三 | 辛未 21 四 | 壬申 22 五 | 癸酉 23 六 | 甲戌 24 日 | 乙亥 25 一 | 丙子 26 二 | 丁丑 27 三 | 戊寅 28 四 | 己卯 (3) 五 | 庚辰 2 六 | 辛巳 3 日 | 壬午 4 一 | 癸未 5 二 | 甲申 6 三 | 乙酉 7 四 | 丙戌 8 五 | 丁亥 9 六 | 戊子 10 日 | 己丑 11 一 | 庚寅 12 二 | 辛卯 13 三 | 壬辰 14 四 | 癸巳 15 五 | | 癸酉雨水 戊子驚蟄 |
| 二月大 乙卯 | 干支 西曆 星期 | 甲午 16 六 | 乙未 17 日 | 丙申 18 一 | 丁酉 19 二 | 戊戌 20 三 | 己亥 21 四 | 庚子 22 五 | 辛丑 23 六 | 壬寅 24 日 | 癸卯 25 一 | 甲辰 26 二 | 乙巳 27 三 | 丙午 28 四 | 丁未 29 五 | 戊申 30 六 | 己酉 31 日 | 庚戌 (4) 一 | 辛亥 2 二 | 壬子 3 三 | 癸丑 4 四 | 甲寅 5 五 | 乙卯 6 六 | 丙辰 7 日 | 丁巳 8 一 | 戊午 9 二 | 己未 10 三 | 庚申 11 四 | 辛酉 12 五 | 壬戌 13 六 | 癸亥 14 日 | 癸卯春分 戊午清明 |
| 三月小 丙辰 | 干支 西曆 星期 | 甲子 15 一 | 乙丑 16 二 | 丙寅 17 三 | 丁卯 18 四 | 戊辰 19 五 | 己巳 20 六 | 庚午 21 日 | 辛未 22 一 | 壬申 23 二 | 癸酉 24 三 | 甲戌 25 四 | 乙亥 26 五 | 丙子 27 六 | 丁丑 28 日 | 戊寅 29 一 | 己卯 30 二 | 庚辰 (5) 三 | 辛巳 2 四 | 壬午 3 五 | 癸未 4 六 | 甲申 5 日 | 乙酉 6 一 | 丙戌 7 二 | 丁亥 8 三 | 戊子 9 四 | 己丑 10 五 | 庚寅 11 六 | 辛卯 12 日 | 壬辰 13 一 | | 甲戌穀雨 己丑立夏 |
| 四月大 丁巳 | 干支 西曆 星期 | 癸巳 14 二 | 甲午 15 三 | 乙未 16 四 | 丙申 17 五 | 丁酉 18 六 | 戊戌 19 日 | 己亥 20 一 | 庚子 21 二 | 辛丑 22 三 | 壬寅 23 四 | 癸卯 24 五 | 甲辰 25 六 | 乙巳 26 日 | 丙午 27 一 | 丁未 28 二 | 戊申 29 三 | 己酉 30 四 | 庚戌 31 五 | 辛亥 (6) 六 | 壬子 2 日 | 癸丑 3 一 | 甲寅 4 二 | 乙卯 5 三 | 丙辰 6 四 | 丁巳 7 五 | 戊午 8 六 | 己未 9 日 | 庚申 10 一 | 辛酉 11 二 | 壬戌 12 三 | 甲辰小滿 己未芒種 |
| 五月小 戊午 | 干支 西曆 星期 | 癸亥 13 四 | 甲子 14 五 | 乙丑 15 六 | 丙寅 16 日 | 丁卯 17 一 | 戊辰 18 二 | 己巳 19 三 | 庚午 20 四 | 辛未 21 五 | 壬申 22 六 | 癸酉 23 日 | 甲戌 24 一 | 乙亥 25 二 | 丙子 26 三 | 丁丑 27 四 | 戊寅 28 五 | 己卯 29 六 | 庚辰 30 日 | 辛巳 (7) 一 | 壬午 2 二 | 癸未 3 三 | 甲申 4 四 | 乙酉 5 五 | 丙戌 6 六 | 丁亥 7 日 | 戊子 8 一 | 己丑 9 二 | 庚寅 10 三 | 辛卯 11 四 | | 甲戌夏至 庚寅小暑 |
| 六月大 己未 | 干支 西曆 星期 | 壬辰 12 五 | 癸巳 13 六 | 甲午 14 日 | 乙未 15 一 | 丙申 16 二 | 丁酉 17 三 | 戊戌 18 四 | 己亥 19 五 | 庚子 20 六 | 辛丑 21 日 | 壬寅 22 一 | 癸卯 23 二 | 甲辰 24 三 | 乙巳 25 四 | 丙午 26 五 | 丁未 27 六 | 戊申 28 日 | 己酉 29 一 | 庚戌 30 二 | 辛亥 31 三 | 壬子 (8) 四 | 癸丑 2 五 | 甲寅 3 六 | 乙卯 4 日 | 丙辰 5 一 | 丁巳 6 二 | 戊午 7 三 | 己未 8 四 | 庚申 9 五 | 辛酉 10 六 | 乙巳大暑 庚申立秋 |
| 七月小 庚申 | 干支 西曆 星期 | 壬戌 11 日 | 癸亥 12 一 | 甲子 13 二 | 乙丑 14 三 | 丙寅 15 四 | 丁卯 16 五 | 戊辰 17 六 | 己巳 18 日 | 庚午 19 一 | 辛未 20 二 | 壬申 21 三 | 癸酉 22 四 | 甲戌 23 五 | 乙亥 24 六 | 丙子 25 日 | 丁丑 26 一 | 戊寅 27 二 | 己卯 28 三 | 庚辰 29 四 | 辛巳 30 五 | 壬午 31 六 | 癸未 (9) 日 | 甲申 2 一 | 乙酉 3 二 | 丙戌 4 三 | 丁亥 5 四 | 戊子 6 五 | 己丑 7 六 | 庚寅 8 日 | | 乙亥處暑 庚寅白露 |
| 八月大 辛酉 | 干支 西曆 星期 | 辛卯 9 一 | 壬辰 10 二 | 癸巳 11 三 | 甲午 12 四 | 乙未 13 五 | 丙申 14 六 | 丁酉 15 日 | 戊戌 16 一 | 己亥 17 二 | 庚子 18 三 | 辛丑 19 四 | 壬寅 20 五 | 癸卯 21 六 | 甲辰 22 日 | 乙巳 23 一 | 丙午 24 二 | 丁未 25 三 | 戊申 26 四 | 己酉 27 五 | 庚戌 28 六 | 辛亥 29 日 | 壬子 30 一 | 癸丑 (10) 二 | 甲寅 2 三 | 乙卯 3 四 | 丙辰 4 五 | 丁巳 5 六 | 戊午 6 日 | 己未 7 一 | 庚申 8 二 | 丙午秋分 |
| 九月小 壬戌 | 干支 西曆 星期 | 辛酉 9 三 | 壬戌 10 四 | 癸亥 11 五 | 甲子 12 六 | 乙丑 13 日 | 丙寅 14 一 | 丁卯 15 二 | 戊辰 16 三 | 己巳 17 四 | 庚午 18 五 | 辛未 19 六 | 壬申 20 日 | 癸酉 21 一 | 甲戌 22 二 | 乙亥 23 三 | 丙子 24 四 | 丁丑 25 五 | 戊寅 26 六 | 己卯 27 日 | 庚辰 28 一 | 辛巳 29 二 | 壬午 30 三 | 癸未 31 四 | 甲申 (11) 五 | 乙酉 2 六 | 丙戌 3 日 | 丁亥 4 一 | 戊子 5 二 | 己丑 6 三 | | 辛酉寒露 丙子霜降 |
| 十月大 癸亥 | 干支 西曆 星期 | 庚寅 7 四 | 辛卯 8 五 | 壬辰 9 六 | 癸巳 10 日 | 甲午 11 一 | 乙未 12 二 | 丙申 13 三 | 丁酉 14 四 | 戊戌 15 五 | 己亥 16 六 | 庚子 17 日 | 辛丑 18 一 | 壬寅 19 二 | 癸卯 20 三 | 甲辰 21 四 | 乙巳 22 五 | 丙午 23 六 | 丁未 24 日 | 戊申 25 一 | 己酉 26 二 | 庚戌 27 三 | 辛亥 28 四 | 壬子 29 五 | 癸丑 30 六 | 甲寅 (12) 日 | 乙卯 2 一 | 丙辰 3 二 | 丁巳 4 三 | 戊午 5 四 | 己未 6 五 | 辛卯立冬 丁未小雪 |
| 十一月小 甲子 | 干支 西曆 星期 | 庚申 7 六 | 辛酉 8 日 | 壬戌 9 一 | 癸亥 10 二 | 甲子 11 三 | 乙丑 12 四 | 丙寅 13 五 | 丁卯 14 六 | 戊辰 15 日 | 己巳 16 一 | 庚午 17 二 | 辛未 18 三 | 壬申 19 四 | 癸酉 20 五 | 甲戌 21 六 | 乙亥 22 日 | 丙子 23 一 | 丁丑 24 二 | 戊寅 25 三 | 己卯 26 四 | 庚辰 27 五 | 辛巳 28 六 | 壬午 29 日 | 癸未 30 一 | 甲申 31 二 | 乙酉 (1) 三 | 丙戌 2 四 | 丁亥 3 五 | 戊子 4 六 | | 壬戌大雪 丁丑冬至 |
| 十二月大 乙丑 | 干支 西曆 星期 | 己丑 5 日 | 庚寅 6 一 | 辛卯 7 二 | 壬辰 8 三 | 癸巳 9 四 | 甲午 10 五 | 乙未 11 六 | 丙申 12 日 | 丁酉 13 一 | 戊戌 14 二 | 己亥 15 三 | 庚子 16 四 | 辛丑 17 五 | 壬寅 18 六 | 癸卯 19 日 | 甲辰 20 一 | 乙巳 21 二 | 丙午 22 三 | 丁未 23 四 | 戊申 24 五 | 己酉 25 六 | 庚戌 26 日 | 辛亥 27 一 | 壬子 28 二 | 癸丑 29 三 | 甲寅 30 四 | 乙卯 31 五 | 丙辰 (2) 六 | 丁巳 2 日 | 戊午 3 一 | 壬辰小寒 丁未大寒 |

# 漢和帝永元六年（甲午 馬年）公元 **94** ~ **95** 年

| 夏曆月序 | | 中西曆日對照 | 夏曆日序 | | | | | | | | | | | | | | | | | | | | | | | | | | | | | 節氣與天象 |
|---|---|---|---|---|---|---|---|---|---|---|---|---|---|---|---|---|---|---|---|---|---|---|---|---|---|---|---|---|---|---|---|---|
| | | | 初一 | 初二 | 初三 | 初四 | 初五 | 初六 | 初七 | 初八 | 初九 | 初十 | 十一 | 十二 | 十三 | 十四 | 十五 | 十六 | 十七 | 十八 | 十九 | 二十 | 二一 | 二二 | 二三 | 二四 | 二五 | 二六 | 二七 | 二八 | 二九 | 三十 | |
| 正月小 | 丙寅 | 天干地支<br>西曆<br>星期 | 己未<br>4<br>二 | 庚申<br>5<br>三 | 辛酉<br>6<br>四 | 壬戌<br>7<br>五 | 癸亥<br>8<br>六 | 甲子<br>9<br>日 | 乙丑<br>10<br>一 | 丙寅<br>11<br>二 | 丁卯<br>12<br>三 | 戊辰<br>13<br>四 | 己巳<br>14<br>五 | 庚午<br>15<br>六 | 辛未<br>16<br>日 | 壬申<br>17<br>一 | 癸酉<br>18<br>二 | 甲戌<br>19<br>三 | 乙亥<br>20<br>四 | 丙子<br>21<br>五 | 丁丑<br>22<br>六 | 戊寅<br>23<br>日 | 己卯<br>24<br>一 | 庚辰<br>25<br>二 | 辛巳<br>26<br>三 | 壬午<br>27<br>四 | 癸未<br>28<br>五 | 甲申<br>(3)<br>六 | 乙酉<br>2<br>日 | 丙戌<br>3<br>一 | 丁亥<br>4<br>二 | | 癸亥立春<br>戊寅雨水 |
| 二月大 | 丁卯 | 天干地支<br>西曆<br>星期 | 戊子<br>5<br>三 | 己丑<br>6<br>四 | 庚寅<br>7<br>五 | 辛卯<br>8<br>六 | 壬辰<br>9<br>日 | 癸巳<br>10<br>一 | 甲午<br>11<br>二 | 乙未<br>12<br>三 | 丙申<br>13<br>四 | 丁酉<br>14<br>五 | 戊戌<br>15<br>六 | 己亥<br>16<br>日 | 庚子<br>17<br>一 | 辛丑<br>18<br>二 | 壬寅<br>19<br>三 | 癸卯<br>20<br>四 | 甲辰<br>21<br>五 | 乙巳<br>22<br>六 | 丙午<br>23<br>日 | 丁未<br>24<br>一 | 戊申<br>25<br>二 | 己酉<br>26<br>三 | 庚戌<br>27<br>四 | 辛亥<br>28<br>五 | 壬子<br>29<br>六 | 癸丑<br>30<br>日 | 甲寅<br>31<br>一 | 乙卯<br>(4)<br>二 | 丙辰<br>2<br>三 | 丁巳<br>3<br>四 | 癸巳驚蟄<br>戊申春分 |
| 三月大 | 戊辰 | 天干地支<br>西曆<br>星期 | 戊午<br>4<br>五 | 己未<br>5<br>六 | 庚申<br>6<br>日 | 辛酉<br>7<br>一 | 壬戌<br>8<br>二 | 癸亥<br>9<br>三 | 甲子<br>10<br>四 | 乙丑<br>11<br>五 | 丙寅<br>12<br>六 | 丁卯<br>13<br>日 | 戊辰<br>14<br>一 | 己巳<br>15<br>二 | 庚午<br>16<br>三 | 辛未<br>17<br>四 | 壬申<br>18<br>五 | 癸酉<br>19<br>六 | 甲戌<br>20<br>日 | 乙亥<br>21<br>一 | 丙子<br>22<br>二 | 丁丑<br>23<br>三 | 戊寅<br>24<br>四 | 己卯<br>25<br>五 | 庚辰<br>26<br>六 | 辛巳<br>27<br>日 | 壬午<br>28<br>一 | 癸未<br>29<br>二 | 甲申<br>30<br>三 | 乙酉<br>(5)<br>四 | 丙戌<br>2<br>五 | 丁亥<br>3<br>六 | 甲子清明<br>己卯穀雨 |
| 四月小 | 己巳 | 天干地支<br>西曆<br>星期 | 戊子<br>4<br>日 | 己丑<br>5<br>一 | 庚寅<br>6<br>二 | 辛卯<br>7<br>三 | 壬辰<br>8<br>四 | 癸巳<br>9<br>五 | 甲午<br>10<br>六 | 乙未<br>11<br>日 | 丙申<br>12<br>一 | 丁酉<br>13<br>二 | 戊戌<br>14<br>三 | 己亥<br>15<br>四 | 庚子<br>16<br>五 | 辛丑<br>17<br>六 | 壬寅<br>18<br>日 | 癸卯<br>19<br>一 | 甲辰<br>20<br>二 | 乙巳<br>21<br>三 | 丙午<br>22<br>四 | 丁未<br>23<br>五 | 戊申<br>24<br>六 | 己酉<br>25<br>日 | 庚戌<br>26<br>一 | 辛亥<br>27<br>二 | 壬子<br>28<br>三 | 癸丑<br>29<br>四 | 甲寅<br>30<br>五 | 乙卯<br>31<br>六 | 丙辰<br>(6)<br>日 | | 甲午立夏<br>己酉小滿 |
| 五月大 | 庚午 | 天干地支<br>西曆<br>星期 | 丁巳<br>2<br>一 | 戊午<br>3<br>二 | 己未<br>4<br>三 | 庚申<br>5<br>四 | 辛酉<br>6<br>五 | 壬戌<br>7<br>六 | 癸亥<br>8<br>日 | 甲子<br>9<br>一 | 乙丑<br>10<br>二 | 丙寅<br>11<br>三 | 丁卯<br>12<br>四 | 戊辰<br>13<br>五 | 己巳<br>14<br>六 | 庚午<br>15<br>日 | 辛未<br>16<br>一 | 壬申<br>17<br>二 | 癸酉<br>18<br>三 | 甲戌<br>19<br>四 | 乙亥<br>20<br>五 | 丙子<br>21<br>六 | 丁丑<br>22<br>日 | 戊寅<br>23<br>一 | 己卯<br>24<br>二 | 庚辰<br>25<br>三 | 辛巳<br>26<br>四 | 壬午<br>27<br>五 | 癸未<br>28<br>六 | 甲申<br>29<br>日 | 乙酉<br>30<br>一 | 丙戌<br>(7)<br>二 | 甲子芒種<br>庚辰夏至 |
| 六月小 | 辛未 | 天干地支<br>西曆<br>星期 | 丁亥<br>2<br>三 | 戊子<br>3<br>四 | 己丑<br>4<br>五 | 庚寅<br>5<br>六 | 辛卯<br>6<br>日 | 壬辰<br>7<br>一 | 癸巳<br>8<br>二 | 甲午<br>9<br>三 | 乙未<br>10<br>四 | 丙申<br>11<br>五 | 丁酉<br>12<br>六 | 戊戌<br>13<br>日 | 己亥<br>14<br>一 | 庚子<br>15<br>二 | 辛丑<br>16<br>三 | 壬寅<br>17<br>四 | 癸卯<br>18<br>五 | 甲辰<br>19<br>六 | 乙巳<br>20<br>日 | 丙午<br>21<br>一 | 丁未<br>22<br>二 | 戊申<br>23<br>三 | 己酉<br>24<br>四 | 庚戌<br>25<br>五 | 辛亥<br>26<br>六 | 壬子<br>27<br>日 | 癸丑<br>28<br>一 | 甲寅<br>29<br>二 | 乙卯<br>30<br>三 | | 乙未小暑<br>庚戌大暑 |
| 七月大 | 壬申 | 天干地支<br>西曆<br>星期 | 丙辰<br>31<br>四 | 丁巳<br>(8)<br>五 | 戊午<br>2<br>六 | 己未<br>3<br>日 | 庚申<br>4<br>一 | 辛酉<br>5<br>二 | 壬戌<br>6<br>三 | 癸亥<br>7<br>四 | 甲子<br>8<br>五 | 乙丑<br>9<br>六 | 丙寅<br>10<br>日 | 丁卯<br>11<br>一 | 戊辰<br>12<br>二 | 己巳<br>13<br>三 | 庚午<br>14<br>四 | 辛未<br>15<br>五 | 壬申<br>16<br>六 | 癸酉<br>17<br>日 | 甲戌<br>18<br>一 | 乙亥<br>19<br>二 | 丙子<br>20<br>三 | 丁丑<br>21<br>四 | 戊寅<br>22<br>五 | 己卯<br>23<br>六 | 庚辰<br>24<br>日 | 辛巳<br>25<br>一 | 壬午<br>26<br>二 | 癸未<br>27<br>三 | 甲申<br>28<br>四 | 乙酉<br>29<br>五 | 乙丑立秋<br>辛巳處暑 |
| 八月小 | 癸酉 | 天干地支<br>西曆<br>星期 | 丙戌<br>30<br>六 | 丁亥<br>31<br>日 | 戊子<br>(9)<br>一 | 己丑<br>2<br>二 | 庚寅<br>3<br>三 | 辛卯<br>4<br>四 | 壬辰<br>5<br>五 | 癸巳<br>6<br>六 | 甲午<br>7<br>日 | 乙未<br>8<br>一 | 丙申<br>9<br>二 | 丁酉<br>10<br>三 | 戊戌<br>11<br>四 | 己亥<br>12<br>五 | 庚子<br>13<br>六 | 辛丑<br>14<br>日 | 壬寅<br>15<br>一 | 癸卯<br>16<br>二 | 甲辰<br>17<br>三 | 乙巳<br>18<br>四 | 丙午<br>19<br>五 | 丁未<br>20<br>六 | 戊申<br>21<br>日 | 己酉<br>22<br>一 | 庚戌<br>23<br>二 | 辛亥<br>24<br>三 | 壬子<br>25<br>四 | 癸丑<br>26<br>五 | 甲寅<br>27<br>六 | | 丙申白露<br>辛亥秋分 |
| 九月大 | 甲戌 | 天干地支<br>西曆<br>星期 | 乙卯<br>28<br>日 | 丙辰<br>29<br>一 | 丁巳<br>30<br>二 | 戊午<br>(10)<br>三 | 己未<br>2<br>四 | 庚申<br>3<br>五 | 辛酉<br>4<br>六 | 壬戌<br>5<br>日 | 癸亥<br>6<br>一 | 甲子<br>7<br>二 | 乙丑<br>8<br>三 | 丙寅<br>9<br>四 | 丁卯<br>10<br>五 | 戊辰<br>11<br>六 | 己巳<br>12<br>日 | 庚午<br>13<br>一 | 辛未<br>14<br>二 | 壬申<br>15<br>三 | 癸酉<br>16<br>四 | 甲戌<br>17<br>五 | 乙亥<br>18<br>六 | 丙子<br>19<br>日 | 丁丑<br>20<br>一 | 戊寅<br>21<br>二 | 己卯<br>22<br>三 | 庚辰<br>23<br>四 | 辛巳<br>24<br>五 | 壬午<br>25<br>六 | 癸未<br>26<br>日 | 甲申<br>27<br>一 | 丙寅寒露<br>辛巳霜降 |
| 十月小 | 乙亥 | 天干地支<br>西曆<br>星期 | 乙酉<br>28<br>二 | 丙戌<br>29<br>三 | 丁亥<br>30<br>四 | 戊子<br>31<br>五 | 己丑<br>(11)<br>六 | 庚寅<br>2<br>日 | 辛卯<br>3<br>一 | 壬辰<br>4<br>二 | 癸巳<br>5<br>三 | 甲午<br>6<br>四 | 乙未<br>7<br>五 | 丙申<br>8<br>六 | 丁酉<br>9<br>日 | 戊戌<br>10<br>一 | 己亥<br>11<br>二 | 庚子<br>12<br>三 | 辛丑<br>13<br>四 | 壬寅<br>14<br>五 | 癸卯<br>15<br>六 | 甲辰<br>16<br>日 | 乙巳<br>17<br>一 | 丙午<br>18<br>二 | 丁未<br>19<br>三 | 戊申<br>20<br>四 | 己酉<br>21<br>五 | 庚戌<br>22<br>六 | 辛亥<br>23<br>日 | 壬子<br>24<br>一 | 癸丑<br>25<br>二 | | 丁酉立冬<br>壬子小雪 |
| 十一月大 | 丙子 | 天干地支<br>西曆<br>星期 | 甲寅<br>26<br>三 | 乙卯<br>27<br>四 | 丙辰<br>28<br>五 | 丁巳<br>29<br>六 | 戊午<br>30<br>日 | 己未<br>(12)<br>一 | 庚申<br>2<br>二 | 辛酉<br>3<br>三 | 壬戌<br>4<br>四 | 癸亥<br>5<br>五 | 甲子<br>6<br>六 | 乙丑<br>7<br>日 | 丙寅<br>8<br>一 | 丁卯<br>9<br>二 | 戊辰<br>10<br>三 | 己巳<br>11<br>四 | 庚午<br>12<br>五 | 辛未<br>13<br>六 | 壬申<br>14<br>日 | 癸酉<br>15<br>一 | 甲戌<br>16<br>二 | 乙亥<br>17<br>三 | 丙子<br>18<br>四 | 丁丑<br>19<br>五 | 戊寅<br>20<br>六 | 己卯<br>21<br>日 | 庚辰<br>22<br>一 | 辛巳<br>23<br>二 | 壬午<br>24<br>三 | 癸未<br>25<br>四 | 丁卯大雪<br>壬午冬至 |
| 閏十一小 | 丙子 | 天干地支<br>西曆<br>星期 | 甲申<br>26<br>五 | 乙酉<br>27<br>六 | 丙戌<br>28<br>日 | 丁亥<br>29<br>一 | 戊子<br>30<br>二 | 己丑<br>31<br>三 | 庚寅<br>(1)<br>四 | 辛卯<br>2<br>五 | 壬辰<br>3<br>六 | 癸巳<br>4<br>日 | 甲午<br>5<br>一 | 乙未<br>6<br>二 | 丙申<br>7<br>三 | 丁酉<br>8<br>四 | 戊戌<br>9<br>五 | 己亥<br>10<br>六 | 庚子<br>11<br>日 | 辛丑<br>12<br>一 | 壬寅<br>13<br>二 | 癸卯<br>14<br>三 | 甲辰<br>15<br>四 | 乙巳<br>16<br>五 | 丙午<br>17<br>六 | 丁未<br>18<br>日 | 戊申<br>19<br>一 | 己酉<br>20<br>二 | 庚戌<br>21<br>三 | 辛亥<br>22<br>四 | 壬子<br>23<br>五 | | 丁酉小寒 |
| 十二月大 | 丁丑 | 天干地支<br>西曆<br>星期 | 癸丑<br>24<br>六 | 甲寅<br>25<br>日 | 乙卯<br>26<br>一 | 丙辰<br>27<br>二 | 丁巳<br>28<br>三 | 戊午<br>29<br>四 | 己未<br>30<br>五 | 庚申<br>31<br>六 | 辛酉<br>(2)<br>日 | 壬戌<br>2<br>一 | 癸亥<br>3<br>二 | 甲子<br>4<br>三 | 乙丑<br>5<br>四 | 丙寅<br>6<br>五 | 丁卯<br>7<br>六 | 戊辰<br>8<br>日 | 己巳<br>9<br>一 | 庚午<br>10<br>二 | 辛未<br>11<br>三 | 壬申<br>12<br>四 | 癸酉<br>13<br>五 | 甲戌<br>14<br>六 | 乙亥<br>15<br>日 | 丙子<br>16<br>一 | 丁丑<br>17<br>二 | 戊寅<br>18<br>三 | 己卯<br>19<br>四 | 庚辰<br>20<br>五 | 辛巳<br>21<br>六 | 壬午<br>22<br>日 | 癸丑大寒<br>戊辰立春 |

# 漢和帝永元七年（乙未 羊年）公元95 ~ 96年

| 夏曆月序 | | 中西曆日對照 | 初一 | 初二 | 初三 | 初四 | 初五 | 初六 | 初七 | 初八 | 初九 | 初十 | 十一 | 十二 | 十三 | 十四 | 十五 | 十六 | 十七 | 十八 | 十九 | 二十 | 二一 | 二二 | 二三 | 二四 | 二五 | 二六 | 二七 | 二八 | 二九 | 三十 | 節氣與天象 |
|---|---|---|---|---|---|---|---|---|---|---|---|---|---|---|---|---|---|---|---|---|---|---|---|---|---|---|---|---|---|---|---|---|---|
| 正月小 | 戊寅 | 天干地支 西曆 星期 | 癸未 23 一 | 甲申 24 二 | 乙酉 25 三 | 丙戌 26 四 | 丁亥 27 五 | 戊子 28 六 | 己丑 (3) 日 | 庚寅 2 一 | 辛卯 3 二 | 壬辰 4 三 | 癸巳 5 四 | 甲午 6 五 | 乙未 7 六 | 丙申 8 日 | 丁酉 9 一 | 戊戌 10 二 | 己亥 11 三 | 庚子 12 四 | 辛丑 13 五 | 壬寅 14 六 | 癸卯 15 日 | 甲辰 16 一 | 乙巳 17 二 | 丙午 18 三 | 丁未 19 四 | 戊申 20 五 | 己酉 21 六 | 庚戌 22 日 | 辛亥 23 一 | | 癸未雨水 戊戌驚蟄 |
| 二月大 | 己卯 | 天干地支 西曆 星期 | 壬子 24 二 | 癸丑 25 三 | 甲寅 26 四 | 乙卯 27 五 | 丙辰 28 六 | 丁巳 29 日 | 戊午 30 一 | 己未 31 二 | 庚申 (4) 三 | 辛酉 2 四 | 壬戌 3 五 | 癸亥 4 六 | 甲子 5 日 | 乙丑 6 一 | 丙寅 7 二 | 丁卯 8 三 | 戊辰 9 四 | 己巳 10 五 | 庚午 11 六 | 辛未 12 日 | 壬申 13 一 | 癸酉 14 二 | 甲戌 15 三 | 乙亥 16 四 | 丙子 17 五 | 丁丑 18 六 | 戊寅 19 日 | 己卯 20 一 | 庚辰 21 二 | 辛巳 22 三 | 甲寅春分 己巳清明 |
| 三月小 | 庚辰 | 天干地支 西曆 星期 | 壬午 23 四 | 癸未 24 五 | 甲申 25 六 | 乙酉 26 日 | 丙戌 27 一 | 丁亥 28 二 | 戊子 29 三 | 己丑 30 四 | 庚寅 (5) 五 | 辛卯 2 六 | 壬辰 3 日 | 癸巳 4 一 | 甲午 5 二 | 乙未 6 三 | 丙申 7 四 | 丁酉 8 五 | 戊戌 9 六 | 己亥 10 日 | 庚子 11 一 | 辛丑 12 二 | 壬寅 13 三 | 癸卯 14 四 | 甲辰 15 五 | 乙巳 16 六 | 丙午 17 日 | 丁未 18 一 | 戊申 19 二 | 己酉 20 三 | 庚戌 21 四 | | 甲申穀雨 己亥立夏 |
| 四月大 | 辛巳 | 天干地支 西曆 星期 | 辛亥 22 五 | 壬子 23 六 | 癸丑 24 日 | 甲寅 25 一 | 乙卯 26 二 | 丙辰 27 三 | 丁巳 28 四 | 戊午 29 五 | 己未 30 六 | 庚申 31 日 | 辛酉 (6) 一 | 壬戌 2 二 | 癸亥 3 三 | 甲子 4 四 | 乙丑 5 五 | 丙寅 6 六 | 丁卯 7 日 | 戊辰 8 一 | 己巳 9 二 | 庚午 10 三 | 辛未 11 四 | 壬申 12 五 | 癸酉 13 六 | 甲戌 14 日 | 乙亥 15 一 | 丙子 16 二 | 丁丑 17 三 | 戊寅 18 四 | 己卯 19 五 | 庚辰 20 六 | 甲寅小滿 庚午芒種 辛亥日食 |
| 五月大 | 壬午 | 天干地支 西曆 星期 | 辛巳 21 日 | 壬午 22 一 | 癸未 23 二 | 甲申 24 三 | 乙酉 25 四 | 丙戌 26 五 | 丁亥 27 六 | 戊子 28 日 | 己丑 29 一 | 庚寅 30 二 | 辛卯 (7) 三 | 壬辰 2 四 | 癸巳 3 五 | 甲午 4 六 | 乙未 5 日 | 丙申 6 一 | 丁酉 7 二 | 戊戌 8 三 | 己亥 9 四 | 庚子 10 五 | 辛丑 11 六 | 壬寅 12 日 | 癸卯 13 一 | 甲辰 14 二 | 乙巳 15 三 | 丙午 16 四 | 丁未 17 五 | 戊申 18 六 | 己酉 19 日 | 庚戌 20 一 | 乙酉夏至 庚子小暑 |
| 六月小 | 癸未 | 天干地支 西曆 星期 | 辛亥 21 二 | 壬子 22 三 | 癸丑 23 四 | 甲寅 24 五 | 乙卯 25 六 | 丙辰 26 日 | 丁巳 27 一 | 戊午 28 二 | 己未 29 三 | 庚申 30 四 | 辛酉 31 五 | 壬戌 (8) 六 | 癸亥 2 日 | 甲子 3 一 | 乙丑 4 二 | 丙寅 5 三 | 丁卯 6 四 | 戊辰 7 五 | 己巳 8 六 | 庚午 9 日 | 辛未 10 一 | 壬申 11 二 | 癸酉 12 三 | 甲戌 13 四 | 乙亥 14 五 | 丙子 15 六 | 丁丑 16 日 | 戊寅 17 一 | 己卯 18 二 | | 乙卯大暑 辛未立秋 |
| 七月大 | 甲申 | 天干地支 西曆 星期 | 庚辰 19 三 | 辛巳 20 四 | 壬午 21 五 | 癸未 22 六 | 甲申 23 日 | 乙酉 24 一 | 丙戌 25 二 | 丁亥 26 三 | 戊子 27 四 | 己丑 28 五 | 庚寅 29 六 | 辛卯 30 日 | 壬辰 31 一 | 癸巳 (9) 二 | 甲午 2 三 | 乙未 3 四 | 丙申 4 五 | 丁酉 5 六 | 戊戌 6 日 | 己亥 7 一 | 庚子 8 二 | 辛丑 9 三 | 壬寅 10 四 | 癸卯 11 五 | 甲辰 12 六 | 乙巳 13 日 | 丙午 14 一 | 丁未 15 二 | 戊申 16 三 | 己酉 17 四 | 丙戌處暑 辛丑白露 |
| 八月小 | 乙酉 | 天干地支 西曆 星期 | 庚戌 18 五 | 辛亥 19 六 | 壬子 20 日 | 癸丑 21 一 | 甲寅 22 二 | 乙卯 23 三 | 丙辰 24 四 | 丁巳 25 五 | 戊午 26 六 | 己未 27 日 | 庚申 28 一 | 辛酉 29 二 | 壬戌 30 三 | 癸亥 (10) 四 | 甲子 2 五 | 乙丑 3 六 | 丙寅 4 日 | 丁卯 5 一 | 戊辰 6 二 | 己巳 7 三 | 庚午 8 四 | 辛未 9 五 | 壬申 10 六 | 癸酉 11 日 | 甲戌 12 一 | 乙亥 13 二 | 丙子 14 三 | 丁丑 15 四 | 戊寅 16 五 | | 丙辰秋分 辛未寒露 |
| 九月大 | 丙戌 | 天干地支 西曆 星期 | 己卯 17 六 | 庚辰 18 日 | 辛巳 19 一 | 壬午 20 二 | 癸未 21 三 | 甲申 22 四 | 乙酉 23 五 | 丙戌 24 六 | 丁亥 25 日 | 戊子 26 一 | 己丑 27 二 | 庚寅 28 三 | 辛卯 29 四 | 壬辰 30 五 | 癸巳 31 六 | 甲午 (11) 日 | 乙未 2 一 | 丙申 3 二 | 丁酉 4 三 | 戊戌 5 四 | 己亥 6 五 | 庚子 7 六 | 辛丑 8 日 | 壬寅 9 一 | 癸卯 10 二 | 甲辰 11 三 | 乙巳 12 四 | 丙午 13 五 | 丁未 14 六 | 戊申 15 日 | 丁亥霜降 壬寅立冬 |
| 十月小 | 丁亥 | 天干地支 西曆 星期 | 己酉 16 一 | 庚戌 17 二 | 辛亥 18 三 | 壬子 19 四 | 癸丑 20 五 | 甲寅 21 六 | 乙卯 22 日 | 丙辰 23 一 | 丁巳 24 二 | 戊午 25 三 | 己未 26 四 | 庚申 27 五 | 辛酉 28 六 | 壬戌 29 日 | 癸亥 30 一 | 甲子 (12) 二 | 乙丑 2 三 | 丙寅 3 四 | 丁卯 4 五 | 戊辰 5 六 | 己巳 6 日 | 庚午 7 一 | 辛未 8 二 | 壬申 9 三 | 癸酉 10 四 | 甲戌 11 五 | 乙亥 12 六 | 丙子 13 日 | 丁丑 14 一 | | 丁巳小雪 壬申大雪 |
| 十一月大 | 戊子 | 天干地支 西曆 星期 | 戊寅 15 二 | 己卯 16 三 | 庚辰 17 四 | 辛巳 18 五 | 壬午 19 六 | 癸未 20 日 | 甲申 21 一 | 乙酉 22 二 | 丙戌 23 三 | 丁亥 24 四 | 戊子 25 五 | 己丑 26 六 | 庚寅 27 日 | 辛卯 28 一 | 壬辰 29 二 | 癸巳 30 三 | 甲午 31 四 | 乙未 (1) 五 | 丙申 2 六 | 丁酉 3 日 | 戊戌 4 一 | 己亥 5 二 | 庚子 6 三 | 辛丑 7 四 | 壬寅 8 五 | 癸卯 9 六 | 甲辰 10 日 | 乙巳 11 一 | 丙午 12 二 | 丁未 13 三 | 戊子冬至 癸卯小寒 |
| 十二月小 | 己丑 | 天干地支 西曆 星期 | 戊申 14 四 | 己酉 15 五 | 庚戌 16 六 | 辛亥 17 日 | 壬子 18 一 | 癸丑 19 二 | 甲寅 20 三 | 乙卯 21 四 | 丙辰 22 五 | 丁巳 23 六 | 戊午 24 日 | 己未 25 一 | 庚申 26 二 | 辛酉 27 三 | 壬戌 28 四 | 癸亥 29 五 | 甲子 30 六 | 乙丑 31 日 | 丙寅 (2) 一 | 丁卯 2 二 | 戊辰 3 三 | 己巳 4 四 | 庚午 5 五 | 辛未 6 六 | 壬申 7 日 | 癸酉 8 一 | 甲戌 9 二 | 乙亥 10 三 | 丙子 11 四 | | 戊午大寒 癸酉立春 |

# 漢和帝永元八年（丙申 猴年）公元 96 ~ 97 年

| 夏曆月序 | | 中西曆日對照 | 初一 | 初二 | 初三 | 初四 | 初五 | 初六 | 初七 | 初八 | 初九 | 初十 | 十一 | 十二 | 十三 | 十四 | 十五 | 十六 | 十七 | 十八 | 十九 | 二十 | 廿一 | 廿二 | 廿三 | 廿四 | 廿五 | 廿六 | 廿七 | 廿八 | 廿九 | 三十 | 節氣與天象 |
|---|---|---|---|---|---|---|---|---|---|---|---|---|---|---|---|---|---|---|---|---|---|---|---|---|---|---|---|---|---|---|---|---|---|
| 正月大 | 庚寅 | 干支 西曆 星期 | 丁丑 12 五 | 戊寅 13 六 | 己卯 14 日 | 庚辰 15 一 | 辛巳 16 二 | 壬午 17 三 | 癸未 18 四 | 甲申 19 五 | 乙酉 20 六 | 丙戌 21 日 | 丁亥 22 一 | 戊子 23 二 | 己丑 24 三 | 庚寅 25 四 | 辛卯 26 五 | 壬辰 27 六 | 癸巳 28 日 | 甲午 29 一 | 乙未 (3) 二 | 丙申 2 三 | 丁酉 3 四 | 戊戌 4 五 | 己亥 5 六 | 庚子 6 日 | 辛丑 7 一 | 壬寅 8 二 | 癸卯 9 三 | 甲辰 10 四 | 乙巳 11 五 | 丙午 12 六 | 戊子雨水 甲辰驚蟄 |
| 二月小 | 辛卯 | 干支 西曆 星期 | 丁未 13 日 | 戊申 14 一 | 己酉 15 二 | 庚戌 16 三 | 辛亥 17 四 | 壬子 18 五 | 癸丑 19 六 | 甲寅 20 日 | 乙卯 21 一 | 丙辰 22 二 | 丁巳 23 三 | 戊午 24 四 | 己未 25 五 | 庚申 26 六 | 辛酉 27 日 | 壬戌 28 一 | 癸亥 29 二 | 甲子 30 三 | 乙丑 31 四 | 丙寅 (4) 五 | 丁卯 2 六 | 戊辰 3 日 | 己巳 4 一 | 庚午 5 二 | 辛未 6 三 | 壬申 7 四 | 癸酉 8 五 | 甲戌 9 六 | 乙亥 10 日 | | 己未春分 甲戌清明 |
| 三月大 | 壬辰 | 干支 西曆 星期 | 丙子 11 一 | 丁丑 12 二 | 戊寅 13 三 | 己卯 14 四 | 庚辰 15 五 | 辛巳 16 六 | 壬午 17 日 | 癸未 18 一 | 甲申 19 二 | 乙酉 20 三 | 丙戌 21 四 | 丁亥 22 五 | 戊子 23 六 | 己丑 24 日 | 庚寅 25 一 | 辛卯 26 二 | 壬辰 27 三 | 癸巳 28 四 | 甲午 29 五 | 乙未 30 六 | 丙申 (5) 日 | 丁酉 2 一 | 戊戌 3 二 | 己亥 4 三 | 庚子 5 四 | 辛丑 6 五 | 壬寅 7 六 | 癸卯 8 日 | 甲辰 9 一 | 乙巳 10 二 | 己丑穀雨 甲辰立夏 |
| 四月小 | 癸巳 | 干支 西曆 星期 | 丙午 11 三 | 丁未 12 四 | 戊申 13 五 | 己酉 14 六 | 庚戌 15 日 | 辛亥 16 一 | 壬子 17 二 | 癸丑 18 三 | 甲寅 19 四 | 乙卯 20 五 | 丙辰 21 六 | 丁巳 22 日 | 戊午 23 一 | 己未 24 二 | 庚申 25 三 | 辛酉 26 四 | 壬戌 27 五 | 癸亥 28 六 | 甲子 29 日 | 乙丑 30 一 | 丙寅 31 二 | 丁卯 (6) 三 | 戊辰 2 四 | 己巳 3 五 | 庚午 4 六 | 辛未 5 日 | 壬申 6 一 | 癸酉 7 二 | 甲戌 8 三 | | 庚申小滿 |
| 五月大 | 甲午 | 干支 西曆 星期 | 乙亥 9 四 | 丙子 10 五 | 丁丑 11 六 | 戊寅 12 日 | 己卯 13 一 | 庚辰 14 二 | 辛巳 15 三 | 壬午 16 四 | 癸未 17 五 | 甲申 18 六 | 乙酉 19 日 | 丙戌 20 一 | 丁亥 21 二 | 戊子 22 三 | 己丑 23 四 | 庚寅 24 五 | 辛卯 25 六 | 壬辰 26 日 | 癸巳 27 一 | 甲午 28 二 | 乙未 29 三 | 丙申 30 四 | 丁酉 (7) 五 | 戊戌 2 六 | 己亥 3 日 | 庚子 4 一 | 辛丑 5 二 | 壬寅 6 三 | 癸卯 7 四 | 甲辰 8 五 | 乙亥芒種 庚寅夏至 |
| 六月小 | 乙未 | 干支 西曆 星期 | 乙巳 9 六 | 丙午 10 日 | 丁未 11 一 | 戊申 12 二 | 己酉 13 三 | 庚戌 14 四 | 辛亥 15 五 | 壬子 16 六 | 癸丑 17 日 | 甲寅 18 一 | 乙卯 19 二 | 丙辰 20 三 | 丁巳 21 四 | 戊午 22 五 | 己未 23 六 | 庚申 24 日 | 辛酉 25 一 | 壬戌 26 二 | 癸亥 27 三 | 甲子 28 四 | 乙丑 29 五 | 丙寅 30 六 | 丁卯 31 日 | 戊辰 (8) 一 | 己巳 2 二 | 庚午 3 三 | 辛未 4 四 | 壬申 5 五 | 癸酉 6 六 | | 乙巳小暑 辛酉大暑 |
| 七月大 | 丙申 | 干支 西曆 星期 | 甲戌 7 日 | 乙亥 8 一 | 丙子 9 二 | 丁丑 10 三 | 戊寅 11 四 | 己卯 12 五 | 庚辰 13 六 | 辛巳 14 日 | 壬午 15 一 | 癸未 16 二 | 甲申 17 三 | 乙酉 18 四 | 丙戌 19 五 | 丁亥 20 六 | 戊子 21 日 | 己丑 22 一 | 庚寅 23 二 | 辛卯 24 三 | 壬辰 25 四 | 癸巳 26 五 | 甲午 27 六 | 乙未 28 日 | 丙申 29 一 | 丁酉 30 二 | 戊戌 31 三 | 己亥 (9) 四 | 庚子 2 五 | 辛丑 3 六 | 壬寅 4 日 | 癸卯 5 一 | 丙子立秋 辛卯處暑 |
| 八月小 | 丁酉 | 干支 西曆 星期 | 甲辰 6 二 | 乙巳 7 三 | 丙午 8 四 | 丁未 9 五 | 戊申 10 六 | 己酉 11 日 | 庚戌 12 一 | 辛亥 13 二 | 壬子 14 三 | 癸丑 15 四 | 甲寅 16 五 | 乙卯 17 六 | 丙辰 18 日 | 丁巳 19 一 | 戊午 20 二 | 己未 21 三 | 庚申 22 四 | 辛酉 23 五 | 壬戌 24 六 | 癸亥 25 日 | 甲子 26 一 | 乙丑 27 二 | 丙寅 28 三 | 丁卯 29 四 | 戊辰 30 五 | 己巳 (10) 六 | 庚午 2 日 | 辛未 3 一 | 壬申 4 二 | | 丙午白露 辛酉秋分 |
| 九月大 | 戊戌 | 干支 西曆 星期 | 癸酉 5 三 | 甲戌 6 四 | 乙亥 7 五 | 丙子 8 六 | 丁丑 9 日 | 戊寅 10 一 | 己卯 11 二 | 庚辰 12 三 | 辛巳 13 四 | 壬午 14 五 | 癸未 15 六 | 甲申 16 日 | 乙酉 17 一 | 丙戌 18 二 | 丁亥 19 三 | 戊子 20 四 | 己丑 21 五 | 庚寅 22 六 | 辛卯 23 日 | 壬辰 24 一 | 癸巳 25 二 | 甲午 26 三 | 乙未 27 四 | 丙申 28 五 | 丁酉 29 六 | 戊戌 30 日 | 己亥 31 一 | 庚子 (11) 二 | 辛丑 2 三 | 壬寅 3 四 | 丁丑寒露 壬辰霜降 |
| 十月大 | 己亥 | 干支 西曆 星期 | 癸卯 4 五 | 甲辰 5 六 | 乙巳 6 日 | 丙午 7 一 | 丁未 8 二 | 戊申 9 三 | 己酉 10 四 | 庚戌 11 五 | 辛亥 12 六 | 壬子 13 日 | 癸丑 14 一 | 甲寅 15 二 | 乙卯 16 三 | 丙辰 17 四 | 丁巳 18 五 | 戊午 19 六 | 己未 20 日 | 庚申 21 一 | 辛酉 22 二 | 壬戌 23 三 | 癸亥 24 四 | 甲子 25 五 | 乙丑 26 六 | 丙寅 27 日 | 丁卯 28 一 | 戊辰 29 二 | 己巳 30 三 | 庚午 (12) 四 | 辛未 2 五 | 壬申 3 六 | 丁未立冬 壬戌小雪 |
| 十一月小 | 庚子 | 干支 西曆 星期 | 癸酉 4 日 | 甲戌 5 一 | 乙亥 6 二 | 丙子 7 三 | 丁丑 8 四 | 戊寅 9 五 | 己卯 10 六 | 庚辰 11 日 | 辛巳 12 一 | 壬午 13 二 | 癸未 14 三 | 甲申 15 四 | 乙酉 16 五 | 丙戌 17 六 | 丁亥 18 日 | 戊子 19 一 | 己丑 20 二 | 庚寅 21 三 | 辛卯 22 四 | 壬辰 23 五 | 癸巳 24 六 | 甲午 25 日 | 乙未 26 一 | 丙申 27 二 | 丁酉 28 三 | 戊戌 29 四 | 己亥 30 五 | 庚子 31 六 | 辛丑 (1) 日 | | 戊寅大雪 癸巳冬至 |
| 十二月大 | 辛丑 | 干支 西曆 星期 | 壬寅 2 一 | 癸卯 3 二 | 甲辰 4 三 | 乙巳 5 四 | 丙午 6 五 | 丁未 7 六 | 戊申 8 日 | 己酉 9 一 | 庚戌 10 二 | 辛亥 11 三 | 壬子 12 四 | 癸丑 13 五 | 甲寅 14 六 | 乙卯 15 日 | 丙辰 16 一 | 丁巳 17 二 | 戊午 18 三 | 己未 19 四 | 庚申 20 五 | 辛酉 21 六 | 壬戌 22 日 | 癸亥 23 一 | 甲子 24 二 | 乙丑 25 三 | 丙寅 26 四 | 丁卯 27 五 | 戊辰 28 六 | 己巳 29 日 | 庚午 30 一 | 辛未 31 二 | 戊申小寒 癸亥大寒 |

# 漢和帝永元九年（丁酉 鷄年）公元 97 ~ 98 年

| 夏曆月序 | | 中西曆日對照 | 初一 | 初二 | 初三 | 初四 | 初五 | 初六 | 初七 | 初八 | 初九 | 初十 | 十一 | 十二 | 十三 | 十四 | 十五 | 十六 | 十七 | 十八 | 十九 | 二十 | 二一 | 二二 | 二三 | 二四 | 二五 | 二六 | 二七 | 二八 | 二九 | 三十 | 節氣與天象 |
|---|---|---|---|---|---|---|---|---|---|---|---|---|---|---|---|---|---|---|---|---|---|---|---|---|---|---|---|---|---|---|---|---|---|
| 正月小 | 壬寅 | 干支 | 壬申 | 癸酉 | 甲戌 | 乙亥 | 丙子 | 丁丑 | 戊寅 | 己卯 | 庚辰 | 辛巳 | 壬午 | 癸未 | 甲申 | 乙酉 | 丙戌 | 丁亥 | 戊子 | 己丑 | 庚寅 | 辛卯 | 壬辰 | 癸巳 | 甲午 | 乙未 | 丙申 | 丁酉 | 戊戌 | 己亥 | 庚子 | | 戊寅立春 甲午雨水 |
| | | 西曆 | (2) | 2 | 3 | 4 | 5 | 6 | 7 | 8 | 9 | 10 | 11 | 12 | 13 | 14 | 15 | 16 | 17 | 18 | 19 | 20 | 21 | 22 | 23 | 24 | 25 | 26 | 27 | 28 | (3) | | |
| | | 星期 | 三 | 四 | 五 | 六 | 日 | 一 | 二 | 三 | 四 | 五 | 六 | 日 | 一 | 二 | 三 | 四 | 五 | 六 | 日 | 一 | 二 | 三 | 四 | 五 | 六 | 日 | 一 | 二 | 三 | | |
| 二月大 | 癸卯 | 干支 | 辛丑 | 壬寅 | 癸卯 | 甲辰 | 乙巳 | 丙午 | 丁未 | 戊申 | 己酉 | 庚戌 | 辛亥 | 壬子 | 癸丑 | 甲寅 | 乙卯 | 丙辰 | 丁巳 | 戊午 | 己未 | 庚申 | 辛酉 | 壬戌 | 癸亥 | 甲子 | 乙丑 | 丙寅 | 丁卯 | 戊辰 | 己巳 | 庚午 | 己酉驚蟄 甲子春分 |
| | | 西曆 | 2 | 3 | 4 | 5 | 6 | 7 | 8 | 9 | 10 | 11 | 12 | 13 | 14 | 15 | 16 | 17 | 18 | 19 | 20 | 21 | 22 | 23 | 24 | 25 | 26 | 27 | 28 | 29 | 30 | 31 | |
| | | 星期 | 四 | 五 | 六 | 日 | 一 | 二 | 三 | 四 | 五 | 六 | 日 | 一 | 二 | 三 | 四 | 五 | 六 | 日 | 一 | 二 | 三 | 四 | 五 | 六 | 日 | 一 | 二 | 三 | 四 | 五 | |
| 三月小 | 甲辰 | 干支 | 辛未 | 壬申 | 癸酉 | 甲戌 | 乙亥 | 丙子 | 丁丑 | 戊寅 | 己卯 | 庚辰 | 辛巳 | 壬午 | 癸未 | 甲申 | 乙酉 | 丙戌 | 丁亥 | 戊子 | 己丑 | 庚寅 | 辛卯 | 壬辰 | 癸巳 | 甲午 | 乙未 | 丙申 | 丁酉 | 戊戌 | 己亥 | | 己卯清明 乙未穀雨 |
| | | 西曆 | (4) | 2 | 3 | 4 | 5 | 6 | 7 | 8 | 9 | 10 | 11 | 12 | 13 | 14 | 15 | 16 | 17 | 18 | 19 | 20 | 21 | 22 | 23 | 24 | 25 | 26 | 27 | 28 | 29 | | |
| | | 星期 | 六 | 日 | 一 | 二 | 三 | 四 | 五 | 六 | 日 | 一 | 二 | 三 | 四 | 五 | 六 | 日 | 一 | 二 | 三 | 四 | 五 | 六 | 日 | 一 | 二 | 三 | 四 | 五 | 六 | | |
| 四月大 | 乙巳 | 干支 | 庚子 | 辛丑 | 壬寅 | 癸卯 | 甲辰 | 乙巳 | 丙午 | 丁未 | 戊申 | 己酉 | 庚戌 | 辛亥 | 壬子 | 癸丑 | 甲寅 | 乙卯 | 丙辰 | 丁巳 | 戊午 | 己未 | 庚申 | 辛酉 | 壬戌 | 癸亥 | 甲子 | 乙丑 | 丙寅 | 丁卯 | 戊辰 | 己巳 | 庚戌立夏 乙丑小滿 |
| | | 西曆 | 30 | (5) | 2 | 3 | 4 | 5 | 6 | 7 | 8 | 9 | 10 | 11 | 12 | 13 | 14 | 15 | 16 | 17 | 18 | 19 | 20 | 21 | 22 | 23 | 24 | 25 | 26 | 27 | 28 | 29 | |
| | | 星期 | 日 | 一 | 二 | 三 | 四 | 五 | 六 | 日 | 一 | 二 | 三 | 四 | 五 | 六 | 日 | 一 | 二 | 三 | 四 | 五 | 六 | 日 | 一 | 二 | 三 | 四 | 五 | 六 | 日 | 一 | |
| 五月小 | 丙午 | 干支 | 庚午 | 辛未 | 壬申 | 癸酉 | 甲戌 | 乙亥 | 丙子 | 丁丑 | 戊寅 | 己卯 | 庚辰 | 辛巳 | 壬午 | 癸未 | 甲申 | 乙酉 | 丙戌 | 丁亥 | 戊子 | 己丑 | 庚寅 | 辛卯 | 壬辰 | 癸巳 | 甲午 | 乙未 | 丙申 | 丁酉 | 戊戌 | | 庚辰芒種 乙未夏至 |
| | | 西曆 | 30 | 31 | (6) | 2 | 3 | 4 | 5 | 6 | 7 | 8 | 9 | 10 | 11 | 12 | 13 | 14 | 15 | 16 | 17 | 18 | 19 | 20 | 21 | 22 | 23 | 24 | 25 | 26 | 27 | | |
| | | 星期 | 二 | 三 | 四 | 五 | 六 | 日 | 一 | 二 | 三 | 四 | 五 | 六 | 日 | 一 | 二 | 三 | 四 | 五 | 六 | 日 | 一 | 二 | 三 | 四 | 五 | 六 | 日 | 一 | 二 | | |
| 六月大 | 丁未 | 干支 | 己亥 | 庚子 | 辛丑 | 壬寅 | 癸卯 | 甲辰 | 乙巳 | 丙午 | 丁未 | 戊申 | 己酉 | 庚戌 | 辛亥 | 壬子 | 癸丑 | 甲寅 | 乙卯 | 丙辰 | 丁巳 | 戊午 | 己未 | 庚申 | 辛酉 | 壬戌 | 癸亥 | 甲子 | 乙丑 | 丙寅 | 丁卯 | 戊辰 | 辛亥小暑 丙寅大暑 |
| | | 西曆 | 28 | 29 | 30 | (7) | 2 | 3 | 4 | 5 | 6 | 7 | 8 | 9 | 10 | 11 | 12 | 13 | 14 | 15 | 16 | 17 | 18 | 19 | 20 | 21 | 22 | 23 | 24 | 25 | 26 | 27 | |
| | | 星期 | 三 | 四 | 五 | 六 | 日 | 一 | 二 | 三 | 四 | 五 | 六 | 日 | 一 | 二 | 三 | 四 | 五 | 六 | 日 | 一 | 二 | 三 | 四 | 五 | 六 | 日 | 一 | 二 | 三 | 四 | |
| 七月小 | 戊申 | 干支 | 己巳 | 庚午 | 辛未 | 壬申 | 癸酉 | 甲戌 | 乙亥 | 丙子 | 丁丑 | 戊寅 | 己卯 | 庚辰 | 辛巳 | 壬午 | 癸未 | 甲申 | 乙酉 | 丙戌 | 丁亥 | 戊子 | 己丑 | 庚寅 | 辛卯 | 壬辰 | 癸巳 | 甲午 | 乙未 | 丙申 | 丁酉 | | 辛巳立秋 丙申處暑 |
| | | 西曆 | 28 | 29 | 30 | 31 | (8) | 2 | 3 | 4 | 5 | 6 | 7 | 8 | 9 | 10 | 11 | 12 | 13 | 14 | 15 | 16 | 17 | 18 | 19 | 20 | 21 | 22 | 23 | 24 | 25 | | |
| | | 星期 | 五 | 六 | 日 | 一 | 二 | 三 | 四 | 五 | 六 | 日 | 一 | 二 | 三 | 四 | 五 | 六 | 日 | 一 | 二 | 三 | 四 | 五 | 六 | 日 | 一 | 二 | 三 | 四 | 五 | | |
| 八月大 | 己酉 | 干支 | 戊戌 | 己亥 | 庚子 | 辛丑 | 壬寅 | 癸卯 | 甲辰 | 乙巳 | 丙午 | 丁未 | 戊申 | 己酉 | 庚戌 | 辛亥 | 壬子 | 癸丑 | 甲寅 | 乙卯 | 丙辰 | 丁巳 | 戊午 | 己未 | 庚申 | 辛酉 | 壬戌 | 癸亥 | 甲子 | 乙丑 | 丙寅 | 丁卯 | 辛亥白露 丁卯秋分 |
| | | 西曆 | 26 | 27 | 28 | 29 | 30 | 31 | (9) | 2 | 3 | 4 | 5 | 6 | 7 | 8 | 9 | 10 | 11 | 12 | 13 | 14 | 15 | 16 | 17 | 18 | 19 | 20 | 21 | 22 | 23 | 24 | |
| | | 星期 | 六 | 日 | 一 | 二 | 三 | 四 | 五 | 六 | 日 | 一 | 二 | 三 | 四 | 五 | 六 | 日 | 一 | 二 | 三 | 四 | 五 | 六 | 日 | 一 | 二 | 三 | 四 | 五 | 六 | 日 | |
| 閏八月小 | 己酉 | 干支 | 戊辰 | 己巳 | 庚午 | 辛未 | 壬申 | 癸酉 | 甲戌 | 乙亥 | 丙子 | 丁丑 | 戊寅 | 己卯 | 庚辰 | 辛巳 | 壬午 | 癸未 | 甲申 | 乙酉 | 丙戌 | 丁亥 | 戊子 | 己丑 | 庚寅 | 辛卯 | 壬辰 | 癸巳 | 甲午 | 乙未 | 丙申 | | 壬午寒露 |
| | | 西曆 | 25 | 26 | 27 | 28 | 29 | 30 | (10) | 2 | 3 | 4 | 5 | 6 | 7 | 8 | 9 | 10 | 11 | 12 | 13 | 14 | 15 | 16 | 17 | 18 | 19 | 20 | 21 | 22 | 23 | | |
| | | 星期 | 一 | 二 | 三 | 四 | 五 | 六 | 日 | 一 | 二 | 三 | 四 | 五 | 六 | 日 | 一 | 二 | 三 | 四 | 五 | 六 | 日 | 一 | 二 | 三 | 四 | 五 | 六 | 日 | 一 | | |
| 九月大 | 庚戌 | 干支 | 丁酉 | 戊戌 | 己亥 | 庚子 | 辛丑 | 壬寅 | 癸卯 | 甲辰 | 乙巳 | 丙午 | 丁未 | 戊申 | 己酉 | 庚戌 | 辛亥 | 壬子 | 癸丑 | 甲寅 | 乙卯 | 丙辰 | 丁巳 | 戊午 | 己未 | 庚申 | 辛酉 | 壬戌 | 癸亥 | 甲子 | 乙丑 | 丙寅 | 丁酉霜降 壬子立冬 |
| | | 西曆 | 24 | 25 | 26 | 27 | 28 | 29 | 30 | 31 | (11) | 2 | 3 | 4 | 5 | 6 | 7 | 8 | 9 | 10 | 11 | 12 | 13 | 14 | 15 | 16 | 17 | 18 | 19 | 20 | 21 | 22 | |
| | | 星期 | 二 | 三 | 四 | 五 | 六 | 日 | 一 | 二 | 三 | 四 | 五 | 六 | 日 | 一 | 二 | 三 | 四 | 五 | 六 | 日 | 一 | 二 | 三 | 四 | 五 | 六 | 日 | 一 | 二 | 三 | |
| 十月小 | 辛亥 | 干支 | 丁卯 | 戊辰 | 己巳 | 庚午 | 辛未 | 壬申 | 癸酉 | 甲戌 | 乙亥 | 丙子 | 丁丑 | 戊寅 | 己卯 | 庚辰 | 辛巳 | 壬午 | 癸未 | 甲申 | 乙酉 | 丙戌 | 丁亥 | 戊子 | 己丑 | 庚寅 | 辛卯 | 壬辰 | 癸巳 | 甲午 | 乙未 | | 戊辰小雪 癸未大雪 |
| | | 西曆 | 23 | 24 | 25 | 26 | 27 | 28 | 29 | 30 | (12) | 2 | 3 | 4 | 5 | 6 | 7 | 8 | 9 | 10 | 11 | 12 | 13 | 14 | 15 | 16 | 17 | 18 | 19 | 20 | 21 | | |
| | | 星期 | 四 | 五 | 六 | 日 | 一 | 二 | 三 | 四 | 五 | 六 | 日 | 一 | 二 | 三 | 四 | 五 | 六 | 日 | 一 | 二 | 三 | 四 | 五 | 六 | 日 | 一 | 二 | 三 | 四 | | |
| 十一月大 | 壬子 | 干支 | 丙申 | 丁酉 | 戊戌 | 己亥 | 庚子 | 辛丑 | 壬寅 | 癸卯 | 甲辰 | 乙巳 | 丙午 | 丁未 | 戊申 | 己酉 | 庚戌 | 辛亥 | 壬子 | 癸丑 | 甲寅 | 乙卯 | 丙辰 | 丁巳 | 戊午 | 己未 | 庚申 | 辛酉 | 壬戌 | 癸亥 | 甲子 | 乙丑 | 戊戌冬至 癸丑小寒 |
| | | 西曆 | 22 | 23 | 24 | 25 | 26 | 27 | 28 | 29 | 30 | 31 | (1) | 2 | 3 | 4 | 5 | 6 | 7 | 8 | 9 | 10 | 11 | 12 | 13 | 14 | 15 | 16 | 17 | 18 | 19 | 20 | |
| | | 星期 | 五 | 六 | 日 | 一 | 二 | 三 | 四 | 五 | 六 | 日 | 一 | 二 | 三 | 四 | 五 | 六 | 日 | 一 | 二 | 三 | 四 | 五 | 六 | 日 | 一 | 二 | 三 | 四 | 五 | 六 | |
| 十二月大 | 癸丑 | 干支 | 丙寅 | 丁卯 | 戊辰 | 己巳 | 庚午 | 辛未 | 壬申 | 癸酉 | 甲戌 | 乙亥 | 丙子 | 丁丑 | 戊寅 | 己卯 | 庚辰 | 辛巳 | 壬午 | 癸未 | 甲申 | 乙酉 | 丙戌 | 丁亥 | 戊子 | 己丑 | 庚寅 | 辛卯 | 壬辰 | 癸巳 | 甲午 | 乙未 | 戊辰大寒 甲申立春 |
| | | 西曆 | 21 | 22 | 23 | 24 | 25 | 26 | 27 | 28 | 29 | 30 | 31 | (2) | 2 | 3 | 4 | 5 | 6 | 7 | 8 | 9 | 10 | 11 | 12 | 13 | 14 | 15 | 16 | 17 | 18 | 19 | |
| | | 星期 | 日 | 一 | 二 | 三 | 四 | 五 | 六 | 日 | 一 | 二 | 三 | 四 | 五 | 六 | 日 | 一 | 二 | 三 | 四 | 五 | 六 | 日 | 一 | 二 | 三 | 四 | 五 | 六 | 日 | 一 | |

# 漢和帝永元十年（戊戌 狗年）公元 98 ~ 99 年

| 夏曆月序 | | 中西曆日對照 | 初一 | 初二 | 初三 | 初四 | 初五 | 初六 | 初七 | 初八 | 初九 | 初十 | 十一 | 十二 | 十三 | 十四 | 十五 | 十六 | 十七 | 十八 | 十九 | 二十 | 二一 | 二二 | 二三 | 二四 | 二五 | 二六 | 二七 | 二八 | 二九 | 三十 | 節氣與天象 |
|---|---|---|---|---|---|---|---|---|---|---|---|---|---|---|---|---|---|---|---|---|---|---|---|---|---|---|---|---|---|---|---|---|---|
| 正月小 | 甲寅 | 天干地支<br>西曆<br>星期 | 丙申<br>20<br>二 | 丁酉<br>21<br>三 | 戊戌<br>22<br>四 | 己亥<br>23<br>五 | 庚子<br>24<br>六 | 辛丑<br>25<br>日 | 壬寅<br>26<br>一 | 癸卯<br>27<br>二 | 甲辰<br>28<br>三 | 乙巳<br>(3)<br>四 | 丙午<br>2<br>五 | 丁未<br>3<br>六 | 戊申<br>4<br>日 | 己酉<br>5<br>一 | 庚戌<br>6<br>二 | 辛亥<br>7<br>三 | 壬子<br>8<br>四 | 癸丑<br>9<br>五 | 甲寅<br>10<br>六 | 乙卯<br>11<br>日 | 丙辰<br>12<br>一 | 丁巳<br>13<br>二 | 戊午<br>14<br>三 | 己未<br>15<br>四 | 庚申<br>16<br>五 | 辛酉<br>17<br>六 | 壬戌<br>18<br>日 | 癸亥<br>19<br>一 | 甲子<br>20<br>二 | | 己亥雨水<br>甲寅驚蟄 |
| 二月大 | 乙卯 | 天干地支<br>西曆<br>星期 | 乙丑<br>21<br>三 | 丙寅<br>22<br>四 | 丁卯<br>23<br>五 | 戊辰<br>24<br>六 | 己巳<br>25<br>日 | 庚午<br>26<br>一 | 辛未<br>27<br>二 | 壬申<br>28<br>三 | 癸酉<br>29<br>四 | 甲戌<br>30<br>五 | 乙亥<br>31<br>六 | 丙子<br>(4)<br>日 | 丁丑<br>2<br>一 | 戊寅<br>3<br>二 | 己卯<br>4<br>三 | 庚辰<br>5<br>四 | 辛巳<br>6<br>五 | 壬午<br>7<br>六 | 癸未<br>8<br>日 | 甲申<br>9<br>一 | 乙酉<br>10<br>二 | 丙戌<br>11<br>三 | 丁亥<br>12<br>四 | 戊子<br>13<br>五 | 己丑<br>14<br>六 | 庚寅<br>15<br>日 | 辛卯<br>16<br>一 | 壬辰<br>17<br>二 | 癸巳<br>18<br>三 | 甲午<br>19<br>四 | 己巳春分<br>乙酉清明 |
| 三月小 | 丙辰 | 天干地支<br>西曆<br>星期 | 乙未<br>20<br>五 | 丙申<br>21<br>六 | 丁酉<br>22<br>日 | 戊戌<br>23<br>一 | 己亥<br>24<br>二 | 庚子<br>25<br>三 | 辛丑<br>26<br>四 | 壬寅<br>27<br>五 | 癸卯<br>28<br>六 | 甲辰<br>29<br>日 | 乙巳<br>30<br>一 | 丙午<br>(5)<br>二 | 丁未<br>2<br>三 | 戊申<br>3<br>四 | 己酉<br>4<br>五 | 庚戌<br>5<br>六 | 辛亥<br>6<br>日 | 壬子<br>7<br>一 | 癸丑<br>8<br>二 | 甲寅<br>9<br>三 | 乙卯<br>10<br>四 | 丙辰<br>11<br>五 | 丁巳<br>12<br>六 | 戊午<br>13<br>日 | 己未<br>14<br>一 | 庚申<br>15<br>二 | 辛酉<br>16<br>三 | 壬戌<br>17<br>四 | 癸亥<br>18<br>五 | | 庚子穀雨<br>乙卯立夏 |
| 四月大 | 丁巳 | 天干地支<br>西曆<br>星期 | 甲子<br>19<br>六 | 乙丑<br>20<br>日 | 丙寅<br>21<br>一 | 丁卯<br>22<br>二 | 戊辰<br>23<br>三 | 己巳<br>24<br>四 | 庚午<br>25<br>五 | 辛未<br>26<br>六 | 壬申<br>27<br>日 | 癸酉<br>28<br>一 | 甲戌<br>29<br>二 | 乙亥<br>30<br>三 | 丙子<br>31<br>四 | 丁丑<br>(6)<br>五 | 戊寅<br>2<br>六 | 己卯<br>3<br>日 | 庚辰<br>4<br>一 | 辛巳<br>5<br>二 | 壬午<br>6<br>三 | 癸未<br>7<br>四 | 甲申<br>8<br>五 | 乙酉<br>9<br>六 | 丙戌<br>10<br>日 | 丁亥<br>11<br>一 | 戊子<br>12<br>二 | 己丑<br>13<br>三 | 庚寅<br>14<br>四 | 辛卯<br>15<br>五 | 壬辰<br>16<br>六 | 癸巳<br>17<br>日 | 庚午小滿<br>乙酉芒種 |
| 五月小 | 戊午 | 天干地支<br>西曆<br>星期 | 甲午<br>18<br>一 | 乙未<br>19<br>二 | 丙申<br>20<br>三 | 丁酉<br>21<br>四 | 戊戌<br>22<br>五 | 己亥<br>23<br>六 | 庚子<br>24<br>日 | 辛丑<br>25<br>一 | 壬寅<br>26<br>二 | 癸卯<br>27<br>三 | 甲辰<br>28<br>四 | 乙巳<br>29<br>五 | 丙午<br>30<br>六 | 丁未<br>(7)<br>日 | 戊申<br>2<br>一 | 己酉<br>3<br>二 | 庚戌<br>4<br>三 | 辛亥<br>5<br>四 | 壬子<br>6<br>五 | 癸丑<br>7<br>六 | 甲寅<br>8<br>日 | 乙卯<br>9<br>一 | 丙辰<br>10<br>二 | 丁巳<br>11<br>三 | 戊午<br>12<br>四 | 己未<br>13<br>五 | 庚申<br>14<br>六 | 辛酉<br>15<br>日 | 壬戌<br>16<br>一 | | 辛丑夏至<br>丙辰小暑 |
| 六月大 | 己未 | 天干地支<br>西曆<br>星期 | 癸亥<br>17<br>二 | 甲子<br>18<br>三 | 乙丑<br>19<br>四 | 丙寅<br>20<br>五 | 丁卯<br>21<br>六 | 戊辰<br>22<br>日 | 己巳<br>23<br>一 | 庚午<br>24<br>二 | 辛未<br>25<br>三 | 壬申<br>26<br>四 | 癸酉<br>27<br>五 | 甲戌<br>28<br>六 | 乙亥<br>29<br>日 | 丙子<br>30<br>一 | 丁丑<br>31<br>二 | 戊寅<br>(8)<br>三 | 己卯<br>2<br>四 | 庚辰<br>3<br>五 | 辛巳<br>4<br>六 | 壬午<br>5<br>日 | 癸未<br>6<br>一 | 甲申<br>7<br>二 | 乙酉<br>8<br>三 | 丙戌<br>9<br>四 | 丁亥<br>10<br>五 | 戊子<br>11<br>六 | 己丑<br>12<br>日 | 庚寅<br>13<br>一 | 辛卯<br>14<br>二 | 壬辰<br>15<br>三 | 辛未大暑<br>丙戌立秋 |
| 七月小 | 庚申 | 天干地支<br>西曆<br>星期 | 癸巳<br>16<br>四 | 甲午<br>17<br>五 | 乙未<br>18<br>六 | 丙申<br>19<br>日 | 丁酉<br>20<br>一 | 戊戌<br>21<br>二 | 己亥<br>22<br>三 | 庚子<br>23<br>四 | 辛丑<br>24<br>五 | 壬寅<br>25<br>六 | 癸卯<br>26<br>日 | 甲辰<br>27<br>一 | 乙巳<br>28<br>二 | 丙午<br>29<br>三 | 丁未<br>30<br>四 | 戊申<br>31<br>五 | 己酉<br>(9)<br>六 | 庚戌<br>2<br>日 | 辛亥<br>3<br>一 | 壬子<br>4<br>二 | 癸丑<br>5<br>三 | 甲寅<br>6<br>四 | 乙卯<br>7<br>五 | 丙辰<br>8<br>六 | 丁巳<br>9<br>日 | 戊午<br>10<br>一 | 己未<br>11<br>二 | 庚申<br>12<br>三 | 辛酉<br>13<br>四 | | 壬寅處暑<br>丁巳白露 |
| 八月大 | 辛酉 | 天干地支<br>西曆<br>星期 | 壬戌<br>14<br>五 | 癸亥<br>15<br>六 | 甲子<br>16<br>日 | 乙丑<br>17<br>一 | 丙寅<br>18<br>二 | 丁卯<br>19<br>三 | 戊辰<br>20<br>四 | 己巳<br>21<br>五 | 庚午<br>22<br>六 | 辛未<br>23<br>日 | 壬申<br>24<br>一 | 癸酉<br>25<br>二 | 甲戌<br>26<br>三 | 乙亥<br>27<br>四 | 丙子<br>28<br>五 | 丁丑<br>29<br>六 | 戊寅<br>30<br>日 | 己卯<br>(10)<br>一 | 庚辰<br>2<br>二 | 辛巳<br>3<br>三 | 壬午<br>4<br>四 | 癸未<br>5<br>五 | 甲申<br>6<br>六 | 乙酉<br>7<br>日 | 丙戌<br>8<br>一 | 丁亥<br>9<br>二 | 戊子<br>10<br>三 | 己丑<br>11<br>四 | 庚寅<br>12<br>五 | 辛卯<br>13<br>六 | 壬申秋分<br>丁亥寒露 |
| 九月小 | 壬戌 | 天干地支<br>西曆<br>星期 | 壬辰<br>14<br>日 | 癸巳<br>15<br>一 | 甲午<br>16<br>二 | 乙未<br>17<br>三 | 丙申<br>18<br>四 | 丁酉<br>19<br>五 | 戊戌<br>20<br>六 | 己亥<br>21<br>日 | 庚子<br>22<br>一 | 辛丑<br>23<br>二 | 壬寅<br>24<br>三 | 癸卯<br>25<br>四 | 甲辰<br>26<br>五 | 乙巳<br>27<br>六 | 丙午<br>28<br>日 | 丁未<br>29<br>一 | 戊申<br>30<br>二 | 己酉<br>31<br>三 | 庚戌<br>(11)<br>四 | 辛亥<br>2<br>五 | 壬子<br>3<br>六 | 癸丑<br>4<br>日 | 甲寅<br>5<br>一 | 乙卯<br>6<br>二 | 丙辰<br>7<br>三 | 丁巳<br>8<br>四 | 戊午<br>9<br>五 | 己未<br>10<br>六 | 庚申<br>11<br>日 | | 壬寅霜降<br>戊午立冬 |
| 十月大 | 癸亥 | 天干地支<br>西曆<br>星期 | 辛酉<br>12<br>一 | 壬戌<br>13<br>二 | 癸亥<br>14<br>三 | 甲子<br>15<br>四 | 乙丑<br>16<br>五 | 丙寅<br>17<br>六 | 丁卯<br>18<br>日 | 戊辰<br>19<br>一 | 己巳<br>20<br>二 | 庚午<br>21<br>三 | 辛未<br>22<br>四 | 壬申<br>23<br>五 | 癸酉<br>24<br>六 | 甲戌<br>25<br>日 | 乙亥<br>26<br>一 | 丙子<br>27<br>二 | 丁丑<br>28<br>三 | 戊寅<br>29<br>四 | 己卯<br>30<br>五 | 庚辰<br>(12)<br>六 | 辛巳<br>2<br>日 | 壬午<br>3<br>一 | 癸未<br>4<br>二 | 甲申<br>5<br>三 | 乙酉<br>6<br>四 | 丙戌<br>7<br>五 | 丁亥<br>8<br>六 | 戊子<br>9<br>日 | 己丑<br>10<br>一 | 庚寅<br>11<br>二 | 癸酉小雪<br>戊子大雪 |
| 十一月小 | 甲子 | 天干地支<br>西曆<br>星期 | 辛卯<br>12<br>三 | 壬辰<br>13<br>四 | 癸巳<br>14<br>五 | 甲午<br>15<br>六 | 乙未<br>16<br>日 | 丙申<br>17<br>一 | 丁酉<br>18<br>二 | 戊戌<br>19<br>三 | 己亥<br>20<br>四 | 庚子<br>21<br>五 | 辛丑<br>22<br>六 | 壬寅<br>23<br>日 | 癸卯<br>24<br>一 | 甲辰<br>25<br>二 | 乙巳<br>26<br>三 | 丙午<br>27<br>四 | 丁未<br>28<br>五 | 戊申<br>29<br>六 | 己酉<br>30<br>日 | 庚戌<br>31<br>一 | 辛亥<br>(1)<br>二 | 壬子<br>2<br>三 | 癸丑<br>3<br>四 | 甲寅<br>4<br>五 | 乙卯<br>5<br>六 | 丙辰<br>6<br>日 | 丁巳<br>7<br>一 | 戊午<br>8<br>二 | 己未<br>9<br>三 | | 癸卯冬至<br>戊午小寒 |
| 十二月大 | 乙丑 | 天干地支<br>西曆<br>星期 | 庚申<br>10<br>四 | 辛酉<br>11<br>五 | 壬戌<br>12<br>六 | 癸亥<br>13<br>日 | 甲子<br>14<br>一 | 乙丑<br>15<br>二 | 丙寅<br>16<br>三 | 丁卯<br>17<br>四 | 戊辰<br>18<br>五 | 己巳<br>19<br>六 | 庚午<br>20<br>日 | 辛未<br>21<br>一 | 壬申<br>22<br>二 | 癸酉<br>23<br>三 | 甲戌<br>24<br>四 | 乙亥<br>25<br>五 | 丙子<br>26<br>六 | 丁丑<br>27<br>日 | 戊寅<br>28<br>一 | 己卯<br>29<br>二 | 庚辰<br>30<br>三 | 辛巳<br>31<br>四 | 壬午<br>(2)<br>五 | 癸未<br>2<br>六 | 甲申<br>3<br>日 | 乙酉<br>4<br>一 | 丙戌<br>5<br>二 | 丁亥<br>6<br>三 | 戊子<br>7<br>四 | 己丑<br>8<br>五 | 甲戌大寒<br>己丑立春 |

# 漢和帝永元十一年（己亥 猪年）公元 99 ~ 100 年

| 夏曆月序 | | 中西曆日對照 | 初一 | 初二 | 初三 | 初四 | 初五 | 初六 | 初七 | 初八 | 初九 | 初十 | 十一 | 十二 | 十三 | 十四 | 十五 | 十六 | 十七 | 十八 | 十九 | 二十 | 二一 | 二二 | 二三 | 二四 | 二五 | 二六 | 二七 | 二八 | 二九 | 三十 | 節氣與天象 |
|---|---|---|---|---|---|---|---|---|---|---|---|---|---|---|---|---|---|---|---|---|---|---|---|---|---|---|---|---|---|---|---|---|---|
| 正月小 | 丙寅 | 天干地支<br>西曆星期 | 庚寅<br>9六 | 辛卯<br>10日 | 壬辰<br>11一 | 癸巳<br>12二 | 甲午<br>13三 | 乙未<br>14四 | 丙申<br>15五 | 丁酉<br>16六 | 戊戌<br>17日 | 己亥<br>18一 | 庚子<br>19二 | 辛丑<br>20三 | 壬寅<br>21四 | 癸卯<br>22五 | 甲辰<br>23六 | 乙巳<br>24日 | 丙午<br>25一 | 丁未<br>26二 | 戊申<br>27三 | 己酉<br>28四 | 庚戌<br>(3)五 | 辛亥<br>2六 | 壬子<br>3日 | 癸丑<br>4一 | 甲寅<br>5二 | 乙卯<br>6三 | 丙辰<br>7四 | 丁巳<br>8五 | 戊午<br>9六 | | 甲辰雨水 |
| 二月大 | 丁卯 | 天干地支<br>西曆星期 | 己未<br>10日 | 庚申<br>11一 | 辛酉<br>12二 | 壬戌<br>13三 | 癸亥<br>14四 | 甲子<br>15五 | 乙丑<br>16六 | 丙寅<br>17日 | 丁卯<br>18一 | 戊辰<br>19二 | 己巳<br>20三 | 庚午<br>21四 | 辛未<br>22五 | 壬申<br>23六 | 癸酉<br>24日 | 甲戌<br>25一 | 乙亥<br>26二 | 丙子<br>27三 | 丁丑<br>28四 | 戊寅<br>29五 | 己卯<br>30六 | 庚辰<br>31日 | 辛巳<br>(4)一 | 壬午<br>2二 | 癸未<br>3三 | 甲申<br>4四 | 乙酉<br>5五 | 丙戌<br>6六 | 丁亥<br>7日 | 戊子<br>8一 | 己未驚蟄<br>乙亥春分 |
| 三月小 | 戊辰 | 天干地支<br>西曆星期 | 己丑<br>9二 | 庚寅<br>10三 | 辛卯<br>11四 | 壬辰<br>12五 | 癸巳<br>13六 | 甲午<br>14日 | 乙未<br>15一 | 丙申<br>16二 | 丁酉<br>17三 | 戊戌<br>18四 | 己亥<br>19五 | 庚子<br>20六 | 辛丑<br>21日 | 壬寅<br>22一 | 癸卯<br>23二 | 甲辰<br>24三 | 乙巳<br>25四 | 丙午<br>26五 | 丁未<br>27六 | 戊申<br>28日 | 己酉<br>29一 | 庚戌<br>30二 | 辛亥<br>(5)三 | 壬子<br>2四 | 癸丑<br>3五 | 甲寅<br>4六 | 乙卯<br>5日 | 丙辰<br>6一 | 丁巳<br>7二 | | 庚寅清明<br>乙巳穀雨 |
| 四月大 | 己巳 | 天干地支<br>西曆星期 | 戊午<br>8三 | 己未<br>9四 | 庚申<br>10五 | 辛酉<br>11六 | 壬戌<br>12日 | 癸亥<br>13一 | 甲子<br>14二 | 乙丑<br>15三 | 丙寅<br>16四 | 丁卯<br>17五 | 戊辰<br>18六 | 己巳<br>19日 | 庚午<br>20一 | 辛未<br>21二 | 壬申<br>22三 | 癸酉<br>23四 | 甲戌<br>24五 | 乙亥<br>25六 | 丙子<br>26日 | 丁丑<br>27一 | 戊寅<br>28二 | 己卯<br>29三 | 庚辰<br>30四 | 辛巳<br>31五 | 壬午<br>(6)六 | 癸未<br>2日 | 甲申<br>3一 | 乙酉<br>4二 | 丙戌<br>5三 | 丁亥<br>6四 | 庚申立夏<br>乙亥小滿 |
| 五月大 | 庚午 | 天干地支<br>西曆星期 | 戊子<br>7五 | 己丑<br>8六 | 庚寅<br>9日 | 辛卯<br>10一 | 壬辰<br>11二 | 癸巳<br>12三 | 甲午<br>13四 | 乙未<br>14五 | 丙申<br>15六 | 丁酉<br>16日 | 戊戌<br>17一 | 己亥<br>18二 | 庚子<br>19三 | 辛丑<br>20四 | 壬寅<br>21五 | 癸卯<br>22六 | 甲辰<br>23日 | 乙巳<br>24一 | 丙午<br>25二 | 丁未<br>26三 | 戊申<br>27四 | 己酉<br>28五 | 庚戌<br>29六 | 辛亥<br>30日 | 壬子<br>(7)一 | 癸丑<br>2二 | 甲寅<br>3三 | 乙卯<br>4四 | 丙辰<br>5五 | 丁巳<br>6六 | 辛卯芒種<br>丙午夏至 |
| 六月小 | 辛未 | 天干地支<br>西曆星期 | 戊午<br>7日 | 己未<br>8一 | 庚申<br>9二 | 辛酉<br>10三 | 壬戌<br>11四 | 癸亥<br>12五 | 甲子<br>13六 | 乙丑<br>14日 | 丙寅<br>15一 | 丁卯<br>16二 | 戊辰<br>17三 | 己巳<br>18四 | 庚午<br>19五 | 辛未<br>20六 | 壬申<br>21日 | 癸酉<br>22一 | 甲戌<br>23二 | 乙亥<br>24三 | 丙子<br>25四 | 丁丑<br>26五 | 戊寅<br>27六 | 己卯<br>28日 | 庚辰<br>29一 | 辛巳<br>30二 | 壬午<br>31三 | 癸未<br>(8)四 | 甲申<br>2五 | 乙酉<br>3六 | 丙戌<br>4日 | | 辛酉小暑<br>丙子大暑 |
| 七月大 | 壬申 | 天干地支<br>西曆星期 | 丁亥<br>5一 | 戊子<br>6二 | 己丑<br>7三 | 庚寅<br>8四 | 辛卯<br>9五 | 壬辰<br>10六 | 癸巳<br>11日 | 甲午<br>12一 | 乙未<br>13二 | 丙申<br>14三 | 丁酉<br>15四 | 戊戌<br>16五 | 己亥<br>17六 | 庚子<br>18日 | 辛丑<br>19一 | 壬寅<br>20二 | 癸卯<br>21三 | 甲辰<br>22四 | 乙巳<br>23五 | 丙午<br>24六 | 丁未<br>25日 | 戊申<br>26一 | 己酉<br>27二 | 庚戌<br>28三 | 辛亥<br>29四 | 壬子<br>30五 | 癸丑<br>31六 | 甲寅<br>(9)日 | 乙卯<br>2一 | 丙辰<br>3二 | 壬辰立秋<br>丁未處暑 |
| 八月小 | 癸酉 | 天干地支<br>西曆星期 | 丁巳<br>4三 | 戊午<br>5四 | 己未<br>6五 | 庚申<br>7六 | 辛酉<br>8日 | 壬戌<br>9一 | 癸亥<br>10二 | 甲子<br>11三 | 乙丑<br>12四 | 丙寅<br>13五 | 丁卯<br>14六 | 戊辰<br>15日 | 己巳<br>16一 | 庚午<br>17二 | 辛未<br>18三 | 壬申<br>19四 | 癸酉<br>20五 | 甲戌<br>21六 | 乙亥<br>22日 | 丙子<br>23一 | 丁丑<br>24二 | 戊寅<br>25三 | 己卯<br>26四 | 庚辰<br>27五 | 辛巳<br>28六 | 壬午<br>29日 | 癸未<br>30一 | 甲申<br>(10)二 | 乙酉<br>2三 | | 壬戌白露<br>丁丑秋分 |
| 九月大 | 甲戌 | 天干地支<br>西曆星期 | 丙戌<br>3四 | 丁亥<br>4五 | 戊子<br>5六 | 己丑<br>6日 | 庚寅<br>7一 | 辛卯<br>8二 | 壬辰<br>9三 | 癸巳<br>10四 | 甲午<br>11五 | 乙未<br>12六 | 丙申<br>13日 | 丁酉<br>14一 | 戊戌<br>15二 | 己亥<br>16三 | 庚子<br>17四 | 辛丑<br>18五 | 壬寅<br>19六 | 癸卯<br>20日 | 甲辰<br>21一 | 乙巳<br>22二 | 丙午<br>23三 | 丁未<br>24四 | 戊申<br>25五 | 己酉<br>26六 | 庚戌<br>27日 | 辛亥<br>28一 | 壬子<br>29二 | 癸丑<br>30三 | 甲寅<br>31四 | 乙卯<br>(11)五 | 壬辰寒露<br>戊申霜降 |
| 十月小 | 乙亥 | 天干地支<br>西曆星期 | 丙辰<br>2六 | 丁巳<br>3日 | 戊午<br>4一 | 己未<br>5二 | 庚申<br>6三 | 辛酉<br>7四 | 壬戌<br>8五 | 癸亥<br>9六 | 甲子<br>10日 | 乙丑<br>11一 | 丙寅<br>12二 | 丁卯<br>13三 | 戊辰<br>14四 | 己巳<br>15五 | 庚午<br>16六 | 辛未<br>17日 | 壬申<br>18一 | 癸酉<br>19二 | 甲戌<br>20三 | 乙亥<br>21四 | 丙子<br>22五 | 丁丑<br>23六 | 戊寅<br>24日 | 己卯<br>25一 | 庚辰<br>26二 | 辛巳<br>27三 | 壬午<br>28四 | 癸未<br>29五 | 甲申<br>30六 | | 癸亥立冬<br>戊寅小雪 |
| 十一月大 | 丙子 | 天干地支<br>西曆星期 | 乙酉<br>(12)日 | 丙戌<br>2一 | 丁亥<br>3二 | 戊子<br>4三 | 己丑<br>5四 | 庚寅<br>6五 | 辛卯<br>7六 | 壬辰<br>8日 | 癸巳<br>9一 | 甲午<br>10二 | 乙未<br>11三 | 丙申<br>12四 | 丁酉<br>13五 | 戊戌<br>14六 | 己亥<br>15日 | 庚子<br>16一 | 辛丑<br>17二 | 壬寅<br>18三 | 癸卯<br>19四 | 甲辰<br>20五 | 乙巳<br>21六 | 丙午<br>22日 | 丁未<br>23一 | 戊申<br>24二 | 己酉<br>25三 | 庚戌<br>26四 | 辛亥<br>27五 | 壬子<br>28六 | 癸丑<br>29日 | 甲寅<br>30一 | 癸巳大雪<br>己酉冬至 |
| 十二月小 | 丁丑 | 天干地支<br>西曆星期 | 乙卯<br>31二 | 丙辰<br>(1)三 | 丁巳<br>2四 | 戊午<br>3五 | 己未<br>4六 | 庚申<br>5日 | 辛酉<br>6一 | 壬戌<br>7二 | 癸亥<br>8三 | 甲子<br>9四 | 乙丑<br>10五 | 丙寅<br>11六 | 丁卯<br>12日 | 戊辰<br>13一 | 己巳<br>14二 | 庚午<br>15三 | 辛未<br>16四 | 壬申<br>17五 | 癸酉<br>18六 | 甲戌<br>19日 | 乙亥<br>20一 | 丙子<br>21二 | 丁丑<br>22三 | 戊寅<br>23四 | 己卯<br>24五 | 庚辰<br>25六 | 辛巳<br>26日 | 壬午<br>27一 | 癸未<br>28二 | | 甲子小寒<br>己卯大寒 |

# 漢和帝永元十二年（庚子 鼠年）公元 100 ~ 101 年

| 夏曆月序 | | 中西曆日對照 | 初一 | 初二 | 初三 | 初四 | 初五 | 初六 | 初七 | 初八 | 初九 | 初十 | 十一 | 十二 | 十三 | 十四 | 十五 | 十六 | 十七 | 十八 | 十九 | 二十 | 二一 | 二二 | 二三 | 二四 | 二五 | 二六 | 二七 | 二八 | 二九 | 三十 | 節氣與天象 |
|---|---|---|---|---|---|---|---|---|---|---|---|---|---|---|---|---|---|---|---|---|---|---|---|---|---|---|---|---|---|---|---|---|---|
| 正月大 | 戊寅 | 天干地支 | 甲申 | 乙酉 | 丙戌 | 丁亥 | 戊子 | 己丑 | 庚寅 | 辛卯 | 壬辰 | 癸巳 | 甲午 | 乙未 | 丙申 | 丁酉 | 戊戌 | 己亥 | 庚子 | 辛丑 | 壬寅 | 癸卯 | 甲辰 | 乙巳 | 丙午 | 丁未 | 戊申 | 己酉 | 庚戌 | 辛亥 | 壬子 | 癸丑 | 甲午立春<br>己酉雨水 |
| | | 西曆 | 29 | 30 | 31 | (2) | 2 | 3 | 4 | 5 | 6 | 7 | 8 | 9 | 10 | 11 | 12 | 13 | 14 | 15 | 16 | 17 | 18 | 19 | 20 | 21 | 22 | 23 | 24 | 25 | 26 | 27 | |
| | | 星期 | 三 | 四 | 五 | 六 | 日 | 一 | 二 | 三 | 四 | 五 | 六 | 日 | 一 | 二 | 三 | 四 | 五 | 六 | 日 | 一 | 二 | 三 | 四 | 五 | 六 | 日 | 一 | 二 | 三 | 四 | |
| 二月小 | 己卯 | 天干地支 | 甲寅 | 乙卯 | 丙辰 | 丁巳 | 戊午 | 己未 | 庚申 | 辛酉 | 壬戌 | 癸亥 | 甲子 | 乙丑 | 丙寅 | 丁卯 | 戊辰 | 己巳 | 庚午 | 辛未 | 壬申 | 癸酉 | 甲戌 | 乙亥 | 丙子 | 丁丑 | 戊寅 | 己卯 | 庚辰 | 辛巳 | 壬午 | | 乙丑驚蟄<br>庚辰春分 |
| | | 西曆 | 28 | 29 | (3) | 2 | 3 | 4 | 5 | 6 | 7 | 8 | 9 | 10 | 11 | 12 | 13 | 14 | 15 | 16 | 17 | 18 | 19 | 20 | 21 | 22 | 23 | 24 | 25 | 26 | 27 | | |
| | | 星期 | 五 | 六 | 日 | 一 | 二 | 三 | 四 | 五 | 六 | 日 | 一 | 二 | 三 | 四 | 五 | 六 | 日 | 一 | 二 | 三 | 四 | 五 | 六 | 日 | 一 | 二 | 三 | 四 | 五 | | |
| 三月大 | 庚辰 | 天干地支 | 癸未 | 甲申 | 乙酉 | 丙戌 | 丁亥 | 戊子 | 己丑 | 庚寅 | 辛卯 | 壬辰 | 癸巳 | 甲午 | 乙未 | 丙申 | 丁酉 | 戊戌 | 己亥 | 庚子 | 辛丑 | 壬寅 | 癸卯 | 甲辰 | 乙巳 | 丙午 | 丁未 | 戊申 | 己酉 | 庚戌 | 辛亥 | 壬子 | 乙未清明<br>庚戌穀雨 |
| | | 西曆 | 28 | 29 | 30 | 31 | (4) | 2 | 3 | 4 | 5 | 6 | 7 | 8 | 9 | 10 | 11 | 12 | 13 | 14 | 15 | 16 | 17 | 18 | 19 | 20 | 21 | 22 | 23 | 24 | 25 | 26 | |
| | | 星期 | 六 | 日 | 一 | 二 | 三 | 四 | 五 | 六 | 日 | 一 | 二 | 三 | 四 | 五 | 六 | 日 | 一 | 二 | 三 | 四 | 五 | 六 | 日 | 一 | 二 | 三 | 四 | 五 | 六 | 日 | |
| 四月小 | 辛巳 | 天干地支 | 癸丑 | 甲寅 | 乙卯 | 丙辰 | 丁巳 | 戊午 | 己未 | 庚申 | 辛酉 | 壬戌 | 癸亥 | 甲子 | 乙丑 | 丙寅 | 丁卯 | 戊辰 | 己巳 | 庚午 | 辛未 | 壬申 | 癸酉 | 甲戌 | 乙亥 | 丙子 | 丁丑 | 戊寅 | 己卯 | 庚辰 | 辛巳 | | 乙丑立夏<br>辛巳小滿 |
| | | 西曆 | 27 | 28 | 29 | 30 | (5) | 2 | 3 | 4 | 5 | 6 | 7 | 8 | 9 | 10 | 11 | 12 | 13 | 14 | 15 | 16 | 17 | 18 | 19 | 20 | 21 | 22 | 23 | 24 | 25 | | |
| | | 星期 | 一 | 二 | 三 | 四 | 五 | 六 | 日 | 一 | 二 | 三 | 四 | 五 | 六 | 日 | 一 | 二 | 三 | 四 | 五 | 六 | 日 | 一 | 二 | 三 | 四 | 五 | 六 | 日 | 一 | | |
| 五月大 | 壬午 | 天干地支 | 壬午 | 癸未 | 甲申 | 乙酉 | 丙戌 | 丁亥 | 戊子 | 己丑 | 庚寅 | 辛卯 | 壬辰 | 癸巳 | 甲午 | 乙未 | 丙申 | 丁酉 | 戊戌 | 己亥 | 庚子 | 辛丑 | 壬寅 | 癸卯 | 甲辰 | 乙巳 | 丙午 | 丁未 | 戊申 | 己酉 | 庚戌 | 辛亥 | 丙申芒種<br>辛亥夏至 |
| | | 西曆 | 26 | 27 | 28 | 29 | 30 | 31 | (6) | 2 | 3 | 4 | 5 | 6 | 7 | 8 | 9 | 10 | 11 | 12 | 13 | 14 | 15 | 16 | 17 | 18 | 19 | 20 | 21 | 22 | 23 | 24 | |
| | | 星期 | 二 | 三 | 四 | 五 | 六 | 日 | 一 | 二 | 三 | 四 | 五 | 六 | 日 | 一 | 二 | 三 | 四 | 五 | 六 | 日 | 一 | 二 | 三 | 四 | 五 | 六 | 日 | 一 | 二 | 三 | |
| 閏五月小 | 壬午 | 天干地支 | 壬子 | 癸丑 | 甲寅 | 乙卯 | 丙辰 | 丁巳 | 戊午 | 己未 | 庚申 | 辛酉 | 壬戌 | 癸亥 | 甲子 | 乙丑 | 丙寅 | 丁卯 | 戊辰 | 己巳 | 庚午 | 辛未 | 壬申 | 癸酉 | 甲戌 | 乙亥 | 丙子 | 丁丑 | 戊寅 | 己卯 | 庚辰 | | 丙寅小暑 |
| | | 西曆 | 25 | 26 | 27 | 28 | 29 | 30 | (7) | 2 | 3 | 4 | 5 | 6 | 7 | 8 | 9 | 10 | 11 | 12 | 13 | 14 | 15 | 16 | 17 | 18 | 19 | 20 | 21 | 22 | 23 | | |
| | | 星期 | 四 | 五 | 六 | 日 | 一 | 二 | 三 | 四 | 五 | 六 | 日 | 一 | 二 | 三 | 四 | 五 | 六 | 日 | 一 | 二 | 三 | 四 | 五 | 六 | 日 | 一 | 二 | 三 | 四 | | |
| 六月大 | 癸未 | 天干地支 | 辛巳 | 壬午 | 癸未 | 甲申 | 乙酉 | 丙戌 | 丁亥 | 戊子 | 己丑 | 庚寅 | 辛卯 | 壬辰 | 癸巳 | 甲午 | 乙未 | 丙申 | 丁酉 | 戊戌 | 己亥 | 庚子 | 辛丑 | 壬寅 | 癸卯 | 甲辰 | 乙巳 | 丙午 | 丁未 | 戊申 | 己酉 | 庚戌 | 壬午大暑<br>丁酉立秋 |
| | | 西曆 | 24 | 25 | 26 | 27 | 28 | 29 | 30 | 31 | (8) | 2 | 3 | 4 | 5 | 6 | 7 | 8 | 9 | 10 | 11 | 12 | 13 | 14 | 15 | 16 | 17 | 18 | 19 | 20 | 21 | 22 | |
| | | 星期 | 五 | 六 | 日 | 一 | 二 | 三 | 四 | 五 | 六 | 日 | 一 | 二 | 三 | 四 | 五 | 六 | 日 | 一 | 二 | 三 | 四 | 五 | 六 | 日 | 一 | 二 | 三 | 四 | 五 | 六 | |
| 七月小 | 甲申 | 天干地支 | 辛亥 | 壬子 | 癸丑 | 甲寅 | 乙卯 | 丙辰 | 丁巳 | 戊午 | 己未 | 庚申 | 辛酉 | 壬戌 | 癸亥 | 甲子 | 乙丑 | 丙寅 | 丁卯 | 戊辰 | 己巳 | 庚午 | 辛未 | 壬申 | 癸酉 | 甲戌 | 乙亥 | 丙子 | 丁丑 | 戊寅 | 己卯 | | 壬子處暑<br>丁卯白露<br>辛亥日食 |
| | | 西曆 | 23 | 24 | 25 | 26 | 27 | 28 | 29 | 30 | 31 | (9) | 2 | 3 | 4 | 5 | 6 | 7 | 8 | 9 | 10 | 11 | 12 | 13 | 14 | 15 | 16 | 17 | 18 | 19 | 20 | | |
| | | 星期 | 日 | 一 | 二 | 三 | 四 | 五 | 六 | 日 | 一 | 二 | 三 | 四 | 五 | 六 | 日 | 一 | 二 | 三 | 四 | 五 | 六 | 日 | 一 | 二 | 三 | 四 | 五 | 六 | 日 | | |
| 八月大 | 乙酉 | 天干地支 | 庚辰 | 辛巳 | 壬午 | 癸未 | 甲申 | 乙酉 | 丙戌 | 丁亥 | 戊子 | 己丑 | 庚寅 | 辛卯 | 壬辰 | 癸巳 | 甲午 | 乙未 | 丙申 | 丁酉 | 戊戌 | 己亥 | 庚子 | 辛丑 | 壬寅 | 癸卯 | 甲辰 | 乙巳 | 丙午 | 丁未 | 戊申 | 己酉 | 壬午秋分<br>戊戌寒露 |
| | | 西曆 | 21 | 22 | 23 | 24 | 25 | 26 | 27 | 28 | 29 | 30 | (10) | 2 | 3 | 4 | 5 | 6 | 7 | 8 | 9 | 10 | 11 | 12 | 13 | 14 | 15 | 16 | 17 | 18 | 19 | 20 | |
| | | 星期 | 一 | 二 | 三 | 四 | 五 | 六 | 日 | 一 | 二 | 三 | 四 | 五 | 六 | 日 | 一 | 二 | 三 | 四 | 五 | 六 | 日 | 一 | 二 | 三 | 四 | 五 | 六 | 日 | 一 | 二 | |
| 九月大 | 丙戌 | 天干地支 | 庚戌 | 辛亥 | 壬子 | 癸丑 | 甲寅 | 乙卯 | 丙辰 | 丁巳 | 戊午 | 己未 | 庚申 | 辛酉 | 壬戌 | 癸亥 | 甲子 | 乙丑 | 丙寅 | 丁卯 | 戊辰 | 己巳 | 庚午 | 辛未 | 壬申 | 癸酉 | 甲戌 | 乙亥 | 丙子 | 丁丑 | 戊寅 | 己卯 | 癸丑霜降<br>戊辰立冬 |
| | | 西曆 | 21 | 22 | 23 | 24 | 25 | 26 | 27 | 28 | 29 | 30 | 31 | (11) | 2 | 3 | 4 | 5 | 6 | 7 | 8 | 9 | 10 | 11 | 12 | 13 | 14 | 15 | 16 | 17 | 18 | 19 | |
| | | 星期 | 三 | 四 | 五 | 六 | 日 | 一 | 二 | 三 | 四 | 五 | 六 | 日 | 一 | 二 | 三 | 四 | 五 | 六 | 日 | 一 | 二 | 三 | 四 | 五 | 六 | 日 | 一 | 二 | 三 | 四 | |
| 十月小 | 丁亥 | 天干地支 | 庚辰 | 辛巳 | 壬午 | 癸未 | 甲申 | 乙酉 | 丙戌 | 丁亥 | 戊子 | 己丑 | 庚寅 | 辛卯 | 壬辰 | 癸巳 | 甲午 | 乙未 | 丙申 | 丁酉 | 戊戌 | 己亥 | 庚子 | 辛丑 | 壬寅 | 癸卯 | 甲辰 | 乙巳 | 丙午 | 丁未 | 戊申 | | 癸未小雪<br>己亥大雪 |
| | | 西曆 | 20 | 21 | 22 | 23 | 24 | 25 | 26 | 27 | 28 | 29 | 30 | (12) | 2 | 3 | 4 | 5 | 6 | 7 | 8 | 9 | 10 | 11 | 12 | 13 | 14 | 15 | 16 | 17 | 18 | | |
| | | 星期 | 五 | 六 | 日 | 一 | 二 | 三 | 四 | 五 | 六 | 日 | 一 | 二 | 三 | 四 | 五 | 六 | 日 | 一 | 二 | 三 | 四 | 五 | 六 | 日 | 一 | 二 | 三 | 四 | 五 | | |
| 十一月大 | 戊子 | 天干地支 | 己酉 | 庚戌 | 辛亥 | 壬子 | 癸丑 | 甲寅 | 乙卯 | 丙辰 | 丁巳 | 戊午 | 己未 | 庚申 | 辛酉 | 壬戌 | 癸亥 | 甲子 | 乙丑 | 丙寅 | 丁卯 | 戊辰 | 己巳 | 庚午 | 辛未 | 壬申 | 癸酉 | 甲戌 | 乙亥 | 丙子 | 丁丑 | 戊寅 | 甲寅冬至<br>己巳小寒 |
| | | 西曆 | 19 | 20 | 21 | 22 | 23 | 24 | 25 | 26 | 27 | 28 | 29 | 30 | 31 | (1) | 2 | 3 | 4 | 5 | 6 | 7 | 8 | 9 | 10 | 11 | 12 | 13 | 14 | 15 | 16 | 17 | |
| | | 星期 | 六 | 日 | 一 | 二 | 三 | 四 | 五 | 六 | 日 | 一 | 二 | 三 | 四 | 五 | 六 | 日 | 一 | 二 | 三 | 四 | 五 | 六 | 日 | 一 | 二 | 三 | 四 | 五 | 六 | 日 | |
| 十二月小 | 己丑 | 天干地支 | 己卯 | 庚辰 | 辛巳 | 壬午 | 癸未 | 甲申 | 乙酉 | 丙戌 | 丁亥 | 戊子 | 己丑 | 庚寅 | 辛卯 | 壬辰 | 癸巳 | 甲午 | 乙未 | 丙申 | 丁酉 | 戊戌 | 己亥 | 庚子 | 辛丑 | 壬寅 | 癸卯 | 甲辰 | 乙巳 | 丙午 | 丁未 | | 甲申大寒<br>己亥立春 |
| | | 西曆 | 18 | 19 | 20 | 21 | 22 | 23 | 24 | 25 | 26 | 27 | 28 | 29 | 30 | 31 | (2) | 2 | 3 | 4 | 5 | 6 | 7 | 8 | 9 | 10 | 11 | 12 | 13 | 14 | 15 | | |
| | | 星期 | 一 | 二 | 三 | 四 | 五 | 六 | 日 | 一 | 二 | 三 | 四 | 五 | 六 | 日 | 一 | 二 | 三 | 四 | 五 | 六 | 日 | 一 | 二 | 三 | 四 | 五 | 六 | 日 | 一 | | |

# 漢和帝永元十三年（辛丑 牛年）公元 **101** ~ 102 年

| 夏曆月序 | | 中西曆日對照 | 初一 | 初二 | 初三 | 初四 | 初五 | 初六 | 初七 | 初八 | 初九 | 初十 | 十一 | 十二 | 十三 | 十四 | 十五 | 十六 | 十七 | 十八 | 十九 | 二十 | 二一 | 二二 | 二三 | 二四 | 二五 | 二六 | 二七 | 二八 | 二九 | 三十 | 節氣與天象 |
|---|---|---|---|---|---|---|---|---|---|---|---|---|---|---|---|---|---|---|---|---|---|---|---|---|---|---|---|---|---|---|---|---|---|
| 正月大 | 庚寅 | 天干地支西曆星期 | 戊申16二 | 己酉17三 | 庚戌18四 | 辛亥19五 | 壬子20六 | 癸丑21日 | 甲寅22一 | 乙卯23二 | 丙辰24三 | 丁巳25四 | 戊午26五 | 己未27六 | 庚申28日 | 辛酉(3)一 | 壬戌2二 | 癸亥3三 | 甲子4四 | 乙丑5五 | 丙寅6六 | 丁卯7日 | 戊辰8一 | 己巳9二 | 庚午10三 | 辛未11四 | 壬申12五 | 癸酉13六 | 甲戌14日 | 乙亥15一 | 丙子16二 | 丁丑17三 | 乙卯雨水<br>庚午驚蟄 |
| 二月小 | 辛卯 | 天干地支西曆星期 | 戊寅18四 | 己卯19五 | 庚辰20六 | 辛巳21日 | 壬午22一 | 癸未23二 | 甲申24三 | 乙酉25四 | 丙戌26五 | 丁亥27六 | 戊子28日 | 己丑29一 | 庚寅30二 | 辛卯31三 | 壬辰(4)四 | 癸巳2五 | 甲午3六 | 乙未4日 | 丙申5一 | 丁酉6二 | 戊戌7三 | 己亥8四 | 庚子9五 | 辛丑10六 | 壬寅11日 | 癸卯12一 | 甲辰13二 | 乙巳14三 | 丙午15四 | | 乙酉春分<br>庚子清明 |
| 三月大 | 壬辰 | 天干地支西曆星期 | 丁未16五 | 戊申17六 | 己酉18日 | 庚戌19一 | 辛亥20二 | 壬子21三 | 癸丑22四 | 甲寅23五 | 乙卯24六 | 丙辰25日 | 丁巳26一 | 戊午27二 | 己未28三 | 庚申29四 | 辛酉30五 | 壬戌(5)六 | 癸亥2日 | 甲子3一 | 乙丑4二 | 丙寅5三 | 丁卯6四 | 戊辰7五 | 己巳8六 | 庚午9日 | 辛未10一 | 壬申11二 | 癸酉12三 | 甲戌13四 | 乙亥14五 | 丙子15六 | 丙辰穀雨<br>辛未立夏 |
| 四月小 | 癸巳 | 天干地支西曆星期 | 丁丑16日 | 戊寅17一 | 己卯18二 | 庚辰19三 | 辛巳20四 | 壬午21五 | 癸未22六 | 甲申23日 | 乙酉24一 | 丙戌25二 | 丁亥26三 | 戊子27四 | 己丑28五 | 庚寅29六 | 辛卯30日 | 壬辰31一 | 癸巳(6)二 | 甲午2三 | 乙未3四 | 丙申4五 | 丁酉5六 | 戊戌6日 | 己亥7一 | 庚子8二 | 辛丑9三 | 壬寅10四 | 癸卯11五 | 甲辰12六 | 乙巳13日 | | 丙戌小滿<br>辛丑芒種 |
| 五月大 | 甲午 | 天干地支西曆星期 | 丙午14一 | 丁未15二 | 戊申16三 | 己酉17四 | 庚戌18五 | 辛亥19六 | 壬子20日 | 癸丑21一 | 甲寅22二 | 乙卯23三 | 丙辰24四 | 丁巳25五 | 戊午26六 | 己未27日 | 庚申28一 | 辛酉29二 | 壬戌30三 | 癸亥(7)四 | 甲子2五 | 乙丑3六 | 丙寅4日 | 丁卯5一 | 戊辰6二 | 己巳7三 | 庚午8四 | 辛未9五 | 壬申10六 | 癸酉11日 | 甲戌12一 | 乙亥13二 | 丙辰夏至<br>壬申小暑 |
| 六月小 | 乙未 | 天干地支西曆星期 | 丙子14三 | 丁丑15四 | 戊寅16五 | 己卯17六 | 庚辰18日 | 辛巳19一 | 壬午20二 | 癸未21三 | 甲申22四 | 乙酉23五 | 丙戌24六 | 丁亥25日 | 戊子26一 | 己丑27二 | 庚寅28三 | 辛卯29四 | 壬辰30五 | 癸巳31六 | 甲午(8)日 | 乙未2一 | 丙申3二 | 丁酉4三 | 戊戌5四 | 己亥6五 | 庚子7六 | 辛丑8日 | 壬寅9一 | 癸卯10二 | 甲辰11三 | | 丁亥大暑<br>壬寅立秋 |
| 七月大 | 丙申 | 天干地支西曆星期 | 乙巳12四 | 丙午13五 | 丁未14六 | 戊申15日 | 己酉16一 | 庚戌17二 | 辛亥18三 | 壬子19四 | 癸丑20五 | 甲寅21六 | 乙卯22日 | 丙辰23一 | 丁巳24二 | 戊午25三 | 己未26四 | 庚申27五 | 辛酉28六 | 壬戌29日 | 癸亥30一 | 甲子31二 | 乙丑(9)三 | 丙寅2四 | 丁卯3五 | 戊辰4六 | 己巳5日 | 庚午6一 | 辛未7二 | 壬申8三 | 癸酉9四 | 甲戌10五 | 丁巳處暑<br>壬申白露 |
| 八月小 | 丁酉 | 天干地支西曆星期 | 乙亥11六 | 丙子12日 | 丁丑13一 | 戊寅14二 | 己卯15三 | 庚辰16四 | 辛巳17五 | 壬午18六 | 癸未19日 | 甲申20一 | 乙酉21二 | 丙戌22三 | 丁亥23四 | 戊子24五 | 己丑25六 | 庚寅26日 | 辛卯27一 | 壬辰28二 | 癸巳29三 | 甲午30四 | 乙未(10)五 | 丙申2六 | 丁酉3日 | 戊戌4一 | 己亥5二 | 庚子6三 | 辛丑7四 | 壬寅8五 | 癸卯9六 | | 戊子秋分<br>癸卯寒露 |
| 九月大 | 戊戌 | 天干地支西曆星期 | 甲辰10日 | 乙巳11一 | 丙午12二 | 丁未13三 | 戊申14四 | 己酉15五 | 庚戌16六 | 辛亥17日 | 壬子18一 | 癸丑19二 | 甲寅20三 | 乙卯21四 | 丙辰22五 | 丁巳23六 | 戊午24日 | 己未25一 | 庚申26二 | 辛酉27三 | 壬戌28四 | 癸亥29五 | 甲子30六 | 乙丑31日 | 丙寅(11)一 | 丁卯2二 | 戊辰3三 | 己巳4四 | 庚午5五 | 辛未6六 | 壬申7日 | 癸酉8一 | 戊午霜降<br>癸酉立冬 |
| 十月小 | 己亥 | 天干地支西曆星期 | 甲戌9二 | 乙亥10三 | 丙子11四 | 丁丑12五 | 戊寅13六 | 己卯14日 | 庚辰15一 | 辛巳16二 | 壬午17三 | 癸未18四 | 甲申19五 | 乙酉20六 | 丙戌21日 | 丁亥22一 | 戊子23二 | 己丑24三 | 庚寅25四 | 辛卯26五 | 壬辰27六 | 癸巳28日 | 甲午29一 | 乙未30二 | 丙申(12)三 | 丁酉2四 | 戊戌3五 | 己亥4六 | 庚子5日 | 辛丑6一 | 壬寅7二 | | 己丑小雪 |
| 十一月大 | 庚子 | 天干地支西曆星期 | 癸卯8三 | 甲辰9四 | 乙巳10五 | 丙午11六 | 丁未12日 | 戊申13一 | 己酉14二 | 庚戌15三 | 辛亥16四 | 壬子17五 | 癸丑18六 | 甲寅19日 | 乙卯20一 | 丙辰21二 | 丁巳22三 | 戊午23四 | 己未24五 | 庚申25六 | 辛酉26日 | 壬戌27一 | 癸亥28二 | 甲子29三 | 乙丑30四 | 丙寅31五 | 丁卯(1)六 | 戊辰2日 | 己巳3一 | 庚午4二 | 辛未5三 | 壬申6四 | 甲辰大雪<br>己未冬至 |
| 十二月大 | 辛丑 | 天干地支西曆星期 | 癸酉7五 | 甲戌8六 | 乙亥9日 | 丙子10一 | 丁丑11二 | 戊寅12三 | 己卯13四 | 庚辰14五 | 辛巳15六 | 壬午16日 | 癸未17一 | 甲申18二 | 乙酉19三 | 丙戌20四 | 丁亥21五 | 戊子22六 | 己丑23日 | 庚寅24一 | 辛卯25二 | 壬辰26三 | 癸巳27四 | 甲午28五 | 乙未29六 | 丙申30日 | 丁酉31一 | 戊戌(2)二 | 己亥2三 | 庚子3四 | 辛丑4五 | 壬寅5六 | 甲戌小寒<br>己丑大寒 |

# 漢和帝永元十四年（壬寅 虎年）公元 102 ~ 103 年

| 夏曆月序 | | 中西曆日對照 | 初一 | 初二 | 初三 | 初四 | 初五 | 初六 | 初七 | 初八 | 初九 | 初十 | 十一 | 十二 | 十三 | 十四 | 十五 | 十六 | 十七 | 十八 | 十九 | 二十 | 二一 | 二二 | 二三 | 二四 | 二五 | 二六 | 二七 | 二八 | 二九 | 三十 | 節氣與天象 |
|---|---|---|---|---|---|---|---|---|---|---|---|---|---|---|---|---|---|---|---|---|---|---|---|---|---|---|---|---|---|---|---|---|---|
| 正月小 | 壬寅 | 天干地支 西曆 星期 | 癸卯 6 日 | 甲辰 7 一 | 乙巳 8 二 | 丙午 9 三 | 丁未 10 四 | 戊申 11 五 | 己酉 12 六 | 庚戌 13 日 | 辛亥 14 一 | 壬子 15 二 | 癸丑 16 三 | 甲寅 17 四 | 乙卯 18 五 | 丙辰 19 六 | 丁巳 20 日 | 戊午 21 一 | 己未 22 二 | 庚申 23 三 | 辛酉 24 四 | 壬戌 25 五 | 癸亥 26 六 | 甲子 27 日 | 乙丑 28 一 | 丙寅 (3) 二 | 丁卯 2 三 | 戊辰 3 四 | 己巳 4 五 | 庚午 5 六 | 辛未 6 日 | | 乙巳立春 庚申雨水 |
| 二月大 | 癸卯 | 天干地支 西曆 星期 | 壬申 7 一 | 癸酉 8 二 | 甲戌 9 三 | 乙亥 10 四 | 丙子 11 五 | 丁丑 12 六 | 戊寅 13 日 | 己卯 14 一 | 庚辰 15 二 | 辛巳 16 三 | 壬午 17 四 | 癸未 18 五 | 甲申 19 六 | 乙酉 20 日 | 丙戌 21 一 | 丁亥 22 二 | 戊子 23 三 | 己丑 24 四 | 庚寅 25 五 | 辛卯 26 六 | 壬辰 27 日 | 癸巳 28 一 | 甲午 29 二 | 乙未 30 三 | 丙申 31 四 | 丁酉 (4) 五 | 戊戌 2 六 | 己亥 3 日 | 庚子 4 一 | 辛丑 5 二 | 乙亥驚蟄 庚寅春分 |
| 三月小 | 甲辰 | 天干地支 西曆 星期 | 壬寅 6 三 | 癸卯 7 四 | 甲辰 8 五 | 乙巳 9 六 | 丙午 10 日 | 丁未 11 一 | 戊申 12 二 | 己酉 13 三 | 庚戌 14 四 | 辛亥 15 五 | 壬子 16 六 | 癸丑 17 日 | 甲寅 18 一 | 乙卯 19 二 | 丙辰 20 三 | 丁巳 21 四 | 戊午 22 五 | 己未 23 六 | 庚申 24 日 | 辛酉 25 一 | 壬戌 26 二 | 癸亥 27 三 | 甲子 28 四 | 乙丑 29 五 | 丙寅 30 六 | 丁卯 (5) 日 | 戊辰 2 一 | 己巳 3 二 | 庚午 4 三 | | 丙午清明 辛酉穀雨 |
| 四月大 | 乙巳 | 天干地支 西曆 星期 | 辛未 5 四 | 壬申 6 五 | 癸酉 7 六 | 甲戌 8 日 | 乙亥 9 一 | 丙子 10 二 | 丁丑 11 三 | 戊寅 12 四 | 己卯 13 五 | 庚辰 14 六 | 辛巳 15 日 | 壬午 16 一 | 癸未 17 二 | 甲申 18 三 | 乙酉 19 四 | 丙戌 20 五 | 丁亥 21 六 | 戊子 22 日 | 己丑 23 一 | 庚寅 24 二 | 辛卯 25 三 | 壬辰 26 四 | 癸巳 27 五 | 甲午 28 六 | 乙未 29 日 | 丙申 30 一 | 丁酉 31 二 | 戊戌 (6) 三 | 己亥 2 四 | 庚子 3 五 | 丙子立夏 辛卯小滿 |
| 五月小 | 丙午 | 天干地支 西曆 星期 | 辛丑 4 六 | 壬寅 5 日 | 癸卯 6 一 | 甲辰 7 二 | 乙巳 8 三 | 丙午 9 四 | 丁未 10 五 | 戊申 11 六 | 己酉 12 日 | 庚戌 13 一 | 辛亥 14 二 | 壬子 15 三 | 癸丑 16 四 | 甲寅 17 五 | 乙卯 18 六 | 丙辰 19 日 | 丁巳 20 一 | 戊午 21 二 | 己未 22 三 | 庚申 23 四 | 辛酉 24 五 | 壬戌 25 六 | 癸亥 26 日 | 甲子 27 一 | 乙丑 28 二 | 丙寅 29 三 | 丁卯 30 四 | 戊辰 (7) 五 | 己巳 2 六 | | 丙午芒種 壬戌夏至 |
| 六月大 | 丁未 | 天干地支 西曆 星期 | 庚午 3 日 | 辛未 4 一 | 壬申 5 二 | 癸酉 6 三 | 甲戌 7 四 | 乙亥 8 五 | 丙子 9 六 | 丁丑 10 日 | 戊寅 11 一 | 己卯 12 二 | 庚辰 13 三 | 辛巳 14 四 | 壬午 15 五 | 癸未 16 六 | 甲申 17 日 | 乙酉 18 一 | 丙戌 19 二 | 丁亥 20 三 | 戊子 21 四 | 己丑 22 五 | 庚寅 23 六 | 辛卯 24 日 | 壬辰 25 一 | 癸巳 26 二 | 甲午 27 三 | 乙未 28 四 | 丙申 29 五 | 丁酉 30 六 | 戊戌 31 日 | 己亥 (8) 一 | 丁丑小暑 壬辰大暑 |
| 七月小 | 戊申 | 天干地支 西曆 星期 | 庚子 2 二 | 辛丑 3 三 | 壬寅 4 四 | 癸卯 5 五 | 甲辰 6 六 | 乙巳 7 日 | 丙午 8 一 | 丁未 9 二 | 戊申 10 三 | 己酉 11 四 | 庚戌 12 五 | 辛亥 13 六 | 壬子 14 日 | 癸丑 15 一 | 甲寅 16 二 | 乙卯 17 三 | 丙辰 18 四 | 丁巳 19 五 | 戊午 20 六 | 己未 21 日 | 庚申 22 一 | 辛酉 23 二 | 壬戌 24 三 | 癸亥 25 四 | 甲子 26 五 | 乙丑 27 六 | 丙寅 28 日 | 丁卯 29 一 | 戊辰 30 二 | | 丁未立秋 癸亥處暑 |
| 八月大 | 己酉 | 天干地支 西曆 星期 | 己巳 31 三 | 庚午 (9) 四 | 辛未 2 五 | 壬申 3 六 | 癸酉 4 日 | 甲戌 5 一 | 乙亥 6 二 | 丙子 7 三 | 丁丑 8 四 | 戊寅 9 五 | 己卯 10 六 | 庚辰 11 日 | 辛巳 12 一 | 壬午 13 二 | 癸未 14 三 | 甲申 15 四 | 乙酉 16 五 | 丙戌 17 六 | 丁亥 18 日 | 戊子 19 一 | 己丑 20 二 | 庚寅 21 三 | 辛卯 22 四 | 壬辰 23 五 | 癸巳 24 六 | 甲午 25 日 | 乙未 26 一 | 丙申 27 二 | 丁酉 28 三 | 戊戌 29 四 | 戊寅白露 癸巳秋分 |
| 九月小 | 庚戌 | 天干地支 西曆 星期 | 己亥 30 五 | 庚子 (10) 六 | 辛丑 2 日 | 壬寅 3 一 | 癸卯 4 二 | 甲辰 5 三 | 乙巳 6 四 | 丙午 7 五 | 丁未 8 六 | 戊申 9 日 | 己酉 10 一 | 庚戌 11 二 | 辛亥 12 三 | 壬子 13 四 | 癸丑 14 五 | 甲寅 15 六 | 乙卯 16 日 | 丙辰 17 一 | 丁巳 18 二 | 戊午 19 三 | 己未 20 四 | 庚申 21 五 | 辛酉 22 六 | 壬戌 23 日 | 癸亥 24 一 | 甲子 25 二 | 乙丑 26 三 | 丙寅 27 四 | 丁卯 28 五 | | 戊申寒露 癸亥霜降 |
| 十月大 | 辛亥 | 天干地支 西曆 星期 | 戊辰 29 六 | 己巳 30 日 | 庚午 31 一 | 辛未 (11) 二 | 壬申 2 三 | 癸酉 3 四 | 甲戌 4 五 | 乙亥 5 六 | 丙子 6 日 | 丁丑 7 一 | 戊寅 8 二 | 己卯 9 三 | 庚辰 10 四 | 辛巳 11 五 | 壬午 12 六 | 癸未 13 日 | 甲申 14 一 | 乙酉 15 二 | 丙戌 16 三 | 丁亥 17 四 | 戊子 18 五 | 己丑 19 六 | 庚寅 20 日 | 辛卯 21 一 | 壬辰 22 二 | 癸巳 23 三 | 甲午 24 四 | 乙未 25 五 | 丙申 26 六 | 丁酉 27 日 | 己卯立冬 甲午小雪 |
| 十一月小 | 壬子 | 天干地支 西曆 星期 | 戊戌 28 一 | 己亥 29 二 | 庚子 30 三 | 辛丑 (12) 四 | 壬寅 2 五 | 癸卯 3 六 | 甲辰 4 日 | 乙巳 5 一 | 丙午 6 二 | 丁未 7 三 | 戊申 8 四 | 己酉 9 五 | 庚戌 10 六 | 辛亥 11 日 | 壬子 12 一 | 癸丑 13 二 | 甲寅 14 三 | 乙卯 15 四 | 丙辰 16 五 | 丁巳 17 六 | 戊午 18 日 | 己未 19 一 | 庚申 20 二 | 辛酉 21 三 | 壬戌 22 四 | 癸亥 23 五 | 甲子 24 六 | 乙丑 25 日 | 丙寅 26 一 | | 己酉大雪 甲子冬至 |
| 十二月大 | 癸丑 | 天干地支 西曆 星期 | 丁卯 27 二 | 戊辰 28 三 | 己巳 29 四 | 庚午 30 五 | 辛未 31 六 | 壬申 (1) 日 | 癸酉 2 一 | 甲戌 3 二 | 乙亥 4 三 | 丙子 5 四 | 丁丑 6 五 | 戊寅 7 六 | 己卯 8 日 | 庚辰 9 一 | 辛巳 10 二 | 壬午 11 三 | 癸未 12 四 | 甲申 13 五 | 乙酉 14 六 | 丙戌 15 日 | 丁亥 16 一 | 戊子 17 二 | 己丑 18 三 | 庚寅 19 四 | 辛卯 20 五 | 壬辰 21 六 | 癸巳 22 日 | 甲午 23 一 | 乙未 24 二 | 丙申 25 三 | 己卯小寒 乙未大寒 |

# 漢和帝永元十五年（癸卯 兔年）公元 103 ~ 104 年

| 夏曆月序 | | 中西曆日對照 | 初一 | 初二 | 初三 | 初四 | 初五 | 初六 | 初七 | 初八 | 初九 | 初十 | 十一 | 十二 | 十三 | 十四 | 十五 |
|---|---|---|---|---|---|---|---|---|---|---|---|---|---|---|---|---|---|
| 正月小 | 甲寅 | 天干地支 西曆 星期 | 丁酉 26 四 | 戊戌 27 五 | 己亥 28 六 | 庚子 29 日 | 辛丑 30 一 | 壬寅 31 二 | 癸卯 (2) 三 | 甲辰 2 四 | 乙巳 3 五 | 丙午 4 六 | 丁未 5 日 | 戊申 6 一 | 己酉 7 二 | 庚戌 8 三 | 辛亥 9 四 |
| 閏正月大 | 甲寅 | 天干地支 西曆 星期 | 丙寅 24 五 | 丁卯 25 六 | 戊辰 26 日 | 己巳 27 一 | 庚午 28 二 | 辛未 (3) 三 | 壬申 2 四 | 癸酉 3 五 | 甲戌 4 六 | 乙亥 5 日 | 丙子 6 一 | 丁丑 7 二 | 戊寅 8 三 | 己卯 9 四 | 庚辰 10 五 |
| 二月小 | 乙卯 | 天干地支 西曆 星期 | 丙申 26 日 | 丁酉 27 一 | 戊戌 28 二 | 己亥 29 三 | 庚子 30 四 | 辛丑 31 五 | 壬寅 (4) 六 | 癸卯 2 日 | 甲辰 3 一 | 乙巳 4 二 | 丙午 5 三 | 丁未 6 四 | 戊申 7 五 | 己酉 8 六 | 庚戌 9 日 |
| 三月大 | 丙辰 | 天干地支 西曆 星期 | 乙丑 24 一 | 丙寅 25 二 | 丁卯 26 三 | 戊辰 27 四 | 己巳 28 五 | 庚午 29 六 | 辛未 30 日 | 壬申 (5) 一 | 癸酉 2 二 | 甲戌 3 三 | 乙亥 4 四 | 丙子 5 五 | 丁丑 6 六 | 戊寅 7 日 | 己卯 8 一 |
| 四月大 | 丁巳 | 天干地支 西曆 星期 | 乙未 24 三 | 丙申 25 四 | 丁酉 26 五 | 戊戌 27 六 | 己亥 28 日 | 庚子 29 一 | 辛丑 30 二 | 壬寅 31 三 | 癸卯 (6) 四 | 甲辰 2 五 | 乙巳 3 六 | 丙午 4 日 | 丁未 5 一 | 戊申 6 二 | 己酉 7 三 |
| 五月小 | 戊午 | 天干地支 西曆 星期 | 乙丑 23 五 | 丙寅 24 六 | 丁卯 25 日 | 戊辰 26 一 | 己巳 27 二 | 庚午 28 三 | 辛未 29 四 | 壬申 30 五 | 癸酉 (7) 六 | 甲戌 2 日 | 乙亥 3 一 | 丙子 4 二 | 丁丑 5 三 | 戊寅 6 四 | 己卯 7 五 |
| 六月大 | 己未 | 天干地支 西曆 星期 | 甲午 22 六 | 乙未 23 日 | 丙申 24 一 | 丁酉 25 二 | 戊戌 26 三 | 己亥 27 四 | 庚子 28 五 | 辛丑 29 六 | 壬寅 30 日 | 癸卯 31 一 | 甲辰 (8) 二 | 乙巳 2 三 | 丙午 3 四 | 丁未 4 五 | 戊申 5 六 |
| 七月小 | 庚申 | 天干地支 西曆 星期 | 甲子 21 一 | 乙丑 22 二 | 丙寅 23 三 | 丁卯 24 四 | 戊辰 25 五 | 己巳 26 六 | 庚午 27 日 | 辛未 28 一 | 壬申 29 二 | 癸酉 30 三 | 甲戌 31 四 | 乙亥 (9) 五 | 丙子 2 六 | 丁丑 3 日 | 戊寅 4 一 |
| 八月大 | 辛酉 | 天干地支 西曆 星期 | 癸巳 19 二 | 甲午 20 三 | 乙未 21 四 | 丙申 22 五 | 丁酉 23 六 | 戊戌 24 日 | 己亥 25 一 | 庚子 26 二 | 辛丑 27 三 | 壬寅 28 四 | 癸卯 29 五 | 甲辰 30 六 | 乙巳 (10) 日 | 丙午 2 一 | 丁未 3 二 |
| 九月小 | 壬戌 | 天干地支 西曆 星期 | 癸亥 19 四 | 甲子 20 五 | 乙丑 21 六 | 丙寅 22 日 | 丁卯 23 一 | 戊辰 24 二 | 己巳 25 三 | 庚午 26 四 | 辛未 27 五 | 壬申 28 六 | 癸酉 29 日 | 甲戌 30 一 | 乙亥 31 二 | 丙子 (11) 三 | 丁丑 2 四 |
| 十月大 | 癸亥 | 天干地支 西曆 星期 | 壬辰 17 五 | 癸巳 18 六 | 甲午 19 日 | 乙未 20 一 | 丙申 21 二 | 丁酉 22 三 | 戊戌 23 四 | 己亥 24 五 | 庚子 25 六 | 辛丑 26 日 | 壬寅 27 一 | 癸卯 28 二 | 甲辰 29 三 | 乙巳 30 四 | 丙午 (12) 五 |
| 十一月小 | 甲子 | 天干地支 西曆 星期 | 壬戌 17 日 | 癸亥 18 一 | 甲子 19 二 | 乙丑 20 三 | 丙寅 21 四 | 丁卯 22 五 | 戊辰 23 六 | 己巳 24 日 | 庚午 25 一 | 辛未 26 二 | 壬申 27 三 | 癸酉 28 四 | 甲戌 29 五 | 乙亥 30 六 | 丙子 31 日 |
| 十二月大 | 乙丑 | 天干地支 西曆 星期 | 辛卯 15 一 | 壬辰 16 二 | 癸巳 17 三 | 甲午 18 四 | 乙未 19 五 | 丙申 20 六 | 丁酉 21 日 | 戊戌 22 一 | 己亥 23 二 | 庚子 24 三 | 辛丑 25 四 | 壬寅 26 五 | 癸卯 27 六 | 甲辰 28 日 | 乙巳 29 一 |

| 夏曆月序 | | 十六 | 十七 | 十八 | 十九 | 二十 | 二一 | 二二 | 二三 | 二四 | 二五 | 二六 | 二七 | 二八 | 二九 | 三十 | 節氣與天象 |
|---|---|---|---|---|---|---|---|---|---|---|---|---|---|---|---|---|---|
| 正月小 | 甲寅 | 壬子 10 五 | 癸丑 11 六 | 甲寅 12 日 | 乙卯 13 一 | 丙辰 14 二 | 丁巳 15 三 | 戊午 16 四 | 己未 17 五 | 庚申 18 六 | 辛酉 19 日 | 壬戌 20 一 | 癸亥 21 二 | 甲子 22 三 | 乙丑 23 四 | | 庚戌立春 乙丑雨水 |
| 閏正月大 | 甲寅 | 辛巳 11 六 | 壬午 12 日 | 癸未 13 一 | 甲申 14 二 | 乙酉 15 三 | 丙戌 16 四 | 丁亥 17 五 | 戊子 18 六 | 己丑 19 日 | 庚寅 20 一 | 辛卯 21 二 | 壬辰 22 三 | 癸巳 23 四 | 甲午 24 五 | 乙未 25 六 | 庚辰驚蟄 |
| 二月小 | 乙卯 | 辛亥 10 一 | 壬子 11 二 | 癸丑 12 三 | 甲寅 13 四 | 乙卯 14 五 | 丙辰 15 六 | 丁巳 16 日 | 戊午 17 一 | 己未 18 二 | 庚申 19 三 | 辛酉 20 四 | 壬戌 21 五 | 癸亥 22 六 | 甲子 23 日 | | 丙申春分 辛亥清明 |
| 三月大 | 丙辰 | 庚辰 9 二 | 辛巳 10 三 | 壬午 11 四 | 癸未 12 五 | 甲申 13 六 | 乙酉 14 日 | 丙戌 15 一 | 丁亥 16 二 | 戊子 17 三 | 己丑 18 四 | 庚寅 19 五 | 辛卯 20 六 | 壬辰 21 日 | 癸巳 22 一 | 甲午 23 二 | 丙寅穀雨 辛巳立夏 |
| 四月大 | 丁巳 | 庚戌 8 四 | 辛亥 9 五 | 壬子 10 六 | 癸丑 11 日 | 甲寅 12 一 | 乙卯 13 二 | 丙辰 14 三 | 丁巳 15 四 | 戊午 16 五 | 己未 17 六 | 庚申 18 日 | 辛酉 19 一 | 壬戌 20 二 | 癸亥 21 三 | 甲子 22 四 | 丙申小滿 壬子芒種 甲子日食 |
| 五月小 | 戊午 | 庚辰 8 六 | 辛巳 9 日 | 壬午 10 一 | 癸未 11 二 | 甲申 12 三 | 乙酉 13 四 | 丙戌 14 五 | 丁亥 15 六 | 戊子 16 日 | 己丑 17 一 | 庚寅 18 二 | 辛卯 19 三 | 壬辰 20 四 | 癸巳 21 五 | | 丁卯夏至 壬午小暑 |
| 六月大 | 己未 | 己酉 6 日 | 庚戌 7 一 | 辛亥 8 二 | 壬子 9 三 | 癸丑 10 四 | 甲寅 11 五 | 乙卯 12 六 | 丙辰 13 日 | 丁巳 14 一 | 戊午 15 二 | 己未 16 三 | 庚申 17 四 | 辛酉 18 五 | 壬戌 19 六 | 癸亥 20 日 | 丁酉大暑 癸丑立秋 |
| 七月小 | 庚申 | 己卯 5 二 | 庚辰 6 三 | 辛巳 7 四 | 壬午 8 五 | 癸未 9 六 | 甲申 10 日 | 乙酉 11 一 | 丙戌 12 二 | 丁亥 13 三 | 戊子 14 四 | 己丑 15 五 | 庚寅 16 六 | 辛卯 17 日 | 壬辰 18 一 | | 戊辰處暑 癸未白露 |
| 八月大 | 辛酉 | 戊申 4 三 | 己酉 5 四 | 庚戌 6 五 | 辛亥 7 六 | 壬子 8 日 | 癸丑 9 一 | 甲寅 10 二 | 乙卯 11 三 | 丙辰 12 四 | 丁巳 13 五 | 戊午 14 六 | 己未 15 日 | 庚申 16 一 | 辛酉 17 二 | 壬戌 18 三 | 戊戌秋分 癸丑寒露 |
| 九月小 | 壬戌 | 戊寅 3 五 | 己卯 4 六 | 庚辰 5 日 | 辛巳 6 一 | 壬午 7 二 | 癸未 8 三 | 甲申 9 四 | 乙酉 10 五 | 丙戌 11 六 | 丁亥 12 日 | 戊子 13 一 | 己丑 14 二 | 庚寅 15 三 | 辛卯 16 四 | | 己巳霜降 甲申立冬 |
| 十月大 | 癸亥 | 丁未 2 六 | 戊申 3 日 | 己酉 4 一 | 庚戌 5 二 | 辛亥 6 三 | 壬子 7 四 | 癸丑 8 五 | 甲寅 9 六 | 乙卯 10 日 | 丙辰 11 一 | 丁巳 12 二 | 戊午 13 三 | 己未 14 四 | 庚申 15 五 | 辛酉 16 六 | 己亥小雪 甲寅大雪 |
| 十一月小 | 甲子 | 丁丑 (1) 一 | 戊寅 2 二 | 己卯 3 三 | 庚辰 4 四 | 辛巳 5 五 | 壬午 6 六 | 癸未 7 日 | 甲申 8 一 | 乙酉 9 二 | 丙戌 10 三 | 丁亥 11 四 | 戊子 12 五 | 己丑 13 六 | 庚寅 14 日 | | 庚午冬至 乙酉小寒 |
| 十二月大 | 乙丑 | 丙午 30 二 | 丁未 31 三 | 戊申 (2) 四 | 己酉 2 五 | 庚戌 3 六 | 辛亥 4 日 | 壬子 5 一 | 癸丑 6 二 | 甲寅 7 三 | 乙卯 8 四 | 丙辰 9 五 | 丁巳 10 六 | 戊午 11 日 | 己未 12 一 | 庚申 13 二 | 庚子大寒 乙卯立春 |

# 漢和帝永元十六年（甲辰 龍年）公元 104 ~ 105 年

| 夏曆月序 | | 中西曆日對照 | 初一 | 初二 | 初三 | 初四 | 初五 | 初六 | 初七 | 初八 | 初九 | 初十 | 十一 | 十二 | 十三 | 十四 | 十五 | 十六 | 十七 | 十八 | 十九 | 二十 | 二一 | 二二 | 二三 | 二四 | 二五 | 二六 | 二七 | 二八 | 二九 | 三十 | 節氣與天象 |
|---|---|---|---|---|---|---|---|---|---|---|---|---|---|---|---|---|---|---|---|---|---|---|---|---|---|---|---|---|---|---|---|---|---|
| 正月小 | 丙寅 | 天干地支西曆星期 | 辛酉14三 | 壬戌15四 | 癸亥16五 | 甲子17六 | 乙丑18日 | 丙寅19一 | 丁卯20二 | 戊辰21三 | 己巳22四 | 庚午23五 | 辛未24六 | 壬申25日 | 癸酉26一 | 甲戌27二 | 乙亥28三 | 丙子29四 | 丁丑(3)五 | 戊寅2六 | 己卯3日 | 庚辰4一 | 辛巳5二 | 壬午6三 | 癸未7四 | 甲申8五 | 乙酉9六 | 丙戌10日 | 丁亥11一 | 戊子12二 | 己丑13三 | | 庚午雨水<br>丙戌驚蟄 |
| 二月大 | 丁卯 | 天干地支西曆星期 | 庚寅14四 | 辛卯15五 | 壬辰16六 | 癸巳17日 | 甲午18一 | 乙未19二 | 丙申20三 | 丁酉21四 | 戊戌22五 | 己亥23六 | 庚子24日 | 辛丑25一 | 壬寅26二 | 癸卯27三 | 甲辰28四 | 乙巳29五 | 丙午30六 | 丁未31日 | 戊申(4)一 | 己酉2二 | 庚戌3三 | 辛亥4四 | 壬子5五 | 癸丑6六 | 甲寅7日 | 乙卯8一 | 丙辰9二 | 丁巳10三 | 戊午11四 | 己未12五 | 辛丑春分<br>丙辰清明 |
| 三月小 | 戊辰 | 天干地支西曆星期 | 庚申13六 | 辛酉14日 | 壬戌15一 | 癸亥16二 | 甲子17三 | 乙丑18四 | 丙寅19五 | 丁卯20六 | 戊辰21日 | 己巳22一 | 庚午23二 | 辛未24三 | 壬申25四 | 癸酉26五 | 甲戌27六 | 乙亥28日 | 丙子29一 | 丁丑30二 | 戊寅(5)三 | 己卯2四 | 庚辰3五 | 辛巳4六 | 壬午5日 | 癸未6一 | 甲申7二 | 乙酉8三 | 丙戌9四 | 丁亥10五 | 戊子11六 | | 辛未穀雨<br>丙戌立夏 |
| 四月大 | 己巳 | 天干地支西曆星期 | 己丑12日 | 庚寅13一 | 辛卯14二 | 壬辰15三 | 癸巳16四 | 甲午17五 | 乙未18六 | 丙申19日 | 丁酉20一 | 戊戌21二 | 己亥22三 | 庚子23四 | 辛丑24五 | 壬寅25六 | 癸卯26日 | 甲辰27一 | 乙巳28二 | 丙午29三 | 丁未30四 | 戊申31五 | 己酉(6)六 | 庚戌2日 | 辛亥3一 | 壬子4二 | 癸丑5三 | 甲寅6四 | 乙卯7五 | 丙辰8六 | 丁巳9日 | 戊午10一 | 壬寅小滿<br>丁巳芒種<br>戊午日食 |
| 五月小 | 庚午 | 天干地支西曆星期 | 己未11二 | 庚申12三 | 辛酉13四 | 壬戌14五 | 癸亥15六 | 甲子16日 | 乙丑17一 | 丙寅18二 | 丁卯19三 | 戊辰20四 | 己巳21五 | 庚午22六 | 辛未23日 | 壬申24一 | 癸酉25二 | 甲戌26三 | 乙亥27四 | 丙子28五 | 丁丑29六 | 戊寅30日 | 己卯(7)一 | 庚辰2二 | 辛巳3三 | 壬午4四 | 癸未5五 | 甲申6六 | 乙酉7日 | 丙戌8一 | 丁亥9二 | | 壬申夏至<br>丁亥小暑 |
| 六月大 | 辛未 | 天干地支西曆星期 | 戊子10三 | 己丑11四 | 庚寅12五 | 辛卯13六 | 壬辰14日 | 癸巳15一 | 甲午16二 | 乙未17三 | 丙申18四 | 丁酉19五 | 戊戌20六 | 己亥21日 | 庚子22一 | 辛丑23二 | 壬寅24三 | 癸卯25四 | 甲辰26五 | 乙巳27六 | 丙午28日 | 丁未29一 | 戊申30二 | 己酉31三 | 庚戌(8)四 | 辛亥2五 | 壬子3六 | 癸丑4日 | 甲寅5一 | 乙卯6二 | 丙辰7三 | 丁巳8四 | 癸卯大暑 |
| 七月大 | 壬申 | 天干地支西曆星期 | 戊午9五 | 己未10六 | 庚申11日 | 辛酉12一 | 壬戌13二 | 癸亥14三 | 甲子15四 | 乙丑16五 | 丙寅17六 | 丁卯18日 | 戊辰19一 | 己巳20二 | 庚午21三 | 辛未22四 | 壬申23五 | 癸酉24六 | 甲戌25日 | 乙亥26一 | 丙子27二 | 丁丑28三 | 戊寅29四 | 己卯30五 | 庚辰31六 | 辛巳(9)日 | 壬午2一 | 癸未3二 | 甲申4三 | 乙酉5四 | 丙戌6五 | 丁亥7六 | 戊午立秋<br>癸酉處暑 |
| 八月小 | 癸酉 | 天干地支西曆星期 | 戊子8日 | 己丑9一 | 庚寅10二 | 辛卯11三 | 壬辰12四 | 癸巳13五 | 甲午14六 | 乙未15日 | 丙申16一 | 丁酉17二 | 戊戌18三 | 己亥19四 | 庚子20五 | 辛丑21六 | 壬寅22日 | 癸卯23一 | 甲辰24二 | 乙巳25三 | 丙午26四 | 丁未27五 | 戊申28六 | 己酉29日 | 庚戌30一 | 辛亥(10)二 | 壬子2三 | 癸丑3四 | 甲寅4五 | 乙卯5六 | 丙辰6日 | | 戊子白露<br>癸卯秋分 |
| 九月大 | 甲戌 | 天干地支西曆星期 | 丁巳7一 | 戊午8二 | 己未9三 | 庚申10四 | 辛酉11五 | 壬戌12六 | 癸亥13日 | 甲子14一 | 乙丑15二 | 丙寅16三 | 丁卯17四 | 戊辰18五 | 己巳19六 | 庚午20日 | 辛未21一 | 壬申22二 | 癸酉23三 | 甲戌24四 | 乙亥25五 | 丙子26六 | 丁丑27日 | 戊寅28一 | 己卯29二 | 庚辰30三 | 辛巳31四 | 壬午(11)五 | 癸未2六 | 甲申3日 | 乙酉4一 | 丙戌5二 | 己未寒露<br>甲戌霜降 |
| 十月小 | 乙亥 | 天干地支西曆星期 | 丁亥6三 | 戊子7四 | 己丑8五 | 庚寅9六 | 辛卯10日 | 壬辰11一 | 癸巳12二 | 甲午13三 | 乙未14四 | 丙申15五 | 丁酉16六 | 戊戌17日 | 己亥18一 | 庚子19二 | 辛丑20三 | 壬寅21四 | 癸卯22五 | 甲辰23六 | 乙巳24日 | 丙午25一 | 丁未26二 | 戊申27三 | 己酉28四 | 庚戌29五 | 辛亥30六 | 壬子(12)日 | 癸丑2一 | 甲寅3二 | 乙卯4三 | | 己丑立冬<br>甲辰小雪 |
| 十一月大 | 丙子 | 天干地支西曆星期 | 丙辰5四 | 丁巳6五 | 戊午7六 | 己未8日 | 庚申9一 | 辛酉10二 | 壬戌11三 | 癸亥12四 | 甲子13五 | 乙丑14六 | 丙寅15日 | 丁卯16一 | 戊辰17二 | 己巳18三 | 庚午19四 | 辛未20五 | 壬申21六 | 癸酉22日 | 甲戌23一 | 乙亥24二 | 丙子25三 | 丁丑26四 | 戊寅27五 | 己卯28六 | 庚辰29日 | 辛巳30一 | 壬午31二 | 癸未(1)三 | 甲申2四 | 乙酉3五 | 庚申大雪<br>乙亥冬至 |
| 十二月小 | 丁丑 | 天干地支西曆星期 | 丙戌4六 | 丁亥5日 | 戊子6一 | 己丑7二 | 庚寅8三 | 辛卯9四 | 壬辰10五 | 癸巳11六 | 甲午12日 | 乙未13一 | 丙申14二 | 丁酉15三 | 戊戌16四 | 己亥17五 | 庚子18六 | 辛丑19日 | 壬寅20一 | 癸卯21二 | 甲辰22三 | 乙巳23四 | 丙午24五 | 丁未25六 | 戊申26日 | 己酉27一 | 庚戌28二 | 辛亥29三 | 壬子30四 | 癸丑31五 | 甲寅(2)六 | | 庚寅小寒<br>乙巳大寒 |

# 漢和帝永元十七年 元興元年 殤帝元興元年
## （乙巳 蛇年）公元 105 ~ 106 年

| 夏曆月序 | | 中西曆日對照 | 初一 | 初二 | 初三 | 初四 | 初五 | 初六 | 初七 | 初八 | 初九 | 初十 | 十一 | 十二 | 十三 | 十四 | 十五 | 十六 | 十七 | 十八 | 十九 | 二十 | 二一 | 二二 | 二三 | 二四 | 二五 | 二六 | 二七 | 二八 | 二九 | 三十 | 節氣與天象 |
|---|---|---|---|---|---|---|---|---|---|---|---|---|---|---|---|---|---|---|---|---|---|---|---|---|---|---|---|---|---|---|---|---|---|
| 正月大 | 戊寅 | 天干地支<br>西曆<br>星期 | 乙卯<br>2<br>日 | 丙辰<br>3<br>一 | 丁巳<br>4<br>二 | 戊午<br>5<br>三 | 己未<br>6<br>四 | 庚申<br>7<br>五 | 辛酉<br>8<br>六 | 壬戌<br>9<br>日 | 癸亥<br>10<br>一 | 甲子<br>11<br>二 | 乙丑<br>12<br>三 | 丙寅<br>13<br>四 | 丁卯<br>14<br>五 | 戊辰<br>15<br>六 | 己巳<br>16<br>日 | 庚午<br>17<br>一 | 辛未<br>18<br>二 | 壬申<br>19<br>三 | 癸酉<br>20<br>四 | 甲戌<br>21<br>五 | 乙亥<br>22<br>六 | 丙子<br>23<br>日 | 丁丑<br>24<br>一 | 戊寅<br>25<br>二 | 己卯<br>26<br>三 | 庚辰<br>27<br>四 | 辛巳<br>28<br>五 | 壬午<br>(3)<br>六 | 癸未<br>2<br>日 | 甲申<br>3<br>一 | 庚申立春<br>丙子雨水 |
| 二月小 | 己卯 | 天干地支<br>西曆<br>星期 | 乙酉<br>4<br>二 | 丙戌<br>5<br>三 | 丁亥<br>6<br>四 | 戊子<br>7<br>五 | 己丑<br>8<br>六 | 庚寅<br>9<br>日 | 辛卯<br>10<br>一 | 壬辰<br>11<br>二 | 癸巳<br>12<br>三 | 甲午<br>13<br>四 | 乙未<br>14<br>五 | 丙申<br>15<br>六 | 丁酉<br>16<br>日 | 戊戌<br>17<br>一 | 己亥<br>18<br>二 | 庚子<br>19<br>三 | 辛丑<br>20<br>四 | 壬寅<br>21<br>五 | 癸卯<br>22<br>六 | 甲辰<br>23<br>日 | 乙巳<br>24<br>一 | 丙午<br>25<br>二 | 丁未<br>26<br>三 | 戊申<br>27<br>四 | 己酉<br>28<br>五 | 庚戌<br>29<br>六 | 辛亥<br>30<br>日 | 壬子<br>31<br>一 | 癸丑<br>(4)<br>二 | | 辛卯驚蟄<br>丙午春分 |
| 三月大 | 庚辰 | 天干地支<br>西曆<br>星期 | 甲寅<br>2<br>三 | 乙卯<br>3<br>四 | 丙辰<br>4<br>五 | 丁巳<br>5<br>六 | 戊午<br>6<br>日 | 己未<br>7<br>一 | 庚申<br>8<br>二 | 辛酉<br>9<br>三 | 壬戌<br>10<br>四 | 癸亥<br>11<br>五 | 甲子<br>12<br>六 | 乙丑<br>13<br>日 | 丙寅<br>14<br>一 | 丁卯<br>15<br>二 | 戊辰<br>16<br>三 | 己巳<br>17<br>四 | 庚午<br>18<br>五 | 辛未<br>19<br>六 | 壬申<br>20<br>日 | 癸酉<br>21<br>一 | 甲戌<br>22<br>二 | 乙亥<br>23<br>三 | 丙子<br>24<br>四 | 丁丑<br>25<br>五 | 戊寅<br>26<br>六 | 己卯<br>27<br>日 | 庚辰<br>28<br>一 | 辛巳<br>29<br>二 | 壬午<br>30<br>三 | 癸未<br>(5)<br>四 | 辛酉清明<br>丁丑穀雨 |
| 四月小 | 辛巳 | 天干地支<br>西曆<br>星期 | 甲申<br>2<br>五 | 乙酉<br>3<br>六 | 丙戌<br>4<br>日 | 丁亥<br>5<br>一 | 戊子<br>6<br>二 | 己丑<br>7<br>三 | 庚寅<br>8<br>四 | 辛卯<br>9<br>五 | 壬辰<br>10<br>六 | 癸巳<br>11<br>日 | 甲午<br>12<br>一 | 乙未<br>13<br>二 | 丙申<br>14<br>三 | 丁酉<br>15<br>四 | 戊戌<br>16<br>五 | 己亥<br>17<br>六 | 庚子<br>18<br>日 | 辛丑<br>19<br>一 | 壬寅<br>20<br>二 | 癸卯<br>21<br>三 | 甲辰<br>22<br>四 | 乙巳<br>23<br>五 | 丙午<br>24<br>六 | 丁未<br>25<br>日 | 戊申<br>26<br>一 | 己酉<br>27<br>二 | 庚戌<br>28<br>三 | 辛亥<br>29<br>四 | 壬子<br>30<br>五 | | 壬辰立夏<br>丁未小滿 |
| 五月大 | 壬午 | 天干地支<br>西曆<br>星期 | 癸丑<br>31<br>六 | 甲寅<br>(6)<br>日 | 乙卯<br>2<br>一 | 丙辰<br>3<br>二 | 丁巳<br>4<br>三 | 戊午<br>5<br>四 | 己未<br>6<br>五 | 庚申<br>7<br>六 | 辛酉<br>8<br>日 | 壬戌<br>9<br>一 | 癸亥<br>10<br>二 | 甲子<br>11<br>三 | 乙丑<br>12<br>四 | 丙寅<br>13<br>五 | 丁卯<br>14<br>六 | 戊辰<br>15<br>日 | 己巳<br>16<br>一 | 庚午<br>17<br>二 | 辛未<br>18<br>三 | 壬申<br>19<br>四 | 癸酉<br>20<br>五 | 甲戌<br>21<br>六 | 乙亥<br>22<br>日 | 丙子<br>23<br>一 | 丁丑<br>24<br>二 | 戊寅<br>25<br>三 | 己卯<br>26<br>四 | 庚辰<br>27<br>五 | 辛巳<br>28<br>六 | 壬午<br>29<br>日 | 壬戌芒種<br>丁丑夏至 |
| 六月小 | 癸未 | 天干地支<br>西曆<br>星期 | 癸未<br>30<br>一 | 甲申<br>(7)<br>二 | 乙酉<br>2<br>三 | 丙戌<br>3<br>四 | 丁亥<br>4<br>五 | 戊子<br>5<br>六 | 己丑<br>6<br>日 | 庚寅<br>7<br>一 | 辛卯<br>8<br>二 | 壬辰<br>9<br>三 | 癸巳<br>10<br>四 | 甲午<br>11<br>五 | 乙未<br>12<br>六 | 丙申<br>13<br>日 | 丁酉<br>14<br>一 | 戊戌<br>15<br>二 | 己亥<br>16<br>三 | 庚子<br>17<br>四 | 辛丑<br>18<br>五 | 壬寅<br>19<br>六 | 癸卯<br>20<br>日 | 甲辰<br>21<br>一 | 乙巳<br>22<br>二 | 丙午<br>23<br>三 | 丁未<br>24<br>四 | 戊申<br>25<br>五 | 己酉<br>26<br>六 | 庚戌<br>27<br>日 | 辛亥<br>28<br>一 | | 癸巳小暑<br>戊申大暑 |
| 七月大 | 甲申 | 天干地支<br>西曆<br>星期 | 壬子<br>29<br>二 | 癸丑<br>30<br>三 | 甲寅<br>31<br>四 | 乙卯<br>(8)<br>五 | 丙辰<br>2<br>六 | 丁巳<br>3<br>日 | 戊午<br>4<br>一 | 己未<br>5<br>二 | 庚申<br>6<br>三 | 辛酉<br>7<br>四 | 壬戌<br>8<br>五 | 癸亥<br>9<br>六 | 甲子<br>10<br>日 | 乙丑<br>11<br>一 | 丙寅<br>12<br>二 | 丁卯<br>13<br>三 | 戊辰<br>14<br>四 | 己巳<br>15<br>五 | 庚午<br>16<br>六 | 辛未<br>17<br>日 | 壬申<br>18<br>一 | 癸酉<br>19<br>二 | 甲戌<br>20<br>三 | 乙亥<br>21<br>四 | 丙子<br>22<br>五 | 丁丑<br>23<br>六 | 戊寅<br>24<br>日 | 己卯<br>25<br>一 | 庚辰<br>26<br>二 | 辛巳<br>27<br>三 | 癸亥立秋<br>戊寅處暑 |
| 八月小 | 乙酉 | 天干地支<br>西曆<br>星期 | 壬午<br>28<br>四 | 癸未<br>29<br>五 | 甲申<br>30<br>六 | 乙酉<br>31<br>日 | 丙戌<br>(9)<br>一 | 丁亥<br>2<br>二 | 戊子<br>3<br>三 | 己丑<br>4<br>四 | 庚寅<br>5<br>五 | 辛卯<br>6<br>六 | 壬辰<br>7<br>日 | 癸巳<br>8<br>一 | 甲午<br>9<br>二 | 乙未<br>10<br>三 | 丙申<br>11<br>四 | 丁酉<br>12<br>五 | 戊戌<br>13<br>六 | 己亥<br>14<br>日 | 庚子<br>15<br>一 | 辛丑<br>16<br>二 | 壬寅<br>17<br>三 | 癸卯<br>18<br>四 | 甲辰<br>19<br>五 | 乙巳<br>20<br>六 | 丙午<br>21<br>日 | 丁未<br>22<br>一 | 戊申<br>23<br>二 | 己酉<br>24<br>三 | 庚戌<br>25<br>四 | | 癸巳白露<br>己酉秋分 |
| 九月大 | 丙戌 | 天干地支<br>西曆<br>星期 | 辛亥<br>26<br>五 | 壬子<br>27<br>六 | 癸丑<br>28<br>日 | 甲寅<br>29<br>一 | 乙卯<br>30<br>二 | 丙辰<br>(10)<br>三 | 丁巳<br>2<br>四 | 戊午<br>3<br>五 | 己未<br>4<br>六 | 庚申<br>5<br>日 | 辛酉<br>6<br>一 | 壬戌<br>7<br>二 | 癸亥<br>8<br>三 | 甲子<br>9<br>四 | 乙丑<br>10<br>五 | 丙寅<br>11<br>六 | 丁卯<br>12<br>日 | 戊辰<br>13<br>一 | 己巳<br>14<br>二 | 庚午<br>15<br>三 | 辛未<br>16<br>四 | 壬申<br>17<br>五 | 癸酉<br>18<br>六 | 甲戌<br>19<br>日 | 乙亥<br>20<br>一 | 丙子<br>21<br>二 | 丁丑<br>22<br>三 | 戊寅<br>23<br>四 | 己卯<br>24<br>五 | 庚辰<br>25<br>六 | 甲子寒露<br>己卯霜降 |
| 閏九月小 | 丙戌 | 天干地支<br>西曆<br>星期 | 辛巳<br>26<br>日 | 壬午<br>27<br>一 | 癸未<br>28<br>二 | 甲申<br>29<br>三 | 乙酉<br>30<br>四 | 丙戌<br>31<br>五 | 丁亥<br>(11)<br>六 | 戊子<br>2<br>日 | 己丑<br>3<br>一 | 庚寅<br>4<br>二 | 辛卯<br>5<br>三 | 壬辰<br>6<br>四 | 癸巳<br>7<br>五 | 甲午<br>8<br>六 | 乙未<br>9<br>日 | 丙申<br>10<br>一 | 丁酉<br>11<br>二 | 戊戌<br>12<br>三 | 己亥<br>13<br>四 | 庚子<br>14<br>五 | 辛丑<br>15<br>六 | 壬寅<br>16<br>日 | 癸卯<br>17<br>一 | 甲辰<br>18<br>二 | 乙巳<br>19<br>三 | 丙午<br>20<br>四 | 丁未<br>21<br>五 | 戊申<br>22<br>六 | 己酉<br>23<br>日 | | 甲午立冬 |
| 十月大 | 丁亥 | 天干地支<br>西曆<br>星期 | 庚戌<br>24<br>一 | 辛亥<br>25<br>二 | 壬子<br>26<br>三 | 癸丑<br>27<br>四 | 甲寅<br>28<br>五 | 乙卯<br>29<br>六 | 丙辰<br>30<br>日 | 丁巳<br>(12)<br>一 | 戊午<br>2<br>二 | 己未<br>3<br>三 | 庚申<br>4<br>四 | 辛酉<br>5<br>五 | 壬戌<br>6<br>六 | 癸亥<br>7<br>日 | 甲子<br>8<br>一 | 乙丑<br>9<br>二 | 丙寅<br>10<br>三 | 丁卯<br>11<br>四 | 戊辰<br>12<br>五 | 己巳<br>13<br>六 | 庚午<br>14<br>日 | 辛未<br>15<br>一 | 壬申<br>16<br>二 | 癸酉<br>17<br>三 | 甲戌<br>18<br>四 | 乙亥<br>19<br>五 | 丙子<br>20<br>六 | 丁丑<br>21<br>日 | 戊寅<br>22<br>一 | 己卯<br>23<br>二 | 庚戌小雪<br>乙丑大雪 |
| 十一月大 | 戊子 | 天干地支<br>西曆<br>星期 | 庚辰<br>24<br>三 | 辛巳<br>25<br>四 | 壬午<br>26<br>五 | 癸未<br>27<br>六 | 甲申<br>28<br>日 | 乙酉<br>29<br>一 | 丙戌<br>30<br>二 | 丁亥<br>31<br>三 | 戊子<br>(1)<br>四 | 己丑<br>2<br>五 | 庚寅<br>3<br>六 | 辛卯<br>4<br>日 | 壬辰<br>5<br>一 | 癸巳<br>6<br>二 | 甲午<br>7<br>三 | 乙未<br>8<br>四 | 丙申<br>9<br>五 | 丁酉<br>10<br>六 | 戊戌<br>11<br>日 | 己亥<br>12<br>一 | 庚子<br>13<br>二 | 辛丑<br>14<br>三 | 壬寅<br>15<br>四 | 癸卯<br>16<br>五 | 甲辰<br>17<br>六 | 乙巳<br>18<br>日 | 丙午<br>19<br>一 | 丁未<br>20<br>二 | 戊申<br>21<br>三 | 己酉<br>22<br>四 | 庚辰冬至<br>乙未小寒 |
| 十二月小 | 己丑 | 天干地支<br>西曆<br>星期 | 庚戌<br>23<br>五 | 辛亥<br>24<br>六 | 壬子<br>25<br>日 | 癸丑<br>26<br>一 | 甲寅<br>27<br>二 | 乙卯<br>28<br>三 | 丙辰<br>29<br>四 | 丁巳<br>30<br>五 | 戊午<br>31<br>六 | 己未<br>(2)<br>日 | 庚申<br>2<br>一 | 辛酉<br>3<br>二 | 壬戌<br>4<br>三 | 癸亥<br>5<br>四 | 甲子<br>6<br>五 | 乙丑<br>7<br>六 | 丙寅<br>8<br>日 | 丁卯<br>9<br>一 | 戊辰<br>10<br>二 | 己巳<br>11<br>三 | 庚午<br>12<br>四 | 辛未<br>13<br>五 | 壬申<br>14<br>六 | 癸酉<br>15<br>日 | 甲戌<br>16<br>一 | 乙亥<br>17<br>二 | 丙子<br>18<br>三 | 丁丑<br>19<br>四 | 戊寅<br>20<br>五 | | 庚戌大寒<br>丙寅立春 |

*《後漢書》卷四《和帝紀》載："夏四月庚午，大赦天下，改元元興。"本月無庚午，記載有誤，待考。十二月辛未（二十二日），和帝死。劉隆即位，是爲殤帝。

# 漢殤帝延平元年 安帝延平元年（丙午 馬年）公元 106 ~ 107 年

| 夏曆月序 | | 中西曆日對照 | 初一 | 初二 | 初三 | 初四 | 初五 | 初六 | 初七 | 初八 | 初九 | 初十 | 十一 | 十二 | 十三 | 十四 | 十五 | 十六 | 十七 | 十八 | 十九 | 二十 | 廿一 | 廿二 | 廿三 | 廿四 | 廿五 | 廿六 | 廿七 | 廿八 | 廿九 | 三十 | 節氣與天象 |
|---|---|---|---|---|---|---|---|---|---|---|---|---|---|---|---|---|---|---|---|---|---|---|---|---|---|---|---|---|---|---|---|---|---|
| 正月大 | 庚寅 | 天干地支 西曆 星期 | 己卯 21 六 | 庚辰 22 日 | 辛巳 23 一 | 壬午 24 二 | 癸未 25 三 | 甲申 26 四 | 乙酉 27 五 | 丙戌 28 六 | 丁亥 (3) 日 | 戊子 2 一 | 己丑 3 二 | 庚寅 4 三 | 辛卯 5 四 | 壬辰 6 五 | 癸巳 7 六 | 甲午 8 日 | 乙未 9 一 | 丙申 10 二 | 丁酉 11 三 | 戊戌 12 四 | 己亥 13 五 | 庚子 14 六 | 辛丑 15 日 | 壬寅 16 一 | 癸卯 17 二 | 甲辰 18 三 | 乙巳 19 四 | 丙午 20 五 | 丁未 21 六 | 戊申 22 日 | 辛巳雨水 丙申驚蟄 |
| 二月小 | 辛卯 | 天干地支 西曆 星期 | 己酉 23 一 | 庚戌 24 二 | 辛亥 25 三 | 壬子 26 四 | 癸丑 27 五 | 甲寅 28 六 | 乙卯 29 日 | 丙辰 30 一 | 丁巳 31 二 | 戊午 (4) 三 | 己未 2 四 | 庚申 3 五 | 辛酉 4 六 | 壬戌 5 日 | 癸亥 6 一 | 甲子 7 二 | 乙丑 8 三 | 丙寅 9 四 | 丁卯 10 五 | 戊辰 11 六 | 己巳 12 日 | 庚午 13 一 | 辛未 14 二 | 壬申 15 三 | 癸酉 16 四 | 甲戌 17 五 | 乙亥 18 六 | 丙子 19 日 | 丁丑 20 一 | | 辛亥春分 丁卯清明 |
| 三月大 | 壬辰 | 天干地支 西曆 星期 | 戊寅 21 二 | 己卯 22 三 | 庚辰 23 四 | 辛巳 24 五 | 壬午 25 六 | 癸未 26 日 | 甲申 27 一 | 乙酉 28 二 | 丙戌 29 三 | 丁亥 30 四 | 戊子 (5) 五 | 己丑 2 六 | 庚寅 3 日 | 辛卯 4 一 | 壬辰 5 二 | 癸巳 6 三 | 甲午 7 四 | 乙未 8 五 | 丙申 9 六 | 丁酉 10 日 | 戊戌 11 一 | 己亥 12 二 | 庚子 13 三 | 辛丑 14 四 | 壬寅 15 五 | 癸卯 16 六 | 甲辰 17 日 | 乙巳 18 一 | 丙午 19 二 | 丁未 20 三 | 壬午穀雨 丁酉立夏 |
| 四月小 | 癸巳 | 天干地支 西曆 星期 | 戊申 21 四 | 己酉 22 五 | 庚戌 23 六 | 辛亥 24 日 | 壬子 25 一 | 癸丑 26 二 | 甲寅 27 三 | 乙卯 28 四 | 丙辰 29 五 | 丁巳 30 六 | 戊午 31 日 | 己未 (6) 一 | 庚申 2 二 | 辛酉 3 三 | 壬戌 4 四 | 癸亥 5 五 | 甲子 6 六 | 乙丑 7 日 | 丙寅 8 一 | 丁卯 9 二 | 戊辰 10 三 | 己巳 11 四 | 庚午 12 五 | 辛未 13 六 | 壬申 14 日 | 癸酉 15 一 | 甲戌 16 二 | 乙亥 17 三 | 丙子 18 四 | | 壬子小滿 丁卯芒種 |
| 五月大 | 甲午 | 天干地支 西曆 星期 | 丁丑 19 五 | 戊寅 20 六 | 己卯 21 日 | 庚辰 22 一 | 辛巳 23 二 | 壬午 24 三 | 癸未 25 四 | 甲申 26 五 | 乙酉 27 六 | 丙戌 28 日 | 丁亥 29 一 | 戊子 30 二 | 己丑 (7) 三 | 庚寅 2 四 | 辛卯 3 五 | 壬辰 4 六 | 癸巳 5 日 | 甲午 6 一 | 乙未 7 二 | 丙申 8 三 | 丁酉 9 四 | 戊戌 10 五 | 己亥 11 六 | 庚子 12 日 | 辛丑 13 一 | 壬寅 14 二 | 癸卯 15 三 | 甲辰 16 四 | 乙巳 17 五 | 丙午 18 六 | 癸未夏至 戊戌小暑 |
| 六月小 | 乙未 | 天干地支 西曆 星期 | 丁未 19 日 | 戊申 20 一 | 己酉 21 二 | 庚戌 22 三 | 辛亥 23 四 | 壬子 24 五 | 癸丑 25 六 | 甲寅 26 日 | 乙卯 27 一 | 丙辰 28 二 | 丁巳 29 三 | 戊午 30 四 | 己未 31 五 | 庚申 (8) 六 | 辛酉 2 日 | 壬戌 3 一 | 癸亥 4 二 | 甲子 5 三 | 乙丑 6 四 | 丙寅 7 五 | 丁卯 8 六 | 戊辰 9 日 | 己巳 10 一 | 庚午 11 二 | 辛未 12 三 | 壬申 13 四 | 癸酉 14 五 | 甲戌 15 六 | 乙亥 16 日 | | 癸丑大暑 戊辰立秋 |
| 七月大 | 丙申 | 天干地支 西曆 星期 | 丙子 17 一 | 丁丑 18 二 | 戊寅 19 三 | 己卯 20 四 | 庚辰 21 五 | 辛巳 22 六 | 壬午 23 日 | 癸未 24 一 | 甲申 25 二 | 乙酉 26 三 | 丙戌 27 四 | 丁亥 28 五 | 戊子 29 六 | 己丑 30 日 | 庚寅 31 一 | 辛卯 (9) 二 | 壬辰 2 三 | 癸巳 3 四 | 甲午 4 五 | 乙未 5 六 | 丙申 6 日 | 丁酉 7 一 | 戊戌 8 二 | 己亥 9 三 | 庚子 10 四 | 辛丑 11 五 | 壬寅 12 六 | 癸卯 13 日 | 甲辰 14 一 | 乙巳 15 二 | 甲申處暑 己亥白露 |
| 八月小 | 丁酉 | 天干地支 西曆 星期 | 丙午 16 三 | 丁未 17 四 | 戊申 18 五 | 己酉 19 六 | 庚戌 20 日 | 辛亥 21 一 | 壬子 22 二 | 癸丑 23 三 | 甲寅 24 四 | 乙卯 25 五 | 丙辰 26 六 | 丁巳 27 日 | 戊午 28 一 | 己未 29 二 | 庚申 30 三 | 辛酉 (10) 四 | 壬戌 2 五 | 癸亥 3 六 | 甲子 4 日 | 乙丑 5 一 | 丙寅 6 二 | 丁卯 7 三 | 戊辰 8 四 | 己巳 9 五 | 庚午 10 六 | 辛未 11 日 | 壬申 12 一 | 癸酉 13 二 | 甲戌 14 三 | | 甲寅秋分 己巳寒露 |
| 九月大 | 戊戌 | 天干地支 西曆 星期 | 乙亥 15 四 | 丙子 16 五 | 丁丑 17 六 | 戊寅 18 日 | 己卯 19 一 | 庚辰 20 二 | 辛巳 21 三 | 壬午 22 四 | 癸未 23 五 | 甲申 24 六 | 乙酉 25 日 | 丙戌 26 一 | 丁亥 27 二 | 戊子 28 三 | 己丑 29 四 | 庚寅 30 五 | 辛卯 31 六 | 壬辰 (11) 日 | 癸巳 2 一 | 甲午 3 二 | 乙未 4 三 | 丙申 5 四 | 丁酉 6 五 | 戊戌 7 六 | 己亥 8 日 | 庚子 9 一 | 辛丑 10 二 | 壬寅 11 三 | 癸卯 12 四 | 甲辰 13 五 | 甲申霜降 庚子立冬 |
| 十月小 | 己亥 | 天干地支 西曆 星期 | 乙巳 14 六 | 丙午 15 日 | 丁未 16 一 | 戊申 17 二 | 己酉 18 三 | 庚戌 19 四 | 辛亥 20 五 | 壬子 21 六 | 癸丑 22 日 | 甲寅 23 一 | 乙卯 24 二 | 丙辰 25 三 | 丁巳 26 四 | 戊午 27 五 | 己未 28 六 | 庚申 29 日 | 辛酉 30 一 | 壬戌 (12) 二 | 癸亥 2 三 | 甲子 3 四 | 乙丑 4 五 | 丙寅 5 六 | 丁卯 6 日 | 戊辰 7 一 | 己巳 8 二 | 庚午 9 三 | 辛未 10 四 | 壬申 11 五 | 癸酉 12 六 | | 乙卯小雪 庚午大雪 |
| 十一月大 | 庚子 | 天干地支 西曆 星期 | 甲戌 13 日 | 乙亥 14 一 | 丙子 15 二 | 丁丑 16 三 | 戊寅 17 四 | 己卯 18 五 | 庚辰 19 六 | 辛巳 20 日 | 壬午 21 一 | 癸未 22 二 | 甲申 23 三 | 乙酉 24 四 | 丙戌 25 五 | 丁亥 26 六 | 戊子 27 日 | 己丑 28 一 | 庚寅 29 二 | 辛卯 30 三 | 壬辰 31 四 | 癸巳 (1) 五 | 甲午 2 六 | 乙未 3 日 | 丙申 4 一 | 丁酉 5 二 | 戊戌 6 三 | 己亥 7 四 | 庚子 8 五 | 辛丑 9 六 | 壬寅 10 日 | 癸卯 11 一 | 乙酉冬至 庚子小寒 |
| 十二月小 | 辛丑 | 天干地支 西曆 星期 | 甲辰 12 二 | 乙巳 13 三 | 丙午 14 四 | 丁未 15 五 | 戊申 16 六 | 己酉 17 日 | 庚戌 18 一 | 辛亥 19 二 | 壬子 20 三 | 癸丑 21 四 | 甲寅 22 五 | 乙卯 23 六 | 丙辰 24 日 | 丁巳 25 一 | 戊午 26 二 | 己未 27 三 | 庚申 28 四 | 辛酉 29 五 | 壬戌 30 六 | 癸亥 31 日 | 甲子 (2) 一 | 乙丑 2 二 | 丙寅 3 三 | 丁卯 4 四 | 戊辰 5 五 | 己巳 6 六 | 庚午 7 日 | 辛未 8 一 | 壬申 9 二 | | 丙辰大寒 辛未立春 |

* 正月己卯（初一），改元延平。八月辛亥（初六），殤帝死。癸丑（初八），劉祜即位，是爲安帝。

# 漢安帝永初元年（丁未 羊年）公元 107 ~ 108 年

| 夏曆月序 | | 中西曆日對照 | 初一 | 初二 | 初三 | 初四 | 初五 | 初六 | 初七 | 初八 | 初九 | 初十 | 十一 | 十二 | 十三 | 十四 | 十五 | 十六 | 十七 | 十八 | 十九 | 二十 | 二一 | 二二 | 二三 | 二四 | 二五 | 二六 | 二七 | 二八 | 二九 | 三十 | 節氣與天象 |
|---|---|---|---|---|---|---|---|---|---|---|---|---|---|---|---|---|---|---|---|---|---|---|---|---|---|---|---|---|---|---|---|---|---|
| 正月大 | 壬寅 | 干支<br>西曆<br>星期 | 癸酉10三 | 甲戌11四 | 乙亥12五 | 丙子13六 | 丁丑14日 | 戊寅15一 | 己卯16二 | 庚辰17三 | 辛巳18四 | 壬午19五 | 癸未20六 | 甲申21日 | 乙酉22一 | 丙戌23二 | 丁亥24三 | 戊子25四 | 己丑26五 | 庚寅27六 | 辛卯28日 | 壬辰(3)一 | 癸巳2二 | 甲午3三 | 乙未4四 | 丙申5五 | 丁酉6六 | 戊戌7日 | 己亥8一 | 庚子9二 | 辛丑10三 | 壬寅11四 | 丙戌雨水<br>辛丑驚蟄 |
| 二月小 | 癸卯 | 干支<br>西曆<br>星期 | 癸卯12五 | 甲辰13六 | 乙巳14日 | 丙午15一 | 丁未16二 | 戊申17三 | 己酉18四 | 庚戌19五 | 辛亥20六 | 壬子21日 | 癸丑22一 | 甲寅23二 | 乙卯24三 | 丙辰25四 | 丁巳26五 | 戊午27六 | 己未28日 | 庚申29一 | 辛酉30二 | 壬戌31三 | 癸亥(4)四 | 甲子2五 | 乙丑3六 | 丙寅4日 | 丁卯5一 | 戊辰6二 | 己巳7三 | 庚午8四 | 辛未9五 | | 丁巳春分 |
| 三月大 | 甲辰 | 干支<br>西曆<br>星期 | 壬申10六 | 癸酉11日 | 甲戌12一 | 乙亥13二 | 丙子14三 | 丁丑15四 | 戊寅16五 | 己卯17六 | 庚辰18日 | 辛巳19一 | 壬午20二 | 癸未21三 | 甲申22四 | 乙酉23五 | 丙戌24六 | 丁亥25日 | 戊子26一 | 己丑27二 | 庚寅28三 | 辛卯29四 | 壬辰30五 | 癸巳(5)六 | 甲午2日 | 乙未3一 | 丙申4二 | 丁酉5三 | 戊戌6四 | 己亥7五 | 庚子8六 | 辛丑9日 | 壬申清明<br>丁亥穀雨<br>癸酉日食 |
| 四月大 | 乙巳 | 干支<br>西曆<br>星期 | 壬寅10一 | 癸卯11二 | 甲辰12三 | 乙巳13四 | 丙午14五 | 丁未15六 | 戊申16日 | 己酉17一 | 庚戌18二 | 辛亥19三 | 壬子20四 | 癸丑21五 | 甲寅22六 | 乙卯23日 | 丙辰24一 | 丁巳25二 | 戊午26三 | 己未27四 | 庚申28五 | 辛酉29六 | 壬戌30日 | 癸亥31一 | 甲子(6)二 | 乙丑2三 | 丙寅3四 | 丁卯4五 | 戊辰5六 | 己巳6日 | 庚午7一 | 辛未8二 | 壬寅立夏<br>丁巳小滿 |
| 五月小 | 丙午 | 干支<br>西曆<br>星期 | 壬申9三 | 癸酉10四 | 甲戌11五 | 乙亥12六 | 丙子13日 | 丁丑14一 | 戊寅15二 | 己卯16三 | 庚辰17四 | 辛巳18五 | 壬午19六 | 癸未20日 | 甲申21一 | 乙酉22二 | 丙戌23三 | 丁亥24四 | 戊子25五 | 己丑26六 | 庚寅27日 | 辛卯28一 | 壬辰29二 | 癸巳30三 | 甲午(7)四 | 乙未2五 | 丙申3六 | 丁酉4日 | 戊戌5一 | 己亥6二 | 庚子7三 | | 癸酉芒種<br>戊子夏至 |
| 六月大 | 丁未 | 干支<br>西曆<br>星期 | 辛丑8四 | 壬寅9五 | 癸卯10六 | 甲辰11日 | 乙巳12一 | 丙午13二 | 丁未14三 | 戊申15四 | 己酉16五 | 庚戌17六 | 辛亥18日 | 壬子19一 | 癸丑20二 | 甲寅21三 | 乙卯22四 | 丙辰23五 | 丁巳24六 | 戊午25日 | 己未26一 | 庚申27二 | 辛酉28三 | 壬戌29四 | 癸亥30五 | 甲子31六 | 乙丑(8)日 | 丙寅2一 | 丁卯3二 | 戊辰4三 | 己巳5四 | 庚午6五 | 癸卯小暑<br>戊午大暑 |
| 七月小 | 戊申 | 干支<br>西曆<br>星期 | 辛未7六 | 壬申8日 | 癸酉9一 | 甲戌10二 | 乙亥11三 | 丙子12四 | 丁丑13五 | 戊寅14六 | 己卯15日 | 庚辰16一 | 辛巳17二 | 壬午18三 | 癸未19四 | 甲申20五 | 乙酉21六 | 丙戌22日 | 丁亥23一 | 戊子24二 | 己丑25三 | 庚寅26四 | 辛卯27五 | 壬辰28六 | 癸巳29日 | 甲午30一 | 乙未31二 | 丙申(9)三 | 丁酉2四 | 戊戌3五 | 己亥4六 | | 甲戌立秋<br>己丑處暑 |
| 八月大 | 己酉 | 干支<br>西曆<br>星期 | 庚子5日 | 辛丑6一 | 壬寅7二 | 癸卯8三 | 甲辰9四 | 乙巳10五 | 丙午11六 | 丁未12日 | 戊申13一 | 己酉14二 | 庚戌15三 | 辛亥16四 | 壬子17五 | 癸丑18六 | 甲寅19日 | 乙卯20一 | 丙辰21二 | 丁巳22三 | 戊午23四 | 己未24五 | 庚申25六 | 辛酉26日 | 壬戌27一 | 癸亥28二 | 甲子29三 | 乙丑30四 | 丙寅(10)五 | 丁卯2六 | 戊辰3日 | 己巳4一 | 甲辰白露<br>己未秋分 |
| 九月小 | 庚戌 | 干支<br>西曆<br>星期 | 庚午5二 | 辛未6三 | 壬申7四 | 癸酉8五 | 甲戌9六 | 乙亥10日 | 丙子11一 | 丁丑12二 | 戊寅13三 | 己卯14四 | 庚辰15五 | 辛巳16六 | 壬午17日 | 癸未18一 | 甲申19二 | 乙酉20三 | 丙戌21四 | 丁亥22五 | 戊子23六 | 己丑24日 | 庚寅25一 | 辛卯26二 | 壬辰27三 | 癸巳28四 | 甲午29五 | 乙未30六 | 丙申31日 | 丁酉(11)一 | 戊戌2二 | | 甲戌寒露<br>庚寅霜降 |
| 十月大 | 辛亥 | 干支<br>西曆<br>星期 | 己亥3三 | 庚子4四 | 辛丑5五 | 壬寅6六 | 癸卯7日 | 甲辰8一 | 乙巳9二 | 丙午10三 | 丁未11四 | 戊申12五 | 己酉13六 | 庚戌14日 | 辛亥15一 | 壬子16二 | 癸丑17三 | 甲寅18四 | 乙卯19五 | 丙辰20六 | 丁巳21日 | 戊午22一 | 己未23二 | 庚申24三 | 辛酉25四 | 壬戌26五 | 癸亥27六 | 甲子28日 | 乙丑29一 | 丙寅30二 | 丁卯(12)三 | 戊辰2四 | 乙巳立冬<br>庚申小雪 |
| 十一月小 | 壬子 | 干支<br>西曆<br>星期 | 己巳3五 | 庚午4六 | 辛未5日 | 壬申6一 | 癸酉7二 | 甲戌8三 | 乙亥9四 | 丙子10五 | 丁丑11六 | 戊寅12日 | 己卯13一 | 庚辰14二 | 辛巳15三 | 壬午16四 | 癸未17五 | 甲申18六 | 乙酉19日 | 丙戌20一 | 丁亥21二 | 戊子22三 | 己丑23四 | 庚寅24五 | 辛卯25六 | 壬辰26日 | 癸巳27一 | 甲午28二 | 乙未29三 | 丙申30四 | 丁酉31五 | | 乙亥大雪<br>辛卯冬至 |
| 十二月大 | 癸丑 | 干支<br>西曆<br>星期 | 戊戌(1)六 | 己亥2日 | 庚子3一 | 辛丑4二 | 壬寅5三 | 癸卯6四 | 甲辰7五 | 乙巳8六 | 丙午9日 | 丁未10一 | 戊申11二 | 己酉12三 | 庚戌13四 | 辛亥14五 | 壬子15六 | 癸丑16日 | 甲寅17一 | 乙卯18二 | 丙辰19三 | 丁巳20四 | 戊午21五 | 己未22六 | 庚申23日 | 辛酉24一 | 壬戌25二 | 癸亥26三 | 甲子27四 | 乙丑28五 | 丙寅29六 | 丁卯30日 | 丙午小寒<br>辛酉大寒 |

* 正月癸酉（初一），改元永初。

# 漢安帝永初二年（戊申 猴年）公元108～109年

| 夏曆月序 | | 中西曆日對照 | 初一 | 初二 | 初三 | 初四 | 初五 | 初六 | 初七 | 初八 | 初九 | 初十 | 十一 | 十二 | 十三 | 十四 | 十五 | 十六 | 十七 | 十八 | 十九 | 二十 | 二一 | 二二 | 二三 | 二四 | 二五 | 二六 | 二七 | 二八 | 二九 | 三十 | 節氣與天象 |
|---|---|---|---|---|---|---|---|---|---|---|---|---|---|---|---|---|---|---|---|---|---|---|---|---|---|---|---|---|---|---|---|---|---|
| 正月小 | 甲寅 | 天干 地支 西曆 星期 | 戊辰 31 一 | 己巳 (2) 二 | 庚午 2 三 | 辛未 3 四 | 壬申 4 五 | 癸酉 5 六 | 甲戌 6 日 | 乙亥 7 一 | 丙子 8 二 | 丁丑 9 三 | 戊寅 10 四 | 己卯 11 五 | 庚辰 12 六 | 辛巳 13 日 | 壬午 14 一 | 癸未 15 二 | 甲申 16 三 | 乙酉 17 四 | 丙戌 18 五 | 丁亥 19 六 | 戊子 20 日 | 己丑 21 一 | 庚寅 22 二 | 辛卯 23 三 | 壬辰 24 四 | 癸巳 25 五 | 甲午 26 六 | 乙未 27 日 | 丙申 28 一 | | 丙子立春 辛卯雨水 |
| 二月大 | 乙卯 | 天干 地支 西曆 星期 | 丁酉 29 二 | 戊戌 (3) 三 | 己亥 2 四 | 庚子 3 五 | 辛丑 4 六 | 壬寅 5 日 | 癸卯 6 一 | 甲辰 7 二 | 乙巳 8 三 | 丙午 9 四 | 丁未 10 五 | 戊申 11 六 | 己酉 12 日 | 庚戌 13 一 | 辛亥 14 二 | 壬子 15 三 | 癸丑 16 四 | 甲寅 17 五 | 乙卯 18 六 | 丙辰 19 日 | 丁巳 20 一 | 戊午 21 二 | 己未 22 三 | 庚申 23 四 | 辛酉 24 五 | 壬戌 25 六 | 癸亥 26 日 | 甲子 27 一 | 乙丑 28 二 | 丙寅 29 三 | 丁未驚蟄 壬戌春分 |
| 三月小 | 丙辰 | 天干 地支 西曆 星期 | 丁卯 30 四 | 戊辰 31 五 | 己巳 (4) 六 | 庚午 2 日 | 辛未 3 一 | 壬申 4 二 | 癸酉 5 三 | 甲戌 6 四 | 乙亥 7 五 | 丙子 8 六 | 丁丑 9 日 | 戊寅 10 一 | 己卯 11 二 | 庚辰 12 三 | 辛巳 13 四 | 壬午 14 五 | 癸未 15 六 | 甲申 16 日 | 乙酉 17 一 | 丙戌 18 二 | 丁亥 19 三 | 戊子 20 四 | 己丑 21 五 | 庚寅 22 六 | 辛卯 23 日 | 壬辰 24 一 | 癸巳 25 二 | 甲午 26 三 | 乙未 27 四 | | 丁丑清明 壬辰穀雨 |
| 四月大 | 丁巳 | 天干 地支 西曆 星期 | 丙申 28 五 | 丁酉 29 六 | 戊戌 30 日 | 己亥 (5) 一 | 庚子 2 二 | 辛丑 3 三 | 壬寅 4 四 | 癸卯 5 五 | 甲辰 6 六 | 乙巳 7 日 | 丙午 8 一 | 丁未 9 二 | 戊申 10 三 | 己酉 11 四 | 庚戌 12 五 | 辛亥 13 六 | 壬子 14 日 | 癸丑 15 一 | 甲寅 16 二 | 乙卯 17 三 | 丙辰 18 四 | 丁巳 19 五 | 戊午 20 六 | 己未 21 日 | 庚申 22 一 | 辛酉 23 二 | 壬戌 24 三 | 癸亥 25 四 | 甲子 26 五 | 乙丑 27 六 | 丁未立夏 癸亥小滿 |
| 五月小 | 戊午 | 天干 地支 西曆 星期 | 丙寅 28 日 | 丁卯 29 一 | 戊辰 30 二 | 己巳 31 三 | 庚午 (6) 四 | 辛未 2 五 | 壬申 3 六 | 癸酉 4 日 | 甲戌 5 一 | 乙亥 6 二 | 丙子 7 三 | 丁丑 8 四 | 戊寅 9 五 | 己卯 10 六 | 庚辰 11 日 | 辛巳 12 一 | 壬午 13 二 | 癸未 14 三 | 甲申 15 四 | 乙酉 16 五 | 丙戌 17 六 | 丁亥 18 日 | 戊子 19 一 | 己丑 20 二 | 庚寅 21 三 | 辛卯 22 四 | 壬辰 23 五 | 癸巳 24 六 | 甲午 25 日 | | 戊寅芒種 癸巳夏至 |
| 六月大 | 己未 | 天干 地支 西曆 星期 | 乙未 26 一 | 丙申 27 二 | 丁酉 28 三 | 戊戌 29 四 | 己亥 30 五 | 庚子 (7) 六 | 辛丑 2 日 | 壬寅 3 一 | 癸卯 4 二 | 甲辰 5 三 | 乙巳 6 四 | 丙午 7 五 | 丁未 8 六 | 戊申 9 日 | 己酉 10 一 | 庚戌 11 二 | 辛亥 12 三 | 壬子 13 四 | 癸丑 14 五 | 甲寅 15 六 | 乙卯 16 日 | 丙辰 17 一 | 丁巳 18 二 | 戊午 19 三 | 己未 20 四 | 庚申 21 五 | 辛酉 22 六 | 壬戌 23 日 | 癸亥 24 一 | 甲子 25 二 | 戊申小暑 甲子大暑 |
| 七月大 | 庚申 | 天干 地支 西曆 星期 | 乙丑 26 三 | 丙寅 27 四 | 丁卯 28 五 | 戊辰 29 六 | 己巳 30 日 | 庚午 31 一 | 辛未 (8) 二 | 壬申 2 三 | 癸酉 3 四 | 甲戌 4 五 | 乙亥 5 六 | 丙子 6 日 | 丁丑 7 一 | 戊寅 8 二 | 己卯 9 三 | 庚辰 10 四 | 辛巳 11 五 | 壬午 12 六 | 癸未 13 日 | 甲申 14 一 | 乙酉 15 二 | 丙戌 16 三 | 丁亥 17 四 | 戊子 18 五 | 己丑 19 六 | 庚寅 20 日 | 辛卯 21 一 | 壬辰 22 二 | 癸巳 23 三 | 甲午 24 四 | 己卯立秋 甲午處暑 |
| 閏七月小 | 庚申 | 天干 地支 西曆 星期 | 乙未 25 五 | 丙申 26 六 | 丁酉 27 日 | 戊戌 28 一 | 己亥 29 二 | 庚子 30 三 | 辛丑 31 四 | 壬寅 (9) 五 | 癸卯 2 六 | 甲辰 3 日 | 乙巳 4 一 | 丙午 5 二 | 丁未 6 三 | 戊申 7 四 | 己酉 8 五 | 庚戌 9 六 | 辛亥 10 日 | 壬子 11 一 | 癸丑 12 二 | 甲寅 13 三 | 乙卯 14 四 | 丙辰 15 五 | 丁巳 16 六 | 戊午 17 日 | 己未 18 一 | 庚申 19 二 | 辛酉 20 三 | 壬戌 21 四 | 癸亥 22 五 | | 己酉白露 |
| 八月大 | 辛酉 | 天干 地支 西曆 星期 | 甲子 23 六 | 乙丑 24 日 | 丙寅 25 一 | 丁卯 26 二 | 戊辰 27 三 | 己巳 28 四 | 庚午 29 五 | 辛未 30 六 | 壬申 (10) 日 | 癸酉 2 一 | 甲戌 3 二 | 乙亥 4 三 | 丙子 5 四 | 丁丑 6 五 | 戊寅 7 六 | 己卯 8 日 | 庚辰 9 一 | 辛巳 10 二 | 壬午 11 三 | 癸未 12 四 | 甲申 13 五 | 乙酉 14 六 | 丙戌 15 日 | 丁亥 16 一 | 戊子 17 二 | 己丑 18 三 | 庚寅 19 四 | 辛卯 20 五 | 壬辰 21 六 | 癸巳 22 日 | 甲子秋分 庚辰寒露 |
| 九月小 | 壬戌 | 天干 地支 西曆 星期 | 甲午 23 一 | 乙未 24 二 | 丙申 25 三 | 丁酉 26 四 | 戊戌 27 五 | 己亥 28 六 | 庚子 29 日 | 辛丑 30 一 | 壬寅 31 二 | 癸卯 (11) 三 | 甲辰 2 四 | 乙巳 3 五 | 丙午 4 六 | 丁未 5 日 | 戊申 6 一 | 己酉 7 二 | 庚戌 8 三 | 辛亥 9 四 | 壬子 10 五 | 癸丑 11 六 | 甲寅 12 日 | 乙卯 13 一 | 丙辰 14 二 | 丁巳 15 三 | 戊午 16 四 | 己未 17 五 | 庚申 18 六 | 辛酉 19 日 | 壬戌 20 一 | | 乙未霜降 庚戌立冬 |
| 十月大 | 癸亥 | 天干 地支 西曆 星期 | 癸亥 21 二 | 甲子 22 三 | 乙丑 23 四 | 丙寅 24 五 | 丁卯 25 六 | 戊辰 26 日 | 己巳 27 一 | 庚午 28 二 | 辛未 29 三 | 壬申 30 四 | 癸酉 (12) 五 | 甲戌 2 六 | 乙亥 3 日 | 丙子 4 一 | 丁丑 5 二 | 戊寅 6 三 | 己卯 7 四 | 庚辰 8 五 | 辛巳 9 六 | 壬午 10 日 | 癸未 11 一 | 甲申 12 二 | 乙酉 13 三 | 丙戌 14 四 | 丁亥 15 五 | 戊子 16 六 | 己丑 17 日 | 庚寅 18 一 | 辛卯 19 二 | 壬辰 20 三 | 乙丑小雪 辛巳大雪 |
| 十一月小 | 甲子 | 天干 地支 西曆 星期 | 癸巳 21 四 | 甲午 22 五 | 乙未 23 六 | 丙申 24 日 | 丁酉 25 一 | 戊戌 26 二 | 己亥 27 三 | 庚子 28 四 | 辛丑 29 五 | 壬寅 30 六 | 癸卯 31 日 | 甲辰 (1) 一 | 乙巳 2 二 | 丙午 3 三 | 丁未 4 四 | 戊申 5 五 | 己酉 6 六 | 庚戌 7 日 | 辛亥 8 一 | 壬子 9 二 | 癸丑 10 三 | 甲寅 11 四 | 乙卯 12 五 | 丙辰 13 六 | 丁巳 14 日 | 戊午 15 一 | 己未 16 二 | 庚申 17 三 | 辛酉 18 四 | | 丙申冬至 辛亥小寒 |
| 十二月大 | 乙丑 | 天干 地支 西曆 星期 | 壬戌 19 五 | 癸亥 20 六 | 甲子 21 日 | 乙丑 22 一 | 丙寅 23 二 | 丁卯 24 三 | 戊辰 25 四 | 己巳 26 五 | 庚午 27 六 | 辛未 28 日 | 壬申 29 一 | 癸酉 30 二 | 甲戌 31 三 | 乙亥 (2) 四 | 丙子 2 五 | 丁丑 3 六 | 戊寅 4 日 | 己卯 5 一 | 庚辰 6 二 | 辛巳 7 三 | 壬午 8 四 | 癸未 9 五 | 甲申 10 六 | 乙酉 11 日 | 丙戌 12 一 | 丁亥 13 二 | 戊子 14 三 | 己丑 15 四 | 庚寅 16 五 | 辛卯 17 六 | 丙寅大寒 辛巳立春 |

# 漢安帝永初三年（己酉 鷄年）公元 109 ~ 110 年

| 夏曆月序 | | 中西曆日對照 | 初一 | 初二 | 初三 | 初四 | 初五 | 初六 | 初七 | 初八 | 初九 | 初十 | 十一 | 十二 | 十三 | 十四 | 十五 | 十六 | 十七 | 十八 | 十九 | 二十 | 二一 | 二二 | 二三 | 二四 | 二五 | 二六 | 二七 | 二八 | 二九 | 三十 | 節氣與天象 |
|---|---|---|---|---|---|---|---|---|---|---|---|---|---|---|---|---|---|---|---|---|---|---|---|---|---|---|---|---|---|---|---|---|---|
| 正月小 | 丙寅 | 天干地支<br>西曆<br>星期 | 壬辰18日 | 癸巳19一 | 甲午20二 | 乙未21三 | 丙申22四 | 丁酉23五 | 戊戌24六 | 己亥25日 | 庚子26一 | 辛丑27二 | 壬寅28三 | 癸卯(3)四 | 甲辰2五 | 乙巳3六 | 丙午4日 | 丁未5一 | 戊申6二 | 己酉7三 | 庚戌8四 | 辛亥9五 | 壬子10六 | 癸丑11日 | 甲寅12一 | 乙卯13二 | 丙辰14三 | 丁巳15四 | 戊午16五 | 己未17六 | 庚申18日 | | 丁酉雨水<br>壬子驚蟄 |
| 二月大 | 丁卯 | 天干地支<br>西曆<br>星期 | 辛酉19一 | 壬戌20二 | 癸亥21三 | 甲子22四 | 乙丑23五 | 丙寅24六 | 丁卯25日 | 戊辰26一 | 己巳27二 | 庚午28三 | 辛未29四 | 壬申30五 | 癸酉31六 | 甲戌(4)日 | 乙亥2一 | 丙子3二 | 丁丑4三 | 戊寅5四 | 己卯6五 | 庚辰7六 | 辛巳8日 | 壬午9一 | 癸未10二 | 甲申11三 | 乙酉12四 | 丙戌13五 | 丁亥14六 | 戊子15日 | 己丑16一 | 庚寅17二 | 丁卯春分<br>壬午清明 |
| 三月小 | 戊辰 | 天干地支<br>西曆<br>星期 | 辛卯18三 | 壬辰19四 | 癸巳20五 | 甲午21六 | 乙未22日 | 丙申23一 | 丁酉24二 | 戊戌25三 | 己亥26四 | 庚子27五 | 辛丑28六 | 壬寅29日 | 癸卯30一 | 甲辰(5)二 | 乙巳2三 | 丙午3四 | 丁未4五 | 戊申5六 | 己酉6日 | 庚戌7一 | 辛亥8二 | 壬子9三 | 癸丑10四 | 甲寅11五 | 乙卯12六 | 丙辰13日 | 丁巳14一 | 戊午15二 | 己未16三 | | 戊戌穀雨<br>癸丑立夏 |
| 四月大 | 己巳 | 天干地支<br>西曆<br>星期 | 庚申17四 | 辛酉18五 | 壬戌19六 | 癸亥20日 | 甲子21一 | 乙丑22二 | 丙寅23三 | 丁卯24四 | 戊辰25五 | 己巳26六 | 庚午27日 | 辛未28一 | 壬申29二 | 癸酉30三 | 甲戌31四 | 乙亥(6)五 | 丙子2六 | 丁丑3日 | 戊寅4一 | 己卯5二 | 庚辰6三 | 辛巳7四 | 壬午8五 | 癸未9六 | 甲申10日 | 乙酉11一 | 丙戌12二 | 丁亥13三 | 戊子14四 | 己丑15五 | 戊辰小滿<br>癸未芒種 |
| 五月小 | 庚午 | 天干地支<br>西曆<br>星期 | 庚寅16六 | 辛卯17日 | 壬辰18一 | 癸巳19二 | 甲午20三 | 乙未21四 | 丙申22五 | 丁酉23六 | 戊戌24日 | 己亥25一 | 庚子26二 | 辛丑27三 | 壬寅28四 | 癸卯29五 | 甲辰30六 | 乙巳(7)日 | 丙午2一 | 丁未3二 | 戊申4三 | 己酉5四 | 庚戌6五 | 辛亥7六 | 壬子8日 | 癸丑9一 | 甲寅10二 | 乙卯11三 | 丙辰12四 | 丁巳13五 | 戊午14六 | | 戊戌夏至<br>甲寅小暑 |
| 六月大 | 辛未 | 天干地支<br>西曆<br>星期 | 己未15日 | 庚申16一 | 辛酉17二 | 壬戌18三 | 癸亥19四 | 甲子20五 | 乙丑21六 | 丙寅22日 | 丁卯23一 | 戊辰24二 | 己巳25三 | 庚午26四 | 辛未27五 | 壬申28六 | 癸酉29日 | 甲戌30一 | 乙亥31二 | 丙子(8)三 | 丁丑2四 | 戊寅3五 | 己卯4六 | 庚辰5日 | 辛巳6一 | 壬午7二 | 癸未8三 | 甲申9四 | 乙酉10五 | 丙戌11六 | 丁亥12日 | 戊子13一 | 己巳大暑<br>甲申立秋 |
| 七月小 | 壬申 | 天干地支<br>西曆<br>星期 | 己丑14二 | 庚寅15三 | 辛卯16四 | 壬辰17五 | 癸巳18六 | 甲午19日 | 乙未20一 | 丙申21二 | 丁酉22三 | 戊戌23四 | 己亥24五 | 庚子25六 | 辛丑26日 | 壬寅27一 | 癸卯28二 | 甲辰29三 | 乙巳30四 | 丙午31五 | 丁未(9)六 | 戊申2日 | 己酉3一 | 庚戌4二 | 辛亥5三 | 壬子6四 | 癸丑7五 | 甲寅8六 | 乙卯9日 | 丙辰10一 | 丁巳11二 | | 己亥處暑<br>甲寅白露 |
| 八月大 | 癸酉 | 天干地支<br>西曆<br>星期 | 戊午12三 | 己未13四 | 庚申14五 | 辛酉15六 | 壬戌16日 | 癸亥17一 | 甲子18二 | 乙丑19三 | 丙寅20四 | 丁卯21五 | 戊辰22六 | 己巳23日 | 庚午24一 | 辛未25二 | 壬申26三 | 癸酉27四 | 甲戌28五 | 乙亥29六 | 丙子30日 | 丁丑(10)一 | 戊寅2二 | 己卯3三 | 庚辰4四 | 辛巳5五 | 壬午6六 | 癸未7日 | 甲申8一 | 乙酉9二 | 丙戌10三 | 丁亥11四 | 庚午秋分<br>乙酉寒露 |
| 九月小 | 甲戌 | 天干地支<br>西曆<br>星期 | 戊子12五 | 己丑13六 | 庚寅14日 | 辛卯15一 | 壬辰16二 | 癸巳17三 | 甲午18四 | 乙未19五 | 丙申20六 | 丁酉21日 | 戊戌22一 | 己亥23二 | 庚子24三 | 辛丑25四 | 壬寅26五 | 癸卯27六 | 甲辰28日 | 乙巳29一 | 丙午30二 | 丁未31三 | 戊申(11)四 | 己酉2五 | 庚戌3六 | 辛亥4日 | 壬子5一 | 癸丑6二 | 甲寅7三 | 乙卯8四 | 丙辰9五 | | 庚子霜降<br>乙卯立冬 |
| 十月大 | 乙亥 | 天干地支<br>西曆<br>星期 | 丁巳10六 | 戊午11日 | 己未12一 | 庚申13二 | 辛酉14三 | 壬戌15四 | 癸亥16五 | 甲子17六 | 乙丑18日 | 丙寅19一 | 丁卯20二 | 戊辰21三 | 己巳22四 | 庚午23五 | 辛未24六 | 壬申25日 | 癸酉26一 | 甲戌27二 | 乙亥28三 | 丙子29四 | 丁丑30五 | 戊寅(12)六 | 己卯2日 | 庚辰3一 | 辛巳4二 | 壬午5三 | 癸未6四 | 甲申7五 | 乙酉8六 | 丙戌9日 | 辛未小雪<br>丙戌大雪 |
| 十一月大 | 丙子 | 天干地支<br>西曆<br>星期 | 丁亥10一 | 戊子11二 | 己丑12三 | 庚寅13四 | 辛卯14五 | 壬辰15六 | 癸巳16日 | 甲午17一 | 乙未18二 | 丙申19三 | 丁酉20四 | 戊戌21五 | 己亥22六 | 庚子23日 | 辛丑24一 | 壬寅25二 | 癸卯26三 | 甲辰27四 | 乙巳28五 | 丙午29六 | 丁未30日 | 戊申31一 | 己酉(1)二 | 庚戌2三 | 辛亥3四 | 壬子4五 | 癸丑5六 | 甲寅6日 | 乙卯7一 | 丙辰8二 | 辛丑冬至<br>丙辰小寒 |
| 十二月小 | 丁丑 | 天干地支<br>西曆<br>星期 | 丁巳9三 | 戊午10四 | 己未11五 | 庚申12六 | 辛酉13日 | 壬戌14一 | 癸亥15二 | 甲子16三 | 乙丑17四 | 丙寅18五 | 丁卯19六 | 戊辰20日 | 己巳21一 | 庚午22二 | 辛未23三 | 壬申24四 | 癸酉25五 | 甲戌26六 | 乙亥27日 | 丙子28一 | 丁丑29二 | 戊寅30三 | 己卯31四 | 庚辰(2)五 | 辛巳2六 | 壬午3日 | 癸未4一 | 甲申5二 | 乙酉6三 | | 辛未大寒 |

# 漢安帝永初四年（庚戌 狗年）公元 110 ~ 111 年

| 夏曆月序 | | 中西曆日對照 | 初一 | 初二 | 初三 | 初四 | 初五 | 初六 | 初七 | 初八 | 初九 | 初十 | 十一 | 十二 | 十三 | 十四 | 十五 | 十六 | 十七 | 十八 | 十九 | 二十 | 二一 | 二二 | 二三 | 二四 | 二五 | 二六 | 二七 | 二八 | 二九 | 三十 | 節氣與天象 |
|---|---|---|---|---|---|---|---|---|---|---|---|---|---|---|---|---|---|---|---|---|---|---|---|---|---|---|---|---|---|---|---|---|---|
| 正月大 | 戊寅 | 天干地支 西曆 星期 | 丙戌 7 四 | 丁亥 8 五 | 戊子 9 六 | 己丑 10 日 | 庚寅 11 一 | 辛卯 12 二 | 壬辰 13 三 | 癸巳 14 四 | 甲午 15 五 | 乙未 16 六 | 丙申 17 日 | 丁酉 18 一 | 戊戌 19 二 | 己亥 20 三 | 庚子 21 四 | 辛丑 22 五 | 壬寅 23 六 | 癸卯 24 日 | 甲辰 25 一 | 乙巳 26 二 | 丙午 27 三 | 丁未 28 四 | 戊申 (3) 五 | 己酉 2 六 | 庚戌 3 日 | 辛亥 4 一 | 壬子 5 二 | 癸丑 6 三 | 甲寅 7 四 | 乙卯 8 五 | 丁亥立春 壬寅雨水 |
| 二月小 | 己卯 | 天干地支 西曆 星期 | 丙辰 9 六 | 丁巳 10 日 | 戊午 11 一 | 己未 12 二 | 庚申 13 三 | 辛酉 14 四 | 壬戌 15 五 | 癸亥 16 六 | 甲子 17 日 | 乙丑 18 一 | 丙寅 19 二 | 丁卯 20 三 | 戊辰 21 四 | 己巳 22 五 | 庚午 23 六 | 辛未 24 日 | 壬申 25 一 | 癸酉 26 二 | 甲戌 27 三 | 乙亥 28 四 | 丙子 29 五 | 丁丑 30 六 | 戊寅 31 日 | 己卯 (4) 一 | 庚辰 2 二 | 辛巳 3 三 | 壬午 4 四 | 癸未 5 五 | 甲申 6 六 | | 丁巳驚蟄 壬申春分 |
| 三月大 | 庚辰 | 天干地支 西曆 星期 | 乙酉 7 日 | 丙戌 8 一 | 丁亥 9 二 | 戊子 10 三 | 己丑 11 四 | 庚寅 12 五 | 辛卯 13 六 | 壬辰 14 日 | 癸巳 15 一 | 甲午 16 二 | 乙未 17 三 | 丙申 18 四 | 丁酉 19 五 | 戊戌 20 六 | 己亥 21 日 | 庚子 22 一 | 辛丑 23 二 | 壬寅 24 三 | 癸卯 25 四 | 甲辰 26 五 | 乙巳 27 六 | 丙午 28 日 | 丁未 29 一 | 戊申 30 二 | 己酉 (5) 三 | 庚戌 2 四 | 辛亥 3 五 | 壬子 4 六 | 癸丑 5 日 | 甲寅 6 一 | 戊子清明 癸卯穀雨 |
| 四月小 | 辛巳 | 天干地支 西曆 星期 | 乙卯 7 二 | 丙辰 8 三 | 丁巳 9 四 | 戊午 10 五 | 己未 11 六 | 庚申 12 日 | 辛酉 13 一 | 壬戌 14 二 | 癸亥 15 三 | 甲子 16 四 | 乙丑 17 五 | 丙寅 18 六 | 丁卯 19 日 | 戊辰 20 一 | 己巳 21 二 | 庚午 22 三 | 辛未 23 四 | 壬申 24 五 | 癸酉 25 六 | 甲戌 26 日 | 乙亥 27 一 | 丙子 28 二 | 丁丑 29 三 | 戊寅 30 四 | 己卯 31 五 | 庚辰 (6) 六 | 辛巳 2 日 | 壬午 3 一 | 癸未 4 二 | | 戊午立夏 癸酉小滿 |
| 五月大 | 壬午 | 天干地支 西曆 星期 | 甲申 5 三 | 乙酉 6 四 | 丙戌 7 五 | 丁亥 8 六 | 戊子 9 日 | 己丑 10 一 | 庚寅 11 二 | 辛卯 12 三 | 壬辰 13 四 | 癸巳 14 五 | 甲午 15 六 | 乙未 16 日 | 丙申 17 一 | 丁酉 18 二 | 戊戌 19 三 | 己亥 20 四 | 庚子 21 五 | 辛丑 22 六 | 壬寅 23 日 | 癸卯 24 一 | 甲辰 25 二 | 乙巳 26 三 | 丙午 27 四 | 丁未 28 五 | 戊申 29 六 | 己酉 30 日 | 庚戌 (7) 一 | 辛亥 2 二 | 壬子 3 三 | 癸丑 4 四 | 戊子芒種 甲辰夏至 |
| 六月小 | 癸未 | 天干地支 西曆 星期 | 甲寅 5 五 | 乙卯 6 六 | 丙辰 7 日 | 丁巳 8 一 | 戊午 9 二 | 己未 10 三 | 庚申 11 四 | 辛酉 12 五 | 壬戌 13 六 | 癸亥 14 日 | 甲子 15 一 | 乙丑 16 二 | 丙寅 17 三 | 丁卯 18 四 | 戊辰 19 五 | 己巳 20 六 | 庚午 21 日 | 辛未 22 一 | 壬申 23 二 | 癸酉 24 三 | 甲戌 25 四 | 乙亥 26 五 | 丙子 27 六 | 丁丑 28 日 | 戊寅 29 一 | 己卯 30 二 | 庚辰 31 三 | 辛巳 (8) 四 | 壬午 2 五 | | 己未小暑 甲戌大暑 |
| 七月大 | 甲申 | 天干地支 西曆 星期 | 癸未 3 六 | 甲申 4 日 | 乙酉 5 一 | 丙戌 6 二 | 丁亥 7 三 | 戊子 8 四 | 己丑 9 五 | 庚寅 10 六 | 辛卯 11 日 | 壬辰 12 一 | 癸巳 13 二 | 甲午 14 三 | 乙未 15 四 | 丙申 16 五 | 丁酉 17 六 | 戊戌 18 日 | 己亥 19 一 | 庚子 20 二 | 辛丑 21 三 | 壬寅 22 四 | 癸卯 23 五 | 甲辰 24 六 | 乙巳 25 日 | 丙午 26 一 | 丁未 27 二 | 戊申 28 三 | 己酉 29 四 | 庚戌 30 五 | 辛亥 31 六 | 壬子 (9) 日 | 己丑立秋 乙巳處暑 |
| 八月小 | 乙酉 | 天干地支 西曆 星期 | 癸丑 2 一 | 甲寅 3 二 | 乙卯 4 三 | 丙辰 5 四 | 丁巳 6 五 | 戊午 7 六 | 己未 8 日 | 庚申 9 一 | 辛酉 10 二 | 壬戌 11 三 | 癸亥 12 四 | 甲子 13 五 | 乙丑 14 六 | 丙寅 15 日 | 丁卯 16 一 | 戊辰 17 二 | 己巳 18 三 | 庚午 19 四 | 辛未 20 五 | 壬申 21 六 | 癸酉 22 日 | 甲戌 23 一 | 乙亥 24 二 | 丙子 25 三 | 丁丑 26 四 | 戊寅 27 五 | 己卯 28 六 | 庚辰 29 日 | 辛巳 30 一 | | 庚申白露 乙亥秋分 |
| 九月大 | 丙戌 | 天干地支 西曆 星期 | 壬午 (10) 二 | 癸未 2 三 | 甲申 3 四 | 乙酉 4 五 | 丙戌 5 六 | 丁亥 6 日 | 戊子 7 一 | 己丑 8 二 | 庚寅 9 三 | 辛卯 10 四 | 壬辰 11 五 | 癸巳 12 六 | 甲午 13 日 | 乙未 14 一 | 丙申 15 二 | 丁酉 16 三 | 戊戌 17 四 | 己亥 18 五 | 庚子 19 六 | 辛丑 20 日 | 壬寅 21 一 | 癸卯 22 二 | 甲辰 23 三 | 乙巳 24 四 | 丙午 25 五 | 丁未 26 六 | 戊申 27 日 | 己酉 28 一 | 庚戌 29 二 | 辛亥 30 三 | 庚寅寒露 乙巳霜降 |
| 十月小 | 丁亥 | 天干地支 西曆 星期 | 壬子 31 四 | 癸丑 (11) 五 | 甲寅 2 六 | 乙卯 3 日 | 丙辰 4 一 | 丁巳 5 二 | 戊午 6 三 | 己未 7 四 | 庚申 8 五 | 辛酉 9 六 | 壬戌 10 日 | 癸亥 11 一 | 甲子 12 二 | 乙丑 13 三 | 丙寅 14 四 | 丁卯 15 五 | 戊辰 16 六 | 己巳 17 日 | 庚午 18 一 | 辛未 19 二 | 壬申 20 三 | 癸酉 21 四 | 甲戌 22 五 | 乙亥 23 六 | 丙子 24 日 | 丁丑 25 一 | 戊寅 26 二 | 己卯 27 三 | 庚辰 28 四 | | 辛酉立冬 丙子小雪 |
| 十一月大 | 戊子 | 天干地支 西曆 星期 | 辛巳 29 五 | 壬午 30 六 | 癸未 (12) 日 | 甲申 2 一 | 乙酉 3 二 | 丙戌 4 三 | 丁亥 5 四 | 戊子 6 五 | 己丑 7 六 | 庚寅 8 日 | 辛卯 9 一 | 壬辰 10 二 | 癸巳 11 三 | 甲午 12 四 | 乙未 13 五 | 丙申 14 六 | 丁酉 15 日 | 戊戌 16 一 | 己亥 17 二 | 庚子 18 三 | 辛丑 19 四 | 壬寅 20 五 | 癸卯 21 六 | 甲辰 22 日 | 乙巳 23 一 | 丙午 24 二 | 丁未 25 三 | 戊申 26 四 | 己酉 27 五 | 庚戌 28 六 | 辛卯大雪 丙午冬至 |
| 十二月小 | 己丑 | 天干地支 西曆 星期 | 辛亥 29 日 | 壬子 30 一 | 癸丑 31 二 | 甲寅 (1) 三 | 乙卯 2 四 | 丙辰 3 五 | 丁巳 4 六 | 戊午 5 日 | 己未 6 一 | 庚申 7 二 | 辛酉 8 三 | 壬戌 9 四 | 癸亥 10 五 | 甲子 11 六 | 乙丑 12 日 | 丙寅 13 一 | 丁卯 14 二 | 戊辰 15 三 | 己巳 16 四 | 庚午 17 五 | 辛未 18 六 | 壬申 19 日 | 癸酉 20 一 | 甲戌 21 二 | 乙亥 22 三 | 丙子 23 四 | 丁丑 24 五 | 戊寅 25 六 | 己卯 26 日 | | 辛酉小寒 丁丑大寒 |

# 漢安帝永初五年（辛亥 猪年）公元 111 ~ 112 年

| 夏曆月序 | | 中西曆日對照 | 初一 | 初二 | 初三 | 初四 | 初五 | 初六 | 初七 | 初八 | 初九 | 初十 | 十一 | 十二 | 十三 | 十四 | 十五 | 十六 | 十七 | 十八 | 十九 | 二十 | 二一 | 二二 | 二三 | 二四 | 二五 | 二六 | 二七 | 二八 | 二九 | 三十 | 節氣與天象 |
|---|---|---|---|---|---|---|---|---|---|---|---|---|---|---|---|---|---|---|---|---|---|---|---|---|---|---|---|---|---|---|---|---|---|
| 正月大 | 庚寅 | 天干 地支 西曆 星期 | 庚辰 27 一 | 辛巳 28 二 | 壬午 29 三 | 癸未 30 四 | 甲申 31 五 | 乙酉 (2) 六 | 丙戌 2 日 | 丁亥 3 一 | 戊子 4 二 | 己丑 5 三 | 庚寅 6 四 | 辛卯 7 五 | 壬辰 8 六 | 癸巳 9 日 | 甲午 10 一 | 乙未 11 二 | 丙申 12 三 | 丁酉 13 四 | 戊戌 14 五 | 己亥 15 六 | 庚子 16 日 | 辛丑 17 一 | 壬寅 18 二 | 癸卯 19 三 | 甲辰 20 四 | 乙巳 21 五 | 丙午 22 六 | 丁未 23 日 | 戊申 24 一 | 己酉 25 二 | 壬辰立春 丁未雨水 庚辰日食 |
| 二月大 | 辛卯 | 天干 地支 西曆 星期 | 庚戌 26 三 | 辛亥 27 四 | 壬子 28 五 | 癸丑 (3) 六 | 甲寅 2 日 | 乙卯 3 一 | 丙辰 4 二 | 丁巳 5 三 | 戊午 6 四 | 己未 7 五 | 庚申 8 六 | 辛酉 9 日 | 壬戌 10 一 | 癸亥 11 二 | 甲子 12 三 | 乙丑 13 四 | 丙寅 14 五 | 丁卯 15 六 | 戊辰 16 日 | 己巳 17 一 | 庚午 18 二 | 辛未 19 三 | 壬申 20 四 | 癸酉 21 五 | 甲戌 22 六 | 乙亥 23 日 | 丙子 24 一 | 丁丑 25 二 | 戊寅 26 三 | 己卯 27 四 | 壬戌驚蟄 戊寅春分 |
| 三月小 | 壬辰 | 天干 地支 西曆 星期 | 庚辰 28 五 | 辛巳 29 六 | 壬午 30 日 | 癸未 31 一 | 甲申 (4) 二 | 乙酉 2 三 | 丙戌 3 四 | 丁亥 4 五 | 戊子 5 六 | 己丑 6 日 | 庚寅 7 一 | 辛卯 8 二 | 壬辰 9 三 | 癸巳 10 四 | 甲午 11 五 | 乙未 12 六 | 丙申 13 日 | 丁酉 14 一 | 戊戌 15 二 | 己亥 16 三 | 庚子 17 四 | 辛丑 18 五 | 壬寅 19 六 | 癸卯 20 日 | 甲辰 21 一 | 乙巳 22 二 | 丙午 23 三 | 丁未 24 四 | 戊申 25 五 | | 癸巳清明 戊申穀雨 |
| 四月大 | 癸巳 | 天干 地支 西曆 星期 | 己酉 26 六 | 庚戌 27 日 | 辛亥 28 一 | 壬子 29 二 | 癸丑 30 三 | 甲寅 (5) 四 | 乙卯 2 五 | 丙辰 3 六 | 丁巳 4 日 | 戊午 5 一 | 己未 6 二 | 庚申 7 三 | 辛酉 8 四 | 壬戌 9 五 | 癸亥 10 六 | 甲子 11 日 | 乙丑 12 一 | 丙寅 13 二 | 丁卯 14 三 | 戊辰 15 四 | 己巳 16 五 | 庚午 17 六 | 辛未 18 日 | 壬申 19 一 | 癸酉 20 二 | 甲戌 21 三 | 乙亥 22 四 | 丙子 23 五 | 丁丑 24 六 | 戊寅 25 日 | 癸亥立夏 戊寅小滿 |
| 閏四月小 | 癸巳 | 天干 地支 西曆 星期 | 己卯 26 一 | 庚辰 27 二 | 辛巳 28 三 | 壬午 29 四 | 癸未 30 五 | 甲申 31 六 | 乙酉 (6) 日 | 丙戌 2 一 | 丁亥 3 二 | 戊子 4 三 | 己丑 5 四 | 庚寅 6 五 | 辛卯 7 六 | 壬辰 8 日 | 癸巳 9 一 | 甲午 10 二 | 乙未 11 三 | 丙申 12 四 | 丁酉 13 五 | 戊戌 14 六 | 己亥 15 日 | 庚子 16 一 | 辛丑 17 二 | 壬寅 18 三 | 癸卯 19 四 | 甲辰 20 五 | 乙巳 21 六 | 丙午 22 日 | 丁未 23 一 | | 甲午芒種 |
| 五月大 | 甲午 | 天干 地支 西曆 星期 | 戊申 24 二 | 己酉 25 三 | 庚戌 26 四 | 辛亥 27 五 | 壬子 28 六 | 癸丑 29 日 | 甲寅 30 一 | 乙卯 (7) 二 | 丙辰 2 三 | 丁巳 3 四 | 戊午 4 五 | 己未 5 六 | 庚申 6 日 | 辛酉 7 一 | 壬戌 8 二 | 癸亥 9 三 | 甲子 10 四 | 乙丑 11 五 | 丙寅 12 六 | 丁卯 13 日 | 戊辰 14 一 | 己巳 15 二 | 庚午 16 三 | 辛未 17 四 | 壬申 18 五 | 癸酉 19 六 | 甲戌 20 日 | 乙亥 21 一 | 丙子 22 二 | 丁丑 23 三 | 己酉夏至 甲子小暑 |
| 六月小 | 乙未 | 天干 地支 西曆 星期 | 戊寅 24 四 | 己卯 25 五 | 庚辰 26 六 | 辛巳 27 日 | 壬午 28 一 | 癸未 29 二 | 甲申 30 三 | 乙酉 31 四 | 丙戌 (8) 五 | 丁亥 2 六 | 戊子 3 日 | 己丑 4 一 | 庚寅 5 二 | 辛卯 6 三 | 壬辰 7 四 | 癸巳 8 五 | 甲午 9 六 | 乙未 10 日 | 丙申 11 一 | 丁酉 12 二 | 戊戌 13 三 | 己亥 14 四 | 庚子 15 五 | 辛丑 16 六 | 壬寅 17 日 | 癸卯 18 一 | 甲辰 19 二 | 乙巳 20 三 | 丙午 21 四 | | 己卯大暑 乙未立秋 |
| 七月大 | 丙申 | 天干 地支 西曆 星期 | 丁未 22 五 | 戊申 23 六 | 己酉 24 日 | 庚戌 25 一 | 辛亥 26 二 | 壬子 27 三 | 癸丑 28 四 | 甲寅 29 五 | 乙卯 30 六 | 丙辰 31 日 | 丁巳 (9) 一 | 戊午 2 二 | 己未 3 三 | 庚申 4 四 | 辛酉 5 五 | 壬戌 6 六 | 癸亥 7 日 | 甲子 8 一 | 乙丑 9 二 | 丙寅 10 三 | 丁卯 11 四 | 戊辰 12 五 | 己巳 13 六 | 庚午 14 日 | 辛未 15 一 | 壬申 16 二 | 癸酉 17 三 | 甲戌 18 四 | 乙亥 19 五 | 丙子 20 六 | 庚戌處暑 乙丑白露 |
| 八月小 | 丁酉 | 天干 地支 西曆 星期 | 丁丑 21 日 | 戊寅 22 一 | 己卯 23 二 | 庚辰 24 三 | 辛巳 25 四 | 壬午 26 五 | 癸未 27 六 | 甲申 28 日 | 乙酉 29 一 | 丙戌 30 二 | 丁亥 (10) 三 | 戊子 2 四 | 己丑 3 五 | 庚寅 4 六 | 辛卯 5 日 | 壬辰 6 一 | 癸巳 7 二 | 甲午 8 三 | 乙未 9 四 | 丙申 10 五 | 丁酉 11 六 | 戊戌 12 日 | 己亥 13 一 | 庚子 14 二 | 辛丑 15 三 | 壬寅 16 四 | 癸卯 17 五 | 甲辰 18 六 | 乙巳 19 日 | | 庚辰秋分 乙未寒露 |
| 九月大 | 戊戌 | 天干 地支 西曆 星期 | 丙午 20 一 | 丁未 21 二 | 戊申 22 三 | 己酉 23 四 | 庚戌 24 五 | 辛亥 25 六 | 壬子 26 日 | 癸丑 27 一 | 甲寅 28 二 | 乙卯 29 三 | 丙辰 30 四 | 丁巳 31 五 | 戊午 (11) 六 | 己未 2 日 | 庚申 3 一 | 辛酉 4 二 | 壬戌 5 三 | 癸亥 6 四 | 甲子 7 五 | 乙丑 8 六 | 丙寅 9 日 | 丁卯 10 一 | 戊辰 11 二 | 己巳 12 三 | 庚午 13 四 | 辛未 14 五 | 壬申 15 六 | 癸酉 16 日 | 甲戌 17 一 | 乙亥 18 二 | 辛亥霜降 丙寅立冬 |
| 十月小 | 己亥 | 天干 地支 西曆 星期 | 丙子 19 三 | 丁丑 20 四 | 戊寅 21 五 | 己卯 22 六 | 庚辰 23 日 | 辛巳 24 一 | 壬午 25 二 | 癸未 26 三 | 甲申 27 四 | 乙酉 28 五 | 丙戌 29 六 | 丁亥 30 日 | 戊子 (12) 一 | 己丑 2 二 | 庚寅 3 三 | 辛卯 4 四 | 壬辰 5 五 | 癸巳 6 六 | 甲午 7 日 | 乙未 8 一 | 丙申 9 二 | 丁酉 10 三 | 戊戌 11 四 | 己亥 12 五 | 庚子 13 六 | 辛丑 14 日 | 壬寅 15 一 | 癸卯 16 二 | 甲辰 17 三 | | 辛巳小雪 丙申大雪 |
| 十一月大 | 庚子 | 天干 地支 西曆 星期 | 乙巳 18 四 | 丙午 19 五 | 丁未 20 六 | 戊申 21 日 | 己酉 22 一 | 庚戌 23 二 | 辛亥 24 三 | 壬子 25 四 | 癸丑 26 五 | 甲寅 27 六 | 乙卯 28 日 | 丙辰 29 一 | 丁巳 30 二 | 戊午 31 三 | 己未 (1) 四 | 庚申 2 五 | 辛酉 3 六 | 壬戌 4 日 | 癸亥 5 一 | 甲子 6 二 | 乙丑 7 三 | 丙寅 8 四 | 丁卯 9 五 | 戊辰 10 六 | 己巳 11 日 | 庚午 12 一 | 辛未 13 二 | 壬申 14 三 | 癸酉 15 四 | 甲戌 16 五 | 壬子冬至 丁卯小寒 |
| 十二月小 | 辛丑 | 天干 地支 西曆 星期 | 乙亥 17 六 | 丙子 18 日 | 丁丑 19 一 | 戊寅 20 二 | 己卯 21 三 | 庚辰 22 四 | 辛巳 23 五 | 壬午 24 六 | 癸未 25 日 | 甲申 26 一 | 乙酉 27 二 | 丙戌 28 三 | 丁亥 29 四 | 戊子 30 五 | 己丑 31 六 | 庚寅 (2) 日 | 辛卯 2 一 | 壬辰 3 二 | 癸巳 4 三 | 甲午 5 四 | 乙未 6 五 | 丙申 7 六 | 丁酉 8 日 | 戊戌 9 一 | 己亥 10 二 | 庚子 11 三 | 辛丑 12 四 | 壬寅 13 五 | 癸卯 14 六 | | 壬午大寒 丁酉立春 |

# 漢安帝永初六年（壬子 鼠年）公元 112 ~ 113 年

| 夏曆月序 | 中西曆日對照 | 夏曆日序 | | | | | | | | | | | | | | | | | | | | | | | | | | | | | | 節氣與天象 |
|---|---|---|---|---|---|---|---|---|---|---|---|---|---|---|---|---|---|---|---|---|---|---|---|---|---|---|---|---|---|---|---|---|
| | | 初一 | 初二 | 初三 | 初四 | 初五 | 初六 | 初七 | 初八 | 初九 | 初十 | 十一 | 十二 | 十三 | 十四 | 十五 | 十六 | 十七 | 十八 | 十九 | 二十 | 二一 | 二二 | 二三 | 二四 | 二五 | 二六 | 二七 | 二八 | 二九 | 三十 | |
| 正月大 壬寅 | 天干地支 西曆 星期 | 甲辰 15 日 | 乙巳 16 一 | 丙午 17 二 | 丁未 18 三 | 戊申 19 四 | 己酉 20 五 | 庚戌 21 六 | 辛亥 22 日 | 壬子 23 一 | 癸丑 24 二 | 甲寅 25 三 | 乙卯 26 四 | 丙辰 27 五 | 丁巳 28 六 | 戊午 29 日 | 己未 (3) 一 | 庚申 2 二 | 辛酉 3 三 | 壬戌 4 四 | 癸亥 5 五 | 甲子 6 六 | 乙丑 7 日 | 丙寅 8 一 | 丁卯 9 二 | 戊辰 10 三 | 己巳 11 四 | 庚午 12 五 | 辛未 13 六 | 壬申 14 日 | 癸酉 15 一 | 壬子雨水 戊辰驚蟄 |
| 二月小 癸卯 | 天干地支 西曆 星期 | 甲戌 16 二 | 乙亥 17 三 | 丙子 18 四 | 丁丑 19 五 | 戊寅 20 六 | 己卯 21 日 | 庚辰 22 一 | 辛巳 23 二 | 壬午 24 三 | 癸未 25 四 | 甲申 26 五 | 乙酉 27 六 | 丙戌 28 日 | 丁亥 29 一 | 戊子 30 二 | 己丑 31 三 | 庚寅 (4) 四 | 辛卯 2 五 | 壬辰 3 六 | 癸巳 4 日 | 甲午 5 一 | 乙未 6 二 | 丙申 7 三 | 丁酉 8 四 | 戊戌 9 五 | 己亥 10 六 | 庚子 11 日 | 辛丑 12 一 | 壬寅 13 二 | | 癸未春分 戊戌清明 |
| 三月大 甲辰 | 天干地支 西曆 星期 | 癸卯 14 三 | 甲辰 15 四 | 乙巳 16 五 | 丙午 17 六 | 丁未 18 日 | 戊申 19 一 | 己酉 20 二 | 庚戌 21 三 | 辛亥 22 四 | 壬子 23 五 | 癸丑 24 六 | 甲寅 25 日 | 乙卯 26 一 | 丙辰 27 二 | 丁巳 28 三 | 戊午 29 四 | 己未 30 五 | 庚申 (5) 六 | 辛酉 2 日 | 壬戌 3 一 | 癸亥 4 二 | 甲子 5 三 | 乙丑 6 四 | 丙寅 7 五 | 丁卯 8 六 | 戊辰 9 日 | 己巳 10 一 | 庚午 11 二 | 辛未 12 三 | 壬申 13 四 | 癸丑穀雨 戊辰立夏 |
| 四月小 乙巳 | 天干地支 西曆 星期 | 癸酉 14 五 | 甲戌 15 六 | 乙亥 16 日 | 丙子 17 一 | 丁丑 18 二 | 戊寅 19 三 | 己卯 20 四 | 庚辰 21 五 | 辛巳 22 六 | 壬午 23 日 | 癸未 24 一 | 甲申 25 二 | 乙酉 26 三 | 丙戌 27 四 | 丁亥 28 五 | 戊子 29 六 | 己丑 30 日 | 庚寅 31 一 | 辛卯 (6) 二 | 壬辰 2 三 | 癸巳 3 四 | 甲午 4 五 | 乙未 5 六 | 丙申 6 日 | 丁酉 7 一 | 戊戌 8 二 | 己亥 9 三 | 庚子 10 四 | 辛丑 11 五 | | 甲申小滿 己亥芒種 |
| 五月大 丙午 | 天干地支 西曆 星期 | 壬寅 12 六 | 癸卯 13 日 | 甲辰 14 一 | 乙巳 15 二 | 丙午 16 三 | 丁未 17 四 | 戊申 18 五 | 己酉 19 六 | 庚戌 20 日 | 辛亥 21 一 | 壬子 22 二 | 癸丑 23 三 | 甲寅 24 四 | 乙卯 25 五 | 丙辰 26 六 | 丁巳 27 日 | 戊午 28 一 | 己未 29 二 | 庚申 30 三 | 辛酉 (7) 四 | 壬戌 2 五 | 癸亥 3 六 | 甲子 4 日 | 乙丑 5 一 | 丙寅 6 二 | 丁卯 7 三 | 戊辰 8 四 | 己巳 9 五 | 庚午 10 六 | 辛未 11 日 | 甲寅夏至 己巳小暑 |
| 六月大 丁未 | 天干地支 西曆 星期 | 壬申 12 一 | 癸酉 13 二 | 甲戌 14 三 | 乙亥 15 四 | 丙子 16 五 | 丁丑 17 六 | 戊寅 18 日 | 己卯 19 一 | 庚辰 20 二 | 辛巳 21 三 | 壬午 22 四 | 癸未 23 五 | 甲申 24 六 | 乙酉 25 日 | 丙戌 26 一 | 丁亥 27 二 | 戊子 28 三 | 己丑 29 四 | 庚寅 30 五 | 辛卯 31 六 | 壬辰 (8) 日 | 癸巳 2 一 | 甲午 3 二 | 乙未 4 三 | 丙申 5 四 | 丁酉 6 五 | 戊戌 7 六 | 己亥 8 日 | 庚子 9 一 | 辛丑 10 二 | 乙酉大暑 庚子立秋 |
| 七月小 戊申 | 天干地支 西曆 星期 | 壬寅 11 三 | 癸卯 12 四 | 甲辰 13 五 | 乙巳 14 六 | 丙午 15 日 | 丁未 16 一 | 戊申 17 二 | 己酉 18 三 | 庚戌 19 四 | 辛亥 20 五 | 壬子 21 六 | 癸丑 22 日 | 甲寅 23 一 | 乙卯 24 二 | 丙辰 25 三 | 丁巳 26 四 | 戊午 27 五 | 己未 28 六 | 庚申 29 日 | 辛酉 30 一 | 壬戌 31 二 | 癸亥 (9) 三 | 甲子 2 四 | 乙丑 3 五 | 丙寅 4 六 | 丁卯 5 日 | 戊辰 6 一 | 己巳 7 二 | 庚午 8 三 | | 乙卯處暑 庚午白露 |
| 八月大 己酉 | 天干地支 西曆 星期 | 辛未 9 四 | 壬申 10 五 | 癸酉 11 六 | 甲戌 12 日 | 乙亥 13 一 | 丙子 14 二 | 丁丑 15 三 | 戊寅 16 四 | 己卯 17 五 | 庚辰 18 六 | 辛巳 19 日 | 壬午 20 一 | 癸未 21 二 | 甲申 22 三 | 乙酉 23 四 | 丙戌 24 五 | 丁亥 25 六 | 戊子 26 日 | 己丑 27 一 | 庚寅 28 二 | 辛卯 29 三 | 壬辰 30 四 | 癸巳 (10) 五 | 甲午 2 六 | 乙未 3 日 | 丙申 4 一 | 丁酉 5 二 | 戊戌 6 三 | 己亥 7 四 | 庚子 8 五 | 乙酉秋分 |
| 九月小 庚戌 | 天干地支 西曆 星期 | 辛丑 9 六 | 壬寅 10 日 | 癸卯 11 一 | 甲辰 12 二 | 乙巳 13 三 | 丙午 14 四 | 丁未 15 五 | 戊申 16 六 | 己酉 17 日 | 庚戌 18 一 | 辛亥 19 二 | 壬子 20 三 | 癸丑 21 四 | 甲寅 22 五 | 乙卯 23 六 | 丙辰 24 日 | 丁巳 25 一 | 戊午 26 二 | 己未 27 三 | 庚申 28 四 | 辛酉 29 五 | 壬戌 30 六 | 癸亥 31 日 | 甲子 (11) 一 | 乙丑 2 二 | 丙寅 3 三 | 丁卯 4 四 | 戊辰 5 五 | 己巳 6 六 | | 辛丑寒露 丙辰霜降 |
| 十月大 辛亥 | 天干地支 西曆 星期 | 庚午 7 日 | 辛未 8 一 | 壬申 9 二 | 癸酉 10 三 | 甲戌 11 四 | 乙亥 12 五 | 丙子 13 六 | 丁丑 14 日 | 戊寅 15 一 | 己卯 16 二 | 庚辰 17 三 | 辛巳 18 四 | 壬午 19 五 | 癸未 20 六 | 甲申 21 日 | 乙酉 22 一 | 丙戌 23 二 | 丁亥 24 三 | 戊子 25 四 | 己丑 26 五 | 庚寅 27 六 | 辛卯 28 日 | 壬辰 29 一 | 癸巳 30 二 | 甲午 (12) 三 | 乙未 2 四 | 丙申 3 五 | 丁酉 4 六 | 戊戌 5 日 | 己亥 6 一 | 辛未立冬 丙戌小雪 |
| 十一月小 壬子 | 天干地支 西曆 星期 | 庚子 7 二 | 辛丑 8 三 | 壬寅 9 四 | 癸卯 10 五 | 甲辰 11 六 | 乙巳 12 日 | 丙午 13 一 | 丁未 14 二 | 戊申 15 三 | 己酉 16 四 | 庚戌 17 五 | 辛亥 18 六 | 壬子 19 日 | 癸丑 20 一 | 甲寅 21 二 | 乙卯 22 三 | 丙辰 23 四 | 丁巳 24 五 | 戊午 25 六 | 己未 26 日 | 庚申 27 一 | 辛酉 28 二 | 壬戌 29 三 | 癸亥 30 四 | 甲子 31 五 | 乙丑 (1) 六 | 丙寅 2 日 | 丁卯 3 一 | 戊辰 4 二 | | 壬寅大雪 丁巳冬至 |
| 十二月大 癸丑 | 天干地支 西曆 星期 | 己巳 5 三 | 庚午 6 四 | 辛未 7 五 | 壬申 8 六 | 癸酉 9 日 | 甲戌 10 一 | 乙亥 11 二 | 丙子 12 三 | 丁丑 13 四 | 戊寅 14 五 | 己卯 15 六 | 庚辰 16 日 | 辛巳 17 一 | 壬午 18 二 | 癸未 19 三 | 甲申 20 四 | 乙酉 21 五 | 丙戌 22 六 | 丁亥 23 日 | 戊子 24 一 | 己丑 25 二 | 庚寅 26 三 | 辛卯 27 四 | 壬辰 28 五 | 癸巳 29 六 | 甲午 30 日 | 乙未 31 一 | 丙申 (2) 二 | 丁酉 2 三 | 戊戌 3 四 | 壬申小寒 丁亥大寒 |

# 漢安帝永初七年（癸丑 牛年）公元 113 ~ 114 年

| 夏曆月序 | | 中西曆日對照 | 夏曆日序 | | | | | | | | | | | | | | | | | | | | | | | | | | | | | 節氣與天象 |
|---|---|---|---|---|---|---|---|---|---|---|---|---|---|---|---|---|---|---|---|---|---|---|---|---|---|---|---|---|---|---|---|---|
| | | | 初一 | 初二 | 初三 | 初四 | 初五 | 初六 | 初七 | 初八 | 初九 | 初十 | 十一 | 十二 | 十三 | 十四 | 十五 | 十六 | 十七 | 十八 | 十九 | 二十 | 二一 | 二二 | 二三 | 二四 | 二五 | 二六 | 二七 | 二八 | 二九 | 三十 | |
| 正月小 | 甲寅 | 天干地支 西曆 星期 | 己亥4五 | 庚子5六 | 辛丑6日 | 壬寅7一 | 癸卯8二 | 甲辰9三 | 乙巳10四 | 丙午11五 | 丁未12六 | 戊申13日 | 己酉14一 | 庚戌15二 | 辛亥16三 | 壬子17四 | 癸丑18五 | 甲寅19六 | 乙卯20日 | 丙辰21一 | 丁巳22二 | 戊午23三 | 己未24四 | 庚申25五 | 辛酉26六 | 壬戌27日 | 癸亥28一 | 甲子(3)二 | 乙丑2三 | 丙寅3四 | 丁卯4五 | | 壬寅立春 戊午雨水 |
| 二月大 | 乙卯 | 天干地支 西曆 星期 | 戊辰5六 | 己巳6日 | 庚午7一 | 辛未8二 | 壬申9三 | 癸酉10四 | 甲戌11五 | 乙亥12六 | 丙子13日 | 丁丑14一 | 戊寅15二 | 己卯16三 | 庚辰17四 | 辛巳18五 | 壬午19六 | 癸未20日 | 甲申21一 | 乙酉22二 | 丙戌23三 | 丁亥24四 | 戊子25五 | 己丑26六 | 庚寅27日 | 辛卯28一 | 壬辰29二 | 癸巳30三 | 甲午31四 | 乙未(4)五 | 丙申2六 | 丁酉3日 | 癸酉驚蟄 戊子春分 |
| 三月小 | 丙辰 | 天干地支 西曆 星期 | 戊戌4一 | 己亥5二 | 庚子6三 | 辛丑7四 | 壬寅8五 | 癸卯9六 | 甲辰10日 | 乙巳11一 | 丙午12二 | 丁未13三 | 戊申14四 | 己酉15五 | 庚戌16六 | 辛亥17日 | 壬子18一 | 癸丑19二 | 甲寅20三 | 乙卯21四 | 丙辰22五 | 丁巳23六 | 戊午24日 | 己未25一 | 庚申26二 | 辛酉27三 | 壬戌28四 | 癸亥29五 | 甲子30六 | 乙丑(5)日 | 丙寅2一 | | 癸卯清明 己未穀雨 |
| 四月大 | 丁巳 | 天干地支 西曆 星期 | 丁卯3二 | 戊辰4三 | 己巳5四 | 庚午6五 | 辛未7六 | 壬申8日 | 癸酉9一 | 甲戌10二 | 乙亥11三 | 丙子12四 | 丁丑13五 | 戊寅14六 | 己卯15日 | 庚辰16一 | 辛巳17二 | 壬午18三 | 癸未19四 | 甲申20五 | 乙酉21六 | 丙戌22日 | 丁亥23一 | 戊子24二 | 己丑25三 | 庚寅26四 | 辛卯27五 | 壬辰28六 | 癸巳29日 | 甲午30一 | 乙未31二 | 丙申(6)三 | 甲戌立夏 己丑小滿 |
| 五月小 | 戊午 | 天干地支 西曆 星期 | 丁酉2四 | 戊戌3五 | 己亥4六 | 庚子5日 | 辛丑6一 | 壬寅7二 | 癸卯8三 | 甲辰9四 | 乙巳10五 | 丙午11六 | 丁未12日 | 戊申13一 | 己酉14二 | 庚戌15三 | 辛亥16四 | 壬子17五 | 癸丑18六 | 甲寅19日 | 乙卯20一 | 丙辰21二 | 丁巳22三 | 戊午23四 | 己未24五 | 庚申25六 | 辛酉26日 | 壬戌27一 | 癸亥28二 | 甲子29三 | 乙丑30四 | | 甲辰芒種 己未夏至 |
| 六月大 | 己未 | 天干地支 西曆 星期 | 丙寅(7)五 | 丁卯2六 | 戊辰3日 | 己巳4一 | 庚午5二 | 辛未6三 | 壬申7四 | 癸酉8五 | 甲戌9六 | 乙亥10日 | 丙子11一 | 丁丑12二 | 戊寅13三 | 己卯14四 | 庚辰15五 | 辛巳16六 | 壬午17日 | 癸未18一 | 甲申19二 | 乙酉20三 | 丙戌21四 | 丁亥22五 | 戊子23六 | 己丑24日 | 庚寅25一 | 辛卯26二 | 壬辰27三 | 癸巳28四 | 甲午29五 | 乙未30六 | 乙亥小暑 庚寅大暑 |
| 七月小 | 庚申 | 天干地支 西曆 星期 | 丙申31日 | 丁酉(8)一 | 戊戌2二 | 己亥3三 | 庚子4四 | 辛丑5五 | 壬寅6六 | 癸卯7日 | 甲辰8一 | 乙巳9二 | 丙午10三 | 丁未11四 | 戊申12五 | 己酉13六 | 庚戌14日 | 辛亥15一 | 壬子16二 | 癸丑17三 | 甲寅18四 | 乙卯19五 | 丙辰20六 | 丁巳21日 | 戊午22一 | 己未23二 | 庚申24三 | 辛酉25四 | 壬戌26五 | 癸亥27六 | 甲子28日 | | 乙巳立秋 庚申處暑 |
| 八月大 | 辛酉 | 天干地支 西曆 星期 | 乙丑29一 | 丙寅30二 | 丁卯31三 | 戊辰(9)四 | 己巳2五 | 庚午3六 | 辛未4日 | 壬申5一 | 癸酉6二 | 甲戌7三 | 乙亥8四 | 丙子9五 | 丁丑10六 | 戊寅11日 | 己卯12一 | 庚辰13二 | 辛巳14三 | 壬午15四 | 癸未16五 | 甲申17六 | 乙酉18日 | 丙戌19一 | 丁亥20二 | 戊子21三 | 己丑22四 | 庚寅23五 | 辛卯24六 | 壬辰25日 | 癸巳26一 | 甲午27二 | 乙亥白露 辛卯秋分 |
| 九月小 | 壬戌 | 天干地支 西曆 星期 | 乙未28三 | 丙申29四 | 丁酉30五 | 戊戌(10)六 | 己亥2日 | 庚子3一 | 辛丑4二 | 壬寅5三 | 癸卯6四 | 甲辰7五 | 乙巳8六 | 丙午9日 | 丁未10一 | 戊申11二 | 己酉12三 | 庚戌13四 | 辛亥14五 | 壬子15六 | 癸丑16日 | 甲寅17一 | 乙卯18二 | 丙辰19三 | 丁巳20四 | 戊午21五 | 己未22六 | 庚申23日 | 辛酉24一 | 壬戌25二 | 癸亥26三 | | 丙午寒露 辛酉霜降 |
| 十月大 | 癸亥 | 天干地支 西曆 星期 | 甲子27四 | 乙丑28五 | 丙寅29六 | 丁卯30日 | 戊辰31一 | 己巳(11)二 | 庚午2三 | 辛未3四 | 壬申4五 | 癸酉5六 | 甲戌6日 | 乙亥7一 | 丙子8二 | 丁丑9三 | 戊寅10四 | 己卯11五 | 庚辰12六 | 辛巳13日 | 壬午14一 | 癸未15二 | 甲申16三 | 乙酉17四 | 丙戌18五 | 丁亥19六 | 戊子20日 | 己丑21一 | 庚寅22二 | 辛卯23三 | 壬辰24四 | 癸巳25五 | 丙子立冬 壬辰小雪 |
| 十一月大 | 甲子 | 天干地支 西曆 星期 | 甲午26六 | 乙未27日 | 丙申28一 | 丁酉29二 | 戊戌30三 | 己亥(12)四 | 庚子2五 | 辛丑3六 | 壬寅4日 | 癸卯5一 | 甲辰6二 | 乙巳7三 | 丙午8四 | 丁未9五 | 戊申10六 | 己酉11日 | 庚戌12一 | 辛亥13二 | 壬子14三 | 癸丑15四 | 甲寅16五 | 乙卯17六 | 丙辰18日 | 丁巳19一 | 戊午20二 | 己未21三 | 庚申22四 | 辛酉23五 | 壬戌24六 | 癸亥25日 | 丁未大雪 壬戌冬至 |
| 十二月小 | 乙丑 | 天干地支 西曆 星期 | 甲子26一 | 乙丑27二 | 丙寅28三 | 丁卯29四 | 戊辰30五 | 己巳31六 | 庚午(1)日 | 辛未2一 | 壬申3二 | 癸酉4三 | 甲戌5四 | 乙亥6五 | 丙子7六 | 丁丑8日 | 戊寅9一 | 己卯10二 | 庚辰11三 | 辛巳12四 | 壬午13五 | 癸未14六 | 甲申15日 | 乙酉16一 | 丙戌17二 | 丁亥18三 | 戊子19四 | 己丑20五 | 庚寅21六 | 辛卯22日 | 壬辰23一 | | 丁丑小寒 壬辰大寒 |
| 閏十二月大 | 乙丑 | 天干地支 西曆 星期 | 癸巳24二 | 甲午25三 | 乙未26四 | 丙申27五 | 丁酉28六 | 戊戌29日 | 己亥30一 | 庚子31二 | 辛丑(2)三 | 壬寅2四 | 癸卯3五 | 甲辰4六 | 乙巳5日 | 丙午6一 | 丁未7二 | 戊申8三 | 己酉9四 | 庚戌10五 | 辛亥11六 | 壬子12日 | 癸丑13一 | 甲寅14二 | 乙卯15三 | 丙辰16四 | 丁巳17五 | 戊午18六 | 己未19日 | 庚申20一 | 辛酉21二 | 壬戌22三 | 戊申立春 |

# 漢安帝永初八年 元初元年（甲寅 虎年）公元 114 ~ 115 年

| 夏曆月序 | | 中西曆日對照 | 初一 | 初二 | 初三 | 初四 | 初五 | 初六 | 初七 | 初八 | 初九 | 初十 | 十一 | 十二 | 十三 | 十四 | 十五 | 十六 | 十七 | 十八 | 十九 | 二十 | 二一 | 二二 | 二三 | 二四 | 二五 | 二六 | 二七 | 二八 | 二九 | 三十 | 節氣與天象 |
|---|---|---|---|---|---|---|---|---|---|---|---|---|---|---|---|---|---|---|---|---|---|---|---|---|---|---|---|---|---|---|---|---|---|
| 正月小 | 丙寅 | 天干地支<br>西曆<br>星期 | 癸亥<br>23<br>四 | 甲子<br>24<br>五 | 乙丑<br>25<br>六 | 丙寅<br>26<br>日 | 丁卯<br>27<br>一 | 戊辰<br>28<br>二 | 己巳<br>(3)<br>三 | 庚午<br>2<br>四 | 辛未<br>3<br>五 | 壬申<br>4<br>六 | 癸酉<br>5<br>日 | 甲戌<br>6<br>一 | 乙亥<br>7<br>二 | 丙子<br>8<br>三 | 丁丑<br>9<br>四 | 戊寅<br>10<br>五 | 己卯<br>11<br>六 | 庚辰<br>12<br>日 | 辛巳<br>13<br>一 | 壬午<br>14<br>二 | 癸未<br>15<br>三 | 甲申<br>16<br>四 | 乙酉<br>17<br>五 | 丙戌<br>18<br>六 | 丁亥<br>19<br>日 | 戊子<br>20<br>一 | 己丑<br>21<br>二 | 庚寅<br>22<br>三 | 辛卯<br>23<br>四 | | 癸亥雨水<br>戊寅驚蟄 |
| 二月大 | 丁卯 | 天干地支<br>西曆<br>星期 | 壬辰<br>24<br>五 | 癸巳<br>25<br>六 | 甲午<br>26<br>日 | 乙未<br>27<br>一 | 丙申<br>28<br>二 | 丁酉<br>29<br>三 | 戊戌<br>30<br>四 | 己亥<br>31<br>五 | 庚子<br>(4)<br>六 | 辛丑<br>2<br>日 | 壬寅<br>3<br>一 | 癸卯<br>4<br>二 | 甲辰<br>5<br>三 | 乙巳<br>6<br>四 | 丙午<br>7<br>五 | 丁未<br>8<br>六 | 戊申<br>9<br>日 | 己酉<br>10<br>一 | 庚戌<br>11<br>二 | 辛亥<br>12<br>三 | 壬子<br>13<br>四 | 癸丑<br>14<br>五 | 甲寅<br>15<br>六 | 乙卯<br>16<br>日 | 丙辰<br>17<br>一 | 丁巳<br>18<br>二 | 戊午<br>19<br>三 | 己未<br>20<br>四 | 庚申<br>21<br>五 | 辛酉<br>22<br>六 | 癸巳春分<br>己酉清明 |
| 三月小 | 戊辰 | 天干地支<br>西曆<br>星期 | 壬戌<br>23<br>日 | 癸亥<br>24<br>一 | 甲子<br>25<br>二 | 乙丑<br>26<br>三 | 丙寅<br>27<br>四 | 丁卯<br>28<br>五 | 戊辰<br>29<br>六 | 己巳<br>30<br>日 | 庚午<br>(5)<br>一 | 辛未<br>2<br>二 | 壬申<br>3<br>三 | 癸酉<br>4<br>四 | 甲戌<br>5<br>五 | 乙亥<br>6<br>六 | 丙子<br>7<br>日 | 丁丑<br>8<br>一 | 戊寅<br>9<br>二 | 己卯<br>10<br>三 | 庚辰<br>11<br>四 | 辛巳<br>12<br>五 | 壬午<br>13<br>六 | 癸未<br>14<br>日 | 甲申<br>15<br>一 | 乙酉<br>16<br>二 | 丙戌<br>17<br>三 | 丁亥<br>18<br>四 | 戊子<br>19<br>五 | 己丑<br>20<br>六 | 庚寅<br>21<br>日 | | 甲子穀雨<br>己卯立夏 |
| 四月大 | 己巳 | 天干地支<br>西曆<br>星期 | 辛卯<br>22<br>一 | 壬辰<br>23<br>二 | 癸巳<br>24<br>三 | 甲午<br>25<br>四 | 乙未<br>26<br>五 | 丙申<br>27<br>六 | 丁酉<br>28<br>日 | 戊戌<br>29<br>一 | 己亥<br>30<br>二 | 庚子<br>31<br>三 | 辛丑<br>(6)<br>四 | 壬寅<br>2<br>五 | 癸卯<br>3<br>六 | 甲辰<br>4<br>日 | 乙巳<br>5<br>一 | 丙午<br>6<br>二 | 丁未<br>7<br>三 | 戊申<br>8<br>四 | 己酉<br>9<br>五 | 庚戌<br>10<br>六 | 辛亥<br>11<br>日 | 壬子<br>12<br>一 | 癸丑<br>13<br>二 | 甲寅<br>14<br>三 | 乙卯<br>15<br>四 | 丙辰<br>16<br>五 | 丁巳<br>17<br>六 | 戊午<br>18<br>日 | 己未<br>19<br>一 | 庚申<br>20<br>二 | 甲午小滿<br>己酉芒種 |
| 五月小 | 庚午 | 天干地支<br>西曆<br>星期 | 辛酉<br>21<br>三 | 壬戌<br>22<br>四 | 癸亥<br>23<br>五 | 甲子<br>24<br>六 | 乙丑<br>25<br>日 | 丙寅<br>26<br>一 | 丁卯<br>27<br>二 | 戊辰<br>28<br>三 | 己巳<br>29<br>四 | 庚午<br>30<br>五 | 辛未<br>(7)<br>六 | 壬申<br>2<br>日 | 癸酉<br>3<br>一 | 甲戌<br>4<br>二 | 乙亥<br>5<br>三 | 丙子<br>6<br>四 | 丁丑<br>7<br>五 | 戊寅<br>8<br>六 | 己卯<br>9<br>日 | 庚辰<br>10<br>一 | 辛巳<br>11<br>二 | 壬午<br>12<br>三 | 癸未<br>13<br>四 | 甲申<br>14<br>五 | 乙酉<br>15<br>六 | 丙戌<br>16<br>日 | 丁亥<br>17<br>一 | 戊子<br>18<br>二 | 己丑<br>19<br>三 | | 乙丑夏至<br>庚辰小暑 |
| 六月大 | 辛未 | 天干地支<br>西曆<br>星期 | 庚寅<br>20<br>四 | 辛卯<br>21<br>五 | 壬辰<br>22<br>六 | 癸巳<br>23<br>日 | 甲午<br>24<br>一 | 乙未<br>25<br>二 | 丙申<br>26<br>三 | 丁酉<br>27<br>四 | 戊戌<br>28<br>五 | 己亥<br>29<br>六 | 庚子<br>30<br>日 | 辛丑<br>31<br>一 | 壬寅<br>(8)<br>二 | 癸卯<br>2<br>三 | 甲辰<br>3<br>四 | 乙巳<br>4<br>五 | 丙午<br>5<br>六 | 丁未<br>6<br>日 | 戊申<br>7<br>一 | 己酉<br>8<br>二 | 庚戌<br>9<br>三 | 辛亥<br>10<br>四 | 壬子<br>11<br>五 | 癸丑<br>12<br>六 | 甲寅<br>13<br>日 | 乙卯<br>14<br>一 | 丙辰<br>15<br>二 | 丁巳<br>16<br>三 | 戊午<br>17<br>四 | 己未<br>18<br>五 | 乙未大暑<br>庚戌立秋 |
| 七月小 | 壬申 | 天干地支<br>西曆<br>星期 | 庚申<br>19<br>六 | 辛酉<br>20<br>日 | 壬戌<br>21<br>一 | 癸亥<br>22<br>二 | 甲子<br>23<br>三 | 乙丑<br>24<br>四 | 丙寅<br>25<br>五 | 丁卯<br>26<br>六 | 戊辰<br>27<br>日 | 己巳<br>28<br>一 | 庚午<br>29<br>二 | 辛未<br>30<br>三 | 壬申<br>31<br>四 | 癸酉<br>(9)<br>五 | 甲戌<br>2<br>六 | 乙亥<br>3<br>日 | 丙子<br>4<br>一 | 丁丑<br>5<br>二 | 戊寅<br>6<br>三 | 己卯<br>7<br>四 | 庚辰<br>8<br>五 | 辛巳<br>9<br>六 | 壬午<br>10<br>日 | 癸未<br>11<br>一 | 甲申<br>12<br>二 | 乙酉<br>13<br>三 | 丙戌<br>14<br>四 | 丁亥<br>15<br>五 | 戊子<br>16<br>六 | | 丙寅處暑<br>辛巳白露 |
| 八月大 | 癸酉 | 天干地支<br>西曆<br>星期 | 己丑<br>17<br>日 | 庚寅<br>18<br>一 | 辛卯<br>19<br>二 | 壬辰<br>20<br>三 | 癸巳<br>21<br>四 | 甲午<br>22<br>五 | 乙未<br>23<br>六 | 丙申<br>24<br>日 | 丁酉<br>25<br>一 | 戊戌<br>26<br>二 | 己亥<br>27<br>三 | 庚子<br>28<br>四 | 辛丑<br>29<br>五 | 壬寅<br>30<br>六 | 癸卯<br>(10)<br>日 | 甲辰<br>2<br>一 | 乙巳<br>3<br>二 | 丙午<br>4<br>三 | 丁未<br>5<br>四 | 戊申<br>6<br>五 | 己酉<br>7<br>六 | 庚戌<br>8<br>日 | 辛亥<br>9<br>一 | 壬子<br>10<br>二 | 癸丑<br>11<br>三 | 甲寅<br>12<br>四 | 乙卯<br>13<br>五 | 丙辰<br>14<br>六 | 丁巳<br>15<br>日 | 戊午<br>16<br>一 | 丙申秋分<br>辛亥寒露 |
| 九月小 | 甲戌 | 天干地支<br>西曆<br>星期 | 己未<br>17<br>二 | 庚申<br>18<br>三 | 辛酉<br>19<br>四 | 壬戌<br>20<br>五 | 癸亥<br>21<br>六 | 甲子<br>22<br>日 | 乙丑<br>23<br>一 | 丙寅<br>24<br>二 | 丁卯<br>25<br>三 | 戊辰<br>26<br>四 | 己巳<br>27<br>五 | 庚午<br>28<br>六 | 辛未<br>29<br>日 | 壬申<br>30<br>一 | 癸酉<br>31<br>二 | 甲戌<br>(11)<br>三 | 乙亥<br>2<br>四 | 丙子<br>3<br>五 | 丁丑<br>4<br>六 | 戊寅<br>5<br>日 | 己卯<br>6<br>一 | 庚辰<br>7<br>二 | 辛巳<br>8<br>三 | 壬午<br>9<br>四 | 癸未<br>10<br>五 | 甲申<br>11<br>六 | 乙酉<br>12<br>日 | 丙戌<br>13<br>一 | 丁亥<br>14<br>二 | | 丙寅霜降<br>壬午立冬 |
| 十月大 | 乙亥 | 天干地支<br>西曆<br>星期 | 戊子<br>15<br>三 | 己丑<br>16<br>四 | 庚寅<br>17<br>五 | 辛卯<br>18<br>六 | 壬辰<br>19<br>日 | 癸巳<br>20<br>一 | 甲午<br>21<br>二 | 乙未<br>22<br>三 | 丙申<br>23<br>四 | 丁酉<br>24<br>五 | 戊戌<br>25<br>六 | 己亥<br>26<br>日 | 庚子<br>27<br>一 | 辛丑<br>28<br>二 | 壬寅<br>29<br>三 | 癸卯<br>30<br>四 | 甲辰<br>(12)<br>五 | 乙巳<br>2<br>六 | 丙午<br>3<br>日 | 丁未<br>4<br>一 | 戊申<br>5<br>二 | 己酉<br>6<br>三 | 庚戌<br>7<br>四 | 辛亥<br>8<br>五 | 壬子<br>9<br>六 | 癸丑<br>10<br>日 | 甲寅<br>11<br>一 | 乙卯<br>12<br>二 | 丙辰<br>13<br>三 | 丁巳<br>14<br>四 | 丁酉小雪<br>壬子大雪<br>戊子日食 |
| 十一月小 | 丙子 | 天干地支<br>西曆<br>星期 | 戊午<br>15<br>五 | 己未<br>16<br>六 | 庚申<br>17<br>日 | 辛酉<br>18<br>一 | 壬戌<br>19<br>二 | 癸亥<br>20<br>三 | 甲子<br>21<br>四 | 乙丑<br>22<br>五 | 丙寅<br>23<br>六 | 丁卯<br>24<br>日 | 戊辰<br>25<br>一 | 己巳<br>26<br>二 | 庚午<br>27<br>三 | 辛未<br>28<br>四 | 壬申<br>29<br>五 | 癸酉<br>30<br>六 | 甲戌<br>31<br>日 | 乙亥<br>(1)<br>一 | 丙子<br>2<br>二 | 丁丑<br>3<br>三 | 戊寅<br>4<br>四 | 己卯<br>5<br>五 | 庚辰<br>6<br>六 | 辛巳<br>7<br>日 | 壬午<br>8<br>一 | 癸未<br>9<br>二 | 甲申<br>10<br>三 | 乙酉<br>11<br>四 | 丙戌<br>12<br>五 | | 丁卯冬至<br>壬午小寒 |
| 十二月大 | 丁丑 | 天干地支<br>西曆<br>星期 | 丁亥<br>13<br>六 | 戊子<br>14<br>日 | 己丑<br>15<br>一 | 庚寅<br>16<br>二 | 辛卯<br>17<br>三 | 壬辰<br>18<br>四 | 癸巳<br>19<br>五 | 甲午<br>20<br>六 | 乙未<br>21<br>日 | 丙申<br>22<br>一 | 丁酉<br>23<br>二 | 戊戌<br>24<br>三 | 己亥<br>25<br>四 | 庚子<br>26<br>五 | 辛丑<br>27<br>六 | 壬寅<br>28<br>日 | 癸卯<br>29<br>一 | 甲辰<br>30<br>二 | 乙巳<br>31<br>三 | 丙午<br>(2)<br>四 | 丁未<br>2<br>五 | 戊申<br>3<br>六 | 己酉<br>4<br>日 | 庚戌<br>5<br>一 | 辛亥<br>6<br>二 | 壬子<br>7<br>三 | 癸丑<br>8<br>四 | 甲寅<br>9<br>五 | 乙卯<br>10<br>六 | 丙辰<br>11<br>日 | 戊戌大寒<br>癸丑立春 |

*正月甲子（初二），改元元初。《後漢書》卷五《安帝紀》載："三月癸酉，日有食之。"癸酉爲三月十二日，不會發生日食，記載有誤。

# 漢安帝元初二年（乙卯 兔年）公元 115 ~ 116 年

| 夏曆月序 | | 中西曆日對照 | 初一 | 初二 | 初三 | 初四 | 初五 | 初六 | 初七 | 初八 | 初九 | 初十 | 十一 | 十二 | 十三 | 十四 | 十五 | 十六 | 十七 | 十八 | 十九 | 二十 | 二一 | 二二 | 二三 | 二四 | 二五 | 二六 | 二七 | 二八 | 二九 | 三十 | 節氣與天象 |
|---|---|---|---|---|---|---|---|---|---|---|---|---|---|---|---|---|---|---|---|---|---|---|---|---|---|---|---|---|---|---|---|---|---|
| 正月大 | 戊寅 | 天干地支<br>西曆星期 | 丁巳<br>12<br>一 | 戊午<br>13<br>二 | 己未<br>14<br>三 | 庚申<br>15<br>四 | 辛酉<br>16<br>五 | 壬戌<br>17<br>六 | 癸亥<br>18<br>日 | 甲子<br>19<br>一 | 乙丑<br>20<br>二 | 丙寅<br>21<br>三 | 丁卯<br>22<br>四 | 戊辰<br>23<br>五 | 己巳<br>24<br>六 | 庚午<br>25<br>日 | 辛未<br>26<br>一 | 壬申<br>27<br>二 | 癸酉<br>28<br>三 | 甲戌<br>(3)<br>四 | 乙亥<br>2<br>五 | 丙子<br>3<br>六 | 丁丑<br>4<br>日 | 戊寅<br>5<br>一 | 己卯<br>6<br>二 | 庚辰<br>7<br>三 | 辛巳<br>8<br>四 | 壬午<br>9<br>五 | 癸未<br>10<br>六 | 甲申<br>11<br>日 | 乙酉<br>12<br>一 | 丙戌<br>13<br>二 | 戊辰雨水<br>癸未驚蟄 |
| 二月小 | 己卯 | 天干地支<br>西曆星期 | 丁亥<br>14<br>三 | 戊子<br>15<br>四 | 己丑<br>16<br>五 | 庚寅<br>17<br>六 | 辛卯<br>18<br>日 | 壬辰<br>19<br>一 | 癸巳<br>20<br>二 | 甲午<br>21<br>三 | 乙未<br>22<br>四 | 丙申<br>23<br>五 | 丁酉<br>24<br>六 | 戊戌<br>25<br>日 | 己亥<br>26<br>一 | 庚子<br>27<br>二 | 辛丑<br>28<br>三 | 壬寅<br>29<br>四 | 癸卯<br>30<br>五 | 甲辰<br>31<br>六 | 乙巳<br>(4)<br>日 | 丙午<br>2<br>一 | 丁未<br>3<br>二 | 戊申<br>4<br>三 | 己酉<br>5<br>四 | 庚戌<br>6<br>五 | 辛亥<br>7<br>六 | 壬子<br>8<br>日 | 癸丑<br>9<br>一 | 甲寅<br>10<br>二 | 乙卯<br>11<br>三 | | 己亥春分<br>甲寅清明 |
| 三月大 | 庚辰 | 天干地支<br>西曆星期 | 丙辰<br>12<br>四 | 丁巳<br>13<br>五 | 戊午<br>14<br>六 | 己未<br>15<br>日 | 庚申<br>16<br>一 | 辛酉<br>17<br>二 | 壬戌<br>18<br>三 | 癸亥<br>19<br>四 | 甲子<br>20<br>五 | 乙丑<br>21<br>六 | 丙寅<br>22<br>日 | 丁卯<br>23<br>一 | 戊辰<br>24<br>二 | 己巳<br>25<br>三 | 庚午<br>26<br>四 | 辛未<br>27<br>五 | 壬申<br>28<br>六 | 癸酉<br>29<br>日 | 甲戌<br>30<br>一 | 乙亥<br>(5)<br>二 | 丙子<br>2<br>三 | 丁丑<br>3<br>四 | 戊寅<br>4<br>五 | 己卯<br>5<br>六 | 庚辰<br>6<br>日 | 辛巳<br>7<br>一 | 壬午<br>8<br>二 | 癸未<br>9<br>三 | 甲申<br>10<br>四 | 乙酉<br>11<br>五 | 己巳穀雨<br>甲申立夏 |
| 四月小 | 辛巳 | 天干地支<br>西曆星期 | 丙戌<br>12<br>六 | 丁亥<br>13<br>日 | 戊子<br>14<br>一 | 己丑<br>15<br>二 | 庚寅<br>16<br>三 | 辛卯<br>17<br>四 | 壬辰<br>18<br>五 | 癸巳<br>19<br>六 | 甲午<br>20<br>日 | 乙未<br>21<br>一 | 丙申<br>22<br>二 | 丁酉<br>23<br>三 | 戊戌<br>24<br>四 | 己亥<br>25<br>五 | 庚子<br>26<br>六 | 辛丑<br>27<br>日 | 壬寅<br>28<br>一 | 癸卯<br>29<br>二 | 甲辰<br>30<br>三 | 乙巳<br>31<br>四 | 丙午<br>(6)<br>五 | 丁未<br>2<br>六 | 戊申<br>3<br>日 | 己酉<br>4<br>一 | 庚戌<br>5<br>二 | 辛亥<br>6<br>三 | 壬子<br>7<br>四 | 癸丑<br>8<br>五 | 甲寅<br>9<br>六 | | 己亥小滿 |
| 五月大 | 壬午 | 天干地支<br>西曆星期 | 乙卯<br>10<br>日 | 丙辰<br>11<br>一 | 丁巳<br>12<br>二 | 戊午<br>13<br>三 | 己未<br>14<br>四 | 庚申<br>15<br>五 | 辛酉<br>16<br>六 | 壬戌<br>17<br>日 | 癸亥<br>18<br>一 | 甲子<br>19<br>二 | 乙丑<br>20<br>三 | 丙寅<br>21<br>四 | 丁卯<br>22<br>五 | 戊辰<br>23<br>六 | 己巳<br>24<br>日 | 庚午<br>25<br>一 | 辛未<br>26<br>二 | 壬申<br>27<br>三 | 癸酉<br>28<br>四 | 甲戌<br>29<br>五 | 乙亥<br>30<br>六 | 丙子<br>(7)<br>日 | 丁丑<br>2<br>一 | 戊寅<br>3<br>二 | 己卯<br>4<br>三 | 庚辰<br>5<br>四 | 辛巳<br>6<br>五 | 壬午<br>7<br>六 | 癸未<br>8<br>日 | 甲申<br>9<br>一 | 乙卯芒種<br>庚午夏至 |
| 六月小 | 癸未 | 天干地支<br>西曆星期 | 乙酉<br>10<br>二 | 丙戌<br>11<br>三 | 丁亥<br>12<br>四 | 戊子<br>13<br>五 | 己丑<br>14<br>六 | 庚寅<br>15<br>日 | 辛卯<br>16<br>一 | 壬辰<br>17<br>二 | 癸巳<br>18<br>三 | 甲午<br>19<br>四 | 乙未<br>20<br>五 | 丙申<br>21<br>六 | 丁酉<br>22<br>日 | 戊戌<br>23<br>一 | 己亥<br>24<br>二 | 庚子<br>25<br>三 | 辛丑<br>26<br>四 | 壬寅<br>27<br>五 | 癸卯<br>28<br>六 | 甲辰<br>29<br>日 | 乙巳<br>30<br>一 | 丙午<br>31<br>二 | 丁未<br>(8)<br>三 | 戊申<br>2<br>四 | 己酉<br>3<br>五 | 庚戌<br>4<br>六 | 辛亥<br>5<br>日 | 壬子<br>6<br>一 | 癸丑<br>7<br>二 | | 乙酉小暑<br>庚子大暑 |
| 七月大 | 甲申 | 天干地支<br>西曆星期 | 甲寅<br>8<br>三 | 乙卯<br>9<br>四 | 丙辰<br>10<br>五 | 丁巳<br>11<br>六 | 戊午<br>12<br>日 | 己未<br>13<br>一 | 庚申<br>14<br>二 | 辛酉<br>15<br>三 | 壬戌<br>16<br>四 | 癸亥<br>17<br>五 | 甲子<br>18<br>六 | 乙丑<br>19<br>日 | 丙寅<br>20<br>一 | 丁卯<br>21<br>二 | 戊辰<br>22<br>三 | 己巳<br>23<br>四 | 庚午<br>24<br>五 | 辛未<br>25<br>六 | 壬申<br>26<br>日 | 癸酉<br>27<br>一 | 甲戌<br>28<br>二 | 乙亥<br>29<br>三 | 丙子<br>30<br>四 | 丁丑<br>31<br>五 | 戊寅<br>(9)<br>六 | 己卯<br>2<br>日 | 庚辰<br>3<br>一 | 辛巳<br>4<br>二 | 壬午<br>5<br>三 | 癸未<br>6<br>四 | 丙辰立秋<br>辛未處暑 |
| 八月小 | 乙酉 | 天干地支<br>西曆星期 | 甲申<br>7<br>五 | 乙酉<br>8<br>六 | 丙戌<br>9<br>日 | 丁亥<br>10<br>一 | 戊子<br>11<br>二 | 己丑<br>12<br>三 | 庚寅<br>13<br>四 | 辛卯<br>14<br>五 | 壬辰<br>15<br>六 | 癸巳<br>16<br>日 | 甲午<br>17<br>一 | 乙未<br>18<br>二 | 丙申<br>19<br>三 | 丁酉<br>20<br>四 | 戊戌<br>21<br>五 | 己亥<br>22<br>六 | 庚子<br>23<br>日 | 辛丑<br>24<br>一 | 壬寅<br>25<br>二 | 癸卯<br>26<br>三 | 甲辰<br>27<br>四 | 乙巳<br>28<br>五 | 丙午<br>29<br>六 | 丁未<br>30<br>日 | 戊申<br>(10)<br>一 | 己酉<br>2<br>二 | 庚戌<br>3<br>三 | 辛亥<br>4<br>四 | 壬子<br>5<br>五 | | 丙戌白露<br>辛丑秋分 |
| 九月大 | 丙戌 | 天干地支<br>西曆星期 | 癸丑<br>6<br>六 | 甲寅<br>7<br>日 | 乙卯<br>8<br>一 | 丙辰<br>9<br>二 | 丁巳<br>10<br>三 | 戊午<br>11<br>四 | 己未<br>12<br>五 | 庚申<br>13<br>六 | 辛酉<br>14<br>日 | 壬戌<br>15<br>一 | 癸亥<br>16<br>二 | 甲子<br>17<br>三 | 乙丑<br>18<br>四 | 丙寅<br>19<br>五 | 丁卯<br>20<br>六 | 戊辰<br>21<br>日 | 己巳<br>22<br>一 | 庚午<br>23<br>二 | 辛未<br>24<br>三 | 壬申<br>25<br>四 | 癸酉<br>26<br>五 | 甲戌<br>27<br>六 | 乙亥<br>28<br>日 | 丙子<br>29<br>一 | 丁丑<br>30<br>二 | 戊寅<br>31<br>三 | 己卯<br>(11)<br>四 | 庚辰<br>2<br>五 | 辛巳<br>3<br>六 | 壬午<br>4<br>日 | 丙辰寒露<br>壬申霜降<br>壬午日食 |
| 十月小 | 丁亥 | 天干地支<br>西曆星期 | 癸未<br>5<br>一 | 甲申<br>6<br>二 | 乙酉<br>7<br>三 | 丙戌<br>8<br>四 | 丁亥<br>9<br>五 | 戊子<br>10<br>六 | 己丑<br>11<br>日 | 庚寅<br>12<br>一 | 辛卯<br>13<br>二 | 壬辰<br>14<br>三 | 癸巳<br>15<br>四 | 甲午<br>16<br>五 | 乙未<br>17<br>六 | 丙申<br>18<br>日 | 丁酉<br>19<br>一 | 戊戌<br>20<br>二 | 己亥<br>21<br>三 | 庚子<br>22<br>四 | 辛丑<br>23<br>五 | 壬寅<br>24<br>六 | 癸卯<br>25<br>日 | 甲辰<br>26<br>一 | 乙巳<br>27<br>二 | 丙午<br>28<br>三 | 丁未<br>29<br>四 | 戊申<br>30<br>五 | 己酉<br>(12)<br>六 | 庚戌<br>2<br>日 | 辛亥<br>3<br>一 | | 丁亥立冬<br>壬寅小雪 |
| 十一月大 | 戊子 | 天干地支<br>西曆星期 | 壬子<br>4<br>二 | 癸丑<br>5<br>三 | 甲寅<br>6<br>四 | 乙卯<br>7<br>五 | 丙辰<br>8<br>六 | 丁巳<br>9<br>日 | 戊午<br>10<br>一 | 己未<br>11<br>二 | 庚申<br>12<br>三 | 辛酉<br>13<br>四 | 壬戌<br>14<br>五 | 癸亥<br>15<br>六 | 甲子<br>16<br>日 | 乙丑<br>17<br>一 | 丙寅<br>18<br>二 | 丁卯<br>19<br>三 | 戊辰<br>20<br>四 | 己巳<br>21<br>五 | 庚午<br>22<br>六 | 辛未<br>23<br>日 | 壬申<br>24<br>一 | 癸酉<br>25<br>二 | 甲戌<br>26<br>三 | 乙亥<br>27<br>四 | 丙子<br>28<br>五 | 丁丑<br>29<br>六 | 戊寅<br>30<br>日 | 己卯<br>31<br>一 | 庚辰<br>(1)<br>二 | 辛巳<br>2<br>三 | 丁巳大雪<br>癸酉冬至 |
| 十二月小 | 己丑 | 天干地支<br>西曆星期 | 壬午<br>3<br>四 | 癸未<br>4<br>五 | 甲申<br>5<br>六 | 乙酉<br>6<br>日 | 丙戌<br>7<br>一 | 丁亥<br>8<br>二 | 戊子<br>9<br>三 | 己丑<br>10<br>四 | 庚寅<br>11<br>五 | 辛卯<br>12<br>六 | 壬辰<br>13<br>日 | 癸巳<br>14<br>一 | 甲午<br>15<br>二 | 乙未<br>16<br>三 | 丙申<br>17<br>四 | 丁酉<br>18<br>五 | 戊戌<br>19<br>六 | 己亥<br>20<br>日 | 庚子<br>21<br>一 | 辛丑<br>22<br>二 | 壬寅<br>23<br>三 | 癸卯<br>24<br>四 | 甲辰<br>25<br>五 | 乙巳<br>26<br>六 | 丙午<br>27<br>日 | 丁未<br>28<br>一 | 戊申<br>29<br>二 | 己酉<br>30<br>三 | 庚戌<br>31<br>四 | | 戊子小寒<br>癸卯大寒 |

# 漢安帝元初三年（丙辰 龍年）公元 116 ~ 117 年

| 夏曆月序 | | 中西曆日對照 | 夏曆日序 | | | | | | | | | | | | | | | | | | | | | | | | | | | | | | 節氣與天象 |
|---|---|---|---|---|---|---|---|---|---|---|---|---|---|---|---|---|---|---|---|---|---|---|---|---|---|---|---|---|---|---|---|---|
| | | | 初一 | 初二 | 初三 | 初四 | 初五 | 初六 | 初七 | 初八 | 初九 | 初十 | 十一 | 十二 | 十三 | 十四 | 十五 | 十六 | 十七 | 十八 | 十九 | 二十 | 二一 | 二二 | 二三 | 二四 | 二五 | 二六 | 二七 | 二八 | 二九 | 三十 | |
| 正月大 | 庚寅 | 天干地支<br>西曆<br>星期 | 辛亥(2)五 | 壬子2六 | 癸丑3日 | 甲寅4一 | 乙卯5二 | 丙辰6三 | 丁巳7四 | 戊午8五 | 己未9六 | 庚申10日 | 辛酉11一 | 壬戌12二 | 癸亥13三 | 甲子14四 | 乙丑15五 | 丙寅16六 | 丁卯17日 | 戊辰18一 | 己巳19二 | 庚午20三 | 辛未21四 | 壬申22五 | 癸酉23六 | 甲戌24日 | 乙亥25一 | 丙子26二 | 丁丑27三 | 戊寅28四 | 己卯29五 | 庚辰(3)六 | 戊午立春<br>癸酉雨水 |
| 二月小 | 辛卯 | 天干地支<br>西曆<br>星期 | 辛巳2日 | 壬午3一 | 癸未4二 | 甲申5三 | 乙酉6四 | 丙戌7五 | 丁亥8六 | 戊子9日 | 己丑10一 | 庚寅11二 | 辛卯12三 | 壬辰13四 | 癸巳14五 | 甲午15六 | 乙未16日 | 丙申17一 | 丁酉18二 | 戊戌19三 | 己亥20四 | 庚子21五 | 辛丑22六 | 壬寅23日 | 癸卯24一 | 甲辰25二 | 乙巳26三 | 丙午27四 | 丁未28五 | 戊申29六 | 己酉30日 | | 己丑驚蟄<br>甲辰春分 |
| 三月大 | 壬辰 | 天干地支<br>西曆<br>星期 | 庚戌31一 | 辛亥(4)二 | 壬子2三 | 癸丑3四 | 甲寅4五 | 乙卯5六 | 丙辰6日 | 丁巳7一 | 戊午8二 | 己未9三 | 庚申10四 | 辛酉11五 | 壬戌12六 | 癸亥13日 | 甲子14一 | 乙丑15二 | 丙寅16三 | 丁卯17四 | 戊辰18五 | 己巳19六 | 庚午20日 | 辛未21一 | 壬申22二 | 癸酉23三 | 甲戌24四 | 乙亥25五 | 丙子26六 | 丁丑27日 | 戊寅28一 | 己卯29二 | 己未清明<br>甲戌穀雨 |
| 四月小 | 癸巳 | 天干地支<br>西曆<br>星期 | 庚辰30三 | 辛巳(5)四 | 壬午2五 | 癸未3六 | 甲申4日 | 乙酉5一 | 丙戌6二 | 丁亥7三 | 戊子8四 | 己丑9五 | 庚寅10六 | 辛卯11日 | 壬辰12一 | 癸巳13二 | 甲午14三 | 乙未15四 | 丙申16五 | 丁酉17六 | 戊戌18日 | 己亥19一 | 庚子20二 | 辛丑21三 | 壬寅22四 | 癸卯23五 | 甲辰24六 | 乙巳25日 | 丙午26一 | 丁未27二 | 戊申28三 | | 己丑立夏<br>乙巳小滿 |
| 五月大 | 甲午 | 天干地支<br>西曆<br>星期 | 己酉29四 | 庚戌30五 | 辛亥31六 | 壬子(6)日 | 癸丑2一 | 甲寅3二 | 乙卯4三 | 丙辰5四 | 丁巳6五 | 戊午7六 | 己未8日 | 庚申9一 | 辛酉10二 | 壬戌11三 | 癸亥12四 | 甲子13五 | 乙丑14六 | 丙寅15日 | 丁卯16一 | 戊辰17二 | 己巳18三 | 庚午19四 | 辛未20五 | 壬申21六 | 癸酉22日 | 甲戌23一 | 乙亥24二 | 丙子25三 | 丁丑26四 | 戊寅27五 | 庚申芒種<br>乙亥夏至 |
| 六月大 | 乙未 | 天干地支<br>西曆<br>星期 | 己卯28六 | 庚辰29日 | 辛巳30一 | 壬午(7)二 | 癸未2三 | 甲申3四 | 乙酉4五 | 丙戌5六 | 丁亥6日 | 戊子7一 | 己丑8二 | 庚寅9三 | 辛卯10四 | 壬辰11五 | 癸巳12六 | 甲午13日 | 乙未14一 | 丙申15二 | 丁酉16三 | 戊戌17四 | 己亥18五 | 庚子19六 | 辛丑20日 | 壬寅21一 | 癸卯22二 | 甲辰23三 | 乙巳24四 | 丙午25五 | 丁未26六 | 戊申27日 | 庚寅小暑<br>丙午大暑 |
| 七月小 | 丙申 | 天干地支<br>西曆<br>星期 | 己酉28一 | 庚戌29二 | 辛亥30三 | 壬子31四 | 癸丑(8)五 | 甲寅2六 | 乙卯3日 | 丙辰4一 | 丁巳5二 | 戊午6三 | 己未7四 | 庚申8五 | 辛酉9六 | 壬戌10日 | 癸亥11一 | 甲子12二 | 乙丑13三 | 丙寅14四 | 丁卯15五 | 戊辰16六 | 己巳17日 | 庚午18一 | 辛未19二 | 壬申20三 | 癸酉21四 | 甲戌22五 | 乙亥23六 | 丙子24日 | 丁丑25一 | | 辛酉立秋<br>丙子處暑 |
| 八月大 | 丁酉 | 天干地支<br>西曆<br>星期 | 戊寅26二 | 己卯27三 | 庚辰28四 | 辛巳29五 | 壬午30六 | 癸未31日 | 甲申(9)一 | 乙酉2二 | 丙戌3三 | 丁亥4四 | 戊子5五 | 己丑6六 | 庚寅7日 | 辛卯8一 | 壬辰9二 | 癸巳10三 | 甲午11四 | 乙未12五 | 丙申13六 | 丁酉14日 | 戊戌15一 | 己亥16二 | 庚子17三 | 辛丑18四 | 壬寅19五 | 癸卯20六 | 甲辰21日 | 乙巳22一 | 丙午23二 | 丁未24三 | 辛卯白露<br>丙午秋分 |
| 閏八月小 | 丁酉 | 天干地支<br>西曆<br>星期 | 戊申25四 | 己酉26五 | 庚戌27六 | 辛亥28日 | 壬子29一 | 癸丑30二 | 甲寅(10)三 | 乙卯2四 | 丙辰3五 | 丁巳4六 | 戊午5日 | 己未6一 | 庚申7二 | 辛酉8三 | 壬戌9四 | 癸亥10五 | 甲子11六 | 乙丑12日 | 丙寅13一 | 丁卯14二 | 戊辰15三 | 己巳16四 | 庚午17五 | 辛未18六 | 壬申19日 | 癸酉20一 | 甲戌21二 | 乙亥22三 | 丙子23四 | | 壬戌寒露 |
| 九月大 | 戊戌 | 天干地支<br>西曆<br>星期 | 丁丑24五 | 戊寅25六 | 己卯26日 | 庚辰27一 | 辛巳28二 | 壬午29三 | 癸未30四 | 甲申31五 | 乙酉(11)六 | 丙戌2日 | 丁亥3一 | 戊子4二 | 己丑5三 | 庚寅6四 | 辛卯7五 | 壬辰8六 | 癸巳9日 | 甲午10一 | 乙未11二 | 丙申12三 | 丁酉13四 | 戊戌14五 | 己亥15六 | 庚子16日 | 辛丑17一 | 壬寅18二 | 癸卯19三 | 甲辰20四 | 乙巳21五 | 丙午22六 | 丁丑霜降<br>壬辰立冬 |
| 十月小 | 己亥 | 天干地支<br>西曆<br>星期 | 丁未23日 | 戊申24一 | 己酉25二 | 庚戌26三 | 辛亥27四 | 壬子28五 | 癸丑29六 | 甲寅30日 | 乙卯(12)一 | 丙辰2二 | 丁巳3三 | 戊午4四 | 己未5五 | 庚申6六 | 辛酉7日 | 壬戌8一 | 癸亥9二 | 甲子10三 | 乙丑11四 | 丙寅12五 | 丁卯13六 | 戊辰14日 | 己巳15一 | 庚午16二 | 辛未17三 | 壬申18四 | 癸酉19五 | 甲戌20六 | 乙亥21日 | | 丁未小雪<br>癸亥大雪 |
| 十一月大 | 庚子 | 天干地支<br>西曆<br>星期 | 丙子22一 | 丁丑23二 | 戊寅24三 | 己卯25四 | 庚辰26五 | 辛巳27六 | 壬午28日 | 癸未29一 | 甲申30二 | 乙酉31三 | 丙戌(1)四 | 丁亥2五 | 戊子3六 | 己丑4日 | 庚寅5一 | 辛卯6二 | 壬辰7三 | 癸巳8四 | 甲午9五 | 乙未10六 | 丙申11日 | 丁酉12一 | 戊戌13二 | 己亥14三 | 庚子15四 | 辛丑16五 | 壬寅17六 | 癸卯18日 | 甲辰19一 | 乙巳20二 | 戊寅冬至<br>癸巳小寒 |
| 十二月小 | 辛丑 | 天干地支<br>西曆<br>星期 | 丙午21三 | 丁未22四 | 戊申23五 | 己酉24六 | 庚戌25日 | 辛亥26一 | 壬子27二 | 癸丑28三 | 甲寅29四 | 乙卯30五 | 丙辰31六 | 丁巳(2)日 | 戊午2一 | 己未3二 | 庚申4三 | 辛酉5四 | 壬戌6五 | 癸亥7六 | 甲子8日 | 乙丑9一 | 丙寅10二 | 丁卯11三 | 戊辰12四 | 己巳13五 | 庚午14六 | 辛未15日 | 壬申16一 | 癸酉17二 | 甲戌18三 | | 戊申大寒<br>癸亥立春 |

# 漢安帝元初四年（丁巳 蛇年）公元117 ~ 118年

夏曆日序（初一至十五）

| 夏曆月序 | | 中西曆日對照 | 初一 | 初二 | 初三 | 初四 | 初五 | 初六 | 初七 | 初八 | 初九 | 初十 | 十一 | 十二 | 十三 | 十四 | 十五 |
|---|---|---|---|---|---|---|---|---|---|---|---|---|---|---|---|---|---|
| 正月大 | 壬寅 | 天干地支 西曆 星期 | 乙亥 19 四 | 丙子 20 五 | 丁丑 21 六 | 戊寅 22 日 | 己卯 23 一 | 庚辰 24 二 | 辛巳 25 三 | 壬午 26 四 | 癸未 27 五 | 甲申 28 六 | 乙酉 (3) 日 | 丙戌 2 一 | 丁亥 3 二 | 戊子 4 三 | 己丑 5 四 |
| 二月小 | 癸卯 | 天干地支 西曆 星期 | 乙巳 21 六 | 丙午 22 日 | 丁未 23 一 | 戊申 24 二 | 己酉 25 三 | 庚戌 26 四 | 辛亥 27 五 | 壬子 28 六 | 癸丑 29 日 | 甲寅 30 一 | 乙卯 31 二 | 丙辰 (4) 三 | 丁巳 2 四 | 戊午 3 五 | 己未 4 六 |
| 三月大 | 甲辰 | 天干地支 西曆 星期 | 甲戌 19 日 | 乙亥 20 一 | 丙子 21 二 | 丁丑 22 三 | 戊寅 23 四 | 己卯 24 五 | 庚辰 25 六 | 辛巳 26 日 | 壬午 27 一 | 癸未 28 二 | 甲申 29 三 | 乙酉 30 四 | 丙戌 (5) 五 | 丁亥 2 六 | 戊子 3 日 |
| 四月小 | 乙巳 | 天干地支 西曆 星期 | 甲辰 19 二 | 乙巳 20 三 | 丙午 21 四 | 丁未 22 五 | 戊申 23 六 | 己酉 24 日 | 庚戌 25 一 | 辛亥 26 二 | 壬子 27 三 | 癸丑 28 四 | 甲寅 29 五 | 乙卯 30 六 | 丙辰 31 日 | 丁巳 (6) 一 | 戊午 2 二 |
| 五月大 | 丙午 | 天干地支 西曆 星期 | 癸酉 17 三 | 甲戌 18 四 | 乙亥 19 五 | 丙子 20 六 | 丁丑 21 日 | 戊寅 22 一 | 己卯 23 二 | 庚辰 24 三 | 辛巳 25 四 | 壬午 26 五 | 癸未 27 六 | 甲申 28 日 | 乙酉 29 一 | 丙戌 30 二 | 丁亥 (7) 三 |
| 六月小 | 丁未 | 天干地支 西曆 星期 | 癸卯 17 五 | 甲辰 18 六 | 乙巳 19 日 | 丙午 20 一 | 丁未 21 二 | 戊申 22 三 | 己酉 23 四 | 庚戌 24 五 | 辛亥 25 六 | 壬子 26 日 | 癸丑 27 一 | 甲寅 28 二 | 乙卯 29 三 | 丙辰 30 四 | 丁巳 31 五 |
| 七月大 | 戊申 | 天干地支 西曆 星期 | 壬申 15 六 | 癸酉 16 日 | 甲戌 17 一 | 乙亥 18 二 | 丙子 19 三 | 丁丑 20 四 | 戊寅 21 五 | 己卯 22 六 | 庚辰 23 日 | 辛巳 24 一 | 壬午 25 二 | 癸未 26 三 | 甲申 27 四 | 乙酉 28 五 | 丙戌 29 六 |
| 八月大 | 己酉 | 天干地支 西曆 星期 | 壬寅 14 一 | 癸卯 15 二 | 甲辰 16 三 | 乙巳 17 四 | 丙午 18 五 | 丁未 19 六 | 戊申 20 日 | 己酉 21 一 | 庚戌 22 二 | 辛亥 23 三 | 壬子 24 四 | 癸丑 25 五 | 甲寅 26 六 | 乙卯 27 日 | 丙辰 28 一 |
| 九月小 | 庚戌 | 天干地支 西曆 星期 | 壬申 14 三 | 癸酉 15 四 | 甲戌 16 五 | 乙亥 17 六 | 丙子 18 日 | 丁丑 19 一 | 戊寅 20 二 | 己卯 21 三 | 庚辰 22 四 | 辛巳 23 五 | 壬午 24 六 | 癸未 25 日 | 甲申 26 一 | 乙酉 27 二 | 丙戌 28 三 |
| 十月大 | 辛亥 | 天干地支 西曆 星期 | 辛丑 12 四 | 壬寅 13 五 | 癸卯 14 六 | 甲辰 15 日 | 乙巳 16 一 | 丙午 17 二 | 丁未 18 三 | 戊申 19 四 | 己酉 20 五 | 庚戌 21 六 | 辛亥 22 日 | 壬子 23 一 | 癸丑 24 二 | 甲寅 25 三 | 乙卯 26 四 |
| 十一月小 | 壬子 | 天干地支 西曆 星期 | 辛未 12 六 | 壬申 13 日 | 癸酉 14 一 | 甲戌 15 二 | 乙亥 16 三 | 丙子 17 四 | 丁丑 18 五 | 戊寅 19 六 | 己卯 20 日 | 庚辰 21 一 | 辛巳 22 二 | 壬午 23 三 | 癸未 24 四 | 甲申 25 五 | 乙酉 26 六 |
| 十二月大 | 癸丑 | 天干地支 西曆 星期 | 庚子 10 日 | 辛丑 11 一 | 壬寅 12 二 | 癸卯 13 三 | 甲辰 14 四 | 乙巳 15 五 | 丙午 16 六 | 丁未 17 日 | 戊申 18 一 | 己酉 19 二 | 庚戌 20 三 | 辛亥 21 四 | 壬子 22 五 | 癸丑 23 六 | 甲寅 24 日 |

夏曆日序（十六至三十）及節氣與天象

| 夏曆月序 | 十六 | 十七 | 十八 | 十九 | 二十 | 二一 | 二二 | 二三 | 二四 | 二五 | 二六 | 二七 | 二八 | 二九 | 三十 | 節氣與天象 |
|---|---|---|---|---|---|---|---|---|---|---|---|---|---|---|---|---|
| 正月大 | 庚寅 6 五 | 辛卯 7 六 | 壬辰 8 日 | 癸巳 9 一 | 甲午 10 二 | 乙未 11 三 | 丙申 12 四 | 丁酉 13 五 | 戊戌 14 六 | 己亥 15 日 | 庚子 16 一 | 辛丑 17 二 | 壬寅 18 三 | 癸卯 19 四 | 甲辰 20 五 | 己卯雨水 甲午驚蟄 |
| 二月小 | 庚申 5 日 | 辛酉 6 一 | 壬戌 7 二 | 癸亥 8 三 | 甲子 9 四 | 乙丑 10 五 | 丙寅 11 六 | 丁卯 12 日 | 戊辰 13 一 | 己巳 14 二 | 庚午 15 三 | 辛未 16 四 | 壬申 17 五 | 癸酉 18 六 | | 己酉春分 甲子清明 乙巳日食 |
| 三月大 | 己丑 4 一 | 庚寅 5 二 | 辛卯 6 三 | 壬辰 7 四 | 癸巳 8 五 | 甲午 9 六 | 乙未 10 日 | 丙申 11 一 | 丁酉 12 二 | 戊戌 13 三 | 己亥 14 四 | 庚子 15 五 | 辛丑 16 六 | 壬寅 17 日 | 癸卯 18 一 | 庚辰穀雨 乙未立夏 |
| 四月小 | 己未 3 三 | 庚申 4 四 | 辛酉 5 五 | 壬戌 6 六 | 癸亥 7 日 | 甲子 8 一 | 乙丑 9 二 | 丙寅 10 三 | 丁卯 11 四 | 戊辰 12 五 | 己巳 13 六 | 庚午 14 日 | 辛未 15 一 | 壬申 16 二 | | 庚戌小滿 乙丑芒種 |
| 五月大 | 戊子 2 四 | 己丑 3 五 | 庚寅 4 六 | 辛卯 5 日 | 壬辰 6 一 | 癸巳 7 二 | 甲午 8 三 | 乙未 9 四 | 丙申 10 五 | 丁酉 11 六 | 戊戌 12 日 | 己亥 13 一 | 庚子 14 二 | 辛丑 15 三 | 壬寅 16 四 | 庚辰夏至 丙申小暑 |
| 六月小 | 戊午 (8) 六 | 己未 2 日 | 庚申 3 一 | 辛酉 4 二 | 壬戌 5 三 | 癸亥 6 四 | 甲子 7 五 | 乙丑 8 六 | 丙寅 9 日 | 丁卯 10 一 | 戊辰 11 二 | 己巳 12 三 | 庚午 13 四 | 辛未 14 五 | | 辛亥大暑 丙寅立秋 |
| 七月大 | 丁亥 30 日 | 戊子 31 一 | 己丑 (9) 二 | 庚寅 2 三 | 辛卯 3 四 | 壬辰 4 五 | 癸巳 5 六 | 甲午 6 日 | 乙未 7 一 | 丙申 8 二 | 丁酉 9 三 | 戊戌 10 四 | 己亥 11 五 | 庚子 12 六 | 辛丑 13 日 | 辛巳處暑 丙申白露 |
| 八月大 | 丁巳 29 二 | 戊午 30 三 | 己未 (10) 四 | 庚申 2 五 | 辛酉 3 六 | 壬戌 4 日 | 癸亥 5 一 | 甲子 6 二 | 乙丑 7 三 | 丙寅 8 四 | 丁卯 9 五 | 戊辰 10 六 | 己巳 11 日 | 庚午 12 一 | 辛未 13 二 | 壬子秋分 丁卯寒露 |
| 九月小 | 丁亥 29 四 | 戊子 30 五 | 己丑 31 六 | 庚寅 (11) 日 | 辛卯 2 一 | 壬辰 3 二 | 癸巳 4 三 | 甲午 5 四 | 乙未 6 五 | 丙申 7 六 | 丁酉 8 日 | 戊戌 9 一 | 己亥 10 二 | 庚子 11 三 | | 壬午霜降 丁酉立冬 |
| 十月大 | 丙辰 27 五 | 丁巳 28 六 | 戊午 29 日 | 己未 30 一 | 庚申 (12) 二 | 辛酉 2 三 | 壬戌 3 四 | 癸亥 4 五 | 甲子 5 六 | 乙丑 6 日 | 丙寅 7 一 | 丁卯 8 二 | 戊辰 9 三 | 己巳 10 四 | 庚午 11 五 | 癸丑小雪 戊辰大雪 |
| 十一月小 | 丙戌 27 日 | 丁亥 28 一 | 戊子 29 二 | 己丑 30 三 | 庚寅 31 四 | 辛卯 (1) 五 | 壬辰 2 六 | 癸巳 3 日 | 甲午 4 一 | 乙未 5 二 | 丙申 6 三 | 丁酉 7 四 | 戊戌 8 五 | 己亥 9 六 | | 癸未冬至 戊戌小寒 |
| 十二月大 | 乙卯 25 一 | 丙辰 26 二 | 丁巳 27 三 | 戊午 28 四 | 己未 29 五 | 庚申 30 六 | 辛酉 31 日 | 壬戌 (2) 一 | 癸亥 2 二 | 甲子 3 三 | 乙丑 4 四 | 丙寅 5 五 | 丁卯 6 六 | 戊辰 7 日 | 己巳 8 一 | 癸丑大寒 己巳立春 |

# 漢安帝元初五年（戊午 馬年）公元118～119年

| 夏曆月序 | | 中西曆日對照 | 初一 | 初二 | 初三 | 初四 | 初五 | 初六 | 初七 | 初八 | 初九 | 初十 | 十一 | 十二 | 十三 | 十四 | 十五 |
|---|---|---|---|---|---|---|---|---|---|---|---|---|---|---|---|---|---|
| 正月小 | 甲寅 | 天干地支 西曆 星期 | 庚午 9 二 | 辛未 10 三 | 壬申 11 四 | 癸酉 12 五 | 甲戌 13 六 | 乙亥 14 日 | 丙子 15 一 | 丁丑 16 二 | 戊寅 17 三 | 己卯 18 四 | 庚辰 19 五 | 辛巳 20 六 | 壬午 21 日 | 癸未 22 一 | 甲申 23 二 |
| 二月大 | 乙卯 | 天干地支 西曆 星期 | 己亥 10 三 | 庚子 11 四 | 辛丑 12 五 | 壬寅 13 六 | 癸卯 14 日 | 甲辰 15 一 | 乙巳 16 二 | 丙午 17 三 | 丁未 18 四 | 戊申 19 五 | 己酉 20 六 | 庚戌 21 日 | 辛亥 22 一 | 壬子 23 二 | 癸丑 24 三 |
| 三月小 | 丙辰 | 天干地支 西曆 星期 | 己巳 9 五 | 庚午 10 六 | 辛未 11 日 | 壬申 12 一 | 癸酉 13 二 | 甲戌 14 三 | 乙亥 15 四 | 丙子 16 五 | 丁丑 17 六 | 戊寅 18 日 | 己卯 19 一 | 庚辰 20 二 | 辛巳 21 三 | 壬午 22 四 | 癸未 23 五 |
| 四月大 | 丁巳 | 天干地支 西曆 星期 | 戊戌 8 六 | 己亥 9 日 | 庚子 10 一 | 辛丑 11 二 | 壬寅 12 三 | 癸卯 13 四 | 甲辰 14 五 | 乙巳 15 六 | 丙午 16 日 | 丁未 17 一 | 戊申 18 二 | 己酉 19 三 | 庚戌 20 四 | 辛亥 21 五 | 壬子 22 六 |
| 五月小 | 戊午 | 天干地支 西曆 星期 | 戊辰 7 一 | 己巳 8 二 | 庚午 9 三 | 辛未 10 四 | 壬申 11 五 | 癸酉 12 六 | 甲戌 13 日 | 乙亥 14 一 | 丙子 15 二 | 丁丑 16 三 | 戊寅 17 四 | 己卯 18 五 | 庚辰 19 六 | 辛巳 20 日 | 壬午 21 一 |
| 六月大 | 己未 | 天干地支 西曆 星期 | 丁酉 6 二 | 戊戌 7 三 | 己亥 8 四 | 庚子 9 五 | 辛丑 10 六 | 壬寅 11 日 | 癸卯 12 一 | 甲辰 13 二 | 乙巳 14 三 | 丙午 15 四 | 丁未 16 五 | 戊申 17 六 | 己酉 18 日 | 庚戌 19 一 | 辛亥 20 二 |
| 七月小 | 庚申 | 天干地支 西曆 星期 | 丁卯 5 四 | 戊辰 6 五 | 己巳 7 六 | 庚午 8 日 | 辛未 9 一 | 壬申 10 二 | 癸酉 11 三 | 甲戌 12 四 | 乙亥 13 五 | 丙子 14 六 | 丁丑 15 日 | 戊寅 16 一 | 己卯 17 二 | 庚辰 18 三 | 辛巳 19 四 |
| 八月大 | 辛酉 | 天干地支 西曆 星期 | 丙申 3 五 | 丁酉 4 六 | 戊戌 5 日 | 己亥 6 一 | 庚子 7 二 | 辛丑 8 三 | 壬寅 9 四 | 癸卯 10 五 | 甲辰 11 六 | 乙巳 12 日 | 丙午 13 一 | 丁未 14 二 | 戊申 15 三 | 己酉 16 四 | 庚戌 17 五 |
| 九月小 | 壬戌 | 天干地支 西曆 星期 | 丙寅 3 日 | 丁卯 4 一 | 戊辰 5 二 | 己巳 6 三 | 庚午 7 四 | 辛未 8 五 | 壬申 9 六 | 癸酉 10 日 | 甲戌 11 一 | 乙亥 12 二 | 丙子 13 三 | 丁丑 14 四 | 戊寅 15 五 | 己卯 16 六 | 庚辰 17 日 |
| 十月大 | 癸亥 | 天干地支 西曆 星期 | 乙未 (11) 一 | 丙申 2 二 | 丁酉 3 三 | 戊戌 4 四 | 己亥 5 五 | 庚子 6 六 | 辛丑 7 日 | 壬寅 8 一 | 癸卯 9 二 | 甲辰 10 三 | 乙巳 11 四 | 丙午 12 五 | 丁未 13 六 | 戊申 14 日 | 己酉 15 一 |
| 十一月小 | 甲子 | 天干地支 西曆 星期 | 乙丑 (12) 三 | 丙寅 2 四 | 丁卯 3 五 | 戊辰 4 六 | 己巳 5 日 | 庚午 6 一 | 辛未 7 二 | 壬申 8 三 | 癸酉 9 四 | 甲戌 10 五 | 乙亥 11 六 | 丙子 12 日 | 丁丑 13 一 | 戊寅 14 二 | 己卯 15 三 |
| 十二月大 | 乙丑 | 天干地支 西曆 星期 | 甲午 30 四 | 乙未 31 五 | 丙申 (1) 六 | 丁酉 2 日 | 戊戌 3 一 | 己亥 4 二 | 庚子 5 三 | 辛丑 6 四 | 壬寅 7 五 | 癸卯 8 六 | 甲辰 9 日 | 乙巳 10 一 | 丙午 11 二 | 丁未 12 三 | 戊申 13 四 |

| 夏曆月序 | | 中西曆日對照 | 十六 | 十七 | 十八 | 十九 | 二十 | 二一 | 二二 | 二三 | 二四 | 二五 | 二六 | 二七 | 二八 | 二九 | 三十 | 節氣與天象 |
|---|---|---|---|---|---|---|---|---|---|---|---|---|---|---|---|---|---|---|
| 正月小 | 甲寅 | 天干地支 西曆 星期 | 乙酉 24 三 | 丙戌 25 四 | 丁亥 26 五 | 戊子 27 六 | 己丑 28 日 | 庚寅 (3) 一 | 辛卯 2 二 | 壬辰 3 三 | 癸巳 4 四 | 甲午 5 五 | 乙未 6 六 | 丙申 7 日 | 丁酉 8 一 | 戊戌 9 二 | | 甲申雨水 |
| 二月大 | 乙卯 | 天干地支 西曆 星期 | 甲寅 25 四 | 乙卯 26 五 | 丙辰 27 六 | 丁巳 28 日 | 戊午 29 一 | 己未 30 二 | 庚申 31 三 | 辛酉 (4) 四 | 壬戌 2 五 | 癸亥 3 六 | 甲子 4 日 | 乙丑 5 一 | 丙寅 6 二 | 丁卯 7 三 | 戊辰 8 四 | 己亥驚蟄 甲寅春分 |
| 三月小 | 丙辰 | 天干地支 西曆 星期 | 甲申 24 六 | 乙酉 25 日 | 丙戌 26 一 | 丁亥 27 二 | 戊子 28 三 | 己丑 29 四 | 庚寅 30 五 | 辛卯 (5) 六 | 壬辰 2 日 | 癸巳 3 一 | 甲午 4 二 | 乙未 5 三 | 丙申 6 四 | 丁酉 7 五 | | 庚午清明 乙酉穀雨 |
| 四月大 | 丁巳 | 天干地支 西曆 星期 | 癸丑 23 日 | 甲寅 24 一 | 乙卯 25 二 | 丙辰 26 三 | 丁巳 27 四 | 戊午 28 五 | 己未 29 六 | 庚申 30 日 | 辛酉 31 一 | 壬戌 (6) 二 | 癸亥 2 三 | 甲子 3 四 | 乙丑 4 五 | 丙寅 5 六 | 丁卯 6 日 | 庚子立夏 乙卯小滿 |
| 五月小 | 戊午 | 天干地支 西曆 星期 | 癸未 22 二 | 甲申 23 三 | 乙酉 24 四 | 丙戌 25 五 | 丁亥 26 六 | 戊子 27 日 | 己丑 28 一 | 庚寅 29 二 | 辛卯 30 三 | 壬辰 (7) 四 | 癸巳 2 五 | 甲午 3 六 | 乙未 4 日 | 丙申 5 一 | | 庚午芒種 丙戌夏至 |
| 六月大 | 己未 | 天干地支 西曆 星期 | 壬子 21 三 | 癸丑 22 四 | 甲寅 23 五 | 乙卯 24 六 | 丙辰 25 日 | 丁巳 26 一 | 戊午 27 二 | 己未 28 三 | 庚申 29 四 | 辛酉 30 五 | 壬戌 31 六 | 癸亥 (8) 日 | 甲子 2 一 | 乙丑 3 二 | 丙寅 4 三 | 辛丑小暑 丙辰大暑 |
| 七月小 | 庚申 | 天干地支 西曆 星期 | 壬午 20 五 | 癸未 21 六 | 甲申 22 日 | 乙酉 23 一 | 丙戌 24 二 | 丁亥 25 三 | 戊子 26 四 | 己丑 27 五 | 庚寅 28 六 | 辛卯 29 日 | 壬辰 30 一 | 癸巳 31 二 | 甲午 (9) 三 | 乙未 2 四 | | 辛未立秋 丁亥處暑 |
| 八月大 | 辛酉 | 天干地支 西曆 星期 | 辛亥 18 六 | 壬子 19 日 | 癸丑 20 一 | 甲寅 21 二 | 乙卯 22 三 | 丙辰 23 四 | 丁巳 24 五 | 戊午 25 六 | 己未 26 日 | 庚申 27 一 | 辛酉 28 二 | 壬戌 29 三 | 癸亥 30 四 | 甲子 (10) 五 | 乙丑 2 六 | 壬寅白露 丁巳秋分 丙申日食 |
| 九月小 | 壬戌 | 天干地支 西曆 星期 | 辛巳 18 一 | 壬午 19 二 | 癸未 20 三 | 甲申 21 四 | 乙酉 22 五 | 丙戌 23 六 | 丁亥 24 日 | 戊子 25 一 | 己丑 26 二 | 庚寅 27 三 | 辛卯 28 四 | 壬辰 29 五 | 癸巳 30 六 | 甲午 31 日 | | 壬申寒露 丁亥霜降 |
| 十月大 | 癸亥 | 天干地支 西曆 星期 | 庚戌 16 二 | 辛亥 17 三 | 壬子 18 四 | 癸丑 19 五 | 甲寅 20 六 | 乙卯 21 日 | 丙辰 22 一 | 丁巳 23 二 | 戊午 24 三 | 己未 25 四 | 庚申 26 五 | 辛酉 27 六 | 壬戌 28 日 | 癸亥 29 一 | 甲子 30 二 | 癸卯立冬 戊午小雪 |
| 十一月小 | 甲子 | 天干地支 西曆 星期 | 庚辰 16 四 | 辛巳 17 五 | 壬午 18 六 | 癸未 19 日 | 甲申 20 一 | 乙酉 21 二 | 丙戌 22 三 | 丁亥 23 四 | 戊子 24 五 | 己丑 25 六 | 庚寅 26 日 | 辛卯 27 一 | 壬辰 28 二 | 癸巳 29 三 | | 癸酉大雪 戊子冬至 |
| 十二月大 | 乙丑 | 天干地支 西曆 星期 | 己酉 14 五 | 庚戌 15 六 | 辛亥 16 日 | 壬子 17 一 | 癸丑 18 二 | 甲寅 19 三 | 乙卯 20 四 | 丙辰 21 五 | 丁巳 22 六 | 戊午 23 日 | 己未 24 一 | 庚申 25 二 | 辛酉 26 三 | 壬戌 27 四 | 癸亥 28 五 | 癸卯小寒 己未大寒 |

# 漢安帝元初六年（己未 羊年）公元 119 ~ 120 年

| 夏曆月序 | | 中西曆日對照 | 初一 | 初二 | 初三 | 初四 | 初五 | 初六 | 初七 | 初八 | 初九 | 初十 | 十一 | 十二 | 十三 | 十四 | 十五 | 十六 | 十七 | 十八 | 十九 | 二十 | 二一 | 二二 | 二三 | 二四 | 二五 | 二六 | 二七 | 二八 | 二九 | 三十 | 節氣與天象 |
|---|---|---|---|---|---|---|---|---|---|---|---|---|---|---|---|---|---|---|---|---|---|---|---|---|---|---|---|---|---|---|---|---|---|
| 正月大 | 丙寅 | 天干<br>地支<br>西曆<br>星期 | 甲子29六 | 乙丑30日 | 丙寅31一 | 丁卯(2)二 | 戊辰2三 | 己巳3四 | 庚午4五 | 辛未5六 | 壬申6日 | 癸酉7一 | 甲戌8二 | 乙亥9三 | 丙子10四 | 丁丑11五 | 戊寅12六 | 己卯13日 | 庚辰14一 | 辛巳15二 | 壬午16三 | 癸未17四 | 甲申18五 | 乙酉19六 | 丙戌20日 | 丁亥21一 | 戊子22二 | 己丑23三 | 庚寅24四 | 辛卯25五 | 壬辰26六 | 癸巳27日 | 甲戌立春<br>己丑雨水 |
| 二月小 | 丁卯 | 天干<br>地支<br>西曆<br>星期 | 甲午28一 | 乙未(3)二 | 丙申2三 | 丁酉3四 | 戊戌4五 | 己亥5六 | 庚子6日 | 辛丑7一 | 壬寅8二 | 癸卯9三 | 甲辰10四 | 乙巳11五 | 丙午12六 | 丁未13日 | 戊申14一 | 己酉15二 | 庚戌16三 | 辛亥17四 | 壬子18五 | 癸丑19六 | 甲寅20日 | 乙卯21一 | 丙辰22二 | 丁巳23三 | 戊午24四 | 己未25五 | 庚申26六 | 辛酉27日 | 壬戌28一 | | 甲辰驚蟄<br>庚申春分 |
| 三月大 | 戊辰 | 天干<br>地支<br>西曆<br>星期 | 癸亥29二 | 甲子30三 | 乙丑31四 | 丙寅(4)五 | 丁卯2六 | 戊辰3日 | 己巳4一 | 庚午5二 | 辛未6三 | 壬申7四 | 癸酉8五 | 甲戌9六 | 乙亥10日 | 丙子11一 | 丁丑12二 | 戊寅13三 | 己卯14四 | 庚辰15五 | 辛巳16六 | 壬午17日 | 癸未18一 | 甲申19二 | 乙酉20三 | 丙戌21四 | 丁亥22五 | 戊子23六 | 己丑24日 | 庚寅25一 | 辛卯26二 | 壬辰27三 | 乙亥清明<br>庚寅穀雨 |
| 四月小 | 己巳 | 天干<br>地支<br>西曆<br>星期 | 癸巳28四 | 甲午29五 | 乙未30六 | 丙申(5)日 | 丁酉2一 | 戊戌3二 | 己亥4三 | 庚子5四 | 辛丑6五 | 壬寅7六 | 癸卯8日 | 甲辰9一 | 乙巳10二 | 丙午11三 | 丁未12四 | 戊申13五 | 己酉14六 | 庚戌15日 | 辛亥16一 | 壬子17二 | 癸丑18三 | 甲寅19四 | 乙卯20五 | 丙辰21六 | 丁巳22日 | 戊午23一 | 己未24二 | 庚申25三 | 辛酉26四 | | 乙巳立夏<br>庚申小滿 |
| 五月大 | 庚午 | 天干<br>地支<br>西曆<br>星期 | 壬戌27五 | 癸亥28六 | 甲子29日 | 乙丑30一 | 丙寅31二 | 丁卯(6)三 | 戊辰2四 | 己巳3五 | 庚午4六 | 辛未5日 | 壬申6一 | 癸酉7二 | 甲戌8三 | 乙亥9四 | 丙子10五 | 丁丑11六 | 戊寅12日 | 己卯13一 | 庚辰14二 | 辛巳15三 | 壬午16四 | 癸未17五 | 甲申18六 | 乙酉19日 | 丙戌20一 | 丁亥21二 | 戊子22三 | 己丑23四 | 庚寅24五 | 辛卯25六 | 丙子芒種<br>辛卯夏至 |
| 閏五月小 | 庚午 | 天干<br>地支<br>西曆<br>星期 | 壬辰26日 | 癸巳27一 | 甲午28二 | 乙未29三 | 丙申30四 | 丁酉(7)五 | 戊戌2六 | 己亥3日 | 庚子4一 | 辛丑5二 | 壬寅6三 | 癸卯7四 | 甲辰8五 | 乙巳9六 | 丙午10日 | 丁未11一 | 戊申12二 | 己酉13三 | 庚戌14四 | 辛亥15五 | 壬子16六 | 癸丑17日 | 甲寅18一 | 乙卯19二 | 丙辰20三 | 丁巳21四 | 戊午22五 | 己未23六 | 庚申24日 | | 丙午小暑 |
| 六月大 | 辛未 | 天干<br>地支<br>西曆<br>星期 | 辛酉25一 | 壬戌26二 | 癸亥27三 | 甲子28四 | 乙丑29五 | 丙寅30六 | 丁卯31日 | 戊辰(8)一 | 己巳2二 | 庚午3三 | 辛未4四 | 壬申5五 | 癸酉6六 | 甲戌7日 | 乙亥8一 | 丙子9二 | 丁丑10三 | 戊寅11四 | 己卯12五 | 庚辰13六 | 辛巳14日 | 壬午15一 | 癸未16二 | 甲申17三 | 乙酉18四 | 丙戌19五 | 丁亥20六 | 戊子21日 | 己丑22一 | 庚寅23二 | 辛酉大暑<br>丁丑立秋 |
| 七月小 | 壬申 | 天干<br>地支<br>西曆<br>星期 | 辛卯24三 | 壬辰25四 | 癸巳26五 | 甲午27六 | 乙未28日 | 丙申29一 | 丁酉30二 | 戊戌31三 | 己亥(9)四 | 庚子2五 | 辛丑3六 | 壬寅4日 | 癸卯5一 | 甲辰6二 | 乙巳7三 | 丙午8四 | 丁未9五 | 戊申10六 | 己酉11日 | 庚戌12一 | 辛亥13二 | 壬子14三 | 癸丑15四 | 甲寅16五 | 乙卯17六 | 丙辰18日 | 丁巳19一 | 戊午20二 | 己未21三 | | 壬辰處暑<br>丁未白露 |
| 八月大 | 癸酉 | 天干<br>地支<br>西曆<br>星期 | 庚申22四 | 辛酉23五 | 壬戌24六 | 癸亥25日 | 甲子26一 | 乙丑27二 | 丙寅28三 | 丁卯29四 | 戊辰30五 | 己巳(10)六 | 庚午2日 | 辛未3一 | 壬申4二 | 癸酉5三 | 甲戌6四 | 乙亥7五 | 丙子8六 | 丁丑9日 | 戊寅10一 | 己卯11二 | 庚辰12三 | 辛巳13四 | 壬午14五 | 癸未15六 | 甲申16日 | 乙酉17一 | 丙戌18二 | 丁亥19三 | 戊子20四 | 己丑21五 | 壬戌秋分<br>丁丑寒露 |
| 九月小 | 甲戌 | 天干<br>地支<br>西曆<br>星期 | 庚寅22六 | 辛卯23日 | 壬辰24一 | 癸巳25二 | 甲午26三 | 乙未27四 | 丙申28五 | 丁酉29六 | 戊戌30日 | 己亥31一 | 庚子(11)二 | 辛丑2三 | 壬寅3四 | 癸卯4五 | 甲辰5六 | 乙巳6日 | 丙午7一 | 丁未8二 | 戊申9三 | 己酉10四 | 庚戌11五 | 辛亥12六 | 壬子13日 | 癸丑14一 | 甲寅15二 | 乙卯16三 | 丙辰17四 | 丁巳18五 | 戊午19六 | | 癸巳霜降<br>戊申立冬 |
| 十月大 | 乙亥 | 天干<br>地支<br>西曆<br>星期 | 己未20日 | 庚申21一 | 辛酉22二 | 壬戌23三 | 癸亥24四 | 甲子25五 | 乙丑26六 | 丙寅27日 | 丁卯28一 | 戊辰29二 | 己巳30三 | 庚午(12)四 | 辛未2五 | 壬申3六 | 癸酉4日 | 甲戌5一 | 乙亥6二 | 丙子7三 | 丁丑8四 | 戊寅9五 | 己卯10六 | 庚辰11日 | 辛巳12一 | 壬午13二 | 癸未14三 | 甲申15四 | 乙酉16五 | 丙戌17六 | 丁亥18日 | 戊子19一 | 癸亥小雪<br>戊寅大雪 |
| 十一月小 | 丙子 | 天干<br>地支<br>西曆<br>星期 | 己丑20二 | 庚寅21三 | 辛卯22四 | 壬辰23五 | 癸巳24六 | 甲午25日 | 乙未26一 | 丙申27二 | 丁酉28三 | 戊戌29四 | 己亥30五 | 庚子31六 | 辛丑(1)日 | 壬寅2一 | 癸卯3二 | 甲辰4三 | 乙巳5四 | 丙午6五 | 丁未7六 | 戊申8日 | 己酉9一 | 庚戌10二 | 辛亥11三 | 壬子12四 | 癸丑13五 | 甲寅14六 | 乙卯15日 | 丙辰16一 | 丁巳17二 | | 甲午冬至<br>己酉小寒 |
| 十二月大 | 丁丑 | 天干<br>地支<br>西曆<br>星期 | 戊午18三 | 己未19四 | 庚申20五 | 辛酉21六 | 壬戌22日 | 癸亥23一 | 甲子24二 | 乙丑25三 | 丙寅26四 | 丁卯27五 | 戊辰28六 | 己巳29日 | 庚午30一 | 辛未31二 | 壬申(2)三 | 癸酉2四 | 甲戌3五 | 乙亥4六 | 丙子5日 | 丁丑6一 | 戊寅7二 | 己卯8三 | 庚辰9四 | 辛巳10五 | 壬午11六 | 癸未12日 | 甲申13一 | 乙酉14二 | 丙戌15三 | 丁亥16四 | 甲子大寒<br>己卯立春<br>戊午日食 |

# 漢安帝元初七年 永寧元年（庚申 猴年）公元 120 ~ 121 年

| 夏曆月序 | | 中西曆日對照 | 初一 | 初二 | 初三 | 初四 | 初五 | 初六 | 初七 | 初八 | 初九 | 初十 | 十一 | 十二 | 十三 | 十四 | 十五 | 十六 | 十七 | 十八 | 十九 | 二十 | 二一 | 二二 | 二三 | 二四 | 二五 | 二六 | 二七 | 二八 | 二九 | 三十 | 節氣與天象 |
|---|---|---|---|---|---|---|---|---|---|---|---|---|---|---|---|---|---|---|---|---|---|---|---|---|---|---|---|---|---|---|---|---|---|
| 正月小 | 戊寅 | 天干地支 西曆星期 | 戊子17五 | 己丑18六 | 庚寅19日 | 辛卯20一 | 壬辰21二 | 癸巳22三 | 甲午23四 | 乙未24五 | 丙申25六 | 丁酉26日 | 戊戌27一 | 己亥28二 | 庚子29三 | 辛丑(3)四 | 壬寅2五 | 癸卯3六 | 甲辰4日 | 乙巳5一 | 丙午6二 | 丁未7三 | 戊申8四 | 己酉9五 | 庚戌10六 | 辛亥11日 | 壬子12一 | 癸丑13二 | 甲寅14三 | 乙卯15四 | 丙辰16五 | | 甲午雨水 庚戌驚蟄 |
| 二月大 | 己卯 | 天干地支 西曆星期 | 丁巳17六 | 戊午18日 | 己未19一 | 庚申20二 | 辛酉21三 | 壬戌22四 | 癸亥23五 | 甲子24六 | 乙丑25日 | 丙寅26一 | 丁卯27二 | 戊辰28三 | 己巳29四 | 庚午30五 | 辛未31六 | 壬申(4)日 | 癸酉2一 | 甲戌3二 | 乙亥4三 | 丙子5四 | 丁丑6五 | 戊寅7六 | 己卯8日 | 庚辰9一 | 辛巳10二 | 壬午11三 | 癸未12四 | 甲申13五 | 乙酉14六 | 丙戌15日 | 乙丑春分 庚辰清明 |
| 三月小 | 庚辰 | 天干地支 西曆星期 | 丁亥16一 | 戊子17二 | 己丑18三 | 庚寅19四 | 辛卯20五 | 壬辰21六 | 癸巳22日 | 甲午23一 | 乙未24二 | 丙申25三 | 丁酉26四 | 戊戌27五 | 己亥28六 | 庚子29日 | 辛丑30一 | 壬寅(5)二 | 癸卯2三 | 甲辰3四 | 乙巳4五 | 丙午5六 | 丁未6日 | 戊申7一 | 己酉8二 | 庚戌9三 | 辛亥10四 | 壬子11五 | 癸丑12六 | 甲寅13日 | 乙卯14一 | | 乙未穀雨 庚戌立夏 |
| 四月大 | 辛巳 | 天干地支 西曆星期 | 丙辰15二 | 丁巳16三 | 戊午17四 | 己未18五 | 庚申19六 | 辛酉20日 | 壬戌21一 | 癸亥22二 | 甲子23三 | 乙丑24四 | 丙寅25五 | 丁卯26六 | 戊辰27日 | 己巳28一 | 庚午29二 | 辛未30三 | 壬申31四 | 癸酉(6)五 | 甲戌2六 | 乙亥3日 | 丙子4一 | 丁丑5二 | 戊寅6三 | 己卯7四 | 庚辰8五 | 辛巳9六 | 壬午10日 | 癸未11一 | 甲申12二 | 乙酉13三 | 丙寅小滿 辛巳芒種 |
| 五月大 | 壬午 | 天干地支 西曆星期 | 丙戌14四 | 丁亥15五 | 戊子16六 | 己丑17日 | 庚寅18一 | 辛卯19二 | 壬辰20三 | 癸巳21四 | 甲午22五 | 乙未23六 | 丙申24日 | 丁酉25一 | 戊戌26二 | 己亥27三 | 庚子28四 | 辛丑29五 | 壬寅30六 | 癸卯(7)日 | 甲辰2一 | 乙巳3二 | 丙午4三 | 丁未5四 | 戊申6五 | 己酉7六 | 庚戌8日 | 辛亥9一 | 壬子10二 | 癸丑11三 | 甲寅12四 | 乙卯13五 | 丙申夏至 辛亥小暑 |
| 六月小 | 癸未 | 天干地支 西曆星期 | 丙辰14六 | 丁巳15日 | 戊午16一 | 己未17二 | 庚申18三 | 辛酉19四 | 壬戌20五 | 癸亥21六 | 甲子22日 | 乙丑23一 | 丙寅24二 | 丁卯25三 | 戊辰26四 | 己巳27五 | 庚午28六 | 辛未29日 | 壬申30一 | 癸酉31二 | 甲戌(8)三 | 乙亥2四 | 丙子3五 | 丁丑4六 | 戊寅5日 | 己卯6一 | 庚辰7二 | 辛巳8三 | 壬午9四 | 癸未10五 | 甲申11六 | | 丁卯大暑 壬午立秋 |
| 七月大 | 甲申 | 天干地支 西曆星期 | 乙酉12日 | 丙戌13一 | 丁亥14二 | 戊子15三 | 己丑16四 | 庚寅17五 | 辛卯18六 | 壬辰19日 | 癸巳20一 | 甲午21二 | 乙未22三 | 丙申23四 | 丁酉24五 | 戊戌25六 | 己亥26日 | 庚子27一 | 辛丑28二 | 壬寅29三 | 癸卯30四 | 甲辰31五 | 乙巳(9)六 | 丙午2日 | 丁未3一 | 戊申4二 | 己酉5三 | 庚戌6四 | 辛亥7五 | 壬子8六 | 癸丑9日 | 甲寅10一 | 丁酉處暑 壬子白露 |
| 八月小 | 乙酉 | 天干地支 西曆星期 | 乙卯11二 | 丙辰12三 | 丁巳13四 | 戊午14五 | 己未15六 | 庚申16日 | 辛酉17一 | 壬戌18二 | 癸亥19三 | 甲子20四 | 乙丑21五 | 丙寅22六 | 丁卯23日 | 戊辰24一 | 己巳25二 | 庚午26三 | 辛未27四 | 壬申28五 | 癸酉29六 | 甲戌30日 | 乙亥(10)一 | 丙子2二 | 丁丑3三 | 戊寅4四 | 己卯5五 | 庚辰6六 | 辛巳7日 | 壬午8一 | 癸未9二 | | 丁卯秋分 癸未寒露 |
| 九月大 | 丙戌 | 天干地支 西曆星期 | 甲申10三 | 乙酉11四 | 丙戌12五 | 丁亥13六 | 戊子14日 | 己丑15一 | 庚寅16二 | 辛卯17三 | 壬辰18四 | 癸巳19五 | 甲午20六 | 乙未21日 | 丙申22一 | 丁酉23二 | 戊戌24三 | 己亥25四 | 庚子26五 | 辛丑27六 | 壬寅28日 | 癸卯29一 | 甲辰30二 | 乙巳31三 | 丙午(11)四 | 丁未2五 | 戊申3六 | 己酉4日 | 庚戌5一 | 辛亥6二 | 壬子7三 | 癸丑8四 | 戊戌霜降 癸丑立冬 |
| 十月小 | 丁亥 | 天干地支 西曆星期 | 甲寅9五 | 乙卯10六 | 丙辰11日 | 丁巳12一 | 戊午13二 | 己未14三 | 庚申15四 | 辛酉16五 | 壬戌17六 | 癸亥18日 | 甲子19一 | 乙丑20二 | 丙寅21三 | 丁卯22四 | 戊辰23五 | 己巳24六 | 庚午25日 | 辛未26一 | 壬申27二 | 癸酉28三 | 甲戌29四 | 乙亥30五 | 丙子(12)六 | 丁丑2日 | 戊寅3一 | 己卯4二 | 庚辰5三 | 辛巳6四 | 壬午7五 | | 戊辰小雪 |
| 十一月大 | 戊子 | 天干地支 西曆星期 | 癸未8六 | 甲申9日 | 乙酉10一 | 丙戌11二 | 丁亥12三 | 戊子13四 | 己丑14五 | 庚寅15六 | 辛卯16日 | 壬辰17一 | 癸巳18二 | 甲午19三 | 乙未20四 | 丙申21五 | 丁酉22六 | 戊戌23日 | 己亥24一 | 庚子25二 | 辛丑26三 | 壬寅27四 | 癸卯28五 | 甲辰29六 | 乙巳30日 | 丙午31一 | 丁未(1)二 | 戊申2三 | 己酉3四 | 庚戌4五 | 辛亥5六 | 壬子6日 | 甲申大雪 己亥冬至 |
| 十二月小 | 己丑 | 天干地支 西曆星期 | 癸丑7一 | 甲寅8二 | 乙卯9三 | 丙辰10四 | 丁巳11五 | 戊午12六 | 己未13日 | 庚申14一 | 辛酉15二 | 壬戌16三 | 癸亥17四 | 甲子18五 | 乙丑19六 | 丙寅20日 | 丁卯21一 | 戊辰22二 | 己巳23三 | 庚午24四 | 辛未25五 | 壬申26六 | 癸酉27日 | 甲戌28一 | 乙亥29二 | 丙子30三 | 丁丑31四 | 戊寅(2)五 | 己卯2六 | 庚辰3日 | 辛巳4一 | | 甲寅小寒 己巳大寒 |

* 四月丙寅（十一日），改元永寧。

# 漢安帝永寧二年 建光元年（辛酉 鷄年）公元 **121** ~ 122 年

| 夏曆月序 | | 中西曆日對照 | 初一 | 初二 | 初三 | 初四 | 初五 | 初六 | 初七 | 初八 | 初九 | 初十 | 十一 | 十二 | 十三 | 十四 | 十五 | 十六 | 十七 | 十八 | 十九 | 二十 | 二一 | 二二 | 二三 | 二四 | 二五 | 二六 | 二七 | 二八 | 二九 | 三十 | 節氣與天象 |
|---|---|---|---|---|---|---|---|---|---|---|---|---|---|---|---|---|---|---|---|---|---|---|---|---|---|---|---|---|---|---|---|---|---|
| 正月大 | 庚寅 | 天干地支 西曆 星期 | 壬午 5 二 | 癸未 6 三 | 甲申 7 四 | 乙酉 8 五 | 丙戌 9 六 | 丁亥 10 日 | 戊子 11 一 | 己丑 12 二 | 庚寅 13 三 | 辛卯 14 四 | 壬辰 15 五 | 癸巳 16 六 | 甲午 17 日 | 乙未 18 一 | 丙申 19 二 | 丁酉 20 三 | 戊戌 21 四 | 己亥 22 五 | 庚子 23 六 | 辛丑 24 日 | 壬寅 25 一 | 癸卯 26 二 | 甲辰 27 三 | 乙巳 28 四 | 丙午 (3) 五 | 丁未 2 六 | 戊申 3 日 | 己酉 4 一 | 庚戌 5 二 | 辛亥 6 三 | 甲申立春 庚子雨水 |
| 二月小 | 辛卯 | 天干地支 西曆 星期 | 壬子 7 四 | 癸丑 8 五 | 甲寅 9 六 | 乙卯 10 日 | 丙辰 11 一 | 丁巳 12 二 | 戊午 13 三 | 己未 14 四 | 庚申 15 五 | 辛酉 16 六 | 壬戌 17 日 | 癸亥 18 一 | 甲子 19 二 | 乙丑 20 三 | 丙寅 21 四 | 丁卯 22 五 | 戊辰 23 六 | 己巳 24 日 | 庚午 25 一 | 辛未 26 二 | 壬申 27 三 | 癸酉 28 四 | 甲戌 29 五 | 乙亥 30 六 | 丙子 31 日 | 丁丑 (4) 一 | 戊寅 2 二 | 己卯 3 三 | 庚辰 4 四 | | 乙卯驚蟄 庚午春分 |
| 三月大 | 壬辰 | 天干地支 西曆 星期 | 辛巳 5 五 | 壬午 6 六 | 癸未 7 日 | 甲申 8 一 | 乙酉 9 二 | 丙戌 10 三 | 丁亥 11 四 | 戊子 12 五 | 己丑 13 六 | 庚寅 14 日 | 辛卯 15 一 | 壬辰 16 二 | 癸巳 17 三 | 甲午 18 四 | 乙未 19 五 | 丙申 20 六 | 丁酉 21 日 | 戊戌 22 一 | 己亥 23 二 | 庚子 24 三 | 辛丑 25 四 | 壬寅 26 五 | 癸卯 27 六 | 甲辰 28 日 | 乙巳 29 一 | 丙午 30 二 | 丁未 (5) 三 | 戊申 2 四 | 己酉 3 五 | 庚戌 4 六 | 乙酉清明 辛丑穀雨 |
| 四月小 | 癸巳 | 天干地支 西曆 星期 | 辛亥 5 日 | 壬子 6 一 | 癸丑 7 二 | 甲寅 8 三 | 乙卯 9 四 | 丙辰 10 五 | 丁巳 11 六 | 戊午 12 日 | 己未 13 一 | 庚申 14 二 | 辛酉 15 三 | 壬戌 16 四 | 癸亥 17 五 | 甲子 18 六 | 乙丑 19 日 | 丙寅 20 一 | 丁卯 21 二 | 戊辰 22 三 | 己巳 23 四 | 庚午 24 五 | 辛未 25 六 | 壬申 26 日 | 癸酉 27 一 | 甲戌 28 二 | 乙亥 29 三 | 丙子 30 四 | 丁丑 31 五 | 戊寅 (6) 六 | 己卯 2 日 | | 丙辰立夏 辛未小滿 |
| 五月大 | 甲午 | 天干地支 西曆 星期 | 庚辰 3 一 | 辛巳 4 二 | 壬午 5 三 | 癸未 6 四 | 甲申 7 五 | 乙酉 8 六 | 丙戌 9 日 | 丁亥 10 一 | 戊子 11 二 | 己丑 12 三 | 庚寅 13 四 | 辛卯 14 五 | 壬辰 15 六 | 癸巳 16 日 | 甲午 17 一 | 乙未 18 二 | 丙申 19 三 | 丁酉 20 四 | 戊戌 21 五 | 己亥 22 六 | 庚子 23 日 | 辛丑 24 一 | 壬寅 25 二 | 癸卯 26 三 | 甲辰 27 四 | 乙巳 28 五 | 丙午 29 六 | 丁未 30 日 | 戊申 (7) 一 | 己酉 2 二 | 丙戌芒種 辛丑夏至 |
| 六月小 | 乙未 | 天干地支 西曆 星期 | 庚戌 3 三 | 辛亥 4 四 | 壬子 5 五 | 癸丑 6 六 | 甲寅 7 日 | 乙卯 8 一 | 丙辰 9 二 | 丁巳 10 三 | 戊午 11 四 | 己未 12 五 | 庚申 13 六 | 辛酉 14 日 | 壬戌 15 一 | 癸亥 16 二 | 甲子 17 三 | 乙丑 18 四 | 丙寅 19 五 | 丁卯 20 六 | 戊辰 21 日 | 己巳 22 一 | 庚午 23 二 | 辛未 24 三 | 壬申 25 四 | 癸酉 26 五 | 甲戌 27 六 | 乙亥 28 日 | 丙子 29 一 | 丁丑 30 二 | 戊寅 31 三 | | 丁巳小暑 壬申大暑 |
| 七月大 | 丙申 | 天干地支 西曆 星期 | 己卯 (8) 四 | 庚辰 2 五 | 辛巳 3 六 | 壬午 4 日 | 癸未 5 一 | 甲申 6 二 | 乙酉 7 三 | 丙戌 8 四 | 丁亥 9 五 | 戊子 10 六 | 己丑 11 日 | 庚寅 12 一 | 辛卯 13 二 | 壬辰 14 三 | 癸巳 15 四 | 甲午 16 五 | 乙未 17 六 | 丙申 18 日 | 丁酉 19 一 | 戊戌 20 二 | 己亥 21 三 | 庚子 22 四 | 辛丑 23 五 | 壬寅 24 六 | 癸卯 25 日 | 甲辰 26 一 | 乙巳 27 二 | 丙午 28 三 | 丁未 29 四 | 戊申 30 五 | 丁亥立秋 壬寅處暑 |
| 八月大 | 丁酉 | 天干地支 西曆 星期 | 己酉 31 六 | 庚戌 (9) 日 | 辛亥 2 一 | 壬子 3 二 | 癸丑 4 三 | 甲寅 5 四 | 乙卯 6 五 | 丙辰 7 六 | 丁巳 8 日 | 戊午 9 一 | 己未 10 二 | 庚申 11 三 | 辛酉 12 四 | 壬戌 13 五 | 癸亥 14 六 | 甲子 15 日 | 乙丑 16 一 | 丙寅 17 二 | 丁卯 18 三 | 戊辰 19 四 | 己巳 20 五 | 庚午 21 六 | 辛未 22 日 | 壬申 23 一 | 癸酉 24 二 | 甲戌 25 三 | 乙亥 26 四 | 丙子 27 五 | 丁丑 28 六 | 戊寅 29 日 | 丁巳白露 癸酉秋分 |
| 九月小 | 戊戌 | 天干地支 西曆 星期 | 己卯 30 一 | 庚辰 (10) 二 | 辛巳 2 三 | 壬午 3 四 | 癸未 4 五 | 甲申 5 六 | 乙酉 6 日 | 丙戌 7 一 | 丁亥 8 二 | 戊子 9 三 | 己丑 10 四 | 庚寅 11 五 | 辛卯 12 六 | 壬辰 13 日 | 癸巳 14 一 | 甲午 15 二 | 乙未 16 三 | 丙申 17 四 | 丁酉 18 五 | 戊戌 19 六 | 己亥 20 日 | 庚子 21 一 | 辛丑 22 二 | 壬寅 23 三 | 癸卯 24 四 | 甲辰 25 五 | 乙巳 26 六 | 丙午 27 日 | 丁未 28 一 | | 戊子寒露 癸卯霜降 |
| 十月大 | 己亥 | 天干地支 西曆 星期 | 戊申 29 二 | 己酉 30 三 | 庚戌 31 四 | 辛亥 (11) 五 | 壬子 2 六 | 癸丑 3 日 | 甲寅 4 一 | 乙卯 5 二 | 丙辰 6 三 | 丁巳 7 四 | 戊午 8 五 | 己未 9 六 | 庚申 10 日 | 辛酉 11 一 | 壬戌 12 二 | 癸亥 13 三 | 甲子 14 四 | 乙丑 15 五 | 丙寅 16 六 | 丁卯 17 日 | 戊辰 18 一 | 己巳 19 二 | 庚午 20 三 | 辛未 21 四 | 壬申 22 五 | 癸酉 23 六 | 甲戌 24 日 | 乙亥 25 一 | 丙子 26 二 | 丁丑 27 三 | 戊午立冬 甲戌小雪 |
| 十一月小 | 庚子 | 天干地支 西曆 星期 | 戊寅 28 四 | 己卯 29 五 | 庚辰 30 六 | 辛巳 (12) 日 | 壬午 2 一 | 癸未 3 二 | 甲申 4 三 | 乙酉 5 四 | 丙戌 6 五 | 丁亥 7 六 | 戊子 8 日 | 己丑 9 一 | 庚寅 10 二 | 辛卯 11 三 | 壬辰 12 四 | 癸巳 13 五 | 甲午 14 六 | 乙未 15 日 | 丙申 16 一 | 丁酉 17 二 | 戊戌 18 三 | 己亥 19 四 | 庚子 20 五 | 辛丑 21 六 | 壬寅 22 日 | 癸卯 23 一 | 甲辰 24 二 | 乙巳 25 三 | 丙午 26 四 | | 己丑大雪 甲辰冬至 |
| 十二月大 | 辛丑 | 天干地支 西曆 星期 | 丁未 27 五 | 戊申 28 六 | 己酉 29 日 | 庚戌 30 一 | 辛亥 31 二 | 壬子 (1) 三 | 癸丑 2 四 | 甲寅 3 五 | 乙卯 4 六 | 丙辰 5 日 | 丁巳 6 一 | 戊午 7 二 | 己未 8 三 | 庚申 9 四 | 辛酉 10 五 | 壬戌 11 六 | 癸亥 12 日 | 甲子 13 一 | 乙丑 14 二 | 丙寅 15 三 | 丁卯 16 四 | 戊辰 17 五 | 己巳 18 六 | 庚午 19 日 | 辛未 20 一 | 壬申 21 二 | 癸酉 22 三 | 甲戌 23 四 | 乙亥 24 五 | 丙子 25 六 | 己未小寒 甲戌大寒 |

* 七月己卯（初一），改元建光。

# 漢安帝建光二年 延光元年（壬戌 狗年）公元 122 ~ 123 年

| 夏曆月序 | 中西曆日對照 | 初一 | 初二 | 初三 | 初四 | 初五 | 初六 | 初七 | 初八 | 初九 | 初十 | 十一 | 十二 | 十三 | 十四 | 十五 | 十六 | 十七 | 十八 | 十九 | 二十 | 二一 | 二二 | 二三 | 二四 | 二五 | 二六 | 二七 | 二八 | 二九 | 三十 | 節氣與天象 |
|---|---|---|---|---|---|---|---|---|---|---|---|---|---|---|---|---|---|---|---|---|---|---|---|---|---|---|---|---|---|---|---|---|
| 正月小 壬寅 | 天干<br>地支<br>西曆<br>星期 | 丁丑 26 日 | 戊寅 27 一 | 己卯 28 二 | 庚辰 29 三 | 辛巳 30 四 | 壬午 31 五 | 癸未 (2) 六 | 甲申 2 日 | 乙酉 3 一 | 丙戌 4 二 | 丁亥 5 三 | 戊子 6 四 | 己丑 7 五 | 庚寅 8 六 | 辛卯 9 日 | 壬辰 10 一 | 癸巳 11 二 | 甲午 12 三 | 乙未 13 四 | 丙申 14 五 | 丁酉 15 六 | 戊戌 16 日 | 己亥 17 一 | 庚子 18 二 | 辛丑 19 三 | 壬寅 20 四 | 癸卯 21 五 | 甲辰 22 六 | 乙巳 23 日 | | 庚寅立春<br>乙巳雨水 |
| 二月大 癸卯 | 天干<br>地支<br>西曆<br>星期 | 丙午 24 一 | 丁未 25 二 | 戊申 26 三 | 己酉 27 四 | 庚戌 28 五 | 辛亥 (3) 六 | 壬子 2 日 | 癸丑 3 一 | 甲寅 4 二 | 乙卯 5 三 | 丙辰 6 四 | 丁巳 7 五 | 戊午 8 六 | 己未 9 日 | 庚申 10 一 | 辛酉 11 二 | 壬戌 12 三 | 癸亥 13 四 | 甲子 14 五 | 乙丑 15 六 | 丙寅 16 日 | 丁卯 17 一 | 戊辰 18 二 | 己巳 19 三 | 庚午 20 四 | 辛未 21 五 | 壬申 22 六 | 癸酉 23 日 | 甲戌 24 一 | 乙亥 25 二 | 庚申驚蟄<br>乙亥春分 |
| 閏二月小 癸卯 | 天干<br>地支<br>西曆<br>星期 | 丙子 26 三 | 丁丑 27 四 | 戊寅 28 五 | 己卯 29 六 | 庚辰 30 日 | 辛巳 31 一 | 壬午 (4) 二 | 癸未 2 三 | 甲申 3 四 | 乙酉 4 五 | 丙戌 5 六 | 丁亥 6 日 | 戊子 7 一 | 己丑 8 二 | 庚寅 9 三 | 辛卯 10 四 | 壬辰 11 五 | 癸巳 12 六 | 甲午 13 日 | 乙未 14 一 | 丙申 15 二 | 丁酉 16 三 | 戊戌 17 四 | 己亥 18 五 | 庚子 19 六 | 辛丑 20 日 | 壬寅 21 一 | 癸卯 22 二 | 甲辰 23 三 | | 辛卯清明 |
| 三月大 甲辰 | 天干<br>地支<br>西曆<br>星期 | 乙巳 24 四 | 丙午 25 五 | 丁未 26 六 | 戊申 27 日 | 己酉 28 一 | 庚戌 29 二 | 辛亥 30 三 | 壬子 (5) 四 | 癸丑 2 五 | 甲寅 3 六 | 乙卯 4 日 | 丙辰 5 一 | 丁巳 6 二 | 戊午 7 三 | 己未 8 四 | 庚申 9 五 | 辛酉 10 六 | 壬戌 11 日 | 癸亥 12 一 | 甲子 13 二 | 乙丑 14 三 | 丙寅 15 四 | 丁卯 16 五 | 戊辰 17 六 | 己巳 18 日 | 庚午 19 一 | 辛未 20 二 | 壬申 21 三 | 癸酉 22 四 | 甲戌 23 五 | 丙午穀雨<br>辛酉立夏 |
| 四月小 乙巳 | 天干<br>地支<br>西曆<br>星期 | 乙亥 24 六 | 丙子 25 日 | 丁丑 26 一 | 戊寅 27 二 | 己卯 28 三 | 庚辰 29 四 | 辛巳 30 五 | 壬午 31 六 | 癸未 (6) 日 | 甲申 2 一 | 乙酉 3 二 | 丙戌 4 三 | 丁亥 5 四 | 戊子 6 五 | 己丑 7 六 | 庚寅 8 日 | 辛卯 9 一 | 壬辰 10 二 | 癸巳 11 三 | 甲午 12 四 | 乙未 13 五 | 丙申 14 六 | 丁酉 15 日 | 戊戌 16 一 | 己亥 17 二 | 庚子 18 三 | 辛丑 19 四 | 壬寅 20 五 | 癸卯 21 六 | | 丙子小滿<br>辛卯芒種 |
| 五月大 丙午 | 天干<br>地支<br>西曆<br>星期 | 甲辰 22 日 | 乙巳 23 一 | 丙午 24 二 | 丁未 25 三 | 戊申 26 四 | 己酉 27 五 | 庚戌 28 六 | 辛亥 29 日 | 壬子 30 一 | 癸丑 (7) 二 | 甲寅 2 三 | 乙卯 3 四 | 丙辰 4 五 | 丁巳 5 六 | 戊午 6 日 | 己未 7 一 | 庚申 8 二 | 辛酉 9 三 | 壬戌 10 四 | 癸亥 11 五 | 甲子 12 六 | 乙丑 13 日 | 丙寅 14 一 | 丁卯 15 二 | 戊辰 16 三 | 己巳 17 四 | 庚午 18 五 | 辛未 19 六 | 壬申 20 日 | 癸酉 21 一 | 丁未夏至<br>壬戌小暑 |
| 六月小 丁未 | 天干<br>地支<br>西曆<br>星期 | 甲戌 22 二 | 乙亥 23 三 | 丙子 24 四 | 丁丑 25 五 | 戊寅 26 六 | 己卯 27 日 | 庚辰 28 一 | 辛巳 29 二 | 壬午 30 三 | 癸未 31 四 | 甲申 (8) 五 | 乙酉 2 六 | 丙戌 3 日 | 丁亥 4 一 | 戊子 5 二 | 己丑 6 三 | 庚寅 7 四 | 辛卯 8 五 | 壬辰 9 六 | 癸巳 10 日 | 甲午 11 一 | 乙未 12 二 | 丙申 13 三 | 丁酉 14 四 | 戊戌 15 五 | 己亥 16 六 | 庚子 17 日 | 辛丑 18 一 | 壬寅 19 二 | | 丁丑大暑<br>壬辰立秋 |
| 七月大 戊申 | 天干<br>地支<br>西曆<br>星期 | 癸卯 20 三 | 甲辰 21 四 | 乙巳 22 五 | 丙午 23 六 | 丁未 24 日 | 戊申 25 一 | 己酉 26 二 | 庚戌 27 三 | 辛亥 28 四 | 壬子 29 五 | 癸丑 30 六 | 甲寅 31 日 | 乙卯 (9) 一 | 丙辰 2 二 | 丁巳 3 三 | 戊午 4 四 | 己未 5 五 | 庚申 6 六 | 辛酉 7 日 | 壬戌 8 一 | 癸亥 9 二 | 甲子 10 三 | 乙丑 11 四 | 丙寅 12 五 | 丁卯 13 六 | 戊辰 14 日 | 己巳 15 一 | 庚午 16 二 | 辛未 17 三 | 壬申 18 四 | 戊申處暑<br>癸亥白露 |
| 八月小 己酉 | 天干<br>地支<br>西曆<br>星期 | 癸酉 19 五 | 甲戌 20 六 | 乙亥 21 日 | 丙子 22 一 | 丁丑 23 二 | 戊寅 24 三 | 己卯 25 四 | 庚辰 26 五 | 辛巳 27 六 | 壬午 28 日 | 癸未 29 一 | 甲申 30 二 | 乙酉 (10) 三 | 丙戌 2 四 | 丁亥 3 五 | 戊子 4 六 | 己丑 5 日 | 庚寅 6 一 | 辛卯 7 二 | 壬辰 8 三 | 癸巳 9 四 | 甲午 10 五 | 乙未 11 六 | 丙申 12 日 | 丁酉 13 一 | 戊戌 14 二 | 己亥 15 三 | 庚子 16 四 | 辛丑 17 五 | | 戊寅秋分<br>癸巳寒露 |
| 九月大 庚戌 | 天干<br>地支<br>西曆<br>星期 | 壬寅 18 六 | 癸卯 19 日 | 甲辰 20 一 | 乙巳 21 二 | 丙午 22 三 | 丁未 23 四 | 戊申 24 五 | 己酉 25 六 | 庚戌 26 日 | 辛亥 27 一 | 壬子 28 二 | 癸丑 29 三 | 甲寅 30 四 | 乙卯 31 五 | 丙辰 (11) 六 | 丁巳 2 日 | 戊午 3 一 | 己未 4 二 | 庚申 5 三 | 辛酉 6 四 | 壬戌 7 五 | 癸亥 8 六 | 甲子 9 日 | 乙丑 10 一 | 丙寅 11 二 | 丁卯 12 三 | 戊辰 13 四 | 己巳 14 五 | 庚午 15 六 | 辛未 16 日 | 戊申霜降<br>甲子立冬 |
| 十月小 辛亥 | 天干<br>地支<br>西曆<br>星期 | 壬申 17 一 | 癸酉 18 二 | 甲戌 19 三 | 乙亥 20 四 | 丙子 21 五 | 丁丑 22 六 | 戊寅 23 日 | 己卯 24 一 | 庚辰 25 二 | 辛巳 26 三 | 壬午 27 四 | 癸未 28 五 | 甲申 29 六 | 乙酉 30 日 | 丙戌 (12) 一 | 丁亥 2 二 | 戊子 3 三 | 己丑 4 四 | 庚寅 5 五 | 辛卯 6 六 | 壬辰 7 日 | 癸巳 8 一 | 甲午 9 二 | 乙未 10 三 | 丙申 11 四 | 丁酉 12 五 | 戊戌 13 六 | 己亥 14 日 | 庚子 15 一 | | 己卯小雪<br>甲午大雪 |
| 十一月大 壬子 | 天干<br>地支<br>西曆<br>星期 | 辛丑 16 二 | 壬寅 17 三 | 癸卯 18 四 | 甲辰 19 五 | 乙巳 20 六 | 丙午 21 日 | 丁未 22 一 | 戊申 23 二 | 己酉 24 三 | 庚戌 25 四 | 辛亥 26 五 | 壬子 27 六 | 癸丑 28 日 | 甲寅 29 一 | 乙卯 30 二 | 丙辰 31 三 | 丁巳 (1) 四 | 戊午 2 五 | 己未 3 六 | 庚申 4 日 | 辛酉 5 一 | 壬戌 6 二 | 癸亥 7 三 | 甲子 8 四 | 乙丑 9 五 | 丙寅 10 六 | 丁卯 11 日 | 戊辰 12 一 | 己巳 13 二 | 庚午 14 三 | 己酉冬至<br>甲子小寒 |
| 十二月大 癸丑 | 天干<br>地支<br>西曆<br>星期 | 辛未 15 四 | 壬申 16 五 | 癸酉 17 六 | 甲戌 18 日 | 乙亥 19 一 | 丙子 20 二 | 丁丑 21 三 | 戊寅 22 四 | 己卯 23 五 | 庚辰 24 六 | 辛巳 25 日 | 壬午 26 一 | 癸未 27 二 | 甲申 28 三 | 乙酉 29 四 | 丙戌 30 五 | 丁亥 31 六 | 戊子 (2) 日 | 己丑 2 一 | 庚寅 3 二 | 辛卯 4 三 | 壬辰 5 四 | 癸巳 6 五 | 甲午 7 六 | 乙未 8 日 | 丙申 9 一 | 丁酉 10 二 | 戊戌 11 三 | 己亥 12 四 | 庚子 13 五 | 庚辰大寒<br>乙未立春 |

* 三月丙午（初二），改元延光。

# 漢安帝延光二年（癸亥 猪年）公元 123 ~ 124 年

| 夏曆月序 | | 中西曆日對照 | 初一 | 初二 | 初三 | 初四 | 初五 | 初六 | 初七 | 初八 | 初九 | 初十 | 十一 | 十二 | 十三 | 十四 | 十五 | 十六 | 十七 | 十八 | 十九 | 二十 | 二一 | 二二 | 二三 | 二四 | 二五 | 二六 | 二七 | 二八 | 二九 | 三十 | 節氣與天象 |
|---|---|---|---|---|---|---|---|---|---|---|---|---|---|---|---|---|---|---|---|---|---|---|---|---|---|---|---|---|---|---|---|---|---|
| 正月小 | 甲寅 | 天干地支<br>西曆<br>星期 | 辛丑<br>14<br>六 | 壬寅<br>15<br>日 | 癸卯<br>16<br>一 | 甲辰<br>17<br>二 | 乙巳<br>18<br>三 | 丙午<br>19<br>四 | 丁未<br>20<br>五 | 戊申<br>21<br>六 | 己酉<br>22<br>日 | 庚戌<br>23<br>一 | 辛亥<br>24<br>二 | 壬子<br>25<br>三 | 癸丑<br>26<br>四 | 甲寅<br>27<br>五 | 乙卯<br>28<br>六 | 丙辰<br>(3)<br>日 | 丁巳<br>2<br>一 | 戊午<br>3<br>二 | 己未<br>4<br>三 | 庚申<br>5<br>四 | 辛酉<br>6<br>五 | 壬戌<br>7<br>六 | 癸亥<br>8<br>日 | 甲子<br>9<br>一 | 乙丑<br>10<br>二 | 丙寅<br>11<br>三 | 丁卯<br>12<br>四 | 戊辰<br>13<br>五 | 己巳<br>14<br>六 | | 庚戌雨水<br>乙丑驚蟄 |
| 二月大 | 乙卯 | 天干地支<br>西曆<br>星期 | 庚午<br>15<br>日 | 辛未<br>16<br>一 | 壬申<br>17<br>二 | 癸酉<br>18<br>三 | 甲戌<br>19<br>四 | 乙亥<br>20<br>五 | 丙子<br>21<br>六 | 丁丑<br>22<br>日 | 戊寅<br>23<br>一 | 己卯<br>24<br>二 | 庚辰<br>25<br>三 | 辛巳<br>26<br>四 | 壬午<br>27<br>五 | 癸未<br>28<br>六 | 甲申<br>29<br>日 | 乙酉<br>30<br>一 | 丙戌<br>31<br>二 | 丁亥<br>(4)<br>三 | 戊子<br>2<br>四 | 己丑<br>3<br>五 | 庚寅<br>4<br>六 | 辛卯<br>5<br>日 | 壬辰<br>6<br>一 | 癸巳<br>7<br>二 | 甲午<br>8<br>三 | 乙未<br>9<br>四 | 丙申<br>10<br>五 | 丁酉<br>11<br>六 | 戊戌<br>12<br>日 | 己亥<br>13<br>一 | 辛巳春分<br>丙申清明 |
| 三月小 | 丙辰 | 天干地支<br>西曆<br>星期 | 庚子<br>14<br>二 | 辛丑<br>15<br>三 | 壬寅<br>16<br>四 | 癸卯<br>17<br>五 | 甲辰<br>18<br>六 | 乙巳<br>19<br>日 | 丙午<br>20<br>一 | 丁未<br>21<br>二 | 戊申<br>22<br>三 | 己酉<br>23<br>四 | 庚戌<br>24<br>五 | 辛亥<br>25<br>六 | 壬子<br>26<br>日 | 癸丑<br>27<br>一 | 甲寅<br>28<br>二 | 乙卯<br>29<br>三 | 丙辰<br>30<br>四 | 丁巳<br>(5)<br>五 | 戊午<br>2<br>六 | 己未<br>3<br>日 | 庚申<br>4<br>一 | 辛酉<br>5<br>二 | 壬戌<br>6<br>三 | 癸亥<br>7<br>四 | 甲子<br>8<br>五 | 乙丑<br>9<br>六 | 丙寅<br>10<br>日 | 丁卯<br>11<br>一 | 戊辰<br>12<br>二 | | 辛亥穀雨<br>丙寅立夏 |
| 四月大 | 丁巳 | 天干地支<br>西曆<br>星期 | 己巳<br>13<br>三 | 庚午<br>14<br>四 | 辛未<br>15<br>五 | 壬申<br>16<br>六 | 癸酉<br>17<br>日 | 甲戌<br>18<br>一 | 乙亥<br>19<br>二 | 丙子<br>20<br>三 | 丁丑<br>21<br>四 | 戊寅<br>22<br>五 | 己卯<br>23<br>六 | 庚辰<br>24<br>日 | 辛巳<br>25<br>一 | 壬午<br>26<br>二 | 癸未<br>27<br>三 | 甲申<br>28<br>四 | 乙酉<br>29<br>五 | 丙戌<br>30<br>六 | 丁亥<br>31<br>日 | 戊子<br>(6)<br>一 | 己丑<br>2<br>二 | 庚寅<br>3<br>三 | 辛卯<br>4<br>四 | 壬辰<br>5<br>五 | 癸巳<br>6<br>六 | 甲午<br>7<br>日 | 乙未<br>8<br>一 | 丙申<br>9<br>二 | 丁酉<br>10<br>三 | 戊戌<br>11<br>四 | 辛巳小滿<br>丁酉芒種 |
| 五月小 | 戊午 | 天干地支<br>西曆<br>星期 | 己亥<br>12<br>五 | 庚子<br>13<br>六 | 辛丑<br>14<br>日 | 壬寅<br>15<br>一 | 癸卯<br>16<br>二 | 甲辰<br>17<br>三 | 乙巳<br>18<br>四 | 丙午<br>19<br>五 | 丁未<br>20<br>六 | 戊申<br>21<br>日 | 己酉<br>22<br>一 | 庚戌<br>23<br>二 | 辛亥<br>24<br>三 | 壬子<br>25<br>四 | 癸丑<br>26<br>五 | 甲寅<br>27<br>六 | 乙卯<br>28<br>日 | 丙辰<br>29<br>一 | 丁巳<br>30<br>二 | 戊午<br>(7)<br>三 | 己未<br>2<br>四 | 庚申<br>3<br>五 | 辛酉<br>4<br>六 | 壬戌<br>5<br>日 | 癸亥<br>6<br>一 | 甲子<br>7<br>二 | 乙丑<br>8<br>三 | 丙寅<br>9<br>四 | 丁卯<br>10<br>五 | | 壬子夏至<br>丁卯小暑 |
| 六月大 | 己未 | 天干地支<br>西曆<br>星期 | 戊辰<br>11<br>六 | 己巳<br>12<br>日 | 庚午<br>13<br>一 | 辛未<br>14<br>二 | 壬申<br>15<br>三 | 癸酉<br>16<br>四 | 甲戌<br>17<br>五 | 乙亥<br>18<br>六 | 丙子<br>19<br>日 | 丁丑<br>20<br>一 | 戊寅<br>21<br>二 | 己卯<br>22<br>三 | 庚辰<br>23<br>四 | 辛巳<br>24<br>五 | 壬午<br>25<br>六 | 癸未<br>26<br>日 | 甲申<br>27<br>一 | 乙酉<br>28<br>二 | 丙戌<br>29<br>三 | 丁亥<br>30<br>四 | 戊子<br>31<br>五 | 己丑<br>(8)<br>六 | 庚寅<br>2<br>日 | 辛卯<br>3<br>一 | 壬辰<br>4<br>二 | 癸巳<br>5<br>三 | 甲午<br>6<br>四 | 乙未<br>7<br>五 | 丙申<br>8<br>六 | 丁酉<br>9<br>日 | 壬午大暑 |
| 七月小 | 庚申 | 天干地支<br>西曆<br>星期 | 戊戌<br>10<br>一 | 己亥<br>11<br>二 | 庚子<br>12<br>三 | 辛丑<br>13<br>四 | 壬寅<br>14<br>五 | 癸卯<br>15<br>六 | 甲辰<br>16<br>日 | 乙巳<br>17<br>一 | 丙午<br>18<br>二 | 丁未<br>19<br>三 | 戊申<br>20<br>四 | 己酉<br>21<br>五 | 庚戌<br>22<br>六 | 辛亥<br>23<br>日 | 壬子<br>24<br>一 | 癸丑<br>25<br>二 | 甲寅<br>26<br>三 | 乙卯<br>27<br>四 | 丙辰<br>28<br>五 | 丁巳<br>29<br>六 | 戊午<br>30<br>日 | 己未<br>31<br>一 | 庚申<br>(9)<br>二 | 辛酉<br>2<br>三 | 壬戌<br>3<br>四 | 癸亥<br>4<br>五 | 甲子<br>5<br>六 | 乙丑<br>6<br>日 | 丙寅<br>7<br>一 | | 戊戌立秋<br>癸丑處暑 |
| 八月大 | 辛酉 | 天干地支<br>西曆<br>星期 | 丁卯<br>8<br>二 | 戊辰<br>9<br>三 | 己巳<br>10<br>四 | 庚午<br>11<br>五 | 辛未<br>12<br>六 | 壬申<br>13<br>日 | 癸酉<br>14<br>一 | 甲戌<br>15<br>二 | 乙亥<br>16<br>三 | 丙子<br>17<br>四 | 丁丑<br>18<br>五 | 戊寅<br>19<br>六 | 己卯<br>20<br>日 | 庚辰<br>21<br>一 | 辛巳<br>22<br>二 | 壬午<br>23<br>三 | 癸未<br>24<br>四 | 甲申<br>25<br>五 | 乙酉<br>26<br>六 | 丙戌<br>27<br>日 | 丁亥<br>28<br>一 | 戊子<br>29<br>二 | 己丑<br>30<br>三 | 庚寅<br>(10)<br>四 | 辛卯<br>2<br>五 | 壬辰<br>3<br>六 | 癸巳<br>4<br>日 | 甲午<br>5<br>一 | 乙未<br>6<br>二 | 丙申<br>7<br>三 | 戊辰白露<br>癸未秋分 |
| 九月小 | 壬戌 | 天干地支<br>西曆<br>星期 | 丁酉<br>8<br>四 | 戊戌<br>9<br>五 | 己亥<br>10<br>六 | 庚子<br>11<br>日 | 辛丑<br>12<br>一 | 壬寅<br>13<br>二 | 癸卯<br>14<br>三 | 甲辰<br>15<br>四 | 乙巳<br>16<br>五 | 丙午<br>17<br>六 | 丁未<br>18<br>日 | 戊申<br>19<br>一 | 己酉<br>20<br>二 | 庚戌<br>21<br>三 | 辛亥<br>22<br>四 | 壬子<br>23<br>五 | 癸丑<br>24<br>六 | 甲寅<br>25<br>日 | 乙卯<br>26<br>一 | 丙辰<br>27<br>二 | 丁巳<br>28<br>三 | 戊午<br>29<br>四 | 己未<br>30<br>五 | 庚申<br>31<br>六 | 辛酉<br>(11)<br>日 | 壬戌<br>2<br>一 | 癸亥<br>3<br>二 | 甲子<br>4<br>三 | 乙丑<br>5<br>四 | | 戊戌寒露<br>甲寅霜降 |
| 十月大 | 癸亥 | 天干地支<br>西曆<br>星期 | 丙寅<br>6<br>五 | 丁卯<br>7<br>六 | 戊辰<br>8<br>日 | 己巳<br>9<br>一 | 庚午<br>10<br>二 | 辛未<br>11<br>三 | 壬申<br>12<br>四 | 癸酉<br>13<br>五 | 甲戌<br>14<br>六 | 乙亥<br>15<br>日 | 丙子<br>16<br>一 | 丁丑<br>17<br>二 | 戊寅<br>18<br>三 | 己卯<br>19<br>四 | 庚辰<br>20<br>五 | 辛巳<br>21<br>六 | 壬午<br>22<br>日 | 癸未<br>23<br>一 | 甲申<br>24<br>二 | 乙酉<br>25<br>三 | 丙戌<br>26<br>四 | 丁亥<br>27<br>五 | 戊子<br>28<br>六 | 己丑<br>29<br>日 | 庚寅<br>30<br>一 | 辛卯<br>(12)<br>二 | 壬辰<br>2<br>三 | 癸巳<br>3<br>四 | 甲午<br>4<br>五 | 乙未<br>5<br>六 | 己巳立冬<br>甲申小雪 |
| 十一月小 | 甲子 | 天干地支<br>西曆<br>星期 | 丙申<br>6<br>日 | 丁酉<br>7<br>一 | 戊戌<br>8<br>二 | 己亥<br>9<br>三 | 庚子<br>10<br>四 | 辛丑<br>11<br>五 | 壬寅<br>12<br>六 | 癸卯<br>13<br>日 | 甲辰<br>14<br>一 | 乙巳<br>15<br>二 | 丙午<br>16<br>三 | 丁未<br>17<br>四 | 戊申<br>18<br>五 | 己酉<br>19<br>六 | 庚戌<br>20<br>日 | 辛亥<br>21<br>一 | 壬子<br>22<br>二 | 癸丑<br>23<br>三 | 甲寅<br>24<br>四 | 乙卯<br>25<br>五 | 丙辰<br>26<br>六 | 丁巳<br>27<br>日 | 戊午<br>28<br>一 | 己未<br>29<br>二 | 庚申<br>30<br>三 | 辛酉<br>31<br>四 | 壬戌<br>(1)<br>五 | 癸亥<br>2<br>六 | 甲子<br>3<br>日 | | 己亥大雪<br>乙卯冬至 |
| 十二月大 | 乙丑 | 天干地支<br>西曆<br>星期 | 乙丑<br>4<br>一 | 丙寅<br>5<br>二 | 丁卯<br>6<br>三 | 戊辰<br>7<br>四 | 己巳<br>8<br>五 | 庚午<br>9<br>六 | 辛未<br>10<br>日 | 壬申<br>11<br>一 | 癸酉<br>12<br>二 | 甲戌<br>13<br>三 | 乙亥<br>14<br>四 | 丙子<br>15<br>五 | 丁丑<br>16<br>六 | 戊寅<br>17<br>日 | 己卯<br>18<br>一 | 庚辰<br>19<br>二 | 辛巳<br>20<br>三 | 壬午<br>21<br>四 | 癸未<br>22<br>五 | 甲申<br>23<br>六 | 乙酉<br>24<br>日 | 丙戌<br>25<br>一 | 丁亥<br>26<br>二 | 戊子<br>27<br>三 | 己丑<br>28<br>四 | 庚寅<br>29<br>五 | 辛卯<br>30<br>六 | 壬辰<br>31<br>日 | 癸巳<br>(2)<br>一 | 甲午<br>2<br>二 | 庚午小寒<br>乙酉大寒 |

# 漢安帝延光三年（甲子 鼠年）公元 124 ~ 125 年

| 夏曆月序 | 中西曆日對照 | 初一 | 初二 | 初三 | 初四 | 初五 | 初六 | 初七 | 初八 | 初九 | 初十 | 十一 | 十二 | 十三 | 十四 | 十五 | 十六 | 十七 | 十八 | 十九 | 二十 | 二一 | 二二 | 二三 | 二四 | 二五 | 二六 | 二七 | 二八 | 二九 | 三十 | 節氣與天象 |
|---|---|---|---|---|---|---|---|---|---|---|---|---|---|---|---|---|---|---|---|---|---|---|---|---|---|---|---|---|---|---|---|---|
| 正月小 丙寅 | 干支 西曆 星期 | 乙未 3 三 | 丙申 4 四 | 丁酉 5 五 | 戊戌 6 六 | 己亥 7 日 | 庚子 8 一 | 辛丑 9 二 | 壬寅 10 三 | 癸卯 11 四 | 甲辰 12 五 | 乙巳 13 六 | 丙午 14 日 | 丁未 15 一 | 戊申 16 二 | 己酉 17 三 | 庚戌 18 四 | 辛亥 19 五 | 壬子 20 六 | 癸丑 21 日 | 甲寅 22 一 | 乙卯 23 二 | 丙辰 24 三 | 丁巳 25 四 | 戊午 26 五 | 己未 27 六 | 庚申 28 日 | 辛酉 29 一 | 壬戌 (3) 二 | 癸亥 2 三 | | 庚子立春 乙卯雨水 |
| 二月大 丁卯 | 干支 西曆 星期 | 甲子 3 四 | 乙丑 4 五 | 丙寅 5 六 | 丁卯 6 日 | 戊辰 7 一 | 己巳 8 二 | 庚午 9 三 | 辛未 10 四 | 壬申 11 五 | 癸酉 12 六 | 甲戌 13 日 | 乙亥 14 一 | 丙子 15 二 | 丁丑 16 三 | 戊寅 17 四 | 己卯 18 五 | 庚辰 19 六 | 辛巳 20 日 | 壬午 21 一 | 癸未 22 二 | 甲申 23 三 | 乙酉 24 四 | 丙戌 25 五 | 丁亥 26 六 | 戊子 27 日 | 己丑 28 一 | 庚寅 29 二 | 辛卯 30 三 | 壬辰 31 四 | 癸巳 (4) 五 | 辛未驚蟄 丙戌春分 |
| 三月大 戊辰 | 干支 西曆 星期 | 甲午 2 六 | 乙未 3 日 | 丙申 4 一 | 丁酉 5 二 | 戊戌 6 三 | 己亥 7 四 | 庚子 8 五 | 辛丑 9 六 | 壬寅 10 日 | 癸卯 11 一 | 甲辰 12 二 | 乙巳 13 三 | 丙午 14 四 | 丁未 15 五 | 戊申 16 六 | 己酉 17 日 | 庚戌 18 一 | 辛亥 19 二 | 壬子 20 三 | 癸丑 21 四 | 甲寅 22 五 | 乙卯 23 六 | 丙辰 24 日 | 丁巳 25 一 | 戊午 26 二 | 己未 27 三 | 庚申 28 四 | 辛酉 29 五 | 壬戌 30 六 | 癸亥 (5) 日 | 辛丑清明 丙辰穀雨 |
| 四月小 己巳 | 干支 西曆 星期 | 甲子 2 一 | 乙丑 3 二 | 丙寅 4 三 | 丁卯 5 四 | 戊辰 6 五 | 己巳 7 六 | 庚午 8 日 | 辛未 9 一 | 壬申 10 二 | 癸酉 11 三 | 甲戌 12 四 | 乙亥 13 五 | 丙子 14 六 | 丁丑 15 日 | 戊寅 16 一 | 己卯 17 二 | 庚辰 18 三 | 辛巳 19 四 | 壬午 20 五 | 癸未 21 六 | 甲申 22 日 | 乙酉 23 一 | 丙戌 24 二 | 丁亥 25 三 | 戊子 26 四 | 己丑 27 五 | 庚寅 28 六 | 辛卯 29 日 | 壬辰 30 一 | | 辛未立夏 丁亥小滿 |
| 五月大 庚午 | 干支 西曆 星期 | 癸巳 31 二 | 甲午 (6) 三 | 乙未 2 四 | 丙申 3 五 | 丁酉 4 六 | 戊戌 5 日 | 己亥 6 一 | 庚子 7 二 | 辛丑 8 三 | 壬寅 9 四 | 癸卯 10 五 | 甲辰 11 六 | 乙巳 12 日 | 丙午 13 一 | 丁未 14 二 | 戊申 15 三 | 己酉 16 四 | 庚戌 17 五 | 辛亥 18 六 | 壬子 19 日 | 癸丑 20 一 | 甲寅 21 二 | 乙卯 22 三 | 丙辰 23 四 | 丁巳 24 五 | 戊午 25 六 | 己未 26 日 | 庚申 27 一 | 辛酉 28 二 | 壬戌 29 三 | 壬寅芒種 丁巳夏至 |
| 六月小 辛未 | 干支 西曆 星期 | 癸亥 30 四 | 甲子 (7) 五 | 乙丑 2 六 | 丙寅 3 日 | 丁卯 4 一 | 戊辰 5 二 | 己巳 6 三 | 庚午 7 四 | 辛未 8 五 | 壬申 9 六 | 癸酉 10 日 | 甲戌 11 一 | 乙亥 12 二 | 丙子 13 三 | 丁丑 14 四 | 戊寅 15 五 | 己卯 16 六 | 庚辰 17 日 | 辛巳 18 一 | 壬午 19 二 | 癸未 20 三 | 甲申 21 四 | 乙酉 22 五 | 丙戌 23 六 | 丁亥 24 日 | 戊子 25 一 | 己丑 26 二 | 庚寅 27 三 | 辛卯 28 四 | | 壬申小暑 戊子大暑 |
| 七月大 壬申 | 干支 西曆 星期 | 壬辰 29 五 | 癸巳 30 六 | 甲午 31 日 | 乙未 (8) 一 | 丙申 2 二 | 丁酉 3 三 | 戊戌 4 四 | 己亥 5 五 | 庚子 6 六 | 辛丑 7 日 | 壬寅 8 一 | 癸卯 9 二 | 甲辰 10 三 | 乙巳 11 四 | 丙午 12 五 | 丁未 13 六 | 戊申 14 日 | 己酉 15 一 | 庚戌 16 二 | 辛亥 17 三 | 壬子 18 四 | 癸丑 19 五 | 甲寅 20 六 | 乙卯 21 日 | 丙辰 22 一 | 丁巳 23 二 | 戊午 24 三 | 己未 25 四 | 庚申 26 五 | 辛酉 27 六 | 癸卯立秋 戊午處暑 |
| 八月小 癸酉 | 干支 西曆 星期 | 壬戌 28 日 | 癸亥 29 一 | 甲子 30 二 | 乙丑 31 三 | 丙寅 (9) 四 | 丁卯 2 五 | 戊辰 3 六 | 己巳 4 日 | 庚午 5 一 | 辛未 6 二 | 壬申 7 三 | 癸酉 8 四 | 甲戌 9 五 | 乙亥 10 六 | 丙子 11 日 | 丁丑 12 一 | 戊寅 13 二 | 己卯 14 三 | 庚辰 15 四 | 辛巳 16 五 | 壬午 17 六 | 癸未 18 日 | 甲申 19 一 | 乙酉 20 二 | 丙戌 21 三 | 丁亥 22 四 | 戊子 23 五 | 己丑 24 六 | 庚寅 25 日 | | 癸酉白露 戊子秋分 |
| 九月大 甲戌 | 干支 西曆 星期 | 辛卯 26 一 | 壬辰 27 二 | 癸巳 28 三 | 甲午 29 四 | 乙未 30 五 | 丙申 (10) 六 | 丁酉 2 日 | 戊戌 3 一 | 己亥 4 二 | 庚子 5 三 | 辛丑 6 四 | 壬寅 7 五 | 癸卯 8 六 | 甲辰 9 日 | 乙巳 10 一 | 丙午 11 二 | 丁未 12 三 | 戊申 13 四 | 己酉 14 五 | 庚戌 15 六 | 辛亥 16 日 | 壬子 17 一 | 癸丑 18 二 | 甲寅 19 三 | 乙卯 20 四 | 丙辰 21 五 | 丁巳 22 六 | 戊午 23 日 | 己未 24 一 | 庚申 25 二 | 甲辰寒露 己未霜降 庚申日食 |
| 十月小 乙亥 | 干支 西曆 星期 | 辛酉 26 三 | 壬戌 27 四 | 癸亥 28 五 | 甲子 29 六 | 乙丑 30 日 | 丙寅 31 一 | 丁卯 (11) 二 | 戊辰 2 三 | 己巳 3 四 | 庚午 4 五 | 辛未 5 六 | 壬申 6 日 | 癸酉 7 一 | 甲戌 8 二 | 乙亥 9 三 | 丙子 10 四 | 丁丑 11 五 | 戊寅 12 六 | 己卯 13 日 | 庚辰 14 一 | 辛巳 15 二 | 壬午 16 三 | 癸未 17 四 | 甲申 18 五 | 乙酉 19 六 | 丙戌 20 日 | 丁亥 21 一 | 戊子 22 二 | 己丑 23 三 | | 甲戌立冬 乙丑小雪 |
| 閏十月大 乙亥 | 干支 西曆 星期 | 庚寅 24 四 | 辛卯 25 五 | 壬辰 26 六 | 癸巳 27 日 | 甲午 28 一 | 乙未 29 二 | 丙申 30 三 | 丁酉 (12) 四 | 戊戌 2 五 | 己亥 3 六 | 庚子 4 日 | 辛丑 5 一 | 壬寅 6 二 | 癸卯 7 三 | 甲辰 8 四 | 乙巳 9 五 | 丙午 10 六 | 丁未 11 日 | 戊申 12 一 | 己酉 13 二 | 庚戌 14 三 | 辛亥 15 四 | 壬子 16 五 | 癸丑 17 六 | 甲寅 18 日 | 乙卯 19 一 | 丙辰 20 二 | 丁巳 21 三 | 戊午 22 四 | 己未 23 五 | 乙巳大雪 |
| 十一月小 丙子 | 干支 西曆 星期 | 庚申 24 六 | 辛酉 25 日 | 壬戌 26 一 | 癸亥 27 二 | 甲子 28 三 | 乙丑 29 四 | 丙寅 30 五 | 丁卯 31 六 | 戊辰 (1) 日 | 己巳 2 一 | 庚午 3 二 | 辛未 4 三 | 壬申 5 四 | 癸酉 6 五 | 甲戌 7 六 | 乙亥 8 日 | 丙子 9 一 | 丁丑 10 二 | 戊寅 11 三 | 己卯 12 四 | 庚辰 13 五 | 辛巳 14 六 | 壬午 15 日 | 癸未 16 一 | 甲申 17 二 | 乙酉 18 三 | 丙戌 19 四 | 丁亥 20 五 | 戊子 21 六 | | 庚申冬至 乙亥小寒 |
| 十二月大 丁丑 | 干支 西曆 星期 | 己丑 22 日 | 庚寅 23 一 | 辛卯 24 二 | 壬辰 25 三 | 癸巳 26 四 | 甲午 27 五 | 乙未 28 六 | 丙申 29 日 | 丁酉 30 一 | 戊戌 31 二 | 己亥 (2) 三 | 庚子 2 四 | 辛丑 3 五 | 壬寅 4 六 | 癸卯 5 日 | 甲辰 6 一 | 乙巳 7 二 | 丙午 8 三 | 丁未 9 四 | 戊申 10 五 | 己酉 11 六 | 庚戌 12 日 | 辛亥 13 一 | 壬子 14 二 | 癸丑 15 三 | 甲寅 16 四 | 乙卯 17 五 | 丙辰 18 六 | 丁巳 19 日 | 戊午 20 一 | 庚寅大寒 乙巳立春 |

# 漢安帝延光四年 少帝延光四年 順帝延光四年
# （乙丑 牛年）公元 125 ~ 126 年

| 夏曆月序 | | 中西曆日對照 | 初一 | 初二 | 初三 | 初四 | 初五 | 初六 | 初七 | 初八 | 初九 | 初十 | 十一 | 十二 | 十三 | 十四 | 十五 | 十六 | 十七 | 十八 | 十九 | 二十 | 二一 | 二二 | 二三 | 二四 | 二五 | 二六 | 二七 | 二八 | 二九 | 三十 | 節氣與天象 |
|---|---|---|---|---|---|---|---|---|---|---|---|---|---|---|---|---|---|---|---|---|---|---|---|---|---|---|---|---|---|---|---|---|---|
| 正月小 | 戊寅 | 天干地支<br>西曆<br>星期 | 己未21二 | 庚申22三 | 辛酉23四 | 壬戌24五 | 癸亥25六 | 甲子26日 | 乙丑27一 | 丙寅28二 | 丁卯(3)三 | 戊辰2四 | 己巳3五 | 庚午4六 | 辛未5日 | 壬申6一 | 癸酉7二 | 甲戌8三 | 乙亥9四 | 丙子10五 | 丁丑11六 | 戊寅12日 | 己卯13一 | 庚辰14二 | 辛巳15三 | 壬午16四 | 癸未17五 | 甲申18六 | 乙酉19日 | 丙戌20一 | 丁亥21二 | | 辛酉雨水<br>丙子驚蟄 |
| 二月大 | 己卯 | 天干地支<br>西曆<br>星期 | 戊子22三 | 己丑23四 | 庚寅24五 | 辛卯25六 | 壬辰26日 | 癸巳27一 | 甲午28二 | 乙未29三 | 丙申30四 | 丁酉31五 | 戊戌(4)六 | 己亥2日 | 庚子3一 | 辛丑4二 | 壬寅5三 | 癸卯6四 | 甲辰7五 | 乙巳8六 | 丙午9日 | 丁未10一 | 戊申11二 | 己酉12三 | 庚戌13四 | 辛亥14五 | 壬子15六 | 癸丑16日 | 甲寅17一 | 乙卯18二 | 丙辰19三 | 丁巳20四 | 辛卯春分<br>丙午清明 |
| 三月小 | 庚辰 | 天干地支<br>西曆<br>星期 | 戊午21五 | 己未22六 | 庚申23日 | 辛酉24一 | 壬戌25二 | 癸亥26三 | 甲子27四 | 乙丑28五 | 丙寅29六 | 丁卯30日 | 戊辰(5)一 | 己巳2二 | 庚午3三 | 辛未4四 | 壬申5五 | 癸酉6六 | 甲戌7日 | 乙亥8一 | 丙子9二 | 丁丑10三 | 戊寅11四 | 己卯12五 | 庚辰13六 | 辛巳14日 | 壬午15一 | 癸未16二 | 甲申17三 | 乙酉18四 | 丙戌19五 | | 壬戌穀雨<br>丁丑立夏 |
| 四月大 | 辛巳 | 天干地支<br>西曆<br>星期 | 丁亥20六 | 戊子21日 | 己丑22一 | 庚寅23二 | 辛卯24三 | 壬辰25四 | 癸巳26五 | 甲午27六 | 乙未28日 | 丙申29一 | 丁酉30二 | 戊戌31三 | 己亥(6)四 | 庚子2五 | 辛丑3六 | 壬寅4日 | 癸卯5一 | 甲辰6二 | 乙巳7三 | 丙午8四 | 丁未9五 | 戊申10六 | 己酉11日 | 庚戌12一 | 辛亥13二 | 壬子14三 | 癸丑15四 | 甲寅16五 | 乙卯17六 | 丙辰18日 | 壬辰小滿<br>丁未芒種 |
| 五月小 | 壬午 | 天干地支<br>西曆<br>星期 | 丁巳19一 | 戊午20二 | 己未21三 | 庚申22四 | 辛酉23五 | 壬戌24六 | 癸亥25日 | 甲子26一 | 乙丑27二 | 丙寅28三 | 丁卯29四 | 戊辰30五 | 己巳(7)六 | 庚午2日 | 辛未3一 | 壬申4二 | 癸酉5三 | 甲戌6四 | 乙亥7五 | 丙子8六 | 丁丑9日 | 戊寅10一 | 己卯11二 | 庚辰12三 | 辛巳13四 | 壬午14五 | 癸未15六 | 甲申16日 | 乙酉17一 | | 壬戌夏至<br>戊寅小暑 |
| 六月大 | 癸未 | 天干地支<br>西曆<br>星期 | 丙戌18二 | 丁亥19三 | 戊子20四 | 己丑21五 | 庚寅22六 | 辛卯23日 | 壬辰24一 | 癸巳25二 | 甲午26三 | 乙未27四 | 丙申28五 | 丁酉29六 | 戊戌30日 | 己亥31一 | 庚子(8)二 | 辛丑2三 | 壬寅3四 | 癸卯4五 | 甲辰5六 | 乙巳6日 | 丙午7一 | 丁未8二 | 戊申9三 | 己酉10四 | 庚戌11五 | 辛亥12六 | 壬子13日 | 癸丑14一 | 甲寅15二 | 乙卯16三 | 癸巳大暑<br>戊申立秋 |
| 七月大 | 甲申 | 天干地支<br>西曆<br>星期 | 丙辰17四 | 丁巳18五 | 戊午19六 | 己未20日 | 庚申21一 | 辛酉22二 | 壬戌23三 | 癸亥24四 | 甲子25五 | 乙丑26六 | 丙寅27日 | 丁卯28一 | 戊辰29二 | 己巳30三 | 庚午31四 | 辛未(9)五 | 壬申2六 | 癸酉3日 | 甲戌4一 | 乙亥5二 | 丙子6三 | 丁丑7四 | 戊寅8五 | 己卯9六 | 庚辰10日 | 辛巳11一 | 壬午12二 | 癸未13三 | 甲申14四 | 乙酉15五 | 癸亥處暑<br>戊寅白露 |
| 八月小 | 乙酉 | 天干地支<br>西曆<br>星期 | 丙戌16六 | 丁亥17日 | 戊子18一 | 己丑19二 | 庚寅20三 | 辛卯21四 | 壬辰22五 | 癸巳23六 | 甲午24日 | 乙未25一 | 丙申26二 | 丁酉27三 | 戊戌28四 | 己亥29五 | 庚子30六 | 辛丑(10)日 | 壬寅2一 | 癸卯3二 | 甲辰4三 | 乙巳5四 | 丙午6五 | 丁未7六 | 戊申8日 | 己酉9一 | 庚戌10二 | 辛亥11三 | 壬子12四 | 癸丑13五 | 甲寅14六 | | 甲午秋分<br>己酉寒露 |
| 九月大 | 丙戌 | 天干地支<br>西曆<br>星期 | 乙卯15日 | 丙辰16一 | 丁巳17二 | 戊午18三 | 己未19四 | 庚申20五 | 辛酉21六 | 壬戌22日 | 癸亥23一 | 甲子24二 | 乙丑25三 | 丙寅26四 | 丁卯27五 | 戊辰28六 | 己巳29日 | 庚午30一 | 辛未31二 | 壬申(11)三 | 癸酉2四 | 甲戌3五 | 乙亥4六 | 丙子5日 | 丁丑6一 | 戊寅7二 | 己卯8三 | 庚辰9四 | 辛巳10五 | 壬午11六 | 癸未12日 | 甲申13一 | 甲子霜降<br>己卯立冬 |
| 十月小 | 丁亥 | 天干地支<br>西曆<br>星期 | 乙酉14二 | 丙戌15三 | 丁亥16四 | 戊子17五 | 己丑18六 | 庚寅19日 | 辛卯20一 | 壬辰21二 | 癸巳22三 | 甲午23四 | 乙未24五 | 丙申25六 | 丁酉26日 | 戊戌27一 | 己亥28二 | 庚子29三 | 辛丑30四 | 壬寅(12)五 | 癸卯2六 | 甲辰3日 | 乙巳4一 | 丙午5二 | 丁未6三 | 戊申7四 | 己酉8五 | 庚戌9六 | 辛亥10日 | 壬子11一 | 癸丑12二 | | 乙未小雪<br>庚戌大雪 |
| 十一月大 | 戊子 | 天干地支<br>西曆<br>星期 | 甲寅13三 | 乙卯14四 | 丙辰15五 | 丁巳16六 | 戊午17日 | 己未18一 | 庚申19二 | 辛酉20三 | 壬戌21四 | 癸亥22五 | 甲子23六 | 乙丑24日 | 丙寅25一 | 丁卯26二 | 戊辰27三 | 己巳28四 | 庚午29五 | 辛未30六 | 壬申31日 | 癸酉(1)一 | 甲戌2二 | 乙亥3三 | 丙子4四 | 丁丑5五 | 戊寅6六 | 己卯7日 | 庚辰8一 | 辛巳9二 | 壬午10三 | 癸未11四 | 乙丑冬至<br>庚辰小寒 |
| 十二月小 | 己丑 | 天干地支<br>西曆<br>星期 | 甲申12五 | 乙酉13六 | 丙戌14日 | 丁亥15一 | 戊子16二 | 己丑17三 | 庚寅18四 | 辛卯19五 | 壬辰20六 | 癸巳21日 | 甲午22一 | 乙未23二 | 丙申24三 | 丁酉25四 | 戊戌26五 | 己亥27六 | 庚子28日 | 辛丑29一 | 壬寅30二 | 癸卯31三 | 甲辰(2)四 | 乙巳2五 | 丙午3六 | 丁未4日 | 戊申5一 | 己酉6二 | 庚戌7三 | 辛亥8四 | 壬子9五 | | 乙未大寒<br>辛亥立春 |

*三月丁卯（初十），安帝死。乙酉（二十八日）北鄉侯劉懿即位，是爲少帝。十月辛亥（二十七日），少帝死。十一月丁巳（初四），劉保即位，是爲順帝。

# 漢順帝永建元年（丙寅 虎年）公元 126 ~ 127 年

| 夏曆月序 | | 中西曆日對照 | 初一 | 初二 | 初三 | 初四 | 初五 | 初六 | 初七 | 初八 | 初九 | 初十 | 十一 | 十二 | 十三 | 十四 | 十五 | 十六 | 十七 | 十八 | 十九 | 二十 | 二一 | 二二 | 二三 | 二四 | 二五 | 二六 | 二七 | 二八 | 二九 | 三十 | 節氣與天象 |
|---|---|---|---|---|---|---|---|---|---|---|---|---|---|---|---|---|---|---|---|---|---|---|---|---|---|---|---|---|---|---|---|---|---|
| 正月大 | 庚寅 | 天干地支 西曆星期 | 癸丑 10 六 | 甲寅 11 日 | 乙卯 12 一 | 丙辰 13 二 | 丁巳 14 三 | 戊午 15 四 | 己未 16 五 | 庚申 17 六 | 辛酉 18 日 | 壬戌 19 一 | 癸亥 20 二 | 甲子 21 三 | 乙丑 22 四 | 丙寅 23 五 | 丁卯 24 六 | 戊辰 25 日 | 己巳 26 一 | 庚午 27 二 | 辛未 28 三 | 壬申 (3) 四 | 癸酉 2 五 | 甲戌 3 六 | 乙亥 4 日 | 丙子 5 一 | 丁丑 6 二 | 戊寅 7 三 | 己卯 8 四 | 庚辰 9 五 | 辛巳 10 六 | 壬午 11 日 | 丙寅雨水 辛巳驚蟄 |
| 二月小 | 辛卯 | 天干地支 西曆星期 | 癸未 12 一 | 甲申 13 二 | 乙酉 14 三 | 丙戌 15 四 | 丁亥 16 五 | 戊子 17 六 | 己丑 18 日 | 庚寅 19 一 | 辛卯 20 二 | 壬辰 21 三 | 癸巳 22 四 | 甲午 23 五 | 乙未 24 六 | 丙申 25 日 | 丁酉 26 一 | 戊戌 27 二 | 己亥 28 三 | 庚子 29 四 | 辛丑 30 五 | 壬寅 31 六 | 癸卯 (4) 日 | 甲辰 2 一 | 乙巳 3 二 | 丙午 4 三 | 丁未 5 四 | 戊申 6 五 | 己酉 7 六 | 庚戌 8 日 | 辛亥 9 一 | | 丙申春分 |
| 三月大 | 壬辰 | 天干地支 西曆星期 | 壬子 10 二 | 癸丑 11 三 | 甲寅 12 四 | 乙卯 13 五 | 丙辰 14 六 | 丁巳 15 日 | 戊午 16 一 | 己未 17 二 | 庚申 18 三 | 辛酉 19 四 | 壬戌 20 五 | 癸亥 21 六 | 甲子 22 日 | 乙丑 23 一 | 丙寅 24 二 | 丁卯 25 三 | 戊辰 26 四 | 己巳 27 五 | 庚午 28 六 | 辛未 29 日 | 壬申 30 一 | 癸酉 (5) 二 | 甲戌 2 三 | 乙亥 3 四 | 丙子 4 五 | 丁丑 5 六 | 戊寅 6 日 | 己卯 7 一 | 庚辰 8 二 | 辛巳 9 三 | 壬子清明 丁卯穀雨 |
| 四月小 | 癸巳 | 天干地支 西曆星期 | 壬午 10 四 | 癸未 11 五 | 甲申 12 六 | 乙酉 13 日 | 丙戌 14 一 | 丁亥 15 二 | 戊子 16 三 | 己丑 17 四 | 庚寅 18 五 | 辛卯 19 六 | 壬辰 20 日 | 癸巳 21 一 | 甲午 22 二 | 乙未 23 三 | 丙申 24 四 | 丁酉 25 五 | 戊戌 26 六 | 己亥 27 日 | 庚子 28 一 | 辛丑 29 二 | 壬寅 30 三 | 癸卯 31 四 | 甲辰 (6) 五 | 乙巳 2 六 | 丙午 3 日 | 丁未 4 一 | 戊申 5 二 | 己酉 6 三 | 庚戌 7 四 | | 壬午立夏 丁酉小滿 |
| 五月大 | 甲午 | 天干地支 西曆星期 | 辛亥 8 五 | 壬子 9 六 | 癸丑 10 日 | 甲寅 11 一 | 乙卯 12 二 | 丙辰 13 三 | 丁巳 14 四 | 戊午 15 五 | 己未 16 六 | 庚申 17 日 | 辛酉 18 一 | 壬戌 19 二 | 癸亥 20 三 | 甲子 21 四 | 乙丑 22 五 | 丙寅 23 六 | 丁卯 24 日 | 戊辰 25 一 | 己巳 26 二 | 庚午 27 三 | 辛未 28 四 | 壬申 29 五 | 癸酉 30 六 | 甲戌 (7) 日 | 乙亥 2 一 | 丙子 3 二 | 丁丑 4 三 | 戊寅 5 四 | 己卯 6 五 | 庚辰 7 六 | 壬子芒種 戊辰夏至 |
| 六月小 | 乙未 | 天干地支 西曆星期 | 辛巳 8 日 | 壬午 9 一 | 癸未 10 二 | 甲申 11 三 | 乙酉 12 四 | 丙戌 13 五 | 丁亥 14 六 | 戊子 15 日 | 己丑 16 一 | 庚寅 17 二 | 辛卯 18 三 | 壬辰 19 四 | 癸巳 20 五 | 甲午 21 六 | 乙未 22 日 | 丙申 23 一 | 丁酉 24 二 | 戊戌 25 三 | 己亥 26 四 | 庚子 27 五 | 辛丑 28 六 | 壬寅 29 日 | 癸卯 30 一 | 甲辰 31 二 | 乙巳 (8) 三 | 丙午 2 四 | 丁未 3 五 | 戊申 4 六 | 己酉 5 日 | | 癸未小暑 戊戌大暑 |
| 七月大 | 丙申 | 天干地支 西曆星期 | 庚戌 6 一 | 辛亥 7 二 | 壬子 8 三 | 癸丑 9 四 | 甲寅 10 五 | 乙卯 11 六 | 丙辰 12 日 | 丁巳 13 一 | 戊午 14 二 | 己未 15 三 | 庚申 16 四 | 辛酉 17 五 | 壬戌 18 六 | 癸亥 19 日 | 甲子 20 一 | 乙丑 21 二 | 丙寅 22 三 | 丁卯 23 四 | 戊辰 24 五 | 己巳 25 六 | 庚午 26 日 | 辛未 27 一 | 壬申 28 二 | 癸酉 29 三 | 甲戌 30 四 | 乙亥 31 五 | 丙子 (9) 六 | 丁丑 2 日 | 戊寅 3 一 | 己卯 4 二 | 癸丑立秋 己巳處暑 |
| 八月小 | 丁酉 | 天干地支 西曆星期 | 庚辰 5 三 | 辛巳 6 四 | 壬午 7 五 | 癸未 8 六 | 甲申 9 日 | 乙酉 10 一 | 丙戌 11 二 | 丁亥 12 三 | 戊子 13 四 | 己丑 14 五 | 庚寅 15 六 | 辛卯 16 日 | 壬辰 17 一 | 癸巳 18 二 | 甲午 19 三 | 乙未 20 四 | 丙申 21 五 | 丁酉 22 六 | 戊戌 23 日 | 己亥 24 一 | 庚子 25 二 | 辛丑 26 三 | 壬寅 27 四 | 癸卯 28 五 | 甲辰 29 六 | 乙巳 30 日 | 丙午 (10) 一 | 丁未 2 二 | 戊申 3 三 | | 甲申白露 己亥秋分 |
| 九月大 | 戊戌 | 天干地支 西曆星期 | 己酉 4 四 | 庚戌 5 五 | 辛亥 6 六 | 壬子 7 日 | 癸丑 8 一 | 甲寅 9 二 | 乙卯 10 三 | 丙辰 11 四 | 丁巳 12 五 | 戊午 13 六 | 己未 14 日 | 庚申 15 一 | 辛酉 16 二 | 壬戌 17 三 | 癸亥 18 四 | 甲子 19 五 | 乙丑 20 六 | 丙寅 21 日 | 丁卯 22 一 | 戊辰 23 二 | 己巳 24 三 | 庚午 25 四 | 辛未 26 五 | 壬申 27 六 | 癸酉 28 日 | 甲戌 29 一 | 乙亥 30 二 | 丙子 31 三 | 丁丑 (11) 四 | 戊寅 2 五 | 甲寅寒露 己巳霜降 |
| 十月小 | 己亥 | 天干地支 西曆星期 | 己卯 3 六 | 庚辰 4 日 | 辛巳 5 一 | 壬午 6 二 | 癸未 7 三 | 甲申 8 四 | 乙酉 9 五 | 丙戌 10 六 | 丁亥 11 日 | 戊子 12 一 | 己丑 13 二 | 庚寅 14 三 | 辛卯 15 四 | 壬辰 16 五 | 癸巳 17 六 | 甲午 18 日 | 乙未 19 一 | 丙申 20 二 | 丁酉 21 三 | 戊戌 22 四 | 己亥 23 五 | 庚子 24 六 | 辛丑 25 日 | 壬寅 26 一 | 癸卯 27 二 | 甲辰 28 三 | 乙巳 29 四 | 丙午 30 五 | 丁未 (12) 六 | | 乙酉立冬 庚子小雪 |
| 十一月大 | 庚子 | 天干地支 西曆星期 | 戊申 2 日 | 己酉 3 一 | 庚戌 4 二 | 辛亥 5 三 | 壬子 6 四 | 癸丑 7 五 | 甲寅 8 六 | 乙卯 9 日 | 丙辰 10 一 | 丁巳 11 二 | 戊午 12 三 | 己未 13 四 | 庚申 14 五 | 辛酉 15 六 | 壬戌 16 日 | 癸亥 17 一 | 甲子 18 二 | 乙丑 19 三 | 丙寅 20 四 | 丁卯 21 五 | 戊辰 22 六 | 己巳 23 日 | 庚午 24 一 | 辛未 25 二 | 壬申 26 三 | 癸酉 27 四 | 甲戌 28 五 | 乙亥 29 六 | 丙子 30 日 | 丁丑 31 一 | 乙卯大雪 庚午冬至 |
| 十二月大 | 辛丑 | 天干地支 西曆星期 | 戊寅 (1) 二 | 己卯 2 三 | 庚辰 3 四 | 辛巳 4 五 | 壬午 5 六 | 癸未 6 日 | 甲申 7 一 | 乙酉 8 二 | 丙戌 9 三 | 丁亥 10 四 | 戊子 11 五 | 己丑 12 六 | 庚寅 13 日 | 辛卯 14 一 | 壬辰 15 二 | 癸巳 16 三 | 甲午 17 四 | 乙未 18 五 | 丙申 19 六 | 丁酉 20 日 | 戊戌 21 一 | 己亥 22 二 | 庚子 23 三 | 辛丑 24 四 | 壬寅 25 五 | 癸卯 26 六 | 甲辰 27 日 | 乙巳 28 一 | 丙午 29 二 | 丁未 30 三 | 乙酉小寒 辛丑大寒 |

* 正月癸丑（初一），改元永建。

# 漢順帝永建二年（丁卯 兔年）公元 127 ~ 128 年

| 夏曆月序 | | 中西曆日對照 | 初一 | 初二 | 初三 | 初四 | 初五 | 初六 | 初七 | 初八 | 初九 | 初十 | 十一 | 十二 | 十三 | 十四 | 十五 | 十六 | 十七 | 十八 | 十九 | 二十 | 二一 | 二二 | 二三 | 二四 | 二五 | 二六 | 二七 | 二八 | 二九 | 三十 | 節氣與天象 |
|---|---|---|---|---|---|---|---|---|---|---|---|---|---|---|---|---|---|---|---|---|---|---|---|---|---|---|---|---|---|---|---|---|---|
| 正月小 | 壬寅 | 天干地支 西曆 星期 | 戊申31四 | 己酉(2)五 | 庚戌2六 | 辛亥3日 | 壬子4一 | 癸丑5二 | 甲寅6三 | 乙卯7四 | 丙辰8五 | 丁巳9六 | 戊午10日 | 己未11一 | 庚申12二 | 辛酉13三 | 壬戌14四 | 癸亥15五 | 甲子16六 | 乙丑17日 | 丙寅18一 | 丁卯19二 | 戊辰20三 | 己巳21四 | 庚午22五 | 辛未23六 | 壬申24日 | 癸酉25一 | 甲戌26二 | 乙亥27三 | 丙子28四 | | 丙辰立春 辛未雨水 |
| 二月大 | 癸卯 | 天干地支 西曆 星期 | 丁丑(3)五 | 戊寅2六 | 己卯3日 | 庚辰4一 | 辛巳5二 | 壬午6三 | 癸未7四 | 甲申8五 | 乙酉9六 | 丙戌10日 | 丁亥11一 | 戊子12二 | 己丑13三 | 庚寅14四 | 辛卯15五 | 壬辰16六 | 癸巳17日 | 甲午18一 | 乙未19二 | 丙申20三 | 丁酉21四 | 戊戌22五 | 己亥23六 | 庚子24日 | 辛丑25一 | 壬寅26二 | 癸卯27三 | 甲辰28四 | 乙巳29五 | 丙午30六 | 丙戌驚蟄 壬寅春分 |
| 三月小 | 甲辰 | 天干地支 西曆 星期 | 丁未31日 | 戊申(4)一 | 己酉2二 | 庚戌3三 | 辛亥4四 | 壬子5五 | 癸丑6六 | 甲寅7日 | 乙卯8一 | 丙辰9二 | 丁巳10三 | 戊午11四 | 己未12五 | 庚申13六 | 辛酉14日 | 壬戌15一 | 癸亥16二 | 甲子17三 | 乙丑18四 | 丙寅19五 | 丁卯20六 | 戊辰21日 | 己巳22一 | 庚午23二 | 辛未24三 | 壬申25四 | 癸酉26五 | 甲戌27六 | 乙亥28日 | | 丁巳清明 壬申穀雨 |
| 四月大 | 乙巳 | 天干地支 西曆 星期 | 丙子29一 | 丁丑30二 | 戊寅(5)三 | 己卯2四 | 庚辰3五 | 辛巳4六 | 壬午5日 | 癸未6一 | 甲申7二 | 乙酉8三 | 丙戌9四 | 丁亥10五 | 戊子11六 | 己丑12日 | 庚寅13一 | 辛卯14二 | 壬辰15三 | 癸巳16四 | 甲午17五 | 乙未18六 | 丙申19日 | 丁酉20一 | 戊戌21二 | 己亥22三 | 庚子23四 | 辛丑24五 | 壬寅25六 | 癸卯26日 | 甲辰27一 | 乙巳28二 | 丁亥立夏 壬寅小滿 |
| 五月小 | 丙午 | 天干地支 西曆 星期 | 丙午29三 | 丁未30四 | 戊申31五 | 己酉(6)六 | 庚戌2日 | 辛亥3一 | 壬子4二 | 癸丑5三 | 甲寅6四 | 乙卯7五 | 丙辰8六 | 丁巳9日 | 戊午10一 | 己未11二 | 庚申12三 | 辛酉13四 | 壬戌14五 | 癸亥15六 | 甲子16日 | 乙丑17一 | 丙寅18二 | 丁卯19三 | 戊辰20四 | 己巳21五 | 庚午22六 | 辛未23日 | 壬申24一 | 癸酉25二 | 甲戌26三 | | 戊午芒種 癸酉夏至 |
| 六月大 | 丁未 | 天干地支 西曆 星期 | 乙亥27四 | 丙子28五 | 丁丑29六 | 戊寅30日 | 己卯(7)一 | 庚辰2二 | 辛巳3三 | 壬午4四 | 癸未5五 | 甲申6六 | 乙酉7日 | 丙戌8一 | 丁亥9二 | 戊子10三 | 己丑11四 | 庚寅12五 | 辛卯13六 | 壬辰14日 | 癸巳15一 | 甲午16二 | 乙未17三 | 丙申18四 | 丁酉19五 | 戊戌20六 | 己亥21日 | 庚子22一 | 辛丑23二 | 壬寅24三 | 癸卯25四 | 甲辰26五 | 戊子小暑 癸卯大暑 |
| 閏六月小 | 丁未 | 天干地支 西曆 星期 | 乙巳27六 | 丙午28日 | 丁未29一 | 戊申30二 | 己酉31三 | 庚戌(8)四 | 辛亥2五 | 壬子3六 | 癸丑4日 | 甲寅5一 | 乙卯6二 | 丙辰7三 | 丁巳8四 | 戊午9五 | 己未10六 | 庚申11日 | 辛酉12一 | 壬戌13二 | 癸亥14三 | 甲子15四 | 乙丑16五 | 丙寅17六 | 丁卯18日 | 戊辰19一 | 己巳20二 | 庚午21三 | 辛未22四 | 壬申23五 | 癸酉24六 | | 己未立秋 |
| 七月大 | 戊申 | 天干地支 西曆 星期 | 甲戌25日 | 乙亥26一 | 丙子27二 | 丁丑28三 | 戊寅29四 | 己卯30五 | 庚辰31六 | 辛巳(9)日 | 壬午2一 | 癸未3二 | 甲申4三 | 乙酉5四 | 丙戌6五 | 丁亥7六 | 戊子8日 | 己丑9一 | 庚寅10二 | 辛卯11三 | 壬辰12四 | 癸巳13五 | 甲午14六 | 乙未15日 | 丙申16一 | 丁酉17二 | 戊戌18三 | 己亥19四 | 庚子20五 | 辛丑21六 | 壬寅22日 | 癸卯23一 | 甲戌處暑 己丑白露 甲戌日食 |
| 八月小 | 己酉 | 天干地支 西曆 星期 | 甲辰24二 | 乙巳25三 | 丙午26四 | 丁未27五 | 戊申28六 | 己酉29日 | 庚戌30一 | 辛亥(10)二 | 壬子2三 | 癸丑3四 | 甲寅4五 | 乙卯5六 | 丙辰6日 | 丁巳7一 | 戊午8二 | 己未9三 | 庚申10四 | 辛酉11五 | 壬戌12六 | 癸亥13日 | 甲子14一 | 乙丑15二 | 丙寅16三 | 丁卯17四 | 戊辰18五 | 己巳19六 | 庚午20日 | 辛未21一 | 壬申22二 | | 甲辰秋分 己未寒露 |
| 九月大 | 庚戌 | 天干地支 西曆 星期 | 癸酉23三 | 甲戌24四 | 乙亥25五 | 丙子26六 | 丁丑27日 | 戊寅28一 | 己卯29二 | 庚辰30三 | 辛巳31四 | 壬午(11)五 | 癸未2六 | 甲申3日 | 乙酉4一 | 丙戌5二 | 丁亥6三 | 戊子7四 | 己丑8五 | 庚寅9六 | 辛卯10日 | 壬辰11一 | 癸巳12二 | 甲午13三 | 乙未14四 | 丙申15五 | 丁酉16六 | 戊戌17日 | 己亥18一 | 庚子19二 | 辛丑20三 | 壬寅21四 | 乙亥霜降 庚寅立冬 |
| 十月小 | 辛亥 | 天干地支 西曆 星期 | 癸卯22五 | 甲辰23六 | 乙巳24日 | 丙午25一 | 丁未26二 | 戊申27三 | 己酉28四 | 庚戌29五 | 辛亥30六 | 壬子(12)日 | 癸丑2一 | 甲寅3二 | 乙卯4三 | 丙辰5四 | 丁巳6五 | 戊午7六 | 己未8日 | 庚申9一 | 辛酉10二 | 壬戌11三 | 癸亥12四 | 甲子13五 | 乙丑14六 | 丙寅15日 | 丁卯16一 | 戊辰17二 | 己巳18三 | 庚午19四 | 辛未20五 | | 乙巳小雪 庚申大雪 |
| 十一月大 | 壬子 | 天干地支 西曆 星期 | 壬申21六 | 癸酉22日 | 甲戌23一 | 乙亥24二 | 丙子25三 | 丁丑26四 | 戊寅27五 | 己卯28六 | 庚辰29日 | 辛巳30一 | 壬午31二 | 癸未(1)三 | 甲申2四 | 乙酉3五 | 丙戌4六 | 丁亥5日 | 戊子6一 | 己丑7二 | 庚寅8三 | 辛卯9四 | 壬辰10五 | 癸巳11六 | 甲午12日 | 乙未13一 | 丙申14二 | 丁酉15三 | 戊戌16四 | 己亥17五 | 庚子18六 | 辛丑19日 | 丙子冬至 辛卯小寒 |
| 十二月小 | 癸丑 | 天干地支 西曆 星期 | 壬寅20一 | 癸卯21二 | 甲辰22三 | 乙巳23四 | 丙午24五 | 丁未25六 | 戊申26日 | 己酉27一 | 庚戌28二 | 辛亥29三 | 壬子30四 | 癸丑31五 | 甲寅(2)六 | 乙卯2日 | 丙辰3一 | 丁巳4二 | 戊午5三 | 己未6四 | 庚申7五 | 辛酉8六 | 壬戌9日 | 癸亥10一 | 甲子11二 | 乙丑12三 | 丙寅13四 | 丁卯14五 | 戊辰15六 | 己巳16日 | 庚午17一 | | 丙午大寒 辛酉立春 |

# 漢顺帝永建三年（戊辰 龍年）公元 **128** ~ 129 年

| 夏曆月序 | | 中西曆日對照 | 初一 | 初二 | 初三 | 初四 | 初五 | 初六 | 初七 | 初八 | 初九 | 初十 | 十一 | 十二 | 十三 | 十四 | 十五 | 十六 | 十七 | 十八 | 十九 | 二十 | 二一 | 二二 | 二三 | 二四 | 二五 | 二六 | 二七 | 二八 | 二九 | 三十 | 節氣與天象 |
|---|---|---|---|---|---|---|---|---|---|---|---|---|---|---|---|---|---|---|---|---|---|---|---|---|---|---|---|---|---|---|---|---|---|
| 正月大 | 甲寅 | 天干地支西曆星期 | 辛未18二 | 壬申19三 | 癸酉20四 | 甲戌21五 | 乙亥22六 | 丙子23日 | 丁丑24一 | 戊寅25二 | 己卯26三 | 庚辰27四 | 辛巳28五 | 壬午29六 | 癸未(3)日 | 甲申2一 | 乙酉3二 | 丙戌4三 | 丁亥5四 | 戊子6五 | 己丑7六 | 庚寅8日 | 辛卯9一 | 壬辰10二 | 癸巳11三 | 甲午12四 | 乙未13五 | 丙申14六 | 丁酉15日 | 戊戌16一 | 己亥17二 | 庚子18三 | 丙子雨水<br>壬辰驚蟄 |
| 二月大 | 乙卯 | 天干地支西曆星期 | 辛丑19四 | 壬寅20五 | 癸卯21六 | 甲辰22日 | 乙巳23一 | 丙午24二 | 丁未25三 | 戊申26四 | 己酉27五 | 庚戌28六 | 辛亥29日 | 壬子30一 | 癸丑31二 | 甲寅(4)三 | 乙卯2四 | 丙辰3五 | 丁巳4六 | 戊午5日 | 己未6一 | 庚申7二 | 辛酉8三 | 壬戌9四 | 癸亥10五 | 甲子11六 | 乙丑12日 | 丙寅13一 | 丁卯14二 | 戊辰15三 | 己巳16四 | 庚午17五 | 丁未春分<br>壬戌清明 |
| 三月小 | 丙辰 | 天干地支西曆星期 | 辛未18六 | 壬申19日 | 癸酉20一 | 甲戌21二 | 乙亥22三 | 丙子23四 | 丁丑24五 | 戊寅25六 | 己卯26日 | 庚辰27一 | 辛巳28二 | 壬午29三 | 癸未30四 | 甲申(5)五 | 乙酉2六 | 丙戌3日 | 丁亥4一 | 戊子5二 | 己丑6三 | 庚寅7四 | 辛卯8五 | 壬辰9六 | 癸巳10日 | 甲午11一 | 乙未12二 | 丙申13三 | 丁酉14四 | 戊戌15五 | 己亥16六 | | 丁丑穀雨<br>壬辰立夏 |
| 四月大 | 丁巳 | 天干地支西曆星期 | 庚子17日 | 辛丑18一 | 壬寅19二 | 癸卯20三 | 甲辰21四 | 乙巳22五 | 丙午23六 | 丁未24日 | 戊申25一 | 己酉26二 | 庚戌27三 | 辛亥28四 | 壬子29五 | 癸丑30六 | 甲寅31日 | 乙卯(6)一 | 丙辰2二 | 丁巳3三 | 戊午4四 | 己未5五 | 庚申6六 | 辛酉7日 | 壬戌8一 | 癸亥9二 | 甲子10三 | 乙丑11四 | 丙寅12五 | 丁卯13六 | 戊辰14日 | 己巳15一 | 戊申小滿<br>癸亥芒種 |
| 五月小 | 戊午 | 天干地支西曆星期 | 庚午16二 | 辛未17三 | 壬申18四 | 癸酉19五 | 甲戌20六 | 乙亥21日 | 丙子22一 | 丁丑23二 | 戊寅24三 | 己卯25四 | 庚辰26五 | 辛巳27六 | 壬午28日 | 癸未29一 | 甲申30二 | 乙酉(7)三 | 丙戌2四 | 丁亥3五 | 戊子4六 | 己丑5日 | 庚寅6一 | 辛卯7二 | 壬辰8三 | 癸巳9四 | 甲午10五 | 乙未11六 | 丙申12日 | 丁酉13一 | 戊戌14二 | | 戊寅夏至<br>癸巳小暑 |
| 六月大 | 己未 | 天干地支西曆星期 | 己亥15三 | 庚子16四 | 辛丑17五 | 壬寅18六 | 癸卯19日 | 甲辰20一 | 乙巳21二 | 丙午22三 | 丁未23四 | 戊申24五 | 己酉25六 | 庚戌26日 | 辛亥27一 | 壬子28二 | 癸丑29三 | 甲寅30四 | 乙卯31五 | 丙辰(8)六 | 丁巳2日 | 戊午3一 | 己未4二 | 庚申5三 | 辛酉6四 | 壬戌7五 | 癸亥8六 | 甲子9日 | 乙丑10一 | 丙寅11二 | 丁卯12三 | 戊辰13四 | 己酉大暑<br>甲子立秋 |
| 七月小 | 庚申 | 天干地支西曆星期 | 己巳14五 | 庚午15六 | 辛未16日 | 壬申17一 | 癸酉18二 | 甲戌19三 | 乙亥20四 | 丙子21五 | 丁丑22六 | 戊寅23日 | 己卯24一 | 庚辰25二 | 辛巳26三 | 壬午27四 | 癸未28五 | 甲申29六 | 乙酉30日 | 丙戌31一 | 丁亥(9)二 | 戊子2三 | 己丑3四 | 庚寅4五 | 辛卯5六 | 壬辰6日 | 癸巳7一 | 甲午8二 | 乙未9三 | 丙申10四 | 丁酉11五 | | 己卯處暑<br>甲午白露 |
| 八月大 | 辛酉 | 天干地支西曆星期 | 戊戌12六 | 己亥13日 | 庚子14一 | 辛丑15二 | 壬寅16三 | 癸卯17四 | 甲辰18五 | 乙巳19六 | 丙午20日 | 丁未21一 | 戊申22二 | 己酉23三 | 庚戌24四 | 辛亥25五 | 壬子26六 | 癸丑27日 | 甲寅28一 | 乙卯29二 | 丙辰30三 | 丁巳(10)四 | 戊午2五 | 己未3六 | 庚申4日 | 辛酉5一 | 壬戌6二 | 癸亥7三 | 甲子8四 | 乙丑9五 | 丙寅10六 | 丁卯11日 | 己酉秋分<br>乙丑寒露 |
| 九月小 | 壬戌 | 天干地支西曆星期 | 戊辰12一 | 己巳13二 | 庚午14三 | 辛未15四 | 壬申16五 | 癸酉17六 | 甲戌18日 | 乙亥19一 | 丙子20二 | 丁丑21三 | 戊寅22四 | 己卯23五 | 庚辰24六 | 辛巳25日 | 壬午26一 | 癸未27二 | 甲申28三 | 乙酉29四 | 丙戌30五 | 丁亥31六 | 戊子(11)日 | 己丑2一 | 庚寅3二 | 辛卯4三 | 壬辰5四 | 癸巳6五 | 甲午7六 | 乙未8日 | 丙申9一 | | 庚辰霜降<br>乙未立冬 |
| 十月大 | 癸亥 | 天干地支西曆星期 | 丁酉10二 | 戊戌11三 | 己亥12四 | 庚子13五 | 辛丑14六 | 壬寅15日 | 癸卯16一 | 甲辰17二 | 乙巳18三 | 丙午19四 | 丁未20五 | 戊申21六 | 己酉22日 | 庚戌23一 | 辛亥24二 | 壬子25三 | 癸丑26四 | 甲寅27五 | 乙卯28六 | 丙辰29日 | 丁巳30一 | 戊午(12)二 | 己未2三 | 庚申3四 | 辛酉4五 | 壬戌5六 | 癸亥6日 | 甲子7一 | 乙丑8二 | 丙寅9三 | 庚戌小雪<br>丙寅大雪 |
| 十一月小 | 甲子 | 天干地支西曆星期 | 丁卯10四 | 戊辰11五 | 己巳12六 | 庚午13日 | 辛未14一 | 壬申15二 | 癸酉16三 | 甲戌17四 | 乙亥18五 | 丙子19六 | 丁丑20日 | 戊寅21一 | 己卯22二 | 庚辰23三 | 辛巳24四 | 壬午25五 | 癸未26六 | 甲申27日 | 乙酉28一 | 丙戌29二 | 丁亥30三 | 戊子31四 | 己丑(1)五 | 庚寅2六 | 辛卯3日 | 壬辰4一 | 癸巳5二 | 甲午6三 | 乙未7四 | | 辛巳冬至 |
| 十二月大 | 乙丑 | 天干地支西曆星期 | 丙申8五 | 丁酉9六 | 戊戌10日 | 己亥11一 | 庚子12二 | 辛丑13三 | 壬寅14四 | 癸卯15五 | 甲辰16六 | 乙巳17日 | 丙午18一 | 丁未19二 | 戊申20三 | 己酉21四 | 庚戌22五 | 辛亥23六 | 壬子24日 | 癸丑25一 | 甲寅26二 | 乙卯27三 | 丙辰28四 | 丁巳29五 | 戊午30六 | 己未31日 | 庚申(2)一 | 辛酉2二 | 壬戌3三 | 癸亥4四 | 甲子5五 | 乙丑6六 | 丙申小寒<br>辛亥大寒 |

# 漢顺帝永建四年（己巳 蛇年）公元 **129** ~ 130 年

| 夏曆月序 | | 中西曆日對照 | 夏曆日序 | | | | | | | | | | | | | | | | | | | | | | | | | | | | | 節氣與天象 |
|---|---|---|---|---|---|---|---|---|---|---|---|---|---|---|---|---|---|---|---|---|---|---|---|---|---|---|---|---|---|---|---|---|
| | | | 初一 | 初二 | 初三 | 初四 | 初五 | 初六 | 初七 | 初八 | 初九 | 初十 | 十一 | 十二 | 十三 | 十四 | 十五 | 十六 | 十七 | 十八 | 十九 | 二十 | 二一 | 二二 | 二三 | 二四 | 二五 | 二六 | 二七 | 二八 | 二九 | 三十 | |
| 正月小 | 丙寅 | 天干地支西曆星期 | 丙寅7日 | 丁卯8一 | 戊辰9二 | 己巳10三 | 庚午11四 | 辛未12五 | 壬申13六 | 癸酉14日 | 甲戌15一 | 乙亥16二 | 丙子17三 | 丁丑18四 | 戊寅19五 | 己卯20六 | 庚辰21日 | 辛巳22一 | 壬午23二 | 癸未24三 | 甲申25四 | 乙酉26五 | 丙戌27六 | 丁亥28日 | 戊子(3)一 | 己丑2二 | 庚寅3三 | 辛卯4四 | 壬辰5五 | 癸巳6六 | 甲午7日 | | 丙寅立春 壬午雨水 |
| 二月大 | 丁卯 | 天干地支西曆星期 | 乙未8一 | 丙申9二 | 丁酉10三 | 戊戌11四 | 己亥12五 | 庚子13六 | 辛丑14日 | 壬寅15一 | 癸卯16二 | 甲辰17三 | 乙巳18四 | 丙午19五 | 丁未20六 | 戊申21日 | 己酉22一 | 庚戌23二 | 辛亥24三 | 壬子25四 | 癸丑26五 | 甲寅27六 | 乙卯28日 | 丙辰29一 | 丁巳30二 | 戊午31三 | 己未(4)四 | 庚申2五 | 辛酉3六 | 壬戌4日 | 癸亥5一 | 甲子6二 | 丁酉驚蟄 壬子春分 |
| 三月小 | 戊辰 | 天干地支西曆星期 | 乙丑7三 | 丙寅8四 | 丁卯9五 | 戊辰10六 | 己巳11日 | 庚午12一 | 辛未13二 | 壬申14三 | 癸酉15四 | 甲戌16五 | 乙亥17六 | 丙子18日 | 丁丑19一 | 戊寅20二 | 己卯21三 | 庚辰22四 | 辛巳23五 | 壬午24六 | 癸未25日 | 甲申26一 | 乙酉27二 | 丙戌28三 | 丁亥29四 | 戊子30五 | 己丑(5)六 | 庚寅2日 | 辛卯3一 | 壬辰4二 | 癸巳5三 | | 丁卯清明 癸未穀雨 |
| 四月大 | 己巳 | 天干地支西曆星期 | 甲午6四 | 乙未7五 | 丙申8六 | 丁酉9日 | 戊戌10一 | 己亥11二 | 庚子12三 | 辛丑13四 | 壬寅14五 | 癸卯15六 | 甲辰16日 | 乙巳17一 | 丙午18二 | 丁未19三 | 戊申20四 | 己酉21五 | 庚戌22六 | 辛亥23日 | 壬子24一 | 癸丑25二 | 甲寅26三 | 乙卯27四 | 丙辰28五 | 丁巳29六 | 戊午30日 | 己未31一 | 庚申(6)二 | 辛酉2三 | 壬戌3四 | 癸亥4五 | 戊戌立夏 癸丑小滿 |
| 五月小 | 庚午 | 天干地支西曆星期 | 甲子5六 | 乙丑6日 | 丙寅7一 | 丁卯8二 | 戊辰9三 | 己巳10四 | 庚午11五 | 辛未12六 | 壬申13日 | 癸酉14一 | 甲戌15二 | 乙亥16三 | 丙子17四 | 丁丑18五 | 戊寅19六 | 己卯20日 | 庚辰21一 | 辛巳22二 | 壬午23三 | 癸未24四 | 甲申25五 | 乙酉26六 | 丙戌27日 | 丁亥28一 | 戊子29二 | 己丑30三 | 庚寅(7)四 | 辛卯2五 | 壬辰3六 | | 戊辰芒種 癸未夏至 |
| 六月大 | 辛未 | 天干地支西曆星期 | 癸巳4日 | 甲午5一 | 乙未6二 | 丙申7三 | 丁酉8四 | 戊戌9五 | 己亥10六 | 庚子11日 | 辛丑12一 | 壬寅13二 | 癸卯14三 | 甲辰15四 | 乙巳16五 | 丙午17六 | 丁未18日 | 戊申19一 | 己酉20二 | 庚戌21三 | 辛亥22四 | 壬子23五 | 癸丑24六 | 甲寅25日 | 乙卯26一 | 丙辰27二 | 丁巳28三 | 戊午29四 | 己未30五 | 庚申31六 | 辛酉(8)日 | 壬戌2一 | 己亥小暑 甲寅大暑 |
| 七月大 | 壬申 | 天干地支西曆星期 | 癸亥3二 | 甲子4三 | 乙丑5四 | 丙寅6五 | 丁卯7六 | 戊辰8日 | 己巳9一 | 庚午10二 | 辛未11三 | 壬申12四 | 癸酉13五 | 甲戌14六 | 乙亥15日 | 丙子16一 | 丁丑17二 | 戊寅18三 | 己卯19四 | 庚辰20五 | 辛巳21六 | 壬午22日 | 癸未23一 | 甲申24二 | 乙酉25三 | 丙戌26四 | 丁亥27五 | 戊子28六 | 己丑29日 | 庚寅30一 | 辛卯31二 | 壬辰(9)三 | 己巳立秋 甲申處暑 |
| 八月小 | 癸酉 | 天干地支西曆星期 | 癸巳2四 | 甲午3五 | 乙未4六 | 丙申5日 | 丁酉6一 | 戊戌7二 | 己亥8三 | 庚子9四 | 辛丑10五 | 壬寅11六 | 癸卯12日 | 甲辰13一 | 乙巳14二 | 丙午15三 | 丁未16四 | 戊申17五 | 己酉18六 | 庚戌19日 | 辛亥20一 | 壬子21二 | 癸丑22三 | 甲寅23四 | 乙卯24五 | 丙辰25六 | 丁巳26日 | 戊午27一 | 己未28二 | 庚申29三 | 辛酉30四 | | 己亥白露 乙卯秋分 |
| 九月大 | 甲戌 | 天干地支西曆星期 | 壬戌(10)五 | 癸亥2六 | 甲子3日 | 乙丑4一 | 丙寅5二 | 丁卯6三 | 戊辰7四 | 己巳8五 | 庚午9六 | 辛未10日 | 壬申11一 | 癸酉12二 | 甲戌13三 | 乙亥14四 | 丙子15五 | 丁丑16六 | 戊寅17日 | 己卯18一 | 庚辰19二 | 辛巳20三 | 壬午21四 | 癸未22五 | 甲申23六 | 乙酉24日 | 丙戌25一 | 丁亥26二 | 戊子27三 | 己丑28四 | 庚寅29五 | 辛卯30六 | 庚午寒露 乙酉霜降 |
| 十月小 | 乙亥 | 天干地支西曆星期 | 壬辰31日 | 癸巳(11)一 | 甲午2二 | 乙未3三 | 丙申4四 | 丁酉5五 | 戊戌6六 | 己亥7日 | 庚子8一 | 辛丑9二 | 壬寅10三 | 癸卯11四 | 甲辰12五 | 乙巳13六 | 丙午14日 | 丁未15一 | 戊申16二 | 己酉17三 | 庚戌18四 | 辛亥19五 | 壬子20六 | 癸丑21日 | 甲寅22一 | 乙卯23二 | 丙辰24三 | 丁巳25四 | 戊午26五 | 己未27六 | 庚申28日 | | 庚子立冬 丙辰小雪 |
| 十一月大 | 丙子 | 天干地支西曆星期 | 辛酉29一 | 壬戌30二 | 癸亥(12)三 | 甲子2四 | 乙丑3五 | 丙寅4六 | 丁卯5日 | 戊辰6一 | 己巳7二 | 庚午8三 | 辛未9四 | 壬申10五 | 癸酉11六 | 甲戌12日 | 乙亥13一 | 丙子14二 | 丁丑15三 | 戊寅16四 | 己卯17五 | 庚辰18六 | 辛巳19日 | 壬午20一 | 癸未21二 | 甲申22三 | 乙酉23四 | 丙戌24五 | 丁亥25六 | 戊子26日 | 己丑27一 | 庚寅28二 | 辛未大雪 丙戌冬至 |
| 十二月小 | 丁丑 | 天干地支西曆星期 | 辛卯29三 | 壬辰30四 | 癸巳31五 | 甲午(1)六 | 乙未2日 | 丙申3一 | 丁酉4二 | 戊戌5三 | 己亥6四 | 庚子7五 | 辛丑8六 | 壬寅9日 | 癸卯10一 | 甲辰11二 | 乙巳12三 | 丙午13四 | 丁未14五 | 戊申15六 | 己酉16日 | 庚戌17一 | 辛亥18二 | 壬子19三 | 癸丑20四 | 甲寅21五 | 乙卯22六 | 丙辰23日 | 丁巳24一 | 戊午25二 | 己未26三 | | 辛丑小寒 丙辰大寒 |

# 漢顺帝永建五年（庚午 馬年）公元 130 ~ 131 年

| 夏曆月序 | | 中西曆日對照 | 初一 | 初二 | 初三 | 初四 | 初五 | 初六 | 初七 | 初八 | 初九 | 初十 | 十一 | 十二 | 十三 | 十四 | 十五 | 十六 | 十七 | 十八 | 十九 | 二十 | 二一 | 二二 | 二三 | 二四 | 二五 | 二六 | 二七 | 二八 | 二九 | 三十 | 節氣與天象 |
|---|---|---|---|---|---|---|---|---|---|---|---|---|---|---|---|---|---|---|---|---|---|---|---|---|---|---|---|---|---|---|---|---|---|
| 正月大 | 戊寅 | 天干 | 庚 | 辛 | 壬 | 癸 | 甲 | 乙 | 丙 | 丁 | 戊 | 己 | 庚 | 辛 | 壬 | 癸 | 甲 | 乙 | 丙 | 丁 | 戊 | 己 | 庚 | 辛 | 壬 | 癸 | 甲 | 乙 | 丙 | 丁 | 戊 | 己 | 壬申立春<br>丁亥雨水 |
| | | 地支 | 申 | 酉 | 戌 | 亥 | 子 | 丑 | 寅 | 卯 | 辰 | 巳 | 午 | 未 | 申 | 酉 | 戌 | 亥 | 子 | 丑 | 寅 | 卯 | 辰 | 巳 | 午 | 未 | 申 | 酉 | 戌 | 亥 | 子 | 丑 | |
| | | 西曆 | 27 | 28 | 29 | 30 | 31 | (2) | 2 | 3 | 4 | 5 | 6 | 7 | 8 | 9 | 10 | 11 | 12 | 13 | 14 | 15 | 16 | 17 | 18 | 19 | 20 | 21 | 22 | 23 | 24 | 25 | |
| | | 星期 | 四 | 五 | 六 | 日 | 一 | 二 | 三 | 四 | 五 | 六 | 日 | 一 | 二 | 三 | 四 | 五 | 六 | 日 | 一 | 二 | 三 | 四 | 五 | 六 | 日 | 一 | 二 | 三 | 四 | 五 | |
| 二月小 | 己卯 | 天干 | 庚 | 辛 | 壬 | 癸 | 甲 | 乙 | 丙 | 丁 | 戊 | 己 | 庚 | 辛 | 壬 | 癸 | 甲 | 乙 | 丙 | 丁 | 戊 | 己 | 庚 | 辛 | 壬 | 癸 | 甲 | 乙 | 丙 | 丁 | 戊 | | 壬寅驚蟄<br>丁巳春分 |
| | | 地支 | 寅 | 卯 | 辰 | 巳 | 午 | 未 | 申 | 酉 | 戌 | 亥 | 子 | 丑 | 寅 | 卯 | 辰 | 巳 | 午 | 未 | 申 | 酉 | 戌 | 亥 | 子 | 丑 | 寅 | 卯 | 辰 | 巳 | 午 | | |
| | | 西曆 | 26 | 27 | 28 | (3) | 2 | 3 | 4 | 5 | 6 | 7 | 8 | 9 | 10 | 11 | 12 | 13 | 14 | 15 | 16 | 17 | 18 | 19 | 20 | 21 | 22 | 23 | 24 | 25 | 26 | | |
| | | 星期 | 六 | 日 | 一 | 二 | 三 | 四 | 五 | 六 | 日 | 一 | 二 | 三 | 四 | 五 | 六 | 日 | 一 | 二 | 三 | 四 | 五 | 六 | 日 | 一 | 二 | 三 | 四 | 五 | 六 | | |
| 三月大 | 庚辰 | 天干 | 己 | 庚 | 辛 | 壬 | 癸 | 甲 | 乙 | 丙 | 丁 | 戊 | 己 | 庚 | 辛 | 壬 | 癸 | 甲 | 乙 | 丙 | 丁 | 戊 | 己 | 庚 | 辛 | 壬 | 癸 | 甲 | 乙 | 丙 | 丁 | 戊 | 癸酉清明<br>戊子穀雨 |
| | | 地支 | 未 | 申 | 酉 | 戌 | 亥 | 子 | 丑 | 寅 | 卯 | 辰 | 巳 | 午 | 未 | 申 | 酉 | 戌 | 亥 | 子 | 丑 | 寅 | 卯 | 辰 | 巳 | 午 | 未 | 申 | 酉 | 戌 | 亥 | 子 | |
| | | 西曆 | 27 | 28 | 29 | 30 | 31 | (4) | 2 | 3 | 4 | 5 | 6 | 7 | 8 | 9 | 10 | 11 | 12 | 13 | 14 | 15 | 16 | 17 | 18 | 19 | 20 | 21 | 22 | 23 | 24 | 25 | |
| | | 星期 | 日 | 一 | 二 | 三 | 四 | 五 | 六 | 日 | 一 | 二 | 三 | 四 | 五 | 六 | 日 | 一 | 二 | 三 | 四 | 五 | 六 | 日 | 一 | 二 | 三 | 四 | 五 | 六 | 日 | 一 | |
| 閏三月小 | 庚辰 | 天干 | 己 | 庚 | 辛 | 壬 | 癸 | 甲 | 乙 | 丙 | 丁 | 戊 | 己 | 庚 | 辛 | 壬 | 癸 | 甲 | 乙 | 丙 | 丁 | 戊 | 己 | 庚 | 辛 | 壬 | 癸 | 甲 | 乙 | 丙 | 丁 | | 癸卯立夏 |
| | | 地支 | 丑 | 寅 | 卯 | 辰 | 巳 | 午 | 未 | 申 | 酉 | 戌 | 亥 | 子 | 丑 | 寅 | 卯 | 辰 | 巳 | 午 | 未 | 申 | 酉 | 戌 | 亥 | 子 | 丑 | 寅 | 卯 | 辰 | 巳 | | |
| | | 西曆 | 26 | 27 | 28 | 29 | 30 | (5) | 2 | 3 | 4 | 5 | 6 | 7 | 8 | 9 | 10 | 11 | 12 | 13 | 14 | 15 | 16 | 17 | 18 | 19 | 20 | 21 | 22 | 23 | 24 | | |
| | | 星期 | 二 | 三 | 四 | 五 | 六 | 日 | 一 | 二 | 三 | 四 | 五 | 六 | 日 | 一 | 二 | 三 | 四 | 五 | 六 | 日 | 一 | 二 | 三 | 四 | 五 | 六 | 日 | 一 | 二 | | |
| 四月大 | 辛巳 | 天干 | 戊 | 己 | 庚 | 辛 | 壬 | 癸 | 甲 | 乙 | 丙 | 丁 | 戊 | 己 | 庚 | 辛 | 壬 | 癸 | 甲 | 乙 | 丙 | 丁 | 戊 | 己 | 庚 | 辛 | 壬 | 癸 | 甲 | 乙 | 丙 | 丁 | 戊午小滿<br>癸酉芒種 |
| | | 地支 | 午 | 未 | 申 | 酉 | 戌 | 亥 | 子 | 丑 | 寅 | 卯 | 辰 | 巳 | 午 | 未 | 申 | 酉 | 戌 | 亥 | 子 | 丑 | 寅 | 卯 | 辰 | 巳 | 午 | 未 | 申 | 酉 | 戌 | 亥 | |
| | | 西曆 | 25 | 26 | 27 | 28 | 29 | 30 | 31 | (6) | 2 | 3 | 4 | 5 | 6 | 7 | 8 | 9 | 10 | 11 | 12 | 13 | 14 | 15 | 16 | 17 | 18 | 19 | 20 | 21 | 22 | 23 | |
| | | 星期 | 三 | 四 | 五 | 六 | 日 | 一 | 二 | 三 | 四 | 五 | 六 | 日 | 一 | 二 | 三 | 四 | 五 | 六 | 日 | 一 | 二 | 三 | 四 | 五 | 六 | 日 | 一 | 二 | 三 | 四 | |
| 五月小 | 壬午 | 天干 | 戊 | 己 | 庚 | 辛 | 壬 | 癸 | 甲 | 乙 | 丙 | 丁 | 戊 | 己 | 庚 | 辛 | 壬 | 癸 | 甲 | 乙 | 丙 | 丁 | 戊 | 己 | 庚 | 辛 | 壬 | 癸 | 甲 | 乙 | 丙 | | 己丑夏至<br>甲辰小暑 |
| | | 地支 | 子 | 丑 | 寅 | 卯 | 辰 | 巳 | 午 | 未 | 申 | 酉 | 戌 | 亥 | 子 | 丑 | 寅 | 卯 | 辰 | 巳 | 午 | 未 | 申 | 酉 | 戌 | 亥 | 子 | 丑 | 寅 | 卯 | 辰 | | |
| | | 西曆 | 24 | 25 | 26 | 27 | 28 | 29 | 30 | (7) | 2 | 3 | 4 | 5 | 6 | 7 | 8 | 9 | 10 | 11 | 12 | 13 | 14 | 15 | 16 | 17 | 18 | 19 | 20 | 21 | 22 | | |
| | | 星期 | 五 | 六 | 日 | 一 | 二 | 三 | 四 | 五 | 六 | 日 | 一 | 二 | 三 | 四 | 五 | 六 | 日 | 一 | 二 | 三 | 四 | 五 | 六 | 日 | 一 | 二 | 三 | 四 | 五 | | |
| 六月大 | 癸未 | 天干 | 丁 | 戊 | 己 | 庚 | 辛 | 壬 | 癸 | 甲 | 乙 | 丙 | 丁 | 戊 | 己 | 庚 | 辛 | 壬 | 癸 | 甲 | 乙 | 丙 | 丁 | 戊 | 己 | 庚 | 辛 | 壬 | 癸 | 甲 | 乙 | 丙 | 己未大暑<br>甲戌立秋 |
| | | 地支 | 巳 | 午 | 未 | 申 | 酉 | 戌 | 亥 | 子 | 丑 | 寅 | 卯 | 辰 | 巳 | 午 | 未 | 申 | 酉 | 戌 | 亥 | 子 | 丑 | 寅 | 卯 | 辰 | 巳 | 午 | 未 | 申 | 酉 | 戌 | |
| | | 西曆 | 23 | 24 | 25 | 26 | 27 | 28 | 29 | 30 | 31 | (8) | 2 | 3 | 4 | 5 | 6 | 7 | 8 | 9 | 10 | 11 | 12 | 13 | 14 | 15 | 16 | 17 | 18 | 19 | 20 | 21 | |
| | | 星期 | 六 | 日 | 一 | 二 | 三 | 四 | 五 | 六 | 日 | 一 | 二 | 三 | 四 | 五 | 六 | 日 | 一 | 二 | 三 | 四 | 五 | 六 | 日 | 一 | 二 | 三 | 四 | 五 | 六 | 日 | |
| 七月小 | 甲申 | 天干 | 丁 | 戊 | 己 | 庚 | 辛 | 壬 | 癸 | 甲 | 乙 | 丙 | 丁 | 戊 | 己 | 庚 | 辛 | 壬 | 癸 | 甲 | 乙 | 丙 | 丁 | 戊 | 己 | 庚 | 辛 | 壬 | 癸 | 甲 | 乙 | | 庚寅處暑<br>乙巳白露 |
| | | 地支 | 亥 | 子 | 丑 | 寅 | 卯 | 辰 | 巳 | 午 | 未 | 申 | 酉 | 戌 | 亥 | 子 | 丑 | 寅 | 卯 | 辰 | 巳 | 午 | 未 | 申 | 酉 | 戌 | 亥 | 子 | 丑 | 寅 | 卯 | | |
| | | 西曆 | 22 | 23 | 24 | 25 | 26 | 27 | 28 | 29 | 30 | 31 | (9) | 2 | 3 | 4 | 5 | 6 | 7 | 8 | 9 | 10 | 11 | 12 | 13 | 14 | 15 | 16 | 17 | 18 | 19 | | |
| | | 星期 | 一 | 二 | 三 | 四 | 五 | 六 | 日 | 一 | 二 | 三 | 四 | 五 | 六 | 日 | 一 | 二 | 三 | 四 | 五 | 六 | 日 | 一 | 二 | 三 | 四 | 五 | 六 | 日 | 一 | | |
| 八月大 | 乙酉 | 天干 | 丙 | 丁 | 戊 | 己 | 庚 | 辛 | 壬 | 癸 | 甲 | 乙 | 丙 | 丁 | 戊 | 己 | 庚 | 辛 | 壬 | 癸 | 甲 | 乙 | 丙 | 丁 | 戊 | 己 | 庚 | 辛 | 壬 | 癸 | 甲 | 乙 | 庚申秋分<br>乙亥寒露 |
| | | 地支 | 辰 | 巳 | 午 | 未 | 申 | 酉 | 戌 | 亥 | 子 | 丑 | 寅 | 卯 | 辰 | 巳 | 午 | 未 | 申 | 酉 | 戌 | 亥 | 子 | 丑 | 寅 | 卯 | 辰 | 巳 | 午 | 未 | 申 | 酉 | |
| | | 西曆 | 20 | 21 | 22 | 23 | 24 | 25 | 26 | 27 | 28 | 29 | 30 | (10) | 2 | 3 | 4 | 5 | 6 | 7 | 8 | 9 | 10 | 11 | 12 | 13 | 14 | 15 | 16 | 17 | 18 | 19 | |
| | | 星期 | 二 | 三 | 四 | 五 | 六 | 日 | 一 | 二 | 三 | 四 | 五 | 六 | 日 | 一 | 二 | 三 | 四 | 五 | 六 | 日 | 一 | 二 | 三 | 四 | 五 | 六 | 日 | 一 | 二 | 三 | |
| 九月大 | 丙戌 | 天干 | 丙 | 丁 | 戊 | 己 | 庚 | 辛 | 壬 | 癸 | 甲 | 乙 | 丙 | 丁 | 戊 | 己 | 庚 | 辛 | 壬 | 癸 | 甲 | 乙 | 丙 | 丁 | 戊 | 己 | 庚 | 辛 | 壬 | 癸 | 甲 | 乙 | 庚寅霜降<br>丙午立冬 |
| | | 地支 | 戌 | 亥 | 子 | 丑 | 寅 | 卯 | 辰 | 巳 | 午 | 未 | 申 | 酉 | 戌 | 亥 | 子 | 丑 | 寅 | 卯 | 辰 | 巳 | 午 | 未 | 申 | 酉 | 戌 | 亥 | 子 | 丑 | 寅 | 卯 | |
| | | 西曆 | 20 | 21 | 22 | 23 | 24 | 25 | 26 | 27 | 28 | 29 | 30 | 31 | (11) | 2 | 3 | 4 | 5 | 6 | 7 | 8 | 9 | 10 | 11 | 12 | 13 | 14 | 15 | 16 | 17 | 18 | |
| | | 星期 | 四 | 五 | 六 | 日 | 一 | 二 | 三 | 四 | 五 | 六 | 日 | 一 | 二 | 三 | 四 | 五 | 六 | 日 | 一 | 二 | 三 | 四 | 五 | 六 | 日 | 一 | 二 | 三 | 四 | 五 | |
| 十月小 | 丁亥 | 天干 | 丙 | 丁 | 戊 | 己 | 庚 | 辛 | 壬 | 癸 | 甲 | 乙 | 丙 | 丁 | 戊 | 己 | 庚 | 辛 | 壬 | 癸 | 甲 | 乙 | 丙 | 丁 | 戊 | 己 | 庚 | 辛 | 壬 | 癸 | 甲 | | 辛酉小雪<br>丙子大雪 |
| | | 地支 | 辰 | 巳 | 午 | 未 | 申 | 酉 | 戌 | 亥 | 子 | 丑 | 寅 | 卯 | 辰 | 巳 | 午 | 未 | 申 | 酉 | 戌 | 亥 | 子 | 丑 | 寅 | 卯 | 辰 | 巳 | 午 | 未 | 申 | | |
| | | 西曆 | 19 | 20 | 21 | 22 | 23 | 24 | 25 | 26 | 27 | 28 | 29 | 30 | (12) | 2 | 3 | 4 | 5 | 6 | 7 | 8 | 9 | 10 | 11 | 12 | 13 | 14 | 15 | 16 | 17 | | |
| | | 星期 | 六 | 日 | 一 | 二 | 三 | 四 | 五 | 六 | 日 | 一 | 二 | 三 | 四 | 五 | 六 | 日 | 一 | 二 | 三 | 四 | 五 | 六 | 日 | 一 | 二 | 三 | 四 | 五 | 六 | | |
| 十一月大 | 戊子 | 天干 | 乙 | 丙 | 丁 | 戊 | 己 | 庚 | 辛 | 壬 | 癸 | 甲 | 乙 | 丙 | 丁 | 戊 | 己 | 庚 | 辛 | 壬 | 癸 | 甲 | 乙 | 丙 | 丁 | 戊 | 己 | 庚 | 辛 | 壬 | 癸 | 甲 | 辛卯冬至<br>丙午小寒 |
| | | 地支 | 酉 | 戌 | 亥 | 子 | 丑 | 寅 | 卯 | 辰 | 巳 | 午 | 未 | 申 | 酉 | 戌 | 亥 | 子 | 丑 | 寅 | 卯 | 辰 | 巳 | 午 | 未 | 申 | 酉 | 戌 | 亥 | 子 | 丑 | 寅 | |
| | | 西曆 | 18 | 19 | 20 | 21 | 22 | 23 | 24 | 25 | 26 | 27 | 28 | 29 | 30 | 31 | (1) | 2 | 3 | 4 | 5 | 6 | 7 | 8 | 9 | 10 | 11 | 12 | 13 | 14 | 15 | 16 | |
| | | 星期 | 日 | 一 | 二 | 三 | 四 | 五 | 六 | 日 | 一 | 二 | 三 | 四 | 五 | 六 | 日 | 一 | 二 | 三 | 四 | 五 | 六 | 日 | 一 | 二 | 三 | 四 | 五 | 六 | 日 | 一 | |
| 十二月小 | 己丑 | 天干 | 乙 | 丙 | 丁 | 戊 | 己 | 庚 | 辛 | 壬 | 癸 | 甲 | 乙 | 丙 | 丁 | 戊 | 己 | 庚 | 辛 | 壬 | 癸 | 甲 | 乙 | 丙 | 丁 | 戊 | 己 | 庚 | 辛 | 壬 | 癸 | | 壬戌大寒<br>丁丑立春 |
| | | 地支 | 卯 | 辰 | 巳 | 午 | 未 | 申 | 酉 | 戌 | 亥 | 子 | 丑 | 寅 | 卯 | 辰 | 巳 | 午 | 未 | 申 | 酉 | 戌 | 亥 | 子 | 丑 | 寅 | 卯 | 辰 | 巳 | 午 | 未 | | |
| | | 西曆 | 17 | 18 | 19 | 20 | 21 | 22 | 23 | 24 | 25 | 26 | 27 | 28 | 29 | 30 | 31 | (2) | 2 | 3 | 4 | 5 | 6 | 7 | 8 | 9 | 10 | 11 | 12 | 13 | 14 | | |
| | | 星期 | 二 | 三 | 四 | 五 | 六 | 日 | 一 | 二 | 三 | 四 | 五 | 六 | 日 | 一 | 二 | 三 | 四 | 五 | 六 | 日 | 一 | 二 | 三 | 四 | 五 | 六 | 日 | 一 | 二 | | |

# 漢順帝永建六年（辛未 羊年）公元 **131** ~ 132 年

| 夏曆月序 | | 中西曆日對照 | 初一 | 初二 | 初三 | 初四 | 初五 | 初六 | 初七 | 初八 | 初九 | 初十 | 十一 | 十二 | 十三 | 十四 | 十五 | 十六 | 十七 | 十八 | 十九 | 二十 | 二一 | 二二 | 二三 | 二四 | 二五 | 二六 | 二七 | 二八 | 二九 | 三十 | 節氣與天象 |
|---|---|---|---|---|---|---|---|---|---|---|---|---|---|---|---|---|---|---|---|---|---|---|---|---|---|---|---|---|---|---|---|---|---|
| 正月大 | 庚寅 | 天干<br>地支<br>西曆<br>星期 | 甲申<br>15<br>三 | 乙酉<br>16<br>四 | 丙戌<br>17<br>五 | 丁亥<br>18<br>六 | 戊子<br>19<br>日 | 己丑<br>20<br>一 | 庚寅<br>21<br>二 | 辛卯<br>22<br>三 | 壬辰<br>23<br>四 | 癸巳<br>24<br>五 | 甲午<br>25<br>六 | 乙未<br>26<br>日 | 丙申<br>27<br>一 | 丁酉<br>28<br>二 | 戊戌<br>(3)<br>三 | 己亥<br>2<br>四 | 庚子<br>3<br>五 | 辛丑<br>4<br>六 | 壬寅<br>5<br>日 | 癸卯<br>6<br>一 | 甲辰<br>7<br>二 | 乙巳<br>8<br>三 | 丙午<br>9<br>四 | 丁未<br>10<br>五 | 戊申<br>11<br>六 | 己酉<br>12<br>日 | 庚戌<br>13<br>一 | 辛亥<br>14<br>二 | 壬子<br>15<br>三 | 癸丑<br>16<br>四 | 壬辰雨水<br>丁未驚蟄 |
| 二月小 | 辛卯 | 天干<br>地支<br>西曆<br>星期 | 甲寅<br>17<br>五 | 乙卯<br>18<br>六 | 丙辰<br>19<br>日 | 丁巳<br>20<br>一 | 戊午<br>21<br>二 | 己未<br>22<br>三 | 庚申<br>23<br>四 | 辛酉<br>24<br>五 | 壬戌<br>25<br>六 | 癸亥<br>26<br>日 | 甲子<br>27<br>一 | 乙丑<br>28<br>二 | 丙寅<br>29<br>三 | 丁卯<br>30<br>四 | 戊辰<br>31<br>五 | 己巳<br>(4)<br>六 | 庚午<br>2<br>日 | 辛未<br>3<br>一 | 壬申<br>4<br>二 | 癸酉<br>5<br>三 | 甲戌<br>6<br>四 | 乙亥<br>7<br>五 | 丙子<br>8<br>六 | 丁丑<br>9<br>日 | 戊寅<br>10<br>一 | 己卯<br>11<br>二 | 庚辰<br>12<br>三 | 辛巳<br>13<br>四 | 壬午<br>14<br>五 | | 癸亥春分<br>戊寅清明 |
| 三月大 | 壬辰 | 天干<br>地支<br>西曆<br>星期 | 癸未<br>15<br>六 | 甲申<br>16<br>日 | 乙酉<br>17<br>一 | 丙戌<br>18<br>二 | 丁亥<br>19<br>三 | 戊子<br>20<br>四 | 己丑<br>21<br>五 | 庚寅<br>22<br>六 | 辛卯<br>23<br>日 | 壬辰<br>24<br>一 | 癸巳<br>25<br>二 | 甲午<br>26<br>三 | 乙未<br>27<br>四 | 丙申<br>28<br>五 | 丁酉<br>29<br>六 | 戊戌<br>30<br>日 | 己亥<br>(5)<br>一 | 庚子<br>2<br>二 | 辛丑<br>3<br>三 | 壬寅<br>4<br>四 | 癸卯<br>5<br>五 | 甲辰<br>6<br>六 | 乙巳<br>7<br>日 | 丙午<br>8<br>一 | 丁未<br>9<br>二 | 戊申<br>10<br>三 | 己酉<br>11<br>四 | 庚戌<br>12<br>五 | 辛亥<br>13<br>六 | 壬子<br>14<br>日 | 癸巳穀雨<br>戊申立夏 |
| 四月小 | 癸巳 | 天干<br>地支<br>西曆<br>星期 | 癸丑<br>15<br>一 | 甲寅<br>16<br>二 | 乙卯<br>17<br>三 | 丙辰<br>18<br>四 | 丁巳<br>19<br>五 | 戊午<br>20<br>六 | 己未<br>21<br>日 | 庚申<br>22<br>一 | 辛酉<br>23<br>二 | 壬戌<br>24<br>三 | 癸亥<br>25<br>四 | 甲子<br>26<br>五 | 乙丑<br>27<br>六 | 丙寅<br>28<br>日 | 丁卯<br>29<br>一 | 戊辰<br>30<br>二 | 己巳<br>31<br>三 | 庚午<br>(6)<br>四 | 辛未<br>2<br>五 | 壬申<br>3<br>六 | 癸酉<br>4<br>日 | 甲戌<br>5<br>一 | 乙亥<br>6<br>二 | 丙子<br>7<br>三 | 丁丑<br>8<br>四 | 戊寅<br>9<br>五 | 己卯<br>10<br>六 | 庚辰<br>11<br>日 | 辛巳<br>12<br>一 | | 癸亥小滿<br>己卯芒種 |
| 五月大 | 甲午 | 天干<br>地支<br>西曆<br>星期 | 壬午<br>13<br>二 | 癸未<br>14<br>三 | 甲申<br>15<br>四 | 乙酉<br>16<br>五 | 丙戌<br>17<br>六 | 丁亥<br>18<br>日 | 戊子<br>19<br>一 | 己丑<br>20<br>二 | 庚寅<br>21<br>三 | 辛卯<br>22<br>四 | 壬辰<br>23<br>五 | 癸巳<br>24<br>六 | 甲午<br>25<br>日 | 乙未<br>26<br>一 | 丙申<br>27<br>二 | 丁酉<br>28<br>三 | 戊戌<br>29<br>四 | 己亥<br>30<br>五 | 庚子<br>(7)<br>六 | 辛丑<br>2<br>日 | 壬寅<br>3<br>一 | 癸卯<br>4<br>二 | 甲辰<br>5<br>三 | 乙巳<br>6<br>四 | 丙午<br>7<br>五 | 丁未<br>8<br>六 | 戊申<br>9<br>日 | 己酉<br>10<br>一 | 庚戌<br>11<br>二 | 辛亥<br>12<br>三 | 甲午夏至<br>己酉小暑 |
| 六月小 | 乙未 | 天干<br>地支<br>西曆<br>星期 | 壬子<br>13<br>四 | 癸丑<br>14<br>五 | 甲寅<br>15<br>六 | 乙卯<br>16<br>日 | 丙辰<br>17<br>一 | 丁巳<br>18<br>二 | 戊午<br>19<br>三 | 己未<br>20<br>四 | 庚申<br>21<br>五 | 辛酉<br>22<br>六 | 壬戌<br>23<br>日 | 癸亥<br>24<br>一 | 甲子<br>25<br>二 | 乙丑<br>26<br>三 | 丙寅<br>27<br>四 | 丁卯<br>28<br>五 | 戊辰<br>29<br>六 | 己巳<br>30<br>日 | 庚午<br>31<br>一 | 辛未<br>(8)<br>二 | 壬申<br>2<br>三 | 癸酉<br>3<br>四 | 甲戌<br>4<br>五 | 乙亥<br>5<br>六 | 丙子<br>6<br>日 | 丁丑<br>7<br>一 | 戊寅<br>8<br>二 | 己卯<br>9<br>三 | 庚辰<br>10<br>四 | | 甲子大暑<br>庚辰立秋 |
| 七月大 | 丙申 | 天干<br>地支<br>西曆<br>星期 | 辛巳<br>11<br>五 | 壬午<br>12<br>六 | 癸未<br>13<br>日 | 甲申<br>14<br>一 | 乙酉<br>15<br>二 | 丙戌<br>16<br>三 | 丁亥<br>17<br>四 | 戊子<br>18<br>五 | 己丑<br>19<br>六 | 庚寅<br>20<br>日 | 辛卯<br>21<br>一 | 壬辰<br>22<br>二 | 癸巳<br>23<br>三 | 甲午<br>24<br>四 | 乙未<br>25<br>五 | 丙申<br>26<br>六 | 丁酉<br>27<br>日 | 戊戌<br>28<br>一 | 己亥<br>29<br>二 | 庚子<br>30<br>三 | 辛丑<br>31<br>四 | 壬寅<br>(9)<br>五 | 癸卯<br>2<br>六 | 甲辰<br>3<br>日 | 乙巳<br>4<br>一 | 丙午<br>5<br>二 | 丁未<br>6<br>三 | 戊申<br>7<br>四 | 己酉<br>8<br>五 | 庚戌<br>9<br>六 | 乙未處暑<br>庚戌白露 |
| 八月小 | 丁酉 | 天干<br>地支<br>西曆<br>星期 | 辛亥<br>10<br>日 | 壬子<br>11<br>一 | 癸丑<br>12<br>二 | 甲寅<br>13<br>三 | 乙卯<br>14<br>四 | 丙辰<br>15<br>五 | 丁巳<br>16<br>六 | 戊午<br>17<br>日 | 己未<br>18<br>一 | 庚申<br>19<br>二 | 辛酉<br>20<br>三 | 壬戌<br>21<br>四 | 癸亥<br>22<br>五 | 甲子<br>23<br>六 | 乙丑<br>24<br>日 | 丙寅<br>25<br>一 | 丁卯<br>26<br>二 | 戊辰<br>27<br>三 | 己巳<br>28<br>四 | 庚午<br>29<br>五 | 辛未<br>30<br>六 | 壬申<br>(10)<br>日 | 癸酉<br>2<br>一 | 甲戌<br>3<br>二 | 乙亥<br>4<br>三 | 丙子<br>5<br>四 | 丁丑<br>6<br>五 | 戊寅<br>7<br>六 | 己卯<br>8<br>日 | | 乙丑秋分 |
| 九月大 | 戊戌 | 天干<br>地支<br>西曆<br>星期 | 庚辰<br>9<br>一 | 辛巳<br>10<br>二 | 壬午<br>11<br>三 | 癸未<br>12<br>四 | 甲申<br>13<br>五 | 乙酉<br>14<br>六 | 丙戌<br>15<br>日 | 丁亥<br>16<br>一 | 戊子<br>17<br>二 | 己丑<br>18<br>三 | 庚寅<br>19<br>四 | 辛卯<br>20<br>五 | 壬辰<br>21<br>六 | 癸巳<br>22<br>日 | 甲午<br>23<br>一 | 乙未<br>24<br>二 | 丙申<br>25<br>三 | 丁酉<br>26<br>四 | 戊戌<br>27<br>五 | 己亥<br>28<br>六 | 庚子<br>29<br>日 | 辛丑<br>30<br>一 | 壬寅<br>31<br>二 | 癸卯<br>(11)<br>三 | 甲辰<br>2<br>四 | 乙巳<br>3<br>五 | 丙午<br>4<br>六 | 丁未<br>5<br>日 | 戊申<br>6<br>一 | 己酉<br>7<br>二 | 庚辰寒露<br>丙申霜降 |
| 十月小 | 己亥 | 天干<br>地支<br>西曆<br>星期 | 庚戌<br>8<br>三 | 辛亥<br>9<br>四 | 壬子<br>10<br>五 | 癸丑<br>11<br>六 | 甲寅<br>12<br>日 | 乙卯<br>13<br>一 | 丙辰<br>14<br>二 | 丁巳<br>15<br>三 | 戊午<br>16<br>四 | 己未<br>17<br>五 | 庚申<br>18<br>六 | 辛酉<br>19<br>日 | 壬戌<br>20<br>一 | 癸亥<br>21<br>二 | 甲子<br>22<br>三 | 乙丑<br>23<br>四 | 丙寅<br>24<br>五 | 丁卯<br>25<br>六 | 戊辰<br>26<br>日 | 己巳<br>27<br>一 | 庚午<br>28<br>二 | 辛未<br>29<br>三 | 壬申<br>30<br>四 | 癸酉<br>(12)<br>五 | 甲戌<br>2<br>六 | 乙亥<br>3<br>日 | 丙子<br>4<br>一 | 丁丑<br>5<br>二 | 戊寅<br>6<br>三 | | 辛亥立冬<br>丙寅小雪 |
| 十一月大 | 庚子 | 天干<br>地支<br>西曆<br>星期 | 己卯<br>7<br>四 | 庚辰<br>8<br>五 | 辛巳<br>9<br>六 | 壬午<br>10<br>日 | 癸未<br>11<br>一 | 甲申<br>12<br>二 | 乙酉<br>13<br>三 | 丙戌<br>14<br>四 | 丁亥<br>15<br>五 | 戊子<br>16<br>六 | 己丑<br>17<br>日 | 庚寅<br>18<br>一 | 辛卯<br>19<br>二 | 壬辰<br>20<br>三 | 癸巳<br>21<br>四 | 甲午<br>22<br>五 | 乙未<br>23<br>六 | 丙申<br>24<br>日 | 丁酉<br>25<br>一 | 戊戌<br>26<br>二 | 己亥<br>27<br>三 | 庚子<br>28<br>四 | 辛丑<br>29<br>五 | 壬寅<br>30<br>六 | 癸卯<br>31<br>日 | 甲辰<br>(1)<br>一 | 乙巳<br>2<br>二 | 丙午<br>3<br>三 | 丁未<br>4<br>四 | 戊申<br>5<br>五 | 辛巳大雪<br>丁酉冬至 |
| 十二月小 | 辛丑 | 天干<br>地支<br>西曆<br>星期 | 己酉<br>6<br>六 | 庚戌<br>7<br>日 | 辛亥<br>8<br>一 | 壬子<br>9<br>二 | 癸丑<br>10<br>三 | 甲寅<br>11<br>四 | 乙卯<br>12<br>五 | 丙辰<br>13<br>六 | 丁巳<br>14<br>日 | 戊午<br>15<br>一 | 己未<br>16<br>二 | 庚申<br>17<br>三 | 辛酉<br>18<br>四 | 壬戌<br>19<br>五 | 癸亥<br>20<br>六 | 甲子<br>21<br>日 | 乙丑<br>22<br>一 | 丙寅<br>23<br>二 | 丁卯<br>24<br>三 | 戊辰<br>25<br>四 | 己巳<br>26<br>五 | 庚午<br>27<br>六 | 辛未<br>28<br>日 | 壬申<br>29<br>一 | 癸酉<br>30<br>二 | 甲戌<br>31<br>三 | 乙亥<br>(2)<br>四 | 丙子<br>2<br>五 | 丁丑<br>3<br>六 | | 壬子小寒<br>丁卯大寒 |

# 漢順帝永建七年 陽嘉元年（壬申 猴年）公元 132 ~ 133 年

| 夏曆月序 | 中西曆日對照 | 初一 | 初二 | 初三 | 初四 | 初五 | 初六 | 初七 | 初八 | 初九 | 初十 | 十一 | 十二 | 十三 | 十四 | 十五 | 十六 | 十七 | 十八 | 十九 | 二十 | 二一 | 二二 | 二三 | 二四 | 二五 | 二六 | 二七 | 二八 | 二九 | 三十 | 節氣與天象 |
|---|---|---|---|---|---|---|---|---|---|---|---|---|---|---|---|---|---|---|---|---|---|---|---|---|---|---|---|---|---|---|---|---|
| 正月大 壬寅 | 天干地支<br>西曆<br>星期 | 戊寅<br>4<br>日 | 己卯<br>5<br>一 | 庚辰<br>6<br>二 | 辛巳<br>7<br>三 | 壬午<br>8<br>四 | 癸未<br>9<br>五 | 甲申<br>10<br>六 | 乙酉<br>11<br>日 | 丙戌<br>12<br>一 | 丁亥<br>13<br>二 | 戊子<br>14<br>三 | 己丑<br>15<br>四 | 庚寅<br>16<br>五 | 辛卯<br>17<br>六 | 壬辰<br>18<br>日 | 癸巳<br>19<br>一 | 甲午<br>20<br>二 | 乙未<br>21<br>三 | 丙申<br>22<br>四 | 丁酉<br>23<br>五 | 戊戌<br>24<br>六 | 己亥<br>25<br>日 | 庚子<br>26<br>一 | 辛丑<br>27<br>二 | 壬寅<br>28<br>三 | 癸卯<br>29<br>四 | 甲辰<br>(3)<br>五 | 乙巳<br>2<br>六 | 丙午<br>3<br>日 | 丁未<br>4<br>一 | 壬午立春<br>丁酉雨水 |
| 二月大 癸卯 | 天干地支<br>西曆<br>星期 | 戊申<br>5<br>二 | 己酉<br>6<br>三 | 庚戌<br>7<br>四 | 辛亥<br>8<br>五 | 壬子<br>9<br>六 | 癸丑<br>10<br>日 | 甲寅<br>11<br>一 | 乙卯<br>12<br>二 | 丙辰<br>13<br>三 | 丁巳<br>14<br>四 | 戊午<br>15<br>五 | 己未<br>16<br>六 | 庚申<br>17<br>日 | 辛酉<br>18<br>一 | 壬戌<br>19<br>二 | 癸亥<br>20<br>三 | 甲子<br>21<br>四 | 乙丑<br>22<br>五 | 丙寅<br>23<br>六 | 丁卯<br>24<br>日 | 戊辰<br>25<br>一 | 己巳<br>26<br>二 | 庚午<br>27<br>三 | 辛未<br>28<br>四 | 壬申<br>29<br>五 | 癸酉<br>30<br>六 | 甲戌<br>31<br>日 | 乙亥<br>(4)<br>一 | 丙子<br>2<br>二 | 丁丑<br>3<br>三 | 癸丑驚蟄<br>戊辰春分 |
| 三月小 甲辰 | 天干地支<br>西曆<br>星期 | 戊寅<br>4<br>四 | 己卯<br>5<br>五 | 庚辰<br>6<br>六 | 辛巳<br>7<br>日 | 壬午<br>8<br>一 | 癸未<br>9<br>二 | 甲申<br>10<br>三 | 乙酉<br>11<br>四 | 丙戌<br>12<br>五 | 丁亥<br>13<br>六 | 戊子<br>14<br>日 | 己丑<br>15<br>一 | 庚寅<br>16<br>二 | 辛卯<br>17<br>三 | 壬辰<br>18<br>四 | 癸巳<br>19<br>五 | 甲午<br>20<br>六 | 乙未<br>21<br>日 | 丙申<br>22<br>一 | 丁酉<br>23<br>二 | 戊戌<br>24<br>三 | 己亥<br>25<br>四 | 庚子<br>26<br>五 | 辛丑<br>27<br>六 | 壬寅<br>28<br>日 | 癸卯<br>29<br>一 | 甲辰<br>30<br>二 | 乙巳<br>(5)<br>三 | 丙午<br>2<br>四 |  | 癸未清明<br>戊戌穀雨 |
| 四月大 乙巳 | 天干地支<br>西曆<br>星期 | 丁未<br>3<br>五 | 戊申<br>4<br>六 | 己酉<br>5<br>日 | 庚戌<br>6<br>一 | 辛亥<br>7<br>二 | 壬子<br>8<br>三 | 癸丑<br>9<br>四 | 甲寅<br>10<br>五 | 乙卯<br>11<br>六 | 丙辰<br>12<br>日 | 丁巳<br>13<br>一 | 戊午<br>14<br>二 | 己未<br>15<br>三 | 庚申<br>16<br>四 | 辛酉<br>17<br>五 | 壬戌<br>18<br>六 | 癸亥<br>19<br>日 | 甲子<br>20<br>一 | 乙丑<br>21<br>二 | 丙寅<br>22<br>三 | 丁卯<br>23<br>四 | 戊辰<br>24<br>五 | 己巳<br>25<br>六 | 庚午<br>26<br>日 | 辛未<br>27<br>一 | 壬申<br>28<br>二 | 癸酉<br>29<br>三 | 甲戌<br>30<br>四 | 乙亥<br>31<br>五 | 丙子<br>(6)<br>六 | 癸丑立夏<br>己巳小滿 |
| 五月小 丙午 | 天干地支<br>西曆<br>星期 | 丁丑<br>2<br>日 | 戊寅<br>3<br>一 | 己卯<br>4<br>二 | 庚辰<br>5<br>三 | 辛巳<br>6<br>四 | 壬午<br>7<br>五 | 癸未<br>8<br>六 | 甲申<br>9<br>日 | 乙酉<br>10<br>一 | 丙戌<br>11<br>二 | 丁亥<br>12<br>三 | 戊子<br>13<br>四 | 己丑<br>14<br>五 | 庚寅<br>15<br>六 | 辛卯<br>16<br>日 | 壬辰<br>17<br>一 | 癸巳<br>18<br>二 | 甲午<br>19<br>三 | 乙未<br>20<br>四 | 丙申<br>21<br>五 | 丁酉<br>22<br>六 | 戊戌<br>23<br>日 | 己亥<br>24<br>一 | 庚子<br>25<br>二 | 辛丑<br>26<br>三 | 壬寅<br>27<br>四 | 癸卯<br>28<br>五 | 甲辰<br>29<br>六 | 乙巳<br>30<br>日 |  | 甲申芒種<br>己亥夏至 |
| 六月大 丁未 | 天干地支<br>西曆<br>星期 | 丙午<br>(7)<br>一 | 丁未<br>2<br>二 | 戊申<br>3<br>三 | 己酉<br>4<br>四 | 庚戌<br>5<br>五 | 辛亥<br>6<br>六 | 壬子<br>7<br>日 | 癸丑<br>8<br>一 | 甲寅<br>9<br>二 | 乙卯<br>10<br>三 | 丙辰<br>11<br>四 | 丁巳<br>12<br>五 | 戊午<br>13<br>六 | 己未<br>14<br>日 | 庚申<br>15<br>一 | 辛酉<br>16<br>二 | 壬戌<br>17<br>三 | 癸亥<br>18<br>四 | 甲子<br>19<br>五 | 乙丑<br>20<br>六 | 丙寅<br>21<br>日 | 丁卯<br>22<br>一 | 戊辰<br>23<br>二 | 己巳<br>24<br>三 | 庚午<br>25<br>四 | 辛未<br>26<br>五 | 壬申<br>27<br>六 | 癸酉<br>28<br>日 | 甲戌<br>29<br>一 | 乙亥<br>30<br>二 | 甲寅小暑<br>庚午大暑 |
| 七月小 戊申 | 天干地支<br>西曆<br>星期 | 丙子<br>31<br>三 | 丁丑<br>(8)<br>四 | 戊寅<br>2<br>五 | 己卯<br>3<br>六 | 庚辰<br>4<br>日 | 辛巳<br>5<br>一 | 壬午<br>6<br>二 | 癸未<br>7<br>三 | 甲申<br>8<br>四 | 乙酉<br>9<br>五 | 丙戌<br>10<br>六 | 丁亥<br>11<br>日 | 戊子<br>12<br>一 | 己丑<br>13<br>二 | 庚寅<br>14<br>三 | 辛卯<br>15<br>四 | 壬辰<br>16<br>五 | 癸巳<br>17<br>六 | 甲午<br>18<br>日 | 乙未<br>19<br>一 | 丙申<br>20<br>二 | 丁酉<br>21<br>三 | 戊戌<br>22<br>四 | 己亥<br>23<br>五 | 庚子<br>24<br>六 | 辛丑<br>25<br>日 | 壬寅<br>26<br>一 | 癸卯<br>27<br>二 | 甲辰<br>28<br>三 |  | 乙酉立秋<br>庚子處暑 |
| 八月大 己酉 | 天干地支<br>西曆<br>星期 | 乙巳<br>29<br>四 | 丙午<br>30<br>五 | 丁未<br>31<br>六 | 戊申<br>(9)<br>日 | 己酉<br>2<br>一 | 庚戌<br>3<br>二 | 辛亥<br>4<br>三 | 壬子<br>5<br>四 | 癸丑<br>6<br>五 | 甲寅<br>7<br>六 | 乙卯<br>8<br>日 | 丙辰<br>9<br>一 | 丁巳<br>10<br>二 | 戊午<br>11<br>三 | 己未<br>12<br>四 | 庚申<br>13<br>五 | 辛酉<br>14<br>六 | 壬戌<br>15<br>日 | 癸亥<br>16<br>一 | 甲子<br>17<br>二 | 乙丑<br>18<br>三 | 丙寅<br>19<br>四 | 丁卯<br>20<br>五 | 戊辰<br>21<br>六 | 己巳<br>22<br>日 | 庚午<br>23<br>一 | 辛未<br>24<br>二 | 壬申<br>25<br>三 | 癸酉<br>26<br>四 | 甲戌<br>27<br>五 | 乙卯白露<br>庚午秋分 |
| 九月小 庚戌 | 天干地支<br>西曆<br>星期 | 乙亥<br>28<br>六 | 丙子<br>29<br>日 | 丁丑<br>30<br>一 | 戊寅<br>(10)<br>二 | 己卯<br>2<br>三 | 庚辰<br>3<br>四 | 辛巳<br>4<br>五 | 壬午<br>5<br>六 | 癸未<br>6<br>日 | 甲申<br>7<br>一 | 乙酉<br>8<br>二 | 丙戌<br>9<br>三 | 丁亥<br>10<br>四 | 戊子<br>11<br>五 | 己丑<br>12<br>六 | 庚寅<br>13<br>日 | 辛卯<br>14<br>一 | 壬辰<br>15<br>二 | 癸巳<br>16<br>三 | 甲午<br>17<br>四 | 乙未<br>18<br>五 | 丙申<br>19<br>六 | 丁酉<br>20<br>日 | 戊戌<br>21<br>一 | 己亥<br>22<br>二 | 庚子<br>23<br>三 | 辛丑<br>24<br>四 | 壬寅<br>25<br>五 | 癸卯<br>26<br>六 |  | 丙戌寒露<br>辛丑霜降 |
| 十月大 辛亥 | 天干地支<br>西曆<br>星期 | 甲辰<br>27<br>日 | 乙巳<br>28<br>一 | 丙午<br>29<br>二 | 丁未<br>30<br>三 | 戊申<br>31<br>四 | 己酉<br>(11)<br>五 | 庚戌<br>2<br>六 | 辛亥<br>3<br>日 | 壬子<br>4<br>一 | 癸丑<br>5<br>二 | 甲寅<br>6<br>三 | 乙卯<br>7<br>四 | 丙辰<br>8<br>五 | 丁巳<br>9<br>六 | 戊午<br>10<br>日 | 己未<br>11<br>一 | 庚申<br>12<br>二 | 辛酉<br>13<br>三 | 壬戌<br>14<br>四 | 癸亥<br>15<br>五 | 甲子<br>16<br>六 | 乙丑<br>17<br>日 | 丙寅<br>18<br>一 | 丁卯<br>19<br>二 | 戊辰<br>20<br>三 | 己巳<br>21<br>四 | 庚午<br>22<br>五 | 辛未<br>23<br>六 | 壬申<br>24<br>日 | 癸酉<br>25<br>一 | 丙辰立冬<br>辛未小雪 |
| 十一月小 壬子 | 天干地支<br>西曆<br>星期 | 甲戌<br>26<br>二 | 乙亥<br>27<br>三 | 丙子<br>28<br>四 | 丁丑<br>29<br>五 | 戊寅<br>30<br>六 | 己卯<br>(12)<br>日 | 庚辰<br>2<br>一 | 辛巳<br>3<br>二 | 壬午<br>4<br>三 | 癸未<br>5<br>四 | 甲申<br>6<br>五 | 乙酉<br>7<br>六 | 丙戌<br>8<br>日 | 丁亥<br>9<br>一 | 戊子<br>10<br>二 | 己丑<br>11<br>三 | 庚寅<br>12<br>四 | 辛卯<br>13<br>五 | 壬辰<br>14<br>六 | 癸巳<br>15<br>日 | 甲午<br>16<br>一 | 乙未<br>17<br>二 | 丙申<br>18<br>三 | 丁酉<br>19<br>四 | 戊戌<br>20<br>五 | 己亥<br>21<br>六 | 庚子<br>22<br>日 | 辛丑<br>23<br>一 | 壬寅<br>24<br>二 |  | 丁亥大雪<br>壬寅冬至 |
| 十二月大 癸丑 | 天干地支<br>西曆<br>星期 | 癸卯<br>25<br>三 | 甲辰<br>26<br>四 | 乙巳<br>27<br>五 | 丙午<br>28<br>六 | 丁未<br>29<br>日 | 戊申<br>30<br>一 | 己酉<br>31<br>二 | 庚戌<br>(1)<br>三 | 辛亥<br>2<br>四 | 壬子<br>3<br>五 | 癸丑<br>4<br>六 | 甲寅<br>5<br>日 | 乙卯<br>6<br>一 | 丙辰<br>7<br>二 | 丁巳<br>8<br>三 | 戊午<br>9<br>四 | 己未<br>10<br>五 | 庚申<br>11<br>六 | 辛酉<br>12<br>日 | 壬戌<br>13<br>一 | 癸亥<br>14<br>二 | 甲子<br>15<br>三 | 乙丑<br>16<br>四 | 丙寅<br>17<br>五 | 丁卯<br>18<br>六 | 戊辰<br>19<br>日 | 己巳<br>20<br>一 | 庚午<br>21<br>二 | 辛未<br>22<br>三 | 壬申<br>23<br>四 | 丁巳小寒<br>壬申大寒 |
| 閏十二小 癸丑 | 天干地支<br>西曆<br>星期 | 癸酉<br>24<br>五 | 甲戌<br>25<br>六 | 乙亥<br>26<br>日 | 丙子<br>27<br>一 | 丁丑<br>28<br>二 | 戊寅<br>29<br>三 | 己卯<br>30<br>四 | 庚辰<br>31<br>五 | 辛巳<br>(2)<br>六 | 壬午<br>2<br>日 | 癸未<br>3<br>一 | 甲申<br>4<br>二 | 乙酉<br>5<br>三 | 丙戌<br>6<br>四 | 丁亥<br>7<br>五 | 戊子<br>8<br>六 | 己丑<br>9<br>日 | 庚寅<br>10<br>一 | 辛卯<br>11<br>二 | 壬辰<br>12<br>三 | 癸巳<br>13<br>四 | 甲午<br>14<br>五 | 乙未<br>15<br>六 | 丙申<br>16<br>日 | 丁酉<br>17<br>一 | 戊戌<br>18<br>二 | 己亥<br>19<br>三 | 庚子<br>20<br>四 | 辛丑<br>21<br>五 |  | 丁亥立春 |

* 三月庚寅（十三日），改元陽嘉。

# 漢順帝陽嘉二年（癸酉 鷄年）公元 133 ~ 134 年

| 夏曆月序 | | 中西曆日對照 | 初一 | 初二 | 初三 | 初四 | 初五 | 初六 | 初七 | 初八 | 初九 | 初十 | 十一 | 十二 | 十三 | 十四 | 十五 | 十六 | 十七 | 十八 | 十九 | 二十 | 二一 | 二二 | 二三 | 二四 | 二五 | 二六 | 二七 | 二八 | 二九 | 三十 | 節氣與天象 |
|---|---|---|---|---|---|---|---|---|---|---|---|---|---|---|---|---|---|---|---|---|---|---|---|---|---|---|---|---|---|---|---|---|---|
| 正月大 | 甲寅 | 天干地支 西曆 星期 | 壬寅 22 六 | 癸卯 23 日 | 甲辰 24 一 | 乙巳 25 二 | 丙午 26 三 | 丁未 27 四 | 戊申 28 五 | 己酉 (3) 六 | 庚戌 2 日 | 辛亥 3 一 | 壬子 4 二 | 癸丑 5 三 | 甲寅 6 四 | 乙卯 7 五 | 丙辰 8 六 | 丁巳 9 日 | 戊午 10 一 | 己未 11 二 | 庚申 12 三 | 辛酉 13 四 | 壬戌 14 五 | 癸亥 15 六 | 甲子 16 日 | 乙丑 17 一 | 丙寅 18 二 | 丁卯 19 三 | 戊辰 20 四 | 己巳 21 五 | 庚午 22 六 | 辛未 23 日 | 癸卯雨水 戊午驚蟄 |
| 二月小 | 乙卯 | 天干地支 西曆 星期 | 壬申 24 一 | 癸酉 25 二 | 甲戌 26 三 | 乙亥 27 四 | 丙子 28 五 | 丁丑 29 六 | 戊寅 30 日 | 己卯 31 一 | 庚辰 (4) 二 | 辛巳 2 三 | 壬午 3 四 | 癸未 4 五 | 甲申 5 六 | 乙酉 6 日 | 丙戌 7 一 | 丁亥 8 二 | 戊子 9 三 | 己丑 10 四 | 庚寅 11 五 | 辛卯 12 六 | 壬辰 13 日 | 癸巳 14 一 | 甲午 15 二 | 乙未 16 三 | 丙申 17 四 | 丁酉 18 五 | 戊戌 19 六 | 己亥 20 日 | 庚子 21 一 | | 癸酉春分 戊子清明 |
| 三月大 | 丙辰 | 天干地支 西曆 星期 | 辛丑 22 二 | 壬寅 23 三 | 癸卯 24 四 | 甲辰 25 五 | 乙巳 26 六 | 丙午 27 日 | 丁未 28 一 | 戊申 29 二 | 己酉 30 三 | 庚戌 (5) 四 | 辛亥 2 五 | 壬子 3 六 | 癸丑 4 日 | 甲寅 5 一 | 乙卯 6 二 | 丙辰 7 三 | 丁巳 8 四 | 戊午 9 五 | 己未 10 六 | 庚申 11 日 | 辛酉 12 一 | 壬戌 13 二 | 癸亥 14 三 | 甲子 15 四 | 乙丑 16 五 | 丙寅 17 六 | 丁卯 18 日 | 戊辰 19 一 | 己巳 20 二 | 庚午 21 三 | 甲辰穀雨 己未立夏 |
| 四月小 | 丁巳 | 天干地支 西曆 星期 | 辛未 22 四 | 壬申 23 五 | 癸酉 24 六 | 甲戌 25 日 | 乙亥 26 一 | 丙子 27 二 | 丁丑 28 三 | 戊寅 29 四 | 己卯 30 五 | 庚辰 31 六 | 辛巳 (6) 日 | 壬午 2 一 | 癸未 3 二 | 甲申 4 三 | 乙酉 5 四 | 丙戌 6 五 | 丁亥 7 六 | 戊子 8 日 | 己丑 9 一 | 庚寅 10 二 | 辛卯 11 三 | 壬辰 12 四 | 癸巳 13 五 | 甲午 14 六 | 乙未 15 日 | 丙申 16 一 | 丁酉 17 二 | 戊戌 18 三 | 己亥 19 四 | | 甲戌小滿 己丑芒種 |
| 五月大 | 戊午 | 天干地支 西曆 星期 | 庚子 20 五 | 辛丑 21 六 | 壬寅 22 日 | 癸卯 23 一 | 甲辰 24 二 | 乙巳 25 三 | 丙午 26 四 | 丁未 27 五 | 戊申 28 六 | 己酉 29 日 | 庚戌 30 一 | 辛亥 (7) 二 | 壬子 2 三 | 癸丑 3 四 | 甲寅 4 五 | 乙卯 5 六 | 丙辰 6 日 | 丁巳 7 一 | 戊午 8 二 | 己未 9 三 | 庚申 10 四 | 辛酉 11 五 | 壬戌 12 六 | 癸亥 13 日 | 甲子 14 一 | 乙丑 15 二 | 丙寅 16 三 | 丁卯 17 四 | 戊辰 18 五 | 己巳 19 六 | 甲辰夏至 庚申小暑 |
| 六月大 | 己未 | 天干地支 西曆 星期 | 庚午 20 日 | 辛未 21 一 | 壬申 22 二 | 癸酉 23 三 | 甲戌 24 四 | 乙亥 25 五 | 丙子 26 六 | 丁丑 27 日 | 戊寅 28 一 | 己卯 29 二 | 庚辰 30 三 | 辛巳 31 四 | 壬午 (8) 五 | 癸未 2 六 | 甲申 3 日 | 乙酉 4 一 | 丙戌 5 二 | 丁亥 6 三 | 戊子 7 四 | 己丑 8 五 | 庚寅 9 六 | 辛卯 10 日 | 壬辰 11 一 | 癸巳 12 二 | 甲午 13 三 | 乙未 14 四 | 丙申 15 五 | 丁酉 16 六 | 戊戌 17 日 | 己亥 18 一 | 乙亥大暑 庚寅立秋 |
| 七月小 | 庚申 | 天干地支 西曆 星期 | 庚子 19 二 | 辛丑 20 三 | 壬寅 21 四 | 癸卯 22 五 | 甲辰 23 六 | 乙巳 24 日 | 丙午 25 一 | 丁未 26 二 | 戊申 27 三 | 己酉 28 四 | 庚戌 29 五 | 辛亥 30 六 | 壬子 31 日 | 癸丑 (9) 一 | 甲寅 2 二 | 乙卯 3 三 | 丙辰 4 四 | 丁巳 5 五 | 戊午 6 六 | 己未 7 日 | 庚申 8 一 | 辛酉 9 二 | 壬戌 10 三 | 癸亥 11 四 | 甲子 12 五 | 乙丑 13 六 | 丙寅 14 日 | 丁卯 15 一 | 戊辰 16 二 | | 乙巳處暑 庚申白露 |
| 八月大 | 辛酉 | 天干地支 西曆 星期 | 己巳 17 三 | 庚午 18 四 | 辛未 19 五 | 壬申 20 六 | 癸酉 21 日 | 甲戌 22 一 | 乙亥 23 二 | 丙子 24 三 | 丁丑 25 四 | 戊寅 26 五 | 己卯 27 六 | 庚辰 28 日 | 辛巳 29 一 | 壬午 30 二 | 癸未 (10) 三 | 甲申 2 四 | 乙酉 3 五 | 丙戌 4 六 | 丁亥 5 日 | 戊子 6 一 | 己丑 7 二 | 庚寅 8 三 | 辛卯 9 四 | 壬辰 10 五 | 癸巳 11 六 | 甲午 12 日 | 乙未 13 一 | 丙申 14 二 | 丁酉 15 三 | 戊戌 16 四 | 丙子秋分 辛卯寒露 |
| 九月小 | 壬戌 | 天干地支 西曆 星期 | 己亥 17 五 | 庚子 18 六 | 辛丑 19 日 | 壬寅 20 一 | 癸卯 21 二 | 甲辰 22 三 | 乙巳 23 四 | 丙午 24 五 | 丁未 25 六 | 戊申 26 日 | 己酉 27 一 | 庚戌 28 二 | 辛亥 29 三 | 壬子 30 四 | 癸丑 31 五 | 甲寅 (11) 六 | 乙卯 2 日 | 丙辰 3 一 | 丁巳 4 二 | 戊午 5 三 | 己未 6 四 | 庚申 7 五 | 辛酉 8 六 | 壬戌 9 日 | 癸亥 10 一 | 甲子 11 二 | 乙丑 12 三 | 丙寅 13 四 | 丁卯 14 五 | | 丙午霜降 辛酉立冬 |
| 十月大 | 癸亥 | 天干地支 西曆 星期 | 戊辰 15 六 | 己巳 16 日 | 庚午 17 一 | 辛未 18 二 | 壬申 19 三 | 癸酉 20 四 | 甲戌 21 五 | 乙亥 22 六 | 丙子 23 日 | 丁丑 24 一 | 戊寅 25 二 | 己卯 26 三 | 庚辰 27 四 | 辛巳 28 五 | 壬午 29 六 | 癸未 30 日 | 甲申 (12) 一 | 乙酉 2 二 | 丙戌 3 三 | 丁亥 4 四 | 戊子 5 五 | 己丑 6 六 | 庚寅 7 日 | 辛卯 8 一 | 壬辰 9 二 | 癸巳 10 三 | 甲午 11 四 | 乙未 12 五 | 丙申 13 六 | 丁酉 14 日 | 丁丑小雪 壬辰大雪 |
| 十一月小 | 甲子 | 天干地支 西曆 星期 | 戊戌 15 一 | 己亥 16 二 | 庚子 17 三 | 辛丑 18 四 | 壬寅 19 五 | 癸卯 20 六 | 甲辰 21 日 | 乙巳 22 一 | 丙午 23 二 | 丁未 24 三 | 戊申 25 四 | 己酉 26 五 | 庚戌 27 六 | 辛亥 28 日 | 壬子 29 一 | 癸丑 30 二 | 甲寅 31 三 | 乙卯 (1) 四 | 丙辰 2 五 | 丁巳 3 六 | 戊午 4 日 | 己未 5 一 | 庚申 6 二 | 辛酉 7 三 | 壬戌 8 四 | 癸亥 9 五 | 甲子 10 六 | 乙丑 11 日 | 丙寅 12 一 | | 丁未冬至 壬戌小寒 |
| 十二月大 | 乙丑 | 天干地支 西曆 星期 | 丁卯 13 二 | 戊辰 14 三 | 己巳 15 四 | 庚午 16 五 | 辛未 17 六 | 壬申 18 日 | 癸酉 19 一 | 甲戌 20 二 | 乙亥 21 三 | 丙子 22 四 | 丁丑 23 五 | 戊寅 24 六 | 己卯 25 日 | 庚辰 26 一 | 辛巳 27 二 | 壬午 28 三 | 癸未 29 四 | 甲申 30 五 | 乙酉 31 六 | 丙戌 (2) 日 | 丁亥 2 一 | 戊子 3 二 | 己丑 4 三 | 庚寅 5 四 | 辛卯 6 五 | 壬辰 7 六 | 癸巳 8 日 | 甲午 9 一 | 乙未 10 二 | 丙申 11 三 | 丁丑大寒 癸巳立春 |

# 漢顺帝陽嘉三年（甲戌 狗年）公元134 ~ 135年

| 夏曆月序 | 中西曆日對照 | 夏曆日序 | | | | | | | | | | | | | | | | | | | | | | | | | | | | | | 節氣與天象 |
|---|---|---|---|---|---|---|---|---|---|---|---|---|---|---|---|---|---|---|---|---|---|---|---|---|---|---|---|---|---|---|---|---|
| | | 初一 | 初二 | 初三 | 初四 | 初五 | 初六 | 初七 | 初八 | 初九 | 初十 | 十一 | 十二 | 十三 | 十四 | 十五 | 十六 | 十七 | 十八 | 十九 | 二十 | 二一 | 二二 | 二三 | 二四 | 二五 | 二六 | 二七 | 二八 | 二九 | 三十 | |
| 正月小 丙寅 | 天干 地支 西曆 星期 | 丁酉 12 四 | 戊戌 13 五 | 己亥 14 六 | 庚子 15 日 | 辛丑 16 一 | 壬寅 17 二 | 癸卯 18 三 | 甲辰 19 四 | 乙巳 20 五 | 丙午 21 六 | 丁未 22 日 | 戊申 23 一 | 己酉 24 二 | 庚戌 25 三 | 辛亥 26 四 | 壬子 27 五 | 癸丑 28 六 | 甲寅 (3) 日 | 乙卯 2 一 | 丙辰 3 二 | 丁巳 4 三 | 戊午 5 四 | 己未 6 五 | 庚申 7 六 | 辛酉 8 日 | 壬戌 9 一 | 癸亥 10 二 | 甲子 11 三 | 乙丑 12 四 | | 戊申雨水 癸亥驚蟄 |
| 二月大 丁卯 | 天干 地支 西曆 星期 | 丙寅 13 五 | 丁卯 14 六 | 戊辰 15 日 | 己巳 16 一 | 庚午 17 二 | 辛未 18 三 | 壬申 19 四 | 癸酉 20 五 | 甲戌 21 六 | 乙亥 22 日 | 丙子 23 一 | 丁丑 24 二 | 戊寅 25 三 | 己卯 26 四 | 庚辰 27 五 | 辛巳 28 六 | 壬午 29 日 | 癸未 30 一 | 甲申 31 二 | 乙酉 (4) 三 | 丙戌 2 四 | 丁亥 3 五 | 戊子 4 六 | 己丑 5 日 | 庚寅 6 一 | 辛卯 7 二 | 壬辰 8 三 | 癸巳 9 四 | 甲午 10 五 | 乙未 11 六 | 戊寅春分 甲午清明 |
| 三月小 戊辰 | 天干 地支 西曆 星期 | 丙申 12 日 | 丁酉 13 一 | 戊戌 14 二 | 己亥 15 三 | 庚子 16 四 | 辛丑 17 五 | 壬寅 18 六 | 癸卯 19 日 | 甲辰 20 一 | 乙巳 21 二 | 丙午 22 三 | 丁未 23 四 | 戊申 24 五 | 己酉 25 六 | 庚戌 26 日 | 辛亥 27 一 | 壬子 28 二 | 癸丑 29 三 | 甲寅 30 四 | 乙卯 (5) 五 | 丙辰 2 六 | 丁巳 3 日 | 戊午 4 一 | 己未 5 二 | 庚申 6 三 | 辛酉 7 四 | 壬戌 8 五 | 癸亥 9 六 | 甲子 10 日 | | 己酉穀雨 甲子立夏 |
| 四月大 己巳 | 天干 地支 西曆 星期 | 乙丑 11 一 | 丙寅 12 二 | 丁卯 13 三 | 戊辰 14 四 | 己巳 15 五 | 庚午 16 六 | 辛未 17 日 | 壬申 18 一 | 癸酉 19 二 | 甲戌 20 三 | 乙亥 21 四 | 丙子 22 五 | 丁丑 23 六 | 戊寅 24 日 | 己卯 25 一 | 庚辰 26 二 | 辛巳 27 三 | 壬午 28 四 | 癸未 29 五 | 甲申 30 六 | 乙酉 31 日 | 丙戌 (6) 一 | 丁亥 2 二 | 戊子 3 三 | 己丑 4 四 | 庚寅 5 五 | 辛卯 6 六 | 壬辰 7 日 | 癸巳 8 一 | 甲午 9 二 | 己卯小滿 甲午芒種 |
| 五月小 庚午 | 天干 地支 西曆 星期 | 乙未 10 三 | 丙申 11 四 | 丁酉 12 五 | 戊戌 13 六 | 己亥 14 日 | 庚子 15 一 | 辛丑 16 二 | 壬寅 17 三 | 癸卯 18 四 | 甲辰 19 五 | 乙巳 20 六 | 丙午 21 日 | 丁未 22 一 | 戊申 23 二 | 己酉 24 三 | 庚戌 25 四 | 辛亥 26 五 | 壬子 27 六 | 癸丑 28 日 | 甲寅 29 一 | 乙卯 30 二 | 丙辰 (7) 三 | 丁巳 2 四 | 戊午 3 五 | 己未 4 六 | 庚申 5 日 | 辛酉 6 一 | 壬戌 7 二 | 癸亥 8 三 | | 庚戌夏至 |
| 六月大 辛未 | 天干 地支 西曆 星期 | 甲子 9 四 | 乙丑 10 五 | 丙寅 11 六 | 丁卯 12 日 | 戊辰 13 一 | 己巳 14 二 | 庚午 15 三 | 辛未 16 四 | 壬申 17 五 | 癸酉 18 六 | 甲戌 19 日 | 乙亥 20 一 | 丙子 21 二 | 丁丑 22 三 | 戊寅 23 四 | 己卯 24 五 | 庚辰 25 六 | 辛巳 26 日 | 壬午 27 一 | 癸未 28 二 | 甲申 29 三 | 乙酉 30 四 | 丙戌 31 五 | 丁亥 (8) 六 | 戊子 2 日 | 己丑 3 一 | 庚寅 4 二 | 辛卯 5 三 | 壬辰 6 四 | 癸巳 7 五 | 乙丑小暑 庚辰大暑 |
| 七月小 壬申 | 天干 地支 西曆 星期 | 甲午 8 六 | 乙未 9 日 | 丙申 10 一 | 丁酉 11 二 | 戊戌 12 三 | 己亥 13 四 | 庚子 14 五 | 辛丑 15 六 | 壬寅 16 日 | 癸卯 17 一 | 甲辰 18 二 | 乙巳 19 三 | 丙午 20 四 | 丁未 21 五 | 戊申 22 六 | 己酉 23 日 | 庚戌 24 一 | 辛亥 25 二 | 壬子 26 三 | 癸丑 27 四 | 甲寅 28 五 | 乙卯 29 六 | 丙辰 30 日 | 丁巳 31 一 | 戊午 (9) 二 | 己未 2 三 | 庚申 3 四 | 辛酉 4 五 | 壬戌 5 六 | | 乙未立秋 辛亥處暑 |
| 八月大 癸酉 | 天干 地支 西曆 星期 | 癸亥 6 日 | 甲子 7 一 | 乙丑 8 二 | 丙寅 9 三 | 丁卯 10 四 | 戊辰 11 五 | 己巳 12 六 | 庚午 13 日 | 辛未 14 一 | 壬申 15 二 | 癸酉 16 三 | 甲戌 17 四 | 乙亥 18 五 | 丙子 19 六 | 丁丑 20 日 | 戊寅 21 一 | 己卯 22 二 | 庚辰 23 三 | 辛巳 24 四 | 壬午 25 五 | 癸未 26 六 | 甲申 27 日 | 乙酉 28 一 | 丙戌 29 二 | 丁亥 30 三 | 戊子 (10) 四 | 己丑 2 五 | 庚寅 3 六 | 辛卯 4 日 | 壬辰 5 一 | 丙寅白露 辛巳秋分 |
| 九月大 甲戌 | 天干 地支 西曆 星期 | 癸巳 6 二 | 甲午 7 三 | 乙未 8 四 | 丙申 9 五 | 丁酉 10 六 | 戊戌 11 日 | 己亥 12 一 | 庚子 13 二 | 辛丑 14 三 | 壬寅 15 四 | 癸卯 16 五 | 甲辰 17 六 | 乙巳 18 日 | 丙午 19 一 | 丁未 20 二 | 戊申 21 三 | 己酉 22 四 | 庚戌 23 五 | 辛亥 24 六 | 壬子 25 日 | 癸丑 26 一 | 甲寅 27 二 | 乙卯 28 三 | 丙辰 29 四 | 丁巳 30 五 | 戊午 31 六 | 己未 (11) 日 | 庚申 2 一 | 辛酉 3 二 | 壬戌 4 三 | 丙申寒露 辛亥霜降 |
| 十月小 乙亥 | 天干 地支 西曆 星期 | 癸亥 5 四 | 甲子 6 五 | 乙丑 7 六 | 丙寅 8 日 | 丁卯 9 一 | 戊辰 10 二 | 己巳 11 三 | 庚午 12 四 | 辛未 13 五 | 壬申 14 六 | 癸酉 15 日 | 甲戌 16 一 | 乙亥 17 二 | 丙子 18 三 | 丁丑 19 四 | 戊寅 20 五 | 己卯 21 六 | 庚辰 22 日 | 辛巳 23 一 | 壬午 24 二 | 癸未 25 三 | 甲申 26 四 | 乙酉 27 五 | 丙戌 28 六 | 丁亥 29 日 | 戊子 30 一 | 己丑 (12) 二 | 庚寅 2 三 | 辛卯 3 四 | | 丁卯立冬 壬午小雪 |
| 十一月大 丙子 | 天干 地支 西曆 星期 | 壬辰 4 五 | 癸巳 5 六 | 甲午 6 日 | 乙未 7 一 | 丙申 8 二 | 丁酉 9 三 | 戊戌 10 四 | 己亥 11 五 | 庚子 12 六 | 辛丑 13 日 | 壬寅 14 一 | 癸卯 15 二 | 甲辰 16 三 | 乙巳 17 四 | 丙午 18 五 | 丁未 19 六 | 戊申 20 日 | 己酉 21 一 | 庚戌 22 二 | 辛亥 23 三 | 壬子 24 四 | 癸丑 25 五 | 甲寅 26 六 | 乙卯 27 日 | 丙辰 28 一 | 丁巳 29 二 | 戊午 30 三 | 己未 31 四 | 庚申 (1) 五 | 辛酉 2 六 | 丁酉大雪 壬子冬至 |
| 十二月小 丁丑 | 天干 地支 西曆 星期 | 壬戌 3 日 | 癸亥 4 一 | 甲子 5 二 | 乙丑 6 三 | 丙寅 7 四 | 丁卯 8 五 | 戊辰 9 六 | 己巳 10 日 | 庚午 11 一 | 辛未 12 二 | 壬申 13 三 | 癸酉 14 四 | 甲戌 15 五 | 乙亥 16 六 | 丙子 17 日 | 丁丑 18 一 | 戊寅 19 二 | 己卯 20 三 | 庚辰 21 四 | 辛巳 22 五 | 壬午 23 六 | 癸未 24 日 | 甲申 25 一 | 乙酉 26 二 | 丙戌 27 三 | 丁亥 28 四 | 戊子 29 五 | 己丑 30 六 | 庚寅 31 日 | | 丁卯小寒 癸未大寒 |

# 漢顺帝陽嘉四年（乙亥 猪年）公元 135 ~ 136 年

| 夏曆月序 | | 中西曆日對照 | 初一 | 初二 | 初三 | 初四 | 初五 | 初六 | 初七 | 初八 | 初九 | 初十 | 十一 | 十二 | 十三 | 十四 | 十五 | 十六 | 十七 | 十八 | 十九 | 二十 | 二一 | 二二 | 二三 | 二四 | 二五 | 二六 | 二七 | 二八 | 二九 | 三十 | 節氣與天象 |
|---|---|---|---|---|---|---|---|---|---|---|---|---|---|---|---|---|---|---|---|---|---|---|---|---|---|---|---|---|---|---|---|---|---|
| 正月大 | 戊寅 | 干支<br>天地<br>西曆<br>星期 | 辛卯<br>(2)<br>一 | 壬辰<br>2<br>二 | 癸巳<br>3<br>三 | 甲午<br>4<br>四 | 乙未<br>5<br>五 | 丙申<br>6<br>六 | 丁酉<br>7<br>日 | 戊戌<br>8<br>一 | 己亥<br>9<br>二 | 庚子<br>10<br>三 | 辛丑<br>11<br>四 | 壬寅<br>12<br>五 | 癸卯<br>13<br>六 | 甲辰<br>14<br>日 | 乙巳<br>15<br>一 | 丙午<br>16<br>二 | 丁未<br>17<br>三 | 戊申<br>18<br>四 | 己酉<br>19<br>五 | 庚戌<br>20<br>六 | 辛亥<br>21<br>日 | 壬子<br>22<br>一 | 癸丑<br>23<br>二 | 甲寅<br>24<br>三 | 乙卯<br>25<br>四 | 丙辰<br>26<br>五 | 丁巳<br>27<br>六 | 戊午<br>28<br>日 | 己未<br>(3)<br>一 | 庚申<br>2<br>二 | 戊戌立春<br>癸丑雨水 |
| 二月小 | 己卯 | 干支<br>天地<br>西曆<br>星期 | 辛酉<br>3<br>三 | 壬戌<br>4<br>四 | 癸亥<br>5<br>五 | 甲子<br>6<br>六 | 乙丑<br>7<br>日 | 丙寅<br>8<br>一 | 丁卯<br>9<br>二 | 戊辰<br>10<br>三 | 己巳<br>11<br>四 | 庚午<br>12<br>五 | 辛未<br>13<br>六 | 壬申<br>14<br>日 | 癸酉<br>15<br>一 | 甲戌<br>16<br>二 | 乙亥<br>17<br>三 | 丙子<br>18<br>四 | 丁丑<br>19<br>五 | 戊寅<br>20<br>六 | 己卯<br>21<br>日 | 庚辰<br>22<br>一 | 辛巳<br>23<br>二 | 壬午<br>24<br>三 | 癸未<br>25<br>四 | 甲申<br>26<br>五 | 乙酉<br>27<br>六 | 丙戌<br>28<br>日 | 丁亥<br>29<br>一 | 戊子<br>30<br>二 | 己丑<br>31<br>三 | | 戊辰驚蟄<br>甲申春分 |
| 三月大 | 庚辰 | 干支<br>天地<br>西曆<br>星期 | 庚寅<br>(4)<br>四 | 辛卯<br>2<br>五 | 壬辰<br>3<br>六 | 癸巳<br>4<br>日 | 甲午<br>5<br>一 | 乙未<br>6<br>二 | 丙申<br>7<br>三 | 丁酉<br>8<br>四 | 戊戌<br>9<br>五 | 己亥<br>10<br>六 | 庚子<br>11<br>日 | 辛丑<br>12<br>一 | 壬寅<br>13<br>二 | 癸卯<br>14<br>三 | 甲辰<br>15<br>四 | 乙巳<br>16<br>五 | 丙午<br>17<br>六 | 丁未<br>18<br>日 | 戊申<br>19<br>一 | 己酉<br>20<br>二 | 庚戌<br>21<br>三 | 辛亥<br>22<br>四 | 壬子<br>23<br>五 | 癸丑<br>24<br>六 | 甲寅<br>25<br>日 | 乙卯<br>26<br>一 | 丙辰<br>27<br>二 | 丁巳<br>28<br>三 | 戊午<br>29<br>四 | 己未<br>30<br>五 | 己亥清明<br>甲寅穀雨<br>庚寅日食 |
| 四月小 | 辛巳 | 干支<br>天地<br>西曆<br>星期 | 庚申<br>(5)<br>六 | 辛酉<br>2<br>日 | 壬戌<br>3<br>一 | 癸亥<br>4<br>二 | 甲子<br>5<br>三 | 乙丑<br>6<br>四 | 丙寅<br>7<br>五 | 丁卯<br>8<br>六 | 戊辰<br>9<br>日 | 己巳<br>10<br>一 | 庚午<br>11<br>二 | 辛未<br>12<br>三 | 壬申<br>13<br>四 | 癸酉<br>14<br>五 | 甲戌<br>15<br>六 | 乙亥<br>16<br>日 | 丙子<br>17<br>一 | 丁丑<br>18<br>二 | 戊寅<br>19<br>三 | 己卯<br>20<br>四 | 庚辰<br>21<br>五 | 辛巳<br>22<br>六 | 壬午<br>23<br>日 | 癸未<br>24<br>一 | 甲申<br>25<br>二 | 乙酉<br>26<br>三 | 丙戌<br>27<br>四 | 丁亥<br>28<br>五 | 戊子<br>29<br>六 | | 己巳立夏<br>甲申小滿 |
| 五月大 | 壬午 | 干支<br>天地<br>西曆<br>星期 | 己丑<br>30<br>日 | 庚寅<br>31<br>一 | 辛卯<br>(6)<br>二 | 壬辰<br>2<br>三 | 癸巳<br>3<br>四 | 甲午<br>4<br>五 | 乙未<br>5<br>六 | 丙申<br>6<br>日 | 丁酉<br>7<br>一 | 戊戌<br>8<br>二 | 己亥<br>9<br>三 | 庚子<br>10<br>四 | 辛丑<br>11<br>五 | 壬寅<br>12<br>六 | 癸卯<br>13<br>日 | 甲辰<br>14<br>一 | 乙巳<br>15<br>二 | 丙午<br>16<br>三 | 丁未<br>17<br>四 | 戊申<br>18<br>五 | 己酉<br>19<br>六 | 庚戌<br>20<br>日 | 辛亥<br>21<br>一 | 壬子<br>22<br>二 | 癸丑<br>23<br>三 | 甲寅<br>24<br>四 | 乙卯<br>25<br>五 | 丙辰<br>26<br>六 | 丁巳<br>27<br>日 | 戊午<br>28<br>一 | 庚子芒種<br>乙卯夏至 |
| 六月小 | 癸未 | 干支<br>天地<br>西曆<br>星期 | 己未<br>29<br>二 | 庚申<br>30<br>三 | 辛酉<br>(7)<br>四 | 壬戌<br>2<br>五 | 癸亥<br>3<br>六 | 甲子<br>4<br>日 | 乙丑<br>5<br>一 | 丙寅<br>6<br>二 | 丁卯<br>7<br>三 | 戊辰<br>8<br>四 | 己巳<br>9<br>五 | 庚午<br>10<br>六 | 辛未<br>11<br>日 | 壬申<br>12<br>一 | 癸酉<br>13<br>二 | 甲戌<br>14<br>三 | 乙亥<br>15<br>四 | 丙子<br>16<br>五 | 丁丑<br>17<br>六 | 戊寅<br>18<br>日 | 己卯<br>19<br>一 | 庚辰<br>20<br>二 | 辛巳<br>21<br>三 | 壬午<br>22<br>四 | 癸未<br>23<br>五 | 甲申<br>24<br>六 | 乙酉<br>25<br>日 | 丙戌<br>26<br>一 | 丁亥<br>27<br>二 | | 庚午小暑<br>乙酉大暑 |
| 七月大 | 甲申 | 干支<br>天地<br>西曆<br>星期 | 戊子<br>28<br>三 | 己丑<br>29<br>四 | 庚寅<br>30<br>五 | 辛卯<br>31<br>六 | 壬辰<br>(8)<br>日 | 癸巳<br>2<br>一 | 甲午<br>3<br>二 | 乙未<br>4<br>三 | 丙申<br>5<br>四 | 丁酉<br>6<br>五 | 戊戌<br>7<br>六 | 己亥<br>8<br>日 | 庚子<br>9<br>一 | 辛丑<br>10<br>二 | 壬寅<br>11<br>三 | 癸卯<br>12<br>四 | 甲辰<br>13<br>五 | 乙巳<br>14<br>六 | 丙午<br>15<br>日 | 丁未<br>16<br>一 | 戊申<br>17<br>二 | 己酉<br>18<br>三 | 庚戌<br>19<br>四 | 辛亥<br>20<br>五 | 壬子<br>21<br>六 | 癸丑<br>22<br>日 | 甲寅<br>23<br>一 | 乙卯<br>24<br>二 | 丙辰<br>25<br>三 | 丁巳<br>26<br>四 | 辛丑立秋<br>丙辰處暑 |
| 八月小 | 乙酉 | 干支<br>天地<br>西曆<br>星期 | 戊午<br>27<br>五 | 己未<br>28<br>六 | 庚申<br>29<br>日 | 辛酉<br>30<br>一 | 壬戌<br>31<br>二 | 癸亥<br>(9)<br>三 | 甲子<br>2<br>四 | 乙丑<br>3<br>五 | 丙寅<br>4<br>六 | 丁卯<br>5<br>日 | 戊辰<br>6<br>一 | 己巳<br>7<br>二 | 庚午<br>8<br>三 | 辛未<br>9<br>四 | 壬申<br>10<br>五 | 癸酉<br>11<br>六 | 甲戌<br>12<br>日 | 乙亥<br>13<br>一 | 丙子<br>14<br>二 | 丁丑<br>15<br>三 | 戊寅<br>16<br>四 | 己卯<br>17<br>五 | 庚辰<br>18<br>六 | 辛巳<br>19<br>日 | 壬午<br>20<br>一 | 癸未<br>21<br>二 | 甲申<br>22<br>三 | 乙酉<br>23<br>四 | 丙戌<br>24<br>五 | | 辛未白露<br>丙戌秋分 |
| 閏八月大 | 乙酉 | 干支<br>天地<br>西曆<br>星期 | 丁亥<br>25<br>六 | 戊子<br>26<br>日 | 己丑<br>27<br>一 | 庚寅<br>28<br>二 | 辛卯<br>29<br>三 | 壬辰<br>30<br>四 | 癸巳<br>(10)<br>五 | 甲午<br>2<br>六 | 乙未<br>3<br>日 | 丙申<br>4<br>一 | 丁酉<br>5<br>二 | 戊戌<br>6<br>三 | 己亥<br>7<br>四 | 庚子<br>8<br>五 | 辛丑<br>9<br>六 | 壬寅<br>10<br>日 | 癸卯<br>11<br>一 | 甲辰<br>12<br>二 | 乙巳<br>13<br>三 | 丙午<br>14<br>四 | 丁未<br>15<br>五 | 戊申<br>16<br>六 | 己酉<br>17<br>日 | 庚戌<br>18<br>一 | 辛亥<br>19<br>二 | 壬子<br>20<br>三 | 癸丑<br>21<br>四 | 甲寅<br>22<br>五 | 乙卯<br>23<br>六 | 丙辰<br>24<br>日 | 辛丑寒露<br>丁亥日食 |
| 九月小 | 丙戌 | 干支<br>天地<br>西曆<br>星期 | 丁巳<br>25<br>一 | 戊午<br>26<br>二 | 己未<br>27<br>三 | 庚申<br>28<br>四 | 辛酉<br>29<br>五 | 壬戌<br>30<br>六 | 癸亥<br>31<br>日 | 甲子<br>(11)<br>一 | 乙丑<br>2<br>二 | 丙寅<br>3<br>三 | 丁卯<br>4<br>四 | 戊辰<br>5<br>五 | 己巳<br>6<br>六 | 庚午<br>7<br>日 | 辛未<br>8<br>一 | 壬申<br>9<br>二 | 癸酉<br>10<br>三 | 甲戌<br>11<br>四 | 乙亥<br>12<br>五 | 丙子<br>13<br>六 | 丁丑<br>14<br>日 | 戊寅<br>15<br>一 | 己卯<br>16<br>二 | 庚辰<br>17<br>三 | 辛巳<br>18<br>四 | 壬午<br>19<br>五 | 癸未<br>20<br>六 | 甲申<br>21<br>日 | 乙酉<br>22<br>一 | | 丁巳霜降<br>壬申立冬 |
| 十月大 | 丁亥 | 干支<br>天地<br>西曆<br>星期 | 丙戌<br>23<br>二 | 丁亥<br>24<br>三 | 戊子<br>25<br>四 | 己丑<br>26<br>五 | 庚寅<br>27<br>六 | 辛卯<br>28<br>日 | 壬辰<br>29<br>一 | 癸巳<br>30<br>二 | 甲午<br>(12)<br>三 | 乙未<br>2<br>四 | 丙申<br>3<br>五 | 丁酉<br>4<br>六 | 戊戌<br>5<br>日 | 己亥<br>6<br>一 | 庚子<br>7<br>二 | 辛丑<br>8<br>三 | 壬寅<br>9<br>四 | 癸卯<br>10<br>五 | 甲辰<br>11<br>六 | 乙巳<br>12<br>日 | 丙午<br>13<br>一 | 丁未<br>14<br>二 | 戊申<br>15<br>三 | 己酉<br>16<br>四 | 庚戌<br>17<br>五 | 辛亥<br>18<br>六 | 壬子<br>19<br>日 | 癸丑<br>20<br>一 | 甲寅<br>21<br>二 | 乙卯<br>22<br>三 | 丁亥小雪<br>壬寅大雪 |
| 十一月小 | 戊子 | 干支<br>天地<br>西曆<br>星期 | 丙辰<br>23<br>四 | 丁巳<br>24<br>五 | 戊午<br>25<br>六 | 己未<br>26<br>日 | 庚申<br>27<br>一 | 辛酉<br>28<br>二 | 壬戌<br>29<br>三 | 癸亥<br>30<br>四 | 甲子<br>31<br>五 | 乙丑<br>(1)<br>六 | 丙寅<br>2<br>日 | 丁卯<br>3<br>一 | 戊辰<br>4<br>二 | 己巳<br>5<br>三 | 庚午<br>6<br>四 | 辛未<br>7<br>五 | 壬申<br>8<br>六 | 癸酉<br>9<br>日 | 甲戌<br>10<br>一 | 乙亥<br>11<br>二 | 丙子<br>12<br>三 | 丁丑<br>13<br>四 | 戊寅<br>14<br>五 | 己卯<br>15<br>六 | 庚辰<br>16<br>日 | 辛巳<br>17<br>一 | 壬午<br>18<br>二 | 癸未<br>19<br>三 | 甲申<br>20<br>四 | | 戊午冬至<br>癸酉小寒 |
| 十二月大 | 己丑 | 干支<br>天地<br>西曆<br>星期 | 乙酉<br>21<br>五 | 丙戌<br>22<br>六 | 丁亥<br>23<br>日 | 戊子<br>24<br>一 | 己丑<br>25<br>二 | 庚寅<br>26<br>三 | 辛卯<br>27<br>四 | 壬辰<br>28<br>五 | 癸巳<br>29<br>六 | 甲午<br>30<br>日 | 乙未<br>31<br>一 | 丙申<br>(2)<br>二 | 丁酉<br>2<br>三 | 戊戌<br>3<br>四 | 己亥<br>4<br>五 | 庚子<br>5<br>六 | 辛丑<br>6<br>日 | 壬寅<br>7<br>一 | 癸卯<br>8<br>二 | 甲辰<br>9<br>三 | 乙巳<br>10<br>四 | 丙午<br>11<br>五 | 丁未<br>12<br>六 | 戊申<br>13<br>日 | 己酉<br>14<br>一 | 庚戌<br>15<br>二 | 辛亥<br>16<br>三 | 壬子<br>17<br>四 | 癸丑<br>18<br>五 | 甲寅<br>19<br>六 | 戊子大寒<br>癸卯立春 |

# 漢順帝阳嘉五年 永和元年（丙子 鼠年）公元 136 ~ 137 年

| 夏曆月序 | | 中西曆日對照 | 初一 | 初二 | 初三 | 初四 | 初五 | 初六 | 初七 | 初八 | 初九 | 初十 | 十一 | 十二 | 十三 | 十四 | 十五 | 十六 | 十七 | 十八 | 十九 | 二十 | 二一 | 二二 | 二三 | 二四 | 二五 | 二六 | 二七 | 二八 | 二九 | 三十 | 節氣與天象 |
|---|---|---|---|---|---|---|---|---|---|---|---|---|---|---|---|---|---|---|---|---|---|---|---|---|---|---|---|---|---|---|---|---|---|
| 正月大 | 庚寅 | 天干地支 西曆 星期 | 乙卯 20 日 | 丙辰 21 一 | 丁巳 22 二 | 戊午 23 三 | 己未 24 四 | 庚申 25 五 | 辛酉 26 六 | 壬戌 27 日 | 癸亥 28 一 | 甲子 29 二 | 乙丑 (3) 三 | 丙寅 2 四 | 丁卯 3 五 | 戊辰 4 六 | 己巳 5 日 | 庚午 6 一 | 辛未 7 二 | 壬申 8 三 | 癸酉 9 四 | 甲戌 10 五 | 乙亥 11 六 | 丙子 12 日 | 丁丑 13 一 | 戊寅 14 二 | 己卯 15 三 | 庚辰 16 四 | 辛巳 17 五 | 壬午 18 六 | 癸未 19 日 | 甲申 20 一 | 戊午雨水 甲戌驚蟄 |
| 二月小 | 辛卯 | 天干地支 西曆 星期 | 乙酉 21 二 | 丙戌 22 三 | 丁亥 23 四 | 戊子 24 五 | 己丑 25 六 | 庚寅 26 日 | 辛卯 27 一 | 壬辰 28 二 | 癸巳 29 三 | 甲午 30 四 | 乙未 31 五 | 丙申 (4) 六 | 丁酉 2 日 | 戊戌 3 一 | 己亥 4 二 | 庚子 5 三 | 辛丑 6 四 | 壬寅 7 五 | 癸卯 8 六 | 甲辰 9 日 | 乙巳 10 一 | 丙午 11 二 | 丁未 12 三 | 戊申 13 四 | 己酉 14 五 | 庚戌 15 六 | 辛亥 16 日 | 壬子 17 一 | 癸丑 18 二 | | 己丑春分 甲辰清明 |
| 三月大 | 壬辰 | 天干地支 西曆 星期 | 甲寅 19 三 | 乙卯 20 四 | 丙辰 21 五 | 丁巳 22 六 | 戊午 23 日 | 己未 24 一 | 庚申 25 二 | 辛酉 26 三 | 壬戌 27 四 | 癸亥 28 五 | 甲子 29 六 | 乙丑 30 日 | 丙寅 (5) 一 | 丁卯 2 二 | 戊辰 3 三 | 己巳 4 四 | 庚午 5 五 | 辛未 6 六 | 壬申 7 日 | 癸酉 8 一 | 甲戌 9 二 | 乙亥 10 三 | 丙子 11 四 | 丁丑 12 五 | 戊寅 13 六 | 己卯 14 日 | 庚辰 15 一 | 辛巳 16 二 | 壬午 17 三 | 癸未 18 四 | 己未穀雨 甲戌立夏 |
| 四月小 | 癸巳 | 天干地支 西曆 星期 | 甲申 19 五 | 乙酉 20 六 | 丙戌 21 日 | 丁亥 22 一 | 戊子 23 二 | 己丑 24 三 | 庚寅 25 四 | 辛卯 26 五 | 壬辰 27 六 | 癸巳 28 日 | 甲午 29 一 | 乙未 30 二 | 丙申 31 三 | 丁酉 (6) 四 | 戊戌 2 五 | 己亥 3 六 | 庚子 4 日 | 辛丑 5 一 | 壬寅 6 二 | 癸卯 7 三 | 甲辰 8 四 | 乙巳 9 五 | 丙午 10 六 | 丁未 11 日 | 戊申 12 一 | 己酉 13 二 | 庚戌 14 三 | 辛亥 15 四 | 壬子 16 五 | | 庚寅小滿 乙巳芒種 |
| 五月大 | 甲午 | 天干地支 西曆 星期 | 癸丑 17 六 | 甲寅 18 日 | 乙卯 19 一 | 丙辰 20 二 | 丁巳 21 三 | 戊午 22 四 | 己未 23 五 | 庚申 24 六 | 辛酉 25 日 | 壬戌 26 一 | 癸亥 27 二 | 甲子 28 三 | 乙丑 29 四 | 丙寅 30 五 | 丁卯 (7) 六 | 戊辰 2 日 | 己巳 3 一 | 庚午 4 二 | 辛未 5 三 | 壬申 6 四 | 癸酉 7 五 | 甲戌 8 六 | 乙亥 9 日 | 丙子 10 一 | 丁丑 11 二 | 戊寅 12 三 | 己卯 13 四 | 庚辰 14 五 | 辛巳 15 六 | 壬午 16 日 | 庚申夏至 乙亥小暑 |
| 六月小 | 乙未 | 天干地支 西曆 星期 | 癸未 17 一 | 甲申 18 二 | 乙酉 19 三 | 丙戌 20 四 | 丁亥 21 五 | 戊子 22 六 | 己丑 23 日 | 庚寅 24 一 | 辛卯 25 二 | 壬辰 26 三 | 癸巳 27 四 | 甲午 28 五 | 乙未 29 六 | 丙申 30 日 | 丁酉 31 一 | 戊戌 (8) 二 | 己亥 2 三 | 庚子 3 四 | 辛丑 4 五 | 壬寅 5 六 | 癸卯 6 日 | 甲辰 7 一 | 乙巳 8 二 | 丙午 9 三 | 丁未 10 四 | 戊申 11 五 | 己酉 12 六 | 庚戌 13 日 | 辛亥 14 一 | | 辛卯大暑 丙午立秋 |
| 七月大 | 丙申 | 天干地支 西曆 星期 | 壬子 15 二 | 癸丑 16 三 | 甲寅 17 四 | 乙卯 18 五 | 丙辰 19 六 | 丁巳 20 日 | 戊午 21 一 | 己未 22 二 | 庚申 23 三 | 辛酉 24 四 | 壬戌 25 五 | 癸亥 26 六 | 甲子 27 日 | 乙丑 28 一 | 丙寅 29 二 | 丁卯 30 三 | 戊辰 31 四 | 己巳 (9) 五 | 庚午 2 六 | 辛未 3 日 | 壬申 4 一 | 癸酉 5 二 | 甲戌 6 三 | 乙亥 7 四 | 丙子 8 五 | 丁丑 9 六 | 戊寅 10 日 | 己卯 11 一 | 庚辰 12 二 | 辛巳 13 三 | 辛酉處暑 丙子白露 |
| 八月小 | 丁酉 | 天干地支 西曆 星期 | 壬午 14 四 | 癸未 15 五 | 甲申 16 六 | 乙酉 17 日 | 丙戌 18 一 | 丁亥 19 二 | 戊子 20 三 | 己丑 21 四 | 庚寅 22 五 | 辛卯 23 六 | 壬辰 24 日 | 癸巳 25 一 | 甲午 26 二 | 乙未 27 三 | 丙申 28 四 | 丁酉 29 五 | 戊戌 30 六 | 己亥 (10) 日 | 庚子 2 一 | 辛丑 3 二 | 壬寅 4 三 | 癸卯 5 四 | 甲辰 6 五 | 乙巳 7 六 | 丙午 8 日 | 丁未 9 一 | 戊申 10 二 | 己酉 11 三 | 庚戌 12 四 | | 辛卯秋分 丁未寒露 |
| 九月大 | 戊戌 | 天干地支 西曆 星期 | 辛亥 13 五 | 壬子 14 六 | 癸丑 15 日 | 甲寅 16 一 | 乙卯 17 二 | 丙辰 18 三 | 丁巳 19 四 | 戊午 20 五 | 己未 21 六 | 庚申 22 日 | 辛酉 23 一 | 壬戌 24 二 | 癸亥 25 三 | 甲子 26 四 | 乙丑 27 五 | 丙寅 28 六 | 丁卯 29 日 | 戊辰 30 一 | 己巳 31 二 | 庚午 (11) 三 | 辛未 2 四 | 壬申 3 五 | 癸酉 4 六 | 甲戌 5 日 | 乙亥 6 一 | 丙子 7 二 | 丁丑 8 三 | 戊寅 9 四 | 己卯 10 五 | 庚辰 11 六 | 壬戌霜降 丁丑立冬 |
| 十月小 | 己亥 | 天干地支 西曆 星期 | 辛巳 12 日 | 壬午 13 一 | 癸未 14 二 | 甲申 15 三 | 乙酉 16 四 | 丙戌 17 五 | 丁亥 18 六 | 戊子 19 日 | 己丑 20 一 | 庚寅 21 二 | 辛卯 22 三 | 壬辰 23 四 | 癸巳 24 五 | 甲午 25 六 | 乙未 26 日 | 丙申 27 一 | 丁酉 28 二 | 戊戌 29 三 | 己亥 30 四 | 庚子 (12) 五 | 辛丑 2 六 | 壬寅 3 日 | 癸卯 4 一 | 甲辰 5 二 | 乙巳 6 三 | 丙午 7 四 | 丁未 8 五 | 戊申 9 六 | 己酉 10 日 | | 壬辰小雪 戊申大雪 |
| 十一月大 | 庚子 | 天干地支 西曆 星期 | 庚戌 11 一 | 辛亥 12 二 | 壬子 13 三 | 癸丑 14 四 | 甲寅 15 五 | 乙卯 16 六 | 丙辰 17 日 | 丁巳 18 一 | 戊午 19 二 | 己未 20 三 | 庚申 21 四 | 辛酉 22 五 | 壬戌 23 六 | 癸亥 24 日 | 甲子 25 一 | 乙丑 26 二 | 丙寅 27 三 | 丁卯 28 四 | 戊辰 29 五 | 己巳 30 六 | 庚午 31 日 | 辛未 (1) 一 | 壬申 2 二 | 癸酉 3 三 | 甲戌 4 四 | 乙亥 5 五 | 丙子 6 六 | 丁丑 7 日 | 戊寅 8 一 | 己卯 9 二 | 癸亥冬至 戊寅小寒 |
| 十二月小 | 辛丑 | 天干地支 西曆 星期 | 庚辰 10 三 | 辛巳 11 四 | 壬午 12 五 | 癸未 13 六 | 甲申 14 日 | 乙酉 15 一 | 丙戌 16 二 | 丁亥 17 三 | 戊子 18 四 | 己丑 19 五 | 庚寅 20 六 | 辛卯 21 日 | 壬辰 22 一 | 癸巳 23 二 | 甲午 24 三 | 乙未 25 四 | 丙申 26 五 | 丁酉 27 六 | 戊戌 28 日 | 己亥 29 一 | 庚子 30 二 | 辛丑 31 三 | 壬寅 (2) 四 | 癸卯 2 五 | 甲辰 3 六 | 乙巳 4 日 | 丙午 5 一 | 丁未 6 二 | 戊申 7 三 | | 癸巳大寒 戊申立春 |

* 正月己巳（十五日），改元永和。

# 漢順帝永和二年（丁丑 牛年）公元 137 ~ 138 年

| 夏曆月序 | | 中西曆日對照 | 夏曆日序 | | | | | | | | | | | | | | | | | | | | | | | | | | | | | | 節氣與天象 |
|---|---|---|---|---|---|---|---|---|---|---|---|---|---|---|---|---|---|---|---|---|---|---|---|---|---|---|---|---|---|---|---|---|---|
| | | | 初一 | 初二 | 初三 | 初四 | 初五 | 初六 | 初七 | 初八 | 初九 | 初十 | 十一 | 十二 | 十三 | 十四 | 十五 | 十六 | 十七 | 十八 | 十九 | 二十 | 二一 | 二二 | 二三 | 二四 | 二五 | 二六 | 二七 | 二八 | 二九 | 三十 | |
| 正月大 | 壬寅 | 干支 西曆 星期 | 己酉 8 四 | 庚戌 9 五 | 辛亥 10 六 | 壬子 11 日 | 癸丑 12 一 | 甲寅 13 二 | 乙卯 14 三 | 丙辰 15 四 | 丁巳 16 五 | 戊午 17 六 | 己未 18 日 | 庚申 19 一 | 辛酉 20 二 | 壬戌 21 三 | 癸亥 22 四 | 甲子 23 五 | 乙丑 24 六 | 丙寅 25 日 | 丁卯 26 一 | 戊辰 27 二 | 己巳 28 三 | 庚午 (3) 四 | 辛未 2 五 | 壬申 3 六 | 癸酉 4 日 | 甲戌 5 一 | 乙亥 6 二 | 丙子 7 三 | 丁丑 8 四 | 戊寅 9 五 | 甲子雨水 |
| 二月小 | 癸卯 | 干支 西曆 星期 | 己卯 10 六 | 庚辰 11 日 | 辛巳 12 一 | 壬午 13 二 | 癸未 14 三 | 甲申 15 四 | 乙酉 16 五 | 丙戌 17 六 | 丁亥 18 日 | 戊子 19 一 | 己丑 20 二 | 庚寅 21 三 | 辛卯 22 四 | 壬辰 23 五 | 癸巳 24 六 | 甲午 25 日 | 乙未 26 一 | 丙申 27 二 | 丁酉 28 三 | 戊戌 29 四 | 己亥 30 五 | 庚子 31 六 | 辛丑 (4) 日 | 壬寅 2 一 | 癸卯 3 二 | 甲辰 4 三 | 乙巳 5 四 | 丙午 6 五 | 丁未 7 六 | | 己卯驚蟄 甲午春分 |
| 三月大 | 甲辰 | 干支 西曆 星期 | 戊申 8 日 | 己酉 9 一 | 庚戌 10 二 | 辛亥 11 三 | 壬子 12 四 | 癸丑 13 五 | 甲寅 14 六 | 乙卯 15 日 | 丙辰 16 一 | 丁巳 17 二 | 戊午 18 三 | 己未 19 四 | 庚申 20 五 | 辛酉 21 六 | 壬戌 22 日 | 癸亥 23 一 | 甲子 24 二 | 乙丑 25 三 | 丙寅 26 四 | 丁卯 27 五 | 戊辰 28 六 | 己巳 29 日 | 庚午 30 一 | 辛未 (5) 二 | 壬申 2 三 | 癸酉 3 四 | 甲戌 4 五 | 乙亥 5 六 | 丙子 6 日 | 丁丑 7 一 | 己酉清明 乙丑穀雨 |
| 四月大 | 乙巳 | 干支 西曆 星期 | 戊寅 8 二 | 己卯 9 三 | 庚辰 10 四 | 辛巳 11 五 | 壬午 12 六 | 癸未 13 日 | 甲申 14 一 | 乙酉 15 二 | 丙戌 16 三 | 丁亥 17 四 | 戊子 18 五 | 己丑 19 六 | 庚寅 20 日 | 辛卯 21 一 | 壬辰 22 二 | 癸巳 23 三 | 甲午 24 四 | 乙未 25 五 | 丙申 26 六 | 丁酉 27 日 | 戊戌 28 一 | 己亥 29 二 | 庚子 30 三 | 辛丑 31 四 | 壬寅 (6) 五 | 癸卯 2 六 | 甲辰 3 日 | 乙巳 4 一 | 丙午 5 二 | 丁未 6 三 | 庚辰立夏 乙未小滿 |
| 五月小 | 丙午 | 干支 西曆 星期 | 戊申 7 四 | 己酉 8 五 | 庚戌 9 六 | 辛亥 10 日 | 壬子 11 一 | 癸丑 12 二 | 甲寅 13 三 | 乙卯 14 四 | 丙辰 15 五 | 丁巳 16 六 | 戊午 17 日 | 己未 18 一 | 庚申 19 二 | 辛酉 20 三 | 壬戌 21 四 | 癸亥 22 五 | 甲子 23 六 | 乙丑 24 日 | 丙寅 25 一 | 丁卯 26 二 | 戊辰 27 三 | 己巳 28 四 | 庚午 29 五 | 辛未 30 六 | 壬申 (7) 日 | 癸酉 2 一 | 甲戌 3 二 | 乙亥 4 三 | 丙子 5 四 | | 庚戌芒種 乙丑夏至 |
| 六月大 | 丁未 | 干支 西曆 星期 | 丁丑 6 五 | 戊寅 7 六 | 己卯 8 日 | 庚辰 9 一 | 辛巳 10 二 | 壬午 11 三 | 癸未 12 四 | 甲申 13 五 | 乙酉 14 六 | 丙戌 15 日 | 丁亥 16 一 | 戊子 17 二 | 己丑 18 三 | 庚寅 19 四 | 辛卯 20 五 | 壬辰 21 六 | 癸巳 22 日 | 甲午 23 一 | 乙未 24 二 | 丙申 25 三 | 丁酉 26 四 | 戊戌 27 五 | 己亥 28 六 | 庚子 29 日 | 辛丑 30 一 | 壬寅 31 二 | 癸卯 (8) 三 | 甲辰 2 四 | 乙巳 3 五 | 丙午 4 六 | 辛巳小暑 丙申大暑 |
| 七月小 | 戊申 | 干支 西曆 星期 | 丁未 5 日 | 戊申 6 一 | 己酉 7 二 | 庚戌 8 三 | 辛亥 9 四 | 壬子 10 五 | 癸丑 11 六 | 甲寅 12 日 | 乙卯 13 一 | 丙辰 14 二 | 丁巳 15 三 | 戊午 16 四 | 己未 17 五 | 庚申 18 六 | 辛酉 19 日 | 壬戌 20 一 | 癸亥 21 二 | 甲子 22 三 | 乙丑 23 四 | 丙寅 24 五 | 丁卯 25 六 | 戊辰 26 日 | 己巳 27 一 | 庚午 28 二 | 辛未 29 三 | 壬申 30 四 | 癸酉 31 五 | 甲戌 (9) 六 | 乙亥 2 日 | | 辛亥立秋 丙寅處暑 |
| 八月大 | 己酉 | 干支 西曆 星期 | 丙子 3 一 | 丁丑 4 二 | 戊寅 5 三 | 己卯 6 四 | 庚辰 7 五 | 辛巳 8 六 | 壬午 9 日 | 癸未 10 一 | 甲申 11 二 | 乙酉 12 三 | 丙戌 13 四 | 丁亥 14 五 | 戊子 15 六 | 己丑 16 日 | 庚寅 17 一 | 辛卯 18 二 | 壬辰 19 三 | 癸巳 20 四 | 甲午 21 五 | 乙未 22 六 | 丙申 23 日 | 丁酉 24 一 | 戊戌 25 二 | 己亥 26 三 | 庚子 27 四 | 辛丑 28 五 | 壬寅 29 六 | 癸卯 30 日 | 甲辰 (10) 一 | 乙巳 2 二 | 辛巳白露 丁酉秋分 |
| 九月小 | 庚戌 | 干支 西曆 星期 | 丙午 3 三 | 丁未 4 四 | 戊申 5 五 | 己酉 6 六 | 庚戌 7 日 | 辛亥 8 一 | 壬子 9 二 | 癸丑 10 三 | 甲寅 11 四 | 乙卯 12 五 | 丙辰 13 六 | 丁巳 14 日 | 戊午 15 一 | 己未 16 二 | 庚申 17 三 | 辛酉 18 四 | 壬戌 19 五 | 癸亥 20 六 | 甲子 21 日 | 乙丑 22 一 | 丙寅 23 二 | 丁卯 24 三 | 戊辰 25 四 | 己巳 26 五 | 庚午 27 六 | 辛未 28 日 | 壬申 29 一 | 癸酉 30 二 | 甲戌 31 三 | | 壬子寒露 丁卯霜降 |
| 十月大 | 辛亥 | 干支 西曆 星期 | 乙亥 (11) 四 | 丙子 2 五 | 丁丑 3 六 | 戊寅 4 日 | 己卯 5 一 | 庚辰 6 二 | 辛巳 7 三 | 壬午 8 四 | 癸未 9 五 | 甲申 10 六 | 乙酉 11 日 | 丙戌 12 一 | 丁亥 13 二 | 戊子 14 三 | 己丑 15 四 | 庚寅 16 五 | 辛卯 17 六 | 壬辰 18 日 | 癸巳 19 一 | 甲午 20 二 | 乙未 21 三 | 丙申 22 四 | 丁酉 23 五 | 戊戌 24 六 | 己亥 25 日 | 庚子 26 一 | 辛丑 27 二 | 壬寅 28 三 | 癸卯 29 四 | 甲辰 30 五 | 壬午立冬 戊戌小雪 |
| 十一月小 | 壬子 | 干支 西曆 星期 | 乙巳 (12) 六 | 丙午 2 日 | 丁未 3 一 | 戊申 4 二 | 己酉 5 三 | 庚戌 6 四 | 辛亥 7 五 | 壬子 8 六 | 癸丑 9 日 | 甲寅 10 一 | 乙卯 11 二 | 丙辰 12 三 | 丁巳 13 四 | 戊午 14 五 | 己未 15 六 | 庚申 16 日 | 辛酉 17 一 | 壬戌 18 二 | 癸亥 19 三 | 甲子 20 四 | 乙丑 21 五 | 丙寅 22 六 | 丁卯 23 日 | 戊辰 24 一 | 己巳 25 二 | 庚午 26 三 | 辛未 27 四 | 壬申 28 五 | 癸酉 29 六 | | 癸丑大雪 戊辰冬至 |
| 十二月大 | 癸丑 | 干支 西曆 星期 | 甲戌 30 日 | 乙亥 31 一 | 丙子 (1) 二 | 丁丑 2 三 | 戊寅 3 四 | 己卯 4 五 | 庚辰 5 六 | 辛巳 6 日 | 壬午 7 一 | 癸未 8 二 | 甲申 9 三 | 乙酉 10 四 | 丙戌 11 五 | 丁亥 12 六 | 戊子 13 日 | 己丑 14 一 | 庚寅 15 二 | 辛卯 16 三 | 壬辰 17 四 | 癸巳 18 五 | 甲午 19 六 | 乙未 20 日 | 丙申 21 一 | 丁酉 22 二 | 戊戌 23 三 | 己亥 24 四 | 庚子 25 五 | 辛丑 26 六 | 壬寅 27 日 | 癸卯 28 一 | 癸未小寒 戊戌大寒 |

# 漢順帝永和三年（戊寅 虎年）公元138 ~ 139年

| 夏曆月序 | 月建 | 中西曆日對照 | 初一 | 初二 | 初三 | 初四 | 初五 | 初六 | 初七 | 初八 | 初九 | 初十 | 十一 | 十二 | 十三 | 十四 | 十五 | 十六 | 十七 | 十八 | 十九 | 二十 | 二一 | 二二 | 二三 | 二四 | 二五 | 二六 | 二七 | 二八 | 二九 | 三十 | 節氣與天象 |
|---|---|---|---|---|---|---|---|---|---|---|---|---|---|---|---|---|---|---|---|---|---|---|---|---|---|---|---|---|---|---|---|---|---|
| 正月小 | 甲寅 | 干支<br>西曆<br>天地<br>星期 | 甲辰29二 | 乙巳30三 | 丙午31四 | 丁未(2)五 | 戊申2六 | 己酉3日 | 庚戌4一 | 辛亥5二 | 壬子6三 | 癸丑7四 | 甲寅8五 | 乙卯9六 | 丙辰10日 | 丁巳11一 | 戊午12二 | 己未13三 | 庚申14四 | 辛酉15五 | 壬戌16六 | 癸亥17日 | 甲子18一 | 乙丑19二 | 丙寅20三 | 丁卯21四 | 戊辰22五 | 己巳23六 | 庚午24日 | 辛未25一 | 壬申26二 | | 甲寅立春<br>己巳雨水 |
| 二月大 | 乙卯 | 干支<br>西曆<br>天地<br>星期 | 癸酉27三 | 甲戌28四 | 乙亥(3)五 | 丙子2六 | 丁丑3日 | 戊寅4一 | 己卯5二 | 庚辰6三 | 辛巳7四 | 壬午8五 | 癸未9六 | 甲申10日 | 乙酉11一 | 丙戌12二 | 丁亥13三 | 戊子14四 | 己丑15五 | 庚寅16六 | 辛卯17日 | 壬辰18一 | 癸巳19二 | 甲午20三 | 乙未21四 | 丙申22五 | 丁酉23六 | 戊戌24日 | 己亥25一 | 庚子26二 | 辛丑27三 | 壬寅28四 | 甲申驚蟄<br>己亥春分 |
| 三月小 | 丙辰 | 干支<br>西曆<br>天地<br>星期 | 癸卯29五 | 甲辰30六 | 乙巳31日 | 丙午(4)一 | 丁未2二 | 戊申3三 | 己酉4四 | 庚戌5五 | 辛亥6六 | 壬子7日 | 癸丑8一 | 甲寅9二 | 乙卯10三 | 丙辰11四 | 丁巳12五 | 戊午13六 | 己未14日 | 庚申15一 | 辛酉16二 | 壬戌17三 | 癸亥18四 | 甲子19五 | 乙丑20六 | 丙寅21日 | 丁卯22一 | 戊辰23二 | 己巳24三 | 庚午25四 | 辛未26五 | | 乙卯清明<br>庚午穀雨 |
| 四月大 | 丁巳 | 干支<br>西曆<br>天地<br>星期 | 壬申27六 | 癸酉28日 | 甲戌29一 | 乙亥30二 | 丙子(5)三 | 丁丑2四 | 戊寅3五 | 己卯4六 | 庚辰5日 | 辛巳6一 | 壬午7二 | 癸未8三 | 甲申9四 | 乙酉10五 | 丙戌11六 | 丁亥12日 | 戊子13一 | 己丑14二 | 庚寅15三 | 辛卯16四 | 壬辰17五 | 癸巳18六 | 甲午19日 | 乙未20一 | 丙申21二 | 丁酉22三 | 戊戌23四 | 己亥24五 | 庚子25六 | 辛丑26日 | 乙酉立夏<br>庚子小滿 |
| 閏四月小 | 丁巳 | 干支<br>西曆<br>天地<br>星期 | 壬寅27一 | 癸卯28二 | 甲辰29三 | 乙巳30四 | 丙午31五 | 丁未(6)六 | 戊申2日 | 己酉3一 | 庚戌4二 | 辛亥5三 | 壬子6四 | 癸丑7五 | 甲寅8六 | 乙卯9日 | 丙辰10一 | 丁巳11二 | 戊午12三 | 己未13四 | 庚申14五 | 辛酉15六 | 壬戌16日 | 癸亥17一 | 甲子18二 | 乙丑19三 | 丙寅20四 | 丁卯21五 | 戊辰22六 | 己巳23日 | 庚午24一 | | 乙卯芒種 |
| 五月大 | 戊午 | 干支<br>西曆<br>天地<br>星期 | 辛未25二 | 壬申26三 | 癸酉27四 | 甲戌28五 | 乙亥29六 | 丙子30日 | 丁丑(7)一 | 戊寅2二 | 己卯3三 | 庚辰4四 | 辛巳5五 | 壬午6六 | 癸未7日 | 甲申8一 | 乙酉9二 | 丙戌10三 | 丁亥11四 | 戊子12五 | 己丑13六 | 庚寅14日 | 辛卯15一 | 壬辰16二 | 癸巳17三 | 甲午18四 | 乙未19五 | 丙申20六 | 丁酉21日 | 戊戌22一 | 己亥23二 | 庚子24三 | 辛未夏至<br>丙戌小暑 |
| 六月小 | 己未 | 干支<br>西曆<br>天地<br>星期 | 辛丑25四 | 壬寅26五 | 癸卯27六 | 甲辰28日 | 乙巳29一 | 丙午30二 | 丁未31三 | 戊申(8)四 | 己酉2五 | 庚戌3六 | 辛亥4日 | 壬子5一 | 癸丑6二 | 甲寅7三 | 乙卯8四 | 丙辰9五 | 丁巳10六 | 戊午11日 | 己未12一 | 庚申13二 | 辛酉14三 | 壬戌15四 | 癸亥16五 | 甲子17六 | 乙丑18日 | 丙寅19一 | 丁卯20二 | 戊辰21三 | 己巳22四 | | 辛丑大暑<br>丙辰立秋 |
| 七月大 | 庚申 | 干支<br>西曆<br>天地<br>星期 | 庚午23五 | 辛未24六 | 壬申25日 | 癸酉26一 | 甲戌27二 | 乙亥28三 | 丙子29四 | 丁丑30五 | 戊寅31六 | 己卯(9)日 | 庚辰2一 | 辛巳3二 | 壬午4三 | 癸未5四 | 甲申6五 | 乙酉7六 | 丙戌8日 | 丁亥9一 | 戊子10二 | 己丑11三 | 庚寅12四 | 辛卯13五 | 壬辰14六 | 癸巳15日 | 甲午16一 | 乙未17二 | 丙申18三 | 丁酉19四 | 戊戌20五 | 己亥21六 | 壬申處暑<br>丁亥白露 |
| 八月大 | 辛酉 | 干支<br>西曆<br>天地<br>星期 | 庚子22日 | 辛丑23一 | 壬寅24二 | 癸卯25三 | 甲辰26四 | 乙巳27五 | 丙午28六 | 丁未29日 | 戊申30一 | 己酉(10)二 | 庚戌2三 | 辛亥3四 | 壬子4五 | 癸丑5六 | 甲寅6日 | 乙卯7一 | 丙辰8二 | 丁巳9三 | 戊午10四 | 己未11五 | 庚申12六 | 辛酉13日 | 壬戌14一 | 癸亥15二 | 甲子16三 | 乙丑17四 | 丙寅18五 | 丁卯19六 | 戊辰20日 | 己巳21一 | 壬寅秋分<br>丁巳寒露 |
| 九月小 | 壬戌 | 干支<br>西曆<br>天地<br>星期 | 庚午22二 | 辛未23三 | 壬申24四 | 癸酉25五 | 甲戌26六 | 乙亥27日 | 丙子28一 | 丁丑29二 | 戊寅30三 | 己卯31四 | 庚辰(11)五 | 辛巳2六 | 壬午3日 | 癸未4一 | 甲申5二 | 乙酉6三 | 丙戌7四 | 丁亥8五 | 戊子9六 | 己丑10日 | 庚寅11一 | 辛卯12二 | 壬辰13三 | 癸巳14四 | 甲午15五 | 乙未16六 | 丙申17日 | 丁酉18一 | 戊戌19二 | | 壬申霜降<br>戊子立冬 |
| 十月大 | 癸亥 | 干支<br>西曆<br>天地<br>星期 | 己亥20三 | 庚子21四 | 辛丑22五 | 壬寅23六 | 癸卯24日 | 甲辰25一 | 乙巳26二 | 丙午27三 | 丁未28四 | 戊申29五 | 己酉30六 | 庚戌(12)日 | 辛亥2一 | 壬子3二 | 癸丑4三 | 甲寅5四 | 乙卯6五 | 丙辰7六 | 丁巳8日 | 戊午9一 | 己未10二 | 庚申11三 | 辛酉12四 | 壬戌13五 | 癸亥14六 | 甲子15日 | 乙丑16一 | 丙寅17二 | 丁卯18三 | 戊辰19四 | 癸卯小雪<br>戊午大雪 |
| 十一月小 | 甲子 | 干支<br>西曆<br>天地<br>星期 | 己巳20五 | 庚午21六 | 辛未22日 | 壬申23一 | 癸酉24二 | 甲戌25三 | 乙亥26四 | 丙子27五 | 丁丑28六 | 戊寅29日 | 己卯30一 | 庚辰31二 | 辛巳(1)三 | 壬午2四 | 癸未3五 | 甲申4六 | 乙酉5日 | 丙戌6一 | 丁亥7二 | 戊子8三 | 己丑9四 | 庚寅10五 | 辛卯11六 | 壬辰12日 | 癸巳13一 | 甲午14二 | 乙未15三 | 丙申16四 | 丁酉17五 | | 癸酉冬至<br>戊子小寒 |
| 十二月大 | 乙丑 | 干支<br>西曆<br>天地<br>星期 | 戊戌18六 | 己亥19日 | 庚子20一 | 辛丑21二 | 壬寅22三 | 癸卯23四 | 甲辰24五 | 乙巳25六 | 丙午26日 | 丁未27一 | 戊申28二 | 己酉29三 | 庚戌30四 | 辛亥31五 | 壬子(2)六 | 癸丑2日 | 甲寅3一 | 乙卯4二 | 丙辰5三 | 丁巳6四 | 戊午7五 | 己未8六 | 庚申9日 | 辛酉10一 | 壬戌11二 | 癸亥12三 | 甲子13四 | 乙丑14五 | 丙寅15六 | 丁卯16日 | 甲辰大寒<br>己未立春<br>戊戌日食 |

# 漢顺帝永和四年（己卯 兔年）公元 139 ~ 140 年

| 夏曆月序 | | 中西曆日對照 | 初一 | 初二 | 初三 | 初四 | 初五 | 初六 | 初七 | 初八 | 初九 | 初十 | 十一 | 十二 | 十三 | 十四 | 十五 | 十六 | 十七 | 十八 | 十九 | 二十 | 二一 | 二二 | 二三 | 二四 | 二五 | 二六 | 二七 | 二八 | 二九 | 三十 | 節氣與天象 |
|---|---|---|---|---|---|---|---|---|---|---|---|---|---|---|---|---|---|---|---|---|---|---|---|---|---|---|---|---|---|---|---|---|---|
| 正月小 | 丙寅 | 干支 西曆 星期 天地 | 戊辰17一 | 己巳18二 | 庚午19三 | 辛未20四 | 壬申21五 | 癸酉22六 | 甲戌23日 | 乙亥24一 | 丙子25二 | 丁丑26三 | 戊寅27四 | 己卯28五 | 庚辰(3)六 | 辛巳2日 | 壬午3一 | 癸未4二 | 甲申5三 | 乙酉6四 | 丙戌7五 | 丁亥8六 | 戊子9日 | 己丑10一 | 庚寅11二 | 辛卯12三 | 壬辰13四 | 癸巳14五 | 甲午15六 | 乙未16日 | 丙申17一 | | 甲戌雨水 己丑驚蟄 |
| 二月大 | 丁卯 | 干支 西曆 星期 天地 | 丁酉18二 | 戊戌19三 | 己亥20四 | 庚子21五 | 辛丑22六 | 壬寅23日 | 癸卯24一 | 甲辰25二 | 乙巳26三 | 丙午27四 | 丁未28五 | 戊申29六 | 己酉30日 | 庚戌31一 | 辛亥(4)二 | 壬子2三 | 癸丑3四 | 甲寅4五 | 乙卯5六 | 丙辰6日 | 丁巳7一 | 戊午8二 | 己未9三 | 庚申10四 | 辛酉11五 | 壬戌12六 | 癸亥13日 | 甲子14一 | 乙丑15二 | 丙寅16三 | 乙巳春分 庚申清明 |
| 三月小 | 戊辰 | 干支 西曆 星期 天地 | 丁卯17四 | 戊辰18五 | 己巳19六 | 庚午20日 | 辛未21一 | 壬申22二 | 癸酉23三 | 甲戌24四 | 乙亥25五 | 丙子26六 | 丁丑27日 | 戊寅28一 | 己卯29二 | 庚辰30三 | 辛巳(5)四 | 壬午2五 | 癸未3六 | 甲申4日 | 乙酉5一 | 丙戌6二 | 丁亥7三 | 戊子8四 | 己丑9五 | 庚寅10六 | 辛卯11日 | 壬辰12一 | 癸巳13二 | 甲午14三 | 乙未15四 | | 乙亥穀雨 庚寅立夏 |
| 四月大 | 己巳 | 干支 西曆 星期 天地 | 丙申16五 | 丁酉17六 | 戊戌18日 | 己亥19一 | 庚子20二 | 辛丑21三 | 壬寅22四 | 癸卯23五 | 甲辰24六 | 乙巳25日 | 丙午26一 | 丁未27二 | 戊申28三 | 己酉29四 | 庚戌30五 | 辛亥31六 | 壬子(6)日 | 癸丑2一 | 甲寅3二 | 乙卯4三 | 丙辰5四 | 丁巳6五 | 戊午7六 | 己未8日 | 庚申9一 | 辛酉10二 | 壬戌11三 | 癸亥12四 | 甲子13五 | 乙丑14六 | 乙巳小滿 辛酉芒種 |
| 五月小 | 庚午 | 干支 西曆 星期 天地 | 丙寅15日 | 丁卯16一 | 戊辰17二 | 己巳18三 | 庚午19四 | 辛未20五 | 壬申21六 | 癸酉22日 | 甲戌23一 | 乙亥24二 | 丙子25三 | 丁丑26四 | 戊寅27五 | 己卯28六 | 庚辰29日 | 辛巳30一 | 壬午(7)二 | 癸未2三 | 甲申3四 | 乙酉4五 | 丙戌5六 | 丁亥6日 | 戊子7一 | 己丑8二 | 庚寅9三 | 辛卯10四 | 壬辰11五 | 癸巳12六 | 甲午13日 | | 丙子夏至 辛卯小暑 |
| 六月大 | 辛未 | 干支 西曆 星期 天地 | 乙未14一 | 丙申15二 | 丁酉16三 | 戊戌17四 | 己亥18五 | 庚子19六 | 辛丑20日 | 壬寅21一 | 癸卯22二 | 甲辰23三 | 乙巳24四 | 丙午25五 | 丁未26六 | 戊申27日 | 己酉28一 | 庚戌29二 | 辛亥30三 | 壬子31四 | 癸丑(8)五 | 甲寅2六 | 乙卯3日 | 丙辰4一 | 丁巳5二 | 戊午6三 | 己未7四 | 庚申8五 | 辛酉9六 | 壬戌10日 | 癸亥11一 | 甲子12二 | 丙午大暑 壬戌立秋 |
| 七月小 | 壬申 | 干支 西曆 星期 天地 | 乙丑13三 | 丙寅14四 | 丁卯15五 | 戊辰16六 | 己巳17日 | 庚午18一 | 辛未19二 | 壬申20三 | 癸酉21四 | 甲戌22五 | 乙亥23六 | 丙子24日 | 丁丑25一 | 戊寅26二 | 己卯27三 | 庚辰28四 | 辛巳29五 | 壬午30六 | 癸未31日 | 甲申(9)一 | 乙酉2二 | 丙戌3三 | 丁亥4四 | 戊子5五 | 己丑6六 | 庚寅7日 | 辛卯8一 | 壬辰9二 | 癸巳10三 | | 丁丑處暑 壬辰白露 |
| 八月大 | 癸酉 | 干支 西曆 星期 天地 | 甲午11四 | 乙未12五 | 丙申13六 | 丁酉14日 | 戊戌15一 | 己亥16二 | 庚子17三 | 辛丑18四 | 壬寅19五 | 癸卯20六 | 甲辰21日 | 乙巳22一 | 丙午23二 | 丁未24三 | 戊申25四 | 己酉26五 | 庚戌27六 | 辛亥28日 | 壬子29一 | 癸丑30二 | 甲寅(10)三 | 乙卯2四 | 丙辰3五 | 丁巳4六 | 戊午5日 | 己未6一 | 庚申7二 | 辛酉8三 | 壬戌9四 | 癸亥10五 | 丁未秋分 壬戌寒露 |
| 九月小 | 甲戌 | 干支 西曆 星期 天地 | 甲子11六 | 乙丑12日 | 丙寅13一 | 丁卯14二 | 戊辰15三 | 己巳16四 | 庚午17五 | 辛未18六 | 壬申19日 | 癸酉20一 | 甲戌21二 | 乙亥22三 | 丙子23四 | 丁丑24五 | 戊寅25六 | 己卯26日 | 庚辰27一 | 辛巳28二 | 壬午29三 | 癸未30四 | 甲申31五 | 乙酉(11)六 | 丙戌2日 | 丁亥3一 | 戊子4二 | 己丑5三 | 庚寅6四 | 辛卯7五 | 壬辰8六 | | 戊寅霜降 |
| 十月大 | 乙亥 | 干支 西曆 星期 天地 | 癸巳9日 | 甲午10一 | 乙未11二 | 丙申12三 | 丁酉13四 | 戊戌14五 | 己亥15六 | 庚子16日 | 辛丑17一 | 壬寅18二 | 癸卯19三 | 甲辰20四 | 乙巳21五 | 丙午22六 | 丁未23日 | 戊申24一 | 己酉25二 | 庚戌26三 | 辛亥27四 | 壬子28五 | 癸丑29六 | 甲寅30日 | 乙卯(12)一 | 丙辰2二 | 丁巳3三 | 戊午4四 | 己未5五 | 庚申6六 | 辛酉7日 | 壬戌8一 | 癸巳立冬 戊申小雪 |
| 十一月小 | 丙子 | 干支 西曆 星期 天地 | 癸亥9二 | 甲子10三 | 乙丑11四 | 丙寅12五 | 丁卯13六 | 戊辰14日 | 己巳15一 | 庚午16二 | 辛未17三 | 壬申18四 | 癸酉19五 | 甲戌20六 | 乙亥21日 | 丙子22一 | 丁丑23二 | 戊寅24三 | 己卯25四 | 庚辰26五 | 辛巳27六 | 壬午28日 | 癸未29一 | 甲申30二 | 乙酉31三 | 丙戌(1)四 | 丁亥2五 | 戊子3六 | 己丑4日 | 庚寅5一 | 辛卯6二 | | 癸亥大雪 己卯冬至 |
| 十二月大 | 丁丑 | 干支 西曆 星期 天地 | 壬辰7三 | 癸巳8四 | 甲午9五 | 乙未10六 | 丙申11日 | 丁酉12一 | 戊戌13二 | 己亥14三 | 庚子15四 | 辛丑16五 | 壬寅17六 | 癸卯18日 | 甲辰19一 | 乙巳20二 | 丙午21三 | 丁未22四 | 戊申23五 | 己酉24六 | 庚戌25日 | 辛亥26一 | 壬子27二 | 癸丑28三 | 甲寅29四 | 乙卯30五 | 丙辰31六 | 丁巳(2)日 | 戊午2一 | 己未3二 | 庚申4三 | 辛酉5四 | 甲午小寒 己酉大寒 |

# 漢顺帝永和五年（庚辰 龍年）公元 140 ~ 141 年

| 夏曆月序 | | 中西曆日對照 | 夏曆日序 | | | | | | | | | | | | | | | | | | | | | | | | | | | | | | 節氣與天象 |
|---|---|---|---|---|---|---|---|---|---|---|---|---|---|---|---|---|---|---|---|---|---|---|---|---|---|---|---|---|---|---|---|---|---|
| | | | 初一 | 初二 | 初三 | 初四 | 初五 | 初六 | 初七 | 初八 | 初九 | 初十 | 十一 | 十二 | 十三 | 十四 | 十五 | 十六 | 十七 | 十八 | 十九 | 二十 | 二一 | 二二 | 二三 | 二四 | 二五 | 二六 | 二七 | 二八 | 二九 | 三十 | |
| 正月大 | 戊寅 | 天干地支<br>西曆<br>星期 | 壬戌<br>6<br>五 | 癸亥<br>7<br>六 | 甲子<br>8<br>日 | 乙丑<br>9<br>一 | 丙寅<br>10<br>二 | 丁卯<br>11<br>三 | 戊辰<br>12<br>四 | 己巳<br>13<br>五 | 庚午<br>14<br>六 | 辛未<br>15<br>日 | 壬申<br>16<br>一 | 癸酉<br>17<br>二 | 甲戌<br>18<br>三 | 乙亥<br>19<br>四 | 丙子<br>20<br>五 | 丁丑<br>21<br>六 | 戊寅<br>22<br>日 | 己卯<br>23<br>一 | 庚辰<br>24<br>二 | 辛巳<br>25<br>三 | 壬午<br>26<br>四 | 癸未<br>27<br>五 | 甲申<br>28<br>六 | 乙酉<br>29<br>日 | 丙戌<br>(3)<br>一 | 丁亥<br>2<br>二 | 戊子<br>3<br>三 | 己丑<br>4<br>四 | 庚寅<br>5<br>五 | 辛卯<br>6<br>六 | 甲子立春<br>己卯雨水 |
| 二月小 | 己卯 | 天干地支<br>西曆<br>星期 | 壬辰<br>7<br>日 | 癸巳<br>8<br>一 | 甲午<br>9<br>二 | 乙未<br>10<br>三 | 丙申<br>11<br>四 | 丁酉<br>12<br>五 | 戊戌<br>13<br>六 | 己亥<br>14<br>日 | 庚子<br>15<br>一 | 辛丑<br>16<br>二 | 壬寅<br>17<br>三 | 癸卯<br>18<br>四 | 甲辰<br>19<br>五 | 乙巳<br>20<br>六 | 丙午<br>21<br>日 | 丁未<br>22<br>一 | 戊申<br>23<br>二 | 己酉<br>24<br>三 | 庚戌<br>25<br>四 | 辛亥<br>26<br>五 | 壬子<br>27<br>六 | 癸丑<br>28<br>日 | 甲寅<br>29<br>一 | 乙卯<br>30<br>二 | 丙辰<br>31<br>三 | 丁巳<br>(4)<br>四 | 戊午<br>2<br>五 | 己未<br>3<br>六 | 庚申<br>4<br>日 | | 乙未驚蟄<br>庚戌春分 |
| 三月大 | 庚辰 | 天干地支<br>西曆<br>星期 | 辛酉<br>5<br>一 | 壬戌<br>6<br>二 | 癸亥<br>7<br>三 | 甲子<br>8<br>四 | 乙丑<br>9<br>五 | 丙寅<br>10<br>六 | 丁卯<br>11<br>日 | 戊辰<br>12<br>一 | 己巳<br>13<br>二 | 庚午<br>14<br>三 | 辛未<br>15<br>四 | 壬申<br>16<br>五 | 癸酉<br>17<br>六 | 甲戌<br>18<br>日 | 乙亥<br>19<br>一 | 丙子<br>20<br>二 | 丁丑<br>21<br>三 | 戊寅<br>22<br>四 | 己卯<br>23<br>五 | 庚辰<br>24<br>六 | 辛巳<br>25<br>日 | 壬午<br>26<br>一 | 癸未<br>27<br>二 | 甲申<br>28<br>三 | 乙酉<br>29<br>四 | 丙戌<br>30<br>五 | 丁亥<br>(5)<br>六 | 戊子<br>2<br>日 | 己丑<br>3<br>一 | 庚寅<br>4<br>二 | 乙丑清明<br>庚辰穀雨 |
| 四月小 | 辛巳 | 天干地支<br>西曆<br>星期 | 辛卯<br>5<br>三 | 壬辰<br>6<br>四 | 癸巳<br>7<br>五 | 甲午<br>8<br>六 | 乙未<br>9<br>日 | 丙申<br>10<br>一 | 丁酉<br>11<br>二 | 戊戌<br>12<br>三 | 己亥<br>13<br>四 | 庚子<br>14<br>五 | 辛丑<br>15<br>六 | 壬寅<br>16<br>日 | 癸卯<br>17<br>一 | 甲辰<br>18<br>二 | 乙巳<br>19<br>三 | 丙午<br>20<br>四 | 丁未<br>21<br>五 | 戊申<br>22<br>六 | 己酉<br>23<br>日 | 庚戌<br>24<br>一 | 辛亥<br>25<br>二 | 壬子<br>26<br>三 | 癸丑<br>27<br>四 | 甲寅<br>28<br>五 | 乙卯<br>29<br>六 | 丙辰<br>30<br>日 | 丁巳<br>31<br>一 | 戊午<br>(6)<br>二 | 己未<br>2<br>三 | | 乙未立夏<br>辛亥小滿 |
| 五月大 | 壬午 | 天干地支<br>西曆<br>星期 | 庚申<br>3<br>四 | 辛酉<br>4<br>五 | 壬戌<br>5<br>六 | 癸亥<br>6<br>日 | 甲子<br>7<br>一 | 乙丑<br>8<br>二 | 丙寅<br>9<br>三 | 丁卯<br>10<br>四 | 戊辰<br>11<br>五 | 己巳<br>12<br>六 | 庚午<br>13<br>日 | 辛未<br>14<br>一 | 壬申<br>15<br>二 | 癸酉<br>16<br>三 | 甲戌<br>17<br>四 | 乙亥<br>18<br>五 | 丙子<br>19<br>六 | 丁丑<br>20<br>日 | 戊寅<br>21<br>一 | 己卯<br>22<br>二 | 庚辰<br>23<br>三 | 辛巳<br>24<br>四 | 壬午<br>25<br>五 | 癸未<br>26<br>六 | 甲申<br>27<br>日 | 乙酉<br>28<br>一 | 丙戌<br>29<br>二 | 丁亥<br>30<br>三 | 戊子<br>(7)<br>四 | 己丑<br>2<br>五 | 丙寅芒種<br>辛巳夏至<br>己丑日食 |
| 六月小 | 癸未 | 天干地支<br>西曆<br>星期 | 庚寅<br>3<br>六 | 辛卯<br>4<br>日 | 壬辰<br>5<br>一 | 癸巳<br>6<br>二 | 甲午<br>7<br>三 | 乙未<br>8<br>四 | 丙申<br>9<br>五 | 丁酉<br>10<br>六 | 戊戌<br>11<br>日 | 己亥<br>12<br>一 | 庚子<br>13<br>二 | 辛丑<br>14<br>三 | 壬寅<br>15<br>四 | 癸卯<br>16<br>五 | 甲辰<br>17<br>六 | 乙巳<br>18<br>日 | 丙午<br>19<br>一 | 丁未<br>20<br>二 | 戊申<br>21<br>三 | 己酉<br>22<br>四 | 庚戌<br>23<br>五 | 辛亥<br>24<br>六 | 壬子<br>25<br>日 | 癸丑<br>26<br>一 | 甲寅<br>27<br>二 | 乙卯<br>28<br>三 | 丙辰<br>29<br>四 | 丁巳<br>30<br>五 | 戊午<br>31<br>六 | | 丙申小暑<br>壬子大暑 |
| 七月大 | 甲申 | 天干地支<br>西曆<br>星期 | 己未<br>(8)<br>日 | 庚申<br>2<br>一 | 辛酉<br>3<br>二 | 壬戌<br>4<br>三 | 癸亥<br>5<br>四 | 甲子<br>6<br>五 | 乙丑<br>7<br>六 | 丙寅<br>8<br>日 | 丁卯<br>9<br>一 | 戊辰<br>10<br>二 | 己巳<br>11<br>三 | 庚午<br>12<br>四 | 辛未<br>13<br>五 | 壬申<br>14<br>六 | 癸酉<br>15<br>日 | 甲戌<br>16<br>一 | 乙亥<br>17<br>二 | 丙子<br>18<br>三 | 丁丑<br>19<br>四 | 戊寅<br>20<br>五 | 己卯<br>21<br>六 | 庚辰<br>22<br>日 | 辛巳<br>23<br>一 | 壬午<br>24<br>二 | 癸未<br>25<br>三 | 甲申<br>26<br>四 | 乙酉<br>27<br>五 | 丙戌<br>28<br>六 | 丁亥<br>29<br>日 | 戊子<br>30<br>一 | 丁卯立秋<br>壬午處暑 |
| 八月小 | 乙酉 | 天干地支<br>西曆<br>星期 | 己丑<br>31<br>二 | 庚寅<br>(9)<br>三 | 辛卯<br>2<br>四 | 壬辰<br>3<br>五 | 癸巳<br>4<br>六 | 甲午<br>5<br>日 | 乙未<br>6<br>一 | 丙申<br>7<br>二 | 丁酉<br>8<br>三 | 戊戌<br>9<br>四 | 己亥<br>10<br>五 | 庚子<br>11<br>六 | 辛丑<br>12<br>日 | 壬寅<br>13<br>一 | 癸卯<br>14<br>二 | 甲辰<br>15<br>三 | 乙巳<br>16<br>四 | 丙午<br>17<br>五 | 丁未<br>18<br>六 | 戊申<br>19<br>日 | 己酉<br>20<br>一 | 庚戌<br>21<br>二 | 辛亥<br>22<br>三 | 壬子<br>23<br>四 | 癸丑<br>24<br>五 | 甲寅<br>25<br>六 | 乙卯<br>26<br>日 | 丙辰<br>27<br>一 | 丁巳<br>28<br>二 | | 丁酉白露<br>壬子秋分 |
| 九月大 | 丙戌 | 天干地支<br>西曆<br>星期 | 戊午<br>29<br>三 | 己未<br>30<br>四 | 庚申<br>(10)<br>五 | 辛酉<br>2<br>六 | 壬戌<br>3<br>日 | 癸亥<br>4<br>一 | 甲子<br>5<br>二 | 乙丑<br>6<br>三 | 丙寅<br>7<br>四 | 丁卯<br>8<br>五 | 戊辰<br>9<br>六 | 己巳<br>10<br>日 | 庚午<br>11<br>一 | 辛未<br>12<br>二 | 壬申<br>13<br>三 | 癸酉<br>14<br>四 | 甲戌<br>15<br>五 | 乙亥<br>16<br>六 | 丙子<br>17<br>日 | 丁丑<br>18<br>一 | 戊寅<br>19<br>二 | 己卯<br>20<br>三 | 庚辰<br>21<br>四 | 辛巳<br>22<br>五 | 壬午<br>23<br>六 | 癸未<br>24<br>日 | 甲申<br>25<br>一 | 乙酉<br>26<br>二 | 丙戌<br>27<br>三 | 丁亥<br>28<br>四 | 戊辰寒露<br>癸未霜降 |
| 十月小 | 丁亥 | 天干地支<br>西曆<br>星期 | 戊子<br>29<br>五 | 己丑<br>30<br>六 | 庚寅<br>31<br>日 | 辛卯<br>(11)<br>一 | 壬辰<br>2<br>二 | 癸巳<br>3<br>三 | 甲午<br>4<br>四 | 乙未<br>5<br>五 | 丙申<br>6<br>六 | 丁酉<br>7<br>日 | 戊戌<br>8<br>一 | 己亥<br>9<br>二 | 庚子<br>10<br>三 | 辛丑<br>11<br>四 | 壬寅<br>12<br>五 | 癸卯<br>13<br>六 | 甲辰<br>14<br>日 | 乙巳<br>15<br>一 | 丙午<br>16<br>二 | 丁未<br>17<br>三 | 戊申<br>18<br>四 | 己酉<br>19<br>五 | 庚戌<br>20<br>六 | 辛亥<br>21<br>日 | 壬子<br>22<br>一 | 癸丑<br>23<br>二 | 甲寅<br>24<br>三 | 乙卯<br>25<br>四 | 丙辰<br>26<br>五 | | 戊戌立冬<br>癸丑小雪 |
| 十一月大 | 戊子 | 天干地支<br>西曆<br>星期 | 丁巳<br>27<br>六 | 戊午<br>28<br>日 | 己未<br>29<br>一 | 庚申<br>30<br>二 | 辛酉<br>(12)<br>三 | 壬戌<br>2<br>四 | 癸亥<br>3<br>五 | 甲子<br>4<br>六 | 乙丑<br>5<br>日 | 丙寅<br>6<br>一 | 丁卯<br>7<br>二 | 戊辰<br>8<br>三 | 己巳<br>9<br>四 | 庚午<br>10<br>五 | 辛未<br>11<br>六 | 壬申<br>12<br>日 | 癸酉<br>13<br>一 | 甲戌<br>14<br>二 | 乙亥<br>15<br>三 | 丙子<br>16<br>四 | 丁丑<br>17<br>五 | 戊寅<br>18<br>六 | 己卯<br>19<br>日 | 庚辰<br>20<br>一 | 辛巳<br>21<br>二 | 壬午<br>22<br>三 | 癸未<br>23<br>四 | 甲申<br>24<br>五 | 乙酉<br>25<br>六 | 丙戌<br>26<br>日 | 己巳大雪<br>甲申冬至 |
| 十二月小 | 己丑 | 天干地支<br>西曆<br>星期 | 丁亥<br>27<br>一 | 戊子<br>28<br>二 | 己丑<br>29<br>三 | 庚寅<br>30<br>四 | 辛卯<br>31<br>五 | 壬辰<br>(1)<br>六 | 癸巳<br>2<br>日 | 甲午<br>3<br>一 | 乙未<br>4<br>二 | 丙申<br>5<br>三 | 丁酉<br>6<br>四 | 戊戌<br>7<br>五 | 己亥<br>8<br>六 | 庚子<br>9<br>日 | 辛丑<br>10<br>一 | 壬寅<br>11<br>二 | 癸卯<br>12<br>三 | 甲辰<br>13<br>四 | 乙巳<br>14<br>五 | 丙午<br>15<br>六 | 丁未<br>16<br>日 | 戊申<br>17<br>一 | 己酉<br>18<br>二 | 庚戌<br>19<br>三 | 辛亥<br>20<br>四 | 壬子<br>21<br>五 | 癸丑<br>22<br>六 | 甲寅<br>23<br>日 | 乙卯<br>24<br>一 | | 己亥小寒<br>甲寅大寒 |

# 漢顺帝永和六年（辛巳 蛇年）公元141 ~ 142年

| 夏曆月序 | | 中西曆日對照 | 初一 | 初二 | 初三 | 初四 | 初五 | 初六 | 初七 | 初八 | 初九 | 初十 | 十一 | 十二 | 十三 | 十四 | 十五 | 十六 | 十七 | 十八 | 十九 | 二十 | 二一 | 二二 | 二三 | 二四 | 二五 | 二六 | 二七 | 二八 | 二九 | 三十 | 節氣與天象 |
|---|---|---|---|---|---|---|---|---|---|---|---|---|---|---|---|---|---|---|---|---|---|---|---|---|---|---|---|---|---|---|---|---|---|
| 正月大 | 庚寅 | 天干地支 西曆 星期 | 丙辰 25 二 | 丁巳 26 三 | 戊午 27 四 | 己未 28 五 | 庚申 29 六 | 辛酉 30 日 | 壬戌 31 一 | 癸亥 (2) 二 | 甲子 2 三 | 乙丑 3 四 | 丙寅 4 五 | 丁卯 5 六 | 戊辰 6 日 | 己巳 7 一 | 庚午 8 二 | 辛未 9 三 | 壬申 10 四 | 癸酉 11 五 | 甲戌 12 六 | 乙亥 13 日 | 丙子 14 一 | 丁丑 15 二 | 戊寅 16 三 | 己卯 17 四 | 庚辰 18 五 | 辛巳 19 六 | 壬午 20 日 | 癸未 21 一 | 甲申 22 二 | 乙酉 23 三 | 己巳立春 乙酉雨水 |
| 閏正月小 | 庚寅 | 天干地支 西曆 星期 | 丙戌 24 四 | 丁亥 25 五 | 戊子 26 六 | 己丑 27 日 | 庚寅 28 一 | 辛卯 (3) 二 | 壬辰 2 三 | 癸巳 3 四 | 甲午 4 五 | 乙未 5 六 | 丙申 6 日 | 丁酉 7 一 | 戊戌 8 二 | 己亥 9 三 | 庚子 10 四 | 辛丑 11 五 | 壬寅 12 六 | 癸卯 13 日 | 甲辰 14 一 | 乙巳 15 二 | 丙午 16 三 | 丁未 17 四 | 戊申 18 五 | 己酉 19 六 | 庚戌 20 日 | 辛亥 21 一 | 壬子 22 二 | 癸丑 23 三 | 甲寅 24 四 | | 庚子驚蟄 |
| 二月大 | 辛卯 | 天干地支 西曆 星期 | 乙卯 25 五 | 丙辰 26 六 | 丁巳 27 日 | 戊午 28 一 | 己未 29 二 | 庚申 30 三 | 辛酉 31 四 | 壬戌 (4) 五 | 癸亥 2 六 | 甲子 3 日 | 乙丑 4 一 | 丙寅 5 二 | 丁卯 6 三 | 戊辰 7 四 | 己巳 8 五 | 庚午 9 六 | 辛未 10 日 | 壬申 11 一 | 癸酉 12 二 | 甲戌 13 三 | 乙亥 14 四 | 丙子 15 五 | 丁丑 16 六 | 戊寅 17 日 | 己卯 18 一 | 庚辰 19 二 | 辛巳 20 三 | 壬午 21 四 | 癸未 22 五 | 甲申 23 六 | 乙卯春分 庚午清明 |
| 三月大 | 壬辰 | 天干地支 西曆 星期 | 乙酉 24 日 | 丙戌 25 一 | 丁亥 26 二 | 戊子 27 三 | 己丑 28 四 | 庚寅 29 五 | 辛卯 30 六 | 壬辰 (5) 日 | 癸巳 2 一 | 甲午 3 二 | 乙未 4 三 | 丙申 5 四 | 丁酉 6 五 | 戊戌 7 六 | 己亥 8 日 | 庚子 9 一 | 辛丑 10 二 | 壬寅 11 三 | 癸卯 12 四 | 甲辰 13 五 | 乙巳 14 六 | 丙午 15 日 | 丁未 16 一 | 戊申 17 二 | 己酉 18 三 | 庚戌 19 四 | 辛亥 20 五 | 壬子 21 六 | 癸丑 22 日 | 甲寅 23 一 | 丙戌穀雨 辛丑立夏 |
| 四月小 | 癸巳 | 天干地支 西曆 星期 | 乙卯 24 二 | 丙辰 25 三 | 丁巳 26 四 | 戊午 27 五 | 己未 28 六 | 庚申 29 日 | 辛酉 30 一 | 壬戌 31 二 | 癸亥 (6) 三 | 甲子 2 四 | 乙丑 3 五 | 丙寅 4 六 | 丁卯 5 日 | 戊辰 6 一 | 己巳 7 二 | 庚午 8 三 | 辛未 9 四 | 壬申 10 五 | 癸酉 11 六 | 甲戌 12 日 | 乙亥 13 一 | 丙子 14 二 | 丁丑 15 三 | 戊寅 16 四 | 己卯 17 五 | 庚辰 18 六 | 辛巳 19 日 | 壬午 20 一 | 癸未 21 二 | | 丙辰小滿 辛未芒種 |
| 五月大 | 甲午 | 天干地支 西曆 星期 | 甲申 22 三 | 乙酉 23 四 | 丙戌 24 五 | 丁亥 25 六 | 戊子 26 日 | 己丑 27 一 | 庚寅 28 二 | 辛卯 29 三 | 壬辰 30 四 | 癸巳 (7) 五 | 甲午 2 六 | 乙未 3 日 | 丙申 4 一 | 丁酉 5 二 | 戊戌 6 三 | 己亥 7 四 | 庚子 8 五 | 辛丑 9 六 | 壬寅 10 日 | 癸卯 11 一 | 甲辰 12 二 | 乙巳 13 三 | 丙午 14 四 | 丁未 15 五 | 戊申 16 六 | 己酉 17 日 | 庚戌 18 一 | 辛亥 19 二 | 壬子 20 三 | 癸丑 21 四 | 丙戌夏至 壬寅小暑 |
| 六月小 | 乙未 | 天干地支 西曆 星期 | 甲寅 22 五 | 乙卯 23 六 | 丙辰 24 日 | 丁巳 25 一 | 戊午 26 二 | 己未 27 三 | 庚申 28 四 | 辛酉 29 五 | 壬戌 30 六 | 癸亥 31 日 | 甲子 (8) 一 | 乙丑 2 二 | 丙寅 3 三 | 丁卯 4 四 | 戊辰 5 五 | 己巳 6 六 | 庚午 7 日 | 辛未 8 一 | 壬申 9 二 | 癸酉 10 三 | 甲戌 11 四 | 乙亥 12 五 | 丙子 13 六 | 丁丑 14 日 | 戊寅 15 一 | 己卯 16 二 | 庚辰 17 三 | 辛巳 18 四 | 壬午 19 五 | | 丁巳大暑 壬申立秋 |
| 七月大 | 丙申 | 天干地支 西曆 星期 | 癸未 20 六 | 甲申 21 日 | 乙酉 22 一 | 丙戌 23 二 | 丁亥 24 三 | 戊子 25 四 | 己丑 26 五 | 庚寅 27 六 | 辛卯 28 日 | 壬辰 29 一 | 癸巳 30 二 | 甲午 31 三 | 乙未 (9) 四 | 丙申 2 五 | 丁酉 3 六 | 戊戌 4 日 | 己亥 5 一 | 庚子 6 二 | 辛丑 7 三 | 壬寅 8 四 | 癸卯 9 五 | 甲辰 10 六 | 乙巳 11 日 | 丙午 12 一 | 丁未 13 二 | 戊申 14 三 | 己酉 15 四 | 庚戌 16 五 | 辛亥 17 六 | 壬子 18 日 | 丁亥處暑 壬寅白露 |
| 八月小 | 丁酉 | 天干地支 西曆 星期 | 癸丑 19 一 | 甲寅 20 二 | 乙卯 21 三 | 丙辰 22 四 | 丁巳 23 五 | 戊午 24 六 | 己未 25 日 | 庚申 26 一 | 辛酉 27 二 | 壬戌 28 三 | 癸亥 29 四 | 甲子 30 五 | 乙丑 (10) 六 | 丙寅 2 日 | 丁卯 3 一 | 戊辰 4 二 | 己巳 5 三 | 庚午 6 四 | 辛未 7 五 | 壬申 8 六 | 癸酉 9 日 | 甲戌 10 一 | 乙亥 11 二 | 丙子 12 三 | 丁丑 13 四 | 戊寅 14 五 | 己卯 15 六 | 庚辰 16 日 | 辛巳 17 一 | | 戊午秋分 癸酉寒露 |
| 九月大 | 戊戌 | 天干地支 西曆 星期 | 壬午 18 二 | 癸未 19 三 | 甲申 20 四 | 乙酉 21 五 | 丙戌 22 六 | 丁亥 23 日 | 戊子 24 一 | 己丑 25 二 | 庚寅 26 三 | 辛卯 27 四 | 壬辰 28 五 | 癸巳 29 六 | 甲午 30 日 | 乙未 31 一 | 丙申 (11) 二 | 丁酉 2 三 | 戊戌 3 四 | 己亥 4 五 | 庚子 5 六 | 辛丑 6 日 | 壬寅 7 一 | 癸卯 8 二 | 甲辰 9 三 | 乙巳 10 四 | 丙午 11 五 | 丁未 12 六 | 戊申 13 日 | 己酉 14 一 | 庚戌 15 二 | 辛亥 16 三 | 戊子霜降 癸卯立冬 辛亥日食 |
| 十月小 | 己亥 | 天干地支 西曆 星期 | 壬子 17 四 | 癸丑 18 五 | 甲寅 19 六 | 乙卯 20 日 | 丙辰 21 一 | 丁巳 22 二 | 戊午 23 三 | 己未 24 四 | 庚申 25 五 | 辛酉 26 六 | 壬戌 27 日 | 癸亥 28 一 | 甲子 29 二 | 乙丑 30 三 | 丙寅 (12) 四 | 丁卯 2 五 | 戊辰 3 六 | 己巳 4 日 | 庚午 5 一 | 辛未 6 二 | 壬申 7 三 | 癸酉 8 四 | 甲戌 9 五 | 乙亥 10 六 | 丙子 11 日 | 丁丑 12 一 | 戊寅 13 二 | 己卯 14 三 | 庚辰 15 四 | | 己未小雪 甲戌大雪 |
| 十一月大 | 庚子 | 天干地支 西曆 星期 | 辛巳 16 五 | 壬午 17 六 | 癸未 18 日 | 甲申 19 一 | 乙酉 20 二 | 丙戌 21 三 | 丁亥 22 四 | 戊子 23 五 | 己丑 24 六 | 庚寅 25 日 | 辛卯 26 一 | 壬辰 27 二 | 癸巳 28 三 | 甲午 29 四 | 乙未 30 五 | 丙申 31 六 | 丁酉 (1) 日 | 戊戌 2 一 | 己亥 3 二 | 庚子 4 三 | 辛丑 5 四 | 壬寅 6 五 | 癸卯 7 六 | 甲辰 8 日 | 乙巳 9 一 | 丙午 10 二 | 丁未 11 三 | 戊申 12 四 | 己酉 13 五 | 庚戌 14 六 | 己丑冬至 甲辰小寒 |
| 十二月小 | 辛丑 | 天干地支 西曆 星期 | 辛亥 15 日 | 壬子 16 一 | 癸丑 17 二 | 甲寅 18 三 | 乙卯 19 四 | 丙辰 20 五 | 丁巳 21 六 | 戊午 22 日 | 己未 23 一 | 庚申 24 二 | 辛酉 25 三 | 壬戌 26 四 | 癸亥 27 五 | 甲子 28 六 | 乙丑 29 日 | 丙寅 30 一 | 丁卯 31 二 | 戊辰 (2) 三 | 己巳 2 四 | 庚午 3 五 | 辛未 4 六 | 壬申 5 日 | 癸酉 6 一 | 甲戌 7 二 | 乙亥 8 三 | 丙子 9 四 | 丁丑 10 五 | 戊寅 11 六 | 己卯 12 日 | | 己未大寒 乙亥立春 |

# 漢順帝永和七年 漢安元年（壬午 馬年）公元 142 ~ 143 年

| 夏曆月序 | | 中西曆日對照 | 初一 | 初二 | 初三 | 初四 | 初五 | 初六 | 初七 | 初八 | 初九 | 初十 | 十一 | 十二 | 十三 | 十四 | 十五 | 十六 | 十七 | 十八 | 十九 | 二十 | 二一 | 二二 | 二三 | 二四 | 二五 | 二六 | 二七 | 二八 | 二九 | 三十 | 節氣與天象 |
|---|---|---|---|---|---|---|---|---|---|---|---|---|---|---|---|---|---|---|---|---|---|---|---|---|---|---|---|---|---|---|---|---|---|
| 正月大 | 壬寅 | 天干地支<br>西曆<br>星期 | 庚辰<br>13<br>一 | 辛巳<br>14<br>二 | 壬午<br>15<br>三 | 癸未<br>16<br>四 | 甲申<br>17<br>五 | 乙酉<br>18<br>六 | 丙戌<br>19<br>日 | 丁亥<br>20<br>一 | 戊子<br>21<br>二 | 己丑<br>22<br>三 | 庚寅<br>23<br>四 | 辛卯<br>24<br>五 | 壬辰<br>25<br>六 | 癸巳<br>26<br>日 | 甲午<br>27<br>一 | 乙未<br>28<br>二 | 丙申<br>(3)<br>三 | 丁酉<br>2<br>四 | 戊戌<br>3<br>五 | 己亥<br>4<br>六 | 庚子<br>5<br>日 | 辛丑<br>6<br>一 | 壬寅<br>7<br>二 | 癸卯<br>8<br>三 | 甲辰<br>9<br>四 | 乙巳<br>10<br>五 | 丙午<br>11<br>六 | 丁未<br>12<br>日 | 戊申<br>13<br>一 | 己酉<br>14<br>二 | 庚寅雨水<br>乙巳驚蟄 |
| 二月小 | 癸卯 | 天干地支<br>西曆<br>星期 | 庚戌<br>15<br>三 | 辛亥<br>16<br>四 | 壬子<br>17<br>五 | 癸丑<br>18<br>六 | 甲寅<br>19<br>日 | 乙卯<br>20<br>一 | 丙辰<br>21<br>二 | 丁巳<br>22<br>三 | 戊午<br>23<br>四 | 己未<br>24<br>五 | 庚申<br>25<br>六 | 辛酉<br>26<br>日 | 壬戌<br>27<br>一 | 癸亥<br>28<br>二 | 甲子<br>29<br>三 | 乙丑<br>30<br>四 | 丙寅<br>31<br>五 | 丁卯<br>(4)<br>六 | 戊辰<br>2<br>日 | 己巳<br>3<br>一 | 庚午<br>4<br>二 | 辛未<br>5<br>三 | 壬申<br>6<br>四 | 癸酉<br>7<br>五 | 甲戌<br>8<br>六 | 乙亥<br>9<br>日 | 丙子<br>10<br>一 | 丁丑<br>11<br>二 | 戊寅<br>12<br>三 | | 庚申春分<br>丙子清明 |
| 三月大 | 甲辰 | 天干地支<br>西曆<br>星期 | 己卯<br>13<br>四 | 庚辰<br>14<br>五 | 辛巳<br>15<br>六 | 壬午<br>16<br>日 | 癸未<br>17<br>一 | 甲申<br>18<br>二 | 乙酉<br>19<br>三 | 丙戌<br>20<br>四 | 丁亥<br>21<br>五 | 戊子<br>22<br>六 | 己丑<br>23<br>日 | 庚寅<br>24<br>一 | 辛卯<br>25<br>二 | 壬辰<br>26<br>三 | 癸巳<br>27<br>四 | 甲午<br>28<br>五 | 乙未<br>29<br>六 | 丙申<br>30<br>日 | 丁酉<br>(5)<br>一 | 戊戌<br>2<br>二 | 己亥<br>3<br>三 | 庚子<br>4<br>四 | 辛丑<br>5<br>五 | 壬寅<br>6<br>六 | 癸卯<br>7<br>日 | 甲辰<br>8<br>一 | 乙巳<br>9<br>二 | 丙午<br>10<br>三 | 丁未<br>11<br>四 | 戊申<br>12<br>五 | 辛卯穀雨<br>丙午立夏 |
| 四月小 | 乙巳 | 天干地支<br>西曆<br>星期 | 己酉<br>13<br>六 | 庚戌<br>14<br>日 | 辛亥<br>15<br>一 | 壬子<br>16<br>二 | 癸丑<br>17<br>三 | 甲寅<br>18<br>四 | 乙卯<br>19<br>五 | 丙辰<br>20<br>六 | 丁巳<br>21<br>日 | 戊午<br>22<br>一 | 己未<br>23<br>二 | 庚申<br>24<br>三 | 辛酉<br>25<br>四 | 壬戌<br>26<br>五 | 癸亥<br>27<br>六 | 甲子<br>28<br>日 | 乙丑<br>29<br>一 | 丙寅<br>30<br>二 | 丁卯<br>31<br>三 | 戊辰<br>(6)<br>四 | 己巳<br>2<br>五 | 庚午<br>3<br>六 | 辛未<br>4<br>日 | 壬申<br>5<br>一 | 癸酉<br>6<br>二 | 甲戌<br>7<br>三 | 乙亥<br>8<br>四 | 丙子<br>9<br>五 | 丁丑<br>10<br>六 | | 辛酉小滿<br>丙子芒種 |
| 五月大 | 丙午 | 天干地支<br>西曆<br>星期 | 戊寅<br>11<br>日 | 己卯<br>12<br>一 | 庚辰<br>13<br>二 | 辛巳<br>14<br>三 | 壬午<br>15<br>四 | 癸未<br>16<br>五 | 甲申<br>17<br>六 | 乙酉<br>18<br>日 | 丙戌<br>19<br>一 | 丁亥<br>20<br>二 | 戊子<br>21<br>三 | 己丑<br>22<br>四 | 庚寅<br>23<br>五 | 辛卯<br>24<br>六 | 壬辰<br>25<br>日 | 癸巳<br>26<br>一 | 甲午<br>27<br>二 | 乙未<br>28<br>三 | 丙申<br>29<br>四 | 丁酉<br>30<br>五 | 戊戌<br>(7)<br>六 | 己亥<br>2<br>日 | 庚子<br>3<br>一 | 辛丑<br>4<br>二 | 壬寅<br>5<br>三 | 癸卯<br>6<br>四 | 甲辰<br>7<br>五 | 乙巳<br>8<br>六 | 丙午<br>9<br>日 | 丁未<br>10<br>一 | 壬辰夏至<br>丁未小暑 |
| 六月小 | 丁未 | 天干地支<br>西曆<br>星期 | 戊申<br>11<br>二 | 己酉<br>12<br>三 | 庚戌<br>13<br>四 | 辛亥<br>14<br>五 | 壬子<br>15<br>六 | 癸丑<br>16<br>日 | 甲寅<br>17<br>一 | 乙卯<br>18<br>二 | 丙辰<br>19<br>三 | 丁巳<br>20<br>四 | 戊午<br>21<br>五 | 己未<br>22<br>六 | 庚申<br>23<br>日 | 辛酉<br>24<br>一 | 壬戌<br>25<br>二 | 癸亥<br>26<br>三 | 甲子<br>27<br>四 | 乙丑<br>28<br>五 | 丙寅<br>29<br>六 | 丁卯<br>30<br>日 | 戊辰<br>31<br>一 | 己巳<br>(8)<br>二 | 庚午<br>2<br>三 | 辛未<br>3<br>四 | 壬申<br>4<br>五 | 癸酉<br>5<br>六 | 甲戌<br>6<br>日 | 乙亥<br>7<br>一 | 丙子<br>8<br>二 | | 壬戌大暑 |
| 七月大 | 戊申 | 天干地支<br>西曆<br>星期 | 丁丑<br>9<br>三 | 戊寅<br>10<br>四 | 己卯<br>11<br>五 | 庚辰<br>12<br>六 | 辛巳<br>13<br>日 | 壬午<br>14<br>一 | 癸未<br>15<br>二 | 甲申<br>16<br>三 | 乙酉<br>17<br>四 | 丙戌<br>18<br>五 | 丁亥<br>19<br>六 | 戊子<br>20<br>日 | 己丑<br>21<br>一 | 庚寅<br>22<br>二 | 辛卯<br>23<br>三 | 壬辰<br>24<br>四 | 癸巳<br>25<br>五 | 甲午<br>26<br>六 | 乙未<br>27<br>日 | 丙申<br>28<br>一 | 丁酉<br>29<br>二 | 戊戌<br>30<br>三 | 己亥<br>31<br>四 | 庚子<br>(9)<br>五 | 辛丑<br>2<br>六 | 壬寅<br>3<br>日 | 癸卯<br>4<br>一 | 甲辰<br>5<br>二 | 乙巳<br>6<br>三 | 丙午<br>7<br>四 | 丁丑立秋<br>癸巳處暑 |
| 八月大 | 己酉 | 天干地支<br>西曆<br>星期 | 丁未<br>8<br>五 | 戊申<br>9<br>六 | 己酉<br>10<br>日 | 庚戌<br>11<br>一 | 辛亥<br>12<br>二 | 壬子<br>13<br>三 | 癸丑<br>14<br>四 | 甲寅<br>15<br>五 | 乙卯<br>16<br>六 | 丙辰<br>17<br>日 | 丁巳<br>18<br>一 | 戊午<br>19<br>二 | 己未<br>20<br>三 | 庚申<br>21<br>四 | 辛酉<br>22<br>五 | 壬戌<br>23<br>六 | 癸亥<br>24<br>日 | 甲子<br>25<br>一 | 乙丑<br>26<br>二 | 丙寅<br>27<br>三 | 丁卯<br>28<br>四 | 戊辰<br>29<br>五 | 己巳<br>30<br>六 | 庚午<br>(10)<br>日 | 辛未<br>2<br>一 | 壬申<br>3<br>二 | 癸酉<br>4<br>三 | 甲戌<br>5<br>四 | 乙亥<br>6<br>五 | 丙子<br>7<br>六 | 戊申白露<br>癸亥秋分 |
| 九月小 | 庚戌 | 天干地支<br>西曆<br>星期 | 丁丑<br>8<br>日 | 戊寅<br>9<br>一 | 己卯<br>10<br>二 | 庚辰<br>11<br>三 | 辛巳<br>12<br>四 | 壬午<br>13<br>五 | 癸未<br>14<br>六 | 甲申<br>15<br>日 | 乙酉<br>16<br>一 | 丙戌<br>17<br>二 | 丁亥<br>18<br>三 | 戊子<br>19<br>四 | 己丑<br>20<br>五 | 庚寅<br>21<br>六 | 辛卯<br>22<br>日 | 壬辰<br>23<br>一 | 癸巳<br>24<br>二 | 甲午<br>25<br>三 | 乙未<br>26<br>四 | 丙申<br>27<br>五 | 丁酉<br>28<br>六 | 戊戌<br>29<br>日 | 己亥<br>30<br>一 | 庚子<br>31<br>二 | 辛丑<br>(11)<br>三 | 壬寅<br>2<br>四 | 癸卯<br>3<br>五 | 甲辰<br>4<br>六 | 乙巳<br>5<br>日 | | 戊寅寒露<br>癸巳霜降 |
| 十月大 | 辛亥 | 天干地支<br>西曆<br>星期 | 丙午<br>6<br>一 | 丁未<br>7<br>二 | 戊申<br>8<br>三 | 己酉<br>9<br>四 | 庚戌<br>10<br>五 | 辛亥<br>11<br>六 | 壬子<br>12<br>日 | 癸丑<br>13<br>一 | 甲寅<br>14<br>二 | 乙卯<br>15<br>三 | 丙辰<br>16<br>四 | 丁巳<br>17<br>五 | 戊午<br>18<br>六 | 己未<br>19<br>日 | 庚申<br>20<br>一 | 辛酉<br>21<br>二 | 壬戌<br>22<br>三 | 癸亥<br>23<br>四 | 甲子<br>24<br>五 | 乙丑<br>25<br>六 | 丙寅<br>26<br>日 | 丁卯<br>27<br>一 | 戊辰<br>28<br>二 | 己巳<br>29<br>三 | 庚午<br>30<br>四 | 辛未<br>(12)<br>五 | 壬申<br>2<br>六 | 癸酉<br>3<br>日 | 甲戌<br>4<br>一 | 乙亥<br>5<br>二 | 己酉立冬<br>甲子小雪 |
| 十一月小 | 壬子 | 天干地支<br>西曆<br>星期 | 丙子<br>6<br>三 | 丁丑<br>7<br>四 | 戊寅<br>8<br>五 | 己卯<br>9<br>六 | 庚辰<br>10<br>日 | 辛巳<br>11<br>一 | 壬午<br>12<br>二 | 癸未<br>13<br>三 | 甲申<br>14<br>四 | 乙酉<br>15<br>五 | 丙戌<br>16<br>六 | 丁亥<br>17<br>日 | 戊子<br>18<br>一 | 己丑<br>19<br>二 | 庚寅<br>20<br>三 | 辛卯<br>21<br>四 | 壬辰<br>22<br>五 | 癸巳<br>23<br>六 | 甲午<br>24<br>日 | 乙未<br>25<br>一 | 丙申<br>26<br>二 | 丁酉<br>27<br>三 | 戊戌<br>28<br>四 | 己亥<br>29<br>五 | 庚子<br>30<br>六 | 辛丑<br>31<br>日 | 壬寅<br>(1)<br>一 | 癸卯<br>2<br>二 | 甲辰<br>3<br>三 | | 己卯大雪<br>甲午冬至 |
| 十二月大 | 癸丑 | 天干地支<br>西曆<br>星期 | 乙巳<br>4<br>四 | 丙午<br>5<br>五 | 丁未<br>6<br>六 | 戊申<br>7<br>日 | 己酉<br>8<br>一 | 庚戌<br>9<br>二 | 辛亥<br>10<br>三 | 壬子<br>11<br>四 | 癸丑<br>12<br>五 | 甲寅<br>13<br>六 | 乙卯<br>14<br>日 | 丙辰<br>15<br>一 | 丁巳<br>16<br>二 | 戊午<br>17<br>三 | 己未<br>18<br>四 | 庚申<br>19<br>五 | 辛酉<br>20<br>六 | 壬戌<br>21<br>日 | 癸亥<br>22<br>一 | 甲子<br>23<br>二 | 乙丑<br>24<br>三 | 丙寅<br>25<br>四 | 丁卯<br>26<br>五 | 戊辰<br>27<br>六 | 己巳<br>28<br>日 | 庚午<br>29<br>一 | 辛未<br>30<br>二 | 壬申<br>31<br>三 | 癸酉<br>(2)<br>四 | 甲戌<br>2<br>五 | 己酉小寒<br>乙丑大寒 |

*正月癸巳（十四日），改元漢安。

# 漢順帝漢安二年（癸未 羊年）公元143～144年

| 夏曆月序 | | 中西曆日對照 | 初一 | 初二 | 初三 | 初四 | 初五 | 初六 | 初七 | 初八 | 初九 | 初十 | 十一 | 十二 | 十三 | 十四 | 十五 | 十六 | 十七 | 十八 | 十九 | 二十 | 二一 | 二二 | 二三 | 二四 | 二五 | 二六 | 二七 | 二八 | 二九 | 三十 | 節氣與天象 |
|---|---|---|---|---|---|---|---|---|---|---|---|---|---|---|---|---|---|---|---|---|---|---|---|---|---|---|---|---|---|---|---|---|---|
| 正月小 | 甲寅 | 天干地支 西曆 星期 | 乙亥3六 | 丙子4日 | 丁丑5一 | 戊寅6二 | 己卯7三 | 庚辰8四 | 辛巳9五 | 壬午10六 | 癸未11日 | 甲申12一 | 乙酉13二 | 丙戌14三 | 丁亥15四 | 戊子16五 | 己丑17六 | 庚寅18日 | 辛卯19一 | 壬辰20二 | 癸巳21三 | 甲午22四 | 乙未23五 | 丙申24六 | 丁酉25日 | 戊戌26一 | 己亥27二 | 庚子28三 | 辛丑(3)四 | 壬寅2五 | 癸卯3六 | | 庚辰立春 乙未雨水 |
| 二月大 | 乙卯 | 天干地支 西曆 星期 | 甲辰4日 | 乙巳5一 | 丙午6二 | 丁未7三 | 戊申8四 | 己酉9五 | 庚戌10六 | 辛亥11日 | 壬子12一 | 癸丑13二 | 甲寅14三 | 乙卯15四 | 丙辰16五 | 丁巳17六 | 戊午18日 | 己未19一 | 庚申20二 | 辛酉21三 | 壬戌22四 | 癸亥23五 | 甲子24六 | 乙丑25日 | 丙寅26一 | 丁卯27二 | 戊辰28三 | 己巳29四 | 庚午30五 | 辛未31六 | 壬申(4)日 | 癸酉2一 | 庚戌驚蟄 丙寅春分 |
| 三月小 | 丙辰 | 天干地支 西曆 星期 | 甲戌3二 | 乙亥4三 | 丙子5四 | 丁丑6五 | 戊寅7六 | 己卯8日 | 庚辰9一 | 辛巳10二 | 壬午11三 | 癸未12四 | 甲申13五 | 乙酉14六 | 丙戌15日 | 丁亥16一 | 戊子17二 | 己丑18三 | 庚寅19四 | 辛卯20五 | 壬辰21六 | 癸巳22日 | 甲午23一 | 乙未24二 | 丙申25三 | 丁酉26四 | 戊戌27五 | 己亥28六 | 庚子29日 | 辛丑30一 | 壬寅(5)二 | | 辛巳清明 丙申穀雨 |
| 四月大 | 丁巳 | 天干地支 西曆 星期 | 癸卯2三 | 甲辰3四 | 乙巳4五 | 丙午5六 | 丁未6日 | 戊申7一 | 己酉8二 | 庚戌9三 | 辛亥10四 | 壬子11五 | 癸丑12六 | 甲寅13日 | 乙卯14一 | 丙辰15二 | 丁巳16三 | 戊午17四 | 己未18五 | 庚申19六 | 辛酉20日 | 壬戌21一 | 癸亥22二 | 甲子23三 | 乙丑24四 | 丙寅25五 | 丁卯26六 | 戊辰27日 | 己巳28一 | 庚午29二 | 辛未30三 | 壬申31四 | 辛亥立夏 丙寅小滿 |
| 五月小 | 戊午 | 天干地支 西曆 星期 | 癸酉(6)五 | 甲戌2六 | 乙亥3日 | 丙子4一 | 丁丑5二 | 戊寅6三 | 己卯7四 | 庚辰8五 | 辛巳9六 | 壬午10日 | 癸未11一 | 甲申12二 | 乙酉13三 | 丙戌14四 | 丁亥15五 | 戊子16六 | 己丑17日 | 庚寅18一 | 辛卯19二 | 壬辰20三 | 癸巳21四 | 甲午22五 | 乙未23六 | 丙申24日 | 丁酉25一 | 戊戌26二 | 己亥27三 | 庚子28四 | 辛丑29五 | | 壬午芒種 丁酉夏至 |
| 六月大 | 己未 | 天干地支 西曆 星期 | 壬寅30六 | 癸卯(7)日 | 甲辰2一 | 乙巳3二 | 丙午4三 | 丁未5四 | 戊申6五 | 己酉7六 | 庚戌8日 | 辛亥9一 | 壬子10二 | 癸丑11三 | 甲寅12四 | 乙卯13五 | 丙辰14六 | 丁巳15日 | 戊午16一 | 己未17二 | 庚申18三 | 辛酉19四 | 壬戌20五 | 癸亥21六 | 甲子22日 | 乙丑23一 | 丙寅24二 | 丁卯25三 | 戊辰26四 | 己巳27五 | 庚午28六 | 辛未29日 | 壬子小暑 丁卯大暑 |
| 七月小 | 庚申 | 天干地支 西曆 星期 | 壬申30一 | 癸酉31二 | 甲戌(8)三 | 乙亥2四 | 丙子3五 | 丁丑4六 | 戊寅5日 | 己卯6一 | 庚辰7二 | 辛巳8三 | 壬午9四 | 癸未10五 | 甲申11六 | 乙酉12日 | 丙戌13一 | 丁亥14二 | 戊子15三 | 己丑16四 | 庚寅17五 | 辛卯18六 | 壬辰19日 | 癸巳20一 | 甲午21二 | 乙未22三 | 丙申23四 | 丁酉24五 | 戊戌25六 | 己亥26日 | 庚子27一 | | 癸未立秋 戊戌處暑 |
| 八月大 | 辛酉 | 天干地支 西曆 星期 | 辛丑28二 | 壬寅29三 | 癸卯30四 | 甲辰31五 | 乙巳(9)六 | 丙午2日 | 丁未3一 | 戊申4二 | 己酉5三 | 庚戌6四 | 辛亥7五 | 壬子8六 | 癸丑9日 | 甲寅10一 | 乙卯11二 | 丙辰12三 | 丁巳13四 | 戊午14五 | 己未15六 | 庚申16日 | 辛酉17一 | 壬戌18二 | 癸亥19三 | 甲子20四 | 乙丑21五 | 丙寅22六 | 丁卯23日 | 戊辰24一 | 己巳25二 | 庚午26三 | 癸丑白露 戊辰秋分 |
| 九月小 | 壬戌 | 天干地支 西曆 星期 | 辛未27四 | 壬申28五 | 癸酉29六 | 甲戌30日 | 乙亥(10)一 | 丙子2二 | 丁丑3三 | 戊寅4四 | 己卯5五 | 庚辰6六 | 辛巳7日 | 壬午8一 | 癸未9二 | 甲申10三 | 乙酉11四 | 丙戌12五 | 丁亥13六 | 戊子14日 | 己丑15一 | 庚寅16二 | 辛卯17三 | 壬辰18四 | 癸巳19五 | 甲午20六 | 乙未21日 | 丙申22一 | 丁酉23二 | 戊戌24三 | 己亥25四 | | 癸未寒露 己亥霜降 |
| 十月大 | 癸亥 | 天干地支 西曆 星期 | 庚子26五 | 辛丑27六 | 壬寅28日 | 癸卯29一 | 甲辰30二 | 乙巳31三 | 丙午(11)四 | 丁未2五 | 戊申3六 | 己酉4日 | 庚戌5一 | 辛亥6二 | 壬子7三 | 癸丑8四 | 甲寅9五 | 乙卯10六 | 丙辰11日 | 丁巳12一 | 戊午13二 | 己未14三 | 庚申15四 | 辛酉16五 | 壬戌17六 | 癸亥18日 | 甲子19一 | 乙丑20二 | 丙寅21三 | 丁卯22四 | 戊辰23五 | 己巳24六 | 甲寅立冬 己巳小雪 |
| 閏十月大 | 癸亥 | 天干地支 西曆 星期 | 庚午25日 | 辛未26一 | 壬申27二 | 癸酉28三 | 甲戌29四 | 乙亥30五 | 丙子(12)六 | 丁丑2日 | 戊寅3一 | 己卯4二 | 庚辰5三 | 辛巳6四 | 壬午7五 | 癸未8六 | 甲申9日 | 乙酉10一 | 丙戌11二 | 丁亥12三 | 戊子13四 | 己丑14五 | 庚寅15六 | 辛卯16日 | 壬辰17一 | 癸巳18二 | 甲午19三 | 乙未20四 | 丙申21五 | 丁酉22六 | 戊戌23日 | 己亥24一 | 甲申大雪 |
| 十一月小 | 甲子 | 天干地支 西曆 星期 | 庚子25二 | 辛丑26三 | 壬寅27四 | 癸卯28五 | 甲辰29六 | 乙巳30日 | 丙午31一 | 丁未(1)二 | 戊申2三 | 己酉3四 | 庚戌4五 | 辛亥5六 | 壬子6日 | 癸丑7一 | 甲寅8二 | 乙卯9三 | 丙辰10四 | 丁巳11五 | 戊午12六 | 己未13日 | 庚申14一 | 辛酉15二 | 壬戌16三 | 癸亥17四 | 甲子18五 | 乙丑19六 | 丙寅20日 | 丁卯21一 | 戊辰22二 | | 庚子冬至 乙卯小寒 |
| 十二月大 | 乙丑 | 天干地支 西曆 星期 | 己巳23三 | 庚午24四 | 辛未25五 | 壬申26六 | 癸酉27日 | 甲戌28一 | 乙亥29二 | 丙子30三 | 丁丑31四 | 戊寅(2)五 | 己卯2六 | 庚辰3日 | 辛巳4一 | 壬午5二 | 癸未6三 | 甲申7四 | 乙酉8五 | 丙戌9六 | 丁亥10日 | 戊子11一 | 己丑12二 | 庚寅13三 | 辛卯14四 | 壬辰15五 | 癸巳16六 | 甲午17日 | 乙未18一 | 丙申19二 | 丁酉20三 | 戊戌21四 | 庚午大寒 乙酉立春 |

# 漢順帝漢安三年 建康元年 冲帝建康元年
# （甲申 猴年）公元 **144** ~ 145 年

| 夏曆月序 | | 中西曆日對照 | 初一 | 初二 | 初三 | 初四 | 初五 | 初六 | 初七 | 初八 | 初九 | 初十 | 十一 | 十二 | 十三 | 十四 | 十五 | 十六 | 十七 | 十八 | 十九 | 二十 | 二一 | 二二 | 二三 | 二四 | 二五 | 二六 | 二七 | 二八 | 二九 | 三十 | 節氣與天象 |
|---|---|---|---|---|---|---|---|---|---|---|---|---|---|---|---|---|---|---|---|---|---|---|---|---|---|---|---|---|---|---|---|---|---|
| 正月小 | 丙寅 | 天干地支 西曆 星期 | 己亥 22 五 | 庚子 23 六 | 辛丑 24 日 | 壬寅 25 一 | 癸卯 26 二 | 甲辰 27 三 | 乙巳 28 四 | 丙午 29 五 | 丁未 (3) 六 | 戊申 2 日 | 己酉 3 一 | 庚戌 4 二 | 辛亥 5 三 | 壬子 6 四 | 癸丑 7 五 | 甲寅 8 六 | 乙卯 9 日 | 丙辰 10 一 | 丁巳 11 二 | 戊午 12 三 | 己未 13 四 | 庚申 14 五 | 辛酉 15 六 | 壬戌 16 日 | 癸亥 17 一 | 甲子 18 二 | 乙丑 19 三 | 丙寅 20 四 | 丁卯 21 五 | | 庚子雨水 丙辰驚蟄 |
| 二月大 | 丁卯 | 天干地支 西曆 星期 | 戊辰 22 六 | 己巳 23 日 | 庚午 24 一 | 辛未 25 二 | 壬申 26 三 | 癸酉 27 四 | 甲戌 28 五 | 乙亥 29 六 | 丙子 30 日 | 丁丑 31 一 | 戊寅 (4) 二 | 己卯 2 三 | 庚辰 3 四 | 辛巳 4 五 | 壬午 5 六 | 癸未 6 日 | 甲申 7 一 | 乙酉 8 二 | 丙戌 9 三 | 丁亥 10 四 | 戊子 11 五 | 己丑 12 六 | 庚寅 13 日 | 辛卯 14 一 | 壬辰 15 二 | 癸巳 16 三 | 甲午 17 四 | 乙未 18 五 | 丙申 19 六 | 丁酉 20 日 | 辛未春分 丙戌清明 |
| 三月小 | 戊辰 | 天干地支 西曆 星期 | 戊戌 21 一 | 己亥 22 二 | 庚子 23 三 | 辛丑 24 四 | 壬寅 25 五 | 癸卯 26 六 | 甲辰 27 日 | 乙巳 28 一 | 丙午 29 二 | 丁未 30 三 | 戊申 (5) 四 | 己酉 2 五 | 庚戌 3 六 | 辛亥 4 日 | 壬子 5 一 | 癸丑 6 二 | 甲寅 7 三 | 乙卯 8 四 | 丙辰 9 五 | 丁巳 10 六 | 戊午 11 日 | 己未 12 一 | 庚申 13 二 | 辛酉 14 三 | 壬戌 15 四 | 癸亥 16 五 | 甲子 17 六 | 乙丑 18 日 | 丙寅 19 一 | | 辛丑穀雨 丙辰立夏 |
| 四月大 | 己巳 | 天干地支 西曆 星期 | 丁卯 20 二 | 戊辰 21 三 | 己巳 22 四 | 庚午 23 五 | 辛未 24 六 | 壬申 25 日 | 癸酉 26 一 | 甲戌 27 二 | 乙亥 28 三 | 丙子 29 四 | 丁丑 30 五 | 戊寅 31 六 | 己卯 (6) 日 | 庚辰 2 一 | 辛巳 3 二 | 壬午 4 三 | 癸未 5 四 | 甲申 6 五 | 乙酉 7 六 | 丙戌 8 日 | 丁亥 9 一 | 戊子 10 二 | 己丑 11 三 | 庚寅 12 四 | 辛卯 13 五 | 壬辰 14 六 | 癸巳 15 日 | 甲午 16 一 | 乙未 17 二 | 丙申 18 三 | 壬申小滿 丁亥芒種 |
| 五月小 | 庚午 | 天干地支 西曆 星期 | 丁酉 19 四 | 戊戌 20 五 | 己亥 21 六 | 庚子 22 日 | 辛丑 23 一 | 壬寅 24 二 | 癸卯 25 三 | 甲辰 26 四 | 乙巳 27 五 | 丙午 28 六 | 丁未 29 日 | 戊申 30 一 | 己酉 (7) 二 | 庚戌 2 三 | 辛亥 3 四 | 壬子 4 五 | 癸丑 5 六 | 甲寅 6 日 | 乙卯 7 一 | 丙辰 8 二 | 丁巳 9 三 | 戊午 10 四 | 己未 11 五 | 庚申 12 六 | 辛酉 13 日 | 壬戌 14 一 | 癸亥 15 二 | 甲子 16 三 | 乙丑 17 四 | | 壬寅夏至 丁巳小暑 |
| 六月大 | 辛未 | 天干地支 西曆 星期 | 丙寅 18 五 | 丁卯 19 六 | 戊辰 20 日 | 己巳 21 一 | 庚午 22 二 | 辛未 23 三 | 壬申 24 四 | 癸酉 25 五 | 甲戌 26 六 | 乙亥 27 日 | 丙子 28 一 | 丁丑 29 二 | 戊寅 30 三 | 己卯 31 四 | 庚辰 (8) 五 | 辛巳 2 六 | 壬午 3 日 | 癸未 4 一 | 甲申 5 二 | 乙酉 6 三 | 丙戌 7 四 | 丁亥 8 五 | 戊子 9 六 | 己丑 10 日 | 庚寅 11 一 | 辛卯 12 二 | 壬辰 13 三 | 癸巳 14 四 | 甲午 15 五 | 乙未 16 六 | 癸酉大暑 戊子立秋 |
| 七月小 | 壬申 | 天干地支 西曆 星期 | 丙申 17 日 | 丁酉 18 一 | 戊戌 19 二 | 己亥 20 三 | 庚子 21 四 | 辛丑 22 五 | 壬寅 23 六 | 癸卯 24 日 | 甲辰 25 一 | 乙巳 26 二 | 丙午 27 三 | 丁未 28 四 | 戊申 29 五 | 己酉 30 六 | 庚戌 31 日 | 辛亥 (9) 一 | 壬子 2 二 | 癸丑 3 三 | 甲寅 4 四 | 乙卯 5 五 | 丙辰 6 六 | 丁巳 7 日 | 戊午 8 一 | 己未 9 二 | 庚申 10 三 | 辛酉 11 四 | 壬戌 12 五 | 癸亥 13 六 | 甲子 14 日 | | 癸卯處暑 戊午白露 |
| 八月大 | 癸酉 | 天干地支 西曆 星期 | 乙丑 15 一 | 丙寅 16 二 | 丁卯 17 三 | 戊辰 18 四 | 己巳 19 五 | 庚午 20 六 | 辛未 21 日 | 壬申 22 一 | 癸酉 23 二 | 甲戌 24 三 | 乙亥 25 四 | 丙子 26 五 | 丁丑 27 六 | 戊寅 28 日 | 己卯 29 一 | 庚辰 30 二 | 辛巳 (10) 三 | 壬午 2 四 | 癸未 3 五 | 甲申 4 六 | 乙酉 5 日 | 丙戌 6 一 | 丁亥 7 二 | 戊子 8 三 | 己丑 9 四 | 庚寅 10 五 | 辛卯 11 六 | 壬辰 12 日 | 癸巳 13 一 | 甲午 14 二 | 癸酉秋分 己丑寒露 |
| 九月小 | 甲戌 | 天干地支 西曆 星期 | 乙未 15 三 | 丙申 16 四 | 丁酉 17 五 | 戊戌 18 六 | 己亥 19 日 | 庚子 20 一 | 辛丑 21 二 | 壬寅 22 三 | 癸卯 23 四 | 甲辰 24 五 | 乙巳 25 六 | 丙午 26 日 | 丁未 27 一 | 戊申 28 二 | 己酉 29 三 | 庚戌 30 四 | 辛亥 31 五 | 壬子 (11) 六 | 癸丑 2 日 | 甲寅 3 一 | 乙卯 4 二 | 丙辰 5 三 | 丁巳 6 四 | 戊午 7 五 | 己未 8 六 | 庚申 9 日 | 辛酉 10 一 | 壬戌 11 二 | 癸亥 12 三 | | 甲辰霜降 己未立冬 |
| 十月大 | 乙亥 | 天干地支 西曆 星期 | 甲子 13 四 | 乙丑 14 五 | 丙寅 15 六 | 丁卯 16 日 | 戊辰 17 一 | 己巳 18 二 | 庚午 19 三 | 辛未 20 四 | 壬申 21 五 | 癸酉 22 六 | 甲戌 23 日 | 乙亥 24 一 | 丙子 25 二 | 丁丑 26 三 | 戊寅 27 四 | 己卯 28 五 | 庚辰 29 六 | 辛巳 30 日 | 壬午 (12) 一 | 癸未 2 二 | 甲申 3 三 | 乙酉 4 四 | 丙戌 5 五 | 丁亥 6 六 | 戊子 7 日 | 己丑 8 一 | 庚寅 9 二 | 辛卯 10 三 | 壬辰 11 四 | 癸巳 12 五 | 甲戌小雪 庚寅大雪 |
| 十一月小 | 丙子 | 天干地支 西曆 星期 | 甲午 13 六 | 乙未 14 日 | 丙申 15 一 | 丁酉 16 二 | 戊戌 17 三 | 己亥 18 四 | 庚子 19 五 | 辛丑 20 六 | 壬寅 21 日 | 癸卯 22 一 | 甲辰 23 二 | 乙巳 24 三 | 丙午 25 四 | 丁未 26 五 | 戊申 27 六 | 己酉 28 日 | 庚戌 29 一 | 辛亥 30 二 | 壬子 31 三 | 癸丑 (1) 四 | 甲寅 2 五 | 乙卯 3 六 | 丙辰 4 日 | 丁巳 5 一 | 戊午 6 二 | 己未 7 三 | 庚申 8 四 | 辛酉 9 五 | 壬戌 10 六 | | 乙巳冬至 庚申小寒 |
| 十二月大 | 丁丑 | 天干地支 西曆 星期 | 癸亥 11 日 | 甲子 12 一 | 乙丑 13 二 | 丙寅 14 三 | 丁卯 15 四 | 戊辰 16 五 | 己巳 17 六 | 庚午 18 日 | 辛未 19 一 | 壬申 20 二 | 癸酉 21 三 | 甲戌 22 四 | 乙亥 23 五 | 丙子 24 六 | 丁丑 25 日 | 戊寅 26 一 | 己卯 27 二 | 庚辰 28 三 | 辛巳 29 四 | 壬午 30 五 | 癸未 31 六 | 甲申 (2) 日 | 乙酉 2 一 | 丙戌 3 二 | 丁亥 4 三 | 戊子 5 四 | 己丑 6 五 | 庚寅 7 六 | 辛卯 8 日 | 壬辰 9 一 | 乙亥大寒 庚寅立春 |

* 四月辛巳（十五日），改元建康。八月庚午（初六），順帝死。劉炳即位，是爲冲帝。

# 漢冲帝永嘉元年 質帝永嘉元年（乙酉 鷄年）公元 145 ~ 146 年

| 夏曆月序 | | 中西曆日對照 | 初一 | 初二 | 初三 | 初四 | 初五 | 初六 | 初七 | 初八 | 初九 | 初十 | 十一 | 十二 | 十三 | 十四 | 十五 | 十六 | 十七 | 十八 | 十九 | 二十 | 二一 | 二二 | 二三 | 二四 | 二五 | 二六 | 二七 | 二八 | 二九 | 三十 | 節氣與天象 |
|---|---|---|---|---|---|---|---|---|---|---|---|---|---|---|---|---|---|---|---|---|---|---|---|---|---|---|---|---|---|---|---|---|---|
| 正月小 | 戊寅 | 干支<br>西曆<br>星期 | 癸巳<br>10<br>二 | 甲午<br>11<br>三 | 乙未<br>12<br>四 | 丙申<br>13<br>五 | 丁酉<br>14<br>六 | 戊戌<br>15<br>日 | 己亥<br>16<br>一 | 庚子<br>17<br>二 | 辛丑<br>18<br>三 | 壬寅<br>19<br>四 | 癸卯<br>20<br>五 | 甲辰<br>21<br>六 | 乙巳<br>22<br>日 | 丙午<br>23<br>一 | 丁未<br>24<br>二 | 戊申<br>25<br>三 | 己酉<br>26<br>四 | 庚戌<br>27<br>五 | 辛亥<br>28<br>六 | 壬子<br>(3)<br>日 | 癸丑<br>2<br>一 | 甲寅<br>3<br>二 | 乙卯<br>4<br>三 | 丙辰<br>5<br>四 | 丁巳<br>6<br>五 | 戊午<br>7<br>六 | 己未<br>8<br>日 | 庚申<br>9<br>一 | 辛酉<br>10<br>二 | | 丙午雨水<br>辛酉驚蟄 |
| 二月大 | 己卯 | 干支<br>西曆<br>星期 | 壬戌<br>11<br>三 | 癸亥<br>12<br>四 | 甲子<br>13<br>五 | 乙丑<br>14<br>六 | 丙寅<br>15<br>日 | 丁卯<br>16<br>一 | 戊辰<br>17<br>二 | 己巳<br>18<br>三 | 庚午<br>19<br>四 | 辛未<br>20<br>五 | 壬申<br>21<br>六 | 癸酉<br>22<br>日 | 甲戌<br>23<br>一 | 乙亥<br>24<br>二 | 丙子<br>25<br>三 | 丁丑<br>26<br>四 | 戊寅<br>27<br>五 | 己卯<br>28<br>六 | 庚辰<br>29<br>日 | 辛巳<br>30<br>一 | 壬午<br>31<br>二 | 癸未<br>(4)<br>三 | 甲申<br>2<br>四 | 乙酉<br>3<br>五 | 丙戌<br>4<br>六 | 丁亥<br>5<br>日 | 戊子<br>6<br>一 | 己丑<br>7<br>二 | 庚寅<br>8<br>三 | 辛卯<br>9<br>四 | 丙子春分<br>辛卯清明 |
| 三月大 | 庚辰 | 干支<br>西曆<br>星期 | 壬辰<br>10<br>五 | 癸巳<br>11<br>六 | 甲午<br>12<br>日 | 乙未<br>13<br>一 | 丙申<br>14<br>二 | 丁酉<br>15<br>三 | 戊戌<br>16<br>四 | 己亥<br>17<br>五 | 庚子<br>18<br>六 | 辛丑<br>19<br>日 | 壬寅<br>20<br>一 | 癸卯<br>21<br>二 | 甲辰<br>22<br>三 | 乙巳<br>23<br>四 | 丙午<br>24<br>五 | 丁未<br>25<br>六 | 戊申<br>26<br>日 | 己酉<br>27<br>一 | 庚戌<br>28<br>二 | 辛亥<br>29<br>三 | 壬子<br>30<br>四 | 癸丑<br>(5)<br>五 | 甲寅<br>2<br>六 | 乙卯<br>3<br>日 | 丙辰<br>4<br>一 | 丁巳<br>5<br>二 | 戊午<br>6<br>三 | 己未<br>7<br>四 | 庚申<br>8<br>五 | 辛酉<br>9<br>六 | 丁未穀雨 |
| 四月小 | 辛巳 | 干支<br>西曆<br>星期 | 壬戌<br>10<br>日 | 癸亥<br>11<br>一 | 甲子<br>12<br>二 | 乙丑<br>13<br>三 | 丙寅<br>14<br>四 | 丁卯<br>15<br>五 | 戊辰<br>16<br>六 | 己巳<br>17<br>日 | 庚午<br>18<br>一 | 辛未<br>19<br>二 | 壬申<br>20<br>三 | 癸酉<br>21<br>四 | 甲戌<br>22<br>五 | 乙亥<br>23<br>六 | 丙子<br>24<br>日 | 丁丑<br>25<br>一 | 戊寅<br>26<br>二 | 己卯<br>27<br>三 | 庚辰<br>28<br>四 | 辛巳<br>29<br>五 | 壬午<br>30<br>六 | 癸未<br>31<br>日 | 甲申<br>(6)<br>一 | 乙酉<br>2<br>二 | 丙戌<br>3<br>三 | 丁亥<br>4<br>四 | 戊子<br>5<br>五 | 己丑<br>6<br>六 | 庚寅<br>7<br>日 | | 壬戌立夏<br>丁丑小滿 |
| 五月大 | 壬午 | 干支<br>西曆<br>星期 | 辛卯<br>8<br>一 | 壬辰<br>9<br>二 | 癸巳<br>10<br>三 | 甲午<br>11<br>四 | 乙未<br>12<br>五 | 丙申<br>13<br>六 | 丁酉<br>14<br>日 | 戊戌<br>15<br>一 | 己亥<br>16<br>二 | 庚子<br>17<br>三 | 辛丑<br>18<br>四 | 壬寅<br>19<br>五 | 癸卯<br>20<br>六 | 甲辰<br>21<br>日 | 乙巳<br>22<br>一 | 丙午<br>23<br>二 | 丁未<br>24<br>三 | 戊申<br>25<br>四 | 己酉<br>26<br>五 | 庚戌<br>27<br>六 | 辛亥<br>28<br>日 | 壬子<br>29<br>一 | 癸丑<br>30<br>二 | 甲寅<br>(7)<br>三 | 乙卯<br>2<br>四 | 丙辰<br>3<br>五 | 丁巳<br>4<br>六 | 戊午<br>5<br>日 | 己未<br>6<br>一 | 庚申<br>7<br>二 | 壬辰芒種<br>丁未夏至 |
| 六月小 | 癸未 | 干支<br>西曆<br>星期 | 辛酉<br>8<br>三 | 壬戌<br>9<br>四 | 癸亥<br>10<br>五 | 甲子<br>11<br>六 | 乙丑<br>12<br>日 | 丙寅<br>13<br>一 | 丁卯<br>14<br>二 | 戊辰<br>15<br>三 | 己巳<br>16<br>四 | 庚午<br>17<br>五 | 辛未<br>18<br>六 | 壬申<br>19<br>日 | 癸酉<br>20<br>一 | 甲戌<br>21<br>二 | 乙亥<br>22<br>三 | 丙子<br>23<br>四 | 丁丑<br>24<br>五 | 戊寅<br>25<br>六 | 己卯<br>26<br>日 | 庚辰<br>27<br>一 | 辛巳<br>28<br>二 | 壬午<br>29<br>三 | 癸未<br>30<br>四 | 甲申<br>31<br>五 | 乙酉<br>(8)<br>六 | 丙戌<br>2<br>日 | 丁亥<br>3<br>一 | 戊子<br>4<br>二 | 己丑<br>5<br>三 | | 癸亥小暑<br>戊寅大暑 |
| 七月大 | 甲申 | 干支<br>西曆<br>星期 | 庚寅<br>6<br>四 | 辛卯<br>7<br>五 | 壬辰<br>8<br>六 | 癸巳<br>9<br>日 | 甲午<br>10<br>一 | 乙未<br>11<br>二 | 丙申<br>12<br>三 | 丁酉<br>13<br>四 | 戊戌<br>14<br>五 | 己亥<br>15<br>六 | 庚子<br>16<br>日 | 辛丑<br>17<br>一 | 壬寅<br>18<br>二 | 癸卯<br>19<br>三 | 甲辰<br>20<br>四 | 乙巳<br>21<br>五 | 丙午<br>22<br>六 | 丁未<br>23<br>日 | 戊申<br>24<br>一 | 己酉<br>25<br>二 | 庚戌<br>26<br>三 | 辛亥<br>27<br>四 | 壬子<br>28<br>五 | 癸丑<br>29<br>六 | 甲寅<br>30<br>日 | 乙卯<br>31<br>一 | 丙辰<br>(9)<br>二 | 丁巳<br>2<br>三 | 戊午<br>3<br>四 | 己未<br>4<br>五 | 癸巳立秋<br>戊申處暑 |
| 八月小 | 乙酉 | 干支<br>西曆<br>星期 | 庚申<br>5<br>六 | 辛酉<br>6<br>日 | 壬戌<br>7<br>一 | 癸亥<br>8<br>二 | 甲子<br>9<br>三 | 乙丑<br>10<br>四 | 丙寅<br>11<br>五 | 丁卯<br>12<br>六 | 戊辰<br>13<br>日 | 己巳<br>14<br>一 | 庚午<br>15<br>二 | 辛未<br>16<br>三 | 壬申<br>17<br>四 | 癸酉<br>18<br>五 | 甲戌<br>19<br>六 | 乙亥<br>20<br>日 | 丙子<br>21<br>一 | 丁丑<br>22<br>二 | 戊寅<br>23<br>三 | 己卯<br>24<br>四 | 庚辰<br>25<br>五 | 辛巳<br>26<br>六 | 壬午<br>27<br>日 | 癸未<br>28<br>一 | 甲申<br>29<br>二 | 乙酉<br>30<br>三 | 丙戌<br>(10)<br>四 | 丁亥<br>2<br>五 | 戊子<br>3<br>六 | | 癸亥白露<br>己卯秋分 |
| 九月大 | 丙戌 | 干支<br>西曆<br>星期 | 己丑<br>4<br>日 | 庚寅<br>5<br>一 | 辛卯<br>6<br>二 | 壬辰<br>7<br>三 | 癸巳<br>8<br>四 | 甲午<br>9<br>五 | 乙未<br>10<br>六 | 丙申<br>11<br>日 | 丁酉<br>12<br>一 | 戊戌<br>13<br>二 | 己亥<br>14<br>三 | 庚子<br>15<br>四 | 辛丑<br>16<br>五 | 壬寅<br>17<br>六 | 癸卯<br>18<br>日 | 甲辰<br>19<br>一 | 乙巳<br>20<br>二 | 丙午<br>21<br>三 | 丁未<br>22<br>四 | 戊申<br>23<br>五 | 己酉<br>24<br>六 | 庚戌<br>25<br>日 | 辛亥<br>26<br>一 | 壬子<br>27<br>二 | 癸丑<br>28<br>三 | 甲寅<br>29<br>四 | 乙卯<br>30<br>五 | 丙辰<br>31<br>六 | 丁巳<br>(11)<br>日 | 戊午<br>2<br>一 | 甲午寒露<br>己酉霜降 |
| 十月小 | 丁亥 | 干支<br>西曆<br>星期 | 己未<br>3<br>二 | 庚申<br>4<br>三 | 辛酉<br>5<br>四 | 壬戌<br>6<br>五 | 癸亥<br>7<br>六 | 甲子<br>8<br>日 | 乙丑<br>9<br>一 | 丙寅<br>10<br>二 | 丁卯<br>11<br>三 | 戊辰<br>12<br>四 | 己巳<br>13<br>五 | 庚午<br>14<br>六 | 辛未<br>15<br>日 | 壬申<br>16<br>一 | 癸酉<br>17<br>二 | 甲戌<br>18<br>三 | 乙亥<br>19<br>四 | 丙子<br>20<br>五 | 丁丑<br>21<br>六 | 戊寅<br>22<br>日 | 己卯<br>23<br>一 | 庚辰<br>24<br>二 | 辛巳<br>25<br>三 | 壬午<br>26<br>四 | 癸未<br>27<br>五 | 甲申<br>28<br>六 | 乙酉<br>29<br>日 | 丙戌<br>30<br>一 | 丁亥<br>(12)<br>二 | | 甲子立冬<br>庚辰小雪 |
| 十一月大 | 戊子 | 干支<br>西曆<br>星期 | 戊子<br>2<br>三 | 己丑<br>3<br>四 | 庚寅<br>4<br>五 | 辛卯<br>5<br>六 | 壬辰<br>6<br>日 | 癸巳<br>7<br>一 | 甲午<br>8<br>二 | 乙未<br>9<br>三 | 丙申<br>10<br>四 | 丁酉<br>11<br>五 | 戊戌<br>12<br>六 | 己亥<br>13<br>日 | 庚子<br>14<br>一 | 辛丑<br>15<br>二 | 壬寅<br>16<br>三 | 癸卯<br>17<br>四 | 甲辰<br>18<br>五 | 乙巳<br>19<br>六 | 丙午<br>20<br>日 | 丁未<br>21<br>一 | 戊申<br>22<br>二 | 己酉<br>23<br>三 | 庚戌<br>24<br>四 | 辛亥<br>25<br>五 | 壬子<br>26<br>六 | 癸丑<br>27<br>日 | 甲寅<br>28<br>一 | 乙卯<br>29<br>二 | 丙辰<br>30<br>三 | 丁巳<br>31<br>四 | 乙未大雪<br>庚戌冬至 |
| 十二月小 | 己丑 | 干支<br>西曆<br>星期 | 戊午<br>(1)<br>五 | 己未<br>2<br>六 | 庚申<br>3<br>日 | 辛酉<br>4<br>一 | 壬戌<br>5<br>二 | 癸亥<br>6<br>三 | 甲子<br>7<br>四 | 乙丑<br>8<br>五 | 丙寅<br>9<br>六 | 丁卯<br>10<br>日 | 戊辰<br>11<br>一 | 己巳<br>12<br>二 | 庚午<br>13<br>三 | 辛未<br>14<br>四 | 壬申<br>15<br>五 | 癸酉<br>16<br>六 | 甲戌<br>17<br>日 | 乙亥<br>18<br>一 | 丙子<br>19<br>二 | 丁丑<br>20<br>三 | 戊寅<br>21<br>四 | 己卯<br>22<br>五 | 庚辰<br>23<br>六 | 辛巳<br>24<br>日 | 壬午<br>25<br>一 | 癸未<br>26<br>二 | 甲申<br>27<br>三 | 乙酉<br>28<br>四 | 丙戌<br>29<br>五 | | 乙丑小寒<br>庚辰大寒 |

*正月癸巳（初一），改元永嘉。戊戌（初六），冲帝死。丁巳（二十五日），劉纘即位，是爲質帝。

# 漢質帝本初元年 桓帝本初元平（丙戌 狗年）公元 146 ~ 147 年

| 夏曆月序 | 中西曆日對照 | 初一 | 初二 | 初三 | 初四 | 初五 | 初六 | 初七 | 初八 | 初九 | 初十 | 十一 | 十二 | 十三 | 十四 | 十五 | 十六 | 十七 | 十八 | 十九 | 二十 | 二一 | 二二 | 二三 | 二四 | 二五 | 二六 | 二七 | 二八 | 二九 | 三十 | 節氣與天象 |
|---|---|---|---|---|---|---|---|---|---|---|---|---|---|---|---|---|---|---|---|---|---|---|---|---|---|---|---|---|---|---|---|---|
| 正月大 庚寅 | 天干地支 西曆 星期 | 丁亥 30 六 | 戊子 31 日 | 己丑 (2) 一 | 庚寅 2 二 | 辛卯 3 三 | 壬辰 4 四 | 癸巳 5 五 | 甲午 6 六 | 乙未 7 日 | 丙申 8 一 | 丁酉 9 二 | 戊戌 10 三 | 己亥 11 四 | 庚子 12 五 | 辛丑 13 六 | 壬寅 14 日 | 癸卯 15 一 | 甲辰 16 二 | 乙巳 17 三 | 丙午 18 四 | 丁未 19 五 | 戊申 20 六 | 己酉 21 日 | 庚戌 22 一 | 辛亥 23 二 | 壬子 24 三 | 癸丑 25 四 | 甲寅 26 五 | 乙卯 27 六 | 丙辰 28 日 | 丙申立春 辛亥雨水 |
| 二月小 辛卯 | 天干地支 西曆 星期 | 丁巳 (3) 一 | 戊午 2 二 | 己未 3 三 | 庚申 4 四 | 辛酉 5 五 | 壬戌 6 六 | 癸亥 7 日 | 甲子 8 一 | 乙丑 9 二 | 丙寅 10 三 | 丁卯 11 四 | 戊辰 12 五 | 己巳 13 六 | 庚午 14 日 | 辛未 15 一 | 壬申 16 二 | 癸酉 17 三 | 甲戌 18 四 | 乙亥 19 五 | 丙子 20 六 | 丁丑 21 日 | 戊寅 22 一 | 己卯 23 二 | 庚辰 24 三 | 辛巳 25 四 | 壬午 26 五 | 癸未 27 六 | 甲申 28 日 | 乙酉 29 一 | | 丙寅驚蟄 辛巳春分 |
| 三月大 壬辰 | 天干地支 西曆 星期 | 丙戌 30 二 | 丁亥 31 三 | 戊子 (4) 四 | 己丑 2 五 | 庚寅 3 六 | 辛卯 4 日 | 壬辰 5 一 | 癸巳 6 二 | 甲午 7 三 | 乙未 8 四 | 丙申 9 五 | 丁酉 10 六 | 戊戌 11 日 | 己亥 12 一 | 庚子 13 二 | 辛丑 14 三 | 壬寅 15 四 | 癸卯 16 五 | 甲辰 17 六 | 乙巳 18 日 | 丙午 19 一 | 丁未 20 二 | 戊申 21 三 | 己酉 22 四 | 庚戌 23 五 | 辛亥 24 六 | 壬子 25 日 | 癸丑 26 一 | 甲寅 27 二 | 乙卯 28 三 | 丁酉清明 壬子穀雨 |
| 四月小 癸巳 | 天干地支 西曆 星期 | 丙辰 29 四 | 丁巳 30 五 | 戊午 (5) 六 | 己未 2 日 | 庚申 3 一 | 辛酉 4 二 | 壬戌 5 三 | 癸亥 6 四 | 甲子 7 五 | 乙丑 8 六 | 丙寅 9 日 | 丁卯 10 一 | 戊辰 11 二 | 己巳 12 三 | 庚午 13 四 | 辛未 14 五 | 壬申 15 六 | 癸酉 16 日 | 甲戌 17 一 | 乙亥 18 二 | 丙子 19 三 | 丁丑 20 四 | 戊寅 21 五 | 己卯 22 六 | 庚辰 23 日 | 辛巳 24 一 | 壬午 25 二 | 癸未 26 三 | 甲申 27 四 | | 丁卯立夏 壬午小滿 |
| 五月大 甲午 | 天干地支 西曆 星期 | 乙酉 28 五 | 丙戌 29 六 | 丁亥 30 日 | 戊子 31 一 | 己丑 (6) 二 | 庚寅 2 三 | 辛卯 3 四 | 壬辰 4 五 | 癸巳 5 六 | 甲午 6 日 | 乙未 7 一 | 丙申 8 二 | 丁酉 9 三 | 戊戌 10 四 | 己亥 11 五 | 庚子 12 六 | 辛丑 13 日 | 壬寅 14 一 | 癸卯 15 二 | 甲辰 16 三 | 乙巳 17 四 | 丙午 18 五 | 丁未 19 六 | 戊申 20 日 | 己酉 21 一 | 庚戌 22 二 | 辛亥 23 三 | 壬子 24 四 | 癸丑 25 五 | 甲寅 26 六 | 丁酉芒種 癸丑夏至 |
| 六月小 乙未 | 天干地支 西曆 星期 | 乙卯 27 日 | 丙辰 28 一 | 丁巳 29 二 | 戊午 30 三 | 己未 (7) 四 | 庚申 2 五 | 辛酉 3 六 | 壬戌 4 日 | 癸亥 5 一 | 甲子 6 二 | 乙丑 7 三 | 丙寅 8 四 | 丁卯 9 五 | 戊辰 10 六 | 己巳 11 日 | 庚午 12 一 | 辛未 13 二 | 壬申 14 三 | 癸酉 15 四 | 甲戌 16 五 | 乙亥 17 六 | 丙子 18 日 | 丁丑 19 一 | 戊寅 20 二 | 己卯 21 三 | 庚辰 22 四 | 辛巳 23 五 | 壬午 24 六 | 癸未 25 日 | | 戊辰小暑 癸未大暑 |
| 閏六月大 乙未 | 天干地支 西曆 星期 | 甲申 26 一 | 乙酉 27 二 | 丙戌 28 三 | 丁亥 29 四 | 戊子 30 五 | 己丑 31 六 | 庚寅 (8) 日 | 辛卯 2 一 | 壬辰 3 二 | 癸巳 4 三 | 甲午 5 四 | 乙未 6 五 | 丙申 7 六 | 丁酉 8 日 | 戊戌 9 一 | 己亥 10 二 | 庚子 11 三 | 辛丑 12 四 | 壬寅 13 五 | 癸卯 14 六 | 甲辰 15 日 | 乙巳 16 一 | 丙午 17 二 | 丁未 18 三 | 戊申 19 四 | 己酉 20 五 | 庚戌 21 六 | 辛亥 22 日 | 壬子 23 一 | 癸丑 24 二 | 戊戌立秋 |
| 七月大 丙申 | 天干地支 西曆 星期 | 甲寅 25 三 | 乙卯 26 四 | 丙辰 27 五 | 丁巳 28 六 | 戊午 29 日 | 己未 30 一 | 庚申 31 二 | 辛酉 (9) 三 | 壬戌 2 四 | 癸亥 3 五 | 甲子 4 六 | 乙丑 5 日 | 丙寅 6 一 | 丁卯 7 二 | 戊辰 8 三 | 己巳 9 四 | 庚午 10 五 | 辛未 11 六 | 壬申 12 日 | 癸酉 13 一 | 甲戌 14 二 | 乙亥 15 三 | 丙子 16 四 | 丁丑 17 五 | 戊寅 18 六 | 己卯 19 日 | 庚辰 20 一 | 辛巳 21 二 | 壬午 22 三 | 癸未 23 四 | 甲寅處暑 己巳白露 甲寅日食 |
| 八月小 丁酉 | 天干地支 西曆 星期 | 甲申 24 五 | 乙酉 25 六 | 丙戌 26 日 | 丁亥 27 一 | 戊子 28 二 | 己丑 29 三 | 庚寅 30 四 | 辛卯 (10) 五 | 壬辰 2 六 | 癸巳 3 日 | 甲午 4 一 | 乙未 5 二 | 丙申 6 三 | 丁酉 7 四 | 戊戌 8 五 | 己亥 9 六 | 庚子 10 日 | 辛丑 11 一 | 壬寅 12 二 | 癸卯 13 三 | 甲辰 14 四 | 乙巳 15 五 | 丙午 16 六 | 丁未 17 日 | 戊申 18 一 | 己酉 19 二 | 庚戌 20 三 | 辛亥 21 四 | 壬子 22 五 | | 甲申秋分 己亥寒露 |
| 九月大 戊戌 | 天干地支 西曆 星期 | 癸丑 23 六 | 甲寅 24 日 | 乙卯 25 一 | 丙辰 26 二 | 丁巳 27 三 | 戊午 28 四 | 己未 29 五 | 庚申 30 六 | 辛酉 31 日 | 壬戌 (11) 一 | 癸亥 2 二 | 甲子 3 三 | 乙丑 4 四 | 丙寅 5 五 | 丁卯 6 六 | 戊辰 7 日 | 己巳 8 一 | 庚午 9 二 | 辛未 10 三 | 壬申 11 四 | 癸酉 12 五 | 甲戌 13 六 | 乙亥 14 日 | 丙子 15 一 | 丁丑 16 二 | 戊寅 17 三 | 己卯 18 四 | 庚辰 19 五 | 辛巳 20 六 | 壬午 21 日 | 甲寅霜降 庚午立冬 |
| 十月小 己亥 | 天干地支 西曆 星期 | 癸未 22 一 | 甲申 23 二 | 乙酉 24 三 | 丙戌 25 四 | 丁亥 26 五 | 戊子 27 六 | 己丑 28 日 | 庚寅 29 一 | 辛卯 30 二 | 壬辰 (12) 三 | 癸巳 2 四 | 甲午 3 五 | 乙未 4 六 | 丙申 5 日 | 丁酉 6 一 | 戊戌 7 二 | 己亥 8 三 | 庚子 9 四 | 辛丑 10 五 | 壬寅 11 六 | 癸卯 12 日 | 甲辰 13 一 | 乙巳 14 二 | 丙午 15 三 | 丁未 16 四 | 戊申 17 五 | 己酉 18 六 | 庚戌 19 日 | 辛亥 20 一 | | 乙酉小雪 庚子大雪 |
| 十一月大 庚子 | 天干地支 西曆 星期 | 壬子 21 二 | 癸丑 22 三 | 甲寅 23 四 | 乙卯 24 五 | 丙辰 25 六 | 丁巳 26 日 | 戊午 27 一 | 己未 28 二 | 庚申 29 三 | 辛酉 30 四 | 壬戌 31 五 | 癸亥 (1) 六 | 甲子 2 日 | 乙丑 3 一 | 丙寅 4 二 | 丁卯 5 三 | 戊辰 6 四 | 己巳 7 五 | 庚午 8 六 | 辛未 9 日 | 壬申 10 一 | 癸酉 11 二 | 甲戌 12 三 | 乙亥 13 四 | 丙子 14 五 | 丁丑 15 六 | 戊寅 16 日 | 己卯 17 一 | 庚辰 18 二 | 辛巳 19 三 | 乙卯冬至 庚午小寒 |
| 十二月小 辛丑 | 天干地支 西曆 星期 | 壬午 20 四 | 癸未 21 五 | 甲申 22 六 | 乙酉 23 日 | 丙戌 24 一 | 丁亥 25 二 | 戊子 26 三 | 己丑 27 四 | 庚寅 28 五 | 辛卯 29 六 | 壬辰 30 日 | 癸巳 31 一 | 甲午 (2) 二 | 乙未 2 三 | 丙申 3 四 | 丁酉 4 五 | 戊戌 5 六 | 己亥 6 日 | 庚子 7 一 | 辛丑 8 二 | 壬寅 9 三 | 癸卯 10 四 | 甲辰 11 五 | 乙巳 12 六 | 丙午 13 日 | 丁未 14 一 | 戊申 15 二 | 己酉 16 三 | 庚戌 17 四 | | 丙戌大寒 辛丑立春 |

* 正月丁亥（初一），改元本初。閏六月甲申（初一），質帝爲梁冀所殺。庚寅（初七），劉志即位，是爲桓帝。

# 漢桓帝建和元年（丁亥 猪年）公元 147 ~ 148 年

| 夏曆月序 | | 中西曆日對照 | 初一 | 初二 | 初三 | 初四 | 初五 | 初六 | 初七 | 初八 | 初九 | 初十 | 十一 | 十二 | 十三 | 十四 | 十五 | 十六 | 十七 | 十八 | 十九 | 二十 | 二一 | 二二 | 二三 | 二四 | 二五 | 二六 | 二七 | 二八 | 二九 | 三十 | 節氣與天象 |
|---|---|---|---|---|---|---|---|---|---|---|---|---|---|---|---|---|---|---|---|---|---|---|---|---|---|---|---|---|---|---|---|---|---|
| 正月大 | 壬寅 | 干支 西曆 星期 | 辛亥18五 | 壬子19六 | 癸丑20日 | 甲寅21一 | 乙卯22二 | 丙辰23三 | 丁巳24四 | 戊午25五 | 己未26六 | 庚申27日 | 辛酉28一 | 壬戌(3)二 | 癸亥2三 | 甲子3四 | 乙丑4五 | 丙寅5六 | 丁卯6日 | 戊辰7一 | 己巳8二 | 庚午9三 | 辛未10四 | 壬申11五 | 癸酉12六 | 甲戌13日 | 乙亥14一 | 丙子15二 | 丁丑16三 | 戊寅17四 | 己卯18五 | 庚辰19六 | 丙辰雨水 辛未驚蟄 |
| 二月小 | 癸卯 | 干支 西曆 星期 | 辛巳20日 | 壬午21一 | 癸未22二 | 甲申23三 | 乙酉24四 | 丙戌25五 | 丁亥26六 | 戊子27日 | 己丑28一 | 庚寅29二 | 辛卯30三 | 壬辰31四 | 癸巳(4)五 | 甲午2六 | 乙未3日 | 丙申4一 | 丁酉5二 | 戊戌6三 | 己亥7四 | 庚子8五 | 辛丑9六 | 壬寅10日 | 癸卯11一 | 甲辰12二 | 乙巳13三 | 丙午14四 | 丁未15五 | 戊申16六 | 己酉17日 | | 丁亥春分 壬寅清明 |
| 三月大 | 甲辰 | 干支 西曆 星期 | 庚戌18一 | 辛亥19二 | 壬子20三 | 癸丑21四 | 甲寅22五 | 乙卯23六 | 丙辰24日 | 丁巳25一 | 戊午26二 | 己未27三 | 庚申28四 | 辛酉29五 | 壬戌30六 | 癸亥(5)日 | 甲子2一 | 乙丑3二 | 丙寅4三 | 丁卯5四 | 戊辰6五 | 己巳7六 | 庚午8日 | 辛未9一 | 壬申10二 | 癸酉11三 | 甲戌12四 | 乙亥13五 | 丙子14六 | 丁丑15日 | 戊寅16一 | 己卯17二 | 丁巳穀雨 壬申立夏 |
| 四月小 | 乙巳 | 干支 西曆 星期 | 庚辰18三 | 辛巳19四 | 壬午20五 | 癸未21六 | 甲申22日 | 乙酉23一 | 丙戌24二 | 丁亥25三 | 戊子26四 | 己丑27五 | 庚寅28六 | 辛卯29日 | 壬辰30一 | 癸巳31二 | 甲午(6)三 | 乙未2四 | 丙申3五 | 丁酉4六 | 戊戌5日 | 己亥6一 | 庚子7二 | 辛丑8三 | 壬寅9四 | 癸卯10五 | 甲辰11六 | 乙巳12日 | 丙午13一 | 丁未14二 | 戊申15三 | | 丁亥小滿 癸卯芒種 |
| 五月大 | 丙午 | 干支 西曆 星期 | 己酉16四 | 庚戌17五 | 辛亥18六 | 壬子19日 | 癸丑20一 | 甲寅21二 | 乙卯22三 | 丙辰23四 | 丁巳24五 | 戊午25六 | 己未26日 | 庚申27一 | 辛酉28二 | 壬戌29三 | 癸亥30四 | 甲子(7)五 | 乙丑2六 | 丙寅3日 | 丁卯4一 | 戊辰5二 | 己巳6三 | 庚午7四 | 辛未8五 | 壬申9六 | 癸酉10日 | 甲戌11一 | 乙亥12二 | 丙子13三 | 丁丑14四 | 戊寅15五 | 戊午夏至 癸酉小暑 |
| 六月小 | 丁未 | 干支 西曆 星期 | 己卯16六 | 庚辰17日 | 辛巳18一 | 壬午19二 | 癸未20三 | 甲申21四 | 乙酉22五 | 丙戌23六 | 丁亥24日 | 戊子25一 | 己丑26二 | 庚寅27三 | 辛卯28四 | 壬辰29五 | 癸巳30六 | 甲午31日 | 乙未(8)一 | 丙申2二 | 丁酉3三 | 戊戌4四 | 己亥5五 | 庚子6六 | 辛丑7日 | 壬寅8一 | 癸卯9二 | 甲辰10三 | 乙巳11四 | 丙午12五 | 丁未13六 | | 戊子大暑 甲辰立秋 |
| 七月大 | 戊申 | 干支 西曆 星期 | 戊申14日 | 己酉15一 | 庚戌16二 | 辛亥17三 | 壬子18四 | 癸丑19五 | 甲寅20六 | 乙卯21日 | 丙辰22一 | 丁巳23二 | 戊午24三 | 己未25四 | 庚申26五 | 辛酉27六 | 壬戌28日 | 癸亥29一 | 甲子30二 | 乙丑31三 | 丙寅(9)四 | 丁卯2五 | 戊辰3六 | 己巳4日 | 庚午5一 | 辛未6二 | 壬申7三 | 癸酉8四 | 甲戌9五 | 乙亥10六 | 丙子11日 | 丁丑12一 | 己未處暑 甲戌白露 |
| 八月小 | 己酉 | 干支 西曆 星期 | 戊寅13二 | 己卯14三 | 庚辰15四 | 辛巳16五 | 壬午17六 | 癸未18日 | 甲申19一 | 乙酉20二 | 丙戌21三 | 丁亥22四 | 戊子23五 | 己丑24六 | 庚寅25日 | 辛卯26一 | 壬辰27二 | 癸巳28三 | 甲午29四 | 乙未30五 | 丙申(10)六 | 丁酉2日 | 戊戌3一 | 己亥4二 | 庚子5三 | 辛丑6四 | 壬寅7五 | 癸卯8六 | 甲辰9日 | 乙巳10一 | 丙午11二 | | 己丑秋分 甲辰寒露 |
| 九月大 | 庚戌 | 干支 西曆 星期 | 丁未12三 | 戊申13四 | 己酉14五 | 庚戌15六 | 辛亥16日 | 壬子17一 | 癸丑18二 | 甲寅19三 | 乙卯20四 | 丙辰21五 | 丁巳22六 | 戊午23日 | 己未24一 | 庚申25二 | 辛酉26三 | 壬戌27四 | 癸亥28五 | 甲子29六 | 乙丑30日 | 丙寅31一 | 丁卯(11)二 | 戊辰2三 | 己巳3四 | 庚午4五 | 辛未5六 | 壬申6日 | 癸酉7一 | 甲戌8二 | 乙亥9三 | 丙子10四 | 庚申霜降 乙亥立冬 |
| 十月大 | 辛亥 | 干支 西曆 星期 | 丁丑11五 | 戊寅12六 | 己卯13日 | 庚辰14一 | 辛巳15二 | 壬午16三 | 癸未17四 | 甲申18五 | 乙酉19六 | 丙戌20日 | 丁亥21一 | 戊子22二 | 己丑23三 | 庚寅24四 | 辛卯25五 | 壬辰26六 | 癸巳27日 | 甲午28一 | 乙未29二 | 丙申30三 | 丁酉(12)四 | 戊戌2五 | 己亥3六 | 庚子4日 | 辛丑5一 | 壬寅6二 | 癸卯7三 | 甲辰8四 | 乙巳9五 | 丙午10六 | 庚寅小雪 乙巳大雪 |
| 十一月小 | 壬子 | 干支 西曆 星期 | 丁未11日 | 戊申12一 | 己酉13二 | 庚戌14三 | 辛亥15四 | 壬子16五 | 癸丑17六 | 甲寅18日 | 乙卯19一 | 丙辰20二 | 丁巳21三 | 戊午22四 | 己未23五 | 庚申24六 | 辛酉25日 | 壬戌26一 | 癸亥27二 | 甲子28三 | 乙丑29四 | 丙寅30五 | 丁卯31六 | 戊辰(1)日 | 己巳2一 | 庚午3二 | 辛未4三 | 壬申5四 | 癸酉6五 | 甲戌7六 | 乙亥8日 | | 辛酉冬至 |
| 十二月大 | 癸丑 | 干支 西曆 星期 | 丙子9一 | 丁丑10二 | 戊寅11三 | 己卯12四 | 庚辰13五 | 辛巳14六 | 壬午15日 | 癸未16一 | 甲申17二 | 乙酉18三 | 丙戌19四 | 丁亥20五 | 戊子21六 | 己丑22日 | 庚寅23一 | 辛卯24二 | 壬辰25三 | 癸巳26四 | 甲午27五 | 乙未28六 | 丙申29日 | 丁酉30一 | 戊戌31二 | 己亥(2)三 | 庚子2四 | 辛丑3五 | 壬寅4六 | 癸卯5日 | 甲辰6一 | 乙巳7二 | 丙子小寒 辛卯大寒 |

* 正月辛亥（初一），改元建和。

# 漢桓帝建和二年（戊子 鼠年）公元 148 ~ 149 年

| 夏曆月序 | | 中西曆日對照 | 初一 | 初二 | 初三 | 初四 | 初五 | 初六 | 初七 | 初八 | 初九 | 初十 | 十一 | 十二 | 十三 | 十四 | 十五 | 十六 | 十七 | 十八 | 十九 | 二十 | 二一 | 二二 | 二三 | 二四 | 二五 | 二六 | 二七 | 二八 | 二九 | 三十 | 節氣與天象 |
|---|---|---|---|---|---|---|---|---|---|---|---|---|---|---|---|---|---|---|---|---|---|---|---|---|---|---|---|---|---|---|---|---|---|
| 正月小 | 甲寅 | 天干<br>地支<br>西曆<br>星期 | 丙午<br>8<br>三 | 丁未<br>9<br>四 | 戊申<br>10<br>五 | 己酉<br>11<br>六 | 庚戌<br>12<br>日 | 辛亥<br>13<br>一 | 壬子<br>14<br>二 | 癸丑<br>15<br>三 | 甲寅<br>16<br>四 | 乙卯<br>17<br>五 | 丙辰<br>18<br>六 | 丁巳<br>19<br>日 | 戊午<br>20<br>一 | 己未<br>21<br>二 | 庚申<br>22<br>三 | 辛酉<br>23<br>四 | 壬戌<br>24<br>五 | 癸亥<br>25<br>六 | 甲子<br>26<br>日 | 乙丑<br>27<br>一 | 丙寅<br>28<br>二 | 丁卯<br>29<br>三 | 戊辰<br>(3)<br>四 | 己巳<br>2<br>五 | 庚午<br>3<br>六 | 辛未<br>4<br>日 | 壬申<br>5<br>一 | 癸酉<br>6<br>二 | 甲戌<br>7<br>三 | | 丙午立春<br>辛酉雨水 |
| 二月大 | 乙卯 | 天干<br>地支<br>西曆<br>星期 | 乙亥<br>8<br>四 | 丙子<br>9<br>五 | 丁丑<br>10<br>六 | 戊寅<br>11<br>日 | 己卯<br>12<br>一 | 庚辰<br>13<br>二 | 辛巳<br>14<br>三 | 壬午<br>15<br>四 | 癸未<br>16<br>五 | 甲申<br>17<br>六 | 乙酉<br>18<br>日 | 丙戌<br>19<br>一 | 丁亥<br>20<br>二 | 戊子<br>21<br>三 | 己丑<br>22<br>四 | 庚寅<br>23<br>五 | 辛卯<br>24<br>六 | 壬辰<br>25<br>日 | 癸巳<br>26<br>一 | 甲午<br>27<br>二 | 乙未<br>28<br>三 | 丙申<br>29<br>四 | 丁酉<br>30<br>五 | 戊戌<br>31<br>六 | 己亥<br>(4)<br>日 | 庚子<br>2<br>一 | 辛丑<br>3<br>二 | 壬寅<br>4<br>三 | 癸卯<br>5<br>四 | 甲辰<br>6<br>五 | 丁丑驚蟄<br>壬辰春分 |
| 三月小 | 丙辰 | 天干<br>地支<br>西曆<br>星期 | 乙巳<br>7<br>六 | 丙午<br>8<br>日 | 丁未<br>9<br>一 | 戊申<br>10<br>二 | 己酉<br>11<br>三 | 庚戌<br>12<br>四 | 辛亥<br>13<br>五 | 壬子<br>14<br>六 | 癸丑<br>15<br>日 | 甲寅<br>16<br>一 | 乙卯<br>17<br>二 | 丙辰<br>18<br>三 | 丁巳<br>19<br>四 | 戊午<br>20<br>五 | 己未<br>21<br>六 | 庚申<br>22<br>日 | 辛酉<br>23<br>一 | 壬戌<br>24<br>二 | 癸亥<br>25<br>三 | 甲子<br>26<br>四 | 乙丑<br>27<br>五 | 丙寅<br>28<br>六 | 丁卯<br>29<br>日 | 戊辰<br>30<br>一 | 己巳<br>(5)<br>二 | 庚午<br>2<br>三 | 辛未<br>3<br>四 | 壬申<br>4<br>五 | 癸酉<br>5<br>六 | | 丁未清明<br>壬戌穀雨 |
| 四月大 | 丁巳 | 天干<br>地支<br>西曆<br>星期 | 甲戌<br>6<br>日 | 乙亥<br>7<br>一 | 丙子<br>8<br>二 | 丁丑<br>9<br>三 | 戊寅<br>10<br>四 | 己卯<br>11<br>五 | 庚辰<br>12<br>六 | 辛巳<br>13<br>日 | 壬午<br>14<br>一 | 癸未<br>15<br>二 | 甲申<br>16<br>三 | 乙酉<br>17<br>四 | 丙戌<br>18<br>五 | 丁亥<br>19<br>六 | 戊子<br>20<br>日 | 己丑<br>21<br>一 | 庚寅<br>22<br>二 | 辛卯<br>23<br>三 | 壬辰<br>24<br>四 | 癸巳<br>25<br>五 | 甲午<br>26<br>六 | 乙未<br>27<br>日 | 丙申<br>28<br>一 | 丁酉<br>29<br>二 | 戊戌<br>30<br>三 | 己亥<br>31<br>四 | 庚子<br>(6)<br>五 | 辛丑<br>2<br>六 | 壬寅<br>3<br>日 | 癸卯<br>4<br>一 | 丁丑立夏<br>癸巳小滿 |
| 五月小 | 戊午 | 天干<br>地支<br>西曆<br>星期 | 甲辰<br>5<br>二 | 乙巳<br>6<br>三 | 丙午<br>7<br>四 | 丁未<br>8<br>五 | 戊申<br>9<br>六 | 己酉<br>10<br>日 | 庚戌<br>11<br>一 | 辛亥<br>12<br>二 | 壬子<br>13<br>三 | 癸丑<br>14<br>四 | 甲寅<br>15<br>五 | 乙卯<br>16<br>六 | 丙辰<br>17<br>日 | 丁巳<br>18<br>一 | 戊午<br>19<br>二 | 己未<br>20<br>三 | 庚申<br>21<br>四 | 辛酉<br>22<br>五 | 壬戌<br>23<br>六 | 癸亥<br>24<br>日 | 甲子<br>25<br>一 | 乙丑<br>26<br>二 | 丙寅<br>27<br>三 | 丁卯<br>28<br>四 | 戊辰<br>29<br>五 | 己巳<br>30<br>六 | 庚午<br>(7)<br>日 | 辛未<br>2<br>一 | 壬申<br>3<br>二 | | 戊申芒種<br>癸亥夏至 |
| 六月大 | 己未 | 天干<br>地支<br>西曆<br>星期 | 癸酉<br>4<br>三 | 甲戌<br>5<br>四 | 乙亥<br>6<br>五 | 丙子<br>7<br>六 | 丁丑<br>8<br>日 | 戊寅<br>9<br>一 | 己卯<br>10<br>二 | 庚辰<br>11<br>三 | 辛巳<br>12<br>四 | 壬午<br>13<br>五 | 癸未<br>14<br>六 | 甲申<br>15<br>日 | 乙酉<br>16<br>一 | 丙戌<br>17<br>二 | 丁亥<br>18<br>三 | 戊子<br>19<br>四 | 己丑<br>20<br>五 | 庚寅<br>21<br>六 | 辛卯<br>22<br>日 | 壬辰<br>23<br>一 | 癸巳<br>24<br>二 | 甲午<br>25<br>三 | 乙未<br>26<br>四 | 丙申<br>27<br>五 | 丁酉<br>28<br>六 | 戊戌<br>29<br>日 | 己亥<br>30<br>一 | 庚子<br>31<br>二 | 辛丑<br>(8)<br>三 | 壬寅<br>2<br>四 | 戊寅小暑<br>甲午大暑 |
| 七月小 | 庚申 | 天干<br>地支<br>西曆<br>星期 | 癸卯<br>3<br>五 | 甲辰<br>4<br>六 | 乙巳<br>5<br>日 | 丙午<br>6<br>一 | 丁未<br>7<br>二 | 戊申<br>8<br>三 | 己酉<br>9<br>四 | 庚戌<br>10<br>五 | 辛亥<br>11<br>六 | 壬子<br>12<br>日 | 癸丑<br>13<br>一 | 甲寅<br>14<br>二 | 乙卯<br>15<br>三 | 丙辰<br>16<br>四 | 丁巳<br>17<br>五 | 戊午<br>18<br>六 | 己未<br>19<br>日 | 庚申<br>20<br>一 | 辛酉<br>21<br>二 | 壬戌<br>22<br>三 | 癸亥<br>23<br>四 | 甲子<br>24<br>五 | 乙丑<br>25<br>六 | 丙寅<br>26<br>日 | 丁卯<br>27<br>一 | 戊辰<br>28<br>二 | 己巳<br>29<br>三 | 庚午<br>30<br>四 | 辛未<br>31<br>五 | | 己酉立秋<br>甲子處暑 |
| 八月大 | 辛酉 | 天干<br>地支<br>西曆<br>星期 | 壬申<br>(9)<br>六 | 癸酉<br>2<br>日 | 甲戌<br>3<br>一 | 乙亥<br>4<br>二 | 丙子<br>5<br>三 | 丁丑<br>6<br>四 | 戊寅<br>7<br>五 | 己卯<br>8<br>六 | 庚辰<br>9<br>日 | 辛巳<br>10<br>一 | 壬午<br>11<br>二 | 癸未<br>12<br>三 | 甲申<br>13<br>四 | 乙酉<br>14<br>五 | 丙戌<br>15<br>六 | 丁亥<br>16<br>日 | 戊子<br>17<br>一 | 己丑<br>18<br>二 | 庚寅<br>19<br>三 | 辛卯<br>20<br>四 | 壬辰<br>21<br>五 | 癸巳<br>22<br>六 | 甲午<br>23<br>日 | 乙未<br>24<br>一 | 丙申<br>25<br>二 | 丁酉<br>26<br>三 | 戊戌<br>27<br>四 | 己亥<br>28<br>五 | 庚子<br>29<br>六 | 辛丑<br>30<br>日 | 己卯白露<br>甲午秋分 |
| 九月小 | 壬戌 | 天干<br>地支<br>西曆<br>星期 | 壬寅<br>(10)<br>一 | 癸卯<br>2<br>二 | 甲辰<br>3<br>三 | 乙巳<br>4<br>四 | 丙午<br>5<br>五 | 丁未<br>6<br>六 | 戊申<br>7<br>日 | 己酉<br>8<br>一 | 庚戌<br>9<br>二 | 辛亥<br>10<br>三 | 壬子<br>11<br>四 | 癸丑<br>12<br>五 | 甲寅<br>13<br>六 | 乙卯<br>14<br>日 | 丙辰<br>15<br>一 | 丁巳<br>16<br>二 | 戊午<br>17<br>三 | 己未<br>18<br>四 | 庚申<br>19<br>五 | 辛酉<br>20<br>六 | 壬戌<br>21<br>日 | 癸亥<br>22<br>一 | 甲子<br>23<br>二 | 乙丑<br>24<br>三 | 丙寅<br>25<br>四 | 丁卯<br>26<br>五 | 戊辰<br>27<br>六 | 己巳<br>28<br>日 | 庚午<br>29<br>一 | | 庚戌寒露<br>乙丑霜降 |
| 十月大 | 癸亥 | 天干<br>地支<br>西曆<br>星期 | 辛未<br>30<br>二 | 壬申<br>31<br>三 | 癸酉<br>(11)<br>四 | 甲戌<br>2<br>五 | 乙亥<br>3<br>六 | 丙子<br>4<br>日 | 丁丑<br>5<br>一 | 戊寅<br>6<br>二 | 己卯<br>7<br>三 | 庚辰<br>8<br>四 | 辛巳<br>9<br>五 | 壬午<br>10<br>六 | 癸未<br>11<br>日 | 甲申<br>12<br>一 | 乙酉<br>13<br>二 | 丙戌<br>14<br>三 | 丁亥<br>15<br>四 | 戊子<br>16<br>五 | 己丑<br>17<br>六 | 庚寅<br>18<br>日 | 辛卯<br>19<br>一 | 壬辰<br>20<br>二 | 癸巳<br>21<br>三 | 甲午<br>22<br>四 | 乙未<br>23<br>五 | 丙申<br>24<br>六 | 丁酉<br>25<br>日 | 戊戌<br>26<br>一 | 己亥<br>27<br>二 | 庚子<br>28<br>三 | 庚辰立冬<br>乙未小雪 |
| 十一月小 | 甲子 | 天干<br>地支<br>西曆<br>星期 | 辛丑<br>29<br>四 | 壬寅<br>30<br>五 | 癸卯<br>(12)<br>六 | 甲辰<br>2<br>日 | 乙巳<br>3<br>一 | 丙午<br>4<br>二 | 丁未<br>5<br>三 | 戊申<br>6<br>四 | 己酉<br>7<br>五 | 庚戌<br>8<br>六 | 辛亥<br>9<br>日 | 壬子<br>10<br>一 | 癸丑<br>11<br>二 | 甲寅<br>12<br>三 | 乙卯<br>13<br>四 | 丙辰<br>14<br>五 | 丁巳<br>15<br>六 | 戊午<br>16<br>日 | 己未<br>17<br>一 | 庚申<br>18<br>二 | 辛酉<br>19<br>三 | 壬戌<br>20<br>四 | 癸亥<br>21<br>五 | 甲子<br>22<br>六 | 乙丑<br>23<br>日 | 丙寅<br>24<br>一 | 丁卯<br>25<br>二 | 戊辰<br>26<br>三 | 己巳<br>27<br>四 | | 辛亥大雪<br>丙寅冬至 |
| 十二月大 | 乙丑 | 天干<br>地支<br>西曆<br>星期 | 庚午<br>28<br>五 | 辛未<br>29<br>六 | 壬申<br>30<br>日 | 癸酉<br>31<br>一 | 甲戌<br>(1)<br>二 | 乙亥<br>2<br>三 | 丙子<br>3<br>四 | 丁丑<br>4<br>五 | 戊寅<br>5<br>六 | 己卯<br>6<br>日 | 庚辰<br>7<br>一 | 辛巳<br>8<br>二 | 壬午<br>9<br>三 | 癸未<br>10<br>四 | 甲申<br>11<br>五 | 乙酉<br>12<br>六 | 丙戌<br>13<br>日 | 丁亥<br>14<br>一 | 戊子<br>15<br>二 | 己丑<br>16<br>三 | 庚寅<br>17<br>四 | 辛卯<br>18<br>五 | 壬辰<br>19<br>六 | 癸巳<br>20<br>日 | 甲午<br>21<br>一 | 乙未<br>22<br>二 | 丙申<br>23<br>三 | 丁酉<br>24<br>四 | 戊戌<br>25<br>五 | 己亥<br>26<br>六 | 辛巳大寒<br>丙申大寒 |

# 漢桓帝建和三年（己丑 牛年）公元 149 ~ 150 年

| 夏曆月序 | | 中西曆日對照 | 初一 | 初二 | 初三 | 初四 | 初五 | 初六 | 初七 | 初八 | 初九 | 初十 | 十一 | 十二 | 十三 | 十四 | 十五 | 十六 | 十七 | 十八 | 十九 | 二十 | 二十一 | 二十二 | 二十三 | 二十四 | 二十五 | 二十六 | 二十七 | 二十八 | 二十九 | 三十 | 節氣與天象 |
|---|---|---|---|---|---|---|---|---|---|---|---|---|---|---|---|---|---|---|---|---|---|---|---|---|---|---|---|---|---|---|---|---|---|
| 正月小 | 丙寅 | 干支 西曆 星期 | 庚子 27 日 | 辛丑 28 一 | 壬寅 29 二 | 癸卯 30 三 | 甲辰 31 四 | 乙巳 (2) 五 | 丙午 2 六 | 丁未 3 日 | 戊申 4 一 | 己酉 5 二 | 庚戌 6 三 | 辛亥 7 四 | 壬子 8 五 | 癸丑 9 六 | 甲寅 10 日 | 乙卯 11 一 | 丙辰 12 二 | 丁巳 13 三 | 戊午 14 四 | 己未 15 五 | 庚申 16 六 | 辛酉 17 日 | 壬戌 18 一 | 癸亥 19 二 | 甲子 20 三 | 乙丑 21 四 | 丙寅 22 五 | 丁卯 23 六 | 戊辰 24 日 | | 辛亥立春 丁卯雨水 |
| 二月大 | 丁卯 | 干支 西曆 星期 | 己巳 25 一 | 庚午 26 二 | 辛未 27 三 | 壬申 28 四 | 癸酉 (3) 五 | 甲戌 2 六 | 乙亥 3 日 | 丙子 4 一 | 丁丑 5 二 | 戊寅 6 三 | 己卯 7 四 | 庚辰 8 五 | 辛巳 9 六 | 壬午 10 日 | 癸未 11 一 | 甲申 12 二 | 乙酉 13 三 | 丙戌 14 四 | 丁亥 15 五 | 戊子 16 六 | 己丑 17 日 | 庚寅 18 一 | 辛卯 19 二 | 壬辰 20 三 | 癸巳 21 四 | 甲午 22 五 | 乙未 23 六 | 丙申 24 日 | 丁酉 25 一 | 戊戌 26 二 | 壬午驚蟄 丁酉春分 |
| 三月大 | 戊辰 | 干支 西曆 星期 | 己亥 27 三 | 庚子 28 四 | 辛丑 29 五 | 壬寅 30 六 | 癸卯 31 日 | 甲辰 (4) 一 | 乙巳 2 二 | 丙午 3 三 | 丁未 4 四 | 戊申 5 五 | 己酉 6 六 | 庚戌 7 日 | 辛亥 8 一 | 壬子 9 二 | 癸丑 10 三 | 甲寅 11 四 | 乙卯 12 五 | 丙辰 13 六 | 丁巳 14 日 | 戊午 15 一 | 己未 16 二 | 庚申 17 三 | 辛酉 18 四 | 壬戌 19 五 | 癸亥 20 六 | 甲子 21 日 | 乙丑 22 一 | 丙寅 23 二 | 丁卯 24 三 | 戊辰 25 四 | 壬子清明 戊辰穀雨 |
| 閏三月小 | 戊辰 | 干支 西曆 星期 | 己巳 26 五 | 庚午 27 六 | 辛未 28 日 | 壬申 29 一 | 癸酉 30 二 | 甲戌 (5) 三 | 乙亥 2 四 | 丙子 3 五 | 丁丑 4 六 | 戊寅 5 日 | 己卯 6 一 | 庚辰 7 二 | 辛巳 8 三 | 壬午 9 四 | 癸未 10 五 | 甲申 11 六 | 乙酉 12 日 | 丙戌 13 一 | 丁亥 14 二 | 戊子 15 三 | 己丑 16 四 | 庚寅 17 五 | 辛卯 18 六 | 壬辰 19 日 | 癸巳 20 一 | 甲午 21 二 | 乙未 22 三 | 丙申 23 四 | 丁酉 24 五 | | 癸未立夏 |
| 四月大 | 己巳 | 干支 西曆 星期 | 戊戌 25 六 | 己亥 26 日 | 庚子 27 一 | 辛丑 28 二 | 壬寅 29 三 | 癸卯 30 四 | 甲辰 31 五 | 乙巳 (6) 六 | 丙午 2 日 | 丁未 3 一 | 戊申 4 二 | 己酉 5 三 | 庚戌 6 四 | 辛亥 7 五 | 壬子 8 六 | 癸丑 9 日 | 甲寅 10 一 | 乙卯 11 二 | 丙辰 12 三 | 丁巳 13 四 | 戊午 14 五 | 己未 15 六 | 庚申 16 日 | 辛酉 17 一 | 壬戌 18 二 | 癸亥 19 三 | 甲子 20 四 | 乙丑 21 五 | 丙寅 22 六 | 丁卯 23 日 | 戊戌小滿 癸丑芒種 丁卯日食 |
| 五月小 | 庚午 | 干支 西曆 星期 | 戊辰 24 一 | 己巳 25 二 | 庚午 26 三 | 辛未 27 四 | 壬申 28 五 | 癸酉 29 六 | 甲戌 30 日 | 乙亥 (7) 一 | 丙子 2 二 | 丁丑 3 三 | 戊寅 4 四 | 己卯 5 五 | 庚辰 6 六 | 辛巳 7 日 | 壬午 8 一 | 癸未 9 二 | 甲申 10 三 | 乙酉 11 四 | 丙戌 12 五 | 丁亥 13 六 | 戊子 14 日 | 己丑 15 一 | 庚寅 16 二 | 辛卯 17 三 | 壬辰 18 四 | 癸巳 19 五 | 甲午 20 六 | 乙未 21 日 | 丙申 22 一 | | 戊辰夏至 甲申小暑 |
| 六月大 | 辛未 | 干支 西曆 星期 | 丁酉 23 二 | 戊戌 24 三 | 己亥 25 四 | 庚子 26 五 | 辛丑 27 六 | 壬寅 28 日 | 癸卯 29 一 | 甲辰 30 二 | 乙巳 31 三 | 丙午 (8) 四 | 丁未 2 五 | 戊申 3 六 | 己酉 4 日 | 庚戌 5 一 | 辛亥 6 二 | 壬子 7 三 | 癸丑 8 四 | 甲寅 9 五 | 乙卯 10 六 | 丙辰 11 日 | 丁巳 12 一 | 戊午 13 二 | 己未 14 三 | 庚申 15 四 | 辛酉 16 五 | 壬戌 17 六 | 癸亥 18 日 | 甲子 19 一 | 乙丑 20 二 | 丙寅 21 三 | 己亥大暑 甲寅立秋 |
| 七月小 | 壬申 | 干支 西曆 星期 | 丁卯 22 四 | 戊辰 23 五 | 己巳 24 六 | 庚午 25 日 | 辛未 26 一 | 壬申 27 二 | 癸酉 28 三 | 甲戌 29 四 | 乙亥 30 五 | 丙子 31 六 | 丁丑 (9) 日 | 戊寅 2 一 | 己卯 3 二 | 庚辰 4 三 | 辛巳 5 四 | 壬午 6 五 | 癸未 7 六 | 甲申 8 日 | 乙酉 9 一 | 丙戌 10 二 | 丁亥 11 三 | 戊子 12 四 | 己丑 13 五 | 庚寅 14 六 | 辛卯 15 日 | 壬辰 16 一 | 癸巳 17 二 | 甲午 18 三 | 乙未 19 四 | | 己巳處暑 甲申白露 |
| 八月大 | 癸酉 | 干支 西曆 星期 | 丙申 20 五 | 丁酉 21 六 | 戊戌 22 日 | 己亥 23 一 | 庚子 24 二 | 辛丑 25 三 | 壬寅 26 四 | 癸卯 27 五 | 甲辰 28 六 | 乙巳 29 日 | 丙午 30 一 | 丁未 (10) 二 | 戊申 2 三 | 己酉 3 四 | 庚戌 4 五 | 辛亥 5 六 | 壬子 6 日 | 癸丑 7 一 | 甲寅 8 二 | 乙卯 9 三 | 丙辰 10 四 | 丁巳 11 五 | 戊午 12 六 | 己未 13 日 | 庚申 14 一 | 辛酉 15 二 | 壬戌 16 三 | 癸亥 17 四 | 甲子 18 五 | 乙丑 19 六 | 庚子秋分 乙卯寒露 |
| 九月小 | 甲戌 | 干支 西曆 星期 | 丙寅 20 日 | 丁卯 21 一 | 戊辰 22 二 | 己巳 23 三 | 庚午 24 四 | 辛未 25 五 | 壬申 26 六 | 癸酉 27 日 | 甲戌 28 一 | 乙亥 29 二 | 丙子 30 三 | 丁丑 31 四 | 戊寅 (11) 五 | 己卯 2 六 | 庚辰 3 日 | 辛巳 4 一 | 壬午 5 二 | 癸未 6 三 | 甲申 7 四 | 乙酉 8 五 | 丙戌 9 六 | 丁亥 10 日 | 戊子 11 一 | 己丑 12 二 | 庚寅 13 三 | 辛卯 14 四 | 壬辰 15 五 | 癸巳 16 六 | 甲午 17 日 | | 庚午霜降 乙酉立冬 |
| 十月大 | 乙亥 | 干支 西曆 星期 | 乙未 18 一 | 丙申 19 二 | 丁酉 20 三 | 戊戌 21 四 | 己亥 22 五 | 庚子 23 六 | 辛丑 24 日 | 壬寅 25 一 | 癸卯 26 二 | 甲辰 27 三 | 乙巳 28 四 | 丙午 29 五 | 丁未 30 六 | 戊申 (12) 日 | 己酉 2 一 | 庚戌 3 二 | 辛亥 4 三 | 壬子 5 四 | 癸丑 6 五 | 甲寅 7 六 | 乙卯 8 日 | 丙辰 9 一 | 丁巳 10 二 | 戊午 11 三 | 己未 12 四 | 庚申 13 五 | 辛酉 14 六 | 壬戌 15 日 | 癸亥 16 一 | 甲子 17 二 | 辛丑小雪 丙辰大雪 |
| 十一月小 | 丙子 | 干支 西曆 星期 | 乙丑 18 三 | 丙寅 19 四 | 丁卯 20 五 | 戊辰 21 六 | 己巳 22 日 | 庚午 23 一 | 辛未 24 二 | 壬申 25 三 | 癸酉 26 四 | 甲戌 27 五 | 乙亥 28 六 | 丙子 29 日 | 丁丑 30 一 | 戊寅 31 二 | 己卯 (1) 三 | 庚辰 2 四 | 辛巳 3 五 | 壬午 4 六 | 癸未 5 日 | 甲申 6 一 | 乙酉 7 二 | 丙戌 8 三 | 丁亥 9 四 | 戊子 10 五 | 己丑 11 六 | 庚寅 12 日 | 辛卯 13 一 | 壬辰 14 二 | 癸巳 15 三 | | 辛未冬至 丙戌小寒 |
| 十二月大 | 丁丑 | 干支 西曆 星期 | 甲午 16 四 | 乙未 17 五 | 丙申 18 六 | 丁酉 19 日 | 戊戌 20 一 | 己亥 21 二 | 庚子 22 三 | 辛丑 23 四 | 壬寅 24 五 | 癸卯 25 六 | 甲辰 26 日 | 乙巳 27 一 | 丙午 28 二 | 丁未 29 三 | 戊申 30 四 | 己酉 31 五 | 庚戌 (2) 六 | 辛亥 2 日 | 壬子 3 一 | 癸丑 4 二 | 甲寅 5 三 | 乙卯 6 四 | 丙辰 7 五 | 丁巳 8 六 | 戊午 9 日 | 己未 10 一 | 庚申 11 二 | 辛酉 12 三 | 壬戌 13 四 | 癸亥 14 五 | 辛丑大寒 丁巳立春 |

# 漢桓帝和平元年（庚寅 虎年）公元 150 ~ 151 年

| 夏曆月序 | | 中西曆日對照 | 初一 | 初二 | 初三 | 初四 | 初五 | 初六 | 初七 | 初八 | 初九 | 初十 | 十一 | 十二 | 十三 | 十四 | 十五 | 十六 | 十七 | 十八 | 十九 | 二十 | 二一 | 二二 | 二三 | 二四 | 二五 | 二六 | 二七 | 二八 | 二九 | 三十 | 節氣與天象 |
|---|---|---|---|---|---|---|---|---|---|---|---|---|---|---|---|---|---|---|---|---|---|---|---|---|---|---|---|---|---|---|---|---|---|
| 正月小 | 戊寅 | 天干<br>地支<br>西曆<br>星期 | 甲子<br>15<br>六 | 乙丑<br>16<br>日 | 丙寅<br>17<br>一 | 丁卯<br>18<br>二 | 戊辰<br>19<br>三 | 己巳<br>20<br>四 | 庚午<br>21<br>五 | 辛未<br>22<br>六 | 壬申<br>23<br>日 | 癸酉<br>24<br>一 | 甲戌<br>25<br>二 | 乙亥<br>26<br>三 | 丙子<br>27<br>四 | 丁丑<br>28<br>五 | 戊寅<br>(3)<br>六 | 己卯<br>2<br>日 | 庚辰<br>3<br>一 | 辛巳<br>4<br>二 | 壬午<br>5<br>三 | 癸未<br>6<br>四 | 甲申<br>7<br>五 | 乙酉<br>8<br>六 | 丙戌<br>9<br>日 | 丁亥<br>10<br>一 | 戊子<br>11<br>二 | 己丑<br>12<br>三 | 庚寅<br>13<br>四 | 辛卯<br>14<br>五 | 壬辰<br>15<br>六 | | 壬申雨水<br>丁亥驚蟄 |
| 二月大 | 己卯 | 天干<br>地支<br>西曆<br>星期 | 癸巳<br>16<br>日 | 甲午<br>17<br>一 | 乙未<br>18<br>二 | 丙申<br>19<br>三 | 丁酉<br>20<br>四 | 戊戌<br>21<br>五 | 己亥<br>22<br>六 | 庚子<br>23<br>日 | 辛丑<br>24<br>一 | 壬寅<br>25<br>二 | 癸卯<br>26<br>三 | 甲辰<br>27<br>四 | 乙巳<br>28<br>五 | 丙午<br>29<br>六 | 丁未<br>30<br>日 | 戊申<br>31<br>一 | 己酉<br>(4)<br>二 | 庚戌<br>2<br>三 | 辛亥<br>3<br>四 | 壬子<br>4<br>五 | 癸丑<br>5<br>六 | 甲寅<br>6<br>日 | 乙卯<br>7<br>一 | 丙辰<br>8<br>二 | 丁巳<br>9<br>三 | 戊午<br>10<br>四 | 己未<br>11<br>五 | 庚申<br>12<br>六 | 辛酉<br>13<br>日 | 壬戌<br>14<br>一 | 壬寅春分<br>戊午清明 |
| 三月小 | 庚辰 | 天干<br>地支<br>西曆<br>星期 | 癸亥<br>15<br>二 | 甲子<br>16<br>三 | 乙丑<br>17<br>四 | 丙寅<br>18<br>五 | 丁卯<br>19<br>六 | 戊辰<br>20<br>日 | 己巳<br>21<br>一 | 庚午<br>22<br>二 | 辛未<br>23<br>三 | 壬申<br>24<br>四 | 癸酉<br>25<br>五 | 甲戌<br>26<br>六 | 乙亥<br>27<br>日 | 丙子<br>28<br>一 | 丁丑<br>29<br>二 | 戊寅<br>30<br>三 | 己卯<br>(5)<br>四 | 庚辰<br>2<br>五 | 辛巳<br>3<br>六 | 壬午<br>4<br>日 | 癸未<br>5<br>一 | 甲申<br>6<br>二 | 乙酉<br>7<br>三 | 丙戌<br>8<br>四 | 丁亥<br>9<br>五 | 戊子<br>10<br>六 | 己丑<br>11<br>日 | 庚寅<br>12<br>一 | 辛卯<br>13<br>二 | | 癸酉穀雨<br>戊子立夏 |
| 四月大 | 辛巳 | 天干<br>地支<br>西曆<br>星期 | 壬辰<br>14<br>三 | 癸巳<br>15<br>四 | 甲午<br>16<br>五 | 乙未<br>17<br>六 | 丙申<br>18<br>日 | 丁酉<br>19<br>一 | 戊戌<br>20<br>二 | 己亥<br>21<br>三 | 庚子<br>22<br>四 | 辛丑<br>23<br>五 | 壬寅<br>24<br>六 | 癸卯<br>25<br>日 | 甲辰<br>26<br>一 | 乙巳<br>27<br>二 | 丙午<br>28<br>三 | 丁未<br>29<br>四 | 戊申<br>30<br>五 | 己酉<br>31<br>六 | 庚戌<br>(6)<br>日 | 辛亥<br>2<br>一 | 壬子<br>3<br>二 | 癸丑<br>4<br>三 | 甲寅<br>5<br>四 | 乙卯<br>6<br>五 | 丙辰<br>7<br>六 | 丁巳<br>8<br>日 | 戊午<br>9<br>一 | 己未<br>10<br>二 | 庚申<br>11<br>三 | 辛酉<br>12<br>四 | 癸卯小滿<br>戊午芒種 |
| 五月小 | 壬午 | 天干<br>地支<br>西曆<br>星期 | 壬戌<br>13<br>五 | 癸亥<br>14<br>六 | 甲子<br>15<br>日 | 乙丑<br>16<br>一 | 丙寅<br>17<br>二 | 丁卯<br>18<br>三 | 戊辰<br>19<br>四 | 己巳<br>20<br>五 | 庚午<br>21<br>六 | 辛未<br>22<br>日 | 壬申<br>23<br>一 | 癸酉<br>24<br>二 | 甲戌<br>25<br>三 | 乙亥<br>26<br>四 | 丙子<br>27<br>五 | 丁丑<br>28<br>六 | 戊寅<br>29<br>日 | 己卯<br>30<br>一 | 庚辰<br>(7)<br>二 | 辛巳<br>2<br>三 | 壬午<br>3<br>四 | 癸未<br>4<br>五 | 甲申<br>5<br>六 | 乙酉<br>6<br>日 | 丙戌<br>7<br>一 | 丁亥<br>8<br>二 | 戊子<br>9<br>三 | 己丑<br>10<br>四 | 庚寅<br>11<br>五 | | 甲戌夏至<br>己丑小暑 |
| 六月大 | 癸未 | 天干<br>地支<br>西曆<br>星期 | 辛卯<br>12<br>六 | 壬辰<br>13<br>日 | 癸巳<br>14<br>一 | 甲午<br>15<br>二 | 乙未<br>16<br>三 | 丙申<br>17<br>四 | 丁酉<br>18<br>五 | 戊戌<br>19<br>六 | 己亥<br>20<br>日 | 庚子<br>21<br>一 | 辛丑<br>22<br>二 | 壬寅<br>23<br>三 | 癸卯<br>24<br>四 | 甲辰<br>25<br>五 | 乙巳<br>26<br>六 | 丙午<br>27<br>日 | 丁未<br>28<br>一 | 戊申<br>29<br>二 | 己酉<br>30<br>三 | 庚戌<br>31<br>四 | 辛亥<br>(8)<br>五 | 壬子<br>2<br>六 | 癸丑<br>3<br>日 | 甲寅<br>4<br>一 | 乙卯<br>5<br>二 | 丙辰<br>6<br>三 | 丁巳<br>7<br>四 | 戊午<br>8<br>五 | 己未<br>9<br>六 | 庚申<br>10<br>日 | 甲辰大暑<br>己未立秋 |
| 七月大 | 甲申 | 天干<br>地支<br>西曆<br>星期 | 辛酉<br>11<br>一 | 壬戌<br>12<br>二 | 癸亥<br>13<br>三 | 甲子<br>14<br>四 | 乙丑<br>15<br>五 | 丙寅<br>16<br>六 | 丁卯<br>17<br>日 | 戊辰<br>18<br>一 | 己巳<br>19<br>二 | 庚午<br>20<br>三 | 辛未<br>21<br>四 | 壬申<br>22<br>五 | 癸酉<br>23<br>六 | 甲戌<br>24<br>日 | 乙亥<br>25<br>一 | 丙子<br>26<br>二 | 丁丑<br>27<br>三 | 戊寅<br>28<br>四 | 己卯<br>29<br>五 | 庚辰<br>30<br>六 | 辛巳<br>31<br>日 | 壬午<br>(9)<br>一 | 癸未<br>2<br>二 | 甲申<br>3<br>三 | 乙酉<br>4<br>四 | 丙戌<br>5<br>五 | 丁亥<br>6<br>六 | 戊子<br>7<br>日 | 己丑<br>8<br>一 | 庚寅<br>9<br>二 | 乙亥處暑<br>庚寅白露 |
| 八月小 | 乙酉 | 天干<br>地支<br>西曆<br>星期 | 辛卯<br>10<br>三 | 壬辰<br>11<br>四 | 癸巳<br>12<br>五 | 甲午<br>13<br>六 | 乙未<br>14<br>日 | 丙申<br>15<br>一 | 丁酉<br>16<br>二 | 戊戌<br>17<br>三 | 己亥<br>18<br>四 | 庚子<br>19<br>五 | 辛丑<br>20<br>六 | 壬寅<br>21<br>日 | 癸卯<br>22<br>一 | 甲辰<br>23<br>二 | 乙巳<br>24<br>三 | 丙午<br>25<br>四 | 丁未<br>26<br>五 | 戊申<br>27<br>六 | 己酉<br>28<br>日 | 庚戌<br>29<br>一 | 辛亥<br>30<br>二 | 壬子<br>(10)<br>三 | 癸丑<br>2<br>四 | 甲寅<br>3<br>五 | 乙卯<br>4<br>六 | 丙辰<br>5<br>日 | 丁巳<br>6<br>一 | 戊午<br>7<br>二 | 己未<br>8<br>三 | | 乙巳秋分 |
| 九月大 | 丙戌 | 天干<br>地支<br>西曆<br>星期 | 庚申<br>9<br>四 | 辛酉<br>10<br>五 | 壬戌<br>11<br>六 | 癸亥<br>12<br>日 | 甲子<br>13<br>一 | 乙丑<br>14<br>二 | 丙寅<br>15<br>三 | 丁卯<br>16<br>四 | 戊辰<br>17<br>五 | 己巳<br>18<br>六 | 庚午<br>19<br>日 | 辛未<br>20<br>一 | 壬申<br>21<br>二 | 癸酉<br>22<br>三 | 甲戌<br>23<br>四 | 乙亥<br>24<br>五 | 丙子<br>25<br>六 | 丁丑<br>26<br>日 | 戊寅<br>27<br>一 | 己卯<br>28<br>二 | 庚辰<br>29<br>三 | 辛巳<br>30<br>四 | 壬午<br>31<br>五 | 癸未<br>(11)<br>六 | 甲申<br>2<br>日 | 乙酉<br>3<br>一 | 丙戌<br>4<br>二 | 丁亥<br>5<br>三 | 戊子<br>6<br>四 | 己丑<br>7<br>五 | 庚申寒露<br>乙亥霜降 |
| 十月小 | 丁亥 | 天干<br>地支<br>西曆<br>星期 | 庚寅<br>8<br>六 | 辛卯<br>9<br>日 | 壬辰<br>10<br>一 | 癸巳<br>11<br>二 | 甲午<br>12<br>三 | 乙未<br>13<br>四 | 丙申<br>14<br>五 | 丁酉<br>15<br>六 | 戊戌<br>16<br>日 | 己亥<br>17<br>一 | 庚子<br>18<br>二 | 辛丑<br>19<br>三 | 壬寅<br>20<br>四 | 癸卯<br>21<br>五 | 甲辰<br>22<br>六 | 乙巳<br>23<br>日 | 丙午<br>24<br>一 | 丁未<br>25<br>二 | 戊申<br>26<br>三 | 己酉<br>27<br>四 | 庚戌<br>28<br>五 | 辛亥<br>29<br>六 | 壬子<br>30<br>日 | 癸丑<br>(12)<br>一 | 甲寅<br>2<br>二 | 乙卯<br>3<br>三 | 丙辰<br>4<br>四 | 丁巳<br>5<br>五 | 戊午<br>6<br>六 | | 辛卯立冬<br>丙午小雪 |
| 十一月大 | 戊子 | 天干<br>地支<br>西曆<br>星期 | 己未<br>7<br>日 | 庚申<br>8<br>一 | 辛酉<br>9<br>二 | 壬戌<br>10<br>三 | 癸亥<br>11<br>四 | 甲子<br>12<br>五 | 乙丑<br>13<br>六 | 丙寅<br>14<br>日 | 丁卯<br>15<br>一 | 戊辰<br>16<br>二 | 己巳<br>17<br>三 | 庚午<br>18<br>四 | 辛未<br>19<br>五 | 壬申<br>20<br>六 | 癸酉<br>21<br>日 | 甲戌<br>22<br>一 | 乙亥<br>23<br>二 | 丙子<br>24<br>三 | 丁丑<br>25<br>四 | 戊寅<br>26<br>五 | 己卯<br>27<br>六 | 庚辰<br>28<br>日 | 辛巳<br>29<br>一 | 壬午<br>30<br>二 | 癸未<br>31<br>三 | 甲申<br>(1)<br>四 | 乙酉<br>2<br>五 | 丙戌<br>3<br>六 | 丁亥<br>4<br>日 | 戊子<br>5<br>一 | 辛酉大雪<br>丙子冬至 |
| 十二月小 | 己丑 | 天干<br>地支<br>西曆<br>星期 | 己丑<br>6<br>二 | 庚寅<br>7<br>三 | 辛卯<br>8<br>四 | 壬辰<br>9<br>五 | 癸巳<br>10<br>六 | 甲午<br>11<br>日 | 乙未<br>12<br>一 | 丙申<br>13<br>二 | 丁酉<br>14<br>三 | 戊戌<br>15<br>四 | 己亥<br>16<br>五 | 庚子<br>17<br>六 | 辛丑<br>18<br>日 | 壬寅<br>19<br>一 | 癸卯<br>20<br>二 | 甲辰<br>21<br>三 | 乙巳<br>22<br>四 | 丙午<br>23<br>五 | 丁未<br>24<br>六 | 戊申<br>25<br>日 | 己酉<br>26<br>一 | 庚戌<br>27<br>二 | 辛亥<br>28<br>三 | 壬子<br>29<br>四 | 癸丑<br>30<br>五 | 甲寅<br>31<br>六 | 乙卯<br>(2)<br>日 | 丙辰<br>2<br>一 | 丁巳<br>3<br>二 | | 辛卯小寒<br>丁未大寒 |

* 正月甲子（初一），改元和平。

# 漢桓帝和平二年 元嘉元年（辛卯 兔年）公元 151 ~ 152 年

| 夏曆月序 | | 中西曆日對照 | 初一 | 初二 | 初三 | 初四 | 初五 | 初六 | 初七 | 初八 | 初九 | 初十 | 十一 | 十二 | 十三 | 十四 | 十五 | 十六 | 十七 | 十八 | 十九 | 二十 | 二十一 | 二十二 | 二十三 | 二十四 | 二十五 | 二十六 | 二十七 | 二十八 | 二十九 | 三十 | 節氣與天象 |
|---|---|---|---|---|---|---|---|---|---|---|---|---|---|---|---|---|---|---|---|---|---|---|---|---|---|---|---|---|---|---|---|---|---|
| 正月大 | 庚寅 | 天干地支 西曆 星期 | 戊午 4 三 | 己未 5 四 | 庚申 6 五 | 辛酉 7 六 | 壬戌 8 日 | 癸亥 9 一 | 甲子 10 二 | 乙丑 11 三 | 丙寅 12 四 | 丁卯 13 五 | 戊辰 14 六 | 己巳 15 日 | 庚午 16 一 | 辛未 17 二 | 壬申 18 三 | 癸酉 19 四 | 甲戌 20 五 | 乙亥 21 六 | 丙子 22 日 | 丁丑 23 一 | 戊寅 24 二 | 己卯 25 三 | 庚辰 26 四 | 辛巳 27 五 | 壬午 28 六 | 癸未 (3) 日 | 甲申 2 一 | 乙酉 3 二 | 丙戌 4 三 | 丁亥 5 四 | 壬戌立春 丁丑雨水 |
| 二月小 | 辛卯 | 天干地支 西曆 星期 | 戊子 6 五 | 己丑 7 六 | 庚寅 8 日 | 辛卯 9 一 | 壬辰 10 二 | 癸巳 11 三 | 甲午 12 四 | 乙未 13 五 | 丙申 14 六 | 丁酉 15 日 | 戊戌 16 一 | 己亥 17 二 | 庚子 18 三 | 辛丑 19 四 | 壬寅 20 五 | 癸卯 21 六 | 甲辰 22 日 | 乙巳 23 一 | 丙午 24 二 | 丁未 25 三 | 戊申 26 四 | 己酉 27 五 | 庚戌 28 六 | 辛亥 29 日 | 壬子 30 一 | 癸丑 31 二 | 甲寅 (4) 三 | 乙卯 2 四 | 丙辰 3 五 | | 壬辰驚蟄 戊申春分 |
| 三月大 | 壬辰 | 天干地支 西曆 星期 | 丁巳 4 六 | 戊午 5 日 | 己未 6 一 | 庚申 7 二 | 辛酉 8 三 | 壬戌 9 四 | 癸亥 10 五 | 甲子 11 六 | 乙丑 12 日 | 丙寅 13 一 | 丁卯 14 二 | 戊辰 15 三 | 己巳 16 四 | 庚午 17 五 | 辛未 18 六 | 壬申 19 日 | 癸酉 20 一 | 甲戌 21 二 | 乙亥 22 三 | 丙子 23 四 | 丁丑 24 五 | 戊寅 25 六 | 己卯 26 日 | 庚辰 27 一 | 辛巳 28 二 | 壬午 29 三 | 癸未 30 四 | 甲申 (5) 五 | 乙酉 2 六 | 丙戌 3 日 | 癸亥清明 戊寅穀雨 |
| 四月小 | 癸巳 | 天干地支 西曆 星期 | 丁亥 4 一 | 戊子 5 二 | 己丑 6 三 | 庚寅 7 四 | 辛卯 8 五 | 壬辰 9 六 | 癸巳 10 日 | 甲午 11 一 | 乙未 12 二 | 丙申 13 三 | 丁酉 14 四 | 戊戌 15 五 | 己亥 16 六 | 庚子 17 日 | 辛丑 18 一 | 壬寅 19 二 | 癸卯 20 三 | 甲辰 21 四 | 乙巳 22 五 | 丙午 23 六 | 丁未 24 日 | 戊申 25 一 | 己酉 26 二 | 庚戌 27 三 | 辛亥 28 四 | 壬子 29 五 | 癸丑 30 六 | 甲寅 31 日 | 乙卯 (6) 一 | | 癸巳立夏 戊申小滿 |
| 五月大 | 甲午 | 天干地支 西曆 星期 | 丙辰 2 二 | 丁巳 3 三 | 戊午 4 四 | 己未 5 五 | 庚申 6 六 | 辛酉 7 日 | 壬戌 8 一 | 癸亥 9 二 | 甲子 10 三 | 乙丑 11 四 | 丙寅 12 五 | 丁卯 13 六 | 戊辰 14 日 | 己巳 15 一 | 庚午 16 二 | 辛未 17 三 | 壬申 18 四 | 癸酉 19 五 | 甲戌 20 六 | 乙亥 21 日 | 丙子 22 一 | 丁丑 23 二 | 戊寅 24 三 | 己卯 25 四 | 庚辰 26 五 | 辛巳 27 六 | 壬午 28 日 | 癸未 29 一 | 甲申 30 二 | 乙酉 (7) 三 | 甲子芒種 己卯夏至 |
| 六月小 | 乙未 | 天干地支 西曆 星期 | 丙戌 2 四 | 丁亥 3 五 | 戊子 4 六 | 己丑 5 日 | 庚寅 6 一 | 辛卯 7 二 | 壬辰 8 三 | 癸巳 9 四 | 甲午 10 五 | 乙未 11 六 | 丙申 12 日 | 丁酉 13 一 | 戊戌 14 二 | 己亥 15 三 | 庚子 16 四 | 辛丑 17 五 | 壬寅 18 六 | 癸卯 19 日 | 甲辰 20 一 | 乙巳 21 二 | 丙午 22 三 | 丁未 23 四 | 戊申 24 五 | 己酉 25 六 | 庚戌 26 日 | 辛亥 27 一 | 壬子 28 二 | 癸丑 29 三 | 甲寅 30 四 | | 甲午小暑 己酉大暑 |
| 七月大 | 丙申 | 天干地支 西曆 星期 | 乙卯 31 五 | 丙辰 (8) 六 | 丁巳 2 日 | 戊午 3 一 | 己未 4 二 | 庚申 5 三 | 辛酉 6 四 | 壬戌 7 五 | 癸亥 8 六 | 甲子 9 日 | 乙丑 10 一 | 丙寅 11 二 | 丁卯 12 三 | 戊辰 13 四 | 己巳 14 五 | 庚午 15 六 | 辛未 16 日 | 壬申 17 一 | 癸酉 18 二 | 甲戌 19 三 | 乙亥 20 四 | 丙子 21 五 | 丁丑 22 六 | 戊寅 23 日 | 己卯 24 一 | 庚辰 25 二 | 辛巳 26 三 | 壬午 27 四 | 癸未 28 五 | 甲申 29 六 | 乙丑立秋 庚辰處暑 |
| 八月小 | 丁酉 | 天干地支 西曆 星期 | 乙酉 30 日 | 丙戌 31 一 | 丁亥 (9) 二 | 戊子 2 三 | 己丑 3 四 | 庚寅 4 五 | 辛卯 5 六 | 壬辰 6 日 | 癸巳 7 一 | 甲午 8 二 | 乙未 9 三 | 丙申 10 四 | 丁酉 11 五 | 戊戌 12 六 | 己亥 13 日 | 庚子 14 一 | 辛丑 15 二 | 壬寅 16 三 | 癸卯 17 四 | 甲辰 18 五 | 乙巳 19 六 | 丙午 20 日 | 丁未 21 一 | 戊申 22 二 | 己酉 23 三 | 庚戌 24 四 | 辛亥 25 五 | 壬子 26 六 | 癸丑 27 日 | | 乙未白露 庚戌秋分 |
| 九月大 | 戊戌 | 天干地支 西曆 星期 | 甲寅 28 一 | 乙卯 29 二 | 丙辰 30 三 | 丁巳 (10) 四 | 戊午 2 五 | 己未 3 六 | 庚申 4 日 | 辛酉 5 一 | 壬戌 6 二 | 癸亥 7 三 | 甲子 8 四 | 乙丑 9 五 | 丙寅 10 六 | 丁卯 11 日 | 戊辰 12 一 | 己巳 13 二 | 庚午 14 三 | 辛未 15 四 | 壬申 16 五 | 癸酉 17 六 | 甲戌 18 日 | 乙亥 19 一 | 丙子 20 二 | 丁丑 21 三 | 戊寅 22 四 | 己卯 23 五 | 庚辰 24 六 | 辛巳 25 日 | 壬午 26 一 | 癸未 27 二 | 乙丑寒露 辛巳霜降 |
| 十月大 | 己亥 | 天干地支 西曆 星期 | 甲申 28 三 | 乙酉 29 四 | 丙戌 30 五 | 丁亥 31 六 | 戊子 (11) 日 | 己丑 2 一 | 庚寅 3 二 | 辛卯 4 三 | 壬辰 5 四 | 癸巳 6 五 | 甲午 7 六 | 乙未 8 日 | 丙申 9 一 | 丁酉 10 二 | 戊戌 11 三 | 己亥 12 四 | 庚子 13 五 | 辛丑 14 六 | 壬寅 15 日 | 癸卯 16 一 | 甲辰 17 二 | 乙巳 18 三 | 丙午 19 四 | 丁未 20 五 | 戊申 21 六 | 己酉 22 日 | 庚戌 23 一 | 辛亥 24 二 | 壬子 25 三 | 癸丑 26 四 | 丙申立冬 辛亥小雪 |
| 十一月小 | 庚子 | 天干地支 西曆 星期 | 甲寅 27 五 | 乙卯 28 六 | 丙辰 29 日 | 丁巳 30 一 | 戊午 (12) 二 | 己未 2 三 | 庚申 3 四 | 辛酉 4 五 | 壬戌 5 六 | 癸亥 6 日 | 甲子 7 一 | 乙丑 8 二 | 丙寅 9 三 | 丁卯 10 四 | 戊辰 11 五 | 己巳 12 六 | 庚午 13 日 | 辛未 14 一 | 壬申 15 二 | 癸酉 16 三 | 甲戌 17 四 | 乙亥 18 五 | 丙子 19 六 | 丁丑 20 日 | 戊寅 21 一 | 己卯 22 二 | 庚辰 23 三 | 辛巳 24 四 | 壬午 25 五 | | 丙寅大雪 壬午冬至 |
| 十二月大 | 辛丑 | 天干地支 西曆 星期 | 癸未 26 六 | 甲申 27 日 | 乙酉 28 一 | 丙戌 29 二 | 丁亥 30 三 | 戊子 31 四 | 己丑 (1) 五 | 庚寅 2 六 | 辛卯 3 日 | 壬辰 4 一 | 癸巳 5 二 | 甲午 6 三 | 乙未 7 四 | 丙申 8 五 | 丁酉 9 六 | 戊戌 10 日 | 己亥 11 一 | 庚子 12 二 | 辛丑 13 三 | 壬寅 14 四 | 癸卯 15 五 | 甲辰 16 六 | 乙巳 17 日 | 丙午 18 一 | 丁未 19 二 | 戊申 20 三 | 己酉 21 四 | 庚戌 22 五 | 辛亥 23 六 | 壬子 24 日 | 丁酉小寒 壬子大寒 |
| 閏十二小 | 辛丑 | 天干地支 西曆 星期 | 癸丑 25 一 | 甲寅 26 二 | 乙卯 27 三 | 丙辰 28 四 | 丁巳 29 五 | 戊午 30 六 | 己未 31 日 | 庚申 (2) 一 | 辛酉 2 二 | 壬戌 3 三 | 癸亥 4 四 | 甲子 5 五 | 乙丑 6 六 | 丙寅 7 日 | 丁卯 8 一 | 戊辰 9 二 | 己巳 10 三 | 庚午 11 四 | 辛未 12 五 | 壬申 13 六 | 癸酉 14 日 | 甲戌 15 一 | 乙亥 16 二 | 丙子 17 三 | 丁丑 18 四 | 戊寅 19 五 | 己卯 20 六 | 庚辰 21 日 | 辛巳 22 一 | | 丁卯立春 |

* 正月癸酉（十六日），改元元嘉。

# 漢桓帝元嘉二年（壬辰 龍年）公元 152 ~ 153 年

| 夏曆月序 | | 中西曆日對照 | 初一 | 初二 | 初三 | 初四 | 初五 | 初六 | 初七 | 初八 | 初九 | 初十 | 十一 | 十二 | 十三 | 十四 | 十五 | 十六 | 十七 | 十八 | 十九 | 二十 | 二一 | 二二 | 二三 | 二四 | 二五 | 二六 | 二七 | 二八 | 二九 | 三十 | 節氣與天象 |
|---|---|---|---|---|---|---|---|---|---|---|---|---|---|---|---|---|---|---|---|---|---|---|---|---|---|---|---|---|---|---|---|---|---|
| 正月大 | 壬寅 | 天干地支<br>西曆<br>星期 | 壬午23二 | 癸未24三 | 甲申25四 | 乙酉26五 | 丙戌27六 | 丁亥28日 | 戊子29一 | 己丑(3)二 | 庚寅2三 | 辛卯3四 | 壬辰4五 | 癸巳5六 | 甲午6日 | 乙未7一 | 丙申8二 | 丁酉9三 | 戊戌10四 | 己亥11五 | 庚子12六 | 辛丑13日 | 壬寅14一 | 癸卯15二 | 甲辰16三 | 乙巳17四 | 丙午18五 | 丁未19六 | 戊申20日 | 己酉21一 | 庚戌22二 | 辛亥23三 | 壬午雨水<br>戊戌驚蟄 |
| 二月小 | 癸卯 | 天干地支<br>西曆<br>星期 | 壬子24四 | 癸丑25五 | 甲寅26六 | 乙卯27日 | 丙辰28一 | 丁巳29二 | 戊午30三 | 己未31四 | 庚申(4)五 | 辛酉2六 | 壬戌3日 | 癸亥4一 | 甲子5二 | 乙丑6三 | 丙寅7四 | 丁卯8五 | 戊辰9六 | 己巳10日 | 庚午11一 | 辛未12二 | 壬申13三 | 癸酉14四 | 甲戌15五 | 乙亥16六 | 丙子17日 | 丁丑18一 | 戊寅19二 | 己卯20三 | 庚辰21四 | | 癸丑春分<br>戊辰清明 |
| 三月大 | 甲辰 | 天干地支<br>西曆<br>星期 | 辛巳22五 | 壬午23六 | 癸未24日 | 甲申25一 | 乙酉26二 | 丙戌27三 | 丁亥28四 | 戊子29五 | 己丑30六 | 庚寅(5)日 | 辛卯2一 | 壬辰3二 | 癸巳4三 | 甲午5四 | 乙未6五 | 丙申7六 | 丁酉8日 | 戊戌9一 | 己亥10二 | 庚子11三 | 辛丑12四 | 壬寅13五 | 癸卯14六 | 甲辰15日 | 乙巳16一 | 丙午17二 | 丁未18三 | 戊申19四 | 己酉20五 | 庚戌21六 | 癸未穀雨<br>戊戌立夏 |
| 四月小 | 乙巳 | 天干地支<br>西曆<br>星期 | 辛亥22日 | 壬子23一 | 癸丑24二 | 甲寅25三 | 乙卯26四 | 丙辰27五 | 丁巳28六 | 戊午29日 | 己未30一 | 庚申31二 | 辛酉(6)三 | 壬戌2四 | 癸亥3五 | 甲子4六 | 乙丑5日 | 丙寅6一 | 丁卯7二 | 戊辰8三 | 己巳9四 | 庚午10五 | 辛未11六 | 壬申12日 | 癸酉13一 | 甲戌14二 | 乙亥15三 | 丙子16四 | 丁丑17五 | 戊寅18六 | 己卯19日 | | 甲寅小滿<br>己巳芒種 |
| 五月大 | 丙午 | 天干地支<br>西曆<br>星期 | 庚辰20一 | 辛巳21二 | 壬午22三 | 癸未23四 | 甲申24五 | 乙酉25六 | 丙戌26日 | 丁亥27一 | 戊子28二 | 己丑29三 | 庚寅30四 | 辛卯(7)五 | 壬辰2六 | 癸巳3日 | 甲午4一 | 乙未5二 | 丙申6三 | 丁酉7四 | 戊戌8五 | 己亥9六 | 庚子10日 | 辛丑11一 | 壬寅12二 | 癸卯13三 | 甲辰14四 | 乙巳15五 | 丙午16六 | 丁未17日 | 戊申18一 | 己酉19二 | 甲申夏至<br>己亥小暑 |
| 六月小 | 丁未 | 天干地支<br>西曆<br>星期 | 庚戌20三 | 辛亥21四 | 壬子22五 | 癸丑23六 | 甲寅24日 | 乙卯25一 | 丙辰26二 | 丁巳27三 | 戊午28四 | 己未29五 | 庚申30六 | 辛酉31日 | 壬戌(8)一 | 癸亥2二 | 甲子3三 | 乙丑4四 | 丙寅5五 | 丁卯6六 | 戊辰7日 | 己巳8一 | 庚午9二 | 辛未10三 | 壬申11四 | 癸酉12五 | 甲戌13六 | 乙亥14日 | 丙子15一 | 丁丑16二 | 戊寅17三 | | 乙卯大暑<br>庚午立秋 |
| 七月大 | 戊申 | 天干地支<br>西曆<br>星期 | 己卯18四 | 庚辰19五 | 辛巳20六 | 壬午21日 | 癸未22一 | 甲申23二 | 乙酉24三 | 丙戌25四 | 丁亥26五 | 戊子27六 | 己丑28日 | 庚寅29一 | 辛卯30二 | 壬辰31三 | 癸巳(9)四 | 甲午2五 | 乙未3六 | 丙申4日 | 丁酉5一 | 戊戌6二 | 己亥7三 | 庚子8四 | 辛丑9五 | 壬寅10六 | 癸卯11日 | 甲辰12一 | 乙巳13二 | 丙午14三 | 丁未15四 | 戊申16五 | 乙酉處暑<br>庚子白露 |
| 八月小 | 己酉 | 天干地支<br>西曆<br>星期 | 己酉17六 | 庚戌18日 | 辛亥19一 | 壬子20二 | 癸丑21三 | 甲寅22四 | 乙卯23五 | 丙辰24六 | 丁巳25日 | 戊午26一 | 己未27二 | 庚申28三 | 辛酉29四 | 壬戌30五 | 癸亥(10)六 | 甲子2日 | 乙丑3一 | 丙寅4二 | 丁卯5三 | 戊辰6四 | 己巳7五 | 庚午8六 | 辛未9日 | 壬申10一 | 癸酉11二 | 甲戌12三 | 乙亥13四 | 丙子14五 | 丁丑15六 | | 乙卯秋分<br>辛未寒露 |
| 九月大 | 庚戌 | 天干地支<br>西曆<br>星期 | 戊寅16日 | 己卯17一 | 庚辰18二 | 辛巳19三 | 壬午20四 | 癸未21五 | 甲申22六 | 乙酉23日 | 丙戌24一 | 丁亥25二 | 戊子26三 | 己丑27四 | 庚寅28五 | 辛卯29六 | 壬辰30日 | 癸巳31一 | 甲午(11)二 | 乙未2三 | 丙申3四 | 丁酉4五 | 戊戌5六 | 己亥6日 | 庚子7一 | 辛丑8二 | 壬寅9三 | 癸卯10四 | 甲辰11五 | 乙巳12六 | 丙午13日 | 丁未14一 | 丙戌霜降<br>辛丑立冬 |
| 十月小 | 辛亥 | 天干地支<br>西曆<br>星期 | 戊申15二 | 己酉16三 | 庚戌17四 | 辛亥18五 | 壬子19六 | 癸丑20日 | 甲寅21一 | 乙卯22二 | 丙辰23三 | 丁巳24四 | 戊午25五 | 己未26六 | 庚申27日 | 辛酉28一 | 壬戌29二 | 癸亥30三 | 甲子(12)四 | 乙丑2五 | 丙寅3六 | 丁卯4日 | 戊辰5一 | 己巳6二 | 庚午7三 | 辛未8四 | 壬申9五 | 癸酉10六 | 甲戌11日 | 乙亥12一 | 丙子13二 | | 丙辰小雪<br>壬申大雪 |
| 十一月大 | 壬子 | 天干地支<br>西曆<br>星期 | 丁丑14三 | 戊寅15四 | 己卯16五 | 庚辰17六 | 辛巳18日 | 壬午19一 | 癸未20二 | 甲申21三 | 乙酉22四 | 丙戌23五 | 丁亥24六 | 戊子25日 | 己丑26一 | 庚寅27二 | 辛卯28三 | 壬辰29四 | 癸巳30五 | 甲午31六 | 乙未(1)日 | 丙申2一 | 丁酉3二 | 戊戌4三 | 己亥5四 | 庚子6五 | 辛丑7六 | 壬寅8日 | 癸卯9一 | 甲辰10二 | 乙巳11三 | 丙午12四 | 丁亥冬至<br>壬寅小寒 |
| 十二月小 | 癸丑 | 天干地支<br>西曆<br>星期 | 丁未13五 | 戊申14六 | 己酉15日 | 庚戌16一 | 辛亥17二 | 壬子18三 | 癸丑19四 | 甲寅20五 | 乙卯21六 | 丙辰22日 | 丁巳23一 | 戊午24二 | 己未25三 | 庚申26四 | 辛酉27五 | 壬戌28六 | 癸亥29日 | 甲子30一 | 乙丑31二 | 丙寅(2)三 | 丁卯2四 | 戊辰3五 | 己巳4六 | 庚午5日 | 辛未6一 | 壬申7二 | 癸酉8三 | 甲戌9四 | 乙亥10五 | | 丁巳大寒<br>壬申立春 |

# 漢桓帝元嘉三年 永興元年（癸巳 蛇年）公元 153 ~ 154 年

| 夏曆月序 | | 中西曆日對照 | 初一 | 初二 | 初三 | 初四 | 初五 | 初六 | 初七 | 初八 | 初九 | 初十 | 十一 | 十二 | 十三 | 十四 | 十五 | 十六 | 十七 | 十八 | 十九 | 二十 | 二一 | 二二 | 二三 | 二四 | 二五 | 二六 | 二七 | 二八 | 二九 | 三十 | 節氣與天象 |
|---|---|---|---|---|---|---|---|---|---|---|---|---|---|---|---|---|---|---|---|---|---|---|---|---|---|---|---|---|---|---|---|---|---|
| 正月大 | 甲寅 | 干支 天地 西曆 星期 | 丙子 11 六 | 丁丑 12 日 | 戊寅 13 一 | 己卯 14 二 | 庚辰 15 三 | 辛巳 16 四 | 壬午 17 五 | 癸未 18 六 | 甲申 19 日 | 乙酉 20 一 | 丙戌 21 二 | 丁亥 22 三 | 戊子 23 四 | 己丑 24 五 | 庚寅 25 六 | 辛卯 26 日 | 壬辰 27 一 | 癸巳 28 二 | 甲午 (3) 三 | 乙未 2 四 | 丙申 3 五 | 丁酉 4 六 | 戊戌 5 日 | 己亥 6 一 | 庚子 7 二 | 辛丑 8 三 | 壬寅 9 四 | 癸卯 10 五 | 甲辰 11 六 | 乙巳 12 日 | 戊子雨水 癸卯驚蟄 |
| 二月大 | 乙卯 | 干支 天地 西曆 星期 | 丙午 13 一 | 丁未 14 二 | 戊申 15 三 | 己酉 16 四 | 庚戌 17 五 | 辛亥 18 六 | 壬子 19 日 | 癸丑 20 一 | 甲寅 21 二 | 乙卯 22 三 | 丙辰 23 四 | 丁巳 24 五 | 戊午 25 六 | 己未 26 日 | 庚申 27 一 | 辛酉 28 二 | 壬戌 29 三 | 癸亥 30 四 | 甲子 31 五 | 乙丑 (4) 六 | 丙寅 2 日 | 丁卯 3 一 | 戊辰 4 二 | 己巳 5 三 | 庚午 6 四 | 辛未 7 五 | 壬申 8 六 | 癸酉 9 日 | 甲戌 10 一 | 乙亥 11 二 | 戊午春分 癸酉清明 |
| 三月小 | 丙辰 | 干支 天地 西曆 星期 | 丙子 12 三 | 丁丑 13 四 | 戊寅 14 五 | 己卯 15 六 | 庚辰 16 日 | 辛巳 17 一 | 壬午 18 二 | 癸未 19 三 | 甲申 20 四 | 乙酉 21 五 | 丙戌 22 六 | 丁亥 23 日 | 戊子 24 一 | 己丑 25 二 | 庚寅 26 三 | 辛卯 27 四 | 壬辰 28 五 | 癸巳 29 六 | 甲午 30 日 | 乙未 (5) 一 | 丙申 2 二 | 丁酉 3 三 | 戊戌 4 四 | 己亥 5 五 | 庚子 6 六 | 辛丑 7 日 | 壬寅 8 一 | 癸卯 9 二 | 甲辰 10 三 | | 己丑穀雨 甲辰立夏 |
| 四月大 | 丁巳 | 干支 天地 西曆 星期 | 乙巳 11 四 | 丙午 12 五 | 丁未 13 六 | 戊申 14 日 | 己酉 15 一 | 庚戌 16 二 | 辛亥 17 三 | 壬子 18 四 | 癸丑 19 五 | 甲寅 20 六 | 乙卯 21 日 | 丙辰 22 一 | 丁巳 23 二 | 戊午 24 三 | 己未 25 四 | 庚申 26 五 | 辛酉 27 六 | 壬戌 28 日 | 癸亥 29 一 | 甲子 30 二 | 乙丑 31 三 | 丙寅 (6) 四 | 丁卯 2 五 | 戊辰 3 六 | 己巳 4 日 | 庚午 5 一 | 辛未 6 二 | 壬申 7 三 | 癸酉 8 四 | 甲戌 9 五 | 己未小滿 甲戌芒種 |
| 五月小 | 戊午 | 干支 天地 西曆 星期 | 乙亥 10 六 | 丙子 11 日 | 丁丑 12 一 | 戊寅 13 二 | 己卯 14 三 | 庚辰 15 四 | 辛巳 16 五 | 壬午 17 六 | 癸未 18 日 | 甲申 19 一 | 乙酉 20 二 | 丙戌 21 三 | 丁亥 22 四 | 戊子 23 五 | 己丑 24 六 | 庚寅 25 日 | 辛卯 26 一 | 壬辰 27 二 | 癸巳 28 三 | 甲午 29 四 | 乙未 30 五 | 丙申 (7) 六 | 丁酉 2 日 | 戊戌 3 一 | 己亥 4 二 | 庚子 5 三 | 辛丑 6 四 | 壬寅 7 五 | 癸卯 8 六 | | 己丑夏至 |
| 六月大 | 己未 | 干支 天地 西曆 星期 | 甲辰 9 日 | 乙巳 10 一 | 丙午 11 二 | 丁未 12 三 | 戊申 13 四 | 己酉 14 五 | 庚戌 15 六 | 辛亥 16 日 | 壬子 17 一 | 癸丑 18 二 | 甲寅 19 三 | 乙卯 20 四 | 丙辰 21 五 | 丁巳 22 六 | 戊午 23 日 | 己未 24 一 | 庚申 25 二 | 辛酉 26 三 | 壬戌 27 四 | 癸亥 28 五 | 甲子 29 六 | 乙丑 30 日 | 丙寅 31 一 | 丁卯 (8) 二 | 戊辰 2 三 | 己巳 3 四 | 庚午 4 五 | 辛未 5 六 | 壬申 6 日 | 癸酉 7 一 | 乙巳小暑 庚申大暑 |
| 七月小 | 庚申 | 干支 天地 西曆 星期 | 甲戌 8 二 | 乙亥 9 三 | 丙子 10 四 | 丁丑 11 五 | 戊寅 12 六 | 己卯 13 日 | 庚辰 14 一 | 辛巳 15 二 | 壬午 16 三 | 癸未 17 四 | 甲申 18 五 | 乙酉 19 六 | 丙戌 20 日 | 丁亥 21 一 | 戊子 22 二 | 己丑 23 三 | 庚寅 24 四 | 辛卯 25 五 | 壬辰 26 六 | 癸巳 27 日 | 甲午 28 一 | 乙未 29 二 | 丙申 30 三 | 丁酉 31 四 | 戊戌 (9) 五 | 己亥 2 六 | 庚子 3 日 | 辛丑 4 一 | 壬寅 5 二 | | 乙亥立秋 庚寅處暑 |
| 八月大 | 辛酉 | 干支 天地 西曆 星期 | 癸卯 6 三 | 甲辰 7 四 | 乙巳 8 五 | 丙午 9 六 | 丁未 10 日 | 戊申 11 一 | 己酉 12 二 | 庚戌 13 三 | 辛亥 14 四 | 壬子 15 五 | 癸丑 16 六 | 甲寅 17 日 | 乙卯 18 一 | 丙辰 19 二 | 丁巳 20 三 | 戊午 21 四 | 己未 22 五 | 庚申 23 六 | 辛酉 24 日 | 壬戌 25 一 | 癸亥 26 二 | 甲子 27 三 | 乙丑 28 四 | 丙寅 29 五 | 丁卯 30 六 | 戊辰 (10) 日 | 己巳 2 一 | 庚午 3 二 | 辛未 4 三 | 壬申 5 四 | 乙巳白露 辛酉秋分 |
| 九月小 | 壬戌 | 干支 天地 西曆 星期 | 癸酉 6 五 | 甲戌 7 六 | 乙亥 8 日 | 丙子 9 一 | 丁丑 10 二 | 戊寅 11 三 | 己卯 12 四 | 庚辰 13 五 | 辛巳 14 六 | 壬午 15 日 | 癸未 16 一 | 甲申 17 二 | 乙酉 18 三 | 丙戌 19 四 | 丁亥 20 五 | 戊子 21 六 | 己丑 22 日 | 庚寅 23 一 | 辛卯 24 二 | 壬辰 25 三 | 癸巳 26 四 | 甲午 27 五 | 乙未 28 六 | 丙申 29 日 | 丁酉 30 一 | 戊戌 31 二 | 己亥 (11) 三 | 庚子 2 四 | 辛丑 3 五 | | 丙子寒露 辛卯霜降 |
| 十月大 | 癸亥 | 干支 天地 西曆 星期 | 壬寅 4 六 | 癸卯 5 日 | 甲辰 6 一 | 乙巳 7 二 | 丙午 8 三 | 丁未 9 四 | 戊申 10 五 | 己酉 11 六 | 庚戌 12 日 | 辛亥 13 一 | 壬子 14 二 | 癸丑 15 三 | 甲寅 16 四 | 乙卯 17 五 | 丙辰 18 六 | 丁巳 19 日 | 戊午 20 一 | 己未 21 二 | 庚申 22 三 | 辛酉 23 四 | 壬戌 24 五 | 癸亥 25 六 | 甲子 26 日 | 乙丑 27 一 | 丙寅 28 二 | 丁卯 29 三 | 戊辰 30 四 | 己巳 (12) 五 | 庚午 2 六 | 辛未 3 日 | 丙午立冬 壬戌小雪 |
| 十一月小 | 甲子 | 干支 天地 西曆 星期 | 壬申 4 一 | 癸酉 5 二 | 甲戌 6 三 | 乙亥 7 四 | 丙子 8 五 | 丁丑 9 六 | 戊寅 10 日 | 己卯 11 一 | 庚辰 12 二 | 辛巳 13 三 | 壬午 14 四 | 癸未 15 五 | 甲申 16 六 | 乙酉 17 日 | 丙戌 18 一 | 丁亥 19 二 | 戊子 20 三 | 己丑 21 四 | 庚寅 22 五 | 辛卯 23 六 | 壬辰 24 日 | 癸巳 25 一 | 甲午 26 二 | 乙未 27 三 | 丙申 28 四 | 丁酉 29 五 | 戊戌 30 六 | 己亥 31 日 | 庚子 (1) 一 | | 丁丑大雪 壬辰冬至 |
| 十二月大 | 乙丑 | 干支 天地 西曆 星期 | 辛丑 2 二 | 壬寅 3 三 | 癸卯 4 四 | 甲辰 5 五 | 乙巳 6 六 | 丙午 7 日 | 丁未 8 一 | 戊申 9 二 | 己酉 10 三 | 庚戌 11 四 | 辛亥 12 五 | 壬子 13 六 | 癸丑 14 日 | 甲寅 15 一 | 乙卯 16 二 | 丙辰 17 三 | 丁巳 18 四 | 戊午 19 五 | 己未 20 六 | 庚申 21 日 | 辛酉 22 一 | 壬戌 23 二 | 癸亥 24 三 | 甲子 25 四 | 乙丑 26 五 | 丙寅 27 六 | 丁卯 28 日 | 戊辰 29 一 | 己巳 30 二 | 庚午 31 三 | 丁未小寒 壬戌大寒 |

* 五月丙申（二十二日），改元永興。

# 漢桓帝永興二年（甲午 馬年）公元 154 ~ 155 年

| 夏曆月序 | 中西曆日對照 | | 初一 | 初二 | 初三 | 初四 | 初五 | 初六 | 初七 | 初八 | 初九 | 初十 | 十一 | 十二 | 十三 | 十四 | 十五 | 十六 | 十七 | 十八 | 十九 | 二十 | 二一 | 二二 | 二三 | 二四 | 二五 | 二六 | 二七 | 二八 | 二九 | 三十 | 節氣與天象 |
|---|---|---|---|---|---|---|---|---|---|---|---|---|---|---|---|---|---|---|---|---|---|---|---|---|---|---|---|---|---|---|---|---|---|
| 正月小 | 丙寅 | 天干<br>地支<br>西曆<br>星期 | 辛未<br>(2)<br>四 | 壬申<br>2<br>五 | 癸酉<br>3<br>六 | 甲戌<br>4<br>日 | 乙亥<br>5<br>一 | 丙子<br>6<br>二 | 丁丑<br>7<br>三 | 戊寅<br>8<br>四 | 己卯<br>9<br>五 | 庚辰<br>10<br>六 | 辛巳<br>11<br>日 | 壬午<br>12<br>一 | 癸未<br>13<br>二 | 甲申<br>14<br>三 | 乙酉<br>15<br>四 | 丙戌<br>16<br>五 | 丁亥<br>17<br>六 | 戊子<br>18<br>日 | 己丑<br>19<br>一 | 庚寅<br>20<br>二 | 辛卯<br>21<br>三 | 壬辰<br>22<br>四 | 癸巳<br>23<br>五 | 甲午<br>24<br>六 | 乙未<br>25<br>日 | 丙申<br>26<br>一 | 丁酉<br>27<br>二 | 戊戌<br>28<br>三 | 己亥<br>(3)<br>四 | | 戊寅立春<br>癸巳雨水 |
| 二月大 | 丁卯 | 天干<br>地支<br>西曆<br>星期 | 庚子<br>2<br>五 | 辛丑<br>3<br>六 | 壬寅<br>4<br>日 | 癸卯<br>5<br>一 | 甲辰<br>6<br>二 | 乙巳<br>7<br>三 | 丙午<br>8<br>四 | 丁未<br>9<br>五 | 戊申<br>10<br>六 | 己酉<br>11<br>日 | 庚戌<br>12<br>一 | 辛亥<br>13<br>二 | 壬子<br>14<br>三 | 癸丑<br>15<br>四 | 甲寅<br>16<br>五 | 乙卯<br>17<br>六 | 丙辰<br>18<br>日 | 丁巳<br>19<br>一 | 戊午<br>20<br>二 | 己未<br>21<br>三 | 庚申<br>22<br>四 | 辛酉<br>23<br>五 | 壬戌<br>24<br>六 | 癸亥<br>25<br>日 | 甲子<br>26<br>一 | 乙丑<br>27<br>二 | 丙寅<br>28<br>三 | 丁卯<br>29<br>四 | 戊辰<br>30<br>五 | 己巳<br>31<br>六 | 戊申驚蟄<br>癸丑春分 |
| 三月小 | 戊辰 | 天干<br>地支<br>西曆<br>星期 | 庚午<br>(4)<br>日 | 辛未<br>2<br>一 | 壬申<br>3<br>二 | 癸酉<br>4<br>三 | 甲戌<br>5<br>四 | 乙亥<br>6<br>五 | 丙子<br>7<br>六 | 丁丑<br>8<br>日 | 戊寅<br>9<br>一 | 己卯<br>10<br>二 | 庚辰<br>11<br>三 | 辛巳<br>12<br>四 | 壬午<br>13<br>五 | 癸未<br>14<br>六 | 甲申<br>15<br>日 | 乙酉<br>16<br>一 | 丙戌<br>17<br>二 | 丁亥<br>18<br>三 | 戊子<br>19<br>四 | 己丑<br>20<br>五 | 庚寅<br>21<br>六 | 辛卯<br>22<br>日 | 壬辰<br>23<br>一 | 癸巳<br>24<br>二 | 甲午<br>25<br>三 | 乙未<br>26<br>四 | 丙申<br>27<br>五 | 丁酉<br>28<br>六 | 戊戌<br>29<br>日 | | 己卯清明<br>甲午穀雨 |
| 四月大 | 己巳 | 天干<br>地支<br>西曆<br>星期 | 己亥<br>30<br>一 | 庚子<br>(5)<br>二 | 辛丑<br>2<br>三 | 壬寅<br>3<br>四 | 癸卯<br>4<br>五 | 甲辰<br>5<br>六 | 乙巳<br>6<br>日 | 丙午<br>7<br>一 | 丁未<br>8<br>二 | 戊申<br>9<br>三 | 己酉<br>10<br>四 | 庚戌<br>11<br>五 | 辛亥<br>12<br>六 | 壬子<br>13<br>日 | 癸丑<br>14<br>一 | 甲寅<br>15<br>二 | 乙卯<br>16<br>三 | 丙辰<br>17<br>四 | 丁巳<br>18<br>五 | 戊午<br>19<br>六 | 己未<br>20<br>日 | 庚申<br>21<br>一 | 辛酉<br>22<br>二 | 壬戌<br>23<br>三 | 癸亥<br>24<br>四 | 甲子<br>25<br>五 | 乙丑<br>26<br>六 | 丙寅<br>27<br>日 | 丁卯<br>28<br>一 | 戊辰<br>29<br>二 | 己酉立夏<br>甲子小滿 |
| 五月大 | 庚午 | 天干<br>地支<br>西曆<br>星期 | 己巳<br>30<br>三 | 庚午<br>31<br>四 | 辛未<br>(6)<br>五 | 壬申<br>2<br>六 | 癸酉<br>3<br>日 | 甲戌<br>4<br>一 | 乙亥<br>5<br>二 | 丙子<br>6<br>三 | 丁丑<br>7<br>四 | 戊寅<br>8<br>五 | 己卯<br>9<br>六 | 庚辰<br>10<br>日 | 辛巳<br>11<br>一 | 壬午<br>12<br>二 | 癸未<br>13<br>三 | 甲申<br>14<br>四 | 乙酉<br>15<br>五 | 丙戌<br>16<br>六 | 丁亥<br>17<br>日 | 戊子<br>18<br>一 | 己丑<br>19<br>二 | 庚寅<br>20<br>三 | 辛卯<br>21<br>四 | 壬辰<br>22<br>五 | 癸巳<br>23<br>六 | 甲午<br>24<br>日 | 乙未<br>25<br>一 | 丙申<br>26<br>二 | 丁酉<br>27<br>三 | 戊戌<br>28<br>四 | 己卯芒種<br>乙未夏至 |
| 六月小 | 辛未 | 天干<br>地支<br>西曆<br>星期 | 己亥<br>29<br>五 | 庚子<br>30<br>六 | 辛丑<br>(7)<br>日 | 壬寅<br>2<br>一 | 癸卯<br>3<br>二 | 甲辰<br>4<br>三 | 乙巳<br>5<br>四 | 丙午<br>6<br>五 | 丁未<br>7<br>六 | 戊申<br>8<br>日 | 己酉<br>9<br>一 | 庚戌<br>10<br>二 | 辛亥<br>11<br>三 | 壬子<br>12<br>四 | 癸丑<br>13<br>五 | 甲寅<br>14<br>六 | 乙卯<br>15<br>日 | 丙辰<br>16<br>一 | 丁巳<br>17<br>二 | 戊午<br>18<br>三 | 己未<br>19<br>四 | 庚申<br>20<br>五 | 辛酉<br>21<br>六 | 壬戌<br>22<br>日 | 癸亥<br>23<br>一 | 甲子<br>24<br>二 | 乙丑<br>25<br>三 | 丙寅<br>26<br>四 | 丁卯<br>27<br>五 | | 庚戌小暑<br>乙丑大暑 |
| 七月大 | 壬申 | 天干<br>地支<br>西曆<br>星期 | 戊辰<br>28<br>六 | 己巳<br>29<br>日 | 庚午<br>30<br>一 | 辛未<br>31<br>二 | 壬申<br>(8)<br>三 | 癸酉<br>2<br>四 | 甲戌<br>3<br>五 | 乙亥<br>4<br>六 | 丙子<br>5<br>日 | 丁丑<br>6<br>一 | 戊寅<br>7<br>二 | 己卯<br>8<br>三 | 庚辰<br>9<br>四 | 辛巳<br>10<br>五 | 壬午<br>11<br>六 | 癸未<br>12<br>日 | 甲申<br>13<br>一 | 乙酉<br>14<br>二 | 丙戌<br>15<br>三 | 丁亥<br>16<br>四 | 戊子<br>17<br>五 | 己丑<br>18<br>六 | 庚寅<br>19<br>日 | 辛卯<br>20<br>一 | 壬辰<br>21<br>二 | 癸巳<br>22<br>三 | 甲午<br>23<br>四 | 乙未<br>24<br>五 | 丙申<br>25<br>六 | 丁酉<br>26<br>日 | 庚辰立秋<br>丙申處暑 |
| 八月小 | 癸酉 | 天干<br>地支<br>西曆<br>星期 | 戊戌<br>27<br>一 | 己亥<br>28<br>二 | 庚子<br>29<br>三 | 辛丑<br>30<br>四 | 壬寅<br>31<br>五 | 癸卯<br>(9)<br>六 | 甲辰<br>2<br>日 | 乙巳<br>3<br>一 | 丙午<br>4<br>二 | 丁未<br>5<br>三 | 戊申<br>6<br>四 | 己酉<br>7<br>五 | 庚戌<br>8<br>六 | 辛亥<br>9<br>日 | 壬子<br>10<br>一 | 癸丑<br>11<br>二 | 甲寅<br>12<br>三 | 乙卯<br>13<br>四 | 丙辰<br>14<br>五 | 丁巳<br>15<br>六 | 戊午<br>16<br>日 | 己未<br>17<br>一 | 庚申<br>18<br>二 | 辛酉<br>19<br>三 | 壬戌<br>20<br>四 | 癸亥<br>21<br>五 | 甲子<br>22<br>六 | 乙丑<br>23<br>日 | 丙寅<br>24<br>一 | | 辛亥白露<br>丙寅秋分 |
| 九月大 | 甲戌 | 天干<br>地支<br>西曆<br>星期 | 丁卯<br>25<br>二 | 戊辰<br>26<br>三 | 己巳<br>27<br>四 | 庚午<br>28<br>五 | 辛未<br>29<br>六 | 壬申<br>30<br>日 | 癸酉<br>(10)<br>一 | 甲戌<br>2<br>二 | 乙亥<br>3<br>三 | 丙子<br>4<br>四 | 丁丑<br>5<br>五 | 戊寅<br>6<br>六 | 己卯<br>7<br>日 | 庚辰<br>8<br>一 | 辛巳<br>9<br>二 | 壬午<br>10<br>三 | 癸未<br>11<br>四 | 甲申<br>12<br>五 | 乙酉<br>13<br>六 | 丙戌<br>14<br>日 | 丁亥<br>15<br>一 | 戊子<br>16<br>二 | 己丑<br>17<br>三 | 庚寅<br>18<br>四 | 辛卯<br>19<br>五 | 壬辰<br>20<br>六 | 癸巳<br>21<br>日 | 甲午<br>22<br>一 | 乙未<br>23<br>二 | 丙申<br>24<br>三 | 辛巳寒露<br>丙申霜降<br>丁卯日食 |
| 閏九月小 | 甲戌 | 天干<br>地支<br>西曆<br>星期 | 丁酉<br>25<br>四 | 戊戌<br>26<br>五 | 己亥<br>27<br>六 | 庚子<br>28<br>日 | 辛丑<br>29<br>一 | 壬寅<br>30<br>二 | 癸卯<br>31<br>三 | 甲辰<br>(11)<br>四 | 乙巳<br>2<br>五 | 丙午<br>3<br>六 | 丁未<br>4<br>日 | 戊申<br>5<br>一 | 己酉<br>6<br>二 | 庚戌<br>7<br>三 | 辛亥<br>8<br>四 | 壬子<br>9<br>五 | 癸丑<br>10<br>六 | 甲寅<br>11<br>日 | 乙卯<br>12<br>一 | 丙辰<br>13<br>二 | 丁巳<br>14<br>三 | 戊午<br>15<br>四 | 己未<br>16<br>五 | 庚申<br>17<br>六 | 辛酉<br>18<br>日 | 壬戌<br>19<br>一 | 癸亥<br>20<br>二 | 甲子<br>21<br>三 | 乙丑<br>22<br>四 | | 壬子立冬 |
| 十月大 | 乙亥 | 天干<br>地支<br>西曆<br>星期 | 丙寅<br>23<br>五 | 丁卯<br>24<br>六 | 戊辰<br>25<br>日 | 己巳<br>26<br>一 | 庚午<br>27<br>二 | 辛未<br>28<br>三 | 壬申<br>29<br>四 | 癸酉<br>30<br>五 | 甲戌<br>(12)<br>六 | 乙亥<br>2<br>日 | 丙子<br>3<br>一 | 丁丑<br>4<br>二 | 戊寅<br>5<br>三 | 己卯<br>6<br>四 | 庚辰<br>7<br>五 | 辛巳<br>8<br>六 | 壬午<br>9<br>日 | 癸未<br>10<br>一 | 甲申<br>11<br>二 | 乙酉<br>12<br>三 | 丙戌<br>13<br>四 | 丁亥<br>14<br>五 | 戊子<br>15<br>六 | 己丑<br>16<br>日 | 庚寅<br>17<br>一 | 辛卯<br>18<br>二 | 壬辰<br>19<br>三 | 癸巳<br>20<br>四 | 甲午<br>21<br>五 | 乙未<br>22<br>六 | 丁卯小雪<br>壬午大雪 |
| 十一月小 | 丙子 | 天干<br>地支<br>西曆<br>星期 | 丙申<br>23<br>日 | 丁酉<br>24<br>一 | 戊戌<br>25<br>二 | 己亥<br>26<br>三 | 庚子<br>27<br>四 | 辛丑<br>28<br>五 | 壬寅<br>29<br>六 | 癸卯<br>30<br>日 | 甲辰<br>31<br>一 | 乙巳<br>(1)<br>二 | 丙午<br>2<br>三 | 丁未<br>3<br>四 | 戊申<br>4<br>五 | 己酉<br>5<br>六 | 庚戌<br>6<br>日 | 辛亥<br>7<br>一 | 壬子<br>8<br>二 | 癸丑<br>9<br>三 | 甲寅<br>10<br>四 | 乙卯<br>11<br>五 | 丙辰<br>12<br>六 | 丁巳<br>13<br>日 | 戊午<br>14<br>一 | 己未<br>15<br>二 | 庚申<br>16<br>三 | 辛酉<br>17<br>四 | 壬戌<br>18<br>五 | 癸亥<br>19<br>六 | 甲子<br>20<br>日 | | 丁酉冬至<br>壬子小寒 |
| 十二月大 | 丁丑 | 天干<br>地支<br>西曆<br>星期 | 乙丑<br>21<br>一 | 丙寅<br>22<br>二 | 丁卯<br>23<br>三 | 戊辰<br>24<br>四 | 己巳<br>25<br>五 | 庚午<br>26<br>六 | 辛未<br>27<br>日 | 壬申<br>28<br>一 | 癸酉<br>29<br>二 | 甲戌<br>30<br>三 | 乙亥<br>31<br>四 | 丙子<br>(2)<br>五 | 丁丑<br>2<br>六 | 戊寅<br>3<br>日 | 己卯<br>4<br>一 | 庚辰<br>5<br>二 | 辛巳<br>6<br>三 | 壬午<br>7<br>四 | 癸未<br>8<br>五 | 甲申<br>9<br>六 | 乙酉<br>10<br>日 | 丙戌<br>11<br>一 | 丁亥<br>12<br>二 | 戊子<br>13<br>三 | 己丑<br>14<br>四 | 庚寅<br>15<br>五 | 辛卯<br>16<br>六 | 壬辰<br>17<br>日 | 癸巳<br>18<br>一 | 甲午<br>19<br>二 | 戊辰大寒<br>癸未立春 |

# 漢桓帝永興三年 永壽元年（乙未 羊年）公元 155 ~ 156 年

| 夏曆月序 | | 中西曆日對照 | 夏曆日序 | | | | | | | | | | | | | | | | | | | | | | | | | | | | | | 節氣與天象 |
|---|---|---|---|---|---|---|---|---|---|---|---|---|---|---|---|---|---|---|---|---|---|---|---|---|---|---|---|---|---|---|---|---|---|
| | | | 初一 | 初二 | 初三 | 初四 | 初五 | 初六 | 初七 | 初八 | 初九 | 初十 | 十一 | 十二 | 十三 | 十四 | 十五 | 十六 | 十七 | 十八 | 十九 | 二十 | 二一 | 二二 | 二三 | 二四 | 二五 | 二六 | 二七 | 二八 | 二九 | 三十 | |
| 正月小 | 戊寅 | 天干地支<br>西曆<br>星期 | 乙未<br>20<br>三 | 丙申<br>21<br>四 | 丁酉<br>22<br>五 | 戊戌<br>23<br>六 | 己亥<br>24<br>日 | 庚子<br>25<br>一 | 辛丑<br>26<br>二 | 壬寅<br>27<br>三 | 癸卯<br>28<br>四 | 甲辰<br>(3)<br>五 | 乙巳<br>2<br>六 | 丙午<br>3<br>日 | 丁未<br>4<br>一 | 戊申<br>5<br>二 | 己酉<br>6<br>三 | 庚戌<br>7<br>四 | 辛亥<br>8<br>五 | 壬子<br>9<br>六 | 癸丑<br>10<br>日 | 甲寅<br>11<br>一 | 乙卯<br>12<br>二 | 丙辰<br>13<br>三 | 丁巳<br>14<br>四 | 戊午<br>15<br>五 | 己未<br>16<br>六 | 庚申<br>17<br>日 | 辛酉<br>18<br>一 | 壬戌<br>19<br>二 | 癸亥<br>20<br>三 | | 戊戌雨水<br>癸丑驚蟄 |
| 二月大 | 己卯 | 天干地支<br>西曆<br>星期 | 甲子<br>21<br>四 | 乙丑<br>22<br>五 | 丙寅<br>23<br>六 | 丁卯<br>24<br>日 | 戊辰<br>25<br>一 | 己巳<br>26<br>二 | 庚午<br>27<br>三 | 辛未<br>28<br>四 | 壬申<br>29<br>五 | 癸酉<br>30<br>六 | 甲戌<br>31<br>日 | 乙亥<br>(4)<br>一 | 丙子<br>2<br>二 | 丁丑<br>3<br>三 | 戊寅<br>4<br>四 | 己卯<br>5<br>五 | 庚辰<br>6<br>六 | 辛巳<br>7<br>日 | 壬午<br>8<br>一 | 癸未<br>9<br>二 | 甲申<br>10<br>三 | 乙酉<br>11<br>四 | 丙戌<br>12<br>五 | 丁亥<br>13<br>六 | 戊子<br>14<br>日 | 己丑<br>15<br>一 | 庚寅<br>16<br>二 | 辛卯<br>17<br>三 | 壬辰<br>18<br>四 | 癸巳<br>19<br>五 | 己巳春分<br>甲申清明 |
| 三月小 | 庚辰 | 天干地支<br>西曆<br>星期 | 甲午<br>20<br>六 | 乙未<br>21<br>日 | 丙申<br>22<br>一 | 丁酉<br>23<br>二 | 戊戌<br>24<br>三 | 己亥<br>25<br>四 | 庚子<br>26<br>五 | 辛丑<br>27<br>六 | 壬寅<br>28<br>日 | 癸卯<br>29<br>一 | 甲辰<br>30<br>二 | 乙巳<br>(5)<br>三 | 丙午<br>2<br>四 | 丁未<br>3<br>五 | 戊申<br>4<br>六 | 己酉<br>5<br>日 | 庚戌<br>6<br>一 | 辛亥<br>7<br>二 | 壬子<br>8<br>三 | 癸丑<br>9<br>四 | 甲寅<br>10<br>五 | 乙卯<br>11<br>六 | 丙辰<br>12<br>日 | 丁巳<br>13<br>一 | 戊午<br>14<br>二 | 己未<br>15<br>三 | 庚申<br>16<br>四 | 辛酉<br>17<br>五 | 壬戌<br>18<br>六 | | 己亥穀雨<br>甲寅立夏 |
| 四月大 | 辛巳 | 天干地支<br>西曆<br>星期 | 癸亥<br>19<br>日 | 甲子<br>20<br>一 | 乙丑<br>21<br>二 | 丙寅<br>22<br>三 | 丁卯<br>23<br>四 | 戊辰<br>24<br>五 | 己巳<br>25<br>六 | 庚午<br>26<br>日 | 辛未<br>27<br>一 | 壬申<br>28<br>二 | 癸酉<br>29<br>三 | 甲戌<br>30<br>四 | 乙亥<br>31<br>五 | 丙子<br>(6)<br>六 | 丁丑<br>2<br>日 | 戊寅<br>3<br>一 | 己卯<br>4<br>二 | 庚辰<br>5<br>三 | 辛巳<br>6<br>四 | 壬午<br>7<br>五 | 癸未<br>8<br>六 | 甲申<br>9<br>日 | 乙酉<br>10<br>一 | 丙戌<br>11<br>二 | 丁亥<br>12<br>三 | 戊子<br>13<br>四 | 己丑<br>14<br>五 | 庚寅<br>15<br>六 | 辛卯<br>16<br>日 | 壬辰<br>17<br>一 | 己巳小滿<br>乙酉芒種 |
| 五月小 | 壬午 | 天干地支<br>西曆<br>星期 | 癸巳<br>18<br>二 | 甲午<br>19<br>三 | 乙未<br>20<br>四 | 丙申<br>21<br>五 | 丁酉<br>22<br>六 | 戊戌<br>23<br>日 | 己亥<br>24<br>一 | 庚子<br>25<br>二 | 辛丑<br>26<br>三 | 壬寅<br>27<br>四 | 癸卯<br>28<br>五 | 甲辰<br>29<br>六 | 乙巳<br>30<br>日 | 丙午<br>(7)<br>一 | 丁未<br>2<br>二 | 戊申<br>3<br>三 | 己酉<br>4<br>四 | 庚戌<br>5<br>五 | 辛亥<br>6<br>六 | 壬子<br>7<br>日 | 癸丑<br>8<br>一 | 甲寅<br>9<br>二 | 乙卯<br>10<br>三 | 丙辰<br>11<br>四 | 丁巳<br>12<br>五 | 戊午<br>13<br>六 | 己未<br>14<br>日 | 庚申<br>15<br>一 | 辛酉<br>16<br>二 | | 庚子夏至<br>乙卯小暑 |
| 六月大 | 癸未 | 天干地支<br>西曆<br>星期 | 壬戌<br>17<br>三 | 癸亥<br>18<br>四 | 甲子<br>19<br>五 | 乙丑<br>20<br>六 | 丙寅<br>21<br>日 | 丁卯<br>22<br>一 | 戊辰<br>23<br>二 | 己巳<br>24<br>三 | 庚午<br>25<br>四 | 辛未<br>26<br>五 | 壬申<br>27<br>六 | 癸酉<br>28<br>日 | 甲戌<br>29<br>一 | 乙亥<br>30<br>二 | 丙子<br>31<br>三 | 丁丑<br>(8)<br>四 | 戊寅<br>2<br>五 | 己卯<br>3<br>六 | 庚辰<br>4<br>日 | 辛巳<br>5<br>一 | 壬午<br>6<br>二 | 癸未<br>7<br>三 | 甲申<br>8<br>四 | 乙酉<br>9<br>五 | 丙戌<br>10<br>六 | 丁亥<br>11<br>日 | 戊子<br>12<br>一 | 己丑<br>13<br>二 | 庚寅<br>14<br>三 | 辛卯<br>15<br>四 | 庚午大暑<br>丙戌立秋 |
| 七月小 | 甲申 | 天干地支<br>西曆<br>星期 | 壬辰<br>16<br>五 | 癸巳<br>17<br>六 | 甲午<br>18<br>日 | 乙未<br>19<br>一 | 丙申<br>20<br>二 | 丁酉<br>21<br>三 | 戊戌<br>22<br>四 | 己亥<br>23<br>五 | 庚子<br>24<br>六 | 辛丑<br>25<br>日 | 壬寅<br>26<br>一 | 癸卯<br>27<br>二 | 甲辰<br>28<br>三 | 乙巳<br>29<br>四 | 丙午<br>30<br>五 | 丁未<br>31<br>六 | 戊申<br>(9)<br>日 | 己酉<br>2<br>一 | 庚戌<br>3<br>二 | 辛亥<br>4<br>三 | 壬子<br>5<br>四 | 癸丑<br>6<br>五 | 甲寅<br>7<br>六 | 乙卯<br>8<br>日 | 丙辰<br>9<br>一 | 丁巳<br>10<br>二 | 戊午<br>11<br>三 | 己未<br>12<br>四 | 庚申<br>13<br>五 | | 辛丑處暑<br>丙辰白露 |
| 八月大 | 乙酉 | 天干地支<br>西曆<br>星期 | 辛酉<br>14<br>六 | 壬戌<br>15<br>日 | 癸亥<br>16<br>一 | 甲子<br>17<br>二 | 乙丑<br>18<br>三 | 丙寅<br>19<br>四 | 丁卯<br>20<br>五 | 戊辰<br>21<br>六 | 己巳<br>22<br>日 | 庚午<br>23<br>一 | 辛未<br>24<br>二 | 壬申<br>25<br>三 | 癸酉<br>26<br>四 | 甲戌<br>27<br>五 | 乙亥<br>28<br>六 | 丙子<br>29<br>日 | 丁丑<br>30<br>一 | 戊寅<br>(10)<br>二 | 己卯<br>2<br>三 | 庚辰<br>3<br>四 | 辛巳<br>4<br>五 | 壬午<br>5<br>六 | 癸未<br>6<br>日 | 甲申<br>7<br>一 | 乙酉<br>8<br>二 | 丙戌<br>9<br>三 | 丁亥<br>10<br>四 | 戊子<br>11<br>五 | 己丑<br>12<br>六 | 庚寅<br>13<br>日 | 辛未秋分<br>丙戌寒露 |
| 九月大 | 丙戌 | 天干地支<br>西曆<br>星期 | 辛卯<br>14<br>一 | 壬辰<br>15<br>二 | 癸巳<br>16<br>三 | 甲午<br>17<br>四 | 乙未<br>18<br>五 | 丙申<br>19<br>六 | 丁酉<br>20<br>日 | 戊戌<br>21<br>一 | 己亥<br>22<br>二 | 庚子<br>23<br>三 | 辛丑<br>24<br>四 | 壬寅<br>25<br>五 | 癸卯<br>26<br>六 | 甲辰<br>27<br>日 | 乙巳<br>28<br>一 | 丙午<br>29<br>二 | 丁未<br>30<br>三 | 戊申<br>31<br>四 | 己酉<br>(11)<br>五 | 庚戌<br>2<br>六 | 辛亥<br>3<br>日 | 壬子<br>4<br>一 | 癸丑<br>5<br>二 | 甲寅<br>6<br>三 | 乙卯<br>7<br>四 | 丙辰<br>8<br>五 | 丁巳<br>9<br>六 | 戊午<br>10<br>日 | 己未<br>11<br>一 | 庚申<br>12<br>二 | 壬寅霜降<br>丁巳立冬 |
| 十月小 | 丁亥 | 天干地支<br>西曆<br>星期 | 辛酉<br>13<br>三 | 壬戌<br>14<br>四 | 癸亥<br>15<br>五 | 甲子<br>16<br>六 | 乙丑<br>17<br>日 | 丙寅<br>18<br>一 | 丁卯<br>19<br>二 | 戊辰<br>20<br>三 | 己巳<br>21<br>四 | 庚午<br>22<br>五 | 辛未<br>23<br>六 | 壬申<br>24<br>日 | 癸酉<br>25<br>一 | 甲戌<br>26<br>二 | 乙亥<br>27<br>三 | 丙子<br>28<br>四 | 丁丑<br>29<br>五 | 戊寅<br>30<br>六 | 己卯<br>(12)<br>日 | 庚辰<br>2<br>一 | 辛巳<br>3<br>二 | 壬午<br>4<br>三 | 癸未<br>5<br>四 | 甲申<br>6<br>五 | 乙酉<br>7<br>六 | 丙戌<br>8<br>日 | 丁亥<br>9<br>一 | 戊子<br>10<br>二 | 己丑<br>11<br>三 | | 壬申小雪<br>丁亥大雪 |
| 十一月大 | 戊子 | 天干地支<br>西曆<br>星期 | 庚寅<br>12<br>四 | 辛卯<br>13<br>五 | 壬辰<br>14<br>六 | 癸巳<br>15<br>日 | 甲午<br>16<br>一 | 乙未<br>17<br>二 | 丙申<br>18<br>三 | 丁酉<br>19<br>四 | 戊戌<br>20<br>五 | 己亥<br>21<br>六 | 庚子<br>22<br>日 | 辛丑<br>23<br>一 | 壬寅<br>24<br>二 | 癸卯<br>25<br>三 | 甲辰<br>26<br>四 | 乙巳<br>27<br>五 | 丙午<br>28<br>六 | 丁未<br>29<br>日 | 戊申<br>30<br>一 | 己酉<br>31<br>二 | 庚戌<br>(1)<br>三 | 辛亥<br>2<br>四 | 壬子<br>3<br>五 | 癸丑<br>4<br>六 | 甲寅<br>5<br>日 | 乙卯<br>6<br>一 | 丙辰<br>7<br>二 | 丁巳<br>8<br>三 | 戊午<br>9<br>四 | 己未<br>10<br>五 | 癸卯冬至<br>戊午小寒 |
| 十二月小 | 己丑 | 天干地支<br>西曆<br>星期 | 庚申<br>11<br>六 | 辛酉<br>12<br>日 | 壬戌<br>13<br>一 | 癸亥<br>14<br>二 | 甲子<br>15<br>三 | 乙丑<br>16<br>四 | 丙寅<br>17<br>五 | 丁卯<br>18<br>六 | 戊辰<br>19<br>日 | 己巳<br>20<br>一 | 庚午<br>21<br>二 | 辛未<br>22<br>三 | 壬申<br>23<br>四 | 癸酉<br>24<br>五 | 甲戌<br>25<br>六 | 乙亥<br>26<br>日 | 丙子<br>27<br>一 | 丁丑<br>28<br>二 | 戊寅<br>29<br>三 | 己卯<br>30<br>四 | 庚辰<br>31<br>五 | 辛巳<br>(2)<br>六 | 壬午<br>2<br>日 | 癸未<br>3<br>一 | 甲申<br>4<br>二 | 乙酉<br>5<br>三 | 丙戌<br>6<br>四 | 丁亥<br>7<br>五 | 戊子<br>8<br>六 | | 癸酉大寒<br>戊子立春 |

* 正月戊申（十四日），改元永壽。

# 漢桓帝永壽二年（丙申 猴年）公元 156 ~ 157 年

| 夏曆月序 | | 中西曆日對照 | 夏曆日序 | | | | | | | | | | | | | | | | | | | | | | | | | | | | | 節氣與天象 |
|---|---|---|---|---|---|---|---|---|---|---|---|---|---|---|---|---|---|---|---|---|---|---|---|---|---|---|---|---|---|---|---|---|
| | | | 初一 | 初二 | 初三 | 初四 | 初五 | 初六 | 初七 | 初八 | 初九 | 初十 | 十一 | 十二 | 十三 | 十四 | 十五 | 十六 | 十七 | 十八 | 十九 | 二十 | 二一 | 二二 | 二三 | 二四 | 二五 | 二六 | 二七 | 二八 | 二九 | 三十 | |
| 正月大 | 庚寅 | 天干 地支 西曆 星期 | 己丑 9 日 | 庚寅 10 一 | 辛卯 11 二 | 壬辰 12 三 | 癸巳 13 四 | 甲午 14 五 | 乙未 15 六 | 丙申 16 日 | 丁酉 17 一 | 戊戌 18 二 | 己亥 19 三 | 庚子 20 四 | 辛丑 21 五 | 壬寅 22 六 | 癸卯 23 日 | 甲辰 24 一 | 乙巳 25 二 | 丙午 26 三 | 丁未 27 四 | 戊申 28 五 | 己酉 29 六 | 庚戌 (3) 日 | 辛亥 2 一 | 壬子 3 二 | 癸丑 4 三 | 甲寅 5 四 | 乙卯 6 五 | 丙辰 7 六 | 丁巳 8 日 | 戊午 9 一 | 癸卯雨水 |
| 二月小 | 辛卯 | 天干 地支 西曆 星期 | 己未 10 二 | 庚申 11 三 | 辛酉 12 四 | 壬戌 13 五 | 癸亥 14 六 | 甲子 15 日 | 乙丑 16 一 | 丙寅 17 二 | 丁卯 18 三 | 戊辰 19 四 | 己巳 20 五 | 庚午 21 六 | 辛未 22 日 | 壬申 23 一 | 癸酉 24 二 | 甲戌 25 三 | 乙亥 26 四 | 丙子 27 五 | 丁丑 28 六 | 戊寅 29 日 | 己卯 30 一 | 庚辰 31 二 | 辛巳 (4) 三 | 壬午 2 四 | 癸未 3 五 | 甲申 4 六 | 乙酉 5 日 | 丙戌 6 一 | 丁亥 7 二 | | 己未驚蟄 甲戌春分 |
| 三月大 | 壬辰 | 天干 地支 西曆 星期 | 戊子 8 三 | 己丑 9 四 | 庚寅 10 五 | 辛卯 11 六 | 壬辰 12 日 | 癸巳 13 一 | 甲午 14 二 | 乙未 15 三 | 丙申 16 四 | 丁酉 17 五 | 戊戌 18 六 | 己亥 19 日 | 庚子 20 一 | 辛丑 21 二 | 壬寅 22 三 | 癸卯 23 四 | 甲辰 24 五 | 乙巳 25 六 | 丙午 26 日 | 丁未 27 一 | 戊申 28 二 | 己酉 29 三 | 庚戌 30 四 | 辛亥 (5) 五 | 壬子 2 六 | 癸丑 3 日 | 甲寅 4 一 | 乙卯 5 二 | 丙辰 6 三 | 丁巳 7 四 | 己丑清明 甲辰穀雨 |
| 四月小 | 癸巳 | 天干 地支 西曆 星期 | 戊午 8 五 | 己未 9 六 | 庚申 10 日 | 辛酉 11 一 | 壬戌 12 二 | 癸亥 13 三 | 甲子 14 四 | 乙丑 15 五 | 丙寅 16 六 | 丁卯 17 日 | 戊辰 18 一 | 己巳 19 二 | 庚午 20 三 | 辛未 21 四 | 壬申 22 五 | 癸酉 23 六 | 甲戌 24 日 | 乙亥 25 一 | 丙子 26 二 | 丁丑 27 三 | 戊寅 28 四 | 己卯 29 五 | 庚辰 30 六 | 辛巳 31 日 | 壬午 (6) 一 | 癸未 2 二 | 甲申 3 三 | 乙酉 4 四 | 丙戌 5 五 | | 己未立夏 乙亥小滿 |
| 五月大 | 甲午 | 天干 地支 西曆 星期 | 丁亥 6 六 | 戊子 7 日 | 己丑 8 一 | 庚寅 9 二 | 辛卯 10 三 | 壬辰 11 四 | 癸巳 12 五 | 甲午 13 六 | 乙未 14 日 | 丙申 15 一 | 丁酉 16 二 | 戊戌 17 三 | 己亥 18 四 | 庚子 19 五 | 辛丑 20 六 | 壬寅 21 日 | 癸卯 22 一 | 甲辰 23 二 | 乙巳 24 三 | 丙午 25 四 | 丁未 26 五 | 戊申 27 六 | 己酉 28 日 | 庚戌 29 一 | 辛亥 30 二 | 壬子 (7) 三 | 癸丑 2 四 | 甲寅 3 五 | 乙卯 4 六 | 丙辰 5 日 | 庚寅芒種 乙巳夏至 |
| 六月小 | 乙未 | 天干 地支 西曆 星期 | 丁巳 6 一 | 戊午 7 二 | 己未 8 三 | 庚申 9 四 | 辛酉 10 五 | 壬戌 11 六 | 癸亥 12 日 | 甲子 13 一 | 乙丑 14 二 | 丙寅 15 三 | 丁卯 16 四 | 戊辰 17 五 | 己巳 18 六 | 庚午 19 日 | 辛未 20 一 | 壬申 21 二 | 癸酉 22 三 | 甲戌 23 四 | 乙亥 24 五 | 丙子 25 六 | 丁丑 26 日 | 戊寅 27 一 | 己卯 28 二 | 庚辰 29 三 | 辛巳 30 四 | 壬午 31 五 | 癸未 (8) 六 | 甲申 2 日 | 乙酉 3 一 | | 庚申小暑 丙子大暑 |
| 七月大 | 丙申 | 天干 地支 西曆 星期 | 丙戌 4 二 | 丁亥 5 三 | 戊子 6 四 | 己丑 7 五 | 庚寅 8 六 | 辛卯 9 日 | 壬辰 10 一 | 癸巳 11 二 | 甲午 12 三 | 乙未 13 四 | 丙申 14 五 | 丁酉 15 六 | 戊戌 16 日 | 己亥 17 一 | 庚子 18 二 | 辛丑 19 三 | 壬寅 20 四 | 癸卯 21 五 | 甲辰 22 六 | 乙巳 23 日 | 丙午 24 一 | 丁未 25 二 | 戊申 26 三 | 己酉 27 四 | 庚戌 28 五 | 辛亥 29 六 | 壬子 30 日 | 癸丑 31 一 | 甲寅 (9) 二 | 乙卯 2 三 | 辛卯立秋 丙午處暑 |
| 八月小 | 丁酉 | 天干 地支 西曆 星期 | 丙辰 3 四 | 丁巳 4 五 | 戊午 5 六 | 己未 6 日 | 庚申 7 一 | 辛酉 8 二 | 壬戌 9 三 | 癸亥 10 四 | 甲子 11 五 | 乙丑 12 六 | 丙寅 13 日 | 丁卯 14 一 | 戊辰 15 二 | 己巳 16 三 | 庚午 17 四 | 辛未 18 五 | 壬申 19 六 | 癸酉 20 日 | 甲戌 21 一 | 乙亥 22 二 | 丙子 23 三 | 丁丑 24 四 | 戊寅 25 五 | 己卯 26 六 | 庚辰 27 日 | 辛巳 28 一 | 壬午 29 二 | 癸未 30 三 | 甲申 (10) 四 | | 辛酉白露 丙子秋分 |
| 九月大 | 戊戌 | 天干 地支 西曆 星期 | 乙酉 2 五 | 丙戌 3 六 | 丁亥 4 日 | 戊子 5 一 | 己丑 6 二 | 庚寅 7 三 | 辛卯 8 四 | 壬辰 9 五 | 癸巳 10 六 | 甲午 11 日 | 乙未 12 一 | 丙申 13 二 | 丁酉 14 三 | 戊戌 15 四 | 己亥 16 五 | 庚子 17 六 | 辛丑 18 日 | 壬寅 19 一 | 癸卯 20 二 | 甲辰 21 三 | 乙巳 22 四 | 丙午 23 五 | 丁未 24 六 | 戊申 25 日 | 己酉 26 一 | 庚戌 27 二 | 辛亥 28 三 | 壬子 29 四 | 癸丑 30 五 | 甲寅 31 六 | 壬辰寒露 丁未霜降 |
| 十月小 | 己亥 | 天干 地支 西曆 星期 | 乙卯 (11) 日 | 丙辰 2 一 | 丁巳 3 二 | 戊午 4 三 | 己未 5 四 | 庚申 6 五 | 辛酉 7 六 | 壬戌 8 日 | 癸亥 9 一 | 甲子 10 二 | 乙丑 11 三 | 丙寅 12 四 | 丁卯 13 五 | 戊辰 14 六 | 己巳 15 日 | 庚午 16 一 | 辛未 17 二 | 壬申 18 三 | 癸酉 19 四 | 甲戌 20 五 | 乙亥 21 六 | 丙子 22 日 | 丁丑 23 一 | 戊寅 24 二 | 己卯 25 三 | 庚辰 26 四 | 辛巳 27 五 | 壬午 28 六 | 癸未 29 日 | | 壬戌立冬 丁丑小雪 |
| 十一月大 | 庚子 | 天干 地支 西曆 星期 | 甲申 30 一 | 乙酉 (12) 二 | 丙戌 2 三 | 丁亥 3 四 | 戊子 4 五 | 己丑 5 六 | 庚寅 6 日 | 辛卯 7 一 | 壬辰 8 二 | 癸巳 9 三 | 甲午 10 四 | 乙未 11 五 | 丙申 12 六 | 丁酉 13 日 | 戊戌 14 一 | 己亥 15 二 | 庚子 16 三 | 辛丑 17 四 | 壬寅 18 五 | 癸卯 19 六 | 甲辰 20 日 | 乙巳 21 一 | 丙午 22 二 | 丁未 23 三 | 戊申 24 四 | 己酉 25 五 | 庚戌 26 六 | 辛亥 27 日 | 壬子 28 一 | 癸丑 29 二 | 癸巳大雪 戊申冬至 |
| 十二月小 | 辛丑 | 天干 地支 西曆 星期 | 甲寅 30 三 | 乙卯 31 四 | 丙辰 (1) 五 | 丁巳 2 六 | 戊午 3 日 | 己未 4 一 | 庚申 5 二 | 辛酉 6 三 | 壬戌 7 四 | 癸亥 8 五 | 甲子 9 六 | 乙丑 10 日 | 丙寅 11 一 | 丁卯 12 二 | 戊辰 13 三 | 己巳 14 四 | 庚午 15 五 | 辛未 16 六 | 壬申 17 日 | 癸酉 18 一 | 甲戌 19 二 | 乙亥 20 三 | 丙子 21 四 | 丁丑 22 五 | 戊寅 23 六 | 己卯 24 日 | 庚辰 25 一 | 辛巳 26 二 | 壬午 27 三 | | 癸亥小寒 戊寅大寒 |

# 漢桓帝永壽三年（丁酉 鷄年）公元157～158年

| 夏曆月序 | | 中西曆日對照 | 初一 | 初二 | 初三 | 初四 | 初五 | 初六 | 初七 | 初八 | 初九 | 初十 | 十一 | 十二 | 十三 | 十四 | 十五 | 十六 | 十七 | 十八 | 十九 | 二十 | 二一 | 二二 | 二三 | 二四 | 二五 | 二六 | 二七 | 二八 | 二九 | 三十 | 節氣與天象 |
|---|---|---|---|---|---|---|---|---|---|---|---|---|---|---|---|---|---|---|---|---|---|---|---|---|---|---|---|---|---|---|---|---|---|
| 正月大 | 壬寅 | 天干地支<br>西曆<br>星期 | 癸未<br>28<br>四 | 甲申<br>29<br>五 | 乙酉<br>30<br>六 | 丙戌<br>31<br>日 | 丁亥<br>(2)<br>一 | 戊子<br>2<br>二 | 己丑<br>3<br>三 | 庚寅<br>4<br>四 | 辛卯<br>5<br>五 | 壬辰<br>6<br>六 | 癸巳<br>7<br>日 | 甲午<br>8<br>一 | 乙未<br>9<br>二 | 丙申<br>10<br>三 | 丁酉<br>11<br>四 | 戊戌<br>12<br>五 | 己亥<br>13<br>六 | 庚子<br>14<br>日 | 辛丑<br>15<br>一 | 壬寅<br>16<br>二 | 癸卯<br>17<br>三 | 甲辰<br>18<br>四 | 乙巳<br>19<br>五 | 丙午<br>20<br>六 | 丁未<br>21<br>日 | 戊申<br>22<br>一 | 己酉<br>23<br>二 | 庚戌<br>24<br>三 | 辛亥<br>25<br>四 | 壬子<br>26<br>五 | 癸巳立春<br>己酉雨水 |
| 二月大 | 癸卯 | 天干地支<br>西曆<br>星期 | 癸丑<br>27<br>六 | 甲寅<br>28<br>日 | 乙卯<br>(3)<br>一 | 丙辰<br>2<br>二 | 丁巳<br>3<br>三 | 戊午<br>4<br>四 | 己未<br>5<br>五 | 庚申<br>6<br>六 | 辛酉<br>7<br>日 | 壬戌<br>8<br>一 | 癸亥<br>9<br>二 | 甲子<br>10<br>三 | 乙丑<br>11<br>四 | 丙寅<br>12<br>五 | 丁卯<br>13<br>六 | 戊辰<br>14<br>日 | 己巳<br>15<br>一 | 庚午<br>16<br>二 | 辛未<br>17<br>三 | 壬申<br>18<br>四 | 癸酉<br>19<br>五 | 甲戌<br>20<br>六 | 乙亥<br>21<br>日 | 丙子<br>22<br>一 | 丁丑<br>23<br>二 | 戊寅<br>24<br>三 | 己卯<br>25<br>四 | 庚辰<br>26<br>五 | 辛巳<br>27<br>六 | 壬午<br>28<br>日 | 甲子驚蟄<br>己卯春分 |
| 三月小 | 甲辰 | 天干地支<br>西曆<br>星期 | 癸未<br>29<br>一 | 甲申<br>30<br>二 | 乙酉<br>31<br>三 | 丙戌<br>(4)<br>四 | 丁亥<br>2<br>五 | 戊子<br>3<br>六 | 己丑<br>4<br>日 | 庚寅<br>5<br>一 | 辛卯<br>6<br>二 | 壬辰<br>7<br>三 | 癸巳<br>8<br>四 | 甲午<br>9<br>五 | 乙未<br>10<br>六 | 丙申<br>11<br>日 | 丁酉<br>12<br>一 | 戊戌<br>13<br>二 | 己亥<br>14<br>三 | 庚子<br>15<br>四 | 辛丑<br>16<br>五 | 壬寅<br>17<br>六 | 癸卯<br>18<br>日 | 甲辰<br>19<br>一 | 乙巳<br>20<br>二 | 丙午<br>21<br>三 | 丁未<br>22<br>四 | 戊申<br>23<br>五 | 己酉<br>24<br>六 | 庚戌<br>25<br>日 | 辛亥<br>26<br>一 | | 甲午清明<br>庚戌穀雨 |
| 四月大 | 乙巳 | 天干地支<br>西曆<br>星期 | 壬子<br>27<br>二 | 癸丑<br>28<br>三 | 甲寅<br>29<br>四 | 乙卯<br>30<br>五 | 丙辰<br>(5)<br>六 | 丁巳<br>2<br>日 | 戊午<br>3<br>一 | 己未<br>4<br>二 | 庚申<br>5<br>三 | 辛酉<br>6<br>四 | 壬戌<br>7<br>五 | 癸亥<br>8<br>六 | 甲子<br>9<br>日 | 乙丑<br>10<br>一 | 丙寅<br>11<br>二 | 丁卯<br>12<br>三 | 戊辰<br>13<br>四 | 己巳<br>14<br>五 | 庚午<br>15<br>六 | 辛未<br>16<br>日 | 壬申<br>17<br>一 | 癸酉<br>18<br>二 | 甲戌<br>19<br>三 | 乙亥<br>20<br>四 | 丙子<br>21<br>五 | 丁丑<br>22<br>六 | 戊寅<br>23<br>日 | 己卯<br>24<br>一 | 庚辰<br>25<br>二 | 辛巳<br>26<br>三 | 乙丑立夏<br>庚辰小滿 |
| 五月小 | 丙午 | 天干地支<br>西曆<br>星期 | 壬午<br>27<br>四 | 癸未<br>28<br>五 | 甲申<br>29<br>六 | 乙酉<br>30<br>日 | 丙戌<br>31<br>一 | 丁亥<br>(6)<br>二 | 戊子<br>2<br>三 | 己丑<br>3<br>四 | 庚寅<br>4<br>五 | 辛卯<br>5<br>六 | 壬辰<br>6<br>日 | 癸巳<br>7<br>一 | 甲午<br>8<br>二 | 乙未<br>9<br>三 | 丙申<br>10<br>四 | 丁酉<br>11<br>五 | 戊戌<br>12<br>六 | 己亥<br>13<br>日 | 庚子<br>14<br>一 | 辛丑<br>15<br>二 | 壬寅<br>16<br>三 | 癸卯<br>17<br>四 | 甲辰<br>18<br>五 | 乙巳<br>19<br>六 | 丙午<br>20<br>日 | 丁未<br>21<br>一 | 戊申<br>22<br>二 | 己酉<br>23<br>三 | 庚戌<br>24<br>四 | | 乙未芒種<br>庚戌夏至 |
| 閏五月大 | 丙午 | 天干地支<br>西曆<br>星期 | 辛亥<br>25<br>五 | 壬子<br>26<br>六 | 癸丑<br>27<br>日 | 甲寅<br>28<br>一 | 乙卯<br>29<br>二 | 丙辰<br>30<br>三 | 丁巳<br>(7)<br>四 | 戊午<br>2<br>五 | 己未<br>3<br>六 | 庚申<br>4<br>日 | 辛酉<br>5<br>一 | 壬戌<br>6<br>二 | 癸亥<br>7<br>三 | 甲子<br>8<br>四 | 乙丑<br>9<br>五 | 丙寅<br>10<br>六 | 丁卯<br>11<br>日 | 戊辰<br>12<br>一 | 己巳<br>13<br>二 | 庚午<br>14<br>三 | 辛未<br>15<br>四 | 壬申<br>16<br>五 | 癸酉<br>17<br>六 | 甲戌<br>18<br>日 | 乙亥<br>19<br>一 | 丙子<br>20<br>二 | 丁丑<br>21<br>三 | 戊寅<br>22<br>四 | 己卯<br>23<br>五 | 庚辰<br>24<br>六 | 丙寅小暑<br>庚辰日食 |
| 六月小 | 丁未 | 天干地支<br>西曆<br>星期 | 辛巳<br>25<br>日 | 壬午<br>26<br>一 | 癸未<br>27<br>二 | 甲申<br>28<br>三 | 乙酉<br>29<br>四 | 丙戌<br>30<br>五 | 丁亥<br>31<br>六 | 戊子<br>(8)<br>日 | 己丑<br>2<br>一 | 庚寅<br>3<br>二 | 辛卯<br>4<br>三 | 壬辰<br>5<br>四 | 癸巳<br>6<br>五 | 甲午<br>7<br>六 | 乙未<br>8<br>日 | 丙申<br>9<br>一 | 丁酉<br>10<br>二 | 戊戌<br>11<br>三 | 己亥<br>12<br>四 | 庚子<br>13<br>五 | 辛丑<br>14<br>六 | 壬寅<br>15<br>日 | 癸卯<br>16<br>一 | 甲辰<br>17<br>二 | 乙巳<br>18<br>三 | 丙午<br>19<br>四 | 丁未<br>20<br>五 | 戊申<br>21<br>六 | 己酉<br>22<br>日 | | 辛巳大暑<br>丙申立秋 |
| 七月大 | 戊申 | 天干地支<br>西曆<br>星期 | 庚戌<br>23<br>一 | 辛亥<br>24<br>二 | 壬子<br>25<br>三 | 癸丑<br>26<br>四 | 甲寅<br>27<br>五 | 乙卯<br>28<br>六 | 丙辰<br>29<br>日 | 丁巳<br>30<br>一 | 戊午<br>31<br>二 | 己未<br>(9)<br>三 | 庚申<br>2<br>四 | 辛酉<br>3<br>五 | 壬戌<br>4<br>六 | 癸亥<br>5<br>日 | 甲子<br>6<br>一 | 乙丑<br>7<br>二 | 丙寅<br>8<br>三 | 丁卯<br>9<br>四 | 戊辰<br>10<br>五 | 己巳<br>11<br>六 | 庚午<br>12<br>日 | 辛未<br>13<br>一 | 壬申<br>14<br>二 | 癸酉<br>15<br>三 | 甲戌<br>16<br>四 | 乙亥<br>17<br>五 | 丙子<br>18<br>六 | 丁丑<br>19<br>日 | 戊寅<br>20<br>一 | 己卯<br>21<br>二 | 辛亥處暑<br>丙寅白露 |
| 八月小 | 己酉 | 天干地支<br>西曆<br>星期 | 庚辰<br>22<br>三 | 辛巳<br>23<br>四 | 壬午<br>24<br>五 | 癸未<br>25<br>六 | 甲申<br>26<br>日 | 乙酉<br>27<br>一 | 丙戌<br>28<br>二 | 丁亥<br>29<br>三 | 戊子<br>30<br>四 | 己丑<br>(10)<br>五 | 庚寅<br>2<br>六 | 辛卯<br>3<br>日 | 壬辰<br>4<br>一 | 癸巳<br>5<br>二 | 甲午<br>6<br>三 | 乙未<br>7<br>四 | 丙申<br>8<br>五 | 丁酉<br>9<br>六 | 戊戌<br>10<br>日 | 己亥<br>11<br>一 | 庚子<br>12<br>二 | 辛丑<br>13<br>三 | 壬寅<br>14<br>四 | 癸卯<br>15<br>五 | 甲辰<br>16<br>六 | 乙巳<br>17<br>日 | 丙午<br>18<br>一 | 丁未<br>19<br>二 | 戊申<br>20<br>三 | | 壬午秋分<br>丁酉寒露 |
| 九月大 | 庚戌 | 天干地支<br>西曆<br>星期 | 己酉<br>21<br>四 | 庚戌<br>22<br>五 | 辛亥<br>23<br>六 | 壬子<br>24<br>日 | 癸丑<br>25<br>一 | 甲寅<br>26<br>二 | 乙卯<br>27<br>三 | 丙辰<br>28<br>四 | 丁巳<br>29<br>五 | 戊午<br>30<br>六 | 己未<br>31<br>日 | 庚申<br>(11)<br>一 | 辛酉<br>2<br>二 | 壬戌<br>3<br>三 | 癸亥<br>4<br>四 | 甲子<br>5<br>五 | 乙丑<br>6<br>六 | 丙寅<br>7<br>日 | 丁卯<br>8<br>一 | 戊辰<br>9<br>二 | 己巳<br>10<br>三 | 庚午<br>11<br>四 | 辛未<br>12<br>五 | 壬申<br>13<br>六 | 癸酉<br>14<br>日 | 甲戌<br>15<br>一 | 乙亥<br>16<br>二 | 丙子<br>17<br>三 | 丁丑<br>18<br>四 | 戊寅<br>19<br>五 | 壬子霜降<br>丁卯立冬 |
| 十月小 | 辛亥 | 天干地支<br>西曆<br>星期 | 己卯<br>20<br>六 | 庚辰<br>21<br>日 | 辛巳<br>22<br>一 | 壬午<br>23<br>二 | 癸未<br>24<br>三 | 甲申<br>25<br>四 | 乙酉<br>26<br>五 | 丙戌<br>27<br>六 | 丁亥<br>28<br>日 | 戊子<br>29<br>一 | 己丑<br>30<br>二 | 庚寅<br>(12)<br>三 | 辛卯<br>2<br>四 | 壬辰<br>3<br>五 | 癸巳<br>4<br>六 | 甲午<br>5<br>日 | 乙未<br>6<br>一 | 丙申<br>7<br>二 | 丁酉<br>8<br>三 | 戊戌<br>9<br>四 | 己亥<br>10<br>五 | 庚子<br>11<br>六 | 辛丑<br>12<br>日 | 壬寅<br>13<br>一 | 癸卯<br>14<br>二 | 甲辰<br>15<br>三 | 乙巳<br>16<br>四 | 丙午<br>17<br>五 | 丁未<br>18<br>六 | | 癸未小雪<br>戊戌大雪 |
| 十一月大 | 壬子 | 天干地支<br>西曆<br>星期 | 戊申<br>19<br>日 | 己酉<br>20<br>一 | 庚戌<br>21<br>二 | 辛亥<br>22<br>三 | 壬子<br>23<br>四 | 癸丑<br>24<br>五 | 甲寅<br>25<br>六 | 乙卯<br>26<br>日 | 丙辰<br>27<br>一 | 丁巳<br>28<br>二 | 戊午<br>29<br>三 | 己未<br>30<br>四 | 庚申<br>31<br>五 | 辛酉<br>(1)<br>六 | 壬戌<br>2<br>日 | 癸亥<br>3<br>一 | 甲子<br>4<br>二 | 乙丑<br>5<br>三 | 丙寅<br>6<br>四 | 丁卯<br>7<br>五 | 戊辰<br>8<br>六 | 己巳<br>9<br>日 | 庚午<br>10<br>一 | 辛未<br>11<br>二 | 壬申<br>12<br>三 | 癸酉<br>13<br>四 | 甲戌<br>14<br>五 | 乙亥<br>15<br>六 | 丙子<br>16<br>日 | 丁丑<br>17<br>一 | 癸丑冬至<br>戊辰小寒 |
| 十二月小 | 癸丑 | 天干地支<br>西曆<br>星期 | 戊寅<br>18<br>二 | 己卯<br>19<br>三 | 庚辰<br>20<br>四 | 辛巳<br>21<br>五 | 壬午<br>22<br>六 | 癸未<br>23<br>日 | 甲申<br>24<br>一 | 乙酉<br>25<br>二 | 丙戌<br>26<br>三 | 丁亥<br>27<br>四 | 戊子<br>28<br>五 | 己丑<br>29<br>六 | 庚寅<br>30<br>日 | 辛卯<br>31<br>一 | 壬辰<br>(2)<br>二 | 癸巳<br>2<br>三 | 甲午<br>3<br>四 | 乙未<br>4<br>五 | 丙申<br>5<br>六 | 丁酉<br>6<br>日 | 戊戌<br>7<br>一 | 己亥<br>8<br>二 | 庚子<br>9<br>三 | 辛丑<br>10<br>四 | 壬寅<br>11<br>五 | 癸卯<br>12<br>六 | 甲辰<br>13<br>日 | 乙巳<br>14<br>一 | 丙午<br>15<br>二 | | 癸未大寒<br>己亥立春 |

# 漢桓帝永壽四年 延熹元年（戊戌 狗年）公元 158 ~ 159 年

| 夏曆月序 | 中西曆日對照 | 初一 | 初二 | 初三 | 初四 | 初五 | 初六 | 初七 | 初八 | 初九 | 初十 | 十一 | 十二 | 十三 | 十四 | 十五 | 十六 | 十七 | 十八 | 十九 | 二十 | 二一 | 二二 | 二三 | 二四 | 二五 | 二六 | 二七 | 二八 | 二九 | 三十 | 節氣與天象 |
|---|---|---|---|---|---|---|---|---|---|---|---|---|---|---|---|---|---|---|---|---|---|---|---|---|---|---|---|---|---|---|---|---|
| 正月大 甲寅 | 天干地支 西曆 星期 | 丁未 16 三 | 戊申 17 四 | 己酉 18 五 | 庚戌 19 六 | 辛亥 20 日 | 壬子 21 一 | 癸丑 22 二 | 甲寅 23 三 | 乙卯 24 四 | 丙辰 25 五 | 丁巳 26 六 | 戊午 27 日 | 己未 28 一 | 庚申 (3) 二 | 辛酉 2 三 | 壬戌 3 四 | 癸亥 4 五 | 甲子 5 六 | 乙丑 6 日 | 丙寅 7 一 | 丁卯 8 二 | 戊辰 9 三 | 己巳 10 四 | 庚午 11 五 | 辛未 12 六 | 壬申 13 日 | 癸酉 14 一 | 甲戌 15 二 | 乙亥 16 三 | 丙子 17 四 | 甲寅雨水 己巳驚蟄 |
| 二月小 乙卯 | 天干地支 西曆 星期 | 丁丑 18 五 | 戊寅 19 六 | 己卯 20 日 | 庚辰 21 一 | 辛巳 22 二 | 壬午 23 三 | 癸未 24 四 | 甲申 25 五 | 乙酉 26 六 | 丙戌 27 日 | 丁亥 28 一 | 戊子 29 二 | 己丑 30 三 | 庚寅 31 四 | 辛卯 (4) 五 | 壬辰 2 六 | 癸巳 3 日 | 甲午 4 一 | 乙未 5 二 | 丙申 6 三 | 丁酉 7 四 | 戊戌 8 五 | 己亥 9 六 | 庚子 10 日 | 辛丑 11 一 | 壬寅 12 二 | 癸卯 13 三 | 甲辰 14 四 | 乙巳 15 五 | | 甲申春分 庚子清明 |
| 三月大 丙辰 | 天干地支 西曆 星期 | 丙午 16 六 | 丁未 17 日 | 戊申 18 一 | 己酉 19 二 | 庚戌 20 三 | 辛亥 21 四 | 壬子 22 五 | 癸丑 23 六 | 甲寅 24 日 | 乙卯 25 一 | 丙辰 26 二 | 丁巳 27 三 | 戊午 28 四 | 己未 29 五 | 庚申 30 六 | 辛酉 (5) 日 | 壬戌 2 一 | 癸亥 3 二 | 甲子 4 三 | 乙丑 5 四 | 丙寅 6 五 | 丁卯 7 六 | 戊辰 8 日 | 己巳 9 一 | 庚午 10 二 | 辛未 11 三 | 壬申 12 四 | 癸酉 13 五 | 甲戌 14 六 | 乙亥 15 日 | 乙卯穀雨 庚午立夏 |
| 四月大 丁巳 | 天干地支 西曆 星期 | 丙子 16 一 | 丁丑 17 二 | 戊寅 18 三 | 己卯 19 四 | 庚辰 20 五 | 辛巳 21 六 | 壬午 22 日 | 癸未 23 一 | 甲申 24 二 | 乙酉 25 三 | 丙戌 26 四 | 丁亥 27 五 | 戊子 28 六 | 己丑 29 日 | 庚寅 30 一 | 辛卯 31 二 | 壬辰 (6) 三 | 癸巳 2 四 | 甲午 3 五 | 乙未 4 六 | 丙申 5 日 | 丁酉 6 一 | 戊戌 7 二 | 己亥 8 三 | 庚子 9 四 | 辛丑 10 五 | 壬寅 11 六 | 癸卯 12 日 | 甲辰 13 一 | 乙巳 14 二 | 乙酉小滿 庚子芒種 |
| 五月小 戊午 | 天干地支 西曆 星期 | 丙午 15 三 | 丁未 16 四 | 戊申 17 五 | 己酉 18 六 | 庚戌 19 日 | 辛亥 20 一 | 壬子 21 二 | 癸丑 22 三 | 甲寅 23 四 | 乙卯 24 五 | 丙辰 25 六 | 丁巳 26 日 | 戊午 27 一 | 己未 28 二 | 庚申 29 三 | 辛酉 30 四 | 壬戌 (7) 五 | 癸亥 2 六 | 甲子 3 日 | 乙丑 4 一 | 丙寅 5 二 | 丁卯 6 三 | 戊辰 7 四 | 己巳 8 五 | 庚午 9 六 | 辛未 10 日 | 壬申 11 一 | 癸酉 12 二 | 甲戌 13 三 | | 丙辰夏至 辛未小暑 甲戌日食 |
| 六月大 己未 | 天干地支 西曆 星期 | 乙亥 14 四 | 丙子 15 五 | 丁丑 16 六 | 戊寅 17 日 | 己卯 18 一 | 庚辰 19 二 | 辛巳 20 三 | 壬午 21 四 | 癸未 22 五 | 甲申 23 六 | 乙酉 24 日 | 丙戌 25 一 | 丁亥 26 二 | 戊子 27 三 | 己丑 28 四 | 庚寅 29 五 | 辛卯 30 六 | 壬辰 31 日 | 癸巳 (8) 一 | 甲午 2 二 | 乙未 3 三 | 丙申 4 四 | 丁酉 5 五 | 戊戌 6 六 | 己亥 7 日 | 庚子 8 一 | 辛丑 9 二 | 壬寅 10 三 | 癸卯 11 四 | 甲辰 12 五 | 丙戌大暑 辛丑立秋 |
| 七月小 庚申 | 天干地支 西曆 星期 | 乙巳 13 六 | 丙午 14 日 | 丁未 15 一 | 戊申 16 二 | 己酉 17 三 | 庚戌 18 四 | 辛亥 19 五 | 壬子 20 六 | 癸丑 21 日 | 甲寅 22 一 | 乙卯 23 二 | 丙辰 24 三 | 丁巳 25 四 | 戊午 26 五 | 己未 27 六 | 庚申 28 日 | 辛酉 29 一 | 壬戌 30 二 | 癸亥 31 三 | 甲子 (9) 四 | 乙丑 2 五 | 丙寅 3 六 | 丁卯 4 日 | 戊辰 5 一 | 己巳 6 二 | 庚午 7 三 | 辛未 8 四 | 壬申 9 五 | 癸酉 10 六 | | 丁巳處暑 壬申白露 |
| 八月大 辛酉 | 天干地支 西曆 星期 | 甲戌 11 日 | 乙亥 12 一 | 丙子 13 二 | 丁丑 14 三 | 戊寅 15 四 | 己卯 16 五 | 庚辰 17 六 | 辛巳 18 日 | 壬午 19 一 | 癸未 20 二 | 甲申 21 三 | 乙酉 22 四 | 丙戌 23 五 | 丁亥 24 六 | 戊子 25 日 | 己丑 26 一 | 庚寅 27 二 | 辛卯 28 三 | 壬辰 29 四 | 癸巳 30 五 | 甲午 (10) 六 | 乙未 2 日 | 丙申 3 一 | 丁酉 4 二 | 戊戌 5 三 | 己亥 6 四 | 庚子 7 五 | 辛丑 8 六 | 壬寅 9 日 | 癸卯 10 一 | 丁亥秋分 壬寅寒露 |
| 九月小 壬戌 | 天干地支 西曆 星期 | 甲辰 11 二 | 乙巳 12 三 | 丙午 13 四 | 丁未 14 五 | 戊申 15 六 | 己酉 16 日 | 庚戌 17 一 | 辛亥 18 二 | 壬子 19 三 | 癸丑 20 四 | 甲寅 21 五 | 乙卯 22 六 | 丙辰 23 日 | 丁巳 24 一 | 戊午 25 二 | 己未 26 三 | 庚申 27 四 | 辛酉 28 五 | 壬戌 29 六 | 癸亥 30 日 | 甲子 31 一 | 乙丑 (11) 二 | 丙寅 2 三 | 丁卯 3 四 | 戊辰 4 五 | 己巳 5 六 | 庚午 6 日 | 辛未 7 一 | 壬申 8 二 | | 丁巳霜降 |
| 十月大 癸亥 | 天干地支 西曆 星期 | 癸酉 9 三 | 甲戌 10 四 | 乙亥 11 五 | 丙子 12 六 | 丁丑 13 日 | 戊寅 14 一 | 己卯 15 二 | 庚辰 16 三 | 辛巳 17 四 | 壬午 18 五 | 癸未 19 六 | 甲申 20 日 | 乙酉 21 一 | 丙戌 22 二 | 丁亥 23 三 | 戊子 24 四 | 己丑 25 五 | 庚寅 26 六 | 辛卯 27 日 | 壬辰 28 一 | 癸巳 29 二 | 甲午 30 三 | 乙未 (12) 四 | 丙申 2 五 | 丁酉 3 六 | 戊戌 4 日 | 己亥 5 一 | 庚子 6 二 | 辛丑 7 三 | 壬寅 8 四 | 癸酉立冬 戊子小雪 |
| 十一月小 甲子 | 天干地支 西曆 星期 | 癸卯 9 五 | 甲辰 10 六 | 乙巳 11 日 | 丙午 12 一 | 丁未 13 二 | 戊申 14 三 | 己酉 15 四 | 庚戌 16 五 | 辛亥 17 六 | 壬子 18 日 | 癸丑 19 一 | 甲寅 20 二 | 乙卯 21 三 | 丙辰 22 四 | 丁巳 23 五 | 戊午 24 六 | 己未 25 日 | 庚申 26 一 | 辛酉 27 二 | 壬戌 28 三 | 癸亥 29 四 | 甲子 30 五 | 乙丑 31 六 | 丙寅 (1) 日 | 丁卯 2 一 | 戊辰 3 二 | 己巳 4 三 | 庚午 5 四 | 辛未 6 五 | | 癸卯大雪 戊午冬至 |
| 十二月大 乙丑 | 天干地支 西曆 星期 | 壬申 7 六 | 癸酉 8 日 | 甲戌 9 一 | 乙亥 10 二 | 丙子 11 三 | 丁丑 12 四 | 戊寅 13 五 | 己卯 14 六 | 庚辰 15 日 | 辛巳 16 一 | 壬午 17 二 | 癸未 18 三 | 甲申 19 四 | 乙酉 20 五 | 丙戌 21 六 | 丁亥 22 日 | 戊子 23 一 | 己丑 24 二 | 庚寅 25 三 | 辛卯 26 四 | 壬辰 27 五 | 癸巳 28 六 | 甲午 29 日 | 乙未 30 一 | 丙申 31 二 | 丁酉 (2) 三 | 戊戌 2 四 | 己亥 3 五 | 庚子 4 六 | 辛丑 5 日 | 癸酉小寒 己丑大寒 |

* 六月戊寅（初四），改元延熹

# 漢桓帝延熹二年（己亥 猪年）公元 159 ~ 160 年

| 夏曆月序 | | 中西曆日對照 | 初一 | 初二 | 初三 | 初四 | 初五 | 初六 | 初七 | 初八 | 初九 | 初十 | 十一 | 十二 | 十三 | 十四 | 十五 | 十六 | 十七 | 十八 | 十九 | 二十 | 二一 | 二二 | 二三 | 二四 | 二五 | 二六 | 二七 | 二八 | 二九 | 三十 | 節氣與天象 |
|---|---|---|---|---|---|---|---|---|---|---|---|---|---|---|---|---|---|---|---|---|---|---|---|---|---|---|---|---|---|---|---|---|---|
| 正月小 | 丙寅 | 天干 地支 西曆 星期 | 壬寅 6 一 | 癸卯 7 二 | 甲辰 8 三 | 乙巳 9 四 | 丙午 10 五 | 丁未 11 六 | 戊申 12 日 | 己酉 13 一 | 庚戌 14 二 | 辛亥 15 三 | 壬子 16 四 | 癸丑 17 五 | 甲寅 18 六 | 乙卯 19 日 | 丙辰 20 一 | 丁巳 21 二 | 戊午 22 三 | 己未 23 四 | 庚申 24 五 | 辛酉 25 六 | 壬戌 26 日 | 癸亥 27 一 | 甲子 28 二 | 乙丑 (3) 三 | 丙寅 2 四 | 丁卯 3 五 | 戊辰 4 六 | 己巳 5 日 | 庚午 6 一 | | 甲辰立春 己未雨水 |
| 二月大 | 丁卯 | 天干 地支 西曆 星期 | 辛未 7 二 | 壬申 8 三 | 癸酉 9 四 | 甲戌 10 五 | 乙亥 11 六 | 丙子 12 日 | 丁丑 13 一 | 戊寅 14 二 | 己卯 15 三 | 庚辰 16 四 | 辛巳 17 五 | 壬午 18 六 | 癸未 19 日 | 甲申 20 一 | 乙酉 21 二 | 丙戌 22 三 | 丁亥 23 四 | 戊子 24 五 | 己丑 25 六 | 庚寅 26 日 | 辛卯 27 一 | 壬辰 28 二 | 癸巳 29 三 | 甲午 30 四 | 乙未 31 五 | 丙申 (4) 六 | 丁酉 2 日 | 戊戌 3 一 | 己亥 4 二 | 庚子 5 三 | 甲戌驚蟄 庚寅春分 |
| 三月小 | 戊辰 | 天干 地支 西曆 星期 | 辛丑 6 四 | 壬寅 7 五 | 癸卯 8 六 | 甲辰 9 日 | 乙巳 10 一 | 丙午 11 二 | 丁未 12 三 | 戊申 13 四 | 己酉 14 五 | 庚戌 15 六 | 辛亥 16 日 | 壬子 17 一 | 癸丑 18 二 | 甲寅 19 三 | 乙卯 20 四 | 丙辰 21 五 | 丁巳 22 六 | 戊午 23 日 | 己未 24 一 | 庚申 25 二 | 辛酉 26 三 | 壬戌 27 四 | 癸亥 28 五 | 甲子 29 六 | 乙丑 30 日 | 丙寅 (5) 一 | 丁卯 2 二 | 戊辰 3 三 | 己巳 4 四 | | 乙巳清明 庚申穀雨 |
| 四月大 | 己巳 | 天干 地支 西曆 星期 | 庚午 5 五 | 辛未 6 六 | 壬申 7 日 | 癸酉 8 一 | 甲戌 9 二 | 乙亥 10 三 | 丙子 11 四 | 丁丑 12 五 | 戊寅 13 六 | 己卯 14 日 | 庚辰 15 一 | 辛巳 16 二 | 壬午 17 三 | 癸未 18 四 | 甲申 19 五 | 乙酉 20 六 | 丙戌 21 日 | 丁亥 22 一 | 戊子 23 二 | 己丑 24 三 | 庚寅 25 四 | 辛卯 26 五 | 壬辰 27 六 | 癸巳 28 日 | 甲午 29 一 | 乙未 30 二 | 丙申 31 三 | 丁酉 (6) 四 | 戊戌 2 五 | 己亥 3 六 | 乙亥立夏 庚寅小滿 |
| 五月小 | 庚午 | 天干 地支 西曆 星期 | 庚子 4 日 | 辛丑 5 一 | 壬寅 6 二 | 癸卯 7 三 | 甲辰 8 四 | 乙巳 9 五 | 丙午 10 六 | 丁未 11 日 | 戊申 12 一 | 己酉 13 二 | 庚戌 14 三 | 辛亥 15 四 | 壬子 16 五 | 癸丑 17 六 | 甲寅 18 日 | 乙卯 19 一 | 丙辰 20 二 | 丁巳 21 三 | 戊午 22 四 | 己未 23 五 | 庚申 24 六 | 辛酉 25 日 | 壬戌 26 一 | 癸亥 27 二 | 甲子 28 三 | 乙丑 29 四 | 丙寅 30 五 | 丁卯 (7) 六 | 戊辰 2 日 | | 丙午芒種 辛酉夏至 |
| 六月大 | 辛未 | 天干 地支 西曆 星期 | 己巳 3 一 | 庚午 4 二 | 辛未 5 三 | 壬申 6 四 | 癸酉 7 五 | 甲戌 8 六 | 乙亥 9 日 | 丙子 10 一 | 丁丑 11 二 | 戊寅 12 三 | 己卯 13 四 | 庚辰 14 五 | 辛巳 15 六 | 壬午 16 日 | 癸未 17 一 | 甲申 18 二 | 乙酉 19 三 | 丙戌 20 四 | 丁亥 21 五 | 戊子 22 六 | 己丑 23 日 | 庚寅 24 一 | 辛卯 25 二 | 壬辰 26 三 | 癸巳 27 四 | 甲午 28 五 | 乙未 29 六 | 丙申 30 日 | 丁酉 31 一 | 戊戌 (8) 二 | 丙子小暑 辛卯大暑 |
| 七月小 | 壬申 | 天干 地支 西曆 星期 | 己亥 2 三 | 庚子 3 四 | 辛丑 4 五 | 壬寅 5 六 | 癸卯 6 日 | 甲辰 7 一 | 乙巳 8 二 | 丙午 9 三 | 丁未 10 四 | 戊申 11 五 | 己酉 12 六 | 庚戌 13 日 | 辛亥 14 一 | 壬子 15 二 | 癸丑 16 三 | 甲寅 17 四 | 乙卯 18 五 | 丙辰 19 六 | 丁巳 20 日 | 戊午 21 一 | 己未 22 二 | 庚申 23 三 | 辛酉 24 四 | 壬戌 25 五 | 癸亥 26 六 | 甲子 27 日 | 乙丑 28 一 | 丙寅 29 二 | 丁卯 30 三 | | 丁未立秋 壬戌處暑 |
| 八月大 | 癸酉 | 天干 地支 西曆 星期 | 戊辰 31 四 | 己巳 (9) 五 | 庚午 2 六 | 辛未 3 日 | 壬申 4 一 | 癸酉 5 二 | 甲戌 6 三 | 乙亥 7 四 | 丙子 8 五 | 丁丑 9 六 | 戊寅 10 日 | 己卯 11 一 | 庚辰 12 二 | 辛巳 13 三 | 壬午 14 四 | 癸未 15 五 | 甲申 16 六 | 乙酉 17 日 | 丙戌 18 一 | 丁亥 19 二 | 戊子 20 三 | 己丑 21 四 | 庚寅 22 五 | 辛卯 23 六 | 壬辰 24 日 | 癸巳 25 一 | 甲午 26 二 | 乙未 27 三 | 丙申 28 四 | 丁酉 29 五 | 丁丑白露 壬辰秋分 |
| 九月大 | 甲戌 | 天干 地支 西曆 星期 | 戊戌 30 六 | 己亥 (10) 日 | 庚子 2 一 | 辛丑 3 二 | 壬寅 4 三 | 癸卯 5 四 | 甲辰 6 五 | 乙巳 7 六 | 丙午 8 日 | 丁未 9 一 | 戊申 10 二 | 己酉 11 三 | 庚戌 12 四 | 辛亥 13 五 | 壬子 14 六 | 癸丑 15 日 | 甲寅 16 一 | 乙卯 17 二 | 丙辰 18 三 | 丁巳 19 四 | 戊午 20 五 | 己未 21 六 | 庚申 22 日 | 辛酉 23 一 | 壬戌 24 二 | 癸亥 25 三 | 甲子 26 四 | 乙丑 27 五 | 丙寅 28 六 | 丁卯 29 日 | 丁未寒露 癸亥霜降 |
| 十月小 | 乙亥 | 天干 地支 西曆 星期 | 戊辰 30 一 | 己巳 31 二 | 庚午 (11) 三 | 辛未 2 四 | 壬申 3 五 | 癸酉 4 六 | 甲戌 5 日 | 乙亥 6 一 | 丙子 7 二 | 丁丑 8 三 | 戊寅 9 四 | 己卯 10 五 | 庚辰 11 六 | 辛巳 12 日 | 壬午 13 一 | 癸未 14 二 | 甲申 15 三 | 乙酉 16 四 | 丙戌 17 五 | 丁亥 18 六 | 戊子 19 日 | 己丑 20 一 | 庚寅 21 二 | 辛卯 22 三 | 壬辰 23 四 | 癸巳 24 五 | 甲午 25 六 | 乙未 26 日 | 丙申 27 一 | | 戊寅立冬 癸巳小雪 |
| 十一月大 | 丙子 | 天干 地支 西曆 星期 | 丁酉 28 二 | 戊戌 29 三 | 己亥 30 四 | 庚子 (12) 五 | 辛丑 2 六 | 壬寅 3 日 | 癸卯 4 一 | 甲辰 5 二 | 乙巳 6 三 | 丙午 7 四 | 丁未 8 五 | 戊申 9 六 | 己酉 10 日 | 庚戌 11 一 | 辛亥 12 二 | 壬子 13 三 | 癸丑 14 四 | 甲寅 15 五 | 乙卯 16 六 | 丙辰 17 日 | 丁巳 18 一 | 戊午 19 二 | 己未 20 三 | 庚申 21 四 | 辛酉 22 五 | 壬戌 23 六 | 癸亥 24 日 | 甲子 25 一 | 乙丑 26 二 | 丙寅 27 三 | 戊申大雪 甲子冬至 |
| 十二月小 | 丁丑 | 天干 地支 西曆 星期 | 丁卯 28 四 | 戊辰 29 五 | 己巳 30 六 | 庚午 31 日 | 辛未 (1) 一 | 壬申 2 二 | 癸酉 3 三 | 甲戌 4 四 | 乙亥 5 五 | 丙子 6 六 | 丁丑 7 日 | 戊寅 8 一 | 己卯 9 二 | 庚辰 10 三 | 辛巳 11 四 | 壬午 12 五 | 癸未 13 六 | 甲申 14 日 | 乙酉 15 一 | 丙戌 16 二 | 丁亥 17 三 | 戊子 18 四 | 己丑 19 五 | 庚寅 20 六 | 辛卯 21 日 | 壬辰 22 一 | 癸巳 23 二 | 甲午 24 三 | 乙未 25 四 | | 己卯小寒 甲午大寒 |

# 漢桓帝延熹三年（庚子 鼠年）公元 160 ~ 161 年

| 夏曆月序 | 中西曆日對照 | 初一 | 初二 | 初三 | 初四 | 初五 | 初六 | 初七 | 初八 | 初九 | 初十 | 十一 | 十二 | 十三 | 十四 | 十五 | 十六 | 十七 | 十八 | 十九 | 二十 | 二一 | 二二 | 二三 | 二四 | 二五 | 二六 | 二七 | 二八 | 二九 | 三十 | 節氣與天象 |
|---|---|---|---|---|---|---|---|---|---|---|---|---|---|---|---|---|---|---|---|---|---|---|---|---|---|---|---|---|---|---|---|---|
| 正月大 戊寅 | 天干 地支 西曆 星期 | 丙申 26 五 | 丁酉 27 六 | 戊戌 28 日 | 己亥 29 一 | 庚子 30 二 | 辛丑 31 三 | 壬寅 (2) 四 | 癸卯 2 五 | 甲辰 3 六 | 乙巳 4 日 | 丙午 5 一 | 丁未 6 二 | 戊申 7 三 | 己酉 8 四 | 庚戌 9 五 | 辛亥 10 六 | 壬子 11 日 | 癸丑 12 一 | 甲寅 13 二 | 乙卯 14 三 | 丙辰 15 四 | 丁巳 16 五 | 戊午 17 六 | 己未 18 日 | 庚申 19 一 | 辛酉 20 二 | 壬戌 21 三 | 癸亥 22 四 | 甲子 23 五 | 乙丑 24 六 | 己酉立春 甲子雨水 |
| 閏正月小 戊寅 | 天干 地支 西曆 星期 | 丙寅 25 日 | 丁卯 26 一 | 戊辰 27 二 | 己巳 28 三 | 庚午 29 四 | 辛未 (3) 五 | 壬申 2 六 | 癸酉 3 日 | 甲戌 4 一 | 乙亥 5 二 | 丙子 6 三 | 丁丑 7 四 | 戊寅 8 五 | 己卯 9 六 | 庚辰 10 日 | 辛巳 11 一 | 壬午 12 二 | 癸未 13 三 | 甲申 14 四 | 乙酉 15 五 | 丙戌 16 六 | 丁亥 17 日 | 戊子 18 一 | 己丑 19 二 | 庚寅 20 三 | 辛卯 21 四 | 壬辰 22 五 | 癸巳 23 六 | 甲午 24 日 | | 庚辰驚蟄 |
| 二月大 己卯 | 天干 地支 西曆 星期 | 乙未 25 一 | 丙申 26 二 | 丁酉 27 三 | 戊戌 28 四 | 己亥 29 五 | 庚子 30 六 | 辛丑 31 日 | 壬寅 (4) 一 | 癸卯 2 二 | 甲辰 3 三 | 乙巳 4 四 | 丙午 5 五 | 丁未 6 六 | 戊申 7 日 | 己酉 8 一 | 庚戌 9 二 | 辛亥 10 三 | 壬子 11 四 | 癸丑 12 五 | 甲寅 13 六 | 乙卯 14 日 | 丙辰 15 一 | 丁巳 16 二 | 戊午 17 三 | 己未 18 四 | 庚申 19 五 | 辛酉 20 六 | 壬戌 21 日 | 癸亥 22 一 | 甲子 23 二 | 乙未春分 庚戌清明 |
| 三月小 庚辰 | 天干 地支 西曆 星期 | 乙丑 24 三 | 丙寅 25 四 | 丁卯 26 五 | 戊辰 27 六 | 己巳 28 日 | 庚午 29 一 | 辛未 30 二 | 壬申 (5) 三 | 癸酉 2 四 | 甲戌 3 五 | 乙亥 4 六 | 丙子 5 日 | 丁丑 6 一 | 戊寅 7 二 | 己卯 8 三 | 庚辰 9 四 | 辛巳 10 五 | 壬午 11 六 | 癸未 12 日 | 甲申 13 一 | 乙酉 14 二 | 丙戌 15 三 | 丁亥 16 四 | 戊子 17 五 | 己丑 18 六 | 庚寅 19 日 | 辛卯 20 一 | 壬辰 21 二 | 癸巳 22 三 | | 乙丑穀雨 庚辰立夏 |
| 四月大 辛巳 | 天干 地支 西曆 星期 | 甲午 23 四 | 乙未 24 五 | 丙申 25 六 | 丁酉 26 日 | 戊戌 27 一 | 己亥 28 二 | 庚子 29 三 | 辛丑 30 四 | 壬寅 31 五 | 癸卯 (6) 六 | 甲辰 2 日 | 乙巳 3 一 | 丙午 4 二 | 丁未 5 三 | 戊申 6 四 | 己酉 7 五 | 庚戌 8 六 | 辛亥 9 日 | 壬子 10 一 | 癸丑 11 二 | 甲寅 12 三 | 乙卯 13 四 | 丙辰 14 五 | 丁巳 15 六 | 戊午 16 日 | 己未 17 一 | 庚申 18 二 | 辛酉 19 三 | 壬戌 20 四 | 癸亥 21 五 | 丙申小滿 辛亥芒種 |
| 五月小 壬午 | 天干 地支 西曆 星期 | 甲子 22 六 | 乙丑 23 日 | 丙寅 24 一 | 丁卯 25 二 | 戊辰 26 三 | 己巳 27 四 | 庚午 28 五 | 辛未 29 六 | 壬申 30 日 | 癸酉 (7) 一 | 甲戌 2 二 | 乙亥 3 三 | 丙子 4 四 | 丁丑 5 五 | 戊寅 6 六 | 己卯 7 日 | 庚辰 8 一 | 辛巳 9 二 | 壬午 10 三 | 癸未 11 四 | 甲申 12 五 | 乙酉 13 六 | 丙戌 14 日 | 丁亥 15 一 | 戊子 16 二 | 己丑 17 三 | 庚寅 18 四 | 辛卯 19 五 | 壬辰 20 六 | | 丙寅夏至 辛巳小暑 |
| 六月大 癸未 | 天干 地支 西曆 星期 | 癸巳 21 日 | 甲午 22 一 | 乙未 23 二 | 丙申 24 三 | 丁酉 25 四 | 戊戌 26 五 | 己亥 27 六 | 庚子 28 日 | 辛丑 29 一 | 壬寅 30 二 | 癸卯 31 三 | 甲辰 (8) 四 | 乙巳 2 五 | 丙午 3 六 | 丁未 4 日 | 戊申 5 一 | 己酉 6 二 | 庚戌 7 三 | 辛亥 8 四 | 壬子 9 五 | 癸丑 10 六 | 甲寅 11 日 | 乙卯 12 一 | 丙辰 13 二 | 丁巳 14 三 | 戊午 15 四 | 己未 16 五 | 庚申 17 六 | 辛酉 18 日 | 壬戌 19 一 | 丁酉大暑 壬子立秋 |
| 七月小 甲申 | 天干 地支 西曆 星期 | 癸亥 20 二 | 甲子 21 三 | 乙丑 22 四 | 丙寅 23 五 | 丁卯 24 六 | 戊辰 25 日 | 己巳 26 一 | 庚午 27 二 | 辛未 28 三 | 壬申 29 四 | 癸酉 30 五 | 甲戌 31 六 | 乙亥 (9) 日 | 丙子 2 一 | 丁丑 3 二 | 戊寅 4 三 | 己卯 5 四 | 庚辰 6 五 | 辛巳 7 六 | 壬午 8 日 | 癸未 9 一 | 甲申 10 二 | 乙酉 11 三 | 丙戌 12 四 | 丁亥 13 五 | 戊子 14 六 | 己丑 15 日 | 庚寅 16 一 | 辛卯 17 二 | | 丁卯處暑 壬午白露 |
| 八月大 乙酉 | 天干 地支 西曆 星期 | 壬辰 18 三 | 癸巳 19 四 | 甲午 20 五 | 乙未 21 六 | 丙申 22 日 | 丁酉 23 一 | 戊戌 24 二 | 己亥 25 三 | 庚子 26 四 | 辛丑 27 五 | 壬寅 28 六 | 癸卯 29 日 | 甲辰 30 一 | 乙巳 (10) 二 | 丙午 2 三 | 丁未 3 四 | 戊申 4 五 | 己酉 5 六 | 庚戌 6 日 | 辛亥 7 一 | 壬子 8 二 | 癸丑 9 三 | 甲寅 10 四 | 乙卯 11 五 | 丙辰 12 六 | 丁巳 13 日 | 戊午 14 一 | 己未 15 二 | 庚申 16 三 | 辛酉 17 四 | 丁酉秋分 癸丑寒露 |
| 九月小 丙戌 | 天干 地支 西曆 星期 | 壬戌 18 五 | 癸亥 19 六 | 甲子 20 日 | 乙丑 21 一 | 丙寅 22 二 | 丁卯 23 三 | 戊辰 24 四 | 己巳 25 五 | 庚午 26 六 | 辛未 27 日 | 壬申 28 一 | 癸酉 29 二 | 甲戌 30 三 | 乙亥 31 四 | 丙子 (11) 五 | 丁丑 2 六 | 戊寅 3 日 | 己卯 4 一 | 庚辰 5 二 | 辛巳 6 三 | 壬午 7 四 | 癸未 8 五 | 甲申 9 六 | 乙酉 10 日 | 丙戌 11 一 | 丁亥 12 二 | 戊子 13 三 | 己丑 14 四 | 庚寅 15 五 | | 戊辰霜降 癸未立冬 |
| 十月大 丁亥 | 天干 地支 西曆 星期 | 辛卯 16 六 | 壬辰 17 日 | 癸巳 18 一 | 甲午 19 二 | 乙未 20 三 | 丙申 21 四 | 丁酉 22 五 | 戊戌 23 六 | 己亥 24 日 | 庚子 25 一 | 辛丑 26 二 | 壬寅 27 三 | 癸卯 28 四 | 甲辰 29 五 | 乙巳 30 六 | 丙午 (12) 日 | 丁未 2 一 | 戊申 3 二 | 己酉 4 三 | 庚戌 5 四 | 辛亥 6 五 | 壬子 7 六 | 癸丑 8 日 | 甲寅 9 一 | 乙卯 10 二 | 丙辰 11 三 | 丁巳 12 四 | 戊午 13 五 | 己未 14 六 | 庚申 15 日 | 戊戌小雪 甲寅大雪 |
| 十一月大 戊子 | 天干 地支 西曆 星期 | 辛酉 16 一 | 壬戌 17 二 | 癸亥 18 三 | 甲子 19 四 | 乙丑 20 五 | 丙寅 21 六 | 丁卯 22 日 | 戊辰 23 一 | 己巳 24 二 | 庚午 25 三 | 辛未 26 四 | 壬申 27 五 | 癸酉 28 六 | 甲戌 29 日 | 乙亥 30 一 | 丙子 31 二 | 丁丑 (1) 三 | 戊寅 2 四 | 己卯 3 五 | 庚辰 4 六 | 辛巳 5 日 | 壬午 6 一 | 癸未 7 二 | 甲申 8 三 | 乙酉 9 四 | 丙戌 10 五 | 丁亥 11 六 | 戊子 12 日 | 己丑 13 一 | 庚寅 14 二 | 己巳冬至 甲申小寒 |
| 十二月小 己丑 | 天干 地支 西曆 星期 | 辛卯 15 三 | 壬辰 16 四 | 癸巳 17 五 | 甲午 18 六 | 乙未 19 日 | 丙申 20 一 | 丁酉 21 二 | 戊戌 22 三 | 己亥 23 四 | 庚子 24 五 | 辛丑 25 六 | 壬寅 26 日 | 癸卯 27 一 | 甲辰 28 二 | 乙巳 29 三 | 丙午 30 四 | 丁未 31 五 | 戊申 (2) 六 | 己酉 2 日 | 庚戌 3 一 | 辛亥 4 二 | 壬子 5 三 | 癸丑 6 四 | 甲寅 7 五 | 乙卯 8 六 | 丙辰 9 日 | 丁巳 10 一 | 戊午 11 二 | 己未 12 三 | | 己亥大寒 甲寅立春 |

# 漢桓帝延熹四年（辛丑 牛年）公元161 ~ 162年

| 夏曆月序 | | 中西曆日對照 | 夏曆日序 | | | | | | | | | | | | | | | | | | | | | | | | | | | | | | 節氣與天象 |
|---|---|---|---|---|---|---|---|---|---|---|---|---|---|---|---|---|---|---|---|---|---|---|---|---|---|---|---|---|---|---|---|---|---|
| | | | 初一 | 初二 | 初三 | 初四 | 初五 | 初六 | 初七 | 初八 | 初九 | 初十 | 十一 | 十二 | 十三 | 十四 | 十五 | 十六 | 十七 | 十八 | 十九 | 二十 | 二一 | 二二 | 二三 | 二四 | 二五 | 二六 | 二七 | 二八 | 二九 | 三十 | |
| 正月大 | 庚寅 | 天干地支西曆星期 | 庚申 13 四 | 辛酉 14 五 | 壬戌 15 六 | 癸亥 16 日 | 甲子 17 一 | 乙丑 18 二 | 丙寅 19 三 | 丁卯 20 四 | 戊辰 21 五 | 己巳 22 六 | 庚午 23 日 | 辛未 24 一 | 壬申 25 二 | 癸酉 26 三 | 甲戌 27 四 | 乙亥 28 五 | 丙子 (3) 六 | 丁丑 2 日 | 戊寅 3 一 | 己卯 4 二 | 庚辰 5 三 | 辛巳 6 四 | 壬午 7 五 | 癸未 8 六 | 甲申 9 日 | 乙酉 10 一 | 丙戌 11 二 | 丁亥 12 三 | 戊子 13 四 | 己丑 14 五 | 庚午雨水 乙酉驚蟄 |
| 二月小 | 辛卯 | 天干地支西曆星期 | 庚寅 15 六 | 辛卯 16 日 | 壬辰 17 一 | 癸巳 18 二 | 甲午 19 三 | 乙未 20 四 | 丙申 21 五 | 丁酉 22 六 | 戊戌 23 日 | 己亥 24 一 | 庚子 25 二 | 辛丑 26 三 | 壬寅 27 四 | 癸卯 28 五 | 甲辰 29 六 | 乙巳 30 日 | 丙午 31 一 | 丁未 (4) 二 | 戊申 2 三 | 己酉 3 四 | 庚戌 4 五 | 辛亥 5 六 | 壬子 6 日 | 癸丑 7 一 | 甲寅 8 二 | 乙卯 9 三 | 丙辰 10 四 | 丁巳 11 五 | 戊午 12 六 | | 庚子春分 乙卯清明 |
| 三月大 | 壬辰 | 天干地支西曆星期 | 己未 13 日 | 庚申 14 一 | 辛酉 15 二 | 壬戌 16 三 | 癸亥 17 四 | 甲子 18 五 | 乙丑 19 六 | 丙寅 20 日 | 丁卯 21 一 | 戊辰 22 二 | 己巳 23 三 | 庚午 24 四 | 辛未 25 五 | 壬申 26 六 | 癸酉 27 日 | 甲戌 28 一 | 乙亥 29 二 | 丙子 30 三 | 丁丑 (5) 四 | 戊寅 2 五 | 己卯 3 六 | 庚辰 4 日 | 辛巳 5 一 | 壬午 6 二 | 癸未 7 三 | 甲申 8 四 | 乙酉 9 五 | 丙戌 10 六 | 丁亥 11 日 | 戊子 12 一 | 辛未穀雨 丙戌立夏 |
| 四月小 | 癸巳 | 天干地支西曆星期 | 己丑 13 二 | 庚寅 14 三 | 辛卯 15 四 | 壬辰 16 五 | 癸巳 17 六 | 甲午 18 日 | 乙未 19 一 | 丙申 20 二 | 丁酉 21 三 | 戊戌 22 四 | 己亥 23 五 | 庚子 24 六 | 辛丑 25 日 | 壬寅 26 一 | 癸卯 27 二 | 甲辰 28 三 | 乙巳 29 四 | 丙午 30 五 | 丁未 31 六 | 戊申 (6) 日 | 己酉 2 一 | 庚戌 3 二 | 辛亥 4 三 | 壬子 5 四 | 癸丑 6 五 | 甲寅 7 六 | 乙卯 8 日 | 丙辰 9 一 | 丁巳 10 二 | | 辛丑小滿 丙辰芒種 |
| 五月大 | 甲午 | 天干地支西曆星期 | 戊午 11 三 | 己未 12 四 | 庚申 13 五 | 辛酉 14 六 | 壬戌 15 日 | 癸亥 16 一 | 甲子 17 二 | 乙丑 18 三 | 丙寅 19 四 | 丁卯 20 五 | 戊辰 21 六 | 己巳 22 日 | 庚午 23 一 | 辛未 24 二 | 壬申 25 三 | 癸酉 26 四 | 甲戌 27 五 | 乙亥 28 六 | 丙子 29 日 | 丁丑 30 一 | 戊寅 (7) 二 | 己卯 2 三 | 庚辰 3 四 | 辛巳 4 五 | 壬午 5 六 | 癸未 6 日 | 甲申 7 一 | 乙酉 8 二 | 丙戌 9 三 | 丁亥 10 四 | 辛未夏至 丁亥小暑 |
| 六月小 | 乙未 | 天干地支西曆星期 | 戊子 11 五 | 己丑 12 六 | 庚寅 13 日 | 辛卯 14 一 | 壬辰 15 二 | 癸巳 16 三 | 甲午 17 四 | 乙未 18 五 | 丙申 19 六 | 丁酉 20 日 | 戊戌 21 一 | 己亥 22 二 | 庚子 23 三 | 辛丑 24 四 | 壬寅 25 五 | 癸卯 26 六 | 甲辰 27 日 | 乙巳 28 一 | 丙午 29 二 | 丁未 30 三 | 戊申 31 四 | 己酉 (8) 五 | 庚戌 2 六 | 辛亥 3 日 | 壬子 4 一 | 癸丑 5 二 | 甲寅 6 三 | 乙卯 7 四 | 丙辰 8 五 | | 壬寅大暑 |
| 七月大 | 丙申 | 天干地支西曆星期 | 丁巳 9 六 | 戊午 10 日 | 己未 11 一 | 庚申 12 二 | 辛酉 13 三 | 壬戌 14 四 | 癸亥 15 五 | 甲子 16 六 | 乙丑 17 日 | 丙寅 18 一 | 丁卯 19 二 | 戊辰 20 三 | 己巳 21 四 | 庚午 22 五 | 辛未 23 六 | 壬申 24 日 | 癸酉 25 一 | 甲戌 26 二 | 乙亥 27 三 | 丙子 28 四 | 丁丑 29 五 | 戊寅 30 六 | 己卯 31 日 | 庚辰 (9) 一 | 辛巳 2 二 | 壬午 3 三 | 癸未 4 四 | 甲申 5 五 | 乙酉 6 六 | 丙戌 7 日 | 丁巳立秋 壬申處暑 |
| 八月小 | 丁酉 | 天干地支西曆星期 | 丁亥 8 一 | 戊子 9 二 | 己丑 10 三 | 庚寅 11 四 | 辛卯 12 五 | 壬辰 13 六 | 癸巳 14 日 | 甲午 15 一 | 乙未 16 二 | 丙申 17 三 | 丁酉 18 四 | 戊戌 19 五 | 己亥 20 六 | 庚子 21 日 | 辛丑 22 一 | 壬寅 23 二 | 癸卯 24 三 | 甲辰 25 四 | 乙巳 26 五 | 丙午 27 六 | 丁未 28 日 | 戊申 29 一 | 己酉 30 二 | 庚戌 (10) 三 | 辛亥 2 四 | 壬子 3 五 | 癸丑 4 六 | 甲寅 5 日 | 乙卯 6 一 | | 丁亥白露 癸卯秋分 |
| 九月大 | 戊戌 | 天干地支西曆星期 | 丙辰 7 二 | 丁巳 8 三 | 戊午 9 四 | 己未 10 五 | 庚申 11 六 | 辛酉 12 日 | 壬戌 13 一 | 癸亥 14 二 | 甲子 15 三 | 乙丑 16 四 | 丙寅 17 五 | 丁卯 18 六 | 戊辰 19 日 | 己巳 20 一 | 庚午 21 二 | 辛未 22 三 | 壬申 23 四 | 癸酉 24 五 | 甲戌 25 六 | 乙亥 26 日 | 丙子 27 一 | 丁丑 28 二 | 戊寅 29 三 | 己卯 30 四 | 庚辰 31 五 | 辛巳 (11) 六 | 壬午 2 日 | 癸未 3 一 | 甲申 4 二 | 乙酉 5 三 | 戊午寒露 癸酉霜降 |
| 十月小 | 己亥 | 天干地支西曆星期 | 丙戌 6 四 | 丁亥 7 五 | 戊子 8 六 | 己丑 9 日 | 庚寅 10 一 | 辛卯 11 二 | 壬辰 12 三 | 癸巳 13 四 | 甲午 14 五 | 乙未 15 六 | 丙申 16 日 | 丁酉 17 一 | 戊戌 18 二 | 己亥 19 三 | 庚子 20 四 | 辛丑 21 五 | 壬寅 22 六 | 癸卯 23 日 | 甲辰 24 一 | 乙巳 25 二 | 丙午 26 三 | 丁未 27 四 | 戊申 28 五 | 己酉 29 六 | 庚戌 30 日 | 辛亥 (12) 一 | 壬子 2 二 | 癸丑 3 三 | 甲寅 4 四 | | 戊子立冬 甲辰小雪 |
| 十一月大 | 庚子 | 天干地支西曆星期 | 乙卯 5 五 | 丙辰 6 六 | 丁巳 7 日 | 戊午 8 一 | 己未 9 二 | 庚申 10 三 | 辛酉 11 四 | 壬戌 12 五 | 癸亥 13 六 | 甲子 14 日 | 乙丑 15 一 | 丙寅 16 二 | 丁卯 17 三 | 戊辰 18 四 | 己巳 19 五 | 庚午 20 六 | 辛未 21 日 | 壬申 22 一 | 癸酉 23 二 | 甲戌 24 三 | 乙亥 25 四 | 丙子 26 五 | 丁丑 27 六 | 戊寅 28 日 | 己卯 29 一 | 庚辰 30 二 | 辛巳 31 三 | 壬午 (1) 四 | 癸未 2 五 | 甲申 3 六 | 己未大雪 甲戌冬至 |
| 十二月小 | 辛丑 | 天干地支西曆星期 | 乙酉 4 日 | 丙戌 5 一 | 丁亥 6 二 | 戊子 7 三 | 己丑 8 四 | 庚寅 9 五 | 辛卯 10 六 | 壬辰 11 日 | 癸巳 12 一 | 甲午 13 二 | 乙未 14 三 | 丙申 15 四 | 丁酉 16 五 | 戊戌 17 六 | 己亥 18 日 | 庚子 19 一 | 辛丑 20 二 | 壬寅 21 三 | 癸卯 22 四 | 甲辰 23 五 | 乙巳 24 六 | 丙午 25 日 | 丁未 26 一 | 戊申 27 二 | 己酉 28 三 | 庚戌 29 四 | 辛亥 30 五 | 壬子 31 六 | 癸丑 (2) 日 | | 己丑小寒 甲辰大寒 |

# 漢桓帝延熹五年（壬寅 虎年）公元 162 ~ 163 年

| 夏曆月序 | 中西曆日對照 | 初一 | 初二 | 初三 | 初四 | 初五 | 初六 | 初七 | 初八 | 初九 | 初十 | 十一 | 十二 | 十三 | 十四 | 十五 | 十六 | 十七 | 十八 | 十九 | 二十 | 二一 | 二二 | 二三 | 二四 | 二五 | 二六 | 二七 | 二八 | 二九 | 三十 | 節氣與天象 |
|---|---|---|---|---|---|---|---|---|---|---|---|---|---|---|---|---|---|---|---|---|---|---|---|---|---|---|---|---|---|---|---|---|
| 正月大 壬寅 | 干支<br>西曆<br>星期 | 甲寅<br>2<br>一 | 乙卯<br>3<br>二 | 丙辰<br>4<br>三 | 丁巳<br>5<br>四 | 戊午<br>6<br>五 | 己未<br>7<br>六 | 庚申<br>8<br>日 | 辛酉<br>9<br>一 | 壬戌<br>10<br>二 | 癸亥<br>11<br>三 | 甲子<br>12<br>四 | 乙丑<br>13<br>五 | 丙寅<br>14<br>六 | 丁卯<br>15<br>日 | 戊辰<br>16<br>一 | 己巳<br>17<br>二 | 庚午<br>18<br>三 | 辛未<br>19<br>四 | 壬申<br>20<br>五 | 癸酉<br>21<br>六 | 甲戌<br>22<br>日 | 乙亥<br>23<br>一 | 丙子<br>24<br>二 | 丁丑<br>25<br>三 | 戊寅<br>26<br>四 | 己卯<br>27<br>五 | 庚辰<br>28<br>六 | 辛巳<br>(3)<br>日 | 壬午<br>2<br>一 | 癸未<br>3<br>二 | 庚申立春<br>乙亥雨水 |
| 二月小 癸卯 | 干支<br>西曆<br>星期 | 甲申<br>4<br>三 | 乙酉<br>5<br>四 | 丙戌<br>6<br>五 | 丁亥<br>7<br>六 | 戊子<br>8<br>日 | 己丑<br>9<br>一 | 庚寅<br>10<br>二 | 辛卯<br>11<br>三 | 壬辰<br>12<br>四 | 癸巳<br>13<br>五 | 甲午<br>14<br>六 | 乙未<br>15<br>日 | 丙申<br>16<br>一 | 丁酉<br>17<br>二 | 戊戌<br>18<br>三 | 己亥<br>19<br>四 | 庚子<br>20<br>五 | 辛丑<br>21<br>六 | 壬寅<br>22<br>日 | 癸卯<br>23<br>一 | 甲辰<br>24<br>二 | 乙巳<br>25<br>三 | 丙午<br>26<br>四 | 丁未<br>27<br>五 | 戊申<br>28<br>六 | 己酉<br>29<br>日 | 庚戌<br>30<br>一 | 辛亥<br>31<br>二 | 壬子<br>(4)<br>三 | | 庚寅驚蟄<br>乙巳春分 |
| 三月大 甲辰 | 干支<br>西曆<br>星期 | 癸丑<br>2<br>四 | 甲寅<br>3<br>五 | 乙卯<br>4<br>六 | 丙辰<br>5<br>日 | 丁巳<br>6<br>一 | 戊午<br>7<br>二 | 己未<br>8<br>三 | 庚申<br>9<br>四 | 辛酉<br>10<br>五 | 壬戌<br>11<br>六 | 癸亥<br>12<br>日 | 甲子<br>13<br>一 | 乙丑<br>14<br>二 | 丙寅<br>15<br>三 | 丁卯<br>16<br>四 | 戊辰<br>17<br>五 | 己巳<br>18<br>六 | 庚午<br>19<br>日 | 辛未<br>20<br>一 | 壬申<br>21<br>二 | 癸酉<br>22<br>三 | 甲戌<br>23<br>四 | 乙亥<br>24<br>五 | 丙子<br>25<br>六 | 丁丑<br>26<br>日 | 戊寅<br>27<br>一 | 己卯<br>28<br>二 | 庚辰<br>29<br>三 | 辛巳<br>30<br>四 | 壬午<br>(5)<br>五 | 辛酉清明<br>丙子穀雨 |
| 四月大 乙巳 | 干支<br>西曆<br>星期 | 癸未<br>2<br>六 | 甲申<br>3<br>日 | 乙酉<br>4<br>一 | 丙戌<br>5<br>二 | 丁亥<br>6<br>三 | 戊子<br>7<br>四 | 己丑<br>8<br>五 | 庚寅<br>9<br>六 | 辛卯<br>10<br>日 | 壬辰<br>11<br>一 | 癸巳<br>12<br>二 | 甲午<br>13<br>三 | 乙未<br>14<br>四 | 丙申<br>15<br>五 | 丁酉<br>16<br>六 | 戊戌<br>17<br>日 | 己亥<br>18<br>一 | 庚子<br>19<br>二 | 辛丑<br>20<br>三 | 壬寅<br>21<br>四 | 癸卯<br>22<br>五 | 甲辰<br>23<br>六 | 乙巳<br>24<br>日 | 丙午<br>25<br>一 | 丁未<br>26<br>二 | 戊申<br>27<br>三 | 己酉<br>28<br>四 | 庚戌<br>29<br>五 | 辛亥<br>30<br>六 | 壬子<br>31<br>日 | 辛卯立夏<br>丙午小滿 |
| 五月小 丙午 | 干支<br>西曆<br>星期 | 癸丑<br>(6)<br>一 | 甲寅<br>2<br>二 | 乙卯<br>3<br>三 | 丙辰<br>4<br>四 | 丁巳<br>5<br>五 | 戊午<br>6<br>六 | 己未<br>7<br>日 | 庚申<br>8<br>一 | 辛酉<br>9<br>二 | 壬戌<br>10<br>三 | 癸亥<br>11<br>四 | 甲子<br>12<br>五 | 乙丑<br>13<br>六 | 丙寅<br>14<br>日 | 丁卯<br>15<br>一 | 戊辰<br>16<br>二 | 己巳<br>17<br>三 | 庚午<br>18<br>四 | 辛未<br>19<br>五 | 壬申<br>20<br>六 | 癸酉<br>21<br>日 | 甲戌<br>22<br>一 | 乙亥<br>23<br>二 | 丙子<br>24<br>三 | 丁丑<br>25<br>四 | 戊寅<br>26<br>五 | 己卯<br>27<br>六 | 庚辰<br>28<br>日 | 辛巳<br>29<br>一 | | 辛酉芒種<br>丁丑夏至 |
| 六月大 丁未 | 干支<br>西曆<br>星期 | 壬午<br>30<br>二 | 癸未<br>(7)<br>三 | 甲申<br>2<br>四 | 乙酉<br>3<br>五 | 丙戌<br>4<br>六 | 丁亥<br>5<br>日 | 戊子<br>6<br>一 | 己丑<br>7<br>二 | 庚寅<br>8<br>三 | 辛卯<br>9<br>四 | 壬辰<br>10<br>五 | 癸巳<br>11<br>六 | 甲午<br>12<br>日 | 乙未<br>13<br>一 | 丙申<br>14<br>二 | 丁酉<br>15<br>三 | 戊戌<br>16<br>四 | 己亥<br>17<br>五 | 庚子<br>18<br>六 | 辛丑<br>19<br>日 | 壬寅<br>20<br>一 | 癸卯<br>21<br>二 | 甲辰<br>22<br>三 | 乙巳<br>23<br>四 | 丙午<br>24<br>五 | 丁未<br>25<br>六 | 戊申<br>26<br>日 | 己酉<br>27<br>一 | 庚戌<br>28<br>二 | 辛亥<br>29<br>三 | 壬辰小暑<br>丁未大暑 |
| 七月小 戊申 | 干支<br>西曆<br>星期 | 壬子<br>30<br>四 | 癸丑<br>31<br>五 | 甲寅<br>(8)<br>六 | 乙卯<br>2<br>日 | 丙辰<br>3<br>一 | 丁巳<br>4<br>二 | 戊午<br>5<br>三 | 己未<br>6<br>四 | 庚申<br>7<br>五 | 辛酉<br>8<br>六 | 壬戌<br>9<br>日 | 癸亥<br>10<br>一 | 甲子<br>11<br>二 | 乙丑<br>12<br>三 | 丙寅<br>13<br>四 | 丁卯<br>14<br>五 | 戊辰<br>15<br>六 | 己巳<br>16<br>日 | 庚午<br>17<br>一 | 辛未<br>18<br>二 | 壬申<br>19<br>三 | 癸酉<br>20<br>四 | 甲戌<br>21<br>五 | 乙亥<br>22<br>六 | 丙子<br>23<br>日 | 丁丑<br>24<br>一 | 戊寅<br>25<br>二 | 己卯<br>26<br>三 | 庚辰<br>27<br>四 | | 壬戌立秋<br>戊寅處暑 |
| 八月大 己酉 | 干支<br>西曆<br>星期 | 辛巳<br>28<br>五 | 壬午<br>29<br>六 | 癸未<br>30<br>日 | 甲申<br>31<br>一 | 乙酉<br>(9)<br>二 | 丙戌<br>2<br>三 | 丁亥<br>3<br>四 | 戊子<br>4<br>五 | 己丑<br>5<br>六 | 庚寅<br>6<br>日 | 辛卯<br>7<br>一 | 壬辰<br>8<br>二 | 癸巳<br>9<br>三 | 甲午<br>10<br>四 | 乙未<br>11<br>五 | 丙申<br>12<br>六 | 丁酉<br>13<br>日 | 戊戌<br>14<br>一 | 己亥<br>15<br>二 | 庚子<br>16<br>三 | 辛丑<br>17<br>四 | 壬寅<br>18<br>五 | 癸卯<br>19<br>六 | 甲辰<br>20<br>日 | 乙巳<br>21<br>一 | 丙午<br>22<br>二 | 丁未<br>23<br>三 | 戊申<br>24<br>四 | 己酉<br>25<br>五 | 庚戌<br>26<br>六 | 癸巳白露<br>戊申秋分 |
| 九月小 庚戌 | 干支<br>西曆<br>星期 | 辛亥<br>27<br>日 | 壬子<br>28<br>一 | 癸丑<br>29<br>二 | 甲寅<br>30<br>三 | 乙卯<br>(10)<br>四 | 丙辰<br>2<br>五 | 丁巳<br>3<br>六 | 戊午<br>4<br>日 | 己未<br>5<br>一 | 庚申<br>6<br>二 | 辛酉<br>7<br>三 | 壬戌<br>8<br>四 | 癸亥<br>9<br>五 | 甲子<br>10<br>六 | 乙丑<br>11<br>日 | 丙寅<br>12<br>一 | 丁卯<br>13<br>二 | 戊辰<br>14<br>三 | 己巳<br>15<br>四 | 庚午<br>16<br>五 | 辛未<br>17<br>六 | 壬申<br>18<br>日 | 癸酉<br>19<br>一 | 甲戌<br>20<br>二 | 乙亥<br>21<br>三 | 丙子<br>22<br>四 | 丁丑<br>23<br>五 | 戊寅<br>24<br>六 | 己卯<br>25<br>日 | | 癸亥寒露<br>戊寅霜降 |
| 十月大 辛亥 | 干支<br>西曆<br>星期 | 庚辰<br>26<br>一 | 辛巳<br>27<br>二 | 壬午<br>28<br>三 | 癸未<br>29<br>四 | 甲申<br>30<br>五 | 乙酉<br>31<br>六 | 丙戌<br>(11)<br>日 | 丁亥<br>2<br>一 | 戊子<br>3<br>二 | 己丑<br>4<br>三 | 庚寅<br>5<br>四 | 辛卯<br>6<br>五 | 壬辰<br>7<br>六 | 癸巳<br>8<br>日 | 甲午<br>9<br>一 | 乙未<br>10<br>二 | 丙申<br>11<br>三 | 丁酉<br>12<br>四 | 戊戌<br>13<br>五 | 己亥<br>14<br>六 | 庚子<br>15<br>日 | 辛丑<br>16<br>一 | 壬寅<br>17<br>二 | 癸卯<br>18<br>三 | 甲辰<br>19<br>四 | 乙巳<br>20<br>五 | 丙午<br>21<br>六 | 丁未<br>22<br>日 | 戊申<br>23<br>一 | 己酉<br>24<br>二 | 甲午立冬<br>己酉小雪 |
| 閏十月小 辛亥 | 干支<br>西曆<br>星期 | 庚戌<br>25<br>三 | 辛亥<br>26<br>四 | 壬子<br>27<br>五 | 癸丑<br>28<br>六 | 甲寅<br>29<br>日 | 乙卯<br>30<br>一 | 丙辰<br>(12)<br>二 | 丁巳<br>2<br>三 | 戊午<br>3<br>四 | 己未<br>4<br>五 | 庚申<br>5<br>六 | 辛酉<br>6<br>日 | 壬戌<br>7<br>一 | 癸亥<br>8<br>二 | 甲子<br>9<br>三 | 乙丑<br>10<br>四 | 丙寅<br>11<br>五 | 丁卯<br>12<br>六 | 戊辰<br>13<br>日 | 己巳<br>14<br>一 | 庚午<br>15<br>二 | 辛未<br>16<br>三 | 壬申<br>17<br>四 | 癸酉<br>18<br>五 | 甲戌<br>19<br>六 | 乙亥<br>20<br>日 | 丙子<br>21<br>一 | 丁丑<br>22<br>二 | 戊寅<br>23<br>三 | | 甲子大雪 |
| 十一月大 壬子 | 干支<br>西曆<br>星期 | 己卯<br>24<br>四 | 庚辰<br>25<br>五 | 辛巳<br>26<br>六 | 壬午<br>27<br>日 | 癸未<br>28<br>一 | 甲申<br>29<br>二 | 乙酉<br>30<br>三 | 丙戌<br>31<br>四 | 丁亥<br>(1)<br>五 | 戊子<br>2<br>六 | 己丑<br>3<br>日 | 庚寅<br>4<br>一 | 辛卯<br>5<br>二 | 壬辰<br>6<br>三 | 癸巳<br>7<br>四 | 甲午<br>8<br>五 | 乙未<br>9<br>六 | 丙申<br>10<br>日 | 丁酉<br>11<br>一 | 戊戌<br>12<br>二 | 己亥<br>13<br>三 | 庚子<br>14<br>四 | 辛丑<br>15<br>五 | 壬寅<br>16<br>六 | 癸卯<br>17<br>日 | 甲辰<br>18<br>一 | 乙巳<br>19<br>二 | 丙午<br>20<br>三 | 丁未<br>21<br>四 | 戊申<br>22<br>五 | 己卯冬至<br>甲午小寒 |
| 十二月小 癸丑 | 干支<br>西曆<br>星期 | 己酉<br>23<br>六 | 庚戌<br>24<br>日 | 辛亥<br>25<br>一 | 壬子<br>26<br>二 | 癸丑<br>27<br>三 | 甲寅<br>28<br>四 | 乙卯<br>29<br>五 | 丙辰<br>30<br>六 | 丁巳<br>31<br>日 | 戊午<br>(2)<br>一 | 己未<br>2<br>二 | 庚申<br>3<br>三 | 辛酉<br>4<br>四 | 壬戌<br>5<br>五 | 癸亥<br>6<br>六 | 甲子<br>7<br>日 | 乙丑<br>8<br>一 | 丙寅<br>9<br>二 | 丁卯<br>10<br>三 | 戊辰<br>11<br>四 | 己巳<br>12<br>五 | 庚午<br>13<br>六 | 辛未<br>14<br>日 | 壬申<br>15<br>一 | 癸酉<br>16<br>二 | 甲戌<br>17<br>三 | 乙亥<br>18<br>四 | 丙子<br>19<br>五 | 丁丑<br>20<br>六 | | 庚戌大寒<br>乙丑立春 |

# 漢桓帝延熹六年（癸卯 兔年）公元 **163** ~ **164** 年

| 夏曆月序 | | 中西曆日對照 | 初一 | 初二 | 初三 | 初四 | 初五 | 初六 | 初七 | 初八 | 初九 | 初十 | 十一 | 十二 | 十三 | 十四 | 十五 | 十六 | 十七 | 十八 | 十九 | 二十 | 二一 | 二二 | 二三 | 二四 | 二五 | 二六 | 二七 | 二八 | 二九 | 三十 | 節氣與天象 |
|---|---|---|---|---|---|---|---|---|---|---|---|---|---|---|---|---|---|---|---|---|---|---|---|---|---|---|---|---|---|---|---|---|---|
| 正月大 | 甲寅 | 天干地支 西曆 星期 | 戊寅 21 日 | 己卯 22 一 | 庚辰 23 二 | 辛巳 24 三 | 壬午 25 四 | 癸未 26 五 | 甲申 27 六 | 乙酉 28 日 | 丙戌 (3) 一 | 丁亥 2 二 | 戊子 3 三 | 己丑 4 四 | 庚寅 5 五 | 辛卯 6 六 | 壬辰 7 日 | 癸巳 8 一 | 甲午 9 二 | 乙未 10 三 | 丙申 11 四 | 丁酉 12 五 | 戊戌 13 六 | 己亥 14 日 | 庚子 15 一 | 辛丑 16 二 | 壬寅 17 三 | 癸卯 18 四 | 甲辰 19 五 | 乙巳 20 六 | 丙午 21 日 | 丁未 22 一 | 庚辰雨水 乙未驚蟄 |
| 二月小 | 乙卯 | 天干地支 西曆 星期 | 戊申 23 二 | 己酉 24 三 | 庚戌 25 四 | 辛亥 26 五 | 壬子 27 六 | 癸丑 28 日 | 甲寅 29 一 | 乙卯 30 二 | 丙辰 31 三 | 丁巳 (4) 四 | 戊午 2 五 | 己未 3 六 | 庚申 4 日 | 辛酉 5 一 | 壬戌 6 二 | 癸亥 7 三 | 甲子 8 四 | 乙丑 9 五 | 丙寅 10 六 | 丁卯 11 日 | 戊辰 12 一 | 己巳 13 二 | 庚午 14 三 | 辛未 15 四 | 壬申 16 五 | 癸酉 17 六 | 甲戌 18 日 | 乙亥 19 一 | 丙子 20 二 | | 辛亥春分 丙寅清明 |
| 三月大 | 丙辰 | 天干地支 西曆 星期 | 丁丑 21 三 | 戊寅 22 四 | 己卯 23 五 | 庚辰 24 六 | 辛巳 25 日 | 壬午 26 一 | 癸未 27 二 | 甲申 28 三 | 乙酉 29 四 | 丙戌 30 五 | 丁亥 (5) 六 | 戊子 2 日 | 己丑 3 一 | 庚寅 4 二 | 辛卯 5 三 | 壬辰 6 四 | 癸巳 7 五 | 甲午 8 六 | 乙未 9 日 | 丙申 10 一 | 丁酉 11 二 | 戊戌 12 三 | 己亥 13 四 | 庚子 14 五 | 辛丑 15 六 | 壬寅 16 日 | 癸卯 17 一 | 甲辰 18 二 | 乙巳 19 三 | 丙午 20 四 | 辛巳穀雨 丙申立夏 |
| 四月小 | 丁巳 | 天干地支 西曆 星期 | 丁未 21 五 | 戊申 22 六 | 己酉 23 日 | 庚戌 24 一 | 辛亥 25 二 | 壬子 26 三 | 癸丑 27 四 | 甲寅 28 五 | 乙卯 29 六 | 丙辰 30 日 | 丁巳 31 一 | 戊午 (6) 二 | 己未 2 三 | 庚申 3 四 | 辛酉 4 五 | 壬戌 5 六 | 癸亥 6 日 | 甲子 7 一 | 乙丑 8 二 | 丙寅 9 三 | 丁卯 10 四 | 戊辰 11 五 | 己巳 12 六 | 庚午 13 日 | 辛未 14 一 | 壬申 15 二 | 癸酉 16 三 | 甲戌 17 四 | 乙亥 18 五 | | 辛亥小滿 丁卯芒種 |
| 五月大 | 戊午 | 天干地支 西曆 星期 | 丙子 19 六 | 丁丑 20 日 | 戊寅 21 一 | 己卯 22 二 | 庚辰 23 三 | 辛巳 24 四 | 壬午 25 五 | 癸未 26 六 | 甲申 27 日 | 乙酉 28 一 | 丙戌 29 二 | 丁亥 30 三 | 戊子 (7) 四 | 己丑 2 五 | 庚寅 3 六 | 辛卯 4 日 | 壬辰 5 一 | 癸巳 6 二 | 甲午 7 三 | 乙未 8 四 | 丙申 9 五 | 丁酉 10 六 | 戊戌 11 日 | 己亥 12 一 | 庚子 13 二 | 辛丑 14 三 | 壬寅 15 四 | 癸卯 16 五 | 甲辰 17 六 | 乙巳 18 日 | 壬午夏至 丁酉小暑 |
| 六月小 | 己未 | 天干地支 西曆 星期 | 丙午 19 一 | 丁未 20 二 | 戊申 21 三 | 己酉 22 四 | 庚戌 23 五 | 辛亥 24 六 | 壬子 25 日 | 癸丑 26 一 | 甲寅 27 二 | 乙卯 28 三 | 丙辰 29 四 | 丁巳 30 五 | 戊午 31 六 | 己未 (8) 日 | 庚申 2 一 | 辛酉 3 二 | 壬戌 4 三 | 癸亥 5 四 | 甲子 6 五 | 乙丑 7 六 | 丙寅 8 日 | 丁卯 9 一 | 戊辰 10 二 | 己巳 11 三 | 庚午 12 四 | 辛未 13 五 | 壬申 14 六 | 癸酉 15 日 | 甲戌 16 一 | | 壬子大暑 戊辰立秋 |
| 七月大 | 庚申 | 天干地支 西曆 星期 | 乙亥 17 二 | 丙子 18 三 | 丁丑 19 四 | 戊寅 20 五 | 己卯 21 六 | 庚辰 22 日 | 辛巳 23 一 | 壬午 24 二 | 癸未 25 三 | 甲申 26 四 | 乙酉 27 五 | 丙戌 28 六 | 丁亥 29 日 | 戊子 30 一 | 己丑 31 二 | 庚寅 (9) 三 | 辛卯 2 四 | 壬辰 3 五 | 癸巳 4 六 | 甲午 5 日 | 乙未 6 一 | 丙申 7 二 | 丁酉 8 三 | 戊戌 9 四 | 己亥 10 五 | 庚子 11 六 | 辛丑 12 日 | 壬寅 13 一 | 癸卯 14 二 | 甲辰 15 三 | 癸未處暑 戊戌白露 |
| 八月大 | 辛酉 | 天干地支 西曆 星期 | 乙巳 16 四 | 丙午 17 五 | 丁未 18 六 | 戊申 19 日 | 己酉 20 一 | 庚戌 21 二 | 辛亥 22 三 | 壬子 23 四 | 癸丑 24 五 | 甲寅 25 六 | 乙卯 26 日 | 丙辰 27 一 | 丁巳 28 二 | 戊午 29 三 | 己未 30 四 | 庚申 (10) 五 | 辛酉 2 六 | 壬戌 3 日 | 癸亥 4 一 | 甲子 5 二 | 乙丑 6 三 | 丙寅 7 四 | 丁卯 8 五 | 戊辰 9 六 | 己巳 10 日 | 庚午 11 一 | 辛未 12 二 | 壬申 13 三 | 癸酉 14 四 | 甲戌 15 五 | 癸丑秋分 戊辰寒露 |
| 九月小 | 壬戌 | 天干地支 西曆 星期 | 乙亥 16 六 | 丙子 17 日 | 丁丑 18 一 | 戊寅 19 二 | 己卯 20 三 | 庚辰 21 四 | 辛巳 22 五 | 壬午 23 六 | 癸未 24 日 | 甲申 25 一 | 乙酉 26 二 | 丙戌 27 三 | 丁亥 28 四 | 戊子 29 五 | 己丑 30 六 | 庚寅 31 日 | 辛卯 (11) 一 | 壬辰 2 二 | 癸巳 3 三 | 甲午 4 四 | 乙未 5 五 | 丙申 6 六 | 丁酉 7 日 | 戊戌 8 一 | 己亥 9 二 | 庚子 10 三 | 辛丑 11 四 | 壬寅 12 五 | 癸卯 13 六 | | 甲申霜降 己亥立冬 |
| 十月大 | 癸亥 | 天干地支 西曆 星期 | 甲辰 14 日 | 乙巳 15 一 | 丙午 16 二 | 丁未 17 三 | 戊申 18 四 | 己酉 19 五 | 庚戌 20 六 | 辛亥 21 日 | 壬子 22 一 | 癸丑 23 二 | 甲寅 24 三 | 乙卯 25 四 | 丙辰 26 五 | 丁巳 27 六 | 戊午 28 日 | 己未 29 一 | 庚申 30 二 | 辛酉 (12) 三 | 壬戌 2 四 | 癸亥 3 五 | 甲子 4 六 | 乙丑 5 日 | 丙寅 6 一 | 丁卯 7 二 | 戊辰 8 三 | 己巳 9 四 | 庚午 10 五 | 辛未 11 六 | 壬申 12 日 | 癸酉 13 一 | 甲寅小雪 己巳大雪 |
| 十一月小 | 甲子 | 天干地支 西曆 星期 | 甲戌 14 二 | 乙亥 15 三 | 丙子 16 四 | 丁丑 17 五 | 戊寅 18 六 | 己卯 19 日 | 庚辰 20 一 | 辛巳 21 二 | 壬午 22 三 | 癸未 23 四 | 甲申 24 五 | 乙酉 25 六 | 丙戌 26 日 | 丁亥 27 一 | 戊子 28 二 | 己丑 29 三 | 庚寅 30 四 | 辛卯 31 五 | 壬辰 (1) 六 | 癸巳 2 日 | 甲午 3 一 | 乙未 4 二 | 丙申 5 三 | 丁酉 6 四 | 戊戌 7 五 | 己亥 8 六 | 庚子 9 日 | 辛丑 10 一 | 壬寅 11 二 | | 乙酉冬至 庚子小寒 |
| 十二月大 | 乙丑 | 天干地支 西曆 星期 | 癸卯 12 三 | 甲辰 13 四 | 乙巳 14 五 | 丙午 15 六 | 丁未 16 日 | 戊申 17 一 | 己酉 18 二 | 庚戌 19 三 | 辛亥 20 四 | 壬子 21 五 | 癸丑 22 六 | 甲寅 23 日 | 乙卯 24 一 | 丙辰 25 二 | 丁巳 26 三 | 戊午 27 四 | 己未 28 五 | 庚申 29 六 | 辛酉 30 日 | 壬戌 31 一 | 癸亥 (2) 二 | 甲子 2 三 | 乙丑 3 四 | 丙寅 4 五 | 丁卯 5 六 | 戊辰 6 日 | 己巳 7 一 | 庚午 8 二 | 辛未 9 三 | 壬申 10 四 | 乙卯大寒 庚午立春 |

# 漢桓帝延熹七年（甲辰 龍年）公元 **164** ~ 165 年

| 夏曆月序 | | 中西曆日對照 | 夏曆日序 | | | | | | | | | | | | | | | | | | | | | | | | | | | | | | 節氣與天象 |
|---|---|---|---|---|---|---|---|---|---|---|---|---|---|---|---|---|---|---|---|---|---|---|---|---|---|---|---|---|---|---|---|---|---|
| | | | 初一 | 初二 | 初三 | 初四 | 初五 | 初六 | 初七 | 初八 | 初九 | 初十 | 十一 | 十二 | 十三 | 十四 | 十五 | 十六 | 十七 | 十八 | 十九 | 二十 | 二一 | 二二 | 二三 | 二四 | 二五 | 二六 | 二七 | 二八 | 二九 | 三十 | |
| 正月小 | 丙寅 | 天干地支<br>西曆<br>星期 | 癸酉<br>11<br>五 | 甲戌<br>12<br>六 | 乙亥<br>13<br>日 | 丙子<br>14<br>一 | 丁丑<br>15<br>二 | 戊寅<br>16<br>三 | 己卯<br>17<br>四 | 庚辰<br>18<br>五 | 辛巳<br>19<br>六 | 壬午<br>20<br>日 | 癸未<br>21<br>一 | 甲申<br>22<br>二 | 乙酉<br>23<br>三 | 丙戌<br>24<br>四 | 丁亥<br>25<br>五 | 戊子<br>26<br>六 | 己丑<br>27<br>日 | 庚寅<br>28<br>一 | 辛卯<br>29<br>二 | 壬辰<br>(3)<br>三 | 癸巳<br>2<br>四 | 甲午<br>3<br>五 | 乙未<br>4<br>六 | 丙申<br>5<br>日 | 丁酉<br>6<br>一 | 戊戌<br>7<br>二 | 己亥<br>8<br>三 | 庚子<br>9<br>四 | 辛丑<br>10<br>五 | | 乙酉雨水<br>辛丑驚蟄 |
| 二月大 | 丁卯 | 天干地支<br>西曆<br>星期 | 壬寅<br>11<br>六 | 癸卯<br>12<br>日 | 甲辰<br>13<br>一 | 乙巳<br>14<br>二 | 丙午<br>15<br>三 | 丁未<br>16<br>四 | 戊申<br>17<br>五 | 己酉<br>18<br>六 | 庚戌<br>19<br>日 | 辛亥<br>20<br>一 | 壬子<br>21<br>二 | 癸丑<br>22<br>三 | 甲寅<br>23<br>四 | 乙卯<br>24<br>五 | 丙辰<br>25<br>六 | 丁巳<br>26<br>日 | 戊午<br>27<br>一 | 己未<br>28<br>二 | 庚申<br>29<br>三 | 辛酉<br>30<br>四 | 壬戌<br>31<br>五 | 癸亥<br>(4)<br>六 | 甲子<br>2<br>日 | 乙丑<br>3<br>一 | 丙寅<br>4<br>二 | 丁卯<br>5<br>三 | 戊辰<br>6<br>四 | 己巳<br>7<br>五 | 庚午<br>8<br>六 | 辛未<br>9<br>日 | 丙辰春分<br>辛未清明 |
| 三月小 | 戊辰 | 天干地支<br>西曆<br>星期 | 壬申<br>10<br>一 | 癸酉<br>11<br>二 | 甲戌<br>12<br>三 | 乙亥<br>13<br>四 | 丙子<br>14<br>五 | 丁丑<br>15<br>六 | 戊寅<br>16<br>日 | 己卯<br>17<br>一 | 庚辰<br>18<br>二 | 辛巳<br>19<br>三 | 壬午<br>20<br>四 | 癸未<br>21<br>五 | 甲申<br>22<br>六 | 乙酉<br>23<br>日 | 丙戌<br>24<br>一 | 丁亥<br>25<br>二 | 戊子<br>26<br>三 | 己丑<br>27<br>四 | 庚寅<br>28<br>五 | 辛卯<br>29<br>六 | 壬辰<br>30<br>日 | 癸巳<br>(5)<br>一 | 甲午<br>2<br>二 | 乙未<br>3<br>三 | 丙申<br>4<br>四 | 丁酉<br>5<br>五 | 戊戌<br>6<br>六 | 己亥<br>7<br>日 | 庚子<br>8<br>一 | | 丙戌穀雨 |
| 四月大 | 己巳 | 天干地支<br>西曆<br>星期 | 辛丑<br>9<br>二 | 壬寅<br>10<br>三 | 癸卯<br>11<br>四 | 甲辰<br>12<br>五 | 乙巳<br>13<br>六 | 丙午<br>14<br>日 | 丁未<br>15<br>一 | 戊申<br>16<br>二 | 己酉<br>17<br>三 | 庚戌<br>18<br>四 | 辛亥<br>19<br>五 | 壬子<br>20<br>六 | 癸丑<br>21<br>日 | 甲寅<br>22<br>一 | 乙卯<br>23<br>二 | 丙辰<br>24<br>三 | 丁巳<br>25<br>四 | 戊午<br>26<br>五 | 己未<br>27<br>六 | 庚申<br>28<br>日 | 辛酉<br>29<br>一 | 壬戌<br>30<br>二 | 癸亥<br>31<br>三 | 甲子<br>(6)<br>四 | 乙丑<br>2<br>五 | 丙寅<br>3<br>六 | 丁卯<br>4<br>日 | 戊辰<br>5<br>一 | 己巳<br>6<br>二 | 庚午<br>7<br>三 | 辛丑立夏<br>丁巳小滿 |
| 五月小 | 庚午 | 天干地支<br>西曆<br>星期 | 辛未<br>8<br>四 | 壬申<br>9<br>五 | 癸酉<br>10<br>六 | 甲戌<br>11<br>日 | 乙亥<br>12<br>一 | 丙子<br>13<br>二 | 丁丑<br>14<br>三 | 戊寅<br>15<br>四 | 己卯<br>16<br>五 | 庚辰<br>17<br>六 | 辛巳<br>18<br>日 | 壬午<br>19<br>一 | 癸未<br>20<br>二 | 甲申<br>21<br>三 | 乙酉<br>22<br>四 | 丙戌<br>23<br>五 | 丁亥<br>24<br>六 | 戊子<br>25<br>日 | 己丑<br>26<br>一 | 庚寅<br>27<br>二 | 辛卯<br>28<br>三 | 壬辰<br>29<br>四 | 癸巳<br>30<br>五 | 甲午<br>(7)<br>六 | 乙未<br>2<br>日 | 丙申<br>3<br>一 | 丁酉<br>4<br>二 | 戊戌<br>5<br>三 | 己亥<br>6<br>四 | | 壬申芒種<br>丁亥夏至 |
| 六月大 | 辛未 | 天干地支<br>西曆<br>星期 | 庚子<br>7<br>五 | 辛丑<br>8<br>六 | 壬寅<br>9<br>日 | 癸卯<br>10<br>一 | 甲辰<br>11<br>二 | 乙巳<br>12<br>三 | 丙午<br>13<br>四 | 丁未<br>14<br>五 | 戊申<br>15<br>六 | 己酉<br>16<br>日 | 庚戌<br>17<br>一 | 辛亥<br>18<br>二 | 壬子<br>19<br>三 | 癸丑<br>20<br>四 | 甲寅<br>21<br>五 | 乙卯<br>22<br>六 | 丙辰<br>23<br>日 | 丁巳<br>24<br>一 | 戊午<br>25<br>二 | 己未<br>26<br>三 | 庚申<br>27<br>四 | 辛酉<br>28<br>五 | 壬戌<br>29<br>六 | 癸亥<br>30<br>日 | 甲子<br>31<br>一 | 乙丑<br>(8)<br>二 | 丙寅<br>2<br>三 | 丁卯<br>3<br>四 | 戊辰<br>4<br>五 | 己巳<br>5<br>六 | 壬寅小暑<br>戊午大暑 |
| 七月小 | 壬申 | 天干地支<br>西曆<br>星期 | 庚午<br>6<br>日 | 辛未<br>7<br>一 | 壬申<br>8<br>二 | 癸酉<br>9<br>三 | 甲戌<br>10<br>四 | 乙亥<br>11<br>五 | 丙子<br>12<br>六 | 丁丑<br>13<br>日 | 戊寅<br>14<br>一 | 己卯<br>15<br>二 | 庚辰<br>16<br>三 | 辛巳<br>17<br>四 | 壬午<br>18<br>五 | 癸未<br>19<br>六 | 甲申<br>20<br>日 | 乙酉<br>21<br>一 | 丙戌<br>22<br>二 | 丁亥<br>23<br>三 | 戊子<br>24<br>四 | 己丑<br>25<br>五 | 庚寅<br>26<br>六 | 辛卯<br>27<br>日 | 壬辰<br>28<br>一 | 癸巳<br>29<br>二 | 甲午<br>30<br>三 | 乙未<br>31<br>四 | 丙申<br>(9)<br>五 | 丁酉<br>2<br>六 | 戊戌<br>3<br>日 | | 癸酉立秋<br>戊子處暑 |
| 八月大 | 癸酉 | 天干地支<br>西曆<br>星期 | 己亥<br>4<br>一 | 庚子<br>5<br>二 | 辛丑<br>6<br>三 | 壬寅<br>7<br>四 | 癸卯<br>8<br>五 | 甲辰<br>9<br>六 | 乙巳<br>10<br>日 | 丙午<br>11<br>一 | 丁未<br>12<br>二 | 戊申<br>13<br>三 | 己酉<br>14<br>四 | 庚戌<br>15<br>五 | 辛亥<br>16<br>六 | 壬子<br>17<br>日 | 癸丑<br>18<br>一 | 甲寅<br>19<br>二 | 乙卯<br>20<br>三 | 丙辰<br>21<br>四 | 丁巳<br>22<br>五 | 戊午<br>23<br>六 | 己未<br>24<br>日 | 庚申<br>25<br>一 | 辛酉<br>26<br>二 | 壬戌<br>27<br>三 | 癸亥<br>28<br>四 | 甲子<br>29<br>五 | 乙丑<br>30<br>六 | 丙寅<br>(10)<br>日 | 丁卯<br>2<br>一 | 戊辰<br>3<br>二 | 癸卯白露<br>戊午秋分 |
| 九月小 | 甲戌 | 天干地支<br>西曆<br>星期 | 己巳<br>4<br>三 | 庚午<br>5<br>四 | 辛未<br>6<br>五 | 壬申<br>7<br>六 | 癸酉<br>8<br>日 | 甲戌<br>9<br>一 | 乙亥<br>10<br>二 | 丙子<br>11<br>三 | 丁丑<br>12<br>四 | 戊寅<br>13<br>五 | 己卯<br>14<br>六 | 庚辰<br>15<br>日 | 辛巳<br>16<br>一 | 壬午<br>17<br>二 | 癸未<br>18<br>三 | 甲申<br>19<br>四 | 乙酉<br>20<br>五 | 丙戌<br>21<br>六 | 丁亥<br>22<br>日 | 戊子<br>23<br>一 | 己丑<br>24<br>二 | 庚寅<br>25<br>三 | 辛卯<br>26<br>四 | 壬辰<br>27<br>五 | 癸巳<br>28<br>六 | 甲午<br>29<br>日 | 乙未<br>30<br>一 | 丙申<br>31<br>二 | 丁酉<br>(11)<br>三 | | 甲戌寒露<br>己丑霜降 |
| 十月大 | 乙亥 | 天干地支<br>西曆<br>星期 | 戊戌<br>2<br>四 | 己亥<br>3<br>五 | 庚子<br>4<br>六 | 辛丑<br>5<br>日 | 壬寅<br>6<br>一 | 癸卯<br>7<br>二 | 甲辰<br>8<br>三 | 乙巳<br>9<br>四 | 丙午<br>10<br>五 | 丁未<br>11<br>六 | 戊申<br>12<br>日 | 己酉<br>13<br>一 | 庚戌<br>14<br>二 | 辛亥<br>15<br>三 | 壬子<br>16<br>四 | 癸丑<br>17<br>五 | 甲寅<br>18<br>六 | 乙卯<br>19<br>日 | 丙辰<br>20<br>一 | 丁巳<br>21<br>二 | 戊午<br>22<br>三 | 己未<br>23<br>四 | 庚申<br>24<br>五 | 辛酉<br>25<br>六 | 壬戌<br>26<br>日 | 癸亥<br>27<br>一 | 甲子<br>28<br>二 | 乙丑<br>29<br>三 | 丙寅<br>30<br>四 | 丁卯<br>(12)<br>五 | 甲辰立冬<br>己未小雪 |
| 十一月大 | 丙子 | 天干地支<br>西曆<br>星期 | 戊辰<br>2<br>六 | 己巳<br>3<br>日 | 庚午<br>4<br>一 | 辛未<br>5<br>二 | 壬申<br>6<br>三 | 癸酉<br>7<br>四 | 甲戌<br>8<br>五 | 乙亥<br>9<br>六 | 丙子<br>10<br>日 | 丁丑<br>11<br>一 | 戊寅<br>12<br>二 | 己卯<br>13<br>三 | 庚辰<br>14<br>四 | 辛巳<br>15<br>五 | 壬午<br>16<br>六 | 癸未<br>17<br>日 | 甲申<br>18<br>一 | 乙酉<br>19<br>二 | 丙戌<br>20<br>三 | 丁亥<br>21<br>四 | 戊子<br>22<br>五 | 己丑<br>23<br>六 | 庚寅<br>24<br>日 | 辛卯<br>25<br>一 | 壬辰<br>26<br>二 | 癸巳<br>27<br>三 | 甲午<br>28<br>四 | 乙未<br>29<br>五 | 丙申<br>30<br>六 | 丁酉<br>31<br>日 | 乙亥大雪<br>庚寅冬至 |
| 十二月小 | 丁丑 | 天干地支<br>西曆<br>星期 | 戊戌<br>(1)<br>一 | 己亥<br>2<br>二 | 庚子<br>3<br>三 | 辛丑<br>4<br>四 | 壬寅<br>5<br>五 | 癸卯<br>6<br>六 | 甲辰<br>7<br>日 | 乙巳<br>8<br>一 | 丙午<br>9<br>二 | 丁未<br>10<br>三 | 戊申<br>11<br>四 | 己酉<br>12<br>五 | 庚戌<br>13<br>六 | 辛亥<br>14<br>日 | 壬子<br>15<br>一 | 癸丑<br>16<br>二 | 甲寅<br>17<br>三 | 乙卯<br>18<br>四 | 丙辰<br>19<br>五 | 丁巳<br>20<br>六 | 戊午<br>21<br>日 | 己未<br>22<br>一 | 庚申<br>23<br>二 | 辛酉<br>24<br>三 | 壬戌<br>25<br>四 | 癸亥<br>26<br>五 | 甲子<br>27<br>六 | 乙丑<br>28<br>日 | 丙寅<br>29<br>一 | | 乙巳小寒<br>庚申大寒 |

## 漢桓帝延熹八年（乙巳 蛇年）公元 165 ~ 166 年

| 夏曆月序 | | 中西曆日對照 | 初一 | 初二 | 初三 | 初四 | 初五 | 初六 | 初七 | 初八 | 初九 | 初十 | 十一 | 十二 | 十三 | 十四 | 十五 | 十六 | 十七 | 十八 | 十九 | 二十 | 二一 | 二二 | 二三 | 二四 | 二五 | 二六 | 二七 | 二八 | 二九 | 三十 | 節氣與天象 |
|---|---|---|---|---|---|---|---|---|---|---|---|---|---|---|---|---|---|---|---|---|---|---|---|---|---|---|---|---|---|---|---|---|---|
| 正月大 | 戊寅 | 天干地支 西曆 星期 | 丁卯30二 | 戊辰31三 | 己巳(2)四 | 庚午2五 | 辛未3六 | 壬申4日 | 癸酉5一 | 甲戌6二 | 乙亥7三 | 丙子8四 | 丁丑9五 | 戊寅10六 | 己卯11日 | 庚辰12一 | 辛巳13二 | 壬午14三 | 癸未15四 | 甲申16五 | 乙酉17六 | 丙戌18日 | 丁亥19一 | 戊子20二 | 己丑21三 | 庚寅22四 | 辛卯23五 | 壬辰24六 | 癸巳25日 | 甲午26一 | 乙未27二 | 丙申28三 | 乙亥立春 辛卯雨水 丙申日食 |
| 二月小 | 己卯 | 天干地支 西曆 星期 | 丁酉(3)2四 | 戊戌五 | 己亥3六 | 庚子4日 | 辛丑5一 | 壬寅6二 | 癸卯7三 | 甲辰8四 | 乙巳9五 | 丙午10六 | 丁未11日 | 戊申12一 | 己酉13二 | 庚戌14三 | 辛亥15四 | 壬子16五 | 癸丑17六 | 甲寅18日 | 乙卯19一 | 丙辰20二 | 丁巳21三 | 戊午22四 | 己未23五 | 庚申24六 | 辛酉25日 | 壬戌26一 | 癸亥27二 | 甲子28三 | 乙丑29四 | | 丙午驚蟄 辛酉春分 |
| 三月大 | 庚辰 | 天干地支 西曆 星期 | 丙寅30五 | 丁卯31六 | 戊辰(4)日 | 己巳2一 | 庚午3二 | 辛未4三 | 壬申5四 | 癸酉6五 | 甲戌7六 | 乙亥8日 | 丙子9一 | 丁丑10二 | 戊寅11三 | 己卯12四 | 庚辰13五 | 辛巳14六 | 壬午15日 | 癸未16一 | 甲申17二 | 乙酉18三 | 丙戌19四 | 丁亥20五 | 戊子21六 | 己丑22日 | 庚寅23一 | 辛卯24二 | 壬辰25三 | 癸巳26四 | 甲午27五 | 乙未28六 | 丙子清明 壬辰穀雨 |
| 四月小 | 辛巳 | 天干地支 西曆 星期 | 丙申29日 | 丁酉30一 | 戊戌(5)二 | 己亥2三 | 庚子3四 | 辛丑4五 | 壬寅5六 | 癸卯6日 | 甲辰7一 | 乙巳8二 | 丙午9三 | 丁未10四 | 戊申11五 | 己酉12六 | 庚戌13日 | 辛亥14一 | 壬子15二 | 癸丑16三 | 甲寅17四 | 乙卯18五 | 丙辰19六 | 丁巳20日 | 戊午21一 | 己未22二 | 庚申23三 | 辛酉24四 | 壬戌25五 | 癸亥26六 | 甲子27日 | | 丁未立夏 壬戌小滿 |
| 五月大 | 壬午 | 天干地支 西曆 星期 | 乙丑28一 | 丙寅29二 | 丁卯30三 | 戊辰31四 | 己巳(6)五 | 庚午2六 | 辛未3日 | 壬申4一 | 癸酉5二 | 甲戌6三 | 乙亥7四 | 丙子8五 | 丁丑9六 | 戊寅10日 | 己卯11一 | 庚辰12二 | 辛巳13三 | 壬午14四 | 癸未15五 | 甲申16六 | 乙酉17日 | 丙戌18一 | 丁亥19二 | 戊子20三 | 己丑21四 | 庚寅22五 | 辛卯23六 | 壬辰24日 | 癸巳25一 | 甲午26二 | 丁丑芒種 壬辰夏至 |
| 六月小 | 癸未 | 天干地支 西曆 星期 | 乙未27三 | 丙申28四 | 丁酉29五 | 戊戌30六 | 己亥(7)日 | 庚子2一 | 辛丑3二 | 壬寅4三 | 癸卯5四 | 甲辰6五 | 乙巳7六 | 丙午8日 | 丁未9一 | 戊申10二 | 己酉11三 | 庚戌12四 | 辛亥13五 | 壬子14六 | 癸丑15日 | 甲寅16一 | 乙卯17二 | 丙辰18三 | 丁巳19四 | 戊午20五 | 己未21六 | 庚申22日 | 辛酉23一 | 壬戌24二 | 癸亥25三 | | 戊申小暑 癸亥大暑 |
| 七月大 | 甲申 | 天干地支 西曆 星期 | 甲子26四 | 乙丑27五 | 丙寅28六 | 丁卯29日 | 戊辰30一 | 己巳31二 | 庚午(8)三 | 辛未2四 | 壬申3五 | 癸酉4六 | 甲戌5日 | 乙亥6一 | 丙子7二 | 丁丑8三 | 戊寅9四 | 己卯10五 | 庚辰11六 | 辛巳12日 | 壬午13一 | 癸未14二 | 甲申15三 | 乙酉16四 | 丙戌17五 | 丁亥18六 | 戊子19日 | 己丑20一 | 庚寅21二 | 辛卯22三 | 壬辰23四 | 癸巳24五 | 戊寅立秋 癸巳處暑 |
| 閏七月小 | 甲申 | 天干地支 西曆 星期 | 甲午25六 | 乙未26日 | 丙申27一 | 丁酉28二 | 戊戌29三 | 己亥30四 | 庚子31五 | 辛丑(9)六 | 壬寅2日 | 癸卯3一 | 甲辰4二 | 乙巳5三 | 丙午6四 | 丁未7五 | 戊申8六 | 己酉9日 | 庚戌10一 | 辛亥11二 | 壬子12三 | 癸丑13四 | 甲寅14五 | 乙卯15六 | 丙辰16日 | 丁巳17一 | 戊午18二 | 己未19三 | 庚申20四 | 辛酉21五 | 壬戌22六 | | 戊申白露 |
| 八月大 | 乙酉 | 天干地支 西曆 星期 | 癸亥23日 | 甲子24一 | 乙丑25二 | 丙寅26三 | 丁卯27四 | 戊辰28五 | 己巳29六 | 庚午30日 | 辛未(10)一 | 壬申2二 | 癸酉3三 | 甲戌4四 | 乙亥5五 | 丙子6六 | 丁丑7日 | 戊寅8一 | 己卯9二 | 庚辰10三 | 辛巳11四 | 壬午12五 | 癸未13六 | 甲申14日 | 乙酉15一 | 丙戌16二 | 丁亥17三 | 戊子18四 | 己丑19五 | 庚寅20六 | 辛卯21日 | 壬辰22一 | 甲子秋分 己卯寒露 |
| 九月小 | 丙戌 | 天干地支 西曆 星期 | 癸巳23二 | 甲午24三 | 乙未25四 | 丙申26五 | 丁酉27六 | 戊戌28日 | 己亥29一 | 庚子30二 | 辛丑31三 | 壬寅(11)四 | 癸卯2五 | 甲辰3六 | 乙巳4日 | 丙午5一 | 丁未6二 | 戊申7三 | 己酉8四 | 庚戌9五 | 辛亥10六 | 壬子11日 | 癸丑12一 | 甲寅13二 | 乙卯14三 | 丙辰15四 | 丁巳16五 | 戊午17六 | 己未18日 | 庚申19一 | 辛酉20二 | | 甲午霜降 己酉立冬 |
| 十月大 | 丁亥 | 天干地支 西曆 星期 | 壬戌21三 | 癸亥22四 | 甲子23五 | 乙丑24六 | 丙寅25日 | 丁卯26一 | 戊辰27二 | 己巳28三 | 庚午29四 | 辛未30五 | 壬申(12)六 | 癸酉2日 | 甲戌3一 | 乙亥4二 | 丙子5三 | 丁丑6四 | 戊寅7五 | 己卯8六 | 庚辰9日 | 辛巳10一 | 壬午11二 | 癸未12三 | 甲申13四 | 乙酉14五 | 丙戌15六 | 丁亥16日 | 戊子17一 | 己丑18二 | 庚寅19三 | 辛卯20四 | 乙丑小雪 庚辰大雪 |
| 十一月小 | 戊子 | 天干地支 西曆 星期 | 壬辰21五 | 癸巳22六 | 甲午23日 | 乙未24一 | 丙申25二 | 丁酉26三 | 戊戌27四 | 己亥28五 | 庚子29六 | 辛丑30日 | 壬寅31一 | 癸卯(1)二 | 甲辰2三 | 乙巳3四 | 丙午4五 | 丁未5六 | 戊申6日 | 己酉7一 | 庚戌8二 | 辛亥9三 | 壬子10四 | 癸丑11五 | 甲寅12六 | 乙卯13日 | 丙辰14一 | 丁巳15二 | 戊午16三 | 己未17四 | 庚申18五 | | 乙未冬至 庚戌小寒 |
| 十二月大 | 己丑 | 天干地支 西曆 星期 | 辛酉19六 | 壬戌20日 | 癸亥21一 | 甲子22二 | 乙丑23三 | 丙寅24四 | 丁卯25五 | 戊辰26六 | 己巳27日 | 庚午28一 | 辛未29二 | 壬申30三 | 癸酉31四 | 甲戌(2)五 | 乙亥2六 | 丙子3日 | 丁丑4一 | 戊寅5二 | 己卯6三 | 庚辰7四 | 辛巳8五 | 壬午9六 | 癸未10日 | 甲申11一 | 乙酉12二 | 丙戌13三 | 丁亥14四 | 戊子15五 | 己丑16六 | 庚寅17日 | 乙丑大寒 辛巳立春 |

# 漢桓帝延熹九年（丙午 馬年）公元 166 ~ 167 年

| 夏曆月序 | | 中西曆日對照 | 夏曆日序 | | | | | | | | | | | | | | | | | | | | | | | | | | | | | 節氣與天象 |
|---|---|---|---|---|---|---|---|---|---|---|---|---|---|---|---|---|---|---|---|---|---|---|---|---|---|---|---|---|---|---|---|---|
| | | | 初一 | 初二 | 初三 | 初四 | 初五 | 初六 | 初七 | 初八 | 初九 | 初十 | 十一 | 十二 | 十三 | 十四 | 十五 | 十六 | 十七 | 十八 | 十九 | 二十 | 二一 | 二二 | 二三 | 二四 | 二五 | 二六 | 二七 | 二八 | 二九 | 三十 | |
| 正月小 | 庚寅 | 干支 天地 西曆 星期 | 辛卯18一 | 壬辰19二 | 癸巳20三 | 甲午21四 | 乙未22五 | 丙申23六 | 丁酉24日 | 戊戌25一 | 己亥26二 | 庚子27三 | 辛丑28四 | 壬寅(3)五 | 癸卯2六 | 甲辰3日 | 乙巳4一 | 丙午5二 | 丁未6三 | 戊申7四 | 己酉8五 | 庚戌9六 | 辛亥10日 | 壬子11一 | 癸丑12二 | 甲寅13三 | 乙卯14四 | 丙辰15五 | 丁巳16六 | 戊午17日 | 己未18一 | | 丙申雨水 辛亥驚蟄 |
| 二月大 | 辛卯 | 干支 天地 西曆 星期 | 庚申19二 | 辛酉20三 | 壬戌21四 | 癸亥22五 | 甲子23六 | 乙丑24日 | 丙寅25一 | 丁卯26二 | 戊辰27三 | 己巳28四 | 庚午29五 | 辛未30六 | 壬申31日 | 癸酉(4)一 | 甲戌2二 | 乙亥3三 | 丙子4四 | 丁丑5五 | 戊寅6六 | 己卯7日 | 庚辰8一 | 辛巳9二 | 壬午10三 | 癸未11四 | 甲申12五 | 乙酉13六 | 丙戌14日 | 丁亥15一 | 戊子16二 | 己丑17三 | 丙寅春分 壬午清明 |
| 三月大 | 壬辰 | 干支 天地 西曆 星期 | 庚寅18四 | 辛卯19五 | 壬辰20六 | 癸巳21日 | 甲午22一 | 乙未23二 | 丙申24三 | 丁酉25四 | 戊戌26五 | 己亥27六 | 庚子28日 | 辛丑29一 | 壬寅30二 | 癸卯(5)三 | 甲辰2四 | 乙巳3五 | 丙午4六 | 丁未5日 | 戊申6一 | 己酉7二 | 庚戌8三 | 辛亥9四 | 壬子10五 | 癸丑11六 | 甲寅12日 | 乙卯13一 | 丙辰14二 | 丁巳15三 | 戊午16四 | 己未17五 | 丁酉穀雨 壬子立夏 |
| 四月小 | 癸巳 | 干支 天地 西曆 星期 | 庚申18六 | 辛酉19日 | 壬戌20一 | 癸亥21二 | 甲子22三 | 乙丑23四 | 丙寅24五 | 丁卯25六 | 戊辰26日 | 己巳27一 | 庚午28二 | 辛未29三 | 壬申30四 | 癸酉31五 | 甲戌(6)六 | 乙亥2日 | 丙子3一 | 丁丑4二 | 戊寅5三 | 己卯6四 | 庚辰7五 | 辛巳8六 | 壬午9日 | 癸未10一 | 甲申11二 | 乙酉12三 | 丙戌13四 | 丁亥14五 | 戊子15六 | | 丁卯小滿 壬午芒種 |
| 五月大 | 甲午 | 干支 天地 西曆 星期 | 己丑16日 | 庚寅17一 | 辛卯18二 | 壬辰19三 | 癸巳20四 | 甲午21五 | 乙未22六 | 丙申23日 | 丁酉24一 | 戊戌25二 | 己亥26三 | 庚子27四 | 辛丑28五 | 壬寅29六 | 癸卯30日 | 甲辰(7)一 | 乙巳2二 | 丙午3三 | 丁未4四 | 戊申5五 | 己酉6六 | 庚戌7日 | 辛亥8一 | 壬子9二 | 癸丑10三 | 甲寅11四 | 乙卯12五 | 丙辰13六 | 丁巳14日 | 戊午15一 | 戊戌夏至 癸丑小暑 |
| 六月小 | 乙未 | 干支 天地 西曆 星期 | 己未16二 | 庚申17三 | 辛酉18四 | 壬戌19五 | 癸亥20六 | 甲子21日 | 乙丑22一 | 丙寅23二 | 丁卯24三 | 戊辰25四 | 己巳26五 | 庚午27六 | 辛未28日 | 壬申29一 | 癸酉30二 | 甲戌31三 | 乙亥(8)四 | 丙子2五 | 丁丑3六 | 戊寅4日 | 己卯5一 | 庚辰6二 | 辛巳7三 | 壬午8四 | 癸未9五 | 甲申10六 | 乙酉11日 | 丙戌12一 | 丁亥13二 | | 戊辰大暑 癸未立秋 |
| 七月大 | 丙申 | 干支 天地 西曆 星期 | 戊子14三 | 己丑15四 | 庚寅16五 | 辛卯17六 | 壬辰18日 | 癸巳19一 | 甲午20二 | 乙未21三 | 丙申22四 | 丁酉23五 | 戊戌24六 | 己亥25日 | 庚子26一 | 辛丑27二 | 壬寅28三 | 癸卯29四 | 甲辰30五 | 乙巳31六 | 丙午(9)日 | 丁未2一 | 戊申3二 | 己酉4三 | 庚戌5四 | 辛亥6五 | 壬子7六 | 癸丑8日 | 甲寅9一 | 乙卯10二 | 丙辰11三 | 丁巳12四 | 己亥處暑 甲寅白露 |
| 八月小 | 丁酉 | 干支 天地 西曆 星期 | 戊午13五 | 己未14六 | 庚申15日 | 辛酉16一 | 壬戌17二 | 癸亥18三 | 甲子19四 | 乙丑20五 | 丙寅21六 | 丁卯22日 | 戊辰23一 | 己巳24二 | 庚午25三 | 辛未26四 | 壬申27五 | 癸酉28六 | 甲戌29日 | 乙亥30一 | 丙子(10)二 | 丁丑2三 | 戊寅3四 | 己卯4五 | 庚辰5六 | 辛巳6日 | 壬午7一 | 癸未8二 | 甲申9三 | 乙酉10四 | 丙戌11五 | | 己巳秋分 甲申寒露 |
| 九月大 | 戊戌 | 干支 天地 西曆 星期 | 丁亥12六 | 戊子13日 | 己丑14一 | 庚寅15二 | 辛卯16三 | 壬辰17四 | 癸巳18五 | 甲午19六 | 乙未20日 | 丙申21一 | 丁酉22二 | 戊戌23三 | 己亥24四 | 庚子25五 | 辛丑26六 | 壬寅27日 | 癸卯28一 | 甲辰29二 | 乙巳30三 | 丙午31四 | 丁未(11)五 | 戊申2六 | 己酉3日 | 庚戌4一 | 辛亥5二 | 壬子6三 | 癸丑7四 | 甲寅8五 | 乙卯9六 | 丙辰10日 | 己亥霜降 乙卯立冬 |
| 十月小 | 己亥 | 干支 天地 西曆 星期 | 丁巳11一 | 戊午12二 | 己未13三 | 庚申14四 | 辛酉15五 | 壬戌16六 | 癸亥17日 | 甲子18一 | 乙丑19二 | 丙寅20三 | 丁卯21四 | 戊辰22五 | 己巳23六 | 庚午24日 | 辛未25一 | 壬申26二 | 癸酉27三 | 甲戌28四 | 乙亥29五 | 丙子30六 | 丁丑(12)日 | 戊寅2一 | 己卯3二 | 庚辰4三 | 辛巳5四 | 壬午6五 | 癸未7六 | 甲申8日 | 乙酉9一 | | 庚午小雪 乙酉大雪 |
| 十一月大 | 庚子 | 干支 天地 西曆 星期 | 丙戌10二 | 丁亥11三 | 戊子12四 | 己丑13五 | 庚寅14六 | 辛卯15日 | 壬辰16一 | 癸巳17二 | 甲午18三 | 乙未19四 | 丙申20五 | 丁酉21六 | 戊戌22日 | 己亥23一 | 庚子24二 | 辛丑25三 | 壬寅26四 | 癸卯27五 | 甲辰28六 | 乙巳29日 | 丙午30一 | 丁未31二 | 戊申(1)三 | 己酉2四 | 庚戌3五 | 辛亥4六 | 壬子5日 | 癸丑6一 | 甲寅7二 | 乙卯8三 | 庚子冬至 乙卯小寒 |
| 十二月小 | 辛丑 | 干支 天地 西曆 星期 | 丙辰9四 | 丁巳10五 | 戊午11六 | 己未12日 | 庚申13一 | 辛酉14二 | 壬戌15三 | 癸亥16四 | 甲子17五 | 乙丑18六 | 丙寅19日 | 丁卯20一 | 戊辰21二 | 己巳22三 | 庚午23四 | 辛未24五 | 壬申25六 | 癸酉26日 | 甲戌27一 | 乙亥28二 | 丙子29三 | 丁丑30四 | 戊寅31五 | 己卯(2)六 | 庚辰2日 | 辛巳3一 | 壬午4二 | 癸未5三 | 甲申6四 | | 辛未大寒 |

*《後漢書》卷七《桓帝紀》載："正月辛亥朔，日有食之。"辛亥當爲辛卯之誤。

# 漢桓帝延熹十年 永康元年（丁未 羊年）公元 167 ~ 168 年

| 夏曆月序 | | 中西曆日對照 | 初一 | 初二 | 初三 | 初四 | 初五 | 初六 | 初七 | 初八 | 初九 | 初十 | 十一 | 十二 | 十三 | 十四 | 十五 | 十六 | 十七 | 十八 | 十九 | 二十 | 二一 | 二二 | 二三 | 二四 | 二五 | 二六 | 二七 | 二八 | 二九 | 三十 | 節氣與天象 |
|---|---|---|---|---|---|---|---|---|---|---|---|---|---|---|---|---|---|---|---|---|---|---|---|---|---|---|---|---|---|---|---|---|---|
| 正月大 | 壬寅 | 天干 地支 西曆 星期 | 乙酉 7 五 | 丙戌 8 六 | 丁亥 9 日 | 戊子 10 一 | 己丑 11 二 | 庚寅 12 三 | 辛卯 13 四 | 壬辰 14 五 | 癸巳 15 六 | 甲午 16 日 | 乙未 17 一 | 丙申 18 二 | 丁酉 19 三 | 戊戌 20 四 | 己亥 21 五 | 庚子 22 六 | 辛丑 23 日 | 壬寅 24 一 | 癸卯 25 二 | 甲辰 26 三 | 乙巳 27 四 | 丙午 28 五 | 丁未 (3) 六 | 戊申 2 日 | 己酉 3 一 | 庚戌 4 二 | 辛亥 5 三 | 壬子 6 四 | 癸丑 7 五 | 甲寅 8 六 | 丙戌立春 辛丑雨水 |
| 二月小 | 癸卯 | 天干 地支 西曆 星期 | 乙卯 9 日 | 丙辰 10 一 | 丁巳 11 二 | 戊午 12 三 | 己未 13 四 | 庚申 14 五 | 辛酉 15 六 | 壬戌 16 日 | 癸亥 17 一 | 甲子 18 二 | 乙丑 19 三 | 丙寅 20 四 | 丁卯 21 五 | 戊辰 22 六 | 己巳 23 日 | 庚午 24 一 | 辛未 25 二 | 壬申 26 三 | 癸酉 27 四 | 甲戌 28 五 | 乙亥 29 六 | 丙子 30 日 | 丁丑 31 一 | 戊寅 (4) 二 | 己卯 2 三 | 庚辰 3 四 | 辛巳 4 五 | 壬午 5 六 | 癸未 6 日 | | 丙辰驚蟄 壬申春分 |
| 三月大 | 甲辰 | 天干 地支 西曆 星期 | 甲申 7 一 | 乙酉 8 二 | 丙戌 9 三 | 丁亥 10 四 | 戊子 11 五 | 己丑 12 六 | 庚寅 13 日 | 辛卯 14 一 | 壬辰 15 二 | 癸巳 16 三 | 甲午 17 四 | 乙未 18 五 | 丙申 19 六 | 丁酉 20 日 | 戊戌 21 一 | 己亥 22 二 | 庚子 23 三 | 辛丑 24 四 | 壬寅 25 五 | 癸卯 26 六 | 甲辰 27 日 | 乙巳 28 一 | 丙午 29 二 | 丁未 30 三 | 戊申 (5) 四 | 己酉 2 五 | 庚戌 3 六 | 辛亥 4 日 | 壬子 5 一 | 癸丑 6 二 | 丁亥清明 壬寅穀雨 |
| 四月小 | 乙巳 | 天干 地支 西曆 星期 | 甲寅 7 三 | 乙卯 8 四 | 丙辰 9 五 | 丁巳 10 六 | 戊午 11 日 | 己未 12 一 | 庚申 13 二 | 辛酉 14 三 | 壬戌 15 四 | 癸亥 16 五 | 甲子 17 六 | 乙丑 18 日 | 丙寅 19 一 | 丁卯 20 二 | 戊辰 21 三 | 己巳 22 四 | 庚午 23 五 | 辛未 24 六 | 壬申 25 日 | 癸酉 26 一 | 甲戌 27 二 | 乙亥 28 三 | 丙子 29 四 | 丁丑 30 五 | 戊寅 31 六 | 己卯 (6) 日 | 庚辰 2 一 | 辛巳 3 二 | 壬午 4 三 | | 丁巳立夏 壬申小滿 |
| 五月大 | 丙午 | 天干 地支 西曆 星期 | 癸未 5 四 | 甲申 6 五 | 乙酉 7 六 | 丙戌 8 日 | 丁亥 9 一 | 戊子 10 二 | 己丑 11 三 | 庚寅 12 四 | 辛卯 13 五 | 壬辰 14 六 | 癸巳 15 日 | 甲午 16 一 | 乙未 17 二 | 丙申 18 三 | 丁酉 19 四 | 戊戌 20 五 | 己亥 21 六 | 庚子 22 日 | 辛丑 23 一 | 壬寅 24 二 | 癸卯 25 三 | 甲辰 26 四 | 乙巳 27 五 | 丙午 28 六 | 丁未 29 日 | 戊申 30 一 | 己酉 (7) 二 | 庚戌 2 三 | 辛亥 3 四 | 壬子 4 五 | 戊子芒種 癸卯夏至 壬子日食 |
| 六月大 | 丁未 | 天干 地支 西曆 星期 | 癸丑 5 六 | 甲寅 6 日 | 乙卯 7 一 | 丙辰 8 二 | 丁巳 9 三 | 戊午 10 四 | 己未 11 五 | 庚申 12 六 | 辛酉 13 日 | 壬戌 14 一 | 癸亥 15 二 | 甲子 16 三 | 乙丑 17 四 | 丙寅 18 五 | 丁卯 19 六 | 戊辰 20 日 | 己巳 21 一 | 庚午 22 二 | 辛未 23 三 | 壬申 24 四 | 癸酉 25 五 | 甲戌 26 六 | 乙亥 27 日 | 丙子 28 一 | 丁丑 29 二 | 戊寅 30 三 | 己卯 31 四 | 庚辰 (8) 五 | 辛巳 2 六 | 壬午 3 日 | 戊午小暑 癸酉大暑 |
| 七月小 | 戊申 | 天干 地支 西曆 星期 | 癸未 4 一 | 甲申 5 二 | 乙酉 6 三 | 丙戌 7 四 | 丁亥 8 五 | 戊子 9 六 | 己丑 10 日 | 庚寅 11 一 | 辛卯 12 二 | 壬辰 13 三 | 癸巳 14 四 | 甲午 15 五 | 乙未 16 六 | 丙申 17 日 | 丁酉 18 一 | 戊戌 19 二 | 己亥 20 三 | 庚子 21 四 | 辛丑 22 五 | 壬寅 23 六 | 癸卯 24 日 | 甲辰 25 一 | 乙巳 26 二 | 丙午 27 三 | 丁未 28 四 | 戊申 29 五 | 己酉 30 六 | 庚戌 31 日 | 辛亥 (9) 一 | | 己丑立秋 甲辰處暑 |
| 八月大 | 己酉 | 天干 地支 西曆 星期 | 壬子 2 二 | 癸丑 3 三 | 甲寅 4 四 | 乙卯 5 五 | 丙辰 6 六 | 丁巳 7 日 | 戊午 8 一 | 己未 9 二 | 庚申 10 三 | 辛酉 11 四 | 壬戌 12 五 | 癸亥 13 六 | 甲子 14 日 | 乙丑 15 一 | 丙寅 16 二 | 丁卯 17 三 | 戊辰 18 四 | 己巳 19 五 | 庚午 20 六 | 辛未 21 日 | 壬申 22 一 | 癸酉 23 二 | 甲戌 24 三 | 乙亥 25 四 | 丙子 26 五 | 丁丑 27 六 | 戊寅 28 日 | 己卯 29 一 | 庚辰 30 二 | 辛巳 (10) 三 | 己未白露 甲戌秋分 |
| 九月小 | 庚戌 | 天干 地支 西曆 星期 | 壬午 2 四 | 癸未 3 五 | 甲申 4 六 | 乙酉 5 日 | 丙戌 6 一 | 丁亥 7 二 | 戊子 8 三 | 己丑 9 四 | 庚寅 10 五 | 辛卯 11 六 | 壬辰 12 日 | 癸巳 13 一 | 甲午 14 二 | 乙未 15 三 | 丙申 16 四 | 丁酉 17 五 | 戊戌 18 六 | 己亥 19 日 | 庚子 20 一 | 辛丑 21 二 | 壬寅 22 三 | 癸卯 23 四 | 甲辰 24 五 | 乙巳 25 六 | 丙午 26 日 | 丁未 27 一 | 戊申 28 二 | 己酉 29 三 | 庚戌 30 四 | | 己丑寒露 乙巳霜降 |
| 十月大 | 辛亥 | 天干 地支 西曆 星期 | 辛亥 31 五 | 壬子 (11) 六 | 癸丑 2 日 | 甲寅 3 一 | 乙卯 4 二 | 丙辰 5 三 | 丁巳 6 四 | 戊午 7 五 | 己未 8 六 | 庚申 9 日 | 辛酉 10 一 | 壬戌 11 二 | 癸亥 12 三 | 甲子 13 四 | 乙丑 14 五 | 丙寅 15 六 | 丁卯 16 日 | 戊辰 17 一 | 己巳 18 二 | 庚午 19 三 | 辛未 20 四 | 壬申 21 五 | 癸酉 22 六 | 甲戌 23 日 | 乙亥 24 一 | 丙子 25 二 | 丁丑 26 三 | 戊寅 27 四 | 己卯 28 五 | 庚辰 29 六 | 庚申立冬 乙亥小雪 |
| 十一月小 | 壬子 | 天干 地支 西曆 星期 | 辛巳 30 日 | 壬午 (12) 一 | 癸未 2 二 | 甲申 3 三 | 乙酉 4 四 | 丙戌 5 五 | 丁亥 6 六 | 戊子 7 日 | 己丑 8 一 | 庚寅 9 二 | 辛卯 10 三 | 壬辰 11 四 | 癸巳 12 五 | 甲午 13 六 | 乙未 14 日 | 丙申 15 一 | 丁酉 16 二 | 戊戌 17 三 | 己亥 18 四 | 庚子 19 五 | 辛丑 20 六 | 壬寅 21 日 | 癸卯 22 一 | 甲辰 23 二 | 乙巳 24 三 | 丙午 25 四 | 丁未 26 五 | 戊申 27 六 | 己酉 28 日 | | 庚寅大雪 丙午冬至 |
| 十二月大 | 癸丑 | 天干 地支 西曆 星期 | 庚戌 29 一 | 辛亥 30 二 | 壬子 31 三 | 癸丑 (1) 四 | 甲寅 2 五 | 乙卯 3 六 | 丙辰 4 日 | 丁巳 5 一 | 戊午 6 二 | 己未 7 三 | 庚申 8 四 | 辛酉 9 五 | 壬戌 10 六 | 癸亥 11 日 | 甲子 12 一 | 乙丑 13 二 | 丙寅 14 三 | 丁卯 15 四 | 戊辰 16 五 | 己巳 17 六 | 庚午 18 日 | 辛未 19 一 | 壬申 20 二 | 癸酉 21 三 | 甲戌 22 四 | 乙亥 23 五 | 丙子 24 六 | 丁丑 25 日 | 戊寅 26 一 | 己卯 27 二 | 辛酉小寒 丙子大寒 |

*六月庚申（初八），改元永康。十二月丁丑（二十八日），桓帝死。

# 汉桓帝永康二年 靈帝建寧元年（戊申 猴年）公元 168 ~ 169 年

| 夏曆月序 | | 中西曆日對照 | 夏曆日序 | | | | | | | | | | | | | | | | | | | | | | | | | | | | | 節氣與天象 |
|---|---|---|---|---|---|---|---|---|---|---|---|---|---|---|---|---|---|---|---|---|---|---|---|---|---|---|---|---|---|---|---|---|
| | | | 初一 | 初二 | 初三 | 初四 | 初五 | 初六 | 初七 | 初八 | 初九 | 初十 | 十一 | 十二 | 十三 | 十四 | 十五 | 十六 | 十七 | 十八 | 十九 | 二十 | 二一 | 二二 | 二三 | 二四 | 二五 | 二六 | 二七 | 二八 | 二九 | 三十 | |
| 正月小 | 甲寅 | 天干地支 西曆 星期 | 庚辰 28 三 | 辛巳 29 四 | 壬午 30 五 | 癸未 31 六 | 甲申 (2) 日 | 乙酉 2 一 | 丙戌 3 二 | 丁亥 4 三 | 戊子 5 四 | 己丑 6 五 | 庚寅 7 六 | 辛卯 8 日 | 壬辰 9 一 | 癸巳 10 二 | 甲午 11 三 | 乙未 12 四 | 丙申 13 五 | 丁酉 14 六 | 戊戌 15 日 | 己亥 16 一 | 庚子 17 二 | 辛丑 18 三 | 壬寅 19 四 | 癸卯 20 五 | 甲辰 21 六 | 乙巳 22 日 | 丙午 23 一 | 丁未 24 二 | 戊申 25 三 | | 辛卯立春 丙午雨水 |
| 二月大 | 乙卯 | 天干地支 西曆 星期 | 己酉 26 四 | 庚戌 27 五 | 辛亥 28 六 | 壬子 29 日 | 癸丑 (3) 一 | 甲寅 2 二 | 乙卯 3 三 | 丙辰 4 四 | 丁巳 5 五 | 戊午 6 六 | 己未 7 日 | 庚申 8 一 | 辛酉 9 二 | 壬戌 10 三 | 癸亥 11 四 | 甲子 12 五 | 乙丑 13 六 | 丙寅 14 日 | 丁卯 15 一 | 戊辰 16 二 | 己巳 17 三 | 庚午 18 四 | 辛未 19 五 | 壬申 20 六 | 癸酉 21 日 | 甲戌 22 一 | 乙亥 23 二 | 丙子 24 三 | 丁丑 25 四 | 戊寅 26 五 | 壬戌驚蟄 丁丑春分 |
| 三月小 | 丙辰 | 天干地支 西曆 星期 | 己卯 27 六 | 庚辰 28 日 | 辛巳 29 一 | 壬午 30 二 | 癸未 31 三 | 甲申 (4) 四 | 乙酉 2 五 | 丙戌 3 六 | 丁亥 4 日 | 戊子 5 一 | 己丑 6 二 | 庚寅 7 三 | 辛卯 8 四 | 壬辰 9 五 | 癸巳 10 六 | 甲午 11 日 | 乙未 12 一 | 丙申 13 二 | 丁酉 14 三 | 戊戌 15 四 | 己亥 16 五 | 庚子 17 六 | 辛丑 18 日 | 壬寅 19 一 | 癸卯 20 二 | 甲辰 21 三 | 乙巳 22 四 | 丙午 23 五 | 丁未 24 六 | | 壬辰清明 丁未穀雨 |
| 閏三月大 | 丙辰 | 天干地支 西曆 星期 | 戊申 25 日 | 己酉 26 一 | 庚戌 27 二 | 辛亥 28 三 | 壬子 29 四 | 癸丑 30 五 | 甲寅 (5) 六 | 乙卯 2 日 | 丙辰 3 一 | 丁巳 4 二 | 戊午 5 三 | 己未 6 四 | 庚申 7 五 | 辛酉 8 六 | 壬戌 9 日 | 癸亥 10 一 | 甲子 11 二 | 乙丑 12 三 | 丙寅 13 四 | 丁卯 14 五 | 戊辰 15 六 | 己巳 16 日 | 庚午 17 一 | 辛未 18 二 | 壬申 19 三 | 癸酉 20 四 | 甲戌 21 五 | 乙亥 22 六 | 丙子 23 日 | 丁丑 24 一 | 壬戌立夏 |
| 四月小 | 丁巳 | 天干地支 西曆 星期 | 戊寅 25 二 | 己卯 26 三 | 庚辰 27 四 | 辛巳 28 五 | 壬午 29 六 | 癸未 30 日 | 甲申 31 一 | 乙酉 (6) 二 | 丙戌 2 三 | 丁亥 3 四 | 戊子 4 五 | 己丑 5 六 | 庚寅 6 日 | 辛卯 7 一 | 壬辰 8 二 | 癸巳 9 三 | 甲午 10 四 | 乙未 11 五 | 丙申 12 六 | 丁酉 13 日 | 戊戌 14 一 | 己亥 15 二 | 庚子 16 三 | 辛丑 17 四 | 壬寅 18 五 | 癸卯 19 六 | 甲辰 20 日 | 乙巳 21 一 | 丙午 22 二 | | 戊寅小滿 癸巳芒種 |
| 五月大 | 戊午 | 天干地支 西曆 星期 | 丁未 23 三 | 戊申 24 四 | 己酉 25 五 | 庚戌 26 六 | 辛亥 27 日 | 壬子 28 一 | 癸丑 29 二 | 甲寅 30 三 | 乙卯 (7) 四 | 丙辰 2 五 | 丁巳 3 六 | 戊午 4 日 | 己未 5 一 | 庚申 6 二 | 辛酉 7 三 | 壬戌 8 四 | 癸亥 9 五 | 甲子 10 六 | 乙丑 11 日 | 丙寅 12 一 | 丁卯 13 二 | 戊辰 14 三 | 己巳 15 四 | 庚午 16 五 | 辛未 17 六 | 壬申 18 日 | 癸酉 19 一 | 甲戌 20 二 | 乙亥 21 三 | 丙子 22 四 | 戊申夏至 癸亥小暑 丁未日食 |
| 六月小 | 己未 | 天干地支 西曆 星期 | 丁丑 23 五 | 戊寅 24 六 | 己卯 25 日 | 庚辰 26 一 | 辛巳 27 二 | 壬午 28 三 | 癸未 29 四 | 甲申 30 五 | 乙酉 31 六 | 丙戌 (8) 日 | 丁亥 2 一 | 戊子 3 二 | 己丑 4 三 | 庚寅 5 四 | 辛卯 6 五 | 壬辰 7 六 | 癸巳 8 日 | 甲午 9 一 | 乙未 10 二 | 丙申 11 三 | 丁酉 12 四 | 戊戌 13 五 | 己亥 14 六 | 庚子 15 日 | 辛丑 16 一 | 壬寅 17 二 | 癸卯 18 三 | 甲辰 19 四 | 乙巳 20 五 | | 己卯大暑 甲午立秋 |
| 七月大 | 庚申 | 天干地支 西曆 星期 | 丙午 21 六 | 丁未 22 日 | 戊申 23 一 | 己酉 24 二 | 庚戌 25 三 | 辛亥 26 四 | 壬子 27 五 | 癸丑 28 六 | 甲寅 29 日 | 乙卯 30 一 | 丙辰 31 二 | 丁巳 (9) 三 | 戊午 2 四 | 己未 3 五 | 庚申 4 六 | 辛酉 5 日 | 壬戌 6 一 | 癸亥 7 二 | 甲子 8 三 | 乙丑 9 四 | 丙寅 10 五 | 丁卯 11 六 | 戊辰 12 日 | 己巳 13 一 | 庚午 14 二 | 辛未 15 三 | 壬申 16 四 | 癸酉 17 五 | 甲戌 18 六 | 乙亥 19 日 | 己酉處暑 甲子白露 |
| 八月小 | 辛酉 | 天干地支 西曆 星期 | 丙子 20 一 | 丁丑 21 二 | 戊寅 22 三 | 己卯 23 四 | 庚辰 24 五 | 辛巳 25 六 | 壬午 26 日 | 癸未 27 一 | 甲申 28 二 | 乙酉 29 三 | 丙戌 30 四 | 丁亥 (10) 五 | 戊子 2 六 | 己丑 3 日 | 庚寅 4 一 | 辛卯 5 二 | 壬辰 6 三 | 癸巳 7 四 | 甲午 8 五 | 乙未 9 六 | 丙申 10 日 | 丁酉 11 一 | 戊戌 12 二 | 己亥 13 三 | 庚子 14 四 | 辛丑 15 五 | 壬寅 16 六 | 癸卯 17 日 | 甲辰 18 一 | | 己卯秋分 乙未寒露 |
| 九月大 | 壬戌 | 天干地支 西曆 星期 | 乙巳 19 二 | 丙午 20 三 | 丁未 21 四 | 戊申 22 五 | 己酉 23 六 | 庚戌 24 日 | 辛亥 25 一 | 壬子 26 二 | 癸丑 27 三 | 甲寅 28 四 | 乙卯 29 五 | 丙辰 30 六 | 丁巳 31 日 | 戊午 (11) 一 | 己未 2 二 | 庚申 3 三 | 辛酉 4 四 | 壬戌 5 五 | 癸亥 6 六 | 甲子 7 日 | 乙丑 8 一 | 丙寅 9 二 | 丁卯 10 三 | 戊辰 11 四 | 己巳 12 五 | 庚午 13 六 | 辛未 14 日 | 壬申 15 一 | 癸酉 16 二 | 甲戌 17 三 | 庚戌霜降 乙丑立冬 |
| 十月大 | 癸亥 | 天干地支 西曆 星期 | 乙亥 18 四 | 丙子 19 五 | 丁丑 20 六 | 戊寅 21 日 | 己卯 22 一 | 庚辰 23 二 | 辛巳 24 三 | 壬午 25 四 | 癸未 26 五 | 甲申 27 六 | 乙酉 28 日 | 丙戌 29 一 | 丁亥 30 二 | 戊子 (12) 三 | 己丑 2 四 | 庚寅 3 五 | 辛卯 4 六 | 壬辰 5 日 | 癸巳 6 一 | 甲午 7 二 | 乙未 8 三 | 丙申 9 四 | 丁酉 10 五 | 戊戌 11 六 | 己亥 12 日 | 庚子 13 一 | 辛丑 14 二 | 壬寅 15 三 | 癸卯 16 四 | 甲辰 17 五 | 庚辰小雪 丙申大雪 甲辰日食 |
| 十一月小 | 甲子 | 天干地支 西曆 星期 | 乙巳 18 六 | 丙午 19 日 | 丁未 20 一 | 戊申 21 二 | 己酉 22 三 | 庚戌 23 四 | 辛亥 24 五 | 壬子 25 六 | 癸丑 26 日 | 甲寅 27 一 | 乙卯 28 二 | 丙辰 29 三 | 丁巳 30 四 | 戊午 31 五 | 己未 (1) 六 | 庚申 2 日 | 辛酉 3 一 | 壬戌 4 二 | 癸亥 5 三 | 甲子 6 四 | 乙丑 7 五 | 丙寅 8 六 | 丁卯 9 日 | 戊辰 10 一 | 己巳 11 二 | 庚午 12 三 | 辛未 13 四 | 壬申 14 五 | 癸酉 15 六 | | 辛亥冬至 丙寅小寒 |
| 十二月大 | 乙丑 | 天干地支 西曆 星期 | 甲戌 16 日 | 乙亥 17 一 | 丙子 18 二 | 丁丑 19 三 | 戊寅 20 四 | 己卯 21 五 | 庚辰 22 六 | 辛巳 23 日 | 壬午 24 一 | 癸未 25 二 | 甲申 26 三 | 乙酉 27 四 | 丙戌 28 五 | 丁亥 29 六 | 戊子 30 日 | 己丑 31 一 | 庚寅 (2) 二 | 辛卯 2 三 | 壬辰 3 四 | 癸巳 4 五 | 甲午 5 六 | 乙未 6 日 | 丙申 7 一 | 丁酉 8 二 | 戊戌 9 三 | 己亥 10 四 | 庚子 11 五 | 辛丑 12 六 | 壬寅 13 日 | 癸卯 14 一 | 辛巳大寒 丙申立春 |

* 正月庚子（二十一日），劉宏即位，是爲靈帝，改元建寧。

# 漢靈帝建寧二年（己酉 鷄年）公元 **169** ~ 170 年

| 夏曆月序 | 中西曆日對照 | 初一 | 初二 | 初三 | 初四 | 初五 | 初六 | 初七 | 初八 | 初九 | 初十 | 十一 | 十二 | 十三 | 十四 | 十五 | 十六 | 十七 | 十八 | 十九 | 二十 | 二一 | 二二 | 二三 | 二四 | 二五 | 二六 | 二七 | 二八 | 二九 | 三十 | 節氣與天象 |
|---|---|---|---|---|---|---|---|---|---|---|---|---|---|---|---|---|---|---|---|---|---|---|---|---|---|---|---|---|---|---|---|---|
| 正月小<br>丙寅 | 天干<br>地支<br>西曆<br>星期 | 甲辰<br>15<br>二 | 乙巳<br>16<br>三 | 丙午<br>17<br>四 | 丁未<br>18<br>五 | 戊申<br>19<br>六 | 己酉<br>20<br>日 | 庚戌<br>21<br>一 | 辛亥<br>22<br>二 | 壬子<br>23<br>三 | 癸丑<br>24<br>四 | 甲寅<br>25<br>五 | 乙卯<br>26<br>六 | 丙辰<br>27<br>日 | 丁巳<br>28<br>一 | 戊午<br>(3)<br>二 | 己未<br>2<br>三 | 庚申<br>3<br>四 | 辛酉<br>4<br>五 | 壬戌<br>5<br>六 | 癸亥<br>6<br>日 | 甲子<br>7<br>一 | 乙丑<br>8<br>二 | 丙寅<br>9<br>三 | 丁卯<br>10<br>四 | 戊辰<br>11<br>五 | 己巳<br>12<br>六 | 庚午<br>13<br>日 | 辛未<br>14<br>一 | 壬申<br>15<br>二 | | 壬子雨水<br>丁卯驚蟄 |
| 二月大<br>丁卯 | 天干<br>地支<br>西曆<br>星期 | 癸酉<br>16<br>三 | 甲戌<br>17<br>四 | 乙亥<br>18<br>五 | 丙子<br>19<br>六 | 丁丑<br>20<br>日 | 戊寅<br>21<br>一 | 己卯<br>22<br>二 | 庚辰<br>23<br>三 | 辛巳<br>24<br>四 | 壬午<br>25<br>五 | 癸未<br>26<br>六 | 甲申<br>27<br>日 | 乙酉<br>28<br>一 | 丙戌<br>29<br>二 | 丁亥<br>30<br>三 | 戊子<br>31<br>四 | 己丑<br>(4)<br>五 | 庚寅<br>2<br>六 | 辛卯<br>3<br>日 | 壬辰<br>4<br>一 | 癸巳<br>5<br>二 | 甲午<br>6<br>三 | 乙未<br>7<br>四 | 丙申<br>8<br>五 | 丁酉<br>9<br>六 | 戊戌<br>10<br>日 | 己亥<br>11<br>一 | 庚子<br>12<br>二 | 辛丑<br>13<br>三 | 壬寅<br>14<br>四 | 壬午春分<br>丁酉清明 |
| 三月小<br>戊辰 | 天干<br>地支<br>西曆<br>星期 | 癸卯<br>15<br>五 | 甲辰<br>16<br>六 | 乙巳<br>17<br>日 | 丙午<br>18<br>一 | 丁未<br>19<br>二 | 戊申<br>20<br>三 | 己酉<br>21<br>四 | 庚戌<br>22<br>五 | 辛亥<br>23<br>六 | 壬子<br>24<br>日 | 癸丑<br>25<br>一 | 甲寅<br>26<br>二 | 乙卯<br>27<br>三 | 丙辰<br>28<br>四 | 丁巳<br>29<br>五 | 戊午<br>30<br>六 | 己未<br>(5)<br>日 | 庚申<br>2<br>一 | 辛酉<br>3<br>二 | 壬戌<br>4<br>三 | 癸亥<br>5<br>四 | 甲子<br>6<br>五 | 乙丑<br>7<br>六 | 丙寅<br>8<br>日 | 丁卯<br>9<br>一 | 戊辰<br>10<br>二 | 己巳<br>11<br>三 | 庚午<br>12<br>四 | 辛未<br>13<br>五 | | 癸丑穀雨<br>戊辰立夏 |
| 四月大<br>己巳 | 天干<br>地支<br>西曆<br>星期 | 壬申<br>14<br>六 | 癸酉<br>15<br>日 | 甲戌<br>16<br>一 | 乙亥<br>17<br>二 | 丙子<br>18<br>三 | 丁丑<br>19<br>四 | 戊寅<br>20<br>五 | 己卯<br>21<br>六 | 庚辰<br>22<br>日 | 辛巳<br>23<br>一 | 壬午<br>24<br>二 | 癸未<br>25<br>三 | 甲申<br>26<br>四 | 乙酉<br>27<br>五 | 丙戌<br>28<br>六 | 丁亥<br>29<br>日 | 戊子<br>30<br>一 | 己丑<br>31<br>二 | 庚寅<br>(6)<br>三 | 辛卯<br>2<br>四 | 壬辰<br>3<br>五 | 癸巳<br>4<br>六 | 甲午<br>5<br>日 | 乙未<br>6<br>一 | 丙申<br>7<br>二 | 丁酉<br>8<br>三 | 戊戌<br>9<br>四 | 己亥<br>10<br>五 | 庚子<br>11<br>六 | 辛丑<br>12<br>日 | 癸未小滿<br>戊戌芒種 |
| 五月小<br>庚午 | 天干<br>地支<br>西曆<br>星期 | 壬寅<br>13<br>一 | 癸卯<br>14<br>二 | 甲辰<br>15<br>三 | 乙巳<br>16<br>四 | 丙午<br>17<br>五 | 丁未<br>18<br>六 | 戊申<br>19<br>日 | 己酉<br>20<br>一 | 庚戌<br>21<br>二 | 辛亥<br>22<br>三 | 壬子<br>23<br>四 | 癸丑<br>24<br>五 | 甲寅<br>25<br>六 | 乙卯<br>26<br>日 | 丙辰<br>27<br>一 | 丁巳<br>28<br>二 | 戊午<br>29<br>三 | 己未<br>30<br>四 | 庚申<br>(7)<br>五 | 辛酉<br>2<br>六 | 壬戌<br>3<br>日 | 癸亥<br>4<br>一 | 甲子<br>5<br>二 | 乙丑<br>6<br>三 | 丙寅<br>7<br>四 | 丁卯<br>8<br>五 | 戊辰<br>9<br>六 | 己巳<br>10<br>日 | 庚午<br>11<br>一 | | 癸丑夏至<br>己巳小暑 |
| 六月大<br>辛未 | 天干<br>地支<br>西曆<br>星期 | 辛未<br>12<br>二 | 壬申<br>13<br>三 | 癸酉<br>14<br>四 | 甲戌<br>15<br>五 | 乙亥<br>16<br>六 | 丙子<br>17<br>日 | 丁丑<br>18<br>一 | 戊寅<br>19<br>二 | 己卯<br>20<br>三 | 庚辰<br>21<br>四 | 辛巳<br>22<br>五 | 壬午<br>23<br>六 | 癸未<br>24<br>日 | 甲申<br>25<br>一 | 乙酉<br>26<br>二 | 丙戌<br>27<br>三 | 丁亥<br>28<br>四 | 戊子<br>29<br>五 | 己丑<br>30<br>六 | 庚寅<br>31<br>日 | 辛卯<br>(8)<br>一 | 壬辰<br>2<br>二 | 癸巳<br>3<br>三 | 甲午<br>4<br>四 | 乙未<br>5<br>五 | 丙申<br>6<br>六 | 丁酉<br>7<br>日 | 戊戌<br>8<br>一 | 己亥<br>9<br>二 | 庚子<br>10<br>三 | 甲申大暑<br>己亥立秋 |
| 七月小<br>壬申 | 天干<br>地支<br>西曆<br>星期 | 辛丑<br>11<br>四 | 壬寅<br>12<br>五 | 癸卯<br>13<br>六 | 甲辰<br>14<br>日 | 乙巳<br>15<br>一 | 丙午<br>16<br>二 | 丁未<br>17<br>三 | 戊申<br>18<br>四 | 己酉<br>19<br>五 | 庚戌<br>20<br>六 | 辛亥<br>21<br>日 | 壬子<br>22<br>一 | 癸丑<br>23<br>二 | 甲寅<br>24<br>三 | 乙卯<br>25<br>四 | 丙辰<br>26<br>五 | 丁巳<br>27<br>六 | 戊午<br>28<br>日 | 己未<br>29<br>一 | 庚申<br>30<br>二 | 辛酉<br>31<br>三 | 壬戌<br>(9)<br>四 | 癸亥<br>2<br>五 | 甲子<br>3<br>六 | 乙丑<br>4<br>日 | 丙寅<br>5<br>一 | 丁卯<br>6<br>二 | 戊辰<br>7<br>三 | 己巳<br>8<br>四 | | 甲寅處暑<br>己巳白露 |
| 八月大<br>癸酉 | 天干<br>地支<br>西曆<br>星期 | 庚午<br>9<br>五 | 辛未<br>10<br>六 | 壬申<br>11<br>日 | 癸酉<br>12<br>一 | 甲戌<br>13<br>二 | 乙亥<br>14<br>三 | 丙子<br>15<br>四 | 丁丑<br>16<br>五 | 戊寅<br>17<br>六 | 己卯<br>18<br>日 | 庚辰<br>19<br>一 | 辛巳<br>20<br>二 | 壬午<br>21<br>三 | 癸未<br>22<br>四 | 甲申<br>23<br>五 | 乙酉<br>24<br>六 | 丙戌<br>25<br>日 | 丁亥<br>26<br>一 | 戊子<br>27<br>二 | 己丑<br>28<br>三 | 庚寅<br>29<br>四 | 辛卯<br>30<br>五 | 壬辰<br>(10)<br>六 | 癸巳<br>2<br>日 | 甲午<br>3<br>一 | 乙未<br>4<br>二 | 丙申<br>5<br>三 | 丁酉<br>6<br>四 | 戊戌<br>7<br>五 | 己亥<br>8<br>六 | 乙酉秋分 |
| 九月小<br>甲戌 | 天干<br>地支<br>西曆<br>星期 | 庚子<br>9<br>日 | 辛丑<br>10<br>一 | 壬寅<br>11<br>二 | 癸卯<br>12<br>三 | 甲辰<br>13<br>四 | 乙巳<br>14<br>五 | 丙午<br>15<br>六 | 丁未<br>16<br>日 | 戊申<br>17<br>一 | 己酉<br>18<br>二 | 庚戌<br>19<br>三 | 辛亥<br>20<br>四 | 壬子<br>21<br>五 | 癸丑<br>22<br>六 | 甲寅<br>23<br>日 | 乙卯<br>24<br>一 | 丙辰<br>25<br>二 | 丁巳<br>26<br>三 | 戊午<br>27<br>四 | 己未<br>28<br>五 | 庚申<br>29<br>六 | 辛酉<br>30<br>日 | 壬戌<br>31<br>一 | 癸亥<br>(11)<br>二 | 甲子<br>2<br>三 | 乙丑<br>3<br>四 | 丙寅<br>4<br>五 | 丁卯<br>5<br>六 | 戊辰<br>6<br>日 | | 庚子寒露<br>乙卯霜降 |
| 十月大<br>乙亥 | 天干<br>地支<br>西曆<br>星期 | 己巳<br>7<br>一 | 庚午<br>8<br>二 | 辛未<br>9<br>三 | 壬申<br>10<br>四 | 癸酉<br>11<br>五 | 甲戌<br>12<br>六 | 乙亥<br>13<br>日 | 丙子<br>14<br>一 | 丁丑<br>15<br>二 | 戊寅<br>16<br>三 | 己卯<br>17<br>四 | 庚辰<br>18<br>五 | 辛巳<br>19<br>六 | 壬午<br>20<br>日 | 癸未<br>21<br>一 | 甲申<br>22<br>二 | 乙酉<br>23<br>三 | 丙戌<br>24<br>四 | 丁亥<br>25<br>五 | 戊子<br>26<br>六 | 己丑<br>27<br>日 | 庚寅<br>28<br>一 | 辛卯<br>29<br>二 | 壬辰<br>30<br>三 | 癸巳<br>(12)<br>四 | 甲午<br>2<br>五 | 乙未<br>3<br>六 | 丙申<br>4<br>日 | 丁酉<br>5<br>一 | 戊戌<br>6<br>二 | 庚午立冬<br>丙戌小雪<br>戊戌日食 |
| 十一月小<br>丙子 | 天干<br>地支<br>西曆<br>星期 | 己亥<br>7<br>三 | 庚子<br>8<br>四 | 辛丑<br>9<br>五 | 壬寅<br>10<br>六 | 癸卯<br>11<br>日 | 甲辰<br>12<br>一 | 乙巳<br>13<br>二 | 丙午<br>14<br>三 | 丁未<br>15<br>四 | 戊申<br>16<br>五 | 己酉<br>17<br>六 | 庚戌<br>18<br>日 | 辛亥<br>19<br>一 | 壬子<br>20<br>二 | 癸丑<br>21<br>三 | 甲寅<br>22<br>四 | 乙卯<br>23<br>五 | 丙辰<br>24<br>六 | 丁巳<br>25<br>日 | 戊午<br>26<br>一 | 己未<br>27<br>二 | 庚申<br>28<br>三 | 辛酉<br>29<br>四 | 壬戌<br>30<br>五 | 癸亥<br>31<br>六 | 甲子<br>(1)<br>日 | 乙丑<br>2<br>一 | 丙寅<br>3<br>二 | 丁卯<br>4<br>三 | | 辛丑大雪<br>丙辰冬至 |
| 十二月大<br>丁丑 | 天干<br>地支<br>西曆<br>星期 | 戊辰<br>5<br>四 | 己巳<br>6<br>五 | 庚午<br>7<br>六 | 辛未<br>8<br>日 | 壬申<br>9<br>一 | 癸酉<br>10<br>二 | 甲戌<br>11<br>三 | 乙亥<br>12<br>四 | 丙子<br>13<br>五 | 丁丑<br>14<br>六 | 戊寅<br>15<br>日 | 己卯<br>16<br>一 | 庚辰<br>17<br>二 | 辛巳<br>18<br>三 | 壬午<br>19<br>四 | 癸未<br>20<br>五 | 甲申<br>21<br>六 | 乙酉<br>22<br>日 | 丙戌<br>23<br>一 | 丁亥<br>24<br>二 | 戊子<br>25<br>三 | 己丑<br>26<br>四 | 庚寅<br>27<br>五 | 辛卯<br>28<br>六 | 壬辰<br>29<br>日 | 癸巳<br>30<br>一 | 甲午<br>31<br>二 | 乙未<br>(2)<br>三 | 丙申<br>2<br>四 | 丁酉<br>3<br>五 | 辛未小寒<br>丙戌大寒 |

*《後漢書》卷八《靈帝紀》載："（十月）庚子晦，日有食之。"本月己巳朔，晦日當爲戊戌。記載有誤。

# 漢靈帝建寧三年（庚戌 狗年）公元 170 ~ 171 年

| 夏曆月序 | | 中西曆日對照 | 夏曆日序 | | | | | | | | | | | | | | | | | | | | | | | | | | | | | | 節氣與天象 |
|---|---|---|---|---|---|---|---|---|---|---|---|---|---|---|---|---|---|---|---|---|---|---|---|---|---|---|---|---|---|---|---|---|---|
| | | | 初一 | 初二 | 初三 | 初四 | 初五 | 初六 | 初七 | 初八 | 初九 | 初十 | 十一 | 十二 | 十三 | 十四 | 十五 | 十六 | 十七 | 十八 | 十九 | 二十 | 二一 | 二二 | 二三 | 二四 | 二五 | 二六 | 二七 | 二八 | 二九 | 三十 | |
| 正月小 | 戊寅 | 天干 地支 西曆 星期 | 戊戌 4 六 | 己亥 5 日 | 庚子 6 一 | 辛丑 7 二 | 壬寅 8 三 | 癸卯 9 四 | 甲辰 10 五 | 乙巳 11 六 | 丙午 12 日 | 丁未 13 一 | 戊申 14 二 | 己酉 15 三 | 庚戌 16 四 | 辛亥 17 五 | 壬子 18 六 | 癸丑 19 日 | 甲寅 20 一 | 乙卯 21 二 | 丙辰 22 三 | 丁巳 23 四 | 戊午 24 五 | 己未 25 六 | 庚申 26 日 | 辛酉 27 一 | 壬戌 28 二 | 癸亥 (3) 三 | 甲子 2 四 | 乙丑 3 五 | 丙寅 4 六 | | 壬寅立春 丁巳雨水 |
| 二月大 | 己卯 | 天干 地支 西曆 星期 | 丁卯 5 日 | 戊辰 6 一 | 己巳 7 二 | 庚午 8 三 | 辛未 9 四 | 壬申 10 五 | 癸酉 11 六 | 甲戌 12 日 | 乙亥 13 一 | 丙子 14 二 | 丁丑 15 三 | 戊寅 16 四 | 己卯 17 五 | 庚辰 18 六 | 辛巳 19 日 | 壬午 20 一 | 癸未 21 二 | 甲申 22 三 | 乙酉 23 四 | 丙戌 24 五 | 丁亥 25 六 | 戊子 26 日 | 己丑 27 一 | 庚寅 28 二 | 辛卯 29 三 | 壬辰 30 四 | 癸巳 31 五 | 甲午 (4) 六 | 乙未 2 日 | 丙申 3 一 | 壬申驚蟄 丁亥春分 |
| 三月大 | 庚辰 | 天干 地支 西曆 星期 | 丁酉 4 二 | 戊戌 5 三 | 己亥 6 四 | 庚子 7 五 | 辛丑 8 六 | 壬寅 9 日 | 癸卯 10 一 | 甲辰 11 二 | 乙巳 12 三 | 丙午 13 四 | 丁未 14 五 | 戊申 15 六 | 己酉 16 日 | 庚戌 17 一 | 辛亥 18 二 | 壬子 19 三 | 癸丑 20 四 | 甲寅 21 五 | 乙卯 22 六 | 丙辰 23 日 | 丁巳 24 一 | 戊午 25 二 | 己未 26 三 | 庚申 27 四 | 辛酉 28 五 | 壬戌 29 六 | 癸亥 30 日 | 甲子 (5) 一 | 乙丑 2 二 | 丙寅 3 三 | 癸卯清明 戊午穀雨 |
| 四月小 | 辛巳 | 天干 地支 西曆 星期 | 丁卯 4 四 | 戊辰 5 五 | 己巳 6 六 | 庚午 7 日 | 辛未 8 一 | 壬申 9 二 | 癸酉 10 三 | 甲戌 11 四 | 乙亥 12 五 | 丙子 13 六 | 丁丑 14 日 | 戊寅 15 一 | 己卯 16 二 | 庚辰 17 三 | 辛巳 18 四 | 壬午 19 五 | 癸未 20 六 | 甲申 21 日 | 乙酉 22 一 | 丙戌 23 二 | 丁亥 24 三 | 戊子 25 四 | 己丑 26 五 | 庚寅 27 六 | 辛卯 28 日 | 壬辰 29 一 | 癸巳 30 二 | 甲午 31 三 | 乙未 (6) 四 | | 癸酉立夏 戊子小滿 |
| 五月大 | 壬午 | 天干 地支 西曆 星期 | 丙申 2 五 | 丁酉 3 六 | 戊戌 4 日 | 己亥 5 一 | 庚子 6 二 | 辛丑 7 三 | 壬寅 8 四 | 癸卯 9 五 | 甲辰 10 六 | 乙巳 11 日 | 丙午 12 一 | 丁未 13 二 | 戊申 14 三 | 己酉 15 四 | 庚戌 16 五 | 辛亥 17 六 | 壬子 18 日 | 癸丑 19 一 | 甲寅 20 二 | 乙卯 21 三 | 丙辰 22 四 | 丁巳 23 五 | 戊午 24 六 | 己未 25 日 | 庚申 26 一 | 辛酉 27 二 | 壬戌 28 三 | 癸亥 29 四 | 甲子 30 五 | 乙丑 (7) 六 | 癸卯芒種 己未夏至 |
| 六月小 | 癸未 | 天干 地支 西曆 星期 | 丙寅 2 日 | 丁卯 3 一 | 戊辰 4 二 | 己巳 5 三 | 庚午 6 四 | 辛未 7 五 | 壬申 8 六 | 癸酉 9 日 | 甲戌 10 一 | 乙亥 11 二 | 丙子 12 三 | 丁丑 13 四 | 戊寅 14 五 | 己卯 15 六 | 庚辰 16 日 | 辛巳 17 一 | 壬午 18 二 | 癸未 19 三 | 甲申 20 四 | 乙酉 21 五 | 丙戌 22 六 | 丁亥 23 日 | 戊子 24 一 | 己丑 25 二 | 庚寅 26 三 | 辛卯 27 四 | 壬辰 28 五 | 癸巳 29 六 | 甲午 30 日 | | 甲戌小暑 己丑大暑 |
| 七月大 | 甲申 | 天干 地支 西曆 星期 | 乙未 31 一 | 丙申 (8) 二 | 丁酉 2 三 | 戊戌 3 四 | 己亥 4 五 | 庚子 5 六 | 辛丑 6 日 | 壬寅 7 一 | 癸卯 8 二 | 甲辰 9 三 | 乙巳 10 四 | 丙午 11 五 | 丁未 12 六 | 戊申 13 日 | 己酉 14 一 | 庚戌 15 二 | 辛亥 16 三 | 壬子 17 四 | 癸丑 18 五 | 甲寅 19 六 | 乙卯 20 日 | 丙辰 21 一 | 丁巳 22 二 | 戊午 23 三 | 己未 24 四 | 庚申 25 五 | 辛酉 26 六 | 壬戌 27 日 | 癸亥 28 一 | 甲子 29 二 | 甲辰立秋 庚申處暑 |
| 八月小 | 乙酉 | 天干 地支 西曆 星期 | 乙丑 30 三 | 丙寅 31 四 | 丁卯 (9) 五 | 戊辰 2 六 | 己巳 3 日 | 庚午 4 一 | 辛未 5 二 | 壬申 6 三 | 癸酉 7 四 | 甲戌 8 五 | 乙亥 9 六 | 丙子 10 日 | 丁丑 11 一 | 戊寅 12 二 | 己卯 13 三 | 庚辰 14 四 | 辛巳 15 五 | 壬午 16 六 | 癸未 17 日 | 甲申 18 一 | 乙酉 19 二 | 丙戌 20 三 | 丁亥 21 四 | 戊子 22 五 | 己丑 23 六 | 庚寅 24 日 | 辛卯 25 一 | 壬辰 26 二 | 癸巳 27 三 | | 乙亥白露 庚寅秋分 |
| 九月大 | 丙戌 | 天干 地支 西曆 星期 | 甲午 28 四 | 乙未 29 五 | 丙申 30 六 | 丁酉 (10) 日 | 戊戌 2 一 | 己亥 3 二 | 庚子 4 三 | 辛丑 5 四 | 壬寅 6 五 | 癸卯 7 六 | 甲辰 8 日 | 乙巳 9 一 | 丙午 10 二 | 丁未 11 三 | 戊申 12 四 | 己酉 13 五 | 庚戌 14 六 | 辛亥 15 日 | 壬子 16 一 | 癸丑 17 二 | 甲寅 18 三 | 乙卯 19 四 | 丙辰 20 五 | 丁巳 21 六 | 戊午 22 日 | 己未 23 一 | 庚申 24 二 | 辛酉 25 三 | 壬戌 26 四 | 癸亥 27 五 | 乙巳寒露 庚申霜降 |
| 十月小 | 丁亥 | 天干 地支 西曆 星期 | 甲子 28 六 | 乙丑 29 日 | 丙寅 30 一 | 丁卯 31 二 | 戊辰 (11) 三 | 己巳 2 四 | 庚午 3 五 | 辛未 4 六 | 壬申 5 日 | 癸酉 6 一 | 甲戌 7 二 | 乙亥 8 三 | 丙子 9 四 | 丁丑 10 五 | 戊寅 11 六 | 己卯 12 日 | 庚辰 13 一 | 辛巳 14 二 | 壬午 15 三 | 癸未 16 四 | 甲申 17 五 | 乙酉 18 六 | 丙戌 19 日 | 丁亥 20 一 | 戊子 21 二 | 己丑 22 三 | 庚寅 23 四 | 辛卯 24 五 | 壬辰 25 六 | | 丙子立冬 辛卯小雪 |
| 十一月大 | 戊子 | 天干 地支 西曆 星期 | 癸巳 26 日 | 甲午 27 一 | 乙未 28 二 | 丙申 29 三 | 丁酉 30 四 | 戊戌 (12) 五 | 己亥 2 六 | 庚子 3 日 | 辛丑 4 一 | 壬寅 5 二 | 癸卯 6 三 | 甲辰 7 四 | 乙巳 8 五 | 丙午 9 六 | 丁未 10 日 | 戊申 11 一 | 己酉 12 二 | 庚戌 13 三 | 辛亥 14 四 | 壬子 15 五 | 癸丑 16 六 | 甲寅 17 日 | 乙卯 18 一 | 丙辰 19 二 | 丁巳 20 三 | 戊午 21 四 | 己未 22 五 | 庚申 23 六 | 辛酉 24 日 | 壬戌 25 一 | 丙午大雪 辛酉冬至 |
| 閏十一小 | 戊子 | 天干 地支 西曆 星期 | 癸亥 26 二 | 甲子 27 三 | 乙丑 28 四 | 丙寅 29 五 | 丁卯 30 六 | 戊辰 31 日 | 己巳 (1) 一 | 庚午 2 二 | 辛未 3 三 | 壬申 4 四 | 癸酉 5 五 | 甲戌 6 六 | 乙亥 7 日 | 丙子 8 一 | 丁丑 9 二 | 戊寅 10 三 | 己卯 11 四 | 庚辰 12 五 | 辛巳 13 六 | 壬午 14 日 | 癸未 15 一 | 甲申 16 二 | 乙酉 17 三 | 丙戌 18 四 | 丁亥 19 五 | 戊子 20 六 | 己丑 21 日 | 庚寅 22 一 | 辛卯 23 二 | | 丙子小寒 |
| 十二月大 | 己丑 | 天干 地支 西曆 星期 | 壬辰 24 三 | 癸巳 25 四 | 甲午 26 五 | 乙未 27 六 | 丙申 28 日 | 丁酉 29 一 | 戊戌 30 二 | 己亥 31 三 | 庚子 (2) 四 | 辛丑 2 五 | 壬寅 3 六 | 癸卯 4 日 | 甲辰 5 一 | 乙巳 6 二 | 丙午 7 三 | 丁未 8 四 | 戊申 9 五 | 己酉 10 六 | 庚戌 11 日 | 辛亥 12 一 | 壬子 13 二 | 癸丑 14 三 | 甲寅 15 四 | 乙卯 16 五 | 丙辰 17 六 | 丁巳 18 日 | 戊午 19 一 | 己未 20 二 | 庚申 21 三 | 辛酉 22 四 | 壬辰大寒 丁未立春 |

* 《後漢書》卷八《靈帝紀》載：“三月丙寅晦，日有食之。”本年四月合朔於丁卯晨夜，日食不能見。

# 漢靈帝建寧四年（辛亥 猪年）公元 171 ~ 172 年

| 夏曆月序 | | 中西曆日對照 | 初一 | 初二 | 初三 | 初四 | 初五 | 初六 | 初七 | 初八 | 初九 | 初十 | 十一 | 十二 | 十三 | 十四 | 十五 | 十六 | 十七 | 十八 | 十九 | 二十 | 二十一 | 二十二 | 二十三 | 二十四 | 二十五 | 二十六 | 二十七 | 二十八 | 二十九 | 三十 | 節氣與天象 |
|---|---|---|---|---|---|---|---|---|---|---|---|---|---|---|---|---|---|---|---|---|---|---|---|---|---|---|---|---|---|---|---|---|---|
| 正月小 | 庚寅 | 干支 西曆 星期 | 壬戌 23 五 | 癸亥 24 六 | 甲子 25 日 | 乙丑 26 一 | 丙寅 27 二 | 丁卯 28 三 | 戊辰 (3) 四 | 己巳 2 五 | 庚午 3 六 | 辛未 4 日 | 壬申 5 一 | 癸酉 6 二 | 甲戌 7 三 | 乙亥 8 四 | 丙子 9 五 | 丁丑 10 六 | 戊寅 11 日 | 己卯 12 一 | 庚辰 13 二 | 辛巳 14 三 | 壬午 15 四 | 癸未 16 五 | 甲申 17 六 | 乙酉 18 日 | 丙戌 19 一 | 丁亥 20 二 | 戊子 21 三 | 己丑 22 四 | 庚寅 23 五 | | 壬戌雨水 丁丑驚蟄 |
| 二月大 | 辛卯 | 干支 西曆 星期 | 辛卯 24 六 | 壬辰 25 日 | 癸巳 26 一 | 甲午 27 二 | 乙未 28 三 | 丙申 29 四 | 丁酉 30 五 | 戊戌 31 六 | 己亥 (4) 日 | 庚子 2 一 | 辛丑 3 二 | 壬寅 4 三 | 癸卯 5 四 | 甲辰 6 五 | 乙巳 7 六 | 丙午 8 日 | 丁未 9 一 | 戊申 10 二 | 己酉 11 三 | 庚戌 12 四 | 辛亥 13 五 | 壬子 14 六 | 癸丑 15 日 | 甲寅 16 一 | 乙卯 17 二 | 丙辰 18 三 | 丁巳 19 四 | 戊午 20 五 | 己未 21 六 | 庚申 22 日 | 癸巳春分 戊申清明 |
| 三月小 | 壬辰 | 干支 西曆 星期 | 辛酉 23 一 | 壬戌 24 二 | 癸亥 25 三 | 甲子 26 四 | 乙丑 27 五 | 丙寅 28 六 | 丁卯 29 日 | 戊辰 30 一 | 己巳 (5) 二 | 庚午 2 三 | 辛未 3 四 | 壬申 4 五 | 癸酉 5 六 | 甲戌 6 日 | 乙亥 7 一 | 丙子 8 二 | 丁丑 9 三 | 戊寅 10 四 | 己卯 11 五 | 庚辰 12 六 | 辛巳 13 日 | 壬午 14 一 | 癸未 15 二 | 甲申 16 三 | 乙酉 17 四 | 丙戌 18 五 | 丁亥 19 六 | 戊子 20 日 | 己丑 21 一 | | 癸亥穀雨 戊寅立夏 |
| 四月大 | 癸巳 | 干支 西曆 星期 | 庚寅 22 二 | 辛卯 23 三 | 壬辰 24 四 | 癸巳 25 五 | 甲午 26 六 | 乙未 27 日 | 丙申 28 一 | 丁酉 29 二 | 戊戌 30 三 | 己亥 31 四 | 庚子 (6) 五 | 辛丑 2 六 | 壬寅 3 日 | 癸卯 4 一 | 甲辰 5 二 | 乙巳 6 三 | 丙午 7 四 | 丁未 8 五 | 戊申 9 六 | 己酉 10 日 | 庚戌 11 一 | 辛亥 12 二 | 壬子 13 三 | 癸丑 14 四 | 甲寅 15 五 | 乙卯 16 六 | 丙辰 17 日 | 丁巳 18 一 | 戊午 19 二 | 己未 20 三 | 癸巳小滿 己酉芒種 |
| 五月大 | 甲午 | 干支 西曆 星期 | 庚申 21 四 | 辛酉 22 五 | 壬戌 23 六 | 癸亥 24 日 | 甲子 25 一 | 乙丑 26 二 | 丙寅 27 三 | 丁卯 28 四 | 戊辰 29 五 | 己巳 30 六 | 庚午 (7) 日 | 辛未 2 一 | 壬申 3 二 | 癸酉 4 三 | 甲戌 5 四 | 乙亥 6 五 | 丙子 7 六 | 丁丑 8 日 | 戊寅 9 一 | 己卯 10 二 | 庚辰 11 三 | 辛巳 12 四 | 壬午 13 五 | 癸未 14 六 | 甲申 15 日 | 乙酉 16 一 | 丙戌 17 二 | 丁亥 18 三 | 戊子 19 四 | 己丑 20 五 | 甲子夏至 己卯小暑 |
| 六月小 | 乙未 | 干支 西曆 星期 | 庚寅 21 六 | 辛卯 22 日 | 壬辰 23 一 | 癸巳 24 二 | 甲午 25 三 | 乙未 26 四 | 丙申 27 五 | 丁酉 28 六 | 戊戌 29 日 | 己亥 30 一 | 庚子 31 二 | 辛丑 (8) 三 | 壬寅 2 四 | 癸卯 3 五 | 甲辰 4 六 | 乙巳 5 日 | 丙午 6 一 | 丁未 7 二 | 戊申 8 三 | 己酉 9 四 | 庚戌 10 五 | 辛亥 11 六 | 壬子 12 日 | 癸丑 13 一 | 甲寅 14 二 | 乙卯 15 三 | 丙辰 16 四 | 丁巳 17 五 | 戊午 18 六 | | 甲午大暑 庚戌立秋 |
| 七月大 | 丙申 | 干支 西曆 星期 | 己未 19 日 | 庚申 20 一 | 辛酉 21 二 | 壬戌 22 三 | 癸亥 23 四 | 甲子 24 五 | 乙丑 25 六 | 丙寅 26 日 | 丁卯 27 一 | 戊辰 28 二 | 己巳 29 三 | 庚午 30 四 | 辛未 31 五 | 壬申 (9) 六 | 癸酉 2 日 | 甲戌 3 一 | 乙亥 4 二 | 丙子 5 三 | 丁丑 6 四 | 戊寅 7 五 | 己卯 8 六 | 庚辰 9 日 | 辛巳 10 一 | 壬午 11 二 | 癸未 12 三 | 甲申 13 四 | 乙酉 14 五 | 丙戌 15 六 | 丁亥 16 日 | 戊子 17 一 | 乙丑處暑 庚辰白露 |
| 八月小 | 丁酉 | 干支 西曆 星期 | 己丑 18 二 | 庚寅 19 三 | 辛卯 20 四 | 壬辰 21 五 | 癸巳 22 六 | 甲午 23 日 | 乙未 24 一 | 丙申 25 二 | 丁酉 26 三 | 戊戌 27 四 | 己亥 28 五 | 庚子 29 六 | 辛丑 30 日 | 壬寅 (10) 一 | 癸卯 2 二 | 甲辰 3 三 | 乙巳 4 四 | 丙午 5 五 | 丁未 6 六 | 戊申 7 日 | 己酉 8 一 | 庚戌 9 二 | 辛亥 10 三 | 壬子 11 四 | 癸丑 12 五 | 甲寅 13 六 | 乙卯 14 日 | 丙辰 15 一 | 丁巳 16 二 | | 乙未秋分 庚戌寒露 |
| 九月大 | 戊戌 | 干支 西曆 星期 | 戊午 17 三 | 己未 18 四 | 庚申 19 五 | 辛酉 20 六 | 壬戌 21 日 | 癸亥 22 一 | 甲子 23 二 | 乙丑 24 三 | 丙寅 25 四 | 丁卯 26 五 | 戊辰 27 六 | 己巳 28 日 | 庚午 29 一 | 辛未 30 二 | 壬申 31 三 | 癸酉 (11) 四 | 甲戌 2 五 | 乙亥 3 六 | 丙子 4 日 | 丁丑 5 一 | 戊寅 6 二 | 己卯 7 三 | 庚辰 8 四 | 辛巳 9 五 | 壬午 10 六 | 癸未 11 日 | 甲申 12 一 | 乙酉 13 二 | 丙戌 14 三 | 丁亥 15 四 | 丙寅霜降 辛巳立冬 |
| 十月小 | 己亥 | 干支 西曆 星期 | 戊子 16 五 | 己丑 17 六 | 庚寅 18 日 | 辛卯 19 一 | 壬辰 20 二 | 癸巳 21 三 | 甲午 22 四 | 乙未 23 五 | 丙申 24 六 | 丁酉 25 日 | 戊戌 26 一 | 己亥 27 二 | 庚子 28 三 | 辛丑 29 四 | 壬寅 30 五 | 癸卯 (12) 六 | 甲辰 2 日 | 乙巳 3 一 | 丙午 4 二 | 丁未 5 三 | 戊申 6 四 | 己酉 7 五 | 庚戌 8 六 | 辛亥 9 日 | 壬子 10 一 | 癸丑 11 二 | 甲寅 12 三 | 乙卯 13 四 | 丙辰 14 五 | | 丙申小雪 辛亥大雪 |
| 十一月大 | 庚子 | 干支 西曆 星期 | 丁巳 15 六 | 戊午 16 日 | 己未 17 一 | 庚申 18 二 | 辛酉 19 三 | 壬戌 20 四 | 癸亥 21 五 | 甲子 22 六 | 乙丑 23 日 | 丙寅 24 一 | 丁卯 25 二 | 戊辰 26 三 | 己巳 27 四 | 庚午 28 五 | 辛未 29 六 | 壬申 30 日 | 癸酉 31 一 | 甲戌 (1) 二 | 乙亥 2 三 | 丙子 3 四 | 丁丑 4 五 | 戊寅 5 六 | 己卯 6 日 | 庚辰 7 一 | 辛巳 8 二 | 壬午 9 三 | 癸未 10 四 | 甲申 11 五 | 乙酉 12 六 | 丙戌 13 日 | 丁卯冬至 壬午小寒 |
| 十二月小 | 辛丑 | 干支 西曆 星期 | 丁亥 14 一 | 戊子 15 二 | 己丑 16 三 | 庚寅 17 四 | 辛卯 18 五 | 壬辰 19 六 | 癸巳 20 日 | 甲午 21 一 | 乙未 22 二 | 丙申 23 三 | 丁酉 24 四 | 戊戌 25 五 | 己亥 26 六 | 庚子 27 日 | 辛丑 28 一 | 壬寅 29 二 | 癸卯 30 三 | 甲辰 31 四 | 乙巳 (2) 五 | 丙午 2 六 | 丁未 3 日 | 戊申 4 一 | 己酉 5 二 | 庚戌 6 三 | 辛亥 7 四 | 壬子 8 五 | 癸丑 9 六 | 甲寅 10 日 | 乙卯 11 一 | | 丁酉大寒 壬子立春 |

# 漢靈帝建寧五年 熹平元年（壬子 鼠年）公元 **172** ~ 173 年

| 夏曆月序 | | 中西曆日對照 | 初一 | 初二 | 初三 | 初四 | 初五 | 初六 | 初七 | 初八 | 初九 | 初十 | 十一 | 十二 | 十三 | 十四 | 十五 | 十六 | 十七 | 十八 | 十九 | 二十 | 二一 | 二二 | 二三 | 二四 | 二五 | 二六 | 二七 | 二八 | 二九 | 三十 | 節氣與天象 |
|---|---|---|---|---|---|---|---|---|---|---|---|---|---|---|---|---|---|---|---|---|---|---|---|---|---|---|---|---|---|---|---|---|---|
| 正月大 | 壬寅 | 天干地支<br>西曆星期 | 丙辰<br>12<br>二 | 丁巳<br>13<br>三 | 戊午<br>14<br>四 | 己未<br>15<br>五 | 庚申<br>16<br>六 | 辛酉<br>17<br>日 | 壬戌<br>18<br>一 | 癸亥<br>19<br>二 | 甲子<br>20<br>三 | 乙丑<br>21<br>四 | 丙寅<br>22<br>五 | 丁卯<br>23<br>六 | 戊辰<br>24<br>日 | 己巳<br>25<br>一 | 庚午<br>26<br>二 | 辛未<br>27<br>三 | 壬申<br>28<br>四 | 癸酉<br>29<br>五 | 甲戌<br>(3)<br>六 | 乙亥<br>2<br>日 | 丙子<br>3<br>一 | 丁丑<br>4<br>二 | 戊寅<br>5<br>三 | 己卯<br>6<br>四 | 庚辰<br>7<br>五 | 辛巳<br>8<br>六 | 壬午<br>9<br>日 | 癸未<br>10<br>一 | 甲申<br>11<br>二 | 乙酉<br>12<br>三 | 丁卯雨水<br>癸未驚蟄 |
| 二月小 | 癸卯 | 天干地支<br>西曆星期 | 丙戌<br>13<br>四 | 丁亥<br>14<br>五 | 戊子<br>15<br>六 | 己丑<br>16<br>日 | 庚寅<br>17<br>一 | 辛卯<br>18<br>二 | 壬辰<br>19<br>三 | 癸巳<br>20<br>四 | 甲午<br>21<br>五 | 乙未<br>22<br>六 | 丙申<br>23<br>日 | 丁酉<br>24<br>一 | 戊戌<br>25<br>二 | 己亥<br>26<br>三 | 庚子<br>27<br>四 | 辛丑<br>28<br>五 | 壬寅<br>29<br>六 | 癸卯<br>30<br>日 | 甲辰<br>31<br>一 | 乙巳<br>(4)<br>二 | 丙午<br>2<br>三 | 丁未<br>3<br>四 | 戊申<br>4<br>五 | 己酉<br>5<br>六 | 庚戌<br>6<br>日 | 辛亥<br>7<br>一 | 壬子<br>8<br>二 | 癸丑<br>9<br>三 | 甲寅<br>10<br>四 | | 戊戌春分<br>癸丑清明 |
| 三月大 | 甲辰 | 天干地支<br>西曆星期 | 乙卯<br>11<br>五 | 丙辰<br>12<br>六 | 丁巳<br>13<br>日 | 戊午<br>14<br>一 | 己未<br>15<br>二 | 庚申<br>16<br>三 | 辛酉<br>17<br>四 | 壬戌<br>18<br>五 | 癸亥<br>19<br>六 | 甲子<br>20<br>日 | 乙丑<br>21<br>一 | 丙寅<br>22<br>二 | 丁卯<br>23<br>三 | 戊辰<br>24<br>四 | 己巳<br>25<br>五 | 庚午<br>26<br>六 | 辛未<br>27<br>日 | 壬申<br>28<br>一 | 癸酉<br>29<br>二 | 甲戌<br>30<br>三 | 乙亥<br>(5)<br>四 | 丙子<br>2<br>五 | 丁丑<br>3<br>六 | 戊寅<br>4<br>日 | 己卯<br>5<br>一 | 庚辰<br>6<br>二 | 辛巳<br>7<br>三 | 壬午<br>8<br>四 | 癸未<br>9<br>五 | 甲申<br>10<br>六 | 戊辰穀雨<br>癸未立夏 |
| 四月小 | 乙巳 | 天干地支<br>西曆星期 | 乙酉<br>11<br>日 | 丙戌<br>12<br>一 | 丁亥<br>13<br>二 | 戊子<br>14<br>三 | 己丑<br>15<br>四 | 庚寅<br>16<br>五 | 辛卯<br>17<br>六 | 壬辰<br>18<br>日 | 癸巳<br>19<br>一 | 甲午<br>20<br>二 | 乙未<br>21<br>三 | 丙申<br>22<br>四 | 丁酉<br>23<br>五 | 戊戌<br>24<br>六 | 己亥<br>25<br>日 | 庚子<br>26<br>一 | 辛丑<br>27<br>二 | 壬寅<br>28<br>三 | 癸卯<br>29<br>四 | 甲辰<br>30<br>五 | 乙巳<br>31<br>六 | 丙午<br>(6)<br>日 | 丁未<br>2<br>一 | 戊申<br>3<br>二 | 己酉<br>4<br>三 | 庚戌<br>5<br>四 | 辛亥<br>6<br>五 | 壬子<br>7<br>六 | 癸丑<br>8<br>日 | | 己亥小滿 |
| 五月大 | 丙午 | 天干地支<br>西曆星期 | 甲寅<br>9<br>一 | 乙卯<br>10<br>二 | 丙辰<br>11<br>三 | 丁巳<br>12<br>四 | 戊午<br>13<br>五 | 己未<br>14<br>六 | 庚申<br>15<br>日 | 辛酉<br>16<br>一 | 壬戌<br>17<br>二 | 癸亥<br>18<br>三 | 甲子<br>19<br>四 | 乙丑<br>20<br>五 | 丙寅<br>21<br>六 | 丁卯<br>22<br>日 | 戊辰<br>23<br>一 | 己巳<br>24<br>二 | 庚午<br>25<br>三 | 辛未<br>26<br>四 | 壬申<br>27<br>五 | 癸酉<br>28<br>六 | 甲戌<br>29<br>日 | 乙亥<br>30<br>一 | 丙子<br>(7)<br>二 | 丁丑<br>2<br>三 | 戊寅<br>3<br>四 | 己卯<br>4<br>五 | 庚辰<br>5<br>六 | 辛巳<br>6<br>日 | 壬午<br>7<br>一 | 癸未<br>8<br>二 | 甲寅芒種<br>己巳夏至 |
| 六月小 | 丁未 | 天干地支<br>西曆星期 | 甲申<br>9<br>三 | 乙酉<br>10<br>四 | 丙戌<br>11<br>五 | 丁亥<br>12<br>六 | 戊子<br>13<br>日 | 己丑<br>14<br>一 | 庚寅<br>15<br>二 | 辛卯<br>16<br>三 | 壬辰<br>17<br>四 | 癸巳<br>18<br>五 | 甲午<br>19<br>六 | 乙未<br>20<br>日 | 丙申<br>21<br>一 | 丁酉<br>22<br>二 | 戊戌<br>23<br>三 | 己亥<br>24<br>四 | 庚子<br>25<br>五 | 辛丑<br>26<br>六 | 壬寅<br>27<br>日 | 癸卯<br>28<br>一 | 甲辰<br>29<br>二 | 乙巳<br>30<br>三 | 丙午<br>31<br>四 | 丁未<br>(8)<br>五 | 戊申<br>2<br>六 | 己酉<br>3<br>日 | 庚戌<br>4<br>一 | 辛亥<br>5<br>二 | 壬子<br>6<br>三 | | 甲申小暑<br>庚子大暑 |
| 七月大 | 戊申 | 天干地支<br>西曆星期 | 癸丑<br>7<br>四 | 甲寅<br>8<br>五 | 乙卯<br>9<br>六 | 丙辰<br>10<br>日 | 丁巳<br>11<br>一 | 戊午<br>12<br>二 | 己未<br>13<br>三 | 庚申<br>14<br>四 | 辛酉<br>15<br>五 | 壬戌<br>16<br>六 | 癸亥<br>17<br>日 | 甲子<br>18<br>一 | 乙丑<br>19<br>二 | 丙寅<br>20<br>三 | 丁卯<br>21<br>四 | 戊辰<br>22<br>五 | 己巳<br>23<br>六 | 庚午<br>24<br>日 | 辛未<br>25<br>一 | 壬申<br>26<br>二 | 癸酉<br>27<br>三 | 甲戌<br>28<br>四 | 乙亥<br>29<br>五 | 丙子<br>30<br>六 | 丁丑<br>31<br>日 | 戊寅<br>(9)<br>一 | 己卯<br>2<br>二 | 庚辰<br>3<br>三 | 辛巳<br>4<br>四 | 壬午<br>5<br>五 | 乙卯立秋<br>庚午處暑 |
| 八月小 | 己酉 | 天干地支<br>西曆星期 | 癸未<br>6<br>六 | 甲申<br>7<br>日 | 乙酉<br>8<br>一 | 丙戌<br>9<br>二 | 丁亥<br>10<br>三 | 戊子<br>11<br>四 | 己丑<br>12<br>五 | 庚寅<br>13<br>六 | 辛卯<br>14<br>日 | 壬辰<br>15<br>一 | 癸巳<br>16<br>二 | 甲午<br>17<br>三 | 乙未<br>18<br>四 | 丙申<br>19<br>五 | 丁酉<br>20<br>六 | 戊戌<br>21<br>日 | 己亥<br>22<br>一 | 庚子<br>23<br>二 | 辛丑<br>24<br>三 | 壬寅<br>25<br>四 | 癸卯<br>26<br>五 | 甲辰<br>27<br>六 | 乙巳<br>28<br>日 | 丙午<br>29<br>一 | 丁未<br>30<br>二 | 戊申<br>(10)<br>三 | 己酉<br>2<br>四 | 庚戌<br>3<br>五 | 辛亥<br>4<br>六 | | 乙酉白露<br>庚子秋分 |
| 九月大 | 庚戌 | 天干地支<br>西曆星期 | 壬子<br>5<br>日 | 癸丑<br>6<br>一 | 甲寅<br>7<br>二 | 乙卯<br>8<br>三 | 丙辰<br>9<br>四 | 丁巳<br>10<br>五 | 戊午<br>11<br>六 | 己未<br>12<br>日 | 庚申<br>13<br>一 | 辛酉<br>14<br>二 | 壬戌<br>15<br>三 | 癸亥<br>16<br>四 | 甲子<br>17<br>五 | 乙丑<br>18<br>六 | 丙寅<br>19<br>日 | 丁卯<br>20<br>一 | 戊辰<br>21<br>二 | 己巳<br>22<br>三 | 庚午<br>23<br>四 | 辛未<br>24<br>五 | 壬申<br>25<br>六 | 癸酉<br>26<br>日 | 甲戌<br>27<br>一 | 乙亥<br>28<br>二 | 丙子<br>29<br>三 | 丁丑<br>30<br>四 | 戊寅<br>31<br>五 | 己卯<br>(11)<br>六 | 庚辰<br>2<br>日 | 辛巳<br>3<br>一 | 丙辰寒露<br>辛未霜降<br>壬子日食 |
| 十月大 | 辛亥 | 天干地支<br>西曆星期 | 壬午<br>4<br>二 | 癸未<br>5<br>三 | 甲申<br>6<br>四 | 乙酉<br>7<br>五 | 丙戌<br>8<br>六 | 丁亥<br>9<br>日 | 戊子<br>10<br>一 | 己丑<br>11<br>二 | 庚寅<br>12<br>三 | 辛卯<br>13<br>四 | 壬辰<br>14<br>五 | 癸巳<br>15<br>六 | 甲午<br>16<br>日 | 乙未<br>17<br>一 | 丙申<br>18<br>二 | 丁酉<br>19<br>三 | 戊戌<br>20<br>四 | 己亥<br>21<br>五 | 庚子<br>22<br>六 | 辛丑<br>23<br>日 | 壬寅<br>24<br>一 | 癸卯<br>25<br>二 | 甲辰<br>26<br>三 | 乙巳<br>27<br>四 | 丙午<br>28<br>五 | 丁未<br>29<br>六 | 戊申<br>30<br>日 | 己酉<br>(12)<br>一 | 庚戌<br>2<br>二 | 辛亥<br>3<br>三 | 丙戌立冬<br>辛丑小雪 |
| 十一月小 | 壬子 | 天干地支<br>西曆星期 | 壬子<br>4<br>四 | 癸丑<br>5<br>五 | 甲寅<br>6<br>六 | 乙卯<br>7<br>日 | 丙辰<br>8<br>一 | 丁巳<br>9<br>二 | 戊午<br>10<br>三 | 己未<br>11<br>四 | 庚申<br>12<br>五 | 辛酉<br>13<br>六 | 壬戌<br>14<br>日 | 癸亥<br>15<br>一 | 甲子<br>16<br>二 | 乙丑<br>17<br>三 | 丙寅<br>18<br>四 | 丁卯<br>19<br>五 | 戊辰<br>20<br>六 | 己巳<br>21<br>日 | 庚午<br>22<br>一 | 辛未<br>23<br>二 | 壬申<br>24<br>三 | 癸酉<br>25<br>四 | 甲戌<br>26<br>五 | 乙亥<br>27<br>六 | 丙子<br>28<br>日 | 丁丑<br>29<br>一 | 戊寅<br>30<br>二 | 己卯<br>31<br>三 | 庚辰<br>(1)<br>四 | | 丁巳大雪<br>壬申冬至 |
| 十二月大 | 癸丑 | 天干地支<br>西曆星期 | 辛巳<br>2<br>五 | 壬午<br>3<br>六 | 癸未<br>4<br>日 | 甲申<br>5<br>一 | 乙酉<br>6<br>二 | 丙戌<br>7<br>三 | 丁亥<br>8<br>四 | 戊子<br>9<br>五 | 己丑<br>10<br>六 | 庚寅<br>11<br>日 | 辛卯<br>12<br>一 | 壬辰<br>13<br>二 | 癸巳<br>14<br>三 | 甲午<br>15<br>四 | 乙未<br>16<br>五 | 丙申<br>17<br>六 | 丁酉<br>18<br>日 | 戊戌<br>19<br>一 | 己亥<br>20<br>二 | 庚子<br>21<br>三 | 辛丑<br>22<br>四 | 壬寅<br>23<br>五 | 癸卯<br>24<br>六 | 甲辰<br>25<br>日 | 乙巳<br>26<br>一 | 丙午<br>27<br>二 | 丁未<br>28<br>三 | 戊申<br>29<br>四 | 己酉<br>30<br>五 | 庚戌<br>31<br>六 | 丁亥小寒<br>壬寅大寒 |

* 五月己巳（十六日），改元熹平。

## 漢靈帝熹平二年（癸丑 牛年）公元 173 ~ 174 年

| 夏曆月序 | | 中西曆日對照 | 夏曆日序 | | | | | | | | | | | | | | | | | | | | | | | | | | | | | | 節氣與天象 |
|---|---|---|---|---|---|---|---|---|---|---|---|---|---|---|---|---|---|---|---|---|---|---|---|---|---|---|---|---|---|---|---|---|---|
| | | | 初一 | 初二 | 初三 | 初四 | 初五 | 初六 | 初七 | 初八 | 初九 | 初十 | 十一 | 十二 | 十三 | 十四 | 十五 | 十六 | 十七 | 十八 | 十九 | 二十 | 二一 | 二二 | 二三 | 二四 | 二五 | 二六 | 二七 | 二八 | 二九 | 三十 | |
| 正月小 | 甲寅 | 天干 地支 西曆 星期 | 辛亥 (2) 日 | 壬子 2 一 | 癸丑 3 二 | 甲寅 4 三 | 乙卯 5 四 | 丙辰 6 五 | 丁巳 7 六 | 戊午 8 日 | 己未 9 一 | 庚申 10 二 | 辛酉 11 三 | 壬戌 12 四 | 癸亥 13 五 | 甲子 14 六 | 乙丑 15 日 | 丙寅 16 一 | 丁卯 17 二 | 戊辰 18 三 | 己巳 19 四 | 庚午 20 五 | 辛未 21 六 | 壬申 22 日 | 癸酉 23 一 | 甲戌 24 二 | 乙亥 25 三 | 丙子 26 四 | 丁丑 27 五 | 戊寅 28 六 | 己卯 (3) 日 | | 丁巳立春 癸酉雨水 |
| 二月大 | 乙卯 | 天干 地支 西曆 星期 | 庚辰 2 一 | 辛巳 3 二 | 壬午 4 三 | 癸未 5 四 | 甲申 6 五 | 乙酉 7 六 | 丙戌 8 日 | 丁亥 9 一 | 戊子 10 二 | 己丑 11 三 | 庚寅 12 四 | 辛卯 13 五 | 壬辰 14 六 | 癸巳 15 日 | 甲午 16 一 | 乙未 17 二 | 丙申 18 三 | 丁酉 19 四 | 戊戌 20 五 | 己亥 21 六 | 庚子 22 日 | 辛丑 23 一 | 壬寅 24 二 | 癸卯 25 三 | 甲辰 26 四 | 乙巳 27 五 | 丙午 28 六 | 丁未 29 日 | 戊申 30 一 | 己酉 31 二 | 戊子驚蟄 癸卯春分 |
| 三月小 | 丙辰 | 天干 地支 西曆 星期 | 庚戌 (4) 三 | 辛亥 2 四 | 壬子 3 五 | 癸丑 4 六 | 甲寅 5 日 | 乙卯 6 一 | 丙辰 7 二 | 丁巳 8 三 | 戊午 9 四 | 己未 10 五 | 庚申 11 六 | 辛酉 12 日 | 壬戌 13 一 | 癸亥 14 二 | 甲子 15 三 | 乙丑 16 四 | 丙寅 17 五 | 丁卯 18 六 | 戊辰 19 日 | 己巳 20 一 | 庚午 21 二 | 辛未 22 三 | 壬申 23 四 | 癸酉 24 五 | 甲戌 25 六 | 乙亥 26 日 | 丙子 27 一 | 丁丑 28 二 | 戊寅 29 三 | | 戊午清明 甲戌穀雨 |
| 四月大 | 丁巳 | 天干 地支 西曆 星期 | 己卯 30 四 | 庚辰 (5) 五 | 辛巳 2 六 | 壬午 3 日 | 癸未 4 一 | 甲申 5 二 | 乙酉 6 三 | 丙戌 7 四 | 丁亥 8 五 | 戊子 9 六 | 己丑 10 日 | 庚寅 11 一 | 辛卯 12 二 | 壬辰 13 三 | 癸巳 14 四 | 甲午 15 五 | 乙未 16 六 | 丙申 17 日 | 丁酉 18 一 | 戊戌 19 二 | 己亥 20 三 | 庚子 21 四 | 辛丑 22 五 | 壬寅 23 六 | 癸卯 24 日 | 甲辰 25 一 | 乙巳 26 二 | 丙午 27 三 | 丁未 28 四 | 戊申 29 五 | 己丑立夏 甲辰小滿 |
| 五月小 | 戊午 | 天干 地支 西曆 星期 | 己酉 30 六 | 庚戌 31 日 | 辛亥 (6) 一 | 壬子 2 二 | 癸丑 3 三 | 甲寅 4 四 | 乙卯 5 五 | 丙辰 6 六 | 丁巳 7 日 | 戊午 8 一 | 己未 9 二 | 庚申 10 三 | 辛酉 11 四 | 壬戌 12 五 | 癸亥 13 六 | 甲子 14 日 | 乙丑 15 一 | 丙寅 16 二 | 丁卯 17 三 | 戊辰 18 四 | 己巳 19 五 | 庚午 20 六 | 辛未 21 日 | 壬申 22 一 | 癸酉 23 二 | 甲戌 24 三 | 乙亥 25 四 | 丙子 26 五 | 丁丑 27 六 | | 己未芒種 甲戌夏至 |
| 六月大 | 己未 | 天干 地支 西曆 星期 | 戊寅 28 日 | 己卯 29 一 | 庚辰 30 二 | 辛巳 (7) 三 | 壬午 2 四 | 癸未 3 五 | 甲申 4 六 | 乙酉 5 日 | 丙戌 6 一 | 丁亥 7 二 | 戊子 8 三 | 己丑 9 四 | 庚寅 10 五 | 辛卯 11 六 | 壬辰 12 日 | 癸巳 13 一 | 甲午 14 二 | 乙未 15 三 | 丙申 16 四 | 丁酉 17 五 | 戊戌 18 六 | 己亥 19 日 | 庚子 20 一 | 辛丑 21 二 | 壬寅 22 三 | 癸卯 23 四 | 甲辰 24 五 | 乙巳 25 六 | 丙午 26 日 | 丁未 27 一 | 庚寅小暑 乙巳大暑 |
| 七月小 | 庚申 | 天干 地支 西曆 星期 | 戊申 28 二 | 己酉 29 三 | 庚戌 30 四 | 辛亥 31 五 | 壬子 (8) 六 | 癸丑 2 日 | 甲寅 3 一 | 乙卯 4 二 | 丙辰 5 三 | 丁巳 6 四 | 戊午 7 五 | 己未 8 六 | 庚申 9 日 | 辛酉 10 一 | 壬戌 11 二 | 癸亥 12 三 | 甲子 13 四 | 乙丑 14 五 | 丙寅 15 六 | 丁卯 16 日 | 戊辰 17 一 | 己巳 18 二 | 庚午 19 三 | 辛未 20 四 | 壬申 21 五 | 癸酉 22 六 | 甲戌 23 日 | 乙亥 24 一 | 丙子 25 二 | | 庚申立秋 乙亥處暑 |
| 八月大 | 辛酉 | 天干 地支 西曆 星期 | 丁丑 26 三 | 戊寅 27 四 | 己卯 28 五 | 庚辰 29 六 | 辛巳 30 日 | 壬午 31 一 | 癸未 (9) 二 | 甲申 2 三 | 乙酉 3 四 | 丙戌 4 五 | 丁亥 5 六 | 戊子 6 日 | 己丑 7 一 | 庚寅 8 二 | 辛卯 9 三 | 壬辰 10 四 | 癸巳 11 五 | 甲午 12 六 | 乙未 13 日 | 丙申 14 一 | 丁酉 15 二 | 戊戌 16 三 | 己亥 17 四 | 庚子 18 五 | 辛丑 19 六 | 壬寅 20 日 | 癸卯 21 一 | 甲辰 22 二 | 乙巳 23 三 | 丙午 24 四 | 庚寅白露 丙午秋分 |
| 閏八月小 | 辛酉 | 天干 地支 西曆 星期 | 丁未 25 五 | 戊申 26 六 | 己酉 27 日 | 庚戌 28 一 | 辛亥 29 二 | 壬子 30 三 | 癸丑 (10) 四 | 甲寅 2 五 | 乙卯 3 六 | 丙辰 4 日 | 丁巳 5 一 | 戊午 6 二 | 己未 7 三 | 庚申 8 四 | 辛酉 9 五 | 壬戌 10 六 | 癸亥 11 日 | 甲子 12 一 | 乙丑 13 二 | 丙寅 14 三 | 丁卯 15 四 | 戊辰 16 五 | 己巳 17 六 | 庚午 18 日 | 辛未 19 一 | 壬申 20 二 | 癸酉 21 三 | 甲戌 22 四 | 乙亥 23 五 | | 辛酉寒露 |
| 九月大 | 壬戌 | 天干 地支 西曆 星期 | 丙子 24 六 | 丁丑 25 日 | 戊寅 26 一 | 己卯 27 二 | 庚辰 28 三 | 辛巳 29 四 | 壬午 30 五 | 癸未 31 六 | 甲申 (11) 日 | 乙酉 2 一 | 丙戌 3 二 | 丁亥 4 三 | 戊子 5 四 | 己丑 6 五 | 庚寅 7 六 | 辛卯 8 日 | 壬辰 9 一 | 癸巳 10 二 | 甲午 11 三 | 乙未 12 四 | 丙申 13 五 | 丁酉 14 六 | 戊戌 15 日 | 己亥 16 一 | 庚子 17 二 | 辛丑 18 三 | 壬寅 19 四 | 癸卯 20 五 | 甲辰 21 六 | 乙巳 22 日 | 丙子霜降 辛卯立冬 |
| 十月小 | 癸亥 | 天干 地支 西曆 星期 | 丙午 23 一 | 丁未 24 二 | 戊申 25 三 | 己酉 26 四 | 庚戌 27 五 | 辛亥 28 六 | 壬子 29 日 | 癸丑 30 一 | 甲寅 (12) 二 | 乙卯 2 三 | 丙辰 3 四 | 丁巳 4 五 | 戊午 5 六 | 己未 6 日 | 庚申 7 一 | 辛酉 8 二 | 壬戌 9 三 | 癸亥 10 四 | 甲子 11 五 | 乙丑 12 六 | 丙寅 13 日 | 丁卯 14 一 | 戊辰 15 二 | 己巳 16 三 | 庚午 17 四 | 辛未 18 五 | 壬申 19 六 | 癸酉 20 日 | 甲戌 21 一 | | 丁未小雪 壬戌大雪 |
| 十一月大 | 甲子 | 天干 地支 西曆 星期 | 乙亥 22 二 | 丙子 23 三 | 丁丑 24 四 | 戊寅 25 五 | 己卯 26 六 | 庚辰 27 日 | 辛巳 28 一 | 壬午 29 二 | 癸未 30 三 | 甲申 31 四 | 乙酉 (1) 五 | 丙戌 2 六 | 丁亥 3 日 | 戊子 4 一 | 己丑 5 二 | 庚寅 6 三 | 辛卯 7 四 | 壬辰 8 五 | 癸巳 9 六 | 甲午 10 日 | 乙未 11 一 | 丙申 12 二 | 丁酉 13 三 | 戊戌 14 四 | 己亥 15 五 | 庚子 16 六 | 辛丑 17 日 | 壬寅 18 一 | 癸卯 19 二 | 甲辰 20 三 | 丁丑冬至 壬辰小寒 |
| 十二月大 | 乙丑 | 天干 地支 西曆 星期 | 乙巳 21 四 | 丙午 22 五 | 丁未 23 六 | 戊申 24 日 | 己酉 25 一 | 庚戌 26 二 | 辛亥 27 三 | 壬子 28 四 | 癸丑 29 五 | 甲寅 30 六 | 乙卯 31 日 | 丙辰 (2) 一 | 丁巳 2 二 | 戊午 3 三 | 己未 4 四 | 庚申 5 五 | 辛酉 6 六 | 壬戌 7 日 | 癸亥 8 一 | 甲子 9 二 | 乙丑 10 三 | 丙寅 11 四 | 丁卯 12 五 | 戊辰 13 六 | 己巳 14 日 | 庚午 15 一 | 辛未 16 二 | 壬申 17 三 | 癸酉 18 四 | 甲戌 19 五 | 丁未大寒 癸亥立春 甲戌日食 |

*《後漢書》卷八《靈帝紀》載：“（十二月）癸酉晦，日有食之。”有誤。

# 漢靈帝熹平三年（甲寅 虎年）公元 174 ~ 175 年

| 夏曆月序 | | 中西曆日對照 | 初一 | 初二 | 初三 | 初四 | 初五 | 初六 | 初七 | 初八 | 初九 | 初十 | 十一 | 十二 | 十三 | 十四 | 十五 | 十六 | 十七 | 十八 | 十九 | 二十 | 二一 | 二二 | 二三 | 二四 | 二五 | 二六 | 二七 | 二八 | 二九 | 三十 | 節氣與天象 |
|---|---|---|---|---|---|---|---|---|---|---|---|---|---|---|---|---|---|---|---|---|---|---|---|---|---|---|---|---|---|---|---|---|---|
| 正月小 | 丙寅 | 天干地支西曆星期 | 乙亥20六 | 丙子21日 | 丁丑22一 | 戊寅23二 | 己卯24三 | 庚辰25四 | 辛巳26五 | 壬午27六 | 癸未28日 | 甲申(3)一 | 乙酉2二 | 丙戌3三 | 丁亥4四 | 戊子5五 | 己丑6六 | 庚寅7日 | 辛卯8一 | 壬辰9二 | 癸巳10三 | 甲午11四 | 乙未12五 | 丙申13六 | 丁酉14日 | 戊戌15一 | 己亥16二 | 庚子17三 | 辛丑18四 | 壬寅19五 | 癸卯20六 | | 戊寅雨水<br>癸巳驚蟄 |
| 二月大 | 丁卯 | 天干地支西曆星期 | 甲辰21日 | 乙巳22一 | 丙午23二 | 丁未24三 | 戊申25四 | 己酉26五 | 庚戌27六 | 辛亥28日 | 壬子29一 | 癸丑30二 | 甲寅31三 | 乙卯(4)四 | 丙辰2五 | 丁巳3六 | 戊午4日 | 己未5一 | 庚申6二 | 辛酉7三 | 壬戌8四 | 癸亥9五 | 甲子10六 | 乙丑11日 | 丙寅12一 | 丁卯13二 | 戊辰14三 | 己巳15四 | 庚午16五 | 辛未17六 | 壬申18日 | 癸酉19一 | 戊申春分<br>甲子清明 |
| 三月小 | 戊辰 | 天干地支西曆星期 | 甲戌20二 | 乙亥21三 | 丙子22四 | 丁丑23五 | 戊寅24六 | 己卯25日 | 庚辰26一 | 辛巳27二 | 壬午28三 | 癸未29四 | 甲申30五 | 乙酉(5)六 | 丙戌2日 | 丁亥3一 | 戊子4二 | 己丑5三 | 庚寅6四 | 辛卯7五 | 壬辰8六 | 癸巳9日 | 甲午10一 | 乙未11二 | 丙申12三 | 丁酉13四 | 戊戌14五 | 己亥15六 | 庚子16日 | 辛丑17一 | 壬寅18二 | | 己卯穀雨<br>甲午立夏 |
| 四月大 | 己巳 | 天干地支西曆星期 | 癸卯19三 | 甲辰20四 | 乙巳21五 | 丙午22六 | 丁未23日 | 戊申24一 | 己酉25二 | 庚戌26三 | 辛亥27四 | 壬子28五 | 癸丑29六 | 甲寅30日 | 乙卯31一 | 丙辰(6)二 | 丁巳2三 | 戊午3四 | 己未4五 | 庚申5六 | 辛酉6日 | 壬戌7一 | 癸亥8二 | 甲子9三 | 乙丑10四 | 丙寅11五 | 丁卯12六 | 戊辰13日 | 己巳14一 | 庚午15二 | 辛未16三 | 壬申17四 | 己酉小滿<br>甲子芒種 |
| 五月小 | 庚午 | 天干地支西曆星期 | 癸酉18五 | 甲戌19六 | 乙亥20日 | 丙子21一 | 丁丑22二 | 戊寅23三 | 己卯24四 | 庚辰25五 | 辛巳26六 | 壬午27日 | 癸未28一 | 甲申29二 | 乙酉30三 | 丙戌(7)四 | 丁亥2五 | 戊子3六 | 己丑4日 | 庚寅5一 | 辛卯6二 | 壬辰7三 | 癸巳8四 | 甲午9五 | 乙未10六 | 丙申11日 | 丁酉12一 | 戊戌13二 | 己亥14三 | 庚子15四 | 辛丑16五 | | 庚辰夏至<br>乙未小暑 |
| 六月大 | 辛未 | 天干地支西曆星期 | 壬寅17六 | 癸卯18日 | 甲辰19一 | 乙巳20二 | 丙午21三 | 丁未22四 | 戊申23五 | 己酉24六 | 庚戌25日 | 辛亥26一 | 壬子27二 | 癸丑28三 | 甲寅29四 | 乙卯30五 | 丙辰31六 | 丁巳(8)日 | 戊午2一 | 己未3二 | 庚申4三 | 辛酉5四 | 壬戌6五 | 癸亥7六 | 甲子8日 | 乙丑9一 | 丙寅10二 | 丁卯11三 | 戊辰12四 | 己巳13五 | 庚午14六 | 辛未15日 | 庚戌大暑<br>乙丑立秋 |
| 七月小 | 壬申 | 天干地支西曆星期 | 壬申16一 | 癸酉17二 | 甲戌18三 | 乙亥19四 | 丙子20五 | 丁丑21六 | 戊寅22日 | 己卯23一 | 庚辰24二 | 辛巳25三 | 壬午26四 | 癸未27五 | 甲申28六 | 乙酉29日 | 丙戌30一 | 丁亥31二 | 戊子(9)三 | 己丑2四 | 庚寅3五 | 辛卯4六 | 壬辰5日 | 癸巳6一 | 甲午7二 | 乙未8三 | 丙申9四 | 丁酉10五 | 戊戌11六 | 己亥12日 | 庚子13一 | | 辛巳處暑<br>丙申白露 |
| 八月大 | 癸酉 | 天干地支西曆星期 | 辛丑14二 | 壬寅15三 | 癸卯16四 | 甲辰17五 | 乙巳18六 | 丙午19日 | 丁未20一 | 戊申21二 | 己酉22三 | 庚戌23四 | 辛亥24五 | 壬子25六 | 癸丑26日 | 甲寅27一 | 乙卯28二 | 丙辰29三 | 丁巳30四 | 戊午(10)五 | 己未2六 | 庚申3日 | 辛酉4一 | 壬戌5二 | 癸亥6三 | 甲子7四 | 乙丑8五 | 丙寅9六 | 丁卯10日 | 戊辰11一 | 己巳12二 | 庚午13三 | 辛亥秋分<br>丙寅寒露 |
| 九月小 | 甲戌 | 天干地支西曆星期 | 辛未14四 | 壬申15五 | 癸酉16六 | 甲戌17日 | 乙亥18一 | 丙子19二 | 丁丑20三 | 戊寅21四 | 己卯22五 | 庚辰23六 | 辛巳24日 | 壬午25一 | 癸未26二 | 甲申27三 | 乙酉28四 | 丙戌29五 | 丁亥30六 | 戊子31日 | 己丑(11)一 | 庚寅2二 | 辛卯3三 | 壬辰4四 | 癸巳5五 | 甲午6六 | 乙未7日 | 丙申8一 | 丁酉9二 | 戊戌10三 | 己亥11四 | | 辛巳霜降<br>丁酉立冬 |
| 十月大 | 乙亥 | 天干地支西曆星期 | 庚子12五 | 辛丑13六 | 壬寅14日 | 癸卯15一 | 甲辰16二 | 乙巳17三 | 丙午18四 | 丁未19五 | 戊申20六 | 己酉21日 | 庚戌22一 | 辛亥23二 | 壬子24三 | 癸丑25四 | 甲寅26五 | 乙卯27六 | 丙辰28日 | 丁巳29一 | 戊午30二 | 己未(12)三 | 庚申2四 | 辛酉3五 | 壬戌4六 | 癸亥5日 | 甲子6一 | 乙丑7二 | 丙寅8三 | 丁卯9四 | 戊辰10五 | 己巳11六 | 壬子小雪<br>丁卯大雪 |
| 十一月小 | 丙子 | 天干地支西曆星期 | 庚午12日 | 辛未13一 | 壬申14二 | 癸酉15三 | 甲戌16四 | 乙亥17五 | 丙子18六 | 丁丑19日 | 戊寅20一 | 己卯21二 | 庚辰22三 | 辛巳23四 | 壬午24五 | 癸未25六 | 甲申26日 | 乙酉27一 | 丙戌28二 | 丁亥29三 | 戊子30四 | 己丑31五 | 庚寅(1)六 | 辛卯2日 | 壬辰3一 | 癸巳4二 | 甲午5三 | 乙未6四 | 丙申7五 | 丁酉8六 | 戊戌9日 | | 壬午冬至<br>丁酉小寒 |
| 十二月大 | 丁丑 | 天干地支西曆星期 | 己亥10一 | 庚子11二 | 辛丑12三 | 壬寅13四 | 癸卯14五 | 甲辰15六 | 乙巳16日 | 丙午17一 | 丁未18二 | 戊申19三 | 己酉20四 | 庚戌21五 | 辛亥22六 | 壬子23日 | 癸丑24一 | 甲寅25二 | 乙卯26三 | 丙辰27四 | 丁巳28五 | 戊午29六 | 己未30日 | 庚申31一 | 辛酉(2)二 | 壬戌2三 | 癸亥3四 | 甲子4五 | 乙丑5六 | 丙寅6日 | 丁卯7一 | 戊辰8二 | 癸丑大寒<br>戊辰立春 |

# 漢靈帝熹平四年（乙卯 兔年）公元 **175** ~ 176 年

| 夏曆月序 | | 中西曆日對照 | 初一 | 初二 | 初三 | 初四 | 初五 | 初六 | 初七 | 初八 | 初九 | 初十 | 十一 | 十二 | 十三 | 十四 | 十五 | 十六 | 十七 | 十八 | 十九 | 二十 | 二一 | 二二 | 二三 | 二四 | 二五 | 二六 | 二七 | 二八 | 二九 | 三十 | 節氣與天象 |
|---|---|---|---|---|---|---|---|---|---|---|---|---|---|---|---|---|---|---|---|---|---|---|---|---|---|---|---|---|---|---|---|---|---|
| 正月小 | 戊寅 | 干支 西曆 星期 | 己巳 9 三 | 庚午 10 四 | 辛未 11 五 | 壬申 12 六 | 癸酉 13 日 | 甲戌 14 一 | 乙亥 15 二 | 丙子 16 三 | 丁丑 17 四 | 戊寅 18 五 | 己卯 19 六 | 庚辰 20 日 | 辛巳 21 一 | 壬午 22 二 | 癸未 23 三 | 甲申 24 四 | 乙酉 25 五 | 丙戌 26 六 | 丁亥 27 日 | 戊子 28 一 | 己丑 (3) 二 | 庚寅 2 三 | 辛卯 3 四 | 壬辰 4 五 | 癸巳 5 六 | 甲午 6 日 | 乙未 7 一 | 丙申 8 二 | 丁酉 9 三 | | 癸未雨水 |
| 二月大 | 己卯 | 干支 西曆 星期 | 戊戌 10 四 | 己亥 11 五 | 庚子 12 六 | 辛丑 13 日 | 壬寅 14 一 | 癸卯 15 二 | 甲辰 16 三 | 乙巳 17 四 | 丙午 18 五 | 丁未 19 六 | 戊申 20 日 | 己酉 21 一 | 庚戌 22 二 | 辛亥 23 三 | 壬子 24 四 | 癸丑 25 五 | 甲寅 26 六 | 乙卯 27 日 | 丙辰 28 一 | 丁巳 29 二 | 戊午 30 三 | 己未 31 四 | 庚申 (4) 五 | 辛酉 2 六 | 壬戌 3 日 | 癸亥 4 一 | 甲子 5 二 | 乙丑 6 三 | 丙寅 7 四 | 丁卯 8 五 | 戊戌驚蟄 甲寅春分 |
| 三月小 | 庚辰 | 干支 西曆 星期 | 戊辰 9 六 | 己巳 10 日 | 庚午 11 一 | 辛未 12 二 | 壬申 13 三 | 癸酉 14 四 | 甲戌 15 五 | 乙亥 16 六 | 丙子 17 日 | 丁丑 18 一 | 戊寅 19 二 | 己卯 20 三 | 庚辰 21 四 | 辛巳 22 五 | 壬午 23 六 | 癸未 24 日 | 甲申 25 一 | 乙酉 26 二 | 丙戌 27 三 | 丁亥 28 四 | 戊子 29 五 | 己丑 30 六 | 庚寅 (5) 日 | 辛卯 2 一 | 壬辰 3 二 | 癸巳 4 三 | 甲午 5 四 | 乙未 6 五 | 丙申 7 六 | | 己巳清明 甲申穀雨 |
| 四月大 | 辛巳 | 干支 西曆 星期 | 丁酉 8 日 | 戊戌 9 一 | 己亥 10 二 | 庚子 11 三 | 辛丑 12 四 | 壬寅 13 五 | 癸卯 14 六 | 甲辰 15 日 | 乙巳 16 一 | 丙午 17 二 | 丁未 18 三 | 戊申 19 四 | 己酉 20 五 | 庚戌 21 六 | 辛亥 22 日 | 壬子 23 一 | 癸丑 24 二 | 甲寅 25 三 | 乙卯 26 四 | 丙辰 27 五 | 丁巳 28 六 | 戊午 29 日 | 己未 30 一 | 庚申 31 二 | 辛酉 (6) 三 | 壬戌 2 四 | 癸亥 3 五 | 甲子 4 六 | 乙丑 5 日 | 丙寅 6 一 | 己亥立夏 甲寅小滿 |
| 五月大 | 壬午 | 干支 西曆 星期 | 丁卯 7 二 | 戊辰 8 三 | 己巳 9 四 | 庚午 10 五 | 辛未 11 六 | 壬申 12 日 | 癸酉 13 一 | 甲戌 14 二 | 乙亥 15 三 | 丙子 16 四 | 丁丑 17 五 | 戊寅 18 六 | 己卯 19 日 | 庚辰 20 一 | 辛巳 21 二 | 壬午 22 三 | 癸未 23 四 | 甲申 24 五 | 乙酉 25 六 | 丙戌 26 日 | 丁亥 27 一 | 戊子 28 二 | 己丑 29 三 | 庚寅 30 四 | 辛卯 (7) 五 | 壬辰 2 六 | 癸巳 3 日 | 甲午 4 一 | 乙未 5 二 | 丙申 6 三 | 庚午芒種 乙酉夏至 |
| 六月小 | 癸未 | 干支 西曆 星期 | 丁酉 7 四 | 戊戌 8 五 | 己亥 9 六 | 庚子 10 日 | 辛丑 11 一 | 壬寅 12 二 | 癸卯 13 三 | 甲辰 14 四 | 乙巳 15 五 | 丙午 16 六 | 丁未 17 日 | 戊申 18 一 | 己酉 19 二 | 庚戌 20 三 | 辛亥 21 四 | 壬子 22 五 | 癸丑 23 六 | 甲寅 24 日 | 乙卯 25 一 | 丙辰 26 二 | 丁巳 27 三 | 戊午 28 四 | 己未 29 五 | 庚申 30 六 | 辛酉 31 日 | 壬戌 (8) 一 | 癸亥 2 二 | 甲子 3 三 | 乙丑 4 四 | | 庚子小暑 乙卯大暑 |
| 七月大 | 甲申 | 干支 西曆 星期 | 丙寅 5 五 | 丁卯 6 六 | 戊辰 7 日 | 己巳 8 一 | 庚午 9 二 | 辛未 10 三 | 壬申 11 四 | 癸酉 12 五 | 甲戌 13 六 | 乙亥 14 日 | 丙子 15 一 | 丁丑 16 二 | 戊寅 17 三 | 己卯 18 四 | 庚辰 19 五 | 辛巳 20 六 | 壬午 21 日 | 癸未 22 一 | 甲申 23 二 | 乙酉 24 三 | 丙戌 25 四 | 丁亥 26 五 | 戊子 27 六 | 己丑 28 日 | 庚寅 29 一 | 辛卯 30 二 | 壬辰 31 三 | 癸巳 (9) 四 | 甲午 2 五 | 乙未 3 六 | 辛未立秋 丙戌處暑 |
| 八月小 | 乙酉 | 干支 西曆 星期 | 丙申 4 日 | 丁酉 5 一 | 戊戌 6 二 | 己亥 7 三 | 庚子 8 四 | 辛丑 9 五 | 壬寅 10 六 | 癸卯 11 日 | 甲辰 12 一 | 乙巳 13 二 | 丙午 14 三 | 丁未 15 四 | 戊申 16 五 | 己酉 17 六 | 庚戌 18 日 | 辛亥 19 一 | 壬子 20 二 | 癸丑 21 三 | 甲寅 22 四 | 乙卯 23 五 | 丙辰 24 六 | 丁巳 25 日 | 戊午 26 一 | 己未 27 二 | 庚申 28 三 | 辛酉 29 四 | 壬戌 30 五 | 癸亥 (10) 六 | 甲子 2 日 | | 辛丑白露 丙辰秋分 |
| 九月大 | 丙戌 | 干支 西曆 星期 | 乙丑 3 一 | 丙寅 4 二 | 丁卯 5 三 | 戊辰 6 四 | 己巳 7 五 | 庚午 8 六 | 辛未 9 日 | 壬申 10 一 | 癸酉 11 二 | 甲戌 12 三 | 乙亥 13 四 | 丙子 14 五 | 丁丑 15 六 | 戊寅 16 日 | 己卯 17 一 | 庚辰 18 二 | 辛巳 19 三 | 壬午 20 四 | 癸未 21 五 | 甲申 22 六 | 乙酉 23 日 | 丙戌 24 一 | 丁亥 25 二 | 戊子 26 三 | 己丑 27 四 | 庚寅 28 五 | 辛卯 29 六 | 壬辰 30 日 | 癸巳 31 一 | 甲午 (11) 二 | 辛未寒露 丁亥霜降 |
| 十月小 | 丁亥 | 干支 西曆 星期 | 乙未 2 三 | 丙申 3 四 | 丁酉 4 五 | 戊戌 5 六 | 己亥 6 日 | 庚子 7 一 | 辛丑 8 二 | 壬寅 9 三 | 癸卯 10 四 | 甲辰 11 五 | 乙巳 12 六 | 丙午 13 日 | 丁未 14 一 | 戊申 15 二 | 己酉 16 三 | 庚戌 17 四 | 辛亥 18 五 | 壬子 19 六 | 癸丑 20 日 | 甲寅 21 一 | 乙卯 22 二 | 丙辰 23 三 | 丁巳 24 四 | 戊午 25 五 | 己未 26 六 | 庚申 27 日 | 辛酉 28 一 | 壬戌 29 二 | 癸亥 30 三 | | 壬寅立冬 丁巳小雪 |
| 十一月大 | 戊子 | 干支 西曆 星期 | 甲子 (12) 四 | 乙丑 2 五 | 丙寅 3 六 | 丁卯 4 日 | 戊辰 5 一 | 己巳 6 二 | 庚午 7 三 | 辛未 8 四 | 壬申 9 五 | 癸酉 10 六 | 甲戌 11 日 | 乙亥 12 一 | 丙子 13 二 | 丁丑 14 三 | 戊寅 15 四 | 己卯 16 五 | 庚辰 17 六 | 辛巳 18 日 | 壬午 19 一 | 癸未 20 二 | 甲申 21 三 | 乙酉 22 四 | 丙戌 23 五 | 丁亥 24 六 | 戊子 25 日 | 己丑 26 一 | 庚寅 27 二 | 辛卯 28 三 | 壬辰 29 四 | 癸巳 30 五 | 壬申大雪 戊子冬至 |
| 十二月小 | 己丑 | 干支 西曆 星期 | 甲午 31 六 | 乙未 (1) 日 | 丙申 2 一 | 丁酉 3 二 | 戊戌 4 三 | 己亥 5 四 | 庚子 6 五 | 辛丑 7 六 | 壬寅 8 日 | 癸卯 9 一 | 甲辰 10 二 | 乙巳 11 三 | 丙午 12 四 | 丁未 13 五 | 戊申 14 六 | 己酉 15 日 | 庚戌 16 一 | 辛亥 17 二 | 壬子 18 三 | 癸丑 19 四 | 甲寅 20 五 | 乙卯 21 六 | 丙辰 22 日 | 丁巳 23 一 | 戊午 24 二 | 己未 25 三 | 庚申 26 四 | 辛酉 27 五 | 壬戌 28 六 | | 癸卯小寒 戊午大寒 |

# 漢靈帝熹平五年（丙辰 龍年）公元 **176** ~ 177 年

| 夏曆月序 | | 中西曆日對照 | 夏曆日序 | | | | | | | | | | | | | | | | | | | | | | | | | | | | | | 節氣與天象 |
|---|---|---|---|---|---|---|---|---|---|---|---|---|---|---|---|---|---|---|---|---|---|---|---|---|---|---|---|---|---|---|---|---|---|
| | | | 初一 | 初二 | 初三 | 初四 | 初五 | 初六 | 初七 | 初八 | 初九 | 初十 | 十一 | 十二 | 十三 | 十四 | 十五 | 十六 | 十七 | 十八 | 十九 | 二十 | 二一 | 二二 | 二三 | 二四 | 二五 | 二六 | 二七 | 二八 | 二九 | 三十 | |
| 正月大 | 庚寅 | 天干地支 西曆星期 | 癸亥 29 日 | 甲子 30 一 | 乙丑 31 二 | 丙寅 (2) 三 | 丁卯 2 四 | 戊辰 3 五 | 己巳 4 六 | 庚午 5 日 | 辛未 6 一 | 壬申 7 二 | 癸酉 8 三 | 甲戌 9 四 | 乙亥 10 五 | 丙子 11 六 | 丁丑 12 日 | 戊寅 13 一 | 己卯 14 二 | 庚辰 15 三 | 辛巳 16 四 | 壬午 17 五 | 癸未 18 六 | 甲申 19 日 | 乙酉 20 一 | 丙戌 21 二 | 丁亥 22 三 | 戊子 23 四 | 己丑 24 五 | 庚寅 25 六 | 辛卯 26 日 | 壬辰 27 一 | 癸酉立春 戊子雨水 |
| 二月小 | 辛卯 | 天干地支 西曆星期 | 癸巳 28 二 | 甲午 29 三 | 乙未 (3) 四 | 丙申 2 五 | 丁酉 3 六 | 戊戌 4 日 | 己亥 5 一 | 庚子 6 二 | 辛丑 7 三 | 壬寅 8 四 | 癸卯 9 五 | 甲辰 10 六 | 乙巳 11 日 | 丙午 12 一 | 丁未 13 二 | 戊申 14 三 | 己酉 15 四 | 庚戌 16 五 | 辛亥 17 六 | 壬子 18 日 | 癸丑 19 一 | 甲寅 20 二 | 乙卯 21 三 | 丙辰 22 四 | 丁巳 23 五 | 戊午 24 六 | 己未 25 日 | 庚申 26 一 | 辛酉 27 二 | | 甲辰驚蟄 己未春分 |
| 三月大 | 壬辰 | 天干地支 西曆星期 | 壬戌 28 三 | 癸亥 29 四 | 甲子 30 五 | 乙丑 31 六 | 丙寅 (4) 日 | 丁卯 2 一 | 戊辰 3 二 | 己巳 4 三 | 庚午 5 四 | 辛未 6 五 | 壬申 7 六 | 癸酉 8 日 | 甲戌 9 一 | 乙亥 10 二 | 丙子 11 三 | 丁丑 12 四 | 戊寅 13 五 | 己卯 14 六 | 庚辰 15 日 | 辛巳 16 一 | 壬午 17 二 | 癸未 18 三 | 甲申 19 四 | 乙酉 20 五 | 丙戌 21 六 | 丁亥 22 日 | 戊子 23 一 | 己丑 24 二 | 庚寅 25 三 | 辛卯 26 四 | 甲戌清明 己丑穀雨 |
| 四月小 | 癸巳 | 天干地支 西曆星期 | 壬辰 27 五 | 癸巳 28 六 | 甲午 29 日 | 乙未 30 一 | 丙申 (5) 二 | 丁酉 2 三 | 戊戌 3 四 | 己亥 4 五 | 庚子 5 六 | 辛丑 6 日 | 壬寅 7 一 | 癸卯 8 二 | 甲辰 9 三 | 乙巳 10 四 | 丙午 11 五 | 丁未 12 六 | 戊申 13 日 | 己酉 14 一 | 庚戌 15 二 | 辛亥 16 三 | 壬子 17 四 | 癸丑 18 五 | 甲寅 19 六 | 乙卯 20 日 | 丙辰 21 一 | 丁巳 22 二 | 戊午 23 三 | 己未 24 四 | 庚申 25 五 | | 甲辰立夏 庚申小滿 |
| 五月大 | 甲午 | 天干地支 西曆星期 | 辛酉 26 六 | 壬戌 27 日 | 癸亥 28 一 | 甲子 29 二 | 乙丑 30 三 | 丙寅 31 四 | 丁卯 (6) 五 | 戊辰 2 六 | 己巳 3 日 | 庚午 4 一 | 辛未 5 二 | 壬申 6 三 | 癸酉 7 四 | 甲戌 8 五 | 乙亥 9 六 | 丙子 10 日 | 丁丑 11 一 | 戊寅 12 二 | 己卯 13 三 | 庚辰 14 四 | 辛巳 15 五 | 壬午 16 六 | 癸未 17 日 | 甲申 18 一 | 乙酉 19 二 | 丙戌 20 三 | 丁亥 21 四 | 戊子 22 五 | 己丑 23 六 | 庚寅 24 日 | 乙亥芒種 庚寅夏至 |
| 閏五月小 | 甲午 | 天干地支 西曆星期 | 辛卯 25 一 | 壬辰 26 二 | 癸巳 27 三 | 甲午 28 四 | 乙未 29 五 | 丙申 30 六 | 丁酉 (7) 日 | 戊戌 2 一 | 己亥 3 二 | 庚子 4 三 | 辛丑 5 四 | 壬寅 6 五 | 癸卯 7 六 | 甲辰 8 日 | 乙巳 9 一 | 丙午 10 二 | 丁未 11 三 | 戊申 12 四 | 己酉 13 五 | 庚戌 14 六 | 辛亥 15 日 | 壬子 16 一 | 癸丑 17 二 | 甲寅 18 三 | 乙卯 19 四 | 丙辰 20 五 | 丁巳 21 六 | 戊午 22 日 | 己未 23 一 | | 乙巳小暑 |
| 六月大 | 乙未 | 天干地支 西曆星期 | 庚申 24 二 | 辛酉 25 三 | 壬戌 26 四 | 癸亥 27 五 | 甲子 28 六 | 乙丑 29 日 | 丙寅 30 一 | 丁卯 31 二 | 戊辰 (8) 三 | 己巳 2 四 | 庚午 3 五 | 辛未 4 六 | 壬申 5 日 | 癸酉 6 一 | 甲戌 7 二 | 乙亥 8 三 | 丙子 9 四 | 丁丑 10 五 | 戊寅 11 六 | 己卯 12 日 | 庚辰 13 一 | 辛巳 14 二 | 壬午 15 三 | 癸未 16 四 | 甲申 17 五 | 乙酉 18 六 | 丙戌 19 日 | 丁亥 20 一 | 戊子 21 二 | 己丑 22 三 | 辛酉大暑 丙子立秋 |
| 七月小 | 丙申 | 天干地支 西曆星期 | 庚寅 23 四 | 辛卯 24 五 | 壬辰 25 六 | 癸巳 26 日 | 甲午 27 一 | 乙未 28 二 | 丙申 29 三 | 丁酉 30 四 | 戊戌 31 五 | 己亥 (9) 六 | 庚子 2 日 | 辛丑 3 一 | 壬寅 4 二 | 癸卯 5 三 | 甲辰 6 四 | 乙巳 7 五 | 丙午 8 六 | 丁未 9 日 | 戊申 10 一 | 己酉 11 二 | 庚戌 12 三 | 辛亥 13 四 | 壬子 14 五 | 癸丑 15 六 | 甲寅 16 日 | 乙卯 17 一 | 丙辰 18 二 | 丁巳 19 三 | 戊午 20 四 | | 辛卯處暑 丙午白露 |
| 八月大 | 丁酉 | 天干地支 西曆星期 | 己未 21 五 | 庚申 22 六 | 辛酉 23 日 | 壬戌 24 一 | 癸亥 25 二 | 甲子 26 三 | 乙丑 27 四 | 丙寅 28 五 | 丁卯 29 六 | 戊辰 30 日 | 己巳 (10) 一 | 庚午 2 二 | 辛未 3 三 | 壬申 4 四 | 癸酉 5 五 | 甲戌 6 六 | 乙亥 7 日 | 丙子 8 一 | 丁丑 9 二 | 戊寅 10 三 | 己卯 11 四 | 庚辰 12 五 | 辛巳 13 六 | 壬午 14 日 | 癸未 15 一 | 甲申 16 二 | 乙酉 17 三 | 丙戌 18 四 | 丁亥 19 五 | 戊子 20 六 | 辛酉秋分 丁丑寒露 |
| 九月大 | 戊戌 | 天干地支 西曆星期 | 己丑 21 日 | 庚寅 22 一 | 辛卯 23 二 | 壬辰 24 三 | 癸巳 25 四 | 甲午 26 五 | 乙未 27 六 | 丙申 28 日 | 丁酉 29 一 | 戊戌 30 二 | 己亥 31 三 | 庚子 (11) 四 | 辛丑 2 五 | 壬寅 3 六 | 癸卯 4 日 | 甲辰 5 一 | 乙巳 6 二 | 丙午 7 三 | 丁未 8 四 | 戊申 9 五 | 己酉 10 六 | 庚戌 11 日 | 辛亥 12 一 | 壬子 13 二 | 癸丑 14 三 | 甲寅 15 四 | 乙卯 16 五 | 丙辰 17 六 | 丁巳 18 日 | 戊午 19 一 | 壬辰霜降 丁未立冬 |
| 十月小 | 己亥 | 天干地支 西曆星期 | 己未 20 二 | 庚申 21 三 | 辛酉 22 四 | 壬戌 23 五 | 癸亥 24 六 | 甲子 25 日 | 乙丑 26 一 | 丙寅 27 二 | 丁卯 28 三 | 戊辰 29 四 | 己巳 30 五 | 庚午 (12) 六 | 辛未 2 日 | 壬申 3 一 | 癸酉 4 二 | 甲戌 5 三 | 乙亥 6 四 | 丙子 7 五 | 丁丑 8 六 | 戊寅 9 日 | 己卯 10 一 | 庚辰 11 二 | 辛巳 12 三 | 壬午 13 四 | 癸未 14 五 | 甲申 15 六 | 乙酉 16 日 | 丙戌 17 一 | 丁亥 18 二 | | 壬戌小雪 戊寅大雪 |
| 十一月大 | 庚子 | 天干地支 西曆星期 | 戊子 19 三 | 己丑 20 四 | 庚寅 21 五 | 辛卯 22 六 | 壬辰 23 日 | 癸巳 24 一 | 甲午 25 二 | 乙未 26 三 | 丙申 27 四 | 丁酉 28 五 | 戊戌 29 六 | 己亥 30 日 | 庚子 31 一 | 辛丑 (1) 二 | 壬寅 2 三 | 癸卯 3 四 | 甲辰 4 五 | 乙巳 5 六 | 丙午 6 日 | 丁未 7 一 | 戊申 8 二 | 己酉 9 三 | 庚戌 10 四 | 辛亥 11 五 | 壬子 12 六 | 癸丑 13 日 | 甲寅 14 一 | 乙卯 15 二 | 丙辰 16 三 | 丁巳 17 四 | 癸巳冬至 戊申小寒 |
| 十二月小 | 辛丑 | 天干地支 西曆星期 | 戊午 18 五 | 己未 19 六 | 庚申 20 日 | 辛酉 21 一 | 壬戌 22 二 | 癸亥 23 三 | 甲子 24 四 | 乙丑 25 五 | 丙寅 26 六 | 丁卯 27 日 | 戊辰 28 一 | 己巳 29 二 | 庚午 30 三 | 辛未 31 四 | 壬申 (2) 五 | 癸酉 2 六 | 甲戌 3 日 | 乙亥 4 一 | 丙子 5 二 | 丁丑 6 三 | 戊寅 7 四 | 己卯 8 五 | 庚辰 9 六 | 辛巳 10 日 | 壬午 11 一 | 癸未 12 二 | 甲申 13 三 | 乙酉 14 四 | 丙戌 15 五 | | 癸亥大寒 戊寅立春 |

# 漢靈帝熹平六年（丁巳 蛇年）公元 177 ~ 178 年

| 夏曆月序 | | 中西曆日對照 | 夏曆日序 | | | | | | | | | | | | | | | | | | | | | | | | | | | | | | 節氣與天象 |
|---|---|---|---|---|---|---|---|---|---|---|---|---|---|---|---|---|---|---|---|---|---|---|---|---|---|---|---|---|---|---|---|---|---|
| | | | 初一 | 初二 | 初三 | 初四 | 初五 | 初六 | 初七 | 初八 | 初九 | 初十 | 十一 | 十二 | 十三 | 十四 | 十五 | 十六 | 十七 | 十八 | 十九 | 二十 | 二一 | 二二 | 二三 | 二四 | 二五 | 二六 | 二七 | 二八 | 二九 | 三十 | |
| 正月大 | 壬寅 | 天干地支西曆星期 | 丁亥 16 六 | 戊子 17 日 | 己丑 18 一 | 庚寅 19 二 | 辛卯 20 三 | 壬辰 21 四 | 癸巳 22 五 | 甲午 23 六 | 乙未 24 日 | 丙申 25 一 | 丁酉 26 二 | 戊戌 27 三 | 己亥 28 四 | 庚子 (3) 五 | 辛丑 2 六 | 壬寅 3 日 | 癸卯 4 一 | 甲辰 5 二 | 乙巳 6 三 | 丙午 7 四 | 丁未 8 五 | 戊申 9 六 | 己酉 10 日 | 庚戌 11 一 | 辛亥 12 二 | 壬子 13 三 | 癸丑 14 四 | 甲寅 15 五 | 乙卯 16 六 | 丙辰 17 日 | 甲午雨水<br>己酉驚蟄 |
| 二月小 | 癸卯 | 天干地支西曆星期 | 丁巳 18 一 | 戊午 19 二 | 己未 20 三 | 庚申 21 四 | 辛酉 22 五 | 壬戌 23 六 | 癸亥 24 日 | 甲子 25 一 | 乙丑 26 二 | 丙寅 27 三 | 丁卯 28 四 | 戊辰 29 五 | 己巳 30 六 | 庚午 31 日 | 辛未 (4) 一 | 壬申 2 二 | 癸酉 3 三 | 甲戌 4 四 | 乙亥 5 五 | 丙子 6 六 | 丁丑 7 日 | 戊寅 8 一 | 己卯 9 二 | 庚辰 10 三 | 辛巳 11 四 | 壬午 12 五 | 癸未 13 六 | 甲申 14 日 | 乙酉 15 一 | | 甲子春分<br>己卯清明 |
| 三月大 | 甲辰 | 天干地支西曆星期 | 丙戌 16 二 | 丁亥 17 三 | 戊子 18 四 | 己丑 19 五 | 庚寅 20 六 | 辛卯 21 日 | 壬辰 22 一 | 癸巳 23 二 | 甲午 24 三 | 乙未 25 四 | 丙申 26 五 | 丁酉 27 六 | 戊戌 28 日 | 己亥 29 一 | 庚子 30 二 | 辛丑 (5) 三 | 壬寅 2 四 | 癸卯 3 五 | 甲辰 4 六 | 乙巳 5 日 | 丙午 6 一 | 丁未 7 二 | 戊申 8 三 | 己酉 9 四 | 庚戌 10 五 | 辛亥 11 六 | 壬子 12 日 | 癸丑 13 一 | 甲寅 14 二 | 乙卯 15 三 | 乙未穀雨<br>庚戌立夏 |
| 四月小 | 乙巳 | 天干地支西曆星期 | 丙辰 16 四 | 丁巳 17 五 | 戊午 18 六 | 己未 19 日 | 庚申 20 一 | 辛酉 21 二 | 壬戌 22 三 | 癸亥 23 四 | 甲子 24 五 | 乙丑 25 六 | 丙寅 26 日 | 丁卯 27 一 | 戊辰 28 二 | 己巳 29 三 | 庚午 30 四 | 辛未 31 五 | 壬申 (6) 六 | 癸酉 2 日 | 甲戌 3 一 | 乙亥 4 二 | 丙子 5 三 | 丁丑 6 四 | 戊寅 7 五 | 己卯 8 六 | 庚辰 9 日 | 辛巳 10 一 | 壬午 11 二 | 癸未 12 三 | 甲申 13 四 | | 乙丑小滿<br>庚辰芒種 |
| 五月大 | 丙午 | 天干地支西曆星期 | 乙酉 14 五 | 丙戌 15 六 | 丁亥 16 日 | 戊子 17 一 | 己丑 18 二 | 庚寅 19 三 | 辛卯 20 四 | 壬辰 21 五 | 癸巳 22 六 | 甲午 23 日 | 乙未 24 一 | 丙申 25 二 | 丁酉 26 三 | 戊戌 27 四 | 己亥 28 五 | 庚子 29 六 | 辛丑 30 日 | 壬寅 (7) 一 | 癸卯 2 二 | 甲辰 3 三 | 乙巳 4 四 | 丙午 5 五 | 丁未 6 六 | 戊申 7 日 | 己酉 8 一 | 庚戌 9 二 | 辛亥 10 三 | 壬子 11 四 | 癸丑 12 五 | 甲寅 13 六 | 乙未夏至<br>辛亥小暑 |
| 六月小 | 丁未 | 天干地支西曆星期 | 乙卯 14 日 | 丙辰 15 一 | 丁巳 16 二 | 戊午 17 三 | 己未 18 四 | 庚申 19 五 | 辛酉 20 六 | 壬戌 21 日 | 癸亥 22 一 | 甲子 23 二 | 乙丑 24 三 | 丙寅 25 四 | 丁卯 26 五 | 戊辰 27 六 | 己巳 28 日 | 庚午 29 一 | 辛未 30 二 | 壬申 31 三 | 癸酉 (8) 四 | 甲戌 2 五 | 乙亥 3 六 | 丙子 4 日 | 丁丑 5 一 | 戊寅 6 二 | 己卯 7 三 | 庚辰 8 四 | 辛巳 9 五 | 壬午 10 六 | 癸未 11 日 | | 丙寅大暑<br>辛巳立秋 |
| 七月大 | 戊申 | 天干地支西曆星期 | 甲申 12 一 | 乙酉 13 二 | 丙戌 14 三 | 丁亥 15 四 | 戊子 16 五 | 己丑 17 六 | 庚寅 18 日 | 辛卯 19 一 | 壬辰 20 二 | 癸巳 21 三 | 甲午 22 四 | 乙未 23 五 | 丙申 24 六 | 丁酉 25 日 | 戊戌 26 一 | 己亥 27 二 | 庚子 28 三 | 辛丑 29 四 | 壬寅 30 五 | 癸卯 31 六 | 甲辰 (9) 日 | 乙巳 2 一 | 丙午 3 二 | 丁未 4 三 | 戊申 5 四 | 己酉 6 五 | 庚戌 7 六 | 辛亥 8 日 | 壬子 9 一 | 癸丑 10 二 | 丙申處暑<br>辛亥白露 |
| 八月小 | 己酉 | 天干地支西曆星期 | 甲寅 11 三 | 乙卯 12 四 | 丙辰 13 五 | 丁巳 14 六 | 戊午 15 日 | 己未 16 一 | 庚申 17 二 | 辛酉 18 三 | 壬戌 19 四 | 癸亥 20 五 | 甲子 21 六 | 乙丑 22 日 | 丙寅 23 一 | 丁卯 24 二 | 戊辰 25 三 | 己巳 26 四 | 庚午 27 五 | 辛未 28 六 | 壬申 29 日 | 癸酉 30 一 | 甲戌 (10) 二 | 乙亥 2 三 | 丙子 3 四 | 丁丑 4 五 | 戊寅 5 六 | 己卯 6 日 | 庚辰 7 一 | 辛巳 8 二 | 壬午 9 三 | | 丁卯秋分<br>壬午寒露 |
| 九月大 | 庚戌 | 天干地支西曆星期 | 癸未 10 四 | 甲申 11 五 | 乙酉 12 六 | 丙戌 13 日 | 丁亥 14 一 | 戊子 15 二 | 己丑 16 三 | 庚寅 17 四 | 辛卯 18 五 | 壬辰 19 六 | 癸巳 20 日 | 甲午 21 一 | 乙未 22 二 | 丙申 23 三 | 丁酉 24 四 | 戊戌 25 五 | 己亥 26 六 | 庚子 27 日 | 辛丑 28 一 | 壬寅 29 二 | 癸卯 30 三 | 甲辰 31 四 | 乙巳 (11) 五 | 丙午 2 六 | 丁未 3 日 | 戊申 4 一 | 己酉 5 二 | 庚戌 6 三 | 辛亥 7 四 | 壬子 8 五 | 丁酉霜降<br>壬子立冬 |
| 十月小 | 辛亥 | 天干地支西曆星期 | 癸丑 9 六 | 甲寅 10 日 | 乙卯 11 一 | 丙辰 12 二 | 丁巳 13 三 | 戊午 14 四 | 己未 15 五 | 庚申 16 六 | 辛酉 17 日 | 壬戌 18 一 | 癸亥 19 二 | 甲子 20 三 | 乙丑 21 四 | 丙寅 22 五 | 丁卯 23 六 | 戊辰 24 日 | 己巳 25 一 | 庚午 26 二 | 辛未 27 三 | 壬申 28 四 | 癸酉 29 五 | 甲戌 30 六 | 乙亥 (12) 日 | 丙子 2 一 | 丁丑 3 二 | 戊寅 4 三 | 己卯 5 四 | 庚辰 6 五 | 辛巳 7 六 | | 戊辰小雪 |
| 十一月大 | 壬子 | 天干地支西曆星期 | 壬午 8 日 | 癸未 9 一 | 甲申 10 二 | 乙酉 11 三 | 丙戌 12 四 | 丁亥 13 五 | 戊子 14 六 | 己丑 15 日 | 庚寅 16 一 | 辛卯 17 二 | 壬辰 18 三 | 癸巳 19 四 | 甲午 20 五 | 乙未 21 六 | 丙申 22 日 | 丁酉 23 一 | 戊戌 24 二 | 己亥 25 三 | 庚子 26 四 | 辛丑 27 五 | 壬寅 28 六 | 癸卯 29 日 | 甲辰 30 一 | 乙巳 31 二 | 丙午 (1) 三 | 丁未 2 四 | 戊申 3 五 | 己酉 4 六 | 庚戌 5 日 | 辛亥 6 一 | 癸未大雪<br>戊戌冬至<br>壬午日食 |
| 十二月大 | 癸丑 | 天干地支西曆星期 | 壬子 7 二 | 癸丑 8 三 | 甲寅 9 四 | 乙卯 10 五 | 丙辰 11 六 | 丁巳 12 日 | 戊午 13 一 | 己未 14 二 | 庚申 15 三 | 辛酉 16 四 | 壬戌 17 五 | 癸亥 18 六 | 甲子 19 日 | 乙丑 20 一 | 丙寅 21 二 | 丁卯 22 三 | 戊辰 23 四 | 己巳 24 五 | 庚午 25 六 | 辛未 26 日 | 壬申 27 一 | 癸酉 28 二 | 甲戌 29 三 | 乙亥 30 四 | 丙子 31 五 | 丁丑 (2) 六 | 戊寅 2 日 | 己卯 3 一 | 庚辰 4 二 | 辛巳 5 三 | 癸丑小寒<br>戊辰大寒 |

*《後漢書》卷八《靈帝紀》載：“冬十月癸丑朔，日有食之。”存疑，待考。

# 漢靈帝熹平七年 光和元年（戊午 馬年）公元 178 ~ 179 年

| 夏曆月序 | | 中西曆日對照 | 初一 | 初二 | 初三 | 初四 | 初五 | 初六 | 初七 | 初八 | 初九 | 初十 | 十一 | 十二 | 十三 | 十四 | 十五 | 十六 | 十七 | 十八 | 十九 | 二十 | 二一 | 二二 | 二三 | 二四 | 二五 | 二六 | 二七 | 二八 | 二九 | 三十 | 節氣與天象 |
|---|---|---|---|---|---|---|---|---|---|---|---|---|---|---|---|---|---|---|---|---|---|---|---|---|---|---|---|---|---|---|---|---|---|
| 正月小 | 甲寅 | 天干地支 西曆 星期 | 壬午6四 | 癸未7五 | 甲申8六 | 乙酉9日 | 丙戌10一 | 丁亥11二 | 戊子12三 | 己丑13四 | 庚寅14五 | 辛卯15六 | 壬辰16日 | 癸巳17一 | 甲午18二 | 乙未19三 | 丙申20四 | 丁酉21五 | 戊戌22六 | 己亥23日 | 庚子24一 | 辛丑25二 | 壬寅26三 | 癸卯27四 | 甲辰28五 | 乙巳(3)六 | 丙午2日 | 丁未3一 | 戊申4二 | 己酉5三 | 庚戌6四 | | 甲申立春 己亥雨水 |
| 二月大 | 乙卯 | 天干地支 西曆 星期 | 辛亥7五 | 壬子8六 | 癸丑9日 | 甲寅10一 | 乙卯11二 | 丙辰12三 | 丁巳13四 | 戊午14五 | 己未15六 | 庚申16日 | 辛酉17一 | 壬戌18二 | 癸亥19三 | 甲子20四 | 乙丑21五 | 丙寅22六 | 丁卯23日 | 戊辰24一 | 己巳25二 | 庚午26三 | 辛未27四 | 壬申28五 | 癸酉29六 | 甲戌30日 | 乙亥31一 | 丙子(4)二 | 丁丑2三 | 戊寅3四 | 己卯4五 | 庚辰5六 | 甲寅驚蟄 己巳春分 |
| 三月小 | 丙辰 | 天干地支 西曆 星期 | 辛巳6日 | 壬午7一 | 癸未8二 | 甲申9三 | 乙酉10四 | 丙戌11五 | 丁亥12六 | 戊子13日 | 己丑14一 | 庚寅15二 | 辛卯16三 | 壬辰17四 | 癸巳18五 | 甲午19六 | 乙未20日 | 丙申21一 | 丁酉22二 | 戊戌23三 | 己亥24四 | 庚子25五 | 辛丑26六 | 壬寅27日 | 癸卯28一 | 甲辰29二 | 乙巳30三 | 丙午(5)四 | 丁未2五 | 戊申3六 | 己酉4日 | | 乙酉清明 庚子穀雨 |
| 四月大 | 丁巳 | 天干地支 西曆 星期 | 庚戌5一 | 辛亥6二 | 壬子7三 | 癸丑8四 | 甲寅9五 | 乙卯10六 | 丙辰11日 | 丁巳12一 | 戊午13二 | 己未14三 | 庚申15四 | 辛酉16五 | 壬戌17六 | 癸亥18日 | 甲子19一 | 乙丑20二 | 丙寅21三 | 丁卯22四 | 戊辰23五 | 己巳24六 | 庚午25日 | 辛未26一 | 壬申27二 | 癸酉28三 | 甲戌29四 | 乙亥30五 | 丙子31六 | 丁丑(6)日 | 戊寅2一 | 己卯3二 | 乙卯立夏 庚午小滿 |
| 五月小 | 戊午 | 天干地支 西曆 星期 | 庚辰4三 | 辛巳5四 | 壬午6五 | 癸未7六 | 甲申8日 | 乙酉9一 | 丙戌10二 | 丁亥11三 | 戊子12四 | 己丑13五 | 庚寅14六 | 辛卯15日 | 壬辰16一 | 癸巳17二 | 甲午18三 | 乙未19四 | 丙申20五 | 丁酉21六 | 戊戌22日 | 己亥23一 | 庚子24二 | 辛丑25三 | 壬寅26四 | 癸卯27五 | 甲辰28六 | 乙巳29日 | 丙午30一 | 丁未(7)二 | 戊申2三 | | 乙酉芒種 辛丑夏至 |
| 六月大 | 己未 | 天干地支 西曆 星期 | 己酉3四 | 庚戌4五 | 辛亥5六 | 壬子6日 | 癸丑7一 | 甲寅8二 | 乙卯9三 | 丙辰10四 | 丁巳11五 | 戊午12六 | 己未13日 | 庚申14一 | 辛酉15二 | 壬戌16三 | 癸亥17四 | 甲子18五 | 乙丑19六 | 丙寅20日 | 丁卯21一 | 戊辰22二 | 己巳23三 | 庚午24四 | 辛未25五 | 壬申26六 | 癸酉27日 | 甲戌28一 | 乙亥29二 | 丙子30三 | 丁丑31四 | 戊寅(8)五 | 丙辰小暑 辛未大暑 |
| 七月小 | 庚申 | 天干地支 西曆 星期 | 己卯2六 | 庚辰3日 | 辛巳4一 | 壬午5二 | 癸未6三 | 甲申7四 | 乙酉8五 | 丙戌9六 | 丁亥10日 | 戊子11一 | 己丑12二 | 庚寅13三 | 辛卯14四 | 壬辰15五 | 癸巳16六 | 甲午17日 | 乙未18一 | 丙申19二 | 丁酉20三 | 戊戌21四 | 己亥22五 | 庚子23六 | 辛丑24日 | 壬寅25一 | 癸卯26二 | 甲辰27三 | 乙巳28四 | 丙午29五 | 丁未30六 | | 丙戌立秋 壬寅處暑 |
| 八月大 | 辛酉 | 天干地支 西曆 星期 | 戊申31日 | 己酉(9)一 | 庚戌2二 | 辛亥3三 | 壬子4四 | 癸丑5五 | 甲寅6六 | 乙卯7日 | 丙辰8一 | 丁巳9二 | 戊午10三 | 己未11四 | 庚申12五 | 辛酉13六 | 壬戌14日 | 癸亥15一 | 甲子16二 | 乙丑17三 | 丙寅18四 | 丁卯19五 | 戊辰20六 | 己巳21日 | 庚午22一 | 辛未23二 | 壬申24三 | 癸酉25四 | 甲戌26五 | 乙亥27六 | 丙子28日 | 丁丑29一 | 丁巳白露 壬申秋分 |
| 九月小 | 壬戌 | 天干地支 西曆 星期 | 戊寅30二 | 己卯(10)三 | 庚辰2四 | 辛巳3五 | 壬午4六 | 癸未5日 | 甲申6一 | 乙酉7二 | 丙戌8三 | 丁亥9四 | 戊子10五 | 己丑11六 | 庚寅12日 | 辛卯13一 | 壬辰14二 | 癸巳15三 | 甲午16四 | 乙未17五 | 丙申18六 | 丁酉19日 | 戊戌20一 | 己亥21二 | 庚子22三 | 辛丑23四 | 壬寅24五 | 癸卯25六 | 甲辰26日 | 乙巳27一 | 丙午28二 | | 丁亥寒露 壬寅霜降 |
| 十月大 | 癸亥 | 天干地支 西曆 星期 | 丁未29三 | 戊申30四 | 己酉31五 | 庚戌(11)六 | 辛亥2日 | 壬子3一 | 癸丑4二 | 甲寅5三 | 乙卯6四 | 丙辰7五 | 丁巳8六 | 戊午9日 | 己未10一 | 庚申11二 | 辛酉12三 | 壬戌13四 | 癸亥14五 | 甲子15六 | 乙丑16日 | 丙寅17一 | 丁卯18二 | 戊辰19三 | 己巳20四 | 庚午21五 | 辛未22六 | 壬申23日 | 癸酉24一 | 甲戌25二 | 乙亥26三 | 丙子27四 | 戊午立冬 癸酉小雪 丙子日食 |
| 十一月小 | 甲子 | 天干地支 西曆 星期 | 丁丑28五 | 戊寅29六 | 己卯30日 | 庚辰(12)一 | 辛巳2二 | 壬午3三 | 癸未4四 | 甲申5五 | 乙酉6六 | 丙戌7日 | 丁亥8一 | 戊子9二 | 己丑10三 | 庚寅11四 | 辛卯12五 | 壬辰13六 | 癸巳14日 | 甲午15一 | 乙未16二 | 丙申17三 | 丁酉18四 | 戊戌19五 | 己亥20六 | 庚子21日 | 辛丑22一 | 壬寅23二 | 癸卯24三 | 甲辰25四 | 乙巳26五 | | 戊子大雪 癸卯冬至 |
| 十二月大 | 乙丑 | 天干地支 西曆 星期 | 丙午27六 | 丁未28日 | 戊申29一 | 己酉30二 | 庚戌31三 | 辛亥(1)四 | 壬子2五 | 癸丑3六 | 甲寅4日 | 乙卯5一 | 丙辰6二 | 丁巳7三 | 戊午8四 | 己未9五 | 庚申10六 | 辛酉11日 | 壬戌12一 | 癸亥13二 | 甲子14三 | 乙丑15四 | 丙寅16五 | 丁卯17六 | 戊辰18日 | 己巳19一 | 庚午20二 | 辛未21三 | 壬申22四 | 癸酉23五 | 甲戌24六 | 乙亥25日 | 戊午小寒 甲戌大寒 |

*《後漢書》卷八《靈帝紀》載："二月辛亥朔，日有食之。"有誤。三月辛丑（二十一日），改元光和。

# 漢靈帝光和二年（己未 羊年）公元 179 ~ 180 年

| 夏曆月序 | | 中西曆日對照 | 初一 | 初二 | 初三 | 初四 | 初五 | 初六 | 初七 | 初八 | 初九 | 初十 | 十一 | 十二 | 十三 | 十四 | 十五 | 十六 | 十七 | 十八 | 十九 | 二十 | 二一 | 二二 | 二三 | 二四 | 二五 | 二六 | 二七 | 二八 | 二九 | 三十 | 節氣與天象 |
|---|---|---|---|---|---|---|---|---|---|---|---|---|---|---|---|---|---|---|---|---|---|---|---|---|---|---|---|---|---|---|---|---|---|
| 正月小 | 丙寅 | 天干地支 西曆 星期 | 丙子 26 一 | 丁丑 27 二 | 戊寅 28 三 | 己卯 29 四 | 庚辰 30 五 | 辛巳 31 六 | 壬午 (2) 日 | 癸未 2 一 | 甲申 3 二 | 乙酉 4 三 | 丙戌 5 四 | 丁亥 6 五 | 戊子 7 六 | 己丑 8 日 | 庚寅 9 一 | 辛卯 10 二 | 壬辰 11 三 | 癸巳 12 四 | 甲午 13 五 | 乙未 14 六 | 丙申 15 日 | 丁酉 16 一 | 戊戌 17 二 | 己亥 18 三 | 庚子 19 四 | 辛丑 20 五 | 壬寅 21 六 | 癸卯 22 日 | 甲辰 23 一 | | 己丑立春 甲辰雨水 |
| 閏正月大 | 丙寅 | 天干地支 西曆 星期 | 乙巳 24 二 | 丙午 25 三 | 丁未 26 四 | 戊申 27 五 | 己酉 28 六 | 庚戌 (3) 日 | 辛亥 2 一 | 壬子 3 二 | 癸丑 4 三 | 甲寅 5 四 | 乙卯 6 五 | 丙辰 7 六 | 丁巳 8 日 | 戊午 9 一 | 己未 10 二 | 庚申 11 三 | 辛酉 12 四 | 壬戌 13 五 | 癸亥 14 六 | 甲子 15 日 | 乙丑 16 一 | 丙寅 17 二 | 丁卯 18 三 | 戊辰 19 四 | 己巳 20 五 | 庚午 21 六 | 辛未 22 日 | 壬申 23 一 | 癸酉 24 二 | 甲戌 25 三 | 己未驚蟄 |
| 二月小 | 丁卯 | 天干地支 西曆 星期 | 乙亥 26 四 | 丙子 27 五 | 丁丑 28 六 | 戊寅 29 日 | 己卯 30 一 | 庚辰 31 二 | 辛巳 (4) 三 | 壬午 2 四 | 癸未 3 五 | 甲申 4 六 | 乙酉 5 日 | 丙戌 6 一 | 丁亥 7 二 | 戊子 8 三 | 己丑 9 四 | 庚寅 10 五 | 辛卯 11 六 | 壬辰 12 日 | 癸巳 13 一 | 甲午 14 二 | 乙未 15 三 | 丙申 16 四 | 丁酉 17 五 | 戊戌 18 六 | 己亥 19 日 | 庚子 20 一 | 辛丑 21 二 | 壬寅 22 三 | 癸卯 23 四 | | 乙亥春分 庚寅清明 |
| 三月大 | 戊辰 | 天干地支 西曆 星期 | 甲辰 24 五 | 乙巳 25 六 | 丙午 26 日 | 丁未 27 一 | 戊申 28 二 | 己酉 29 三 | 庚戌 30 四 | 辛亥 (5) 五 | 壬子 2 六 | 癸丑 3 日 | 甲寅 4 一 | 乙卯 5 二 | 丙辰 6 三 | 丁巳 7 四 | 戊午 8 五 | 己未 9 六 | 庚申 10 日 | 辛酉 11 一 | 壬戌 12 二 | 癸亥 13 三 | 甲子 14 四 | 乙丑 15 五 | 丙寅 16 六 | 丁卯 17 日 | 戊辰 18 一 | 己巳 19 二 | 庚午 20 三 | 辛未 21 四 | 壬申 22 五 | 癸酉 23 六 | 乙巳穀雨 庚申立夏 |
| 四月大 | 己巳 | 天干地支 西曆 星期 | 甲戌 24 日 | 乙亥 25 一 | 丙子 26 二 | 丁丑 27 三 | 戊寅 28 四 | 己卯 29 五 | 庚辰 30 六 | 辛巳 31 日 | 壬午 (6) 一 | 癸未 2 二 | 甲申 3 三 | 乙酉 4 四 | 丙戌 5 五 | 丁亥 6 六 | 戊子 7 日 | 己丑 8 一 | 庚寅 9 二 | 辛卯 10 三 | 壬辰 11 四 | 癸巳 12 五 | 甲午 13 六 | 乙未 14 日 | 丙申 15 一 | 丁酉 16 二 | 戊戌 17 三 | 己亥 18 四 | 庚子 19 五 | 辛丑 20 六 | 壬寅 21 日 | 癸卯 22 一 | 乙亥小滿 辛卯芒種 甲戌日食 |
| 五月小 | 庚午 | 天干地支 西曆 星期 | 甲辰 23 二 | 乙巳 24 三 | 丙午 25 四 | 丁未 26 五 | 戊申 27 六 | 己酉 28 日 | 庚戌 29 一 | 辛亥 30 二 | 壬子 (7) 三 | 癸丑 2 四 | 甲寅 3 五 | 乙卯 4 六 | 丙辰 5 日 | 丁巳 6 一 | 戊午 7 二 | 己未 8 三 | 庚申 9 四 | 辛酉 10 五 | 壬戌 11 六 | 癸亥 12 日 | 甲子 13 一 | 乙丑 14 二 | 丙寅 15 三 | 丁卯 16 四 | 戊辰 17 五 | 己巳 18 六 | 庚午 19 日 | 辛未 20 一 | 壬申 21 二 | | 丙午夏至 辛酉小暑 |
| 六月大 | 辛未 | 天干地支 西曆 星期 | 癸酉 22 三 | 甲戌 23 四 | 乙亥 24 五 | 丙子 25 六 | 丁丑 26 日 | 戊寅 27 一 | 己卯 28 二 | 庚辰 29 三 | 辛巳 30 四 | 壬午 31 五 | 癸未 (8) 六 | 甲申 2 日 | 乙酉 3 一 | 丙戌 4 二 | 丁亥 5 三 | 戊子 6 四 | 己丑 7 五 | 庚寅 8 六 | 辛卯 9 日 | 壬辰 10 一 | 癸巳 11 二 | 甲午 12 三 | 乙未 13 四 | 丙申 14 五 | 丁酉 15 六 | 戊戌 16 日 | 己亥 17 一 | 庚子 18 二 | 辛丑 19 三 | 壬寅 20 四 | 丙子大暑 壬辰立秋 |
| 七月小 | 壬申 | 天干地支 西曆 星期 | 癸卯 21 五 | 甲辰 22 六 | 乙巳 23 日 | 丙午 24 一 | 丁未 25 二 | 戊申 26 三 | 己酉 27 四 | 庚戌 28 五 | 辛亥 29 六 | 壬子 30 日 | 癸丑 31 一 | 甲寅 (9) 二 | 乙卯 2 三 | 丙辰 3 四 | 丁巳 4 五 | 戊午 5 六 | 己未 6 日 | 庚申 7 一 | 辛酉 8 二 | 壬戌 9 三 | 癸亥 10 四 | 甲子 11 五 | 乙丑 12 六 | 丙寅 13 日 | 丁卯 14 一 | 戊辰 15 二 | 己巳 16 三 | 庚午 17 四 | 辛未 18 五 | | 丁未處暑 壬戌白露 |
| 八月大 | 癸酉 | 天干地支 西曆 星期 | 壬申 19 六 | 癸酉 20 日 | 甲戌 21 一 | 乙亥 22 二 | 丙子 23 三 | 丁丑 24 四 | 戊寅 25 五 | 己卯 26 六 | 庚辰 27 日 | 辛巳 28 一 | 壬午 29 二 | 癸未 30 三 | 甲申 (10) 四 | 乙酉 2 五 | 丙戌 3 六 | 丁亥 4 日 | 戊子 5 一 | 己丑 6 二 | 庚寅 7 三 | 辛卯 8 四 | 壬辰 9 五 | 癸巳 10 六 | 甲午 11 日 | 乙未 12 一 | 丙申 13 二 | 丁酉 14 三 | 戊戌 15 四 | 己亥 16 五 | 庚子 17 六 | 辛丑 18 日 | 丁丑秋分 壬辰寒露 |
| 九月小 | 甲戌 | 天干地支 西曆 星期 | 壬寅 19 一 | 癸卯 20 二 | 甲辰 21 三 | 乙巳 22 四 | 丙午 23 五 | 丁未 24 六 | 戊申 25 日 | 己酉 26 一 | 庚戌 27 二 | 辛亥 28 三 | 壬子 29 四 | 癸丑 30 五 | 甲寅 31 六 | 乙卯 (11) 日 | 丙辰 2 一 | 丁巳 3 二 | 戊午 4 三 | 己未 5 四 | 庚申 6 五 | 辛酉 7 六 | 壬戌 8 日 | 癸亥 9 一 | 甲子 10 二 | 乙丑 11 三 | 丙寅 12 四 | 丁卯 13 五 | 戊辰 14 六 | 己巳 15 日 | 庚午 16 一 | | 戊申霜降 癸亥立冬 |
| 十月大 | 乙亥 | 天干地支 西曆 星期 | 辛未 17 二 | 壬申 18 三 | 癸酉 19 四 | 甲戌 20 五 | 乙亥 21 六 | 丙子 22 日 | 丁丑 23 一 | 戊寅 24 二 | 己卯 25 三 | 庚辰 26 四 | 辛巳 27 五 | 壬午 28 六 | 癸未 29 日 | 甲申 30 一 | 乙酉 (12) 二 | 丙戌 2 三 | 丁亥 3 四 | 戊子 4 五 | 己丑 5 六 | 庚寅 6 日 | 辛卯 7 一 | 壬辰 8 二 | 癸巳 9 三 | 甲午 10 四 | 乙未 11 五 | 丙申 12 六 | 丁酉 13 日 | 戊戌 14 一 | 己亥 15 二 | 庚子 16 三 | 戊寅小雪 癸巳大雪 |
| 十一月小 | 丙子 | 天干地支 西曆 星期 | 辛丑 17 四 | 壬寅 18 五 | 癸卯 19 六 | 甲辰 20 日 | 乙巳 21 一 | 丙午 22 二 | 丁未 23 三 | 戊申 24 四 | 己酉 25 五 | 庚戌 26 六 | 辛亥 27 日 | 壬子 28 一 | 癸丑 29 二 | 甲寅 30 三 | 乙卯 31 四 | 丙辰 (1) 五 | 丁巳 2 六 | 戊午 3 日 | 己未 4 一 | 庚申 5 二 | 辛酉 6 三 | 壬戌 7 四 | 癸亥 8 五 | 甲子 9 六 | 乙丑 10 日 | 丙寅 11 一 | 丁卯 12 二 | 戊辰 13 三 | 己巳 14 四 | | 己酉冬至 甲子小寒 |
| 十二月大 | 丁丑 | 天干地支 西曆 星期 | 庚午 15 五 | 辛未 16 六 | 壬申 17 日 | 癸酉 18 一 | 甲戌 19 二 | 乙亥 20 三 | 丙子 21 四 | 丁丑 22 五 | 戊寅 23 六 | 己卯 24 日 | 庚辰 25 一 | 辛巳 26 二 | 壬午 27 三 | 癸未 28 四 | 甲申 29 五 | 乙酉 30 六 | 丙戌 31 日 | 丁亥 (2) 一 | 戊子 2 二 | 己丑 3 三 | 庚寅 4 四 | 辛卯 5 五 | 壬辰 6 六 | 癸巳 7 日 | 甲午 8 一 | 乙未 9 二 | 丙申 10 三 | 丁酉 11 四 | 戊戌 12 五 | 己亥 13 六 | 己卯大寒 甲午立春 |

# 漢靈帝光和三年（庚申 猴年）公元 180 ~ 181 年

| 夏曆月序 | | 中西曆日對照 | 夏曆日序 | | | | | | | | | | | | | | | | | | | | | | | | | | | | | | 節氣與天象 |
|---|---|---|---|---|---|---|---|---|---|---|---|---|---|---|---|---|---|---|---|---|---|---|---|---|---|---|---|---|---|---|---|---|---|
| | | | 初一 | 初二 | 初三 | 初四 | 初五 | 初六 | 初七 | 初八 | 初九 | 初十 | 十一 | 十二 | 十三 | 十四 | 十五 | 十六 | 十七 | 十八 | 十九 | 二十 | 二一 | 二二 | 二三 | 二四 | 二五 | 二六 | 二七 | 二八 | 二九 | 三十 | |
| 正月小 | 戊寅 | 干支 西曆 天地 星期 | 庚子 14 日 | 辛丑 15 一 | 壬寅 16 二 | 癸卯 17 三 | 甲辰 18 四 | 乙巳 19 五 | 丙午 20 六 | 丁未 21 日 | 戊申 22 一 | 己酉 23 二 | 庚戌 24 三 | 辛亥 25 四 | 壬子 26 五 | 癸丑 27 六 | 甲寅 28 日 | 乙卯 29 一 | 丙辰 (3) 二 | 丁巳 2 三 | 戊午 3 四 | 己未 4 五 | 庚申 5 六 | 辛酉 6 日 | 壬戌 7 一 | 癸亥 8 二 | 甲子 9 三 | 乙丑 10 四 | 丙寅 11 五 | 丁卯 12 六 | 戊辰 13 日 | | 己酉雨水 乙丑驚蟄 |
| 二月大 | 己卯 | 干支 西曆 天地 星期 | 己巳 14 一 | 庚午 15 二 | 辛未 16 三 | 壬申 17 四 | 癸酉 18 五 | 甲戌 19 六 | 乙亥 20 日 | 丙子 21 一 | 丁丑 22 二 | 戊寅 23 三 | 己卯 24 四 | 庚辰 25 五 | 辛巳 26 六 | 壬午 27 日 | 癸未 28 一 | 甲申 29 二 | 乙酉 30 三 | 丙戌 31 四 | 丁亥 (4) 五 | 戊子 2 六 | 己丑 3 日 | 庚寅 4 一 | 辛卯 5 二 | 壬辰 6 三 | 癸巳 7 四 | 甲午 8 五 | 乙未 9 六 | 丙申 10 日 | 丁酉 11 一 | 戊戌 12 二 | 庚辰春分 乙未清明 |
| 三月小 | 庚辰 | 干支 西曆 天地 星期 | 己亥 13 三 | 庚子 14 四 | 辛丑 15 五 | 壬寅 16 六 | 癸卯 17 日 | 甲辰 18 一 | 乙巳 19 二 | 丙午 20 三 | 丁未 21 四 | 戊申 22 五 | 己酉 23 六 | 庚戌 24 日 | 辛亥 25 一 | 壬子 26 二 | 癸丑 27 三 | 甲寅 28 四 | 乙卯 29 五 | 丙辰 30 六 | 丁巳 (5) 日 | 戊午 2 一 | 己未 3 二 | 庚申 4 三 | 辛酉 5 四 | 壬戌 6 五 | 癸亥 7 六 | 甲子 8 日 | 乙丑 9 一 | 丙寅 10 二 | 丁卯 11 三 | | 庚戌穀雨 乙丑立夏 |
| 四月大 | 辛巳 | 干支 西曆 天地 星期 | 戊辰 12 四 | 己巳 13 五 | 庚午 14 六 | 辛未 15 日 | 壬申 16 一 | 癸酉 17 二 | 甲戌 18 三 | 乙亥 19 四 | 丙子 20 五 | 丁丑 21 六 | 戊寅 22 日 | 己卯 23 一 | 庚辰 24 二 | 辛巳 25 三 | 壬午 26 四 | 癸未 27 五 | 甲申 28 六 | 乙酉 29 日 | 丙戌 30 一 | 丁亥 31 二 | 戊子 (6) 三 | 己丑 2 四 | 庚寅 3 五 | 辛卯 4 六 | 壬辰 5 日 | 癸巳 6 一 | 甲午 7 二 | 乙未 8 三 | 丙申 9 四 | 丁酉 10 五 | 辛巳小滿 丙申芒種 |
| 五月小 | 壬午 | 干支 西曆 天地 星期 | 戊戌 11 六 | 己亥 12 日 | 庚子 13 一 | 辛丑 14 二 | 壬寅 15 三 | 癸卯 16 四 | 甲辰 17 五 | 乙巳 18 六 | 丙午 19 日 | 丁未 20 一 | 戊申 21 二 | 己酉 22 三 | 庚戌 23 四 | 辛亥 24 五 | 壬子 25 六 | 癸丑 26 日 | 甲寅 27 一 | 乙卯 28 二 | 丙辰 29 三 | 丁巳 30 四 | 戊午 (7) 五 | 己未 2 六 | 庚申 3 日 | 辛酉 4 一 | 壬戌 5 二 | 癸亥 6 三 | 甲子 7 四 | 乙丑 8 五 | 丙寅 9 六 | | 辛亥夏至 丙寅小暑 |
| 六月大 | 癸未 | 干支 西曆 天地 星期 | 丁卯 10 日 | 戊辰 11 一 | 己巳 12 二 | 庚午 13 三 | 辛未 14 四 | 壬申 15 五 | 癸酉 16 六 | 甲戌 17 日 | 乙亥 18 一 | 丙子 19 二 | 丁丑 20 三 | 戊寅 21 四 | 己卯 22 五 | 庚辰 23 六 | 辛巳 24 日 | 壬午 25 一 | 癸未 26 二 | 甲申 27 三 | 乙酉 28 四 | 丙戌 29 五 | 丁亥 30 六 | 戊子 31 日 | 己丑 (8) 一 | 庚寅 2 二 | 辛卯 3 三 | 壬辰 4 四 | 癸巳 5 五 | 甲午 6 六 | 乙未 7 日 | 丙申 8 一 | 壬午大暑 |
| 七月大 | 甲申 | 干支 西曆 天地 星期 | 丁酉 9 二 | 戊戌 10 三 | 己亥 11 四 | 庚子 12 五 | 辛丑 13 六 | 壬寅 14 日 | 癸卯 15 一 | 甲辰 16 二 | 乙巳 17 三 | 丙午 18 四 | 丁未 19 五 | 戊申 20 六 | 己酉 21 日 | 庚戌 22 一 | 辛亥 23 二 | 壬子 24 三 | 癸丑 25 四 | 甲寅 26 五 | 乙卯 27 六 | 丙辰 28 日 | 丁巳 29 一 | 戊午 30 二 | 己未 31 三 | 庚申 (9) 四 | 辛酉 2 五 | 壬戌 3 六 | 癸亥 4 日 | 甲子 5 一 | 乙丑 6 二 | 丙寅 7 三 | 丁酉立秋 壬子處暑 |
| 八月小 | 乙酉 | 干支 西曆 天地 星期 | 丁卯 8 四 | 戊辰 9 五 | 己巳 10 六 | 庚午 11 日 | 辛未 12 一 | 壬申 13 二 | 癸酉 14 三 | 甲戌 15 四 | 乙亥 16 五 | 丙子 17 六 | 丁丑 18 日 | 戊寅 19 一 | 己卯 20 二 | 庚辰 21 三 | 辛巳 22 四 | 壬午 23 五 | 癸未 24 六 | 甲申 25 日 | 乙酉 26 一 | 丙戌 27 二 | 丁亥 28 三 | 戊子 29 四 | 己丑 30 五 | 庚寅 (10) 六 | 辛卯 2 日 | 壬辰 3 一 | 癸巳 4 二 | 甲午 5 三 | 乙未 6 四 | | 丁卯白露 壬午秋分 |
| 九月大 | 丙戌 | 干支 西曆 天地 星期 | 丙申 7 五 | 丁酉 8 六 | 戊戌 9 日 | 己亥 10 一 | 庚子 11 二 | 辛丑 12 三 | 壬寅 13 四 | 癸卯 14 五 | 甲辰 15 六 | 乙巳 16 日 | 丙午 17 一 | 丁未 18 二 | 戊申 19 三 | 己酉 20 四 | 庚戌 21 五 | 辛亥 22 六 | 壬子 23 日 | 癸丑 24 一 | 甲寅 25 二 | 乙卯 26 三 | 丙辰 27 四 | 丁巳 28 五 | 戊午 29 六 | 己未 30 日 | 庚申 31 一 | 辛酉 (11) 二 | 壬戌 2 三 | 癸亥 3 四 | 甲子 4 五 | 乙丑 5 六 | 戊戌寒露 癸丑霜降 |
| 十月小 | 丁亥 | 干支 西曆 天地 星期 | 丙寅 6 日 | 丁卯 7 一 | 戊辰 8 二 | 己巳 9 三 | 庚午 10 四 | 辛未 11 五 | 壬申 12 六 | 癸酉 13 日 | 甲戌 14 一 | 乙亥 15 二 | 丙子 16 三 | 丁丑 17 四 | 戊寅 18 五 | 己卯 19 六 | 庚辰 20 日 | 辛巳 21 一 | 壬午 22 二 | 癸未 23 三 | 甲申 24 四 | 乙酉 25 五 | 丙戌 26 六 | 丁亥 27 日 | 戊子 28 一 | 己丑 29 二 | 庚寅 30 三 | 辛卯 (12) 四 | 壬辰 2 五 | 癸巳 3 六 | 甲午 4 日 | | 戊辰立冬 癸未小雪 |
| 十一月大 | 戊子 | 干支 西曆 天地 星期 | 乙未 5 一 | 丙申 6 二 | 丁酉 7 三 | 戊戌 8 四 | 己亥 9 五 | 庚子 10 六 | 辛丑 11 日 | 壬寅 12 一 | 癸卯 13 二 | 甲辰 14 三 | 乙巳 15 四 | 丙午 16 五 | 丁未 17 六 | 戊申 18 日 | 己酉 19 一 | 庚戌 20 二 | 辛亥 21 三 | 壬子 22 四 | 癸丑 23 五 | 甲寅 24 六 | 乙卯 25 日 | 丙辰 26 一 | 丁巳 27 二 | 戊午 28 三 | 己未 29 四 | 庚申 30 五 | 辛酉 31 六 | 壬戌 (1) 日 | 癸亥 2 一 | 甲子 3 二 | 己亥大雪 甲寅冬至 |
| 十二月小 | 己丑 | 干支 西曆 天地 星期 | 乙丑 4 三 | 丙寅 5 四 | 丁卯 6 五 | 戊辰 7 六 | 己巳 8 日 | 庚午 9 一 | 辛未 10 二 | 壬申 11 三 | 癸酉 12 四 | 甲戌 13 五 | 乙亥 14 六 | 丙子 15 日 | 丁丑 16 一 | 戊寅 17 二 | 己卯 18 三 | 庚辰 19 四 | 辛巳 20 五 | 壬午 21 六 | 癸未 22 日 | 甲申 23 一 | 乙酉 24 二 | 丙戌 25 三 | 丁亥 26 四 | 戊子 27 五 | 己丑 28 六 | 庚寅 29 日 | 辛卯 30 一 | 壬辰 31 二 | 癸巳 (2) 三 | | 己巳小寒 甲申大寒 |

# 漢靈帝光和四年（辛酉 鷄年）公元 181 ~ 182 年

| 夏曆月序 | | 中西曆日對照 | 初一 | 初二 | 初三 | 初四 | 初五 | 初六 | 初七 | 初八 | 初九 | 初十 | 十一 | 十二 | 十三 | 十四 | 十五 | 十六 | 十七 | 十八 | 十九 | 二十 | 二一 | 二二 | 二三 | 二四 | 二五 | 二六 | 二七 | 二八 | 二九 | 三十 | 節氣與天象 |
|---|---|---|---|---|---|---|---|---|---|---|---|---|---|---|---|---|---|---|---|---|---|---|---|---|---|---|---|---|---|---|---|---|---|
| 正月大 | 庚寅 | 干支 天地 西曆 星期 | 甲午 2 四 | 乙未 3 五 | 丙申 4 六 | 丁酉 5 日 | 戊戌 6 一 | 己亥 7 二 | 庚子 8 三 | 辛丑 9 四 | 壬寅 10 五 | 癸卯 11 六 | 甲辰 12 日 | 乙巳 13 一 | 丙午 14 二 | 丁未 15 三 | 戊申 16 四 | 己酉 17 五 | 庚戌 18 六 | 辛亥 19 日 | 壬子 20 一 | 癸丑 21 二 | 甲寅 22 三 | 乙卯 23 四 | 丙辰 24 五 | 丁巳 25 六 | 戊午 26 日 | 己未 27 一 | 庚申 28 二 | 辛酉 (3) 三 | 壬戌 2 四 | 癸亥 3 五 | 己亥立春 乙卯雨水 |
| 二月小 | 辛卯 | 干支 天地 西曆 星期 | 甲子 4 六 | 乙丑 5 日 | 丙寅 6 一 | 丁卯 7 二 | 戊辰 8 三 | 己巳 9 四 | 庚午 10 五 | 辛未 11 六 | 壬申 12 日 | 癸酉 13 一 | 甲戌 14 二 | 乙亥 15 三 | 丙子 16 四 | 丁丑 17 五 | 戊寅 18 六 | 己卯 19 日 | 庚辰 20 一 | 辛巳 21 二 | 壬午 22 三 | 癸未 23 四 | 甲申 24 五 | 乙酉 25 六 | 丙戌 26 日 | 丁亥 27 一 | 戊子 28 二 | 己丑 29 三 | 庚寅 30 四 | 辛卯 31 五 | 壬辰 (4) 六 | | 庚午驚蟄 乙酉春分 |
| 三月大 | 壬辰 | 干支 天地 西曆 星期 | 癸巳 2 日 | 甲午 3 一 | 乙未 4 二 | 丙申 5 三 | 丁酉 6 四 | 戊戌 7 五 | 己亥 8 六 | 庚子 9 日 | 辛丑 10 一 | 壬寅 11 二 | 癸卯 12 三 | 甲辰 13 四 | 乙巳 14 五 | 丙午 15 六 | 丁未 16 日 | 戊申 17 一 | 己酉 18 二 | 庚戌 19 三 | 辛亥 20 四 | 壬子 21 五 | 癸丑 22 六 | 甲寅 23 日 | 乙卯 24 一 | 丙辰 25 二 | 丁巳 26 三 | 戊午 27 四 | 己未 28 五 | 庚申 29 六 | 辛酉 30 日 | 壬戌 (5) 一 | 庚子清明 丙辰穀雨 |
| 四月小 | 癸巳 | 干支 天地 西曆 星期 | 癸亥 2 二 | 甲子 3 三 | 乙丑 4 四 | 丙寅 5 五 | 丁卯 6 六 | 戊辰 7 日 | 己巳 8 一 | 庚午 9 二 | 辛未 10 三 | 壬申 11 四 | 癸酉 12 五 | 甲戌 13 六 | 乙亥 14 日 | 丙子 15 一 | 丁丑 16 二 | 戊寅 17 三 | 己卯 18 四 | 庚辰 19 五 | 辛巳 20 六 | 壬午 21 日 | 癸未 22 一 | 甲申 23 二 | 乙酉 24 三 | 丙戌 25 四 | 丁亥 26 五 | 戊子 27 六 | 己丑 28 日 | 庚寅 29 一 | 辛卯 30 二 | | 辛未立夏 丙戌小滿 |
| 五月大 | 甲午 | 干支 天地 西曆 星期 | 壬辰 31 三 | 癸巳 (6) 四 | 甲午 2 五 | 乙未 3 六 | 丙申 4 日 | 丁酉 5 一 | 戊戌 6 二 | 己亥 7 三 | 庚子 8 四 | 辛丑 9 五 | 壬寅 10 六 | 癸卯 11 日 | 甲辰 12 一 | 乙巳 13 二 | 丙午 14 三 | 丁未 15 四 | 戊申 16 五 | 己酉 17 六 | 庚戌 18 日 | 辛亥 19 一 | 壬子 20 二 | 癸丑 21 三 | 甲寅 22 四 | 乙卯 23 五 | 丙辰 24 六 | 丁巳 25 日 | 戊午 26 一 | 己未 27 二 | 庚申 28 三 | 辛酉 29 四 | 辛丑芒種 丙辰夏至 |
| 六月小 | 乙未 | 干支 天地 西曆 星期 | 壬戌 30 五 | 癸亥 (7) 六 | 甲子 2 日 | 乙丑 3 一 | 丙寅 4 二 | 丁卯 5 三 | 戊辰 6 四 | 己巳 7 五 | 庚午 8 六 | 辛未 9 日 | 壬申 10 一 | 癸酉 11 二 | 甲戌 12 三 | 乙亥 13 四 | 丙子 14 五 | 丁丑 15 六 | 戊寅 16 日 | 己卯 17 一 | 庚辰 18 二 | 辛巳 19 三 | 壬午 20 四 | 癸未 21 五 | 甲申 22 六 | 乙酉 23 日 | 丙戌 24 一 | 丁亥 25 二 | 戊子 26 三 | 己丑 27 四 | 庚寅 28 五 | | 壬申小暑 丁亥大暑 |
| 七月大 | 丙申 | 干支 天地 西曆 星期 | 辛卯 29 六 | 壬辰 30 日 | 癸巳 31 一 | 甲午 (8) 二 | 乙未 2 三 | 丙申 3 四 | 丁酉 4 五 | 戊戌 5 六 | 己亥 6 日 | 庚子 7 一 | 辛丑 8 二 | 壬寅 9 三 | 癸卯 10 四 | 甲辰 11 五 | 乙巳 12 六 | 丙午 13 日 | 丁未 14 一 | 戊申 15 二 | 己酉 16 三 | 庚戌 17 四 | 辛亥 18 五 | 壬子 19 六 | 癸丑 20 日 | 甲寅 21 一 | 乙卯 22 二 | 丙辰 23 三 | 丁巳 24 四 | 戊午 25 五 | 己未 26 六 | 庚申 27 日 | 壬寅立秋 丁巳處暑 |
| 八月小 | 丁酉 | 干支 天地 西曆 星期 | 辛酉 28 一 | 壬戌 29 二 | 癸亥 30 三 | 甲子 31 四 | 乙丑 (9) 五 | 丙寅 2 六 | 丁卯 3 日 | 戊辰 4 一 | 己巳 5 二 | 庚午 6 三 | 辛未 7 四 | 壬申 8 五 | 癸酉 9 六 | 甲戌 10 日 | 乙亥 11 一 | 丙子 12 二 | 丁丑 13 三 | 戊寅 14 四 | 己卯 15 五 | 庚辰 16 六 | 辛巳 17 日 | 壬午 18 一 | 癸未 19 二 | 甲申 20 三 | 乙酉 21 四 | 丙戌 22 五 | 丁亥 23 六 | 戊子 24 日 | 己丑 25 一 | | 壬申白露 戊子秋分 |
| 九月大 | 戊戌 | 干支 天地 西曆 星期 | 庚寅 26 二 | 辛卯 27 三 | 壬辰 28 四 | 癸巳 29 五 | 甲午 30 六 | 乙未 (10) 日 | 丙申 2 一 | 丁酉 3 二 | 戊戌 4 三 | 己亥 5 四 | 庚子 6 五 | 辛丑 7 六 | 壬寅 8 日 | 癸卯 9 一 | 甲辰 10 二 | 乙巳 11 三 | 丙午 12 四 | 丁未 13 五 | 戊申 14 六 | 己酉 15 日 | 庚戌 16 一 | 辛亥 17 二 | 壬子 18 三 | 癸丑 19 四 | 甲寅 20 五 | 乙卯 21 六 | 丙辰 22 日 | 丁巳 23 一 | 戊午 24 二 | 己未 25 三 | 癸卯寒露 戊午霜降 庚寅日食 |
| 閏九月小 | 戊戌 | 干支 天地 西曆 星期 | 庚申 26 四 | 辛酉 27 五 | 壬戌 28 六 | 癸亥 29 日 | 甲子 30 一 | 乙丑 31 二 | 丙寅 (11) 三 | 丁卯 2 四 | 戊辰 3 五 | 己巳 4 六 | 庚午 5 日 | 辛未 6 一 | 壬申 7 二 | 癸酉 8 三 | 甲戌 9 四 | 乙亥 10 五 | 丙子 11 六 | 丁丑 12 日 | 戊寅 13 一 | 己卯 14 二 | 庚辰 15 三 | 辛巳 16 四 | 壬午 17 五 | 癸未 18 六 | 甲申 19 日 | 乙酉 20 一 | 丙戌 21 二 | 丁亥 22 三 | 戊子 23 四 | | 癸酉立冬 |
| 十月大 | 己亥 | 干支 天地 西曆 星期 | 己丑 24 五 | 庚寅 25 六 | 辛卯 26 日 | 壬辰 27 一 | 癸巳 28 二 | 甲午 29 三 | 乙未 30 四 | 丙申 (12) 五 | 丁酉 2 六 | 戊戌 3 日 | 己亥 4 一 | 庚子 5 二 | 辛丑 6 三 | 壬寅 7 四 | 癸卯 8 五 | 甲辰 9 六 | 乙巳 10 日 | 丙午 11 一 | 丁未 12 二 | 戊申 13 三 | 己酉 14 四 | 庚戌 15 五 | 辛亥 16 六 | 壬子 17 日 | 癸丑 18 一 | 甲寅 19 二 | 乙卯 20 三 | 丙辰 21 四 | 丁巳 22 五 | 戊午 23 六 | 己丑小雪 甲辰大雪 |
| 十一月大 | 庚子 | 干支 天地 西曆 星期 | 己未 24 日 | 庚申 25 一 | 辛酉 26 二 | 壬戌 27 三 | 癸亥 28 四 | 甲子 29 五 | 乙丑 30 六 | 丙寅 31 日 | 丁卯 (1) 一 | 戊辰 2 二 | 己巳 3 三 | 庚午 4 四 | 辛未 5 五 | 壬申 6 六 | 癸酉 7 日 | 甲戌 8 一 | 乙亥 9 二 | 丙子 10 三 | 丁丑 11 四 | 戊寅 12 五 | 己卯 13 六 | 庚辰 14 日 | 辛巳 15 一 | 壬午 16 二 | 癸未 17 三 | 甲申 18 四 | 乙酉 19 五 | 丙戌 20 六 | 丁亥 21 日 | 戊子 22 一 | 己未冬至 甲戌小寒 |
| 十二月小 | 辛丑 | 干支 天地 西曆 星期 | 己丑 23 二 | 庚寅 24 三 | 辛卯 25 四 | 壬辰 26 五 | 癸巳 27 六 | 甲午 28 日 | 乙未 29 一 | 丙申 30 二 | 丁酉 31 三 | 戊戌 (2) 四 | 己亥 2 五 | 庚子 3 六 | 辛丑 4 日 | 壬寅 5 一 | 癸卯 6 二 | 甲辰 7 三 | 乙巳 8 四 | 丙午 9 五 | 丁未 10 六 | 戊申 11 日 | 己酉 12 一 | 庚戌 13 二 | 辛亥 14 三 | 壬子 15 四 | 癸丑 16 五 | 甲寅 17 六 | 乙卯 18 日 | 丙辰 19 一 | 丁巳 20 二 | | 己丑大寒 乙巳立春 |

# 漢靈帝光和五年（壬戌 狗年）公元 182 ~ 183 年

| 夏曆月序 | | 中西曆日對照 | 初一 | 初二 | 初三 | 初四 | 初五 | 初六 | 初七 | 初八 | 初九 | 初十 | 十一 | 十二 | 十三 | 十四 | 十五 | 十六 | 十七 | 十八 | 十九 | 二十 | 二一 | 二二 | 二三 | 二四 | 二五 | 二六 | 二七 | 二八 | 二九 | 三十 | 節氣與天象 |
|---|---|---|---|---|---|---|---|---|---|---|---|---|---|---|---|---|---|---|---|---|---|---|---|---|---|---|---|---|---|---|---|---|---|
| 正月大 | 壬寅 | 干支<br>天地<br>西曆<br>星期 | 戊午<br>21<br>三 | 己未<br>22<br>四 | 庚申<br>23<br>五 | 辛酉<br>24<br>六 | 壬戌<br>25<br>日 | 癸亥<br>26<br>一 | 甲子<br>27<br>二 | 乙丑<br>28<br>三 | 丙寅<br>(3)<br>四 | 丁卯<br>2<br>五 | 戊辰<br>3<br>六 | 己巳<br>4<br>日 | 庚午<br>5<br>一 | 辛未<br>6<br>二 | 壬申<br>7<br>三 | 癸酉<br>8<br>四 | 甲戌<br>9<br>五 | 乙亥<br>10<br>六 | 丙子<br>11<br>日 | 丁丑<br>12<br>一 | 戊寅<br>13<br>二 | 己卯<br>14<br>三 | 庚辰<br>15<br>四 | 辛巳<br>16<br>五 | 壬午<br>17<br>六 | 癸未<br>18<br>日 | 甲申<br>19<br>一 | 乙酉<br>20<br>二 | 丙戌<br>21<br>三 | 丁亥<br>22<br>四 | 庚申雨水<br>乙亥驚蟄 |
| 二月小 | 癸卯 | 干支<br>天地<br>西曆<br>星期 | 戊子<br>23<br>五 | 己丑<br>24<br>六 | 庚寅<br>25<br>日 | 辛卯<br>26<br>一 | 壬辰<br>27<br>二 | 癸巳<br>28<br>三 | 甲午<br>29<br>四 | 乙未<br>30<br>五 | 丙申<br>31<br>六 | 丁酉<br>(4)<br>日 | 戊戌<br>2<br>一 | 己亥<br>3<br>二 | 庚子<br>4<br>三 | 辛丑<br>5<br>四 | 壬寅<br>6<br>五 | 癸卯<br>7<br>六 | 甲辰<br>8<br>日 | 乙巳<br>9<br>一 | 丙午<br>10<br>二 | 丁未<br>11<br>三 | 戊申<br>12<br>四 | 己酉<br>13<br>五 | 庚戌<br>14<br>六 | 辛亥<br>15<br>日 | 壬子<br>16<br>一 | 癸丑<br>17<br>二 | 甲寅<br>18<br>三 | 乙卯<br>19<br>四 | 丙辰<br>20<br>五 | | 庚寅春分<br>丙午清明 |
| 三月大 | 甲辰 | 干支<br>天地<br>西曆<br>星期 | 丁巳<br>21<br>六 | 戊午<br>22<br>日 | 己未<br>23<br>一 | 庚申<br>24<br>二 | 辛酉<br>25<br>三 | 壬戌<br>26<br>四 | 癸亥<br>27<br>五 | 甲子<br>28<br>六 | 乙丑<br>29<br>日 | 丙寅<br>30<br>一 | 丁卯<br>(5)<br>二 | 戊辰<br>2<br>三 | 己巳<br>3<br>四 | 庚午<br>4<br>五 | 辛未<br>5<br>六 | 壬申<br>6<br>日 | 癸酉<br>7<br>一 | 甲戌<br>8<br>二 | 乙亥<br>9<br>三 | 丙子<br>10<br>四 | 丁丑<br>11<br>五 | 戊寅<br>12<br>六 | 己卯<br>13<br>日 | 庚辰<br>14<br>一 | 辛巳<br>15<br>二 | 壬午<br>16<br>三 | 癸未<br>17<br>四 | 甲申<br>18<br>五 | 乙酉<br>19<br>六 | 丙戌<br>20<br>日 | 辛酉穀雨<br>丙子立夏 |
| 四月小 | 乙巳 | 干支<br>天地<br>西曆<br>星期 | 丁亥<br>21<br>一 | 戊子<br>22<br>二 | 己丑<br>23<br>三 | 庚寅<br>24<br>四 | 辛卯<br>25<br>五 | 壬辰<br>26<br>六 | 癸巳<br>27<br>日 | 甲午<br>28<br>一 | 乙未<br>29<br>二 | 丙申<br>30<br>三 | 丁酉<br>31<br>四 | 戊戌<br>(6)<br>五 | 己亥<br>2<br>六 | 庚子<br>3<br>日 | 辛丑<br>4<br>一 | 壬寅<br>5<br>二 | 癸卯<br>6<br>三 | 甲辰<br>7<br>四 | 乙巳<br>8<br>五 | 丙午<br>9<br>六 | 丁未<br>10<br>日 | 戊申<br>11<br>一 | 己酉<br>12<br>二 | 庚戌<br>13<br>三 | 辛亥<br>14<br>四 | 壬子<br>15<br>五 | 癸丑<br>16<br>六 | 甲寅<br>17<br>日 | 乙卯<br>18<br>一 | | 辛卯小滿<br>丙午芒種 |
| 五月大 | 丙午 | 干支<br>天地<br>西曆<br>星期 | 丙辰<br>19<br>二 | 丁巳<br>20<br>三 | 戊午<br>21<br>四 | 己未<br>22<br>五 | 庚申<br>23<br>六 | 辛酉<br>24<br>日 | 壬戌<br>25<br>一 | 癸亥<br>26<br>二 | 甲子<br>27<br>三 | 乙丑<br>28<br>四 | 丙寅<br>29<br>五 | 丁卯<br>30<br>六 | 戊辰<br>(7)<br>日 | 己巳<br>2<br>一 | 庚午<br>3<br>二 | 辛未<br>4<br>三 | 壬申<br>5<br>四 | 癸酉<br>6<br>五 | 甲戌<br>7<br>六 | 乙亥<br>8<br>日 | 丙子<br>9<br>一 | 丁丑<br>10<br>二 | 戊寅<br>11<br>三 | 己卯<br>12<br>四 | 庚辰<br>13<br>五 | 辛巳<br>14<br>六 | 壬午<br>15<br>日 | 癸未<br>16<br>一 | 甲申<br>17<br>二 | 乙酉<br>18<br>三 | 壬戌夏至<br>丁丑小暑 |
| 六月小 | 丁未 | 干支<br>天地<br>西曆<br>星期 | 丙戌<br>19<br>四 | 丁亥<br>20<br>五 | 戊子<br>21<br>六 | 己丑<br>22<br>日 | 庚寅<br>23<br>一 | 辛卯<br>24<br>二 | 壬辰<br>25<br>三 | 癸巳<br>26<br>四 | 甲午<br>27<br>五 | 乙未<br>28<br>六 | 丙申<br>29<br>日 | 丁酉<br>30<br>一 | 戊戌<br>31<br>二 | 己亥<br>(8)<br>三 | 庚子<br>2<br>四 | 辛丑<br>3<br>五 | 壬寅<br>4<br>六 | 癸卯<br>5<br>日 | 甲辰<br>6<br>一 | 乙巳<br>7<br>二 | 丙午<br>8<br>三 | 丁未<br>9<br>四 | 戊申<br>10<br>五 | 己酉<br>11<br>六 | 庚戌<br>12<br>日 | 辛亥<br>13<br>一 | 壬子<br>14<br>二 | 癸丑<br>15<br>三 | 甲寅<br>16<br>四 | | 壬辰大暑<br>丁未立秋 |
| 七月大 | 戊申 | 干支<br>天地<br>西曆<br>星期 | 乙卯<br>17<br>五 | 丙辰<br>18<br>六 | 丁巳<br>19<br>日 | 戊午<br>20<br>一 | 己未<br>21<br>二 | 庚申<br>22<br>三 | 辛酉<br>23<br>四 | 壬戌<br>24<br>五 | 癸亥<br>25<br>六 | 甲子<br>26<br>日 | 乙丑<br>27<br>一 | 丙寅<br>28<br>二 | 丁卯<br>29<br>三 | 戊辰<br>30<br>四 | 己巳<br>31<br>五 | 庚午<br>(9)<br>六 | 辛未<br>2<br>日 | 壬申<br>3<br>一 | 癸酉<br>4<br>二 | 甲戌<br>5<br>三 | 乙亥<br>6<br>四 | 丙子<br>7<br>五 | 丁丑<br>8<br>六 | 戊寅<br>9<br>日 | 己卯<br>10<br>一 | 庚辰<br>11<br>二 | 辛巳<br>12<br>三 | 壬午<br>13<br>四 | 癸未<br>14<br>五 | 甲申<br>15<br>六 | 癸亥處暑<br>戊寅白露 |
| 八月小 | 己酉 | 干支<br>天地<br>西曆<br>星期 | 乙酉<br>16<br>日 | 丙戌<br>17<br>一 | 丁亥<br>18<br>二 | 戊子<br>19<br>三 | 己丑<br>20<br>四 | 庚寅<br>21<br>五 | 辛卯<br>22<br>六 | 壬辰<br>23<br>日 | 癸巳<br>24<br>一 | 甲午<br>25<br>二 | 乙未<br>26<br>三 | 丙申<br>27<br>四 | 丁酉<br>28<br>五 | 戊戌<br>29<br>六 | 己亥<br>30<br>日 | 庚子<br>(10)<br>一 | 辛丑<br>2<br>二 | 壬寅<br>3<br>三 | 癸卯<br>4<br>四 | 甲辰<br>5<br>五 | 乙巳<br>6<br>六 | 丙午<br>7<br>日 | 丁未<br>8<br>一 | 戊申<br>9<br>二 | 己酉<br>10<br>三 | 庚戌<br>11<br>四 | 辛亥<br>12<br>五 | 壬子<br>13<br>六 | 癸丑<br>14<br>日 | | 癸巳秋分<br>戊申寒露 |
| 九月大 | 庚戌 | 干支<br>天地<br>西曆<br>星期 | 甲寅<br>15<br>一 | 乙卯<br>16<br>二 | 丙辰<br>17<br>三 | 丁巳<br>18<br>四 | 戊午<br>19<br>五 | 己未<br>20<br>六 | 庚申<br>21<br>日 | 辛酉<br>22<br>一 | 壬戌<br>23<br>二 | 癸亥<br>24<br>三 | 甲子<br>25<br>四 | 乙丑<br>26<br>五 | 丙寅<br>27<br>六 | 丁卯<br>28<br>日 | 戊辰<br>29<br>一 | 己巳<br>30<br>二 | 庚午<br>31<br>三 | 辛未<br>(11)<br>四 | 壬申<br>2<br>五 | 癸酉<br>3<br>六 | 甲戌<br>4<br>日 | 乙亥<br>5<br>一 | 丙子<br>6<br>二 | 丁丑<br>7<br>三 | 戊寅<br>8<br>四 | 己卯<br>9<br>五 | 庚辰<br>10<br>六 | 辛巳<br>11<br>日 | 壬午<br>12<br>一 | 癸未<br>13<br>二 | 癸亥霜降<br>己卯立冬 |
| 十月小 | 辛亥 | 干支<br>天地<br>西曆<br>星期 | 甲申<br>14<br>三 | 乙酉<br>15<br>四 | 丙戌<br>16<br>五 | 丁亥<br>17<br>六 | 戊子<br>18<br>日 | 己丑<br>19<br>一 | 庚寅<br>20<br>二 | 辛卯<br>21<br>三 | 壬辰<br>22<br>四 | 癸巳<br>23<br>五 | 甲午<br>24<br>六 | 乙未<br>25<br>日 | 丙申<br>26<br>一 | 丁酉<br>27<br>二 | 戊戌<br>28<br>三 | 己亥<br>29<br>四 | 庚子<br>30<br>五 | 辛丑<br>(12)<br>六 | 壬寅<br>2<br>日 | 癸卯<br>3<br>一 | 甲辰<br>4<br>二 | 乙巳<br>5<br>三 | 丙午<br>6<br>四 | 丁未<br>7<br>五 | 戊申<br>8<br>六 | 己酉<br>9<br>日 | 庚戌<br>10<br>一 | 辛亥<br>11<br>二 | 壬子<br>12<br>三 | | 甲午小雪<br>己酉大雪 |
| 十一月大 | 壬子 | 干支<br>天地<br>西曆<br>星期 | 癸丑<br>13<br>四 | 甲寅<br>14<br>五 | 乙卯<br>15<br>六 | 丙辰<br>16<br>日 | 丁巳<br>17<br>一 | 戊午<br>18<br>二 | 己未<br>19<br>三 | 庚申<br>20<br>四 | 辛酉<br>21<br>五 | 壬戌<br>22<br>六 | 癸亥<br>23<br>日 | 甲子<br>24<br>一 | 乙丑<br>25<br>二 | 丙寅<br>26<br>三 | 丁卯<br>27<br>四 | 戊辰<br>28<br>五 | 己巳<br>29<br>六 | 庚午<br>30<br>日 | 辛未<br>31<br>一 | 壬申<br>(1)<br>二 | 癸酉<br>2<br>三 | 甲戌<br>3<br>四 | 乙亥<br>4<br>五 | 丙子<br>5<br>六 | 丁丑<br>6<br>日 | 戊寅<br>7<br>一 | 己卯<br>8<br>二 | 庚辰<br>9<br>三 | 辛巳<br>10<br>四 | 壬午<br>11<br>五 | 甲子冬至<br>己卯小寒 |
| 十二月小 | 癸丑 | 干支<br>天地<br>西曆<br>星期 | 癸未<br>12<br>六 | 甲申<br>13<br>日 | 乙酉<br>14<br>一 | 丙戌<br>15<br>二 | 丁亥<br>16<br>三 | 戊子<br>17<br>四 | 己丑<br>18<br>五 | 庚寅<br>19<br>六 | 辛卯<br>20<br>日 | 壬辰<br>21<br>一 | 癸巳<br>22<br>二 | 甲午<br>23<br>三 | 乙未<br>24<br>四 | 丙申<br>25<br>五 | 丁酉<br>26<br>六 | 戊戌<br>27<br>日 | 己亥<br>28<br>一 | 庚子<br>29<br>二 | 辛丑<br>30<br>三 | 壬寅<br>31<br>四 | 癸卯<br>(2)<br>五 | 甲辰<br>2<br>六 | 乙巳<br>3<br>日 | 丙午<br>4<br>一 | 丁未<br>5<br>二 | 戊申<br>6<br>三 | 己酉<br>7<br>四 | 庚戌<br>8<br>五 | 辛亥<br>9<br>六 | | 乙未大寒<br>庚戌立春 |

# 漢靈帝光和六年（癸亥 猪年）公元183～184年

| 夏曆月序 | 中西曆日對照 | 初一 | 初二 | 初三 | 初四 | 初五 | 初六 | 初七 | 初八 | 初九 | 初十 | 十一 | 十二 | 十三 | 十四 | 十五 | 十六 | 十七 | 十八 | 十九 | 二十 | 二一 | 二二 | 二三 | 二四 | 二五 | 二六 | 二七 | 二八 | 二九 | 三十 | 節氣與天象 |
|---|---|---|---|---|---|---|---|---|---|---|---|---|---|---|---|---|---|---|---|---|---|---|---|---|---|---|---|---|---|---|---|---|
| 正月大 甲寅 | 干支 西曆 星期 | 壬子10日 | 癸丑11一 | 甲寅12二 | 乙卯13三 | 丙辰14四 | 丁巳15五 | 戊午16六 | 己未17日 | 庚申18一 | 辛酉19二 | 壬戌20三 | 癸亥21四 | 甲子22五 | 乙丑23六 | 丙寅24日 | 丁卯25一 | 戊辰26二 | 己巳27三 | 庚午28四 | 辛未(3)五 | 壬申2六 | 癸酉3日 | 甲戌4一 | 乙亥5二 | 丙子6三 | 丁丑7四 | 戊寅8五 | 己卯9六 | 庚辰10日 | 辛巳11一 | 乙丑雨水 庚辰驚蟄 |
| 二月小 乙卯 | 干支 西曆 星期 | 壬午12二 | 癸未13三 | 甲申14四 | 乙酉15五 | 丙戌16六 | 丁亥17日 | 戊子18一 | 己丑19二 | 庚寅20三 | 辛卯21四 | 壬辰22五 | 癸巳23六 | 甲午24日 | 乙未25一 | 丙申26二 | 丁酉27三 | 戊戌28四 | 己亥29五 | 庚子30六 | 辛丑31日 | 壬寅(4)一 | 癸卯2二 | 甲辰3三 | 乙巳4四 | 丙午5五 | 丁未6六 | 戊申7日 | 己酉8一 | 庚戌9二 | | 丙申春分 |
| 三月大 丙辰 | 干支 西曆 星期 | 辛亥10三 | 壬子11四 | 癸丑12五 | 甲寅13六 | 乙卯14日 | 丙辰15一 | 丁巳16二 | 戊午17三 | 己未18四 | 庚申19五 | 辛酉20六 | 壬戌21日 | 癸亥22一 | 甲子23二 | 乙丑24三 | 丙寅25四 | 丁卯26五 | 戊辰27六 | 己巳28日 | 庚午29一 | 辛未30二 | 壬申(5)三 | 癸酉2四 | 甲戌3五 | 乙亥4六 | 丙子5日 | 丁丑6一 | 戊寅7二 | 己卯8三 | 庚辰9四 | 辛亥清明 丙寅穀雨 |
| 四月大 丁巳 | 干支 西曆 星期 | 辛巳10五 | 壬午11六 | 癸未12日 | 甲申13一 | 乙酉14二 | 丙戌15三 | 丁亥16四 | 戊子17五 | 己丑18六 | 庚寅19日 | 辛卯20一 | 壬辰21二 | 癸巳22三 | 甲午23四 | 乙未24五 | 丙申25六 | 丁酉26日 | 戊戌27一 | 己亥28二 | 庚子29三 | 辛丑30四 | 壬寅31五 | 癸卯(6)六 | 甲辰2日 | 乙巳3一 | 丙午4二 | 丁未5三 | 戊申6四 | 己酉7五 | 庚戌8六 | 辛巳立夏 丙申小滿 |
| 五月小 戊午 | 干支 西曆 星期 | 辛亥9日 | 壬子10一 | 癸丑11二 | 甲寅12三 | 乙卯13四 | 丙辰14五 | 丁巳15六 | 戊午16日 | 己未17一 | 庚申18二 | 辛酉19三 | 壬戌20四 | 癸亥21五 | 甲子22六 | 乙丑23日 | 丙寅24一 | 丁卯25二 | 戊辰26三 | 己巳27四 | 庚午28五 | 辛未29六 | 壬申30日 | 癸酉(7)一 | 甲戌2二 | 乙亥3三 | 丙子4四 | 丁丑5五 | 戊寅6六 | 己卯7日 | | 壬子芒種 丁卯夏至 |
| 六月大 己未 | 干支 西曆 星期 | 庚辰8一 | 辛巳9二 | 壬午10三 | 癸未11四 | 甲申12五 | 乙酉13六 | 丙戌14日 | 丁亥15一 | 戊子16二 | 己丑17三 | 庚寅18四 | 辛卯19五 | 壬辰20六 | 癸巳21日 | 甲午22一 | 乙未23二 | 丙申24三 | 丁酉25四 | 戊戌26五 | 己亥27六 | 庚子28日 | 辛丑29一 | 壬寅30二 | 癸卯31三 | 甲辰(8)四 | 乙巳2五 | 丙午3六 | 丁未4日 | 戊申5一 | 己酉6二 | 壬午小暑 丁酉大暑 |
| 七月小 庚申 | 干支 西曆 星期 | 庚戌7三 | 辛亥8四 | 壬子9五 | 癸丑10六 | 甲寅11日 | 乙卯12一 | 丙辰13二 | 丁巳14三 | 戊午15四 | 己未16五 | 庚申17六 | 辛酉18日 | 壬戌19一 | 癸亥20二 | 甲子21三 | 乙丑22四 | 丙寅23五 | 丁卯24六 | 戊辰25日 | 己巳26一 | 庚午27二 | 辛未28三 | 壬申29四 | 癸酉30五 | 甲戌31六 | 乙亥(9)日 | 丙子2一 | 丁丑3二 | 戊寅4三 | | 癸丑立秋 戊辰處暑 |
| 八月大 辛酉 | 干支 西曆 星期 | 己卯5四 | 庚辰6五 | 辛巳7六 | 壬午8日 | 癸未9一 | 甲申10二 | 乙酉11三 | 丙戌12四 | 丁亥13五 | 戊子14六 | 己丑15日 | 庚寅16一 | 辛卯17二 | 壬辰18三 | 癸巳19四 | 甲午20五 | 乙未21六 | 丙申22日 | 丁酉23一 | 戊戌24二 | 己亥25三 | 庚子26四 | 辛丑27五 | 壬寅28六 | 癸卯29日 | 甲辰30一 | 乙巳(10)二 | 丙午2三 | 丁未3四 | 戊申4五 | 癸未白露 戊戌秋分 |
| 九月小 壬戌 | 干支 西曆 星期 | 己酉5六 | 庚戌6日 | 辛亥7一 | 壬子8二 | 癸丑9三 | 甲寅10四 | 乙卯11五 | 丙辰12六 | 丁巳13日 | 戊午14一 | 己未15二 | 庚申16三 | 辛酉17四 | 壬戌18五 | 癸亥19六 | 甲子20日 | 乙丑21一 | 丙寅22二 | 丁卯23三 | 戊辰24四 | 己巳25五 | 庚午26六 | 辛未27日 | 壬申28一 | 癸酉29二 | 甲戌30三 | 乙亥31四 | 丙子(11)五 | 丁丑2六 | | 癸丑寒露 己巳霜降 |
| 十月大 癸亥 | 干支 西曆 星期 | 戊寅3日 | 己卯4一 | 庚辰5二 | 辛巳6三 | 壬午7四 | 癸未8五 | 甲申9六 | 乙酉10日 | 丙戌11一 | 丁亥12二 | 戊子13三 | 己丑14四 | 庚寅15五 | 辛卯16六 | 壬辰17日 | 癸巳18一 | 甲午19二 | 乙未20三 | 丙申21四 | 丁酉22五 | 戊戌23六 | 己亥24日 | 庚子25一 | 辛丑26二 | 壬寅27三 | 癸卯28四 | 甲辰29五 | 乙巳30六 | 丙午(12)日 | 丁未2一 | 甲申立冬 己亥小雪 |
| 十一月小 甲子 | 干支 西曆 星期 | 戊申3二 | 己酉4三 | 庚戌5四 | 辛亥6五 | 壬子7六 | 癸丑8日 | 甲寅9一 | 乙卯10二 | 丙辰11三 | 丁巳12四 | 戊午13五 | 己未14六 | 庚申15日 | 辛酉16一 | 壬戌17二 | 癸亥18三 | 甲子19四 | 乙丑20五 | 丙寅21六 | 丁卯22日 | 戊辰23一 | 己巳24二 | 庚午25三 | 辛未26四 | 壬申27五 | 癸酉28六 | 甲戌29日 | 乙亥30一 | 丙子31二 | | 甲寅大雪 庚午冬至 |
| 十二月大 乙丑 | 干支 西曆 星期 | 丁丑(1)三 | 戊寅2四 | 己卯3五 | 庚辰4六 | 辛巳5日 | 壬午6一 | 癸未7二 | 甲申8三 | 乙酉9四 | 丙戌10五 | 丁亥11六 | 戊子12日 | 己丑13一 | 庚寅14二 | 辛卯15三 | 壬辰16四 | 癸巳17五 | 甲午18六 | 乙未19日 | 丙申20一 | 丁酉21二 | 戊戌22三 | 己亥23四 | 庚子24五 | 辛丑25六 | 壬寅26日 | 癸卯27一 | 甲辰28二 | 乙巳29三 | 丙午30四 | 乙酉小寒 庚子大寒 |

# 漢靈帝光和七年 中平元年（甲子 鼠年）公元 **184** ~ 185 年

| 夏曆月序 | | 中西曆日對照 | 夏曆日序 | | | | | | | | | | | | | | | | | | | | | | | | | | | | | | 節氣與天象 |
|---|---|---|---|---|---|---|---|---|---|---|---|---|---|---|---|---|---|---|---|---|---|---|---|---|---|---|---|---|---|---|---|---|---|
| | | | 初一 | 初二 | 初三 | 初四 | 初五 | 初六 | 初七 | 初八 | 初九 | 初十 | 十一 | 十二 | 十三 | 十四 | 十五 | 十六 | 十七 | 十八 | 十九 | 二十 | 二一 | 二二 | 二三 | 二四 | 二五 | 二六 | 二七 | 二八 | 二九 | 三十 | |
| 正月小 | 丙寅 | 天干地支 西曆 星期 | 丁未 31 五 | 戊申 (2) 六 | 己酉 2 日 | 庚戌 3 一 | 辛亥 4 二 | 壬子 5 三 | 癸丑 6 四 | 甲寅 7 五 | 乙卯 8 六 | 丙辰 9 日 | 丁巳 10 一 | 戊午 11 二 | 己未 12 三 | 庚申 13 四 | 辛酉 14 五 | 壬戌 15 六 | 癸亥 16 日 | 甲子 17 一 | 乙丑 18 二 | 丙寅 19 三 | 丁卯 20 四 | 戊辰 21 五 | 己巳 22 六 | 庚午 23 日 | 辛未 24 一 | 壬申 25 二 | 癸酉 26 三 | 甲戌 27 四 | 乙亥 28 五 | | 乙卯立春 庚午雨水 |
| 二月大 | 丁卯 | 天干地支 西曆 星期 | 丙子 29 六 | 丁丑 (3) 日 | 戊寅 2 一 | 己卯 3 二 | 庚辰 4 三 | 辛巳 5 四 | 壬午 6 五 | 癸未 7 六 | 甲申 8 日 | 乙酉 9 一 | 丙戌 10 二 | 丁亥 11 三 | 戊子 12 四 | 己丑 13 五 | 庚寅 14 六 | 辛卯 15 日 | 壬辰 16 一 | 癸巳 17 二 | 甲午 18 三 | 乙未 19 四 | 丙申 20 五 | 丁酉 21 六 | 戊戌 22 日 | 己亥 23 一 | 庚子 24 二 | 辛丑 25 三 | 壬寅 26 四 | 癸卯 27 五 | 甲辰 28 六 | 乙巳 29 日 | 丙戌驚蟄 辛丑春分 |
| 三月小 | 戊辰 | 天干地支 西曆 星期 | 丙午 30 一 | 丁未 31 二 | 戊申 (4) 三 | 己酉 2 四 | 庚戌 3 五 | 辛亥 4 六 | 壬子 5 日 | 癸丑 6 一 | 甲寅 7 二 | 乙卯 8 三 | 丙辰 9 四 | 丁巳 10 五 | 戊午 11 六 | 己未 12 日 | 庚申 13 一 | 辛酉 14 二 | 壬戌 15 三 | 癸亥 16 四 | 甲子 17 五 | 乙丑 18 六 | 丙寅 19 日 | 丁卯 20 一 | 戊辰 21 二 | 己巳 22 三 | 庚午 23 四 | 辛未 24 五 | 壬申 25 六 | 癸酉 26 日 | 甲戌 27 一 | | 丙辰清明 辛未穀雨 |
| 四月大 | 己巳 | 天干地支 西曆 星期 | 乙亥 28 二 | 丙子 29 三 | 丁丑 30 四 | 戊寅 (5) 五 | 己卯 2 六 | 庚辰 3 日 | 辛巳 4 一 | 壬午 5 二 | 癸未 6 三 | 甲申 7 四 | 乙酉 8 五 | 丙戌 9 六 | 丁亥 10 日 | 戊子 11 一 | 己丑 12 二 | 庚寅 13 三 | 辛卯 14 四 | 壬辰 15 五 | 癸巳 16 六 | 甲午 17 日 | 乙未 18 一 | 丙申 19 二 | 丁酉 20 三 | 戊戌 21 四 | 己亥 22 五 | 庚子 23 六 | 辛丑 24 日 | 壬寅 25 一 | 癸卯 26 二 | 甲辰 27 三 | 丙戌立夏 壬寅小滿 |
| 五月小 | 庚午 | 天干地支 西曆 星期 | 乙巳 28 四 | 丙午 29 五 | 丁未 30 六 | 戊申 31 日 | 己酉 (6) 一 | 庚戌 2 二 | 辛亥 3 三 | 壬子 4 四 | 癸丑 5 五 | 甲寅 6 六 | 乙卯 7 日 | 丙辰 8 一 | 丁巳 9 二 | 戊午 10 三 | 己未 11 四 | 庚申 12 五 | 辛酉 13 六 | 壬戌 14 日 | 癸亥 15 一 | 甲子 16 二 | 乙丑 17 三 | 丙寅 18 四 | 丁卯 19 五 | 戊辰 20 六 | 己巳 21 日 | 庚午 22 一 | 辛未 23 二 | 壬申 24 三 | 癸酉 25 四 | | 丁巳芒種 壬申夏至 |
| 六月大 | 辛未 | 天干地支 西曆 星期 | 甲戌 26 五 | 乙亥 27 六 | 丙子 28 日 | 丁丑 29 一 | 戊寅 30 二 | 己卯 (7) 三 | 庚辰 2 四 | 辛巳 3 五 | 壬午 4 六 | 癸未 5 日 | 甲申 6 一 | 乙酉 7 二 | 丙戌 8 三 | 丁亥 9 四 | 戊子 10 五 | 己丑 11 六 | 庚寅 12 日 | 辛卯 13 一 | 壬辰 14 二 | 癸巳 15 三 | 甲午 16 四 | 乙未 17 五 | 丙申 18 六 | 丁酉 19 日 | 戊戌 20 一 | 己亥 21 二 | 庚子 22 三 | 辛丑 23 四 | 壬寅 24 五 | 癸卯 25 六 | 丁亥小暑 癸卯大暑 |
| 七月大 | 壬申 | 天干地支 西曆 星期 | 甲辰 26 日 | 乙巳 27 一 | 丙午 28 二 | 丁未 29 三 | 戊申 30 四 | 己酉 31 五 | 庚戌 (8) 六 | 辛亥 2 日 | 壬子 3 一 | 癸丑 4 二 | 甲寅 5 三 | 乙卯 6 四 | 丙辰 7 五 | 丁巳 8 六 | 戊午 9 日 | 己未 10 一 | 庚申 11 二 | 辛酉 12 三 | 壬戌 13 四 | 癸亥 14 五 | 甲子 15 六 | 乙丑 16 日 | 丙寅 17 一 | 丁卯 18 二 | 戊辰 19 三 | 己巳 20 四 | 庚午 21 五 | 辛未 22 六 | 壬申 23 日 | 癸酉 24 一 | 戊午立秋 癸酉處暑 |
| 閏七月小 | 壬申 | 天干地支 西曆 星期 | 甲戌 25 二 | 乙亥 26 三 | 丙子 27 四 | 丁丑 28 五 | 戊寅 29 六 | 己卯 30 日 | 庚辰 31 一 | 辛巳 (9) 二 | 壬午 2 三 | 癸未 3 四 | 甲申 4 五 | 乙酉 5 六 | 丙戌 6 日 | 丁亥 7 一 | 戊子 8 二 | 己丑 9 三 | 庚寅 10 四 | 辛卯 11 五 | 壬辰 12 六 | 癸巳 13 日 | 甲午 14 一 | 乙未 15 二 | 丙申 16 三 | 丁酉 17 四 | 戊戌 18 五 | 己亥 19 六 | 庚子 20 日 | 辛丑 21 一 | 壬寅 22 二 | | 戊子白露 |
| 八月大 | 癸酉 | 天干地支 西曆 星期 | 癸卯 23 三 | 甲辰 24 四 | 乙巳 25 五 | 丙午 26 六 | 丁未 27 日 | 戊申 28 一 | 己酉 29 二 | 庚戌 30 三 | 辛亥 (10) 四 | 壬子 2 五 | 癸丑 3 六 | 甲寅 4 日 | 乙卯 5 一 | 丙辰 6 二 | 丁巳 7 三 | 戊午 8 四 | 己未 9 五 | 庚申 10 六 | 辛酉 11 日 | 壬戌 12 一 | 癸亥 13 二 | 甲子 14 三 | 乙丑 15 四 | 丙寅 16 五 | 丁卯 17 六 | 戊辰 18 日 | 己巳 19 一 | 庚午 20 二 | 辛未 21 三 | 壬申 22 四 | 癸卯秋分 己未寒露 |
| 九月小 | 甲戌 | 天干地支 西曆 星期 | 癸酉 23 五 | 甲戌 24 六 | 乙亥 25 日 | 丙子 26 一 | 丁丑 27 二 | 戊寅 28 三 | 己卯 29 四 | 庚辰 30 五 | 辛巳 31 六 | 壬午 (11) 日 | 癸未 2 一 | 甲申 3 二 | 乙酉 4 三 | 丙戌 5 四 | 丁亥 6 五 | 戊子 7 六 | 己丑 8 日 | 庚寅 9 一 | 辛卯 10 二 | 壬辰 11 三 | 癸巳 12 四 | 甲午 13 五 | 乙未 14 六 | 丙申 15 日 | 丁酉 16 一 | 戊戌 17 二 | 己亥 18 三 | 庚子 19 四 | 辛丑 20 五 | | 甲戌霜降 己丑立冬 |
| 十月大 | 乙亥 | 天干地支 西曆 星期 | 壬寅 21 六 | 癸卯 22 日 | 甲辰 23 一 | 乙巳 24 二 | 丙午 25 三 | 丁未 26 四 | 戊申 27 五 | 己酉 28 六 | 庚戌 29 日 | 辛亥 30 一 | 壬子 (12) 二 | 癸丑 2 三 | 甲寅 3 四 | 乙卯 4 五 | 丙辰 5 六 | 丁巳 6 日 | 戊午 7 一 | 己未 8 二 | 庚申 9 三 | 辛酉 10 四 | 壬戌 11 五 | 癸亥 12 六 | 甲子 13 日 | 乙丑 14 一 | 丙寅 15 二 | 丁卯 16 三 | 戊辰 17 四 | 己巳 18 五 | 庚午 19 六 | 辛未 20 日 | 甲辰小雪 庚申大雪 |
| 十一月小 | 丙子 | 天干地支 西曆 星期 | 壬申 21 一 | 癸酉 22 二 | 甲戌 23 三 | 乙亥 24 四 | 丙子 25 五 | 丁丑 26 六 | 戊寅 27 日 | 己卯 28 一 | 庚辰 29 二 | 辛巳 30 三 | 壬午 31 四 | 癸未 (1) 五 | 甲申 2 六 | 乙酉 3 日 | 丙戌 4 一 | 丁亥 5 二 | 戊子 6 三 | 己丑 7 四 | 庚寅 8 五 | 辛卯 9 六 | 壬辰 10 日 | 癸巳 11 一 | 甲午 12 二 | 乙未 13 三 | 丙申 14 四 | 丁酉 15 五 | 戊戌 16 六 | 己亥 17 日 | 庚子 18 一 | | 乙亥冬至 庚寅小寒 |
| 十二月大 | 丁丑 | 天干地支 西曆 星期 | 辛丑 19 二 | 壬寅 20 三 | 癸卯 21 四 | 甲辰 22 五 | 乙巳 23 六 | 丙午 24 日 | 丁未 25 一 | 戊申 26 二 | 己酉 27 三 | 庚戌 28 四 | 辛亥 29 五 | 壬子 30 六 | 癸丑 31 日 | 甲寅 (2) 一 | 乙卯 2 二 | 丙辰 3 三 | 丁巳 4 四 | 戊午 5 五 | 己未 6 六 | 庚申 7 日 | 辛酉 8 一 | 壬戌 9 二 | 癸亥 10 三 | 甲子 11 四 | 乙丑 12 五 | 丙寅 13 六 | 丁卯 14 日 | 戊辰 15 一 | 己巳 16 二 | 庚午 17 三 | 乙巳大寒 庚申立春 |

＊十二月己巳（二十九日），改元中平。

# 漢靈帝中平二年（乙丑 牛年）公元 185 ~ 186 年

| 夏曆月序 | | 中西曆日對照 | 初一 | 初二 | 初三 | 初四 | 初五 | 初六 | 初七 | 初八 | 初九 | 初十 | 十一 | 十二 | 十三 | 十四 | 十五 | 十六 | 十七 | 十八 | 十九 | 二十 | 二一 | 二二 | 二三 | 二四 | 二五 | 二六 | 二七 | 二八 | 二九 | 三十 | 節氣與天象 |
|---|---|---|---|---|---|---|---|---|---|---|---|---|---|---|---|---|---|---|---|---|---|---|---|---|---|---|---|---|---|---|---|---|---|
| 正月小 | 戊寅 | 干支 西曆 星期 | 辛未 18 四 | 壬申 19 五 | 癸酉 20 六 | 甲戌 21 日 | 乙亥 22 一 | 丙子 23 二 | 丁丑 24 三 | 戊寅 25 四 | 己卯 26 五 | 庚辰 27 六 | 辛巳 28 日 | 壬午 (3) 一 | 癸未 2 二 | 甲申 3 三 | 乙酉 4 四 | 丙戌 5 五 | 丁亥 6 六 | 戊子 7 日 | 己丑 8 一 | 庚寅 9 二 | 辛卯 10 三 | 壬辰 11 四 | 癸巳 12 五 | 甲午 13 六 | 乙未 14 日 | 丙申 15 一 | 丁酉 16 二 | 戊戌 17 三 | 己亥 18 四 | | 丙子雨水 辛卯驚蟄 |
| 二月大 | 己卯 | 干支 西曆 星期 | 庚子 19 五 | 辛丑 20 六 | 壬寅 21 日 | 癸卯 22 一 | 甲辰 23 二 | 乙巳 24 三 | 丙午 25 四 | 丁未 26 五 | 戊申 27 六 | 己酉 28 日 | 庚戌 29 一 | 辛亥 30 二 | 壬子 31 三 | 癸丑 (4) 四 | 甲寅 2 五 | 乙卯 3 六 | 丙辰 4 日 | 丁巳 5 一 | 戊午 6 二 | 己未 7 三 | 庚申 8 四 | 辛酉 9 五 | 壬戌 10 六 | 癸亥 11 日 | 甲子 12 一 | 乙丑 13 二 | 丙寅 14 三 | 丁卯 15 四 | 戊辰 16 五 | 己巳 17 六 | 丙午春分 辛酉清明 |
| 三月小 | 庚辰 | 干支 西曆 星期 | 庚午 18 日 | 辛未 19 一 | 壬申 20 二 | 癸酉 21 三 | 甲戌 22 四 | 乙亥 23 五 | 丙子 24 六 | 丁丑 25 日 | 戊寅 26 一 | 己卯 27 二 | 庚辰 28 三 | 辛巳 29 四 | 壬午 30 五 | 癸未 (5) 六 | 甲申 2 日 | 乙酉 3 一 | 丙戌 4 二 | 丁亥 5 三 | 戊子 6 四 | 己丑 7 五 | 庚寅 8 六 | 辛卯 9 日 | 壬辰 10 一 | 癸巳 11 二 | 甲午 12 三 | 乙未 13 四 | 丙申 14 五 | 丁酉 15 六 | 戊戌 16 日 | | 丁丑穀雨 壬辰立夏 |
| 四月大 | 辛巳 | 干支 西曆 星期 | 己亥 17 一 | 庚子 18 二 | 辛丑 19 三 | 壬寅 20 四 | 癸卯 21 五 | 甲辰 22 六 | 乙巳 23 日 | 丙午 24 一 | 丁未 25 二 | 戊申 26 三 | 己酉 27 四 | 庚戌 28 五 | 辛亥 29 六 | 壬子 30 日 | 癸丑 31 一 | 甲寅 (6) 二 | 乙卯 2 三 | 丙辰 3 四 | 丁巳 4 五 | 戊午 5 六 | 己未 6 日 | 庚申 7 一 | 辛酉 8 二 | 壬戌 9 三 | 癸亥 10 四 | 甲子 11 五 | 乙丑 12 六 | 丙寅 13 日 | 丁卯 14 一 | 戊辰 15 二 | 丁未小滿 壬戌芒種 |
| 五月小 | 壬午 | 干支 西曆 星期 | 己巳 16 三 | 庚午 17 四 | 辛未 18 五 | 壬申 19 六 | 癸酉 20 日 | 甲戌 21 一 | 乙亥 22 二 | 丙子 23 三 | 丁丑 24 四 | 戊寅 25 五 | 己卯 26 六 | 庚辰 27 日 | 辛巳 28 一 | 壬午 29 二 | 癸未 30 三 | 甲申 (7) 四 | 乙酉 2 五 | 丙戌 3 六 | 丁亥 4 日 | 戊子 5 一 | 己丑 6 二 | 庚寅 7 三 | 辛卯 8 四 | 壬辰 9 五 | 癸巳 10 六 | 甲午 11 日 | 乙未 12 一 | 丙申 13 二 | 丁酉 14 三 | | 丁丑夏至 癸巳小暑 |
| 六月大 | 癸未 | 干支 西曆 星期 | 戊戌 15 四 | 己亥 16 五 | 庚子 17 六 | 辛丑 18 日 | 壬寅 19 一 | 癸卯 20 二 | 甲辰 21 三 | 乙巳 22 四 | 丙午 23 五 | 丁未 24 六 | 戊申 25 日 | 己酉 26 一 | 庚戌 27 二 | 辛亥 28 三 | 壬子 29 四 | 癸丑 30 五 | 甲寅 31 六 | 乙卯 (8) 日 | 丙辰 2 一 | 丁巳 3 二 | 戊午 4 三 | 己未 5 四 | 庚申 6 五 | 辛酉 7 六 | 壬戌 8 日 | 癸亥 9 一 | 甲子 10 二 | 乙丑 11 三 | 丙寅 12 四 | 丁卯 13 五 | 戊申大暑 癸亥立秋 |
| 七月小 | 甲申 | 干支 西曆 星期 | 戊辰 14 六 | 己巳 15 日 | 庚午 16 一 | 辛未 17 二 | 壬申 18 三 | 癸酉 19 四 | 甲戌 20 五 | 乙亥 21 六 | 丙子 22 日 | 丁丑 23 一 | 戊寅 24 二 | 己卯 25 三 | 庚辰 26 四 | 辛巳 27 五 | 壬午 28 六 | 癸未 29 日 | 甲申 30 一 | 乙酉 31 二 | 丙戌 (9) 三 | 丁亥 2 四 | 戊子 3 五 | 己丑 4 六 | 庚寅 5 日 | 辛卯 6 一 | 壬辰 7 二 | 癸巳 8 三 | 甲午 9 四 | 乙未 10 五 | 丙申 11 六 | | 戊寅處暑 癸巳白露 |
| 八月大 | 乙酉 | 干支 西曆 星期 | 丁酉 12 日 | 戊戌 13 一 | 己亥 14 二 | 庚子 15 三 | 辛丑 16 四 | 壬寅 17 五 | 癸卯 18 六 | 甲辰 19 日 | 乙巳 20 一 | 丙午 21 二 | 丁未 22 三 | 戊申 23 四 | 己酉 24 五 | 庚戌 25 六 | 辛亥 26 日 | 壬子 27 一 | 癸丑 28 二 | 甲寅 29 三 | 乙卯 30 四 | 丙辰 (10) 五 | 丁巳 2 六 | 戊午 3 日 | 己未 4 一 | 庚申 5 二 | 辛酉 6 三 | 壬戌 7 四 | 癸亥 8 五 | 甲子 9 六 | 乙丑 10 日 | 丙寅 11 一 | 己酉秋分 甲子寒露 |
| 九月小 | 丙戌 | 干支 西曆 星期 | 丁卯 12 二 | 戊辰 13 三 | 己巳 14 四 | 庚午 15 五 | 辛未 16 六 | 壬申 17 日 | 癸酉 18 一 | 甲戌 19 二 | 乙亥 20 三 | 丙子 21 四 | 丁丑 22 五 | 戊寅 23 六 | 己卯 24 日 | 庚辰 25 一 | 辛巳 26 二 | 壬午 27 三 | 癸未 28 四 | 甲申 29 五 | 乙酉 30 六 | 丙戌 31 日 | 丁亥 (11) 一 | 戊子 2 二 | 己丑 3 三 | 庚寅 4 四 | 辛卯 5 五 | 壬辰 6 六 | 癸巳 7 日 | 甲午 8 一 | 乙未 9 二 | | 己卯霜降 甲午立冬 |
| 十月大 | 丁亥 | 干支 西曆 星期 | 丙申 10 三 | 丁酉 11 四 | 戊戌 12 五 | 己亥 13 六 | 庚子 14 日 | 辛丑 15 一 | 壬寅 16 二 | 癸卯 17 三 | 甲辰 18 四 | 乙巳 19 五 | 丙午 20 六 | 丁未 21 日 | 戊申 22 一 | 己酉 23 二 | 庚戌 24 三 | 辛亥 25 四 | 壬子 26 五 | 癸丑 27 六 | 甲寅 28 日 | 乙卯 29 一 | 丙辰 30 二 | 丁巳 (12) 三 | 戊午 2 四 | 己未 3 五 | 庚申 4 六 | 辛酉 5 日 | 壬戌 6 一 | 癸亥 7 二 | 甲子 8 三 | 乙丑 9 四 | 庚戌小雪 乙丑大雪 |
| 十一月大 | 戊子 | 干支 西曆 星期 | 丙寅 10 五 | 丁卯 11 六 | 戊辰 12 日 | 己巳 13 一 | 庚午 14 二 | 辛未 15 三 | 壬申 16 四 | 癸酉 17 五 | 甲戌 18 六 | 乙亥 19 日 | 丙子 20 一 | 丁丑 21 二 | 戊寅 22 三 | 己卯 23 四 | 庚辰 24 五 | 辛巳 25 六 | 壬午 26 日 | 癸未 27 一 | 甲申 28 二 | 乙酉 29 三 | 丙戌 30 四 | 丁亥 31 五 | 戊子 (1) 六 | 己丑 2 日 | 庚寅 3 一 | 辛卯 4 二 | 壬辰 5 三 | 癸巳 6 四 | 甲午 7 五 | 乙未 8 六 | 庚辰冬至 乙未小寒 |
| 十二月小 | 己丑 | 干支 西曆 星期 | 丙申 9 日 | 丁酉 10 一 | 戊戌 11 二 | 己亥 12 三 | 庚子 13 四 | 辛丑 14 五 | 壬寅 15 六 | 癸卯 16 日 | 甲辰 17 一 | 乙巳 18 二 | 丙午 19 三 | 丁未 20 四 | 戊申 21 五 | 己酉 22 六 | 庚戌 23 日 | 辛亥 24 一 | 壬子 25 二 | 癸丑 26 三 | 甲寅 27 四 | 乙卯 28 五 | 丙辰 29 六 | 丁巳 30 日 | 戊午 31 一 | 己未 (2) 二 | 庚申 2 三 | 辛酉 3 四 | 壬戌 4 五 | 癸亥 5 六 | 甲子 6 日 | | 庚戌大寒 |

# 漢靈帝中平三年（丙寅 虎年）公元 **186** ~ 187 年

| 夏曆月序 | | 中西曆日對照 | 初一 | 初二 | 初三 | 初四 | 初五 | 初六 | 初七 | 初八 | 初九 | 初十 | 十一 | 十二 | 十三 | 十四 | 十五 | 十六 | 十七 | 十八 | 十九 | 二十 | 二一 | 二二 | 二三 | 二四 | 二五 | 二六 | 二七 | 二八 | 二九 | 三十 | 節氣與天象 |
|---|---|---|---|---|---|---|---|---|---|---|---|---|---|---|---|---|---|---|---|---|---|---|---|---|---|---|---|---|---|---|---|---|---|
| 正月大 | 庚寅 | 天干地支 西曆 星期 | 乙丑 7 一 | 丙寅 8 二 | 丁卯 9 三 | 戊辰 10 四 | 己巳 11 五 | 庚午 12 六 | 辛未 13 日 | 壬申 14 一 | 癸酉 15 二 | 甲戌 16 三 | 乙亥 17 四 | 丙子 18 五 | 丁丑 19 六 | 戊寅 20 日 | 己卯 21 一 | 庚辰 22 二 | 辛巳 23 三 | 壬午 24 四 | 癸未 25 五 | 甲申 26 六 | 乙酉 27 日 | 丙戌 28 一 | 丁亥 (3) 二 | 戊子 2 三 | 己丑 3 四 | 庚寅 4 五 | 辛卯 5 六 | 壬辰 6 日 | 癸巳 7 一 | 甲午 8 二 | 丙寅立春 辛巳雨水 |
| 二月小 | 辛卯 | 天干地支 西曆 星期 | 乙未 9 三 | 丙申 10 四 | 丁酉 11 五 | 戊戌 12 六 | 己亥 13 日 | 庚子 14 一 | 辛丑 15 二 | 壬寅 16 三 | 癸卯 17 四 | 甲辰 18 五 | 乙巳 19 六 | 丙午 20 日 | 丁未 21 一 | 戊申 22 二 | 己酉 23 三 | 庚戌 24 四 | 辛亥 25 五 | 壬子 26 六 | 癸丑 27 日 | 甲寅 28 一 | 乙卯 29 二 | 丙辰 30 三 | 丁巳 31 四 | 戊午 (4) 五 | 己未 2 六 | 庚申 3 日 | 辛酉 4 一 | 壬戌 5 二 | 癸亥 6 三 | | 丙申驚蟄 辛亥春分 |
| 三月大 | 壬辰 | 天干地支 西曆 星期 | 甲子 7 四 | 乙丑 8 五 | 丙寅 9 六 | 丁卯 10 日 | 戊辰 11 一 | 己巳 12 二 | 庚午 13 三 | 辛未 14 四 | 壬申 15 五 | 癸酉 16 六 | 甲戌 17 日 | 乙亥 18 一 | 丙子 19 二 | 丁丑 20 三 | 戊寅 21 四 | 己卯 22 五 | 庚辰 23 六 | 辛巳 24 日 | 壬午 25 一 | 癸未 26 二 | 甲申 27 三 | 乙酉 28 四 | 丙戌 29 五 | 丁亥 30 六 | 戊子 (5) 日 | 己丑 2 一 | 庚寅 3 二 | 辛卯 4 三 | 壬辰 5 四 | 癸巳 6 五 | 丁卯清明 壬午穀雨 |
| 四月小 | 癸巳 | 天干地支 西曆 星期 | 甲午 7 六 | 乙未 8 日 | 丙申 9 一 | 丁酉 10 二 | 戊戌 11 三 | 己亥 12 四 | 庚子 13 五 | 辛丑 14 六 | 壬寅 15 日 | 癸卯 16 一 | 甲辰 17 二 | 乙巳 18 三 | 丙午 19 四 | 丁未 20 五 | 戊申 21 六 | 己酉 22 日 | 庚戌 23 一 | 辛亥 24 二 | 壬子 25 三 | 癸丑 26 四 | 甲寅 27 五 | 乙卯 28 六 | 丙辰 29 日 | 丁巳 30 一 | 戊午 31 二 | 己未 (6) 三 | 庚申 2 四 | 辛酉 3 五 | 壬戌 4 六 | | 丁酉立夏 壬子小滿 |
| 五月大 | 甲午 | 天干地支 西曆 星期 | 癸亥 5 日 | 甲子 6 一 | 乙丑 7 二 | 丙寅 8 三 | 丁卯 9 四 | 戊辰 10 五 | 己巳 11 六 | 庚午 12 日 | 辛未 13 一 | 壬申 14 二 | 癸酉 15 三 | 甲戌 16 四 | 乙亥 17 五 | 丙子 18 六 | 丁丑 19 日 | 戊寅 20 一 | 己卯 21 二 | 庚辰 22 三 | 辛巳 23 四 | 壬午 24 五 | 癸未 25 六 | 甲申 26 日 | 乙酉 27 一 | 丙戌 28 二 | 丁亥 29 三 | 戊子 30 四 | 己丑 (7) 五 | 庚寅 2 六 | 辛卯 3 日 | 壬辰 4 一 | 丁卯芒種 癸未夏至 壬辰日食 |
| 六月小 | 乙未 | 天干地支 西曆 星期 | 癸巳 5 二 | 甲午 6 三 | 乙未 7 四 | 丙申 8 五 | 丁酉 9 六 | 戊戌 10 日 | 己亥 11 一 | 庚子 12 二 | 辛丑 13 三 | 壬寅 14 四 | 癸卯 15 五 | 甲辰 16 六 | 乙巳 17 日 | 丙午 18 一 | 丁未 19 二 | 戊申 20 三 | 己酉 21 四 | 庚戌 22 五 | 辛亥 23 六 | 壬子 24 日 | 癸丑 25 一 | 甲寅 26 二 | 乙卯 27 三 | 丙辰 28 四 | 丁巳 29 五 | 戊午 30 六 | 己未 31 日 | 庚申 (8) 一 | 辛酉 2 二 | | 戊戌小暑 癸丑大暑 |
| 七月大 | 丙申 | 天干地支 西曆 星期 | 壬戌 3 三 | 癸亥 4 四 | 甲子 5 五 | 乙丑 6 六 | 丙寅 7 日 | 丁卯 8 一 | 戊辰 9 二 | 己巳 10 三 | 庚午 11 四 | 辛未 12 五 | 壬申 13 六 | 癸酉 14 日 | 甲戌 15 一 | 乙亥 16 二 | 丙子 17 三 | 丁丑 18 四 | 戊寅 19 五 | 己卯 20 六 | 庚辰 21 日 | 辛巳 22 一 | 壬午 23 二 | 癸未 24 三 | 甲申 25 四 | 乙酉 26 五 | 丙戌 27 六 | 丁亥 28 日 | 戊子 29 一 | 己丑 30 二 | 庚寅 31 三 | 辛卯 (9) 四 | 戊辰立秋 甲申處暑 |
| 八月小 | 丁酉 | 天干地支 西曆 星期 | 壬辰 2 五 | 癸巳 3 六 | 甲午 4 日 | 乙未 5 一 | 丙申 6 二 | 丁酉 7 三 | 戊戌 8 四 | 己亥 9 五 | 庚子 10 六 | 辛丑 11 日 | 壬寅 12 一 | 癸卯 13 二 | 甲辰 14 三 | 乙巳 15 四 | 丙午 16 五 | 丁未 17 六 | 戊申 18 日 | 己酉 19 一 | 庚戌 20 二 | 辛亥 21 三 | 壬子 22 四 | 癸丑 23 五 | 甲寅 24 六 | 乙卯 25 日 | 丙辰 26 一 | 丁巳 27 二 | 戊午 28 三 | 己未 29 四 | 庚申 30 五 | | 己亥白露 甲寅秋分 |
| 九月大 | 戊戌 | 天干地支 西曆 星期 | 辛酉 (10) 六 | 壬戌 2 日 | 癸亥 3 一 | 甲子 4 二 | 乙丑 5 三 | 丙寅 6 四 | 丁卯 7 五 | 戊辰 8 六 | 己巳 9 日 | 庚午 10 一 | 辛未 11 二 | 壬申 12 三 | 癸酉 13 四 | 甲戌 14 五 | 乙亥 15 六 | 丙子 16 日 | 丁丑 17 一 | 戊寅 18 二 | 己卯 19 三 | 庚辰 20 四 | 辛巳 21 五 | 壬午 22 六 | 癸未 23 日 | 甲申 24 一 | 乙酉 25 二 | 丙戌 26 三 | 丁亥 27 四 | 戊子 28 五 | 己丑 29 六 | 庚寅 30 日 | 己巳寒露 甲申霜降 |
| 十月小 | 己亥 | 天干地支 西曆 星期 | 辛卯 31 一 | 壬辰 (11) 二 | 癸巳 2 三 | 甲午 3 四 | 乙未 4 五 | 丙申 5 六 | 丁酉 6 日 | 戊戌 7 一 | 己亥 8 二 | 庚子 9 三 | 辛丑 10 四 | 壬寅 11 五 | 癸卯 12 六 | 甲辰 13 日 | 乙巳 14 一 | 丙午 15 二 | 丁未 16 三 | 戊申 17 四 | 己酉 18 五 | 庚戌 19 六 | 辛亥 20 日 | 壬子 21 一 | 癸丑 22 二 | 甲寅 23 三 | 乙卯 24 四 | 丙辰 25 五 | 丁巳 26 六 | 戊午 27 日 | 己未 28 一 | | 庚子立冬 乙卯小雪 |
| 十一月大 | 庚子 | 天干地支 西曆 星期 | 庚申 29 二 | 辛酉 30 三 | 壬戌 (12) 四 | 癸亥 2 五 | 甲子 3 六 | 乙丑 4 日 | 丙寅 5 一 | 丁卯 6 二 | 戊辰 7 三 | 己巳 8 四 | 庚午 9 五 | 辛未 10 六 | 壬申 11 日 | 癸酉 12 一 | 甲戌 13 二 | 乙亥 14 三 | 丙子 15 四 | 丁丑 16 五 | 戊寅 17 六 | 己卯 18 日 | 庚辰 19 一 | 辛巳 20 二 | 壬午 21 三 | 癸未 22 四 | 甲申 23 五 | 乙酉 24 六 | 丙戌 25 日 | 丁亥 26 一 | 戊子 27 二 | 己丑 28 三 | 庚午大雪 乙酉冬至 |
| 十二月小 | 辛丑 | 天干地支 西曆 星期 | 庚寅 29 四 | 辛卯 30 五 | 壬辰 31 六 | 癸巳 (1) 日 | 甲午 2 一 | 乙未 3 二 | 丙申 4 三 | 丁酉 5 四 | 戊戌 6 五 | 己亥 7 六 | 庚子 8 日 | 辛丑 9 一 | 壬寅 10 二 | 癸卯 11 三 | 甲辰 12 四 | 乙巳 13 五 | 丙午 14 六 | 丁未 15 日 | 戊申 16 一 | 己酉 17 二 | 庚戌 18 三 | 辛亥 19 四 | 壬子 20 五 | 癸丑 21 六 | 甲寅 22 日 | 乙卯 23 一 | 丙辰 24 二 | 丁巳 25 三 | 戊午 26 四 | | 庚子小寒 丙辰大寒 |

# 漢靈帝中平四年（丁卯 兔年）公元 187 ~ 188 年

| 夏曆月序 | | 中西曆日對照 | 夏曆日序 初一 | 初二 | 初三 | 初四 | 初五 | 初六 | 初七 | 初八 | 初九 | 初十 | 十一 | 十二 | 十三 | 十四 | 十五 | 十六 | 十七 | 十八 | 十九 | 二十 | 二一 | 二二 | 二三 | 二四 | 二五 | 二六 | 二七 | 二八 | 二九 | 三十 | 節氣與天象 |
|---|---|---|---|---|---|---|---|---|---|---|---|---|---|---|---|---|---|---|---|---|---|---|---|---|---|---|---|---|---|---|---|---|---|
| 正月大 | 壬寅 | 干支 西曆 星期 | 己未 27 五 | 庚申 28 六 | 辛酉 29 日 | 壬戌 30 一 | 癸亥 31 二 | 甲子 (2) 三 | 乙丑 2 四 | 丙寅 3 五 | 丁卯 4 六 | 戊辰 5 日 | 己巳 6 一 | 庚午 7 二 | 辛未 8 三 | 壬申 9 四 | 癸酉 10 五 | 甲戌 11 六 | 乙亥 12 日 | 丙子 13 一 | 丁丑 14 二 | 戊寅 15 三 | 己卯 16 四 | 庚辰 17 五 | 辛巳 18 六 | 壬午 19 日 | 癸未 20 一 | 甲申 21 二 | 乙酉 22 三 | 丙戌 23 四 | 丁亥 24 五 | 戊子 25 六 | 辛未立春 丙戌雨水 |
| 二月大 | 癸卯 | 干支 西曆 星期 | 己丑 26 日 | 庚寅 27 一 | 辛卯 28 二 | 壬辰 (3) 三 | 癸巳 2 四 | 甲午 3 五 | 乙未 4 六 | 丙申 5 日 | 丁酉 6 一 | 戊戌 7 二 | 己亥 8 三 | 庚子 9 四 | 辛丑 10 五 | 壬寅 11 六 | 癸卯 12 日 | 甲辰 13 一 | 乙巳 14 二 | 丙午 15 三 | 丁未 16 四 | 戊申 17 五 | 己酉 18 六 | 庚戌 19 日 | 辛亥 20 一 | 壬子 21 二 | 癸丑 22 三 | 甲寅 23 四 | 乙卯 24 五 | 丙辰 25 六 | 丁巳 26 日 | 戊午 27 一 | 辛丑驚蟄 丁巳春分 |
| 三月小 | 甲辰 | 干支 西曆 星期 | 己未 28 二 | 庚申 29 三 | 辛酉 30 四 | 壬戌 31 五 | 癸亥 (4) 六 | 甲子 2 日 | 乙丑 3 一 | 丙寅 4 二 | 丁卯 5 三 | 戊辰 6 四 | 己巳 7 五 | 庚午 8 六 | 辛未 9 日 | 壬申 10 一 | 癸酉 11 二 | 甲戌 12 三 | 乙亥 13 四 | 丙子 14 五 | 丁丑 15 六 | 戊寅 16 日 | 己卯 17 一 | 庚辰 18 二 | 辛巳 19 三 | 壬午 20 四 | 癸未 21 五 | 甲申 22 六 | 乙酉 23 日 | 丙戌 24 一 | 丁亥 25 二 | | 壬申清明 丁亥穀雨 |
| 四月大 | 乙巳 | 干支 西曆 星期 | 戊子 26 三 | 己丑 27 四 | 庚寅 28 五 | 辛卯 29 六 | 壬辰 30 日 | 癸巳 (5) 一 | 甲午 2 二 | 乙未 3 三 | 丙申 4 四 | 丁酉 5 五 | 戊戌 6 六 | 己亥 7 日 | 庚子 8 一 | 辛丑 9 二 | 壬寅 10 三 | 癸卯 11 四 | 甲辰 12 五 | 乙巳 13 六 | 丙午 14 日 | 丁未 15 一 | 戊申 16 二 | 己酉 17 三 | 庚戌 18 四 | 辛亥 19 五 | 壬子 20 六 | 癸丑 21 日 | 甲寅 22 一 | 乙卯 23 二 | 丙辰 24 三 | 丁巳 25 四 | 壬寅立夏 丁巳小滿 |
| 閏四月小 | 乙巳 | 干支 西曆 星期 | 戊午 26 五 | 己未 27 六 | 庚申 28 日 | 辛酉 29 一 | 壬戌 30 二 | 癸亥 31 三 | 甲子 (6) 四 | 乙丑 2 五 | 丙寅 3 六 | 丁卯 4 日 | 戊辰 5 一 | 己巳 6 二 | 庚午 7 三 | 辛未 8 四 | 壬申 9 五 | 癸酉 10 六 | 甲戌 11 日 | 乙亥 12 一 | 丙子 13 二 | 丁丑 14 三 | 戊寅 15 四 | 己卯 16 五 | 庚辰 17 六 | 辛巳 18 日 | 壬午 19 一 | 癸未 20 二 | 甲申 21 三 | 乙酉 22 四 | 丙戌 23 五 | | 癸酉芒種 |
| 五月大 | 丙午 | 干支 西曆 星期 | 丁亥 24 六 | 戊子 25 日 | 己丑 26 一 | 庚寅 27 二 | 辛卯 28 三 | 壬辰 29 四 | 癸巳 30 五 | 甲午 (7) 六 | 乙未 2 日 | 丙申 3 一 | 丁酉 4 二 | 戊戌 5 三 | 己亥 6 四 | 庚子 7 五 | 辛丑 8 六 | 壬寅 9 日 | 癸卯 10 一 | 甲辰 11 二 | 乙巳 12 三 | 丙午 13 四 | 丁未 14 五 | 戊申 15 六 | 己酉 16 日 | 庚戌 17 一 | 辛亥 18 二 | 壬子 19 三 | 癸丑 20 四 | 甲寅 21 五 | 乙卯 22 六 | 丙辰 23 日 | 戊子夏至 癸卯小暑 |
| 六月小 | 丁未 | 干支 西曆 星期 | 丁巳 24 一 | 戊午 25 二 | 己未 26 三 | 庚申 27 四 | 辛酉 28 五 | 壬戌 29 六 | 癸亥 30 日 | 甲子 31 一 | 乙丑 (8) 二 | 丙寅 2 三 | 丁卯 3 四 | 戊辰 4 五 | 己巳 5 六 | 庚午 6 日 | 辛未 7 一 | 壬申 8 二 | 癸酉 9 三 | 甲戌 10 四 | 乙亥 11 五 | 丙子 12 六 | 丁丑 13 日 | 戊寅 14 一 | 己卯 15 二 | 庚辰 16 三 | 辛巳 17 四 | 壬午 18 五 | 癸未 19 六 | 甲申 20 日 | 乙酉 21 一 | | 戊午大暑 甲戌立秋 |
| 七月大 | 戊申 | 干支 西曆 星期 | 丙戌 22 二 | 丁亥 23 三 | 戊子 24 四 | 己丑 25 五 | 庚寅 26 六 | 辛卯 27 日 | 壬辰 28 一 | 癸巳 29 二 | 甲午 30 三 | 乙未 31 四 | 丙申 (9) 五 | 丁酉 2 六 | 戊戌 3 日 | 己亥 4 一 | 庚子 5 二 | 辛丑 6 三 | 壬寅 7 四 | 癸卯 8 五 | 甲辰 9 六 | 乙巳 10 日 | 丙午 11 一 | 丁未 12 二 | 戊申 13 三 | 己酉 14 四 | 庚戌 15 五 | 辛亥 16 六 | 壬子 17 日 | 癸丑 18 一 | 甲寅 19 二 | 乙卯 20 三 | 己丑處暑 甲辰白露 |
| 八月小 | 己酉 | 干支 西曆 星期 | 丙辰 21 四 | 丁巳 22 五 | 戊午 23 六 | 己未 24 日 | 庚申 25 一 | 辛酉 26 二 | 壬戌 27 三 | 癸亥 28 四 | 甲子 29 五 | 乙丑 30 六 | 丙寅 (10) 日 | 丁卯 2 一 | 戊辰 3 二 | 己巳 4 三 | 庚午 5 四 | 辛未 6 五 | 壬申 7 六 | 癸酉 8 日 | 甲戌 9 一 | 乙亥 10 二 | 丙子 11 三 | 丁丑 12 四 | 戊寅 13 五 | 己卯 14 六 | 庚辰 15 日 | 辛巳 16 一 | 壬午 17 二 | 癸未 18 三 | 甲申 19 四 | | 己未秋分 甲戌寒露 |
| 九月大 | 庚戌 | 干支 西曆 星期 | 乙酉 20 五 | 丙戌 21 六 | 丁亥 22 日 | 戊子 23 一 | 己丑 24 二 | 庚寅 25 三 | 辛卯 26 四 | 壬辰 27 五 | 癸巳 28 六 | 甲午 29 日 | 乙未 30 一 | 丙申 31 二 | 丁酉 (11) 三 | 戊戌 2 四 | 己亥 3 五 | 庚子 4 六 | 辛丑 5 日 | 壬寅 6 一 | 癸卯 7 二 | 甲辰 8 三 | 乙巳 9 四 | 丙午 10 五 | 丁未 11 六 | 戊申 12 日 | 己酉 13 一 | 庚戌 14 二 | 辛亥 15 三 | 壬子 16 四 | 癸丑 17 五 | 甲寅 18 六 | 庚寅霜降 乙巳立冬 |
| 十月小 | 辛亥 | 干支 西曆 星期 | 乙卯 19 日 | 丙辰 20 一 | 丁巳 21 二 | 戊午 22 三 | 己未 23 四 | 庚申 24 五 | 辛酉 25 六 | 壬戌 26 日 | 癸亥 27 一 | 甲子 28 二 | 乙丑 29 三 | 丙寅 30 四 | 丁卯 (12) 五 | 戊辰 2 六 | 己巳 3 日 | 庚午 4 一 | 辛未 5 二 | 壬申 6 三 | 癸酉 7 四 | 甲戌 8 五 | 乙亥 9 六 | 丙子 10 日 | 丁丑 11 一 | 戊寅 12 二 | 己卯 13 三 | 庚辰 14 四 | 辛巳 15 五 | 壬午 16 六 | 癸未 17 日 | | 庚申小雪 乙亥大雪 |
| 十一月大 | 壬子 | 干支 西曆 星期 | 甲申 18 一 | 乙酉 19 二 | 丙戌 20 三 | 丁亥 21 四 | 戊子 22 五 | 己丑 23 六 | 庚寅 24 日 | 辛卯 25 一 | 壬辰 26 二 | 癸巳 27 三 | 甲午 28 四 | 乙未 29 五 | 丙申 30 六 | 丁酉 31 日 | 戊戌 (1) 一 | 己亥 2 二 | 庚子 3 三 | 辛丑 4 四 | 壬寅 5 五 | 癸卯 6 六 | 甲辰 7 日 | 乙巳 8 一 | 丙午 9 二 | 丁未 10 三 | 戊申 11 四 | 己酉 12 五 | 庚戌 13 六 | 辛亥 14 日 | 壬子 15 一 | 癸丑 16 二 | 辛卯冬至 丙午小寒 |
| 十二月小 | 癸丑 | 干支 西曆 星期 | 甲寅 17 三 | 乙卯 18 四 | 丙辰 19 五 | 丁巳 20 六 | 戊午 21 日 | 己未 22 一 | 庚申 23 二 | 辛酉 24 三 | 壬戌 25 四 | 癸亥 26 五 | 甲子 27 六 | 乙丑 28 日 | 丙寅 29 一 | 丁卯 30 二 | 戊辰 31 三 | 己巳 (2) 四 | 庚午 2 五 | 辛未 3 六 | 壬申 4 日 | 癸酉 5 一 | 甲戌 6 二 | 乙亥 7 三 | 丙子 8 四 | 丁丑 9 五 | 戊寅 10 六 | 己卯 11 日 | 庚辰 12 一 | 辛巳 13 二 | 壬午 14 三 | | 辛酉大寒 丙子立春 |

# 漢靈帝中平五年（戊辰 龍年）公元188 ~ 189年

| 夏曆月序 | | 中西曆日對照 | 初一 | 初二 | 初三 | 初四 | 初五 | 初六 | 初七 | 初八 | 初九 | 初十 | 十一 | 十二 | 十三 | 十四 | 十五 | 十六 | 十七 | 十八 | 十九 | 二十 | 二一 | 二二 | 二三 | 二四 | 二五 | 二六 | 二七 | 二八 | 二九 | 三十 | 節氣與天象 |
|---|---|---|---|---|---|---|---|---|---|---|---|---|---|---|---|---|---|---|---|---|---|---|---|---|---|---|---|---|---|---|---|---|---|
| 正月大 | 甲寅 | 天干地支西曆星期 | 癸未15四 | 甲申16五 | 乙酉17六 | 丙戌18日 | 丁亥19一 | 戊子20二 | 己丑21三 | 庚寅22四 | 辛卯23五 | 壬辰24六 | 癸巳25日 | 甲午26一 | 乙未27二 | 丙申28三 | 丁酉29四 | 戊戌(3)五 | 己亥2六 | 庚子3日 | 辛丑4一 | 壬寅5二 | 癸卯6三 | 甲辰7四 | 乙巳8五 | 丙午9六 | 丁未10日 | 戊申11一 | 己酉12二 | 庚戌13三 | 辛亥14四 | 壬子15五 | 辛卯雨水<br>丁未驚蟄 |
| 二月小 | 乙卯 | 天干地支西曆星期 | 癸丑16六 | 甲寅17日 | 乙卯18一 | 丙辰19二 | 丁巳20三 | 戊午21四 | 己未22五 | 庚申23六 | 辛酉24日 | 壬戌25一 | 癸亥26二 | 甲子27三 | 乙丑28四 | 丙寅29五 | 丁卯30六 | 戊辰31日 | 己巳(4)一 | 庚午2二 | 辛未3三 | 壬申4四 | 癸酉5五 | 甲戌6六 | 乙亥7日 | 丙子8一 | 丁丑9二 | 戊寅10三 | 己卯11四 | 庚辰12五 | 辛巳13六 | | 壬戌春分<br>丁丑清明 |
| 三月大 | 丙辰 | 天干地支西曆星期 | 壬午14日 | 癸未15一 | 甲申16二 | 乙酉17三 | 丙戌18四 | 丁亥19五 | 戊子20六 | 己丑21日 | 庚寅22一 | 辛卯23二 | 壬辰24三 | 癸巳25四 | 甲午26五 | 乙未27六 | 丙申28日 | 丁酉29一 | 戊戌30二 | 己亥(5)三 | 庚子2四 | 辛丑3五 | 壬寅4六 | 癸卯5日 | 甲辰6一 | 乙巳7二 | 丙午8三 | 丁未9四 | 戊申10五 | 己酉11六 | 庚戌12日 | 辛亥13一 | 壬辰穀雨<br>丁未立夏 |
| 四月小 | 丁巳 | 天干地支西曆星期 | 壬子14二 | 癸丑15三 | 甲寅16四 | 乙卯17五 | 丙辰18六 | 丁巳19日 | 戊午20一 | 己未21二 | 庚申22三 | 辛酉23四 | 壬戌24五 | 癸亥25六 | 甲子26日 | 乙丑27一 | 丙寅28二 | 丁卯29三 | 戊辰30四 | 己巳31五 | 庚午(6)六 | 辛未2日 | 壬申3一 | 癸酉4二 | 甲戌5三 | 乙亥6四 | 丙子7五 | 丁丑8六 | 戊寅9日 | 己卯10一 | 庚辰11二 | | 癸亥小滿<br>戊寅芒種 |
| 五月大 | 戊午 | 天干地支西曆星期 | 辛巳12三 | 壬午13四 | 癸未14五 | 甲申15六 | 乙酉16日 | 丙戌17一 | 丁亥18二 | 戊子19三 | 己丑20四 | 庚寅21五 | 辛卯22六 | 壬辰23日 | 癸巳24一 | 甲午25二 | 乙未26三 | 丙申27四 | 丁酉28五 | 戊戌29六 | 己亥30日 | 庚子(7)一 | 辛丑2二 | 壬寅3三 | 癸卯4四 | 甲辰5五 | 乙巳6六 | 丙午7日 | 丁未8一 | 戊申9二 | 己酉10三 | 庚戌11四 | 癸巳夏至<br>戊申小暑 |
| 六月大 | 己未 | 天干地支西曆星期 | 辛亥12五 | 壬子13六 | 癸丑14日 | 甲寅15一 | 乙卯16二 | 丙辰17三 | 丁巳18四 | 戊午19五 | 己未20六 | 庚申21日 | 辛酉22一 | 壬戌23二 | 癸亥24三 | 甲子25四 | 乙丑26五 | 丙寅27六 | 丁卯28日 | 戊辰29一 | 己巳30二 | 庚午31三 | 辛未(8)四 | 壬申2五 | 癸酉3六 | 甲戌4日 | 乙亥5一 | 丙子6二 | 丁丑7三 | 戊寅8四 | 己卯9五 | 庚辰10六 | 甲子大暑<br>己卯立秋 |
| 七月小 | 庚申 | 天干地支西曆星期 | 辛巳11日 | 壬午12一 | 癸未13二 | 甲申14三 | 乙酉15四 | 丙戌16五 | 丁亥17六 | 戊子18日 | 己丑19一 | 庚寅20二 | 辛卯21三 | 壬辰22四 | 癸巳23五 | 甲午24六 | 乙未25日 | 丙申26一 | 丁酉27二 | 戊戌28三 | 己亥29四 | 庚子30五 | 辛丑31六 | 壬寅(9)日 | 癸卯2一 | 甲辰3二 | 乙巳4三 | 丙午5四 | 丁未6五 | 戊申7六 | 己酉8日 | | 甲午處暑<br>己酉白露 |
| 八月大 | 辛酉 | 天干地支西曆星期 | 庚戌9一 | 辛亥10二 | 壬子11三 | 癸丑12四 | 甲寅13五 | 乙卯14六 | 丙辰15日 | 丁巳16一 | 戊午17二 | 己未18三 | 庚申19四 | 辛酉20五 | 壬戌21六 | 癸亥22日 | 甲子23一 | 乙丑24二 | 丙寅25三 | 丁卯26四 | 戊辰27五 | 己巳28六 | 庚午29日 | 辛未30一 | 壬申(10)二 | 癸酉2三 | 甲戌3四 | 乙亥4五 | 丙子5六 | 丁丑6日 | 戊寅7一 | 己卯8二 | 甲子秋分 |
| 九月小 | 壬戌 | 天干地支西曆星期 | 庚辰9三 | 辛巳10四 | 壬午11五 | 癸未12六 | 甲申13日 | 乙酉14一 | 丙戌15二 | 丁亥16三 | 戊子17四 | 己丑18五 | 庚寅19六 | 辛卯20日 | 壬辰21一 | 癸巳22二 | 甲午23三 | 乙未24四 | 丙申25五 | 丁酉26六 | 戊戌27日 | 己亥28一 | 庚子29二 | 辛丑30三 | 壬寅31四 | 癸卯(11)五 | 甲辰2六 | 乙巳3日 | 丙午4一 | 丁未5二 | 戊申6三 | | 庚辰寒露<br>乙未霜降 |
| 十月大 | 癸亥 | 天干地支西曆星期 | 己酉7四 | 庚戌8五 | 辛亥9六 | 壬子10日 | 癸丑11一 | 甲寅12二 | 乙卯13三 | 丙辰14四 | 丁巳15五 | 戊午16六 | 己未17日 | 庚申18一 | 辛酉19二 | 壬戌20三 | 癸亥21四 | 甲子22五 | 乙丑23六 | 丙寅24日 | 丁卯25一 | 戊辰26二 | 己巳27三 | 庚午28四 | 辛未29五 | 壬申30六 | 癸酉(12)日 | 甲戌2一 | 乙亥3二 | 丙子4三 | 丁丑5四 | 戊寅6五 | 庚戌立冬<br>乙丑小雪 |
| 十一月小 | 甲子 | 天干地支西曆星期 | 己卯7六 | 庚辰8日 | 辛巳9一 | 壬午10二 | 癸未11三 | 甲申12四 | 乙酉13五 | 丙戌14六 | 丁亥15日 | 戊子16一 | 己丑17二 | 庚寅18三 | 辛卯19四 | 壬辰20五 | 癸巳21六 | 甲午22日 | 乙未23一 | 丙申24二 | 丁酉25三 | 戊戌26四 | 己亥27五 | 庚子28六 | 辛丑29日 | 壬寅30一 | 癸卯31二 | 甲辰(1)三 | 乙巳2四 | 丙午3五 | 丁未4六 | | 辛巳大雪<br>丙申冬至 |
| 十二月大 | 乙丑 | 天干地支西曆星期 | 戊申5日 | 己酉6一 | 庚戌7二 | 辛亥8三 | 壬子9四 | 癸丑10五 | 甲寅11六 | 乙卯12日 | 丙辰13一 | 丁巳14二 | 戊午15三 | 己未16四 | 庚申17五 | 辛酉18六 | 壬戌19日 | 癸亥20一 | 甲子21二 | 乙丑22三 | 丙寅23四 | 丁卯24五 | 戊辰25六 | 己巳26日 | 庚午27一 | 辛未28二 | 壬申29三 | 癸酉30四 | 甲戌31五 | 乙亥(2)六 | 丙子2日 | 丁丑3一 | 辛亥大寒<br>丙寅大寒 |

# 漢靈帝中平六年　少帝光熹元年　昭寧元年
# 獻帝永漢元年　中平六年（己巳 蛇年）　公元 189 ~ 190 年

| 夏曆月序 | | 中西曆日對照 | 初一 | 初二 | 初三 | 初四 | 初五 | 初六 | 初七 | 初八 | 初九 | 初十 | 十一 | 十二 | 十三 | 十四 | 十五 | 十六 | 十七 | 十八 | 十九 | 二十 | 二一 | 二二 | 二三 | 二四 | 二五 | 二六 | 二七 | 二八 | 二九 | 三十 | 節氣與天象 |
|---|---|---|---|---|---|---|---|---|---|---|---|---|---|---|---|---|---|---|---|---|---|---|---|---|---|---|---|---|---|---|---|---|---|
| 正月小 | 丙寅 | 干支 | 戊寅 | 己卯 | 庚辰 | 辛巳 | 壬午 | 癸未 | 甲申 | 乙酉 | 丙戌 | 丁亥 | 戊子 | 己丑 | 庚寅 | 辛卯 | 壬辰 | 癸巳 | 甲午 | 乙未 | 丙申 | 丁酉 | 戊戌 | 己亥 | 庚子 | 辛丑 | 壬寅 | 癸卯 | 甲辰 | 乙巳 | 丙午 | | 辛巳立春 丁酉雨水 |
| | | 西曆 | 4 | 5 | 6 | 7 | 8 | 9 | 10 | 11 | 12 | 13 | 14 | 15 | 16 | 17 | 18 | 19 | 20 | 21 | 22 | 23 | 24 | 25 | 26 | 27 | 28 | (3) | 2 | 3 | 4 | | |
| | | 星期 | 二 | 三 | 四 | 五 | 六 | 日 | 一 | 二 | 三 | 四 | 五 | 六 | 日 | 一 | 二 | 三 | 四 | 五 | 六 | 日 | 一 | 二 | 三 | 四 | 五 | 六 | 日 | 一 | 二 | | |
| 二月大 | 丁卯 | 干支 | 丁未 | 戊申 | 己酉 | 庚戌 | 辛亥 | 壬子 | 癸丑 | 甲寅 | 乙卯 | 丙辰 | 丁巳 | 戊午 | 己未 | 庚申 | 辛酉 | 壬戌 | 癸亥 | 甲子 | 乙丑 | 丙寅 | 丁卯 | 戊辰 | 己巳 | 庚午 | 辛未 | 壬申 | 癸酉 | 甲戌 | 乙亥 | 丙子 | 壬子驚蟄 丁卯春分 |
| | | 西曆 | 5 | 6 | 7 | 8 | 9 | 10 | 11 | 12 | 13 | 14 | 15 | 16 | 17 | 18 | 19 | 20 | 21 | 22 | 23 | 24 | 25 | 26 | 27 | 28 | 29 | 30 | 31 | (4) | 2 | 3 | |
| | | 星期 | 三 | 四 | 五 | 六 | 日 | 一 | 二 | 三 | 四 | 五 | 六 | 日 | 一 | 二 | 三 | 四 | 五 | 六 | 日 | 一 | 二 | 三 | 四 | 五 | 六 | 日 | 一 | 二 | 三 | 四 | |
| 三月小 | 戊辰 | 干支 | 丁丑 | 戊寅 | 己卯 | 庚辰 | 辛巳 | 壬午 | 癸未 | 甲申 | 乙酉 | 丙戌 | 丁亥 | 戊子 | 己丑 | 庚寅 | 辛卯 | 壬辰 | 癸巳 | 甲午 | 乙未 | 丙申 | 丁酉 | 戊戌 | 己亥 | 庚子 | 辛丑 | 壬寅 | 癸卯 | 甲辰 | 乙巳 | | 壬午清明 戊戌穀雨 |
| | | 西曆 | 4 | 5 | 6 | 7 | 8 | 9 | 10 | 11 | 12 | 13 | 14 | 15 | 16 | 17 | 18 | 19 | 20 | 21 | 22 | 23 | 24 | 25 | 26 | 27 | 28 | 29 | 30 | (5) | 2 | | |
| | | 星期 | 五 | 六 | 日 | 一 | 二 | 三 | 四 | 五 | 六 | 日 | 一 | 二 | 三 | 四 | 五 | 六 | 日 | 一 | 二 | 三 | 四 | 五 | 六 | 日 | 一 | 二 | 三 | 四 | 五 | | |
| 四月大 | 己巳 | 干支 | 丙午 | 丁未 | 戊申 | 己酉 | 庚戌 | 辛亥 | 壬子 | 癸丑 | 甲寅 | 乙卯 | 丙辰 | 丁巳 | 戊午 | 己未 | 庚申 | 辛酉 | 壬戌 | 癸亥 | 甲子 | 乙丑 | 丙寅 | 丁卯 | 戊辰 | 己巳 | 庚午 | 辛未 | 壬申 | 癸酉 | 甲戌 | 乙亥 | 癸丑立夏 戊辰小滿 |
| | | 西曆 | 3 | 4 | 5 | 6 | 7 | 8 | 9 | 10 | 11 | 12 | 13 | 14 | 15 | 16 | 17 | 18 | 19 | 20 | 21 | 22 | 23 | 24 | 25 | 26 | 27 | 28 | 29 | 30 | 31 | (6) | |
| | | 星期 | 六 | 日 | 一 | 二 | 三 | 四 | 五 | 六 | 日 | 一 | 二 | 三 | 四 | 五 | 六 | 日 | 一 | 二 | 三 | 四 | 五 | 六 | 日 | 一 | 二 | 三 | 四 | 五 | 六 | 日 | |
| 五月小 | 庚午 | 干支 | 丙子 | 丁丑 | 戊寅 | 己卯 | 庚辰 | 辛巳 | 壬午 | 癸未 | 甲申 | 乙酉 | 丙戌 | 丁亥 | 戊子 | 己丑 | 庚寅 | 辛卯 | 壬辰 | 癸巳 | 甲午 | 乙未 | 丙申 | 丁酉 | 戊戌 | 己亥 | 庚子 | 辛丑 | 壬寅 | 癸卯 | 甲辰 | | 癸未芒種 戊戌夏至 |
| | | 西曆 | 2 | 3 | 4 | 5 | 6 | 7 | 8 | 9 | 10 | 11 | 12 | 13 | 14 | 15 | 16 | 17 | 18 | 19 | 20 | 21 | 22 | 23 | 24 | 25 | 26 | 27 | 28 | 29 | 30 | | |
| | | 星期 | 一 | 二 | 三 | 四 | 五 | 六 | 日 | 一 | 二 | 三 | 四 | 五 | 六 | 日 | 一 | 二 | 三 | 四 | 五 | 六 | 日 | 一 | 二 | 三 | 四 | 五 | 六 | 日 | 一 | | |
| 六月大 | 辛未 | 干支 | 乙巳 | 丙午 | 丁未 | 戊申 | 己酉 | 庚戌 | 辛亥 | 壬子 | 癸丑 | 甲寅 | 乙卯 | 丙辰 | 丁巳 | 戊午 | 己未 | 庚申 | 辛酉 | 壬戌 | 癸亥 | 甲子 | 乙丑 | 丙寅 | 丁卯 | 戊辰 | 己巳 | 庚午 | 辛未 | 壬申 | 癸酉 | 甲戌 | 甲寅小暑 己巳大暑 |
| | | 西曆 | (7) | 2 | 3 | 4 | 5 | 6 | 7 | 8 | 9 | 10 | 11 | 12 | 13 | 14 | 15 | 16 | 17 | 18 | 19 | 20 | 21 | 22 | 23 | 24 | 25 | 26 | 27 | 28 | 29 | 30 | |
| | | 星期 | 二 | 三 | 四 | 五 | 六 | 日 | 一 | 二 | 三 | 四 | 五 | 六 | 日 | 一 | 二 | 三 | 四 | 五 | 六 | 日 | 一 | 二 | 三 | 四 | 五 | 六 | 日 | 一 | 二 | 三 | |
| 七月小 | 壬申 | 干支 | 乙亥 | 丙子 | 丁丑 | 戊寅 | 己卯 | 庚辰 | 辛巳 | 壬午 | 癸未 | 甲申 | 乙酉 | 丙戌 | 丁亥 | 戊子 | 己丑 | 庚寅 | 辛卯 | 壬辰 | 癸巳 | 甲午 | 乙未 | 丙申 | 丁酉 | 戊戌 | 己亥 | 庚子 | 辛丑 | 壬寅 | 癸卯 | | 甲申立秋 己亥處暑 |
| | | 西曆 | 31 | (8) | 2 | 3 | 4 | 5 | 6 | 7 | 8 | 9 | 10 | 11 | 12 | 13 | 14 | 15 | 16 | 17 | 18 | 19 | 20 | 21 | 22 | 23 | 24 | 25 | 26 | 27 | 28 | | |
| | | 星期 | 四 | 五 | 六 | 日 | 一 | 二 | 三 | 四 | 五 | 六 | 日 | 一 | 二 | 三 | 四 | 五 | 六 | 日 | 一 | 二 | 三 | 四 | 五 | 六 | 日 | 一 | 二 | 三 | 四 | | |
| 八月大 | 癸酉 | 干支 | 甲辰 | 乙巳 | 丙午 | 丁未 | 戊申 | 己酉 | 庚戌 | 辛亥 | 壬子 | 癸丑 | 甲寅 | 乙卯 | 丙辰 | 丁巳 | 戊午 | 己未 | 庚申 | 辛酉 | 壬戌 | 癸亥 | 甲子 | 乙丑 | 丙寅 | 丁卯 | 戊辰 | 己巳 | 庚午 | 辛未 | 壬申 | 癸酉 | 甲寅白露 庚午秋分 |
| | | 西曆 | 29 | 30 | 31 | (9) | 2 | 3 | 4 | 5 | 6 | 7 | 8 | 9 | 10 | 11 | 12 | 13 | 14 | 15 | 16 | 17 | 18 | 19 | 20 | 21 | 22 | 23 | 24 | 25 | 26 | 27 | |
| | | 星期 | 五 | 六 | 日 | 一 | 二 | 三 | 四 | 五 | 六 | 日 | 一 | 二 | 三 | 四 | 五 | 六 | 日 | 一 | 二 | 三 | 四 | 五 | 六 | 日 | 一 | 二 | 三 | 四 | 五 | 六 | |
| 九月小 | 甲戌 | 干支 | 甲戌 | 乙亥 | 丙子 | 丁丑 | 戊寅 | 己卯 | 庚辰 | 辛巳 | 壬午 | 癸未 | 甲申 | 乙酉 | 丙戌 | 丁亥 | 戊子 | 己丑 | 庚寅 | 辛卯 | 壬辰 | 癸巳 | 甲午 | 乙未 | 丙申 | 丁酉 | 戊戌 | 己亥 | 庚子 | 辛丑 | 壬寅 | | 乙酉寒露 庚子霜降 |
| | | 西曆 | 28 | 29 | 30 | (10) | 2 | 3 | 4 | 5 | 6 | 7 | 8 | 9 | 10 | 11 | 12 | 13 | 14 | 15 | 16 | 17 | 18 | 19 | 20 | 21 | 22 | 23 | 24 | 25 | 26 | | |
| | | 星期 | 日 | 一 | 二 | 三 | 四 | 五 | 六 | 日 | 一 | 二 | 三 | 四 | 五 | 六 | 日 | 一 | 二 | 三 | 四 | 五 | 六 | 日 | 一 | 二 | 三 | 四 | 五 | 六 | 日 | | |
| 十月大 | 乙亥 | 干支 | 癸卯 | 甲辰 | 乙巳 | 丙午 | 丁未 | 戊申 | 己酉 | 庚戌 | 辛亥 | 壬子 | 癸丑 | 甲寅 | 乙卯 | 丙辰 | 丁巳 | 戊午 | 己未 | 庚申 | 辛酉 | 壬戌 | 癸亥 | 甲子 | 乙丑 | 丙寅 | 丁卯 | 戊辰 | 己巳 | 庚午 | 辛未 | 壬申 | 乙卯立冬 辛未小雪 |
| | | 西曆 | 27 | 28 | 29 | 30 | 31 | (11) | 2 | 3 | 4 | 5 | 6 | 7 | 8 | 9 | 10 | 11 | 12 | 13 | 14 | 15 | 16 | 17 | 18 | 19 | 20 | 21 | 22 | 23 | 24 | 25 | |
| | | 星期 | 一 | 二 | 三 | 四 | 五 | 六 | 日 | 一 | 二 | 三 | 四 | 五 | 六 | 日 | 一 | 二 | 三 | 四 | 五 | 六 | 日 | 一 | 二 | 三 | 四 | 五 | 六 | 日 | 一 | 二 | |
| 十一月大 | 丙子 | 干支 | 癸酉 | 甲戌 | 乙亥 | 丙子 | 丁丑 | 戊寅 | 己卯 | 庚辰 | 辛巳 | 壬午 | 癸未 | 甲申 | 乙酉 | 丙戌 | 丁亥 | 戊子 | 己丑 | 庚寅 | 辛卯 | 壬辰 | 癸巳 | 甲午 | 乙未 | 丙申 | 丁酉 | 戊戌 | 己亥 | 庚子 | 辛丑 | 壬寅 | 丙戌大雪 辛丑冬至 |
| | | 西曆 | 26 | 27 | 28 | 29 | 30 | (12) | 2 | 3 | 4 | 5 | 6 | 7 | 8 | 9 | 10 | 11 | 12 | 13 | 14 | 15 | 16 | 17 | 18 | 19 | 20 | 21 | 22 | 23 | 24 | 25 | |
| | | 星期 | 三 | 四 | 五 | 六 | 日 | 一 | 二 | 三 | 四 | 五 | 六 | 日 | 一 | 二 | 三 | 四 | 五 | 六 | 日 | 一 | 二 | 三 | 四 | 五 | 六 | 日 | 一 | 二 | 三 | 四 | |
| 十二月小 | 丁丑 | 干支 | 癸卯 | 甲辰 | 乙巳 | 丙午 | 丁未 | 戊申 | 己酉 | 庚戌 | 辛亥 | 壬子 | 癸丑 | 甲寅 | 乙卯 | 丙辰 | 丁巳 | 戊午 | 己未 | 庚申 | 辛酉 | 壬戌 | 癸亥 | 甲子 | 乙丑 | 丙寅 | 丁卯 | 戊辰 | 己巳 | 庚午 | 辛未 | | 丙辰小寒 辛未大寒 |
| | | 西曆 | 26 | 27 | 28 | 29 | 30 | 31 | (1) | 2 | 3 | 4 | 5 | 6 | 7 | 8 | 9 | 10 | 11 | 12 | 13 | 14 | 15 | 16 | 17 | 18 | 19 | 20 | 21 | 22 | 23 | | |
| | | 星期 | 五 | 六 | 日 | 一 | 二 | 三 | 四 | 五 | 六 | 日 | 一 | 二 | 三 | 四 | 五 | 六 | 日 | 一 | 二 | 三 | 四 | 五 | 六 | 日 | 一 | 二 | 三 | 四 | 五 | | |
| 閏十二大 | 丁丑 | 干支 | 壬申 | 癸酉 | 甲戌 | 乙亥 | 丙子 | 丁丑 | 戊寅 | 己卯 | 庚辰 | 辛巳 | 壬午 | 癸未 | 甲申 | 乙酉 | 丙戌 | 丁亥 | 戊子 | 己丑 | 庚寅 | 辛卯 | 壬辰 | 癸巳 | 甲午 | 乙未 | 丙申 | 丁酉 | 戊戌 | 己亥 | 庚子 | 辛丑 | 丁亥立春 |
| | | 西曆 | 24 | 25 | 26 | 27 | 28 | 29 | 30 | 31 | (2) | 2 | 3 | 4 | 5 | 6 | 7 | 8 | 9 | 10 | 11 | 12 | 13 | 14 | 15 | 16 | 17 | 18 | 19 | 20 | 21 | 22 | |
| | | 星期 | 六 | 日 | 一 | 二 | 三 | 四 | 五 | 六 | 日 | 一 | 二 | 三 | 四 | 五 | 六 | 日 | 一 | 二 | 三 | 四 | 五 | 六 | 日 | 一 | 二 | 三 | 四 | 五 | 六 | 日 | |

* 四月丙辰（十一日），靈帝死。戊午（十三日），劉辯即位，是爲少帝，改元光熹。八月辛未（二十八日），改元昭寧。九月甲戌（初一），少帝爲董卓所廢。劉協即位，是爲獻帝，改元永漢。十二月，獻帝復用中平年號。

# 漢獻帝初平元年（庚午 馬年）公元 190 ~ 191 年

| 夏曆月序 | | 中西曆日對照 | 初一 | 初二 | 初三 | 初四 | 初五 | 初六 | 初七 | 初八 | 初九 | 初十 | 十一 | 十二 | 十三 | 十四 | 十五 | 十六 | 十七 | 十八 | 十九 | 二十 | 二一 | 二二 | 二三 | 二四 | 二五 | 二六 | 二七 | 二八 | 二九 | 三十 | 節氣與天象 |
|---|---|---|---|---|---|---|---|---|---|---|---|---|---|---|---|---|---|---|---|---|---|---|---|---|---|---|---|---|---|---|---|---|---|
| 正月小 | 戊寅 | 天干地支<br>西曆<br>星期 | 壬寅<br>23<br>一 | 癸卯<br>24<br>二 | 甲辰<br>25<br>三 | 乙巳<br>26<br>四 | 丙午<br>27<br>五 | 丁未<br>28<br>六 | 戊申<br>(3)<br>日 | 己酉<br>2<br>一 | 庚戌<br>3<br>二 | 辛亥<br>4<br>三 | 壬子<br>5<br>四 | 癸丑<br>6<br>五 | 甲寅<br>7<br>六 | 乙卯<br>8<br>日 | 丙辰<br>9<br>一 | 丁巳<br>10<br>二 | 戊午<br>11<br>三 | 己未<br>12<br>四 | 庚申<br>13<br>五 | 辛酉<br>14<br>六 | 壬戌<br>15<br>日 | 癸亥<br>16<br>一 | 甲子<br>17<br>二 | 乙丑<br>18<br>三 | 丙寅<br>19<br>四 | 丁卯<br>20<br>五 | 戊辰<br>21<br>六 | 己巳<br>22<br>日 | 庚午<br>23<br>一 | | 壬寅雨水<br>丁巳驚蟄 |
| 二月大 | 己卯 | 天干地支<br>西曆<br>星期 | 辛未<br>24<br>二 | 壬申<br>25<br>三 | 癸酉<br>26<br>四 | 甲戌<br>27<br>五 | 乙亥<br>28<br>六 | 丙子<br>29<br>日 | 丁丑<br>30<br>一 | 戊寅<br>31<br>二 | 己卯<br>(4)<br>三 | 庚辰<br>2<br>四 | 辛巳<br>3<br>五 | 壬午<br>4<br>六 | 癸未<br>5<br>日 | 甲申<br>6<br>一 | 乙酉<br>7<br>二 | 丙戌<br>8<br>三 | 丁亥<br>9<br>四 | 戊子<br>10<br>五 | 己丑<br>11<br>六 | 庚寅<br>12<br>日 | 辛卯<br>13<br>一 | 壬辰<br>14<br>二 | 癸巳<br>15<br>三 | 甲午<br>16<br>四 | 乙未<br>17<br>五 | 丙申<br>18<br>六 | 丁酉<br>19<br>日 | 戊戌<br>20<br>一 | 己亥<br>21<br>二 | 庚子<br>22<br>三 | 壬申春分<br>戊子清明<br>庚子日食 |
| 三月小 | 庚辰 | 天干地支<br>西曆<br>星期 | 辛丑<br>23<br>四 | 壬寅<br>24<br>五 | 癸卯<br>25<br>六 | 甲辰<br>26<br>日 | 乙巳<br>27<br>一 | 丙午<br>28<br>二 | 丁未<br>29<br>三 | 戊申<br>30<br>四 | 己酉<br>(5)<br>五 | 庚戌<br>2<br>六 | 辛亥<br>3<br>日 | 壬子<br>4<br>一 | 癸丑<br>5<br>二 | 甲寅<br>6<br>三 | 乙卯<br>7<br>四 | 丙辰<br>8<br>五 | 丁巳<br>9<br>六 | 戊午<br>10<br>日 | 己未<br>11<br>一 | 庚申<br>12<br>二 | 辛酉<br>13<br>三 | 壬戌<br>14<br>四 | 癸亥<br>15<br>五 | 甲子<br>16<br>六 | 乙丑<br>17<br>日 | 丙寅<br>18<br>一 | 丁卯<br>19<br>二 | 戊辰<br>20<br>三 | 己巳<br>21<br>四 | | 癸卯穀雨<br>戊午立夏 |
| 四月大 | 辛巳 | 天干地支<br>西曆<br>星期 | 庚午<br>22<br>五 | 辛未<br>23<br>六 | 壬申<br>24<br>日 | 癸酉<br>25<br>一 | 甲戌<br>26<br>二 | 乙亥<br>27<br>三 | 丙子<br>28<br>四 | 丁丑<br>29<br>五 | 戊寅<br>30<br>六 | 己卯<br>31<br>日 | 庚辰<br>(6)<br>一 | 辛巳<br>2<br>二 | 壬午<br>3<br>三 | 癸未<br>4<br>四 | 甲申<br>5<br>五 | 乙酉<br>6<br>六 | 丙戌<br>7<br>日 | 丁亥<br>8<br>一 | 戊子<br>9<br>二 | 己丑<br>10<br>三 | 庚寅<br>11<br>四 | 辛卯<br>12<br>五 | 壬辰<br>13<br>六 | 癸巳<br>14<br>日 | 甲午<br>15<br>一 | 乙未<br>16<br>二 | 丙申<br>17<br>三 | 丁酉<br>18<br>四 | 戊戌<br>19<br>五 | 己亥<br>20<br>六 | 癸酉小滿<br>戊子芒種 |
| 五月小 | 壬午 | 天干地支<br>西曆<br>星期 | 庚子<br>21<br>日 | 辛丑<br>22<br>一 | 壬寅<br>23<br>二 | 癸卯<br>24<br>三 | 甲辰<br>25<br>四 | 乙巳<br>26<br>五 | 丙午<br>27<br>六 | 丁未<br>28<br>日 | 戊申<br>29<br>一 | 己酉<br>30<br>二 | 庚戌<br>(7)<br>三 | 辛亥<br>2<br>四 | 壬子<br>3<br>五 | 癸丑<br>4<br>六 | 甲寅<br>5<br>日 | 乙卯<br>6<br>一 | 丙辰<br>7<br>二 | 丁巳<br>8<br>三 | 戊午<br>9<br>四 | 己未<br>10<br>五 | 庚申<br>11<br>六 | 辛酉<br>12<br>日 | 壬戌<br>13<br>一 | 癸亥<br>14<br>二 | 甲子<br>15<br>三 | 乙丑<br>16<br>四 | 丙寅<br>17<br>五 | 丁卯<br>18<br>六 | 戊辰<br>19<br>日 | | 甲辰夏至<br>己未小暑 |
| 六月大 | 癸未 | 天干地支<br>西曆<br>星期 | 己巳<br>20<br>一 | 庚午<br>21<br>二 | 辛未<br>22<br>三 | 壬申<br>23<br>四 | 癸酉<br>24<br>五 | 甲戌<br>25<br>六 | 乙亥<br>26<br>日 | 丙子<br>27<br>一 | 丁丑<br>28<br>二 | 戊寅<br>29<br>三 | 己卯<br>30<br>四 | 庚辰<br>31<br>五 | 辛巳<br>(8)<br>六 | 壬午<br>2<br>日 | 癸未<br>3<br>一 | 甲申<br>4<br>二 | 乙酉<br>5<br>三 | 丙戌<br>6<br>四 | 丁亥<br>7<br>五 | 戊子<br>8<br>六 | 己丑<br>9<br>日 | 庚寅<br>10<br>一 | 辛卯<br>11<br>二 | 壬辰<br>12<br>三 | 癸巳<br>13<br>四 | 甲午<br>14<br>五 | 乙未<br>15<br>六 | 丙申<br>16<br>日 | 丁酉<br>17<br>一 | 戊戌<br>18<br>二 | 甲戌大暑<br>己丑立秋 |
| 七月小 | 甲申 | 天干地支<br>西曆<br>星期 | 己亥<br>19<br>三 | 庚子<br>20<br>四 | 辛丑<br>21<br>五 | 壬寅<br>22<br>六 | 癸卯<br>23<br>日 | 甲辰<br>24<br>一 | 乙巳<br>25<br>二 | 丙午<br>26<br>三 | 丁未<br>27<br>四 | 戊申<br>28<br>五 | 己酉<br>29<br>六 | 庚戌<br>30<br>日 | 辛亥<br>31<br>一 | 壬子<br>(9)<br>二 | 癸丑<br>2<br>三 | 甲寅<br>3<br>四 | 乙卯<br>4<br>五 | 丙辰<br>5<br>六 | 丁巳<br>6<br>日 | 戊午<br>7<br>一 | 己未<br>8<br>二 | 庚申<br>9<br>三 | 辛酉<br>10<br>四 | 壬戌<br>11<br>五 | 癸亥<br>12<br>六 | 甲子<br>13<br>日 | 乙丑<br>14<br>一 | 丙寅<br>15<br>二 | 丁卯<br>16<br>三 | | 乙巳處暑<br>庚申白露 |
| 八月大 | 乙酉 | 天干地支<br>西曆<br>星期 | 戊辰<br>17<br>四 | 己巳<br>18<br>五 | 庚午<br>19<br>六 | 辛未<br>20<br>日 | 壬申<br>21<br>一 | 癸酉<br>22<br>二 | 甲戌<br>23<br>三 | 乙亥<br>24<br>四 | 丙子<br>25<br>五 | 丁丑<br>26<br>六 | 戊寅<br>27<br>日 | 己卯<br>28<br>一 | 庚辰<br>29<br>二 | 辛巳<br>30<br>三 | 壬午<br>(10)<br>四 | 癸未<br>2<br>五 | 甲申<br>3<br>六 | 乙酉<br>4<br>日 | 丙戌<br>5<br>一 | 丁亥<br>6<br>二 | 戊子<br>7<br>三 | 己丑<br>8<br>四 | 庚寅<br>9<br>五 | 辛卯<br>10<br>六 | 壬辰<br>11<br>日 | 癸巳<br>12<br>一 | 甲午<br>13<br>二 | 乙未<br>14<br>三 | 丙申<br>15<br>四 | 丁酉<br>16<br>五 | 乙亥秋分<br>庚寅寒露 |
| 九月小 | 丙戌 | 天干地支<br>西曆<br>星期 | 戊戌<br>17<br>六 | 己亥<br>18<br>日 | 庚子<br>19<br>一 | 辛丑<br>20<br>二 | 壬寅<br>21<br>三 | 癸卯<br>22<br>四 | 甲辰<br>23<br>五 | 乙巳<br>24<br>六 | 丙午<br>25<br>日 | 丁未<br>26<br>一 | 戊申<br>27<br>二 | 己酉<br>28<br>三 | 庚戌<br>29<br>四 | 辛亥<br>30<br>五 | 壬子<br>31<br>六 | 癸丑<br>(11)<br>日 | 甲寅<br>2<br>一 | 乙卯<br>3<br>二 | 丙辰<br>4<br>三 | 丁巳<br>5<br>四 | 戊午<br>6<br>五 | 己未<br>7<br>六 | 庚申<br>8<br>日 | 辛酉<br>9<br>一 | 壬戌<br>10<br>二 | 癸亥<br>11<br>三 | 甲子<br>12<br>四 | 乙丑<br>13<br>五 | 丙寅<br>14<br>六 | | 乙巳霜降<br>辛酉立冬 |
| 十月大 | 丁亥 | 天干地支<br>西曆<br>星期 | 丁卯<br>15<br>日 | 戊辰<br>16<br>一 | 己巳<br>17<br>二 | 庚午<br>18<br>三 | 辛未<br>19<br>四 | 壬申<br>20<br>五 | 癸酉<br>21<br>六 | 甲戌<br>22<br>日 | 乙亥<br>23<br>一 | 丙子<br>24<br>二 | 丁丑<br>25<br>三 | 戊寅<br>26<br>四 | 己卯<br>27<br>五 | 庚辰<br>28<br>六 | 辛巳<br>29<br>日 | 壬午<br>30<br>一 | 癸未<br>(12)<br>二 | 甲申<br>2<br>三 | 乙酉<br>3<br>四 | 丙戌<br>4<br>五 | 丁亥<br>5<br>六 | 戊子<br>6<br>日 | 己丑<br>7<br>一 | 庚寅<br>8<br>二 | 辛卯<br>9<br>三 | 壬辰<br>10<br>四 | 癸巳<br>11<br>五 | 甲午<br>12<br>六 | 乙未<br>13<br>日 | 丙申<br>14<br>一 | 丙子小雪<br>辛卯大雪 |
| 十一月小 | 戊子 | 天干地支<br>西曆<br>星期 | 丁酉<br>15<br>二 | 戊戌<br>16<br>三 | 己亥<br>17<br>四 | 庚子<br>18<br>五 | 辛丑<br>19<br>六 | 壬寅<br>20<br>日 | 癸卯<br>21<br>一 | 甲辰<br>22<br>二 | 乙巳<br>23<br>三 | 丙午<br>24<br>四 | 丁未<br>25<br>五 | 戊申<br>26<br>六 | 己酉<br>27<br>日 | 庚戌<br>28<br>一 | 辛亥<br>29<br>二 | 壬子<br>30<br>三 | 癸丑<br>31<br>四 | 甲寅<br>(1)<br>五 | 乙卯<br>2<br>六 | 丙辰<br>3<br>日 | 丁巳<br>4<br>一 | 戊午<br>5<br>二 | 己未<br>6<br>三 | 庚申<br>7<br>四 | 辛酉<br>8<br>五 | 壬戌<br>9<br>六 | 癸亥<br>10<br>日 | 甲子<br>11<br>一 | 乙丑<br>12<br>二 | | 丙午冬至<br>辛酉小寒 |
| 十二月大 | 己丑 | 天干地支<br>西曆<br>星期 | 丙寅<br>13<br>三 | 丁卯<br>14<br>四 | 戊辰<br>15<br>五 | 己巳<br>16<br>六 | 庚午<br>17<br>日 | 辛未<br>18<br>一 | 壬申<br>19<br>二 | 癸酉<br>20<br>三 | 甲戌<br>21<br>四 | 乙亥<br>22<br>五 | 丙子<br>23<br>六 | 丁丑<br>24<br>日 | 戊寅<br>25<br>一 | 己卯<br>26<br>二 | 庚辰<br>27<br>三 | 辛巳<br>28<br>四 | 壬午<br>29<br>五 | 癸未<br>30<br>六 | 甲申<br>31<br>日 | 乙酉<br>(2)<br>一 | 丙戌<br>2<br>二 | 丁亥<br>3<br>三 | 戊子<br>4<br>四 | 己丑<br>5<br>五 | 庚寅<br>6<br>六 | 辛卯<br>7<br>日 | 壬辰<br>8<br>一 | 癸巳<br>9<br>二 | 甲午<br>10<br>三 | 乙未<br>11<br>四 | 丁丑大寒<br>壬辰立春 |

* 正月壬寅（初一），改元初平。

# 漢獻帝初平二年（辛未 羊年）公元 **191** ~ 192 年

| 夏曆月序 | | 中西曆日對照 | 初一 | 初二 | 初三 | 初四 | 初五 | 初六 | 初七 | 初八 | 初九 | 初十 | 十一 | 十二 | 十三 | 十四 | 十五 | 十六 | 十七 | 十八 | 十九 | 二十 | 二一 | 二二 | 二三 | 二四 | 二五 | 二六 | 二七 | 二八 | 二九 | 三十 | 節氣與天象 |
|---|---|---|---|---|---|---|---|---|---|---|---|---|---|---|---|---|---|---|---|---|---|---|---|---|---|---|---|---|---|---|---|---|---|
| 正月大 | 庚寅 | 天干地支<br>西曆<br>星期 | 丙申<br>12<br>五 | 丁酉<br>13<br>六 | 戊戌<br>14<br>日 | 己亥<br>15<br>一 | 庚子<br>16<br>二 | 辛丑<br>17<br>三 | 壬寅<br>18<br>四 | 癸卯<br>19<br>五 | 甲辰<br>20<br>六 | 乙巳<br>21<br>日 | 丙午<br>22<br>一 | 丁未<br>23<br>二 | 戊申<br>24<br>三 | 己酉<br>25<br>四 | 庚戌<br>26<br>五 | 辛亥<br>27<br>六 | 壬子<br>28<br>日 | 癸丑<br>(3)<br>一 | 甲寅<br>2<br>二 | 乙卯<br>3<br>三 | 丙辰<br>4<br>四 | 丁巳<br>5<br>五 | 戊午<br>6<br>六 | 己未<br>7<br>日 | 庚申<br>8<br>一 | 辛酉<br>9<br>二 | 壬戌<br>10<br>三 | 癸亥<br>11<br>四 | 甲子<br>12<br>五 | 乙丑<br>13<br>六 | 丁未雨水<br>壬戌驚蟄 |
| 二月小 | 辛卯 | 天干地支<br>西曆<br>星期 | 丙寅<br>14<br>日 | 丁卯<br>15<br>一 | 戊辰<br>16<br>二 | 己巳<br>17<br>三 | 庚午<br>18<br>四 | 辛未<br>19<br>五 | 壬申<br>20<br>六 | 癸酉<br>21<br>日 | 甲戌<br>22<br>一 | 乙亥<br>23<br>二 | 丙子<br>24<br>三 | 丁丑<br>25<br>四 | 戊寅<br>26<br>五 | 己卯<br>27<br>六 | 庚辰<br>28<br>日 | 辛巳<br>29<br>一 | 壬午<br>30<br>二 | 癸未<br>31<br>三 | 甲申<br>(4)<br>四 | 乙酉<br>2<br>五 | 丙戌<br>3<br>六 | 丁亥<br>4<br>日 | 戊子<br>5<br>一 | 己丑<br>6<br>二 | 庚寅<br>7<br>三 | 辛卯<br>8<br>四 | 壬辰<br>9<br>五 | 癸巳<br>10<br>六 | 甲午<br>11<br>日 | | 戊寅春分<br>癸巳清明 |
| 三月大 | 壬辰 | 天干地支<br>西曆<br>星期 | 乙未<br>12<br>一 | 丙申<br>13<br>二 | 丁酉<br>14<br>三 | 戊戌<br>15<br>四 | 己亥<br>16<br>五 | 庚子<br>17<br>六 | 辛丑<br>18<br>日 | 壬寅<br>19<br>一 | 癸卯<br>20<br>二 | 甲辰<br>21<br>三 | 乙巳<br>22<br>四 | 丙午<br>23<br>五 | 丁未<br>24<br>六 | 戊申<br>25<br>日 | 己酉<br>26<br>一 | 庚戌<br>27<br>二 | 辛亥<br>28<br>三 | 壬子<br>29<br>四 | 癸丑<br>30<br>五 | 甲寅<br>(5)<br>六 | 乙卯<br>2<br>日 | 丙辰<br>3<br>一 | 丁巳<br>4<br>二 | 戊午<br>5<br>三 | 己未<br>6<br>四 | 庚申<br>7<br>五 | 辛酉<br>8<br>六 | 壬戌<br>9<br>日 | 癸亥<br>10<br>一 | 甲子<br>11<br>二 | 戊申穀雨<br>癸亥立夏 |
| 四月小 | 癸巳 | 天干地支<br>西曆<br>星期 | 乙丑<br>12<br>三 | 丙寅<br>13<br>四 | 丁卯<br>14<br>五 | 戊辰<br>15<br>六 | 己巳<br>16<br>日 | 庚午<br>17<br>一 | 辛未<br>18<br>二 | 壬申<br>19<br>三 | 癸酉<br>20<br>四 | 甲戌<br>21<br>五 | 乙亥<br>22<br>六 | 丙子<br>23<br>日 | 丁丑<br>24<br>一 | 戊寅<br>25<br>二 | 己卯<br>26<br>三 | 庚辰<br>27<br>四 | 辛巳<br>28<br>五 | 壬午<br>29<br>六 | 癸未<br>30<br>日 | 甲申<br>31<br>一 | 乙酉<br>(6)<br>二 | 丙戌<br>2<br>三 | 丁亥<br>3<br>四 | 戊子<br>4<br>五 | 己丑<br>5<br>六 | 庚寅<br>6<br>日 | 辛卯<br>7<br>一 | 壬辰<br>8<br>二 | 癸巳<br>9<br>三 | | 戊寅小滿 |
| 五月大 | 甲午 | 天干地支<br>西曆<br>星期 | 甲午<br>10<br>四 | 乙未<br>11<br>五 | 丙申<br>12<br>六 | 丁酉<br>13<br>日 | 戊戌<br>14<br>一 | 己亥<br>15<br>二 | 庚子<br>16<br>三 | 辛丑<br>17<br>四 | 壬寅<br>18<br>五 | 癸卯<br>19<br>六 | 甲辰<br>20<br>日 | 乙巳<br>21<br>一 | 丙午<br>22<br>二 | 丁未<br>23<br>三 | 戊申<br>24<br>四 | 己酉<br>25<br>五 | 庚戌<br>26<br>六 | 辛亥<br>27<br>日 | 壬子<br>28<br>一 | 癸丑<br>29<br>二 | 甲寅<br>30<br>三 | 乙卯<br>(7)<br>四 | 丙辰<br>2<br>五 | 丁巳<br>3<br>六 | 戊午<br>4<br>日 | 己未<br>5<br>一 | 庚申<br>6<br>二 | 辛酉<br>7<br>三 | 壬戌<br>8<br>四 | 癸亥<br>9<br>五 | 甲午芒種<br>己酉夏至 |
| 六月小 | 乙未 | 天干地支<br>西曆<br>星期 | 甲子<br>10<br>六 | 乙丑<br>11<br>日 | 丙寅<br>12<br>一 | 丁卯<br>13<br>二 | 戊辰<br>14<br>三 | 己巳<br>15<br>四 | 庚午<br>16<br>五 | 辛未<br>17<br>六 | 壬申<br>18<br>日 | 癸酉<br>19<br>一 | 甲戌<br>20<br>二 | 乙亥<br>21<br>三 | 丙子<br>22<br>四 | 丁丑<br>23<br>五 | 戊寅<br>24<br>六 | 己卯<br>25<br>日 | 庚辰<br>26<br>一 | 辛巳<br>27<br>二 | 壬午<br>28<br>三 | 癸未<br>29<br>四 | 甲申<br>30<br>五 | 乙酉<br>31<br>六 | 丙戌<br>(8)<br>日 | 丁亥<br>2<br>一 | 戊子<br>3<br>二 | 己丑<br>4<br>三 | 庚寅<br>5<br>四 | 辛卯<br>6<br>五 | 壬辰<br>7<br>六 | | 甲子小暑<br>己卯大暑 |
| 七月大 | 丙申 | 天干地支<br>西曆<br>星期 | 癸巳<br>8<br>日 | 甲午<br>9<br>一 | 乙未<br>10<br>二 | 丙申<br>11<br>三 | 丁酉<br>12<br>四 | 戊戌<br>13<br>五 | 己亥<br>14<br>六 | 庚子<br>15<br>日 | 辛丑<br>16<br>一 | 壬寅<br>17<br>二 | 癸卯<br>18<br>三 | 甲辰<br>19<br>四 | 乙巳<br>20<br>五 | 丙午<br>21<br>六 | 丁未<br>22<br>日 | 戊申<br>23<br>一 | 己酉<br>24<br>二 | 庚戌<br>25<br>三 | 辛亥<br>26<br>四 | 壬子<br>27<br>五 | 癸丑<br>28<br>六 | 甲寅<br>29<br>日 | 乙卯<br>30<br>一 | 丙辰<br>31<br>二 | 丁巳<br>(9)<br>三 | 戊午<br>2<br>四 | 己未<br>3<br>五 | 庚申<br>4<br>六 | 辛酉<br>5<br>日 | 壬戌<br>6<br>一 | 乙未立秋<br>庚戌處暑 |
| 八月小 | 丁酉 | 天干地支<br>西曆<br>星期 | 癸亥<br>7<br>二 | 甲子<br>8<br>三 | 乙丑<br>9<br>四 | 丙寅<br>10<br>五 | 丁卯<br>11<br>六 | 戊辰<br>12<br>日 | 己巳<br>13<br>一 | 庚午<br>14<br>二 | 辛未<br>15<br>三 | 壬申<br>16<br>四 | 癸酉<br>17<br>五 | 甲戌<br>18<br>六 | 乙亥<br>19<br>日 | 丙子<br>20<br>一 | 丁丑<br>21<br>二 | 戊寅<br>22<br>三 | 己卯<br>23<br>四 | 庚辰<br>24<br>五 | 辛巳<br>25<br>六 | 壬午<br>26<br>日 | 癸未<br>27<br>一 | 甲申<br>28<br>二 | 乙酉<br>29<br>三 | 丙戌<br>30<br>四 | 丁亥<br>(10)<br>五 | 戊子<br>2<br>六 | 己丑<br>3<br>日 | 庚寅<br>4<br>一 | 辛卯<br>5<br>二 | | 乙丑白露<br>庚辰秋分 |
| 九月大 | 戊戌 | 天干地支<br>西曆<br>星期 | 壬辰<br>6<br>三 | 癸巳<br>7<br>四 | 甲午<br>8<br>五 | 乙未<br>9<br>六 | 丙申<br>10<br>日 | 丁酉<br>11<br>一 | 戊戌<br>12<br>二 | 己亥<br>13<br>三 | 庚子<br>14<br>四 | 辛丑<br>15<br>五 | 壬寅<br>16<br>六 | 癸卯<br>17<br>日 | 甲辰<br>18<br>一 | 乙巳<br>19<br>二 | 丙午<br>20<br>三 | 丁未<br>21<br>四 | 戊申<br>22<br>五 | 己酉<br>23<br>六 | 庚戌<br>24<br>日 | 辛亥<br>25<br>一 | 壬子<br>26<br>二 | 癸丑<br>27<br>三 | 甲寅<br>28<br>四 | 乙卯<br>29<br>五 | 丙辰<br>30<br>六 | 丁巳<br>31<br>日 | 戊午<br>(11)<br>一 | 己未<br>2<br>二 | 庚申<br>3<br>三 | 辛酉<br>4<br>四 | 乙未寒露<br>辛亥霜降 |
| 十月小 | 己亥 | 天干地支<br>西曆<br>星期 | 壬戌<br>5<br>五 | 癸亥<br>6<br>六 | 甲子<br>7<br>日 | 乙丑<br>8<br>一 | 丙寅<br>9<br>二 | 丁卯<br>10<br>三 | 戊辰<br>11<br>四 | 己巳<br>12<br>五 | 庚午<br>13<br>六 | 辛未<br>14<br>日 | 壬申<br>15<br>一 | 癸酉<br>16<br>二 | 甲戌<br>17<br>三 | 乙亥<br>18<br>四 | 丙子<br>19<br>五 | 丁丑<br>20<br>六 | 戊寅<br>21<br>日 | 己卯<br>22<br>一 | 庚辰<br>23<br>二 | 辛巳<br>24<br>三 | 壬午<br>25<br>四 | 癸未<br>26<br>五 | 甲申<br>27<br>六 | 乙酉<br>28<br>日 | 丙戌<br>29<br>一 | 丁亥<br>30<br>二 | 戊子<br>(12)<br>三 | 己丑<br>2<br>四 | 庚寅<br>3<br>五 | | 丙寅立冬<br>辛巳小雪 |
| 十一月大 | 庚子 | 天干地支<br>西曆<br>星期 | 辛卯<br>4<br>六 | 壬辰<br>5<br>日 | 癸巳<br>6<br>一 | 甲午<br>7<br>二 | 乙未<br>8<br>三 | 丙申<br>9<br>四 | 丁酉<br>10<br>五 | 戊戌<br>11<br>六 | 己亥<br>12<br>日 | 庚子<br>13<br>一 | 辛丑<br>14<br>二 | 壬寅<br>15<br>三 | 癸卯<br>16<br>四 | 甲辰<br>17<br>五 | 乙巳<br>18<br>六 | 丙午<br>19<br>日 | 丁未<br>20<br>一 | 戊申<br>21<br>二 | 己酉<br>22<br>三 | 庚戌<br>23<br>四 | 辛亥<br>24<br>五 | 壬子<br>25<br>六 | 癸丑<br>26<br>日 | 甲寅<br>27<br>一 | 乙卯<br>28<br>二 | 丙辰<br>29<br>三 | 丁巳<br>30<br>四 | 戊午<br>31<br>五 | 己未<br>(1)<br>六 | 庚申<br>2<br>日 | 丙申大雪<br>壬子冬至 |
| 十二月小 | 辛丑 | 天干地支<br>西曆<br>星期 | 辛酉<br>3<br>一 | 壬戌<br>4<br>二 | 癸亥<br>5<br>三 | 甲子<br>6<br>四 | 乙丑<br>7<br>五 | 丙寅<br>8<br>六 | 丁卯<br>9<br>日 | 戊辰<br>10<br>一 | 己巳<br>11<br>二 | 庚午<br>12<br>三 | 辛未<br>13<br>四 | 壬申<br>14<br>五 | 癸酉<br>15<br>六 | 甲戌<br>16<br>日 | 乙亥<br>17<br>一 | 丙子<br>18<br>二 | 丁丑<br>19<br>三 | 戊寅<br>20<br>四 | 己卯<br>21<br>五 | 庚辰<br>22<br>六 | 辛巳<br>23<br>日 | 壬午<br>24<br>一 | 癸未<br>25<br>二 | 甲申<br>26<br>三 | 乙酉<br>27<br>四 | 丙戌<br>28<br>五 | 丁亥<br>29<br>六 | 戊子<br>30<br>日 | 己丑<br>31<br>一 | | 丁卯小寒<br>壬午大寒 |

# 漢獻帝初平三年（壬申 猴年）公元 192 ~ 193 年

| 夏曆月序 | | 中西曆日對照 | 初一 | 初二 | 初三 | 初四 | 初五 | 初六 | 初七 | 初八 | 初九 | 初十 | 十一 | 十二 | 十三 | 十四 | 十五 | 十六 | 十七 | 十八 | 十九 | 二十 | 二一 | 二二 | 二三 | 二四 | 二五 | 二六 | 二七 | 二八 | 二九 | 三十 | 節氣與天象 |
|---|---|---|---|---|---|---|---|---|---|---|---|---|---|---|---|---|---|---|---|---|---|---|---|---|---|---|---|---|---|---|---|---|---|
| 正月大 | 壬寅 | 干支 西曆 天地 星期 | 庚寅 (2) 二 | 辛卯 2 三 | 壬辰 3 四 | 癸巳 4 五 | 甲午 5 六 | 乙未 6 日 | 丙申 7 一 | 丁酉 8 二 | 戊戌 9 三 | 己亥 10 四 | 庚子 11 五 | 辛丑 12 六 | 壬寅 13 日 | 癸卯 14 一 | 甲辰 15 二 | 乙巳 16 三 | 丙午 17 四 | 丁未 18 五 | 戊申 19 六 | 己酉 20 日 | 庚戌 21 一 | 辛亥 22 二 | 壬子 23 三 | 癸丑 24 四 | 甲寅 25 五 | 乙卯 26 六 | 丙辰 27 日 | 丁巳 28 一 | 戊午 29 二 | 己未 (3) 三 | 丁酉立春 壬子雨水 |
| 二月小 | 癸卯 | 干支 西曆 天地 星期 | 庚申 2 四 | 辛酉 3 五 | 壬戌 4 六 | 癸亥 5 日 | 甲子 6 一 | 乙丑 7 二 | 丙寅 8 三 | 丁卯 9 四 | 戊辰 10 五 | 己巳 11 六 | 庚午 12 日 | 辛未 13 一 | 壬申 14 二 | 癸酉 15 三 | 甲戌 16 四 | 乙亥 17 五 | 丙子 18 六 | 丁丑 19 日 | 戊寅 20 一 | 己卯 21 二 | 庚辰 22 三 | 辛巳 23 四 | 壬午 24 五 | 癸未 25 六 | 甲申 26 日 | 乙酉 27 一 | 丙戌 28 二 | 丁亥 29 三 | 戊子 30 四 | | 戊辰驚蟄 癸未春分 |
| 三月大 | 甲辰 | 干支 西曆 天地 星期 | 己丑 31 五 | 庚寅 (4) 六 | 辛卯 2 日 | 壬辰 3 一 | 癸巳 4 二 | 甲午 5 三 | 乙未 6 四 | 丙申 7 五 | 丁酉 8 六 | 戊戌 9 日 | 己亥 10 一 | 庚子 11 二 | 辛丑 12 三 | 壬寅 13 四 | 癸卯 14 五 | 甲辰 15 六 | 乙巳 16 日 | 丙午 17 一 | 丁未 18 二 | 戊申 19 三 | 己酉 20 四 | 庚戌 21 五 | 辛亥 22 六 | 壬子 23 日 | 癸丑 24 一 | 甲寅 25 二 | 乙卯 26 三 | 丙辰 27 四 | 丁巳 28 五 | 戊午 29 六 | 戊戌清明 癸丑穀雨 |
| 四月小 | 乙巳 | 干支 西曆 天地 星期 | 己未 30 日 | 庚申 (5) 一 | 辛酉 2 二 | 壬戌 3 三 | 癸亥 4 四 | 甲子 5 五 | 乙丑 6 六 | 丙寅 7 日 | 丁卯 8 一 | 戊辰 9 二 | 己巳 10 三 | 庚午 11 四 | 辛未 12 五 | 壬申 13 六 | 癸酉 14 日 | 甲戌 15 一 | 乙亥 16 二 | 丙子 17 三 | 丁丑 18 四 | 戊寅 19 五 | 己卯 20 六 | 庚辰 21 日 | 辛巳 22 一 | 壬午 23 二 | 癸未 24 三 | 甲申 25 四 | 乙酉 26 五 | 丙戌 27 六 | 丁亥 28 日 | | 戊辰立夏 甲申小滿 |
| 五月大 | 丙午 | 干支 西曆 天地 星期 | 戊子 29 一 | 己丑 30 二 | 庚寅 31 三 | 辛卯 (6) 四 | 壬辰 2 五 | 癸巳 3 六 | 甲午 4 日 | 乙未 5 一 | 丙申 6 二 | 丁酉 7 三 | 戊戌 8 四 | 己亥 9 五 | 庚子 10 六 | 辛丑 11 日 | 壬寅 12 一 | 癸卯 13 二 | 甲辰 14 三 | 乙巳 15 四 | 丙午 16 五 | 丁未 17 六 | 戊申 18 日 | 己酉 19 一 | 庚戌 20 二 | 辛亥 21 三 | 壬子 22 四 | 癸丑 23 五 | 甲寅 24 六 | 乙卯 25 日 | 丙辰 26 一 | 丁巳 27 二 | 己亥芒種 甲寅夏至 |
| 六月大 | 丁未 | 干支 西曆 天地 星期 | 戊午 28 三 | 己未 29 四 | 庚申 30 五 | 辛酉 (7) 六 | 壬戌 2 日 | 癸亥 3 一 | 甲子 4 二 | 乙丑 5 三 | 丙寅 6 四 | 丁卯 7 五 | 戊辰 8 六 | 己巳 9 日 | 庚午 10 一 | 辛未 11 二 | 壬申 12 三 | 癸酉 13 四 | 甲戌 14 五 | 乙亥 15 六 | 丙子 16 日 | 丁丑 17 一 | 戊寅 18 二 | 己卯 19 三 | 庚辰 20 四 | 辛巳 21 五 | 壬午 22 六 | 癸未 23 日 | 甲申 24 一 | 乙酉 25 二 | 丙戌 26 三 | 丁亥 27 四 | 己巳小暑 乙酉大暑 |
| 七月小 | 戊申 | 干支 西曆 天地 星期 | 戊子 28 五 | 己丑 29 六 | 庚寅 30 日 | 辛卯 31 一 | 壬辰 (8) 二 | 癸巳 2 三 | 甲午 3 四 | 乙未 4 五 | 丙申 5 六 | 丁酉 6 日 | 戊戌 7 一 | 己亥 8 二 | 庚子 9 三 | 辛丑 10 四 | 壬寅 11 五 | 癸卯 12 六 | 甲辰 13 日 | 乙巳 14 一 | 丙午 15 二 | 丁未 16 三 | 戊申 17 四 | 己酉 18 五 | 庚戌 19 六 | 辛亥 20 日 | 壬子 21 一 | 癸丑 22 二 | 甲寅 23 三 | 乙卯 24 四 | 丙辰 25 五 | | 庚子立秋 乙卯處暑 |
| 八月大 | 己酉 | 干支 西曆 天地 星期 | 丁巳 26 六 | 戊午 27 日 | 己未 28 一 | 庚申 29 二 | 辛酉 30 三 | 壬戌 31 四 | 癸亥 (9) 五 | 甲子 2 六 | 乙丑 3 日 | 丙寅 4 一 | 丁卯 5 二 | 戊辰 6 三 | 己巳 7 四 | 庚午 8 五 | 辛未 9 六 | 壬申 10 日 | 癸酉 11 一 | 甲戌 12 二 | 乙亥 13 三 | 丙子 14 四 | 丁丑 15 五 | 戊寅 16 六 | 己卯 17 日 | 庚辰 18 一 | 辛巳 19 二 | 壬午 20 三 | 癸未 21 四 | 甲申 22 五 | 乙酉 23 六 | 丙戌 24 日 | 庚午白露 乙酉秋分 |
| 閏八月小 | 己酉 | 干支 西曆 天地 星期 | 丁亥 25 一 | 戊子 26 二 | 己丑 27 三 | 庚寅 28 四 | 辛卯 29 五 | 壬辰 30 六 | 癸巳 (10) 日 | 甲午 2 一 | 乙未 3 二 | 丙申 4 三 | 丁酉 5 四 | 戊戌 6 五 | 己亥 7 六 | 庚子 8 日 | 辛丑 9 一 | 壬寅 10 二 | 癸卯 11 三 | 甲辰 12 四 | 乙巳 13 五 | 丙午 14 六 | 丁未 15 日 | 戊申 16 一 | 己酉 17 二 | 庚戌 18 三 | 辛亥 19 四 | 壬子 20 五 | 癸丑 21 六 | 甲寅 22 日 | 乙卯 23 一 | | 辛丑寒露 |
| 九月大 | 庚戌 | 干支 西曆 天地 星期 | 丙辰 24 二 | 丁巳 25 三 | 戊午 26 四 | 己未 27 五 | 庚申 28 六 | 辛酉 29 日 | 壬戌 30 一 | 癸亥 31 二 | 甲子 (11) 三 | 乙丑 2 四 | 丙寅 3 五 | 丁卯 4 六 | 戊辰 5 日 | 己巳 6 一 | 庚午 7 二 | 辛未 8 三 | 壬申 9 四 | 癸酉 10 五 | 甲戌 11 六 | 乙亥 12 日 | 丙子 13 一 | 丁丑 14 二 | 戊寅 15 三 | 己卯 16 四 | 庚辰 17 五 | 辛巳 18 六 | 壬午 19 日 | 癸未 20 一 | 甲申 21 二 | 乙酉 22 三 | 丙辰霜降 辛未立冬 |
| 十月小 | 辛亥 | 干支 西曆 天地 星期 | 丙戌 23 四 | 丁亥 24 五 | 戊子 25 六 | 己丑 26 日 | 庚寅 27 一 | 辛卯 28 二 | 壬辰 29 三 | 癸巳 30 四 | 甲午 (12) 五 | 乙未 2 六 | 丙申 3 日 | 丁酉 4 一 | 戊戌 5 二 | 己亥 6 三 | 庚子 7 四 | 辛丑 8 五 | 壬寅 9 六 | 癸卯 10 日 | 甲辰 11 一 | 乙巳 12 二 | 丙午 13 三 | 丁未 14 四 | 戊申 15 五 | 己酉 16 六 | 庚戌 17 日 | 辛亥 18 一 | 壬子 19 二 | 癸丑 20 三 | 甲寅 21 四 | | 丙戌小雪 壬寅大雪 |
| 十一月大 | 壬子 | 干支 西曆 天地 星期 | 乙卯 22 五 | 丙辰 23 六 | 丁巳 24 日 | 戊午 25 一 | 己未 26 二 | 庚申 27 三 | 辛酉 28 四 | 壬戌 29 五 | 癸亥 30 六 | 甲子 31 日 | 乙丑 (1) 一 | 丙寅 2 二 | 丁卯 3 三 | 戊辰 4 四 | 己巳 5 五 | 庚午 6 六 | 辛未 7 日 | 壬申 8 一 | 癸酉 9 二 | 甲戌 10 三 | 乙亥 11 四 | 丙子 12 五 | 丁丑 13 六 | 戊寅 14 日 | 己卯 15 一 | 庚辰 16 二 | 辛巳 17 三 | 壬午 18 四 | 癸未 19 五 | 甲申 20 六 | 丁巳冬至 壬申小寒 |
| 十二月小 | 癸丑 | 干支 西曆 天地 星期 | 乙酉 21 日 | 丙戌 22 一 | 丁亥 23 二 | 戊子 24 三 | 己丑 25 四 | 庚寅 26 五 | 辛卯 27 六 | 壬辰 28 日 | 癸巳 29 一 | 甲午 30 二 | 乙未 31 三 | 丙申 (2) 四 | 丁酉 2 五 | 戊戌 3 六 | 己亥 4 日 | 庚子 5 一 | 辛丑 6 二 | 壬寅 7 三 | 癸卯 8 四 | 甲辰 9 五 | 乙巳 10 六 | 丙午 11 日 | 丁未 12 一 | 戊申 13 二 | 己酉 14 三 | 庚戌 15 四 | 辛亥 16 五 | 壬子 17 六 | 癸丑 18 日 | | 丁亥大寒 壬寅立春 |

# 漢獻帝初平四年（癸酉 鷄年）公元 193 ~ 194 年

| 夏曆月序 | 中西曆日對照 | 初一 | 初二 | 初三 | 初四 | 初五 | 初六 | 初七 | 初八 | 初九 | 初十 | 十一 | 十二 | 十三 | 十四 | 十五 | 十六 | 十七 | 十八 | 十九 | 二十 | 二一 | 二二 | 二三 | 二四 | 二五 | 二六 | 二七 | 二八 | 二九 | 三十 | 節氣與天象 |
|---|---|---|---|---|---|---|---|---|---|---|---|---|---|---|---|---|---|---|---|---|---|---|---|---|---|---|---|---|---|---|---|---|
| 正月大 甲寅 | 天干地支 西曆 星期 | 甲寅19一 | 乙卯20二 | 丙辰21三 | 丁巳22四 | 戊午23五 | 己未24六 | 庚申25日 | 辛酉26一 | 壬戌27二 | 癸亥28三 | 甲子(3)四 | 乙丑2五 | 丙寅3六 | 丁卯4日 | 戊辰5一 | 己巳6二 | 庚午7三 | 辛未8四 | 壬申9五 | 癸酉10六 | 甲戌11日 | 乙亥12一 | 丙子13二 | 丁丑14三 | 戊寅15四 | 己卯16五 | 庚辰17六 | 辛巳18日 | 壬午19一 | 癸未20二 | 戊午雨水 癸酉驚蟄 |
| 二月小 乙卯 | 天干地支 西曆 星期 | 甲申21三 | 乙酉22四 | 丙戌23五 | 丁亥24六 | 戊子25日 | 己丑26一 | 庚寅27二 | 辛卯28三 | 壬辰29四 | 癸巳30五 | 甲午31六 | 乙未(4)日 | 丙申2一 | 丁酉3二 | 戊戌4三 | 己亥5四 | 庚子6五 | 辛丑7六 | 壬寅8日 | 癸卯9一 | 甲辰10二 | 乙巳11三 | 丙午12四 | 丁未13五 | 戊申14六 | 己酉15日 | 庚戌16一 | 辛亥17二 | 壬子18三 | | 戊子春分 癸卯清明 |
| 三月大 丙辰 | 天干地支 西曆 星期 | 癸丑19四 | 甲寅20五 | 乙卯21六 | 丙辰22日 | 丁巳23一 | 戊午24二 | 己未25三 | 庚申26四 | 辛酉27五 | 壬戌28六 | 癸亥29日 | 甲子30一 | 乙丑(5)二 | 丙寅2三 | 丁卯3四 | 戊辰4五 | 己巳5六 | 庚午6日 | 辛未7一 | 壬申8二 | 癸酉9三 | 甲戌10四 | 乙亥11五 | 丙子12六 | 丁丑13日 | 戊寅14一 | 己卯15二 | 庚辰16三 | 辛巳17四 | 壬午18五 | 己未穀雨 甲戌立夏 |
| 四月小 丁巳 | 天干地支 西曆 星期 | 癸未19六 | 甲申20日 | 乙酉21一 | 丙戌22二 | 丁亥23三 | 戊子24四 | 己丑25五 | 庚寅26六 | 辛卯27日 | 壬辰28一 | 癸巳29二 | 甲午30三 | 乙未31四 | 丙申(6)五 | 丁酉2六 | 戊戌3日 | 己亥4一 | 庚子5二 | 辛丑6三 | 壬寅7四 | 癸卯8五 | 甲辰9六 | 乙巳10日 | 丙午11一 | 丁未12二 | 戊申13三 | 己酉14四 | 庚戌15五 | 辛亥16六 | | 己丑小滿 甲辰芒種 |
| 五月大 戊午 | 天干地支 西曆 星期 | 壬子17日 | 癸丑18一 | 甲寅19二 | 乙卯20三 | 丙辰21四 | 丁巳22五 | 戊午23六 | 己未24日 | 庚申25一 | 辛酉26二 | 壬戌27三 | 癸亥28四 | 甲子29五 | 乙丑30六 | 丙寅(7)日 | 丁卯2一 | 戊辰3二 | 己巳4三 | 庚午5四 | 辛未6五 | 壬申7六 | 癸酉8日 | 甲戌9一 | 乙亥10二 | 丙子11三 | 丁丑12四 | 戊寅13五 | 己卯14六 | 庚辰15日 | 辛巳16一 | 己未夏至 乙亥小暑 |
| 六月小 己未 | 天干地支 西曆 星期 | 壬午17二 | 癸未18三 | 甲申19四 | 乙酉20五 | 丙戌21六 | 丁亥22日 | 戊子23一 | 己丑24二 | 庚寅25三 | 辛卯26四 | 壬辰27五 | 癸巳28六 | 甲午29日 | 乙未30一 | 丙申31二 | 丁酉(8)三 | 戊戌2四 | 己亥3五 | 庚子4六 | 辛丑5日 | 壬寅6一 | 癸卯7二 | 甲辰8三 | 乙巳9四 | 丙午10五 | 丁未11六 | 戊申12日 | 己酉13一 | 庚戌14二 | | 庚寅大暑 乙巳立秋 |
| 七月大 庚申 | 天干地支 西曆 星期 | 辛亥15三 | 壬子16四 | 癸丑17五 | 甲寅18六 | 乙卯19日 | 丙辰20一 | 丁巳21二 | 戊午22三 | 己未23四 | 庚申24五 | 辛酉25六 | 壬戌26日 | 癸亥27一 | 甲子28二 | 乙丑29三 | 丙寅30四 | 丁卯31五 | 戊辰(9)六 | 己巳2日 | 庚午3一 | 辛未4二 | 壬申5三 | 癸酉6四 | 甲戌7五 | 乙亥8六 | 丙子9日 | 丁丑10一 | 戊寅11二 | 己卯12三 | 庚辰13四 | 庚申處暑 乙亥白露 |
| 八月大 辛酉 | 天干地支 西曆 星期 | 辛巳14五 | 壬午15六 | 癸未16日 | 甲申17一 | 乙酉18二 | 丙戌19三 | 丁亥20四 | 戊子21五 | 己丑22六 | 庚寅23日 | 辛卯24一 | 壬辰25二 | 癸巳26三 | 甲午27四 | 乙未28五 | 丙申29六 | 丁酉30日 | 戊戌(10)一 | 己亥2二 | 庚子3三 | 辛丑4四 | 壬寅5五 | 癸卯6六 | 甲辰7日 | 乙巳8一 | 丙午9二 | 丁未10三 | 戊申11四 | 己酉12五 | 庚戌13六 | 辛卯秋分 丙午寒露 |
| 九月小 壬戌 | 天干地支 西曆 星期 | 辛亥14日 | 壬子15一 | 癸丑16二 | 甲寅17三 | 乙卯18四 | 丙辰19五 | 丁巳20六 | 戊午21日 | 己未22一 | 庚申23二 | 辛酉24三 | 壬戌25四 | 癸亥26五 | 甲子27六 | 乙丑28日 | 丙寅29一 | 丁卯30二 | 戊辰31三 | 己巳(11)四 | 庚午2五 | 辛未3六 | 壬申4日 | 癸酉5一 | 甲戌6二 | 乙亥7三 | 丙子8四 | 丁丑9五 | 戊寅10六 | 己卯11日 | | 辛酉霜降 丙子立冬 |
| 十月大 癸亥 | 天干地支 西曆 星期 | 庚辰12一 | 辛巳13二 | 壬午14三 | 癸未15四 | 甲申16五 | 乙酉17六 | 丙戌18日 | 丁亥19一 | 戊子20二 | 己丑21三 | 庚寅22四 | 辛卯23五 | 壬辰24六 | 癸巳25日 | 甲午26一 | 乙未27二 | 丙申28三 | 丁酉29四 | 戊戌30五 | 己亥(12)六 | 庚子2日 | 辛丑3一 | 壬寅4二 | 癸卯5三 | 甲辰6四 | 乙巳7五 | 丙午8六 | 丁未9日 | 戊申10一 | 己酉11二 | 壬辰小雪 丁未大雪 |
| 十一月小 甲子 | 天干地支 西曆 星期 | 庚戌12三 | 辛亥13四 | 壬子14五 | 癸丑15六 | 甲寅16日 | 乙卯17一 | 丙辰18二 | 丁巳19三 | 戊午20四 | 己未21五 | 庚申22六 | 辛酉23日 | 壬戌24一 | 癸亥25二 | 甲子26三 | 乙丑27四 | 丙寅28五 | 丁卯29六 | 戊辰30日 | 己巳31一 | 庚午(1)二 | 辛未2三 | 壬申3四 | 癸酉4五 | 甲戌5六 | 乙亥6日 | 丙子7一 | 丁丑8二 | 戊寅9三 | | 壬戌冬至 丁丑小寒 |
| 十二月大 乙丑 | 天干地支 西曆 星期 | 己卯10四 | 庚辰11五 | 辛巳12六 | 壬午13日 | 癸未14一 | 甲申15二 | 乙酉16三 | 丙戌17四 | 丁亥18五 | 戊子19六 | 己丑20日 | 庚寅21一 | 辛卯22二 | 壬辰23三 | 癸巳24四 | 甲午25五 | 乙未26六 | 丙申27日 | 丁酉28一 | 戊戌29二 | 己亥30三 | 庚子31四 | 辛丑(2)五 | 壬寅2六 | 癸卯3日 | 甲辰4一 | 乙巳5二 | 丙午6三 | 丁未7四 | 戊申8五 | 壬辰大寒 戊申立春 |

# 漢獻帝初平五年 興平元年（甲戌 狗年）公元 194 ~ 195 年

| 夏曆月序 | 中西曆日對照 | 初一 | 初二 | 初三 | 初四 | 初五 | 初六 | 初七 | 初八 | 初九 | 初十 | 十一 | 十二 | 十三 | 十四 | 十五 | 十六 | 十七 | 十八 | 十九 | 二十 | 二一 | 二二 | 二三 | 二四 | 二五 | 二六 | 二七 | 二八 | 二九 | 三十 | 節氣與天象 |
|---|---|---|---|---|---|---|---|---|---|---|---|---|---|---|---|---|---|---|---|---|---|---|---|---|---|---|---|---|---|---|---|---|
| 正月小 丙寅 | 天干地支 西曆 星期 | 己酉 9 六 | 庚戌 10 日 | 辛亥 11 一 | 壬子 12 二 | 癸丑 13 三 | 甲寅 14 四 | 乙卯 15 五 | 丙辰 16 六 | 丁巳 17 日 | 戊午 18 一 | 己未 19 二 | 庚申 20 三 | 辛酉 21 四 | 壬戌 22 五 | 癸亥 23 六 | 甲子 24 日 | 乙丑 25 一 | 丙寅 26 二 | 丁卯 27 三 | 戊辰 28 四 | 己巳 (3) 五 | 庚午 2 六 | 辛未 3 日 | 壬申 4 一 | 癸酉 5 二 | 甲戌 6 三 | 乙亥 7 四 | 丙子 8 五 | 丁丑 9 六 | | 癸亥雨水 |
| 二月大 丁卯 | 天干地支 西曆 星期 | 戊寅 10 日 | 己卯 11 一 | 庚辰 12 二 | 辛巳 13 三 | 壬午 14 四 | 癸未 15 五 | 甲申 16 六 | 乙酉 17 日 | 丙戌 18 一 | 丁亥 19 二 | 戊子 20 三 | 己丑 21 四 | 庚寅 22 五 | 辛卯 23 六 | 壬辰 24 日 | 癸巳 25 一 | 甲午 26 二 | 乙未 27 三 | 丙申 28 四 | 丁酉 29 五 | 戊戌 30 六 | 己亥 31 日 | 庚子 (4) 一 | 辛丑 2 二 | 壬寅 3 三 | 癸卯 4 四 | 甲辰 5 五 | 乙巳 6 六 | 丙午 7 日 | 丁未 8 一 | 戊寅驚蟄 癸巳春分 |
| 三月小 戊辰 | 天干地支 西曆 星期 | 戊申 9 二 | 己酉 10 三 | 庚戌 11 四 | 辛亥 12 五 | 壬子 13 六 | 癸丑 14 日 | 甲寅 15 一 | 乙卯 16 二 | 丙辰 17 三 | 丁巳 18 四 | 戊午 19 五 | 己未 20 六 | 庚申 21 日 | 辛酉 22 一 | 壬戌 23 二 | 癸亥 24 三 | 甲子 25 四 | 乙丑 26 五 | 丙寅 27 六 | 丁卯 28 日 | 戊辰 29 一 | 己巳 30 二 | 庚午 (5) 三 | 辛未 2 四 | 壬申 3 五 | 癸酉 4 六 | 甲戌 5 日 | 乙亥 6 一 | 丙子 7 二 | | 己酉清明 甲子穀雨 |
| 四月大 己巳 | 天干地支 西曆 星期 | 丁丑 8 三 | 戊寅 9 四 | 己卯 10 五 | 庚辰 11 六 | 辛巳 12 日 | 壬午 13 一 | 癸未 14 二 | 甲申 15 三 | 乙酉 16 四 | 丙戌 17 五 | 丁亥 18 六 | 戊子 19 日 | 己丑 20 一 | 庚寅 21 二 | 辛卯 22 三 | 壬辰 23 四 | 癸巳 24 五 | 甲午 25 六 | 乙未 26 日 | 丙申 27 一 | 丁酉 28 二 | 戊戌 29 三 | 己亥 30 四 | 庚子 31 五 | 辛丑 (6) 六 | 壬寅 2 日 | 癸卯 3 一 | 甲辰 4 二 | 乙巳 5 三 | 丙午 6 四 | 己卯立夏 甲午小滿 |
| 五月小 庚午 | 天干地支 西曆 星期 | 丁未 7 五 | 戊申 8 六 | 己酉 9 日 | 庚戌 10 一 | 辛亥 11 二 | 壬子 12 三 | 癸丑 13 四 | 甲寅 14 五 | 乙卯 15 六 | 丙辰 16 日 | 丁巳 17 一 | 戊午 18 二 | 己未 19 三 | 庚申 20 四 | 辛酉 21 五 | 壬戌 22 六 | 癸亥 23 日 | 甲子 24 一 | 乙丑 25 二 | 丙寅 26 三 | 丁卯 27 四 | 戊辰 28 五 | 己巳 29 六 | 庚午 30 日 | 辛未 (7) 一 | 壬申 2 二 | 癸酉 3 三 | 甲戌 4 四 | 乙亥 5 五 | | 己酉芒種 乙丑夏至 |
| 六月大 辛未 | 天干地支 西曆 星期 | 丙子 6 六 | 丁丑 7 日 | 戊寅 8 一 | 己卯 9 二 | 庚辰 10 三 | 辛巳 11 四 | 壬午 12 五 | 癸未 13 六 | 甲申 14 日 | 乙酉 15 一 | 丙戌 16 二 | 丁亥 17 三 | 戊子 18 四 | 己丑 19 五 | 庚寅 20 六 | 辛卯 21 日 | 壬辰 22 一 | 癸巳 23 二 | 甲午 24 三 | 乙未 25 四 | 丙申 26 五 | 丁酉 27 六 | 戊戌 28 日 | 己亥 29 一 | 庚子 30 二 | 辛丑 31 三 | 壬寅 (8) 四 | 癸卯 2 五 | 甲辰 3 六 | 乙巳 4 日 | 庚寅小暑 乙未大暑 乙巳日食 |
| 七月小 壬申 | 天干地支 西曆 星期 | 丙午 5 一 | 丁未 6 二 | 戊申 7 三 | 己酉 8 四 | 庚戌 9 五 | 辛亥 10 六 | 壬子 11 日 | 癸丑 12 一 | 甲寅 13 二 | 乙卯 14 三 | 丙辰 15 四 | 丁巳 16 五 | 戊午 17 六 | 己未 18 日 | 庚申 19 一 | 辛酉 20 二 | 壬戌 21 三 | 癸亥 22 四 | 甲子 23 五 | 乙丑 24 六 | 丙寅 25 日 | 丁卯 26 一 | 戊辰 27 二 | 己巳 28 三 | 庚午 29 四 | 辛未 30 五 | 壬申 31 六 | 癸酉 (9) 日 | 甲戌 2 一 | | 庚戌立秋 丙寅處暑 |
| 八月大 癸酉 | 天干地支 西曆 星期 | 乙亥 3 二 | 丙子 4 三 | 丁丑 5 四 | 戊寅 6 五 | 己卯 7 六 | 庚辰 8 日 | 辛巳 9 一 | 壬午 10 二 | 癸未 11 三 | 甲申 12 四 | 乙酉 13 五 | 丙戌 14 六 | 丁亥 15 日 | 戊子 16 一 | 己丑 17 二 | 庚寅 18 三 | 辛卯 19 四 | 壬辰 20 五 | 癸巳 21 六 | 甲午 22 日 | 乙未 23 一 | 丙申 24 二 | 丁酉 25 三 | 戊戌 26 四 | 己亥 27 五 | 庚子 28 六 | 辛丑 29 日 | 壬寅 30 一 | 癸卯 (10) 二 | 甲辰 2 三 | 辛巳白露 丙申秋分 |
| 九月小 甲戌 | 天干地支 西曆 星期 | 乙巳 3 四 | 丙午 4 五 | 丁未 5 六 | 戊申 6 日 | 己酉 7 一 | 庚戌 8 二 | 辛亥 9 三 | 壬子 10 四 | 癸丑 11 五 | 甲寅 12 六 | 乙卯 13 日 | 丙辰 14 一 | 丁巳 15 二 | 戊午 16 三 | 己未 17 四 | 庚申 18 五 | 辛酉 19 六 | 壬戌 20 日 | 癸亥 21 一 | 甲子 22 二 | 乙丑 23 三 | 丙寅 24 四 | 丁卯 25 五 | 戊辰 26 六 | 己巳 27 日 | 庚午 28 一 | 辛未 29 二 | 壬申 30 三 | 癸酉 31 四 | | 辛亥寒露 丙寅霜降 |
| 十月大 乙亥 | 天干地支 西曆 星期 | 甲戌 (11) 五 | 乙亥 2 六 | 丙子 3 日 | 丁丑 4 一 | 戊寅 5 二 | 己卯 6 三 | 庚辰 7 四 | 辛巳 8 五 | 壬午 9 六 | 癸未 10 日 | 甲申 11 一 | 乙酉 12 二 | 丙戌 13 三 | 丁亥 14 四 | 戊子 15 五 | 己丑 16 六 | 庚寅 17 日 | 辛卯 18 一 | 壬辰 19 二 | 癸巳 20 三 | 甲午 21 四 | 乙未 22 五 | 丙申 23 六 | 丁酉 24 日 | 戊戌 25 一 | 己亥 26 二 | 庚子 27 三 | 辛丑 28 四 | 壬寅 29 五 | 癸卯 30 六 | 壬午立冬 丁酉小雪 |
| 十一月小 丙子 | 天干地支 西曆 星期 | 甲辰 (12) 日 | 乙巳 2 一 | 丙午 3 二 | 丁未 4 三 | 戊申 5 四 | 己酉 6 五 | 庚戌 7 六 | 辛亥 8 日 | 壬子 9 一 | 癸丑 10 二 | 甲寅 11 三 | 乙卯 12 四 | 丙辰 13 五 | 丁巳 14 六 | 戊午 15 日 | 己未 16 一 | 庚申 17 二 | 辛酉 18 三 | 壬戌 19 四 | 癸亥 20 五 | 甲子 21 六 | 乙丑 22 日 | 丙寅 23 一 | 丁卯 24 二 | 戊辰 25 三 | 己巳 26 四 | 庚午 27 五 | 辛未 28 六 | 壬申 29 日 | | 壬子大雪 丁卯冬至 |
| 十二月大 丁丑 | 天干地支 西曆 星期 | 癸酉 30 一 | 甲戌 31 二 | 乙亥 (1) 三 | 丙子 2 四 | 丁丑 3 五 | 戊寅 4 六 | 己卯 5 日 | 庚辰 6 一 | 辛巳 7 二 | 壬午 8 三 | 癸未 9 四 | 甲申 10 五 | 乙酉 11 六 | 丙戌 12 日 | 丁亥 13 一 | 戊子 14 二 | 己丑 15 三 | 庚寅 16 四 | 辛卯 17 五 | 壬辰 18 六 | 癸巳 19 日 | 甲午 20 一 | 乙未 21 二 | 丙申 22 三 | 丁酉 23 四 | 戊戌 24 五 | 己亥 25 六 | 庚子 26 日 | 辛丑 27 一 | 壬寅 28 二 | 壬午小寒 戊戌大寒 |

* 正月辛酉（十三日），改元興平。

# 漢獻帝興平二年（乙亥 猪年）公元 195 ~ 196 年

| 夏曆月序 | | 中西曆日對照 | 初一 | 初二 | 初三 | 初四 | 初五 | 初六 | 初七 | 初八 | 初九 | 初十 | 十一 | 十二 | 十三 | 十四 | 十五 | 十六 | 十七 | 十八 | 十九 | 二十 | 二一 | 二二 | 二三 | 二四 | 二五 | 二六 | 二七 | 二八 | 二九 | 三十 | 節氣與天象 |
|---|---|---|---|---|---|---|---|---|---|---|---|---|---|---|---|---|---|---|---|---|---|---|---|---|---|---|---|---|---|---|---|---|---|
| 正月大 | 戊寅 | 天干地支西曆星期 | 癸卯29三 | 甲辰30四 | 乙巳31五 | 丙午(2)六 | 丁未2日 | 戊申3一 | 己酉4二 | 庚戌5三 | 辛亥6四 | 壬子7五 | 癸丑8六 | 甲寅9日 | 乙卯10一 | 丙辰11二 | 丁巳12三 | 戊午13四 | 己未14五 | 庚申15六 | 辛酉16日 | 壬戌17一 | 癸亥18二 | 甲子19三 | 乙丑20四 | 丙寅21五 | 丁卯22六 | 戊辰23日 | 己巳24一 | 庚午25二 | 辛未26三 | 壬申27四 | 癸丑立春 戊辰雨水 |
| 二月小 | 己卯 | 天干地支西曆星期 | 癸酉28五 | 甲戌(3)六 | 乙亥2日 | 丙子3一 | 丁丑4二 | 戊寅5三 | 己卯6四 | 庚辰7五 | 辛巳8六 | 壬午9日 | 癸未10一 | 甲申11二 | 乙酉12三 | 丙戌13四 | 丁亥14五 | 戊子15六 | 己丑16日 | 庚寅17一 | 辛卯18二 | 壬辰19三 | 癸巳20四 | 甲午21五 | 乙未22六 | 丙申23日 | 丁酉24一 | 戊戌25二 | 己亥26三 | 庚子27四 | 辛丑28五 | | 癸未驚蟄 己亥春分 |
| 三月大 | 庚辰 | 天干地支西曆星期 | 壬寅29六 | 癸卯30日 | 甲辰31一 | 乙巳(4)二 | 丙午2三 | 丁未3四 | 戊申4五 | 己酉5六 | 庚戌6日 | 辛亥7一 | 壬子8二 | 癸丑9三 | 甲寅10四 | 乙卯11五 | 丙辰12六 | 丁巳13日 | 戊午14一 | 己未15二 | 庚申16三 | 辛酉17四 | 壬戌18五 | 癸亥19六 | 甲子20日 | 乙丑21一 | 丙寅22二 | 丁卯23三 | 戊辰24四 | 己巳25五 | 庚午26六 | 辛未27日 | 甲寅清明 己巳穀雨 |
| 四月小 | 辛巳 | 天干地支西曆星期 | 壬申28一 | 癸酉29二 | 甲戌30三 | 乙亥(5)四 | 丙子2五 | 丁丑3六 | 戊寅4日 | 己卯5一 | 庚辰6二 | 辛巳7三 | 壬午8四 | 癸未9五 | 甲申10六 | 乙酉11日 | 丙戌12一 | 丁亥13二 | 戊子14三 | 己丑15四 | 庚寅16五 | 辛卯17六 | 壬辰18日 | 癸巳19一 | 甲午20二 | 乙未21三 | 丙申22四 | 丁酉23五 | 戊戌24六 | 己亥25日 | 庚子26一 | | 甲申立夏 己亥小滿 |
| 五月大 | 壬午 | 天干地支西曆星期 | 辛丑27二 | 壬寅28三 | 癸卯29四 | 甲辰30五 | 乙巳31六 | 丙午(6)日 | 丁未2一 | 戊申3二 | 己酉4三 | 庚戌5四 | 辛亥6五 | 壬子7六 | 癸丑8日 | 甲寅9一 | 乙卯10二 | 丙辰11三 | 丁巳12四 | 戊午13五 | 己未14六 | 庚申15日 | 辛酉16一 | 壬戌17二 | 癸亥18三 | 甲子19四 | 乙丑20五 | 丙寅21六 | 丁卯22日 | 戊辰23一 | 己巳24二 | 庚午25三 | 乙卯芒種 庚戌夏至 |
| 閏五月小 | 壬午 | 天干地支西曆星期 | 辛未26四 | 壬申27五 | 癸酉28六 | 甲戌29日 | 乙亥30一 | 丙子(7)二 | 丁丑2三 | 戊寅3四 | 己卯4五 | 庚辰5六 | 辛巳6日 | 壬午7一 | 癸未8二 | 甲申9三 | 乙酉10四 | 丙戌11五 | 丁亥12六 | 戊子13日 | 己丑14一 | 庚寅15二 | 辛卯16三 | 壬辰17四 | 癸巳18五 | 甲午19六 | 乙未20日 | 丙申21一 | 丁酉22二 | 戊戌23三 | 己亥24四 | | 乙酉小暑 |
| 六月大 | 癸未 | 天干地支西曆星期 | 庚子25五 | 辛丑26六 | 壬寅27日 | 癸卯28一 | 甲辰29二 | 乙巳30三 | 丙午31四 | 丁未(8)五 | 戊申2六 | 己酉3日 | 庚戌4一 | 辛亥5二 | 壬子6三 | 癸丑7四 | 甲寅8五 | 乙卯9六 | 丙辰10日 | 丁巳11一 | 戊午12二 | 己未13三 | 庚申14四 | 辛酉15五 | 壬戌16六 | 癸亥17日 | 甲子18一 | 乙丑19二 | 丙寅20三 | 丁卯21四 | 戊辰22五 | 己巳23六 | 庚子大暑 丙辰立秋 |
| 七月小 | 甲申 | 天干地支西曆星期 | 庚午24日 | 辛未25一 | 壬申26二 | 癸酉27三 | 甲戌28四 | 乙亥29五 | 丙子30六 | 丁丑31日 | 戊寅(9)一 | 己卯2二 | 庚辰3三 | 辛巳4四 | 壬午5五 | 癸未6六 | 甲申7日 | 乙酉8一 | 丙戌9二 | 丁亥10三 | 戊子11四 | 己丑12五 | 庚寅13六 | 辛卯14日 | 壬辰15一 | 癸巳16二 | 甲午17三 | 乙未18四 | 丙申19五 | 丁酉20六 | 戊戌21日 | | 辛未處暑 丙戌白露 |
| 八月大 | 乙酉 | 天干地支西曆星期 | 己亥22一 | 庚子23二 | 辛丑24三 | 壬寅25四 | 癸卯26五 | 甲辰27六 | 乙巳28日 | 丙午29一 | 丁未30二 | 戊申(10)三 | 己酉2四 | 庚戌3五 | 辛亥4六 | 壬子5日 | 癸丑6一 | 甲寅7二 | 乙卯8三 | 丙辰9四 | 丁巳10五 | 戊午11六 | 己未12日 | 庚申13一 | 辛酉14二 | 壬戌15三 | 癸亥16四 | 甲子17五 | 乙丑18六 | 丙寅19日 | 丁卯20一 | 戊辰21二 | 辛丑秋分 丙辰寒露 |
| 九月小 | 丙戌 | 天干地支西曆星期 | 己巳22三 | 庚午23四 | 辛未24五 | 壬申25六 | 癸酉26日 | 甲戌27一 | 乙亥28二 | 丙子29三 | 丁丑30四 | 戊寅31五 | 己卯(11)六 | 庚辰2日 | 辛巳3一 | 壬午4二 | 癸未5三 | 甲申6四 | 乙酉7五 | 丙戌8六 | 丁亥9日 | 戊子10一 | 己丑11二 | 庚寅12三 | 辛卯13四 | 壬辰14五 | 癸巳15六 | 甲午16日 | 乙未17一 | 丙申18二 | 丁酉19三 | | 壬申霜降 丁亥立冬 |
| 十月大 | 丁亥 | 天干地支西曆星期 | 戊戌20四 | 己亥21五 | 庚子22六 | 辛丑23日 | 壬寅24一 | 癸卯25二 | 甲辰26三 | 乙巳27四 | 丙午28五 | 丁未29六 | 戊申30日 | 己酉(12)一 | 庚戌2二 | 辛亥3三 | 壬子4四 | 癸丑5五 | 甲寅6六 | 乙卯7日 | 丙辰8一 | 丁巳9二 | 戊午10三 | 己未11四 | 庚申12五 | 辛酉13六 | 壬戌14日 | 癸亥15一 | 甲子16二 | 乙丑17三 | 丙寅18四 | 丁卯19五 | 壬寅小雪 丁巳大雪 丁卯日食 |
| 十一月小 | 戊子 | 天干地支西曆星期 | 戊辰20六 | 己巳21日 | 庚午22一 | 辛未23二 | 壬申24三 | 癸酉25四 | 甲戌26五 | 乙亥27六 | 丙子28日 | 丁丑29一 | 戊寅30二 | 己卯31三 | 庚辰(1)四 | 辛巳2五 | 壬午3六 | 癸未4日 | 甲申5一 | 乙酉6二 | 丙戌7三 | 丁亥8四 | 戊子9五 | 己丑10六 | 庚寅11日 | 辛卯12一 | 壬辰13二 | 癸巳14三 | 甲午15四 | 乙未16五 | 丙申17六 | | 癸酉冬至 戊子小寒 |
| 十二月大 | 己丑 | 天干地支西曆星期 | 丁酉18日 | 戊戌19一 | 己亥20二 | 庚子21三 | 辛丑22四 | 壬寅23五 | 癸卯24六 | 甲辰25日 | 乙巳26一 | 丙午27二 | 丁未28三 | 戊申29四 | 己酉30五 | 庚戌31六 | 辛亥(2)日 | 壬子2一 | 癸丑3二 | 甲寅4三 | 乙卯5四 | 丙辰6五 | 丁巳7六 | 戊午8日 | 己未9一 | 庚申10二 | 辛酉11三 | 壬戌12四 | 癸亥13五 | 甲子14六 | 乙丑15日 | 丙寅16一 | 癸卯大寒 戊午立春 |

## 漢獻帝興平三年 建安元年（丙子 鼠年）公元 196 ~ 197 年

| 夏曆月序 | | 中西曆日對照 | 初一 | 初二 | 初三 | 初四 | 初五 | 初六 | 初七 | 初八 | 初九 | 初十 | 十一 | 十二 | 十三 | 十四 | 十五 | 十六 | 十七 | 十八 | 十九 | 二十 | 二一 | 二二 | 二三 | 二四 | 二五 | 二六 | 二七 | 二八 | 二九 | 三十 | 節氣與天象 |
|---|---|---|---|---|---|---|---|---|---|---|---|---|---|---|---|---|---|---|---|---|---|---|---|---|---|---|---|---|---|---|---|---|---|
| 正月小 | 庚寅 | 干支<br>天地<br>西曆<br>星期 | 丁卯<br>17<br>二 | 戊辰<br>18<br>三 | 己巳<br>19<br>四 | 庚午<br>20<br>五 | 辛未<br>21<br>六 | 壬申<br>22<br>日 | 癸酉<br>23<br>一 | 甲戌<br>24<br>二 | 乙亥<br>25<br>三 | 丙子<br>26<br>四 | 丁丑<br>27<br>五 | 戊寅<br>28<br>六 | 己卯<br>29<br>日 | 庚辰<br>(3)<br>一 | 辛巳<br>2<br>二 | 壬午<br>3<br>三 | 癸未<br>4<br>四 | 甲申<br>5<br>五 | 乙酉<br>6<br>六 | 丙戌<br>7<br>日 | 丁亥<br>8<br>一 | 戊子<br>9<br>二 | 己丑<br>10<br>三 | 庚寅<br>11<br>四 | 辛卯<br>12<br>五 | 壬辰<br>13<br>六 | 癸巳<br>14<br>日 | 甲午<br>15<br>一 | 乙未<br>16<br>二 | | 癸酉雨水<br>己丑驚蟄 |
| 二月大 | 辛卯 | 干支<br>天地<br>西曆<br>星期 | 丙申<br>17<br>三 | 丁酉<br>18<br>四 | 戊戌<br>19<br>五 | 己亥<br>20<br>六 | 庚子<br>21<br>日 | 辛丑<br>22<br>一 | 壬寅<br>23<br>二 | 癸卯<br>24<br>三 | 甲辰<br>25<br>四 | 乙巳<br>26<br>五 | 丙午<br>27<br>六 | 丁未<br>28<br>日 | 戊申<br>29<br>一 | 己酉<br>30<br>二 | 庚戌<br>31<br>三 | 辛亥<br>(4)<br>四 | 壬子<br>2<br>五 | 癸丑<br>3<br>六 | 甲寅<br>4<br>日 | 乙卯<br>5<br>一 | 丙辰<br>6<br>二 | 丁巳<br>7<br>三 | 戊午<br>8<br>四 | 己未<br>9<br>五 | 庚申<br>10<br>六 | 辛酉<br>11<br>日 | 壬戌<br>12<br>一 | 癸亥<br>13<br>二 | 甲子<br>14<br>三 | 乙丑<br>15<br>四 | 甲辰春分<br>己未清明 |
| 三月小 | 壬辰 | 干支<br>天地<br>西曆<br>星期 | 丙寅<br>16<br>五 | 丁卯<br>17<br>六 | 戊辰<br>18<br>日 | 己巳<br>19<br>一 | 庚午<br>20<br>二 | 辛未<br>21<br>三 | 壬申<br>22<br>四 | 癸酉<br>23<br>五 | 甲戌<br>24<br>六 | 乙亥<br>25<br>日 | 丙子<br>26<br>一 | 丁丑<br>27<br>二 | 戊寅<br>28<br>三 | 己卯<br>29<br>四 | 庚辰<br>30<br>五 | 辛巳<br>(5)<br>六 | 壬午<br>2<br>日 | 癸未<br>3<br>一 | 甲申<br>4<br>二 | 乙酉<br>5<br>三 | 丙戌<br>6<br>四 | 丁亥<br>7<br>五 | 戊子<br>8<br>六 | 己丑<br>9<br>日 | 庚寅<br>10<br>一 | 辛卯<br>11<br>二 | 壬辰<br>12<br>三 | 癸巳<br>13<br>四 | 甲午<br>14<br>五 | | 甲戌穀雨<br>己丑立夏 |
| 四月大 | 癸巳 | 干支<br>天地<br>西曆<br>星期 | 乙未<br>15<br>六 | 丙申<br>16<br>日 | 丁酉<br>17<br>一 | 戊戌<br>18<br>二 | 己亥<br>19<br>三 | 庚子<br>20<br>四 | 辛丑<br>21<br>五 | 壬寅<br>22<br>六 | 癸卯<br>23<br>日 | 甲辰<br>24<br>一 | 乙巳<br>25<br>二 | 丙午<br>26<br>三 | 丁未<br>27<br>四 | 戊申<br>28<br>五 | 己酉<br>29<br>六 | 庚戌<br>30<br>日 | 辛亥<br>31<br>一 | 壬子<br>(6)<br>二 | 癸丑<br>2<br>三 | 甲寅<br>3<br>四 | 乙卯<br>4<br>五 | 丙辰<br>5<br>六 | 丁巳<br>6<br>日 | 戊午<br>7<br>一 | 己未<br>8<br>二 | 庚申<br>9<br>三 | 辛酉<br>10<br>四 | 壬戌<br>11<br>五 | 癸亥<br>12<br>六 | 甲子<br>13<br>日 | 乙巳小滿<br>庚申芒種 |
| 五月大 | 甲午 | 干支<br>天地<br>西曆<br>星期 | 乙丑<br>14<br>一 | 丙寅<br>15<br>二 | 丁卯<br>16<br>三 | 戊辰<br>17<br>四 | 己巳<br>18<br>五 | 庚午<br>19<br>六 | 辛未<br>20<br>日 | 壬申<br>21<br>一 | 癸酉<br>22<br>二 | 甲戌<br>23<br>三 | 乙亥<br>24<br>四 | 丙子<br>25<br>五 | 丁丑<br>26<br>六 | 戊寅<br>27<br>日 | 己卯<br>28<br>一 | 庚辰<br>29<br>二 | 辛巳<br>30<br>三 | 壬午<br>(7)<br>四 | 癸未<br>2<br>五 | 甲申<br>3<br>六 | 乙酉<br>4<br>日 | 丙戌<br>5<br>一 | 丁亥<br>6<br>二 | 戊子<br>7<br>三 | 己丑<br>8<br>四 | 庚寅<br>9<br>五 | 辛卯<br>10<br>六 | 壬辰<br>11<br>日 | 癸巳<br>12<br>一 | 甲午<br>13<br>二 | 乙亥夏至<br>庚寅小暑 |
| 六月小 | 乙未 | 干支<br>天地<br>西曆<br>星期 | 乙未<br>14<br>三 | 丙申<br>15<br>四 | 丁酉<br>16<br>五 | 戊戌<br>17<br>六 | 己亥<br>18<br>日 | 庚子<br>19<br>一 | 辛丑<br>20<br>二 | 壬寅<br>21<br>三 | 癸卯<br>22<br>四 | 甲辰<br>23<br>五 | 乙巳<br>24<br>六 | 丙午<br>25<br>日 | 丁未<br>26<br>一 | 戊申<br>27<br>二 | 己酉<br>28<br>三 | 庚戌<br>29<br>四 | 辛亥<br>30<br>五 | 壬子<br>31<br>六 | 癸丑<br>(8)<br>日 | 甲寅<br>2<br>一 | 乙卯<br>3<br>二 | 丙辰<br>4<br>三 | 丁巳<br>5<br>四 | 戊午<br>6<br>五 | 己未<br>7<br>六 | 庚申<br>8<br>日 | 辛酉<br>9<br>一 | 壬戌<br>10<br>二 | 癸亥<br>11<br>三 | | 丙午大暑<br>辛酉立秋 |
| 七月大 | 丙申 | 干支<br>天地<br>西曆<br>星期 | 甲子<br>12<br>四 | 乙丑<br>13<br>五 | 丙寅<br>14<br>六 | 丁卯<br>15<br>日 | 戊辰<br>16<br>一 | 己巳<br>17<br>二 | 庚午<br>18<br>三 | 辛未<br>19<br>四 | 壬申<br>20<br>五 | 癸酉<br>21<br>六 | 甲戌<br>22<br>日 | 乙亥<br>23<br>一 | 丙子<br>24<br>二 | 丁丑<br>25<br>三 | 戊寅<br>26<br>四 | 己卯<br>27<br>五 | 庚辰<br>28<br>六 | 辛巳<br>29<br>日 | 壬午<br>30<br>一 | 癸未<br>31<br>二 | 甲申<br>(9)<br>三 | 乙酉<br>2<br>四 | 丙戌<br>3<br>五 | 丁亥<br>4<br>六 | 戊子<br>5<br>日 | 己丑<br>6<br>一 | 庚寅<br>7<br>二 | 辛卯<br>8<br>三 | 壬辰<br>9<br>四 | 癸巳<br>10<br>五 | 丙子處暑<br>辛卯白露 |
| 八月小 | 丁酉 | 干支<br>天地<br>西曆<br>星期 | 甲午<br>11<br>六 | 乙未<br>12<br>日 | 丙申<br>13<br>一 | 丁酉<br>14<br>二 | 戊戌<br>15<br>三 | 己亥<br>16<br>四 | 庚子<br>17<br>五 | 辛丑<br>18<br>六 | 壬寅<br>19<br>日 | 癸卯<br>20<br>一 | 甲辰<br>21<br>二 | 乙巳<br>22<br>三 | 丙午<br>23<br>四 | 丁未<br>24<br>五 | 戊申<br>25<br>六 | 己酉<br>26<br>日 | 庚戌<br>27<br>一 | 辛亥<br>28<br>二 | 壬子<br>29<br>三 | 癸丑<br>30<br>四 | 甲寅<br>(10)<br>五 | 乙卯<br>2<br>六 | 丙辰<br>3<br>日 | 丁巳<br>4<br>一 | 戊午<br>5<br>二 | 己未<br>6<br>三 | 庚申<br>7<br>四 | 辛酉<br>8<br>五 | 壬戌<br>9<br>六 | | 丙午秋分<br>壬戌寒露 |
| 九月大 | 戊戌 | 干支<br>天地<br>西曆<br>星期 | 癸亥<br>10<br>日 | 甲子<br>11<br>一 | 乙丑<br>12<br>二 | 丙寅<br>13<br>三 | 丁卯<br>14<br>四 | 戊辰<br>15<br>五 | 己巳<br>16<br>六 | 庚午<br>17<br>日 | 辛未<br>18<br>一 | 壬申<br>19<br>二 | 癸酉<br>20<br>三 | 甲戌<br>21<br>四 | 乙亥<br>22<br>五 | 丙子<br>23<br>六 | 丁丑<br>24<br>日 | 戊寅<br>25<br>一 | 己卯<br>26<br>二 | 庚辰<br>27<br>三 | 辛巳<br>28<br>四 | 壬午<br>29<br>五 | 癸未<br>30<br>六 | 甲申<br>31<br>日 | 乙酉<br>(11)<br>一 | 丙戌<br>2<br>二 | 丁亥<br>3<br>三 | 戊子<br>4<br>四 | 己丑<br>5<br>五 | 庚寅<br>6<br>六 | 辛卯<br>7<br>日 | 壬辰<br>8<br>一 | 丁丑霜降<br>壬辰立冬 |
| 十月小 | 己亥 | 干支<br>天地<br>西曆<br>星期 | 癸巳<br>9<br>二 | 甲午<br>10<br>三 | 乙未<br>11<br>四 | 丙申<br>12<br>五 | 丁酉<br>13<br>六 | 戊戌<br>14<br>日 | 己亥<br>15<br>一 | 庚子<br>16<br>二 | 辛丑<br>17<br>三 | 壬寅<br>18<br>四 | 癸卯<br>19<br>五 | 甲辰<br>20<br>六 | 乙巳<br>21<br>日 | 丙午<br>22<br>一 | 丁未<br>23<br>二 | 戊申<br>24<br>三 | 己酉<br>25<br>四 | 庚戌<br>26<br>五 | 辛亥<br>27<br>六 | 壬子<br>28<br>日 | 癸丑<br>29<br>一 | 甲寅<br>30<br>二 | 乙卯<br>(12)<br>三 | 丙辰<br>2<br>四 | 丁巳<br>3<br>五 | 戊午<br>4<br>六 | 己未<br>5<br>日 | 庚申<br>6<br>一 | 辛酉<br>7<br>二 | | 丁未小雪 |
| 十一月大 | 庚子 | 干支<br>天地<br>西曆<br>星期 | 壬戌<br>8<br>三 | 癸亥<br>9<br>四 | 甲子<br>10<br>五 | 乙丑<br>11<br>六 | 丙寅<br>12<br>日 | 丁卯<br>13<br>一 | 戊辰<br>14<br>二 | 己巳<br>15<br>三 | 庚午<br>16<br>四 | 辛未<br>17<br>五 | 壬申<br>18<br>六 | 癸酉<br>19<br>日 | 甲戌<br>20<br>一 | 乙亥<br>21<br>二 | 丙子<br>22<br>三 | 丁丑<br>23<br>四 | 戊寅<br>24<br>五 | 己卯<br>25<br>六 | 庚辰<br>26<br>日 | 辛巳<br>27<br>一 | 壬午<br>28<br>二 | 癸未<br>29<br>三 | 甲申<br>30<br>四 | 乙酉<br>31<br>五 | 丙戌<br>(1)<br>六 | 丁亥<br>2<br>日 | 戊子<br>3<br>一 | 己丑<br>4<br>二 | 庚寅<br>5<br>三 | 辛卯<br>6<br>四 | 癸亥大雪<br>戊寅冬至 |
| 十二月小 | 辛丑 | 干支<br>天地<br>西曆<br>星期 | 壬辰<br>7<br>五 | 癸巳<br>8<br>六 | 甲午<br>9<br>日 | 乙未<br>10<br>一 | 丙申<br>11<br>二 | 丁酉<br>12<br>三 | 戊戌<br>13<br>四 | 己亥<br>14<br>五 | 庚子<br>15<br>六 | 辛丑<br>16<br>日 | 壬寅<br>17<br>一 | 癸卯<br>18<br>二 | 甲辰<br>19<br>三 | 乙巳<br>20<br>四 | 丙午<br>21<br>五 | 丁未<br>22<br>六 | 戊申<br>23<br>日 | 己酉<br>24<br>一 | 庚戌<br>25<br>二 | 辛亥<br>26<br>三 | 壬子<br>27<br>四 | 癸丑<br>28<br>五 | 甲寅<br>29<br>六 | 乙卯<br>30<br>日 | 丙辰<br>31<br>一 | 丁巳<br>(2)<br>二 | 戊午<br>3<br>三 | 己未<br>4<br>四 | 庚申<br>5<br>五 | | 癸巳小寒<br>戊申大寒 |

* 正月癸酉（初七），改元建安。

# 漢獻帝建安二年（丁丑 牛年）公元 197 ~ 198 年

| 夏曆月序 | 中西曆日對照 | 初一 | 初二 | 初三 | 初四 | 初五 | 初六 | 初七 | 初八 | 初九 | 初十 | 十一 | 十二 | 十三 | 十四 | 十五 | 十六 | 十七 | 十八 | 十九 | 二十 | 二一 | 二二 | 二三 | 二四 | 二五 | 二六 | 二七 | 二八 | 二九 | 三十 | 節氣與天象 |
|---|---|---|---|---|---|---|---|---|---|---|---|---|---|---|---|---|---|---|---|---|---|---|---|---|---|---|---|---|---|---|---|---|
| 正月大 壬寅 | 干支 西曆 星期 | 辛酉 5 六 | 壬戌 6 日 | 癸亥 7 一 | 甲子 8 二 | 乙丑 9 三 | 丙寅 10 四 | 丁卯 11 五 | 戊辰 12 六 | 己巳 13 日 | 庚午 14 一 | 辛未 15 二 | 壬申 16 三 | 癸酉 17 四 | 甲戌 18 五 | 乙亥 19 六 | 丙子 20 日 | 丁丑 21 一 | 戊寅 22 二 | 己卯 23 三 | 庚辰 24 四 | 辛巳 25 五 | 壬午 26 六 | 癸未 27 日 | 甲申 28 一 | 乙酉 (3) 二 | 丙戌 2 三 | 丁亥 3 四 | 戊子 4 五 | 己丑 5 六 | 庚寅 6 日 | 癸亥立春 己卯雨水 |
| 二月小 癸卯 | 干支 西曆 星期 | 辛卯 7 一 | 壬辰 8 二 | 癸巳 9 三 | 甲午 10 四 | 乙未 11 五 | 丙申 12 六 | 丁酉 13 日 | 戊戌 14 一 | 己亥 15 二 | 庚子 16 三 | 辛丑 17 四 | 壬寅 18 五 | 癸卯 19 六 | 甲辰 20 日 | 乙巳 21 一 | 丙午 22 二 | 丁未 23 三 | 戊申 24 四 | 己酉 25 五 | 庚戌 26 六 | 辛亥 27 日 | 壬子 28 一 | 癸丑 29 二 | 甲寅 30 三 | 乙卯 31 四 | 丙辰 (4) 五 | 丁巳 2 六 | 戊午 3 日 | 己未 4 一 | | 甲午驚蟄 己酉春分 |
| 三月大 甲辰 | 干支 西曆 星期 | 庚申 5 二 | 辛酉 6 三 | 壬戌 7 四 | 癸亥 8 五 | 甲子 9 六 | 乙丑 10 日 | 丙寅 11 一 | 丁卯 12 二 | 戊辰 13 三 | 己巳 14 四 | 庚午 15 五 | 辛未 16 六 | 壬申 17 日 | 癸酉 18 一 | 甲戌 19 二 | 乙亥 20 三 | 丙子 21 四 | 丁丑 22 五 | 戊寅 23 六 | 己卯 24 日 | 庚辰 25 一 | 辛巳 26 二 | 壬午 27 三 | 癸未 28 四 | 甲申 29 五 | 乙酉 30 六 | 丙戌 (5) 日 | 丁亥 2 一 | 戊子 3 二 | 己丑 4 三 | 甲子清明 庚辰穀雨 |
| 四月小 乙巳 | 干支 西曆 星期 | 庚寅 5 四 | 辛卯 6 五 | 壬辰 7 六 | 癸巳 8 日 | 甲午 9 一 | 乙未 10 二 | 丙申 11 三 | 丁酉 12 四 | 戊戌 13 五 | 己亥 14 六 | 庚子 15 日 | 辛丑 16 一 | 壬寅 17 二 | 癸卯 18 三 | 甲辰 19 四 | 乙巳 20 五 | 丙午 21 六 | 丁未 22 日 | 戊申 23 一 | 己酉 24 二 | 庚戌 25 三 | 辛亥 26 四 | 壬子 27 五 | 癸丑 28 六 | 甲寅 29 日 | 乙卯 30 一 | 丙辰 31 二 | 丁巳 (6) 三 | 戊午 2 四 | | 乙未立夏 庚戌小滿 |
| 五月大 丙午 | 干支 西曆 星期 | 己未 3 五 | 庚申 4 六 | 辛酉 5 日 | 壬戌 6 一 | 癸亥 7 二 | 甲子 8 三 | 乙丑 9 四 | 丙寅 10 五 | 丁卯 11 六 | 戊辰 12 日 | 己巳 13 一 | 庚午 14 二 | 辛未 15 三 | 壬申 16 四 | 癸酉 17 五 | 甲戌 18 六 | 乙亥 19 日 | 丙子 20 一 | 丁丑 21 二 | 戊寅 22 三 | 己卯 23 四 | 庚辰 24 五 | 辛巳 25 六 | 壬午 26 日 | 癸未 27 一 | 甲申 28 二 | 乙酉 29 三 | 丙戌 30 四 | 丁亥 (7) 五 | 戊子 2 六 | 乙丑芒種 庚辰夏至 |
| 六月小 丁未 | 干支 西曆 星期 | 己丑 3 日 | 庚寅 4 一 | 辛卯 5 二 | 壬辰 6 三 | 癸巳 7 四 | 甲午 8 五 | 乙未 9 六 | 丙申 10 日 | 丁酉 11 一 | 戊戌 12 二 | 己亥 13 三 | 庚子 14 四 | 辛丑 15 五 | 壬寅 16 六 | 癸卯 17 日 | 甲辰 18 一 | 乙巳 19 二 | 丙午 20 三 | 丁未 21 四 | 戊申 22 五 | 己酉 23 六 | 庚戌 24 日 | 辛亥 25 一 | 壬子 26 二 | 癸丑 27 三 | 甲寅 28 四 | 乙卯 29 五 | 丙辰 30 六 | 丁巳 31 日 | | 丙申小暑 辛亥大暑 |
| 七月大 戊申 | 干支 西曆 星期 | 戊午 (8) 一 | 己未 2 二 | 庚申 3 三 | 辛酉 4 四 | 壬戌 5 五 | 癸亥 6 六 | 甲子 7 日 | 乙丑 8 一 | 丙寅 9 二 | 丁卯 10 三 | 戊辰 11 四 | 己巳 12 五 | 庚午 13 六 | 辛未 14 日 | 壬申 15 一 | 癸酉 16 二 | 甲戌 17 三 | 乙亥 18 四 | 丙子 19 五 | 丁丑 20 六 | 戊寅 21 日 | 己卯 22 一 | 庚辰 23 二 | 辛巳 24 三 | 壬午 25 四 | 癸未 26 五 | 甲申 27 六 | 乙酉 28 日 | 丙戌 29 一 | 丁亥 30 二 | 丙寅立秋 辛巳處暑 |
| 八月大 己酉 | 干支 西曆 星期 | 戊子 31 三 | 己丑 (9) 四 | 庚寅 2 五 | 辛卯 3 六 | 壬辰 4 日 | 癸巳 5 一 | 甲午 6 二 | 乙未 7 三 | 丙申 8 四 | 丁酉 9 五 | 戊戌 10 六 | 己亥 11 日 | 庚子 12 一 | 辛丑 13 二 | 壬寅 14 三 | 癸卯 15 四 | 甲辰 16 五 | 乙巳 17 六 | 丙午 18 日 | 丁未 19 一 | 戊申 20 二 | 己酉 21 三 | 庚戌 22 四 | 辛亥 23 五 | 壬子 24 六 | 癸丑 25 日 | 甲寅 26 一 | 乙卯 27 二 | 丙辰 28 三 | 丁巳 29 四 | 丙申白露 壬子秋分 |
| 九月小 庚戌 | 干支 西曆 星期 | 戊午 30 五 | 己未 (10) 六 | 庚申 2 日 | 辛酉 3 一 | 壬戌 4 二 | 癸亥 5 三 | 甲子 6 四 | 乙丑 7 五 | 丙寅 8 六 | 丁卯 9 日 | 戊辰 10 一 | 己巳 11 二 | 庚午 12 三 | 辛未 13 四 | 壬申 14 五 | 癸酉 15 六 | 甲戌 16 日 | 乙亥 17 一 | 丙子 18 二 | 丁丑 19 三 | 戊寅 20 四 | 己卯 21 五 | 庚辰 22 六 | 辛巳 23 日 | 壬午 24 一 | 癸未 25 二 | 甲申 26 三 | 乙酉 27 四 | 丙戌 28 五 | | 丁卯寒露 壬午霜降 |
| 十月大 辛亥 | 干支 西曆 星期 | 丁亥 29 六 | 戊子 30 日 | 己丑 31 一 | 庚寅 (11) 二 | 辛卯 2 三 | 壬辰 3 四 | 癸巳 4 五 | 甲午 5 六 | 乙未 6 日 | 丙申 7 一 | 丁酉 8 二 | 戊戌 9 三 | 己亥 10 四 | 庚子 11 五 | 辛丑 12 六 | 壬寅 13 日 | 癸卯 14 一 | 甲辰 15 二 | 乙巳 16 三 | 丙午 17 四 | 丁未 18 五 | 戊申 19 六 | 己酉 20 日 | 庚戌 21 一 | 辛亥 22 二 | 壬子 23 三 | 癸丑 24 四 | 甲寅 25 五 | 乙卯 26 六 | 丙辰 27 日 | 丁酉立冬 癸丑小雪 |
| 十一月小 壬子 | 干支 西曆 星期 | 丁巳 28 一 | 戊午 29 二 | 己未 30 三 | 庚申 (12) 四 | 辛酉 2 五 | 壬戌 3 六 | 癸亥 4 日 | 甲子 5 一 | 乙丑 6 二 | 丙寅 7 三 | 丁卯 8 四 | 戊辰 9 五 | 己巳 10 六 | 庚午 11 日 | 辛未 12 一 | 壬申 13 二 | 癸酉 14 三 | 甲戌 15 四 | 乙亥 16 五 | 丙子 17 六 | 丁丑 18 日 | 戊寅 19 一 | 己卯 20 二 | 庚辰 21 三 | 辛巳 22 四 | 壬午 23 五 | 癸未 24 六 | 甲申 25 日 | 乙酉 26 一 | | 戊辰大雪 癸未冬至 |
| 十二月大 癸丑 | 干支 西曆 星期 | 丙戌 27 二 | 丁亥 28 三 | 戊子 29 四 | 己丑 30 五 | 庚寅 31 六 | 辛卯 (1) 日 | 壬辰 2 一 | 癸巳 3 二 | 甲午 4 三 | 乙未 5 四 | 丙申 6 五 | 丁酉 7 六 | 戊戌 8 日 | 己亥 9 一 | 庚子 10 二 | 辛丑 11 三 | 壬寅 12 四 | 癸卯 13 五 | 甲辰 14 六 | 乙巳 15 日 | 丙午 16 一 | 丁未 17 二 | 戊申 18 三 | 己酉 19 四 | 庚戌 20 五 | 辛亥 21 六 | 壬子 22 日 | 癸丑 23 一 | 甲寅 24 二 | 乙卯 25 三 | 戊戌小寒 癸丑大寒 |

# 漢獻帝建安三年（戊寅 虎年）公元 **198** ~ 199 年

| 夏曆月序 | | 中西曆對照 | 初一 | 初二 | 初三 | 初四 | 初五 | 初六 | 初七 | 初八 | 初九 | 初十 | 十一 | 十二 | 十三 | 十四 | 十五 | 十六 | 十七 | 十八 | 十九 | 二十 | 二一 | 二二 | 二三 | 二四 | 二五 | 二六 | 二七 | 二八 | 二九 | 三十 | 節氣與天象 |
|---|---|---|---|---|---|---|---|---|---|---|---|---|---|---|---|---|---|---|---|---|---|---|---|---|---|---|---|---|---|---|---|---|---|
| 正月小 | 甲寅 | 天干地支 西曆 星期 | 丙辰 26 四 | 丁巳 27 五 | 戊午 28 六 | 己未 29 日 | 庚申 30 一 | 辛酉 31 二 | 壬戌 (2) 三 | 癸亥 2 四 | 甲子 3 五 | 乙丑 4 六 | 丙寅 5 日 | 丁卯 6 一 | 戊辰 7 二 | 己巳 8 三 | 庚午 9 四 | 辛未 10 五 | 壬申 11 六 | 癸酉 12 日 | 甲戌 13 一 | 乙亥 14 二 | 丙子 15 三 | 丁丑 16 四 | 戊寅 17 五 | 己卯 18 六 | 庚辰 19 日 | 辛巳 20 一 | 壬午 21 二 | 癸未 22 三 | 甲申 23 四 | | 己巳立春 甲申雨水 |
| 二月大 | 乙卯 | 天干地支 西曆 星期 | 乙酉 24 五 | 丙戌 25 六 | 丁亥 26 日 | 戊子 27 一 | 己丑 28 二 | 庚寅 (3) 三 | 辛卯 2 四 | 壬辰 3 五 | 癸巳 4 六 | 甲午 5 日 | 乙未 6 一 | 丙申 7 二 | 丁酉 8 三 | 戊戌 9 四 | 己亥 10 五 | 庚子 11 六 | 辛丑 12 日 | 壬寅 13 一 | 癸卯 14 二 | 甲辰 15 三 | 乙巳 16 四 | 丙午 17 五 | 丁未 18 六 | 戊申 19 日 | 己酉 20 一 | 庚戌 21 二 | 辛亥 22 三 | 壬子 23 四 | 癸丑 24 五 | 甲寅 25 六 | 己亥驚蟄 甲寅春分 |
| 閏二月小 | 乙卯 | 天干地支 西曆 星期 | 乙卯 26 日 | 丙辰 27 一 | 丁巳 28 二 | 戊午 29 三 | 己未 30 四 | 庚申 31 五 | 辛酉 (4) 六 | 壬戌 2 日 | 癸亥 3 一 | 甲子 4 二 | 乙丑 5 三 | 丙寅 6 四 | 丁卯 7 五 | 戊辰 8 六 | 己巳 9 日 | 庚午 10 一 | 辛未 11 二 | 壬申 12 三 | 癸酉 13 四 | 甲戌 14 五 | 乙亥 15 六 | 丙子 16 日 | 丁丑 17 一 | 戊寅 18 二 | 己卯 19 三 | 庚辰 20 四 | 辛巳 21 五 | 壬午 22 六 | 癸未 23 日 | | 庚午清明 |
| 三月大 | 丙辰 | 天干地支 西曆 星期 | 甲申 24 一 | 乙酉 25 二 | 丙戌 26 三 | 丁亥 27 四 | 戊子 28 五 | 己丑 29 六 | 庚寅 30 日 | 辛卯 (5) 一 | 壬辰 2 二 | 癸巳 3 三 | 甲午 4 四 | 乙未 5 五 | 丙申 6 六 | 丁酉 7 日 | 戊戌 8 一 | 己亥 9 二 | 庚子 10 三 | 辛丑 11 四 | 壬寅 12 五 | 癸卯 13 六 | 甲辰 14 日 | 乙巳 15 一 | 丙午 16 二 | 丁未 17 三 | 戊申 18 四 | 己酉 19 五 | 庚戌 20 六 | 辛亥 21 日 | 壬子 22 一 | 癸丑 23 二 | 乙酉穀雨 庚子立夏 |
| 四月小 | 丁巳 | 天干地支 西曆 星期 | 甲寅 24 三 | 乙卯 25 四 | 丙辰 26 五 | 丁巳 27 六 | 戊午 28 日 | 己未 29 一 | 庚申 30 二 | 辛酉 31 三 | 壬戌 (6) 四 | 癸亥 2 五 | 甲子 3 六 | 乙丑 4 日 | 丙寅 5 一 | 丁卯 6 二 | 戊辰 7 三 | 己巳 8 四 | 庚午 9 五 | 辛未 10 六 | 壬申 11 日 | 癸酉 12 一 | 甲戌 13 二 | 乙亥 14 三 | 丙子 15 四 | 丁丑 16 五 | 戊寅 17 六 | 己卯 18 日 | 庚辰 19 一 | 辛巳 20 二 | 壬午 21 三 | | 乙卯小滿 庚午芒種 |
| 五月大 | 戊午 | 天干地支 西曆 星期 | 癸未 22 四 | 甲申 23 五 | 乙酉 24 六 | 丙戌 25 日 | 丁亥 26 一 | 戊子 27 二 | 己丑 28 三 | 庚寅 29 四 | 辛卯 30 五 | 壬辰 (7) 六 | 癸巳 2 日 | 甲午 3 一 | 乙未 4 二 | 丙申 5 三 | 丁酉 6 四 | 戊戌 7 五 | 己亥 8 六 | 庚子 9 日 | 辛丑 10 一 | 壬寅 11 二 | 癸卯 12 三 | 甲辰 13 四 | 乙巳 14 五 | 丙午 15 六 | 丁未 16 日 | 戊申 17 一 | 己酉 18 二 | 庚戌 19 三 | 辛亥 20 四 | 壬子 21 五 | 丙戌夏至 辛丑小暑 |
| 六月小 | 己未 | 天干地支 西曆 星期 | 癸丑 22 六 | 甲寅 23 日 | 乙卯 24 一 | 丙辰 25 二 | 丁巳 26 三 | 戊午 27 四 | 己未 28 五 | 庚申 29 六 | 辛酉 30 日 | 壬戌 31 一 | 癸亥 (8) 二 | 甲子 2 三 | 乙丑 3 四 | 丙寅 4 五 | 丁卯 5 六 | 戊辰 6 日 | 己巳 7 一 | 庚午 8 二 | 辛未 9 三 | 壬申 10 四 | 癸酉 11 五 | 甲戌 12 六 | 乙亥 13 日 | 丙子 14 一 | 丁丑 15 二 | 戊寅 16 三 | 己卯 17 四 | 庚辰 18 五 | 辛巳 19 六 | | 丙辰大暑 辛未立秋 |
| 七月大 | 庚申 | 天干地支 西曆 星期 | 壬午 20 日 | 癸未 21 一 | 甲申 22 二 | 乙酉 23 三 | 丙戌 24 四 | 丁亥 25 五 | 戊子 26 六 | 己丑 27 日 | 庚寅 28 一 | 辛卯 29 二 | 壬辰 30 三 | 癸巳 31 四 | 甲午 (9) 五 | 乙未 2 六 | 丙申 3 日 | 丁酉 4 一 | 戊戌 5 二 | 己亥 6 三 | 庚子 7 四 | 辛丑 8 五 | 壬寅 9 六 | 癸卯 10 日 | 甲辰 11 一 | 乙巳 12 二 | 丙午 13 三 | 丁未 14 四 | 戊申 15 五 | 己酉 16 六 | 庚戌 17 日 | 辛亥 18 一 | 丁亥處暑 壬寅白露 |
| 八月小 | 辛酉 | 天干地支 西曆 星期 | 壬子 19 二 | 癸丑 20 三 | 甲寅 21 四 | 乙卯 22 五 | 丙辰 23 六 | 丁巳 24 日 | 戊午 25 一 | 己未 26 二 | 庚申 27 三 | 辛酉 28 四 | 壬戌 29 五 | 癸亥 30 六 | 甲子 (10) 日 | 乙丑 2 一 | 丙寅 3 二 | 丁卯 4 三 | 戊辰 5 四 | 己巳 6 五 | 庚午 7 六 | 辛未 8 日 | 壬申 9 一 | 癸酉 10 二 | 甲戌 11 三 | 乙亥 12 四 | 丙子 13 五 | 丁丑 14 六 | 戊寅 15 日 | 己卯 16 一 | 庚辰 17 二 | | 丁巳秋分 壬申寒露 |
| 九月大 | 壬戌 | 天干地支 西曆 星期 | 辛巳 18 三 | 壬午 19 四 | 癸未 20 五 | 甲申 21 六 | 乙酉 22 日 | 丙戌 23 一 | 丁亥 24 二 | 戊子 25 三 | 己丑 26 四 | 庚寅 27 五 | 辛卯 28 六 | 壬辰 29 日 | 癸巳 30 一 | 甲午 31 二 | 乙未 (11) 三 | 丙申 2 四 | 丁酉 3 五 | 戊戌 4 六 | 己亥 5 日 | 庚子 6 一 | 辛丑 7 二 | 壬寅 8 三 | 癸卯 9 四 | 甲辰 10 五 | 乙巳 11 六 | 丙午 12 日 | 丁未 13 一 | 戊申 14 二 | 己酉 15 三 | 庚戌 16 四 | 丁亥霜降 癸卯立冬 |
| 十月小 | 癸亥 | 天干地支 西曆 星期 | 辛亥 17 五 | 壬子 18 六 | 癸丑 19 日 | 甲寅 20 一 | 乙卯 21 二 | 丙辰 22 三 | 丁巳 23 四 | 戊午 24 五 | 己未 25 六 | 庚申 26 日 | 辛酉 27 一 | 壬戌 28 二 | 癸亥 29 三 | 甲子 30 四 | 乙丑 (12) 五 | 丙寅 2 六 | 丁卯 3 日 | 戊辰 4 一 | 己巳 5 二 | 庚午 6 三 | 辛未 7 四 | 壬申 8 五 | 癸酉 9 六 | 甲戌 10 日 | 乙亥 11 一 | 丙子 12 二 | 丁丑 13 三 | 戊寅 14 四 | 己卯 15 五 | | 戊午小雪 癸酉大雪 |
| 十一月大 | 甲子 | 天干地支 西曆 星期 | 庚辰 16 六 | 辛巳 17 日 | 壬午 18 一 | 癸未 19 二 | 甲申 20 三 | 乙酉 21 四 | 丙戌 22 五 | 丁亥 23 六 | 戊子 24 日 | 己丑 25 一 | 庚寅 26 二 | 辛卯 27 三 | 壬辰 28 四 | 癸巳 29 五 | 甲午 30 六 | 乙未 31 日 | 丙申 (1) 一 | 丁酉 2 二 | 戊戌 3 三 | 己亥 4 四 | 庚子 5 五 | 辛丑 6 六 | 壬寅 7 日 | 癸卯 8 一 | 甲辰 9 二 | 乙巳 10 三 | 丙午 11 四 | 丁未 12 五 | 戊申 13 六 | 己酉 14 日 | 戊子冬至 癸卯小寒 |
| 十二月大 | 乙丑 | 天干地支 西曆 星期 | 庚戌 15 一 | 辛亥 16 二 | 壬子 17 三 | 癸丑 18 四 | 甲寅 19 五 | 乙卯 20 六 | 丙辰 21 日 | 丁巳 22 一 | 戊午 23 二 | 己未 24 三 | 庚申 25 四 | 辛酉 26 五 | 壬戌 27 六 | 癸亥 28 日 | 甲子 29 一 | 乙丑 30 二 | 丙寅 31 三 | 丁卯 (2) 四 | 戊辰 2 五 | 己巳 3 六 | 庚午 4 日 | 辛未 5 一 | 壬申 6 二 | 癸酉 7 三 | 甲戌 8 四 | 乙亥 9 五 | 丙子 10 六 | 丁丑 11 日 | 戊寅 12 一 | 己卯 13 二 | 己未大寒 甲戌立春 |

# 漢獻帝建安四年（己卯兔年）公元199～200年

| 夏曆月序 | | 中西曆日對照 | 初一 | 初二 | 初三 | 初四 | 初五 | 初六 | 初七 | 初八 | 初九 | 初十 | 十一 | 十二 | 十三 | 十四 | 十五 | 十六 | 十七 | 十八 | 十九 | 二十 | 二一 | 二二 | 二三 | 二四 | 二五 | 二六 | 二七 | 二八 | 二九 | 三十 | 節氣與天象 |
|---|---|---|---|---|---|---|---|---|---|---|---|---|---|---|---|---|---|---|---|---|---|---|---|---|---|---|---|---|---|---|---|---|---|
| 正月小 | 丙寅 | 干支<br>西曆<br>星期 | 庚辰<br>14<br>三 | 辛巳<br>15<br>四 | 壬午<br>16<br>五 | 癸未<br>17<br>六 | 甲申<br>18<br>日 | 乙酉<br>19<br>一 | 丙戌<br>20<br>二 | 丁亥<br>21<br>三 | 戊子<br>22<br>四 | 己丑<br>23<br>五 | 庚寅<br>24<br>六 | 辛卯<br>25<br>日 | 壬辰<br>26<br>一 | 癸巳<br>27<br>二 | 甲午<br>28<br>三 | 乙未<br>(3)<br>四 | 丙申<br>2<br>五 | 丁酉<br>3<br>六 | 戊戌<br>4<br>日 | 己亥<br>5<br>一 | 庚子<br>6<br>二 | 辛丑<br>7<br>三 | 壬寅<br>8<br>四 | 癸卯<br>9<br>五 | 甲辰<br>10<br>六 | 乙巳<br>11<br>日 | 丙午<br>12<br>一 | 丁未<br>13<br>二 | 戊申<br>14<br>三 | | 己丑雨水<br>甲辰驚蟄 |
| 二月大 | 丁卯 | 干支<br>西曆<br>星期 | 己酉<br>15<br>四 | 庚戌<br>16<br>五 | 辛亥<br>17<br>六 | 壬子<br>18<br>日 | 癸丑<br>19<br>一 | 甲寅<br>20<br>二 | 乙卯<br>21<br>三 | 丙辰<br>22<br>四 | 丁巳<br>23<br>五 | 戊午<br>24<br>六 | 己未<br>25<br>日 | 庚申<br>26<br>一 | 辛酉<br>27<br>二 | 壬戌<br>28<br>三 | 癸亥<br>29<br>四 | 甲子<br>30<br>五 | 乙丑<br>31<br>六 | 丙寅<br>(4)<br>日 | 丁卯<br>2<br>一 | 戊辰<br>3<br>二 | 己巳<br>4<br>三 | 庚午<br>5<br>四 | 辛未<br>6<br>五 | 壬申<br>7<br>六 | 癸酉<br>8<br>日 | 甲戌<br>9<br>一 | 乙亥<br>10<br>二 | 丙子<br>11<br>三 | 丁丑<br>12<br>四 | 戊寅<br>13<br>五 | 庚申春分<br>乙亥清明 |
| 三月小 | 戊辰 | 干支<br>西曆<br>星期 | 己卯<br>14<br>六 | 庚辰<br>15<br>日 | 辛巳<br>16<br>一 | 壬午<br>17<br>二 | 癸未<br>18<br>三 | 甲申<br>19<br>四 | 乙酉<br>20<br>五 | 丙戌<br>21<br>六 | 丁亥<br>22<br>日 | 戊子<br>23<br>一 | 己丑<br>24<br>二 | 庚寅<br>25<br>三 | 辛卯<br>26<br>四 | 壬辰<br>27<br>五 | 癸巳<br>28<br>六 | 甲午<br>29<br>日 | 乙未<br>30<br>一 | 丙申<br>(5)<br>二 | 丁酉<br>2<br>三 | 戊戌<br>3<br>四 | 己亥<br>4<br>五 | 庚子<br>5<br>六 | 辛丑<br>6<br>日 | 壬寅<br>7<br>一 | 癸卯<br>8<br>二 | 甲辰<br>9<br>三 | 乙巳<br>10<br>四 | 丙午<br>11<br>五 | 丁未<br>12<br>六 | | 庚寅穀雨<br>乙巳立夏 |
| 四月大 | 己巳 | 干支<br>西曆<br>星期 | 戊申<br>13<br>日 | 己酉<br>14<br>一 | 庚戌<br>15<br>二 | 辛亥<br>16<br>三 | 壬子<br>17<br>四 | 癸丑<br>18<br>五 | 甲寅<br>19<br>六 | 乙卯<br>20<br>日 | 丙辰<br>21<br>一 | 丁巳<br>22<br>二 | 戊午<br>23<br>三 | 己未<br>24<br>四 | 庚申<br>25<br>五 | 辛酉<br>26<br>六 | 壬戌<br>27<br>日 | 癸亥<br>28<br>一 | 甲子<br>29<br>二 | 乙丑<br>30<br>三 | 丙寅<br>31<br>四 | 丁卯<br>(6)<br>五 | 戊辰<br>2<br>六 | 己巳<br>3<br>日 | 庚午<br>4<br>一 | 辛未<br>5<br>二 | 壬申<br>6<br>三 | 癸酉<br>7<br>四 | 甲戌<br>8<br>五 | 乙亥<br>9<br>六 | 丙子<br>10<br>日 | 丁丑<br>11<br>一 | 庚申小滿<br>丙子芒種 |
| 五月小 | 庚午 | 干支<br>西曆<br>星期 | 戊寅<br>12<br>二 | 己卯<br>13<br>三 | 庚辰<br>14<br>四 | 辛巳<br>15<br>五 | 壬午<br>16<br>六 | 癸未<br>17<br>日 | 甲申<br>18<br>一 | 乙酉<br>19<br>二 | 丙戌<br>20<br>三 | 丁亥<br>21<br>四 | 戊子<br>22<br>五 | 己丑<br>23<br>六 | 庚寅<br>24<br>日 | 辛卯<br>25<br>一 | 壬辰<br>26<br>二 | 癸巳<br>27<br>三 | 甲午<br>28<br>四 | 乙未<br>29<br>五 | 丙申<br>30<br>六 | 丁酉<br>(7)<br>日 | 戊戌<br>2<br>一 | 己亥<br>3<br>二 | 庚子<br>4<br>三 | 辛丑<br>5<br>四 | 壬寅<br>6<br>五 | 癸卯<br>7<br>六 | 甲辰<br>8<br>日 | 乙巳<br>9<br>一 | 丙午<br>10<br>二 | | 辛卯夏至<br>丙午小暑 |
| 六月大 | 辛未 | 干支<br>西曆<br>星期 | 丁未<br>11<br>三 | 戊申<br>12<br>四 | 己酉<br>13<br>五 | 庚戌<br>14<br>六 | 辛亥<br>15<br>日 | 壬子<br>16<br>一 | 癸丑<br>17<br>二 | 甲寅<br>18<br>三 | 乙卯<br>19<br>四 | 丙辰<br>20<br>五 | 丁巳<br>21<br>六 | 戊午<br>22<br>日 | 己未<br>23<br>一 | 庚申<br>24<br>二 | 辛酉<br>25<br>三 | 壬戌<br>26<br>四 | 癸亥<br>27<br>五 | 甲子<br>28<br>六 | 乙丑<br>29<br>日 | 丙寅<br>30<br>一 | 丁卯<br>31<br>二 | 戊辰<br>(8)<br>三 | 己巳<br>2<br>四 | 庚午<br>3<br>五 | 辛未<br>4<br>六 | 壬申<br>5<br>日 | 癸酉<br>6<br>一 | 甲戌<br>7<br>二 | 乙亥<br>8<br>三 | 丙子<br>9<br>四 | 辛酉大暑 |
| 七月小 | 壬申 | 干支<br>西曆<br>星期 | 丁丑<br>10<br>五 | 戊寅<br>11<br>六 | 己卯<br>12<br>日 | 庚辰<br>13<br>一 | 辛巳<br>14<br>二 | 壬午<br>15<br>三 | 癸未<br>16<br>四 | 甲申<br>17<br>五 | 乙酉<br>18<br>六 | 丙戌<br>19<br>日 | 丁亥<br>20<br>一 | 戊子<br>21<br>二 | 己丑<br>22<br>三 | 庚寅<br>23<br>四 | 辛卯<br>24<br>五 | 壬辰<br>25<br>六 | 癸巳<br>26<br>日 | 甲午<br>27<br>一 | 乙未<br>28<br>二 | 丙申<br>29<br>三 | 丁酉<br>30<br>四 | 戊戌<br>31<br>五 | 己亥<br>(9)<br>六 | 庚子<br>2<br>日 | 辛丑<br>3<br>一 | 壬寅<br>4<br>二 | 癸卯<br>5<br>三 | 甲辰<br>6<br>四 | 乙巳<br>7<br>五 | | 丁丑立秋<br>壬辰處暑 |
| 八月大 | 癸酉 | 干支<br>西曆<br>星期 | 丙午<br>8<br>六 | 丁未<br>9<br>日 | 戊申<br>10<br>一 | 己酉<br>11<br>二 | 庚戌<br>12<br>三 | 辛亥<br>13<br>四 | 壬子<br>14<br>五 | 癸丑<br>15<br>六 | 甲寅<br>16<br>日 | 乙卯<br>17<br>一 | 丙辰<br>18<br>二 | 丁巳<br>19<br>三 | 戊午<br>20<br>四 | 己未<br>21<br>五 | 庚申<br>22<br>六 | 辛酉<br>23<br>日 | 壬戌<br>24<br>一 | 癸亥<br>25<br>二 | 甲子<br>26<br>三 | 乙丑<br>27<br>四 | 丙寅<br>28<br>五 | 丁卯<br>29<br>六 | 戊辰<br>30<br>日 | 己巳<br>(10)<br>一 | 庚午<br>2<br>二 | 辛未<br>3<br>三 | 壬申<br>4<br>四 | 癸酉<br>5<br>五 | 甲戌<br>6<br>六 | 乙亥<br>7<br>日 | 丁未白露<br>壬戌秋分 |
| 九月小 | 甲戌 | 干支<br>西曆<br>星期 | 丙子<br>8<br>一 | 丁丑<br>9<br>二 | 戊寅<br>10<br>三 | 己卯<br>11<br>四 | 庚辰<br>12<br>五 | 辛巳<br>13<br>六 | 壬午<br>14<br>日 | 癸未<br>15<br>一 | 甲申<br>16<br>二 | 乙酉<br>17<br>三 | 丙戌<br>18<br>四 | 丁亥<br>19<br>五 | 戊子<br>20<br>六 | 己丑<br>21<br>日 | 庚寅<br>22<br>一 | 辛卯<br>23<br>二 | 壬辰<br>24<br>三 | 癸巳<br>25<br>四 | 甲午<br>26<br>五 | 乙未<br>27<br>六 | 丙申<br>28<br>日 | 丁酉<br>29<br>一 | 戊戌<br>30<br>二 | 己亥<br>31<br>三 | 庚子<br>(11)<br>四 | 辛丑<br>2<br>五 | 壬寅<br>3<br>六 | 癸卯<br>4<br>日 | 甲辰<br>5<br>一 | | 丁丑寒露<br>癸巳霜降 |
| 十月大 | 乙亥 | 干支<br>西曆<br>星期 | 乙巳<br>6<br>二 | 丙午<br>7<br>三 | 丁未<br>8<br>四 | 戊申<br>9<br>五 | 己酉<br>10<br>六 | 庚戌<br>11<br>日 | 辛亥<br>12<br>一 | 壬子<br>13<br>二 | 癸丑<br>14<br>三 | 甲寅<br>15<br>四 | 乙卯<br>16<br>五 | 丙辰<br>17<br>六 | 丁巳<br>18<br>日 | 戊午<br>19<br>一 | 己未<br>20<br>二 | 庚申<br>21<br>三 | 辛酉<br>22<br>四 | 壬戌<br>23<br>五 | 癸亥<br>24<br>六 | 甲子<br>25<br>日 | 乙丑<br>26<br>一 | 丙寅<br>27<br>二 | 丁卯<br>28<br>三 | 戊辰<br>29<br>四 | 己巳<br>30<br>五 | 庚午<br>(12)<br>六 | 辛未<br>2<br>日 | 壬申<br>3<br>一 | 癸酉<br>4<br>二 | 甲戌<br>5<br>三 | 戊申立冬<br>癸亥小雪 |
| 十一月小 | 丙子 | 干支<br>西曆<br>星期 | 乙亥<br>6<br>四 | 丙子<br>7<br>五 | 丁丑<br>8<br>六 | 戊寅<br>9<br>日 | 己卯<br>10<br>一 | 庚辰<br>11<br>二 | 辛巳<br>12<br>三 | 壬午<br>13<br>四 | 癸未<br>14<br>五 | 甲申<br>15<br>六 | 乙酉<br>16<br>日 | 丙戌<br>17<br>一 | 丁亥<br>18<br>二 | 戊子<br>19<br>三 | 己丑<br>20<br>四 | 庚寅<br>21<br>五 | 辛卯<br>22<br>六 | 壬辰<br>23<br>日 | 癸巳<br>24<br>一 | 甲午<br>25<br>二 | 乙未<br>26<br>三 | 丙申<br>27<br>四 | 丁酉<br>28<br>五 | 戊戌<br>29<br>六 | 己亥<br>30<br>日 | 庚子<br>31<br>一 | 辛丑<br>(1)<br>二 | 壬寅<br>2<br>三 | 癸卯<br>3<br>四 | | 戊寅大雪<br>甲午冬至 |
| 十二月大 | 丁丑 | 干支<br>西曆<br>星期 | 甲辰<br>4<br>五 | 乙巳<br>5<br>六 | 丙午<br>6<br>日 | 丁未<br>7<br>一 | 戊申<br>8<br>二 | 己酉<br>9<br>三 | 庚戌<br>10<br>四 | 辛亥<br>11<br>五 | 壬子<br>12<br>六 | 癸丑<br>13<br>日 | 甲寅<br>14<br>一 | 乙卯<br>15<br>二 | 丙辰<br>16<br>三 | 丁巳<br>17<br>四 | 戊午<br>18<br>五 | 己未<br>19<br>六 | 庚申<br>20<br>日 | 辛酉<br>21<br>一 | 壬戌<br>22<br>二 | 癸亥<br>23<br>三 | 甲子<br>24<br>四 | 乙丑<br>25<br>五 | 丙寅<br>26<br>六 | 丁卯<br>27<br>日 | 戊辰<br>28<br>一 | 己巳<br>29<br>二 | 庚午<br>30<br>三 | 辛未<br>31<br>四 | 壬申<br>(2)<br>五 | 癸酉<br>2<br>六 | 己酉小寒<br>甲子大寒 |

# 漢獻帝建安五年（庚辰 龍年）公元 200 ~ 201 年

| 夏曆月序 | | 中西曆日對照 | 初一 | 初二 | 初三 | 初四 | 初五 | 初六 | 初七 | 初八 | 初九 | 初十 | 十一 | 十二 | 十三 | 十四 | 十五 | 十六 | 十七 | 十八 | 十九 | 二十 | 二一 | 二二 | 二三 | 二四 | 二五 | 二六 | 二七 | 二八 | 二九 | 三十 | 節氣與天象 |
|---|---|---|---|---|---|---|---|---|---|---|---|---|---|---|---|---|---|---|---|---|---|---|---|---|---|---|---|---|---|---|---|---|---|
| 正月小 | 戊寅 | 天干 地支 西曆 星期 | 甲戌 3 日 | 乙亥 4 一 | 丙子 5 二 | 丁丑 6 三 | 戊寅 7 四 | 己卯 8 五 | 庚辰 9 六 | 辛巳 10 日 | 壬午 11 一 | 癸未 12 二 | 甲申 13 三 | 乙酉 14 四 | 丙戌 15 五 | 丁亥 16 六 | 戊子 17 日 | 己丑 18 一 | 庚寅 19 二 | 辛卯 20 三 | 壬辰 21 四 | 癸巳 22 五 | 甲午 23 六 | 乙未 24 日 | 丙申 25 一 | 丁酉 26 二 | 戊戌 27 三 | 己亥 28 四 | 庚子 29 五 | 辛丑 (3) 六 | 壬寅 2 日 | | 己卯立春 甲午雨水 |
| 二月大 | 己卯 | 天干 地支 西曆 星期 | 癸卯 3 一 | 甲辰 4 二 | 乙巳 5 三 | 丙午 6 四 | 丁未 7 五 | 戊申 8 六 | 己酉 9 日 | 庚戌 10 一 | 辛亥 11 二 | 壬子 12 三 | 癸丑 13 四 | 甲寅 14 五 | 乙卯 15 六 | 丙辰 16 日 | 丁巳 17 一 | 戊午 18 二 | 己未 19 三 | 庚申 20 四 | 辛酉 21 五 | 壬戌 22 六 | 癸亥 23 日 | 甲子 24 一 | 乙丑 25 二 | 丙寅 26 三 | 丁卯 27 四 | 戊辰 28 五 | 己巳 29 六 | 庚午 30 日 | 辛未 31 一 | 壬申 (4) 二 | 庚戌驚蟄 乙丑春分 壬申日食 |
| 三月大 | 庚辰 | 天干 地支 西曆 星期 | 癸酉 2 三 | 甲戌 3 四 | 乙亥 4 五 | 丙子 5 六 | 丁丑 6 日 | 戊寅 7 一 | 己卯 8 二 | 庚辰 9 三 | 辛巳 10 四 | 壬午 11 五 | 癸未 12 六 | 甲申 13 日 | 乙酉 14 一 | 丙戌 15 二 | 丁亥 16 三 | 戊子 17 四 | 己丑 18 五 | 庚寅 19 六 | 辛卯 20 日 | 壬辰 21 一 | 癸巳 22 二 | 甲午 23 三 | 乙未 24 四 | 丙申 25 五 | 丁酉 26 六 | 戊戌 27 日 | 己亥 28 一 | 庚子 29 二 | 辛丑 30 三 | 壬寅 (5) 四 | 庚辰清明 乙未穀雨 |
| 四月小 | 辛巳 | 天干 地支 西曆 星期 | 癸卯 2 五 | 甲辰 3 六 | 乙巳 4 日 | 丙午 5 一 | 丁未 6 二 | 戊申 7 三 | 己酉 8 四 | 庚戌 9 五 | 辛亥 10 六 | 壬子 11 日 | 癸丑 12 一 | 甲寅 13 二 | 乙卯 14 三 | 丙辰 15 四 | 丁巳 16 五 | 戊午 17 六 | 己未 18 日 | 庚申 19 一 | 辛酉 20 二 | 壬戌 21 三 | 癸亥 22 四 | 甲子 23 五 | 乙丑 24 六 | 丙寅 25 日 | 丁卯 26 一 | 戊辰 27 二 | 己巳 28 三 | 庚午 29 四 | 辛未 30 五 | | 庚戌立夏 丙寅小滿 |
| 五月大 | 壬午 | 天干 地支 西曆 星期 | 壬申 31 六 | 癸酉 (6) 日 | 甲戌 2 一 | 乙亥 3 二 | 丙子 4 三 | 丁丑 5 四 | 戊寅 6 五 | 己卯 7 六 | 庚辰 8 日 | 辛巳 9 一 | 壬午 10 二 | 癸未 11 三 | 甲申 12 四 | 乙酉 13 五 | 丙戌 14 六 | 丁亥 15 日 | 戊子 16 一 | 己丑 17 二 | 庚寅 18 三 | 辛卯 19 四 | 壬辰 20 五 | 癸巳 21 六 | 甲午 22 日 | 乙未 23 一 | 丙申 24 二 | 丁酉 25 三 | 戊戌 26 四 | 己亥 27 五 | 庚子 28 六 | 辛丑 29 日 | 辛巳芒種 丙申夏至 |
| 六月小 | 癸未 | 天干 地支 西曆 星期 | 壬寅 30 一 | 癸卯 (7) 二 | 甲辰 2 三 | 乙巳 3 四 | 丙午 4 五 | 丁未 5 六 | 戊申 6 日 | 己酉 7 一 | 庚戌 8 二 | 辛亥 9 三 | 壬子 10 四 | 癸丑 11 五 | 甲寅 12 六 | 乙卯 13 日 | 丙辰 14 一 | 丁巳 15 二 | 戊午 16 三 | 己未 17 四 | 庚申 18 五 | 辛酉 19 六 | 壬戌 20 日 | 癸亥 21 一 | 甲子 22 二 | 乙丑 23 三 | 丙寅 24 四 | 丁卯 25 五 | 戊辰 26 六 | 己巳 27 日 | 庚午 28 一 | | 辛亥小暑 丁卯大暑 |
| 七月大 | 甲申 | 天干 地支 西曆 星期 | 辛未 29 二 | 壬申 30 三 | 癸酉 31 四 | 甲戌 (8) 五 | 乙亥 2 六 | 丙子 3 日 | 丁丑 4 一 | 戊寅 5 二 | 己卯 6 三 | 庚辰 7 四 | 辛巳 8 五 | 壬午 9 六 | 癸未 10 日 | 甲申 11 一 | 乙酉 12 二 | 丙戌 13 三 | 丁亥 14 四 | 戊子 15 五 | 己丑 16 六 | 庚寅 17 日 | 辛卯 18 一 | 壬辰 19 二 | 癸巳 20 三 | 甲午 21 四 | 乙未 22 五 | 丙申 23 六 | 丁酉 24 日 | 戊戌 25 一 | 己亥 26 二 | 庚子 27 三 | 壬午立秋 丁酉處暑 |
| 八月小 | 乙酉 | 天干 地支 西曆 星期 | 辛丑 28 四 | 壬寅 29 五 | 癸卯 30 六 | 甲辰 31 日 | 乙巳 (9) 一 | 丙午 2 二 | 丁未 3 三 | 戊申 4 四 | 己酉 5 五 | 庚戌 6 六 | 辛亥 7 日 | 壬子 8 一 | 癸丑 9 二 | 甲寅 10 三 | 乙卯 11 四 | 丙辰 12 五 | 丁巳 13 六 | 戊午 14 日 | 己未 15 一 | 庚申 16 二 | 辛酉 17 三 | 壬戌 18 四 | 癸亥 19 五 | 甲子 20 六 | 乙丑 21 日 | 丙寅 22 一 | 丁卯 23 二 | 戊辰 24 三 | 己巳 25 四 | | 壬子白露 丁卯秋分 |
| 九月大 | 丙戌 | 天干 地支 西曆 星期 | 庚午 26 五 | 辛未 27 六 | 壬申 28 日 | 癸酉 29 一 | 甲戌 30 二 | 乙亥 (10) 三 | 丙子 2 四 | 丁丑 3 五 | 戊寅 4 六 | 己卯 5 日 | 庚辰 6 一 | 辛巳 7 二 | 壬午 8 三 | 癸未 9 四 | 甲申 10 五 | 乙酉 11 六 | 丙戌 12 日 | 丁亥 13 一 | 戊子 14 二 | 己丑 15 三 | 庚寅 16 四 | 辛卯 17 五 | 壬辰 18 六 | 癸巳 19 日 | 甲午 20 一 | 乙未 21 二 | 丙申 22 三 | 丁酉 23 四 | 戊戌 24 五 | 己亥 25 六 | 癸未寒露 戊戌霜降 庚午日食 |
| 十月小 | 丁亥 | 天干 地支 西曆 星期 | 庚子 26 日 | 辛丑 27 一 | 壬寅 28 二 | 癸卯 29 三 | 甲辰 30 四 | 乙巳 31 五 | 丙午 (11) 六 | 丁未 2 日 | 戊申 3 一 | 己酉 4 二 | 庚戌 5 三 | 辛亥 6 四 | 壬子 7 五 | 癸丑 8 六 | 甲寅 9 日 | 乙卯 10 一 | 丙辰 11 二 | 丁巳 12 三 | 戊午 13 四 | 己未 14 五 | 庚申 15 六 | 辛酉 16 日 | 壬戌 17 一 | 癸亥 18 二 | 甲子 19 三 | 乙丑 20 四 | 丙寅 21 五 | 丁卯 22 六 | 戊辰 23 日 | | 癸丑立冬 戊辰小雪 |
| 閏十月大 | 丁亥 | 天干 地支 西曆 星期 | 己巳 24 一 | 庚午 25 二 | 辛未 26 三 | 壬申 27 四 | 癸酉 28 五 | 甲戌 29 六 | 乙亥 30 日 | 丙子 (12) 一 | 丁丑 2 二 | 戊寅 3 三 | 己卯 4 四 | 庚辰 5 五 | 辛巳 6 六 | 壬午 7 日 | 癸未 8 一 | 甲申 9 二 | 乙酉 10 三 | 丙戌 11 四 | 丁亥 12 五 | 戊子 13 六 | 己丑 14 日 | 庚寅 15 一 | 辛卯 16 二 | 壬辰 17 三 | 癸巳 18 四 | 甲午 19 五 | 乙未 20 六 | 丙申 21 日 | 丁酉 22 一 | 戊戌 23 二 | 甲申大雪 |
| 十一月小 | 戊子 | 天干 地支 西曆 星期 | 己亥 24 三 | 庚子 25 四 | 辛丑 26 五 | 壬寅 27 六 | 癸卯 28 日 | 甲辰 29 一 | 乙巳 30 二 | 丙午 31 三 | 丁未 (1) 四 | 戊申 2 五 | 己酉 3 六 | 庚戌 4 日 | 辛亥 5 一 | 壬子 6 二 | 癸丑 7 三 | 甲寅 8 四 | 乙卯 9 五 | 丙辰 10 六 | 丁巳 11 日 | 戊午 12 一 | 己未 13 二 | 庚申 14 三 | 辛酉 15 四 | 壬戌 16 五 | 癸亥 17 六 | 甲子 18 日 | 乙丑 19 一 | 丙寅 20 二 | 丁卯 21 三 | | 己亥冬至 甲寅小寒 |
| 十二月大 | 己丑 | 天干 地支 西曆 星期 | 戊辰 22 四 | 己巳 23 五 | 庚午 24 六 | 辛未 25 日 | 壬申 26 一 | 癸酉 27 二 | 甲戌 28 三 | 乙亥 29 四 | 丙子 30 五 | 丁丑 31 六 | 戊寅 (2) 日 | 己卯 2 一 | 庚辰 3 二 | 辛巳 4 三 | 壬午 5 四 | 癸未 6 五 | 甲申 7 六 | 乙酉 8 日 | 丙戌 9 一 | 丁亥 10 二 | 戊子 11 三 | 己丑 12 四 | 庚寅 13 五 | 辛卯 14 六 | 壬辰 15 日 | 癸巳 16 一 | 甲午 17 二 | 乙未 18 三 | 丙申 19 四 | 丁酉 20 五 | 己巳大寒 甲申立春 |

# 漢獻帝建安六年（辛巳蛇年）公元201～202年

| 夏曆月序 | | 中西曆日對照 | 初一 | 初二 | 初三 | 初四 | 初五 | 初六 | 初七 | 初八 | 初九 | 初十 | 十一 | 十二 | 十三 | 十四 | 十五 |
|---|---|---|---|---|---|---|---|---|---|---|---|---|---|---|---|---|---|
| 正月小 | 庚寅 | 干支 西曆 星期 | 戊戌 21 六 | 己亥 22 日 | 庚子 23 一 | 辛丑 24 二 | 壬寅 25 三 | 癸卯 26 四 | 甲辰 27 五 | 乙巳 28 六 | 丙午 (3) 日 | 丁未 2 一 | 戊申 3 二 | 己酉 4 三 | 庚戌 5 四 | 辛亥 6 五 | 壬子 7 六 |
| 二月大 | 辛卯 | 干支 西曆 星期 | 丁卯 22 日 | 戊辰 23 一 | 己巳 24 二 | 庚午 25 三 | 辛未 26 四 | 壬申 27 五 | 癸酉 28 六 | 甲戌 29 日 | 乙亥 30 一 | 丙子 31 二 | 丁丑 (4) 三 | 戊寅 2 四 | 己卯 3 五 | 庚辰 4 六 | 辛巳 5 日 |
| 三月小 | 壬辰 | 干支 西曆 星期 | 丁酉 21 二 | 戊戌 22 三 | 己亥 23 四 | 庚子 24 五 | 辛丑 25 六 | 壬寅 26 日 | 癸卯 27 一 | 甲辰 28 二 | 乙巳 29 三 | 丙午 30 四 | 丁未 (5) 五 | 戊申 2 六 | 己酉 3 日 | 庚戌 4 一 | 辛亥 5 二 |
| 四月大 | 癸巳 | 干支 西曆 星期 | 丙寅 20 三 | 丁卯 21 四 | 戊辰 22 五 | 己巳 23 六 | 庚午 24 日 | 辛未 25 一 | 壬申 26 二 | 癸酉 27 三 | 甲戌 28 四 | 乙亥 29 五 | 丙子 30 六 | 丁丑 31 日 | 戊寅 (6) 一 | 己卯 2 二 | 庚辰 3 三 |
| 五月小 | 甲午 | 干支 西曆 星期 | 丙申 19 五 | 丁酉 20 六 | 戊戌 21 日 | 己亥 22 一 | 庚子 23 二 | 辛丑 24 三 | 壬寅 25 四 | 癸卯 26 五 | 甲辰 27 六 | 乙巳 28 日 | 丙午 29 一 | 丁未 30 二 | 戊申 (7) 三 | 己酉 2 四 | 庚戌 3 五 |
| 六月大 | 乙未 | 干支 西曆 星期 | 乙丑 18 六 | 丙寅 19 日 | 丁卯 20 一 | 戊辰 21 二 | 己巳 22 三 | 庚午 23 四 | 辛未 24 五 | 壬申 25 六 | 癸酉 26 日 | 甲戌 27 一 | 乙亥 28 二 | 丙子 29 三 | 丁丑 30 四 | 戊寅 31 五 | 己卯 (8) 六 |
| 七月大 | 丙申 | 干支 西曆 星期 | 乙未 17 一 | 丙申 18 二 | 丁酉 19 三 | 戊戌 20 四 | 己亥 21 五 | 庚子 22 六 | 辛丑 23 日 | 壬寅 24 一 | 癸卯 25 二 | 甲辰 26 三 | 乙巳 27 四 | 丙午 28 五 | 丁未 29 六 | 戊申 30 日 | 己酉 31 一 |
| 八月小 | 丁酉 | 干支 西曆 星期 | 乙丑 16 三 | 丙寅 17 四 | 丁卯 18 五 | 戊辰 19 六 | 己巳 20 日 | 庚午 21 一 | 辛未 22 二 | 壬申 23 三 | 癸酉 24 四 | 甲戌 25 五 | 乙亥 26 六 | 丙子 27 日 | 丁丑 28 一 | 戊寅 29 二 | 己卯 30 三 |
| 九月大 | 戊戌 | 干支 西曆 星期 | 甲午 15 四 | 乙未 16 五 | 丙申 17 六 | 丁酉 18 日 | 戊戌 19 一 | 己亥 20 二 | 庚子 21 三 | 辛丑 22 四 | 壬寅 23 五 | 癸卯 24 六 | 甲辰 25 日 | 乙巳 26 一 | 丙午 27 二 | 丁未 28 三 | 戊申 29 四 |
| 十月小 | 己亥 | 干支 西曆 星期 | 甲子 14 六 | 乙丑 15 日 | 丙寅 16 一 | 丁卯 17 二 | 戊辰 18 三 | 己巳 19 四 | 庚午 20 五 | 辛未 21 六 | 壬申 22 日 | 癸酉 23 一 | 甲戌 24 二 | 乙亥 25 三 | 丙子 26 四 | 丁丑 27 五 | 戊寅 28 六 |
| 十一月大 | 庚子 | 干支 西曆 星期 | 癸巳 13 日 | 甲午 14 一 | 乙未 15 二 | 丙申 16 三 | 丁酉 17 四 | 戊戌 18 五 | 己亥 19 六 | 庚子 20 日 | 辛丑 21 一 | 壬寅 22 二 | 癸卯 23 三 | 甲辰 24 四 | 乙巳 25 五 | 丙午 26 六 | 丁未 27 日 |
| 十二月小 | 辛丑 | 干支 西曆 星期 | 癸亥 12 二 | 甲子 13 三 | 乙丑 14 四 | 丙寅 15 五 | 丁卯 16 六 | 戊辰 17 日 | 己巳 18 一 | 庚午 19 二 | 辛未 20 三 | 壬申 21 四 | 癸酉 22 五 | 甲戌 23 六 | 乙亥 24 日 | 丙子 25 一 | 丁丑 26 二 |

| 夏曆月序 | | 十六 | 十七 | 十八 | 十九 | 二十 | 二一 | 二二 | 二三 | 二四 | 二五 | 二六 | 二七 | 二八 | 二九 | 三十 | 節氣與天象 |
|---|---|---|---|---|---|---|---|---|---|---|---|---|---|---|---|---|---|
| 正月小 | 庚寅 | 癸丑 8 日 | 甲寅 9 一 | 乙卯 10 二 | 丙辰 11 三 | 丁巳 12 四 | 戊午 13 五 | 己未 14 六 | 庚申 15 日 | 辛酉 16 一 | 壬戌 17 二 | 癸亥 18 三 | 甲子 19 四 | 乙丑 20 五 | 丙寅 21 六 | | 庚子雨水 乙卯驚蟄 |
| 二月大 | 辛卯 | 壬午 6 一 | 癸未 7 二 | 甲申 8 三 | 乙酉 9 四 | 丙戌 10 五 | 丁亥 11 六 | 戊子 12 日 | 己丑 13 一 | 庚寅 14 二 | 辛卯 15 三 | 壬辰 16 四 | 癸巳 17 五 | 甲午 18 六 | 乙未 19 日 | 丙申 20 一 | 庚午春分 乙酉清明 丁卯日食 |
| 三月小 | 壬辰 | 壬子 6 三 | 癸丑 7 四 | 甲寅 8 五 | 乙卯 9 六 | 丙辰 10 日 | 丁巳 11 一 | 戊午 12 二 | 己未 13 三 | 庚申 14 四 | 辛酉 15 五 | 壬戌 16 六 | 癸亥 17 日 | 甲子 18 一 | 乙丑 19 二 | | 辛丑穀雨 丙辰立夏 |
| 四月大 | 癸巳 | 辛巳 4 四 | 壬午 5 五 | 癸未 6 六 | 甲申 7 日 | 乙酉 8 一 | 丙戌 9 二 | 丁亥 10 三 | 戊子 11 四 | 己丑 12 五 | 庚寅 13 六 | 辛卯 14 日 | 壬辰 15 一 | 癸巳 16 二 | 甲午 17 三 | 乙未 18 四 | 辛未小滿 丙戌芒種 |
| 五月小 | 甲午 | 辛亥 4 六 | 壬子 5 日 | 癸丑 6 一 | 甲寅 7 二 | 乙卯 8 三 | 丙辰 9 四 | 丁巳 10 五 | 戊午 11 六 | 己未 12 日 | 庚申 13 一 | 辛酉 14 二 | 壬戌 15 三 | 癸亥 16 四 | 甲子 17 五 | | 辛丑夏至 丁巳小暑 |
| 六月大 | 乙未 | 庚辰 2 日 | 辛巳 3 一 | 壬午 4 二 | 癸未 5 三 | 甲申 6 四 | 乙酉 7 五 | 丙戌 8 六 | 丁亥 9 日 | 戊子 10 一 | 己丑 11 二 | 庚寅 12 三 | 辛卯 13 四 | 壬辰 14 五 | 癸巳 15 六 | 甲午 16 日 | 壬申大暑 丁亥立秋 |
| 七月大 | 丙申 | 庚戌 (9) 二 | 辛亥 2 三 | 壬子 3 四 | 癸丑 4 五 | 甲寅 5 六 | 乙卯 6 日 | 丙辰 7 一 | 丁巳 8 二 | 戊午 9 三 | 己未 10 四 | 庚申 11 五 | 辛酉 12 六 | 壬戌 13 日 | 癸亥 14 一 | 甲子 15 二 | 壬寅處暑 丁巳白露 甲子日食 |
| 八月小 | 丁酉 | 庚辰 (10) 四 | 辛巳 2 五 | 壬午 3 六 | 癸未 4 日 | 甲申 5 一 | 乙酉 6 二 | 丙戌 7 三 | 丁亥 8 四 | 戊子 9 五 | 己丑 10 六 | 庚寅 11 日 | 辛卯 12 一 | 壬辰 13 二 | 癸巳 14 三 | | 癸酉秋分 戊子寒露 |
| 九月大 | 戊戌 | 己酉 30 五 | 庚戌 31 六 | 辛亥 (11) 日 | 壬子 2 一 | 癸丑 3 二 | 甲寅 4 三 | 乙卯 5 四 | 丙辰 6 五 | 丁巳 7 六 | 戊午 8 日 | 己未 9 一 | 庚申 10 二 | 辛酉 11 三 | 壬戌 12 四 | 癸亥 13 五 | 癸卯霜降 戊午立冬 |
| 十月小 | 己亥 | 己卯 29 日 | 庚辰 30 一 | 辛巳 (12) 二 | 壬午 2 三 | 癸未 3 四 | 甲申 4 五 | 乙酉 5 六 | 丙戌 6 日 | 丁亥 7 一 | 戊子 8 二 | 己丑 9 三 | 庚寅 10 四 | 辛卯 11 五 | 壬辰 12 六 | | 甲戌小雪 己丑大雪 |
| 十一月大 | 庚子 | 戊申 28 一 | 己酉 29 二 | 庚戌 30 三 | 辛亥 31 四 | 壬子 (1) 五 | 癸丑 2 六 | 甲寅 3 日 | 乙卯 4 一 | 丙辰 5 二 | 丁巳 6 三 | 戊午 7 四 | 己未 8 五 | 庚申 9 六 | 辛酉 10 日 | 壬戌 11 一 | 甲辰冬至 己未小寒 |
| 十二月小 | 辛丑 | 戊寅 27 三 | 己卯 28 四 | 庚辰 29 五 | 辛巳 30 六 | 壬午 31 日 | 癸未 (2) 一 | 甲申 2 二 | 乙酉 3 三 | 丙戌 4 四 | 丁亥 5 五 | 戊子 6 六 | 己丑 7 日 | 庚寅 8 一 | 辛卯 9 二 | | 甲戌大寒 庚寅立春 |

# 漢獻帝建安七年（壬午 馬年）公元 202 ~ 203 年

| 夏曆月序 | | 中西曆日對照 | 初一 | 初二 | 初三 | 初四 | 初五 | 初六 | 初七 | 初八 | 初九 | 初十 | 十一 | 十二 | 十三 | 十四 | 十五 | 十六 | 十七 | 十八 | 十九 | 二十 | 二一 | 二二 | 二三 | 二四 | 二五 | 二六 | 二七 | 二八 | 二九 | 三十 | 節氣與天象 |
|---|---|---|---|---|---|---|---|---|---|---|---|---|---|---|---|---|---|---|---|---|---|---|---|---|---|---|---|---|---|---|---|---|---|
| 正月大 | 壬寅 | 天干地支 西曆 星期 | 壬辰 10 三 | 癸巳 11 四 | 甲午 12 五 | 乙未 13 六 | 丙申 14 日 | 丁酉 15 一 | 戊戌 16 二 | 己亥 17 三 | 庚子 18 四 | 辛丑 19 五 | 壬寅 20 六 | 癸卯 21 日 | 甲辰 22 一 | 乙巳 23 二 | 丙午 24 三 | 丁未 25 四 | 戊申 26 五 | 己酉 27 六 | 庚戌 28 日 | 辛亥 (3) 一 | 壬子 2 二 | 癸丑 3 三 | 甲寅 4 四 | 乙卯 5 五 | 丙辰 6 六 | 丁巳 7 日 | 戊午 8 一 | 己未 9 二 | 庚申 10 三 | 辛酉 11 四 | 乙巳雨水 庚申驚蟄 |
| 二月小 | 癸卯 | 天干地支 西曆 星期 | 壬戌 12 五 | 癸亥 13 六 | 甲子 14 日 | 乙丑 15 一 | 丙寅 16 二 | 丁卯 17 三 | 戊辰 18 四 | 己巳 19 五 | 庚午 20 六 | 辛未 21 日 | 壬申 22 一 | 癸酉 23 二 | 甲戌 24 三 | 乙亥 25 四 | 丙子 26 五 | 丁丑 27 六 | 戊寅 28 日 | 己卯 29 一 | 庚辰 30 二 | 辛巳 31 三 | 壬午 (4) 四 | 癸未 2 五 | 甲申 3 六 | 乙酉 4 日 | 丙戌 5 一 | 丁亥 6 二 | 戊子 7 三 | 己丑 8 四 | 庚寅 9 五 | | 乙亥春分 |
| 三月大 | 甲辰 | 天干地支 西曆 星期 | 辛卯 10 六 | 壬辰 11 日 | 癸巳 12 一 | 甲午 13 二 | 乙未 14 三 | 丙申 15 四 | 丁酉 16 五 | 戊戌 17 六 | 己亥 18 日 | 庚子 19 一 | 辛丑 20 二 | 壬寅 21 三 | 癸卯 22 四 | 甲辰 23 五 | 乙巳 24 六 | 丙午 25 日 | 丁未 26 一 | 戊申 27 二 | 己酉 28 三 | 庚戌 29 四 | 辛亥 30 五 | 壬子 (5) 六 | 癸丑 2 日 | 甲寅 3 一 | 乙卯 4 二 | 丙辰 5 三 | 丁巳 6 四 | 戊午 7 五 | 己未 8 六 | 庚申 9 日 | 辛卯清明 丙午穀雨 |
| 四月小 | 乙巳 | 天干地支 西曆 星期 | 辛酉 10 一 | 壬戌 11 二 | 癸亥 12 三 | 甲子 13 四 | 乙丑 14 五 | 丙寅 15 六 | 丁卯 16 日 | 戊辰 17 一 | 己巳 18 二 | 庚午 19 三 | 辛未 20 四 | 壬申 21 五 | 癸酉 22 六 | 甲戌 23 日 | 乙亥 24 一 | 丙子 25 二 | 丁丑 26 三 | 戊寅 27 四 | 己卯 28 五 | 庚辰 29 六 | 辛巳 30 日 | 壬午 31 一 | 癸未 (6) 二 | 甲申 2 三 | 乙酉 3 四 | 丙戌 4 五 | 丁亥 5 六 | 戊子 6 日 | 己丑 7 一 | | 辛酉立夏 丙子小滿 |
| 五月大 | 丙午 | 天干地支 西曆 星期 | 庚寅 8 二 | 辛卯 9 三 | 壬辰 10 四 | 癸巳 11 五 | 甲午 12 六 | 乙未 13 日 | 丙申 14 一 | 丁酉 15 二 | 戊戌 16 三 | 己亥 17 四 | 庚子 18 五 | 辛丑 19 六 | 壬寅 20 日 | 癸卯 21 一 | 甲辰 22 二 | 乙巳 23 三 | 丙午 24 四 | 丁未 25 五 | 戊申 26 六 | 己酉 27 日 | 庚戌 28 一 | 辛亥 29 二 | 壬子 30 三 | 癸丑 (7) 四 | 甲寅 2 五 | 乙卯 3 六 | 丙辰 4 日 | 丁巳 5 一 | 戊午 6 二 | 己未 7 三 | 辛卯芒種 丁未夏至 |
| 六月小 | 丁未 | 天干地支 西曆 星期 | 庚申 8 四 | 辛酉 9 五 | 壬戌 10 六 | 癸亥 11 日 | 甲子 12 一 | 乙丑 13 二 | 丙寅 14 三 | 丁卯 15 四 | 戊辰 16 五 | 己巳 17 六 | 庚午 18 日 | 辛未 19 一 | 壬申 20 二 | 癸酉 21 三 | 甲戌 22 四 | 乙亥 23 五 | 丙子 24 六 | 丁丑 25 日 | 戊寅 26 一 | 己卯 27 二 | 庚辰 28 三 | 辛巳 29 四 | 壬午 30 五 | 癸未 31 六 | 甲申 (8) 日 | 乙酉 2 一 | 丙戌 3 二 | 丁亥 4 三 | 戊子 5 四 | | 壬戌小暑 丁丑大暑 |
| 七月大 | 戊申 | 天干地支 西曆 星期 | 己丑 6 五 | 庚寅 7 六 | 辛卯 8 日 | 壬辰 9 一 | 癸巳 10 二 | 甲午 11 三 | 乙未 12 四 | 丙申 13 五 | 丁酉 14 六 | 戊戌 15 日 | 己亥 16 一 | 庚子 17 二 | 辛丑 18 三 | 壬寅 19 四 | 癸卯 20 五 | 甲辰 21 六 | 乙巳 22 日 | 丙午 23 一 | 丁未 24 二 | 戊申 25 三 | 己酉 26 四 | 庚戌 27 五 | 辛亥 28 六 | 壬子 29 日 | 癸丑 30 一 | 甲寅 31 二 | 乙卯 (9) 三 | 丙辰 2 四 | 丁巳 3 五 | 戊午 4 六 | 壬辰立秋 戊申處暑 |
| 八月小 | 己酉 | 天干地支 西曆 星期 | 己未 5 日 | 庚申 6 一 | 辛酉 7 二 | 壬戌 8 三 | 癸亥 9 四 | 甲子 10 五 | 乙丑 11 六 | 丙寅 12 日 | 丁卯 13 一 | 戊辰 14 二 | 己巳 15 三 | 庚午 16 四 | 辛未 17 五 | 壬申 18 六 | 癸酉 19 日 | 甲戌 20 一 | 乙亥 21 二 | 丙子 22 三 | 丁丑 23 四 | 戊寅 24 五 | 己卯 25 六 | 庚辰 26 日 | 辛巳 27 一 | 壬午 28 二 | 癸未 29 三 | 甲申 30 四 | 乙酉 (10) 五 | 丙戌 2 六 | 丁亥 3 日 | | 癸亥白露 戊寅秋分 |
| 九月大 | 庚戌 | 天干地支 西曆 星期 | 戊子 4 一 | 己丑 5 二 | 庚寅 6 三 | 辛卯 7 四 | 壬辰 8 五 | 癸巳 9 六 | 甲午 10 日 | 乙未 11 一 | 丙申 12 二 | 丁酉 13 三 | 戊戌 14 四 | 己亥 15 五 | 庚子 16 六 | 辛丑 17 日 | 壬寅 18 一 | 癸卯 19 二 | 甲辰 20 三 | 乙巳 21 四 | 丙午 22 五 | 丁未 23 六 | 戊申 24 日 | 己酉 25 一 | 庚戌 26 二 | 辛亥 27 三 | 壬子 28 四 | 癸丑 29 五 | 甲寅 30 六 | 乙卯 31 日 | 丙辰 (11) 一 | 丁巳 2 二 | 癸巳寒露 戊申霜降 |
| 十月小 | 辛亥 | 天干地支 西曆 星期 | 戊午 3 三 | 己未 4 四 | 庚申 5 五 | 辛酉 6 六 | 壬戌 7 日 | 癸亥 8 一 | 甲子 9 二 | 乙丑 10 三 | 丙寅 11 四 | 丁卯 12 五 | 戊辰 13 六 | 己巳 14 日 | 庚午 15 一 | 辛未 16 二 | 壬申 17 三 | 癸酉 18 四 | 甲戌 19 五 | 乙亥 20 六 | 丙子 21 日 | 丁丑 22 一 | 戊寅 23 二 | 己卯 24 三 | 庚辰 25 四 | 辛巳 26 五 | 壬午 27 六 | 癸未 28 日 | 甲申 29 一 | 乙酉 30 二 | 丙戌 (12) 三 | | 甲子立冬 己卯小雪 |
| 十一月大 | 壬子 | 天干地支 西曆 星期 | 丁亥 2 四 | 戊子 3 五 | 己丑 4 六 | 庚寅 5 日 | 辛卯 6 一 | 壬辰 7 二 | 癸巳 8 三 | 甲午 9 四 | 乙未 10 五 | 丙申 11 六 | 丁酉 12 日 | 戊戌 13 一 | 己亥 14 二 | 庚子 15 三 | 辛丑 16 四 | 壬寅 17 五 | 癸卯 18 六 | 甲辰 19 日 | 乙巳 20 一 | 丙午 21 二 | 丁未 22 三 | 戊申 23 四 | 己酉 24 五 | 庚戌 25 六 | 辛亥 26 日 | 壬子 27 一 | 癸丑 28 二 | 甲寅 29 三 | 乙卯 30 四 | 丙辰 31 五 | 甲午大雪 己酉冬至 |
| 十二月大 | 癸丑 | 天干地支 西曆 星期 | 丁巳 (1) 六 | 戊午 2 日 | 己未 3 一 | 庚申 4 二 | 辛酉 5 三 | 壬戌 6 四 | 癸亥 7 五 | 甲子 8 六 | 乙丑 9 日 | 丙寅 10 一 | 丁卯 11 二 | 戊辰 12 三 | 己巳 13 四 | 庚午 14 五 | 辛未 15 六 | 壬申 16 日 | 癸酉 17 一 | 甲戌 18 二 | 乙亥 19 三 | 丙子 20 四 | 丁丑 21 五 | 戊寅 22 六 | 己卯 23 日 | 庚辰 24 一 | 辛巳 25 二 | 壬午 26 三 | 癸未 27 四 | 甲申 28 五 | 乙酉 29 六 | 丙戌 30 日 | 甲子小寒 庚辰大寒 |

# 漢獻帝建安八年（癸未羊年）公元203～204年

| 夏曆月序 | | 中西曆日對照 | 初一 | 初二 | 初三 | 初四 | 初五 | 初六 | 初七 | 初八 | 初九 | 初十 | 十一 | 十二 | 十三 | 十四 | 十五 | 十六 | 十七 | 十八 | 十九 | 二十 | 二一 | 二二 | 二三 | 二四 | 二五 | 二六 | 二七 | 二八 | 二九 | 三十 | 節氣與天象 |
|---|---|---|---|---|---|---|---|---|---|---|---|---|---|---|---|---|---|---|---|---|---|---|---|---|---|---|---|---|---|---|---|---|---|
| 正月小 | 甲寅 | 天干地支 西曆 星期 | 丁亥 31 一 | 戊子 (2) 二 | 己丑 2 三 | 庚寅 3 四 | 辛卯 4 五 | 壬辰 5 六 | 癸巳 6 日 | 甲午 7 一 | 乙未 8 二 | 丙申 9 三 | 丁酉 10 四 | 戊戌 11 五 | 己亥 12 六 | 庚子 13 日 | 辛丑 14 一 | 壬寅 15 二 | 癸卯 16 三 | 甲辰 17 四 | 乙巳 18 五 | 丙午 19 六 | 丁未 20 日 | 戊申 21 一 | 己酉 22 二 | 庚戌 23 三 | 辛亥 24 四 | 壬子 25 五 | 癸丑 26 六 | 甲寅 27 日 | 乙卯 28 一 | | 乙未立春 庚戌雨水 |
| 二月大 | 乙卯 | 天干地支 西曆 星期 | 丙辰 (3) 二 | 丁巳 2 三 | 戊午 3 四 | 己未 4 五 | 庚申 5 六 | 辛酉 6 日 | 壬戌 7 一 | 癸亥 8 二 | 甲子 9 三 | 乙丑 10 四 | 丙寅 11 五 | 丁卯 12 六 | 戊辰 13 日 | 己巳 14 一 | 庚午 15 二 | 辛未 16 三 | 壬申 17 四 | 癸酉 18 五 | 甲戌 19 六 | 乙亥 20 日 | 丙子 21 一 | 丁丑 22 二 | 戊寅 23 三 | 己卯 24 四 | 庚辰 25 五 | 辛巳 26 六 | 壬午 27 日 | 癸未 28 一 | 甲申 29 二 | 乙酉 30 三 | 乙丑驚蟄 辛巳春分 |
| 三月小 | 丙辰 | 天干地支 西曆 星期 | 丙戌 31 四 | 丁亥 (4) 五 | 戊子 2 六 | 己丑 3 日 | 庚寅 4 一 | 辛卯 5 二 | 壬辰 6 三 | 癸巳 7 四 | 甲午 8 五 | 乙未 9 六 | 丙申 10 日 | 丁酉 11 一 | 戊戌 12 二 | 己亥 13 三 | 庚子 14 四 | 辛丑 15 五 | 壬寅 16 六 | 癸卯 17 日 | 甲辰 18 一 | 乙巳 19 二 | 丙午 20 三 | 丁未 21 四 | 戊申 22 五 | 己酉 23 六 | 庚戌 24 日 | 辛亥 25 一 | 壬子 26 二 | 癸丑 27 三 | 甲寅 28 四 | | 丙申清明 辛亥穀雨 |
| 四月大 | 丁巳 | 天干地支 西曆 星期 | 乙卯 29 五 | 丙辰 30 六 | 丁巳 (5) 日 | 戊午 2 一 | 己未 3 二 | 庚申 4 三 | 辛酉 5 四 | 壬戌 6 五 | 癸亥 7 六 | 甲子 8 日 | 乙丑 9 一 | 丙寅 10 二 | 丁卯 11 三 | 戊辰 12 四 | 己巳 13 五 | 庚午 14 六 | 辛未 15 日 | 壬申 16 一 | 癸酉 17 二 | 甲戌 18 三 | 乙亥 19 四 | 丙子 20 五 | 丁丑 21 六 | 戊寅 22 日 | 己卯 23 一 | 庚辰 24 二 | 辛巳 25 三 | 壬午 26 四 | 癸未 27 五 | 甲申 28 六 | 丙寅立夏 辛巳小滿 |
| 五月小 | 戊午 | 天干地支 西曆 星期 | 乙酉 29 日 | 丙戌 30 一 | 丁亥 31 二 | 戊子 (6) 三 | 己丑 2 四 | 庚寅 3 五 | 辛卯 4 六 | 壬辰 5 日 | 癸巳 6 一 | 甲午 7 二 | 乙未 8 三 | 丙申 9 四 | 丁酉 10 五 | 戊戌 11 六 | 己亥 12 日 | 庚子 13 一 | 辛丑 14 二 | 壬寅 15 三 | 癸卯 16 四 | 甲辰 17 五 | 乙巳 18 六 | 丙午 19 日 | 丁未 20 一 | 戊申 21 二 | 己酉 22 三 | 庚戌 23 四 | 辛亥 24 五 | 壬子 25 六 | 癸丑 26 日 | | 丁酉芒種 壬子夏至 |
| 六月大 | 己未 | 天干地支 西曆 星期 | 甲寅 27 一 | 乙卯 28 二 | 丙辰 29 三 | 丁巳 30 四 | 戊午 (7) 五 | 己未 2 六 | 庚申 3 日 | 辛酉 4 一 | 壬戌 5 二 | 癸亥 6 三 | 甲子 7 四 | 乙丑 8 五 | 丙寅 9 六 | 丁卯 10 日 | 戊辰 11 一 | 己巳 12 二 | 庚午 13 三 | 辛未 14 四 | 壬申 15 五 | 癸酉 16 六 | 甲戌 17 日 | 乙亥 18 一 | 丙子 19 二 | 丁丑 20 三 | 戊寅 21 四 | 己卯 22 五 | 庚辰 23 六 | 辛巳 24 日 | 壬午 25 一 | 癸未 26 二 | 丁卯小暑 壬午大暑 癸未日食 |
| 閏六月小 | 己未 | 天干地支 西曆 星期 | 甲申 27 三 | 乙酉 28 四 | 丙戌 29 五 | 丁亥 30 六 | 戊子 31 日 | 己丑 (8) 一 | 庚寅 2 二 | 辛卯 3 三 | 壬辰 4 四 | 癸巳 5 五 | 甲午 6 六 | 乙未 7 日 | 丙申 8 一 | 丁酉 9 二 | 戊戌 10 三 | 己亥 11 四 | 庚子 12 五 | 辛丑 13 六 | 壬寅 14 日 | 癸卯 15 一 | 甲辰 16 二 | 乙巳 17 三 | 丙午 18 四 | 丁未 19 五 | 戊申 20 六 | 己酉 21 日 | 庚戌 22 一 | 辛亥 23 二 | 壬子 24 三 | | 戊戌立秋 |
| 七月大 | 庚申 | 天干地支 西曆 星期 | 癸丑 25 四 | 甲寅 26 五 | 乙卯 27 六 | 丙辰 28 日 | 丁巳 29 一 | 戊午 30 二 | 己未 31 三 | 庚申 (9) 四 | 辛酉 2 五 | 壬戌 3 六 | 癸亥 4 日 | 甲子 5 一 | 乙丑 6 二 | 丙寅 7 三 | 丁卯 8 四 | 戊辰 9 五 | 己巳 10 六 | 庚午 11 日 | 辛未 12 一 | 壬申 13 二 | 癸酉 14 三 | 甲戌 15 四 | 乙亥 16 五 | 丙子 17 六 | 丁丑 18 日 | 戊寅 19 一 | 己卯 20 二 | 庚辰 21 三 | 辛巳 22 四 | 壬午 23 五 | 癸丑處暑 戊辰白露 |
| 八月小 | 辛酉 | 天干地支 西曆 星期 | 癸未 24 六 | 甲申 25 日 | 乙酉 26 一 | 丙戌 27 二 | 丁亥 28 三 | 戊子 29 四 | 己丑 30 五 | 庚寅 (10) 六 | 辛卯 2 日 | 壬辰 3 一 | 癸巳 4 二 | 甲午 5 三 | 乙未 6 四 | 丙申 7 五 | 丁酉 8 六 | 戊戌 9 日 | 己亥 10 一 | 庚子 11 二 | 辛丑 12 三 | 壬寅 13 四 | 癸卯 14 五 | 甲辰 15 六 | 乙巳 16 日 | 丙午 17 一 | 丁未 18 二 | 戊申 19 三 | 己酉 20 四 | 庚戌 21 五 | 辛亥 22 六 | | 癸未秋分 戊戌寒露 |
| 九月大 | 壬戌 | 天干地支 西曆 星期 | 壬子 23 日 | 癸丑 24 一 | 甲寅 25 二 | 乙卯 26 三 | 丙辰 27 四 | 丁巳 28 五 | 戊午 29 六 | 己未 30 日 | 庚申 31 一 | 辛酉 (11) 二 | 壬戌 2 三 | 癸亥 3 四 | 甲子 4 五 | 乙丑 5 六 | 丙寅 6 日 | 丁卯 7 一 | 戊辰 8 二 | 己巳 9 三 | 庚午 10 四 | 辛未 11 五 | 壬申 12 六 | 癸酉 13 日 | 甲戌 14 一 | 乙亥 15 二 | 丙子 16 三 | 丁丑 17 四 | 戊寅 18 五 | 己卯 19 六 | 庚辰 20 日 | 辛巳 21 一 | 甲寅霜降 己巳立冬 |
| 十月小 | 癸亥 | 天干地支 西曆 星期 | 壬午 22 二 | 癸未 23 三 | 甲申 24 四 | 乙酉 25 五 | 丙戌 26 六 | 丁亥 27 日 | 戊子 28 一 | 己丑 29 二 | 庚寅 30 三 | 辛卯 (12) 四 | 壬辰 2 五 | 癸巳 3 六 | 甲午 4 日 | 乙未 5 一 | 丙申 6 二 | 丁酉 7 三 | 戊戌 8 四 | 己亥 9 五 | 庚子 10 六 | 辛丑 11 日 | 壬寅 12 一 | 癸卯 13 二 | 甲辰 14 三 | 乙巳 15 四 | 丙午 16 五 | 丁未 17 六 | 戊申 18 日 | 己酉 19 一 | 庚戌 20 二 | | 甲申小雪 己亥大雪 |
| 十一月大 | 甲子 | 天干地支 西曆 星期 | 辛亥 21 三 | 壬子 22 四 | 癸丑 23 五 | 甲寅 24 六 | 乙卯 25 日 | 丙辰 26 一 | 丁巳 27 二 | 戊午 28 三 | 己未 29 四 | 庚申 30 五 | 辛酉 31 六 | 壬戌 (1) 日 | 癸亥 2 一 | 甲子 3 二 | 乙丑 4 三 | 丙寅 5 四 | 丁卯 6 五 | 戊辰 7 六 | 己巳 8 日 | 庚午 9 一 | 辛未 10 二 | 壬申 11 三 | 癸酉 12 四 | 甲戌 13 五 | 乙亥 14 六 | 丙子 15 日 | 丁丑 16 一 | 戊寅 17 二 | 己卯 18 三 | 庚辰 19 四 | 乙卯冬至 庚午小寒 |
| 十二月小 | 乙丑 | 天干地支 西曆 星期 | 辛巳 20 五 | 壬午 21 六 | 癸未 22 日 | 甲申 23 一 | 乙酉 24 二 | 丙戌 25 三 | 丁亥 26 四 | 戊子 27 五 | 己丑 28 六 | 庚寅 29 日 | 辛卯 30 一 | 壬辰 31 二 | 癸巳 (2) 三 | 甲午 2 四 | 乙未 3 五 | 丙申 4 六 | 丁酉 5 日 | 戊戌 6 一 | 己亥 7 二 | 庚子 8 三 | 辛丑 9 四 | 壬寅 10 五 | 癸卯 11 六 | 甲辰 12 日 | 乙巳 13 一 | 丙午 14 二 | 丁未 15 三 | 戊申 16 四 | 己酉 17 五 | | 乙酉大寒 庚子立春 |

# 漢獻帝建安九年（甲申 猴年）公元 204 ~ 205 年

| 夏曆月序 | | 中西曆日對照 | 初一 | 初二 | 初三 | 初四 | 初五 | 初六 | 初七 | 初八 | 初九 | 初十 | 十一 | 十二 | 十三 | 十四 | 十五 | 十六 | 十七 | 十八 | 十九 | 二十 | 二一 | 二二 | 二三 | 二四 | 二五 | 二六 | 二七 | 二八 | 二九 | 三十 | 節氣與天象 |
|---|---|---|---|---|---|---|---|---|---|---|---|---|---|---|---|---|---|---|---|---|---|---|---|---|---|---|---|---|---|---|---|---|---|
| 正月大 | 丙寅 | 干支<br>西曆<br>星期 | 庚戌<br>18<br>六 | 辛亥<br>19<br>日 | 壬子<br>20<br>一 | 癸丑<br>21<br>二 | 甲寅<br>22<br>三 | 乙卯<br>23<br>四 | 丙辰<br>24<br>五 | 丁巳<br>25<br>六 | 戊午<br>26<br>日 | 己未<br>27<br>一 | 庚申<br>28<br>二 | 辛酉<br>29<br>三 | 壬戌<br>(3)<br>四 | 癸亥<br>2<br>五 | 甲子<br>3<br>六 | 乙丑<br>4<br>日 | 丙寅<br>5<br>一 | 丁卯<br>6<br>二 | 戊辰<br>7<br>三 | 己巳<br>8<br>四 | 庚午<br>9<br>五 | 辛未<br>10<br>六 | 壬申<br>11<br>日 | 癸酉<br>12<br>一 | 甲戌<br>13<br>二 | 乙亥<br>14<br>三 | 丙子<br>15<br>四 | 丁丑<br>16<br>五 | 戊寅<br>17<br>六 | 己卯<br>18<br>日 | 乙卯雨水<br>辛未驚蟄 |
| 二月大 | 丁卯 | 干支<br>西曆<br>星期 | 庚辰<br>19<br>一 | 辛巳<br>20<br>二 | 壬午<br>21<br>三 | 癸未<br>22<br>四 | 甲申<br>23<br>五 | 乙酉<br>24<br>六 | 丙戌<br>25<br>日 | 丁亥<br>26<br>一 | 戊子<br>27<br>二 | 己丑<br>28<br>三 | 庚寅<br>29<br>四 | 辛卯<br>30<br>五 | 壬辰<br>31<br>六 | 癸巳<br>(4)<br>日 | 甲午<br>2<br>一 | 乙未<br>3<br>二 | 丙申<br>4<br>三 | 丁酉<br>5<br>四 | 戊戌<br>6<br>五 | 己亥<br>7<br>六 | 庚子<br>8<br>日 | 辛丑<br>9<br>一 | 壬寅<br>10<br>二 | 癸卯<br>11<br>三 | 甲辰<br>12<br>四 | 乙巳<br>13<br>五 | 丙午<br>14<br>六 | 丁未<br>15<br>日 | 戊申<br>16<br>一 | 己酉<br>17<br>二 | 丙戌春分<br>辛丑清明 |
| 三月小 | 戊辰 | 干支<br>西曆<br>星期 | 庚戌<br>18<br>三 | 辛亥<br>19<br>四 | 壬子<br>20<br>五 | 癸丑<br>21<br>六 | 甲寅<br>22<br>日 | 乙卯<br>23<br>一 | 丙辰<br>24<br>二 | 丁巳<br>25<br>三 | 戊午<br>26<br>四 | 己未<br>27<br>五 | 庚申<br>28<br>六 | 辛酉<br>29<br>日 | 壬戌<br>30<br>一 | 癸亥<br>(5)<br>二 | 甲子<br>2<br>三 | 乙丑<br>3<br>四 | 丙寅<br>4<br>五 | 丁卯<br>5<br>六 | 戊辰<br>6<br>日 | 己巳<br>7<br>一 | 庚午<br>8<br>二 | 辛未<br>9<br>三 | 壬申<br>10<br>四 | 癸酉<br>11<br>五 | 甲戌<br>12<br>六 | 乙亥<br>13<br>日 | 丙子<br>14<br>一 | 丁丑<br>15<br>二 | 戊寅<br>16<br>三 | | 丙辰穀雨<br>辛未立夏 |
| 四月大 | 己巳 | 干支<br>西曆<br>星期 | 己卯<br>17<br>四 | 庚辰<br>18<br>五 | 辛巳<br>19<br>六 | 壬午<br>20<br>日 | 癸未<br>21<br>一 | 甲申<br>22<br>二 | 乙酉<br>23<br>三 | 丙戌<br>24<br>四 | 丁亥<br>25<br>五 | 戊子<br>26<br>六 | 己丑<br>27<br>日 | 庚寅<br>28<br>一 | 辛卯<br>29<br>二 | 壬辰<br>30<br>三 | 癸巳<br>31<br>四 | 甲午<br>(6)<br>五 | 乙未<br>2<br>六 | 丙申<br>3<br>日 | 丁酉<br>4<br>一 | 戊戌<br>5<br>二 | 己亥<br>6<br>三 | 庚子<br>7<br>四 | 辛丑<br>8<br>五 | 壬寅<br>9<br>六 | 癸卯<br>10<br>日 | 甲辰<br>11<br>一 | 乙巳<br>12<br>二 | 丙午<br>13<br>三 | 丁未<br>14<br>四 | 戊申<br>15<br>五 | 丁亥小滿<br>壬寅芒種 |
| 五月小 | 庚午 | 干支<br>西曆<br>星期 | 己酉<br>16<br>六 | 庚戌<br>17<br>日 | 辛亥<br>18<br>一 | 壬子<br>19<br>二 | 癸丑<br>20<br>三 | 甲寅<br>21<br>四 | 乙卯<br>22<br>五 | 丙辰<br>23<br>六 | 丁巳<br>24<br>日 | 戊午<br>25<br>一 | 己未<br>26<br>二 | 庚申<br>27<br>三 | 辛酉<br>28<br>四 | 壬戌<br>29<br>五 | 癸亥<br>30<br>六 | 甲子<br>(7)<br>日 | 乙丑<br>2<br>一 | 丙寅<br>3<br>二 | 丁卯<br>4<br>三 | 戊辰<br>5<br>四 | 己巳<br>6<br>五 | 庚午<br>7<br>六 | 辛未<br>8<br>日 | 壬申<br>9<br>一 | 癸酉<br>10<br>二 | 甲戌<br>11<br>三 | 乙亥<br>12<br>四 | 丙子<br>13<br>五 | 丁丑<br>14<br>六 | | 丁巳夏至<br>壬申小暑 |
| 六月大 | 辛未 | 干支<br>西曆<br>星期 | 戊寅<br>15<br>日 | 己卯<br>16<br>一 | 庚辰<br>17<br>二 | 辛巳<br>18<br>三 | 壬午<br>19<br>四 | 癸未<br>20<br>五 | 甲申<br>21<br>六 | 乙酉<br>22<br>日 | 丙戌<br>23<br>一 | 丁亥<br>24<br>二 | 戊子<br>25<br>三 | 己丑<br>26<br>四 | 庚寅<br>27<br>五 | 辛卯<br>28<br>六 | 壬辰<br>29<br>日 | 癸巳<br>30<br>一 | 甲午<br>31<br>二 | 乙未<br>(8)<br>三 | 丙申<br>2<br>四 | 丁酉<br>3<br>五 | 戊戌<br>4<br>六 | 己亥<br>5<br>日 | 庚子<br>6<br>一 | 辛丑<br>7<br>二 | 壬寅<br>8<br>三 | 癸卯<br>9<br>四 | 甲辰<br>10<br>五 | 乙巳<br>11<br>六 | 丙午<br>12<br>日 | 丁未<br>13<br>一 | 戊子大暑<br>癸卯立秋 |
| 七月小 | 壬申 | 干支<br>西曆<br>星期 | 戊申<br>14<br>二 | 己酉<br>15<br>三 | 庚戌<br>16<br>四 | 辛亥<br>17<br>五 | 壬子<br>18<br>六 | 癸丑<br>19<br>日 | 甲寅<br>20<br>一 | 乙卯<br>21<br>二 | 丙辰<br>22<br>三 | 丁巳<br>23<br>四 | 戊午<br>24<br>五 | 己未<br>25<br>六 | 庚申<br>26<br>日 | 辛酉<br>27<br>一 | 壬戌<br>28<br>二 | 癸亥<br>29<br>三 | 甲子<br>30<br>四 | 乙丑<br>31<br>五 | 丙寅<br>(9)<br>六 | 丁卯<br>2<br>日 | 戊辰<br>3<br>一 | 己巳<br>4<br>二 | 庚午<br>5<br>三 | 辛未<br>6<br>四 | 壬申<br>7<br>五 | 癸酉<br>8<br>六 | 甲戌<br>9<br>日 | 乙亥<br>10<br>一 | 丙子<br>11<br>二 | | 戊午處暑<br>癸酉白露 |
| 八月大 | 癸酉 | 干支<br>西曆<br>星期 | 丁丑<br>12<br>三 | 戊寅<br>13<br>四 | 己卯<br>14<br>五 | 庚辰<br>15<br>六 | 辛巳<br>16<br>日 | 壬午<br>17<br>一 | 癸未<br>18<br>二 | 甲申<br>19<br>三 | 乙酉<br>20<br>四 | 丙戌<br>21<br>五 | 丁亥<br>22<br>六 | 戊子<br>23<br>日 | 己丑<br>24<br>一 | 庚寅<br>25<br>二 | 辛卯<br>26<br>三 | 壬辰<br>27<br>四 | 癸巳<br>28<br>五 | 甲午<br>29<br>六 | 乙未<br>30<br>日 | 丙申<br>(10)<br>一 | 丁酉<br>2<br>二 | 戊戌<br>3<br>三 | 己亥<br>4<br>四 | 庚子<br>5<br>五 | 辛丑<br>6<br>六 | 壬寅<br>7<br>日 | 癸卯<br>8<br>一 | 甲辰<br>9<br>二 | 乙巳<br>10<br>三 | 丙午<br>11<br>四 | 戊子秋分<br>甲辰寒露 |
| 九月小 | 甲戌 | 干支<br>西曆<br>星期 | 丁未<br>12<br>五 | 戊申<br>13<br>六 | 己酉<br>14<br>日 | 庚戌<br>15<br>一 | 辛亥<br>16<br>二 | 壬子<br>17<br>三 | 癸丑<br>18<br>四 | 甲寅<br>19<br>五 | 乙卯<br>20<br>六 | 丙辰<br>21<br>日 | 丁巳<br>22<br>一 | 戊午<br>23<br>二 | 己未<br>24<br>三 | 庚申<br>25<br>四 | 辛酉<br>26<br>五 | 壬戌<br>27<br>六 | 癸亥<br>28<br>日 | 甲子<br>29<br>一 | 乙丑<br>30<br>二 | 丙寅<br>31<br>三 | 丁卯<br>(11)<br>四 | 戊辰<br>2<br>五 | 己巳<br>3<br>六 | 庚午<br>4<br>日 | 辛未<br>5<br>一 | 壬申<br>6<br>二 | 癸酉<br>7<br>三 | 甲戌<br>8<br>四 | 乙亥<br>9<br>五 | | 己未霜降<br>甲戌立冬 |
| 十月大 | 乙亥 | 干支<br>西曆<br>星期 | 丙子<br>10<br>六 | 丁丑<br>11<br>日 | 戊寅<br>12<br>一 | 己卯<br>13<br>二 | 庚辰<br>14<br>三 | 辛巳<br>15<br>四 | 壬午<br>16<br>五 | 癸未<br>17<br>六 | 甲申<br>18<br>日 | 乙酉<br>19<br>一 | 丙戌<br>20<br>二 | 丁亥<br>21<br>三 | 戊子<br>22<br>四 | 己丑<br>23<br>五 | 庚寅<br>24<br>六 | 辛卯<br>25<br>日 | 壬辰<br>26<br>一 | 癸巳<br>27<br>二 | 甲午<br>28<br>三 | 乙未<br>29<br>四 | 丙申<br>30<br>五 | 丁酉<br>(12)<br>六 | 戊戌<br>2<br>日 | 己亥<br>3<br>一 | 庚子<br>4<br>二 | 辛丑<br>5<br>三 | 壬寅<br>6<br>四 | 癸卯<br>7<br>五 | 甲辰<br>8<br>六 | 乙巳<br>9<br>日 | 己丑小雪<br>乙巳大雪 |
| 十一月小 | 丙子 | 干支<br>西曆<br>星期 | 丙午<br>10<br>一 | 丁未<br>11<br>二 | 戊申<br>12<br>三 | 己酉<br>13<br>四 | 庚戌<br>14<br>五 | 辛亥<br>15<br>六 | 壬子<br>16<br>日 | 癸丑<br>17<br>一 | 甲寅<br>18<br>二 | 乙卯<br>19<br>三 | 丙辰<br>20<br>四 | 丁巳<br>21<br>五 | 戊午<br>22<br>六 | 己未<br>23<br>日 | 庚申<br>24<br>一 | 辛酉<br>25<br>二 | 壬戌<br>26<br>三 | 癸亥<br>27<br>四 | 甲子<br>28<br>五 | 乙丑<br>29<br>六 | 丙寅<br>30<br>日 | 丁卯<br>31<br>一 | 戊辰<br>(1)<br>二 | 己巳<br>2<br>三 | 庚午<br>3<br>四 | 辛未<br>4<br>五 | 壬申<br>5<br>六 | 癸酉<br>6<br>日 | 甲戌<br>7<br>一 | | 庚申冬至 |
| 十二月大 | 丁丑 | 干支<br>西曆<br>星期 | 乙亥<br>8<br>二 | 丙子<br>9<br>三 | 丁丑<br>10<br>四 | 戊寅<br>11<br>五 | 己卯<br>12<br>六 | 庚辰<br>13<br>日 | 辛巳<br>14<br>一 | 壬午<br>15<br>二 | 癸未<br>16<br>三 | 甲申<br>17<br>四 | 乙酉<br>18<br>五 | 丙戌<br>19<br>六 | 丁亥<br>20<br>日 | 戊子<br>21<br>一 | 己丑<br>22<br>二 | 庚寅<br>23<br>三 | 辛卯<br>24<br>四 | 壬辰<br>25<br>五 | 癸巳<br>26<br>六 | 甲午<br>27<br>日 | 乙未<br>28<br>一 | 丙申<br>29<br>二 | 丁酉<br>30<br>三 | 戊戌<br>31<br>四 | 己亥<br>(2)<br>五 | 庚子<br>2<br>六 | 辛丑<br>3<br>日 | 壬寅<br>4<br>一 | 癸卯<br>5<br>二 | 甲辰<br>6<br>三 | 乙亥小寒<br>庚寅大寒 |

# 漢獻帝建安十年（乙酉 鷄年）公元 205 ~ 206 年

| 夏曆月序 | 中西曆日對照 | 初一 | 初二 | 初三 | 初四 | 初五 | 初六 | 初七 | 初八 | 初九 | 初十 | 十一 | 十二 | 十三 | 十四 | 十五 | 十六 | 十七 | 十八 | 十九 | 二十 | 二一 | 二二 | 二三 | 二四 | 二五 | 二六 | 二七 | 二八 | 二九 | 三十 | 節氣與天象 |
|---|---|---|---|---|---|---|---|---|---|---|---|---|---|---|---|---|---|---|---|---|---|---|---|---|---|---|---|---|---|---|---|---|
| 正月小 戊寅 | 天干地支 西曆 星期 | 乙巳 7 四 | 丙午 8 五 | 丁未 9 六 | 戊申 10 日 | 己酉 11 一 | 庚戌 12 二 | 辛亥 13 三 | 壬子 14 四 | 癸丑 15 五 | 甲寅 16 六 | 乙卯 17 日 | 丙辰 18 一 | 丁巳 19 二 | 戊午 20 三 | 己未 21 四 | 庚申 22 五 | 辛酉 23 六 | 壬戌 24 日 | 癸亥 25 一 | 甲子 26 二 | 乙丑 27 三 | 丙寅 28 四 | 丁卯 (3) 五 | 戊辰 2 六 | 己巳 3 日 | 庚午 4 一 | 辛未 5 二 | 壬申 6 三 | 癸酉 7 四 | | 乙巳立春 辛酉雨水 |
| 二月大 己卯 | 天干地支 西曆 星期 | 甲戌 8 五 | 乙亥 9 六 | 丙子 10 日 | 丁丑 11 一 | 戊寅 12 二 | 己卯 13 三 | 庚辰 14 四 | 辛巳 15 五 | 壬午 16 六 | 癸未 17 日 | 甲申 18 一 | 乙酉 19 二 | 丙戌 20 三 | 丁亥 21 四 | 戊子 22 五 | 己丑 23 六 | 庚寅 24 日 | 辛卯 25 一 | 壬辰 26 二 | 癸巳 27 三 | 甲午 28 四 | 乙未 29 五 | 丙申 30 六 | 丁酉 31 日 | 戊戌 (4) 一 | 己亥 2 二 | 庚子 3 三 | 辛丑 4 四 | 壬寅 5 五 | 癸卯 6 六 | 丙子驚蟄 辛卯春分 |
| 三月小 庚辰 | 天干地支 西曆 星期 | 甲辰 7 日 | 乙巳 8 一 | 丙午 9 二 | 丁未 10 三 | 戊申 11 四 | 己酉 12 五 | 庚戌 13 六 | 辛亥 14 日 | 壬子 15 一 | 癸丑 16 二 | 甲寅 17 三 | 乙卯 18 四 | 丙辰 19 五 | 丁巳 20 六 | 戊午 21 日 | 己未 22 一 | 庚申 23 二 | 辛酉 24 三 | 壬戌 25 四 | 癸亥 26 五 | 甲子 27 六 | 乙丑 28 日 | 丙寅 29 一 | 丁卯 30 二 | 戊辰 (5) 三 | 己巳 2 四 | 庚午 3 五 | 辛未 4 六 | 壬申 5 日 | | 丙午清明 壬戌穀雨 |
| 四月大 辛巳 | 天干地支 西曆 星期 | 癸酉 6 一 | 甲戌 7 二 | 乙亥 8 三 | 丙子 9 四 | 丁丑 10 五 | 戊寅 11 六 | 己卯 12 日 | 庚辰 13 一 | 辛巳 14 二 | 壬午 15 三 | 癸未 16 四 | 甲申 17 五 | 乙酉 18 六 | 丙戌 19 日 | 丁亥 20 一 | 戊子 21 二 | 己丑 22 三 | 庚寅 23 四 | 辛卯 24 五 | 壬辰 25 六 | 癸巳 26 日 | 甲午 27 一 | 乙未 28 二 | 丙申 29 三 | 丁酉 30 四 | 戊戌 31 五 | 己亥 (6) 六 | 庚子 2 日 | 辛丑 3 一 | 壬寅 4 二 | 丁丑立夏 壬辰小滿 |
| 五月小 壬午 | 天干地支 西曆 星期 | 癸卯 5 三 | 甲辰 6 四 | 乙巳 7 五 | 丙午 8 六 | 丁未 9 日 | 戊申 10 一 | 己酉 11 二 | 庚戌 12 三 | 辛亥 13 四 | 壬子 14 五 | 癸丑 15 六 | 甲寅 16 日 | 乙卯 17 一 | 丙辰 18 二 | 丁巳 19 三 | 戊午 20 四 | 己未 21 五 | 庚申 22 六 | 辛酉 23 日 | 壬戌 24 一 | 癸亥 25 二 | 甲子 26 三 | 乙丑 27 四 | 丙寅 28 五 | 丁卯 29 六 | 戊辰 30 日 | 己巳 (7) 一 | 庚午 2 二 | 辛未 3 三 | | 丁未芒種 壬戌夏至 |
| 六月大 癸未 | 天干地支 西曆 星期 | 壬申 4 四 | 癸酉 5 五 | 甲戌 6 六 | 乙亥 7 日 | 丙子 8 一 | 丁丑 9 二 | 戊寅 10 三 | 己卯 11 四 | 庚辰 12 五 | 辛巳 13 六 | 壬午 14 日 | 癸未 15 一 | 甲申 16 二 | 乙酉 17 三 | 丙戌 18 四 | 丁亥 19 五 | 戊子 20 六 | 己丑 21 日 | 庚寅 22 一 | 辛卯 23 二 | 壬辰 24 三 | 癸巳 25 四 | 甲午 26 五 | 乙未 27 六 | 丙申 28 日 | 丁酉 29 一 | 戊戌 30 二 | 己亥 31 三 | 庚子 (8) 四 | 辛丑 2 五 | 戊寅小暑 癸巳大暑 |
| 七月大 甲申 | 天干地支 西曆 星期 | 壬寅 3 六 | 癸卯 4 日 | 甲辰 5 一 | 乙巳 6 二 | 丙午 7 三 | 丁未 8 四 | 戊申 9 五 | 己酉 10 六 | 庚戌 11 日 | 辛亥 12 一 | 壬子 13 二 | 癸丑 14 三 | 甲寅 15 四 | 乙卯 16 五 | 丙辰 17 六 | 丁巳 18 日 | 戊午 19 一 | 己未 20 二 | 庚申 21 三 | 辛酉 22 四 | 壬戌 23 五 | 癸亥 24 六 | 甲子 25 日 | 乙丑 26 一 | 丙寅 27 二 | 丁卯 28 三 | 戊辰 29 四 | 己巳 30 五 | 庚午 31 六 | 辛未 (9) 日 | 戊申立秋 癸亥處暑 |
| 八月小 乙酉 | 天干地支 西曆 星期 | 壬申 2 一 | 癸酉 3 二 | 甲戌 4 三 | 乙亥 5 四 | 丙子 6 五 | 丁丑 7 六 | 戊寅 8 日 | 己卯 9 一 | 庚辰 10 二 | 辛巳 11 三 | 壬午 12 四 | 癸未 13 五 | 甲申 14 六 | 乙酉 15 日 | 丙戌 16 一 | 丁亥 17 二 | 戊子 18 三 | 己丑 19 四 | 庚寅 20 五 | 辛卯 21 六 | 壬辰 22 日 | 癸巳 23 一 | 甲午 24 二 | 乙未 25 三 | 丙申 26 四 | 丁酉 27 五 | 戊戌 28 六 | 己亥 29 日 | 庚子 30 一 | | 戊寅白露 甲午秋分 |
| 九月大 丙戌 | 天干地支 西曆 星期 | 辛丑 (10) 二 | 壬寅 2 三 | 癸卯 3 四 | 甲辰 4 五 | 乙巳 5 六 | 丙午 6 日 | 丁未 7 一 | 戊申 8 二 | 己酉 9 三 | 庚戌 10 四 | 辛亥 11 五 | 壬子 12 六 | 癸丑 13 日 | 甲寅 14 一 | 乙卯 15 二 | 丙辰 16 三 | 丁巳 17 四 | 戊午 18 五 | 己未 19 六 | 庚申 20 日 | 辛酉 21 一 | 壬戌 22 二 | 癸亥 23 三 | 甲子 24 四 | 乙丑 25 五 | 丙寅 26 六 | 丁卯 27 日 | 戊辰 28 一 | 己巳 29 二 | 庚午 30 三 | 己酉寒露 甲子霜降 |
| 十月小 丁亥 | 天干地支 西曆 星期 | 辛未 31 四 | 壬申 (11) 五 | 癸酉 2 六 | 甲戌 3 日 | 乙亥 4 一 | 丙子 5 二 | 丁丑 6 三 | 戊寅 7 四 | 己卯 8 五 | 庚辰 9 六 | 辛巳 10 日 | 壬午 11 一 | 癸未 12 二 | 甲申 13 三 | 乙酉 14 四 | 丙戌 15 五 | 丁亥 16 六 | 戊子 17 日 | 己丑 18 一 | 庚寅 19 二 | 辛卯 20 三 | 壬辰 21 四 | 癸巳 22 五 | 甲午 23 六 | 乙未 24 日 | 丙申 25 一 | 丁酉 26 二 | 戊戌 27 三 | 己亥 28 四 | | 己卯立冬 乙未小雪 |
| 十一月大 戊子 | 天干地支 西曆 星期 | 庚子 29 五 | 辛丑 30 六 | 壬寅 (12) 日 | 癸卯 2 一 | 甲辰 3 二 | 乙巳 4 三 | 丙午 5 四 | 丁未 6 五 | 戊申 7 六 | 己酉 8 日 | 庚戌 9 一 | 辛亥 10 二 | 壬子 11 三 | 癸丑 12 四 | 甲寅 13 五 | 乙卯 14 六 | 丙辰 15 日 | 丁巳 16 一 | 戊午 17 二 | 己未 18 三 | 庚申 19 四 | 辛酉 20 五 | 壬戌 21 六 | 癸亥 22 日 | 甲子 23 一 | 乙丑 24 二 | 丙寅 25 三 | 丁卯 26 四 | 戊辰 27 五 | 己巳 28 六 | 庚戌大雪 乙丑冬至 |
| 十二月小 己丑 | 天干地支 西曆 星期 | 庚午 29 日 | 辛未 30 一 | 壬申 31 二 | 癸酉 (1) 三 | 甲戌 2 四 | 乙亥 3 五 | 丙子 4 六 | 丁丑 5 日 | 戊寅 6 一 | 己卯 7 二 | 庚辰 8 三 | 辛巳 9 四 | 壬午 10 五 | 癸未 11 六 | 甲申 12 日 | 乙酉 13 一 | 丙戌 14 二 | 丁亥 15 三 | 戊子 16 四 | 己丑 17 五 | 庚寅 18 六 | 辛卯 19 日 | 壬辰 20 一 | 癸巳 21 二 | 甲午 22 三 | 乙未 23 四 | 丙申 24 五 | 丁酉 25 六 | 戊戌 26 日 | | 庚辰小寒 乙未大寒 |

# 漢獻帝建安十一年（丙戌 狗年）公元 206 ~ 207 年

| 夏曆月序 | | 中西曆日對照 | 初一 | 初二 | 初三 | 初四 | 初五 | 初六 | 初七 | 初八 | 初九 | 初十 | 十一 | 十二 | 十三 | 十四 | 十五 | 十六 | 十七 | 十八 | 十九 | 二十 | 二一 | 二二 | 二三 | 二四 | 二五 | 二六 | 二七 | 二八 | 二九 | 三十 | 節氣與天象 |
|---|---|---|---|---|---|---|---|---|---|---|---|---|---|---|---|---|---|---|---|---|---|---|---|---|---|---|---|---|---|---|---|---|---|
| 正月大 | 庚寅 | 天干地支 西曆 星期 | 己亥 27 一 | 庚子 28 二 | 辛丑 29 三 | 壬寅 30 四 | 癸卯 31 五 | 甲辰 (2) 六 | 乙巳 2 日 | 丙午 3 一 | 丁未 4 二 | 戊申 5 三 | 己酉 6 四 | 庚戌 7 五 | 辛亥 8 六 | 壬子 9 日 | 癸丑 10 一 | 甲寅 11 二 | 乙卯 12 三 | 丙辰 13 四 | 丁巳 14 五 | 戊午 15 六 | 己未 16 日 | 庚申 17 一 | 辛酉 18 二 | 壬戌 19 三 | 癸亥 20 四 | 甲子 21 五 | 乙丑 22 六 | 丙寅 23 日 | 丁卯 24 一 | 戊辰 25 二 | 辛亥立春 丙寅雨水 |
| 二月小 | 辛卯 | 天干地支 西曆 星期 | 己巳 26 三 | 庚午 27 四 | 辛未 28 五 | 壬申 (3) 六 | 癸酉 2 日 | 甲戌 3 一 | 乙亥 4 二 | 丙子 5 三 | 丁丑 6 四 | 戊寅 7 五 | 己卯 8 六 | 庚辰 9 日 | 辛巳 10 一 | 壬午 11 二 | 癸未 12 三 | 甲申 13 四 | 乙酉 14 五 | 丙戌 15 六 | 丁亥 16 日 | 戊子 17 一 | 己丑 18 二 | 庚寅 19 三 | 辛卯 20 四 | 壬辰 21 五 | 癸巳 22 六 | 甲午 23 日 | 乙未 24 一 | 丙申 25 二 | 丁酉 26 三 | | 辛巳驚蟄 丙申春分 |
| 三月大 | 壬辰 | 天干地支 西曆 星期 | 戊戌 27 四 | 己亥 28 五 | 庚子 29 六 | 辛丑 30 日 | 壬寅 31 一 | 癸卯 (4) 二 | 甲辰 2 三 | 乙巳 3 四 | 丙午 4 五 | 丁未 5 六 | 戊申 6 日 | 己酉 7 一 | 庚戌 8 二 | 辛亥 9 三 | 壬子 10 四 | 癸丑 11 五 | 甲寅 12 六 | 乙卯 13 日 | 丙辰 14 一 | 丁巳 15 二 | 戊午 16 三 | 己未 17 四 | 庚申 18 五 | 辛酉 19 六 | 壬戌 20 日 | 癸亥 21 一 | 甲子 22 二 | 乙丑 23 三 | 丙寅 24 四 | 丁卯 25 五 | 壬子清明 丁卯穀雨 |
| 閏三月小 | 壬辰 | 天干地支 西曆 星期 | 戊辰 26 六 | 己巳 27 日 | 庚午 28 一 | 辛未 29 二 | 壬申 30 三 | 癸酉 (5) 四 | 甲戌 2 五 | 乙亥 3 六 | 丙子 4 日 | 丁丑 5 一 | 戊寅 6 二 | 己卯 7 三 | 庚辰 8 四 | 辛巳 9 五 | 壬午 10 六 | 癸未 11 日 | 甲申 12 一 | 乙酉 13 二 | 丙戌 14 三 | 丁亥 15 四 | 戊子 16 五 | 己丑 17 六 | 庚寅 18 日 | 辛卯 19 一 | 壬辰 20 二 | 癸巳 21 三 | 甲午 22 四 | 乙未 23 五 | 丙申 24 六 | | 壬午立夏 |
| 四月大 | 癸巳 | 天干地支 西曆 星期 | 丁酉 25 日 | 戊戌 26 一 | 己亥 27 二 | 庚子 28 三 | 辛丑 29 四 | 壬寅 30 五 | 癸卯 31 六 | 甲辰 (6) 日 | 乙巳 2 一 | 丙午 3 二 | 丁未 4 三 | 戊申 5 四 | 己酉 6 五 | 庚戌 7 六 | 辛亥 8 日 | 壬子 9 一 | 癸丑 10 二 | 甲寅 11 三 | 乙卯 12 四 | 丙辰 13 五 | 丁巳 14 六 | 戊午 15 日 | 己未 16 一 | 庚申 17 二 | 辛酉 18 三 | 壬戌 19 四 | 癸亥 20 五 | 甲子 21 六 | 乙丑 22 日 | 丙寅 23 一 | 丁酉小滿 壬子芒種 |
| 五月小 | 甲午 | 天干地支 西曆 星期 | 丁卯 24 二 | 戊辰 25 三 | 己巳 26 四 | 庚午 27 五 | 辛未 28 六 | 壬申 29 日 | 癸酉 30 一 | 甲戌 (7) 二 | 乙亥 2 三 | 丙子 3 四 | 丁丑 4 五 | 戊寅 5 六 | 己卯 6 日 | 庚辰 7 一 | 辛巳 8 二 | 壬午 9 三 | 癸未 10 四 | 甲申 11 五 | 乙酉 12 六 | 丙戌 13 日 | 丁亥 14 一 | 戊子 15 二 | 己丑 16 三 | 庚寅 17 四 | 辛卯 18 五 | 壬辰 19 六 | 癸巳 20 日 | 甲午 21 一 | 乙未 22 二 | | 戊辰夏至 癸未小暑 |
| 六月大 | 乙未 | 天干地支 西曆 星期 | 丙申 23 三 | 丁酉 24 四 | 戊戌 25 五 | 己亥 26 六 | 庚子 27 日 | 辛丑 28 一 | 壬寅 29 二 | 癸卯 30 三 | 甲辰 31 四 | 乙巳 (8) 五 | 丙午 2 六 | 丁未 3 日 | 戊申 4 一 | 己酉 5 二 | 庚戌 6 三 | 辛亥 7 四 | 壬子 8 五 | 癸丑 9 六 | 甲寅 10 日 | 乙卯 11 一 | 丙辰 12 二 | 丁巳 13 三 | 戊午 14 四 | 己未 15 五 | 庚申 16 六 | 辛酉 17 日 | 壬戌 18 一 | 癸亥 19 二 | 甲子 20 三 | 乙丑 21 四 | 戊戌大暑 癸丑立秋 |
| 七月小 | 丙申 | 天干地支 西曆 星期 | 丙寅 22 五 | 丁卯 23 六 | 戊辰 24 日 | 己巳 25 一 | 庚午 26 二 | 辛未 27 三 | 壬申 28 四 | 癸酉 29 五 | 甲戌 30 六 | 乙亥 31 日 | 丙子 (9) 一 | 丁丑 2 二 | 戊寅 3 三 | 己卯 4 四 | 庚辰 5 五 | 辛巳 6 六 | 壬午 7 日 | 癸未 8 一 | 甲申 9 二 | 乙酉 10 三 | 丙戌 11 四 | 丁亥 12 五 | 戊子 13 六 | 己丑 14 日 | 庚寅 15 一 | 辛卯 16 二 | 壬辰 17 三 | 癸巳 18 四 | 甲午 19 五 | | 己巳處暑 甲申白露 |
| 八月大 | 丁酉 | 天干地支 西曆 星期 | 乙未 20 六 | 丙申 21 日 | 丁酉 22 一 | 戊戌 23 二 | 己亥 24 三 | 庚子 25 四 | 辛丑 26 五 | 壬寅 27 六 | 癸卯 28 日 | 甲辰 29 一 | 乙巳 30 二 | 丙午 (10) 三 | 丁未 2 四 | 戊申 3 五 | 己酉 4 六 | 庚戌 5 日 | 辛亥 6 一 | 壬子 7 二 | 癸丑 8 三 | 甲寅 9 四 | 乙卯 10 五 | 丙辰 11 六 | 丁巳 12 日 | 戊午 13 一 | 己未 14 二 | 庚申 15 三 | 辛酉 16 四 | 壬戌 17 五 | 癸亥 18 六 | 甲子 19 日 | 己亥秋分 甲寅寒露 |
| 九月大 | 戊戌 | 天干地支 西曆 星期 | 乙丑 20 一 | 丙寅 21 二 | 丁卯 22 三 | 戊辰 23 四 | 己巳 24 五 | 庚午 25 六 | 辛未 26 日 | 壬申 27 一 | 癸酉 28 二 | 甲戌 29 三 | 乙亥 30 四 | 丙子 31 五 | 丁丑 (11) 六 | 戊寅 2 日 | 己卯 3 一 | 庚辰 4 二 | 辛巳 5 三 | 壬午 6 四 | 癸未 7 五 | 甲申 8 六 | 乙酉 9 日 | 丙戌 10 一 | 丁亥 11 二 | 戊子 12 三 | 己丑 13 四 | 庚寅 14 五 | 辛卯 15 六 | 壬辰 16 日 | 癸巳 17 一 | 甲午 18 二 | 己巳霜降 乙酉立冬 |
| 十月小 | 己亥 | 天干地支 西曆 星期 | 乙未 19 三 | 丙申 20 四 | 丁酉 21 五 | 戊戌 22 六 | 己亥 23 日 | 庚子 24 一 | 辛丑 25 二 | 壬寅 26 三 | 癸卯 27 四 | 甲辰 28 五 | 乙巳 29 六 | 丙午 30 日 | 丁未 (12) 一 | 戊申 2 二 | 己酉 3 三 | 庚戌 4 四 | 辛亥 5 五 | 壬子 6 六 | 癸丑 7 日 | 甲寅 8 一 | 乙卯 9 二 | 丙辰 10 三 | 丁巳 11 四 | 戊午 12 五 | 己未 13 六 | 庚申 14 日 | 辛酉 15 一 | 壬戌 16 二 | 癸亥 17 三 | | 庚子小雪 乙卯大雪 |
| 十一月大 | 庚子 | 天干地支 西曆 星期 | 甲子 18 四 | 乙丑 19 五 | 丙寅 20 六 | 丁卯 21 日 | 戊辰 22 一 | 己巳 23 二 | 庚午 24 三 | 辛未 25 四 | 壬申 26 五 | 癸酉 27 六 | 甲戌 28 日 | 乙亥 29 一 | 丙子 30 二 | 丁丑 31 三 | 戊寅 (1) 四 | 己卯 2 五 | 庚辰 3 六 | 辛巳 4 日 | 壬午 5 一 | 癸未 6 二 | 甲申 7 三 | 乙酉 8 四 | 丙戌 9 五 | 丁亥 10 六 | 戊子 11 日 | 己丑 12 一 | 庚寅 13 二 | 辛卯 14 三 | 壬辰 15 四 | 癸巳 16 五 | 庚午冬至 乙酉小寒 |
| 十二月小 | 辛丑 | 天干地支 西曆 星期 | 甲午 17 六 | 乙未 18 日 | 丙申 19 一 | 丁酉 20 二 | 戊戌 21 三 | 己亥 22 四 | 庚子 23 五 | 辛丑 24 六 | 壬寅 25 日 | 癸卯 26 一 | 甲辰 27 二 | 乙巳 28 三 | 丙午 29 四 | 丁未 30 五 | 戊申 31 六 | 己酉 (2) 日 | 庚戌 2 一 | 辛亥 3 二 | 壬子 4 三 | 癸丑 5 四 | 甲寅 6 五 | 乙卯 7 六 | 丙辰 8 日 | 丁巳 9 一 | 戊午 10 二 | 己未 11 三 | 庚申 12 四 | 辛酉 13 五 | 壬戌 14 六 | | 辛丑大寒 丙辰立春 |

# 漢獻帝建安十二年（丁亥 猪年）公元207～208年

| 夏曆月序 | | 中西曆日對照 | 初一 | 初二 | 初三 | 初四 | 初五 | 初六 | 初七 | 初八 | 初九 | 初十 | 十一 | 十二 | 十三 | 十四 | 十五 | 十六 | 十七 | 十八 | 十九 | 二十 | 二一 | 二二 | 二三 | 二四 | 二五 | 二六 | 二七 | 二八 | 二九 | 三十 | 節氣與天象 |
|---|---|---|---|---|---|---|---|---|---|---|---|---|---|---|---|---|---|---|---|---|---|---|---|---|---|---|---|---|---|---|---|---|---|
| 正月大 | 壬寅 | 天干地支<br>西曆星期 | 癸亥<br>15日 | 甲子<br>16一 | 乙丑<br>17二 | 丙寅<br>18三 | 丁卯<br>19四 | 戊辰<br>20五 | 己巳<br>21六 | 庚午<br>22日 | 辛未<br>23一 | 壬申<br>24二 | 癸酉<br>25三 | 甲戌<br>26四 | 乙亥<br>27五 | 丙子<br>28六 | 丁丑<br>(3)日 | 戊寅<br>2一 | 己卯<br>3二 | 庚辰<br>4三 | 辛巳<br>5四 | 壬午<br>6五 | 癸未<br>7六 | 甲申<br>8日 | 乙酉<br>9一 | 丙戌<br>10二 | 丁亥<br>11三 | 戊子<br>12四 | 己丑<br>13五 | 庚寅<br>14六 | 辛卯<br>15日 | 壬辰<br>16一 | 辛未雨水<br>丙戌驚蟄 |
| 二月小 | 癸卯 | 天干地支<br>西曆星期 | 癸巳<br>17二 | 甲午<br>18三 | 乙未<br>19四 | 丙申<br>20五 | 丁酉<br>21六 | 戊戌<br>22日 | 己亥<br>23一 | 庚子<br>24二 | 辛丑<br>25三 | 壬寅<br>26四 | 癸卯<br>27五 | 甲辰<br>28六 | 乙巳<br>29日 | 丙午<br>30一 | 丁未<br>31二 | 戊申<br>(4)三 | 己酉<br>2四 | 庚戌<br>3五 | 辛亥<br>4六 | 壬子<br>5日 | 癸丑<br>6一 | 甲寅<br>7二 | 乙卯<br>8三 | 丙辰<br>9四 | 丁巳<br>10五 | 戊午<br>11六 | 己未<br>12日 | 庚申<br>13一 | 辛酉<br>14二 | | 壬寅春分<br>丁巳清明 |
| 三月大 | 甲辰 | 天干地支<br>西曆星期 | 壬戌<br>15三 | 癸亥<br>16四 | 甲子<br>17五 | 乙丑<br>18六 | 丙寅<br>19日 | 丁卯<br>20一 | 戊辰<br>21二 | 己巳<br>22三 | 庚午<br>23四 | 辛未<br>24五 | 壬申<br>25六 | 癸酉<br>26日 | 甲戌<br>27一 | 乙亥<br>28二 | 丙子<br>29三 | 丁丑<br>30四 | 戊寅<br>(5)五 | 己卯<br>2六 | 庚辰<br>3日 | 辛巳<br>4一 | 壬午<br>5二 | 癸未<br>6三 | 甲申<br>7四 | 乙酉<br>8五 | 丙戌<br>9六 | 丁亥<br>10日 | 戊子<br>11一 | 己丑<br>12二 | 庚寅<br>13三 | 辛卯<br>14四 | 壬申穀雨<br>丁亥立夏 |
| 四月小 | 乙巳 | 天干地支<br>西曆星期 | 壬辰<br>15五 | 癸巳<br>16六 | 甲午<br>17日 | 乙未<br>18一 | 丙申<br>19二 | 丁酉<br>20三 | 戊戌<br>21四 | 己亥<br>22五 | 庚子<br>23六 | 辛丑<br>24日 | 壬寅<br>25一 | 癸卯<br>26二 | 甲辰<br>27三 | 乙巳<br>28四 | 丙午<br>29五 | 丁未<br>30六 | 戊申<br>31日 | 己酉<br>(6)一 | 庚戌<br>2二 | 辛亥<br>3三 | 壬子<br>4四 | 癸丑<br>5五 | 甲寅<br>6六 | 乙卯<br>7日 | 丙辰<br>8一 | 丁巳<br>9二 | 戊午<br>10三 | 己未<br>11四 | 庚申<br>12五 | | 壬寅小滿<br>戊午芒種 |
| 五月大 | 丙午 | 天干地支<br>西曆星期 | 辛酉<br>13六 | 壬戌<br>14日 | 癸亥<br>15一 | 甲子<br>16二 | 乙丑<br>17三 | 丙寅<br>18四 | 丁卯<br>19五 | 戊辰<br>20六 | 己巳<br>21日 | 庚午<br>22一 | 辛未<br>23二 | 壬申<br>24三 | 癸酉<br>25四 | 甲戌<br>26五 | 乙亥<br>27六 | 丙子<br>28日 | 丁丑<br>29一 | 戊寅<br>30二 | 己卯<br>(7)三 | 庚辰<br>2四 | 辛巳<br>3五 | 壬午<br>4六 | 癸未<br>5日 | 甲申<br>6一 | 乙酉<br>7二 | 丙戌<br>8三 | 丁亥<br>9四 | 戊子<br>10五 | 己丑<br>11六 | 庚寅<br>12日 | 癸酉夏至<br>戊子小暑 |
| 六月小 | 丁未 | 天干地支<br>西曆星期 | 辛卯<br>13一 | 壬辰<br>14二 | 癸巳<br>15三 | 甲午<br>16四 | 乙未<br>17五 | 丙申<br>18六 | 丁酉<br>19日 | 戊戌<br>20一 | 己亥<br>21二 | 庚子<br>22三 | 辛丑<br>23四 | 壬寅<br>24五 | 癸卯<br>25六 | 甲辰<br>26日 | 乙巳<br>27一 | 丙午<br>28二 | 丁未<br>29三 | 戊申<br>30四 | 己酉<br>31五 | 庚戌<br>(8)六 | 辛亥<br>2日 | 壬子<br>3一 | 癸丑<br>4二 | 甲寅<br>5三 | 乙卯<br>6四 | 丙辰<br>7五 | 丁巳<br>8六 | 戊午<br>9日 | 己未<br>10一 | | 癸卯大暑<br>己未立秋 |
| 七月大 | 戊申 | 大干地支<br>西曆星期 | 庚申<br>11二 | 辛酉<br>12三 | 壬戌<br>13四 | 癸亥<br>14五 | 甲子<br>15六 | 乙丑<br>16日 | 丙寅<br>17一 | 丁卯<br>18二 | 戊辰<br>19三 | 己巳<br>20四 | 庚午<br>21五 | 辛未<br>22六 | 壬申<br>23日 | 癸酉<br>24一 | 甲戌<br>25二 | 乙亥<br>26三 | 丙子<br>27四 | 丁丑<br>28五 | 戊寅<br>29六 | 己卯<br>30日 | 庚辰<br>31一 | 辛巳<br>(9)二 | 壬午<br>2三 | 癸未<br>3四 | 甲申<br>4五 | 乙酉<br>5六 | 丙戌<br>6日 | 丁亥<br>7一 | 戊子<br>8二 | 己丑<br>9三 | 甲戌處暑<br>己丑白露 |
| 八月小 | 己酉 | 天干地支<br>西曆星期 | 庚寅<br>10四 | 辛卯<br>11五 | 壬辰<br>12六 | 癸巳<br>13日 | 甲午<br>14一 | 乙未<br>15二 | 丙申<br>16三 | 丁酉<br>17四 | 戊戌<br>18五 | 己亥<br>19六 | 庚子<br>20日 | 辛丑<br>21一 | 壬寅<br>22二 | 癸卯<br>23三 | 甲辰<br>24四 | 乙巳<br>25五 | 丙午<br>26六 | 丁未<br>27日 | 戊申<br>28一 | 己酉<br>29二 | 庚戌<br>30三 | 辛亥<br>(10)四 | 壬子<br>2五 | 癸丑<br>3六 | 甲寅<br>4日 | 乙卯<br>5一 | 丙辰<br>6二 | 丁巳<br>7三 | 戊午<br>8四 | | 甲辰秋分 |
| 九月大 | 庚戌 | 天干地支<br>西曆星期 | 己未<br>9五 | 庚申<br>10六 | 辛酉<br>11日 | 壬戌<br>12一 | 癸亥<br>13二 | 甲子<br>14三 | 乙丑<br>15四 | 丙寅<br>16五 | 丁卯<br>17六 | 戊辰<br>18日 | 己巳<br>19一 | 庚午<br>20二 | 辛未<br>21三 | 壬申<br>22四 | 癸酉<br>23五 | 甲戌<br>24六 | 乙亥<br>25日 | 丙子<br>26一 | 丁丑<br>27二 | 戊寅<br>28三 | 己卯<br>29四 | 庚辰<br>30五 | 辛巳<br>31六 | 壬午<br>(11)日 | 癸未<br>2一 | 甲申<br>3二 | 乙酉<br>4三 | 丙戌<br>5四 | 丁亥<br>6五 | 戊子<br>7六 | 己未寒露<br>乙亥霜降 |
| 十月小 | 辛亥 | 天干地支<br>西曆星期 | 己丑<br>8日 | 庚寅<br>9一 | 辛卯<br>10二 | 壬辰<br>11三 | 癸巳<br>12四 | 甲午<br>13五 | 乙未<br>14六 | 丙申<br>15日 | 丁酉<br>16一 | 戊戌<br>17二 | 己亥<br>18三 | 庚子<br>19四 | 辛丑<br>20五 | 壬寅<br>21六 | 癸卯<br>22日 | 甲辰<br>23一 | 乙巳<br>24二 | 丙午<br>25三 | 丁未<br>26四 | 戊申<br>27五 | 己酉<br>28六 | 庚戌<br>29日 | 辛亥<br>30一 | 壬子<br>(12)二 | 癸丑<br>2三 | 甲寅<br>3四 | 乙卯<br>4五 | 丙辰<br>5六 | 丁巳<br>6日 | | 庚寅立冬<br>乙巳小雪 |
| 十一月大 | 壬子 | 天干地支<br>西曆星期 | 戊午<br>7一 | 己未<br>8二 | 庚申<br>9三 | 辛酉<br>10四 | 壬戌<br>11五 | 癸亥<br>12六 | 甲子<br>13日 | 乙丑<br>14一 | 丙寅<br>15二 | 丁卯<br>16三 | 戊辰<br>17四 | 己巳<br>18五 | 庚午<br>19六 | 辛未<br>20日 | 壬申<br>21一 | 癸酉<br>22二 | 甲戌<br>23三 | 乙亥<br>24四 | 丙子<br>25五 | 丁丑<br>26六 | 戊寅<br>27日 | 己卯<br>28一 | 庚辰<br>29二 | 辛巳<br>30三 | 壬午<br>31四 | 癸未<br>(1)五 | 甲申<br>2六 | 乙酉<br>3日 | 丙戌<br>4一 | 丁亥<br>5二 | 庚申大雪<br>丙子冬至 |
| 十二月小 | 癸丑 | 天干地支<br>西曆星期 | 戊子<br>6三 | 己丑<br>7四 | 庚寅<br>8五 | 辛卯<br>9六 | 壬辰<br>10日 | 癸巳<br>11一 | 甲午<br>12二 | 乙未<br>13三 | 丙申<br>14四 | 丁酉<br>15五 | 戊戌<br>16六 | 己亥<br>17日 | 庚子<br>18一 | 辛丑<br>19二 | 壬寅<br>20三 | 癸卯<br>21四 | 甲辰<br>22五 | 乙巳<br>23六 | 丙午<br>24日 | 丁未<br>25一 | 戊申<br>26二 | 己酉<br>27三 | 庚戌<br>28四 | 辛亥<br>29五 | 壬子<br>30六 | 癸丑<br>31日 | 甲寅<br>(2)一 | 乙卯<br>2二 | 丙辰<br>3三 | | 辛卯小寒<br>丙午大寒 |

# 漢獻帝建安十三年（戊子 鼠年）公元 **208** ~ 209 年

| 夏曆月序 | | 中西曆對照 | 初一 | 初二 | 初三 | 初四 | 初五 | 初六 | 初七 | 初八 | 初九 | 初十 | 十一 | 十二 | 十三 | 十四 | 十五 | 十六 | 十七 | 十八 | 十九 | 二十 | 二一 | 二二 | 二三 | 二四 | 二五 | 二六 | 二七 | 二八 | 二九 | 三十 | 節氣與天象 |
|---|---|---|---|---|---|---|---|---|---|---|---|---|---|---|---|---|---|---|---|---|---|---|---|---|---|---|---|---|---|---|---|---|---|
| 正月大 | 甲寅 | 天干地支 西曆 星期 | 丁巳 4 四 | 戊午 5 五 | 己未 6 六 | 庚申 7 日 | 辛酉 8 一 | 壬戌 9 二 | 癸亥 10 三 | 甲子 11 四 | 乙丑 12 五 | 丙寅 13 六 | 丁卯 14 日 | 戊辰 15 一 | 己巳 16 二 | 庚午 17 三 | 辛未 18 四 | 壬申 19 五 | 癸酉 20 六 | 甲戌 21 日 | 乙亥 22 一 | 丙子 23 二 | 丁丑 24 三 | 戊寅 25 四 | 己卯 26 五 | 庚辰 27 六 | 辛巳 28 日 | 壬午 29 一 | 癸未 (3) 二 | 甲申 2 三 | 乙酉 3 四 | 丙戌 4 五 | 辛酉立春 丙子雨水 |
| 二月大 | 乙卯 | 天干地支 西曆 星期 | 丁亥 5 六 | 戊子 6 日 | 己丑 7 一 | 庚寅 8 二 | 辛卯 9 三 | 壬辰 10 四 | 癸巳 11 五 | 甲午 12 六 | 乙未 13 日 | 丙申 14 一 | 丁酉 15 二 | 戊戌 16 三 | 己亥 17 四 | 庚子 18 五 | 辛丑 19 六 | 壬寅 20 日 | 癸卯 21 一 | 甲辰 22 二 | 乙巳 23 三 | 丙午 24 四 | 丁未 25 五 | 戊申 26 六 | 己酉 27 日 | 庚戌 28 一 | 辛亥 29 二 | 壬子 30 三 | 癸丑 31 四 | 甲寅 (4) 五 | 乙卯 2 六 | 丙辰 3 日 | 壬辰驚蟄 丁未春分 |
| 三月小 | 丙辰 | 天干地支 西曆 星期 | 丁巳 4 一 | 戊午 5 二 | 己未 6 三 | 庚申 7 四 | 辛酉 8 五 | 壬戌 9 六 | 癸亥 10 日 | 甲子 11 一 | 乙丑 12 二 | 丙寅 13 三 | 丁卯 14 四 | 戊辰 15 五 | 己巳 16 六 | 庚午 17 日 | 辛未 18 一 | 壬申 19 二 | 癸酉 20 三 | 甲戌 21 四 | 乙亥 22 五 | 丙子 23 六 | 丁丑 24 日 | 戊寅 25 一 | 己卯 26 二 | 庚辰 27 三 | 辛巳 28 四 | 壬午 29 五 | 癸未 30 六 | 甲申 (5) 日 | 乙酉 2 一 | | 壬戌清明 丁丑穀雨 |
| 四月大 | 丁巳 | 天干地支 西曆 星期 | 丙戌 3 二 | 丁亥 4 三 | 戊子 5 四 | 己丑 6 五 | 庚寅 7 六 | 辛卯 8 日 | 壬辰 9 一 | 癸巳 10 二 | 甲午 11 三 | 乙未 12 四 | 丙申 13 五 | 丁酉 14 六 | 戊戌 15 日 | 己亥 16 一 | 庚子 17 二 | 辛丑 18 三 | 壬寅 19 四 | 癸卯 20 五 | 甲辰 21 六 | 乙巳 22 日 | 丙午 23 一 | 丁未 24 二 | 戊申 25 三 | 己酉 26 四 | 庚戌 27 五 | 辛亥 28 六 | 壬子 29 日 | 癸丑 30 一 | 甲寅 31 二 | 乙卯 (6) 三 | 壬辰立夏 戊申小滿 |
| 五月小 | 戊午 | 天干地支 西曆 星期 | 丙辰 2 四 | 丁巳 3 五 | 戊午 4 六 | 己未 5 日 | 庚申 6 一 | 辛酉 7 二 | 壬戌 8 三 | 癸亥 9 四 | 甲子 10 五 | 乙丑 11 六 | 丙寅 12 日 | 丁卯 13 一 | 戊辰 14 二 | 己巳 15 三 | 庚午 16 四 | 辛未 17 五 | 壬申 18 六 | 癸酉 19 日 | 甲戌 20 一 | 乙亥 21 二 | 丙子 22 三 | 丁丑 23 四 | 戊寅 24 五 | 己卯 25 六 | 庚辰 26 日 | 辛巳 27 一 | 壬午 28 二 | 癸未 29 三 | 甲申 30 四 | | 癸亥芒種 戊寅夏至 |
| 六月大 | 己未 | 天干地支 西曆 星期 | 乙酉 (7) 五 | 丙戌 2 六 | 丁亥 3 日 | 戊子 4 一 | 己丑 5 二 | 庚寅 6 三 | 辛卯 7 四 | 壬辰 8 五 | 癸巳 9 六 | 甲午 10 日 | 乙未 11 一 | 丙申 12 二 | 丁酉 13 三 | 戊戌 14 四 | 己亥 15 五 | 庚子 16 六 | 辛丑 17 日 | 壬寅 18 一 | 癸卯 19 二 | 甲辰 20 三 | 乙巳 21 四 | 丙午 22 五 | 丁未 23 六 | 戊申 24 日 | 己酉 25 一 | 庚戌 26 二 | 辛亥 27 三 | 壬子 28 四 | 癸丑 29 五 | 甲寅 30 六 | 癸巳小暑 己酉大暑 |
| 七月小 | 庚申 | 天干地支 西曆 星期 | 乙卯 31 日 | 丙辰 (8) 一 | 丁巳 2 二 | 戊午 3 三 | 己未 4 四 | 庚申 5 五 | 辛酉 6 六 | 壬戌 7 日 | 癸亥 8 一 | 甲子 9 二 | 乙丑 10 三 | 丙寅 11 四 | 丁卯 12 五 | 戊辰 13 六 | 己巳 14 日 | 庚午 15 一 | 辛未 16 二 | 壬申 17 三 | 癸酉 18 四 | 甲戌 19 五 | 乙亥 20 六 | 丙子 21 日 | 丁丑 22 一 | 戊寅 23 二 | 己卯 24 三 | 庚辰 25 四 | 辛巳 26 五 | 壬午 27 六 | 癸未 28 日 | | 甲子立秋 己卯處暑 |
| 八月大 | 辛酉 | 天干地支 西曆 星期 | 甲申 29 一 | 乙酉 30 二 | 丙戌 31 三 | 丁亥 (9) 四 | 戊子 2 五 | 己丑 3 六 | 庚寅 4 日 | 辛卯 5 一 | 壬辰 6 二 | 癸巳 7 三 | 甲午 8 四 | 乙未 9 五 | 丙申 10 六 | 丁酉 11 日 | 戊戌 12 一 | 己亥 13 二 | 庚子 14 三 | 辛丑 15 四 | 壬寅 16 五 | 癸卯 17 六 | 甲辰 18 日 | 乙巳 19 一 | 丙午 20 二 | 丁未 21 三 | 戊申 22 四 | 己酉 23 五 | 庚戌 24 六 | 辛亥 25 日 | 壬子 26 一 | 癸丑 27 二 | 甲午白露 己酉秋分 |
| 九月小 | 壬戌 | 天干地支 西曆 星期 | 甲寅 28 三 | 乙卯 29 四 | 丙辰 30 五 | 丁巳 (10) 六 | 戊午 2 日 | 己未 3 一 | 庚申 4 二 | 辛酉 5 三 | 壬戌 6 四 | 癸亥 7 五 | 甲子 8 六 | 乙丑 9 日 | 丙寅 10 一 | 丁卯 11 二 | 戊辰 12 三 | 己巳 13 四 | 庚午 14 五 | 辛未 15 六 | 壬申 16 日 | 癸酉 17 一 | 甲戌 18 二 | 乙亥 19 三 | 丙子 20 四 | 丁丑 21 五 | 戊寅 22 六 | 己卯 23 日 | 庚辰 24 一 | 辛巳 25 二 | 壬午 26 三 | | 乙丑寒露 庚辰霜降 |
| 十月大 | 癸亥 | 天干地支 西曆 星期 | 癸未 27 四 | 甲申 28 五 | 乙酉 29 六 | 丙戌 30 日 | 丁亥 31 一 | 戊子 (11) 二 | 己丑 2 三 | 庚寅 3 四 | 辛卯 4 五 | 壬辰 5 六 | 癸巳 6 日 | 甲午 7 一 | 乙未 8 二 | 丙申 9 三 | 丁酉 10 四 | 戊戌 11 五 | 己亥 12 六 | 庚子 13 日 | 辛丑 14 一 | 壬寅 15 二 | 癸卯 16 三 | 甲辰 17 四 | 乙巳 18 五 | 丙午 19 六 | 丁未 20 日 | 戊申 21 一 | 己酉 22 二 | 庚戌 23 三 | 辛亥 24 四 | 壬子 25 五 | 乙未立冬 庚戌小雪 癸未日食 |
| 十一月小 | 甲子 | 天干地支 西曆 星期 | 癸丑 26 六 | 甲寅 27 日 | 乙卯 28 一 | 丙辰 29 二 | 丁巳 30 三 | 戊午 (12) 四 | 己未 2 五 | 庚申 3 六 | 辛酉 4 日 | 壬戌 5 一 | 癸亥 6 二 | 甲子 7 三 | 乙丑 8 四 | 丙寅 9 五 | 丁卯 10 六 | 戊辰 11 日 | 己巳 12 一 | 庚午 13 二 | 辛未 14 三 | 壬申 15 四 | 癸酉 16 五 | 甲戌 17 六 | 乙亥 18 日 | 丙子 19 一 | 丁丑 20 二 | 戊寅 21 三 | 己卯 22 四 | 庚辰 23 五 | 辛巳 24 六 | | 丙寅大雪 辛巳冬至 |
| 十二月大 | 乙丑 | 天干地支 西曆 星期 | 壬午 25 日 | 癸未 26 一 | 甲申 27 二 | 乙酉 28 三 | 丙戌 29 四 | 丁亥 30 五 | 戊子 31 六 | 己丑 (1) 日 | 庚寅 2 一 | 辛卯 3 二 | 壬辰 4 三 | 癸巳 5 四 | 甲午 6 五 | 乙未 7 六 | 丙申 8 日 | 丁酉 9 一 | 戊戌 10 二 | 己亥 11 三 | 庚子 12 四 | 辛丑 13 五 | 壬寅 14 六 | 癸卯 15 日 | 甲辰 16 一 | 乙巳 17 二 | 丙午 18 三 | 丁未 19 四 | 戊申 20 五 | 己酉 21 六 | 庚戌 22 日 | 辛亥 23 一 | 丙申小寒 辛亥大寒 |
| 閏十二小 | 乙丑 | 天干地支 西曆 星期 | 壬子 24 二 | 癸丑 25 三 | 甲寅 26 四 | 乙卯 27 五 | 丙辰 28 六 | 丁巳 29 日 | 戊午 30 一 | 己未 31 二 | 庚申 (2) 三 | 辛酉 2 四 | 壬戌 3 五 | 癸亥 4 六 | 甲子 5 日 | 乙丑 6 一 | 丙寅 7 二 | 丁卯 8 三 | 戊辰 9 四 | 己巳 10 五 | 庚午 11 六 | 辛未 12 日 | 壬申 13 一 | 癸酉 14 二 | 甲戌 15 三 | 乙亥 16 四 | 丙子 17 五 | 丁丑 18 六 | 戊寅 19 日 | 己卯 20 一 | 庚辰 21 二 | | 丙寅立春 |

# 漢獻帝建安十四年（己丑 牛年）公元209～210年

| 夏曆月序 | 中西曆日對照 | 初一 | 初二 | 初三 | 初四 | 初五 | 初六 | 初七 | 初八 | 初九 | 初十 | 十一 | 十二 | 十三 | 十四 | 十五 | 十六 | 十七 | 十八 | 十九 | 二十 | 二一 | 二二 | 二三 | 二四 | 二五 | 二六 | 二七 | 二八 | 二九 | 三十 | 節氣與天象 |
|---|---|---|---|---|---|---|---|---|---|---|---|---|---|---|---|---|---|---|---|---|---|---|---|---|---|---|---|---|---|---|---|---|
| 正月大 丙寅 | 天干地支 西曆 星期 | 辛巳 22 三 | 壬午 23 四 | 癸未 24 五 | 甲申 25 六 | 乙酉 26 日 | 丙戌 27 一 | 丁亥 28 二 | 戊子 (3) 三 | 己丑 2 四 | 庚寅 3 五 | 辛卯 4 六 | 壬辰 5 日 | 癸巳 6 一 | 甲午 7 二 | 乙未 8 三 | 丙申 9 四 | 丁酉 10 五 | 戊戌 11 六 | 己亥 12 日 | 庚子 13 一 | 辛丑 14 二 | 壬寅 15 三 | 癸卯 16 四 | 甲辰 17 五 | 乙巳 18 六 | 丙午 19 日 | 丁未 20 一 | 戊申 21 二 | 己酉 22 三 | 庚戌 23 四 | 壬午雨水 丁酉驚蟄 |
| 二月小 丁卯 | 天干地支 西曆 星期 | 辛亥 24 五 | 壬子 25 六 | 癸丑 26 日 | 甲寅 27 一 | 乙卯 28 二 | 丙辰 29 三 | 丁巳 30 四 | 戊午 31 五 | 己未 (4) 六 | 庚申 2 日 | 辛酉 3 一 | 壬戌 4 二 | 癸亥 5 三 | 甲子 6 四 | 乙丑 7 五 | 丙寅 8 六 | 丁卯 9 日 | 戊辰 10 一 | 己巳 11 二 | 庚午 12 三 | 辛未 13 四 | 壬申 14 五 | 癸酉 15 六 | 甲戌 16 日 | 乙亥 17 一 | 丙子 18 二 | 丁丑 19 三 | 戊寅 20 四 | 己卯 21 五 | | 壬子春分 丁卯清明 |
| 三月大 戊辰 | 天干地支 西曆 星期 | 庚辰 22 六 | 辛巳 23 日 | 壬午 24 一 | 癸未 25 二 | 甲申 26 三 | 乙酉 27 四 | 丙戌 28 五 | 丁亥 29 六 | 戊子 30 日 | 己丑 (5) 一 | 庚寅 2 二 | 辛卯 3 三 | 壬辰 4 四 | 癸巳 5 五 | 甲午 6 六 | 乙未 7 日 | 丙申 8 一 | 丁酉 9 二 | 戊戌 10 三 | 己亥 11 四 | 庚子 12 五 | 辛丑 13 六 | 壬寅 14 日 | 癸卯 15 一 | 甲辰 16 二 | 乙巳 17 三 | 丙午 18 四 | 丁未 19 五 | 戊申 20 六 | 己酉 21 日 | 癸未穀雨 戊戌立夏 |
| 四月小 己巳 | 天干地支 西曆 星期 | 庚戌 22 一 | 辛亥 23 二 | 壬子 24 三 | 癸丑 25 四 | 甲寅 26 五 | 乙卯 27 六 | 丙辰 28 日 | 丁巳 29 一 | 戊午 30 二 | 己未 31 三 | 庚申 (6) 四 | 辛酉 2 五 | 壬戌 3 六 | 癸亥 4 日 | 甲子 5 一 | 乙丑 6 二 | 丙寅 7 三 | 丁卯 8 四 | 戊辰 9 五 | 己巳 10 六 | 庚午 11 日 | 辛未 12 一 | 壬申 13 二 | 癸酉 14 三 | 甲戌 15 四 | 乙亥 16 五 | 丙子 17 六 | 丁丑 18 日 | 戊寅 19 一 | | 癸丑小滿 戊辰芒種 |
| 五月大 庚午 | 天干地支 西曆 星期 | 己卯 20 二 | 庚辰 21 三 | 辛巳 22 四 | 壬午 23 五 | 癸未 24 六 | 甲申 25 日 | 乙酉 26 一 | 丙戌 27 二 | 丁亥 28 三 | 戊子 29 四 | 己丑 30 五 | 庚寅 (7) 六 | 辛卯 2 日 | 壬辰 3 一 | 癸巳 4 二 | 甲午 5 三 | 乙未 6 四 | 丙申 7 五 | 丁酉 8 六 | 戊戌 9 日 | 己亥 10 一 | 庚子 11 二 | 辛丑 12 三 | 壬寅 13 四 | 癸卯 14 五 | 甲辰 15 六 | 乙巳 16 日 | 丙午 17 一 | 丁未 18 二 | 戊申 19 三 | 癸未夏至 己亥小暑 |
| 六月大 辛未 | 天干地支 西曆 星期 | 己酉 20 四 | 庚戌 21 五 | 辛亥 22 六 | 壬子 23 日 | 癸丑 24 一 | 甲寅 25 二 | 乙卯 26 三 | 丙辰 27 四 | 丁巳 28 五 | 戊午 29 六 | 己未 30 日 | 庚申 31 一 | 辛酉 (8) 二 | 壬戌 2 三 | 癸亥 3 四 | 甲子 4 五 | 乙丑 5 六 | 丙寅 6 日 | 丁卯 7 一 | 戊辰 8 二 | 己巳 9 三 | 庚午 10 四 | 辛未 11 五 | 壬申 12 六 | 癸酉 13 日 | 甲戌 14 一 | 乙亥 15 二 | 丙子 16 三 | 丁丑 17 四 | 戊寅 18 五 | 甲寅大暑 己巳立秋 |
| 七月小 壬申 | 天干地支 西曆 星期 | 己卯 19 六 | 庚辰 20 日 | 辛巳 21 一 | 壬午 22 二 | 癸未 23 三 | 甲申 24 四 | 乙酉 25 五 | 丙戌 26 六 | 丁亥 27 日 | 戊子 28 一 | 己丑 29 二 | 庚寅 30 三 | 辛卯 31 四 | 壬辰 (9) 五 | 癸巳 2 六 | 甲午 3 日 | 乙未 4 一 | 丙申 5 二 | 丁酉 6 三 | 戊戌 7 四 | 己亥 8 五 | 庚子 9 六 | 辛丑 10 日 | 壬寅 11 一 | 癸卯 12 二 | 甲辰 13 三 | 乙巳 14 四 | 丙午 15 五 | 丁未 16 六 | | 甲申處暑 己亥白露 |
| 八月大 癸酉 | 天干地支 西曆 星期 | 戊申 17 日 | 己酉 18 一 | 庚戌 19 二 | 辛亥 20 三 | 壬子 21 四 | 癸丑 22 五 | 甲寅 23 六 | 乙卯 24 日 | 丙辰 25 一 | 丁巳 26 二 | 戊午 27 三 | 己未 28 四 | 庚申 29 五 | 辛酉 30 六 | 壬戌 (10) 日 | 癸亥 2 一 | 甲子 3 二 | 乙丑 4 三 | 丙寅 5 四 | 丁卯 6 五 | 戊辰 7 六 | 己巳 8 日 | 庚午 9 一 | 辛未 10 二 | 壬申 11 三 | 癸酉 12 四 | 甲戌 13 五 | 乙亥 14 六 | 丙子 15 日 | 丁丑 16 一 | 乙卯秋分 庚午寒露 |
| 九月小 甲戌 | 天干地支 西曆 星期 | 戊寅 17 二 | 己卯 18 三 | 庚辰 19 四 | 辛巳 20 五 | 壬午 21 六 | 癸未 22 日 | 甲申 23 一 | 乙酉 24 二 | 丙戌 25 三 | 丁亥 26 四 | 戊子 27 五 | 己丑 28 六 | 庚寅 29 日 | 辛卯 30 一 | 壬辰 31 二 | 癸巳 (11) 三 | 甲午 2 四 | 乙未 3 五 | 丙申 4 六 | 丁酉 5 日 | 戊戌 6 一 | 己亥 7 二 | 庚子 8 三 | 辛丑 9 四 | 壬寅 10 五 | 癸卯 11 六 | 甲辰 12 日 | 乙巳 13 一 | 丙午 14 二 | | 乙酉霜降 庚子立冬 |
| 十月大 乙亥 | 天干地支 西曆 星期 | 丁未 15 三 | 戊申 16 四 | 己酉 17 五 | 庚戌 18 六 | 辛亥 19 日 | 壬子 20 一 | 癸丑 21 二 | 甲寅 22 三 | 乙卯 23 四 | 丙辰 24 五 | 丁巳 25 六 | 戊午 26 日 | 己未 27 一 | 庚申 28 二 | 辛酉 29 三 | 壬戌 30 四 | 癸亥 (12) 五 | 甲子 2 六 | 乙丑 3 日 | 丙寅 4 一 | 丁卯 5 二 | 戊辰 6 三 | 己巳 7 四 | 庚午 8 五 | 辛未 9 六 | 壬申 10 日 | 癸酉 11 一 | 甲戌 12 二 | 乙亥 13 三 | 丙子 14 四 | 丙辰小雪 辛未大雪 |
| 十一月小 丙子 | 天干地支 西曆 星期 | 丁丑 15 五 | 戊寅 16 六 | 己卯 17 日 | 庚辰 18 一 | 辛巳 19 二 | 壬午 20 三 | 癸未 21 四 | 甲申 22 五 | 乙酉 23 六 | 丙戌 24 日 | 丁亥 25 一 | 戊子 26 二 | 己丑 27 三 | 庚寅 28 四 | 辛卯 29 五 | 壬辰 30 六 | 癸巳 31 日 | 甲午 (1) 一 | 乙未 2 二 | 丙申 3 三 | 丁酉 4 四 | 戊戌 5 五 | 己亥 6 六 | 庚子 7 日 | 辛丑 8 一 | 壬寅 9 二 | 癸卯 10 三 | 甲辰 11 四 | 乙巳 12 五 | | 丙戌冬至 辛丑小寒 |
| 十二月大 丁丑 | 天干地支 西曆 星期 | 丙午 13 六 | 丁未 14 日 | 戊申 15 一 | 己酉 16 二 | 庚戌 17 三 | 辛亥 18 四 | 壬子 19 五 | 癸丑 20 六 | 甲寅 21 日 | 乙卯 22 一 | 丙辰 23 二 | 丁巳 24 三 | 戊午 25 四 | 己未 26 五 | 庚申 27 六 | 辛酉 28 日 | 壬戌 29 一 | 癸亥 30 二 | 甲子 31 三 | 乙丑 (2) 四 | 丙寅 2 五 | 丁卯 3 六 | 戊辰 4 日 | 己巳 5 一 | 庚午 6 二 | 辛未 7 三 | 壬申 8 四 | 癸酉 9 五 | 甲戌 10 六 | 乙亥 11 日 | 丙辰大寒 壬申立春 |

# 漢獻帝建安十五年（庚寅 虎年）公元 210 ~ 211 年

| 夏曆月序 | | 中西曆日對照 | 初一 | 初二 | 初三 | 初四 | 初五 | 初六 | 初七 | 初八 | 初九 | 初十 | 十一 | 十二 | 十三 | 十四 | 十五 | 十六 | 十七 | 十八 | 十九 | 二十 | 二一 | 二二 | 二三 | 二四 | 二五 | 二六 | 二七 | 二八 | 二九 | 三十 | 節氣與天象 |
|---|---|---|---|---|---|---|---|---|---|---|---|---|---|---|---|---|---|---|---|---|---|---|---|---|---|---|---|---|---|---|---|---|---|
| 正月小 | 戊寅 | 干支<br>西曆<br>星期 | 丙子<br>12<br>一 | 丁丑<br>13<br>二 | 戊寅<br>14<br>三 | 己卯<br>15<br>四 | 庚辰<br>16<br>五 | 辛巳<br>17<br>六 | 壬午<br>18<br>日 | 癸未<br>19<br>一 | 甲申<br>20<br>二 | 乙酉<br>21<br>三 | 丙戌<br>22<br>四 | 丁亥<br>23<br>五 | 戊子<br>24<br>六 | 己丑<br>25<br>日 | 庚寅<br>26<br>一 | 辛卯<br>27<br>二 | 壬辰<br>28<br>三 | 癸巳<br>(3)<br>四 | 甲午<br>2<br>五 | 乙未<br>3<br>六 | 丙申<br>4<br>日 | 丁酉<br>5<br>一 | 戊戌<br>6<br>二 | 己亥<br>7<br>三 | 庚子<br>8<br>四 | 辛丑<br>9<br>五 | 壬寅<br>10<br>六 | 癸卯<br>11<br>日 | 甲辰<br>12<br>一 | | 丁亥雨水<br>壬寅驚蟄 |
| 二月大 | 己卯 | 干支<br>西曆<br>星期 | 乙巳<br>13<br>二 | 丙午<br>14<br>三 | 丁未<br>15<br>四 | 戊申<br>16<br>五 | 己酉<br>17<br>六 | 庚戌<br>18<br>日 | 辛亥<br>19<br>一 | 壬子<br>20<br>二 | 癸丑<br>21<br>三 | 甲寅<br>22<br>四 | 乙卯<br>23<br>五 | 丙辰<br>24<br>六 | 丁巳<br>25<br>日 | 戊午<br>26<br>一 | 己未<br>27<br>二 | 庚申<br>28<br>三 | 辛酉<br>29<br>四 | 壬戌<br>30<br>五 | 癸亥<br>31<br>六 | 甲子<br>(4)<br>日 | 乙丑<br>2<br>一 | 丙寅<br>3<br>二 | 丁卯<br>4<br>三 | 戊辰<br>5<br>四 | 己巳<br>6<br>五 | 庚午<br>7<br>六 | 辛未<br>8<br>日 | 壬申<br>9<br>一 | 癸酉<br>10<br>二 | 甲戌<br>11<br>三 | 丁巳春分<br>癸酉清明<br>乙巳日食 |
| 三月小 | 庚辰 | 干支<br>西曆<br>星期 | 乙亥<br>12<br>四 | 丙子<br>13<br>五 | 丁丑<br>14<br>六 | 戊寅<br>15<br>日 | 己卯<br>16<br>一 | 庚辰<br>17<br>二 | 辛巳<br>18<br>三 | 壬午<br>19<br>四 | 癸未<br>20<br>五 | 甲申<br>21<br>六 | 乙酉<br>22<br>日 | 丙戌<br>23<br>一 | 丁亥<br>24<br>二 | 戊子<br>25<br>三 | 己丑<br>26<br>四 | 庚寅<br>27<br>五 | 辛卯<br>28<br>六 | 壬辰<br>29<br>日 | 癸巳<br>30<br>一 | 甲午<br>(5)<br>二 | 乙未<br>2<br>三 | 丙申<br>3<br>四 | 丁酉<br>4<br>五 | 戊戌<br>5<br>六 | 己亥<br>6<br>日 | 庚子<br>7<br>一 | 辛丑<br>8<br>二 | 壬寅<br>9<br>三 | 癸卯<br>10<br>四 | | 戊子穀雨<br>癸卯立夏 |
| 四月大 | 辛巳 | 干支<br>西曆<br>星期 | 甲辰<br>11<br>五 | 乙巳<br>12<br>六 | 丙午<br>13<br>日 | 丁未<br>14<br>一 | 戊申<br>15<br>二 | 己酉<br>16<br>三 | 庚戌<br>17<br>四 | 辛亥<br>18<br>五 | 壬子<br>19<br>六 | 癸丑<br>20<br>日 | 甲寅<br>21<br>一 | 乙卯<br>22<br>二 | 丙辰<br>23<br>三 | 丁巳<br>24<br>四 | 戊午<br>25<br>五 | 己未<br>26<br>六 | 庚申<br>27<br>日 | 辛酉<br>28<br>一 | 壬戌<br>29<br>二 | 癸亥<br>30<br>三 | 甲子<br>31<br>四 | 乙丑<br>(6)<br>五 | 丙寅<br>2<br>六 | 丁卯<br>3<br>日 | 戊辰<br>4<br>一 | 己巳<br>5<br>二 | 庚午<br>6<br>三 | 辛未<br>7<br>四 | 壬申<br>8<br>五 | 癸酉<br>9<br>六 | 戊午小滿<br>癸酉芒種 |
| 五月小 | 壬午 | 干支<br>西曆<br>星期 | 甲戌<br>10<br>日 | 乙亥<br>11<br>一 | 丙子<br>12<br>二 | 丁丑<br>13<br>三 | 戊寅<br>14<br>四 | 己卯<br>15<br>五 | 庚辰<br>16<br>六 | 辛巳<br>17<br>日 | 壬午<br>18<br>一 | 癸未<br>19<br>二 | 甲申<br>20<br>三 | 乙酉<br>21<br>四 | 丙戌<br>22<br>五 | 丁亥<br>23<br>六 | 戊子<br>24<br>日 | 己丑<br>25<br>一 | 庚寅<br>26<br>二 | 辛卯<br>27<br>三 | 壬辰<br>28<br>四 | 癸巳<br>29<br>五 | 甲午<br>30<br>六 | 乙未<br>(7)<br>日 | 丙申<br>2<br>一 | 丁酉<br>3<br>二 | 戊戌<br>4<br>三 | 己亥<br>5<br>四 | 庚子<br>6<br>五 | 辛丑<br>7<br>六 | 壬寅<br>8<br>日 | | 己丑夏至 |
| 六月大 | 癸未 | 干支<br>西曆<br>星期 | 癸卯<br>9<br>一 | 甲辰<br>10<br>二 | 乙巳<br>11<br>三 | 丙午<br>12<br>四 | 丁未<br>13<br>五 | 戊申<br>14<br>六 | 己酉<br>15<br>日 | 庚戌<br>16<br>一 | 辛亥<br>17<br>二 | 壬子<br>18<br>三 | 癸丑<br>19<br>四 | 甲寅<br>20<br>五 | 乙卯<br>21<br>六 | 丙辰<br>22<br>日 | 丁巳<br>23<br>一 | 戊午<br>24<br>二 | 己未<br>25<br>三 | 庚申<br>26<br>四 | 辛酉<br>27<br>五 | 壬戌<br>28<br>六 | 癸亥<br>29<br>日 | 甲子<br>30<br>一 | 乙丑<br>31<br>二 | 丙寅<br>(8)<br>三 | 丁卯<br>2<br>四 | 戊辰<br>3<br>五 | 己巳<br>4<br>六 | 庚午<br>5<br>日 | 辛未<br>6<br>一 | 壬申<br>7<br>二 | 甲辰小暑<br>己未大暑 |
| 七月小 | 甲申 | 干支<br>西曆<br>星期 | 癸酉<br>8<br>三 | 甲戌<br>9<br>四 | 乙亥<br>10<br>五 | 丙子<br>11<br>六 | 丁丑<br>12<br>日 | 戊寅<br>13<br>一 | 己卯<br>14<br>二 | 庚辰<br>15<br>三 | 辛巳<br>16<br>四 | 壬午<br>17<br>五 | 癸未<br>18<br>六 | 甲申<br>19<br>日 | 乙酉<br>20<br>一 | 丙戌<br>21<br>二 | 丁亥<br>22<br>三 | 戊子<br>23<br>四 | 己丑<br>24<br>五 | 庚寅<br>25<br>六 | 辛卯<br>26<br>日 | 壬辰<br>27<br>一 | 癸巳<br>28<br>二 | 甲午<br>29<br>三 | 乙未<br>30<br>四 | 丙申<br>31<br>五 | 丁酉<br>(9)<br>六 | 戊戌<br>2<br>日 | 己亥<br>3<br>一 | 庚子<br>4<br>二 | 辛丑<br>5<br>三 | | 甲戌立秋<br>庚寅處暑 |
| 八月大 | 乙酉 | 干支<br>西曆<br>星期 | 壬寅<br>6<br>四 | 癸卯<br>7<br>五 | 甲辰<br>8<br>六 | 乙巳<br>9<br>日 | 丙午<br>10<br>一 | 丁未<br>11<br>二 | 戊申<br>12<br>三 | 己酉<br>13<br>四 | 庚戌<br>14<br>五 | 辛亥<br>15<br>六 | 壬子<br>16<br>日 | 癸丑<br>17<br>一 | 甲寅<br>18<br>二 | 乙卯<br>19<br>三 | 丙辰<br>20<br>四 | 丁巳<br>21<br>五 | 戊午<br>22<br>六 | 己未<br>23<br>日 | 庚申<br>24<br>一 | 辛酉<br>25<br>二 | 壬戌<br>26<br>三 | 癸亥<br>27<br>四 | 甲子<br>28<br>五 | 乙丑<br>29<br>六 | 丙寅<br>30<br>日 | 丁卯<br>(10)<br>一 | 戊辰<br>2<br>二 | 己巳<br>3<br>三 | 庚午<br>4<br>四 | 辛未<br>5<br>五 | 乙巳白露<br>庚申秋分 |
| 九月大 | 丙戌 | 干支<br>西曆<br>星期 | 壬申<br>6<br>六 | 癸酉<br>7<br>日 | 甲戌<br>8<br>一 | 乙亥<br>9<br>二 | 丙子<br>10<br>三 | 丁丑<br>11<br>四 | 戊寅<br>12<br>五 | 己卯<br>13<br>六 | 庚辰<br>14<br>日 | 辛巳<br>15<br>一 | 壬午<br>16<br>二 | 癸未<br>17<br>三 | 甲申<br>18<br>四 | 乙酉<br>19<br>五 | 丙戌<br>20<br>六 | 丁亥<br>21<br>日 | 戊子<br>22<br>一 | 己丑<br>23<br>二 | 庚寅<br>24<br>三 | 辛卯<br>25<br>四 | 壬辰<br>26<br>五 | 癸巳<br>27<br>六 | 甲午<br>28<br>日 | 乙未<br>29<br>一 | 丙申<br>30<br>二 | 丁酉<br>31<br>三 | 戊戌<br>(11)<br>四 | 己亥<br>2<br>五 | 庚子<br>3<br>六 | 辛丑<br>4<br>日 | 乙亥寒露<br>庚寅霜降 |
| 十月小 | 丁亥 | 干支<br>西曆<br>星期 | 壬寅<br>5<br>一 | 癸卯<br>6<br>二 | 甲辰<br>7<br>三 | 乙巳<br>8<br>四 | 丙午<br>9<br>五 | 丁未<br>10<br>六 | 戊申<br>11<br>日 | 己酉<br>12<br>一 | 庚戌<br>13<br>二 | 辛亥<br>14<br>三 | 壬子<br>15<br>四 | 癸丑<br>16<br>五 | 甲寅<br>17<br>六 | 乙卯<br>18<br>日 | 丙辰<br>19<br>一 | 丁巳<br>20<br>二 | 戊午<br>21<br>三 | 己未<br>22<br>四 | 庚申<br>23<br>五 | 辛酉<br>24<br>六 | 壬戌<br>25<br>日 | 癸亥<br>26<br>一 | 甲子<br>27<br>二 | 乙丑<br>28<br>三 | 丙寅<br>29<br>四 | 丁卯<br>30<br>五 | 戊辰<br>(12)<br>六 | 己巳<br>2<br>日 | 庚午<br>3<br>一 | | 丙午立冬<br>辛酉小雪 |
| 十一月大 | 戊子 | 干支<br>西曆<br>星期 | 辛未<br>4<br>二 | 壬申<br>5<br>三 | 癸酉<br>6<br>四 | 甲戌<br>7<br>五 | 乙亥<br>8<br>六 | 丙子<br>9<br>日 | 丁丑<br>10<br>一 | 戊寅<br>11<br>二 | 己卯<br>12<br>三 | 庚辰<br>13<br>四 | 辛巳<br>14<br>五 | 壬午<br>15<br>六 | 癸未<br>16<br>日 | 甲申<br>17<br>一 | 乙酉<br>18<br>二 | 丙戌<br>19<br>三 | 丁亥<br>20<br>四 | 戊子<br>21<br>五 | 己丑<br>22<br>六 | 庚寅<br>23<br>日 | 辛卯<br>24<br>一 | 壬辰<br>25<br>二 | 癸巳<br>26<br>三 | 甲午<br>27<br>四 | 乙未<br>28<br>五 | 丙申<br>29<br>六 | 丁酉<br>30<br>日 | 戊戌<br>31<br>一 | 己亥<br>(1)<br>二 | 庚子<br>2<br>三 | 丙子大雪<br>辛卯冬至 |
| 十二月小 | 己丑 | 干支<br>西曆<br>星期 | 辛丑<br>3<br>四 | 壬寅<br>4<br>五 | 癸卯<br>5<br>六 | 甲辰<br>6<br>日 | 乙巳<br>7<br>一 | 丙午<br>8<br>二 | 丁未<br>9<br>三 | 戊申<br>10<br>四 | 己酉<br>11<br>五 | 庚戌<br>12<br>六 | 辛亥<br>13<br>日 | 壬子<br>14<br>一 | 癸丑<br>15<br>二 | 甲寅<br>16<br>三 | 乙卯<br>17<br>四 | 丙辰<br>18<br>五 | 丁巳<br>19<br>六 | 戊午<br>20<br>日 | 己未<br>21<br>一 | 庚申<br>22<br>二 | 辛酉<br>23<br>三 | 壬戌<br>24<br>四 | 癸亥<br>25<br>五 | 甲子<br>26<br>六 | 乙丑<br>27<br>日 | 丙寅<br>28<br>一 | 丁卯<br>29<br>二 | 戊辰<br>30<br>三 | 己巳<br>31<br>四 | | 丙午小寒<br>壬戌大寒 |

# 漢獻帝建安十六年（辛卯兔年）公元 211 ~ 212 年

| 夏曆月序 | | 中西曆日對照 | 夏曆日序 | | | | | | | | | | | | | | | | | | | | | | | | | | | | | | 節氣與天象 |
|---|---|---|---|---|---|---|---|---|---|---|---|---|---|---|---|---|---|---|---|---|---|---|---|---|---|---|---|---|---|---|---|---|---|
| | | | 初一 | 初二 | 初三 | 初四 | 初五 | 初六 | 初七 | 初八 | 初九 | 初十 | 十一 | 十二 | 十三 | 十四 | 十五 | 十六 | 十七 | 十八 | 十九 | 二十 | 二一 | 二二 | 二三 | 二四 | 二五 | 二六 | 二七 | 二八 | 二九 | 三十 | |
| 正月大 | 庚寅 | 天干 地支 西曆 星期 | 庚午 (2) 五 | 辛未 2 六 | 壬申 3 日 | 癸酉 4 一 | 甲戌 5 二 | 乙亥 6 三 | 丙子 7 四 | 丁丑 8 五 | 戊寅 9 六 | 己卯 10 日 | 庚辰 11 一 | 辛巳 12 二 | 壬午 13 三 | 癸未 14 四 | 甲申 15 五 | 乙酉 16 六 | 丙戌 17 日 | 丁亥 18 一 | 戊子 19 二 | 己丑 20 三 | 庚寅 21 四 | 辛卯 22 五 | 壬辰 23 六 | 癸巳 24 日 | 甲午 25 一 | 乙未 26 二 | 丙申 27 三 | 丁酉 28 四 | 戊戌 (3) 五 | 己亥 2 六 | 丁丑立春 壬辰雨水 |
| 二月小 | 辛卯 | 天干 地支 西曆 星期 | 庚子 3 日 | 辛丑 4 一 | 壬寅 5 二 | 癸卯 6 三 | 甲辰 7 四 | 乙巳 8 五 | 丙午 9 六 | 丁未 10 日 | 戊申 11 一 | 己酉 12 二 | 庚戌 13 三 | 辛亥 14 四 | 壬子 15 五 | 癸丑 16 六 | 甲寅 17 日 | 乙卯 18 一 | 丙辰 19 二 | 丁巳 20 三 | 戊午 21 四 | 己未 22 五 | 庚申 23 六 | 辛酉 24 日 | 壬戌 25 一 | 癸亥 26 二 | 甲子 27 三 | 乙丑 28 四 | 丙寅 29 五 | 丁卯 30 六 | 戊辰 31 日 | | 丁未驚蟄 癸亥春分 |
| 三月大 | 壬辰 | 天干 地支 西曆 星期 | 己巳 (4) 一 | 庚午 2 二 | 辛未 3 三 | 壬申 4 四 | 癸酉 5 五 | 甲戌 6 六 | 乙亥 7 日 | 丙子 8 一 | 丁丑 9 二 | 戊寅 10 三 | 己卯 11 四 | 庚辰 12 五 | 辛巳 13 六 | 壬午 14 日 | 癸未 15 一 | 甲申 16 二 | 乙酉 17 三 | 丙戌 18 四 | 丁亥 19 五 | 戊子 20 六 | 己丑 21 日 | 庚寅 22 一 | 辛卯 23 二 | 壬辰 24 三 | 癸巳 25 四 | 甲午 26 五 | 乙未 27 六 | 丙申 28 日 | 丁酉 29 一 | 戊戌 30 二 | 戊寅清明 癸巳穀雨 |
| 四月小 | 癸巳 | 天干 地支 西曆 星期 | 己亥 (5) 三 | 庚子 2 四 | 辛丑 3 五 | 壬寅 4 六 | 癸卯 5 日 | 甲辰 6 一 | 乙巳 7 二 | 丙午 8 三 | 丁未 9 四 | 戊申 10 五 | 己酉 11 六 | 庚戌 12 日 | 辛亥 13 一 | 壬子 14 二 | 癸丑 15 三 | 甲寅 16 四 | 乙卯 17 五 | 丙辰 18 六 | 丁巳 19 日 | 戊午 20 一 | 己未 21 二 | 庚申 22 三 | 辛酉 23 四 | 壬戌 24 五 | 癸亥 25 六 | 甲子 26 日 | 乙丑 27 一 | 丙寅 28 二 | 丁卯 29 三 | | 戊申立夏 癸亥小滿 |
| 五月大 | 甲午 | 天干 地支 西曆 星期 | 戊辰 30 四 | 己巳 31 五 | 庚午 (6) 六 | 辛未 2 日 | 壬申 3 一 | 癸酉 4 二 | 甲戌 5 三 | 乙亥 6 四 | 丙子 7 五 | 丁丑 8 六 | 戊寅 9 日 | 己卯 10 一 | 庚辰 11 二 | 辛巳 12 三 | 壬午 13 四 | 癸未 14 五 | 甲申 15 六 | 乙酉 16 日 | 丙戌 17 一 | 丁亥 18 二 | 戊子 19 三 | 己丑 20 四 | 庚寅 21 五 | 辛卯 22 六 | 壬辰 23 日 | 癸巳 24 一 | 甲午 25 二 | 乙未 26 三 | 丙申 27 四 | 丁酉 28 五 | 己卯芒種 甲午夏至 |
| 六月小 | 乙未 | 天干 地支 西曆 星期 | 戊戌 29 六 | 己亥 30 日 | 庚子 (7) 一 | 辛丑 2 二 | 壬寅 3 三 | 癸卯 4 四 | 甲辰 5 五 | 乙巳 6 六 | 丙午 7 日 | 丁未 8 一 | 戊申 9 二 | 己酉 10 三 | 庚戌 11 四 | 辛亥 12 五 | 壬子 13 六 | 癸丑 14 日 | 甲寅 15 一 | 乙卯 16 二 | 丙辰 17 三 | 丁巳 18 四 | 戊午 19 五 | 己未 20 六 | 庚申 21 日 | 辛酉 22 一 | 壬戌 23 二 | 癸亥 24 三 | 甲子 25 四 | 乙丑 26 五 | 丙寅 27 六 | | 己酉小暑 甲子大暑 |
| 七月大 | 丙申 | 天干 地支 西曆 星期 | 丁卯 28 日 | 戊辰 29 一 | 己巳 30 二 | 庚午 31 三 | 辛未 (8) 四 | 壬申 2 五 | 癸酉 3 六 | 甲戌 4 日 | 乙亥 5 一 | 丙子 6 二 | 丁丑 7 三 | 戊寅 8 四 | 己卯 9 五 | 庚辰 10 六 | 辛巳 11 日 | 壬午 12 一 | 癸未 13 二 | 甲申 14 三 | 乙酉 15 四 | 丙戌 16 五 | 丁亥 17 六 | 戊子 18 日 | 己丑 19 一 | 庚寅 20 二 | 辛卯 21 三 | 壬辰 22 四 | 癸巳 23 五 | 甲午 24 六 | 乙未 25 日 | 丙申 26 一 | 庚辰立秋 乙未處暑 |
| 八月小 | 丁酉 | 天干 地支 西曆 星期 | 丁酉 27 二 | 戊戌 28 三 | 己亥 29 四 | 庚子 30 五 | 辛丑 31 六 | 壬寅 (9) 日 | 癸卯 2 一 | 甲辰 3 二 | 乙巳 4 三 | 丙午 5 四 | 丁未 6 五 | 戊申 7 六 | 己酉 8 日 | 庚戌 9 一 | 辛亥 10 二 | 壬子 11 三 | 癸丑 12 四 | 甲寅 13 五 | 乙卯 14 六 | 丙辰 15 日 | 丁巳 16 一 | 戊午 17 二 | 己未 18 三 | 庚申 19 四 | 辛酉 20 五 | 壬戌 21 六 | 癸亥 22 日 | 甲子 23 一 | 乙丑 24 二 | | 庚戌白露 乙丑秋分 |
| 閏八月大 | 丁酉 | 天干 地支 西曆 星期 | 丙寅 25 三 | 丁卯 26 四 | 戊辰 27 五 | 己巳 28 六 | 庚午 29 日 | 辛未 30 一 | 壬申 (10) 二 | 癸酉 2 三 | 甲戌 3 四 | 乙亥 4 五 | 丙子 5 六 | 丁丑 6 日 | 戊寅 7 一 | 己卯 8 二 | 庚辰 9 三 | 辛巳 10 四 | 壬午 11 五 | 癸未 12 六 | 甲申 13 日 | 乙酉 14 一 | 丙戌 15 二 | 丁亥 16 三 | 戊子 17 四 | 己丑 18 五 | 庚寅 19 六 | 辛卯 20 日 | 壬辰 21 一 | 癸巳 22 二 | 甲午 23 三 | 乙未 24 四 | 庚辰寒露 |
| 九月小 | 戊戌 | 天干 地支 西曆 星期 | 丙申 25 五 | 丁酉 26 六 | 戊戌 27 日 | 己亥 28 一 | 庚子 29 二 | 辛丑 30 三 | 壬寅 31 四 | 癸卯 (11) 五 | 甲辰 2 六 | 乙巳 3 日 | 丙午 4 一 | 丁未 5 二 | 戊申 6 三 | 己酉 7 四 | 庚戌 8 五 | 辛亥 9 六 | 壬子 10 日 | 癸丑 11 一 | 甲寅 12 二 | 乙卯 13 三 | 丙辰 14 四 | 丁巳 15 五 | 戊午 16 六 | 己未 17 日 | 庚申 18 一 | 辛酉 19 二 | 壬戌 20 三 | 癸亥 21 四 | 甲子 22 五 | | 丙申霜降 辛亥立冬 |
| 十月大 | 己亥 | 天干 地支 西曆 星期 | 乙丑 23 六 | 丙寅 24 日 | 丁卯 25 一 | 戊辰 26 二 | 己巳 27 三 | 庚午 28 四 | 辛未 29 五 | 壬申 30 六 | 癸酉 (12) 日 | 甲戌 2 一 | 乙亥 3 二 | 丙子 4 三 | 丁丑 5 四 | 戊寅 6 五 | 己卯 7 六 | 庚辰 8 日 | 辛巳 9 一 | 壬午 10 二 | 癸未 11 三 | 甲申 12 四 | 乙酉 13 五 | 丙戌 14 六 | 丁亥 15 日 | 戊子 16 一 | 己丑 17 二 | 庚寅 18 三 | 辛卯 19 四 | 壬辰 20 五 | 癸巳 21 六 | 甲午 22 日 | 丙寅小雪 辛巳大雪 |
| 十一月小 | 庚子 | 天干 地支 西曆 星期 | 乙未 23 一 | 丙申 24 二 | 丁酉 25 三 | 戊戌 26 四 | 己亥 27 五 | 庚子 28 六 | 辛丑 29 日 | 壬寅 30 一 | 癸卯 31 二 | 甲辰 (1) 三 | 乙巳 2 四 | 丙午 3 五 | 丁未 4 六 | 戊申 5 日 | 己酉 6 一 | 庚戌 7 二 | 辛亥 8 三 | 壬子 9 四 | 癸丑 10 五 | 甲寅 11 六 | 乙卯 12 日 | 丙辰 13 一 | 丁巳 14 二 | 戊午 15 三 | 己未 16 四 | 庚申 17 五 | 辛酉 18 六 | 壬戌 19 日 | 癸亥 20 一 | | 丁酉冬至 壬子小寒 |
| 十二月大 | 辛丑 | 天干 地支 西曆 星期 | 甲子 21 二 | 乙丑 22 三 | 丙寅 23 四 | 丁卯 24 五 | 戊辰 25 六 | 己巳 26 日 | 庚午 27 一 | 辛未 28 二 | 壬申 29 三 | 癸酉 30 四 | 甲戌 31 五 | 乙亥 (2) 六 | 丙子 2 日 | 丁丑 3 一 | 戊寅 4 二 | 己卯 5 三 | 庚辰 6 四 | 辛巳 7 五 | 壬午 8 六 | 癸未 9 日 | 甲申 10 一 | 乙酉 11 二 | 丙戌 12 三 | 丁亥 13 四 | 戊子 14 五 | 己丑 15 六 | 庚寅 16 日 | 辛卯 17 一 | 壬辰 18 二 | 癸巳 19 三 | 丁卯大寒 壬午立春 |

# 漢獻帝建安十七年（壬辰 龍年）公元 212 ~ 213 年

| 夏曆月序 | | 中西曆日對照 | 夏曆日序 | | | | | | | | | | | | | | | | | | | | | | | | | | | | | | 節氣與天象 |
|---|---|---|---|---|---|---|---|---|---|---|---|---|---|---|---|---|---|---|---|---|---|---|---|---|---|---|---|---|---|---|---|---|---|
| | | | 初一 | 初二 | 初三 | 初四 | 初五 | 初六 | 初七 | 初八 | 初九 | 初十 | 十一 | 十二 | 十三 | 十四 | 十五 | 十六 | 十七 | 十八 | 十九 | 二十 | 二一 | 二二 | 二三 | 二四 | 二五 | 二六 | 二七 | 二八 | 二九 | 三十 | |
| 正月大 | 壬寅 | 天干地支 西曆 星期 | 甲午 20 四 | 乙未 21 五 | 丙申 22 六 | 丁酉 23 日 | 戊戌 24 一 | 己亥 25 二 | 庚子 26 三 | 辛丑 27 四 | 壬寅 28 五 | 癸卯 29 六 | 甲辰 (3) 日 | 乙巳 2 一 | 丙午 3 二 | 丁未 4 三 | 戊申 5 四 | 己酉 6 五 | 庚戌 7 六 | 辛亥 8 日 | 壬子 9 一 | 癸丑 10 二 | 甲寅 11 三 | 乙卯 12 四 | 丙辰 13 五 | 丁巳 14 六 | 戊午 15 日 | 己未 16 一 | 庚申 17 二 | 辛酉 18 三 | 壬戌 19 四 | 癸亥 20 五 | 丁酉雨水 癸丑驚蟄 |
| 二月小 | 癸卯 | 天干地支 西曆 星期 | 甲子 21 六 | 乙丑 22 日 | 丙寅 23 一 | 丁卯 24 二 | 戊辰 25 三 | 己巳 26 四 | 庚午 27 五 | 辛未 28 六 | 壬申 29 日 | 癸酉 30 一 | 甲戌 31 二 | 乙亥 (4) 三 | 丙子 2 四 | 丁丑 3 五 | 戊寅 4 六 | 己卯 5 日 | 庚辰 6 一 | 辛巳 7 二 | 壬午 8 三 | 癸未 9 四 | 甲申 10 五 | 乙酉 11 六 | 丙戌 12 日 | 丁亥 13 一 | 戊子 14 二 | 己丑 15 三 | 庚寅 16 四 | 辛卯 17 五 | 壬辰 18 六 | | 戊辰春分 癸未清明 |
| 三月大 | 甲辰 | 天干地支 西曆 星期 | 癸巳 19 日 | 甲午 20 一 | 乙未 21 二 | 丙申 22 三 | 丁酉 23 四 | 戊戌 24 五 | 己亥 25 六 | 庚子 26 日 | 辛丑 27 一 | 壬寅 28 二 | 癸卯 29 三 | 甲辰 30 四 | 乙巳 (5) 五 | 丙午 2 六 | 丁未 3 日 | 戊申 4 一 | 己酉 5 二 | 庚戌 6 三 | 辛亥 7 四 | 壬子 8 五 | 癸丑 9 六 | 甲寅 10 日 | 乙卯 11 一 | 丙辰 12 二 | 丁巳 13 三 | 戊午 14 四 | 己未 15 五 | 庚申 16 六 | 辛酉 17 日 | 壬戌 18 一 | 戊戌穀雨 癸丑立夏 |
| 四月小 | 乙巳 | 天干地支 西曆 星期 | 癸亥 19 二 | 甲子 20 三 | 乙丑 21 四 | 丙寅 22 五 | 丁卯 23 六 | 戊辰 24 日 | 己巳 25 一 | 庚午 26 二 | 辛未 27 三 | 壬申 28 四 | 癸酉 29 五 | 甲戌 30 六 | 乙亥 31 日 | 丙子 (6) 一 | 丁丑 2 二 | 戊寅 3 三 | 己卯 4 四 | 庚辰 5 五 | 辛巳 6 六 | 壬午 7 日 | 癸未 8 一 | 甲申 9 二 | 乙酉 10 三 | 丙戌 11 四 | 丁亥 12 五 | 戊子 13 六 | 己丑 14 日 | 庚寅 15 一 | 辛卯 16 二 | | 己巳小滿 甲申芒種 |
| 五月大 | 丙午 | 天干地支 西曆 星期 | 壬辰 17 三 | 癸巳 18 四 | 甲午 19 五 | 乙未 20 六 | 丙申 21 日 | 丁酉 22 一 | 戊戌 23 二 | 己亥 24 三 | 庚子 25 四 | 辛丑 26 五 | 壬寅 27 六 | 癸卯 28 日 | 甲辰 29 一 | 乙巳 30 二 | 丙午 (7) 三 | 丁未 2 四 | 戊申 3 五 | 己酉 4 六 | 庚戌 5 日 | 辛亥 6 一 | 壬子 7 二 | 癸丑 8 三 | 甲寅 9 四 | 乙卯 10 五 | 丙辰 11 六 | 丁巳 12 日 | 戊午 13 一 | 己未 14 二 | 庚申 15 三 | 辛酉 16 四 | 己亥夏至 甲寅小暑 |
| 六月小 | 丁未 | 天干地支 西曆 星期 | 壬戌 17 五 | 癸亥 18 六 | 甲子 19 日 | 乙丑 20 一 | 丙寅 21 二 | 丁卯 22 三 | 戊辰 23 四 | 己巳 24 五 | 庚午 25 六 | 辛未 26 日 | 壬申 27 一 | 癸酉 28 二 | 甲戌 29 三 | 乙亥 30 四 | 丙子 31 五 | 丁丑 (8) 六 | 戊寅 2 日 | 己卯 3 一 | 庚辰 4 二 | 辛巳 5 三 | 壬午 6 四 | 癸未 7 五 | 甲申 8 六 | 乙酉 9 日 | 丙戌 10 一 | 丁亥 11 二 | 戊子 12 三 | 己丑 13 四 | 庚寅 14 五 | | 庚午大暑 乙酉立秋 庚寅日食 |
| 七月大 | 戊申 | 天干地支 西曆 星期 | 辛卯 15 六 | 壬辰 16 日 | 癸巳 17 一 | 甲午 18 二 | 乙未 19 三 | 丙申 20 四 | 丁酉 21 五 | 戊戌 22 六 | 己亥 23 日 | 庚子 24 一 | 辛丑 25 二 | 壬寅 26 三 | 癸卯 27 四 | 甲辰 28 五 | 乙巳 29 六 | 丙午 30 日 | 丁未 31 一 | 戊申 (9) 二 | 己酉 2 三 | 庚戌 3 四 | 辛亥 4 五 | 壬子 5 六 | 癸丑 6 日 | 甲寅 7 一 | 乙卯 8 二 | 丙辰 9 三 | 丁巳 10 四 | 戊午 11 五 | 己未 12 六 | 庚申 13 日 | 庚子處暑 乙卯白露 |
| 八月小 | 己酉 | 天干地支 西曆 星期 | 辛酉 14 一 | 壬戌 15 二 | 癸亥 16 三 | 甲子 17 四 | 乙丑 18 五 | 丙寅 19 六 | 丁卯 20 日 | 戊辰 21 一 | 己巳 22 二 | 庚午 23 三 | 辛未 24 四 | 壬申 25 五 | 癸酉 26 六 | 甲戌 27 日 | 乙亥 28 一 | 丙子 29 二 | 丁丑 30 三 | 戊寅 (10) 四 | 己卯 2 五 | 庚辰 3 六 | 辛巳 4 日 | 壬午 5 一 | 癸未 6 二 | 甲申 7 三 | 乙酉 8 四 | 丙戌 9 五 | 丁亥 10 六 | 戊子 11 日 | 己丑 12 一 | | 庚午秋分 丙戌寒露 |
| 九月大 | 庚戌 | 天干地支 西曆 星期 | 庚寅 13 二 | 辛卯 14 三 | 壬辰 15 四 | 癸巳 16 五 | 甲午 17 六 | 乙未 18 日 | 丙申 19 一 | 丁酉 20 二 | 戊戌 21 三 | 己亥 22 四 | 庚子 23 五 | 辛丑 24 六 | 壬寅 25 日 | 癸卯 26 一 | 甲辰 27 二 | 乙巳 28 三 | 丙午 29 四 | 丁未 30 五 | 戊申 31 六 | 己酉 (11) 日 | 庚戌 2 一 | 辛亥 3 二 | 壬子 4 三 | 癸丑 5 四 | 甲寅 6 五 | 乙卯 7 六 | 丙辰 8 日 | 丁巳 9 一 | 戊午 10 二 | 己未 11 三 | 辛丑霜降 丙辰立冬 |
| 十月小 | 辛亥 | 天干地支 西曆 星期 | 庚申 12 四 | 辛酉 13 五 | 壬戌 14 六 | 癸亥 15 日 | 甲子 16 一 | 乙丑 17 二 | 丙寅 18 三 | 丁卯 19 四 | 戊辰 20 五 | 己巳 21 六 | 庚午 22 日 | 辛未 23 一 | 壬申 24 二 | 癸酉 25 三 | 甲戌 26 四 | 乙亥 27 五 | 丙子 28 六 | 丁丑 29 日 | 戊寅 30 一 | 己卯 (12) 二 | 庚辰 2 三 | 辛巳 3 四 | 壬午 4 五 | 癸未 5 六 | 甲申 6 日 | 乙酉 7 一 | 丙戌 8 二 | 丁亥 9 三 | 戊子 10 四 | | 辛未小雪 丁亥大雪 |
| 十一月大 | 壬子 | 天干地支 西曆 星期 | 己丑 11 五 | 庚寅 12 六 | 辛卯 13 日 | 壬辰 14 一 | 癸巳 15 二 | 甲午 16 三 | 乙未 17 四 | 丙申 18 五 | 丁酉 19 六 | 戊戌 20 日 | 己亥 21 一 | 庚子 22 二 | 辛丑 23 三 | 壬寅 24 四 | 癸卯 25 五 | 甲辰 26 六 | 乙巳 27 日 | 丙午 28 一 | 丁未 29 二 | 戊申 30 三 | 己酉 31 四 | 庚戌 (1) 五 | 辛亥 2 六 | 壬子 3 日 | 癸丑 4 一 | 甲寅 5 二 | 乙卯 6 三 | 丙辰 7 四 | 丁巳 8 五 | 戊午 9 六 | 壬寅冬至 丁巳小寒 |
| 十二月小 | 癸丑 | 天干地支 西曆 星期 | 己未 10 日 | 庚申 11 一 | 辛酉 12 二 | 壬戌 13 三 | 癸亥 14 四 | 甲子 15 五 | 乙丑 16 六 | 丙寅 17 日 | 丁卯 18 一 | 戊辰 19 二 | 己巳 20 三 | 庚午 21 四 | 辛未 22 五 | 壬申 23 六 | 癸酉 24 日 | 甲戌 25 一 | 乙亥 26 二 | 丙子 27 三 | 丁丑 28 四 | 戊寅 29 五 | 己卯 30 六 | 庚辰 31 日 | 辛巳 (2) 一 | 壬午 2 二 | 癸未 3 三 | 甲申 4 四 | 乙酉 5 五 | 丙戌 6 六 | 丁亥 7 日 | | 壬申大寒 丁亥立春 |

# 漢獻帝建安十八年（癸巳 蛇年）公元213～214年

| 夏曆月序 | | 中西曆日對照 | 夏曆日序 | | | | | | | | | | | | | | | | | | | | | | | | | | | | | | 節氣與天象 |
|---|---|---|---|---|---|---|---|---|---|---|---|---|---|---|---|---|---|---|---|---|---|---|---|---|---|---|---|---|---|---|---|---|---|
| | | | 初一 | 初二 | 初三 | 初四 | 初五 | 初六 | 初七 | 初八 | 初九 | 初十 | 十一 | 十二 | 十三 | 十四 | 十五 | 十六 | 十七 | 十八 | 十九 | 二十 | 二一 | 二二 | 二三 | 二四 | 二五 | 二六 | 二七 | 二八 | 二九 | 三十 | |
| 正月大 | 甲寅 | 天干地支西曆星期 | 戊子8一 | 己丑9二 | 庚寅10三 | 辛卯11四 | 壬辰12五 | 癸巳13六 | 甲午14日 | 乙未15一 | 丙申16二 | 丁酉17三 | 戊戌18四 | 己亥19五 | 庚子20六 | 辛丑21日 | 壬寅22一 | 癸卯23二 | 甲辰24三 | 乙巳25四 | 丙午26五 | 丁未27六 | 戊申28日 | 己酉(3)一 | 庚戌2二 | 辛亥3三 | 壬子4四 | 癸丑5五 | 甲寅6六 | 乙卯7日 | 丙辰8一 | 丁巳9二 | 癸卯雨水 |
| 二月小 | 乙卯 | 天干地支西曆星期 | 戊午10三 | 己未11四 | 庚申12五 | 辛酉13六 | 壬戌14日 | 癸亥15一 | 甲子16二 | 乙丑17三 | 丙寅18四 | 丁卯19五 | 戊辰20六 | 己巳21日 | 庚午22一 | 辛未23二 | 壬申24三 | 癸酉25四 | 甲戌26五 | 乙亥27六 | 丙子28日 | 丁丑29一 | 戊寅30二 | 己卯31三 | 庚辰(4)四 | 辛巳2五 | 壬午3六 | 癸未4日 | 甲申5一 | 乙酉6二 | 丙戌7三 | | 戊午驚蟄<br>癸酉春分 |
| 三月大 | 丙辰 | 天干地支西曆星期 | 丁亥8四 | 戊子9五 | 己丑10六 | 庚寅11日 | 辛卯12一 | 壬辰13二 | 癸巳14三 | 甲午15四 | 乙未16五 | 丙申17六 | 丁酉18日 | 戊戌19一 | 己亥20二 | 庚子21三 | 辛丑22四 | 壬寅23五 | 癸卯24六 | 甲辰25日 | 乙巳26一 | 丙午27二 | 丁未28三 | 戊申29四 | 己酉30五 | 庚戌(5)六 | 辛亥2日 | 壬子3一 | 癸丑4二 | 甲寅5三 | 乙卯6四 | 丙辰7五 | 戊子清明<br>甲辰穀雨 |
| 四月大 | 丁巳 | 天干地支西曆星期 | 丁巳8六 | 戊午9日 | 己未10一 | 庚申11二 | 辛酉12三 | 壬戌13四 | 癸亥14五 | 甲子15六 | 乙丑16日 | 丙寅17一 | 丁卯18二 | 戊辰19三 | 己巳20四 | 庚午21五 | 辛未22六 | 壬申23日 | 癸酉24一 | 甲戌25二 | 乙亥26三 | 丙子27四 | 丁丑28五 | 戊寅29六 | 己卯30日 | 庚辰31一 | 辛巳(6)二 | 壬午2三 | 癸未3四 | 甲申4五 | 乙酉5六 | 丙戌6日 | 己未立夏<br>甲戌小滿 |
| 五月小 | 戊午 | 天干地支西曆星期 | 丁亥7一 | 戊子8二 | 己丑9三 | 庚寅10四 | 辛卯11五 | 壬辰12六 | 癸巳13日 | 甲午14一 | 乙未15二 | 丙申16三 | 丁酉17四 | 戊戌18五 | 己亥19六 | 庚子20日 | 辛丑21一 | 壬寅22二 | 癸卯23三 | 甲辰24四 | 乙巳25五 | 丙午26六 | 丁未27日 | 戊申28一 | 己酉29二 | 庚戌30三 | 辛亥(7)四 | 壬子2五 | 癸丑3六 | 甲寅4日 | 乙卯5一 | | 己丑芒種<br>甲辰夏至 |
| 六月大 | 己未 | 天干地支西曆星期 | 丙辰6二 | 丁巳7三 | 戊午8四 | 己未9五 | 庚申10六 | 辛酉11日 | 壬戌12一 | 癸亥13二 | 甲子14三 | 乙丑15四 | 丙寅16五 | 丁卯17六 | 戊辰18日 | 己巳19一 | 庚午20二 | 辛未21三 | 壬申22四 | 癸酉23五 | 甲戌24六 | 乙亥25日 | 丙子26一 | 丁丑27二 | 戊寅28三 | 己卯29四 | 庚辰30五 | 辛巳31六 | 壬午(8)日 | 癸未2一 | 甲申3二 | 乙酉4三 | 庚申小暑<br>乙亥大暑 |
| 七月小 | 庚申 | 天干地支西曆星期 | 丙戌5四 | 丁亥6五 | 戊子7六 | 己丑8日 | 庚寅9一 | 辛卯10二 | 壬辰11三 | 癸巳12四 | 甲午13五 | 乙未14六 | 丙申15日 | 丁酉16一 | 戊戌17二 | 己亥18三 | 庚子19四 | 辛丑20五 | 壬寅21六 | 癸卯22日 | 甲辰23一 | 乙巳24二 | 丙午25三 | 丁未26四 | 戊申27五 | 己酉28六 | 庚戌29日 | 辛亥30一 | 壬子31二 | 癸丑(9)三 | 甲寅2四 | | 庚寅立秋<br>乙巳處暑 |
| 八月大 | 辛酉 | 天干地支西曆星期 | 乙卯3五 | 丙辰4六 | 丁巳5日 | 戊午6一 | 己未7二 | 庚申8三 | 辛酉9四 | 壬戌10五 | 癸亥11六 | 甲子12日 | 乙丑13一 | 丙寅14二 | 丁卯15三 | 戊辰16四 | 己巳17五 | 庚午18六 | 辛未19日 | 壬申20一 | 癸酉21二 | 甲戌22三 | 乙亥23四 | 丙子24五 | 丁丑25六 | 戊寅26日 | 己卯27一 | 庚辰28二 | 辛巳29三 | 壬午30四 | 癸未(10)五 | 甲申2六 | 庚申白露<br>丙子秋分 |
| 九月小 | 壬戌 | 天干地支西曆星期 | 乙酉3日 | 丙戌4一 | 丁亥5二 | 戊子6三 | 己丑7四 | 庚寅8五 | 辛卯9六 | 壬辰10日 | 癸巳11一 | 甲午12二 | 乙未13三 | 丙申14四 | 丁酉15五 | 戊戌16六 | 己亥17日 | 庚子18一 | 辛丑19二 | 壬寅20三 | 癸卯21四 | 甲辰22五 | 乙巳23六 | 丙午24日 | 丁未25一 | 戊申26二 | 己酉27三 | 庚戌28四 | 辛亥29五 | 壬子30六 | 癸丑31日 | | 辛卯寒露<br>丙午霜降 |
| 十月大 | 癸亥 | 天干地支西曆星期 | 甲寅(11)一 | 乙卯2二 | 丙辰3三 | 丁巳4四 | 戊午5五 | 己未6六 | 庚申7日 | 辛酉8一 | 壬戌9二 | 癸亥10三 | 甲子11四 | 乙丑12五 | 丙寅13六 | 丁卯14日 | 戊辰15一 | 己巳16二 | 庚午17三 | 辛未18四 | 壬申19五 | 癸酉20六 | 甲戌21日 | 乙亥22一 | 丙子23二 | 丁丑24三 | 戊寅25四 | 己卯26五 | 庚辰27六 | 辛巳28日 | 壬午29一 | 癸未30二 | 辛酉立冬<br>丁丑小雪 |
| 十一月小 | 甲子 | 天干地支西曆星期 | 甲申(12)三 | 乙酉2四 | 丙戌3五 | 丁亥4六 | 戊子5日 | 己丑6一 | 庚寅7二 | 辛卯8三 | 壬辰9四 | 癸巳10五 | 甲午11六 | 乙未12日 | 丙申13一 | 丁酉14二 | 戊戌15三 | 己亥16四 | 庚子17五 | 辛丑18六 | 壬寅19日 | 癸卯20一 | 甲辰21二 | 乙巳22三 | 丙午23四 | 丁未24五 | 戊申25六 | 己酉26日 | 庚戌27一 | 辛亥28二 | 壬子29三 | | 壬辰大雪<br>丁未冬至 |
| 十二月大 | 乙丑 | 天干地支西曆星期 | 癸丑30四 | 甲寅31五 | 乙卯(1)六 | 丙辰2日 | 丁巳3一 | 戊午4二 | 己未5三 | 庚申6四 | 辛酉7五 | 壬戌8六 | 癸亥9日 | 甲子10一 | 乙丑11二 | 丙寅12三 | 丁卯13四 | 戊辰14五 | 己巳15六 | 庚午16日 | 辛未17一 | 壬申18二 | 癸酉19三 | 甲戌20四 | 乙亥21五 | 丙子22六 | 丁丑23日 | 戊寅24一 | 己卯25二 | 庚辰26三 | 辛巳27四 | 壬午28五 | 壬戌小寒<br>丁丑大寒 |

# 漢獻帝建安十九年（甲午 馬年）公元 214 ~ 215 年

| 夏曆月序 | | 中西曆日對照 | 初一 | 初二 | 初三 | 初四 | 初五 | 初六 | 初七 | 初八 | 初九 | 初十 | 十一 | 十二 | 十三 | 十四 | 十五 | 十六 | 十七 | 十八 | 十九 | 二十 | 二一 | 二二 | 二三 | 二四 | 二五 | 二六 | 二七 | 二八 | 二九 | 三十 | 節氣與天象 |
|---|---|---|---|---|---|---|---|---|---|---|---|---|---|---|---|---|---|---|---|---|---|---|---|---|---|---|---|---|---|---|---|---|---|
| 正月小 | 丙寅 | 天干地支 西曆 星期 | 癸未 29 六 | 甲申 30 日 | 乙酉 31 一 | 丙戌 (2) 二 | 丁亥 2 三 | 戊子 3 四 | 己丑 4 五 | 庚寅 5 六 | 辛卯 6 日 | 壬辰 7 一 | 癸巳 8 二 | 甲午 9 三 | 乙未 10 四 | 丙申 11 五 | 丁酉 12 六 | 戊戌 13 日 | 己亥 14 一 | 庚子 15 二 | 辛丑 16 三 | 壬寅 17 四 | 癸卯 18 五 | 甲辰 19 六 | 乙巳 20 日 | 丙午 21 一 | 丁未 22 二 | 戊申 23 三 | 己酉 24 四 | 庚戌 25 五 | 辛亥 26 六 | | 癸巳立春 戊申雨水 |
| 二月大 | 丁卯 | 天干地支 西曆 星期 | 壬子 27 日 | 癸丑 28 一 | 甲寅 (3) 二 | 乙卯 2 三 | 丙辰 3 四 | 丁巳 4 五 | 戊午 5 六 | 己未 6 日 | 庚申 7 一 | 辛酉 8 二 | 壬戌 9 三 | 癸亥 10 四 | 甲子 11 五 | 乙丑 12 六 | 丙寅 13 日 | 丁卯 14 一 | 戊辰 15 二 | 己巳 16 三 | 庚午 17 四 | 辛未 18 五 | 壬申 19 六 | 癸酉 20 日 | 甲戌 21 一 | 乙亥 22 二 | 丙子 23 三 | 丁丑 24 四 | 戊寅 25 五 | 己卯 26 六 | 庚辰 27 日 | 辛巳 28 一 | 癸亥驚蟄 戊寅春分 |
| 三月小 | 戊辰 | 天干地支 西曆 星期 | 壬午 29 二 | 癸未 30 三 | 甲申 31 四 | 乙酉 (4) 五 | 丙戌 2 六 | 丁亥 3 日 | 戊子 4 一 | 己丑 5 二 | 庚寅 6 三 | 辛卯 7 四 | 壬辰 8 五 | 癸巳 9 六 | 甲午 10 日 | 乙未 11 一 | 丙申 12 二 | 丁酉 13 三 | 戊戌 14 四 | 己亥 15 五 | 庚子 16 六 | 辛丑 17 日 | 壬寅 18 一 | 癸卯 19 二 | 甲辰 20 三 | 乙巳 21 四 | 丙午 22 五 | 丁未 23 六 | 戊申 24 日 | 己酉 25 一 | 庚戌 26 二 | | 甲午清明 己酉穀雨 |
| 四月大 | 己巳 | 天干地支 西曆 星期 | 辛亥 27 三 | 壬子 28 四 | 癸丑 29 五 | 甲寅 30 六 | 乙卯 (5) 日 | 丙辰 2 一 | 丁巳 3 二 | 戊午 4 三 | 己未 5 四 | 庚申 6 五 | 辛酉 7 六 | 壬戌 8 日 | 癸亥 9 一 | 甲子 10 二 | 乙丑 11 三 | 丙寅 12 四 | 丁卯 13 五 | 戊辰 14 六 | 己巳 15 日 | 庚午 16 一 | 辛未 17 二 | 壬申 18 三 | 癸酉 19 四 | 甲戌 20 五 | 乙亥 21 六 | 丙子 22 日 | 丁丑 23 一 | 戊寅 24 二 | 己卯 25 三 | 庚辰 26 四 | 甲子立夏 己卯小滿 |
| 閏四月小 | 己巳 | 天干地支 西曆 星期 | 辛巳 27 五 | 壬午 28 六 | 癸未 29 日 | 甲申 30 一 | 乙酉 31 二 | 丙戌 (6) 三 | 丁亥 2 四 | 戊子 3 五 | 己丑 4 六 | 庚寅 5 日 | 辛卯 6 一 | 壬辰 7 二 | 癸巳 8 三 | 甲午 9 四 | 乙未 10 五 | 丙申 11 六 | 丁酉 12 日 | 戊戌 13 一 | 己亥 14 二 | 庚子 15 三 | 辛丑 16 四 | 壬寅 17 五 | 癸卯 18 六 | 甲辰 19 日 | 乙巳 20 一 | 丙午 21 二 | 丁未 22 三 | 戊申 23 四 | 己酉 24 五 | | 甲午芒種 |
| 五月大 | 庚午 | 天干地支 西曆 星期 | 庚戌 25 六 | 辛亥 26 日 | 壬子 27 一 | 癸丑 28 二 | 甲寅 29 三 | 乙卯 30 四 | 丙辰 (7) 五 | 丁巳 2 六 | 戊午 3 日 | 己未 4 一 | 庚申 5 二 | 辛酉 6 三 | 壬戌 7 四 | 癸亥 8 五 | 甲子 9 六 | 乙丑 10 日 | 丙寅 11 一 | 丁卯 12 二 | 戊辰 13 三 | 己巳 14 四 | 庚午 15 五 | 辛未 16 六 | 壬申 17 日 | 癸酉 18 一 | 甲戌 19 二 | 乙亥 20 三 | 丙子 21 四 | 丁丑 22 五 | 戊寅 23 六 | 己卯 24 日 | 庚戌夏至 乙丑小暑 |
| 六月小 | 辛未 | 天干地支 西曆 星期 | 庚辰 25 一 | 辛巳 26 二 | 壬午 27 三 | 癸未 28 四 | 甲申 29 五 | 乙酉 30 六 | 丙戌 31 日 | 丁亥 (8) 一 | 戊子 2 二 | 己丑 3 三 | 庚寅 4 四 | 辛卯 5 五 | 壬辰 6 六 | 癸巳 7 日 | 甲午 8 一 | 乙未 9 二 | 丙申 10 三 | 丁酉 11 四 | 戊戌 12 五 | 己亥 13 六 | 庚子 14 日 | 辛丑 15 一 | 壬寅 16 二 | 癸卯 17 三 | 甲辰 18 四 | 乙巳 19 五 | 丙午 20 六 | 丁未 21 日 | 戊申 22 一 | | 庚辰大暑 乙未立秋 |
| 七月大 | 壬申 | 天干地支 西曆 星期 | 己酉 23 二 | 庚戌 24 三 | 辛亥 25 四 | 壬子 26 五 | 癸丑 27 六 | 甲寅 28 日 | 乙卯 29 一 | 丙辰 30 二 | 丁巳 31 三 | 戊午 (9) 四 | 己未 2 五 | 庚申 3 六 | 辛酉 4 日 | 壬戌 5 一 | 癸亥 6 二 | 甲子 7 三 | 乙丑 8 四 | 丙寅 9 五 | 丁卯 10 六 | 戊辰 11 日 | 己巳 12 一 | 庚午 13 二 | 辛未 14 三 | 壬申 15 四 | 癸酉 16 五 | 甲戌 17 六 | 乙亥 18 日 | 丙子 19 一 | 丁丑 20 二 | 戊寅 21 三 | 辛亥處暑 丙寅白露 |
| 八月大 | 癸酉 | 天干地支 西曆 星期 | 己卯 22 四 | 庚辰 23 五 | 辛巳 24 六 | 壬午 25 日 | 癸未 26 一 | 甲申 27 二 | 乙酉 28 三 | 丙戌 29 四 | 丁亥 30 五 | 戊子 (10) 六 | 己丑 2 日 | 庚寅 3 一 | 辛卯 4 二 | 壬辰 5 三 | 癸巳 6 四 | 甲午 7 五 | 乙未 8 六 | 丙申 9 日 | 丁酉 10 一 | 戊戌 11 二 | 己亥 12 三 | 庚子 13 四 | 辛丑 14 五 | 壬寅 15 六 | 癸卯 16 日 | 甲辰 17 一 | 乙巳 18 二 | 丙午 19 三 | 丁未 20 四 | 戊申 21 五 | 辛巳秋分 丙申寒露 |
| 九月小 | 甲戌 | 天干地支 西曆 星期 | 己酉 22 六 | 庚戌 23 日 | 辛亥 24 一 | 壬子 25 二 | 癸丑 26 三 | 甲寅 27 四 | 乙卯 28 五 | 丙辰 29 六 | 丁巳 30 日 | 戊午 31 一 | 己未 (11) 二 | 庚申 2 三 | 辛酉 3 四 | 壬戌 4 五 | 癸亥 5 六 | 甲子 6 日 | 乙丑 7 一 | 丙寅 8 二 | 丁卯 9 三 | 戊辰 10 四 | 己巳 11 五 | 庚午 12 六 | 辛未 13 日 | 壬申 14 一 | 癸酉 15 二 | 甲戌 16 三 | 乙亥 17 四 | 丙子 18 五 | 丁丑 19 六 | | 辛亥霜降 丁卯立冬 |
| 十月大 | 乙亥 | 天干地支 西曆 星期 | 戊寅 20 日 | 己卯 21 一 | 庚辰 22 二 | 辛巳 23 三 | 壬午 24 四 | 癸未 25 五 | 甲申 26 六 | 乙酉 27 日 | 丙戌 28 一 | 丁亥 29 二 | 戊子 30 三 | 己丑 (12) 四 | 庚寅 2 五 | 辛卯 3 六 | 壬辰 4 日 | 癸巳 5 一 | 甲午 6 二 | 乙未 7 三 | 丙申 8 四 | 丁酉 9 五 | 戊戌 10 六 | 己亥 11 日 | 庚子 12 一 | 辛丑 13 二 | 壬寅 14 三 | 癸卯 15 四 | 甲辰 16 五 | 乙巳 17 六 | 丙午 18 日 | 丁未 19 一 | 壬午小雪 丁酉大雪 |
| 十一月小 | 丙子 | 天干地支 西曆 星期 | 戊申 20 二 | 己酉 21 三 | 庚戌 22 四 | 辛亥 23 五 | 壬子 24 六 | 癸丑 25 日 | 甲寅 26 一 | 乙卯 27 二 | 丙辰 28 三 | 丁巳 29 四 | 戊午 30 五 | 己未 31 六 | 庚申 (1) 日 | 辛酉 2 一 | 壬戌 3 二 | 癸亥 4 三 | 甲子 5 四 | 乙丑 6 五 | 丙寅 7 六 | 丁卯 8 日 | 戊辰 9 一 | 己巳 10 二 | 庚午 11 三 | 辛未 12 四 | 壬申 13 五 | 癸酉 14 六 | 甲戌 15 日 | 乙亥 16 一 | 丙子 17 二 | | 壬子冬至 丁卯小寒 |
| 十二月大 | 丁丑 | 天干地支 西曆 星期 | 丁丑 18 三 | 戊寅 19 四 | 己卯 20 五 | 庚辰 21 六 | 辛巳 22 日 | 壬午 23 一 | 癸未 24 二 | 甲申 25 三 | 乙酉 26 四 | 丙戌 27 五 | 丁亥 28 六 | 戊子 29 日 | 己丑 30 一 | 庚寅 31 二 | 辛卯 (2) 三 | 壬辰 2 四 | 癸巳 3 五 | 甲午 4 六 | 乙未 5 日 | 丙申 6 一 | 丁酉 7 二 | 戊戌 8 三 | 己亥 9 四 | 庚子 10 五 | 辛丑 11 六 | 壬寅 12 日 | 癸卯 13 一 | 甲辰 14 二 | 乙巳 15 三 | 丙午 16 四 | 癸未大寒 戊戌立春 |

# 漢獻帝建安二十年（乙未羊年）公元215～216年

| 夏曆月序 | | 中西曆日對照 | 夏曆日序 | | | | | | | | | | | | | | | | | | | | | | | | | | | | | | 節氣與天象 |
|---|---|---|---|---|---|---|---|---|---|---|---|---|---|---|---|---|---|---|---|---|---|---|---|---|---|---|---|---|---|---|---|---|---|
| | | | 初一 | 初二 | 初三 | 初四 | 初五 | 初六 | 初七 | 初八 | 初九 | 初十 | 十一 | 十二 | 十三 | 十四 | 十五 | 十六 | 十七 | 十八 | 十九 | 二十 | 二一 | 二二 | 二三 | 二四 | 二五 | 二六 | 二七 | 二八 | 二九 | 三十 | |
| 正月小 | 戊寅 | 天干地支 西曆 星期 | 丁未17五 | 戊申18六 | 己酉19日 | 庚戌20一 | 辛亥21二 | 壬子22三 | 癸丑23四 | 甲寅24五 | 乙卯25六 | 丙辰26日 | 丁巳27一 | 戊午28二 | 己未(3)三 | 庚申2四 | 辛酉3五 | 壬戌4六 | 癸亥5日 | 甲子6一 | 乙丑7二 | 丙寅8三 | 丁卯9四 | 戊辰10五 | 己巳11六 | 庚午12日 | 辛未13一 | 壬申14二 | 癸酉15三 | 甲戌16四 | 乙亥17五 | | 癸丑雨水 戊辰驚蟄 |
| 二月大 | 己卯 | 天干地支 西曆 星期 | 丙子18六 | 丁丑19日 | 戊寅20一 | 己卯21二 | 庚辰22三 | 辛巳23四 | 壬午24五 | 癸未25六 | 甲申26日 | 乙酉27一 | 丙戌28二 | 丁亥29三 | 戊子30四 | 己丑31五 | 庚寅(4)六 | 辛卯2日 | 壬辰3一 | 癸巳4二 | 甲午5三 | 乙未6四 | 丙申7五 | 丁酉8六 | 戊戌9日 | 己亥10一 | 庚子11二 | 辛丑12三 | 壬寅13四 | 癸卯14五 | 甲辰15六 | 乙巳16日 | 甲申春分 己亥清明 |
| 三月小 | 庚辰 | 天干地支 西曆 星期 | 丙午17一 | 丁未18二 | 戊申19三 | 己酉20四 | 庚戌21五 | 辛亥22六 | 壬子23日 | 癸丑24一 | 甲寅25二 | 乙卯26三 | 丙辰27四 | 丁巳28五 | 戊午29六 | 己未30日 | 庚申(5)一 | 辛酉2二 | 壬戌3三 | 癸亥4四 | 甲子5五 | 乙丑6六 | 丙寅7日 | 丁卯8一 | 戊辰9二 | 己巳10三 | 庚午11四 | 辛未12五 | 壬申13六 | 癸酉14日 | 甲戌15一 | | 甲寅穀雨 己巳立夏 |
| 四月大 | 辛巳 | 天干地支 西曆 星期 | 乙亥16二 | 丙子17三 | 丁丑18四 | 戊寅19五 | 己卯20六 | 庚辰21日 | 辛巳22一 | 壬午23二 | 癸未24三 | 甲申25四 | 乙酉26五 | 丙戌27六 | 丁亥28日 | 戊子29一 | 己丑30二 | 庚寅31三 | 辛卯(6)四 | 壬辰2五 | 癸巳3六 | 甲午4日 | 乙未5一 | 丙申6二 | 丁酉7三 | 戊戌8四 | 己亥9五 | 庚子10六 | 辛丑11日 | 壬寅12一 | 癸卯13二 | 甲辰14三 | 甲申小滿 庚子芒種 |
| 五月小 | 壬午 | 天干地支 西曆 星期 | 乙巳15四 | 丙午16五 | 丁未17六 | 戊申18日 | 己酉19一 | 庚戌20二 | 辛亥21三 | 壬子22四 | 癸丑23五 | 甲寅24六 | 乙卯25日 | 丙辰26一 | 丁巳27二 | 戊午28三 | 己未29四 | 庚申30五 | 辛酉(7)六 | 壬戌2日 | 癸亥3一 | 甲子4二 | 乙丑5三 | 丙寅6四 | 丁卯7五 | 戊辰8六 | 己巳9日 | 庚午10一 | 辛未11二 | 壬申12三 | 癸酉13四 | | 乙卯夏至 庚午小暑 |
| 六月大 | 癸未 | 天干地支 西曆 星期 | 甲戌14五 | 乙亥15六 | 丙子16日 | 丁丑17一 | 戊寅18二 | 己卯19三 | 庚辰20四 | 辛巳21五 | 壬午22六 | 癸未23日 | 甲申24一 | 乙酉25二 | 丙戌26三 | 丁亥27四 | 戊子28五 | 己丑29六 | 庚寅30日 | 辛卯31一 | 壬辰(8)二 | 癸巳2三 | 甲午3四 | 乙未4五 | 丙申5六 | 丁酉6日 | 戊戌7一 | 己亥8二 | 庚子9三 | 辛丑10四 | 壬寅11五 | 癸卯12六 | 乙酉大暑 辛丑立秋 |
| 七月小 | 甲申 | 天干地支 西曆 星期 | 甲辰13日 | 乙巳14一 | 丙午15二 | 丁未16三 | 戊申17四 | 己酉18五 | 庚戌19六 | 辛亥20日 | 壬子21一 | 癸丑22二 | 甲寅23三 | 乙卯24四 | 丙辰25五 | 丁巳26六 | 戊午27日 | 己未28一 | 庚申29二 | 辛酉30三 | 壬戌31四 | 癸亥(9)五 | 甲子2六 | 乙丑3日 | 丙寅4一 | 丁卯5二 | 戊辰6三 | 己巳7四 | 庚午8五 | 辛未9六 | 壬申10日 | | 丙辰處暑 辛未白露 |
| 八月大 | 乙酉 | 天干地支 西曆 星期 | 癸酉11一 | 甲戌12二 | 乙亥13三 | 丙子14四 | 丁丑15五 | 戊寅16六 | 己卯17日 | 庚辰18一 | 辛巳19二 | 壬午20三 | 癸未21四 | 甲申22五 | 乙酉23六 | 丙戌24日 | 丁亥25一 | 戊子26二 | 己丑27三 | 庚寅28四 | 辛卯29五 | 壬辰30六 | 癸巳(10)日 | 甲午2一 | 乙未3二 | 丙申4三 | 丁酉5四 | 戊戌6五 | 己亥7六 | 庚子8日 | 辛丑9一 | 壬寅10二 | 丙戌秋分 辛丑寒露 |
| 九月小 | 丙戌 | 天干地支 西曆 星期 | 癸卯11三 | 甲辰12四 | 乙巳13五 | 丙午14六 | 丁未15日 | 戊申16一 | 己酉17二 | 庚戌18三 | 辛亥19四 | 壬子20五 | 癸丑21六 | 甲寅22日 | 乙卯23一 | 丙辰24二 | 丁巳25三 | 戊午26四 | 己未27五 | 庚申28六 | 辛酉29日 | 壬戌30一 | 癸亥31二 | 甲子(11)三 | 乙丑2四 | 丙寅3五 | 丁卯4六 | 戊辰5日 | 己巳6一 | 庚午7二 | 辛未8三 | | 丁巳霜降 |
| 十月大 | 丁亥 | 天干地支 西曆 星期 | 壬申9四 | 癸酉10五 | 甲戌11六 | 乙亥12日 | 丙子13一 | 丁丑14二 | 戊寅15三 | 己卯16四 | 庚辰17五 | 辛巳18六 | 壬午19日 | 癸未20一 | 甲申21二 | 乙酉22三 | 丙戌23四 | 丁亥24五 | 戊子25六 | 己丑26日 | 庚寅27一 | 辛卯28二 | 壬辰29三 | 癸巳30四 | 甲午(12)五 | 乙未2六 | 丙申3日 | 丁酉4一 | 戊戌5二 | 己亥6三 | 庚子7四 | 辛丑8五 | 壬申立冬 丁亥小雪 |
| 十一月小 | 戊子 | 天干地支 西曆 星期 | 壬寅9六 | 癸卯10日 | 甲辰11一 | 乙巳12二 | 丙午13三 | 丁未14四 | 戊申15五 | 己酉16六 | 庚戌17日 | 辛亥18一 | 壬子19二 | 癸丑20三 | 甲寅21四 | 乙卯22五 | 丙辰23六 | 丁巳24日 | 戊午25一 | 己未26二 | 庚申27三 | 辛酉28四 | 壬戌29五 | 癸亥30六 | 甲子31日 | 乙丑(1)一 | 丙寅2二 | 丁卯3三 | 戊辰4四 | 己巳5五 | 庚午6六 | | 壬寅大雪 戊午冬至 |
| 十二月大 | 己丑 | 天干地支 西曆 星期 | 辛未7日 | 壬申8一 | 癸酉9二 | 甲戌10三 | 乙亥11四 | 丙子12五 | 丁丑13六 | 戊寅14日 | 己卯15一 | 庚辰16二 | 辛巳17三 | 壬午18四 | 癸未19五 | 甲申20六 | 乙酉21日 | 丙戌22一 | 丁亥23二 | 戊子24三 | 己丑25四 | 庚寅26五 | 辛卯27六 | 壬辰28日 | 癸巳29一 | 甲午30二 | 乙未31三 | 丙申(2)四 | 丁酉2五 | 戊戌3六 | 己亥4日 | 庚子5一 | 癸酉小寒 戊子大寒 |

# 漢獻帝建安二十一年（丙申 猴年）公元 216 ~ 217 年

| 夏曆月序 | | 中西曆日對照 | 初一 | 初二 | 初三 | 初四 | 初五 | 初六 | 初七 | 初八 | 初九 | 初十 | 十一 | 十二 | 十三 | 十四 | 十五 | 十六 | 十七 | 十八 | 十九 | 二十 | 二一 | 二二 | 二三 | 二四 | 二五 | 二六 | 二七 | 二八 | 二九 | 三十 | 節氣與天象 |
|---|---|---|---|---|---|---|---|---|---|---|---|---|---|---|---|---|---|---|---|---|---|---|---|---|---|---|---|---|---|---|---|---|---|
| 正月大 | 庚寅 | 天干地支<br>西曆<br>星期 | 辛丑<br>6<br>二 | 壬寅<br>7<br>三 | 癸卯<br>8<br>四 | 甲辰<br>9<br>五 | 乙巳<br>10<br>六 | 丙午<br>11<br>日 | 丁未<br>12<br>一 | 戊申<br>13<br>二 | 己酉<br>14<br>三 | 庚戌<br>15<br>四 | 辛亥<br>16<br>五 | 壬子<br>17<br>六 | 癸丑<br>18<br>日 | 甲寅<br>19<br>一 | 乙卯<br>20<br>二 | 丙辰<br>21<br>三 | 丁巳<br>22<br>四 | 戊午<br>23<br>五 | 己未<br>24<br>六 | 庚申<br>25<br>日 | 辛酉<br>26<br>一 | 壬戌<br>27<br>二 | 癸亥<br>28<br>三 | 甲子<br>29<br>四 | 乙丑<br>(3)<br>五 | 丙寅<br>2<br>六 | 丁卯<br>3<br>日 | 戊辰<br>4<br>一 | 己巳<br>5<br>二 | 庚午<br>6<br>三 | 癸卯立春<br>戊午雨水 |
| 二月小 | 辛卯 | 天干地支<br>西曆<br>星期 | 辛未<br>7<br>四 | 壬申<br>8<br>五 | 癸酉<br>9<br>六 | 甲戌<br>10<br>日 | 乙亥<br>11<br>一 | 丙子<br>12<br>二 | 丁丑<br>13<br>三 | 戊寅<br>14<br>四 | 己卯<br>15<br>五 | 庚辰<br>16<br>六 | 辛巳<br>17<br>日 | 壬午<br>18<br>一 | 癸未<br>19<br>二 | 甲申<br>20<br>三 | 乙酉<br>21<br>四 | 丙戌<br>22<br>五 | 丁亥<br>23<br>六 | 戊子<br>24<br>日 | 己丑<br>25<br>一 | 庚寅<br>26<br>二 | 辛卯<br>27<br>三 | 壬辰<br>28<br>四 | 癸巳<br>29<br>五 | 甲午<br>30<br>六 | 乙未<br>31<br>日 | 丙申<br>(4)<br>一 | 丁酉<br>2<br>二 | 戊戌<br>3<br>三 | 己亥<br>4<br>四 | | 甲戌驚蟄<br>己丑春分 |
| 三月大 | 壬辰 | 天干地支<br>西曆<br>星期 | 庚子<br>5<br>五 | 辛丑<br>6<br>六 | 壬寅<br>7<br>日 | 癸卯<br>8<br>一 | 甲辰<br>9<br>二 | 乙巳<br>10<br>三 | 丙午<br>11<br>四 | 丁未<br>12<br>五 | 戊申<br>13<br>六 | 己酉<br>14<br>日 | 庚戌<br>15<br>一 | 辛亥<br>16<br>二 | 壬子<br>17<br>三 | 癸丑<br>18<br>四 | 甲寅<br>19<br>五 | 乙卯<br>20<br>六 | 丙辰<br>21<br>日 | 丁巳<br>22<br>一 | 戊午<br>23<br>二 | 己未<br>24<br>三 | 庚申<br>25<br>四 | 辛酉<br>26<br>五 | 壬戌<br>27<br>六 | 癸亥<br>28<br>日 | 甲子<br>29<br>一 | 乙丑<br>30<br>二 | 丙寅<br>(5)<br>三 | 丁卯<br>2<br>四 | 戊辰<br>3<br>五 | 己巳<br>4<br>六 | 甲辰清明<br>己未穀雨 |
| 四月小 | 癸巳 | 天干地支<br>西曆<br>星期 | 庚午<br>5<br>日 | 辛未<br>6<br>一 | 壬申<br>7<br>二 | 癸酉<br>8<br>三 | 甲戌<br>9<br>四 | 乙亥<br>10<br>五 | 丙子<br>11<br>六 | 丁丑<br>12<br>日 | 戊寅<br>13<br>一 | 己卯<br>14<br>二 | 庚辰<br>15<br>三 | 辛巳<br>16<br>四 | 壬午<br>17<br>五 | 癸未<br>18<br>六 | 甲申<br>19<br>日 | 乙酉<br>20<br>一 | 丙戌<br>21<br>二 | 丁亥<br>22<br>三 | 戊子<br>23<br>四 | 己丑<br>24<br>五 | 庚寅<br>25<br>六 | 辛卯<br>26<br>日 | 壬辰<br>27<br>一 | 癸巳<br>28<br>二 | 甲午<br>29<br>三 | 乙未<br>30<br>四 | 丙申<br>31<br>五 | 丁酉<br>(6)<br>六 | 戊戌<br>2<br>日 | | 甲戌立夏<br>庚寅小滿 |
| 五月大 | 甲午 | 天干地支<br>西曆<br>星期 | 己亥<br>3<br>一 | 庚子<br>4<br>二 | 辛丑<br>5<br>三 | 壬寅<br>6<br>四 | 癸卯<br>7<br>五 | 甲辰<br>8<br>六 | 乙巳<br>9<br>日 | 丙午<br>10<br>一 | 丁未<br>11<br>二 | 戊申<br>12<br>三 | 己酉<br>13<br>四 | 庚戌<br>14<br>五 | 辛亥<br>15<br>六 | 壬子<br>16<br>日 | 癸丑<br>17<br>一 | 甲寅<br>18<br>二 | 乙卯<br>19<br>三 | 丙辰<br>20<br>四 | 丁巳<br>21<br>五 | 戊午<br>22<br>六 | 己未<br>23<br>日 | 庚申<br>24<br>一 | 辛酉<br>25<br>二 | 壬戌<br>26<br>三 | 癸亥<br>27<br>四 | 甲子<br>28<br>五 | 乙丑<br>29<br>六 | 丙寅<br>30<br>日 | 丁卯<br>(7)<br>一 | 戊辰<br>2<br>二 | 乙巳芒種<br>庚申夏至<br>己亥日食 |
| 六月小 | 乙未 | 天干地支<br>西曆<br>星期 | 己巳<br>3<br>三 | 庚午<br>4<br>四 | 辛未<br>5<br>五 | 壬申<br>6<br>六 | 癸酉<br>7<br>日 | 甲戌<br>8<br>一 | 乙亥<br>9<br>二 | 丙子<br>10<br>三 | 丁丑<br>11<br>四 | 戊寅<br>12<br>五 | 己卯<br>13<br>六 | 庚辰<br>14<br>日 | 辛巳<br>15<br>一 | 壬午<br>16<br>二 | 癸未<br>17<br>三 | 甲申<br>18<br>四 | 乙酉<br>19<br>五 | 丙戌<br>20<br>六 | 丁亥<br>21<br>日 | 戊子<br>22<br>一 | 己丑<br>23<br>二 | 庚寅<br>24<br>三 | 辛卯<br>25<br>四 | 壬辰<br>26<br>五 | 癸巳<br>27<br>六 | 甲午<br>28<br>日 | 乙未<br>29<br>一 | 丙申<br>30<br>二 | 丁酉<br>31<br>三 | | 乙亥小暑<br>辛卯大暑 |
| 七月大 | 丙申 | 天干地支<br>西曆<br>星期 | 戊戌<br>(8)<br>四 | 己亥<br>2<br>五 | 庚子<br>3<br>六 | 辛丑<br>4<br>日 | 壬寅<br>5<br>一 | 癸卯<br>6<br>二 | 甲辰<br>7<br>三 | 乙巳<br>8<br>四 | 丙午<br>9<br>五 | 丁未<br>10<br>六 | 戊申<br>11<br>日 | 己酉<br>12<br>一 | 庚戌<br>13<br>二 | 辛亥<br>14<br>三 | 壬子<br>15<br>四 | 癸丑<br>16<br>五 | 甲寅<br>17<br>六 | 乙卯<br>18<br>日 | 丙辰<br>19<br>一 | 丁巳<br>20<br>二 | 戊午<br>21<br>三 | 己未<br>22<br>四 | 庚申<br>23<br>五 | 辛酉<br>24<br>六 | 壬戌<br>25<br>日 | 癸亥<br>26<br>一 | 甲子<br>27<br>二 | 乙丑<br>28<br>三 | 丙寅<br>29<br>四 | 丁卯<br>30<br>五 | 丙午立秋<br>辛酉處暑 |
| 八月小 | 丁酉 | 天干地支<br>西曆<br>星期 | 戊辰<br>31<br>六 | 己巳<br>(9)<br>日 | 庚午<br>2<br>一 | 辛未<br>3<br>二 | 壬申<br>4<br>三 | 癸酉<br>5<br>四 | 甲戌<br>6<br>五 | 乙亥<br>7<br>六 | 丙子<br>8<br>日 | 丁丑<br>9<br>一 | 戊寅<br>10<br>二 | 己卯<br>11<br>三 | 庚辰<br>12<br>四 | 辛巳<br>13<br>五 | 壬午<br>14<br>六 | 癸未<br>15<br>日 | 甲申<br>16<br>一 | 乙酉<br>17<br>二 | 丙戌<br>18<br>三 | 丁亥<br>19<br>四 | 戊子<br>20<br>五 | 己丑<br>21<br>六 | 庚寅<br>22<br>日 | 辛卯<br>23<br>一 | 壬辰<br>24<br>二 | 癸巳<br>25<br>三 | 甲午<br>26<br>四 | 乙未<br>27<br>五 | 丙申<br>28<br>六 | | 丙子白露<br>辛卯秋分 |
| 九月大 | 戊戌 | 天干地支<br>西曆<br>星期 | 丁酉<br>29<br>日 | 戊戌<br>30<br>一 | 己亥<br>(10)<br>二 | 庚子<br>2<br>三 | 辛丑<br>3<br>四 | 壬寅<br>4<br>五 | 癸卯<br>5<br>六 | 甲辰<br>6<br>日 | 乙巳<br>7<br>一 | 丙午<br>8<br>二 | 丁未<br>9<br>三 | 戊申<br>10<br>四 | 己酉<br>11<br>五 | 庚戌<br>12<br>六 | 辛亥<br>13<br>日 | 壬子<br>14<br>一 | 癸丑<br>15<br>二 | 甲寅<br>16<br>三 | 乙卯<br>17<br>四 | 丙辰<br>18<br>五 | 丁巳<br>19<br>六 | 戊午<br>20<br>日 | 己未<br>21<br>一 | 庚申<br>22<br>二 | 辛酉<br>23<br>三 | 壬戌<br>24<br>四 | 癸亥<br>25<br>五 | 甲子<br>26<br>六 | 乙丑<br>27<br>日 | 丙寅<br>28<br>一 | 丁未寒露<br>壬戌霜降 |
| 十月小 | 己亥 | 天干地支<br>西曆<br>星期 | 丁卯<br>29<br>二 | 戊辰<br>30<br>三 | 己巳<br>31<br>四 | 庚午<br>(11)<br>五 | 辛未<br>2<br>六 | 壬申<br>3<br>日 | 癸酉<br>4<br>一 | 甲戌<br>5<br>二 | 乙亥<br>6<br>三 | 丙子<br>7<br>四 | 丁丑<br>8<br>五 | 戊寅<br>9<br>六 | 己卯<br>10<br>日 | 庚辰<br>11<br>一 | 辛巳<br>12<br>二 | 壬午<br>13<br>三 | 癸未<br>14<br>四 | 甲申<br>15<br>五 | 乙酉<br>16<br>六 | 丙戌<br>17<br>日 | 丁亥<br>18<br>一 | 戊子<br>19<br>二 | 己丑<br>20<br>三 | 庚寅<br>21<br>四 | 辛卯<br>22<br>五 | 壬辰<br>23<br>六 | 癸巳<br>24<br>日 | 甲午<br>25<br>一 | 乙未<br>26<br>二 | | 丁丑立冬<br>壬辰小雪 |
| 十一月大 | 庚子 | 天干地支<br>西曆<br>星期 | 丙申<br>27<br>三 | 丁酉<br>28<br>四 | 戊戌<br>29<br>五 | 己亥<br>30<br>六 | 庚子<br>(12)<br>日 | 辛丑<br>2<br>一 | 壬寅<br>3<br>二 | 癸卯<br>4<br>三 | 甲辰<br>5<br>四 | 乙巳<br>6<br>五 | 丙午<br>7<br>六 | 丁未<br>8<br>日 | 戊申<br>9<br>一 | 己酉<br>10<br>二 | 庚戌<br>11<br>三 | 辛亥<br>12<br>四 | 壬子<br>13<br>五 | 癸丑<br>14<br>六 | 甲寅<br>15<br>日 | 乙卯<br>16<br>一 | 丙辰<br>17<br>二 | 丁巳<br>18<br>三 | 戊午<br>19<br>四 | 己未<br>20<br>五 | 庚申<br>21<br>六 | 辛酉<br>22<br>日 | 壬戌<br>23<br>一 | 癸亥<br>24<br>二 | 甲子<br>25<br>三 | 乙丑<br>26<br>四 | 戊申大雪<br>癸亥冬至 |
| 十二月小 | 辛丑 | 天干地支<br>西曆<br>星期 | 丙寅<br>27<br>五 | 丁卯<br>28<br>六 | 戊辰<br>29<br>日 | 己巳<br>30<br>一 | 庚午<br>31<br>二 | 辛未<br>(1)<br>三 | 壬申<br>2<br>四 | 癸酉<br>3<br>五 | 甲戌<br>4<br>六 | 乙亥<br>5<br>日 | 丙子<br>6<br>一 | 丁丑<br>7<br>二 | 戊寅<br>8<br>三 | 己卯<br>9<br>四 | 庚辰<br>10<br>五 | 辛巳<br>11<br>六 | 壬午<br>12<br>日 | 癸未<br>13<br>一 | 甲申<br>14<br>二 | 乙酉<br>15<br>三 | 丙戌<br>16<br>四 | 丁亥<br>17<br>五 | 戊子<br>18<br>六 | 己丑<br>19<br>日 | 庚寅<br>20<br>一 | 辛卯<br>21<br>二 | 壬辰<br>22<br>三 | 癸巳<br>23<br>四 | 甲午<br>24<br>五 | | 戊寅小寒<br>癸巳大寒 |

# 漢獻帝建安二十二年（丁酉 鷄年）公元217 ~ 218年

| 夏曆月序 | | 中西曆日對照 | 夏曆日序 | | | | | | | | | | | | | | | | | | | | | | | | | | | | | | 節氣與天象 |
|---|---|---|---|---|---|---|---|---|---|---|---|---|---|---|---|---|---|---|---|---|---|---|---|---|---|---|---|---|---|---|---|---|---|
| | | | 初一 | 初二 | 初三 | 初四 | 初五 | 初六 | 初七 | 初八 | 初九 | 初十 | 十一 | 十二 | 十三 | 十四 | 十五 | 十六 | 十七 | 十八 | 十九 | 二十 | 二一 | 二二 | 二三 | 二四 | 二五 | 二六 | 二七 | 二八 | 二九 | 三十 | |
| 正月大 | 壬寅 | 天干地支 西曆 星期 | 乙未 25 六 | 丙申 26 日 | 丁酉 27 一 | 戊戌 28 二 | 己亥 29 三 | 庚子 30 四 | 辛丑 31 五 | 壬寅 (2) 六 | 癸卯 2 日 | 甲辰 3 一 | 乙巳 4 二 | 丙午 5 三 | 丁未 6 四 | 戊申 7 五 | 己酉 8 六 | 庚戌 9 日 | 辛亥 10 一 | 壬子 11 二 | 癸丑 12 三 | 甲寅 13 四 | 乙卯 14 五 | 丙辰 15 六 | 丁巳 16 日 | 戊午 17 一 | 己未 18 二 | 庚申 19 三 | 辛酉 20 四 | 壬戌 21 五 | 癸亥 22 六 | 甲子 23 日 | 戊申立春 甲子雨水 |
| 閏正月小 | 壬寅 | 天干地支 西曆 星期 | 乙丑 24 一 | 丙寅 25 二 | 丁卯 26 三 | 戊辰 27 四 | 己巳 28 五 | 庚午 (3) 六 | 辛未 2 日 | 壬申 3 一 | 癸酉 4 二 | 甲戌 5 三 | 乙亥 6 四 | 丙子 7 五 | 丁丑 8 六 | 戊寅 9 日 | 己卯 10 一 | 庚辰 11 二 | 辛巳 12 三 | 壬午 13 四 | 癸未 14 五 | 甲申 15 六 | 乙酉 16 日 | 丙戌 17 一 | 丁亥 18 二 | 戊子 19 三 | 己丑 20 四 | 庚寅 21 五 | 辛卯 22 六 | 壬辰 23 日 | 癸巳 24 一 | | 己卯驚蟄 |
| 二月大 | 癸卯 | 天干地支 西曆 星期 | 甲午 25 二 | 乙未 26 三 | 丙申 27 四 | 丁酉 28 五 | 戊戌 29 六 | 己亥 30 日 | 庚子 31 一 | 辛丑 (4) 二 | 壬寅 2 三 | 癸卯 3 四 | 甲辰 4 五 | 乙巳 5 六 | 丙午 6 日 | 丁未 7 一 | 戊申 8 二 | 己酉 9 三 | 庚戌 10 四 | 辛亥 11 五 | 壬子 12 六 | 癸丑 13 日 | 甲寅 14 一 | 乙卯 15 二 | 丙辰 16 三 | 丁巳 17 四 | 戊午 18 五 | 己未 19 六 | 庚申 20 日 | 辛酉 21 一 | 壬戌 22 二 | 癸亥 23 三 | 甲午春分 己酉清明 |
| 三月大 | 甲辰 | 天干地支 西曆 星期 | 甲子 24 四 | 乙丑 25 五 | 丙寅 26 六 | 丁卯 27 日 | 戊辰 28 一 | 己巳 29 二 | 庚午 30 三 | 辛未 (5) 四 | 壬申 2 五 | 癸酉 3 六 | 甲戌 4 日 | 乙亥 5 一 | 丙子 6 二 | 丁丑 7 三 | 戊寅 8 四 | 己卯 9 五 | 庚辰 10 六 | 辛巳 11 日 | 壬午 12 一 | 癸未 13 二 | 甲申 14 三 | 乙酉 15 四 | 丙戌 16 五 | 丁亥 17 六 | 戊子 18 日 | 己丑 19 一 | 庚寅 20 二 | 辛卯 21 三 | 壬辰 22 四 | 癸巳 23 五 | 乙丑穀雨 庚辰立夏 |
| 四月小 | 乙巳 | 天干地支 西曆 星期 | 甲午 24 六 | 乙未 25 日 | 丙申 26 一 | 丁酉 27 二 | 戊戌 28 三 | 己亥 29 四 | 庚子 30 五 | 辛丑 31 六 | 壬寅 (6) 日 | 癸卯 2 一 | 甲辰 3 二 | 乙巳 4 三 | 丙午 5 四 | 丁未 6 五 | 戊申 7 六 | 己酉 8 日 | 庚戌 9 一 | 辛亥 10 二 | 壬子 11 三 | 癸丑 12 四 | 甲寅 13 五 | 乙卯 14 六 | 丙辰 15 日 | 丁巳 16 一 | 戊午 17 二 | 己未 18 三 | 庚申 19 四 | 辛酉 20 五 | 壬戌 21 六 | | 乙未小滿 庚戌芒種 |
| 五月大 | 丙午 | 天干地支 西曆 星期 | 癸亥 22 日 | 甲子 23 一 | 乙丑 24 二 | 丙寅 25 三 | 丁卯 26 四 | 戊辰 27 五 | 己巳 28 六 | 庚午 29 日 | 辛未 30 一 | 壬申 (7) 二 | 癸酉 2 三 | 甲戌 3 四 | 乙亥 4 五 | 丙子 5 六 | 丁丑 6 日 | 戊寅 7 一 | 己卯 8 二 | 庚辰 9 三 | 辛巳 10 四 | 壬午 11 五 | 癸未 12 六 | 甲申 13 日 | 乙酉 14 一 | 丙戌 15 二 | 丁亥 16 三 | 戊子 17 四 | 己丑 18 五 | 庚寅 19 六 | 辛卯 20 日 | 壬辰 21 一 | 乙丑夏至 辛巳小暑 |
| 六月小 | 丁未 | 天干地支 西曆 星期 | 癸巳 22 二 | 甲午 23 三 | 乙未 24 四 | 丙申 25 五 | 丁酉 26 六 | 戊戌 27 日 | 己亥 28 一 | 庚子 29 二 | 辛丑 30 三 | 壬寅 31 四 | 癸卯 (8) 五 | 甲辰 2 六 | 乙巳 3 日 | 丙午 4 一 | 丁未 5 二 | 戊申 6 三 | 己酉 7 四 | 庚戌 8 五 | 辛亥 9 六 | 壬子 10 日 | 癸丑 11 一 | 甲寅 12 二 | 乙卯 13 三 | 丙辰 14 四 | 丁巳 15 五 | 戊午 16 六 | 己未 17 日 | 庚申 18 一 | 辛酉 19 二 | | 丙申大暑 辛亥立秋 |
| 七月大 | 戊申 | 天干地支 西曆 星期 | 壬戌 20 三 | 癸亥 21 四 | 甲子 22 五 | 乙丑 23 六 | 丙寅 24 日 | 丁卯 25 一 | 戊辰 26 二 | 己巳 27 三 | 庚午 28 四 | 辛未 29 五 | 壬申 30 六 | 癸酉 31 日 | 甲戌 (9) 一 | 乙亥 2 二 | 丙子 3 三 | 丁丑 4 四 | 戊寅 5 五 | 己卯 6 六 | 庚辰 7 日 | 辛巳 8 一 | 壬午 9 二 | 癸未 10 三 | 甲申 11 四 | 乙酉 12 五 | 丙戌 13 六 | 丁亥 14 日 | 戊子 15 一 | 己丑 16 二 | 庚寅 17 三 | 辛卯 18 四 | 丙寅處暑 辛巳白露 |
| 八月小 | 己酉 | 天干地支 西曆 星期 | 壬辰 19 五 | 癸巳 20 六 | 甲午 21 日 | 乙未 22 一 | 丙申 23 二 | 丁酉 24 三 | 戊戌 25 四 | 己亥 26 五 | 庚子 27 六 | 辛丑 28 日 | 壬寅 29 一 | 癸卯 30 二 | 甲辰 (10) 三 | 乙巳 2 四 | 丙午 3 五 | 丁未 4 六 | 戊申 5 日 | 己酉 6 一 | 庚戌 7 二 | 辛亥 8 三 | 壬子 9 四 | 癸丑 10 五 | 甲寅 11 六 | 乙卯 12 日 | 丙辰 13 一 | 丁巳 14 二 | 戊午 15 三 | 己未 16 四 | 庚申 17 五 | | 丁酉秋分 壬子寒露 |
| 九月大 | 庚戌 | 天干地支 西曆 星期 | 辛酉 18 六 | 壬戌 19 日 | 癸亥 20 一 | 甲子 21 二 | 乙丑 22 三 | 丙寅 23 四 | 丁卯 24 五 | 戊辰 25 六 | 己巳 26 日 | 庚午 27 一 | 辛未 28 二 | 壬申 29 三 | 癸酉 30 四 | 甲戌 31 五 | 乙亥 (11) 六 | 丙子 2 日 | 丁丑 3 一 | 戊寅 4 二 | 己卯 5 三 | 庚辰 6 四 | 辛巳 7 五 | 壬午 8 六 | 癸未 9 日 | 甲申 10 一 | 乙酉 11 二 | 丙戌 12 三 | 丁亥 13 四 | 戊子 14 五 | 己丑 15 六 | 庚寅 16 日 | 丁卯霜降 壬午立冬 |
| 十月小 | 辛亥 | 天干地支 西曆 星期 | 辛卯 17 一 | 壬辰 18 二 | 癸巳 19 三 | 甲午 20 四 | 乙未 21 五 | 丙申 22 六 | 丁酉 23 日 | 戊戌 24 一 | 己亥 25 二 | 庚子 26 三 | 辛丑 27 四 | 壬寅 28 五 | 癸卯 29 六 | 甲辰 30 日 | 乙巳 (12) 一 | 丙午 2 二 | 丁未 3 三 | 戊申 4 四 | 己酉 5 五 | 庚戌 6 六 | 辛亥 7 日 | 壬子 8 一 | 癸丑 9 二 | 甲寅 10 三 | 乙卯 11 四 | 丙辰 12 五 | 丁巳 13 六 | 戊午 14 日 | 己未 15 一 | | 戊戌小雪 癸丑大雪 |
| 十一月大 | 壬子 | 天干地支 西曆 星期 | 庚申 16 二 | 辛酉 17 三 | 壬戌 18 四 | 癸亥 19 五 | 甲子 20 六 | 乙丑 21 日 | 丙寅 22 一 | 丁卯 23 二 | 戊辰 24 三 | 己巳 25 四 | 庚午 26 五 | 辛未 27 六 | 壬申 28 日 | 癸酉 29 一 | 甲戌 30 二 | 乙亥 31 三 | 丙子 (1) 四 | 丁丑 2 五 | 戊寅 3 六 | 己卯 4 日 | 庚辰 5 一 | 辛巳 6 二 | 壬午 7 三 | 癸未 8 四 | 甲申 9 五 | 乙酉 10 六 | 丙戌 11 日 | 丁亥 12 一 | 戊子 13 二 | 己丑 14 三 | 戊辰冬至 癸未小寒 |
| 十二月小 | 癸丑 | 天干地支 西曆 星期 | 庚寅 15 四 | 辛卯 16 五 | 壬辰 17 六 | 癸巳 18 日 | 甲午 19 一 | 乙未 20 二 | 丙申 21 三 | 丁酉 22 四 | 戊戌 23 五 | 己亥 24 六 | 庚子 25 日 | 辛丑 26 一 | 壬寅 27 二 | 癸卯 28 三 | 甲辰 29 四 | 乙巳 30 五 | 丙午 31 六 | 丁未 (2) 日 | 戊申 2 一 | 己酉 3 二 | 庚戌 4 三 | 辛亥 5 四 | 壬子 6 五 | 癸丑 7 六 | 甲寅 8 日 | 乙卯 9 一 | 丙辰 10 二 | 丁巳 11 三 | 戊午 12 四 | | 戊戌大寒 甲寅立春 |

# 漢獻帝建安二十三年（戊戌 狗年）公元 218 ~ 219 年

| 夏曆月序 | 中西曆日對照 | 初一 | 初二 | 初三 | 初四 | 初五 | 初六 | 初七 | 初八 | 初九 | 初十 | 十一 | 十二 | 十三 | 十四 | 十五 | 十六 | 十七 | 十八 | 十九 | 二十 | 二一 | 二二 | 二三 | 二四 | 二五 | 二六 | 二七 | 二八 | 二九 | 三十 | 節氣與天象 |
|---|---|---|---|---|---|---|---|---|---|---|---|---|---|---|---|---|---|---|---|---|---|---|---|---|---|---|---|---|---|---|---|---|
| 正月大 甲寅 | 天干地支西曆星期 | 己未13五 | 庚申14六 | 辛酉15日 | 壬戌16一 | 癸亥17二 | 甲子18三 | 乙丑19四 | 丙寅20五 | 丁卯21六 | 戊辰22日 | 己巳23一 | 庚午24二 | 辛未25三 | 壬申26四 | 癸酉27五 | 甲戌28六 | 乙亥(3)日 | 丙子2一 | 丁丑3二 | 戊寅4三 | 己卯5四 | 庚辰6五 | 辛巳7六 | 壬午8日 | 癸未9一 | 甲申10二 | 乙酉11三 | 丙戌12四 | 丁亥13五 | 戊子14六 | 己巳雨水 甲申驚蟄 |
| 二月小 乙卯 | 天干地支西曆星期 | 己丑15日 | 庚寅16一 | 辛卯17二 | 壬辰18三 | 癸巳19四 | 甲午20五 | 乙未21六 | 丙申22日 | 丁酉23一 | 戊戌24二 | 己亥25三 | 庚子26四 | 辛丑27五 | 壬寅28六 | 癸卯29日 | 甲辰30一 | 乙巳31二 | 丙午(4)三 | 丁未2四 | 戊申3五 | 己酉4六 | 庚戌5日 | 辛亥6一 | 壬子7二 | 癸丑8三 | 甲寅9四 | 乙卯10五 | 丙辰11六 | 丁巳12日 | | 己亥春分 乙卯清明 |
| 三月大 丙辰 | 天干地支西曆星期 | 戊午13一 | 己未14二 | 庚申15三 | 辛酉16四 | 壬戌17五 | 癸亥18六 | 甲子19日 | 乙丑20一 | 丙寅21二 | 丁卯22三 | 戊辰23四 | 己巳24五 | 庚午25六 | 辛未26日 | 壬申27一 | 癸酉28二 | 甲戌29三 | 乙亥30四 | 丙子(5)五 | 丁丑2六 | 戊寅3日 | 己卯4一 | 庚辰5二 | 辛巳6三 | 壬午7四 | 癸未8五 | 甲申9六 | 乙酉10日 | 丙戌11一 | 丁亥12二 | 庚午穀雨 乙酉立夏 |
| 四月小 丁巳 | 天干地支西曆星期 | 戊子13三 | 己丑14四 | 庚寅15五 | 辛卯16六 | 壬辰17日 | 癸巳18一 | 甲午19二 | 乙未20三 | 丙申21四 | 丁酉22五 | 戊戌23六 | 己亥24日 | 庚子25一 | 辛丑26二 | 壬寅27三 | 癸卯28四 | 甲辰29五 | 乙巳30六 | 丙午31日 | 丁未(6)一 | 戊申2二 | 己酉3三 | 庚戌4四 | 辛亥5五 | 壬子6六 | 癸丑7日 | 甲寅8一 | 乙卯9二 | 丙辰10三 | | 庚子小滿 乙卯芒種 |
| 五月大 戊午 | 天干地支西曆星期 | 丁巳11四 | 戊午12五 | 己未13六 | 庚申14日 | 辛酉15一 | 壬戌16二 | 癸亥17三 | 甲子18四 | 乙丑19五 | 丙寅20六 | 丁卯21日 | 戊辰22一 | 己巳23二 | 庚午24三 | 辛未25四 | 壬申26五 | 癸酉27六 | 甲戌28日 | 乙亥29一 | 丙子30二 | 丁丑(7)三 | 戊寅2四 | 己卯3五 | 庚辰4六 | 辛巳5日 | 壬午6一 | 癸未7二 | 甲申8三 | 乙酉9四 | 丙戌10五 | 辛未夏至 丙戌小暑 |
| 六月小 己未 | 天干地支西曆星期 | 丁亥11六 | 戊子12日 | 己丑13一 | 庚寅14二 | 辛卯15三 | 壬辰16四 | 癸巳17五 | 甲午18六 | 乙未19日 | 丙申20一 | 丁酉21二 | 戊戌22三 | 己亥23四 | 庚子24五 | 辛丑25六 | 壬寅26日 | 癸卯27一 | 甲辰28二 | 乙巳29三 | 丙午30四 | 丁未31五 | 戊申(8)六 | 己酉2日 | 庚戌3一 | 辛亥4二 | 壬子5三 | 癸丑6四 | 甲寅7五 | 乙卯8六 | | 辛丑大暑 |
| 七月大 庚申 | 天干地支西曆星期 | 丙辰9日 | 丁巳10一 | 戊午11二 | 己未12三 | 庚申13四 | 辛酉14五 | 壬戌15六 | 癸亥16日 | 甲子17一 | 乙丑18二 | 丙寅19三 | 丁卯20四 | 戊辰21五 | 己巳22六 | 庚午23日 | 辛未24一 | 壬申25二 | 癸酉26三 | 甲戌27四 | 乙亥28五 | 丙子29六 | 丁丑30日 | 戊寅31一 | 己卯(9)二 | 庚辰2三 | 辛巳3四 | 壬午4五 | 癸未5六 | 甲申6日 | 乙酉7一 | 丙辰立秋 壬申處暑 |
| 八月大 辛酉 | 天干地支西曆星期 | 丙戌8二 | 丁亥9三 | 戊子10四 | 己丑11五 | 庚寅12六 | 辛卯13日 | 壬辰14一 | 癸巳15二 | 甲午16三 | 乙未17四 | 丙申18五 | 丁酉19六 | 戊戌20日 | 己亥21一 | 庚子22二 | 辛丑23三 | 壬寅24四 | 癸卯25五 | 甲辰26六 | 乙巳27日 | 丙午28一 | 丁未29二 | 戊申30三 | 己酉(10)四 | 庚戌2五 | 辛亥3六 | 壬子4日 | 癸丑5一 | 甲寅6二 | 乙卯7三 | 丁亥白露 壬寅秋分 乙卯日食 |
| 九月小 壬戌 | 天干地支西曆星期 | 丙辰8四 | 丁巳9五 | 戊午10六 | 己未11日 | 庚申12一 | 辛酉13二 | 壬戌14三 | 癸亥15四 | 甲子16五 | 乙丑17六 | 丙寅18日 | 丁卯19一 | 戊辰20二 | 己巳21三 | 庚午22四 | 辛未23五 | 壬申24六 | 癸酉25日 | 甲戌26一 | 乙亥27二 | 丙子28三 | 丁丑29四 | 戊寅30五 | 己卯31六 | 庚辰(11)日 | 辛巳2一 | 壬午3二 | 癸未4三 | 甲申5四 | | 丁巳寒露 壬申霜降 |
| 十月大 癸亥 | 天干地支西曆星期 | 乙酉6五 | 丙戌7六 | 丁亥8日 | 戊子9一 | 己丑10二 | 庚寅11三 | 辛卯12四 | 壬辰13五 | 癸巳14六 | 甲午15日 | 乙未16一 | 丙申17二 | 丁酉18三 | 戊戌19四 | 己亥20五 | 庚子21六 | 辛丑22日 | 壬寅23一 | 癸卯24二 | 甲辰25三 | 乙巳26四 | 丙午27五 | 丁未28六 | 戊申29日 | 己酉30一 | 庚戌(12)二 | 辛亥2三 | 壬子3四 | 癸丑4五 | 甲寅5六 | 戊子立冬 癸卯小雪 |
| 十一月小 甲子 | 天干地支西曆星期 | 乙卯6日 | 丙辰7一 | 丁巳8二 | 戊午9三 | 己未10四 | 庚申11五 | 辛酉12六 | 壬戌13日 | 癸亥14一 | 甲子15二 | 乙丑16三 | 丙寅17四 | 丁卯18五 | 戊辰19六 | 己巳20日 | 庚午21一 | 辛未22二 | 壬申23三 | 癸酉24四 | 甲戌25五 | 乙亥26六 | 丙子27日 | 丁丑28一 | 戊寅29二 | 己卯30三 | 庚辰31四 | 辛巳(1)五 | 壬午2六 | 癸未3日 | | 戊午大雪 癸酉冬至 |
| 十二月大 乙丑 | 天干地支西曆星期 | 甲申4一 | 乙酉5二 | 丙戌6三 | 丁亥7四 | 戊子8五 | 己丑9六 | 庚寅10日 | 辛卯11一 | 壬辰12二 | 癸巳13三 | 甲午14四 | 乙未15五 | 丙申16六 | 丁酉17日 | 戊戌18一 | 己亥19二 | 庚子20三 | 辛丑21四 | 壬寅22五 | 癸卯23六 | 甲辰24日 | 乙巳25一 | 丙午26二 | 丁未27三 | 戊申28四 | 己酉29五 | 庚戌30六 | 辛亥31日 | 壬子(2)一 | 癸丑2二 | 戊子小寒 甲辰大寒 |

# 漢獻帝建安二十四年（己亥 猪年）公元219 ~ 220年

| 夏曆月序 | | 中西曆日對照 | 夏曆日序 | | | | | | | | | | | | | | | | | | | | | | | | | | | | | 節氣與天象 |
|---|---|---|---|---|---|---|---|---|---|---|---|---|---|---|---|---|---|---|---|---|---|---|---|---|---|---|---|---|---|---|---|---|
| | | | 初一 | 初二 | 初三 | 初四 | 初五 | 初六 | 初七 | 初八 | 初九 | 初十 | 十一 | 十二 | 十三 | 十四 | 十五 | 十六 | 十七 | 十八 | 十九 | 二十 | 二一 | 二二 | 二三 | 二四 | 二五 | 二六 | 二七 | 二八 | 二九 | 三十 | |
| 正月小 | 丙寅 | 天干地支西曆星期 | 甲寅 3 三 | 乙卯 4 四 | 丙辰 5 五 | 丁巳 6 六 | 戊午 7 日 | 己未 8 一 | 庚申 9 二 | 辛酉 10 三 | 壬戌 11 四 | 癸亥 12 五 | 甲子 13 六 | 乙丑 14 日 | 丙寅 15 一 | 丁卯 16 二 | 戊辰 17 三 | 己巳 18 四 | 庚午 19 五 | 辛未 20 六 | 壬申 21 日 | 癸酉 22 一 | 甲戌 23 二 | 乙亥 24 三 | 丙子 25 四 | 丁丑 26 五 | 戊寅 27 六 | 己卯 28 日 | 庚辰 (3) 一 | 辛巳 2 二 | 壬午 3 三 | | 己未立春 甲戌雨水 |
| 二月大 | 丁卯 | 天干地支西曆星期 | 癸未 4 四 | 甲申 5 五 | 乙酉 6 六 | 丙戌 7 日 | 丁亥 8 一 | 戊子 9 二 | 己丑 10 三 | 庚寅 11 四 | 辛卯 12 五 | 壬辰 13 六 | 癸巳 14 日 | 甲午 15 一 | 乙未 16 二 | 丙申 17 三 | 丁酉 18 四 | 戊戌 19 五 | 己亥 20 六 | 庚子 21 日 | 辛丑 22 一 | 壬寅 23 二 | 癸卯 24 三 | 甲辰 25 四 | 乙巳 26 五 | 丙午 27 六 | 丁未 28 日 | 戊申 29 一 | 己酉 30 二 | 庚戌 31 三 | 辛亥 (4) 四 | 壬子 2 五 | 己丑驚蟄 乙巳春分 壬子日食 |
| 三月小 | 戊辰 | 天干地支西曆星期 | 癸丑 3 六 | 甲寅 4 日 | 乙卯 5 一 | 丙辰 6 二 | 丁巳 7 三 | 戊午 8 四 | 己未 9 五 | 庚申 10 六 | 辛酉 11 日 | 壬戌 12 一 | 癸亥 13 二 | 甲子 14 三 | 乙丑 15 四 | 丙寅 16 五 | 丁卯 17 六 | 戊辰 18 日 | 己巳 19 一 | 庚午 20 二 | 辛未 21 三 | 壬申 22 四 | 癸酉 23 五 | 甲戌 24 六 | 乙亥 25 日 | 丙子 26 一 | 丁丑 27 二 | 戊寅 28 三 | 己卯 29 四 | 庚辰 30 五 | 辛巳 (5) 六 | | 庚申清明 乙亥穀雨 |
| 四月大 | 己巳 | 天干地支西曆星期 | 壬午 2 日 | 癸未 3 一 | 甲申 4 二 | 乙酉 5 三 | 丙戌 6 四 | 丁亥 7 五 | 戊子 8 六 | 己丑 9 日 | 庚寅 10 一 | 辛卯 11 二 | 壬辰 12 三 | 癸巳 13 四 | 甲午 14 五 | 乙未 15 六 | 丙申 16 日 | 丁酉 17 一 | 戊戌 18 二 | 己亥 19 三 | 庚子 20 四 | 辛丑 21 五 | 壬寅 22 六 | 癸卯 23 日 | 甲辰 24 一 | 乙巳 25 二 | 丙午 26 三 | 丁未 27 四 | 戊申 28 五 | 己酉 29 六 | 庚戌 30 日 | 辛亥 31 一 | 庚寅立夏 乙巳小滿 |
| 五月小 | 庚午 | 天干地支西曆星期 | 壬子 (6) 二 | 癸丑 2 三 | 甲寅 3 四 | 乙卯 4 五 | 丙辰 5 六 | 丁巳 6 日 | 戊午 7 一 | 己未 8 二 | 庚申 9 三 | 辛酉 10 四 | 壬戌 11 五 | 癸亥 12 六 | 甲子 13 日 | 乙丑 14 一 | 丙寅 15 二 | 丁卯 16 三 | 戊辰 17 四 | 己巳 18 五 | 庚午 19 六 | 辛未 20 日 | 壬申 21 一 | 癸酉 22 二 | 甲戌 23 三 | 乙亥 24 四 | 丙子 25 五 | 丁丑 26 六 | 戊寅 27 日 | 己卯 28 一 | 庚辰 29 二 | | 辛酉芒種 丙子夏至 |
| 六月大 | 辛未 | 天干地支西曆星期 | 辛巳 30 三 | 壬午 (7) 四 | 癸未 2 五 | 甲申 3 六 | 乙酉 4 日 | 丙戌 5 一 | 丁亥 6 二 | 戊子 7 三 | 己丑 8 四 | 庚寅 9 五 | 辛卯 10 六 | 壬辰 11 日 | 癸巳 12 一 | 甲午 13 二 | 乙未 14 三 | 丙申 15 四 | 丁酉 16 五 | 戊戌 17 六 | 己亥 18 日 | 庚子 19 一 | 辛丑 20 二 | 壬寅 21 三 | 癸卯 22 四 | 甲辰 23 五 | 乙巳 24 六 | 丙午 25 日 | 丁未 26 一 | 戊申 27 二 | 己酉 28 三 | 庚戌 29 四 | 辛卯小暑 丙午大暑 |
| 七月小 | 壬申 | 天干地支西曆星期 | 辛亥 30 五 | 壬子 31 六 | 癸丑 (8) 日 | 甲寅 2 一 | 乙卯 3 二 | 丙辰 4 三 | 丁巳 5 四 | 戊午 6 五 | 己未 7 六 | 庚申 8 日 | 辛酉 9 一 | 壬戌 10 二 | 癸亥 11 三 | 甲子 12 四 | 乙丑 13 五 | 丙寅 14 六 | 丁卯 15 日 | 戊辰 16 一 | 己巳 17 二 | 庚午 18 三 | 辛未 19 四 | 壬申 20 五 | 癸酉 21 六 | 甲戌 22 日 | 乙亥 23 一 | 丙子 24 二 | 丁丑 25 三 | 戊寅 26 四 | 己卯 27 五 | | 壬戌立秋 丁丑處暑 |
| 八月大 | 癸酉 | 天干地支西曆星期 | 庚辰 28 六 | 辛巳 29 日 | 壬午 30 一 | 癸未 31 二 | 甲申 (9) 三 | 乙酉 2 四 | 丙戌 3 五 | 丁亥 4 六 | 戊子 5 日 | 己丑 6 一 | 庚寅 7 二 | 辛卯 8 三 | 壬辰 9 四 | 癸巳 10 五 | 甲午 11 六 | 乙未 12 日 | 丙申 13 一 | 丁酉 14 二 | 戊戌 15 三 | 己亥 16 四 | 庚子 17 五 | 辛丑 18 六 | 壬寅 19 日 | 癸卯 20 一 | 甲辰 21 二 | 乙巳 22 三 | 丙午 23 四 | 丁未 24 五 | 戊申 25 六 | 己酉 26 日 | 壬辰白露 丁未秋分 |
| 九月小 | 甲戌 | 天干地支西曆星期 | 庚戌 27 一 | 辛亥 28 二 | 壬子 29 三 | 癸丑 30 四 | 甲寅 (10) 五 | 乙卯 2 六 | 丙辰 3 日 | 丁巳 4 一 | 戊午 5 二 | 己未 6 三 | 庚申 7 四 | 辛酉 8 五 | 壬戌 9 六 | 癸亥 10 日 | 甲子 11 一 | 乙丑 12 二 | 丙寅 13 三 | 丁卯 14 四 | 戊辰 15 五 | 己巳 16 六 | 庚午 17 日 | 辛未 18 一 | 壬申 19 二 | 癸酉 20 三 | 甲戌 21 四 | 乙亥 22 五 | 丙子 23 六 | 丁丑 24 日 | 戊寅 25 一 | | 壬戌寒露 戊寅霜降 |
| 十月大 | 乙亥 | 天干地支西曆星期 | 己卯 26 二 | 庚辰 27 三 | 辛巳 28 四 | 壬午 29 五 | 癸未 30 六 | 甲申 31 日 | 乙酉 (11) 一 | 丙戌 2 二 | 丁亥 3 三 | 戊子 4 四 | 己丑 5 五 | 庚寅 6 六 | 辛卯 7 日 | 壬辰 8 一 | 癸巳 9 二 | 甲午 10 三 | 乙未 11 四 | 丙申 12 五 | 丁酉 13 六 | 戊戌 14 日 | 己亥 15 一 | 庚子 16 二 | 辛丑 17 三 | 壬寅 18 四 | 癸卯 19 五 | 甲辰 20 六 | 乙巳 21 日 | 丙午 22 一 | 丁未 23 二 | 戊申 24 三 | 癸巳立冬 戊申小雪 |
| 閏十月大 | 乙亥 | 天干地支西曆星期 | 己酉 25 四 | 庚戌 26 五 | 辛亥 27 六 | 壬子 28 日 | 癸丑 29 一 | 甲寅 30 二 | 乙卯 (12) 三 | 丙辰 2 四 | 丁巳 3 五 | 戊午 4 六 | 己未 5 日 | 庚申 6 一 | 辛酉 7 二 | 壬戌 8 三 | 癸亥 9 四 | 甲子 10 五 | 乙丑 11 六 | 丙寅 12 日 | 丁卯 13 一 | 戊辰 14 二 | 己巳 15 三 | 庚午 16 四 | 辛未 17 五 | 壬申 18 六 | 癸酉 19 日 | 甲戌 20 一 | 乙亥 21 二 | 丙子 22 三 | 丁丑 23 四 | 戊寅 24 五 | 癸亥大雪 |
| 十一月小 | 丙子 | 天干地支西曆星期 | 己卯 25 六 | 庚辰 26 日 | 辛巳 27 一 | 壬午 28 二 | 癸未 29 三 | 甲申 30 四 | 乙酉 31 五 | 丙戌 (1) 六 | 丁亥 2 日 | 戊子 3 一 | 己丑 4 二 | 庚寅 5 三 | 辛卯 6 四 | 壬辰 7 五 | 癸巳 8 六 | 甲午 9 日 | 乙未 10 一 | 丙申 11 二 | 丁酉 12 三 | 戊戌 13 四 | 己亥 14 五 | 庚子 15 六 | 辛丑 16 日 | 壬寅 17 一 | 癸卯 18 二 | 甲辰 19 三 | 乙巳 20 四 | 丙午 21 五 | 丁未 22 六 | | 己卯冬至 甲午小寒 |
| 十二月大 | 丁丑 | 天干地支西曆星期 | 戊申 23 日 | 己酉 24 一 | 庚戌 25 二 | 辛亥 26 三 | 壬子 27 四 | 癸丑 28 五 | 甲寅 29 六 | 乙卯 30 日 | 丙辰 31 一 | 丁巳 (2) 二 | 戊午 2 三 | 己未 3 四 | 庚申 4 五 | 辛酉 5 六 | 壬戌 6 日 | 癸亥 7 一 | 甲子 8 二 | 乙丑 9 三 | 丙寅 10 四 | 丁卯 11 五 | 戊辰 12 六 | 己巳 13 日 | 庚午 14 一 | 辛未 15 二 | 壬申 16 三 | 癸酉 17 四 | 甲戌 18 五 | 乙亥 19 六 | 丙子 20 日 | 丁丑 21 一 | 己酉大寒 甲子立春 |

# 漢獻帝建安二十五年 延康元年（庚子 鼠年）公元 220 ~ 221 年

| 夏曆月序 | | 中西曆日對照 | 初一 | 初二 | 初三 | 初四 | 初五 | 初六 | 初七 | 初八 | 初九 | 初十 | 十一 | 十二 | 十三 | 十四 | 十五 | 十六 | 十七 | 十八 | 十九 | 二十 | 二一 | 二二 | 二三 | 二四 | 二五 | 二六 | 二七 | 二八 | 二九 | 三十 | 節氣與天象 |
|---|---|---|---|---|---|---|---|---|---|---|---|---|---|---|---|---|---|---|---|---|---|---|---|---|---|---|---|---|---|---|---|---|---|
| 正月小 | 戊寅 | 干支<br>天地<br>西曆<br>星期 | 戊寅<br>22<br>二 | 己卯<br>23<br>三 | 庚辰<br>24<br>四 | 辛巳<br>25<br>五 | 壬午<br>26<br>六 | 癸未<br>27<br>日 | 甲申<br>28<br>一 | 乙酉<br>29<br>二 | 丙戌<br>(3)<br>三 | 丁亥<br>2<br>四 | 戊子<br>3<br>五 | 己丑<br>4<br>六 | 庚寅<br>5<br>日 | 辛卯<br>6<br>一 | 壬辰<br>7<br>二 | 癸巳<br>8<br>三 | 甲午<br>9<br>四 | 乙未<br>10<br>五 | 丙申<br>11<br>六 | 丁酉<br>12<br>日 | 戊戌<br>13<br>一 | 己亥<br>14<br>二 | 庚子<br>15<br>三 | 辛丑<br>16<br>四 | 壬寅<br>17<br>五 | 癸卯<br>18<br>六 | 甲辰<br>19<br>日 | 乙巳<br>20<br>一 | 丙午<br>21<br>二 | | 己卯雨水<br>乙未驚蟄 |
| 二月大 | 己卯 | 干支<br>天地<br>西曆<br>星期 | 丁未<br>22<br>三 | 戊申<br>23<br>四 | 己酉<br>24<br>五 | 庚戌<br>25<br>六 | 辛亥<br>26<br>日 | 壬子<br>27<br>一 | 癸丑<br>28<br>二 | 甲寅<br>29<br>三 | 乙卯<br>30<br>四 | 丙辰<br>31<br>五 | 丁巳<br>(4)<br>六 | 戊午<br>2<br>日 | 己未<br>3<br>一 | 庚申<br>4<br>二 | 辛酉<br>5<br>三 | 壬戌<br>6<br>四 | 癸亥<br>7<br>五 | 甲子<br>8<br>六 | 乙丑<br>9<br>日 | 丙寅<br>10<br>一 | 丁卯<br>11<br>二 | 戊辰<br>12<br>三 | 己巳<br>13<br>四 | 庚午<br>14<br>五 | 辛未<br>15<br>六 | 壬申<br>16<br>日 | 癸酉<br>17<br>一 | 甲戌<br>18<br>二 | 乙亥<br>19<br>三 | 丙子<br>20<br>四 | 庚戌春分<br>乙丑清明<br>丁未日食 |
| 三月小 | 庚辰 | 干支<br>天地<br>西曆<br>星期 | 丁丑<br>21<br>五 | 戊寅<br>22<br>六 | 己卯<br>23<br>日 | 庚辰<br>24<br>一 | 辛巳<br>25<br>二 | 壬午<br>26<br>三 | 癸未<br>27<br>四 | 甲申<br>28<br>五 | 乙酉<br>29<br>六 | 丙戌<br>30<br>日 | 丁亥<br>(5)<br>一 | 戊子<br>2<br>二 | 己丑<br>3<br>三 | 庚寅<br>4<br>四 | 辛卯<br>5<br>五 | 壬辰<br>6<br>六 | 癸巳<br>7<br>日 | 甲午<br>8<br>一 | 乙未<br>9<br>二 | 丙申<br>10<br>三 | 丁酉<br>11<br>四 | 戊戌<br>12<br>五 | 己亥<br>13<br>六 | 庚子<br>14<br>日 | 辛丑<br>15<br>一 | 壬寅<br>16<br>二 | 癸卯<br>17<br>三 | 甲辰<br>18<br>四 | 乙巳<br>19<br>五 | | 庚辰穀雨<br>乙未立夏 |
| 四月大 | 辛巳 | 干支<br>天地<br>西曆<br>星期 | 丙午<br>20<br>六 | 丁未<br>21<br>日 | 戊申<br>22<br>一 | 己酉<br>23<br>二 | 庚戌<br>24<br>三 | 辛亥<br>25<br>四 | 壬子<br>26<br>五 | 癸丑<br>27<br>六 | 甲寅<br>28<br>日 | 乙卯<br>29<br>一 | 丙辰<br>30<br>二 | 丁巳<br>31<br>三 | 戊午<br>(6)<br>四 | 己未<br>2<br>五 | 庚申<br>3<br>六 | 辛酉<br>4<br>日 | 壬戌<br>5<br>一 | 癸亥<br>6<br>二 | 甲子<br>7<br>三 | 乙丑<br>8<br>四 | 丙寅<br>9<br>五 | 丁卯<br>10<br>六 | 戊辰<br>11<br>日 | 己巳<br>12<br>一 | 庚午<br>13<br>二 | 辛未<br>14<br>三 | 壬申<br>15<br>四 | 癸酉<br>16<br>五 | 甲戌<br>17<br>六 | 乙亥<br>18<br>日 | 辛亥小滿<br>丙寅芒種 |
| 五月小 | 壬午 | 干支<br>天地<br>西曆<br>星期 | 丙子<br>19<br>一 | 丁丑<br>20<br>二 | 戊寅<br>21<br>三 | 己卯<br>22<br>四 | 庚辰<br>23<br>五 | 辛巳<br>24<br>六 | 壬午<br>25<br>日 | 癸未<br>26<br>一 | 甲申<br>27<br>二 | 乙酉<br>28<br>三 | 丙戌<br>29<br>四 | 丁亥<br>30<br>五 | 戊子<br>(7)<br>六 | 己丑<br>2<br>日 | 庚寅<br>3<br>一 | 辛卯<br>4<br>二 | 壬辰<br>5<br>三 | 癸巳<br>6<br>四 | 甲午<br>7<br>五 | 乙未<br>8<br>六 | 丙申<br>9<br>日 | 丁酉<br>10<br>一 | 戊戌<br>11<br>二 | 己亥<br>12<br>三 | 庚子<br>13<br>四 | 辛丑<br>14<br>五 | 壬寅<br>15<br>六 | 癸卯<br>16<br>日 | 甲辰<br>17<br>一 | | 辛巳夏至<br>丙申小暑 |
| 六月大 | 癸未 | 干支<br>天地<br>西曆<br>星期 | 乙巳<br>18<br>二 | 丙午<br>19<br>三 | 丁未<br>20<br>四 | 戊申<br>21<br>五 | 己酉<br>22<br>六 | 庚戌<br>23<br>日 | 辛亥<br>24<br>一 | 壬子<br>25<br>二 | 癸丑<br>26<br>三 | 甲寅<br>27<br>四 | 乙卯<br>28<br>五 | 丙辰<br>29<br>六 | 丁巳<br>30<br>日 | 戊午<br>31<br>一 | 己未<br>(8)<br>二 | 庚申<br>2<br>三 | 辛酉<br>3<br>四 | 壬戌<br>4<br>五 | 癸亥<br>5<br>六 | 甲子<br>6<br>日 | 乙丑<br>7<br>一 | 丙寅<br>8<br>二 | 丁卯<br>9<br>三 | 戊辰<br>10<br>四 | 己巳<br>11<br>五 | 庚午<br>12<br>六 | 辛未<br>13<br>日 | 壬申<br>14<br>一 | 癸酉<br>15<br>二 | 甲戌<br>16<br>三 | 壬子大暑<br>丁卯立秋 |
| 七月小 | 甲申 | 干支<br>天地<br>西曆<br>星期 | 乙亥<br>17<br>四 | 丙子<br>18<br>五 | 丁丑<br>19<br>六 | 戊寅<br>20<br>日 | 己卯<br>21<br>一 | 庚辰<br>22<br>二 | 辛巳<br>23<br>三 | 壬午<br>24<br>四 | 癸未<br>25<br>五 | 甲申<br>26<br>六 | 乙酉<br>27<br>日 | 丙戌<br>28<br>一 | 丁亥<br>29<br>二 | 戊子<br>30<br>三 | 己丑<br>31<br>四 | 庚寅<br>(9)<br>五 | 辛卯<br>2<br>六 | 壬辰<br>3<br>日 | 癸巳<br>4<br>一 | 甲午<br>5<br>二 | 乙未<br>6<br>三 | 丙申<br>7<br>四 | 丁酉<br>8<br>五 | 戊戌<br>9<br>六 | 己亥<br>10<br>日 | 庚子<br>11<br>一 | 辛丑<br>12<br>二 | 壬寅<br>13<br>三 | 癸卯<br>14<br>四 | | 壬午處暑<br>丁酉白露 |
| 八月大 | 乙酉 | 干支<br>天地<br>西曆<br>星期 | 甲辰<br>15<br>五 | 乙巳<br>16<br>六 | 丙午<br>17<br>日 | 丁未<br>18<br>一 | 戊申<br>19<br>二 | 己酉<br>20<br>三 | 庚戌<br>21<br>四 | 辛亥<br>22<br>五 | 壬子<br>23<br>六 | 癸丑<br>24<br>日 | 甲寅<br>25<br>一 | 乙卯<br>26<br>二 | 丙辰<br>27<br>三 | 丁巳<br>28<br>四 | 戊午<br>29<br>五 | 己未<br>30<br>六 | 庚申<br>(10)<br>日 | 辛酉<br>2<br>一 | 壬戌<br>3<br>二 | 癸亥<br>4<br>三 | 甲子<br>5<br>四 | 乙丑<br>6<br>五 | 丙寅<br>7<br>六 | 丁卯<br>8<br>日 | 戊辰<br>9<br>一 | 己巳<br>10<br>二 | 庚午<br>11<br>三 | 辛未<br>12<br>四 | 壬申<br>13<br>五 | 癸酉<br>14<br>六 | 壬子秋分<br>戊辰寒露 |
| 九月小 | 丙戌 | 干支<br>天地<br>西曆<br>星期 | 甲戌<br>15<br>日 | 乙亥<br>16<br>一 | 丙子<br>17<br>二 | 丁丑<br>18<br>三 | 戊寅<br>19<br>四 | 己卯<br>20<br>五 | 庚辰<br>21<br>六 | 辛巳<br>22<br>日 | 壬午<br>23<br>一 | 癸未<br>24<br>二 | 甲申<br>25<br>三 | 乙酉<br>26<br>四 | 丙戌<br>27<br>五 | 丁亥<br>28<br>六 | 戊子<br>29<br>日 | 己丑<br>30<br>一 | 庚寅<br>31<br>二 | 辛卯<br>(11)<br>三 | 壬辰<br>2<br>四 | 癸巳<br>3<br>五 | 甲午<br>4<br>六 | 乙未<br>5<br>日 | 丙申<br>6<br>一 | 丁酉<br>7<br>二 | 戊戌<br>8<br>三 | 己亥<br>9<br>四 | 庚子<br>10<br>五 | 辛丑<br>11<br>六 | 壬寅<br>12<br>日 | | 癸未霜降<br>戊戌立冬 |
| 十月大 | 丁亥 | 干支<br>天地<br>西曆<br>星期 | 癸卯<br>13<br>一 | 甲辰<br>14<br>二 | 乙巳<br>15<br>三 | 丙午<br>16<br>四 | 丁未<br>17<br>五 | 戊申<br>18<br>六 | 己酉<br>19<br>日 | 庚戌<br>20<br>一 | 辛亥<br>21<br>二 | 壬子<br>22<br>三 | 癸丑<br>23<br>四 | 甲寅<br>24<br>五 | 乙卯<br>25<br>六 | 丙辰<br>26<br>日 | 丁巳<br>27<br>一 | 戊午<br>28<br>二 | 己未<br>29<br>三 | 庚申<br>30<br>四 | 辛酉<br>(12)<br>五 | 壬戌<br>2<br>六 | 癸亥<br>3<br>日 | 甲子<br>4<br>一 | 乙丑<br>5<br>二 | 丙寅<br>6<br>三 | 丁卯<br>7<br>四 | 戊辰<br>8<br>五 | 己巳<br>9<br>六 | 庚午<br>10<br>日 | 辛未<br>11<br>一 | 壬申<br>12<br>二 | 癸丑小雪<br>己巳大雪 |
| 十一月小 | 戊子 | 干支<br>天地<br>西曆<br>星期 | 癸酉<br>13<br>三 | 甲戌<br>14<br>四 | 乙亥<br>15<br>五 | 丙子<br>16<br>六 | 丁丑<br>17<br>日 | 戊寅<br>18<br>一 | 己卯<br>19<br>二 | 庚辰<br>20<br>三 | 辛巳<br>21<br>四 | 壬午<br>22<br>五 | 癸未<br>23<br>六 | 甲申<br>24<br>日 | 乙酉<br>25<br>一 | 丙戌<br>26<br>二 | 丁亥<br>27<br>三 | 戊子<br>28<br>四 | 己丑<br>29<br>五 | 庚寅<br>30<br>六 | 辛卯<br>31<br>日 | 壬辰<br>(1)<br>一 | 癸巳<br>2<br>二 | 甲午<br>3<br>三 | 乙未<br>4<br>四 | 丙申<br>5<br>五 | 丁酉<br>6<br>六 | 戊戌<br>7<br>日 | 己亥<br>8<br>一 | 庚子<br>9<br>二 | 辛丑<br>10<br>三 | | 甲申冬至<br>己亥小寒 |
| 十二月大 | 己丑 | 干支<br>天地<br>西曆<br>星期 | 壬寅<br>11<br>四 | 癸卯<br>12<br>五 | 甲辰<br>13<br>六 | 乙巳<br>14<br>日 | 丙午<br>15<br>一 | 丁未<br>16<br>二 | 戊申<br>17<br>三 | 己酉<br>18<br>四 | 庚戌<br>19<br>五 | 辛亥<br>20<br>六 | 壬子<br>21<br>日 | 癸丑<br>22<br>一 | 甲寅<br>23<br>二 | 乙卯<br>24<br>三 | 丙辰<br>25<br>四 | 丁巳<br>26<br>五 | 戊午<br>27<br>六 | 己未<br>28<br>日 | 庚申<br>29<br>一 | 辛酉<br>30<br>二 | 壬戌<br>31<br>三 | 癸亥<br>(2)<br>四 | 甲子<br>2<br>五 | 乙丑<br>3<br>六 | 丙寅<br>4<br>日 | 丁卯<br>5<br>一 | 戊辰<br>6<br>二 | 己巳<br>7<br>三 | 庚午<br>8<br>四 | 辛未<br>9<br>五 | 甲寅大寒<br>己巳立春 |

* 三月，改元延康。十月乙卯（十三日），曹丕代漢建魏，東漢滅亡。

附

録

# 一、中國曆法通用表

## 1. 六十干支順序表

| | | | | | | | | | |
|---|---|---|---|---|---|---|---|---|---|
| 1 甲子 | 2 乙丑 | 3 丙寅 | 4 丁卯 | 5 戊辰 | 6 己巳 | 7 庚午 | 8 辛未 | 9 壬申 | 10 癸酉 |
| 11 甲戌 | 12 乙亥 | 13 丙子 | 14 丁丑 | 15 戊寅 | 16 己卯 | 17 庚辰 | 18 辛巳 | 19 壬午 | 20 癸未 |
| 21 甲申 | 22 乙酉 | 23 丙戌 | 24 丁亥 | 25 戊子 | 26 己丑 | 27 庚寅 | 28 辛卯 | 29 壬辰 | 30 癸巳 |
| 31 甲午 | 32 乙未 | 33 丙申 | 34 丁酉 | 35 戊戌 | 36 己亥 | 37 庚子 | 38 辛丑 | 39 壬寅 | 40 癸卯 |
| 41 甲辰 | 42 乙巳 | 43 丙午 | 44 丁未 | 45 戊申 | 46 己酉 | 47 庚戌 | 48 辛亥 | 49 壬子 | 50 癸丑 |
| 51 甲寅 | 52 乙卯 | 53 丙辰 | 54 丁巳 | 55 戊午 | 56 己未 | 57 庚申 | 58 辛酉 | 59 壬戌 | 60 癸亥 |

## 2. 干支紀月紀日表

| 月份 / 年天干 | 一 | 二 | 三 | 四 | 五 | 六 | 七 | 八 | 九 | 十 | 十一 | 十二 |
|---|---|---|---|---|---|---|---|---|---|---|---|---|
| 甲或己 | 丙寅 | 丁卯 | 戊辰 | 己巳 | 庚午 | 辛未 | 壬申 | 癸酉 | 甲戌 | 乙亥 | 丙子 | 丁丑 |
| 乙或庚 | 戊寅 | 己卯 | 庚辰 | 辛巳 | 壬午 | 癸未 | 甲申 | 乙酉 | 丙戌 | 丁亥 | 戊子 | 己丑 |
| 丙或辛 | 庚寅 | 辛卯 | 壬辰 | 癸巳 | 甲午 | 乙未 | 丙申 | 丁酉 | 戊戌 | 己亥 | 庚子 | 辛丑 |
| 丁或壬 | 壬寅 | 癸卯 | 甲辰 | 乙巳 | 丙午 | 丁未 | 戊申 | 己酉 | 庚戌 | 辛亥 | 壬子 | 癸丑 |
| 戊或癸 | 甲寅 | 乙卯 | 丙辰 | 丁巳 | 戊午 | 己未 | 庚申 | 辛酉 | 壬戌 | 癸亥 | 甲子 | 乙丑 |
| 時辰 / 日天干 | 子 | 丑 | 寅 | 卯 | 辰 | 巳 | 午 | 未 | 申 | 酉 | 戌 | 亥 |
| 甲或己 | 甲子 | 乙丑 | 丙寅 | 丁卯 | 戊辰 | 己巳 | 庚午 | 辛未 | 壬申 | 癸酉 | 甲戌 | 乙亥 |
| 乙或庚 | 丙子 | 丁丑 | 戊寅 | 己卯 | 庚辰 | 辛巳 | 壬午 | 癸未 | 甲申 | 乙酉 | 丙戌 | 丁亥 |
| 丙或辛 | 戊子 | 己丑 | 庚寅 | 辛卯 | 壬辰 | 癸巳 | 甲午 | 乙未 | 丙申 | 丁酉 | 戊戌 | 己亥 |
| 丁或壬 | 庚子 | 辛丑 | 壬寅 | 癸卯 | 甲辰 | 乙巳 | 丙午 | 丁未 | 戊申 | 己酉 | 庚戌 | 辛亥 |
| 戊或癸 | 壬子 | 癸丑 | 甲寅 | 乙卯 | 丙辰 | 丁巳 | 戊午 | 己未 | 庚申 | 辛酉 | 壬戌 | 癸亥 |

## 3. 韻目代日表

| | | | | | | | |
|---|---|---|---|---|---|---|---|
| 一日 | 東先董送屋 | 九日 | 佳青蟹泰屑 | 十七日 | 篠霰洽 | 二十五日 | 有徑 |
| 二日 | 冬蕭腫宋沃 | 十日 | 灰蒸賄卦藥 | 十八日 | 巧嘯 | 二十六日 | 寢宥 |
| 三日 | 江肴講絳覺 | 十一日 | 真尤軫隊陌 | 十九日 | 皓效 | 二十七日 | 感沁 |
| 四日 | 支豪紙寘質 | 十二日 | 文侵吻震錫 | 二十日 | 哿號 | 二十八日 | 儉勘 |
| 五日 | 微歌尾未物 | 十三日 | 元覃阮問職 | 二十一日 | 馬箇 | 二十九日 | 豏豔 |
| 六日 | 魚麻語禦月 | 十四日 | 寒鹽旱願緝 | 二十二日 | 養禡 | 三十日 | 陷 |
| 七日 | 虞陽麌遇曷 | 十五日 | 刪鹹潸翰合 | 二十三日 | 梗漾 | 三十一日 | 世引 |
| 八日 | 齊庚薺霽黠 | 十六日 | 銑諫葉 | 二十四日 | 迥敬 | | |

## 4. 干支星歲對照表

| 干支紀年 | 史記年名 | 爾雅年名 | 太歲所在 | 歲星所在 | 干支紀年 | 史記年名 | 爾雅年名 | 太歲所在 | 歲星所在 |
|---|---|---|---|---|---|---|---|---|---|
| 甲子 | 焉逢困敦 | 閼逢困敦 | 子 | 大火 | 甲午 | 焉逢敦牂 | 閼逢敦牂 | 午 | 大梁 |
| 乙丑 | 端蒙赤奮若 | 旃蒙赤奮若 | 丑 | 析木 | 乙未 | 端蒙協洽 | 旃蒙協洽 | 未 | 實沈 |
| 丙寅 | 遊兆攝提格 | 柔兆攝提格 | 寅 | 星紀 | 丙申 | 遊兆上章 | 柔兆涒灘 | 申 | 鶉首 |
| 丁卯 | 彊梧單閼 | 强圉單閼 | 卯 | 玄枵 | 丁酉 | 彊梧作噩 | 强圉作噩 | 酉 | 鶉火 |
| 戊辰 | 徒維執徐 | 著雍執徐 | 辰 | 娵訾 | 戊戌 | 徒維淹茂 | 著雍閹茂 | 戌 | 鶉尾 |
| 己巳 | 祝犁大荒駱 | 屠維大荒落 | 巳 | 降婁 | 己亥 | 祝犁大淵獻 | 屠維大淵獻 | 亥 | 壽星 |
| 庚午 | 商橫敦牂 | 上章敦牂 | 午 | 大梁 | 庚子 | 商橫困敦 | 上章困敦 | 子 | 大火 |
| 辛未 | 昭陽協洽 | 重光協洽 | 未 | 實沈 | 辛丑 | 昭陽赤奮若 | 重光赤奮若 | 丑 | 析木 |
| 壬申 | 橫艾上章 | 玄黓涒灘 | 申 | 鶉首 | 壬寅 | 橫艾攝提格 | 玄黓攝提格 | 寅 | 星紀 |
| 癸酉 | 尚章作噩 | 昭陽作噩 | 酉 | 鶉火 | 癸卯 | 尚章單閼 | 昭陽單閼 | 卯 | 玄枵 |
| 甲戌 | 焉逢淹茂 | 閼逢閹茂 | 戌 | 鶉尾 | 甲辰 | 焉逢執徐 | 閼逢執徐 | 辰 | 娵訾 |
| 乙亥 | 端蒙大淵獻 | 旃蒙大淵獻 | 亥 | 壽星 | 乙巳 | 端蒙大荒駱 | 旃蒙大荒落 | 巳 | 降婁 |
| 丙子 | 遊兆困敦 | 柔兆困敦 | 子 | 大火 | 丙午 | 遊兆敦牂 | 柔兆敦牂 | 午 | 大梁 |
| 丁丑 | 彊梧赤奮若 | 强圉赤奮若 | 丑 | 析木 | 丁未 | 彊梧協洽 | 强圉協洽 | 未 | 實沈 |
| 戊寅 | 徒維攝提格 | 著雍攝提格 | 寅 | 星紀 | 戊申 | 徒維上章 | 著雍涒灘 | 申 | 鶉首 |
| 己卯 | 祝犁單閼 | 屠維單閼 | 卯 | 玄枵 | 己酉 | 祝犁作噩 | 屠維作噩 | 酉 | 鶉火 |
| 庚辰 | 商橫執徐 | 上章執徐 | 辰 | 娵訾 | 庚戌 | 商橫淹茂 | 上章閹茂 | 戌 | 鶉尾 |
| 辛巳 | 昭陽大荒駱 | 重光大荒落 | 巳 | 降婁 | 辛亥 | 昭陽大淵獻 | 重光大淵獻 | 亥 | 壽星 |
| 壬午 | 橫艾敦牂 | 玄黓敦牂 | 午 | 大梁 | 壬子 | 橫艾困敦 | 玄黓困敦 | 子 | 大火 |
| 癸未 | 尚章協洽 | 昭陽協洽 | 未 | 實沈 | 癸丑 | 尚章赤奮若 | 昭陽赤奮若 | 丑 | 析木 |
| 甲申 | 焉逢上章 | 閼逢涒灘 | 申 | 鶉首 | 甲寅 | 焉逢攝提格 | 閼逢攝提格 | 寅 | 星紀 |
| 乙酉 | 端蒙作噩 | 旃蒙作噩 | 酉 | 鶉火 | 乙卯 | 端蒙單閼 | 旃蒙單閼 | 卯 | 玄枵 |
| 丙戌 | 遊兆淹茂 | 柔兆閹茂 | 戌 | 鶉尾 | 丙辰 | 遊兆執徐 | 柔兆執徐 | 辰 | 娵訾 |
| 丁亥 | 彊梧大淵獻 | 强圉大淵獻 | 亥 | 壽星 | 丁巳 | 彊梧大荒駱 | 强圉大荒落 | 巳 | 降婁 |
| 戊子 | 徒維困敦 | 著雍困敦 | 子 | 大火 | 戊午 | 徒維敦牂 | 著雍敦牂 | 午 | 大梁 |
| 己丑 | 祝犁赤奮若 | 屠維赤奮若 | 丑 | 析木 | 己未 | 祝犁協洽 | 屠維協洽 | 未 | 實沈 |
| 庚寅 | 商橫攝提格 | 上章攝提格 | 寅 | 星紀 | 庚申 | 商橫上章 | 上章涒灘 | 申 | 鶉首 |
| 辛卯 | 昭陽單閼 | 重光單閼 | 卯 | 玄枵 | 辛酉 | 昭陽作噩 | 重光作噩 | 酉 | 鶉火 |
| 壬辰 | 橫艾執徐 | 玄黓執徐 | 辰 | 娵訾 | 壬戌 | 橫艾淹茂 | 玄黓閹茂 | 戌 | 鶉尾 |
| 癸巳 | 尚章大荒駱 | 昭陽大荒落 | 巳 | 降婁 | 癸亥 | 尚章大淵獻 | 昭陽大淵獻 | 亥 | 壽星 |

# 5. 二十四節氣七十二候表

| 季節 | 節氣名稱 | 公曆日期 | 候應 | |
|---|---|---|---|---|
| | | | 逸周書・時訓 | 魏書・律曆志 |
| 春季 | 立春（正月節） | 2月4或5日 | 東風解凍、蟄蟲始振、魚陟負冰 | 鷄始乳、東風解凍、蟄蟲始振 |
| | 雨水（正月中） | 2月19或20日 | ［驚蟄］獺祭魚、候雁北、草木萌動 | 魚上冰、獺祭魚、鴻雁來 |
| | 驚蟄（二月節） | 3月5或6日 | ［雨水］桃始華、倉庚鳴、鷹化爲鳩 | 始雨水、桃始華、倉庚鳴 |
| | 春分（二月中） | 3月20或21日 | 玄鳥至、雷乃發聲、始電 | 化爲鳩、玄鳥至、雷乃發聲 |
| | 清明（三月節） | 4月4或5日 | 桐始華、田鼠化鴽、虹始見 | 電始見、蟄蟲咸動、蟄蟲啓戶 |
| | 穀雨（三月中） | 4月20或21日 | 萍始生、鳴鳩拂其羽、戴勝降于桑 | 桐始華、田鼠化鴽、虹始見 |
| 夏季 | 立夏（四月節） | 5月5或6日 | 螻蟈鳴、蚯蚓出、王瓜生 | 萍始生、戴勝降于桑、螻蟈鳴 |
| | 小滿（四月中） | 5月21或22日 | 苦菜秀、靡草死、麥秋至 | 蚯蚓出、王瓜生、苦菜秀 |
| | 芒種（五月節） | 6月5或6日 | 螳螂生、鵙始鳴、反舌元聲 | 靡草死、小暑至、螳螂生 |
| | 夏至（五月中） | 6月21或22日 | 鹿角解、蜩始鳴、半夏生 | 鵙始鳴、反舌元聲、鹿角解 |
| | 小暑（六月節） | 7月7或8日 | 温風至、蟋蟀居壁、鷹始摯 | 蟬始鳴、半夏生、木槿榮 |
| | 大暑（六月中） | 7月23或24日 | 腐草爲螢、土潤溽暑、大雨時行 | 温風至、蟋蟀居壁、鷹乃摯 |
| 秋季 | 立秋（七月節） | 8月7日或8日 | 凉風至、白露降、寒蟬鳴 | 腐草化螢、土潤溽暑、涼風至 |
| | 處暑（七月中） | 8月23或24日 | 鷹乃祭鳥、天地始肅、禾乃登 | 白露降、寒蟬鳴、鷹祭鳥 |
| | 白露（八月節） | 9月7日或8日 | 鴻雁來、玄鳥歸、群鳥養羞 | 天地始肅、暴風至、鴻雁來 |
| | 秋分（八月中） | 9月23或24日 | 雷始收聲、蟄蟲壞户、水始涸 | 玄鳥歸、群鳥養羞、雷始收聲 |
| | 寒露（九月節） | 10月8日或9日 | 鴻雁來賓、雀入大水爲蛤、菊有黄華 | 蟄蟲附户、殺氣浸盛、陽氣始衰 |
| | 霜降（九月中） | 10月23或24日 | 豹乃祭獸、草木黄落、蟄蟲咸俯 | 水始涸、鴻雁來賓、雀入大水爲蛤 |
| 冬季 | 立冬（十月節） | 11月7日或8日 | 水始冰、地始凍、雉入大水爲蜃 | 菊有黄華、豹祭獸、水始冰 |
| | 小雪（十月中） | 11月22或23日 | 虹藏不見、天氣上升、閉塞成冬 | 地始凍、雉入大水爲蜃、虹藏不見 |
| | 大雪（十一月節） | 12月7日或8日 | 鶡鴠不鳴、虎始交、荔挺出 | 冰益壯、地始坼、鶡鴠不鳴 |
| | 冬至（十一月中） | 12月21或22日 | 蚯蚓結、麋角解、水泉動 | 虎始交、芸始生、荔挺出 |
| | 小寒（十二月節） | 1月5日或6日 | 雁北鄉、鵲始巢、雉鴝 | 蚯蚓結、麋角解、水泉動 |
| | 大寒（十二月中） | 1月20或21日 | 鷄乳、征鳥厲疾、水澤腹堅 | 雁北向、鵲始巢、雉始鴝 |

# 二、秦漢帝王世系表

## 秦朝帝系表

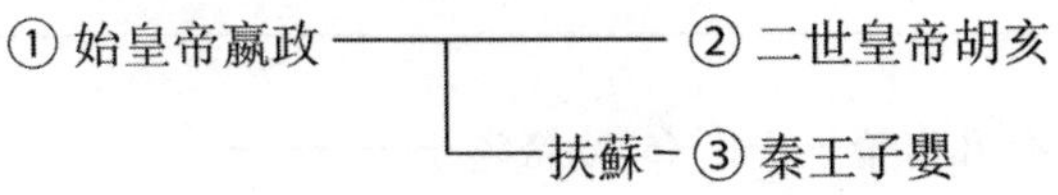


## 西漢帝系表

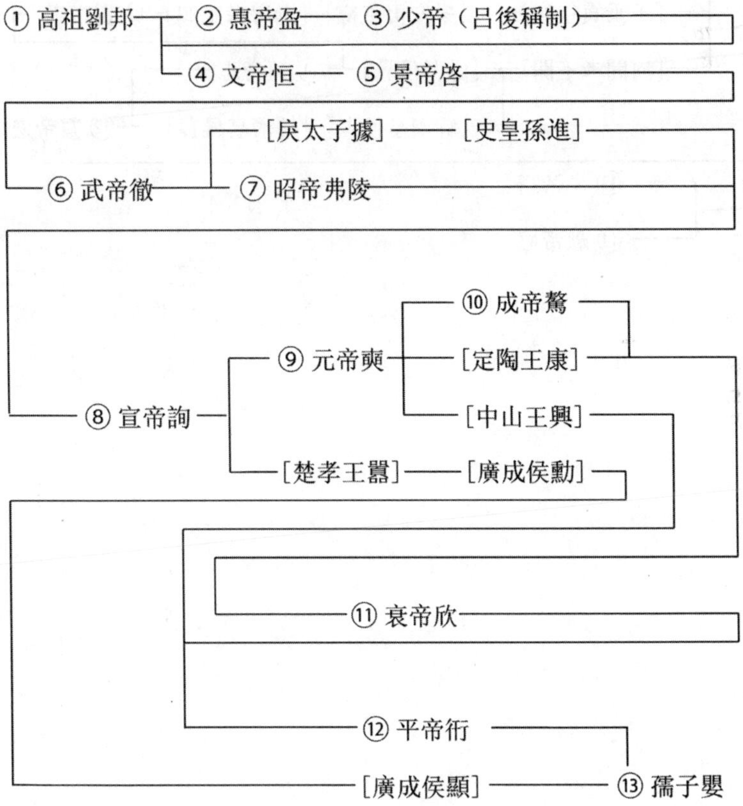

## 東漢帝系表

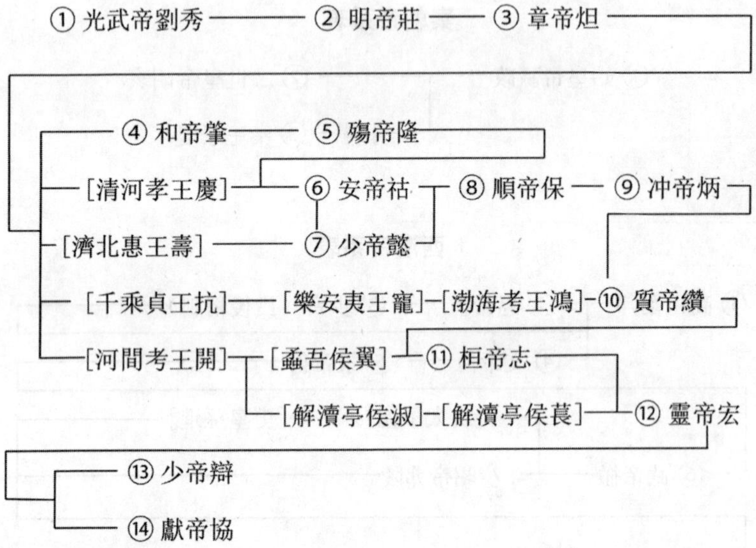
① 光武帝劉秀
② 明帝莊
③ 章帝炟
④ 和帝肇
⑤ 殤帝隆
[清河孝王慶]
⑥ 安帝祜
⑧ 順帝保
⑨ 冲帝炳
[濟北惠王壽]
⑦ 少帝懿
[千乘貞王抗]
[樂安夷王寵]
[渤海考王鴻]
⑩ 質帝纘
[河間考王開]
[蠡吾侯翼]
⑪ 桓帝志
[解瀆亭侯淑]
[解瀆亭侯萇]
⑫ 靈帝宏
⑬ 少帝辯
⑭ 獻帝協

# 四、秦漢中西年代對照表

| 帝王年序 | 干支 | 公曆日期（公元前） |
|---|---|---|
| 秦始皇二十六年 | 庚辰 | 222.10.31 ~ 221.11.17 |
| 二十七年 | 辛巳 | 221.11.18 ~ 220.11.6 |
| 二十八年 | 壬午 | 220.11.7 ~ 219.10.26 |
| 二十九年 | 癸未 | 219.10.27 ~ 218.11.14 |
| 三十年 | 甲申 | 218.11.15 ~ 217.11.3 |
| 三十一年 | 乙酉 | 217.11.4 ~ 216.11.22 |
| 三十二年 | 丙戌 | 216.11.23 ~ 215.11.11 |
| 三十三年 | 丁亥 | 215.11.12 ~ 214.11.1 |
| 三十四年 | 戊子 | 214.11.2 ~ 213.11.19 |
| 三十五年 | 己丑 | 213.11.20 ~ 212.11.8 |
| 三十六年 | 庚寅 | 212.11.9 ~ 211.10.28 |
| 三十七年 | 辛卯 | 211.10.29 ~ 210.11.16 |
| 秦二世元年 | 壬辰 | 210.11.17 ~ 209.11.5 |
| 二年 | 癸巳 | 209.11.6 ~ 208.11.24 |
| 三年 | 甲午 | 208.11.25 ~ 207.11.13 |
| 秦子嬰元年<br>**西漢高祖元年** | 乙未 | 207.11.14 ~ 206.11.2 |
| 二年 | 丙申 | 206.11.3 ~ 205.11.20 |
| 三年 | 丁酉 | 205.11.21 ~ 204.11.10 |
| 四年 | 戊戌 | 204.11.11 ~ 203.10.30 |
| 五年 | 己亥 | 203.10.31 ~ 202.11.18 |
| 六年 | 庚子 | 202.11.19 ~ 201.11.6 |
| 七年 | 辛丑 | 201.11.7 ~ 200.10.27 |
| 八年 | 壬寅 | 200.10.28 ~ 199.11.15 |
| 九年 | 癸卯 | 199.11.16 ~ 198.11.4 |
| 十年 | 甲辰 | 198.11.5 ~ 197.11.22 |
| 十一年 | 乙巳 | 197.11.23 ~ 196.11.11 |
| 十二年 | 丙午 | 196.11.12 ~ 195.11.1 |
| 漢惠帝元年 | 丁未 | 195.11.2 ~ 194.11.19 |
| 二年 | 戊申 | 194.11.20 ~ 193.11.8 |
| 三年 | 己酉 | 193.11.9 ~ 192.10.28 |
| 四年 | 庚戌 | 192.10.29 ~ 191.11.16 |
| 五年 | 辛亥 | 191.11.17 ~ 190.11.5 |
| 六年 | 壬子 | 190.11.6 ~ 189.11.23 |
| 七年 | 癸丑 | 189.11.24 ~ 188.11.13 |
| 漢高后元年 | 甲寅 | 188.11.14 ~ 187.11.2 |
| 二年 | 乙卯 | 187.11.3 ~ 186.11.21 |
| 三年 | 丙辰 | 186.11.22 ~ 185.11.9 |
| 四年 | 丁巳 | 18511.10 ~ 184.10.30 |
| 五年 | 戊午 | 184.10.31 ~ 183.11.18 |
| 六年 | 己未 | 183.11.19 ~ 182.11.9 |
| 七年 | 庚申 | 182.11.8 ~ 181.10.26 |
| 八年 | 辛酉 | 181.10.27 ~ 180.11.14 |
| 漢文帝元年 | 壬戌 | 180.11.15 ~ 179.11.4 |
| 二年 | 癸亥 | 179.11.5 ~ 178.11.23 |
| 三年 | 甲子 | 178.11.24 ~ 177.11.11 |
| 四年 | 乙丑 | 177.11.12 ~ 176.10.31 |
| 五年 | 丙寅 | 176.11.1 ~ 175.11.19 |
| 六年 | 丁卯 | 175.11.20 ~ 174.11.9 |
| 七年 | 戊辰 | 174.11.10 ~ 173.10.28 |
| 八年 | 己巳 | 173.10.29 ~ 172.11.16 |
| 九年 | 庚午 | 172.11.17 ~ 171.11.5 |
| 十年 | 辛未 | 171.11.6 ~ 170.11.24 |
| 十一年 | 壬申 | 170.11.25 ~ 169.11.12 |
| 十二年 | 癸酉 | 169.11.13 ~ 168.11.2 |
| 十三年 | 甲戌 | 168.11.3 ~ 167.11.21 |
| 十四年 | 乙亥 | 167.11.22 ~ 166.11.10 |
| 十五年 | 丙子 | 166.11.11 ~ 165.10.29 |
| 十六年 | 丁丑 | 165.10.30 ~ 164.11.17 |
| 後元元年 | 戊寅 | 164.11.18 ~ 163.11.7 |
| 二年 | 己卯 | 163.11.8 ~ 162.11.26 |
| 三年 | 庚辰 | 162.11.27 ~ 161.11.14 |
| 四年 | 辛巳 | 161.11.15 ~ 160.11.3 |
| 五年 | 壬午 | 160.11.4 ~ 159.11.22 |
| 六年 | 癸未 | 159.11.23 ~ 158.11.12 |
| 七年 | 甲申 | 158.11.13 ~ 157.10.31 |
| 漢景帝元年 | 乙酉 | 157.11.1 ~ 156.11.19 |

| | | |
|---|---|---|
| 二年 | 丙戌 | 156.11.20 ~ 155.11.8 |
| 三年 | 丁亥 | 155.11.9 ~ 154.10.29 |
| 四年 | 戊子 | 154.10.30 ~ 153.11.16 |
| 五年 | 己丑 | 153.11.17 ~ 152.11.5 |
| 六年 | 庚寅 | 152.11.6 ~ 151.11.24 |
| 七年 | 辛卯 | 151.11.25 ~ 150.11.13 |
| 中元元年 | 壬辰 | 150.11.14 ~ 149.11.2 |
| 二年 | 癸巳 | 149.11.3 ~ 148.11.21 |
| 三年 | 甲午 | 148.11.22 ~ 147.11.10 |
| 四年 | 乙未 | 147.11.11 ~ 146.10.30 |
| 五年 | 丙申 | 146.10.31 ~ 145.11.17 |
| 六年 | 丁酉 | 145.11.18 ~ 144.11.7 |
| 後元元年 | 戊戌 | 144.11.8 ~ 143.11.25 |
| 二年 | 己亥 | 143.11.26 ~ 142.11.15 |
| 三年 | 庚子 | 142.11.16 ~ 141.11.3 |
| 漢武帝建元元年 | 辛丑 | 141.11.4 ~ 140.11.22 |
| 二年 | 壬寅 | 140.11.23 ~ 139.11.11 |
| 三年 | 癸卯 | 139.11.12 ~ 138.11.1 |
| 四年 | 甲辰 | 138.11.2 ~ 137.11.19 |
| 五年 | 乙巳 | 137.11.20 ~ 136.11.8 |
| 六年 | 丙午 | 136.11.9 ~ 135.10.28 |
| 元光元年 | 丁未 | 135.10.29 ~ 134.11.16 |
| 二年 | 戊申 | 134.11.17 ~ 133.11.5 |
| 三年 | 己酉 | 133.11.6 ~ 132.11.24 |
| 四年 | 庚戌 | 132.11.25 ~ 131.11.13 |
| 五年 | 辛亥 | 131.11.14 ~ 130.11.2 |
| 六年 | 壬子 | 130.11.3 ~ 129.11.20 |
| 元朔元年 | 癸丑 | 129.11.21 ~ 128.11.10 |
| 二年 | 甲寅 | 128.11.11 ~ 127.10.30 |
| 三年 | 乙卯 | 127.10.31 ~ 126.11.18 |
| 四年 | 丙辰 | 126.11.19 ~ 125.11.6 |
| 五年 | 丁巳 | 125.11.7 ~ 124.11.25 |
| 六年 | 戊午 | 124.11.26 ~ 123.11.15 |
| 元狩元年 | 己未 | 123.11.16 ~ 122.11.4 |
| 二年 | 庚申 | 122.11.5 ~ 121.11.22 |
| 三年 | 辛酉 | 121.11.23 ~ 120.11.11 |
| 四年 | 壬戌 | 120.11.12 ~ 119.11.1 |
| 五年 | 癸亥 | 119.11.2 ~ 118.11.19 |

| | | |
|---|---|---|
| 六年 | 甲子 | 118.11.20 ~ 117.11.8 |
| 元鼎元年 | 乙丑 | 117.11.9 ~ 116.10.28 |
| 二年 | 丙寅 | 116.10.29 ~ 115.11.16 |
| 三年 | 丁卯 | 115.11.17 ~ 114.11.5 |
| 四年 | 戊辰 | 114.11.6 ~ 113.11.23 |
| 五年 | 己巳 | 113.11.24 ~ 112.11.13 |
| 六年 | 庚午 | 112.11.14 ~ 111.11.2 |
| 元封元年 | 辛未 | 111.11.3 ~ 110.11.21 |
| 二年 | 壬申 | 110.11.22 ~ 109.11.9 |
| 三年 | 癸酉 | 109.11.10 ~ 108.10.30 |
| 四年 | 甲戌 | 108.10.31 ~ 107.11.18 |
| 五年 | 乙亥 | 107.11.19 ~ 106.11.7 |
| 六年 | 丙子 | 106.11.8 ~ 105.11.25 |
| 太初元年 | 丁丑 | 105.11.26 ~ 103.2.10 |
| 二年 | 戊寅 | 103.2.11 ~ 102.1.30 |
| 三年 | 己卯 | 102.1.31 ~ 101.2.18 |
| 四年 | 庚辰 | 101.2.19 ~ 100.2.7 |
| 天漢元年 | 辛巳 | 100.2.8 ~ 99.1.27 |
| 二年 | 壬午 | 99.1.28 ~ 98.2.15 |
| 三年 | 癸未 | 98.2.16 ~ 97.2.4 |
| 四年 | 甲申 | 97.2.5 ~ 96.2.22 |
| 太始元年 | 乙酉 | 96.2.23 ~ 95.2.11 |
| 二年 | 丙戌 | 95.2.12 ~ 94.2.1 |
| 三年 | 丁亥 | 94.2.2 ~ 93.2.20 |
| 四年 | 戊子 | 93.2.21 ~ 92.2.8 |
| 征 [延] 和元 年 | 己丑 | 92.2.9 ~ 91.1.29 |
| 二年 | 庚寅 | 91.1.30 ~ 90.2.16 |
| 三年 | 辛卯 | 90.2.17 ~ 89.2.6 |
| 四年 | 壬辰 | 89.2.7 ~ 88.1.25 |
| 後元元年 | 癸巳 | 88.1.26 ~ 87.2.13 |
| 二年 | 甲午 | 87.2.14 ~ 86.2.2 |
| 漢昭帝始元元年 | 乙未 | 86.2.3 ~ 85.2.21 |
| 二年 | 丙申 | 85.2.22 ~ 84.2.10 |
| 三年 | 丁酉 | 84.2.11 ~ 83.1.30 |
| 四年 | 戊戌 | 83.1.31 ~ 82.2.18 |
| 五年 | 己亥 | 82.2.19 ~ 81.2.7 |
| 六年 | 庚子 | 81.2.8 ~ 80.1.27 |
| 元鳳元年 | 辛丑 | 80.1.28 ~ 79.2.15 |

| | | |
|---|---|---|
| 二年 | 壬寅 | 79.2.16 ~ 78.2.4 |
| 三年 | 癸卯 | 78.2.5 ~ 77.2.23 |
| 四年 | 甲辰 | 77.2.24 ~ 76.2.11 |
| 五年 | 乙巳 | 76.2.12 ~ 75.2.1 |
| 六年 | 丙午 | 75.2.2 ~ 74.2.20 |
| 元平元年 | 丁未 | 74.2.21 ~ 73.2.9 |
| 漢宣帝本始元年 | 戊申 | 73.2.10 ~ 72.1.28 |
| 二年 | 己酉 | 72.1.29 ~ 71.2.16 |
| 三年 | 庚戌 | 71.2.17 ~ 70.2.6 |
| 四年 | 辛亥 | 70.2.7 ~ 69.1.26 |
| 地節元年 | 壬子 | 69.1.27 ~ 68.2.13 |
| 二年 | 癸丑 | 68.2.14 ~ 67.2.2 |
| 三年 | 甲寅 | 67.2.3 ~ 66.2.21 |
| 四年 | 乙卯 | 66.2.22 ~ 65.2.10 |
| 元康元年 | 丙辰 | 65.2.11 ~ 64.1.30 |
| 二年 | 丁巳 | 64.1.31 ~ 63.2.18 |
| 三年 | 戊午 | 63.2.19 ~ 62.2.7 |
| 四年 | 己未 | 62.2.8 ~ 61.1.27 |
| 元康五年<br>神爵元年 | 庚申 | 61.1.28 ~ 60.2.14 |
| 二年 | 辛酉 | 60.2.15 ~ 59.2.4 |
| 三年 | 壬戌 | 59.2.5 ~ 58.2.23 |
| 四年 | 癸亥 | 58.2.24 ~ 57.2.12 |
| 五鳳元年 | 甲子 | 57.2.13 ~ 56.1.31 |
| 二年 | 乙丑 | 56.2.1 ~ 55.2.19 |
| 三年 | 丙寅 | 55.2.20 ~ 54.2.9 |
| 四年 | 丁卯 | 54.2.10 ~ 53.1.29 |
| 甘露元年 | 戊辰 | 53.1.30 ~ 52.2.16 |
| 二年 | 己巳 | 52.2.17 ~ 51.2.5 |
| 三年 | 庚午 | 51.2.6 ~ 50.1.26 |
| 四年 | 辛未 | 50.1.27 ~ 49.2.14 |
| 黄龍元年 | 壬申 | 49.2.15 ~ 48.2.2 |
| 漢元帝初元元年 | 癸酉 | 48.2.3 ~ 47.2.21 |
| 二年 | 甲戌 | 47.2.22 ~ 46.2.10 |
| 三年 | 乙亥 | 46.2.11 ~ 45.1.31 |
| 四年 | 丙子 | 45.2.1 ~ 44.2.17 |
| 五年 | 丁丑 | 44.2.18 ~ 43.2.7 |

| | | |
|---|---|---|
| 永光元年 | 戊寅 | 43.2.8 ~ 42.1.27 |
| 二年 | 己卯 | 42.1.28 ~ 41.2.15 |
| 三年 | 庚辰 | 41.2.16 ~ 40.2.3 |
| 四年 | 辛巳 | 40.2.4 ~ 39.2.22 |
| 五年 | 壬午 | 39.2.23 ~ 38.2.12 |
| 建昭元年 | 癸未 | 38.2.13 ~ 37.2.1 |
| 二年 | 甲申 | 37.2.2 ~ 36.2.19 |
| 三年 | 乙酉 | 36.2.20 ~ 35.2.8 |
| 四年 | 丙戌 | 35.2.9 ~ 34.1.29 |
| 五年 | 丁亥 | 34.1.30 ~ 33.2.17 |
| 竟寧元年 | 戊子 | 33.2.18 ~ 32.2.5 |
| 漢成帝建始元年 | 己丑 | 32.2.6 ~ 31.1.25 |
| 二年 | 庚寅 | 31.1.26 ~ 30.2.13 |
| 三年 | 辛卯 | 30.2.14 ~ 29.2.3 |
| 四年 | 壬辰 | 29.2.4 ~ 28.2.21 |
| 河平元年 | 癸巳 | 28.2.22 ~ 27.2.11 |
| 二年 | 甲午 | 27.2.12 ~ 26.1.30 |
| 三年 | 乙未 | 26.1.31 ~ 25.2.18 |
| 四年 | 丙申 | 25.2.19 ~ 24.2.7 |
| 陽朔元年 | 丁酉 | 24.2.8 ~ 23.1.27 |
| 二年 | 戊戌 | 23.1.28 ~ 22.2.15 |
| 三年 | 己亥 | 22.2.16 ~ 21.2.4 |
| 四年 | 庚子 | 21.2.5 ~ 20.2.22 |
| 鴻嘉元年 | 辛丑 | 20.2.23 ~ 19.2.12 |
| 二年 | 壬寅 | 19.2.13 ~ 18.2.1 |
| 三年 | 癸卯 | 18.2.2 ~ 17.2.20 |
| 四年 | 甲辰 | 17.2.21 ~ 16.2.8 |
| 永始元年 | 乙巳 | 16.2.9 ~ 15.1.29 |
| 二年 | 丙午 | 15.1.30 ~ 14.2.16 |
| 三年 | 丁未 | 14.2.17 ~ 13.2.6 |
| 四年 | 戊申 | 13.2.7 ~ 12.1.25 |
| 元延元年 | 己酉 | 12.1.26 ~ 11.2.13 |
| 二年 | 庚戌 | 11.2.14 ~ 10.2.2 |
| 三年 | 辛亥 | 10.2.3 ~ 9.2.21 |
| 四年 | 壬子 | 9.2.22 ~ 8.2.10 |
| 綏和元年 | 癸丑 | 8.2.11 ~ 7.1.30 |
| 二年 | 甲寅 | 7.1.31 ~ 6.2.18 |

| | | |
|---|---|---|
| 漢哀帝建平元年 | 乙卯 | 6.2.19 ~ 5.2.7 |
| 太初元將元年<br>建平二年 | 丙辰 | 5.2.8 ~ 4.1.27 |
| 三年 | 丁巳 | 4.1.28 ~ 3.2.15 |
| 四年 | 戊午 | 3.2.16 ~ 2.2.4 |
| 元壽元年 | 己未 | 2.2.5 ~ 1.2.23 |
| 二年 | 庚申 | 前 1.2.24 — 後 1.2.11 |
| 漢平帝元始元年 | 辛酉 | 1.2.12 ~ 2.2.1 |
| 二年 | 壬戌 | 2.2.2 ~ 3.2.20 |
| 三年 | 癸亥 | 3.2.21 ~ 4.2.9 |
| 四年 | 甲子 | 4.2.10 ~ 5.1.28 |
| 五年 | 乙丑 | 5.1.29 ~ 6.2.16 |
| 漢孺子居攝元年 | 丙寅 | 6.2.17 ~ 7.2.6 |
| 二年 | 丁卯 | 7.2.7 ~ 8.1.26 |
| 三年<br>初始元年 | 戊辰 | 8.1.27 ~ 9.1.14 |
| **王莽始建國元年** | 己巳 | 9.1.15 ~ 10.1.4 |
| 二年 | 庚午 | 10.1.5 ~ 11.1.23 |
| 三年 | 辛未 | 11.1.24 ~ 12.1.12 |
| 四年 | 壬申 | 12.1.13 ~ 12.12.31 |
| 五年 | 癸酉 | 13.1.1 ~ 14.1.19 |
| 天鳳元年 | 甲戌 | 14.1.20 ~ 15.1.9 |
| 二年 | 乙亥 | 15.1.10 ~ 15.12.29 |
| 三年 | 丙子 | 15.12.30 ~ 17.1.16 |
| 四年 | 丁丑 | 17.1.17 ~ 18.1.5 |
| 五年 | 戊寅 | 18.1.6 ~ 18.12.26 |
| 六年 | 己卯 | 18.12.27 ~ 20.1.13 |
| 地皇元年 | 庚辰 | 20.1.14 ~ 21.1.2 |
| 二年 | 辛巳 | 21.1.3 ~ 22.1.21 |
| 三年 | 壬午 | 22.1.22 ~ 23.1.10 |
| 四年<br>**劉 玄更始元年** | 癸未 | 23.1.11 ~ 24.1.29 |
| 二年 | 甲申 | 24.1.30 ~ 25.2.16 |
| **東漢**<br>**光武帝建武元年** | 乙酉 | 25.2.17 ~ 26.2.5 |
| 二年 | 丙戌 | 26.2.6 ~ 27.1.26 |
| 三年 | 丁亥 | 27.1.27 ~ 28.2.14 |
| 四年 | 戊子 | 28.2.15 ~ 29.2.2 |
| 五年 | 己丑 | 29.2.3 ~ 30.2.21 |
| 六年 | 庚寅 | 30.2.22 ~ 31.2.10 |
| 七年 | 辛卯 | 31.2.11 ~ 32.1.31 |
| 八年 | 壬辰 | 32.2.1 ~ 33.2.17 |
| 九年 | 癸巳 | 33.2.18 ~ 34.2.7 |
| 十年 | 甲午 | 34.2.8 ~ 35.1.27 |
| 十一年 | 乙未 | 35.1.28 ~ 36.2.15 |
| 十二年 | 丙申 | 36.2.16 ~ 37.2.3 |
| 十三年 | 丁酉 | 37.2.4 ~ 38.2.22 |
| 十四年 | 戊戌 | 38.2.23 ~ 39.2.12 |
| 十五年 | 己亥 | 39.2.13 ~ 40.2.1 |
| 十六年 | 庚子 | 40.2.2 ~ 41.2.19 |
| 十七年 | 辛丑 | 41.2.20 ~ 42.2.8 |
| 十八年 | 壬寅 | 42.2.9 ~ 43.1.29 |
| 十九年 | 癸卯 | 43.1.30 ~ 44.2.17 |
| 二十年 | 甲辰 | 44.2.18 ~ 45.2.5 |
| 二十一年 | 乙巳 | 45.2.6 ~ 46.1.25 |
| 二十二年 | 丙午 | 46.1.26 ~ 47.2.13 |
| 二十三年 | 丁未 | 47.2.14 ~ 48.2.3 |
| 二十四年 | 戊申 | 48.2.4 ~ 49.2.21 |
| 二十五年 | 己酉 | 49.2.22 ~ 50.2.10 |
| 二十六年 | 庚戌 | 50.2.11 ~ 51.1.30 |
| 二十七年 | 辛亥 | 51.1.31 ~ 52.2.18 |
| 二十八年 | 壬子 | 52.2.19 ~ 53.2.7 |
| 二十九年 | 癸丑 | 53.2.8 ~ 54.1.27 |
| 三十年 | 甲寅 | 54.1.28 ~ 55.2.15 |
| 三十一年 | 乙卯 | 55.2.16 ~ 56.2.4 |
| 建武中元元年 | 丙辰 | 56.2.5 ~ 57.2.22 |
| 二年 | 丁巳 | 57.2.23 ~ 58.2.12 |
| 漢明帝永平元年 | 戊午 | 58.2.13 ~ 59.2.1 |
| 二年 | 己未 | 59.2.2 ~ 60.2.20 |
| 三年 | 庚申 | 60.2.21 ~ 61.2.8 |
| 四年 | 辛酉 | 61.2.9 ~ 62.1.29 |
| 五年 | 壬戌 | 62.1.30 ~ 63.2.16 |
| 六年 | 癸亥 | 63.2.17 ~ 64.2.6 |
| 七年 | 甲子 | 64.2.7 ~ 65.1.25 |
| 八年 | 乙丑 | 65.1.26 ~ 66.2.13 |
| 九年 | 丙寅 | 66.2.14 ~ 67.2.2 |

| | | |
|---|---|---|
| 十年 | 丁卯 | 67.2.3 ~ 68.2.21 |
| 十一年 | 戊辰 | 68.2.22 ~ 69.2.10 |
| 十二年 | 己巳 | 69.2.11 ~ 70.1.30 |
| 十三年 | 庚午 | 70.1.31 ~ 71.2.18 |
| 十四年 | 辛未 | 71.2.19 ~ 72.2.7 |
| 十五年 | 壬申 | 72.2.8 ~ 73.1.27 |
| 十六年 | 癸酉 | 73.1.28 ~ 74.2.15 |
| 十七年 | 甲戌 | 74.2.16 ~ 75.2.4 |
| 十八年 | 乙亥 | 75.2.5 ~ 76.2.23 |
| 漢章帝建初元年 | 丙子 | 76.2.24 ~ 77.2.11 |
| 二年 | 丁丑 | 77.2.12 ~ 78.2.1 |
| 三年 | 戊寅 | 78.2.2 ~ 79.2.20 |
| 四年 | 己卯 | 79.2,21 ~ 80.2.9 |
| 五年 | 庚辰 | 80.2.10 ~ 81.1.28 |
| 六年 | 辛巳 | 81.1.29 ~ 82.2.16 |
| 七年 | 壬午 | 82.2.17 ~ 83.2.6 |
| 八年 | 癸未 | 83.2.7 ~ 84.1.26 |
| 建初九年<br>元和元年 | 甲申 | 84.1.27 ~ 85.2.12 |
| 二年 | 乙酉 | 85.2.13 ~ 86.2.1 |
| 三年 | 丙戌 | 86.2.2 ~ 87.2.20 |
| 章和元年 | 丁亥 | 87.2.21 ~ 88.2.10 |
| 二年 | 戊子 | 88.2.11 ~ 89.1.29 |
| 漢和帝永元元年 | 己丑 | 89.1.30 ~ 90.2.17 |
| 二年 | 庚寅 | 90.2.18 ~ 91.2.6 |
| 三年 | 辛卯 | 91.2.7 ~ 92.1.27 |
| 四年 | 壬辰 | 92.1.28 ~ 93.2.14 |
| 五年 | 癸巳 | 93.2.15 ~ 94.2.3 |
| 六年 | 甲午 | 94.2.4 ~ 95.2.22 |
| 七年 | 乙未 | 95.2.23 ~ 96.2.11 |
| 八年 | 丙申 | 96.2.12 ~ 97.1.31 |
| 九年 | 丁酉 | 97.2.1 ~ 98.2.19 |
| 十年 | 戊戌 | 98.2.20 ~ 99.2.8 |
| 十一年 | 己亥 | 99.2.9 ~ 100.1.28 |
| 十二年 | 庚子 | 100.1.29 ~ 101.2.15 |
| 十三年 | 辛丑 | 101.2.16 ~ 102.2.5 |
| 十四年 | 壬寅 | 102.2.6 ~ 103.1.25 |
| 十五年 | 癸卯 | 103.1.26 ~ 104.2.13 |
| 十六年 | 甲辰 | 104.2.14 ~ 105.2.1 |
| 永元十七年<br>元興元年 | 乙巳 | 105.2.2 ~ 106.2.20 |
| 漢殤帝延平元年 | 丙午 | 106.2.21 ~ 107.2.9 |
| 漢安帝永初元年 | 丁未 | 107.2.10 ~ 108.1.30 |
| 二年 | 戊申 | 108.1.31 ~ 109.2.17 |
| 三年 | 己酉 | 109.2.18 ~ 110.2.6 |
| 四年 | 庚戌 | 110.2.7 ~ 111.1.26 |
| 五年 | 辛亥 | 111.1.27 ~ 112.2.14 |
| 六年 | 壬子 | 112.2.15 ~ 113.2.3 |
| 七年 | 癸丑 | 113.2.4 ~ 114.2.22 |
| 元初元年 | 甲寅 | 114.2.23 ~ 115.2.11 |
| 二年 | 乙卯 | 115.2.12 ~ 116.1.31 |
| 三年 | 丙辰 | 116.2.1 ~ 117.2.18 |
| 四年 | 丁巳 | 117.2.19 ~ 118.2.8 |
| 五年 | 戊午 | 118.2.9 ~ 119.1.28 |
| 六年 | 己未 | 119.1.29 ~ 120.2.16 |
| 元初七年<br>永寧元年 | 庚申 | 120.2.17 ~ 121.2.4 |
| 永寧二年<br>建光元年 | 辛酉 | 121.2.5 ~ 122.1.25 |
| 建光二年<br>延光元年 | 壬戌 | 122.1.26 ~ 123.2.13 |
| 二年 | 癸亥 | 123.2.14 ~ 124.2.2 |
| 三年 | 甲子 | 124.2.3 ~ 125.2.20 |
| 四年 | 乙丑 | 125.2.21 ~ 126.2.9 |
| 漢順帝永建元年 | 丙寅 | 126.2.10 ~ 127.1.30 |
| 二年 | 丁卯 | 127.1.31 ~ 128.2.17 |
| 三年 | 戊辰 | 128.2.18 ~ 129.2.6 |
| 四年 | 己巳 | 129.2.7 ~ 130.1.26 |
| 五年 | 庚午 | 130.1.27 ~ 131.2.14 |
| 六年 | 辛未 | 131.2.15 ~ 132.2.3 |
| 永建七年<br>陽嘉元年 | 壬申 | 132.2.4 ~ 133.2.21 |
| 二年 | 癸酉 | 133.2.22 ~ 134.2.11 |
| 三年 | 甲戌 | 134.2.12 ~ 135.1.31 |

| | | |
|---|---|---|
| 四年 | 乙亥 | 135.2.1 ~ 136.2.19 |
| 永和元年 | 丙子 | 136.2.20 ~ 137.2.7 |
| 二年 | 丁丑 | 137.2.8 ~ 138.1.28 |
| 三年 | 戊寅 | 138.1.29 ~ 139.2.16 |
| 四年 | 己卯 | 139.2.17 ~ 140.2.5 |
| 五年 | 庚辰 | 140.2.6 ~ 141.1.24 |
| 六年 | 辛巳 | 141.1.25 ~ 142.2.12 |
| 漢安元年 | 壬午 | 142.2.13 ~ 143.2.2 |
| 二年 | 癸未 | 143.2.3 ~ 144.2.21 |
| 漢安三年<br>建康元年 | 甲申 | 144.2.22 ~ 145.2.9 |
| 漢冲帝永嘉元年 | 乙酉 | 145.2.10 ~ 146.1.29 |
| 漢質帝本初元年 | 丙戌 | 146.1.30 ~ 147.2.17 |
| 漢桓帝建和元年 | 丁亥 | 147.2.18 ~ 148.2.7 |
| 二年 | 戊子 | 148.2.8 ~ 149.1.26 |
| 三年 | 己丑 | 149.1.27 ~ 150.2.14 |
| 和平元年 | 庚寅 | 150.2.15 ~ 151.2.3 |
| 元嘉元年 | 辛卯 | 151.2.4 ~ 152.2.22 |
| 二年 | 壬辰 | 152.2.23 ~ 153.2.10 |
| 元嘉三年<br>永興元年 | 癸巳 | 153.2.11 ~ 154.1.31 |
| 二年 | 甲午 | 154.2.1 ~ 155.2.19 |
| 永壽元年 | 乙未 | 155.2.20 ~ 156.2.8 |
| 二年 | 丙申 | 156.2.9 ~ 157.1.27 |
| 三年 | 丁酉 | 157.1.28 ~ 158.2.15 |
| 永壽四年<br>延熹元年 | 戊戌 | 158.2.16 ~ 159.2.5 |
| 二年 | 己亥 | 159.2.6 ~ 160.1.25 |
| 三年 | 庚子 | 160.1.26 ~ 161.2.12 |
| 四年 | 辛丑 | 161.2.13 ~ 162.2.1 |
| 五年 | 壬寅 | 162.2.2 ~ 163.2.20 |
| 六年 | 癸卯 | 163.2.21 ~ 164.2.10 |
| 七年 | 甲辰 | 164.2.11 ~ 165.1.29 |
| 八年 | 乙巳 | 165.1.30 ~ 166.2.17 |
| 九年 | 丙午 | 166.2.18 ~ 167.2.6 |
| 延熹十年<br>永康元年 | 丁未 | 167.2.7 ~ 168.1.27 |
| 漢靈帝建寧元年 | 戊申 | 168.1.28 ~ 169.2.14 |

| | | |
|---|---|---|
| 二年 | 己酉 | 169.2.15 ~ 170.2.3 |
| 三年 | 庚戌 | 170.2.4 ~ 171.2.22 |
| 四年 | 辛亥 | 171.2.23 ~ 172.2.11 |
| 建寧五年<br>熹平元年 | 壬子 | 172.2.12 ~ 173.1.31 |
| 二年 | 癸丑 | 173.2.1 ~ 174.2.19 |
| 三年 | 甲寅 | 174.2.20 ~ 175.2.8 |
| 四年 | 乙卯 | 175.2.9 ~ 176.1.28 |
| 五年 | 丙辰 | 176.1.29 ~ 177.2.15 |
| 六年 | 丁巳 | 177.2.16 ~ 178.2.5 |
| 熹平七年<br>光和元年 | 戊午 | 178.2.6 ~ 179.1.25 |
| 二年 | 己未 | 179.1.26 ~ 180.2.13 |
| 三年 | 庚申 | 180.2.14 ~ 181.2.1 |
| 四年 | 辛酉 | 181.2.2 ~ 182.2.20 |
| 五年 | 壬戌 | 182.2.21 ~ 183.2.9 |
| 六年 | 癸亥 | 183.2.10 ~ 184.1.30 |
| 光和七年<br>中平元年 | 甲子 | 184.1.31 ~ 185.2.17 |
| 二年 | 乙丑 | 185.2.18 ~ 186.2.6 |
| 三年 | 丙寅 | 186.2.7 ~ 187.1.26 |
| 四年 | 丁卯 | 187.1.27 ~ 188.2.14 |
| 五年 | 戊辰 | 188.2.15 ~ 189.2.3 |
| 漢少帝光熹元年<br>昭寧元年<br>漢獻帝永漢元年<br>中平六年 | 己巳 | 189.2.4 ~ 190.2.22 |
| 初平元年 | 庚午 | 190.2.23 ~ 191.2.11 |
| 二年 | 辛未 | 191.2.12 ~ 192.1.31 |
| 三年 | 壬申 | 192.2.1 ~ 193.2.18 |
| 四年 | 癸酉 | 193.2.19 ~ 194.2.8 |
| 興平元年 | 甲戌 | 194.2.9 ~ 195.1.28 |
| 二年 | 乙亥 | 195.1.29 ~ 196.2.16 |
| 建安元年 | 丙子 | 196.2.17 ~ 197.2.4 |
| 二年 | 丁丑 | 197.2.5 ~ 198.1.25 |
| 三年 | 戊寅 | 198.1.26 ~ 199.2.13 |
| 四年 | 己卯 | 199.2.14 ~ 200.2.2 |
| 五年 | 庚辰 | 200.2.3 ~ 201.2.20 |

| | | |
|---|---|---|
| 六年 | 辛巳 | 201.2.21 ~ 202.2.9 |
| 七年 | 壬午 | 202.2.10 ~ 203.1.30 |
| 八年 | 癸未 | 203.1.31 ~ 204.2.17 |
| 九年 | 甲申 | 204.2.18 ~ 205.2.6 |
| 十年 | 乙酉 | 205.2.7 ~ 206.1.26 |
| 十一年 | 丙戌 | 206.1.27 ~ 207.2.14 |
| 十二年 | 丁亥 | 207.2.15 ~ 208.2.3 |
| 十三年 | 戊子 | 208.2.4 ~ 209.2.21 |
| 十四年 | 己丑 | 209.2.22 ~ 210.2.11 |
| 十五年 | 庚寅 | 210.2.12 ~ 211.1.31 |
| 十六年 | 辛卯 | 211.2.1 ~ 212.2.19 |
| 十七年 | 壬辰 | 212.2.20 ~ 213.2.7 |
| 十八年 | 癸巳 | 213.2.8 ~ 214.1.28 |
| 十九年 | 甲午 | 214.1.29 ~ 215.2.16 |
| 二十年 | 乙未 | 215.2.17 ~ 216.2.5 |
| 二十一年 | 丙申 | 216.2.6 ~ 217.1.24 |
| 二十二年 | 丁酉 | 217.1.25 ~ 218.2.12 |
| 二十三年 | 戊戌 | 218.2.13 ~ 219.2.2 |
| 二十四年 | 己亥 | 219.2.3 ~ 220.2.21 |
| 建安二十五年<br>延康元年 | 庚子 | 220.2.22 ~ 221.2.9 |

# 三、秦漢頒行曆法數據表

| 朝代 | 曆名 | 編者 | 修成时间 | 行用年代 | 回歸年 | 朔望月 | 上元积年 | 岁名·日名 |
|---|---|---|---|---|---|---|---|---|
| 东周 | 顓頊曆 | 無考 | 無考 | ？—前 105 | 365.2500000 | 29.5308511 | | |
| 西漢 | 太初曆 | 鄧平等 | 前 104 | 前 104—84 | 365.2501624 | 29.5308642 | | |
| 东漢 | 四分曆 | 李梵等 | 85 | 85—263 | 365.2500000 | 29.5308511 | 9366 | 庚辰 甲子 |
| 东漢 | 乾象曆 | 劉洪 | 206 | 223—280 | 365.2461800 | 29.5305422 | 7378 | 己丑 甲子 |

# 五、秦漢年號索引

| 西漢 | | | | |
|---|---|---|---|---|
| 年號 | 起止年代（公元） | | 年數 | 頁碼 |
| 建元 | 前 140 | 前 135 | 6 | 084 |
| 元光 | 前 134 | 前 129 | 6 | 090 |
| 元朔 | 前 128 | 前 123 | 6 | 096 |
| 元狩 | 前 122 | 前 117 | 6 | 102 |
| 元鼎 | 前 116 | 前 111 | 6 | 108 |
| 元封 | 前 110 | 前 105 | 6 | 114 |
| 太初 | 前 104 | 前 101 | 4 | 120 |
| 天漢 | 前 100 | 前 97 | 4 | 124 |
| 太始 | 前 96 | 前 93 | 4 | 128 |
| 征（延）和 | 前 92 | 前 89 | 4 | 132 |
| 後元 | 前 88 | 前 87 | 2 | 136 |
| 始元 | 前 86 | 前 81 | 7 | 138 |
| 元鳳 | 前 80 | 前 75 | 6 | 144 |
| 元平 | 前 74 | 前 74 | 1 | 150 |
| 本始 | 前 73 | 前 70 | 4 | 151 |
| 地節 | 前 69 | 前 66 | 4 | 155 |
| 元康 | 前 65 | 前 62 | 5 | 159 |
| 神爵 | 前 61 | 前 58 | 4 | 163 |
| 五鳳 | 前 57 | 前 54 | 4 | 167 |
| 甘露 | 前 53 | 前 50 | 4 | 171 |
| 黃龍 | 前 49 | 前 49 | 1 | 175 |
| 初元 | 前 48 | 前 44 | 5 | 176 |
| 永光 | 前 43 | 前 39 | 5 | 181 |
| 建昭 | 前 38 | 前 34 | 5 | 186 |
| 竟寧 | 前 33 | 前 33 | 1 | 191 |
| 建始 | 前 32 | 前 29 | 4 | 192 |
| 河平 | 前 28 | 前 25 | 4 | 196 |
| 陽朔 | 前 24 | 前 21 | 4 | 200 |
| 鴻嘉 | 前 20 | 前 17 | 4 | 204 |
| 永始 | 前 16 | 前 13 | 4 | 208 |
| 元延 | 前 12 | 前 9 | 4 | 212 |
| 綏和 | 前 8 | 前 7 | 2 | 216 |
| 建平 | 前 6 | 前 3 | 4 | 218 |
| 元壽 | 前 2 | 前 1 | 2 | 222 |
| 元始 | 1 | 5 | 5 | 224 |
| 居攝 | 6 | 8 | 3 | 229 |
| 初始 | 8 | 8 | 1 | 231 |
| 始建國 | 9 | 13 | 5 | 232 |
| 天鳳 | 14 | 19 | 6 | 237 |
| 地皇 | 20 | 23 | 4 | 243 |
| 更始 | 23 | 25 | 3 | 246 |

| 东漢 | | | | |
|---|---|---|---|---|
| 年號 | 起止年代（公元） | | 年數 | 頁碼 |
| 建武 | 25 | 56 | 32 | 250 |
| 建武中元 | 56 | 57 | 2 | 281 |
| 永平 | 58 | 75 | 18 | 283 |
| 建初 | 76 | 84 | 9 | 301 |
| 元和 | 84 | 87 | 4 | 309 |
| 章和 | 87 | 88 | 2 | 312 |
| 永元 | 89 | 105 | 17 | 314 |
| 元興 | 105 | 105 | 1 | 330 |
| 延平 | 106 | 106 | 1 | 331 |
| 永初 | 107 | 113 | 7 | 332 |
| 元初 | 114 | 120 | 7 | 339 |
| 永寧 | 120 | 121 | 2 | 345 |
| 建光 | 121 | 122 | 2 | 346 |
| 延光 | 122 | 125 | 4 | 347 |
| 永建 | 126 | 132 | 7 | 351 |
| 陽嘉 | 132 | 135 | 4 | 357 |
| 永和 | 136 | 141 | 6 | 361 |
| 漢安 | 142 | 144 | 3 | 367 |
| 建康 | 144 | 144 | 1 | 369 |
| 永嘉 | 145 | 145 | 1 | 370 |
| 本初 | 146 | 146 | 1 | 371 |
| 建和 | 147 | 149 | 3 | 372 |
| 和平 | 150 | 150 | 1 | 375 |
| 元嘉 | 151 | 153 | 3 | 376 |
| 永興 | 153 | 154 | 2 | 378 |
| 永壽 | 155 | 158 | 4 | 380 |
| 延熹 | 158 | 167 | 10 | 383 |
| 永康 | 167 | 167 | 1 | 392 |
| 建寧 | 168 | 172 | 5 | 393 |
| 熹平 | 172 | 178 | 7 | 397 |
| 光和 | 178 | 184 | 7 | 403 |
| 中平 | 184 | 189 | 6 | 409 |
| 光熹 | 189 | 189 | 1 | 414 |
| 昭寧 | 189 | 189 | 1 | 414 |
| 永漢 | 189 | 189 | 1 | 414 |
| 中平 | 189 | 189 | 1 | 414 |
| 初平 | 190 | 193 | 4 | 415 |
| 興平 | 194 | 195 | 2 | 419 |
| 建安 | 196 | 220 | 25 | 421 |
| 延康 | 220 | 220 | 1 | 445 |

# 主要參考書目


〔西漢〕司馬遷《史記》，中華書局，1973。

〔東漢〕班固《漢書》，中華書局，1962。

〔劉宋〕範曄《後漢書》，中華書局，1965。

〔晉〕皇甫謐《帝王世紀》，齊魯書社《二十五別史》本。

〔宋〕王應麟《六經天文編》，《文淵閣四庫全書》本。

〔宋〕邵雍《皇極經世書》，《文淵閣四庫全書》本。

〔元〕馬端臨《文獻通考》，《文淵閣四庫全書》本。

〔元〕宋魯珍等《類編曆法通書大全》，《續修四庫全書》第 1062 冊。

〔明〕章潢《圖書編》，《文淵閣四庫全書》本。

〔明〕程揚《歷代帝王曆祚考》，《四庫未收書輯刊》第 9 輯 4 冊。

〔清〕蔣廷錫等編《曆法大典》，雍正銅活字本。

〔清〕薛鳳祚《曆學會通致用》，《四庫未收書輯刊》第 8 輯 11 冊。

〔康熙〕《御定歷代紀事年表》，《文淵閣四庫全書》本。

〔清〕武文斌《歷代紀年備考》，《四庫未收書輯刊》第 9 輯 8 冊。

〔清〕鍾淵映《歷代建元考》，《文淵閣四庫全書》本。

〔清〕鄒漢勳《顓頊曆考》，《續修四庫全書》第 1036 冊。

〔清〕成蓉鏡《漢太初曆考》，《續修四庫全書》第 1036 冊。

〔清〕陳厚耀《春秋長曆》，《文淵閣四庫全書》本。

〔清〕陳松《天文算學纂要》，《四庫未收書輯刊》，第 4 輯 17 冊。

〔清〕齊召南《歷代帝王年表》，《四庫備要》本。

〔清〕段長基《歷代統記表》，《國學基本叢書》本。

羅振玉《紀元以來朔閏考》，東方學會，1927。

［日］新城新藏《東洋天文學史研究》，弘文堂，1928。

高平子《史日長編》，“中央研究院”天文研究所，1932。

朱文鑫《曆法通志》，商務印書館，1934。

汪曰楨《歷代長術輯要》，中華書局，1936。

薛仲三、歐陽頤《兩千年中西曆對照表》，三聯書店，1956。

李佩鈞《中國歷史中西曆對照年表》，雲南人民出版社，1957。

章鴻釗《中國古曆析疑》，科學出版社，1958。

［日］藪內清《中國的天文曆法》，平凡社，1960。

陳垣《二十史朔閏表》，中華書局，1962。
陳垣《中西回史日曆》，中華書局，1962。
中華書局編輯部《歷代天文律曆等志彙編》，中華書局，1975。
董作賓《中國年曆總譜》，臺北藝文印書館，1977。
萬國鼎《中國歷史紀年表》，中華書局，1978。
中國大百科全書編委會《中國大百科全書·天文卷》，中國大百科全書出版社，1980。
饒宗頤、曾憲通《雲夢秦簡日書研究》，香港中文大學出版社，1982。
陳遵嬀《中國天文學史》，上海人民出版社，1984。
張汝舟《二毋室古代天文曆法論叢》，浙江古籍出版社，1987。
方詩銘、方小芬《中國史曆日和中西曆日對照表》，上海辭書出版社，1987。
郭盛熾《中國古代的計時科學》，科學出版社，1988。
鞠德源《萬年曆譜》，山西人民出版社，1989。
何幼琦《西周年代學論叢》，湖北人民出版社，1989。
張培瑜《三千五百年曆日天象》，河南教育出版社，1990。
萬年曆編寫組《中華兩千年曆書》，氣象出版社，1994。
陳美東《古曆新探》，遼寧教育出版社，1995。
鄭慧生《古代天文曆法研究》，河南大學出版社，1995。
［日］平勢隆郎《中國古代紀年研究》，汲古書院，1996。
任繼愈主編《中國科學技術典籍通彙·天文卷》，河南教育出版社，1997。
曾次亮《四千年氣朔交食速算法》，中華書局，1998。
中華五千年長曆編寫組《中華五千年長曆》，氣象出版社，2002。
劉洪濤《古代曆法計算法》，南開大學出版社，2003。
江曉原、鈕衛星《中國天學史》，上海人民出版社，2005。
曲安京主編《中國曆法與數學》，科學出版社，2005。
張培瑜等《中國古代曆法》，中國科學技術出版社，2008。
劉操南《古代天文曆法釋證》，浙江大學出版社，2009。
陳久金、楊怡《中國古代天文與曆法》，中國國際廣播出版社，2010。
韓編《中國古代天文曆法》，中國商業出版社，2015。
張培瑜《先秦秦漢曆法和殷周年代》，科學出版社，2015。
李忠林《秦至漢初曆法研究》，中華書局，2016。
章潛五等編著《中國曆法的科學探索》，西安電子科技大學出版，2017。